Der Zweite Weltkrieg

TEXTE · BILDER · KARTEN

DOKUMENTE · CHRONIK

Der Zweite Weltkrieg

TEXTE · BILDER · KARTEN

DOKUMENTE · CHRONIK

Mit einem Geleitwort von
Paul Carell

Delphin

Texte und Bilder: Redaktionsbüro
Dr. Christian Zentner, München

Karten: Wagner, Wien

Typographie und Produktion:
Studio M, Hamburg

Schutzumschlag: Christa Manner,
München

Gesamtherstellung: R. Oldenbourg
Graphische Betriebe, München
Printed in Germany · ISBN 3.7735.2514.1

Inhalt

Geleitwort

Geschichte, insbesondere Kriegsgeschichte wird leicht zum Schuldregister. Doch das bringt wenig Gewinn, und Lehren schon gar nicht. Geschichte muß Bericht darüber sein, was geschehen ist und wie es geschah. Das gilt besonders für den Zweiten Weltkrieg. Er ist durch die ideologische Überfrachtung als Eroberungs- und Weltanschauungskrieg so etwas wie eine unendliche Geschichte geworden: Viele Beurteilungen und Zusammenhänge wandeln sich ständig im Strom des Zeitgeistes.

Zum 40. Male jährt sich 1985 das dramatische Finale des Zweiten Weltkriegs. Man gedenkt nach langen vier Jahrzehnten der großen Katastrophe, die die Welt veränderte. Man bedenkt das Ende.

Aber wie begann das Drama?

Und was geschah, geschichtlich verbürgt, in achtundsechzig schicksalschweren Monaten? Geschah zwischen Wolga und Atlantikküste, zwischen Murmansk und El Alamein – und auf allen Meeren der Erde?

Was enthüllen heute, nach 40 Jahren, die einst geheimen Dokumente, Befehle und Pläne aus den Hauptstädten und Hauptquartieren?

Was waren das für Waffen, mit denen in der Wüste und in arktischer Kälte gekämpft, deutsche Blitzsiege erfochten, gewaltige Kesselschlachten geschlagen wurden?

Was bewegte die deutschen Piloten, die in ihren Bombern gegen England flogen?

Und wie stellt sich im Rückblick die alliierte Strategie des Bomben-Krieges gegen die Wohngebiete der deutschen Städte dar?

Was stand hinter den Worten Kamerad, Held, Tapferkeit? Was motivierte die Väter der heute lebenden Deutschen, zu kämpfen, zu töten und zu sterben?

Wie war denn das, als die Rote Armee taumelte und Stalin das diplomatische Korps aus Moskau evakuieren ließ – der russische Winter dann aber den deutschen Blitzkrieg stoppte und die Landser bei 40 Grad Kälte in Sommerkluft der Gegenoffensive sibirischer Divisionen trotzten?

Wie war denn das, als die für unbezwingbar gehaltene französische Maginot-Linie ausmanövriert wurde, Frankreich besiegt, Paris besetzt – und die deutschen Armeen dann doch von dem amerikanisch-englischen Invasionsheer geschlagen wurden?

Was war los, als Churchill Englands Schicksal wegen der deutschen U-Boote düster sah? Als in Kairo von englischen Stäben die Geheimpapiere verbrannt wurden, weil Rommel vor den Toren der Stadt stand!

Wissen wir von all dem schon alles?

»Nichts ist erregender als die Wahrheit«, konstatierte der Meister-Rechercheur Egon Erwin Kisch. Man sollte das Wort ergänzen: Und nichts ist lehrreicher als die Wahrheit.

Was man heute, 40 Jahre danach, als wahr wissen kann, findet der Zeitgenosse in einer ungewöhnlichen Publikation, die vielleicht der interessanteste Beitrag zum 8. Mai 1945 ist: »Der Zweite Weltkrieg. Texte, Bilder, Karten, Dokumente, Chronik« betitelt sich die Bildbuch-Geschichte, die Christian Zentner und sein Redaktions-Team nach zehnjähriger Vorarbeit vorlegt. Lesebuch, Magazin, Chronik und gut recherchierter Dokumentarbericht zugleich: Eine illustrierte Geschichte des Zweiten Weltkriegs für unsere Tage.

Neben dem Erlebnisbericht und der zeitgenössischen Reportage steht das Dokument. Sorgfältig ausgewählte Farbfotos illustrieren die Beiträge. Die Darstellung der strategischen, operativen und taktischen Vorgänge der Feldzüge, Schlachten und Sondereinsätze wird anschaulich gemacht durch eine bestechende karthographische Ausstattung mit vierfarbigen Karten von den Schlachtverläufen und den Kriegsschauplätzen. Biographische Daten aller Akteure bieten enzyklopädischen Nutzen.

Diese Publikation ergänzt eindrucksvoll die Sachbücher und militär-historischen Darstellungen über den Zweiten Weltkrieg. Es ist das Geschichtsbuch des Fernsehzeitalters.

Paul Carell

»Mut und Tapferkeit«, schreibt der französische Historiker Raymond Cartier, »gehören zu den höchsten menschlichen Tugenden, auch dort, wo der Kampf aussichtslos erscheint. Ohne Hoffnung auf einen möglichen Sieg haben die deutschen Soldaten in Stalingrad, die Verteidiger Berlins, die Zivilbevölkerung in den Bombennächten gezeigt, ein welchem Maße der Mensch fähig ist, Leid zu ertragen. Ohne Scham dürfen die Überlebenden auf jene Tage der Prüfung zurückblicken.«

Vorwort

Nachdem Adolf Hitler am 30. Januar 1933 vom Reichspräsidenten Hindenburg zum Reichskanzler ernannt worden war, beschwor er in seinen außenpolitischen Reden immer wieder die friedlichen Absichten des neuen Regimes. Er selbst, der als Frontsoldat die furchtbaren Schrecken des großen Krieges 1914/18 am eigenen Leib erlebt habe, könne seiner leidgeprüften Generation und der Welt nur eines wünschen, alle Probleme friedlich und vertraglich zu regeln.

Nicht die Schaffung einer schlagkräftigen Offensivarmee wurde im Dritten Reich propagiert, sondern die militärische Gleichberechtigung gefordert, nicht die gewaltsame Expansion als Programm ausgegeben sondern lediglich die friedliche Revision des Versailler Vertrages. Die permanente Betonung des nationalsozialistischen Friedenswillens durch Goebbels' zentralgelenkten Propagandaapparat ließ der gleichgeschalteten öffentlichen Meinung des Dritten Reiches Adolf Hitler als *den* Friedenskanzler erscheinen.

Heute jedoch, nach dem Zusammenbruch der nationalsozialistischen Herrschaft, nach einer kaum mehr übersehbaren Flut zeitgeschichtlicher Publikationen wissen wir, daß der wirkliche Hitler diesem Bild des Friedenskanzlers niemals entsprochen hat, daß sein eigentliches politisches Wollen unweigerlich zum Krieg führen mußte. Heute wissen wir, daß sich Hitler auch als »Führer und Reichskanzler« trotz aller taktischen Kompromisse und Wendungen letztlich von den Prinzipien und Zielen seiner Weltanschauung leiten ließ, die er bereits Mitte der zwanziger Jahre in seinem Bekenntnisbuch »Mein Kampf« niedergelegt hatte.

Zentralkategorien dieser Weltanschauung, Dreh- und Angelpunkt des Hitlerschen Denkens waren die Begriffe Raum und Rasse, Kampf und Krieg die Mittel zu ihrer Verwirklichung.

Die »Rassenfrage« war und blieb für ihn der eigentliche »Schlüssel zur Weltgeschichte«. Das Höherwertige, die nordisch-germanisch-arische Rasse, müsse gefördert, das Minderwertige hingegen, insbesondere der verderbliche Einfluß der »jüdischen Rasse«, eliminiert werden. Der gefährdeten germanischen Rasse stehe – so Hitlers fixe Idee – die jüdische Weltverschwörung gegenüber. Ob hinter demokratischer, kapitalistischer, marxistischer oder bolschewistischer Fassade, im Hintergrund lauere stets der Jude mit seinen Plänen, die Welt zu beherrschen. Um diesen Kampf, der allein in Hitlers Phantasie existierte, zu bestehen, gelte es zunächst einmal, dem deutschen Volk den notwendigen Lebensraum zu sichern. »Ohne Rücksicht auf Tradition und Vorurteile« müsse der Mut gefunden werden, das Volk aus der »heutigen Beengtheit des Lebensraumes« hinauszuführen, zu »neuem Grund und Boden«. Auch die Zielrichtung dieser notwendigen germanischen Expansion wurde in »Mein Kampf« bereits deutlich konkretisiert.

»Wir Nationalsozialisten . . . schließen endlich ab die Kolonial- und Handelspolitik der Vorkriegszeit und gehen über zur Bodenpolitik der Zukunft. Wenn wir aber heute in Europa von neuem Grund und Boden reden, können wir in erster Linie nur an Rußland und die ihm untertanen Randstaaten denken.« Daß dieser Raum im Osten nur durch Gewalt und auf Kosten anderer Völker zu erobern war, bereitete Hitler weder moralische noch rechtliche oder politische Skrupel.

Gleich in seiner ersten geheimen Ansprache vor Generalen der Reichswehr am 3. Februar 1933 betonte Hitler die Wichtigkeit eines forcierten Aufbaus der Wehrmacht, forderte er die Wiedereinführung der allgemeinen Wehrpflicht, und auch die alten Zielvorstellungen von »Mein Kampf« waren zu hören: »Eroberung neuen Lebensraums im Osten und dessen rücksichtslose Germanisierung.«

Das »Großdeutsche Reich«, den »Kampf gegen Versailles« auf den Lippen und den »Raum im Osten« in Gedanken ging Hitler systematisch voran. Außen-, Wirtschafts- und Militärpolitik wurden folgerichtig auf den entscheidenden Kampf mit Rußland ausgerichtet. In einer geheimen Denkschrift über die Aufgaben des 1936 verkündeten zweiten Vierjahresplans verlangte Hitler »schnelles Tempo« beim »Aufbau der militärischen Kräfte«. Zwar werde die entscheidende Frage einer »Erweiterung des Lebensraumes« erst »dereinst« zu lösen sein, dennoch müsse die deutsche Armee in vier Jahren einsatzfähig und die deutsche Wirtschaft in vier Jahren kriegsfähig sein. In einer Geheimrede vor der deutschen Presse vom 10. November 1938 entlarvte Hitler die von ihm und der Goebbelsschen Propaganda geschickt verkaufte Friedenspolitik. Nur die Umstände nämlich hätten ihn gezwungen, »jahrzehntelang fast nur vom Frieden zu reden. Nur unter fortgesetzter Betonung des deutschen Friedenswillens und der Friedensabsichten war es mir möglich, dem deutschen Volk Stück für Stück die Freiheit zu erringen und ihm die Rüstung zu geben, die immer wieder für den nächsten Schritt als Voraussetzung notwendig war.« Und schon am Vorabend der Unterzeichnung des deutsch-russischen Nichtangriffspaktes vom 23. August 1939 frohlockte Hitler vor den Befehlshabern der Wehrmacht, daß Polen nun in der Lage sei, in der er es haben wollte. Der erste Raub- und Vernichtungsfeldzug konnte beginnen.

Sicherlich suchte Hitler in Polen nur den begrenzten Konflikt. Von einer planmäßigen Entfesselung des Zweiten Weltkrieges jedenfalls kann nicht die Rede sein. Dennoch, als Frankreich so überraschend schnell zusammenbrach und sich England noch immer nicht friedenswillig zeigte, sah Hitler plötzlich eine Möglichkeit, seine »Mein-Kampf-Vision« zu verwirklichen. Ein Blitzkrieg gegen die Sowjetunion mit dem Ziel der »Vernichtung der Lebenskraft Rußlands« sollte die Frage des »Lebensraumes« endgültig lösen.

Spätestens mit dem Beginn des Rußlandfeldzuges zog Hitler auch die radikalste Konsequenz seiner Weltanschauung. Er befahl die »Endlösung der Judenfrage«, die systematische Vernichtung der Juden im nationalsozialistischen Herrschaftsbereich. Hatte sich die Drangsalierung und Entrechtung der jüdischen Bürger nach 1933 in aller Öffentlichkeit abgespielt, wurde die 1941 eingeleitete planmäßige Ermordung des jüdischen Volkes streng geheim gehalten.

Diese ideologischen Ziele, Lebensraum und Germanisierung, Bekämpfung der jüdischen Weltverschwörung und Judenvernichtung, diese Wahnideen der Hitlerschen Weltanschauung, waren für das deutsche Volk und den deutschen Soldaten nicht existent. Das deutsche Volk wurde im Krieg ebenso wie im Frieden nicht von den wirklichen Absichten der nationalsozialistischen Machthaber unterrichtet. Der Zweite Weltkrieg, von Hitler riskiert und dann bis zum bitteren Ende rücksichtslos durchgeführt, war für die öffentliche Meinung in erster Linie ein notwendiger Kampf gegen den Bolschewismus, ein Kampf für Europa und nicht zuletzt ein Kampf für das eigene Vaterland.

Der vorliegende Band will vier Jahrzehnte nach dem letzten Schuß das damalige Geschehen aus gesicherter Quellenlage analysieren, in Reportagen nacherleben lassen, mit reichem authentischem Material dokumentieren, in Bildern und Karten anschaulich vor Augen führen und damit die Erinnerung wachhalten an jene Jahre voll Kampf, Not und Tod.

Redaktion

DAS »GROSSDEUTSCHE REICH«

Memelland
Memel
Litauen
SEE
Königsberg
Danzig
Ostpreußen
Wolfsschanze
Hauptquartier des Führers
Sudauen
(Suwalki)
Danzig
Crössinsee
Westpreußen
Bezirk
Bialystok
Bialystok
SOWJETUNION
Süd-Ost-
Preußen
Weichsel
Warthe
Bug
Posen
Wartheland
Weichsel
Litzmannstadt
(Lodz)
Oder
1936/38
General-
gouvernement
Breslau
Beuthen
Görlitz
Gleiwitz
Kattowitz
Weichsel
Bug
Elbe
Ost-
Ober-
Schlesien
Krakau
Sitz des Generalgouverneurs
Lemberg
Sudetenland
Distrikt
Lemberg
torat
und Mähren
SLOWAKEI
Donau
WIEN
PRESSBURG
ark
UNGARN
Graz
„Stadt der Volkserhebung"
0
100 km
NS-Reichsleitung
NS-Gauleitung
Staatsgrenzen 1937
Staatsgrenzen nach Kriegsausbruch
Gebietserweiterung vor dem 2.Weltkrieg
Gebietserweiterung während des 2.Weltkriegs
(bis Juni 1941)
Gebietserweiterungen nach dem Angriff
auf die Sowjetunion
Reichsautobahnbau und Arbeitsdienst
Autobahn fertig
Autobahn geplant
1937/40
Jahr der Fertigstellung
Erschließung von Moor und Ödland
Regelung von Wasserverhältnissen
Gewinnung von Neuland

Der Weg in den Krieg

17. Mai 1933: Langanhaltender Beifall im Reichstag von allen Fraktionen für Hitler. Der neue Reichskanzler hat soeben in einer fulminanten Rede alle Verdächtigungen, seine Regierung bereite den Krieg vor, von sich gewiesen und den einstigen Feinden des Weltkriegs die Friedenshand gereicht. – 26. Januar 1934: Polen und das Deutsche Reich schließen einen Nichtangriffsvertrag auf zehn Jahre. Die Welt, die von Hitler gerade gegen Polen einen aggressiven Kurs erwartet hat, beginnt zu glauben, daß es dem deutschen Diktator ernst ist mit seinen Friedensbeteuerungen. – 30. September 1938: »Frieden für unsere Zeit!« jubelt der britische Premierminister Chamberlain seinen Landsleuten zu, nachdem er Hitler durch Zugeständnisse in der Sudetenfrage von militärischen Aktionen gegen die Tschechoslowakei hat abbringen können und sogar die Zusicherung erhalten hat, dies seien die letzten territorialen Forderungen Deutschlands in Europa. Ein Jahr später brennt die Welt. – Die Vorgeschichte des Zweiten Weltkriegs ist nicht minder dramatisch als das folgende militärische Ringen selbst. Es ist die Geschichte von genialen außenpolitischen Winkelzügen, geschickten propagandistischen Tricks, raschem Ausnutzen internationaler Krisen zugunsten Deutschlands und dennoch unbeirrbarem Ansteuern der kriegerischen Durchsetzung der Ziele Hitlers. Die mußte der »Führer« nicht nur vor dem Ausland lange verbergen, sondern in den letzten Konsequenzen auch vor den eigenen Militärs. Sie und die bürgerlichen Eliten köderte er mit dem Schlagwort von der Revision des »Schanddiktats« von Versailles, mit Visionen einer neuen Großmachtstellung Deutschlands, während er selbst die »Eroberung von neuem Lebensraum im Osten« und sein rassistisches Programm im Sinne hatte. Was das bedeuten sollte, ahnte 1939 niemand.

Zu den Höhepunkten der Hitlerschen Außenpolitik gehörte ohne Zweifel der von beiden Seiten gewünschte Anschluß Österreichs an das Deutsche Reich. Vor der Wiener Hofburg erklärte Hitler, er könne nunmehr als Deutscher und freier Bürger wieder jenes Land betreten, das seine Heimat sei. Ganz Wien war auf den Beinen, um dem verlorenen Sohn huldigend entgegenzujubeln: »Ein Volk, ein Reich, ein Führer!« Mit dem Anschluß aber hatte Hitler auch den Rubikon des Selbstbestimmungsrechtes überschritten. Die Eingliederung der Sudetendeutschen wurde ihm noch zugebilligt, die Zerschlagung der Resttschechei jedoch war sein letzter Friedenscoup.

Es ist der 3. Februar 1933. Vor vier Tagen hat der greise Reichspräsident von Hindenburg den knapp 45 Jahre alten Führer der NSDAP, Adolf Hitler, zum neuen Reichskanzler der Republik berufen, die von Regierungskrisen geschüttelt wird und wirtschaftlich vor dem Zusammenbruch steht.
Hitler regiert noch nicht allein. Er muß sich auf eine Koalition mit dem konservativen Lager und der reaktionären deutschnationalen Partei unter dem Zeitungszar Alfred Hugenberg stützen. Was sehr wichtig ist: Sein Kriegsminister ist Generaloberst Werner von Blomberg. Und der steht den Nazis wohlwollend, wenn nicht sympathisierend gegenüber.
An diesem 3. Februar hat Blomberg den neuen Reichskanzler zum Mittagessen in die Wohnung des Chefs der Heeresleitung, General der Infanterie Kurt Freiherr von Hammerstein-Equord, eingeladen. Auch die führenden Generale und Admirale der Reichswehr sind in die Dienstwohnung in der Berliner Bendlerstraße 14 zu Tisch gebeten worden. Hitler hat Blomberg ersucht, dieses Zusammentreffen mit der Generalität zu arrangieren.

Gegen die Fesseln von Versailles

Während des Essens scheint der neue Reichskanzler sichtlich nervös. An der Unterhaltung beteiligt er sich zurückhaltend. Dann, nach dem Dessert, klopft er an sein Glas und bittet um Gehör. Dem nun folgenden mehr als zweistündigen Monolog lauschen die Generale und Admirale ebenso interessiert wie skeptisch. Die Kernpunkte: »Wir müssen die Jugend und das ganze Volk auf den Gedanken einstellen, daß nur der Kampf uns retten kann. Deshalb müssen wir den Wehrwillen des Volkes mit allen Mitteln stärken. Die wichtigste Voraussetzung ist der Aufbau der Wehrmacht. Deshalb muß die allgemeine Wehrpflicht kommen. Ein pazifistisches Volk erträgt diese Zielsetzung nicht. Deshalb muß es dazu erzogen werden. Ziel ist die Wiederherstellung der deutschen Macht. Der Marxismus muß mit Stumpf und Stiel ausgerottet werden!« Dann kommt Hitler auf die Frage zu sprechen, wie die gewonnene Macht schließlich genutzt werden soll: »Das Ziel ist die Eroberung neuen Lebensraums im Osten und dessen rücksichtslose Germanisierung.« Hitler räumt ein, daß es Risiken gibt: »Die gefährlichste Zeit ist die des Aufbaus der Wehrmacht. Da wird sich zeigen, ob Frankreich Staatsmänner hat. Wenn ja, wird es uns nicht Zeit lassen, sondern über uns herfallen.«
Hitlers Sorgen um die Risiken einer Remilitarisierung waren keineswegs unbegründet. Schon in seinen Reden während der »Kampfzeit« hatte sein Wille, »das Schanddiktat von Versailles zu zerfetzen«, stets im Mittelpunkt seiner Polemiken gestanden. Besonders Polen, das im Versailler Vertrag territorial am meisten von Deutschland gewonnen hatte, sah in Hitlers Regierungsübernahme eine unmittelbare Bedrohung. Schon Anfang 1933 hatte der polnische Staatspräsident Marschall Jozef Pilsudski der französischen Regierung vorgeschlagen, einen Präventivkrieg gegen Deutschland zu führen. Die Franzosen, die sich hinter ihrer Maginot-Linie völlig sicher fühlten, hatten den Vorschlag jedoch kühl abgelehnt. Sie wußten, daß England sich einem solchen Unternehmen mit aller Schärfe widersetzt hätte.
Und England hieß die Trumpfkarte, auf die Hitler bei seinem gefährlichen Spiel setzen wollte. Es war bekannt, daß die harten Bedingungen des Versailler Vertrages in England stets Unbehagen hinterlassen hatten. Nicht so sehr aus besonderer Sympathie für Deutschland, sondern weil die Auswirkungen des Vertrages das traditionelle britische Konzept von der »Balance of Power«, dem Gleichgewicht der Kräfte auf dem europäischen Kontinent, erheblich störten. Deshalb hatte sich der britische Premierminister Lloyd George in Versailles zum Teil sehr temperamentvoll für eine Milderung vieler Bedingungen eingesetzt. Lloyd George und mit ihm viele britische Politiker fürchteten, daß die ungerechte Härte gegenüber Deutschland – ganz ähnlich wie die übertriebene Demütigung Frankreichs im Jahre 1871 durch Deutschland – mit Sicherheit einen neuen europäischen Krieg heraufbeschwören würde. Und Winston Churchill hatte über den Versailler Vertrag folgendes geschrieben: »Es ist natürlich, daß ein stolzes Volk, besiegt im Kriege, danach strebt, sich so schnell wie möglich wieder zu bewaffnen. Es wird Verträge, die man ihm unter Zwang abgepreßt hat, nicht länger halten als es muß.«
Hitler begann, um Englands Verständnis zu werben. Doch zunächst mußte er noch vorsichtig taktieren. Noch saßen in seiner Regierung Konservative wie Hugenberg und von Papen, die in ihren außenpolitischen Vorstellungen zu den »wilhelminischen Imperialisten« gehörten. Zwar wollten auch sie eine starke, möglichst hegemoniale Stellung für das Reich auf dem Kontinent wiedererringen, aber nicht so sehr, um »gen Osten zu reiten«, sondern um nach Übersee auszugreifen und Deutschlands verlorene Kolonien zurückzuerwerben. Der Besitz von Kolonien in Übersee aber setzt eine starke Flotte voraus. Es war klar, daß die Bestrebungen der Konservativen deshalb bei der Seemacht England auf Ablehnung stoßen mußten. Noch aber war auch das Außenamt unter dem Minister Konstantin Freiherr von Neurath ein Hort des konservativen »Establishments«.
Mit erstaunlicher Klugheit bediente sich Hitler unter bewußter Zurücksetzung der »Visionen« der unter revolutionären Vorstellungen angetretenen Mitglieder seiner eigenen Partei deshalb zunächst der Säulen des konservativen und reaktionären Establishments, das eigentlich ihn, den neuen Reichskanzler, »bewachen« sollte. Für ihn war es von unschätzbarem Wert, daß es seinem konservativen Vizekanzler, Franz von Papen, im Zusammenspiel mit Eugenio Pacelli, dem langjährigen Nuntius des Vatikans in Deutschland und späteren Papst Pius XII., gelang, den Heiligen Stuhl im Juli 1933 zum Abschluß eines Konkordats zu bewegen. Dadurch erhielt er jenen Kredit internationaler Glaubwürdigkeit, der zur Anerkennung durch das Ausland nötig war. Es störte ihn nicht, daß viele seiner kirchenfeindlichen Parteigenossen sich von ihrem Führer an die »römischen Pfaffen« verraten fühlten. Gleichzeitig entledigte er sich mit einem meisterhaften Schachzug seines konservativen Hauptgegenspielers Hugenberg.
Auf der Weltwirtschaftskonferenz in London im Juni 1933 hatte Wirtschaftsminister Hugenberg eine spektakuläre und heftig umstrittene Rede gehalten, in der er forderte, man müsse dem Deutschen Reich zur Deckung seines Rohstoffbe-

Bild oben: Clemenceau (Mitte, neben Woodrow Wilson – links – und Lloyd George – rechts) triumphiert. Im Spiegelsaal von Versailles hat die deutsche Delegation die alliierten Friedensbedingungen hinzunehmen. Der Versailler Vertrag, das »Versailler Diktat« gehörte zu den schwersten Belastungen der Weimarer Republik. Mit nur wenig Erfolg bemühte sich Deutschlands junge Demokratie um Revision. Was die Alliierten dieser versagten, gewährten sie um so großzügiger der Hitlerschen Politik der vollendeten Tatsachen. Linke Seite: NS-Wahlplakat gegen den Versailler Vertrag.

darfs überseeische Kolonien gewähren. Noch kurz zuvor hatte Hitler selbst seinem Wirtschaftsminister darin nicht widersprochen, da er die Deutschnationalen in seinem Kabinett nicht vor den Kopf stoßen wollte. Nun aber hatte Hugenberg mit seiner – auch noch in scharfer Form geäußerten – Forderung vor einem internationalen Forum Hitler England gegenüber in eine peinliche Lage gebracht. Erst kurz zuvor hatte dieser in einem Presseinterview mit dem britischen Journalisten Ward Price die Frage der Kolonien als »sekundäres« Problem bezeichnet. Als Reichsaußenminister von Neurath sich in der üblichen diplomatischen Form von Hugenbergs Attacke distanzierte, sah Hitler seine Chance. Als Hugenberg voller Zorn eine Genugtuung für das Neurathsche Dementi verlangte, stellte Hitler sich auf die Seite seines Außenministers. Hugenberg trat demonstrativ zurück, und Hitler sorgte dafür, daß die Gründe für den Rücktritt gezielt in die britische Presse lanciert wurden.

Ein Ausgleich mit England, besser noch ein Bündnis, stand jetzt in den außenpolitischen Überlegungen Hitlers an erster Stelle. Ziel des Bündnisses: Deutschland wollte Englands Vormachtstellung als Seemacht unangetastet lassen und in jeder Weise unterstützen, England sollte dagegen Deutschland freie Hand in der Expansion nach Osten lassen und die Wiederaufrüstung Deutschlands tolerieren.

Hitlers Ziel war die *Aufrüstung*. Und deshalb machte er sich zunächst mit List und Verschlagenheit zum engagierten Anwalt der *Abrüstung*.

Im Februar 1933 wird in Genf die Welt-Abrüstungskonferenz wieder aufgenommen. Während Hitler in einer geheimen Kabinettssitzung am 8. Februar erklärt, in den nächsten fünf bis sechs Jahren müsse alles für die Aufrüstung getan werden, spielt der Leiter der deutschen Delegation in Genf, Botschafter Rudolf Nadolny, im Konferenzsaal den »Klassenprimus«. In der Präambel zum Teil V des Versailler Vertrages hatte es geheißen: *»Um die Einleitung einer allgemeinen Rüstungsbeschränkung aller Nationen zu ermöglichen,* verpflichtet sich Deutschland, die . . . Bestimmungen über das Landheer, die Seemacht und die Luftfahrt genau innezuhalten.« (Hervorhebung vom Autor.)

Und so ist der Tenor von Nadolnys Argumenten: Deutschland hat abgerüstet. Sein Heer ist nur 100000 Mann, seine Marine nur 15000 Mann stark. Deutschland besitzt weder Panzer noch schwere Waffen. Deutschland besitzt keine Luftwaffe. Wo aber, bitte, bleibt die Abrüstung der anderen Länder? Solange die Nachbarn des Reiches nicht in gleicher Weise abrüsten, sei Deutschland jedem möglichen Aggressor schutzlos preisgegeben. Der Völkerbund sei ja gar nicht in der Lage, einen Aggressor wirksam zu stoppen; siehe der japanische Angriff auf die Mandschurei 1932. Deutschland wolle gar nicht aufrüsten. Deutschland fordere aber, daß die anderen abrüsten.

Den Briten leuchten die maßvollen Argumente der deutschen Delegation ein. Premierminister MacDonald legt am 16. März einen Plan vor: Verdoppelung der Reichswehr auf 200 000 Mann. Verringerung der französischen Truppen (mit Ausnahme der Kolonialtruppen in Übersee) auf die gleiche Zahl. Verringerte Truppenstärken für alle anderen europäischen Länder. Internationale Ächtung des Luftkrieges.

Eine Woche später spricht Hitler vor dem Reichstag. Die Reichswehr nennt er die »einzige wirklich abgerüstete Armee der Welt«. Und vor England macht er eine diplomatisch ganz gezielte Verbeugung: »Als Zeichen des Gefühls der Verantwortung und des guten Willens erkennen wir es an, daß die britische Regierung in ihren letzten Vorschlägen in Genf den Versuch gemacht hat, die Konferenz endlich zu schnellen Entscheidungen zu bringen.«
Noch sitzt im Reichstag auch eine Fraktion der Sozialdemokratischen Partei. Auch sie bejaht in der Abstimmung einhellig die außenpolitische Position der Regierung der »Nationalen Konzentration« unter dem neuen Reichskanzler Adolf Hitler.

Am 17. Mai schlägt Hitler in einer Erklärung zur Außenpolitik sogar die »totale Abrüstung« vor: »Deutschland wäre ohne weiteres bereit, seine gesamte militärische Einrichtung überhaupt aufzulösen und den kleinen Rest der ihm verbliebenen Waffen zu zerstören, wenn die anliegenden Nationen ebenso restlos das gleiche tun würden.« Wieder erwähnt er lobend den MacDonald-Plan.

Zwei Dinge weiß Hitler: Erstens sind seine Erklärungen völlig risikolos. Frankreich wird nie einem Plan zustimmen, der von ihm fordert, seine Truppen auf die gleiche Stärke wie die Streitkräfte Deutschlands zu begrenzen. Und zweitens: Seine Worte treffen genau den Geschmack der öffentlichen Meinung in England.

Im Oktober legt der britische Außenminister Sir John Simon der Konferenz auf Drängen Frankreichs einen modifizierten Plan vor, der die Interessen Frankreichs berücksichtigt. Für Hitler ist dies das Signal, auf das er gewartet hat: Mit der »Empörung des Gerechten« ruft er die deutsche Delegation aus Genf zurück. Gleichzeitig verkündet er demonstrativ den Austritt Deutschlands aus dem Völkerbund. Seine Begründung: Die Gleichberechtigung Deutschlands in Genf ist offensichtlich nicht mehr gewährleistet.

Mit dem Aufbegehren des »Erniedrigten und Beleidigten« ist Hitler seinem Ziel, der Verständigung mit England, ein großes Stück nähergekommen: Den Schwarzen Peter hat er Frankreich zugeschoben, in England hat er Verständnis geweckt. Gleichzeitig läßt er sich vom deutschen Volk in einer »Volksabstimmung« die Übereinstimmung mit seiner »Friedenspolitik« bekunden. 95,1 Prozent der Bevölkerung stimmen für Hitler und die NS-Einheitsliste für den neuen Reichstag, der damit endgültig vom Parlament zum Akklamationsorgan geworden ist. Aus Berlin schreibt der britische Botschafter Sir Eric Phipps nach London: »Herrn Hitlers Stellung ist unangreifbar.«

Am 18. Dezember 1933 teilt die Reichsregierung der Genfer Abrüstungskonferenz in einem Memorandum offiziell mit: »Im gegenwärtigen Zeitpunkt kann mit einer ernsthaften Durchführung der allgemeinen Abrüstung nicht mehr gerechnet werden.« Deutschland würde seine Heeresstärke auf 300 000 Mann festsetzen.

Damit hat Deutschland zum ersten Mal eine wichtige Klausel des Versailler Vertrages offiziell einseitig aufgekündigt, nachdem vorher planmäßig eine moralische Rechtfertigung zu diesem entscheidenden Schritt geschaffen wurde.

In Genf herrscht Bestürzung, in Paris Empörung, in London Ratlosigkeit, als der veröffentlichte Haushaltsplan der deutschen Regierung eine Steigerung der Militärausgaben um 90 Prozent zeigt. In den Hauptstädten Europas gibt es hektische diplomatische Aktivitäten und Konsultationen.

Und da läßt Hitler – genau im richtigen Moment – eine neue außenpolitische Überraschung folgen, die seine Friedfertigkeit demonstrieren soll: Am 26. Januar 1934 schließt Deutschland mit Polen einen auf zehn Jahre befristeten Nichtangriffspakt! Und der Vorschlag dafür kommt von Hitler und nicht von Marschall Pilsudski. In England herrscht Freude und Erleichterung. Über ein Jahrzehnt hatte sich England geplagt, den gefährlichen Konfliktstoff zu beseitigen, der in der deutsch-polnischen Grenzziehung von 1920 lag. Und jetzt hat Hitler das Problem selber gelöst. Er hat sogar den Danziger Nationalsozialisten befohlen, jede Agitation gegen Polen einzustellen.

Der britische Außenminister Sir John Simon läßt Hitler »herzliche Glückwünsche« übermitteln. Selbst der Deutschland gegenüber notorisch mißtrauische Lord Vansittart gratuliert Hitler. Dem Lob folgt der Lohn: Die Briten erklären sich mit 300 000 Mann Truppenstärke der Reichswehr einverstanden. Sogar Panzer und schwere Waffen will man Deutschland zugestehen.

In England ist Hitler salonfähig geworden. Durch Botschafter Phipps läßt man

Oben: »Deutschlands neuer Gruß in Genf«, holländische Karikatur auf Hitlers Austritt aus dem Völkerbund.
Rechte Seite oben: Nach dem Abschluß des zehnjährigen Nichtangriffspaktes zwischen Deutschland und Polen am 26. Januar 1934 in Warschau: Marschall Pilsudski und Joseph Goebbels. Mit diesem Schritt ging Polen für die französische Einkreisungspolitik verloren.
Rechte Seite unten: Mit Hitlers Machtergreifung war die Zeit der »Wehrlosigkeit« Deutschlands vorbei. Die Papp-Attrappen, mit denen die Reichswehr ins Manöver gezogen war, wurden bald durch richtige Panzer ersetzt.

Hitler vertraulich wissen, daß er zu einem Besuch in London willkommen sei. Und Ex-Luftfahrtminister Lord Londonderry sagt: »Wir sollten die von Herrn Hitler der Welt gemachten Vorschläge nicht im Geiste der Kleinlichkeit aufnehmen. Es ist unrecht, wenn Engländer sich weigern, an die Aufrichtigkeit Deutschlands zu glauben.«

Es ist nicht zu bestreiten, daß Hitler damals in führenden englischen Kreisen nicht nur Respekt, sondern auch Sympathie genoß. Gerade für die Konservativen war ein starkes Deutschland aus Nützlichkeitserwägungen heraus sehr attraktiv. Es könnte vor allem der Ausweitung des Kommunismus in Europa Einhalt gebieten. Frankreich hatte sich für England nicht nur durch seine Regierungskrisen und seinen Linkstrend, sondern auch durch seine rußlandfreundliche Politik verdächtig gemacht. In Rußland aber sahen britische Politiker die größte Gefahr für Europa. Lord Lothian, Sekretär der Rhodes-Stiftung und später britischer Botschafter in den USA, sagte 1934, er betrachte die deutsch-englische Freundschaft als ein notwendiges Gegengewicht zur französisch-russischen Vorherrschaft.

Anfang 1934 galt der neue deutsche Reichskanzler bei den europäischen Nachbarn als ein geschickter und erfolgreicher Politiker, den man durchaus ernstzunehmen habe. Aber noch war Hitler in seiner Handlungsfreiheit begrenzt. Er war durch das Ermächtigungsgesetz »Diktator mit begrenzten Vollmachten« geworden. Noch gab es als Staatsoberhaupt den Feldmarschall Paul von Hindenburg, der wesentlich mehr Rechte und Befugnisse hatte als ein heutiger Bundespräsident. Über die Reichswehr hatte Hitler keinerlei Befehlsgewalt. Oberbefehlshaber war der Kriegsminister, der Hitler zwar freundlich gesinnt war, aber sich nicht in Personaldinge hineinreden ließ. Das Außenamt war fest in der Hand der Konservativen unter von Neurath. Um seine Ziele zu erreichen, mußte Hitler sich mit den Konservativen arrangieren. Theoretisch hatte der Reichspräsident noch immer die Macht, den Reichskanzler zu entlassen. Und hinter ihm standen nicht nur die konservativen Kräfte um Papen und Neurath, sondern auch die Reichswehr, die eine Rebellion Hitlers mit einer Militärdiktatur beantwortet hätten.

Und: Hitler ist gefährdet durch starke Kräfte seiner eigenen Bewegung, gefährdet durch die »Linken« der Nazipartei. Noch gibt es vor allem einen Mann, der Hitler gefährlich werden kann: Ernst Röhm, Stabschef der SA, jener Bürgerkriegsarmee von 400 000 Mann, ausgerüstet mit Waffen, motorisierten Einheiten und Flugzeugen. In der Wirtschaftskrise nach 1929 ist die SA gewachsen. Ihre Mitglieder: Arbeitslose, Arbeiter, darunter auch ehemalige Kommunisten, harte Burschen, die das sozialrevolutionäre Element der NS-Bewegung verkörpern und Hitlers Diplomatie des Arrangements mit der Industrie und der Reichswehr, dem »Hort der Reaktion«, nie verstanden haben. Hitler mißtraut der SA. Schon 1931 hat die SA gegen ihn rebelliert. Er hat die Revolte zwar unterdrückt, aber das Mißtrauen ist geblieben. Die SA will mehr, als Hitler ihr mit seiner »legalen« Machtübernahme gegeben hat. Die SA will die »zweite Revolution« unter sozialrevolutionären Vorzeichen. Die SA-Männer träumen von der »Nacht der langen Messer«. Die Marxisten haben sie ausgeschaltet. Jetzt wollen sie die »Reaktion« entmachten.

Röhm spricht ganz offen über seine Pläne: Er will die Reichswehr in die SA integrieren, selber Reichswehrminister werden. Blomberg protestiert bei Hitler heftig gegen Röhms Pläne. Und Hitler weiß: Ohne die Reichswehr ist er die längste Zeit Reichskanzler gewesen. Er muß die Reichswehr gewinnen. Am 11. April lädt er Blomberg, General von Fritsch, den neuen Chef der Heeresleitung, und Admiral Raeder, den Chef der Marineleitung, zu einem Geheimgespräch an Bord des Panzerschiffes »Deutschland« ein. Er eröffnet den hohen Militärs seinen Plan: Er will Nachfolger Hindenburgs werden. Er verspricht die allgemeine Wehrpflicht. Er verspricht Wiederaufrüstung und – er opfert die SA. Er verspricht, Röhms Ambitionen zu stoppen, die SA zu entwaffnen und die Reichswehr als einzige Waffenträgerin der Nation anzuerkennen. Die Reichswehr nimmt den Pakt an.

Am 23. Mai ordnet Röhm für die SA die allgemeine Waffenbeschaffung an, um »der Wehrmacht gegenüber die Belange der SA erfolgreich zu vertreten«. Aus Agentenberichten erfährt Hitler, daß die Berliner SA Waffen für eine Operation Ende Juni hortet. Röhm soll bereits ein Schattenkabinett für die Zeit nach dem Sturz Hitlers nominiert haben. Er hat Kontakte mit ausländischen Diplomaten aufgenommen. Ein Diplomat ermuntert ihn: »Sie könnten der Bonaparte Deutschlands werden.«

Am 30. Juni 1934 schlägt Hitler zu. Röhm und die gesamte Führungsspitze der SA werden festgenommen und erschossen. Hitler kann sich in der Niederschlagung des noch gar nicht begonnenen »Röhmputsches« ganz auf Himmlers SS und Gö-

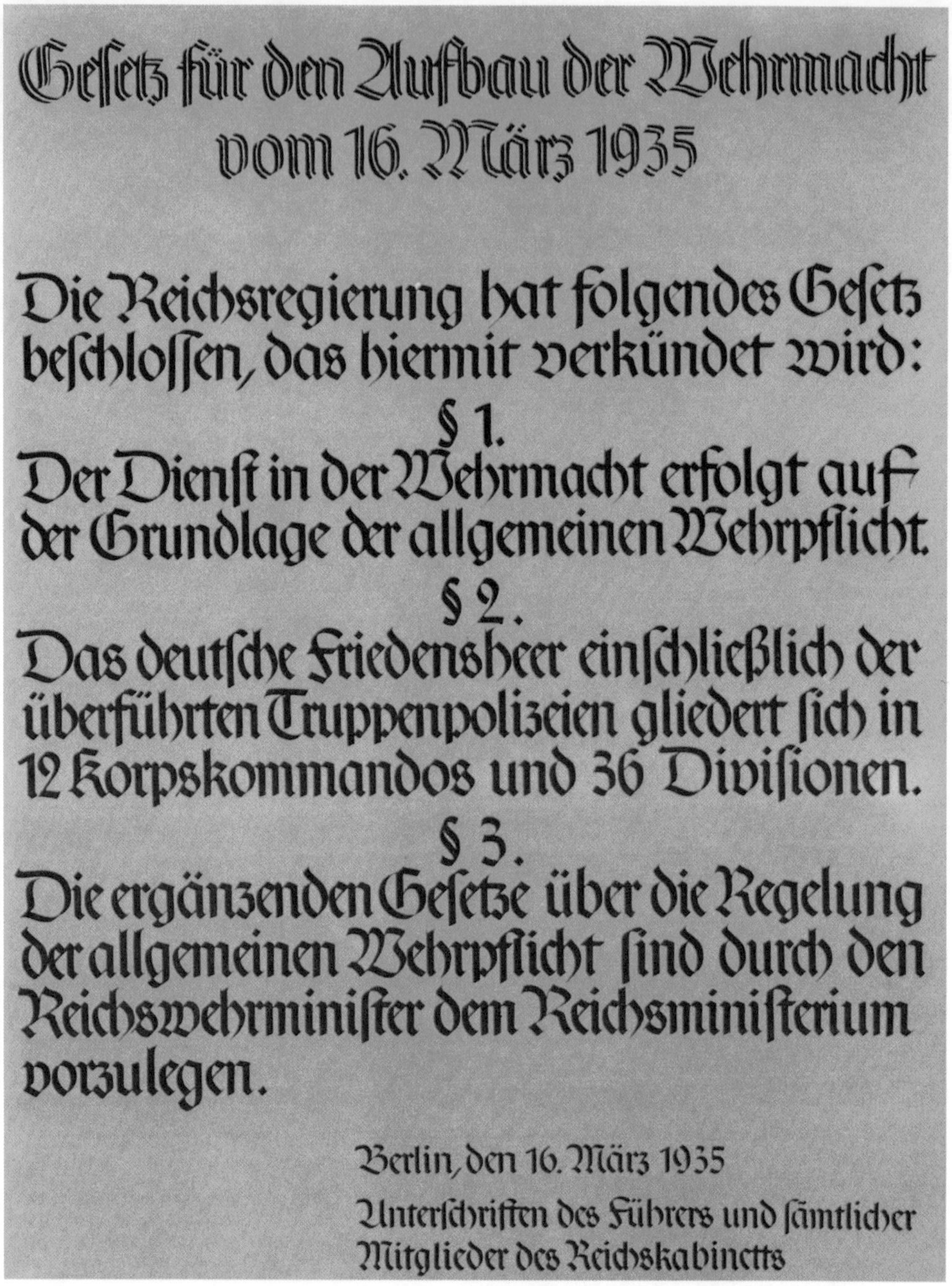

Gesetz für den Aufbau der Wehrmacht
vom 16. März 1935

Die Reichsregierung hat folgendes Gesetz beschlossen, das hiermit verkündet wird:

§ 1.

Der Dienst in der Wehrmacht erfolgt auf der Grundlage der allgemeinen Wehrpflicht.

§ 2.

Das deutsche Friedensheer einschließlich der überführten Truppenpolizeien gliedert sich in 12 Korpskommandos und 36 Divisionen.

§ 3.

Die ergänzenden Gesetze über die Regelung der allgemeinen Wehrpflicht sind durch den Reichswehrminister dem Reichsministerium vorzulegen.

Berlin, den 16. März 1935

Unterschriften des Führers und sämtlicher Mitglieder des Reichskabinetts

Linke Seite unten: Als Reichspräsident von Hindenburg am 2. 8. 1934 im Alter von zweiundachtzig Jahren starb, vereinigte Adolf Hitler das Amt des Reichspräsidenten mit dem des Reichskanzlers in seiner Person. Noch am gleichen Tage ließ er auch die Armee auf seine Person vereidigen: »Ich schwöre bei Gott diesen heiligen Eid, daß ich dem Führer des Deutschen Reiches und Volkes, Adolf Hitler, dem Oberbefehlshaber der Wehrmacht, unbedingten Gehorsam leisten und als tapferer Soldat bereit sein will, jederzeit für diesen Eid mein Leben einzusetzen.«
Linke Seite oben: Unter offenem Bruch des Versailler Vertrages wurde am 16. März 1935 die allgemeine und gleiche Wehrpflicht eingeführt. Die Proteste des Auslandes waren lau.

Bild oben: Die deutsche Kriegsflagge.

rings preußische Polizei verlassen. Die Reichswehr steht Gewehr bei Fuß. Die letzte innenpolitische Gefahr für Hitler – die SA – ist zerbrochen. Zwar wird es auch in Zukunft eine Formation der Partei geben, die SA heißt. Aber ihre Mitglieder werden uniformierte, aber unbewaffnete Komparserie sein für Aufmärsche, Fackelzüge, Reichsparteitage.
Einen Monat später zahlt sich das Bündnis mit der Reichswehr aus. Drei Stunden nach dem Tode des Reichspräsidenten von Hindenburg am 2. August 1934 wird ein bereits am Vortag erlassenes Gesetz bekanntgegeben, das Hitler zum vollständigen Diktator Deutschlands macht: Das Amt des Reichspräsidenten wird mit dem des Reichskanzlers vereinigt. Die Befugnisse des Reichspräsidenten, damit auch die des Oberbefehlshabers der Wehrmacht, gehen auf den »Führer und Reichskanzler« Adolf Hitler über. Der Titel »Reichspräsident« wird abgeschafft. Alle Offiziere und Soldaten legen einen neuen Treueid ab: Nicht auf die Verfassung, wie bisher, sondern auf die Person Adolf Hitlers. Hitlers Diktatur ist perfekt. Er muß nicht mehr taktieren, er besitzt die vollständige Macht.
Am 9. März will der britische Außenminister Sir John Simon Hitler in Berlin seine Aufwartung machen. Der Termin ist mit dem Reichsaußenministerium abgestimmt. Sir John will sich mit Hitler über Fragen der Rüstung unterhalten und ihn bewegen, in den Völkerbund zurückzukehren. Doch kurz vorher läßt der deutsche Diktator sich entschuldigen. Er leide an einer Erkältung und müsse für mindestens eine Woche zur Kur nach Oberbayern. In England hält man die »Ausladung« des Außenministers für eine verschnupfte Reaktion auf das kurz zuvor veröffentlichte britische Weißbuch über die deutsche Aufrüstung. Doch Hitler hat einen ganz anderen Grund, Sir John gerade jetzt nicht zu begegnen. Er will am 16. März vor dem Reichstag eine neue außenpolitische »Bombe« zünden: die Wiedereinführung der allgemeinen Wehrpflicht und die einseitige völlige Aufkündigung sämtlicher Rüstungsbeschränkungen des Versailler Vertrages.
Mit diesem eindeutigen Bruch eines immer noch gültigen internationalen Vertrages setzt Hitler auf ein Erfolgsrezept, das er im engen Mitarbeiterkreis oft verkündet hat: »Man muß mit Vertragsverletzungen beginnen, an denen gemessen ein scharfes Einschreiten der anderen übertrieben wirken würde. Das ist eine Gewöhnungskur.«
Die Salamitaktik bringt den gewünschten Erfolg. Aus Paris kommt eine scharfe

Protestnote, aus London eine lahme. Sie endet mit der höflichen Anfrage, ob Sir Johns Besuch dem Herrn Reichskanzler noch genehm sei.
Hitler weiß: England hat nicht die Absicht, den deutschen Vertragsbruch allzu tragisch zu nehmen. Am 25. März kommen Außenminister Sir John Simon und Schatzkanzler Anthony Eden nach Berlin.
Hitler hat einen Köder vorbereitet, der speziell auf die Geschmacksrichtung einer Seemacht wie England abgestimmt ist. Er schlägt ein Abkommen vor, in dem Deutschland sich verpflichtet, seine Flotte im Stärkeverhältnis von nur 35 Prozent der Seestreitkräfte Englands zu halten. Englands unbedingte Überlegenheit zur See solle »grundsätzlich und für immer« anerkannt werden. Sir John stimmt der Aufnahme von Vorverhandlungen zu.
Und noch einen weiteren Erfolg kann Hitler in den Gesprächen für sich buchen. Er spricht die Briten auf die Österreichfrage an. Nach dem gescheiterten Naziputsch in Österreich im Juli 1934 – von dem Hitler sich rasch distanziert hatte – und der Ermordung des Bundeskanzlers Engelbert Dollfuß war Frankreich eng mit Italien zusammengerückt, um künftige deutsche Einmischungen in Österreich zu verhindern. Wie England dazu stehe, will Hitler wissen. Die Antwort Sir Johns befriedigt ihn sehr: »Großbritannien hat an Österreich nicht dasselbe Interesse wie an Belgien. Wir beschränken uns auf die Hoffnung, daß dieses Problem gelöst werden möge.«
Nach diesem Besuch hat die Konferenz von Stresa am 14. April für Hitler nichts Beunruhigendes mehr. Hier, in diesem stillen Kurort am Lago Maggiore, im Borromäischen Schloß auf der Isola Bella, treffen sich an jenem Tag die Regierungen Englands, Frankreichs und Italiens, um über Schritte gegenüber dem vertragsbrüchigen Deutschland zu verhandeln. Das gemeinsame Kommuniqué ist pflaumenweich. In vagen Worten heißt es, die drei Mächte würden sich in Zukunft jedem Schritt widersetzen, durch den der Friede in Europa gefährdet werden kön-

Bild oben: Keine zwei Wochen nach Wiedereinführung der allgemeinen Wehrpflicht konnte Hitler eine englische Delegation in der Reichskanzlei empfangen. Links Lordsiegelbewahrer Sir Anthony Eden, daneben der britische Außenminister Sir John Simon. Ohne Konsultation mit Frankreich wurde am 18. Juni 1935 das deutsch-britische Flottenabkommen unterzeichnet. Mit diesem Vertrag, der ein Stärkeverhältnis der Seestreitkräfte beider Länder von 100:35 vorsah, glaubte Hitler seinem politischen Traum von der deutsch-englischen Freundschaft entschieden nähergekommen zu sein.
Rechte Seite: Während England Hitlers Spiel um die Revision des Versailler Vertrages zunächst wohlwollend mitspielte, stand Mussolini dem Dritten Reich anfangs skeptisch gegenüber. Das erste Treffen der beiden Diktatoren im Juni 1934 in Italien verlief eher kühl.

ne. Frankreich fordert zwar direkte Sanktionen gegen Deutschland, doch England lehnt ab. Allerdings geben die drei Mächte eindeutig zu verstehen, eine Verletzung des Status der entmilitarisierten Zone längs des Rheins durch Deutschland würde die Intervention Großbritanniens, Frankreichs und Italiens auslösen. Und der Generaloberst von Fritsch, der Chef der Heeresleitung, teilt der Generalität mit, eine Veränderung des Status des Rheinlandes könne der Tropfen sein, der »zur Zeit mit Sicherheit das Faß zum Überlaufen bringt«.

Am 4. Juni 1935 beginnen in London die Verhandlungen über ein deutsch-britisches Flottenabkommen. Zum deutschen Unterhändler bestimmt Hitler weder seinen Außenminister noch seinen Botschafter in London, sondern einen Mann seiner eigenen Umgebung, der in der offiziellen Diplomatie bisher noch keine Rolle gespielt hat: Joachim von Ribbentrop.

Seit 1933 hat der ehemalige Weinreisende, der durch seine Heirat mit einer Henkell-Erbin zu Wohlhabenheit gelangt ist, im Auftrag von Hitler eine Konkurrenz zum Außenministerium aufgebaut: das »Büro Ribbentrop«, das der Dienststelle des »Stellvertreters des Führers« angegliedert ist. Es ist nicht der einzige Apparat, mit dem Hitler Außenpolitik außerhalb des Außenamtes treibt. Da gibt es Alfred Rosenbergs »Außenpolitisches Amt der NSDAP«, das mit Ribbentrop konkurriert, da gibt es die Auslandsorganisation der NSDAP unter Gauleiter Bohle, da gibt es viele andere Ämter und Gruppen, die in Außenpolitik dilettieren und sich in Plänen und Aktionen oft gegenseitig widersprechen. Ribbentrops Apparat aber ist der einzig ernstzunehmende, da Hitler ihm am meisten vertraut. Und – Ribbentrop gilt als Englandkenner. Er rühmt sich der persönlichen Bekanntschaft mit einflußreichen Engländern. (Göring meinte dazu einmal sarkastisch: »Die Schwierigkeit liegt darin, ob diese Engländer auch Ribbentrop kennen.«) Hitler jedenfalls meint, Ribbentrop sei »der einzige, der meine Englandpolitik überhaupt kapiert hat«.

In den Akten der deutschen Seekriegsleitung, die heute in London liegen, gibt es ein Papier, das Ribbentrop vor seinen Verhandlungen gründlich studiert hat. Es stammt aus der Feder des japanischen Kapitäns zur See Arata Oka, früher Marineattaché in London, und enthält Erfahrungstips für die Verhandlungstechnik mit britischen Gesprächspartnern. Ein Kernsatz: »Ich kann Ihnen für Ihre Konferenz nur vorschlagen, daß Sie mit einem festen, klaren und einfachen Programm nach London kommen und auf diesem Programm stehenbleiben, ob es zu einer Einigung kommt oder nicht. Wenn die Engländer erst merken, daß Sie fest sind, dann geben sie nach . . .«

Ribbentrop hält sich an dieses Rezept, und Hitler erringt seinen ersten großen außenpolitischen Sieg. Am 18. Juni 1935 wird das Flottenabkommen unterzeichnet. Hitler sagt, dies sei sein »glücklichster Tag«. Er kann seinen einseitigen Vertragsbruch vom 16. März durch ein völkerrechtliches Papier ersetzen, das aus den Rüstungsbeschränkungen von Versailles Makulatur macht. Paris protestiert heftig gegen das Flottenabkommen. Doch die französische Regierung muß sich jetzt obendrein auch noch von den Engländern belehren lassen, sie habe »den Autobus verpaßt«. Anthony Eden sagt im Unterhaus: »Die Franzosen hätten sich mit Deutschland sehr gut über ein 300 000-Mann-Heer einigen können. Jetzt müssen sie sich damit zufriedengeben, daß Deutschland 550 000 Mann aufstellen wird.« Und nicht ohne Eitelkeit fügt er hinzu: »Wenigstens wissen jetzt alle Seemächte, wie viele Schiffe Deutschland bauen wird, und können sich danach richten.«

Hitler hat einen großen außenpolitischen Sieg errungen. In seiner Euphorie versucht er, seinem Traum, einem Bündnis mit England, noch einen weiteren Schritt näherzukommen. Er beauftragt seinen Sonderbotschafter Ribbentrop, unter Umgehung des Außenamtes dem neuen britischen Außenminister Sir Samuel Hoare direkte Bündnisverhandlungen anzubieten. Kern des Angebots: Deutschland würde im Falle eines Angriffs auf die Integrität des Britischen Empires der britischen Regierung sofort und bedingungslos jede gewünschte Menge an Truppen, Schiffen und Flugzeugen zur Verfügung stellen und für England in jedem Teil der Welt kämpfen. Als einzige Gegenleistung für diese Zusage fordere Deutschland Englands »wohlwollende Neutralität« im Falle eines Konflikts zwischen Deutschland und »seinen östlichen Nachbarn«.

In diesem Bündnisangebot liegt wie in einer Nußschale Hitlers ganze außenpolitische Zielsetzung der ersten Jahre vor dem Krieg: Frankreich durch ein Bündnis mit England zu isolieren. Durch Englands Neutralität freie Hand nach Osten zu gewinnen. (Er weiß genau, ohne England würde Frankreich nicht kämpfen.) An Frankreich keine Territorialansprüche zu stellen, um Frankreich damit uninteressiert an Deutschlands Ostkonflikten zu machen. Mit Hilfe Englands die Hegemonie in Europa zu erringen.

Im Hochgefühl seines ersten diplomatischen Erfolges trägt der ebenso arrogante wie beschränkte Ribbentrop dem britischen Außenminister das Bündnisangebot so plump und direkt vor, daß Sir Samuel schockiert ist. Seine Reaktion ist mehr als frostig: »Wenn Deutschland mit seinen einseitigen Aktionen in der Au-

ßenpolitik fortfährt, dann ist ein europäischer Krieg sicher. Ich habe keinen Zweifel daran, daß England dann gegen Deutschland stehen wird. Auf Ihren Erfolg in der Flottenfrage brauchen Sie sich nichts einzubilden. Sie haben lediglich das Glück gehabt, daß unsere Admiralität das Abkommen wollte. Im übrigen kann es kein Bündnis zwischen einer Demokratie und einer totalitären Diktatur geben. Hüten Sie sich, an einen solchen Unsinn zu glauben.«
Für Ribbentrop eine eiskalte Dusche. Für Hitler ein Zeichen, daß man mit den Engländern anders taktieren muß. Er veranlaßt den »Reichskolonialbund« wieder zu verstärkter Aktivität. In einer Unterhaltung in Berlin mit Lord Londonderry meldet er den Anspruch Deutschlands auf zwei ehemalige deutsche Kolonien in Afrika an. Mit der Forderung nach Kolonien glaubt er ein Erpressungsmittel zu besitzen, das England seinen Ouvertüren gegenüber aufgeschlossener machen soll. Und dennoch: Mit dem Flottenabkommen hat Hitler die Front der Stresa-Mächte aufgebrochen. Sein nächstes Ziel ist die Besetzung der entmilitarisierten Zone im Rheinland. Dazu aber muß er Frankreich noch weiter isolieren. Ein anderer europäischer Diktator war in Stresa dabei und hatte gegen Deutschlands Wiederaufrüstung und seinen Bruch des Versailler Vertrages protestiert: Benito Mussolini.

*

Für Adolf Hitler war Mussolini in den zwanziger Jahren ein bewundertes und gern kopiertes Vorbild. Sein »Marsch auf Rom« und die Regierungsübernahme 1922 hatten ihn so fasziniert, daß er im November 1923 versuchte, von München aus nach Berlin zu marschieren. Sein Marsch auf Berlin aber war schon an der Einmündung der Münchner Residenzstraße in den Odeonsplatz, bei der Feldherrnhalle, zusammengebrochen. Mussolini blieb Vorbild. Hitler ließ bei den Nazis den »römischen Gruß« mit ausgestrecktem rechtem Arm einführen, er lobte den Faschismus als Bruder des Nationalsozialismus. Doch er fand bei Mussolini keine Gegenliebe. Alle Annäherungsversuche blieben ohne Ergebnis. Mussolini lehnte sogar frostig Hitlers Bitte nach einem Bild mit Widmung ab.
Den Machtantritt Hitlers sah der Duce

zunächst ohne Unbehagen. Ein Hitler, der an der Kette von Versailles zerrte, konnte für England und Frankreich den Wert der italienischen Freundschaft steigern. Dies aber würde seinen eigenen Revisionsplänen Hilfestellung leisten. Zwar hatte Italien nach dem Ersten Weltkrieg zu den Siegermächten gehört, aber für Italien bedeuteten die Friedensschlüsse von St. Germain und Trianon, daß seine Hoffnungen nicht restlos erfüllt worden waren. Man sprach von der »pace mutilata«, vom verstümmelten Frieden. Die Adria war nicht zum »italienischen Meer« geworden. Nicht Italien, sondern der neue Vielvölkerstaat Jugoslawien hatte am östlichen Ufer die Erbschaft des Habsburgerreiches angetreten. Italiens ersehntes Sprungbrett nach Südosteuropa beschränkte sich auf ein paar unbedeutende Enklaven. Auch die auf Afrika und Kleinasien gerichteten Hoffnungen hatten sich nicht erfüllt.

Doch zwischen 1933 und 1935 war Mussolini alles andere als ein Freund Hitlers. Zwischen beiden Ländern gab es ein ganz besonderes Problem, das ein Zusammenrücken unmöglich machte. Das Problem hieß Österreich.

Hitlers Versuche, gleich nach der Festsetzung seiner Macht in Deutschland das benachbarte Österreich für den Nationalsozialismus »innerlich« zu erobern, seine verhüllt bis unverhüllt vorgetragenen »Anschluß«-Gedanken bedeuteten für Mussolini eine unmittelbare Bedrohung. Als die vom Reich her gelenkte Nazipropaganda zu einem offenen Bruch zwischen Wien und Berlin führte, trat Mussolini massiv als Schutzpatron eines unabhängigen Österreich auf. Im August 1933 forderte er Hitler auf, *schriftlich* auf eine Einverleibung Österreichs zu verzichten. Mussolini trat für die »Vaterländische Front« des Bundeskanzlers Dollfuß ein und versuchte alles, um Österreich enger an Italien zu binden. Aus Rom flossen Gelder in die Kassen der österreichischen »Heimwehr«, eines Kampfverbandes, der gleichzeitig gegen Sozialisten wie Nazis gerichtet war und auf einen austro-faschistischen Staat christlicher Prägung hinarbeitete. Nach der Zerschlagung eines sozialistischen Arbeiteraufstandes in Wien im Februar 1934 wurde die »Vaterländische Partei« in den Rang einer Staatspartei nach faschistischem Vorbild erhoben. Alle anderen Parteien, einschließlich der Nationalsozialisten, wurden verboten. Die römischen Protokolle, am 17. März 1934 von Mussolini, Dollfuß und dem ungarischen Ministerpräsidenten Jàkfa von Gömbös unterzeichnet, waren eine deutliche Warnung an Hitler. Und im Juni, beim Zusammentreffen der beiden Diktatoren in Venedig, warnte Mussolini seinen deutschen Bewunderer sehr nachdrücklich: Jeder Versuch Deutschlands, die Unabhängigkeit Österreichs anzutasten, würde Krieg mit Italien bedeuten.

Bild oben: Die Gneisenau, später eines der erfolgreichsten Schlachtschiffe der Kriegsmarine, wurde 1938 in Dienst gestellt. Die Schiffe dieser Klasse waren als Panzerschiffe von 26000 t geplant, wurden aber als 35400-t-Schlachtschiffe weiterentwickelt. Das verstieß gegen den deutsch-englischen Flottenvertrag und wurde nach dem Krieg Großadmiral Raeder zum Vorwurf gemacht.
Bild rechts: Hitler und Großadmiral Raeder (rechts) statten der Flotte einen Besuch ab.

Überhaupt stand die erste Begegnung mit Mussolini für Hitler unter einem bösen Stern. Während Hitler sich Mussolini mit lakaienhafter Unterwürfigkeit näherte, behandelte der Italiener seinen Kollegen aus dem Norden wie eine politische Null. Er hatte den Gast aus Deutschland in einem stickigen Palazzo unterbringen lassen, dessen Fenster sich nicht öffnen ließen und in dem Myriaden von Mücken umherschwirrten. Im Schlafzimmer fand Hitler keinen Lichtschalter. Er mußte auf einen Stuhl steigen, um die heißen Birnen aus dem Kronleuchter herauszudrehen. Auch optisch machte er in bescheidenem Zivil neben dem uniformierten Cäsaren-Imitator für die Fotografen eine schlechte Figur. Und vor der Abreise wurde er von Mussolini auch wegen Österreich noch drohend geschulmeistert.

Dabei liefen die Vorbereitungen für einen Naziputsch in Österreich schon auf vollen Touren. Im »Braunen Haus«, der Münchner Parteizentrale der NSDAP, wurden Terror- und Sabotageakte geplant. Der Countdown für den Putsch Ende Juli 1934 in Wien hatte begonnen.

Der britische Historiker David Irving hat erst vor kurzem Zugang zu den privaten Aufzeichnungen des damaligen Befehlshabers im Wehrkreis VII in Bayern, General Adam, erhalten. Aus diesen Aufzeichnungen geht einwandfrei hervor, daß Hitler direkt in den Putsch involviert war. Er war auch genau über das Datum informiert. Er forderte General Adam in einer geheimen Unterredung auf, die »Österreichische Legion« aus geflüchteten Nationalsozialisten, die in Bayern an der österreichischen Grenze standen, mit Waffen zu versorgen.

Am 25. Juli schlugen die Nazis in Wien los. Doch der Putsch mißlang. Der exilierte Landesinspekteur der österreichischen NSDAP, Theodor Habicht, hatte offenbar die Zahl seiner Anhänger in Österreich über- und die Unterstützung seitens der österreichischen Armee unterschätzt. Sehr wichtig: Die illegale österreichische SA, erregt über die Ereignisse vom 30. Juli in Deutschland, machte absichtlich nicht mit. Das SS-Kommando, das das Bundeskanzleramt besetzt hielt, geriet in eine aussichtslose Lage. Unterdessen erlag Bundeskanzler Dollfuß den bei der Stürmung des Amtes erlittenen Verletzungen. Und dann brachten die Verschwörer Hitler auch noch diplomatisch in eine äußerst peinliche Lage: Sie wandten sich an die deutsche Gesandtschaft um Hilfe und zwangen Hitler zu einer Entscheidung. Hitler ließ seine Leute fallen. Er verbot der Gesandtschaft, den Beteiligten Asyl zu gewähren. Er ließ die Grenzen nach Österreich sperren und sandte der Witwe des ermordeten Dollfuß ein Beileidstelegramm. Er distanzierte sich öffentlich von dem »verbrecherischen Anschlag«. Er schickte Dr. Lammers, den Chef der Reichskanzlei, zu Hindenburg, um ihn zu einem Beileidstelegramm an den österreichischen Bundespräsidenten zu veranlassen. Lammers erkannte zwar, daß der schwerkranke und hochbetagte Feldmarschall den Sinn des Telegramms nicht begriff, dennoch erhielt er die Unterschrift. Hitler enthob Theodor Habicht seines Postens, berief den kompromittierten deutschen Gesandten aus Wien ab.

Hitler ernennt, um seinen »guten Willen« zu zeigen, den konservativ-katholischen Politiker und bisherigen Vizekanzler Franz von Papen zum Sonderbotschafter in Wien. Er hat allen Grund zum Abwiegeln: Mussolini hat eine Division in Marsch gesetzt und an der Grenze zum Brenner konzentriert. Bei der gegenwärtigen Stärke der deutschen Truppen kann Hitler sich kein militärisches Abenteuer erlauben. Ulrich von Hassell, der deutsche Botschafter in Rom, wird zu Mussolini geschickt, um zu beschwichtigen: Die zutiefst bedauerliche Aktion in Wien sei ohne Wissen und gegen die erklärte Absicht Hitlers geschehen. Der Herr Reichskanzler bedauere den Putschversuch und das Attentat auf Dollfuß auf das schärfste und werde die Schuldigen, soweit sie nach Deutschland geflohen seien, zur Rechenschaft ziehen. Mussolini bleibt mißtrauisch. Er läßt die Division einmarschbereit am Brenner. Hitler hat sein Blatt überreizt und muß eine außenpolitische Niederlage einstecken.

Linke Seite: In der historischen »Trabrennplatz-Rede« am 11. September 1933 kündigt Dollfuß eine ständische Verfassung an. Der österreichische Bundeskanzler, der sich mit autoritären Methoden sowohl gegen die Sozialisten und Kommunisten als auch gegen die Nationalsozialisten zur Wehr setzte, wurde am 25. Juli 1934 beim Putschversuch österreichischer Nationalsozialisten ermordet. Als Hitler merkte, daß dem Putsch kein Erfolg beschieden war, bestritt er jede Beteiligung.
Bild oben: Kaiser Haile Selassie im Felde. Seine schlecht ausgerüsteten Truppen waren den angreifenden Italienern von Anfang an unterlegen, leisteten aber dennoch erbittert Widerstand.

Die Beziehungen zwischen Deutschland und Italien kühlen immer weiter ab. Am 7. Januar 1935 unterzeichnet Mussolini mit dem neuen französischen Außenminister Pierre Laval ein Abkommen, das ihm die Zusammenarbeit Frankreichs in der österreichischen Frage sichern soll. Mit seinem Werben um Frankreich will Mussolini sich den Rücken freihalten für ein geplantes kriegerisches Abenteuer in Übersee: die Eroberung Abessiniens, die Errichtung eines neuen römischen Imperiums. Laval gibt dem Italiener die geheime mündliche Zusage: Frankreich wird Italien in Abessinien freie Hand lassen. Und in Stresa nimmt Mussolini eine sehr scharfe Haltung gegenüber Deutschland ein. Er hofft, daß die Stresa-Partner ihn bei seinem abessinischen Abenteuer durch Stillhalten belohnen werden.

Am 3. Oktober 1935 fallen italienische Truppen in Abessinien ein. England läßt sofort seine Flotte im Mittelmeer demonstrieren und verstärkt seine Truppen in Ägypten. Mit den Stimmen von 50 Ländern verurteilt der Völkerbund Italien als Friedensbrecher, beschließt ein Waffenembargo und wirtschaftliche Sanktionen. England droht mit einem Ölembargo. Das Dogma von der »naturgegebenen Freundschaft« zwischen Italien und England ist erschüttert. Laval protestiert, er habe Mussolini in seinen Verhandlungen niemals eine Carte blanche für den Krieg in Abessinien gegeben.

Diese Chance der Isolierung Italiens nutzt Adolf Hitler. Jetzt ist Italien auf die Unterstützung Deutschlands angewiesen. Die Unterstützung kommt in kleinen, aber willkommenen Portionen.

Zunächst tut Hitler nichts weiter, als das Vorgehen Italiens *nicht* zu verurteilen. Deutschland, das ohnehin nicht mehr Mitglied des Völkerbundes ist, kann sich das leisten.

Am 7. November 1935 verkündet er, Deutschland werde sich nicht an wirtschaftlichen Sanktionen gegen Italien beteiligen. Gleichzeitig aber verkündet er ein Ausfuhrverbot für wichtige Lebensmittel und Rohstoffe aus Deutschland. Als Mussolini anfragen läßt, ob dies nicht praktisch doch einer wirtschaftlichen Sanktion gleichkomme, läßt Hitler das Ausfuhrverbot mit wirtschaftlichen Schwierigkeiten in Deutschland begründen. Mussolini empfindet Deutschlands erklärte Neutralität zumindest als »wohlwollend«. Und er antwortet mit einer freundlichen Geste: Am 12. Dezember läßt er Hitler durch Botschafter von Hassell mitteilen, Italien sei zu einer engen Zusammenarbeit mit Deutschland auf dem Gebiet der Bekämpfung des Kommunismus bereit.

Noch reifere Früchte fallen Hitler durch seine unverbindliche Haltung im Abessinien-Konflikt in den Schoß: Am 6. Januar 1936 läßt Mussolini Botschafter von Hassell zu sich rufen. Für den Botschafter ist es ein sensationelles Gespräch. Er gibt den Inhalt sofort nach Berlin weiter. Mussolini erklärt, für ihn sei Stresa »ein für allemal tot«. Die wichtigste Nachricht Hassells aber ist diese: »Mussolini hat seinen Standpunkt in der österreichischen Frage revidiert. Er hat zwar noch Interesse an einer staatlichen Existenz Österreichs. Wenn aber Österreich als formell selbständiger Staat praktisch ein Satellit Deutschlands wird, hat er nichts dagegen einzuwenden.«

Und Hitler spielt ein raffiniertes Doppelspiel: Während er Mussolinis Freundschaft in kleinen Portionen erringt, weil er der Abessinien-Aktion verständnisvoll gegenübersteht, läßt er die Truppen von Haile Selassie mit Waffen und Munition unterstützen. Sein Außenministerium weiß nichts davon. Wie schon beim Flottenabkommen bedient sich Hitlers Diplomatie auch hier anderer Apparate. Die Waffenhilfe für den Negus läuft über wirtschaftliche Kanäle der Auslandsorganisation der NSDAP und über Mitglieder von Rosenbergs Außenpolitischem Amt der NSDAP. Das Ziel von Hitlers Doppelspiel: Italien soll seine Kräfte so lange wie möglich in Abessinien absorbieren und vom Südosten Europas abgelenkt werden, bis die Zeit reif ist, die Österreichfrage zu lösen.

Die unmittelbar noch wichtigere Frucht seiner Abessinienhaltung kann Hitler am 22. Februar 1936 pflücken: Mussolini gibt Botschafter von Hassell das Versprechen der italienischen Neutralität, falls Deutschland auf den kürzlich abgeschlossenen französisch-sowjetischen Pakt mit der Aufkündigung der Verträge von Locarno reagieren sollte. Teil der Locarno-Verträge ist der Fortbestand der entmilitarisierten Zone des Rheinlandes. Am 7. März 1936, als Hitler sein bisher gefährlichstes Abenteuer startet, gibt Mussolini diplomatischen Flankenschutz. Innerhalb kurzer Zeit hat Hitler erreicht, daß aus dem bisher scharfen Gegner zwar noch nicht ein Bundesgenosse, aber ein wohlwollender Mitspieler geworden ist.

Rheinlandbesetzung

Hitlers außenpolitisches Nahziel gleich nach der Machtergreifung war die völlige Revision des Versailler Vertrages. Das Flottenabkommen mit England hatte die erste Bresche in die Front der Siegermächte von 1918 geschlagen. Den Widerstand der Italiener hatte Hitler aufgeweicht. Jetzt mußte er zu einer Regelung mit Frankreich kommen, das immer noch starr an den Vorschriften von Versailles festhielt.

Anfang 1933 gab es kaum ein Land in Europa, das Hitlers Machtantritt mit größerem Argwohn betrachtete als Frankreich. In seinem Buch »Mein Kampf« hatte Hitler die »Vernichtung der französischen Hegemoniebestrebungen in Europa« gefordert und eine »endgültige Auseinandersetzung mit Frankreich« vorausgesagt. Diese Thesen drohten nun seine außenpolitische Hypothek zu belasten. Das ganze Jahr 1933 über versuchte er französischen Besuchern, Politikern und Journalisten, klarzumachen, daß es nach der Regelung der Saarfrage zwischen Deutschland und Frankreich keine Probleme mehr geben würde. Der deutsche Diktator überbot sich in der Beteuerung seines Friedenswillens. Zum französischen Botschafter André François-Poncet sagte er, begleitet von leidenschaftlichen Gesten: »Wenn ich überhaupt einen Ehrgeiz habe, dann ist es der, daß man mir einstmals ein Denkmal setzen möge, als dem Mann, der die deutsch-französische Aussöhnung zustande gebracht hat.« Doch François-Poncet blieb skeptisch. Nach Paris kabelte er: »Ich glaube, daß Deutschland eine Politik der Versöhnung nur so lange betreiben wird, bis die Reichswehr sich in der Lage sieht, einen Krieg erfolgreich führen zu können.«

Innenpolitisch gehörte Frankreich 1933 zu den schwächsten Nationen Europas. Das ganze Jahr hindurch wurde das Land von politischen und finanziellen Krisen geschüttelt. Eine Regierung löste die andere in schneller Folge ab. Der Wert des Franç verfiel rapide. Infolge eines Korruptionsskandals stand Frankreich Anfang 1934 am Rande einer Revolution. Rechtsradikale paramilitärische Organisationen drohten die Nationalversammlung zu stürzen. Gegendemonstrationen der Kommunisten führten zu blutigen Straßenkämpfen. Der Generalstreik wurde von den Gewerkschaften ausgerufen. Das Kabinett Daladier, erst seit ein paar Tagen im Amt, trat zurück. Ein von innenpolitischen Krisen so stark erschüttertes Frankreich konnte keine wirksame Außenpolitik führen.

Aber dann wendete sich das Blatt. Gaston Doumergue, Daladiers Nachfolger, bildete eine Regierung der »Nationalen Einheit«. Zu seinem Außenminister berief er einen leidenschaftlichen Hitlergegner: Louis Barthou, 72, Mitglied der Académie Française, berühmter Schriftsteller und Politiker. Barthou gehörte zu den Architekten des Versailler Vertrages.

Mit einer für sein Alter ungewöhnlichen Energie nahm Barthou eine entschlossene Abwehrpolitik gegenüber Hitler auf. Er, der gebildete Historiker, der fließend Deutsch sprach, durchschaute Hitlers Zielsetzungen besser als jeder andere Politiker in Europa. In einem Zeitungsinterview sagte Barthou einmal: »Ich bin der einzige französische Minister, der Hitlers ›Mein Kampf‹ in der Originalfassung ge-

Bild oben: Von Anfang an waren die Locarno-Verträge von 1925 der »nationalen Rechten« ein Greuel. Ihre Propagandisten, allen voran Hitlers NSDAP, wurden nicht müde, die »Erfüllungspolitik« und die »Versklavung des deutschen Volkes« anzuprangern. Auf dem Plakat der Deutschnationalen Volkspartei blickt gierig der Feind über den Rhein. Mit einem Bruch der Locarno-Verträge durch Frankreich begründete Hitler seinen Einmarsch in das entmilitarisierte Rheinland.

Rechte Seite: Schon im Februar 1934 gab sich die nationalsozialistische Satire optimistisch, was die Saarabstimmung vom Januar 1935 betraf: »Die Saar-Kommission hält ihre Hände über die deutschen Fahnen, um sie für 1935 zu schonen«, lautete die Originalunterschrift des »Kladderadatsch«.

lesen hat. Glauben Sie mir, Hitler hat auch heute auf kein Komma verzichtet.«
Als erstes versucht Barthou, die gelockerten Fäden des französischen Bündnissystems wieder fester zu knüpfen. Er reist zu Verhandlungen nach London, Brüssel, Warschau, Prag, Bukarest und Belgrad. Er trifft sich mit dem sowjetischen Außenminister Litwinow. Seine Reisen und Aktivitäten sollen in Berlin vor allem optisch Eindruck machen.
Die Aktivitäten des neuen französischen Außenministers beunruhigen Hitler. Die Unruhe wächst, als Frankreich und Italien nach der Dollfuß-Affäre enger zusammenrücken.
Doch Barthous Versuche, ein neues System der kollektiven Sicherheit aufzubauen, scheitern. Wie Berlin, so verweigert auch Warschau seinen Beitritt zu einem von Barthou vorgeschlagenen »Ost-Locarno«. Hitlers Nichtangriffspakt mit Polen hat sich ausgezahlt. Ein »Ost-Locarno« ohne Deutschland aber riecht nach »Einkreisungspolitik«. Und hier versagt auch England Barthou seine Unterstützung. Vor dem britischen Unterhaus erklärt Außenminister Sir John Simon: »England lehnt jede Einkreisungspolitik Deutschland gegenüber ab.«
Dennoch bleibt Barthou für Hitler gefährlich. Dieser hochgebildete Realist ist nicht empfänglich für die sentimentalen Friedensbeteuerungen, mit denen Hitler Franzosen wie Jean Goy, den Vorsitzenden der Vereinigung französische Frontkämpfer, oder Journalisten beeindruckt. Und das Schicksal spielt Hitler wieder einmal in die Hand.
Am 9. Oktober 1934 kommt König Alexander von Jugoslawien zu einem Staatsbesuch nach Frankreich und wird im Hafen von Marseille von Außenminister Barthou abgeholt. Als der König mit dem Politiker im offenen Wagen durch die Straßen von Marseille fährt, durchbricht der Kroate Petrys Kaleman den Kordon der Mobilgarde und feuert aus nächster Nähe mehrere Schüsse auf den König und den Außenminister ab. Alexander ist sofort tot. Barthou verblutet auf dem Weg ins Spital.
Hatte Hitler seine Hand bei dem Attentat im Spiel? Es gibt eine Reihe von Indizien, um diese Frage kritisch zu bejahen. Kaleman und seine Hintermänner waren Mitglieder der kroatischen Terrororganisation Ustascha. Tatsache ist ferner, daß Ustascha-Chef Ante Pavelič mit seinem Stab in Berlin residierte und von Rosenbergs Außenpolitischem Amt der NSDAP finanziert wurde. Tatsache ist auch, daß mit der offiziellen Untersuchung der Hintergründe des Attentats der französische Senator Henri Lémery, Hitler-Freund und aktives Mitglied der faschistischen Organisation der »Feuerkreuzler«, beauftragt wurde und daß die Untersuchung im Sande verlief. Es ist festgestellt worden, daß es geheime Verbindungen zwischen den Feuerkreuzlern und dem französischen Agentenstab von Otto Abetz, dem Frankreich-Experten des Büros Ribbentrop, gab.
Auf jeden Fall hatte Hitler durch das Attentat einen Gewinn. Pierre Laval, der Nachfolger Barthous, war von weitaus geringerem Kaliber als sein Vorgänger. Von ihm brauchte Hitler keine ernsthaften Schwierigkeiten bei der Aufrüstung zu befürchten. In der Frage der Saarabstimmung kam Laval ihm erstaunlich weit entgegen. Nach den Zusicherungen Hitlers, die Saar sei »das letzte Problem zwischen beiden Ländern«, sagte Laval zu Hitlers Emissär Ribbentrop, er sei »an dem Ausgang der Abstimmung nicht interessiert«.
Dennoch wußte Hitler sehr genau, daß er keinen seiner militärischen Pläne im Osten verwirklichen konnte, solange er an den Vertrag von Locarno gebunden war, der Deutschland zur Entmilitarisierung des Rheinlandes verpflichtete. Solange aber Deutschland im Rheinland weder Truppen stationieren noch Befestigungen bauen konnte, hatte Frankreich stets die Möglichkeit, deutsches Territorium zu besetzen, sobald Hitler etwa gegen Österreich oder die ČSR offensiv werden sollte.
Noch hielt auch Italien seine Hand über Österreich, noch bestand eine italienisch-französische Interessengemeinschaft.
Zudem erkannte Hitler mit großem Ärger, daß er sich am 21. Mai 1935 im Reichstag zu einem Fehler hatte hinreißen lassen. Um seine »Friedensliebe« nach der Wiedereinführung der allgemeinen Wehrpflicht erneut zu demonstrieren, hatte er wörtlich erklärt, er halte den Pakt von Locarno »für den einzig klaren und wirklich wertvollen gegenseitigen Sicherheitsvertrag in Europa« und werde die von Stresemann getroffenen Vereinbarungen »peinlich genau einhalten«. 19 Tage zuvor hatte er seinen Kriegsminister Blomberg gebeten, unter dem Decknamen »Schulung« geheime Pläne zur Wiederbesetzung des Rheinlandes auszuarbeiten.

Und in dieser Situation profitierte Hitler zum ersten Mal von einem brillanten Informationsapparat, den Hermann Göring ihm geschaffen hatte.
Ohne Wissen der »offiziellen« Geheimdienste Abwehr und Reichssicherheitsdienst hatte Göring unter der Tarnbezeichnung »Forschungsamt der Luftfahrt« einen perfekten Telefonabhördienst eingerichtet. Agenten in den Hauptstädten Europas hatten in den dortigen Botschaften fast aller europäischen Länder die Telefone angezapft. So konnten die »Monitore« in der Abhörzentrale des Forschungsamtes Tag und Nacht diplomatische Telefonate zwischen Paris, London, Prag, Wien, Rom oder Warschau belauschen. Die Ergebnisse wurden Hitler täglich vorgelegt. Umfang und Erfolg dieser Operation waren erstaunlich.
Durch Görings Forschungsamt erfuhr Hitler auch von den Bemühungen Flandins, seinen Gesprächen mit den Botschaftern und deren Berichten nach London und Rom.
Hitler wird nervös. Zwar hat er Mussolinis Zusage der italienischen Neutralität in der Tasche, aber er muß handeln, bevor Frankreich mit England zu einem Übereinkommen gelangt.
Am 1. März teilt er Blomberg seinen Entschluß mit, am 7. März, einem Samstag, mit dem Einmarsch zu beginnen. Einen Tag später gibt Blomberg eine entsprechende Anweisung heraus. Von Fritsch, der Chef der Heeresleitung, ordnet an, daß zunächst drei Infanteriebataillone den Rhein überqueren und auf Aachen, Trier und Saarbrücken vorrücken sollen. Er befiehlt aber gleichzeitig, die Truppen sollten sich im Falle eines militärischen Eingreifens der Franzosen sofort wieder über den Rhein zurückziehen.
Als Vorwand zum Einmarsch hat sich Hitler den sowjetisch-französischen Pakt zurechtgelegt. In dessen Ratifizierung durch die französische Kammer sieht er ein »eindeutig gegen die Sicherheit Deutschlands gerichtetes Faktum«. Mit dem Rußlandpakt habe Frankreich selber den Vertrag von Locarno gebrochen. Er, Hitler, brauche sich deshalb auch nicht mehr an dieses Papier zu halten.
Es ist Samstag, der 7. März 1936. Im Morgengrauen rücken Marschkolonnen von deutschen Soldaten über die Rheinbrücken auf das linke Rheinufer. Sie werden von einer jubelnden Bevölkerung empfangen.
12 Uhr mittags. In der Berliner Kroll-Oper treten die 600 per NS-Einheitsliste »gewählten« Abgeordneten des Reichstags zusammen. Sie sind telegrafisch nach Berlin beordert worden, um eine Erklä-

Bild oben: Deutsche Truppen marschieren am Kölner Dom vorbei. Als Hitler am 7. März 1936 deutsche Soldaten in die entmilitarisierte Zone des Rheinlandes einrücken ließ, war er sich des großen Risikos bewußt. »Die 48 Stunden nach dem Einmarsch ins Rheinland sind die aufregendste Zeitspanne in meinem Leben gewesen. Wären die Franzosen damals ins Rheinland einmarschiert, hätten wir uns mit Schimpf und Schande wieder zurückziehen müssen.« Frankreich aber nutzte die Chance nicht.
Rechte Seite: Soldaten der Nationalisten führen im spanischen Bürgerkrieg, der von beiden Seiten äußerst grausam geführt wurde, republikanische Gefangene ab.

rung der Reichsregierung entgegenzunehmen.
Nachdem »Parlaments«-Präsident Hermann Göring die Sitzung eröffnet hat, tritt Adolf Hitler ans Rednerpult. Er ist totenbleich. Auf seiner Stirn stehen Schweißperlen. Seine Hände machen fahrige Bewegungen mit dem Manuskript. Seine Lippen zucken nervös.
Dann teilt er der Versammlung mit, daß seit dem Morgengrauen deutsche Truppen ins Rheinland marschieren, um dort »ihre künftigen Friedensgarnisonen« zu beziehen. »Im Interesse des primitiven Rechts eines Volkes auf Sicherheit seiner Grenzen«, fährt Hitler fort, »und zur Wahrung seiner Verteidigungsmöglichkeiten hat daher die deutsche Reichsregierung mit dem heutigen Tage die volle, uneingeschränkte Souveränität des Reiches in der entmilitarisierten Zone des Rheinlandes wiederhergestellt.«
Göring löst den Reichstag auf, um »dem deutschen Volk Gelegenheit zu geben, der mit dem heutigen Tage abgeschlossenen Politik der Wiederherstellung der nationalen Ehre und Souveränität seine feierliche Zustimmung erteilen zu können«.
Als Hitler die Kroll-Oper verläßt, ist sein sieghaftes Lächeln gekünstelt und gequält. Hitler hat Angst. Wenn die Franzosen die Mobilmachung anordnen, wenn sie nur ein einziges Regiment ins Rheinland schicken, müssen die deutschen Truppen sich ohne Kampfhandlung zurückziehen. Diesen Befehl hat Blomberg der Truppe über Fritsch erteilt. Und zu direkten Befehlen an das Heer ist allein Blomberg berechtigt. Als Staatsoberhaupt ist Hitler nur nomineller Oberbefehlshaber. Zudem wäre Deutschland zum gegenwärtigen Zeitpunkt gar nicht in der Lage, einen Krieg mit Frankreich mit irgendeiner Aussicht auf Erfolg zu führen.

Und Hitler weiß noch ein anderes: Ein Rückzug würde sein Ende als Führer des Deutschen Reiches bedeuten. Seinen Entschluß, den Locarno-Vertrag einseitig aufzukündigen und das Rheinland zu besetzen, hat er gegen den Rat seines Generalstabes, gegen die ausdrückliche Mißbilligung seines Außenministers gefaßt. Sogar Göring hat abgeraten. Ein Scheitern der Aktion wäre sein politischer Tod. Nicht nur vor der Weltöffentlichkeit, auch vor dem eigenen Volk würde er als Hasardeur, als Hochstapler, als politischer Abenteurer dastehen. Die Generale würden putschen und ihn seines Amtes entheben. Nach den neuesten Erkenntnissen scheint damals der beim Volk populäre Göring nicht abgeneigt gewesen zu sein, Hitlers Nachfolge anzutreten.
Mit seinem riskanten Coup hat Hitler ein neues »Friedensangebot« verbunden, das er den Botschaftern Frankreichs, Englands und Italiens überreichen läßt: einen neuen Friedensvertrag von 25 Jahren Laufzeit, eine neue entmilitarisierte Zone *beiderseits* der deutschen und französischen Grenzen, eine Beschränkung der Luftwaffen, neue bilaterale Nichtangriffspakte.
Die Franzosen sind vom Einmarsch wie gelähmt. In Paris tritt das Kabinett zusammen. In einer pathetischen Rundfunkansprache an das französische Volk ruft Ministerpräsident Sarraut: »Nie wird Frankreich verhandeln, solange Straßburg und Kolmar in Sichtweite deutscher Artilleristen liegen.«
Außenminister Flandin fordert die Generalmobilmachung. Doch seine Minister kontern: »Sechs Wochen vor den Wahlen?!« Das wäre Wahnsinn. Generalstabschef Gamelin lehnt ein direktes militärisches Eingreifen ohne Beteiligung der anderen Locarno-Mächte ab. Für die französische Armee allein sei das Risiko zu groß. Heute weiß man, daß Gamelin zu jener Zeit in einer neurologischen Klinik wegen einer schweren Hirnerkrankung behandelt wurde und geistig überhaupt nicht in der Lage war, die Situation richtig einzuschätzen. Er sagt den Politikern beruhigend, durch die Maginotlinie sei der Schutz des französischen Territoriums vollauf gesichert. Er läßt den seit 1929 auf Druck der französischen Schwerindustrie gebauten Festungswall, der in der öffentlichen Meinung zu einem »totalen Schutz« hochgejubelt worden war, lediglich durch zwei zusätzliche Divisionen verstärken.
Allein diese Truppenbewegungen lösen in Hitler an jenem Tag eine solche Hysterie aus, daß er drauf und dran ist, die Aktion abzublasen, nachdem Blomberg ihn beschwört, die Truppen zurückzuholen, bevor es zu Kampfhandlungen kommt.
Die stärksten Nerven behält Außenminister von Neurath, der zuvor unablässig gewarnt hatte. Auf Hitlers ängstliches Fragen meint er in schönstem Schwäbisch: »Jetzt sin mer drin, jetzt bleibe mer drin!«
Verzweifelt telefoniert Flandin mit London. Ist England bereit, zu seinen Locarno-Verpflichtungen zu stehen? Eden beschwichtigt. Nach einer Unterredung mit Premierminister Baldwin rät er dem Franzosen, keine übereilten Schritte zu unternehmen. Dann fliegt er selbst nach Paris, um Flandin eine bittere Medizin einzuflößen: England lehne eine militärische Konfrontation ab. Die öffentliche Meinung würde kein Verständnis dafür haben. Nach Ansicht eines Großteils der britischen Bevölkerung habe Deutschland keinen Angriff auf Frankreich unternommen, sondern sei lediglich »in seinem eigenen Vorgarten spazierengegangen«. Im übrigen seien Hitlers Verhandlungsangebote einer ernsthaften Prüfung wert. England sei lediglich bereit, Frankreich im Völkerbund bei einer Verurteilung des deutschen Vorgehens zu unterstützen.
Nach 48 Stunden, die er später »die aufregendsten meines Lebens« genannt hat, weiß Hitler, daß sein riskanter außenpolitischer Coup geglückt ist: Kein französischer Soldat hat die Grenze überschritten. Frankreich hat nicht mobil gemacht. Der Locarno-Pakt ist ein wertloser Fetzen Papier.

Spanischer Bürgerkrieg und Achse Berlin–Rom

Am 17. Juli 1936 brach in Melilla (Spanisch-Marokko) eine Militärrevolte gegen die spanische Volksfrontregierung aus, einen Zusammenschluß von Sozialisten, linksbürgerlichen Republikanern und Kommunisten, die im Februar die Wahlen gewonnen hatten. Der General Francisco Franco y Bahamonde, Kommandeur der spanischen Fremdenlegion in Marokko, stellte sich an die Spitze der Rebellion. Rasch griff der Aufstand, unterstützt von konservativen Offizieren, adligen Grundbesitzern, Industriellen, der Großbourgeoisie, Teilen des Klerus, der faschistischen Falange-Partei und anderen Rechtsparteien, auf das spanische Festland über. Der deutsche Geschäftsträger in Madrid telegrafierte an das Auswärtige Amt in Berlin: »In ganz Spanien Militärrevolten ausgebrochen. Lokale

Dokumente zur Kriegsvorbereitung

Das Globalziel war bekannt. Es hieß: Weltmacht. Wie Deutschland dazu kommen sollte, mochte den Volksgenossen unklar bleiben. Führende Militärs und Politiker jedoch wurden schon bald mit dem Kriegskurs des Dritten Reiches bekannt gemacht. Aus der Fülle der Hitler-Dokumente hier vier Beispiele.

Geheimrede vor Generälen der Reichswehr, 3. Februar 1933

Deutschland muß sich die volle Freiheit seines Entschlusses wiedererobern. Ohne Gewinnung der politischen Macht wird diese Freiheit des Entschlusses nicht möglich sein. Daher ist mein Ziel die Wiederherstellung der politischen Macht. Meine Organisation ist nötig, um den Staatsbürger wieder in Ordnung zu bringen. Die Demokratie ist eine Utopie, sie ist unmöglich. Sie findet weder in der Wirtschaft noch in der Wehrmacht Anwendung, also ist sie erst recht nicht brauchbar in einer so komplizierten Institution, wie es der Staat ist. Die Demokratie ist das Verhängnisvollste, was es gibt. Es kann und darf nur einer befehlen. Für diese Idee arbeite ich seit 1918, und, wenn ich bedenke, daß mich meine Bewegung, die von sieben Leuten zu zwölf Millionen angewachsen ist, vom einfachsten Soldaten zum Reichskanzler des Deutschen Reiches emporgetragen hat, so zeigt dies, daß doch noch ein großer Teil des Volkes für diese Idee zu gewinnen ist. Das Volk muß national denken lernen und dadurch zusammengeschmiedet werden. Geistig allein ist dies nicht zu schaffen, sondern nur durch Gewalt. Wer nicht einsehen will, muß gebeugt werden. Das höchste Gebot ist die Erhaltung der Gesamtheit. Dieser Prozeß ist heute im Vollenden begriffen. In diesem Sinne habe ich meine Organisation aufgebaut und jetzt in den Staat hineingestellt. Ziel ist die Wiederherstellung der deutschen Macht. Dafür kämpfe ich mit allen Mitteln. Zur Wiederherstellung der Macht gehört die Wehrmacht. Die Masse des Volkes muß auf einer einheitlichen Basis erzogen werden. Der Marxismus muß mit Stumpf und Stiel ausgerottet werden . . .
Der Weg, den ich Ihnen vorgezeichnet habe, wird viele Jahre in Anspruch nehmen. Wenn Frankreich tüchtige Staatsmänner hat, so wird es uns in der Vorbereitungszeit überfallen, nicht selbst, sondern wahrscheinlich durch seine Vasallen im Osten. Daher ist es falsch, sich zu sehr auf den Gedanken der Gleichberechtigung festzulegen. Wir müssen im geheimen wirtschaftlich und militärisch alle Vorbereitungen 100%ig treffen und erst, wenn wir dies erreicht haben, hervortreten. Dann haben wir die Freiheit des Entschlusses . . . Mit meiner Bewegung ist dem Vaterland ein Wunder gegeben. Dieses Wunder gibt es aber nur einmal, deshalb müssen wir es auch ausnützen.

Geheime Denkschrift über die Aufgaben des Vierjahresplanes, 1936

Die wirtschaftliche Lage Deutschlands ist, in kürzesten Umrissen gekennzeichnet, folgende:
1. Wir sind übervölkert und können uns auf der eigenen Grundlage nicht ernähren . . .
. . . Zahlreiche Produktionen können ohne weiteres erhöht werden. Das Ergebnis unserer landwirtschaftlichen Produktion kann eine wesentliche Steigerung nicht mehr erfahren. Ebenso ist es uns unmöglich, einzelne Rohstoffe, die uns in Deutschland fehlen, zur Zeit auf einem künstlichen Wege herzustellen oder sonst zu ersetzen . . .
5. Es ist aber gänzlich belanglos, diese Tatsache immer wieder festzustellen, d. h. festzustellen, daß uns Lebensmittel oder Rohstoffe fehlen, sondern es ist entscheidend, jene Maßnahmen zu treffen, die für die Zukunft eine endgültige Lösung, für den Übergang eine vorübergehende Entlastung bringen können . . .
6. Die endgültige Lösung liegt in einer Erweiterung des Lebensraumes bzw. der Rohstoff- und Ernährungsbasis unseres Volkes. Es ist die Aufgabe der politischen Führung, diese Frage dereinst zu lösen.
. . . es ist notwendig, die Friedensernährung und vor allem der Kriegsführung die Mittel zu sichern, die durch menschliche Energie und durch Tatkraft gesichert werden können. Und ich stelle daher zu einer endgültigen Lösung unserer Lebensnot folgendes Programm auf:
I. Ähnlich der militärischen und politischen Aufrüstung bzw. Mobilmachung unseres Volkes hat auch eine wirtschaftliche zu erfolgen, und zwar im selben Tempo, mit der gleichen Entschlossenheit und wenn nötig auch mit der gleichen Rücksichtslosigkeit . . .
II. Zu diesem Zwecke sind auf all den Gebieten, auf denen eine eigene Befriedigung durch deutsche Produktion zu erreichen ist, Devisen einzusparen, um sie jenen Erfordernissen zuzulenken, die unter allen Umständen ihre Dekkung nur durch Import erfahren können.
III. In diesem Sinne ist die deutsche Brennstofferzeugung nunmehr im schnellsten Tempo vorwärtszutreiben und binnen 18 Monaten zum restlosen Abschluß zu bringen.

Die Plakate für den vom 2. bis zum 11. September 1939 geplanten »Reichsparteitag des Friedens« in Nürnberg waren schon gedruckt (linke Seite). Die NS-Großveranstaltung mußte jedoch kurzfristig abgesagt werden. Die Stimmung war zu kriegerisch.
Bild oben: Gerne sonnte sich die NS-Führung in Demonstrationen ihrer militärischen Macht, die auch als Drohgebärden nach außen gedacht waren. Hier Abnahme einer Parade in Berlin Unter den Linden durch den Obersten Befehlshaber der Wehrmacht Adolf Hitler und seine Paladine (von links): Hermann Göring (Luftwaffe), Wilhelm Keitel (OKW), Karl Dönitz (Kriegsmarine), Heinrich Himmler (SS).

Diese Aufgabe ist mit derselben Entschlossenheit wie die Führung eines Krieges anzufassen und durchzuführen; denn von ihrer Lösung hängt die kommende Kriegsführung ab und nicht von einer Bevorratung des Benzins.
IV. Es ist ebenso augenscheinlich die Massenfabrikation von synthetischem Gummi zu organisieren und sicherzustellen . . .
V. Die Frage des Kostenpreises dieser Rohstoffe ist ebenfalls gänzlich belanglos . . .
Es ist weiter notwendig, die deutsche Eisenproduktion auf das außerordentlichste zu steigern . . .
Es ist weiter notwendig, unsere industrielle Fettversorgung in kürzester Schnelligkeit vom Import unabhängig zu machen und aus unserer Kohle zu befriedigen . . .
Es ist weiter notwendig, ohne Rücksicht auf die Kosten die deutsche sonstige Erzförderung zu steigern . . .
Kurz zusammengefaßt: Ich halte es für notwendig, daß nunmehr mit eiserner Entschlossenheit auf all den Gebieten eine 100%ige Selbstversorgung eintritt, auf denen diese möglich ist . . .
Ich stelle damit folgende Aufgabe:
I. Die deutsche Armee muß in vier Jahren einsatzfähig sein.
II. Die deutsche Wirtschaft muß in vier Jahren kriegsfähig sein.

»Hoßbach-Protokoll«, 5. November 1937

Der Führer stellte einleitend fest, daß der Gegenstand der heutigen Besprechung von derartiger Bedeutung sei, daß dessen Erörterung in anderen Staaten wohl vor das Forum des Regierungskabinetts gehörte, er – der Führer – sähe aber gerade im Hinblick auf die Bedeutung der Materie davon ab, diese in dem großen Kreise des Reichskabinetts zum Gegenstand der Besprechung zu machen. Seine nachfolgenden Ausführungen seien das Ergebnis eingehender Überlegungen und der Erfahrungen seiner 4½jährigen Regierungszeit; er wolle den anwesenden Herren seine grundlegenden Gedanken über die Entwicklungsmöglichkeiten und -notwendigkeiten unserer außenpolitischen Lage auseinandersetzen, wobei er im Interesse einer auf weite Sicht eingestellten deutschen Politik seine Ausführungen als seine testamentarische Hinterlassenschaft für den Fall seines Ablebens anzusehen bitte.

Der Führer führte sodann aus: Das Ziel der deutschen Politik sei die Sicherung und die Erhaltung der Volksmasse und deren Vermehrung. Somit handele es sich um das Problem des Raumes.

Die deutsche Volksmasse verfüge über 85 Millionen Menschen, die nach der Anzahl der Menschen und der Geschlossenheit des Siedlungsraumes in Europa einen in sich so fest geschlossenen Rassekern darstelle, wie er in keinem anderen Land wieder anzutreffen sei, wie er andererseits das Anrecht auf größeren Lebensraum mehr als bei anderen Völkern in sich schlösse . . .

Die deutsche Zukunft sei daher ausschließlich durch die Lösung der Raumnot bedingt, eine solche Lösung könne naturgemäß nur für eine absehbare, etwa 1 bis 3 Generationen umfassende Zeit gesucht werden.

Eine weitere Steigerung der Produktion unter Anspannung des Bodens, der infolge der Kunstdüngung bereits Ermüdungserscheinungen aufweise, sei kaum noch möglich und daher sicher, daß selbst bei höchster Produktionssteigerung eine Beteiligung am Weltmarkt nicht zu umgehen sei.

Zur Lösung der deutschen Frage könne es nur den Weg der Gewalt geben, dieser niemals risikolos sei. Die Kämpfe Friedrichs d. Gr. und die Kriege Bismarcks gegen Österreich und Frankreich seien von unerhörtem Risiko gewesen, und die Schnelligkeit des preußischen Handelns habe 1870 Österreich vom Eintritt in den Krieg ferngehalten. Stellt man an die Spitze der nachfolgenden Ausführungen den Entschluß zur Anwendung von Gewalt unter Risiko, dann bleibt noch die Beantwortung der Fragen wann und wie. Hierbei seien drei Fälle zu entscheiden.

Fall 1: Zeitpunkt 1943–1945.

Nach dieser Zeit sei nur noch eine Veränderung zu unseren Ungunsten zu erwarten. Die Aufrüstung der Armee, Kriegsmarine, Luftwaffe sowie die Bildung des Offizierskorps seien annähernd beendet. Die materielle Ausstattung und Bewaffnung seien modern, bei weiterem Zuwarten läge die Gefahr ihrer Veraltung vor . . . Im Verhältnis zu der bis dahin durchgeführten Aufrüstung der Umwelt nähmen wir an relativer Stärke ab . . . Sollte der Führer noch am Leben sein, so sei es sein unabänderlicher Entschluß, spätestens 1943/45 die deutsche Raumfrage zu lösen.

Die Notwendigkeit zum Handeln vor 1943/45 käme in Fall 2 und 3 in Betracht.

Fall 2: Wenn die sozialen Spannungen in Frankreich sich zu einer derartigen innenpolitischen Krise auswachsen sollten, daß durch letztere die französische Armee absorbiert und für eine Kriegsverwendung gegen Deutschland ausgeschaltet würde, sei der Zeitpunkt zum Handeln gegen die Tschechei gekommen.

Fall 3: Wenn Frankreich durch einen Krieg mit einem anderen Staat so gefesselt ist, daß es gegen Deutschland nicht »vorgehen« kann. Zur Verbesserung unserer militärisch-politischen Lage müsse in jedem Fall einer kriegerischen Verwicklung unser 1. Ziel sein, die Tschechei und gleichzeitig Österreich niederzuwerfen, um die Flankenbedrohung eines etwaigen Vorgehens nach Westen auszuschalten.

Rede Hitlers vor der deutschen Presse, 10. November 1938

Die Umstände haben mich gezwungen, jahrzehntelang fast nur vom Frieden zu reden. Nur unter der fortgesetzten Betonung des deutschen Friedenswillens und der Friedensabsichten war es mir möglich, dem deutschen Volk Stück für Stück die Freiheit zu erringen und ihm die Rüstung zu geben, die immer wieder für den nächsten Schritt als Voraussetzung notwendig war. Es ist selbstverständlich, daß eine solche jahrzehntelang betriebene Friedenspropaganda auch ihre bedenklichen Seiten hat; denn es kann nur zu leicht dahin führen, daß sich in den Gehirnen vieler Menschen die Auffassung festsetzt, daß das heutige Regime an sich identisch sei mit dem Entschluß und dem Willen, den Frieden unter allen Umständen zu bewahren. Das würde aber nicht nur zu einer falschen Beurteilung der Zielsetzung dieses Systems führen, sondern es würde vor allem auch dahin führen, daß die deutsche Nation, statt den Ereignissen gegenüber gewappnet zu sein, mit einem Geist erfüllt wird, der auf die Dauer als Defaitismus gerade die Erfolge des heutigen Regimes nehmen würde und nehmen müßte. Der Zwang war die Ursache, warum ich jahrelang nur vom Frieden redete. Es war nunmehr notwendig, das deutsche Volk psychologisch allmählich umzustellen und ihm langsam klarzumachen, daß es Dinge gibt, die, wenn sie nicht mit friedlichen Mitteln durchgesetzt werden können, mit Mitteln der Gewalt durchgesetzt werden müssen. Dazu war es notwendig, nicht etwa nun die Gewalt als solche zu propagieren, sondern es war notwendig, dem deutschen Volk bestimmte außenpolitische Vorgänge so zu beleuchten, daß im Gehirn der breiten Masse des Volkes ganz automatisch allmählich die Überzeugung ausgelöst wurde: Wenn man das eben nicht im Guten abstellen kann, dann muß man es mit Gewalt abstellen; so kann es aber auf keinen Fall weitergehen. Diese Arbeit hat Monate erfordert, sie wurde planmäßig begonnen, planmäßig fortgeführt, verstärkt. Viele haben sie nicht begriffen, meine Herren; viele waren der Meinung, das sei doch alles etwas übertrieben. Das sind jene überzüchteten Intellektuellen, die keine Ahnung haben, wie man ein Volk letzten Endes zu der Bereitschaft bringt, geradezustehen, auch wenn es zu blitzen und zu donnern beginnt.

England duldet Hitler

Zu den Eigentümlichkeiten der Vorkriegszeit gehört die zögernd-wohlwollende Haltung mancher englischer Politiker gegenüber Hitler, die dem Diktator bei seinen außenpolitischen Abenteuern zustatten kam. Ein Beispiel für diese Einschätzung – die bis zur Begeisterung gehen konnte – ist im Bericht des ehemaligen Britenpremiers Lloyd George zu finden, den dieser 1936 nach einem Deutschland-Besuch verfaßte.

Ich bin gerade von einem Deutschland-Besuch zurück. Ich habe den berühmten deutschen Führer gesehen und einiges von den großen Veränderungen, die er bewirkt hat. Was immer man von seinen Methoden denken mag – und sie entsprechen bestimmt nicht denen eines parlamentarisch regierten Landes –, so kann kein Zweifel bestehen, daß er eine wunderbare Veränderung im Geist des Volkes bewirkt hat, in seinem Verhalten untereinander und in seiner sozialen und wirtschaftlichen Grundeinstellung. Mit Recht hat er in Nürnberg für

Bild oben: Auf dem Obersalzberg wird der ehemalige englische Premierminister Lloyd George von Hitler freundlich empfangen. Nach seinem Besuch in Deutschland bekundet der begeisterte britische Staatsmann öffentlich, nunmehr sage auch er »Heil Hitler!«, denn Hitler sei »wirklich ein großer Mann«.
Linke Seite: Musterung junger Wehrdienstpflichtiger.

sich in Anspruch genommen, daß seine Bewegung innerhalb von vier Jahren ein neues Deutschland geschaffen habe. Es ist nicht mehr das Deutschland des ersten Jahrzehnts nach dem Krieg, gebrochen, niedergeschlagen, gebeugt von den Empfindungen der Furcht und Machtlosigkeit. Es ist jetzt erfüllt von Hoffnung und Vertrauen, entschlossen, sein eigenes Leben ohne Einmischung von außen zu gestalten. Erstmals seit dem Krieg herrscht ein allgemeines Gefühl der Sicherheit. Das Volk ist fröhlicher, frischer im Gemüt, glücklicher. Ich sah das überall und war von dem Wandel sehr beeindruckt.

Ein einziger Mann hat dieses Wunder bewirkt. Er ist ein geborener Menschenführer, eine magnetische, dynamische Persönlichkeit mit aufrichtiger Absicht, einem resoluten Willen und furchtlosem Herzen.

Er ist nicht nur dem Namen nach, sondern tatsächlich der nationale Führer. Er hat das Land gegen potentielle Feinde, von denen es umgeben war, gesichert. Zugleich sichert er es gegen den Hunger, welcher eine der lebhaftesten Erinnerungen der letzten Kriegs- und ersten Friedensjahre geblieben ist.

Natürlich stimmt es, daß öffentliche Kritik an der Regierung in jeder Form verboten ist. Nicht, daß Kritik völlig unterbleibt. Ich habe gehört, wie Reden prominenter Nazis freimütig verrissen wurden. Aber kein Wort der Kritik oder Mißbilligung habe ich in bezug auf Hitler vernommen. Er ist ebenso gegen Kritik geschützt wie ein König in einer Monarchie. Doch ist er einiges mehr. Er ist der George Washington von Deutschland, der Mann, der sein Land von aller Bedrückung frei machte.

Denjenigen, die nicht erlebt haben, wie Hitler die Herzen und Gemüter in Deutschland beherrscht, mag diese Beschreibung überspannt erscheinen. Doch es ist die reine Wahrheit. Das große Volk wird mehr arbeiten, mehr opfern und, wenn nötig, mit größerer Entschlossenheit kämpfen, wenn Hitler es von ihm verlangen sollte. Wer diesen zentralen Tatbestand nicht begreift, kann über die Möglichkeiten des modernen Deutschland nicht urteilen.

Aber auch diejenigen haben den Charakter des Wandels nicht verstanden, die meinen, Deutschland sei zu seinem alten imperialistischen Temperament zurückgekehrt. Die Vorstellung, Deutschland könne Europa einschüchtern durch die Drohung mit seiner unwiderstehlichen Armee, bildet keinen Bestandteil des neuen Weltbildes. Was Hitler in Nürnberg gesagt hat, ist wahr: Deutschland werde jedem Angreifer bis zum Letzten widerstehen, habe aber selber nicht mehr den Wunsch, in irgendein Land einzumarschieren. Die Führer des neuen Deutschland wissen, daß Europa ein zu unverdaulicher Brocken für eine einzige Nation ist, mag sie auch noch so gerüstet sein. Die Lektion haben sie im Krieg 1914–18 gelernt. Eine deutsche Hegemonie über Europa – Ziel und Traum des alten Vorkriegs-Militarismus – ist nicht das Herrschaftsbegehren des Nationalsozialismus.

Was mich am meisten während meines kurzen Besuchs im neuen Deutschland beeindruckte, das war die fast religiöse Inbrunst in dem Glauben der Jugend in die Bewegung und ihren Führer. Es war eine Atmosphäre der Wiederbelebung, die mit einem außerordentlichen nationalen Einheitsgefühl verbunden war. Katholiken und Protestanten, Preußen und Bayern, Angestellte und Arbeiter, Reiche und Arme sind *ein* Volk geworden.

Öffentliche Kritik am Regime wird so hart unterdrückt wie in Kriegszeiten. Auf einen Engländer, seit Generationen an freie Rede und freie Presse gewöhnt, wirkt solche Beschränkung der Freiheit befremdlich. In Deutschland, wo derartige Freiheiten nicht so tief verwurzelt sind wie hier, gibt das Volk sich damit zufrieden.

Allenthalben fand ich eine heftige und kompromißlose Feindschaft gegen den Bolschewismus vor, verbunden mit einer echten Bewunderung für das britische Volk, einem tiefen Wunsch nach besserem Verstehen mit ihm. Die Deutschen haben sich definitiv entschlossen, mit uns nie wieder in Streit zu geraten. Ebensowenig hegen sie rachsüchtige Gedanken gegen Frankreich. Sie streben nicht nach Wiedergewinnung Elsaß-Lothringens. Aber es gibt wirklichen Haß auf den Bolschewismus und Furcht vor ihm. Leider nimmt beides an Intensität zu. Sie fürchten sich vor der mächtigen Armee, die in den letzten Jahren in Rußland aufgebaut worden ist. Eine besonders heftige Hetz- und Schmähkampagne in Presse und Radio Sowjetrußlands gegen Deutschland hat dort den Verdacht auf böse Absichten verstärkt. Unglücklicherweise schreiben die deutschen Führer diese Kampagne dem Einfluß prominenter russischer Juden zu. Dadurch ist der Antisemitismus in Deutschland, gerade als er nachzulassen begann, wieder angestachelt worden. Jeder, der Deutschland wohl will – und ich zähle mich dazu –, hofft, daß Goebbels' wütende Reden keine andersgerichteten antijüdischen Aktivitäten hervorrufen mögen. Die jungen Pflänzchen des guten Willens, die so verheißungsvoll auf dem ausgedörrten Grunde einstiger Völkerentzweiung hervorsprießen, könnten sonst wieder verdorren.

Offiziersrevolten Garnisonen Madrid, Barcelona, Sevilla, Granada, Burgos, Pamplona, San Sebastian. Regierung hat Mannschaften von Gehorsamspflicht gegenüber Offizieren entbunden. Ließ Offiziere von Arbeitermilizen verhaften. Kriegszustand erklärt. Gewerkschaften verkünden Generalstreik . . .«

Der spanische Bürgerkrieg hatte begonnen.

Und wieder bediente sich Hitler bei seinen diplomatischen Schachzügen, mit denen er den Konflikt ausnutzte, nicht des offiziellen diplomatischen Apparates seines Auswärtigen Amtes, sondern eigener außenpolitischer Organisationen, in diesem Falle der Auslandsorganisation der NSDAP unter Gauleiter Bohle. Bohles Nazigauleiter für die Deutschen in Marokko residierte in Tetuan und hieß Adolf Langenheim. Sein Wirtschaftsexperte Johannes Bernhardt, ein ehemaliger Zukkerkaufmann, der in Hamburg bankrott gemacht hatte, arbeitete in einer spanischen Firma, die an Garnisonen Küchenherde verkaufte. Im Handel mit Kriegsmaterial an die Aufständischen sah Bernhardt eine Chance, seine wirtschaftliche Basis zu verbessern. Zusammen mit Langenheim und dem spanischen Hauptmann Arrant flog Bernhardt am 22. Juli in einer requirierten Lufthansa-Maschine von Las Palmas nach Berlin, um Hitler und Göring zwei persönliche Briefe von General Franco zu übergeben. Der spanische General bat darum, seine Interessen und Ziele durch Lieferungen von Kriegsmaterial und Flugzeugen zu unterstützen.

Das Auswärtige Amt hatte am 22. Juli bereits ein Telegramm des deutschen Konsuls in Tetuan erhalten: *»Oberstleutnant Beigbeder* (aus dem Stabe General Francos. – Red.) *bittet mich um Absendung folgender ganz geheimer Depesche: Für Militärattaché General Kühlenthal* (deutscher Militärattaché in Paris und Lissabon. – Red.). *General Franco und Oberstleutnant Beigbeder begrüßen den Freund und Ritter General Kühlenthal, mitteilen ihm die neue nationale spanische Regierung und bitten ihn durch deutsche private Firmen Sendung von zehn Flugzeugen für Truppentransporte mit möglichst vielen Plätzen, Transport auf dem Luftweg mit deutschem Personal bis irgendeinen Flugplatz Spanisch-Marokko. Kontrakt wird nachher unterzeichnet werden. Sehr dringend!«*

Das Auswärtige Amt, auf strikte Neutralität bedacht, untersagte dem Konsul die Absendung des Telegramms an Attaché Kühlenthal. Es lehnte auch jetzt, ebenso wie das Kriegsministerium, den amtlichen Empfang der Delegation Langenheim/Bernhardt/Arrant ab, da beide Ministerien das Prinzip der Zurückhaltung nicht durchbrechen wollten. Überdies befürchteten Neurath und Blomberg, daß solche Lieferungen an die Aufständischen nicht geheim bleiben würden.

Die Delegation übergab deshalb den für Hitler bestimmten Brief am 25. Juli dem Chef der Auslandsorganisation, Gauleiter Bohle. Bohle erkundigte sich beim Auswärtigen Amt nach der offiziellen Einstellung im spanischen Konflikt. Ministerialdirektor Dieckhoff, der amtierende stellvertretende Staatssekretär, warnte davor, die Absichten der Delegation offiziell zu fördern. Doch Bohle war mit der Antwort des Auswärtigen Amtes nicht zufrieden. Er trug die Angelegenheit seinem Vorgesetzten Rudolf Heß vor. Und dieser entschied, daß die Briefe Francos Hitler sogleich übergeben werden sollten. Mit drei Experten der Auslandsorganisation fuhren Langenheim, Bernhardt und Capitan Arrant nach Bayreuth, wo Hitler sich anläßlich der Wagner-Festspiele aufhielt. Auch Admiral Canaris, der Chef der deutschen Abwehr, war zugegen.

Hitler faßte sofort den Entschluß, Franco zu unterstützen. Er beriet sich weder mit Außenminister von Neurath noch mit seinem eigenen außenpolitischen Berater von Ribbentrop. Zunächst wurde unter der Leitung Bernhardts im Auftrag Görings eine Firma mit dem Namen »Hisma« gegründet, ein Lufttransportunternehmen, das mit Ju-52-Transportflugzeugen und deutschen Besatzungen Franco-Truppen, Fremdenlegionäre und Marok-

Bild oben: Die Legion Condor paradiert vor Hitler in Berlin am 6. Juli 1939. Die Spanienheimkehrer wurden wie Helden gefeiert, die ein großes Abenteuer hinter sich hatten.
Rechte Seite: Die »Komintern« war der 1919 auf Initiative Lenins vollzogene Zusammenschluß aller kommunistischen Parteien. Daraus rekrutierten sich unter anderem die internationalen Brigaden gegen Franco im Spanienkrieg 1936–1939. Die »Antikomintern«, 1934 in Berlin zur Bekämpfung des Kommunismus gegründet, war zunächst eine reine Propaganda-Aktion. Als Pakt mit Japan (1936) und Italien (1937) wurde sie ein Zusammenschluß gegen die Sowjetunion.

kaner, aus Nordafrika auf das spanische Festland transportieren sollte.
Am 31. Juli 1936 verabschiedete Luftwaffengeneral Erhard Milch in Döberitz die ersten 86 deutschen Freiwilligen für Francos Rebellen. Die Männer, fliegendes und technisches Personal, waren pro forma aus dem aktiven Wehrdienst entlassen worden. Sie trugen Zivil und galten als »Geheime Kommandosache«. Sie waren zum Schweigen verpflichtet worden. Für die Außenwelt waren sie unter Deckadresse zu erreichen: Berlin W 8, Postschließfach 81, oder Max Winkler, Berlin SW 68.
Dieses Vorkommando ging als »Reisegesellschaft Union« in Hamburg an Bord der Usaramo der Woermann-Linie. In der Nacht zum 1. August verließ die Usaramo mit den Freiwilligen, 100 Tonnen Kriegsmaterial, sechs verpackten Jagdflugzeugen He 51 und zwanzig 2-cm-Flakgeschützen Hamburg. In Cadiz legte die Usaramo an. Die Ju-52-Transporter waren von Lufthansa-Personal bereits eingeflogen worden. Jetzt wurden sie von den Freiwilligen bemannt und holten unverzüglich Franco-Truppen aus Marokko nach Südspanien. Täglich drei- bis viermal pendelten die Transporter dieser Luftbrücke über das Mittelmeer. Bis Mitte Oktober schafften sie 13 500 Soldaten und 270 Tonnen Kriegsmaterial aufs Festland.
Zunächst wollte Hitler Franco nur durch die Luftbrücke unterstützen und Offiziere der Rebellen-Luftwaffe ausbilden lassen. Doch ab August 1936 entschloß er sich zu massiverem Eingreifen. Der Nachschub für Franco rollte. Flugzeugbenzin wurde

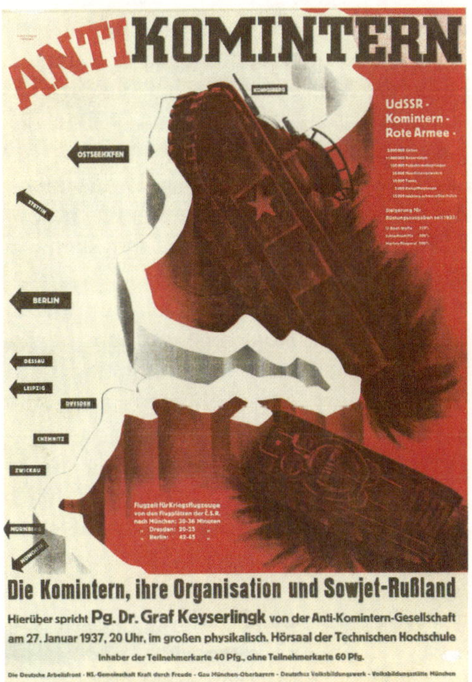

geliefert, Bomben, Munition, Gewehre, Patronen, Handgranaten. Die Franco-Hilfe lief weiterhin unter Deckadressen. Im Spätherbst 1936 umfaßte die »Legion Condor« in Spanien 4500 Mann, drei Staffeln Ju 52, drei Staffeln He-51-Jagdflugzeuge, zwölf He-70-Aufklärer und eine Staffel Seeaufklärer. Hinzu kamen Bodendienste, Nachrichtenabteilungen, Luftzeugdienste, drei schwere und zwei leichte Flakbatterien. Das Heer stellte die »Panzergruppe Drohne« mit drei Panzerkompanien. Hinzu kamen eine Transportkompanie, Panzerabwehrgruppen und eine Nachrichtenkompanie. Die Soldaten erhielten spanische Uniformen mit spanischen Rangabzeichen.
Die offizielle deutsche Außenpolitik hieß weiterhin »Nichteinmischung«. Am 17. August überreichte Außenminister von Neurath dem französischen Botschafter François-Poncet eine Note, in der es unter anderem hieß: »Die deutsche Regierung ist bereit, die unmittelbare und mittelbare Ausfuhr, Wiederausfuhr und Durchfuhr von Waffen, Munition und Kriegsgerät sowie von Luftfahrzeugen, zusammengesetzt oder zerlegt, und von Kriegsschiffen nach Spanien, den spanischen Besitzungen und der spanischen Zone in Marokko zu verbieten.« Wie Ironie klingt der letzte Satz der Note: »Außerdem möchte die deutsche Regierung darauf hinweisen, daß es ihrer Ansicht nach dringend erwünscht wäre, wenn die beteiligten Regierungen (England, Frankreich und Italien) ihre Maßnahmen auf die Verhinderung der Ausreise von freiwilligen Teilnehmern an den Kämpfen in den in Rede stehenden Gebieten ausdehnen würden.«
Am 18. Februar 1937 erließ die deutsche Regierung ein Gesetz zur Verhinderung der Teilnahme am spanischen Bürgerkrieg. Es richtete sich gegen die Ausreise von Freiwilligen für die legale republikanische Seite, die, gemeinsam mit Engländern, Franzosen, Amerikanern und Freiwilligen vieler Länder, in den Internationalen Brigaden kämpfen wollten. Besonders viele junge deutsche Sozialisten und Kommunisten versuchten damals, schwarz nach Spanien zu kommen. Angesichts der »offiziösen« Freiwilligen der Legion Condor klingt das Gesetz wie ein Hohn: »Deutschen Staatsangehörigen ist die Einreise nach Spanien zur Teilnahme am Bürgerkrieg verboten.« Weiterhin: »Es ist verboten, Personen zur Teilnahme am spanischen Bürgerkrieg anzuwerben.« Und: »Wer den Vorschriften dieses Gesetzes zuwiderhandelt, wird mit Gefängnis bestraft.« Die ersten Anwärter auf das Gefängnis wären danach Hermann Göring und General Milch gewesen.

Im Oktober 1936 war der Bürgerkrieg bereits in vollem Gange. Rußland lieferte Panzer und Bomber an die Republikaner und entsandte Militärinstrukteure, Mexiko schickte der legalen Regierung Geld. Für Franco hatte auch Mussolini ein Truppenkontingent unter General Roatta zur Verfügung gestellt.
Hitlers Außenpolitik kam der spanische Bürgerkrieg aus manchen Gründen sehr gelegen. Erstens konnten neue Waffen unter Kriegsbedingungen erprobt und Offiziere und Mannschaften im Turnus ausgebildet werden. Weiter sahen Hitler und Göring die gute Gelegenheit, für den Vierjahresplan Rohstoffe wie Wolfram, Kupfer und Gerbstoffe zu günstigen Bedingungen aus Spanien zu beziehen. Drittens rückte die Front der faschistisch-sozialistischen Länder, nämlich Deutschland und Italien, durch den spanischen Bürgerkrieg näher zusammen. Und viertens lenkte der Bürgerkrieg die internationale Aufmerksamkeit von der deutschen Aufrüstung ab.
Hitler war auch nicht an einem raschen Ende des Bürgerkrieges interessiert. Er lehnte deshalb den Vorschlag seines Geschäftsträgers bei Franco, Generalleutnant a.D. Faupel ab, eine reguläre Division des Heeres nach Spanien zu schicken und so dem Krieg ein rasches Ende zu bereiten. Anfang November 1937 teilte Hitler seinen Mitarbeitern vertraulich mit, daß ein baldiger hundertprozentiger Sieg Francos für Deutschland nicht wünschenswert sei. »Wir sind eher daran interessiert, den Krieg in die Länge zu ziehen und die bestehenden Spannungen im Mittelmeerraum beizubehalten.«
In der Zwischenzeit wollte Hitler zunächst seine inzwischen so erfreulich verbesserten Beziehungen zu Italien pflegen und konsolidieren. Und – zur Vorbereitung seiner Pläne einer Expansion nach Osten wollte er einen neuen Verbündeten im Rücken der Sowjetunion gewinnen: Japan.
Bis 1937 war die offizielle deutsche Politik traditionell chinafreundlich geblieben. Es gab bei Marschal Tschiangkaischek eine einflußreiche deutsche Militärmission, anfangs unter der Leitung von Seeckts, dann unter General von Falkenhausen. Blomberg, die Spitzen des Heeres und das Außenministerium hatten Hitler immer wieder nahegelegt, diese Militärmission beizubehalten. Man knüpfte daran die Erwartung, aus China Rohstoffe zu beziehen.
Aber wieder einmal durchbrach Hitler die Tradition und machte Außenpolitik auf eigene Faust. Ohne Wissen des Auswärtigen Amtes ließ er Ribbentrop Kontakte

mit Japan aufnehmen, um die Lage zu sondieren. Im Mai 1935 traf sein Mittelsmann Friedrich Wilhelm Hack mit dem japanischen Militärattaché Oberstleutnant Oshima zusammen. Ganz allgemein wurde die Möglichkeit erörtert, ob und in welcher Form Deutschland und Japan ein Verteidigungsbündnis gegen die Sowjetunion abschließen könnten. Hans von Raumer, Leiter des Hauptreferates für Ost- und Fernostfragen im Büro Ribbentrop, arbeitete einen Entwurf für einen sogenannten »Antikominternpakt« mit Japan aus, der als weitere Verhandlungsgrundlage dienen sollte und dem Ribbentrop und Hitler zustimmten. Inzwischen aber hatte das japanische Außenministerium, ebenso wie das deutsche Auswärtige Amt nicht über die Verhandlungen informiert, Kenntnis von den Plänen erhalten und sich gegen ein solches Abkommen ausgesprochen. Doch die Armeeführung in Tokio war an einem Pakt interessiert. Sie glaubte, Deutschlands Haltung in einem Konflikt mit China dadurch günstig beeinflussen zu können.

Am 9. Juni 1936 empfing Hitler den japanischen Botschafter Mushakoji zu einer längeren Aussprache. Bei dieser Gelegenheit stimmten beide Politiker darin überein, den Bolschewismus und die kommunistischen Ideen zu bekämpfen. Mehrere Wochen später erklärte Hitler dem japanischen Militärattaché Oshima, Rußland müsse in seine historischen Teile zerlegt werden, damit die Welt endlich zur Ruhe komme. Mitte Juli 1936 gab der japanische Generalstab den deutschen Verhandlungspartnern zu verstehen, ein Vertrag müsse eine Klausel enthalten für den Fall, daß Rußland einen der vertragschließenden Partner angreife. Hitler war einverstanden und übertrug Ribbentrop die Vorbereitung des Vertragsentwurfs.

Am 21. September war der Entwurf fertig und fand die Zustimmung der japanischen Regierung, die sich die Einstellung der deutschen Waffenlieferungen nach China erhoffte. Trotz des Widerstandes des inzwischen informierten – und entsetzten – Außenministers von Neurath wurde der Vertrag am 25. November von Ribbentrop und Botschafter Mushakoji unterzeichnet.

Nach dem mißglückten Naziputsch in Wien und der Ermordung des österreichischen Bundeskanzlers Dollfuß im Juli 1934 hatte Benito Mussolini in einer Rede in Bari voller Verachtung über Deutschland gesagt: »Dreißig Jahrhunderte Geschichte erlauben uns, mit souveränem Mitleid auf gewisse Ideen von jenseits der Alpen zu blicken, die von einer Brut vertreten werden, welche wegen Unkenntnis der Schrift unfähig war, Dokumente ihres Vorhandenseins zu hinterlassen, als Rom einen Cäsar, Virgil und Augustus besaß.« Hitler hatte er in dieser Rede einen »scheußlichen Sexualkrüppel« genannt, einen »gefährlichen Narren und Nachahmer«. Seine faschistische Parteizeitung »Popolo di Roma« hatte er schreiben lassen: »Wer sind denn diese Herren Nazis? Mörder und Päderasten!«

Damals war Mussolini bereits seit 12 Jahren eine markante Figur in der internationalen Politik. Er besaß Prestige in der Welt. Dank seiner wirtschaftlichen und sozialen Erfolge im Inneren wurde er im Ausland anerkannt und respektiert. 1932 hatte Winston Churchill den Duce sogar den »größten Gesetzgeber der Gegenwart« und »das personifizierte römische Genie« genannt.

Noch im Frühjahr 1935 hatte er auf der Konferenz von Stresa im Verein mit England und Frankreich eine scharfe Haltung gegenüber Deutschland eingenommen.

Dann aber kommt der 3. Oktober 1935. Italienische Truppen fallen im Kaiserreich Abessinien ein, um ein überseeisches »römisches Imperium« zu begründen. Italien wird vom Völkerbund als Aggressor verurteilt. England und Frankreich beschließen wirtschaftliche Sanktionen, lassen ihre Flotten im Mittelmeer demonstrieren. Mussolini ist zum politischen Abenteurer gestempelt. Sein Kredit bei den europäischen Mächten ist merklich gesunken.

Und jetzt unterstützt Hitler ihn, indem sich Deutschland als Nichtmitglied des Völkerbundes nicht an den Sanktionen gegen Italien beteiligt. Aus Oberschlesien, von der Saar, von der Ruhr rollen die Kohlenzüge nach Italien.

Um Mussolini so lange wie möglich in Italien in sein Kolonialabenteuer zu verstricken, um ihm die deutsche Gefälligkeit so lange und so intensiv wie möglich beweisen zu können, bedient Hitler sich, wie bereits erwähnt, eines Doppelspiels: Er läßt die Truppen Haile Selassies mit Waffen und Munition unterstützen.

Aus einem Berliner Sonderfonds erhält David Hall, ein deutschstämmiger Berater des Negus, zunächst drei Millionen Mark zum Ankauf von Waffen und Munition bei Rheinmetall-Borsig und Krupp. Später wird die Summe verdoppelt. Hinter den äthiopischen Linien schweben an Fallschirmen Gewehre, leichte Geschütze, Munition und Medikamente herab – abgeworfen aus deutschen Ju 52.

Hitlers Rechnung geht auf. Italiens Isolierung macht Mussolini aufgeschlossen für das Bündniswerben der Deutschen. Er lenkt in der Österreichfrage ein, er gibt diplomatischen Flankenschutz, als Hitler die Verträge von Locarno bricht und im März 1936 das entmilitarisierte Rheinland besetzt.

Und die Beziehungen gestalten sich weiterhin freundlich. Die Annäherung schreitet voran. Am 24. Oktober heißt es in einer Presseverlautbarung der amtlichen Nachrichtenagentur DNB:

»Der Königlich Italienische Minister der Auswärtigen Angelegenheiten, Graf Ciano, wurde heute vom Führer und Reichskanzler empfangen. In der Unterredung hat der Führer und Reichskanzler dem Vertreter der Faschistischen Regierung mitgeteilt, daß die Reichsregierung sich zur förmlichen Anerkennung des Italienischen Kaiserreichs Äthiopien entschlossen hat. Der italienische Außenminister brachte zum Ausdruck, daß die Faschistische Regierung von dieser Mitteilung in voller Würdigung ihrer Bedeutung mit Genugtuung Kenntnis nehme.«

Und in seiner Erklärung beim Abschluß seines Besuchs am 25. Oktober sagt Graf Ciano: »Ich kehre nach Italien zurück mit dem Gefühl der aufrichtigen Bewunderung für alles, was ich in Deutschland habe sehen können. Diese Gefühle gelten in erster Linie dem Führer, dem ich den Gruß des Duce übermittelt habe. Die herzliche Fühlungnahme zwischen unseren beiden Regierungen wird fortgesetzt, und unsere Mitarbeit am allgemeinen Friedens- und Wiederaufbauwerk Europas wird in Rom wie in Berlin weitergeführt werden in demselben Geist und mit derselben Entschlossenheit, wie wir sie in diesen Tagen begonnen haben.«

In seiner Rede vom 1. November 1936 in Mailand erwähnt Mussolini zum erstenmal den Begriff von der »Achse«: »Diese Verständigung, diese Diagonale Berlin–Rom ist keine Trennungslinie, sondern eher eine Achse, um die sich alle europäischen Staaten, die von dem Willen der Zusammenarbeit und des Friedens beseelt sind, sammeln können. Deutschland hat die Sanktionen nicht mitgemacht, obwohl man es bestürmte und ihm damit in den Ohren lag.«

Als Reichsaußenminister von Neurath im Mai 1937 nach Rom reist und sehr herzliche Gespräche mit Mussolini und Graf Ciano führt, konsolidiert sich die »Achse«.

Am 27. September kommt Mussolini zu einem triumphalen Staatsbesuch nach Berlin. Kurz vor dem Stadtbahnhof Spandau-West schiebt sich links neben den Sonderzug des italienischen Gastes ein anderer Zug – der Sonderzug Adolf Hitlers, wie der des Duce aus Essen kommend. Eine Viertelstunde lang fahren bei-

Italiens Diktator Mussolini, eingerahmt von Kriegsminister Blomberg, Hitler und Heeresoberbefehlshaber Fritsch beim Staatsbesuch 1937 in Deutschland.

Umseitig: Fahnen und Uniformen der Wehrmacht aus der Zeit vor Kriegsausbruch.

de Züge auf gleicher Höhe nebeneinander her. Kurz vor dem Bahnhof Heerstraße beschleunigt Hitlers Zug die Geschwindigkeit. Sekunden vor dem des Gastes hält er am Bahnsteig. Hitler springt heraus, eilt an die andere Seite des Bahnsteigs und reicht Mussolini beide Hände zur Begrüßung.

Vom Bahnhof fahren die beiden Diktatoren im offenen Mercedes durch ein Spalier jubelnder und fahnenschwingender Menschenmassen zum Brandenburger Tor. Der Berliner Bühnenbildner Benno von Arent hat den Triumphbogen mit der Quadriga und dem dahinterliegenden Pariser Platz in eine gewaltige Opernbühne verwandelt: Pylone mit Liktorenbündeln, riesigen Adlern und Hakenkreuzen. Fahnenmasten mit gerafften und künstlerisch verknoteten Fahnentüchern in den deutschen und italienischen Farben. Riesige Scheinwerfer machen die Dekoration in der Abenddämmerung zu einem gigantischen Farbspektakel. Als die Wagenkolonne durch die Wilhelmstraße fährt, erklingen aus dem Ehrenhof des Reichspräsidentenpalais' die Hymnen des faschistischen Italiens. Nationalsozialistische Show-Regie, erprobt bei fünf Reichsparteitagen und einer Olympiade, feiert wieder einen ihrer Triumphe.

Am nächsten Abend, auf dem Tempelhofer Feld, ruft der italienische Diktator inmitten eines Wolkenbruchs Hunderttausenden in Formation aufmarschierten Nazis in deutscher Sprache zu: »Die größten und echtesten Demokratien, die die Welt heute kennt, sind die italienische und die deutsche!«

Die Achse Berlin–Rom, das Bündnis zwischen den beiden Diktaturen, ist endgültig besiegelt. Hitler kann einen seiner größten außenpolitischen Siege feiern. Sieben Wochen später tritt Italien offiziell dem deutsch-japanischen Antikominternpakt bei.

Die Achse Berlin–Rom war gefestigt. Im Rücken der Sowjetunion hatte Hitler mit Japan einen überseeischen Verbündeten gewonnen. Doch mit seiner Lieblingsidee, einem deutsch-britischen Bündnis, war er nicht allzu weit gekommen. Im Gegenteil: Nach der Euphorie beim Abschluß des deutsch-britischen Flottenabkommens hatten die Beziehungen sich wieder merklich abgekühlt.

Am 20. November 1936 hatte Außenminister Anthony Eden die britisch-französische Solidarität betont und gewarnt, daß zur Verteidigung Frankreichs und Belgiens gegen einen unprovozierten Angriff (der ja nur von Deutschland kommen konnte) jederzeit britische Truppen eingesetzt werden könnten.

In seiner Unterhausrede vom 19. Januar 1937 richtete Eden dann eine unmißverständliche Warnung an die Adresse Deutschlands, sich aller Hegemoniebestrebungen auf dem europäischen Kontinent zu enthalten.

Als Hitler merkte, daß England seinen Werbungen gegenüber kühl und verschlossen blieb, setzte er wieder einmal die Forderung nach Kolonien als Hebel an.

Fahnen und Uniformen der Wehrmacht

Fahne Infanterie — Fahne Jäger — Standarte Kavallerie — Standarte Artillerie

Heer

Farbe	Waffengattungen usw.	Spiegel, Aufschläge usw.	Achselstücke u. -klappen, Ärmelabzeichen	Bemerkungen
	Generale	W.=Waffenrock, Bl.=Feldbluse	Gen.-Feldm. · Gen.-Oberst · G.d.Inf. usw.	Generalleutnant einen, Generalmajor keinen Stern. – Alle Generale an Beinkleidern breite rote Streifen. – Gelbe Knöpfe usw.
	Generalstab, Kriegsministerium	Generalst., W.[1]) KM., Bl.[1])	Oberst, Oberstlt., KM. Generalst.	Offiziere des Kriegsministeriums und des Generalstabs Kolbenstickerei, an Beinkleidern breite Karmesin-Streifen. E-Offiziere dieser Behörden: E-Uniform.
	Heeresverwaltung	Ob.Beamt., KM., Waffenmeister	Min.-Dir. · Krgsg.-Rat · Hmus.-Insp. · Vinsp., Laz.	Hauptfarbe Verwaltung grün. Zweige der Verwaltung durch Nebenfarben unterschieden, z. B. Ministerium: rot.
	Sanitätsoffiziere, Veterinäroffiziere	Arzt, W. Vet., Bl.	Gstbs.-Arzt · Oberst-vet. · Stabs-arzt · Ober-vet.	Arzt Stab und Schlange, Veterinär nur Schlange. Unterveterinär entspr. Unterarzt (s. rechts).
	Infanterie, MG.-Bataillone	Schütze usw., Bl.	Major · Oberfeldw. · Schütze usw., W.	W Wachtruppe Berlin, E 17 Ergänzungs-Bataillon 17, M 9 MG.-Bataillon. 9, S Infanterie-Schule, L Lehrbataillon.
	Jäger, Gebirgsjäger-Regimenter	Offizier, W.	Hauptmann · Feldwebel · Gebjäg., Bl.[2])	Truppennachrichtendienst
	Kavallerie, Radfahrer	Aufschl., Reit.[3])	Oberleutn. · Unterwachtmstr. · Reit., W.	Unterveterinär R 1 Radfahrer-Bataillon 1, S Kavallerie-Schule, gelbe VII Remonteschule VII.
	Artillerie	Offizier, Bl.	Leutnant · Obermusikm. · Kanonier, Bl.	Hufbeschlagpersonal R 1 Reitende-Abtlg., L Lehrregiment, S Schule, B 3 Beobachtgs.-Abteilung 3, BL Beobachtgs.-Lehrabteilung.
	Pioniere	Schwalbenn., Btls.-Hornist	Fähnrich[4]) · Uffz.-Anw. · Gefreiter, Obpion.	Steuermann · Sanit.-Pers. S 1 Pionier-Schule 1.

[1]) Spiegellitzen sind beim Waffenrock usw. bei allen Waffen mit deren Farbe unterlegt. Bei Bluse erscheint Waffenfarbe nur in den grau unterlegten Litzen. [2]) Auf Bluse bei allen Waffen nur Nummer, kein Vorstoß. [3]) Aufschläge nur an Waffenrock. [4]) Alle Fähnriche Portepee. Oberfähnriche usw. Kragen, Säbel, Mütze wie Offiziere.

Farbe	Waffengattungen usw.	Spiegel, Aufschläge usw.	Achselstücke u. -klappen, Ärmelabzeichen	Bemerkungen
	Nachrichtentruppe	Funker, W.	Oberfähnr.[4]) · Unteroffizier · Obergefreiter	Brieftaubenmeister · Funkmeister
	Kraftfahrkampftruppen	Aufschl., Uffz.	Uffz., grau · Pzsch., schw. · Stabsgefr.	Unterwaffenmeister Panzer-Regimenter: nur Nr. A 2 Aufklärungs-Abteil. 2; EP 7 Erg.-Pzabw.-Abt. 7; K 3 Kradschützen-Btl. 3; P 1 Panzerabwehr-Abt. 1; S Kfkampftruppen-Sch.; S 2 Schützen-Regiment 2; V Kraftf.-Versuchskdo. Schwarze Dienst-Uniform nur Panzerschützen, außer Dienst auch diese feldgrau.
	Kraftfahrkampftruppen Sturzh.-Überz., Pzsch.	Spiegel, Panzersch.	Lt., Aufkl.-Abt. 1 · Unterarzt · Obergefr. n. 6 J.	
	Verschiedenes	Spielmann, Inf.	Major (E) · Hptm. d. Res., Inf. · Verabsch., hier Offz., Oberst, Art.	E-Offiziere einschl. Ärzte usw. tragen in der Regel hellrot vorgestoßene Achs. mit Abz. (s. unten) der Dienststellen. Nur bei Ergänzungs-Einheiten Truppenfarben. – Bei Reserveoffizieren ist Waffenfarbe grau unterlegt.
	Verschiedenes	Krgtress. f. Uffz. oben W., unten Bl.	Nebel-abt. · Kraftfahr-abt., Uffz. · Okdo. d. H.* · Sanit.-Feldw.	L bei Nebeltruppen: Lehrabteilg. – Kraftfahrabteilung alte Waffenfarbe d. Fahr-Abteilungen. *Stabsabteilung.

Mützen

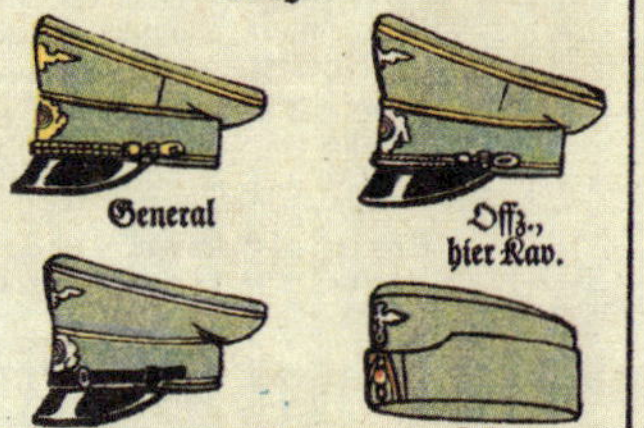

Zahlmeisteranwärter · Feuerwerker · Festungsbaufeldwebel · Schirrmeister · Wallmeister · Heeresbergführer · Armeltresse, Oberfeldw.

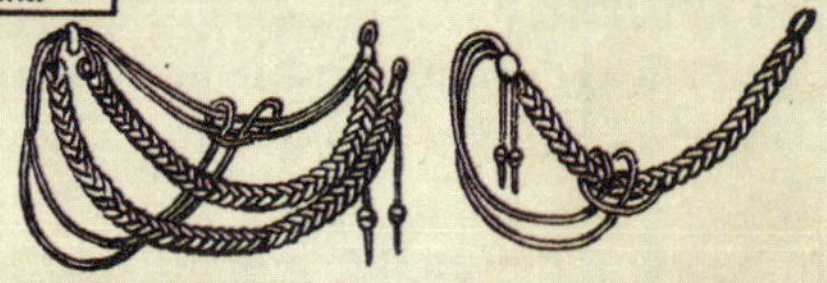

Achselb. d. Offze. z. Ges.-Anz. (Generale Gold) · Adjutanten-Abz. im Dienst

HV Heeresverwaltung,
FS Feuerwerkerschule,
Fp Festungspionierkorps,
Fz Feldzeugmeisterei usw.,
G 3*) Gruppenkommando 3,
KM Kriegsministerium,
KSD Kriegsschule Dresden,

*) G 3, III usw. tragen E-Offiziere in Geldmetall, Unteroffiziere usw. in Weiß. Rote III bei Unteroffizieren usw.: Wehrersatzdienststellen.

D 2 2. Panzerdivision,
Pz Panzerkorps,
SS Heeressportschule,
US Unteroffizierschule,
WS Waffenmeisterschule,
I (Weißmetall) Landwehr-Offiziere, Wehrkreis I,
III Generalkommando (Wehrkreis) III,
Gekreuzte Kanonenrohre: Waffenoffizier (Achsel hochrot: aktiv, hellrot: E).

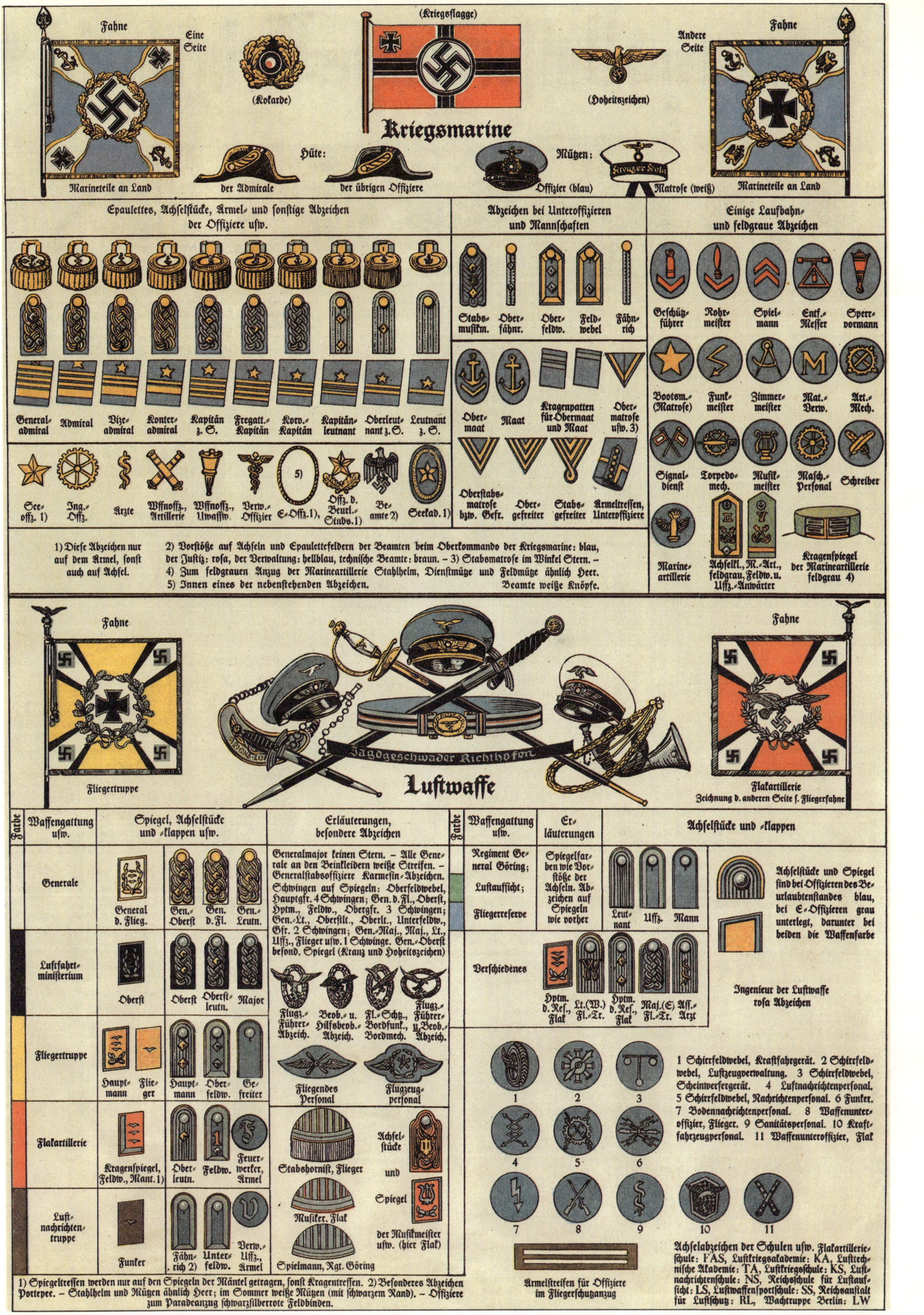
Kriegsmarine
Fahne
Eine Seite
Marineteile an Land
(Kokarde)
(Kriegsflagge)
(Hoheitszeichen)
Andere Seite
Fahne
Marineteile an Land
Hüte:
der Admirale
der übrigen Offiziere
Mützen:
Offizier (blau)
Matrose (weiß)
Kreuzer Köln
Epaulettes, Achselstücke, Ärmel- und sonstige Abzeichen der Offiziere usw.
Generaladmiral
Admiral
Vizeadmiral
Konteradmiral
Kapitän z. S.
Fregatt.-Kapitän
Korv.-Kapitän
Kapitänleutnant
Oberleutnant z. S.
Leutnant z. S.
See-offz. 1)
Ing.-Offz.
Ärzte
Wffnoffz., Artillerie
Wffnoffz., Uwaffw.
Verw.-Offizier
5)
E-Offz. 1)
Offz. d. Beurl.-Stnds. 1)
Beamte 2)
Seekad. 1)
Abzeichen bei Unteroffizieren und Mannschaften
Stabsmusikm.
Oberfähnr.
Oberfeldw.
Feldwebel
Fähnrich
Obermaat
Maat
Kragenpatten für Obermaat und Maat
Obermatrose usw. 3)
Oberstabsmatrose bzw. Gefr.
Obergefreiter
Stabsgefreiter
Ärmeltressen, Unteroffiziere
Einige Laufbahn- und feldgraue Abzeichen
Geschützführer
Rohrmeister
Spielmann
Entf.-Messer
Sperrvormann
Bootsm.- (Matrose)
Funkmeister
Zimmermeister
Mat.-Verw.
Art.-Mech.
Signaldienst
Torpedomech.
Musikmeister
Masch.-Personal
Schreiber
Marineartillerie
Achselkl., M.-Art., feldgrau, Feldw. u. Uffz.-Anwärter
Kragenspiegel der Marineartillerie feldgrau 4)
1) Diese Abzeichen nur auf dem Ärmel, sonst auch auf Achsel.
2) Vorstöße auf Achseln und Epaulettefeldern der Beamten beim Oberkommando der Kriegsmarine: blau, der Justiz: rosa, der Verwaltung: hellblau, technische Beamte: braun. – 3) Stabsmatrose im Winkel Stern. – 4) Zum feldgrauen Anzug der Marineartillerie Stahlhelm, Dienstmütze und Feldmütze ähnlich Heer. 5) Innen eines der nebenstehenden Abzeichen. Beamte weiße Knöpfe.
Luftwaffe
Fahne
Fliegertruppe
Jagdgeschwader Richthofen
Fahne
Flakartillerie
Zeichnung d. anderen Seite s. Fliegerfahne
Farbe
Waffengattung usw.
Spiegel, Achselstücke und -klappen usw.
Erläuterungen, besondere Abzeichen
Generale
General d. Flieg.
Gen.-Oberst
Gen. d. Fl.
Gen.-Leutn.
Generalmajor keinen Stern. – Alle Generale an den Beinkleidern weiße Streifen. – Generalstabsoffiziere Karmesin-Abzeichen. Schwingen auf Spiegeln: Oberfeldwebel, Hauptgfr. 4 Schwingen; Gen. d. Fl., Oberst, Hptm., Feldw., Obergfr. 3 Schwingen; Gen.-Lt., Oberstlt., Oberlt., Unterfeldw., Gfr. 2 Schwingen; Gen.-Maj., Maj., Lt., Uffz., Flieger usw. 1 Schwinge. Gen.-Oberst besond. Spiegel (Kranz und Hoheitszeichen)
Luftfahrtministerium
Oberst
Oberst
Oberstleutn.
Major
Flugz.-Führer-Abzeich.
Beob.- u. Hilfsbeob.-Abzeich.
Fl.-Schtz., Bordfunk., Bordmech.
Flugz.-Führer- u. Beob.-Abzeich.
Fliegertruppe
Hauptmann
Flieger
Hauptmann
Oberfeldw.
Gefreiter
Fliegendes Personal
Flugzeugpersonal
Flakartillerie
Kragenspiegel, Feldw., Mant. 1)
Oberleutn.
Feldw.
Feuerwerker, Ärmel
Stabshornist, Flieger
Achselstücke und Spiegel der Musikmeister usw. (hier Flak)
Musiker, Flak
Luftnachrichtentruppe
Funker
Fähnrich 2)
Unterfeldw.
Verw.-Uffz., Ärmel
Spielmann, Rgt. Göring
1) Spiegeltressen werden nur auf den Spiegeln der Mäntel getragen, sonst Kragentressen. 2) Besonderes Abzeichen Portepee. – Stahlhelm und Mützen ähnlich Heer; im Sommer weiße Mützen (mit schwarzem Rand). – Offiziere zum Paradeanzug schwarzsilberrote Feldbinden.
Farbe
Waffengattung usw.
Erläuterungen
Achselstücke und -klappen
Regiment General Göring;
Luftaufsicht;
Fliegerreserve
Spiegelfarben wie Vorstöße der Achseln. Abzeichen auf Spiegeln wie vorher
Leutnant
Uffz.
Mann
Achselstücke und Spiegel sind bei Offizieren des Beurlaubtenstandes blau, bei E-Offizieren grau unterlegt, darunter bei beiden die Waffenfarbe
Verschiedenes
Hptm. d. Ref., Flak
Lt. (W.) Fl.-Tr.
Hptm. d. Ref., Flak
Maj. (E) Fl.-Tr.
Ass.-Arzt
Ingenieur der Luftwaffe rosa Abzeichen
1 2 3 4 5 6 7 8 9 10 11
1 Schirrfeldwebel, Kraftfahrgerät. 2 Schirrfeldwebel, Luftzeugverwaltung. 3 Schirrfeldwebel, Scheinwerfergerät. 4 Luftnachrichtenpersonal. 5 Schirrfeldwebel, Nachrichtenpersonal. 6 Funker. 7 Bodennachrichtenpersonal. 8 Waffenunteroffizier, Flieger. 9 Sanitätspersonal. 10 Kraftfahrzeugpersonal. 11 Waffenunteroffizier, Flak
Ärmelstreifen für Offiziere im Fliegerschutzanzug
Achselabzeichen der Schulen usw. Flakartillerieschule: FAS, Luftkriegsakademie: KA, Lufttechnische Akademie: TA, Luftkriegsschule: KS, Luftnachrichtenschule: NS, Reichsschule für Luftaufsicht: LS, Luftwaffensportschule: SS, Reichsanstalt für Luftschutz: RL, Wachtruppe Berlin: LW

Auf dem Nürnberger Reichsparteitag erhob er am 7. September 1937 massiv die Forderung, Deutschland Kolonien zu geben: »Der deutsche Lebensraum ist ohne koloniale Ergänzung zu klein, um eine ungestörte, sichere, dauernde Ernährung unseres Volkes zu gewährleisten.« Hitler war nie ernsthaft an überseeischen Kolonien interessiert. Seine »koloniale Ergänzung des deutschen Lebensraumes« lag im Osten. Doch die dauernde Forderung nach Rückgabe der verlorenen Kolonien sollte England seinen Vorschlägen gefügig machen, ihm nach Osten hin freie Hand zu lassen. Klaus Hildebrand nennt dies in seinem Buch »Deutsche Außenpolitik 1933 bis 1945, Kalkül oder Dogma« die Politik der »drohenden Werbung«. Hildebrand schreibt: »Unübersehbar . . . ist, daß mit der ›Gleichschaltung‹ der Kolonialverbände zum Reichskolonialbund der ›Führer‹ das Instrument bereitstellen ließ, das den Engländern gegenüber drohend als Ausdruck der deutschen ›öffentlichen Meinung‹ präsentiert werden konnte, wenn es in Zukunft darum ging, Kolonialforderungen anzumelden und die Briten auf das Programm Hitlers festzulegen.«

Am 3. Februar 1933 hatte Hitler der Generalität zum ersten Mal seine außenpolitischen Ziele erläutert. Als das Jahr 1937 zu Ende ging, rief er die Spitzen der Wehrmacht abermals zusammen. Am 5. November 1937 fand in der Reichskanzlei eine Besprechung statt, auf der Hitler seine wahren Ziele erläuterte, die weder in offiziellen Kommuniqués, Reichstagsreden oder Reichsparteitagsproklamationen zu finden waren. Anwesende: Reichskriegsminister Generalfeldmarschall von Blomberg, der Oberbefehlshaber des Heeres Generaloberst Freiherr von Fritsch, der Oberbefehlshaber der Kriegsmarine Generaladmiral Dr. h. c. Raeder, der Oberbefehlshaber der Luftwaffe Generaloberst Göring, der Reichsminister des Auswärtigen Freiherr von Neurath. Das Protokoll führte der Oberst im Generalstab Hoßbach.

Kernpunkt der Besprechung war die Unvermeidbarkeit eines Krieges im Osten spätestens 1943. Zunächst müsse Österreich besetzt und die Tschechoslowakei niedergeworfen werden. Es sei ein »unabänderlicher Entschluß«, spätestens 1943/45 die »deutsche Raumfrage« zu lösen. Sollte vor diesem Zeitpunkt Frankreich innenpolitisch so geschwächt sein, daß es dort zu einer Krise käme, würde er früher losschlagen. Dies habe er auch vor, wenn Frankreich durch einen Krieg mit einem anderen Staat gefesselt sei. Hier setzte er seine Hoffnung auf Italien, das territorial nach Tunesien expandieren wolle und außerdem Forderungen in Südfrankreich habe.

Sowohl Blomberg als auch Fritsch meldeten Bedenken an: Man dürfe weder England noch Frankreich unterschätzen. Hitler hat sich die Widerreden der unbequemen Mahner sehr wohl gemerkt. Es vergingen keine drei Monate, da wurden sowohl Blomberg als auch Fritsch durch ein wohlinszeniertes Netz von Intrigen abgelöst und durch gefügigere Generale ersetzt. Am selben Tag, dem 4. Februar 1938, wurde auch Außenminister von Neurath, der Vertreter der konservativen »alten Schule« im Außenamt, abgesetzt.

Mit dem Jahre 1938 begann Hitler eine neue Phase seiner Machtpolitik nach außen, die – zunächst scheinbar von großen Erfolgen gekrönt – schließlich direkt in den Krieg führte.

Anfang 1938 gab es einschneidende Veränderungen im Kabinett und in den Spitzenpositionen der Wehrmacht. Sie machten Hitler den Weg zu alleinigen außen- und militärpolitischen Entscheidungen völlig frei. Der wichtigste Wechsel fand in der Spitze der Wehrmacht statt. Der 60jährige Reichskriegsminister Generalfeldmarschall von Blomberg heiratete eine 24jährige Sekretärin, die als 18jährige einmal durch einen dummen Zufall eine polizeiliche Vernehmung in einer Sittensache hatte über sich ergehen lassen müssen. In einer gezielten Intrige, an deren Spitze Göring stand, wurde jetzt aus der jungen Frau des Ministers eine »von der Sittenpolizei überwachte Dirne«. Blomberg mußte seinen Abschied nehmen. An erster Stelle als möglicher Nachfolger stand der Oberbefehlshaber des Heeres Generaloberst Freiherr von Fritsch. Doch Hitler hielt die Einstellung des konservativen Generals moderner Kriegstechnik gegenüber für altmodisch und überholt. Auch hier kam Hitler eine Intrige zu Hilfe, eingefädelt von Himmler, unterstützt von Göring, der selbst auf den Posten des Kriegsministers reflektierte. Der General Fritsch wurde homosexueller Betätigungen verdächtigt; er sei einem Erpresser ausgeliefert, man fand sogenannte »Zeugen«. Auch Fritsch nahm seinen Abschied. Zwar wurde er durch ein späteres Gerichtsverfahren völlig rehabilitiert, doch er war innerlich zerbrochen.

Der Abgang der höchsten Offiziere gab Hitler Gelegenheit, die gesamte Wehrmachtsführung umzubilden. Zum neuen Oberbefehlshaber des Heeres wurde General Walther von Brauchitsch, ein zuverlässiger Funktionär, bestellt. Das Kriegsministerium wurde aufgelöst und in das neugeschaffene Oberkommando der Wehrmacht integriert. Zu dessen Chef bestellte Hitler den nachgiebigen und gehorsamen General Wilhelm Keitel, der sich keineswegs durch eine unabhängige Denkweise auszeichnete und schon in seinem Heimatregiment den Spitznamen »Lakaitel« getragen hatte.

Der Erdrutsch vom 4. Februar 1938 erfaßte nicht nur die militärischen, sondern auch die diplomatischen Spitzen. Hitler feuerte seinen Wirtschaftsminister Schacht ebenso wie seinen Außenminister

ÖFFENTLICHE INVESTITIONEN IN DEUTSCHLAND

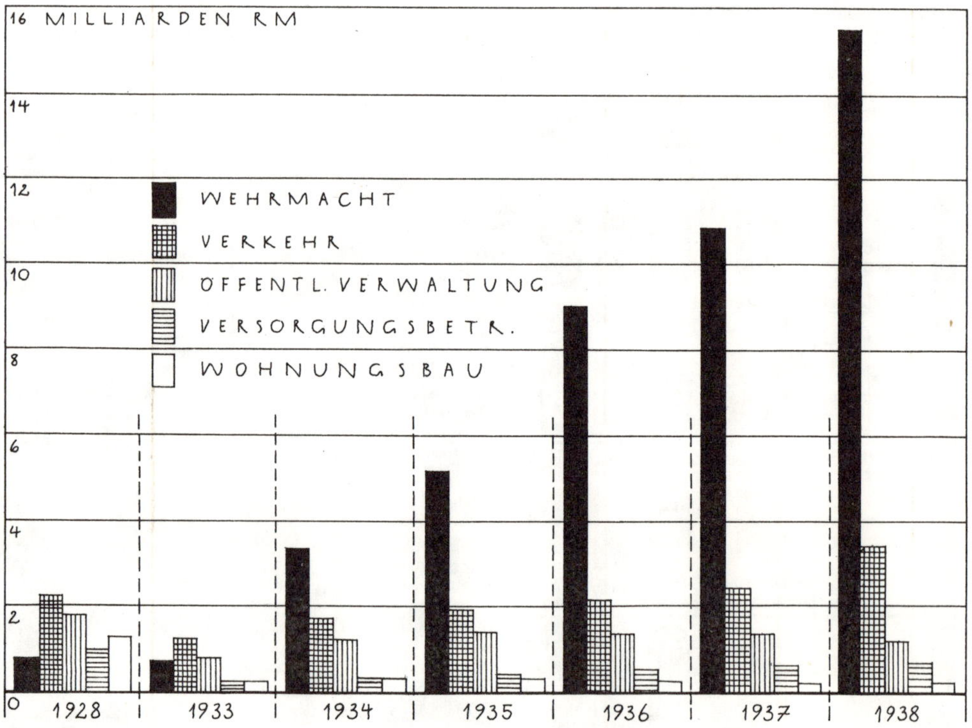

Bild oben: In dem fähigen Finanztechniker Hjalmar Schacht hatte Hitler für die Friedensjahre einen hervorragenden Fachmann zur Seite. Die von Schacht eingeführten »Mefo-Wechsel« halfen mit, unter Vermeidung einer inflatorischen Entwicklung, die Wirtschaft anzukurbeln. Als Hitlers Aufrüstungspolitik immer hemmungsloser wurde, trat Schacht 1937 vom Posten des Wirtschaftsministers zurück.
Linke Seite: Ein Vergleich der öffentlichen Investitionen in Deutschland von 1928 bis 1938 zeigt, welchen Vorrang Hitler der Wiederaufrüstung gab.

von Neurath. Der Botschafter in Rom, Ulrich von Hassell, wurde vorzeitig pensioniert. Göring wurde zum Feldmarschall befördert, 60 Generale des Heeres und der Luftwaffe wurden geschaßt oder auf einflußlose Posten versetzt. Zum Nachfolger Neuraths auf dem Posten des Außenministers ernannte Hitler den ihm ergebenen Joachim von Ribbentrop, bisher Botschafter in London. In seinem Buch »Hitlers Weg zum Krieg« erwähnt David Irving die treffende Charakterisierung Ribbentrops durch General Carl Heinrich von Stülpnagel: »Was er Politik nennt, spielt sich etwa so ab: Hitler gibt ihm eine Trommel und befiehlt ihm zu trommeln. Dann trommelt er laut und stark. Nach einer Weile nimmt ihm Hitler die Trommel weg und gibt ihm eine Trompete. Dann trompetet er, bis ihm befohlen wird, aufzuhören und Flöte zu spielen. Warum er getrommelt, trompetet und geflötet hat, weiß er nicht und hat er nicht verstanden.«
Am 5. Februar 1938 um 20.00 Uhr fand die letzte Kabinettsitzung des Dritten Reiches statt. Von diesem Tage an wurde das Kabinett nie mehr einberufen. Kurz zuvor schon hatte Hitler General Keitel anvertraut, er plane etwas, worüber Europa »den Atem anhalten« werde. Und schon bald fiel ihm die erste Beute in den Schoß, nicht durch »heißen« Krieg, sondern durch Nervenkrieg, Pressionen, psychologische Manöver und – Bluff.

»Anschluß«

Deutschlands Beziehungen zu Österreich wurden formell bestimmt von der Vereinbarung vom 11. Juli 1936, in der es hieß, daß die »deutsche Reichsregierung die volle Souveränität des Bundesstaates Österreich anerkennt«. Weiter hieß es dort wörtlich: »Jede der beiden Regierungen betrachtet die in dem anderen Lande bestehende innerpolitische Gestaltung, einschließlich des österreichischen Nationalsozialismus, als eine innere Angelegenheit des anderen Landes, auf die sie weder unmittelbar noch mittelbar Einwirkung nehmen wird.«
Das Regime des Bundeskanzlers Kurt Edler von Schuschnigg war keinesfalls demokratisch. Die klerikal-faschistische »Vaterländische Front« war als einzige Partei zugelassen, Nazis saßen ebenso in den Gefängnissen wie Sozialisten und Kommunisten. Schuschnigg regierte autokratisch und autoritär. Doch Österreich war in einer schweren Krise, von Deutschland bedrängt, von seinem früheren Freund Mussolini mehr und mehr im Stich gelassen.
Schon im Januar 1938, noch vor dem Revirement seiner Regierung, begann Hitler den Nervenkrieg gegen Österreich. Am 22. Januar wurde Schuschnigg gezielt zugetragen, Hauptmann Josef Leopold, einer der Wiener Naziführer, hätte unlängst vor dem Sekretär des britischen Faschistenführers Sir Oswald Mosley damit geprahlt, die österreichischen Nazis würden im Frühjahr mit Unterstützung des Reiches einen bewaffneten Aufstand durchführen. Am Tag darauf telegrafierte der österreichische Gesandte Tauschitz aus Berlin, Göring habe privat erklärt, im Frühjahr wären die Schwierigkeiten des Reiches bei der Bezahlung österreichischer Rohstoffe beseitigt. Am 26. Januar fand die Wiener Polizei bei einer Razzia in Leopolds Büro Dokumente, die auf einen Staatsstreich hindeuteten. Hitler feuerte Leopold zwar – ebenso wie er sich 1934 von den österreichischen Putschisten gegen Dollfuß distanziert hatte –, aber das Ziel war erreicht: Schuschnigg nervös zu machen.

Hitlerjungen auf der Tribüne beim Nürnberger Parteitag. Nach Hitlers Worten sollte die Jugend, die »meinen Namen trägt«, »schlank und rank wie

Windhunde, zäh wie Leder und hart wie Krupp-Stahl« sein. Die »Garanten der Zukunft«, sollten bereit sein, für Volk und Führer ihr Leben zu lassen.

Am selben Tag, an dem die Razzia die peinlichen Dokumente entdeckte, telegrafierte Neurath nach Wien, Hitler schlage vor, Bundeskanzler Schuschnigg Mitte Februar zu einer Unterredung auf den Berghof einzuladen. Eine solche Zusammenkunft hatte stets zu Schuschniggs Lieblingsideen gehört. Er wolle, wie er sagte, »von Mann zu Mann« mit Hitler sprechen.

David Irving schreibt: »Hitler bereitete die Zusammenkunft so sorgfältig vor wie ein Regisseur eine Opernaufführung in Bayreuth.« In die Kasernen auf dem Obersalzberg wurden Angehörige der »Österreichischen Legion« gelegt, junge, aus Österreich geflüchtete Nazis in SS-Uniformen. Zur Begrüßung der österreichischen Delegation an der Treppe zum Berghof ließ Hitler sich von Heeresgeneral Reichenau und Luftwaffengeneral Sperrle begleiten. Hitler hielt sie für zwei seiner »am brutalsten aussehenden Generale«.

Für Schuschnigg ist die europäische Szenerie so grau und kalt wie jener Wintermorgen des 12. Februar. Die europäischen Großmächte scheinen das Interesse an einer Erhaltung der österreichischen Unabhängigkeit immer mehr verloren zu haben. Mussolini, noch vor wenigen Jahren aktivster Garant der Selbständigkeit Österreichs, hat sich eng an Hitler angeschlossen. In England kann sich Außenminister Eden dem Beschwichtigungspremier Chamberlain nicht mehr wirksam widersetzen. Frankreich, von schweren innenpolitischen Kämpfen heimgesucht, ist außenpolitisch völlig gelähmt.

Die Zusammenkunft am 12. Februar wird zu einer wohleinstudierten Demütigung und Erpressung der Österreicher. Als der 41jährige Österreicher Schuschnigg dem sieben Jahre älteren Österreicher Hitler in dessen Arbeitszimmer gegenübersitzt, versucht der jüngere zunächst das Gespräch mit einer höflichen Bemerkung einzuleiten:

»Dieser wundervoll gelegene Raum ist wohl schon Schauplatz mancher entscheidender Besprechung gewesen, Herr Reichskanzler?«

Darauf Hitler brüsk: »Wir sind ja nicht zusammengekommen, um von der schönen Aussicht und vom Wetter zu reden!« Und dann prasselt eine Kanonade von Vorwürfen auf den verstörten Gast nieder. Hier nur ein paar Zitate: »Österreich hat nie etwas getan, was dem deutschen Reich genützt hat. Seine ganze Geschichte ist ein ununterbrochener Volksverrat.« »Ich könnte mich mit viel mehr Recht als Österreicher bezeichnen als Sie, Herr Schuschnigg!« »Lassen Sie Ihre Befestigungen an den Grenzen beseitigen, sonst schicke ich ein paar Pionierbataillone und lasse den ganzen Mist wegräumen!« Und dann sagt er drohend: »Ich werde diese ganze österreichische Frage lösen, so oder so! Vielleicht bin ich über Nacht auf einmal in Wien, wie der Frühlingssturm! Dann sollen Sie etwas erleben!« Als Schuschnigg nach den konkreten Wünschen Hitlers fragt, sagt dieser kalt: »Das werden Sie am Nachmittag erfahren.«

Keine einzige Zigarette darf der Kettenraucher Schuschnigg im Hause des Nichtrauchers Hitler anzünden. Die Entziehungserscheinungen verursachen ihm Schwindel und Übelkeit. Beim anschließenden Mittagessen stochert der österreichische Bundeskanzler lustlos in seinem Essen herum. Dann muß er zwei Stunden in einem kleinen Vorzimmer warten. Schließlich wird er erneut zu Hitler gerufen. Wieder droht der Führer: »Ich habe mich mit dem Gedanken getragen, am 26. Februar in Österreich einzumarschieren, Herr Schuschnigg. Jetzt haben meine Berater mir einen Plan unterbreitet, den ich akzeptiert habe. Dieses Abkommen müssen auch Sie jetzt unterschreiben.« Schuschnigg erhält zwei Schreibmaschinenseiten mit einem Vertragsentwurf. Beim Lesen wird er bleich. Der Entwurf ist ein Ultimatum, die österreichische Regierung praktisch den Nazis auszuliefern. Kernpunkte: Sofortige Aufhebung des Verbots der österreichischen NSDAP. Sofortige Freilassung aller in Haft befindlicher Nationalsozialisten, einschließlich der am Dollfuß-Mord beteiligten. Ernennung des Nazisympathisanten Dr. Seyß-Inquart zum Innen- und Sicherheitsminister. Ernennung von zwei weiteren Nationalsozialisten zu Ministern. Austausch von hundert Offizieren zwischen deutscher Wehrmacht und österreichischem Bundesheer.

Auf die Frage Schuschniggs, ob man jetzt

Bild oben: Kurt von Schuschnigg, Bundeskanzler und Führer der vaterländischen Front, hatte sich von der Annäherung an das faschistische Italien die Unabhängigkeit seines Landes versprochen, aber Mussolini (linke Seite) ließ ihn im Stich. Das Ende des selbständigen Österreich war besiegelt, als sich die beiden Diktatoren einig waren. Hitlers Neutralität im Abessinienkrieg und der gemeinsame Kampf auf Francos Seite im spanischen Bürgerkrieg hatten sich bezahlt gemacht.

zur Verhandlung schreiten könne, sagt der neue Außenminister Ribbentrop, der Entwurf müsse als Ganzes akzeptiert werden. Und Hitler ruft: »Zu diskutieren gibt es nichts, Herr Schuschnigg. Ich ändere keinen Beistrich. Die Forderungen müssen innerhalb von drei Tagen erfüllt werden. Wenn Sie jetzt nicht unterschreiben, werde ich im Laufe der kommenden Nacht meine Entschlüsse fällen!«

Schuschnigg gibt zu bedenken, daß er keine rechtsverbindliche Unterschrift leisten könne. Das stehe nur Bundespräsident Miklas als Staatsoberhaupt zu. Er könne sich nur für die Annahme verwenden. Garantieren könne er die Durchführung nicht.

Hitler: »Das müssen Sie!«

Schuschnigg: »Das kann ich nicht!«

Da reißt Hitler die Tür auf und brüllt: »Keitel!« Als der General erscheint, schickt Hitler seinen Gast hinaus. »Ich lasse Sie dann später rufen!« Zu Keitel sagt Hitler: »Ich will eigentlich gar nichts von Ihnen. Nehmen Sie Platz.« Er habe mit der Komödie nur vor, Schuschnigg »das Zittern zu lehren«.

Draußen im Vorraum spricht Schuschnigg mit seinem Außenminister Dr. Schmidt und mit Papen. Papen will vermitteln, wird aber nicht ins Zimmer gelassen. Außenminister Schmidt sagt: »Ich fürchte, Herr Bundeskanzler, jetzt werden wir beide gleich festgenommen.« Nach zehn Minuten wird Schuschnigg wieder zu Hitler gerufen, anschließend auch Schmidt und Papen. Eingeschüchtert von den Drohungen unterschreibt Schuschnigg mit zitternder Hand das Todesurteil für Österreich. Ein paar geringfügige Änderungen kann Papen noch durchsetzen.

Völlig benommen von dem Erlebten fahren Schuschnigg und Schmidt in Begleitung Papens vom Berghof nach Salzburg. Die Einladung zum Abendessen haben die beiden Österreicher nach der ungeheuerlichen Behandlung durch Hitler abgelehnt. Papen tröstet Schuschnigg: »Ja, so kann der Führer sein. Aber wenn Sie das nächstemal kommen, werden Sie viel leichter miteinander sprechen. Der Führer kann ausgesprochen charmant sein.«

In Wien legt Schuschnigg die Vereinbarung von Berchtesgaden dem Bundespräsidenten Miklas zur Unterschrift vor. Der aber weigert sich, Seyß-Inquart als Innenminister zu berufen oder das österreichische Bundesheer einem Nazisympathisanten anzuvertrauen.

Damit hat Hitler gerechnet. Jetzt setzt er Österreich unter massiven Druck. Über Keitel erhält Abwehrchef Admiral Canaris den Befehl: »Falsche, aber glaubwürdige Nachrichten lancieren, die auf militärische Vorbereitungen gegen Österreich schließen lassen!«

Am 16. Februar gibt Miklas nach.

Jetzt beginnt in Österreich auch das wirtschaftliche Chaos. Ausländer lösen ihre Konten auf, ausländische Firmen annullieren ihre Verträge, der Tourismus versiegt. In seiner Verzweiflung bittet Schuschnigg die seit Jahren unterdrückten Sozialisten und die Gewerkschaften um Hilfe. Die Sozialisten sind sogar bereit, gemeinsam mit dem Klerikal-Faschisten Schuschnigg die Unabhängigkeit Österreichs zu verteidigen. Doch es ist zu spät. Unter einem Nazi als Innenminister dürfen die Sozialisten sich nicht organisieren. In der Provinz halten die Nationalsozialisten schon überall die Schlüsselstellungen. Vor hundert deutschen Offizieren, die gemäß dem Berchtesgadener Abkommen als »Gastinstrukteure« nach Österreich kommandiert werden, sagt Hitler: »Sie haben dafür zu sorgen, daß die österreichische Armee nicht kämpft!«

Am 7. März schickt Schuschnigg den österreichischen Militärattaché mit einem Brief zu Mussolini: »Angesichts der Ereignisse werde ich zu einer Volksabstimmung Zuflucht nehmen müssen.« Der Duce rät ab. Ihm scheint an einem selbständigen Österreich nicht mehr viel gelegen zu sein. Jetzt muß Schuschnigg allein handeln. Am Abend des 9. März kündigt er für den kommenden Sonntag, den 13. März, eine Volksabstimmung an: Ja oder Nein »für ein freies und deutsches, unabhängiges und soziales, für ein christliches und eigenes Österreich«.

Eine »demokratische« Volksabstimmung ist nicht vorgesehen. Auf den Stimmzetteln sollen Name und Anschrift der Wahlberechtigten angegeben werden. Die Stimmzettel sollen nicht in Wahllokalen, sondern bei den Funktionären der »Vaterländischen Front« abgegeben werden. Schuschnigg ordnet an, daß niemand unter 24 Jahren wählen darf. Er weiß: Die Nazis stützen sich vor allem auf die Jugend. (Ribbentrops Staatssekretär von Weizsäcker nannte Schuschniggs Vorhaben im privaten Kreis eine »schlechte Kopie« von Hitlers eigenen Abstimmungstaktiken.)

*

Hitler ist beunruhigt. Die Abstimmung kann wegen des ganzen Wahlmodus für Schuschnigg erfolgreich verlaufen. Das muß aus optischen Gründen verhindert werden. An diesem Tag faßt Hitler den Entschluß, Österreich noch vor dem Tag der Volksabstimmung militärisch zu besetzen.

Ribbentrop hält sich in London auf, um sich als bisheriger Botschafter zu verabschieden. Hitler schickt dessen Privatsekretär Reinhard Spitzy mit einem Brief nach London. Ribbentrop soll unverzüglich berichten, welche Maßnahmen England im Falle eines Einmarsches ergreifen würde. Aus von Görings »Forschungsamt« dechiffrierten Telegrammen hat Hitler erfahren, daß Frankreich eine Intervention anstrebt, um Österreichs Souveränität zu schützen, sofern ein Einvernehmen mit England und Italien erreicht wird. Doch Lord Halifax, der Nachfolger Edens, lehnt eine Garantie von Österreichs Souveränität ab.

Am 10. März vormittags teilt Hitler Keitel seine Entscheidung mit, der Einmarsch solle in zwei Tagen beginnen. Doch da stellt sich heraus, daß das Heer gar nicht vorbereitet ist. Generalstabschef Beck: »Es sind keine derartigen Pläne vorhanden.« Bestenfalls könne er zwei Korps und einige Panzer- und Reserveinfanteriedivisionen mobil machen.

Trotzdem arbeitet der Generalstab rasch und sicher. Um 18.30 Uhr am 10. März gehen die Mobilmachungsbefehle hinaus. Am nächsten Tag kehrt Spitzy aus London mit einer beruhigenden Erklärung Ribbentrops zurück: »Grundsätzlich bin ich überzeugt, daß England gegenwärtig von sich aus nichts unternehmen will, sondern beruhigend auf die anderen Mächte einwirken würde.«

In der Reichskanzlei beginnt eine fieberhafte Aktivität. Hitler bekommt plötzlich Angst vor der eigenen Courage.

Was geschieht, wenn italienische Truppen über den Brenner rücken? Was geschieht, wenn tschechoslowakische Divisionen die Grenzen überschreiten? Am Nachmittag des 11. März schickt Hitler Prinz Philipp von Hessen im Sonderflugzeug mit einem Brief an Mussolini nach Rom. Er teilt ihm die bevorstehende Aktion mit, bittet – ja bettelt – um Verständnis. »Sehen Sie in diesem Vorgehen nichts anderes als einen Akt nationaler Notwehr und daher eine Handlung, die jeder Mann von Charakter an meinem Posten in der gleichen Weise vollbringen würde . . . Was auch immer die Folge der nächsten Ereignisse sein möge, ich habe eine klare deutsche Grenze gegenüber Frankreich gezogen und ziehe jetzt eine ebenso klare gegenüber Italien. Es ist der Brenner.«

Dann veranlaßt Hitler Hermann Göring, dem tschechoslowakischen Gesandten Mastny gegenüber sein Ehrenwort zu verpfänden, daß Deutschland weder jetzt noch in Zukunft irgend etwas gegen die Unabhängigkeit der ČSR unternehmen werde. Nach einem Telefonat mit Prag versichert der Gesandte, die ČSR werde im Falle eines deutschen Einmarsches nach Österreich nicht mobil machen. Mit Frankreich gibt es keine Schwierigkeiten. Das Land ist seit dem 2. März wieder einmal ohne Regierung.

Am Morgen des 11. März bestellt Goebbels die Chefredakteure der deutschen Presse zu sich. Sein Mitarbeiter Alfred-Ingemar Berndt weist die Journalisten an: »Die österreichischen Vorgänge müssen heute stärker aufgemacht werden, die Boulevardblätter mit Schlagzeilen, die politischen Tageszeitungen zweispaltig.«

General Brauchitsch ist seit dem Morgen ständig in der Reichskanzlei. Hitler ordnet an, daß auch drei SS-Regimenter an der Aktion teilnehmen sollen. Damit bricht er sein Versprechen vom Juli 1934, daß nach der Entmachtung der SA künftig die Reichswehr »der einzige Waffenträger der Nation« sein solle. Die »vierte Waffengattung«, die Waffen-SS, ist geboren. Doch sie untersteht nicht dem Oberkommando der Wehrmacht, sondern Heinrich Himmler persönlich. Die Generäle lassen es sich gefallen, als Hitler ihnen zusagt, die Regimenter sollten von Heeresinstrukteuren praktisch befehligt werden.

Um 5.30 Uhr morgens am 11. März wird Bundeskanzler Schuschnigg vom österreichischen Polizeichef Dr. Skubl geweckt. Er hat alarmierende Nachrichten. Die Deutschen haben die Grenzen geschlossen; der gesamte grenzüberschreitende Eisenbahnverkehr ist stillgelegt. Von den Grenzen werden Truppenbewegungen gemeldet. Um 10 Uhr erscheint Innenminister Seyß-Inquart beim Bundeskanzler und verlangt nach Instruktionen aus Berlin für die Absetzung der Volksabstimmung. Schuschnigg zögert. Er glaubt noch immer, daß Hitler blufft. Polizeichef Skubl muß ihm gestehen, daß

Unter dem Jubel der Bevölkerung zieht Adolf Hitler in Österreichs Hauptstadt ein. Am 15. März 1938 verkündete der Führer des Großdeutschen Reiches auf dem Heldenplatz vor der neuen Hofburg in Wien pathetisch »den Eintritt seiner Heimat in das Deutsche Reich«.
Bild unten: Plakat zur Volksabstimmung und Wahl des Großdeutschen Reichstags. Hitlers Erfolgsbilanz konnte sich wahrlich sehen lassen. Das »Ja« in Deutschland und Österreich war überwältigend.

die Regierung sich nicht mehr auf die von Nazis unterwanderte Polizei verlassen kann. Nach anderthalbstündiger Beratung mit dem Bundespräsidenten gibt Schuschnigg nach: Die Volksabstimmung wird abgesetzt. Seyß-Inquart telefoniert nach Berlin: Schuschnigg hat kapituliert. Aber das genügt jetzt nicht mehr. Göring sagt zu Seyß-Inquart, Schuschnigg habe das Berchtesgadener Abkommen einseitig gebrochen. Er müsse nun zurücktreten. Um 15.05 Uhr erscheint Seyß-Inquart mit einem Zettel in Schuschniggs Arbeitszimmer am Ballhausplatz. Er liest ab, was Hermann Göring ihm soeben durchtelefoniert hat: »Die Lage ist nur zu retten, wenn der Bundeskanzler sofort zurücktritt und bis 17.30 Uhr Dr. Seyß-Inquart von Bundespräsident Miklas zum neuen Bundeskanzler ernannt worden ist. Bei fruchtlosem Fristablauf erfolgt der Einmarsch der deutschen Truppen in Österreich, um wieder ›verfassungsmäßige Zustände‹ herzustellen.«
Auf seinem Weg zum Bundespräsidenten überlegt Schuschnigg: Soll er an die Massen appellieren, das Heer marschieren lassen, die Welt um Hilfe rufen? Als er in Miklas' Zimmer tritt, wird gerade ein Telegramm aus Rom hereingebracht. Es enthält Mussolinis eindeutige Absage, sich für Österreichs Unabhängigkeit einzusetzen: »Die italienische Regierung erklärt, wenn sie befragt wird, in der gegenwärtigen Lage keinen Rat erteilen zu können.« Mit Hilfe von außen ist also nicht mehr zu rechnen. Schuschnigg tritt zurück. Anschließend eilt er ins Rundfunkhaus und hält eine letzte Ansprache an die Bevölkerung: »Wir weichen der Gewalt. Gott schütze Österreich!«
Nur noch einen Fels gibt es in der Brandung. Bundespräsident Wilhelm Miklas. Er weigert sich beharrlich, Seyß-Inquart zum Bundeskanzler zu ernennen. Aber Hitler und Göring brauchen für den Umsturz in Österreich den Schein der Legalität. Seyß-Inquart soll nämlich, sobald er neuer Bundeskanzler ist, das folgende, bereits in Berlin vorbereitete Telegramm »absenden«: »Die provisorische österreichische Regierung, die nach der Demission der Regierung Schuschnigg ihre Aufgabe darin sieht, Ruhe und Ordnung in Österreich wiederherzustellen, richtet an die deutsche Regierung die dringende Bitte, sie in ihrer Aufgabe zu unterstützen und ihr zu helfen, Blutvergießen zu verhindern. Zu diesem Zweck bittet sie die deutsche Regierung um baldmöglichste Entsendung deutscher Truppen.« Die Empfehlung zur Vorbereitung dieses Telegramms ist von Ex-Außenminister von Neurath und Staatssekretär von Weizsäcker gekommen. Diese Diplomaten alter konservativer Schule wissen, daß ein Truppeneinmarsch, der »auf Wunsch« einer legal amtierenden Regierung erfolgt, keine Aggression ist. Doch um diesen »Wunsch« offiziell äußern zu können, muß Seyß-Inquart erst einmal Bundeskanzler sein. Und Miklas ernennt ihn einfach nicht. Österreich ist seit etwa 16 Uhr ohne legale amtierende Regierung. Da die Telefonzentrale der Reichskanzlei völlig überlastet ist und Gespräche entweder nicht zustande kommen oder zusammenbrechen, hat Göring in Hitlers Auftrag die öffentliche Telefonzelle im Wintergarten der Reichskanzlei für sich mit Beschlag belegt. Von hier aus führt er Dauergespräche mit Wien, mit Seyß-Inquart, mit Keppler, mit dem deutschen Militärattaché Generalleutnant Muff.
17.26 Uhr. Göring telefoniert mit Seyß-Inquart. »Also, Sie gehen jetzt sofort mit dem Generalleutnant Muff zum Bundespräsidenten und sagen ihm: Wenn er nicht unverzüglich die Forderungen annimmt, dann erfolgt heute nacht der Einmarsch der deutschen Truppen auf der ganzen Linie, und die Existenz Österreichs ist vorbei. Sagen Sie ihm, es gibt keinen Spaß jetzt. Der Miklas soll Ihnen die Bundeskanzlerschaft übertragen. Also bis 19.30 Uhr Meldung! Der Generalleutnant Muff soll mit hingehen. Wenn der Miklas das nicht in vier Stunden kapiert, muß er es jetzt eben in vier Minuten kapieren!«
Aber Miklas will nicht mitspielen. Er will Seyß-Inquart nur zum Vizekanzler machen. Göring tobt.
20.48 Uhr. Göring telefoniert mit Staatssekretär Keppler (Keppler teilt ihm mit, Miklas habe die gesamte Regierung aufgelöst und dem Bundesheer befohlen, keinen Widerstand zu leisten). Göring: »Nun passen Sie auf: Die Hauptsache ist, daß der Seyß-Inquart sich jetzt der ganzen Regierung bemächtigt, Rundfunk besetzt hält, und passen Sie auf: Die Grenzen muß er besetzen lassen, damit die da nicht mit dem Vermögen abschieben. Er soll jetzt eine provisorische Regierung bilden. Ist ja ganz egal, was der Bundespräsident sagt. Der Seyß-Inquart führt ja jetzt auch die Außenpolitik. Er soll die Regierung bilden, wie er das vorgehabt hat, und das dem Ausland mitteilen . . . Also unsere Truppen überschreiten heute nacht die Grenze . . . Und das Telegramm möchte er möglichst bald schicken . . . Ach, sagen Sie ihm, er braucht das Telegramm gar nicht zu schicken, er braucht nur zu sagen: Einverstanden!« (Seyß-Inquart selbst hat das erwähnte Telegramm nie zu Gesicht bekommen.)
21.00 Uhr. Görings Stabschef General Bodenschatz telefoniert mit Staatssekretär Keppler: »Ich brauche dringend das Telegramm!«
Keppler: »Sagen Sie dem Generalfeldmarschall, daß Seyß-Inquart einverstanden ist!«
Bodenschatz: »Das ist hervorragend. Ich danke Ihnen! . . . Also, Seyß-Inquart ist einverstanden?«
Keppler: »Jawohl!«
Das also war die »Absendung« des berühmten »telegrafischen Hilfeersuchens«. Jetzt hatte der vorgesehene Einmarsch einen Anstrich von Legalität erhalten.
Und um 22.30 Uhr weiß Hitler, daß Mussolini die Besetzung Österreichs durch deutsche Truppen wohlwollend hinnehmen wird. Hitler sagt am Telefon außer sich vor Freude zu Sonderbotschafter Prinz Philipp von Hessen: »Sagen Sie bitte Mussolini, ich werde ihm das nie vergessen! Nie, nie nie! Es mag sein, was wolle.

Wenn die österreichische Sache jetzt aus dem Weg geräumt ist, bin ich bereit, mit ihm durch dick und dünn zu gehen.« (Zwei Tage später schickt Hitler folgendes Telegramm an Mussolini: »An Seine Exzellenz den italienischen Ministerpräsidenten und Duce des faschistischen Italiens Benito Mussolini. Mussolini, ich werde Ihnen dieses nie vergessen! Adolf Hitler.« Mussolinis Antwort: »Hitler – Wien: Meine Haltung ist bestimmt von der in der ›Achse‹ besiegelten Freundschaft zwischen unseren beiden Ländern. Mussolini.«)

Das Wohlwollen Mussolinis ist besonders wichtig für die Militärs, die wenige Stunden vor dem Einmarsch die schlimmsten Befürchtungen wegen der Tschechen und Italiener haben. Brauchitsch macht einen verzweifelten Eindruck. Beck sieht grün und grau im Gesicht aus. General von Viebahn, Chef der Operationsabteilung im OKW (Vorgänger Jodls), erleidet in seinem Büro einen Nervenzusammenbruch und demoliert die Einrichtung.

Im Morgengrauen des 12. März – wieder hat Hitler einen Samstag für seinen Coup gewählt – überschreiten deutsche Soldaten die Grenze nach Österreich. Sie werden von jubelnden Menschenmengen empfangen. Die österreichischen Soldaten denken nicht nur nicht an Widerstand, sondern schließen sich ihnen an. Kein italienischer, kein tschechischer Soldat überschreitet die Grenze. Die britische und französische Regierung überreichen durch ihre Botschafter lediglich einen »energischen Protest«. Das ist alles.

Gegen 16 Uhr überquert Hitler bei Braunau die Grenze, besucht seinen Geburtsort, fährt weiter nach Linz, wo er Seyß-Inquart, den neuen Bundeskanzler, trifft. Am Nachmittag des nächsten Tages fährt er nach Leonding zum Grab seiner Eltern.

Und erst an diesem 13. März hat Hitler, so David Irving nach Auswertung bisher unbekannter Unterlagen, den Entschluß gefaßt, Österreich völlig dem Reich anzugliedern. Bis dahin hatte er ein autonomes Österreich geplant, dem Reich unter seiner Präsidentschaft lediglich durch Personalunion verbunden. Doch die Sympathiekundgebungen der Bevölkerung überwältigen ihn. Am 13. März abends meldet ihm Seyß-Inquart, das neue österreichische Kabinett habe dem Anschluß an das Reich zugestimmt. Noch am gleichen Abend wird das »Gesetz über die Wiedervereinigung Österreichs mit dem Deutschen Reich« unterzeichnet.

Am 14. März hielt Hitler seinen triumphalen Einzug in Wien. In einer Geste bemerkenswerter Servilität bat Kardinal Innitzer, der Erzbischof von Wien, die Kirchenglocken läuten zu dürfen und von den Kirchentürmen Hakenkreuzfahnen wehen zu lassen. Nachmittags nahm Hitler auf der Tribüne gegenüber der Hofburg auf dem Wiener Heldenplatz die ekstatischen Huldigungen seiner neuen Untertanen entgegen: »Ein Volk, ein Reich, ein Führer!« Bis auf die Engländer und Franzosen kamen alle in Wien akkreditierten Botschafter, Gesandten und Geschäftsträger. Am Abend bezog der Mann, der vor Jahrzehnten in Wiener Obdachlosenasylen genächtigt hatte, eine Suite im Hotel Imperial.

Nach der Euphorie der Märztage folgte für Österreich bald der Katzenjammer: Die exilierten österreichischen Nationalsozialisten kamen zurück, triumphierend und rachsüchtig. Die SS errichtete ein Regime des Terrors gegen alle politischen Gegner, vor allem aber gegen die jüdischen Bürger. Wien sank herab auf den Status einer Provinzhauptstadt. Selbst sein Name wurde dem Land genommen. Der Begriff »Österreich« wurde ausgelöscht. Von nun an hieß das neuerworbene Gebiet »Ostmark«.

Wie stets nach vollendeten Tatsachen, ließ Hitler auch hier seine Aktion durch eine »Volksabstimmung« absegnen. Das amtliche Ergebnis am 10. April 1938: 99,75 Prozent »Ja«-Stimmen.

In der Nacht zum 16. März verließ Hitler Wien im Flugzeug, um nach Berlin zurückzukehren. In seinem Buch »Hitlers Weg zum Krieg« schildert David Irving eine bemerkenswerte und überaus bezeichnende Szene, die ihm Keitels damaliger Adjutant berichtet hat: »Nach einer Weile beugte sich Hitler zum Gang vor (Keitel saß rechts von Hitler, auf der anderen Seite des Ganges). Keitels Adjutant, der hinter beiden saß, bemerkte, daß Hitler einen zerknitterten Zeitungsausschnitt vorzeigte, den er seit dem Abflug von Wien in der Hand gehalten hatte. Er hatte ihn aus einer Morgenzeitung herausgerissen. Es handelte sich um eine Kartenskizze mit den neuen Grenzen des Reiches. Die Tschechoslowakei, deren Gebiet schraffiert war, war nunmehr nahezu gänzlich von deutschem Territorium eingeschlossen. Hitler legte die linke Hand auf die Kartenskizze, so daß sein Zeigefinger und Daumen die neuen Reichsgrenzen mit der Tschechoslowakei bildeten. Sodann blinzelte er Keitel zu und bewegte langsam Zeigefinger und Daumen gegeneinander.«

Sechs Wochen nach Görings Ehrenwort gegenüber dem ČSR-Gesandten Mastny bespricht Hitler mit Keitel den »Fall Grün«, wie der Deckname des Operationsplanes für einen Überraschungsangriff auf die Tschechoslowakei lautet. Und im »Großdeutschen Rundfunk« erklingt täglich eine neue Platte, von Goebbels aufgelegt: »Der Egerländer Marsch«. Hitler hat ein neues Ziel.

Zerschlagung der Tschechoslowakei

1938 war die Sudetendeutsche Partei, die 3,25 Millionen Deutsche im Vielvölkerstaat Tschechoslowakei repräsentierte, die stärkste Partei in der gesamten ČSR geworden. Ihr Führer Konrad Henlein war bereit, das zu tun, was Hitler verlangte. Henlein, der »biedere und anständige deutsche Turnlehrer«, wie Staatsgründer Thomas Masaryk ihn einmal nannte, war Hitlers »Statthalter«, seine Partei Hitlers Trojanisches Pferd zur Zerstörung der ČSR geworden.

28. März 1938: In Berlin verhandelt Hitler

23.7.1938

Schmählieder auf den Führer

Die Tschechen erziehen zum Völkerhaß

Das Sudetendeutschtum wird immer wieder provoziert

18.8.1938

Unerhörte Beschimpfung des deutschen Volkes durch die Tschechen

Tschechische Haßorgien gegen das Deutschtum

19.9.1938

Das ist die Antwort des Herrn Benesch

Mord, Standrecht, Feuerüberfälle, schießende Panzerwagen

Zahlreiche ermordete Sudetendeutsche, verwundete Kinder
Die Sudetendeutschen Freiwild tschechischer Brutalität

20.9.1938

Unmenschlich wüten die hussitischen Mordbuben

Hochschwangere Frau niedergeschlagen und verschleppt

Deutsches Blut klagt an!

Linke Seite: Der sudetendeutsche »Selbstschutz«, ausgerüstet und ermuntert von NS-Ämtern, provozierte eine Kette von Auseinandersetzungen mit der tschechischen Polizei und Armee – Grund für Hitler, vor der Weltöffentlichkeit den »Terror der hussitischen Mordbanditen« anzuprangern. Bilder oben: Schlagzeilen aus dem »Völkischen Beobachter« vom September 1938 dokumentieren den Nervenkrieg, der wegen des Sudetenlandes angezettelt wurde. Die Presseanweisungen des Propagandaministers legten als »Gesamttendenz« der Berichterstattung fest: »Dieser Staat (die Tschechoslowakei) ist eine Schande für Europa. Er muß von der Bildfläche verschwinden.«

drei Stunden lang mit Konrad Henlein hinter verschlossenen Türen. Weitere Gesprächsteilnehmer sind Rudolf Heß, SS-Gruppenführer Lorenz von der »Volksdeutschen Mittelstelle« und Außenminister Ribbentrop. Hitler deutet an, daß er die tschechische Frage in »nicht allzu langer Zeit« lösen wolle. Dann gibt er Henlein zwei Anweisungen: Die SdP muß der tschechischen Regierung eine Reihe von Forderungen stellen, die nach außen hin maßvoll und vernünftig klingen, aber für die Tschechen unannehmbar sind. Henlein muß so viel fordern, daß er nicht zufriedengestellt werden kann. Zweitens soll Henlein seine Verbindungen nach London dahingehend nutzen, daß die Briten sich einer Einmischung enthalten.

Am gleichen Tag unterzeichnet Keitel eine Anweisung an das Heer, die den Ausbau der wichtigsten Donaubrücken und der von Österreich an die tschechoslowakische Grenze führenden Straßen betrifft. Drei Tage später teilt Generalstabschef Beck dem Befehlshaber der 7. Armee, General von Leeb, mit, seine Armee sei im »Fall Grün« dazu ausersehen, von Österreich aus gegen die Tschechoslowakei vorzugehen. Leeb inspiziert darauf die österreichisch-tschechische Grenze.

Am 12. März fährt Konrad Henlein zu Besprechungen mit Sir Robert Vansittart nach London. Hitlers und Ribbentrops Weisungen an Henlein lauten: »Leugnen Sie ab, daß Sie auf Weisung von Berlin handeln. Geben Sie den Briten zu verstehen, daß der Führer lediglich Gerechtigkeit für seine Volksgenossen in der ČSR will.«

Die Mission ist erfolgreich. Aus London kabelt der deutsche Botschafter Dirksen, der Nachfolger Ribbentrops: »Lord Halifax hat mir mitgeteilt, er werde in Kürze einen entsprechenden Schritt in Prag unternehmen, durch den erreicht werden soll, daß Präsident Beneš den Sudetendeutschen das höchstmögliche Entgegenkommen zeigt.«

Inzwischen hat Henlein in einer Rede in Karlsbad ein Acht-Punkte-Programm für die Deutschen in der ČSR gefordert. Neben der vollen Gleichberechtigung und Gleichrangigkeit der deutschen Volksgruppe wird gefordert: »Volle Freiheit des deutschen Bekenntnisses zum deutschen Volkstum *und zur deutschen Weltanschauung*.« (Hervorhebung vom Autor.) Die „deutsche Weltanschauung« aber ist der Nationalsozialismus. In einem weiteren Punkt wird gefordert: »Beseitigung des dem Sudetendeutschtum seit 1918 zugefügten Unrechts und Wiedergutmachung der ihm durch dieses Unrecht entstandenen Schäden.«

Die Regierung in Prag gibt zu verstehen, sie sei zu Verhandlungen bereit. Doch Hitler ist an Verhandlungen nicht gelegen. Sie könnten ja unter Umständen zu einer Einigung führen und den Konfliktstoff, den er braucht und weiter pflegen will, aus der Welt schaffen. Am 17. Mai verlangt Hitler präzise Auskünfte über die »Tschechische Maginotlinie« im Sudetenland.

Freitag, 20. Mai 1938: Ein Wochenende beginnt, das die Hauptstädte Europas in Angst und Schrecken versetzt. Auch Hitler ist verblüfft und konsterniert: Die Regierung der ČSR verkündet eine Teilmobilmachung und beruft Reservisten ein. Von der Grenze in Sachsen waren Präsident Beneš deutsche Truppenbewegungen gemeldet worden. Im Sudetenland kommt es zu Schießereien zwischen Angehörigen der deutschen Volksgruppe und tschechischer Polizei. Im Radio und in den Zeitungen läßt Goebbels großaufgemachte Meldungen über den »Tschechenterror« gegen die Sudetendeutschen verbreiten.

Hitler hat für diesen Zeitpunkt keinen Angriff geplant. Die deutsche Armee bereitet zwar den »Fall Grün« vor, ist aber noch nicht kriegsbereit. Die tschechische Mobilmachung beunruhigt den Führer. Da schickt Lord Halifax ihm eine persönliche Botschaft mit der beschwörenden Bitte, »den Frieden zu bewahren«, so, als hätte Berlin und nicht Prag mobilisiert.

Aus den Berichten von Görings »Forschungsamt« weiß Hitler, daß Frankreich mobilisieren wird, falls deutsche Truppen jetzt die Grenzen überschreiten sollten. Gleichzeitig betont Ministerpräsident Daladier dem deutschen Botschafter gegenüber, Frankreich würde niemals den »Einbruch von Kosaken- und Mongolenhorden« nach Europa dulden. Eine deutliche Warnung an Rußland, sich aus dem deutsch-tschechischen Konflikt herauszuhalten.

Und jetzt spielt Hitler die Rolle des zutiefst Beleidigten und Mißverstandenen. Die Meldungen über deutsche Truppenbewegungen haben sich als Irrtum erwiesen. Prag muß das eingestehen. Berlin prangert die tschechische Mobilmachung als »unerhörte Provokation« an. Hitler ist nach jenem Wochenende voll Zorn und Frustration. Gewöhnt daran, andere zu übertölpeln, fühlt er sich jetzt selber übertölpelt. Die größte Gefahr sieht er darin, daß Prag jetzt unter britischem Druck eine vorteilhafte Lösung der Autonomiefrage für die Sudetendeutschen akzeptieren könnte. Das aber würde ihm die »moralische Rechtfertigung« für eine weitere Hetze gegen die ČSSR nehmen.

»Das hier bleibt stehen und wird durch Jahrhunderte zeugen von all denen, die es geschaffen haben.« So sprach Hitler bei der Einweihung seiner Neuen Reichskanzlei im Januar 1939. Der Bau, ganz auf Einschüchterung berechnet, sollte das Reich repräsentieren, wurde aber in ganz anderer Weise zum Symbol: Bombenangriffe der Alliierten machten ihn unbewohnbar, in einem Bunker neben dem Gebäude verbrachte Hitler die letzten Wochen seines Lebens bis zum Selbstmord am 30. April 1945. Nach Kriegsende wurden die Reste der Neuen Reichskanzlei abgetragen, Granit-Quadern und Marmorplatten wanderten ins Ehrenmal für die gefallenen Helden der Sowjetunion in Berlin-Treptow. Die Bilder stammen aus der Propaganda-Illustrierten »Signal« von 1940: SS-Posten vor dem Eingang (linke Seite oben links), Hitlers Arbeitszimmer (oben), der Kabinetts-Sitzungssaal, in dem niemals eine Sitzung stattfand (links), Eingangstür zu Hitlers Arbeitszimmer (rechts oben), der Schreibtisch (rechts).

Die deutsche Presse wird gezielt in den Dienst von Hitlers Außenpolitik gestellt. Am 10. Juni gibt Hans Fritzsche, der Mitarbeiter von Goebbels, folgende Weisung an die Chefredakteure der Medien heraus: »Verschärfung (der Kommentare) geboten. Die Prager Staatsführung fühlt sich ähnlich wie Rotspanien als Vorposten der Sowjetunion und gibt ein Glacis für das Vordringen des Bolschewismus in Mitteleuropa. Die wirtschaftlichen Belastungen im sudetendeutschen Gebiet sind von dem Gesichtspunkt aus zu betrachten, daß man sagt, hier sei die Absicht am Werk, das Gebiet zu verelenden, damit es für den Kommunismus reif werde.«
Vor einer Konferenz der Minister und der Generalität im größeren Kreis sagt Hitler nach dem Ende der Mai-Krise: »Es ist mein unerschütterlicher Wille, daß die Tschechoslowakei von der Landkarte verschwindet.« Er habe lediglich deshalb nicht auf die tschechische Mobilmachung reagiert, weil die Wehrmacht zur Zeit noch nicht in der Lage sei, die tschechischen Befestigungen einzunehmen. In den kommenden Monaten müsse zunächst das deutsche Volk psychologisch auf den Krieg vorbereitet werden.
7. Juli 1938: Gesteuert von Berlin, legt Henleins SdP der Prager Regierung ein Memorandum vor, das ultimativ die Neuordnung der ČSR durch eine Kantonalisierung nach dem Muster der Schweiz fordert. Beneš lehnt ab. Er fürchtet die Auflösung der Republik. Und jetzt spielt Hitler vor der Weltöffentlichkeit Beneš den Schwarzen Peter zu. Auf einer Massenkundgebung in Stettin am 12. Juni läßt er seinen Stellvertreter Rudolf Heß sagen: »Die Tschechoslowakei, die nur dank der Lüge von Versailles existiert, ist der Gefahrenherd für den Frieden Europas geworden. Dieser Staat ist offensichtlich nicht in der Lage, Ruhe und Ordnung innerhalb seiner Grenzen zu halten.«
Diese Sprache findet in London das erwartete Echo. Um ein »zutreffendes Bild der Probleme zu gewinnen«, sendet Premierminister Chamberlain den bekannt deutschfreundlichen liberalen Politiker Lord Walter Runciman als Beobachter in die ČSR. Auch Konrad Henlein wird in London nochmals zu einem längeren Gespräch empfangen.
Während in London und Prag fieberhafte Aktivität herrschte, trieb Hitler die militärischen Vorbereitungen voran. Am 30. Mai unterzeichnete er die endgültige OKW-Anweisung zum »Fall Grün«. Die Anweisung enthielt noch keinen endgültigen Angriffstermin, doch hatte Keitel angeordnet, daß die Wehrmacht sich ab 1. Oktober bereithalten sollte. Die Strategie zielte auf eine Vernichtung der ČSR binnen vier Tagen, vom »Tage X« an gerechnet. Die Überwindung des tschechischen Widerstandes sollte so rasch erfolgen, daß die Alliierten nicht mehr eingreifen könnten. Canaris' Abwehr hatte herausgefunden, daß Frankreich zur Mobilmachung mindestens vier Tage benötigte. Hier die Kernpunkte des deutschen Generalstabsplanes: 1. Tag: Eine »5. Kolonne« aus sudetendeutschen Freischaren legt die Kommunikationszentren lahm. Die Befestigungen werden von der Luftwaffe bombardiert. 2. Tag: Kommandotruppen in tschechischen Uniformen besetzen wichtige Brücken und strategische Punkte zwischen den Befestigungen und der Grenze. 3. Tag: Motorisierte Heereseinheiten verstärken die Kommandotruppen. 4. Tag: Die an der Grenze bereitstehenden Divisionen rücken vor und besetzen die Befestigungen. Ein motorisierter

Rechte Seite: Am 15. September 1938 gewann Hitler die erste Runde in seinem Spiel um die Tschechoslowakei: Großbritanniens Premierminister Chamberlain kam zu ihm auf den Obersalzberg und verhandelte.
Bild unten: Generalstabschef Ludwig Beck (hier im Gespräch mit dem französischen Militärattaché 1936) bereitete mit anderen hohen Offizieren während der Sudetenkrise die Entmachtung Hitlers vor. Das Einlenken der Westmächte jedoch machte die Staatsstreichpläne zunichte.

Verband und die 2. Panzerdivision stoßen ins Zentrum der ČSR vor und versuchen, Prag zu besetzen.
Als Hitler von Lord Runcimans Mission erfährt, reagiert er gereizt. Zu Fritz Bürger, dem Berliner Verbindungsmann Henleins, sagt er: »Was haben sich die Engländer bei euch einzumischen? Sie sollen sich lieber um ihre Juden in Palästina kümmern!« Seine größte Sorge: Runciman könnte eine Kompromißlösung mit den Tschechen erreichen. Wie er aus den Berichten von Görings »Forschungsamt« erfahren hat, wollen die Briten Beneš dazu drängen, Henleins »Karlsbader Acht Punkte« vollständig anzuerkennen. Das aber würde Hitlers Konzept empfindlich stören.
Am 1. September erscheint Henlein auf dem Berghof, um sich weitere Instruktionen zu holen. Durch die überaus wohlwollende Haltung Londons und Prags Verhandlungsbereitschaft ist er verunsichert. Hitler gibt ihm ganz offen zu verstehen, daß er weiterhin eine kriegerische Lösung anstrebt. Henlein solle sich von den Briten nicht austricksen lassen. Er solle zum Schein mit Prag weiterverhandeln.
5. September: Präsident Beneš ruft die beiden sudetendeutschen Führer Kundt und Sebekovsky in den Hradschin. Er fordert sie auf, ihre gesamten Forderungen schriftlich zu fixieren. »Wie immer sie beschaffen sein mögen«, sagt Beneš, »ich werde sie erfüllen.« Entsetzt sagt Karl Hermann Frank, Henleins Stellvertreter: »Mein Gott, sie haben uns ja alles zugestanden!« Hitler gibt Order, »hinhaltend« zu taktieren.
In seiner Schlußkundgebung am 12. September auf dem Nürnberger Reichsparteitag ruft Hitler (obgleich Beneš gerade gesagt hat, daß er alle Forderungen erfüllen will): »Das Elend der Sudetendeutschen ist ein namenloses. Sie sind aber weder wehrlos noch verlassen!« Um den Westmächten von vornherein jede Lust zum Eingreifen zu nehmen, bezeichnet Hitler den gerade in Bau genommenen Westwall (das deutsche Gegenstück zur französischen Maginotlinie) als das »gigantischste Befestigungswerk aller Zeiten«.
Am Tag darauf bricht im Sudetenland ein Aufstand aus. Die Prager Regierung verkündet Ausnahmezustand und Kriegsrecht und setzt Truppen ein. Die Verhandlungen der SdP-Führer mit Beneš werden abgebrochen. Konrad Henlein flieht nach Bayreuth und erläßt eine Proklamation: »Jetzt gibt es als Lösung nur noch die Abtretung des Sudetenlandes an Deutschland!«
Wieder gibt Goebbels der deutschen Presse gezielte Anweisungen, um die öffentliche Meinung »auszurichten«: »Die Presse muß die Tendenz verbreiten: Es ist nicht vorstellbar, daß ein friedliches Zusammenleben der Volksgruppen im gleichen Staat möglich ist. Die militärischen Maßnahmen der Tschechoslowakei in allen Meldungen groß aufmachen. Flüchtlingselend groß zeigen. Berichten, daß viele Haus und Hof im Stich gelassen haben, daß kranke Menschen, hochschwangere Frauen und kleine Kinder sich im letzten Augenblick vor der tschechischen Soldateska retten konnten. Appell an die Welt, solche Zustände nicht länger zu dulden. Gesamttendenz: Dieser Staat ist eine Schande für Europa . . . Meine Herren Chefredakteure, Sie sind die schwere Artillerie des Reiches. Sie müssen die Stellung sturmreif schießen. Es darf keine Zeitung ohne ganz große Aufmachung erscheinen.«
Der französische Ministerpräsident Daladier beschwört seinen britischen Kollegen Chamberlain, sich sofort mit Hitler in Verbindung zu setzen. In den späten Abendstunden des 13. September übergibt der britische Botschafter in Berlin dem Staatssekretär von Weizsäcker einen dringenden Brief des britischen Premiers an Adolf Hitler: »Im Hinblick auf die zunehmend kritische Lage schlage ich vor, sofort zu Ihnen herüberzukommen, um zu versuchen, eine friedliche Lösung zu finden. Ich schlage vor, auf dem Luftwege zu kommen, und bin morgen zur Abreise bereit. Teilen Sie mir bitte den frühesten Zeitpunkt mit, zu dem Sie mich empfangen können, und geben Sie mir den Ort der Zusammenkunft an. Ich wäre für eine sehr baldige Antwort dankbar.«
Um 14.30 Uhr am 14. September liegt die Zusage aus Berlin vor. Hitler kann Chamberlains Angebot aus optischen Gründen nicht gut ausschlagen. Dennoch ärgert er sich, daß ihm die Initiative kurzfristig entglitten ist. Er fürchtet sogar, der britische Premier könnte ihm die ernstgemeinte Warnung überbringen, England werde kämpfen. Görings »Forschungsamt« hört die Telefonate zwischen Jan Masaryk, dem tschechoslowakischen Botschafter in Paris, und Präsident Beneš ab. 21.50 Uhr: Masaryk: »Haben Sie schon gehört von Chamberlain?« Beneš: »Nein.« Masaryk: »Er fliegt morgen nach Berchtesgaden.« Beneš entsetzt: »Das ist nicht möglich!« David Irving hat dieses Telefonat in seinem Buch »Hitlers Weg zum Krieg« zum ersten Mal veröffentlicht. Masaryk teilt Beneš mit, Chamberlain werde von William Strang begleitet, einem verläßlichen Freund der ČSR, aber auch »von der Sau« Sir Horace Wilson, wie Masaryk den britischen Politiker wegen dessen Deutschfreundlichkeit zu nennen beliebt.
Donnerstag, 15. September: Im Morgengrauen verläßt Premierminister Neville Chamberlain seine Residenz in der Londoner Downing Street No. 10. Zum ersten Mal in seinem Leben besteigt der 69jährige ein Flugzeug. Nach stürmischem Flug, der dem Premier Übelkeit verursacht, landet er gegen Mittag in München. Von dort aus fährt Chamberlain mit der Eisenbahn nach Berchtesgaden. Während der dreistündigen Fahrt sieht er Züge mit Truppen und Geschützen auf einem Nebengleis. Um 17 Uhr – Chamberlain ist seit über zwölf Stunden auf den Beinen – empfängt Hitler den greisen britischen Premier auf der Treppe zum Berghof. Hitler steht zwei Stufen höher als der Engländer. Die Szene ist menschlich ebenso taktlos wie politisch wohlkalkuliert.
Der alte Herr trägt den berühmt gewordenen Regenschirm, einen dunklen Gehrock, ein Hemd mit steifem »Vatermörderkragen«, eine helle Krawatte und eine Uhrkette über der Weste.
Nach ein paar höflichen Einleitungsfloskeln zeigt Hitler sofort die Krallen: »Ich werde einen Weltkrieg nicht scheuen. Die Grenze des Erträglichen ist jetzt erreicht. Nichts mehr kann mich in meinem Entschluß wankend machen!« Bitter antwortet Chamberlain: »Wenn Sie, Herr Reichskanzler, entschlossen sind, die Sache mit Gewalt zu regeln, warum haben Sie mich dann überhaupt kommen lassen? Ich habe nur meine Zeit vergeudet und werde am besten sofort wieder nach London zurückreisen.«

Hitler wird verlegen. Er lenkt ein. Er merkt, daß er mit Chamberlain nicht umspringen kann wie mit Schuschnigg. Im weiteren Verlauf der Unterredung bringt er den britischen Premier dahin, zuzugestehen, daß die Sudetendeutschen ihrem Willen gemäß ans Reich kommen sollen. Chamberlain sagt, er müsse nur sein eigenes und das französische Kabinett für diese Lösung gewinnen, sei aber voller Hoffnung. Er werde zu einer weiteren Besprechung wieder nach Deutschland kommen. Hitler, in gezielter Arroganz, macht nicht einmal den Vorschlag, vielleicht selber nach England zu reisen, um dem gebrechlichen alten Herrn die Strapazen einer neuen Flugreise zu ersparen. Chamberlain bittet Hitler um sein Wort, bis zu einer neuen Begegnung keine militärischen Maßnahmen zu treffen. Hitler sagt zähneknirschend zu.

Nach London zurückgekehrt, sagt Chamberlain über Hitler: »Ich hatte den Eindruck, einen Mann vor mir zu haben, auf dessen Wort man sich verlassen kann!« Am selben Tag schreibt Mussolini im »Popolo d'Italia«: »Beneš hat das Rennen verloren.«

Chamberlains Besuch hat das Getriebe des Falles »Grün« zunächst zum Stocken gebracht. Es sieht so aus, als würde Hitler seinen Krieg nicht bekommen. Trotzdem ist Hitler nach den Aufzeichnungen von Staatssekretär von Weizsäcker nach der Unterredung »sehr aufgeräumt«.

Vom »heißen« Krieg Abstand zu nehmen, hat Hitler sich zunächst durch sein Wort Chamberlain gegenüber verpflichtet. Doch den »Nervenkrieg« führt er nicht nur unvermindert, sondern verstärkt weiter. Mit Unterstützung der SS und der Wehrmacht bildet Konrad Henlein in Bayreuth ein Freikorps, die »Sudetendeutsche Legion«. Am 17. September besetzt die Legion die grenznahen Städte Eger und Asch. Freischärler sickern in das übrige Sudetenland ein. Ihr Auftrag: »Das Land in Gärung halten. Zwischenfälle provozieren, die Menschen zum Äußersten treiben.«

Auf dem Berghof hat Chamberlain versprochen, nach Deutschland zurückzukehren, sobald das britische Kabinett und die französische Regierung der Abtretung des Sudetenlandes an Deutschland zugestimmt haben. Inzwischen hat auch Lord Runciman empfohlen, Präsident Beneš zur Abtretung aller Gebiete zu veranlassen, die einen deutschen Bevölkerungsanteil von mehr als 75 Prozent haben. Chamberlain geht noch weiter: Er empfiehlt die Abtretung aller Gebiete mit einem deutschen Bevölkerungsanteil von mehr als 50 Prozent. Der französische Premierminister Daladier fliegt mit Außenminister Georges Bonnet nach London, um die gemeinsame Haltung mit Chamberlain auszuhandeln. Die tschechische Regierung wird zunächst völlig im unklaren gelassen. Auf jeden Fall sind sowohl England als auch Frankreich bereit, Präsident Beneš die Abtretung der sudetendeutschen Gebiete zu diktieren, um so den Frieden in Europa zu wahren.

Am 20. September häufen sich die Meldungen über Schießereien im Sudetenland. Der »Völkische Beobachter« meldet: »Prag setzt planmäßig Mordbanden ein!« Tschechische Heeresverbände werden zur Grenze verlegt. Die Krise spitzt sich zu.

Bild oben: Wahlplakat der Sudetendeutschen Partei Konrad Henleins.
Rechte Seite: Zum Schaden kam auch noch der Spott. Die NS-Karikatur aus der »Brennessel« macht sich über den zurückgetretenen tschechischen Präsidenten Beneš lustig: Der »Prager Schinken« wird geklopft.

21. September, 2 Uhr morgens: Der britische und der französische Gesandte in Prag suchen gemeinsam Präsident Beneš auf und beschwören ihn, die Vorschläge Chamberlains und Daladiers zu akzeptieren, »bevor er eine Situation herbeiführe, für die weder Frankreich noch Großbritannien eine Verantwortung übernehmen könne«. Die beiden Diplomaten drohen, daß die beiden Westmächte anderenfalls die Tschechoslowakei völlig preisgeben müßten. Die einzige theoretische Hoffnung für die Tschechoslowakei besteht darin, daß in England die Regierung Chamberlain, in Paris die Regierung Daladier gestürzt wird. Aber das sind utopische Hoffnungen, an die sich nur Beneš und sein Pariser Botschafter Masaryk klammern.

22. September 1938: Premierminister Chamberlain trifft mit der britischen Delegation, zu der wiederum »die Sau« Sir Horace Wilson gehört, auf dem Flughafen Köln-Wahn ein. Die Briten werden ins Hotel Petersberg gebracht. Hitler wohnt auf der anderen Seite des Rheins im Rheinhotel Dreesen, das einem Kriegskameraden von ihm gehört. Jedesmal, wenn Chamberlain zu Hitler will, muß er die Fähre benutzen.

Das erste Treffen findet im Rheinhotel Dreesen statt. Chamberlain bringt, wie er meint, eine ausgezeichnete Nachricht für Hitler: »Die Regierungen Englands, Frankreichs und der Tschechoslowakei sind mit der Abtretung des Sudetenlandes an Deutschland einverstanden. Ihre Forderung von Berchtesgaden, Herr Reichskanzler, wird erfüllt werden.«

Hitler sitzt dem britischen Premier mit einem Pokergesicht gegenüber. Dann läßt er die Bombe platzen. Mit ernster Stimme sagt er: »Es tut mit sehr leid, Mr. Chamberlain, aber das geht jetzt nicht mehr!«

Chamberlain ist wie vor den Kopf geschlagen. Sein Gesicht rötet sich vor Überraschung und Ärger. »Ich darf doch mit Recht feststellen, Herr Reichskanzler, daß Sie von mir bekommen haben, was Sie forderten. Ich habe, um dies zu erreichen, meine politische Laufbahn aufs Spiel gesetzt.«

Hitler erklärt, jetzt seien auch Ungarn und Polen um ihre Minderheiten in der ČSR besorgt. Er müsse jetzt darauf bestehen, daß die deutsche Wehrmacht die deutschsprachigen Gebiete der ČSR ohne weitere Verhandlungen und ohne Verzug besetze. Bei einer Verzögerung würde die tschechische Regierung die deutsche Bevölkerung weiter terrorisieren.

Chamberlain erwidert zornig, Hitler habe sein Wort gebrochen. Es bleibe ihm jetzt nichts weiter übrig als abzureisen. Verschnupft fährt die britische Delegation mit der Fähre ins Hotel Petersberg zurück. Hitler hingegen findet noch Muße, sich über Kleidungsfragen Gedanken zu machen. Die Briten waren in bequemen Flanell- oder Tweed-Anzügen erschienen, während Hitler und sein Gefolge in Uniform oder »Stresemann« am Verhandlungstisch saßen. Nach der Konferenz sagte Hitler tadelnd zu Botschafter Henderson: »Wenn ich noch einmal von Leuten im saloppen Anzug besucht werde, schicke ich meinen Botschafter in London im Pullover oder in der Strickjakke zu Ihrem König. Melden Sie das bitte Ihrer Regierung.«

Trotz des frostigen Eingangsgesprächs am 22. September sind die Briten nicht abgereist. Zwischen dem Rheinhotel Dreesen und dem Hotel Petersberg wechseln ständig Kuriere mit Memoranden über den Rhein. Am 23. September um 22 Uhr abends ist Chamberlain wieder bei Hitler. Eine halbe Stunde später bringt ein Bote die Nachricht: »Präsident Beneš hat soeben über den tschechoslowakischen Rundfunk die Gesamtmobilmachung bekanntgegeben.«

Hitler erhebt sich und erklärt, damit sei die Angelegenheit nun wohl erledigt. Mr. Chamberlain müsse einsehen, daß es jetzt nichts mehr zu verhandeln gäbe. Auch Chamberlain erhebt sich bedrückt und will sich verabschieden. Und da rettet Ribbentrop die Situation. Er schlägt vor, die englischen Verhandlungspartner sollten doch zumindest noch das von Hitler vorbereitete Memorandum lesen. Man nimmt wieder Platz.

Im Memorandum steht: »Die Tschechen müssen in zwei Tagen mit der Räumung der gesamten abzutretenden Gebiete beginnen und diese bis zum 28. September abgeschlossen haben.« Chamberlain: »Aber das ist ja ein Diktat!« Hitler: »Aber ich bitte Sie, hier steht ›Memorandum‹!« Schließlich läßt Hitler sich herbei, den Termin auf den 1. Oktober zu verschieben. Hitler: »Mr. Chamberlain, Sie sind der einzige, dem ich bislang ein Zugeständnis gemacht habe.« Chamberlain erklärt, er werde das »Memorandum« kommentarlos Prag zuleiten. Hitler: »Dies ist meine absolut letzte territoriale Forderung in Europa.« Chamberlain: »Auf Wiedersehen, Herr Reichskanzler!«

In London erstattet Chamberlain dem Kabinett Bericht. In einem Telefonat mit Beneš, das vom »Forschungsamt« abgehört wird, erklärt Jan Masaryk: »Der Deutsche muß den Onkel (Chamberlain) derart fertiggemacht haben, daß er nur noch lallen konnte!«

Beneš läßt den Mobilmachungsbefehl bestehen. Und jetzt reagieren auch England und Frankreich. Frankreich ordnet eine Teilmobilmachung an. Einheiten der britischen Flotte laufen mit unbekanntem Ziel aus.

Am 25. September lehnen Großbritannien, Frankreich und die ČSR Hitlers Godesberger »Memorandum« ab. Sir Horace Wilson eilt nach Berlin und beschwört Hitler, direkte Verhandlungen mit Prag aufzunehmen. Dank der Berichte des »Forschungsamtes« weiß Hitler bereits von diesen Bestrebungen und schenkt »der Sau« reinen Wein ein, daß er über alle Telefonate zwischen Prag, London und Paris informiert ist. Sir Horace wird bei dieser Eröffnung totenbleich. So offen hat noch kein Politiker über seine nachrichtendienstlichen Erkenntnisse gesprochen. Für den wohlerzogenen Engländer ist es schockierend, daß ein Gentleman zugibt, anderer Leute Briefe zu lesen oder deren Telefonate zu belauschen. Gewiß, so etwas gehört zur Politik, aber man redet doch nicht davon!

Dem britischen Botschafter Henderson teilt Hitler mit, er werde Beneš bis Mittwoch, den 28. September, Zeit lassen, die Vorschläge von Godesberg zu akzeptieren, und zwar bis 14 Uhr.

Das britische Außenministerium erklärt offiziell, ein deutscher Angriff auf die ČSR werde unverzüglich zur Folge haben, daß Frankreich zu Hilfe kommen werde. In diesem Falle würden sich sowohl England als auch Rußland vertragsmäßig hinter Frankreich stellen. Lord Rothermere, der Hitler stets mit Wohlwollen gegenüberstand, sendet ein privates Telegramm an den Führer und drängt ihn, sein Blatt nicht zu überreizen.

Am Abend des 26. September hält Hitler eine Rede im Berliner Sportpalast. Unter dem stürmischen Beifall der Zuhörer ruft er: »Und nun steht vor uns das letzte Problem, das gelöst werden muß und gelöst werden wird! Es ist die letzte territoriale Forderung, die ich in Europa zu stellen habe, aber es ist die Forderung, von der ich nicht abgehe, und die ich, so Gott will, erfüllen werde . . . Ich habe Herrn Benesch ein Angebot gemacht, das nichts anderes ist als die Realisierung dessen, was er selbst schon zugesichert hat. Er hat jetzt die Entscheidung in seiner Hand! Frieden oder Krieg! Er wird entweder dieses Angebot akzeptieren und den Deutschen jetzt endlich die Freiheit geben, oder wir werden diese Freiheit uns selbst holen!«

Am 27. September morgens kommt Sir Horace Wilson abermals zu Hitler und versucht ihn zu beschwichtigen. Ohne Erfolg. Hitler gibt eine schriftliche Anweisung an Keitel, die Truppen der ersten Angriffswelle sollten Stellung beziehen, von wo aus sie am 30. September eingreifen könnten. Der endgültige Angriffsbefehl werde am »Tag X minus 1« um Mittag erteilt werden. Im Westen werden fünf Divisionen in Alarmbereitschaft versetzt. Durch Berlin fährt eine motorisierte Division, vor allem für die Augen der Auslandskorrespondenten gedacht.

Am Abend meldet der deutsche Militärattaché aus Paris, Frankreich werde am 6. Mobilmachungstag über 65 kampfbereite Divisionen im Westen verfügen. Am nächsten Morgen berichtet der deutsche Militärattaché aus London, König George VI. habe bereits den Mobilmachungsbefehl unterzeichnet. Es müsse lediglich das Datum eingesetzt werden. Generalstabschef Halder erleidet einen Nervenzusammenbruch mit Weinkrämpfen. General Brauchitsch, der Oberbefehlshaber des Heeres, teilt Hitler kühl und sachlich mit, das Deutsche Reich sei nicht in der Lage, einen Zweifrontenkrieg zu führen. Eine Intervention der Westmächte sei aber so gut wie sicher. Die Stimmung in der Bevölkerung ist denkbar schlecht. Von Begeisterung ist nichts zu spüren. Die Menschen haben Angst.

In London werden Luftschutzgräben ausgehoben, Schulkinder evakuiert, Krankenhäuser geräumt. In Paris stürmen Reisende die überfüllten Züge. Autokolonnen versperren die Ausfallstraßen. Jeder glaubt, daß heute, am 28. September 1938, der Krieg beginnt.

Was Hitler in diesen dramatischen Augenblicken nicht weiß: Wenn der Krieg beginnt, dann wäre das nicht Deutschlands, aber sein, Hitlers, Ende. Eine starke und einflußreiche Gruppe der Wehrmacht hat alles zu einem Militärputsch in der »Stunde X« vorbereitet. Auch Generalstabschef Halder ist Mitglied der Verschwörung. Sobald Hitler den Angriffsbefehl gegeben hat, will er die Verschwörer, darunter Ex-Generalstabschef Beck und General von Witzleben, benachrichtigen. Der Kommandeur der Potsdamer Garnison, General von Brockdorff-Ahlefeld, will mit seinen Truppen in Berlin einmarschieren und das Regierungsviertel besetzen. Hitler soll verhaftet und vor Gericht gestellt werden, wegen leichtfertiger Gefährdung des deutschen Volkes. Doch der Putsch findet nicht statt – weil der Krieg nicht stattfindet.

Um 11.30 Uhr, zweieinhalb Stunden vor Ablauf des Ultimatums, erreicht Hitler ein Schreiben von Chamberlain: »Ich kann nicht glauben, daß Sie die Verantwortung übernehmen wollen, einen Weltkrieg zu beginnen, welcher die Zivilisation beenden mag, wegen einer Verschiebung um wenige Tage zur Beilegung dieses lange anstehenden Problems.« Chamberlain hat gleichzeitig einen Brief an Mussolini gerichtet mit dem Aufruf, zu vermitteln und sich an einer Konferenz zu beteiligen, »die alle unsere Völker vor dem Krieg bewahren wird«. Großbritannien würde garantieren, schreibt Chamberlain an den Duce, daß die tschechischen Verpflichtungen eingehalten werden.

Um 11.40 Uhr stürzt der italienische Botschafter Attolico unangemeldet ins Arbeitszimmer Hitlers. Mussolini bittet Hitler, von einer Mobilmachung abzusehen. Er habe die Zusage der Regierungschefs von England und Frankreich, unverzüglich zu einer Konferenz nach Deutschland zu kommen, um alle strittigen Fragen zu regeln. Er bitte Hitler, ihn sofort anzurufen.

Während Hitler mit Mussolini telefoniert, steht Chamberlain vor dem Unterhaus und gibt einen trockenen Bericht über die Regierungsarbeit des vergangenen Sommers.

Um 15.15 Uhr trifft im Londoner Foreign Office eine Botschaft von Henderson aus Berlin ein. Hitler lade den Premierminister zu einer Konferenz nach München für den kommenden Tag ein. Daladier und Mussolini würden ebenfalls anwesend sein. Staatssekretär Sir Alexander Cadogan schickt die Nachricht an Lord Halifax. Lord Dunglass erscheint im Unterhaus und gibt sie an Sir Samuel Horace weiter. Der gibt sie Sir John Simon, und dieser legt sie dem Premierminister vor. Chamberlain fährt in seiner Rede fort. Sir John zupft ihn am Ärmel, deutet auf den Zettel, Chamberlain liest. Der Premier springt auf, bittet um Ruhe, gibt die Nachricht dem Hause bekannt. Alle Abgeordneten, einschließlich jener der Opposition, erheben sich und applaudieren. Königinmutter Mary sitzt auf der Zuschauertribüne. Ihr Kommentar: »Ein so wundervoller Tag – Gott sei gelobt!«

Am nächsten Morgen empfängt Hitler in der bayerischen Hauptstadt, wo er seine politische Karriere in Bierwirtschaften und Kaffeehäusern begonnen hat, die Regierungschefs und Außenminister Englands, Frankreichs und Italiens. Die Hauptbeteiligten, um deren Schicksal es geht, die Vertreter der ČSR, sind zur Konferenz nicht zugelassen. Sie sitzen untätig in einer Suite des Regina-Palast-Hotels und warten auf das Urteil. Die Tschechen sind es inzwischen gewohnt, nicht gefragt zu werden. Nach dem Besuch Chamberlains in Berchtesgaden und den anschließenden englisch-französischen Vorschlägen hatte die Regierung der ČSR das folgende verbitterte Memorandum nach London und Paris geschickt: »Durch die Umstände gezwungen und auf äußerstes Drängen der französischen und englischen Regierung akzeptiert die Regierung der Tschechoslowakischen Republik mit Bitternis die französisch-englischen Vorschläge . . . «

Auch heute, in München, wo am Königsplatz, wenige hundert Meter vom Hotel entfernt, über ihr Schicksal entschieden wird, werden sie nicht konsultiert.

29. September 1938: Um 9.30 Uhr holt Hitler seinen Verbündeten Mussolini mit dem Sonderzug in Kiefersfelden an der ehemaligen deutsch-österreichischen Grenze ab. Gemeinsam begeben sich die beiden Diktatoren nach München, wo inzwischen Ministerpräsident Daladier eingetroffen ist. Bei Sandwiches und Bier wartet man auf Chamberlain. Die Konferenz verläuft spannungslos. Das Ergebnis steht von vornherein fest. Daladier und Hitler tauschen Erinnerungen aus dem Stellungskrieg in Frankreich aus. Chamberlain berichtet in einer Pause von seinen Angelpartien am Weekend.

Eine gewisse Gereiztheit kommt erst auf, als Hitler fordert, die Deutschland zu übergebenden Gebiete müßten *unverzüglich* geräumt werden, während Chamberlain sich auf einen Zeitplan versteift. Schließlich, in den frühen Morgenstunden des nächsten Tages, einigt man sich auf einen Stufenplan. Um 2 Uhr morgens wird das Münchner Abkommen unterzeichnet. Nach der Unterzeichnung erinnert man sich an die tschechoslowakische Delegation, die noch immer ohne Nachricht im Hotel wartet. Chamberlain und Daladier begeben sich schließlich ins Regina, überreichen den ČSR-Diplomaten eine Kopie des Abkommens zusammen

Münchner Konferenz 29. 9. 1938. Von links: Reichsmarschall Hermann Göring, Mussolini, Adolf Hitler, Graf Ciano. In der zweiten Reihe Minister Rudolf Heß, Reichsführer SS Himmler, hinten in der Mitte General Keitel. Von ihren Verbündeten Frankreich und England im Stich gelassen, wurde in Hitlers »Hauptstadt der Bewegung« das Schicksal der Tschechoslowakei praktisch besiegelt.

mit einer Landkarte und empfehlen in dürren Worten, das Abkommen zu akzeptieren.

Am nächsten Tag trifft Chamberlain Hitler noch einmal in dessen Privatwohnung in der Äußeren Prinzregentenstraße. Er unterbreitet ihm ein Dokument, das Hitler sofort und voller Genugtuung unterzeichnet. Es hat folgenden Wortlaut:

»Wir, der deutsche Führer und Reichskanzler und der britische Premierminister, haben heute eine weitere Zusammenkunft gehabt und stimmen darin überein, daß die Frage der englisch-deutschen Beziehungen von vorrangiger Wichtigkeit für die beiden Länder und für Europa ist. Wir betrachten das vergangene Nacht geschlossene Abkommen und das englisch-deutsche Flottenabkommen als Symbol für den Wunsch unserer beiden Völker, niemals mehr gegeneinander in den Krieg zu ziehen. Wir haben beschlossen, daß die Methode der Konsultation angewandt werden soll, um alle weiteren Fragen zu behandeln, die unsere beiden Länder angehen, und wir sind entschlossen, unsere Bemühungen fortzusetzen, mögliche Quellen des Mißverständnisses zu beseitigen, und auf diese Weise beizutragen, den Frieden Europas zu sichern.«

Als Chamberlain nach London zurückkehrt, ist sein Empfang geradezu tumultuarisch. Der König gratuliert ihm persönlich, die Massen jubeln. Und Chamberlain sagt: »Ich glaube fest, daß wir endlich den Weg geöffnet haben zum allgemeinen *appeasement,* das allein die Welt vor dem Chaos retten kann.« Dabei schwenkt er das von Hitler unterzeichnete Papier. Zur gleichen Zeit sagt Hitler zu Ribbentrop, als dieser Bedenken wegen des Dokuments und seiner möglichen Folgen äußert: »Ach, das brauchen Sie nicht alles so ernst zu nehmen. Dieses Papier hat weiter keine Bedeutung.«

Der Militärputsch hat nicht stattgefunden. Für die deutsche Bevölkerung ist Hitler der größte Mann der Geschichte, der Einiger aller Deutschen, der Retter des Friedens. Die Generale erkennen resigniert: Wer ihn jetzt stürzen wollte, hätte das gesamte Volk gegen sich.

Am 1. Oktober rücken deutsche Truppen in Karlsbad, in Eger ein. Sie besetzen die wichtigsten Industriegebiete der ČSR. Polnische Truppen besetzen Teschen. 12000 Quadratkilometer erhält Ungarn aus dem Gebiet der Slowakei.

Am 5. Oktober legt Präsident Beneš sein Amt nieder und fliegt nach England ins Exil. Die verstümmelte und wehrlos gewordene Tschecho-Slowakei, wie die Republik sich jetzt mit Bindestrich schreibt,

erhält eine prodeutsche Regierung mit faschistischer Tendenz. Staatspräsident wird der 66jährige Rechtsanwalt Dr. Emil Hacha, bisher Präsident des Obersten Gerichtshofes, der nach eigener Aussage »nie an Politik interessiert« war.
In seiner Unterhausrede vom 5. Oktober 1938 hat Winston Churchill, der nicht zu den Appeasern gehörte, die Ergebnisse des Münchner Abkommens wie folgt zusammengefaßt: »In Berchtesgaden wurde mit vorgehaltener Pistole 1 Pfund Sterling verlangt. Nachdem es gegeben war (in Godesberg), verlangte man mit vorgehaltener Pistole 2 Pfund Sterling. Schließlich ließ sich der Diktator auf 1 Pfund 15 Shilling herunterhandeln, während man ihm den Rest in Gestalt eines Wechsels auf künftigen guten Willen auszahlte . . . Wir stehen einem Unheil erster Ordnung gegenüber.«
Und in seinem Buch »Hitler. Eine Studie über Tyrannei« schreibt Alan Bullock: »Die Annexion Österreichs und des Sudetenlandes im Zeitraum von nur sechs Monaten bedeutete den Sieg jener politischen Kampfmethoden, die Hitler so fleißig in den vergangenen fünf Jahren angewandt hatte. Seine Diagnose, daß die westlichen Demokratien schwach seien und daß die mangelnde internationale Solidarität die Bildung einer einheitlichen Front gegen ihn verhinderte, hatte sich glänzend bewährt.«
Für Hitler war das Münchner Abkommen nur eine Etappe auf dem Weg zur völligen Zerschlagung der ČSR. Bereits Anfang Oktober vertraute er General von Reichenau an, ihn beschäftige jetzt das Problem, wie er auch Böhmen und Mähren in seine Gewalt bekommen könne. Nach München hatte sich der slowakische Separatismus noch verstärkt. Hier wollte Hitler nun den Hebel ansetzen, um den Zerfall des restlichen tschechoslowakischen Staates herbeizuführen.
Ursprünglich hatte er Ungarn ermuntert, die Slowakei und die Karpato-Ukraine zu annektieren. Sobald er aber den Entschluß gefaßt hatte, auf die slowakischen Separatisten zu setzen, wies er die ungarischen Ansprüche sehr schroff zurück. Den Schwarzen Peter schob er Ungarn selbst zu. Als der frühere ungarische Ministerpräsident Dáranyi ihm ein persönliches Schreiben von Admiral Horthy überbrachte, worin dieser um Unterstützung der ungarischen Aspirationen bat, meinte er nicht ohne Anflug von Hohn zu Dárányi: »Ich habe den Herren (Horthy, Imrédy und Kànya) genau gesagt, daß ich die tschechoslowakische Frage so oder so lösen werde. Polen hat den richtigen Augenblick erkannt, losgeschlagen und sein

Ziel erreicht. Herr Kànya aber hat damals nichts als Bedenken gehabt, obwohl ich ihm gesagt habe, daß England und Frankreich nicht kämpfen werden.« Im übrigen habe er damals den Eindruck gehabt, die Slowaken wollten zu Ungarn. »Inzwischen laufen die Slowakenführer verschiedenster Schattierungen mir die Türen ein, um mir zu bestätigen, daß sie nicht zu Ungarn wollen.«
Diese Feststellung Hitlers entsprach durchaus den Tatsachen. Am 12. Oktober 1938 brachte der Ingenieur Franz Karmasin, Führer der »karpatendeutschen Volksgruppe,« den stellvertretenden Ministerpräsidenten des slowakischen Landesteils, Dr. Ferdinand Durčansky, zu einer Unterredung mit Hermann Göring zusammen. Durčansky versicherte Göring, daß die Slowaken keineswegs zu Ungarn wollten. Lediglich die dort ansässigen Juden würden für Österreich stimmen. Durčansky: »Die Slowaken wollen volle Selbständigkeit unter stärkster politischer, wirtschaftlicher und militärischer Anlehnung an Deutschland.« Göring notierte anschließend über das Gespräch: »Bestrebungen der Slowaken auf Selbständigkeit in geeigneter Weise unterstützen. Eine Tschechei ohne Slowakei ist uns noch restloser ausgeliefert. *Flughafenbasis in Slowakei für Luftwaffe im Einsatz gegen Osten sehr wichtig.«* (Hervorhebung vom Autor.)
Aber auch die Tschechen versuchten jetzt, Hitlers Gunst zu erringen, um sich so viel wie möglich von ihrer Selbständigkeit zu bewahren. Am 12. Oktober versicherte Gesandter Mastny Göring unter vier Augen, daß sich in seinem Land »ein

Linke Seite: Die zeitgenössische englische Fotomontage faßt das Münchner Abkommen zusammen. Oben: Chamberlain wird von Außenminister Ribbentrop empfangen, hinter ihnen Henlein, der Führer der Sudetendeutschen Partei.
Unten: Nach seiner Rückkehr schwenkt der englische Premier die Garantieerklärung und ruft: »Der Friede in unserer Zeit ist gerettet!« Die Karte zeigt die Gebietsabtretungen der Tschechoslowakei an Deutschland, Polen und Ungarn.
Unten: Winston Churchill war für die deutsche Presse Kriegstreiber Nr. 1 gegen Deutschland. Hier karikieren ihn die Berliner »Lustigen Blätter« als Shakespeareschen Totengräber, der dem Hamlet Chamberlain beim Jonglieren mit der Weltkugel zusieht: Sein oder Nichtsein . . .

völliger Umschwung« ereignet habe. Die Enttäuschung der Tschechen über Frankreich, England und Rußland sei sehr groß. Jetzt wolle die ČSR ihre Außenpolitik auf die Deutschlands abstimmen, Deutschland industriell unterstützen und sich auch in der Behandlung der Juden- und Kommunistenfrage nach Deutschland richten. Neun Tage darauf sprach der neue tschechische Außenminister Frantisek Čhvalkovský bei Hitler vor. Über das Gespräch notierte Čhvalkovský: »Hitler verhehlte nicht, daß er sich nichts gefallen lasse und daß die Katastrophe für unseren Staat wie ein Blitz hereinbräche, wann immer wir von neuem wankten und zu den alten Manieren zurückkehrten. Vierundzwanzig, acht, Fingerschnippen. (Hitler drohte, die ČSR innerhalb von 24 oder gar 8 Stunden zu vernichten und unterstrich seine Worte durch Schnippen mit den Fingern.) Soweit es um eine Garantie gehe, sei die einzige Garantie, welche Wert hätte, seine Garantie. Er werde sie nicht geben, solange er das nicht für zweckmäßig halte.« Hitler hatte in München nämlich eine Garantie für die Rumpf-ČSR versprochen und liebte es nicht, darauf festgenagelt zu werden. Als die Briten und Franzosen ihn später, im Februar 1939, auf die Abgabe der Garantie drängten, ließ er ihnen antworten: »Die Zeit für eine deutsche Garantie ist noch nicht gekommen. Deutschland will zunächst eine Klärung der innerstaatlichen Verhältnisse der Tschechoslowakei abwarten.«
Dabei überschlug sich die tschechische Regierung förmlich in Ergebenheitsbeteuerungen. Präsident Hacha erklärte sich bereit, Offiziere jüdischer Abstammung zu pensionieren, jüdische Industrielle aus der Wirtschaft auszuschalten und den Verkauf des antisemitischen Hetz- und Pornoblattes »Der Stürmer« in der ČSR zuzulassen. Auch die Slowakei führte beflissen die erwünschten antijüdischen Verordnungen ein.
Seit dem Februar 1939 liefen Gerüchte in Rom, London und Paris um, Hitler plane für die zweite Märzhälfte die Besetzung der Rest-Tschechei. Anlaß sollte die einseitig proklamierte Loslösung der Slowakei von der Republik werden.
Bereits kurz nach Abschluß des Münchner Abkommens hatte Hitler die slowakischen Regierungsstellen von seinen Agenten und Sympathisanten unterwandern lassen. Der fanatische Pro-Nazi Franz Karmasin zum Beispiel saß als Staatssekretär in der Provinzregierung des slowakischen Ministerpräsidenten Tiso, einem katholischen Pater. Viele Agenten wurden von Himmler, vom Büro Heß, vom Außenpolitischen Amt der NSDAP, von der Auslandsorganisation der NSDAP oder von Goebbels' Propagandaministerium bezahlt. Im November hatte Hitler seinen Vertrauten, Staatssekretär Wilhelm Keppler, der auch schon beim Anschluß Österreichs eine Rolle gespielt hatte, beauftragt, sich mit der Slowakei zu befassen.
Inzwischen verlangte Hitler von Prag absolute Neutralität und strikteste Beachtung der slowakischen Eigenständigkeit, was Čhvalkovský auch zusicherte. Es ist tragikomisch, wie weit der neue tschechische Außenminister in seiner Dienstbeflissenheit ging. Nachdem Hitler ihn durch sein berühmtes »Fingerschnippen« abgekanzelt hatte, beeilte er sich zu betonen: »Und außenpolitisch, Herr Reichskanzler, möchten wir uns eng an Sie anlehnen, wenn Sie gestatten.«
Ende Januar bildeten Karmasins Partei und die Radikalen eine »deutsch-slowakische Gesellschaft«, deren Vorsitzender der slowakische Agitator Wojtech Tuka wurde. Tuka schickte ein Telegramm an Hitler, in dem er den Führer bat, die Slowaken zu schützen. Das »erhabene deutsche Volk« solle sie als »wirtschaftliche und kulturelle Mitarbeiter annehmen«. Am 12. Februar 1939 kam Tuka zu einem Besuch in die neue Reichskanzlei und sagte zu Hitler: »Mein Volk erwartet seine volle Befreiung von Ihnen.« Hitler wies darauf hin, daß zu diesem Zwecke die Slowakei zunächst ihre Unabhängigkeit von Prag erklären müsse.
Der Druck auf die Slowaken verstärkte sich in den folgenden Wochen. Keppler ließ Tuka und Karmasin ausrichten, die Slowaken sollten baldigst ihre Unabhängigkeit ausrufen. Anderenfalls werde Ungarn nach dem 15. März von Hitler die Erlaubnis zur Besetzung der Slowakei erhalten. Ribbentrop versprach eine Garantie der slowakischen Grenzen, vorausgesetzt, das Land würde zu einem vom Führer zu bestimmenden Termin seine Unabhängigkeit erklären.
10. März 1939: Um 5.20 Uhr in der Frühe erhält Ribbentrops Verbindungsmann bei Hitler, Legationsrat Walter Hewel, einen Anruf von Seyß-Inquart aus Wien: Tschechische Truppen sind in Preßburg einmarschiert. Tuka ist verhaftet worden. Pater Tiso ist abgesetzt worden und hat sich in ein Jesuitenkolleg geflüchtet. Es sei das Standrecht verkündet worden.
Präsident Hacha ernennt Dr. Karel Sidor zum Nachfolger von Tiso. Sidor ist zwar mit Seyß-Inquart befreundet, gilt aber für Hitler als unsicherer Kantonist. Hitler favorisiert Pater Tiso.
12. März, 22 Uhr: Dr. Sidor hat sein Kabinett in Preßburg zu einer Sitzung einberufen. Plötzlich dringen sieben Männer, die soeben aus dem nahegelegenen Wien gekommen sind, in den Sitzungssaal: Seyß-Inquart, der niederösterreichische Gauleiter Bürckel und Keppler, dazu einige deutsche Offiziere in Uniform. Sie fordern das Kabinett auf, unverzüglich die Unabhängigkeit der Slowakei auszurufen. Anderenfalls hätte der Führer kein Interesse mehr an einer selbständigen Slowakei und würde sich nicht mehr gegen eine Annexion durch Ungarn stellen. Als Sidor zögert und sich auf seine Loyalität zu Hacha beruft, holt Keppler den abgesetzten Pater Tiso aus dem Jesuitenkolleg, läßt ihn verfassungswidrig durch einen Staatsstreich die Regierung wieder übernehmen und fliegt anschließend mit ihm nach Berlin.
In Berlin am 13. März droht Hitler dem

Pater ganz unverhohlen ebenfalls mit einer Besetzung durch Ungarn. Ein deutscher Schutz der Slowakei wäre nur möglich, wenn Tiso hier und jetzt die völlige Loslösung von Prag proklamiere. Tiso erklärt sich einverstanden und fliegt nach Preßburg zurück. Tags darauf verkündet der Slowakische Landtag den »selbständigen und unabhängigen slowakischen Staat« und konstituiert sich als »gesetzgebender Landtag«.

Am 14. März meldet Keitel Hitler, daß Wehrmachtsverbände an der tschechischen Grenze bereitstehen und am nächsten Morgen um 6 Uhr früh einrücken würden.

Hitler läßt die Prager Regierung wissen, es wäre sehr nützlich, wenn Präsident Hacha trotz seines Alters und seiner Gebrechlichkeit noch am selben Tag zu einer Unterredung mit ihm nach Berlin kommen würde. Inzwischen hat sich auch die Karpato-Ukraine zur selbständigen Republik erklärt. Hitler versagt ihr allerdings den Schutz und überläßt sie Ungarn. Die »Selbständigkeit« soll nur zwei Tage dauern. Hitler ermuntert die Ungarn ganz offiziell, in der Karpato-Ukraine »Ruhe und Ordnung« wiederherzustellen. Er zeigt sich an diesem Gebiet nicht interessiert. Die Lebensuhr der Tschechoslowakischen Republik ist abgelaufen.

Da Präsident Hacha schwer herzleidend ist, darf er kein Flugzeug benutzen. Er besteigt am frühen Nachmittag den Zug von Prag nach Berlin. Seine Tochter begleitet ihn, um sich um den herzkranken Vater kümmern zu können. Gegen 22 Uhr trifft Hacha mit Außenminister Čhvalkovský auf dem Anhalter Bahnhof ein. Auf dem Bahnhof ist eine Ehrenkompanie angetreten. Außenminister Ribbentrop empfängt die Gäste mit einem prächtigen Blumenstrauß für Madame Radl, Hachas Tochter. Im Hotel Adlon ist die beste Suite für den tschechischen Staatspräsidenten reserviert. Für Frau Radl liegt im Hotelzimmer eine riesige Pralinenschachtel mit einem Handschreiben Hitlers. David Irving bemerkt: »Hitler mag ein Unhold gewesen sein, aber er war zumindest einer mit Manieren.«

Es wird 1.15 Uhr am 15. März, bevor Hacha und Čhvalkovský ins Arbeitszimmer von Hitler in der neuen Reichskanzlei geführt werden. Nicht nur Hitler und Ribbentrop sind anwesend, auch Generaloberst Keitel, Chef des OKW, und Feldmarschall Göring, Chef der Luftwaffe. Das Protokoll führt Legationsrat Hewel. Und noch ein weiterer Mann wird Hacha vorgestellt: Dr. Morell, Hitlers Leibarzt. Für Hacha wird die Anwesenheit eines Arztes bald wichtig sein.

Hacha beginnt zurückhaltend und bescheiden. Er sei mit der Absicht nach Berlin gekommen, zu einem guten Einverständnis zu gelangen. Er glaube, das Schicksal der Tschechoslowakei sei in den Händen des Führers gut aufgehoben.

Hitler antwortet zunächst sehr höflich, es täte ihm leid, daß er dem Staatspräsidenten diese Reise habe zumuten müssen. Aber heute morgen sei er nach langem Überlegen zu der Überzeugung gekommen, daß diese Reise trotz der schlechten Gesundheit des Staatspräsidenten für sein Land von großem Nutzen sein könne.

Dann fährt er eine Reihe massivster Vorwürfe auf. Er halte ihn, Hacha, und auch Herrn Čhvalkovský zwar für Ehrenmänner, aber er habe den Eindruck, daß sie sich nicht durchzusetzen vermöchten.

Hacha erbleicht, als Hitler fortfährt: »Ich habe nun den Befehl gegeben zum Einmarsch der deutschen Truppen und zur Eingliederung der Tschechei in das Deutsche Reich.« Um sechs Uhr in der Frühe würden deutsche Truppen von allen Seiten her einrücken. Hitler: »Wenn der Einmarsch der Truppen sich in erträglichen Formen abspielt, wird es mir leicht sein, bei der Neugestaltung des Landes dem tschechischen Volk ein großzügiges Eigenleben, eine Autonomie und eine gewisse nationale Freiheit zu geben. Kommt es allerdings zum Kampf, dann wird die tschechische Armee innerhalb weniger Stunden restlos vernichtet werden. Aus Selbsterhaltungstrieb kann ich dann auch keine Autonomie mehr gewähren.«

Hacha versucht nochmals einzulenken. Wenn es allein um die Entwaffnung der tschechischen Armee ginge, dann könne man das auch anders bewerkstelligen, ohne daß deutsche Truppen das Land besetzten.

Doch Hitler entgegnet, eine solche Lösung käme nicht mehr in Frage. Er habe seinen Entschluß gefaßt, und dieser sei »unabänderlich«.

Hacha sagt, er sehe ein, daß Widerstand nutzlos sei. Er frage aber den Führer, wie er es anstellen solle, in vier Stunden das ganze tschechische Volk vom Widerstand zurückzuhalten.

Hitler: »Beraten Sie sich mit Ihren Herren. Wenden Sie sich telefonisch an Ihre Prager Dienststellen. Die Telefonzentrale der Reichskanzlei steht Ihnen für alle derartigen Gespräche zur Verfügung. Die nun rollende Militärmaschine läßt sich nicht mehr aufhalten.«

Totenbleich gehen Hacha und Čhvalkovský ins Nebenzimmer, wo sie von Göring und Ribbentrop weiter bearbeitet werden. Hacha weigert sich, diese bedingungslose Kapitulation anzuerkennen. Er protestiert gegen diese Vergewaltigung seines Volkes ohne die Möglichkeit von Verhandlungen. Da beugt sich Göring zu ihm: »Herr Präsident, wenn Sie bei Ihrer Weigerung bleiben, dann muß ich meiner Luftwaffe leider den Befehl erteilen, Ihre schöne Stadt Prag heute früh mit Bomben in Schutt und Asche zu legen. Ich liebe diese wundervolle Stadt und würde das aufrichtig bedauern.«

Mit Herzschmerzen und einem Schwächeanfall bricht Präsident Hacha ohnmächtig zusammen.

Göring stürzt sofort zu Hitler: »Verdammt noch mal, der stirbt uns hier im Sessel weg!«

Linke Seite: Tränen der Freude, stille Ergriffenheit und offener Jubel, die Hand zum deutschen Gruß erhoben. Die im Oktober 1938 einrückenden deutschen Truppen wurden von der sudetendeutschen Bevölkerung begeistert empfangen.

Bild oben: Weinend vor Wut und Trauer mit erhobenen Fäusten »begrüßt« die tschechische Bevölkerung den deutschen Einmarsch in die »Rest-Tschechei« im März 1939.
Bild unten: Die »Bewegung« bekam neue »Blutzeugen«: Hitler begrüßt auf dem Hof der Prager Burg Studenten der Prager Deutschen Hochschule, die sich bei Prügeleien mit tschechischen Patrioten verletzt haben.

Hitler ruft sofort seinen Leibarzt Dr. Morell. Wenn Hacha hier, in der Reichskanzlei, sterben sollte, dann würde dem Ausland gegenüber eine äußerst peinliche Situation entstehen. Morell gibt dem Präsidenten eine stärkende Injektion. Nach wenigen Minuten ist Hacha soweit gekräftigt, daß er wenigstens den Telefonhörer halten kann, den Göring ihm in die Hand drückt. Er telefoniert mit seinem Kabinett in Prag, rät dringend zur Kapitulation und gibt an die tschechischen Streitkräfte den Befehl heraus, keinen Widerstand zu leisten. Göring besteht darauf, daß Hacha sich der deutschen Sprache bedient, damit »keine Mißverständnisse entstehen«, wie er sich ausdrückt. Es ist eine Szene wie aus einem schlechten Gangsterfilm.
Morell gibt Hacha eine weitere Kräftigungsspritze. Hitler hat seinem Leibarzt deswegen später einen scherzhaften Vorwurf gemacht. »Nach Ihrer zweiten Injektion wurde der alte Herr so munter, daß er noch einmal versuchte, sich auf die Hinterbeine zu stellen.«
Schließlich wankt Hacha ins Arbeitszimmer Hitlers und setzt seine Unterschrift über die bereits fix und fertig vorbereitete Vereinbarung. Hitler besteht darauf, daß auch Čhvalkovský gegenzeichnet. Zu Ribbentrop meint er: »Hacha ist Jurist, und vielleicht gräbt er zu Hause dann irgendeine Bestimmung aus, daß das Abkommen nur rechtsgültig ist mit der Unterschrift des zuständigen Ressortministers.« (Später kursiert in Prag ein bitterer Witz: Reichsprotektor von Neurath lädt den ehemaligen Staatspräsidenten zu einem Diner ein und reicht ihm die Speisekarte. Hacha: »Wo, bitte schön, soll ich unterschreiben?«)
Kernsatz des Abkommens: »Der Führer hat seinem Entschluß Ausdruck gegeben, daß er das tschechische Volk unter den Schutz des Reiches nehmen und ihm eine seiner Eigenart gemäße autonome Entwicklung seines Lebens gewährleisten wird.«
In den Morgenstunden wird das Land von deutschen Truppen besetzt. Die tschechische Armee wird entwaffnet. Als Goodwill-Geste bestimmt Hitler, daß alle tschechischen Offiziere ihre Dienstränge mit dem Zusatz a.D. führen dürfen und ihre volle Pension erhalten.
Am 16. März trifft Hitler in Prag ein, übernachtet im Hradschin und verkündet den »Erlaß über das Protektorat Böhmen und Mähren«.
Hacha wird »Oberhaupt der autonomen Verwaltung« mit den Ehrenrechten eines Staatsoberhauptes. In Artikel 3 wird Autonomie und Selbstverwaltung zugesichert.

Wo die wirkliche Macht liegt, zeigen die folgenden Artikel:
»5,1: Als Wahrer der Reichsinteressen, ernennt der Führer und Reichskanzler einen ›Reichsprotektor in Böhmen und Mähren‹.
5,3: Die Mitglieder der Regierung des Protektorats werden vom Reichsprotektor bestätigt. Die Bestätigung kann zurückgenommen werden.
5,4: Der Reichsprotektor ist befugt, sich über alle Maßnahmen der Regierung des Protektorats unterrichten zu lassen und ihr Ratschläge zu erteilen. Er kann gegen Maßnahmen, die das Reich zu schädigen imstande sind, Einspruch einlegen und bei Gefahr im Verzuge die im gemeinsamen Interesse notwendigen Anordnungen treffen.
11,1: Das Reich kann Rechtsvorschriften mit Gültigkeit für das Protektorat erlassen.
11,3: Die Reichsregierung kann die zur Aufrechterhaltung der Sicherheit und Ordnung notwendigen Maßnahmen treffen.«
Zum Reichsprotektor wird der frühere Außenminister von Neurath ernannt. Er bezieht seine Residenz auf dem Hradschin, dem alten Schloß der Könige von Böhmen.
Die Slowakei wird zwar kein Protektorat, aber ein eng ans Reich gebundener Satellitenstaat, mit dem am 23. März ein Vertrag über ein »Schutzverhältnis« abgeschlossen wird. Und während die deutschen Verbände ihre Garnisonen in Böhmen und Mähren beziehen, ist auch die kurze Zeit der selbständigen karpatoukrainischen Republik zu Ende. Ungarische Truppen rücken ein und besetzen das Gebiet.
England und Frankreich hinterlegen Protestnoten. Die französische ist im Ton schärfer gehalten als die britische. Eine Mobilmachung oder sonstige warnende Demonstration findet nicht statt. Auf zornige Anfragen im britischen Unterhaus, wie es um die Einlösung der Garantie für die Rest-Tschechoslowakei stünde, antwortet Chamberlain am 15. März: »Die Proklamation der Selbständigkeit der Slowakei setzt den Schlußstrich unter die innere Auflösung des Staates, dessen Grenzen zu garantieren wir uns verpflichtet hatten. Seiner Majestät Regierung kann sich daher nicht mehr an diese Verpflichtung gebunden fühlen.«
Am 18. März weist die deutsche Regierung die britisch-französischen Proteste mit einer Note zurück.
Die litauische Regierung ist durch Hitlers Vorgehen gegen Prag völlig demoralisiert. Als Ribbentrop am 20. März ultimativ die Rückgabe des Memelgebiets, eines 1920 an Litauen abgetretenen Gebietsstreifens von Ostpreußen mit der Hauptstadt Tilsit, fordert, eilt der Außenminister Urbsys sofort nach Berlin, um die dort vorbereitete Vereinbarung zu unterzeichnen. Die litauische Regierung und das Parlament, der »Sejm«, in Kowno billigen das Abkommen. Ribbentrop hat Urbsys zu verstehen gegeben, wenn die Rückgabe »auf freiwilliger Basis« erfolge, dann würde Deutschland die litauischen Interessen im Memeler Hafen »weitgehend berücksichtigen«. Am 23. März unterzeichnet Hitler an Bord des Panzerschiffes »Deutschland«, das vorsorglich in der Ostsee kreuzt, das »Gesetz über die Wiedervereinigung des Memellandes mit dem Deutschen Reich«. In Paragraph 1 heißt es kurz und bündig: »Das Memelgebiet ist wieder Bestandteil des Deutschen Reiches.«
Ein Staat allein reagiert nervös und gereizt auf die litauische Kapitulation: Polen

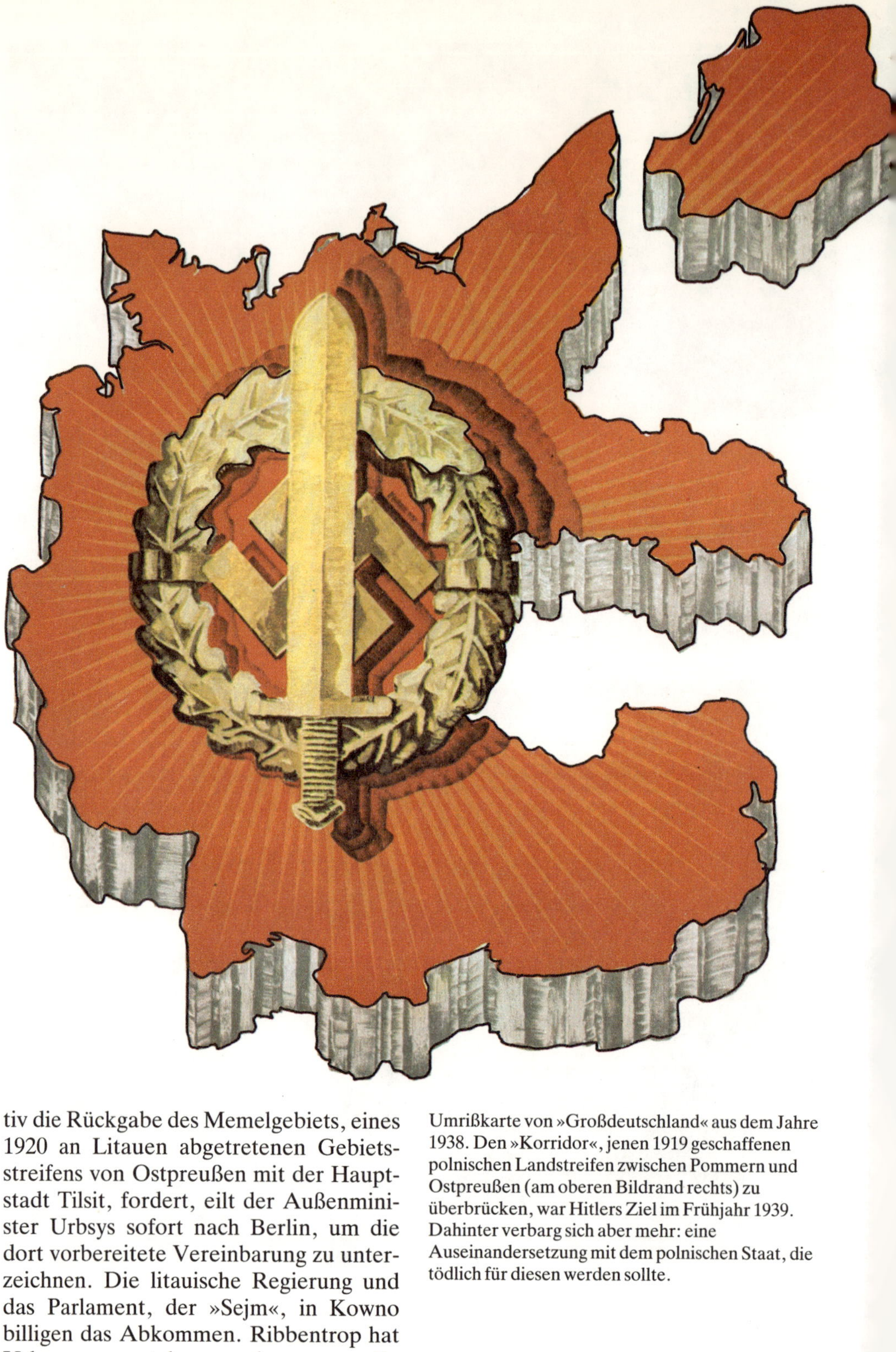

Umrißkarte von »Großdeutschland« aus dem Jahre 1938. Den »Korridor«, jenen 1919 geschaffenen polnischen Landstreifen zwischen Pommern und Ostpreußen (am oberen Bildrand rechts) zu überbrücken, war Hitlers Ziel im Frühjahr 1939. Dahinter verbarg sich aber mehr: eine Auseinandersetzung mit dem polnischen Staat, die tödlich für diesen werden sollte.

antwortet mit einer Teilmobilisierung und legt Truppen in das Gebiet um Danzig. Die Regierung in Warschau weiß sehr wohl: Polen wird das nächste Ziel von Hitlers Expansionspolitik sein.

Kurs auf Polen

Bis zur Jahreswende 1938/39 hatte Hitler aus taktischen Gründen die Freundschaft Polens gesucht. Er wollte Polen aus der Koalition mit Frankreich herauslösen, um bei seinen geplanten Aktionen den Rükken im Osten frei zu haben. Mit dem Diktator Marschall Pilsudski hatte er 1934 einen zehnjährigen Nichtangriffspakt geschlossen. Mit der Obristen-Junta, die nach Pilsudskis Tod die Macht übernahm, an der Spitze Armeebefehlshaber Rydz-Smigly und Außenminister Jozef Beck, beide traditionell antirussisch eingestellt, arrangierte Hitler sich glänzend. Besonders sein Paladin Hermann Göring war in Polen ein gern gesehener Jagdgast. Von irgendwelchen »Leiden« der deutschen Minderheit war nichts zu spüren. Die meisten jener, die 1919 für Polen gestimmt hatten, lebten nicht schlechter als zur Zeit der preußischen Herrschaft. Polens wohlwollende Haltung war eine wesentliche Stütze für Hitlers »Wochenendcoups« gewesen: Rheinlandbesetzung, Österreich, Tschechoslowakei. Jetzt, Anfang 1939, war Polen nun selber an der Reihe. Die Schwäche, die England und Frankreich in München gezeigt hatten, war für Hitler eine Ermunterung gewesen.
5. Januar 1939: Oberst Beck, der polnische Außenminister, trifft zu einem Besuch Hitlers in Berchtesgaden ein. Wieder heißt das Thema »Danzig«. Hitler: »Danzig war deutsch, wird immer deutsch bleiben und früher oder später wieder zu Deutschland gehören. Allerdings gebe ich Ihnen die Versicherung, daß ich in Danzig keine vollendeten Tatsachen schaffen werde.«
Beck wird nicht nur nachdenklich, er wird wachsam. Und am 15. März fällt es ihm wie Schuppen von den Augen. Plötzlich sieht sich Polen nicht nur im Norden und Westen, in Ostpreußen, Pommern und Schlesien, sondern auch im Süden, in der Slowakei, von der deutschen Wehrmacht flankiert. Praktisch über Nacht hat sich die militärische Position Polens radikal verschlechtert.
Dann kommt eine Woche darauf der »Handstreich von Memel«. Polen sieht darin die Generalprobe für Danzig. Truppen werden um Danzig konzentriert und drei Reservistenjahrgänge einberufen.
Warschau ist nicht so leicht einzuschüchtern wie Wien oder Prag. Am 28. März erklärt Beck dem deutschen Botschafter in Warschau: »Jeder Versuch Deutschlands oder des nationalsozialistischen Danziger Senats, den Status des Freistaats zu ändern, wird Polen als Casus belli betrachten.«
30. März: Der britische Botschafter in Warschau, Kennard, überreicht Beck einen britisch-französischen Vorschlag zu gegenseitigen Beistandspakten für den Fall einer deutschen Aggression. Beck stimmt zu. Am nächsten Tag kann Chamberlain vor dem Unterhaus seine historische Erklärung abgeben: »Im Falle einer die Unabhängigkeit Polens eindeutig bedrohenden Aktion, gegen die es sich zur Wehr setzen muß, werden England und Frankreich der polnischen Regierung alle in ihrer Macht stehende Unterstützung angedeihen lassen.«
Die Garantieerklärung löst bei Hitler einen Wutanfall aus. Seine bisherige Taktik, erfolgreich in Österreich und der Tschechoslowakei, zieht offenbar nicht mehr. Hitler ist in der Klemme. Seine prekäre Lage wird ihm noch deutlicher, als er am 16. April erfährt, der sowjetische Außenminister Litwinow habe dem britischen Botschafter in Moskau einen gegenseitigen Beistandspakt zwischen Großbritannien, Frankreich und der Sowjetunion vorgeschlagen. Plötzlich aber wendet sich das Blatt für Hitler wieder günstig.
3. Mai: In den sowjetischen Zeitungen erscheint eine kurze, unauffällige Notiz: »Litwinow ist auf eigenen Wunsch vom Amt des Volkskommissars für Auswärtige Angelegenheiten zurückgetreten.« Litwinow war stets der Apostel der kollektiven Sicherheit, der Stärkung des Völkerbundes gewesen. Immer hatte er ein russisches Militärbündnis mit England und Frankreich angestrebt. Für Berlin kann Litwinows Ablösung nur eines bedeuten: eine Kursänderung in der sowjetischen Außenpolitik. Schon am 20. Mai hat der deutsche Botschafter in Moskau, von der Schulenburg, eine lange, »sehr freundliche« Unterredung mit dem neuen Außenminister Molotow.
22. Mai: In Berlin wird der »Stahlpakt« zwischen Deutschland und Italien unterzeichnet. Sein Kernstück: »Wenn es entgegen den Wünschen und Hoffnungen der vertragschließenden Teile dazu kommen sollte, daß einer von ihnen in kriegerische Verwicklungen mit einer anderen Macht oder mit anderen Mächten gerät, wird ihm der andere vertragschließende Teil sofort als Bundesgenosse zur Seite treten und ihn mit allen seinen militärischen Kräften zu Lande, zur See und in der Luft unterstützen.« Hitler hat die Achse Berlin–Rom durch einen militärischen Beistandspakt noch verstärkt.
6. Juli: Hitler verwandelt Danzig in jenes Pulverfaß, dessen Explosion er zu seiner Rechtfertigung braucht. Waffen und Offiziere werden in den Freistaat geschmuggelt, die Soldaten getarnt als harmlose Touristen. Polen reagiert hart. Die polnischen Zollbeamten werden bewaffnet. Ihre Zahl wird verdoppelt. In einer scharfen Note erklärt die polnische Regierung, sie werde jeden Versuch seitens der Reichsregierung, Polens Rechte in Danzig zu beeinträchtigen, als Aggressionsakt betrachten. Polen läßt sich nicht einschüchtern.
Drei Tage zuvor hatten Hitler und Göring auf dem Luftwaffenversuchsgelände in Rechlin einer geheimen Vorführung neuer Modelle der Luftwaffe beigewohnt. Hitler war ungemein beeindruckt. Was weder Göring noch Milch und Udet ihm sagten, war, daß es sich bei den Flugzeugen und Waffensystemen *nicht* um serienreife Modelle, sondern um Prototypen handelte, die noch gar nicht in die Produktion gehen konnten. Görings Motiv war eigensüchtig, er zog diese Schau ab, um im Kampf um Rohstoffe und Arbeitskräfte bevorzugt zu werden. Hitler aber stand nach der Vorführung unter dem Eindruck, die deutsche Luftwaffe sei unschlagbar. Dieser Eindruck bestärkte ihn darin, mit der gewaltsamen Lösung im Hinblick auf Polen nicht länger zu zögern.
Die Ruhe des Monats Juli war ebenso trügerisch wie gewollt. Ribbentrop reiste zur Erholung in sein Schloß Fuschl am Wolfgangsee. Brauchitsch, der Oberbefehlshaber des Heeres, ging in die Ferien. Göring kreuzte mit seiner Jacht auf den Kanälen in Norddeutschland. Hitler zog sich auf seinen Berghof zurück. Ein friedlicher Sommer. Die Politik machte Urlaub. So schien es, und so sollte es scheinen.
Die angebliche Ruhe in Deutschland ließ die Beunruhigung im Ausland wachsen. In London schien man sich sogar auf ein neues »München« vorzubereiten. Sir Horace Wilson führte geheime Gespräche mit Dr. Helmut Wohltat, einem von Görings Wirtschaftsexperten. Gerüchte sikkerten durch, daß die britische Regierung Hitler eine Anleihe von einer Milliarde Pfund Sterling anbieten wolle, wenn er bereit wäre, den Konfliktstoff mit Polen friedlich aus der Welt zu schaffen.
Inzwischen hatte der Generalstab Hitler darüber unterrichtet, daß der günstigste Termin für einen Überraschungsangriff auf Polen um den 25. August liegen würde. Man müsse die Gunst des Wetters ausnutzen. Mitte September würden in

Osteuropa gewöhnlich Regenfälle einsetzen und die Operationen schwierig gestalten. Dies hieß: Bis zum 15. August mußte Hitler sich für oder gegen den »Fall Weiß« entscheiden, wie der Deckname für die vorbereitete militärische Aktion gegen Polen lautete.
Am 25. Juli erfuhr Hitler, daß England und Frankreich Militärmissionen nach Moskau entsandt hatten, um mit der Sowjetunion zu einem Abkommen, vielleicht sogar zu einem Bündnis, zu gelangen. Aus seinen nachrichtendienstlichen Quellen erfuhr Hitler, daß die Verhandlungen sich zähflüssig gestalteten.
Auch Ribbentrop blieb aktiv. Am 2. August gab er dem sowjetischen Geschäftsträger in Berlin zu verstehen, Moskau und Berlin sollten gemeinsam über das Schicksal Polens entscheiden. Zwischen Rußland und Deutschland gäbe es »von der Ostsee bis zum Schwarzen Meer« kein Problem, »das nicht zu lösen sei«.
Am 4. August entschloß man sich in London zu einem Schritt, der allen diplomatischen Gepflogenheiten widersprach. Sir Horace Wilson lud den deutschen Botschafter Herbert von Dirksen zu einem vertraulichen Abendessen unter vier Augen, ohne Zeugen und Protokollanten, in seine Privatwohnung ein. Er bat Dirksen, nicht mit dem Dienstwagen der Botschaft, sondern wie ein sommerlicher Abendspaziergänger ohne Begleitung zu Fuß zu kommen. Bei dem vertraulichen Gespräch machte Sir Horace Wilson dem deutschen Botschafter ein sensationelles Angebot: eine vollwertige Partnerschaft zwischen England und Deutschland, ähnlich wie die Entente mit Frankreich vom Jahre 1904. Auch über die Kolonialfrage könne man in aller Aufgeschlossenheit reden, England sei zu jedem Zugeständnis bereit. Die Garantieerklärung an Polen würde in England als »störend« empfunden. Wenn Hitler die Bedingungen akzeptiere, würde man von London aus Druck auf Warschau ausüben, den Forderungen Deutschlands auf Danzig und einer exterritorialen Landverbindung durch den Korridor zuzustimmen.
Hitler war nicht bereit, das Verhandlungsangebot anzunehmen. Als Gerüchte von Englands Sinneswandel in die Öffentlichkeit sickerten, verbot Goebbels, auf Hitlers Anweisung, der deutschen Presse, die freundliche Atmosphäre in London überhaupt nur zu erwähnen. Staatssekretär von Weizsäcker notierte sich am 6. August: »Unterirdische Ausgleichsfühler von Chamberlain via Sir Horace Wilson beweisen, daß mit England ein Gespräch einzuleiten wäre, *wenn man will.«* (Hervorhebung vom Autor.)

Hitler wollte nicht. Hitler hatte kein Interesse mehr daran, Danzig und die exterritoriale Autobahn mit friedlichen Mitteln zu erhalten. Hitler hatte sich entschlossen, Polen niederzuwerfen und zu zerstückeln. Und – er wollte den Krieg noch in diesem Monat. Alle Zugeständnisse, auch weitergehender Art, würden seine Pläne, »Raum« zu gewinnen, zunichte machen.
Über seine eigentlichen Fernziele sprach er dann ganz offen mit Professor Carl Jacob Burckhardt, dem Hohen Kommissar des Völkerbundes in Danzig. Am 11. August erklärte er ihm in einem Gespräch auf dem Berghof: »Alles, was ich unternehme, ist gegen Rußland gerichtet. Wenn der Westen zu dumm und zu blind ist, um das zu begreifen, werde ich gezwungen sein, mich mit den Russen zu

Bild oben: Ribbentrop und Stalin nach der Unterzeichnung des deutsch-sowjetischen Nichtangriffspaktes am 23. August 1939. Ein geheimer Zusatzvertrag enthielt die Klausel, Polen im gegebenen Falle untereinander aufzuteilen. Rechte Seite: Original-Karte, auf der Stalin und Ribbentrop mit ihren Unterschriften die Teilung Polens besiegelten. Linke Linie: die neue deutsch-sowjetische Grenze, rechte Linie: die alte polnisch-russische Grenze von 1921.

verständigen, den Westen zu schlagen, und dann nach seiner Niederlage mich mit meinen versammelten Kräften gegen die Sowjetunion wenden. Ich brauche die Ukraine, damit man uns nicht wieder wie im letzten Krieg aushungern kann.«

11. August 1939: Der italienische Außenminister Graf Ciano kommt zu einer Konferenz mit Ribbentrop auf dessen Landsitz in Fuschl. Mussolini ist voller Sorge, daß Hitler ihn in einen Krieg hineinreißen könnte. Sein Widerstreben, um Deutschlands Drang nach Osten wegen italienisches Blut vergießen zu sollen, ist ganz offensichtlich. Eigentlich war Ende Juli ein Treffen der beiden Diktatoren am Brenner vorgesehen. Doch als Mussolini eine Sechsmächtekonferenz anregt, um Deutschlands berechtigte Ansprüche zu befriedigen und gleichzeitig den Frieden zu bewahren, kühlen die Beziehungen sich soweit ab, daß Hitler Ausflüchte findet, das Treffen hinauszuschieben. Aus Weizsäckers Tagebuch: »Zum ersten Mal empfinden wir die italienische Allianz als Fessel . . . Ribbentrop garantiert englische und französische Neutralität, wenn wir in den ersten drei Tagen, wie er sicher glaubt, den Polen vernichtende Schläge erteilen.«

Mussolini hat sich entschlossen, Graf Ciano allein nach Deutschland zu schicken. Und jetzt sitzt der italienische Außenminister seinem deutschen Kollegen in dessen Schloß gegenüber. Ohne große Präliminarien sagt Ribbentrop ihm die bittere Wahrheit: An Deutschlands Entschluß, Polen zu überfallen, sei nicht mehr zu rütteln. Cianos Einwand, ein solcher Krieg wäre nicht auf Polen begrenzt, wird von Ribbentrop zurückgewiesen. Der deutsche Außenminister wettet eine

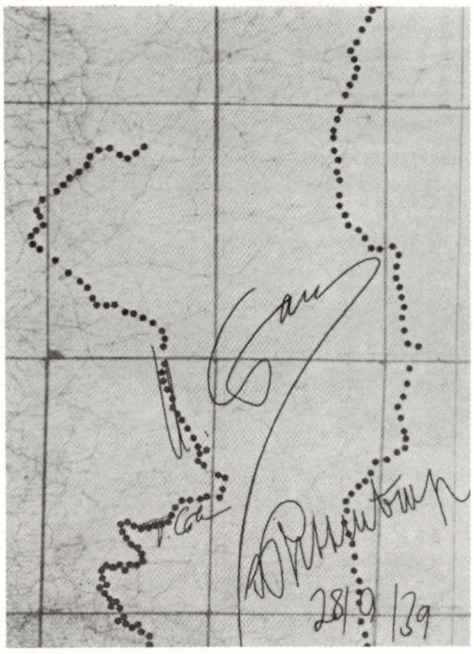

Sammlung alter deutscher Waffen gegen ein italienisches Gemälde, daß England und Frankreich neutral bleiben werden. (Er hat die Wette nie eingelöst.) Ciano ist entsetzt über die Arroganz des Deutschen. Das Abendessen im Weißen Rößl am Wolfgangsee verläuft einsilbig und unfroh.

Tags darauf trifft Ciano auf dem Berghof mit Hitler selbst zusammen. Hier erfährt er sogar den Termin des vorgesehenen Angriffs: Ende August.

Während des Gesprächs stürzt plötzlich Legationsrat Hewel aufgeregt mit einem Telegramm in Hitlers Arbeitszimmer. Die Nachricht ist von Botschafter Schulenburg aus Moskau. Triumphierend liest Hitler seinem Gast vor: »Die Russen sind mit der Entsendung eines deutschen politischen Unterhändlers nach Moskau einverstanden.« Der Fisch hat angebissen. Jetzt kann Hitler die britischen und französischen Unterhändler in London überspielen, Rußland aus der Front gegen Deutschland herausbrechen.

Am 13. August schreibt Ciano in sein Tagebuch: »Ich kehre nach Rom zurück, angeekelt von Deutschland, von seinen Führern, von seiner Handlungsweise. Sie haben uns belogen und betrogen. Und heute sind sie im Begriff, uns in ein Abenteuer hineinzureißen, das wir nicht gewollt haben . . .«

15. August: Von Hitlers festem Entschluß, Polen anzugreifen, von seiner zynischen Bemerkung, daß Danzig ihm nur ein Vorwand sei, weiß man in London offenbar nichts. Eine Instruktion des britischen Außenministers Lord Halifax an seinen Warschauer Botschafter Kennard lautet: »Sagen Sie Beck, er soll Deutschland klarmachen, daß er jederzeit bereit ist, die Möglichkeiten für Verhandlungen über Danzig zu prüfen.« Und der britische Botschafter in Berlin, Neville Henderson, schreibt tags darauf nach London: »Ich halte Hitler, was Danzig und den Korridor betrifft, für einen gemäßigten Mann.« In London heißt die Losung noch immer: Appeasement.

In Moskau geraten die französisch-britisch-russischen Militärbesprechungen in eine Sackgasse. Moskaus Bedingung: Im Falle eines deutschen Angriffs müssen russische Truppen die Erlaubnis erhalten, polnisches Gebiet zu durchqueren. Aber Polen ist nicht bereit, auch nur einem einzigen russischen Soldaten das Betreten des Landes zu erlauben. Becks Furcht vor Rußland ist größer als die Furcht vor Deutschland. Die polnische Weigerung hat eine katastrophale Folge: Sie vernichtet jede Aussicht auf ein englisch-französisches Abkommen mit Rußland. Eine Woche später hat Stalin einen neuen Verbündeten: Hitler.

20. August, 18.45 Uhr: Der nationalsozialistische Diktator Adolf Hitler kabelt an den kommunistischen Diktator Josef Stalin: »Die Spannung zwischen Deutschland und Polen ist unerträglich geworden . . . Jeden Tag kann eine Krise ausbrechen. Deutschland ist jedenfalls entschlossen, diesen Zumutungen gegenüber von jetzt an die Interessen des Reiches mit allen Mitteln wahrzunehmen . . . Es ist meine Auffassung, daß es bei der Absicht der beiden Reiche, in ein neues Verhältnis zueinander zu treten, zweckmäßig ist, keine Zeit zu verlieren. Ich schlage Ihnen daher vor, meinen Außenminister am Dienstag, dem 22. August, zu empfangen. Der Reichsaußenminister hat umfassendste Generalvollmacht zur Abfassung und Unterzeichnung eines Nichtangriffspaktes sowie des Protokolls . . . Ich würde mich freuen, Ihre baldige Antwort zu erhalten. Adolf Hitler.«

21. August, 21.35 Uhr: Der kommunistische Diktator Josef Stalin kabelt dem nationalsozialistischen Diktator Adolf Hitler: »Die Sowjetregierung hat mich beauftragt, Ihnen mitzuteilen, daß sie einverstanden ist mit dem Eintreffen des Herrn von Ribbentrop in Moskau am 23. August. J. Stalin.«

Der 23. August. Das ist der von Hitler vorgesehene »Tag X minus 2«.

Kurz nach 23 Uhr unterbricht der deutsche Rundfunk sein Musikprogramm mit der Durchsage: »Die Reichsregierung und die Sowjetregierung sind übereingekommen, einen Nichtangriffspakt abzuschließen. Der Reichsminister des Auswärtigen, von Ribbentrop, wird am Mittwoch, dem 23. August, in Moskau eintreffen, um die Verhandlungen zum Abschluß zu bringen.«

England und Frankreich sind in Moskau endgültig mattgesetzt. Zwei Tage später – nach Abschluß des Moskauer Vertrages – hat Hitler die direkte Zusage der Sowjetunion, England und Frankreich nicht zur Seite zu stehen, falls diese in Erfüllung ihrer Vertragspflichten einem angegriffenen Polen zu Hilfe kommen würden. Und – wie in den Zeiten der russischen und preußischen Monarchien – haben sich der faschistische Diktator Deutschlands und der kommunistische Diktator Rußlands in einem geheimen Zusatzabkommen auch gleich im besten Einvernehmen über die Aufteilung Polens untereinander geeinigt.

23. August: Dreißig deutsche Divisionen setzen sich in Richtung auf die polnische Grenze in Bewegung. Rydz-Smigly läßt zwei Drittel der polnischen Armee mobil

machen. Lord Halifax mahnt den polnischen Botschafter in Berlin, Hitler sofort zu Verhandlungen aufzusuchen. Hitler ist auf dem Obersalzberg. Lipski wird in Berlin von Hermann Göring empfangen, seinem langjährigen Jagdfreund. Göring: »Ja, mein lieber Herr Lipski, es tut mir sehr leid, aber in dieser Sache habe ich keinen Einfluß mehr.«
Unterdessen ist der britische Botschafter Henderson bei Hitler auf dem Berghof. Nach der Unterredung kabelt er an Lord Halifax nach London: »Hitler ist äußerst gereizt und unnachgiebig.«
25. August: Lord Halifax glaubt eine Formel gefunden zu haben, die es England ermöglicht, seine Verpflichtungen gegenüber Polen zu erfüllen, ohne in Feindseligkeiten mit Deutschland verwickelt zu werden. Er schlägt vor, im Falle eines deutschen Angriffs solle England verlangen, daß die deutschen Truppen »innerhalb einer festgesetzten Zeit« in ihrem Vormarsch innehielten, um dann in Verhandlungen einzutreten. Becks Antwort: »Wir möchten, daß England uns bei einem deutschen Angriff militärisch unterstützt und nicht über Polens verstümmelten Körper Verhandlungen führt.« Beck und sein Londoner Botschafter Raczynski setzen sich durch. Am gleichen Tag wird der englisch-polnische Beistandspakt geschlossen. Allerdings: Der Pakt enthält kein Wort über Danzig. Sowohl Chamberlain als auch Halifax haben beschlossen, die Berechtigung der deutschen Forderung nach Rückgliederung des Freistaates anzuerkennen.
Am Nachmittag nämlich ist Henderson wieder bei Hitler gewesen. Der Brite glaubt noch immer an Hitlers Behauptung, daß Deutschland über die Rückgabe Danzigs hinaus keine weiteren Differenzen mit Polen habe. An Halifax telegrafiert er: »Hitler hat ruhig und vernünftig gesprochen. Ich war von seiner offensichtlichen Ehrlichkeit und Aufrichtigkeit beeindruckt.« Was Henderson nicht wußte: Vor zwei Tagen schon hatte Hitler den Termin für den Überfall auf Polen festgesetzt: Samstag, 26. August, 4.30 Uhr.
25. August, 18 Uhr: Alle Funk-, Telegrafen- und Telefonverbindungen mit dem Ausland sind gesperrt. Das Auswärtige Amt hat die deutschen Staatsbürger in Polen, England und Frankreich auffordern lassen, diese Länder auf dem schnellsten Wege zu verlassen.
20.30 Uhr: Der bereits angelaufene »Fall Weiß« wird gestoppt. Hitler hat Keitel den Befehl erteilt: »Sofort alles anhalten!!!« Was ist geschehen?
Hitlers Achsenpartner Mussolini hat im kritischen Moment kalte Füße bekommen. Um 18 Uhr hatte Botschafter Attolico Hitler ein Schreiben Mussolinis übergeben, in dem der Italiener zwischen den Zeilen fordert, ihn von den Bündnisverpflichtungen des »Stahlpaktes« zu entbinden. Mussolini: »Bei unseren Begegnungen war der Krieg für nach 1942 vorgesehen, und zu jener Periode wäre ich zu Lande, zur See und in der Luft fertig gewesen, gemäß den verabredeten Plänen.« Gegenwärtig aber ist der Duce nicht kriegsbereit. Deutschland hat Rußlands wohlwollende Neutralität gewonnen, aber seinen Stahlpakt-Bundesgenossen zunächst einmal verloren. Hitler braucht Zeit zum Nachdenken. Über den persönlichen Eindruck, den der Führer bot, hat ein Augenzeuge berichtet: »Übernächtigt, zerfahren, Stimme brüchig, zerfallen.«
Schließlich findet er sich damit ab, daß Mussolini sich bereit erklärt, ihn politisch, propagandistisch und psychologisch zu unterstützen und ihm italienische Arbeitskräfte nach Deutschland zu schicken.
26. August: Hitler gibt einen neuen Angriffstermin an Keitel: 1. September. Jetzt hat er sich eine neue außenpolitische Taktik vorgenommen: Er will einen Keil zwischen Polen und England treiben. Er will Chamberlain einen Vorwand geben, sich seinen Verpflichtungen gegenüber Polen zu entziehen, ohne das Gesicht zu verlieren. England soll die Forderungen *annehmen,* die Polen *ablehnt.* Da Polen niemals einwilligen wird, kann man ihm dann den Schwarzen Peter zuschieben. Hitlers inoffizieller Mittelsmann ist Birger Dahlerus, schwedischer Kaufmann, ein Freund Görings. In den letzten Tagen des Friedens reist der unermüdliche Schwede zwischen Berlin, Stockholm und London hin und her. In einem entscheidenden Augenblick der Weltpolitik übernimmt ein Amateurdiplomat eine Schlüsselrolle.
28. August, 14 Uhr: Dahlerus' Mission trägt ihre ersten Früchte: Halifax kabelt dem britischen Botschafter in Warschau: »Suchen Sie sofort Außenminister Beck auf, bitten Sie ihn, die britische Regierung zu autorisieren, Berlin mitzuteilen, daß

Höhepunkt der Feierlichkeiten zu Hitlers 50. Geburtstag am 20. April 1939 war die große Militärparade in Berlin, eine »bedeutungsvolle Demonstration militärischer Macht und Entschlossenheit«, so die Schlagzeile des Völkischen Beobachters. Beeindruckt und beunruhigt reagierte die Welt auf das gewaltige militärische Schauspiel.

Polen bereit ist, unverzüglich in direkte Verhandlungen mit Deutschland einzutreten.« Beck gibt die gewünschte Autorisierung. Um 22.30 Uhr überreicht Henderson Hitler die entsprechende britische Note.

29. August, 1.30 Uhr: Dahlerus erhält einen Anruf aus der Reichskanzlei. Göring läßt ihm ausrichten: »Die englische Note ist höchst befriedigend. Es besteht Hoffnung, daß die Kriegsgefahr vorüber ist.« Um 10.30 Uhr vormittags schüttelt Göring Dahlerus die Hand: »Der Frieden ist gesichert!«

Ein berechnetes Theater: Man zeigt sich nach London kompromißbereit und verlangt gleichzeitig von Warschau Unmögliches.

Bereits am Abend kommt für Botschafter Henderson die kalte Dusche: In seiner offiziellen Antwort auf die britische Note verlangt Hitler ultimativ die Entsendung eines bevollmächtigten polnischen Unterhändlers »binnen 24 Stunden«. Hitlers Gespräch mit dem Botschafter artet in eine in der Geschichte der Diplomatie einzigartige Szene aus. Hitler brüllt, beleidigt den Botschafter. Und der Engländer reagiert plötzlich unorthodox: Er brüllt zurück, überschreit Hitler. Der ist verdutzt. Er wütet weiter, aber mit gedämpfter Stimme. Henderson verläßt die Reichskanzlei, nach seinen eigenen Worten »voll der düsteren Vorahnungen und wegen der eigenen Unzulänglichkeit deprimiert«.

30. August, gegen Mitternacht: Ribbentrop empfängt Botschafter Henderson. Der erklärt ihm, die britische Regierung sei nicht in der Lage, Polen zu veranlassen, so rasch einen Unterhändler zu einer so ungewöhnlichen Verhandlungsprozedur nach Berlin zu schicken. London schlägt der deutschen Regierung vor, die üblichen diplomatischen Kanäle zur Anbahnung direkter Verhandlungen zu benutzen. Im übrigen könne man von der polnischen Regierung nur dann Zurückhaltung erwarten, wenn die deutsche Regierung sich ihrerseits Zurückhaltung auferlege. Es wird eine stürmische Unterredung. Als Henderson vorschlägt, den polnischen Botschafter herbeizurufen und ihm die deutschen Vorschläge zur Weiterleitung nach Warschau zu übergeben, bekommt Ribbentrop einen Wutanfall. Gesandter Dr. Paul Schmidt: »Ich fürchtete, die Männer würden jeden Moment von Worten zu Handgreiflichkeiten übergehen.«

Und jetzt, in dieser Unterredung, wird es auch dem bisher so geduldigen Henderson endlich klar, daß Hitler und Ribbentrop die ganzen letzten Tage falsch gespielt haben. Daß sie gar keine Verhandlungen mit Polen wollen. Daß der ganze Notenwechsel der letzten Tage lediglich eine Alibifunktion haben sollte. Henderson fühlt sich mißbraucht. Als er von Ribbentrop eine Kopie der deutschen Vorschläge erbittet, die man dem Unterhändler machen wollte, entgegnet dieser kalt, diese Vorschläge seien jetzt überholt, denn es sei ja kein polnischer Unterhändler eingetroffen.

Auf dem Papier klingen die Vorschläge an sich nicht unvernünftig. Hitler verlangt lediglich die Rückkehr Danzigs. Über die Zukunft des Korridors solle in zwölf Monaten eine Volksabstimmung entscheiden. Polen soll den Hafen Gdingen behalten. Jenes Land, das nach der Volksabstimmung den Korridor erhielte, solle dem anderen exterritoriale Autobahnen und Eisenbahnlinien gewähren. Doch die Vorschläge sind nur taktisches Kalkül. Hitler hat sie niemals ernst gemeint. Später hat er vor Zeugen zugegeben: »Ich brauchte lediglich ein Alibi!«

Und dennoch ist Henderson in der Nacht vom 30. zum 31. August noch hoffnungsvoll. Um 2 Uhr morgens weckt er den polnischen Botschafter Lipski, empfiehlt eine sofortige Zusammenkunft zwischen Marschall Rydz-Smigly und Göring.

31. August, 13.35 Uhr: Oberst Beck ist zu Verhandlungen bereit. Botschafter Lipski sucht um eine Unterredung mit Ribbentrop nach. Um 18.15 Uhr wird er vorgelassen. Ribbentrop fragt ihn, wo er die nöti-

Bild oben: Der Gleiwitzer Sender, nahe bei der polnischen Grenze gelegen, wurde als Schauplatz für den, wie Hitler es nannte, »propagandistischen Anlaß zur Auslösung des Krieges« auserkoren. Männer von Heydrichs Sicherheitsdienst inszenierten hier am 31. August 1939 in polnischen Uniformen einen »Überfall« und »besetzten« kurzzeitig den Sender – für Hitler Grund genug, am nächsten Tag zu behaupten, die Polen hätten nun »auch auf unserem eigenen Territorium« geschossen.
Linke Seite: Vor dem Reichstag fallen am 1. September 1939 die historischen Worte: »Seit 5.45 Uhr wird nunmehr zurückgeschossen.«

gen Vollmachten als Unterhändler habe. Lipski antwortet, er habe die Anweisung, eine Erklärung zu übergeben, daß die polnische Regierung zu baldigen direkten Verhandlungen bereit sei. Daraufhin verabschiedet Ribbentrop ihn kühl. Als er in die Botschaft zurückgekehrt ist, kann er keine Verbindung mehr mit Warschau aufnehmen. Seine Telefonleitung ist unterbrochen.

Während Lipski bei Ribbentrop ist, gibt Hitler die »Weisung Nr. 1 für die Kriegführung« heraus. Angriffstermin 1. September, 4.45 Uhr. Die Zeit ist von Hitler handschriftlich mit Rotstift eingefügt.

21 Uhr: Hitlers »Friedensvorschläge« an Polen werden als Alibi über alle deutschen Sender übertragen. Zur gleichen Zeit stürmen SS-Männer in polnischen Armeeuniformen den deutschen Sender in Gleiwitz. Die propagandistischen Vorbereitungen zum Überfall auf Polen sind abgeschlossen. Im Morgengrauen des nächsten Tages rücken die deutschen Armeen über die Grenze.

1. September 1939, kurz nach 10 Uhr: Auf dem Podium des Reichstags sagt Hitler: »Polen hat nun heute nacht zum ersten Mal auch auf unserem eigenen Territorium durch reguläre Soldaten geschossen. Seit 5.45 Uhr (Hitler irrt sich um eine Stunde!) wird jetzt zurückgeschossen!«

Aber noch immer wird nicht von »Krieg« gesprochen. Und noch immer weigert Hitler sich, zu glauben, daß England und Frankreich ihre Verpflichtungen einhalten werden. Erst gegen Abend überreichen die Botschafter Henderson und Coulondre gleichlautende Noten, die noch nicht einmal ein Ultimatum enthalten, sondern lediglich warnen, daß die Regierungen ihre Verpflichtungen gegenüber Polen erfüllen würden, falls Deutschland nicht alle Aggressivhandlungen gegen Polen einstellt.

2. September, 10 Uhr: Mussolini macht einen Versuch in letzter Minute, ein neues »München« zustande zu bringen. Die Aussichten in Paris und London scheinen ihm gut. Aber Hitler und Ribbentrop lassen den Duce abfahren. Nur wenn Mussolini bestätigen könne, daß es sich bei den englischen und französischen Noten *nicht* um Ultimaten handele, würde der Führer ihm in zwei bis drei Tagen antworten.

Um 19 Uhr am 2. September sind auch Mussolinis Hoffnungen zunichte. Lord Halifax teilt ihm mit, England würde seinen Konferenzvorschlag nur annehmen, wenn Hitler bereit sei, seine Truppen aus Polen bis zur deutschen Grenze zurückzuziehen. Dazu aber ist Hitler unter keinen Umständen bereit.

Und doch bringen die fieberhaften Verhandlungen Rom–Paris–London in Hitler eine gefährliche Euphorie zustande: England und Frankreich werden nicht kämpfen, glaubt er. Er weiß doch, wie gern die beiden Länder sich aus ihren Verpflichtungen gegenüber dem bedrängten Polen herauswinden würden.

Sonntag, der 3. September 1939. Ein strahlender Altweibersommermorgen. Seit Tagen rücken deutsche Truppen ohne formelle Kriegserklärung von Norden, Westen und Süden auf die Weichsel vor. Sturzkampfflugzeuge bombardieren Warschau und andere polnische Städte. Für die Funkpeilung dient ihnen ein ständig wiederkehrendes Signal des sowjetrussischen Radiosenders Minsk. Das deutsche Linienschiff »Schleswig-Holstein« liegt in der Danziger Bucht und beschießt die polnischen Befestigungen auf der Westerplatte. Der Freistaat Danzig ist von deutschen Truppen besetzt worden und formell »heimgekehrt« ins Reich.

Berlin, 9 Uhr morgens. Der britische Botschafter Sir Neville Henderson betritt das Portal des Reichsaußenministeriums in der Wilhelmstraße 76. In seiner Aktentasche trägt er ein Dokument, das er fünf Minuten später im Amtszimmer des Außenministers dem Gesandten und Dolmetscher Dr. Paul Schmidt vorliest. Dr. Schmidt, der nur drei Stunden geschlafen hat, wird bleich, als Henderson zu dem folgenschweren Satz kommt: »Wenn die Regierung Seiner Majestät nicht vor 11 Uhr britischer Sommerzeit befriedigende Zusicherungen über die Einstellung aller Angriffshandlungen gegen Polen und die Zurückziehung der deutschen Truppen aus diesem Lande erhalten hat, so besteht von diesem Zeitpunkt ab der Kriegszustand zwischen Großbritannien und Deutschland.«

Mit dem Dokument eilt Dr. Schmidt in die Reichskanzlei. Nur unter Schwierigkeiten dringt er zu Hitler vor. Adolf Hitler sitzt am Schreibtisch seines riesigen Arbeitszimmers. Am Fenster steht Außenminister von Ribbentrop. Langsam übersetzt Schmidt das Ultimatum der britischen Regierung. Nach dem letzten Satz herrscht Totenstille. Regungslos, wie versteinert, sitzt Hitler da, starrt vor sich hin. Dann wendet er langsam seinen Kopf zu Ribbentrop. »Was nun?« fragt er leise. Ebenso leise erwidert der Außenminister: »Ich nehme an, daß die Franzosen uns in der nächsten Stunde ein gleichlautendes Ultimatum übergeben werden.«

Birger Dahlerus wird in die Reichskanzlei gerufen. Hitler bittet ihn, sofort in London anzurufen. Er, Hitler, sei bereit, Hermann Göring sofort als bevollmächtigten Sonderbotschafter auf dem Luftweg nach London zu schicken, um zu verhandeln. Zehn Minuten vor Ablauf des Ultimatums kommt die Verbindung zustande. Dahlerus hat Lord Halifax am Apparat. Der Schwede unterbreitet ihm Hitlers Angebot. Die Antwort des britischen Außenministers ist kühl und knapp: »Die Regierung Seiner Majestät sieht sich außerstande, auf diesen Vorschlag einzugehen. Die Regierung Seiner Majestät hat der deutschen Reichsregierung eine definitive Frage gestellt und erwartet darauf eine definitive Antwort. Die Regierung Seiner Majestät hat keine Zeit mehr zu Diskussionen mit Herrn Feldmarschall Göring.«

Jetzt erst weiß Hitler, daß die Zeit der Bluffs vorbei ist.

Polenfeldzug

Was politisch getan werden konnte, war getan: Der Pakt mit Stalin sorgte für Rückenfreiheit, die Propaganda für die richtige Darstellung der Kriegsgründe gegen Polen und der SD mit dem fingierten Überfall auf den Sender Gleiwitz für den geeigneten Auslöser. Auch militärisch war die Vorbereitung beruhigend: Die Wehrmacht hatte mehr Soldaten, Panzer, Flugzeuge und Geschütze als der Gegner, sie hatte den Vorteil der Überraschung – nur Zeit hatte sie nicht. Denn als Hitler für den 1. September 1939 den Angriff auf Polen befahl, mußte er mit dem Eingreifen der Westmächte rechnen. Polen mußte daher in kürzester Zeit bezwungen werden. Der Zeitdruck wuchs dramatisch, als am 3. September aus London und Paris Ultimaten und wenig später die Kriegserklärungen eintrafen.
Jetzt ging es ums Ganze: Konnte man Polen niederringen, bevor die britisch-französischen Truppen marschieren würden? Mit einer völlig neuen Strategie versuchte die Wehrmacht eine Antwort auf diese Überlebensfrage. Mit riskanten Panzerraids ins Hinterland des Gegners, ohne Rücksicht auf ausreichende Flankensicherung zerschnitt sie die gegnerischen Armeen, bildete riesige Kessel und zerstörte durch geballte Angriffe aus der Luft Transport- und Nachrichtensystem der feindlichen Truppen. Deren Aufmarsch wurde schon im Entstehen zerschlagen. Ehe sich die Polen vom Überrumpelungsschlag der Wehrmacht erholt hatten, war Infanterie in die aufgebrochenen Gebiete nachgerückt. Die Kessel wurden nacheinander eingedrückt, ganze Armeen gingen in Gefangenschaft. In knapp drei Wochen war Polen geschlagen. Das Wort vom »Blitzkrieg« machte die Runde. Das Deutsche Reich grenzte nun an die Sowjetunion, die nicht gezögert hatte, sich die im Pakt der Diktatoren vereinbarte ostpolnische Beute zu holen.

Siegesparade der 8. deutschen Armee vor dem »Führer« in Warschau am 5. Oktober 1939. Sieg, aber kein Frieden, wie ihn Soldaten und Heimat erhofften. Obwohl Hitler »die Friedenshand ausstreckte«, da nun alle Kriegsgründe beseitigt seien, wollten ihm die Westmächte keine weitere Atempause gönnen für den nächsten, sicher zu erwartenden Überfall.

Die Luft ist dumpf und schwer. Leichter Regen fällt. Die Nacht vom 31. August zum 1. September 1939 ist dunkel, ohne jeden Stern. Überall an der in weiten Kurven verlaufenden deutsch-polnischen Grenze von Oberschlesien bis zur ostpommerschen Ostseeküste und im südlichen Ostpreußen rücken die deutschen Truppen in ihre Bereitstellungsräume. Um 4.45 Uhr soll der Angriff auf Polen einsetzen. Schweigend marschieren Infanterie-Kompanien durch die Nacht. Blitzt einmal für einen Moment der Schein einer Taschenlampe auf, glänzen regenfeuchte Stahlhelme. Kochgeschirre klappern leise. Die Stimmung ist ernst. »Kein Hurra-Patriotismus«, heißt es in einem Kompaniebericht. Die Männer wissen, daß hinter der Regenwand, hinter Nebelschwaden, die am Morgen aufkommen, der Feind wartet, und vielleicht der Tod. Die Männer können jetzt nicht mehr fragen, ob dieser Krieg notwendig, ob er gerechtfertigt ist: Sie können nur ihre Pflicht tun. Im Aufzucken von Taschenlampen wandert auf der Armbanduhr der Zeiger vorwärts, 4.30 Uhr, noch 15 Minuten – 4.45 Uhr. Ein einzelnes deutsches Geschütz feuert, dann rauscht und dröhnt es in der Luft: Der Feuerschlag der schweren Artillerie . . .

Im Heiligen-Kreuz-Stift bei Neiße sitzt in den frühen Morgenstunden der Stab der Heeresgruppe (H.-Gr.) Süd unter Generaloberst v. Rundstedt und dem Stabschef Generalleutnant v. Manstein am Kartentisch. Am 31. August ist »Y-Tag« für den 1. September befohlen worden. »Y« heißt: Angriff auf Polen – ohne Kriegserklärung. »Y-Tag« ist bereits einmal am 25. August für den 26. August angeordnet und von Hitler noch am 25. August aus politischen Gründen widerrufen worden. So haben der alte Rundstedt und sein Stabschef bis Mitternacht gewartet, ob der »Führer« abermals einen »unabänderlichen Entschluß« wieder ändern würde. Vom Oberkommando des Heeres (OKH) im Lager Zossen bei Berlin kommt kein Gegenbefehl mehr. Hier warten der Oberbefehlshaber des Heeres, Generaloberst v. Brauchitsch, und der Chef des Generalstabes des Heeres, General der Artillerie Franz Halder, genauso wie die Herren vom Stab der Heeresgruppe Süd in den hohen, kühlen Räumen der katholischen Missionarbildungsanstalt bei Neiße auf die ersten Meldungen von der Front . . .

In der offiziellen Sprachregelung heißt es am 1. September: Die Wehrmacht habe den »aktiven Schutz des Reiches« übernommen und sei zum »Gegenangriff« angetreten . . .

Nur zuschauen konnten die Polen in ohnmächtiger Wut, wie die Wehrmacht unaufhaltsam ins Land vorstieß. Panzer (linke Seite unten) und Stukas (oben rechts: genaue Bombenwürfe haben die Narew-Brücke zerstört) walzten jeden Widerstand nieder, verwüsteten die Nachschubwege des Gegners, blockierten seine Rückzüge und bahnten dem eigenen Troß (oben links: berittene Kolonne überquert reparierte Brücke) und der Führung (rechts unten: Hitler inspiziert mit Gefolge einen vernichteten Panzerzug) den Weg in Feindesland. Schnelligkeit und Materialüberlegenheit siegten über den Heldenmut der Verteidiger, die zudem bald zwischen zwei Feuer gerieten: Am 17. September 1939 trat im Osten die Rote Armee zum Angriff an.

Der 64jährige Generaloberst v. Rundstedt, den man aus dem Ruhestand zurückgeholt hat, und sein Chef des Stabes schauen auf die Karten. Ihrer Heeresgruppe fällt mit drei Armeen, von Süd nach Nord angesetzt, der 14., 10. und 8. Armee (insgesamt 886000 Mann), die Hauptaufgabe im kommenden Feldzug zu. Die 14. Armee, deren rechter Flügel weit vorwärts in der Ostslowakei steht, soll die polnischen Grenzbefestigungen in Ostoberschlesien nehmen und in Galizien bis zum San durchstoßen. Die 10. Armee mit der Masse der Panzer- und motorisierten Divisionen, 300000 Mann unter General der Artillerie v. Reichenau, und die schwächere 8. Armee auf dem linken Flügel sollen aus Schlesien vorgehen. Die 10. Armee hat den Auftrag, über 300 Kilometer hinweg bis zur Weichsel durchzubrechen. Grundgedanke ist, daß diese beiden Armeen den Gegner im Weichselbogen zur Schlacht stellen und am Ausweichen nach Osten über die Weichsel hindern.

Weit im Norden ist die Heeresgruppe Nord – 630000 Mann unter Generaloberst v. Bock – mit zwei Armeen, der 3. Armee in Ostpreußen und der 4. Armee in Ostpommern, versammelt. Sie soll von Westen und Osten her die polnischen Kräfte im Korridor (dem bis 1918 deutschen Westpreußen) zerschlagen, die Verbindung zwischen dem Reich und Ostpreußen herstellen und darauf mit dem linken Flügel von Ostpreußen aus über Narew und Bug hinweg tief in den Rücken der polnischen Streitkräfte hineinstoßen. Diese gewaltige Zangenbildung ist durch das Kartenbild geboten. Die Idee des Angriffes von Ostpreußen aus in den Rücken der polnischen Armeen stammt von Hitler. Sonst überläßt der »Führer« dem OKH in diesem Monat die Kriegführung – das einzige Mal in dem großen Kriege, der jetzt anhebt?

Und der Gegner? Weder Brauchitsch noch Halder oder Rundstedt und Manstein haben ein klares Bild über Aufmarsch und Stärken in den einzelnen Frontabschnitten. Polen verfügt über 38 aktive Infanterie-Divisionen, 11 Kavallerie-Brigaden (der Stolz dieser noch halbfeudalen Armee!), zwei motorisierte Brigaden und die Einheiten des Grenzkorps. Rund 3200 deutschen Panzern stehen nur etwa 600 polnische Panzerfahrzeuge gegenüber, modernisierte französische Renaults und italienische leichte Kampfwagen von Fiat-Ansaldo. Hoffnungslos ist die Situation in der Luft. Die deutschen Luftflotten 4 (H.-Gr. Süd) und 1 (H.-Gr. Nord) verfügen über 3234 Flugzeuge, darunter die neuartigen Sturzkampfflugzeuge, die Polen über 842 Maschinen.

1938 hat der Direktor der polnischen Kriegsakademie, General Kutrzeba, den Plan entworfen, eine Art von Rumpfstaatsgebiet zwischen dem oberschlesischen Industrierevier, der Weichsel und Warthe zu verteidigen, und sich Ausfallmöglichkeiten aus dem Raum Posen auf Berlin vorzubehalten. Die Luftlinie Posen–Berlin beträgt 240 Kilometer. Im März 1939 ist dieser Plan erweitert und verwässert worden. Der Marschall Rydz-Smigly, der höchste militärische Befehlshaber, zugleich oberster politischer Führer dieser Republik unter permanenter Schutzdiktatur des Militärs, will auch die Narew-Linie im Norden, den – praktisch nicht zu verteidigenden – Korridor, halten. So sind im August 1939 acht Armeen oder Operationsgruppen wechselnder Stärke – die größte Armee im Raum Posen – im Aufmarsch oder in der Versammlung begriffen, dazu im Hinterland drei Reserve-Armeen. Die Ostgrenze gegen die Sowjetunion ist nur schwach gesichert. In Warschau kennt man den deutsch-russischen Vertrag vom 23. August 1939. Polen besitzt jedoch aus dem Jahr 1932 einen Nichtangriffsvertrag mit Moskau. Was der Marschall und die Regierung nicht kennen, ist ein geheimes militärisches Zusatzprotokoll zum Vertrag für den Fall eines deutsch-polnischen Krieges. Aber dies Protokoll kennen auch die deutschen Militärs nicht.

Im Generalstabslager Zossen bei Berlin notiert General Halder allerdings ah-

Absolute Luftüberlegenheit erleichterte den deutschen Vormarsch in Polen und verhinderte rasche polnische Gegenangriffe durch Zerstörung der Verkehrswege (oben: zusammengebrochene Brücke über die Weichsel bei Dirschau an der Bahnlinie Berlin–Königsberg). Verheerend wirkten vor allem die Sturzkampfbomber (rechte Seite oben), die an Brennpunkten auch in die Erdkämpfe (rechte Seite unten: Flammenwerfer) eingriffen. Ihre Bomben saßen aufgrund der revolutionären Sturztechnik so genau wie eingeschossene Artilleriesalven. Polen brach daher viel schneller zusammen, als es selbst Pessimisten befürchtet hatten. Hilfe aus dem Westen, auf die man in Warschau lange gehofft hatte, mußte so notwendigerweise zu spät kommen.

nungsvoll am 31. August 1939: »Nicht ausgeschlossen, daß Russe kommt, wenn es bei uns vorwärtsgeht.« Geht es vorwärts? Im Stift bei Neiße fragen sich Rundstedt und Manstein, wie alles »laufen« wird. Das Heer ist hastig aufgestellt, die jungen Offiziere und Soldaten haben keinerlei Kriegserfahrung. Der Großeinsatz von Panzern unter Führung durch Funk ist niemals praktisch erprobt worden. Stunden fließen dahin. »Die Spannung bricht erst, wenn die ersten Meldungen eingehen«, schreibt Manstein. Enttäuschung Numero Eins: Nebel verhindert am 1. September den geplanten Luftgroßangriff auf die polnische Fliegerei und das polnische Verkehrsnetz. Bei der Luftflotte 4 im Süden können wenigstens 80 Prozent der Maschinen starten, bei der Luftwaffe 1 im Norden nur 30 Prozent. Dann jedoch löst sich im Stift zur Neiße die Nervenspannung. Der Angriff läuft gut . . .

Im Norden soll General Heinz Guderian, der Schöpfer der modernen deutschen Panzerwaffe und Verfechter des geballten Einsatzes der Panzer zur Schlachtentscheidung, an der Spitze des XIX. Panzer-Korps von Ostpommern aus den Durchbruch durch den »Korridor« bis zur Weichsel erzwingen. Guderian hat sich ein Halbkettenfahrzeug als Befehlspanzer einrichten lassen und fährt nach vorn zur 3. Panzerbrigade. Eine polnische Granate schlägt 50 Meter vor ihm ein, eine zweite 50 Meter hinter ihm. Guderian befiehlt dem Fahrer, abzudrehen. Der Mann ist nervös und rutscht mit dem Befehlswagen in einen Graben, die Vorderachse ist verbogen. »Der schnelle Heinz«, ist ungeheuer erbost. Er muß sich erst einmal ein neues Vehikel »organisieren«.

Vor Groß-Klonia reißt hier plötzlich der Nebel auf, eine goldene Septembersonne bricht durch. Groß-Klonia, notiert Guderian, ist das Gut seines Urgroßvaters gewesen, des Freiherrn Hiller v. Gärtringen. Polnische Panzerabwehrkanonen feuern, Volltreffer in einigen deutschen Panzern, die ersten Gefallenen. Ein Offizier, ein Fahnenjunker, acht Mann. Guderian ist wieder vorn. Als er abends zum Korpsgefechtsstand kommt, hört er, daß eine seiner beiden motorisierten Divisionen, die 2. pommersche, vor polnischen gut ausgebauten und verdrahteten Stellungen liegengeblieben ist. Der Kommandeur will zurück, fürchtet den Angriff polnischer Kavallerie. Guderian ist nach seinem eigenen Geständnis im ersten Augenblick »sprachlos«. Dann schnaubt er den General an: Ob dieser je gehört hätte, daß pommersche Grenadiere vor feindlicher Kavallerie ausgerissen seien?

Am 2. September 1939 kommt der Angriff wieder in Gang. Ein Eisenbahnpanzerzug hat sich inzwischen bis Konitz durchgeschossen. Die polnische Kavallerie-Brigade »Pomorska« greift ein, attakkiert mit blanker Waffe, mit verwegenem Mut Panzer der Berliner 3. Panzer-Division und wird natürlich elend zusammengeschossen. Die polnische Armee »Pommerellen« unter General Bortnowski wird im »Korridor« zersprengt, nur Teile können sich nach Süden retten. Anfangsschwierigkeiten gibt es freilich auch bei der 3. Armee des Generals v. Küchler in Südostpreußen. Vor sehr starken polnischen Bunkerlinien im Raum Mlawa stockt der Angriff der Infanterie, trotz Unterstützung durch die Artillerie, Panzer und Sturzkampfflugzeuge. Doch nachdem die polnische Position im »Korridor« aufgebrochen ist, muß auch hier durch Umgehung die polnische Stellung ins Wanken kommen.

Bei der 10. Armee setzt noch am 1. September prächtiges, sonniges Herbstwetter ein. Am 2. September und in den folgenden Tagen gewinnt die deutsche Luftwaffe rasch die volle Herrschaft im Luftraum über Polen, für Manstein ein entscheidendes Moment. »Polen noch nicht fertig zur Abwehr. Keine Lust zum Kämpfen«, notiert Halder in Zossen in seinem stichwortartig geführten Tageskalender. Worauf kann Polen noch hoffen? Nach der polnisch-französischen Militärkonvention vom 19. Mai 1939 ist Frankreich verpflichtet, spätestens 15 Tage nach Beginn eines deutschen Angriffs auf Polen im Westen zur Offensive überzugehen.

England und Frankreich erklären am Sonntag, dem 3. September, Hitler – zu dessen maßloser Verblüffung – den Krieg. Und dann? Nichts! An diesem Sonntag fährt Hitler mit dem »Führer-Befehlszug« von Berlin an die Front ab, ganz Oberster Kriegsherr wie in kaiserlichen Zeiten. Den Krieg führen, worauf sie eifersüchtig bedacht sind, Brauchitsch und Halder und die Generale im Süden und Norden, Rundstedt und Fedor v. Bock, sämtlich Herren alten Schlages, die den »Führer« mit Mißtrauen betrachten. Hitler hat sich einen feldgrauen Rock schneidern lassen, und in seiner Rede vor dem Reichstag am Donnerstag, dem 1. September, fallen die denkwürdigen Worte, er werde diesen Rock erst nach dem Sieg wieder ausziehen – oder er werde »das Ende nicht erleben« . . .

Vorläufig sieht alles nach Sieg aus. Der Marschall von Polen, Edward Rydz-Smigly, verliert rasch die Übersicht. Danzig wird besetzt, die polnische Besatzung auf der Westerplatte nach Beschießung durch das alte Linienschiff Schleswig-Holstein zur Kapitulation genötigt, der polnische Kriegshafen Gdingen blockiert.

Das ostoberschlesische Industriegebiet, die alte Krönungsstadt der polnischen Könige, Krakau, werden von der 14. Armee genommen. Reichenau mit der 10. Armee jagt vorwärts auf die Weichselübergänge südlich von Warschau. Am 8. September erscheinen Panzerspähwagen und Kradschützen seiner 4. Panzer-Division in den Vorstädten der polnischen Hauptstadt. Der Marschall und die Regierung sind schon zwei Tage vorher nach Lublin in Südostpolen ausgewichen. Wo die Polen stehen, schlagen sie sich mit außerordentlicher Tapferkeit, aber zu größeren Gegenaktionen – so scheint es – sind ihre Armeen, die jede für sich ihren Kampf führen, nicht mehr fähig. Am 9. September 1939 schlägt die 10. Armee im Raum Radom die erste Kesselschlacht im Zweiten Weltkrieg. Sieben polnische Divisionen gehen zugrunde, Reichenau meldet 60000 Kriegsgefangene und 130 erbeutete Geschütze.

Rundstedt und Manstein verlegen ihr Hauptquartier weiter nach vorn, nach Lublinitz. Gefechtsstand wird eine ehemalige Taubstummenanstalt. Seltsame Gäste tauchen hier auf, im Auftrag des »Führers«: Die Filmschauspielerin Leni Riefenstahl mit einem Trupp von Kameraleuten. Der »Führer« will, daß die Dame – deren Schönheit Manstein bewundert und deren »Nahkampfausrüstung« er bissig kommentiert, Tunika, Breeches, weiche hohe Stiefel, an der Hüfte eine herumbaumelnde Pistole – den Sieg in Polen filmen soll. Manstein führt sie zum bärbeißigen Rundstedt, der über den neuesten Einfall des »Oberösterreichers«, wie er Hitler zu nennen pflegt, verblüfft ist. Sie wird dem I a (Offizier für Feindlagebeurteilung) anvertraut, einem Bayern, dessen rauhe, kehlige Stimme durch die ganze hellhörige Taubstummenanstalt dröhnt. Dieser hat eine geniale Idee. Er schickt die Diva samt Kameratrupp zum General v. Reichenau in Konskie. Reichenau, gedrungen, sportlich, Monokel im Auge, ist kein Kostverächter, was die Damenwelt anbelangt. »Der charmanteste der deutschen Marschälle«, nennt ihn die Chansonsängerin Lucienne Boyer in Paris. Er kennt natürlich die Riefenstahl.

Aber in Konskie passiert unter den Augen des Armeehauptquartiers ein schrecklicher Zwischenfall. Es hat hier beim Einmarsch ein paar Heckenschützen gegeben. Die deutsche Truppe ist nervös. Ein Flak-Offizier läßt sinnlos in eine Menschenmenge auf dem Marktplatz feuern und veranstaltet ein Blutbad. Reichenau reagiert scharf mit Degradierung und Kriegsgericht für den unseligen Tropf. Aber die Nerven der Riefenstahl sind solchen Dingen doch nicht gewachsen. Sie verschwindet vom Kriegstheater.

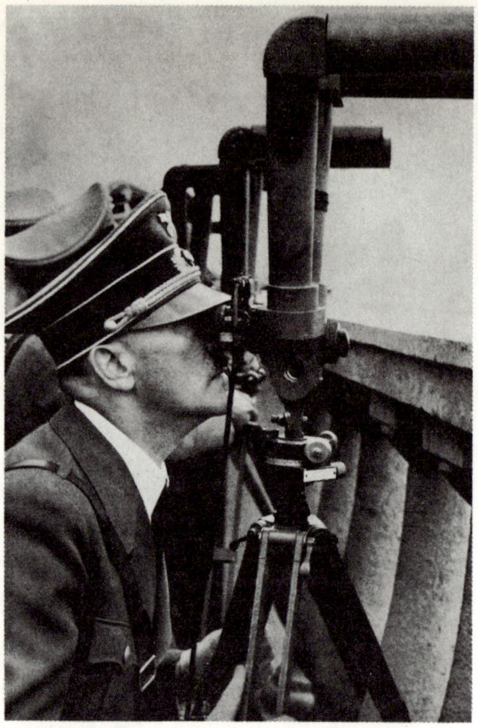

Nach nicht einmal drei Wochen war von nennenswertem Widerstand der polnischen Armee nicht mehr zu reden. Die Hauptstadt freilich ergab sich nicht, obwohl hoffnungslos eingeschlossen. Unter dem Druck der Drohung aus dem Westen entschloß sich die deutsche Führung daher zur Bombardierung Warschaus, damit der Feldzug beendet und die Lage im Westen gesichert werden konnte. Hitler beobachtete persönlich den Feuersturm, den seine Luftwaffe entfachte (oben), während rings um die Stadt deutsche Divisionen auf den Befehl zum Sturmangriff warteten (rechts oben). Erst als weite Teile der einst blühenden Metropole in Schutt und Asche lagen, erschienen Parlamentäre, um die Übergabebedingungen auszuhandeln (rechts unten). Mit Warschau begann die Kette der Angriffe auf zivile Ziele. Die Deutschen sollten dereinst blutig daran erinnert werden.

Dies gemahnt an die Nachtseite dieses Krieges. SS-Artillerie von der »Verfügungstruppe«, Hitlers Spezialverbänden, die der 3. Armee des Generals v. Küchler unterstand, hat in einer Kirche Juden zusammengetrieben und ermordet. Das Kriegsgericht verurteilt die Beteiligten zu einem Jahr Zuchthaus. General v. Küchler hebt das Urteil auf und verlangt höhere Strafen. Außerdem teilt er Brauchitsch und Halder mit, die Armee wünsche den ganzen Verband nicht mehr in ihren Reihen zu sehen. Noch ist das alte Offizierskorps in der Lage und durchaus gewillt, Judenvernichtungsaktionen der SS mit disziplinarischen Mitteln zu ahnden. Der Reichsführer SS in Berlin, Heinrich

Himmler, schäumt vor Wut über diese Sorte von »reaktionären Generalen«. Während Hitler im Befehlszug oder mit dem Flugzeug Truppenteilen und Stäben Besuche abstattet, begibt sich am 9. September auch der Oberbefehlshaber des Heeres an die Front. Generaloberst v. Brauchitsch vermeidet es tunlichst, seinem »Führer« ins Gehege zu kommen. Er will sich selbst informieren, was das Heer leistet, und dazu braucht er den »Dilettanten« nicht. Immerhin – ein seltsames Bild! Hier wird versucht, Fronten im Inneren abzustecken. Als Brauchitsch auf Frontreise geht, zeichnet sich in Mittelpolen die herannahende große Entscheidung ab. Bisher hat die starke Armee »Posen«, 5 Infanterie-Divisionen und 2 Kavalleriebrigaden, noch zwischen den deutschen Angriffsfronten gestanden. Der Oberbefehlshaber General Kutrzeba, verlangt vom Marschall die Erlaubnis, in die Flanke der schwachen 8. Armee auf Reichenaus linkem Flügel zu stoßen. Er muß stehenbleiben, wo er steht. Als sich jedoch allmählich die Umfassung seiner Armeen im weiten Bogen durch die 10. und die 8. Armee im Süden und von Norden her anrückende Verbände der 4. Armee des Generals v. Kluge abzeichnet, drängt Kutrzeba zum Ausbruch, um noch die Weichsel und den Festungsraum Warschau zu gewinnen oder nach Süden durchzustoßen.
Die 8. Armee – Oberbefehlshaber General Blaskowitz – mit ihren zwei Korps (vier Divisionen) in der Front und zwei Divisionen, gerät zwischen dem 9. und 11. September in eine höchst bedrängte Lage. Der Armeegefechtsstand befindet sich in dem von den Polen kampflos geräumten Lodz, der Textilstadt mit noch vielen alteingesessenen deutschen Familien. Zeitweilig droht der Durchbruch auf Lodz. Unter den Verbänden, die hier eingesetzt sind, befindet sich die Lübecker 30. Infanterie-Division unter General v. Briesen, einem junkerlichen Haudegen, der im Ersten Weltkrieg den linken Arm verloren hat, jetzt auch noch am rechten Arm verwundet wird und trotzdem sich in vorderster Linie mit der Truppe schlägt. »Papa Briesen«, wie ihn die Landser nennen, wird in der Riesenschlacht an der Bzura und im Raum Kutno zu einer legendären Gestalt des ganzen Feldzuges.
Johannes Blaskowitz, ein sehr bedachtsamer, zum Pessimismus neigender General, erbittet von Rundstedt und Manstein ein Panzerkorps. Die Heeresgruppe lehnt ab. Sie will die große Zangenbewegung westlich der Weichsel nicht aufgeben. Rundstedt und Manstein ziehen ihren Gefechtsstand bis nach Kielce vor, wo sie

sich im alten Fürstenschloß einquartieren, bislang Sitz des polnischen Wojewoden, des Provinzgewaltigen. Der Bau mit prachtvollen Räumen und kostbarer Ausstattung stammt aus der Renaissance. Im Speisesaal, wo der Stab sein Feldküchenessen einnimmt, hängt an der Wand das Bild des Marschalls Rydz-Smigly, überlebensgroß in Öl, mit ordensübersäter Brust, einen Marschallstab in der Faust, dessen Silberknauf einer kleinen Keule gleicht. Manstein fragt sich, was er jetzt wohl denken mag. Auf der Fahrt haben die Generäle Tschenstochau passiert mit der berühmten Wallfahrtskirche der Schwarzen Muttergottes von Polen. Die Deutschen sollten, der Presse der westlichen Alliierten Polens zufolge, das Heiligtum zerstört haben. Aber jetzt sehen sie in der Kirche bei flackerndem Kerzenschein und schwülem Weihrauchduft nur Hunderte von Gläubigen, meist Frauen und alte Leute oder Kinder, die hier inbrünstig für den Sieg Polens beten. Sie sehen sich an und denken das gleiche: »Welch ein tapferes und unglückliches Volk.« Der »Marschall von Polen« ist schon nicht mehr bei seinen Soldaten, sondern rüstet sich in Lublin zur Flucht nach Rumänien . . .

Rundstedt, ein hervorragender Truppenführer, übernimmt selbst die Leitung in der großen Schlacht an der Bzura. Die 8. Armee hält. Der Gegner rennt mit verbissener Wut vergebens an. Rundstedt beordert nun doch zwei Korps von der 10. Armee ab, von Norden her nahen zwei Korps der H.-Gr. Nord. Der Ring schließt sich eng um 9 polnische Divisionen, Teile von 10 weiteren Divisionen und 3 Kavalleriebrigaden.

Um den 17. September 1939 herum neigt sich das Ringen dem Ende zu. Nachts zwei Uhr klingelt am 17. September beim Chef der Abteilung Fremde Heere Ost im Generalstabslager Zossen das Telefon. Oberst Kinzel fährt aus dem Schlaf. Am Apparat meldet sich der deutsche Militärattaché in Moskau, General Köstring, und sagt lakonisch: »Die Russen treten an.« Kinzel, völlig entgeistert: »Gegen wen?« Die Soldaten wissen nichts von irgendwelchen Geheimabmachungen zwischen Hitler und Stalin beim Moskauer Freundschafts- und Nichtangriffspakt vom 23. August. Um 4 Uhr früh wird der Verbindungsoffizier des Oberst v. Vormann, im Befehlszug des »Führers«, der auf dem oberschlesischen Bahnhof Gogolin abgestellt ist, telefonisch aus dem Schlaf gerissen. Wieder die knappe Mitteilung: »Die Russen angetreten.«

Stalin begründet sein Eingreifen mit der Notwendigkeit, den Schutz der Weißrussen und Ukrainer auf polnischem Territorium übernehmen zu müssen. Er behauptet, der polnische Staat bestünde nicht mehr, und daher sei die UdSSR auch nicht mehr an den Nichtangriffspakt mit Polen gebunden. Weißrussen und Ukrainer haben eigene Föderativrepubliken im Verband der Sowjetunion. Die Polen haben im Osten nur Grenztruppen.

Als der Grenzgeneral im Raum Grodno vom Anrücken der Roten Armee hört, fährt er im Auto ihr entgegen. Kommen sie zu Hilfe? Nein! Als die Rotarmisten den polnischen General und seinen Adjutanten erblicken, erschießen sie beide sofort. Finis Poloniae – das Ende Polens. An diesem 17. September flüchten der Marschall, der Staatspräsident und die Regierung nach Rumänien.

Am anderen Tag, 18. September 1939, naht das Ende im Kessel an der Bzura. Zwischen dem 18. und 20. September gehen hier 170000 Mann polnischer Einheiten in Kriegsgefangenschaft, darunter die Generale Bortnowski und Kutrzeba. 320 Geschütze, 40 Panzer, 132 Flugzeuge werden erbeutet. Die 14. Armee hat im Süden inzwischen Lemberg in Ostgalizien und das wichtige Erdölgebiet von Drohobycz erreicht. Guderian hat im Norden die Riesenfestung Brest-Litowsk genommen.

Im »Führerzug« auf dem Bahnhof Gogolin hört sich Oberst v. Vormann an, wie Hitler den aus dem Schlaf geweckten Reichsaußenminister v. Ribbentrop auffordert, den Soldaten nun mal zu erzählen, was er mit Stalin ausgehandelt habe – ohne auch nur den Militärattaché, geschweige denn das OKH zu fragen. Mit höchstem Dilettantismus ist eine deutschrussische Demarkationslinie längs der Pissa im Norden über den Narew, an der Weichsel hinab bis zum San vereinbart worden. Der Feldmarschall Göring, Oberbefehlshaber der siegreichen Luftwaffe, ein gewaltiger Jäger, läßt wissen, man müsse unbedingt das Gebiet von Bialystok halten. Dort liegt der Wald von Bialowiesz mit Wisenten und starken Hirschen. Göring: Es sei wichtig als Holzreservoir. Hitler lacht: »Er sagt Holz und meint die Hirsche.« Hitler selbst will unbedingt Drohobycz mit den Öltürmen haben. In Moskau wird Stalin mißtrauisch. In Lemberg wie in Brest sitzen bereits – entgegen der Absprache – die Deutschen. Die Begegnungen zwischen deutschen und sowjetischen Offizieren vollziehen sich in einer Atmosphäre, in der hinter äußerster Höflichkeit das Mißtrauen kaschiert wird. Im Kreml befindet Stalin: »Sie sollen haben, was sie wollen – aber erst räumen!« So geschieht es.

Das letzte Problem bleibt Warschau, das von jeher als eine Art von Gürtelfestung mit Forts und Bunkeranlagen in weitem Umkreis zur Verteidigung eingerichtet worden war. Hierher hat der Oberbefehlshaber der zerschlagenen Armee »Lodz« General Rómmel sich zurückgezogen. Rómmel mit rund 120000 Mann will die Ehre wahren und bis zum letzten Mann kämpfen. Kapitulationsaufforderungen lehnt er ab. Nur die Diplomaten und Ausländer dürfen die Stadt verlassen. Hitler ist nervös. Warschau muß bis zum 30. September – so verordnet er – in deutscher Hand sein. Was wäre, wenn etwa die Polen vor seinem Verbündeten Stalin kapitulieren? Den Pakt mit Moskau hat er – Ohrenzeuge General Halder – ohnehin einen »Pakt mit Satan« genannt.

Warschau brennt. Bomben und »Wirkungsfeuer« der deutschen Artillerie haben die Stadt sturmreif gemacht. Überall sieht man die Rauchfahnen der Treffer (oben rechts), die Straßen sind mit Fahrzeug-Wracks übersät (rechts), pausenlos feuern die Werfer-Stellungen (oben) in das Trümmergewirr. Am 28. September erst streckt Kommandant Rómmel die Waffen. Der Polenfeldzug ist beendet. Nicht aber der Krieg, von dem in jenen Tagen des Sieges noch keiner ahnt, daß es ein Weltkrieg wird, der seinen Vorgänger an Grauen und Schrecken weit in den Schatten stellen soll. Das Schicksal Polen ist nur ein Vorgeschmack für die nächsten Opfer Hitlers, dessen letztes schließlich das eigene Volk sein wird.

Bei der Heeresgruppe Süd, der die Einnahme von Warschau zufällt, ist man ganz anderer Ansicht. Von uferloser Rücksichtslosigkeit, von der von Hitler gern bemühten Brutalität, darf keine Rede sein. Straßenschlachten von Haus zu Haus, zermürbender Kampf in der Stadt kommen laut Manstein überhaupt nicht in Frage, um der Schonung der Truppe wie der geplagten Zivilbevölkerung willen, die in der Stadt bleibt. Ihren Abstrom nach Westen allerdings verhindert die Heeresgruppe aus wohlerwogenen, aber menschlich harten Gründen: Nur die Zivilbevölkerung in Warschau kann den General Rommel vielleicht an die eigene Verantwortung für Polen gemahnen. Was bleibt, ist die enge Einschließung der Stadt, die Beschießung durch die gesamte Artillerie der 8. und 10. Armee und sich daran anschließende Luftangriffe. Ziel sollen nur militärische und Versorgungsanlagen sein. Aber wenn Granaten und Bomben danebengehen? Krieg ist fürchterlich.

Manstein notiert am 24. September den Beginn des »Wirkungsfeuers«. Am 27. September besuchen er und Rundstedt die 18. Division, die Manstein 1938/39 kommandiert und die gerade zwei Außenforts genommen hat, als die Nachricht kommt, über Warschau gehe die weiße Fahne hoch, General Rommel gibt auf. Am 28. September unterzeichnen er und General Blaskowitz die Kapitulation. Die polnischen Offiziere dürfen ihre Degen behalten, Anerkennung für ihre Tapferkeit. Den Unteroffizieren und Mannschaften wird baldige Entlassung aus der Kriegsgefangenschaft zugesichert. (Schließlich braucht Hitler Arbeitskräfte im deutsch besetzten Polen!)

Am 28. September ergeben sich auch die polnischen Kräfte in der Festung Modlin im Norden mit 92000 Mann, einschließlich der 4000 Verwundeten in den Lazaretten. Der Krieg in Polen ist zu Ende. Polen verschwindet von der Landkarte. Die deutschen Verluste betragen 10572 Tote, 30222 Verwundete und 3404 Vermißte, die man wohl abschreiben muß. Sichere Endziffern über die Verluste der Polen sind nicht zu ermitteln. Ihre Toten zählt niemand mehr. »Meinen Sie, es wäre ein Glück für die Truppe gewesen, wenn wir Polen wiederum kampflos besetzt hätten?« sagt Hitler zu seinem Chefarchitekten Speer. »Das hält auch die beste Truppe nicht aus. Siege ohne Blutverluste demoralisieren.« – Und was erklärt der polnische General Rómmel nach der Unterzeichnung der Kapitulationsurkunde? »Ein Rad dreht sich.«

Hitlers Kriegsziele

War Hitler nur der Vollstrecker einer aggressiven Außenpolitik, die andere vor ihm begonnen hatten? Oder folgte er eigenen, unwandelbaren Vorstellungen? Der englische Historiker Hugh Trevor-Roper hat 1959 eine bis heute nicht überholte Deutung von Hitlers Kriegszielen gegeben.

Klar und ausführlich hat Adolf Hitler seine Kriegsziele in mehreren Dokumenten niedergelegt. Diese Ziele unterscheiden sich wesentlich von denen jener Männer, die ihn im Jahre 1933 ans Ruder ließen. Sie unterscheiden sich aber auch von den Zielen, die ihm des öfteren von Geschichtsforschern zugeschrieben werden, die in ihm lediglich einen nach Macht dürstenden Opportunisten sehen.

Erstens beziehe ich mich auf das Buch »Mein Kampf« – Hitlers persönliches Glaubensbekenntnis; er schrieb es im Jahr 1923, nachdem sein erster Versuch, die Staatsgewalt an sich zu reißen, völlig gescheitert war. Zweitens stütze ich mich auf Hermann Rauschnings »Gespräche mit Hitler«, die Hitlers politische Privatunterhaltungen zwischen 1932 und 1934 wiedergeben, also während seines zweiten und diesmal erfolgreichen Griffs nach der Macht. Drittens nutze ich die amtlich zu Protokoll genommenen »Tischgespräche«, die Hitler auf dem Höhepunkt seines militärischen Triumphs (1941 und 1942) geführt hat. Und viertens dient mir ein Dokument ähnlicher Art, Tischgespräche aus dem Februar 1945, in denen Hitler erstmalig seine Niederlage zugab; dieses Dokument wurde von Martin Bormann aufgezeichnet und von ihm als »Das politische Testament Hitlers« bezeichnet.

Man kann diese vier Dokumente mit vier von verschiedener Hand geöffneten Fenstern vergleichen, durch die Licht in die verborgensten Gedanken Hitlers an den vier Wendepunkten seiner politischen Laufbahn fällt: seiner politischen Niederlage, seines politischen Triumphs, seines militärischen Triumphs und seiner militärischen Niederlage.

Obwohl diese Dokumente 22 Jahre umspannen, bezeugen sie ausnahmslos absolute Übereinstimmung und Folgerichtigkeit in Denken und Handeln. Diese Auffassung eines konsequenten, zielbewußten Vorgehens ist oft bezweifelt worden. Zu Lebzeiten Hitlers wollte kaum einer von all den deutschen und ausländischen Beobachtern daran glauben. – Gewisse Staatsmänner des Westens nicht, weil sie angesichts der sich so erschreckend entfaltenden Macht eine Vogel-Strauß-Politik betrieben. Und gewisse deutsche Politiker nicht, weil sie diese Machtentfaltung ihren eigenen begrenzten Zielen dienstbar zu machen hofften.

Aber auch nach 1945 ist diese Konsequenz vor allem von einigen Historikern bezweifelt worden, weil sie sich von Hitlers vulgärer, unmenschlicher Natur dermaßen abgestoßen fühlten, daß sie ihm einfach nichts so Positives wie Denkschärfe und zielbewußtes Handeln einräumen wollten. Aber es ist ein Fehler, von moralischem Tiefstand auf niedrige Intelligenz zu schließen. Hitler war vulgär und grausam; Primitivität und Herzlosigkeit sollte man jedoch keineswegs als unvereinbar mit Schaffenskraft und konsequentem Handeln ansehen.

Beweisstück Nummer eins, »Mein Kampf«: Nach der Bibel war es das am meisten verbreitete, wenn auch keineswegs das meistgelesene Buch. Das Buch spiegelt eine völlig durchkonstruierte politische Philosophie wider. In ihm bezeichnet sich Hitler selbst als einen Geschichtskenner, dessen Studien ihn davon überzeugt hätten, daß die Welt am Anfang einer großen Geschichtswende stehe. Er macht völlig klar, wohin sie führen wird. Das Zeitalter der kleinen Seemächte, die mit ihren maritimen Positionen, ihren Flotten und den durch Kolonialbesitz gewonnenen Reichtümern die Welt beherrschen, geht zu Ende. Damit löst sich auch die von diesen Weltmächten errichtete Ordnung auf. In Zukunft wird politische Macht nicht mehr vom Besitz ferner Kolonialgebiete – die bedeutungslos geworden sind – abhängen, sondern von der Beherrschung großer Landmassen, die durch die heutigen technischen Hilfsmittel endlich nutzbar gemacht werden können. Als Hitler sich die Frage stellt, welche Staaten in Zukunft ein Weltreich von Dauer zu errichten in der Lage seien, kommen für ihn nur zwei Mächte in Betracht: Deutschland und Rußland.

Einem von wenig Selbstvertrauen beseelten Zaungast des politischen Geschehens mußte es wohl als sehr zweifelhaft erscheinen, daß Deutschland oder Rußland die für ein solches Unternehmen erforderlichen Mittel besaßen; denn damals waren sowohl Deutschland als auch Rußland besiegte Staaten. Hitler jedoch hatte dieses Selbstvertrauen. Er glaubte, daß Deutschland dieser Aufgabe gewachsen sei. Nicht das besiegte, demoralisierte, abgerüstete Deutschland der Weimarer Republik. Auch nicht das monarchistische Deutschland; die Monarchie hatte ihre Chance gehabt und verspielt. Die Geschichte hatte den Stab über sie gebrochen. »Monarchien«, sollte er später einmal sagen, »sind gut für die Erhaltung der Weltreiche; erobern aber können sie nur Revolutionen.«

Hitler träumte daher von einer Revolution, und zwar von einer historischen, der russischen vergleichbaren Revolution, von einer Revolution, die einen neuen Machtfaktor von weltgeschichtlicher Bedeutung hervorbringen würde. Hitler ließ niemanden darüber im Zweifel, daß er selbst Schöpfer und Leiter einer solchen Revolution sein werde. Wenn man ihn ans Ruder lasse, werde er aus dem deutschen Nationalismus, der noch aus allen Wunden blute, eine revolutionäre Bewegung schmieden, die Deutschlands historischer Mission würdig sei; und er werde nicht etwa ferne Kolonien – die Fata Morgana des Wilhelminischen Deutschlands – zu erobern suchen, sondern die riesigen Räume der hassenswerten Sowjetunion. Schon ein einziges kleines Detail dieses Buches liefert den Beweis für dessen Bedeutung. Doch englische wie auch andere Politiker und politische Schriftsteller schenkten der unmißverständlichen Sprache von »Mein Kampf« kein Gehör; vielleicht hegten sie auch den frommen Wunsch, daß Hitler ja gar nicht meine, was er da von sich gab, oder daß er seine Absichten nicht in die Tat umsetzen könne.

Wenn es schon zahlreiche Leute gab, die »Mein Kampf«, also Hitlers eigenes Werk, nicht ernst nehmen wollten, wie wenig Bedeutung mußten sie dann erst den Enthüllungen Rauschnings zuschreiben. In der Tat erklärte denn auch im Jahre 1939 der in seinen Illusionen gefangene Neville Chamberlain, daß er kein Wort davon glaubte. Wer aber »Mein Kampf« gelesen hatte, konnte von Rauschnings Enthüllungen über Hitlers Weltherrschaftspläne kaum überrascht worden sein. Das Bezeichnendste an Rauschnings Veröffentlichungen ist der Nachweis der Konstanz. Inhaltlich die Periode von 1932 bis 1934 behandelnd, beweist er, daß der Ablauf von zehn Jahren, die Machtübernahme und die damit verbundene Verantwortung, Hitlers gewaltige und revolutionäre Ziele in keiner Weise verändert hatten.

Das Werbeplakat aus dem besetzten Holland illustriert das bäuerliche Element in Hitlers Kriegszielen: Die germanischen Völker sollten sich im Osten Siedlungsraum suchen.

Als Rauschning seine »Gespräche mit Hitler« 1939 veröffentlichte, hatte Hitler mit Rußland einen Pakt geschlossen, um gegen Polen und den Westen Krieg führen zu können. Im Westen, aber auch in Deutschland, wurde dieser Pakt als Beweis dafür herangezogen, daß Hitler in die Bahnen Bismarckscher Politik eingeschwenkt sei. Damals aber schon hatte Rauschning einen Absatz eingebaut, der zu diesem Zeitpunkt irrig erscheinen mußte, durch die historischen Ereignisse seither jedoch wahrgemacht worden ist. Es handelt sich um den Absatz, in dem Hitler jede Art von Kolonialbesitz als unnütz abtut und die deutschen Vorkriegsgrenzen lediglich als Almosen betrachtet; dann aber auf Rußland zu sprechen kommt: »Vielleicht werde ich das Bündnis mit Rußland nicht vermeiden können«, sagte er. »Ich behalte es als letzten Trumpf in der Hand. Vielleicht wird dies das entscheidende Spiel meines Lebens werden. Aber es wird mich nie davon abhalten, ebenso entschlossen die Wendung zurück zu machen und Rußland anzugreifen, nachdem ich meine Ziele im Westen erreicht habe. Nur wir können den kontinentalen Großraum schaffen, und nur durch unsere Herrschaft, durch unsere einzig und allein, aber nicht durch einen Pakt mit Moskau selbst. Wir werden diesen Kampf auf uns nehmen. Er wird uns die Pforte zur dauernden Herrschaft über die Welt aufstoßen.«

Hitler hat also seine Ziele deutlich und unverändert zu erkennen gegeben: Verzicht auf die Kolonien und die Grenzen der alten Monarchie; statt dessen Aufbau einer revolutionär-nationalistischen Bewegung, die fähig sei, auf alle Zeiten hin den kontinentalen Großraum Rußlands besetzt zu halten. Angesichts dieser so klaren Bestätigung nimmt es wunder, daß bekannte Historiker immer noch daran festhalten, Hitler habe nie festumrissene Kriegsziele gehabt. Da sagt man, Hitler habe im Jahr 1941 Rußland nur angegriffen, um den festen Widerstandswillen Großbritanniens zu brechen; da behaupten andere, Hitler sei überhaupt kein folgerichtiges Handeln zuzubilligen, er habe eine Reihe von austauschbaren Grundgedanken – also stets passende Theorien – entwickelt, die er je nach Bedarf aus dem Hut zog. Hatte er dann nicht von der entscheidenden Auseinandersetzung mit Frankreich gesprochen, das als der ewige Feind Deutschlands vernichtet werden müsse? Sprach er späterhin nicht von dem Entscheidungskampf gegen Amerika?

Es ist selbstverständlich richtig, daß Hitler bei vielerlei Anlässen bereit war, Erklärungen fast jeder Art abzugeben, und daß man sie nicht deshalb schon für bare Münze nehmen durfte, nur weil er sie abgegeben hatte. Da aber einige der von ihm proklamierten Ziele seine wahren Absichten enthalten haben müssen, selbst wenn er bei nächster Gelegenheit das Gegenteil behauptete, dürfen wir keine ignorieren; wir müssen uns einer Wahrheitsnorm bedienen, und diese Norm ließ sich ziemlich leicht finden: Man kann die von Hitler aufgestellten Ziele dann für echt halten, wenn sie nicht allein aus augenblicklichen taktischen Notwendigkeiten zu erklären sind, sondern sich erstens als Teile einer regelmäßig und sogar entgegen taktischen Erfordernissen ausgesprochenen Grundanschauung präsentieren, und sich zweitens in Einklang mit seinen langfristigen materiellen Vorbereitungen befinden.

Mit diesem Maßstab lassen sich die Widersprüche zwischen Hitlers Erklärungen rasch auflösen.

Und nur der Gedanke des Ost-Imperiums bleibt.

Wenn Hitler zum Beispiel 1923 gegen Frankreich wütete, dann deshalb, weil Frankreich damals das Haupt eines Systems osteuropäischer Bündnisse darstellte. Wie Göring 1937 zum amerikanischen Botschafter sagte: »Der einzige Grund für die gespannte Lage mit Frankreich liegt in Frankreichs osteuropäischer Bündnispolitik gegen die Erfüllung berechtigter deutscher Ansprüche.« Und wenn Hitler dem Gesandten Francos 1940 auseinandersetzte, der wahre Feind sei England, so war der Zweck dieser Behauptung leicht zu durchschauen: Was konnte schon für Franco von einer russischen Kriegsbeute abfallen? Ähnlich mußte Hitler 1941 versuchen, einem übergangenen Mussolini oder einer betroffenen deutschen Admiralität seinen plötzlichen Rußlandfeldzug schmackhaft machen: Dies sei der beste Weg zum Sieg über England. In Wahrheit aber beweisen seine praktische Vorbereitungsarbeit und seine systematische Politik, daß ihn weder England noch Frankreich interessierten. Sein Krieg sei – das betonte er immer wieder – nicht ein konventioneller Krieg gegen den Westen, sondern ein revolutionärer Krieg gegen Rußland.

Ein Blick auf die Landkarte Europas zeigt, daß Hitler zur Durchführung seiner großen Politik zunächst – aber eben nur zunächst! – die auch von der alten Führungsschicht Deutschlands vertretene »kleine« Politik verfolgen mußte. Ihr Bestreben galt der

DER FELDZUG IN POLEN

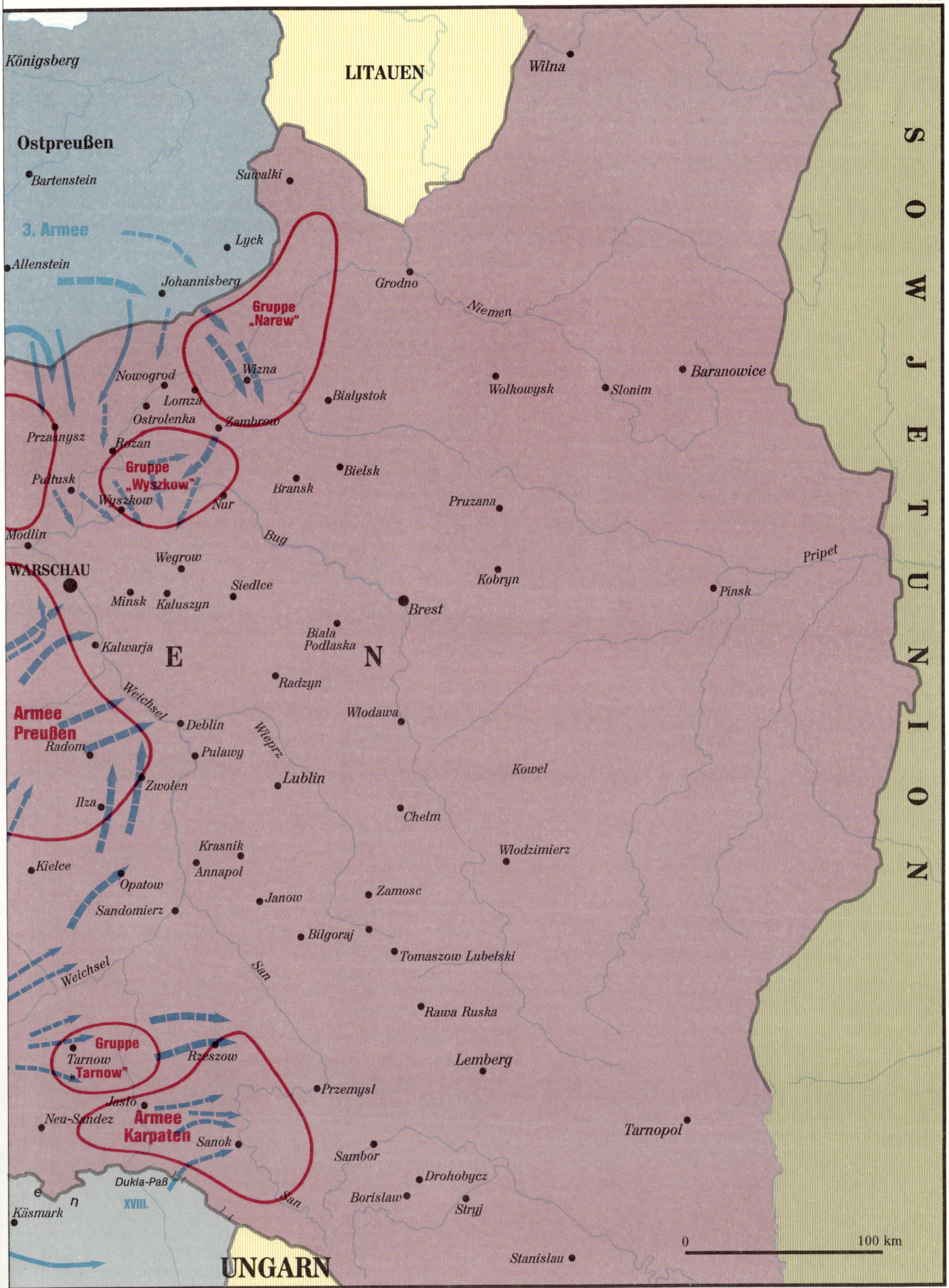
Königsberg
LITAUEN
Wilna
Ostpreußen
Bartenstein
Suwalki
3. Armee
Lyck
Allenstein
Johannisberg
Grodno
Niemen
Gruppe „Narew"
Nowogrod
Wizna
Lomza
Ostrolenka
Zambrow
Bialystok
Wolkowysk
Slonim
Baranowice
Przasnysz
Rozan
Gruppe „Wyszkow"
Pultusk
Wyszkow
Nur
Bransk
Bielsk
Pruzana
Modlin
Bug
WARSCHAU
Wegrow
Siedlce
Minsk
Kaluszyn
Kobryn
Pripet
Pinsk
Brest
Biala Podlaska
Kalwarja
E
N
Radzyn
Weichsel
Armee Preußen
Radom
Deblin
Wieprz
Wlodawa
Pulawy
Lublin
Kowel
Zwolen
Ilza
Chelm
Krasnik
Annapol
Wlodzimierz
Kielce
Opatow
Janow
Zamosc
Sandomierz
Bilgoraj
Tomaszow Lubelski
Weichsel
San
Rawa Ruska
Gruppe „Tarnow"
Tarnow
Rzeszow
Lemberg
Przemysl
Jaslo
Armee Karpaten
Neu-Sandez
Sanok
Tarnopol
Sambor
Drohobycz
Dukla-Paß
San
Borislaw
Stryj
XVIII.
Käsmark
0
100 km
Stanislau
UNGARN
SOWJETUNION

Stärkung des deutschen Ansehens und Nationalstolzes durch Schaffung eines neuen Heeres, an dem viele der alten Führungsschicht übrigens auch beruflich interessiert waren; sie zielte auf die Verdrängung Frankreichs aus Osteuropa und schließlich auch darauf, die alten Ostgrenzen des Reiches auf Kosten Polens wiederherzustellen und durch die Eingliederung der Deutsch-Österreicher und Sudetendeutschen die vom Hause Habsburg hinterlassene Lücke zu schließen. Weiter wollten die Alten nicht gehen. Aber für so begrenzte Ziele hatte Hitler nichts als Verachtung übrig, der er auch Ausdruck verlieh. Er wollte Rußland erobern, bis zum Ural, vielleicht auch noch darüber hinaus – und auf alle Zeiten besetzt halten.

Wie aber konnte er in Rußland eindringen, wenn nicht durch Polen, oder Polen erledigen, wenn er nicht zuvor Frankreich ausgeschaltet hatte? Aus rein geographischen Gründen mußte Hitler als erste Phase seiner neuen, revolutionären Politik die alte, konservative Politik verfolgen. Das kam ihm auch sehr gelegen; denn konnte er sich die Unterstützung der alten Führungsschicht besser sichern als durch eine scheinbare Preisgabe seiner eigenen Ziele? Nachdem er jedoch diese politischen Pläne realisiert hatte, konnte er die Maske abnehmen. Jetzt war er gerüstet, siegreich, durch nichts aufzuhalten und in der Lage, seine eigentlichen Pläne in Angriff zu nehmen. Im Jahre 1941 also schickte sich Hitler an, seine bleibenden Kriegsziele zu verwirklichen. Ohne dem ihm gleichgültigen Westen und dessen ohnmächtigem, nichtssagendem Widerstand noch viel Bedeutung beizumessen, marschierte er gen Osten, um mit einem einzigen, blitzartig geführten Schlag Weltgeschichte zu machen.

Nach dem Krieg hörte man oft, Hitlers Rußlandfeldzug sei sein größter »Fehler« gewesen. Wäre er nur Rußland gegenüber neutral geblieben, dann hätte er sich ganz Europa dienstbar machen, es organisieren und befestigen können. Und England wäre nie und nimmer fähig gewesen, ihn daraus wieder zu vertreiben. Diese Ansicht kann ich nicht teilen: Sie setzt nämlich voraus, daß Hitler nicht Hitler gewesen wäre!

Für Hitler war der Rußlandfeldzug kein kriegerischer Seitensprung, eine Teilexpedition zu wichtigen Rohstoffquellen oder ein impulsiver Zug in einer bereits remisverdächtigen Schachpartie: Mit dem Rußlandfeldzug stand oder fiel der Nationalsozialismus. Und dieser Feldzug war nicht nur ein unbedingtes Muß, sondern er vertrug nicht einmal mehr einen Aufschub. Jetzt oder nie mußte dieser wahrhaft epochale Krieg begonnen werden. So dringend notwendig war er geworden, daß Hitler nicht einmal den Sieg im Westen abwarten wollte. Der komme später dran, sagte er: Wenn erst Rußland erledigt sei, würden selbst die sturen Engländer aufgeben. Jetzt müsse er im Osten zuschlagen, und zwar sofort.

Als Hitler zu seinem letzten Schlag ausholte und an allen Fronten überwältigende Siege errang, glaubte er, seine große Stunde sei gekommen. Endlich sollte ein zwanzig Jahre lang unbeirrbar festgehaltener Traum in Erfüllung gehen. Daher meinte er, es sei wieder einmal an der Zeit, seine politischen Gedanken zu verkünden und ein weiteres Fenster zu seinem inneren Wesen zu öffnen. Hitler saß in seinem Hauptquartier in Ostpreußen oder in der Ukraine und sprach. Und gehorsame Stenografen, hinter Wandschirmen verborgen, brachten das »Heilige Evangelium« zu Papier: »Hitlers Tischgespräche« (vielmehr: Monologe), gehalten über die von ihm errungene Macht, über das von ihm jetzt zu errichtende Weltreich. Hitlers »Tischgespräche« sind ein haarsträubendes Dokument, abstoßend und faszinierend zugleich; der Spiegel eines Geistes ohne Menschlichkeit, doch eines Geistes von rücksichtsloser, systematisierender, zuweilen sogar aufhellender Willenskraft. »Ich besitze die Gabe«, sagte Hitler

Totenburgen und Heldenmale sollten dereinst das Großgermanische Reich umkränzen. In völliger Wirklichkeitsferne entwarf noch 1943 der Baumeister Wilhelm Kreis ein pompöses Kriegerdenkmal fürs deutsch besetzte Rußland, eine 165 m hohe Rundpyramide auf einem Hügel: »In ehrfurchtsvoller Weihe vor so vielen Opfern und im Gedenken der gewaltigen Siege und an den größten Heldenkampf der Geschichte«.

einmal, »alle Probleme auf ihren einfachsten Nenner zu reduzieren.« Jetzt reduzierte er sie! Denn er verkündete, ein Weltreich habe einzig und allein die Aufgabe, sich um des nationalen Ruhmes willen selbst zu erhalten. »Wer hat, der hat«: Das ist für ihn die Summe politischer Moral; ein Herrenvolk könne keine größere Torheit begehen, als irgend etwas wieder aufzugeben – oder seine Untertanen so zu behandeln, daß sie Ansprüche anmelden könnten. Daher dürften die dem deutschen Großreich unterworfenen Völker keine Waffen besitzen und keinerlei Erziehung genießen (abgesehen von ausreichenden Deutschkenntnissen für den Befehlsempfang). Man müsse ihnen Geburtenverhütung beibringen und den Zutritt zu Krankenhäusern verwehren, so daß ihre Zahl sowohl durch Geburtenschwund wie durch hohe Sterblichkeit niedergehalten werde. Auf diese Weise reduziert, dürften die versklavten Russen als minderwertige Heloten-Klasse weiterleben und Holz hacken und Wasser schöpfen für die privilegierte Aristokratie deutscher Kolonisten, die in uneinnehmbaren, durch Autobahnen verbunden Festungen sitzen, ihr Deutschtum besingen und den Weisen der »Lustigen Witwe« lauschen. »Nachdem der Nationalsozialismus eine gewisse Zeit existiert hat, wird man sich eine andere Lebensweise als die unsrige überhaupt nicht mehr vorstellen können.«

So sah Hitlers Tausendjähriges Reich aus. 1941 glaubte er, den Grundstein gelegt zu haben. Im Februar 1945 war jede Hoffnung darauf geschwunden – anscheinend für immer –, und selbst Hitler mußte es zugeben. Als sich Hitler mit der Frage beschäftigte, wie es zu dieser katastrophalen Schicksalswende hatte kommen können, fühlte er sich noch einmal verpflichtet, die Nachwelt darüber aufzuklären. Jetzt öffnete sich das vierte Fenster, zum letzten Mal fiel Licht in das Dunkel seiner Gedanken. Wie zuvor in Rastenburg und Winniza, so wurde jetzt in der Berliner Reichskanzlei der ganze Apparat noch einmal in Bewegung gesetzt, der Wandschirm aufgestellt, die Stenografen dahinter placiert – er offenbarte das letzte Kapitel seiner »Heiligen Schrift«: die Ursachen seines Scheiterns.

Zunächst gab er zu, daß 1940 oder 1941 ein günstiger Friede mit England zu schließen gewesen wäre. Ein für beide Teile günstiger Friede, da beide über ihre degenerierten romanischen Gegner triumphiert hätten – Deutschland über Frankreich, England über Italien. Doch Hitler fügte sofort hinzu, daß dieser Friede nicht von Dauer, sondern nur zur taktischen Umorientierung des deutschen Kriegspotentials bestimmt gewesen wäre. »Deutschland, im Rücken gesichert, hätte sich nun mit Leib und Seele in seinem wahren Kampf für die heilige Mission meines Lebens, den Daseinszweck des Nationalsozialismus, stürzen können: die Vernichtung des Bolschewismus. Ostwärts, einzig und allein ostwärts müssen sich unsere Lebensadern ausdehnen.«

Rußland mußte angegriffen werden – und Dutzende von Gründen mahnten zur Eile. Es wäre sogar besser gewesen, behauptete er jetzt obendrein, noch früher loszuschlagen und den unumgänglichen Vorbereitungskrieg gegen den Westen schon 1938 statt 1939 zu beginnen. Aber leider sei Deutschland damals nur materiell stark, moralisch dagegen schwach und mit reaktionären Generalen und Diplomaten belastet gewesen. Hier erwähnte er auch noch das – wie er es nannte – schändliche Benehmen Chamberlains, der sich in München allen Forderungen gefügt und Hitler so den Kriegsgrund genommen habe.

Was konnte sonst falsch gewesen sein? Endlich, nach langem Hin und Her, entdeckte Hitler den Fehler: Er habe sich auf Mussolini verlassen; das sei sein Unglück gewesen. Seit 1941 habe sich Mussolini als ein katastrophaler Verbündeter erwiesen. Durch seine mißglückten Mittelmeer-Abenteuer, insbesondere durch den zur unrechten Zeit erfolgten und nicht gemeinsam abgesprochenen Angriff auf Griechenland hatte Mussolini Hitler zum Eingreifen auf dem Balkan und damit zu einem fünfwöchigen Aufschub des Rußlandfeldzuges gezwungen.

Der Rußlandfeldzug war als Blitzkrieg geplant gewesen; in einem Sommer sollte er durchgeführt werden. Doch er kam zu spät – fünf Wochen zu spät –, und dann kam der Winter, der furchtbare russische Winter, der so unerwartet früh einsetzte; das Heer schneite ein, das Programm war über den Haufen geworfen, die Russen konnten sich erholen, die Engländer neue Bündnisse schmieden und neue Fronten in seinem Rücken eröffnen . . . Hitler blickte zurück, und vor Ärger wäre er fast in Tränen ausgebrochen: »Dieser idiotische Griechenlandfeldzug! Wenn es bei einem von Deutschland und nicht von der Achse geführten Krieg geblieben wäre, würden wir in der Lage gewesen sein, Rußland im Mai 1941 anzugreifen. Mit doppelter Kraft, da unsere Heere nichts als entscheidende und unwiderrufliche Siege kannten, hätten wir den Feldzug vor Einbruch des Winters beenden können. Wie anders ist alles gekommen!«

Auch am Ende also bekannte sich Hitler noch immer zu seinen alten Kriegszielen. Von 1920 bis 1945 hatte für ihn die nationalsozialistische Bewegung stets nur eine Aufgabe gehabt: Ein Weltreich zu errichten, den Russen den kontinentalen Großraum ihres Landes zu entreißen. So absolut klar in ihrer Beständigkeit heben sich Hitlers strategische Endziele von dem wechselnden Hintergrund taktischer Manöver oder zeitweiliger Zugeständnisse ab.

DER FELDZUG IN POLEN

bis zum 17.9.1939

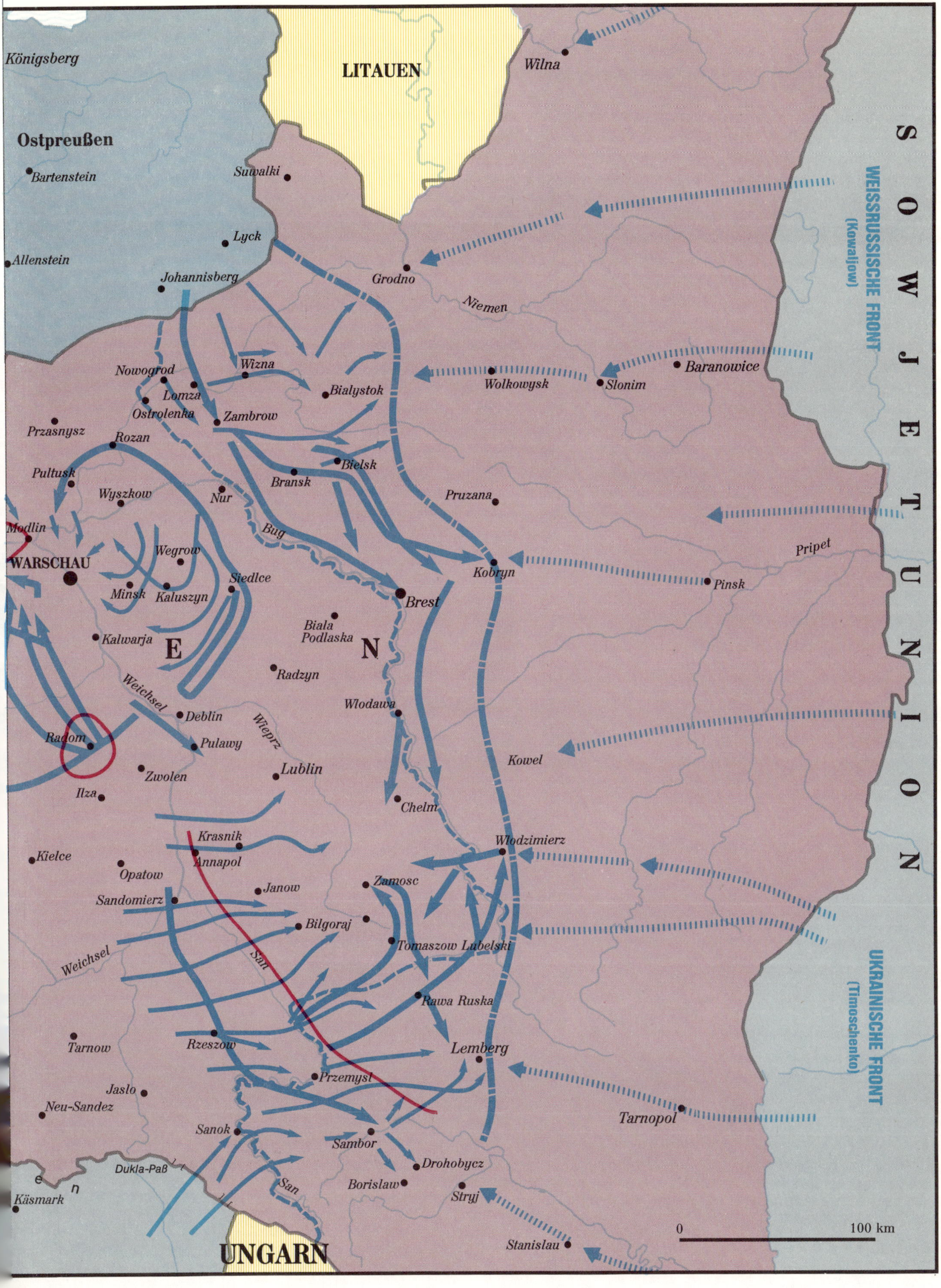

Wie man die Bewegungen der eigenen Truppen in der Luft abschirmte und die des Gegners weit in dessen Hinterland behinderte, das demonstrierte die deutsche Luftwaffe in den »Blitzkriegen« der Jahre 1939–41 in furchterregender Exaktheit. Für die Angegriffenen war ein solches Zusammenwirken der Teilstreitkräfte weitgehend unbekannt; ihre militärische Doktrin erwies sich gegenüber derjenigen der Wehrmacht als rückständig und veraltet. Einen ganz besonderen Triumph feierte diese moderne Version der Kriegführung im Unternehmen »Weserübung«, der Besetzung Dänemarks und Norwegens, bei dem die Luftwaffe zunächst einen Angriff über See unterstützen, dann den Vormarsch der gelandeten Truppen begleiten und daneben noch den Schiffsnachschub schützen mußte. Davon berichten die Bilder auf dieser Doppelseite, die der Illustrierten »Die Wehrmacht« von 1940 entnommen sind: Fliegerbomben und startbereite Stukas auf einem norwegischen Flughafen (linke Seite oben links), He 111-Bomber über dem Oslofjord (Mitte oben), erbeuteter norwegischer Aufklärer, dahinter eine He 111 (Mitte unten). Landung auf einem norwegischen Flughafen, Einrichtung von Flak-Ständen (Bilder oben).

DER FINNISCH–RUSSISCHE WINTERKRIEG

Der finnisch-russische Kriegsschauplatz

- finnische Auffangstellungen („Mannerheim"-Linie)
- Lage zu Kriegsbeginn (30.11.1940)
- sowjetische Angriffe
- finnische Vorwärtsverteidigung
- sowjetische Seeblockade
- sowjetische Luftangriffe
- Frontverlauf am 13.3.1940
- von Finnland an die Sowjetunion abgetretene Gebiete (Friede von Moskau, 12.3.1940)

0 200 km

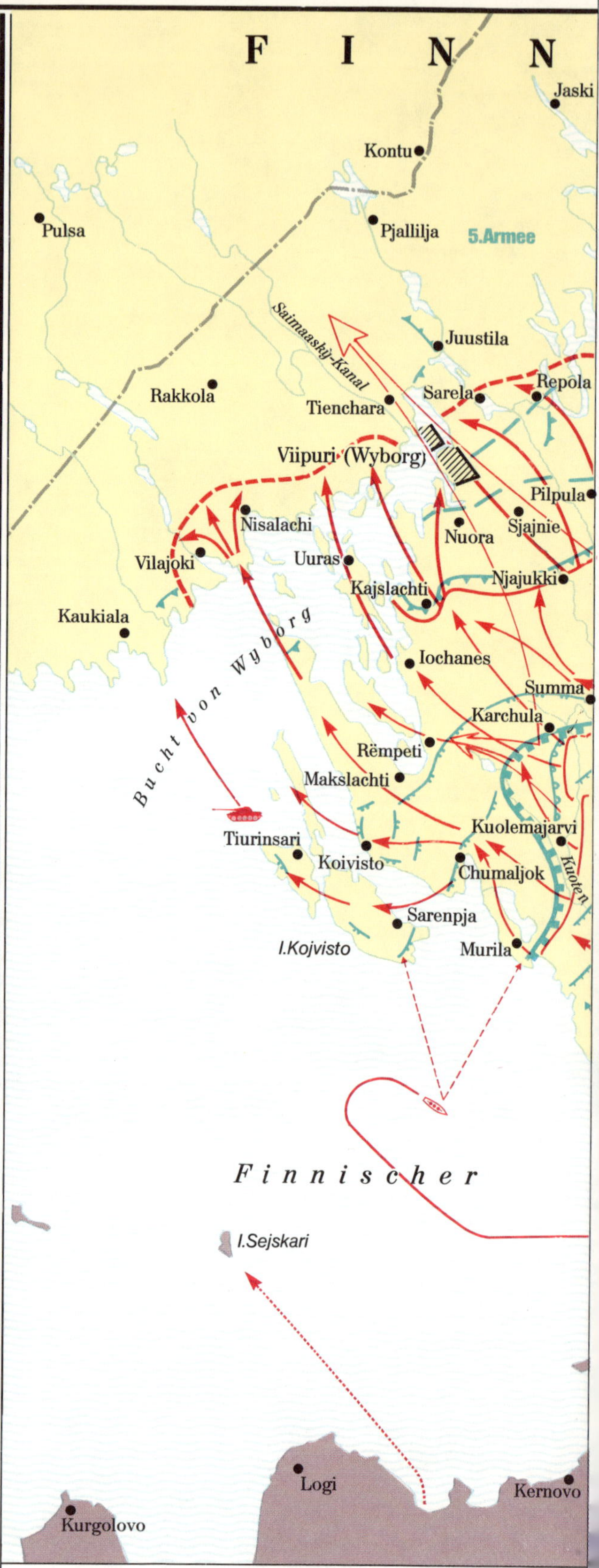

Der Kampf um die karelische Landenge

- Lage zu Kriegsbeginn (30.11.1939)
- finnische Auffangstellung („Mannerheim"-Linie)
- hintere Auffangstellungen
- zweite Verteidigungslinie
- dritte Verteidigungslinie

30.11.1939 bis 13.3.1940

Finnisch-sowjetischer Winterkrieg

Während es im Westen um die Jahreswende 1939/40 noch ruhig blieb, begann im Osten ein Krieg. Die Sowjetunion brach Verhandlungen mit den finnischen Nachbarn über eine Grenzverlegung ab und marschierte ein. Alexander Werth, ein englischer Journalist, der die Kriegszeit in Rußland verbrachte, schildert den Verlauf des Feldzuges und die Konsequenzen, die man in der Sowjetunion nach dem mühselig errungenen Sieg zog.

Was die militärischen Operationen betrifft, so wird heute (1964 – Anm. der Red.) offen zugegeben, daß der erste Monat des Krieges eine einzige Katastrophe war. Die Sowjets kamen im Dezember 1939 in »sehr schweren Kämpfen« nur bis zu 70 Kilometer, an manchen Stellen nicht mehr als 25 Kilometer voran, und sie blieben stecken, als sie die eigentliche Mannerheim-Linie mit ihren mächtigen, tiefgestaffelten Befestigungsanlagen erreicht hatten. Auf der Karelischen Landenge und in Mittelfinnland blockierte der bis zu eineinhalb Meter hohe Schnee den Vormarsch. Die wenigen brauchbaren Straßen wurden von den Finnen erbittert verteidigt, und die Sowjets verfügten praktisch über keine Einheiten auf Skiern, von denen die finnische Armee mehr als genug hatte. Der Transport schwerer Ausrüstung in diesem winterlichen Terrain war fast unmöglich. Die Finnen besaßen automatische Gewehre und Maschinenpistolen, die den Rotarmisten fehlten. Die Temperaturen – um minus 30 Grad Celsius – waren ungewöhnlich tief. Ein großer Teil der sowjetischen Verbände war, wie die »Geschichte des Großen Vaterländischen Krieges« heute zugibt, für diese Art der Kriegführung einfach nicht vorbereitet. Weder hatten die Rotarmisten Übung darin, sich auf Skiern durch ein Land voller Seen und Wälder zu bewegen, noch besaßen sie Erfahrung in der Bekämpfung schwerer Befestigungsanlagen.

Anfang Januar 1940 kam die sowjetische Offensive zum Stehen. Marschall Timoschenko wurde neuer Oberbefehlshaber. Einen ganzen Monat verbrachten die Sowjets damit, den Durchbruch durch die Mannerheim-Linie vorzubereiten. Umfangreiche Verstärkungen, besonders Pioniereinheiten, mußten herangeführt werden. Panzer, Flugzeuge und Artillerie sollten die geplante große Offensive gegen die finnischen Verteidigungsanlagen unterstützen. Außerdem wurden drei Infanteriedivisionen, verstärkt durch Kavallerie und Panzereinheiten, bereitgestellt, welche die Mannerheim-Linie im Raum Wiborg über das Eis des Finnischen Meerbusens hinweg umgehen sollten.

Der Sturm auf die Mannerheim-Linie begann nach einer beispiellosen Artillerievorbereitung am 11. Februar. Aber auch diesmal kam der Angriff nur langsam voran. Zwar konnten viele Bunker zerstört oder eingenommen werden, die Finnen verteidigten sich jedoch in den intakt gebliebenen Anlagen verzweifelt, und die Verluste waren auf beiden Seiten äußerst hoch. Die Bunker und Werke der Mannerheim-Linie, oft durch unterirdische Gänge miteinander verbunden, waren häufig auch durch schwerste Artillerie nicht auszuschalten. Nachdem die sowjetischen Verbände auf einer etwa 15 Kilometer breiten Front den Durchbruch erzwungen hatten, brauchten sie noch nahezu eine ganze Woche, ehe sie entscheidende Fortschritte zu machen begannen. Am 21. Februar schließlich war der westliche Teil der Mannerheim-Linie größtenteils genommen; die russischen Verluste waren aber so schwer, daß die Sowjets ihre Verbände umgruppieren und entscheidend verstärken mußten, ehe sie die Offensive zu Ende führen, das, was von der Mannerheim-Linie übriggeblieben war, erobern und Wiborg besetzen konnten.

Die Operationen wurden in vollem Umfang erst am 28. Februar wiederaufgenommen. Als sich die Sowjets Wiborg näherten, stießen sie auf ein weiteres, schwer zu nehmendes Hindernis: Die Finnen hatten weite Strecken Landes unter Wasser gesetzt. Doch sobald die sowjetischen Spitzen die Straße Wiborg–Helsinki erreichten, war der Widerstand der finnischen Armee praktisch gebrochen. Am 4. März mußte Mannerheim seiner Regierung mitteilen, daß die Streitkräfte nicht mehr länger erfolgreich Widerstand leisten könnten. Am 12. März wurde der Friedensvertrag unterzeichnet.

Fast während des ganzen »Winterkriegs« hatte es in Rußland eine Art Nachrichtensperre gegeben, obwohl natürlich die Leute in Moskau und erst recht in Leningrad vergleichsweise konkrete Vorstellungen von den Ereignissen hatten. Über die große Offensive im Februar wurde zunächst sehr wenig verlautbart und noch weniger über den vergeblichen Vorstoß nach

Finnland, seit 1918 ein selbständiger skandinavischer Staat, wurde am 30. November 1939 von der Sowjetunion überfallen. Nach tapferem Widerstand mußte das kleine Land am 12. März 1940 Frieden schließen. Die karelische Landenge und Teile der Fischerhalbinsel gingen verloren. Hangö mußte an die UdSSR »verpachtet« werden.
Bild oben: Finnische Kriegsgefangene. Rechte Seite: Auf einem schmalen Pfad der unzugänglichen finnischen Wälder wurde eine russische Einheit überfallen und niedergemacht.

England geführt hatte. Kein Wort des Bedauerns mehr darüber, daß die britisch-französisch-sowjetischen Gespräche des vorangegangenen Jahres erfolglos gewesen waren. Im Gegenteil: »Die Sowjetunion ist entschlossen, sich nicht zu einem Werkzeug in den Händen der anglo-französischen Imperialisten für deren Kampf um die Weltherrschaft machen zu lassen.«

Molotows Rede schloß mit der verbitterten Feststellung, der Krieg gegen Finnland habe die Sowjetunion 48745 Tote und 158000 Verwundete gekostet – und das für eine kleine »Grenzberichtigung«! Die Verluste der Finnen schätzte er auf 60000 Tote und 250000 Verwundete. Diese Ziffern gaben kaum Anlaß, sich in die Brust zu werfen. Sie waren überdies wenig geeignet, die sowjetisch-finnischen Beziehungen zu fördern. Und bezeichnenderweise sparte Molotow sehr mit Lob für die Generale, die die Operationen geführt hatten.

Einmal, noch im Krieg, hatte die »Prawda« eine lange Liste – sie bedeckte zwei Seiten – der wegen Tapferkeit dekorierten Offiziere und Soldaten veröffentlicht. Aber man machte doch nicht allzuviel Aufhebens von dem erfolgreichen Abschluß des finnischen Feldzugs, jedenfalls weit weniger als von dem »Sieg«, den man in Ostpolen errungen hatte. Hier hatte man wenigstens die mehr oder minder große Begeisterung ausschlachten können, mit der Ukrainer und Weißrussen angeblich die Rote Armee begrüßten. Aber Karelien war fast menschenleer, nachdem praktisch die gesamte Bevölkerung entweder geflohen oder evakuiert worden war. Wiborg, die einzige größere Stadt, die die Sowjets besetzt hatten, war von sämtlichen Einwohnern verlassen. Und über allem lastete der deprimierende Eindruck der schweren sowjetischen Verluste und der Verdacht, daß mit der Roten Armee nicht alles zum besten stand.

Zentralfinnland hinein. Erst in der ersten Märzwoche las man schließlich in der sowjetischen Presse von »Siegen an der Mannerheim-Linie«, und am 12. März wurde überraschend mitgeteilt, daß der Friedensvertrag zwischen der Sowjetunion und Finnland unterzeichnet worden sei.

Die Bedingungen, die die Sowjets jetzt den Finnen diktierten, waren härter, als es die ursprünglichen russischen Vorschläge gewesen waren. Jetzt annektierte Moskau die gesamte Karelische Landenge – Wiborg und zahlreiche Inseln eingeschlossen –, einen Teil der Halbinsel Rybatschi im Eismeer westlich Murmansk und das Gebiet nördlich des Ladogasees. Hangö wurde für 30 Jahre von den Sowjets als Flottenbasis in Pacht genommen.

Da die Rote Armee am 5. März ohne große Schwierigkeiten auch Helsinki und andere große Teile des Landes hätte besetzen können, konnten die Finnen mit einiger Berechtigung sagen, sie seien noch relativ gut davongekommen. Nichtsdestoweniger ist anzunehmen, daß die Finnen, hätte man ihnen nicht Wiborg genommen, 1941 viel weniger darauf aus gewesen wären, in den Krieg gegen die Sowjetunion einzugreifen. Zwar war Wiborg strategisch nicht allzu wichtig, aber seine Annexion durch die Sowjetunion wurde als sehr schmerzhaft empfunden. Tausende von Wiborg-Flüchtlingen taten das Ihre, um die antirussischen Gefühle zu schüren. Viele Sowjetbürger waren später, wenn sie es auch nicht öffentlich zugaben, überzeugt, daß die Annexion Wiborgs ein schwerer Fehler war.

Nach offizieller sowjetischer Ansicht war Deutschland – anders als Großbritannien und Frankreich – während des sowjetisch-finnischen Krieges brav neutral geblieben. Trotzdem müssen die sowjetischen Führer insgeheim mit einem deutschen Versuch gerechnet haben, aus der finnischen Erbitterung und dem finischen Verlangen nach Revanche Vorteile zu ziehen. Natürlich hatten die Sowjets ihr Ziel, Leningrad unverwundbar zu machen, erreicht. Aber dieser, wie sich zeigen sollte, kurzlebige Vorteil wurde wieder aufgehoben durch die Tatsache, daß die Leistungen der Roten Armee im finnischen Krieg alles andere als überzeugend gewesen waren. Es bestand die Gefahr, daß die Deutschen daraus ihre Schlüsse ziehen würden.

Daß die sowjetische militärische Führung mit dem Abschneiden der Roten Armee in Finnland nicht zufrieden war, zeigte sich sehr bald in umfassenden Maßnahmen zur Reorganisation der Streitkräfte. So wurde das Jahr 1940 nach General Schukows Worten das »Jahr der großen Umformung« der sowjetischen Streitmacht.

Molotow wartet bis Ende März, ehe er vor dem Obersten Sowjet eine Erklärung über die Beendigung des Krieges mit Finnland und über die internationale Situation im allgemeinen abgab. Diese Rede des Außenkommissars war eine der heftigsten Attacken, die er je gegen Frankreich und

Unternehmen Weserübung

Autarkie, Unabhängigkeit von fremden Rohstoffquellen, hatte Hitler von Anfang an als wirtschaftliches Ziel seiner Regierung gepredigt. Und es waren auch allerhand Erfolge erreicht worden. Für einen längeren Krieg aber würden Deutschland Ressourcen doch nicht ausreichen, bei aller Erfindungsgabe der Ingenieure. Vor allem die Stahlproduktion war abhängig geblieben von Erzlieferungen, insbesondere aus Schweden. Die liefen über die Erzbahn zum eisfreien Hafen Narvik in Norwegen, der damit lebenswichtig war für die deutsche Rüstungsindustrie. Das wußte natürlich auch Winston Churchill, Erster Lord der britischen Admiralität. Und er wußte, daß die Royal Navy stark genug war, einem deutschen Zugriff zuvorzukommen. Darum nämlich ging es: Wenn erst einmal deutsche Truppen in Norwegen Fuß gefaßt hätten, würde es das Vielfache an Opfern fordern, sie wieder zu vertreiben. Das versuchte Churchill unermüdlich seiner Regierung klarzumachen. Doch die zögerte: Nach dem Frieden zwischen Finnland und Rußland im März 1940 war schließlich die Chance dahin, eine Intervention in Norwegen als Hilfsmaßnahme für die Finnen gegen die mit Hitler verbündete Sowjetunion zu tarnen. Einen glatten Neutralitätsbruch scheute London noch und wirkte darauf hin, von Oslo um Hilfe ersucht zu werden. Hitler hatte da weniger Skrupel.

Und ganz verborgen blieben ihm die britischen Überlegungen auch nicht. Die Unterlegenheit zur See konnte Deutschland nur durch schnelles Handeln wettmachen. Daß man einen Nichtangriffspakt mit Dänemark hatte, durfte da nicht hindern, denn das Land an der norwegischen Südflanke mußte natürlich in die Aktion miteinbezogen werden.

Die Dänen hatten gar nicht erst den Versuch gemacht, den vordringenden Einheiten der deutschen Wehrmacht Widerstand entgegenzusetzen. Aufzuhalten waren sie ohnehin nicht, Opfer also sinnlos. Die Norweger mochten das nicht so sehen und kämpften mit dem Mut der Verzweiflung gegen die Eindringlinge, immer in der Hoffnung, daß ihnen die Briten rechtzeitig zu Hilfe kämen. Das fürchtete auch die deutsche Führung und wollte das Land so schnell wie möglich in die Hand bekommen. Nicht selten mußten Orte in zähem Häuserkampf genommen werden, bei dem schwere Waffen nicht viel ausrichteten. Infanterie kämpfte sich Straße um Straße voran (Bild).

Angriff über See

Das polnische U-Boot Orzel liegt an der norwegischen Südküste in nur wenigen Metern Tiefe getaucht. Lieutenant-Commander Jan Grudzinski, 32, nach Ende des deutsch-polnischen Krieges mit seinem U-Boot nach England geflohen und jetzt im Dienst der britischen Marine, wirft gelegentlich einen Blick durch das Periskop. Es ist der 8. April 1940.
Was Grudzinski sieht, ist beruhigend: vier Fischkutter aus Lillesand, die ihre Netze einholen, und steuerbord das dänische Fährschiff Skagen. Sein Auftrag lautet, das Skagerrak zu beobachten und deutschen Erzfrachtern den Weg in das Kattegat zu verwehren. Spätestens seit dem Ausbruch des deutsch-polnischen Krieges war es die Absicht der britischen Admiralität, mit allen Mitteln zu verhindern, daß die Deutschen in den neutralen skandinavischen Gewässern ein militärisches Übergewicht bekamen. Daß sie dabei nicht zimperlich vorgehen würden, hatte Winston Churchill, der Erste Lord der britischen Admiralität, vorausgesagt: ». . . die kleinen Nationen dürfen uns nicht die Hände binden, wenn wir für Recht und Freiheit kämpfen.«
Tatsächlich kam der 1000 Meilen langen Halbinsel, wie Churchill früh erkannt hatte, eine große strategische Bedeutung zu für die seit dem Kriegsausbruch gegen Deutschland verhängte Blockade.
Entlang der dänisch-norwegischen Küste konnten sich deutsche Erztransporter, die in neutralen norwegischen Häfen schwedische Erze geladen hatten, durch das Skagerrak und das Kattegat nach Danzig durchschmuggeln. Allein die Erztransporte aus Narvik nach Deutschland (zehn Millionen Tonnen jährlich) machten den Briten erhebliches Kopfzerbrechen. Sie zu verhindern, gab es mehrere Wege. Einen, den Churchill für den richtigen hielt und der völkerrechtswidrig und gefährlich zugleich war, schlug er am 12. September 1939 dem Kabinett vor: In norwegischen Hoheitsgewässern Minen zu verlegen. Die Ministerrunde lehnte ab. Doch die Militärs gaben nicht auf. Sie arbeiteten Pläne aus für die Besetzung strategisch wichtiger Punkte in Norwegen. In einem Funkspruch der britischen Admiralität an den britischen Konsulatsbeamten in Narvik verlangte der Marine-Nachrichten-Direktor unter der Code-Nummer 20 065 einen genauen Überblick über die Länge der Kaianlagen, die Tiefen des Hafenbeckens und die Zahl der Eisenbahnanschlüsse.
Am 30. November 1939 überfiel die Sowjetunion Finnland. Churchill schlug vor, den Finnen mit Waffen, Material und Freiwilligen zu Hilfe zu kommen. Doch es gab nur einen Weg: über den Erz-Hafen Narvik. Die britsche Regierung blieb reserviert. Einziger Erfolg des Ersten Lords der Admiralität: Die drei Truppenteile sollten Pläne ausarbeiten, die Operationen gegen eine mögliche deutsche Invasion in Norwegen vorsahen.
Fast zur gleichen Zeit warnte der Chef der deutschen Abwehr, Admiral Canaris, die deutsche Seekriegsleitung vor einer militärischen Intervention der Briten. Und am 12. Dezember 1939 stimmte Hitler dem Vorschlag der Seekriegsleitung zu, eine Studie »Nord« über die Besetzung Norwegens durch deutsche Truppen zu erstellen. Inzwischen wuchs aber auch im Lager der Alliierten die Neigung, den finnisch-russischen Konflikt als Vorwand für eine Landung in Nordnorwegen zu benutzen.
Am 28. März 1940 wurde auf einer Sitzung des Obersten Alliierten Kriegsrates in London beschlossen, norwegische Gewässer zu verminen und in Erwartung einer deutschen Invasion Truppen einzuschiffen, um eventuell Narvik zu besetzen und auf der Erzbahnlinie bis zur schwedischen Grenze vorzustoßen. Weiterhin sollten Streitkräfte in den Häfen Stavanger, Bergen und Trondheim landen.
Schon wenige Tage nach dem Beschluß des Kriegsrates verließen Zerstörer, Minenleger und U-Boote der britischen Marine ihre Stützpunkte und nahmen Kurs auf schon längst von der Admiralität festgelegte Positionen in norwegischen Gewässern. Unter diesen Schiffen befand sich auch das U-Boot Orzel.
Kapitänleutnant Grudzinski wußte wenig von der hohen Strategie der britischen Admiralität. Er wußte nur, daß aus Erz Stahl und aus Stahl Kanonen hergestellt werden. Und er wollte tun, was in seiner Macht stand, um zu verhindern, daß die Deutschen noch mehr Kanonen bauten. So hatte er angeordnet, daß rund um die Uhr die See des Skagerraks beobachtet werden würde. Kein deutscher Erzfrachter sollte in seinem Bereich passieren können.
Am späten Vormittag wurde Grudzinski ans Periskop gerufen.
Zunächst sah er nur die Fischerboote, die Richtung Lillesand, dem kleinen norwegischen Fischerhafen am Skagerrak, entlang fuhren. Doch dann kam ein größerer Frachter in sein Blickfeld. Er hatte die Reichsdienstflagge gesetzt und lief unter voller Fahrt in Küstennähe nach Nordwest.
Augenblicklich ließ Grudzinski alarmtauchen und Torpedos klarmachen. Die

Elf Kriegschiffgruppen bildete die Marine für den Angriff von See auf Dänemark und Norwegen. Sie sollten unter anderem Narvik, Trondheim, Bergen, Kristiansand, Oslo, Nyborg und Kopenhagen anlaufen. Dafür und zur Sicherung der Operationen waren 2 Schlachtkreuzer, 3 Schwere und 4 Leichte Kreuzer, 14 Zerstörer, 31 U-Boote und viele kleinere Einheiten eingesetzt. Sie mußten überfallartig auftauchen, da sie einer offenen Seeschlacht mit der britischen Marine keinesfalls gewachsen waren. Schutz gab ihnen die Luftwaffe mit: 900 Maschinen breiteten einen dichten Schirm über die Land- und Seeoperationen. Ihre Dauerpräsenz etwa am Kopenhagener Himmel trug nicht wenig zur dänischen Kapitulation bei.

Orzel ging bis auf eine Seemeile an den Frachter heran. Noch einmal blickte Grudzinski durch das Periskop. Am Bug des Schiffes konnte er den Namen ausmachen: Rio de Janeiro. Dann gab er Feuerbefehl. Es war genau 11 Uhr 50 Minuten.

Doch was Grudzinski erst viel später erfuhr, offenbarte sich den erstaunten norwegischen Fischern an diesem Mittag, als sie die Überlebenden des Frachters auffischten: Die Männer trugen Uniformen der deutschen Wehrmacht. Und die von ihrer überschnellen Landung in Norwegen überraschten Deutschen erzählten den ebenso überraschten Norwegern, daß sie auf dem Weg waren, ihr Land zu besetzen, bevor die Engländer kamen.

Auf diesem ungewöhnlichen Weg erfuhren die Norweger in Lillesand von der bevorstehenden Besetzung des Landes durch die Truppen der deutschen Wehrmacht.

Am 21. Februar 1940 hatte Hitler den Kommandeur des XXI. Armeekorps, General von Falkenhorst, zu sich beordert. Der General, der 1918 am Feldzug in Finnland teilgenommen hatte, galt als Spezialist für Kriegführung unter geographisch schwierigen Verhältnissen.

Hitler eröffnete Falkenhorst, daß seiner Meinung nach die Engländer die Absicht hätten, in Norwegen zu landen. Ihr Ziel sei es, den Kriegsschauplatz auszuweiten, um Deutschlands Kräfte zu verzetteln und näher an die Ostsee heranzukommen. Damit sei aber auch der bevorstehende Angriff auf Frankreich gefährdet.

Hitler beauftragte den General, Pläne für eine Operation gegen die skandinavischen Länder auszuarbeiten.

Knapp anderthalb Monate später ließ sich Hitler in einem fünfstündigen Lagevortrag über den Stand der Vorbereitungen berichten. Am 2. April, einen Tag nach der Lagebesprechung, setzte Hitler den Angriff auf den 9. April fest.

Der Chef des OKW, Generaloberst Keitel, gibt den Befehl weiter: »Wesertag 9. April 1940, Weserzeit 5 Uhr 30.«

Es ist ein etwas merkwürdiger Verband von Kriegsschiffen, der sich in der Nacht vom 8. zum 9. April durch die stürmische Nordsee bewegt: Vornweg stampft der Schwere Kreuzer Blücher. Ihm folgt der Leichte Kreuzer Emden, dann drei Torpedoboote, die 1. Minenräumflottille mit acht Booten, zwei Walfangboote und der Schwere Kreuzer Lützow.

Jedes der 16 Schiffe ist bis zum letzten

Winkel mit Infanteriegeschützen, Pak, Flakgeschützen, Fahrzeugen, Munition und Soldaten beladen.
Um 5 Uhr 18 läuft der Verband mit der Bezeichnung »Kriegsschiffgruppe 5« in den 110 km langen Oslo-Fjord ein. Die beiden Walfangboote, die Pioniere und Stoßtrupps geladen haben, laufen den anderen Schiffen voraus. Der norwegische Minenleger Olav Tryggvason, der querab vor Tonsberg steht, eröffnet sofort das Feuer auf die deutschen Schiffe. Ein norwegischer Walfänger beschießt das Torpedoboot Albatros. Während der Kreuzer Emden mit wenigen Salven die Norweger niederkämpft, führt die Blücher den Flottenverband weiter in den Fjord hinein. Das Ziel der Gruppe 5 ist Oslo.
Der Kommandant der Felsenfestungen Oscarsborg und Akerhus, der 65jährige Oberst Erichsen, ist unterdessen vom Anmarsch des deutschen Schiffsverbandes durch die beschossenen norwegischen Schiffe informiert. Er gibt seinen Batterien, unmittelbar an der Dröbak-Einfahrt gelegen, Feuerbefehl. Die Blücher, dem Schiffsverband voraus, passiert die Enge als erstes Schiff. Zwei Torpedos, von den Batterien abgefeuert, treffen sie mittschiffs.
Langsam legt sich das riesige Kriegsschiff auf die Seite. Hunderte von Soldaten, Geschütze, Munition und andere Lasten rutschen über das schrägstehende Deck ins Wasser. Viele der Soldaten, die in das eisige Wasser stürzen, sind augenblicklich tot. Wenige schaffen es, bis ans Ufer zu kommen. Einer von ihnen, die den Untergang der Blücher überleben, ist der Kommandeur der 163. Infanteriedivision, Generalmajor Engelbrecht. Neben ihm kriecht der Konteradmiral Oskar Kummetz an Land.
Der General blickt noch einmal zurück auf die sinkende Blücher, und sagt kopfschüttelnd zu dem Admiral: »Wie kann ein solches Schiff untergehen?« Auch der Admiral starrt ungläubig auf die Blücher. Für ihn muß es besonders schmerzhaft sein, zu sehen, wie eins der größten Schiffe der deutschen Kriegsmarine schmählich von einer Küstenbatterie versenkt worden ist – von einer Batterie, der die militärische Aufklärung jeden kämpferischen Wert abgesprochen hatte. Denn seit Jahren hatten die Batterien der Felsenfestungen keinen einzigen Übungsschuß mehr abgefeuert, und wie der Oberst Erichsen später sagte, hatte er selbst erhebliche Zweifel, ob die Geschütze und Torpedoanlagen überhaupt in der

Die Propagandafotos geben ein falsches Bild: Stukas (oben) konnten nur vereinzelt gegen Schiffsziele eingesetzt werden und damit der nach Narvik marschierenden Schiffsgruppe Entlastung bringen. Die Truppe an Land war weitgehend auf sich allein gestellt, da das zerklüftete Gelände für Fliegereinsatz wenig Wirkung erwarten ließ. Die Fla-Geschütze (rechts: 2-cm-Flak) der Schiffe konnten daher auch für den Erdkampf umfunktioniert werden. Ein wahrer Glücksfall für die Gebirgsjäger des Generalmajors Dietl, dessen schwere Waffen weitgehend auf dem Transport verlorengegangen waren. Er ließ die Geschütze von den im Hafen gesunkenen Zerstörern abmontieren und rund um Narvik in Stellung bringen.

Lage wären, einen Schuß aus den Rohren zu bringen.
Während die Blücher langsam im Oslo-Fjord versinkt, nähern sich vier andere Kriegsschiffgruppen, bis zum letzten Winkel mit Waffen und Munition beladen, ihren Bestimmungsorten: Die Gruppe 1 mit Generalmajor Dietl und seinen Gebirgsjägern dem Hafen von Narvik, die Gruppe 2 Trondheim, die Gruppe 3 Bergen und die Gruppe 4 Kristiansand. Allein die Gruppe 1 besteht aus zehn Zerstörern und den Schlachtschiffen Scharnhorst und Gneisenau.
Am Abend des 7. April hatte die britische Admiralität eine Meldung bekommen, daß im Skagerrak ein deutscher Flottenverband gesichtet worden sei. Was die Aufklärungsflugzeuge der Royal Navy entdeckt hatten, war die Kriegsschiffgruppe 1, die Generalmajor Dietl und seine Gebirgsjäger nach Narvik bringen sollte.
Was die Deutschen wirklich planten, wußten die Engländer zu diesem Zeitpunkt immer noch nicht.
Die Admiralität ließ ihre Kreuzergeschwader, die teilweise schon in norwegischen Gewässern waren, auf neuen Kurs gehen. Auch das erste Kreuzergeschwader, das Truppen für eine Landung in Norwegen an Bord nahm, mußte wieder entladen und in See gehen. Der Auftrag an die Home Fleet lautete: Die deutsche Kriegsschiffgruppe im Skagerrak zu stellen und zu vernichten.
Aber erst am 8. April haben die Briten Feindberührung. Der Zerstörer Glowworm, auf der Suche nach einem über Bord gegangenen Besatzungsmitglied, trifft auf die Admiral Hipper, die die Kriegsschiffgruppe 2 deckt. Der Schwere Kreuzer eröffnet sofort das Feuer und versenkt den britischen Zerstörer.
Am 9. April trifft der Schlachtkreuzer Renown auf die Gneisenau und beschädigt das deutsche Schlachtschiff.
Während in Deutschland die operativen Vorbereitungen der drei Wehrmachtsteile für die Besetzung Norwegens und Dänemarks auf Hochtouren laufen, ist das Kabinett der Arbeiterpartei in Oslo unschlüssig, wie es sich verhalten soll. Denn schon am 5. April hatten norwegische Agenten alarmierende Nachrichten an den Stabschef des norwegischen Heeres weitergegeben.
Diese Agenten hatten in norddeutschen Häfen beobachtet, wie Truppen und Material eingeschifft wurden, und auch erfahren, wohin die Schiffe auslaufen sollten: nach Norwegen.

Doch das Kabinett in Oslo hatte immer noch Zweifel. Man fürchtete, daß militärische Vorbereitungen Hitler nur herausfordern würden.
Am Abend des 8. April trat das Kabinett zusammen. Vorher traf sich der Stabschef der Armee, Oberst Rasmus Hatledal, mit dem Verteidigungsminister und versicherte ihm, daß das Stabspersonal bereit sei, die Befehle des Kabinetts augenblicklich auszuführen. Aber die Erwartungen, die der Stabschef an die Kabinettssitzung gestellt hatte – die Order an die Streitkräfte, mobil zu machen –, erfüllte sich nicht. Vielmehr gab die Regierung der Armee die Weisung, alle Offiziere nach Hause zu schicken. Nur das Routine-Personal sollte in Bereitschaft bleiben.
Als später in der Nacht die Nachrichten über eine Landung deutscher Truppen sich verdichteten, gab die Regierung Anweisung, fünf Feldbrigaden in Nordnorwegen zu alarmieren. Diese Mobilisierung sollte jedoch geheim bleiben. Als Oberst Hatledal diesen Befehl vom Verteidigungsminister bekam, fragte er ihn: »Sind Sie verrückt?«
Während in Oslo spät in der Nacht vom 8. zum 9. April das Kabinett immer noch über mögliche Reaktionen diskutierte, starteten auf norddeutschen Flughäfen Transportgeschwader, beladen mit Infanterie und Fallschirmjägern; näherten sich die fünf Kriegsschiffgruppen, vollgepackt mit Waffen und Soldaten der Wehrmacht, der norwegischen Küste; lagen an der deutsch-dänischen Grenze zwei Infanteriedivisonen und eine motorisierte Schützenbrigade unter dem Kommando des Generals der Flieger Kaupisch in ihren Bereitstellungsräumen und warteten auf den Befehl zum Einmarsch nach Jütland.
Sie landeten pünktlich um 5 Uhr 30 in Narvik, Trondheim, Stavanger, Egersund, Kristiansund, Arendal und Oslo.
Die Verluste der Deutschen waren gering. Das Schlachtschiff Gneisenau erhielt drei Treffer von dem englischen Schlachtkreuzer Renown, davon einen von einer 38,1-cm-Granate. Vor Kristiansund torpedierte das britische U-Boot Truant den Leichten Kreuzer Karlsruhe. Das Wetter war auf der Seite der Deutschen – ein stürmischer Tag mit Regenböen und Schneetreiben. Die HomeFleet, die sich um Gefechtsberührung mit den Deutschen bemühte, hatte nur geringe Erfolge, und die Soldaten der Wehrmacht konnten zu den vorgesehenen Zeiten an den vorgesehenen Stellen landen.
Eine halbe Stunde vor der Landung der deutschen Truppen hatten die Gesandten des Reiches in Oslo und Kopenhagen gleichlautende Noten den Regierungen

beider Länder überreicht. Darin hieß es, daß die Invasion notwendig sei, um die beiden Länder und ihre Neutralität vor dem unmittelbar bevorstehenden Zugriff der Alliierten zu schützen. Ziel der deutschen Regierung sei eine friedliche Besetzung. Jeder Widerstand würde nur zu unnützem Blutvergießen führen.
Am Morgen des 9. April 1940 herrscht im Parlamentsgebäude in Oslo lebhafte Aktivität. Der Präsident des Storting ist schon kurz nach Bekanntwerden der deutschen Absichten vom Außenminister des Landes informiert worden. Der Präsident, C. J. Hambro, begibt sich daraufhin sofort mit einem kleinen Stab persönlicher Mitarbeiter in das Gebäude des Storting. Nach einem schon früher ausgearbeiteten Schneeballsystem werden die Abgeordneten vom Einmarsch der Deutschen unterrichtet. Gleichzeitig wird ihnen mitgeteilt, sich nach Hamar, 90 km nördlich von Oslo, zu begeben und dort zu sammeln. Als jedoch bekannt wird, wie schnell die Truppen der Wehrmacht vorrücken, wird der Versammlungsort noch einmal verlegt, diesmal nach Elverum.
Auch die Regierung geht nach Elverum. Bevor der Außenminister, Halvdan Koht, Oslo verläßt, empfängt er einen Vertreter von Norsk Telegrambyra, der Nachrichtenagentur des Landes. Der Minister teilt dem Vertreter der Agentur mit, daß die Regierung sich entschlossen habe, die Generalmobilmachung auszurufen.
Schon kurz darauf wird diese Mitteilung der Regierung über den Sender Oslo ausgestrahlt.
Im Hamburger Hotel »Esplanade«, dem Hauptquartier des X. Fliegerkorps, jagte eine schlechte Nachricht die nächste. Die erste Welle der 29 Transportmaschinen, die Fallschirmjäger über dem Flugplatz Oslo-Fornebu absetzen sollten, konnte sich im dichten Nebel nicht orientieren. Zwei der Transporter stießen zusammen und stürzten ins Meer. Oberstleutnant Drewes, der Verbandsführer der II. Transportgruppe, befahl umzukehren.
Falls die Fallschirmjäger nicht planmäßig abspringen konnten, sollten nach einer Anweisung Görings alle anderen Transportverbände zurückgezogen werden.
Im Hotel »Esplanade« versuchte der Lufttransportschef Land, Freiherr von Gablenz, den Generalleutnant Geisler davon abzubringen. Die Landung könne auch auf dem nicht freigekämpften Platz erzwungen werden. Die in den Transportern gelandeten Infanteristen würden die feindliche Abwehr niederkämpfen. Zumindest sollte man dem Verband, der Fornebu zuerst anfliegt, die Entscheidung überlassen, ob er die Landung riskieren

Zu spät kam die britische Hilfe für die bedrängten Norweger. Überall hatten deutsche Truppen sich festgesetzt und drangen im Schutz gepanzerter Fahrzeuge (linke Seite ganz oben) oder per Eisenbahn (oben) weiter ins Land vor. Allerdings hatte sich die militärische Führung den Sieg leichter vorgestellt. Der zähe Widerstand der Norweger überraschte und ließ den Gewalteinsatz eskalieren. Viele Ortschaften gingen in Flammen auf (linke Seite Mitte), und wäre nicht Entlastung durch den Schlag der Wehrmacht gegen Frankreich gekommen, hätte sich der Kampf um die Kontrolle des nordischen Landes noch lange hinziehen können. So aber mußten die Westmächte ihre Interventionstruppen zurückziehen – wenn sie nicht schon in Gefangenschaft geraten waren wie die Gruppe auf dem unteren Foto links.

wolle oder nicht. Der Transportchef Land hatte einen gewichtigen Grund, gegen Görings Befehl zu opponieren: Jede Maschine, die nicht in Fornebu landen konnte, mußte wegen fehlenden Treibstoffes in Aalborg heruntergehen. Aalborgs Flugplatz aber, unterdessen von den Deutschen besetzt, war bis in den letzten Winkel mit gelandeten Maschinen ausgelastet.
Geisler war jedoch nicht umzustimmen und ließ die Transportgeschwader abdrehen.
Auch Hauptmann Wagner, der Landser vom Infanterieregiment 324 an Bord seiner drei Maschinen vom Typ Ju 52 hatte, bekam den Funkbefehl für die Rückkehr. Doch der Funkspruch schien ihm kurz vor dem Eintreffen über Fornebu so widersinnig, daß er ihn für eine feindliche Finte hielt. Vor allem die Unterschrift »X. Fliegerkorps« macht ihn stutzig. Seine Transportgruppe unterstand dem Transportchef Land, und nur von ihm konnte er einen so schwerwiegenden Befehl erhalten. Wagner ließ weiterfliegen. Seine Flugzeugführer besaßen die Eignung zum Blind- und Schlechtwetterflug.
Kurz darauf waren die Maschinen über Fornebu. Wagner ließ seinen Flugzeugführer runtergehen. Als er ihm das Zeichen zur Landung gab, wurde die Maschine beschossen und der Hauptmann und einige Infanteristen tödlich verletzt. Der Flugzeugführer zog die Ju hoch und drehte ab.
Kurze Zeit vor den Transportgeschwadern war das Zerstörergeschwader 76 mit sechs Me 110 über Fornebu aufgetaucht. Es sollte den Transportern Feuerschutz geben und feindliche Jäger abwehren. Tatsächlich waren die Deutschen von neun Gloster-»Gladiator« Jägern der norwegischen Luftwaffe angegriffen worden. Doch die antiquierten Doppeldecker hatten keine Chance gegen die modernen deutschen Jäger. Die deutschen Jagdflugzeuge kämpften die Flakgeschütze am Rand des Flugplatzes nieder. Nur die MG-Nester in den Felsen feuerten weiter. Eine der Me's war unterdessen so schwer getroffen, daß sie auf dem Flugplatz eine Notlandung machen mußte. Die Norweger feuerten auf die Maschine. Plötzlich verstummte das Maschinengewehrfeuer. Und da kamen auch schon zwei Ju's und gingen runter, mitten hinein in die anderen, nun wegen Spritmangel landenden Me-Jäger. Mit einer der Ju's war eine der Infanterie-Transportgruppen gelandet. Die Landser verließen die Maschine und wußten nicht recht, was sie tun sollten. Plötzlich glaubten die Soldaten und Flieger zu träumen: Über das Rollfeld kommt ein himmelblauer amerikanischer Straßenkreuzer gefahren. In ihm sitzt ein deutscher Offizier in Luftwaffenuniform: Hauptmann Spiller, Luftwaffenattaché in Oslo. »Wo bleiben die Fallschirmjäger?« fragt er einen der Flugzeugführer.
Als sie dann endlich kommen, ist es für Spiller zu spät, seinen Auftrag auszuführen, nämlich den norwegischen König in Gewahrsam zu nehmen. Der König hatte seine Residenz in Oslo verlassen und befand sich auf dem Weg nach Elverum. Als am frühen Nachmittag die Fallschirmjäger in Fornebu landen, verfolgt Spiller mit ihnen den König. Doch der Versuch, des Monarchen habhaft zu werden, scheitert bei der Ortschaft Midtskogen, wo die deutschen Fallschirmjäger auf starke Militäreinheiten der Norweger stoßen. Bei

den Kämpfen fällt Hauptmann Spiller. Die Deutschen ziehen sich zurück.
Am Nachmittag landeten dann sämtliche Transportmaschinen und setzten das 324. Infanterieregiment ab. Am Abend war Oslo unter der Kontrolle der deutschen Wehrmacht.
Die Besetzung von Frederikstad war dagegen mehr eine touristische Aktion. Da die Norweger versäumt hatten, die strategisch wichtige Überlandbrücke zu sprengen, vollzog sich der deutsche Einmarsch wie ein Ausflug. Die Deutschen, junge, gut ausgerüstete Soldaten, kamen in 30 Bussen mit Osloer Kennzeichen, fuhren ungehindert in Frederikstad ein: Die Männer in den Bussen sangen Lieder.
Auf dem Flugplatz Stavanger-Sola landeten zwölf Ju 52 der 3. Kompanie des Fallschirmjägerregiments 1. Das Maschinengewehrfeuer aus Bunkern am Rand des Platzes war schnell niedergekämpft und die Rollbahnen von Drahthindernissen freigeräumt. Mit den Flugplätzen Fornebu und Stavanger-Sola befanden sich zwei wichtige Nachschubbasen für Lufttransporte in deutscher Hand.
Die Lage der Deutschen in Narvik war dagegen gar nicht rosig. Am 10. April war die 2. britische Zerstörerflottille mit fünf Zerstörern in den Ofot-Fjord eingelaufen. Sie versenkten zwei deutsche Zerstörer und beschädigten zwei weitere schwer. Außerdem verloren die Deutschen eine Anzahl von Frachtschiffen, die Ausrüstung und Munition für die Truppen des Generalmajors Dietl und seine Truppen geladen hatten. Dietl war mit einem Regiment Gebirgsjägern gelandet, hatte aber kaum schwere Waffen. Nur eine Gebirgsbatterie, einige Granatwerfer und etwas Munition konnten von Transportflugzeugen am 13. April nach Narvik geflogen werden.
Churchills Vorschlag, eine Landung bei Trondheim unter dem Schutz der Flotte zu erzwingen, konnte sich bei Marine und Heer nicht durchsetzen. Angesichts der deutschen Luftüberlegenheit in dem 40 km langen, engen Fjord einzulaufen und gegen die starken deutschen Stellungen Truppen zu landen, wollte man nicht riskieren. Die Engländer beschlossen, zu Lande anzugreifen. Kleinere Stützpunkte, die die Engländer am 15. April in Namsos – 160 km nördlich von Trondheim – und am 18. April bei Andalsnes – 250 km südlich des Hafens – geschaffen hatten, sollten nun für die Landung stärkerer Verbände benutzt werden.
Ein besonderer Dorn im Auge der Engländer war der Flugplatz Stavanger-Sola. Am 17. April beschoß der schwere britische Kreuzer Suffolk sieben Stunden lang den Platz. Und sieben Stunden lang wurde er von deutschen Flugzeugen angegriffen. Mühsam, mit überspültem Achterdeck, mehr unter als über Wasser fahrend, erreichte er seinen Heimathafen Scapa Flow . . .
Zum ersten Mal mußte den Engländern klar werden, wie wenig die Herrschaft zur See im Zeitalter moderner Kampfflugzeuge bedeutet. Nicht nur die Deutschen in Narvik, auch die Engländer waren vom Pech verfolgt. Die in Namsos gelandeten britischen Truppen mußten die zerklüftete Felsenküste umgehen und kamen nur langsam voran. Und die in Andalsnes gelandeten Verbände hatten die Deutschen im Rücken und in der Flanke.
Gleich nach der Besetzung von Oslo wa-

Wenig, aber willkommene Hilfe brachten deutsche Fallschirmjäger (oben: Absprung; rechts: vor dem Einsatz) der schwer kämpfenden Truppe des Verteidigers von Narvik, Generalmajor Dietl. Er hatte sich aus der Hafenstadt zurückziehen müssen, hielt aber weiterhin mit Matrosen und Gebirgsjägern die Kontrolle über die Erzbahn gegen mehrfach überlegene Feindkräfte. Selbst die deutsche Führung sah seine Lage als aussichtslos an und empfahl ihm, nach Schweden in die Internierung auszuweichen. Das war nichts für den bayerischen Haudegen, der mit seinen Männern an vorderster Front alle Gefahren und Entbehrungen teilte. So wurde schließlich möglich, was als »Wunder von Narvik« in die Kriegsannalen einging.

ren schnelle Aufklärungsverbände der 196. Division, durch Panzereinheiten verstärkt, längs der auf Trondheim und Andalsnes führenden Straße und Bahnlinie vorgerückt. Die deutsche Infanterie, von Gebirgsjägern unterstützt, kämpfte sich durch enge Täler, von Baumsperren verbarrikadiert, über zerstörte Brücken und gegen norwegischen Widerstand schneller voran als erwartet.
Am 23. April trafen sie auf die von Dombas zurückweichenden Norweger und die herbeieilende 148. britische Brigade bei Lillehammer. Unter schweren Verlusten, von Stukas bombardiert und Tieffliegern gehetzt, flüchteten Norweger und Engländer nach Nordwesten zurück. Auch die britischen Verbände, die von Namsos bis auf 80 km an Trondheim herangekommen waren, mußten umkehren. Erschöpft und halb erfroren kamen sie wieder nach Namsos, wo inzwischen ein französisches Alpenjäger-Regiment gelandet war. Doch die Franzosen konnten die Lage auch nicht mehr ändern. Am 28. April gingen Franzosen und Engländer an Bord ihrer Schiffe in Namsos.
Ähnlich stand es um die britischen Verbände bei Andalsnes. In ihrer Bewaffnung den Deutschen weit unterlegen, ohne jede Luftunterstützung, mußten auch hier die Engländer das Feld räumen.
Am 10. Juni war der Fall »Weserübung« beendet. Seit dreißig Tagen liefen schon die Vorbereitungen für die nächste Operation: Den Fall ›Gelb‹ . . .

Kampf um Narvik

Kurz nach Mitternacht. Zehn deutsche Zerstörer schlingern und stampfen seit dreißig Minuten gegen die aufgewühlte Nordsee an. Sonntag, der 7. April, ist angebrochen.
An der Reling stehen ein paar Gebirgsjäger und kämpfen gegen Übelkeit an. Die meisten der 1800 Kärntner sind jedoch unter Deck. Sie sollen sich nicht blicken lassen, um der englischen Luftspionage keinen unnötigen Hinweis zu geben. Denn soviel steht fest, »das Ding«, zu dem sie gestern in Wesermünde verfrachtet wurden, ist streng geheim, »Gekados« (geheime Kommandosache).
Liebevoll betreuen die 3000 Seeleute der zehn schnellen und waffenstrotzenden Schiffe »ihre« Landratten. Auch sie wissen nicht, wohin es geht. Sie wissen nur, daß dieser Seegang, der die Kraxlsoldaten blaß und krank macht, ausgesprochen sanft ist; und daß die Nordsee um diese Jahreszeit, besonders nach Norden zu, verdammt ruppig werden kann. Und – das ist klar – sie laufen Kurs Nord. Vollgebunkert bis zum letzten, eingerichtet für eine mehrtägige Fahrt mit Gebirgsexperten unter Führung eines Generals.
Da knacken die Lautsprecher der auf »Weserübung Nord« befindlichen Schiffe. Die Stimme des Kommandanten:
»Am 9. April, morgens 5 Uhr, werden Dänemark und Norwegen von deutschen Truppen besetzt. Die Zerstörer sollen in Narvik das Gebirgsjäger-Regiment ausschiffen, das Stadt und Erzbahn besetzen und gegen feindliche Angriffe halten soll. Mit dem Zusammentreffen mit feindlichen Seestreitkräften ist zu rechnen. Im Ofoten-Fjord sollen englische Kriegsschiffe liegen. Etwaiger Widerstand der Norweger ist sofort zu brechen. Narvik ist der nördlichste Punkt, den deutsche Streitkräfte bei dieser Unternehmung anlaufen werden.«
Einen Augenblick lang ist es totenstill. Die Lautsprecher sind wieder abgeschaltet. Dann löst sich die Spannung der letzten Tage, der Schock über die Mitteilung der bevorstehenden Schlacht. Laut, hastig, hektisch rufen sich die Soldaten gegenseitig Ermunterungen zu.
»Wo ist eigentlich Narvik?«
»Mensch, das ist ganz hoch oben im Norden! 1200 Seemeilen von hier – mehr als 2000 km.«
»Da brauchen wir ja vier Tage! Und auf der ganzen Strecke wimmelt es von englischen Kriegsschiffen! Die lassen uns doch alle absaufen!«
»Da müssen sie uns erst mal finden!«
Zwei Uhr. Noch immer hat keiner ein Auge zugemacht, außer der an den Turnus gewöhnten Freiwache. Sie laufen jetzt mit »volle Kraft voraus«, nördlich der Insel Wangerooge blinken Lichtsignale: Aus der Nacht tauchen die Schatten von riesigen Schiffen auf. Der Flottenverband vereinigt sich mit den Schlachtschiffen Scharnhorst und Gneisenau.
Ein wunderschöner Vorfrühlingsmorgen in der Nordsee, strahlende Sonne, glatte See. Gegen zehn Uhr früh leistet sich der Feind seine erste Panne:
Unbemerkt von den 13 deutschen Schiffen machen englische Luftaufklärer den Verband aus und schlagen Alarm in der Seekriegszentrale in London. Jedoch: Die Standortmeldung ist völlig falsch!
Zwar heulen die Schiffssirenen auf allen Schiffen, genau um 14.30 Uhr, »Fliegeralarm«, und aus der Sonne heraus tauchen zwölf englische Bomber auf. Aber unter dem starken Abwehrfeuer aller Schiffe überfliegen sie ein einziges Mal den Verband, werfen wahllos einige Bomben, die weit entfernt ins Meer fallen, und verschwinden gen Westen, ihrer Heimatküste entgegen.
»Windige Rekruten«, kommentiert dazu der 49jährige Gebirgsjäger-Generalmajor Dietl diesen ungekonnten Angriff und Kommodore Bonte, Chef der Zerstörergruppe, fährt fort, seinem hohen Gast auf der Kommandobrücke der Wilhelm Heidkamp die Seelage vor Narvik zu erläutern.
Diese zweite Panne der Engländer im

Kampf gegen die heranrückende Gruppe Narvik ist möglicherweise entscheidend dafür, daß sie alle wohlbehalten vier Tage später im nordischen Erzhafen anlanden.
Die Bomber haben nicht nur miserabel gezielt, sie melden auch nur acht Zerstörer und zu allem Überfluß noch eine zweite falsche Standortmeldung nach London.
Nun kommt den Deutschen das Wetter zustatten: Gegen Mittag frischt der Wind auf, der Himmel ist voller Wolken, die Sicht wird schlecht. »In Böen 9«, heißt es auf den Schiffen, die Landratten fühlen sich miserabel. Aber Kommodore Bonte weiß, daß sie jetzt bessere Chancen haben, am Feind vorbeizukommen.
Gegen Mitternacht wird die Meerenge zwischen England und der norwegischen Stadt Bergen passiert. Kein Feind zu sehen.
Gegen Morgen gehen in schwerer See Teile der Decksladungen – vor allem Motorräder, Munition und Granatwerfer – über Bord.
Sonst geschieht bis Narvik nichts mehr. In der Nacht vom 8. auf den 9. April drehen die beiden schweren Schiffe ab. Die zehn Zerstörer melden gleichzeitig »Land in Sicht«. Es ist das Leuchtfeuer von Tranö. Norwegen erlebt seine letzten Friedensstunden, während über alle Schiffsdecks die Glocken »Klar Schiff zum Gefecht« läuten.
In Kiellinie fahren die Deutschen in den 200 km langen West-Fjord ein. Hinter jedem Felsvorsprung erwarten sie britische Kriegsschiffe. Nichts. Von Land sind sie auf Artilleriebeschuß eingerichtet. Nichts. Die Offiziere auf den Schiffen suchen mit Ferngläsern die Ufer ab. Nichts zu sehen. Es ist 4.40 Uhr, zwanzig Minuten vor der befohlenen Besetzung Norwegens. In 20 Minuten werden die ersten 120 Gebirgsjäger norwegischen Boden betreten, den Frieden brechen und das am Eingang des Ofot-Fjordes stehende Fort im Handstreich nehmen.
Im Blickfeld der erwarteten norwegischen Abwehr springen die Soldaten in Landungsboote, klettern Minuten später an Land, steigen Meter um Meter zum Fort empor. 5 Uhr! Wann wird der erste Schuß fallen? Wen wird er treffen? Steht uns die Dunkelheit bei?
Kein Schuß fällt. Das Fort ist leer. Kein Geschütz, kein Mann. Norwegen hat seinen Feind nicht erwartet.
Das Kommando kehrt an Bord zurück. Die Fahrt geht weiter, wenige Minuten noch bis zum Hafen von Narvik. Da taucht aus dem Morgengrauen der Umriß eines Schiffes auf. Leuchtsignale: »Stoppen Sie sofort.«
Binnen Minuten geht ein Motorboot mit zwei Offizieren zu Wasser und braust dem norwegischen Küstenpanzerschiff Eidsvold (Baujahr 1898) entgegen.
Die Verhandlung ist dramatisch: Die Norweger werden zur Übergabe aufgefordert. Sie fordern zehn Minuten Bedenkzeit und Rückfrage. Die Deutschen lehnen ab. Darauf der Norweger: »Wir werden kämpfen!«
Noch während das deutsche Boot ablegt, schießt ein Offizier die vereinbarte rote Leuchtkugel. Schon Sekunden später nehmen die Zerstörer Fahrt auf. Aber der Norweger auch! Er will den ersten Eindringling rammen! Noch 300 Meter Abstand! Da gibt Kommodore Bonte Befehl: »Schießen!«
Der anführende Zerstörer zieht eine scharfe Kurve. »Torpedorohre achtern – Feuer!« Und noch kein Schuß von drüben. Augenblicke später zerbirst das Panzerschiff mit zwei gewaltigen Detonationen in zwei Teile und sinkt in Sekundenschnelle.
An der Postpier des Hafens hat inzwischen der erste deutsche Zerstörer festgemacht und mit der Ausschiffung der Soldaten begonnen. In diesem Augenblick eröffnet das zweite im Hafen liegende norwegische Kriegsschiff, der Küstenpanzer Norge, auf die Deutschen aus 1000 m Entfernung das Feuer. Die erste Salve trifft in den Garten des britischen Konsulats. Der deutsche Zerstörer gibt Feuer frei für zwei Torpedos und trifft sofort. Der Norweger sinkt.
20 Minuten später laden alle Zerstörer ihre Landsoldaten aus. Der erste Teil des Unternehmens Narvik ist ohne einen einzigen Verlust beendet. Ein geschenkter Sieg. Was in diesem Augenblick niemand weiß: Ein Geleitzug deutscher Frachter mit schweren Waffen für Narvik ist, auf separatem Kurs fahrend, von den Engländern abgefangen und völlig aufgerieben worden.
Was jetzt am Pier des Hafens von Narvik geschieht, ist operettenreif: Dietl, der General aus Bayern, den bis heute kaum einer kennt, geht als einer der ersten von Bord. Er wird vom deutschen Konsul wie im tiefsten Frieden empfangen.
Kein Schuß fällt, kein norwegischer Soldat ist zu sehen. »Wo ist der norwegische Stadtkommandant?« fragt Dietl. Der Konsul öffnet die Autotür: »Ich fahre Sie zu Oberst Sundlo.«
Die zum persönlichen Schutz des Generals abgestellte Streife sieht gerade noch, wie der Wagen wendet und abfährt. Fassungslos laufen sie ein paar Schritte hinterher, erkennen die Sinnlosigkeit ihres Unternehmens, bleiben vor einem Taxi stehen, springen hinein und rufen dem verdutzten Fahrer zu: »Immer hinterher!«
Die Fahrt endet auf einer Straßenbrücke. Norwegische Soldaten umgeben einen Offizier. Dietl und der Konsul steigen aus. In einiger Entfernung steigt Dietls Schutzmannschaft aus dem Taxi.
Der deutsche Konsul macht die Offiziere miteinander bekannt. Der deutsche General erklärt dem norwegischen Oberst kurz und sachlich die Lage. Mit eisiger Miene hört Sundlo zu. Dietl blufft: Starke Teile einer deutschen Division an Land . . . Sinnloses Blutvergießen vermeiden . . . Widerstandslose Übergabe . . . ehrenvolle Entwaffnung . . .
Sundlo will eine Stunde Bedenkzeit, Rücksprache mit vorgesetzten Dienststellen. Dietl lehnt ab, wiederholt verschärft

Schon einen Tag nach dem relativ ungestörten Einmarsch der Deutschen in Narvik veränderte sich die Lage dramatisch. Am 10. und am 13. April erschienen englische Kriegsschiffe und schossen Zerstörer und Frachter im Hafen zusammen (oben). Kurz darauf begann die Landung englischer, französischer und exilpolnischer Truppen, denen sich norwegische Einheiten (linke Seite: Verteidigungsposten an einem Fjord) anschlossen.

die Aufforderung zur Übergabe. Poker um Menschenleben. Schweigen. Wer hat jetzt die besseren Nerven? Nach zehn Minuten paßt der Norweger: »Ich übergebe die Stadt.«
Der zweite geschenkte Sieg.
Der deutsche General läßt zwei seiner Soldaten bei Oberst Sundlo zurück und fährt wieder zum Hafen. Wie ein Lauffeuer verbreitet sich die Nachricht von der kampflosen Übergabe der Stadt. Die deutschen Frachterbesatzungen im Hafen von Narvik jubeln den Kriegsschiffen zu. Sie haben den einlaufenden Flottenverband im Morgengrauen für die erwartete englische Invasion gehalten und ihre Schiffe zur Sprengung vorbereitet. Ein allzu eilfertiger deutscher Käptn hat sein Schiff sogar schon auf Grund gesetzt.
Die deutschen Zerstörer gehen, einer nach dem andern, längsseits an einen deutschen Tanker und nehmen Öl, um sich für die Rückreise zu rüsten. Die deutschen Gebirgsjäger inspizieren indessen den Erzkai des Hafens: Rund 40 000 Tonnen Erz kamen hier täglich mit der Erzbahn aus den nordschwedischen Erzgruben an und wurden auf Schiffe verladen. Das meiste Erz ging nach England. Nun sollte es künftig nach Deutschland gehen. Die Schweden würden schon weiter liefern.
Der erste Abend in Narvik. Kommodore Bonte bietet seinem Gast-General an, die Nacht noch einmal auf seinem Zerstörer zu verbringen. Dietl bedankt sich.
Aber er will an Land bleiben, möglichst nahe bei seinen Soldaten. Dieser alte Weltkrieg-I-Offizier, der bei der Besetzung Österreichs dabei war und beim Polenfeldzug, hat eine feine Witterung: Dies ist die erste Nacht im fremden Land. Und die Besetzung Norwegens ist nicht überall so glatt vonstatten gegangen wie in Narvik. Der König hat zum Kampf gegen die Deutschen aufgerufen. Nein, nein, es bleibt dabei. Dietl läßt drei Etagen des ansonsten von internationalen Geschäftsleuten gut besuchten Hotels »Royal« beschlagnahmen und zieht ein. Hotelportier, Dienerschaft und Zimmerkellner stehen zur Verfügung der deutschen Militärs. Ein Bild des Friedens . . . Das Bild trügt. Am Morgen des 10. April um genau 5.30 Uhr fliegt der Zerstörer des Kommodore Bonte in die Luft, Minuten später ein zweiter deutscher Zerstörer und noch ein dritter. Fünf deutsche Handelsdampfer explodieren, neun weitere stranden, teilweise brennend. Binnen einer Stunde ist der Hafen ein einziger Schiffsfriedhof.
Was ist geschehen? In der Nacht sind bei dichtem Schneetreiben fünf englische Zerstörer den Deutschen gefolgt und unbemerkt in ideale Schußpositionen gegangen. Captain Warbuton-Lee war, ohne auf weitere Weisungen der Admiralität zu warten, tollkühn hinterhergefahren, um die Deutschen zur Strecke zu bringen. Hatte es sich gelohnt?
Drei deutsche Zerstörer versenkt. Kommodore Bonte gefallen. Auf der Rückfahrt werden drei englische Zerstörer versenkt. Captain Warbuton-Lee fällt. Hinter einem Rauchvorhang dampfen die beiden übrigbleibenden Angreifer ab, ohne von den Deutschen weiter verfolgt zu werden. Retten, reparieren, tanken – das ist wichtiger als eine zweifelhafte Verfolgungsjagd.

General Dietl sieht, 300 Meter vom Hafen entfernt, von seinem Hotelfenster aus dem Inferno im Hafen zu. Er weiß: Jetzt hat der Kampf begonnen. Und wir sitzen in einer verdammten Falle.

Was dann am 13. April stattfindet, ist noch schrecklicher: Bei hellichtem Tag, um genau 12.30 Uhr, tauchen bei bester Sicht, von den deutschen Vorposten gemeldet, jedoch völlig unbehelligt, fünf schwere englische Zerstörer der Tribal-Klasse, vier kleinere Zerstörer vom Forester-Typ und das 32 000-Tonnen-Schlachtschiff Warspite mit Vizeadmiral Whitworth vor dem Hafen auf. Zehn Minuten später eröffnen die deutschen Zerstörer, verstreut in verschiedenen Seitenfjorden liegend, das Feuer auf die englischen Schiffe. Die Engländer schießen zunächst ungenau und erzielen kaum Treffer.

Aber den deutschen Booten geht nach zwei Stunden die Munition aus. Sie ziehen sich zurück, versuchen Sperrpositionen zu erreichen und versenken sich einer nach dem anderen selbst, durch Sprengungen, durch Öffnen der Ventile, durch Auffahren auf die Felsen.

Die Besatzungen erreichen fast alle das Ufer. Den mutigsten Kampf führt der Zerstörer Erich Giese, der den Rückzug der anderen deckt, breitseits zum Feind aus allen Rohren schießt und von fünf englischen Schiffen förmlich durchsiebt wird. Dennoch gelingt es den meisten Seeleuten, das brennend absackende Schiff mit Floßen zu verlassen und das rettende Ufer zu erreichen.

Um 15 Uhr hat die Kampfgruppe Dietl kein deutsches Schiff mehr zu ihrer Unterstützung. Von dieser Stunde an fahren englische Schiffe ungehindert im Ofoten-Fjord und im Hafen von Narvik spazieren. Oft kommen sie bis auf wenige hundert Meter an den Hafenkai. Und General Dietl, immer noch in seinem Hotel »Royal«, kann nichts ändern: »Aane annzge Batterie, wann i hätt, i täts denen scho zeign!«

Aber er hat keine. Was er tun kann, beschränkt sich aufs Land. Und hier erwartet man die Landung der Alliierten.

Mit seinen 1800 Gebirgsjägern und den rund 3000 Matrosen der deutschen Zerstörer baut Dietl eine kunstvolle, aber dünne Front auf: Stadt – Hafen – Erzkai – Bahnhof – Erzbahn bis hin zur schwedischen Grenze (30 km!) – umliegende Fischerdörfer – Fjordeingänge.

Was ist das überhaupt für eine »Front«? Über 50 km sind zu kontrollieren. Berge, Felsen und Schnee bieten keinen Schutz. Da kann man keine gestaffelte Front aufbauen. Man kann nur Nester einrichten,

Als leuchtendes Beispiel wurde der deutschen Jugend der Kampf von Heer, Marine und Luftwaffe um und in Narvik präsentiert (links: Abbildung aus der HJ-Zeitschrift »Junge Welt«). Der Abenteuereffekt dieser Großtaten im nördlichen Eis, 3000 Kilometer entfernt von der Heimat (oben: Nachschubkonvoi im Eismeer) sollte der inneren Wehrertüchtigung nutzbar gemacht werden. Auch Fotos wie das ganz links appellierten an romantische Affekte und weckten den Wunsch dabei zu sein, dem glanzlosen Alltag zu entfliehen. Der nordische Feldzug eignete sich besonders zur Stilisierung, da er hart, aber fair geführt wurde und nicht von Haß und Greueltaten belastet war, wie der vorangegangene in Polen.

hier eins und dort eins. Mal sieben Mann mit einem MG und mal zwanzig Soldaten mit einem Granatwerfer.
Dies ist die bisher ärmste Truppe: Keine schweren Waffen, wenig Munition, unzureichende Nachrichtenmittel, keine Fahrzeuge, keine Winterbekleidung für die Matrosen.
Experten gelingt es, unter den Augen der englischen Schiffe (Entfernung 1000 Meter!) insgesamt 14 Kanonen und Flak von gesunkenen Zerstörern und bewaffneten englischen Handelsdampfern abzubauen und an Land zu bringen. 48 Lastwagen und sechs Pkw werden in der Stadt beschlagnahmt. Der 200-Watt-Sender des Zerstörers Diether von Roeder, der als einziger stark genug ist, um Verbindung mit Deutschland zu halten, wird ausgebaut und mit Funkpersonal dem Stab Dietl unterstellt.
Ab 17. April beginnt dann die Invasion: Die Engländer landen größere Kontingente nördlich von Narvik. Die Franzosen setzen sich östlich daneben. Hinter ihnen haben sich in den Bergen, entlang der Erzbahn und bis zur schwedischen Grenze die Norweger gesammelt. Und im Süden der Stadt Narvik landen durch den schmalen Skjomen-Fjord starke Kontingente polnischer Exiltruppen.
So ist die Gruppe Dietl von drei Seiten umschlossen. Und auf der vierten Seite das Meer, beherrscht von englischen Seestreitkräften!
Insgesamt treten 20 000 alliierte Soldaten von allen Seiten, bestens ausgerüstet mit allen erforderlichen Waffen, Munition, Winterbekleidung, Fahrzeugen im Überfluß, den Kampf gegen den wild zusammengewürfelten Haufen der Gruppe Dietl an.
Während noch der übermächtige Gegner vorsichtig die deutschen Stützpunkte abtastet, noch bevor er einen einzigen schweren Angriff entwickelt, noch bevor er die wahre Situation über die deutsche Bewaffnung erkennt, ist in Berlin, beim Oberkommando der Wehrmacht in der Bendlerstraße und in der Reichskanzlei, der Teufel los:
18. April vormittags. Eben liegen Hitler die Nachrichten über den Umfang der alliierten Landungen im Raum Narvik vor. Eilig entwirft der Führer einen Befehl an Dietl, Narvik aufzugeben und sich in Schweden mit seiner Truppe internieren zu lassen. Der Oberstleutnant von Loßberg soll den Befehl als verschlüsselten Funkspruch sofort durchgeben.
Loßberg jedoch tut etwas ganz anderes: Er läßt sich bei Jodl melden. Der Oberstleutnant betritt das große Kartenzimmer. Jodl ist mit Keitel im Gespräch. Loßberg: »Ich melde pflichtgemäß, daß ich diesen Funkspruch weder aufgegeben habe noch aufgeben werde! Die Lage bietet keinen Grund, so etwas zu befehlen.«
Was war das? Verweigerung eines Führerbefehls? Meuterei? Keitel steht sofort wortlos auf und verläßt den Raum. Jodl ist aus anderem Holz: Er gibt zu, daß auch er den Befehl für falsch halte, aber mit Hitler sei mal wieder nicht zu reden . . .
»Ich wiederhole«, antwortet Loßberg, »daß ich diesen Befehl nicht befördern werde.« Jodl ist schließlich bereit, den Aufschub des Befehls zu decken.
Loßberg rast zurück zum OKW und will den Oberbefehlshaber des Heeres, von Brauchitsch, zum Eingreifen bewegen. Der sträubt sich: »In diese Schwatzbude fahre ich freiwillig nicht.« Loßberg hat einen eigenen Funkspruch an Dietl vorbereitet: »Gratuliere zur Beförderung. Ich vertraue fest darauf, daß Sie Ihren . . . wichtigen Posten bis zum letzten Mann verteidigen werden. Brauchitsch.«
Während dieser Funkspruch verschlüsselt gesendet wird (und in Narvik nie empfangen wird), ist Jodl nunmehr bereit, die Intrige mitzuspielen. Unter Hinweis auf die Peinlichkeit eines solchen Gegensatzes zu Brauchitsch legt Jodl dem Führer einen anderen, modifizierten Dietl-Befehl vor und regt an, diesen Befehl der schlechten Funkverbindung wegen per Flugboot mit Sonderkurier nach Narvik zu bringen.
Dieser Befehl lautet:
»An Generalleutnant Dietl.
1. Alle Nachrichten deuten darauf hin, daß feindliche starke Aktion gegen Narvik vorbereitet wird. Auf die Dauer werden Sie in Anbetracht Ihrer Bewaffnung und Ausrüstung . . . nicht standhalten können.
2. Die Überführung und Versorgung weiterer eigner Kräfte mit Artillerie ist nicht möglich.
3. Ihre wichtigste Aufgabe bleibt trotzdem, sich so lange als möglich zu behaupten. Dadurch müssen Sie Zeit gewinnen . . . um die Benutzung der Erzbahn . . . durch die gründlichste Zerstörung der Bahn und ihrer Kunstbauten auf lange Zeit hinaus für den Gegner unmöglich zu machen.«
Punkt vier erläutert die Aufgabe, möglichst viele Gegner möglichst lange zu binden. (Um sie von Frankreich abzulenken.) Der letzte Punkt des Hitlerbefehls schlägt vor (!), sich über Land nach Süden durchzuschlagen, Marschunfähige nach Schweden abzuschieben oder aber den Versuch zu unternehmen, die Truppe mit Seeflugzeugen zu evakuieren. Der Befehl schließt: »Wenn beide Möglichkeiten aus-

scheiden, handeln Sie so, daß die Ehre der deutschen Wehrmacht fleckenlos bleibt. Adolf Hitler.«

Das Flugboot, noch nachts in der Havel bei Berlin gestartet, erreicht am anderen Vormittag Narvik bei dichtem Schneetreiben. Sicht: 300 Meter. Breite des Beis-Fjordes: 300 Meter. Aufragende Felsen: bis zu 500 Meter. Die Maschine überfliegt mehrere britische Schiffe in Höhe der Mastspitzen. Noch bevor die Flak feuerbereit ist, landet das Flugzeug hinter einem Felsenvorsprung. Es wird nie entdeckt und startet später sogar wieder zum Rückflug nach Deutschland. Hauptmann von Sternburg überbringt »unter vier Augen« den Befehl an Dietl.

Und nun beginnt ein Monat unglaublich zähen Kleinkriegs. Jede Gruppe für sich verteidigt sich gegen einen schon zahlenmäßig oft zehnfach überlegenen Gegner. Aus den Fjorden schießt die Schiffsartillerie in jedes noch so kleine deutsche Felsennest.

Die Alliierten gehen unglaublich langsam voran. Dies hat zwei Gründe:

Engländer und Polen sind in dem alpinen Gelände ungeübt. Nur die Franzosen bringen eine Anzahl trainierter Alpenjäger ins Gefecht. Die mit dem Land vertrauten Norweger sind wiederum schlecht bewaffnet.

Die Alliierten haben die Schwäche der Deutschen inzwischen erkannt, sind sich ihres Sieges sicher und wollen sich durch behutsames Vorgehen unnütze Opfer sparen.

Dennoch gerät nach und nach jede einzelne Gruppe der mutigen deutschen Narvik-Kämpfer in Bedrängnis:

Ende April zieht Dietl seinen Stab aus dem Hotel »Royal« zurück und geht mit seinen engsten Mitarbeitern in ein Blockhaus in die Berge.

Anfang Mai ist die gesamte Bogenbucht im Raum von Narvik voll mit alliierten Kriegs- und Landungsschiffen. Die Landung glückt auf Anhieb und bringt zuerst die im Norden operierende Gruppe Windisch in Bedrängnis. Die Einheiten müssen nach drei Seiten kämpfen, und es gelingt in letzter Minute, der Umschließung in einem Ausbruch nach Osten zu entgehen und somit den Abstand zur Gruppe Narvik zu verringern.

Am 13. Mai früh um 7 Uhr fällt ein ganzer Zug der 2. Kompanie unter Leutnant Bauer bei einem Einsatz, der den Rückzug deckt. Der Rest der Kompanie gerät in Gefangenschaft.

Am Hartwik-See halten 20 Mann 24 Stunden lang etwa 500 Engländer auf, die mit Artillerie und Panzern anrücken. Eigene Bewaffnung: zwei Maschinengewehre!

Von den Bergen ziehen sich deutsche Gruppen zurück: Sie springen Felsenschluchten hinab, schlagen auf Schneebänder auf und landen nach 60 Meter Sturz im nassen, unter der Frühlingssonne abtauenden Schnee. So wanken sie nach Osten, um sich dort erneut zu formieren und zu kämpfen.

Dietl weiß in diesen Stunden nicht, ob seine ganze Gruppe Windisch aufgerieben ist. Über den Fjord hinweg sind Funkstörungen.

Ab 15. Mai erneute schwere Feindangriffe. Der Hartwik-See geht verloren. Das letzte Hochplateau nördlich Narvik fällt. Die Norweger stürmen das angrenzende Kobberfjell. Tage voll Sturm, Nebel und Kälte wechseln ab mit Frühlingssonne und verwässerndem Schnee. Erschöpfte Männer fallen, taumeln in aufgeweichte Schneelöcher, ersticken im Morast.

Am 17. und 18. bringen Stukas noch einmal für Stunden Entlastung, indem sie die Schiffe und zahlreiche Stellungen des Gegners angreifen. Gleichzeitig landen noch einige Fallschirmjäger – was heißt hier einige –, ganze 75 Mann! 15 landen mit einem Flugboot.

Um 6.50 Uhr frühmorgens am 28. Mai befiehlt Major Haussels nach Rücksprache mit Dietl den Rückzug aus Narvik. Die Lage: In der Stadt stehen noch 150 Gebirgsjäger und 250 Marinesoldaten. Die Stadt ist fast eingeschlossen, nur nach Süden zum Beis-Fjord hin, ist noch ein kleines Loch offen. Stadt und Hafen sind durch schwere Brände verqualmt. Nördlich Narvik sind nur noch Teile der Erzbahnlinie in deutscher Hand, aber der Ausbruch dorthin ist verwehrt. Schwere

Schon der Weg zum norwegischen Kriegsschauplatz wurde für viele Landser zur letzten Fahrt: Sie ertranken in der eisigen See. Die Bildserie auf dieser Seite ist ein Dokument dieses Sterbens: Als Leergeleit getarnt, von Zerstörern gesichert, gehen Truppentransporte in See (ganz oben). Zwischen Skagerrak und Göteborg werden zwei Transporter von britischen U-Booten torpediert (zweite Reihe) und sinken rasch. Nur wenigen Soldaten gelingt die Rettung, weil sie aus Tarnungsgründen unter Deck gehalten worden sind (dritte Reihe). Ein verschonter Transporter nimmt die Leichen geborgener Soldaten an Bord (rechts). Nach dem Sieg im hohen Norden (linke Seite: General Dietl als frischgebackener Ritterkreuzträger vor seinen Gebirgsjägern) war das Opfer der auf See gebliebenen Kameraden schon weitgehend vergessen.

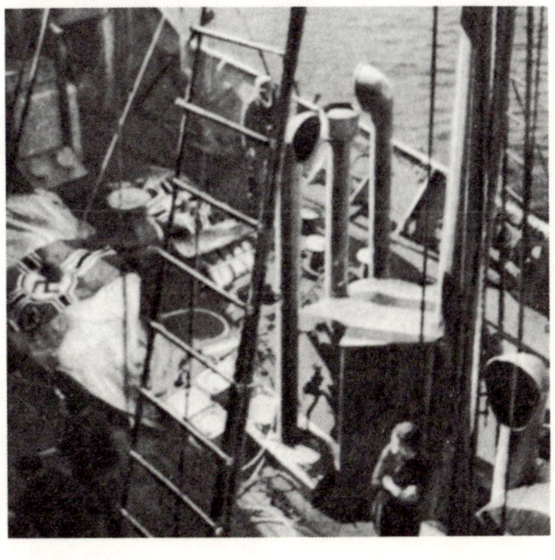

Waffen und Geräte müssen zerstört werden. Der Erzkai im Hafen ist schon längst ein einziger Trümmerhaufen.

Kampflos ziehen die deutschen Soldaten aus Narvik ab. Kampflos stoßen wenig später die landenden Alliierten durch den Rauchvorhang. Kein Mensch glaubt in dieser Stunde, daß es nur noch zehn Tage dauern wird, bis dieselben deutschen Soldaten, todmüde und zerschunden, aber glücklich, als Sieger in Narvik wieder einziehen werden.

Denn zunächst ist die Lage hoffnungslos. Dietl handelt getreu seinem Befehl: Bindung des Feindes, solange es geht. Aber der mit seinen Männern allzeit eng verbundene Gebirgs-General schont trotzdem seine geschundene Truppe, wo er kann. Er verkürzt die Fronten, läßt den Gegner ins Leere stoßen, baut neue Stoßtrupps zusammen, die im Rücken wieder angreifen und Verwirrung stiften. Die Polen stürmen die Erzbahn. Die letzten Kampfgruppen verteidigen die Tunnelabschnitte der Bahnlinie. Dietl schreibt in seinem persönlichen Tagebuch über diese Zeit:

»1. 6. Die Truppe ist durch Kälte und Nässe stark überbeansprucht. Bei der dünnen Besetzung, der geringen Bewaffnung und den ohne Ablösung dauernd eingesetzten und daher in ihrer Widerstandskraft geschwächten Stellungsbesatzungen ist von einer Verteidigung im üblichen Sinne keine Rede mehr.

3. 6. Die Leute leben in einer Steinwüste bei schlechtester Ausrüstung und ungenügender Bekleidung.

4. 6. Die Truppe muß abgelöst werden, aber ich habe nichts . . .«

Er hat nichts – außer den telegrafischen Versprechen auf 1800 Fallschirmjäger und weitere 1000 Mann Gebirgsjäger. Versprechen, an die er nicht glaubt.

Das Wunder, auf das alle hoffen, vollzieht sich ganz anders:

Am 8. Juni lassen die Angriffe des Gegners plötzlich nach, kommen Stunden später gänzlich zum Erliegen. Am Nachmittag ziehen sich die Alliierten vereinzelt sogar zurück. Die deutschen Soldaten sind viel zu schwach, um nachzustoßen. Luftaufklärer melden Einschiffungen und nach Westen abdampfende Transporter. Um 21.30 Uhr ist das Bataillon Walter wieder in Narvik – ohne auf den Gegner zu treffen! Auch die Alliierten haben also Narvik kampflos geräumt.

In der ersten Stunde des 9. Juni streckt der norwegische Oberbefehlshaber Ruge die Waffen, auf Weisung seines Königs, der mit der Regierung Tromsö bereits verlassen hat.

Der Kampf um Narvik ist zu Ende.

DIE BESETZUNG DÄNEMARKS UND NORWEGENS

9.4. bis 19.4.1940

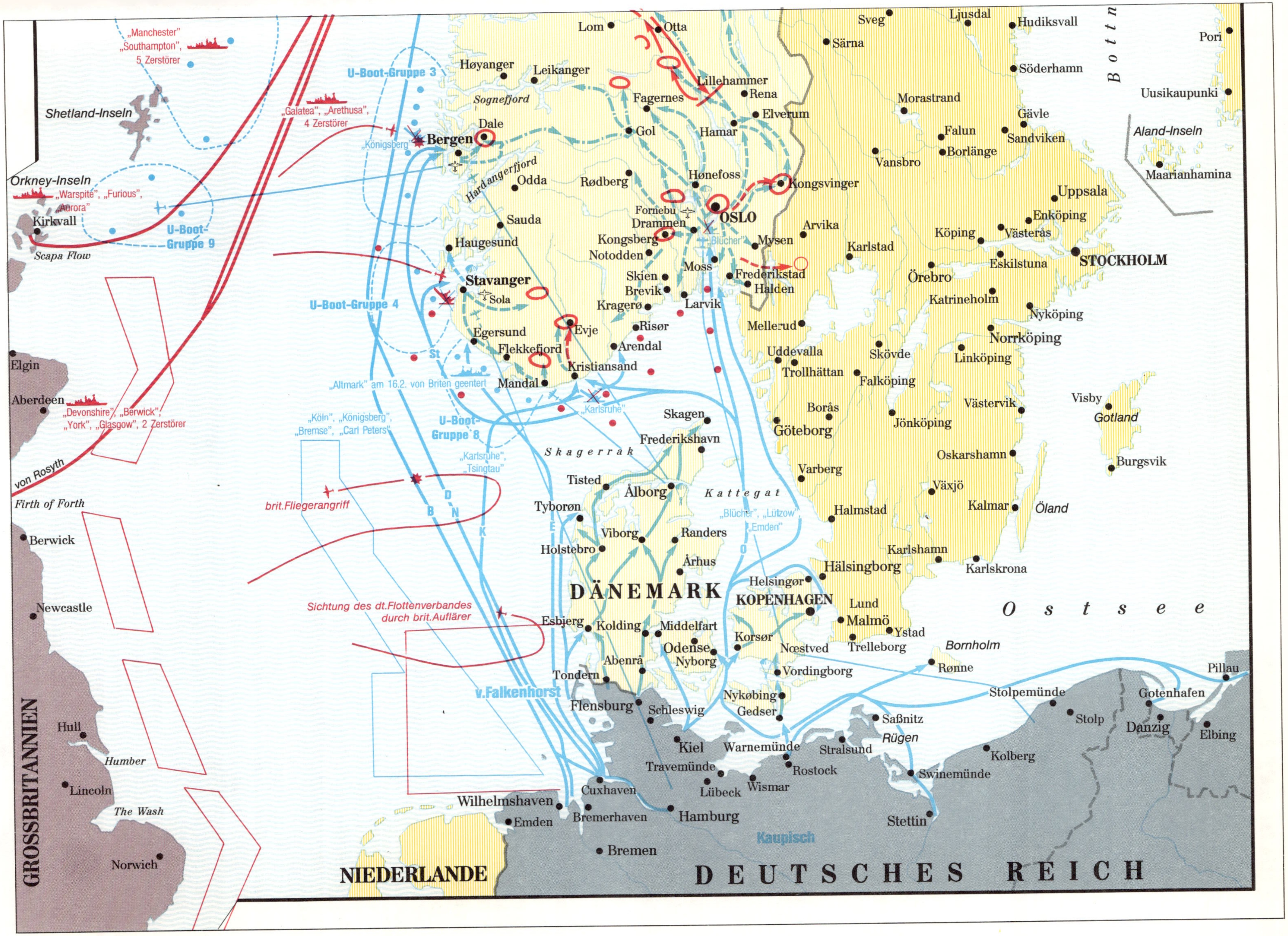
„Manchester"
„Southampton",
5 Zerstörer
Shetland-Inseln
Orkney-Inseln
„Warspite", „Furious",
„Aurora"
Kirkvall
Scapa Flow
U-Boot-Gruppe 9
„Galatea", „Arethusa",
4 Zerstörer
U-Boot-Gruppe 3
„Königsberg"
Bergen
Dale
Høyanger
Leikanger
Sognefjord
Hardangerfjord
Odda
Sauda
Haugesund
Stavanger
Sola
U-Boot-Gruppe 4
Egersund
Flekkefjord
Mandal
Kristiansand
Evje
Arendal
Risør
Kragerø
Brevik
Skien
Notodden
Kongsberg
Drammen
Fornebu
OSLO
„Blücher"
Moss
Larvik
Mysen
Frederikstad
Halden
Hønefoss
Rødberg
Gol
Fagernes
Lom
Otta
Lillehammer
Hamar
Rena
Elverum
Kongsvinger
Arvika
Karlstad
Sveg
Särna
Ljusdal
Hudiksvall
Söderhamn
Bottn
Pori
Uusikaupunki
Aland-Inseln
Maarianhamina
Morastrand
Falun
Borlänge
Gävle
Sandviken
Vansbro
Uppsala
Enköping
Köping
Västerås
Eskilstuna
STOCKHOLM
Örebro
Katrineholm
Nyköping
Norrköping
Linköping
Västervik
Visby
Gotland
Burgsvik
Mellerud
Uddevalla
Trollhättan
Skövde
Falköping
Jönköping
Borås
Göteborg
Varberg
Oskarshamn
Växjö
Kalmar
Öland
Halmstad
Karlshamn
Karlskrona
Hälsingborg
Helsingør
KOPENHAGEN
Lund
Malmö
Ystad
Trelleborg
Bornholm
Rønne
Ostsee
Elgin
Aberdeen
„Devonshire", „Berwick",
„York", „Glasgow", 2 Zerstörer
von Rosyth
Firth of Forth
Berwick
Newcastle
GROSSBRITANNIEN
Hull
Humber
Lincoln
The Wash
Norwich
St
„Altmark" am 16.2. von Briten geentert
„Köln", „Königsberg",
„Bremse", „Carl Peters"
U-Boot-Gruppe 8
„Karlsruhe"
„Karlsruhe",
„Tsingtau"
brit. Fliegerangriff
D
B
N
K
E
O
Skagerrak
Skagen
Frederikshavn
Tisted
Ålborg
Kattegat
„Blücher", „Lützow",
„Emden"
Tyborøn
Viborg
Randers
Holstebro
Århus
DÄNEMARK
Sichtung des dt. Flottenverbandes
durch brit. Aufklärer
Esbjerg
Kolding
Middelfart
Odense
Nyborg
Korsør
Næstved
Vordingborg
Abenrå
Tondern
v. Falkenhorst
Flensburg
Schleswig
Nykøbing
Gedser
Kiel
Warnemünde
Stralsund
Saßnitz
Rügen
Travemünde
Rostock
Lübeck
Wismar
Cuxhaven
Wilhelmshaven
Emden
Bremerhaven
Hamburg
Bremen
Kaupisch
Swinemünde
Stettin
Kolberg
Stolpemünde
Stolp
Gotenhafen
Danzig
Elbing
Pillau
NIEDERLANDE
DEUTSCHES REICH

Die Flucht der Könige

Nicht nur unter den Völkern Europas richteten Hitlers Blitzkriege Verwirrung an, auch deren Monarchen wurden betroffen. Flucht, Exil, Widerstand hießen die Parolen der Herrscherhäuser.

»Auf Befehl ihres Königs«, rief der französische Ministerpräsident Paul Reynaud mit tragischer Stimme in die Mikrofone, »hat die belgische Armee bedingungslos kapituliert! Mitten in der Schlacht, und ohne seinen englischen und französischen Waffenkameraden eine Warnung zukommen zu lassen, hat der belgische König den deutschen Divisionen den Weg nach Dünkirchen geöffnet!«

So zynisch und verlogen das war – Monsieur Reynauds Radioansprache vom 28. Mai 1940 hat das Signal zu einer Kampagne gegeben, die zehn Jahre später den belgischen König Lepold III. zum Thronverzicht zwang.

Die von Hitlers ungestümem Vormarsch überraschten Franzosen und Engländer griffen die belgische Kapitulation nur allzu bereitwillig als Erklärung für das ihnen so Unerklärliche auf. Reynaud und anschließend auch Churchill vor dem Parlament machten den 39jährigen König für den schmachvollen Rückzug ihrer Truppen verantwortlich – und diese erste Verleumdung blieb auch dann noch haften, als Weygand, der französische Oberbefehlshaber, und Churchill in ihren Kriegsmemoiren die historische Situation in Belgien richtigstellten.

Reynauds Worte klingen heute doppelt infam, denn heute weiß man, daß er den Belgiern in ihrer aussichtslosen Lage nur noch eine französische Division gelassen hatte, daß die Engländer – ohne Wissen Leopolds – längst ihren Rückzug in Dünkirchen vorbereiteten und daß der zuständige französische Befehlshaber sehr wohl über die bevorstehende Kapitulation unterrichtet worden war – der betreffende Funkspruch erreichte ihn nur nicht, weil General Blanchard sein Hauptquartier wieder einmal zurückverlegte. Eine Woge von Haß ergoß sich damals über den jungen Mann auf Belgiens Thron, der es überdies nicht fertigbrachte, seiner Regierung nach England zu folgen, »um den Kampf von dort weiterzuführen«, sondern an der Vorstellung festhielt, als Oberbefehlshaber der belgischen Armee das Schicksal seiner Soldaten teilen zu müssen.

Die Frage, ob ein König, als Symbol staatlicher Souveränität, nicht in die Hände des Feindes fallen dürfte, konnte gerechterweise nur individuell beantwortet werden; im allgemeinen war sie so wenig zu bejahen wie die Frage, ob ein Monarch seine Untertanen im Stich lassen sollte.

Zum gleichen Zeitpunkt – Ende Mai 1940 – hatte der 68 Jahre alte König Haakon VII. von Norwegen ein Beispiel für das Verhalten von gekrönten Häuptern geschaffen, deren Völker von den Deutschen überfallen wurden. Am 9. April 1940 hatte er seiner Regierung nahegelegt, das deutsche Ultimatum *nicht* anzunehmen, und befand sich seitdem auf einer grotesken Flucht durch abgelegene Täler und Fjorde seiner Heimat, verfolgt von deutschen Bombern und Fallschirmjägern – jedoch: den Geist des Widerstandes entfachend, was von der westlichen Welt als »heroisch« und »beispielhaft« empfunden wurde.

Als Norweger und Engländer, Polen und Franzosen am 28. Mai 1940 in einer ersten gemeinsamen Anstrengung die schwache deutsche Besatzung aus dem nördlichen Erzhafen Narvik warfen, durfte König Haakon sogar hoffen, wenigstens diesen Teil seines Landes halten zu können.

»Doch ausgerechnet an diesem stolzen Tag«, berichtet ein Begleiter des Königs, »erreichte uns die Nachricht von der belgischen Kapitulation!«

Mit dem königlichen Widerstand war es vorbei, das alliierte Narvik-Expeditionskorps wurde in Frankreich gebraucht, Haakon VII. mußte auf einem englischen Kreuzer sein Land verlassen.

Auf dem Bahnhof Euston in London erwarteten ihn King George VI. und Winston Churchill. Der lange, hagere Norwegerkönig und sein Sohn, Kronprinz Olav, wurden umjubelt wie mittelalterliche Heldenfiguren, und sagenhaft war, in der Tat, was sie auf ihrer 60 Tage langen Flucht durchgestanden hatten.

Der ehemalige Dänenprinz saß seit 35 Jahren auf dem beschaulichen norwegischen Thron und erfreute sich einer stillen, aber tiefgehenden Beliebtheit bei seinem Volk.

Um Mitternacht des 8. April 1940 arbeitete er noch im Schloß in Oslo, ein Witwer seit 1938, der Schwierigkeiten mit dem Schlaf hatte, als sein Adjutant ihn mit der Nachricht erschreckte, daß deutsche Kriegsschiffe in die Bucht der Hauptstadt einliefen.

Gleich darauf dröhnten Kanonenschüsse, und das Licht ging aus.

In späteren Publikationen ist viel von dem Erstaunen die Rede, das das Auftauchen der Deutschen verursachte; tatsächlich waren die Norweger eher darauf gefaßt, Besuch aus England zu erhalten.

Die wichtigsten Staatsakten waren aus Vorsicht gerade ausgelagert worden, nun raffte der König seine persönlichen Papiere zusammen und ließ seinen Sohn und dessen Familie alarmieren, die außerhalb von Oslo lebten. Um 4 Uhr 30 verlas der deutsche Gesandte Dr. Bräuer ein 19 Seiten langes Ultimatum, aber der norwegische Außenminister weigerte sich schlicht, es auch nur entgegenzunehmen. Bräuer hatte Auftrag aus Berlin, sich der Person des Königs zu versichern, das merkten die Norweger bald.

Im Morgengrauen des 9. April entwickelten sich schwere Schießereien im Hafen. Um 6 Uhr 45 traf Kronprinz Olav mit Familie ein, zehn Minuten später war der königliche Hofstaat unterwegs zum Osloer Ostbahnhof. Dort bestiegen, mit der Königsfamilie, die meisten Minister und die wichtigsten Abgeordneten des Storting (Parlament) einen Sonderzug nach Halmar, der um 7 Uhr 23 losfuhr.

Im Abteil des Königs stand ein unscheinbarer Koffer, der bündelweise Banknoten verschiedener harter Währungen enthielt – er verschwand schon, als der Sonderzug auf dem Weg in die 150 Kilometer entfernte Fluchtstadt von einem Fliegeralarm gestoppt wurde.

In Halmar debattierte der Storting, ob es denn einen Sinn hätte, gegen das mächtige Deutschland Krieg zu führen. Die Meldung, daß die Deutschen Oslo schon besetzt hätten, verbreitete so viel Mutlosigkeit, daß der König sich zum ersten Mal in eine Parlamentsdebatte einmischte und für Widerstand plädierte.

Abends fuhren König, Parlament und Regierung weiter nach Elverum, 30 Kilometer in Richtung der schwedischen Grenze. König Haakon und Olav verabschiedeten sich dort von der Kronprinzessin, die mit ihren Kindern »vorläufig« nach Schweden gehen sollte. Fünf Jahre später erst sahen sie sich wieder.

In der kleinen Stadt Elverum erreichte den König eine Nachricht des deutschen Gesandten Dr. Bräuer, der »dringend« um eine Unterredung bat. Die um die Sicherheit des Königs besorgten Mitglieder der Regierung waren peinlich berührt, daß die Deutschen auch diesen Aufenthaltsort schon kannten. Gerüchte liefen um, ein Fallschirmjägerangriff sei jeden Augenblick zu erwarten. So fuhren König und Kronprinz in der Dunkelheit noch weiter nach Nybergsund, noch einmal 50 Kilometer und dicht an der schwedischen Grenze.

Das war ein winziger Gebirgsort mit einem kleinen Gasthof, in dem es einen einzigen geheizten Raum gab. Die Szenerie war gespenstisch. Der Kronprinz schlief am Tisch ein, der König tröstete Minister und Abgeordnete, die ihm ängstlich gefolgt waren.

Als auch er in ein Bett gehen wollte, hatten sich einige Volksvertreter bereits in die vorhandenen Schlafmöglichkeiten geteilt – ein Adjutant des Königs mußte sie wieder aus den Kissen jagen.

Der König legte sich, vollangekleidet in eine Generalsuniform, nieder. »Ich will nicht«, erklärte er, »daß mich die Deutschen im Pyjama gefangennehmen – und fotografieren.«

So ging der erste Fluchttag – der 9. April 1940 – zu Ende. Es war noch einer der angenehmsten.

Am 10. April nachmittags traf sich der König in der Volksschule von Elverum mit Dr. Bräuer, der eine neue norwegische Regierung unter Quisling anerkannt haben wollte und die Rückkehr des Herrschers nach Oslo verlangte.

Die Antwort fiel so aus, daß die deutsche Luftwaffe am Tag darauf Elverum in Schutt und Asche legte.

Wiederum war der König nach Nybergsund ausgewichen, aber auch dieser versteckte Ort wurde am Abend von den Deutschen gefunden und bombardiert. König und Kronprinz flüchteten in den Wald und lagen anderthalb Stunden frierend und mit nassen Hosen im Schnee. So ging das pausenlos weiter.

Auf dem Weg nach Lillehammer, wo noch norwegische Truppen kämpfen sollten, geriet die Wagenkolonne wiederum in einen Luftangriff, machte kehrt und landete im Zollhaus von Drevsjø an der schwedischen Grenze. Verrückterweise traf dort ein Telegramm aus London, von der polnischen Exilregierung, ein: »Good luck and good fortune in your fight against the aggressors!«

Etwas zu essen wäre dem König lieber gewesen. Nur Minuten vor dem nächsten Luftangriff rettete sich die königliche Party auf schwedisches Gebiet – der zuständige schwedische Grenzkommandant guckte einfach weg – und kehrte 20 Minuten später zurück, um erneut den Weg nach Lillehammer zu wagen. Sie kamen nie dort an, verirrten sich in verschneiten Berggegenden, wurden ständig von Gerüchten umgeleitet, verloren unterwegs die Hälfte der Minister, litten Hunger, nächtigten buchstäblich auf kalten Fußböden, erreichten schließlich auf dem Einöd-Bahnhof Hjerkin einen Zug aus Trondheim und versteckten sich, aus Furcht vor deutschen Agenten, im leeren Postwagen. Sie landeten in Otta, wiederum an der schwedischen Grenze, und während der König ein Hotelzimmer bekam und, zum ersten Mal nach einer Woche, wieder ohne Uniform schlief, sprangen auf der Straße vor dem Ort deutsche Fallschirmjäger ab.

Die Belagerung dauerte sechs Tage, dann gelang es dem König und seinem Sohn, über Romsdal nach Andalsnes durchzubrechen. Unterwegs sprang ihnen ein Infanterieoffizier vor den Wagen und schwenkte einen Koffer – es waren die im Sonderzug verschwundenen königlichen Privat-Millionen. Ein Mirakel, das sich nie aufgeklärt hat. Der ganze April und der Mai vergingen mit unerklärlich genauen Luftangriffen auf die klein gewordene Reisegesellschaft. Flugblätter bedeckten das Land und versprachen hohe Belohnungen für die Ergreifung des Königs: Tot oder lebendig!

In Molde nahm der englische Kreuzer Glasgow die Gesellschaft auf und brachte sie nach Tromsö, wo sie 36 Tage in zwei Chalets oder im nahegelegenen Unterstand verbrachte, je nach Luftlage.

Und von hier holte der Kreuzer Devonshire den König und seinen Sohn endgültig ab. Das Schiff war so lange schon im Einsatz, daß ihm der Proviant ausgegangen war. Als der König händereibend um ein »original englisches Breakfast« bat, bekam er einen trockenen Biskuit angeboten. Er konnte es nicht fassen.

Was hatte er erreicht?

De facto nicht mehr als König Leopold III. von Belgien.

Doch er hatte ein, in der damaligen Situation der Alliierten, nicht hoch genug einzuschätzendes Beispiel von Unbeugsamkeit geboten, das Leopolds Vernunfthandlung zu einem Akt der Schande herabsetzte.

Vollends ins Abseits aber stellte den belgischen König seine benachbarte Kollegin Wilhelmina, die 60 Jahre alte Königin der Niederlande.

Sie war in der Nacht des deutschen Einmarsches in ihrem Schloß Huis ten Bosch, am Rande von Den Haag. Kurz vor Mitternacht wurde sie von ihrem militärischen Adjutanten, Oberst Phaff, geweckt und mit ihrer Tochter Juliane (der späteren Königin), ihrem Schwiegersohn Prinz Bernhard und ihren Enkelinnen in die Luftschutzunterkünfte im Park geschickt. Unter dem Vorwand, die Luft sei so schlecht, daß ihm übel werde, schlich Prinz Bernhard bald wieder ins Schloß zurück und legte sich ins Bett. Er wußte, daß der holländische Generalstab schon oft einen Tip aus Berlin bekommen hatte, jedoch nie etwas geschehen war. So glaubte er auch diesmal nicht, daß seine ehemaligen Landsleute kommen würden. Doch es war der 10. Mai 1940. Um 4 Uhr morgens waren die

Königin Wilhelmina von Holland (linke Seite oben) versuchte nach Kriegsausbruch vergeblich einen Frieden zu vermitteln. Sie ging nach London ins Exil, ebenso wie König Hakoon von Norwegen (oben). Leopold III. von Belgien (linke Seite unten) blieb im Lande und ließ sich internieren.

Würfel gefallen. Die Nachrichten über deutsche Fallschirmjäger und Sonderkommandos in holländischen Uniformen jagten sich und verbreiteten Panik in Huis ten Bosch. Prinz Bernhard erschien in der Uniform seines Leibregiments und brannte darauf, selbst ein Gewehr in die Hand zu nehmen. Er beneidete König Leopold III., der am 1. September 1939 bereits den Oberbefehl über die belgische Armee übernommen hatte. Vor ein paar Wochen erst war er in Den Haag gewesen und hatte versichert, daß er beim ersten Schuß in seinem Hauptquartier zu finden sei.

Auch von König Haakon VII. war zu dieser Zeit lediglich bekannt, daß er heldenhaft irgendwo in Norwegen gegen die deutschen Invasoren „kämpfte".

Selbst der bald 70jährige Christian X. von Dänemark saß noch in Kopenhagen und ärgerte die Deutschen, indem er furchtlos jeden Morgen durch die Stadt ritt.

Nach England zu fliehen, das kam am 10. Mai 1940 noch niemandem in den betroffenen Königshäusern in den Sinn.

Auf der Flucht befand sich an diesem Morgen nur die Großherzogin von Luxemburg. Sie hatte ihr Schloß eine halbe Stunde vor dem Eintreffen der Deutschen verlassen und geriet, auf dem Weg nach Paris, mit ihrer Wagenkolonne in erste Flüchtlingsströme, dabei wurde sie sogar von deutschen Tieffliegern beschossen, wie die durchlöcherte Karosserie ihres Wagens bei der Ankunft an der Seine bewies.

Auf derart erregende Erlebnisse mußte Prinz Bernhard vorerst verzichten. Von militärischer Seite wurde der königlichen Familie im ersten Morgengrauen nahegelegt, in den besser zu verteidigenden Palast Noordeinde in Den Haag umzuziehen, da immer mehr deutsche Fallschirmjäger vom Himmel fielen.

Königin Wilhelmina saß bald darauf in einem neuen Luftschutzkeller und schrieb auf den Knien einen Aufruf »An mein Volk!«.

Da es so aussah, als ob der Palast jeden Moment von deutschen Fallschirmjägern gestürmt werden könnte, erkundete Prinz Bernhard eine Möglichkeit, seine Frau – die Thronfolgerin – und seine Kinder an einen Ort zu bringen, der größere Sicherheit bot.

Am 11. Mai brachte er sie in einer waghalsigen Autofahrt nach Ijmuiden, wo englische Zerstörer lagen. Er hoffte, nach geglückter Überfahrt sofort zurückkehren und, an der Seite seiner Schwiegermutter, den Kampf fortsetzen zu können. Doch es kam alles ganz anders.

Schon bei der Ausfahrt verfehlte eine deutsche Fliegerbombe den Zerstörer nur ganz knapp, und als Bernhard und Juliane in England eintrafen, mußten sie erfahren, daß Holland von Deutschland so gut wie eingenommen worden sei.

Königin Wilhelmina telefonierte aus dem Palast in Den Haag am Abend des 12. Mai mit dem König von England und ließ ihn Kanonen- und Maschinengewehrfeuer hören. George VI. beschwor sie, sofort nach London zu kommen, der Buckingham-Palast stehe ihr zur Verfügung.

Sie habe nicht vor zu kapitulieren, sagte sie, sondern werde sich, an der Spitze ihrer Truppen, kämpfend nach Süden zurückziehen, »so wie es König Albert einst getan hat!«. Das war herzergreifend und fern jeder Realität.

Am Vormittag des 13. Mai verließ Wilhelmina ihr Stadtschloß, begleitet von einer Hofdame, zwei Adjutanten, einem Ordonnanzoffizier, dem Vizepräsidenten des Staatsrates, einem Minister und dem Direktor des Kabinetts. Man reiste in zwei Wagen, denen lediglich Polizisten voranfuhren, und versuchte nach Vlissingen oder Zeeuws-Vlaandern durchzukommen.

Die Fahrt endete aber schon in Hoek van Holland, und es sah

wie Zufall aus, daß auch hier schon ein englischer Zerstörer auslaufbereit lag.

Die Begleiter der Königin schätzten die Lage wohl realistischer ein und hatten offenbar Vorkehrungen getroffen, die eigenwillige alte Dame auf dem kürzesten Weg nach England zu retten – wo sich fast die gesamte holländische Regierung befand. Unter dem Vorwand, nur an der Küste entlangfahren zu wollen, und unterstützt von einem neuen deutschen Bombenangriff, schafften sie die Königin an Bord des englischen Zerstörers und liefen sogleich aus.

Wilhelmina befahl dem englischen Kommandanten, den holländischen Konteradmiral in Vlissingen von ihrer Ankunft in Kenntnis zu setzen. Doch er bedauerte: Es sei ihm strikt verboten, Funkverbindung mit dem Festland aufzunehmen.

»Das war eine sehr enttäuschende Mitteilung«, schreibt Wilhelmina in ihren Memoiren. Die Frage hätte nahegelegen, was der englische Zerstörer überhaupt in Hoek van Holland suchte, wenn er sich mit den holländischen Stäben nicht in Verbindung setzen durfte. »Guter Rat war teuer«, schreibt die Königin, »wir befanden uns jetzt auf hoher See, und zurück konnten wir nicht.«

Hoch im verschneiten Norwegen patrouillieren Dietls Gebirgsjäger durch die malerische Landschaft. Am 31. Mai 1945 kehrte die Exilregierung aus London in das bis zum Kriegsende besetzte Norwegen zurück.

Also ließ sie sich nach England bringen. »Dort konnte ich dann beurteilen, wann und an welchen Ort ich ins Vaterland zurückkehren könnte . . .«
Mit anderen Worten: Es ist nur ein Zufall gewesen, daß die holländische Königin nicht handeln konnte wie ihr belgischer Nachbar. Und sie hat es ihren besonnenen Begleitern zu verdanken, daß sie nicht schon zwei Wochen vor König Leopold III. »an der Spitze ihrer Truppen« die weiße Fahne zu hissen brauchte. »Ich war mir natürlich voll und ganz bewußt, welchen bestürzenden Eindruck dieses Weggehen zu Hause machen würde, aber da es das Landesinteresse erforderte, sah ich mich verpflichtet, die Schmach dieser scheinbaren Flucht auf mich zu nehmen.« In Harwich stand schon ein Sonderzug bereit, und am Bahnhof in London erwartete sie King George VI. »mit meinen ganz entsetzten Kindern«.
Prinz Bernhard hatte seine eigene Auffassung von dem, was das »Landesinteresse« erforderte. Er wartete nur noch die nächste Proklamation der Schwiegermutter ab (»Unser Herz ist bei unseren Landsleuten im Vaterland, die schwere Zeiten durchmachen werden.«), dann fuhr er zurück in das umkämpfte Holland und blieb danach in Frankreich bei seinen Truppen.

Königin Wilhelmina aber ermächtigte am nächsten Tag schon ihren Oberbefehlshaber, General Winkelman, zu kapitulieren, »falls der weitere Kampf unnötiges Blutvergießen bedeutet«.
Nichts anderes tat König Leopold III., doch er wurde zum Sündenbock abgestempelt. Man verdächtigte ihn öffentlich, abwarten zu wollen, ob Hitler den Krieg nicht doch gewinne. Seine Schwester, die Prinzessin von Piemont, war dazu auch noch mit einem italienischen Kronprinzen verheiratet, und Italien erklärte ausgerechnet an dem Tag, an dem Haakon VII. in London eintraf, England und Frankreich den Krieg.
Aber irgendwann wurde auch der ruhmreiche König von Norwegen gefragt, warum denn sein älterer Bruder Christian X. von Dänemark innerhalb von zwei Stunden das Ultimatum Hitlers akzeptiert habe und, ganz so, als sei Dänemark nicht von deutschen Soldaten besetzt, in Kopenhagen weiterlebe, ja sogar jeden Widerstand untersage.
Haakon VII. antwortete: »Ich weiß, daß mein Bruder insgeheim denkt wie ich, und wenn er die Möglichkeit gehabt hätte, Widerstand zu leisten, dann hätte er es sicher getan.« Eine königliche Antwort.
Doch es gab noch einen König, der nach England eingeladen worden war und das Angebot ablehnte, sogar einen Kaiser. Ein Ex-Kaiser.
Das war Wilhelm II., der seit 1918 im holländischen Exil lebte.
Zu dem 80jährigen kam am Nachmittag des 12. Mai 1940 der Bürgermeister von Doorn und überbrachte ihm die Einladung der englischen Regierung zur Übersiedlung, »unter Gewährung aller den Majestäten zustehenden Ehren für die Dauer des Krieges«.
Der alte Kaiser antwortete: »Ich denke nicht daran, den Engländern in ihrem politischen Schachspiel gegen Deutschland zu dienen.« Da war etwas Wahres dran.

Die deutschen Truppen in Norwegen wurden über See versorgt, per Flugzeug und per Schiff. Die Transportmittel stellen die Bilder auf dieser Doppelseite (aus »Die Wehrmacht« von 1940) vor: Die Mannschaften beim Warten vor den Flugzeugen und beim Einsteigen (linke Seite unten); die Flugzeuge, Ju 52-Transporter, auf dem Marsch (linke Seite oben). Der dreimotorige Wellblechvogel, »Tante Ju« genannt, konnte bis zu 18 Mann mit Gepäck aufnehmen. Schwere Flak wird auf ein Transportschiff verladen (oben); ein Vorpostenboot mit Landsern an Deck nähert sich der Küste (oben rechts); auch Zerstörer dienen als Truppentransporter (rechts Mitte); Munition wird ausgeladen (unten rechts).

DER AUFMARSCH IM WESTEN

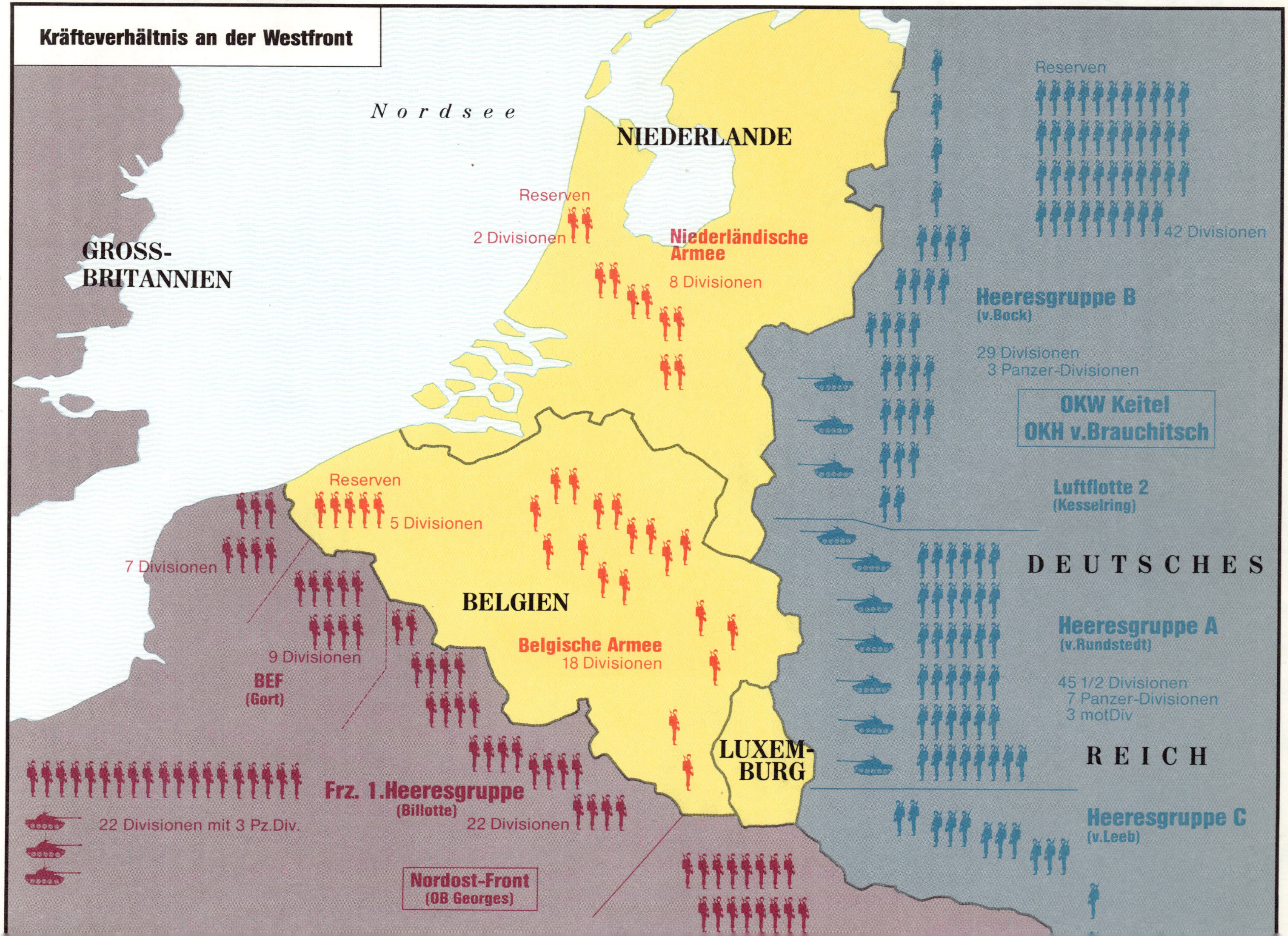

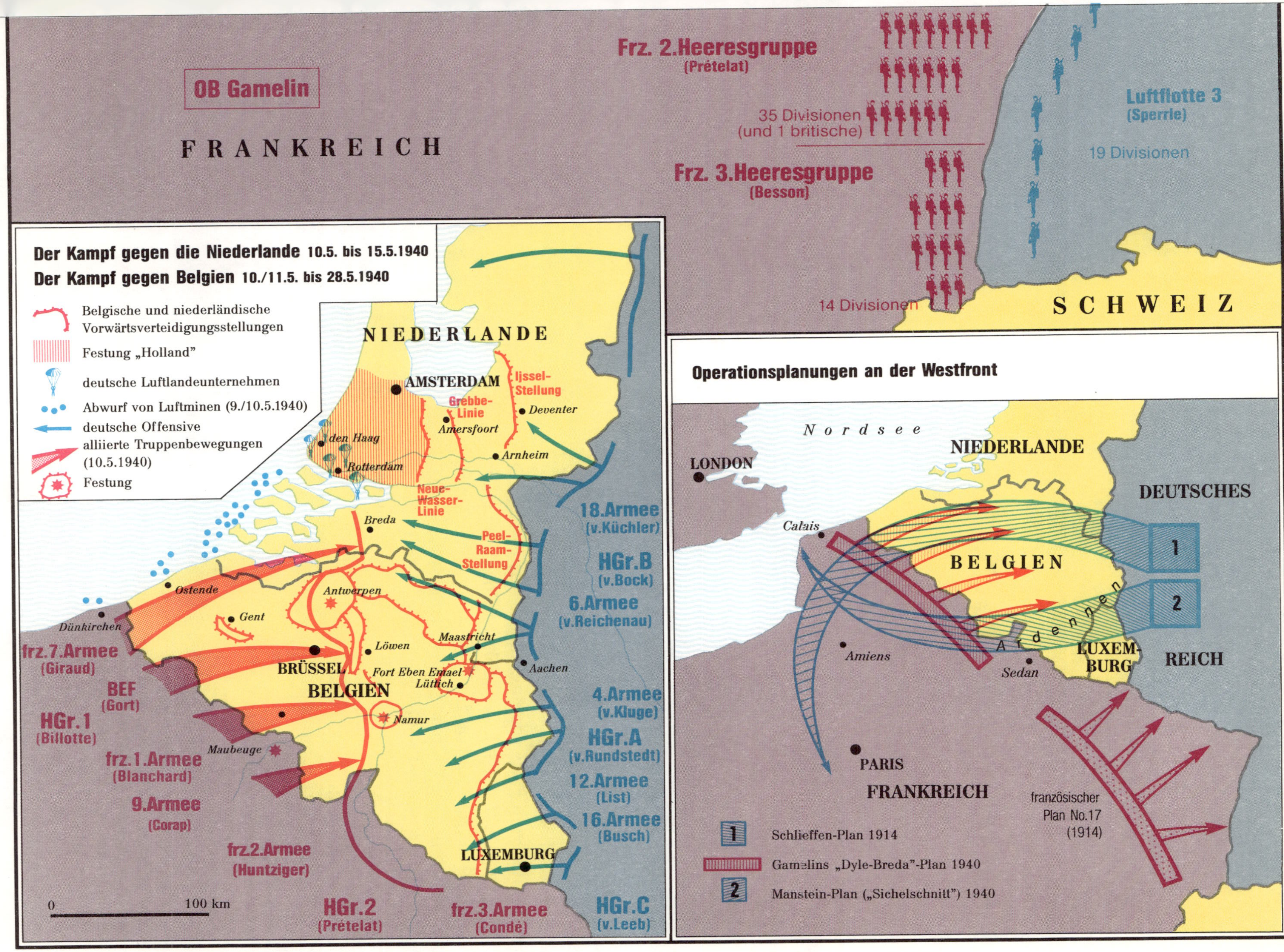
OB Gamelin
FRANKREICH
Frz. 2.Heeresgruppe (Prételat)
35 Divisionen (und 1 britische)
Frz. 3.Heeresgruppe (Besson)
14 Divisionen
Luftflotte 3 (Sperrle)
19 Divisionen
SCHWEIZ
Der Kampf gegen die Niederlande 10.5. bis 15.5.1940
Der Kampf gegen Belgien 10./11.5. bis 28.5.1940
Belgische und niederländische Vorwärtsverteidigungsstellungen
Festung „Holland"
deutsche Luftlandeunternehmen
Abwurf von Luftminen (9./10.5.1940)
deutsche Offensive
alliierte Truppenbewegungen (10.5.1940)
Festung
NIEDERLANDE
AMSTERDAM
Ijssel-Stellung
Grebbe-Linie
Deventer
Amersfoort
den Haag
Arnheim
Rotterdam
Neue-Wasser-Linie
Breda
Peel-Raam-Stellung
18.Armee (v.Küchler)
HGr.B (v.Bock)
6.Armee (v.Reichenau)
Ostende
Antwerpen
Gent
Dünkirchen
Maastricht
Löwen
Aachen
frz.7.Armee (Giraud)
BRÜSSEL
Fort Eben Emael
Lüttich
BELGIEN
BEF (Gort)
4.Armee (v.Kluge)
Namur
HGr.1 (Billotte)
HGr.A (v.Rundstedt)
Maubeuge
frz.1.Armee (Blanchard)
12.Armee (List)
9.Armee (Corap)
16.Armee (Busch)
frz.2.Armee (Huntziger)
LUXEMBURG
0
100 km
HGr.2 (Prételat)
frz.3.Armee (Condé)
HGr.C (v.Leeb)
Operationsplanungen an der Westfront
Nordsee
NIEDERLANDE
LONDON
DEUTSCHES REICH
Calais
BELGIEN
1
2
Ardennen
Amiens
LUXEM-BURG
Sedan
PARIS
FRANKREICH
französischer Plan No.17 (1914)
Schlieffen-Plan 1914
Gamelins „Dyle-Breda"-Plan 1940
Manstein-Plan („Sichelschnitt") 1940

Feldzug im Westen

»Was nun?« hatte Hitler ratlos gefragt, als am 3. September 1939 London und Paris mit Krieg gedroht hatten, wenn die Wehrmacht sich nicht aus Polen zurückzöge. Es war klar: Würden die Westmächte marschieren, dann geriete Deutschland in eine existenzbedrohende Lage.

Doch sie marschierten nicht. Monatelang hieß es aus dem Westen: »Nichts Neues.« Hitler konnte in Ruhe die Operationen in Polen beenden und dann die deutschen Kräfte an der Westgrenze versammeln. Dort lagen sie dann in einem »Sitzkrieg« – die Franzosen nannten es »Witzkrieg« – der angeblich stärksten Armee Europas gegenüber, die aber der eigenen Kraft nicht recht zu trauen schien.

Frankreich verließ sich lieber auf den waffenstarrenden Befestigungsgürtel der Maginotlinie, glaubte sich hinter diesem Wall völlig sicher und ließ den Gegner kommen. Der aber kam dann von ganz woanders, als es die Festungsstrategen in Paris vermuteten. Sie hielten sich für schlauer als ihre Spione in Deutschland, die mehrfach den Ablenkungsangriff über Holland und Belgien ankündigten, und ignorierten auch die Dokumente, die ihnen durch die Notlandung eines deutschen Fliegers in die Hände fielen. Entsprechend kopflos war die Reaktion, als im Morgengrauen des 10. Mai 1940 aus den Wäldern der Ardennen deutsche Panzerrudel nach Belgien vorstießen, als über Brücken und Forts deutsche Fallschirmjäger herabsegelten, als deutsche Geschwader den Vormarsch des Heeres nach Holland vorbereiteten.

Das in Polen bewährte Blitzkriegskonzept brachte jetzt die vielfach stärkere französische Streitmacht ins Wanken. Da half auch das britische Expeditionskorps wenig und schon gar nichts die Maginotlinie, die die Deutschen einfach umgingen, buchstäblich links liegen ließen, um sie später von hinten zu knacken. Der Westfeldzug wurde zum glänzendsten Erfolg der Bewegungsstrategie und zum Debakel für die Festungsmentalität.

Garant des schnellen Sieges über Frankreich war nicht zuletzt die deutsche Panzerwaffe. Von Hitler geradezu revolutionär eingesetzt, ließ sie im Zusammenspiel aller Waffengattungen Frankreich zusammenbrechen. Das Mißtrauen der Generalität gegenüber ihrem obersten Befehlshaber schien endgültig beseitigt zu sein. Generaloberst Keitel feierte Hitler »als den größten Feldherrn aller Zeiten«.

Ablenkungsangriff auf Holland und Belgien

Das Sperrfort Eben Emael deckte den belgischen Albert-Kanal und drei darüberführende Brücken, die bei Annäherung deutscher Truppen sofort gesprengt werden sollten.

Das Fort Eben Emael auszuschalten, mußte das erste und wichtigste Unternehmen des Westfeldzuges sein – und es mußte in kürzester Frist gelingen. Ohne den Besitz von Eben Emael mußte der gesamte Plan des Westfeldzuges – zumindest was den Angriff im Norden der Front anging – ins Wanken geraten.

Ein Überwinden des Albert-Kanals mit Pioniermitteln hätte zu lange gedauert und mit Sicherheit hohe Verluste gekostet. Selbst das Absetzen von Fallschirmjägern versprach keinen Erfolg: Die Transportflugzeuge benötigten neun Minuten, um den vor Eben Emael liegenden »Maastrichter Zipfel« zu überfliegen – das Motorengedröhn hätte Alarm und damit die Brückensprengungen ausgelöst.

Doch in der noch jungen und in Aufstellung befindlichen deutschen Fallschirmtruppe – sie war erst 4000 Mann stark und trug die Tarnbezeichnung »7. Flieger-Division« – gab es Fallschirmpioniere. Ursprünglich – im Jahre 1937 – war es nur eine Gruppe, die der Unteroffizier Helmut Wenzel führte. Später wurde es ein Zug, den der Leutnant Rudolf Witzig übernahm.

Ganz unabhängig von der Bildung der Fallschirmpioniere hatte ein ehemaliger Pionier-Unteroffizier das Prinzip der »Hohlladung« entdeckt. Deutsche Konstrukteure entwickelten daraus unter größter Geheimhaltung ein neues Pionier-Sprengmittel, bei dem der Sprengstoff wie ein Schweißstrahl auf einen Punkt wirkte und stärkste Panzerplatten »durchfressen« konnte.

In der Deutschen Forschungsanstalt für Segelflug in Darmstadt war 1935 ein »Transportsegler« konstruiert worden. Aus ihm entstand der »Sturmlastensegler DFS 230«. Er konnte von einer Ju 52 an einem 70 Meter langen Seil in die Luft geschleppt werden. Sein kleines Fahrgestell ließ sich nach dem Start abwerfen. Nach dem Ausklinken des Schleppseils war der Lastensegler imstande, aus 1000 Meter Höhe etwa zwölf Kilometer weit lautlos zu gleiten und fast auf den Meter genau in einem bestimmten Zielgebiet zu landen. Die Landung erfolgte auf Kufen, die mit Stacheldraht umwickelt waren und den Segler nach dem Aufsetzen schnell zum Stehen brachten. Die DFS 230 flog 125 km/h schnell und konnte – außer dem Flugzeugführer – neun Fallschirmjäger mit allen Waffen und Ausrüstungsteilen aufnehmen.

Es gab aber auch einen Mann in der deutschen Wehrmacht, der die Bedeutung dieser drei Komponenten – Fallschirmpioniere, Hohlladungen und Sturmlastensegler – erkannte, zusammenbrachte und auf das wertvollste Ziel richtete: auf Eben Emael. Dieser Mann war der Kommandeur der 7. Flieger-Division, Kurt Student.

Der Fallschirmpionier-Zug Witzig erhielt den Auftrag, das als uneinnehmbar geltende Fort Eben Emael zu erobern. Erfolg oder Mißerfolg eines ganzen Feldzuges hingen damit von einer Handvoll Männer ab. Oberleutnant Witzig und seine Pioniere waren nahezu ein halbes Jahr lang vor Beginn des Feldzuges in strenger Isolierung gehalten worden: Nur strikte Geheimhaltung konnte das Unternehmen gelingen lassen. Die Pioniere übten immer wieder den Angriff auf ein Objekt, das sie zwar in Luftbildern und Modellen sowie im Sandkasten zu Gesicht bekamen, von dem sie aber nicht wußten, wie es hieß und in welchem Land es lag.

Der Zug Witzig bestimmte letztlich sogar die Angriffszeit des Westfeldzuges: Lastensegler konnten zwar bei Nacht starten und fliegen, benötigten aber zur Landung einen Schimmer Licht – das Morgengrauen oder die Abenddämmerung. Alle Großverbände des Heeres und der Luftwaffe hatten sich nach den Pionieren zu richten, die zehn Minuten vor Sonnenaufgang – beim ersten Büchsenlicht – mitten im Fort Eben Emael landen sollten. Ganz in ihrer Nähe – nämlich an den drei Brükken des Albert-Kanals – hatten weitere Sturmlastensegler niederzugehen, deren Besatzungen Fallschirmjäger waren und die die Brücken unversehrt und aus der Überraschung heraus zu nehmen hatten.

Die zum Sturm der Brücken und des Forts Eben Emael bereitgestellten Soldaten bildeten die eigens für diesen Zweck formierte »Sturmabteilung Koch«.

Am 10. Mai 1940 starteten um 4.30 Uhr von den Kölner Flugplätzen Ostheim und Butzweilerhof insgesamt elf Sturmlastensegler – jeder im Schlepp einer Ju 52: der Fallschirmpionier-Zug Witzig. Das Unternehmen begann recht unglücklich: Bald nach dem Start riß das Schleppseil ausgerechnet des Seglers, in dem Oberleutnant Witzig mitflog. Die DFS 230 landete kurz hinter Köln. Witzig ließ Weidezäune niederreißen, um eine Startbahn zu erhalten, organisierte eine Ju 52 und startete von seinem Notlandeplatz. Mit dreistündiger Verspätung landete Witzig im Fort Eben Emael.

Ein anderer Segler wurde zu früh ausgeklinkt und mußte bei Düren notlanden. Die Fallschirmpioniere stiegen aus, beschafften sich Fahrzeuge, überschritten mit den ersten Heerestruppen bei Maastricht die Maas, erschienen am Albert-Kanal und griffen vom Boden aus in die Kämpfe ums Westufer ein.

Die restlichen neun Lastensegler des Zuges Witzig aber wurden von den Ju 52 richtig durch die Nacht geschleppt, klinkten die Schleppseile auftragsgemäß über Aachen aus und schwebten nahezu lautlos Eben Emael entgegen.

Im Lastensegler Nr. 4 saßen der Flugzeugführer, Unteroffizier Otto Bräutigam, Weltmeister im Segelflug und jetzt nicht nur Pilot, sondern auch ausgebildeter Fallschirmpionier, dazu der Feldwebel Wenzel. Hinter ihm hockten sein Stellvertreter, der Obergefreite Polzin, und fünf weitere Fallschirmpioniere. Außerdem war der Segler beladen mit 5 Gewehren, einem Maschinengewehr, einer Maschinenpistole, 2 Hohlladungen zu 50 kg, 2 Hohlladungen zu 12,5 kg, 3 Sprengrohren, einer gestreckten Ladung zu 6 kg, 10 Sprengladungen zu je 3 kg, einer Leuchtpistole, Schanz- und Handwerkszeug.

Insgesamt führte der Fallschirmpionier-Zug Witzig in seinen Seglern mit: 2401 kg

Sprengstoff, 30 000 Schuß Infanteriemunition, 6 leichte Maschinengewehre, Handgranaten, Flammenwerfer, selbstgebaute Sturmleitern und ein Funkgerät. Die belgischen Posten in der Stellung 29 am Südostrand des Forts Eben Emael hatten fernes Flugmotorengebrumm gehört und ihre Flugabwehr-Maschinengewehre in den noch immer nachtdunklen Himmel gerichtet. Doch lange Zeit geschah nichts. Aber plötzlich – es war noch immer dunkel, wenngleich im Osten sich ein erster Schimmer des Morgenlichtes andeutete –, plötzlich rauschte es in der Luft. Wie gespenstische Nachtmahre schwebten schwarze Riesenvögel aus der Finsternis heran.

Die Belgier kurbelten ihre Fla-MG herunter und begannen zu schießen, aber da landete bereits der Lastensegler des Unteroffiziers Lange krachend und polternd mitten in die belgische Postenstellung hinein. Die linke Tragfläche schleifte ein belgisches MG ein paar Meter weit mit. Kaum stand der schwarze Gleiter, da flog die Kabinenhaube ab. Als erster sprang der Feldwebel Haug, der Führer des Pioniertrupps 5, heraus, ihm nach der Flugzeugführer Lange und sechs Pioniere. Aus Maschinenpistolen sprühte rotes

Bild links: Deutsche Soldaten am Westwall. Die deutsche Befestigungsanlage zog sich 630 km lang von der Schweizer Grenze bis nördlich von Aachen hin. Sie wurde 1938/39 gebaut und besaß rund 14 000 Bunkeranlagen und Kampfstände. Unterirdisch angelegt, hatte die Bunkeranlage mehrere Stockwerke, Aufenthalts- und Arbeitsräume, Kantinen, Werkstätten und Einrichtungen für ärztliche Betreuung. Als es ernst wurde, erfüllte der Westwall die mit großem Propagandaaufwand genährten Hoffnungen nicht. Im Februar/März 1945 wurde er von den Alliierten in wenigen Wochen durchbrochen. Bild oben: Deutscher Infanterieposten in einem geräumten Dorf an der französischen Grenze. Monatelang lagen sich die Truppen untätig gegenüber, bis am 10. Mai 1940 der »drôle de guerre«, der komische Krieg, wie die Franzosen den Wartezustand nannten, ein plötzliches Ende nahm.

Mündungsfeuer, mit trockenem Krachen detonierten Handgranaten – die überraschten Belgier der Stellung 29 ergaben sich.
Als der Lastensegler Nr. 4 mitten im Fort landete, bremsten die stacheldrahtumwickelten Kufen derart abrupt, daß Feldwebel Wenzel mit der Nase auf den Sitzbügel seines Flugzeugführers Bräutigam fiel – mit blutendem Gesicht leitete der durch Witzigs Ausfall zum Führer aufgerückte Subalternoffizier die weiteren Operationen.
Es waren ganze 55 Mann – gegliedert in sieben Pioniertrupps – im Fort gelandet. Sie hatten das Unternehmen derart gründlich eingeübt, daß sich jeder einzelne Mann mit traumwandlerischer Sicherheit im Fort zurechtfand und seine Aufgabe löste – das Fehlen des Zugführers Witzig fiel zunächst nicht einmal auf. Innerhalb der ersten zehn Minuten schalteten die Fallschirmpioniere die Flubabwehrstellung und neun 7,5-cm-Geschütze in drei Kasematten aus, sprengten sieben Panzerkuppeln und kämpften gegen die Werke 15 und 16, die sich allerdings bald als Scheinanlagen herausstellten.
Andererseits fielen die Belgier auf eine deutsche Täuschungsmaßnahme herein: Weitab von Eben Emael warfen deutsche Ju 52 eine große Anzahl an Fallschirmen hängender Puppen ab. Die belgische Führung setzte umgehend ihre Reserveverbände zum Kampf gegen die vermeintliche deutsche Luftlandung in Marsch. Diese Verbände aber fehlten, weshalb ein belgischer Gegenangriff gegen die Deutschen auf dem Fort Eben Emael nicht in Gang kam.
Denn das war die Lage: Die Fallschirmpioniere saßen auf dem Fort – innen drin aber befand sich immer noch die hinhaltend kämpfende belgische Besatzung. Belgische Batterien begannen nun von außerhalb auf das Fort zu schießen. Mit dem Werk 24 gab es Schwierigkeiten: Dessen Panzerkuppel war so dick, daß nicht einmal die 50-kg-Hohlladung durchschlug. Die Pioniere lösten das Problem auf ihre Art: Sie schoben in jedes der 12-cm-Kanonenrohre eine Kilo-Sprengladung. Durch die Detonationen verklemmten sich die Verschlüsse.
In eine verzweifelte Lage war der zur Eroberung des Werkes 13 bestimmte Fallschirmpioniertrupp geraten: Er war mit seinem Segler mitten in einem ausgedehnten Stacheldrahtverhau gelandet und mußte sich erst mit Drahtscheren daraus befreien. Aus einer Scharte feuerte jedoch ein belgisches MG auf die Pioniere, die es mit einem Flammenwerferstrahl zum Schweigen brachten. Dann erst

konnten sie ihre Sprengladungen ansetzen.
Der inzwischen eingeflogene Oberleutnant Witzig organisierte die Fortführung des Ringens um Eben Emael: Mit geballten Ladungen bis 100 kg wurden die bis zu 40 Meter tiefen Aufgänge der Werke 12, 13 und 19 geknackt – die Verteidiger hatten dahinter Barrikaden aus Eisenschienen und Sandsäcken errichtet.
Durch den mit dichtem Unterholz bestandenen Nordwesthang griffen inzwischen belgische Soldaten an und wurden zurückgewiesen. Wie sich später herausstellte, handelte es sich um ein Aufklärungskommando: Der Fortkommandant wollte wissen, wie stark die deutsche Truppe in seinem Festungsbereich eigentlich war. Hätte er eine Ahnung von den wirklichen Verhältnissen gehabt, hätte er gleich eine Truppe hinaufgeschickt, die mit dem Häuflein Deutscher rasch fertig geworden wäre. Soldaten hatte er genug zur Verfügung. So aber gelang es dem Fallschirmpionierzug, noch den Tag auf dem Dach des Forts zu überleben.
Inzwischen war auf dem Landwege das Pionierbataillon 51 herangekommen. Es versuchte, mit Schlauchbooten den Albert-Kanal zu überqueren. Doch die Kanalstreiche 17 des Forts Eben Emael – ein mit Maschinengewehren und einem Panzerabwehrgeschütz bestückter Bunker, der unmittelbar am Kanal lag – behinderte das Übersetzen. Die Fallschirmpioniere im Fort vermochten ihn nicht auszuschalten, konnten ihn aber wenigstens zeitweilig durch Hängeladungen, Erdsprengungen, Zuschütten der Sehschlitze in der Beobachtungskuppel und künstlichen Nebel blenden.
Das ermöglichte dem Feldwebel Portsteffen vom Pionierbataillon 51, gegen 7 Uhr morgens am 11. Mai mit seinem Stoßtrupp den Wassergraben vor dem Werk 4 zu überwinden, die zwar schon zweimal von den Fallschirmpionieren gesprengte, aber immer noch kämpfende Grabenstreiche 4 endgültig zu besetzen und so seinem Bataillon den Weg zum Fort zu öffnen.
Gegen Mittag kamen weitere Pioniere der 51er von außen ins Fort. Die noch kämpfenden Werke 17, 23 und 35 stellten das Feuer ein: Die belgische Besatzung von Eben Emael befand sich nun in aussichtloser Lage und kapitulierte.
Der Durchmarschweg in das Innere Belgiens und Hollands war frei. Eine kleine Einheit hatte mit neuartigen Mitteln ein Werk bezwungen, das eine ganze Armee in konventioneller Kampfweise womöglich erst nach Wochen und mit ungeheuren Verlusten erobert haben würde.
So hatte die belgische Fortbesatzung 23 Tote zu beklagen. Der Zug Witzig verlor sechs Kameraden. Die übrigen Gruppen der Sturmabteilung Koch hatten – zum Teil nach verlustreichen, schweren Kämpfen – die drei Brücken über den Albert-Kanal nach zielgenauer Lastenseglerlandung in ihren Besitz gebracht. Die Brücke von Canne war allerdings vom Fort aus durch Fernzündung sofort gesprengt worden. Die Brücken kosteten 38 Fallschirmjäger das Leben.
Zur gleichen Minute, da die Sturmabteilung Koch Eben Emael und die drei Kanalbrücken angriff, stürmten Fallschirmjäger und Luftlandetruppen die »Festung Holland«. Hier allerdings waren die Verteidiger gewarnt. Hitlers Gegner aus der

Linke Seite: Neun Offiziere der Sturmabteilung Koch empfing Adolf Hitler in seinem Hauptquartier, um ihnen das Ritterkreuz persönlich zu verleihen. Es waren (von links nach rechts): Lt. Delica und Oblt. Witzig von der Sturmgruppe Eben-Emael (»Granit«); Hptm. Koch, der Führer der gesamten Sturmabteilung;
Lt. Zierach; Lt. Ringler vom 5. MG-Halbzug der Fallschirmschützen Veldwezelt (»Stahl«);
Lt. Meißner von der Sturmgruppe Canne (»Eisen«);
Oblt. Kiess, Führer der Lastensegler-Piloten;
Oblt. Altmann von der Sturmgruppe »Stahl« und Stabsarzt Dr. Förster.
Bild oben: Um den Zusammenbruch Hollands zu beschleunigen, wurden am 13. Mai 1940 Fallschirmjäger und Luftlandetruppen an Brücken bei und in Rotterdam abgesetzt. Die Stadt wurde Opfer eines verheerenden deutschen Bombenangriffs.
Bild links: Über den Dächern von Rotterdam. Gelandete deutsche Truppen kämpfen sich vorwärts.

Abwehr, Oberst Oster, der den Holländern Einzelheiten des Angriffsplans verraten hatte, war Glauben geschenkt worden. Holländische Soldaten rammten in aller Eile Eisenstangen in die Fahrbahnen der Straße Den Haag – Rotterdam, die als Landebahn der Ju-52-Transporter dienen sollte. Die mit Soldaten der 22. Luftlandedivision beladenen Jus rasten in die Eisenpfahl-Falle hinein. In die zerberstenden Flugzeuge hinein feuerte niederländische Infanterie. Manche der anschwebenden Flugzeuge drehten noch rechtzeitig ab.

Auch um den Flugplatz Waalhaven bei Rotterdam tobte ein wilder Kampf: Deutsche Bomber hatten die Anlagen bombardiert, und kurz danach sprangen deutsche Fallschirmjäger ab. Eine größere Anzahl von ihnen trieb, hilflos an den Schirmen hängend, in die Flammenlohe brennender Flugzeughallen hinein. Die übrigen Fallschirmjäger sanken genau inmitten eines wütenden Abwehrfeuers zur Erde.

Kaum hatten sich die Männer des II. Bataillons vom Fallschirmjägerregiment 1 von den Fallschirmgurten gelöst, standen sie schon im Feuerkampf gegen Infanterie und Flakstellungen.

Sehr bald aber schwebten die ersten Ju 52 zur Landung an. Da eröffnete eine weiter ab stehende holländische Flakbatterie das Feuer. Eine Ju platzte in der Luft auseinander, eine zweite begann zu brennen. Fallschirmjäger stürmten die Flak und brachten sie zum Schweigen. Unangefochten flog nun Luftlandeinfanterie ein. Die Fallschirmjäger aber besetzten die Südauffahrt der Rotterdamer Brücke.

Zur gleichen Zeit sprang auch das III. Bataillon unter Hauptmann Prager und besetzte die Brücken von Moerdijk nach harten Gefechten.

Die an den Killbrücken abgesprungenen Jäger gewannen ihre Ziele unter hohen Verlusten.

Ungewöhnlich war das Unternehmen, das der Besetzung der strategisch wichtigen Willemsbrücke über die Nieuwe Maas in Rotterdam galt: Die 11. Kompanie des Fallschirmjägerregiments 1 sprang südlich des Flusses in ein Fußballstadion hinein. Von dort marschierten die Soldaten im Eilmarsch in Richtung Brücke – das war ein weiter Weg. Da fuhr aus einem Depot heraus ein leerer Straßenbahnzug. Die Fallschirmjäger stoppten ihn, stiegen ein und ließen sich zur Brücke fahren. In diesem Augenblick schwebten zwölf altmodische Wasserflugzeuge des Typs Heinkel He 59 zur Landung auf dem Fluß an und setzten eine Kompanie des Infanterieregiments 16 am Nordufer ab.

Die niederländischen Soldaten aber er-

wiesen sich als unerschrockene, harte und zähe Verteidiger mit starken Nerven. Sie hockten in Wohnungen und Dachböden umliegender Häuser und Speicher. Die deutschen Soldaten an den Brückenköpfen lagen drei Tage im Feindfeuer fest. Ihre Zahl schmolz immer mehr zusammen. Die Situation besserte sich nur wenig, als in den Mittagsstunden des 13. Mai eine Vorausabteilung der Panzertruppe eintraf, unter dem schweren niederländischen Feuer jedoch nicht bis zu den Infanteristen am nördlichen Ufer vorzudringen vermochte.

Weitere Heerestruppen erreichten die Nähe des südlichen Brückenkopfes und stauten sich – die Holländer beherrschten die Willemsbrücke mit ihrem gezielten Feuer. Generalleutnant Rudolf Schmidt, Kommandierender General des XXXIX. Armeekorps, forderte am Morgen des 14. Mai den Stadtkommandanten von Rotterdam, den niederländischen Oberst Scharroo, auf, bis 12.30 Uhr zu kapitulieren. Scharroo wußte um die strategische Bedeutung seiner Position: Er verhinderte den Vormarsch der Deutschen nach Norden. Er wußte aber auch um die Unhaltbarkeit seiner Stellung. Sein Entschluß: Durch immer neue Verhandlungen Zeit gewinnen.

Die Deutschen standen unter Zeitdruck: Ohne die Einnahme der Willemsbrücke mußte sich der Feldzug über Gebühr verlängern und der holländische Widerstand versteifen, was zu einem Ansteigen der eigenen Verluste führen konnte. Verzweifelt sprachen Schmidts Unterhändler auf den Holländer ein. Doch der zögerte immer noch.

Da erhielt das deutsche Kampfgeschwader 54 von Hermann Göring direkt den Angriffsbefehl auf einen dreieckigen Zipfel Rotterdams, der unmittelbar an den nördlichen Brückenkopf der Willemsbrücke angrenzt – in den Häusern jenes Gebietes hatten sich die niederländischen Scharfschützen verschanzt.

Auf den Fliegerhorsten Delmenhorst, Hoya/Weser und Quakenbrück starteten insgesamt 100 Flugzeuge des Typs Heinkel He 111. Während diese zweimotorigen Bomber auf Rotterdam zu röhrten, gab Oberst Scharroo zu erkennen, daß er kapitulieren werde. Sofort versuchte die deutsche Führung den Bombenangriff zu stoppen: Um 14.15 Uhr erging der Funkbefehl an das fliegende Geschwader. Doch um diese Zeit hatten die Funker in den Bombern – wie vor jedem Angriff – die Schleppantennen bereits eingefahren: Sie empfingen den Funkspruch nicht. Der Stabschef der Luftflotte 2 sprang in ein Jagdflugzeug Me 109, startete und raste

Linke Seite oben: Deutsche Bomber über Frankreich. Die Aufgabe der deutschen Luftstreitkräfte im Frankreich-Feldzug umriß Hitler: »Die Luftwaffe verhindert das Eingreifen der französisch-englischen Luftwaffe gegen das eigene Heer und unterstützt, soweit erforderlich, dessen Vorgehen unmittelbar. Hierbei wird es auch darauf ankommen, das Festsetzen der englisch-französischen Luftwaffe sowie englische Truppenlandungen in Belgien und Holland zu verhindern. . . .«
Linke Seite unten: Gegen die modernen Forts der großen belgischen Festungen wurden gleich zu Beginn des Krieges die schwersten Geschütze eingesetzt. Das Bild zeigt einen großen 35-cm-Mörser unmittelbar nach dem Abschuß.
Bild oben: Kradmelder orientieren sich über den weiteren Vormarsch.

mit Höchstgeschwindigkeit hinter dem Bomberverband her – er erreichte ihn nicht mehr.
Unten, am südlichen Brückenkopf der Willemsbrücke, standen der Generalleutnant Schmidt und der Fallschirmjägergeneral Kurt Student und schossen rote Leuchtsignale in den Himmel. Der Qualm des Kampfes verschluckte auch diese Aufforderungen, den Bombenwurf zu unterlassen.
Um 15.05 Uhr hatte das Kampfgeschwader 54 Rotterdam erreicht. Es war in eine rechte und eine linke Angriffsgruppe gegliedert. Oberst Lackner, der Geschwaderkommodore, griff mit der rechten Gruppe um 15.07 Uhr an: Aus 57 Bombern fielen insgesamt 97 Tonnen Bomben, immer kleiner werdend, unten im Häuserdreieck, an der Nieuwe Maas aufblitzend, dann kleine rote Flecke erzeugend und schließlich schwarze Rauchwolkend aufsteigen lassend.
Als Oberst Lackner mit seinem Verband abdrehte, erschien auch schon die linke Angriffsformation unter Oberstleutnant Höhne, der auch sogleich den Abwurfbefehl erteilte. Als die Bomben aus seiner Maschine heraustorkelten, erblickte Höhne jedoch inmitten dunkler Qualmwolken am Maasufer vereinzelte schwache Leuchtkugelsignale: Rot! Höhne befahl: »Sofort abdrehen!« Die drei Maschinen seiner Führungskette hatten bereits ihre Bombenlast abgesetzt, die restlichen Flugzeuge jedoch noch nicht – sie flogen zurück in ihre Heimathäfen, ohne geworfen zu haben.
Doch das Unheil war schon geschehen: In den winkligen Häusern der Rotterdamer Altstadt brach ein sich schnell ausbreitendes Großfeuer aus, dem die Feuerwehr nicht gewachsen war. Der Stadtkern der 600 000-Einwohner-Stadt brannte aus. Es brannten auch die großen Öltanks des Hafens. Rotterdam schien total vernichtet. Die alliierte Propaganda sprach von einem Terrorangriff, der 30 000 Todesopfer gekostet hätte. Die Wirklichkeit war schlimm genug: 900 Rotterdamer Bürger, Zivilisten ohne Waffen, verbrannten in ihren Häusern, erstickten, wurden von Bomben zerrissen oder unter den Trümmern begraben.
Eine Krise bahnte sich auch weiter im niederländischen Norden an: Die Flugplätze Den Haag, Ockeburg und Ypenburg sollten im Sprungeinsatz genommen werden. Doch bei Ypenburg wurden von den 13 anfliegenden Transportflugzeugen elf durch die niederländischen Verteidiger abgeschossen. Der Flugplatz Den Haag konnte zunächst ebenfalls nicht genommen werden – lediglich der Flugplatz Valkenburg wurde von Fallschirmjägern freigekämpft und dann durch eingeflogene Luftlandetruppen endgültig besetzt.
Dennoch: Luftlandungen erfolgten an anderen Stellen. So setzten die Ju 52 auf den Autobahnen von Delft und Leiden, aber auch in den Dünen von Katwijk auf.
Trotz der örtlichen deutschen Niederlagen war die Gesamtoperation gegen Hollands verhältnismäßig kleine Armee ein Erfolg, wenngleich unter hohen Verlusten erkauft.
Am Erfolg wie an den Verlusten gleichermaßen beteiligt war eine von Anbeginn umstrittene Truppe: die Waffen-SS.
So überwältigte am 10. Mai 1940 um 5.30 Uhr ein Stoßtrupp der Leibstandarte Adolf Hitler (LAH) die niederländischen Wachen an der Grenzbrücke des Städtchens De Poppe, schnitt die Zündschnüre der Brückensprengladungen durch und gab den Weg für den ungestümen Vormarsch der Leibstandarte frei: Gegen Mittag war sie bereits 110 km tief in Holland eingedrungen. Unmittelbar vor der

Spitze des SS-Regiments »Der Führer« (DF) flog die Ijsselbrücke bei Westervoort in die Luft. Hauptscharführer Kepplinger turnte mit einem Stoßtrupp über die Brückentrümmer, drang in das Fort Westervoort ein und überwältigte die Besatzung.
Die LAH und Teile der 9. Panzerdivision des Heeres fuhren quer durch das in Flammen stehende Rotterdam und weiter nach Delft, um die dort vor vier Tagen gelandeten Teile der 22. Luftlandedivision aus ihrer mißlichen Lage zu befreien. Waffen-SS-Verbände besetzten die Insel Walcheren.
Das alliierte Oberkommando blickte gebannt nach Holland und Belgien und pumpte Reserven in diesen Krisenherd: Von Süden her stieß die 7. französische Armee nach Belgien und Holland hinein. Auch die Divisionen des britischen Expeditionskorps strebten von Nordfrankreich nach Norden. Genau darauf baute der Mansteinsche Sichelschnitt-Plan.
Rotterdam aber kapitulierte an jenem 14. Mai 1940 – die Brücke über die Nieuwe Maas war unzerstört geblieben –, aber unter welchen Opfern! Jetzt konnten die Soldaten der deutschen 9. Panzerdivision weiter nach Holland hineinrollen. Auch die niederländische Armee kapitulierte wenige Stunden nach Rotterdam.

Von den Ardennen bis nach Dünkirchen

Die Masse des belgischen Heeres hatte sich zu dieser Zeit hinter den Fluß Dyle zurückgezogen, um von dort aus die Hauptstadt Brüssel zu verteidigen. Planmäßig war auch die französische Heeresgruppe 1 zusammen mit dem britischen Expeditionskorps im vorgesehenen Operationsraum zwischen Antwerpen, Löwen und Namur eingetroffen. Dort, so glaubten die Alliierten, werde es zur Entscheidungsschlacht kommen. Noch immer ahnten sie nicht, daß die gewaltige Großoffensive gegen Holland und Belgien nur ein Teil eines weit kühneren Planes war: Die alliierte Truppenkonzentration im Norden war in den Augen des Planers von Manstein die Ernte, die mit einem schnellen Sichelschnitt nun eingebracht werden sollte. Als Schnitter war der General der Panzertruppe Heinz Guderian vorgesehen. Er hatte mit seinem Gerät auch schon ausgeholt:
Am frühen Morgen des 10. Mai war die »Panzergruppe Kleist« zum Vormarsch durch die Ardennen angetreten. Sie wurde von General der Kavallerie Ewald von Kleist geführt, dem drei Armeekorps unterstanden: Das XXXXI., das XIX. und das XIV.

Bild oben: Luftaufnahme des durch Fallschirmjäger eingenommenen Flugplatzes Waalhaven bei Rotterdam nach der Landung von Luftlandetruppen. ① Deutsche Transportmaschinen vom Typ Ju 52, ② holländische Flugzeuge vom Typ Fokker mit dem charakteristischen Doppelrumpf, eine Maschine brennt, ③ deutsche Luftlandesoldaten rücken in ihre Einsatzräume, ④ das durch Bomben völlig zerstörte Flughafengebäude.
Bild rechts: Sperrfort Eben Emael nach der Einnahme durch das deutsche Pionier-Kommando.
Rechte Seite: Wegen der zahlreichen Kanäle und Flußläufe in Holland und Belgien wurde das Schlauchboot zum wichtigen Requisit für das rasche Vorgehen der Infanterie.

Von den insgesamt an diesem Tag im Westen eingesetzten 2800 deutschen Kampfpanzern gehörten 1260 der Panzergruppe Kleist an. Der Anteil an den damals modernsten Typen Panzer III und Panzer IV war besonders hoch, auch die ersten Schützenpanzer waren Kleist zugeteilt worden.

Innerhalb der Panzergruppe Kleist wies das XIX. Armeekorps des Generals der Panzertruppe Guderian die stärkste Panzerkonzentration auf: Das Korps setzte sich aus der 1., der 2. und der 10. Panzerdivision zusammen und war zusätzlich durch das motorisierte Infanterieregiment »Großdeutschland«, eine Elite-Formation, verstärkt.

Heinz Guderian, Vater der deutschen Panzertruppe, erhielt die Gelegenheit, zu zeigen, was die modernsten Panzer der Welt leisten konnten. Sie waren zwar noch immer recht mangelhaft bewaffnet und viel zu schwach gepanzert, doch ihre Führer beherrschten die neue Panzertaktik Guderians.

Außerdem hatten die deutschen Panzerführer zu funken gelernt. Jeder Panzer besaß ein eigenes Funkgerät – in anderen Armeen war das damals keineswegs eine Selbstverständlichkeit. Mit Hilfe einer besonderen verschleierten Funksprache – deren Ausdrücke auf Sprechtafeln notiert waren und oft gewechselt wurden – ließen sich klar verständliche, kurze Befehle und Meldungen absetzen wie auch empfangen.

Dadurch konnten auch große Verbände über weite Entfernungen hinweg nahezu verzugslos geführt werden. Allerdings vermochte das nur jener Panzerführer zu tun, der sich aus seinem Gefechtsstand hinausbegab. Nach den Ideen Guderians führten die Kommandeure von vorn, aus dem Befehlspanzer heraus, an der Spitze ihrer Verbände fahrend.

Der Bann des Stellungskrieges und der Materialschlacht – auf den Armeen Europas wie ein Alpdruck lastend – mußte so zu brechen sein. Im Grabenkampf des Ersten Weltkrieges hatte normalerweise schon ein Regimentskommandeur nichts in der vordersten Linie zu suchen, geschweige denn der die Division führende General. Nun aber sollten die Kommandeure wie einst die Reitergeneräle wieder in den Eisenhagel der Schlachten ziehen, statt in der weit friedlicheren Etappe zu weilen.

Hinzu kam die neuartige, wenngleich in Polen bereits mit Erfolg probierte Zusammenarbeit zwischen Panzer- und Luftwaffenverbänden. Die Panzergruppe Kleist – im Verband der Heeresgruppe A des Generaloberstens von Rundstedt – hatte ihren Angriff am 10. Mai um 5.35 Uhr begonnen, und das in ungewöhnlicher Art: Ein Bataillon des motorisierten Infanterieregiments »Großdeutschland« wurde in 150 Verbindungsflugzeuge des Typs Fieseler »Storch« verfrachtet und von Bitburg in der Eifel aus in drei Wellen hinter den ersten belgischen Abwehrstellungen gelandet. Die Aufgabe der Infanteristen: Brücken, Hohlwege und Straßenkreuzungen sichern und für den Vormarsch der Panzerverbände freihalten. Das Nebenziel: Verwirrung des Gegners.

Gleichzeitig überschritt die Spitze der 1. Panzerdivision die Grenze bei Wallendorf-Martelingen und marschierte über die Our hinweg, durch Luxemburg hindurch, in den belgischen Teil der Ardennen, ohne mehr als einige leichte Straßensperren wegräumen zu müssen.

General Guderian kannte die Ardennen: Zu Beginn des Ersten Weltkrieges führte er in diesem Mittelgebirge die Schwere Funkstation Nr. 3, die zum I. Kavalleriekorps der 2. Armee gehörte. Gewiß erschienen ihm nun – knapp 26 Jahre später – die Ardennen keineswegs als ideales Panzergelände. Im Gegenteil: Das Wege- und Straßennetz war verwirrend, voller Steigungen und Engen, jede Kurve geeignet für einen Hinterhalt, zumal sich in den zahlreichen, dichten Wäldern Feindtruppen in Massen verbergen konnten.

Gerade wegen dieser Geländeverhältnisse waren die Belgier wie auch die Franzosen der festen Ansicht, daß es unmöglich sei, mit größeren Truppenverbänden, und zumal mit motorisierten, schier endlosen Kolonnen, durch die Ardennen vorzudringen. Entsprechend schwach waren die belgischen Grenzbefestigungen angelegt, dünn auch die ostfranzösische Maginotlinie. Die mit allen Mitteln betriebene Aufklärung – im wesentlichen aus der Luft, durch Agenten und durch Abhören des Funkverkehrs – hatte der deutschen Führung eine erstaunlich gute Kenntnis der gegnerischen Verteidigungsverhältnisse eingebracht.

Entsprechend gut waren Guderians Panzerdivisionen auf das Kommende in immer neuen Übungen vorbereitet worden: Sie hatten an der Mosel – wo die Uferbeschaffenheit derjenigen der Maas ähnelte – immer wieder den Kampf um einen Flußübergang, das Übersetzen von Infanteriestoßtrupps geübt.

Solchermaßen vorbereitet, gelang der Vormarsch durch die Ardennen besser als angenommen. Kurz vor dem Erreichen des Flusses Semois stellten sich den deutschen Panzern Teile einer französischen Kavalleriedivision (zum Teil mit Panzern, zum Teil mit auf Lastwagen aufgesessenen Schützen) in den Weg, die in einem kurzen Gefecht aus dem Feld geschlagen wurden.

Bereits in der Nacht vom 11. zum 12. Mai wateten Guderians Infanteristen durch den Semois-Fluß, und im Morgengrauen matschten die Panzer spritzend und Wellen vor sich herschiebend durch eine Furt der Infanterie hinterher.

In dem belgischen Städtchen Bouillon – nur fünf Kilometer von der französischen Grenze entfernt – ließ Guderian seinen Korpsgefechtsstand einrichten, und zwar standesgemäß, im Hotel Panorama, mit einer herrlichen Aussicht auf das Semois-Tal.

Fortsetzung Seite 136

WESTFRONT: BEFESTIGUNGEN UND FESTUNGSABSCHNITTE

DÜNKIRCHEN

Ende Mai 1940

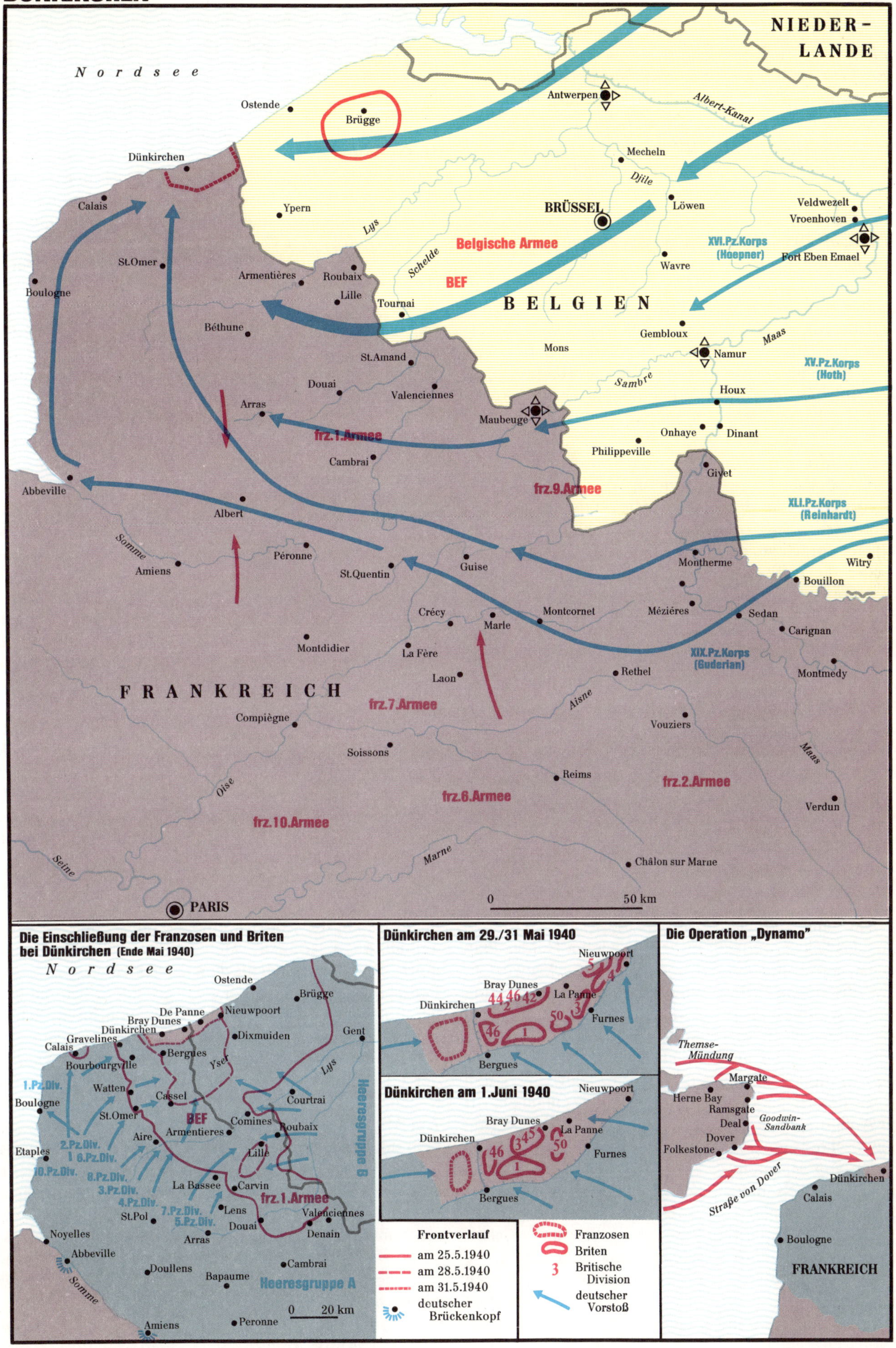

Der Sichelschnitt-Plan

Schlieffenplan zweite Auflage – darauf bereiteten sich deutscher wie französischer Generalstab vor. Daß es dann doch anders kam, daß die Deutschen im Winter 1939/40 ihre Strategie änderten, lag nur an einer Reihe sonderbarer Zufälle, die einen neuen Mann und einen neuen Angriffsplan nach vorn brachten: General Manstein und den Sichelschnitt-Plan.

Am 19. Oktober 1939 hatte das Oberkommando des Heeres auf Weisung Hitlers den ersten Plan der Aufmarschanweisung »Gelb« vorgelegt. Es war ein schlechter Plan. Aus ihm ließ sich die Halbherzigkeit ablesen, mit der man im OKH an den Plänen einer Westoffensive arbeitete. Hitler war sehr unzufrieden. Um das OKH anzuspornen, legte er den Angriffstermin auf den 12. November fest.

Der von Halder vorgelegte erste Plan sollte die britischen Expeditionstruppen von den Franzosen trennen sowie Luft- und Seebasen für spätere Operationen gegen Großbritannien sichern. Bewußt ging das OKH einer totalen Entscheidungsschlacht, die mit der völligen Vernichtung des französischen Heeres enden sollte, aus dem Wege. Eben diese Vernichtungsschlacht wollte Hitler jedoch haben.

Am 29. Oktober legte das OKH einen revidierten Plan vor. Das einzige Zugeständnis an Hitler war eine südliche Verlagerung des Schwerpunktes. Die 4. Armee sollte mit vier Panzerdivisionen die Maas links und rechts von Namur überschreiten. Nach wie vor war der Gesamtplan auf begrenzte Operationen abgestellt. Das wurde erst anders, als sich ein Außenseiter in die Planung einmischte: Generalleutnant Erich von Manstein. Er war kurz zuvor mit seinem Vorgesetzten, dem Generalobersten Gerd von Rundstedt, der die Heeresgruppe A übernommen hatte, nach Koblenz versetzt worden.

Gerd von Rundstedt und sein Stabschef von Manstein waren wohl das produktivste Gespann des 2. Weltkrieges. Zusammen hatten sie mit der Heeresgruppe Süd die Hauptmacht der polnischen Truppen innerhalb einer Woche zerschlagen. Nun hatte von Rundstedt die Heeresgruppe A übernommen, die Luxemburg und den südbelgischen Ardennen gegenüber stand.

Nachdem Manstein die Unterlagen zur Weisung »Gelb« studiert hatte, stand für ihn fest, daß dieser halbherzige Plan nur zu unbefriedigenden Ergebnissen führen könnte. Nun verfaßte er selbst einen Plan für den Fall »Gelb«. In einem Memorandum an das OKH stellte er fest, daß der Erfolg der Operation nur darin liegen könne, die gesamten feindlichen Kräfte in Belgien und nördlich der Somme zu vernichten.

In seiner Studie verlagerte Manstein den Schwerpunkt des Angriffes nach Süden. Der Hauptangriff müsse auf der Linie Arras–Boulogne erfolgen. Damit sollten die französisch-belgischen Truppen nicht nur, wie im Halder-Plan vorgesehen, zurückgeworfen, sondern abgeschnitten und vernichtet werden. Zusätzlich wollte Manstein die linke Flanke des deutschen Flügels so stärken, daß sie jeden französischen Gegenangriff aus Südwesten zurückwerfen konnte. Diese erste Studie Mansteins sah immer noch den Schwerpunkt bei der Heeresgruppe B. Mit den späteren Entwürfen, die im »Sichelschnitt-Plan« gipfelten, hatte dieser erste Entwurf also noch nicht viel gemein. Auch vom massiven Panzereinsatz, Hitlers Lieblingsidee, war noch keine Rede. Doch Mansteins Studie erreichte Hitler sowieso nicht, das OKH behielt sie bei sich, da es immer noch hoffte, Hitler würde seine Angriffspläne im Westen zurückstellen.

In der zweiten Novemberhälfte war der Panzergeneral Heinz Guderian Gast von Mansteins in Koblenz. Manstein, der immer noch an der Vervollständigung seiner Studie arbeitete, fragte Guderian, ob er sich vorstellen könnte, daß starke Panzerverbände durch die Ardennen vorrückten. Guderian hielt das für durchaus möglich, so daß Manstein nun auch Panzerdivisionen in seinen Plan einbaute.

Manstein schickte insgesamt sechs Memoranden an das OKH nach Zossen. Schon nach dem 4. Memorandum vom 6. Dezember hatte Halder von dem lästigen Manstein genug. Er ließ ihn nach Stettin versetzen, wo er ein Korps übernehmen sollte.

Mansteins Pläne waren damit eigentlich erledigt. Da passierte ein Zwischenfall, der Hitler zum Verschieben des Angriffstermins zwang und in seiner Folge Manstein wieder ins Spiel brachte. Es war der Zwischenfall von Mechelen, der Fall des Majors Reinberger.

Der Angriffstermin war auf den 17. Januar festgesetzt worden. Görings Meteorologen versprachen gutes Wetter, und nichts schien die Entwicklung aufhalten zu können. Hellmuth Reinberger, deutscher Fallschirmjäger-Major, bei einer Luftlandeeinheit in Münster stationiert, wurde für den 10. Januar ins Hauptquartier der 2. Luftflotte nach Köln befohlen.

Am Abend des 9. Januar feierte er mit Freunden bei der örtlichen Fliegereinheit eine Party. Gegen 21 Uhr mußte Reinberger die Gesellschaft verlassen, um mit dem Zug nach Köln zu fahren. Da machte ihm der Kommandeur des Fliegerhorstes, Major Hoenmanns, den Vorschlag, ihn am nächsten Morgen mit einer Kuriermaschine vom Typ Me 108 nach Köln zu bringen. Bei dieser Gelegenheit könnte er dann auch gleich seine Frau besuchen, die dort wohnte. Hoenmanns fehlten noch einige Flugstunden auf seinem Militärflugschein; bei dieser Gelegenheit wollte er sie nachholen. Er startete mit seinem Fluggast nach durchzechter Nacht am frühen Morgen. Es war ein wolkenloser, schöner Tag.

Reinberger, der bei den Luftlandeoperationen in Rotterdam eine wichtige Rolle übernehmen sollte, hatte in einer Aktentasche die hochgeheimen Pläne für die deutsche Invasion in Belgien und Holland bei sich, die nach Hitlers Weisung am 17. Januar beginnen sollte.

Die beiden Majore waren etwa 20 Minuten in der Luft, als sich plötzlich das Wetter verschlechterte. Der Pilot konnte sich in den tiefhängenden Wolken nicht mehr orientieren. Hoenmanns glaubte, zu weit nach Südosten abgekommen zu sein und ging auf westlicheren Kurs.

Nach einer Stunde Flugzeit setzte plötzlich der Motor aus. Der Major ließ die Maschine zu einer Notlandung nach unten gleiten. Er überflog noch knapp eine Hochspannungsleitung und versuchte zwischen zwei Pappeln durchzukommen. Doch die rissen ihm die Flügelspitzen ab. Die Maschine landete ziemlich unsanft in einem verschneiten Dickicht.

Nachdem sich die beiden Majore von ihrem Schock erholt hatten, versuchten sie festzustellen, wo sie waren.

Als es ihnen ein belgischer Bauer, der auf dem Weg zum nächsten Ort war, erklärt hatte, lief es Reinberger kalt über den Rücken. Er war eine Woche zu früh in Belgien gelandet. Und nicht mit seinen Soldaten, sondern mit den geheimen Dokumenten, die diese Landung genau beschrieben. Reinberger versuchte hinter einem Gebüsch die Dokumente in Brand zu setzen, aber sein Feuerzeug funktionierte nicht.

General Erich von Manstein entwickelte den Sichelschnitt-Plan, den Durchbruch massierter Panzerkolonnen im Rücken der französischen Nordarmeen. 1942 wurde er zum Generalfeldmarschall ernannt.

Schließlich half ihm der nette belgische Bauer mit Streichhölzern aus. Doch bevor die Papiere verbrannt waren, kam ein belgischer Hauptmann mit einem Trupp Soldaten und nahm die beiden deutschen Majore in Gewahrsam. Auf der nächsten Gendarmeriestation konnte Reinberger vor den Augen seiner unaufmerksamen Bewacher einen weiteren Teil der Dokumente verbrennen, indem er sie in einen Ofen warf. Doch der belgische Hauptmann griff im letzten Moment ein und konnte eine Anzahl nur angekohlter Papiere aus dem Feuer retten.

Schon am Abend waren die halbverbrannten Papiere im Hauptquartier des belgischen Generalstabes.

Was die Belgier sahen, ließ sie ohne jeden Zweifel erkennen, was die Deutschen vorhatten. Sie gaben ihre Erkenntnisse sofort an die Franzosen und Holländer weiter.

Die französische Armee, alarmiert, rückte in Richtung belgische Grenze vor. Bei eisigem Schneeregen ging die gesamte 1. Armeegruppe des Generals Bilotte mit vier Armeen und dem britischen Expeditionskorps unter Lord Gort auf den Marsch zur belgischen Grenze.

Hitler erfuhr von der unfreiwilligen Landung der beiden deutschen Majore bei der Stadt Mechelen, nahe Antwerpen, schon um 11.45 Uhr. Der Führer, durch Jodl informiert, bekam einen Wutanfall. Er wollte die beiden Offiziere vor ein Standgericht stellen und erschießen lassen. Später wurden die Frauen der Majore von Gestapobeamten verhört. Der Befehlshaber der Luftflotte, zu der die beiden Unglücklichen gehörten, wurde abgelöst. Tatsächlich hatten Hitler und das OKH allen Grund wütend zu sein, denn schließlich waren über 60 Divisionen bereits in Marsch gesetzt und befanden sich auf dem Wege zur Grenze.

Doch der Zwischenfall von Mechelen bewahrte Hitler schließlich davor, einen verhängnisvollen Fehler zu begehen. Denn aus den Bewegungen der alarmierten Truppen konnte die deutsche militärische Aufklärung »Fremde Heere West« die Strategie der Alliierten ablesen – eine ganz simple Strategie, die aber den Deutschen durchaus hätte gefährlich werden können.

Sie bestand darin, daß der Hauptstoß zwischen Sedan und Lille geführt werden sollte. Ziel war der Fluß Dyle in Mittelbelgien. Auf dem äußersten linken Flügel sollten daneben schnelle Truppen bis nach Holland marschieren und sich bei Breda mit der holländischen Armee vereinigen. Das Angriffskonzept trug den Namen Dyle-Breda-Plan. Für das Gebiet zwischen Sedan und dem Anfang der Maginot-Linie gab es nur ein Verteidigungskonzept. Der französische Generalstab dachte nicht daran, von dieser Linie einen Angriff nach Südostbelgien, also in die Ardennen hinein, vorzutragen. Er rechnete auch nicht damit, daß die Deutschen dort erscheinen würden. Zu dieser Zeit war die Annahme auch noch ganz richtig. Hätte Hitler tatsächlich am 17. Januar angreifen lassen, wäre es irgendwo in Mittelbelgien zu einer Frontalschlacht zwischen deutschen und französischen Verbänden gekommen. Die Fronten wären vermutlich genauso schnell erstarrt wie im Ersten Weltkrieg, und der Kampf wäre zum zweiten Mal zum Stellungskrieg geworden. Die Deutschen mußten sich eine neue Strategie ausdenken. Die Stunde General Mansteins war gekommen. Ein Zufall half ihm die letzte Hürde nehmen.

Kurz bevor er Koblenz verließ, um sein neues Kommando anzutreten, begegnete ihm Hitlers Chefadjutant, Oberst Schmundt, und ließ sich seine Pläne erläutern. Hitlers Vertrauter, bestens informiert, war überrascht, wie sehr sich Mansteins und Hitlers Pläne für den Fall »Gelb« glichen. Denn Hitler wollte die Vernichtungsschlacht, und Manstein lieferte das genaue Konzept dafür. Als Schmundt wieder in Berlin war, berichtete er Hitler. Diesmal war der Führer bereit, Manstein zu empfangen.

Um das OKH nicht wieder vor den Kopf zu stoßen, sollte von Manstein mehr beiläufig mit vier anderen, neuernannten Korpsbefehlshabern Hitler vorgestellt werden. Während eines Arbeitsfrühstückes am 17. Februar breitete Manstein vor dem Führer seine Vorstellungen von einer erfolgversprechenden Offensiv-Strategie aus. Hitler war begeistert. Schon am nächsten Tag legte er den Plan als seine eigene Arbeit dem OKH vor. Ende Februar 1940 waren die neuen Pläne fertiggestellt. Den Schwerpunkt des Angriffs hatte man zur Heeresgruppe A nach Süden verlagert. Der Heeresgruppe B fiel die Aufgabe zu, mit dem roten Tuch den Stier zu locken. Sollte der französische Generalstab auf dieses Täuschungsmanöver hereinfallen, würde die Heeresgruppe A in der Linie einer Sichel den Gegner von hinten umfassen. Die Franzosen säßen in der Falle. Der Hauptstoß sollte von Guderians drei Panzerdivisionen, dem Eliteregiment »Großdeutschland« und von Wietersheims XIV. motorisiertem Korps bei Sedan erfolgen. Von Guderians rechter Flanke sollte das XXXXI. Panzerkorps Reinhardt mit zwei Divisionen auf Montherme zustoßen. Guderians drei und Reinhardts zwei Panzerdivisionen sowie das

Regiment »Großdeutschland« und Wietersheims XIV. Korps waren in der Panzergruppe Kleist zusammengefaßt.
Auf Hitlers persönliche Initiative wurde die Masse der Panzer III und IV, die mit Geschützen ausgestattet waren, von Küchlers 18. Armee, wo man sie kaum brauchen würde, abgezogen und der Heeresgruppe von Rundstedt zugeteilt. Hier würden sie nützlicher sein, wenn es darum ging, die gegnerischen Bunker an der Maas zu bekämpfen.
Von der Heeresgruppe C erhofften sich die Strategen im OKH und Hitler, daß sie die vier Armeen der Franzosen an der Maginot-Linie binden würden. Damit wäre verhindert, daß sie als Reserve in den beabsichtigten Durchbruch bei Sedan geworfen werden könnten.
Dem französischen Nachrichtendienst entging die Umgruppierung der deutschen Truppenverbände keineswegs. Aber seinen Nachrichten wurde im Generalstab keine Aufmerksamkeit geschenkt. Auch die Holländer machten sich wenig Sorgen. Dabei hatten sie einen gutinformierten Mann in der deutschen Abwehr des Admirals Canaris, der sie laufend über die deutschen Angriffspläne unterrichtete: Oberst Hans Oster, 40, überzeugter Gegner Hitlers und einer der engsten Vertrauten des Admirals Canaris, war durch seine führende Stellung in der Abwehr über die deutschen Angriffspläne so gut informiert, daß er sogar Datum und Uhrzeit wußte.
Oster hatte einen Freund in Berlin, den holländischen Militärattaché Oberst Sas. Oster warnte den Holländer vier Mal. Doch jedesmal wurde von Hitler der Angriffstermin verschoben.
Am 9. Mai 1940, abends, trafen sich Oster und Sas wieder. Diesmal sagte der deutsche Abwehrmann die Invasion für den kommenden Morgen voraus. Unterdessen war er aber selbst skeptisch geworden und meinte, daß vielleicht auch diesmal wieder der Angriffstermin verschoben werden würde. Wenn jedoch bis 21.30 Uhr kein Gegenbefehl käme, würde die Invasion mit Sicherheit am nächsten Morgen erfolgen. Kurz nach 21.30 Uhr fuhren die beiden Obersten zum OKW. Während der Holländer im Wagen wartete, ging Oster in das Gebäude. Nach einer knappen Viertelstunde kam er zurück und sagte: »Das Schwein (Hitler) ist an die Westfront abgedampft . . . hoffen wir, daß wir uns nach dem Kriege wiedertreffen.«
Sas fuhr in die holländische Botschaft zurück und rief das Verteidigungsministerium in Den Haag an. Er gab ein vorher vereinbartes Code-Wort durch, das den unmittelbar bevorstehenden Angriff der Deutschen signalisierte.
Gegen 23.30 Uhr rief der Chef des holländischen Nachrichtendienstes bei Sas zurück. Zweifelnd fragte er: »Ich habe eben die bedauerliche Nachricht von der dringend notwendigen Operation Ihrer Frau erhalten. Haben Sie jetzt mit allen Ärzten gesprochen?« Das bedeutete, man glaubte ihm nicht. Wütend sagte Sas: »Ich verstehe nicht, wie Sie mich unter diesen Umständen belästigen können. Sie wissen es jetzt. Die Operation ist nicht mehr zu vermeiden. Ich habe mit allen Ärzten gesprochen. Sie findet morgen früh im Morgengrauen statt.« Erstaunlich genug, daß die Telefonüberwachung des deutschen Nachrichtendienstes, die sicherlich auch die Leitungen der holländischen Botschaft kontrollierte, dieses Gespräch anstandslos durchgehen ließ. Doch die holländischen Militärs reagierten erst um 3 Uhr morgens: Sie ließen die Grenzbrücken sprengen.
Das war exakt um die Zeit, als die deutschen Botschafter in Brüssel und Den Haag den beiden Regierungen ein Memorandum der Reichsregierung überreichten, in dem der deutsche Angriff angekündigt wurde: Um einer geplanten französisch-englischen Aktion zuvorzukommen.
Die Franzosen, die schon seit 1 Uhr am 10. Mai von der bevorstehenden Invasion durch die Deutschen wußten, schienen in blinder Vertrauensseligkeit immer noch darauf zu hoffen, daß der Kelch an ihnen vorübergehe. Im Hauptquartier des französischen Generalstabes in Vincennes bei Paris liefen seit Mitternacht alarmierende Nachrichten des Deuxième Bureau ein. Vor allem an Luxemburgs Grenze

»Vor dem Westfeldzug«, schreibt Heinz Guderian (oben) in seinen Erinnerungen, »ließ mich Manstein zu sich bitten und setzte mir seinen Gedanken auseinander, mit starken Panzerkräften durch Luxemburg und Südbelgien gegen die verlängerte Maginot-Linie bei Sedan vorzugehen, diese befestigte Front zu durchstoßen und sodann den Durchbruch durch die französische Front zu vollenden. Er bat mich um Prüfung seines Vorschlages vom Standpunkt des Panzermannes. Nach eingehendem Kartenstudium und auf Grund eigener Kenntnis des Geländes aus dem Ersten Weltkrieg konnte ich Manstein die Versicherung geben, daß die geplante Operation durchführbar sei.«

Rechte Seite: »Fallschirmjäger greifen ein. Angriffsziel: der Flugplatz westlich der Stadt. Im Nu sind nach der Landung die Fallschirme abgeschnallt. Sie bleiben liegen. Inzwischen sind auch die Materialbehälter angekommen. Wenige Minuten später sind die Truppen bewaffnet und gesammelt und treten zum Einsatz an, um den Flughafen in die Hand zu bekommen. Bald darauf setzen die Laufräder der schweren Transportmaschinen auf dem Rollfeld auf. Gemeinsam werden jetzt Fallschirmjäger und Luftlandetruppen für weitere Aufgaben eingesetzt.« (Originalunterschrift der PK-Zeichnungen von Hans Liska)

wurden verdächtige Truppenbewegungen der Deutschen beobachtet. Doch erst um fünf Uhr morgens, als Generalstabschef Gamelin durch seinen Chefadjutanten, Oberst Petitbon, vom bevorstehenden deutschen Angriff informiert wurde, glaubte er, was er zuvor nicht hatte glauben wollen. Aber es vergingen noch einmal zwei Stunden, bis der Zauderer Gamelin endlich seinen Truppen den Befehl gab, auf die Dyle-Breda-Linie vorzurücken.
Wertvolle Stunden, die den Franzosen gegen die schnellen deutschen Truppen bald fehlen sollten.

Die französische Führung hatte zunächst von der Besatzung eines Aufklärungsflugzeuges, später auch von mehreren Führungsstäben der Landstreitkräfte merkwürdige Meldungen über den Vormarsch deutscher Panzer durch die Ardennen erhalten, jedoch nur kopfschüttelnd zur Kenntnis genommen: Eine nennenswerte Gefahr konnte nicht dahinterstecken. Die Entscheidungsschlacht – soviel schien erkennbar – mußte im Norden kommen, dort waren die Deutschen tief in Holland und Belgien eingefallen. Holland stand vor der Kapitulation, wie sich erkennen ließ.
Der französische Generalissimus Gamelin tat genau das, was der deutsche Generalstab dringend wünschte: Er verschob seine Hauptmacht, die Heeresgruppe 1 unter General Billotte (30 Infanterie- und 14 motorisierte oder gepanzerte Divisionen), dazu die drei Korps der britischen Expeditionsarmee, nach Nordosten, um den bedrohten Belgiern Hilfe zu leisten.
Der Panzergruppe von Kleist stand die 9. französische Armee mit neuneinhalb Divisionen gegenüber – immerhin eine beträchtliche Streitkraft, zumal auch noch im Raum Sedan–Longuyon die 2. französische Armee mit knapp acht Divisionen ihre Stellungen bezogen hatte. Ausgerechnet nach Sedan hatte die Panzergruppe Kleist zu marschieren.
Unheil stand ohnedies dem Kommandierenden General des XIX. Korps, Heinz Guderian, ins Haus: Er stand in seinem Gefechtsstand im Hotel Panorama, als französische Bomber eine in der Nähe befindliche Brücke angriffen. Durch die Erschütterungen der Bombendetonationen fiel ein an der Wand hängender riesiger Wildschweinkopf krachend wenige Zentimeter neben Guderians Kopf auf den Kartentisch. Nicht viel fehlte, und die Karriere von Deutschlands größtem Panzergeneral wäre unter einer Jagdtrophäe begraben worden.
Guderians Panzer rollten klirrend weiter, noch immer von der französischen Führung kaum beachtet: Sechzig Stunden nach Beginn des Westfeldzuges hatten die Spitzen der 1. Panzerdivision die Maas erreicht – im Raum von Sedan, wo 1870 der französische Kaiser Napoleon III. in deutsche Gefangenschaft geraten war.
Die Weltöffentlichkeit erfuhr nichts über den Vorstoß durch die Ardennen: Adolf Hitler hatte angeordnet, im Wehrmachtsbericht die Operationen in den Niederlanden und um Lüttich groß herauszustellen, die Ardennenoffensive jedoch mit keinem Wort zu erwähnen. In der Führerweisung Nr. 11 vom 14. Mai hieß es: »Der bisherige Verlauf der Offensive ergibt, daß der Feind den Grundgedanken unserer Operation nicht rechtzeitig erkannt hat. Er führt noch immer starke Kräfte gegen die Linie Antwerpen – Namur und scheint den Abschnitt vor der Heeresgruppe A zu vernachlässigen.«
Zur Heeresgruppe A gehörte die Panzergruppe Kleist und zu dieser das XIX. Panzerkorps des Generals Guderian.
Guderian hatte am 12. Mai den Befehl erhalten, am nächsten Tag um 16 Uhr beiderseits Sedan die Maas zu überschreiten, einen Brückenkopf zu bilden, eine beherrschende Höhe, ein Dorf und den Wald von Marfée zu nehmen.
Guderians Proteste fruchteten nichts: Er war weiß Gott ein Mann des schnellen Vorpreschens, doch jetzt waren seine Truppen abgehetzt, eine Division hing noch weit zurück, und das Regiment »Großdeutschland« befand sich sogar noch auf belgischem Gebiet. Der Befehl zum Maasübergang aber war von Hitler selbst erteilt worden. Erstmalig hatte er begonnen, selbst als »Feldherr« in die Operationen der Wehrmacht einzugreifen. Er glaubte sich dazu legitimiert zu haben: Die Offensive gegen Frankreich verlief großartig – und die Masse seiner Generale hatte Angst davor gehabt. Er, Hitler, hatte entscheidend am Operationsplan mitgearbeitet und die Ideen Mansteins gutgeheißen. Er hatte auch Ideen zu den Einzeloperationen in Belgien und Holland beigesteuert und die Gedanken zur Eroberung von Eben Emael gutgeheißen. Adolf Hitler, der Gefreite des Ersten Weltkrieges, fühlte nun seine Feldherrnbefähigung. Seinem Selbstgefühl tat es wohl, Generalen Befehle erteilen zu können und zu wissen, daß er bessere Einfälle habe als diese.
Als Guderian noch schimpfte, dann aber doch an die Vorbereitung des befohlenen Maasübergangs ging – wenigstens einige Stunden mehr hatte er dafür vergeblich verlangt –, begann die wilde Jagd des Generalmajors Erwin Rommel. Zusammen mit der 5. Panzerdivision bildete die von ihm geführte 7. Panzerdivision das XV. Armeekorps, das im Zuge der beginnenden Sedan-Operation den Befehl erhalten hatte, aus dem Bereitstellungsraum 40 Kilometer südlich Lüttich heraus an die Maas vorzustoßen.
Rommel tat dabei etwas, was nahezu alle Erkenntnisse über den Panzerkampf und viele taktische Regeln gröblich verletzte: Er preschte mit seiner ganzen Division mitten in die Nacht hinein und kurzerhand durch die feindlichen Linien hindurch. Einen nächtlichen Panzerangriff hatten die Experten bislang für unmöglich gehalten. Als unmöglich galt es auch, daß Panzer während der Fahrt schossen. Rommel befahl in voller Fahrt zu feuern, sobald sich der Feind zeigte. Die Treffgenauigkeit war minimal, doch die moralische Wirkung zermürbte den Gegner. Verwirrt blieben die französischen Truppen zurück, als – Gespenstern gleich – die deutschen Panzer wild mit Kanonen und Maschinengewehren schießend aus der Dunkelheit herausbrachen, Blitz und Donner spien und sogleich wieder verschwanden. Rommels Großverband erhielt in jener Nacht seinen Ehrennamen: »Gespensterdivision«. Sie tobte ohne Rücksicht auf die Sicherheit ihrer eigenen Flanken mitten durch feindliches Gebiet bis an die Ausläufer der Maginotlinie. Am 12. Mai um 16 Uhr hatte Rommels Vorausabteilung bereits die Maas bei Dinant erreicht, die Stadt kampflos besetzt, doch gelang es den Franzosen, die Maasbrücke im letzten Augenblick in die Luft zu sprengen.
Auf der anderen Seite der Maas standen Rommels Soldaten zwei französische Divisionen gegenüber – im Feuer ihrer Waffen den Fluß zu überqueren, mußte eigentlich einem Massenselbstmord gleichkommen. Allerdings: Die Soldaten der einen französischen Division waren gerade erst nach einem Gewaltmarsch von 100 Kilometern – zu Fuß und nicht etwa auf Lastwagen verladen – erschöpft in ihren Stellungen angekommen. Die Angehörigen der anderen Divisionen waren teils zerstreut auf verschiedenen Übungsplätzen, teils auf Urlaub; niemand hatte mit einem überraschenden Feldzugsbeginn und schon gar nicht einem plötzlichen Erscheinen deutscher Panzer an dieser ruhigen Front gerechnet, auch der Kommandeur der 18. französischen Infanteriedivision nicht – der hielt sich in Besançon bei seiner Familie auf. Er erreichte erst anderntags seine Division und fand nur zwei Bataillone vor, mit denen er 20 km Frontbreite decken sollte, sieben weitere Bataillone befanden sich erst im Anmarsch. Im Verlauf des Abends trafen hingegen die Kampfteile der Rommelschen 7. Panzerdivision vollständig ein. Um 4 Uhr morgens, am 13. Mai, versuchte das zu Rommels Division gehörende Schützenregiment 7 den Maasübergang mit Sturmbooten. Bei Dinant erlitten die deutschen Schützen erhebliche Verluste; die französischen Soldaten mochten überrascht und ermattet gewesen sein – ihr Feuer lag jedenfalls gut. Verluste auch bei Leffe, wo eine deutsche Kompanie zwar das jenseitige Ufer erreichte, dann aber nicht mehr vorankam.
Aber das Kradschützenbataillon 4 – Rommels Aufklärungsverband – hatte eine äu-

ßerst wichtige Entdeckung gemeldet: Die Schleuse Nr. 5 an der Maasinsel Houx war nicht nur nicht gesprengt worden, die französische Führung hatte auch in der Verwirrung vergessen, sie militärisch sichern zu lassen. So kam es, daß am 13. Mai beim Einbruch der Dunkelheit die Soldaten von Rommels »Gespensterdivision« einer nach dem anderen die Schleuse überschritten, mitten unter ihnen Erwin Rommel. Im Morgengrauen drangen die Deutschen bereits in das Dorf Grange und in den Surinvaux-Wald ein. Drei französische Gegenstöße kamen entweder gar nicht in Gang oder verpufften wirkungslos.

Wenig später gelang es auch der deutschen 6. Panzerdivision, bei Monthermé einen Brückenkopf zu bilden: Eine einzige französische Kompanie hatte auf dem jenseitigen Ufer eine sieben Kilometer lange Flußschleife verteidigen sollen – ein Luftangriff fügte ihr starke Verluste zu. Die deutschen Soldaten konnten danach über eine nur teilweise zerstörte Brücke die Maas überschreiten.

Den Hauptschlag über den Fluß hinweg aber führte das Korps Guderian. Ein Flußübergang ist eine der schwierigsten militärischen Operationen und setzt eine lange, exakte Vorbereitung voraus. Wenn aber Guderian eines nicht besaß, dann war es Zeit. Noch etwas besaß er nicht: ausreichende Artilleriekräfte. Fürs letztere aber gab es Ersatz. General Sperrle, Befehlshaber der Luftflotte 3, ließ ihm die stärkste Feuerunterstützung aus der Luft zukommen, die Landstreitkräfte bis dahin erhalten hatten.

Es war nicht einmal genügend Zeit vorhanden, die Befehle über die auf die Minuten übereinstimmenden Einsätze

Bild oben: Panzerjäger schützen das Übersetzen der Infanterie.
Bild Mitte: Mit erhobenen Händen ergeben sich französische Soldaten dem Feind. Nicht nur von der Taktik und der Strategie her gesehen, auch was die Kampfmoral anbelangte, waren die deutschen Soldaten den Franzosen überlegen.
Bild rechts: Schwere Artillerie wird in Stellung gebracht. »Hart und mühsam ist die Arbeit der Kanoniere. Jeder Mann muß zupacken.« (Originalunterschrift)

»Es geht feindwärts! Neben meiner Maschine, erzählt unser Berichterstatter weiter, fliegt die erste Kette. Ich darf und will sie mit meiner Kamera verfolgen, bis die Bomben fallen. Jetzt sind wir schon hoch über den Wolken und ›meine‹ Kette steht unter mir. Eben wechselt sie Kurs. Im Lärm des eigenen Motors härt man sie nicht; sie scheinen ruhig und lautlos wie Raubvögel über die Landschaft hinzuschweben, scharfäugig, beutegierig, angriffslustig. Wir müssen bald am Ziel sein – da bricht schon ein Stuka aus! Die Maschine kippt über die Tragfläche, setzt zum Sturzflug an . . . stößt mitten durch eine milchige Wolkenwand auf ihr Ziel zu, fliegt steiler und steiler, stellt sich auf den Kopf, stürzt fast senkrecht und jetzt – der Höhepunkt der Spannung für den Flugzeugführer ist gekommen: Die Maschine liegt im Ziel, er löst die Bomben. Um Zentner leichter fängt sich die Maschine wieder und steigt über die Wolkendecke. Der Kampfauftrag ist erfüllt, bald klettert der Flugzeugführer aus dem Sitz, um seine Meldung zu machen . . .« (Bilder und Texte aus der Propaganda-Illustrierten »Signal«)

von Luftwaffen- und Heeresverbänden schriftlich herauszugeben. Doch in Guderians Stab entsann man sich eines vor kurzem stattgefundenen Kriegsspiels mit einer ganz ähnlichen Lage. So wurden aus den Aktenkisten die Ordner des Kriegsspiels ausgekramt, die darin befindlichen Befehle entnommen und lediglich die Uhrzeiten umgeändert.

Um 16 Uhr begann die Schlacht von Sedan. Es war keineswegs eine Panzerschlacht, sondern vielmehr ein Kampf der Luftwaffe, der Pioniere und der Flugabwehrkanonen, vornehmlich der 8,8-Flak, die jedoch nicht gegen Luftziele, sondern gegen die Scharten französischer Bunker gerichtet waren.

Die Eile des Aufmarsches war von der oberen Führung bis nach unten zu spüren: Es ging alles durcheinander. Stockungen auf engen Waldpfaden. Fahrer fluchten. Kradmelder holperten quer durch den Wald über Baumwurzeln. Offiziere brüllten nach ihren Einheiten. Die 1. Kompanie der Sturmpioniere 43 wurde für den Angriff dem I. Bataillon des Schützenregiments 1 unterstellt. Aber wo war dieses Bataillon? Melder hetzten durchs Unterholz, der Kompaniechef gab Vorbefehle, suchte schließlich selbst und fand es endlich – eine Stunde vor Angriffsbeginn.

In hektischer Eile schleppten nun die Sturmpioniere ihre gesamte Ausrüstung plus Waffen und Munition in den Bereitstellungsraum, in dem bereits Floßsäcke bereitgestellt waren. Auf die große Eile folgte das große Warten. Von 15 bis 16 Uhr flogen die Sturzkampfbomberverbände an, kippten ab, Maschine nach Maschine, heulten der Erde entgegen, schmetterten ihre Bomben auf die französischen Bunker und rauschten im Tiefflug von dannen. Jenseits der Maas stand eine dunkle Rauchwand, und der Boden zitterte.

Gerade als die letzten Stukas abdrehten und die Franzosen aus zwei Bunkern wieder zu schießen begannen, erschien der Sturmboot-Lkw der Sturmpioniere auf der freien Fläche und lud seine drei Boote ab, ohne sich um das französische Feuer zu scheren. Noch einmal kreuzten die Stukas auf und zerbombten die zwei noch feuernden Bunker. Es hätte losgehen können. Aber der Übersetzbefehl erging erst um 16.30 Uhr.

Da rannten die Pioniere mit den Floßsäkken ans Ufer, schoben sie ins Wasser, die Schützengruppen jumpten hinein, und ab ging es im Takt der Paddelschläge.

Dank der Stukaangriffe war das Abwehrfeuer nur noch kümmerlich. Drüben nahmen sich die Sturmpioniere jene Kampfstände und Bunker vor, die von den Stukas nicht erfaßt worden waren. Mit Flammenwerfern und Hohlladungen bepackt sprangen die Pioniere durch französisches Artilleriefeuer. Die französischen Soldaten – zermürbt von den Stukaangriffen – ergaben sich kampflos.

Am linken Flügel des Angriffskeils war es freilich gar nicht glattgegangen. Dort war der Bereitstellungsraum der 1. Kompanie des Panzerpionierbataillons 49 systematisch von den Geschossen der französischen Artillerie umgepflügt worden. 29 Pioniere wurden getötet oder verwundet. Von 52 kleinen Floßsäcken blieben nur zwei benutzbar. Doch der Feldwebel Walter Rubarth von der 2. Kompanie dieses Bataillons schaffte es, mit einer Gruppe seines Zuges zunächst überhaupt erst einmal in die Nähe des Ufers zu gelangen, nämlich in den Park eines Landhauses bei Balan. Seine Pioniere schleppten zwei kleine Schlauchboote und Sprengmittel nach. Sodann sprang Rubarth mit elf Mann und den zwei Booten im Zickzack durch das französische Feuer über eine vom Feind eingesehene überschwemmte Wiese bis ans Ufer. Er erreichte es mit acht Mann. Dann paddelten sie um ihr Leben, und wer nicht paddelte, der schoß auf das feuerspeiende Westufer. Wunderbarerweise gelangten sie alle heil über den Fluß, sprangen in den toten Schußwinkel der Bunker und sprengten mit geballten Ladungen eine 300 Meter breite Bresche in die Bunkerlinie. Ein Unteroffizier fiel, zwei Mann wurden verwundet. Inzwischen setzten Pioniere und Infanteristen über. Die Höhen von Wadelincourt fielen in deutsche Hand. Die 10. Panzerdivision rückte über die Maas nach.

Die ganze Nacht hindurch schufteten nun Pioniere am Bau von Brücken und Fähren, aber erst am Morgen konnte der erste Panzer des Korps Guderian übersetzen. Bei Tagesanbruch hatten das Schützenregiment 1 und das Infanterieregiment »Großdeutschland« bereits einen fünf Kilometer breiten und zehn Kilometer tiefen Brückenkopf gebildet. Guderian befand sich schon längst an Ort und Stelle – er hatte sich am Abend in einem Sturmboot über die Maas bringen lassen.

Aber auch Generalmajor Rommel hatte Probleme, seine 250 Panzer über die Maas zu bringen. Seine Pioniere bauten zwar an einer 8-Tonnen-Kriegsbrücke, Rommel wollte aber auch noch eine 16-Tonnen-Brücke für seine Panzer haben. Er holte heran, wer immer helfen konnte, und stieg selbst ins Wasser, um Brückenbohlen zu verlegen. In den frühen Morgenstunden des 14. Mai rollten die ersten vierzehn Panzer bei Dinant über die Maas.

Die französische Führung hatte mit Gelassenheit den deutschen Vorstoß nach Sedan zur Kenntnis genommen. General Grandsard, Kommandierender General des X. französischen Korps, hatte die Ansicht vertreten, daß die Deutschen Wochen und Monate benötigen, um einen Angriff vorzubereiten. Auch war ihm und anderen Generalen klar, daß die Deutschen mit Panzern gekommen waren, die schließlich nicht schwimmen konnten.

Als dann aber die Dinge plötzlich ganz anders liefen, die Deutschen die Maas erst mit Infanterie und Pionieren überwanden, dann aber auch mit Panzern, als die 8,8-Flak präzise die Schießscharten der Bunker traf und die Stukas vom Himmel heulten, da brach mit einem Male die französische Front zusammen. Es war eine seelische Reaktion, eine Panik, entstanden aus dem Zusammenprall von Illusion und Wirklichkeit.

Als der Pionierfeldwebel Rubarth mit seinen acht Soldaten die Maas bei Sedan überquert hatte und ihm schließlich einige Floßsäcke, besetzt mit Pionieren und Infanteristen, nachfolgten, zählten französische Artilleriebeobachter durch ihre Scherenfernrohre die deutschen Maasüberquerer: Es waren genau 40 Mann. Dies wurde auf dem Dienstweg weitergemeldet. Am Abend erreichte diese Nachricht den Oberbefehlshaber der 2. französischen Armee, den General Huntziger. Er stand nicht, wie Guderian, in vorderster Linie unter seinen Soldaten, er stand auch nicht, wie Rommel, bis zu den Hüften im Wasser, um eine Brücke zu bauen, nein, er dinierte in seiner Befehlsstelle in Senuc, 50 Kilometer hinter der Front. Als er die Meldung las: »Vierzig Deutsche haben die Maas bei Wadelincourt überschritten . . .« sagte der General Huntziger nur: »Das sind vierzig Gefangene für uns.«

Tatsächlich aber brach etwa zu diesem Zeitpunkt erst der linke Flügel der französischen 2. Armee zusammen, dann die 2. und die 9. Armee und schließlich die ganze französische Nation.

Wahrscheinlich begann die Katastrophe in dem 100-Einwohner-Dorf Bulson unterhalb des Marfée-Waldes. Dort hausten seit nunmehr neun Monaten die Artilleristen einer Batterie von Langrohrgeschützen in Untätigkeit. Erst am 12. Mai erfuhren sie, daß die Deutschen in der Nähe seien. Am Morgen des 13. Mai aber wurde die Batterie plötzlich von Stukas angegriffen. Die Verluste waren gering, doch die Kanoniere hatten sich in den nahen Wald verkrochen und wollten von dort auch nicht mehr weg. Ihre Angst steckte die Artilleristen der in der Nähe stehen-

In Brand geschossene englische Panzer sind außer Gefecht gesetzt. Als sich Frankreichs Niederlage bereits deutlich abzeichnete, versuchte der britische Premierminister Winston Churchill, die Franzosen zum Kampf »vor Paris, in Paris und hinter Paris« zu ermuntern. Die Royal Air Force aber schickte er den verbündeten Franzosen nicht zu Hilfe. Sie war Englands letzter Trumpf in der zu erwartenden Auseinandersetzung mit Deutschland.

den Batterien an. Auf einmal brach eine Panik aus, die zu wilder Flucht führte: Die Straßen von Bulson nach Chémery wie nach Maisoncelles füllten sich mit den Artilleristen von fünf verschiedenen Regimentern. Der Fluchtbewegung schlossen sich flugs Sanitäts- und Fernmeldepersonal, Troßsoldaten und Ordonnanzen an. Die Panik war ansteckend wie die asiatische Grippe. Gerüchte schwirrten: »Deutsche Panzer in Bulson!« Es stimmte nicht. Die Panzer waren noch gar nicht über die Maas gekommen. In den Brükkenköpfen befanden sich Infanteristen und Pioniere. Mit starken Feuerschlägen der Artillerie und entschlossenen Gegenangriffen hätten die Franzosen die wenigen über die Maas gelangten Deutschen tatsächlich gefangennehmen können. Aber die Artilleristen befanden sich auf der Flucht ebenso wie die Fernmelder, die wichtige Meldungen hätten durchgeben sollen.

Doch der Panzerschreck ging um, das Gerücht vom Herannahen der deutschen Panzer drang in Gefechtsstände, die daraufhin hastig geräumt wurden. Es pflanzte sich fort von Regiment zu Regiment, hin zu weit entfernten Truppenteilen, die noch keinen Schuß gehört, keinen Feind gesehen hatten – und alle infizierten sich an der Angst, und diese Angst steckte die Zivilbevölkerung an, die rasch einige Habseligkeiten zusammenzuraffen begann und sich den Elendskolonnen anschloß, die alsbald nicht nur im Raum Sedan über die Straßen zu ziehen begannen.

Die französische Armee, keinesfalls in der Schlacht besiegt und immer noch im Besitz ihrer schweren Waffen, zahlenmäßig stärker als die deutsche, bewegte sich rückwärts, als sei sie zerschlagen.

Die Straßen waren verstopft, Zivilisten mit Pferdekarren, Autos, Viehherden und Handkarren verknäuelten sich mit Militärkolonnen – mit solchen, die in haltloser Panik zurückgingen und solchen, die entschlossen an die Front wollten. Die Franzosen fühlten eine Niederlage, die sie gar nicht erlitten hatten, die aber nun unaufhaltsam auf sie zukam und zur Zwangsvorstellung eines ganzen Volkes anwuchs.

Die deutschen Truppen aber stießen weiter über Sedan hinaus. Die 1. Kompanie des Sturmpionierbataillons 43 hatte mit viel Mühe ihre im Forêt de Sedan abgestellten Fahrzeuge aus dem allgemeinen Durcheinander herausgelöst, saß auf, fuhr einige Kilometer und mußte vor Chémery schon wieder absitzen: Französische Truppen – vom Chaos ringsum nicht angesteckt – leisteten hartnäckigen Widerstand. Pioniere und Infanteristen kämmten den Wald durch, es kam zu hartnäckigen Kämpfen. Kurz vor Chémery stießen deutsche Panzer vor – die Franzosen verteidigten sich nun aus Widerstandsnestern im Ort. Stukas sollten sie zerbomben, doch sie kamen nicht sofort. Ungestüm drängte deshalb der Kommandeur des Sturmpionierbataillons 43 vorwärts und drang mit der 1. Kompanie in Chémery ein. Just in diesem Moment heulten die Stukas vom Himmel herab und klinkten ihre Bomben aus. Vier Pioniere waren sofort tot, fünf verwundet. Oberstleutnant Mahler, der Kommandeur, verblutete auf dem Marktplatz – ein deutscher Bombensplitter hatte ihm die Oberschenkelschlagader zerfetzt.

Verluste auch in den folgenden Tagen:

DER AUFMARSCH ZUR SCHLACHT UM FRANKREICH

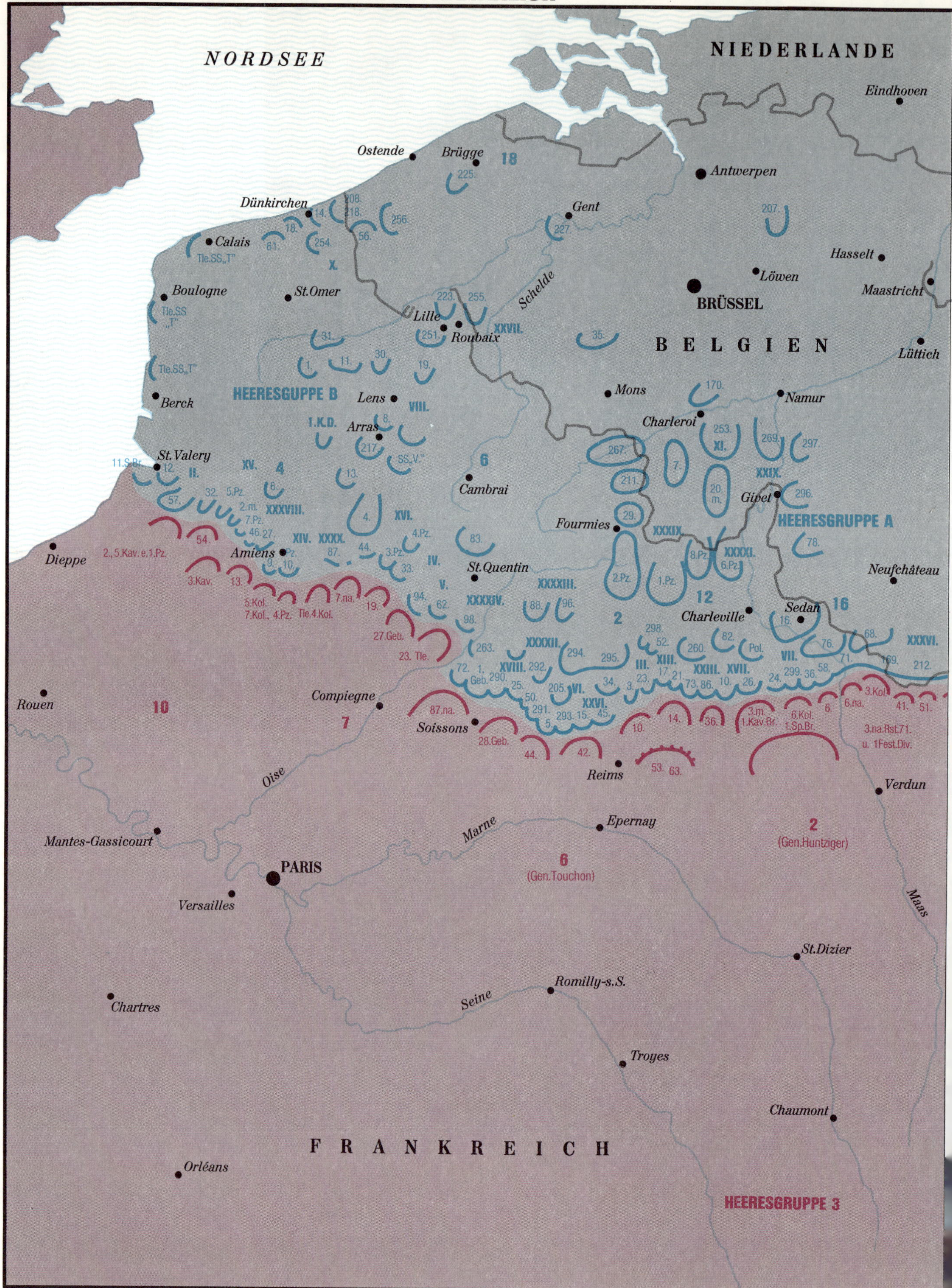

5.Juni 1940

Deutsche
Franzosen
Briten
0
100 km
Maas
Düsseldorf
Köln
DEUTSCHES REICH
22.
Aachen
RHEIN
Malmedy
206.
Stadtkyll
Koblenz
HEERESGRUPPE C
Mosel
Bad Schwalbach
Frankfurt
Main
Mainz
164.
Bitburg
1
Bad Kreuznach
LUXEMBURG
Trier
LUXEMBURG
Worms
183.
XXXI.
161.
162.
197.
168.
Ludwigshafen
Mannheim
79.
Kaiserslautern
58.
198.
20.
167.
2. Fest.Div.
56.
Saar
XXX.
XII.
Neckar
XXIV.
268.
Pirmasens
Saarbrücken
XXXVII.
258.
75.
60.
252.
257.
262.
215.
RHEIN
2 Fest.Div.
3
(Gen.Condé)
Metz
Tle.52.
2Fest.Div.
246.
Karlsruhe
Tle.30.Geb.
4
(Gen.Requin)
3.Fest.Div.Tle.70.
5
(Gen.Bourret)
Stuttgart
555.
XXV.
1.Fest.-Div.
557.
Toul
Luneville
Straßburg
Freudenstadt
7
DONAU
Meurthe
XXVII.
HEERESGRUPPE 2
218.
554.
2/3 221.
2/3 213.
1/3 221
3.Fest.-Div.
Epinal
1/3 213.
Colmar
8
(Gen.Garchery)
Freiburg
239.
556.
Mülhausen
67.
Belfort
SCHWEIZ

Bei Stonne griffen die Franzosen erneut an, und – sobald sie gut geführt wurden – kämpften sie zäh und tapfer. Der Chef der 1. Kompanie erhielt einen Beckenschuß, die Sturmpioniere standen mehrfach in Nahkämpfen, und der Unteroffizier Sperrhake knackte als erster Soldat der Kompanie einen Panzer.
Das geschah, als die 3. französische Panzerdivision auf dem Gefechtsfeld erschien – eine der drei jüngst aufgestellten französischen Panzerdivisionen. Sie hatten mit den deutschen Panzerverbänden wenig gemein: Die französischen Panzerführer waren im hohen Maße von höheren Befehlsstellen abhängig. Die Divisionskommandeure führten keinesfalls von vorn – schon weil nicht alle Panzer über Funkgeräte verfügten, hinzu kam das unsinnige Verbot, miteinander im Sprechfunk zu verkehren. Verheerend war außerdem das Nachschubsystem: Dort, wo die Panzer fuhren, fehlten die Benzintankwagen, die ihrerseits keine Ahnung hatten, wo die Panzer zu finden sein könnten.
Guderian stieß mit allen Kräften über den Ardennen-Kanal hinweg nach Westen vor und drängte auf Bewegung. Das war eine seiner Lehren, die er aus dem Stellungskrieg des Ersten Weltkrieges gewonnen hatte. Solange man selbst in Bewegung bleibt – so erklärte er seinen Offizieren –, solange hält man auch den Feind in Bewegung und hindert ihn daran, sich festzusetzen.
Am 16. Mai trafen der französische und der deutsche Panzerexperte aufeinander – wenngleich unter von vornherein ungleichen Umständen: Charles de Gaulle – soeben zum Brigadegeneral befördert – versuchte mit der frisch aufgestellten 4. französischen Panzerdivision dem deutschen Panzer-Vater Guderian in die tief ausgedehnte linke Flanke zu fallen. Schnell zusammengeraffte Sperrverbände – Pioniere und Panzerjäger – schlugen den Angriff de Gaulles zurück. Einzelne Panzer des Generals de Gaulle brachen freilich weit durch und näherten sich dem Gefechtsstand des XIX., des Guderianschen Panzerkorps. Der Gefechtsstand war lediglich von 2-cm-Flak gesichert – Guderian verbrachte ein paar Stunden in Nervosität. Dann drehten die Panzer de Gaulles ab.
Sieben Tage hatte die Offensive bisher gedauert – der Durchbruch durch die französische Verteidigung war gelungen, der Weg zur Kanalküste frei.
Ausgerechnet zu diesem Zeitpunkt wurde Hitler von einer nahezu hysterischen Nervosität gepackt. Ihm erschien mit einem Male das rasche, erfolgreiche Vordringen geradezu unheimlich. Er witterte jetzt

Am 4. Juni 1940 war Operation »Dynamo«, die Einschiffung der bei Dünkirchen eingeschlossenen englischen und französischen Streitkräfte, beendet. Deutsche Truppen rückten in die völlig zerbombte Stadt ein (unser Bild zeigt deutsche Zerstörer über der bombardierten und beschossenen Stadt). Hitler nannte in einer »Proklamation an das deutsche Volk« Dünkirchen das siegreiche Ende der »größten

Schlacht aller Zeiten«, Churchill sagte im britischen Unterhaus: »Die Geschichte vom Dünkirchner Strand wird aus allen Berichten hervorstrahlen, die einst von unserer Zeit künden werden.«

Gefahren für die weit überdehnten Flanken und die Versorgung der vorprellenden Panzereinheiten.
Am 17. Mai warf General von Kleist seinem Untergebenen, dem General Guderian, das zu flotte Vormarschieren vor. Guderian, bekannt für seine jähzornige Art, bat um Enthebung vom Kommando. Kleist stimmte prompt zu, doch Generaloberst von Rundstedt, Oberbefehlshaber der Heeresgruppe A, widersprach und schickte den schwäbischen Generalobersten List zu General Guderian. List erklärte ihm, daß Kleist auf eine Führerweisung hin gehandelt habe und, nicht wahr, einer Führerweisung müsse man unbedingt gehorchen. List verfügte: Guderian habe sein Kommando zu behalten, nicht so rasch vorzustoßen, sei aber berechtigt, »kampfkräftige Aufklärung« vorzutreiben.
Guderian verstand diesen Befehl richtig: Er trieb »kampfkräftige Aufklärung« vor – mit allem, was er hatte. Am 17. Mai stieß er in Richtung Kanalküste vor, überquerte die Oise, erreichte St. Quentin und am Mittag des 20. Mai Amiens. Dort nahmen deutsche Panzerbesatzungen eine britische Batterie gefangen – sie hatte mit Manöverkartuschen auf dem Standortübungsplatz Ausbildung betrieben und keine Ahnung von der Annäherung der Deutschen gehabt.
Wenig später, in der Nacht vom 20. zum 21. Mai, und damit zehn Tage nach Feldzugsbeginn, erreichte die erste deutsche Truppe die Kanalküste – ein Bataillon der 2. Panzerdivision. Das war Guderians »kampfkräftige Aufklärung«. Ihre Folge: Sofortige Besetzung der drei wichtigsten Kanalhäfen. Boulogne geriet bereits am 21. Mai in deutsche Hand, der Angriff auf Dünkirchen verschob sich, und der auf Calais gestaltete sich äußerst schwierig.
Die uns bereits vertraute 1. Kompanie des Sturmpionierbataillons 43 wurde dem Infanterieregiment 86 unterstellt. Der Leutnant Millert erhielt den Auftrag, mit seinem Zug das altertümliche, sternförmig gebaute Fort Risban zu stürmen. Doch schon der Bereitstellungsraum Les Baraques lag im Feuer französischer Maschinengewehre und Heckenschützen, so daß zunächst im Ortskampf Les Baraques gesäubert werden mußte. Zwei Pioniere fanden dabei den Tod, fünf wurden verwundet. Über den Badestrand hinweg, an Badehäuschen vorüber – ein friedlicher Platz, so schien es –, stürmten die Pioniere zur Mole und dann zum Fort. Leutnant Millert hängte an das große Zugangstor etwas, das er seinen »Schlüssel« nannte: eine geballte Ladung. Nach der Detonation riß er das Tor auf und stand – vor einer überlebensgroßen Bronzeplastik, die die Schlüsselübergabe im englisch-französischen Krieg 1347 darstellt. Es handelte sich um das berühmte Denkmal Rodins »Die Bürger von Calais«, das ins Fort ausgelagert worden war. Heute steht es wieder vor dem Rathaus von Calais.
Nur wenige Stunden vor dem Angriff auf Calais war die 30. britische Brigade in aller Eile von Südengland aus dorthin verlegt worden. Ihr Auftrag: Calais zu verteidigen und den Rückzug der britischen Streitkräfte auf das Festland zu unterstützen.
Als die 30. Brigade eintraf, wurde die Garnisonstruppe mit ihren zahlreichen Verwundeten gerade evakuiert. Der erste Blick der Neuankömmlinge galt einer Reihe von am Kai liegenden Toten. Die 30. Brigade hatte kaum Fahrzeuge und viel zu wenig Munition mitgebracht. Artillerieunterstützung vermochten nur einige Zerstörer zu gewähren. In der Stadt aber wimmelte es von Flüchtlingen, in den Kellern drängten sich Tausende demoralisierter, kampfunwilliger französischer und belgischer Soldaten.
Die 30. britische Brigade wurde ohne Vorausbildung im Straßenkampf sofort in einem neuen kilometerlangen Abschnitt eingesetzt. Es war heiß, und die Wasserversorgung brach zusammen. Die Briten glaubten, daß sie den Rückzug zu decken hätten und dann über See nach England zurückgebracht würden. Nach zweitägigem Kampf begann es sich aber herumzusprechen, daß die hoffnungslose Lage einen Kampf bis zum letzten Mann verlange. Die Briten fochten vier Tage lang gegen die 1., dann gegen die 10. Panzerdivision.
Am letzten Kampftag, dem 26. Mai, bestand das 1. Bataillon der Rifle Brigade noch aus 14 Offizieren und 290 Mann. Eine Kompanie war noch 30 Mann stark. Die Reste der Brigade hatten sich auf der Molenspitze verschanzt und wehrten sich mit äußerster Zähigkeit. Ihnen gegenüber lag der Pionierzug des Leutnants Millert, der über Funk mit den Stukafliegern Verbindung hielt. Millert und die Stukapiloten wandten einen erprobten Trick an: Eine Staffel Stukas sollte drei Anflüge mit scharfen Bomben, den nächsten Anflug aber nur mit Sirenengeheul und Zementbomben fliegen.
Das klappte. Wie vorher auch gingen die Engländer beim vierten Anflug in volle Deckung, die deutschen Pioniere stürmten jedoch vor, ohne Angst vor den Detonationen der Stukabomben haben zu müssen. Als die Stukas nach dem Zementbombenwurf abflogen, standen die Pioniere vor den Deckungslöchern der Briten

– denen blieb nur übrig die Hände hochzuheben.
Einigen Engländern gelang die Flucht: Von der Molenspitze stießen an die zwölf Paddel- und Ruderboote, voll besetzt mit Engländern, ab. Ein MG-Schütze der Pioniere wollte das Feuer eröffnen. Leutnant Millert legte ihm die Hand auf die Schulter: »Laß sie laufen, Junge! Sie werden es schwer haben, über den Kanal zu kommen! Gib ihnen die Chance!«
Es war dies eine Zeit, in der deutsche Panzerdivisionen durch Frankreich fuhren, wie Schiffsgeschwader durch die hohe See. Am 16. Mai tobte Rommels »Gespensterdivision« in einem 120 Kilometer weiten Nachtmarsch durch Frankreich. Am Morgen des 17. Mai hatte er 10 000 Kriegsgefangene eingebracht und an die 100 Panzer erbeutet. Die Verluste der Division: 35 Tote und 59 Verwundete.
Deutsche Panzer fuhren unbekümmert auch in der weiteren Umgebung von Paris – und nicht eine französische Division stand zur Verteidigung der Hauptstadt bereit. Doch offensichtlich waren die deutschen Panzermänner gar nicht auf einen Einmarsch erpicht.
In Paris kam es zu einer Umbildung der Regierung, und es trat am 20. Mai im französischen Oberkommando ein 73 Jahre alter General auf: der ehemalige Husarenoberst Louis Maxime Weygand. Er übernahm die Führung der französischen Streitkräfte. Der bisherige, mit nur geringer Machtvollkommenheit ausgestattete Generalissimus Gamelin wurde seines Postens enthoben. Gerade zu diesem Zeitpunkt erhielt Hitler die Meldung: ». . . 45 alliierte Divisionen sind in Flandern eingeschlossen.«

General Jodl notierte: »Der Führer ist ganz außer sich vor Freude.« Hitlers Stimmungen schwankten ganz erheblich. Noch am 17. Mai hatte General Halder, der Generalstabschef des Heeres, ins Tagebuch geschrieben: »Führer ungeheuer nervös.« Hitler hatte wieder einmal Angst um die überdehnten Flanken der Panzerverbände gehabt.
Als Guderians Panzer am Mittag des 21. Mai auf Boulogne zuschwenkten, geriet Hitlers Feldherrntum erneut ins Wanken. Er malte sich aus, was geschehen würde, wenn es bisher geheimgehaltene, von der Aufklärung nicht erfaßte französische Großverbände gäbe, die gegen Guderians Flanke vorstoßen könnten. Doch diese Verbände existierten nicht. Am Abend dieses Tages gab es Anlaß für weitere Angstträume: Im Führerhauptquartier Münstereifel gingen Tatarenmeldungen ein, wonach Rommels 7. Panzerdivision südostwärts Arras in schwerste Bedrängnis geraten sei. Tatsächlich hatten die Briten Rommels Panzer angegriffen, die ohne jeden Infanterieschutz waren. Unter erheblichen Verlusten mußten die Kampfwagen umdrehen. Rommel befand sich über eine Stunde lang, nur von einem Offizier begleitet, inmitten eines französischen Panzerrudels, entging jedoch der drohenden Gefangenschaft. Mehr ereignete sich freilich nicht. In der deutschen Führung war bereits von der »Krise bei Arras« die Rede.
Der zur Vorsicht neigende General von Kleist behielt daraufhin Guderians 10. Panzerdivision als Reserve zurück und schwächte so die Kampfkraft des XIX. Panzerkorps. Auch General Reinhardt, Kommandierender General des zur Panzergruppe Kleist gehörenden XII. Panzerkorps, ließ eine Division als Sicherung nach Osten aufmarschieren. Es war eine Kettenreaktion ausgelöst worden: Nun machte sich Generaloberst von Rundstedt, Oberbefehlshaber der Heeresgruppe A, Sorgen, die sofort auf Hitler übersprangen – und von Brauchitsch, der Oberbefehlshaber des Heeres, war nicht der geeignete Mann, diese Sorgen zu zerstreuen.
Die dem deutschen Volk offiziell anbefohlene Siegeszuversicht war an der Führungsspitze der Armee beileibe nicht anzutreffen – ausgerechnet zu einem Zeitpunkt, da diese Armee ihrem größten Sieg entgegensehen konnte.
Dennoch: Die Kanalhäfen Boulogne und Calais fielen, Guderian erhielt auch die von Kleist in Reserve gehaltene 10. Panzerdivision wieder und setzte am 24. Mai seine 1. Panzerdivision gegen den dritten Kanalhafen, gegen Dünkirchen, in Marsch. Zwei weitere Korps – die der Generale Reinhardt und Hoth – donnerten gleichfalls in Richtung Dünkirchen,

Das Zentrum einer französischen Stadt, mit Rathaus und Reiterstandbild, nach einem deutschen Angriff – Zeugnis für die Härte der Kämpfe, die immer dann einsetzten, wenn die Angst vor den deutschen Stukas und Panzern erst einmal überwunden war.

motorisierte Infanteriedivisionen folgten ihnen. Die große, kriegsentscheidende Vernichtungsschlacht schien sich anzubahnen.

Am 23. Mai war es auch dem Oberbefehlshaber der Luftwaffe, Hermann Göring, klar geworden, daß bei Dünkirchen die Masse der alliierten Truppen eingekesselt wurde. Göring war stolz auf die Leistung seiner Luftwaffe, die erheblichen Anteil an diesem bevorstehenden Sieg hatte. Die enge Zusammenarbeit von Horizontal- und Sturzbombern mit den Kampfverbänden des Heeres hatte sich ausgezahlt, aber auch die Wachsamkeit der Jagdflieger, die in den allermeisten Fällen das Heer aus der Luft gegen Feindangriffe abschirmten und auch die eigenen Bomberverbände gegen Feindflugzeuge schützten.

Hermann Göring wünschte den Ruhm seiner Luftwaffe ins Unermeßliche zu steigern und rief von seinem bei Polch in der Eifel stehenden Sonderzug aus seinen Führer Adolf Hitler an: »Mein Führer«, so soll Göring gesagt haben, »überlassen Sie die Zerschlagung des bei Dünkirchen eingekesselten Feindes mir und meiner Luftwaffe!«

Adolf Hitler, der Gefreite des Ersten Weltkrieges, erinnerte sich an das flandrische Kampfgelände, das er während einer Herbstregenzeit kennengelernt hatte, als die Schützengräben voller Wasser standen und die Trampelpfade voller Schlamm und Modder waren. Das konnte kein Gelände sein, um mit Panzern zu operieren. Freilich, auch der General Guderian kannte Flandern aus dem Ersten Weltkrieg her, und er verstand sehr viel von Panzern, er bedachte auch, daß es Mai sei und nicht November. Seine Panzer fuhren ohne Schwierigkeiten in diesem Gelände: Bis auf 18 Kilometer waren sie an Dünkirchen herangerollt. Die Einschließung der Stadt von der Landseite her war beendet.

Am 23. Mai hatte Generaloberst von Rundstedt für seine Heeresgruppe A einen Ruhetag befohlen: Panzer, Waffen und Gerät sollten gewartet und instand gesetzt werden. General von Kluge, Oberbefehlshaber der 4. Armee, die weitgehend aus marschierender Infanterie bestand, hatte ihm beigepflichtet.

Am 24. Mai besuchte Hitler den Generalobersten von Rundstedt in seinem Gefechtsstand und billigte diesen Ruhebefehl nicht nur, sondern erweiterte ihn: Die Panzer seien zu schonen für die nachfolgenden Operationen. Den Feindwiderstand in Dünkirchen werde die Luftwaffe brechen. Die Panzer hätten eine bestimmte Linie rund um Dünkirchen nicht zu überschreiten. Guderian schrieb darüber: »Wir waren sprachlos!«

In ganz entscheidender Weise hatte Hitler in die Befehlsführung eingegriffen und – wie sich freilich erst später herausstellen sollte – mit diesem Eingriff unmittelbar vor dem höchsten Sieg den Krieg gegen England verloren, ohne daß dies sofort zu erkennen war.

Es erhob sich sehr bald Widerspruch gegen die Entscheidung Hitlers. General Kesselring, Befehlshaber der Luftflotte 2, protestierte: »Diese Aufgabe ist mit meinen ausgepumpten Kräften gar nicht lösbar.«

Auch Halder, der Chef des Heeresgeneralstabes, widersprach energisch und wurde überstimmt.

Sehr bald erwies sich die Überforderung der Luftwaffe: Am 25. Mai attackierten französische Panzer die lange deutsche Südflanke bei Amiens. Das Kampfgeschwader 77 und das Stukageschwader 1 konnten nicht über Dünkirchen eingesetzt werden, sondern mußten als Krisenfeuerwehr gegen die französischen Panzer anfliegen.

Das Stukageschwader 77 wiederum mußte alliierte Artillerie bekämpfen, die einen deutsch besetzten französischen Fliegerhorst unter Feuer genommen hatte. Einzig das Stukageschwader 2 flog gegen

Dünkirchen, besser gegen britische Zerstörer im Seeraum vor dem Hafen. Doch der Sturzangriff gegen bewegliche Seeziele erwies sich als weit schwieriger und gefährlicher als jeder Stukaangriff auf Landziele. Hinzu kam, daß die modernen britischen Spitfire-Jagdflugzeuge von England her einen kürzeren Anflugweg hatten als die meisten deutschen Verbände. Die Spitfires aber wurden den langsamen und schwerfälligen Stukas des Typs Ju 87 sehr schnell zu äußerst gefährlichen, weit überlegenen Feinden. Die Stuka-Einsätze über Dünkirchen forderten immer höhere Verluste, brachten nur geringe Erfolge und zehrten den Stuka-Mythos auf.

Tags darauf flogen die deutschen Stukas unter starkem Jagdschutz nach Calais und halfen mit, diesen Hafen in deutsche Hände zu bringen.

Am 26. Mai aber begannen die Engländer mit ihrer Operation »Dynamo« – dem planmäßigen Rückzug auf die Britischen Inseln. Eine »Mückenflotte« setzte sich in Bewegung: Jachten, Motorboote, Lastkähne, Fischerboote, Hafenschlepper, dazu einige wenige Zerstörer und Torpedoboote.

Nachdem die deutschen Panzer zweieinhalb Tage lang stillgelegen hatten, hob Hitler nun den Haltebefehl auf. Auch die Luftwaffe griff mit all ihrer Kraft nun Dünkirchen an. Zum Teil flogen die Kampfgeschwader vom Rhein-Main-Gebiet aus die unglückliche Hafenstadt an.

Am 27. Mai gelang es den Briten lediglich, 7669 von den in Dünkirchen zum Transport wartenden 300 000 Soldaten zu retten. An diesem Tag wurde aber auch im Kriegstagebuch der deutschen Luftflotte 2 folgende Notiz eingetragen: »Mit 64 Vermißten, sieben Verwundeten und dem Totalausfall von 23 Flugzeugen übertreffen die Verluste heute die Gesamtverluste der letzten zehn Tage.«

Am 28. Mai wurde das Wetter schlecht – auf Dünkirchen fielen kaum Bomben. Am folgenden Tag lag die Wolkenhöhe bei 100 Metern, und es goß in Strömen. Die Luftwaffe flog nicht, »weil bei der starken Flakabwehr unsere eigenen Verluste größer sein werden als unsere Erfolge beim Gegner«, wie es im Kriegstagebuch heißt.

Der Schwung war weg. Er fehlte bei der Luftwaffe, er fehlte aber auch beim Heer. Alles lief seinen Gang, eine gründliche Ernte des Sieges bereitete nur noch geringe Freude.

So war es nur eine Sondermeldung des Großdeutschen Rundfunks unter vielen, als Belgien kapitulierte. Den Zeitgenossen erschien es schon wie selbstverständlich. Doch das war es nicht. Erregte Auseinandersetzungen zwischen den Ministern der belgischen Regierung und dem belgischen König Leopold waren dem Entschluß vorausgegangen. Die Regierung hatte den König aufgefordert, wie die Königin von Holland und die Großherzogin von Luxemburg außer Landes zu gehen und den Krieg von England aus fortzusetzen. König Leopold jedoch vertrat die Ansicht, daß die Sache der Alliierten verloren sei, Frankreich bald kapitulieren werde und England nur noch in seinen Kolonien weiterkämpfen könne. Es ginge darum, das nationale Leben Belgiens so gut als möglich zu erhalten.

Er, König Leopold, werde sich den Deutschen ergeben und die Leiden seines Volkes teilen. Um 17 Uhr fuhr am 27. Mai der stellvertretende belgische Generalstabschef in einem Auto mit weißer Flagge durch die deutschen Linien zum Gefechtsstand des Generals von Reichenau. Hitler entschied: Bedingungslose Kapitulation. Der König wurde auf seinen Wunsch als Kriegsgefangener behandelt, freilich als ein solcher der 1. Klasse: Ihm wurde das Schloß Laeken bei Brüssel als Aufenthaltsort angewiesen, dazu erhielt er eine Suite von rund 20 Offizieren und an die hundert Dienstboten zugebilligt.

An diesem Tag griff Guderian Dünkirchen an. Ihm war jetzt noch die Leibstandarte Adolf Hitler der Waffen-SS unterstellt worden, die er, zusammen mit dem Regiment Großdeutschland und der 1. Panzerdivision, gegen die französische 68. Infanteriedivision ansetzte, die ihm schon bei Sedan gegenübergestanden hatte. Jetzt aber verteidigten sich die Franzosen zäh. Der beabsichtigte Durchbruch bis zum Hafen gelang nicht. Aber nun stand Guderian nur noch acht Kilometer vom inzwischen zerstörten und brennenden Stadtzentrum entfernt.

Was in den ersten Tagen im überraschenden Angriffsschwung wahrscheinlich möglich gewesen wäre, gelang nun nicht mehr. Der Widerstand der Alliierten hatte sich verfestigt, ihre Soldaten hofften auf eine Chance zur glücklichen Evakuierung. Die Regentage weichten nun tatsächlich den flandrischen Boden auf, die Panzer wühlten im Schlamm.

Hitler schien am Fall von Dünkirchen kein sonderliches Interesse mehr zu haben. Wichtiger war ihm die Fortsetzung des Kampfes, um auch das übrige Frankreich endgültig bezwingen zu können. Er konzentrierte sich auf den neuen Plan, den »Fall Rot«. Voller Ungeduld gab Hitler so den Engländern Gelegenheit, sich in großer Zahl aus Frankreich abzusetzen. Er wollte Frankreich schlagen, darum ging es. Die 10. Panzerdivision wurde aus dem Einschließungsring um Dünkirchen herausgezogen und an die Somme gebracht. Außerdem kam es Hitler darauf an, die Stadt Lille einzuschließen, mitsamt den in der Umgebung stehenden englischen und französischen Truppen. Rommel hatte dabei die Hauptaufgabe erhalten. Doch die »Schlacht um Lille« war letztlich unwichtig. Sieben deutsche Divisionen waren dort mehrere Tage lang gebunden, dennoch konnten zahlreiche alliierte Großverbände den dünnen Einschließungsring durchbrechen und sich nach Dünkirchen durchschlagen, von wo sie nach England entkamen.

Während der Schlacht um Lille gelang es den Engländern, täglich mehr Soldaten abzutransportieren. Die 16 Staffeln des englischen »Fighter Command« – der Jagdstreitkräfte – schützten, so gut es ging, die »Mückenflotte« vor Luftangriffen. Die englischen Jäger schossen in der Schlacht um Dünkirchen 262 deutsche Flugzeuge ab und verloren selbst 133 Maschinen.

Die Rettungsflotte der Engländer aber bestand aus Freiwilligen, die oft ihre eigenen Boote und Schiffe zur Verfügung stellten. Viele von ihnen opferten ihr Leben, und von 848 Schiffen der Rettungsaktion wurden 235 versenkt oder zerstört. Über Dünkirchen standen schwarze Wolken, Tausende von Soldaten warteten im Hafen und am Strand auf Schiffe. Deutsche Artillerie schoß in die Stadt, Bomben fielen, Bordwaffen hämmerten. Dennoch: Immer größer wurde die Zahl der nach England transportierten Soldaten, gleichzeitig immer lockerer der deutsche Einschließungsring.

Bereits am 28. Mai wurde Guderian zum Oberbefehlshaber der »Panzergruppe Guderian« ernannt. Er befehligte fortan zwei Korps, jedes aus zwei Panzerdivisionen und einer motorisierten Infanteriedivision bestehend. Alle Fahrzeuge trugen stolz ein weißes »G« als Kennzeichnung. Eine Panzergruppe entsprach einer Armee, wurde aber nicht so genannt – es gab noch genügend Ressentiments gegen die Panzerleute in der Heeresführung.

Guderian hatte sich fortan mit dem »Fall Rot« zu beschäftigen, auch für ihn trat Dünkirchen in den Hintergrund.

Die deutsche Unlust an Dünkirchen machte auch solchen Feindverbänden das Entkommen möglich, deren Führer eigentlich schon alle Hoffnung aufgegeben hatten. Das der Einschließung von Lille entkommene III. französische Armeekorps, noch weiter zurückliegende englische Divisionen, eine in völlig verfahrener Situation festsitzende Brigade, eine ver-

Am Strand von Dünkirchen. Britische Soldaten, die nicht mehr evakuiert werden konnten, gehen in Gefangenschaft. Von den mehr als 400 000 Mann, die in Dünkirchen eingeschlossen waren, konnten über 340 000 britische und französische Soldaten nach England abtransportiert werden. Der Befehlshaber des englischen Evakuierungsunternehmens, Vizeadmiral Ramsay, hatte alles, was schwimmen konnte, beschlagnahmt. Von der Kanalfähre bis zum Themse-Ausflugsschiff, vom Trawler bis zum bewaffneten Enterboot. Im Bombardement der Stukas und Artillerie gingen zwar viele Schiffe sowie nahezu das gesamte Material verloren, das Gros der britischen Expeditionsarmee konnte jedoch gerettet werden.

schollen geglaubte Division – sie alle schafften den Weg in das eingekesselte Dünkirchen hinein – und dann meist auch wieder hinaus.

Das deutsche Heer hatte nur ungenügende Kräfte bereitgestellt, die Luftwaffe aber war weitgehend durch Regen, Nebel, lange Anflugwege und britische Jagdabwehr behindert. Alles in allem hatte die Luftwaffe nur an zweieinhalb Tagen schwere Angriffe auf Dünkirchen geflogen. Die britische Evakuierung, die »Operation Dynamo«, aber dauerte neun Tage. Zum letzten Mal gingen in den frühen Morgenstunden des 4. Juni britische und französische Soldaten an Bord der Schiffe. General Halder, der Heeresgeneralstabschef, schrieb an diesem Tag in sein Tagebuch: »Stadt und Küste in unserer Hand. Franzosen und Engländer sind weg.«

Dünkirchen war eine zerborstene, qualmende Stadt, in deren Hafenwasser Leichen schwammen, in deren Straßen herrenloses, zerstörtes Heeresgut stand, auf dessen Plätzen freigelassene Zugpferde weideten und aus deren Kellern nun französische Soldaten herausgeholt und zu Gefangenenkolonnen zusammengestellt wurden. 35 000 bis 40 000 französische Soldaten hatten den Engländern und Tausenden ihrer französischen Kameraden den Rückzug gedeckt. Nun hoben sie die Hände und gingen in deutsche Kriegsgefangenschaft. Aber 338 226 Mann waren von Dünkirchen aus nach England entkommen – ohne Waffen, Geräte und Fahrzeuge. Aber sie waren da und bildeten den Kern einer neuen Armee, deren Kampfgeist gegen Deutschland gerichtet war.

Hitler beunruhigte das nicht. Im vertrauten Kreis hat er später geäußert, daß er die Briten ganz bewußt aus Dünkirchen habe entkommen lassen. Er hielt das für richtig, weil er nach einem Sieg über Frankreich abermals ein Friedensangebot an England zu richten beabsichtigte. Deshalb wollte er sich bei Dünkirchen großzügig erweisen und die Engländer nicht unnötig verbittern. Der deutsche Operationsplan sah ohnedies nicht vor, Frankreich ganz zu besetzen. Es sollte lediglich eine Lage geschaffen werden, die den Gegner endlich friedenswillig machte.

Doch gerade zu jenem Zeitpunkt, da Hitler sich einbildete, die britische Regierung durch das Entkommenlassen des Expeditionskorps versöhnlicher gestimmt zu haben, gingen Meldungen im Berliner Auswärtigen Amt ein, wonach auf Vorschlag des amerikanischen Präsidenten Roosevelt die britische und die französische Regierung übereingekommen seien, Frieden nur unter folgenden Bedingungen zu schließen:

1. Hitler und sein Regime müssen verschwinden;
2. Deutschland hat den Versailler Vertrag neu anzuerkennen;
3. Die deutsche Wehrmacht muß aufgelöst werden, jede Bewaffnung Deutschlands wird verboten;
4. Deutschland muß 50 Jahre lang von alliierten Truppen besetzt werden.

Am 8. Juni aber gaben die Alliierten Narvik auf. Der Norwegenfeldzug war beendet, Hitler konnte sich ganz auf die Fortsetzung der Unternehmungen in Frankreich konzentrieren, den »Fall Rot«.

DIE SCHLACHT UM FRANKREICH

5.6. bis 22.6.1940

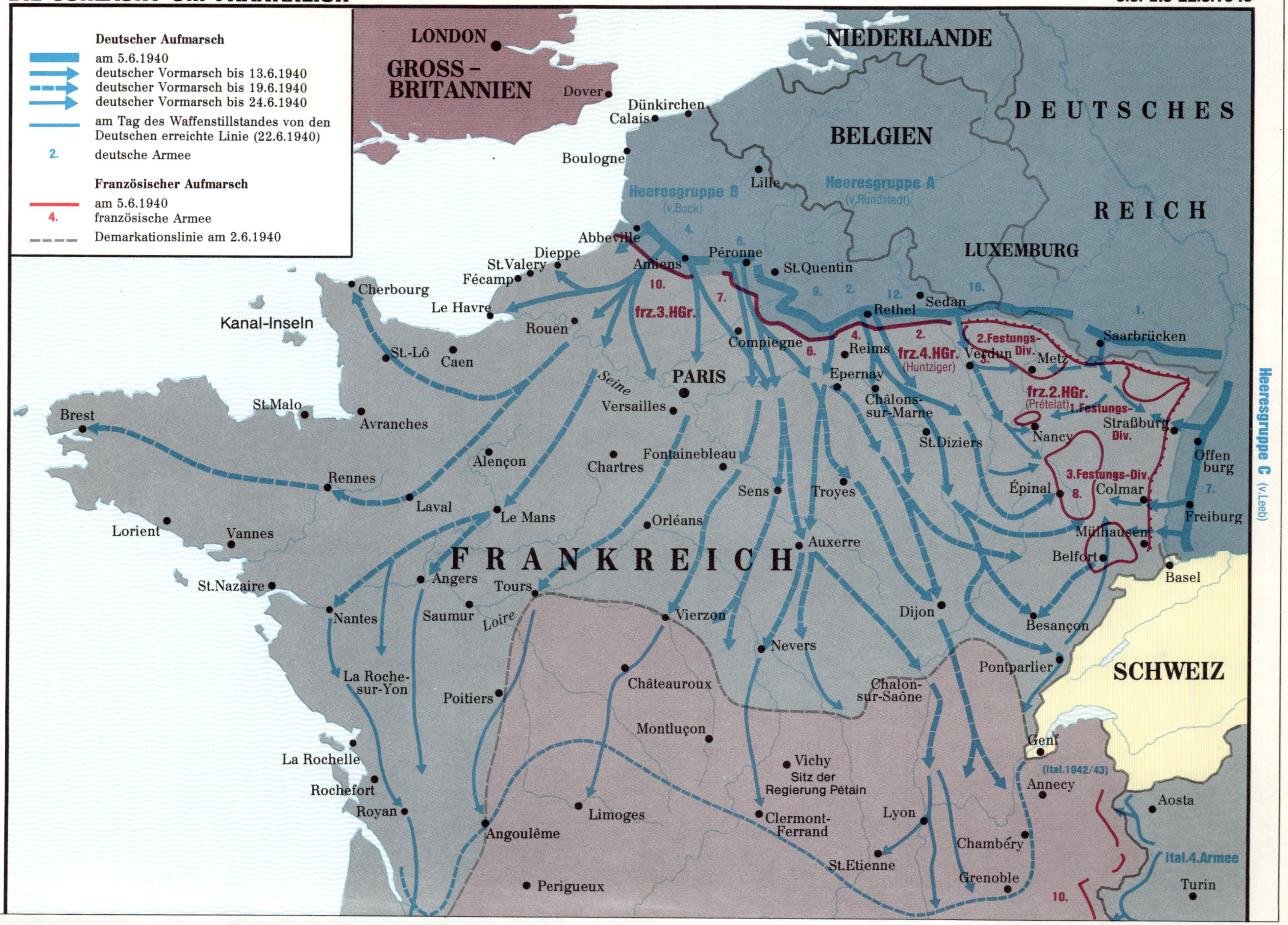

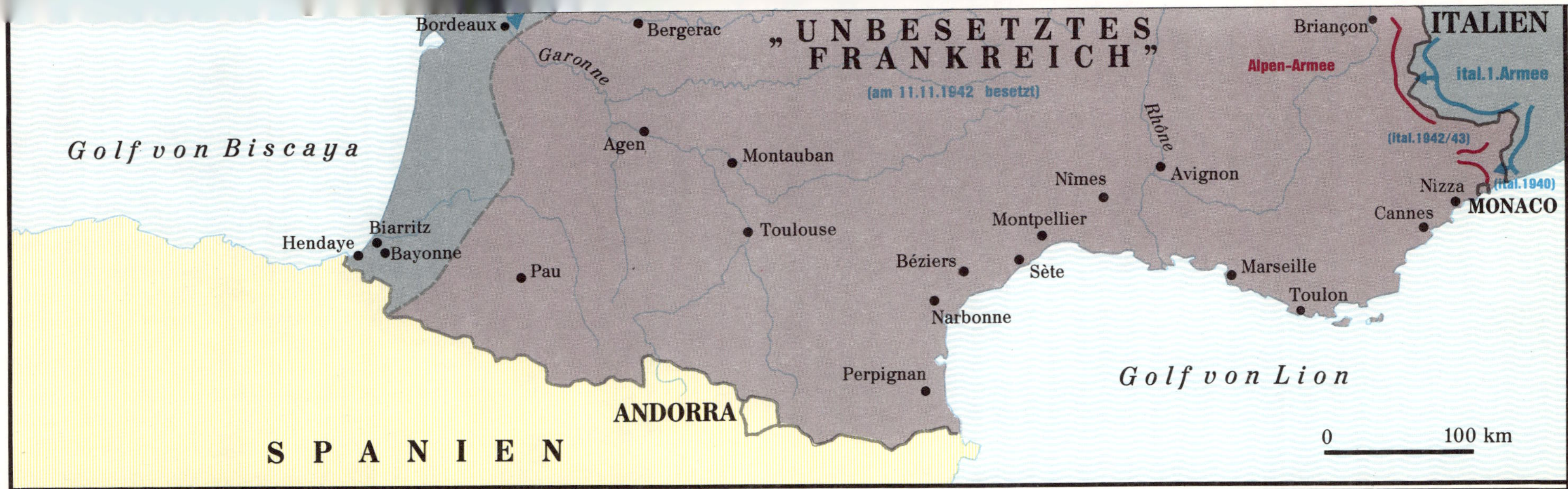

Der Krieg im Vorderen Orient (April bis Oktober 1941)

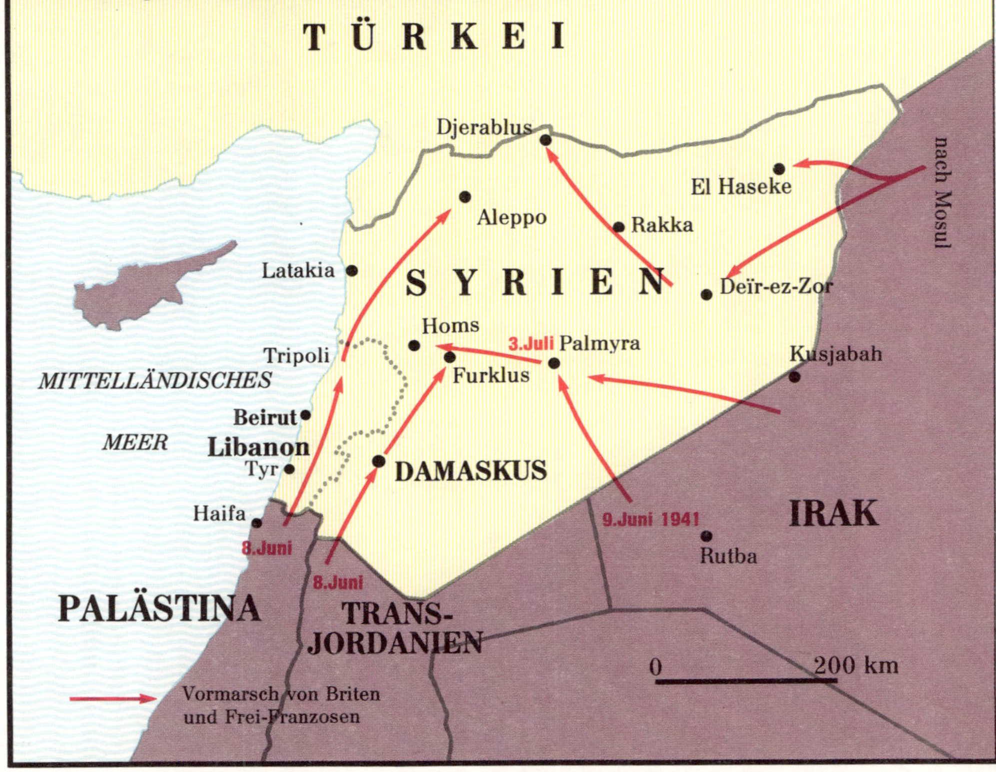

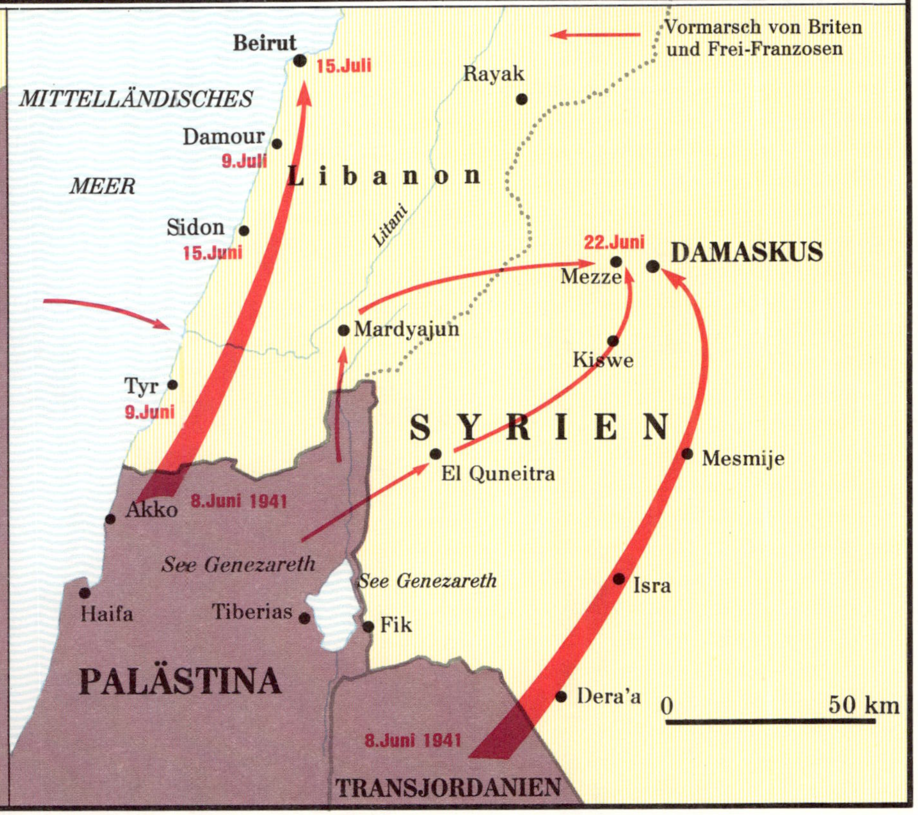

»Fall Rot«

Im Großdeutschen Reich läuteten drei Tage lang die Glocken, und der Großdeutsche Rundfunk meldete die Wahrheit, als seine Nachrichtensprecher bekanntgaben, daß die Soldaten der Wehrmacht in Frankreich 75 feindliche Divisionen aufgerieben hätten, ihr gesamtes Kriegsmaterial erbeutet worden sei und daß nicht weniger als 1 200 000 alliierte Soldaten gefangen, verwundet oder getötet worden seien. Diese Erfolge aber hätten die Truppen der Wehrmacht mit außergewöhnlich geringen eigenen Verlusten erringen können, mit 10 255 Toten, 8 643 Vermißten und 42 523 Verwundeten.

Der Krieg – so schien es – hielt ein wenig den Atem an. Nur für die Luftwaffe gab es keine Pause: Bereits am 3. Juni 1940 – Dünkirchen war noch nicht gefallen – starteten 300 Horizontal- und Sturzbomber zum »Unternehmen Paula«, das zum Todesstoß für die »Armée de l'air«, die französischen Luftstreitkräfte, und damit gleichzeitig zum Auftakt von »Fall Rot« werden sollte: ein Großangriff auf Flugzeugplätze und Flugzeugwerke im Raum von Paris.

»Unternehmen Paula« zerbrach den französischen Luftstreitkräften die Nachschublinien. Flugzeuge konnten hinfort weder repariert noch mit neuen Ersatzteilen versehen werden.

Aber auch die Truppen der Wehrmacht waren angeschlagen. In der bisherigen Panzergruppe Kleist war fast die Hälfte des Panzerbestandes durch Feindeinwirkung oder Verschleiß ganz oder zeitweilig ausgefallen. Die Instandsetzungskompanien waren deshalb fleißig an der Arbeit. In den ersten Juni-Tagen begannen die Großverbände bereits wieder mit Marschbewegungen: Sie begannen ihre Bereitstellungsräume für den »Fall Rot« zu erkunden und danach zu beziehen.

Auf der anderen Seite der Front herrschte gleichfalls hektische Betriebsamkeit, von der vor allem Politiker und Spitzenmilitärs betroffen waren.

So waren am 31. Mai von London aus Churchill und Attlee nach Paris gekommen, um mit dem Regierungschef Paul Reynaud die hundsmiserable Lage zu besprechen. Churchill sagte, und seine Augen schimmerten feucht, er habe befohlen, daß in Dünkirchen die Verwundeten erst zuletzt zu transportieren seien. Ihm käme es darauf an, möglichst viele kampffähige Soldaten zu bergen.

Churchill fügte hinzu, daß die nach England gebrachten Soldaten über keinerlei Waffen mehr verfügten. Eine Landung, selbst von schwachen deutschen Streitkräften in England, hätte höchstens mit dem heftigen Widerstand der britischen Zivilbevölkerung zu rechnen. Ansonsten wurde die Allianz beschworen.

Als jedoch Reynaud und General Weygand von Premierminister Churchill für die bevorstehende große Schlacht in Frankreich die Unterstützung der gesamten britischen Luftstreitkräfte forderten, stießen sie auf entschiedene Ablehnung. Tatsächlich hatte England in den Feldzügen von Norwegen und Frankreich bereits rund 400 Hurricane-Jagdflugzeuge verloren, dazu auch eine große Zahl der kostbaren Piloten. Die leistungsfähigen Spitfire-Jagdflugzeuge aber waren die einzige und letzte Waffe der Engländer zur Selbstverteidigung. Churchill sah für die Britischen Inseln schwere Zeiten voraus.

Weygand aber erkannte für Frankreich das nahe Ende. Er hatte kühl gerechnet: Die französischen Nordarmeen waren, bis auf Reste, zerschlagen, kriegsgefangen und günstigstenfalls nach England evakuiert. Erst später stellte sich heraus, daß es immerhin 123 000 französischen Soldaten gelungen war, nach England zu entkommen.

Zur Verteidigung Frankreichs allerdings verblieben lediglich noch 50 französische Divisionen – denen 150 deutsche Infanterie- und zehn Panzerdivisionen gegenüberstanden. Die Rechnung war simpel: Statistisch gesehen mußte fortan immer ein französischer Soldat gegen drei deutsche kämpfen, jeder französische Panzer, jedes französische Flugzeug mußte mit fünf deutschen Panzern und Flugzeugen fertig werden.

Gab es noch Reserven? In den Seealpen und an der Riviera lag die Alpenarmee dem neutralen Italien gegenüber, das aber jeden Augenblick mit oder ohne Kriegserklärung in Frankreich einfallen konnte. In Nordafrika standen einige Divisionen – zwei davon ließ Weygand von Algier nach Marseille übersetzen. Er rief auch die soeben von der Räumung Narviks nach England fahrenden französischen Truppen zurück. Schließlich ordnete er an, aus allen den versprengten, bei Sedan und in Nordfrankreich oder Belgien zusammengeschlagenen Verbänden leichte Divisionen mit je zwei Infanterie-Regimentern zu formieren. Mehr Truppen aber ließen sich nicht auftreiben. Um diese schwache Zahl mit maximaler Wirkung einsetzen zu können, bedurfte es einer möglichst kurzen Front.

Er konnte Paris und die Nordküste aufgeben und sich auf die Verteidigung des Südens beschränken. Dabei verlor er die Verbindung zu England. Er konnte, umgekehrt, den Norden und die Hauptstadt verteidigen und so die Anlehnung an England behalten. Das bedeutete die Räumung der Maginotlinie und die Einladung an die Italiener, ohne einen Schuß nach Südfrankreich zu marschieren.

Also beschloß Weygand, dort zu bleiben, wo die Truppen gerade standen, und damit sowohl am Rhein, an der Maginotlinie, an der Aisne und an der Somme mit allen vorhandenen Mitteln und Kräften den Deutschen Widerstand zu leisten.
Bei internen Gesprächen zwischen Militärs und Politikern, vor allem aber auch bei einem Kriegsrat waren Klüfte aufgebrochen und Vorwürfe erhoben worden. Im nachhinein betrachtet trafen alle Argumente aller Seiten ziemlich genau ins Schwarze: Alle Beteiligten hatten zuwenig oder gar nicht an die Zukunft gedacht, sich in trügerischen Hoffnungen gewiegt, sich an vergangenem Ruhm erfreut, zuviel versprochen, zuwenig gehalten und nur mit Ächzen und in großer Trägheit gehandelt.
Die Engländer, so hieß es, hätten Frankreich im Stich gelassen. Die französischen Politiker, so wurde gesagt, wälzten ihre Schuld auf die französische Armee ab. Die Politiker, so meinten Generale, hätten nicht ehrlich, sondern mit verabscheuungswürdigen Lügen, mit Demagogie also, die nationale Widerstandskraft aufgeweicht und die Kampfmoral der Soldaten zersetzt. Die Militärs, so zeigten allerdings einige Politiker auf die Generale, hätten sich auf den Lorbeeren längst vergessener Siege ausgeruht, den potentiellen Gegner in sträflicher Weise unterschätzt, und so seien Frankreichs Generale ohne militärische Doktrin und das nötige technische Material ahnungslos in einen Krieg eingetreten, dessen Neuerungen sie nicht einmal nach dem Feldzug gegen Polen zu erkennen imstande waren. Jüngere Offiziere aber mokierten sich über ältere und wiesen auf die unbequemen Warner, wie den Brigadegeneral de Gaulle, hin, dessen Panzerdoktrin zwar von den Deutschen befolgt, vom französischen Parlament aber abgelehnt worden sei – und innerhalb der alten Offiziere der Armee gleichfalls nichts gegolten habe.
So kam es, daß bereits vor der Auslösung von »Fall Rot« im französischen Kriegsrat über eine Sache gesprochen wurde, an die ein nationalbewußter Franzose normalerweise nicht einmal gedacht haben würde: die totale Niederlage.
Bereits am 25. April hatte der Präsident der Französischen Republik, Albert Lebrun, vorsichtig zu bedenken gegeben, daß die Deutschen möglicherweise »verhältnismäßig günstige Bedingungen« stellen könnten, die vernünftigerweise »mit klarem Kopf genau geprüft« werden müßten.
Der alte Marschall Pétain, der vom Volk verehrte Sieger von Verdun, sagte: »Es ist einfach dumm zu sagen, man werde bis zum letzten Mann kämpfen. Man sagt so etwas besser nicht und tut es auch nicht. Nach unseren Verlusten im letzten Krieg und unserer schwachen Geburtenzahl ist dies außerdem ein Verbrechen.«
Weygand sorgte sich vor einer Revolution: »Wenn ich wenigstens sicher wäre, daß die Boches (Deutschen) uns genügend Truppen ließen, um die Ordnung aufrechtzuerhalten.«
Aber auch heroische Sprüche fielen: Jedes Haus eine Festung, jedes Messer eine Waffe, jeder Franzose ein Held . . . Der Ministerpräsident Reynaud wollte in der Bretagne ein unüberwindbares Bollwerk errichten, in dem auch die Regierung residierte. Das zweite Bollwerk sollte in Nordafrika entstehen, als Basis der nationalen Erhebung und als Ausgangspunkt des großen Feldzuges der Rache an Deutschland.
Es waren brillante Gedanken allesamt, nur sie wurden zu spät gedacht und ausgesprochen. Und immer noch war zuviel Wunschdenken dabei: Vor dem 10. Juni, so hatte der französische Generalstab kalkuliert, vor dem 10. Juni könnten die Deutschen unmöglich losschlagen. Die Zeit bis dahin benötigten sie zur unbedingt nötigen Heranführung von Nachschubgütern, zur Wartung, Instandsetzung und personellen Ergänzung – schließlich auch zur Planung der neuen Operationen, zur Einweisung der Führer und Unterführer, zur Ausbildung und schließlich zu den erforderlichen Aufmärschen.
Wieder einmal hatte sich die französische Führung verrechnet: Nach dem Luftwaffenunternehmen »Paula« vom 3. Juni trat zwar eine kurze Pause ein, doch bereits am 5. Juni 1940, morgens um 5 Uhr, donnerten die Feuerschläge der deutschen Artillerie, erschienen wieder einmal die Stukas als kleine Pünktchen am Himmel und stürzten sich aus 4000 Meter Höhe wie die Raubvögel auf die Beute. Mit klirrenden Ketten und dumpf dröhnenden Motoren preschten die Panzer durch das Gelände, wie die Infanteristen: Kamerad, schieß du – ich springe. Die Panzer gaben sich gegenseitig Feuerschutz: Einer fuhr hinter eine Mauer, einen Hügel, einen Busch in Deckung und feuerte auf Ziele der französischen Verteidigungsstellung, während der Nachbarpanzer zügig vorrollte, seinerseits in Deckung ging und nun das Feuer eröffnete, solchermaßen die Franzosen zwang, die Körper so weit als möglich an die Erde zu ducken, und nun dem anderen Panzer das ungefährdete Nachkommen ermöglichte.
Hinter den Panzern aber traten die Schützenlinien der deutschen Infanterie aus Waldrändern und Ortschaften heraus ins Freie. Fünf Schritt Abstand von Mann zu Mann, nach Gruppen, Zügen, Kompanien und Bataillonen gegliedert, einheitlich ausgebildet nach der Heeresdienstvorschrift HDv 130/2a »Die Schützen-

Linke Seite: Deutsche Sturzkampfbomber haben eine französische Batterie außer Gefecht gesetzt. Oben: Ein französischer Feldflugplatz nach der Eroberung durch deutsche Truppen; noch sind die Wracks am Boden zerstörter Jagdmaschinen nicht weggeräumt, da setzt eine Me 109 zur Landung an.

kompanie«, Abschnitt »Angriff von 1000 Metern bis zum Einbruch«.
Es war in gründlicher Ausbildung drillmäßig geübt worden: Die Infanteristen liefen einzeln, zunächst in langen, dann immer kürzer und schneller werdenden Sprüngen über das Gelände und warfen sich abwechselnd und selbständig hin, dabei die geringste Deckung ausnutzend. Der liegende Infanterist schoß auf die Mündungsblitze feindlicher Gewehr- und Maschinengewehrschützen, zwang sie dadurch in Deckung und ermöglichte seinem Nebenmann einen durch Feindfeuer nur wenig gefährdeten Sprung.
Der deutsche Angriffsplan »Rot« war kühl auf die gediegene Ausbildung der deutschen Soldaten, ebenso aber auf die deutsche Überlegenheit zu Lande und in der Luft gegründet, wie auf die inzwischen genau bekannte zahlenmäßig klare Unterlegenheit der französischen Armee. Der Plan »Rot« sah kühn aus, barg aber in Wirklichkeit keinerlei Risiko. Niemand in der Führung, auch Hitler nicht, geriet diesmal in eine Stimmung äußerster Nervosität. Was jetzt ablief, war ein gigantisches Wehrmachtsmanöver, durchgeführt im scharfen Schuß, bei dem mit bedauerlichen, wenngleich geringen Verlusten zu rechnen war.
Aufmarschiert waren: Die Heeresgruppe B an der Somme, die Heeresgruppe A in der Champagne und die Heeresgruppe C im Frontabschnitt von Luxemburg bis zur Schweizer Grenze.
Die Heeresgruppe B hatte zunächst an der Somme durchzubrechen, sich fächerförmig auszubreiten und einerseits Paris einzunehmen und in Richtung Süden weiter vorzudringen, andererseits aber die Bretagne zu okkupieren und bis zur spanischen Grenze vorzugehen.
Die Heeresgruppe A sollte indes in der Champagne angreifen, durchbrechen und die französische Ostarmee vom Rücken her umfassen.
Die Heeresgruppe C sollte später die Maginotlinie in Lothringen und im Elsaß an zwei Punkten aufbrechen und durchstoßen.
Die französischen Soldaten auf der anderen Seite hatten keinerlei Illusionen mehr, dafür aber wieder mehr Zutrauen in die eigene Führung gewonnen. Weygand, der neue Oberbefehlshaber, strahlte seine Ruhe bis in die untersten Befehlsbereiche aus. Aus dem Oberkommando kamen kurze, klare Befehle. Sie betrafen eine Abwehrtaktik, die keine starre lineare Verteidigung mehr vorsah, sondern eine weite Staffelung in die Tiefe, die den Feindangriff gewissermaßen aufsaugen sollte. Innerhalb der Abwehrfront aber sollte es feste Stützpunkte geben als Wellenbrecher in der Flut des heranströmenden deutschen Heeres. Die Kampfmoral der französischen Soldaten war gestiegen, vermindert hatte sich auch ihre Furcht vor den deutschen Panzern. Sie hatten die Anweisung erhalten, sich von ihnen überrollen zu lassen und in ihrem Rücken weiterzukämpfen.
Tatsächlich funktionierte dieses Abwehrsystem zunächst: An der Sommefront hatte es zwar bis zum Abend des 5. Juni Panzerdurchbrüche gegeben: Rommels Gespensterdivision war zwischen Abbeville und Amiens wie ein Riesenpfeil durch die französischen Linien gedonnert und in der Ferne verschwunden, und auch bei Noyon hatte die 10. Panzerdivision eine Bresche in die französische Front geschlagen. Die französischen Infanteristen aber hatten in ihren Deckungslöchern gelegen, die Köpfe heruntergenommen und die wilde Jagd vorüberrauschen lassen. Sobald aber den Panzern die deutsche Infanterie nachfolgte, fuhren sie hoch, legten die Gewehre an und zielten sorgfältig.
Für die Deutschen war der Kampf zunächst wesentlich härter geworden. Sie fanden Dörfer vor, die zu Festungen ausgebaut worden waren. Es blitzten die Mündungsfeuer aus den Kellerfenstern, hinter Hecken ratterten die Maschinengewehre, und vom Kirchturm aus leitete ein vorgeschobener Beobachter ein unangenehm präzises Artilleriefeuer. Rommel meldete, daß sich die französischen Soldaten geradezu verzweifelt schlagen würden.
Nur, alle Tapferkeit war vergebens, weil zu spät: In der Tiefe reichten die Reserven nicht zur Abwehr aus. Durchgebrochene deutsche Panzer konnten nicht gejagt, gestellt und vernichtet werden. Im Gegenteil, sie rasten wie die Wolfsrudel durch ungesichertes rückwärtiges Gebiet und waren Herren der Lage.
Rommel vor allem stellte sich umgehend auf das neue französische Verteidigungssystem ein: Er ließ fortan seine Panzer querfeldein vorgehen, Straßen, Ortschaften und gar feindliche Stützpunkte peinlichst meiden und weiträumig umgehen. Dabei gelang es ihm, die französische 17. leichte mechanisierte Division beim Ausladen vom Bahntransport zu überraschen, ihre sich gerade formierenden Kolonnen zu durchbrechen und, ohne sich aufzuhalten, weiterzurollen. Am Abend des 7. Juni starrten die Einwohner der friedlichen Badestadt Forges verblüfft auf eine auseinandergezogen fahrende Kolonne staubiger Panzerkampfwagen, an deren Türmen das schwarzweiße Balkenkreuz

Bild oben: Was sich im Polenfeldzug bereits abgezeichnet hat, wird im Westfeldzug zum offensichtlichen Triumph: Die Überlegenheit der deutschen Panzertaktik.
Linke Seite: Ein abgeschossener 32-t-Panzer des französischen Typs B 1. Mit seinen beiden Kanonen (7,5 und 4,7 cm), zwei Maschinengewehren und 60-mm-Panzerung, war er allen deutschen Kampfwagen überlegen.
Bild Mitte: »Der Hölle entronnen.« Für den französischen Panzerfahrer ist der Krieg beendet. Er begibt sich in deutsche Gefangenschaft.
Bild links: Die Siege in Polen und Frankreich hatten den Männern der Panzerwaffe unerschütterliches Selbstvertrauen eingeflößt. Guderians Satz »Nichts kann den Siegeszug der jungen deutschen Panzerwaffe hemmen – keine Straßensperre, kein Morast und kein Flußübergang« traf genau die Stimmung der Truppe.

prangte. Die Stahlkolosse dröhnten durch schattige Alleen, und zurück blieben nur die Spuren der Ketten.

Die 10. französische Armee war gespalten worden, Rouen lag dem deutschen Zugriff offen.

Am 10. Juni bereits hatte die Heeresgruppe B die Somme längst hinter sich, die Seine überquert, und ihre Vorausabteilungen näherten sich schon Evreux. Das war für die Franzosen nicht nur schlimm, es war katastrophal! Aber eine neue Schreckensnachricht machte alles noch weit ärger: Am 9. Juni um 4.30 Uhr hatte zwischen Soissons und den Argonnen die deutsche Heeresgruppe A ihre Offensive begonnen.

Zur Heeresgruppe A gehörte die 12. Armee unter Generaloberst List, und dieser 12. Armee war die Panzergruppe Guderian unterstellt worden – obwohl diese selbst den Status einer Armee besaß. Guderian hatte an diesem 9. Juni erhebliche Sorgen bei der Überquerung der Aisne und des Aisne-Kanals zwischen Château Porcien und Attigny. Auch hier erwies sich der französische Widerstand als weit hartnäckiger denn bei den Operationen zuvor. Seine 1. Panzerdivision wurde zunächst überall zurückgeschlagen, nur bei Château Porcien ließ sich ein kleiner Brückenkopf bilden, und es wurde Nacht, ehe die ersten Panzer nachgezogen werden konnten.

Südlich Rethel erlebte Guderian dann prompte Gegenstöße französischer Panzer, deren Besatzungen inzwischen viel von ihren deutschen Gegnern gelernt hatten.

Guderian wußte außerdem um die Überlegenheit des französischen Panzers »Char B« über seine eigenen Kampfwagen, was die Stärke der Panzerung anging. Er hatte Beschußproben vornehmen lassen: Geschosse der deutschen wie der französischen Panzerabwehrkanonen prallten von der Frontpanzerung des »Char B« ab.

Dennoch gelang seiner Panzergruppe alsbald der Durchbruch, einfach der zahlenmäßigen Überlegenheit wegen.

Insgesamt zeigte sich, daß die französischen Verteidiger deutsche Infanterieangriffe sehr wohl aufzuhalten in der Lage waren. Erst wenn Panzer eingriffen, geriet dann auch der Infanterieangriff schnell wieder in Fluß.

Mit einer ganzen Panzerarmee fuhr nun Guderian – in einem großen Bogen ausholend und sich nach Süden wendend – durch Frankreich hindurch. Seiner Frau schrieb er in einem Feldpostbrief: ». . . Am Tage nach Châlons fielen Vitry-le-François und St. Dizier, gestern Chaumont und heute Langres. Wir sind meiner Ansicht nach durchgebrochen, und ich hoffe, heute noch Besançon zu erreichen. Das wäre ein großer Erfolg, der auf die ganze Maginotlinie zurückwirken müßte und wohl auch politische Folgen haben könnte . . . Das Land ist in katastrophaler Verfassung. Infolge der Zwangsräumung herrscht ein unbeschreibliches Flüchtlingselend, und alles Vieh geht zugrunde. Alle Orte sind leergeplündert durch Flüchtlinge und französische Soldaten. Erst jetzt spärliche Zivilbevölkerung angetroffen. Das Mittelalter war human gegen die Jetztzeit.«

Tatsächlich mußten weite Teile des Kampfgebietes auf Anordnung der französischen Regierung von der Zivilbevölkerung verlassen werden. Das mag einerseits mit Rücksicht auf sie geschehen sein, um sie nicht Verluste durch das Feuer beider Seiten erleiden zu lassen. Andererseits war es nicht auszuschließen, daß auch propagandistische Gründe maßgeblich für die Räumungsbefehle gewesen sein konnten.

Merkwürdig jedenfalls war das Verhalten der französischen Behörden in Reims: Als vor dieser Stadt deutsche Panzertruppen erschienen, wurde Reims zur offenen Stadt erklärt. Eine solche Erklärung bedeutet, daß diese Stadt nicht verteidigt und damit aller Voraussicht nach nicht in Kampfhandlungen verwickelt werden wird. Die Zivilbevölkerung hat also nichts zu befürchten. Dennoch ordnete die Regierung in Paris die Räumung von Reims an. Als Flüchtlinge verließen daraufhin die Einwohner ihre Stadt.

Nach ihrem Abzug aber reinigten Sonderkommandos die Straßen. Systematisch wurden alle Straßen und wichtigen Gebäude fotografiert. Beabsichtigt soll gewesen sein, die Stadt erneut zu fotografieren, nachdem sie von den deutschen Soldaten erstürmt, geplündert und zerstört worden wäre. Aber genau das geschah nicht. Sie durfte von deutschen Truppen erst wieder betreten werden, nachdem die Bewohner zurückgekehrt waren.

Die Stadt Rouen hingegen geriet tatsächlich in Brand: Kurz vor dem Einmarsch der deutschen Truppen hatten französische Pioniere die Öltanks am Seine-Ufer angezündet. Drei Tage lang brannten die dort gelagerten 12 000 Tonnen Öl, und die Flammen griffen auf die Stadt über, deren Bürger ebenfalls zum großen Teil geflüchtet waren. Die alten Häuser der Altstadt fingen Feuer, das Leitungssystem der Stadt war zerstört und lieferte kein Wasser. Zwanzig französische Feuerwehrleute versuchten verzweifelt die Stadt zu retten.

Zu ihrer Unterstützung wurde ein deutsches Pionierbataillon nach Rouen in Marsch gesetzt, andere deutsche Truppenteile folgten nach.

Alsbald begann ein gemeinsamer, von Deutschen und Franzosen gleichermaßen getragener Kampf gegen das Feuer. Es hatte auch die frühgotische Kathedrale in Gefahr gebracht. Durch Flammen hindurch kletterten Pioniere auf das Dach und sicherten das Gebälk und danach das ganz Gebäude. Schließlich gelang es, den Brand in der Innenstadt erst einzudämmen und dann zum Erliegen zu bringen. Mehrere deutsche Soldaten verunglückten dabei, einige davon tödlich.

Adolf Hitler hatte für den »Fall Rot« ein neues Hauptquartier bezogen. Es hieß zunächst »Waldwiese«, wurde aber bald in »Wolfsschlucht« umbenannt und lag in einer Waldlichtung bei der entlegenen südbelgischen Ortschaft Brûly-de-Peche. Es bestand lediglich aus drei schnell aufgestellten Baracken und einer provisorisch umgebauten Kirche. Ringsum zogen sich Stacheldrahtverhaue. Flakbatterien sicherten gegen etwaige Luftangriffe. Allabendlich saß Hitler mit einigen seiner Offiziere zusammen, und keineswegs wurde dabei über die Kriegslage gesprochen. Einmal kreiste eine lebhafte Diskussion um die Frage, wie der Kuckuck auf die Idee gekommen sein könne, seine Eier grundsätzlich in fremde Nester zu legen. Nach dem 10. Juni stand ein neues Thema an: der Spott auf die Italiener. An diesem Tag nämlich hatte Italien Großbritannien und Frankreich den Krieg erklärt.

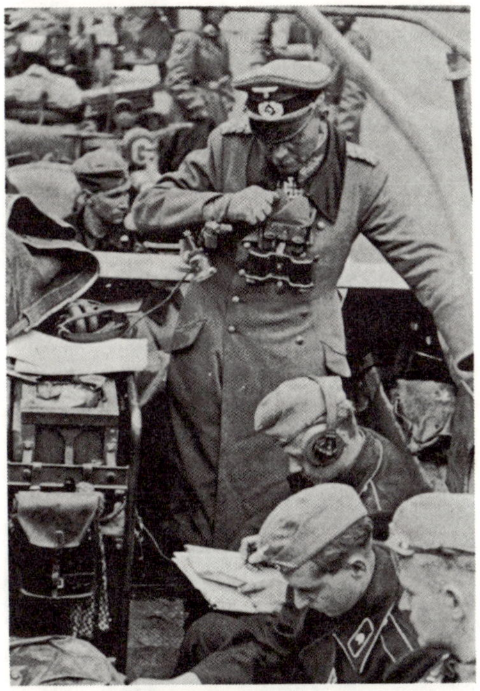

Linke Seite: Kronprinz Umberto im Gespräch mit Mussolini an der »Alpenfront«. Das faschistische Italien hatte sich nach Kriegsausbruch zunächst passiv verhalten und sich als »nichtkriegführend« bezeichnet. Erst nachdem der Zusammenbruch Frankreichs offenkundig war, erfolgte am 10. Juni 1940 die italienische Kriegserklärung an Frankreich und England.
Bild oben: Panzergeneral Guderian in seinem Befehlswagen. Guderian hatte als junger Generalstabsoffizier die richtigen Schlüsse aus den Erfahrungen des Ersten Weltkrieges gezogen. Als Hilfswaffe der Infanteriearmeen eingesetzt, konnten hier die Tanks keine operativen Erfolge verzeichnen. Guderian forderte geschlossene Panzerverbände, die in der Lage waren, selbständig zu operieren.

Hitler hatte von dieser Absicht seines Freundes Benito Mussolini gewußt und stets versucht, ihn noch länger hinzuhalten. Doch nun wollte der faschistische Diktator auch seinen Teil am Ruhm und an der Beute einheimsen. Die Abendrunde im Führerhauptquartier verhöhnte die südlichen Bundesgenossen als »Erntehelfer«.

Am 11. Juni erfuhr Hitler beim Abendessen, daß die Italiener jetzt die Mittelmeerinsel Malta bombardiert hätten. Hitler erklärte: »Ich hätte das lieber umgekehrt gemacht!«, nämlich zunächst überraschend Malta besetzt und dann den Krieg erklärt. Er schimpfte weiter über die Italiener: »Zuerst sind sie ja zu feige, um mitzumachen, und jetzt haben sie es eilig, um noch an der Kriegsbeute beteiligt zu sein.« Dann ärgerte er sich über die förmliche Kriegserklärung Mussolinis: »Das Altertum hatte auch keine Kriegserklärungen, da wurde überfallen und marschiert, das ist an sich auch die richtige, gesunde Methode. Ich werde in meinem Leben jedenfalls niemals eine Kriegserklärung unterschreiben, sondern handeln.«

Nicht viel anders als Hitler sahen allerdings auch viele Franzosen den Kriegseintritt Italiens an. Französische Zeitungen schrieben damals vom »Schakal Mussolini«, der sich »im Schatten deutscher Panzer« aus »dem Hinterhalt hervor«wagt.

Neuer Kampfwille erfaßte die noch übriggebliebenen französischen Divisionen. Viele Franzosen waren der Meinung: Schnell mit den Deutschen Waffenstillstand schließen und dann gegen Mussolini vorgehen. Tatsächlich gelang es den italienischen Truppen nicht, nach Frankreich vorzustoßen. Die italienischen Divisionen wurden bereits am ersten Kampftag von den Franzosen in grimmigen und für die Italiener verlustreichen Gefechten über die Grenze zurückgetrieben. Bis zum Waffenstillstand gelang es der italienischen Armee nicht, auch nur einen geringen Sieg gegen die Franzosen zu erzielen. Erst nach dem Waffenstillstand durften italienische Soldaten unangefochten über die französische Grenze nach Südfrankreich einmarschieren und eine Besatzungszone an der Côte d'Azur beziehen.

Am 11. Juni 1940 – der Ruß brennender Treibstofflager fiel wie schwarzer Schnee in dichten Flocken vom Himmel – kündeten Plakate in Paris davon, daß die Hauptstadt Frankreichs vom Militärgouverneur zur offenen Stadt erklärt worden sei. Die Regierung hatte sich schon tags zuvor aus der Hauptstadt abgesetzt und nach Tours begeben. General Weygand hatte derweil das Oberkommando der französischen Armee nach Briare verlegt. Dort schwebte am Abend des 11. Juni Churchills Flugzeug zur Landung ein, dazu sein Begleitschutz: elf Hurricane-Jagdflugzeuge. Churchill – begleitet von Eden sowie den Generalen Dill, Ismay und Spears – traf dort mit General Weygand zusammen. Von französischer Seite waren auch Reynaud, Georges und Pétain erschienen.

Diese französisch-britische Zusammenarbeit vor dem drohenden Zusammenbruch wurde von den Beteiligten als düster und unwirklich geschildert. Das lag natürlich an den gefährlichen Ausmaßen der Katastrophe, in die alle Beteiligten offenbar unabwendbar hineingezerrt wurden, zusätzlich aber auch an der Atmosphäre dieses Abends: Unheilverkündend sich zusammenballende pechschwarze Gewitterwolken in schnell herabsinkender Dunkelheit, grollender Donner, Kerzenlicht im »Maiglöckchenschloß«, in dem sich das Hauptquartier befand.

General Weygand hielt zunächst einen Lagevortrag, der sich durch einen gewissen Optimismus auszeichnete, ohne Umschweife die Verhältnisse in aller Deutlichkeit darstellte. Nur fünf Divisionen – jede nur aus zwei Infanterie-Regimentern bestehend – verteidigten nach Weygands Worten die 135 km lange Front an der unteren Seine, eine einzige Division stand allein auf 44 km Breite zwischen Marne und Ourcq. Weygands Hoffnung bestand in der Annahme, daß sich seine 2. Heeresgruppe wieder sammeln könnte, die angreifenden Deutschen aber ausgepumpt und ermüdet sein mußten. »Das Rennen«, so sagte Weygand, »spielt sich jetzt zwischen seinem (des deutschen Gegners) Durchhaltevermögen und unserer Erschöpfung ab. Der Kriegsgott wird entscheiden!« Danach sprach Georges. Er schätzte die Lage als weit schlimmer ein. Die übrigen Franzosen folgten seiner Meinung: Frankreich sei verloren.

Churchill, der zähe Durchhaltekrieger, wollte davon nichts hören. Er beschwor seine Bundesgenossen, zum Kleinkrieg überzugehen. Guerillas überall in Frankreich, Kampf aus dem Hinterhalt. Doch die Franzosen zuckten mit den Schultern. Es war nichts vorbereitet. Churchill versprach militärische Hilfe – aber das war nur eine Division, mehr hatte auch Großbritannien in dieser dunklen Stunde nicht zu bieten. Im nächsten Frühjahr, ja, da könnten es bereits 25 Divisionen sein, für einen Gegenangriff.

Die Franzosen hörten das Wort vom Gegenangriff, aber sie wußten, daß die Deutschen vor Paris standen und im Begriff waren, ganz Frankreich zu überrennen.

Jetzt, in diesem Augenblick, wurden 25 Divisionen benötigt, und nicht erst im kommenden Frühjahr.

Marschall Pétain, der Retter von Verdun, war leichenblaß, als er zu sprechen begann. Er erinnerte Churchill an die verzweifelte Situation des britischen Expeditionskorps im Ersten Weltkrieg. Es war in der deutschen März-Offensive 1918 in zwei Teile zerschlagen worden. Er, Pétain, habe damals 20 französische Divisionen zur Rettung der Engländer eingesetzt, und bald danach noch einmal 20 Divisionen. Das aber zu einem Zeitpunkt, da immerhin 60 britische Divisionen in Frankreich standen. Jetzt vermochte England eine Division anzubieten.

Was Frankreich vor allem brauchte, waren Flugzeuge, und Paul Reynaud verlangte von Churchill den rücksichtslosen Einsatz der Royal Air Force.

Weygand hakte ein: Er habe neulich einen Luftangriff erlebt. Die deutsche Luftwaffe demoralisiere die französischen Soldaten. Sie würden sich sofort wieder den Deutschen überlegen fühlen, wenn die britischen Flieger die deutschen Flugzeuge vom Himmel jagen würden.

Doch Churchill verweigerte erneut den Franzosen die Hilfe seiner Luftstreitkräfte, und Churchill begründete das: Der entscheidende Moment, so führte er aus, sei noch nicht da. Er nahe erst dann, wenn Hitler die Britischen Inseln attackiere. Dann erst beginne die Entscheidungsschlacht, von der das Schicksal der Welt abhänge. Dafür müsse die Royal Air Force aufgespart werden. Gehe diese Schlacht verloren, sei alles verloren. Werde diese Schlacht gewonnen, sei alles gewonnen. Dann sei es Zeit, auch Frankreich zu retten. Er sagte: »If we can keep command of the air, and if we can keep the seas open, we will win it all back to you . . .«

Churchill schrieb später über diese Unterredung: »Man muß bedenken, daß bei dieser ganzen unglückseligen Besprechung der Gram mich fraß und peinigte, daß England mit seiner Bevölkerung von 48 Millionen nicht fähig gewesen war, einen größeren Beitrag in dem Landkrieg gegen Deutschland zu leisten, und daß bis jetzt neun Zehntel der Menschenverluste und 99 Prozent des Leidens über Frankreich hereingebrochen waren.«

An diesem Abend aber, so schien es, war die Allianz zwischen Frankreich und England zerbrochen.

Am folgenden Tag flog Churchill wieder nach London zurück. Der stark bedeckte Himmel ließ das Geleiten des Churchillschen Flugzeuges durch die Hurricane-Eskorte nicht zu. Churchill flog allein und unbeschützt. Prompt riß über Le Havre der Wolkenteppich – Churchills Flugzeug raste im Tiefflug über den Kanal, um der deutschen Abwehr zu entgehen.

Drei Stunden nach Churchills Abflug befahl der General Weygand den allgemeinen Rückzug der französischen Armee. Das war bitter nötig, denn es zeichneten sich auf den Lagekarten Ansätze zu Kesselschlachten ab. Weygand ordnete gar an, die Maginotlinie aufzugeben. Diese heilige Kuh französischer Militärpolitik war vollends nutzlos geworden. Ihr Bau hatte Milliarden Francs gekostet – in Panzerdivisionen wären sie besser angelegt gewesen.

Freilich: Weygand konnte befehlen – aber ob seine Befehle die Empfänger auch erreichten, und wenn, ob sie dann befolgt werden konnten, blieb ungewiß. Das Hauptquartier der französischen Armeeführung im Maiglöckchenschloß zu Briare war eine dem Untergang geweihte militärische Welt. Die zur Aufrechterhaltung der Nachrichtenverbindungen erforderlichen Fernmeldetruppen waren in Gefangenschaft geraten, geflohen, abgedrängt in entlegene Gegenden, lagen inmitten von Flüchtlingskolonnen fest, waren durch Tieffliegerangriffe um ihr Gerät gebracht worden oder auch ganz einfach desertiert.

Das Große Hauptquartier Weygands hatte seine Führungsmittel verloren und war damit nahezu wirkungslos geworden. Weygands wichtigste Nachrichtenverbindung war ein Telefon der zivilen Post, das sich an einer Mauer, neben einem Klosett, im Maiglöckchenschloß befand. Über dieses Telefon wurden an die Reste von Divisionen über das zivile Postnetz Befehle im Klartext durchgegeben – aber nicht zwischen 12 und 14 Uhr, weil in dieser Zeit die Posthalterin ihre Mittagspause hielt.

Ehe Weygands Befehle ihre Empfänger erreicht haben konnten, waren sie ohnedies meist überholt. Die »Weygand-Linie« – jene zuerst von ihm befohlene Verteidigungslinie – brach schlagartig zusammen, nicht zuletzt auch deshalb, weil die deutsche Funkaufklärung den Standort jedes einzelnen Gefechtsstandes exakt ermittelt hatte. Es zeigte sich, daß die Überlegenheit der Deutschen nicht allein in der neuartigen Kombination von wendig geführten Panzern und Stukas bestand, sondern auch in der Flexibilität ihrer Nachrichtentruppen, die den zuvor nie erprobten schnellen Gefechtsstandwechseln der vormarschierenden Verbände gewachsen waren. Eine dadurch erreichte äußerst rasche Übermittlung von Befehlen und Meldungen ermöglichte eine bis dahin nie

Nach der Vertreibung der britischen Streitkräfte vom Kontinent begann am 5. Juni die zweite Phase des Westfeldzuges, die »Schlacht um Frankreich«. Durch die schnellen deutschen Erfolge moralisch angeschlagen und militärisch geschwächt, setzten die Franzosen ihre letzte Hoffnung auf die Verteidigung der Weygand-Linie.
Doch schon nach wenigen Tagen war der Kampf für Frankreich verloren. Dem geschlagenen Land blieb

nichts anderes übrig, als Deutschland um Waffenstillstand zu bitten. In der Präambel zum Waffenstillstandsabkommen konzedierte der Sieger dem Besiegten: »Frankreich ist nun nach einem heroischen Widerstand in einer einzigen Folge blutiger Schlachten besiegt worden und zusammengebrochen. Deutschland beabsichtigt daher nicht, den Waffenstillstandsbedingungen die Charakterzüge von Schmähungen gegenüber einem so tapferen Gegner zu geben.«

Linke Seite oben: Ein Panzerwerk der Maginotlinie unter direktem Beschuß.
Linke Seite unten: Unzählige französische Ortschaften wurden durch Artillerie und Bomben zerstört.
Bild oben: Während schnelle Verbände bereits vorgedrungen sind, sichert deutsche Infanterie das Hinterland. Bild Mitte: Die Helden sind müde. Nach schweren Gefechten und langen Märschen sind die beiden Gefreiten kurz eingenickt.

gekannte Wendigkeit marschierender und kämpfender Großverbände.
Ein wenig langsamer ging es bei der Reiterei zu, die es damals noch immer gab: Die 1. Kavalleriedivision klärte am 13. Juni bei Meulan das südliche Seine-Ufer auf und konnte keine feindliche Besetzung feststellen. Daraufhin setzte das Reiterregiment 1 in Schlauchbooten über den Fluß – mußte jedoch bald umkehren. Überraschend zeigte sich leichte französische Artillerie, die übersetzende Schlauchboote zusammenschoß. Die Divisionsführung verschob die Flußüberquerung auf den kommenden Morgen. Um 7.30 Uhr gingen die ersten Spähtrupps über die Seine, ihnen folgten die vordersten Schwadronen. Die Franzosen hatten über Nacht das jenseitige Ufer geräumt. Alle Brücken – auf 100 km Uferlänge – waren gesprengt. So kam es, daß an die 12 000 Pferde, neben den Schlauchbooten schwimmend, die Seine überwanden. Am Abend befand sich die ganze Division südlich des Flusses und setzte die Verfolgung der abziehenden Franzosen fort.
Die Soldaten der 19. Infanteriedivision erwanderten sich Frankreich zu Fuß. Panzer sahen sie selten, ihnen war nicht der schnelle große Sieg, sondern die schier ewig währende, ruhmlose Mühsal vorbestimmt.
Vom 12. Juni an marschierten sie unermüdlich über staubige Straßen in Richtung Paris, stets über die Kampfgebiete der vergangenen Tage hinweg. Tote Pferde lagen auf den Straßen, vereinzelt auch gefallene französische Soldaten, von denen die meisten wiederum Neger der Kolonialinfanterie waren. Niemand beerdigte die Leichen – die Bevölkerung war nahezu vollständig geflohen. Um Seuchen zu verhindern, stellten die Bataillone der 19. Infanteriedivision Beerdigungskommandos auf. Herrenlos lief das Vieh in den Ortschaften umher. Es war heiß und das Wasser knapp, hungrige und durstige Tiere drängten sich in Herden zusammen. Soweit es ging, wurden die Pferde in Lastwagen zu Sammelstellen transportiert. Vieh, teilweise schon am Milchbrand erkrankt, wurde zur Schlachtung freigegeben.
Am Abend des 12. Juni erreichten die Infanteristen den Wald von Compiègne, in dem noch größere französische Truppenteile vermutet wurden. Am nächsten Morgen umstellte die Division das Waldgebiet und kämmte es durch. Doch nur elf Franzosen und zehn Negersoldaten sowie einiges Militärgerät wurden aufgestöbert. Dafür aber sahen die deutschen Infanteristen den D-Zug-Wagen, in dem 1918 der Waffenstillstand des Ersten Weltkrieges
Fortsetzung Seite 162

Hitler in Paris

Ein französischer Journalist schildert Hitlers persönlichen Einmarsch in die französische Hauptstadt. Der »Führer« kam nicht als Feldherr, sondern als Kunstfreund.

Der Obst- und Gemüsehändler an der Place de l'Opéra, der gerade dabei ist, sein Angebot aufzubauen, traut seinen Augen nicht. Stocksteif steht er da, den Mund offen, wie von einer Sinnestäuschung geschlagen: Über den leeren Opernvorplatz kommt Adolf Hitler auf ihn zu.

Der Einmarsch des Herrn des III. Reiches in diese Hauptstadt, die zum Symbol des erstaunlichsten deutschen Triumphes seit dem Morgen des 10. Mai geworden war, vollzog sich unter vollständigem Inkognito. Er selbst hatte es so gewollt: Eingehüllt in seinen weiten Ledermantel, der bis zum Hals zugeknöpft war, wurde er nur von rund zehn Generälen und Offizieren begleitet. Nichts außer der tief in die Augen gezogenen Mütze und dem seltsamen kleinen schwarzen Bart, der seinem Gesicht einen unverwechselbaren Zug verlieh, war auf den ersten Blick zu erkennen. Keine besonderen Sicherheitsvorkehrungen, keine sonstigen Maßnahmen wiesen darauf hin, daß der Oberste Befehlshaber der Wehrmacht im eroberten Paris war.

Schon früh am Morgen dieses 23. Juni 1940 war Hitler in Le Bourget gelandet. An Bord seines persönlichen Flugzeuges, das von Kapitän Hans Baur geflogen wurde, war er aus seinem Hauptquartier Brûly-le-Pêche, nordostwärts von Mézières, nach Paris herübergekommen.

Schnell war die Kolonne der schweren, offenen Mercedeswagen in Richtung Stadtzentrum abgefahren. Die Wagen fuhren durch die menschenleeren Straßen mit ihren schweigenden Hauswänden wie durch ein »irreales und phantastisches Bühnenbild«, wie ein Offizier des Gefolges später notierte.

In Stiefeln und Handschuhen saß Hitler tief in seinen Sitz gedrückt. Er wirkte frostig und unfreundlich. Erst ganz allmählich entspannten sich seine Gesichtszüge und zeigten wieder seine gewohnte Unruhe. Seit Mitternacht herrschte Waffenstillstand zwischen Frankreich und Deutschland. Jetzt wollte der Chef der siegreichen Armee Paris mit eigenen Füßen betreten. Ohne Zwischenhalt begab er sich zur Oper. Oberstleutnant Hans Speidel, der für die Sicherheit der deutschen Truppen in Paris verantwortlich war, hatte durch seine Leute zwei Logenschließer wecken lassen. Man bedeutete ihnen, sie hätten unverzüglich die große Beleuchtung für den riesigen Zuschauerraum, das reichgeschmückte Foyer, die Bühne, die Prunktreppe, die Fresken und Statuen anzuschalten.

»Das schönste Theater der Welt!«, rief Hitler, als er entzückt und voller Bewunderung durch die Räume ging. Und schon wandte er sich um, lief mit schnellen Schritten die Treppenstufen dieses großartigen Theaterbaus von Garnier hinunter und eilte zu seinem Wagen.

Auf der anderen Seite des Platzes klapperte ein Zeitungsverkäufer mit den Augen. Das war vielleicht eine Überraschung, dieser Hitler!

Hitler bemerkte ihn. Einen Augenblick schien er unsicher. Er erinnerte sich an Lille, wo ein paar Wochen zuvor eine Frau, als sie ihn erkannt hatte, hastig ihre Fensterladen geschlossen und dabei gerufen hatte: »Der Leibhaftige kommt!« Weder sie noch Hitler konnten das jemals vergessen.

Die Kolonne der fünf Staatskarossen umrundete die Place de l'Opéra und bog dann rechts in die schmale Öffnung des Boulevards des Capucines ein, der von Theatern und herrlichen Bäumen begrenzt wird. Wieder sind die Gehwege menschenleer.

Adolf Hitler starrt vorne aus seinem Mercedes heraus. Er wendet sich nicht um, obwohl hinter ihm diejenigen Platz genommen haben, die ihm bei diesem Ausflug assistieren sollen: der Architekt Albert Speer, ein Riese von fast

Bild oben: Eingerahmt von seinen beiden künstlerischen Begleitern, dem Bildhauer Arno Breker (rechts) und dem Generalbauinspektor Albert Speer (links) fuhr und flanierte Hitler durch das leere Paris – hier vor dem Eiffelturm. Linke Seite: Hitler (rechts außen) in seinem Quartier in Fromelles 1916 und ... 24 Jahre später mit zwei Frontkameraden, Reichsleiter Amann und Ernst Schmied, an derselben Stelle.

1,90 m und Generalbauinspektor des Deutschen Reiches – im Range eines Generals –, der später noch Rüstungsminister seines Staates werden sollte. Und Arno Breker, der Staatsbildhauer des III. Reiches, der extra aus Berlin eingeflogen worden war, um dem Führer bei diesem morgendlichen Rendezvous als Berater und Fremdenführer zur Seite zu stehen.
In den weiteren Wagen hatten Platz genommen: General Keitel, Chef des Oberkommandos der Wehrmacht, Reichsleiter Martin Bormann, General Bodenschatz und Architekt Giessler, dazu Otto Dietrich, der Pressechef des Reiches, der Fotograf Heinrich Hoffmann und Hitlers Flugzeugführer Hans Baur. Außerdem gehörten zu Hitlers Begleitung die beiden SS-Leute Junge und Wolf sowie Hitlers Adjutant, Hauptmann Engel. Während der Fahrt erläuterte Breker die Besonderheiten des Viertels, durch das man gerade fuhr, und benannte die Kunstwerke, die vorüberglitten. Vor der Madeleine ließ Hitler seinen Mercedes erneut halten.
Auf dem obersten Treppenabsatz der Madeleine lauscht Hitler den städtebaulichen Erläuterungen von Speer. Aber er wirkt zerstreut. Nur die Kirche Saint-Augustin, die verträumt aus dem Morgennebel herausragt, fesselt ihn für einen Augenblick. Schon rollt die Kolonne weiter durch die Rue Royal, fährt langsam über die Place de la Concorde und wendet sich, vorbei an hohen, feierlichen Kastanienbäumen, in Richtung der Champs-Élysées. Auf dem linken Gehweg steht ein Schutzmann mit unbewegtem Gesicht.

Jetzt breitet sich unter den Achsen der deutschen Autos die schönste Straße der Welt aus. Ganz vorn, vor Adolf Hitler, erhebt sich der Triumphbogen in die watteweiche Luft des Morgens und scheint den Horizont abzuschließen.
»Auf Befehl Napoleons errichtet!«, bemerkt Hitler.
Unter dem riesigen Bogen liegt der Leichnam eines unbekannten Soldaten des Ersten Weltkrieges begraben, bewacht von hohen Mauern mit den Namen zahlreicher Sieger, die damals Deutschland besiegten.
Aber heute ist der Mann, der die Inschriften zu entziffern sucht, ein Deutscher: der Sieger über Paris und Frankreich. Da nehmen die Gedanken Hitlers eine überraschende Wendung. Schon mehrere Tage beschäftigte ihn immer dieselbe Überlegung: »Ich hätte an der Spitze meiner Truppen durch den Triumphbogen marschieren können«, sagt er; und weiter: »Das wäre eine klassische Ausgabe der Großen Parade geworden! Aber ich will das nicht. Das französische Volk hat schon genug leiden müssen . . .«
Und schon verläßt die Kolonne wieder die Place de l'Etoile. Weiter geht es unter dem dichten Laubdach der Avenue du Bois her, durch die Avenue Raymond-Poincaré, über die Place Victor Hugo herauf zu den Hügeln des Palais Chaillot.
Dort oben, am Rande der berühmten Terrasse, öffnet sich den Blicken Adolf Hitlers eine »Traumaussicht«.
Und es war wirklich ein Traum: Unten floß die berühmte Seine mit ihren kostbaren und schattigen Brücken. Dahinter die Bäume – das waren die Gärten des Marsfeldes. Und da: die metallhelle Silhouette des Eiffelturms, des Symbols von Paris. Und wieder dahinter Dächer und Paläste, herrliche Gebäude bis zum Horizont. Türme, Turmspitzen, Denkmäler – und über allem wehten die Farben des Deutschen Reiches.

Zum ersten Mal war Hitler ganz und gar mit der unabänderlichen Wahrheit seines Sieges konfrontiert. Das majestätische Panorama des geschlagenen Paris bestätigte noch einmal die unerbittliche Wirklichkeit in ihrer ganzen Größe. Quer durch die Weiten der immer noch schlafenden Hauptstadt machte sich der motorisierte Heerhaufen berühmter Nazis auf den Weg zur zweiten Hälfte des Rendezvous von Adolf Hitler mit Paris: Da unten, auf dem anderen Seineufer, reckte sich die goldene Domkuppel des Jules Hardouin-Mansart in den leichtverhangenen Himmel.
Der Kies des Invalidendoms knirschte unter den Schritten des neuen Eroberers von Europa. Der entscheidende Augenblick an diesem Morgen, der nicht seinesgleichen hat, konnte stattfinden: Das historische Tête-à-Tête zwischen dem Mann, der das mächtigste Weltreich des Abendlandes seit Karl dem Großen geschaffen hatte, und dem anderen Mann, der sich 120 Jahre danach anschickte, ein gleiches zu tun – oder den Toten gar noch zu überbieten. Hitler trat an das Grab Napoleons.
Neben sich seinen General Keitel, Martin Bormann, Speer, Luftwaffengeneral Bodenschatz, Architekt Giessler, Speidel und seinen Leibarzt Karl Brandt, verneigte sich Hitler »gebannt und schweigend« vor dem Grabmal, in dem die Gebeine des großen Kaisers ruhten.
Bevor Hitler den Invalidendom betreten hatte, mußte ihm ein Adjutant helfen, seinen langen Ledermantel gegen einen weißen Staubmantel zu tauschen. Lange stand Adolf Hitler versteinert, seine Mütze gegen die Brust gepreßt. Niemals hat jemand erfahren dürfen, was er in diesem Augenblick dachte. Erst viele Tage später äußerte er gegenüber General Alfred Jodl, er müsse gestehen, daß dieser Augenblick »der schönste und größte« seines Lebens gewesen sei.

unterschrieben wurde. Dann zogen sie – »ohne Tritt, marsch!« – weiter auf Paris zu. Große Aufregung am 15. Juni: Morgen marschiert die Division in zwei Kolonnen in Paris ein. Da ging es schon nicht mehr um Kampf auf dem Gefechtsfeld, sondern um eine tadellose Parade. Die Soldaten putzten ihre Uniformen und wienerten Stiefel, Koppel und Patronentaschen. Der Divisionskommandeur nahm am 16. den Vorbeimarsch beider Kolonnen ab, einmal auf der Place de la République und zum anderen auf der Place des Nations. Doch vom süßen Leben in Paris keine Spur – die Division marschierte weiter, durch Paris hindurch, in die freie Natur hinaus und ein schönes Stück nach Süden in Richtung Orléans. Die Landser der 30. Infanteriedivision hatten es besser: Sie waren am gleichen Tag weiter westlich in Paris einmarschiert und durften als Besatzungstruppe dort bleiben.

Weit mehr Grund zur Freude hätte noch General Guderian gehabt, denn auch im zweiten Teil des Frankreich-Feldzuges bewährte sich die von ihm geschaffene Panzertruppe. Seine von ihm selbst geführte »Panzergruppe Guderian« errang einen Sieg nach dem anderen. Dennoch ärgerte sich der Panzergeneral: In immer stärkerem Maße begann Adolf Hitler in den Ablauf der Operationen hineinzubefehlen.

So war es zu einem Streit über eine Grundsatzfrage gekommen, der sich nur deshalb von allein auflöste, weil Frankreich um Waffenstillstand bat. Es ging dabei um die Forderung des Generalstabschefs Halder bei der Ausführung des Planes »Rot«: »Ziel unserer Operationen (ist) die Zerstörung der feindlichen Streitkräfte.« Hitler aber verlangte und setzte es auch durch, daß die Wehrmacht sich zunächst das lothringische Eisenerzbekken sicherte, »um so Frankreich seiner Rüstungsindustrie zu berauben«. Das war ein recht aberwitziger Gedankengang, denn Frankreich lag am Boden, seine Rüstungsindustrie produzierte nicht mehr. Dagegen gab es durchaus noch kampffähige Teile der französischen Armee, die erst einmal ausgeschaltet werden mußten. Solange aber diese Armee noch kämpfte, war eine territoriale Besetzung ohne großen Wert.

Aber die Befehle Hitlers betrafen auch die Operationen Guderians, der seinen im »Fall Rot« vorgesehenen Part elegant und geradenwegs spielen wollte.

Eben daran hinderte ihn Hitler: Er wollte Prestige-Objekte eingenommen haben. Orte, die in den Schlachten-Atlanten des Ersten Weltkriegs dick eingetragen waren, jetzt aber jede Bedeutung verloren hatten, St. Mihiel zum Beispiel, oder Verdun. Ganz wichtig erschien es Hitler, daß Guderian aus seiner Marschrichtung herauszuschwenken hatte, um Verdun zu erobern.

Begonnen hatte dieses Ärgernis am 13. Juni. Dem Operationsplan gemäß hatte Guderian seine Panzergruppe in südlicher Richtung vorstoßen lassen. Gegen Mittag gab das Armee-Oberkommando durch, der Oberbefehlshaber des Heeres wünsche (und er wünschte das nur, weil Hitler es wünschte) ab Bar-le-Duc ein Abdrehen nach Osten. Seufzend erteilte Guderian die entsprechenden Befehle an seine Panzerkorps. Abends aber funkte das Armee-Oberkommando, daß nunmehr das XXXIX. Korps nach Süden, das XXXXI. Korps jedoch mit zwei Divisionen abdrehen möge, um St. Mihiel und Verdun zu nehmen. Diese Bewegung war am 14. Juni angelaufen, als die 12. Armee nunmehr befahl: »Gesamte Gruppe Guderian abdreht über Chaumont auf Plâteau de Langres . . .«

Am 15. Juni wurde die Festung Verdun mit ihren im Ersten Weltkrieg so lang und so blutig umkämpften Forts Douaumont und Vaux und mit den Stellungen auf dem Toten Mann von motorisierter Infanterie erstürmt – um den Preis von 200 Toten. Im Ersten Weltkrieg hatten die Schlachten um Verdun Freund und Feind zusammen mindestens eine halbe Million Tote gekostet. Nun starben hier noch einmal deutsche Soldaten, vermutlich nur, damit der »Völkische Beobachter« vom 16. Juni 1940 melden konnte: »Das Symbol der Widerstandskraft Frankreichs ist gefallen. Die Reichskriegsflagge weht über Verdun. 24 Stunden nach dem Fall von Paris marschieren unsere Soldaten in die Stadt ein, die heißer als jedes andere Stück französischer Erde im Weltkrieg umkämpft war. Heute ist der Mythos zerbrochen. Wo im Jahre 1916 die deutsche Kraft erlahmte, ist unser Heer unaufhaltsam weitergestürmt.«

Über der Beschwörung der Geister von Verdun wurde gänzlich die Würdigung von Guderians Feldherrnkunst vergessen. Wenn »elegant« überhaupt für das Führen einer Schlacht als Eigenschaftswort gebraucht werden darf, dann für diese, die Guderian im »Fall Rot« schlug. Es war das Musterbeispiel einer Einkesselungsschlacht, hinter der das klassische Cannae ebenso verblaßte wie die Schlacht bei Tannenberg des Ersten Weltkrieges.

Seine Panzergruppe klirrte von Nord nach Süd, dann leicht nach Südsüdost drehend, durch Frankreich und fegte *hinter* der Maginotlinie entlang, deren Besatzung teilweise den Befehl zur Räumung des Festungswerkes erhalten hatte, zum Teil aber auch nicht. Welcher französische Truppenteil auch immer sich von der Maginotlinie befehlsgemäß nach Westen absetzte – er geriet unweigerlich ins Guderianische Schleppnetz und von da an in eine Sammelstelle für Kriegsgefangene. Wer aber in der Maginotlinie ausharrte, geriet gleichermaßen in Gefangenschaft – denn er war eingekesselt.

Am 17. Juni erreichte Guderian bei Pontarlier die Schweizer Grenze – und drehte elegant den unendlichen Heerbann seiner Soldaten, die Panzerregimenter, die Aufklärer, die Artillerie, die motorisierte Infanterie, die Kradschützen, die Nachrichtentruppen, die Feldgendarmen, die

Rechte Seite: Sturmboote setzen über einen Arm des Oberrheins. Der Angriff der Heeresgruppe C auf die Maginot-Linie beginnt.
Oben: »Dem Gefreiten Hubert Brinkforth, einem westfälischen Bauernsohn, wurde vom Führer das Ritterkreuz des Eisernen Kreuzes verliehen. Am 27. Mai 1940, während der Abwehrkämpfe bei Abbeville, brachte Brinkforth auf vorgeschobenem Posten als Richtschütze hinter seinem Pakgeschütz den Angriff eines starken englischen Panzerverbandes zum Scheitern. In zwanzig Minuten vernichtete er elf Panzer, die er trotz heftigen Feuerns bis auf etwa hundert Meter herankommen ließ und dann abschoß« (Text und Bild sind der NS-Illustrierten »Signal« entnommen).

Pioniere, dazu alle die Versorgungstruppen, die Bäckerei- und Schlachtereikompanien, die Werkstattkompanien und die Vielzahl der Trosse – diese alle drehte er um 90 Grad in nordöstlicher Richtung. Das war nicht mit einem Befehl zu machen, das war harte Planungsarbeit, die in kürzester Frist zu leisten war. Da war jeder Kolonne eine Marschstraße anzuweisen, und jede Kolonne mußte in eine genaue taktische Gliederung eingefädelt sein. Es war Krieg, man mußte mit Hinterhalten, Überfällen, Straßensperren, hartnäckigem Widerstand an Geländehindernissen, mit Ortskämpfen und Luftangriffen rechnen. Es war also eine Marschfolge auszuklügeln, bei der die Artillerie geschützt – also nicht zu weit vorn –, doch schnell einsetzbar – also nicht zu weit hinten eingegliedert – war, bei der die Pioniere sofort zur Hand waren, wenn es um die Überwindung von Gewässern oder anderen Hindernissen ging, keinesfalls aber ihre langen Brückentrosse das flüssige Vorgehen bremsen durften. Die Kradschützen hatten ganz vorn zu sein, bei ihnen aber auch die Panzerjäger, ganz vorn sollten aber auch die Aufklärer sein, die Pionierstoßtrupps, oft auch die Kommandeure mit Adjutant, Ordonnanzoffizier, Kradmeldern und Nachrichtenpersonal. Natürlich durften sich die Wege der Marschkolonnen tunlichst nicht kreuzen, es mußte aber die Zufuhr von Munition und anderen Versorgungsgütern ebenso gesichert sein wie der Abtransport von Verwundeten und Gefangenen.

Die 90-Grad-Drehung beider Korps der Panzergruppe Guderian gestattete einen Vorstoß aller gestaffelten marschierenden Guderianschen Divisionen ins Elsaß hinein – wieder in Richtung Deutschland. Die von dort her anrückende 7. Armee war das andere Netz, das allen französischen Einheiten den Ausweg sperrte.

Sämtliche Besatzungen der Maginot-Festungswerke gerieten bei dieser Schlacht in Gefangenschaft, dazu zahlreiche andere französische Verbände – mehr als 400 000 Mann. Allein dieser Gefangenenzahl nach war es die bis dahin größte Vernichtungsschlacht der Weltgeschichte. Und Vernichtung der Feindarmee hieß hier unblutige Gefangennahme und Entwaffnung.

Zum Gelingen dieser Schlacht hatte freilich die 7. Armee wesentlich beigetragen. Sie war – dem Plan für den »Fall Rot« folgend – am 14. Juni zum frontalen Angriff auf die Maginotlinie angetreten.

Im Verband der Heeresgruppe C stand die 7. Armee nach wie vor auf deutschem Boden der Maginotlinie gegenüber – an dieser Front war bisher noch nichts Aufregendes geschehen. Doch an zwei Stellen sollte nun die französische Befestigungslinie durchbrochen werden: bei Saarbrükken und am Oberrhein in der Nähe von Colmar.

Das Sturmpionierbataillon 43 – dem Leser bereits als Feuerwehr für knifflige Probleme hinlänglich bekannt – hatte zu Beginn von »Fall Rot« südlich Amiens die Weygand-Linie durchbrochen. Danach aber war es – zur Verwunderung aller Soldaten – mitten im Feldzug aus der Front herausgelöst und nach Deutschland zurücktransportiert worden – in die Nähe von Saarbrücken. Der Auftrag: Noch einmal einen Durchbruch, nun aber durch die Maginotlinie. Dazu waren zahlreiche Vorbereitungen erforderlich: Geländeerkundungen, Auswerten von Luftaufnahmen, Karten, Skizzen und Fotos. Auf Einsatzbesprechungen wurden alle Fragen bis in die letzte Kleinigkeit geklärt.

Am Abend des 11. Juni marschierte die 1. Kompanie der 43er von Merlebach in ihren Bereitstellungsraum. Im Mannschaftszug mußten die schweren Waffen über zerfahrene und verschlammte Wege gezerrt werden. Um 3 Uhr morgens endlich war die Bereitstellung beendet – die Pioniere konnten einige Stunden ruhen, bis um 9.30 Uhr der Feuerschlag der Artillerie auf den Ort Barst-Marienthal und

die ringsum liegenden Befestigungen niederging. Anschließend: 15 Minuten Stukaangriff auf die weiter ab liegenden Höhen mit ihren Bunkern. Dann sprangen die Stoßtrupps der 2. Kompanie auf – Infanteriefeuer ließ den Angriff schnell zusammenbrechen: Nicht alle französischen Feuerstellungen waren erkannt worden.
Nun erhielt die 1. Kompanie den Auftrag, Barst-Marienthal rechts umfassend, von Westen her, zu nehmen. Der Kompaniechef staffelte seine drei Züge hintereinander weit in die Tiefe und stürmte um 10 Uhr.
Aus der Gegend um Biding schlug den Pionieren heftiges MG-Feuer entgegen. Pioniere ohne schweres Gerät überwanden dennoch in kurzen, schnellen Sprüngen das Gelände, vermochten aber ein Waldstück nicht auszunützen, auf dem französisches Artilleriefeuer lag und dikke Äste und Erdklumpen in die Luft schleuderte. Die Verbindung zu den schweren Waffen riß ab. Artilleriefeuer auf die vorgehende Kompanie ließ weitere Bewegungen erstarren. Es wurde ein ungemütlicher Tag. Gegen 19 Uhr hatte die 1. Kompanie zwei Tote und zwölf Verwundete. Ein Stuka-Angriff brachte den Pionieren die nötige Luft zum Ansetzen in den Bereitstellungsraum.
Ganz anders sah es in den frühen Morgenstunden des folgenden Tages aus: Da stürmte die 1. Kompanie ohne jede Artillerievorbereitung und überraschte den Gegner im Schlaf. Was am Vortag trotz Opfern, Mühen und hohen Aufwandes nicht gelungen war, schien jetzt beinahe ein Kinderspiel. Die Franzosen ergaben sich kampflos, beide Seiten hatten keine Verluste. Die Kompanie stieß in einem Zug bis in die Tiefe der legendären Maginotlinie durch, beseitigte drei minenverseuchte Panzersperren und marschierte bei der Verfolgung des Feindes noch zehn Kilometer weit.
Am 15. Juni begann auch der Kampf an der Rheinfront. Aus den im Schwarzwald liegenden deutschen Batteriestellungen donnerte ein schwerer Feuerschlag auf die Maginot-Bunker der linken Rheinseite. 8,8-cm-Flak schoß punktgenau auf jede Schießscharte.
Bei Breisach zogen die Schwaden künstlichen Nebels über den Rhein. Sie entzogen die deutschen Pioniere den Blicken der französischen Beobachter: Sie schleppten im Laufschritt Schlauchboote ans Ufer und brachten die Sturmboote mit ihren schweren Außenbordmotoren in die Sturmausgangsstellung. Genau zu diesem Zeitpunkt, da die trägen Nebelschwaden das feindbesetzte Ufer erreichten,

klatschten die Schlauchboote ins Wasser, sprangen die Außenbordmotoren der Sturmboote an. Im Takt paddelnd, zog eine Flotte von Schlauchbooten über den Strom, noch vor ihnen mit hoher Bugwelle fegten die Sturmboote der Maginotlinie entgegen. Die Sturmbootüberfahrt dauerte vierzig Sekunden. Geduckt lagen die Soldaten am Boden, nur der Sturmbootführer stand aufrecht am Außenbordmotor, und nur er sah, wie das Feuer der Franzosen das Wasser des Flusses peitschte. Die Franzosen feuerten blind, aber mit allem, was sie hatten – Maschinengewehrgarben peitschten lange Spuren ins Wasser, und die Geschosse der Artillerie ließen Fontänen aufsteigen.
Es war eine reine Pionierarbeit, ausgeführt von Männern, die noch nie zuvor am Rhein geübt hatten. Manches Boot versank, und für die schwer bepackten Soldaten gab es kaum eine Rettungschance. Die Masse der Boote aber gelangte ans feindseitige Ufer – die Soldaten sprangen heraus, die Boote fuhren zurück, um die zweite Welle der Sturmtruppen überzusetzen.
Pionierarbeit auch am Feindufer: Angelandet wurden hauptsächlich Pionierstoßtrupps – drei bis fünf einsame Männer. Von der Luftwaffe kaum unterstützt, denn die Witterungsverhältnisse waren für den Fliegereinsatz nur mäßig geeignet, knackten sie die Bunker einzeln – jedes einzelne Unternehmen ein Spiel mit dem Tod: Heranarbeiten im Feindfeuer, aus einem toten Schußwinkel heraus das Anbringen von Sprengladungen, nach dem Zünden zurückrennen und Deckung nehmen.

Linke Seite: Die Panzerkuppel eines Werkes der verlängerten Maginot-Linie mit den Einschüssen deutscher Artillerie-Granaten. Nach dem französischen Kriegsminister André Maginot (1877–1932) benannt, verlief der Verteidigungsgürtel an der deutsch-französischen Grenze von Longwy bis Basel. 1929–32 für 2,9 Mrd. Francs errichtet, bestand er aus einem Geflecht von 150 km unterirdischer Gänge mit 39 Wehrgruppen, 70 Bunkern, 500 Infanterie- und Artillerieblöcken, 500 Kasematten, Unterständen und Beobachtungstürmen. Die Maginot-Linie galt als unüberwindlich und führte zu einer fatalen Fehleinschätzung der militärischen Lage Frankreichs. Sie wurde im Westfeldzug 1940 von den Deutschen über Belgien, Holland und Luxemburg einfach umgangen.
Bild oben: »Auf dem Kemmel wird die deutsche Fahne gehißt. Sie weht weithin über den Schlachtfeldern des Weltkriegs, und ihr Flattern ist ein Gruß der jungen deutschen Wehrmacht an alle Kameraden, die bis 1918 hier bluteten.« (Originalunterschrift)

Kaum waren die Bunker an der Anlandestelle gesprengt – und deren Besatzungen entweder tot, verwundet oder gefangen –, zogen neue Nebelschwaden über den Rhein. Eine reine Pionierarbeit wiederum: Bereits eine halbe Stunde nachdem die ersten Soldaten am linken Ufer aus den Sturmbooten gesprungen waren, begann der Bau einer Kriegsbrücke. Sie wurde in unglaublich kurzer Frist fertiggestellt – und schon rollten über sie Infanteriegeschütze hinweg und, vor allem, die Acht-acht-Flak zum Beschuß von Bunkerscharten. Am Abend hatte sich der deutsche Brückenkopf auf dem elsässischen Ufer bis auf 20 Kilometer ausgebreitet. Im Lauf der Nacht marschierten mehrere Divisionen über weitere, inzwischen geschlagene Kriegsbrücken auf französischen Boden. Der Rhein-Rhone-Kanal wurde überschritten. In fünf Tagen waren die Hänge der Vogesen erreicht. Der Kessel war geschlossen: Auf der anderen Seite standen die Truppen Guderians und die nachrückenden Infanteriekorps.

In ganz anderer Richtung war Rommels 7. Panzerdivision vorgegangen: Von der Somme bis St. Valéry an die Kanalküste, an den Atlantik. Der Auftrag hatte gelautet: Das Entkommen der Engländer nach Le Havre zwischen Hericourt und Veulettes zu verhindern. Doch Engländer und Franzosen wehrten sich zäh. Bei St. Valéry schifften sich die Engländer ein – deutsche Panzer und Flak schossen dazwischen, bald auch die Geschütze des Artillerieregiments 78. Ein britisches Kriegsschiff vernichtete Bedienungen und Kanonen zweier 8,8-cm-Flak durch Volltreffer.

Die Engländer errichteten Barrikaden auf den Hafenmolen und brachten Geschütze in Stellung. Rommels Division trat zum Angriff an – nun kapitulierten die gegnerischen Befehlshaber.

Rommel ließ weiter marschieren, Angriff und Einnahme von Le Havre, Weitermarsch nach Cherbourg, Eroberung der Seefestung, Säuberung der Halbinsel Cotentin von Feindteilen. Damit war der Feldzug für die 7. Panzerdivision beendet.

An jenem 12. Juni, da Churchill nach seinem Blitzbesuch im militärischen Hauptquartier Briare wieder nach England zurückgeflogen war, hatte sich General Weygand zum Schloß Cangé in Tours aufgemacht – dem neuen Sitz der französischen Regierung. Um 19 Uhr hielt Weygand vor dem Ministerrat einen Vortrag zur militärischen Lage. Er schilderte sie ungeschminkt als eine Katastrophe. Der Gedanke an Waffenstillstand hing im Raum. Paul Reynaud wehrte ab: Hitler sei kein Gentleman, sondern ein Dschingis Khan, der den Besiegten vernichte. Man müsse sich in der »Festung Bretagne« verbarrikadieren, den Kampf fortsetzen, wenn nötig auch von Algier aus oder von Dakar, und auf die Amerikaner warten. Die Kabinettssitzung endete in Ratlosigkeit. Pétain hatte für einen Waffenstillstand plädiert, andere waren dagegen. Es schien eine weitere Aussprache mit den britischen Verbündeten nötig.

Wiederum von Hurricane-Jagdflugzeugen geleitet, erschien Churchill im Flugzeug am 13. Juni um 13 Uhr hungrig in Tours. Der Flugplatz war kurz zuvor von den Deutschen bombardiert worden – kein Mensch war zum Empfang erschienen. Churchill trieb einen Wagen auf und fuhr mit seinen Begleitern Beaverbrook und Halifax durch die Stadt, um ein Restaurant zu suchen. Im Grand Hôtel servierte man ihm ein Mahl, das er als »Schlangenfraß« bezeichnete.

In der Präfektur kam es endlich zum Gespräch mit Reynaud und den Briten. Churchill redete viel und beschwor seine Partner zum Ausharren. Er sprach wieder vom Partisanenkrieg, der zum Grab der Wehrmacht werden müßte, doch verlor er kein Wort über die französische Flotte, die französischen Kolonien – die einzigen wirklichen Rückendeckungen Frankreichs und damit die letzten Hoffnungen.

In einer Beratungspause warnte Beaverbrook Churchill: »Wir verlieren hier nur Zeit! Fliegen wir zurück!« Churchill riet der französischen Regierung zu einem feierlichen Appell an den US-Präsidenten Roosevelt und versicherte, daß England in den kommenden 48 Stunden den französischen Truppen Beistand leisten werde. »Diese Stunde ist vielleicht die dunkelste meines Lebens«, verabschiedete sich Churchill. »Unser Kriegsziel bleibt die völlige Niederwerfung Hitlers!«

Die französischen Minister warteten in Cangé vergeblich auf den Britenpremier. Dafür sprach Weygand und schilderte die Lage als vollkommen trostlos und düster. Der Vernichtung der französischen Armee müsse ein Ende gemacht werden. Man solle um einen Waffenstillstand ersuchen, aber zuvor die Flotte in nordafrikanische Häfen verlegen, um sie dem Zugriff der Deutschen zu entziehen. Weygand sprach sich gegen alle Absichten aus, die Regierung in überseeische Besitzungen umsiedeln zu lassen. Er, Weygand, bleibe jedenfalls hier und werde Leiden und Elend des französischen Volkes teilen. »Der Waffenstillstand«, so sagte Weygand, »ist in meinen Augen die notwendige Vorbedingung für das Überleben des ewigen Frankreichs.« Das Kabinett vertagte sich auf den folgenden Morgen und traf nur eine Entscheidung: Flucht der Regierung nach Bordeaux. Reynaud versuchte Zeit zu gewinnen. Er hatte schon am 10. Juni den US-Präsidenten um Hilfe gebeten, und zwar mit allen Mitteln, »ausgenommen die Entsendung eines Expeditionskorps«. Nun hatte Reynaud auf Churchills Wunsch sich erneut an Präsident Roosevelt gewandt und diesmal den sofortigen Eintritt der USA in den Krieg verlangt. Seine Minister sollten mit ihrer Entscheidung über den Waffenstillstand noch abwarten, bis die Antwort aus den USA eingegangen sei.

In Frankreich herrschte derweilen das Chaos: Immer noch zogen lange Flüchtlingskolonnen von Norden nach Süden, während die Bewohner des Südens in den

Am 22. Juni 1940, 43 Tage nach dem Angriff, mußte ein geschlagenes Frankreich im historischen Salonwagen Marschall Fochs in Compiègne die Waffenstillstandsbedingungen unterzeichnen. Hitler selbst hatte als Ort dieses historischen Aktes jenen Salonwagen befohlen, in dem 1918 die deutsche Waffenstillstandsdelegation nach dem Ersten Weltkrieg das Diktat des Siegers annehmen mußte.
Bild rechts: Unterzeichnung des Waffenstillstandes am 11. November 1918 im Walde von Compiègne. Der deutsche Delegationsleiter Erzberger steht dem französischen Generalissimus Marschall Foch in dessen Salonwagen gegenüber. (Zeitgenössisches Gemälde)
Rechte Seite: 21. Juli 1940. Hitler und Göring (weiße Mütze) bei ihrer Ankunft in Compiègne. »Der ehemalige Agitator«, schreibt der englische Historiker Alan Bullock, »der 1920 zur Masse gesagt hatte, er werde nicht eher ruhen, bis der Vertrag von Versailles zerrissen sei, hatte sein Versprechen gehalten: Die Demütigung von 1918 war gerächt.«

Westen zu gelangen trachteten. In Schlangen standen übermüdete, verzweifelte Menschen vor Brunnen, um einen Schluck Wasser, vor Bäckereien, um eine Stange Weißbrot zu ergattern. Die Tankstellen hatten kein Benzin mehr, in ihrer Umgebung standen jeweils Hunderte von verlassenen Fahrzeugen.

Die »Festung Bretagne«, von der in der Regierung stets mit einer gewissen Hoffnung die Rede war, existierte nicht. Der französische General Altmayer, der sie mit seinen Truppen bilden und halten sollte, war am 16. Juni in Rennes in deutsche Kriegsgefangenschaft geraten. Das war ein Schicksal, das nahezu jede französische Führungsspitze in jenen Tagen unerwartet treffen konnte.

Als das französische militärische Hauptquartier sich von Briare aus absetzen mußte, wäre es beinahe an der Brücke von La Charité-sur-Loire in Gefangenschaft geraten, konnte sich aber gerade noch aus der Affäre ziehen. Ein Güterwagen, in dem das Archiv des Oberbefehlshabers verladen war, fiel jedoch in deutsche Hände. Es befanden sich an die 3000 Geheimdokumente darunter, aus denen etwa die beabsichtigte Verletzung der norwegischen Neutralität durch Frankreich und England beweiskräftig hervorging, dazu Pläne für einen alliierten Angriff auf das sowjetische Baku und die Sabotage der rumänischen Erdölfelder.

Das Große Hauptquartier begann sich im Hôtel du Parc in Vichy einzurichten, mußte jedoch bereits am nächsten Tag weiter flüchten, weil die Deutschen in der Nähe erschienen waren. Zwei Tage weilte das Hauptquartier sodann in La Bourboule und begab sich dann weiter fort, in Richtung auf Montauban.

Katastrophenstimmung bei der französischen Regierung, und unbarmherzig schlug das Schicksal mit immer neuen Hiobsbotschaften auf die Minister ein. Admiral François Darlan hatte Paul Reynaud zunächst erklärt, daß, falls ein Waffenstillstand geschlossen werde, er mitsamt der französischen Flotte in englische Häfen einlaufe. Andererseits lehnte er es ab, die restlichen, noch nicht in Gefangenschaft befindlichen 870 000 französischen Soldaten nach Nordafrika zu transportieren. Pétain erschien an diesem 15. Juni und verlangte kurzfristig eine Ministerratssitzung. Sollte das Waffenstillstandsersuchen dabei wiederum vertagt werden, sei er zum Rücktritt fest entschlossen.

Sodann erschien General Weygand nach mühseliger, umständlicher Reise. Als ihm Reynaud seinen Plan auseinandersetzte, mit der Regierung außer Landes zu gehen, während er, Weygand, mit der Armee kapitulieren solle, brüllte der Generalissimus los: »Was Sie da versuchen, ist eine Verlagerung der Verantwortung. Die Regierung hat es auf sich genommen, den Krieg zu erklären, jetzt muß sie auch die Verantwortung für den Waffenstillstand übernehmen!«

Nach diesem Ärger begann die von Pétain verlangte Sitzung des Kabinetts. Dabei entstand eine neue Idee: Man könne ja bei Hitler nach den Bedingungen eines Waffenstillstandes fragen – seien sie unehrenhaft, müsse man weiterkämpfen, anderenfalls könne man kapitulieren. Reynaud erklärte seinen Rücktritt, doch Präsident Lebrun überredete ihn, im Amt zu bleiben. Gleich danach forderte Weygand von Reynaud seine Entlassung, und, ohne daß eine Entscheidung gefallen wäre, traf der nächste Donnerschlag den Ministerpräsidenten Reynaud: Ihm wurde ein Funkspruch des US-Präsidenten übergeben. Roosevelt versprach darin zwar materielle Hilfe, verweigerte aber den Kriegseintritt und jegliche militärische Verpflichtung. Die letzte Hoffnung war getötet. Die letzte? Da rief aus London der General de Gaulle an und teilte Reynaud eine sensationelle Wendung des Geschickes mit: Die staatliche Verschmelzung Englands mit Frankreich – eine Idee, die das britische Kabinett begeistert angenommen hatte. De Gaulle am Telefon: »Frankreich und Großbritannien sind von nun ab nicht mehr zwei Nationen, sondern die französisch-englische Union. Jeder französische Staatsbürger erhält auch sofort die englische Staatsangehörigkeit, jeder Engländer wird Franzose . . . Die Union wird alle ihre Kraft einsetzen, um den Feind zu bekämpfen, gleichgültig, wo die Kämpfe sich abspielen werden. Auf diese Weise werden wir siegen.«

Zum letzten Mal trat nun das Kabinett Reynaud zusammen. Reynaud berichtete vom britischen Verschmelzungsangebot und erklärte sich für seine Person damit vollständig einverstanden. Er habe bereits in einem Ferngespräch mit Churchill eine erneute Zusammenkunft vereinbart. Aber die französische Wirklichkeit war härter als eine idealistische, in London erdachte Vorstellung. General Georges hatte gemeldet: »17 Uhr. Lage weiter verschlechtert. Erste Verpflegungsschwierigkeiten bei Truppe und fliehender Bevölkerung. Beschlußfassung unbedingt erforderlich.«

Einige Minister zeigten heftige Feindseligkeit gegen die Engländer. Ob England vielleicht Frankreich zu einer britischen Kolonie machen wolle? Es gäbe keine andere Wahl, als mit der Schlächterei Schluß zu machen. Paul Reynaud brachte wieder seinen alten Gedanken auf den Plan: Kapitulation für die Armee, Exil für die Regierung. Die Mehrheit stellte sich gegen ihn. Zwei Stunden später trat er zurück.

Mit der Regierungsneubildung wurde der greise Marschall Pétain beauftragt. Der zog einen Zettel hervor: die Namensliste der neuen Regierung. Nun ging alles sehr flott: Um 0.30 Uhr des 17. Juni wurde der spanische Gesandte aus dem Schlaf geweckt. Der neue Außenminister Frankreichs, Paul Baudoin, bat ihn, ein Ersuchen um Waffenstillstand der deutschen Regierung zu übermitteln.

Zur Mittagszeit dieses Tages sprach der 80jährige Pétain über den französischen Rundfunk: »Mit blutendem Herzen sage ich allen Franzosen, daß der Krieg beendet werden muß.«

An diesem 17. Juni flog der Brigadegeneral de Gaulle – am Abend zuvor erst aus London nach Frankreich zurückgekehrt – in aller Heimlichkeit nach England ab. Mit ihm an Bord befand sich der britische General Spears, der nach der Landung unverzüglich mit de Gaulle bei Churchill in der Downing Street erschien.

Er sei entschlossen, erklärte de Gaulle dem britischen Premierminister, von England aus den Kampf für sein Vaterland fortzusetzen, zusammen mit den Engländern. Er wolle die Franzosen in Frankreich auffordern, diesen Kampf zu unterstützen, und er wolle die außerhalb Frankreichs befindlichen Franzosen bitten, sich ihm und seinem Werk anzuschließen. Churchill beglückwünschte de Gaulle zu seiner Absicht, stellte ihm die Sender der britischen Rundfunkgesellschaft BBC zur Verfügung und rügte seinen General Spears, nachdem de Gaulle gegangen war: »Warum haben Sie mir diesen unbekannten General hergebracht? Warum haben Sie mir keinen Politiker gebracht . . . einen Mann mit Namen . . .?«

Von Deutschland kam tagelang keine Antwort auf das französische Waffenstillstandsersuchen. Doch die Kämpfe in Frankreich hörten auf. Ganze Regimenter der französischen Armee zerstreuten sich. Kleine Kommandos verzögerten das deutsche Vorrücken durch hinhaltenden Widerstand an Brücken und Ortsdurchfahrten. Doch viele Franzosen wollten keine Schüsse mehr hören. Der Bürgermeister von Lyon weigerte sich, die Brükken seiner Stadt sprengen zu lassen. In Nantes war es sogar ein französischer General, der den Befehl zum Sprengen der Brücken nicht ausführte. Über den meisten Dörfern Frankreichs wehten weiße Fahnen.

Am 19. Juni endlich war der spanische Gesandte bei der französischen Regierung von den Deutschen informiert worden: Die deutsche Regierung verlangte eine Liste der französischen Verhandlungsbevollmächtigten, denen sie die Waffenstillstandsbedingungen bekanntgeben werde. Auch sollten die Franzosen sich mit der italienischen Regierung wegen eines Waffenstillstandes in Verbindung setzen.

Vorsitzender der französischen Waffenstillstandskommission wurde der General Huntziger. Die Regierung verlangte von den Mitgliedern der Kommission, die Verhandlungen mit den Deutschen sofort dann abzubrechen, wenn die Auslieferung der Flotte verlangt werde. Auch drei in Bordeaux eingetroffenen ranghohen Engländern – Lord Lloyd, Seelord Alexander, Admiral Sir Dudley Pound – wurden diese Bedingungen mitgeteilt, und Admiral Darlan versicherte zusätzlich, bekräftigt durch sein Ehrenwort, daß kein französisches Kriegsschiff in deutsche Hände fallen werde.

Am 21. Juni reiste die französische Waffenstillstandskommission ihrer Demütigung entgegen, in den Wald von Compiègne. Dort hatte 1918 die deutsche Waffenstillstandskommission die dem Deutschen Reich auferlegten drückenden Waffenstillstandsbedingungen ohne Widerspruch akzeptieren und unterschreiben müssen. Genau dort und in dem D-Zug-

Bild oben: Angesichts der aussichtslosen militärischen Lage und der Unmöglichkeit, die Hauptstadt erfolgreich verteidigen zu können, erklärte Frankreichs Armeeführung Paris zur offenen Stadt. Deutsche Truppen ziehen am Arc de Triomphe vorbei, der einst zur Verherrlichung der militärischen Taten Napoleons erbaut worden war. Linke Seite: Die Reichshauptstadt Berlin ist festlich mit Hakenkreuzfahnen geschmückt. Die ersten heimgekehrten Truppen sind vor der Ehrentribüne angetreten und werden von dem Befehlshaber des Ersatzheeres Generaloberst Fromm und dem Gauleiter von Berlin Reichsminister Dr. Goebbels begrüßt. »Es ist heute so«, heißt es in einem Geheimbericht nach Hitlers Sieg über Frankreich, »daß auch solche Volksgenossen, die nach 1933 den Führer zunächst noch ablehnten oder abwartend gegenüberstanden, jetzt vorbehaltlos und mit Begeisterung hinter ihm stehen.«

Speisewagen, in dem die Deutschen damals schmachvoll kapitulieren mußten, hatten die Franzosen ihr Diktat anzunehmen. Hitler setzte sich auf den Platz, den seinerzeit der französische Marschall Foch eingenommen hatte. Die französischen Unterhändler erhielten die Waffenstillstandsbedingungen übergeben, verbunden mit der Auflage, daß keinerlei Diskussionen, allenfalls Fragen zugelassen seien. Zugestanden wurde ihnen ein Telefonat mit General Weygand. Bei schlechter Verbindung wurde ihm der Waffenstillstandstext übermittelt. Weygand wiederholte einzelne Sätze, sein Ordonnanzoffizier schrieb sie nieder. Solchermaßen erhielt Frankreichs Regierung die Informationen über die Bedingungen. Der Ministerrat trat noch in der Nacht zusammen: Entehrende Bedingungen gab es eine: die Auslieferung der deutschen politischen Flüchtlinge. Die Flotte dagegen brauchte nicht ausgeliefert zu werden. Allerdings: Drei Fünftel Frankreichs blieben besetzt. Die Kriegsgefangenen blieben in deutschem Gewahrsam. Die Besatzungskosten waren je nach Anforderung der Deutschen zu entrichten.

Kurz vor der Unterzeichnung des Waffenstillstandes aber gab General Huntziger noch eine Erklärung ab, die sich gegen allzu hohe Forderungen Italiens richtete. Frankreich könne nicht einem Land, das überhaupt nicht gekämpft habe, die gleichen Rechte zugestehen wie dem siegreichen Deutschland. Eher wolle Frankreich weiterkämpfen. Tatsächlich aber hatte kurz zuvor Adolf Hitler die weitgefächerten Wünsche seines Freundes Mussolini zusammengestrichen. Hitler erklärte ihm, daß er Frankreich keinen Vernichtungsfrieden aufzwingen wolle.

Am 25. Juni um 1.35 Uhr trat der Waffenstillstand in Kraft. Deutsche Hornisten im Dienstanzug mit Stahlhelm bliesen das alte Signal: »Das Ganze – halt!« Auch im Führerhauptquartier Brûly-de-Peche standen vier Trompeter der Wachkompanie in je einer Ecke der dörflichen Anlage. Hitler ließ das Licht in der von ihm bewohnten Bauernstube ausschalten und die Fenster öffnen. Draußen ertönte das Trompetensignal. Hitler war ergriffen. Vier Jahre lang, so sagte er, habe er im Weltkrieg als einfacher Soldat gekämpft. Jetzt habe er als Oberster Befehlshaber den Sieg erringen können. Dann sagte er noch: »Die Verantwortung . . .« und schwieg.

Der Frankreichfeldzug war zu Ende. Er hatte 45 Tage gedauert und hatte 121 000 französische Soldaten das Leben gekostet. Gefallen waren auch 3000 Holländer, 7000 Belgier und 3500 Engländer. Im Gegensatz dazu waren die deutschen Verluste niedrig: 27 074 Tote, 111 034 Verwundete und 18 384 Vermißte.

Der Waffenstillstand war geschlossen – doch völlig beendet war der Frankreichfeldzug immer noch nicht, wie sich bald herausstellen sollte: Am 3. Juli 1940 um 7 Uhr morgens erschien eine britische Flottenabteilung vor dem französischen Afrika-Hafen Mers-el-Kebir und stellte dem Teil der dort liegenden französischen Flotte ein Ultimatum, auf das die französische Führung nicht einging. Die britischen Kriegsschiffe eröffneten daraufhin das Feuer. England hatte dem Ehrenwort des Admirals Darlan nicht geglaubt und auf alle Fälle die französische Flotte ausgeschaltet. Die Verlustliste der französischen Streitkräfte verlängerte sich durch den Vorfall von Mers-el-Kebir um die Namen von weiteren 1297 Toten.

Luftschlacht um England

»Perfides Albion«, »Krämervolk« oder »natürlicher Bundesgenosse«, »germanisches Brudervolk«? Hitler schwankte immer wieder, welches Etikett er für die Engländer wählen sollte. Daß er jedenfalls lange den Plan verfolgte, mit England zu einer Verständigung zu kommen, darf als gesichert gelten. Erst als London im Polenfeldzug unnachgiebig auf seinen Rückzugsforderungen beharrte und die britische Kriegserklärung auf dem Tisch der Reichskanzlei lag, mußte Hitler erkennen, daß das »Brudervolk« nicht jede Kröte zu schlucken gedachte, die er ihm servierte.
Immer wieder aber spukte die Hoffnung auf einen Schwenk dieser »widernatürlichen« britischen Haltung durch Hitlers Pläne. In Dünkirchen ließ er das britische Expeditionskorps nur halbherzig verfolgen, und nach dem Triumph über Frankreich appellierte er fast inständig an die englische Vernunft. Doch auf seine Friedensangebote kam aus London nur ein hartes Nein. Auf dem Sessel des britischen Premiers saß nicht mehr der nachgiebige »Mister Appeasement« Neville Chamberlain, sondern mit Winston Churchill ein zäher, willensstarker Politiker, der sein Volk zu äußerstem Widerstand aufrief. Und wieder schien Hitler zu schwanken: Statt umgehend Vorbereitungen für eine Landung auf der Insel zu treffen, entschloß er sich, erst die Luftherrschaft über der Insel zu erringen. Gewiß wäre das eine gute Voraussetzung für eine Landung, aber die wäre sicher auch anders möglich gewesen, bedenkt man die katastrophale Schwäche der Engländer zu Lande. Wieder traute Hitler Görings Versprechungen, die Royal Air Force in Kürze niederkämpfen zu können.
Doch der vermeintlich tödliche Schlag aus der Luft wurde zu einem Schlag ins Wasser, die Wehrmacht kassierte über England die erste Niederlage, verlor schwer ersetzbares Material und unersetzbares Personal.

Ein Jahrtausend lang hatte sich Großbritannien im Schutz des Ärmelkanals sicher fühlen können. War das nun im Zeitalter des Luftkrieges vorbei? Am 13. August 1940, dem »Adlertag«, trat die deutsche Luftwaffe zum Sturm auf England an. Sie wollte beweisen, daß die Insellage für Deutschlands Waffen keine Hürde war (Bild: Zerstörer Messerschmitt Me 110 über dem Kanal).

3U

Am Nachmittag des 18. Juni 1940 überträgt die BBC (British Broadcasting Corporation) eine Rede, die Winston Churchill tags zuvor im Unterhaus gehalten hat. »Was General Weygand die Schlacht um Frankreich genannt hatte, ist vorbei«, hören die Briten ihren Kriegspremier sagen, »ich glaube, daß jetzt die Schlacht um England beginnt . . . Die ganze Wut und Macht des Feindes muß sich in allerkürzester Zeit auf uns konzentrieren, Hitler weiß, daß er uns im eigenen Land vernichten muß, oder daß er den Krieg verliert . . .«

Einen kurzen Augenblick lang sieht es tatsächlich so aus, als breche der deutsche Sturm auf England geradewegs los: Wenige Stunden nachdem der Rundfunk die Churchill-Rede übertragen hat, fliegt zum ersten Mal ein deutscher Bomberverband – eine Staffel (9) He 111 – London an.

Doch was wie der Beginn eines Angriffs scheint, ist in Wirklichkeit nur eine Orientierungsübung, eine schlecht geplante obendrein: Acht der neun Bomber fliegen die britische Hauptstadt geradezu selbstmörderisch in nur 1400 Meter Höhe an, allein die Führungsmaschine bleibt auf 6000 Meter. Sie ist auch die einzige, die heil nach Hause kommt, die acht tieffliegenden He 111 werden sämtlich Opfer des konzentrierten Flakfeuers.

Nach diesem Intermezzo ist erst einmal Ruhe, Ruhe vor dem Sturm, so scheint es den Briten, und nicht nur ihnen. Alle Welt erwartet, daß die offenbar unwiderstehliche und geradezu unglaublich in Schwung geratene Angriffsmaschinerie der großdeutschen Wehrmacht nicht innehalten, nach Polen, Dänemark, Norwegen, Holland, Belgien und Frankreich nun auch den letzten verbliebenen Kriegsgegner, England, überrollen würde, auf welche Weise auch immer.

Unternehmen »Seelöwe«

Beinahe unenglisch hektisch macht sich Großbritannien für etwas bereit, was es seit bald 1000 Jahren nicht mehr gegeben hat: Feinde im eigenen Land.

Und die Engländer glauben zu wissen, woher der Feind kommen wird – von oben, aus der Luft. Die erfolgreichen Unternehmen kleiner deutscher Fallschirmjägereinheiten in Holland und Belgien wachsen in der Vorstellung zu gewaltigen Dimensionen; jederzeit und überall können sie vom Himmel kommen, meint man. Und so werden überall in England Ortsschilder und Wegweiser entfernt, damit der Feind sich nicht orientieren kann; eine andere Verordnung schreibt vor, beim Parken eines Kraftfahrzeugs den Zündverteilerkopf mitzunehmen, um es so für eventuell auftauchende Feinde unbrauchbar zu machen.

Die Furcht vor einer Invasion aus der Luft treibt mannigfache seltsame Blüten, sie hat jedoch einen wertvollen psychologischen Effekt: Wäre nur eine Bedrohung von See her zu erwarten gewesen, hätten sich allenfalls die Bewohner der Kanalküste betroffen gefühlt. So aber – überall Gefahr aus heiterem Himmel – gerät die gesamte Bevölkerung der Britischen Inseln in Kriegsstimmung, ist grimmig bereit, selbst geheiligte Privilegien (von der Teepause des Fabrikarbeiters bis zur Fuchsjagd des Lords) vorübergehend den Notwendigkeiten der Vaterlandsverteidigung zu opfern.

Gänzlich anders die Stimmung auf der anderen Seite. Hitler, das Oberkommando der Wehrmacht (OKW), die Oberkommandos des Heeres (OKH) und der Luftwaffe (OKL) waren allesamt vom eigenen Erfolg überrascht. Niemand hatte damit gerechnet, daß es möglich sein würde, Frankreich in wenigen Wochen niederzuwerfen.

Vermutlich beeinflußt von den Erfahrungen des I. Weltkriegs, waren die Ziele der Weisung Nr. 6 (»Fall Gelb« – Frankreichfeldzug) sehr begrenzt; es sollten »möglichst große Teile von Holland, Belgien und Nordfrankreich« erobert werden, um eine günstige Basis für den See- und Luftkrieg gegen England zu gewinnen. Weiter gingen die Pläne nicht; man hoffte zwar zuversichtlich, die erste Runde zu gewinnen, rechnete aber nicht mit mehr. Aktiver Krieg gegen England war, so der Plan, frühestens 1942/43 möglich; folglich hatten weder Heer noch Luftwaffe Anlaß gesehen, sich darauf einzurichten – und nun war plötzlich die Möglichkeit da. Deutschland beherrschte, unversehens, die Atlantikküste vom Nordkap bis zur Biskaya; die nicht erwartete Frage war: »Was nun?«

Allerdings, sie wurde so hastig gar nicht gestellt. Nach dem Waffenstillstand in Frankreich machte sich das Gefühl breit, der Krieg sei eigentlich schon siegreich beendet; das Heer begann, zahlreiche Divisionen zu demobilisieren, reichliche Zuteilungen von Kaffee und Seidenstrümpfen förderten die Stimmung und die Erwartung, jeden Augenblick könnte »der Frieden ausbrechen«.

Auch Hitler erwartete um diese Zeit ernsthaft, England werde – nach dem Zusammenbruch Frankreichs in, wie es

Die Wehrmacht sollte es Wilhelm dem Eroberer nachmachen, dem 1066 zum letzten Mal eine Landung in England gelang. Zur Konstruktion eigener Landungsfahrzeuge war keine Zeit mehr. Man schweißte beschlagnahmten Frachtschiffen den Bug ab (rechte Seite Mitte), um Platz für ausrollende Fahrzeuge zu gewinnen. Frachter wurden zu Truppen- und Materialtransportern umgebaut, Geschütze, Panzerwagen und Lkw probeweise verladen (rechts unten), Heeresverbände, vor allem Gebirgsjäger (rechte Seite ganz oben), für die Landung an der Steilküste Südenglands vorbereitet. Gefahr würde einer Landungsflotte vor allem aus der Luft drohen. Maschinengewehre (oben) sollten die Aufgabe der Luftabwehr übernehmen. 168 Transportschiffe, 1910 Kähne, 419 Schlepper und 1600 Motorboote brachte die Kriegsmarine für das Unternehmen »Seelöwe« zusammen.

schien, hoffnungslos isolierter Lage – um Frieden nachsuchen.
Im gleichen Sinne äußerte sich Hitler zu Mussolini, den er am 18. Juni in München traf. Er halte, so Hitler, das Britische Empire auch »heute noch für einen wichtigen Faktor des Gleichgewichts der Kräfte in der Welt«, dessen Zerstörung nicht wünschenswert sei, da sie nur anderen nützen werde.
Es war schon merkwürdig, wie sich im Frühsommer 1940 die beiden Titanen ihrer Zeit – der dritte, Stalin, hielt sich noch im Hintergrund – in seltsam verkehrten Positionen gegenüberstanden: auf der einen Seite Winston Churchill, in der Stunde der Not zum Premierminister eines an allen Fronten geschlagenen Landes berufen, aber dennoch keinen Augenblick bereit, den Kampf aufzugeben; auf der anderen Seite Hitler, strahlender Sieger auf dem Höhepunkt militärischer Erfolge und militärischer Macht, aber lieber heute als morgen bereit, mit dem letzten Kriegsgegner Frieden zu machen. Solange Hitler die Hoffnung nährte, England werde schon noch Vernunft annehmen, verschwendete er keine Gedanken an eine Landung in England.
Der einzige, der das tat, war der Oberbefehlshaber der Kriegsmarine, Großadmiral Raeder. Erich Raeder, sicherlich der beste Stratege unter den Chefs der drei Wehrmachtteile, hatte schon im November 1939 einen kleinen Sonderstab der Seekriegsleitung auf die Probleme einer Landung in England angesetzt. Er ahnte, daß dieses Problem auf die Kriegsmarine zukommen könnte, und er wollte vorbereitet sein. Als sich Mitte Mai 1940 der überraschende Erfolg des Frankreichfeldzuges abzeichnete, hielt Raeder die Zeit für gekommen, die Möglichkeit einer Landung in England von sich aus bei Hitler anzusprechen.
Nicht etwa, um ein solches Unternehmen vorzuschlagen. Im Gegenteil, Raeder fürchtete, daß der verblüffende Erfolg der Norwegen-Unternehmung im Frühjahr (der nur dank des Überraschungseffekts geglückt und zudem mit bitteren Verlusten der Marine erkauft war) die Landsoldaten der Wehrmachtsführung dazu verleiten könnte, aus dem Angriffsschwung heraus ein ähnliches Unternehmen gegen England zu planen. Das hätte die Marine vor eine unlösbare Aufgabe gestellt, und das gedachte Raeder zu verhindern, indem er Hitler auf die Schwierigkeiten der Invasion hinwies, ehe »Sachkundige«, wie Raeder sie nannte, dem Führer etwas anderes vorgaukelten.
Großadmiral Raeder tat das am 21. Mai 1940 mittags, nach einem Lagevortrag.

Unter vier Augen unterrichtete er Hitler über die Ergebnisse der Überlegungen seines Sonderstabes – und bekam das gewünschte Echo: Hitler verfügte, es seien *keine* Vorbereitungen für eine Landung zu treffen.

Einen Monat später, am 20. Juni, sprach Großadmiral Raeder abermals, bei einer allgemeinen Lagebesprechung, über die Möglichkeiten einer Landung in England. Er betonte, daß absolute Luftüberlegenheit unabdingbare Voraussetzung sei, und zwar müsse die Luftwaffe auch die britische Flotte weitgehend niederhalten – andernfalls habe ein Landungsunternehmen keine Chancen.

Vermutlich auch aufgrund der Raederschen Vorträge, mehr aber wohl, weil nach Inkrafttreten des Waffenstillstands mit Frankreich die Frage »Wie geht's weiter?« in den Vordergrund getreten war, begann nun auch das Oberkommando der Wehrmacht sich – erstmals – mit einer Landung in England zu beschäftigen.

In einer Denkschrift vom 30. Juni 1940 erklärte der Chef des Wehrmachtführungsamtes, General Jodl, eine Landung käme nur in Frage als *letztes* Mittel gegen ein von Luftwaffe und Marine *bereits militärisch niedergeworfenes,* wehrwirtschaftlich gelähmtes und in der Luft nicht mehr aktionsfähiges England – sofern sie dann überhaupt noch nötig sei.

Zwei Tage später, am 2. Juli, entschied das OKW: »Der Führer und Oberste Befehlshaber hat entschieden: Unter bestimmten Voraussetzungen, deren wichtigste ist, die Luftüberlegenheit zu erringen, *kann* eine Landung in England in Frage kommen. Der Zeitpunkt bleibt demnach vorläufig offen. Vorbereitungen für die Durchführung . . . sind einzuleiten.«

Damit war eingetreten, was Raeder befürchtet hatte: Hitler war zwar noch nicht zur Landung entschlossen, aber er hielt sie nun doch für möglich. Und da der Großadmiral, anders als Hitler, nicht mit einem Nachgeben Englands rechnete, bestand für ihn kein Zweifel, daß dem Befehl zur Vorbereitung recht bald der Befehl zur Durchführung folgen würde. Und das hieß: Die Zeit für die Vorbereitung würde lächerlich kurz sein, gemessen an den gigantischen Anforderungen eines solchen Landungsunternehmens, für das es weder ein historisches Vorbild noch die nötigen Mitel gab.

Landungsoperationen über See waren im deutschen militärischen Denken bisher nicht vorgekommen, irgendwelche Erfahrungen nicht vorhanden und schon gar nicht die dafür eigentlich notwendigen Spezialfahrzeuge. Es mußte improvisiert

Während die Deutschen mit allen, auch untauglichen Mitteln die Landung in England übten (oben: für Binnengewässer gedachtes Sturmboot), bereiteten sich die Briten auch seelisch auf die deutsche Invasion vor. Die Bemühungen der Propagandisten hatten dabei oft etwas vom Pfeifen des ängstlichen Kindes im Keller. Trutzig stellten sie Premierminister Churchill als englische Bulldogge dar (links), die »die Stellung halten« würde, komme was wolle. Was das sein würde, stellte sich der Zeichner des Bildes ganz links höchst dramatisch als gewaltige Armada vor, die natürlich gleichwohl eine blutige britische Abfuhr erhalten würde.

werden, und es wurde improvisiert. Es ist erstaunlich und durchaus bewundernswert, was damals innerhalb weniger Wochen aus dem Nichts geschaffen wurde. In ganz Deutschland, Holland, Belgien wurden Schleppkähne und Binnenmotorschiffe, Motorboote, Barkassen und Schlepper requiriert. Alle diese Schiffe mußten umgebaut, verstärkt, mit Entladerampen versehen werden. Schiffsführer für diese behelfsmäßigen Truppen- und Materialtransporter mußten ausgebildet, Landemanöver geprobt und geübt werden.

Wie stets in solchen Situationen fehlte es nicht an abenteuerlichen Ideen. Ein Dr. Feder, als Betonspezialist beim Westwallbau erprobt, schlug tauchfähige, auf Raupen fahrende Betonbunker mit 200 Mann Besatzung und starker Bewaffnung vor, die schildkrötengleich vor der feindlichen Küste an Land kriechen sollten.

Mehr Erfolg brachten andere Versuche. Es gelang beispielsweise, normale Panzer mit einer schnorchelartigen Anlage für kurze Unterwasserfahrten herzurichten; aus einer mehr zufälligen Zusammenarbeit zwischen einem Pionieroffizier und dem Flugzeugkonstrukteur Dr. Siebel entstand eine katamaranartige Pontonfähre, ein ebenso billiges wie brauchbares Gerät.

Während die Marine hektisch Transportraum zusammensammelte, herrichtete und bereitstellte, plante der Heeresgeneralstab, weitgehend unabhängig davon, seine Seite der Landung. Ursprünglich hatten die Heeresgenerale eine Landeoperation über See als undurchführbar verworfen, doch dann hatte Generalmajor Jodl in einer Denkschrift vom 12. Juli eine griffige Formel gefunden: »Die Landung muß sich in Form eines gewaltsamen Flußüberganges in breiter Front vollziehen . . .«

Ein »Flußübergang« – das kannte man, das gehörte zum Abc der Landkriegführung, so etwas ließ sich planen, und der Heeresgeneralstab plante aus dem vollen. Den 20 britischen Divisionen, die man in Südengland vermutete, sollten 40 schwerbewaffnete deutsche Divisionen entgegengeworfen werden, angelandet an sieben verschiedenen Stellen auf einer über 200 Kilometer breiten Front zwischen Dover und Bournemouth.

Es dauerte einige Zeit, bis sich die Erkenntnis durchsetzte, daß diese Vorstellungen gänzlich illusorisch waren, angesichts des zur Verfügung stehenden beschränkten Transportraumes und der Unmöglichkeit, ein derart großes Seegebiet während der Überfahrt gegen die hochüberlegene britische Flotte zu schützen.

Inzwischen waren auch Hitlers Hoffnungen auf ein Einlenken Englands auf den Nullpunkt gesunken. Zwar machte er in seiner Reichstagsrede am 19. Juli noch einmal in knappen Worten eine Art Friedens- (eher Kapitulations-)Angebot, aber schon drei Tage vorher hatte er mit Weisung Nr. 16 seinen Entschluß verkündet, eine »Landungsoperation gegen England durchzuführen«, allerdings immer noch mit der Einschränkung »wenn nötig«.
Die Vorbereitungen liefen auf Hochtouren weiter. Dessenungeachtet legte die Seekriegsleitung am 19. Juli neuerlich eine Denkschrift vor. Während Generalmajor Jodl in seiner Denkschrift (»Flußübergang«) das Unternehmen mit dem Decknamen »Löwe« bezeichnete, tauchte in der Marine-Denkschrift nun zum ersten Mal die Bezeichnung »Seelöwe« auf, die dann beibehalten wurde. Der Ton der Marine lag auf »See«. Auf 15 Seiten entwarf sie ein düsteres Bild von den Gefahren, denen eine riesige Schlepperarmada in den tückischen Gewässern des Kanals ausgesetzt sein würde.
Allein das Ausschiffen von 100 oder mehr Schleppzügen aus einem Hafen würde um die acht Stunden dauern, hieß es da, und daß danach auf See die »truppenteilmäßige Ordnung der Transportflotte auch nur einigermaßen gewahrt bleibt«, damit sei »keinesfalls« zu rechnen.
Falls die Seekriegsleitung geglaubt hatte, Hitler werde aufgrund dieser Denkschrift das Unternehmen »Seelöwe« abblasen, so sah sie sich getäuscht. Hitler befahl mit Führerweisung Nr. 17 vom 1. 8. 1940 der Luftwaffe, »mit allen zur Verfügung stehenden Kräften die englische Luftwaffe möglichst bald niederzukämpfen«, zugleich setzte das Oberkommando der Wehrmacht mit einer Weisung vom gleichen Tag den 15. 9. als Abschlußtag der Vorbereitungen für »Seelöwe« fest. »Nach 8 oder spätestens 14 Tagen, gerechnet vom Beginn des Großkampfes zur Luft gegen England, der etwa vom 5. 8. an beginnen kann«, hieß es weiter, »wird der Führer je nach Ergebnis dieses Kampfes entscheiden, ob das Unternehmen Seelöwe noch in diesem Jahr stattfindet oder nicht.«
Nun hing es von der Luftwaffe ab, die sich bis dahin an der Planung von »Seelöwe« merkwürdig abseits gehalten, ja desinteressiert gezeigt hatte. Der Grund dafür lag in der Überzeugung ihres Oberbefehlshabers Göring, daß die Luftwaffe, sobald sie in voller Stärke von den neugewonnenen Stützpunkten in Holland, Belgien und Nordfrankreich einsatzbereit sei, ihren britischen Gegner »mit wenigen vernichtenden Schlägen an drei oder vier aufein-

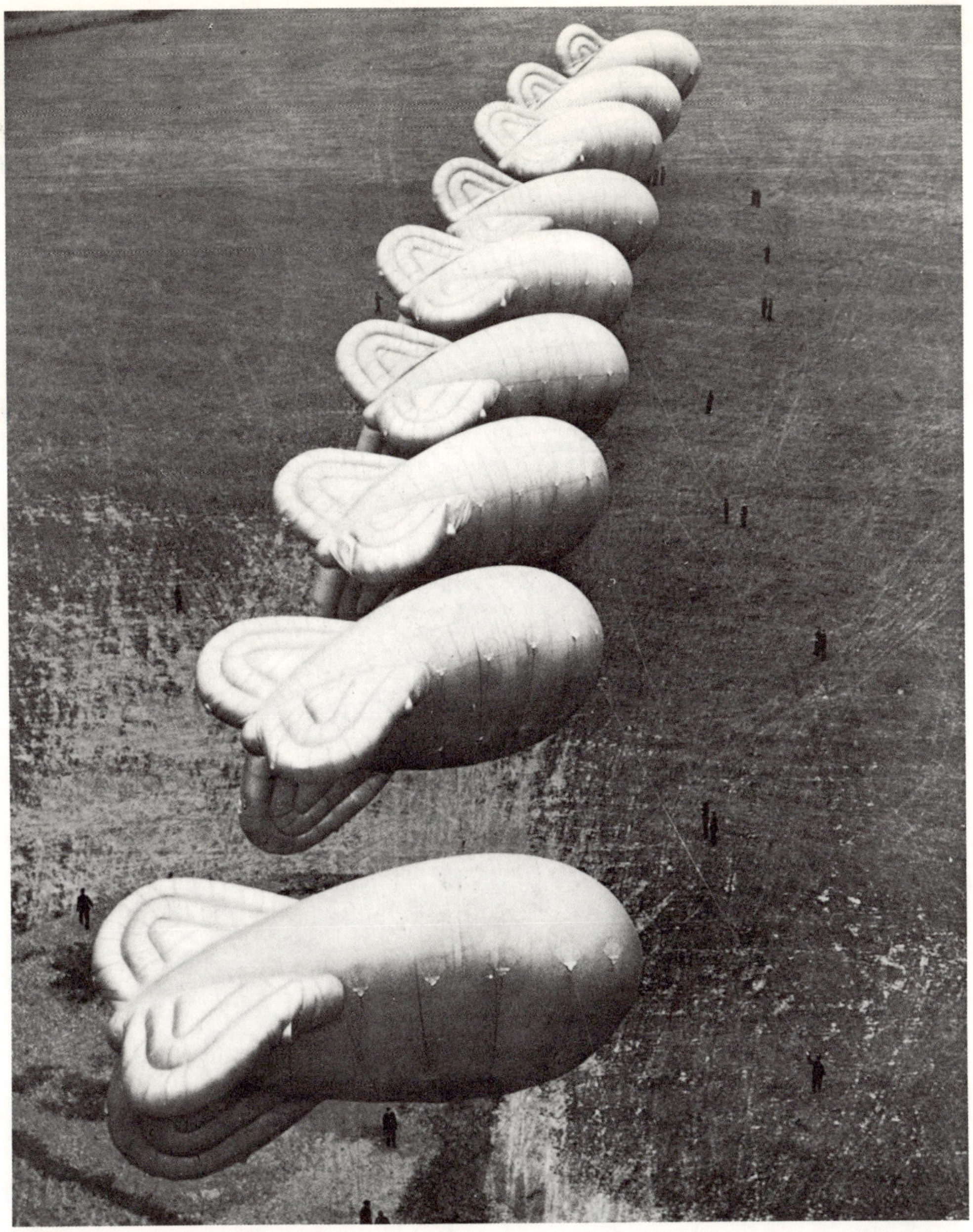

Verärgert hörte Reichsmarschall Hermann Göring immer wieder Berichte deutscher Piloten (links unten), daß die britische Jagdabwehr offenbar jedesmal genau wußte, wann und wo die deutschen Bomber über England auftauchen würden. Es dauerte lange, zu lange, bis man die Bedeutung der merkwürdigen Masten an vielen Stellen Südenglands (links oben) erkannte: Radar-Stationen, die die deutschen Verbände schon über Frankreich in den Versammlungsräumen erfaßten. Im Bild oben ein schon im 1. Weltkrieg erprobtes Gerät: der Sperrballon. Er arbeitete mit Trossen, die bei Berührung durch Flugzeuge an zwei Sollbruchstellen rissen, Fallschirme entfalteten und damit die Maschinen zum Absturz brachten, während sich zugleich ein Ablaßventil öffnete und den Ballon nach unten schweben ließ.

anderfolgenden Tagen ausschalten« könne. Ja, mehr als das, Göring war offenbar überzeugt, er und seine Luftwaffe könnten England allein erledigen, ohne daß Heer und Marine ihren Seelöwen zu bemühen brauchten.

Während die Luftwaffe sich zum »Großangriff« bereit machte, ging das Gerangel zwischen Marine und Heer über das, was einerseits nötig, andererseits möglich sei, in verschärfter Form weiter. Das Heer hatte sich von den ursprünglich 40 Angriffsdivisionen inzwischen auf 13 herunterhandeln lassen, hatte auch von der 200-km-Front auf den westlichen Teil verzichtet, aber als die Marine nur noch den verhältnismäßig schmalen Küstenstreifen zwischen Folkestone und Beachy Head (Breite ca. 70 km) als Landungsraum für möglich hielt, kam es zum Eklat. In einer dreistündigen Besprechung am Abend des 7. August prallten die Meinungen von Generalstabschef Halder und Admiral Schniewind (Chef des Stabes der Seekriegsleitung) hart aufeinander.

Halder: »Ich lehne in aller Schärfe den Vorschlag der Marine bezüglich der Durchführung der Landung nur im engen Raum Folkestone – Beachy Head ab und bezeichne dieses Vorgehen vom Standpunkt des Heeres als reinen Selbstmord. Ebenso könnte ich die gelandeten Truppen gleich durch die Wurstmaschine drehen.«

Schniewind, kühl: Aus dem gleichen Grund lehne die Seekriegsleitung die vom Heer geforderte Landung im breiten Raum bis Brighton ab. Denn das wäre nicht nur Selbstmord, sondern Aufopferung der dort landenden Truppen.

Recht hatten sie beide, doch in seltsamer Hintanstellung ihres brillanten militärischen Sachverstandes einigten sie sich, die Entscheidung einem zweifellos weniger Sachverständigen zu überlassen: Hitler.

Der entschied: Weitermachen, notfalls auf dem schmalen Raum der Marine, nach Möglichkeit auf dem breiten, vom Heer gewünschten Raum. Eventuell nur einmalige Landung in der Bucht von Brighton mit Dampfern, ohne Nachschub.

Und es wurde weitergemacht. Die Einsatzhäfen füllten sich mit Tausenden von notdürftig umgebauten Prähmen, Barkassen, Seeleichtern, kleinen und großen Dampfern, mit Munitions- und Treibstoffvorräten. Die Stäbe produzierten tonnenweise ausführlichst Einsatzbefehle, deren Lektüre zwar verblüffendste Planungsfähigkeiten erkennen ließ, zugleich aber klarmachte, daß dieser überkomplizierte Apparat aus mehr als 2000 schwimmenden Einheiten wohl nie hätte wunschgemäß funktionieren können, auch nicht unter allerbesten Voraussetzungen.

Die wichtigste dieser Voraussetzungen, die absolute Luftherrschaft, läßt jedoch auf sich warten. Ein ums andere Mal wird der S-Tag, der Tag, an dem Unternehmen »Seelöwe« starten soll, verschoben. Nicht nur das: Mitte September ist die britische Royal Air Force nicht nur nicht niedergekämpft, sie beginnt sogar, die bereitliegende Landungsflotte zu bombardieren. Danebentreffen ist schwierig, dicht an dicht liegen Prähme, Leichter, Dampfer in den sogenannten Absprunghäfen. Die Verluste werden unangenehm, am 19. September muß befohlen werden, »die Schiffsansammlungen aufzulockern, um die Verluste an Schiffsraum durch feindliche Luftangriffe auf ein Mindestmaß zu verringern«.

»Seelöwe« stirbt schwer. Die Seekriegsleitung weiß längst, daß schon aus Wetter-

gründen an eine Durchführung nicht mehr zu denken ist, doch noch fast einen Monat lang quält sich das Unternehmen von einer Verschiebung zur nächsten – ständig in voller Bereitschaft, kaum noch aufhaltbar, falls der auslösende Befehl gegeben worden wäre.
Erst am 12. Oktober kommt die, mindestens für die Marine, erlösende Weisung des OKW: »Der Führer hat entschieden, daß die Vorbereitungen für die Landung in England . . . lediglich als . . . Druckmittel auf England aufrechtzuerhalten sind.«

»Duell der Adler«

Nach der Beendigung des Westfeldzuges ging ein Regen von Auszeichnungen und Beförderungen auf die Männer von Deutschlands jüngster Waffengattung nieder. Göring, ihr Oberbefehlshaber, erhielt den höchsten Rang der deutschen Militärgeschichte, er wurde Reichsmarschall. Gleich zwei Luftflottenchefs, Kesselring und Sperrle, wurden zu Generalfeldmarschällen erhoben.
Wo immer die großdeutsche Wehrmacht zum Angriff angetreten war, hatten die vom Feind gefürchteten Stukas den Vormarsch unterstützt, die Geschwader mit ihren mittelschweren Bombern Truppenballungen, Transportwege und das feindliche Hinterland angegriffen und die schnellen Me 109 die Luftherrschaft erkämpft.
In der Luftschlacht um England sollte der Nimbus dieser siegreichen Waffe erst unmerklich und schließlich offensichtlich zerstört werden. Mit den bisher so erfolgreichen Flugzeugtypen ließen sich die nun gestellten Aufgaben nicht lösen, und was noch schwerwiegender war: Zwischen der Luftwaffenführung und der fliegenden Truppe traten Spannungen auf.
Mit dem erfolgreichen Abschluß des Westfeldzuges im Frühsommer 1940 war ein Großangriff auf den letzten Kriegsgegner, England, aus der Luft in den Bereich des Möglichen gerückt. Günstige Absprungbasen am südlichen Kanalufer waren gewonnen. Nur vorbereitet, durchdacht und geplant war er nicht – und deshalb fand er zunächst nicht statt. Die Luftwaffenführung hielt es für richtiger, sich in angemessener Ruhe auf den großen Schlag gegen England vorzubereiten. Dementsprechend zurückhaltend war die allgemeine Weisung für den Kampf gegen England, die der Oberbefehlshaber der Luftwaffe am 30. Juni 1940, acht Tage nach Abschluß des Waffenstillstandes mit Frankreich, erließ.
»Die Kampfführung gegen England«,

»Wie Adler auf die Beute« sah der Propagandazeichner des linken Bildes Stukas auf eine englische Chemiefabrik stürzen. Doch gerade die Sturzkampfbomber, die sich in Frankreich so glänzend bewährt hatten, versagten über England. Ihre Reichweite war zu gering, und sie wurden oft Opfer der um vieles schnelleren britischen Jäger. Hier ging es ja nicht um die Unterstützung von Bodentruppen, sondern um Bombardierungsaufträge über weite Entfernungen. Die deutsche Jagdwaffe (oben: Pilot vor dem Start) mußte daher auch den Schutz der Stukas übernehmen, womit ihre ohnehin überdehnten Kräfte vollends überfordert waren. Im »Duell der Adler«, wie der englische Pilot Peter Townsend den Kampf in den britischen Lüften genannt hat, wurden die Stukas entzaubert.

hieß es da, ist zunächst »zu beschränken auf Störungsangriffe mit schwächeren Kräften«. Erst *nach* Durchführung des Aufmarsches und der vollen Einsatzbereitschaft seien dann »durch Kampf gegen die feindliche Luftwaffe, ihre Bodenorganisation und die Luftwaffenindustrie die Voraussetzungen zu schaffen für eine wirksame Kampfführung gegen feindliche Einfuhr und Versorgung und Wehrwirtschaft«.

Die Luftwaffe richtete sich also auf einen strategischen Luftkrieg ein, im Ansatz zweistufig: erst Ausschaltung der gegnerischen Luftwaffe – also Luftherrschaft, dann Zerbombung der feindlichen Wirtschaft und des Nachschubs über See. Um die Vorbereitungszeit zu überbrücken, Erfahrungen zu sammeln und die bereits in Nordfrankreich und Belgien liegenden Verbände zu beschäftigen, begann alsbald eine Art nützliches Vorspiel zu der großen Schlacht, die folgen sollte: der sogenannte »Kanalkampf«. Der Auftrag dafür – Einsatzbefehl vom 2. Juli – lautete: a) die britische Schiffahrt im Ärmelkanal zu unterbinden und b) den Luftraum über dem Kanal von britischen Jägern freizuhalten.

Für diese Aufgabe wurde aus verschiedenen Verbänden der 2. Luftflotte eine kleine Kampfgruppe gebildet, unter Führung eines sogenannten »Kanalkampfführers«. Das war Oberst Johannes Fink, der Kommandeur des Kampfgeschwaders 2. Zur Verfügung standen ihm alles in allem etwa 75 Bomber, ebenso viele Stukas und rund 200 Jäger und Zerstörer. Mit dieser Streitmacht machte sich Oberst Fink über die Geleitzüge her, die zu dieser Zeit noch, vom Atlantik kommend, durch den Kanal teils die südenglischen Häfen, teils London anliefen.

Bereits am 4. Juli entdeckten Aufklärer auf der Höhe von Portland den Geleitzug O. A. 178, der aus großen Frachtern bestand. Zwei Stukagruppen versenkten auf Anhieb vier Schiffe, warfen neun weitere in Brand oder beschädigten sie schwer. Eine weitere Stukagruppe flog durch bis Portland und beschädigte zwei im Hafen liegende Schiffe.

Es war ein leichter Erfolg – außer der Schiffsflak, die eine Ju 87 abschoß, trafen die Stukas auf keinerlei Gegenwehr. Denn der Chef der britischen Jagdflieger, des »Fighter Command«, Generalleutnant (Air Marshal) Sir Hugh Dowding, war der Ansicht, seine Jäger seien dazu da, *England* zu verteidigen, nicht die Schiffahrt im Kanal. Er weigerte sich strikt, seine kostbaren Jäger in Kämpfen über dem Kanal zu verschleißen.

Allerdings, die Vernichtung des Geleitzuges O. A. 178 hatte Folgen. Zum einen lenkten die Engländer den großen ozeangehenden Schiffsverkehr auf die Häfen an der nördlichen Westküste um oder – soweit die Transporte nach London mußten – um die Nordspitze der Insel herum. Zum anderen befahl Churchill persönlich, das Fighter Command habe für die kleinen Küstengeleitzüge im Kanal Geleitschutz zu fliegen.

Dowding tat das, widerwillig, zögernd, mehr demonstrativ; er schickte nur jeweils eine oder zwei Ketten Hurricane mit den Schiffen mit, und auch nicht viel Verstärkung, wenn die Luftwaffe angriff. So mußten sich dann oft sechs oder allenfalls zwölf britische Jäger mit Luftwaffenverbänden von 30 Bombern und ebenso vielen oder mehr Jägern herumschlagen.

Der deutschen Luftwaffenführung ist diese Zurückhaltung des britischen Fighter Command ebenfalls unangenehm, sie möchte das Fighter Command zum Kampf stellen und möglichst schon in dieser Vorbereitungsphase schwächen. Kanalkampfführer Fink läßt seine Jäger, abgesehen vom Begleitschutz für Bomber, ständig »freie Jagd« fliegen. Mitunter fliegt Oberst Osterkamp mit seinem ganzen Jagdgeschwader 51 über der südenglischen Küste regelrecht Parade – und das Fighter Command sieht zu. Der Abhördienst der Luftwaffe hört immer wieder, wenn kleinere oder größere deutsche Jägerformationen über Südengland den Kampf suchen, die kühlen Anweisungen der britischen Jägerleitoffiziere an ihre in der Luft befindlichen Piloten: »Feindlicher Verband in Sektor XY nur Jäger. Abdrehen, nicht angreifen!«

Erst am 10. Juli kommt es zum ersten größeren Jägerkampf. Am Mittag dieses Tages meldet ein Aufklärer einen großen Küstengeleitzug auf der Höhe von Folkestone. Kanalkampfführer Fink schickt die zweite Gruppe des KG 2 los, rund 20 Bomber vom Typ Do 17, dazu als Begleitschutz die III. Gruppe des JG 51 unter Hauptmann Trautloft, das sind 20 Me 109 und 30 Zerstörer Me 110 vom Zerstörgeschwader 26.

Insgesamt 70 Bomber, Zerstörer und Jäger brummen auf den Geleitzug zu, der routinemäßig von einer Staffel Hurricane gesichert ist. Hauptmann Trautloft entdeckt die sechs britischen Jäger hoch über sich. Sie greifen jedoch nicht an, sondern lauern auf eine Gelegenheit, an den Messerschmitts vorbei und an die tiefer fliegenden Bomber heranzukommen.

Trautloft seinerseits kann die Hurricanes auch nicht angreifen – er würde dadurch von den Bombern getrennt, die er schützen und heil nach Hause geleiten soll. Einige Minuten später sind die Bomber beim Geleitzug, laden ihre Bombenlast ab, Trautloft sieht sie zum Heimflug abdrehen, blickt sich sichernd noch einmal um, und »plötzlich hing der Himmel voller britischer Jäger!« notierte er später.

Anders als sonst hat der Befehlshaber der 11. Fighter Group (Jagdgeschwader), Generalmajor (Vice Marshal) Keith Park, diesmal vier weitere Staffeln herangeführt, die sich nun, erstmals in der Überzahl, auf Trautlofts Gruppe stürzen – 18 Hurricane und zwölf Spitfire gegen 20 Me 109. Augenblicke später kurbelt das halbe hundert Jagdmaschinen auf engem Raum in wilden Kurvenkämpfen umeinander. Zum ersten Mal beobachten die Menschen an der britischen Südküste fasziniert einen Luftkampf zweier größerer

Wie schwer es die deutschen Bomber gegen die britische Jagdverteidigung hatten, erzählt die Bildserie auf der rechten Seite oben: Förmlich anzuziehen scheint eine Heinkel He 111 massiertes Abwehrfeuer (oben links); mit Leuchtspurmunition gegen eine Messerschmitt Me 110 (daneben); voll getroffener Bomber He 111 (unten links); Ju 88 mit brennendem Triebwerk (daneben). Alle Hände voll zu tun hatten die deutschen Begleitjäger (oben und ganz oben: Zweikampf mit britischem Gegner) bei den Tagesangriffen auf England. Als die trotz Anspannung aller Kräfte der Jagdwaffe zu verlustreich wurden, gingen die Bomber zu Nachtangriffen über (rechts unten: Nachtstart).

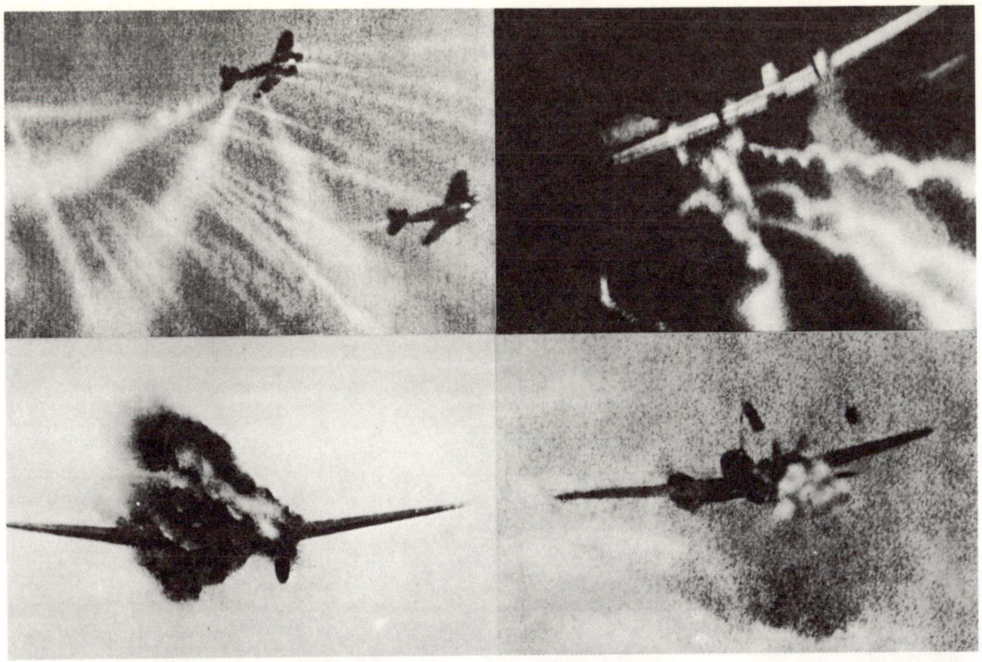

Jagdverbände, hören die kurzen, ratternden Feuerstöße der Maschinengewehre und das langsamere plop – plop – plop der Bordkanonen, sie sehen einzelne Flugzeuge, lange Rauchfahnen hinter sich herziehend, ins Meer stürzen, sehen, wie eine Hurricane bei einem falsch berechneten Angriff in eine Do 17 hineinrast und beide Maschinen in einer grellen Explosion verschwinden.

Dieser 10. Juli, an dem das Fighter Command den über dem Kanal angreifenden Bombern erstmals einen größeren Jägerverband entgegenwarf, gilt für viele britische Historiker als der Tag, an dem die Luftschlacht um England begann. Tatsächlich aber führte an diesem Tag – und auch noch in den nächsten Wochen – nur ein Bruchteil der deutschen Luftwaffe über dem Kanal und an der Südküste der Insel Krieg gegen England. Erst gegen Ende Juli wurden weitere Jagdgeschwader im Kanalkampf eingesetzt; die Hauptstreitmacht der deutschen Luftwaffe war noch bis Anfang August mit der Vorbereitung des Großangriffs beschäftigt.

Der war allerdings inzwischen dringlich geworden. Hitler hatte nach längerem Zögern die Vorbereitung der Landung in England – »Unternehmen Seelöwe« – befohlen, mit der Führerweisung Nr. 16 vom 16. Juli 1940.

Für die Luftwaffe bedeutete das keine grundlegende Änderung ihres Angriffsziels, »Luftherrschaft über Südengland« stand ja ohnehin auf dem ersten Platz ihrer Prioritätenliste. Nur kam sie jetzt unter Zeitdruck. Allerdings, die Luftwaffenführung glaubte zu diesem Zeitpunkt, mit einem konzentrierten Anfangsschlag von drei bis vier Tagen Dauer der britischen Jägerabwehr bereits das Rückgrat brechen zu können. Aufgrund dieser optimistischen Einschätzung sah man keinen Anlaß, die Vorbereitungen für den Großangriff zu beschleunigen.

Erst am 2. August erläßt Göring die endgültigen Befehle für den Großangriff, »Adlertag« genannt. Nur das Datum des Angriffs liegt noch nicht fest, denn das hängt vom Wetter ab: Drei aufeinanderfolgende Tage gutes Angriffswetter sind Voraussetzung, wenn das Programm planmäßig abgewickelt werden soll.

Solches Wetter sagen die Meteorologen ab 4. August voraus – doch der Termin ist den Luftflotten zu früh, sie benötigen noch einige weitere Tage zur Vorbereitung. Als sie damit fertig sind, am 8. August, ist das Wetter schlecht und bleibt es. Der »Adlertag«, auf den 10. August angesetzt, wird um einen Tag verschoben, dann abermals abgesetzt. Dann endlich scheint ein Azorenhoch günstiges Wetter zu bringen. Neuer Termin: 13. August.

Mehr als zwei Monate waren vergangen, seit sich Anfang Juni die Reste der britischen Expeditionsarmee von Dünkirchen aus auf ihre Heimatinsel retteten. Zwei Monate, in denen England – relativ ungestört – alles daransetzte, sich für den bevorstehenden Angriff zu wappnen.

Der britischen Führung war klar, daß Englands Schicksal von der Luftverteidigung abhing. In einem Bericht, den die Stabschefs von Air Force, Army und Navy bereits Anfang Mai Churchill vorlegten, hieß es dazu: »Solange die Royal Air Force existiert, müßten Navy und Air Force in der Lage sein, eine deutsche Invasion zu verhindern. Unter der Annahme, daß Deutschland die vollständige Luftüberlegenheit erränge, könnte die Navy eine Invasion nur eine begrenzte Zeit lang aufhalten. In diesem Fall würden unsere Landstreitkräfte nicht ausreichen, eine ernsthafte Invasion abzuwehren. Der wesentliche Punkt ist die Luftüberlegenheit . . .«

Damit sah es zu dieser Zeit für Großbritannien gar nicht gut aus. Das Fighter Command hatte in Frankreich schwere

Verluste hinnehmen müssen, bis zum Ende des Rückzuges aus Dünkirchen über 300 Jagdmaschinen, ebensogroß war die Zahl der gefallenen, vermißten und in Gefangenschaft geratenen Piloten. Die Zahl der einsatzfähigen Maschinen des Fighter Command war damit auf etwa 330 zusammengeschmolzen, als verfügbare Reserve bei der Industrie gab es ganze 24 Maschinen.

In dieser Situation entschloß sich Churchill zu einer – wie sich zeigen sollte – für England glückhaften Maßnahme: Er löste die Flugzeugproduktion aus dem Verantwortungsbereich des Luftfahrtministeriums, bildete ein eigenes Ministerium für Flugzeugproduktion und berief als Chef dieses Ministeriums »einen ahnungslosen Zivilisten«, wie ein empörter Luftmarschall feststellte: den Pressezar Lord Beaverbrook.

In der Tat, Beaverbrook, damals 60 Jahre alt, hatte von Flugzeugproduktion keine Ahnung. Er war Kanadier, war als 30jähriger Versicherungskaufmann nach England gekommen und hatte dort mit verblüffender Schwungkraft und Ideenreichtum den größten nationalen Pressekonzern aufgebaut. Auf diese Eigenschaften baute Churchill, als er den anfangs zögernden Beaverbrook zur Übernahme des Amtes überredete, und er hatte sich nicht verschätzt.

Der hemdsärmelige Presselord peitschte, ohne sich um geheiligte bürokratische und militärische Regeln zu scheren, die Produktion von Jagdflugzeugen hoch. Mitarbeiter heuerte er, wo er sie fand, einen – Trevor Westbrook – im Restaurant eines Golfklubs. Westbrook war ein brillanter Flugzeugingenieur. Beaverbrook sah ihn im Club vorübergehen und bat ihn zu einem Drink an seinen Tisch. Der Ingenieur lehnte höflich ab, er hätte gerade seinen Job aufgegeben und tränke prinzipiell nicht, solange er keinen neuen hätte. »Den haben Sie schon«, brummte Beaverbrook, »also setzen Sie sich!« Ihm war eingefallen, daß sicherlich bald viele der von ihm produzierten Jäger arg demoliert vom Himmel kommen würden und daß es lohnen würde, eine von der Produktion unabhängige Reparaturorganisation zu haben. Westbrook baute in wenigen Wochen – buchstäblich aus dem Nichts – diese Organisation auf, die später, auf dem Höhepunkt der Luftschlacht, bis zu 15% des Nachschubs an einsatzbereiten Maschinen bereitstellte.

Beaverbrook schafft, was von ihm erwartet wird: Als die Luftschlacht im vollen Umfang beginnt, sind die Verluste in Frankreich und auch die laufenden Verluste der Kämpfe am Kanal ausgeglichen.

620 Jagdmaschinen, davon 200 Spitfires, sind bei den Jagdgeschwadern einsatzbereit, und nicht nur das: Die monatliche Jägerproduktion ist von mageren 141 Stück im Januar auf annähernd 500 Stück im Juli hochgeschnellt. Dowding, der Chef des Fighter Command, fühlt sich mit einigem Recht gerüstet.

Dies auch in anderer Hinsicht: Dowding konnte die Zeit, die ihm die Luftwaffe ließ, dazu nutzen, das Radarwarnsystem und das darauf aufgebaute Jägerleitsystem auszubauen und vor allem im echten, kriegsmäßigen Einsatz zu trainieren. Das damalige britische Radar arbeitete noch auf der relativ langen 12-Meter-Welle und war nicht sonderlich genau, es reichte aber, deutsche Angriffsverbände schon beim Sammeln über der französischen Küste auszumachen. Dies und das engmaschige System der Bodenbeobachter nahmen den Angriffen der Luftwaffe weitgehend das Überraschungsmoment; die britischen Jägerleitzentralen gewannen frühzeitig ein recht gutes Bild der Luftlage und konnten so ihre Staffeln überaus rationell einsetzen, d. h. die britischen Jagdflieger wurden nicht auf gut Glück hochgeschickt, den Feind zu suchen, sondern gezielt vom Boden – über UKW-Sprechfunk – an die angreifenden Luftwaffenverbände herangeführt.

Für die deutsche Luftwaffe, die schon bald nach Besetzung der Kanalküste die britische Radarkette an der Südküste ausgemacht hatte, war dies eine böse Überra-

schung – man glaubte sich selbst in der Entwicklung der Radar-Technik (damals noch Funkmeß-Technik genannt) weit voraus. Auch das gut organisierte britische Jägerleitsystem blieb der deutschen Luftwaffenführung – die noch nichts dergleichen entwickelt hatte – nicht verborgen; der UKW-Sprechfunkverkehr zwischen Bodenleitstellen und den Jägern war ja relativ gut mitzuhören.
Rätselhaft bleibt, warum aus diesen frühzeitigen Erkenntnissen auf deutscher Seite nicht die Konsequenzen gezogen wurden: Während des sogenannten »Kanalkampfes« wäre ohne Zweifel Gelegenheit gewesen, neben den Schiffszielen auch die unmittelbar an der Küste stehenden Antennenanlagen hartnäckig anzugreifen – doch das geschah nicht. Der erste, viel zu späte systematische Angriff auf die britischen Radarstationen fand am 12. August statt, einen Tag vor dem geplanten Großangriff. Je ein kleiner Verband griffen die

Die Männer in der Kanzel der Junkers Ju 88 (links) wußten beim Start nach England, daß nicht nur die britischen Jäger auf sie lauerten, sondern auch zahllose Flakbatterien mit gut ausgebildeten Mannschaften. Die Männer an den Geschützen wurden auch mit Plakaten (oben) auf den Feind gedrillt: »Holt diese Flugzeuge runter. Laßt euch nicht verwirren. Haltet 12 Grad vor und schwenkt mit. Das Flugzeug wird euch wahrscheinlich nicht vor die Füße fallen. Aber es kommt außer Sichtweite runter, wenn man genau zielt. Ihr müßt es angreifen! Merke: Die gepanzerten Stellen sind rot markiert. Alle anderen Teile sind sogar mit Handfeuerwaffen verwundbar.«

Radarstationen bei Dover, Rye und Pevansey sowie in Ventnor auf der Isle of Wight an. Die Angriffe laufen glatt, alle Maschinen bringen ihre Bomben sauber, fast schulmäßig ins Ziel. Rauch und Dreckfontänen zeigen den Besatzungen, daß sie gut getroffen haben, aber aus den Schwaden ragen, höhnisch fast, die Spitzen der Sendemasten, schwankend zwar – doch sie fallen nicht.
Der Angriff, obwohl vorbildlich ausgeführt, ist ein glatter Fehlschlag: Nur ein paar Stunden sind die bombardierten Stationen außer Betrieb, dann sind die zerfetzten Kabel geflickt, Notaggregate herangeschafft, die »Augen« des Fighter Command sehen wieder – bis auf eines: Die Radaranlage auf der Insel Wight ist so gründlich zerdeppert, daß sie nicht wieder hergerichtet werden kann.
Hier griff die stärkste Gruppe an, 15 Ju 88. Ein Beweis, daß es mit einigem Aufwand geht – nur, dieser Erfolg bleibt auf der deutschen Seite des Kanals verborgen, denn die Briten installieren eilends einen Notsender, der – völlig nutzlos – das Radarsignal in den Äther pustet. Ergebnis: Die Funkhorchtrupps der Luftwaffe glauben, die Radaranlage Ventnor sei wieder in Betrieb, sie merken nichts von dem Loch in der britischen Radarkette, das erst elf Tage später durch eine neue Anlage an anderer Stelle auf Wight geschlossen werden kann.
Und dann dämmert der Morgen des 13. August herauf, des dreimal verschobenen »Adlertages«, an dem der Großangriff beginnen soll.
Für Oberst Fink, Kommodore des Kampfgeschwaders 2, fängt die große Luftoffensive gegen England, die den Decknamen »Adlertag« trägt, enttäuschend an. Irritiert schaut er durch die Frontscheibe seiner Do 17, mit der er um 5.30 Uhr in Arras gestartet ist, um mit seinem Verband den englischen Flugplatz Eastchurch anzugreifen. Über Cap Blanc Nez hält er Ausschau nach dem Jägerverband, der ihm Geleitschutz geben soll. Vergeblich. Statt dessen tauchen vor der Spitze des geschlossen fliegenden Bomberverbandes einige Maschinen der Zerstörergruppe des Oberstleutnants Huth auf. Die Flugzeuge vom Typ Me 110 vollführen sonderbare Turnübungen am Himmel. Sie halten auf Fink zu, stellen sich auf den Kopf, ziehen hoch und fliegen wieder auf Fink zu. Sie wollen ihm klarmachen, daß der Angriff abgeblasen ist, aber das kommt bei Fink nicht an. Sprechfunkverkehr zwischen den verschiedenen Verbänden gibt es nicht. Fink ahnt auch nicht, daß sein Funkgerät ausgefallen ist und er deshalb nicht von der Luftflotte erreicht wird. Ein Funker seiner 2. Staffel empfängt zwar Kesselrings Funkspruch, aber der Bordfunker hat eine schwere Grippe und versteht den Befehl nicht richtig. Das KG 2 fliegt weiter. Der Flughafen Eastchurch wird erfolgreich bombardiert. Erst im Abflug werden die deutschen Maschinen von britischen Jägern gestellt, und da helfen – eigene Jäger sind nicht da – die Wolken. Mit 51 von den 55 gestarteten Maschinen kehrt das KG 2 zu seinem Einsatzflughafen zurück. Hier erfährt Fink, daß er sozusagen allein die bis zum Mittag vertagte große Luftschlacht gegen England eröffnet hat. Der lange vorbereitete »Adlertag« hat mit einer Panne begonnen.
Fast zwei Monate hatte sich die Luftwaffe Zeit gelassen, ihre Bodenorganisation auszubauen, die Verbände aufzufüllen und riesige Munitions- und Treibstoffvorräte anzulegen.
Es war eine eindrucksvolle Streitmacht, die nun bereitstand: Die drei beteiligten Luftflotten verfügten über 998 einsatzbereite Bomber der Typen Do 17, He 111 und Ju 88, 316 Stukas Ju 87, 702 Jäger Me 109 und 261 Zerstörer Me 110, dazu 78 Aufklärer – also insgesamt 2355 Maschinen. Die Zerstörer durfte man allerdings eigentlich nicht mitrechnen. Dieser Flugzeugtyp, als Langstreckenjäger zum Schutz weitfliegender Bomber gedacht, hatte sich schon während des sogenannten »Kanalkampfes« als eine herbe Enttäuschung für die Luftwaffe erwiesen. Die Maschine hatte zwar nach vorn eine enorme Feuerkraft – zwei Kanonen und vier MG starr im Rumpfbug eingebaut –, nach hinten aber konnte sie sich nur mit einem beweglichen 7,9-mm-MG verteidigen, und damit war herzlich wenig auszurichten, zumal die Me 110 sowohl langsamer als auch weniger wendig war als der schwächere britische Jägertyp, die Hurricane. Um diese Schwäche auszugleichen, hatten die Piloten bald eine ebenso simple wie wirksame Taktik entwickelt: den »Abwehrkreis«. Sobald ein Verband Me 110 angegriffen wurde, formierten sich die Zerstörer blitzschnell zu einer Art Riesenrad am Himmel; wie Zirkuspferde in der Arena, so flogen sie hintereinander im Kreis herum. In dieser Formation, in der jeder mit den sechs Maschinenwaffen im Bug die gefährdete Rückseite des Vordermannes deckte, konnte ihnen nicht viel passieren.
Eine im Abwehrkreis fliegende Me-110-Formation schützte allerdings ausschließlich sich selbst. Für Luftkampf und Bomberbegleitschutz fiel sie aus. Das bedeutete eine drastische Begrenzung der taktischen Reichweite der deutschen Bomber:

Sie waren allein auf den Schutz der Me 109 angewiesen, die maximal nur 105 Minuten in der Luft bleiben konnte.
Immerhin, mit über 700 Me 109 fühlte sich die Luftwaffe dem britischen »Fighter Command« deutlich überlegen, zumal die britischen Jagdgeschwader noch überwiegend mit Hurricanes ausgerüstet waren, deren Flugleistungen nicht an die der Me 109 heranreichten. Die der Me 109 annähernd gleichwertige Spitfire war erst in geringer Stückzahl (ca. 150) vorhanden.
So sah man mit beträchtlicher Zuversicht dem »Adlertag« entgegen. Daß er dann doch nicht wurde, was man sich davon versprochen hatte, lag am Wetter. Mindestens drei aufeinanderfolgende Tage guten Angriffswetters brauchte die Luftwaffe, um mit »geballter Kraft« und in »rollendem Einsatz« loszuschlagen, doch das Wetter schien mit dem Gegner verbündet. Dreimal schon war der »Adlertag« verschoben worden, als endlich ein Azorenhoch am 13. August das benötigte Wetter heranzubringen schien. Der Großangriff wurde für den Morgen dieses Tages befohlen – doch als es dämmerte, blickten die startbereiten Besatzungen der größten Luftarmada ihrer Zeit abermals in einen wolkenverhangenen Himmel.
Es gibt einiges Hin und Her, bis der Oberbefehlshaber, Reichsmarschall Göring, schließlich entscheidet, den Beginn des Angriffs auf den Nachmittag zu verschieben. Doch die Befehlsübermittlung funktioniert nicht so recht: Als die Halt-Order auf den Feldflughäfen in Holland, Belgien und Nordfrankreich eintrifft, sind einige Verbände bereits in der Luft, und es gelingt nicht, sie zurückzuholen.
Am Nachmittag ist das Wetter auch nicht viel besser, und so zerfällt der so sorgfältig vorbereitete Angriff in eine Anzahl mehr oder minder erfolgreicher Einzelaktionen. Knapp 500 Bomber- und rund 1000 Jäger- und Zerstörereinsätze zählt man am Abend, neun britische Flugplätze wurden angegriffen, fünf davon glaubt man unbrauchbar gemacht zu haben, bei einem Verlust von 34 Maschinen. In den Luftflottenführungsstäben ist man mit dieser Bilanz einigermaßen zufrieden, doch der »große Schlag« war das noch nicht.
Während die Luftwaffe auf besseres Wetter wartet, um endlich alle Verbände gleichzeitig einsetzen zu können, atmen auf der anderen Seite des Kanals die Engländer auf. Zwar sind zwei Jägerflugplätze bös demoliert und fallen für einige Zeit aus, man hat 13 Hurricanes und Spitfires verloren, aber das ist zu verkraften. Wenn es schlimmer nicht kommt . . .

Doch es kommt schlimmer. Zwar ist der nächste Tag, der 14. August, wieder wolkig, die Luftwaffe fliegt nur Angriffe mit kleineren Bomberverbänden, aber am 15. August paßt dann das Wetter, und der erste wirklich konzentrierte Angriff beginnt. Erstmals ist auch die in Norwegen und Dänemark stationierte Luftflotte 5 beteiligt. Ihre Kampfgeschwader haben einen weiten Anmarschweg über die Nordsee und praktisch keinen Jagdschutz – die mitfliegenden Me 110 sind ja keiner. Die über 200 anfliegenden deutschen Maschinen – He 111, Ju 88 und Me 110 – werden noch über der Nordsee vom britischen Radar geortet, allerdings wird die Stärke des Verbandes nicht richtig erkannt, und so wird der Verband nur von zwei britischen Jagdstaffeln angegriffen. Doch das langt schon: Die Me 110 bilden sofort ihren Abwehrkreis, die Ju 88 machen es vorsichtshalber genauso – und schon ist der Verband zersprengt. Zwar bleiben auf diese Weise die Verluste gering, aber die vorgesehenen Ziele an den Flußmündungen von Tyne und Tees werden nicht erreicht, die meisten der Bomber müssen ihre Last blind, im Notwurf, in die Gegend abladen. Viel Schaden richten sie dabei nicht an. Acht Bomber und sieben Me 110 gehen verloren – kein gravierender Verlust, aber zuviel angesichts des geringen Erfolges.

»Verloren ist verloren«, hieß es erstmals in der Luftschlacht gegen England für Material und fliegendes Personal, das über Land vom Himmel geholt wurde. Aber auch Maschinen, die in den Kanal stürzten, und meist auch ihre Besatzungen waren Totalverluste. Rettungsinseln (oben), im Fliegerjargon »Udetbojen« genannt, bewährten sich nicht, weil sie bei schwerer See oft aus der Verankerung rissen und zudem zu selten waren. Froh sein konnten Piloten schon, wenn sie wenigstens mit dem letzten Spritttropfen eine Bauchlandung an der französischen Küste machen konnten wie die Messerschmitt Bf 109 links unten. Zwei, die immer zurückkamen und zu den prominentesten deutschen Jagdassen wurden, oben links: Werner Mölders (links), der es bis zu seinem Tode im November 1941 auf 101 Luftsiege (plus 14 in Spanien) bringen sollte, und Adolf Galland, der den Krieg als 104facher Luftsieger überlebte.

Hier zeigt sich deutlich, daß die Luftwaffe für derartige Fernangriffe nicht gerüstet ist; es fehlt eben sowohl ein selbst stark bewaffneter Fernbomber als auch ein kampftüchtiger Langstreckenjäger. Dieser Versuch am 15. August blieb denn auch der einzige seiner Art, man sah ein, daß es so keinen Sinn hatte.

Weiter südlich sah es anders aus. Bomberwelle auf Bomberwelle, alle mit Me-109-Jagdschutz, flogen die britischen Jagdflughäfen in Kent, Sussex und rund um London an, so viele Wellen und in so geringem zeitlichen Abstand, daß das Fighter Command jedem einzelnen Angriff nur schwache eigene Kräfte entgegenschicken konnte.

Al Deere, ein Jagdpilot von der 54. Staffel der 11. Group (Geschwader), schildert einen Angriff auf den Jagdflugplatz Lympne, der von Stukas geflogen wurde, so: »Es war ein eindrucksvoller, aber auch deprimierender Anblick, wie die Stukas in tadelloser Staffelformation über den Platz brausten und sich dann, einer nach dem anderen, auf das Ziel stürzten. Unsere paar Spitfires änderten an dem Bild nur wenig, im Wirrwarr der vielen Me 109 waren sie praktisch verloren.«

Die »vielen Me 109«, das war in diesem Fall die Hälfte des Jagdgeschwaders 26, in dem Adolf Galland damals die III. Gruppe führte. Sie flogen Begleitschutz für die Stukas, ohne dabei zunächst zum Schuß zu kommen. Erst als die Stukas unbehelligt abgeflogen waren, entdeckte Galland, der seine Gruppe in 4500 m Höhe gesammelt hatte, tief unter sich eine Spitfire-Staffel, die sich hochschraubte. Aus der Sonne kommend, stürzte sich Gallands Gruppe auf die Spitfires, zwei gingen gleich darauf mit Rauchfahnen zu Boden, die anderen suchten das Weite. So oder so ähnlich sah es an diesem Tag überall aus: meistens überlegene Angriffsformationen der Luftwaffe, die praktisch alle Stützpunkte des Fighter Command sowie Flugzeugwerke bombardierten; verzweifelt dagegen ankämpfende, meistens zu schwache britische Jagdeinheiten.

Fast 2000 Einsätze flog die Luftwaffe an diesem 15. August. Die britischen Verteidiger rühmten sich am Abend, mindestens 182 deutsche Flugzeuge abgeschossen zu haben, wahrscheinlich sogar 235. Das war gewaltig übertrieben, wenn auch nicht unbedingt absichtlich, in dem wüsten Wirrwarr des massierten Angriffs war es schon möglich, daß Abschüsse doppelt und dreifach gezählt wurden.

Tatsächlich verlor die Luftwaffe an diesem Tag 66 Maschinen, überwiegend Bomber, während das Fighter Command 44 Jäger im Luftkampf verlor und mindestens weitere 20 durch Zerstörung am Boden einbüßte.

Dieser erste echte »Großangriffs«-Tag wurde vom Luftwaffen-Oberbefehlshaber und von den Luftflottenchefs nicht in Frontnähe, sondern auf Görings protzigem Landsitz Karinhall in der Romintener Heide verbracht. Man beriet über taktische Probleme. Denn die Bomberverluste der ersten Tage waren zwar nicht bedrohlich, aber doch höher, als man erwartet hatte. Die Ursache sah man in der noch unzureichenden Begleitschutz-Taktik.

Die Situation war in der Tat verzwickt. Ließ man die Begleitschutz-Jäger nur in loser Verbindung mit dem Bomberverband hoch darüber »frei jagen«, so ergab das zwar die bessere Möglichkeit zum Luftkampf mit Angreifern, andererseits ergab sich für den Gegner die Chance, etwa mit einer Gruppe die Jäger in Luftkämpfe zu verwickeln und sich unterdes mit einer zweiten Gruppe an die Bomber heranzumachen.

Dagegen gab es nur ein Mittel: die Jäger in unmittelbarer Nähe des Bomberverbandes fliegen zu lassen. Aber ein mit gedrosseltem Motor an den Bombern klebender Jäger ist nur noch die Hälfte wert, er kann seine Geschwindigkeit, seine Fähigkeit zum Überraschungsangriff aus überhöhter Position nicht mehr ausspielen, ist nur noch Wachhund, kein Jäger mehr. So konnte man zwar die Bomber besser schützen, aber auf Kosten der Möglichkeit, möglichst viele feindliche Jäger abzuschießen – und gerade darauf kam es an.

Man entschloß sich, die Zusammensetzung der Angriffsverbände drastisch zugunsten der Jäger zu verändern, d. h. einer bestimmten Zahl Bomber ein mehrfaches dieser Zahl an Jägern mitzugeben, so daß sowohl unmittelbarer Begleitschutz direkt am Verband als auch »freie Jagd« in der weiteren Umgebung des Verbandes geflogen werden konnte. Das war die sogenannte »Walhalla«-Formation, ein Kernverband Bomber allseitig umgeben von einem Riesenschwarm Jäger.

Diese neue taktische Variante war schon zwei Tage später an den Einsatzziffern abzulesen: Von den rund 1700 Einsätzen, die am 17. August geflogen wurden, waren nur 400 Bomber-Einsätze.

Neben diesen taktischen Problemen hatte

die Luftwaffe jedoch zwei entscheidende Vorteile: Sie bestimmte Zeit und Ort des Angriffs, und wenn ihre Angriffsverbände die britische Küste überflogen, dann hatten sie bereits ihre günstigste Angriffshöhe. Das Fighter Command mußte hingegen seine Jäger erst einmal hochschikken, und das dauerte seine Zeit – die Spitfires und Hurricanes von 1940 brauchten gut 20 Minuten, um sich auf 7000–8000 Meter hochzuschrauben, wo die Me 109 schon auf sie lauerten. In 20 Minuten legten die damaligen Bomber 100–130 Kilometer zurück, konnten also jedes Ziel in Südengland schon erreicht haben. Daß die britischen Jäger nicht regelmäßig zu spät hoch kamen, verdankten sie allein dem Radarwarnsystem, das zwar nicht sonderlich genau arbeitete, aber immerhin die deutschen Verbände schon beim Sammeln auf der anderen Seite des Kanals aufspüren konnte. So hatten die britischen Jägerleitoffiziere zwar keine genauen Angaben über Zahl und Flughöhe der Angreifer – die lieferte das Radar nur höchst unzuverlässig –, aber doch die Möglichkeit, wenigstens einen Teil ihrer Maschinen im vermuteten Angriffsraum in die Höhe zu bringen.

Einen anderen Teil der verfügbaren Jäger mußte sie ohnehin zum Schutz der Flugplätze in geringer Höhe halten, denn die Luftwaffe griff nicht nur hoch oben, sondern auch ganz unten an.

Kleine Bombergruppen, meistens Do 17 oder Ju 88, brausten dann in Wellenhöhe über den Kanal und jagten dann, noch unter Baumwipfelhöhe, Alleen und Hekken buchstäblich überspringend, über das Land. Verwegene Flüge waren das, die höchstes fliegerisches Können verlangten. Vorteil: Die tieffliegenden Bomber wurden vom Radar nicht erfaßt und konnten auch von Bodenbeobachtern kaum verfolgt werden, wurden also kaum angegriffen.

Mehr als einmal kam es vor, daß diese »Heckenspringer« ihre Bomben mitten zwischen Spitfires und Hurricanes prasseln ließen, die gerade im Alarmstart noch in die Luft zu kommen versuchten. Einen solchen Angriff auf den Feldflugplatz Hornchurch beschreibt ein britischer Offizier, der ihn vom Boden beobachtete, so:

»Als sie (die Bomber) kamen, hatten drei Spitfire-Ketten gerade Startbefehl erhalten. Die beiden ersten Ketten kamen gerade noch aus dem Platz, während schon die ersten Bomben krepierten. Die dritte Kette sah ich auch noch starten. Einen Augenblick lang flogen die drei Spitfires eng beisammen, vielleicht so sechs Meter hoch. Und dann zerplatzte die Formation förmlich – direkt unter ihnen war eine Bombe explodiert. Die Führungsmaschine legte sich auf den Rücken und schrammte mit einem höllischen Kreischen die Rollbahn entlang. Nummer 2 bekam mit der linken Tragflächenspitze Bodenberührung, die Maschine wirbelte mehrmals um ihre Längsachse, ehe sie zu Boden krachte.

Nummer 3 riß es beide Tragflächen weg, der Rumpf wurde in hohem Bogen in ein Feld nebenan geschleudert. Ich erinnere mich noch, daß ich völlig blöd hinterherstarrte und albern dachte: ›Das ist bestimmt der kürzeste Flug, den die je gemacht haben.‹ Im nächsten Augenblick riß mir eine Druckwelle fast die Füße unter dem Körper weg, und irgendwer brüllte immerzu: ›Lauf doch, du Idiot, lauf doch!‹ Und ich rannte in Deckung. Das Verblüffendste an diesem Vorfall: Alle drei Piloten überlebten ihn mit geringfügigen Verletzungen, der aus der mittleren Maschine, die kopfüber über die Piste geschlittert war, leicht anskalpiert.«

Doch diese Großangriffe im Tiefflug kamen selten, bei der Luftwaffe galt diese Angriffsmethode nur als eine ergänzende Möglichkeit. So beispielsweise am 18. August, als eins der Angriffsziele der wichtige Jägerflugplatz Biggin Hill war. Der Platz sollte in Abständen von wenigen Minuten erst zweimal aus größerer Höhe angegriffen werden, dann sollte eine Tieffluggruppe erledigen, was noch übriggeblieben war.

Die Tieffluggruppe – es war die 9. Staffel des Kampfgeschwaders 26 unter Hauptmann Roth – jagte ungehindert über Sussex ihrem Ziel entgegen, so tief, daß der Propellerwind frisch gemähtes Gras hochwirbelte. Am Knüppel der Führermaschine saß Oberleutnant Lamberty. Zwanzig 50-Kilo-Bomben hatte jede der neun Do 17 an Bord; mit sechs Maschinengewehren waren diese Maschinen ungewöhnlich stark bewaffnet, sie flogen ja ohne Begleitschutz.

Lamberty blickte, als die Angriffszeit näherrückte, etwas irritiert nach vorne – letzte Orientierungshilfe für ihn sollten die Staub- und Rauchwolken der unmittelbar vorangegangenen Angriffe sein. Aber da war nichts. Doch Lamberty hatte auch so perfekt navigiert – vor sich sah er plötzlich die mit Tarnfarben bemalten Dächer von Flugzeughallen, daneben Maschinen, die gerade aufgetankt wurden: Biggin Hill, aber völlig unversehrt! Der Zeitplan hatte nicht geklappt, die 9. Staffel war als erste statt als letzte über Biggin Hill.

Staffelkapitän Roth und Oberleutnant Lamberty fluchen lauthals über diese Panne, werfen ihre Bomben in die ersten Hallen, dann jagt Lamberty die Maschine in knapp drei Meter Höhe quer über das Rollfeld, in der Hoffnung, so tief der leichten Flak am Rollfeldrand zu entgehen. »Wir waren ungefähr in der Mitte des Rollfeldes«, berichtete Lamberty später, »da waren die aufgewacht, hatten ihre Spritzen runtergekurbelt und ballerten los, alle auf einmal. Und da, wo wir hinflogen, schossen die Tommies plötzlich einen ganzen Vorhang von irgendwelchen Raketen in die Luft, und dann öffneten sich da lauter kleine Fallschirme, von denen Drähte herunterhingen (eine neu entwickelte Tieffliegerabwehr). Na, ich nahm schleunigst den Knüppel an den Bauch und zog hoch, wußte ja nicht, wie gefährlich die Dinger sind!«

Sehr gefährlich waren sie nicht. Lamberty

Die deutschen Flieger (oben: Einsatzbesprechung vor dem Start) gingen in den Kampf mit der Royal Air Force gut gerüstet, ja zunächst sogar eindeutig überlegen. Ihre Maschinen waren technisch reifer als die meisten der Gegner. Denen stand dafür der Vorteil der kurzen Anmarschwege zur Seite. Probleme nämlich bereitete der Luftwaffe der Schutz der Bomber (rechte Seite Mitte: Dornier Do 17 »Fliegender Bleistift«). Die schnelle und wendige Me 109 vefügte für viele Einsätze nicht über die nötige Reichweite, und der Zerstörer Me 110 (rechts unten) erwies sich als zu langsam und war mit der eigenen Verteidigung vollauf beschäftigt. Als dann noch die britische Spitfire (rechts ganz oben) in den Kampf eingriff und sich in großen Höhen sogar der Me 109 überlegen zeigte, neigte sich die Waage zugunsten der Verteidiger.

fing beim Hochziehen so einen Draht mit der rechten Tragfläche ein, der Draht ritzte die Tragflächenvorderkante ein wenig ein, sonst passierte nichts. Nur, er war jetzt, 50 m hoch, in den günstigsten Feuerbereich der leichten Flak geraten. »Wir bekamen Treffer in die linke Fläche, und der linke Motor fiel aus. Ich brachte den rechten auf Vollgas und kurvte weg, in der Hoffnung, mich auch mit einem Motor noch nach Hause mogeln zu können.« Lamberty war so sehr mit seiner schwer angeschlagenen Maschine beschäftigt, daß er zunächst nichts von den beiden Jägern merkte, die sich inzwischen an ihn gehängt hatten. Erst als er vor sich auf dem Acker, über den er flog, kleine Erdfontänen aufspritzen sah, merkte er, daß da von hinten jemand auf ihn schoß, zu weit in diesem Falle. Aber im nächsten Augenblick war der zweite Jäger heran, »und der traf verdammt gut!«, erinnert sich Lamberty. »Links brannte plötzlich alles, da blieb keine andere Möglichkeit mehr, wir mußten schnellstens landen!« Lamberty setzte die taumelnde Maschine mit einer krachenden Bauchlandung in einen Acker. Er und Hauptmann Roth konnten sich mit knapper Not aus dem brennenden Wrack retten, beide erlitten dabei schwere Brandverletzungen. Kaum waren sie einige Schritte weggehumpelt, da kamen schon britische Heimwehrleute angerannt, mit Schrotflinten im Anschlag. Roth und Lamberty waren gerade dabei, mit Gesten klarzumachen, daß sie nun wirklich nicht mehr gefährlich seien, da brummte es über ihnen, und dann krachte es: Die Bomber, die eigentlich vor der Tieffluggruppe Biggin Hill hätten angreifen sollen, waren angekommen und luden ihre Bomben ab. Heimwehrmänner und die beiden deutschen Offiziere warfen sich eilends hinter einem Heckenwall in Deckung, und da blieben sie gemeinsam mit den Nasen im Dreck liegen, bis die Bomber endlich abdrehten.

Plötzlich kam, grinsend und bis auf ein paar Schrammen an der linken Hand gänzlich unverletzt, der Bordfunker der notgelandeten Do anspaziert, Feldwebel Eberhard. Der hatte ein erstaunliches Kunststück fertiggebracht:

Der Platz des Funkers in der Do 17 ist die Maschinengewehrkuppel oben auf dem Rumpf. Als Eberhard sah, daß die Maschine in Brand geschossen war und eine riskante Notlandung bervorstand, hatte er die Kuppelhaube abgeworfen, war nach außen geklettert und hatte sich rittlings auf den Rumpf gesetzt. Dabei hielt er sich mit einer Hand am Gestänge der Kuppelöffnung fest, mit der anderen zog er die Reißleine seines Fallschirms.

Der Fallschirm entfaltete sich sofort im Fahrtwind – die Maschine flog noch mit etwa 150 km/h – und riß Eberhard mit einem Ruck nach hinten weg, daher die Verletzung an seiner Hand. Kaum war Eberhard aus der Waagrechten in die Senkrechte gependelt, da landete er auch schon in einer Hecke.
Hauptmann Roth und Oberleutnant Lamberty wurden in ein Hospital der britischen Luftwaffe gebracht, wo sie zusammen mit ebenfalls brandverletzten britischen Piloten versorgt wurden, »ganz ausgezeichnet«, wie Lamberty erklärt.
Wie denn überhaupt die Kämpfer der Luftschlacht, insgesamt nicht mehr als ein paar tausend Mann, so erbittert und verwegen sie auch fochten, dabei doch so etwas wie Ritterlichkeit oder Fairneß wahrten – wohl zum letzten Mal in einem Großkrieg.
Die Seenotstaffeln und -boote beider Seiten fischten unterschiedslos deutsche wie englische Piloten, die in den Kanal gefallen waren, aus dem Wasser, wie sie sie fanden. Wobei übrigens die Engländer entschieden mehr Deutsche auffischten als umgekehrt, denn die deutschen Flieger mußten ja stets über den Kanal zurück, während die englischen Piloten, die aus zerschossenen Maschinen aussteigen mußten, dies nach Möglichkeit über eigenem Gelände taten.
Es ist kein einziger Fall bekannt geworden, in dem von einem Flugzeug aus auf einen feindlichen Piloten geschossen wurde, der sich mit einem Fallschirm retten konnte. Dabei war mindestens den deutschen Jagd- und Bomberpiloten durchaus bewußt, daß der vor ihren Augen am Fallschirm zu Boden pendelnde britische Pilot ihnen schon am nächsten Tag in einer neuen Spitfire oder Hurricane wieder im Nacken sitzen konnte.
Für die Gefühlslage der Flieger kann der folgende Bericht eines britischen Piloten als charakteristisch gelten: »Ich kam günstig von hinten an den Bomberverband heran. Es waren ungefähr 30 Do 17. Ich zielte sorgfältig auf die letzte Maschine und schoß aus ungefähr 250 Meter Entfernung. Der Heckschütze der Do schoß auch, seine Leuchtspurgeschosse zwitscherten unangenehm nahe um meine Hurricane herum. Aus der linken Seite der Do flogen ein paar Fetzen, sonst zeigte meine erste Garbe keine Wirkung. Ich fliege näher ran und erwische mit einem Feuerstoß den linken Motor. Die Motorhaube fliegt weg, der Motor qualmt, der Bomber geht nach unten. Ich hinterher. Jetzt qualmt er noch mehr und geht steil nach unten. Aber keiner steigt aus, kein Fallschirm zu sehen. Unwillkürlich muß

Als die Luftoffensive gegen die englische Industrie, die Flughäfen und Versorgungseinrichtungen nicht die erhofften Erfolge zeitigte und die deutschen Verluste schwindelnde Höhen erreichten, nahm Hitler mit seiner Entscheidung zu Nachtangriffen bewußt die Bedrohung der Zivilbevölkerung in Kauf. »Ausradieren« wollte er die britischen Städte oder »coventrieren«, wie man nach dem verheerenden Bombardement gegen Coventry vom 14./15. November 1940 sagte (oben: die zerstörte Kathedrale). Am meisten zu leiden hatte dabei natürlich die Hauptstadt (links oben: Bomber He 111 über einer Themseschleife), deren Einwohner viele Nächte im Schutz der U-Bahn-Schächte verbringen mußten (links unten).

ich mir vorstellen, ich säße in der abstürzenden, qualmenden Kiste da – der Gedanke an die vier Männer da drin macht mich ganz elend.
Dann wird er plötzlich langsamer, und ich schmiere fast ab, weil ich auch zu langsam bin, verliere ihn für einige Sekunden aus den Augen, und dann sehe ich es: Hinter den Bäumen war ein Hügel. Den hat er nicht mehr geschafft. Die Do liegt zerborsten am Hang, sie qualmt, brennt aber nicht. Doch keiner klettert raus. Mir ist kotzübel.
Ich hatte einfach das Gefühl, das sind Flieger, wie ich auch einer bin, in höchster Gefahr, wie ich auch schon war. Nur, diesmal war ich in Sicherheit und sie in Todesgefahr. Diese paar Minuten waren das Unangenehmste, was ich bisher in diesem Krieg zu spüren bekommen hatte.
Am Abend drauf gratulierte mir ein Bekannter, ein Zivilist, zu dem Abschuß, von dem er gehört hatte. ›Das haben Sie großartig gemacht‹, sagt er, und ›Die Kerle wurden doch hoffentlich alle getötet!‹ Ich habe darauf nicht antworten können, so hat's mir die Kehle zugeschnürt. Das war für mich die schmutzigste Bemerkung, die ich je gehört hatte; schierer Sadismus, für mein Gefühl.«
Noch einmal kurz zurück zum 15. August, zu der Taktik-Besprechung in Karinhall. Abgesehen von dem neuen Begleitschutzkonzept entschied Reichsmarschall Göring an diesem Tag, daß noch konsequenter als bisher ausschließlich Einrichtungen des »Fighter Command« anzugreifen seien, selbst Ausweichziele seien nur unter diesem Gesichtspunkt auszuwählen.
Diese Entscheidung nennt sogar die offizielle Kriegsgeschichte der Royal Air Force »sound«, also gesund, richtig. Eine weitere Entscheidung dieses Tages aber bezeichnen die britischen Luftkriegshistoriker einhellig als falsch: Görings Befehl, die britischen Radarstationen überhaupt nicht mehr anzugreifen, weil das doch keinen Sinn habe.
Die britischen Historiker wissen natürlich heute besser als Göring damals, wie verwundbar das britische Radarsystem in Wirklichkeit war, dennoch wird man diese Entscheidung der deutschen Luftkriegsleitung als eine fatale Fehleinschätzung ansehen müssen, beließ sie doch dem Gegner unangefochten den einzigen wesentlichen taktischen Vorteil, den er hatte.
Aber dennoch, der deutsche Angriff gewann in der dritten und vierten Augustwoche zunehmend an Schwung. Kaum ein Tag verging, an dem nicht 1400 bis 1600 Einsätze geflogen wurden – und allmählich begann der Druck zu wirken. Das Fighter Command wurde unter dem ständigen Ansturm zwar nicht so schnell, wie man es auf deutscher Seite erwartete und hoffte, aber nun doch merklich verschlissen.
Luftmarschall Dowding versuchte, vor allem den personellen Verschleiß durch eine Art Rotationssystem in Grenzen zu halten. Er verlegte Staffeln, die längere Zeit ununterbrochen im Einsatz waren und die dabei unvermeidliche Verluste erlitten hatten, nach hinten, ins nördliche England, zur Erholung – und nebenbei auch zur Sicherheit: Völlig von Jagdabwehr entblößen durfte er auch den Norden des Landes nicht, denn der Norden lag ja unverändert in Reichweite der deutschen Luftflotte 5 in Norwegen und Dänemark, wenn auch der entscheidende Kampf im Süden tobte.
Ganz anders die deutsche Führung. Hier wurde vorwärtsgetrieben, gerade die Besten hatten ständig vorne zu sein, auch

UNTERNEHMEN „SEELÖWE"

September 1940 bis Mai 1941

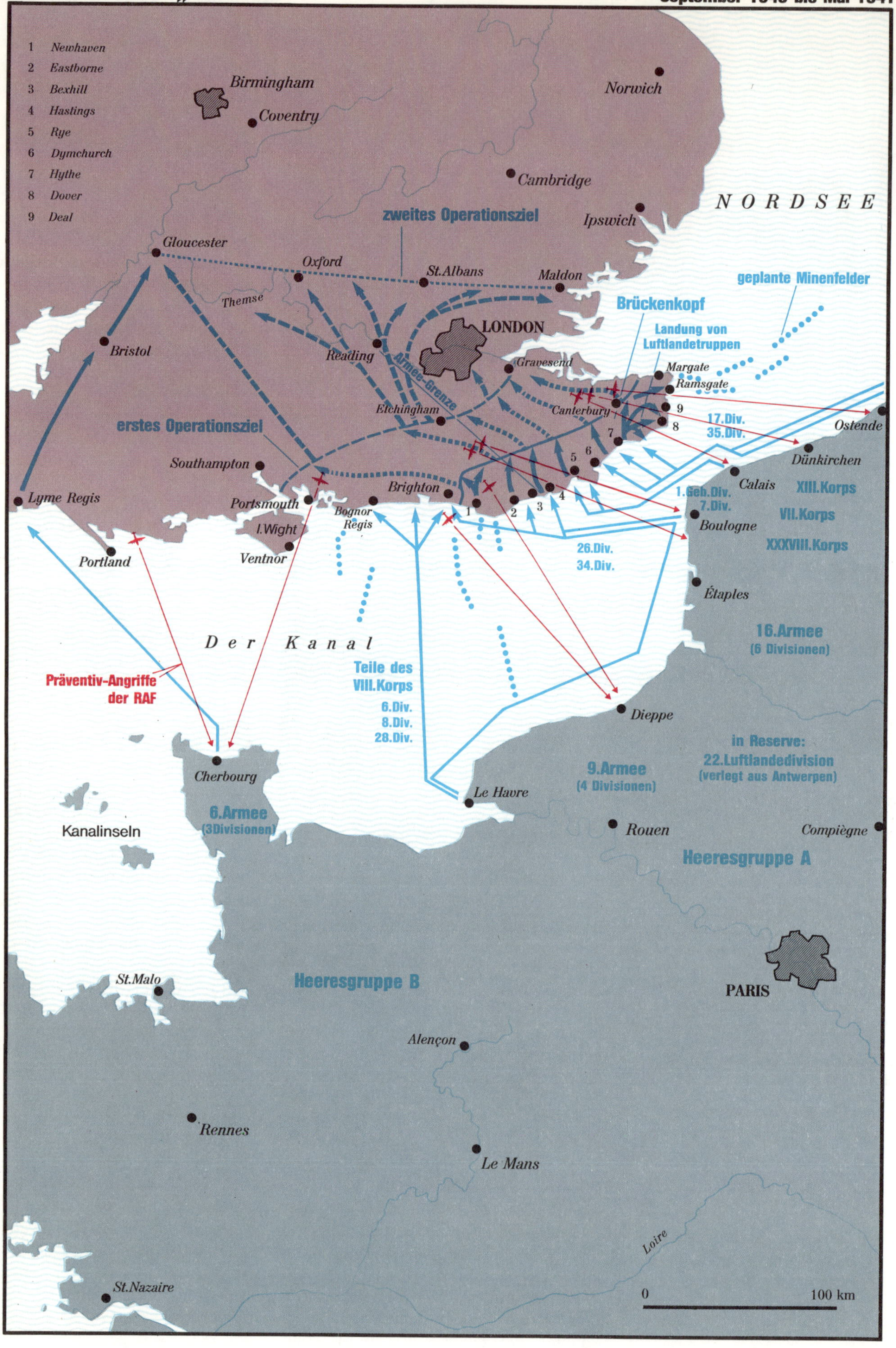

DIE SCHLACHT UM ENGLAND

1940

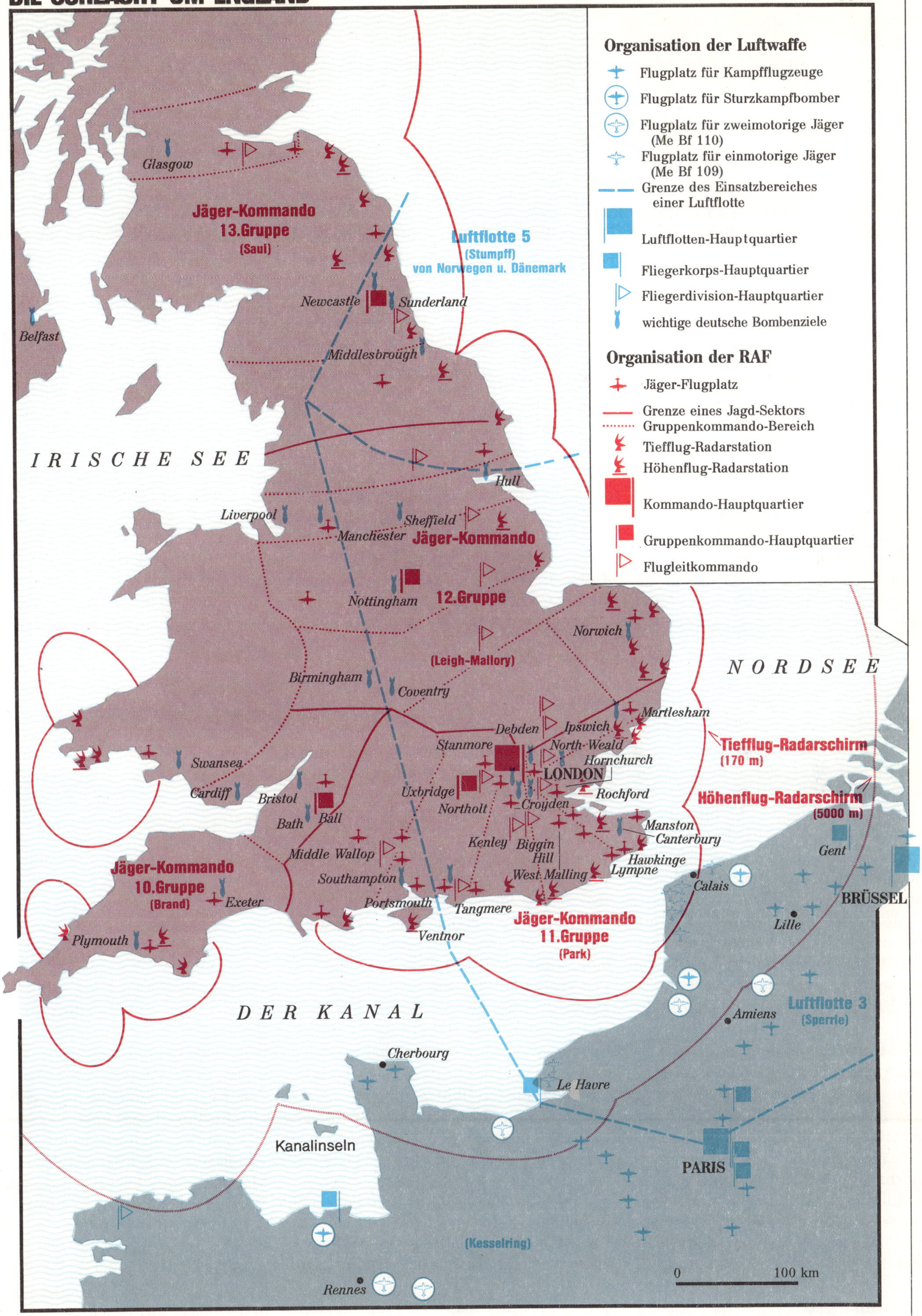

Piloten, die fünf-, sieben-, ja zehnmal mit dem Fallschirm ausgestiegen waren, flogen weiter. Diese Methode, die – neben anderen Mängeln – auch die Nachwuchsausbildung durch Erfahrene völlig außer acht ließ, konnte nur dann sinnvoll sein, wenn es gelang, innerhalb kurzer Zeit den gewünschten Erfolg zu erzielen. Und das gelang auch – fast.

In der ersten Septemberwoche tauchten in den Berichten der deutschen Bomberbesatzungen zum ersten Male Eintragungen auf wie »erstaunlich geringe Jagdabwehr«, »kaum angegriffen worden« oder ähnlich. Die Waage des Erfolges neigte sich in diesen ersten Septembertagen zugunsten der deutschen Luftwaffe.

Eine offizielle Statistik der Royal Air Force macht das ganz deutlich: Während bis Ende August der Verlust an Jägern noch einigermaßen von der Neuproduktion ausgeglichen wurde, ergab sich Anfang September für das Fighter Command ein deprimierendes Bild: Den Verlusten der ersten Septemberwoche, 275 Maschinen, stand nur eine magere Reserve von 125 Maschinen gegenüber, und die Wochenproduktion der zerbombten Industrie war auf weniger als 150 Maschinen abgesackt. Schlimmer noch: Man wußte kaum noch, wie man selbst diese wenigen Maschinen bemannen sollte.

Bomben gegen die Städte

Doch es kam anders. In der offiziellen Kriegsgeschichte der Royal Air Force ist in Band 1, Seite 181, dieser erstaunliche Satz zu lesen: »It was at this stage . . ., that Hitler, as at Dunkirk, once more came to our aid.« Zu deutsch: »In dieser Situation kam uns Hitler, wie schon einmal bei Dünkirchen, wiederum zu Hilfe.« Damit ist gemeint: Gerade als die Luftwaffe im Begriff war, das Fighter Command doch noch niederzuringen und die Luftherrschaft zu gewinnen, wurde von Hitler ein Zielwechsel angeordnet. Ab 7. September konzentrierte sich der Angriff der Luftwaffe ganz auf London, der sogenannte »Blitz« begann.

Ende August hatten einige deutsche Bomber irrtümlich Bomben auf Vororte von London geworfen – Folge eines Navigationsfehlers, es bestand zu dieser Zeit striktes Verbot, zivile Ziele anzugreifen. Der Irrtum löste Reaktion aus. Winston Churchill wies das Bomber Command an, nun auch Bomben auf Berlin zu werfen. So schickten sie denn einige Bomber nächtens nach Berlin, die kamen auch hin und warfen einige Bomben ohne jeden militärischen Effekt ab.

Dafür mit um so größerem psychologischen Erfolg. Reichsmarschall Göring hieß plötzlich Meyer – so wolle er heißen, hatte er gesagt, falls es jemals einem feindlichen Bomber gelinge, bis zur Reichshauptstadt vorzudringen. Und Hitler war wütend. Ergebnis war der Beschluß, die Luftwaffe London angreifen zu lassen, genauer, die Londoner Hafenanlagen.

Es wäre allerdings falsch, diesen überraschenden Zielwechsel ausschließlich auf emotionale Motive in der Führungsspitze des Dritten Reiches zurückzuführen. Auch eine taktische Überlegung spielte eine Rolle: Die Metropole London, so nahm man an, sei dem Empire sicher so kostbar, daß das ganze Fighter Command aufgeboten würde, die Stadt zu verteidigen – willkommene Gelegenheit, es vom Himmel zu schießen.

Diese Überlegung war schon richtig, nur – der plötzliche Zielwechsel auf London gewährte dem Fighter Command, das unter dem Druck der rollenden Angriffe auf seine Basen und Versorgungseinrichtungen dem Zusammenbruch nahe war, unvermutet eine Verschnaufpause. Und die wurde genutzt.

Ein paar Tage lang konnte die Luftwaffe relativ ungestört die Londoner Hafenanlagen zerbomben, dann waren die britischen Jäger wieder da, und obendrein mit einer neuen Taktik: Sie griffen die Bomberverbände mit ihrem Jagdschutz nicht mehr in kleinen Gruppen, sondern in großen Haufen an.

Diese neue Taktik hatte ein eigenartiger Mann gegen viele Widerstände durchgesetzt: Douglas Bader. Bader war ein leidenschaftlicher Pilot, dem 1931 nach einem Absturz bei einem mißglückten Kunstflugmanöver beide Beine amputiert werden mußten, das rechte oberhalb des Knies, das linke unterhalb. Mit einem schier unglaublichen Energieaufwand lernte er mit zwei Prothesen wieder gehen, sogar Golf und Tennis zu spielen. Die britische Luftwaffe pensionierte den Krüppel, doch als der Krieg ausbrach, setzte Bader seine Reaktivierung durch: Er bewies, daß er mit seinen Kunstbeinen besser fliegen konnte als die meisten Piloten mit gesunden Beinen.

Dieser Bader setzte es in der Spätphase der Luftschlacht durch, abweichend von der bisherigen Taktik, große Jägerverbände sammeln und dann geschlossen gegen die deutschen Angriffsverbände führen zu dürfen.

Das klappte zwar nicht auf Anhieb, nach kurzer Einübung aber mit durchschlagendem Erfolg. Baders Duxford-Geschwader setzte den deutschen Bombergeschwadern so zu, daß die Angriffe bei Tag wegen unerträglicher Verluste nach einiger Zeit aufgegeben werden mußten. Man flog dann, ziemlich ungehindert und durchaus wirkungsvoll, Nachtangriffe. Die britische Flak war nicht sehr stark, und die Nachtjagd, von Flugzeugen des Typs Defiant und Blenheim geflogen, steckte noch in den Kinderschuhen. Ihre wirksamste Waffen waren Piloten mit »Katzenaugen«, die sich vorwiegend von Mohrrüben ernähren mußten, um nachts besser sehen zu können. Das Ziel, das Fighter Command niederzukämpfen und die Luftherrschaft zu erringen, war nicht erreicht, darüber konnten auch nächtliche Präzisionsbombardements, wie der berühmte Angriff auf die Industriestadt Coventry, nicht hinwegtäuschen. Die Invasion mußte, mangels Luftherrschaft, schon am 17. September abgeblasen werden, und die Luftschlacht dämmerte, wie Adolf Galland schrieb, »sang- und klanglos dahin«.

Die große Wende hatte ein Sonntag, der 15. September 1940, gebracht. Am Mittag begann die Luftwaffe mit einem Großangriff auf London und sah sich zum ersten Mal dem massierten Angriff der englischen Luftwaffe ausgesetzt, die ihr zeitweise mit 200 bis 250 Spitfires und Hurricanes zusetzte. Churchill, der den Kampf vom Gefechtsstand der 11. Group aus miterlebte, bekam von Air Vice Marshal Park auf die Frage nach Reserven die gleiche Antwort, die er auf die gleiche Frage an den französischen General Gamelin bekommen hatte: »Keine«. Die Briten hatten alles in die Waagschale geworfen, die sich nun zu ihren Gunsten neigte. Die deutsche Luftwaffe verlor an diesem Tag 56 Maschinen. Wenn auch die Engländer ihren Erfolg überschätzten und von 185 abgeschossenen deutschen Flugzeugen sprachen – die tatsächlichen deutschen Verluste machten eine Invasion unmöglich, und die öffentliche Meinung im neutralen Ausland schlug um. Dort, auch in den USA, schwanden die Zweifel am Durchhaltevermögen der Briten.

Der Name Coventry markierte den Höhepunkt jener letzten Phase der Schlacht von England, den die Briten heute als »Night Blitz« bezeichnen.

Noch andere Industrie- und Hafenstädte erlebten in den folgenden Wochen und Monaten ihre schlimmsten Bombennächte. Der »Nachtblitz«, der Englands Widerstandskraft allerdings keineswegs lähmte, zog sich noch bis Mai 1941 hin.

Abermals von Beleuchtern der KGr. 100 angeführt, suchten die Kampfgeschwader in der Nacht des 19. November 1940 Birmingham heim. Dann folgten Ziele wie

Der britische Premier Churchill bei seinen Piloten: »Selten in der Geschichte haben so viele so wenigen so viel zu verdanken gehabt«, sagte er nach der Schlacht über den Mut und die Opferbereitschaft der Männer der RAF. Bis zu 20 Einsätze am Tag flogen einige von ihnen gegen die Luftwaffe. Manch abgeschossener Pilot segelte per Fallschirm zu Boden, ließ sich zum nächsten Fliegerhorst bringen und stieg erneut auf zur Verteidigung der schwer angeschlagenen Insel.

Bristol, Liverpool, Plymouth, Southampton, Sheffield, Hull, Cardiff und Swansea. London erlitt in der Nacht des 29. Dezember 1940 die schlimmste Feuersbrunst seit dem großen Brand von 1666. Beim letzten Großangriff in der Nacht des 10. Mai 1941 regneten 700 Tonnen Sprengbomben und 87000 Brandbomben auf die britische Hauptstadt. Die Zivilbevölkerung beklagte 1212 Tote und 1769 Schwerverletzte.

Die nächtlichen Luftoperationen über England gestalteten sich für die Luftwaffe im Frühjahr 1941 immer kostspieliger, da die zweimotorigen Nachtjäger der RAF nun über eigene Radaraugen verfügten. Im März 1941 gingen 43 deutsche Bomber über England verloren, davon 22 durch Nachtjäger. In der Nacht des 10. Mai 1941 holten die Briten 27 Angreifer vom Himmel. Im Herbst 1941 mußte die He 111 wegen unerträglicher Verluste vom Nachteinsatz im Westen abgesetzt werden; allerdings beschränkten sich die Aktivitäten der Luftwaffe über der Britischen Insel um jene Zeit auf bewaffnete Aufklärungsflüge und sporadische Tiefangriffe der beiden mit den Jagdgeschwadern 2 und 26 am Kanal verbliebenen Jagdbomberstaffeln. Später übernahm das Schnellkampfgeschwader SKG 10 mit seinen Fw 190-Jabos die Störoperationen gegen Südostengland.

In der Nacht vom 28./29. März 1942 praktizierte das RAF-Bomberkommando unter seinem neuen Oberbefehlshaber, Luftmarschall Arthur Harris, erstmals einen Flächenangriff mit den gefürchteten Phosphorbomben. Die Einäscherung des historischen Kerns der Hansestadt Lübeck beantwortete Hitler mit einem Befehl zu neuen Vergeltungsschlägen gegen England. Die sogenannte »Baedeker-Offensive« von April bis Juli 1942 richtete sich hauptsächlich gegen schwach verteidigte, kunsthistorisch interessante Mittelstädte, deren Zerstörung Hitler wie anhand eines Reiseführers abhaken wollte. Die letzte, wiederum ausdrücklich von Hitler befohlene Bomberoffensive gegen England begann in der Nacht vom 21./22. Januar 1944 unter dem Decknamen »Steinbock«. Unter dem neu ernannten »Angriffsführer England«, Generalmajor Dietrich Peltz, hatte das IX. Fliegerkorps drei verstärkte Kampfgeschwader mit 524 Maschinen zusammengezogen. Der sogenannte »Baby-Blitz« dauerte bis Ende Mai 1944; 14 von insgesamt 31 Angriffen richteten sich gegen London. Das Deutsche Nachrichtenbüro sprach von Angriffsnächten mit mehr als 600 Flugzeugen. Selbst beim schwersten Angriff am 18./19. Februar 1944 erreichten nicht mehr als 187 Bomber den Raum London. Weder die Anwendung neuer Angriffstaktiken noch die Teilnahme des langerwarteten Fernbombers He 177 vermochten über die schwindende Offensivkraft der Luftwaffe hinwegzutäuschen. Die Luftwaffe konnte den Untergang der deutschen Städte mit Vergeltungsangriffen nicht verhindern, verlor jedoch ihrerseits beim Unternehmen »Steinbock« 329 Maschinen.

Zum letzten Mal stieß in der Nacht vom 3./4. März 1945 ein größerer Verband deutscher Flugzeuge nach England vor. Über hundert zweimotorige Nachtjäger verfolgten beim Unternehmen »Gisela« einen britischen Bomberverband bis über die Insel und schossen 19 Viermotorige bei der Landung ab. Beim Abflug suchten die Ju 88 Flugplätze, Eisenbahnzüge und Fabriken heim. Der »Völkische Beobachter« meldete »Wetterleuchten über England«; das britische Innenministerium erwog eine Wiedereinführung der Teilverdunkelung.

Zum letzten Mal zeigte sich die Luftwaffe am 10. April 1945 von Norwegen aus über England. Eine zweistrahlige Arado Ar 234 flog ungehindert Fotoaufklärung über Schottland.

Unterdessen war auch die zweite Schlacht von England mit den groß angekündigten Wunderwaffen, der fliegenden Bombe V-1 und der ersten ballistischen Fernrakete V-2, sang- und klanglos zu Ende gegangen. Doch das ist ein anderes Kapitel.

Flug über Finnland. Das »Land der tausend Seen« trat im Juni 1941 als »Waffengefährte« Deutschlands in den Krieg gegen die Sowjetunion ein. Ziel war, die im

»Winterkrieg« von 1939/40 verlorenen Gebiete wiederzugewinnen, was auch bis September 1941 erreicht wurde. Danach ging Finnland zur Verteidigung über.

Hitler sucht Bundesgenossen

Nach dem Frankreichfeldzug gedachte Hitler die außenpolitische Ernte einzufahren: ein Bündnis der westeuropäischen Festlandstaaten gegen England. Aber die in Aussicht genommenen Partner Pétain und Franco versagten sich.

Hendaye, ein kleiner französischer Kurort westlich von Biarritz. Das Städtchen liegt am Bidasoa-Fluß, der die Grenze zwischen dem französischen und dem spanischen Baskenland bildet. Wer aus Spanien kommt und nach Frankreich will – oder umgekehrt –, muß in Hendaye umsteigen. Die französischen und die spanischen Eisenbahnen haben verschiedene Spurweiten.

Der 23. Oktober 1940 ist ein strahlender Herbsttag. Der Himmel über Hendaye ist wolkenlos. Von der Biskaya her weht eine sanfte Brise. Es ist 15 Uhr. Vor einer Stunde ist der Sonderzug Adolf Hitlers mit Konferenz- und Bankettspeisewagen auf dem Bahnhof der kleinen Grenzstadt eingetroffen. Seit dem Waffenstillstand mit Frankreich gehört Hendaye zum deutschen Besatzungsgebiet. Plaudernd geht der Führer des Deutschen Reiches und Oberste Befehlshaber der Wehrmacht mit seinem Außenminister Joachim von Ribbentrop auf dem Bahnsteig auf und ab. Auf dem gegenüberliegenden Gleis mit der spanischen Spurbreite wird seit einer Stunde der Sonderzug des spanischen Staatschefs erwartet.

Trotz der Verspätung ist Hitler guter Laune. Vor wenigen Monaten hat er Frankreich die größte Niederlage seiner Geschichte beigebracht. Seit den deutschen »Blitzsiegen« im Osten und im Westen nennt man den Gefreiten des Ersten Weltkrieges, den sein Regimentskommandeur Oberstleutnant Tubeuf »wegen mangelnder Führungsqualitäten« nicht zum Korporal befördern wollte, den »größten Feldherrn aller Zeiten«. Die Luftschlacht über England zur Vorbereitung der Invasion ist in vollem Gange. Jetzt wird Hitler mit dem Diktator Spaniens zusammentreffen, der seinen Sieg im Bürgerkrieg nur Deutschland und Italien zu verdanken hat. Die Zeit ist reif, daß Spanien sich den Achsenmächten im Kampf gegen England anschließt. Hitler glaubt sich seinem Ziel, einer kontinentalen europäischen Koalition gegen England, zum Greifen nahe. Den Köder für die Spanier hat er vorbereitet: Er heißt Gibraltar, die britische Festung und Kronkolonie auf spanischem Boden, seit mehr als zwei Jahrhunderten die Kränkung des spanischen Nationalstolzes.

Endlich erscheint der spanische Sonderzug auf der mit den deutschen und spanischen Farben geschmückten internationalen Brücke über den Bidasoa. Eine Minute später fährt er in den Bahnhof von Hendaye ein. Der 48jährige Francisco Franco y Bahamonde, »Caudillo« Spaniens, Generalissimus der Armee, steigt aus und ergreift beide Hände, die der deutsche Diktator ihm freudestrahlend entgegenstreckt. Nationalhymnen, Präsentiermarsch, Abschreiten der Ehrenkompanie. Dann geleitet Hitler den Gast zu seinem in protzigem Dampferstil eingerichteten Salonwagen.

Man sitzt sich gegenüber, tauscht Artigkeiten aus, bewundert einander. Hitler prahlt: Militärisch sei der Kampf gegen England bereits entschieden. Die deutsche Wehrmacht verfüge über 230 Divisionen, 186 davon seien reine Angriffsdivisionen. Mit dieser Heeresstärke sei Deutschland allen Eventualitäten gewachsen. Hitler lügt: Deutschland habe die Luftherrschaft über England praktisch schon gewonnen. Jetzt bereite er sich auf die Invasion der Insel vor. Er warte nur noch auf eine günstige Wetterlage.

Mit höflichem Lächeln hört der kleine, etwas dickliche Caudillo zu. Seine lebhaften schwarzen Augen blicken ein wenig skeptisch. Hitler fühlt sich unbehaglich. Er weiß: Dieser Gesprächspartner ist ein schlauer, vorsichtiger Taktiker, der sich nicht durch großsprecherisches Gehabe bluffen läßt.

Früher als geplant wirft Hitler den vorbereiteten Köder aus: Man solle noch heute ein Bündnis beschließen. Im Januar des kommenden Jahres solle Spanien offiziell in den Krieg eintreten. Noch im gleichen Monat würde die deutsche Luftwaffe mit ihren gefürchteten Sturzkampfbombern Ju 87 die Festung Gibraltar in pausenlosem Einsatz bombardieren. Anschließend würden deutsche Spezialeinheiten den Felsen für Spanien erorbern. Die Operationspläne unter dem Decknamen »Felix« seien fix und fertig. In Südfrankreich würde der Handstreich an einem genauen Modell der Festung Gibraltar bereits exerziermäßig geprobt. Nach der Niederwerfung Englands könne Spanien als Verbündeter der Achsenmächte seinen Kolonialbesitz auf Kosten von Frankreich und England wesentlich erweitern.

Erwartungsvoll sieht der Führer den Caudillo an. Aber die erhoffte Begeisterung bleibt aus. Mit leiser, sanft-monotoner Stimme erteilt Franco dem Deutschen eine ebenso höflich-diplomatische wie deutliche Abfuhr.

Spanien sei in keiner Weise kriegsbereit. Die Versorgungslage sei schlecht, die Rüstung veraltet. Nach drei Jahren Bürgerkrieg sei das Volk kampfesmüde. Mit lauerndem Gesichtsausdruck fährt der Spanier fort: Kann Deutschland sofort mehrere hunderttausend Tonnen Weizen liefern? Nach einem Kriegseintritt wäre Spanien von der Weizenzufuhr aus Kanada abgeschnitten. Kann Deutschland die spanische Rüstung in kurzer Zeit auf einen modernen Stand bringen? Um seine lange Küstenlinie verteidigen zu können, brauche Spanien eine große Zahl schwerer Geschütze. Nach einem Kriegseintritt müsse man auf eine Invasion der Engländer im Norden Spaniens vorbereitet sein. Wie solle Spanien sich gegen eine Wegnahme der Kanarischen Inseln verteidigen? Außerdem sei es mit dem spanischen Nationalstolz nicht vereinbar, ein von deutschen Soldaten erobertes Gibraltar als Geschenk entgegenzunehmen. Die Festung müsse von spanischen Soldaten erobert werden. Deutschland dürfe allenfalls mit Waffen und Spezialberatern helfen. Im übrigen sei es zwar vorstellbar, daß Deutschland die Britischen Inseln erobern könne. England würde aber den Krieg mit Hilfe seiner Flotte fortsetzen. Von Kanada aus. Mit amerikanischer Unterstützung. Unter Umständen jahrelang.

Hitler wird immer nervöser. Er kann seine Enttäuschung nicht mehr verbergen. Einmal springt er plötzlich auf und sagt, es habe keinen Zweck, weiterzuverhandeln. Auf den verwunderten Blick Francos aber fängt er sich wieder. Er setzt sich, versucht, den Spanier doch noch zu gewinnen. Schließlich erklärt dieser sich zu einem Abkommen bereit. Es ist aber mit so vielen Vorbehalten gespickt, daß es praktisch nur ein unverbindliches Stück Papier darstellt.

Beim anschließenden Bankett ist die Stimmung kühl. Und die gespielte Herzlichkeit beim Abschied gilt nur den Fotografen. Als Francos Zug sich in Richtung Spanien in Bewegung setzt, fallen die ersten Regentropfen. Fröstelnd kehrt Hitler in seinen Salonwagen zurück. Er weiß: Auf dem Bahnhof dieses kleinen baskischen Kurortes hat er eine diplomatische Schlappe erlitten. Und Schlappen einzustecken, das ist für ihn seit Jahren ein ungewohntes Erlebnis. Zu Mussolini sagt er später über die Begegnung von Hendaye: »Lieber lasse ich mir drei oder vier Zähne ohne Betäubung ziehen, als so etwas noch einmal durchzumachen.« Franco hat Hitlers Plan »Mit Europa gegen England« einen empfindlichen Stoß versetzt. Hitler muß sich einen anderen Bündnispartner suchen.

12. Juni 1940: Der endgültige Zusammenbruch Frankreichs war nur noch eine Frage von Tagen. Spaniens Staatschef General Franco wollte bei der Verteilung der Beute nicht abseits stehen. Er verließ den bisherigen Kurs der strikten Neutralität und erklärte die »Nichtkriegführung zugunsten der Achsenmächte«. 14. Juni: Spanische Truppen besetzten die internationale Zone von Tanger. Ein großartiger Propagandatrick des spanischen Diktators. Hitler imponierte der Entschluß. Er sah darin den Beweis, daß Spanien die Achsenmächte zu unterstützen suchte. In Wirklichkeit war die Tanger-Besetzung mit der britischen und französischen Regierung abgesprochen. England betrachtete das Manöver mit Wohlwollen. Spanien hatte mit seinem Handstreich vereitelt, daß Italien sich an einem strategisch wichtigen Punkt gegenüber von Gibraltar festsetzte.

16. Juni: Franco schickte General Vigón, den Chef seines Generalstabs, zu Hitler. In der Unterredung auf Schloß Acoz in Belgien meldete Vigón vorsichtig Spaniens Ansprüche auf Französisch-Marokko an. Am Abend des gleichen Tages trat die französische Regierung unter Paul Reynaud zurück. Die neue Regierung unter dem 85jährigen Marschall Pétain richtete an Hitler die Bitte um Waffenstillstandsverhandlungen.

19. Juni: In einem Memorandum bot Franco Spaniens Kriegseintritt an der Seite der Achsenmächte an. Bedingung: Spanien wünschte nicht nur Französisch-Marokko, sondern wollte sich auf Kosten des geschlagenen Frankreichs auch das Gebiet von Oran einverleiben und seine mittelafrikanischen Kolonien Rio de Oro und Spanisch-Guinea erheblich ausdehnen. Darüber hinaus sollte Deutschland ihm umfangreiche Lieferungen an Waffen und Nahrungsmitteln zusagen.

Aber: Noch war Hitler an einem Kriegseintritt Spaniens nicht interessiert. Den ganzen Monat Juni über hoffte er, daß England sich jetzt, nach der Niederlage Frankreichs, einem Kompromißfrieden geneigt zeigte. Doch der britische Premierminister hieß nicht mehr Neville Chamberlain, sondern Winston Churchill. Und Churchill dachte nicht daran zu verhandeln.

Montoire 1940. Hitler wird von Marschall Pétain begrüßt. Auf Hitlers Drängen, sich auf die Seite Deutschlands zu stellen, antwortete Pétain, der Verteidiger von Verdun im Ersten Weltkrieg, knapp aber bestimmt: »Frankreich ist nicht mehr in der Lage, einen neuen Krieg zu führen.«

Beim Waffenstillstandsvertrag mit Frankreich hatte Hitler nicht auf der Ablieferung der französischen Flotte bestanden. Er wußte, daß Frankreich sie zur Verteidigung seiner überseeischen Besitzungen gegen England und gegen Versuche der französischen Exilregierung in London brauchte, die Kolonien der Vichy-Regierung unter Marschall Pétain abspenstig zu machen.

Anfang Juli kam es zu einem sensationellen Bruch zwischen den bisherigen Bundesgenossen England und Frankreich. Am 3. Juli schoß das britische Gibraltar-Geschwader die im Hafen von Oran vor Anker liegenden Einheiten der französischen Mittelmeerflotte zusammen. Tags darauf brach die französische Regierung die diplomatischen Beziehungen zu England ab. Am 6. und 7. Juli beschossen französische Schiffe in einem zwar erfolglosen, aber heftigen Bombardement die Festung Gibraltar. Das geschlagene Frankreich stand unmittelbar davor, seinem bisherigen Alliierten den Krieg zu erklären. Hitler hoffte auf die Isolierung Englands. Er bot der Vichy-Regierung an, bei Casablanca und Agadir deutsche Luftstützpunkte einzurichten. Doch Pétain lehnte am 17. Juli mit Hinweis auf die französische öffentliche Meinung ab. Der Krieg zwischen England und Frankreich fand nicht statt.

Aber jetzt hatte Hitler die verwundbare Achillesferse im westlichen Mittelmeer und im nördlichen Afrika klar erkannt. Nicht nur Gibraltar, mit dem England die Zufahrt vom Atlantik zum Mittelmeer kontrollierte, war eine Gefahr. Was geschah, wenn Frankreichs afrikanische Kolonien und Protektorate von der Pétain-Regierung abfielen? Wenn England sich in Marokko festsetzte, Stützpunkte auf den vorgelagerten spanischen und portugiesischen Inseln errichtete, sie vielleicht den Amerikanern überließ und gemeinsam mit den USA den Atlantik kontrollierte?

Das wollte Hitler unter allen Umständen verhindern. Aber wie? Er mußte versuchen, neben Italien auch Spanien und das besiegte Frankreich in eine Koalition gegen England zu bringen. Um das zu erreichen, bedurfte es eines diplomatischen Drahtseilaktes. Die Wünsche, Ansprüche und Hoffnungen Italiens, Spaniens und Frankreichs waren prak-

Als Hitler im Sommer 1940 Bundesgenossen gegen England warb, konnte er mit einer eindrucksvollen Kriegsbilanz aufwarten. Das von den Achsenmächten beherrschte Gebiet erstreckte sich vom Nordkap bis Libyen, vom Kanal bis zum Bug (rechts Karte aus der Illustrierten »Signal«). Aber der Hauptgegner England war damit noch nicht ausgeschaltet, das konnten die Verhandlungspartner Pétain und Franco erkennen. Und die »Luftschlacht« um die Insel endete ohne Ergebnis. Die Karte links (ebenfalls aus »Signal«) zeigt die Ziele: Mit Luftangriffen gegen Städte und Industrieanlagen und mit Zufuhrkrieg der Kriegsmarine hoffte Hitler das britische Wirtschaftspotential zerstören zu können. Außerdem glaubte er, die Moral der Zivilbevölkerung werde unter dem Bombardement zusammenbrechen. Diese Rechnung ging nicht auf.

EIN JAHR KRIEG
1. September 1939 bis 31. August 1940
ATLANTISCHER OZEAN
U.d.S.S.R.
SCHWARZES MEER
MITTELLÄNDISCHES MEER
LIBYEN
italienisch
ALGERIEN
französisch
MAROKKO
französisch
Polenfeldzug 1. bis 23. September 1939
... Polen hat den Kampf gewählt, und es hat den Kampf nun erhalten ... Mit Mann und Roß und Wagen hat sie der Herr geschlagen.
Führerrede in Danzig
Norwegenfeldzug 9. April bis 10. Juni 1940
Dieser Schlag war das kühnste Unternehmen der deutschen Kriegsgeschichte.
Reichstagsrede des Führers vom 19. Juli 1940
Westfeldzug 10. Mai bis 24. Juni 1940
Das Gelingen dieser gewaltigsten Schlachtenfolge der Weltgeschichte ist in erster Linie dem deutschen Soldaten selbst zu danken.
Reichstagsrede des Führers vom 19. Juli 1940
Bundesgenosse Italien
Unsere Zusammenarbeit auf politischem und militärischem Gebiet ist eine vollkommene. Sie wird das Unrecht löschen, das in Jahrhunderten dem deutschen und dem italienischen Volk zugefügt worden ist. Denn: am Ende von allem steht der gemeinsame Sieg!
Reichstagsrede des Führers vom 19. Juli 1940
Führer und Feldherr
Das, was das deutsche Volk immer geahnt und gehofft hat, daß in seiner schwersten Stunde der Führer mit seinem Genie auch die militärischen Operationen lenken und leiten würde, ist zur bewunderungsvollen Gewißheit geworden.
Göring in seiner Rede vom 20. Mai 1940

tisch unvereinbar. Zu Ribbentrop sagte Hitler sehr offen: »Die Bereinigung der Interessengegensätze zwischen Spanien, Frankreich und Italien ist nur durch einen grandiosen Betrug möglich.«
Dieses Betrugsmanöver nahm Hitler jetzt in Angriff. Mussolini drängte er, seine territorialen Forderungen an Frankreich noch nicht zu präzisieren. Der Duce sagte zwar zu, aber Italiens Mißtrauen war geweckt. Außenminister Graf Ciano, ohnehin voller Verachtung für die Deutschen, zitierte in seinem Tagebuch mit Genuß die Aussagen antiker Schriftsteller über die »doppelzüngigen und verräterischen Germanen«.
Noch schwieriger aber war es für Hitler, die spanischen Wünsche und französischen Hoffnungen unter einen Hut zu bringen. Immer wieder beantwortete er die spanischen Fragen zum Marokko-Problem ausweichend, was ebenfalls Mißtrauen erzeugte. Dagegen forderte er Spanien auf, die Insel Fernando Póo und entweder Teneriffa oder Gran Canaria an Deutschland abzutreten, weil er die Inseln als See- und Luftstützpunkte einrichten wollte. Der spanische Minister Serrano Suñer war verärgert. Er lehnte es ab, diesen Vorschlag überhaupt zu diskutieren oder an Franco weiterzuleiten. Das sei »mit der Ehre Spaniens nicht zu vereinbaren«. Im ganzen Aufbau der diplomatischen Strategie Deutschlands zeigte sich immer wieder, wie wenig Kenntnisse von anderen Volkscharakteren die NS-Führer besaßen. Außenminister Ribbentrop stand seinem Meister in dieser Hinsicht keineswegs nach.
Hitlers Ungeduld wuchs. Die Zeit drängte. Jetzt wollte er mit Franco und Pétain direkt verhandeln.
Am 22. Oktober traf er mit Pierre Laval, dem Vizepräsidenten des französischen Ministerrates, auf dem Bahnhof von Montoire-sur-le-Loir (im Departement Loir-et-Cher, 40 km südöstlich von Le Mans) zusammen. Hitler versuchte es mit einer simplen Erpressungstaktik: Als besiegtes Land müsse Frankreich sich darüber klar sein, daß es die Kosten des Krieges zu bezahlen habe, falls nicht ein anderer Gegner gefunden würde, an dem man sich schadlos halten könne. Je schneller England geschlagen würde, desto besser sei es für die Franzosen. Wenn sie zu lange zögerten, sich am Kampf gegen England zu beteiligen, könnte Hitler unter Umständen versuchen, mit London einen Kompromißfrieden zu schließen. In diesem Falle müsse das Deutsche Reich sich zwangsläufig an Frankreich schadlos halten. Frankreich könne nur geschont werden, wenn der Friede auf Kosten Englands geschlossen würde.
Hitlers Drohungen sollten den Marschall Pétain zu dem Gespräch präparieren, das zwei Tage später am gleichen Ort zwischen dem deutschen und französischen Staatschef vorgesehen war. Zuvor aber wollte Hitler mit Franco sprechen. Soweit die Vorgeschichte der Begegnung Franco–Hitler.
Nach dem Fiasko von Hendaye spricht Ribbentrop aus, was Hitler denkt: »Franco ist ein undankbarer Feigling, der uns alles verdankt und nun nicht mitmachen will.« Jetzt muß ein Arrangement mit Pétain gefunden werden.
Am 24. Oktober, in Montoire, sitzt der 85jährige Marschall von Frankreich, der Sieger von Verdun, den man einmal den »französischen Hindenburg« genannt hat, selbstbewußt und gelassen, ohne die geringste Spur der eilfertigen Unterwürfigkeit seines Stellvertreters Laval, in Hitlers Salonwagen. Der Führer wiederholt seinen Erpressungsversuch von vor zwei Tagen, nur in etwas höflicherer und respektvollerer Form. Dann fragt er direkt: »Was gedenkt Frankreich zu tun, wenn es weiterhin von England angegriffen wird, wie im Falle Oran?«

Gibraltar, seit 1704 von den Engländern besetzt, war der Köder, mit dem Hitler den zögernden Franco lockte. Deutsche Soldaten sollten es für ihn erobern (linke Seite oben). Diplomatisch geschickt, aber hart in der Sache, ließ Franco sich nicht darauf ein, an der Seite Deutschlands in den Krieg einzutreten. »Lieber lasse ich mir drei oder vier Zähne ohne Betäubung ziehen, als so etwas noch einmal durchzumachen«, sagte Hitler später zu Mussolini über diese Verhandlungen. Bild oben: Freundliche Begrüßung der beiden Diktatoren in Hendaye. Linke Seite: Angehörige der spanischen »Blauen Division« bei einem Zwischenaufenthalt auf dem Weg zur Ostfront. Der Freiwilligenverband war Francos einzige Unterstützung für Hitlers Kriegsführung.

Pétain weiß genau, worauf Hitler hinauswill. Seine Antwort ist ruhig und kühl: »Frankreich ist nicht mehr in der Lage, einen neuen Krieg zu führen.« Und dann bringt er Hitlers Konzept mit einer deutlichen Gegenfrage durcheinander: »Exzellenz, wann können wir über einen endgültigen Friedensvertrag zwischen Deutschland und Frankreich verhandeln? Frankreich möchte Klarheit über sein Schicksal haben. Zwei Millionen Kriegsgefangene möchten so bald wie möglich zu ihren Familien zurückkehren.«

Hitler übergeht die Frage und bohrt statt dessen weiter. Ein guter Friede für Frankreich könne nur auf Kosten Englands geschlossen werden. Pierre Laval mischt sich ein: »Für eine Kriegserklärung an England gibt es eine verfassungsrechtliche Schwierigkeit. Der Marschall müßte die Nationalversammlung einberufen, dasselbe Parlament, das Deutschland am 3. September vergangenen Jahres den Krieg erklärt hat. Es ist wohl verständlich, daß der Marschall dazu nicht die geringste Neigung verspürt.«

Hitler mag keine juristischen Haarspaltereien. Er blickt Laval wütend an. Wieder kommt er auf die Frage der deutsch-französischen Zusammenarbeit zu sprechen. Er will Konkretes vereinbaren. Hier und jetzt. Pétains frostige Antwort ist endgültig: »Es ist mir nicht möglich, bereits jetzt die genauen Grenzen einer französischen Zusammenarbeit mit Deutschland festzulegen. Ohne die französische Regierung zu Rate zu ziehen, kann ich keine Bindung eingehen. Bei meiner Rückkehr nach Vichy werde ich der französischen Regierung mitteilen, daß ich zwar im Prinzip die Zusammenarbeit mit Deutschland angenommen, mich aber nicht weiter festgelegt habe.«

Jetzt weiß Hitler: Er kommt aus Montoire mit ebenso leeren Händen zurück wie aus Hendaye. Er hat nicht erreicht, was er sich vorgenommen hatte.

Am nächsten Tag erreicht Hitler auf dem Bahnhof von Yvoir südlich von Namur eine neue Hiobsbotschaft. Ein Kurier gibt einen Brief Mussolinis an den Führer ab. Der Inhalt: Italien wird in Kürze Griechenland angreifen. Ein Datum ist nicht genannt. Hitler tobt. Mussolinis Plan kommt einer Einladung an die Engländer gleich, sich in Griechenland festzusetzen. Telegrafisch ersucht er den Duce um ein sofortiges Treffen. Mussolini kabelt zurück, er sei bereit, Hitler am 28. Oktober im Palazzo Vecchio in Florenz zu empfangen. Als der Sonderzug des Führers am frühen Morgen in Bologna eintrifft, erfährt Hitler aus den Zeitungen, daß der italienische Angriff begonnen hat. Mussolini hat sich für die Alleingänge Hitlers in der Vergangenheit gerächt.

Die Folgen des griechischen Abenteuers sind katastrophal. Schon nach wenigen Kilometern bleibt der italienische Angriff stecken. Dann treiben die Griechen die Italiener in einem Großangriff zurück. England besetzt Kreta, errichtet Luftstützpunkte in Griechenland. Die rumänischen Erdölfelder, die den größten Teil des deutschen Treibstoffbedarfs liefern, liegen jetzt in Reichweite der in Mazedonien stationierten britischen Bombenflugzeuge. Hitler muß wertvolle Truppen nach Griechenland schicken, um die Gefahr zu bannen. Sie werden ihm später in Rußland und am Atlantik fehlen.

Jetzt will Hitler allen politischen Bedenken zum Trotz den Kriegseintritt Spaniens forcieren. Er bestellt Serrano Suñer zu einem dringenden Gespräch auf den Berghof. Spanien solle nicht mehr zögern; je früher es in den Krieg eintrete, desto sicherer sei der Erfolg. Aber inzwischen weiß Franco: Hitler hat sich überschätzt. Der Krieg gegen England wird noch lange dauern. Sein Ausgang ist viel ungewisser als noch vor einem halben Jahr. Am 7. Dezember trifft Francos endgültige Absage ein, sich am Krieg der Achsenmächte zu beteiligen.

Sechs Tage später entläßt Pétain unter dramatischen Umständen seinen Stellvertreter Pierre Laval, den Exponenten der Kollaborationspolitik von Montoire. Pétain hat die Politik der bedingungslosen Zugeständnisse an den Sieger als sinnlos erkannt und aufgegeben. Auch eine freundliche Geste Hitlers nützt nichts mehr: der Befehl, die Gebeine des Sohnes Napoleons I. aus der Wiener Kapuzinergruft in den Pariser Invalidendom zu überführen. Die sterblichen Überreste des Herzogs von Reichstadt sind kein Ersatz für zwei Millionen französische Kriegsgefangene, die Hitler für die Arbeit in Landwirtschaft und Kriegsproduktion zurückhält. Als das Jahr 1940 sich seinem Ende zuneigt, ist Hitlers Traum »Mit Europa gegen England« ausgeträumt.

ΡΜΑΚΕΙΟΝ
14029
١٤٠٢٩
W D

Balkanfeldzug

Entnervt reiste Hitler Ende Oktober 1940 von seinem Treffen mit Spaniens Diktator Franco heim. Vergeblich hatte der »Führer« um den »Caudillo« geworben. Der kleine Spanier hatte sich den Forderungen nach Kriegseintritt gegen England geschickt zu entziehen gewußt. In Hitlers Grübeleien über diesen Fehlschlag platzte die Nachricht, italienische Truppen seien zum Angriff auf Griechenland angetreten. Irritiert ließ der deutsche Staatschef seinen Zug nach Italien umdirigieren, um Mussolini zur Rede zu stellen. Doch dazu kam es nicht, zu stolzgeschwellt trat der »Duce« auf, konnte er doch endlich einmal seinen großen Verbündeten mit einem »Blitzkrieg« überraschen.
Hitlers Sorge sollte sich bald jedoch als nur zu berechtigt herausstellen, denn nach kleinen Anfangserfolgen, mußten die Italiener überall den Rückzug antreten. Ihr Angriff hatte zudem die Engländer auf den europäischen Plan gerufen, da Griechenland in London um Hilfe gebeten hatte. Nun tauchte also der Feind, den man seit Monaten erfolglos friedensbereit oder sturmreif zu bomben versuchte, unversehens im Rücken der Wehrmacht auf. Als es der britischen Diplomatie dann auch noch gelang, das deutschfreundliche Regime in Jugoslawien zu stürzen, mußte Hitler handeln. Die Gefahr für seine Südflanke und für die Erdöllieferungen aus Rumänien wurde zu groß. Für den bereits geplanten Feldzug gegen die Sowjetunion brauchte Deutschland Rückenfreiheit. Anfang April 1941 rollten daher deutsche Panzer über die jugoslawische und griechische Grenze. Noch einmal »blitzte« es in Europa. In bewährter Manier überrannte die Wehrmacht die beiden Balkanstaaten und vertrieb die Briten vom Festland. Und in einem kühnen Sprung, wie er in der Kriegsgeschichte bisher ohne Beispiel war, nahm sie auch die Insel Kreta.

Keine leichte Beute wurde Kreta für die deutschen Fallschirmjäger. Ehe sie (wie hier in Iraklion auf einem Beutefahrzeug) Einzug halten konnten, mußten sie den erbitterten Widerstand der Griechen und Engländer niederkämpfen. Die sehr hohen Verluste dabei sollten auch das Ende bedeuten für Luftlandungen, die Hitler fortan für viel zu riskant hielt.

Der griechische General und Ministerpräsident Joannis Metaxas hätte eigentlich gut als Dritter im Bunde zu Hitler und Mussolini gepaßt. Seit 1936 regierte er diktatorisch, ließ politische Gegner einsperren, ausweisen oder erschießen, sympathisierte mit Deutschland und imitierte Gestapo (Asfalia) und Hitlerjugend (Ethniki Neoloa).

Aber am 28. Oktober 1940 wurde der damals 69jährige um 3 Uhr früh auf dringendes Ersuchen des italienischen Gesandten Emmanuel Grazzi geweckt.

»Hätte das nicht Zeit bis zum ersten Licht des Tages gehabt?« fragte er den Besucher unwirsch. Dann überflog er das Papier, das Grazzi ihm überreichte. Es war ein Ultimatum: Innerhalb drei Stunden, bis 6 Uhr früh, sollte Griechenland sich bereit erklären, italienischen Truppen die Besetzung von nicht näher bezeichneten strategischen Punkten innerhalb seines Staatsgebietes zu gestatten.

Metaxas warf das Blatt auf seinen Schreibtisch und sagte, ohne eine Sekunde zu zögern: »Oxi« (»Nein!«). Schon zweieinhalb Stunden später stießen die ersten Truppen des Duce, ohne das Ablaufen des Ultimatums abzuwarten, aus dem italienisch besetzten Albanien vor.

Noch ein paar Stunden später, kurz vor 11 Uhr, lief Benito Mussolini aufgeregt auf einem Bahnsteig in Florenz auf und ab. Er erwartete den Sonderzug seines Verbündeten Adolf Hitler. Immer wieder fragte er seine Begleitung, ob noch keine Siegesmeldungen von der griechischen Front vorlägen. Sie blieben aus, und so konnte er dem deutschen Diktator nur mit den Worten entgegentreten: »Führer, wir sind auf dem Vormarsch!«

Italien im Krieg

Noch war der Duce überzeugt, die schlecht gerüsteten Griechen in zehn Tagen niederwerfen zu können.

Zumindest eines schien ihm sicher: Das griechische Volk, durch jahrelange innenpolitische Auseinandersetzungen zerrissen, würde zu keiner geschlossenen Anstrengung fähig sein. Gab es nicht einflußreiche Gruppen in Athen, die von seinem Außenminister und Schwiegersohn Ciano mit beträchtlichen Summen geschmiert wurden? War Joannis Metaxas nicht bei den meisten politischen Gruppen, von den Kommunisten über die Royalisten bis zu den liberal-probritischen Anhängern des vertriebenen Eleutherios Venizelos, bis aufs Blut verhaßt?

Die englische Schriftstellerin Olivia Manning erlebte den 28. Oktober in Athen. Durch das Geheul von Sirenen aufgeschreckt, eilte sie in die Halle ihres Hotels: »Der Portier brüllte ins Telefon, aber als er uns die Treppe hinabkommen sah, warf er den Hörer beiseite und rief: ›Griechenland ist im Krieg . . . Wir sind Eure Verbündeten. Wir kämpfen mit Euch.‹«

Und während sich immer mehr Gäste um die Rezeption drängten, erzählte der Portier die Geschichte vom nächtlichen Besuch des italienischen Gesandten bei Metaxas und der kurzen Antwort des griechischen Ministerpräsidenten. Olivia Manning: »Oxi«, sagte der Portier und schlug im Takt mit der Faust auf den Tisch: »Oxi, oxi, oxi!«

Bitter für Mussolini, viel bitterer für seine Soldaten, die zu Tausenden im eisigen Pindos-Gebirge zugrunde gehen sollten: Der Nationalstolz der Griechen war stärker als die inneren Gegensätze. Und es ist eine weitere Ironie der Geschichte, daß es der im Grunde urbanere, menschlichere der beiden Achsen-Diktatoren war, der ohne Not den Krieg auch auf dem Balkan entfesselte.

Der »dienstälteste« faschistische Diktator hatte lange Zeit auf den Kollegen nördlich der Alpen herabgesehen. Nach einem ersten Treffen mit Hitler am 14. Juni 1934 in Venedig, bei dem der Deutsche laut Frau Rachele Mussolini linkisch »in einem viel zu großen Regenmantel hing und nicht wußte, was er mit seinem Hut anfangen sollte«, brüllte der Duce vor Lachen über die Beschreibung seines Gastes durch einen französischen Journalisten: »Ein kleiner Klempner, der ein Nachtgeschirr vor sich herzutragen schien: seinen Hut.«

Doch Hitlers wohlwollende Neutralität in Abessinien und das gemeinsame Eingreifen auf der Seite der aufständischen Falangisten in Spanien brachte die beiden Diktatoren einander näher und führte schließlich zur »Achse Berlin–Rom«.

Der Ex-Unteroffizier Mussolini, der im Ersten Weltkrieg aus nationalistischer Überzeugung mit seinen sozialistischen Freunden brach und gegen die deutsch-österreichischen Truppen kämpfte, geriet mehr und mehr in den Bann Hitlers. Bei einem Besuch in Berlin 1937 erkannte er den linkischen Gast von Venedig nicht wieder; ein triumphierender Hitler lehrte ihn im fanatischen Jubel von Kundgebungen und im Gedröhn militärischer Vorbeimärsche Achtung – und ein erstes Gefühl von Furcht.

Kaum zu Hause, führte er in der italienischen Wehrmacht den »Passo Romano« ein, eine Nachahmung des deutschen Parademarsches. Zwar war er noch nicht der mitlaufende Juniorpartner. Aber sein Weg war vorgezeichnet.

Unter Englands Führung hatte der Völkerbund papierne Sanktionen wegen des Überfalls auf Äthiopien gegen Italien verhängt. Aber Mussolinis Soldaten und Kanonen wurden an den Mündungen britischer Geschütze vorbei in die Schlacht gebracht – durch den Suez-Kanal. Der deutsche Führer dagegen handelte.

Am 12. März 1938 besetzten deutsche Truppen die Republik Österreich. Noch vier Jahre zuvor, als nach dem Dollfuß-Mord ein nationalsozialistischer Aufstand zu drohen schien, hatte der Duce immerhin einen demonstrativen Aufmarsch am Brenner veranstaltet. Diesmal stimmte er dem fait accompli zu, nahm es hin, daß Hitler ihm erst am Abend des 12. März durch den Prinzen Philipp von Hessen einen erklärenden Brief überbringen ließ.

Bis zu dieser Zeit dürfte für Mussolini nur eines völlig klar geworden sein: Welche Macht in Europa er keinesfalls zum Feind haben wollte. In der Sudetenkrise wirkte er mäßigend auf Hitler ein, stand aber auch völlig auf seiner Seite. Aber das Münchner Abkommen hielt kein halbes Jahr. Die Zerschlagung der Tschechoslowakei blieb ohne Folgen. In einer Welt, in der man offenbar nur zuzugreifen brauchte, stand das faschistische Italien mit leeren Händen da.

Am 7. April 1939 besetzten italienische Streitkräfte Albanien. Das kleine Königreich, gleich gegenüber auf der anderen Seite der Adria, hatte schon vorher stark unter italienischem Einfluß gestanden. Der albanische König Achmed Zogu floh, sein Heer ließ sich von seinen italienischen Instrukteuren unter die Fahnen des Duce führen. Der italienische König hatte sich angeblich gegen die Operation ausgesprochen, beugte sein Haupt nach dem Gelingen aber willig unter die Königskrone von Albanien, die ihm sein »Capo del Governo« nun zusätzlich zu der des Kaisers von Äthiopien aufsetzte.

Die Weichen waren gestellt, die Fronten in Europa klärten sich. Im »Stahlpakt« vom 22. Mai 1939 schmiedeten Deutschland und Italien sich aneinander: Im Falle einer kriegerischen Verwicklung eines Bündnispartners habe der andere sofort zu intervenieren. Im Kriegsfall sei der Abschluß eines Separatfriedens nicht erlaubt. Gegenseitige Konsultation habe in allen Fragen gemeinsamen Interesses stattzufinden.

Aber während Hitler schon am nächsten Tag militärischen Führern in einer vertraulichen Besprechung ankündigte, er werde bei der nächsten Gelegenheit Polen angreifen, war der Duce keineswegs zum Krieg bereit. Am 3. Juni teilte er dem Führer in einem erläuternden Brief zum Abkommen mit, Italien brauche eine

Hitler hatte den Widerstandswillen der Engländer nach dem Zusammenbruch Frankreichs völlig falsch eingeschätzt. Nicht nur daß die »Tommies« den Schlägen der Luftwaffe standhielten, sie engagierten sich auch noch im Süden Europas. Churchill nahm die günstige Gelegenheit des italienischen Überfalls auf Griechenland wahr, Truppen zu entsenden. Sie mußten sich erst wieder zurückziehen, als die Wehrmacht Griechenland eroberte. In letzter Minute retten sich die Engländer per Schiff (Bild) nach Kreta und Afrika.

Friedensperiode von drei Jahren. Seine Wehrmacht sei vor 1943 nicht zum Krieg gerüstet.

Für Berlin hätten die Einzelheiten dieses Schreibens nichts Neues zu sein brauchen. Der damalige deutsche Militärattaché in Rom, Enno von Rintelen, hatte schonungslos über den erbärmlichen Stand der italienischen Rüstung berichtet. Aber eine entsprechende Denkschrift der Abteilung »Fremde Heere« wurde auf Weisung Hitlers eingestampft. Und Enno von Rintelen schreibt in seinem Buch »Mussolini als Bundesgenosse«, daß er im Frühjahr 1939 zu Reichsaußenminister von Ribbentrop bestellt und von diesem aufgefordert wurde, positiver zu berichten.

Nach Rintelen hatte Italien damals je nach Jahreszeit 300 000 bis 450 000 Mann unter Waffen. Der Ausbildungsstand litt unter verschiedenen Handikaps. So wurden alle Offiziersanwärter, aktive wie Reservisten, auf Schulen und in Sonderformationen zusammengefaßt und kamen erst als Offiziere in die eigentliche Truppe. Zugleich war das Unteroffizierkorps viel zu schwach.

Dem Chef des Generalstabes, Pariani, waren diese Fehler im System durchaus klar. Es sei jedoch nicht möglich, eine derartig durch Tradition geheiligte Organisation zu ändern, sagte er zu Enno von Rintelen.

Nur die faschistische Miliz, im Kriegsfall etwas mehr als vier Divisionen stark, wurde nach modernen Grundsätzen ausgebildet.

Die technische Ausrüstung von Artillerie und Panzerwaffe war hoffnungslos unmodern. Die Kapazität der italienischen Industrie war viel zu schwach, um dies in kurzer Zeit auszugleichen. Außerdem fehlten dem devisenarmen Land die wichtigsten Rohstoffe.

So war es kaum die reine Friedensliebe, die Mussolini im Spätsommer 1939 veranlaßte, eine heftige diplomatische Aktivität zur Verhinderung des Krieges zu entfalten. Noch im April hatte er vor Göring geprahlt, mit Frankreich werde er »allein abrechnen«, hatte aber vorsichtshalber keinen Zeitpunkt genannt.

Immerhin schob Hitler am 25. August seinen für den nächsten Tag gegebenen Angriffsbefehl gegen Polen noch einmal auf, als ihn nach der Nachricht vom Abschluß eines englisch-polnischen Bündnisses auch noch eine Absage des Duce erreichte: Italien sei nicht kriegsbereit. Die beiden Diktatoren einigten sich schließlich darauf, daß Italien zum Schein Kriegsvorbereitungen treffen sollte, um England und Frankreich abzuschrecken.

Zu dieser Zeit schwankten Mussolini und Ciano zwischen Gier und Furcht: Griffen die Westmächte ein, hielt man sich besser heraus. Kam der Führer mit seinem neuen Landraub wieder davon, war man besser beim Verteilen der Beute dabei. Noch einmal siegte die Furcht; Mussolini fiel seinem Bundesgenossen auch noch übel in den Rücken, indem er dem britischen und dem französischen Botschafter offiziell erklären ließ, Italien werde nicht in den Krieg eingreifen. Das war am 1. September, der Überfall auf Polen hatte begonnen, zwei Tage später erklärten England und Frankreich dem Deutschen Reich den Krieg.

Zu den wenigen festen Überzeugungen des sprunghaften und zumeist inkonsequenten Mussolini gehörte ein erbitterter Antikommunismus. Deshalb mißbilligte er das Zusammengehen Hitlers mit der

Sowjetunion. Und als Stalin am 30. November 1939 Finnland überfiel, ließ der Duce demonstrativ Waffen dorthin liefern und Freiwillige entsenden. Die Stimmung in Italien richtete sich mit gegen Deutschland. Graf Ciano kritisierte in einer Rede vor der Kammer heftig den Bündnispartner.

Am 1. März verschärfte England jedoch die Blockade des Mittelmeers. Selbst neutrale Schiffe mit Kohlen für Italien wurden angehalten. Zehn Tage später unterschrieb Ribbentrop in Rom ein Abkommen, das Italien die Lieferung von mehr als einer Million Tonnen Kohle monatlich zusicherte. Und am 18. März trafen sich Hitler und Mussolini auf dem Brenner.

Der »Führer« erzählte Rintelen später, Mussolini sei ihm verlegen wie ein Schuljunge entgegengetreten, der seine Aufgaben nicht ordentlich gemacht hat. Er habe mit treuherzigem Blick versichert, Italien werde auf deutscher Seite in den Krieg eingreifen, sobald die italienische Wehrmacht bereit sei.

Am 10. Mai, dem Tag des deutschen Angriffs im Westen, wurde Winston Churchill britischer Premierminister. Schon nach wenigen Tagen richtete er einen feierlichen Friedensappell an Mussolini, in dem er versicherte, nie »der Feind von Italiens Größe« gewesen zu sein. Die Antwort des Duce war eiskalt. Er erinnerte daran, daß England im Jahre 1935 die Sanktionen gegen Italien organisiert habe, als dieses »im Begriff war, sich einen kleinen Platz an der afrikanischen Sonne zu sichern«. Bedeutende Taten konnten die italienischen Streitkräfte nicht mehr verrichten, als der Duce am 10. Juni England und dem zusammenbrechenden Frankreich den Krieg erklärte. Enno von Rintelen, der um diese Zeit zum »Deutschen General im Hauptquartier der italienischen Wehrmacht« ernannt wurde, erkannte mit Staunen, daß bei den Verbündeten keinerlei Offensivpläne für den Fall eines Krieges gegen Frankreich vorbereitet waren. Sie waren an der Alpenfront völlig auf Defensive eingestellt. So kam es, daß der italienische Angriff erst am 18. Juni begann. Einen Tag zuvor hatte Pétain Hitler um Waffenstillstand gebeten.

Marschall Pietro Badoglio war gegen den Angriff.

Aber der Duce setzte sich mit dem Hinweis durch, daß Italien keinen Anteil an der Beute fordern könne, wenn es überhaupt nicht am Kampf teilgenommen habe.

Mussolinis Hoffnung auf Beute wurde bitter enttäuscht. Nun war es der deutsche Diktator, der den Appetit seines italienischen Kollegen zügelte.

Er hoffte immer noch auf ein Arrangement mit England. Zu harte Bedingungen gegen Frankreich würden die Entschlossenheit der Briten, den Kampf fortzusetzen, nur verstärken. Als Hitler in seiner triumphierenden Reichstagsrede vom 19. Juli einen »Appell an die Vernunft auch in England« richtete, fürchtete Mussolini ein Einlenken Churchills. »Das wäre für ihn ein großer Schmerz, denn er will den Krieg, heute mehr als jemals«, schrieb Ciano in sein Tagebuch.

»Er hätte sich darum keine Sorgen zu machen brauchen«, vermerkt Churchill grimmig in seinen Memoiren, »was er nur an Krieg verlangen mochte, es sollte ihm nicht verweigert werden.«

Aber auch nach Churchills eisiger Ablehnung änderte Hitler seine Haltung gegenüber Frankreich nicht. Noch bestand die Gefahr, daß das beträchtliche Potential Frankreichs in Afrika der Vichy-Regierung entgleiten und England stärken könnte. Mussolini mußte sich mit geringen territorialen Zugewinnen in Südfrankreich begnügen.

Im Gegensatz zu Deutschland hatte der Krieg Italien bis dahin nichts eingebracht – im Gegenteil. In »seinem eigenen Meer« war es in der Tat eingesperrt wie in einem Sack. An seinen Ausgängen, dem Suez-Kanal und der Straße von Gibraltar, waren die Geschütze nunmehr im Gegensatz zu 1935 von tödlich entschlossenen britischen Soldaten bemannt. Wie ein Pfahl im Fleisch lag am Seeweg zu Italiens nordafrikanischer Kolonie das waffenstarrende Malta. Äthiopien und das daran anschließende Somaliland waren praktisch abgeschnitten und nur auf dem Luftweg über den Sudan hinweg zu erreichen.

Und die Situation verschlechterte sich noch. Die Niederlage Frankreichs hatte bedeutsame Folgen auf dem Balkan. Nach der Annexion Albaniens durch Italien hatten England und Frankreich Garantien für die Souveränität Griechenlands und Rumäniens abgegeben. Dem schloß sich die Türkei mit dem Versprechen an, die Alliierten zu unterstützen, falls sie aufgrund dieser Verträge eingreifen müßten. Als nun Frankreich nicht mehr als internationale Macht zählte, kündigte Rumänien prompt das Abkommen. Aus demselben Grunde erklärte die Türkei sich für neutral. Diese Entwicklung veranlaßte Stalin, in ultimativer Form Bessarabien, das Rußland nach dem Ersten Weltkrieg abtreten mußte, von Rumänien zurückzuverlangen. Unter Hitlers Druck mußte Mussolini der Besetzung Bessarabiens durch die Sowjetunion zustimmen.

Auf dem Balkan, im Verständnis des Duce eindeutig sein Interessengebiet, kamen die Grenzen in Bewegung, ohne daß Italien etwas abbekam. Bulgarien und Ungarn folgten Stalins Beispiel und forderten von Rumänien Gebiete zurück. Hitler sorgte dafür, daß ihre Wünsche befriedigt wurden. Dadurch wurde Deutschland immer deutlicher zur Hegemonialmacht auf dem Balkan. Fast schien es, als ob Cianos Unterschrift neben der von Ribbentrop unter den »Wiener Schiedssprüchen«, in denen die Grenzfragen neu geregelt wurden, nichts weiter war als eine kleine Aufmerksamkeit gegenüber armen Verwandten.

Mussolinis Nationalstolz war schwer getroffen. Hatte nicht die Sammlung der Faschisten unter dem »fascio«, dem Rutenbündel, wegen der Enttäuschung über die geringe Beteiligung Italiens an der Verteilung der Beute aus dem Ersten Weltkrieg begonnen? Und lag nicht schon gegenüber auf der anderen Seite der Adria sein Brückenkopf Albanien, angrenzend an Jugoslawien und Griechenland, die sich als Beute geradezu anboten?

In weniger emotionalen Augenblicken war dem Duce wohl klar, daß Hitlers weiträumige Konzeption auch im Sinne Italiens richtiger war: Der Führer wollte Spanien, Rest-Frankreich mit den überseeischen Besitzungen und möglichst auch die Sowjetunion mit in den Krieg gegen England ziehen, die Briten aus Gi-

Einen Neujahrsgruß eigener Art ließ der »Duce« Mussolini seinem neuen Generalstabschef Ugo Cavallero (linke Seite: die beiden im Gespräch) am 1. Januar 1941 zukommen: »Deutschland hält eine Gebirgsdivision bereit zum Einsatz in Albanien und bereitet sich zugleich darauf vor, im März Griechenland von Bulgarien aus anzugreifen. Ich erwarte, nein, ich bin sicher, daß Ihr Einsatz und die Tapferkeit Ihrer Männer beweisen werden, daß jegliche direkte deutsche Hilfe an der albanischen Front unnötig ist.« Große Worte, die allerdings schon wenige Tage später wieder Makulatur waren. Mit englischer Hilfe drängten die Griechen die Italiener weiter zurück. Die italienische Flotte (ganz oben: Schwerer Kreuzer Zara) konnte den englischen Nachschub über See nicht wirksam behindern, im Gegenteil: Ende März 1941 verlor sie in der Seeschlacht bei Matapan drei Kreuzer und zwei Zerstörer und damit erheblich an Schlagkraft. Die Briten brachten weiter Kriegsmaterial nach Griechenland. Es erwies sich allerdings dann im Kampf mit der Wehrmacht als wenig brauchbar. Panzer wie der Mark II (oben) hatten den deutschen Kampfwagen nichts entgegenzusetzen. Die unausgereiften Tanks fielen meist schon durch technische Mängel vor Feindberührung aus, ihre Wracks säumten die Rückzugstraßen der Briten.

braltar und Ägypten vertreiben und dann erst mit der »Neuordnung Europas« beginnen. Konsequent forderte er den Duce auf, von Libyen aus die Engländer in Ägypten anzugreifen, während er sich um die potentiellen Verbündeten bemühte.
Die Chancen für den Duce in Nordafrika standen nicht schlecht. Sein dortiger Oberkommandierender, Marschall Graziani, war nach der Niederlage Frankreichs der Verpflichtung enthoben, die westliche Grenze gegenüber Französisch-Tunesien zu schützen. Unter seinem Kommando standen 215 000 Mann, gegenüber 36 000 Engländern.
Aber Graziani schob den Beginn der Offensive immer wieder hinaus. Dabei drängte die Zeit: Die britische Admiralität hatte schon, wie Churchill in seinen Memoiren berichtet, die Aufgabe des östlichen Mittelmeerraums und Konzentration auf Gibraltar erwogen, aber der Kriegspremier dachte nicht daran. Er ließ statt dessen einen Geleitzug mit Verstärkung für Ägypten in Marsch setzen. Dabei ärgerte er sich maßlos über seine Admiralität, die den Konvoi mit Rücksicht auf die italienische Flotte nicht direkt durchs Mittelmeer, sondern auf den langen, aber sicheren Weg um das Kap der Guten Hoffnung schickte.
Schließlich befahl Mussolini den Angriff für den 13. September – unter der Drohung, Graziani bei einer weiteren Verschiebung des Termins abzusetzen. »Niemals ist eine militärische Operation so gegen den Willen des Befehlshabers durchgesetzt worden«, schrieb Ciano.

Die schwachen britischen Verbände zogen sich geschickt kämpfend zurück und fügten den Angreifern schwere Verluste zu. Voller Hohn schrieb Churchill, die italienischen Truppen seien in »bemerkenswerter Formation« aufgetaucht: »Zuvorderst kamen Motorradfahrer, tadellos ausgerichtet und gestaffelt, dahinter leichte Panzer und viele Reihen von Motorfahrzeugen. Wie ein englischer Oberst meinte, glich das ganze ›einer Geburtstagsparade in Long Valley bei Aldershot‹ . . . Unsere Artillerie riß schwere Lücken in die Ziele, die sich ihr so großzügig darboten.«
Graziani schaffte knapp 90 Kilometer und nahm Sidi Barani. Aber dann erlahmte sein Schwung; unter anderem begann er, zunächst einmal eine 150 Kilometer lange Wasserleitung von Sollum nach Sidi Barani zu bauen. Vergebens trieb Mussolini ihn zur Eile an; in aller Ruhe konnte Churchills Geleitzug Ägypten anlaufen.
Auch in Afrika, so schien es, war weder Kriegsruhm noch Land zu gewinnen. Mussolinis Blick richtete sich wieder über die Adria, obwohl Hitler absolut deutlich gemacht hatte, daß er Ruhe auf dem Balkan wünsche. Jede Aktivität des Achsenpartners würde den Engländern einen Vorwand geben, sich in Griechenland oder Jugoslawien festzusetzen.
Aber weitere Ereignisse machten den Duce endgültig störrisch. Am 4. Oktober traf er sich mit Hitler wieder einmal auf dem Brenner. Zu dieser Zeit hatte der rumänische General Ion Antonescu die Regierung gestürzt und sich als Diktator etabliert. Der prodeutsche General hatte Hitler gebeten, durch Entsendung einer Militärmission bei der Ausbildung der rumänischen Armee zu helfen. Hitler nahm die Gelegenheit wahr, um im Einverständnis mit Antonescu das Land zu besetzen. Als er mit dem Duce auf dem Brenner sprach, war die 16. Panzerdivision schon auf dem Weg nach Rumänien. Aber er sagte seinem Verbündeten kein Wort. Mussolini schäumte.
Am 15. Oktober fand im Palazzo Venezia in Rom eine Konferenz über das Unternehmen Griechenland statt. Der Duce forderte die Besetzung des Epirus bis zur Bucht von Arta mit dem Hafen Preveza. Badoglio riet energisch ab: Die Streitkräfte in Albanien reichten nicht aus. Aber Graf Ciano, der albanische Oberbefehlshaber Visconti-Prasca und der Statthalter in Albanien, Jacomini, äußerten die feste Überzeugung, von den Griechen sei kein ernsthafter Widerstand zu erwarten. Im Gegenteil: Geldgeber Ciano hatte von »gewissen Führern in Athen« die Überzeugung gewonnen, daß sie nur darauf warteten, die »italienischen Befreier« zu begrüßen.
Mussolini verbot jede Unterrichtung des deutschen Verbündeten. Als der wache General von Rintelen die Zusammenziehung von Truppen an der albanisch-griechischen Grenze bemerkte und Badoglio um Auskunft bat, antwortete dieser, es würden lediglich Vorbereitungen getroffen, um bei einer Landung der Briten in Griechenland sofort eingreifen zu können.
Der Duce handelte wie ein schlitzohriger Dorfbürgermeister, um sich eine Art Alibi zu verschaffen: Am 19. Oktober schrieb er einen Brief an Hitler, er könne sich die dauernden Provokationen Griechenlands nicht länger gefallen lassen, ließ ihn bis zum 23. Oktober liegen und schickte ihn dann durch Boten nach Berlin – obwohl er wußte, daß der Führer zu dieser Zeit an der spanischen Grenze war, um Franco zu umwerben.
Schließlich, am 27. Oktober um 21 Uhr, unterrichtete Ciano den deutschen Geschäftsträger, Fürst Otto von Bismarck, davon, daß in sechs Stunden das Ultimatum an Griechenland übergeben werde. Diese Nachricht erreichte Hitler erst auf dem Bahnhof von Bologna. Eine Stunde später traf er Mussolini in Florenz.
Visconti-Prasca wußte, daß zumindest eine der Propaganda-Behauptungen seines Chefs nicht stimmte: Die Griechen hatten – wiederum aus Furcht, einen Interventions-Vorwand zu liefern – nicht mobil gemacht. Und in dem dünnbesiedelten, bergigen Land mit schlechten Nachrichtenverbindungen und Verkehrsmitteln würde es lange dauern, die Reservisten in den Kampf zu werfen.
So hatte man sich bei seinem Stab nicht sehr mit der Mühe belastet, mögliche Gegenzüge der Griechen zu bedenken. Die italienische Streitmacht setzte sich einfach in drei Marschsäulen in Bewegung:
Die erste sollte aus Koritza im Drei-Länder-Eck südlich des Ochrid- und Prespa-Sees nach Osten in Richtung Florina und Saloniki vorstoßen.
Die mittlere sollte etwa in der Mitte der gemeinsamen Grenzlinie mit Griechenland nach Südosten in das Pindos-Gebirge vorgehen.
Die dritte sollte die Grenze an der Küste überschreiten und, unter Einnahme der etwas landeinwärts liegenden Stadt Joannina, an der See entlang auf Preveza marschieren.
Die schwachen griechischen Streitkräfte leisteten überall sofort Widerstand. Im Norden blieb der Angriff schon am ersten Tag liegen, in der Mitte drang die dritte Elite-Division der Alpini langsam in den Pindos vor, im Süden ging es zunächst halbwegs voran.
Der griechische Oberbefehlshaber, General Papagos, machte aus der Not eine Tugend: Seine leichter ausgerüsteten Fußtruppen waren im Gelände besser beweglich – und sie kannten es. Bedenkenlos umgingen sie die italienischen Einheiten und stießen ihrerseits nach Albanien vor. Als das italienische Oberkommando die Gefahr erkannte, war es an zwei Stellen zu spät:
Im Pindos war die 3. Alpini-Division in unwegsamem Gelände eingeschlossen.
Im Norden erschienen Griechen, nach kurzer Zeit sogar mit Artillerie, auf den Höhen um Koritza.
Inzwischen trafen Reserven ein, und ohne im Druck auf den Pindos nachzulassen, schloß General Papagos am 17. November den Ring um Koritza. Die Niederlage im Landesinneren zwang inzwischen die an der Küste vorgestoßenen Streitkräfte, die am 8. November die Ufer des Acheron erreicht hatten, sich zurückzuziehen.
Am 22. November fiel Koritza. Am nächsten Tag war der letzte italienische Soldat von griechischem Boden vertrieben.
Auch England schlug zu. Zwar konnte Churchill auf das Hilfeersuchen von Metaxas nur ein paar Fliegerstaffeln und »symbolische Hilfstruppen« nach Griechenland verlegen, aber am 8. November hörte er von einem Plan seiner ägyptischen Generäle Wavell und Wilson, der ihn nach eigenem Bekenntnis »schnurren ließ wie sechs Kater«.
Die beiden Draufgänger hatten es satt, in ihren wohlbefestigten Stellungen bei Marsa Matruh darauf zu warten, daß Graziani sich endlich zur Fortsetzung seiner Offensive über Sidi Barani hinaus bequemte. Ihr Plan sah vor, ihre zahlenmäßig unterlegenen, aber glänzend ausgerüsteten und tatendurstigen Truppen in Nachtmärschen unbemerkt an den trägen Gegner heranzubringen und in Sidi Barani zuzuschlagen. Churchill und sein Kriegskabinett stimmten begeistert zu: »Das war endlich etwas, das den Einsatz lohnte.«
Während die Vorbereitungen dazu liefen, schickte Admiral Cunningham, der Befehlshaber der britischen Mittelmeerflotte, in der Nacht zum 11. November den Flugzeugträger »Illustrious« den halben Weg von Malta nach Tarent am Absatz des italienischen Stiefels, wo die Flotte Mussolinis vor Anker lag. Zwanzig »Swordfish«-Torpedoflieger starteten im Schutz der Dunkelheit. Zwei Stunden später war die Hälfte der italienischen Kriegsschiffe für Monate außer Gefecht gesetzt, allein drei Schlachtschiffe schwer getroffen.

Allzu sorglos zogen die Italiener gegen Griechenland ins Feld (ganz oben: schwere Artillerie auf dem Marsch). Zwar hatten die Griechen aus Angst, einen Interventionsvorwand zu liefern, nicht mobil gemacht, doch ihre Kampfkraft war weit höher, als in Rom einkalkuliert (oben: griechische Kanoniere). Hinzu kam, daß sie im Kampfgelände zu Hause waren, überall Unterstützung fanden und mit London einen mächtigen Verbündeten besaßen.

Churchill vermerkt mit Behagen, daß am selben Tage ein italienisches Bombergeschwader, begleitet von etwa 60 Jägern, auf ausdrücklichen Wunsch Mussolinis an einem Luftangriff auf England teilnahm. Die kampferprobten englischen Jäger stellten sie und schossen acht Bomber und fünf Jagdflugzeuge ab. Churchill: »Das war ihr erstes und letztes Eingreifen in unsere häuslichen Angelegenheiten.« Inzwischen übte eine Armee von 25 000 Mann in der ägyptischen Wüste den Angriff. Im Morgengrauen des 9. Dezember war es soweit. Am Nachmittag des 11. wurde Sidi Barani zurückerobert; schon um zehn Uhr vormittags hatte Churchill eine Meldung bekommen, es sei unmöglich, die Gefangenen zu zählen, aber es gebe »fünf Morgen voll von Offizieren und zweihundert Morgen voll von Soldaten«. In zwei Tagen hatte Graziani vier Divisionen verloren. Von Alexandria, Malta und Gibraltar aus beherrschten die Engländer das Mittelmeer. Die Griechen standen bis zu 50 Kilometer tief in Albanien. Libyen drohte verlorenzugehen. Hitler machte sich zum Eingreifen bereit.

Unternehmen »Marita«

Der Krieg liegt sozusagen noch im Winterschlaf. Ruhe an allen Fronten. Dahinter freilich ist's lebhaft, seit geraumer Zeit laufen die Vorbereitungen für das Unternehmen »Barbarossa« – den Feldzug gegen die Sowjetunion; zugleich wird das Unternehmen »Marita« vorbereitet, der Plan, noch vor »Barbarossa« das in Griechenland stationierte britische Expeditionskorps zu vertreiben. Dies zur Flankensicherung: Britische Luftstützpunkte in Griechenland wären eine gefährliche Bedrohung für die rumänische Erdölproduktion in Ploesti, ohne deren Sprit die gewaltige deutsche Militärmaschinerie weitgehend gelähmt wäre. Nebenzweck des geplanten Angriffs auf Griechenland war es, den italienischen Verbündeten, der im Herbst 1940 im Alleingang Griechenland angegriffen hatte, vor einer Niederlage zu bewahren, die sich das Reich schon aus Gründen des militärischen Prestiges der Achsenmächte nicht leisten konnte.

So herrschte am Morgen des 27. März sowohl in der Berliner Reichskanzlei, wo sich Hitler aufhielt, als auch im OKW in Zossen lebhafte, aber durchaus normale Geschäftigkeit.

Und dann verwandelte, am frühen Vormittag, eine Meldung die Situation schlagartig. Die Meldung lautete: Staatsstreich in Jugoslawien. Hitler, dem sie buchstäblich auf nüchternen Magen vorgelegt wurde, war völlig perplex. »Ich habe es zunächst nicht glauben wollen, hab's für einen Irrtum gehalten«, erzählte er später. Er forderte Bestätigung, bekam sie rasch, und dann wurde er wütend.

Denn es war gerade zwei Tage her, daß Jugoslawien dem sogenannten Dreimächtepakt beigetreten war, unter Druck zwar, aber immerhin. Jugoslawien war territoriale Unversehrtheit garantiert worden, nicht einmal Durchmarschrechte hatte das Reich verlangt. Alles war frisch unterschrieben, der letzte Unsicherheitsfaktor auf der Südflanke schien beseitigt – und nun das! Da hatten also zwei Generale, Mircović und Simović, über Nacht den Prinzregenten Paul abgesetzt, den minderjährigen König Peter zum neuen Staatsoberhaupt ausgerufen, und in den Straßen von Belgrad jubelten die Menschen: »Lieber Krieg als Pakt!«

Hitler empfand das als einen persönlichen Affront, als Verrat und überdies als Ärgernis – die mühsam zustande gebrachte Ruhe auf der Südflanke war dahin. Entsprechend war seine Reaktion.

Generalstabschef Halder, der an diesem Morgen in Zossen mit seinem Stab über Feinheiten des Operationsplanes »Barbarossa« brütete, wurde durch einen Anruf aus seiner Arbeit gerissen. Er möge auf dem schnellsten Wege in die Reichskanzlei kommen und sich beim Führer melden. Der verdutzte Halder traf gegen Mittag in Berlin ein, sah sich in der Reichskanzlei nicht nur Hitler, sondern auch Reichsmarschall Göring und Außenminister Ribbentrop gegenüber. Er erfuhr sofort, worum es ging: Jugoslawien muß »so rasch als möglich zerschlagen werden« – so wörtlich die Führerweisung vom gleichen Tag.

Für den Generalstabschef war das eine ungewohnte Situation. Denn Jugoslawien stand nicht auf der Liste des Generalstabs. Da gab es keinen Schubladenplan, nicht einmal eine vorbereitende Studie, sondern nichts, rein gar nichts. Halder mußte aus der hohlen Hand einen Angriffsplan entwickeln, wofür ihm nicht mehr als eine normale Landkarte zur Verfügung stand.

Halder tat's. Er schlug vor, mit einer Kräftegruppe aus der Steiermark heraus nach Kroatien einzudringen, eine Gruppe »schneller Verbände« aus Ungarn heraus zwischen Save und Drau in Richtung Belgrad anzusetzen, zugleich eine Panzergruppe, die bereits in Bulgarien für den Angriff auf Griechenland bereitstand, aus dem Raum um Sofia über Niš entlang der Morava ebenfalls auf Belgrad vorstoßen zu lassen, und schließlich mit einer weiteren Kampfgruppe von Südbulgarien aus westwärts nach Skopje und weiter zur albanischen Grenze vorzudringen, um so die jugoslawische Armee von den Griechen und Engländern abzuschneiden.

Hitler stimmte Halders Stegreifplan sofort zu, noch am Nachmittag ging die entsprechende »OKW-Weisung« heraus, und bereits zwei Tage später legte das OKH einen detaillierten Aufmarschplan vor, der ebenfalls Hitlers Zustimmung fand.

Die damit anlaufende Vorbereitung eines Feldzugs aus dem Nichts innerhalb einer

Woche – erster Angriffstermin 6. April – war ein einmaliges Meisterstück an militärischer Planung, Organisation und Improvisation.

Zwar standen auf dem Balkan, in Ungarn, Rumänien und Bulgarien an sich genug deutsche Truppen zur Verfügung, nur eben nicht da, wo sie für den unvorhergesehenen Angriff auf Jugoslawien gebraucht wurden. Das bedeutete: Große, in Marsch befindliche Verbände mußten in andere Bereitstellungsräume abgedreht werden, andere aus bereits bezogenen in neue Bereitstellungen gebracht werden. Es mußten aus Teilen der für »Marita« bereitliegenden Armeen neue Verbände zusammengestellt werden, samt den dazugehörigen Befehlsstrukturen. Es war ein wildes Tohuwabohu, man mußte unablässig improvisieren, aber die Zeit drängte: Der Schlag gegen Jugoslawien mußte mit dem für Anfang April vorgesehenen Angriff auf Griechenland synchronisiert werden, und nicht nur das: Die ganze Aktion mußte so schnell abgewickelt werden, daß die beteiligten Verbände rechtzeitig Mitte Mai wieder auf den vorgesehenen Plätzen für den Angriff auf die Sowjetunion bereitstanden, der schon aus Wettergründen keineswegs weiter verschoben werden konnte.

Die Zeitnot zwang zu unkonventionellen Maßnahmen. Als sich herausstellte, daß die Eisenbahn nach Graz und Klagenfurt wegen völliger Überlastung die in der Umgebung von Wien liegende 2. Armee (Gebirgsjäger) unmöglich rechtzeitig in

Brennender Balkan. Noch einmal demonstrierte die Wehrmacht hohe deutsche Führungskunst, als Hitler den bedrängten Italienern auf dem Balkan zu Hilfe eilte. Im Zusammenwirken von Luft- und Panzerwaffe wurde Jugoslawien in 12 Tagen geschlagen (oben und linke Seite unten: brennende Ortschaften). Griechenland brach trotz englischer Hilfe für die Hellenen nach wenigen Wochen zusammen. Luftaufklärer (linke Seite oben über einer griechischen Stadt) wiesen den gepanzerten Verbänden (rechts: auf dem Marsch) den Weg nach Athen und Olympia. Wo sich einst die antiken Helden in edlem Wettstreit maßen, hämmerten nun Maschinenwaffen, klirrten Panzerketten das Lied einer neuen, gnadenlosen Zeit auf die Straßen.

die Südsteiermark würde schaffen können, überquerten große Teile dieser Armee die noch verschneiten Alpen eben im Straßenmarsch.
Solche und ähnliche Schwierigkeiten provozierten neue Führungsvarianten: Man teilte die Angriffsdivisionen, um der Transportprobleme Herr zu werden, kurzerhand in Kampfstaffeln, die nur das für den Kampf Allernötigste mit sich führten, und in rückwärtige Staffeln, die – nun eine Art Troß – erst nachgezogen wurden, wenn Zeit und Gelegenheit dazu war. Diese Gliederung machte, wie sich zeigen sollte, die Kampfverbände unerhört beweglich und erlaubte ein enormes Vormarschtempo.
In aller Eile mußten auch handstreichartige Unternehmen vorbereitet werden, um wichtige Bauwerke und Anlagen zu sichern. So war es beispielsweise für die südlich von Graz stehende 2. Armee geradezu unerläßlich, die bei Radkersburg über den Grenzfluß Mur führende, leistungsfähige Brücke unversehrt in die Hand zu bekommen.
Im Morgengrauen des 6. April arbeitet sich ein kleiner Stoßtrupp – zwölf Mann unter Führung des 28jährigen Oberfeldwebels Hermann Conrad – an die Brücke heran. Aus sicherer Deckung stellt Conrad fest, daß die Brücke unangenehm gut geschützt ist: Posten und Patrouillen sichern beide Auffahrten, die eigentliche Wache sitzt in einem massiven Zollhaus, und etwas oberhalb der jenseitigen Auffahrt befindet sich im Uferhang ein sehr gut postierter Bunker, der offenbar Schußfeld auf die ganze Brücke und das angrenzende Ufergelände hat.
Oberfeldwebel Conrad entschließt sich, den Fluß etwas unterhalb der Brücke zu überqueren, um die gegnerische Stellung am jenseitigen Ufer von der Seite her aufzurollen. Im Laufschritt hetzen die Männer die Uferböschung hinunter, zerren dabei einen Floßsack – eine Art überdimensionales Schlauchboot – mit sich, schwingen sich hinein, beginnen zu paddeln.
Es ist eine mühsame Floßfahrt, die Mur ist hier an beiden Ufern flach und voller Sandbänke. Kaum sind sie aus dem Bereich der Sandbänke heraus und paddeln in freiem Wasser der Flußmitte zu, da werden sie von der Brückenwache entdeckt und unter Feuer genommen. Die Männer paddeln wie die Wilden, noch liegen die Schüsse nicht allzu gut.
Aber dann, am jenseitigen Ufer, läuft der Floßsack wieder auf Grund, wird hastig flottgemacht, läuft abermals auf. Bei dieser langsamen Bewegung geben sie eine prächtige Zielscheibe ab. »Die Waffen hoch und nichts wie raus!« brüllt Conrad und springt ins Wasser, die Männer hinterher. Gleich darauf zerfetzt eine Maschinengewehrgarbe aus dem Bunker den leeren, langsam weitertreibenden Floßsack.
Halb schwimmend, halb watend erreicht der Stoßtrupp das Ufer, Conrad als erster. Er rennt, den übrigen ein ganzes Ende voraus, auf das Zollhaus zu. Ein Posten, der die Lage noch nicht recht übersieht und sich zögernd Conrad in den Weg stellt, muß seine Unaufmerksamkeit mit dem Leben bezahlen. Dann ist Conrad auf Wurfweite an das Zollhaus heran und schleudert in rascher Folge Handgranaten durch die Fenster ins Innere.
Qualm und Entsetzensschreie dringen heraus, dann taumeln die Überlebenden der Brückenwache ins Freie, werfen ihre Waffen weg, ergeben sich. Das ist geschafft. Aber da ist noch der Bunker. Er hält die Brückenauffahrt auf der anderen Seite unter Dauerfeuer, macht es den Pionieren, die dort inzwischen erschienen sind, unmöglich, auf die Brücke und an die Sprengladungen heranzukommen. Conrad erkennt: Sie müssen den Bunker direkt angehen. In wilden Sprüngen oder auf dem Bauch robbend, jede noch so kleine Deckung ausnutzend, arbeitet sich der kleine Stoßtrupp an den erbittert feuernden Bunker heran. Dabei stolpert Conrad über Leitungsdrähte, durchtrennt

Wesentlich härter als in Jugoslawien (links) hatte die Wehrmacht in Griechenland zu kämpfen. Mit schwerem Geschütz ging es gegen die Metaxas-Linie (ganz oben), einen der französischen Maginot-Linie vergleichbaren Befestigungsgürtel in Nordgriechenland. Die marschierenden Kolonnen mußten immer wieder vor Feuerüberfällen und Angriffen aus der Luft Deckung nehmen (Mitte). Zum Großreinemachen und Rasten (oben) blieb wenig Zeit, denn der Feldzug sollte so schnell wie möglich abgeschlossen werden, damit der Großangriff im Osten nicht zu weit in den Sommer verschoben werden mußte.

sie rasch mit seinem scharfen Spaten, hofft, daß es die Zündleitungen für die Brückensprengung sind.

Dann sind sie so nahe, daß sie Handgranaten vor die Schießscharten des Bunkers werfen können. Das reicht zwar nicht, um den Bunker zum Schweigen zu bringen, aber sein Feuer wird nach jeder Handgranatensalve für kurze Zeit schwächer und ungenau. Das genügt, um einigen Pionieren die Möglichkeit zu geben, auf die Brücke zu hetzen und die Zündkabel aus den Sprengsätzen zu reißen. Nun ist endgültig sicher, daß die Brücke nicht mehr gesprengt werden kann.

Nun schießt Conrad mit der Leuchtpistole ein verabredetes Zeichen, dann werfen die Männer des Stoßtrupps alles, was sie noch an Handgranaten haben, in rascher Folge vor die Bunkerscharten. Ein, zwei Minuten lang kommt aus den Scharten nur noch zielloses Einzelfeuer, Zeit genug für eine Kompanie, im Laufschritt über die Brücke zu stürmen und dann mit geeigneteren Waffen, als sie der kleine Stoßtrupp hat, in kurzer Zeit den Bunker niederzukämpfen. Noch während die letzten Schüsse verhallen, rollen die ersten motorisierten Verbände über die Brücke. Oberfeldwebel Conrad wurde für die Eroberung der Murbrücke bei Radkersburg mit dem Ritterkreuz ausgezeichnet.

Auch an einem anderen Fluß spielte sich an diesem Morgen ein waghalsiges Unternehmen ab: an der Donau, und zwar am Eisernen Tor, der gewaltigen felsigen Stromenge kurz unterhalb des kleinen Donauhafens Orschawa. Dort seilten sich noch in der Nacht die Männer einer Kompanie des legendären »Lehrregiments Brandenburg z. b. V. 800« (einer Spezialeinheit für Kommandounternehmen) von überhängenden Felsen zum schmalen Ufer ab.

Dort fanden sie, schon vorher bei Nacht und Nebel herbeigebracht, Sturmboote und Waffen vor, mit denen sie sich auf den Weg ans andere Ufer machten. Grund der halsbrecherischen Nachtfahrt durch die berüchtigten Stromschnellen: In der Nähe von Orschawa waren in den vorangegangenen Tagen immer mehr jugoslawische Flußfrachter entdeckt worden, in kleinen Buchten vertäut, sorgfältig getarnt und offenbar voll beladen.

Es war nicht gelungen, herauszubekommen, was die Jugoslawen mit diesen geheimnisvollen Schiffen vorhatten, aber daß es irgendwie ein Anschlag auf die Donau als Transportweg war, schien sicher. Die Vermutung erwies sich als richtig: Den Sturmboot-Besatzungen gelang es, unter schweren Verlusten, die versteckten Schiffe zu kapern. Es stellte sich heraus, daß sie mit Zement beladen waren und offenbar in der engen Fahrrinne des Eisernen Tores hatten versenkt werden sollen. Wäre das gelungen, wäre der Schiffahrtsweg mit Sicherheit für Monate gesperrt gewesen. Durch den Handstreich der »Brandenburger« wurde diese Gefahr gebannt.

Ungefähr um dieselbe Zeit, als Oberfeldwebel Conrad die Murbrücke stürmte und die Brandenburger eine Donausperre verhinderten, ließen die Stuka-, Bomber- und Jägerverbände der Luftflotte 4, größtenteils auf Feldflughäfen in Rumänien stationiert, ihre Motoren warmlaufen. Der Feldzug gegen Jugoslawien sollte, so hatte es Hitler befohlen, mit einem gewaltigen Schlag der Luftwaffe beginnen. Hitler hatte, wörtlich, befohlen, »die Hauptstadt Belgrad zu zerstören«. Ein zweifellos terroristischer Befehl und sicherlich auch so gemeint: Hitler wollte Rache, weil er sich in seinen Plänen gestört fühlte. Der für den Luftwaffenangriff gewählte Deckname zeigt das deutlich, er lautete »Vergeltung«.

Hitler wollte also, ohne jede Rücksicht auf die Zivilbevölkerung, die jugoslawische Hauptstadt zerstören – nur, der für den Angriff verantwortliche Oberbefehlshaber der Luftflotte 4, General der Flieger Alexander Löhr, wollte das nicht. Die tatsächlichen Angriffsbefehle, die er den Geschwaderkommodoren mündlich am Vorabend gab, nannten ausschließlich militärische Ziele.

Und so wurde auch gebombt. Nachdem zunächst in kurzen, aber erbitterten Luftkämpfen die schwache jugoslawische Jagdabwehr ausgeschaltet worden war – ein seltsames Bild, denn die Jugoslawen flogen dieselben Jagdmaschinen wie die deutschen Angreifer, nicht lange zuvor in Deutschland gekaufte Me 109 –, prasselten am Vormittag des 6. April Bomben auf die Regierungsgebäude, auf das Kriegsministerium, auf den Gebäudekomplex des Generalstabs, auf den Königspalast, die Kasernen, die Hauptpost mit den zentralen Nachrichtenverbindungsanlagen, Hauptbahnhof und Elektrizitätswerk.

Es war schon ein Strafgericht, das da über die Stadt Belgrad hereinbrach: Die meisten Ziele lagen schon am Mittag des 6. April in Trümmern oder standen in Flammen. Aber es stimmt einfach nicht, daß damals die ganze Stadt zerschmissen und Zehntausende von Zivilisten getötet wurden, wie beispielsweise Churchill – ohne jegliche Quellenangabe – in seinen Memoiren behauptet. Mag sein, es ist sogar ziemlich sicher, daß Hitler das gewollt hatte, aber Löhr fügte sich diesen Wünschen nicht, ihm ging's um die militärische Wirkung. Und die war in der Tat ungeheuer. Der Bombenangriff auf die Befehlszentren in Belgrad legte die jugoslawische Führung bereits in den ersten Stunden des Feldzuges völlig lahm. Die Regierung floh kopflos, die erst teilmobilisierte Armee war durch den Zusammenbruch fast aller Nachrichtenverbindungen nahezu führungslos. Dies war eine der wesentlichen Voraussetzungen dafür, daß die ins Landesinnere vorstoßenden deutschen Armeen zwar auf sporadischen, doch nahezu nirgendwo auf großräumig organisierten Widerstand stießen. Im Endergebnis war die Folge, daß der »Ju-

Daß er mit dem Balkanfeldzug seine Karte überreizt hatte, ahnte Hitler nicht. Trotz des rasanten Vormarsches seiner Truppen, sollten Zeit- und Kraftverlust im kommenden Rußlandkrieg entscheidend zu Buche schlagen. Noch wurde der Sieg im Süden in vollen Zügen von der Propaganda genossen. Sie zeigte deutsche Marschsäulen in klassischem Gelände vor den Bergen des Olymp-Massivs (oben), wo einst die Götter Griechenlands thronten, vergaß nicht die Rastidylle bei Spiel und Musik (rechte Seite) und stellte auch den tapferen griechischen Gegner (rechts: bis an die Zähne bewaffnete Kämpfer) gebührend und zum eigenen Ruhme heraus.

goslawienfeldzug« der unblutigste des ganzen II. Weltkrieges blieb; es gab deutsche Einheiten, die von Graz bis Griechenland durchrollten, ohne je genötigt zu sein, auch nur einen Schuß abzugeben.
Der Feldzug vollzog sich nach dem vernichtenden Schlag gegen die Führung des Gegners in einem geradezu atemberaubenden Tempo: Vom Angriffsbeginn am 6. 4. bis zur Einnahme von Belgrad dauerte es nur eine Woche; die Stadt fiel, von drei Seiten angegriffen, am 12. 4.
Dabei waren nicht einmal alle Angriffsgruppen am 6. 4. angetreten: Die 1. Panzergruppe griff am 8. 4. aus dem Raum westlich Sofia an, nahm am nächsten Tag den Verkehrsknotenpunkt Niš und rollte dann das Morava-Tal aufwärts gegen Belgrad. Am 10. 4. ging die Ostgruppe – eine Infanterie- und zwei Panzerdivisionen – in Westungarn über die Drau, eroberte noch am selben Tag mit einer Panzerdivision Agram und schwenkte die Hauptmasse südwärts Richtung Belgrad, dessen Vororte die Spitzen bereits am 12. April erreichten. Schließlich stieß am 11. 4. aus dem Raum Temesvar in Westrumänien eine schwächere Panzergruppe direkt auf Belgrad vor und stand zwei Tage später am Nordrand der Stadt.
Das Tempo des Vormarsches überraschte selbst die deutsche Führung. Die 2. Armee (Steiermark) beispielsweise kam gar nicht dazu, alle für den Angriff vorgesehenen Kräfte einzusetzen, sie drehte mehrere Divisionen, die offensichtlich nicht mehr benötigt wurden, noch aus dem Aufmarsch heraus wieder ab – in die ursprünglich für »Barbarossa« vorgesehenen Bereitstellungen.

Daß im Norden des Landes, bewohnt von den eher deutschfreundlichen Kroaten, ernsthafter Widerstand kaum geleistet werden würde, war mehr oder weniger erwartet worden. Hingegen hatte man den serbischen Teilen der jugoslawischen Armee härteren Widerstand zugetraut, galten (und gelten) doch die Serben als außerordentlich zähe und hartnäckige Kämpfer. Doch das totale Befehlschaos, der völlige Ausfall einer koordinierenden Führung machten es unmöglich, diese bewährten Eigenschaften der serbischen Soldaten wirksam auszuspielen. Statt dessen kam es auch in Serbien mehr als einmal zu so grotesken Vorfällen, wie beispielsweise diesem:
Da wird der Leutnant Schotters von der Gebirgsjägerdivision, die der 1. Panzergruppe auf der Straße nach Belgrad im Morava-Tal Flankenschutz gibt, zur Erkundung der Feindlage mit zehn Mann und einem Kettenfahrzeug vorausgeschickt.
Vorsichtig rasselt der kleine Spähtrupp auf einer schmalen Straße durch das wildzerklüftete altserbische Bergland. Unterwegs gabeln sie einen serbischen Deserteur auf. Der berichtet, beim nächsten größeren Ort, Dubropoltje, liege ein ganzes serbisches Regiment, der Stab im Städtchen.
Leutnant Schotters hat bemerkt, daß der serbische Soldat das Kettenfahrzeug irrtümlich für einen Panzer gehalten hat. Panzer verbreiten Schrecken, das weiß er, und er riskiert einen Bluff. Der serbische Soldat wird als Wegweiser mitgenommen, dann windet sich das Kettenfahrzeug eine Serpentinenstraße hinunter und jagt mit Vollgas in die Kleinstadt Dubropoltje hinein. Dort wimmelt es von serbischen Soldaten. Die zehn Mann in dem offenen Kettenfahrzeug ballern wild und ungezielt in die Gegend, nur um Lärm und Schrekken zu erzeugen.
Vor einem größeren Gebäude, Schule oder Rathaus oder so was, Schotters kann's in der Eile nicht feststellen, sieht der Leutnant eine Gruppe serbischer Offiziere stehen. Mit knirschenden Ketten und kreischenden Bremsen kommt Schotters' Fahrzeug zum Stehen, die Männer springen heraus und fordern mit vorgehaltenen Maschinenpistolen die völlig verblüfften Offiziere zum Einsteigen auf.

Schotters will gerade den Befehl zum eilends gebotenen Rückzug geben, da rollt laut hupend eine riesige Luxuslimousine heran. Drinnen blitzen goldene und rote Tressen. Wenige Augenblicke später hat das Kettenfahrzeug des Spähtrupps neue, hochkarätige Fracht: Ein General, zwei Obersten und zwei weitere hohe Stabsoffiziere sind aus der Limousine in den unbequemen Kasten übergewechselt.

Die Männer des Spähtrupps stehen auf den Trittbrettern, hocken auf den Kettenkästen, ballern abermals wild um sich, während das Kettenfahrzeug aus der Stadt jagt. Sie kommen unbehelligt aus der Stadt heraus und zurück zu ihrer Einheit. Auf einen Schlag ist eine serbische Elitedivision ihren Kommandeur, seinen Stab, dazu einen Regimentsstab mitsamt allen Operationsunterlagen losgeworden.

Am 17. April ist dann in Jugoslawien alles vorbei. Schon am 14. 4. hatte die jugoslawische Heeresleitung den Befehlshabern ihrer Armeen Teilkapitulationen freigestellt. Das wurde jedoch von deutscher Seite abgelehnt, und so erfolgte am 17. die Gesamtkapitulation durch einen bevollmächtigten Minister der Regierung. Die deutschen Verluste im jugoslawischen Feldzug betrugen 151 Tote, 392 Verwundete und 15 Vermißte.

Doch in Griechenland tobte der Kampf weiter, entschieden härter und erbitterter. Begonnen hatte der Angriff auch dort am 6. April. Am Morgen dieses Tages überschritten Verbände der 12. Armee von Südbulgarien die griechische Grenze. Die östliche und mittlere Gruppe rannten sich aber zunächst an der sogenannten Metaxas-Linie fest.

Die Metaxas-Linie war eine über 100 Kilometer lange Bunkerstellung, eingebettet in eine unzugängliche Gebirgslandschaft, schon vom Gelände her schwer zu überwinden und zudem von den Griechen hartnäckig verteidigt. So blieb der deutsche Angriff dort, wo er auf einen Durchbruch der Metaxas-Linie abzielte, zunächst liegen.

Die weiter nördlich angesetzten Verbände hingegen erreichten ihre Angriffsziele: Die 2. Panzerdivision konnte die Metaxas-Linie westlich des Doiran-Sees umgehen und südwärts ins Tal der Wardar einschwenken. Und die sogenannte Westgruppe – je eine Panzer- und Infanteriedivision sowie die motorisierte »Leibstandarte Adolf Hitler« – war bis kurz vor Skopje vorgedrungen, um anschließend ebenfalls nach Süden abzudrehen.

Am Abend des 7. April sorgte die Luftflotte 4, die am Vormittag die jugoslawische Führung in Belgrad paralysiert hatte, auch auf dem griechischen Kriegsschauplatz für einen wahrhaft großen Knall. Im letzten Licht des Tages wurde ein Angriff auf den Hafen Piräus geflogen.

Der Hafen war vollgestopft mit Schiffen eines britischen Nachschubgeleitzuges, darunter der 12000-t-Dampfer »Glen Fraser«, der Sprengstoff und Munition geladen hatte und wegen Unstimmigkeiten zwischen der britischen Marine und den griechischen Hafenbehörden noch nicht vollständig entladen, aber auch nicht sicherheitshalber auf die freie Reede geschleppt worden war.

So lag die »Glen Fraser« mit noch etwa 250 Tonnen Sprengstoff im Bauch am Kai, als die Bomber herandröhnten. Gleich die erste Reihe der niedertorkelnden Bomben erwischte die »Glen Fraser«, und im nächsten Augenblick wurden noch im 15 Kilometer entfernten Athen Fenster und Türen eingedrückt: So gewaltig war die Detonation, mit der die »Glen Fraser« in die Luft flog, zehn weitere Schiffe mit zusammen 41500 Tonnen zerstörte und die gesamten Hafenanlagen bis zur Unbrauchbarkeit demolierte. Der britische Admiral Cunningham sprach mit Recht von einem »vernichtenden Schlag« – Piräus war der einzige leistungsfähige Nachschubhafen für das britische Expeditionskorps gewesen.

Unterdes lagen die drei Divisionen des XVIII. Gebirgs-Korps noch immer beiderseits des Rupelpasses vor der Metaxas-Linie fest. Trotz massiver Unterstützung durch Stukas und Einsatz modernster Waffen zur Bunkerbekämpfung, wie Flammenwerfer und Nebelkerzen, hielten die sich verzweifelt wehrenden Griechen drei Tage lang dem Ansturm stand. Erst dann gelang den Gebirgsjägern nach schwerem und verlustreichem Kampf der Durchbruch.

Es ist durchaus fraglich, ob es überhaupt nötig war, diesen Durchbruch mit aller Gewalt zu erzwingen: Während die Gebirgsjäger gegen die Bergforts anrannten, kamen rechts und links davon die deutschen Angriffe flüssig weiter. Die zweite Panzerdivision erreichte, das Wardar-Tal hinabstoßend, am 9. April Saloniki. Zur gleichen Zeit erreichten die aus Südbulgarien vorstoßenden Divisionen den Unterlauf des Nestos. Damit war die Metaxas-Linie von beiden Seiten umfaßt und die ganze griechische Front in Ostmazedonien und Thessalien von ihren rückwärtigen Verbindungen abgeschnitten, was zur Folge hatte, daß noch am 9. April alle ostwärts der Wardar stehenden griechischen Verbände bedingungslos kapitulierten.

Der weitere Verlauf des Feldzuges war gekennzeichnet von dem Bestreben der deutschen Führung, die in Nordgriechenland stehenden griechischen und britischen Verbände zu umfassen und die starke griechische Armee, die an der Albanienfront den Italienern gegenüberlag, abzuschneiden, ihr es also unmöglich zu machen, mit den anderen griechischen und britischen Truppen eine gemeinsame Abwehrfront quer durch Nordgriechenland zu bilden.

Dies gelang durch den raschen Stoß des XXXX. Armeekorps von Skopje (Jugoslawien) aus nach Süden. Am 9. April wurde Monastir genommen, am 10. die jugoslawisch-griechische Grenze überschritten; am nächsten Tag stießen die deutschen Panzerspitzen bei Florina erstmals auf starken griechisch-britischen Widerstand, der erst am 12. 4. durch einen planmäßigen Angriff überwunden werden konnte. Doch dann konnte der Vormarsch nach Süden so rasch vorangetrieben werden, daß die im albanischen Grenzgebiet stehende griechische Epirus-Armee, völlig abgeriegelt, ebenso kapitulieren mußte wie ein paar Tage vorher die Armee östlich des Wardar. Diese Teilkapitulation fand am 21. April statt.

Der Versuch hingegen, das britische Expeditionskorps zu umfassen, mißlang. Der britische Oberbefehlshaber, General Wilson, führte seine Verbände überaus geschickt von einer Sperrstellung zur nächsten, wobei seine Nachhuten den nachdrängenden deutschen Spitzen jeweils so lange hinhaltenden Widerstand leisteten, bis die Masse des Korps leidlich geordnet und die nächste Auffangstellung vorbereitet war.

Diese Taktik bewährte sich, obschon die Briten seit Mitte April ziemlich allein kämpften: Bereits am 16. April hatte der griechische Oberbefehlshaber Marschall Papagos angeregt, »die britischen Truppen einzuschiffen, um Griechenland vor weiteren Zerstörungen zu bewahren«.

Als letzte Sperrstellung verteidigte das britische Expeditionskorps mit geringen Kräften, aber überaus hartnäckig, die berühmte Thermopylen-Enge. Das Korps hatte bis dahin zwar sein Hauptlager bei Larissa eingebüßt, das unversehrt in deutsche Hand gefallen war, auch der größte noch verbliebene Einschiffungshafen Wolos war am 21. April von deutschen Truppen besetzt worden.

Doch schon während des Rückzugs hatte General Wilson einen erheblichen Teil seiner Truppen von kleinen Küstenhäfen aus auf Fischer- und Sportbooten in Sicherheit gebracht. Und die Thermopylenstellung hielt lange genug – vom 21. April bis 25. April –, um den größten Teil der verbliebenen Verbände auf den Pelopon-

Am 27. April 1941 erreichten die deutschen Truppen die griechische Hauptstadt, genau drei Wochen nach Angriffsbeginn. Am 3. Mai konnte Generalfeldmarschall List die Siegesparade der Fallschirmjäger in Athen abnehmen (Bild). Zwar waren die meisten Briten über See entkommen, doch erlitt England hier erneut erhebliche Materialverluste. Das besänftigte ein wenig Hitlers Grimm über den unnötigen italienischen Parallelkrieg, der den Ostaufmarsch verzögerte.

nes ausweichen zu lassen. Der Versuch der deutschen Führung, dies durch Einnahme der Landenge von Korinth mit der einzigen über den Kanal führenden Brükke zu verhindern, kam zu spät.

Am 26. April landet im Morgengrauen eine Fallschirmpionierkompanie mit Lastenseglern an beiden Brückenköpfen, gleich darauf springen zwei Fallschirmbataillone ab. Es gelingt auf Anhieb, die völlig überraschte Brückenwache zu überrumpeln, die Pioniere entschärfen die Sprengladungen, bauen sie aus, müssen sie aber auf der Brücke liegenlassen, denn die etwas abseits postierte Brückenschutzflak – 4-cm-Bofors-Maschinenkanonen – beginnt sie zu beharken. Gleich darauf passiert's: Ein Flakgeschoß trifft eine der auf der Brücke liegenden Sprengladungen, krachend zerbirst die Stahlgitterkonstruktion, stürzt in den Kanal und sperrt ihn.

Stadt und Flugplatz Korinth werden zwar im Laufe des Tages von den Fallschirmjägern genommen, aber militärische Konsequenzen hat dieser Handstreich nicht mehr, denn die verbliebene Hauptmasse des britischen Expeditionskorps ist zu dieser Zeit bereits auf dem Weg zu den Häfen des Südpeloponnes, die sie auch knapp vor den deutschen Verfolgern erreichen und sich einschiffen, wenn auch unter Zurücklassung fast allen Materials. Mit der Einnahme der Häfen im Süden des Peloponnes am 29. April endete in Griechenland die Kampftätigkeit; zahlreiche den Küsten vorgelagerte Inseln wurden in den folgenden Wochen kampflos in Besitz genommen.

Wieder hatte die deutsche Wehrmacht in nun fast schon gewohnter Art einen »Blitzkrieg« gewonnen, mit – wenn man nur die tatsächlich in Kämpfe verwickelten Verbände zählt – verblüffend geringen Kräften, und insofern nicht wegen zahlenmäßiger Überlegenheit, sondern mehr aufgrund unkonventioneller, überaus elastischer Führung. Der brillante Blitzsieg auf dem Balkan verstärkte zweifellos in der ohnehin einseitig auf Landkriegführung fixierten höchsten Führung das Gefühl der Unbesiegbarkeit – mehr denn je war Hitler nun überzeugt, auch die Sowjetunion in einem Blitzkrieg niederwerfen zu können. Eine fatale Fehleinschätzung.

Landung auf Kreta

Der 20. Mai 1941 ist ein strahlender Sonnentag. Die Bewohner der kleinen Stadt Megara horchen staunend: Vom Feldflugplatz nahe der Stadt dröhnt unablässig und laut wie nie zuvor Motorenlärm herüber. Und dann sehen sie es: Kette an Kette der bulligen 3motorigen Ju 52 hebt von der staubigen Piste ab. Hinter sich schleppen die Maschinen, an einem Seil hängend, ungefüge, lautlose Vögel: Lastensegler.

Neun bis elf Mann hocken jeweils in einer solchen Kiste, eng hintereinander auf einer Art Reitbalken in der Mitte der Maschine, schwer bepackt mit Waffen und Gerät, in diesem Fall auch Schwimmwesten, denn der Flug geht über See.

Oberleutnant Genz, 25 Jahre alt, Chef der 1. Kompanie im I. Bataillon des Fallschirmjäger-Sturmregiments, steht noch neben dem Lastensegler, mit dem er fliegen wird, will gerade, als letzter, einsteigen, da kommt ein Kurier übers Flugfeld gerast, bringt dem Kompaniechef einen Befehl. Der blickt aufs Datum, wundert sich – der Befehl hätte ihn schon vor zwei Tagen erreichen sollen. Dann liest er.

»Mir wurde ganz schön flau im Magen«, erinnert sich Oberst a. D. Genz heute an jenen Augenblick, »denn da stand als 1. Ziffer, das war damals immer die sogenannte Feindziffer: ›Entgegen der bisherigen Annahme ist auf der Insel nicht mit Feind in Stärke von ca. 12 000, sondern in Stärke von ca. 48 000 Mann zu rechnen.‹«

Kein Wunder, daß dem Oberleutnant mulmig wird. Zwar kennt er als Kompaniechef im wesentlichen nur seinen Kampfauftrag und den der Nachbareinheiten, aber nicht den Gesamtplan der Operation – doch daß mit der ersten Welle bestenfalls knapp 4000 Fallschirmjäger auf Kreta abgesetzt werden können, das weiß Oberleutnant Genz.
4000 Leichtbewaffnete – nur Pistole, MG, Handgranaten und Granatwerfer – gegen eine mehr als zehnfache Übermacht in befestigten Stellungen, mit Artillerie und Panzern . . . »Kommen Sie rein, Herr Oberleutnant, wir sind dran!« brüllt aus dem Lastensegler der Spieß der 1. Kompanie.
Nicht nur die Männer hinter Oberleutnant Genz, die meisten der knapp 4000 Mann in Ju's und Lastenseglern wissen nicht, welcher Hölle sie entgegenfliegen. Gewiß, es sind ausnahmslos Freiwillige, hervorragend ausgebildet für risikoreiche Spezialeinsätze, durchaus der Tatsache bewußt, daß sie bei ihrer Kampfart näher am Tod sind als andere Soldaten. Aber daß nur jeder zweite von ihnen den nächsten Morgen erleben wird, das ahnen sie nicht.
Noch weniger ahnt Oberleutnant Genz, was sich inzwischen hinter ihm abspielt. Da erheben sich über den Feldflughäfen Tanagra, Korinth und Megara immer dichter werdende Staubwolken, aufgewirbelt vom Propellerwind der in rascher Folge startenden Maschinen.
Daran hat keiner gedacht, jedenfalls nicht gründlich genug. Zwar hat man so ein Gefühl gehabt und die knochentrockenen Pisten am Morgen vor den ersten Starts mit Wasser bespritzt. Doch das hilft nicht lange, nur gut die Hälfte der Maschinen kommt einigermaßen zeitplangerecht aus den Plätzen heraus; dann ist der Staub so dick, daß Startverzögerungen nicht mehr zu vermeiden sind.
Bei einem Luftlandeunternehmen, bei dem es entscheidend darauf ankommt, daß die ohnehin schwachen Kräfte genau dann da sind, wo sie sein sollen, kann das schon tödlich sein.
Viele hundert andere bewegen sich um dieselbe Zeit ebenso nichtsahnend dem Tod entgegen: Gebirgsjäger der 5. Gebirgsdivision, jener Einheit, die kurze Zeit zuvor in dreitägigen erbitterten Kämpfen die schwerbefestigte griechische Metaxas-Linie durchbrochen hat.
Man hat die kampferfahrenen Männer dieser Elitetruppe auf Kaiks verladen, gebrechliche Motorsegler, die meisten uralt, mit archaischen Petroleummotoren, denen man mal mehr, dann wieder nur weniger Leistung abverlangen kann, sofern man nicht riskieren will, daß sie den Geist ganz aufgeben. Die griechischen Eigner, von denen man diese Kaiks requiriert hatte, störten die Eigenheiten ihrer Schiffchen wenig; für einen zeitlich exakt geplanten Truppentransport über See waren sie das denkbar ungeeignetste Beförderungsmittel. Sie konnten gar nicht zur rechten Zeit da ankommen, wo sie soll-

Einen großen Aderlaß an Menschen und Material bedeutete die Luftlandung in Kreta für die Wehrmacht: Zahllose Maschinen der Transportstaffeln gingen zu Bruch (ganz oben: Ju 52), Lastensegler zerschellten (Mitte) und Heldenfriedhöfe säumten die Landeköpfe (oben). Pannen und Fehleinschätzungen waren an dem Desaster schuld, das sich ohne den Mut und die Tapferkeit der Landser der Luft zur Katastrophe hätte auswachsen können.

Die Härte des Widerstands der Verteidiger Kretas provozierte überharte Redaktionen auf deutscher Seite. Während Trupps, die sich wie auf dem obersten Bild Meter um Meter gegen Bergstellungen der Briten vorarbeiten mußten und nach schweren eigenen Verlusten Gefangene machten und diese nach Kriegsrecht behandelten (Mitte), kannten sie bei Partisanenüberfällen keine Gnade. Die Freischärler wurden kurzerhand erschossen (oben), eine unsinnige Abschreckungsmaßnahme.

ten, und sie taten es auch nicht. So begann an diesem 20. Mai das bis dahin größte Luftlande-Unternehmen der Kriegsgeschichte: der für seine Zeit nachgerade abenteuerliche Versuch, eine große, 260 Kilometer lange Insel inmitten eines von einer starken feindlichen Flotte beherrschten Meeres aus der Luft zu erobern.

Die Urheberschaft dieses Planes ist etwas umstritten, sie wird sowohl dem Kommandeur der Luftflotte 4, Generaloberst Alexander Löhr, als auch dem Schöpfer der Fallschirmtruppe, General der Flieger Kurt Student, zugeschrieben. Sicher ist, daß Löhr schon Ende 1940 seinen Stab Studien über den Südostraum anfertigen ließ. In Löhrs Vorstellungen rangierte allemal England als vorrangiger Kriegsgegner; er war überzeugt, daß man Ägypten und den östlichen Mittelmeerraum in Besitz nehmen müsse, um mit England fertig zu werden. Löhr (in einem Brief an den befreundeten Oberst Diakow): »Als ich im Herbst 1940 die Verantwortung für den Schutz der rumänischen Ölquellen und für die Vorbereitung des Feldzuges durch Bulgarien nach Griechenland bekam, sah ich darin vor allem einen erfreulichen Schritt in der Richtung auf Ägypten.«

Hitler sah das keineswegs so, seine Absichten reichten zunächst nur bis zur Inbesitznahme des griechischen Festlandes – verständlich, weil Hitlers Blick auf die Sowjetunion fixiert war. Er empfand den ihm von Mussolini und den jugoslawischen Putschisten aufgenötigten Balkan-Feldzug ohnehin als eine möglichst schnell zu beendende Störung seiner größeren Pläne.

Hitler mußte also erst überzeugt werden und zuvor noch einige mehr. Generaloberst Löhr besprach sich zunächst, als sich der schnelle Erfolg des Balkanfeldzuges abzuzeichnen begann, mit dem Stabschef seiner Luftflotte, General Korten. Sie waren sich rasch einig, daß die Eroberung Kretas der richtige nächste Schritt auf dem Weg nach Ägypten wäre. Löhr trug diese Idee am 15. April Göring vor, doch der Reichsmarschall zeigte wenig Interesse. Zugleich sprach Korten mit dem Generalstabschef der Luftwaffe, General der Flieger Jeschonnek, darüber, und der war von dem Gedanken angetan. Ob nun von Jeschonnek dieser Plan an Göring und Hitler herangetragen worden ist, oder ob General Student zufällig gleichartige Gedanken entwickelt hatte – sicher ist, daß Luftlandespezialist Student am 20. April zu Göring und am nächsten Tag zu Hitler ins Führerhauptquartier (damals in Mönichkirchen) zum Vortrag befohlen wurde.

Es gab eine lange Debatte, ob Kreta oder die schon schwer bombardierte Inselfestung Malta das lohnendere Ziel für eine Luftlande-Operation sei; Student überzeugte schließlich Göring und Hitler, daß Kreta erobert werden müsse. Es gab dafür ein – auch Hitlers Gedankengängen naheliegendes – einleuchtendes wehrstrategisches Argument: Die rumänischen Ölquellen in Ploesti, sozusagen Nährmutter der stark motorisierten deutschen Militärmaschinerie, lagen kaum von Malta, aber sicher von Kreta aus in der Reichweite britischer Bomber.

Man tut General Student gewiß nicht unrecht, wenn man annimmt, daß für ihn noch etwas anderes in die Waagschale fiel: Er wollte sicher auch am Beispiel zeigen, welcher Leistungen »seine« Luftlandetruppen fähig waren. So stimmte Hitler schließlich dem Angriff auf Kreta zu, jedoch nicht, ohne Bedingungen daran zu knüpfen: Zum einen mußte das Unternehmen möglichst bald gestartet und schnell abgewickelt werden, damit die dafür benötigten Einheiten und vor allem der Lufttransportraum rechtzeitig für den Aufmarsch gegen Rußland zur Verfügung stünden. Überdies verlangte Hitler, daß der Angriff auch über See vorgetragen werden müsse, damit man »nicht auf einem Bein« stehe.

Luftwaffenoberbefehlshaber Göring steuerte in dieser Unterredung gleich einen taktischen Vorschlag bei: Es sei am besten, die langgestreckte Insel auf breitester Front anzugreifen, sie von möglichst vielen Punkten aus überall gleichzeitig in Besitz zu nehmen. Merkwürdigerweise nahm General Student diesen Gedanken auf, obschon er wissen mußte, daß mit dem zur Verfügung stehenden Lufttransportraum nur bedenklich kleine Einheiten gleichzeitig an vielen Punkten abgesetzt werden konnten. Students erster Entwurf für einen Angriffsplan sah sieben Absetzpunkte entlang der Nordküste vor. Das entsprach überhaupt nicht den Vorstellungen von Löhr, dem der Oberbefehl der gesamten Operation übertragen worden war – übrigens das erste Mal, daß ein Fliegergeneral eine kombinierte Operation von Land-, See- und Luftstreitkräften kommandierte.

Der endgültige Angriffsplan sah so aus: Es sollten gleichzeitig die drei Flugplätze an der Nordküste – Malemes, Rethymnon und Iraklion – sowie die Hauptstadt Chania mit dem benachbarten einzigen leistungsfähigen Hafen Kretas in der Suda-Bucht in Besitz genommen werden.

Voraussetzung für den Erfolg eines solchen Angriffs aus der Luft in einem noch nie dagewesenen Umfang ist eine gründliche, detailgenaue Vorbereitung. Diese Regel war auch bei allen bisherigen Luftlandeunternehmen eingehalten worden – Musterbeispiel Eben Emael. Ähnliches war beim Unternehmen »Merkur« nicht möglich, dazu fehlte es einfach an Zeit. Die Führerweisung Nr. 28, die den Angriff befahl, trägt das Datum vom 25.

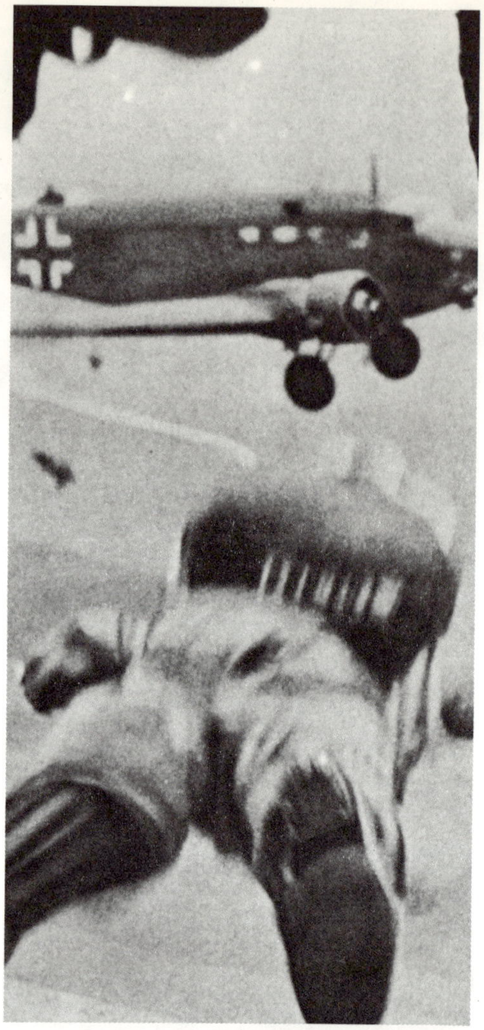

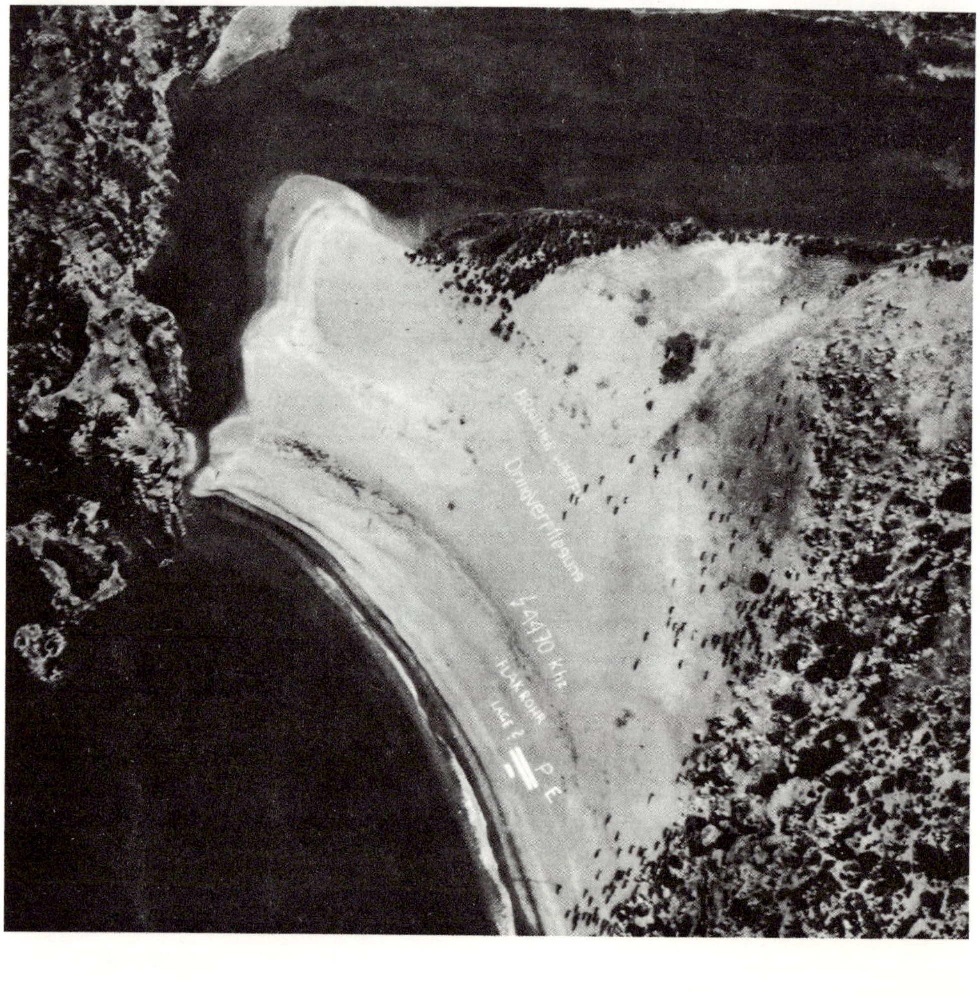

April, als Angriffstermin war Mitte Mai vorgesehen – so blieben für die Vorbereitung nur drei Wochen, und das unter widrigsten Umständen. Denn: Der größte Teil der Fallschirmtruppen sowie ihres Versorgungs- und Nachschubmaterials, wie Waffenbehälter, Munition und sonstiges Gerät, befand sich teils in Frankreich, teils in Deutschland; es war zudem anfangs durchaus fraglich, ob es überhaupt möglich sein würde, die erforderlichen großen Treibstoff- und Munitionsmengen über das zerstörte griechische Verkehrsnetz rechtzeitig zu den Absprunghäfen zu bringen.
Diese kleinen Flughäfen waren in einem wenig vertrauenerweckenden Zustand: Die Bodenorganisation war noch ausgesprochen mangelhaft, es fehlte an wichtigen technischen Einrichtungen, beispielsweise war die Betankung der Maschinen nur per Handpumpe aus Fässern möglich. Diesen Schwierigkeiten wurden jedoch Löhr, Student, von Richthofen (Kommandeur des VIII. Fliegerkorps) und ihre Stäbe mit Meisterleistungen an Organisation und Improvisation Herr. Auf einem anderen Gebiet gelang ihnen das nicht: Es gab kein klares Bild der Feindlage. Man glaubte anfangs nur 12 000–15 000 Mann britische, neuseeländische und griechische Truppen auf der Insel. Die Luftaufklärung ließ keine allzu starken befestigten Stellungen vermuten, und von der Inselbevölkerung nahm man an, daß sie sich an einem Widerstand gegen die deutsche Invasion nicht beteiligen würde.
Davon stimmte nichts. Einzelne Truppenoffiziere spürten diesen Mangel und versuchten sich auf eigene Faust zusätzlich Informationen zu verschaffen.
Oberst Genz erinnert sich: »Ich habe damals, einen Tag vor dem Einsatz, den Hauptmann Lampertsdörfer, das war der Staffelkapitän unserer Aufklärungsstaffel, noch gebeten, doch mal aus dem Winkel, aus dem wir anfliegen würden, das Angriffsziel meiner Kompanie zu fotografieren. Unser Kampfauftrag war, eine schwere Flakbatterie am Stadtrand von Chania zu nehmen und zu zerstören. Lampertsdörfer brachte mir dann auch ein ausgezeichnetes Foto, darauf war ganz deutlich die schwere Batterie zu erkennen, drum rum etwas leichte Flak und etliche MG-Nester, offenbar zum Schutz der schweren Batterie. Aber davor, wo wir landen sollten, in einem Olivenhain – jeden Baum konnte man erkennen –, waren auf dem Bild so komische weiße Ekken. Dauerte eine ganze Weile, bis wir draufkamen, daß das Zelte waren. Die haben wir dann ausgezählt, waren so ungefähr 40. Nach unseren Maßstäben war mit etwa fünf bis sieben Mann pro Zelt zu rechnen, also so um die 200 Mann. War 'ne ganz neue Lage!«
Immerhin, der Oberleutnant Genz wußte nun wenigstens einigermaßen genau, was zu erwarten war – die meisten Einheitsführer ahnten nicht, auf wie starken Widerstand sie stoßen würden.
Der britische Inselkommandant, General Freyberg, ein schlachterfahrener, 27mal verwundeter Haudegen aus Neuseeland, hatte zur Verteidigung der Insel zur Verfügung:
1. Seine eigene 2. neuseeländische Division (7500 Mann) – eine Einheit, die als Elitetruppe galt und in der auch ein Bataillon Maoris aus Neuguinea kämpfte.
2. Die 19. australische Brigade, ca. 6500 Mann, gute Kampftruppen.
3. Ca. 17 000 Mann verschiedener britischer Verbände, zum größten Teil Reste des aus Griechenland evakuierten britischen Expeditionskorps.
4. Elf griechische Bataillone mit je 1000 Mann.
Außerdem waren den Inselverteidigern noch etwa 8000 kretische Partisanen, gut bewaffnet und von britischen Offizieren ausgebildet, zuzurechnen. Denn die Annahme der deutschen Führung, die Kreter würden die Invasion, wenn nicht wohlwollend, so doch mindestens passiv hinnehmen, war eine weitere Fehleinschätzung der Feindlage.
Und General Freyberg wußte auch, wann der Angriff kommen würde: Die Engländer waren lange genug in Griechenland gewesen, um dort ein gut funktionierendes Nachrichtennetz aufzubauen. So sehr man sich auf deutscher Seite Mühe gab, das Vorhaben geheimzuhalten – bei dem Umfang und dem Tempo der Vorbereitungen war das einfach nicht möglich. Der eigentliche Überraschungseffekt – wesentliche Erfolgsvoraussetzung für Luftlandeunternehmen – fehlte also auch. Bei diesen massiven Vorteilen wären die Verteidiger schier unüberwindlich gewesen, wenn es ihnen nicht an einem gemangelt hätte:

Wie bei keiner anderen Truppe wurde bei den Fallschirmjägern bereits während der Ausbildung eine Auslese der Draufgänger getroffen. Der randlose Springhelm gab diesen selbstbewußten Soldaten (linke Seite oben) auch optisch ihre besondere Note. Sie hatten im Westfeldzug ihre Feuertaufe erhalten, sollten aber erst in Kreta die ganze Härte des modernen Krieges erfahren. Sie sprangen in massiertes Abwehrfeuer, die zusammengeschmolzenen Häuflein sahen sich nach der Landung eingeschlossen (links unten: in den Sand geschriebene Hilferufe des Fallschirmjäger-Regiments 2 bei Rethymnon) und mußten sich lange gegen erhebliche Übermacht halten (oben: Fallschirmsoldat in Deckung hinter einem Fahrzeug).

Das war auch auf deutscher Seite klar gewesen: Nur bei totaler Luftherrschaft konnte der Angriff gewagt werden, und die hatte das VIII. Fliegerkorps schon vor dem Angriff erkämpft. Die schwachen britischen Luftstreitkräfte hatten dem Ansturm der Luftwaffe nichts entgegenzusetzen, ausreichende Reserven, die hätten herangeführt werden können, gab es nicht – so nahm man diesen Mangel, durchaus im Bewußtsein der sonstigen Überlegenheit, in Kauf und zog um den 15. Mai herum die letzten in Kreta verbliebenen einsatzfähigen Maschinen und Besatzungen ab, um sie nicht sinnlos zu opfern.

Hinzu kam ein zweiter Mangel, mit dem General Freyberg sich herumquälte: Es haperte mit den schnellen Nachrichtenverbindungen, es fehlte an zuverlässigen Funkgeräten und damit an der Möglichkeit, schnell klare Lagebilder zu gewinnen und die zwar guten, aber doch zusammengewürfelten Verbände koordiniert zu steuern. Immerhin fühlte sich Freyberg trotz dieser Mängel so sicher, daß er am 5. Mai an Churchill telegrafierte: »Kann Nervosität nicht begreifen. Bin nicht im geringsten wegen Luftlandeangriff besorgt . . .«

Als am frühen Morgen des 20. Mai der Angriff beginnt, da sieht es bald so aus, als solle Freyberg mit seinem Optimismus recht behalten. Die Ouvertüre ist ein einstündiger Feuerorkan, mit dem Bomber, Zerstörer und zuletzt Stukas die Flakstellungen und Befestigungen rings um die Flugplätze Malemes, Rethymnon und Iraklion überziehen. Als um 7 Uhr 10 die letzten Stukas abfliegen, sind die Plätze vielleicht für den Augenblick sturmreif, vielleicht auch die Männer in den nicht direkt getroffenen Stellungen unter dem Eindruck des infernalischen Bombenhagels für kurze Zeit benommen – jetzt sollten die ersten Lastensegler landen, die ersten Fallschirmjäger springen. Doch sie sind noch nicht da.

Die Startverzögerungen durch Staub wirken sich aus; die ersten, pünktlich gestarteten Gruppen müssen auf die verspätet gestarteten warten, und so können die Verteidiger sich erholen. Als – gut eine halbe Stunde später – die Lastensegler des I. Bataillons des Fallschirmjäger-Sturmregiments zur Landung im und neben dem ausgetrockneten Bett des Tavronitis-Flusses, direkt beim Flugplatz Malemes, zur Landung ansetzen, schlägt ihnen wütendes Abwehrfeuer entgegen. Einige Maschinen werden noch in der Luft von Maschinengewehrgarben durchsiebt; andere, kaum daß sie in dem steinigen Gelände mit krachend splitternden Kufen zum Stehen gekommen sind. Einige Lastensegler fliegen zu tief an und zerschellen an den steilen Küstenfelsen; andere verlieren die Orientierung.

Allmählich erkennen die Jäger, die dem Massaker entkommen sind, daß die Stellungen, in denen sie aufgrund der Luftbilder den Feind erwarteten, Scheinstellungen sind; die echten Stellungen sind glänzend getarnt, kaum zu sehen. Vor allem die Hänge des terrassenförmigen Hügels direkt hinter dem Flugplatz – Höhe 107 – sind mit MG-Nestern förmlich gespickt, deren Feuerbereich den Flugplatz und das angrenzende Tavronitis-Tal überdeckt. Über den Jägern, die sich, in wilden Sprüngen durch das Feuer hetzend, zu ersten kleinen Gruppen sammeln, dröhnen die Motoren der nächsten Transportmaschinen: Nun springen das III. und IV. Bataillon des Sturmregiments. Das III. Bataillon landet, ostwärts des Flugplatzes, mitten in den Stellungen der Neuseeländer. Die Männer haben keine Chance, sich zu sammeln, an ihre Waffenbehälter heranzukommen. Ihr kurzer, verzweifelter Kampf, nur mit Pistole oder Maschinenpistole, zum Teil auch Mann gegen Mann mit Klappmesser oder dem kurzstieligen, scharfgeschliffenen Schanzspaten – der sich in den nächsten Tagen noch mehrfach als wirksamste Nahkampfwaffe erweisen soll –, dieser kurze Kampf inmitten einer vielfachen Übermacht ist aussichtslos; binnen weniger Minuten sind über die Hälfte der Offiziere tot, die anderen fast alle verwundet, das Bataillon aufgerieben. Nur ein kleiner Rest kann sich unter Oberleutnant Trebes, dem einzigen überlebenden Offizier des Bataillonsstabes, aus der feindlichen Stellung lösen und sich zum IV. Bataillon durchschlagen.

Das IV. Bataillon ist gleichzeitig westlich des Flugplatzes abgesprungen und hat mehr Glück gehabt. Zwar ist auch hier der Widerstand stark, etliche Gruppen müssen sich mühsam an ihre Waffenbehälter herankämpfen, aber das ist wenigstens möglich, das Bataillon kann sich, noch leidlich kampfkräftig, sammeln.

Dabei allerdings, während er seine Männer einweist, wird der Kommandeur des Sturmregiments, General Meindl, der mit diesem Bataillon gesprungen ist, aus nächster Nähe schwer verwundet – Oberarm-, Brust- und Bauchwanddurchschuß. Doch der General, notdürftig versorgt und in den Schutz einer inzwischen genommenen Häusergruppe geschleppt, führt seinen bitter dezimierten Verband vorerst weiter.

Erst eine Stunde tobt der Kampf, doch längst sind die Männer samt und sonders klatschnaß geschwitzt, die Kehlen ausgedörrt. Denn das kommt zu allem Unglück noch hinzu: Es ist brütend heiß, an die 40 Grad im Schatten, und die Fallschirmjäger sind »angezogen wie für Narvik« (so wörtlich Oberst Heidrich).

Die Verluste sind grausam, aber immerhin, die Fallschirmjäger haben sich an einer Brücke über den Tavronitis und in der angrenzenden Ecke des Flugplatzes einigermaßen festsetzen können. Eins ist klar: Wer die Höhe 107 hat, hat auch den Flugplatz. Also versuchen sie, die feindlichen Stellungen dort zu stürmen. Doch dazu reichen die Kräfte nicht, der Angriff bleibt auf halber Höhe des Hanges im mörderischen Feuer der Verteidiger liegen.

Zur gleichen Zeit wie bei Malemes begann der Angriff im Bereich der Hauptstadt Chania und der angrenzenden Suda-Bucht. Noch ehe die Spitze der hier angreifenden Gruppe die kretische Küste erreichte, hatte sie ihre Führung verloren. Generalleutnant Süßmann, Kommandeur der 7. Fliegerdivision, und sein gesamter Stab flogen den Angriff in einem – vermutlich erheblich überladenen – Lastensegler mit. Der Segler geriet auf hal-

Als eisenharter Gegner erwiesen sich die neuseeländischen Soldaten (oben: Werbeplakat) General Freybergs. Am 27. Mai 1941 aber mußten sie erkennen, daß die Deutschen Kreta um jeden Preis erobern würden und zogen sich zurück. Die deutschen Truppen konnten ihren Vormarsch ins Inselinnere antreten (ganz oben). Ihr Nachschub war immer gefährdet, weil die britische Flotte das Mittelmeer beherrschte. Daran änderten auch die Erfolge der Luftwaffe nicht viel, der einige Schiffsversenkungen gelangen (links: im Hafen von Salamis nach Bombentreffern gesunkener griechischer Kreuzer »Kilkis«). Die deutsche Propaganda kommentierte das Bild links: »Wahrzeichen der Verhängnisse aller, die auf England bauen.«

bem Wege in den Propellerschwall eines zu dicht überholenden Bombers, begann wild zu schütteln. Der Pilot löste das Schleppseil, versuchte zu einer Notlandung anzusetzen, doch da brachen die Flächen weg, der Rumpf zerschellte auf den Felsen der Insel Ägina, niemand überlebte.

Als erste landeten bei Chania der Kompanietrupp und zwei Züge der 1. Kompanie des I. Bataillons vom Fallschirmjäger-Sturmregiment. Die knapp 90 Mann unter Führung von Oberleutnant Genz flogen in neun Lastenseglern an. Oberst a. D. Genz erzählt:

»Wir kamen fast auf den Meter genau da runter, wo ich es geplant hatte, direkt bei den Infanteriestellungen vor der Flakbatterie, die wir unschädlich machen sollten. Das waren übrigens schwere Brocken, 9,5 cm, die auch im Erdkampf sehr unangenehm werden konnten.

Na, im Ausschlittern rasierte uns noch ein Baum eine Tragfläche weg, machte aber nichts mehr, staubte bloß fürchterlich. Dann schmiß ich die Haube ab, stieg dem Flugzeugführer auf den Buckel und sprang raus – direkt vor die Füße von zwei Mann, die mir ihre Gewehre vor den Bauch hielten. Nun waren das Flak-Soldaten und für so was wohl nicht ausgebildet, jedenfalls hatte ich, mehr instinktiv als bewußt, noch in der Sprungbewegung geschossen. Die fielen also um, und ich rannte los.

Ringsum tauchten aus Erdlöchern überall Soldaten auf, wir – also ich und die fünf Mann aus meiner Maschine; Flugzeugführer und Funker blieben beim Flugzeug – also wir schossen mit der MP wild um uns. Und dann hatten wir uns aus ungefähr 30 cm langen Stücken Sprengrohr so eine Art Wurfgranaten gebastelt. Die hatten fast die Wirkung von Artilleriegeschossen. Die Dinger schleuderten wir im Laufen – und dann waren wir durch, an der dicken Batterie.

Da knallte es auch schon. Eine Maschine vom 1. Zug war direkt in die Batterie hinein gelandet. Es gab sofort ein wüstes Handgranatenduell, die Kanoniere wehrten sich verbissen, hoben teilweise die Handgranaten auf und warfen sie zurück. Bis wir da waren, hatte diese Gruppe schon die meisten Geschützstellungen eingenommen. Wir gaben dann Schutz nach rückwärts, also gegen die Stellungen, durch die wir grade durchgerannt waren – und dann war's geschafft, der eigentliche Kampfauftrag, Zerstörung der schweren Batterie, erfüllt.

Gleich darauf hörte ich MG-Feuer von der Straße nach Chania. Dort war der 2. Zug gelandet, er sollte uns gegen eine Kaserne sichern, die – ungefähr 500 Meter entfernt – an dieser Straße lag. Bei denen war folgendes passiert: Der Lastensegler mit dem Zugführer, Leutnant Marenbach, war kurz vor der Landung aus zehn, zwölf Meter Höhe abgestürzt. Der Flugzeugführer – tot, Leutnant Marenbach, der hinter ihm saß, auch tot. Dem dahinter sitzenden Fahnenjunker-Feldwebel Bühl hatte ein Splitter beide Augen zerstört, er war blind, die anderen hatten alle ziemlich schwere Knochenbrüche, bis auf einen, das war der Obergefreite Friemberger.

Der hat die Maschine ausgeräumt, die Verwundeten in Deckung gebracht und dann die Waffen der Kameraden hinter einer Mauer längs der Straße in Stellung gebracht, so alle paar Meter ein MG.

Schließlich hat er den blinden Bühl gefragt, wie's wohl weitergeht. Und der: ›Weißte doch, sichern soll'n wir. Also warten, bis die kommen, und wenn se kommen, dann schießte. Aber nicht zu früh!‹ Gleich darauf kamen sie, fünf Lkw rasten auf der Straße zur Batterie hin. Der Friemberger hat sie auf 40, 50 Meter rankommen lassen und dann mit dem MG losgelegt auf das Führerhaus vom vordersten Wagen. Der krachte gegen eine Mauer und stellte sich quer, die vier anderen fuhren auf, und der Friemberger deckte die Soldaten, die nun runtersprangen, mutterseelenallein dermaßen mit Feuer aus seinen verschiedenen Waffen ein, daß die gar nicht zur Besinnung kamen, sofort schwerste Verluste hatten und unter dem Schock schleunigst zurückrannten. Weiß der Himmel, was die glaubten, was sie vor sich hatten, in Wirklichkeit war's nur der Obergefreite Friemberger.

Wir konnten uns dann ein bißchen sammeln. Ich stellte fest, daß von meinen 90 Leuten ungefähr 30 noch einsatzfähig waren. 20 waren gefallen, 30 schwer verwundet. Wo die übrigen geblieben waren, wußten wir nicht.«

Von der verzweifelten Lage der in der ersten Welle abgesetzten Fallschirmjäger ahnte man in General Students Stabsquartier in Athen nichts, im Gegenteil, dort herrschte Optimismus, nachdem von den fast 500 Transportmaschinen, die eingesetzt waren, nur sieben nicht zurückgekehrt waren. Das galt als ein günstiges Zeichen.

So erkannte niemand, daß sich eine zweite Katastrophe anbahnte. Denn pünktlich acht Stunden nach der ersten Welle sollte die zweite Welle starten. Sollte – aber konnte nicht. Nachdem schon am frühen Morgen der Staub auf den Absprungplätzen den Start der ersten Welle bedenklich behindert hatte, war es nun, unter der gleißenden Mittagssonne, ganz aus. Auch das Auftanken und Beladen der Transportmaschinen war nicht mehr nach Plan abzuwickeln. Insgesamt zog sich der Start der zweiten Welle über mehr als drei Stunden hin.

Ergebnis: An ein Sammeln in der Luft war nicht mehr zu denken; statt geschlossen kamen die Fallschirmjäger in kleinen Grüppchen über ihren Angriffszielen an, schlecht abgesetzt wurden sie in dem allgemeinen Durcheinander auch noch, und das alles zu einer Zeit, als die Jäger, Zerstörer und Bomber, die ihren Absprung schützen und ihren Angriff unterstützen sollten, längst wieder weg waren.

Auf der anderen Seite hatte man inzwischen aus den Erfahrungen des Vormittags gelernt; die Verteidiger der Flugplätze Rethymnon und Iraklion, auf die die Fallschirmjäger nun sozusagen einzeln herabtröpfelten, hatten aus Malemes, Chania, Suda erfahren, wie dem Fallschirmjägerangriff zu begegnen sei.

So erging es der zweiten Welle eher noch schlimmer als der ersten. Nicht viel mehr als die Hälfte der bei Rethymnon und Iraklion nach und nach landenden knapp 4000 Mann überlebte die Landung länger als ein paar Minuten. Den Überlebenden, zum größten Teil verwundet, war nicht mehr möglich, als sich – verbissen kämpfend – zu sammeln und sich zur Rundumverteidigung einzurichten (Igel). An Angreifen war vorerst nicht zu denken.

Als am Nachmittag des 20. Mai endlich gute Funkverbindungen zwischen den auf Kreta Kämpfenden und den Stäben in Athen zustande kamen, wurde erstmals das ganze Ausmaß des Mißerfolges erkennbar: Kein einziges Angriffsziel war erreicht, kein Flughafen war in deutschem Besitz, noch war es gelungen, die Hauptstadt Chania zu nehmen und das in der Nähe befindliche Hauptquartier des Inselkommandanten Freyberg auszuheben.

Während General Student noch darüber brütete, was zu tun sei, um seinen festgenagelten Fallschirmjägern zu helfen – er kannte alle Offiziere und auch den größten Teil der Mannschaften persönlich –, kam die Entscheidung, praktisch kampflos: Oberst Andrew, kampferprobter Kommandeur des 22. Bataillons der 2. neuseeländischen Division, dessen Einheit den Flugplatz Malemes und die beherrschende Höhe 107 verteidigte, beurteilte an diesem Abend seine Lage schlechter als sie war.

Die Fallschirmjäger des Sturmregiments hatten ihm trotz ihrer bitteren Verluste den ganzen Tag über so zugesetzt, daß Oberst Andrew die Flügel seines Bataillons nahezu aufgerieben und den Kern auf der Höhe 107 von Umfassung und sinnloser Vernichtung bedroht glaubte. Objektiv war das eine Fehleinschätzung der Lage, subjektiv war sie richtig, denn die mangelhaften britischen Nachrichtenverbindungen hinderten Oberst Andrew an einer richtigeren Lagebeurteilung. Und so zog Oberst Andrew, unbemerkt von den erschöpften Fallschirmjägern, in der Nacht sein Bataillon von der Höhe 107 auf eine Verteidigungslinie weiter ostwärts zurück.

General Student entschloß sich zur gleichen Zeit, alles, was er an Reserven hatte, nach Malemes zu werfen – dort, so glaubte er, bestand noch am ehesten Hoffnung, den Flugplatz in die Hand zu bekommen. Daß Student überhaupt Reserven hatte, war gewissermaßen Glück im Unglück: Eingeplant waren sie nicht gewesen, sie waren im Laufe des Tages durch den Wirrwarr beim Start der zweiten Welle entstanden, bei dem Teile verschiedener Einheiten zurückgeblieben waren.

Students Zuversicht wuchs, als es im ersten Morgenlicht dem Hauptmann Kleye gelang, mit einer Ju 52 westlich des Flugplatzes Malemes zu landen, einen genauen Lagebericht einzuholen und wieder zu starten. Wenig später landeten auf demselben Landstreifen 6 Ju's mit Nachschub-Material. Ungefähr um diese Zeit begannen die Reste des Sturmregiments mit ersten tastenden Vorstößen auf die Höhe 107, noch in der Annahme, der Gegner habe in der Nacht seine Stellungen verstärkt und ein ähnlich mörderischer Kampf wie am Vortag stehe bevor. Es dauerte eine Weile, bis sie, überrascht aufatmend, entdeckten, daß die beherrschende Höhenstellung geräumt war.

Nun bekam, nachdem gegen 9 Uhr zwei Fallschirmjägerkompanien westlich des Flugplatzes unbehelligt abgesprungen waren, der deutsche Angriff wieder Schwung. Bis zum frühen Nachmittag gelang es, den Flugplatz und seine Umgebung freizukämpfen.

Er lag allerdings noch im Feuer der feindlichen Artillerie, doch das war für Student kein Hinderungsgrund, nun mit aller Macht Verstärkungen einfliegen zu lassen: die ersten Bataillone Gebirgsjäger. Die Flugzeugführer hatten Anweisung, ihre Fracht ohne Rücksicht auf mögliche Flugzeugverluste zu Boden zu bringen – und das taten sie. Der Flugplatz glich in kurzer Zeit einem Trümmerhaufen, doch es gelang mit Hilfe von ein paar Beutefahrzeugen, die Wracks der bruchgelandeten oder zerschossenen Ju's beiseite zu zerren und eine Landebahn freizuhalten.

Die eigentliche Entscheidung fiel dann in der folgenden Nacht, General Freyberg war inzwischen klar geworden, daß nur

Massengrabweise ereilte der Tod die deutschen Soldaten auf Kreta (Bild). Der »Luftsprung« nach Süden wurde ein sinnloser, teuer erkaufter Sieg für die deutschen Waffen, denn die strategische Position Kretas wurde in den kommenden Kriegsjahren nie genutzt, und das rumänische Öl rückte auch nur vorübergehend aus der Reichweite der alliierten Bomber, die schon zwei Jahre später von italienischen Basen aus fast ganz Südosteuropa beherrschen sollten.

ein entschlossener Gegenangriff und Rückeroberung des Flugplatzes Malemes die Deutschen daran hindern konnte, in rollendem Einsatz Verstärkungen heranzufliegen.

Freyberg mußte seinen Gegenangriff als Nachtangriff planen, denn die absolute Luftherrschaft der Luftwaffe machte jede größere Truppenbewegung bei Tage unmöglich. Da der Inselkommandant immer noch mit einer großen deutschen Landung von See rechnete, für die er Reserven behalten wollte, führte er den Gegenangriff mit nur zwei Bataillonen, die zudem einen langen Anmarschweg entlang der Straße Chania–Malemes hatten.

Dieser Weg führte durch ein Gebiet, in dem die Reste des 3. Fallschirmjägerregiments (Oberst Heidrich) sich in kleinen Gruppen eingeigelt hatten, gleichwohl aber – teilweise bestand Funkverbindung – die Lage richtig erfaßten und den Vormarsch der gegnerischen Angriffsbataillone so nachhaltig behinderten, daß diese am Morgen noch weit von ihrem Angriffsziel entfernt waren. Dies gab der Luftwaffe die Möglichkeit, in den Kampf einzugreifen, und so unterstützt, konnten die noch immer nicht sehr starken Fallschirm- und Gebirgsjäger im Raum Malemes den Angriff abwehren und sogar zum Gegenstoß ansetzen. Mit massiver Luftwaffenunterstützung gelang es, die Neuseeländer östlich des Flugplatzes weiter zurückzudrängen und schließlich auch die immer noch die Landebahn bepflasternde Artillerie zum Schweigen zu bringen.

Damit war – obschon noch schwere, blutige Kämpfe bevorstanden – die Entscheidung gefallen: Die frische 5. Gebirgsdivision konnte nun in voller Stärke eingeflogen werden; zusammen mit den Resten des Fallschirmjägersturmregiments, dessen Kommando inzwischen Oberst Ramcke anstelle des schwerverwundeten General Meindl übernommen hatte, standen nun dem im Raum Malemes führenden Gebirgsjägerdivisionär General Ringel hinreichende Kräfte zur Verfügung, die Insel vom Westen her aufzurollen.

Daran änderte nun auch das traurige Schicksal der sogenannten leichten Seetransportstaffel nichts mehr, jener Gebirgssoldaten, die auf wackligen Motorseglern unterwegs nach Kreta waren. Sie wurden, weit hinter dem Zeitplan herhinkend, in der Nacht zum 22. Mai von britischen Kreuzern aufgespürt und zusammengeschossen. Die zweite, auf größeren Dampfern anschwimmende Seetransportstaffel entging nur knapp demselben Schicksal, weil der geistesgegenwärtige Kommandant des italienischen Torpedobootes Sagitario – einziges Kriegsschiff zum Schutz dieser Staffel – sie grade noch rechtzeitig einnebelte.

Die Vernichtung der leichten Seetransportstaffel war der einzige nennenswerte Erfolg der britischen Mittelmeerflotte im Kampf um Kreta. Hier zeigte sich, daß es möglich war, starke Flottenverbände aus der Luft in Schach zu halten: Die britische Mittelmeerflotte büßte in den knapp zehn Tagen der Schlacht um Kreta drei Kreuzer und fünf Zerstörer ein; zwei Schlachtschiffe, zwei Kreuzer und vier Zerstörer wurden teilweise bis zur Kampfunfähigkeit beschädigt. Die so dezimierte britische Flotte bewältigte dann dennoch den Abtransport der in die unzulänglichen kretischen Südhäfen gejagten britischen, neuseeländischen und australischen Verbände.

Der Erfolg der Deutschen war am Ende äußerlich strahlend: »Auftrag erfüllt, Kreta heute feindfrei!« meldete am Abend des 1. Juni Generaloberst Löhr, der Oberkommandierende der gesamten Aktion, seinem Reichsmarschall. Derweil schnaubte General Student, der den Dingen zweifellos näher war: »Beim Kreta-Einsatz sind schwerwiegende Führungsfehler gemacht worden!«

Richtig ist, zurückschauend, beides: Es war ein wüster Sieg, überhastet und deshalb schlampig vorbereitet, nur erkämpft durch die schier unglaubliche Zähigkeit und Kampfbereitschaft der Fallschirmtruppe, für die Aufgeben – selbst in anscheinend auswegloser Situation – einfach nicht drin war.

Ein erstaunlicher Sieg, erkämpft um einen bösen Blutzoll: An die 4000 Gefallene und mindestens ebenso viele Schwerverwundete und Vermißte waren die Bilanz. Die Fallschirmtruppe hatte mehr als die Hälfte ihrer bestausgebildeten Offiziere und Mannschaften verloren. Das Traurigste daran: Es war ein sinnloser Sieg. Die strategisch wertvolle, blutig erkämpfte Position Kreta wurde nie genutzt.

DER FELDZUG AUF DEM BALKAN

6.4.1941 bis 1.6.1941

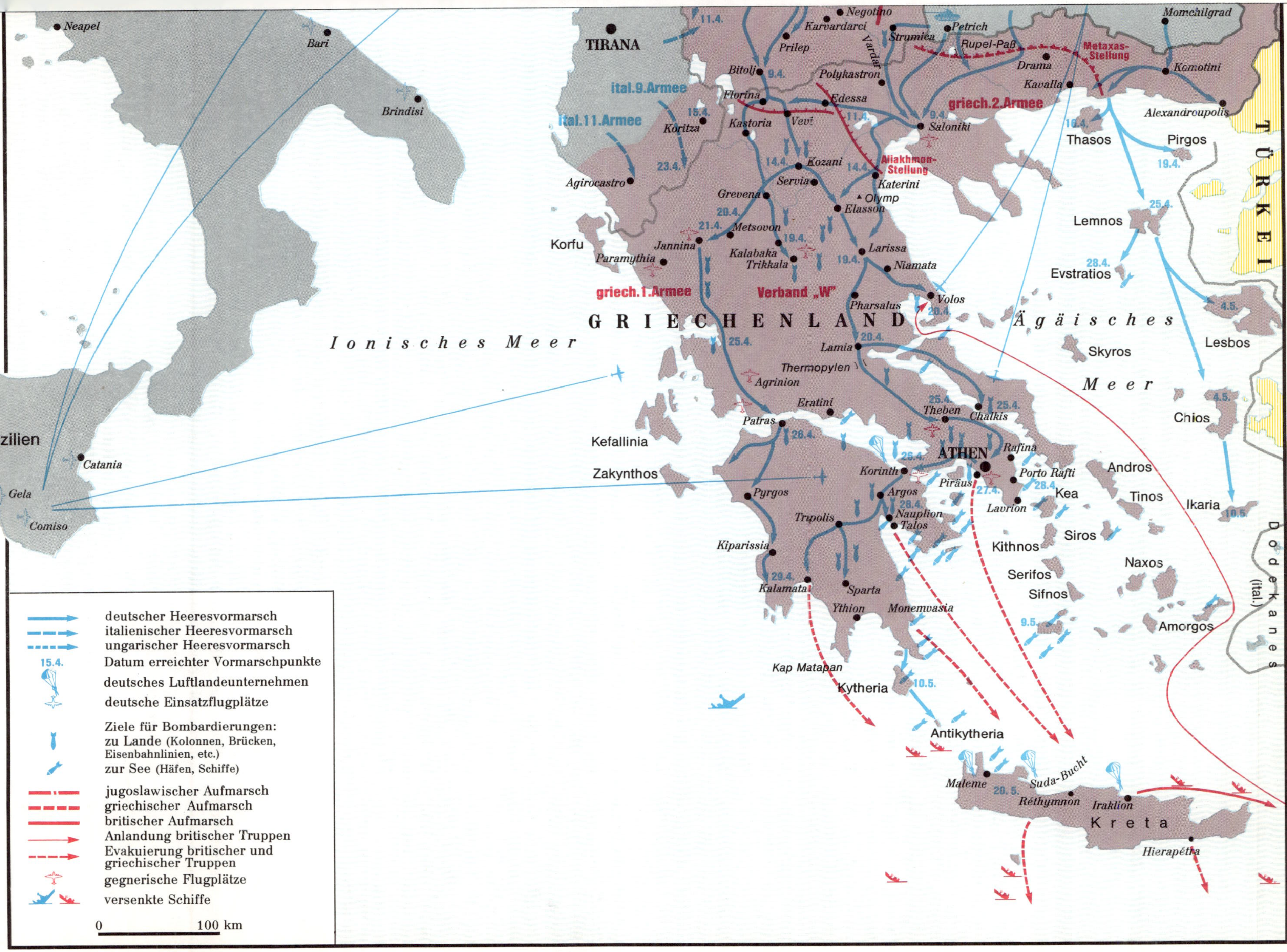
TÜRKEI
Dodekanes (ital.)
Momchilgrad
Komotini
Alexandroupolis
Pirgos
Thasos
Lemnos
Evstratios
Lesbos
Chios
Ikaria
Skyros
Ägäisches Meer
Andros
Tinos
Naxos
Amorgos
Siros
Kea
Kithnos
Serifos
Sifnos
Metaxas-Stellung
Rupel-Paß
Petrich
Drama
Kavalla
griech.2.Armee
Saloniki
Aliakhmon-Stellung
Katerini
Olymp
Negotino
Karvardarci
Strumica
Vardar
Prilep
Bitolj
Polykastron
Edessa
Florina
Vevi
Kastoria
Kozani
Servia
Elasson
Grevena
Metsovon
Kalabaka
Trikkala
Larissa
Niamata
Volos
Pharsalus
Verband „W"
GRIECHENLAND
Lamia
Thermopylen
Agrinion
Eratini
Theben
Chalkis
Rafina
ATHEN
Piräus
Porto Rafti
Lavrion
Korinth
Argos
Nauplion
Talos
Tripolis
Sparta
Ythion
Monemvasia
Kap Matapan
Kythera
Antikytheria
Maleme
Suda-Bucht
Réthymnon
Iraklion
Kreta
Hierapétra
Patras
Pyrgos
Kiparissia
Kalamata
Kefallinia
Zakynthos
Ionisches Meer
Korfu
Jannina
Paramythia
griech.1.Armee
Agirocastro
Koritza
ital.9.Armee
ital.11.Armee
TIRANA
Neapel
Bari
Brindisi
Sizilien
Catania
Gela
Comiso
9.4.
11.4.
14.4.
15.4.
16.4.
19.4.
20.4.
21.4.
23.4.
25.4.
26.4.
27.4.
28.4.
29.4.
4.5.
9.5.
10.5.
16.5.
20.5.
deutscher Heeresvormarsch
italienischer Heeresvormarsch
ungarischer Heeresvormarsch
Datum erreichter Vormarschpunkte
deutsches Luftlandeunternehmen
deutsche Einsatzflugplätze
Ziele für Bombardierungen:
zu Lande (Kolonnen, Brücken, Eisenbahnlinien, etc.)
zur See (Häfen, Schiffe)
jugoslawischer Aufmarsch
griechischer Aufmarsch
britischer Aufmarsch
Anlandung britischer Truppen
Evakuierung britischer und griechischer Truppen
gegnerische Flugplätze
versenkte Schiffe
0
100 km

Deutsch-sowjetische Beziehungen 1939–1941

Der Abschluß des deutsch-russischen Freundschafts- und Nichtangriffspaktes war die Sensation des Jahres 1939 gewesen. Nach knapp zwei Jahren war das von beiderseitigem Mißtrauen begleitete Zweckbündnis vorbei. Wie kam es dazu?

Hitler hatte den Krieg in Polen gewonnen, doch der größere Gewinner war Stalin. Rußland erhielt fast die Hälfte Polens. Die baltischen Staaten wurden praktisch schon 1939 zu russischen Protektoraten. Und Hitler hatte keine Möglichkeit, der sowjetischen Expansion zur Ostsee und nach Mitteleuropa entgegenzutreten. Er brauchte den freien Rücken im Osten, solange im Westen noch Engländer und Franzosen gegen ihn unter Waffen standen.

Hitler mußte auch stillhalten, als die Sowjetunion am 30. November 1939 Finnland überfiel, das sich einem »Beistandspakt« nach dem Muster von Estland, Lettland und Litauen widersetzt hatte. Obgleich die kleine finnische Armee den Sowjets empfindliche Schlappen zufügte, war die russische Übermacht für das ganz auf sich selbst gestellte Finnland zu groß. Beim Friedensschluß im Frühjahr 1940 verlor Finnland 40000 Quadratkilometer seines Territoriums.

Obgleich die Menschen nachweislich auch in Deutschland mit den tapferen Finnen sympathisierten, hatte Hitler der Presse durch Goebbels verbieten lassen, profinnische Artikel zu bringen. Er verbot deutsche Waffenlieferungen und den Transit italienischen Kriegsmaterials in die kleine Republik. Für Schweden, Norwegen und Dänemark stellten Rußland und Deutschland sich als zwei eng verbundene Partner dar. Aus Furcht vor einer Ausweitung des Konflikts auf ganz Skandinavien lehnten diese Länder es ab, den Finnen zu Hilfe zu kommen oder britischen und französischen Kräften das Durchmarschrecht einzuräumen.

Hitler brauchte nicht lange auf den Lohn für seine »freundliche Neutralität« gegenüber Rußland zu warten. In einem neuen Handelsvertrag am 11. Februar 1940 versprach die UdSSR, Deutschland große Mengen Öl, Weizen, Baumwolle, Bauholz und kriegswichtige Metalle zu liefern. Im März 1940 kamen fast zehn Prozent aller deutschen Importe aus der Sowjetunion, im Juni 22 Prozent. Mit sowjetischer Hilfe konnte Deutschland die Folgen der britischen Blockade ausgleichen. Als Deutschland im April 1940 Dänemark und Norwegen besetzte, versicherte Molotow, daß die Sowjetunion »Verständnis für Deutschlands Verteidigungsmaßnahmen« habe. Während des Westfeldzuges konnte sich Hitler so sicher fühlen, daß er nur fünf Divisionen in Polen zurückließ. Auch für die deutsche Marine lohnte sich die Zusammenarbeit mit Rußland. Deutsche Schiffe konnten im eisfreien Hafen von Murmansk Zuflucht vor der britischen Flotte suchen. Murmansk diente deutschen Blockadebrechern als Anlegehafen. Hilfskreuzer wurden für den Angriff auf britische Handelsschiffe ausgerüstet. Nordwestlich von Murmansk durfte die deutsche Flotte sich einen U-Boot-Hafen bauen.

Aber dann, während der letzten Tage der Niederwerfung Frankreichs, begann der Ärger. Jetzt ergab sich für Moskau die ideale Gelegenheit, in den baltischen Staaten aktiv zu werden. Am 15. Juni, einen Tag nach der Besetzung von Paris durch deutsche Truppen, überschritt die Rote Armee die Grenze nach Litauen. Während der nächsten beiden Tage wurden Estland und Lettland überrollt. Von den Sowjets aufgestellte Marionettenregierungen baten kurz darauf um Aufnahme ihrer Staaten in die Union Sozialistischer Sowjetrepubliken.

Am 17. Juni gratulierte Molotow Hitler zu seinem Sieg über Frankreich. Gleichzeitig teilte er der Reichsregierung in dürren Worten mit, daß Rußland nun daranginge, die im geheimen Zusatzprotokoll von 1939 vereinbarten Einflußsphären »auszubauen«.

Einen Tag nach dem Abschluß des Waffenstillstands mit Frankreich in Compiègne, am 23. Juni, setzte Molotow die deutsche Regierung davon in Kenntnis, daß nunmehr die bessarabische Frage sofort gelöst werden müsse. Darüber hinaus stellte Molotow Ansprüche auf den nördlichen Teil der Bukowina. Deutschland und Italien stimmten zu. Sie wollten Rußland nicht provozieren, sich ganz Rumäniens zu bemächtigen. Deutschlands Treibstoffversorgung war von den rumänischen Ölfeldern abhängig.

In der Nacht zum 26. Juni traf das sowjetische Ultimatum in Bukarest ein. Deutschland und Italien rieten der rumänischen Regierung zum Nachgeben. England und Frankreich waren nicht mehr in der Lage, ihre Garantieverpflichtung von 1939 gegenüber Bukarest zu erfüllen. Zwei Tage später besetzte die Rote Armee Bessarabien und die nördliche Bukowina. Die Gebiete wurden sofort offiziell der Sowjetunion angeschlossen. Unmittelbar darauf traten Ungarn und Bulgarien mit Gebietsansprüchen an Rumänien heran. Ungarn verlangte Siebenbürgen, Bulgarien die südliche Dobrudscha.

Die Ereignisse eskalierten. Ungarn und Rumänien mobilisierten ihre Armeen gegeneinander. Der Krieg zwischen beiden Ländern schien nur noch eine Frage von Stunden. Dann kamen auch von der Nordostflanke Mitteleuropas alarmierende Nachrichten. Moskau drohte Finnland mit einem neuen Krieg.

Jetzt reagierte Hitler auf Stalins Vorgehen mit militärischen Maßnahmen: Fallschirmjägereinheiten und Truppen des 40. Korps wurden um Wien zusammengezogen. In Nordnorwegen wurden die Grenzabschnitte befestigt. Hitlers Befehl: Sollte Rußland den Balkankonflikt ausnutzen, um in Rumänien einzumarschieren, müßten die Ölfelder von Ploesti sofort im Handstreich genommen werden. Im Falle eines russischen Angriffs auf Finnland sollten die in Norwegen stationierten Truppen unter General von Falkenhorst Petsamo besetzen, um die dortigen Zinkvorkommen für Deutschland zu sichern. Zunächst aber mußte der Konflikt zwischen Rumänien und Ungarn verhindert werden. Im »Zweiten Wiener Schiedsspruch« vom 30. August 1940 wurde Rumänien von Ribbentrop und Graf Ciano gezwungen, zwei Fünftel Siebenbürgens an Ungarn abzutreten. Der Dolmetscher Dr. Schmidt erinnert sich: »Als ich die Karte Siebenbürgens ausbreitete, auf der die neue Grenzlinie eingetragen war, brach der rumänische Außenminister Maniolescu ohnmächtig zusammen.«

Rumänien stürzte in eine tiefe innenpolitische Krise. Sie führte zu Aufständen und Demonstrationen und schließlich zum fünften Thronverzicht von König Carol II. aus dem Hause Hohenzollern-Sigmaringen. Während sein Sohn Michael als neuer König vereidigt wurde, floh Carol mit seiner Geliebten Elena Lupescu unter den Schüssen rumänischer Soldaten über die Grenze. Regierungschef und »Conducator« (Staatsführer) wurde Marschall Ion Antonescu. Nachdem Rumänien die südliche Dobrudscha an Bulgarien

Beim Staatsbesuch Molotows in Berlin am 12./13. November 1940 (oben, mit Keitel und Ribbentrop) versuchte Hitler dem sowjetischen Außenminister ein Engagement in Europa auszureden – ohne Erfolg.

abgetreten hatte, wurde der Restbestand des rumänischen Staates von den Achsenmächten garantiert.

Rußlands Verärgerung über den Wiener Schiedsspruch und die Achsengarantie für Rumänien war groß und sollte noch wachsen. Am 12. September 1940 schloß Deutschland mit Finnland ein Transitabkommen, das deutschen Truppen das Recht gab, auf ihrem Weg nach Norwegen finnisches Territorium zu durchqueren.

Mit seinem nächsten Schritt brachte Hitler Rußland noch mehr gegen sich auf. Der neue rumänische Staatschef General Antonescu hatte Deutschland um die Entsendung einer Militärmission gebeten.

Die »Militärmission«, die Anfang Oktober in Rumänien eintraf, bestand aus einer gesamten Panzerdivision sowie zusätzlichen Flak- und Versorgungseinheiten.

Der Dreimächtepakt zwischen Deutschland, Italien und Japan – obgleich nicht gegen Rußland gerichtet – vertiefte den Graben zwischen Deutschland und der Sowjetunion noch mehr.

Vor Monaten schon hatte Hitler den Entschluß gefaßt, Rußland spätestens im Frühsommer des Jahres 1941 anzugreifen. Das beweisen Tagebuchnotizen des Chefs des Generalstabs des Heeres Halder vom 21. und 31. Juli 1940: »Russisches Problem in Angriff nehmen.« Und: »Entschluß: Rußland muß erledigt werden. Frühjahr 41. 5 Monate Zeit zur Durchführung.«

Am 5. August 1940 hatte dann Generalmajor Marcks einen detaillierten »Operationsentwurf Ost« vorgelegt, der mit den Worten begann: »Zweck des Feldzuges ist, die russische Wehrmacht zu schlagen und Rußland unfähig zu machen, in absehbarer Zeit als Gegner Deutschlands aufzutreten.« Und am 12. November 1940 hatte Hitler in seiner »Weisung für die Kriegführung Nr. 18« festgelegt: »Politische Besprechungen mit dem Ziel, die Haltung Rußlands für die nächste Zeit zu klären, sind eingeleitet. Gleichgültig, welches Ergebnis diese Besprechungen haben werden, sind alle schon mündlich befohlenen Vorbereitungen für den Osten fortzuführen.«

Als Außenminister Molotow am 12. und 13. November 1940 zu Besprechungen mit Hitler und Ribbentrop nach Berlin kam, war der Überfall auf Rußland schon beschlossene Sache.

Vorher wollte Hitler aber noch folgendes herausfinden: Ob Rußland bereit wäre, dem Dreimächtepakt beizutreten, wenn seine Interessensphäre als »südlich des Territoriums der UdSSR in Richtung auf den Indischen Ozean gelegen« definiert würde. Um Rußland vom Balkan und von Finnland abzulenken, wollte Hitler ihm praktisch Indien anbieten, wo die Russen selbstverständlich mit den Engländern aneinandergeraten wären. Molotow durchschaute Hitlers Absicht sofort. Sein Gegenvorschlag: Abzug der deutschen Truppen aus Finnland und Rumänien; langfristiger Pachtvertrag mit der Türkei über einen russischen Stützpunkt in der Nähe des Bosporus oder der Dardanellen. Notfalls sollte Deutschland Rußland helfen, die Türkei zu einem solchen Abkommen zu zwingen. Darüber hinaus sei Rußland an einem gegenseitigen Beistandspakt mit Bulgarien interessiert, was Bulgarien praktisch zu einem sowjetischen Satelliten machen würde.

Hitler war über die Unterredung so verstimmt, daß er es ablehnte, zu dem von Ribbentrop gegebenen Empfang für den russischen Außenminister im Hotel Kaiserhof zu erscheinen.

In den Tagen darauf sank die Temperatur des deutsch-sowjetischen Verhältnisses unter den Gefrierpunkt. Am 20. November trat Ungarn dem Dreimächtepakt bei. Zwei Tage später folgten Rumänien und die Slowakei. Der Pakt, ursprünglich gegen die USA gerichtet, entwickelte sich immer mehr zum antisowjetischen Block.

Am 18. Dezember 1940 gab Hitler mit seiner »Weisung für die Kriegführung Nr. 21« den endgültigen »Plan Barbarossa« heraus.

Trotz der offenkundigen Beweise für Hitlers Absichten – Aufmarsch deutscher Truppen in Ostpolen, Besetzung Rumäniens, Bulgariens und Ungarns, trotz der Warnungen durch den britischen Geheimdienst, der vom Barbarossa-Plan Kenntnis erhalten hatte, trotz der Berichte von Rußlands eigenen Geheimdienstlern wollte Stalin nicht an einen deutschen Angriff glauben. Zwar ließ er am 10. April 1941 die sowjetische Armee vorsorglich in den Alarmzustand versetzen, zwar schloß er mit Japan am 13. April demonstrativ einen Nichtangriffspakt ab, aber er versuchte dennoch, die Deutschen durch erstaunliches Wohlverhalten zu beschwichtigen. Im März stiegen die sowjetischen Lieferungen, besonders bei Getreide, Mineralöl, Manganerz, Bunt- und Edelmetallen, sprunghaft an. Am 15. Mai stellte Stalin mehrere Sondergüterzüge der transsibirischen Eisenbahn für den Transport von 4000 Tonnen Kautschuk nach Deutschland zur Verfügung.

Am 14. Juni, genau eine Woche vor dem Überfall, hieß es in einer TASS-Meldung: »Die Gerüchte über einen nahe bevorstehenden Krieg zwischen der UdSSR und Deutschland stellen eine plump zusammengebraute Propaganda dar.«

DAS KRÄFTEVERHÄLTNIS IM OSTEN

Erste Hälfte 1941

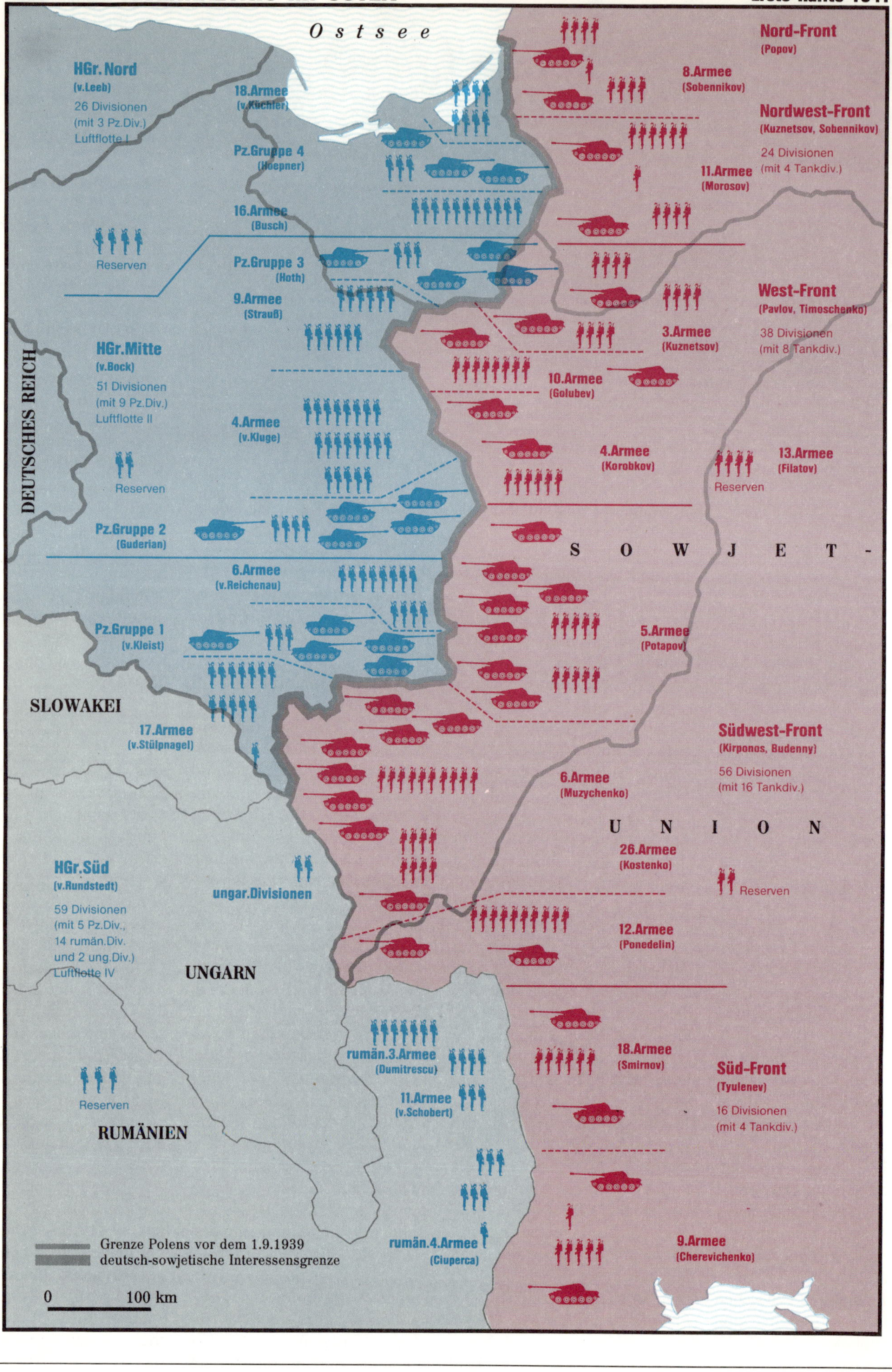

DER AUFMARSCH ZUM UNTERNEHMEN „BARBAROSSA" 22.6.1941

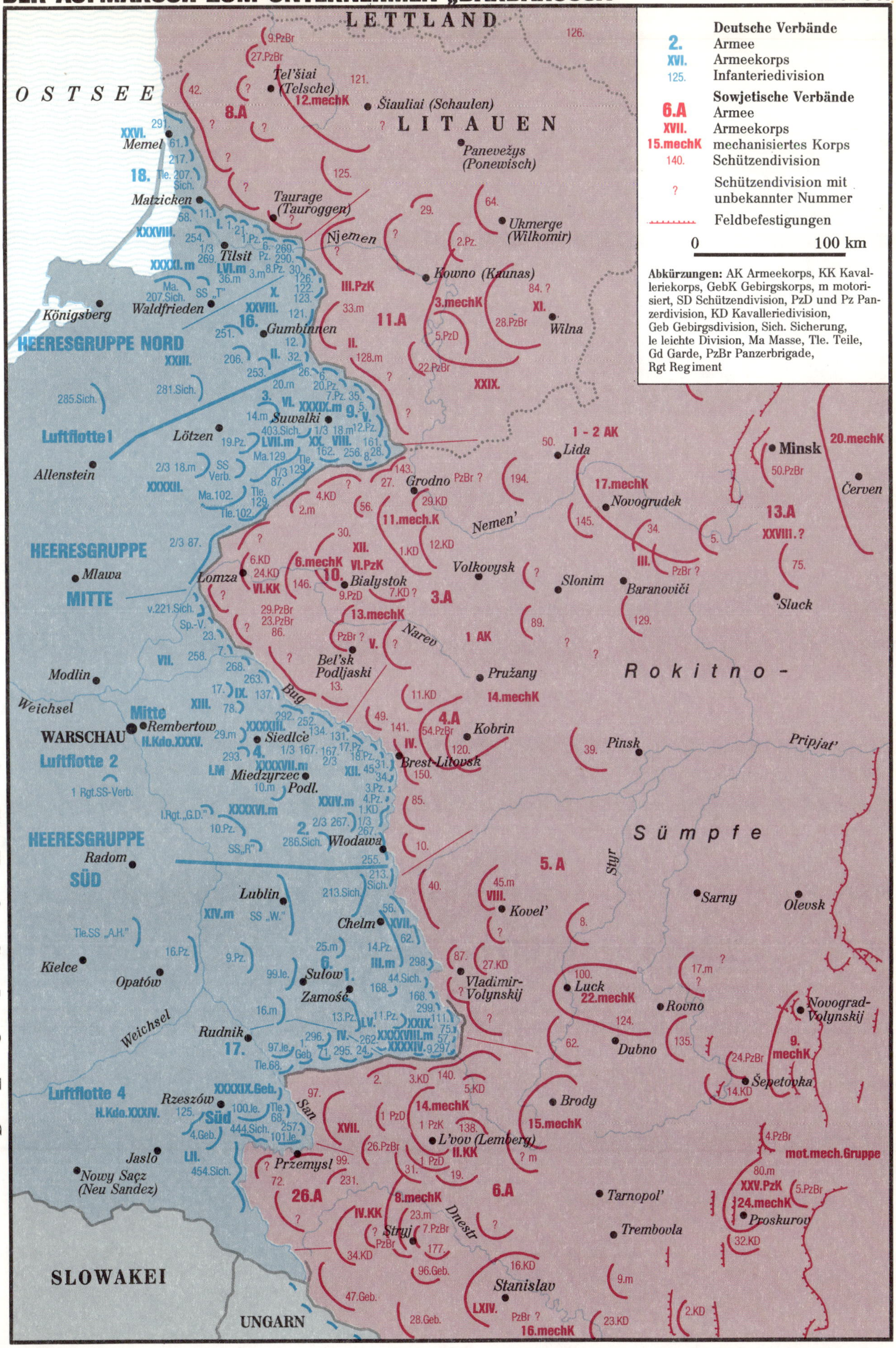

Unternehmen Barbarossa

Einen »Krieg zweier Weltanschauungen« kündigte Hitler seinen Heerführern an, als er sie über seinen Beschluß unterrichtete, die Sowjetunion anzugreifen, einen Vernichtungskampf, in dem die soldatischen Gesetze der Ritterlichkeit keine Geltung mehr haben würden. Er sah im Zug nach Osten die »heiligste Mission meines Lebens«, den »Daseinszweck des Nationalsozialismus«, wie er ihn in »Mein Kampf« beschrieben hatte. Den Soldaten allerdings lieferte er auch einen plausiblen Grund für das Anzetteln des immer abgelehnten Zweifrontenkrieges: Der Angriff im Osten sei letzter, tödlicher Schlag gegen England, das wider Erwarten nicht zu bezwingen gewesen war. Wieder einmal hatte sich nämlich der unfehlbare »Führer« verrechnet: Hatte er in Polen irrigerweise mit dem Stillhalten der Westmächte kalkuliert, so erlag er ebensolchen Illusionen über die Briten nach dem Zusammenbruch Frankreichs. Nein, die Insulaner unter dem »Whiskysäufer« Churchill blieben unbeugsam und zwangen ihn nun zu diesem riskanten Schwenk gegen den Osten.

Dennoch sah die Sache in den Augen der deutschen Generalität vielversprechend aus. Frankreich hatte als stärkste Militärmacht Europas gegolten und war doch in wenigen Wochen geschlagen worden. Warum sollte die Rote Armee länger standhalten? Alle Experten, mit denen sich Hitler beriet, hielten auch im Osten einen Blitzkrieg für möglich. Daher beunruhigte auch nur wenige der wegen des Balkanfeldzugs um fünf Wochen in den Sommer verschobene Angriffstermin, und die ersten gewaltigen Erfolge der Wehrmacht schienen den Optimisten recht zu geben. Generalstabschef Halder notierte schon nach drei Wochen den vollständigen Sieg der deutschen Waffen in sein Tagebuch.

An schier endlosen russischen Gefangenenkolonnen vorbei stießen die motorisierten deutschen Truppen in den ersten Wochen des Rußlandfeldzuges in die unendlichen Weiten des Landes vor. Sie ahnten nicht, welch schlechtes Omen schon im Namen der gewaltigen Operation lag: »Unternehmen Barbarossa« hatte Hitler als Decknamen für seinen Kreuzzug gegen den Bolschewismus gewählt. War das Trotz, oder hatte er übersehen, daß eben der Kaiser, dessen Nimbus man damit beschwor, 1189 auf seinem Kreuzzug im Osten ertrunken war, bevor er sein Ziel erreicht hatte?

Die Nacht ist ruhig. Frösche quaken im Uferröhricht des Bug, Grillen zirpen, nur ein gelegentliches Klappern von Gasmaskenbüchsen oder Waffen, leise geflüsterte Worte lassen ahnen, daß die Ruhe der warmen Sommernacht trügt. Es ist die Ruhe vor dem Sturm.

Schemenhaft hebt sich das Gitterwerk der großen Eisenbahnbrücke bei Brest-Litowsk gegen den dunklen Himmel ab. Beiderseits des Bahndammes liegen, in Uferwiesen und Getreidefeldern, die Stoßbataillone der Infanterieregimenter 130 und 135. Die Zeit kriecht.

Dann, um 2 Uhr, blicken die wartenden Männer verdutzt hoch: Oben an der Brücke wird's lebendig, vollbeleuchtet rumpelt ein Güterzug herüber, von der russischen auf die deutsche Seite. Der deutsche Brückenposten grüßt den russischen Lokführer, ein Stückchen weiter hält der Zug, wird vom deutschen Zoll routinemäßig abgefertigt. Dann poltert er weiter Richtung Deutschland.

Die Soldaten begreifen es nicht. Fünf Viertelstunden vor dem Angriff liefert Stalin dem Dritten Reich noch Getreide! Ist es denn möglich, daß die drüben auf der anderen Seite gar nichts wissen?

Die Soldaten hätten sich noch mehr gewundert, wenn sie gewußt hätten, wie viele solcher Züge seit anderthalb Jahren über die Brücken des Bug nach Deutschland gerollt waren. Buchstabengetreu hatte Stalin die Verträge erfüllt, hatte bis zu diesem 22. Juni 1941 anderthalb Millionen Tonnen Getreide, eine Million Tonnen Rohöl, Tausende Kilo wertvollster Metalle und Erze wie Platin, Mangan, Chrom geliefert – und so nicht wenig geholfen, die Voraussetzungen für den gigantischen Angriff zu schaffen, dessen Zeitpunkt nun Minute um Minute näherrückte.

»Soldaten der Ostfront!«

Als Stalins letzter Getreidezug über die Eisenbahnbrücke bei Brest-Litowsk rollte, war es gerade vier Stunden her, daß überall an der deutsch-russischen Grenze zwischen Czernowitz im Süden und Tilsit im Norden den aufmarschierten drei Millionen Mann kompanieweise ein Führerbefehl verlesen wurde, der mit der Anrede begann: »Soldaten der Ostfront!«

Der Ostfront? Also doch! Sie hatten es wohl alle geahnt, aber doch nicht glauben wollen. Zu unheimlich war der Gedanke, das schier endlose sowjetische Riesenreich erobern zu sollen – da klammerte man sich lieber an Gerüchte, an die Hoffnung, der ganze Aufmarsch sei nur ein großer Bluff.

Über den Bug. Nicht nur der deutsche Angriff selbst, sondern seine ungeahnte Wucht überraschte die Führung der Roten Armee völlig. Panzer durchfuhren die Grenzflüsse (oben: Panzer III erklettert über eine hölzerne Behelfsrampe ein Steilufer), Sturmboote (linke Seite: Gemälde von Paul Padua, 1941) setzten trotz massiven Feuers über, gut getarnte Krad-Einheiten (links) tauchten an völlig unerwarteten Stellen auf; sie sorgten für ein klares Bild der Feindlage. Den Deutschen half zudem die gegnerische Hilflosigkeit angesichts der eigenen beweglichen Kampfführung.

Das war nun vorbei, die Zeit der Latrinenparolen zu Ende, die unerbittliche Gewißheit da: Es geht gegen Rußland! Und wie die Uhrzeiger langsam vorrückten, so wuchs nun die Spannung, der Kloß im Hals, der Druck im Magen – bis die Uhren 3 Uhr 5 zeigten und schlagartig auf einer weit über tausend Kilometer langen Front das feurige Inferno losbrach, das militärisch Artillerie-Vorbereitung heißt. Hier stärker, dort schwächer, besonders stark bei Brest-Litowsk. Neun schwere Werferbatterien schleudern hier binnen 30 Minuten an die 3000 ihrer schaurig jaulenden Werfergranaten auf die Befestigungswerke, 60-cm-Mörser und 21-cm-Haubitzen jagen aus den Rohren, was rausgeht.

Zugleich, auf die Sekunde genau mit dem Beginn des Feuerschlags, stürmt der erste Stoßtrupp auf die Eisenbahnbrücke. Geduckt hetzen die Männer an den seitlichen Verstrebungen entlang, die Angst im Nacken, im nächsten Augenblick mitsamt der Brücke in die Luft zu fliegen. Dann sind sie drüben, überwältigen die Brükkenwache, bringen den Wachbunker, aus dem ein MG zu tackern beginnt, mit einer geballten Ladung zum Schweigen.

Der Führer des Stoßtrupps, Leutnant Zumpe, 3. Kom. Infanterie, Reg. 135, blickt zurück auf die Brücke, sieht, daß Pioniere die Sprengladungen am Mittelpfeiler herausgerissen haben, schiebt die grüne Filter-Scheibe über seine Taschenlampe und blinkt, wie ein Verkehrspolizist, zur anderen Seite: Grün, freie Fahrt – für die ersten Panzerspähwagen, die schon warten, über die Bahnschwellen poltern, drüben weiterrollen. Panzer folgen, stoßen in vollem Angriffsschwung an Stadt und Zitadelle vorbei – bei Brest ist der Übergang über den Grenzfluß in kürzester Zeit gelungen.

Weiter nördlich, bei Pratulin, sollen die 17. und die 18. Panzerdivision über den Bug gehen. Nur, eine Brücke gibt es dort nicht. Nach einstündiger Artillerie-Vorbereitung, um 4.15 Uhr, setzen Vorausabteilungen mit Sturm- und Schlauchbooten über den Fluß, kämpfen rasch am anderen Ufer einen kleinen Brückenkopf frei, so daß Pioniere mit dem Bau einer Kriegsbrücke beginnen können – sofern nicht der Feind den nur mit leichter Pak und SMG bestückten Brückenkopf mit Panzern angreift und wieder eindrückt.

Und die Russen tun's: Nach einer halben Stunde rollen schnelle Spähpanzer auf den schwach armierten Brückenkopf zu. Doch sie kommen zu spät, denn kurz zuvor geschah Sonderbares: Die Pioniere beim Brückenbau sehen die ganze I. Abteilung des Panzerregiments 18 (80 Panzer) auf den Fluß zurollen. Und dann trauen sie ihren Augen nicht. Denn die Panzer halten nicht am Flußufer, sondern rasseln unbeirrt weiter, in den Fluß hinein, verschwinden einer nach dem anderen unter Wasser. Ein paar Minuten später tauchen sie am anderen Flußufer wieder auf – gerade rechtzeitig, um den Angriff der russischen Spähpanzer abzufangen. Diese 80 Tauchpanzer, die bei Pratulin den Brückenschlag und dann den Übergang der beiden Panzerdivisionen sicherten, waren keine Spezialentwicklung für diesen Zweck. Es waren normale Kampfpanzer, die schon vor mehr als einem Jahr durch spezielle Dichtungen und einen Luftversorgungsschnorchel für kurze Unterwasserfahrten hergerichtet worden waren – im Zuge der Vorbereitung der Invasion Englands (»Seelöwe«). Irgend jemand hatte sich bei der Planung der Bug-Übergänge an diese Versuchsfahrzeuge erinnert und sie, abgestellt in einer Lagerhalle, auch aufgestöbert.

Hoch oben im Norden, an der litauischen Grenze, ist zunächst kein Wasserhindernis zu überwinden. General von Mansteins LVI. Panzerkorps muß nördlich der Memel eine Bunkerlinie durchstoßen, und zwar schnell – die 8. Panzerdivision soll an diesem ersten Angriffstag gleich 80 Kilometer vorstoßen, bis nach Ariogala im Dubysa-Tal. Dort überquert ein großer Straßenviadukt das tiefeingeschnittene Flußtal, und der muß unversehrt in deutsche Hand fallen, wenn der Angriff an der Nordflanke nicht gleich an der Dubysa liegenbleiben soll.

Das Infanterieregiment 501, das im Morgengrauen vor den Panzern stürmt, trifft auf erbitterten Widerstand. Die Verluste sind hoch, doch es gelingt, im russischen Feuer die Panzersperren wegzusprengen, und dann rasselt die 8. Panzerdivision heran, bricht durch die Bunkerlinie und fährt weiter, fährt und fährt.

Mitten in den Panzerrudeln der 8. Panzerdivision rollt auch Mansteins Befehlspanzer. Der General treibt, verlangt höchstes Marschtempo, schert sich nicht um Flankenschutz, will nur vorwärts.

Es ist ein geradezu tollkühnes Vabanquespiel, was Manstein da riskiert, denn der Viadukt bei Ariogala ist nur das erste Ziel, das nächste, wichtigere, liegt noch 270 Kilometer dahinter: die großen Dünabrücken bei Dünaburg und Jakobstadt. Denn die muß er haben, wenn er ohne Zeitverlust nach Leningrad weiterstoßen will.

Als am Abend die Meldung kommt: »Viadukt Ariogala eingenommen«, sagt Manstein nur »Weiter!«, sonst nichts. Manstein weiß, daß Rußland nicht auf herkömmliche Art erobert werden kann – die schiere Größe des Landes macht das unmöglich. Wenn überhaupt, dann ist Rußland nur durch überraschende Panzerstöße auf seine Nervenzentren, auf Leningrad, auf Moskau, zu schlagen – durch Lahmlegung der Führung, die zum Zusammenbruch des Ganzen führt.

Und deshalb wagt er es, sein Panzerkorps ohne Halt 350 Kilometer tief in Feindesland zu führen. Den Männern in den Panzern wird das Vorwärtsjagen so weit vor der eigenen Front unheimlich, doch Mansteins Rechnung geht auf: Sein Panzerkeil bewegt sich so schnell, daß die Russen kaum reagieren können. Fast unbehelligt rasseln die Panzerkolonnen zwischen zwei kampfstarken russischen Armeen hindurch, vier Tage lang, jeden Tag 80 bis 100 Kilometer hinter sich lassend.

Am Morgen des 26. Juni nähert sich die Spitze der 8. Panzerdivision auf der Autobahn Kowno – Moskau Dünaburg. Die Panzer fahren, bis sie die Stadt vor sich liegen sehen, dann warten sie. Nur eine Wagenkolonne aus ihrem Gefolge fährt weiter. Es sind drei russische Beute-Lkw, die Fahrer tragen russische Uniformen. Sie und die Männer, die unter der geschlossenen Plane sitzen, sind »Brandenburger«, Angehörige des »Lehrregiments z.b.V. Brandenburg« – einer Spezialtruppe für Kommando-Unternehmen. Die drei Lkw fahren in die Stadt hinein, in der normaler Verkehr herrscht, sie fahren hindurch – und niemand schöpft Verdacht. Auch die Brückenwache an der Straßenbrücke nicht – bis es zu spät ist. Ehe die Russen begreifen, was los ist, ist die Brückenwache überwältigt, der Sprengsatz entschärft, die Brücke in deutscher Hand.

An der Eisenbahnbrücke geht es nicht ganz so glatt, dort kommt es zu einer kurzen, heftigen Schießerei, eine Sprengladung geht hoch, dann ist es auch dort geschafft: Der Kommandotrupp hält die Brücke, beschädigt zwar, aber passierbar. Gleich darauf dringen Panzer in die Stadt ein, die nach kurzem Kampf fällt.

General von Manstein hat sein Ziel erreicht – und am liebsten möchte er sein Panzerkorps weiterstürmen lassen, die völlige Verwirrung des Gegners ausnutzen, ihm keine Gelegenheit geben, sich zu geordneter Abwehr zu sammeln.

Und noch einen anderen Grund hat er, nicht – oder nur ganz kurz, zum Nachmunitionieren und sonstiger Versorgung – stehenzubleiben: Seine Panzerstreitmacht, so schlagkräftig sie ist, ist nicht allzu gut dazu geeignet, aus dem Stand zu kämpfen, möglicherweise gegen einen zahlenmäßig hoch überlegenen Feind.

Mit schweren Feuerschlägen (oben) bereitete die deutsche Artillerie Angriffe vor. Die Infanteristen (unten: an einer Brücke in Deckung gegangen) konnten sich darauf verlassen, daß das Gelände, in das sie vorstoßen mußten, von der Feuerwalze mehrfach »umgepflügt« worden war. Wie das dann aussah, zeigt das Foto rechts: Die Rückzugsstraßen der Roten Armee boten ein Bild der Verwüstung. Was allein in den ersten Kampftagen an Gerät und Waffen verlorenging, schien nie wieder ergänzbar. Jedenfalls konnten sich die deutschen Soldaten das kaum vorstellen.

Manstein selbst hatte den Grundsatz geprägt: »Die Sicherheit eines Panzerverbandes im Rücken des Feindes beruht darauf, daß er in Bewegung bleibt.«
Doch Manstein durfte nicht in Bewegung bleiben, Hitler wollte es anders. Er befahl, zunächst stehenzubleiben und den Brückenkopf Dünaburg zu halten.
Nach dem Taktik-Lehrbuch war diese Entscheidung gewiß richtig. Mansteins LVI. Panzerkorps steht zu weit vorn, an seiner linken Flanke hängt das XXXXI. Panzerkorps reichlich 100 Kilometer zurück, ebenso auf der anderen Seite die 16. Armee. Es wäre zweifellos in hohem Maße riskant gewesen, Mansteins Korps nördlich der Düna operieren zu lassen. Doch der ganze Feldzug war ja nicht nach dem Lehrbuch, sondern auf hohes Risiko, auf Vabanque angelegt – und dabei bedeutete eher Stillstand die größere Gefahr. Sechs Tage mußte Manstein bei Dünaburg warten, reichlich Zeit für den Kommandierenden auf der anderen Seite, Generaloberst Kusnezow, die Panik seiner Verbände zu brechen und von überall her Reserven heranzuschaffen. Sechs Tage – eine lange Zeit in einem nach Blitzkriegmanier geführten Feldzug; schon möglich, daß Hitlers »Halt«-Befehl, wie manche Autoren meinen, Leningrad gerettet hat.
Daß das XXXXI. Panzerkorps an Mansteins linker Flanke das enorme Vormarschtempo nicht mithalten konnte, hatte seinen Grund: Am 24. war das Korps, zuerst die 1. Panzerdivision, ostwärts von Rossienie an der Dubysa auf starke sowjetische Panzerkräfte gestoßen. Mit über vierhundert Panzern warf sich hier das III. russische Panzerkorps dem deutschen Ansturm entgegen. Und was waren das für Panzer! Kolosse, von denen die deutschen Panzer- und Pak-Soldaten noch nie etwas gesehen oder gehört hatten: KW 1 und KW 2, 43 und 52 Tonnen schwer, rundum 80 – 120 mm stark gepanzert, bestückt mit 7,62-cm- oder 15,5-cm-Langrohr-Kanonen und jeweils 4 MG.
Als die Panzerriesen zum ersten Male auftauchten, gab es für die Kanoniere der Panzer und der Pak eine böse Überraschung: Sie schossen wie gewohnt, sie trafen wie gewohnt, aber die Wirkung war nicht wie gewohnt, sondern nicht vorhanden, die Panzergranaten prallten einfach ab oder blieben in der dicken Panzerung stecken. Die bis dahin so bewährten 3,7-cm- und 5-cm-Kanonen von Pak und Panzern waren von Stund an zu »Panzeranklopfgeräten« degradiert.
Alles, was die deutschen Panzer diesen Ungetümen entgegenzusetzen hatten, waren ihre größere Schnelligkeit und Beweglichkeit sowie die reaktionsschnelle Führung über Funk.
Zwei lange Tage wogt die erbitterte Panzerschlacht hin und her, bis am Vormittag des 26. Juni die sowjetische Panzerarmada im konzentrierten und geschickt kombinierten Feuerhagel von Panzern, Artillerie und Flak untergeht. Endlich kann auch das XXXXI. Panzerkorps weiterstoßen, in Richtung Jakobstadt an der Düna. Mansteins Vorstoß im Norden bis Dünaburg war der schnellste und weiteste der ersten Angriffstage.
Wie aber sah es an den anderen Frontabschnitten aus?

Viel langsamer waren die Panzerstöße im Mittelabschnitt auch nicht. Mansteins Nachbar nach Süden hin, die Panzergruppe 3 unter Generaloberst Roth, war aus dem Raum Bialystok/Grodno etwa 250 Kilometer nach Osten vorgestoßen, hatte südwärts eingedreht und stand am 26. Juni mit den Spitzen vor Minsk.
Ähnlich erfolgreich auch Guderians Panzergruppe 2, die aus dem Raum Brest hervorgebrochen ist: Auch ihre Spitzen haben reichlich 250 Kilometer hinter sich gebracht und drehen am 26. nordwärts nach Minsk ein: Die erste große Zangenfalle beginnt, sich zum Kessel zu schließen.
Im Südabschnitt, den Feldmarschall von Rundstedt kommandiert, geht es dagegen langsamer als geplant. Hier stehen der deutschen 6. und 17. Armee und der Panzergruppe 1 vier sowjetische Armeen unter Generaloberst Kirponos gegenüber, der seine Verteidigungslinien geschickt gestaffelt hat und den Angreifern keine Gelegenheit zum rasanten Durchbruch läßt.
Zudem müssen sich die Angriffsdivisionen hier durch gutausgebaute Bunkerketten bei Lemberg wühlen, und auch als der Panzergruppe 1 unter von Kleist östlich von Lemberg der Durchbruch gelingt, wirft Kirponos dem vorstoßenden Keil sofort eigene Panzer entgegen – und stoppt zunächst einmal die Panzerregimenter mit dem großen weißen »K« (für Kleist) auf den Fahrzeugen.
Auch hier, an dem Flüßchen Styr, gibt es eine überraschende Panzerpremiere: Neben den KW 1 und KW 2 und einem noch größeren, schwerfälligen Monstrum mit fünf Drehtürmen, dem überschweren Woroschilow-Tank, taucht hier erstmals ein kleinerer, aber noch gefährlicherer Russenpanzer auf: der T 34.
Er ist nicht ganz so dick gepanzert wie die größeren Brüder, dafür sind alle seine Flächen, auch die des Turmes, stark abgeschrägt, und der Effekt ist derselbe: Auch der T 34 degradiert die relativ kleinkalibrigen deutschen Pak und Panzerkanonen zu »Anklopfgeräten« – sie machen ihm nichts aus. Selber aber hat er eine wirksame 7,62-cm-Kanone und ist mit 26 Tonnen auf seinen enorm breiten Ketten verblüffend schnell und wendig. Zum Glück für die Angreifer war dieser Idealpanzer erst in wenigen Exemplaren vorhanden, mit denen man schließlich irgendwie fertig wurde.
Im Süden kommt der Angriff zunächst jedenfalls nicht so recht in Schwung. »Es geht langsam, aber sicher vorwärts«, konstatiert Generalmajor Hube, Kommandeur der 16. Panzerdivision, nach den er-

sten Kampftagen, und das ist nicht ganz das, was gemeint war.
Trotz dieser Hemmung am Südflügel blieb das Geschehen der ersten vier, fünf Angriffstage erstaunlich, weil gekennzeichnet von weitgehender Überrumpelung, in vielen Bereichen sogar totaler Verwirrung der Angegriffenen. Anders wären die rasanten Panzervorstöße im Nord- und Mittelabschnitt gar nicht möglich gewesen. Die Russen wurden, daran ist kein Zweifel möglich, überrascht. Aber warum? An ihrer Grenze waren, ehe der Angriff losbrach, sieben Armeen, vier Panzergruppen, drei Luftflotten mit insgesamt drei Millionen Mann, 600 000 Fahrzeugen, 750 000 Pferden, 3580 Panzern, 184 Geschützen und knapp 1830 Flugzeugen aufmarschiert – ein Aufmarsch eines Umfangs, der nicht geheimzuhalten ist.
Nicht nur das: Auch die Zahl derer, die an der Vorbereitung eines solchen gigantischen Unternehmens beteiligt sind, also wissen, was bevorsteht, wächst schnell in Größenordnungen, die konsequente Geheimhaltung unwahrscheinlich machen. Ein amerikanischer Historiker, Barton Whaley, hat sich die Mühe gemacht, nachzuzählen, wie viele Menschen in Deutschland »offiziell« von Hitlers Angriffsplan auf Rußland wußten – es waren schon im Januar 1941 Hunderte. Da erfahrungsgemäß auf jeden »offiziellen« »Wisser« etliche »Mitwisser« kommen, mußte sich fast zwangsläufig die Kunde von Hitlers Plänen auch bis Moskau verbreiten.
So war es. Aus vielfältigen Quellen, vom eigenen guten Spionagenetz bis hin zu freundlichen und fundierten Hinweisen amerikanischer und anderer Diplomaten, empfing die Sowjetunion, empfing Stalin nicht nur Warnungen, sondern präzise Nachrichten über Angriffstermin, Gliederung der Angriffskräfte, beabsichtigte Stoßrichtungen – kurzum, ein ziemlich komplettes Bild des bevorstehenden Angriffs, und zwar rechtzeitig.
Auch heute, mehr als 40 Jahre danach, ist es immer noch ein ungelöstes Rätsel, warum diese Warnungen, diese durchaus zutreffenden Nachrichten, nicht ernstgenommen wurden, warum Stalin sich überrumpeln ließ. Niemand weiß es, und niemand wird es wissen. Man kann nur vermuten, daß Stalin ein Opfer seiner eigenen Denkweise geworden ist: Er muß wohl geglaubt haben, daß alle diese Nachrichten ein böser Trick der verhaßten westlichen Kapitalisten waren, um einen Keil zwischen ihn und seinen »Verbündeten« Hitler zu treiben und so, mit seiner, Stalins, Hilfe ihre Haut vor Hitler zu retten. Und dies war nicht in seinem Sinn.
Oder, anders ausgedrückt: Stalin, wie immer man ihn moralisch beurteilen mag, dachte im allgemeinen rational und erwartete von seinem Co-Diktator Hitler dasselbe. Zwar gab sich Stalin sicherlich nicht der Illusion hin, daß Hitler sich durch den deutsch-russischen Nichtangriffspakt daran hindern lassen würde, die Sowjetunion anzugreifen. Aber er konnte sich offenbar nicht vorstellen, daß Hitler so verrückt sein könnte, dies zu tun, solange er nicht seinen letzten übriggebliebenen Kriegsgegner, England, erledigt hatte. Dies war in der Tat nach allen Regeln der Kriegskunst und der Vernunft die zu erwartende Reihenfolge, und deshalb wohl hielt Stalin alle Warnungen für Provokationen und verweigerte ihnen den Glauben. Hitler aber handelte nicht rational, sondern durchaus irrational, und so glückte ihm die an sich unmögliche Überrumpelung, so konnte es geschehen, daß es eine ziemlich lange Zeit so aussah, als könne der abenteuerliche Feldzug tatsächlich zum Erfolg führen, obschon er – auch mit Überraschungseffekt – immer noch ein Hasardspiel war.
Zwar war die Zahl der zum Angriff antretenden Truppen, Panzer, Flugzeuge gewaltig, aber gerade in einem schnellen Bewegungskrieg ist auch die beste Truppe nur so gut wie ihre Versorgung. Und damit sah es gar nicht so gut aus.
Zum einen war die Vorbereitungszeit zu kurz gewesen – erst im Spätherbst 1940 hatten die Pläne für den Angriff auf Rußland soweit Gestalt gewonnen, daß der Generalquartiermeister, General Wagner, mit der logistischen Planung beginnen konnte. Was sich dabei herausstellte, war wenig erfreulich. Schon eine hinreichende Ausrüstung und Bevorratung der Truppen mit Waffen und Munition erwies sich als unerwartet schwierig; die Kriegsindustrie arbeitete keineswegs auf vollen Touren, und war auch nicht, unter Hintanstellung ziviler Bedürfnisse, kurzfristig in Schwung zu bringen – dies wollte Hitler nicht, er betrachtete Einschränkungen auf dem zivilen Sektor als schädlich für die Moral der Bevölkerung und hielt sie überdies für überflüssig, wie er denn von den ökonomischen und logistischen Hemmnissen, die seinem Drang, »Lebensraum« im Osten zu erobern, entgegenstanden, einfach nichts wissen wollte, sie nicht zur Kenntnis nahm.
Tatsache ist, daß im 2. Halbjahr 1940 die deutsche Rüstungsproduktion, statt im Hinblick auf das Kommende zu steigen, um fast 40 % zurückging.
Nicht besser sah es mit Treibstoff und Reifen aus: Die Vorräte reichten bei Beginn des Feldzuges nur für zwei Monate Kampf. Winterausrüstung für die Truppe war überhaupt nicht vorhanden.
Noch schwieriger das Problem, den Nachschub an die schnell vorrückenden Truppen heranzubringen: Man konnte nicht damit rechnen, in der ersten Phase die russische Breitspureisenbahn zu benutzen, denn weder war zu erwarten, daß sofort genügend russische Loks und rollendes Material in deutsche Hand fielen, noch schien es möglich, die Gleise so schnell umzunageln, daß sie rechtzeitig benutzt werden könnten.
Das bedeutete, daß der Nachschub über das mangelhafte russische Straßen- und Wegenetz herangekarrt werden mußte – bei dem erwarteten schnellen Vormarsch ein überaus schwieriges Problem. Der Generalquartiermeister errechnete, daß nach längstens sechs Tagen eine Vormarschpause notwendig sei, um neue Lager in Frontnähe anzulegen, von denen dann der weitere Vormarsch versorgt werden könnte. Doch der Generalstab entschied, daß die Operationen frühestens nach 20 Tagen für eine Reorganisation des Versorgungssystems kurz unterbrochen werden könnten, und dabei blieb's.
Alle diese Probleme waren am 22. Juni, dem Angriffstag, keineswegs gelöst. Man verließ sich darauf, daß der Feldzug nur kurz sein würde und man sich schon irgendwie mit Improvisationen über eventuelle Engpässe hinweghelfen würde.
Falsch eingeschätzt wurde zunächst auch der russische Soldat. Daß »minderwertige slawische Untermenschen« gute Soldaten sein könnten, paßte nicht ins nationalsozialistische Weltbild. Doch die Landser merkten bald, daß sie es mit einem ver-

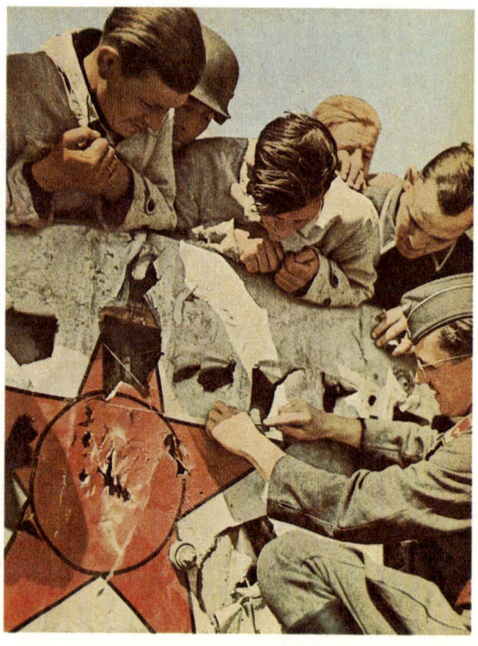

In großen Farbreportagen berichtete die deutsche Propaganda-Illustrierte »Signal« vom östlichen Kriegsschauplatz. Sie brauchte sich in der ersten Phase des Feldzugs nur an die Wahrheit zu halten, um ihr Publikum im deutsch besetzten Ausland von der Unbezwinglichkeit der Wehrmacht zu überzeugen und für den Kampf gegen den Bolschewismus zu werben. Im Bildbericht aus dem sommerlichen Rußland (ganz oben: Befehlsausgabe während einer Gefechtspause; darunter: Panzervormarsch an sowjetischen Tank-Wracks vorbei) geriet der Krieg fast zur Idylle oder zum höheren Indianerspiel (oben: Straßenkampf in Shitomir). Die russischen Befestigungen (linke Seite) erschienen als leichte Opfer deutscher Waffen. Dabei erwies sich in Wahrheit etwa die Stalin-Linie im südlichen Frontbereich als durchaus ernstes Hindernis.

blüffend tapferen, erbittert kämpfenden Gegner zu tun hatten.

Wo sie nicht völlig überrumpelt und führungslos waren, kämpften die Russen überall zäh und verbissen, vor allem im Nahkampf mit Bajonett, Spaten und Kolben. Und sie kämpften auch einfallsreich, erwiesen sich als Meister der Tarnung. Sie ließen sich oft von den vorstürmenden Panzern überrollen und stemmten sich dann der nachfolgenden deutschen Infanterie entgegen.

In den Waldgebieten, in die sie sich an vielen Stellen der Front unter dem Druck der Angriffe zurückzogen, verschwanden sie fast unauffindbar – ständige Gefahr für Nachschub, Melder und dergleichen. Ihre blendend getarnten Schützenlöcher in den Wäldern legten sie oft nur mit Schußfeld nach hinten an, um das Gelände durchkämmende Deutsche im Rücken zu packen.

Zu denen, die gleich am ersten Tag einen Eindruck von der Kampfmoral der Russen bekamen, gehörten die Infanterieregimenter 130 und 135 von der 45. Infanteriedivision, die die Brücken und die Zitadelle von Brest nehmen sollten. Die Brükke hatten sie schnell, die Panzer konnten rollen. Die Zitadelle glaubten sie auch rasch zu bekommen, denn in dem ungeheuren Feuerhagel der Artillerie, so schien es, konnte ohnehin kein Stein auf dem anderen geblieben sein.

Der Schlauchboot-Übergang über den Fluß, an den Fuß der Festungswerke, klappte im Schutz der Feuerwalze, die von Minute zu Minute 100 Meter vorverlegt wurde, geradezu manövermäßig. Sie können auch in die Festung eindringen. Doch dann kommt die Überraschung: Der fürchterliche Artillerieschlag hat die Festung nicht zerstört, selbst die dicken 60-cm-Brocken haben nur die Besatzung geweckt – und die wehrt sich.

Mörderisches Feuer schlägt den anstürmenden Infanteristen aus unzerstörten Panzerkuppeln entgegen, zwingt sie zu Boden. Kein Weiterkommen. Und dabei bleibt es, tagelang, unter hohen Verlusten. Stukas, die mit 500-kg-Bomben die Kernwerke bepflastern, helfen auch nicht. Erst als die Stukas mit 1800-kg-Bomben kommen, wanken das Mauerwerk und schließlich auch die erschöpfte Besatzung. Nach 8tägigem schwersten Kampf meldet der Gefechtsbericht des 45. I. D.: »Festung erobert.« Und selbst das stimmte nicht ganz, einzelne Widerstandsnester hielten sich noch bis in den Juli hinein. Generaloberst Guderian, als er davon erfährt: »Das kann man nur bewundern!«

Guderian ist zu dieser Zeit, als die letzten Verteidiger von Brest sterben – denn sie ergeben sich nicht –, schon weit, weit weg. Die Panzervorstöße im Mittelabschnitt haben fahrplanmäßig geklappt. Am 28. Juni treffen sich Guderians Spitzen, von Süden kommend, mit Hoths Spitzen, die von Norden kommen, in Minsk. Der erste große Kessel ist zu, und schon diese erste Umfassungsschlacht ist größer als alles, was an Vergleichbarem in der Kriegsgeschichte verzeichnet ist. Vier russische Armeen mit 43 Divisionen und 6 Brigaden, eine halbe Million Mann, stecken in der Falle.

Und sie versuchen, wieder herauszukommen. Wo immer sie eine schwache Stelle in der Kesselwandung zu entdecken glauben, stürmen sie mit verzweifeltem Opfermut an, um vielleicht doch noch ein Loch in die Umklammerung zu schlagen.

Die Panzer rollen weiter. Am 29. Juni – sieben Tage nach Beginn des Feldzuges! – stößt die 18. Panzerdivision südlich an Minsk vorbei. Ihr Auftrag: Vorstoß zur Beresina, Brückenkopf für den nächsten Stoß, auf Smolensk. Es ist wieder ein waghalsiger 100-Kilometer-Stoß ins feindliche Gebiet, den die 18. PzDiv. da unternehmen soll, »fast ein Himmelfahrtskommando«, wie sich der Kommandeur, General Nehring, erinnert.
Aber hier, im Mittelabschnitt, ist die russische Führung durch den atemberaubend schnellen deutschen Vormarsch völlig durcheinander, die sächsische 18. Panzerdivision kommt zur Freude der Panzerkommandanten auf neuen, guten Straßen rasch vorwärts und braucht nur zwei Tage, um die Beresina zu erreichen, zu überqueren, Brücke und Brückenkopf zu sichern. Der Weg nach Smolensk und zum Dnjepr ist frei. Nicht nur hier bei Borissow. Auch weiter südlich bei Bobruisk überschreiten die 3. und die 4. Panzerdivision den Fluß – die nächste gigantische Zangenbewegung bahnt sich an.
Triumph auf einer, Niedergeschlagenheit auf der anderen Seite. Daß der Zusammenbruch der Verteidigung im Mittelabschnitt, der Verlust von vier Armeen im Kessel von Minsk, eine nackte Katastrophe ist, daß der weitere wuchtige Vorstoß der Deutschen dort die größte Gefahr ist – Stalin sieht es, sein Verteidigungsminister, Marschall Timoschenko, auch. Den Schuldigen kennen sie auch schon, den Oberbefehlshaber der Westfront, Generaloberst Pawlow. Daß es anders gelaufen wäre, wenn Pawlows Armeen rechtzeitig alarmiert worden wären, darauf verschwenden weder Stalin noch Timoschenko einen Gedanken. Die Lage muß stabilisiert werden, und Pawlow kann das bestimmt nicht. Ein neuer Mann muß her. Der neue Mann heißt Andrej Iwanowitsch Jeremenko. Er ist Befehlshaber der 1. Fernostarmee, die wegen ihres guten Ausbildungsstandes den Orden des Roten Arbeiterbanners erhalten hat. Jeremenko gilt als harter Troupier und glänzender Taktiker. Am 22. Juni erreicht ihn in Chabarowsk Stalins Befehl, sofort nach Moskau zu kommen. Doch Sibirien ist weit, und der Transsibirien-Expreß ist kein Vorortzug von Moskau. Der Generalleutnant hat ihn noch am 22. Juni bestiegen und zählt nervös die Stunden und Tage der Reise. Am fünften Reisetag, man schreibt inzwischen den 27. Juni, wird Jeremenko vom Quartiermeister des sibirischen Militärdistrikts in Nowosibirsk aus dem Zug geholt. Zwei Stunden später sitzt er in einem zweimotorigen Bomber, mit dem er die restlichen 2800 km nach Moskau zurücklegt. Hier erfährt er, daß ausgerechnet er von Stalin dazu ausersehen ist, die desolate Mittelfront zu retten. Bedrückt, nur mit dem simplen Befehl versehen, den Vormarsch des Feindes zu stoppen, fliegt Jeremenko zur Front, um Pawlow abzulösen und sein neues, schweres Kommando anzutreten.
Wie schwer es ist, merkt er sogleich. Er befiehlt, die »Übergänge über die Beresina unter allen Umständen zu halten«, als sie die Deutschen schon haben, er rechnet mit kämpfenden Divisionen, die inzwischen schon in die Gefangenschaft marschieren – es ist wirklich noch Blitzkrieg in diesen ersten Juli-Tagen.
Am 10. Juli hat Guderians Panzergruppe die Beresina schon weit hinter sich gelassen und geht bereits über den Dnjepr. Am gleichen Tag nimmt Hoths Panzergruppe 3 Witebsk, stößt weiter. Fünf Tage später ist die 20. Panzerdivision bereits nördlich an Smolensk vorbei, hat, südwärts eindrehend, die Eisenbahnlinie Moskau–Smolensk überschritten und damit die Stadt vom Nachschub abgeschnitten. Von Süden her nähern sich die Panzerdivisionen 10 und 18 Smolensk. Wieder legt sich ein Ring um 15 sowjetische Divisionen.
Smolensk hat für die Russen Symbolwert. Hier kämpfte sich im August 1812 Napoleons Armee den Weg nach Moskau frei, und hier wurde Napoleons Armee drei Monate später vernichtend geschlagen. Smolensk muß gehalten werden; Verteidigungsminister Timoschenko selbst hat inzwischen den Oberbefehl an der Westfront übernommen.
Doch Smolensk fällt, nach kurzem, aber schwerem Kampf, schon knapp zwei Tage später, am Abend des 16. Juli. Das Tempo des deutschen Vormarsches ist nachgerade unheimlich, trübt selbst den Blick sonst kühler Leute. Noch vor dem Fall von Smolensk notiert der Chef des Generalstabes, Generaloberst Halder, in seinem Tagebuch: ». . . Im ganzen kann man also schon jetzt sagen, daß der Auftrag, die Masse des russischen Heeres vorwärts Düna und Dnjepr zu zerschlagen, erfüllt ist. Es ist also wohl nicht zuviel gesagt, wenn ich behaupte, daß der Feldzug gegen Rußland innerhalb vierzehn Tagen gewonnen wurde.«
Was Halder zu dieser – rückschauend geradezu grotesken – Fehleinschätzung der Lage verführte, waren vermutlich die enormen Verluste an Menschen und Material, die Rußland in diesen ersten Wochen hinnehmen mußte: annähernd eine halbe Million Gefangene und Gefallene, Tausende Panzer und Geschütze, Hunderte Flugzeuge. Jeder mitteleuropäi-

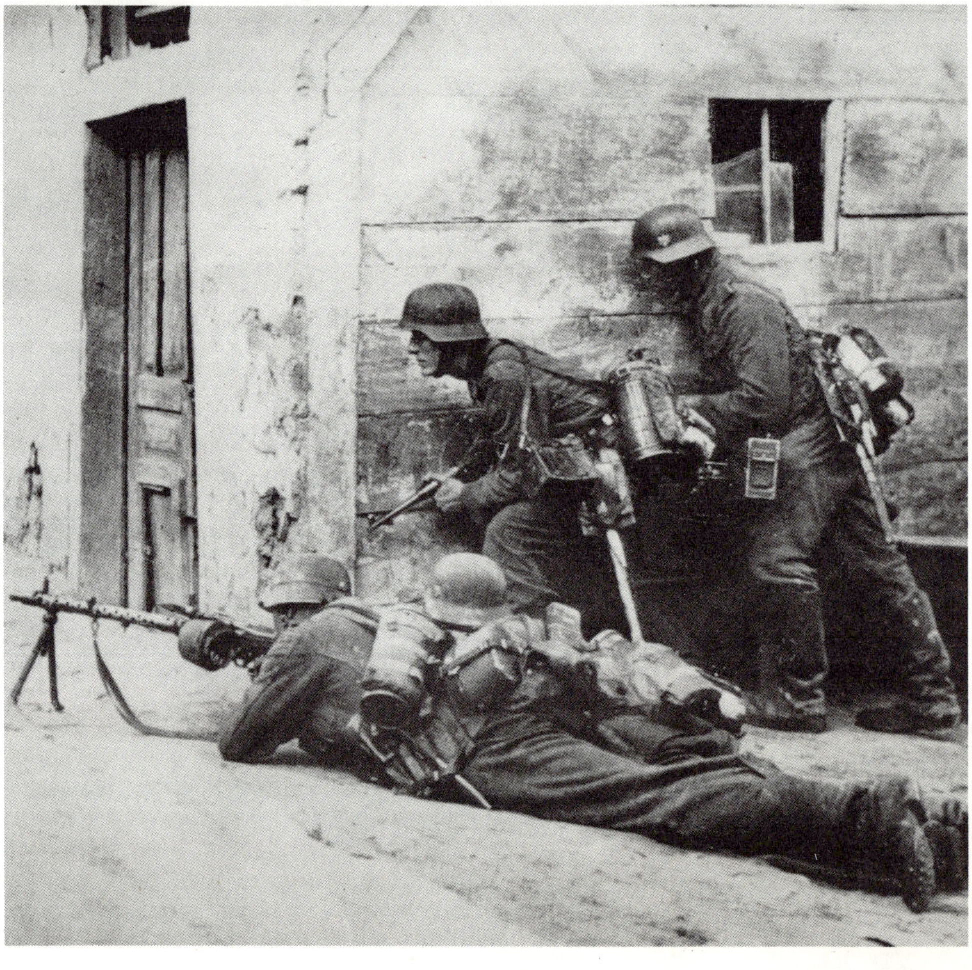

Die gewaltigen Gefangenenzahlen (oben: Abmarsch an stahlbehelmten deutschen Landsern vorbei) könnten zu dem Fehlschluß verleiten, der Ostfeldzug habe als Spaziergang für die Deutschen begonnen. Das war keineswegs der Fall. Nicht selten mußten sich die Soldaten straßenweise gegen erbitterten Widerstand vorwärts kämpfen (linke Seite). Ein Volltreffer wie auf dem Foto ganz oben löste bei der Geschützbedienung Freudentänze aus. Einen Lidschlag später hätte ja sie das Opfer des gegnerischen Feuers sein können.

schen Armee wäre durch solche Einbußen das Rückgrat gebrochen, und in solchen Maßstäben dachte Halder.
Nur paßte dieser Maßstab nicht auf Rußland. Ein halbes oder ein ganzes Dutzend Armeen verloren, mit Mann und Roß und Wagen – das war schlimm, aber für ein 200-Millionen-Volk mit riesigen natürlichen Reserven ein verschmerzbarer Verlust. Nein, gewonnen war der Feldzug noch keineswegs.
Halders Triumphgefühl – das übrigens schnell wieder abebbte – wurde von den Kommandeuren an der Front nicht geteilt. Sie sahen das Ziel noch vor sich, und das hieß Moskau. Ihnen allen, Guderian, Hoth, Bock und den anderen, schien klar, daß nun, nachdem die wichtigsten ersten Operationsziele des Feldzuges erreicht waren, nachdem man 700 Kilometer vorgedrungen war, eine günstige Ausgangsposition erreicht hatte, bis auf 300 Kilometer an Moskau heran war, nun der entscheidende Schlag auf das Nervenzentrum des Gegners folgen mußte.
Sicher, die Truppen, waren von dem schnellen Vormarsch ausgepumpt, die Nachschubprobleme waren ins Unermeßliche gewachsen, der Staub der Vormarschstraßen und der Ölmangel hatten mehr Panzer lahmgelegt als der Kampf, man brauchte eine kurze Pause, aber dann . . . Die Pause war unvermeidlich. Zu weit vorgetrieben hatten die Panzerkeile die Front. Die Infanteriedivisionen mußten nachrücken, oft genug auch nachkämpfen – das war die Kehrseite der rabiaten Panzervorstöße.
Die Frontstäbe benutzten die Pause, um weiterzuplanen, Befehle vorzubereiten, für den nächsten schnellen Stoß. Am 4. August meldeten Hoth und Guderian ans Führerhauptquartier, ihre Panzerdivisionen seien am 15. 8. wieder angriffsbereit zum Stoß auf Moskau. Eine Antwort blieb aus, Hitler zögerte.
Und Timoschenko, auf der anderen Seite, sammelte Divisionen.
Am 21. August entschied Hitler: »Das wichtigste Ziel . . . ist nicht die Einnahme von Moskau, sondern die Wegnahme der Krim, des Industrie- und Kohlengebietes am Donez . . .«
Die Generale an der Front waren wie vor den Kopf geschlagen. Nicht nach Moskau, das doch greifbar vor ihnen lag?
Guderian, den lebhaftesten, hielt es nicht in seinem Stabsquartier. Er flog nach Ostpreußen, zu Hitler in die Wolfsschanze. Erreichte eine lange Aussprache mit Hitler, der ausnahmsweise sogar zuhörte. Guderian beschwor ihn, den greifbar nahen Sieg nicht zu verschenken; der Stoß auf Moskau sei vorbereitet, mit einem Stichwort an seinen Stab könne er ihn sofort in Gang setzen – Hitler nickte, trat an die Karte, deutete auf die Ukraine und das Industriegebiet am Donez. »Meine Generale verstehen nichts von Kriegswirtschaft«, stellte er fest, »wir brauchen das Getreide der Ukraine, die Industrie am Donez muß für uns statt für Stalin arbeiten.«
Damit war es endgültig entschieden: Nicht Moskau, sondern Ukraine, Kiew, Krim.

Auf Napoleons Spuren

General Jeremenko war mit knapper Not dem Kessel von Smolensk entkommen und zur Übernahme eines neuen Kommandos nach Moskau befohlen worden. Er berichtet darüber in seinen Memoiren: »Ich kam nachts in Moskau an und wurde sofort im Oberkommando von Stalin und Marschall Schaposchnikow, dem Chef des Generalstabs, empfangen. Schaposchnikow legte kurz die Lage an den Fronten dar. Sein Fazit . . . lautete: Im mittleren Frontabschnitt steht aus dem Raum Mogilew – Gomel ein Angriff über Brjansk auf Moskau bevor . . . Stalin erklärte, es müsse schnell eine neue starke Verteidi-

gungsfront im Raum Brjansk geschaffen werden, um Moskau zu schützen . . . Dann fragte Stalin mich, wo ich eingesetzt werden möchte. Ich antwortete: ›Ich bin bereit, dorthin zu gehen, wohin Sie mich schicken!‹ Stalin blickte mich aufmerksam an, und ein Ausdruck der Unzufriedenheit huschte über sein Gesicht. Sehr kurz fragte er: ›Aber schließlich?‹
›Dorthin‹, antwortete ich schnell, ›wo die Situation am schwersten ist.‹
›Sie ist überall gleich kompliziert und gleich schwer‹, war die Antwort.
Ich sagte: ›Genosse Stalin, senden Sie mich dorthin, wo der Feind mit motorisierten Einheiten kommen wird. Ich glaube, ich werde dort am nützlichsten sein. Ich kenne die Art und die Taktik des deutschen Panzerkampfes.‹
›Gut‹, sagte Stalin zufrieden.«
Und dann schickte er Jeremenko nach Brjansk, wo er den Stoß von Guderians Panzergruppe 2 erwartete.
Darauf warteten Stalin und mit ihm Jeremenko auch dann noch, als Guderians Panzergruppe 2 schon nach Süden marschierte. Jeremenko blieb das nicht verborgen. Er berichtet: »Wir machten Ende August Gefangene, die aussagten, daß die deutsche 3. Panzerdivision . . . die Aufgabe habe, zur Vereinigung mit der Panzergruppe Kleist nach Süden zu marschieren . . . Diese Aussagen wurden am 25. August durch unsere Luftaufklärung erhärtet, die eine mächtige motorisierte Kolonne des Gegners entdeckte, die sich nach Süden bewegte.«
Damit war eigentlich ziemlich klar, was sich anbahnte, aber Stalin und sein Oberkommando in Moskau waren dermaßen verrannt in ihre Überzeugung, nur Moskau könne das Ziel des deutschen Angriffs sein, daß sie Guderians Marsch nach Süden für den Ansatz einer weiträumigen Umgehung von Brjansk hielten.
In diesem Glauben machte Stalin einen nachgerade abenteuerlichen Fehler: Er löste die sogenannte sowjetische Zentralfront, die aus der 21. und der 3. Armee bestand und die Ukraine gegen einen Angriff aus dem Norden abdeckte, kurzerhand auf und unterstellte diese Divisionen Jeremenkos Heeresgruppe (Front) – zur Verteidigung Moskaus im Raum Brjansk. Das machte Jeremenko stark, er konnte einigermaßen beruhigt den deutschen Angriff erwarten. Nur – er wartete vergebens. Mißmutig notiert er: »Aber unsere Annahme (deutscher Stoß Brjansk – Moskau) verwirklichte sich nicht. Der Feind griff im Süden an und streifte unseren rechten Flügel nur. Wir . . . verfügten über keine Unterlagen, daß die Angriffsrichtung der deutschen Heeresgruppe

Als die ersten T 34 auftauchten, machte sich Ratlosigkeit in den deutschen Stäben breit. Noch aber waren die Stückzahlen gering, die Hauptlast trugen die 42 t-Ungetüme. Sie waren nicht geländegängig genug und wurden, wie im Bild links, in Sumpfgebieten leichte Beute der deutschen Gegner, die allerdings die gepanzerten sowjetischen Verbände auch kaum zur Entfaltung kommen ließen bei ihren schnellen Raids (ganz oben: Vorausabteilung der 3. Panzerdivision der Panzergruppe Guderian mit dem Weißen G auf den Fahrzeugen). Gesprengte Brücken wurden von Pionieren (oben: bei Opatschka über die Welikaya) im Akkordtempo durch Behelfsüberfahrten ersetzt.

Mitte geändert und nach Süden gelenkt worden sei. Dieser Fehler des Generalstabs brachte uns im Süden in eine äußerst schlimme Situation.«

In der Tat. Und noch schlimmer dadurch, daß die Unterlagen ja eigentlich da waren, nur beharrlich falsch gedeutet wurden. Stalin und Hitler – beide pfuschten sie ihren Generalen ins Handwerk. Die fatalen Folgen bekam zuerst Stalin zu spüren.

Nach einigem Aufenthalt bei Nowgorod-Sewersk, wo erst mal zwei Brücken über die Desna zu gewinnen sind, rollen Guderians Panzer nach Süden, in den Rücken von Budjonnys Südwestfront. Nun muß nur noch Kleists Panzergruppe 1 in der Gegenrichtung von Süden nach Norden stoßen, und es entsteht ein Kessel von wahrhaft gigantischen Ausmaßen.

Wo aber war Kleist? Wie stand es bei der Heeresgruppe Süd unter Generalfeldmarschall von Rundstedt? Was geschah an der Südfront, als im Mittelabschnitt die großen Vernichtungsschlachten von Bialystok, Minsk, Smolensk, Roslawl und Gomel geschlagen wurden?

Rundstedts großes Ziel war Kiew, die Hauptstadt der Ukraine, am Ufer des Dnjepr. Schon bei der Planung hatte es Schwierigkeiten gegeben. Der 400 Kilometer lange rumänische Karpatenraum mußte aus politischen Gründen als Bereitstellungsraum ausgespart werden. Der Angriffsschwerpunkt mußte deshalb auf dem Nordflügel der Heeresgruppe liegen. Hier sollten die 6. Armee unter Generalfeldmarschall von Reichenau und die 17. Armee von General von Stülpnagel die Grenzstellungen durchbrechen und weit nach Südosten vorstoßen. Dann sollten sie, mit der Panzergruppe von Kleist voraus, nach Süden eindrehen und die Sowjets umfassen. Dieser geplanten weiträumigen Zangenbewegung stand nur ein wesentlich kürzerer Zangenarm von Süden her entgegen, der von der weit im rumänischen Süden stehenden 11. Armee des Generaloberst Ritter von Schobert gebildet werden sollte. Die ungleiche Aufgabenstellung für die beiden Angriffsflügel hatte einen gewichtigen Grund: Die Heeresgruppe Süd verfügte im Gegensatz zur Heeresgruppe Mitte nur über eine Panzergruppe, und das reichte nicht aus, um den Kessel hinter der eine Million starken Heeresgruppe (Front) des Sowjetmarschalls Budjonny zu schließen. Budjonny konnte 2400 Panzerkampfwagen, darunter zahlreiche vom Typ KW und T 34, den 600 Panzern von Kleist entgegenstellen. Im Süden wie im Norden der Ostfront machte sich das Fehlen einer zweiarmigen Panzerzange bemerkbar.

Die Ziele wurden nicht planmäßig erreicht. Für eine so weiträumige, rasche Operation gegen ein so stark verteidigtes Gebiet wie die Ukraine war eben eine Panzergruppe zu wenig. Der enorme Erfolg im Mittelabschnitt beruhte wesentlich darauf, daß Bock zwei starke Panzergruppen als Stoßteile und Zangenarme zur Verfügung hatte. Rundstedt im Süden und Leeb im Norden dagegen hatten nur je eine Panzergruppe, und das allein ist die Erklärung dafür, daß sie mit dem Vormarschtempo des Mittelabschnitts nicht mithalten konnten.

Erst am 7. Juli gelang es der Panzergruppe Kleist im Morgengrauen, bei Zwiahel durch die sogenannte Stalin-Linie zu brechen. Nach weiteren zehn Tagen härtester Kämpfe erreichte Kleist dann Belaja-Zerkow, südwestlich von Kiew – und nun bot sich endlich auch im Süden die Gelegenheit zu einer Kesselschlacht: Über Pruth und Dnjestr kam jetzt auch die 11. Armee heran.

Am 1. August ist Kleists Panzergruppe bis Nowoarchangelsk vorgedrungen, drei Tage später trifft sie bei Perwomaisk mit den Spitzen der 11. Armee zusammen – der Kessel ist zu. Kleists Panzer haben drei russische Armeen mit 23 Divisionen umfahren, die sie nun auf die deutsche Infanteriemauer aus Teilen der 11., 17. und 6. Armee drücken.

Die im Raum um Uman eingekesselten Russen wehren sich verzweifelt, einigen Verbänden gelingt auch der Ausbruch, aber die Masse der drei Armeen wird geschlagen, 100 000 Mann gehen in Gefangenschaft, darunter zwei Armee-Oberbefehlshaber.

Aber nicht die Zahl der Gefangenen ist wichtig, entscheidend ist, daß nun Kleists Panzergruppe weiter am Westufer des Dnjepr auf Tscherkassy und Krementschug vorstoßen kann, und sich damit die Chance eröffnet, Budjonnys Millionenarmee im Dnjepr-Bogen beiderseits Kiew festzunageln.

Generaloberst Guderians Laune ist nicht gerade gut, als er am 29. August gegen Abend von einem Inspektionsflug zu seinen Verbänden in sein Stabsquartier bei Unetscha zurückkehrt. Die Lage ist ziemlich bedrohlich. Sicher, man hat einen Brückenkopf am Ostufer der Desna, bei Nowgorod-Sewersk, aber der Angriff kommt nicht weiter, Jeremenko versucht mit aller Kraft, den Brückenkopf einzudrücken. Auch weiter hinten, an der langen linken Flanke, müssen sich die 17. und 18. Panzerdivision mühsam der unentwegt anrennenden Russen erwehren.

»Wenn es ihm gelingt, uns weiter aufzuhalten, und wenn sie erkennen, was wir vorhaben – dann kann der ganze schöne Plan ein Schlag ins Wasser werden!« überlegt Guderian düster.

»Leider«, stimmt sein Ia, Oberstleutnant i. G. Bayerlein, zu. »Von der 2. Armee liegen schon Meldungen vor, daß die Russen sich südlich von Kiew aus dem Dnjepr-Bogen abzusetzen beginnen. Und am Donez sind Schanzarbeiten im Gange.« »Da haben wir's!« schimpft Guderian, »Budjonny hat aus Uman gelernt!«

Guderian hat den schnauzbärtigen Sowjetmarschall durchaus richtig eingeschätzt: Er trifft tatsächlich Vorbereitungen, aus der Umklammerung zu weichen und sich auf eine Stellung am Donez zurückzuziehen.

Aber Stalin ist da anderer Meinung. »Keinen Schritt zurück. Halten und notfalls sterben!« lautet sein unerbittlicher Befehl. Und er schickt alles, was er an Truppen, Panzern und schweren Waffen aufbringen kann, noch zusätzlich in den Dnjepr-Bogen.

Zugleich nimmt der Druck auf Guderians Brückenkopf zu, tagelang können sich die beiden Panzerdivisionen buchstäblich nur meterweise voranakämpfen.

Und dann, am 3. September, holt eine Zwillingsflak eine sowjetische Kuriermaschine vom Himmel. In den Trümmern wird, leicht angekohlt, der Kuriersack mit Befehlen gefunden. Als der Kommandierende General des XXIV. Panzerkorps, Geyr von Schweppenburg, die Übersetzung dieser Befehle liest, erkennt er, wo zwischen der 13. und der 21. sowjetischen Armee eine Lücke klafft. Geyr zögert keinen Augenblick; sofort setzt er Models 3. Panzerdivision auf die erkannte weiche Stelle an – und das klappt. Model bricht durch, schlägt den nachfolgenden Schützenregimentern eine Gasse, geht am 7. September mit seiner Vorausabteilung über den Seim, jagt weiter südwärts, an Konotop vorbei, in Richtung Romny.

Inzwischen macht sich im Süden, bei Krementschug die Panzergruppe Kleist bereit. Sie soll nicht zu früh starten, um die Umklammerungsabsicht nicht zu schnell deutlich zu machen. Am 11. September ist es soweit: Auf einer Kriegsbrücke gehen die 16. und die 9. Panzerdivision über den Dnjepr, am Abend des 12. hat sich die 16. Division bereits 70 Kilometer vorgekämpft, am 13. wird Lubny gestürmt – nach erbittertem Straßenkampf.

Nun merken auch die Russen, was sich anbahnt: Die deutsche Luftaufklärung meldet starke sowjetische Verbände im Anmarsch auf Guderians und Kleists Stoßkeile. Sie zielen auf die Lücke, die noch zwischen den beiden Panzergruppen klafft, wollen sie offenhalten.

Am 14. September ist diese Lücke noch 50 Kilometer breit. Models 3. Panzerdivision hat sich recht mühsam bis Lochwiza gequält – wilde Spätsommergewitter haben die Wege grundlos gemacht. Mittags schickt das Panzerregiment 6, das die Spitze bildet, einen starken Spähtrupp, ein paar Panzer und Panzerspähwagen unter Oberleutnant Wartmann los. Auftrag: »Kampf meiden, Verbindung mit Vorausabteilung der Panzergruppe Kleist suchen.«

Doch ganz ohne Kampf geht's nicht, ab und zu muß sich die kleine Gruppe ihren Weg durch zurückflutende russische Kolonnen schießen. Und dann, um 18.20 Uhr, sieht Oberleutnant Wartmann nicht erdbraune, sondern feldgraue Soldaten vor sich: Er hat Kleists Spitze gefunden! Es ist die 2. Kompanie vom Panzerpionierbataillon 16 unter Oberleutnant Rinschen, auf die Wartmann da trifft. Die Männer brüllen vor Freude – es ist gelungen, 200 Kilometer im Rücken von Kiew

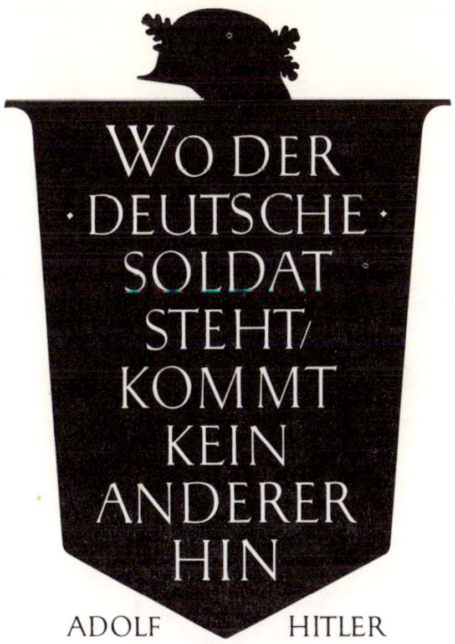

Was die Führung beschloß (linke Seite: Lagebesprechung Hitlers mit, von links, Generalfeldmarschall Keitel, Heeres-OB Generalfeldmarschall von Brauchitsch und Generaloberst Halder, dem Chef des Generalstabs), mußte die Truppe ausbaden, allen voran die Infanteristen (oben: Landser auf dem Marsch). Vor allem Hitler kümmerte es wenig, ob die Kräfte der Soldaten für die weitgesteckten Ziele noch reichten. Mit markigen Sprüchen, oft aus Reden des »Führers« (ganz oben), suchte die Wehrmachtpropaganda die Kampfkraft zu heben.

schnappt die riesige Falle zu! Vorerst allerdings nur symbolisch. Doch am nächsten Tag ist das Loch dann wirklich gestopft, das mörderische Kesseltreiben beginnt.

Erbittert rennen die Russen, von innen wie von außen, gegen den Einschließungsring an, mehr als einmal noch wird es für die vielfach beängstigend dünnen deutschen Linien kritisch – aber sie halten. Am 19. September fällt Kiew, am 26. September ist die große Schlacht zu Ende. Eine Schlacht, wie es sie noch nie gegeben hat.

Fünf sowjetische Armeen sind zerschlagen! Eine Million Mann hat Stalins »Stehen und Sterben«-Befehl gekostet, 665 000 davon marschieren in trostlosen Kolonnen in Gefangenschaft, 3718 Geschütze, fast 900 Panzer werden erbeutet. Aber noch andere Folgen hat diese Schlacht. Hitler hält den Feind für demoralisiert, glaubt ihn wankend. Er glaubt, daß ihm eine strategische Überraschung gelungen ist irrig, Budjonny hatte die deutsche Absicht durchaus richtig erkannt, nur Stalin hatte ihn an der richtigen Gegenmaßnahme gehindert.

Und so befiehlt Hitler am letzten Tag der großen Schlacht: »Donezbecken und Don sind noch vor Eintritt des Winters zu erreichen.« Das war noch folgerichtig. Aber gleichzeitig entschließt sich Hitler, berauscht vom Kiewer Sieg, zu wagen, wozu er sich vier Wochen früher nicht entschließen konnte: zum Sturm auf Moskau – Angriffstag: 2. Oktober, Deckname: »Taifun«.

Diesmal widerspricht ihm keiner. Auch die Frontkommandeure sind von den ungeheuren Erfolgen geblendet, wähnen sich unbesiegbar. Verdrängen die Sorgen, die sie schon eine ganze Zeit plagen: Ihre Truppen sind nach neun Wochen ununterbrochenen Kampfes nicht mehr die frischesten, sind dezimiert, auch das Material gibt unter der übergroßen Belastung nach, und der Nachschub läßt entschieden zu wünschen übrig. Das alles scheint vergessen, als der Befehl kommt: Nach Moskau!

Nur eine Woche ist Zeit, »die letzte große Entscheidungsschlacht« (so Hitler) zu planen. Erstaunlich genug – die Zeit reicht. Nach einem sorgsam ausgeklügelten Plan setzen sich um den 30. September herum drei Infanteriearmeen und drei Panzergruppen in Bewegung. Der Plan: 9. und 4. Armee sollen nördlich und südlich der Autobahn Smolensk – Moskau vorstoßen, mit den Panzergruppen 4 (Hoepner) und 3 (Hoth) als Zangenarme die vor der Front stehenden russischen Armeen umfassen und vernichten. Guderians Panzergruppe 2 soll, aus der Nordukraine kommend, wieder nach Norden rollen, Brjansk umfassen, Jeremenkos Armeen auf den mittleren Stoßkeil drücken.

Es ist eine raffiniert angelegte Doppelkesselschlacht mit drei Stoßkeilen – und sie gelingt! Es dauert nicht ganz eine Woche, dann sind zwischen Wjasma und Smolensk sechs russische Armeen unter Marschall Timoschenko sowie beiderseits Brjansk drei weitere Armeen unter General Jeremenko umzingelt, und abermals – nur drei Wochen nach der russischen Katastrophe von Kiew – schicken sich die Infanteriedivisionen an, das von den Panzern eingeleitete Vernichtungswerk zu vollenden.

Zehn Tage dauert die Schlacht noch, dann sind Timoschenkos sechs und Jeremenkos drei Armeen mit 70–80 Divisionen zerschlagen. Zuletzt kapitulieren die Russen regimenterweise, 663 000 Soldaten und Offiziere gehen in Gefangenschaft, 1242 Panzer und 5412 Geschütze bleiben auf dem Schlachtfeld zurück, teils zerstört, teils willkommene Beute.

Nach den Armeen, die die Ukraine schützen sollten, hatte Stalin nun auch die Armeen eingebüßt, die seine Hauptstadt decken sollten. Der Weg nach Moskau, so schien es, war für die deutschen Panzer offen: Zeit für den zweiten Teil des Angriffsplans, den eigentlichen Sturm auf Moskau. Doch es wurde kein Sturm. Die Wege nach Moskau waren auch in einem fatalen, nichtmilitärischen Sinn offen: Sie waren durch den Herbstregen grundlos geworden, verschlammt.

Elend langsam quälen sich die Fahrzeuge durch die Schlammbäder, wühlen sich fest; Kradschützen bauen sich hölzerne Kufen unter die Maschinen und ziehen sie; oft müssen kilometerlange Knüppeldämme angelegt werden.

Hinzu kommt auch ein taktisches Erschwernis: Nachdem schon die Straßen grundlos sind, ist erst recht das freie Gelände unbefahrbar – da bleiben auch Panzer und andere Kettenfahrzeuge liegen. So konzentriert sich der Kampf zwangsläufig auf die Straßen.

Noch während der Kampf in den Kesseln Wjasma/Brjansk tobt, haben sich die Panzer weitergewühlt. Am 12. Oktober wird Kaluga eingenommen, 160 Kilometer südwestlich von Moskau. Einen Tag später erreicht die Vorausabteilung der 1. Panzerdivision Kalinin, 150 Kilometer nordwestlich von Moskau, nimmt die Stadt, die Wolgabrücken und unterbricht die Bahnlinie Leningrad–Moskau. Damit ist der nördliche Eckpfeiler der 1. Moskauer Schutzstellung eingedrückt.

Doch das Kernstück dieses Riegels liegt weiter südlich, an der einzigen einigermaßen gut befahrbaren Straße, der Autobahn Smolensk–Moskau. 100 Kilometer vor der Hauptstadt, bei Borodino, steht dieser Riegel – und wer geglaubt hat, Rußland sei nach den schrecklichen Kesselschlachten von Kiew und Wjasma/Brjansk am Ende seiner Kraft, sieht sich getäuscht.

Stalin hat inzwischen aus Sibirien die 32. Schützendivision herangeholt, eine Elite-Einheit, lauter baumlange Kerle, die keinen Schritt weichen, zudem überreichlich ausgestattet sind mit Pak, Flak und Ratsch-Bumm, dem überaus wirksamen 7,62-cm-Mehrzweckgeschütz. Stalin kann es sich leisten, Sibirien zu entblößen, denn er weiß, daß ihm im Fernen Osten keine Gefahr von den Japanern droht. Sein Spion Dr. Sorge hat ihm gemeldet, daß Japan sich zum Angriff auf die USA, auf Pearl Harbor, bereitmacht – und diesmal, anders als vor Beginn des Rußland-Krieges, glaubt Stalin seinem Meisterspion.

Auch zwei neue Panzerbrigaden mit T 34 und KW 2 kann Stalin in die Schlacht werfen; erstmals greifen bei Borodino T 34 in geschlossenen Verbänden an. Sie können das, denn sie rollen noch: Der T 34 erweist sich auf seinen überbreiten Ketten als ziemlich schlammgängig.

So wird die Schlacht bei Borodino mörderisch. Die Waffen-SS-Division »Das Reich«, das Panzerregiment 7, das Artillerieregiment (mot) 90 und das Kradschützenbataillon 10 rennen hier gegen die Sibirier, gegen Bunker, ferngesteuerte Flammenwerferstände, Drahtverhaue an. Die Verluste sind entsetzlich, bei der SS-Division muß ein Regiment aufgelöst, der geringe Rest auf die anderen Regimenter verteilt werden.

Und dann wühlen sie sich doch irgendwie durch, reiben nach und nach die Sibirier auf, schlagen ein Loch in den Riegel, nehmen am 19. Oktober Moschaisk, kämpfen sich beiderseits und auf der Autobahn voran.

Die 10. PzDiv. unter General Fischer hat das starkbefestigte Straßenkreuz Schelkowka genommen und ist über die Moskwa in den Raum nördlich Rusa vorgestoßen. Hier hat sie nicht der Russe, sondern der Schlamm gestoppt. Bis zu den Knien im Schlamm watend, baut das Pz. Pionierbataillon 49 einen 15 Kilometer langen Knüppeldamm, um wenigstens die vorderen Einheiten untereinander beweglich zu erhalten. Nachschub kommt nicht mehr heran. Die Pioniere schuften tagsüber mit

Nun machte sich der Zeitverlust, den der Balkanfeldzug gebracht hatte, doch katastrophal bemerkbar: Im Herbst verwandelten sich die russischen Rollbahnen in grundlose Morastwege (oben: festliegende Nachschubkolonne). Panzer (links: in einem sowjetischen Dorf) blieben ohne Sprit, die Geschütze ohne Munition, wenn die Transporte aus den Depots nicht nach vorne kamen. Zudem versteifte sich der russische Widerstand wider Erwarten. Es war, als ahne der Gegner die Schwäche des Angreifers. Noch vermochte die Rote Armee freilich kein Gelände gutzumachen, litt doch auch sie unter den verheerenden Witterungsbedingungen.

einer Hungerration im Leib, für zehn Mann gibt es ein Kommißbrot. Nachts schießen sie sich mit angreifenden Russen herum. Als der Knüppeldamm endlich fertig ist, kommt Frost. Der Knüppeldamm wäre nicht mehr notwendig. Aber jetzt hat sich der Russe in einem Waldstück darauf festgesetzt und blockiert die Verbindung zur Divisionsspitze. Wieder müssen die erschöpften Pioniere nachts raus und die Verbindung freikämpfen. Dreißig Mann kostet sie das Unternehmen gegen die Sibirier, die wahre Meister im Waldkampf sind. Dann ist es geschafft. Auch südlich und nördlich der Autobahn schieben sich die Angriffsspitzen immer näher an die Stadt heran, noch 80 Kilometer, noch 60. Doch dann können sie nicht mehr. Der Schlamm hält sie fest, nicht nur die Kampftruppe vorne, sondern vor allem den Nachschub hinten. Sprit kommt nur noch kanisterweise nach vorn, Granaten werden stückweise zugeteilt, auch die Verpflegung wird knapp – so kann man nicht kämpfen, so kann keine Armee der Welt kämpfen.

Während sich in Moskau der Schreckensruf verbreitet: »Die Deutschen kommen!«, siegt Ende Oktober, Anfang November vor den Toren der Stadt endgültig der Schlamm. Bewegungskrieg, wenn man unbeweglich ist – das geht nicht. Jetzt fehlen die fünf Wochen, die zwischen dem 24. August – als der Angriff auf Moskau (statt auf Kiew) hätte gestartet werden können – und dem 2. Oktober liegen, als er gestartet wurde. Diese Zeitspanne macht den Unterschied zwischen Fahren und Festliegen, zwischen Staub und Schlamm, zwischen schwierig und unmöglich.

General J. F. C. Fuller, britischer Kriegshistoriker von Rang, schreibt: »Aller Wahrscheinlichkeit nach war es nicht so sehr der Widerstand der Russen – so groß er auch war – oder der Einfluß des Wetters auf die Luftwaffe, als vielmehr das Im-Schlamm-Versinken der Transportfahrzeuge der deutschen Front, wodurch Moskau gerettet wurde.«

So ist es. Jedenfalls in den letzten Oktobertagen. Überall in dem Halbkreis vor Moskau, hier ein paar Tage früher, da ein paar Tage später, heißt es nun: »Das Ganze halt.« Man muß warten, bis der Frost kommt, der Boden hart wird, bis man wieder fahren kann.

General Winter

Am 13. November, der erste Frost hatte die Straßen fest gemacht, legte Halder die schon vorbereiteten Einsatz-Befehle für die »Herbstoffensive 1941« auf den Tisch. Die Ziele waren, für die Jahreszeit und den Zustand der Truppe, enorm weit gesteckt: Guderians Panzergruppe, inzwischen in Panzerarmee umbenannt, sollte über Tula nach Nischni-Nowgorod vorstoßen und so Moskau von Süden umfassen; im Norden sollte die 9. Armee mit der 3. Panzerarmee (Reichenau) über den Wolga-Moskwa-Kanal ostwärts vordringen und hinter Moskau herum nach Süden schwenken, auf Guderians Spitzen zu. In der Mitte schließlich sollten vier Armeen und die 4. Panzerarmee frontal angreifen. Man sieht, noch einmal war es das Ziel, einen riesigen Kessel zu bilden, mit über 300 Kilometern Durchmesser und Moskau mittendrin. Und das im Winter!

Dennoch, der Angriff, der zwischen dem 15. und dem 19. November beginnt, läuft zunächst. Nicht im stürmischen Sommertempo, aber er kommt voran. Der Gegner ist zunächst überrascht, wirft dann blindlings den Angreifern entgegen, was er gerade hat.

17. November. Im Morgengrauen wartet, bei Mussino, 70 km nordwestlich von Moskau, die 106. InfDiv. auf den Angriffsbefehl. Vor den vorgeschobenen Beobachtern strecken sich dünn verschneite Felder, dahinter ein Wald. Als die Sonne durch die Nebelschwaden blaßrot hindurchzuschimmern beginnt, entdecken die Beobachter am Waldrand eine Bewegung. »Panzer!« denken sie unwillkürlich, doch dann sehen sie es: Nicht Panzer, sondern Reiter kommen da. Kleine Trupps voran, dann brechen sie in Massen aus dem Wald. Ein ganzes Reiterregiment – 1000 Pferde und Reiter – formiert sich zur Attacke. In breiter Front traben sie heran, dann fliegen die Säbel heraus, Galopp! Genau auf die deutsche Linie zu, und auf die 3. Batterie des Artillerieregiments 107, die auf einer Anhöhe dahinter in offener Feuerstellung steht – und schießt.

Sie schießen Abpraller, die Granaten krepieren in acht Meter Höhe über den anreitenden Schwadronen. Die Splitterwirkung ist verheerend, zerfetzt Reiter wie Pferde, nicht einer kommt durch. Nur Minuten dauert das grauenvolle Schlachten. Doch es ist nicht zu Ende. Abermals zittert der gefrorene Boden unter viertausend Hufen: Über die zuckenden Leiber der zusammengeschossenen Kameraden und Pferde hinweg galoppiert ein zweites Reiterregiment zur Attacke – und in den Tod, der diesmal noch schneller kommt, denn jetzt haben sich die deutschen Kanoniere eingeschossen. Einzig ein kleiner Trupp auf schnellen Kosakenpferdchen entgeht dem Feuerhagel, doch nur, um wenige Augenblicke später von MGs niedergemäht zu werden. Als gleich darauf der Befehl zum Angriff kommt, fällt kein Schuß. Dennoch steht das Grauen in den Gesichtern der Männer vom Infanterieregiment 240, die über den blutgetränkten Acker schreiten, auf dem die 44. mongolische Kavalleriedivision verblutet ist, ohne daß auch nur einem deutschen Soldaten eine Schramme zugefügt wurde.

Ein gänzlich unsinniges Opfer – aber es zeigt, mit welcher verzweifelten Entschlossenheit die sowjetische Führung dem deutschen Vormarsch alles und jedes entgegenwarf, wo und wie es gerade greifbar war. Allerdings meistens nicht so kopflos wie bei dem Massaker von Mussino.

Dennoch: Gegen erbitterten Widerstand schoben sich die Divisionen und Regimenter der Heeresgruppe scheinbar unaufhaltsam immer näher an Stalins Metropole heran. In der Woche vom 23. bis 30. November wurde die sogenannte 2. Moskauer Schutzstellung, der letzte Riegel vor der Stadt auf der Linie Klin–Tula, an vielen Stellen durchbrochen und im Süden umgangen – dort konnte Guderians Panzerarmee zwar Tula nicht nehmen, aber nordwärts und ostwärts daran vorbeistoßen.

Am 23. November fiel Solnetschogorsk, 60 km vor Moskau, am 24. Rogatschewo, noch am gleichen Tag wurde der Moskwa-Wolga-Kanal erreicht, ein Brückenkopf am anderen Ufer gebildet. Am 25. fällt Petschki, am 26. Istra, am 27. Jachroma, am 30. Krasnaja Poljana.

Etwas weiter südlich, am Mittag dieses Tages, rollt ein Erkundungstrupp des Panzerpionierbataillons 62 auf seinen Krädern über eine Straße Richtung Moskau. Kein Widerstand. Weiter. Vor ihnen eine kleine Stadt. Keine Verteidiger zu sehen. Sie preschen hinein. Angstvoll suchen die Menschen Schutz in den Häusern. Die Panzerpioniere machen etwas Lärm, dann machen sie kehrt – ohne in diesem Augenblick zu ahnen, daß sie es waren, die dem Kreml am nächsten kamen, und daß ihr Vorstoß einen Schreckensruf auslöste, der sich wie ein Lauffeuer durch die Millionenstadt verbreitete: »Die Deutschen stehen vor Chimki!« So hieß die kleine Hafenstadt, in die die Panzerpioniere eingedrungen waren, nur 8 km vom Stadtrand entfernt, knapp 20 km bis zum Kreml.

»Die Deutschen vor Chimki!«, das hieß, sie waren praktisch schon da. Angst und Unruhe krochen durch die Stadt, bedrükkend, aber nicht so laut wie vor fünf Wochen, als der erste Ansturm der Deutschen gegen Moskau brandete, Moschaisk gefallen war und Panikstimmung die Stadt erfaßte. Damals war Moskau einem Kollaps nahe gewesen. Die hastige Evakuierung von Regierung, Behörden, Parteidienststellen hatte der Bevölkerung das Ende signalisiert. Läden und die Wohnungen Evakuierter waren geplündert, Flugblätter mit dem Aufruf »Nieder mit den Kommunisten!« tauchten auf.

Damals war sofort Kriegsrecht über die Sowjethauptstadt verhängt, das panikbedingte Aufbegehren rasch und brutal unterdrückt worden. Was an Männern in der Riesenstadt noch irgend wehrfähig war, wurde in Schnellkursen notdürftig ausgebildet. Was blieb – Frauen, Kinder, Greise –, wurde zum Schanzen geschickt. Sie bauten unter entsetzlichen Bedingungen fast 100 Kilometer Panzergräben, 300 Kilometer Drahthindernisse und 8000 Kilometer tiefgestaffelte Schützengräben.

Das alles hatten die Deutschen nun überrannt, die grausame Arbeit war umsonst gewesen, die Deutschen standen trotzdem vor der Stadt. Doch neues Aufbegehren gab es nun nicht. Diesmal packte der Schrecken mehr die Führung als die Masse. Stalin selbst hielt es für möglich: »Wenn Moskau fällt«, sagte er düster zu dem amerikanischen Sonderbotschafter Harry Hopkins, »dann muß die Rote Armee ganz Rußland westlich der Wolga aufgeben.« Das hätte ungefähr dem »Barbarossa«-Ziel entsprochen, der A-A-Linie, von Archangelsk nach Astrachan.

»Wenn Moskau fällt« – aber es fiel nicht. Denn die Kälte und die Sibirier kamen. Schon nach der ersten Angriffswoche, die bei mildem Frost begann, sackten die Temperaturen auf minus 20 Grad. Um den 30. November, als die Deutschen schon die Spitzen des Kreml sehen konnten, zeigte das Thermometer minus 32 Grad. Der Kälte-Einbruch war zwar ungewöhnlich früh, doch so früh auch wieder nicht, daß er als völlig überraschender Schicksalsschlag gelten könnte – in Moskau und Umgebung wird es Anfang Dezember schon öfter mal so kalt.

Die Männer, die angetreten waren, Moskau zu stürmen, zogen alles übereinander, was sie hatten; wirklich schützende Wintersachen gab es ja nicht. Mit dem Schuhwerk war es noch schlimmer. Die Knobelbecher der Landser paßten genau

und hatten genagelte Sohlen. »Da könnt ihr gleich barfuß laufen«, spotteten hoch im Norden finnische Kameraden, als sie ihre Waffenbrüder begutachteten, »die Sohlennägel sind doch die besten Kälteleiter.«
Auch in der russischen kriegsgeschichtlichen Literatur findet sich immer wieder der Hinweis auf die passenden Schuhe der Deutschen – ein Schuh, der paßt, garantiert bei minus 30 Grad Erfrierungen. Die Russen wußten das, ihre Soldaten bekamen seit eh und je ihre Stiefel mindestens eine Nummer zu groß, damit sie im Winter Stroh oder Zeitungspapier einlegen konnten, um Erfrierungen zu verhindern. Dabei war der Mangel an Winterbekleidung und geeignetem Schuhwerk noch nicht einmal das Schlimmste, noch fataler war, daß es auch kein Winteröl für Waffen und Motoren gab.
Fast nicht vorstellbar: Wenn die Landser, ein paar Dutzend Kilometer vor Moskau, Katen gefunden hatten, in denen ein Ofen brannte, dann wärmten sie daran Steine. Aber nicht um draußen, auf Wache, Füße oder Hände warm zu halten, sondern die Schlösser der Waffen. Denn was nutzt ein MG, das nicht schießt, weil das Öl eingefroren ist?
Das war um den 1. Dezember herum die bittere Situation der deutschen Truppen vor Moskau. Festgefroren. Denn wenn schon Verteidigung mit Waffen, von denen man nicht weiß, ob sie im Ernstfall schießen, recht schwierig ist – angreifen kann man ohne zuverlässige Feuerbereitschaft auf gar keinen Fall mehr.
Und erst recht nicht einen Feind, der alles das im Überfluß hatte, was einem selber fehlte. Die Sibirier und Mongolen, die Stalin in die Schlacht um Moskau warf, trugen lange Fellmäntel, Schneehemden darüber; Pelzmützen und pelzgefütterte Filzstiefel hielten Kopf und Füße warm. Sie konnten, wenn es nötig war, stundenlang praktisch unsichtbar und reglos im Schnee liegen, ohne zu frieren.
Und ihre Waffen schossen, ihre T 34 fuhren. Zudem hatte Stalin, der vom Befehlsbunker im Kreml aus den Einsatz seiner Truppen weitgehend persönlich lenkte, einen enormen taktischen Vorteil: Während die Heeresgruppe Mitte auf 300 Kilometer breiter Front angriff, dabei natürlich Schwerpunkte bilden, die Lücken dazwischen aber sichern mußte, konnte Stalin mit Hilfe des guten Verkehrsnetzes von Moskau und Umgebung seine Truppen in kürzester Zeit jeweils dahin werfen, wo die Lage am brenzligsten war.
Nicht nur Truppen, auch was Waffen- und Munitionsfabriken hergaben, kam rasch nach vorn, und die T 34 rollten auf eigenem Fahrwerk von der Fabrik aufs Schlachtfeld, sie hatten es ja nicht weit.
Die Verteidiger hatten mithin alles, was sie brauchten, die Angreifer so gut wie nichts, und für sie kam, da der Nachschub im wesentlichen noch immer auf der Straße herangeschafft wurde, auch so gut wie nichts dazu.
Kein Geringerer als der Sowjetmarschall Schukow erblickte im Versagen des deutschen Nachschubs das schlachtentscheidende Moment: »Die Deutschen verloren vor Moskau, weil sie nicht für Lokomotiven mit passender Spurweite gesorgt hatten, um auf dem besten Eisenbahnnetz der Sowjetunion, nämlich im Raum Moskau, Nachschub und Reserven in größeren Mengen, unabhängig von Schlamm und Schnee, an die Front zu schaffen.«
Das ist sicher richtig, und so kam, was kommen mußte: Am 5. Dezember lag der deutsche Angriff fest, das Ziel buchstäblich vor Augen.
Generaloberst Guderian hat an diesem Tag seinen Gefechtsstand in einem kleinen Schloß südlich Tula, in Jasnaja Poljana, dem Gut des Dichters Tolstoi, der im Park davor begraben liegt. Guderian befiehlt in der Nacht vom 5. zum 6. Dezember unter dem Zwang der Lage seinen Verbänden »Angriff einstellen«. Und er notiert: »Der Angriff auf Moskau ist gescheitert. Wir haben eine Niederlage erlitten.«
Eine folgenschwere Niederlage. Denn nun, nach dem vergeblichen Angriff, sind die Truppen vollends erschöpft, ausgeblutet, dezimiert. Die Einheiten, ob Infanteriedivision, ob Panzerregiment, sind bis auf ein Drittel, teilweise auf ein Viertel des Soll-Bestandes geschrumpft, an Menschen und Material. Die Heeresgruppe

Es war schon ein enormes Erfolgserlebnis, wenn es gelang, einen sowjetischen T 34 in Brand zu schießen (oben). Zunächst nämlich brachte er die Bediener der deutschen 3,7-cm-Pak schier zur Verzweiflung, da ihre Geschosse völlig wirkungslos blieben. Das Geschütz handelte sich den Spitznamen »Panzeranklopfgerät« ein. Erst der Einsatz der 8,8-cm-Flak im Erdkampf brachte die breitkettigen und schnellen neuen russischen Tanks zum Stehen. Gegenstück zur gefürchteten 8,8 war die sowjetische »Ratsch-Bumm«, wie das 7,62-cm-Allzweckgeschütz wegen seines charakteristischen Abschußgeräusches bei den deutschen Landsern hieß (linke Seite). Respekt hatten sie auch vor den »Molotow-Cocktails«, Benzinflaschen mit Zündschnur (links).

Mitte ist, nach den wüsten Anstrengungen des Sommers und des zweimaligen Angriffs auf Moskau ausgebrannt, am Ende ihrer Kraft. Und das sollte Folgen haben.

Auch die Heeresgruppe Nord lag inzwischen fest, ihr Ziel, Leningrad, vor Augen. Dabei hatte im Norden der Angriff in den ersten Tagen des Feldzuges am schwungvollsten begonnen: Mansteins Stoßverband, das LVI. Panzerkorps, war in nur vier Tagen reichlich 400 km vorangestürmt, hatte die Dünabrücken bei Dünaburg und Jakobstadt genommen – wichtigste Voraussetzung für den weiteren Vormarsch auf Leningrad, dessen Eroberung laut Plan »Barbarossa« das erste strategische Ziel der Heeresgruppe Nord war.

Sechs Tage lang mußte Manstein – sehr gegen seinen Willen – in Dünaburg verharren, um das Herankommen der Verbände an seinen Flanken abzuwarten. Erst Anfang Juli geht es wieder los. Mansteins Korps soll aus dem Brückenkopf Dünaburg über Opotschka nach Nowgorod stoßen, links daneben ist Reinhardts XXXXI. Panzerkorps aus dem Brückenkopf Jakobstadt auf der Linie Ostrow, Pleskau, Luga angesetzt.

Auf den ersten 100 Kilometern kommt der Angriff gut voran, dann müssen sich die Spitzen durch eine sogenannte Stalinlinie wühlen, eine ausgebaute Verteidigungsstellung mit Bunkern und Feldbefestigungen. Das bremst den Vormarsch – und auf der Gegenseite versucht Generaloberst Kusnezow, in aller Eile Verstärkungen an die Schlüsselpunkte der Verteidigungslinie zu werfen. Vor allem den wichtigsten Verkehrsknotenpunkt Ostrow will er schützen.

Die deutsche Luftaufklärung erkennt die Bewegung, und so ergibt sich ein regelrechtes Panzerrennen nach Ostrow, wer eher da ist, hat gewonnen. Reinhardts Korps ist eher da, gut 24 Stunden, kann die Stadt nehmen und weiterstoßen, auf Pleskau. Der Vormarsch rollt wieder.

Aber nicht lange. An der Luga, insbesondere bei der Stadt Luga und rechts davon, bis Schimsk, versteifte sich der Widerstand rapide; hier hatte Marschall Woroschilow, der die sowjetische Nordwestfront kommandierte, eine starke Barriere zum Schutz von Leningrad aufgebaut. Mansteins Korps lag bereits davor fest. Dagegen ergab Luftaufklärung, daß weiter links, am Unterlauf der Luga, kaum Widerstand zu erwarten war. Der Grund ist klar: Die Wege vom Süden zum Unterlauf der Luga sind miserabel, führen durch Sumpfgelände. Da erwartet der Gegner keinen Angriff.

Das stellt Generaloberst Hoepner, Oberbefehlshaber der Panzergruppe 4, vor eine schwierige Entscheidung. Befohlen ist Angriff mit Schwerpunkt rechts, also über Luga, wo der Widerstand am härtesten ist. Aber links ist die Gelegenheit günstiger. Hoepner, gewiß kein Haudegen, sondern ein ruhiger, überlegender Mann, entscheidet, daß dies eine taktische Frage ist, die keiner Rückfrage höheren Orts bedarf, und wirft den Schwerpunkt des Angriffs nach links.

Er zieht, mitten in der Offensive, zwei Panzer- und eine Infanteriedivision aus dem Angriff heraus, hetzt sie in Gewaltmärschen gegen den Unterlauf der Luga – so um die 150 Kilometer weit. Riskant ist das schon, die Wege sind tatsächlich miserabel, rechts und links Sumpf, die Divisionen auf dem Marsch abenteuerlich weit auseinandergezogen. Aber die Rechnung stimmte, der Feind erwartete nichts, und so war es möglich, bei Poretschje und Sabsk über die Luga zu gehen. Bei Poretschje waren überdies zwei intakte Brücken genommen worden, bei Sabsk eine gute Furt.

So hatte Hoepner am linken statt am rechten Flügel ein Sprungbrett nach Leningrad gewonnen, er hatte nur noch knapp 115 Kilometer, zwei Tagemärsche, und kaum Feind vor sich. Freilich, mit Reinhardts Panzerkorps allein, das die Luga-Brückenköpfe hielt, war Leningrad nicht zu erobern. Mindestens ein paar Infanteriedivisionen hätte es dazu noch gebraucht. Doch die waren in dem schwierigen Gelände so rasch nicht heranzubekommen. Hoepner bemühte sich deshalb verzweifelt, Mansteins Korps für den weiteren Angriff an den linken Flügel zu bekommen. Aber er bekam es nicht.

General Winter wurde zum Hauptfeind der Landser (linke Seite: Aufwärmen an kleinem Feuer). Gewehrschlösser froren ein, Panzer sprangen nicht mehr an, die verbliebenen wurden an Infanterieeinheiten verteilt (ganz oben), die russischen Soldaten warfen sich dem Feind mit neuem Kampfesmut entgegen, aufgeputscht von patriotischen Parolen (oben: Plakat-Aufruf zur Verteidigung Moskaus).

Generaloberst Reinhardt schreibt über diese Situation: »Daß nicht sofort an eine Fortsetzung des Angriffs gedacht werden konnte, war klar . . . für die Versorgung und das Nachführen von erhofften Verstärkungen . . . waren mehrere Tage nötig.« Doch aus den Tagen wurden Wochen. Am 30. Juli, als Reinhardts Korps längst, schon mindestens 14 Tage lang, wieder angriffsbereit ist, notiert der General enttäuscht in seinem Tagebuch: »Neues Hinausschieben. Entsetzlich! Gelegenheit, die wir angeboten haben, ist endgültig verpaßt, es wird so immer schwerer.«

In der Tat. Woroschilow und Kusnezow waren schließlich auch nicht dumm. Sie hatten natürlich sofort erkannt, welche Gefahr Leningrad aus den Lugabrückenköpfen drohte, und da ihnen der Gegner Zeit dazu ließ, dichteten sie zunächst diese weiche Stelle ab und versuchten dann mit Macht und vielen funkelnagelneuen Panzern (zum Teil noch mit zivilen Fabrikbesatzungen bemannt), Reinhardts Korps wieder über den Fluß zurückzuwerfen.

Es war also nicht nur ruhiges Zuwarten, was dem XXXXI. Panzerkorps zugemutet wurde; die Truppe mußte sich fortwährend wütender Gegenangriffe der Russen erwehren. Zu allem Überfluß hatten die Sowjets in diesem Bereich eindeutig die Luftüberlegenheit: Die Kampf- und Jagdfliegerverbände der Luftflotte 1, die im Bereich der Heeresgruppe Nord operierte, waren – »Schwerpunkt rechts« – am Ilmensee beschäftigt. Nur eine oder zwei Staffeln Me 109, die auf einem relativ nahen Feldflugplatz bei Pljussa lagen, halfen gelegentlich den Panzerdivisionen an der unteren Luga ein wenig.

Die heikle Lage erzeugte bei Truppe und Stäben einen merkwürdigen Galgenhumor. So funkte Oberstleutnant von Scheele, Kommandeur der Panzeraufklärungsabteilung 4, einmal an die Führungsstaffel der 1. Panzerdivision:

»Der Russenflieger über uns sehr viele,
sie suchen uns im Tiefangriff zum Ziele.
Wo bleibt Professor Messerschmitt? Wir machen sonst hier nicht mehr mit!«

Der Adressat dieses Funkspruchs, Oberstleutnant i. G. Wenck, für seine Neigung, in Versen zu funken bekannt und gelegentlich gerügt, bemühte sich, Jäger für die bedrängten Männer vorne zu bekommen und antwortete:

»Sind jetzt eigne Jäger da?
Oder nur die Ratata?
Hat die Flak schon einen runter?
Oder bombt der Feind noch munter?«

Darauf Scheele:

»Einen hat sie runter,
zehne bomben munter,
und der deutschen Jäger zwei –
waren leider grad vorbei!«

Das klingt zwar im nachhinein recht heiter, aber man darf nicht vergessen, wieviel Bitternis auch darin steckt. Und als am 8. August das Warten ein Ende hatte, Reinhardts Korps endlich antreten durfte, da war es, wie General Reinhardt vorhergesehen hatte, tatsächlich entsetzlich schwer geworden. So schwer, daß der Korpsstab nach dem ersten Angriffstag die Frage diskutierte, ob der Angriff angesichts der bösen Verluste abgebrochen werden müßte.

Er wurde nicht abgebrochen, denn die 1. Panzerdivision beurteilte die Lage positiver, behielt auch recht damit, der Angriff gewann wieder Schwung, in weniger als einer Woche wurden die Sumpfwälder und der Feind überwunden, die Divisionen des XXXXI. Panzerkorps hatten wieder offenes, günstiges Gelände erreicht, der Weg nach Leningrad schien abermals offen. Und jetzt, am 14./15. August, war auch der Heeresgruppenbefehlshaber von Leeb endlich bereit, den Angriffsdivisionen auf dem linken Flügel neue Kräfte zuzuführen, damit sie weiterkonnten. Auch Mansteins Korps sollte nun endlich an den linken Flügel dirigiert werden.

In Hoepners Stab machte sich Siegeszuversicht breit – wenn Manstein wieder da war, die ganze Panzergruppe wieder massiert »klotzen« konnte (statt, wie bisher, zu »kleckern«), dann konnte eigentlich nichts mehr schiefgehen.

Eigentlich. Ging aber doch. Denn gerade als es soweit war, gab es rechts eine Krise, Mansteins Korps wurde umgedreht, um sie zu bereinigen, und mit dem raschen Stoß auf Leningrad war es wieder nichts. So dauerte es noch einen vollen Monat, mal Krise rechts, mal Krise links, bis sich die Heeresgruppe Nord schließlich doch an Leningrad herangekämpft hatte, bei Oranienbaum 16 sowjetische Divisionen eingekesselt hatte, vor Schlüsselburg am Ladogasee stand – kurz, einen Ring um die Nordmetropole des Sowjetreiches gebildet hatte und bereitstand, sie zu nehmen.

Und dann . . . General Reinhardt erinnert sich: »Mitten hinein in die berechtigte Siegesfreude schlug wie ein kalter Wasserstrahl am 12. September die Mitteilung, daß Leningrad nicht eingenommen, nur abgeschirmt werden soll. Unfaßbar für uns alle. In letzter Minute wurde der nahe Sieg der Truppe, die sich bis zum Äußersten eingesetzt hatte, entwunden.«

Eine ganze deutsche Armee, die 18., lag fortan vor Leningrad fest. Drei Jahre lang. Völlig eingeschlossen war die Stadt trotzdem nicht – allenfalls im Sommer. Im Winter, wenn Ströme, Sümpfe, Seen fest waren, konnte Leningrad ungehindert versorgt werden. Nicht nur das: Die Russen bauten über das Eis des Ladogasees eine Autobahn und einen Eisenbahnanschluß, beides zusammen so leistungsfähig, daß nicht nur die Menschen in der Stadt versorgt, sondern auch die Rüstungsindustrie in Gang gehalten werden konnte. Die Leningrader Panzerfabriken, die Geschütz- und Munitionsfabriken produzierten den ganzen Krieg lang fast ungestört vor sich hin – zum Wohle der Roten Armee.

Einkreisung droht

12. September 1941. Generaloberst Ritter von Schobert, Oberbefehlshaber der 11. Armee, startet zu einem Inspektionsflug. Die 11. Armee kämpft am äußersten südlichen Ende der langen Front quer durch Rußland, am rechten Flügel der Heeresgruppe Süd. Bedächtig kreist der Fieseler Storch über den vorgeschobenen Spitzen, über kämpfend weichenden Russen.
Schobert hat keine Bedenken, über Feindgebiet zu fliegen, er weiß, daß hier weder mit Flak noch mit Jägern zu rechnen ist. Das nicht – aber ein paar Russen ballern mit Gewehren auf den staksbeinigen Vogel. Mehr Ausdruck der Wut als gezieltes Feuer, doch einer trifft – den Tank der Maschine. Zunächst Glück im Unglück, es brennt nicht, nur das Benzin läuft aus. Die Notlandung, knapp vor den deutschen Linien, scheint zu glücken, der Storch setzt auf einem leidlich ebenen Acker auf, rollt holpernd aus – doch dann schleudert ihn eine gewaltige Detonation wieder in die Luft: Der Notlandeplatz war ein Minenfeld.
Ein paar Stunden nach Generaloberst von Schoberts Tod schrillt tausend Kilometer weiter nördlich, in einem nassen Zelt, ein Feldtelefon.
Das Zelt ist das provisorische Stabsquartier General von Mansteins. Der General und einige Offiziere seines Stabes spielen Karten – zur Ablenkung und Entspannung –, während sie auf die Abendmeldungen warten. Es ist ein trüber Tag, nicht nur des Dauerregens wegen, der auf die nassen Zeltplanen prasselt. Es ist der Tag, an dem Hitler zur tiefen Enttäuschung aller Frontkommandeure den Angriff auf Leningrad, knapp vor dem Erfolg, einstellen läßt.
Mürrisch legt Manstein die Karten hin, als Hauptmann Specht den Hörer hochhält: »Für Sie, Herr General! Der Herr Oberbefehlshaber.«
Das ist Generaloberst Busch, Oberbefehlshaber der 16. Armee, zu der Mansteins Panzerkorps gehört. Und staunend hört Manstein, wie ihm sein Freund Busch gratuliert: Manstein ist soeben der Oberbefehl über die 11. Armee übertragen worden.
Die Ernennung zum Oberbefehlshaber einer Armee ist ehrenvoll, so ziemlich das Äußerste, was ein Berufsoffizier sich wünschen kann – besonders glücklich ist Manstein trotzdem nicht. Denn er ist beides, einerseits ein nüchtern, überlegt und, wo angebracht, unkonventionell planender Stratege – dieser Eigenschaft verdankt er die überraschende Ernennung. Aber ebenso, und lieber noch, ist Manstein ein Troupier, einer, der vorne, bei seiner Truppe führt. Das kann er nun nicht mehr – als Armee-Oberbefehlshaber.
General von Manstein wußte, daß der Kampfauftrag, den er mit der 11. Armee erfüllen sollte, in keinem Verhältnis zu den vorhandenen Kräften stand.
Er lautete: Nach dem Übergang über den unteren Dnjepr erobert die 11. Armee mit Teilkräften die Halbinsel Krim und stößt mit ihrer Masse entlang der Küste des Asowschen Meeres nach Rostow vor.
Das muß man sich mal auf der Landkarte ansehen, um zu verstehen, daß Manstein dabei kräftiges Unbehagen empfand. Der Stratege Manstein begriff zwar die Bedeutung dieser Ziele: Die Krim war sozusagen ein Flugzeugträger, von dem aus die für Deutschland unentbehrlichen Ölfelder im rumänischen Ploesti bedroht waren; Rostow an der Donmündung praktisch das Tor zum Kaukasus – sehr wünschenswert, beides zu haben.
Aber Manstein weiß auch: Selbst der besten, einsatzfreudigsten, kampfkräftigsten Truppe darf, kann und soll man nicht Unmögliches abverlangen. Und was hier von der 11. Armee erwartet wird, geht weit über ihre Kräfte, muß zur Zersplitterung führen.
Beides auf einmal, Krim und Rostow, geht mit den vorhandenen Kräften einfach nicht. Manstein entschließt sich, zunächst einmal alle Kraft auf die Krim zu konzentrieren und weiter nördlich vorerst nur nachzutasten, nur Kontakt zum – zunächst – weichenden Feind zu halten.
Die Krim zu erobern, ist nicht einfach. Eine nur sieben Kilometer breite Landenge bei Perekop ist der einzige wirkliche Zugang – rechts davon ist Siwasch, auch das »Faule Meer« genannt, ein weder für Land- noch für Wasserfahrzeuge passierbarer Salzsumpf. Links ist das Schwarze Meer. Und die Landenge dazwischen durchzieht ein künstlicher 12 bis 15 Meter breiter Graben, fast ein halbes Jahrhundert alt: der sogenannte Tatarengraben, ehedem angelegt, um die sonst unzugängliche Halbinsel gegen das Festland zu verteidigen.
Dazu eignet sich der uralte Graben auch 1941 noch, ist eine richtige Panzerfalle, und die Russen haben ihn als Kern einer gut ausgebauten Verteidigungsstellung genutzt.
Freilich, Mansteins 11. Armee, die sich nun der Landenge von Perekop nähert, hat gar keine Panzer, nur Panzerspähwagen und zwei Dutzend Sturmgeschütze – sehr zum Leidwesen des Oberbefehlshabers, der ja zu den besten Panzertaktikern zählt. Der Mangel an Panzern ist um so ärgerlicher, als der Weg nach Perekop und auch der – vorerst vertagte – Stoß in Richtung Rostow durch die Nogaische Steppe führt. Ein merkwürdiges, faszinierendes Gebiet, bretteben, kein Hügel, kein Baum, kein Strauch, nur Steppengras – ideales Panzergelände.
Panzer hat Manstein, wie gesagt, nicht, statt dessen setzt er alles, was er an Artillerie, Flak und Pionieren hat, zusammen mit dem LIV. Armeekorps unter General Hansen auf die Landenge an. Das ist nicht gerade wenig für einen nur 7 km breiten Frontstreifen, doch Manstein weiß, für den Durchbruch wird's reichen, nicht aber dafür, die ganze Krim – immerhin ungefähr so groß wie Belgien – zu erobern. Dazu braucht er mehr Truppen, schnelle vor allem, denn er hofft, bei raschem Vormarsch auch die Festung Sewastopol handstreichartig nehmen zu können.
Und so löst er, während General Hansens Korps noch in schweren Kämpfen am Tatarengraben steht, weiter nördlich zwei Gebirgsdivisionen und die bestens ausgerüstete, hochbewegliche »Leibstandarte Adolf Hitler« aus der Front – sie sollen, nach dem Durchbruch, rasch ausfächern und so die große Halbinsel in Besitz nehmen.
Ein guter, wenn auch etwas waghalsiger Plan. Er klappt auch zunächst. General Hansens Korps durchbricht nach dreitägiger erbitterter Schlacht den Tatarengraben, der Weg auf die Krim ist frei.
Doch dann passiert's. Generaloberst Kusnezow, auf der anderen Seite, hat erkannt, daß Manstein seine Nordflanke in der Nogaischen Steppe weitgehend entblößt hat – und da stößt er durch. Gründlich – die 9. und 18. russische Armee schlagen ein fast 20 Kilometer breites Loch in die deutsche Front, drohen Mansteins 11. Armee im Rücken zu fassen. Die Situation ist bedrohlich, mit einigem Glück könnte Kusnezow den Großteil der 11. Armee gegen das Schwarze Meer

Der Tod im Graben ereilte im verbissenen Winterkampf 1941/42 zigtausend Soldaten im Osten. Die Russen warfen ausgeruhte sibirische Truppen an die Front, die mit bester Winterausrüstung die zu Verteidigern gewordenen deutschen Angreifer an allen Frontabschnitten in Bedrängnis brachten. Entschlossenheit und Todesverachtung (Bild: gefallener Rotarmist in deutscher MG-Stellung) zeichneten diese Kämpfer aus. Vor Moskau mußten die deutschen Truppen weit zurückgenommen werden, konnten aber größere Einbrüche immer wieder abriegeln, so daß für das kommende Frühjahr noch recht gute Ausgangspositionen gehalten wurden.

drängen und vernichten. Manstein bleibt nichts übrig, als den schnellen Sturm auf die Krim abzubrechen und der Leibstandarte sowie dem Gebirgskorps »Kehrt« zu befehlen, um den gefährlichen russischen Durchbruch abzuriegeln.

Aber dreh mal einer zwei Divisionen und eine Brigade mitten im Marsch um – so einfach geht das nicht; und die Lage der 11. Armee wird rapide immer kritischer. Doch ein Bewegungskrieg hat seine eigenen Gesetze. Im Mittelabschnitt geht zur gleichen Zeit die gewaltige Kesselschlacht bei Kiew zu Ende, die Panzergruppe 1 unter Generaloberst von Kleist wird für neue Aufgaben frei und bekommt sie sofort: Kleist fährt, von Norden kommend, den beiden russischen Armeen in den Rücken.

Damit hat sich die Lage in ihr genaues Gegenteil verkehrt: Nicht mehr die 11. Armee sitzt in der Falle zwischen Russen und Meer, sondern nun steckt Kusnezow in der Falle zwischen Kleist und Manstein. Fünf Tage – bis zum 10. Oktober – tobt nun in der Nogaischen Steppe nördlich des Asowschen Meeres eine Kesselschlacht, dann sind Kusnezows Armeen vernichtet, 65000 Gefangene gemacht, 212 Panzer und 672 Geschütze erbeutet.

Eine glückliche Wende – aber teuer erkauft: Jetzt erst setzt sich bei OKH und OKW die Einsicht durch, daß die 11. Armee für den Doppelauftrag Krim und Rostow zu schwach ist. Der Stoß nach Rostow wird nun der Panzergruppe Kleist übertragen, die dafür durch die Leibstandarte und das XXXXIX. Gebirgskorps verstärkt wird. Endlich kann Manstein die ganze Kraft seiner 11. Armee auf die Krim konzentrieren – doch mit dem überraschenden Handstreich auf die Festung Sewastopol, der drei Wochen früher vermutlich möglich gewesen wäre, ist es nun nichts mehr!

Zwar gelingt es in geradezu ungestümem Angriffsschwung, bis zum 16. November die gesamte Krim in Besitz zu nehmen und dabei 16 sowjetische Divisionen zu zerschlagen (abermals 100000 Gefangene!), aber Sewastopol hält. Die damals wohl stärkste Festung der Welt ist vollgestopft mit Elitetruppen. In raschem Sturm ist dieses Bollwerk nicht zu werfen. Andererseits ist der Besitz der Krim nur die Hälfte wert, solange der Gegner die Seefeste samt Hafen hat.

So versucht es Manstein dennoch. Vier Wochen lang bereitet er den Angriff vor, schafft an festungsbrechender Artillerie heran, was nur zu bekommen ist. Am 17. Dezember gibt er den Angriffsbefehl. Aber Sewastopol ist stark. Da gibt es an jeder wichtigen Position riesige unterirdische Geschützbunker mit drehbaren Doppeltürmen, aus denen 30,5-cm-Rohre Tod und Verderben speien. Dazwischen massenhaft stark armierte MG-Bunker. Nur meterweise kommt der Angriff voran, jeder Bunker, jede Feuerstellung muß einzeln, in mörderischem Kampf Mann gegen Mann genommen werden.

Zwei Wochen tobt der entsetzliche, blutige Kampf, zusätzlich erschwert durch die nun auch hier im Süden einsetzende bittere Kälte, dann sind sie bis an den inneren Festungsring heran – und dann ist doch alles umsonst. Denn am 25. und 26. Dezember landen starke sowjetische Kräfte auf dem langen, schmalen Ostarm der Krim, bei Kertsch und Feodosia, und drohen die deutsche Krim-Armee von Osten her aufzurollen.

Manstein muß den Angriff auf die Fe-

UNTERNEHMEN »BARBAROSSA«

Vormarsch der Heeresgruppe Nord und Mitte bis 30.9.1941

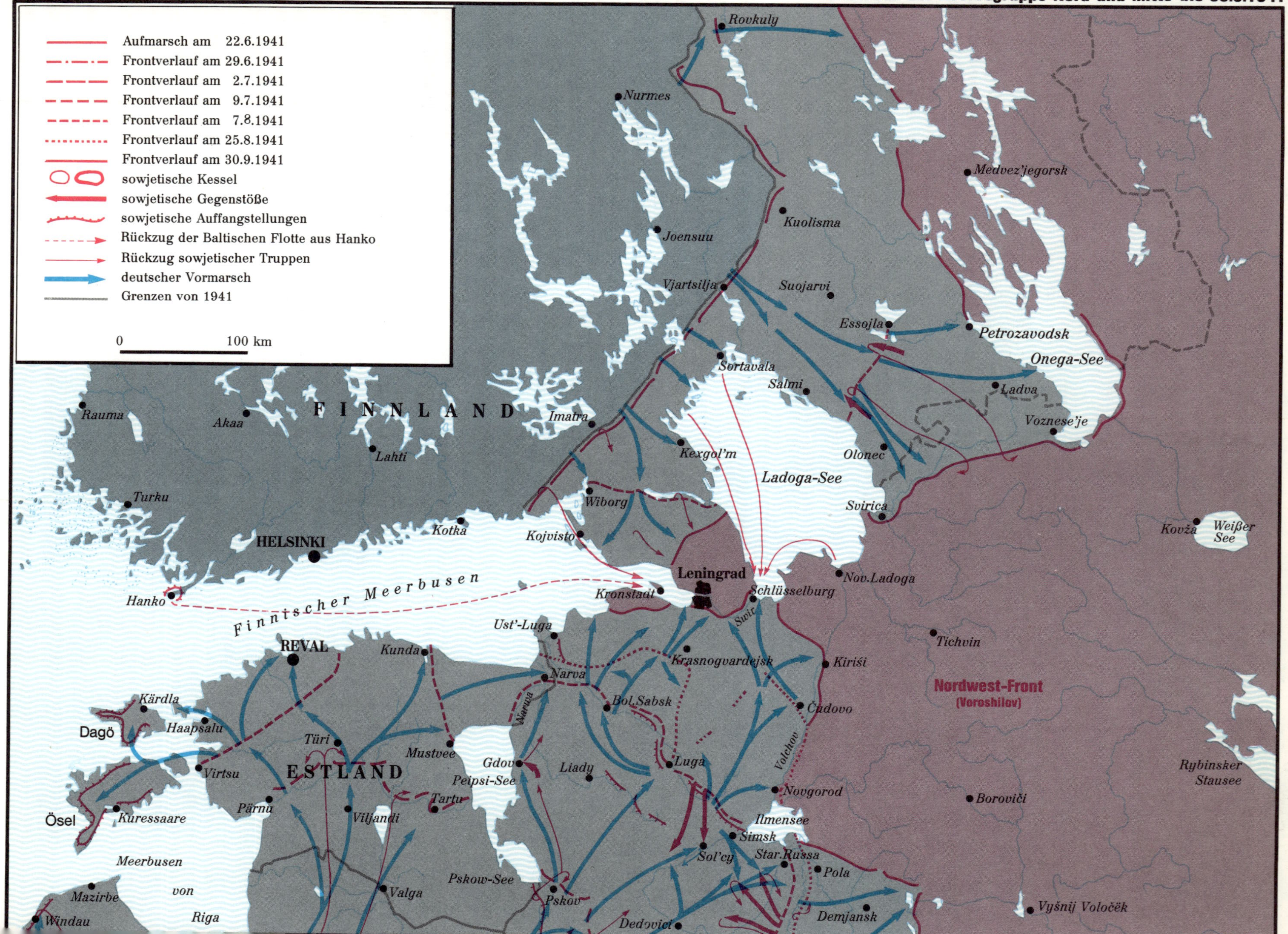

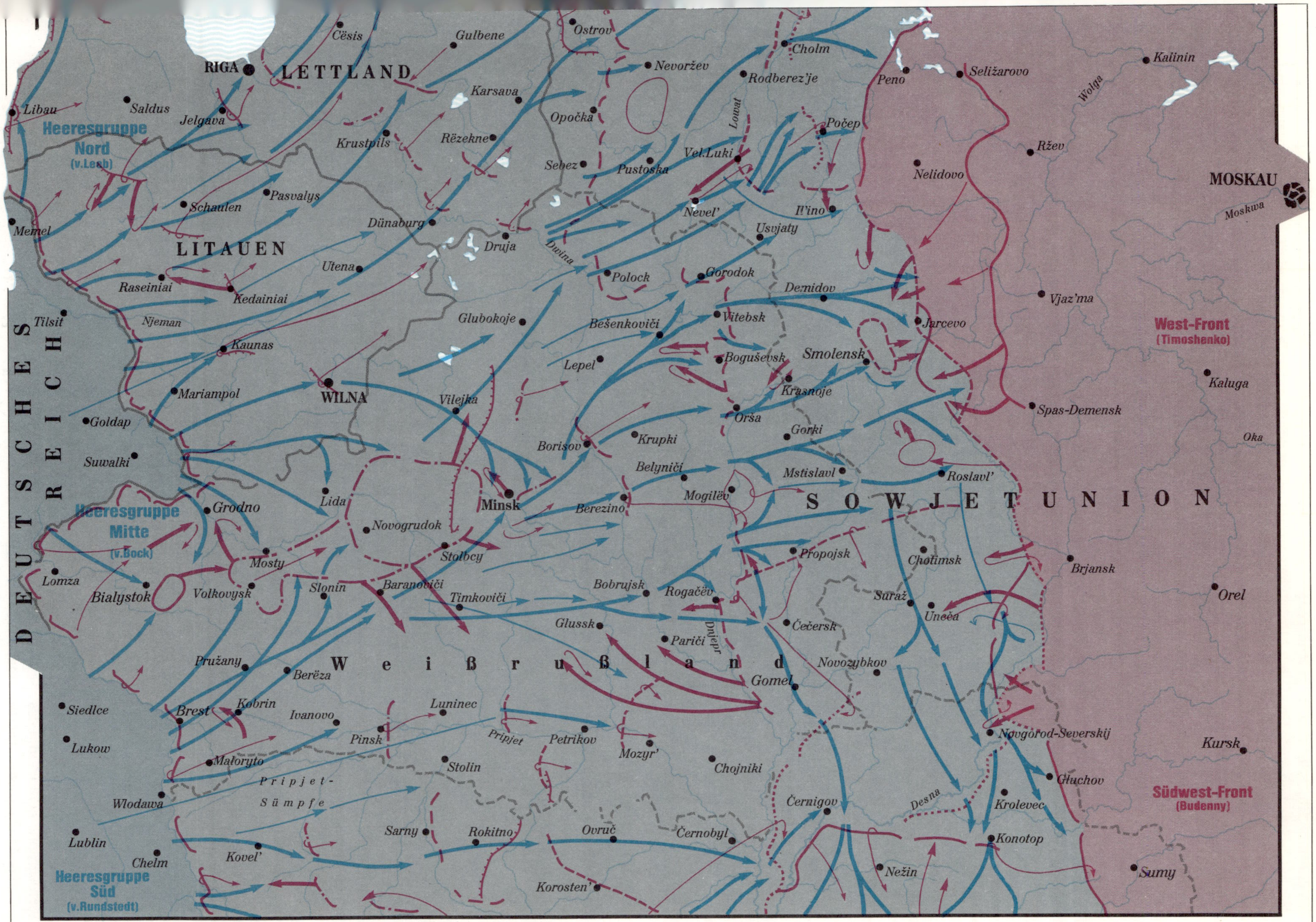
DEUTSCHES REICH
LETTLAND
LITAUEN
Weißrußland
SOWJETUNION
MOSKAU
Heeresgruppe Nord (v.Leeb)
Heeresgruppe Mitte (v.Bock)
Heeresgruppe Süd (v.Rundstedt)
West-Front (Timoshenko)
Südwest-Front (Budenny)
RIGA
Libau
Saldus
Jelgava
Cēsis
Gulbene
Ostrov
Nevoržev
Cholm
Rodberez'je
Peno
Seližarovo
Kalinin
Wolga
Karsava
Krustpils
Rēzekne
Opočka
Sebež
Pustoška
Vel.Luki
Lowat
Počep
Nelidovo
Ržev
Moskwa
Memel
Schaulen
Pasvalys
Dünaburg
Druja
Dwina
Nevel'
Il'ino
Usvjaty
Raseiniai
Kedainiai
Utena
Polock
Gorodok
Demidov
Vjaz'ma
Tilsit
Njeman
Kaunas
Glubokoje
Bešenkoviči
Vitebsk
Jarcevo
Mariampol
WILNA
Lepel'
Boguševsk
Smolensk
Krasnoje
Kaluga
Goldap
Vilejka
Orša
Spas-Demensk
Suwalki
Borisov
Krupki
Gorki
Oka
Grodno
Lida
Minsk
Belyniči
Mstislavl
Roslavl'
Mogilëv
Berezino
Novogrudok
Mosty
Stolbcy
Propojsk
Chotimsk
Brjansk
Lomza
Bialystok
Volkovysk
Slonin
Baranoviči
Timkoviči
Bobrujsk
Rogačëv
Suraž
Unеča
Orel
Glussk
Pariči
Dnjepr
Čečersk
Pružany
Berëza
Novozybkov
Gomel'
Siedlce
Brest
Kobrin
Ivanovo
Luninec
Lukow
Pinsk
Pripjet
Petrikov
Mozyr'
Novgorod-Severskij
Kursk
Maloryto
Stolin
Chojniki
Gluchov
Wlodawa
Pripjet-Sümpfe
Černigov
Desna
Krolevec
Lublin
Sarny
Rokitno
Ovruč
Černobyl
Konotop
Chelm
Kovel'
Sumy
Nežin
Korosten'

stung trotz des enormen Blutzolls, den er schon gefordert hat, abbrechen, viele Einheiten aus eben bitter erkämpften Stellungen abziehen. Er muß sich darauf beschränken, einen engen Einschließungsring um Sewastopol zu halten, um mit den so frei werdenden, arg zusammengeschrumpften Verbänden den russischen Einbruch im Ostteil der Krim abzuriegeln.
Es ist hier wie überall: Die deutschen Kräfte reichen einfach nicht für die riesige Aufgabe. Reserven sind keine da. Brechen die Russen – die trotz enormer Einbußen durchaus noch keinen Mangel an Menschen haben – irgendwo durch, muß allemal ein anderes Frontstück entblößt werden, um die Lage zu bereinigen. Das kann auf die Dauer nicht gutgehen. Und es geht nirgendwo gut.
Typisches Beispiel dafür auch das Schicksal der zur Panzerarmee erhobenen Panzergruppe Kleist: Nach der Kesselschlacht am Asowschen Meer war die Panzerarmee weiter ostwärts bis zum Mius gestoßen, dann vom Herbstschlamm festgehalten worden, nach Frosteinbruch am 17. November weitergerollt. Am 21. November dann ein großer Sieg: Rostow wird genommen, die Donbrücken fallen unversehrt in deutsche Hand. Das ist das Tor zum Kaukasus, zu den Ölquellen von Baku, zum Persischen Golf!
Doch mit dem Sieg ist nichts anzufangen. Es gibt keine Möglichkeit, ihn zu nutzen: Ganze drei Divisionen sind es, die Rostow genommen haben, abgekämpft, allenfalls noch ein Drittel der Sollstärke vorhanden. Und dagegen rennen pausenlos fünfzehn sowjetische Schützen- und Kavalleriedivisionen an, dazu noch einige Panzerbrigaden.
Generalfeldmarschall von Rundstedt, Oberbefehlshaber der Heeresgruppe Süd, sieht die Situation nüchtern und verlangt am 29. November vom Führerhauptquartier die Erlaubnis, Rostow aufzugeben, empfiehlt Rückzug auf eine weit günstigere, weil kürzere Linie am Mius.
Hitler willigt ein, aber mitten in der Absetzbewegung widerruft er seinen Befehl: »Bleiben Sie, wo Sie sind, und gehen Sie nicht weiter zurück.«
Doch Rundstedt weigert sich schlicht, diesen Führerbefehl auszuführen, leitet statt dessen den dringend erforderlichen Rückzug der von Vernichtung bedrohten Verbände in und um Rostow ein. Worauf er prompt von Hitler gefeuert wird.
Die Führung der Heeresgruppe Süd erhält Generalfeldmarschall von Reichenau, der bis dahin die 6. Armee am Nordflügel der Heeresgruppe geführt und das Donezbecken, das hochindustrialisierte »Ruhrgebiet« der Sowjetunion, erobert hat. Reichenau stoppt als erstes Rundstedts Rückzugsvorbereitungen. Aber wegzaubern kann er die russische Übermacht am Don bei Rostow auch nicht. Er ist noch nicht ganz 24 Stunden Heeresgruppen-Oberbefehlshaber, da muß er seinem Führer mitteilen: »Wir müssen zurück, anders geht es nicht!« Und einen knappen Tag, nachdem er Rundstedt wegen derselben, zutreffenden Lagebeurteilung seines Kommandos enthoben hat, stimmt Hitler diesmal Reichenau zu. Der erste Rückzug des Feldzugs beginnt, geplant, geordnet, keine Katastrophe.
Aber eine Warnung. Guderian, in seinem Stabsquartier auf Tolstois Gut Jasnaja Poljana, sagt, als er von der Entwicklung im Süden hört, düster zu seinen Stäblern: »Dies, meine Herren, ist das erste Läuten der Alarmglocken!«
Als Guderian dies spricht, läuft der Angriff der Heeresgruppe Mitte auf Moskau noch. Noch ein paar Tage, bis er im Angesicht des Zieles in klirrendem Frost liegenbleibt und Guderian notiert: »Wir haben eine Niederlage erlitten.«
In diesem Augenblick war's noch keine Niederlage, nur ein Mißerfolg – es war auch im zweiten Anlauf nicht gelungen, Moskau zu nehmen. Doch die Niederlage folgte, fast sofort.
Am 5. Dezember, als der deutsche Angriff buchstäblich festgefroren ist, beginnt der russische Gegenangriff. Und wie! Siebzehn Armeen hat Stalin aus den östlichen Weiten seines Reiches herangeschafft, an die Mittelfront um Moskau. Kerntruppen sind wieder kältegewohnte und entsprechend ausgerüstete Sibirier und Mongolen.
Die Heeresgruppe Mitte hat dem nichts mehr entgegenzusetzen als den verzweifelten Abwehrwillen der Truppe.
Und nun macht sich auch ein sozusagen traditionelles Versäumnis bemerkbar: Rückzug war bei der deutschen Armee nie geübt worden. Weder bei der Truppe noch bei den Stäben. Nur Angreifen und allenfalls Halten lernte der deutsche Soldat, Zurückgehen nicht. In fataler Überheblichkeit hieß es schon bei der Reichswehr: Absetzen übt man nicht, man bringt doch der Truppe nicht das Ausreißen bei! Dementsprechend verlief auch der nicht geübte und geplante Rückzug. »...die Disziplin beginnt sich zu lockern. Es mehren sich die zu Fuß zurückgehenden Soldaten, die ohne Waffe, ein Kalb am Strick, einen Schlitten mit Kartoffeln hinter sich, ohne Führung nach Westen zu ziehen... kopflos geht es rückwärts.« So ein Bericht von General Schaal, Kommandierender General des LVI. Panzerkorps, der den Ansturm der Russen bei Klin, nördlich Moskaus, erlebte und zu den Generalen gehörte, die sich zu Schützen zurückverwandeln mußten, weil plötzlich Russen vor dem Stabsquartier waren.
Ende des Jahres, drei Wochen nach Beginn des russischen Gegenangriffs, gibt es im Bereich der Heeresgruppen Nord und Mitte keine zusammenhängende deutsche Front mehr. Sowjetische Armeen sind südlich des Ilmensees, an der Nahtstelle zwischen den Heeresgruppen Nord und Mitte, durchgebrochen und stoßen zügig auf Welikije Luki und Witebsk. Weiter südlich, bei Rschew, sind ebenfalls mehrere Sowjetarmeen durch die aufgerissene Front der 9. Armee gedrungen und drohen Mitte Januar die Heeresgruppe Mitte im Rücken zu fassen.
Der Oberbefehlshaber der 9. Armee, Ge-

Ein verhängnisvoller Erfolg: »Halten um jeden Preis« war Hitlers Devise in der Abwehrschlacht gegen die russische Winteroffensive gewesen. Das hatte an zwei Stellen zur Kesselbildung geführt: Bei Demjansk schloß die Rote Armee 100000 Verteidiger ein, bei Cholm 5000. Beide Kessel versorgte die Luftwaffe, beide konnten im Frühjahr gesprengt werden (rechte Seite oben: Ritterkreuz für Cholm-Kommandant Generalmajor Scherer). Die Leistung der fliegenden Verbände (oben: am Fallschirm niedergegangene Versorgungsbombe) führte Hitler später zu der Annahme, auch Stalingrad sei so zu halten.

neraloberst Strauß, ist mit seiner Gesundheit und seinen Nerven am Ende. An seiner Stelle übernimmt General Model den Oberbefehl über die 9. Armee – ein dynamischer Panzergeneral, der sich nicht damit begnügt, zu halten, was zu halten ist, sondern dem es vor allem darum geht, die Initiative wiederzugewinnen. »Den durchgebrochenen russischen Divisionen muß der Nachschubhahn zugedreht werden«, verkündet er gleich bei der ersten Lagebesprechung seinem nicht wenig verblüfften Stab, »und dann fahren wir den Russen in die Flanke und würgen sie ab!«

»Und was bringen Sie uns für diese Operation mit, Herr General?« fragt der Ia der Armee, Oberstleutnant Blaurock, vorsichtig.

»Mich!« sagt Model trocken und grinst. Und tatsächlich, dieser neue Armee-Oberbefehlshaber, der weitaus mehr vorne bei der Truppe ist als am Kartentisch im Stabsquartier, strahlt in geradezu ansteckender Weise Zuversicht und Kampfgeist aus. Er bringt es wirklich fertig, die durchgebrochenen Sowjetarmeen einzuschließen und nach und nach aufzureiben. Wie hart diese Kämpfe waren, zeigen immer wieder Szenen wie diese: Model besucht den Divisionsgefechtsstand der Waffen-SS-Division »Das Reich«. Herein kommt mit einer Meldung der Regimentskommandeur Kumm. »Ich weiß, was Ihr Regiment durchmachen mußte«, sagt Model, »aber ich kann es jetzt noch nicht entbehren. Wie stark ist es denn noch?« Kumm deutet zum Fenster. »Mein Regiment ist draußen angetreten, Herr Generaloberst!« Model schaut hinaus. Draußen stehen fünfunddreißig Mann.

Immerhin: Die Lage am Nordflügel der Heeresgruppe Mitte war stabilisiert. Und auch weiter nördlich, wo die Russen zwischen Ilmen- und Seligersee durchgebrochen waren, erreichte General Jeremenko, der hier – unverwüstlich, nach schwerer Verwundung wieder genesen – die sowjetischen Stoßarmeen kommandierte, nicht das angestrebte Ziel – den weiträumigen Stoß in die praktisch unverteidigten Weiten hinter der deutschen Front. Denn wie ein Prellbock lag ihm in und um Demjansk das II. Armeekorps unter General Graf Brockdorff-Ahlefeldt im Weg. Das II. Armeekorps, sechs Divisionen, 100 000 Mann, war seit dem 12. Februar eingekesselt – es war das erste Mal, daß eine so große deutsche Einheit *im* Kessel kämpfen mußte, statt, wie gewohnt, *am* Kessel. 90 km weiter südlich standen in einem Kessel um Cholm 5000 Mann.

Ehe es zu diesen Einkesselungen kam, war – kurz nach dem russischen Durchbruch – erwogen worden, hier (wie auch weiter südlich) die Front weit zurückzunehmen. Doch davon wollte Hitler nichts wissen, er blieb bei seinem »Halten um jeden Preis«. Und in diesem Falle hatte er wohl recht.

Die Kessel von Demjansk und Cholm mußten aus der Luft versorgt werden – und das gelang. Täglich landeten hundert oder mehr Ju's im Kessel, brachten Verpflegung, Munition, nahmen Verwundete mit zurück. Bis die Kessel im Frühjahr befreit wurden, waren 65 000 Tonnen Güter ein- und 36 000 Mann ausgeflogen worden – und die ganze Zeit banden das II. Armeekorps und die Kampfgruppe Scherer in Cholm die Angriffskräfte von fünf sowjetischen Armeen!

Eine böse Folge dieser gelungenen Luftbrückenoperation großen Stils sollte sich erst ein dreiviertel Jahr später zeigen: Als Hitler glaubte, es könne, nach dem Beispiel von Demjansk, auch die Stalingrad-Armee aus der Luft versorgt werden – ein schicksalsschwerer Irrtum.

Gebirgsjäger am Polarkreis

Die nördlichste Region, in der im Winter 1941/42 die Abwehrschlacht gegen die zurückschlagenden Sowjets tobte, lag weit nördlich des Polarkreises in dämmeriger Polarnacht: die Halbinsel Kola am Eismeer. Das heißt, von einer »tobenden« Schlacht konnte man nicht so recht sprechen, denn hier war es noch kälter als im übrigen Rußland: Bei minus 50 Grad und dazu beißendem Schneesturm erstarb nahezu jede Bewegung, bei Angreifern wie Verteidigern.

Dem deutschen Oberkommando galt das Kampfgebiet hoch im Norden als »Nebenkriegsschauplatz«, was allenfalls quantitativ verständlich ist – auf deutscher Seite waren nicht mehr als ein halbes Dutzend Divisionen eingesetzt. Und doch zählt das, was sich dort oben in der Polarnacht abspielte, ganz eindeutig zu den kriegsentscheidenden Ereignissen.

Operation »Platinfuchs« hieß dieses Unternehmen, und die Weichenstellung für seine Entwicklung spielte sich am 21. April 1941 im Kartenzimmer der Reichskanzlei in Berlin ab.

An diesem Tag ist General Dietl zum Vortrag befohlen. Der knorrige Bayer aus Bad Aibling, der »Held von Narvik«, ist etwas fremd in dieser Runde – Hitler, Keitel, Jodl, Adjutanten, Ordonnanzen –, aber keineswegs gehemmt.

Hitler korrigiert noch eben den Wehrmachtsbericht – Siege überall, in Jugoslawien, Griechenland, Nordafrika –, dann wendet er sich dem seltenen Gast zu und einer bereitgelegten Karte des Gebietes um Murmansk.

Murmansk – ein kleines Naturwunder. Eine 100 000-Einwohner-Stadt, ganz allein in wilder Einöde. Ringsum wege-, baum- und strauchlose Tundra, über der drei Monate im Jahr gräßliche Hitze brütet und in der übrigen Zeit Polarkälte, die alles Leben nahezu unterdrückt.

Nur Murmansk lebt im Polarwinter weiter. Ein letzter, müder Ausläufer des Golfstroms beleckt diese Küste und sorgt mit den Resten der im Golf von Mexiko aufgetankten Wärme dafür, daß im Hafen von Murmansk das Wasser auch bei Lufttemperaturen von minus 50 Grad noch plätschert, statt zu Eisbarrieren zu erstarren. Murmansk ist die einzige ganzjährig benutzbare Verbindung zum offenen Weltmeer, über die Rußland verfügt, weshalb schon im Ersten Weltkrieg ein 1400 Kilometer langer Bahnstrang durch die wüste Tundra zwischen Petersburg (Leningrad) und Murmansk gebaut wurde, unter gräßlichen Opfern übrigens: 25000 Menschen starben beim Bau der Strecke innerhalb eines Jahres; im kurzen Sommer an Typhus, im Winter an Frost und Hunger. Die meisten waren deutsche und österreichische Kriegsgefangene.

Diese Bahnstrecke war Hitler ein Dorn im Auge. Er fürchtete, Stalin würde mit Hilfe der Bahn starke Truppeneinheiten nach Murmansk werfen, um von dort die nur 100 Kilometer entfernten, für Deutschland lebenswichtigen Nickelgruben im finnischen Petsamo anzugreifen und auch die nicht minder wichtigen Erzlager in Norwegen.

»Diese Gefahr muß beseitigt werden«, stellte Hitler fest, »und zwar durch Angriff. Sie müssen«, er wandte sich an Dietl, »die lächerlichen hundert Kilometer von Petsamo nach Murmansk mit ihren Gebirgsjägern bezwingen und der Bedrohung ein Ende machen!«

Dem General Dietl schienen die 100 Kilometer von Petsamo nach Murmansk durchaus nicht lächerlich. Er hatte mit dem Stab seines Gebirgskorps die Situation genau geprüft und sagte Hitler unumwunden, wie er die Lage beurteilte: »Mein Führer, in der Tundra vor Murmansk schaut es aus wie kurz nach der Erschaffung der Welt. Kein Baum, kein Strauch, keine Siedlung, nur Fels, Geröll, Sumpf, Wildbäche und reißende Flüsse. Im Winter ist das Gelände eine Eiskruste, über der bei 50 Grad Kälte fortwährend wilde Stürme toben.

Da oben in der Tundra hat noch niemand Krieg geführt. Das geht eigentlich auch gar nicht – die Wüstenei ist für Truppenverbände einfach undurchdringlich. Man müßte schon Straßen bauen oder wenigstens Karrenwege. Aber wenn ich das mit meinen zwei Divisionen machen sollte, dann blieben mir kaum noch Leute zum Kämpfen. Und unsere technische Ausstattung ist ohnehin nicht die beste. ›Handwerksburschenausrüstung‹ nennen es meine Offiziere. Uns fehlen Zugmaschinen, Tragtiere, bewegliche Artillerie, und dann hat jede Division auch nur zwei Regimenter.«

Eine derart offene Sprache war nicht gerade das, was Hitler liebte, aber von dem urigen Bayern nahm er sie hin, hörte zu. Denn Dietl war noch nicht fertig. Er legte dar, daß es eigentlich gar nicht unbedingt nötig sei, Murmansk selbst zu nehmen, daß derselbe Effekt erreicht werde, wenn man die Bahnlinie weiter südlich, in besserem Gelände sperre. Hitler war beeindruckt. Er ließ sich Dietls Unterlagen geben und erklärte, er wolle sich die Sache überlegen. Als Dietl drei Wochen später die endgültigen Operationsbefehle erhielt, war er enttäuscht. Seine Gedanken waren zwar aufgenommen worden, aber wie! Seine beiden Gebirgsdivisionen sollten unverändert von Petsamo direkt auf Stadt und Hafen Murmansk vorstoßen. 350 Kilometer weiter südlich sollte das XXXVI. Korps mit zwei Infanteriedivisionen die Bahn bei Kandalakscha sperren, und nochmal 150 Kilometer weiter südlich war das finnische III. Korps, ebenfalls mit zwei Divisionen, auf die Bahnstation Louchi angesetzt.

Eine zerfledderte Operation! Angriff mit sechs Divisionen an drei weit auseinanderliegenden Stellen. Auf eine Bahnlinie, die nur gesperrt zu werden brauchte – an einer Stelle, welcher auch immer.

Wie diese ziemlich unverständliche, geradezu regelwidrige Kräftezersplitterung zustande kam, hat sich später herausgestellt. Sie geht auf einen zwar gutgemeinten, aber falschen Ratschlag des finnischen Oberkommandos zurück. Die finnischen Stäbler hatten ihre deutschen Kollegen darauf hingewiesen, daß es an der ganzen Lapplandfront aus Geländegründen nirgendwo möglich sei, mit mehr als zwei Divisionen zu operieren und sie zu versorgen.

Hoch im Norden an der Eismeerfront kämpfte die deutsche Lapplandarmee unter Generaloberst Dietl, dem Helden von Narvik. Auch er konnte hier keine Wunder vollbringen und mußte seine Gebirgsjäger oft genug durch eisige Wüsten an neue Kampfbrennpunkte werfen. Für die malerische Beleuchtung des Polarlichts (oben) hatten die Landser keinen Blick. Sie waren zwar besser auf den Frost vorbereitet als ihre Kameraden im Süden, doch dafür gab es keine Hoffnung auf Frühling, wie ihn vor allem die Truppen des italienischen Verbündeten (rechts eine Kolonne im Schneesturm) herbeisehnten.

Wenn man konventionelle Maßstäbe anlegte, mochte das richtig sein. Um eine schlagkräftige Stoßarmee von vier oder sechs Divisionen in der Tundra zu versorgen, hätte man sich sicherlich neue Methoden einfallen lassen müssen, wie den großzügigen Einsatz von Straßenbaumaschinen oder eine Versorgung aus der Luft. Möglich wäre das zweifellos gewesen, die Transportkapazität der Luftwaffe war zu dieser Zeit, zu Beginn des Ostfeldzuges, noch gut – sie reichte ja sogar ein dreiviertel Jahr später noch, sechs Divisionen im Kessel von Demjansk monatelang unter schwierigsten Bedingungen zu versorgen.

Doch zu solchen außergewöhnlichen Maßnahmen mochte sich das OKW nicht entschließen, Operation »Platinfuchs« spielte sich eben auf einem Nebenkriegsschauplatz ab, dessen Bedeutung von der deutschen Führung zwar erahnt, aber doch wohl nicht voll erkannt wurde.

Und so kam, was kommen mußte: Der Angriff der jeweils zwei Divisionen kam an allen drei Angriffspunkten zunächst ein Stück gut voran, blieb dann aber bei sich versteifendem sowjetischen Widerstand liegen.

Dabei war sogar Dietl schließlich etwas optimistischer gewesen als bei seinem Vortrag in der Reichskanzlei. Denn die Karten, die er zusammen mit dem Operationsbefehl erhielt, zeigten, daß das Kampfgebiet doch nicht so wegelos war, wie er geglaubt hatte: Hinter einem relativ schmalen Grenzstreifen begannen offenbar doch gute, gerade Straßen nach Murmansk.

Dietl setzte die 3. Gebirgsdivision unter Generalmajor Kreysing auf die günstigste dieser Straßen an, die vom Tschapr-See nach Motowski und von da nach Murmansk führte.

Mühsam quälte sich das Gebirgsjägerregiment 139 durch die Ödnis, am Tschapr-See vorbei, suchte die Straße, die dort beginnen sollte, fand aber keine. Ebensowenig fand 40 Kilometer weiter nördlich das Geb.Jäger-Rgt. 136 die Straße, die von Titowiga nach Sapadnaja Liza führen sollte.

Des bösen Rätsels Lösung: Die Kartenauswerter des OKW hatten gestrichelte Doppellinien in russischen Karten für Straßen gehalten; in Wirklichkeit kennzeichneten diese Striche den Verlauf der Telegrafenlinien.

Für Dietl bedeutete das: mitten in der anlaufenden Offensive umdisponieren. Schon dabei zeigte sich, wie zutreffend Dietls ursprüngliche Einschätzung gewesen war: Bald war nur noch ein knappes Drittel seiner Divisionen im Kampf, die

anderen reichlich zwei Drittel waren mit dem Nachschub und dem Rücktransport Verwundeter beschäftigt.
Trotz dieser mißlichen Verhältnisse kämpften sich die bayerischen und österreichischen Gebirgsjäger bis an die Liza, gingen bei Sepadnaja Liza, einem Fischerdorf unweit der Mündung, über den Fluß, erbeuteten ein russisches Verpflegungslager, in dem sie zu ihrer Freude nicht nur Brot und Tabak, sondern auch Lastwagen fanden. Da mußte also eine Straße sein. Und wenig später sahen sie sie: eine prächtige, bestens ausgebaute Straße.
Sie sahen sie, aber sie bekamen sie nicht, die schöne Straße nach Murmansk. Denn die Russen verteidigten diesen Schlüsselpunkt hartnäckig – und noch hatten sie die Bahn, also die Möglichkeit, Truppen und Material rasch bis in Frontnähe zu bringen – von Murmansk bis an die Liza, wo Dietls Korps stand, sind es nur 45 Kilometer, und die Russen hatten nicht nur die Bahn, sondern auch die Straße.
Bei den beiden Vorstößen weiter südlich war die Lage nicht besser: Das XXXVI. Gebirgskorps unter General Feige, das die Bahn bei Kandalakscha sperren sollte, war 36 Kilometer vor dem Ziel am Ende seiner Kraft. Und das finnische III. Korps blieb bei Kiestinki liegen, 70 Kilometer von Louchi entfernt, wo es die Bahn hätte sperren sollen.
Die Russen schickten – während sie gleichzeitig bei Uman, Wjasma, Brjansk, Kiew fürchterliche Schläge hinnehmen mußten – unverdrossen Elite-Truppen an die Murmanskfront: Stalin wußte offenbar besser, worum es dort ging, als die deutsche Führung, die es sich freilich auch hätte ausrechnen können.
Nicht auf die Nickelgruben oder norwegisches Erz war Stalin aus, ihm ging es nur um Hafen und Bahn. Denn er wußte: Aus eigener Kraft würde Rußland die enormen Materialverluste der ersten Kriegsmonate nicht ausgleichen können, er war auf Hilfe aus Übersee, aus den USA, angewiesen. Und nur über den eisfreien Hafen von Murmansk waren kontinuierliche Hilfslieferungen möglich, die Bahn war zum lebenserhaltenden Nabelstrang des Sowjetreiches geworden.
Deshalb beschränkten sich die Russen nicht auf Verteidigung, sondern versuchten immer wieder, im Gegenangriff die Deutschen aus den noch bedrohlich nahen Stellungen an der Liza zu vertreiben. Doch es zeigte sich, daß die extremen Gelände- und Wetterverhältnisse jedem Angreifer, auch dem gutausgerüsteten, kaum überwindliche Schwierigkeiten bereiteten.
Die Russen kamen keinen Schritt voran, auch die letzte großangelegte Offensive im April 1942, bei der die ganze sowjetische 14. Armee auf Dietls schwaches Gebirgskorps losstürmte, scheiterte, wobei es auch den wintererfahrenen Russen passierte, daß ihnen eine ganze Schützendivision, die 115., auf dem Marsch ins Kampfgebiet buchstäblich erfror.
Danach erstarrte die Front im hohen Norden. Rußlands Nabelschnur blieb intakt, und was das bedeutete, mag man an folgenden Zahlen ablesen: Allein im ersten Jahr des amerikanischen Rußlandhilfsprogramms trafen in Murmansk 19 Geleitzüge ein. Ihre Fracht bestand aus 3052 Flugzeugen, 4048 Panzern, 520 000 Kraftfahrzeugen aller Art.
Das war mehr, als der deutschen Wehrmacht bei Beginn des Ostfeldzuges (1830 Flugzeuge, 3580 Panzer) zur Verfügung stand! Und der ständige Nachschubstrom riß während des ganzen Krieges nie ab. Daß die Sowjetunion ohne diese Hilfslieferungen hätte durchhalten können, ist mehr als zweifelhaft; der Mißerfolg der Operation »Platinfuchs« war für den Ausgang des Rußlandkrieges entscheidender als alle siegreichen Schlachten, die geschlagen waren und noch geschlagen werden sollten.

Planung für Fall »Blau«

Mit den neuerlichen Siegen dauerte es freilich noch eine Weile. Denn wenn auch die sowjetische Winteroffensive in opferreichen Kämpfen abgefangen worden war, so war die Front im Mittelabschnitt auch im Frühjahr noch keineswegs stabil. Am bedrohlichsten war Ende März/Anfang April die Lage südlich Charkow. Dort hatten die Russen beiderseits von Isjum die deutsche Donez-Front achtzig Kilometer breit aufgerissen und waren 100 Kilometer westwärts vorgedrungen. Überall am Rand dieser riesigen Beule in der deutschen Front waren bis weit in den April hinein erbitterte Abwehrkämpfe im Gange.
Noch immer war es bitter kalt, um 40 Grad herum, und so ging der Kampf in jeder Hinsicht ums nackte Leben – um jedes Dorf, jedes Gehöft wurde gerungen; nur wer ein Haus, einen wärmenden Ofen für ein, zwei Stunden Schlaf fand, hatte eine Überlebenschance.
Überwiegend Einzelkämpfe also, in kleinen Gruppen, bei denen Kampfmoral und Einfallsreichtum den Ausschlag gaben.
Während noch überall solche Kämpfe tobten, begann im OKW die Planung für die nächste Offensive. Denn darüber war man sich schon vorher einig geworden:
Der naheliegenden Neigung, nach den schweren Rückschlägen des Winters erst einmal zu konsolidieren, zu warten, die Russen kommen zu lassen, durfte nicht nachgegeben werden. Man durfte, so Hitler, aber auch Generale wie der Chef der Operationsabteilung, Heusinger, die Initiative nicht aus der Hand geben, den Russen, die in der bitteren Winterschlacht schließlich auch stark, zahlenmäßig sogar mehr geblutet hatten, keine Zeit lassen – also: Angriff.
Wieder auf Moskau – meinte Generalstabschef Halder. Doch davon wollte Hitler nichts mehr hören. Er, der vor dem Beginn des Rußlandfeldzugs Warnungen wegen der unzureichenden (Kriegs-) Wirtschaftskraft des Reiches in den Wind geschlagen hatte, stellte plötzlich wirtschaftliche Überlegungen in den Vordergrund: Das kaukasische Öl (Baku) müsse Stalin weggenommen werden, und dann, so Hitlers Plan, gleich weiter nach Per-

Wieder in die Offensive gingen die deutschen Armeen, als sich im April/Mai 1942 das Wetter besserte. Sofort aber merkten die Frontsoldaten, daß ein anderer Gegner sie erwartete. Die Russen hatten die Winterpause zu umfangreichen Auffrischungen genutzt. Nur nahkampfweise (oben: zwei Stoßtruppen-Soldaten sind in eine sowjetische Stellung eingedrungen) kamen die Landser stellenweise vorwärts. In den Städten mußten Widerstandsnester in direktem Artilleriebeschuß (rechte Seite: 10,5-cm-Geschütz im Häuserkampf) niedergekämpft werden.

sien, zu einer Zangenbewegung kontinentalen Ausmaßes:
Im Süden, nämlich aus Nordafrika, könnte dann Rommel quer durch die arabische Wüste bis zum Persischen Golf vorrollen, auch das arabische Öl einkassieren. Fürwahr ein gigantisches, besser gigantomanisches Vorhaben.
Also nicht Moskau, sondern Stoß nach Süden, zunächst den Don entlang, Richtung Stalingrad, und dann hinunter zum Kaukasus. Das war der Fall »Blau«, die Sommeroffensive 1942, so nüchtern benannt, weil Hitler nach dem steckengebliebenen »Barbarossa« keinen Geschmack mehr an verpflichtenden Decknamen für seine Operationspläne hatte. Noch eine andere Eigenheit zeichnete die Operation »Blau« aus: Der Wehrmachtsführungsstab hatte Hitlers Intentionen in herkömmlicher Weise in Befehlsform übersetzt, das heißt, die Ziele der Operation exakt umrissen. Dem Befehlsempfänger, in diesem Falle dem Oberbefehlshaber der Heeresgruppe Süd, Generalfeldmarschall von Bock, blieb es überlassen, selbst zu entscheiden und zu planen, wie die Ziele der riesigen Operation zu erreichen seien.
Das war beim deutschen Heer seit Scharnhorsts Zeiten, also seit damals rund 130 Jahren, so üblich und bewährt: Der Generalstab plant und befiehlt im Großen, zweckmäßige Ausführung ist Sache des Befehlshabers im Kampfbereich.
So war es bis zum 4. April 1942 auch noch im 2. Weltkrieg gewesen. An diesem Tag legte Generaloberst Jodl Hitler die Befehlsentwürfe für den Fall »Blau« vor. Hitler, der wegen des Winterdebakels den Heeresoberbefehlshaber von Brauchitsch als Sündenbock in den Ruhestand geschickt und selbst den Heeresoberbefehl übernommen hatte, paßte die Entscheidungsfreiheit nicht, die der Befehlsentwurf dem Oberbefehlshaber Süd ließ. Daß seine Erfolgsvisionen vom Vorjahr nicht Wirklichkeit geworden waren, hatte ihn gegen seine Generäle mißtrauisch gemacht. So lehnte er den Befehlsentwurf des Führungsstabes ab. Er wünsche detaillierte Befehle, erklärte er, und die werde er selber ausarbeiten. Es war der Anfangspunkt einer fatalen Entwicklung, die später dazu führte, daß im frontfernen Führerhauptquartier schließlich über Operationen auf Bataillonsebene entschieden wurde.
Ganz soweit war es im April 1942 noch nicht. Hitlers Befehlsausarbeitung, die Führerweisung Nr. 41 vom 5. April, war ein zehn Blatt langes merkwürdiges Mischmasch aus Grundsatzentscheidungen, Operationsbefehl und Durchführungsbestimmungen, ausgerichtet auf das Ziel, »die den Sowjets noch verbliebene Wehrkraft endgültig zu vernichten und ihnen die wichtigsten kriegswirtschaftlichen Kraftquellen soweit als möglich zu entziehen«, und zwar durch weiten Vorstoß im Süden.
Ehe der beginnen konnte, mußte allerdings die Front endgültig bereinigt und stabilisiert werden. Das gelang bis Anfang Mai – nur bei Isjum blieb eine weit nach Westen vorspringende Beule, die noch vor dem Hauptangriff beseitigt, sozusagen abgekniffen werden mußte. Das sollten, beginnend am 18. Mai, die 6. Armee und die Armeegruppe Kleist als Zangenpaar besorgen.
Doch auch Marschall Timoschenkos Interesse konzentrierte sich auf den Frontbogen von Isjum; für ihn war er eine hervorragende Ausgangsstellung für einen Umfassungsangriff auf die deutsche 6. Armee im Raum Charkow. Und Timoschenko war schneller als sein deutscher Kollege von Bock, er griff am 12. Mai an, und zwar mit geradezu überwältigender Kraft:
Den nördlichen Arm seiner Umfassungszange bildete die 28. sowjetische Armee, die mit 16 Divisionen, drei Panzerbrigaden und zwei mot.-Brigaden aus dem Raum Woltschansk nach Südwesten vorstieß.
Noch gewaltiger war die Streitmacht, die aus dem Frontbogen bei Isjum als südlicher Zangenarm hervorbrach: Zwei Armeen, die 6. und die 57. mit insgesamt 44 Divisionen und 14 Panzerbrigaden!
Gegen diese Übermacht war so gut wie nichts zu machen. Zwar gelang es General Paulus mit seiner 6. Armee, den nördlichen Zangenarm Timoschenkos knapp 50 km vor Charkow festzuhalten, doch der enorm starke südliche Stoßkeil war durch nichts und niemanden aufzuhalten. Die Russen überrollten die dünnen deutschen Linien und stürmten unaufhaltsam westwärts – am 16. Mai näherten sie sich bereits Poltawa, wo sich, über 100 Kilometer im Rücken von Charkow, Generalfeldmarschall von Bocks Hauptquartier befand. Die Lage war bedrohlich.
Durch Timoschenkos überraschende Offensive war der deutsche Angriffsplan undurchführbar geworden: Die 6. Armee hatte mehr als genug mit der 28. sowjetischen Armee zu tun und fiel für den ihr zugedachten Part aus. Die Frage war, ob man es riskieren konnte, den ursprünglich beabsichtigten Zangengriff auch einarmig, nur mit der Armeegruppe Kleist, zu führen. Bock, gedrängt von seinem Stabschef, General von Sodenstern, wagte es schließlich, zog den Angriffstermin sogar einen Tag vor und schickte Kleist mit seinen neun Infanterie- und drei Panzerdivisionen am 17. Mai nordwärts.
Es war eine waghalsige und deshalb nicht erwartete Antwort auf den wuchtigen sowjetischen Angriff. Zu spät erkannte Timoschenko, was sich im Rücken seiner westwärts stürmenden Armeen zusammenbraute. Als er begriff, war es zu spät: Kleists Divisionen waren durch seine weiche Flanke hindurchgestoßen, hatten am 22. Mai bei Bairak am Donez Anschluß an die 6. Armee gefunden – Timoschenkos zwei Armeen waren abgeschnitten.

Fortsetzung S. 270

UNTERNEHMEN »BARBAROSSA«

Vormarsch der Heeresgruppe Mitte und Süd bis 30.9.1941

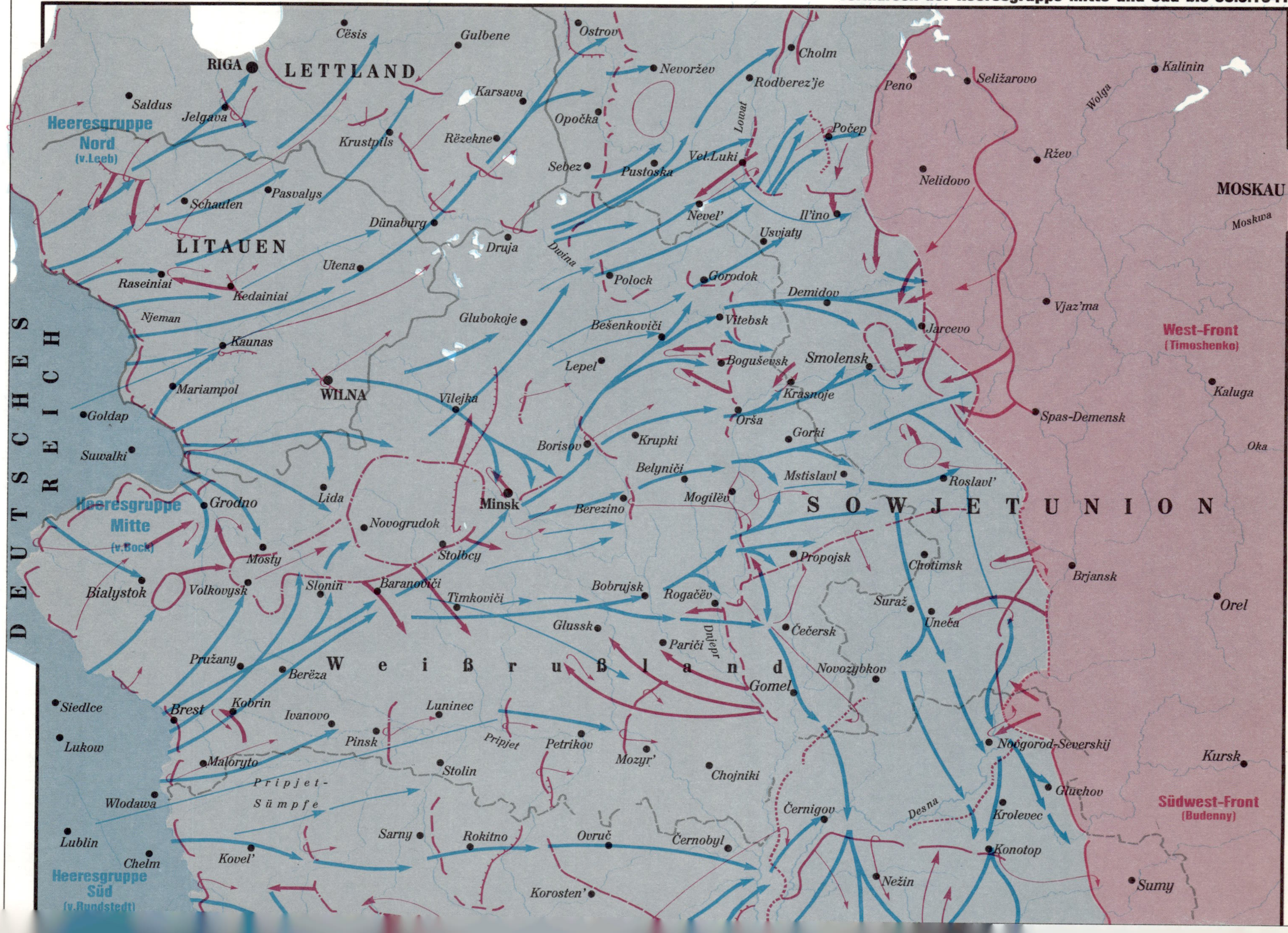

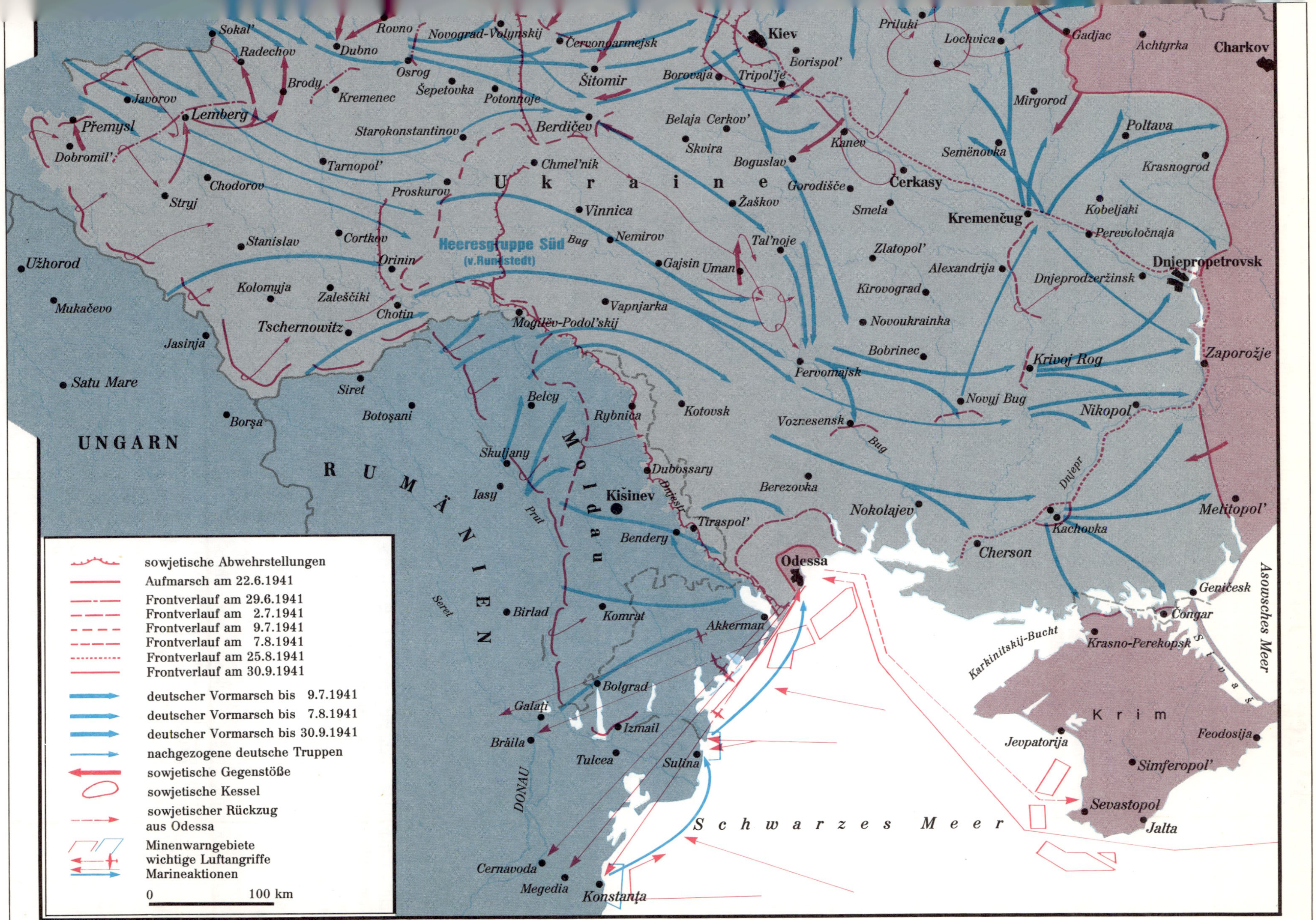
Heeresgruppe Süd
(v. Rundstedt)
U k r a i n e
R U M Ä N I E N
UNGARN
M o l d a u
K r i m
S c h w a r z e s M e e r
Asowsches Meer
Karkinitskij-Bucht
Kiev
Charkov
Dnjepropetrovsk
Odessa
Kišinev
Lemberg
Šitomir
Berdičev
Kremenčug
Čerkasy
Zaporožje
Krivoj Rog
Nikopol'
Melitopol'
Cherson
Nokolajev
Sevastopol
Simferopol'
Jalta
Feodosija
Jevpatorija
Krasno-Perekopsk
Čongar
Geničesk
Kachovka
Poltava
Krasnograd
Achtyrka
Gadjac
Mirgorod
Priluki
Lochvica
Semënovka
Kobeljaki
Perevoločnaja
Dnjeprodzeržinsk
Alexandrija
Kirovograd
Zlatopol'
Smela
Novoukrainka
Bobrinec
Novyj Bug
Pervomajsk
Voznesensk
Berezovka
Tiraspol'
Bendery
Dubossary
Kotovsk
Rybnica
Belcy
Skuljany
Iasy
Komrat
Bolgrad
Akkerman
Izmail
Sulina
Tulcea
Galaţi
Brăila
Birlad
Cernavoda
Megedia
Konstanţa
Kanev
Gorodišče
Boguslav
Skvira
Belaja Cerkov'
Borovaja
Tripol'je
Borispol'
Červonoarmejsk
Novograd-Volynskij
Rovno
Dubno
Osrog
Šepetovka
Potonnoje
Kremenec
Brody
Radechov
Sokal'
Javorov
Přemysl
Dobromil'
Stryj
Chodorov
Tarnopol'
Starokonstantinov
Proskurov
Chmel'nik
Vinnica
Nemirov
Gajsin
Uman
Žaškov
Tal'noje
Vapnjarka
Mogilëv-Podol'skij
Chotin
Zaleščiki
Orinin
Cortkov
Stanislav
Kolomyja
Tschernowitz
Siret
Botoşani
Jasinja
Borşa
Satu Mare
Mukačevo
Užhorod
Bug
Dnjepr
Dnjestr
Prut
Seret
DONAU
sowjetische Abwehrstellungen
Aufmarsch am 22.6.1941
Frontverlauf am 29.6.1941
Frontverlauf am 2.7.1941
Frontverlauf am 9.7.1941
Frontverlauf am 7.8.1941
Frontverlauf am 25.8.1941
Frontverlauf am 30.9.1941
deutscher Vormarsch bis 9.7.1941
deutscher Vormarsch bis 7.8.1941
deutscher Vormarsch bis 30.9.1941
nachgezogene deutsche Truppen
sowjetische Gegenstöße
sowjetische Kessel
sowjetischer Rückzug aus Odessa
Minenwarngebiete
wichtige Luftangriffe
Marineaktionen
0 100 km

Der Partisanenkrieg im Osten

Der Feldzug gegen die Sowjetunion sei anders als alle sonstigen Feldzüge, hatte Hitler seinen Soldaten immer wieder eingehämmert, Rücksicht sei fehl am Platze. Kein Wunder daher, daß der »Kreuzzug gegen den Bolschewismus« nicht bloß Stalins Soldaten als Gegner fand, sondern sein Volk: Im Rücken der vordringenden deutschen Truppen entstand eine gefährliche Partisanenbewegung, die auf einen festen Rückhalt in der Bevölkerung bauen konnte. Die Deutschen antworteten mit Terror.

Am 6. März 1942 schrieb Goebbels mißmutig in sein Tagebuch: »Ein SD-Bericht orientiert mich über die Lage im besetzten Rußland. Sie ist doch prekärer, als man allgemein annimmt. Die Partisanengefahr erhöht sich von Woche zu Woche. Die Partisanen beherrschen ganze Gebiete im besetzten Rußland und üben dort ihren Terror aus.«
Den drei Wehrmachtteilen stellte der sowjetische Gegner sozusagen einen vierten entgegen: die Schattenarmee von Partisanen. Die Führung eines modernen Blitzkrieges, wie sie aufgrund neuartiger oder verbesserter technischer Kriegsmittel in Verbindung mit einem ebenso neuartigen und überlegenen taktisch-operativen Denken entwickelt worden war, griff zwar in weiten Phasen auch in der Weite des Ostens, brachte aber nicht den Sieg. Im Gegenteil: Wo der Blitz schon getroffen hatte, entwickelte sich ein zweiter Krieg, hinter und neben den großen Schlachten, charakterisiert vom Kriegsstil vergangener Jahrhunderte und mit deutlichen Parallelen zum Kampf der streifenden Jäger in fernen Kontinenten.
Mit gelindem Spott faßte das ein russischer Kenner des Partisanenkriegs in das Bild vom Trapper und Indianer. Hätte jemand, so schrieb er, im Jahre 1943 frei und ungehindert sich als Reisender durch das deutschbesetzte Rußland und die Ukraine bewegen können, dann hätte ihn das Bild, das er aus dem Abteilfenster seines Zuges in sich hätte aufnehmen können, an der Jahreszahl in seinem Kalender verzweifeln lassen.
Denn was er sah, war dies: »Beiderseits der Bahnstrecken war ein vielleicht dreihundert Meter breiter Sichtstreifen gerodet, die Rodung eingeebnet, vielerorts gepflügt und geeggt. Entlang der Strecke waren im Abstand von wenigen hundert Metern Blockhäuser errichtet – vor allem in der Nähe der Weichen und Brücken, der Kreuzungen oder Kanäle. Die Häuser hatten doppelte Holzwälle, Schießscharten und waren ringsum durch Erdwälle verstärkt. Die Bahnhofsgebäude selbst waren in kleine Festungen verwandelt, durch hohe Holzpalisaden vor Gewehrfeuer geschützt. Alles so, wie sich die amerikanischen Pioniere des Wilden Westens gegen die Überfälle der Indianer schützten.«
Freilich hätten andere Beobachtungen als diese den imaginären Reisenden aus seinem Traum einer Reise in die Vergangenheit schnell und gründlich aufgeschreckt. Denn neben und zwischen den Blockhäusern, Palisaden und deutschen Posten gab es überall die direkten Spuren der Partisanen zu sehen: Geleise waren abgebaut, Brücken verbrannt oder gesprengt, Weichen blockiert, Nachschub- und Transportzüge entgleist, Lokomotiven ausgebrannt. Überall waren deutsche Eisenbahner von den Partisanen erschossen und Partisanen von den Deutschen erhängt.
Ihren Ausgang hatte diese Entwicklung an jenem 22. Juni 1941, an dem Hitler den widernatürlichen Pakt mit Stalins Sowjetunion durch den Beginn des »Unternehmens Barbarossa« auf ziemlich drastische Weise zur Makulatur beförderte. In den deutschen Weisungen »Barbarossa« wird die Möglichkeit des Partisanenkriegs nur mit einem einzigen Satz erwähnt: »Freischärler«, so lautete er, »sind durch die Truppe im Kampf oder auf der Flucht schonungslos zu erledigen.«
Überlegungen zur Kampftaktik des Kleinkriegs waren in Deutschland nur wenig angestellt und jedenfalls nicht ins Bewußtsein der planenden Generation des deutschen Generalstabes gelangt. So läßt sich die Überraschung erklären, mit der die ahnungslosen deutschen Blitzkriegssoldaten dem Phänomen zuerst begegneten, als es auftrat.
Daß es überhaupt auftrat, dazu mußte allerdings recht kräftig nachgeholfen werden.
Anstoß Nummer eins: Elf Tage nach dem deutschen Angriff wendet sich Stalin in einer Rundfunkbotschaft an die Völker der Sowjetunion und proklamiert neben der Politik der »Verbrannten Erde« auch den Partisanenkrieg: »In den vom Feind okkupierten Gebieten müssen Partisanen-Abteilungen zu Pferde und zu Fuß gebildet und Diversionsgruppen geschaffen werden zum Kampf gegen die Truppenteile der feindlichen Armeen, zur Entfachung des Partisanenkriegs überall und allerorts, zur Sprengung von Brücken und Straßen, zur Zerstörung der Telefon- und Telegrafenverbindungen . . . In den okkupierten Gebieten müssen für den Feind und seine Helfershelfer unerträgliche Bedingungen geschaffen werden, sie müssen auf Schritt und Tritt verfolgt und vernichtet, und alle ihre Maßnahmen müssen vereitelt werden!«
Anstoß Nummer zwei: Stalins Befehl zur Organisation des Partisanenkriegs wurde sogleich von allen Staats- und Parteistellen in den frontnahen Gebieten befolgt und ausgeführt. Der Partisanenkrieg wurde nicht dem Zufall überlassen, sondern systematisch vorbereitet.
Ein früherer Angehöriger der Nachrichtenabteilung der Heeresgruppe B sagte nach dem Krieg in einem alliierten Militärgerichtsverfahren aus: »Ich war im Januar und Februar 1941, also ungefähr ein halbes Jahr vor Kriegsausbruch, dienstlich beauftragt, die offizielle sowjetische Armeezeitung ›Roter Stern‹ durchzuarbeiten und die Sendungen der Roten Armee abzuhören. Ich entnahm dieser Zeitung und den Sendungen, daß damals in verschiedenen Militärbezirken der Sowjetunion großangelegte Partisanenkriegsspiele abgehalten wurden, an denen die Zivilbevölkerung teilnahm, und zwar besonders im Raum Moskau und in Weißrußland und der Ukraine.«
So geschah es auch, als dann durch Stalins Befehl der Partisanenkrieg tatsächlich begonnen wurde. 28 Sabotagetrupps wurden allein in Weißrußland in den ersten Wochen durch die Front geschleust und in der Nähe deutscher Feldflugplätze oder Depots als Kerne zukünftiger Partisanengruppen abgesetzt.
Und in allen von der deutschen Wehrmacht noch nicht besetzten Gebieten wurden eilends Partisanen-Gebietskomitees aufgebaut, die den Kern für spätere Operationen abgeben sollten. »Am Anfang waren es nur sieben Mann«, schildert der ukrainische Partisanenführer Fjedorow das Modell, nach dem überall im Land die Planung ablief. »Jeder dieser sieben Männer war als Verantwortlicher eines bestimmten Ressorts innerhalb der Widerstandsbewegung vorgesehen. Während vier mit dem Aufbau der Organisation, der Anlage von Schlupfwinkeln und Vorratslagern oder der Vorbereitung von Propaganda- und Kampfaktionen befaßt waren, blieb den restlichen drei Männern, die Auswahl und Überprüfung der Kader und deren Überwachung durchzuführen.«

Auf die Nadelstiche der russischen Partisanen antwortete die deutsche »Bandenbekämpfung« mit summarischem »Durchgreifen«. Der rasch zusammengezimmerte Galgen wurde zum Symbol dieser Art Kriegführung

Fjedorow selbst war führender kommunistischer Parteifunktionär der Ukraine, und alle Aspiranten für seine Partisaneneinheit, die ihm vorgeführt wurden, waren ebenfalls Mitglieder der Partei. Bald waren es fünfhundert Mann. Von der Partei wurden sie nach dem Gesichtspunkt politischer Zuverlässigkeit ausgewählt und mit falschen Personalpapieren versehen, die ihnen später, nach dem erwarteten Eintreffen der Deutschen, die Arbeit erleichtern sollten.
Waldlager wurden angelegt und mit Waffen und Munition, mit Lebensmitteln, Schuhen und mit Papier für die Propagandaarbeit versehen. Alle diese Vorbereitungen hatte das Komitee in zwei Wochen geschafft. Am 4. Juli hatte man begonnen. Am 18. Juli verließen 200 Mann die Stadt und begaben sich zur Waldausbildung in Stützpunkte am Fluß Snow. Ein Reiterkommando, eine Infanteriegruppe, ein Sprengkommando wurden gebildet, in den Führungsstäben der Roten Armee war abgesprochen, daß in diesem Gebiet keine Verteidigungskämpfe stattfinden sollten. Die Wehrmacht sollte an Schlupfwinkeln der Partisanen vorbeigeführt werden.
Fjedorow selbst verließ mit weiteren dreißig zuverlässigen Kommunisten dic Stadt Tschernigow wenige Tage nach der Besetzung durch deutsche Truppen. Nach einem zwölftägigen Fußmarsch war er bei den Partisanen im Sumpfgebiet des Snow. Er und die Männer seines Stabes trugen Arbeitskleidung und gaben sich in den Dörfern als entlassene Kriegsgefangene aus. Über die geringe Sorgfalt, mit der die Wehrmacht das rückwärtige Kampfgebiet sicherte, wunderte sich Fjedorow: »Nicht im Traum hätte ich angenommen, daß ich am Tage offen würde die Wege benutzen können, und nicht allein die Wege, sondern auch die Dorfstraßen.« Andere Partisanen konnten noch in ihren Erinnerungen darüber spotten, daß die Wehrmacht so entgegenkommend war, sie sogar aus ihren Feldküchen zu verpflegen.
Nach diesem Modell bildeten sich nun überall im Land die ersten Einheiten der Partisanen. Zunächst waren es aber weniger die deutschen Truppen, an denen die Partisanen ihre Kampfkraft erprobten, sondern die russische Bevölkerung selbst. Denn die Hauptbedrohung der aufkeimenden Partisanenbewegung ging von jenen Russen aus, die sich entschlossen hatten, bei der Neugestaltung des politischen Lebens nach der Vertreibung der Kommunisten auf die deutsche Besatzungsmacht zu vertrauen: Als Dorfälteste oder Bürgermeister, als »Starosten« oder als Angehörige einheimischer »Ordnungsdienste« versuchten sie, ihre Dörfer aus dem Einflußgebiet der Partisanen herauszuhalten und dadurch auch gegenüber der deutschen Verwaltung Luft zu bekommen und vor Strafexpeditionen zu sichern.
Von diesen Russen waren die Partisanen tödlich bedroht. Denn wenn dem Partisan, der »im Volk schwimmen muß wie ein Fisch im Wasser«, eben die Unterstützung des Volkes entzogen wird, geht es ihm wie dem Fisch, der auf dem trockenen Land erstickt: Lebensmittel und Nachrichten über die Bewegungen der Truppe bleiben aus, die Möglichkeiten der Tarnung und des Unterschlupfes werden gering, Verwundete werden nicht versorgt.
Sobald die Partisanen dazu örtlich stark genug waren, wurden deswegen die Dorfältesten und die einheimischen Ordnungshüter rücksichtslos ermordet. Der russische Partisanenführer Linkow schrieb nach dem Krieg, »die faschistischen Spürhunde hätten ein Übermaß an Anhänglichkeit ihren Herrn gegenüber bewiesen. Man mußte ihren Eifer deswegen etwas dämpfen«. Wie die Hunde wurden Dorfälteste deswegen nicht erschossen, sondern zumeist erschlagen, ihre Familien ausgerottet oder verschleppt. Andere Starosten waren von diesem Terror so eingeschüchtert, daß sie den Wünschen der Partisanen gegenüber aufgeschlossen wurden, die Zusammenarbeit mit den Deutschen sabotierten oder sich wenigstens auf den Standpunkt zurückzogen: »Hab' nichts gesehen, nichts gehört.« Die Partisanen waren in ihrem Gebiet wieder Herr im Haus, die Fische waren wieder im Wasser.
Nach dieser Phase der Konso-

HITLERS ZIEL: DAS »GROSSGERMANISCHE REICH«

Ende 1941

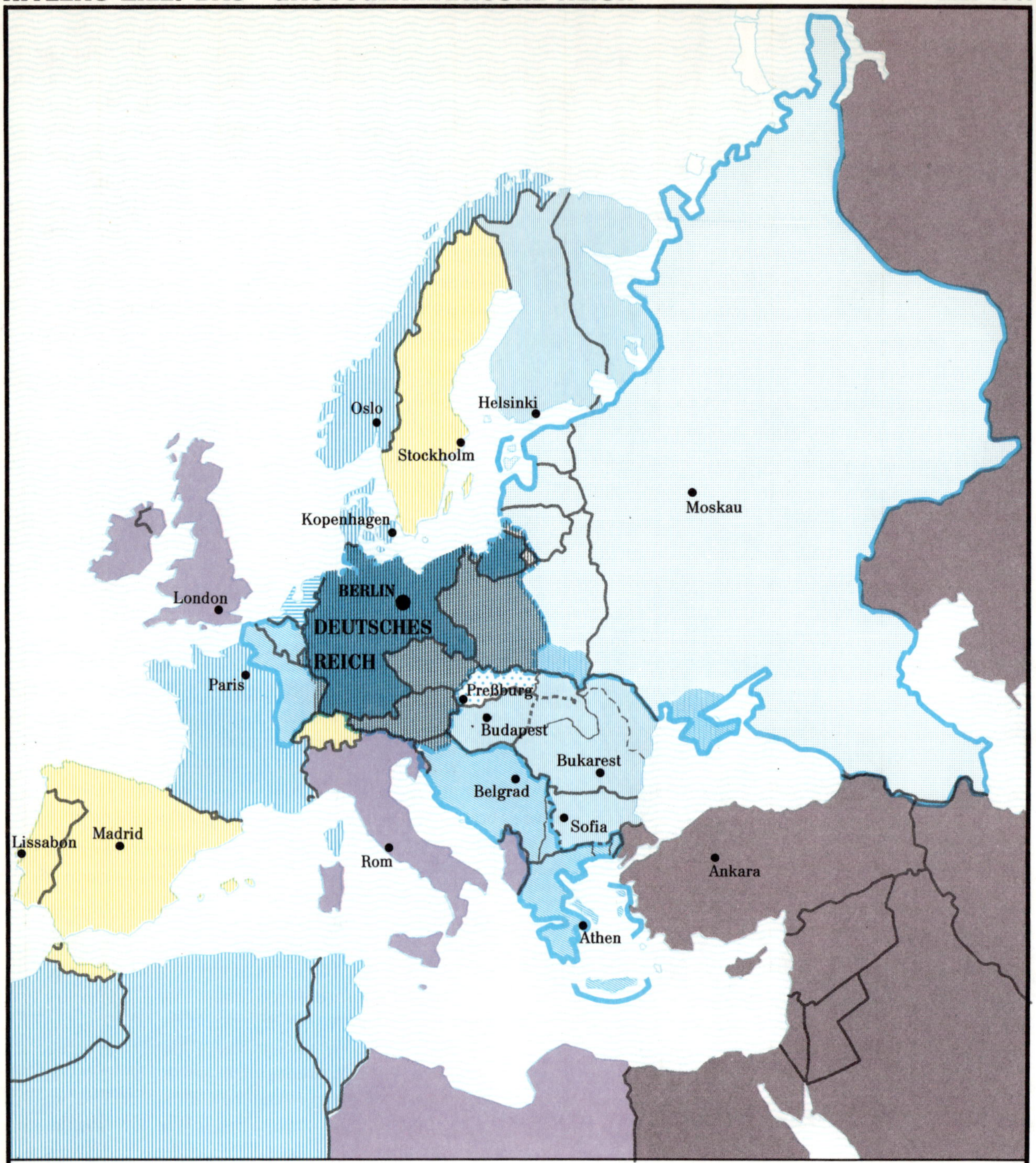

Deutsches Reich in den Grenzen von 1937

„Großdeutsches Reich" 1942

„stählerner Kern" des „Großgermanischen Reiches"

Ausdehung des „Großgermanischen Reiches"

ideologisch „gleichgerichtete" Staaten

an das „Großgermanische Reich" eng zu bindende Staaten

selbständige Staaten im NS-Großraum

bevormundete Staaten

abhängige Staaten

Reichskommissariate

annektiert und unterworfen

Satellitenstaaten

0 1000 km

DIE SCHLACHT UM MOSKAU

6.12.1941 bis Ende April 1942

lidierung konnten die ersten Angriffe auf die Deutschen beginnen. Einzelne Soldaten, Melder oder Posten wurden überfallen und getötet, die Bedrohung der deutschen Nachschublinien begann. Zwar erwähnt ein Bericht des OKH schon Ende Juli 1941 die Partisanen als »ernste Gefahr«, aber ihre Taten waren nicht weltbewegend. In einem Bericht eines Sonderkommandos der Einsatzgruppe D werden ein paar Patrouillengänge gegen Partisanen im Niemandsland beschrieben, aber die entscheidenden Berührungen zwischen Wehrmacht und Partisanen, die einen von beiden empfindlich betroffen hätten, bleiben aus.

Die Lage änderte sich erst mit der Krise der deutschen Ostarmee im Winter vor Moskau. Dadurch wurde deutlich, daß man den Partisanenkrieg nicht allein dadurch verwirklicht, daß man ihn befiehlt und daß man ihn organisiert. Nur dann konnte daraus etwas werden, wenn der Gegner durch eigene Schwäche und eigene Fehler die entscheidenden Voraussetzungen erst selbst dafür schuf.

Deutlich läßt sich das am schubweisen Anschwellen der Partisanentätigkeit belegen: Ihre Aktivität ging nach dem Moskauer Winter 1941/42, dann wieder nach der deutschen Niederlage in Stalingrad und in einem dritten Schub nach dem Verlust der Schlacht im Kursker Bogen im Sommer 1943 sprunghaft nach oben.

Einen noch entscheidenderen Anteil am Anwachsen der russischen Partisanenarmee hatten jedoch die zahllosen Fehler in der Behandlung der Landeseinwohner durch die deutsche Besatzung. Die Massenerschießungen durch die Einsatzgruppen der Sicherheitspolizei und des SD, die Vergeltungsmaßnahmen der Wehrmacht und der Bandenkampfverbände gegen unschuldige Geiseln, die Enttäuschungen der russischen und ukrainischen Hoffnungen auf mehr nationale Unabhängigkeit, auf Abschaffung der Kolektivwirtschaft und vor allem die Rekrutierung zur Zwangsarbeit in Deutschland, das alles trieb viele Bauern und Arbeiter, die sich von Stalins Herrschaft abgewandt hatten, dann doch in die Arme der Partisanen.

Während sich zu Beginn des Ostfeldzuges sogar »weiße« russische Banden gebildet hatten, die von sich aus die Reste zurückflutender Einheiten der Roten Armee aus ihrem Gebiet vertrieben und sich gegen »rote« Partisanen verteidigten, begann sich das Verhalten der Bevölkerung ab Sommer 1942 langsam zu wandeln. Aus der rein kommunistischen und weithin in der Bevölkerung isolierten Truppe von Partisanen wurde eine nationale Bewegung. Und damit wurden die Partisanen für das deutsche Ostheer zu einer bedrohlichen Gefahr. Nicht nur Nadelstiche beunruhigten jetzt die Einheiten der Wehrmacht, sondern schwere, gezielte Schläge verschafften den Partisanen Gewicht im Ganzen der Strategie. Deutsche Artilleriestellungen wurden überfallen, Truppentransporte in die Luft gesprengt, Raffinerien in Brand gesteckt und lebenswichtige Betriebe lahmgelegt. Die Ernte wurde durch systematisches Abbrennen vernichtet, die Stadtbevölkerung der Aushungerung ausgesetzt und schließlich auch dadurch zum Eintritt in die Partisanenbewegung reif gemacht.

In mehreren Phasen versuchte die Wehrmacht, der Bandenplage Herr zu werden. Im September 1941 las sich das in einer Bekanntmachung des Befehlshabers der 3. Panzerarmee, Generaloberst Reinhardt, noch so: »Der deutsche Soldat kommt nicht als Eroberer, sondern als Befreier von einem verbrecherischen Regierungssystem. Mit den deutschen Soldaten zieht Ruhe und Sicherheit ein. Der Aufbau kann beginnen!« Der friedliche Aufbau, so der Befehl, werde aber immer wieder ge-

stört durch »gemeine Verbrechen« gegen die deutsche Wehrmacht. Die Zivilbevölkerung ließ der General wissen: »Wir müssen von Euch verlangen, daß Ihr die Verbrecher – seien es einzelne oder ganze Banden – in keiner Weise unterstützt, sondern mithelft, sie auszumerzen!« Belohnungen in Form von Geld, Lebensmitteln und Vieh wurden in Aussicht gestellt, zugleich aber gedroht: »1. Wer einem Rotarmisten oder Partisanen Unterschlupf gewährt oder ihn sonstwie schützt, wird mit dem Tode bestraft und erhängt. Dieses gilt auch für weibliche Personen. 2. Wenn irgendwo ein Überfall, eine Sprengung oder eine sonstige Beschädigung deutscher Wehrmachtseinrichtungen erfolgt, so werden die Schuldigen am Tatort als abschreckendes Beispiel erhängt. Sind die Täter nicht sofort zu ermitteln, so werden aus der Bevölkerung Geiseln festgenommen. Diese Geiseln werden erhängt, wenn die Täter oder die der Tat dringend Verdächtigen oder sonstige Spießgesellen nicht binnen 24 Stunden beigebracht werden.«

Der dahinterstehende Gedanke war offensichtlich, den Terror, mit dem die Partisanen die Bevölkerung bei der Stange hielten, durch ein wenigstens gleiches Maß an Terror zu neutralisieren. Die Angst vor den Deutschen sollte schließlich noch größer sein als die Angst vor den Partisanen. Auf beiden Seiten wurde so ein Maß an Grausamkeit mobili-

Dem Zulauf, den die Partisanen hatten, stand auf der anderen Seite die Bereitschaft vieler Russen gegenüber, im Namen von Antikommunismus oder regionaler Autonomie gegen Stalin zu kämpfen. Dazu gehörten auch Kriegsgefangene, die sich bei der deutschen Wehrmacht meldeten. Der prominenteste unter ihnen war der General Andrej Wlassow (Bild), der im Dezember 1942 das »Smolensker Komitee« zum Aufbau einer Armee gegen den Bolschewismus gründete, die allerdings, deutscherseits nur halbherzig unterstützt, über die Stärke von zwei Divisionen nicht hinauskam. Von den Alliierten an die Sowjetunion ausgeliefert, wurde der »Verräter« Wlassow 1946 gehenkt.

siert, das alles in diesem Krieg bisher Gekannte übertraf. Ein Offizier, der auf deutscher Seite im 25. lettischen Bataillon gegen die Partisanen kämpfte, bezeugte schaudernd, wie es Soldaten erging, die den Partisanen in die Hände fielen: »Ein Kommando war als Zugbegleitung auf der Eisenbahnstrecke Jelsk–Bujanovici eingesetzt. Im Dezember sprengten die Saburow-Partisanen diesen Zug. Die vor die Lokomotive gespannten beiden Plattenwagen wurden durch die Explosion umgeworfen. Die Partisanen banden 17 von den lettischen Soldaten fest, daß sie sich nicht befreien konnten. Dann schnitten sie ihnen die Zungen ab und stachen ihnen die Augen aus.«
Solche Beispiele waren in nahezu jedem Bericht jener Einheiten zu finden, die auf deutscher Seite in den Partisanenkampf verwickelt waren: In den eroberten Lagern der Partisanen fand die Truppe regelmäßig die verstümmelten Leichen ihrer Gefangenen.

Das Partisanengesetz, so zeigte sich, ist Gesetzlosigkeit in weitestem Sinne: Weder orientieren sie ihre Taktik an den herkömmlichen Gesetzen des Krieges, noch fühlen sie sich an die Gesetze des Völkerrechts gebunden – und auch dieses selbst gibt ihnen keinen Schutz. Wie die Haager Landkriegsordnung und die Rechtsprechungspraxis amerikanischer und britischer Militärgerichte nach dem Krieg ergaben, braucht zwar der Krieg der Partisanen nicht unbedingt gegen die Haager Grundsätze zu verstoßen: Partisanen können sowohl »rechtmäßige« als auch »rechtswidrige« Kriegsteilnehmer sein. Damit Partisanen als »rechtmäßige« Kombattanten den Schutz der Haager Landkriegsordnung genießen, müssen sie jedoch vier Bedingungen erfüllen:

Sie müssen organisiert und dem Befehl eines Vorgesetzten unterworfen sein, der für seine Untergebenen verantwortlich ist.

Sie müssen ein bestimmtes und auf Gewehrschußweite erkennbares Abzeichen tragen.

Sie müssen ihre Waffen offen führen.

Sie müssen die Gesetze und Gebräuche des Krieges achten.

Beachten Partisanen alle diese Bedingungen, so sind sie – dem Völkerrecht entsprechend – wie Kriegsgefangene zu behandeln.

Was die sowjetischen Partisanen betrifft, so ist unbestritten, daß sie regelmäßig einige dieser Regeln nicht immer erfüllten.

Zweifelsohne waren deutsche Partisanenjäger also im Recht, wenn sie überführte Partisanen erschossen. Just in diesem Punkt aber verloren sich die Maßstäbe in der Praxis einer im Kampf gegen den unsichtbaren Feind ohnmächtig gewordenen Truppe in Unrecht, Massenerschießungen und immer wieder erneut gesäten Haß. Denn nicht nur überführte Partisanen endeten vor den Erschießungspelotons oder an den Galgen, sondern auch »Partisanenhelfer« und bald auch wahllos »Partisanenverdächtige«. Und vor allem: Auf diese Weise wurde man der Partisanen nicht Herr.

Immer neue große Strafexpeditionen, riesige militärische Operationen, an denen Zehntausende von Soldaten beteiligt waren, folgten immer schneller aufeinander, Unternehmen mit so beziehungsvollen Namen wie »Sumpffieber« im Jahre 1942, »Erntefest« 1943, »Hasenjagd« und »Winterzauber«, »Kugelblitz« und »Freischütz«, »Draufgänger« und »Frühlingsfest« 1944. In der Weisung Nr. 46 vom August 1942 hatte Hitler befohlen, das Partisanenunwesen hinter der Front nun endlich auszurotten. Erstmals wurde dabei von höchster deutscher Stelle gefordert, die Truppe solle sich um das Vertrauen der Bevölkerungsgruppen bemühen.

Zugleich mit härtesten Bekämpfungsmaßnahmen gegen die Partisanenverbände wurde dem Heer auch eine »gerechte, aber strenge Haltung« gegenüber der Bevölkerung anbefohlen. Zugleich war man bestrebt, alle Maßnahmen der Partisanenbekämpfung zu zentralisieren. Der Reichsführer-SS sollte die zentrale Stelle für die Sammlung und Auswertung aller im Partisanenkrieg gemachten Erfahrungen sein.

Himmler ordnete sogleich an: »Aus psychologischen Gründen ist das Wort ›Partisan‹, das von den Bolschewisten eingeführt und geehrt wird, nicht mehr zu verwenden.« Es wurde durch die Worte »Bande« und »Banditen« ersetzt. Konsequent hieß die Partisanenbekämpfung seither »Bandenbekämpfung im Osten«. Zu ihrem Bevollmächtigten wurde der SS-Gruppenführer Erich von dem Bach-Zelewsky ernannt, der als Höherer SS- und Polizeiführer für Rußland-Mitte schon beachtliche Erfahrungen in der Partisanenbekämpfung gesammelt hatte. Heereseinheiten, landeseigene Verbände aus Russen, Balten und Ukrainern, Polizei- und SS-Truppen, aber auch so dubiose Verbände wie die Brigaden Dirlewanger und Kaminski suchten nun auf die eine oder andere Weise den Osten zu »befrieden«. Aber dies alles blieb bei vielen Teilerfolgen letztlich doch ohne den großen Erfolg, der die wenigstens 200000 Mann, die auf dem Höhepunkt der Partisanenbekämpfung durch sie gebunden waren, der schwer ringenden Front zurückgegeben hätte.

Kriegsentscheidend aber waren auch im Osten die Partisanen nicht. Denn, so geht aus dem Vergleich und der sorgfältigen Abwägung sowjetischer und deutscher Quellen hervor: Was die ungefähr 243 000 sowjetischen Partisanen dem Sieg Stalins auch nützen mochten, das machten auf der anderen Seite die ungefähr 600 000 antistalinistischen freiwilligen Russen und Ukrainer, die auf deutscher Seite kämpften, wieder wett.

Dem Sowjetmarschall blieb gar nichts anderes übrig, als seinen Angriff abzubrechen, kehrtzumachen und sich zu den eigenen Linien zurückzukämpfen. Die Frage war, ob die relativ schwachen deutschen Kräfte dem Rückwärtsdruck Timoschenkos standhalten konnten, ob die dünne Kesselwand halten würde.

Der Mann, dessen Aufgabe es war, Timoschenko den Rückweg unmöglich zu machen, war General von Mackensen, Kommandierender General des III. Panzerkorps, dem einige zusätzliche Infanteriedivisionen unterstellt waren. Mackensen spielte Kessel-Poker. Er wußte, wie rücksichtslos die Russen in verzweifelten Situationen angreifen, er wußte, daß unter solchem Druck die dünne Kesselwand irgendwo nachgeben mußte. Mackensen staffelte seine Verbände optimal, und er tat ein übriges – er hielt eine ganze Division, die 1. Gebirgsdivision unter General Lanz, sozusagen als Kesselflicker in Reserve.

Diese Vorsicht entschied die Schlacht. Timoschenkos Divisionen keilten sich tatsächlich mit aller Gewalt und unter nachgerade irrsinnigen Verlusten bei Losowenka durch die deutsche Sperrfront. Sie glaubten den Weg zu der nur 40 Kilometer entfernten, rettenden russischen Donezfront frei – doch die 1. Gebirgsdivision war rechtzeitig dazwischen.

Der Kampf wurde mörderisch, doch der deutsche Riegel hielt, Timoschenkos Armeen kamen nicht zurück, nach drei Tagen waren sie erledigt, 240 000 Rotarmisten schleppten sich erschöpft in die Gefangenschaft, ließen 1250 Panzer und 2016 Geschütze auf dem Schlachtfeld zurück. Aus einer drohenden Niederlage war unversehens ein wuchtiger Sieg geworden.

Sewastopol

Die große Schlacht südlich Charkow war nicht die einzige Vernichtungsschlacht vor dem Beginn der deutschen Sommeroffensive 1942. Denn der Frontbogen von Isjum, um den sie sich entzündeten war nicht der einzige Pfahl im Fleische, der deutschen Angreifer.

Unten im Süden hielten die Russen seit Januar den Ostteil der Krim, die Halbinsel Kertsch, und nach wie vor Sewastopol. Über Kertsch führte einer der Wege in den Kaukasus – das war den Deutschen so klar wie Stalin.

Und deshalb hatte Stalin dort drei Armeen stationiert, die Kertsch an der schmalsten Stelle, der nur 18 Kilometer breiten Landenge von Parpatsch, verteidigten – 10 000 Mann pro Kilometer, auf jeden Meter zehn. Und nicht nur das: Quer durch die Landenge hatten die Russen einen zehn Meter breiten und fünf Meter tiefen Panzergraben ausgehoben, davor Minenfelder, dahinter riesige Drahthindernisse, ausgebaute Verteidigungsstellungen.

Eine ungleiche Ausgangslage: Mansteins 11. Armee gegen drei sowjetische Armeen in einer geradezu idealen Verteidigungsstellung. Aber Manstein wäre nicht Manstein gewesen, wenn ihm dafür nichts eingefallen wäre. Zum einen greift er nicht dort an, wo sich – im Nordteil der Front – ein günstiger Flankenstoß anbietet, den die Russen auch erwarten, weshalb sie dort die Masse von zwei Armeen bereitgestellt haben.

Die deutsche Sommeroffensive 1942 brach entgegen der russischen Erwartung im Süden los. Nicht Moskau war Hitlers Ziel, sondern die Wolga und die Stadt, die den Namen des verhaßten Feindes trug: Stalingrad. Noch einmal stießen die Verbände der Wehrmacht in weiträumigen Operationen nach Osten vor. Voran die gepanzerten und motorisierten Einheiten (oben: Marschpause in einem südrussischen Dorf, eine Hakenkreuz-Fahne als Fliegersichtzeichen auf einem Fahrzeug), im Gefolge berittene Truppen und Infanterie (rechte Seite). In ihrem Rücken etablierte sich die bald bei der Bevölkerung bis aufs Blut verhaßte deutsche Verwaltung der nationalsozialistischen »Herrenmenschen«.

Nein, Manstein greift am Südende des Panzergrabens an, wo er scheinbar am schwersten zu überwinden ist. Und um den entscheidenden ersten Schritt auf die andere Seite des Grabens zu gewinnen, hat er auch einen ausgefallenen Weg gefunden.
In der Nacht zum 8. Mai klettern am Schwarzmeerstrand östlich von Feodosia Infanteristen und Pioniere von der 132. Infanteriedivision in einige Dutzend Sturmboote. Nur leises Waffenklappern ist zu hören, dann ebenso leises Plätschern: Die Sturmboote paddeln gemächlich auf See hinaus, treiben langsam ostwärts, warten. 3 Uhr 15. Der Feuerschlag, der den Angriff einleitet, bricht los. Mörser, Werferbatterien, schwere Haubitzen, dazu Stukas hämmern auf die russischen Befestigungen ein; die Russen schießen aus allen Rohren Sperrfeuer. In dem Höllenlärm geht das Geräusch der schweren Sturmbootmotoren, die nun angelassen werden, völlig unter.
Mit Höchstfahrt jagen die Boote auf die Stelle zu, wo der riesige Panzergraben ins Meer mündet. Der Graben gleicht an dieser Stelle einem Kanal, ist ein ganzes Ende landeinwärts mit Wasser gefüllt – kein Problem für die flachgehenden Sturmboote. Sie fahren einfach hinein, ran ans feindliche Ufer. Im Herausspringen bereits feuern die Männer aus der Hüfte mit Maschinenpistolen, sind mit wenigen Sätzen schon im ersten russischen Graben. Die Rotarmisten glauben Gespenster zu sehen, sind verwirrt, verstehen nicht, wo plötzlich die Deutschen herkommen, werden rasch überwältigt. Die Überraschung ist gelungen, ein erster kleiner Brückenkopf auf der russischen Seite der Verteidigungsstellung gewonnen.

Auch sonst geht Mansteins Plan auf. Innerhalb eines Tages gelingt der Durchbruch im Süden, die Spitzen der 22. Panzerdivision können rasch ostwärts stoßen, dann nach Norden eindrehen. Sie erreichen nach zwei Tagen, am 11. Mai, das Meer, und damit ist zunächst einmal eine sowjetische Armee eingekesselt. Den anderen ergeht es nicht besser: Konsequent vereitelt Manstein alle Versuche der Russen, übers Meer aufs Festland zu entkommen. Nach acht Tagen sind alle drei Sowjetarmeen vernichtet, 169 198 Gefangene gemacht, 1 397 Geschütze und 284 Panzer erbeutet oder vernichtet.
Ein paar Tage nach diesem eindrucksvollen Sieg von sechs deutschen und drei rumänischen Divisionen über drei sowjetische Armeen steht General von Manstein auf einem Hügel östlich der Stadt Kertsch, sozusagen am östlichsten Punkt der ganzen Krim. Es ist ein klarer Morgen, deutlich ist das nur 15 Kilometer entfernte andere Ufer der Meerenge zu erkennen, die Tamanhalbinsel. Von dort führt der Weg hinunter zum Kaukasus, zu Stalins Ölquellen. Doch noch kann Mansteins 11. Armee diesen Weg nicht gehen. Noch liegt in ihrem Rücken ein feindliches Bollwerk, die intakte Festung Sewastopol, deren Hafen als Operationsbasis für sowjetische Seestreitkräfte eine ständige Bedrohung darstellt, vor allem für Operationen an der östlichen Schwarzmeerküste. Und deshalb muß Sewastopol fallen, die stärkste Festung der Welt.
In den letzten Wochen des Jahres 1941 – von Mitte November bis Ende Dezember – hatte sie dem erbittertsten deutschen Ansturm standgehalten.
Keine neue Erfahrung für Stadt und Festung. Nicht ganz 90 Jahre war es her, daß – im sogenannten Krimkrieg – ein französisch-englisch-türkisches Expeditionskorps gegen ihre Mauern und Festungswerke anrannte, ein ganzes Jahr lang, unter entsetzlichen Verlusten, ehe die Festung endlich fiel.
Seither waren unter den alten Befestigungswerken riesige moderne Bunkersysteme entstanden, von denen allenfalls die flachen, schwer gepanzerten Drehkuppeln zu sehen waren, aus denen vom MG bis zum 30,5-cm-Schiffsgeschütz Waffen aller Art drohten und mit überschneidenden Schußbereichen den Zugang zur Festung wirkungsvoll versperrten.
Wie wirkungsvoll, das hatte Mansteins Armee leidvoll erfahren. Manstein hatte aus dem ersten vergeblichen Ansturm die Erkenntnis gewonnen, daß die übliche, relativ kurze Artillerie-Vorbereitung nicht ausreichte, eine Festung dieses Formats sturmreif zu schießen. Noch einmal war er nicht bereit, seine Männer gegen fast unbeschädigte, in ihrer Funktion kaum gestörte Festungswerke zu schikken; diesmal sollten sie eine bessere Vorbereitung, eine bessere Chance haben.
Das bedeutete: Noch während Mansteins 11. Armee im Frühjahr die Osthälfte der Krim freikämpfte, wurde vor Sewastopol eins der größten Artillerie-Aufgebote des II. Weltkriegs in Stellung gebracht.
Es waren schließlich 1300 Rohre aller Kaliber, die am 3. Juni rings um Sewastopol losbrüllten, und dazu die Stukas und Schlachtflieger des VIII. Fliegerkorps unter General von Richthofen.
Das kennzeichnet den Unterschied zur üblichen Feuervorbereitung. Nicht einige Stunden, sondern fünf Tage lang sollten Artillerie und Luftwaffe die Festung buchstäblich zertrommeln, ehe der eigentliche Angriff begann.
Und was war alles aufgeboten! Da waren zwei Werferregimenter, einundzwanzig Batterien mit 576 Rohren, auf engstem Raum in Feuerstellung, darunter schwerste Werfer mit Spreng- und Flammölgranaten der Kaliber 28 und 32 cm. 324 Stück der infernalisch heulenden Raketengeschosse feuerten diese Batterien als Salve in wenigen Sekunden ab, auf eng begrenzte Ziele der Festung.
Doch nicht nur Werfer, Haubitzen und Stukas hüllten die Festung in einen Feuerorkan, auch die Dinosaurier der Artillerie waren herangeholt worden. Da waren zunächst einige Exemplare des »Gamma-Mörsers«. Das war eine Neuauflage der aus dem Ersten Weltkrieg berühmten »Dicken Berta«, ein bulliges Ungetüm mit einem knapp sieben Meter langen, trotzdem dick wirkenden Rohr, aus dem 42 cm dicke und tonnenschwere (1020 kg) Granaten verschossen wurden, etwa 14 Kilometer weit. 235 Mann wurden benötigt, um so ein Monstrum zu bedienen. Dabei war dieser Riese noch das kleinste der Supergeschütze, die vom 3. bis 8. Juni auf Sewastopol einhämmerten. Das nächstgrößere Artillerie-Ungetüm war ein 60-cm-Mörser, abwechselnd »Karl« oder »Thor« benannt. Aus dem dicken Stummelrohr – immerhin fünf Meter lang – dieses Festungsbrechers wurden über zwei Tonnen schwere Betongranaten verschossen, die auch dickste Betondecken durchschlugen.
Aber auch »Thor« war noch klein gegen »Dora«, das schwerste Geschütz des letzten Krieges. Diese 80-cm-Kanone war ein sogenanntes Eisenbahngeschütz, auf Straßen war ein solches Monstrum nicht zu transportieren. In sechzig Spezialwaggons mußte die Superkanone zerlegt zum

Einsatzort transportiert werden, und dort reichte dann auch ein normales Gleis nicht mehr, als Bettung brauchte der Gigant zwei Doppelgleise. Er brauchte noch mehr, unter anderem zum Schutz zwei komplette Flakabteilungen. Alles in allem waren mit der Riesenkanone 4 120 Mann beschäftigt, kommandiert von einem Generalmajor.

»Dora« verschoß aus ihrem 32,5 m langen Rohr entweder 4,8 Tonnen schwere Sprenggranaten oder 7,1 Tonnen schwere Panzergranaten, die leichteren flogen 47, die schwereren 38 Kilometer weit. So eine Panzergranate war nebst Kartusche knapp acht Meter lang, etwas länger also, als ein zweistöckiges Haus hoch ist.

Ein Schnellfeuergeschütz war »Dora« bei diesen Ausmaßen nicht gerade, die maximale Feuergeschwindigkeit betrug drei Schuß pro Stunde – von einem vernünftigen Verhältnis zwischen Aufwand und militärischem Nutzen konnte man da kaum noch sprechen. Allerdings gelang »Dora«, diesem Riesenspielzeug überehrgeiziger Kanonenbauer und Artilleristen, vor Sewastopol ein bemerkenswerter Glückstreffer:

Eine der 7-Tonnen-Granaten schlug in ein großes Munitionslager, das die Russen 30 Meter unter der Erde angelegt hatten und gegen jegliche Artillerie-Einwirkung geschützt wähnten.

Wirksamer aber als diese überdimensionalen Festungsknacker war auch vor Sewastopol eine vergleichsweise kleine Kanone, die man mit Fug und Recht als die eigentliche Wunderwaffe des letzten Krieges bezeichnen kann: die 8,8-cm-Flak. Diese Kanone, ursprünglich dazu bestimmt, hochfliegende Bomber – bis ca. 10 000 m – zu bekämpfen, hatte sich schon zu Beginn des Krieges und erst recht seit Beginn des Rußlandfeldzuges als eine auch im Erdkampf unschlagbare Mehrzweckwaffe erwiesen:

Ob es darum ging, Erd- und Betonbunker zu knacken, oder darum, die schweren Russenpanzer der Typen KW 1, KW 2 und T 34 zu durchlöchern (an die die Pak nur anklopfen konnte) – immer war es die 8,8-Flak, die das schaffte. Sie konnte das durch eine extrem hohe Geschwindigkeit, mit der ihre Geschosse das Rohr verließen.

Das bedeutete zweierlei: Auf den ersten 1000 Metern flogen die Granaten der 8,8 praktisch geradeaus, notfalls konnte man auf diese Entfernung und darunter einfach durchs Rohr richten. Das ermöglichte supergenaues Punktfeuer auf kleinste Ziele.

Zum anderen verlieh die enorme Rasanz den relativ kleinen Granaten eine weitaus größere Durchschlagskraft als sie schwerere, aber eben langsamer fliegende Kaliber hatten.

Auch da, wo die sogar überschweren Mörser nur Beulen in die Panzerkuppeln der russischen Forts schlugen, half die 8,8; sie schoß auf die Lagerkränze der Drehkuppeln, ein nur Zentimeter breites Ziel, und traf.

Fünf Tage lang tobte der Feuerorkan über Sewastopol, aber richtig sturmreif war die Festung auch danach noch nicht: Immer noch schlug den nun stürmenden Infanteriedivisionen rasendes Abwehrfeuer entgegen, immer noch mußten jeder Bunker, jede Feldstellung, jedes MG-Nest einzeln genommen werden. Die Verluste waren dabei so hoch, daß beispielsweise die dezimierte 132. Infanterie-Division aus der Front gezogen werden mußte. Zudem machte sich nach etwa zehn Tagen Munitionsmangel lästig bemerkbar, mehrere Divisionskommandeure rieten, den Angriff vorerst abzubrechen.

Doch das tut Manstein nicht, er weiß, daß Verstärkungen unterwegs sind, daß er den Druck nicht mindern darf, und so befiehlt er, am 17. Juni, abermals Generalangriff an der ganzen Nordfront der Festung.

Dort beherrscht noch immer das riesige Sperrfort »Maxim Gorki I« mit seinen 30,5-cm-Schiffsgeschützen in drehbaren Panzerkuppeln das Gelände. Der fast meterdicke Panzerstahl trotzt jeglichem Beschuß, auch die 8,8 hilft da nicht.

Schließlich gelingt es, in ziemlicher Nähe zwei 35,5-cm-Mörser in Stellung zu brin-

Wer Sewastopol hat, dem gehört die Krim. Das war schon fast neunzig Jahre zuvor so im Krimkrieg. Schwerstes Geschütz mußte die deutsche Artillerie auffahren, um die schweren Geschütze etwa des Forts »Maxim Gorki« (ganz oben: Pioniere auf der geborstenen Panzerkuppel; darunter: Zwillingsturm des Forts nach schweren Bombentreffern) zum Schweigen zu bringen. Erst dann konnten die deutschen Infanteriedivisionen (linke Seite: vor dem Einsatz) stürmen, und selbst dann schlug ihnen noch mörderisches Abwehrfeuer entgegen. Buchstäblich bis zur letzten Patrone verteidigte sich die Besatzung der Seefestung.

gen. Deren Betongranaten bleiben wirkungslos. Doch sie haben noch andere, sogenannte »Spezial-Röchling-Granaten«. Diese 1000-kg-Brocken krepieren erst, wenn sie tief in die Panzerung eingedrungen sind. Drei Salven mit diesen »Röchlings« – dann meldet der Beobachter: »Panzerkuppel aus dem Lager gehoben!«

Die Funksprüche aus der Zentrale des Forts sind überliefert. Der vorletzte – nach stundenlangem Kampf im Innern der Anlage – lautet: »Wir sind noch 46 Mann. Die Deutschen hämmern an die Panzertüren und fordern uns zur Übergabe auf. Zweimal haben wir die Luke geöffnet und geschossen. Jetzt geht das nicht mehr.« Eine halbe Stunde später dann: »Jetzt sind wir noch 22. Wir bereiten die Sprengung der Zentrale vor. Dies ist der letzte Funkspruch. Lebt wohl!« Gleich darauf dröhnt durch das Fort die Explosion, die den Kampf beendet. Von der rund 1000köpfigen Besatzung des Forts werden nur 40 Schwerverwundete lebend aufgefunden.

So wird Fort auf Fort, Bunker um Bunker genommen, ausgeschaltet – einen ganzen Monat lang. Endlich, am 3. Juli, erlischt der Widerstand, Sewastopol ist gefallen.

Über den Don

Noch während die Schlacht um Sewastopol tobte, hatte im Nordabschnitt der Heeresgruppe Süd die eigentliche deutsche Sommeroffensive »Fall Blau« begonnen. Am 28. Juni war die Armeegruppe Weichs zum Angriff angetreten. Der erste Stoß zielt auf Woronesch. Stoßkeil ist General Hoths 4. Panzerarmee, und deren Spitze bildet die 24. Panzerdivision unter Generalmajor Ritter von Hauenschild. Plötzlich ist, in diesen letzten Junitagen, der alte Schwung wieder da, der – ziemlich genau ein Jahr zuvor – den deutschen Angriff beflügelt hatte.

Hauenschilds Division, aus dem Raum Kursk angreifend, überrennt die russischen Stellungen am Tim-Fluß und stürmt ostwärts, der Divisionsstab ganz vorne, genau nach Guderians Konzept: »Die Panzertruppe wird vorn geführt und ist in der glücklichen Lage, immer offene Flanken zu haben.« Darin steckt Ironie, offene Flanken sind der Alptraum jedes Heerführers, aber wenn Panzerverbände wirklich schnell bewegt werden . . .

Dafür sorgen Hoth und, ganz vorne, Hauenschild. Nicht einmal das unvermeidliche Auftanken kann den Vormarsch bremsen. Nach zwei Tagen hat die 24. PzDiv. schon den halben Weg nach Woronesch hinter sich.

An diesem Tag, es ist der 30. Juni, tritt 150 km weiter südlich die 6. Armee zum Angriff an, vorneweg das XXXX. Panzerkorps unter Freiherr Geyr von Schweppenburg. Ziel: ebenfalls Woronesch. Es ist das alte, bewährte Zangenrezept: Zwei Stoßkeile jagen vor, drehen aufeinander ein, der Kessel ist fertig. Der erste Kessel, so sah es der Plan vor, sollte noch vor Woronesch gebildet werden.

Das klappte auch, nur – noch ehe der Kessel geschlossen war, erkannte Geyr, daß nichts drin sein würde: Die Russen leisteten zwar den vorpreschenden Panzerkeilen mit Nachhuten hinhaltenden Widerstand, aber die Masse der sowjetischen Verbände marschierte zügig und geordnet ostwärts, kaum langsamer als die vorstoßenden deutschen Panzer.

Geyr von Schweppenburg erfaßt die Situation, sieht, daß der russische Rückzug den ganzen Plan durcheinanderbringt, erbittet vom Armeeoberkommando die Erlaubnis, auf die Zangenbewegung zu verzichten, gleich weiter nach Osten zu stoßen.
Doch der Armeestab ist stur: Kessel ist befohlen, Kessel wird gemacht. 4. Panzerarmee (Hoth) und XXXX. Panzerkorps treffen sich, exakt nach Plan, bei Stary Oskol, machen den Kessel zu, in dem nichts mehr ist. Sogar die schweren Waffen haben die Russen rechtzeitig herausgekarrt.
Nun endlich dämmert es auch im Führerhauptquartier – zu dieser Zeit bei Winniza in der Ukraine –, daß die alte Taktik nicht mehr zieht, daß die Russen die Schlacht nicht annehmen.
Offenbar ist Timoschenko entschlossen, seine Armeen hinter den Don zurückzuziehen. Gelingt ihm das, dann droht die Operation »Blau« ein Fehlschlag zu werden, denn das erste wichtige Operationsziel ist ja, die russischen Armeen vor dem Don abzufangen und zu vernichten.
Hitler macht einen Blitzbesuch in von Bocks Hauptquartier und stellt bei dieser Gelegenheit – in durchaus richtiger Einschätzung der Lage – dem Feldmarschall anheim, sich zunächst nicht mit der Eroberung der Stadt Woronesch aufzuhalten, sondern daran vorbei den Don entlang nach Süden zu stoßen.
Zunächst sieht es so aus, als wolle von Bock es so machen: Am Abend des 3. Juli erhält Geyrs XXXX. Panzerkorps den Befehl, direkt zum Don zu stoßen und dort den russischen Rückzug abzuriegeln. Geyr ist froh darüber, aber nicht lange: Am nächsten Mittag kommt der Gegenbefehl, nun soll er doch nach Norden schwenken, Richtung Woronesch.
Es gibt ein altes militärisches Prinzip, das lautet: »Ordre – contre-ordre – desordre«, zu deutsch etwa: Wenn Befehle sogleich durch Gegenbefehle aufgehoben werden, entsteht Verwirrung. Was hatte Feldmarschall von Bock veranlaßt, gegen dieses Prinzip zu verstoßen?
Im Grunde der überraschend schnelle Vormarsch von Hoths 4. Panzerarmee. Deren Spitzen, die 24. Panzerdivision sowie rechts und links daneben die 16. motorisierte Infanteriedivision und die ebenfalls motorisierte Division »Großdeutschland«, hatten am Abend des 3. Juli den Don beiderseits Woronesch erreicht, mehrere Don-Brücken genommen und standen nur noch wenige Kilometer vor der Stadt. Es sah so aus, als sei es möglich, die – als Verkehrsdrehscheibe zweifellos wichtige – Stadt rasch zu nehmen, und

dann immer noch rechtzeitig Timoschenko den Rückzug abzuschneiden. Jedenfalls glaubte das von Bock.
Es war ein fataler Irrtum. Denn Woronesch war vollgestopft mit Truppen und keineswegs schnell zu nehmen. An dieser Stelle wich Timoschenko nicht, im Gegenteil, er führte sogar Verstärkungen heran: Der Sowjetmarschall hatte offenbar klar erkannt, daß jeder Tag, an dem er die Deutschen bei Woronesch festhalten konnte, seine Chance verbesserte, die Masse seiner Truppen über den Don zu retten. Ein nicht beabsichtigter, aber für Timoschenko günstiger Nebeneffekt war, daß der steife russische Widerstand in Woronesch auf deutscher Seite abermals ein heilloses Befehlswirrwarr auslöste.
In dieser reichlich unübersichtlichen Situation beginnt an der Südflanke planmäßig, am 9. Juli, der Angriff der 17. Armee und der 1. Panzerarmee. Das ist die sogenannte Südzange; sie soll ostwärts stoßen, sich im Raum Stalingrad mit der Nordzange vereinigen und so die sowjetischen Truppen in dem riesigen Raum zwischen Donez und Don einkesseln.
Soll, kann aber nicht. Der riesige Zangenplan funktioniert nicht. Zwar kommen 17. Armee und Kleists Panzerarmee, aus dem Raum Taganrog vorstoßend, durchaus zügig voran, doch der ganze Effekt ist, daß sie die Russen vor sich hertreiben, in den riesigen Don-Bogen hinein.
Das wäre gut, wenn dort die »Nordzange« bereitstünde, den weichenden Russen den Weg zu verlegen. Aber da ist eben noch keine deutsche Abwehrfront, zu lange hat man sich bei Woronesch verzettelt, und nicht nur das: Als der Stoß nach Süden endlich, mit bedenklicher Verspätung in Gang kommt, wird er gleich wieder unterbrochen, um bei Millerowo einen Kessel zu bilden. Das kostet Zeit und bringt nichts: Timoschenko läßt sich bei Millerowo ebensowenig einkesseln wie zuvor bei Stary Oskol.
Der Gegner weicht – aber planvoll, nicht geschlagen, sondern absichtlich.
Das war erkennbar, nur einer wollte es

Als »Ritter der Neuzeit« titulierte die Propaganda die Panzersoldaten. Doch ein typisches Merkmal im Kampf der Stahlkolosse (linke Seite: deutscher Panzer IV mit der 7,5-cm-Kurzrohrkanone) war »Ritterlichkeit« sicherlich nicht, eher Fühllosigkeit, wie sie auch aus der Originalunterschrift zum Bild oben spricht: »Alles niederwalzend und Verderben speiend ebnet die gepanzerte Maschine den Weg zum Sieg ... Wo deutsche Panzer kämpfen, erlischt das Leben, es bleibt nichts als ihre Spur.«

nicht sehen: Hitler. Es paßte nicht in seine Vorstellungswelt, die sich nun mehr und mehr von der Realität zu entfernen begann. Als bei einer Lagebesprechung am 13. Juli im Führerhauptquartier Generalstabschef Halder die fehlgeschlagenen Kesseloperationen mit der nüchternen Feststellung erklärt: »Die Russen setzen sich planmäßig ab, mein Führer!« fährt ihn Hitler ärgerlich an: »Unsinn! Sie fliehen, sie sind fertig, am Ende!«

Und weil er das glaubt, beginnt Hitler zu improvisieren, die Kräfte noch mehr zu zersplittern, sogar, in verblendeter Siegesgewißheit, kampferprobte Verbände aus der Front herauszuziehen. Verbittert notiert Halder in seinem Tagebuch: »Die immer noch vorhandene Unterschätzung der feindlichen Möglichkeiten nimmt allmählich groteske Formen an und wird gefährlich.«

Seine Fehleinschätzung der Situation verleitet Hitler zu einer Serie fataler Fehlentscheidungen.

Zunächst einmal glaubt er, die russischen Armeen, die ihm am oberen Don entwischt waren, doch noch am unteren Don einkesseln zu können. Und so ändert er den ursprünglichen Plan der »Operation Blau«, der vorsah, mit allen Kräften am Don entlang und über die Landbrücke zwischen Don und Wolga auf Stalingrad zu stoßen, und so die untere Wolga zu sperren.

Möglich wäre das aller Wahrscheinlichkeit nach gewesen – und von ähnlicher strategischer Bedeutung, wie ganz oben im Norden eine Abriegelung des Hafens Murmansk. Denn dadurch wäre Zentralrußland sowohl von seiner Ölversorgung als auch von den über Persien hereinströmenden alliierten Hilfslieferungen abgeschnitten worden. Auch genügend Kräfte für einen schnellen Stoß auf Stalingrad standen zur Verfügung: zwei Panzerarmeen in günstiger Ausgangsstellung.

Aber Hitler glaubte, mit einer improvisierten Operation die Russen zu überraschen, sie in einem riesigen Kessel mit Zentrum bei Rostow vernichtend schlagen zu können. Und so drehte er, am 13. Juli, die 4. Panzerarmee und zusätzlich das XXXX. Panzerkorps aus ihrem Marsch nach Stalingrad ab, schickte sie südwärts. Nach Stalingrad zog nun nur noch die 6. Armee weiter.

Das war nicht die einzige fatale Entscheidung. Zwei Tage später, am 15. Juli, entließ Hitler den Oberbefehlshaber der Heeresgruppe Süd, Generalfeldmarschall von Bock. Schon ein paar Tage vorher hatte Hitler die Teilung der Heeresgruppe verfügt, aus der 11. Armee (Manstein), der 17. Armee (Ruoff) und der 1. Panzerarmee (Kleist) eine Heeresgruppe A unter Generalfeldmarschall List gebildet. Bock hatte sich dieser Zersplitterung der Kräfte energisch widersetzt, deshalb mußte er gehen. Den Rest der Heeresgruppe Süd, jetzt Heeresgruppe B (6. Armee, 2. Armee, 2. ungarische Armee) übernahm nach Bocks Ausscheiden Generaloberst von Weichs. »Damit wird die Schlacht in zwei Teile zerschnitten«, notiert Bock ärgerlich in seinem Tagebuch, und das kennzeichnet exakt die Lage: Hitler glaubt tatsächlich, durch simple Zweiteilung der verfügbaren Kräfte die beiden Ziele der »Operation Blau« – Vernichtung der »restlichen« sowjetischen Armeen »vorwärts des Don« und Eroberung der sowjetischen Ölfelder am Kaspischen Meer (Baku) – gleichzeitig angehen und erreichen zu können, statt nacheinander, wie es der Plan »Blau« ursprünglich vorsah. So sicher war sich Hitler in seiner Siegesgewißheit, daß er mitten in der Offensive eine ganze Anzahl kampferfahrener Verbände aus der Front herauszog: Fünf Divisionen von Mansteins 11. Armee wurden verladen und nach Norden gefahren, Leningrad zu erobern, die Panzergrenadierdivision »SS-Leibstandarte Adolf Hitler«, eine glänzend ausgerüstete Einheit, wurde zur Umgliederung nach Frankreich verlegt, und dorthin folgte wenig später auch die motorisierte Infanteriedivision »Großdeutschland«, ebenfalls ein Eliteverband.

Noch etwas anderes geschah am 13. Juli 1942, dem Tag, an dem Hitler den Feldmarschall von Bock feuerte und 4. Panzerarmee sowie XXXX. Panzerkorps nach Süden abdrehte: An diesem Tag fand im Kreml unter Stalins Vorsitz ein Kriegsrat statt. Und anders als im Führerhauptquartier zu Winniza, weit im Feindesland, beherrschte die Beratung im unlängst noch vom Feind bedrohten Kreml nüchterner Realitätssinn.

Teilnehmer dieser Beratung waren außer Stalin Außenminister Molotow, Marschall Woroschilow, Generalstabschef Schaposchnikow sowie einige Verbindungsoffiziere der Alliierten. Anders als Hitler erteilte Stalin keine Befehle gegen den Rat seiner Generalität. Schon einige Zeit vorher hatte er das Votum der Generäle akzeptiert, daß der »Stehen, halten und notfalls sterben«-Befehl vom Vorjahr nicht mehr sinnvoll sei; daß sich die Sowjetarmee vernichtende Kesselschlachten à la Kiew oder Wjasma nicht mehr leisten könne. Und nun trug Schaposchnikow das Konzept des Großen Generalstabs für die kommenden Monate vor: Weiterhin Rückzug, bis hinter die Wolga und tief in den Kaukasus; dann erst Widerstand, um den Gegner festzuhalten, ihm abermals eine Überwinterung unter ungünstigen Verhältnissen aufzuzwingen. Zugleich Evakuierung aller wichtigen Industrien in den Ural.

Stalin stimmte zu. Es war im Grunde das uralte Prinzip, an dem schon Napoleon gescheitert war: Die Nutzung der ungeheuren Ausdehnung Rußlands als strategische Waffe: den Feind in die Tiefe des Landes locken, bis er nicht mehr kann und ein leichtes Opfer wird. Kein heroisches Prinzip, aber ein wirksames.

Hitler und vor allem seine Panzergenerale hatten in der ersten Phase des Rußlandfeldzuges diese – wohl bewußte – Gefahr durch schnelle, überraschende Schläge auf die Nervenzentren des Gegners zu unterlaufen gesucht und waren dem Erfolg ziemlich nahegekommen. Verhindert hatte ihn Hitler, indem er kurz vorm Ziel sein historisches Wissen über Bord warf und den schnellen Stoß auf Moskau zugunsten der – ohne Zweifel spektakulär erfolgreichen – Kesselschlacht bei Kiew abbrach.

Und nun, ein Jahr später, wiederholte sich das: Hitler verzögerte die strategisch wichtige Abriegelung der unteren Wolga zugunsten einer – illusionären – Kesselschlacht im Raum Rostow.

Diesen wichtigen Verkehrsknoten verteidigen die Russen hartnäckig. Seit sie die Stadt im Vorjahr nach kurzer deutscher Besetzung wieder in ihre Hand bekommen haben, ist sie festungsartig ausgebaut worden. Großräumig um die Stadt herum ziehen sich drei starke Ringstellungen mit breiten Minenfeldern, Panzergräben und anderen Panzersperren.

Doch nicht nur das: Die Stadt selbst ist in ihrer ganzen Ausdehnung verbarrikadiert. Die aufgerissenen Straßen werden von meterbreiten Wällen aus Pflastersteinen gesperrt. Die Haustüren sind vermauert, Fenster mit Sandsäcken in Schießstände verwandelt, Balkons in MG-Nester, auf den Dächern lauern Scharfschützen, in den Kellern liegen zu Tausenden die sogenannten Molotow-Cocktails bereit, Benzinflaschen mit Phosphorzünder, eine ebenso primitive wie wirksame Waffe gegen Panzer.

Besetzt sind die Verteidigungsanlagen von NKWD-Truppen und NKWD-Pionieren, fanatischen Kämpfern. Auf deutscher Seite wird – nachdem gepanzerte Verbände die äußeren Verteidigungsringe durchstoßen haben – die mörderische Straßenschlacht vornehmlich von dem schwäbischen Infanterie-Regiment 421 unter Oberst Alfred Reinhardt bestritten. Der dachte sich damals für den Straßenkampf eine spezielle und wie sich zeigte,

Über den Don (ganz oben: Balancieren auf den Trümmern einer gesprengten Brücke) zum Kaukasus (rechte Seite: Vormarsch im Gebirge) und an die Wolga (oben: deutsche MG-Stellung am westlichen Steilufer): Hitler hatte in Überschätzung der deutschen Kräfte aus einer zwei Angriffsoperationen gemacht. Er wollte nun außer Stalingrad auch noch die kaukasischen Ölfelder. Doch schon bei Beginn der Offensive wurde deutlich, daß die Grenzen deutscher Expansion nicht mehr fern liegen konnten. Überdehnte Nachschubstränge, Partisanenanschläge und ein immer geschickter und zäher operierender Gegner machten Geländegewinne schwieriger und riskanter.

wirksame Taktik aus: Er bildete aus zwei Bataillonen sechs Stoßkompanien mit je einem schweren MG, einer Pak, einem Infanteriegeschütz und einer leichten Feldhaubitze. Diese Stoßkompanien setzt er nebeneinander in Nord-Süd-Richtung an, dem Verlauf der Hauptstraßen folgend, aber immer nur bis zu einer bestimmten Sperrlinie, die er quer zur Angriffsrichtung auf dem Stadtplan markiert hat, A-Linie, B-Linie und so weiter. Sobald eine der Stoßkompanien die befohlene Linie erreicht hat, muß sie warten, bis der Befehl vom Regiment kommt, zur nächsten Linie vorzurücken. Und den gibt Reinhardt erst, wenn alle Kompanien die jeweilige Linie erreicht haben. Der Sinn der Sache: Alle Kompanien kämpfen auf gleicher Höhe, keine kann zu weit vorpreschen und ihre Flanke entblößen, die Führung behält trotz des Häuser- und Straßengewirrs die Übersicht. Überdies schickt Reinhardt den vorderen Stoßkompanien sogleich weitere sechs Kampfgruppen zur »Nachlese« hinterher, die jedes einzelne Haus vom Keller bis zum Dach absuchen.

Diese Taktik ist wirksam, aber dennoch, welch ein Kampf! Vor allem, je näher sie dem Don, dem Hafenviertel kommen, wo sich das Straßensystem in ein Wirrwarr enger, winkliger Gassen auflöst, wo kein Platz mehr für Infanteriegeschütze, geschweige denn Haubitzen ist und selbst mit dem MG kaum noch etwas ausgerichtet werden kann. Das bedeutet: nur noch Nahkampf. Heranrobben an das nächste Kellerfenster, hinter dem man den Atem des Gegners, das Klicken seines Karabinerverschlusses, geflüsterte russische Worte hört. Vorschnellen, Handgranate rein, zurück.

Fünfzig Stunden dauert der verbissene, blutige Straßenkampf, dann ist die Stadt in deutscher Hand. Aber noch nicht die Brücke über den Don, der anschließende kilometerlange Damm durch den Ufersumpf, der zu der großen Brücke nach Bataisk führt. Diese Aufgabe lösen in den drei Tagen vom 24. bis 27. drei Dutzend Freiwillige vom Kradschützenbataillon 43 und eine Halbkompanie der »Brandenburger«. Unter nahezu vollständiger Selbstaufopferung erobern sie die Brücke-Damm-Kombination. Am Nachmittag des 27. Juli rollen die Spitzen des LVII. Panzerkorps über Brücken und Damm südwärts, Richtung Kaukasus.

In den Kaukasus

Feldmarschall List, neuer Oberbefehlshaber der Heeresgruppe A, war ein bedächtiger Bayer aus Oberkirch. Leicht war er nicht aus der Fassung zu bringen, aber was die Führerweisung Nr. 45 vom 23. Juli 1942 von seiner Heeresgruppe verlangte, das machte ihn zunächst einmal sprachlos. An die tausend Kilometer sollte er südwärts stürmen, am Schwarzen Meer entlang bis zur türkischen Grenze und über das unwegsame Kaukasusgebirge hinweg zum Kaspischen Meer bis nach Baku.

Und das alles mit der Hälfte der ursprünglichen Heeresgruppe Süd, mit nur lächerlichen drei Gebirgsdivisionen – während zur gleichen Zeit das italienische Alpinikorps mit zahlreichen glänzend für den Gebirgskampf ausgerüsteten und ausgebildeten Divisionen ziemlich sinnlos der 6. Armee (Paulus) nachgeführt wurde, in deren Kampfbereich es kein Gebirge gab. Generalfeldmarschall List bekundete später, nur die Überzeugung, das OKW habe wohl ganz außergewöhnliche und zuverlässige Informationen über die Feindlage, hätte ihm und seinem Generalstabschef Greiffenberg den abenteuerlich neuen Operationsplan begreiflich erscheinen lassen. Nun, List bemüht sich in diesem Glauben an die höhere Weisheit der obersten Führung, die befohlene Operation so gut es geht durchzuführen.

Erstaunlicherweise geht es zunächst gut, sehr gut sogar. Die Anfangsphase der Operation läuft trotz des ungewohnten Kampfgeländes – Steppe – mit uhrwerkartiger Präzision ab. Das XXXX. Panzerkorps boxt sich planmäßig über den Sal, stößt weiter zum Manytsch, dem breiten Strom, der hier als Grenze zwischen Europa und Asien gilt.

Frage war, wie hinüberkommen – der Manytsch ist unnatürlich breit, besteht aus einer Kette von Stauseen, die ein Elektrizitätswerk speisen; an den wenigen schmalen Stellen sitzen am anderen Ufer starke russische Nachhuten, gut verschanzt.

»Wie wär's, wenn wir's an der breitesten Stelle versuchen«, schlägt Major Pomtow, Ia der 3. Panzerdivision, seinem Kommandeur, Generalmajor Breith, vor, »damit rechnen die bestimmt nicht!«

»Hm, könnte gehen«, brummt der General, »vorausgesetzt, wir finden was Besseres als Paddelboote.«

»Ich frag' mal bei den Pionieren nach«, erwidert Pomtow, kommt nach ein paar Minuten wieder mit der Meldung, daß das Panzerpionierbataillon 39 tatsächlich noch 21 Sturmboote mitschleppt.

Die Holzrümpfe sind zwar in der Gluthitze ausgetrocknet, lecken fürchterlich, zwei versinken sogar bei einer nächtlichen Probe, aber die übrigen 19 quellen soweit auf, daß sie – fleißiges Wasserschöpfen vorausgesetzt – benutzbar sind.

Und dann suchen sie sich tatsächlich die breiteste Stelle für den Übergang, knapp oberhalb des zwei Kilometer breiten Staudammes bei Manytschstroj, über den eine Straße führt. In der Nacht vom 1. zum 2. August, um Mitternacht, geht's los. Ein paar Kilometer nördlich ballert die Divisionsartillerie, täuscht einen Angriff über einen schmalen Flußabschnitt vor, oberhalb des Dammes geht Oberleutnant Tank mit einer Sturmkompanie aus Freiwilligen des II. Bataillons vom Panzergrenadierregiment 3 in die Boote. Hier schießt die Artillerie nur Streufeuer.

Ohne Verluste kommen sie hinüber; Oberleutnant Tank springt als erster ans Ufer, der erste deutsche Soldat in Asien. Die Russen in den vordersten Uferbefestigungen sind so überrascht, daß sie kopflos fliehen. Auch den zweiten Graben können Tanks Männer rasch aufrollen. Derweil sind die Sturmboote zurückgefahren, holen die zweite Welle.

Diesmal geht's nicht ohne Verluste ab, die Russen sind aufgewacht, zwei Boote gehen verloren, nur 17 kommen an, mit 120 Mann und Munitionsnachschub. Dann ist es aus mit der Übersetzerei, das Abwehrfeuer der Russen ist zu stark geworden. Von allen Seiten prasselt nun Artilleriefeuer auf den Uferstreifen, an dem sich Tanks Männer in den eroberten russischen Gräben und rasch gebuddelten Deckungslöchern festgekrallt haben. Sie lassen sich nicht zurückdrängen, weiten den kleinen Brückenkopf sogar noch aus – doch dann, als der Morgen dämmert, wird's kritisch: Die Munition geht aus.

Aber knapp ehe es zu spät ist, sind die Schlachtflieger da, halten die russische Artillerie nieder und sorgen dafür, daß mit den Sturmbooten eine dritte Welle übergesetzt werden kann – mit reichlichem Munitionsvorrat, versteht sich. Nun kann Tank zum Angriff übergehen, und zwar greift er das Dorf Manytschstroj von hinten und von der Seite an, während die Russen den Hauptangriff über den Damm erwarten. So gelingt abermals eine Überraschung. Zwar merken die Russen, was los ist, drehen hastig ihre Verteidigung um, aber das hat zur Folge, daß nun Panzer und Schützenpanzerwagen über die schmale Straße auf der Dammkrone heranbrausen können. So fällt Manytschstroj, wird der Übergang über den Manytsch, den letzten großen natürlichen Sperriegel vor dem Kaukasus, erzwungen.

Bravouröse Waffentaten dieser Art gibt es fast alle Tage. Bei Martynowka am Sal entwickelt sich überraschend eine Panzerschlacht zwischen der 23. Panzerdivision und einem sowjetischen Panzerkorps, das Timoschenko in einer Art Hinterhalt versteckt hat, um die vorpreschenden Deutschen in der Flanke zu packen. Gerade noch rechtzeitig wird die Situation erkannt, und das Ergebnis ist – zum ersten Mal seit langer Zeit wieder – ein wüstes Duell Panzer gegen Panzer, die auf Entfernungen von 30 Metern und weniger umeinander herumrasseln. Es ist ein harter Kampf in der flimmernden Gluthitze, doch die Panzerleute sind froh, endlich mal wieder ihre eigentliche Stärke ausspielen zu können: die enorme Beweglichkeit, die zusammen mit der kontinu-

ierlichen Funkführung taktische Finessen möglich macht, gegen die der Gegner trotz seiner besseren Panzer nicht viel Chancen hat. Am Ende sind 77 Russenpanzer, meistens T 34 und einige T 70, abgeschossen; ein sowjetischer Großverband ist vernichtet.

So etwas ist jedoch die Ausnahme, denn wie zuvor im Donbogen, so kämpft der Russe auch hier, im Vorfeld des Kaukasus, nur hinhaltend, mit starken Nachhuten – doch vernichten läßt er sich nicht. Alles was den deutschen Stoßkeilen, die nun nach Überwindung des Manytsch die weichenden Russen durch die Kalmükkensteppe verfolgen, an Beute in die Hände fällt, sind ein paar zerborstene Panjewagen, tote Pferde, unbrauchbare Handfeuerwaffen, sonst nichts.

Im Reichsrundfunk dröhnen in diesen ersten Augustwochen immer wieder die Sondermeldungsfanfaren: Am 3. August wird Woroschilowsk genommen, am 6. Labinskaja, am 9. die Ölstadt Maikop – Öllager und Förderanlagen sind leider zerstört –, am 12. August fällt Elista, die größte Stadt in der Kalmückensteppe, am 13. August Krasnodar.

Scheinbar unaufhaltsam rollen die deutschen Angriffsspitzen südwärts, unter knallblauem Sommerhimmel, bei Temperaturen um 55 Grad. Am Südhorizont sehen die Soldaten nur eine weiße Wolke, die sich merkwürdigerweise nicht bewegt, statt dessen von Tag zu Tag größer wird. Es ist auch keine Wolke, sondern der in der Sonne leuchtende Gletscherfirn des Elbrus, des 5642 m hohen Hauptgipfels des Kaukasusgebirges.

Die Flußniederungen, die sich durch die glühende Kubansteppe ziehen, sind paradiesische Oasen, voller fruchtstrotzender Obstgärten und riesiger Viehherden – was den Magen anlangt, geht's der Truppe gut. Und so wird etwas gewagt, was zwar militärisch nichts einbringt, aber propagandistisch um so wertvoller ist: Gebirgsjäger von der 1. und der 4. Gebirgsdivision ersteigen am 21. August den Elbrusgipfel, pflanzen dort oben die Reichskriegsflagge auf – eine bravouröse alpinistische Leistung.

Aber welch ein Kampfgebiet ist dieses Gebirge! Mit Sicherheit das abenteuerlichste des ganzen Krieges. Tausend und mehr Meter fallen die rostroten Porphyrflanken des Elbrus-Massivs ab. Gekämpft wird um Hochpässe in Höhen über 3000 Metern, höher als die Zugspitze, und sie werden genommen, der Kluchorpaß, der Ssantscharopaß, der Alustrachupaß und schließlich der Bgalarpaß, von dem es direkt hinuntergeht zur Schwarzmeerküste, nach Suchumi.

Während die Kaukasusarmee sich über die Gebirgspässe quält, bleibt hinter ihr, nach Osten hin, ein riesiger unbesetzter Raum – die Kalmückensteppe zwischen Terek, Kaspischem Meer und Wolga. Eine einzige Division, die 16. I. D. (mot.), deckt diese offene rückwärtige Flanke. Natürlich kann man mit einer Division den Riesenraum nicht im schulmäßigen Sinne erobern. Aber wissen möchte Generalleutnant Heinrici, der Kommandeur der Division, denn doch, was in der Einöde vor sich geht, sich möglicherweise zusammenbraut. So schickt er Spähtrupps los. Die Division operiert von einigen Stützpunkten im Raum von Elista aus, und von dort starten diese abenteuerlichen Unternehmen – bis zu 150 Kilometer tief in Feindesland.

Einen dieser Fernspähtrupps führt Leutnant Jürgen Schliep. Es soll da, nicht weit von der Küste, eine neue Bahnlinie geben, die von Baku über Kisljar nach Astrachan führt, eine Ölbahn also, die auf keiner Karte zu finden ist, von der jedoch Gefangene erzählt haben.

So ein Fernspähtrupp besteht aus zwei 8-Rad-Panzerspähwagen mit 2-cm-Flak, einem Kradschützenzug (24 Mann), zwei oder drei 5-cm-Pak, einer Pioniergruppe mit Gerät, einem Sanka mit Arzt, einem Funkwagen. Ein Dolmetscher ist auch dabei.

Schliep berichtet: »In den frühen Morgenstunden des zweiten Tages sahen wir von weitem die Salzseen in der Sonne glitzern. Nur mühsam kamen die Kräder in dem tiefen Sand noch vorwärts. Doch dann sahen wir die Bahn. Ich fuhr mit den beiden Spähwagen und der Pioniergruppe auf ein Bahnwärterhäuschen zu. Wir sa-

Pause für die Pioniere, Infanterie vorwärts: Über eine Behelfsbrücke ziehen deutsche Landser über den Don nach Osten (oben). Was sie dort erwartete, gibt das untere Bild nur unvollkommen wieder: Der Granateinschlag neben dem Panzer IV trübt die heitere Sommerstimmung im Maisfeld vor der Kulisse des Kaukasus nur wenig. Von der Fotoausbeute der Bildberichter gelangten natürlich nur solche Motive an die Öffentlichkeit und damit in die heutigen Archive, die die richtige Balance zwischen Gefahr, Heldentum, Abenteuer, Kameradschaft und Siegeszuversicht hielten. Das Grauen wurde nur beschworen, wenn Haß geschürt werden sollte.

hen von weitem fünfzig bis sechzig Zivilisten, die am Bahndamm arbeiteten. Die Strecke war eingleisig. Die Aufseher gingen bei unserem Erscheinen stiften, wogegen wir von den Zivilarbeitern jubelnd begrüßt wurden. Es handelte sich um ukrainische Familien, alte Männer, Frauen und Kinder, die zwangsweise evakuiert und seit Monaten hier eingesetzt waren . . .«

Die Bahnstation in der Wüste, eigentlich nur ein Kontrollpunkt in einer Bretterbude, hieß Senseli. Noch während Leutnant Schliep mit den Ukrainern schwatzt, schnauft ein Zug heran, von Süden – eine schier endlose Kette von Kesselwagen, bespannt mit zwei schweren Lokomotiven.

Mit zwei kurzen Feuerstößen aus der 2-cm-Flak seines Panzerspähwagens stoppt Schliep die Lokomotiven, dann läßt er die Kesselwagen einen nach dem anderen in Brand schießen. »Der schöne Sprit!« stöhnen die Kanoniere jedesmal, wenn ein Kesselwagen mit Benzin donnernd in die Luft geht.

Pioniere machen das Bahnwärterhäuschen zur Sprengung fertig. Da schrillt der Fernsprecher. Unteroffizier Engh zuckt erschreckt zusammen, faßt sich, brüllt: »Herr Leutnant, Telefon!« Schliep schnappt sich seinen Dolmetscher: »Los, stell mal fest, wer dran ist!«

»Stanzia Senseli, Natschalnik« meldet sich der Dolmetscher.

Am anderen Ende der Strippe ist der Güterbahnhof Astrachan, Streckenaufsicht. Ob der Ölzug aus Baku schon durch sei, wird gefragt, der Gegenzug warte schon in der nächsten Ausweiche. Der Dolmetscher versucht, den »Towarisch« in Astrachan dazu zu bringen, den Gegenzug loszuschicken, doch er ist kein Eisenbahner, drückt sich nicht gerade fachgerecht aus. Der Mann in Astrachan merkt, daß da was nicht stimmt, beginnt zu fluchen und zu schimpfen, worauf der Dolmetscher schließlich mit der wütenden Ankündigung »Na warte, Väterchen, bald sind wir in Astrachan!« den Hörer auf die Gabel knallt.

Astrachan! Südpunkt der A-A-Linie (Archangelsk–Astrachan), die das Ziel des Unternehmens »Barbarossa« war, die eigentlich schon im ersten Ansturm erreicht werden sollte! Erreicht wurde Astrachan nie – außer mit diesem Telefongespräch am 15. September 1942.

Über den »schönen Sprit« hatten die Männer des Fernspähtrupps Schliep getrauert, als sie den Ölzug zerballerten. Damit lagen sie richtiger, als sie selber ahnen konnten. Sprit für Panzer, Lkw, Kübelwagen, Kräder war schon Wochen

Das hatten sich die deutschen Gebirgsjäger nicht träumen lassen, daß sie eines Tages auf dem höchsten Gipfel des Kaukasus, dem 5642 Meter hohen Elbrus, die Kriegsflagge würden hissen können (rechte Seite oben). Die Großtat vom 21. August 1942 kann jedoch zugleich als Symbol für den Gipfel deutscher Machtentfaltung stehen, von dem aus es fortan nur noch abwärts gehen sollte. Trotz allen Einsatzes nämlich gelang kein weiterer Fortschritt. Das unwegsame Gelände erschwerte nicht nur den Verwundetentransport (oben rechts), den Nachschub (ganz oben: improvisierte Drahtseilbahn für Munitionskästen) und den Verkehr (oben links: abgestürzter Lkw), sondern bot auch dem Gegner gleich günstige Verteidigungsstellungen wie die des deutschen MG-Nestes im Bild auf der rechten Seite unten.

vorher zu einem fast schlachtentscheidenden Faktor geworden.
Während die Heeresgruppe A dem Kaukasus, von Sondermeldungen begleitet, entgegenstürmte, marschierte die Heeresgruppe B mit der 6. Armee als Kern den Don entlang nach Stalingrad, vorneweg das XIV. Panzerkorps, das einzige in der Armee, bestehend aus einer Panzerdivision (16.) und zwei motorisierten Infanteriedivisionen (3. und 60.).
Dieses Panzerkorps, unter General von Wietersheim, trieb die Russen ziemlich flott vor sich her, deren – befohlener – Rückzug sich, dank unklarer und überhasteter Befehle, stellenweise in eine wilde Flucht verwandelte, so daß die russische Führung ziemliche Mühe hatte, ihre Verbände wieder in den Griff zu bekommen. Das geht so bis kurz vor Kalatsch, dem östlichen Punkt des großen Donbogens. Von da sind es noch 70 Kilometer bis Stalingrad – Stadt und Donbrücken von Kalatsch sind eine Schlüsselstellung auf dem Weg zu der Stadt, die Stalins Namen trägt, und die der Diktator nicht aufzugeben bereit ist. Den Rückzug bis dahin und tief in den Kaukasus hat er sich von seinen Generalen abtrotzen lassen, Stalingrad will er sich nicht nehmen lassen. Und deshalb ist Kalatsch wichtig.
Und dort bekommt Anfang Juli Generalmajor Kolpaktschi Gelegenheit, sich sehr zu wundern. Denn die Deutschen, die seine 62. Armee bis kurz vor Kalatsch gejagt haben, drängen plötzlich nicht mehr nach. Kolpaktschi versteht das nicht, sein Oberkommandierender, Timoschenko, auch nicht – sie haben keine Erklärung dafür, daß Wietersheims Panzer plötzlich stehenbleiben.
Warum? Weil sich jetzt rächt, was der geschaßte Feldmarschall Bock die »Zweiteilung« der Schlacht genannt hat. Als Hitler Anfang Juli die Heeresgruppe Süd in die Heeresgruppen A und B mit zwei weit auseinanderliegenden Zielen aufteilte, zerschlug er damit zugleich das zentrale Versorgungssystem der Heeresgruppe Süd. Und weil deren südliche Hälfte, Heeresgruppe A oder Kaukasusarmee, die weit größeren Entfernungen zurückzulegen hatte, hatte Generalquartiermeister Wagner den größten Teil des Spritnachschubs südwärts umdirigiert.
Das war der Grund, dessentwegen die Deutschen plötzlich nicht mehr nachdrängten: Sie saßen fest, sie hatten keinen Sprit, um weiterzufahren, weiterzukämpfen.
Ganze achtzehn Tage (!) lagen große Teile der 6. Armee und das XIV. Panzerkorps wegen Spritmangels fest – 18 Tage, die für die Sowjets ein Geschenk waren.

DER ANGRIFF AUF STALINGRAD

7.7. bis 12.9.1942

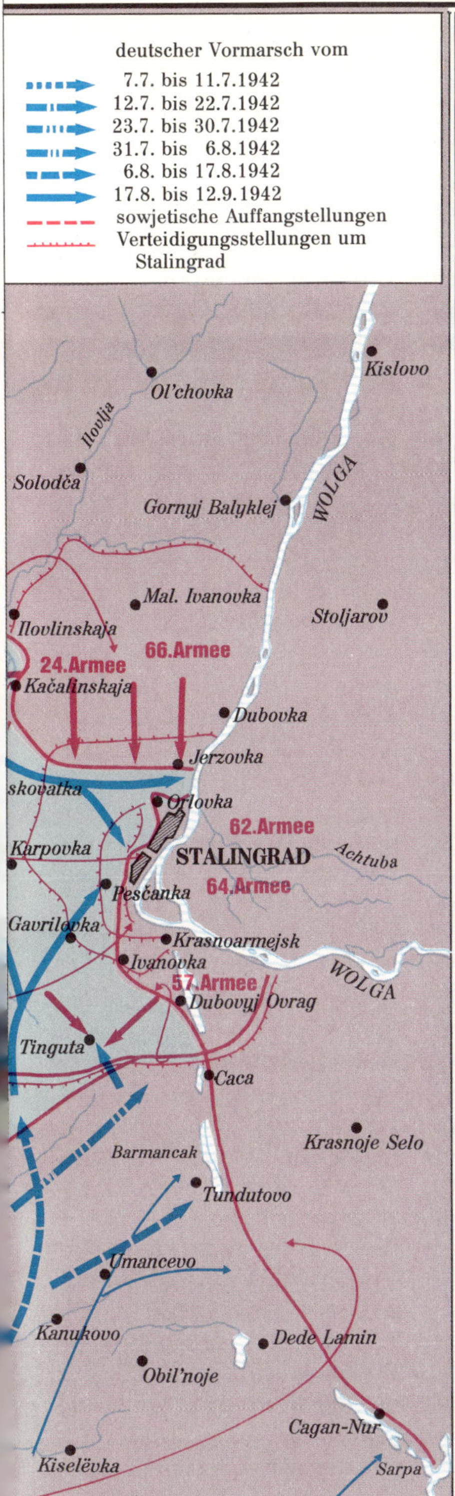

Amerikas Kriegseintritt

Trotz mancher Ähnlichkeiten zwischen den politischen Maßnahmen des deutschen Führers und des amerikanischen Präsidenten wollte sich Sympathie nicht einstellen. Bereits bei Kriegsausbruch war Roosevelt fest entschlossen, Deutschland zu besiegen. Systematisch förderte er Hitlers Gegner, wo er nur konnte. Seine Neutralitätsbekundungen erwiesen sich als Fassade.

Seit den Judenpogromen der »Kristallnacht« vom November 1938 waren die diplomatischen Beziehungen zwischen Berlin und Washington »eingefroren« und stagnierten. Am 13. November hatte das State Department seinen Botschafter Hugh Robert Wilson aus Berlin abberufen. Ribbentrop reagierte, indem er den deutschen Botschafter Hans Heinrich Dieckhoff nach Hause zitierte. Die Abwicklung der dringendsten diplomatischen Angelegenheiten lag seitdem in den Händen sogenannter »Geschäftsträger«. Ihr Spielraum war so begrenzt, daß sie wenig mehr als vornehme Briefboten waren. Deshalb schlug kurz nach dem Überfall auf Polen in den deutsch-amerikanischen Beziehungen die Stunde der Amateurdiplomaten. Ende September 1939 hatte Hitler seinen Blitzkrieg in Polen siegreich beendet. An einer Fortsetzung des Krieges hatte er bis auf weiteres kein Interesse mehr. Inoffizielle Friedensfühler waren ergebnislos geblieben. Weder in Paris noch in London schien man bereit, die »Fünfte Polnische Teilung« hinzunehmen. Hitlers Achsenpartner Mussolini kam als Vermittler kaum noch in Frage. Sein Prestige in Whitehall und am Quai d'Orsay war schwer abgebröckelt, seit es ihm nicht gelungen war, Hitler an der Invasion Polens zu hindern. Der potentielle Vermittler, auf den Hitler jetzt setzte, war Franklin D. Roosevelt. Nach Meinung Hitlers konnte der amerikanische Präsident kein Interesse an einer Ausweitung des vom Führer bisher ganz bewußt auf Mitteleuropa begrenzten Konflikts haben. Er würde seinen Einfluß geltend machen und England und Frankreich bewegen, Hitlers Friedensvorschläge zu akzeptieren.

Mit der delikaten Aufgabe, die richtigen Kontakte zu suchen, beauftragte Hitler seinen designierten Nachfolger Generalfeldmarschall Hermann Göring. Er besaß im westlichen Ausland weit größeres Ansehen als der unbeliebte Außenminister Ribbentrop. Und: Göring haßte Ribbentrop, den er nicht ganz zu Unrecht für einen dümmlichen, aufgeblasenen Schwätzer und Dilettanten hielt. Göring schaltete einen langjährigen Freund und Vertrauten ein: Dr. Joachim Hertslet, der in Mexiko deutsche Banken und Industrieunternehmen vertrat. Und Hertslet präsentierte auch gleich den richtigen Mann für die Aufgabe: seinen texanischen Geschäftsfreund William Rhode Davis, einen Ölmillionär aus Houston.

Am 15. September flog Davis nach Washington und erreichte auf einer Konferenz im Weißen Haus Roosevelts Zustimmung zu einer »Sondierungsreise« nach Berlin.

In seiner ersten Unterredung mit Göring am 1. Oktober trug Davis vor, Roosevelt wäre im Falle einer sofortigen Friedensregelung bereit, Deutschland Danzig, den Korridor und die durch den Versailler Vertrag abgetrennten früheren preußischen Provinzen zuzusagen. Die Frage der deutschen Kolonien könne durch einen Kompromiß gelöst werden. Göring besprach sich mit Hitler und empfing Davis am 3. Oktober noch einmal. In dieser Unterredung machte er dem Amerikaner ein erstaunliches Angebot: Deutschland wäre bei einer Friedensregelung bereit, nicht nur eine unabhängige polnische Regierung unter dem Fürsten Radziwill zuzulassen, sondern auch eine neue selbständige Tschechoslowakei zu schaffen. Ferner sei Deutschland bereit, an einer Weltfriedenskonferenz in Washington mit Göring als Delegiertem teilzunehmen.

Aber die Rechnung ging nicht auf. Davis wurde nach seiner Rückkehr nach Washington von Roosevelt nicht einmal empfangen. Er konnte seinen Bericht lediglich einem Beamten des State Departments übergeben.

Roosevelt fürchtete, ein aus dem Friedensschluß als Sieger hervorgehendes Deutschland würde ganz notwendig zum wirtschaftlichen Mittelpunkt Europas werden und die Amerikaner weiter aus diesem wichtigen Markt hinausdrängen. Eine amerikanische Friedensvermittlung aber, die den deutschen Führungsanspruch in Mitteleuropa zu berücksichtigen hätte, würde konsequenterweise den Interessen Amerikas zuwiderlaufen. Aus taktischen Gründen wollte er zwar auch künftig den Sondierungswünschen amerikanischer Industrieller wie dem General-Motors-Präsidenten James D. Mooney nachgeben. Doch seine politische Strategie lag bereits im Herbst 1939 fest: Durch eine Kooperation mit England und Frankreich und eine Konfrontation gegen Deutschland Amerika zur führenden Weltmacht zu machen. Als der amerikanische Botschafter in London, Joseph Kennedy, den Präsidenten für eine Friedensvermittlung zu gewinnen suchte und ihn vor den katastrophalen Folgen warnte, die eine Ausdehnung des Konflikts auf Westeuropa auf politischem, wirtschaftlichem und sozialem Gebiet haben würde, beschied Roosevelt ihn: »Ich sehe weder eine Möglichkeit noch eine Gelegenheit für einen Friedensvorstoß, solange die gegenwärtigen europäischen Verhältnisse andauern.« Gleichzeitig aber wurde Kennedy verpflichtet, diese »streng vertrauliche« Information auf keinen Fall weiterzuleiten. Roosevelt wußte nur zu gut, daß ein offen bekundetes Desinteresse an einer Friedensregelung seine Chancen bei der amerikanischen Bevölkerung im bevorstehenden Wahljahr 1940 erheblich beeinträchtigen würde.

Zwei Gründe waren es, die Roosevelt veranlaßten, im Frühjahr 1940 den Unterstaatssekretär Sumner Welles zu Sondierungsgesprächen nach Europa zu schicken: Zum einen wollte Roosevelt seine Bemühungen um Frieden taktisch demonstrieren, zum anderen herausfinden, ob Mussolini unter Umständen bereit wäre, mit seinem Achsenpartner Hitler zu brechen und ins Lager der Alliierten überzuwechseln. Schon nach dem ersten Treffen mit Mussolini beantwortete sich diese Frage selber mit Nein. Nur bei Außenminister Ciano, der die Deutschen im allgemeinen und Ribbentrop im besonderen als »dumme, falsche, tückische und doppelzüngige Germanen« verachtete, stieß Welles auf eine gewisse Aufgeschlossenheit.

Hitler hatte inzwischen alle Vorbereitungen zu einem Angriff im Westen getroffen. Als Welles am 2. März 1940 in Berlin eintraf, hatte Hitler gerade die Weisungen für die einen Monat später erfolgende Besetzung von Dänemark und Norwegen unterschrieben. Hitler war jetzt nicht mehr an einer Friedensvermittlung interessiert. In seiner Unterredung mit Welles sagte er ganz offen, daß er keine andere Möglichkeit sähe, als den Konflikt mit England und Frankreich bis zu deren Niederlage auszufechten. Von Ribbentrop hörte Welles dasselbe. Auch die Treffen mit anderen Naziführern ergaben keine Anzeichen für einen deutschen Gewaltverzicht.

Schon lange vor Kriegseintritt der USA stand fest, auf welcher Seite Präsident Roosevelts Sympathien lagen. Bereits bei seinem ersten Zusammentreffen mit Churchill im August 1941 wurden in der Atlantik-Charta die Kriegsziele der westlichen Demokratien proklamiert. Schon drei Monate zuvor, im März 1941, war das amerikanische Leih- und Pachtgesetz, welches Roosevelt ermöglichte, die Alliierten mit Kriegsgütern in unbeschränkter Höhe zu unterstützen, in Kraft getreten. Unsere Bilder zeigen amerikanische Fracht auf dem Weg in die Sowjetunion und Jeeps, die auf ihre Verladung warten.

Roosevelt war mit dem Ergebnis der Welles-Mission zufrieden. Jetzt hatte sich also auch ein hoher Diplomat an Ort und Stelle davon überzeugen können, daß Hitler kein Partner für Verhandlungen mehr war. Vom Beginn des Krieges an hatte der amerikanische Präsident keinen Zweifel darüber aufkommen lassen, wo seine Sympathien lagen. Zwar erklärte er am 5. September 1939 die Neutralität der USA, verzögerte aber das Inkrafttreten des entsprechenden Gesetzes, das jede Waffenausfuhr untersagte, um mehrere Tage. So konnten in den ersten Septembertagen noch beträchtliche Mengen an Kriegsmaterial nach England verschifft werden.

Am 28. September leitete Roosevelt dem Senat einen Änderungsvorschlag zum Neutralitätsgesetz zu. Das totale Waffenembargo sollte mit der sogenannten »Cash-and-carry«-Klausel durchbrochen werden. Diese Klausel besagte, daß kriegführende Länder Kriegsmaterial in den USA erwerben konnten, sofern sie es an Ort und Stelle bar bezahlten und in eigenen Schiffen abtransportierten. Die Cash-and-carry-Verordnung begünstigte eindeutig England, das die Seeherrschaft im Atlantik besaß und über die nötigen Devisen zur Barzahlung verfügte. Nach heftigen Debatten zwischen den Anhängern des Präsidenten und den Isolationisten wurde das Gesetz am 3. November verabschiedet. Die amerikanische Neutralität bestand nur noch rein formal.

Als die deutschen Armeen am 10. Mai 1940 in das neutrale Holland und Belgien einfielen, beschwor Roosevelt zum ersten Mal die Gefahr, die dem amerikanischen Kontinent selber drohen könnte, falls ganz Europa unter deutsche Herrschaft fiele. Vor dem Kongreß malte er in einer Verteidigungsbotschaft die Möglichkeit einer feindlichen Invasion Amerikas aus. Der Kongreß bewilligte 1,5 Milliarden Dollar für die Aufrüstung.

Gleichzeitig bemühte sich Roosevelt mit mehreren dringenden Botschaften an Mussolini, Italien aus dem Krieg herauszuhalten und von seinem Achsenpartner zu trennen. Er warnte Mussolini, daß eine Ausweitung des Konflikts auf das Mittelmeer die amerikanischen Interessen tangieren würde. Mussolini antwortete, er könne Amerikas Interessen am Mittelmeer nicht verstehen, Italien habe ja auch keine Interessen am Golf von Mexiko. Mussolini hatte inzwischen beschlossen, sich durch seinen Kriegseintritt an der französischen Beute zu beteiligen, sobald feststehen würde, daß Frankreichs Niederlage nicht mehr aufzuhalten war.

Als der Zusammenbruch Frankreichs nur noch als eine Sache von Tagen galt, sandte Ministerpräsident Reynaud verzweifelte Hilferufe an Roosevelt. Der amerikanische Präsident, der noch immer Rücksicht auf die öffentliche Meinung seines Landes nehmen mußte, begnügte sich mit vagen Versprechungen und forderte Frankreich zu »heroischem Widerstand« auf. Über Botschafter Kennedy ließ er Churchill wissen, die amerikanische Regierung würde »alles in ihrer Macht Stehende tun, um den Alliierten das so dringend benötigte Kriegsmaterial zur Verfügung zu stellen«. Churchills Bitte, das Dokument zur Stärkung des französischen Widerstandswillens sofort zu veröffentlichen, lehnte Roosevelt aber nachdrücklich ab. Der Wahlkampf stand nahe bevor. Roosevelt konnte nicht auf Erfolg hoffen, wenn sich die Wähler sagen müßten, daß Amerika auf einen Krieg zusteuere.

Nach Frankreichs Zusammenbruch und der offenbar bevorstehenden deutschen Invasion Englands wurde die Lage für Roosevelt allerdings kritisch. Er sah die Gefahr, die Amerika drohen könnte, wenn Deutschland nach einem Sieg über England in den Besitz der britischen Flotte gelangte. Seit Wochen schon drängte Churchill den Präsidenten, England aus Beständen des Ersten Weltkriegs 50 Zerstörer zur Verfügung zu stellen. Diese Schiffe wären der beste Schutz vor einer drohenden Invasion.

Am 2. September 1940 war das Geschäft perfekt: »Im Austausch gegen Ausrüstung und Material für Militär und Marine, das die Vereinigten Staaten der Regierung Seiner Majestät übereignen werden«, verpachtete England den USA auf 99 Jahre Luft- und Flottenstützpunkte auf der Halbinsel Avalon, in Neufundland, auf den Bermudas, den Bahamas, Jamaika, Santa Lucia, Trinidad, Antigua und Britisch-Guayana. Churchill verpflichtete sich gleichzeitig, die britische Flotte weder zu versenken noch an Deutschland auszuliefern und ohne Konsultation der USA keine Friedensgespräche mit Deutschland zu führen. Am nächsten Tag er-

schien der den Isolationisten nahestehende St. Louis-Dispatch mit der Schlagzeile: »Diktator Roosevelt begeht eine Kriegshandlung«.
Völkerrechtlich war der Zerstörerhandel in der Tat eine schwere Neutralitätsverletzung, die Deutschland zu einer Kriegserklärung berechtigt hätte. Churchill wäre eine solche Entwicklung nicht unwillkommen gewesen. Aber Hitler scheute den Schritt. Er hatte die für die Invasion Englands unerläßliche Luftherrschaft nicht erringen können. Das »Unternehmen Seelöwe« mußte zurückgestellt werden. Statt dessen hatte Hitler die Vorbereitungen zum »Fall Barbarossa«, der Invasion der Sowjetunion, begonnen. Er hatte deshalb nicht das geringste Interesse an einem »heißen Krieg« mit den Vereinigten Staaten. Im Gegenteil: Hitler versuchte geradezu überängstlich, jede Provokation der USA im Atlantik zu vermeiden. Er wünschte keine Zwischenfälle, die Amerika in den Krieg treiben könnten.
Nach seiner Wiederwahl im November 1940 konnte Roosevelt eine ganze Reihe taktischer Rücksichten aufgeben. Die ursprüngliche Neutralität Amerikas entwickelte sich immer mehr zu einer »bewaffneten Nichtkriegführung« zugunsten Englands.
Anfang 1941 wurde die Bestimmung des Neutralitätsgesetzes, die vorschrieb, an kriegführende Mächte keinerlei Kredite zu gewähren, vom »Pacht- und Leihgesetz« abgelöst. Das Gesetz machte es den USA möglich, England Kriegsmaterial in großen Mengen ohne Bezahlung zu »leihen«. Um die Gesetzesvorlage zu unterstützen, benutzte Roosevelt folgendes Argument: »Wenn das Haus meines Nachbarn brennt, und ich habe in meinem Garten einen Schlauch liegen, mit dem er das Feuer löschen kann, dann sage ich nicht: ›Nachbar, der Schlauch hat mich 15 Dollar gekostet, die mußt du mir zahlen.‹ Vielmehr leihe ich ihm den Schlauch und erwarte, daß ich ihn zurückbekomme, wenn das Feuer gelöscht ist.«
Im Atlantik begann die amerikanische Marine die britische Flotte aktiv zu unterstützen. Amerikanische Zerstörer folgten deutschen Handelsschiffen und funkten ihre Positionen an die Engländer. Schiffe der amerikanischen Flotte und des Küstenschutzes gaben britischen Schiffszügen mit Pacht- und Leihgütern bewaffneten Geleitschutz. Torpedoboote und Zerstörer der amerikanischen Marine griffen deutsche U-Boote mit Wasserbomben an.
Hitlers Ziel: Die USA wenigstens so lange aus dem Krieg herauszuhalten, bis sein Rußlandunternehmen erfolgreich abgeschlossen war. Deshalb ignorierte er das Zusammentreffen zwischen Roosevelt und Churchill auf einem Kriegsschiff vor der Küste Kanadas im August 1941, jenes Treffen, auf dem die Atlantik-Charta beschlossen wurde. In ihr kam nicht nur Roosevelts Lieblingsgedanke vom »Kreuzzug gegen die Diktatur« zum Ausdruck, ihre Ordnungsprinzipien für einen Frieden der Zukunft sollten auch auf Deutschland keine Anwendung finden dürfen. Der entsprechende Passus war im Prinzip bereits eine Vorstufe der späteren ominösen Forderung nach einer »bedingungslosen Kapitulation« Deutschlands, eines völligen Novums in der bisherigen Geschichte der Beendigung bewaffneter Auseinandersetzungen. Nur einmal war eine solche Forderung bisher erhoben worden: Im amerikanischen Sezessionskrieg, bei dem es sich nicht um einen internationalen Konflikt gehandelt hatte.
Selbst als Roosevelt am 11. September 1941 bekanntgab, er habe der US-Marine den Befehl erteilt, »zu schießen, sobald sie ein deutsches Schiff sichte«, war Hitler zwar »sehr erregt«, weigerte sich aber nach wie vor, der Kriegsmarine Vergeltungsmaßnahmen gegen den Schießbefehl zu gestatten.
Im Dienste der gleichen Strategie standen auch Hitlers Verhandlungen mit Japan. Nach Hitlers Vorstellungen sollte Japan die USA nicht etwa in einen Krieg hineinziehen, sondern aus einem Krieg heraushalten. Gleichzeitig wollte er Japan zum Kriegseintritt gegen England bewegen. Eine Einnahme Singapurs und die Bedrohung Indiens durch japanische Truppen würden erhebliche britische Streitkräfte in Asien binden und auch Amerikas Aufmerksamkeit vom Atlantik auf den Pazifik wenden. Nach Hitlers Meinung würde Amerika einen heißen Krieg mit Japan wegen der Unterlegenheit der US-Pazifikflotte nicht riskieren.
Nach dem Beginn der Rußlandinvasion drängte er die Japaner, Wladiwostok zu nehmen und in Sibirien einzumarschieren. Hitler hoffte, daß ein gemeinsamer deutsch-japanischer Blitzsieg über die Sowjetunion Amerika jede Neigung nehmen würde, sich zusammen mit einem schwer angeschlagenen England der dann stärksten Mächtekonstellation in Europa und Ostasien zu stellen.
Und genau hier lag Hitlers Fehlkalkulation. Japan war nicht sonderlich daran interessiert, für Hitler die Kastanien aus dem russischen Feuer zu holen und die Mandschurei zu gefährden, noch dazu mit der gesamten amerikanischen Pazifikflotte im Rücken. Die Japaner rösteten vielmehr ihre eigenen Kastanien.
Yosuke Matsuoka, Fürsprecher eines Angriffs auf Singapur und Wladiwostok, wurde im Kabinett des Prinzen Konoye immer mehr isoliert. Am 16. Juli 1941 wurde er als Außenminister von Admiral Tejiro Toyoda abgelöst. Schon im Februar hatte Konoye den amerikafreundlichen Diplomaten Kichisaburo Nomura als neuen japanischen Botschafter nach Washington geschickt. Nomura war während seiner Studienjahre in Harvard mit Roosevelt befreundet gewesen und wurde von diesem herzlich empfangen. Der neue Außenminister Toyoda war ein enger Vertrauter Nomuras und befürwortete einen friedlichen Ausgleich mit den USA. Die Hoffnung Toyodas und Nomuras: Amerika zu bewegen, die Interessen Japans in der Mandschurei und in China anzuerkennen, die Hilfe für Tschiangkaischek einzustellen, das Handelsembargo aufzuheben und Japan den Einkauf wichtiger Rohstoffe zu erleichtern.
Hitler verfolgte diese Entwicklung mit wachsender Besorgnis. Zwar wollte er die USA neutral halten, aber eine Verständigung zwischen Tokio und Washington war nicht in seinem Sinne. Hitler fürchtete, daß Amerika nach einem Ausgleich mit Japan den Rükken frei hätte und Deutschland früher als wünschenswert den Krieg erklären würde. Deshalb wurde jetzt von Berlin aus alles getan, um die Verhandlungen in Washington zu torpedieren. General Otto, der deutsche Botschafter in Tokio, sprach häufig im japanischen Außenministerium vor, um gegen die Besprechungen zwischen Nomura und dem amerikanischen Außenminister Hull zu protestieren.
Entgegen dem Drängen des amerikanischen Botschafters in Tokio, Joseph C. Grew, und seines britischen Kollegen Sir Robert Craigie, daß die Regierung Konoye/Toyoda Washington die beste Chance böte, Japan von der Achse zu lösen und sogar ins angloamerikanische Lager hinüberzuziehen, ließen Roosevelt und Hull die weiteren Verhandlungen stagnieren, unterminierten dadurch die Stellung der proamerikanischen, gemäßigten Kräfte in Tokio und spielten der japanischen Kriegspartei in die Hände.
Am 16. Oktober trat Konoye mit seinem Kabinett zurück. Kaiser Hirohito ernannte General Hideko Tojo zum neuen Ministerpräsidenten.

Präsident Dracula. Die japanische Karikatur sieht Roosevelt als blutgierigen Vampir. Vor dem Kongreß stellte Roosevelt den japanischen Überfall als besonders schändlich hin, weil man bis zum Vortag des Angriffs mit Japan noch verhandelt habe. Zweifellos wußte jedoch Roosevelt, daß Japan auf seine unannehmbaren Forderungen mit kriegerischen Handlungen antworten würde. Bewußt nahm der amerikanische Präsident den Krieg in Kauf. Als Konkurrent drohte Japan, zu mächtig zu werden. Der große chinesische Markt versprach Amerikas »big business« lohnende Geschäfte.

Jetzt verfingen sich Hitler und Ribbentrop in den Netzen ihrer eigenen diplomatischen Strategie: Ribbentrop glaubte Botschafter Oshima nur allzu gern, daß der Sturz des gemäßigten Kabinetts Konoye eine frohe Botschaft sei. General Tojo würde bald die Aussichtslosigkeit weiterer Verhandlungen in Washington einsehen. Aber Oshima verschwieg etwas sehr Wichtiges: Daß Tojo fest zum Krieg mit Amerika entschlossen war, sofern Roosevelt weiterhin die japanischen Wünsche auf freie Hand in Ostasien ablehnen würde. Das Scheitern der Nomura-Hull-Besprechungen, von Berlin aus so eifrig unterstützt, wurde für Hitler zum Rohrkrepierer: Japan würde nicht nur als Bündnispartner in Rußland ausfallen, sondern Amerika in den Weltkonflikt hineinziehen.

Und jetzt zwangen die Japaner die ahnungslosen Deutschen auch noch, ihr Spiel mitzuspielen. Am 18. November forderten sie Ribbentrop auf, einen Vertrag zu unterzeichnen, mit dem beide Länder sich verpflichten sollten, keinen Separatfrieden mit gemeinsamen Gegnern zu schließen. Im naiven Glauben, Japan schicke sich endlich an, die Sowjetunion anzugreifen, erklärte Ribbentrop sich »prinzipiell einverstanden«. Ribbentrops Illusion begann sich zu verflüchtigen, als Botschafter Ott am 23. November aus Tokio kabelte, Japan gedenke sich nach Süden zu wenden. Ribbentrop unterlag einer neuen Illusion: Er glaubte, Japan wollte die britischen Besitzungen angreifen. Erst Tage später dämmerte ihm, daß Japans Gegner Amerika heißen würde.

Jetzt trat Ribbentrop die Flucht nach vorn an. Dem Botschafter Oshima versicherte er wörtlich: »Sollte Japan in einen Krieg mit den USA verwickelt werden, dann wird Deutschland ebenfalls sofort den Krieg erklären. Deutschland wird auch keinen Separatfrieden mit den USA eingehen. Der Führer ist in dieser Hinsicht fest entschlossen.«

Auf diese Garantie hatte Tokio gewartet. Man wollte die Zusage schriftlich. Ribbentrop zögerte. War er zu weit vorgeprescht? Er müsse den Führer konsultieren. Und dieser hörte erstaunlicherweise noch immer auf Ribbentrops Meinung und autorisierte ihn zu einem Vertragsentwurf. Am 5. Dezember um 3 Uhr morgens überreichte Ribbentrop dem Botschafter den Entwurf.

Aber noch immer fehlte die Unterschrift. In Tokio begann man zu fürchten, daß Hitler sie vom gleichzeitigen Eintritt Japans in den Krieg gegen Rußland abhängig machen würde. Am 6. Dezember wurde vor Moskau die russische Gegenoffensive unter Marschall Schukow eingeleitet. In Schneetreiben und bitterer Kälte wichen die deutschen Truppen, die zum größten Teil noch ohne Winterkleidung und -ausrüstung waren, zurück. Aber das Unbegreifliche geschah: Hitler forderte Japan nicht auf, ihn in Rußland zu entlasten. Der japanische Schlag gegen die amerikanische Flotte in Pearl Harbor kam trotz allem für Ribbentrop völlig überraschend. Als die Radiostation des Auswärtigen Amtes die Nachricht auffing, glaubte der Außenminister an einen »Propagandatrick der Gegenseite« und ersuchte den Leiter der Station, ihn mit derartigen Mätzchen zu verschonen.

Am 9. Dezember um 11 Uhr traf Hitler von der Ostfront kommend in Berlin ein. Ribbentrop, wegen seines Garantieversprechens an Japan inzwischen voller Angst vor der eigenen Courage, versuchte Hitler zu erklären, daß nach den Bestimmungen des Dreierpaktes Deutschland eigentlich gar nicht verpflichtet sei, Amerika den Krieg zu erklären, denn der Angreifer sei eindeutig Japan. Außerdem sei der Vertragsentwurf, den er Oshima übergeben hatte, noch immer ohne Unterschrift. Hitler wurde nachdenklich.

Noch einmal verschob er die endgültige Entscheidung um zwei Tage, auf den 11. Dezember. Hitler brauchte Zeit, um seine für die deutsche Bevölkerung bestimmte Rede sorgfältig vorzubereiten. Dem deutschen Volk war die Tatsache noch in sehr lebendiger Erinnerung, daß Amerikas Eingreifen den Ersten Weltkrieg zuungunsten der Mittelmächte entschieden hatte.

Hitler mußte versuchen, die Bedeutung Amerikas für die europäischen Kriegsschauplätze herunterzuspielen und die Auseinandersetzung mit den USA rhetorisch in den Fernen Osten zu verlegen. Gleichzeitig aber bot ihm die Kriegserklärung die Chance, das deutsche Volk vom Scheitern des prahlerisch versprochenen »Blitzkriegs« gegen die Sowjetunion abzulenken. Als er im Reichstag bedeutungsschwer verkündete: »Ich habe heute dem amerikanischen Geschäftsträger die Pässe zustellen lassen!« sprang die bestellte Claque der ernannten »Volksvertreter« jubelnd auf.

Als Churchill erfuhr, daß Deutschland und Italien Amerika den Krieg erklärt hatten, rief er aus: »Jetzt hat Gott sie in unsere Hand gegeben!«

Krieg in der Sonne

Er brauche ein paar tausend Tote, hatte Mussolini im Juni 1940 gesagt, damit er sich nach dem Frankreichfeldzug mit an den Siegertisch setzen könne. Neidvoll nämlich sah er die atemberaubenden Erfolge seines großen Berliner Verbündeten und hängte sich eilends daran an. Doch sonderlich ruhmvoll verlief das italienische Engagement in Frankreich nicht, und auch in Griechenland überwogen die blutigen Schlappen. Mussolinis Blick richtete sich auf Afrika: Dort hatte er fast 300000 Mann stehen und der britische Gegner nur wenig mehr als ein Siebtel davon. Hier wollte er sich schadlos halten für die bisherigen Rückschläge und als Imperator in Kairo einreiten. Doch die zaghafte italienische Offensive von Libyen aus lief sich rasch fest, und ein britischer Gegenstoß führte direkt vor die Tore von Tripolis. Hier konnte nur Hitler helfen, dessen bisherige Beistandsangebote pikiert abgelehnt worden waren. Ein deutscher Sperrverband verlegte nach Libyen. Unter der mitreißenden Führung von Generalleutnant Erwin Rommel traten die deutschen Truppen, das später legendäre Afrika-Korps, zum Angriff auf die britischen Stellungen an. Bis an die ägyptische Grenze führte sie der erste Schwung, bevor Nachschubmangel und Gegner eine Rücknahme der Front erzwangen. In den folgenden wechselvollen Kämpfen wurde der Name Rommel zum Inbegriff moderner Feldherrenkunst. Tobruk fiel, die britische Bastion Ägypten wankte. Mussolini ließ bereits die Siegesuniform schneidern. Dabei hätte er sich lieber um die strategischen Zeichen der Zeit kümmern sollen, denn die standen auf Sturm. Es war nicht gelungen, die englische Inselfestung Malta auszuschalten, die den Nachschub der Panzerarmee Afrika empfindlich störte. Und im Westen setzte zudem ein weiterer Gegner zum Sprung nach Afrika an, für den Materialmangel ein Fremdwort war: die USA. In heldenhaftem Abwehrkampf gegen eine erdrückende Übermacht erwarben sich Rommel und seine »Wüstenfüchse« unvergänglichen Schlachtenruhm.

Nicht von ungefähr hatte Rommels 7. Panzerdivision im Frankreichfeldzug den Beinamen »Gespensterdivision« bekommen: Täuschen, überraschen, zuschlagen war ihr Rezept. Das brachte auch in Afrika die Erfolge, denen Rommel den Ehrenspitznamen »Wüstenfuchs« verdankte. Seine Panzer tauchten immer dort auf, wo es der Gegner am wenigsten erwartete, und verschwanden in Nacht und Staub, bevor die Engländer Kräfte zum Gegenstoß zusammengefaßt hatten.

Ein Panzerspähwagen mit gelbgrünem Tarnanstrich steht zwischen ein paar Dünen in der Wüste. Auf dem rechten hinteren Kotflügel trägt er eine rote Springmaus im weißen Kreis, das Zeichen der 11. Husaren, der erfolgreichen britischen Panzertruppe in Nordafrika.

Die Nacht zum 31. März 1941 ist totenstill, seit nach Einbruch der Dunkelheit der Wüstenwind eingeschlafen ist, der Ghibli, neben den Sandflöhen und der Ruhr die übelste Plage der Afrikakämpfer, denn er trägt die feinen Sandkörner bis in die Unterhosen und unter die Augenlider, selbst in fest verschraubte Thermosflaschen.

So still ist die Nacht, daß die vier Männer beim Schützenpanzerwagen mit einem Ruck erwachen, als drüben in El Agheila ein paar schwere Motoren anspringen. Unter dem Chassis kriechen zwei Offiziere hervor, Oberleutnant James »Nobby« Clark und Leutnant Fred Miller, dessen Spitzname entsprechend einer alten englischen Armee-Marotte wie bei allen Millers »Dusty« lautet.

Zusammen mit Fahrer und Funker starren sie hinüber zum Fort El Agheila, vor dem nun ein paar mächtige Silhouetten auftauchen und unter dem Dröhnen ihrer Motoren und dem Klirren ihrer Ketten auf sie zuschwanken.

Zurufe in einer fremden, kehligen Sprache . . . »Das sind Deutsche«, flüstert »Dusty« Miller. Rundum lebt plötzlich die Wüste, und eines der stählernen Ungetüme hält genau auf sie zu.

Sie springen in ihre Sitze, der Fahrer scheucht den Spähwagen geschickt am Fuß der Dünen in Richtung Osten.

Vorsichtshalber halten sie Funkstille, rasen nach Mersa Brega und melden mündlich bei der Aufklärungsabteilung Latham von der britischen 2. Panzerdivision: »Die Deutschen greifen auf breiter Front an. Panzer im Süden und an der Küstenstraße!«

Was sie melden, ist der Beginn einer der erfolgreichsten Eigenmächtigkeiten der Kriegsgeschichte.

Rommel greift ein

Im Hotel d'Italia in Bengasi scheucht die Nachricht den englischen Generalleutnant P. Neame aus dem Bett, den Befehlshaber der Cyrenaika. Er staunt ebenso wie kurze Zeit später sein Oberbefehlshaber General Sir Archibald Wavell in Kairo, denn vor wenigen Tagen noch hat Sir Archibald dem aus London eingeflogenen Außenminister Anthony Eden und dem Generalstabschef Sir John Dill schlüssig bewiesen, daß die Deutschen vor Mitte Mai nicht angreifen können. Und eigentlich hat er die Gesamtlage in Nordafrika, Erkenntnisse über die feindlichen Kräfte und sogar korrekte Geheimdienstberichte über OKW-Weisungen völlig richtig gedeutet.

Nur eine eigene Erkenntnis hat Sir Archibald inzwischen wieder vergessen. Sie war ihm gekommen, als er den Namen des Mannes hörte, der seit dem 6. Februar 1941 das Deutsche Afrika-Korps befehligte: Erwin Rommel. »Soll ja ein recht stürmischer Geselle sein«, hatte Sir Archibald damals ahnungsvoll gesagt. Und genau diese Einschätzung sollte sich als richtig erweisen.

In seiner Weisung Nr. 18 hatte Hitler einen Einsatz deutscher Kräfte in Afrika nur vorgesehen, wenn die Italiener Marsa Matruh erreicht haben. Er glaubte noch, die Italiener benötigten nur deutsche Panzer und Luftwaffenunterstützung, um den Suezkanal zu erreichen. Wenige Wochen später befanden sich die Italiener auf dem Rückzug, und Hitler befahl die Vorbereitung für den Transport einer deutschen Panzerdivision nach Afrika. Erst am 11. Januar 1941 heißt es in der Führerweisung Nr. 22: »Die Lage im Mittelmeer erfordert aus strategischen, politischen und psychologischen Gründen deutsche Hilfeleistung. Tripolitanien muß behauptet werden.« Hitler dachte an Verteidigungsmaßnahmen. Eine Offensive hielt er frühestens Winter 1941/42 für möglich.

Rommels Truppe in Afrika war von Hitler persönlich als »Sperrverband« bezeichnet worden. Mit rein defensiven Aufgaben, wie das Wort sagt.

Von Dezember 1940 bis Februar 1941 hatten die Engländer mit drei Stoß-Divisionen (31 000 Mann) die 200 000 italienischen Soldaten des Marschalls Graziani vernichtend geschlagen. 1200 Kilometer weit, von Sidi Barani bis hinter Mersa Brega und El Agheila, hatten Wavells wüstenharte Männer die unzulänglich ausgerüsteten und schlecht geführten Italiener gejagt und erst haltgemacht, als die immer länger werdenden Nachschubwege den Abbruch der Offensive erzwangen.

Hitler war wütend. Schon wurde klar, daß der unglückliche Verlauf des italienischen Angriffs auf Griechenland sein Eingreifen auf dem Balkan nötig machen würde. Und nun auch noch Afrika! Zu dieser Zeit war er längst entschlossen, Rußland anzugreifen und zu schlagen; bis zum Winter 1941 sollte das erledigt sein. Erst dann wollte er sich der Engländer in Ägypten, im gesamten Vorderen Orient annehmen. Aber nun mußte »aus strategischen, politischen und psychologischen Gründen« wenigstens Tripolitanien für die Italiener gerettet werden.

Also: Nur ein »Sperrverband«, keine Experimente! Generalstabschef Halder sekundierte: Das Afrika-Korps sei eine »politische Sache«, um Italien bei der Stange zu halten. Dafür schien zunächst die 5. leichte Division zu genügen, erst angesichts des wilden Vorstoßes der Engländer nach Westen wurde auch die 15. Panzerdivision zur Einschiffung bereitgestellt. Wenn diese gegen Ende Mai vollständig in Afrika eingetroffen sei, so wurde Rommel im Führerhauptquartier bedeutet, könne man vielleicht an begrenzte

Hinter den strategischen Differenzen zwischen den Westalliierten über das Vorgehen gegen die Achsenmächte sah die deutsche Propaganda einen tiefgehenden Konflikt über die Herrschaft in Afrika. Der Karikaturist läßt Roosevelt und Churchill tauziehen um den Schwarzen Kontinent. Daß die USA in Wirklichkeit keinerlei Ambitionen in Afrika hatten und fest zum Bündnis mit England standen, bekam Generalfeldmarschall Rommel (oben mit Eichenlaub, Schwertern und Brillanten zum Ritterkreuz) zu spüren. Seine kühne Kampfführung und der Heldenmut seiner Männer konnte auf Dauer den ungeheuren Materialstrom aus Übersee nicht eindämmen.

offensive Operationen im Raum Agedabia denken. Pläne dafür möge Rommel bis zum 20. April im OKW vorlegen.
Über Berlin und London hatte Sir Archibald in Kairo Agentenberichte erhalten, die diese Weisungen korrekt wiedergaben. Hinzu kam, daß Rommels Truppe noch nicht vollständig und im Wüstenkampf völlig unerfahren war. Aber er war nun einmal ein »stürmischer Geselle« . . .
Für ihn stellte sich die Situation nämlich ganz anders dar: Als Mussolini sein griechisches Abenteuer begann, hatten die Engländer fast ihre gesamten Luftstreitkräfte und einen großen Teil der Landtruppen nach Griechenland verlegt.
Zwar war aus England noch die 2. Panzerdivision nach Afrika gekommen. Aber Rommel hatte nun auch seine 5. leichte Division zur Stelle, und schon gingen in Tripolis die ersten schnellen Einheiten seiner 15. PzDiv. an Land.

Später wird er sagen, er sei in seinen wilden Ritt nach Tobruk eher »hineingeschlenkert«. Wahrscheinlich hat er an diesem 31. März wirklich nichts weiter vor, als was ihm vom italienischen Oberkommando zugestanden worden ist: Mersa Brega zu nehmen.
Es dauert immerhin den ganzen Tag, dieses Ziel zu erreichen. Die Aufklärungsabteilung Latham zieht sich kämpfend zurück. Hinter ihr liegt eine Brigade der 2. britischen PzDiv. Sie sperrt die Enge von El Agheila, das strategisch wichtige Tor zur Cyrenaika.
Die britischen Stellungen sind stark befestigt. Minen gehen hoch. Bei 38 Grad Hitze und im heftigen Feuer räumen die Pioniere eine Gasse, kennzeichnen sie durch ihre schwarzen Fahnen. Zum ersten Mal hört Afrika das peitschende Krachen der deutschen 8,8-cm-Flak. Und das Heulen von Stukas; um 17.30 Uhr stürzen sich kurz nacheinander zwei Gruppen Ju 87 auf die englischen Stellungen.
Mersa Brega fällt. Die Tür zur Cyrenaika steht offen. Wer hier durchbricht, hat nicht nur die Küstenstraße über Bengasi nach Tobruk vor sich. Auch geradezu, mitten durch die Wüste, führen abkürzende Fährten, einladend für »stürmische Gesellen«. Wavells Truppen hatten sie erfolgreich benutzt, um den an der Küste zurückgehenden Italienern den Weg abzuschneiden.
Rommel müßte nicht Rommel sein, wenn er nun gehorsam haltmachte, das offene Land und den weichenden Feind vor Augen. Bei den Engländern funktioniert kaum noch etwas. Zwar hat Wavell seinen Wüstenspezialisten, Generalleutnant O'Connor, zu Neame geschickt. Aber die beiden Generale geraten in Gefangenschaft, als ihr Fahrer sich auf dem Rückzug verfranzt.
Es rächt sich insbesondere, daß Wavell seine Luftwaffe hatte abgeben müssen. Stukas und Jäger zerschlagen die ohnehin überdehnten Nachschublinien, die sorgsam angelegten Vorratslager in der Wüste.
Aber auch Irrtümern fallen wichtige Kriegsmittel zum Opfer. In Msus liegt ein gewaltiges Brennstofflager der Engländer. Am Morgen des 4. April trifft die Nachricht ein, deutsche Panzer seien im Anmarsch. Kurz darauf erhebt sich am Horizont eine Staubwolke. Die Besatzung jagt das Lager in die Luft. Aber die Staubwolke wurde von den Panzern der 2. britischen PzDiv. aufgewirbelt, die mit fast leeren Tanks angeklirrt kommen. Die meisten Panzer bleiben liegen.
In anderen Lagern stehen die deutschen Panzer so plötzlich vor der Tür, daß die

Fortsetzung S. 294

Rommel über die Gründe der Niederlage

Sechs Jahre, nachdem Deutschlands populärster General im Zweiten Weltkrieg, Erwin Rommel, auf Hitlers Erpressung hin den Tod gewählt hatte, erschien aus dem Nachlaß sein Buch: »Krieg ohne Haß«. Im folgenden ein Auszug daraus, der sich mit der entscheidenden Wende im Afrika-Feldzug befaßt: mit der Niederlage und dem Rückzug bei El Alamein im Herbst 1942.

Die Kraft meiner Armee war nach dem zehntägigen Kampf derartig erschöpft, daß sie nicht mehr in der Lage war, dem nächsten Durchbruchversuch des Gegners wirksam zu begegnen. Wegen des großen Fahrzeugmangels erschien eine geordnete Rückführung der nichtmotorisierten Verbände nicht mehr möglich.

Auch die schnellen Verbände waren fest in den Kampf verstrickt, wir konnten daher nicht erwarten, daß sie sich in ihrer Gesamtheit würden lösen können. Bei dieser Lage mußten wir mit der allmählichen Vernichtung der Armee rechnen. Gleichlautend hatte ich auch an diesem Tage (2. November) dem Führerhauptquartier berichtet.

Am 3. November 1942 wollten wir vor dem britischen Druck mit unseren Verbänden bis in die Gegend östlich von El Daba südwärts ausweichen. Die Loslösung im Mittel- und Südabschnitt gelang unbemerkt.

Leider gingen diese Bewegungen sehr langsam vor sich, weil keine Fahrzeuge vorhanden waren. Trotz allem befanden sich die Süddivisionen am nächsten Morgen in den neuen Stellungen.

Der 3. November wird einer der denkwürdigsten Tage in der Geschichte bleiben. Denn an ihm offenbarte sich nicht nur endgültig, daß das Kriegsglück unsere Fahnen verlassen hatte, sondern von diesem Zeitpunkt an unterlag die Entschlußfreiheit der Panzerarmee schwersten Beschränkungen durch das dauernde Einmischen der vorgesetzten Stellen in die Kampfführung.

Ich beschloß, meinen Ordonnanzoffizier, Oberleutnant Berndt, zum Lagevortrag zum Führer zu schicken. Berndt sollte dem Führerhauptquartier eindeutig unsere Situation klarmachen und andeuten, daß der afrikanische Kriegsschauplatz wahrscheinlich verloren sei. Weiterhin sollte er vollste Handlungsfreiheit für die Panzerarmee verlangen.

Auf keinen Fall wollte ich dem britischen Bestreben, uns einzuschließen und zu vernichten, in die Hände arbeiten, sondern mich so lange in keine entscheidenden Kämpfe einlassen, bis wir entweder kräftemäßig dazu in der Lage wären oder bis der Großteil der Afrikaarmee nach Europa abtransportiert sein und nur noch ein Rest zur Deckung des Rückzuges auf afrikanischem Boden stehen würde.

Am Morgen um 9 Uhr fuhr ich zum vorgeschobenen Gefechtsstand auf der Küstenstraße nach Osten. Auf der Straße stauten sich viele Fahrzeuge, hauptsächlich Italiener, und erstaunlicherweise waren noch keine britischen Jagdbomber zu sehen. Das Deutsche Afrika-Korps (DAK) hatte noch 30 einsatzbereite Panzer. Die Briten griffen an diesem Vormittag nur zögernd und örtlich an und schienen ihre Verbände zu reorganisieren und aufzufüllen. Die Gelegenheit erschien günstig, und deshalb befahl ich den Abmarsch eines Teils der italienischen Verbände.

In dichten Kolonnen flossen unsere Fahrzeuge nach Westen. Italienische Infanterie marschierte ab, und die Straße war dicht belegt. Bald hatten die Briten jedoch unsere Bewegungen nach Westen erkannt und setzten ungefähr 200 Jagdbomber auf die Küstenstraße an. Allein das DAK wurde am Vormittag elfmal von starken Bombergruppen angegriffen.

Um die Mittagszeit kehrte ich zu meinem Gefechtsstand zurück. Auf dem Rückweg konnten wir gerade noch in rasender Fahrt einem Bombenteppich ausweichen, der von 18 britischen Maschinen gelegt wurde. Um 13.00 Uhr traf ein Führerbefehl ein, der folgendermaßen lautete:

»An GFM. Rommel

Mit mir verfolgt das deutsche Volk in gläubigem Vertrauen auf Ihre Führerpersönlichkeit und auf die Tapferkeit der Ihnen unterstellten deutsch-italienischen Truppen den heldenhaften Abwehrkampf in Ägypten. In der Lage, in der Sie sich befinden, kann es keinen anderen Gedanken geben als auszuharren, keinen Schritt zu weichen und jede Waffe und jeden Kämpfer, die noch freigemacht werden können, in die Schlacht zu werfen. Beträchtliche Verstärkungen an fliegenden Verbänden werden in diesen Tagen dem Oberbefehlshaber Süd zugeführt werden. Auch der Duce und das Comando Supremo werden die äußersten Anstrengungen unternehmen, um Ihnen die Mittel zur Fortführung des Kampfes zuzuführen. Trotz seiner Überlegenheit wird auch der Feind am Ende seiner Kraft sein. Es wäre nicht das erste Mal in der Geschichte, daß der stärkere Wille über die stärkeren Bataillone des Feindes triumphierte. Ihrer Truppe aber können Sie keinen anderen Weg zeigen als den zum Siege oder zum Tode.

Adolf Hitler«

In diesem Befehl wurde das Unmögliche verlangt. Der gläubigste Soldat wird von einer Fliegerbombe totgeschlagen. Anscheinend war im Führerhauptquartier trotz unserer eindeutigen Lagemeldungen noch immer nicht klar geworden, wie es in Afrika stand.

Was helfen konnte, waren Waffen, Benzin und Flugzeuge, aber keine Befehle. Wir waren alle wie vor den Kopf geschlagen, und ich wußte das erste Mal während des afrikanischen Feldzuges nicht, was ich tun sollte. Eine gewisse Apathie bemächtigte sich unser, als wir befahlen, die im Moment besetzte Stellung sei auf höchsten Befehl zu halten.

Ich hatte mich zu diesem Entschluß durchgerungen, weil ich selbst immer wieder unbedingten Gehorsam verlangt hatte und mich infolgedessen auch für meine Person diesem Prinzip unterordnen wollte. Nach meinen künftigen Erfahrungen wäre mein Entscheid anders ausgefallen, denn wir waren später immer wieder gezwungen, Führer- und Ducebefehle zu umgehen, um die Armee zu retten.

Der erste Fall einer Einmischung höherer Stellen in die taktische Führung auf dem afrikanischen Kriegsschauplatz hatte eine erhebliche Schockwirkung. In uns stieg eine maßlose Erbitterung hoch, wenn wir an den hervorragenden Geist der Armee dachten, denn der letzte Soldat wußte, daß eine Wende des Schlachtverlaufes selbst durch die größte Anstrengung nicht mehr eintreten konnte.

Bereits eingeleitete Bewegungen nach Westen wurden abgestoppt und alles getan, um die Kampfkraft zu stärken. Dem Führer aber meldeten wir, daß im Fall eines weiteren Haltens der im Augenblick durch die Panzerarmee eingenommenen Positionen der Verlust der Armee und damit ganz Nordafrikas unvermeidbar wären.

Auch die Nacht vom 3. auf den 4. November verlief ohne besondere Bewegung der Briten. All dies war verlorene Zeit. Wir hätten inzwischen mit allen Verbänden Fuka erreicht und dabei aller Wahrscheinlichkeit nach nur geringe Verluste erlitten. Ich hatte nicht zu hoffen gewagt, daß uns der

Seinem populärsten General, Erwin Rommel, überreicht Adolf Hitler am 17. März 1943 die Brillanten zum Ritterkreuz. Nach der Landung der Alliierten in der Normandie drängte Rommel, Hitler solle aus der ausweglosen militärischen Lage die Konsequenzen ziehen. Als Mitwisser des 20. Juli wurde der Generalfeldmarschall am 14. Oktober 1944 zum Selbstmord gezwungen.

britische Führer eine derartige Chance geben würde. Nun verstrich sie ungenutzt. Am Morgen des 4. November gegen 8 Uhr griffen die Briten nach etwa einstündiger Artillerievorbereitung an. Gleichzeitig traf Feldmarschall Kesselring (der Oberbefehlshaber Süd) auf meinem Gefechtsstand ein. Da ich annahm, daß der Führer auf Grund von optimistischen Lagebeurteilungen der Luftwaffe seine Entscheidungen gefällt hatte, gab es einige bittere Worte. Kesselring meinte, der Führer habe im Osten die Erfahrung gemacht, daß man in solchen Fällen die Front halten muß.

Ich sagte dem Oberbefehlshaber Süd ausdrücklich: »Ich hatte bisher angenommen, daß der Führer mir die Führung der Armee überläßt. Dieser unsinnige Befehl hat auf uns wie ein Bombenschlag gewirkt. Er kann doch nicht einfach seine größtenteils aus Erfahrungen in Rußland geschöpften Kenntnisse auf die Kriegführung in Afrika übertragen. Er hätte hier schon mir die Entscheidung überlassen müssen.«

Tatsächlich lag dem höchsten Befehl eine ganz andere Ursache zugrunde, wie sich auch in der folgenden Zeit immer deutlicher zeigen sollte. Man konnte sich nicht damit abfinden, daß man dem deutschen Volk und der Welt sagen mußte, daß El Alamein verlorenging, und glaubte, dieses Schicksal durch einen Befehl »Sieg oder Tod« wenden zu können. Bis zu diesem Zeitpunkt hatten wir immer völlige Handlungsfreiheit in Nordafrika gehabt. Dies war nun das Ende.

Nach der Besprechung mit Feldmarschall Kesselring fuhr ich zum Gefechtsstand des DAK, der einige Kilometer östlich der Front in einem Erdloch untergebracht war. Durch das Telefon erfuhr ich von meinem Chef des Stabes, Oberst Westphal, daß das XXI. Armeekorps südlich des XX. Armeekorps von den Briten durchbrochen wurde und Teile desselben nach Westen flohen. Rechts des DAK hatte der Gegner mit starken Panzerkräften das XX. italienische motorisierte Korps vernichtet und damit eine Lücke von ungefähr 20 Kilometern Breite in die eigene Front geschlagen, durch die starke Panzerverbände im Vorgehen nach Westen waren.

Nun war das eingetreten, was wir mit aller Macht zu vermeiden gesucht hatten: Die Front war zerbrochen, und der vollmotorisierte Gegner ergoß sich in unser Hinterland. In diesem Moment konnte es keinen höheren Befehl mehr geben.

Nach vorangegangener Besprechung mit Oberst Bayerlein, der die Führung des DAK übernommen hatte, gab ich trotz anderer Weisung den Befehl zu sofortigem Rückzug, um zu retten, was noch zu retten war.

Trotz allem aber hatte die Armee durch die 24 Stunden Verzögerung neben beinahe ihrer gesamten Infanterie derartige Mengen an Panzern, Fahrzeugen und Geschützen verloren, daß sie nicht mehr in der Lage war, den britischen Vormarsch an irgendeiner Stelle aufzuhalten.

Die Befehle zum Rückzug gingen um 15.30 Uhr hinaus, und die Bewegungen liefen sofort an. Es war nicht mehr möglich, die Kolonnen zu ordnen, da nichts anderes als rascher Rückzug uns den britischen Luftangriffen, deren Ausmaß an diesem Tage den Höhepunkt erreichte, entziehen konnte.

Was nicht sofort die Straße gewann und abfloß, war verloren, denn der Gegner stieß in breiter Front nach und überwalzte alles, was ihm in den Weg kam. Am Morgen des nächsten Tages, viel zu spät, traf ein Funkspruch des Führers ein, in dem die Zurücknahme der Armee in die Fuka-Stellung genehmigt wurde.

Wir hatten die Entscheidungsschlacht im afrikanischen Feldzug verloren. Es war deshalb eine Entscheidungsschlacht, weil die Niederlage den Verlust eines Großteils unserer Infanterie und unserer motorisierten Verbände begründet hatte.

Erstaunlich war, daß deutsche und italienische Stellen die Fehler nicht im Versagen des Nachschubes, in unserer Luftunterlegenheit, in dem Befehl, vor El Alamein zu siegen oder zu sterben, suchten, sondern bei der Führung und Truppe.

Ich kann mich nach allen Erfahrungen nur zu einem Fehler bekennen, und dies ist, daß ich nicht schon 24 Stunden früher den Befehl »Sieg oder Tod« umgangen habe. Dann wäre die Armee aller Wahrscheinlichkeit nach noch in einem halbwegs kampfkräftigen Zustand samt ihrer Infanterie gerettet worden.

Sprengungen nicht mehr klappen. Der Hafen von Bengasi wird unzerstört genommen, im Lager Tmimi können die deutschen Einheiten tanken und sich verproviantieren.
Sie stürmen weiter, durch die Wüste und die Küste entlang. Rommel ist überall mit seinem Spähwagen, treibt vorwärts, läßt mit Lkw-Konvois den immer schwieriger werdenden Nachschub improvisieren. Die alte Regel des modernen Bewegungskrieges bestätigt sich: Wenn der Benzinverbrauch steigt, im schnellen Vorstoß, sinkt der Munitionsverbrauch. Und umgekehrt.
Es gibt einen Punkt, an dem kaum Benzin, aber viel Munition verbraucht wird – und Blut, viel Blut: Tobruk.
Von London aus hat Winston Churchill strikte Anweisung gegeben, Tobruk zu halten, »ohne Gedanken an Rückzug, bis zum letzten Mann«. Der wichtige Hafen, die »Festung auf Sand« ist eine Schlüsselposition in Nordafrika. »Der Feind würde ein großes Risiko eingehen, wenn er Tobruk links liegenließe und auf Ägypten losginge; es ist ja augenfällig, daß wir auf dem Seeweg Verstärkungen hineinwerfen und seine Verbindungswege bedrohen können«, telegrafiert Churchill beschwörend an den zagenden Wavell. So igelt sich die 20. australische Infanteriebrigade in Tobruk ein. Sie bekommt über See Munition genug, hat Artillerie und Granatwerfer. Und die Befestigungen sind noch von den Italienern mit großem Geschick angelegt worden.
Der Wüstenkrieg ist zu Recht immer wieder mit dem Seekrieg verglichen worden. Die riesigen Räume bieten sich für kühne Überraschungsaktionen an. Wer einmal die Initiative an sich gerissen hat, kann den Gegner in Atem halten, denn alles ist in Fluß, Panzereinheiten »schwimmen« im Wüstenmeer, wie die Kriegsschiffe immer neue Fronten und Keile bildend. Aber Tobruk ist die Ausnahme, Tobruk ist eine waffenstarrende Küstenfestung.
Vom 10. bis zum 14. April läßt Rommel Einheiten der 15. PzDiv. und der 5. leichten ohne ernsthafte Artillerie-Unterstützung gegen die Australier anrennen. Schon am ersten Tag wird der Kommandeur der 15. Panzerdivision, Generalmajor von Prittwitz, im mörderischen Artilleriefeuer getötet. Einheit auf Einheit wird zusammengeschossen, das eingebrochene MG-Bataillon 8 unter Oberstleutnant Ponath mit seinem Kommandeur im erbitterten Nahkampf niedergemacht.
Auch in der zweiten Aprilhälfte, nachdem Artillerieverstärkung und sogar ein 21-cm-Mörser herangebracht worden sind, ist Tobruk nicht zu nehmen. Tischeben ist

Zwei Hauptprobleme im Wüstenkampf: Transport und Deckung. Der ewige Sand setzte sich ins Getriebe der Kriegführung wie in die Achslager der Fahrzeuge, Geschütze mußten per Hand in Stellung gezerrt werden (links), Panzer blieben knirschend stecken, Gewehrschlösser blockierten. Dennoch wechselten die Kampfsituationen rasch im nicht selten tischebenen Gelände. Den Artilleristen blieb manchmal nichts anderes übrig, als selbst ihre schweren Geschütze zum direkten Beschuß gegen angreifende Feindpanzer zu richten (oben), die MG-Schützen gruben sich mangels natürlicher Deckung in den Boden (linke Seite). Eine wahre Knochenarbeit, denn unter der Sanddecke verbarg sich oft Geröll oder gar Fels.

die Wüste, glasklar zeichnet die unbarmherzige Sonne jede Kontur.

Die Australier sind hervorragende Scharfschützen, man zeigt besser nicht einmal die Nasenspitze über der Dekkung. Die Fronten erstarren.

Erst wenn die Sonne mit afrikanischer Geschwindigkeit hinter den Horizont geplumpst ist, kommt Leben in die Stellungen. Suppe wird gebracht, weniger wegen ihrer Güte als wegen der Wärme hochgeschätzt, denn nach den heißen Tagen wird es nachts bitterkalt. Tubenkäse, Ölsardinen, Schwarzbrot – dazu manchmal Rindfleisch, Konserven aus italienischen Beständen. Die Dosen sind mit den Buchstaben AM (Amministrazzione Militare) gekennzeichnet, was sofort die Erfindung von Namen anregt: »Alter Mann« und »Armer Mussolini« heißt es bei den Deutschen, »Asino morte« (toter Esel) bei den Italienern.

Auch der gefürchtete Sandsturm hat seine Vorteile, weil man kaum die Hand vor Augen sieht. Und nicht einmal die Artillerie schießt; Sand im Rohr ergibt die gemeinsten Rohrkrepierer.

Tobruk steckt wie ein Pfahl im Fleisch, Churchill hat soweit recht gehabt mit seiner strikten Weisung. Und doch stellt Rommel, der knurrend von der Festung abläßt, zumindest seinen Fuß in die Tür nach Ägypten.

Natürlich hat er noch während der ersten Angriffe auf Tobruk andere Einheiten weiter nach Osten stoßen lassen: Bardia fiel am 11. April, zwei Tage später Capuzzo, das alte Wüstenfort der Italiener, Grenzbefestigung gegen Ägypten. Noch viermal wird das zerschossene Nest den Besitzer wechseln. Ein Friedhof wird hier liegen, auf dessen Gräbern und Kreuzen die Namen und Nummern fast aller deutschen, italienischen und britischen Afrika-Einheiten stehen werden.

Auf ägyptischem Gebiet versteift sich der Widerstand. Aber die schnellen Einheiten, die nun Sollum angreifen, haben eine Waffe bei sich, von der die Afrika-Kämpfer beider Seiten mit Hochachtung und Schrecken sprechen: eine Batterie 8,8-cm-Flak. Die ursprünglich zur Fliegerabwehr gebaute Kanone ist durch ihre hohe Geschoßgeschwindigkeit, von der das hell schmetternde Abschußgeräusch zeugt, der gefährlichste Panzerknacker des Zweiten Weltkriegs. In Sollum verjagt sie sogar einen Zerstörer, der die Angreifer aus der Bucht unter Feuer genommen hat. Hier im Raum Sollum–Capuzzo endet die Wüste auf einem Hochplateau, das zum Meer hin 200 Meter steil abfällt und auch nach Südosten auf 35 Kilometer Länge von einem Steilhang begrenzt ist. Die

Straße Sollum–Tobruk führt hier hinauf über den Halfaja-Paß. Wenn er je daran denken wollte, Tobruk in absehbarer Zeit zu entsetzen, mußte Wavell diesen Punkt in der Hand behalten. Deutsche Vorausabteilungen hatten den Paß zwar im April schon einmal besetzt, wurden aber Mitte Mai wieder vertrieben. Und nun hielt ihn ein Bataillon der berühmten Coldstream Guards, zusammen mit einem Feldartillerieregiment und zwei Panzerkompanien.
Das I. Bataillon des Schützenregiments 104 trägt die Hauptlast des Kampfes bei der Wiedereroberung des Halfaja-Passes. Sein Kommandeur ist Hauptmann Wilhelm Bach, ein rundlich-gemütlicher Badenser, im Hauptberuf evangelischer Pfarrer in Mannheim.
Im wütenden Feuer der englischen Elite-Einheiten läuft der Angriff sich in einem Wadi fest. Bei 56 Grad Hitze wird eine 3,7-cm-Pak nach vorn gebracht. Aber über den betonharten Wadi-Rand zwitschern die Infanteriegeschosse. Wer bringt es bei solcher Musik schon fertig, die Nase aus dem Dreck zu nehmen und Ziele für die Geschützbedienung auszumachen?
Der »Pastor des Fegefeuers«, wie ihn später die englischen Zeitungen nennen werden, tut es. Der fast Fünfzigjährige knurrt: »Ja, mer misse doch weiter, das hat doch kee Sinn!« Er stemmt sich hoch, stellt sich auf den Rand, das Glas an den Augen. Wie aus einer Brause winseln im nächsten Augenblick die Stahlmantelgeschosse, aber da ist er schon wieder in Deckung, gibt ruhig ein paar Anweisungen.
»Mensch, der Alte, hast du das gesehen?« rufen die jungen Soldaten sich zu. Der Angriff kommt wieder in Schwung. Kurze Zeit später ist der Halfaja-Paß wieder in deutscher Hand. Die Landser aber haben noch Erdarbeiten zu verrichten im steinharten Boden. Sich einzugraben, natürlich, denn hier wird der Gegenangriff kommen. Und Gräber zu schachten, wohlbedeckt mit Steinen gegen die Schakale.
So schlecht es auch sonst aussah – einer schweren Sorge war der britische Premierminister Winston Churchill zu dieser Zeit ledig. Das Unternehmen »Tiger« war gelungen. Als Mitte April klar geworden war, daß General Wavell fast sämtliche Panzer verloren hatte, entschloß der Premier sich zu einem gefährlichen Spiel. Aus einem Konvoi von Schiffen, der mit Nachschub um das Kap der Guten Hoffnung herum nach Alexandria laufen sollte, ließ er fünf mit Panzern und Jagdflugzeugen beladene Dampfer bei Gibraltar ins Mittelmeer abschwenken. Der Weg war um 40 Tage kürzer. »Alle meine Ängste«, schrieb Churchill in seinen Memoiren, »richteten sich auf diesen Geleitzug.« Jeden Augenblick konnten Kriegsschiffe und Flugzeuge der Achsenmächte zuschlagen. Ein Schiff lief auf eine Mine und ging mit 57 Panzern und zehn Flugzeugen unter.
Aber die vier anderen erreichten mit 238 Panzern und 43 Jagdmaschinen am 12. Mai Alexandria. Wavell ließ sie in aller Eile montieren und für den Wüsteneinsatz zurechtmachen. Aus London drängte der erleichterte Churchill: Jetzt sollte das Unternehmen »Battleaxe« (Streitaxt) steigen, der Gegenangriff, der Rommel möglichst wieder aus der Cyrenaika herauswerfen sollte.
Als die Männer am Halfaja-Paß in den frühen Morgenstunden des 15. Juni das Gebrüll schwerer Motoren hören, da wissen sie, daß es ernst wird. Aber sie blicken auf Hauptmann Bach, und der wandert, gemächlich seine Zigarre rauchend, hinüber zur 8,8-Stellung des Oberleutnants Richter.
Sie haben die Zeit nicht ungenutzt verstreichen lassen. Selbst die mächtige, langrohrige Flak ist fast im Erdboden verschwunden. Der Oberleutnant hat sich große Mühe gegeben, immer wieder ging er 150 Meter nach Osten und peilte: Nichts zu sehen. Das Geheimnis liegt im Flimmern der Luft. Was nicht mehr als rund einen Meter aus dem Boden ragt, verschwimmt fast völlig.
Ein raffiniertes Muster von Minenfeldern ist ausgelegt, etwas zurück liegen wohlgestaffelt zwei Batterien Artillerie.
In der besten Stellung fangen die Hände an zu zittern, wenn quälend langsam Panzer unter dem Gebrüll ihrer Motoren heranrollen. Unten beim Dorf Halfaja sitzt Infanterie von Lastwagen ab. Es ist die 4. indische Division.
»Wie weit sind die Panzer noch weg?« fragt Bach.
»500 Meter, Herr Hauptmann.«
»Do ha mer noch Zeit!« Er stützt sich auf seinen Spazierstock und zieht an der Zigarre.
Abschüsse bellen in der Ferne, Artilleriegeschosse rauschen heran. Fast alles geht in ein leeres Wadi.
Ein peitschender Knall: Die 8,8 feuert! Das ist das Zeichen für alle Rohre. Tod und Verderben fahren zwischen die unglücklichen Infanteristen, lassen schwarze Rauchpilze über getroffenen Panzern aufsteigen. Auch der gefürchtete Panzer Mark II, der mit Churchills »Tiger«-Konvoi herübergekommen ist, widersteht der 8,8 nicht.
Garde-Infanteristen der 22. englischen Brigade greifen ein, rennen ebenso erfolglos und verlustreich wie die Inder gegen den Paß. Jetzt schießt aber auch die britische Artillerie besser, reißt blutige Lücken in die deutschen Stellungen. Erst als die Sonne sinkt, endet das Gemetzel. Elf brennende Panzer liegen an der Paßstraße. »Höllenfeuerpaß« (engl. »hellfi-

Aufklärung mit Flugzeug und Kamel. Truppenbewegungen in der Wüste ließen sich vor der gegnerischen Luftaufklärung zwar kaum verbergen, doch überall konnten die fliegenden Verbände nicht sein. Ihr Operationsgebiet war vornehmlich die Küste mit den Hafenstädten (oben: Luftaufnahme vom heißumkämpften Tobruk). Der Krieg aber wich immer weiter ins Landesinnere aus, man versuchte sich gegenseitig immer südlicher zu umgehen. Die deutschen und italienischen Stäbe setzten daher gern Beduinen zu Meldediensten ein (rechte Seite).

re«) nennen ihn die Überlebenden fortan. Die Hauptmacht von Wavells 7. PzDiv. ist inzwischen links am Halfaja-Paß vorbeigestoßen und teilt sich zu einer kühnen Zangenbewegung: Weit nach links ausholend, sollen die 5. leichte und die 15. PzDiv. eingekesselt werden. Aber die Zange schließt sich nicht. Punkt 208 heißt der Grund.

Wirklich nur ein Punkt in der riesigen Wüste, 30 Kilometer westlich von Capuzzo, aber auch hier steht eine eingegrabene 8,8-cm-Flakbatterie. Die 7. Brigade der 7. britischen PD hätte hier vorbeirollen müssen, um die linke Hälfte der Zangenbewegung auszuführen. Aber am Abend des 16. Juni hat die 8,8 genau 28 Mark II abgeschossen. Einer der Kommandanten, ein Hauptmann, gerät in Gefangenschaft. Er besteht darauf: Er will diese Kanone sehen, betrachtet sie dann kopfschüttelnd: »Gegen die ist nichts zu machen...«

In dieser Situation entschloß Rommel sich zu einer für ihn typischen Operation. Die Engländer hatten ihn umfassen wollen; nun umfaßte er sie. Tief um den Punkt 208 herum warf er noch am 16. Juni alle verfügbaren Teile der 5. leichten und der 15. PzDiv. nach Süden und Osten. Am nächsten Morgen war das Gros der britischen 7. PzDiv. abgeschnitten und wurde hart von Rommels nun nordwärts drehenden Einheiten bedrängt.

Das entschied die Sollum-Schlacht. Unter schweren Verlusten flohen die Engländer nach Süden. Über 100 britische Panzer wurden vernichtet, zahlreiche andere konnten nur schwerbeschädigt mitgeschleppt werden. Churchills gewagter »Tiger«-Sprung hatte keine Früchte getragen. Kurze Zeit später löste der Premier Sir Archibald Wavell als Oberbefehlshaber ab und ersetzte ihn durch General Sir Claude Auchinleck.

Dann herrschte fünf Monate lang Ruhe. Eine trügerische Ruhe, denn die Gegner bereiteten sich auf die nächste Runde vor. Sie begann mit einem blutigen Kommando-Abenteuer der Engländer.

November 1941. Tobruk ist immer noch eingeschlossen, die Australier haben sogar beträchtliche Verstärkungen erhalten. Auchinleck und Churchill wollen die Perle der Cyrenaika, den Mittelpunkt der alten italienischen Kolonie Libyen, um keinen Preis hergeben.

Beide Seiten belauern sich. Rommel will Tobruk erobern, Auchinleck es entsetzen – und gleich die ganze Cyrenaika zurückerobern. In dieser Zeit der Hochspannung faßt die britische Führung mit ausdrücklicher Billigung Churchills einen dramatischen Entschluß: Rommel, das Gehirn, der Motor des Deutschen Afrika-Korps, muß beseitigt werden. Getötet, oder noch besser, gekidnappt und in Gefangenschaft geführt, denn der inzwischen legendäre »Wüstenfuchs« hinter britischem Stacheldraht – das hätte weltweit eine größere psychologische Wirkung als eine gewonnene Schlacht.

In der Nacht zum 16. November tauchen zwei U-Boote an der Küste der Cyrenaika auf, tasten sich mit brummenden Dieseln vor bis in die Brandung. Die Nacht ist stürmisch, die Boote taumeln und werden von Brechern überspült.

Männer schieben Schlauchboote über Bord, springen hinterher. Schreie im Kampf mit der tosenden Brandung, einige Boote kentern. Zwei Männer ertrinken, die andern erreichen völlig durchnäßt in der eisigen Wüstennacht das Ufer. Es sind Angehörige der Long Range Desert Group, einer englischen Kommando-Einheit. Ihr Führer ist Major Geoffrey Keyes, Sohn des Admirals Sir Roger Keyes. Und ihr Ziel ist Rommels Hauptquartier.

Nach einem viertelstündigen Marsch landeinwärts treffen sie auf einen geheimnisvollen Araber. Es ist Oberstleutnant John Haselden, ebenfalls Kommando-Offizier, der seit einiger Zeit als Araber hinter den deutschen Linien lebt. Mit Hilfe arabischer Freunde glaubt er Rommels Hauptquartier ausfindig gemacht zu haben: Die alte Präfektur des Ortes Beda Littoria im Raum von Cyrene.

Kein Zweifel, daß in diesem massiven Gebäude aus Steinquadern, begrenzt von einem Zypressenhain und wüstem Buschgelände mit Höhlen und Felsen, eine bedeutende militärische Dienststelle liegt. Stabswagen fahren vor, hohe Offiziere sind einquartiert, Türen tragen eindrucksvolle Bezeichnungen: »Bef«, »Chef«, »Ia«, »Ic« und so weiter. Aber es ist keineswegs das Hauptquartier des ruhelos streifenden Wüstenfuchses. Hier ist zwar im Juli/August seine neuformierte »Panzergruppe Afrika« aufgestellt worden. Doch jetzt liegt hier nur der Stab des Oberquartiermeisters. Diese Abteilung ist für den gesamten Nachschub der deutsch-italienischen Panzergruppe verantwortlich. Kein Wunder, daß in Beda Littoria etwas los ist, daß Späher im Zypressenhain vermuten: Das ist die Nervenzentrale mit dem Boß selber . . .

In der Gewitternacht zum 18. November ist der Oberquartiermeister, Major i. G. Schleusener, nicht in seiner Dienststelle. Er liegt mit Ruhr im Lazarett, sein Vertreter mit Lungenentzündung. Chef im Hause ist als diensttuender 2. Quartiermeister Major Poeschel. Kurz vor Mitternacht gehen die letzten Lichter aus. Nur im unteren Flur brennt noch eine trübe Funzel. Dort sitzt ein Feldgendarm als Posten, nur mit einem Seitengewehr bewaffnet. Er soll später eintreffende Kuriere einweisen.

Männer mit geschwärzten Gesichtern huschen in der blitzdurchzuckten Nacht durch den Zypressenhain. Major Keyes und seine Leute haben nach nächtlichen

Fußmärschen ihr Ziel erreicht. Das Gewitter tobt jetzt mit aller Macht. Es kann ihnen nur recht sein. Sie spähen im zuckenden Schein der Blitze hinüber zu dem Steinkasten und sind überzeugt: Da ist Rommel, und gleich haben wir ihn . . .

Keyes hat in der Nacht vor seiner Abreise an seinen Vater geschrieben: »Wenn die Sache gelingt, wird das England ein Stück vorwärtsbringen, und das ist viel wert. Auch wenn ich dabei eingesackt werde.«

In zwei Trupps schleichen sie hinüber zum Haus: Keyes führt den einen zum Vordereingang. Der andere soll durch die Hintertür eindringen.

Die Überraschung mißlingt. Der bärenstarke Feldgendarm im Flur schreckt auf, entgeht einem Messerstich, packt einen der Angreifer. Im Ringkampf kracht er mit ihm gegen die Tür des Geschäftszimmers WuG./Mun. (Waffen und Geräte/Munition). Da drinnen fahren zwei Unteroffiziere von ihren Betten, reißen die 08 vom Haken.

Pistolenschüsse krachen, dann detonieren zwei Handgranaten. Aus dem ersten Stock stürzt der Ordonnanzoffizier, Leutnant Kaufholz, zur Treppe, die Pistole in der Hand. Er feuert zweimal, dann wirft ihn eine MP-Garbe tot auf die Treppe.

Inzwischen hat sich der zweite Trupp vergebens gegen die Hintertür geworfen. Sie gibt nicht nach, ein mächtiger Wasserkanister blockiert sie.

Die Tür führt zu einem kleinen Geschäftszimmer, in dem Unteroffizier Hirsch und Gefreiter Barth ihre Schlafstellen haben. Der Gefreite ist ein ordentlicher Hausvater, der über Nacht unverschlossene Türen nicht leiden kann. Die Hintertür hat zwar kein Schloß, aber er klemmt jeden Abend zwischen sie und ein Aktenregal einen vollen Wasserkanister. Das hält eisern.

Während die Rangers noch beratschlagen, geht im Haus die Schießerei los. Sie packen ihre Maschinenpistolen fester, da springt an der Seite eine helle Gestalt aus einem Fenster. Es ist der Oberleutnant Jäger, den die im Nebenzimmer detonierenden Handgranaten buchstäblich aus dem Bett geworfen haben. Offenbar in einer Kurzschlußhandlung springt er im Schlafanzug aus dem Fenster. Eine MP-Garbe tötet ihn auf der Stelle.

Auch die Angreifer im dunklen Flur hören die Schüsse. Während es im ganzen Hause lebendig wird, scheint also auch draußen ein Gefecht begonnen zu haben. Das ist selbst für die harten Rangers zuviel. Sie stürzen aus dem Haus. Draußen kommt ihnen ein 20jähriger Schütze entgegen, den der Kampflärm aus einem Zelt vor dem Haus aufgeschreckt hat. Auch

Vor fast unlösbare Probleme stellte die Wüste anfangs die deutschen motorisierten Einheiten. Erstaunlich rasch aber lernten die Landser den Umgang mit Wind, Sand und Steinen. Ihrer Improvisationsgabe war es zu danken, daß das Afrika-Korps seine volle Beweglichkeit ausspielen konnte (unten: Spähwagen; linke Seite unten: Kradschützen). Dazu bedurfte es aber auch genauer Kenntnis über die Bewegungen des Gegners. Gut getarnte Vorposten (linke Seite oben: am Scherenfernrohr) sorgten dafür.

ihn wirft eine MP-Garbe nieder, er ist das letzte Todesopfer des Überfalls.
Major Poeschel und seine Männer finden im Flur einen toten englischen Offizier: Major Keyes, den Kommandoführer. Offenbar erschossen von Leutnant Kaufholz, der tot auf der Treppe liegt. Auch einer der Unteroffiziere im WuG./Mun.-Geschäftszimmer ist tot, von Handgranatensplittern durchsiebt. Der Feldgendarm, der den ersten Ansturm aufhielt, hat zwar mehrere Splitter im Rücken, kommt aber mit dem Leben davon.
Der stellvertretende Kommandoführer, Hauptmann Campbell, wird mit zerschossenem Bein gefangengenommen. Die anderen entkommen – vorübergehend. Die Deutschen vermuten mit Recht, daß die Engländer in einem der umliegenden Araberdörfer versteckt sein müssen. Aber Großrazzien fördern nichts zutage. Ein italienischer Carabinieri, der schon lange im Land lebt, löst das Problem. Er nimmt sich ein Arabermädchen vor: »Du und deine Sippe, ihr bekommt für jeden Engländer, den ihr uns verratet, 80 Pfund Mehl und 20 Pfund Zucker.«
Kurze Zeit später ist fast das ganze Kommando in deutscher Hand. Nur ein Unteroffizier kann sich mit zwei Mann zu den englischen Linien durchschlagen.
Die Gefangenen wurden übrigens nicht nach einem Hitler-Erlaß über feindliche Kommando-Unternehmen erschossen. Rommel ordnete an, sie als kriegsgefangene Soldaten zu behandeln. Major Keyes wurde zusammen mit den vier deutschen Toten mit militärischen Ehren auf dem Friedhof Beda Littoria beerdigt.
Der englische Überfall auf »Rommels Hauptquartier« war ein Schlag ins Leere.
Ein anderes Ereignis veranlaßte aber General Auchinleck zu dem Ausruf: »What a stroke of fortune!« – Was für ein Glückstreffer. Vor ihm auf dem Tisch lag ein Angriffsplan, den der anscheinend unauffindbare Rommel mit eigener Hand gezeichnet hatte. Ein Verräter hatte ihn geliefert. Natürlich klemmt sich kein Verräter so einen Plan unter den Arm, fährt damit zur anderen Seite und teilt gleich noch mit, wo sich das Hauptquartier gerade aufhält. Wenn überhaupt, dann kann ein solcher Plan nur über eine ganze Reihe von Stationen gegangen sein, von denen sich die meisten nach konspirativen Regeln nicht kennen. »Um jene Zeit stand einer unserer Spione in naher Beziehung zu Rommels Hauptquartier . . .«, schrieb Winston Churchill in seinem Buch »Der Zweite Weltkrieg«. Er meinte die Zeit vor der Sollum-Schlacht.
Auch in der Zeit danach scheint diese »nahe Beziehung« bestanden zu haben. Schwankend zwischen Zweifel und Begeisterung starrte General Auchinleck auf die großformatige Fotografie, die sein Ic im vorlegte. Eine Zeichnung von Tobruk und Umgebung, Pfeile und Zeichen, Anweisungen in einer charakteristischen Handschrift, Druckbuchstaben gemischt mit altertümlichen Sütterlin-Zeichen.
»Zweifelsfrei Rommels Handschrift, Sir, das hat der Intelligence Service durch Vergleiche mit Beute-Dokumenten festgestellt.« Sir Claude konnte es trotzdem kaum glauben, daß vor ihm der echte Aufmarsch- und Angriffsplan für die Einnahme des immer noch belagerten Tobruk lag. Komplett mit den Bezeichnungen der teilnehmenden Einheiten, den für die einzelnen Aktionen vorgesehenen Uhrzeiten. Nur das Datum fehlte, aber das ist üblich: X-Tag stand da.

Mußte man nicht annehmen, daß dies ein neuer Trick des fintenreichen Wüstenfuchses war? Wer Panzerattrappen auf Lkw-Fahrgestelle setzt und unter mächtiger Staubentwicklung Scheinangriffe fahren läßt, um an einer ganz anderen Stelle wirklich zuzuschlagen – solche Listen hatte Rommel inzwischen erfolgreich ausprobiert –, der konnte seinem Gegner durchaus auch einen falschen Angriffsplan in die Hände spielen.

Auchinlecks Stab kam schließlich zu dem Schluß, daß der Plan echt war. Insbesondere das fehlende Datum sprach dafür. Sir Claude beschloß, die Chance zu nützen. Neue Geleitzüge aus England hatten seine Panzertruppe auf 724 Kampfwagen verstärkt. Während der Nachschub für ihn fast ungehindert rollte, hatte Rommel die bittersten Schwierigkeiten.

Noch immer lag Malta, Englands waffenstarrender »Flugzeugträger«, unbezwungen im Mittelmeer auf dem Nachschubweg zwischen Süditalien und den libyschen Häfen. Lange Zeit hatten die Luftwaffen der Achsenmächte auf die Insel eingetrommelt.

Aber dann zwangen die Anforderungen des Rußlandfeldzuges Hitler, Luftstreitkräfte von Sizilien abzuziehen. Sofort verstärkte England seine Geschwader auf Malta und verlegte weitere Überwasserstreitkräfte ins Mittelmeer.

Im Oktober wurden rund 60 Prozent des Nachschubs für Rommel im Mittelmeer versenkt. Treibstoff und Munition wurden knapp. Und da lag immer noch der fabelhafte Hafen Tobruk, zu dem die Schiffsrouten fern von Malta unter der Küste des deutsch besetzten Kreta vorbeiführten. Es war völlig einleuchtend, daß Rommel alles einsetzen würde, um Tobruk endlich zu nehmen. Schließlich wollte er immer noch weiter zum Nil, das wußte man beim Stab von Auchinleck. Und dafür brauchte er Tobruk nicht nur als Nachschub-Hafen, dafür mußte auch die Bedrohung durch die Garnison aus seinem Rücken verschwinden.

Auchinleck trieb seine Stäbe zu hektischer Tätigkeit an. Sein Plan war klar: Rommel würde einen großen Teil seiner Streitkräfte für den Stoß auf Tobruk zusammenziehen. Auf seiner Skizze war die gesamte 15. PzDiv. knapp südöstlich der Stadt eingezeichnet. Sobald sein Angriff rollte, mußte ein konzentrierter Stoß in seine Flanke geführt werden. Bis zum 14. November war Auchinlecks Aufmarsch geschafft. In Nachtmärschen, durch Kamelkarawanen getarnt, gingen seine Einheiten in ihre Bereitstellungsräume, ohne von der deutsch-italienischen Luftaufklärung entdeckt zu werden.

Aber dann zerrte das Warten an den Nerven. Insbesondere in London, wo Winston Churchill zum Angriff drängte.

Am 17. November hatte der alte Löwe in London die Nase voll. Er zwang praktisch seinen General, den Angriffsbefehl für den nächsten Tag zu geben, indem er einen Tagesbefehl im Namen des Königs an die Wüstenarmee erließ. Der pathetische Stil, der Hinweis auf die geschichtliche Größe des Augenblicks und die kriegsentscheidende Bedeutung der bevorstehenden Schlacht zeigt eine augenfällige Ähnlichkeit mit den Führerbefehlen auf der deutschen Seite:

»Zum ersten Mal treffen Truppen Großbritanniens und des Empire mit reichlicher Ausrüstung aller Art auf die Deutschen. Die Schlacht wird den Verlauf des ganzen Krieges beeinflussen. Es gilt, den schwersten Schlag zu führen, der für den endgültigen Sieg, für Vaterland und Freiheit bisher geführt worden ist. Die Wüstenarmee wird eine neue Seite der Geschichte schreiben, die mit Blenheim und Waterloo vergleichbar ist. Die Blicke aller Nationen sind auf euch gerichtet. Unser aller Herzen schlagen mit euren. Möge Gott mit dem Recht sein.«

In der Nacht vor dem Angriff toben nicht nur über Beda Littoria Gewitter, wo Keyes Trupp das vermeintliche Rommel-Quartier beschleicht. Über fast der ganzen Cyrenaika, selbst am Halfaja-Paß, wo es seit 60 Jahren nicht mehr geregnet hat, stürzen unter Blitz und Donner Wassermassen vom Himmel.

Zunächst jubeln die Landser. Regen, was für eine Abwechslung in dem ausgedörrten Land. Selbst als das Wasser in die Zelte dringt, ziehen sie die Beine an und lachen: »In der Wüste ersaufen, mal was Neues.«

Woher sollen sie ahnen, daß die zackig in den steinigen Boden eingefressenen Flußbetten durch solche explosionsartigen Wasserstürze entstanden sind? Und daß dieser vom Himmel fallende See mit vernichtender Gewalt wieder denselben Weg nehmen wird, auch wenn es Jahrzehnte trocken war.

Als die Flutwelle heranrauscht, rennen sie um das nackte Leben. Zelte, Lastwagen, selbst Geschütze reißen die Wassermassen mit. Der Funker Jung und sein Freund Degen kriechen im klebrigen Schlamm den Abhang hinauf, halten sich an einem Felsvorsprung fest. Gerade noch erwischen sie einen Italiener, der in seinen Decken wie ein Kreisel vorübertreibt. »Madonna mia«, stammelt der Verbündete völlig verstört.

Jung und Degen stolpern den Paß hinauf zum Bataillonsgefechtsstand. »Sind die Engländer schon bei euch?« fragt man sie erschrocken. »Die Engländer nicht, aber das Hochwasser.« Die Verwirrung ist vollkommen. Als Codewort für den erwarteten Angriff der Engländer war ausgerechnet »Hochwasser«, für einen Großangriff »Sintflut« vereinbart worden. Wer konnte ahnen, daß in diesem Backofen der Welt ein echtes Hochwasser dazwischenkommen sollte? Zu allem Überfluß kommt fast im selben Augenblick das Stichwort »Hochwasser« durch, kurz darauf »Sintflut«.

Und es stimmt beides, durch den klebrigen Wüstensand mahlt sich die bisher größte Panzer-Armada des Afrikakrieges.

Operation »Crusader«

Novembernacht in der libyschen Wüste. Eiskalt und finster. Auf der Suche nach dem Feind mahlt die I. Abteilung des Panzerregiments 8 quietschend durch den Sand. Es ist der 22. November 1941.

Plötzlich taucht vor den Rohren der Panzer III und IV eine dichtgedrängte Ansammlung anderer Kampfwagen auf. Zuerst sind es nur verschwommene Silhouetten in der stockfinsteren Nacht. Aber sie sehen fremdartig aus . . .

Auf ein paar Meter Entfernung erkennen die deutschen Panzersoldaten: Das sind Engländer! Kein Schuß fällt. Sind die da drüben genauso verblüfft wie wir? Blitz-

Vor Tobruk liefen sich deutsche Angriffe immer wieder fest. Die Stadt hatten die Briten durch mehrfache Befestigungsgürtel (rechte Seite) scheinbar uneinnehmbar gemacht. Rommel mußte von Angreifen auf Belagern umschalten. Fast ein halbes Jahr lang lagen die Einheiten des Afrika-Korps von Juni bis Dezember 1941 vor der Festung, die als britischer Brückenkopf standhielt. Die deutschen Panzerbesatzungen hatten wenig Arbeit, da die Kampfführung, von einigen Ausfällen der Belagerten abgesehen, vor allem bei Artillerie und Luftwaffe lag. Mehr zu schaffen machte den Grenadieren die Hitze (oben: Rast im Panzerschatten).

schnell reißt der deutsche Kommandeur, Major Fenski, die Initiative an sich. Er dirigiert seinen Befehlspanzer mitten in den feindlichen Igel, gibt gleichzeitig über Sprechfunk präzise Befehle. Innerhalb von Minuten stehen seine Panzer im Kreis um die feindliche Ansammlung und schalten ihre Scheinwerfer ein. Zugleich feuert der Adjutant, Oberleutnant Beck, weiße Leuchtkugeln ab.

Wird den englischen Panzersoldaten jetzt erst klar, daß Rommels Wüstenfüchse da sind? Im Nordteil versuchen ein paar Mark II auszubrechen, aber sofort bellen die deutschen Panzerkanonen.

»Nur auf Feindpanzer schießen, die auszubrechen versuchen«, sagt der Major ruhig über Sprechfunk. Dann: »Kommandanten absitzen, Maschinenpistole mitnehmen, Gefangene machen. Richt- und Ladeschützen bleiben in den Panzern.«

Einige britische Besatzungen wehren sich mit Infanteriewaffen. Es gibt Tote auf beiden Seiten. Ein englischer Captain steckt drei Panzer in Brand, bevor er überwältigt wird. Aber das Rückgrat der englischen Einheit ist angesichts der rundum drohenden Rohre gebrochen. Hier spielt nur noch ein Selbstmörder den Helden.

Das ist das Ende der 4. englischen Panzerbrigade. Ein Brigadier, 17 Offiziere und 150 Unteroffiziere sind unter Major Fenskis Gefangenen. Die Beute: 35 Panzer und zahlreiche Gefechtsfahrzeuge.

Major Fenski kommt am nächsten Tag im Panzerkampf ums Leben. Sein blitzschneller Zugriff hat die erste Phase des Unternehmens »Crusader« entschieden, mit dem Churchills neuer Oberkommandierender in Nordafrika, Sir Claude Auchinleck, Tobruk entsetzen und die deutsch-italienischen Streitkräfte aus der Cyrenaika werfen wollte. Am 18. November, im strömenden Regen, hatte sich die mächtige Armada von fast tausend Panzern in Bewegung gesetzt. Weit nach Süden ausholend, stieß das XXX. britische Korps vor, um dann nach Nordwesten in Richtung Sidi Rezegh und Tobruk zu rollen und zusammen mit der Garnison der seit sieben Monaten belagerten Festung das Deutsche Afrika-Korps (DAK) einzukesseln. Zugleich umging die 2. neuseeländische Division unter General Freyberg den Halfaja-Paß und Sollum.

In der Tat erreichten Cunninghams Panzer Sidi Rezegh. Die Eingeschlossenen von Tobruk konnten den Gefechtslärm hören. In der Nacht zum 20. November brachen sie aus, überrannten Stellungen der italienischen Division »Bologna« und vernichteten zwei Bataillone. Aber die Aufklärungsabteilung 3 riegelte den Einbruch ab.

Angesichts seiner zahlenmäßigen Unterlegenheit blieb für Rommel nur eine Taktik, die seinem Naturell ohnehin entgegenkam: Alles auf eine Karte zu setzen, grundsätzlich mit der geballten Masse seiner Streitkräfte zu operieren und die gegnerischen Verbände nacheinander zu vernichten. Voraussetzung dazu war, daß Cunningham seine Brigaden nacheinander ins Gefecht warf. Der Brite tat ihm den Gefallen.

Und wieder glückte dem Afrika-Korps der Trick: Es sollte eingekesselt werden, aber statt dessen kesselte es den Gegner ein. Ohne die Fühlung mit dem Gegner zu verlieren, gelang es Generalleutnant Crüwell, dem Kommandierenden General des DAK, die 15. PzDiv. unbemerkt nach Osten zu führen und in die tiefe Flanke

DER KRIEG IN NORDAFRIKA

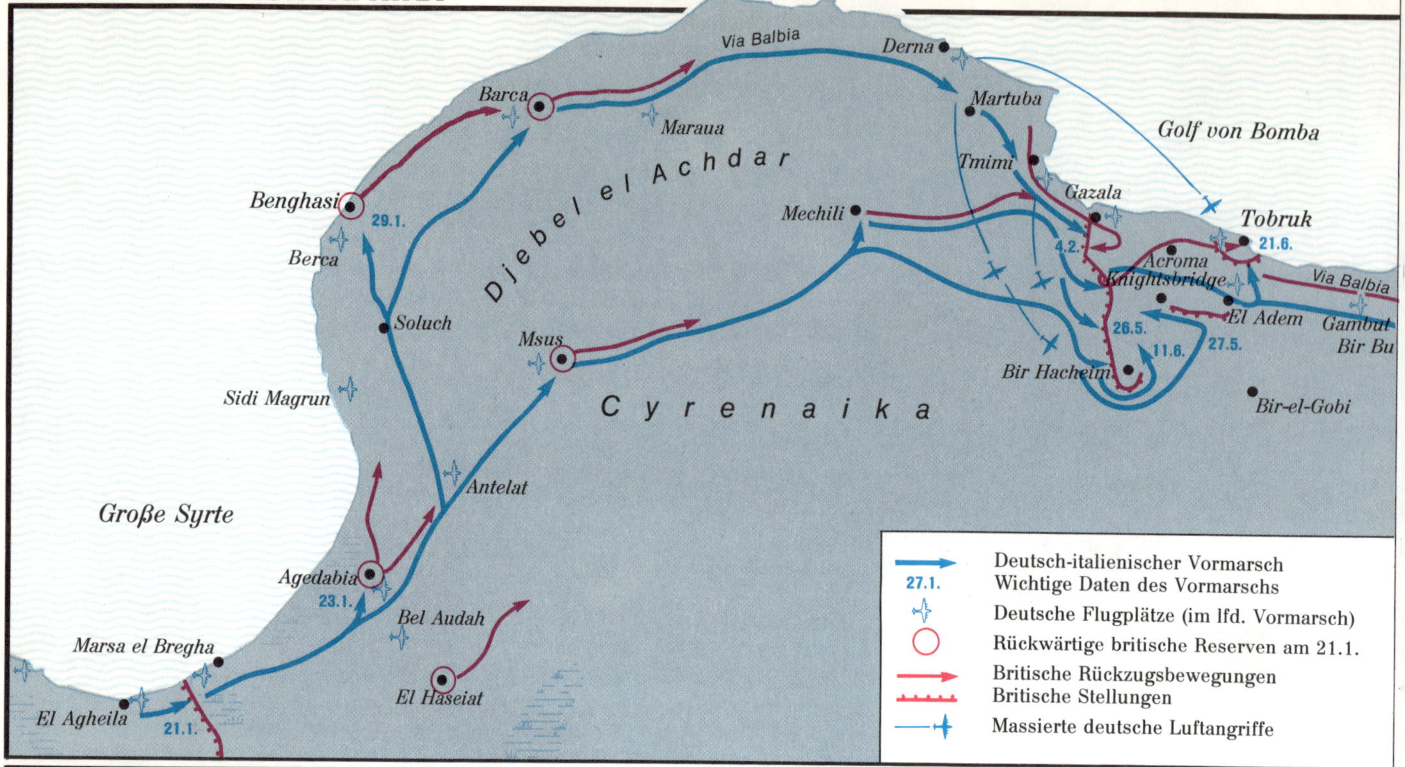

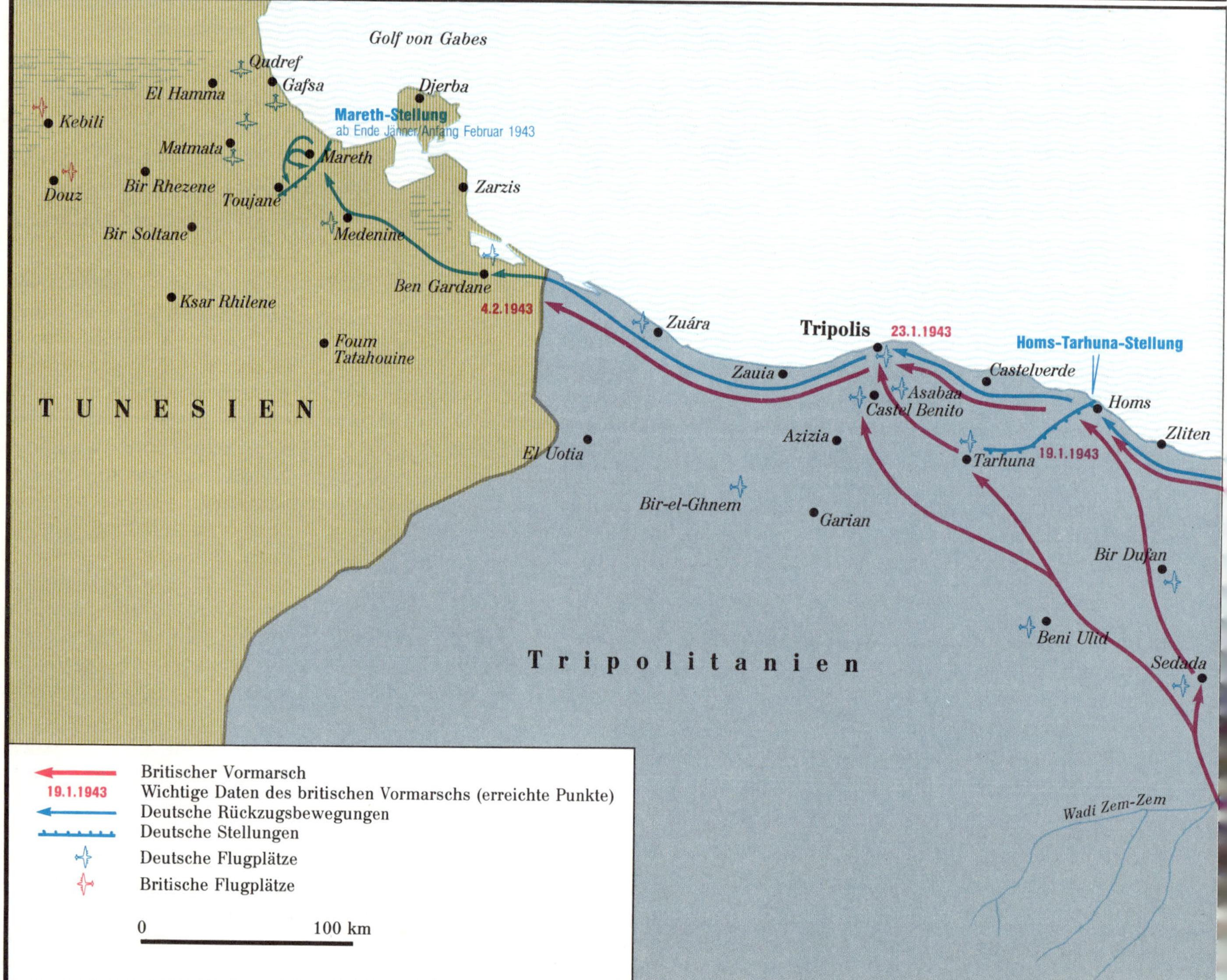

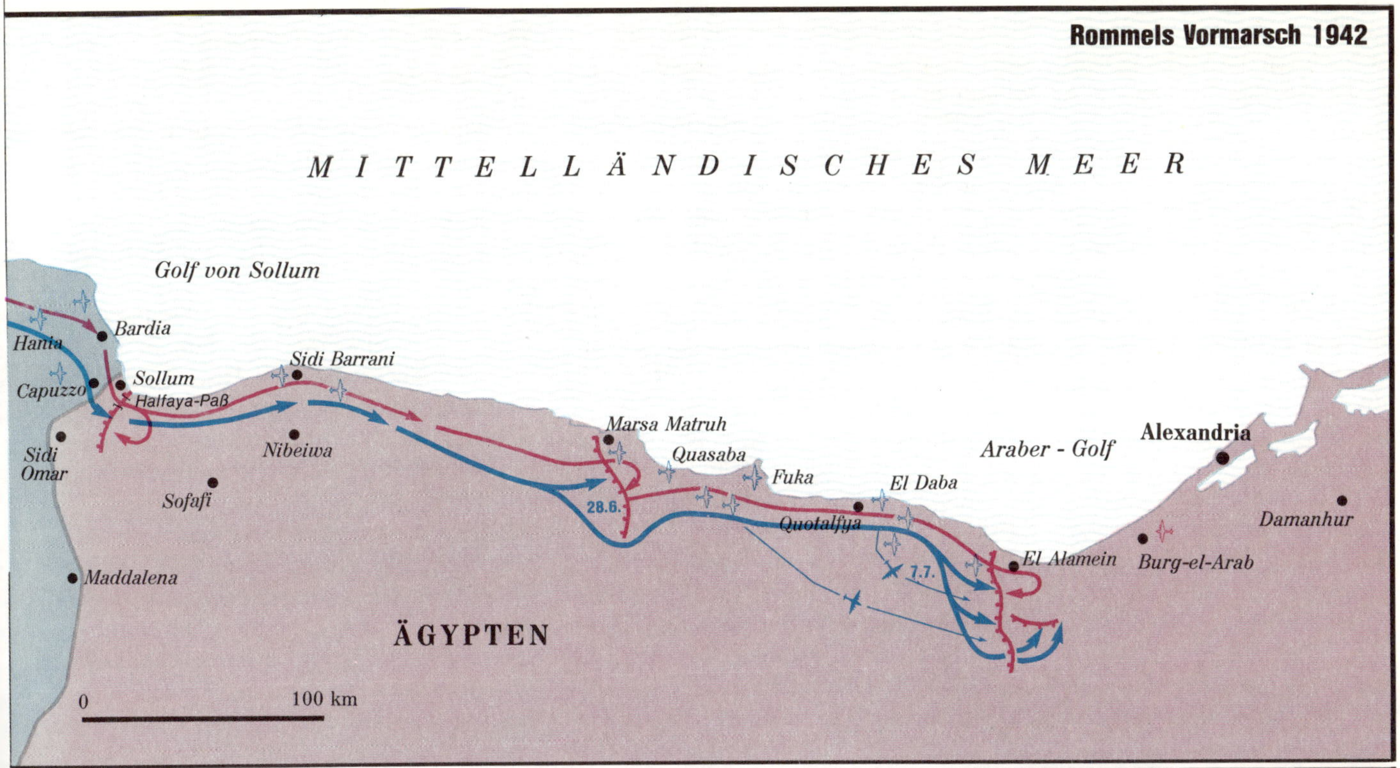
Rommels Vormarsch 1942
MITTELLÄNDISCHES MEER
Golf von Sollum
Bardia
Hamra
Sollum
Capuzzo
Halfaya-Paß
Sidi Barrani
Sidi Omar
Nibeiwa
Sofafi
Maddalena
Marsa Matruh
Quasaba
Fuka
28.6.
El Daba
Quotaifiya
7.7.
El Alamein
Araber - Golf
Alexandria
Damanhur
Burg-el-Arab
ÄGYPTEN
0
100 km

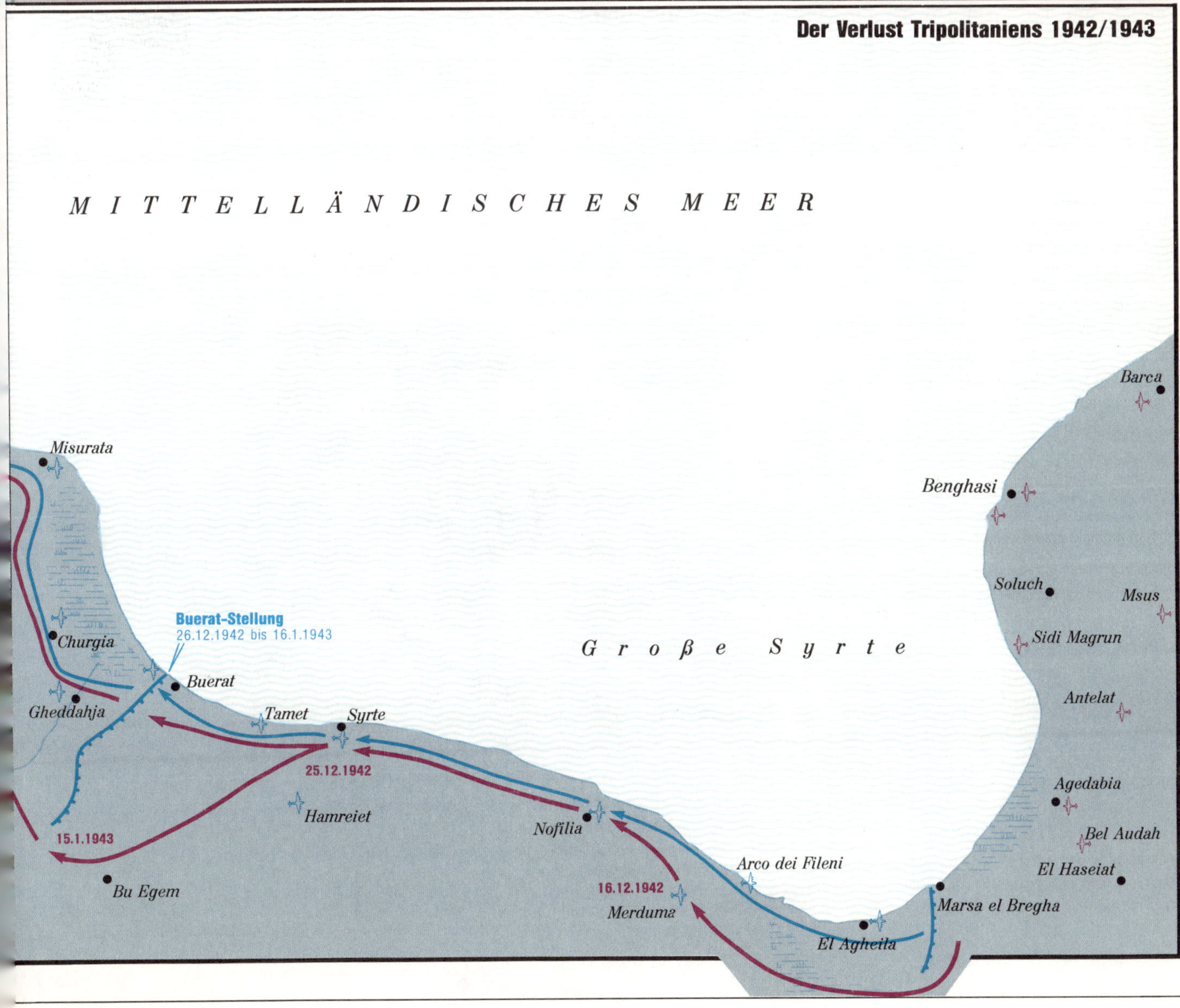
Der Verlust Tripolitaniens 1942/1943
MITTELLÄNDISCHES MEER
Misurata
Churgia
Buerat-Stellung
26.12.1942 bis 16.1.1943
Buerat
Gheddahja
Tamet
Syrte
25.12.1942
Hamreiet
15.1.1943
Bu Egem
Große Syrte
Nofilia
Arco dei Fileni
16.12.1942
Merduma
El Agheila
Marsa el Bregha
Barca
Benghasi
Soluch
Msus
Sidi Magrun
Antelat
Agedabia
Bel Audah
El Haseiat

des Korps umzugruppieren. Plötzlich steckte Cunningham in der Zange zwischen der 15. und der 21. (früher 5. leichte) PzDiv. Die Nacht, in der Major Fenski die 4. englische Panzerbrigade einkesselte und überwältigte, war die Nacht vor der Entscheidung. Der nächste Tag war der 23. November, Totensonntag.

Die Gefechte dieser Tage kennzeichnet Paul Carell in seinem Buch »Die Wüstenfüchse« so:

»Es war eine Schlacht, wie sie die Wüste Nordafrikas in ihrer blutigen Geschichte noch nie gesehen hatte. Da gab es erbitterte Panzerduelle Tag und Nacht. Da warfen Köche, von ihren Gulaschkanonen gedeckt, Handgranaten unter die Ketten der Mark II und der kleinen Honey-Panzer, die frisch aus amerikanischen Fabriken in die Wüste gekommen waren. Pakbatterien feuerten, bis sie überwalzt wurden. Die Männer der 2. Kompanie Afrikaregiment 361 sprangen unter dem Feuerschutz leichter Granatwerfer auf britische Panzer, sprengten die Einstiegluken auf, schlugen die Besatzungen mit dem Spaten nieder und fuhren mit den erbeuteten Panzern zum Angriff: Die Furie des Krieges war in der Wüste losgelassen. Nachts huschten deutsche Kommandos mit Decken über das verlassene Schlachtfeld, wickelten die Verwundeten ein, daß sie nicht froren. Man hoffte, daß am anderen Tag Freund oder Feind sie finden und versorgen würde. Und die Opfer der Schlacht lagen und zitterten und beteten oder warteten stumm auf den Tod. Ein Lächeln auf den Lippen oder einen Fluch gegen den Krieg . . .«

Und der Totensonntag verdiente sich seinen Namen. Die eingeschlossenen britischen Verbände verteidigten sich mit dem Mut der Verzweiflung. Als Teil einer stolzen Armada waren sie ausgerückt, nun saßen sie in der Falle und waren auch noch in der Minderheit, denn im richtigen Augenblick stieß auch die italienische Panzerdivision »Ariete« zum DAK.

Bis tief in die Nacht war die weite Ebene südlich Sidi Rezegh vom Staub und Rauch der Panzerschlacht verhüllt. Hunderte von Kampffahrzeugen brannten. Daneben lagen die Toten, Freund und Feind dicht beieinander.

Crüwells Befehlswagen, ein mächtiger Mammut-Beutepanzer, war plötzlich von britischen Kampfwagen umstellt. Zwar war das deutsche Balkenkreuz aufgemalt, aber im Rauch und der Verwirrung der Schlacht wußten die Engländer nicht so recht, woran sie waren: Der DAK-Stabschef Bayerlein erzählt:

»Einige britische Panzerschützen verließen ihre Mark VI, kamen an den Mammut und klopften auf die Panzerplatten. Crüwell öffnete die Luke und sah in das Gesicht eines britischen Soldaten, der wohl auch erstaunt war, auf diese ungewöhnliche Art mit einem deutschen General Bekanntschaft zu machen. Unser Schicksal schien besiegelt. Aber in diesem Augenblick spritzten von irgendwoher Geschoßgarben in die Gegend. Wir warfen uns im Mammut auf den Boden. Eine deutsche 2-cm-Flak hatte die ausgebooteten britischen Panzerbesatzungen unter Feuer genommen. Sie sprangen in ihre Kampfwagen und verschwanden in schneller Fahrt . . .«

Am nächsten Morgen konnte Generalleutnant Crüwell seinem Oberbefehlshaber Rommel melden, daß der Feind bei Sidi Rezegh vernichtet sei.

Aber im Osten standen noch Freybergs Neuseeländer, die Sollum und den Halfaja-Paß umgangen hatten, und auf der anderen Seite die 4. indische Division, die das Gebiet von Osten belagerte.

Es war typisch für Rommel, daß er daraufhin selbst aus dem Einschließungsring um Tobruk alle motorisierten und mechanisierten Einheiten abzog. Alles auf eine Karte! Hatte es nicht bisher noch immer geklappt?

Diesmal ging es gründlich schief. Ein entschlossener Gegner griff ein, der ebenso wie Rommel zu unorthodoxen Maßnahmen fähig war.

Cunningham, der Bruder des Oberbefehlshabers der Mittelmeerflotte, dachte angesichts seiner Panzerverluste nur noch an Defensive. Rückzug, vor dem Nil eine Verteidigungslinie aufbauen, retten, was zu retten ist . . . In Kairo warf sich Auchinleck in ein Flugzeug und flog zum Wüstenhauptquartier. Er war mit den Brüdern Cunningham seit langem befreundet, aber jetzt flogen die Fetzen. Auf dem Schlachtfeld ersetzte er Cunningham durch General Ritchie, seinen stellvertretenden Stabschef. Und sein Befehl lautete: Es wird nicht verteidigt, sondern angegriffen, und zwar mit allem, was wir haben!

Während Rommel mit fast seinen gesamten Streitkräften nach Osten stieß, südlich Sidi Omar die ägyptische Grenze überschritt und im britischen Hinterland schwere Verwirrung stiftete, sammelte sich in seinem Rücken das XXX. Korps und wandte sich erneut gegen das nur noch schwach bewachte Tobruk. Auch Freybergs Neuseeländer marschierten nach Westen, und die 4. indische Division fiel Rommel bei Sidi Omar in die Flanke. Die Garnison Tobruks brach zu allem Überfluß durch den Belagerungsring aus, den Neuseeländern entgegen.

Lief und lief und lief schon damals: der VW, allerdings in der Kübelversion (oben), denn der »Käfer« war wegen des Krieges zurückgestellt worden. Die Erfahrungen von den Fronten kamen ihm später zugute. Der VW-Kübel erwies sich als außerordentlich strapazierfähig und als zuverlässiger Kamerad der Landser, denen er den Sold nach vorn brachte (rechte Seite oben: Löhnungsappell, aus Versorgungsklemmen half (rechte Seite Mitte: Feldbackofen) oder Beute transportierte (rechte Seite unten: Hinterlassenschaft einer geflüchteten englischen Schauspielertruppe). Die Momentaufnahmen vom Krieg in der Sonne vermitteln ein Bild von den enormen Anforderungen an Phantasie und Kondition der Soldaten.

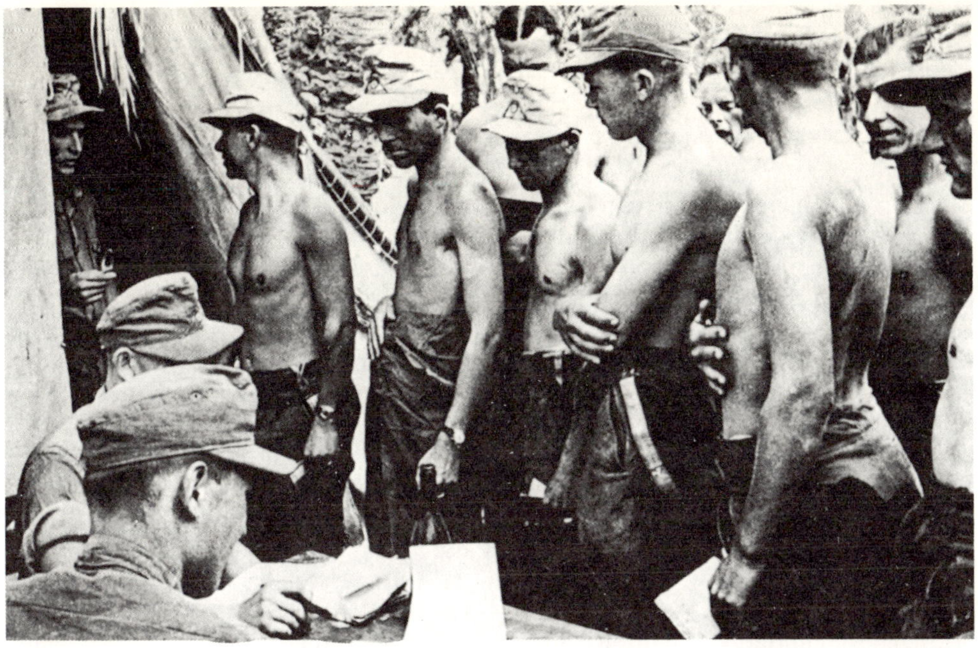

Einer der Gründe für die rapide Verschlechterung der Lage war, daß die deutsch-italienische Luftwaffe die Luftüberlegenheit verloren hatte. Nur wer den Himmel beherrscht, kann dem Feind unbemerkt in die Flanke schleichen . . . Zugleich ließen Jabos und Bomber den marschierenden Einheiten keine Ruhe und fügten ihnen schwere Verluste zu. Ausgerechnet in dieser Situation verlor Rommel den Kontakt zu seinen Einheiten. Nördlich von Sidi Omar blieb sein Kübelwagen mit Motorschaden liegen. Klappernd vor Kälte stand der deutsche Oberbefehlshaber in der Wüste. Zur gleichen Zeit verirrte sich auch Crüwells Mammut. Nach Kompaß eine Wüstenpiste entlangkreuzend, entdeckte die Besatzung ein deutsches Fahrzeug: Rommels kaputten Kübelwagen. »Nehmen Sie uns mit«, sagte Rommel lachend. Auf der Weiterfahrt geriet das Fahrzeug zweimal mitten in marschierende britische Panzerkolonnen. In der Dunkelheit erkannten die Gegner das Balkenkreuz auf dem Beute-Mammut nicht. Eine irre Situation. Nach langer Irrfahrt fanden die beiden deutschen Generale eine deutsche Einheit.

Inzwischen hatte Rommels Ia Westphal, der vergebens nach seinem Oberbefehlshaber hatten fahnden lassen, selbständig handeln müssen. Angesichts der verzweifelten Lage im Raum Tobruk beorderte er über Funk die Panzerdivisionen nach Westen zurück.

Als Rommel nach seiner Irrfahrt davon erfuhr, tobte er; dann sah er die Lagekarte an, billigte den Befehl und legte sich wortlos schlafen. Es galt, nun wenigstens Tobruk im Würgegriff zu halten. Schon hatten die ausgebrochenen Einheiten sich bei Sidi Rezegh mit Freybergs Neuseeländern vereinigt.

Aus Churchills Aufzeichnungen weiß man, daß die 21. PzDiv. beim Eintreffen des Rückzugsbefehls nur noch eine Viertelstunde von zwei riesigen Vorratslagern der Engländer entfernt war. Der Verlust dieser lebenswichtigen Nachschubgüter hätte Auchinlecks Einheiten in eine sehr schwierige Lage gebracht, Rommels Marsch nach Osten gerechtfertigt: Den eingebrochenen Gegner einfach stehenzulassen und in sein Hinterland zu stoßen, ergibt nur dann einen Sinn, wenn man ihn von seinen Versorgungsbasen abschneiden kann. Aber ohne Luftaufklärung weiß eben niemand, was gleich hinter dem Horizont liegt.

Auf dem Eilmarsch nach Westen ist Rommel wieder überall, treibt an, rät, gibt Mut. Wie immer mißachtet er die Gefahr, jagt mit seinem Wagen im Feuer mitten

durch feindliche Truppen, über ein von Engländern besetztes Flugfeld. Einen typischen Zwischenfall schildert Carell:
»In sausender Fahrt wird ein kleiner Sandhügel überquert, da – ein Lazarett, ein neuseeländisches Lazarett. Jetzt nur keine Nervosität. Rommel steigt aus, befiehlt seinem Fahrer und dem Ordonnanzoffizier, um das Zeltlager zu fahren und am Ausgang auf ihn zu warten. Er selbst marschiert mitten hinein in die Zeltstadt. Spielt den Sieger. Tut so, als ob Lazarett und umliegendes Terrain in deutscher Hand seien. Begrüßt die Offiziere des Wachkommandos und die Ärzte jovial. Erkundigt sich, was fehlt; verspricht, sofort eine Sendung von Medikamenten zu veranlassen. Verabschiedet sich. Die britischen Stabsärzte salutieren. Weg ist er. Zehn Minuten später merken die Neuseeländer bei der Ankunft eines britischen Transporters, was Rommel ihnen für einen Streich gespielt hat . . .«
Noch einmal schlägt das Deutsche Afrika-Korps mit seiner geballten Kraft zu: Die Neuseeländer werden aus Sidi Rezegh hinausgeworfen und erleiden entsetzliche Verluste. Tobruk ist wieder isoliert, und Rommel funkt an das Führerhauptquartier in Rastenburg: »Die große Beute an Waffen, Munition und Fahrzeugen ist noch nicht zu übersehen.« Aber Auchinleck wirft nun auch alles in den Kampf, und um das Kap der Guten Hoffnung herum trifft ein ununterbrochener Strom von Transportern in Ägypten ein. Weit im Süden rollen neue Panzerverbände heran, bei Bir el Gubi sammelt sich das XXX. Korps. Rommels Antwort ist wie immer: Angreifen!
Es ist ohnehin Zeit, den Raum ostwärts von Tobruk aufzugeben: Nur ein schmaler Korridor ist zwischen El Duda und Sidi Rezegh geblieben. Hier stößt das DAK mit seinem Gros durch und wendet gleich nach Süden. Der Einschließungsring um Tobruk ist aufgebrochen, weit im Osten, bei Sollum und am Halfaja-Paß, bleiben die deutschen Einheiten zurück und halten gegen einen überlegenen Feind. Aber sie haben längst Wasser und Lebensmittel rationieren müssen, in Sollum ebenso wie unter Major Bach, dem »Pastor im Fegefeuer« am Halfaja-Paß . . .
Am 1. Dezember ist Auchinleck wieder aus Kairo ins Feldhauptquartier geflogen, sieht Ritchie über die Schulter, treibt an. Am 12. Dezember schreibt Sir Claude Auchinleck an Churchill: »Feind offenbar in vollem Rückzug nach Westen . . . Wir folgen dem Gegner, mit voller Unterstützung der Royal Air Force, hart auf den Fersen.«
In der Tat, auch die Schlacht bei Bir el Gubi ging für die Deutschen verloren. Fünfzehn Tage war das DAK nun fast ununterbrochen im Kampf, und doch griffen die zu Tode erschöpften Einheiten wieder an. Unter General Crüwell drängten sie die Briten zurück. Der Panzer-Chef sah die Chance einer neuen Einkesselung, forderte den Einsatz der italienischen Divisionen »Ariete« und »Trieste« in der Flanke. Der italienische Korps-Kommandeur Gambara ließ kühl mitteilen, seine Divisionen seien abgekämpft. Crüwell bombardierte Rommel mit Funksprüchen im Klartext: »Wo bleibt Gambara?« Es wurde zu einem geflügelten Wort. Aber Gambara kam nicht. Und auch der Nachschub blieb aus.
Vor Bir el Gubi blieben immer mehr Panzer liegen. Abgeschossen – oder ohne Sprit. Aus Tobruk brach erneut die 70. britische Infanteriedivision in Richtung Sidi Rezegh aus.
Rommel entschloß sich zum Rückzug. Er hatte (laut Churchill) rund 33 000 Mann und 300 Panzer verloren. Seine beiden Divisionen waren wieder einmal ohne Kommandeure: General von Ravenstein (21. PzDiv.) fuhr in einen Hinterhalt der Neuseeländer und geriet in Gefangenschaft. Generalmajor Neumann-Silkow, Kommandeur der 15. PzDiv. starb, im Turm seines Befehlspanzers stehend, durch einen Volltreffer. Er war einer der glänzendsten Truppenführer in Afrika, unkonventionell und bei seinen Soldaten beliebt. Eine für ihn typische Geschichte ereignete sich wenige Tage vor seinem Tod:
Die 15. PzDiv. greift ein englisches Versorgungslager an. Im Feuer von Artillerie und Pak gehen abgesessene Kradschützen zusammen mit den Panzern vor. General Neumann-Silkow steht, wie immer, im Turmluk. Einer der Kradschützen erkennt ihn in der Hitze des Kampfes nicht und ruft ihm zu: »Mensch, mach die Klappe zu! Du kriegst sonst noch eine verpaßt!«
Granaten detonieren rundum, der Mann im Panzer ruft zurück: »Macht, daß ihr weiterkommt, damit ihr aus dem Feuer rauskommt!«
»Gute Idee!« schreit der Kradschütze. »Du kannst dich nachher zum Beuteempfang bei mir melden.«
Der Stützpunkt wird genommen. Der General dirigiert seinen Panzer zum Chef der Kradschützenkompanie: »Ich soll mich bei einem Ihrer Männer zum Beuteempfang melden.«
»Das kann nur Potas gewesen sein«, sagt Leutnant Buhr. Potas ist das »Organisations«-Talent der Kompanie. Als er den General erkennt, wird ihm doch etwas blümerant. Aber Neumann-Silkow schneidet ihm die Entschuldigung ab: »Ich will meine versprochene Beute haben!« Kurz darauf ist Potas wieder da, mit einem Arm voll Zigaretten, Schokolade, Konservendosen. Der General verstaut alles zufrieden in seinem Panzer. Er hat die Beute nicht mehr verbrauchen können. Auch der Obergefreite Potas hat den Afrika-Feldzug nicht überlebt.
Der Rückzug der abgekämpften Einheiten aus der Cyrenaika wurde eine größere

Die weiträumigen Vorstöße des Deutschen Afrika-Korps hatten zu wachsenden Gefangenenzahlen geführt (links: auf freiem »Feld« kampierende Briten) und damit zur Verschärfung der ohnehin prekären Versorgungssituation. Sie war in der Zeit der Eroberungen noch durch Beute zu mildern gewesen. Als sich der englische Widerstand versteifte und die Truppen sogar zurückgenommen werden mußten, kam nicht einmal mehr genug Munition nach vorn. So konnte etwa die deutsche Artillerie (oben: Feldhaubitze feuert) nicht mehr die volle Feuerkraft entfalten, die zur Stabilisierung der Frontlage erforderlich gewesen wäre.

Leistung als der Vormarsch. Bedrängt von Kampffliegern, immer in der Gefahr, vom nachstoßenden Gegner eingekesselt zu werden, sicherten die Nachhuten kämpfend den geordneten Marsch hinter die Enge von Mersa Brega. Für Rommel gab es nach Bir el Gubi keinen Zweifel, daß die ganze Cyrenaika wieder aufgegeben werden mußte. Aus Rom kam der italienische Marschall Graf Cavallero und protestierte, und ausgerechnet Gambara unterstützte ihn. Rommel blieb bei seiner Entscheidung: Besser die Cyrenaika verloren als die ganze Armee und ganz Nordafrika.

Gegen Ende Dezember waren sie wieder da, wo sie vor neun Monaten aufgebrochen waren. Die meisten allerdings waren nicht mehr dabei; Kompanien zusammengeschmolzen auf 10, 20 Mann . . . Die Gräber der anderen lagen überall zwischen El Agheila und der ägyptischen Grenze.

In der Silvesternacht um 24 Uhr feuerten sie kurz aus allen Rohren in den Himmel – und sangen das Deutschlandlied, priesen das »Deutschland über alles«, das sie in die Wüste geschickt hatte. Die britische 22. Panzerbrigade funkte nach Kairo: »Das Deutsche Afrika-Korps sang gestern nacht in seinen Feldstellungen die deutsche Nationalhymne. Wir sollten uns nicht darüber täuschen, daß diese von einem ungebrochenen Offizier befehligten Soldaten nicht bereit sind, den Kampf aufzugeben.«

Und fern im Osten hielten immer noch die vergessenen Haufen bei Sollum und am Halfaja-Paß. Am 12. Januar erst kapitulierten die Reste der 10. und 12. Oasenkompanie und der Stab des Oasenbataillons z. b. V. 300 unter Hauptmann Enneccerus bei Sollum. Aus dem Bataillonsbunker hatten sie vorher noch die letzten Patronen verschossen, die ihnen geblieben waren: Leuchtspurmunition . . .

Am Halfaja-Paß hielt das 1. Bataillon des Schützenregiments 104 unter Major Bach, dem »Pastor des Fegefeuers«, noch eine Woche länger. Die Lebensmittelrationen waren winzig, aber am schlimmsten quälte die Männer der Durst. Die Engländer hatten ihre einzige Wasserstelle erobert. Ein Stoßtruppunternehmen brachte noch einmal einen vollen Tankwagen, aber dann schwanden die Kräfte. Am 17. Januar kapitulierte die ausgemergelte Truppe.

Der Halfaja-Paß war wieder in englischer Hand. Niemand hätte um diese Zeit geglaubt, daß hier noch einmal deutsche Soldaten auftauchen sollten.

Halfaja-Paß

In Nordafrika wurde gelitten und gestorben wie an allen anderen Fronten, und der »Heldentod« war hier genauso traurig und sinnlos wie anderswo. Aber in einem Punkt unterschied sich dieser Kriegsschauplatz von allen anderen: Es war etwas Exklusiv-Familiäres dabei; die Gegner waren sozusagen intimer miteinander, als das sonst im technischen Krieg des 20. Jahrhunderts vorstellbar ist.

Man klatschte geradezu übereinander; die Agenten-Nachrichten gingen über die offenen Wüstenflanken, von keiner festen Frontlinie gesperrt, mühelos hin und her, ebenso wie über Rom, wo Geheimnisse schon immer ein solches Interesse fanden, daß sie selten geheim bleiben konnten.

Ein Zustand, der einen Fuchs wie Rommel geradezu herausforderte, virtuos auf dem nachrichtendienstlichen Instrument zu spielen.

»Rommel will weiter zurückgehen, er gibt sogar die Mersa-Brega-Stellung auf«, wisperte man infolgedessen Mitte Januar 1942 bei den Stäben von Tripolitanien, in den Salons von Rom. Wohldosiert ließen ausgesuchte deutsche Stabsoffiziere hier und dort ein Wort fallen. Auf Wüstenpfaden und in eleganten römischen Boudoirs wurde es weitergetragen, und der Fuchs aus Schwaben lächelte insgeheim dazu.

»Sämtliche Erkenntnisse stimmen überein, Sir«, sagte der Ic (Feindnachrichten) in Kairo zu General Sir Claude Auchinleck, »er geht wirklich zurück!«

Sir Claude war nicht so leicht zu überzeugen, zu oft war man schon auf die Tricks des Gegenspielers hereingefallen. Er befahl »stärkere Aufklärung mit allen Mitteln« – und überlegte:
Was konnte Rommel zum Rückzug zwingen? Gewiß, der Feldzug von 1941 war ein furchtbarer Aderlaß für das Deutsche Afrika-Korps und die unterstellten italienischen Verbände gewesen. Aber immerhin hatte Rommel seine Einheiten um die Jahreswende in vergleichsweise guter Ordnung aus der Cyrenaika zurückgebracht.
Hinzu kam, daß die Luftflotte 2 des Generalfeldmarschalls Kesselring nun nach Sizilien verlegt war und Malta niederhielt, so daß die britischen Luft- und Seestreitkräfte den Nachschub der Achsenmächte nach Nordafrika nicht mehr so furchtbar wie bisher dezimieren konnten.
Aber mußte man bei diesem Fuchs nicht zweimal um die Ecke denken? Alles war ihm zuzutrauen, und gerade das Unwahrscheinliche . . .
Am 20. Januar kamen Meldungen von allen Agenten, auch von den vorgeschobenen Aufklärungseinheiten vor Mersa Brega: Explosionen und Brände in Stadt und Hafen! Rommel läßt offensichtlich Vorratslager und nicht mehr fahrbereite Schiffe in die Luft sprengen!
Das überzeugte auch Sir Claude. In der Stabsbesprechung gab er klare Anweisungen: Nachschub nach vorn! Beim Nachstoßen zur endgültigen Erledigung des Feindes wird die Versorgung über die langen Wüstenstrecken unser größtes Problem sein. Druck auf die Löscharbeiten in Suez und Alexandria, auf die Transporte nach vorn! Diesmal dürfen wir nicht wegen der überdehnten Nachschublinien stehenbleiben.
Das war es, was Rommel sich gewünscht hatte. Dafür hatte er gern ein paar leere Häuser anstecken, ein paar völlig unbrauchbare Schiffswracks in die Luft gehen lassen. Dann griff er an.
In den Nächten und unter den zugleich quälenden und schützenden Sandwolken des Ghibli, der tags zuvor die Wüste verdunkelt hatte, waren die Einheiten in die Bereitstellungsräume gerückt. Erst im letzten Augenblick erhielten die Kommandeure die Angriffspläne.
Das italienische und deutsche Oberkommando hatte Rommel nicht verständigt. Mündlich, unter vier Augen, hatte er dem italienischen Stabschef für Nordafrika, General Gambara, nebenhin einen ziemlich unklaren Hinweis gegeben: »Kleine Sache, mehr eine Art geheimes Kommando-Unternehmen!«
In der Tat hatte Rommel über die ersten Operationen hinaus keine festen Pläne. Zumindest den Aufmarsch der feindlichen Offensiv-Verbände wollte er nachhaltig stören. »Wenn wir dem Tommy bis Februar Zeit lassen, haut der uns endgültig in die Flucht«, sagte er ständig.
Wieder formte der »Wüstenfuchs« eine Zange, wieder umfaßte einer ihrer beiden Arme den Gegner weit von Süden her, aus dem offenen Wüstenraum heraus: Hier marschierte am frühen Morgen des 21. Januar das Deutsche Afrika-Korps (DAK) mit der 15. und Teilen der 21. PzDiv. das Wadi Faregh entlang, in den Rücken der 1. britischen Panzerdivision. Als linker Arm der Zange stürmten Teile der 21. PzDiv. und der 90. leichten Division an der Küstenstraße »Via Balbia« entlang nach Nordosten gegen Stellungen der englischen Gardebrigade. Das XX. italienische Korps und die nicht motorisierten Teile der 90. sollten folgen.
Die Zange schnappte zu, die Überraschung war vollkommen. Sowohl der Frontalangriff an der Küste als auch die Umgehung im Süden glückten. Wieder blakte schwarzer Qualm über Panzerwracks, wieder gelang es, die schwerfälliger operierenden britischen Einheiten nacheinander zu vernichten.
»Vom ersten Augenblick an versagte die Zusammenarbeit völlig«, schrieb der Engländer Alan Moorehead in seiner »Afrikanischen Trilogie«, »die Führungsstäbe waren durch die Überraschung wie vor den Kopf geschlagen . . .«
Im Kessel vor Msus erbeuteten Rommels Truppen 12 Flugzeuge, 96 Panzerfahrzeuge, 38 Geschütze und machten über 1000 Gefangene. Eine Panzerwerkstatt mit 30 frisch überholten Valentine-Kampfwagen konnte von den deutschen Technikern einsatzbereit übernommen werden.
Und die Landser beglückte, was Sir Claude eilig hatte nach vorne schaffen lassen, um den weichenden Rommel verfolgen zu können: Ein riesiges Versorgungszentrum mit ungeahnten Schätzen lag da, und alle stopften sich die Taschen voll mit Zigaretten, Marmelade, Whisky und Keks.
Rommels erstes Ziel war erreicht, der britische Aufmarsch auf das nachhaltigste gestört. Aus Rom flog Marschall Cavallero mit Weisungen ein: »Offensive beenden, zurück in die sichere Stellung von Mersa Brega!«
Rommel dachte nicht daran. Lag nicht Bengasi wieder da oben links vor seiner Nase? Cavallero zog wütend ab, entzog die italienischen Korps dem Kommando Rommels und hielt sie in der Brega-Stellung fest. Rommel scherte sich nicht daran, ließ eine Kampfgruppe unter Oberst Geißler auf Maraua stoßen und setzte sich mit einer anderen auf Bengasi in Bewegung – diesmal nicht die Küste entlang wie im Frühjahr 41, sondern durch das Bergland der Cyrenaika.
Das ist listig genug, aber zunächst spielt ihm die Natur einen Streich. Wüste Wolkenbrüche lassen Wassermassen herabstürzen, verwandeln den Boden in zähen Brei. In den Wadis bleibt das schwere Gerät stecken, aber auch das ist Afrika: Die Morgensonne kommt, wie ein Spuk verweht und versickert das Wasser.
Mit Rommels Kübel in der Spitzengruppe jagt die Kampfgruppe Marcks am alten Türkenfort Er Radjima vorbei, nach Benina und Bengasi hinein. Wieder säumen mächtige Vorratslager die Straße, ein

Die Deutschen hatten das Heldentum nicht gepachtet: Auch die Briten konnten in Afrika staunenswerte Leistungen vorweisen. Ihre aus dem ganzen Empire zusammengewürfelten Truppen kämpften zäh und retteten ein über das andere Mal die bröckelnde Front. Ob im Einsatz gegen Panzer (oben: die Besatzung eines manövrierunfähig geschossenen deutschen Kampfwagens ergibt sich) oder beim Infanterieangriff mit Pistole und Bajonett (links) – die Afrika-Korps-Männer maßen sich mit einem gleichwertigen Gegner. Der Krieg in der Wüste wurde mit der gleichen Erbitterung geführt wie der an allen Fronten, doch der gegenseitige Respekt verhinderte Scheußlichkeiten, wie sie von anderen Schauplätzen zu berichten sind.

paar können die Zerstörungskommandos der indischen Brigade noch anstecken: Sieben Millionen Zigaretten gehen auf einmal in Rauch auf, Rumfässer explodieren, Corned beef verschmurgelt, aber es bleibt noch genug Beute.

Sir Claude Auchinleck jagt aus Kairo Funksprüche und Offiziere seines Stabes an die Front: Von Ghasala nach Süden muß eine Verteidigungslinie durch die Wüste gelegt werden, 75 Kilometer tief, mit Bir Hacheim als Eckpfeiler.

Den Briten gelang eine Glanzleistung. Unter der brüllenden Sonne, unter der nach allgemeiner Auffassung »ein weißer Mann nicht arbeiten kann«, legten sie in Rekordzeit zwischen Ghasala und Bir Hacheim ein ausgeklügeltes System sogenannter »Boxen« an. Das waren festungsartige, von Minengürteln umgebene Stützpunkte von zwei bis vier Kilometer Durchmesser, bestückt mit Artillerie, gesichert durch Horchposten und Maschinengewehrnester.

Hinter dieser Linie hielt Auchinleck seine operativen Verbände, mechanisierte und motorisierte Truppen.

Inzwischen bemühte sich Rommel, ein immer drängender werdendes Problem zu lösen: Noch immer lag die Felseninsel Malta als Englands »unsinkbarer Flugzeugträger« an seinem Nachschubweg. Zwar hämmerten Kesselrings Bomber zur Zeit auf die Insel ein, verjagten die Flotte, hielten die Royal Air Force nieder, und der Nachschub kam fast ungehindert von Italien herüber. Aber das war keine Dauerlösung, wenn man von einem Vorstoß an den Nil, an den Persischen Golf träumte.

Rommel flog zu Hitler und Mussolini. Der Führer hörte ihn ziemlich teilnahmslos an, offenbar mit den Problemen des Rußlandfeldzuges beschäftigt, und legte sich nicht fest. Auch der Duce blieb zurückhaltend. Enttäuscht kehrte Rommel nach Afrika zurück. Immerhin hatte er etwas in Bewegung gesetzt: Ende April diskutierten die beiden Diktatoren die Malta-Frage auf dem Obersalzberg. Dabei verstieg sich Hitler zwar zu der Behauptung, es sei viel besser, die Engländer blieben auf Malta, weil man dort ihrer Kriegs- und Handelsflotte ständig schwere Verluste beibringen könne. Aber schließlich stimmte er halbherzig der Vorbereitung des Unternehmens »Herkules« zu, das die Eroberung Maltas durch deutsch-italienische Luftlandetruppen vorsah.

Als Voraussetzung wurde festgelegt, daß Rommel zunächst Tobruk nahm und die Cyrenaika wieder bis zur ägyptischen Grenze besetzte. In der Wüste, an der Ghasala-Linie, belauerten sich die Gegner. Wer würde zuerst losschlagen? Auchinleck hatte mit Zustimmung des Kriegskabinetts seine für Mitte Mai geplante Offensive um einen Monat verschoben, weil er angesichts des nun für Rommel rollenden Nachschubs auf das Eintreffen weiterer Geleitzüge auf dem langen Seeweg um Afrika herum warten wollte.

Rommel wartete nicht.

Am 26. Mai brüllt überall im Nord- und Mittelabschnitt der Ghasala-Linie die deutsche Artillerie los. Stukas stürzen sich auf die »Boxen«, Infanterieeinheiten brechen vor. Am westlichen Horizont sehen die Engländer mächtige Staubwolken: Kein Zweifel, da marschiert Rommels Panzer-Armada heran!

Aber der Staub wird von Flugzeugmotoren aufgewirbelt, die Rommel komplett mit Propellern hinten auf Lastwagen montieren ließ. Dazwischen rollen Panzerattrappen auf Lkw-Fahrgestellen.

Bis in die Nacht dauert das Scheingefecht. Dann wird es hinter der deutschen Front merkwürdig lebendig. Was noch hier oben an motorisierten und mechanisierten Einheiten lag, donnert in Eilmärschen nach Süden. Dort hat das Gros der deutsch-italienischen Panzerverbände längst zur Umgehung des britischen Eckpfeilers Bir Hacheim angesetzt.

Am Morgen des 27. Mai starrt weit hinter der Ghasala-Linie der britische Leutnant James Steel in seinem Aufklärungspanzer der 8. Husaren nach Süden. »Sieht so aus, als ob der Jerry mit einer Panzerbrigade kommt«, gibt er über Sprechfunk durch. Er setzt das Glas noch einmal an die Augen, schwenkt über den Horizont, erkennt die mächtige Keilgliederung.

Dann korrigiert er sich: »Es ist mehr als eine Brigade. Es ist das ganze verdammte Afrika-Korps!«

Natürlich, Rommel stößt wieder mit fast allem zu, was er hat: Auf dem linken Flügel eine italienische Panzerdivision, in der Mitte die 15. und 21. PzDiv. des DAK, auf dem rechten Flügel die 90. leichte und die zusammengefaßte Aufklärungsabteilung. Dieser mächtige Keil stößt nach Norden, auf die Küste zwischen Tobruk und der Ghasala-Linie, um Auchinlecks operative Reserven in zwei Teile zu schneiden und zu vernichten.

Am zweiten Tag, das hat Rommel sich vorgenommen, muß Tobruk fallen. Aber diesmal geht es schief.

Schon der erste Zusammenprall der Panzer bringt eine böse Überraschung. Aus der geschickt gewählten Stellung hinter Dünenkämmen rollen Panzer mit einer fremdartigen Silhouette, feuern und treffen auf eine Entfernung, die den Deutschen im ersten Augenblick unglaublich vorkommt. Es ist der US-Panzer Grant mit einer 7,7-cm-Kanone.

Das DAK ist hauptsächlich noch auf den Panzer III mit 5-cm-Kanone angewiesen. Da hilft nur eins: ran!
Die Feuerkraft einer ganzen Brigade schlägt ihnen entgegen, Panzer bleiben liegen, werden zum stählernen Sarg. Aber ein geschickter Flankenstoß entscheidet das Gefecht. Die 8. Husaren werden fast völlig aufgerieben, die 3. »Royal Tank« verliert 16 Grant.
Damit ist der Sperriegel zur Küste zerbrochen. Aber nun reagiert der britische General Ritchie flexibel, weicht nach Osten aus und stößt in die Flanke der Kolonne. Zugleich greifen die »Boxen«-Brigaden von Westen an. Noch eine neue Waffe taucht auf, eine 6-Pfünder-Pak, also etwa Kaliber 7,5 cm. Sie hämmert in die Kolonnen. Am Nachmittag des 27. Mai fluten die Versorgungseinheiten des DAK nach Süden und Westen zurück, während im Norden das Gros der Panzer festliegt – ohne Nachschub, unversorgte Verwundete in den Sammelstellen.
Eine Katastrophe scheint sich anzubahnen. Rommel steckt mitten im Schlamassel, unerreichbar für seinen Ia Westphal. Regimentsstäbe, Nachrichtenwagen, getrennt von den Panzereinheiten, die Nervenzentren des DAK liegen offen, dem Zugriff des Gegners ausgeliefert.
Mitten im Chaos erwischt Rommel den Kommandeur des Flakregiments 135, Oberst Alwin Wolz. Der erinnert sich: »Wütend pfiff er mich an, die Flak sei an dem ganzen Schlamassel schuld, weil sie nicht schieße. Ich schüttelte mich und sauste los . . .«
Wolz kann wirklich ein paar in der Flut mitschwimmende 8,8-Kanonen herausziehen, kurz bevor 40 schwere Feindpanzer in das Chaos stoßen. Wieder einmal rettet diese »Königin der Geschütze« mit ihrer Reichweite und ihrer panzerbrechenden Wirkung die Situation.
Rommel persönlich braust an der Kolonne entlang, dirigiert eine weitere Batterie an die Gefahrenstelle. Schließlich hat Wolz eine »Flakfront« von drei Kilometer Länge aus 16 Kanonen 8,8 beisammen. Als die Nacht hereinbricht, liegen die Wracks von zwei Dutzend Grant und Mark IV vor der Stellung.
Aber im übrigen geht die Pechsträhne weiter. Über Funk befiehlt Rommel General Crüwell, mit einem ihm unterstellten italienischen Korps die Ghasala-Stellung von Westen her aufzubrechen. Der General startet am 29. Mai um 8.30 Uhr mit einem Fieseler Storch zur Front. Es ist verabredet, daß beim italienischen Generalkommando Leuchtkugeln geschossen werden, sobald die Maschine in Sicht kommt.
Ein Offizier steht mit der Leuchtpistole bereit, wird im kritischen Augenblick ans Telefon gerufen. Ahnungslos fliegt der Storch weiter nach Osten, über die britischen Stellungen, nur 150 Meter hoch. Plötzlich fegen MG-Garben durch die Maschine. Der Motor wird getroffen, der Pilot bricht tot zusammen. Wie durch ein Wunder stürzt die Maschine nicht ab, sondern schwebt aus und landet. Dabei gibt es Bruch, aber Crüwell gerät unverletzt in Gefangenschaft.
Rückwärts ist nicht die Richtung, die Rommel liebt, aber er faßt den einzig richtigen Entschluß: Durchbruch durch die Ghasala-Linie nach Westen.
Als Ritchie Rommels Absetzbewegung erkennt, funkt er nach Kairo: »Der Feind weicht!« Triumphierend antwortet Auchinleck: »Bravo, 8. Armee, geben Sie ihm den Rest!« Aber soweit ist es noch nicht. Rommels wohlüberlegter Rückzug leitet seinen größten Sieg ein.

Kampf um Tobruk

Panzerschlacht in der Wüste. Peitschendes Krachen der Kanonen, schwarzer Qualm steht über brennenden Wracks. Unschlüssig bleibt ein Kampfwagen mit dem deutschen Balkenkreuz stehen, offenbar peilt der Kommandant die Lage. Da staubt von hinten ein Kübelwagen heran, ein junger Offizier springt heraus, eine Brechstange in der Hand. Er drischt dröhnend gegen die stählernen Flanken des Tanks, aus dem auffliegenden Turmluk starrt ein völlig verblüfftes Gesicht. Und im Kübelwagen stemmt sich ein Mann mit gegerbtem Gesicht, geflochtene Schulterstücke auf dem Ledermantel, ruckartig in die Höhe und schreit mit schwäbischem Akzent: »Fahrt's los! Angriffe werden nicht im Stehen gefahren!« Der Mann im Kübel ist Generaloberst Rommel, die Brechstange schwingt sein Ordonnanzoffizier, Oberleutnant Freiherr von Schlippenbach. Die Brechstange hat in Rommels Fahrzeug, dem Kübel oder seinem Panzerspähwagen »Greif«, für solche Fälle stets bereitzuliegen.
Kein Zweifel, daß nur ein solcher Mann es fertigbringen konnte, die unglaublichen Leistungen aus einer Truppe herauszuholen, die das Deutsche Afrika-Korps (DAK) vollbrachte.
Kein Zweifel aber auch, daß Rommel seinen Ia mehr als einmal an den Rand der Verzweiflung brachte, wenn er für Entscheidungen gebraucht wurde und unauffindbar im Getümmel steckte, seiner fahrbaren Funkstation davongerast war. Generalfeldmarschall Kesselring verfolgte Rommels Generalstabschef Gause, den ein Artillerieeinschlag gegen einen Panzer geschleudert hatte, einmal bis ins Lazarett: »So geht's nicht! Der Generaloberst ist doch kein Divisions- oder Korpskommandeur mehr. Als Armeeführer muß er erreichbar sein, das müssen Sie ihm beibringen!« Der geplagte Generalmajor Gause konnte ebenso wie Ia Oberstleutnant Westphal, der mit einem Splitter derselben Granate im Bein das Nachbarbett belegte, die Achseln zucken: »Man kann ihn nun mal nicht anbinden . . .«
Auf der anderen Seite, bei den britischen Stäben, waren die jüngeren Offiziere davon überzeugt, daß der Unterschied im Führungsstil die Ursache der zahlreichen Katastrophen war, unter denen die britischen Verbände zu leiden hatten.

Nachschub – Problem für beide in Afrika kriegführenden Seiten. Die britische Inselfestung Malta spielte dabei die Schlüsselrolle. Sie war Stützpunkt für die englischen Geleitzüge (rechte Seite unten) und für die Royal Air Force, die von dort aus jeden Punkt des Kriegsschauplatzes erreichen und jede Schiffsbewegung der Achsenmächte ausmachen konnte. Nur ein Teil der deutschen Waffen und Versorgungsgüter erreichte daher Nordafrika (oben: Panzerverladung in italienischem Hafen). Zwar erkannte man in Rom und Berlin die Gefahr, doch nährte Rommels rascher Vormarsch im Sommer 1942 die Illusion, man könne sich mit Bombardierungen der Insel (rechte Seite oben: italienische Maschinen über Malta, Propagandaplakat) begnügen. Nach den schweren Verlusten bei der Eroberung Kretas scheute man das Risiko einer weiteren Luftlandung.

Das Gefühl herrschte vor, daß die englische Führung den schnellen Panzer-Krieg mit den Methoden des Ersten Weltkrieges gewinnen wollte: Sir Claude Auchinleck gibt im fernen Kairo strategische Anweisungen, die in General Ritchies Hauptquartier in Gambut umgesetzt werden und sich auf konventionellen Wegen durch die Befehlsstrukturen verbreiten: ein gemächlicher Vorgang, etwa den Bewegungen kavalleriegeschützter Fußtruppen angepaßt, aber im motorisierten Kampf in der Wüste hat sich das Bild nicht nur einmal gewandelt, bis Befehle »den Dienstweg gegangen« sind. Wie im Seekrieg, bei dem die Admirale ja auch auf ihren Schiffen sitzen, ist alles in Fluß und fordert ständig schnelle Entscheidungen. So war es, als Rommel das DAK aus der Falle zwischen Ritchies 8. Armee und der schwerbefestigten Ghasala-Linie führte. Der Stützpunkt Got el Ualeb, besetzt von der 150. britischen Brigade, versperrt den Weg nach Westen aus der Umklammerung. Ein blutiger 1. Juni 1942: Stundenlang sind Panzer und Infanterie gegen die »Box« im Minengürtel angerannt, zwölf Kampfwagen sind verloren. Zu allem Überfluß haben Stukas zu kurz geworfen und die eigenen Stellungen getroffen. Da geht Rommel zusammen mit den Männern des Kradschützenbataillons 3 vor. Pioniere räumen im wütenden Feuer eine Gasse durch die Minen, die Schützen schieben sich heran an die britischen Stellungen, dringen ein, nehmen MG-Nester. Plötzlich ruft Rommel: »Der Feind ist weich, winkt's mit weißen Tüchern, dann ergibt er sich!« Er schwenkt sein weißes Taschentuch, zögernd und ungläubig machen einige mit – und tatsächlich: 2000 Mann ergeben sich, offenbar im psychologisch richtigen Augenblick gepackt. Der Weg aus der Umklammerung ist frei.
Kein Grund für Rommel, die Fühlung mit dem Gegner aufzugeben; das Gros des DAK benutzt die im »Loch von Got el Ualeb« gewonnene Bewegungsfreiheit, um nacheinander die Brigaden der 8. britischen Armee zu zerschlagen.
Hier zeigt sich ein weiterer Nachteil des operativen Denkens der Engländer und ihrer Taktik: Wie schon bei vielen Kämpfen zuvor, wird nicht die geballte Macht der Armee eingesetzt, sondern meistens in Verbänden bis zu Brigade-Stärke gekämpft. Was von so weit hinten wie Gambut oder Kairo wie natürliche Vorsicht aussehen könnte, ist in Wirklichkeit Leichtsinn: Das DAK braust in der Regel mit dem Gros seiner drei Divisionen daher. Und kann den Feind, der insgesamt überlegen ist, stückweise vernichten, weil er nur stückweise kämpft.

Betreten meldet Auchinleck am 10. Juni nach London: »Wir schätzen unsere Ausfälle auf 10 000 Mann, von denen einige 8000 in Gefangenschaft geraten sein mögen. Die Verluste der 5. indischen Division kennen wir noch nicht genau . . .«

So viele Gefangene? Ahnungsvoll vermerkt Churchill in seinem Tagebuch, daß »etwas sehr Unangenehmes« vorgefallen sein müsse. Das Unangenehmste steht noch bevor.

Noch steht der südliche Pfeiler der Ghasala-Linie, der wohlbefestigte und armierte, durch ausgedehnte Minenfelder geschützte Stützpunkt Bir Hacheim. Die 1. Freifranzösische Brigade mit 3000 Mann und 1000 Angehörige eines jüdischen Freiwilligen-Bataillons unter General Pierre Koenig haben den Stützpunkt seit dem 26. Mai gegen die ganze italienische Division Trieste gehalten.

Rommel stellt eine Kampfgruppe aus Verbänden der 90. leichten Division, einigen Panzern und der Aufklärungsabteilung 33 zusammen. »Na, das werden wir bald haben«, sagt er grimmig zu Oberst Fritz Bayerlein, der für den verwundeten Generalmajor Gause jetzt Chef des Stabes ist. Die Schlacht um Bir Hacheim wurde die härteste des Afrika-Feldzuges. Die Ju 87 vom Stukageschwader 3 hatten schon einige Angriffe geflogen – mit mäßigem Erfolg. Die Stellungen von Bir Hacheim waren raffiniert dezentralisiert – ganz schmale Gräben und Nester, die nur ein Volltreffer außer Gefecht setzen konnte. Und der Sand frißt immer die Wirkungen von Sprengbomben.

Auf Rommels Anforderung griff das Geschwader geschlossen an. General Koenig funkte um Hilfe. Englische Jäger tauchten auf, erwischten die vergleichsweise schwerfälligen Ju 87 beim Abfangen. In wenigen Tagen gingen 14 Stukas verloren. Der Fliegerführer Afrika, Generalleutnant Hoffmann von Waldau, beschwerte sich bei Generalfeldmarschall Kesselring. Er wußte, daß Rommels eigene Kommandeure ihren Chef schon beschworen hatten, mehr Erdtruppen einzusetzen, um im geschlossenen Stoß die Verwirrung nach einem Luftangriff auszunutzen. Der Einsatz der kleinen Kampfgruppe war sinnloses Verheizen. Kesselring flog sofort in die Wüste und schlug Krach. Endlich zog Rommel weitere Einheiten heran: Flak, Panzerjäger, Grenadiere. Drei Pionierbataillone sollten von Norden durch die Minenfelder vorgehen, verstärkt durch italienische Truppen und die Einheit »Sonderverband 288«. Diese Elite-Einheit war unter Oberst Menton ursprünglich für den Einsatz im Irak bestimmt, im März 1942 aber nach Afrika verlegt worden. Dazu kamen starke Kräfte der bisher schon eingesetzten Kampfgruppe Kiehl. Gegen die tapferen Verteidiger ist diese beachtliche Streitmacht immer noch zu schwach. Schon in die Bereitstellung hämmert die Artillerie aus dem Stützpunkt. Jabos mähen die Pioniere nieder, die einen Angriffsstreifen räumen sollen.

Von Osten her greift plötzlich die 4. englische Panzerbrigade an. Zum Glück sind die Flanken durch Flak gesichert, aber die Tanks werden nur unter schweren Verlusten zurückgeschlagen. Oberst Hecker setzt sich mit einem Spähwagen an die Spitze zweier italienischer Infanteriebataillone: »Avanti!«

Über tischebenes Gelände gegen konzentriertes Maschinengewehrfeuer . . . Nach ein paar Sprüngen sind allein drei der sechs italienischen Kompaniechefs tot. Von elf Panzern schießt die Pak sechs ab, vier weitere laufen auf Minen. Aber immerhin gelingt ein Einbruch in die vordersten Stellungen.

Am nächsten Morgen, es ist der 9. Juni, sollen die Stukas noch einmal konzentriert zuschlagen. Um unmittelbar nach Luftangriff angreifen zu können, schiebt sich Oberst Hecker in seinem Spähwagen weit nach vorn. Aber die Stukas kommen wegen eines Fehlers in der Befehlsübermittlung nicht; die Sonne springt mit dem in der Wüste üblichen Satz über den Horizont, plötzlich ist heller Tag. Der Spähwagen wird von der Artillerie eingedeckt, rast zurück. Krachend detoniert eine Mine. Die Explosion schleudert den Oberst mit dem Kopf gegen die Panzerplatten.

Rommel ist wütend, er spielt mit dem Gedanken, den Stützpunkt trotz der ständigen Bedrohung seiner Flanke und seines Nachschubs einfach liegenzulassen und auf sein Ziel loszugehen: Tobruk, die Festung im Sand . . .

Aber dann zieht er doch noch ein Bataillon des Panzergrenadierregiments 115 mit schweren Waffen heran. Und Kesselring holt aus Griechenland und Kreta 76 Ju 88 herüber.

Noch am Nachmittag des 9. Juni greifen die Ju 87 an, am nächsten Morgen dröhnt die volle Streitmacht von 124 Ju 87 und 76 Ju 88 heran, geschützt durch 168 Jagdmaschinen vom Typ Me 109. Dreimal schlagen die Flieger zu, jedesmal erhebt sich eine mächtige Staubwolke über dem Stützpunkt.

Aber die Verteidiger wühlen sich immer wieder heraus aus halbverschütteten Gräben und Schützenlöchern, werfen sich hinter die Waffen. General Koenig hat einen Tagesbefehl herausgegeben: »Wir haben an dieser Wüstenecke zu beweisen, daß Franzosen kämpfen und sterben können.« Im jüdischen Bataillon lautet der Befehl: »Kämpft, das Judentum der Welt sieht Euch.« Aber mit den vernichtenden Stuka-Angriffen hat der letzte Akt der Tragödie begonnen. 140 Tonnen Sprengbomben werden abgeworfen, noch im Staub der letzten Einschläge stürmen jedesmal die Grenadiere und Infanteristen. Blutige Nahkämpfe mit Pistole, Spaten und Bajonett. Am Abend des 10. Juni liegen die deutsch-italienischen Spitzen vor den Mauerresten des alten Wüstenforts.

General Koenig funkt an Ritchie: »Bin am Ende. Feind steht vor meinem Gefechtsstand.«

Antwort: »Versuchen Sie auszubrechen.«

In der Nacht zum 11. Juni macht die Kampfgruppe Hauptmann Briel im Süden von Bir Hacheim einen Gefangenen. Der Soldat sagt aus, die Besatzung werde in den frühen Morgenstunden durch bestimmte, inzwischen geräumte Minengassen ausbrechen.

Der Hauptmann postiert in der Nacht die gesamte Feuerkraft seiner Kampfgruppe an der verratenen Ausbruchstelle. Als General Koenig und seine Leute zum

Der Feldzug 1941 hatte das Deutsche Afrika-Korps erhebliche Kräfte gekostet, und kaum jemand hätte darauf gewettet, daß Rommel noch einmal offensiv würde. Doch der hatte neue Energien getankt und stürmte im Sommer 1942 erneut Richtung Ägypten. Mit neuen schweren Waffen (oben rechts: 8,8-cm-Flak) brach er britische Stellungen auf und eroberte endlich auch Tobruk. Die Lage der britischen 8. Armee wurde zusehends bedrohlicher. Premierminister Churchill versuchte das Kriegsglück durch Personalwechsel auf seine Seite zu ziehen. Er löste den glücklosen Auchinleck durch Montgomery ab (oben mit dem Premier).

Ausbruch antreten, geraten sie in fürchterlichen Beschuß. Zum ersten Mal in Afrika wird hier auch das neue MG 42 mit seiner rasenden Schußfolge von 1200 pro Minute eingesetzt.
Nur die Hälfte der noch kampffähigen Verteidiger entkommt, unter ihnen der General. Als am nächsten Morgen weiße Fahnen über Bir Hacheim hängen, finden die Deutschen nur noch 500 Verwundete und eine kleine Nachhut.
Rommel läßt weder dem Gegner noch seinen Soldaten eine Ruhepause. Einmal ist der geplante Blitz-Stoß auf Tobruk mißlungen, hat das Vordringen zwischen Ghasala-Stellung und 8. britische Armee ihn sogar an den Rand der Niederlage gebracht. Aber mit dem Zusammenbruch des Pfeilers Bir Hacheim bricht nun der ganze südliche Teil dieser Stellung ein, die offensichtlich Auchinlecks und Ritchies Versuch gewesen ist, ein konventionelles, stabilisierendes Element in den wild hin und her brandenden Panzerkrieg zu bringen, in dem ihr Gegner sich so unangenehm sicher fühlt.
Das DAK und die italienischen Verbände stürmten sofort nach Norden, auf die Küste zu. Das brachte auch den nördlichen Teil der Ghasala-Stellung, besetzt durch zwei kampfkräftige Divisionen, in die Gefahr, abgeschnitten zu werden. Deshalb warf Ritchie der heranstürmenden Armee seine Panzer entgegen.
So wurden die britischen Einheiten wieder stückweise in den Kampf geführt – und von der geballten Macht Rommels vernichtet. Schon am Nachmittag des 12. Juni waren die meisten Verbände vernichtet, die Wüste übersät mit brennenden »Grants«, »Crusaders«, »Stuarts«.
Zu dieser Zeit flog Auchinleck von Kairo nach Gambut, in Ritchies Hauptquartier. Er war tief beunruhigt, denn Rommels Stoßrichtung war offensichtlich. Und aus London drängte Winston Churchill, auf keinen Fall Tobruk aufzugeben. Die beiden britischen Generäle beschlossen, einen breiten Sperriegel vor die Wüstenfestung zu legen: Von den alten Stellungen der nördlichen Ghasala-Linie über den Stützpunkt Knightsbridge und El Adem nach Osten. Damit waren die verbliebenen Kräfte wieder über eine Strecke von über 70 Kilometer verzettelt, diesmal allerdings mit einer gewissen taktischen Berechtigung: Nachdem Rommel nun so dicht vor seinem Ziel stand, hätte er ein Aufgeben der Frontlinie zugunsten von Konzentration sofort zu einem rücksichtslosen Stoß nach Tobruk ausgenutzt.
Auchinleck flog einigermaßen beruhigt nach Kairo zurück. Etwa zur selben Zeit zerbrachen die Kräfte seiner 8. Armee im Bereich der Höhenrücken zwischen Knightsbridge und El Adem unter dem geballten Stoß des DAK. Obwohl Auchinleck heftig protestierte, blieb Ritchie nichts anderes übrig, als das Stichwort »Freeborn« auszulösen: Es befahl den beiden Divisionen in der Ghasala-Stellung, sich der drohenden Umfassung zu entziehen und sich an der Küste entlang nach Tobruk oder auf ägyptisches Gebiet zurück durchzuschlagen.
Selbst schwer mitgenommen, erreichte Rommels 15. PzDiv. in den Morgenstunden des 15. Juni die Küstenstraße Via Balbia. Dort mußten die britischen Verbände durch, Artillerie, Stukas und Panzer richteten unter ihnen ein Blutbad an. Dezimiert und ohne schwere Waffen flutete die 1. südafrikanische Division nach Tobruk hinein.
Auch die Einheiten aus der zusammenbrechenden Frontlinie strömten in die Festung, die auch die Marschrichtung der Deutschen bestimmte. Das Durcheinander war komplett, nachts zogen deutsche und britische Einheiten manchmal nur im Abstand von ein paar hundert Metern nebeneinander her.
Würde Rommel nun sofort Tobruk einnehmen wollen – oder wie vor einem Jahr an der Festung vorbei zur ägyptischen Grenze vorstoßen? Diese Frage stellte man sich bei den britischen Stäben. Der listige Rommel tat alles, um den Gegner an einen weiteren Angriff Richtung Osten glauben zu lassen. Er selbst fuhr in der Spitze der 90. leichten Division, die am 19. Juni Bardia erreichte. Unverschlüssel-

Den Höhepunkt der deutschen Erfolge gegen die Briten in Libyen und Ägypten brachte der Sommer 1942: Tobruk fiel, Rommels Panzer rollten bis El Alamein

vor, vorbei an ausgebrannten britischen Tanks und zerstörten Stellungen. In Kairo begann die Verwaltung die Koffer zu packen.

te Funksprüche ließen erkennen, daß auch die beiden Panzerdivisionen und die mechanisierten italienischen Verbände längst östlich von Tobruk waren und nur Fußtruppen einen westlichen Sperriegel vor der Festung bildeten.
Dieser Stoß in Richtung Osten wurde jedoch nicht nur zur Täuschung geführt: In Gambut lagen die wichtigsten Flugplätze der Royal Air Force. Noch einmal wollte Rommel nicht den Fehler machen, der vor einem Jahr in Tobruk und kürzlich in Bir Hacheim soviel Blut gekostet hatte: Ohne massive Luftwaffenunterstützung und mit unzureichenden Bodentruppen einen wohlverteidigten Platz anzugreifen. Erst als die Plätze genommen und Tobruk praktisch ohne Luftschirm war, machte Rommel in der Nacht zum 20. Juni kehrt und vereinigte die 90. Leichte mit dem Gros, das südöstlich Tobruk verhalten hatte.
Als die rote Wüstensonne am 20. Juni über den Horizont bricht, dröhnt der Himmel von schweren Flugzeugmotoren. Diesmal soll es ein perfektes Zusammenspiel zwischen den Waffengattungen geben.
Rommel vergewissert sich noch einmal, daß die Absprachen mit der Luftwaffe »wasserdicht« sind. Drüben stürzt sich die erste Welle der Stukas auf die südöstlichen Befestigungswerke, besetzt von Indern. Mächtige Staubfontänen schießen hoch, zerfetzte Hindernisse fliegen durch die Luft, im Brüllen der Bomben gehen weitere Detonationen unter: Der Minengürtel fliegt in die Luft.
In die Gasse stürmt deutsche und italienische Infanterie, mahlen die Panzer der 15. und 21. PzDiv. vorwärts. Blaue Rauchzeichen unterrichten die Flieger von der Position der Angriffsspitzen.
Das Zusammenspiel klappt perfekt. Jede Panzerbesatzung hat Handrauchzeichen bekommen, die Flügel des Einbruchs werden durch Nebelgranaten markiert. Selbst Wünsche können die Erdtruppen bei den »Artilleristen der Luft« anmelden: Ein Richtungsschuß mit Markierungsgranaten auf eine feindliche Stellung bedeutet: Schafft mir die da vom Hals . . .
Schon um 8 Uhr bauen Pioniere eine Brücke über den Panzergraben vor den Hauptwerken der Festung. Die 8. Kompanie des Panzerregiments 5 unter Oberleutnant Koch, auf zwei Züge zusammengeschmolzen, rasselt als erste hinüber, angesichts der unmittelbar vor dem Panzer IV detonierenden Stuka-Bomben ununterbrochen die Handrauchzeichen raushaltend.
Die Forts Gabr Gasem und Pilastrino kapitulieren, von der Luftwaffe schwer beschädigt. Die Stukas stürzen sich nun auf die Schiffe im Hafen, den Flugplatz, auf alles, was nach Befestigungsanlagen aussieht.
Der britische Festungskommandant, General Klopper von der südafrikanischen Division, wird ausgebombt, entkommt mit knapper Not aus den Trümmern seines Gefechtsstandes. Kurze Zeit später wird auch sein neues Quartier getroffen, er verfügt über keine zentralen Nachrichtenmittel mehr, um den Kampf zu leiten. Selten ist bis dahin mit solcher Deutlichkeit demonstriert worden, was Luftüberlegenheit für den Erdkampf bedeutet. Immerhin verteidigen 33 000 Mann die Festung, den Angreifern zahlenmäßig weit überlegen!
Verzweifelt funkt Klopper nach Kairo: »Die Lage ist hoffnungslos. Ich will versuchen, nach Westen auszubrechen.«
Aus dem nächsten Funkspruch spricht Verzweiflung: »Zu spät. Die meisten Transportmittel sind zerstört. Werde Widerstand fortsetzen, bis wichtigstes Material vernichtet ist.« Die Truppe ist in Auflösung. Soldaten seines Begleitkommandos sind sogar mit General Kloppers Stabswagen geflohen.
Achtundzwanzig Wochen lang hatte die Festung Tobruk im Jahr 1941 allen Angriffen widerstanden, nun näherte sich nach 28 Stunden pausenloser schwerer Abwehrkämpfe das Ende. Die Stadt war ein Trümmerhaufen, aus dem sich nur das Minarett der Moschee noch einigermaßen unversehrt zum Himmel reckte. Im Hafenbecken ragten nur noch die Masten versenkter Schiffe aus dem Wasser.
Um 9.40 Uhr am 21. Juni nahm Rommel auf der Via Balbia die Kapitulation von General Klopper entgegen. Schwarzer Qualm stand über Fahrzeugparks und Vorratslagern. Die Briten hatten noch vernichtet, was zu schaffen war. Dennoch blieb eine ganze Menge übrig.
Englands Kriegspremier Winston Churchill war zu dieser Zeit zu Besprechungen mit Präsident Roosevelt in Washington. Mitten in einer Konferenz wurde dem US-Präsidenten ein Telegramm überreicht, das er wortlos an seinen Gast weitergab: »Tobruk hat kapituliert . . .«
Churchill schreibt in seinen Memoiren: »Das war einer der schwersten Schläge, die mir aus dem ganzen Kriegsverlauf in Erinnerung geblieben sind . . . Ich versuchte gar nicht erst, mein Entsetzen vor dem Präsidenten zu verbergen. Der Augenblick war zu bitter.«
Dankbar erinnerte Churchill sich später, daß Roosevelt sofort fragte: »Was könnten wir tun, um euch zu helfen?«
Der Premier antwortete ohne Zögern: »Geben Sie uns so viele Sherman-Panzer, wie Sie entbehren können, und schicken Sie sie schnellstens nach dem Nahen Osten.«
Kurze Zeit später waren dreihundert »Shermans« und hundert Sturmgeschütze auf dem Weg über den Atlantik. Als ein Schiff, das Panzermotoren transportierte, unterwegs von einem deutschen U-Boot versenkt wurde, ließ der US-Präsident sofort einen schnelleren Dampfer mit Ersatzmotoren beladen und hinter dem Konvoi herjagen.
Die beiden faschistischen Diktatoren in Europa hingegen benutzten den gemeinsamen Sieg, um ihre unterschwelligen Spannungen auszutragen.
Mussolini gab am Vormittag des 21. Juni in einer Sondermeldung bekannt, die Briten hätten dem Kommandierenden General des XXI. italienischen Armeekorps die Übergabe Tobruks angeboten. Was

Die Wüste wurde sein Verbündeter: Den gefürchteten Ghibli, einen afrikanischen Sandsturm, nutzte Rommel, um seine Truppen in die Bereitstellungsräume für die Offensive 1942 rücken zu lassen (oben: die heranrollende Sandwalze). So brach aus unvermuteten Richtungen der Angriff gegen die Briten los, der freilich dennoch erhebliche Verluste brachte (rechte Seite oben: abgeschossene 8,8-cm-Flak; die Ringe am Rohr berichten von vergangenen Ruhmestaten: vier zerstörte Geschütze, acht vernichtete Panzer). Denn die englischen Verteidiger hatten ihre Arsenale mit neuen Waffen aufgefüllt, darunter der amerikanische Panzer »General Grant« (rechte Seite unten), der im Mai 1942 erstmals an der Ghasala-Front auftauchte.

der Form nach nicht völlig falsch war, denn der von General Klopper ausgesandte Parlamentär war zufällig zunächst auf ein italienisches Generalkommando gestoßen, das ihn zu Rommel weiterschickte.

Hitler reagierte sofort: Er gab die Beförderung Rommels zum Generalfeldmarschall bekannt, um die führende Rolle des deutschen Oberbefehlshabers in Afrika und seines Afrika-Korps zu betonen.

Daraufhin beförderte Mussolini postwendend seine beiden Generäle Cavallero und Bastico zu Marschällen, was nach den Erinnerungen des Deutschen Generals im Hauptquartier der italienischen Wehrmacht, Enno von Rintelen, bis dahin keineswegs vorgesehen war.

Spiele von menschenverachtenden Diktatoren, die ihre papiernen Schiffchen auf einem Strom von Blut schwimmen lassen . . .

Aber wer nach dem spektakulären Sieg über die »Festung im Sand« auf Ruhe hofft, ist schief gewickelt. Rommel in seinem Tagesbefehl: »Soldaten der Panzerarmee Afrika! Jetzt gilt es, den Gegner vollends zu vernichten. In den nächsten Tagen fordere ich nochmals große Leistungen von Euch, damit wir unser Ziel erreichen.«

Der frischgebackene Generalfeldmarschall will weiter nach Osten, zum Nil, zum Persischen Golf vielleicht, Englands Ölfelder abschneiden, den Krieg entscheiden.

Im Mittelmeer, an seinen Nachschublinien, liegt immer noch die britische Felseninsel Malta als »unsinkbarer Flugzeugträger«. Sollte nicht nach der Eroberung Tobruks zunächst einmal das Unternehmen »Herkules« steigen, die Eroberung der Insel? Hat Rommel nicht selbst bei Hitler und Mussolini darauf gedrängt, als britische Flugzeuge und Schiffe seinen Nachschub in den Grund bohrten?

Jetzt hat er anders entschieden, kümmert sich wie immer den Teufel um OKW und Commando Supremo. Und diese Entscheidung wird folgenschwer.

»Flugzeugträger« Malta

Der englische General John Gort war nicht so leicht zu erschrecken. Aber als er am 7. Mai 1942 seinen Posten als neuer Gouverneur der britischen Mittelmeerinsel Malta antrat und in La Valetta zu einer ersten Besichtigungsfahrt startete, wurden selbst seine beherrschten Gesichtszüge recht nachdenklich: »Du meine Güte« – eine Anmerkung, die für einen Briten seiner Erziehung schon ein recht starker Ausruf des Entsetzens war.

Zertrümmerte, ausgebrannte Gebäude, von Bombeneinschlägen übersäte Flugfelder, geborstene Kais und Schiffswracks im Hafen – er blickte auf die Folgen der ersten »Bombenteppiche« in der Geschichte des Luftkrieges.
Schon bei seiner Abreise aus London hatte ihm Kriegspremier Winston Churchill nicht viel Tröstliches mit auf den Weg geben können. »Sie werden wohl die traurige Aufgabe erfüllen müssen, Malta dem Feind zu übergeben«, hatte der sonst so entschlossene Regierungschef düster zu ihm gesagt.
Bei Licht besehen konnte der Viscount, der knapp zwei Jahre zuvor bei Dünkirchen das britische Festland-Expeditionskorps aus verzweifelter Lage auf die Insel zurückgeführt hatte, nicht einmal völlig sicher sein, überhaupt seinen neuen Einsatzort zu erreichen. Von Sizilien aus beherrschten deutsche Flugzeuge den Luftraum, in der See lauerten die U-Boote der Achsenmächte.
Immerhin, er kam an, und schon zwei Tage später ereignete sich Tröstliches: 64 Jagdflugzeuge vom Typ »Spitfire« starteten auf der Höhe von Algier von den US-Flugzeugträgern Wasp und Eagle zum Flug nach Malta. Bis auf drei, die mit Motorschaden notwassern mußten, erreichten alle die Insel und konnten vor dem nächsten Luftangriff in geschützte Unterstände gebracht werden. Am nächsten Tag gelang es dem schnellen Minenleger Welshman, in den Hafen von La Valette zu huschen und dringend benötigte Flakmunition zu löschen – unter einer mächtigen Wolke künstlichen Nebels.
Aber es täuschte sich niemand über den Ernst der Lage: Nur knapp 100 Kilometer südlich Sizilien gelegen, war Malta der Stachel im Fleisch der Achsenmächte, ein »unsinkbarer Flugzeugträger« am Nachschubweg zwischen Italien und Nordafrika.
Britische Luft- und Seestreitkräfte hatten von Malta aus mehr deutsch-italienisches Kriegsmaterial auf den Meeresgrund geschickt als jemals in Afrika zum Einsatz kam. Und der Weg über das Mittelmeer hatte wohl ebenso viele Soldaten das Leben gekostet wie der eigentliche Kampf im Wüstensand.
Nein, für die Engländer bestand kein Zweifel daran, daß die Invasion kommen mußte; jetzt, wo die Deutschen die Luftherrschaft erkämpft hatten. Die Diktatoren in Berlin und Rom würden nicht so hirnverbrannt sein, Rommel in den bevorstehenden Entscheidungskampf ziehen zu lassen, ohne seine Nachschubwege zu sichern. Anderenfalls war die Katastrophe für jedermann absehbar. Hatten nicht schon die Strategen des Altertums die Bedeutung des Felseneilands erkannt? Wer auch immer das Mittelmeer beherrschen wollte, setzte sich darauf fest.
Aber der sprunghafte Mussolini, der übereilt mit einer absolut unzureichend gerüsteten Wehrmacht in den Krieg eingetreten war, um die Verteilung der Beute nicht zu verpassen, schreckte zunächst vor den Risiken eines Landeunternehmens zurück. Und Hitler hatte anderes im Kopf. Nicht einmal später, als er in Weisungen über »Kampf gegen die britische Position im Mittelmeer . . . aus Libyen durch Ägypten, aus Bulgarien durch die Türkei und unter Umständen auch aus Transkaukasien durch den Iran« sinnierte, ist ihm die volle strategische Bedeutung der Insel aufgegangen.
So beschränkte sich Italien zunächst auf Luftangriffe gegen Malta. Sie richteten nicht viel Schaden an. Als im Frühjahr 1941 klar wurde, daß die Italiener ohne deutsche Unterstützung aus Nordafrika verjagt werden würden, verlegte man das X. Fliegerkorps unter General Geißler nach Sizilien. Eine heftige Luftoffensive begann. Der britische Flugzeugträger Illustrious wurde mit einem Geleitzug 100 Kilometer westlich von Malta entdeckt. Während zwei Dampfer des Konvois auf Minen liefen und sanken, setzten deutsche Stukas dem »dicken Pott« zu. Drei 500-kg-Bomben trafen das Flugdeck des Trägers. Schwer beschädigt rettete er sich nach La Valetta.
Wegen der ständigen Schläge des X. Fliegerkorps warfen die Engländer alle verfügbaren Flugzeuge nach Malta. Inzwischen liefen die Geleitzüge des Deutschen Afrika-Korps ungehindert nach Tripolis. Rommel eroberte die Cyrenaika, und auf der Insel wurde zum ersten Mal die Invasion erwartet. Viel hatten die Engländer zu dieser Zeit dem erwarteten Angriff nicht entgegenzusetzen: Acht Bataillone und ein Regiment, ein paar Batterien Artillerie, höchstes Kaliber 15 cm. Zwei leichte Panzer, vier Schützenpanzerwagen bildeten die gesamte mechanisierte Streitmacht.
Aber die Invasion kam nicht, selbst der Druck der Luftwaffe ließ nach. Ab April wurden Flieger für den Balkanfeldzug gebraucht, mit dem abschließenden Aderlaß Kreta; dann ließ Hitler gegen Rußland marschieren.
Churchill sah sofort die Chance und schickte Geleitzüge für Malta auf die Reise. Von 39 großen Schiffen ging nur eines verloren. Es ist kein Zufall: Das Auf und Ab des Afrika-Feldzuges lief ungefähr parallel mit dem steigenden und sinken-

Überfordert war die Luftwaffe von den zahllosen Aufgaben an allen Fronten. In Afrika machte sich bei immer längeren Anflugwegen im Zuge des Rommelschen Vormarsches zudem Spritmangel empfindlich bemerkbar. Der Treibstoff mußte nicht selten selbst per Flugzeug zu entlegenen Feldflugplätzen in der Wüste gebracht werden (rechts). Die schnellen deutschen Jäger (oben: Messerschmitt Bf 109) konnten daher nur punktuell helfend eingreifen gegen die zunehmenden britischen Luftangriffe, und auch die Stukas (rechts) waren zeitweise an den Boden gefesselt. Das Malta-Problem war von der italienischen wie von der deutschen Führung unterschätzt worden.

den Druck der Achsen-Luftwaffe auf Malta.

Von Juni bis Oktober 1941 verlor der deutsch-italienische Nachschub nach Afrika 40 Schiffe mit 179 000 BRT. Aus der Luft, über und unter Wasser schlugen die Engländer von Malta her zu. Allein am 18. September sanken zwei italienische Truppentransporter von je 20 000 Tonnen. 5000 Soldaten kamen ums Leben. Schiffsraum wurde knapp. Im Oktober ging nur cine Tonnage von 50 000 BRT für Rommel aus Italien ab – und ein ganzes Drittel kam an. Der schwärzeste Tag war der 9. November: Britische Überwasserstreitkräfte stellten einen Geleitzug und versenkten alle sieben Schiffe, zusammen 39 787 BRT.

Neun Tage später trat die britische 8. Armee zum Angriff an. Zum Jahresende war die Cyrenaika den Achsenmächten entrissen.

Nun klingelte es wieder einmal im Führerhauptquartier. Kesselring wurde von der Ostfront zurückgerufen, mit ihm der Stab des II. Fliegerkorps. Im Dezember trafen fünf Kampfgruppen mit dem Stuka und Horizontalbomber Ju 88 A-4 ein, eine Ju-88-Nachtjagdgruppe, eine Me-110-Zerstörergruppe, ein Geschwader Jäger vom Typ Me 109 F, insgesamt 352 Flugzeuge. Neun Monate zuvor hatte General Geißler noch über 500 Flugzeuge verfügen können. Der Aderlaß an allen Fronten begann sich bemerkbar zu machen.

Auch über dem Mittelmeer wurden die Einsätze ungewöhnlich verlustreich. Merkwürdigerweise konzentrierten sich die Angriffe nicht sofort auf die Quelle allen Übels, Malta. Die Bomber flogen endlose Einsätze gegen nordafrikanische Häfen. Die Tag- und Nachtjäger versuchten die Geleitzüge auf ihrer Höllenfahrt nach Afrika zu schützen.

Der verzettelte Einsatz des II. Fliegerkorps verursachte immer härtere Verluste. Es war offensichtlich, daß Staffel auf Staffel verheizt werden würde, solange die Luftherrschaft nicht errungen war. Luftherrschaft über den gesamten Raum aber hieß: über Malta.

Es gab in der Luftwaffenführung einen geheiligten, von Hitler und Göring inspirierten Grundsatz: Sturzfähige Bomber wie die Ju 88 sollten in aller Regel auch als Stuka angreifen, um Punktziele zu treffen. Das hat manche Besatzung das Leben gekostet, insbesondere über Malta. Der Stuka ist aus verschiedenen Gründen ein fast hilfloses Opfer feindlicher Jäger. Wegen der unterschiedlichen Geschwindigkeiten können die Begleitjäger seinen Angriff nicht in allen Phasen mitfliegen. Beim Abfangen und im folgenden Horizontal- oder Steigflug ist die Maschine schwerfällig und wegen der Bodennähe unfähig zu heftigen Ausweichaktionen. Hinzu kommt die Gefährdung durch leichte, automatische Flak.

Zugleich brachten die verzettelten Sturzangriffe auf Einzelziele keine entscheidenden Zerstörungen bei großflächigen Zielen wie den Flugplätzen und Hafenanlagen auf Malta. Da entwickelte der Stabschef des II. Fliegerkorps, Oberst Deichmann, ein neues Konzept. Und Monate bevor die erste »Fliegende Festung« von Amerika über den Atlantik nach England flog, nahm er (im Mini-Format) das System vorweg, mit dem später die Verbände der 8. US-Luftflotte den Luftkrieg über Deutschland entscheiden sollten: Konzentrierte Angriffe der gesamten Bomber-Streitkräfte unter Jagdschutz im Horizontalflug, die ersten Präzisions-Bombenteppiche der Luftkriegsgeschichte; Vernichtung der feindlichen Defensivkräfte und ihrer Versorgungseinrichtungen am Boden, um die Luftherrschaft zu gewinnen.

Das II. Fliegerkorps hatte heftig zu kämpfen, um diesen Verstoß gegen die geheiligte Stuka-Ideologie durchzusetzen. Aber in der Abenddämmerung des 20. März dröhnt ein erster Verband von 60 Ju 88 unter dem Schutz von Me 109 und Me 110 über den britischen Jäger-Flugplatz Ta Kali hinweg und löst gleichzeitig die schweren Sprengbomben aus. Brüllend öffnet sich die Erde, die Ketten der Einschläge pflügen sich durch die Startbahn, durch Tanklager und Werkstätten. In den nächsten Tagen werden sämtliche Flugplätze auf Malta systematisch zerschlagen. Auch die Bomber und Torpedoflugzeuge können nicht mehr gegen die Geleitzüge für Rommel starten. Im Gegenteil: Ein britischer Geleitzug für Malta wird fast völlig aufgerieben, von 26 000 Tonnen Nachschub können mit Müh und Not 5000 Tonnen gelöscht werden.

Dann krachen die Bombenteppiche in die Docks und Hafenanlagen. Die Reste der britischen Seestreitkräfte verlassen fluchtartig La Valetta.

Das war die Situation, in der Viscount Gort auf der Insel eintraf.

Die Insel ist sturmreif.

Zu dieser Zeit hatte Rommel den größeren Teil der Cyrenaika zurückerobert und stand vor der Ghasala-Linie. Selbst er, der besessene Vorwärtsdränger, erinnerte sich an den Stachel in seinem Rücken. Er flog zu Hitler und Mussolini, drängte: Malta muß genommen werden! Er bot sich an, das Unternehmen selbst zu führen.

Ausnahmsweise war er zu dieser Zeit mit Stabschef Cavallero einig. Das Commando Supremo hatte aus den bitteren Erfahrungen des Jahres 1941 den Schluß gezogen, daß die Panzerarmee Afrika von den Zufälligkeiten des Seetransportes unabhängiger werden müsse.

Cavallero ordnete die Aufstellung und Ausbildung einer italienischen Fallschirmjägerdivision für das Unternehmen an. Als Termin wurde der 10. Juni in Aussicht genommen. Um diese Zeit herrschte Vollmond – und die Hoffnung auf gutes, ruhiges Wetter.

Das zunächst widerstrebende OKW erklärte sich schließlich einverstanden. Ein »Malta-Stab« wurde gebildet, geführt von dem italienischen General Gandin, dem auch zwei deutsche Generalstabsoffiziere beitraten. Es war vorgesehen, daß auch eine deutsche Fallschirmjägerdivision teilnehmen sollte.

Mussolini, der ebenso wie Hitler auf Rommels Drängen noch sehr zurückhaltend reagiert hatte, war nun einverstanden. Am 29. und 30. April trafen Hitler und Mussolini mit ihren militärischen Beratern auf dem Obersalzberg zusammen. Der Führer hörte nach den bitteren Erfahrungen von Kreta nicht gern mehr etwas von Luftlande-Unternehmen. Skeptisch hörte er Cavallero zu, der die Eroberung von Malta als die Voraussetzung für jede weitere Kriegführung in Afrika bezeichnete. Dem widersprach Kesselring: Rommels Panzerarmee sollte nach seiner Ansicht zuerst die Briten in Nordafrika schlagen. Die Luftwaffe könne erst danach genügend Kräfte für das Malta-Unternehmen von Afrika abziehen. Für die Mitwirkung auf zwei Kampfplätzen zugleich reichten seine Streitkräfte nicht aus.

Auch Jodl und Keitel schlossen sich dieser Auffassung an. Widerwillig gab Cavallero nach, ein Zeitplan wurde aufgestellt, dem schließlich auch Hitler zustimmte:

1. Angriff der Panzerarmee Ende Mai;
2. Schlagen der britischen 8. Armee, möglichst mit Einnahme Tobruks;
3. Verhalten der Panzerarmee an der Linie Sidi Omar-Halfaja-Sollum;
4. Eroberung Maltas;
5. weiterer Vorstoß der Panzerarmee zum Nil.

Mit diesem Kompromiß war natürlich niemand sehr glücklich.

Immerhin wurde nun der Kommandierende General des XI. Fliegerkorps, Kurt Student, in die Vorbereitung des Unternehmens eingeschaltet, das den Decknamen »Herkules« erhielt. Student war entschlossen, die Fehler von Kreta zu vermeiden, und beurteilte die Aussichten sehr positiv: »Vom Feind war uns wesentlich mehr bekannt als vor dem Angriff auf Kreta. Auf ausgezeichneten Luftbildern waren sämtliche Flakstellungen, Festungsanlagen und Küstenbatterien bis in alle Einzelheiten erfaßt. Wir kannten sogar die Kaliber der Küstenbatterien und den Grad ihrer Schwenkbarkeit ins Innere der Insel.«

Eine fünfmal stärkere Streitmacht als gegen Kreta wurde aufgestellt: Allein 30 000 Mann Luftlandetruppen, sechs weitere italienische Divisionen mit rund 70 000 Mann sollten über den Seeweg folgen. Für den Lufttransport waren 500 Ju 52 vorgesehen, die den kurzen Weg von Sizilien nach Malta und zurück viermal an einem Tage hinter sich bringen konnten. Eine beträchtliche Flotte von Lastenseglern, ebenfalls viel stärker als beim Angriff auf Kreta, wurde bereitgestellt.

Ahnungslos flog Student Anfang Juni

Ein wenig wie exotische Tiere erschienen den Angloamerikanern ihre deutschen Gegner. Sie begriffen ebensowenig die Führervergötzung (oben: »Tommy« vor erbeutetem Hitler-Bild) wie den fanatischen Kampfesmut selbst in aussichtslosen Lagen. Vor allem die frontunerfahrenen Amerikaner staunten beim ersten Zusammenprall mit den narben- und ruhmbedeckten Soldaten der Heeresgruppe Afrika über die Todesverachtung, mit der einzelne Geschützbedienungen (rechts) ganzen Panzerrudeln standhielten.

nach Rastenburg ins Führerhauptquartier, um über die Vorbereitungen Vortrag zu halten. Hitler gab zu, daß es unter diesen Umständen möglich sein werde, einen Brückenkopf auf Malta zu errichten.
Plötzlich wurde er wütend: »Aber was dann? Ich garantiere Ihnen dann folgendes: Das Gibraltar-Geschwader läuft sofort aus, und auch von Alexandria kommt die britische Flotte heran. Dann sollen Sie mal sehen, was die Italiener machen. Schon wenn die ersten Funksprüche kommen, läuft alles zurück in die Häfen von Sizilien, die Kriegsschiffe wie die Transporter. Und dann sitzen Sie mit Ihren Fallschirmen allein auf der Insel!«
Hitler verbot Student, nach Italien zurückzukehren. Zu dieser Zeit stand das Afrika-Korps in härtesten Panzerschlachten. Aber noch war der britische Sperriegel vor Tobruk nicht zusammengebrochen.
Der Druck auf Malta jedoch hatte längst zu bröckeln begonnen. Das II. Fliegerkorps hatte sich regelrecht aufgelöst: Ein Geschwader Ju 88 wurde auf Hitlers persönlichen Befehl zurückverlegt nach Rußland, ebenso ein großer Teil der Jäger. Weitere Stuka- und Zerstörer-Einheiten wurden nach Afrika abgezogen.
Während noch am 20. April ein Versuch der Briten, Jagdflugzeuge wieder auf die Insel zu bringen, verlustreich gescheitert war – 20 von 47 eingeflogenen Spitfires wurden unmittelbar nach der Landung durch Bomben am Boden zerstört, die übrigen in den nächsten Tagen vernichtet –, konnten nun die 64 Maschinen von den Flugzeugträgern Wasp und Eagle in Sicherheit gebracht werden. Und danach flog Geschwader auf Geschwader ein, verwickelte die dezimierte deutsche Luftstreitmacht in immer verlustreichere Kämpfe. Von Luftherrschaft konnte keine Rede mehr sein.
Vom 10. bis 12. Mai gingen über Malta mehr Kampfflugzeuge verloren als bei der Offensive im Frühjahr, bei der in fünf Wochen 11 500 Einsätze geflogen wurden. Selbst in der Nacht hingen britische Jäger über den deutschen Plätzen auf Sizilien und lauerten den heimkehrenden Bombern auf.
Immer mehr britische Geleitzüge kommen nach Malta durch. Die Bedrohung für Rommels Nachschub wächst.
Aber der ist auf dem Höhepunkt seiner Erfolge. Am 21. Juni hat Tobruk kapituliert. Die britische 8. Armee scheint geschlagen, der Weg zum Nil offen.
Wird jetzt der auf dem Obersalzberg vereinbarte »Fahrplan« eingehalten, startet zuerst das Unternehmen »Herkules«? Der italienische Stabschef Cavallero setzt sich mit General Enno von Rintelen in Verbindung, erinnert an die Vereinbarung. Auch der deutsche General ist der Ansicht, daß nun zuerst Malta genommen werden muß. Ein von Mussolini schon genehmigter Befehl geht an Rommel: Halten auf der Linie Sollum–Halfaja!
Aber noch am selben Tag funkt Rommel an Rintelen: Der Deutsche General im Hauptquartier der italienischen Wehrmacht möge Mussolini dazu überreden, den Befehl zurückzunehmen. Das Afrika-Korps habe in Tobruk so viele Nachschubgüter erbeutet, daß es bis zum Nil versorgt sei. Der Generalfeldmarschall, der doch vor kurzem noch vergebens um den Angriff auf Malta gebeten hatte, war nach der Eroberung Tobruks in einer Zwickmühle:
Wurde Malta nicht erobert, mußten trotz aller Beute früher oder später angesichts seiner endlosen Versorgungswege Nachschubschwierigkeiten auftauchen. Wartete er aber auf das Unternehmen »Herkules«, so gab er den Engländern Zeit, sich von ihrer Niederlage zu erholen und zwischen der ägyptischen Grenze und dem Nil eine Verteidigungslinie aufzubauen
Er entschied sich wie immer: Vorwärts! Doch es gab drei Einwände gegen Rommels Vorwärtsstrategie, die sich bald als stichhaltig erweisen sollten.
Zum einen lag zwischen dem Afrika-Korps und Rommels Traumziel, dem Nil (und dem Persischen Golf, den er durchaus im Ernst anvisierte), noch sehr viel Gelände, in dem sich auch ein bedrängter Gegner noch verschanzen konnte. Besonders ein Gegner von der Potenz der Briten, für die nun auch die unerschöpflichen amerikanischen Quellen zu sprudeln begannen; für die nun Geleitzug auf Geleitzug um das Kap der Guten Hoffnung herum und den Suezkanal hinaufgedampft kam.
Zum anderen waren Rommels Truppen ausgeblutet und erschöpft. Auch ein mitreißender Heerführer wie Rommel kann den Bogen überspannen. Und der dritte Punkt wurde ihm eindringlich von seinem Feldmarschall-Kollegen Kesselring klargemacht:
Der »Oberbefehlshaber Süd« war noch am 21. Juni, unmittelbar nach der Kapitulation Tobruks, nach Afrika geflogen. In Rommels Befehlswagen kam es zu einer scharfen Auseinandersetzung der Marschälle.
Kesselring warnte Rommel energisch vor den Folgen eines weiteren Vormarsches. Je weiter das Afrika-Korps in die britische Etappe vorstieß, um so leichteres Spiel würde die Royal Air Force haben. Sie operierte mit immer kürzeren Anmarschwegen von fabelhaft ausgerüsteten Heimat-Flugplätzen aus. Die deutsche Luftwaffe würde nicht in der Lage sein, die Landtruppen so wie bisher zu unterstützen. Im Gegenteil: Malta entglitt schon jetzt ihrem Griff; um den Nachschubweg freizuhalten, müßten schon jetzt so starke Kräfte wie nur möglich von Afrika abgezogen und nach Sizilien zurückverlegt werden. Anderenfalls war die Katastrophe abzusehen.
Gerade angesichts hochfliegender Pläne in Afrika und dem Vorderen Orient war es offensichtlich: Ohne die Eroberung Maltas ging nichts mehr.

Aber Rommel ließ sich nicht umstimmen. Er bedrängte das Führerhauptquartier, ihm freie Hand zu geben.
Hitler ergriff prompt die Gelegenheit, das ihm unsympathische Unternehmen »Herkules« zu verschieben und möglichst ganz zu vergessen. Er schrieb einen Brief an Mussolini, in dem er dringend riet, zunächst einmal Ägypten zu erobern, und er traf genau den richtigen Nerv des Diktator-Kollegen:
»Duce, nur einmal streift einen der Lorbeer des Sieges. Eine einmal nicht genutzte Gelegenheit kommt nicht wieder. 1941 haben sich die Engländer die Chance, ganz Libyen in ihren Besitz zu bringen, durch den Abzug ihrer Kräfte nach Griechenland entgehen lassen . . .«
Der Überbringer des Briefes, General von Rintelen, erkannte sofort, daß der Duce in dieser geschickten Wendung eine nachträgliche Rechtfertigung seines verunglückten Angriffs auf Griechenland sah. Enno von Rintelen erinnert sich: »Stolz sah er mich an und war Feuer und Flamme für den sofortigen Angriff . . . Das Vertrauen Mussolinis in Hitlers Strategie war zu dieser Zeit noch unbegrenzt.«
Cavallero mußte seinen Befehl widerrufen. Rommel griff an. Kesselring, der vernünftigerweise nach der Eroberung Tobruks damit begonnen hatte, Teile seiner Luftstreitkräfte aus Afrika zur Bekämpfung Maltas zurückzuverlegen, wurde von Hitler gerüffelt und mußte ebenfalls Gegenorder geben.
Und während Rommels Truppen Marsa Matruh eroberten, flog Benito Mussolini in Afrika ein. Auf weißem Roß und mit dem Schwert des Islam wollte er in Kairo einziehen.

Ziel: Kairo

Nicht die leiseste Brise bewegte die hitzeflimmernde Luft über Kairo. Unbeweglich und weithin sichtbar hing ein Rauchschleier über den Gebäuden der Britischen Botschaft und des Großen Hauptquartiers. Wer durch die vergitterten Tore spähte, konnte Gruppen von Soldaten beobachten, die mit Schaufeln alle Arten von Papieren ins Feuer warfen. Die zivilen und militärischen Vertreter Großbritanniens in Ägypten entledigten sich aller Dokumente, die nicht in Feindeshand fallen durften.
Lastwagenkolonnen rumpelten mit kompletten Büroeinrichtungen nach Palästina und Syrien. Das weibliche Personal der anglo-amerikanischen Stäbe wurde nach Somaliland gebracht. Auf den Dächern und Trittbrettern der Züge hockten

Zeltlagerromantisch präsentierte die deutsche Propagandaillustrierte ihren ausländischen Lesern den afrikanischen Krieg: Die Wüste blüht, der Schuster sorgt fürs Fußwohl der munteren Marschierer, die Luftwaffe hält Deutschlands Fahne hoch. Gewiß, es wurde nicht ununterbrochen geschossen, im Dreck gelegen und verdurstet. Dennoch zeigten solche Bilder eine Schokoladenseite des Krieges, die zum Mitmachen verführen und die traurige Wirklichkeit vernebeln sollte. In Afrika ging es nicht minder hart her als auf den anderen Kriegsschauplätzen.

Flüchtende. Niemand fragte sich mehr, ob Rommel kommen würde. Nur über das »Wann« gab es noch verschiedene Meinungen. Es war der Juni des Jahres 1942. An der Wüstenstraße von Alexandria stand der englische Kriegsberichterstatter Alan Moorehead. Er erinnert sich: »Geschütze aller Art, RAF-Fahrzeuge, Instandsetzungswagen, Panzer und zahllose Lastautos, überladen mit erschöpften und schlafenden Mannschaften, strömten nach Kairo. Eine riesige, über hundert Meilen lange Schlange. Ist die ganze Armee auf dem Rückzug? fragten wir uns. Ein großer Teil dieses Rücktransports war nach dem Delta beordert, um dort Verteidigungsstellungen vorzubereiten.«

In Alexandria, rund 175 Kilometer nordöstlich, war es um diese Zeit schon recht still. Die britische Flotte war längst nach Haifa und Port Said ausgelaufen. Die verlassenen Kais waren mit Sprengladungen gespickt. Zerstörungskommandos zogen ihre Sprengkabel.

Weitere hundert Kilometer entfernt, nach Südosten die Küstenstraße entlang, liegt das Dorf El Alamein. Hier krachten an diesem 30. Juni Kanonen, die Waffen der Kampfgruppe Briel, die Rommels Divisionen vorausgeprescht war. Englische Jabos brausten mit hämmernden Bordwaffen über sie hinweg. Bomben detonierten, die Kanoniere steckten die Nasen in den Sand. Einigen kam die Ahnung, daß es mit dem geplanten Kaffeetrinken in Alexandria oder gar Kairo seine Schwierigkeiten haben würde. Sie waren damit der Wahrheit näher als zahlreiche Stabsoffiziere auf beiden Seiten der Front.

Der neue Vorstoß der deutsch-italienischen Verbände hatte am 22. Juni begonnen, einen Tag nach der Kapitulation der Festung Tobruk.

Rommel setzte diesmal zu einem doppelten Zangengriff an. Südlich Marsa Matruh stießen die 90. leichte Division und die 21. Div. nach Osten. Die 90. drehte nach Norden ein und schloß bis zum 27. Juni abends das 6. südafrikanische Panzerkorps und Infanterie in Stärke von zwei Divisionen im Raum Marsa Matruh ein. Die 21. PzDiv. drehte nach Süden und schnitt der 2. neuseeländischen Division sowie starken Panzereinheiten den Weg nach Osten ab. Zugleich wurden diese Einheiten aus westlicher Richtung von der 15. PzDiv. angegriffen.

Damit saß das Gros der britischen 8. Armee in der Falle. Vorausgesetzt allerdings, daß Rommels Griff stark genug war. Und das war er nicht; schon bei Marsa Matruh zeigte sich, daß die Fortsetzung des Angriffs über die ägyptische Grenze hinaus die Kraft der deutsch-italienischen Verbände überforderte. Nicht zuletzt deshalb, weil die britische Luftwaffe von ihren nahegelegenen Basen fast pausenlos Einsätze fliegen konnte, während die deutsch-italienischen Luftstreitkräfte, nun ohnehin unterlegen, mit ihren Bodenorganisationen den schnellen Panzerverbänden nicht folgen konnten. Und immer deutlicher machte sich das alte Handikap des Afrika-Feldzuges bemerkbar: Die Kampfkraft der unterstellten italienischen Einheiten war gering. Zum Beispiel die Panzerdivision mit dem stolzen Namen »Ariete« (Widder, Rammbock): Ihre 12-t-Kampfwagen mit unzulänglicher Panzerung und 4-cm-Kanone waren gegen die britischen Tanks und Pak nichts weiter als fahrende Särge. Ihre bedauernswerten Besatzungen packten sich als zusätzlichen, armseligen Schutz Sandsäcke in die Fahrzeuge!

Hinzu kam die peinlich genaue Rangordnung der italienischen Armee, die den Hochgestellten ein bequemes Leben erlaubte und den unteren Dienstgraden alles zumutete: So bekamen die Mannschaften einen lieblos zusammengekochten, kraftlosen Fraß in ihre Gamellas, ihre Eßnäpfe. Etwas besser wurde das Essen in der Unteroffiziers-, halbwegs menschlich in der Feldwebel-Küche. Und es mußte schon knüppeldick kommen, wenn es in der Offiziersmesse weniger als drei Gänge geben sollte. Bei den Stäben schließlich servierten Kellner aus den besten italienischen Hotels mit weißen Handschuhen erlesene Menüs.

Daß es unter diesen Umständen immer wieder Beweise äußerster Tapferkeit bei den italienischen Einheiten gab, ist ein weiteres Wunder dieses Feldzuges. Im Einschließungsring von Marsa Matruh taten die Männer der »Ariete« und der motorisierten Division »Trieste« mit ihren unzulänglichen Waffen, was sie konnten. Sie wurden von der Royal Air Force bis auf 14 Panzer, 30 Geschütze und 2000 Mann zusammengeschlagen. Fliegerbomben töteten auch den Kommandierenden General Baldassare und den Korps-Artillerieführer General Piacenza.

Die Briten waren nicht zu halten. Aus dem südlichen Kessel brachen die Maoris der neuseeländischen Division, an der Spitze ihr verwundeter General Freyberg, einen Verband um den Kopf. Die kriegerischen Südsee-Männer rasten, an Lastwagen hängend und mächtige Messer schwingend, durch das wildeste Feuer und stürzten sich schreiend in den Nahkampf. In einem grausigen Gemetzel durchbrachen sie den Einschließungsring der 21. PzDiv. und brausten nach Osten.

Und ununterbrochen waren die Bomber und Jabos der RAF da, selbst in der Nacht erhellten ihre Leuchtkugel-Kaskaden an Fallschirmen den Kampfplatz. Ebenso wie die geplagte Zivilbevölkerung in der Heimat nannten die Landser diese tödlichen Vorboten des Nachtangriffs mit hilflosem Zynismus »Christbäume«.

Kesselring hatte nicht umsonst gewarnt. Schon zweimal in diesem Feldzug hatte Rommel feststellen können, in welchem Maße konzentrierte Luftwaffen-Unterstützung einen tapferen und gut ausgerüsteten Gegner paralysieren kann: Bei der Zerschlagung des Südpfostens der Ghazala-Linie, Bir Hacheim und – noch deutlicher – bei der Eroberung Tobruks. Nun traf es seine Männer, entglitt ihm der gestellte Gegner.

Denn auch der Kessel um Marsa Matruh hielt nicht. Konnte nicht halten, auch ohne die massierten Angriffe der RAF, denn die erschöpften und dezimierten Verbände der 90. leichten Division konnten gegen die vielfache Übermacht nichts ausrichten.

Am Morgen des 29. Juni war die Schlacht zu Ende. 6000 Inder und Südafrikaner wurden im Kessel von Marsa Matruh gefangengenommen, 40 Panzer vernichtet. Aber das Gros der 8. Armee war nicht mehr da. Es war nach Osten und Süden ausgebrochen und erreichte ein Stückchen weiter im Osten eine Auffangstellung bei einem Dorf, dessen Name bald weltbekannt werden sollte: El Alamein. Doch der härteste Schlag gegen Rommel fiel an diesem 29. Juni in Kairo. Der Militärattaché der amerikanischen Botschaft berichtete täglich in Funksprüchen nach Washington über die Kriegslage und die Absichten der britischen Führung. Und spätestens seit dem Eintritt der USA in den Krieg bekam er die besten Informationen aus erster Hand.

Natürlich waren seine Funksprüche verschlüsselt. Aber da war die junge Italienerin Bianca Bergami, reiz- und temperamentvoll, die Tochter eines hohen Offiziers der faschistischen Miliz . . .

Und eines Tages besaß die italienische Abwehr den Code der Amerikaner. Bianca hatte ihn irgendwie aus der Botschaft »besorgt«.

Und seither las man in Rom und Berlin voller Freude die Berichte des Attachés. Einige dieser Informationen hatten zu Rommels Entschluß beigetragen, nach der Eroberung Tobruks den übereilten Stoß nach Ägypten zu wagen. So die Meldung, daß die Engländer Teile ihrer 10. Armee aus Syrien nach Ägypten verlegten. Und die Tatsache, daß amerikanische Panzereinheiten vermutlich bald in Afrika eingreifen würden.

Am 20. Juni aber war es aus mit der Herrlichkeit. Das letzte Telegramm, das von den Spezialisten der deutschen Abwehr nach dem »Bianca-Code« entschlüsselt wurde, lautete: »Hochgestellte italienische Persönlichkeit hat absolut zuverlässigen Informanten gegenüber im Gespräch erwähnt, daß Geheimschrift unseres Militärattachés Kairo in Rom und Berlin mitgelesen wird. Vorschlage Änderung Chiffre.«

Zu dieser Zeit ist der deutsche Generalfeldmarschall noch siegessicher. Am Vormittag bestellt er Hauptmann Briel zu sich, den Chef einer Flak-Kampfgruppe. »Sie stoßen mit Ihrem Haufen nach Alexandria vor und bleiben erst stehen, wenn Sie die Vororte erreicht haben. Die Tommys sind sowieso weg.«

Das verschlägt selbst dem vierschrötigen Hauptmann, dem ersten Ritterkreuzträger der Heeres-Flak, den Atem.

Rommel lächelt: »Und wenn ich morgen nachkomme, dann fahren wir zusammen nach Kairo zum Kaffeetrinken.«

Briel rasselt los. Verstärkung, von Rommel persönlich in Marsch gesetzt, stößt zu seinem dezimierten und etwas bunt aus Flak und Artillerie gemischten Haufen: Selbstfahrlafetten, tschechische 38-t-Panzer, Pak und ein Panzergrenadierbataillon. Dazu noch zwei Panzerspähwagen als »Kavallerie«.

Am ersten Tag sieht es so aus, als ob der Feldmarschall recht hätte. Briels Haufen donnert die Küste entlang nach Osten. Mit feindlichen Einheiten in der Flanke halten sich die Männer nicht lange auf. Offenbar haben die Engländer auch nicht viel mehr im Sinn, als nach Osten Land zu gewinnen. Nur einmal kommt es zu einem echten Gefecht mit feindlichen Panzerspähwagen, bei dem drei britische Fahrzeuge abgeschossen werden.

Schon um 18.02 Uhr erreicht die Kampfgruppe ihr Tagesziel kurz vor El Daba. »Weiter!« befiehlt Rommel.

Sie rasseln weiter, todmüde Soldaten, von Staub bedeckt, von Sandflöhen gepeinigt. Zum Glück haben sie in Marsa Matruh wenigstens soviel Zeit gehabt, daß die »Organisationstalente« sich ein wenig unter den erbeuteten britischen Vorratslagern umsehen konnten. Zigaretten sind da, die kratzenden blonden »Navy Cut« verscheuchen für Minuten die Müdigkeit. Und noch besser wirkt auf Heldenmut und Geistesgegenwart ein großer Schluck Gin.

Aber das alles hilft nur vorübergehend, irgendwann ist Schluß. Nicht einmal das Material hält die wilde Fahrt aus, immer mehr Fahrzeuge bleiben liegen. Nordöst-

Die Zeit der Treffer näherte sich in Afrika ihrem Ende: Bei El Alamein gab es kein Weiterkommen mehr. Daran änderten nichts bravouröse Einzelleistungen wie der Panzerabschuß links durch eine Focke-Wulf FW 190 und auch nichts die hohen Erfolgszahlen der deutschen Panzerbekämpfer. Für einen vernichteten Tank (unten) rollten zehn neue aus amerikanischer Produktion an die Front. Montgomery wartete nun nur noch auf den günstigsten Moment zum Zurückschlagen. Dabei mußte er sich nicht nur immer neuer deutscher Attacken erwehren, sondern auch der ungeduldigen Mahnungen aus London, sofort offensiv zu werden.

lich von Abd el Rahman befiehlt Briel endlich: »Einigeln!«

Beim Stab der Panzerarmee haben die Offiziere kopfschüttelnd die Funkmeldungen Briels gelesen: »Der bringt's fertig und fährt wirklich nach Alexandria!« Inzwischen rasseln auch große Teile der drei DAK-Divisionen nach Osten. Sollte es möglich sein, daß die Briten sich nirgends mehr vor Alexandria festgesetzt haben? Selbst skeptische Stabsoffiziere beginnen zu hoffen, den Optimismus des Oberkommandierenden zu teilen.

Am nächsten Morgen tasten sich Briels Panzerspähwagen weiter nach Osten; das Gros der Kampfgruppe muß einfach bei Abd el Rahman bleiben und das ausgeleierte Material in Ordnung bringen.

Der Ort ist verlassen, am Bahnhof stehen ein paar leere Waggons. Weiter nach Osten . . . da schlägt ihnen schweres Abwehrfeuer entgegen. Da vorne liegt El Alamein.

Inzwischen hat auch das Gros des DAK den Raum El Daba erreicht. Jetzt zeigt sich, warum die Kampfgruppe Briel bisher verhältnismäßig leichtes Spiel gehabt hat: Sie hat auf ihrer wilden Fahrt so viele zurückflutende britische Einheiten überholt, daß die Royal Air Force nicht zuschlagen konnte; die Staubwolken marschierender Einheiten sehen aus der Luft gleich aus, ob Freund oder Feind sie verursacht.

Bei den Einheiten der 90. leichten und der 15. und 21. PzDiv. sind diese Zweifel ausgeräumt. Jetzt stürzen sich Jabos auf die Kolonnen, rasen mit hämmernden Bordwaffen über sie hinweg. Neben einem Verpflegungslager in El Daba detonieren Bomben so nah bei Rommels Stabsfahrzeugen, daß selbst er dafür ist, ein wenig zu retirieren. Aber diese ständige Plage wird man nicht mehr los; nur gelegentlich bringt ein Sandsturm Erleichterung.

Denkt Rommel jetzt an Kesselrings Mahnungen und Proteste? Er befiehlt die Kommandeure zu sich, gibt unerschüttert Order: »Das DAK stößt im schärfsten Tempo über El Fajade nach Kairo!« Bedenken wegen der Übermüdung der Männer läßt er nicht gelten. Man müsse sich nun mal beeilen, damit die Briten keine Zeit mehr haben, die große Nilbrücke bei Kairo in die Luft zu jagen . . . Es ist der Tag, an dem in den Gärten der britischen Dienstgebäude in Kairo die Geheimpapiere brennen und die große Flucht einsetzt. Im Rückblick scheint der Grund dafür – abgesehen von bestimmten, im Kriege selbstverständlichen Vorsichtsmaßnahmen – eine eher abergläubische Furcht vor dem legendären Rommel gewesen zu sein. Inzwischen hatte Sir Claude Auchinleck, der britische Oberkommandierende, dem Drängen Churchills nachgegeben und selbst die taktische Führung der 8. Armee an Stelle von General Ritchie übernommen.

Sir Claude hatte schon recht früh nach dem Fall Tobruks die Überzeugung gewonnen, daß auch Marsa Matruh nicht zu halten war. Ein Gelände, das sich auf den ersten Blick für die Errichtung eines Sperriegels vor Alexandria anbot, war das Gebiet von El Alamein: Im Norden die Küste, im Süden die unbefahrbare Kattara-Senke, dazwischen ein verhältnismäßig schmaler Streifen Wüste.

Hier ließ er tiefe Minengürtel anlegen und in aller Eile Stellungen bauen, wobei kriegsgefangene italienische Techniker und Pioniere eingesetzt wurden. Und schon kurz nach der Kesselschlacht von Marsa Matruh wurde die Linie von intakt zurückflutenden Einheiten besetzt, insbesondere von der neuseeländischen Division, die erst am 21. Juni aus Syrien eingetroffen war und sich nach dem gelungenen Ausbruch in voller Kampfkraft bei El Alamein sammelte. Zu dieser Zeit wartete Mussolini in Derna auf den Tag, an dem er in Kairo einziehen konnte. Am 1. Juli entschied sich vor El Alamein, daß daraus nichts werden sollte.

Rommel versuchte es wieder einmal mit einem bewährten Trick: Noch am 30. Juni setzte er das DAK in südöstliche Richtung in Marsch, als ob der Stoß den südlichsten Punkt der feindlichen Verteidigungslinie an der Kattara-Senke treffen sollte. In der Nacht jedoch sollten starke Verbände nach Nordosten schwenken und durch die Verteidigungslinie in den Rücken der Engländer stoßen. Zugleich sollte die 90. leichte Division El Alamein umgehen und den Stützpunkt einschließen.

Das mochte auf den ersten Blick einleuchtend aussehen, bewies jedoch in Wirklichkeit eine völlige Verkennung der Gegebenheiten. Fast ohne Luftaufklärung, ohne Kenntnis von Stärke und Position des Gegners, nachdem nun auch der hilfreiche US-Militärattaché ausgefallen war . . . Und das gesamte DAK besaß noch ganze 55 einsatzbereite Panzer.

Schon beim Kampf um den ersten Stützpunkt, Deir el Shein, gingen 18 davon verloren. Die Panzerarmee nahm den Ort und vernichtete die 18. indische Brigade, aber ihr Rückgrat war gebrochen.

Der 90. leichten Division ging es noch schlechter. Sie geriet in das Feuer der Südafrikaner und erlitt grauenhafte Verluste. Auch im nördlichen Abschnitt blieb der Angriff liegen.

Am 2. und 3. Juli setzte das DAK die aussichtslosen Angriffe fort, gehetzt von Bombern und Jabos, unter dem vernichtenden Feuer der immer stärker werdenden Briten. Dann brachen die Neuseeländer plötzlich aus ihren Stellungen südlich des Ruweisat-Rückens hervor und überrannten die Division »Ariete«. Damit war Rommels rechte Flanke aufgerissen. In der folgenden Nacht befahl er deshalb seinen Soldaten, sich einzugraben. In Derna wartete der Duce noch immer auf seinen Triumphzug.
Er wartete bis zum 20. Juli. Dann flog er wütend nach Rom zurück, ließ aber vorsichtshalber sein Gepäck in Afrika, um für die bevorstehende Siegesparade jederzeit gerüstet zu sein. Afrika bot ihm immer nur enttäuschte Hoffnungen; im Frühjahr 1941 war er schon einmal dagewesen, um die endgültige Niederlage der Engländer zu feiern. Auch damals war nichts daraus geworden. Diesmal hatte er drei Wochen gewartet. Besonders wütend war er auf Rommel, der ihm in der ganzen Zeit nicht einmal seine Aufwartung gemacht hatte. Doch der Generalfeldmarschall hatte andere Sorgen. Während der Monate Juli und August wogte der verlustreiche Kampf hin und her. Eine gewisse Erleichterung ergab sich dadurch, daß Kesselrings Flieger nun mit ihren Feldflugplätzen nachgerückt waren und zumindest ab und zu über dem Schlachtfeld auftauchten. Aber die Luftherrschaft gewannen sie nie wieder. Schwere Sorgen bereitete auch der Nachschub. Noch im Juli kamen zwar die meisten Schiffe aus Italien in den nordafrikanischen Häfen an – womit es bald ein Ende haben sollte. Aber auch was in Tripolis oder Tobruk ausgeladen wurde, war noch längst nicht bei Rommel, mußte über 2000 beziehungsweise 574 Kilometer zur El-Alamein-Front geschafft werden. Allein der Kraftstoffverbrauch für diese Transporte war ein Problem. Aus Deutschland wurden zwei Lokomotiven herangeschafft, um die von den Engländern bis Tobruk ausgebaute Schmalspurbahn benutzen zu können. Das Sprit-Problem wurde schon jetzt immer drängender, denn gerade die langsam fahrenden Tanker wurden von den U-Booten und Bombern aus Malta und Alexandria in steigendem Maße aufs Korn genommen. Immerhin, brave Ju-52-Transporter brachten eine ganze Division über das Mittelmeer, die 164. leichte. Verstärkung war dringend notwendig. Wer von den »alten Hasen« der ersten Stunde noch übrig war, hatte nun 17 Monate ununterbrochenen Einsatzes hinter sich. Malaria und Dysenterie fällten die ausgemergelten Männer reihenweise.
Rommel – mit entzündeten Augen, einer Nasendiphtherie und geschwollener Leber ein getreues Abbild seiner von Krankheiten geplagten Soldaten – sah die Situation soweit ganz nüchtern. War schon jetzt das Kräfteverhältnis auf der Erde 3:1 und in der Luft sogar 5:1 für die Engländer, so würde es sich obendrein mit jedem weiteren Tag zu ihren Gunsten verändern. »Mitte September wird die 8. Armee so überwältigend stark sein, daß wir ihr auf keinen Fall mehr gewachsen sind«, sagte er im August. Zu dieser Zeit war es immerhin gelungen, den Bestand der Panzerarmee auf 229 gute deutsche und 243 minderwertige italienische Wagen zu verstärken.
In diesem Monat waren nur noch 50 Prozent der in Süditalien auslaufenden Schiffe in den nordafrikanischen Häfen angekommen. Die anschließenden Landtransporte wurden bis zu einem Drittel von der Royal Air Force zerschlagen.
Die Chance, Malta zu erobern, war vertan. Bald würde die gute Jahreszeit zu Ende sein. Die für das Unternehmen bereitgestellten Luftlandeeinheiten waren in alle Winde zerstreut. Und was würde mit der Panzerarmee geschehen, wenn die Achsen-Luftwaffe zur Unterstützung des verspäteten Unternehmens »Herkules« von der El-Alamein-Front abgezogen würde?
Rückzug? Vermutlich wäre das die einzige Lösung gewesen, aber Hitler und Mussolini wollten davon nichts wissen, glaubten immer noch an die Eroberung Ägyptens. Und, noch schlimmer, auch Rommel glaubte noch daran.
Mitte September wird die Stärke des Feindes überwältigend sein, hatte er gesagt. Da gab es für ihn nur eine Lösung. Vorher angreifen!
Auf der anderen Seite hatte es inzwischen bedeutsame Veränderungen gegeben. Winston Churchill war in Kairo eingeflogen, hatte dicht hinter der Front am Ruweisat-Rücken »in einem von Fliegen und hohen Persönlichkeiten wimmelnden Drahtverhau« gefrühstückt, wie er in seinen Erinnerungen vermerkte, und in der Britischen Botschaft in Kairo ausgerufen, was ihn hier am meisten bewegte: »Rommel, Rommel, Rommel! Zählt denn etwas anderes, als ihn zu schlagen?«
Als er Ägypten wieder verließ, hatte er sein Teil zu diesem Ziel beigetragen: General Harold Rupert Alexander löste Auchinleck als Oberbefehlshaber in Kairo ab, das Kommando über die 8. Armee übernahm General Bernard Law Montgomery. General Gort, den der Premier zunächst für diesen Posten ausersehen hatte, war wenige Tage zuvor mit dem Flugzeug abgeschossen und getötet worden.
Montgomery hatte offensichtlich den bisherigen Verlauf des Feldzuges genau verfolgt und sich seine Gedanken darüber gemacht. Zu seinen ersten Befehlen gehörte eine Weisung an die örtlichen Kommandeure, ihre Divisionen nur noch geschlossen einzusetzen und die bisher übliche Zersplitterung der Kräfte zu vermeiden. Und er brachte eine Gruppe jüngerer Offiziere mit, die schon bald bewiesen, daß Rommel in Afrika nicht mehr das Monopol auf füchsische Tricks hatte.
Bei der Vorbereitung des geplanten Angriffs hatte der Stab der Panzerarmee erhebliche Schwierigkeiten. Das Gelände hinter dem südlichen Abschnitt der britischen Front, der diesmal durchstoßen werden sollte, war fast völlig unbekannt. Die wichtigste Frage war: Wo konnten

Mit Moskitonetz und Flak gegen die Gefahren aus der Luft. Das tropische afrikanische Klima brachte auch tropische Risiken für die Landser mit sich. Ohne Mückenschleier wurde der Einsatz selbst ohne Feindberührung stellenweise zur Qual (oben). Auch der Tropenhelm gehörte zur Ausrüstung etwa der Flakbedienungen (oben), die in praller Sonne Wacht halten mußten. Sie taten es mit Bravour, wie die stolzen Erfolgsringe auf dem Rohr zeigen, konnten aber die zunehmende britische Lufttätigkeit nur unwesentlich behindern (rechts unten: Hurricane beim Angriff auf deutsche Fahrzeugkolonne).

schwere Panzer, wo Halbkettenfahrzeuge und wo Lkw-Kolonnen fahren? Von exakten Informationen darüber hing die reibungslose Durchführung der Operation ab.

Zu Montgomerys »jungen Männern« gehörte Generalleutnant Brian Horrocks, dem er das Kommando über das XIII. Korps gab. Auch Montgomerys Stabschef gehörte dazu, General Freddy de Guingand. Diese beiden inszenierten eines der perfektesten Täuschungsmanöver der Kriegsgeschichte:

Nacht über der Wüste. Es ist still, im südlichen Abschnitt dösen die deutschen Posten vor sich hin. Plötzlich Motorengeräusch im Minenfeld vor ihnen, schmetternde Detonationen. »Alarm!« Maschinengewehre hämmern, Leuchtkugeln verbreiten ihr fahles Licht. Undeutlich sieht man Gestalten davonhuschen, einige von ihnen scheinen Verwundete zu schleppen. Und mitten im Minenfeld steht verlassen ein britischer Panzerspähwagen.

Ein Spähtrupp geht vor, findet auf einem Sitz eine blutverschmierte Kartentasche. Auf so etwas, das ist den Fronttruppen angesichts des Fehlens von Informationen eingebleut worden, sollten sie bei Gefangenen und Beute-Fahrzeugen besonders sorgfältig achten.

Die Kartentasche wird sofort zu Rommels Stab gebracht. Nach mißtrauischer Prüfung strahlen die Offiziere: Genau das hat uns gefehlt! Der ganze südliche Bereich ist dargestellt, sorgfältig überall die Bodenbeschaffenheit skizziert. Mittendrin das Kernstück der britischen Front, die Alam-Halfa-Höhe.

Zu dieser Zeit erhält General Horrocks einen Anruf von der Front. »Die Fritze haben deinen Spähwagen leergemacht«, meldet der Kommandeur der 7. Panzerdivision. Horrocks ruft Freddy de Guingand an: »Sie haben dein Ei geholt!« Der Stabschef: »Gebe Gott, daß sie es auch ausbrüten.«

Die Karte ist eine perfekte Fälschung, sorgfältig auf »gebraucht« bearbeitet, zerknickt und mit Tee bekleckst.

General Horrocks in seinen Memoiren: »Diese Kartenfälschung hat einen bedeutenden Einfluß auf den Verlauf der Alam-Halfa-Schlacht gehabt.« Denn nun, in den letzten Junitagen, wurden die Vorbereitungen für den Angriff abgeschlossen. Er sollte wenigstens bis nach Alexandria führen, wieder einmal. Die 21. PzDiv. sollte dorthin vorstoßen, während für einen gemeinsamen Keil der 15. PzDiv. und der 90. Leichten kein geringeres Angriffsziel als Kairo und Suez vorgesehen war.

Und wieder einmal gab die Armee sich

große Mühe, den Ort des geplanten Angriffs zu verschleiern. Die Panzerverbände standen, angesichts der britischen Luftüberlegenheit vom Gegner auch zweifelsfrei erkannt, im Norden. Um alle Fahrzeuge waren Splitterschutz-Boxen aus Steinen geschichtet, das ganze getarnt durch Dornbüsche oder erbeutete britische Netze.
Generalfeldmarschall Rommel ließ nun eine gleiche Anzahl von Boxen auch im Süden aufbauen. Aber so, daß sie bei genauer Betrachtung auch als »dummys« zu erkennen waren.
Seine Überlegung: Montgomery wird die vorgetäuschten Boxen als solche erkennen und annehmen, daß ich Angriffsvorbereitungen im Süden vortäusche, um dann wirklich im Norden zuzuschlagen. Sozusagen eine Täuschung mit doppeltem Boden.
In zwei kurzen Vollmondnächten am 29. und 30. August wurde das DAK nach Süden verlegt. In den Boxen im Norden blieben nur Attrappen zurück.
Aus den Memoiren der Beteiligten weiß man heute, daß sich Montgomery und seine Stäbe nie über die wirklichen Absichten Rommels täuschen ließen. Sie waren von vornherein überzeugt, daß der Angriff im Süden kommen werde, knapp oberhalb der unwegsamen Kattara-Senke. Es mag sein, daß dabei Verrat im Spiel war, wie oft vermutet wurde. Sehr wahrscheinlich ist es nicht. Denn mit der Luftüberlegenheit hatten die Briten auch alle Möglichkeiten der Luftaufklärung gewonnen. Ihnen blieb überhaupt nichts verborgen.
Als Rommels Panzerarmee am 30. August im Süden der Front zum Angriff antrat, wurde sie jedenfalls erwartet.

El Alamein

Zum zweiten Mal innerhalb weniger Wochen besuchte Englands Kriegspremier Winston Churchill am 19. August 1942 die Front bei El Alamein. Der neue Kommandierende General der 8. britischen Armee, Bernard Montgomery, bat den Regierungschef in seinen Kartenwagen.
»Hier setzte er uns die Situation sehr einleuchtend auseinander«, schreibt Churchill in seinen Erinnerungen. »Rommels nächsten Angriff sagte er korrekt voraus und schilderte, wie er ihn abwehren wollte. Alles traf dann auch seiner Voraussage gemäß ein.«
Elf Tage vor dem letzten Versuch der deutsch-italienischen Truppen, zum Nil durchzubrechen, wußte also der gegnerische Befehlshaber, wo und wie sie zuschlagen würden.

Das Gelände war ungünstig. Den Angreifern blieb an der nur 60 Kilometer breiten, im Norden von der See und im Süden von der unbefahrbaren Kattara-Senke begrenzten Front keine sehr große Auswahl an operativen Möglichkeiten. Und nach fast eineinhalb Jahren Wüstenkrieg war Rommels »taktische Handschrift« ziemlich bekannt.
Als das DAK nun durch die Vollmondnacht vorgeht, trifft es zunächst auf starke, durch Minengürtel armierte Stützpunkte, von denen die Aufklärung nichts mitgeteilt hat. Bei der 15. PzDiv. entsteht ein fürchterliches Durcheinander. Erst das II. Bataillon unter Hauptmann Weichsel ermöglicht das Räumen einer Gasse und bringt den Angriff wieder voran.
Eher schlechter geht es bei der 21. PzDiv., bei der die Panzergrenadiere mit ihren Fahrzeugen mitten in einem unbekannten Minenfeld landen. Schmetternde Explosionen, langgezogene Schreie nach den Sanitätern. Aus den britischen Stellungen prasselt Feuer aus Maschinenwaffen in die Fahrzeuge. Volle Deckung – aber nur auf den Fahrzeug-Spuren, rundum lauern im lockeren Sand die Teufelseier.
Und dann kommen die Flieger. Außer den sattsam bekannten »Christbäumen« setzen sie nun Markierungsbomben ein, die einen hell leuchtenden, magnesiumhaltigen Brennstoff am Boden ausbreiten, der schwer zu löschen ist. Jedes Fahrzeug, jeder Mann wirft in ihrem grellen Licht einen mächtigen Schlagschatten.
Aus dem schwarzen Himmel stoßen die Jagdbomber, klinken ihre Bomben aus, rasen mit hämmernden Bordwaffen die Kolonnen entlang. In seinem Halbkettenfahrzeug fährt der Kommandierende General des DAK, Walther Nehring, den Angriff bei der 21. mit. Ein Jabo stürzt auf den Wagen zu. Seine Bombe detoniert unmittelbar neben der Vorderachse. Splitter durchsieben das Fahrzeug. Schwer verletzt bricht der General zusammen. Das Funkgerät bietet Stabschef Bayerlein und der übrigen Besatzung Deckung. Aber draußen werden zwei Stabsoffiziere tödlich getroffen. Ein Unteroffizier schleppt den General in seinen Kübelwagen und rast mit ihm zum Verbandsplatz.
Unmittelbar zuvor ist schon der Kommandeur der 21., Generalmajor Georg von Bismarck, ums Leben gekommen. Generalmajor Kleemann von der 90. leichten Division wird verletzt zurückgebracht. Das DAK verliert so drei von vier Generalen in der ersten Phase der Schlacht. General von Vaerst (15. PzDiv.) übernimmt den Oberbefehl.

Erst nach Stunden läßt der britische Widerstand im Minengürtel nach. Nicht nur die unbekannten Stützpunkte, auch überraschende Geländeschwierigkeiten behindern die Truppe. Da ist noch das »Ei«, das Freddy de Guingand, Montgomerys Stabschef, gelegt hat, als er dem DAK eine gefälschte Karte in die Hände spielen ließ.
Längst ist nicht mehr mit der Überraschung des Gegners zu rechnen, auf die der DAK-Stab bei der Planung des Angriffs gehofft hat. Schnell wie immer in Afrika schwingt sich die aufgehende Sonne über den Horizont. Der südliche Teil der Front ist um 12 bis 15 km eingedrückt, aber nicht durchbrochen. Nach Rommels Plänen sollte der erste Stoß noch im Schutz der Nacht 50 Kilometer nach Osten führen, um die britischen Verbände weiträumig zu umfassen.
Der Angriff ist damit mißlungen; im Stab des DAK wird auch überlegt, ihn abzubrechen. Dann entschließt sich Rommel doch zur »kleinen Lösung«: Im engeren Bogen nach Norden einzudrehen. Aber mitten in der nun notwendigen Stoßrichtung liegt der schwer befestigte Höhenrücken Alam Halfa.

Materialverluste zählten auf deutscher Seite doppelt, denn zum einen verfügte man nicht über die unerschöpflichen Reserven der Amerikaner, und zum anderen konnte man nicht wie die Briten gefahrlos Ersatz über den Seeweg herbeischaffen. Durch die Luft aber waren nur begrenzte Mengen zu bringen. Das blieb auch so nach Einsatz des Riesenflugzeugs Messerschmitt Me 323, das zu Recht den Beinamen »Gigant« erhielt (rechts). Mit 55 Metern Spannweite trug es zwar 28 Tonnen Nutzlast, doch es gab zu wenige »Giganten« und außerdem kostete ihr Einsatz unverhältnismäßig viel Sprit. Da taten sich die Engländer leichter (oben: Beute wird inspiziert) mit ihren Konvois durch den Suezkanal.

Das ist bekannt; die volle Stärke der verteidigenden Verbände jedoch nicht. Eine ganze, frisch aus England eingetroffene Infanteriedivision liegt hier, dazu starke Panzereinheiten, zumeist zur Verteidigung eingegraben. An ihnen kommt der deutsche Angriff nicht vorbei, obwohl ein unerwarteter Verbündeter aufgetaucht ist: Ein Ghibli, ein Sandsturm, verhüllt das Schlachtfeld mit gelben Schwaden und hält wenigstens die RAF fern.

Aber am Nachmittag des 31. August gehen die Spritvorräte der ständig manövrierenden Panzer zur Neige. In der Nacht gelingt es unter schwierigsten Umständen noch einmal, Nachschub nach vorn zu bringen. Aber der 1. September bringt das Ende der Hoffnungen auf einen Sieg.

Zwar steht das Panzerregiment 8 nur noch 18 Kilometer von der Küste entfernt, und Rommel versucht selbst, die zurückhängenden Einheiten anzutreiben, insbesondere die »Ariete« mit ihren schwachen Kampffahrzeugen. Aber nun ist die RAF wieder da, und mit den Kampfflugzeugen auch Artilleriebeobachter.

Schwarzer Qualm steht über dem Schlachtfeld, Grenadiere und Pioniere sterben im kochendheißen Sand, Panzermänner verbrennen in ihren Fahrzeugen. Und wer je vom schönen Heldentod gefaselt hat, möge einen einzigen Blick in so einen stählernen Sarg werfen.

Immer mehr Panzer bleiben ohne Sprit liegen, die Versorgung wird fast unmöglich, weil die Jabos sich auf jedes einzelne Fahrzeug stürzen. Am Abend des 1. September befiehlt Rommel, den Angriff abzubrechen und schrittweise in die Ausgangsstellungen zurückzugehen. Die letzten Sprit-Reserven werden verteilt, fast alle Fahrzeuge können auf dem Rückzug mitgenommen werden.

Von Alexandria oder Kairo oder gar vom Persischen Golf träumt niemand mehr. Die Warner haben recht behalten. Gegen eine überlegene britische Luftwaffe, die praktisch vor der eigenen Haustür kämpft, hätten selbst viel stärkere Bodentruppen keine Chance. In der Enge von El Alamein nützen überdies weder Rommels Tricks noch sein Talent für weiträumige, überraschende Umfassungen aus der Tiefe der Wüste. Was ein Stück weiter westlich noch dem Seekrieg mit all seinen Chancen für den schwächeren, aber eleganter operierenden Rommel glich, ist hier zur Materialschlacht nach Art des Ersten Weltkrieges geworden.

Eine solche Verkrustung der Fronten hatte Rommel immer befürchtet. Um ihr vorzubeugen, war er überhastet von Tobruk nach Osten aufgebrochen, ohne seine Nachschubwege zu sichern. Zu allem Überfluß führte auf der anderen Seite mit Montgomery nun ein Mann, der seine überlegenen Kräfte anders als seine Vorgänger geballt und energisch einzusetzen verstand. Die Zukunft war düster.

Heute, bei nüchterner Betrachtung, ist es für jedermann offensichtlich, daß die El-Alamein-Stellung nicht zu halten war. Auf der einen Seite fraß Malta den Nachschub, auf der anderen Seite kam ein ununterbrochener Strom von Geleitzügen mit Truppen und Gerät an. Schon waren die ersten amerikanischen »Sherman«-Panzer aufgetaucht, den deutschen weit überlegen. Roosevelt hatte sie mit Schnelldampfern in Marsch gesetzt, als er Zeuge geworden war, wie die Nachricht vom Fall Tobruks seinen Verbündeten Churchill erschütterte.

Bei nüchterner Betrachtung, eben, aber die ist nun einmal getrübt im Krieg. Zu viele Gräber liegen zwischen Mersa Brega und El Alamein, zu blutig ist der Besitz des wüsten Landes erkauft worden, um nun kaltblütig zugeben zu können: Wir werden es nicht halten.

Und so wird es noch mehr Gräber im Wüstensand geben.

Wenn auch nicht dokumentarisch belegt, so doch glaubhaft überliefert ist folgende kleine Episode vom nordafrikanischen Kriegsschauplatz:

Ein junger Luftwaffen-Oberfähnrich, auf der Durchfahrt zu seinem Feldflugplatz, ließ sich in Derna den Wehrsold auszahlen. Doch als der Zahlmeister die entsprechende Eintragung im Soldbuch machen wollte, sagte der Flieger: »Halt! Nehmen Sie eine andere Seite. Hier muß noch Platz bleiben für Auszeichnungen.«

Es war eine Seite, auf der schon das EK I eingetragen war.

»Sie glauben wohl, Sie kriegen hier noch mehr als das EK«, meinte der Zahlmeister.

»Selbstverständlich«, antwortete der Oberfähnrich kühl.

Der Zahlmeister blätterte ein paar Seiten weiter und grinste: »So, jetzt bleibt ja wohl Platz für Eichenlaub mit Schwertern.«

Ein gutes Jahr später wurde es dort auch eingetragen, denn der Oberfähnrich war Jochen Marseille.

Marseille, waschechter Berliner des Jahrgangs 1919, bezeichnete sich selbst gern als den »ältesten Oberfähnrich der Luftwaffe«. Geplante Beförderungen waren immer wieder an unmilitärischem Gebaren gescheitert. Und in seinem Führungszeugnis war gar von »fliegerischer Unzucht« die Rede. Bei diesem Ausdruck sieht man geradezu die gesträubten Haare eines Kommandeurs vor sich, der eine Liste unerlaubter Kunststückchen und zertöpperter Fahrgestelle abhakt. Als Marseille in Afrika ankam, hatte er am Kanal in der Luftschlacht um England schon acht Luftsiege errungen. Aber fast ebenso viele Me 109 hatte er auf dem Gewissen: Er flog sie zu Bruch, weil er

DER KRIEG IN NORDAFRIKA 1942

Die Schlacht von El Alamein 23.Oktober 1942 bis 4.November 1942

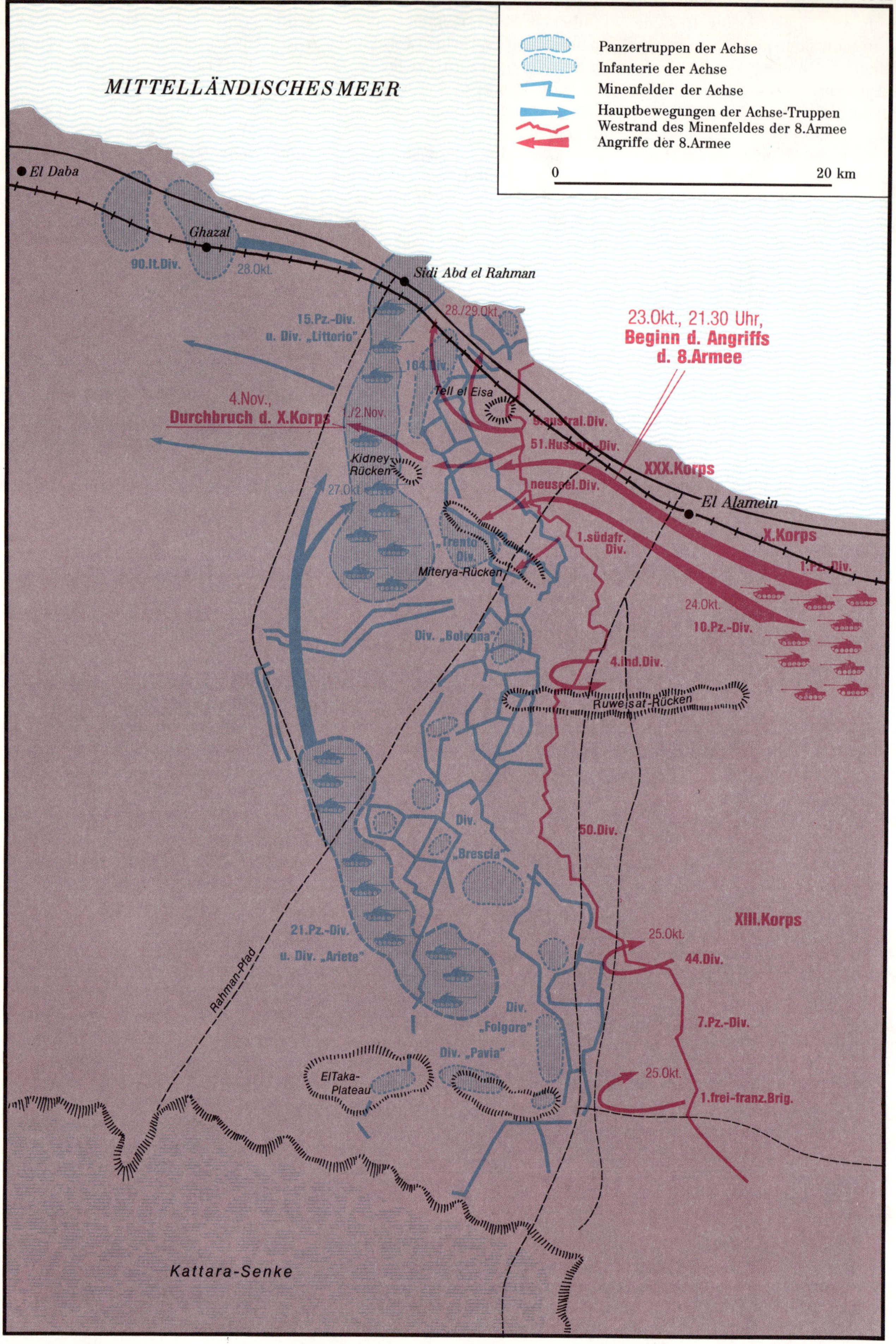

DER KRIEG IN NORDAFRIKA 1943

Der Feldzug in Tunesien Jan. bis Mai 1943

sich zumeist bei seiner unbekümmerten Art des Angriffs so viele Treffer einhandelte wie sein Gegner.
Auch in Afrika brachte er seine »Mühlen« allzu oft als Sieb wieder nach Hause. Sein Gruppenkommandeur, der unter der Ungebärdigkeit Marseilles fliegerisches Talent erkannte, nahm sich ihn vor, machte ihm eindringlich klar, daß er bei aller Begabung auf diese Weise nicht alt genug werden würde, um die Reife und Erfahrung zu gewinnen, die ein echtes Jäger-As braucht.
Seine nächsten Abschüsse schaffte der Oberfähnrich, ohne selbst »den Laden vollgerotzt« zu bekommen. Und er kultivierte immer mehr eine Fähigkeit, die ihn noch aus der Reihe der großen Jagdflieger hervorhob: Die ganze Kurbelei im Luftkampf hat nur den Sinn, sich in die günstigste Schußposition zu setzen: Etwas überhöht hinter dem Gegner. Aus dieser Position kann man durch »Drücken« seine Fahrt beliebig erhöhen, um an den anderen heranzukommen. Und zugleich kann er nicht zurückschießen.
Während dieses Positionskampfes, des »Kurbelns«, wird kaum geschossen. Zu schnell huscht die Maschine des Gegners in der wilden Bewegung durch das Visier. Diesen Augenblick konnten nur wenige abpassen, aber einer beherrschte es schließlich in Vollendung: Marseille. Ein knappes halbes Jahr übte er sich in dieser Kunst, und zwar nicht nur im Luftkampf: Wenn die Staffel nach einem Einsatz zurückflog, pflegte Marseille um die Kameraden herumzutoben, aus allen Lagen anzufliegen, das Visier über Motorhaube und Cockpit wandern zu lassen. Und ganz plötzlich hatte er es »gefressen«, wie er sagte. Am 24. September 1941, die deutsch-italienischen Truppen hatten die Cyrenaika bis über die libysch-ägyptische Grenze hinaus besetzt, schoß er zwischen dem Halfaja-Paß und Sidi Barrani fünf Gegner ab.
Seine besondere Spezialität war unnachahmlich: Mit gedrosseltem Motor holte er sich mitten im feindlichen Verband durch Drücken Fahrt und riß die Maschine dann hoch. Der Trick war, genau im Augenblick des Überziehens, in dem die Luftströmung über den Tragflächen abreißt und das Flugzeug unmittelbar vor dem Abkippen fast bewegungslos in der Luft hängt, den Gegner im Visier zu haben. Ein kurzer Feuerstoß, der bei Marseille eben immer im Ziel saß – und die Maschine kippt, völlig überzogen, über eine Fläche weg und ist im nächsten Augenblick aus der Reichweite und zumeist auch aus dem Blickfeld des Gegners verschwunden.
Im November warf die britische Herbstoffensive Rommel auf die Ausgangsstellung zurück. Von ständig wechselnden Feldflugplätzen starteten die Jäger. Marseille erhielt im Februar nach 48 Luftsiegen das Ritterkreuz, wurde dann Oberleutnant und Staffelkapitän. Und er wurde zu einer legendären Figur, weit über den Kriegsschauplatz hinaus.
Nach dem 125. Abschuß wurden ihm die Brillanten verliehen. Am 30. September 1942, die Front stand bei El Alamein, flog er mit seiner Staffel Begleitschutz. Drei Tage zuvor hatte er seinen 158. Gegner abgeschossen.
An diesem 30. September gab es keine Feindberührung. Auf dem Rückweg, drei Minuten Flugzeit von den deutschen Linien bei El Alamein entfernt, meldete Marseille Rauchentwicklung in seiner Maschine.
Tatsächlich, eine immer dicker werdende Fahne schwarzen Rauchs zieht sich hinter der Me 109 her. »Ich kann nichts sehen«, ruft Marseille ins Mikrofon.
Aber natürlich will er nicht über feindlichem Gebiet aussteigen; hier, wo die starren Fronten keine Chance bieten, sich hinter die eigenen Linien durchzuschlagen.
Die Staffel schließt auf, nimmt ihren Kapitän in die Mitte, gibt ihm über Funk Kurskorrekturen. In 1500 Meter Höhe überqueren sie die deutschen Linien. »Ich muß jetzt raus«, preßt Marseille hervor. Die anderen sehen, wie er die Maschine auf den Rücken legt, das Kabinendach abwirft, sich herausfallen läßt.
Aber im selben Augenblick geht die Maschine schräg nach unten weg. Der Körper schlägt gegen das Leitwerk, stürzt . . . Kein Fallschirm blüht auf. Als sie den toten Staffelkapitän finden, sehen sie es: Die Reißleine ist nicht gezogen, eine breite Wunde auf der Brust zeigt an, wo ihn das Leitwerk traf und bewußtlos schlug.

✶

Im Herbst 1942 war abzusehen, daß der immer stärker werdende Gegner der Panzerarmee Afrika bald mit furchtbarer Wucht den Durchbruch versuchen würde. Daher mußte man den Boden mit möglichst vielen und möglichst raffiniert verlegten Minen spicken. Und da war Rommel, den die technische Seite des Krieges immer faszinierte, in seinem Element. Einfache Minengürtel erschienen ihm bei weitem zu fantasielos. Was ihm vorschwebte, taufte er in einer Kommandeurbesprechung »Teufelsgärten«.
Und sie wurden teuflisch genug, diese eigenartigen Gärten. Rommel ließ sie hinter der Hauptkampflinie anlegen, damit die Pioniere wenigstens nachts relativ unbelästigt arbeiten konnten. Als die explosiven Rabatten dann fertig waren, wurde die HKL hinter sie zurückgenommen.
Und das war das System:
U-förmige Kästen von 3 bis 5 Kilometer Breite und 4 bis 6 Kilometer Länge, zum Gegner offen, wurden mit Pfählen und kräftigem Stacheldraht eingezäunt. An der Innenseite der Zäune entlang lauerten starke Panzerminen im Boden. Quer über die einladend geöffnete Frontseite zog sich ein breiter Gürtel von Tellerminen, zwei- und dreifach verlegt. Die Idee war, den Feind dadurch zu verunsichern, daß selbst nach der Räumung der ersten und zweiten Lage noch immer Minen hochgingen.
Die ganze innere Fläche aber war ein Gemisch von Fliegerbomben zwischen 100 und 500 kg, schachbrettartig verlegt, durch Fahrzeugtrümmer getarnt, mit Stolperdrähten verbunden. Eine leichte Berührung genügte, um sie hochgehen zu lassen. Dazwischen lagen wieder Tretminen, die den Entschärfungstrupps den Schneid abkauften.
Auf immer neue Tricks kamen die Pioniere. Insbesondere Beute-Granaten, die aus den eigenen Geschützen nicht zu verschießen waren, wurden in ihren Werkstätten zu Höllenmaschinen umgebaut. An den harmlos aussehenden Zaunpfählen hingen schwere Sprengladungen, die jeden Panzer zerstören konnten, der das Hindernis umwalzte.
Wer auf dem Vormarsch ein erobertes Haus leichtfertig betrat, hatte zumeist selber Schuld. Mit der Türklinke verbundene Sprengladungen galten bald als besonders phantasielos. Überall steckten Höllenmaschinen, selbst an den seltenen WC's waren oft Auslösemechanismen mit der Wasserspülung verbunden. Wer in einem der besseren Quartiere nur ein schief hängendes Bild geraderücken wollte, konnte tödliche Überraschungen erleben.
Diese makaber-schöpferische Phantasie wurde nun in die Teufelsgärten investiert.
Mitte September war Rommel mit dem Werk zufrieden. Die Tonnen raffiniert verlegten Sprengstoffs sollten schwer genug zu überwinden sein. Er gab dem ständigen Drängen seines Arztes nach, endlich seine Lebererkrankung und die chronische Entzündung der oberen Luftwege auszukurieren. Am 23. verließ er Afrika, besuchte in Italien den Duce und Marschall Cavallero im Commando Supremo. Am 25. nahm er im Führerhauptquartier den Marschallstab in Empfang. Genau einen Monat später scheuchte ihn am Semmering bei Wien eine Alarmnach-

Hart war das Los der Verwundeten an allen Fronten. In Afrika kam noch die mörderische Hitze bei Tage und die empfindliche Kälte bei Nacht hinzu. Der quälende Durst konnte zudem nicht immer gelöscht werden, wenn wie bei El Alamein das Kampfgeschehen die Versorgung fast völlig behinderte. Das Bild zeigt Operateure in einem Lazarettbunker am Südflügel der Alamein-Stellung. Immerhin waren Verwundete und Ärzte hier vor Beschuß leidlich geschützt. Nach dem britischen Durchbruch drohte aber auch ihnen Gefangenschaft.

richt auf: Montgomery war zum Großangriff angetreten. Rommels Vertreter, General der Panzertruppe Stumme, in der ersten Phase der Schlacht ums Leben gekommen. In Afrika begann der letzte Akt.
Um 20.45 Uhr am Abend des 23. Oktober 1942 brüllten gegenüber dem zehn Kilometer breiten Frontabschnitt zwischen Bir el Atash und Bir Abu Sifai fast 1000 Geschütze auf. Ein fünfstündiges Trommelfeuer, wie es bis dahin nur in den Materialschlachten des Ersten Weltkrieges vorgekommen war, pflügte die Stellungen der deutsch-italienischen Infanterie in den Abschnitten Nord und Mitte um.
Zugleich warfen Geschwader von Kampffliegern, die von ihren nahe gelegenen Plätzen mehrere Einsätze nacheinander fliegen konnten, ihre Bomben ab.
Um 22 Uhr wanderte die Feuerwalze planmäßig etwas zurück – in die Teufelsgärten. Serienweise explodierten die Minen und Fliegerbomben. Die Detonationen vereinigten sich zu einem einzigen infernalischen Brüllen.
Gebannt sahen die britischen Infanteristen in ihren Bereitstellungen hinüber in die blitzdurchzuckte Hölle aus Rauch und Staub. Ob da drüben ein einziges menschliches Wesen überhaupt am Leben bleiben konnte?
Die Nachrichtenverbindungen nach vorn wurden zerschlagen. Nur das Brüllen des Trommelfeuers sagte den Stäben, daß der Großangriff unmittelbar bevorstand. Aber wohin würde Montgomerys Stoß zielen? Von Nord nach Süd lagen die Panzerdivisionen hinter der Front: Die 15. PzDiv., die italienische »Littorio«, die 21. PzDiv. und die »Ariete«. Etwas weiter zurück an der Küstenstraße im Norden noch die 90. leichte Division. Sollte man sie zusammenziehen – oder noch abwarten?
Der Stab der Panzerarmee war ziemlich sicher, daß der Hauptstoß im Süden erfolgen würde. Alles deutete darauf hin, daß Montgomery sich den schwächeren, an die Kattara-Senke angelehnten Flügel vornehmen würde. So konnte das wilde Trommelfeuer im Norden durchaus eine Irreführung sein, zumal auch an den anderen Abschnitten eine heftige Beschießung einsetzte. Aber die Briten hatten mit rommelscher Perfektion getäuscht. Im Süden hatte »Monty« einen Nachrichtenkopf eingerichtet, der speziell für den deutschen Horchdienst einen lebhaften Funkverkehr veranstaltete.
Aber es war der Norden, wo die Infanterie des XXX. Korps in die Stellungen der Verteidiger einbrach. Aber in den zerstampften Gräben und Schützenlöchern war doch noch Leben. Im äußersten Norden, vor den Stellungen des 125. Panzergrenadierregiments, blieb der Angriff im wütenden Abwehrfeuer liegen.
Etwas weiter südlich jedoch, an der linken Flanke des Grenadierregiments 382, brachen australische und schottische Infanteristen durch und warfen italienische Einheiten aus ihren Stellungen. Sie umgingen sofort die Stellungen der 382er. Zugleich klirrten Panzer von Osten heran. Nach blutigen Kämpfen wurde ein Häufchen Überlebender, zumeist verwundet, in die Gefangenschaft geführt.
Bis zum Morgengrauen wurden im Norden so zwei Lücken in die HKL geschlagen. Trotz des Bombardements waren jedoch nicht alle Sprengladungen in den Teufelsgärten hochgegangen. Montgomerys nachdrängende Panzerverbände hatten schwere Verluste.
In den frühen Morgenstunden des 24. Oktober beschloß General Stumme angesichts des völligen Ausbleibens von Lageberichten, selbst nach dem Rechten zu sehen. Zusammen mit Oberst Büchting, dem Armeenachrichtenführer, ließ er sich im leichten Kübelwagen nach vorn fahren. Das Fahrzeug geriet in der Nähe der Einbruchstelle sofort in heftiges MG-Feuer. Ein Kopfschuß tötete Oberst Büchting. General Stumme erlag einem Herzschlag. Nur der Fahrer kam davon. General Ritter von Thoma übernahm vorübergehend den Oberbefehl.
Kurze Zeit später wurde Rommel von Generalfeldmarschall Keitel telefonisch aus dem Führerhauptquartier alarmiert. Er machte sich sofort auf den Rückflug nach Afrika. Bei einer Zwischenlandung

in Rom erwartete ihn der Deutsche General im italienischen Hauptquartier, Enno von Rintelen, auf dem Flugplatz.
»Rommel war sehr bedrückt über die von mir geschilderte Versorgungslage seiner Armee«, schrieb Rintelen später. Die Lage war in der Tat katastrophal.
Die britische Luftwaffe, nun schon verstärkt durch amerikanische schwere Bomber vom Typ »Liberator« und zweimotorige »Marauders«, hämmerte erbarmungslos auf den Nachschub für die Panzerarmee ein, zu Wasser und zu Lande. In den vier Herbstmonaten sollten die Achsenmächte einen Schiffsraum von 200 000 Tonnen verlieren, ein unersetzbarer Aderlaß. Wie immer traf es besonders die langsamen Tanker. Benzinknappheit und dauernde Jabo-Angriffe hatten dazu geführt, daß an der Front die Artilleriemunition knapp war, obwohl 20 000 Tonnen in den Häfen der Cyrenaika lagerten.
Inzwischen zerstampften Montgomerys Batterien, für die ein unerschöpflicher Strom von Nachschub den Suezkanal hinauf und nun auch schon durch das Mittelmeer kam, weiter die El-Alamein-Stellung, um die Einbrüche mit so wenig Verlusten wie möglich zu erweitern. Tausend Panzerwagen, mehr als die Hälfte nun schwere amerikanische »Shermans« und »Grants«, standen bereit, um im richtigen Augenblick die Verfolgungs- und Vernichtungsschlacht zu beginnen.
Der erste Panzer-Vorstoß blieb noch einmal stecken. Zwar rollten die Tanks rund 8 km tief ins Hinterland. Aber dort stießen sie auf Einheiten des Panzerartillerieregiments 33 von der 15. PzDiv.
Das konzentrierte Feuer stoppte sie, und im richtigen Augenblick stieß ihnen eine Panzerabteilung in die Flanke. Zu ihrem Unglück wichen die Briten in einen der intakten Teufelsgärten aus. Donnernd entluden sich die Fliegerbomben. In wilder Flucht jagten die Panzer zurück, 35 Wracks zurücklassend. Aber das Ende war absehbar.
Schon waren die Verteidiger zu schwach, um die Einbruchstellen zu bereinigen. Spritmangel verdammte die Panzer zu Bewegungslosigkeit, nur eine Reserve für äußerste Notfälle war noch in den Tanks. Dabei verfügte z. B. die 15. PzDiv. ohnehin nur noch über 35 einsatzbereite Kampfwagen.
Die 21. PzDiv. stand noch immer im Süden, noch immer wirkten Montgomerys Täuschungsmanöver nach, erwartete die Panzerarmee einen Angriff im Süden. Rommel holte sie am 27. Oktober nach Norden. In fruchtlosen Gegenstößen schmolzen die Einheiten zusammen, verbrauchten ihren kostbaren Sprit, während der Gegner mit eiskalter Präzision die ausgepowerten Verbände zusammenschlug.
Insbesondere die unheimlich wohlgezielten Teppiche der amerikanischen Marauder-Verbände, die immer exerziermäßig mit 18 Maschinen herandröhnten, unbeirrt ein Planquadrat nach dem anderen zerstampften und deshalb bei den Landsern »Sture 18« hießen, entnervten die Verteidiger. Am 2. November waren sie neun Tage ununterbrochen im Einsatz, ausgemergelt, hungrig, von Durst, Staub und Fliegen geplagt. Am Abend dieses Tages kündigte Rommel in einer eingehenden Lagebeurteilung an, er werde das Schlachtfeld räumen müssen.
In seinen Erinnerungen vermerkt Enno von Rintelen, dieser Bericht sei im Führerhauptquartier nur als »pessimistische Anwandlung« angesehen worden. In Wahrheit hatte jedoch Hitlers Gewohnheit, bis in die frühen Morgenstunden seine engeren Mitarbeiter durch Monologe zu narkotisieren und dann bis tief in den Vormittag hinein zu schlafen, die Reaktionen der Wolfsschanze gelähmt. Ebenso wie Rommels nur Stunden später abgesetzte Meldung, die Absetzbewegungen seien eingeleitet, sah Hitler den Lagebericht erst mit vielstündiger Verspätung. Dadurch kreuzten sich Rommels Funksprüche mit einem Durchhalteappell Hitlers, der als »moralische Spritze« schon seit Tagen fertig formuliert auf dem Führer-Schreibtisch gelegen hatte und nun scheinbar als Gegenbefehl beim DAK eintraf:
». . . In der Lage, in der Sie sich befinden, kann es keinen anderen Gedanken geben als auszuharren, keinen Schritt zu weichen und jede Waffe und jeden Kämpfer in die Schlacht zu werfen . . . Es wäre nicht das erstemal in der Geschichte, daß der stärkere Wille über die stärkeren Bataillone triumphierte. Ihrer Truppe aber können Sie keinen anderen Weg zeigen als den zum Siege oder zum Tode.«
Hitler fühlte sich blamiert und tobte, als endlich am späten Vormittag des 3. November Ordnung in das Chaos kam. Als Sündenbock wurde der Offizier vom Nachtdienst, ein Major, degradiert und in eine Strafeinheit gesteckt. Aber bis zum nächsten Tag widerrief Hitler den in Unkenntnis der Lage gegebenen Durchhalte-Befehl nicht. Im 3000 Kilometer entfernten Afrika stürzte diese Eitelkeit des obersten Kriegsherrn Rommel und seinen Stab in schwere Gewissenskonflikte – und kostete einen weiteren Strom von Blut. Widerstrebend gab Rommel Befehl, alle Absetzbewegungen einzustellen und bis zur letzten Patrone zu kämpfen.

Generalfeldmarschall Erwin Rommel (Rötelzeichnung). Mit der hochgeschobenen Schutzbrille und dem unvermeidlichen Fernglas wurde der »Wüstenfuchs« zur Symbolfigur. Seine trickreiche Kampfführung, sein nie sinkender Mut, die Bereitschaft, auch dem Führerhauptquartier die Stirn zu bieten, die Fairneß Gegnern wie Untergebenen gegenüber und seine persönliche Tapferkeit haben ihn als Idealgestalt ins Überlebensgroße wachsen lassen.

Zu den Trübungen des Rommelbildes gehört das Verhältnis des »Wüstenfuchses« zu seinem Vorgesetzten Generalfeldmarschall Albert Kesselring (oben: Besuch bei einer Luftwaffeneinheit in Afrika). Nach dem spektakulären Durchbruch bis in die Nähe von Alexandria schlug Rommel die Warnungen des Oberbefehlhabers Süd vor den Nachschubgefährdungen durch Malta in den Wind. Das sollte sich bitter rächen. Alle taktische und operative Kunst Rommels konnte die Ausrüstungsmängel nicht ausgleichen und schon gar nicht das dramatisch wachsende Übergewicht des Gegners. Immerhin glückte die Rückführung des Afrika-Korps durch tausend Kilometer Wüste (ganz oben: Küste bei Sollum) in den Brückenkopf Tunesien und damit die Bindung starker gegnerischer Kräfte, die so noch eine ganze Weile vom europäischen Festland ferngehalten wurden.

Die Folgen waren grauenhaft. Am Vormittag des 4. November wurden die Reste des DAK auf dem langgezogenen Sandhügel Tel el Mampsra von Montgomerys überlegenen Panzereinheiten zusammengeschossen. Südlich davon erlitt das XX. italienische Korps das gleiche Schicksal, verlor jeden einzelnen seiner schwach gepanzerten Kampfwagen im Feuer der überlegenen Shermans. Der Kommandierende General des DAK, Ritter von Thoma, in zwei Weltkriegen zwanzigmal verwundet und hoch dekoriert, geriet in Gefangenschaft, nachdem er seinen Stab weggeschickt und selbst die Verteidigung des Hügelzuges übernommen hatte. Stabschef Bayerlein sah ihn zuletzt hochaufgerichtet zwischen brennenden und zertrümmerten Fahrzeugen im Feuerhagel der heranklirrenden Feindpanzer stehen.

Kurze Zeit später bat Rommel um Zurücknahme des Durchhaltebefehls. Kesselring, der kurz zuvor aus Italien eingetroffen war und entsetzt die katastrophale Situation erkannte, unterstützte ihn in einem eigenen Funkspruch.

Und ohne die Gegenorder aus Rastenburg abzuwarten, rettete der Feldmarschall die Reste seiner Verbände.

Der Rückzug war längst im Gange, als Hitler spät in der Nacht auf die Funksprüche der beiden Feldmarschälle reagierte und Rommels Absetzbewegung billigte. Aber für eine geordnete Operation war es zu spät. Nur für einen Teil der Einheiten standen Fahrzeuge zur Verfügung – und viele davon blieben mit leeren Tanks stehen. Tausende von Soldaten wurden von Montgomerys schnellen Panzerspitzen überholt und gerieten in Gefangenschaft, insbesondere die nicht motorisierten italienischen Verbände. Mit 285 Panzern war das DAK in die Schlacht gezogen. Am 5. November waren noch 38 verwendungsfähig.

Dem Ende entgegen

Erwin Rommel mag manchmal Illusionen erlegen sein; so im Sommer 1942, als er nach der Eroberung Tobruks glaubte, zum Nil oder gar zum Persischen Golf durchstoßen zu können, ohne seinen Nachschub zuvor durch die Ausschaltung der britischen Insel Malta zu sichern. Aber gegen Ende November 1942 sah er die Situation seiner »Panzerarmee Afrika« absolut klar:

»Der Feldzug ist verloren. Afrika ist verloren. Wenn man das in Rom und Rastenburg nicht einsieht und rechtzeitig Maßnahmen zur Rettung meiner Soldaten einleitet, dann wird eine der tapfersten

deutschen Armeen in die Gefangenschaft wandern.«
Zweimal war er aus der Mersa-Brega-Stellung zwischen der Cyrenaika und Tripolitanien nach Osten aufgebrochen. Zweimal hatte ihn die britische 8. Armee auf die Ausgangsstellung zurückgejagt. Und diesmal hatte sich die Lage drastisch verschlechtert.
Rommel dachte an ein »afrikanisches Dünkirchen«, eine Evakuierungsaktion ohne schwere Waffen, die nach dem Rückzug ohnehin hauptsächlich aus Beutegerät oder ausgeleiertem, schrottreifem Material bestanden. Er wollte wenigstens die 70 000 deutschen und 80 000 italienischen Soldaten retten: »Mit ihnen können wir in Sizilien oder Südfrankreich noch Schlachten gewinnen, die totale Niederlage abwenden.«
Niederlage, total oder einfach . . . Jedenfalls ungewöhnliche Worte für einen Feldmarschall des Großdeutschen Reiches im Jahre 1942. Aber Rommel war auch der erste von ihnen, der die Folgen alliierter Luftüberlegenheit, verbunden mit einem Übergewicht an Artillerie und Panzern, zu spüren bekommen hatte. Nun beherrschte ihn nur noch ein Gedanke: Zurück nach Tripolis oder noch besser nach Tunis, um auf dem kürzesten Seeweg zwischen Nordafrika und Sizilien zu retten, was zu retten war.
Und es war Eile geboten. Ein neuer Feind stand in Afrika, noch weit im Westen, aber schon im Vordringen Richtung Tunis. Unter US-General Dwight D. Eisenhower waren am 8. November 1942 80 000 amerikanische und 25 000 britische Soldaten in Marokko und Algerien gelandet.
Schon im Dezember 1941, als er unmittelbar nach Amerikas Kriegseintritt auf dem Wege nach Washington war, hatte Winston Churchill in drei Exposés für seinen neuen Waffengefährten Roosevelt eine Art Fahrplan der Zukunft aufgestellt. Als wichtigstes Ziel führte er darin die Rückkehr auf das europäische Festland auf; vorher aber müßten die Alliierten die nordafrikanische Küste »von Dakar bis zur Levante« in ihre Hand bekommen.
Als er im August 1942 Stalin in Moskau besuchte, stand die Invasion Nordafrikas, das Unternehmen »Torch« (Fackel), unmittelbar bevor. Der sowjetische Diktator forderte seit langem von seinem angloamerikanischen Verbündeten die Errichtung einer zweiten Front in Europa, um seine hart bedrängte Rote Armee zu entlasten. Churchill mußte ihm beibringen, daß daraus vorerst nichts werden konnte. Stalin verhehlte seine Enttäuschung nicht und wurde erst wieder aufmerksam, als Churchill von der bevorstehenden Landung in Nordafrika sprach. »Wenn wir um das Jahresende im Besitz Nordafrikas sind, können wir das Hitlersche Europa am Bauch bedrohen«, sagte Churchill und zeichnete, von seiner eigenen Idee mitgerissen, das europäische Festland stilisiert als Krokodil.
»So«, sagte er, »so wollen wir gleichzeitig den weichen Bauch und die harte Schnauze der Bestie angreifen!«
Das war ein Spruch nach dem Herzen des Diktators, und er wurde geradezu religiös: »Möge Gott dieses Unternehmen segnen«, sagte Stalin.
Schließlich beunruhigten ihn nur noch die politischen Auswirkungen auf Rest-Frankreich; immerhin gehörten Marokko, Algerien und Tunesien zum französischen Kolonialreich und waren von Truppen der Vichy-Regierung besetzt. Aber Churchill beruhigte ihn und sagte, de Gaulle werde an diesem Unternehmen nicht beteiligt; Vichy-Franzosen würden vielleicht auf Gaullisten schießen, aber kaum auf Amerikaner.
Hier irrte Churchill.
Bekanntlich hatte sich die französische Regierung unter Marschall Pétain nach dem Zusammenbruch zu wohlwollender Neutralität gegenüber Deutschland entschlossen. Als Gegenleistung durfte sie im unbesetzten Südfrankreich regieren und die überseeischen Besitzungen behalten. So standen in den nordafrikanischen Garnisonen noch intakte französische Divisionen.
Trotzdem brauchten die Alliierten nicht mit Widerstand zu rechnen, denn sie hatten vorher mit dem französischen Oberbefehlshaber in Algier, General Juin, Verbindung aufgenommen und ihn für sich gewonnen. Aber ein krankes Kind machte ihnen einen Strich durch die Rechnung. Unmittelbar vor der Landung der anglo-amerikanischen Truppen flog der Oberbefehlshaber der Vichy-Truppen, Admiral Darlan, überraschend nach Algier: Sein Sohn war dort an Kinderlähmung erkrankt. Als ranghöchster Offizier am Platz war nun er anstelle von Juin Befehlshaber, als die alliierte Armada am 8. November vor der nordafrikanischen Küste auftauchte. Und Darlan gehörte zu den wenigen, die sich aus Überzeugung und nicht nur der Not gehorchend an der deutsch-französischen Kollaboration beteiligten.
Er gab sofort Feuerbefehl. Den angloamerikanischen Einheiten, die für den erwarteten freudigen Empfang ihre Musikkapellen mitgebracht hatten, schlug wütendes Feuer entgegen. In Algier sanken zwei britische Zerstörer bei dem Versuch, Truppen zur Eroberung der Hafenanlagen an Land zu setzen, im Nahfeuer der Küstenbatterien. Das gleiche Schicksal erlitten zwei kleinere britische Kriegsschiffe in Oran. Auch in Casablanca kam es zu heftigen Gefechten.
Die meisten französischen Kommandeure waren in einem gräßlichen Gewissenskonflikt. Viele fühlten sich innerlich weit eher den Alliierten als den Achsenmächten verbunden. Aber da waren die eindeutigen Befehle ihres rechtmäßigen obersten Vorgesetzten. Dieser änderte allerdings seine Haltung verblüffend schnell.
Am 10. November gab er nach einem Gespräch mit dem US-Generalkonsul in Algier, Murphy, und dem von Eisenhower entsandten General Clark den Befehl zur Feuereinstellung. Darlan befand sich zu dieser Zeit in der Gewalt der Amerikaner. Was vorangegangen war, ist nie genau bekanntgeworden. Der wichtigste Zeuge, Darlan selbst, wurde am 24. Dezember von einem jugendlichen Attentäter ermordet. Diesen wiederum ließ der gaullistische General Giraud 48 Stunden nach der Tat ohne Gerichtsverhandlung erschießen. Nur einen kleinen Luftsprung von Sizilien entfernt, angrenzend an das von Rommels Panzerarmee beherrschte Tripolitanien, saß in Tunis der französische Generalresident Admiral Estéva. Als treuer Parteigänger der Vichy-Regierung ließ er seine Truppen Gewehr bei Fuß stehen, als am 9. November die ersten Transportmaschinen mit deutschen Soldaten auf dem Flugplatz von Tunis, El Aouina, landeten. Damit begann ein merkwürdiger Feldzug der Improvisationen. Kleine, hastig zusammengekratzte und nach Afrika geworfene Einheiten gewannen den »Wettlauf nach Tunesien«, hielten Rommels bedrängter Panzerarmee den Rücken frei.
Schon die Geographie bestimmte Tunesien zum letztmöglichen Bollwerk gegen die von Westen heranrückenden Truppen Eisenhowers. Die Westgrenze des Landes zieht sich durch die rauhe Landschaft der beiden Atlas-Höhenzüge, bevor deren Ausläufer sich herabsenken in das flache Küstenland zwischen Biserta–Tunis und Sfax im Süden. Noch etwas weiter südlich, wo ein Mittelmeer-Golf weit ins Land hineinspringt und das flache Hinterland am Fuße des Atlas keine natürlichen Barrieren bietet, liegt die Stadt Gabes. Um diesen wichtigen Ort zu erobern, ohne den keine Verbindung zwischen Tunesien und Rommels Truppen in Tripolitanien herzustellen war, konnte die deutsche Führung in diesen ersten, wilden Tagen nichts weiter als einen Fallschirmjäger-Radfahrzug und die 3. Wachkompanie des OB Süd

Die britische Luftwaffe beherrschte den Himmel über Afrika und stürzte sich immer wieder auf die deutschen Kolonnen, gönnte ihnen keine Atempause. Die vorrückenden Soldaten der 8. britischen Armee konnten zahllose Wracks deutscher Kampfwagen bestaunen wie hier einen Panzer IV, neben dem ein gefallenes Besatzungsmitglied liegt.

ansetzen. Wie das Unternehmen trotzdem mit Glück und frecher Stirn gelang, das illustriert die Situation am besten:
In Gabes lagen Einheiten des französischen Generals Barré. Ihre Haltung gegenüber den Deutschen wurde zu dieser Zeit immer feindseliger. Die zwölf Ju-52-Transporter, mit denen die kleine Streitmacht samt Fahrrädern den Flugplatz Gabes ansteuerte, gerieten prompt in heftiges MG-Feuer und wurden zersprengt. Nur die Maschinen mit den radfahrenden Fallschirmjägern blieben beisammen. Die Piloten suchten sich einen Landeplatz in der Niederung westlich der Straße Sfax–Gabes.
Ein Spähtrupp strampelte los, stieß auf französische Spähwagen und mußte ohne Räder ins Gelände türmen. Ein zweiter Trupp, sieben Mann unter dem Gefreiten Beder, wurde gefangen und dem französischen Kommandeur vorgeführt.
Der Gefreite wählte die Flucht nach vorn: »Ich soll Ihnen mitteilen, daß der Flugplatz zu übergeben ist. Andernfalls erfolgt morgen früh ein Stuka-Angriff!«
»Wir werden sehen«, sagte der Franzose. »Wenn morgen früh keine Flugzeuge kommen, lasse ich euch erschießen.«
Den Jägern war nicht gut zumute, als sie am anderen Morgen aus ihrem Gefängnis geholt wurden. Aber plötzlich dröhnten schwere Flugzeugmotoren, der französische Major stürzte sich mit seinen Männern in die Fahrzeuge und brauste davon. So sahen sie nicht mehr, daß keine Stukas, sondern harmlose dicke Ju's angebrummt kamen. Sie brachten Verstärkung. Erleichtert feuerte der Gefreite Beder weiß-grün-weiße Leuchtkugeln: Der Platz ist feindfrei.
Als drei Tage später die ersten US-Panzer auftauchten, konnten die Fallschirmjäger sie bis zum Eintreffen von zwei Bataillonen der italienischen Division Superga aufhalten.
Zu dieser Zeit, Mitte November, waren zwar noch nicht viele Einheiten, aber immerhin schon ein General in Tunesien eingetroffen: Walther Nehring, der frühere Kommandierende des Deutschen Afrika-Korps, kaum von seiner schweren Verwundung genesen. Seine Truppe hieß offiziell »LXXXX. Armeekorps«, hatte aber nicht einmal Divisionsstärke. Damit besetzte er, zumeist nach Art des Gabes-Unternehmens, den Kern des nördlichen Tunesien, mit den wichtigen Häfen Tunis und Biserta, den Pässen und Tunnels durch den Atlas in Richtung Westen, die Niederung entlang der Küstenlinie zur libyschen Grenze.
Am 24. November trafen sich drei Marschälle am »Arco dei Filani«, dem Wüstentor zwischen Tripolitanien und der Cyrenaika: Cavallero überbrachte Rommel den Befehl Mussolinis, die Mersa-Brega-Stellung unter allen Umständen zu halten. Rommel forderte statt dessen die Räumung Tripolitaniens. Kesselring versuchte vergeblich zu vermitteln. Sie wurden sich nicht einig. Vier Tage später saß Rommel in seiner He 111, die mit Nordkurs über das Mittelmeer zog. Er flog unangemeldet zu Hitler, wollte ihm die Räumung Afrikas abringen.
Hitler und Göring empfingen den Generalfeldmarschall in der »Wolfsschanze« bei Rastenburg.
Der Reichsmarschall unterbrach Rommels Vortrag mit höhnischen Bemerkungen. »Der Benzin-Nachschub klappt nicht? Aber Sie hatten doch Sprit genug, um in wilder Flucht die Küstenstraße hinunterzurasen! Munition knapp? Aber Sie haben Zehntausende Artilleriegranaten in Tobruk liegenlassen! Keine Waffen? Auf der Flucht weggeschmissen habt ihr sie . . .«
Zornrot wollte Rommel erwidern, aber Hitler schaltete sich ein: Nordafrika wird verteidigt, nicht geräumt. Das ist ein Befehl, Herr Feldmarschall.«
Ein Befehl . . . Das magische Wort, das wie eine Berührung mit dem Zauberstab aus erwachsenen Männern Marionetten macht!
Rommel fuhr gehorsam zurück, diesmal im Sonderzug Görings, der in Italien »nach dem Rechten sehen« und den Duce beruhigen wollte, der sich durch Rommels direkte Kontaktaufnahme mit dem Führerhauptquartier übergangen fühlte. Göring, der den Italienern schon bei früheren Besuchen durch sein selbst für ihre Begriffe großspuriges Auftreten auf die Nerven gegangen war, stiftete auch diesmal nichts als Konfusion.
Auch er konnte nicht mehr heranschaffen, was allein eine gewisse Chance für die Truppen der Achsenmächte in Afrika gebracht hätte: Eine starke Luftstreitmacht, um Malta niederzuhalten, wenigstens auf dem 150-km-Katzensprung zwischen Sizilien und Tunis den Nachschub zu sichern und zugleich die Alliierten auf dem afrikanischen Festland daran zu hindern, endgültig die Luftherrschaft zu übernehmen. Er konnte es nicht, ebensowenig wie er Stalingrad aus der Luft versorgen konnte, wie er versprochen hatte. Dort begann um diese Zeit das Sterben einer Armee. In Afrika sollte es auch bald beginnen.
Nur wenige Tage nach der Unterredung mit Rommel, am 3. Dezember 1942, ließ Hitler Generaloberst von Arnim und Generalleutnant Ziegler von der Ostfront in sein Hauptquartier kommen. Er ernannte Arnim zum Oberbefehlshaber, Ziegler zu seinem ständig bevollmächtigten Vertreter. Als die beiden Generäle nach Afrika abreisten, kam ihnen ihre neue Aufgabe keineswegs wie ein Himmelfahrtskommando vor. Denn sie nahmen Versprechungen mit, die man nach Lage der Dinge nur als schamlos bezeichnen kann.

Drei Panzerdivisionen und drei motorisierte Schützendivisionen würden nach Tunesien in Marsch gesetzt, versprach Keitel in Gegenwart Hitlers. Generalleutnant Ziegler sah sofort den Pferdefuß: »Ist der Nachschub für eine solche Anzahl von Divisionen über das Mittelmeer gesichert?«

»Selbstverständlich«, antwortete Hitler. Man kann es den Generälen nicht verdenken, daß sie unter diesen Umständen die Chance sahen, Eisenhowers Verbände zurückzudrängen oder sogar aus Afrika zu verjagen. Noch immer war die Überlegenheit der anglo-amerikanischen Luftwaffe nicht voll zu spüren, denn der große Regen hatte noch nicht aufgehört, die improvisierten Flugplätze der Alliierten in Frontnähe waren unbenutzbare Moräste. So wurde die Eroberung von Tunis und Biserta, die Eisenhower zunächst für eine Sache von Tagen gehalten hatte, zu einem vorerst unlösbaren Problem. Im Gegenteil: Deutsche Gegenstöße warfen im Dezember britische Einheiten, die sich bei Djedeida bis auf 20 km an Tunis herangekämpft hatten, auf Medjez zurück. Am Weihnachtsabend beschloß Eisenhower nach einer Konferenz mit seinen Kommandeuren, alle Offensivpläne für den Augenblick aufzugeben und nur das eroberte Gebiet, insbesondere die vorgeschobenen Flugplätze, zu behaupten.

Im Osten jedoch, an Rommels Front gegen Montgomery, wurde die deutsch-italienische Panzerarmee am 13. Dezember aus ihrer Stellung bei Mersa Brega geworfen. Wieder einmal entgingen die zusammengeschmolzenen Einheiten nur knapp der Einkesselung, erlitten sie blutige Verluste durch die allgegenwärtigen Schlachtflieger und Jabos. Auf halbem Wege nach Tripolis, in Buerat, bildeten sie am Jahresende wieder eine geordnete Verteidigungslinie, links begrenzt durch das Meer, rechts gedeckt durch das schwer passierbare Bergland. Aber unerbittlich rückte Montgomerys perfekte Kriegsmaschinerie nach.

Immerhin bekam der Brückenkopf Tunesien Verstärkung: Die 10. PzDiv., teilweise ausgerüstet mit den gefürchteten Tiger-Panzern mit 8,8-cm-Kanone; die 334. Infanteriedivision und Teile der Division »Hermann Göring«. Aber immer noch war es reichlich vermessen, daß General von Arnims Truppe »5. Panzerarmee« genannt wurde . . .

Im Laufe des Monats Januar jedoch wurde Rommels »Panzerarmee Afrika« aus Libyen und über die tunesische Grenze gedrückt. Am 15. Januar mußte die Buerat-Stellung unter dem Druck von Montgomerys 8. Armee geräumt werden. Eine Woche später fiel mit Tripolis der letzte Hafen der italienischen Kolonie. Dezimiert und erschöpft, aber immer noch in guter Ordnung gingen die Verbände über die Grenze, die ein halbes Jahr zuvor noch nach Rommels Worten »die Hand am Türdrücker von Alexandria« gehabt hatten: Die Panzerdivisionen 15 und 21, die 90. und die 164. Leichte. Aus sieben zerschlagenen italienischen Divisionen bildete Rommel drei neue. Diese Einheiten besetzten nun die Mareth-Stellung, eine von den Franzosen zum Schutz gegen italienische Einfälle schon vor dem Krieg ausgebaute Verteidigungsstellung.

Angesichts des Kräfteverhältnisses ist es heute schwer vorstellbar, daß es der mächtigen alliierten Streitmacht nicht einmal gelang, die beiden deutschen Armeen durch einen konzentrierten Stoß zum Meer, etwa an der Enge zwischen Gafsa und dem Golf von Gabes, voneinander zu trennen.

Anfang Februar schien es soweit zu sein: Beim Stab der 5. Armee häuften sich Meldungen über Truppenkonzentrationen der Amerikaner im Raum Tebessa–Sbeitla und Sidi bou Zid. Das konnte nur bedeuten, daß Eisenhower endlich durch einen kräftigen Stoß nach Osten das Mittelmeer erreichen und die Achsenstreitkräfte spalten wollte.

Generaloberst von Arnim und sein Stab beschlossen, dem gegnerischen Schlag zuvorzukommen. Das Unternehmen »Frühlingswind« wurde konzipiert: Unter Führung von Generalleutnant Ziegler sollten starke Panzer- und Panzergrenadier-Kräfte nach Westen in die Bereitstellungsräume der Amerikaner stoßen und dann nach Norden drehen, um Eisenhowers Front aufzurollen.

Speerspitze des Angriffs sollten die Tiger der 10. PzDiv. sein, die den Weg freikämpfen sollten. Außer den übrigen Einheiten der 10. war ein alterprobter Afrika-Verband dabei: Die 21. PzDiv., die nach der Räumung der Buerat-Linie als erste die libysch-tunesische Grenze überschritten hatte und in den Befehlsbereich des 5. AOK gekommen war.

Denn obwohl die beiden Armeen nun auf

Panikartiges Entsetzen erfaßte die amerikanischen und britischen Soldaten in Tunesien, wenn der Schreckensruf »Tiger, Tiger!« erscholl. Erstmals begegneten die Westalliierten diesem Giganten (links) mit der 8,8-cm-Kanone, deren Geschosse die Panzerungen der alliierten Tanks glatt durchschlugen. Die Tiger selbst dagegen schienen gegen Beschuß immun, wenn nicht schwere Geschütze in direktem Feuer die Ungetüme zum Stehen brachten. Panzerleichen pflasterten den Weg der Tigergruppen (ganz oben: US-Kampfwagen), die wegen zu geringer Zahl aber keinen durchschlagenden Erfolg erzielten. Auch fehlte es ihnen an Ersatzteilen. Die wenigen mobilen Reparaturwerkstätten (oben) waren im afrikanischen Endkampf hoffnungslos überfordert.

Tuchfühlung zusammengerückt waren und vom Gegner kaum mehr die Luft bekommen würden, um wieder auseinanderzustreben, waren immer noch keine einheitlichen Befehlsstrukturen hergestellt: Generaloberst von Arnim befehligte im Westen seine 5. Armee, Generalfeldmarschall Rommel im Osten seine Panzerarmee.

Das führte zu einem merkwürdigen Zwischenfall, typisch für Rommel, aber wohl einmalig in der Kriegsgeschichte. Kaum waren Ziegler und der für »Frühlingswind« abgestellte Stab aus dem AOK 5 auf ihrem Gefechtsstand in La Fauconnerie eingetroffen, da nahm der Generalfeldmarschall Verbindung mit ihnen auf. Er bot an, mit Verbänden des DAK aus der Mareth-Stellung die geplante Offensive zu unterstützen.

Rommel hatte dabei seine Hintergedanken. Er, der Afrika schon verloren gegeben hatte, favorisierte gleichwohl einen Plan, der über die Absichten der 5. Armee weit hinausging und, im Stil seiner gefürchteten »Raids« in der Cyrenaika, Eisenhowers Invasionsarmee einen schweren Schlag versetzen und für geraume Zeit das Kräfteverhältnis in Tunesien ändern sollte: Nicht nur im engen Bogen die Front nach Norden aufrollen, sondern weit hinter dem gegnerischen Gros zur Mittelmeerküste durchstoßen sollten die Panzerdivisionen. Eisenhowers Front würde in einem Chaos untergehen, wenn die Truppen im tunesischen Bergland von ihren algerischen Nachschub-Häfen abgeschnitten wären, sagte sich Rommel. Gegen diesen kühnen Plan setzte sich aber Generaloberst von Arnim mit dem einleuchtenden Argument durch, daß man dafür zunächst einmal selbst eine funktionierende Versorgung haben müßte. Und davon konnte nun wirklich nicht mehr die Rede sein.

Das italienische Commando Supremo hielt zudem eisern an den vorher festgelegten Operationsgebieten fest: Danach hatte Rommels Panzerarmee Afrika nördlich des 34. Breitengrades nichts zu suchen, dort operierte laut Plan nur Arnims 5. Armee. So standen auch die letzten Offensiv-Aktionen der Achsenmächte in Nordafrika unter dem Vorzeichen versteckter Rivalitäten, während der Landser kämpfte und starb.

Der 34. Breitengrad, der knapp nördlich Gabes verläuft, sollte indes nicht mehr lange diese schicksalhafte Bedeutung haben. Ironischerweise war es das zunächst gute Gelingen seines Unternehmens »Frühlingswind«, durch das Generaloberst von Arnim und sein Angriffsstab die Führungskompetenz verloren.

Am 14. Februar morgens um 4 Uhr stürmten die 10. und 21. PzDiv. über den Faid-Paß nach Westen. Die gewaltigen Tiger, 56 bis 60 Tonnen schwer, ursprünglich zum Übertrumpfen der sowjetischen T 34 konstruiert, brachen durch die entsetzten amerikanischen Truppen. Nach elf Stunden Kampf war das II. US-Panzerkorps bei Sidi bou Zid eingeschlossen. 68 US-Panzer blieben auf der Strecke.

Der nächste Tag brachte für die Alliierten eine noch schwerere Niederlage. Die 1. US-PzDiv. versuchte gegen Zieglers planmäßig nach Norden schwenkende Panzerkeile einen Gegenstoß. Am Abend waren 165 Panzer oder gepanzerte Fahrzeuge zerstört, 2000 GI's marschierten in die Gefangenschaft.

Das alliierte Oberkommando, das den Stoß erheblich weiter nördlich in Richtung auf Fondouk erwartet hatte, machte sich nun Sorgen um die Einheiten im Gebiet von Gafsa. Im Norden hatten Zieglers, Truppen sie überflügelt, im Süden lagen unpassierbare Salzseen. Sie wurden deshalb zurückgezogen. Rommel, der trotz des ominösen 34. Breitengrades Teile der 164. und 15. Panzerdivision sowie schwere Artillerie als Stoßdivision bereitgestellt hatte, stieß sofort nach. Am 16. Februar stürmten die DAK-Einheiten Richtung Tebessa.

Commando Supremo und OKW glaubten nun plötzlich, an Rommels kühnem Plan könne doch etwas dran sein. Mitten in der Nacht wurden ihm die 10. und 21. PzDiv. unterstellt, Ziegler samt Stab nach Tunis zurückgeschickt.

Aber ein Angriff im Bergland, selbst gegen die unerfahrenen Truppen Eisenhowers, ist etwas anderes als schnelle Operationen in der weiten Wüste. In tagelangen, zermürbenden Kämpfen schob sich die geballte Kraft von drei deutschen und einer italienischen Division über den Kasserine-Paß, das Tor zum tunesischen Bergland. Zwar gab es bei den angloamerikanischen Verbänden und Stäben westlich der Paßhöhe eine Panik, als der Durchbruch am Nachmittag des 20. Februar endlich gelungen war. Aber schon zwei Tage später mußte Rommel, trotz weiterer Geländegewinne, die bittere Wahrheit erkennen: Es reichte nicht.

Schon war es Leichtsinn, die von Panzern und Artillerie fast völlig entblößte Mareth-Stellung vor der Nase von Montgomerys sich wieder sammelnder 8. Armee liegen zu lassen. Rommel brach die Offensive ab.

Am nächsten Tage erhielt Rommel den Oberbefehl über die neue »Heeresgruppe Afrika«, die aus der 5. Panzerarmee und der deutsch-italienischen Panzerarmee zusammengefaßt wurde. Darin lag keine Brüskierung des Generalobersten von Arnim, denn von vornherein wurde festgelegt, daß dieser den Oberbefehl von Rommel übernehmen sollte. Der Generalfeldmarschall sollte innerhalb der nächsten Wochen eine längst fällige Kur antreten.

Gesprächspartner Rommels aus dieser Zeit berichten, daß er das Schicksal seiner Heeresgruppe klar voraussah: Etwa bis Mitte Mai würde sie Widerstand leisten können, länger nicht. Jeder Angriff und damit jeder Versuch, durch das Blut seiner Soldaten bessere Ausgangspositionen für die bevorstehenden Kämpfe zu erringen, konnte also nur das unausweichliche Ende hinausschieben. Schaurige Entscheidungen . . . Die Tatsache, daß er selbst nicht mehr dabeisein würde, hat die Situation für einen Mann wie Rommel, der sich selbst nie etwas geschenkt hat, sicherlich nicht erleichtert.

Er verantwortete noch zwei Offensiven, bevor er Afrika für immer verließ. Sie brachten den Achsen-Streitkräften keinerlei Vorteile.

Das Unternehmen »Ochsenkopf« sollte dazu dienen, im südlichen Bereich der Tunis-Front einige für die Verteidigung wichtige Höhenzüge zu besetzen, eine von Eisenhowers Nachschubstraßen zu unterbrechen sowie im Norden bei Abiod die Front in eine panzersichere Stellung vorzuschieben. Die Offensive begann am 26. Februar und brachte zunächst einige Anfangserfolge. Die Überraschung half den viel schwächeren Angreifern.

Aber dann begann die zweite Regenzeit des Jahres 1943. Verheerende Wassermassen stürzten die Wadis hinunter. Die Straßen wurden zu grundlosen Morästen. Insbesondere die schweren Tiger wurden so auf die wenigen festeren Pisten gezwungen. Das führte in der Gegend von Beja zu einer Katastrophe.

Eine Tiger-Einheit, verstärkt durch einige Panzer IV, fuhr sich im Gelände fest und mußte sich auf die Straße zurückquälen. Plötzlich erfaßte Pakfeuer aus der Flanke die in ihren Bewegungen behinderten Stahl-Kolosse. Mehrere Panzer wurden abgeschossen.

Am nächsten Tag rollten die übrigen wieder vor. Tiefflieger und schwere Artillerie forderten erneut schwere Verluste. Und am 28. Februar vollendete eine Minen-Falle die Tragödie: Sieben der unersetzlichen Giganten gingen kurz nacheinander verloren.

Es blieb nicht viel anderes übrig, als den Sturm des übermächtigen Feindes abzuwarten und seine Haut so teuer wie möglich zu verkaufen. Kaum einen Monat war es her, daß die Katastrophe von Stalingrad eine Viertelmillion deutscher Soldaten gekostet hatte. Doch Hitler und Mussolini schickten noch kurz vor dem endgültigen Zusammenbruch Soldaten nach »Tunisgrad«, wie es bald heißen sollte. Allein 40 000 Mann wurden von Dezember bis März auf dem Luftweg herüberge-

Sechs Wochen sah der alliierte Operationsplan für die Eroberung Nordafrikas vor. Sechs Monate wurden es. Mit dem Mute der Verzweiflung stemmte sich die deutsch-italienische Heeresgruppe Afrika gegen den vielfach überlegenen Gegner. Sie verlor die letzte Schlacht in Tunesien schließlich wie so viele andere an der Nachschubfront. Aus Munitionsmangel und ohne Sprit mußte sie oft ohne Gegenwehr weichen und sogar ihre letzten kostbaren schweren Geschütze sprengen (Bild: Wrack einer 8,8-cm-Flak). Die Bilanz nach fast drei afrikanischen Kriegsjahren: Die Achsenmächte verloren 7600 Flugzeuge, 6200 Geschütze, 2550 Panzer, 70000 Lkw, 624 Schiffe.

bracht. Ungezählte kamen ums Leben, darunter der Kommandeur der 999. Inf. Div., einer berüchtigten Bewährungseinheit.

Anfang März machte sich die deutsch-italienische Panzerarmee zu ihrer letzten Offensive fertig. Noch einmal hatte Rommel sich entschlossen, nicht auf den Angriff der 8. Armee zu warten, sondern lieber ihren Aufmarsch zu zerschlagen. Aber nicht einmal mehr der Aufschub, den das Gelingen einer solchen Operation gebracht hätte, war den Achsen-Streitkräften vergönnt.

Fast alles, was Rommel in diesem Bereich aufbieten konnte, trat am 6. März zum Angriff an: die 10., 15. und 21. PzDiv., die italienische PzDiv. Ariete, dazu die beiden leichten Divisionen und die Heeresartillerie, die den Angriff mit einem gewaltigen Schlag eröffnete. Dann rasselten die Panzer vor; keine der Divisionen hatte noch mehr als 50 Prozent ihrer Sollstärke, aber alle zusammen ergaben noch einmal ein eindrucksvolles Bild militärischer Kraft. Daß ein großer Teil des Sprits in ihren Tanks in winzigen Mengen in den Bombenschächten von Kampfflugzeugen über das Mittelmeer gebracht worden war, weil kaum ein anderes Transportmittel noch eine echte Chance hatte, sah man natürlich nicht. Aber es kennzeichnete die hoffnungslose Situation.

Schon kurz nach der Eröffnung der Offensive waren die britischen Tiefflieger da, jagten ihre Bomben und ihr Bordwaffenfeuer auf die Panzer, die Grenadiere, die Geschützbedienungen. Und dann erhob sich vor den Fahrzeugen eine Feuerwand, vernichtend und undurchdringlich. Mehr als 40 Batterien Artillerie schleuderten den Angreifern ihre Geschosse entgegen. Die andere Seite kannte keinen Mangel. Der steinige Boden vervielfachte die Splitterwirkung der Bomben und Granaten.

Innerhalb von Stunden lagen 55 deutsche Panzer als Wracks auf dem Schlachtfeld. Drei Nebelwerfer-Batterien, deren Raketengeschosse die feindliche Artillerie niederkämpfen sollten, wurden von Jabos zusammengeschossen. Am Nachmittag um 16 Uhr brach Rommel den Angriff ab. Drei Tage später flog er nach Deutschland zurück. Im Führerhauptquartier versuchte er vergebens, Rettungsmaßnahmen für die Heeresgruppe durchzusetzen. Hitler hörte ihn nicht an und befahl ihm, sofort seine Kur anzutreten.

Der letzte Akt brach an, nur die Diktatoren in Rom und Rastenburg merkten es nicht. Sie warfen noch Menschen hinein in die alles verschlingende Maschinerie des Krieges, als die Existenz der Heeresgruppe Afrika nur noch eine Frage von Tagen oder höchstens Wochen war. Ein kriegsstarkes Ersatzbataillon Panzergrenadiere sollte im April auf drei italienischen Zerstörern nach Tunis gebracht werden. Die Schiffe wurden torpediert, aus der stürmischen See wurden ganze sechs Mann gefischt. Direkt aus italienischen Transportmaschinen, die unter Beschuß bruchlandeten, gingen noch in den letzten Tagen Teile einer Marschkompanie in Gefangenschaft.

Schwärme von alliierten Jagdflugzeugen stürzten sich auf die Transportmaschinen. Zwischen dem 18. und dem 22. April wurden an die hundert deutsch-italienische Flugzeuge abgeschossen, die meisten mit Benzin beladen. Danach wurden Versorgungsflüge nur noch bei Nacht durchgeführt. Es spielte ohnehin keine Rolle mehr, die Versorgung war längst zusammengebrochen. Es war nicht einmal ein halbes Jahr her, daß Hitler auf Generalleutnant Zieglers Frage nach der Sicherung des Nachschubs so großspurig »selbstverständlich« gesagt hatte . . .

Der Brückenkopf schmolz zusammen, von weit überlegenen Erdtruppen bedrängt, unbarmherzig aus der Luft zusammengeschlagen.

In ihrer aussichtslosen Lage verteidigten sich die deutsch-italienischen Verbände mit verzweifelter Tapferkeit. Am 6. Mai 1943 traten die alliierten Truppen zum Endangriff an. Nur eine Zahl genügt, um die Hölle anzudeuten, die über die Verteidiger hereinbrach: Die alliierte Luftwaffe machte an diesem einzigen Tag 2500 Starts. Von den zerschlagenen Flugfeldern im Brückenkopf stieg ganze sechzigmal ein Flugzeug auf.

Der Endkampf dauerte noch bis zum 13. Mai. Einheit auf Einheit verfeuerte die letzte Munition und streckte die Waffen. Als der letzte Schuß abgefeuert war, hatten rund 100 000 Soldaten aller Nationen auf dem afrikanischen Kriegsschauplatz ihr Leben verloren.

130 000 deutsche und 180 000 italienische Soldaten marschierten in die Gefangenschaft. Europas »weicher Bauch« lag fast schutzlos da. Die Faust war schon geballt, die ihn treffen sollte.

Wunderkanone Acht-acht

Die 8,8-cm-Flugabwehrkanone, im Landserjargon »Acht-acht« genannt, war eine Vielzweckwaffe, die sich auch in den ungewöhnlichsten Einsätzen bewährte. Hier ein Porträt dieses Geschützes, dessen Entwicklungsgeschichte bis zum Krieg von 1870/71 zurückreicht.

Immer wieder stiegen während des deutsch-französischen Krieges von 1870 Freiballons aus dem belagerten Paris auf und schwebten lautlos über den Einschließungsring der deutschen Truppen hinweg.
Eilends versahen die deutschen Krupp-Werke ihre soeben fertig entwickelte 3,7-cm-Kanone mit einer Säulenlafette und setzten sie auf einen pferdebespannten Plattformwagen. Am 12. 11. 1870 gelang einer der beiden eingesetzten »Bak« (Ballon-Abwehr-Kanone) der erste Abschuß – bei insgesamt 66 französischen Ballonstarts. Die »Bak« von 1870 wurde zur Urgroßmutter der legendären 8,8-cm-Flak (Flak = Flugabwehrkanone) – der Wunderkanone des Zweiten Weltkrieges.
Im Ersten Weltkrieg nämlich baute Krupp ab 1916 die 8,8-Kraftwagen-Bak. Ihre Weiterentwicklung als 8,8-cm-Flak 18 auf Kreuzlafette bewährte sich im Spanienkrieg und noch im Zweiten Weltkrieg gegen Flugzeuge und Panzer. Gründlich umkonstruiert und wesentlich verbessert entstanden aus dem Modell 18 dann 8,8-cm-Kanonen der Modelle 36 und 37, schließlich die Flak 41 und 43, die ihre Vorgänger leistungsmäßig noch weit übertrafen. Während die Flak 37 bis in 9750 Meter Höhe und auf eine Entfernung bis 14800 Meter schoß, reichte die Flak 41 bis 14930 Meter hoch und 19700 Meter weit. Doch zwei verhängnisvolle Entscheidungen hielten die Produktion des Typs 41 für längere Zeit auf: Weil die Flak 41 mehr Arbeitsstunden und Material kostete als die bisherigen Modelle, stoppte ein Befehl Hitlers die Produktion bis ins Jahr 1943 hinein. Außerdem ordnete das Rüstungsministerium 1943 an, daß 75 Prozent der 8,8-Flak ortsfest versockelt werden sollten, um das Material für die Lafetten zu sparen. Es stellte sich aber hinterher heraus, daß die Eisenbetonsockel weit mehr Material erforderten als Kreuzlafetten und Fahrgestelle. Große Teile der Flakverbände aber waren unbeweglich geworden – angreifende Feindbomber umflogen nunmehr die Flak-Konzentration. Dennoch: Die 8,8-Flak war das vielseitigste und vom Feind am meisten gefürchtete Geschütz des Zweiten Weltkrieges. Bereits zu Kriegsbeginn stellte sich heraus, daß sich der Anwendungsbereich der 8,8-Flak – die im Frontjargon nur die »Acht-acht« genannt wurde – keineswegs in der Flugzeugabwehr erschöpfte. So vernichtete das 1. Flakkorps der Luftwaffe im Frankreich-Feldzug: 372 Flugzeuge in der Luft, 252 Flugzeuge am Boden, 47 Panzer, 30 Bunker, 1 Kriegsschiff. Niedergekämpft wurden zahlreiche Feldstellungen, Beobachtungsstellen, Maschinengewehr-Nester, Batterien und marschierende Kolonnen. Außerdem wurden Treffer auf 12 Kriegsschiffen, 8 Transportschiffen und einem Frachtschiff erzielt.
In diesen Zahlen sind – wie auch in den folgenden – die Leistungen der leichten 2-cm- und 3,7-cm-Flak mit enthalten. Im Mai 1943 meldete die Luftwaffen-Flak seit Kriegsbeginn als vernichtet: 10000 Flugzeuge, 6000 Panzerfahrzeuge, 23 Handelsschiffe mit 67000 Bruttoregistertonnen, 50 Fluß- und Küstenfahrzeuge und 36 Kriegsschiffe, darunter drei Zerstörer.
Die »Acht-acht« war es, die eine militärische Katastrophe des Afrika-Korps verhinderte: Zwischen der Gazala-Stellung und Tobruk wurde am 27. Mai 1942 der Troß des Afrika-Korps abgeschnitten. Die Panzerverbände aber waren eingekeilt, und übermächtige britische Panzertruppen rollten heran. In dem ausbrechenden Chaos kam dem Generalleutnant Walther Nehring die rettende Idee: Er befahl dem Kommandeur des Flakregiments 135, Oberst Wolz, eine Flakfront aufzubauen. Kaum stand auf drei Kilometer Breite ein Wall aus 8,8-Kanonen bereit, walzten die britischen »Grant«-Panzer heran. Zum erstenmal in der Kriegsgeschichte standen schwere Flakverbände in geschlossenem Einsatz einem Panzerangriff gegenüber: Die Acht-acht retteten damals das Afrika-Korps.
Sie verhinderten auch eine schwere deutsche Schlappe, als in der Nacht des 13. zum 14. September 1942 britische Kommandotruppen von Land und See her und im Schutze eines Luftangriffs einen Brückenkopf in Tobruk bilden und die Versorgungsbasen von Rommels Afrika-Korps zerstören wollten. Die Flakabteilung 114 schoß zunächst 23 angreifende Wellington-Bomber ab und eröffnete dann das Feuer auf 6000 Meter vor Tobruk kreuzende britische Kriegsschiffe. Die Batterie des Oberleutnants Vieweg schoß den Zerstörer Sikh zusammen. Der Zerstörer Zulu versuchte die Sikh in Schlepp zu nehmen. Ein Zufallstreffer der Acht-acht zerschmetterte die Trossen. Schließlich wurde auch die Zulu von der Acht-acht und einer italienischen Batterie versenkt. Die übrigen englischen Schiffe entkamen mit zum Teil schweren Beschädigungen.
Die Überlegenheit der 8,8-Flak beruhte einmal auf der insgesamt gelungenen Konstruktion und den neuzeitlichen Sondergeräten, wie Zünderstellmaschine, Kommandoübertragungsgeräte und einer Ladeschale, die das Laden bei großer Rohrerhöhung erleichterte. Noch wichtiger aber war die hohe Geschwindigkeit, mit der das Geschoß das Rohr verließ, die »V-Null«. Die Mündungsgeschwindigkeit bei den Flak 18, 36 und 37 lag bei 840 Metern in der Sekunde, bei der Flak 41 verließen die Geschosse das 6,55 Meter lange Rohr sogar mit einer Geschwindigkeit von 1020 Metern und bei der Flak 43 von 1200 Metern in der Sekunde.
Als Munition wurden Patronen geladen: Das 9 kg schwere Geschoß war auf eine Hülse gepfropft, die 2,55 kg Nitropenta-Sprengstoff als Treibladung enthielt. Während des Fluges wirbelte das Geschoß 10000 mal in der Minute um seine Längsachse. Die Granatpatrone ermöglichte eine hohe Feuergeschwindigkeit von 15 bis 20 Schuß in der Minute, die enorme Mündungsgeschwindigkeit aber verhalf dem Geschoß zur gefürchteten gestreckten Flugbahn, zur »Rasanz«. Dieses damals durch die Acht-acht zum Begriff gewordene Wort hält sich noch heute in der deutschen Umgangssprache und wird freilich meist falsch angewendet, im Sinne von »rasend«, etwa als »rasante Fahrt«.
Zur Flugabwehr eingesetzte Flak der 8,8-Typen verursachte unter den ins Reichsgebiet einfliegenden alliierten Bombengeschwadern Abschüsse und schwere Beschädigungen bis zu 40 Prozent – Leistungen, die in Verbindung mit modernen Kommandogeräten und Funkmeßeinrichtungen (Radar), aber auch der Pflichterfüllung ihrer Bedienungen gesehen werden müssen – und das waren in den letzten Kriegsjahren nicht immer nur Soldaten, sondern blutjunge Flakhelfer, Luftwaffenhelferinnen, Arbeitsdienstmaiden, russische Hilfswillige und als

8,8-cm-Flak auf Kreuzlafette. Zeichnung aus der Leipziger »Illustrirten Zeitung« von 1943.

letztes Aufgebot die mit körperlichen Leiden behafteten Flak-Wehrmänner. Die Acht-acht – zunächst allein in der Obhut der Luftwaffe – wurde bald auch von der Kriegsmarine übernommen. Selbst U-Boote (Typ VII-A) waren mit der Acht-acht armiert. Das Heer begann 1941 – als die Luftwaffe die immer zahlreicher werdenden Anforderungen auf bewegliche Flak-Kräfte für die Kampfzonen nicht mehr erfüllen konnte – mit der Aufstellung eigener Heeres-Flakabteilungen, die meist den Divisionen unterstellt wurden. Bald spielte die Heeresflak im Kampf gegen den Erdfeind eine größere Rolle als in der Flugabwehr. Das zwang zur Modifizierung der Acht-acht für die Zwecke des Heeres.

So wurde der Panzer VI – besser bekannt als »Tiger I« – mit der 8,8-cm-Kampfwagenkanone L/56 (mit Mündungsbremse) bewaffnet.

Der »Tiger II« – der »Königstiger« – erhielt die Weiterkonstruktion »8,8-cm-KwK 42 L/71 lang«. Die Mündungsgeschwindigkeit des Geschosses lag bei 1200 m/sec, die Panzergranate durchschlug auf 1000 Meter noch eine Panzerung von 167 Millimeter bei einem Auftreffwinkel von 60 Grad.

Es lag nahe, die Acht-acht nun auch als »Pak«, als Panzerabwehrkanone, zu bauen. 1943 kam die 8,8-cm-Pak 43 L/71 auf einer Radlafette an die Front. Sie war jedoch unbeweglich und zu groß und wurde deshalb mit weit größerem Erfolg als Selbstfahrlafette »Hornisse« und verbessert als »Nashorn« zur Panzerjagd und als Infanteriebegleitgeschütz verwendet. Diese Acht-acht-Pak mit ihrer Rohrlänge von 6,40 Metern und 1200 m/sec Mündungsgeschwindigkeit verhalf denn auch dem besten Jagdpanzer zum Ruhm, der 1944 an die Truppe geliefert wurde, dem »Jagdpanther«.

Natürlich gab es auch mißlungene Acht-acht-Versuche: So wurde eine 8,8-cm-Flak in ein Kampfflugzeug vom Typ He-177 eingebaut, um damit Schiffsziele zu bekämpfen. Der gewaltige Rückstoß der Acht-acht aber zerrüttete Holme und Spanten des Flugzeugs. Auch die Entwicklung eines Flak-Panzers 8,8 wurde nicht zu Ende geführt.

In unserer Zeit stehen vereinzelte Acht-acht-Kanonen nur noch in Heeresmuseen und als Erinnerungsstücke auf Kasernenhöfen: Raketen haben die Wunderkanonen ersetzt. Es ist nicht einmal bekannt, wieviel einst produziert wurden. Schätzungen sprechen von 14000 Flugabwehrgeschützen, die Pak und Kampfwagen-Kanonen nicht mitgerechnet.

Karikaturen aus britischen und schweizerischen Zeitschriften:
25. Juni 1941: Die Freundschaft zwischen Berlin und Moskau ist über Nacht zerbrochen. »Das Spiel ist aus«, schreibt dazu »Punch« (oben links).
11. April 1944: An den Häuserruinen ist zu lesen: Potsdamer Platz. In der Deckung von Trümmern am Brandenburger Tor hält ein Landser eine Puppe in die Luft, deren rechter Arm zum Gruß gereckt ist: »Das letzte Heil« (oben).
12. April 1945: In drei Wochen wird der Weltkrieg beendet sein. Und wie wird das Siegesdenkmal aussehen? So vielleicht (links)?
23. Februar 1944: Deutschland hat Sorgen mit Finnland. »Punch« zeichnet einen Offizier, der dem widerspenstigen Verbündeten droht: »Erdreiste dich nicht, mich in der Gefahr zu verlassen« (rechte Seite oben links).

9. November 1944: »Weiterfahren«, brüllt »Nebelspalters« germanischer Kriegsgott. Aber seine Zugtiere gehorchen nicht mehr. Deutschlands Verbündete – außer Japan – suchen das Weite (rechte Seite oben rechts). »Diesen militärischen Idioten ist es zuzumuten, daß sie keine Grenzen beachten«, läßt der »Nebelspalter« Hitler über eine Karte 1944 räsonieren (rechte Seite unten links).
27. November 1944: Nun hat auch Goebbels' Propaganda Konkurrenz: den Soldatensender West (rechte Seiten unten rechts).

FINLAND
Bernard Partridge

JA PAN
JTALIA
UNGARIA
BULGARIA
FINNLAND

REICH
U.S.S.R.

ATLANTIK

Seekrieg

Im Gegensatz zu Kaiser Wilhelm II., der Deutschlands Zukunft auf dem Wasser sah, hatte sich Hitler immer gehütet, die stärkste Seemacht der Welt, Großbritannien, zu reizen. Er hatte im Gegenteil die Verständigung gesucht und beim Flottenabkommen 1935 auch gefunden. Das rächte sich bei Ausbruch der Feindseligkeiten 1939, denn die Quote 35:100 von deutscher zu britischer Tonnage, die im Vertrag festgelegt war, hatte die deutsche Rüstung zur See doch erheblich behindert. Welche Gefahren daraus erwachsen konnten, sah Hitler nicht.

Dem einstigen Meldegänger des Ersten Weltkriegs war die See immer ein fremdes Element geblieben. Für den Kampf gegen die Royal Navy gab er der Kriegsmarine den Auftrag: Bedrohung und, wenn möglich, Unterbrechung der atlantischen Zufahrtswege. Mit Überwasserstreitkräften ließ sich da bei der erdrückenden englischen Überlegenheit trotz einiger staunenswerter Erfolge wenig ausrichten. Die Hauptlast der Atlantikschlacht hatte daher die U-Boot-Waffe zu tragen, die bei Kriegsbeginn über ganze 56 Boote verfügte. Dennoch erzielte sie bald ganz erhebliche Wirkung. Die Versenkungsziffern stiegen bis Anfang 1943 stetig, und das in einem Maße, das Englands Premier Churchill schlaflose Nächte bereitete.

Ein bißchen mehr Marineverstand im Führerhauptquartier hätte Großbritannien in eine katastrophale Lage manövrieren können. So aber gab es nie genug einsatzfähige Boote und damit immer wieder Atempausen für die Atlantikgeleitzüge der Engländer, Pausen, die sie nicht ungenutzt verstreichen ließen. Mit massiver Hilfe der USA schafften sie die Wende. Da half auch der wahrlich heldenmütige Kampf der U-Boot-Männer nichts. Marine-Chef Dönitz mußte die Zufuhrschlacht abbrechen.

Letzten Ruhm erkämpfte sich die Kriegsmarine dann noch in den letzten Kriegsmonaten, als es darum ging, die bedrohte ostdeutsche Bevölkerung vor der Roten Armee zu retten.

Am 19. Juni 1942 notierte US-Generalstabschef Marshall: »Die Verluste durch deutsche U-Boote vor der Atlantikküste bringen alle unsere Kriegspläne durcheinander!« Dieser amerikanische Seufzer kommentierte Erstaunliches: Mit kaum dreißig frontklaren U-Booten hatte die deutsche Kriegsmarine 1939 die Feindseligkeiten im Atlantik eröffnet und war in wenigen Monaten dennoch zu tödlicher Bedrohung für die Britischen Inseln geworden, deren Existenz am seidenen Faden der »Western Approaches«, der westlichen Versorgungsstränge über See, hing.

Die Generäle und Admiräle wurden um eine Schattierung blasser, als der Vortragende auf der Befehlshabertagung, in der Adolf Hitler seine Kriegspläne bekanntgab, endete. Vortragender war der Chef des Oberkommandos der Kriegsmarine, Großadmiral Dr. h. c. Erich Raeder. Unmißverständlich und leidenschaftslos nüchtern hatte er Hitler an diesem 22. August 1939 seine knappe, aber erschreckend deutliche Antwort auf die Frage gegeben, was er als Oberbefehlshaber der im Dritten Reich zügig ausgebauten Kriegsmarine für seine Waffengattung im Hinblick auf kriegerische Auseinandersetzungen zu sagen habe.

Raeder machte keinen Hehl daraus, daß sich der angekündigte Polenfeldzug zu einem neuen Weltkrieg ausdehnen könne, weil er überzeugt sei, daß England und Frankreich zu ihren Bündnisverpflichtungen gegenüber Polen stehen würden. Und er sagte die nackte bittere Wahrheit: Daß die Marine für jeden Krieg, in der eine Seemacht als Gegner auftreten würde, absolut unvorbereitet sei, und schon gar nicht gegen die Seemacht England. Und er fügte – beschwichtigend fast und, zweifelsohne im Hinblick auf 1918, entschuldigend hinzu: »...die Marine kann nur kämpfen und in Ehren untergehen.«

Unvorbereitet in die große Auseinandersetzung

Immerhin, die wenigen Mittel, die ihm zur Verfügung standen, setzte der Großadmiral resolut und konsequent, raffiniert nachgerade, schon vorher ein:

Das Panzerschiff Graf Spee wurde am 21. August in den Südatlantik, und das Panzerschiff Deutschland am 24. August in das Seegebiet südlich von Grönland auf Warteposition gelegt: 16 atlantikgängige U-Boote nahmen ab 19. und 22./23. August Positionen im Nordatlantik ein.

Nach dem Kriegsbeginn mit England und Frankreich (in der Ostsee beschossen die »Bügeleisen« genannten alten Linienschiffe an der polnischen Küste die Westerplatte und Hela vor allem) wurde der Gegner durch die raumgreifenden, überfallartigen Aktionen der beiden Panzerschiffe sehr schnell schon gezwungen, seine Handelsschiffe umzuleiten oder in Geleitzügen zusammenzufassen. Das kostete Zeit und Geld. Außerdem wurde er gezwungen, seine Seestreitkräfte bei Suchaktionen nach diesen gespensterhaft auftauchenden Störenfrieden zu engagieren und zu erschöpfen.

Die Deutschland versenkte zwei Frachter, mußte drei Neutrale laufenlassen und schickte den ob seiner Ladung strittigen amerikanischen Frachter City of Flint als Prise mit Kurs über Norwegen heim. Die Briten suchten das Panzerschiff lange vergeblich, und als auf Raeders Befehl die Schlachtschiffe Scharnhorst und Gneisenau unter Admiral Marschall Ende November zur Entlastung der Graf Spee einen unbestritten mutigen Vorstoß gegen die britischen Sperrlinien zwischen Island und Färöer unternahmen und am 23. November den britischen Hilfskreuzer Rawalpindi versenkten, meinte der britische Kommandant zu Beginn des Gefechts, der Deutschland gegenüberzustehen.

Die Deutschland war jedenfalls schon vorher, am 17. November, ohne Schäden nach Gotenhafen heimgekehrt, wo sie (angeblich) wegen Hitlers Furcht, etwa eine Deutschland verlieren zu können, in Lützow umbenannt wurde, während die Graf Spee inzwischen im Südatlantik und im westlichen Indik ganz erhebliche Unruhe und Verwirrung auslöste. Allein auf die erste Meldung vom Auftauchen des deutschen »pocket battleship« (Westentaschen-Schlachtschiff), wie man im Ausland die dieselbetriebenen Panzerschiffe mit ihren wirkungsstarken sechs 28-cm-Kanonen als schwere Artillerie bildhaft, aber respektvoll bezeichnete, führte bei den Alliierten zur Aufstellung von acht Suchgruppen mit nicht weniger als drei Schlachtschiffen, vier Flugzeugträgern, zehn Schweren und drei Leichten Kreuzern. Die Suchgruppen fanden zwar nicht die Graf Spee, wohl aber eine Anzahl deutscher Handelsschiffe, die, wie viele andere vorher, seit der Zeit unmittelbar vor Kriegsbeginn, aus neutralen Häfen kommend, auch noch versuchten, durch das Netz der britischen Blockade zu schlüpfen, um in die Heimat zu gelangen. Am 13. Dezember, nach drei Monaten Handelskrieg und einer Versenkung von elf Frachtschiffen (mit insgesamt über 50 000 BRT), trifft die Graf Spee vor der La-Plata-Mündung auf einen britischen Kreuzerverband. Im Gefecht beschädigt, läuft sie in Montevideo ein und wird einige Tage darauf von ihrer Besatzung gesprengt.

Und da ist gleich noch der Altmark-Fall. Das Troßschiff der Graf Spee wird, mit Gefangenen der versenkten gegnerischen Schiffe, am 16. Februar 1940 in neutralen gegnerischen Gewässern vom britischen Zerstörer Cossack in einem blutigen Handstreich geentert. 303 Gefangene werden befreit. Die Briten feiern das als Ruhmestat, die deutsche Presse spricht von brutaler Piraterie und einem infamen Bruch internationaler Abkommen.

Im Gegensatz zur Marine im I. Weltkrieg setzte Raeder, obwohl zahlenmäßig und auch sonst weit unterlegen, alle weiteren nur verfügbaren Kräfte und Hilfskräfte ein:

In den ersten Monaten der 1. Phase begannen auch die kühnen, aber recht erfolgreichen Minenoperationen deutscher Zerstörer in englischen Gewässern, ja sogar bis in die Themse, was nicht immer ohne Verluste abging. Auch die Lützow blieb nicht untätig: Mit Leichten Kreuzern und Torpedobooten führte sie Ende November Handelskrieg im Skagerrak.

Der U-Boot-Krieg lief wegen der wenigen Kampfboote (insgesamt 57, ein Teil davon wurde immer für Schulungszwecke abgezweigt) relativ langsam an. Am Anfang aller Versenkungen stand ein verhängnisvoller Irrtum: U 30 (Lemp) torpedierte am 3. September warnungslos den in der Nacht abgeblendet und Zickzack fahrenden britischen Passagierdampfer

Hochgemut in den Kampf mit der Navy zog trotz der Unterlegenheit die Kriegsmarine (oben: U-Boot vor Segelschulschiff). Gleich die erste ernsthafte Kraftprobe wurde für beide Seiten eine verlustreiche Sache. Nach dem Zwischenfall mit dem deutschen Troßschiff Altmark (rechts unten), das die Briten im Februar 1940 in norwegischen Gewässern überfielen, kam es Anfang Februar zum Wettlauf beider Flotten nach Nordnorwegen. Dabei verloren die Deutschen mehrere Zerstörer und auch schwerere Einheiten (rechts oben: Kreuzer Lützow schwer beschädigt vom britischen U-Boot Spearfish). Aber auch die Navy kam nicht ungeschoren davon (rechts Mitte: Zerstörer Eskimo nach Torpedotreffer vom deutschen Zerstörer Georg Thiele).

Athenia, weil er ihn als Hilfskreuzer ansprach. Obwohl im Recht, erließ Deutschland – noch immer träumte Hitler von einer Freundschaft mit den Briten – sofort einschränkende Weisungen für den Handelskrieg.

Ansonsten wurde der U-Boot-Krieg (zu dem auch die oft sehr erfolgreichen Minenoperationen zu zählen sind) zunächst nach Prisenordnung geführt, human und ritterlich fast, denn angehaltene und überprüfte Feindschiffe wurden erst nach Verlassen ihrer Besatzung versenkt. Nicht selten versorgten die Männer im grauen Lederpäckchen diese Besatzungen mit Lebensmitteln und Kursanweisungen. Die Lage änderte sich schnell, denn die Alliierten bewaffneten ihre Handelsschiffe und befahlen den Kapitänen, zur Untersuchung aufgetauchte U-Boote anzugreifen oder zu rammen. Britische Flugzeuge bombten die U-Boote sogar bei unstrittigen Rettungsaktionen Überlebender. Das führte dazu, daß ab 17. Oktober eine rigorose Wende im U-Boot-Krieg eintrat: Voller Waffeneinsatz wurde erlaubt, ab 29. Oktober auch auf im Konvoi fahrende Passagierdampfer.

Inzwischen, am 7. September 1939, hatte man in England das Konvoisystem eingeführt, dessen Sicherungsring sich mit den Neuindienststellungen von Fregatten, Korvetten, Sloops, Zerstörern usw. immer weiter nach Westen verschob.

Immerhin: Ende 1939 hatten die deutschen U-Boote 509 320 BRT an Handels- und Hilfskriegsschiffen versenkt, dazu noch einige Kriegsschiffe, so (u. a) U 29 (Schuhardt) den Flugzeugträger Courageous. Und die Kriegsmarine bekam ihren ersten Helden: Prien. Mit U 47 schlich er durch nautisch äußerst schwierige und gefährliche Gewässer in die Bucht von Scapa Flow hinein, den Liegeplatz der Home Fleet, und versenkte das alte Schlachtschiff Royal Oak. Der Einbruch in den britischen Flottentresor war eine Weltsensation.

Ab Frühjahr, der U-Boot-Krieg ging verstärkt weiter, wurden die Hilfskreuzer der 1. Welle ausgerüstet und in ihre verschiedenen weltweiten ozeanischen Seegebiete entlassen. Bei den Hilfskreuzern handelte es sich um besonders geeignete Motorfrachtschiffe, die mit raffiniert getarnten und schnell zu enttarnenden Kanonen ausgerüstet wurden und die in der Lage waren, ihr Aussehen während der Unternehmung auch mit Bordmitteln immer wieder zu verändern. Die 15-cm-Kanonen, mit denen man sie bestückt hatte, waren im Gegensatz zu der meist sehr modernen Bewaffnung der britischen Handelsschiffe z. T. sehr alt. Einige hat-

ten bereits als Exerzierkanonen auf Kasernenhöfen gedient.
Auch sonst war die »kriegsmäßige Ausrüstung« seitens der Werften nicht vom Besten. »Ihr sauft ja doch bald ab . . .« Hier und dort, so beim HSK Pinguin, ergänzten oder verbesserten die findigen Männer der Besatzung ihre Ausrüstung aus eigener Kraft: Sie tauschten bei Werften und in den Arsenalen Schnaps und Rauchwaren gegen Buntmetalle und dergleichen, um auf See in eigener Regie z. B. eine dem Schiff nicht gewährte zentrale Abfeuerungsanlage einzubauen. Solche und andere Probleme der Hilfskreuzer-Männer stehen in keinem Kriegstagebuch, machen aber den Stellenwert deutlich, den man »oben« diesen tapferen Männern und ihren Hilfskriegsschiffen beimaß.
Die Hilfskreuzer fuhren unter den auf der Bordwand aufgemalten (wechselnden) Flaggen neutraler Nationen. Das ist erlaubt, nur muß der Kommandant im Augenblick der Feuereröffnung (ob nun beim Stoppschuß oder beim Angriff) Farbe bekennen und die echte Nationale zeigen. Hilfskreuzer Atlantis fuhr unter Kapitän zur See Rogge, Orion unter Fregattenkapitän Weyer, Widder unter Korvettenkapitän von Ruckteschell, Thor unter Kapitän zur See Kähler, Pinguin unter Kapitän zur See Krüder, Komet unter Kapitän zur See Eyssen, Kormoran unter Kapitän zur See Dettmers.
Mehr als eine halbe Million BRT versenkten diese Hilfskreuzer: Alle untergegangenen Schiffe (wie auch jene in den Konvois) mit lebens- und kriegswichtigen Gütern beladen, die Tanker mit Öl für die Flotten und die Industrie oder Benzin für die Fahrzeuge. Jedes Schiff ein lebenswichtiger Baustein für die Existenz der britischen Inseln. Riß dieser Strom ab, geriet er ins Stocken, wurde auch die Seemacht England bedroht, deren Schiffe ohne Öl nur noch Schrottwert hatten.
Jeder Hilfskreuzer hatte ein besonderes, individuelles Schicksal, geprägt vom Operationsgebiet, aber auch vom Typ des Kommandanten. Bewertungen untereinander anzulegen, wäre wenig fair, dennoch soll nicht unerwähnt bleiben, daß die Kormoran den aktiven australischen Kreuzer Sydney versenkte, daß die einfallsreiche Pinguin ihre Minenoperationen über einen Beutetanker als Prise und Minenschiff erweiterte, und daß die kleine Thor Gefechte mit drei überlegenen großen britischen Hilfskreuzern hatte. Zwei zwang sie beschädigt zum Abdrehen, den dritten, die Voltaire, versenkte sie lautlos, froh, nicht gesucht, nicht gejagt zu werden. Am nächsten Morgen verkündete das OKM, das über das Ereignis von Kähler pflichtschuldigst durch Kurzsignal Kenntnis erhielt, per Rundfunk voller Stolz die totale Vernichtung der Voltaire. Der Fluch des Kommandanten Kähler über diese ihn verratende Siegesmeldung ist nicht druckreif.
In der Zwischenzeit vollzog sich in Europa das Unternehmen »Weserübung«, um den Engländern in Norwegen zuvorzukommen. Ab 9. April 1940 besetzten deutsche Heerestruppen unter vollstem Einsatz der gesamten deutschen Flotte in Form von elf Kriegsschiffgruppen Dänemark und Norwegen (Trondheim, Kristiansand, Oslo, Bergen, Kopenhagen und Narvik), während die Schlachtschiffe Scharnhorst und Gneisenau die Dekkungsstreitkräfte stellten.
Acht Zerstörer hatten Gebirgstruppen in den wichtigen Erzhafen Narvik gebracht. Hier kam es zu schweren Kämpfen, vor allem mit nachstoßenden britischen Kriegsschiffen. Alle deutschen Zerstörer, V-Schiffe und Frachter gingen verloren, aber Narvik wurde gehalten; bis unter dem Eindruck der deutschen Offensive gegen Frankreich die zähen Briten die Kämpfe um Narvik und Trondheim aufgaben.
Während dieser Operation hatten die beiden deutschen Schlachtschiffe ein Gefecht mit dem britischen Schlachtkreuzer Renown. Der Schwere Kreuzer Admiral Hipper versenkte auf dem Marsch nach Trondheim den britischen Zerstörer Glowworm. Und bei einer späteren Aktion gegen die Anfang Juni noch in Harstad vermuteten britischen Truppentransporter durch die Kampfgruppe Gneisenau, Scharnhorst, Admiral Hipper und vier Zerstörer, die der Flottenchef Wil-

helm Marschall aufgrund besserer Kenntnisse vor Ort gegen Raeders ausdrücklichen letzten Befehl in andere Bahnen lenkte, wurden der Flugzeugträger HMS Glorious, zwei britische Zerstörer, ein Bewacher und zwei Transporter versenkt. Die Scharnhorst wurde durch Torpedotreffer ziemlich stark beschädigt.

Die Operation »Weserübung«, die minutiös ablief, darf als eine glänzende logistische Leistung der an sich kleinen Marine bewertet werden, aber auch als Beweis von einzigartigem soldatischen Standvermögen aller Beteiligten.

Mit Norwegen war die Nordflanke von Deutschland und – während der Wintermonate, wenn die östliche Ostsee unpassierbar ist, – auch die Zufuhr hochwertiger Schwedenerze gesichert. Daß die Versorgung Norwegens der Handelsschiffahrt schwere Probleme und Opfer aufbürdete, steht auf einem anderen Blatt.

Im übrigen waren die »Weserübung«-Verluste so gering nicht. Es gingen verloren:

acht Zerstörer im Narvikraum;

der Schwere Kreuzer Blücher in der Dröbak-Enge (Oslo-Fjord), wo er nach Torpedotreffern sank;

der Leichte Kreuzer Karlsruhe vor Kristiansand durch U-Boot;

der Leichte Kreuzer Königsberg durch Fliegerbomber vor Bergen;

die Zerstörer Wilhelm Heidkamp und Anton Schmitt im Ofot-Fjord;

das T-Boot Leopard durch Rammstoß der Preussen; ferner

vier U-Boote, ein Minenräumboot, ein Artillerieschulschiff, Hilfsschiffe.

Und dann die ganz große Panne: Alle von U-Booten während »Weserübung« geschossenen neuen Magnettorpedos versagten.

Mehr als 30 Angriffe gegen Schlachtschiffe, Kreuzer und Zerstörer blieben ergebnislos. Ein Kriegsgerichtsverfahren (ein Schuldiger mußte her) war die Folge, dabei hatten die Briten mit der neuen, noch nicht ausgereiften Technik ähnliche Versager.

Erst die großen Erfolge im Mai und Juni 1940 gaben der U-Boot-Waffe das Vertrauen zurück. Rund ein Dutzend Boote kehrte mit Versenkungserfolgen von 20 000 bis 55 000 BRT zurück.

Als am 10. Mai der Krieg gegen die Niederlande, Belgien und Frankreich begann, konnte die Marine die britische Operation »Dynamo«, den Abtransport der bei Dünkirchen eingeschlossenen alliierten Truppen, nicht aufhalten und auch nicht behindern.

Wenig später erklärte Großbritannien die Blockade Europas vom Nordkap bis nach

Nicht lange wehte die blutrote Hakenkreuzfahne der deutschen Dickschiffe, die sich auch gut als Fliegersichtzeichen eignete, auf den Weltmeeren. Wie die Graf Spee, ein 1933 vom Stapel gelaufenes »Westentaschen-Schlachtschiff« (oben: Auslaufen zur Feindfahrt; links: das Ende vor Montevideo), erging es vielen der feuerspeienden Ungetüme. Dabei warb die Kriegsmarine besonders gerne mit der Schlachtflotte (Plakat links außen), die das Fernweh mehr ansprach als die U-Boot-Waffe.

Spanien. Mehr noch: In Mers-el-Kebir vernichtete bzw. beschädigte ein britisches Geschwader überfallartig die nicht einsatzbereiten, vor Anker liegenden drei Schlachtschiffe, sechs große Zerstörer und ein Flugzeugmutterschiff der »befreundeten« Franzosen ohne eigene Verluste. Nur das Schlachtschiff Strasbourg entkam nach Toulon. In Dakar wurde das Schlachtschiff Richelieu durch Bomben beschädigt.

Kampf um die Seeverbindungen

Der deutschen Marine von größtem Nutzen waren die französischen Kanal- und Atlantikhäfen, die z. T. Stützpunkte der U-Boote wurden, die nun unmittelbaren Zugang zum Atlantik hatten. Sie sollten aber auch Basishäfen für die Operation »Seelöwe«, die Landung in England, sein, für die mit dem Stichtag 2. Juli 1940 jeder nur schwimmbare Untersatz herangezogen wurde, auch Kähne, Pontons, Motorjachten, Motorboote . . . Indessen mußte die für den 21. September 1940 eingeplante und transporttechnisch fast hundertprozentig vorbereitete Operation »Seelöwe« abgeschrieben werden, weil die Luftunterstützung nach schwersten Verlusten nicht mehr gegeben war – und weil vor allem von allen schweren Einheiten nur der Schwere Kreuzer Admiral Hipper und drei Leichte Kreuzer (Nürnberg, Emden und Köln) einsatzbereit waren.
Das war die erste, schwere, wenn auch noch stille Niederlage.
Im Zufuhrkrieg blieb Raeder weiter offensiv. Im Oktober lief das der Silhouette der Schweren Kreuzer und Schlachtschiffe durch Umbauten angeglichene ehemalige Panzerschiff Admiral Scheer aus Gotenhafen zum Zufuhrkrieg aus, griff im Nordatlantik den von Halifax kommenden HX-84-Konvoi an, vernichtete daraus sechs Schiffe mit 38 720 BRT, beschädigte andere schwer und versenkte den sichernden, sich tapfer wehrenden Hilfskreuzer Jervis Bay, dessen Kommandant posthum das Victoria Cross erhielt. Noch schwerwiegender war der Sekundärerfolg: Für Wochen wurden alle Geleitzüge auf der Nordatlantikroute gestoppt, in Halifax stapelten sich lebens- und kriegswichtige Versorgungsgüter zu Bergen. Die wie die anderen Einheiten mit den neuartigen FuMB-(Funkmeß-Geräten, englisch Radar) ausgerüstete Admiral Scheer operierte unter Kapitän zur See Theodor Krancke vorstoßähnlich im Mittel- und Südatlantik und auch im westlichen Indik. Dann erneut wieder im Südatlantik. Nach Versenkung und Aufbringung von 113 223 BRT und sehr nachhal-

Nichts für Leute mit Klaustrophobie war der Dienst auf den U-Booten (ganz oben: Maschinenleitstand). Auf engstem Raum waren modernste Technik, ein Maximum an Waffen (oben: Torpedos werden seefest gezurrt) und Mannschaft zusammengepfercht (oben: über den Torpedos die hochgeklappten Schlafkojen der Besatzung). Und im Freien konnte es genauso ungemütlich und gefährlich werden (linke Seite: Die Mannschaft verläßt ihr sinkendes Boot).

tigen Sekundärerfolgen erzwang Admiral Scheer den Durchbruch durch die bewachte Dänemarkstraße völlig unbemerkt, so unbemerkt, daß sie vom Gegner noch Wochen gesucht wurde.

Admiral Scheer, die am 1. April 1941 in Kiel mit völlig intakten Anlagen und voll betriebsfähigen Motoren mit der Höchstgeschwindigkeit der Probefahrt einlief und vor Anker ging, war das einzige deutsche Kriegsschiff, das in beiden Weltkriegen den Äquator überschritt und wieder heimkehrte. Legendär wird wohl für immer der Eierdampfer bleiben, das britische Kühlschiff Duquesa, einst (nach 1918) das größte Kühlschiff der Welt, das 14 Millionen Eier und 1 000 Tonnen Fleisch aller Art an Bord hatte, das Krancke nicht versenkte, sondern im südlichen Südatlantik auf dem geheimen Treffpunkt »Andalusien« als »Verpflegungsamt Wilhelmshaven Süd« so lange stationieren ließ, bis die letzte Kohle, das letzte Brett Holz für die Kühlmaschinen verfeuert waren.

Der spätere Admiral Krancke war nicht nur ein vollendeter Stratege und Taktiker, er war auch Mensch, er hatte Humor und vor allem Zivilcourage; wohltuend war, wie sehr er sich auch um die Gefangenen und deren Sicherheit kümmerte – und er hatte Glück, jenes Glück, das, auf die Dauer gesehen, nur der Tüchtige hat.

Während die Scheer auf der südlichen Hemisphäre operierte, hetzte Raeder am 30. November 1940 auch noch den Schweren Kreuzer Admiral Hipper in den Nordatlantik. Auf der Suche nach einem der vielen vom B-Dienst erfaßten Geleitzüge stieß der Kreuzer auf die Sicherung (Schwerer Kreuzer HMS Berwick, zwei Leichte Kreuzer Bonaventure und Dunedin, Träger Furious und sechs Zerstörer) des WS-5-A-Konvois mit 20 für Mittelost bestimmten Truppentransportern, von dem Admiral Hipper nach kurzem, taktisch überlegenem Schußwechsel abdrehte und Richtung Brest davondampfte zur Neuausrüstung vor allem mit Brennstoff. Raeder sprach von »einer Operation mit großer strategischer Wirkung«. Der Hipper folgten am 22. Januar die Schlachtschiffe Scharnhorst und Gneisenau, um nun mit Admiral G. Lütjens als neuem Flottenchef ebenfalls im Nordatlantik an den Geleitzugrouten zu operieren. Die Unternehmung wurde zwar durch das mehrfach notwendige Beölen der Schiffe durch auf Geheimpositionen deponierte Versorgungsschiffe ebenso behindert wie jene der Admiral Hipper, sie zwang den Gegner aber zur verstärkten Sicherung der zeitraubend zusammengestellten Geleitzüge auch durch Schlachtschiffe. Nach Versenkung von 13 Frachtern gingen beide Schiffe nach Brest, wo auch die ab 1. Februar 1941 erneut im atlantischen Zufuhrkrieg auf der Sierra-Leone-Route eingesetzte Admiral Hipper eingelaufen war. Das Schiff hatte zunächst einen Einzelfahrer erwischt, den kleinen britischen Dampfer Iceland, und dann den ungesicherten Konvoi SL 64 mit 19 Frachtern. Admiral Hipper war wie beim Manöver an den Dampferkolonnen auf und ab gefahren und hatte versenkt, versenkt, versenkt. Mit Artillerie. Mit Torpedos. Am 15. März wurde das Schiff nach Kiel verlegt, umgebaut und später in Norwegen verwandt (ab März 1943).

Großadmiral Raeder, ermutigt durch solche Erfolge – aber auch beunruhigt durch die sich mehrenden Bombenangriffe auf Brest durch Flugzeuge immer größerer Reichweite –, erhoffte von dem Unternehmen »Rheinübung« einen spektakulären Erfolg:

Am 24. Mai gingen das neue, praktisch unsinkbare Schlachtschiff Bismarck und der Schwere Kreuzer Prinz Eugen mit Lütjens als Flottenchef mit Kurs Nordatlantik aus Gotenhafen in See. Der Kommandant des gleichstarken Schwesterschiffes Tirpitz hatte sich und sein Schiff zur Verstärkung der Kampfgruppe (obwohl noch nicht voll kriegsbereit) angeboten, aber Raeder lehnte es ab, während die Briten später das noch weniger kriegsbereite Schlachtschiff Prince of Wales sogar noch mit Werftpersonal in See schickten. Entdeckt und gemeldet beim Ausmarsch, stieß die Bismarck-Gruppe nach Passieren der Dänemarkstraße auf den Schlachtkreuzer Hood und das Schlachtschiff Prince of Wales. Nach kurzem Gefecht flog die Hood in die Luft, Prince of Wales drehte schwerbeschädigt ab. Das Ende des Unternehmens »Rheinübung« kam drei Tage später, als die Bismarck, von Torpedofliegern angegriffen, einen Treffer in die Ruderanlage erhielt und, manövrierunfähig, von den Schlachtschiffen King George V. und Rodney zusammengeschossen wurde.

Mit der Bismarck, dem Höhepunkt der Atlantikschlacht mit Überwasserstreitkräften, ist erstmals ein Großkampfschiff aus der Luft in Schwierigkeiten gebracht worden. Die Bismarck-Unternehmung ist daher Höhepunkt und Endpunkt einer Ära, an deren Ende die Vernichtung der Prince of Wales (und des Schlachtkreuzers Repulse) am 10. Dezember 1941 vor Malaya und der japanischen Mammutschlachtschiffe Musashi (29. Oktober 1944) durch elf Torpedotreffer und 19 Bomben und Yamato (7. April 1945) bei Angriffen aus der Luft steht.

Für die deutsche Kriegsmarine war das Ende der Bismarck das Ende der Atlantikschlacht mit Überwassereinheiten. Die Lützow, die u. a. sogar nach Japan sollte, wurde zurückgehalten. Das Schlachtschiff Tirpitz, das nach Beginn des Krieges mit der UdSSR (22. Juni 1941) zum Flaggschiff der durch Admiral Scheer, Nürnberg, Köln, Leipzig, Emden und einigen Zerstörern gebildeten (aber wegen Mangel an Einsatzmöglichkeit bald wieder aufgelösten) »Baltenflotte« bestimmt worden war, wurde am 16. Januar 1942 als »fleet in being« nach Norwegen verlegt, was sich gegen die Murmansk-Konvois sogar als durchaus wirksam erwies. Solange die Tirpitz schwamm.

Mit allen Mitteln versuchte der Gegner, Brest als Operationsbasis und Reparaturwerft für deutsche Überwasserseestreitkräfte auszuschalten, einmal durch Minensperren, zum anderen durch vermehrte Luftangriffe auf die hier zur Zeit liegenden Schlachtschiffe Gneisenau und Scharnhorst, die wegen Bombenschäden nicht in See gehen konnten. Dann traf es auch die inzwischen eingekommene Prinz Eugen. Und wieder und wieder die anderen Einheiten und Docks. Was blieb, war nur noch eine schnellstmögliche Verlegung, quasi eine Flucht vor der neuen, bislang nicht einkalkulierten Bedrohung aus der Luft.

Wohl die größte Leistung bei dem meisterhaft gelungenen Kanaldurchbruch dieser drei Einheiten ist seine Geheimhaltung und Tarnung – und das über einen Agenten des AA aus Dublin gefunkte »gute«, d. h. neblig-diesige Wetter. Gesichert von Sperrbrechern, Zerstörern, M-Booten, Räumbooten und Flugzeugen der Luftflotte 3, glückt am 12. Februar 1942 der Ausbruch aus Brest und der Durchbruch durch den britisch kontrollierten Englischen Kanal.

Die Schiffe waren für Norwegen vorgesehen, wohin sie (nach dem Schlachtschiff Tirpitz) zusammen mit der Lützow und der Admiral Scheer nacheinander verlegt wurden, die Gneisenau ausgenommen, die in Kiel einen Bombentreffer mit schwersten Folgen erhielt (weil man, trotz Befehls, die Munition »für die kurze Zeit« nicht von Bord gegeben hatte).

Die Gewässer von Norwegen wurden zum Schauplatz dreier Dramen. Da war einmal der Angriff auf den vom B-Dienst erfaßten Konvoi PQ 17 im Juli 1942, dessen 34 Frachter durch Fernsicherung, Nahsicherung und Direktsicherung geschützt wurden. Als dem britischen Admiral Tovey das Auslaufen der deutschen Kampfgruppe (Tirpitz, Admiral Scheer, Lützow und Admiral Hipper sowie einige

Es wollte schon etwas heißen, wenn ein Mann mit so eisernen Nerven wie Winston Churchill nach 1945 schrieb: »Das einzige, was mich während des Krieges wirklich ängstigte, war die Bedrohung durch die U-Boote.« Ihr Führer, Großadmiral Dönitz (oben: bei der Verleihung von EK I an eine U-Boot-Besatzung), wußte das und sorgte durch weltweiten Einsatz seiner Boote für ständige Verunsicherung der britischen Flotte (ganz oben: Begegnung zweier U-Boote im Südatlantik). Er konnte dafür auf gut geschulte, harte Männer zurückgreifen (rechte Seite: VII C-Boot bei Überwasserfahrt in grober See), deren Heimkehr (rechts) sich immer zu einem Triumphzug gestaltete – wenn sie heimkehrten: Drei Viertel der insgesamt eingesetzten U-Boot-Männer blieb auf See.

Zerstörer) bekannt wird, geht er mit seiner stolzen Fernsicherung (zwei Schlachtschiffe, ein Träger, zwei Kreuzer, 14 Zerstörer) prompt auf Gegenkurs, befiehlt der Nahsicherung, nach Westen abzulaufen, und dem Geleitzug, sich aufzulösen. Grund genug für die Deutschen, nach diesem stillen »fleet in being-Erfolg« der Tirpitz im Schatten der Erfolge der auch beim Gegner nicht vergessenen Bismarck ebenfalls auf Gegenkurs zu gehen. Die Restarbeit erledigten die U-Boote und die Luftwaffe. Sie versenkten 23 Frachter mit zwei Dritteln der Ladung an Kriegsmaterial. Einen solchen Erfolg gibt es im Nordmeer nie wieder, wenn auch U-Boote und Luftwaffe vorerst noch sehr aktiv sind (aus PQ 18 werden z. B. von 41 Frachtern nur noch zehn versenkt, bei drei Eigenverlusten an U-Booten und 40 Flugzeugen).

Der zweite spektakuläre Fall war der Angriff der britischen Kleinsttorpedoboote auf das im Alta-Fjord im Netzkasten liegende Schlachtschiff Tirpitz, bei dem der Längsspant derart beschädigt wurde, daß das Schiff ohne eine Werftliegezeit in Deutschland in See nicht mehr voll einsatzfähig war. Der dritte Fall war die Vernichtung des Schlachtschiffes Scharnhorst. Am 25. Dezember 1943 mit fünf Zerstörern aus dem Alta-Fjord heraus gegen den Eismeer-Konvoi JW 35 angesetzt, wird die Scharnhorst von den Kreuzern der britischen Nahsicherung und dem Schlachtschiff Duke of York sowie dem Schweren Kreuzer Jamaica und mehreren Zerstörern während der Polarnacht in die Zange genommen. Die Duke of York erzielt mit radargelenktem Feuer die ersten Treffer, schließlich aber wird die sich tapfer, aber vergeblich wehrende Scharnhorst zusammengeschossen. Es heißt, Admiral Fraser habe dort, wo das deutsche Schlachtschiff sank, einen Kranz in die See geworfen.

Bis zu dieser Zeit waren auch noch Hilfskreuzer aktiv, die Schiffe der zweiten Welle: Thor (unter Kapitän zur See Gumprich), Michel (Fregattenkapitän v. Ruckteschell), Stier (Fregattenkapitän Gerlach), Komet (Kapitän zur See Brocksien), Coronel (Kapitän zur See Thienemann), keineswegs mehr so erfolgreich wie die erste Welle.

Damit endete das Kapitel deutscher Überwasserstreitkräfte in Übersee endgültig. Erwähnt werden müssen aber noch die Frachtschiffe und ihre Besatzungen, die im Schatten der spektakulären militärischen Ereignisse still und kaum geehrt (oder gar nicht!) als Blockadebrecher den Rohstoffzubringerdienst zwischen Fernost (Japan und »Kolonien«) und der Heimat versahen und von denen von Jahr zu Jahr mehr Schiffe verlorengingen, bis der Fernostverkehr mit Blockadebrechern 1943 wegen der nun fast lückenlosen Überwachung praktisch unmöglich wurde.

Erwähnt werden müssen auch die Besatzungen der Versorgungsschiffe, die den Handelsstörern (Kriegsschiffen wie Hilfskreuzern) Treibstoff, Lebensmittel, Munition pp. auf die geheimen Treffpunkte brachten – und über die man weder in der Presse noch im Rundfunk sprach, ebensowenig wie die mit Brisanz geladenen Fahrten der Prisen mit einer Handvoll Deutscher als Kommando und (außer wertvollster Ladung) oft Hunderten an Gefangenen an Bord.

Die U-Boote holten ab 1940 (z.T. verstärkt durch italienische Boote) zahlenmäßig durch Neubauten auf (vor allem durch den Typ VII C). Sie verbesserten auch immer mehr ihre Taktiken. Es gab Kommandanten, die sich in dunkler Nacht aufgetaucht zwischen die Kolonnen der Dampfer einsacken ließen und hier, innerhalb des Sicherungsrings, einen Frachter nach dem anderen versenkten. Wurden anfangs Gruppeneinsätze verzeichnet, so ließ sich doch bald schon die Rudeltaktik anwenden.

»Wolf packs«, Wolfsrudel, dieser mit urtümlichem Schauer behaftete Begriff kehrte nun auf den Titelseiten britischer Zeitungen immer wieder. Symbol für die stete Bedrohung der Seeverbindungen, auf die das Inselreich so dringend angewiesen war.

Erste erfolgreiche Operation nach der Rudeltaktik war der Einsatz gegen den 55 Schiffe starken Konvoi SC 2, den der deutsche Funkbeobachtungsdienst (B-Dienst) am 30. August 1940 mit Kursanweisung und Geleitaufnahmepunkt für den 6. September erfaßt hatte. Da nur erst die Boote U 65, U 47 und U 161 zur Verfügung standen und U 99 und U 28 erst später herangeführt werden konnten, war das Ergebnis mit nur fünf Schiffen mit 20 943 BRT gering, aber es war der erste Erfolg einer funktechnisch ferngeleiteten Gruppenoperation. Die Sache funktionierte.

Im Oktober 1940 wurden U 101, U 46, U 123, U 99 und U 100 vom BdU (Befehlshaber der U-Boote, als der Dönitz jetzt fungierte) auf eine Fühlunghaltermeldung von U 48 auf den Konvoi SC 7 mit 30 Schiffen angesetzt. Der Konvoi läuft am nächsten Abend in die Aufstellung hinein und wird völlig gesprengt. Ein Teil der Boote muß, da verschossen, abbrechen, ein Grund, der wenig später zum Bau oder zur Ausrüstung von »Milchkühen« führte, zu Treibstoff- und Torpedotransport-U-Booten, um Front-U-Boote in Frontnähe in See zu versorgen.

Ähnlich verläuft die sich gleich anschließende Operation gegen den überaus stark gesicherten Konvoi HX 79 mit 49 Schiffen, an dem U 47 Fühlung hielt. Auch hier haben sich – nach guten Erfolgen – alle Boote verschossen, so daß sie einlaufen müssen. Aus dem Konvoi SC 7 sind von 30 Schiffen und den vier Nachzüglern insgesamt 21 Schiffe mit 79 592 BRT, aus dem HX 79 zwölf Schiffe mit 75 069 BRT versenkt, einige wurden torpediert. Das ohne einen eigenen Verlust.

Vom Taktischen her gesehen, war das ein sehr großer Erfolg, der Dönitz in vollem Umfang recht gab. Von der Zahl der Versenkung her hatte der BdU jedoch einfach zuwenig Boote zur Verfügung, um die absolute Entscheidung der Schlacht auf dem Atlantik zu erzwingen. 100 U-Boote, wie gefordert, im Operationsgebiet und 30 an einem Konvoi, nicht auszudenken. Kein Schiff würde entkommen.

Man bedenke: Allein U 34 (Rallmann) versenkte im Juli 1940 elf Handelsschiffe mit 50 864 BRT, einen Zerstörer und ein U-Boot, oder U 99 (Kretschmer), der in der gleichen Zeit elf Schiffe mit 54 854 BRT und drei Tanker torpedierte. Dennoch: Selbst zur Zeit größten Mangels an Frontbooten rief der BdU kein Schul- und Ausbildungsboot an die Front ab. Am 1. Februar waren sogar nur 22 Boote einsatzbereit, aber 50 Boote in den Schulflottillen bildeten neue Besatzungen und neuen Kommandantennachwuchs aus. 19 Boote standen in der AGRU-Front, d. h. in der Erprobung. Es war oberstes Prinzip des BdU: Nur sorgfältig und schlafwandlerisch gründlichst ausgebildete Besatzungen durften an die Front. Nur sie wurden damit fertig, was die Atlantikfront ihnen an Mühen, Strapazen, Einsatzbereitschaft und ständiger Aufmerksamkeit abforderte.

Das Kardinalproblem des BdU war nach wie vor das Finden der Konvois in den ozeanischen Weiten. Über die Fernaufklärer der Luftwaffe hatte Dönitz keine Befehlsgewalt, obschon man hier Ende 1940 begann, sich von Fall zu Fall einzuschalten.

Inzwischen hatten die »Grauen Wölfe« (neben den nicht geringen Erfolgen der Überwasser-Seestreitkräfte) Ende 1940 vier Millionen BRT feindlichen oder in feindlichen Diensten fahrenden Schiffsraums versenkt. 27 eigene Boote gingen verloren. Gemessen an dem Zugang an Neubauten war das relativ gering, gemessen an den hochqualifizierten Besatzungen aber ein schmerzlicher, kaum ersetzbarer Verlust.

Die Briten waren indessen nicht untätig geblieben. In der Nacht vom 18./19. November 1940 hatten sie mit ihrem neuen ASV-I-Radargerät erstmals aus einem Flugzeug ein U-Boot geortet (U 100 oder U 47). Die deutschen elektrotechnischen Firmen bezeichneten ein in ein Flugzeug einzubauendes (kleines) Radar (bzw. Funk-Meßgerät) als eine zur Zeit noch technische Utopie. Diese eklatante Fehleinschätzung gegnerischen Erfindungsgeistes sollte einmal Tausende U-Boot-Männer das Leben kosten.

Die »neutralen« USA, die übrigens im Juli mit einem Kriegsschiffneubauprogramm von 1 350 000 t zur Verdoppelung ihrer Marine begonnen hatten und die vor ihre Küsten selbstherrlich eine 500 Seemeilen breite »panamerikanische Sicherheitszone« gelegt hatten (die sie übrigens laufend erweiterten, um so den Operationsraum der deutschen U-Boote einzuengen), hatten im September 1940 begonnen, den Briten leihweise vor allem Geleitzerstörer zu überlassen, was die Briten mit der Herausgabe von Militärstützpunkten honorierten.

Das Jahr 1941 darf als der Beginn der großen Rudelschlachten bezeichnet werden, allerdings konnte die Erfolgsquote des Vorjahres nicht erreicht werden. Das mag seine Gründe einmal in der verstärkten Sicherung der Geleitzüge haben, zum anderen in der Ausweitung der Operationsgebiete ins Eismeer, vor den Raum Gibraltar und, im April 1941, ins Mittelmeer; erstmals in den Süd- und Mittelatlantik, wo die U-Boote, vor allem vom großen Typ IX B und IX C, noch von dort stationierten Versorgungsschiffen der Überwasserseestreitkräfte versorgt werden, hier indessen mit sehr großen Erfolgen: U 107 (Heßler) versenkt 86 699 BRT, U 105 (Schewe) 74 932 BRT; U 103 (Schütze) 62 834 BRT, U 124 (Schultz) 57 626 BRT.

Weitere Beschwernisse lagen in der Atlantik-Charta zwischen den USA und Großbritannien mit einer teilweisen Übernahme der Konvoisicherung durch US-Kriegsschiffe bis zum MOMP (Mid Ocean Meeting Point), wo man die Eskortgruppen gegeneinander ablöste, und in der verstärkten Abwehr durch sogenannte »Killer-Groups« in U-Boot-ge-

Neutralität hat im Seekrieg ihre Grenzen: Ein Kriegsschiff fordert einen neutralen Frachter zum Stoppen auf (oben). Solcher Aufforderung empfiehlt es sich zu folgen angesichts der waffenstarrenden Aufbauten des Gegners (rechts oben). Ein Boot wird zu Wasser gelassen und setzt ein Kontrollkommando zum Frachter über (rechts Mitte), das untersuchen soll, ob irgendwelche Konterbande an Bord ist. Findet sich kein Kriegsmaterial für feindliche Länder, wird signalisiert: »Kann passieren!« (rechts unten).

fährdeten Gebieten, denen einige der für die Briten gefährlichsten U-Boot-Kommandanten (Prien, U 47; Schepke, U 100; und Kretschmer, U 99) zum Opfer fielen.

Dessenungeachtet gab es gegen Geleitzüge z. B. auch spektakuläre Erfolge: 15 Boote greifen im September den Konvoi SC 42 an, 18 von 70 Schiffen werden versenkt; im gleichen Monat zehn von 25 Frachtern des Konvois HG 73 westlich von Cap Vincent; aus dem Konvoi SL 87 schießen im gleichen Monat drei U-Boote sieben von elf Handelsschiffen heraus usw. Und im Mittelmeer vernichtet U 81 (Guggenberger) mit dem Träger Ark Royal ein ganzes Flugzeuggeschwader, und U 331 (Thießenhausen) läßt das Schlachtschiff Barham explodieren.

Ein recht gravierendes Ereignis war der Fall U 110. Die Briten hatten das Boot am 4. Mai 1941 zum Auftauchen gezwungen, geentert und die Geheimunterlagen mitsamt dem maschinell betriebenen »Schlüssel M« erbeutet, der bis 1941 allen Dechiffrierungsversuchen widerstand. Über die Folgen sind inzwischen sehr viele Fehldarstellungen und sehr viele Halbwahrheiten veröffentlicht worden.

Tatsache ist, daß der erbeutete »Schlüssel M« die Briten in die Lage versetzte, für die Gültigkeitsdauer der auf diesem Boot befindlichen Unterlagen (das heißt bis etwa Juli 1941) die Funksprüche laufend mitzulesen und gleichzeitig auch Handhaben für weitere Entzifferungen zu bekommen. Mit deren Hilfe wurden die »Schlüssel M«-Funksprüche bis Ende Januar 1942 jeweils mit ein- bis 14tägiger (praktisch also wertloser) Verzögerung entziffert. Die Einführung des Schlüsselbereichs TRITON für U-Boote machte es den Briten ab 1. Februar 1942 dann wieder unmöglich, den deutschen U-Boot-Funkverkehr zu entziffern. Erst später gelang ein neuer Einbruch.

Die deutsche Kriegserklärung an die USA im Dezember 1941, nach dem Angriff der Japaner auf Pearl Harbor, weitete den Operationsraum abermals aus. Der BdU, dessen Boote in der Mehrzahl im verlustreichen und unergiebigen Raum Gibraltar engagiert waren, brauchte im Januar 1942 Wochen, ehe er genügend Boote für einen Gegenschlag, den »Paukenschlag« vor der Ostküste der USA, herauslösen und nach Westen detachieren konnte: Anfangs (am 14. Januar 1942) nur fünf vom Typ IX mit Schwerpunkt New York – Kap Hatteras, Ende Januar dann die erste Welle auch vom Typ VII C für den Schwerpunkt vor Neufundland.

Die Erfolge sind bei den noch mehr oder weniger unerfahrenen, ja hilflosen Ame-

Im Zuge der deutschen Aufrüstung stieg nach 1933 auch bei der Kriegsmarine der Personalbedarf rasch an. Die Segelschulschiffe spielten dabei eine wichtige Rolle. Szenen aus dem Alltag der Schiffsoffiziere in spe sind auf dieser Doppelseite zusammengestellt: Segelfestmachen auf der Rah (links oben); am Großmastfall (links unten, links); Putz- und Flickstunde am Oberdeck vor dem Klüverbaum (links Mitte, rechts); Unterricht im Spleißen und Knoten (links unten, rechts); Ausbilder mit Bootsmannsmaat-Pfeife (rechts oben); am Tampen der Takelage (ganz unten); Mützenprobe (unten); mit Schifferklavier und Shanty am Ankerspill (links Mitte); Unterricht in der Takelage (rechts unten). Mit sonnigen Berichten vom frohen Dienst auf den schmucken Schiffen warb die Marine um Nachwuchs. Er kam zum großen Teil von den Handelsschiffen.

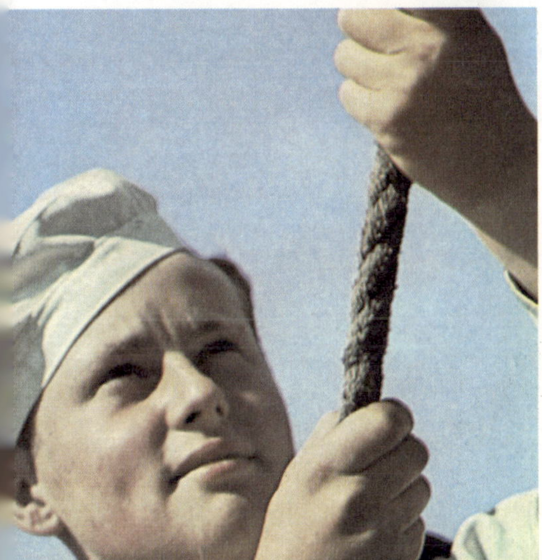

rikanern beängstigend groß, so daß alle nur verfügbaren Boote unter Amerikas Küste gesandt werden, aber nicht genug, denn ein Großteil ist durch Hitlers Befehl vor Norwegen und im Mittelmeer gebunden. Ab April stehen auch die ersten U-Tanker (vom Typ XIV) zur Verfügung. Auch die kleinen Boote vom so seetüchtigen Typ VII C mit seinen so hervorragenden Manövriereigenschaften können nun über Halifax hinaus operieren, andere Boote vom Typ IX C brechen in die Karibik ein.

Vollbeladene Tanker aus den Ölhäfen sind die Ziele. Tag und Nacht schießen Brandfackeln in den Himmel. Aus dem 1. Tankergeleit TM 1 werden Mitte Januar bis Anfang Februar 1941 von neun vollbeladenen Tankschiffen sieben herausgeschossen. Von Januar bis Juli werden vor Amerika einschließlich Karibik 460 Schiffe mit 2 342 504 BRT versenkt.

Dennoch: Mehr als 15 Boote waren an der Ostküste nicht aktiv. Zu allem Überfluß mußte Dönitz, der ja auch noch U-Boote von Fall zu Fall als die so sehr wichtigen Wetter-U-Boote auf Positionen halten muß, auf Hitlers Befehl und Drängen mit anderen Booten Murmansk-Geleitzüge angreifen, mehr noch, er mußte zwölf VII-C-Boote im Raum der Hebriden/Färöer bereithalten, weil Hitler eine von den Briten vorgetäuschte Invasion in Norwegen ernsthaft befürchtete. Im Mai organisierten die Amerikaner endlich ihre Schiffahrt in Konvois und zogen sie ins Küstenvorfeld zurück. Dönitz hatte das vorausgesehen. Wieder einmal bewährte sich die Rudeltaktik. Und da die Briten neuerdings mit ihren Geleitzügen auf dem ökonomischeren Großkreis fuhren, nahmen die in Wellen aus Frankreich aus bombensicheren U-Boot-Bunkern mit meterdicken Betondecken auslaufenden Boote sozusagen im »Vorbeigehen« solche Konvois mit (wenn man sie entdeckte), ergänzten Treibstoff aus einem der U-Tanker und marschierten nach Westen weiter den USA und der Karibik entgegen.

Nach der Einführung des Konvoisystems bei den Amerikanern verlegte Dönitz den Schwerpunkt in den Atlantik zurück. Im Herbst hatte sich die Bootszahl auf 30 bis 40 erhöht. U-Boot-Gruppen konnten nun auf beiden Seiten des Atlantiks gebildet werden. Die Geleitzugschlachten folgten in immer kürzeren Abständen. Ab hier ließe sich eine ganze Kette von Konvoioperationen mit mehr oder weniger großem Erfolg aufzählen.

Dazu kamen die vielen Einzelfahrer, die Boote im Nord- und Südatlantik, neuerdings auch vor Kapstadt und im Indik, sowie im Mittelmeer. Allerdings wurde der Höhepunkt der Atlantikschlacht durch die alliierte Landung im westlichen Nordafrika gestört, bei der sich alle verfügbaren Boote mit dem westlich von Marokko schwimmenden Konvoi SL 125 befaßten, die gleichzeitig anmarschierenden Truppentransporter bei diesem ablenkenden Trick aber ungesehen in die Häfen kamen. Im Juni 1942 äußerte der Kommandant von U 94 (Ites) den Verdacht, daß die Alliierten möglicherweise die Fühlungshaltersignale und Standortmeldungen der deutschen U-Boote anpeilen könnten. Die deutsche Elektrotechnik beurteilte das als Hirngespinst eines ein bißchen zu nervös gewordenen U-Boot-Kommandanten. Dönitz dagegen konnte sein Mißtrauen und seine Sorgen seit Frühjahr 1942 dennoch nicht verhehlen. Er forderte in einer Denkschrift an das OKM echte Unterseeboote: »Das U-Boot ist Deutschlands Luftschutzkeller. Es muß von der Wasseroberfläche verschwinden.« Es waren indessen die Vorschläge, die verschwanden: in den Schreibtischen der Herren in Berlin.

Trotz des neuen britischen Rundum-Peilgeräts, genannt Huff/Duff, wie auch der seit Ende 1942 wieder aktionsfähigen Entschlüsselung griffen die »wolf packs« in ungebrochenem Angriffsgeist weiter an.

Insgesamt versenkten die deutschen U-Boote 1942 1 222 Frachtschiffe mit 5 819 665 BRT. Nur noch ein britischer Frachtschiffneubau kam auf drei Versenkungen. 88 U-Boote gingen verloren. 288 kamen neu hinzu. Für die Briten stand die

Nach den herben Verlusten der Überwasserstreitkräfte in der ersten Kriegsphase wollte Hitler die schweren Einheiten am liebsten abwracken lassen und sich ganz auf den U-Boot-Krieg konzentrieren. Darüber kam es zum Zerwürfnis mit seinem Marine-Chef Großadmiral Raeder. Er wurde abgelöst, aber auch der Nachfolger, Großadmiral Dönitz, ein U-Boot-Mann durch und durch, sah noch sinnvolle Verwendung für die gepanzerten Riesen der See und setzte sie bei Hitler durch: Gegen die alliierten Konvois im Nordmeer zum sowjetischen Hafen Murmansk ließ er die Schlachtschiffe Gneisenau (links oben: in schwerem Feuerkampf bei Jan Mayen gegen die britische Glorious) und Scharnhorst (links unten: Salven gegen englische Zerstörer) operieren. Für die malerische Seite des Kampfes im Eismeer (oben: vereistes Deck und überfrorene 28-cm-Rohre der Scharnhorst) hatten die Seeleute keinen Blick.

»Schlacht im Atlantik« auf des Messers Schneide. Ihnen half auch das von den Deutschen erst im Sommer 1942 erkannte (bzw. erst jetzt zugegebene Radar) vom Typ ASV I nicht, da die Deutschen dagegen sehr schnell den METOX setzten, einen billigen französischen Rundfunkempfänger mit einer allerdings lästigen, da bei Überwasserfahrt umständlich auf dem Turm zu montierenden, »Biscaya-Kreuz« apostrophierten Antenne.

Beunruhigend blieb, daß die Alliierten die Versorgungsplätze der »Seekühe« aufspürten und mit den U-Tankern oft auch die in Beölung befindlichen Kampf-U-Boote vernichteten.

Huff/Duff-Erfolge? Oder solche von Entschlüsselungen?

Beunruhigend waren nicht minder die Aktivitäten des amerikanischen Unternehmers und Roosevelt-Freundes H. J. Kaiser, der in schnellster Sektionsbauweise, gestützt auf fast unerschöpfliche Rohstoff- und Arbeitskraftreserven, Libertyfrachter und Libertytanker bauen ließ (aber bis 1945 auch nicht mehr als 2,2 Millionen BRT zu Wasser brachte, nicht einmal die Hälfte von dem, was die Grauen Wölfe allein 1942 versenkten, was wiederum deutlichmacht, wie berechtigt die seit Jahren begründete Forderung von Dönitz nach neuen, viel mehr neuen und besseren Booten gewesen war). Erst nach der von Hitler befohlenen Ablösung von Großadmiral Raeder als ObdM und der Ernennung von Dönitz zum Großadmiral und Oberbefehlshaber der Kriegsmarine am 30. Januar 1943 hatte Dönitz die notwendige (aber viel zu späte) Vollmacht und Entscheidungsfreiheit. Hitlers Erwartung, er würde die »Dickschiffe« sofort verschrotten lassen, erfüllte er indessen nicht, wohl aber nahm er schon bald ein völlig neues, großes U-Boot-Neubauprogramm in Angriff, in dieser Form (E-Boote) allerdings mehr dazu gezwungen als aus eigener Initiative. Hier, in der Phase der absoluten Höhepunkte der Schlacht im Atlantik, sei all derer gedacht, die im Inferno explodierender Schiffe, im Chaos aufbrennender Tanker, im Heißdampf zerstörter, zerfetzter Kesselräume, eingeschlossen in zertrümmerten Logis', im Ölschlamm auf der See, im schwarzqualmend brennenden Meer, in eisiger See ihr Leben verloren haben, ohne Unterschied auf Dienstgrad und Herkunft – und oft unter entsetzlichen Qua-

len . . . Hier sei auch derer gedacht, die in den engen, mit Instrumenten, Maschinen, Munition und Proviant vollgepackten, ohnehin schon engen Stahlröhren geopfert wurden, entsetzlich mit wachen Sinnen zu wissen, daß das von Wasserbomben tödlich getroffene U-Boot in die ewigen Tiefen sinken wird, daß es keine, aber auch gar keine Rettung mehr gibt; und wie grausam in anderen Fällen, beschädigt in »nicht mehr aussteigbarer Tiefe« auf Grund zu liegen, auf ein Wunder zu hoffen in einer Luft, die immer weniger Sauerstoff zum Leben gewährt . . .
Szenen, über die niemand berichtet, weil niemand sie überlebte. Eines aber blieb oberstes Gebot: jene Konvoischiffe, die als Rettungsschiffe beigegeben worden waren oder als normale Eskortschiffe mit der Rettung von Überlebenden versenkter Frachter beschäftigt waren, nicht anzugreifen, es sei denn, der Retter selbst wird zum Angreifer, wie etwa in dem realistischen, nachdenklich stimmenden britischen Film »Großer Atlantik«, in dem der britische Kommandant Wasserbomben in die Pulks der eigenen Leute wirft, um das U-Boot, das er unter seinem Schiff und den im Wasser schwimmenden überlebenden Kameraden vermutet, zu vernichten. Um hinterher feststellen zu müssen, daß das U-Boot dort gar nicht mehr steht . . .
Das Frühjahr 1943 brachte während der 70 Tage schwerster Stürme rückläufige Versenkungen, während die Boote auf den Nebenschauplätzen des U-Boot-Krieges, vor allem vor Kapstadt, im Indik und später auch im südostasiatischen Raum (noch), bemerkenswerte Versenkungsspitzen zu melden hatten. Der deutsche B-Dienst erfaßte durch Einbrüche in den alliierten Funkschlüssel aus 175 FT-Meldungen des Gegners 35 Konvois. Von diesen Funksprüchen konnten aber nur zehn so rechtzeitig entschlüsselt werden, daß der BdU seine Boote hier noch wirksam ansetzen konnte. Dieses Zeitproblem beim Entschlüsseln, das wird deutlich, war für beide Parteien ein Kardinalproblem. Während der Tage vom 14. bis zum 20. März kommt es auf der Höhe von Neufundland zur größten Geleitzugschlacht des Krieges. Die aus New York in See gegangenen Konvois SC 122 (51 Frachtschiffe mit starker Sicherung durch Zerstörer, Fregatten, Korvetten usw.) und HX 229 (40 Frachtschiffe mit Fregatten, Korvetten usw. als Sicherung) prallen auf die Vorpostenaufstellungen der von Dönitz aufgrund von B-Dienstmeldungen alarmierten U-Boot-Gruppen »Raubgraf« (neun Boote), »Stürmer« (18), »Dränger« (elf) und fünf Ausmarschierer. Trotz des zum Teil sehr stürmischen Winterwetters werden bei mehreren Angriffen und nur einem U-Boot-Verlust 21 alliierte Frachtschiffe mit 142 465 BRT versenkt.

Letzte Einsätze

Der Erfolg von Neufundland war eine vernichtende Antwort auf die Atlantik-Konvoi-Konferenz in Washington, wo man sich am 1. März 1943 darin einig gewesen war: »...daß der alliierte Sieg durch eine Großoperation in Europa nur über einen Sieg über die U-Boote möglich sein kann«.
Doch während man sich in Deutschland an diesen unbestritten großen Erfolgen erwärmte und die Gesamtverluste bei den Indienststellungen (erste Zahl) noch erträglich waren (Januar 1943: 22/6, Februar 21/19, März 27/16, April 18/15), holten Briten und Amerikaner zum konzentrierten Gegenschlag aus. Im Mai 1943 starben bei 17 Konvoi-Operationen 22 Boote. Auf 42 Verluste insgesamt kamen nur 26 Zugänge, eine entsetzlich hohe Verlustziffer. Angesichts dieser erschreckenden Bilanz zog Dönitz alle Boote im Nordatlantikraum zurück, den anderen Teil ließ er in andere Seegebiete ausweichen, im Juni gingen daher nur 17 Boote und im Juli bei erneuten Ansetzversuchen im Atlantik 39 verloren. Später (noch immer und wieder setzte die U-Boot-Führung U-Boote in Gruppen an) wurden die Verlustzahlen wieder geringer.
Die befürchtete Wende stand dicht bevor. Die Alliierten hatten außer einer völligen Neuorganisation schlagartig fast völlig neue bzw. verbesserte Abwehrmittel eingesetzt:
Das bewährte vollautomatisierte Huff/Duff auf Panoramabasis, über das Dönitz bereits im April 1942 erstmals über einen entschlüsselten Funkspruch aus Kanada erfuhr.
Sie hatten dank der Vorläufer der EDV-Technik (Hollerith) die Entschlüsselung des Marineschlüssels M praktisch im Griff, wenn auch noch immer mit zeitlicher Verzögerung, die viele Erkenntnisse wertlos machte. U-Boot-Aufstellungen wurden jetzt meist schnell erkannt.
Durch die Zuteilung von Geleitflugzeugträgern konnte das »Air Gap«, das bisher von Flugzeugen noch nicht überwachte Seegebiet im Nordatlantik und der U-Boote fetteste Weide, »geschlossen« werden.
Die vermehrten »Ocean Escort-Groups« wurden durch die neuen, schon lange geforderten »Support Groups« ergänzt, Gruppen aus umgerüsteten Geleitflug-

Hoch waren die Verluste der Kriegsmarine. Nur wenigen ihrer Kameraden konnten die Matrosen das letzte Geleit geben (rechts: Zerstörer-Besatzung beim Abschied von ihren Gefallenen; rechts oben: Übernahme eines toten Seemannes an Bord eines Hilfsbootes). Die meisten blieben auf See. Neben der U-Boot-Waffe hatten die Kleinkampfverbände der Kriegsmarine gegen Ende die höchsten Opferzahlen. Sprengbootfahrer etwa (oben: nach Absprung Umsteigen aufs Kommandoboot) kamen bei ihren Aufträgen oft ums Leben. Auch die Taucher (ganz oben) wurden häufig Opfer ihrer gefährlichen Räumarbeiten.

zeugträgern mit etwa insgesamt nur 40 VLR (Very Long Range)-Bombern in Verbindung mit Zerstörern mit besonders großem Fahrbereich als Sicherung.
Eine Anzahl Liberator-Bomber wurde zu U-Jagdzwecken umgerüstet.
Völlig neu war auch das 9-cm-Panorama-Radar mit dem Tarnnamen H2S, auf das keines der deutschen FuMB-Geräte mehr ansprach, bis man deutscherseits später (nach Auffinden des »Rotterdam-Geräts«) wieder Warngeräte, d. h. FuMB, entwickeln konnte, zu spät, wie vieles andere. Dazu kamen der neue Wasserbombenwerfer »Hedgehog«, die »Torpex«-Tiefenwasserbombe und Flugzeugraketen.
Mit dem Einsatz dieser massierten Kampfmittel war die Schlacht im und um den Atlantik für die Deutschen verloren. Lediglich auf den Nebenkampfschauplätzen Schwarzmeer, Mittelmeer, Südatlantik, Indik und im Raum um südostasiatische Inseln gab es noch Erfolge: Nach Meldungen der »Monsuner« wurden bis Kriegsende von den 45 nach Ostindien in Marsch gesetzten Booten eine Million BRT versenkt, wobei 34 Boote = 76 % verlorengingen. Ab Mitte 1944 wurden die »Monsuner« nur noch bedingt als Kampfboote eingesetzt, und dann nur noch als Transporter für Rohgummi und Edelerze, das aber mit minimalem Erfolg. Die Zusammenarbeit mit den Japanern war indessen gut und die Leistung der U-Boot-Männer in den tropischen Zonen bewundernswert, mußte man doch im Gluthauch dieser Klimazone auch die Boote selbst grundüberholen.
Zurück zum Sommer 1943: Nur die neuen großen, schnellen Elektroboote vom Typ XXI (Boote mit vervielfältigter Akkukapazität) konnten eine Wende erzwingen, diese aber wurden, obwohl Dönitz Albert Speer für die Serienfertigung in über das ganze Reichsgebiet verteilten Baustellen für Schübe und Sektionen engagierte und interessierte, bis zum Kriegsende zwar in Massen fertig, aber nicht einsatzbereit.
Am 22. März 1944 wurde der Einsatz von U-Boot-Gruppen gegen Konvois im Nordatlantik wegen der absoluten Überlegenheit des Gegners beendet.
Inzwischen wurden die Boote der alten Typen, besonders jene vom Typ VII C mit dem an sich nicht neuartigen Schnorchel, d. h. mit einem Luftzufuhrmast, ausgerüstet, der auch mit Dieselbetrieb längere Unterwasserfahrten erlaubte, wobei der Luftmast auch gleichzeitig die Dieselabgabe abführte. Das Boot war schwer oder kaum zu orten, noch schwerer, als der Schnorchelkopf später nach einer Beschichtung auf Radarstrahlen nicht mehr ansprach. Diese Schnorcheleinrichtung wurde dann auch für die neuen E-Boote für Dieselfahrten unter Wasser verwendet.
Jedenfalls hatten Schnorchel-U-Boote der alten Typen auch im Atlantik wieder Chancen.
Daneben lief die Entwicklung neuartiger Torpedos, eines lagenunabhängigen Torpedos (LUT), eines flächenunabhängigen Torpedos (FAT), die beide ganze Gebiete um ein Geleit abkreuzen und absuchen konnten, und des T V, des »Zaunkönigs«, der auf das Geräusch der Schiffsschrauben, besonders der lautstarken der schnellen Zerstörer, ansprach, der aber vom Gegner sehr schnell schon durch hinterhergeschleppte Geräuschbojen (»Rabbatzbojen«) ausgeschaltet wurde, da die Torpedos nun an dieser Boje detonierten, während der wegen der Gefahr einer Selbstversenkung schnell auf Tiefe gegangene U-Boot-Kommandant den Zerstörer als »seinen Erfolg« abschrieb. Als man in Germany den Irrtum merkte, entwikkelte man den drahtgelenkten T 11, der aber nur noch erprobt werden konnte. Neu war auch der Torpedo vom Typ »Dackel«, ein Torpedo für besonders lange Strecken.
Auch die Flak-U-Boote (solche mit mehrfach verstärkter Flak), die als Schutz gegen die Beleitträgerbomben dienen sollten, brachten nicht den erhofften, ersehnten Erfolg. Angriffe in aufgetauchtem Zustand zusammen mit Flak-U-Booten zu erzwingen (wie vom BdU befohlen), endeten mit schwersten Eigenverlusten.
Das legendäre Walter-U-Boot machte (nach seiner Vorstellung vor zehn Jahren und vielen Entwicklungsversuchen) bei Kriegsende mit vier Fertig-Typen sogar noch Probefahrten. Sie überraschten selbst Skeptiker wie Optimisten.

Am 7. Mai 1945 ging U 330 (Emmrich) durch Bomben vor Bergen als letztes U-Boot verloren, am gleichen Tage wurde auch der letzte U-Boot-Erfolg vermerkt: U 2336 (ein XXIIIer Typ) unter Klusmeyer versenkte vor England die Frachter Avondale Park (2870) und Sneland (1791 BRT).

Die U-Boot-Waffe hatte mit größter Einsatzbereitschaft gekämpft, auch und erst recht in der schweren Zeit ab 1943. Von 1174 in Dienst gestellten Booten gingen 721 durch Feindeinwirkung verloren. Über 30 000 von 39 000 U-Boot-Männern kamen um, ein schrecklicher Opfergang von blutjungen, von ausgesucht besten Männern der Marine, einer Elite der deutschen Nation im unbeirrbaren Glauben an eine gerechte Sache für ihr, wie es hieß, bedrohtes Vaterland – aber in Wahrheit mißbraucht für Hitlers unzeitgemäßen, verbrecherischen Weltmachttraum.

Hier noch ein Wort zu den anderen Marinen, zu jener im Mittelmeer, wo die deutsche und italienische Marine zusammen mit den Schiffen der beiden Handelsmarinen aber den Lauf der Entwicklung nach den alliierten Landungen in Nordwestafrika (November 1942) und auf Sizilien auch nicht aufhalten konnten und wo die Regierung Badoglio nach dem Abfall Italiens als deutscher Kampfgenosse (wenn überhaupt) nach einem Waffenstillstand mit den Alliierten auch die Masse der italienischen Flotte übergab, während die Deutschen greifbare Reste unter ihre Flagge nahmen. Es folgten die Landungen bei Salerno, bei Anzio/Nettuno und im August 1944 in Südfrankreich.

Um diese Zeit endete praktisch auch der U-Boot-Krieg im Mittelmeer, wo übrigens mit U 396 auch das erste mit einem Schnorchel ausgerüstete VII-C-Boot operierte und wo U 453 den von italienischen Torpedobooten gesicherten Konvoi HA 43 angriff und am 19. Mai 1944 ein 7 147 BRT großes Schiff versenkte, das als letzter deutscher U-Boot-Erfolg im Mittelmeer in die Geschichte einging.

Was für die Landungen der Alliierten in Italien gilt, ist auch, was die maritimen Operationen betrifft, für Griechenland zu sagen. Auch hier konnte sich die zahlenmäßig schwache Marine nicht behaupten. Der ex-griechische Zerstörer ZG 3 (Hermes genannt) wurde als größtes deutsches Kriegsschiff im Mittelmeerraum bereits 1943 nach Tunis geschleppt und dort versenkt. Dennoch wurden einige Inseln und Stützpunkte bis zur Kapitulation verteidigt und gehalten.

Im Englischen Kanal, dem klassischen Revier der Minensucher, der Minenräumboote, der Vorpostenboote und Sperrbrecher, der Artillerieträger und KfKs und all der nimmermüden »Kanalarbeiter« im Tag- und Nachteinsatz, wurde am 6. Juni 1944 die alliierte Landung in der Normandie mit der größten Landungsflotte auf dem europäischen Festland zum Anfang vom Ende für Hitlers Krieg auf dem Kontinent. Die deutsche Marine hatte der Invasionsflotte aus Schlachtschiffen, Schweren und Leichten Kreuzern, aus einer Unzahl an Zerstörern, Fregatten und vielen anderen Einheiten außer den so wichtigen Landungsbooten – alles gedeckt und gesichert durch Tausende von Flugzeugen – nur eine winzige Streitmacht von 11 Torpedobooten und Zerstörern, 34 Schnellbooten, 300 Minensuchern und Räumbooten, dazu 100 Artillerieträgern und Vorpostenbooten entgegenzusetzen.

Dazu kamen noch die U-Boote aus den französischen Stützpunkten, ein Teil davon ohne, ein Teil mit, ein Teil noch in der Ausrüstung mit Schnorchel.

Kurzum: Von der deutschen Marine her ist ein Widerstand ohne die geringste Hoffnung auf einen entscheidenden Erfolg. Sie kann und wird die Invasion nicht verhindern – und auch nicht an den weiteren Tagen nachhaltig stören. Zusammen mit der Artillerie des sogenannten Atlantikwalls (soweit diese nicht von vornherein niedergekämpft und ausgeschaltet wird) und mit den opferbereiten Männern der sogenannten »Kleinkampfmittel« wie Sprengboote (»Linsen«) und Ein- und Zweimann-U-Boote mit hastig ausgebildeten, todbereiten Besatzungen.

Sie alle weichen oder erliegen der materiellen Übermacht. Dazu kommt, je länger je mehr, auch die moralische Überlegenheit des Gegners, der Sieg auf Sieg erringt.

Nur noch einige Häfen und Gebiete halten sich als Festung. In der Gironde-Mündung, im Raum Royan, kämpft man bis zum letzten Tage. Die U-Boot-Stützpunkte Lorient, La Rochelle und St. Nazaire sowie die Besatzungen der Kanalinseln legen erst am 9. Mai mit der endgültigen Kapitulation die Waffen nieder.

Zurück zum Raum Norwegen. Hier sind kaum noch nennenswerte Ereignisse zu berichten, von den Eismeer-U-Booten abgesehen, die hier gegen die noch immer sehr stark gesicherten Rußland-Konvois (mit Nah- und Fernsicherungen) den schwersten und erfolgärmsten Kampf zu bestreiten hatten. Da Norwegen nach der Landung in der Normandie als Invasionsziel ausschied und die gefürchtete Tirpitz am 12. November 1944 vor Tromsö mit 5,4 t schweren Blockbrecherbomben zum Kentern gebracht wurde und 902 Mann auf den Grund riß, wurden nach und nach die noch vorhandenen schweren Überwassereinheiten in die Ostsee verlegt, um hier von See die von der russischen Übermacht zurückgedrängten Heereseinheiten durch Artilleriebeschuß zu entlasten: das alte Linienschiff Schlesien, die Schweren Kreuzer Admiral Scheer, Lützow, Prinz Eugen, Admiral Hipper und die Leichten Kreuzer Nürnberg und Leipzig sowie Zerstörer, Minensuchboote, Schnellboote, Räumboote, kleinere Ein-

Fünf Torpedorohre hatten die 915-Tonnen-U-Boote vom Typ VII B. An Deck wehrten sie sich mit 8,8-cm-Kanonen (oben). Überwasserfahrt aber war mit zunehmender Kriegsdauer wegen der alliierten Radarüberwachung immer seltener möglich (ganz oben: in schwerer See im Atlantik). Tagelange Tauchfahrten wurden nötig beim Anmarsch ins Operationsgebiet. Immerhin brachte die Erfindung des Schnorchels (links) einige Entlastung. Er war zu klein, als daß ihn die Radar-Geräte des Gegners hätten erfassen können. Bei Tage war allerdings auch damit Vorsicht geboten, weil das deutliche Kielwasser des Geräts das Boot leicht der feindlichen Luftaufklärung verriet.

heiten sowie U-Boote aller Typen, während die neuen vom Typ XXI nach Norwegen auswichen, von wo sie in Massen eingesetzt werden sollten.

Neben den Küstenbeschießungen hatten die Schiffe in der Ostsee ihre größte und menschlich wertvollste Aufgabe:

Zusammen mit allen verfügbaren Handelsschiffen, mit fast ausschließlich zivilen Besatzungen, retten diese Kriegsschiffe (oder decken die Aktionen) Soldaten und Verwundete aus den von den Russen abgeriegelten deutschen Ostgebieten und fast zwei Millionen Flüchtlinge, meist Frauen, Kinder und alte Männer. Allein von Pillau aus werden ab 25. Januar abtransportiert: 141 000 Verwundete und 451 000 Flüchtlinge, Hunderttausende aus Danzig, Hunderttausende aus Gotenhafen. Allein der KdF-Passagierdampfer Der Deutsche (ex Sierra Morana) transportiert in sechs Fahrten 34 500 Menschen über See in den Westen ab oder, auch nur als Beispiel, das HAPAG-Passagierschiff General San Martin (ex Thuringia) evakuiert über 30 000 Flüchtlinge in elf Einsätzen, der HAPAG-Dampfer Deutschland in sieben Fahrten 70 000 Menschen, ganz zu schweigen von den mehrfachen Fahrten der kleinen und kleinsten Schiffe. Gemessen an der Zahl der Menschen, die bei dieser größten Seetransportaktion der Welt über die Ostsee geschafft werden, sind die Verluste durch Feindeinwirkung mit 0,6 % relativ gering, so schwer jedes einzelne Opfer auch wiegt. Unter den schwersten Katastrophen sind zu nennen:

das KdF-Schiff Wilhelm Gustloff, von dem nach seiner Torpedierung von 6 100 Menschen nur 904 gerettet werden können;

die Steuben (ex General von Steuben) mit 4 000 Opfern bei nur 300 Geretteten;

die Goja, von der nur 165 von 6385 gerettet werden . . .

Eine Tragödie eigener Art ist das Ende des Hamburg-Süd-Passagierdampfers Cap Arcona und des Dampfers Thielbek am 3. Mai 1945, die beide KZ-Häftlinge an Bord haben, die sich bereits gerettet glauben und nun von alliierten Flugzeugen ebenfalls in der Neustädter Bucht gebombt werden. Allein auf der Cap Arcona kommen über 5 000 um, Besatzungsmitglieder, KZ-Häftlinge und SS-Wachmannschaften.

Als der Zweite Weltkrieg in Europa endete, waren von der deutschen Kriegsmarine an großen Einheiten nur noch der Schwere Kreuzer Prinz Eugen, der Leichte Kreuzer Nürnberg und 14 Zerstörer vorhanden. Eine Viertelmillion Mariner war gefallen.

U-BOOT-KRIEG IM ATLANTIK

1941 bis 1943

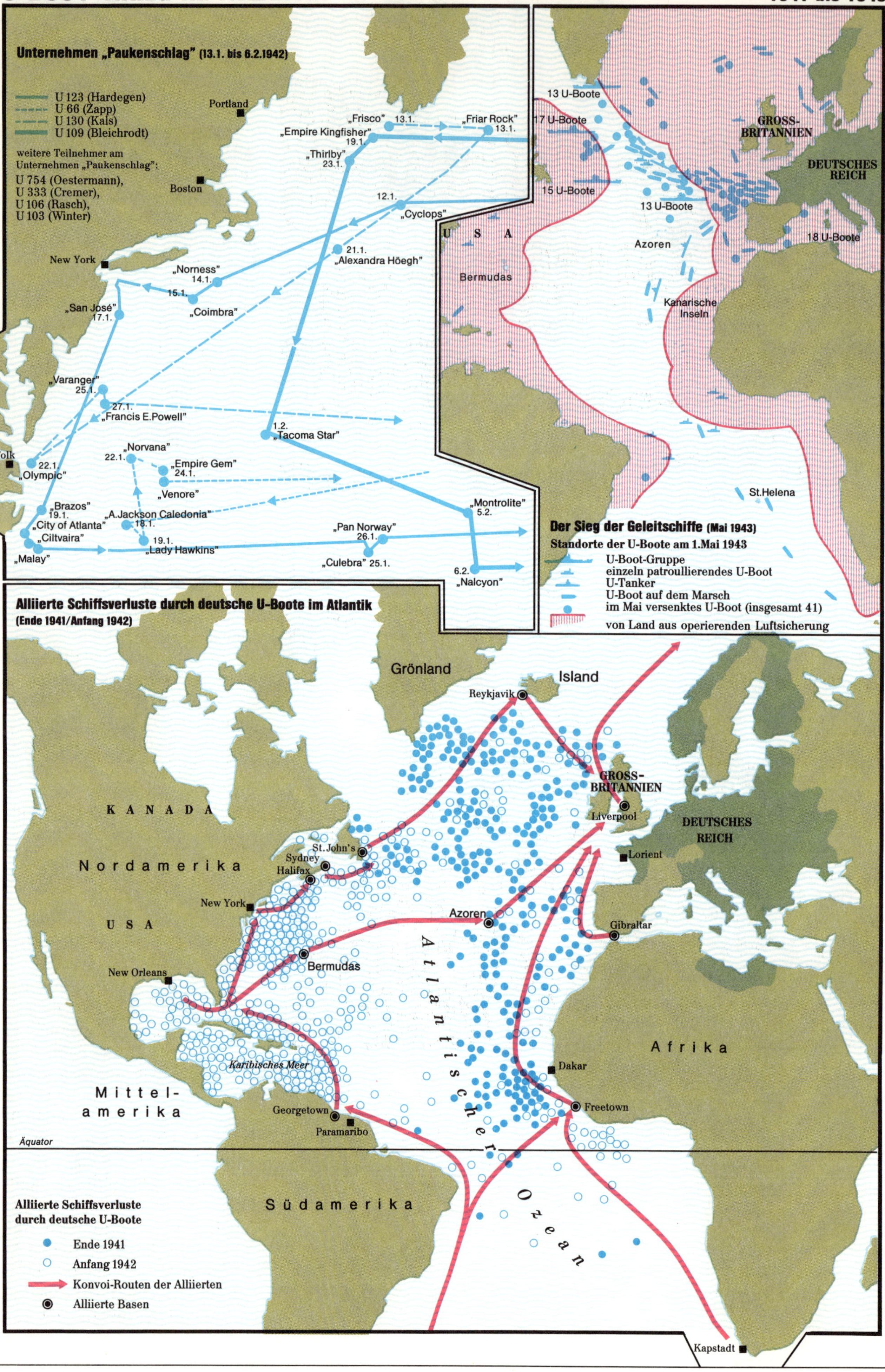

BOMBEN AUF DEUTSCHLAND/DEUTSCHLAND NACH DEM KRIEG

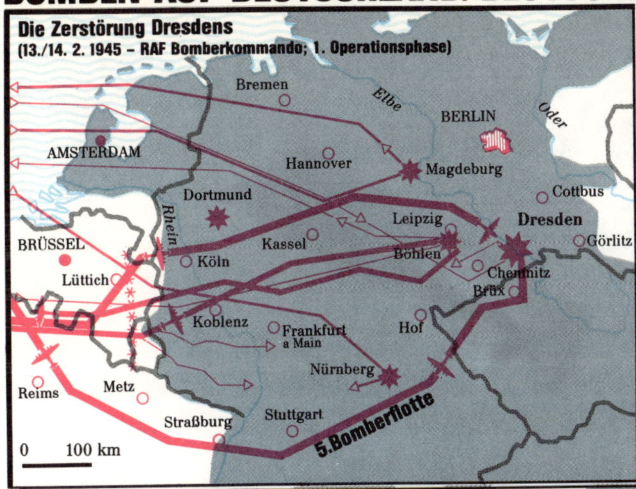

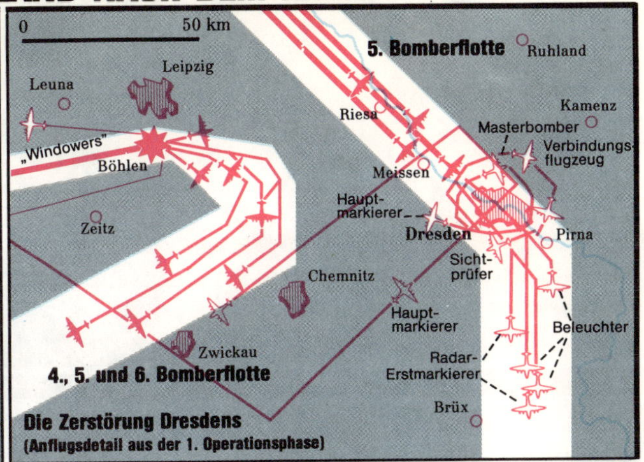

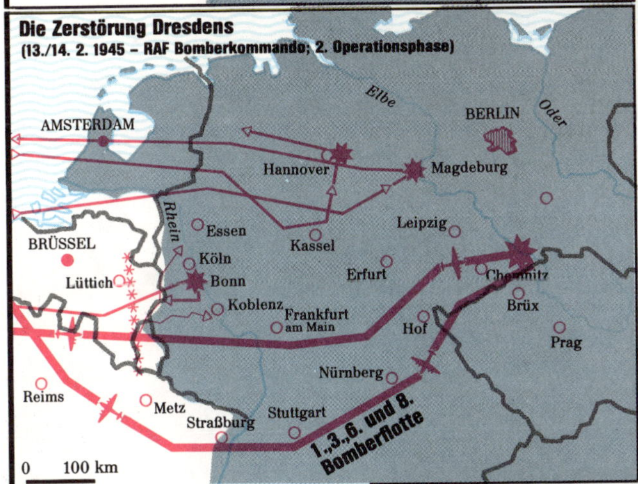

Bomberströme der RAF
Mosquitos
„Windowers" (Radarstörung)
***** „Mandrel Screen" (Funkstörung)

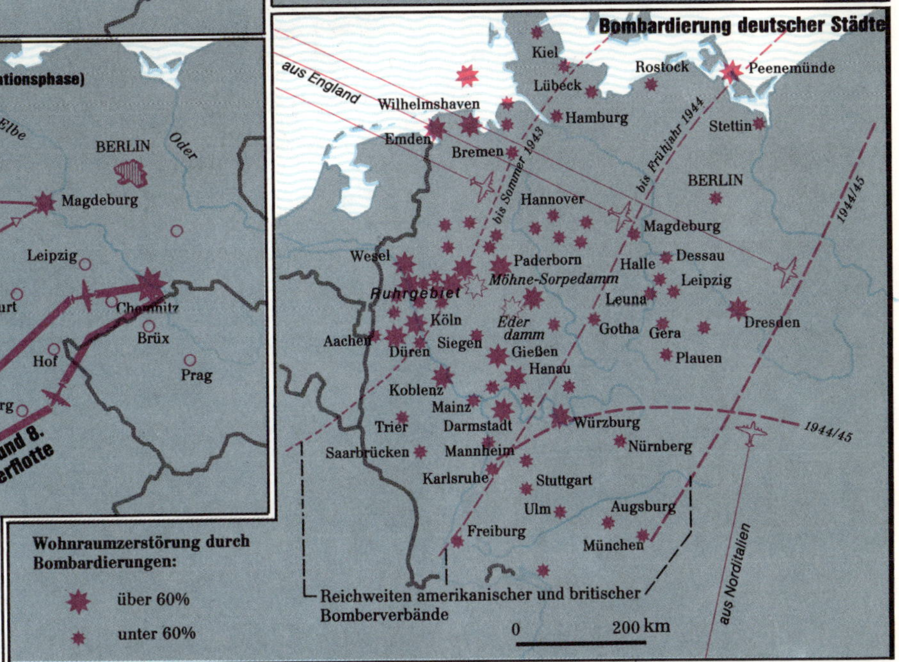

Die Teilungspläne für Deutschland

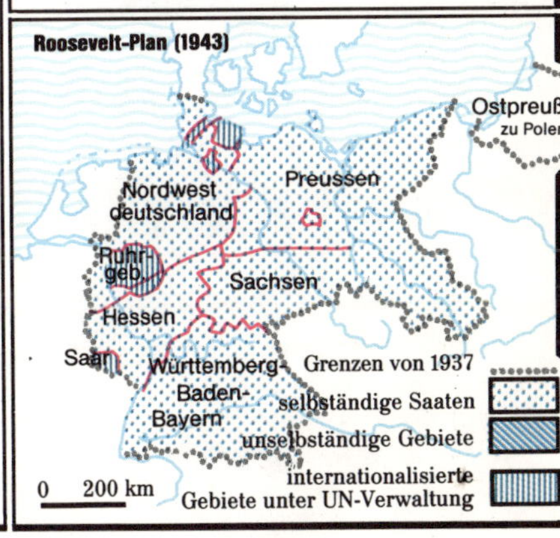

7 UHR 56
7 UHR 57
7 UHR 58

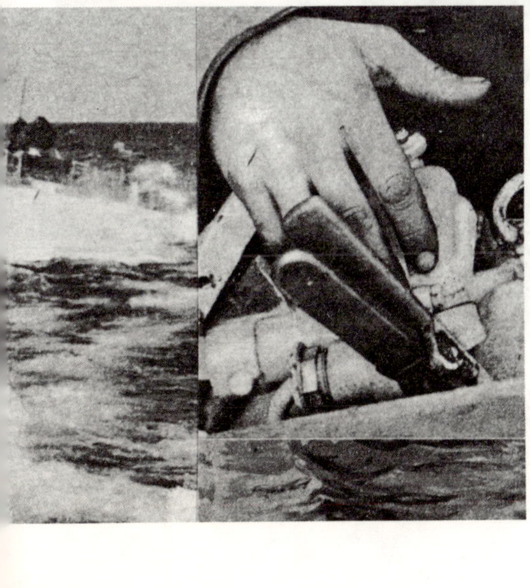

»Wölfe der See« nennt die Bildreportage aus der Zeitschrift »Die Wehrmacht« die deutschen Schnellboote. Die Phasen eines Torpedo-Angriffs auf einen britischen Frachter sind in den senkrechten Bildleisten (links und rechts außen) festgehalten. Links: Das Schnellboot nimmt Höchstfahrt auf (einmontiert: die Abzugsvorrichtung für den Torpedo). Großes Bild: das Rohr feuerbereit.

Das Husarenstück von Scapa Flow

Sechs Wochen nach Kriegsbeginn hatte Deutschland seinen ersten Seehelden. Kapitänleutnant Günther Prien drang mit seinem U 47 in den britischen Kriegshafen Scapa Flow ein und versenkte das Schlachtschiff Royal Oak. Churchill sprach in grimmiger Anerkennung von der »beachtenswerten Waffentat« Priens; weder er noch die begeisterten Deutschen wußten, wie sehr das Unternehmen durch die fehlerhaften deutschen Torpedos gefährdet war.

Dönitz', des Führers der Unterseeboote, Plan – ein deutsches U-Boot in den Hauptstützpunkt der Royal Navy, den riesigen Naturhafen Scapa Flow, eindringen zu lassen – war aus zwei Gründen das, was man unter Soldaten ein »Himmelfahrtskommando« nennt.
Der erste und allgemein bekannte Grund: Die Bucht in der Orkney-Insel Mainland bot nicht nur weitreichenden natürlichen Schutz vor jedem Gegner; sie war darüber hinaus auch durch technische Mittel so abgeschirmt, daß ein Eindringen als schlechthin unmöglich, als selbstmörderisch galt. Aus Agentenberichten aber ging hervor, daß die Sperren zum Teil verrostet, beschädigt und jahrelang nicht repariert worden waren.
Der F. d. U. Karl Dönitz hatte die Überzeugung gewonnen, daß es möglich sein müsse, mit einem U-Boot in Scapa Flow einzudringen. Er sprach mit Prien darüber. Kapitänleutnant Günther Prien überdachte den Plan seines Chefs einen Tag und eine Nacht. Dann meldete er sich wieder bei Dönitz und erklärte, er sei bereit, den Einbruch in Scapa Flow zu versuchen.
Ob auch über die zweite – und sehr wahrscheinlich größere – Gefahr gesprochen wurde, ist nicht überliefert. Aber sie war den meisten deutschen U-Boot-Kommandanten aus eigener, bitterer Erfahrung bekannt. Cajus Bekker, der Verfasser des Buches »Verdammte See«, umreißt sie in einer Kapitel-Überschrift unzweideutig: »Die deutschen Torpedos taugen nichts«.
Es muß angenommen werden, daß auch Prien davon wußte. Später wird er die deutschen Torpedos voll makabren Spotts und verzweifelter Resignation als »Holzgewehre« bezeichnen: Bei den einen versagte die Steuerung; andere, mit Aufschlagzündern, trafen zwar, explodierten aber nicht; wiederum andere, mit Magnetzündern, explodierten schon weit vor dem Ziel von selbst.
Daß ein Offizier in solcher Situation und mit solchem Wissen den Auftrag annimmt, ausgerechnet in den britischen Kriegshafen Scapa Flow einzudringen, scheint mit dem damals so sehr strapazierten Begriff »Heldentum« nicht mehr erklärbar zu sein. Hier schimmert eher in düsteren Farben das Schicksal des tragischen Helden hervor, den Erziehung, Patriotismus und Resignation schon zum Letzten bereit gemacht haben.
Prien bereitete das Unternehmen mit äußerster Gewissenhaftigkeit vor. Außer seinem eigenen Leben steht das von weiteren 38 Männern auf dem Spiel. Nur er selber kennt das Ziel, die erdrückende Summe der Gefahren und das Minimum an Überlebenschancen. Erst kurz vor Scapa Flow, in der Nacht vom 12. auf den 13. Oktober 1939, erfährt die Besatzung das Ziel der Fahrt. In der Nacht darauf gelingt U 47 das scheinbar Unmögliche, der Einbruch in die Höhle des Löwen. Die Briten fühlen sich in ihrer Bucht so sicher, daß

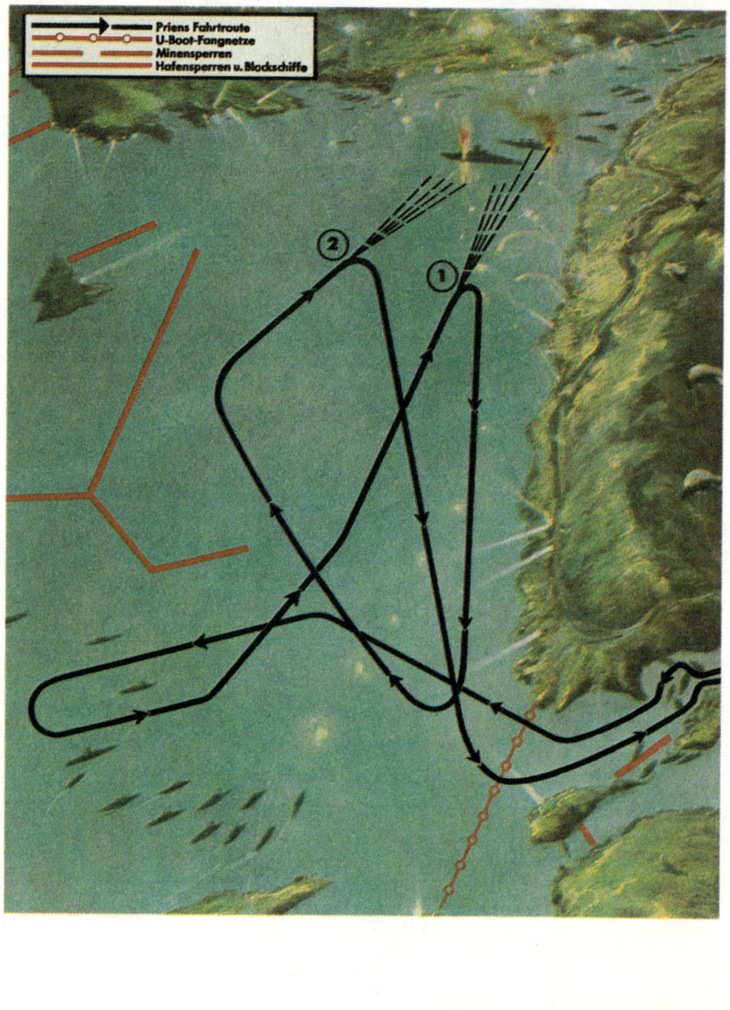

Günther Prien inmitten seiner Mannschaft von U 47 (linke Seite oben, der Kommandant in dunkler Uniform). Linke Seite unten: U 47 in der Bucht von Scapa Flow. – Einen Tag nach der Rückkehr von Scapa Flow flogen Prien und seine Männer nach Berlin zum Empfang bei Hitler. Prien, der von Hitler das Ritterkreuz erhielt (Bild oben) berichtet: »Ich gehe auf den Führer zu und melde. Er dankt, gibt mir die Hand und überreicht mir das Ritterkreuz des Eisernen Kreuzes, zugleich als Auszeichnung für die ganze Besatzung. Stolz und Glück ... ich fühle sie in dieser Stunde, ich müßte ein Lügner sein, wenn ich's nicht offen bekennen wollte. Das Schicksal hat mich doch emporgehoben in diesem Augenblick. Und doch, ich weiß, ich stehe hier zugleich für viele andere, die namenlos und stumm den gleichen Kampf gekämpft haben wie ich. Nur der Erfolg hat uns geschieden. Was aber ist Erfolg? Man mag ihn Glück nennen oder Gnade. Das aber, worauf es ankommt unter Männern, ist allein, das Herz eines Kämpfers zu haben und sich selbst vergessen zu können um der Sache willen, der man dient. Der Führer geht die kleine Front der Besatzung entlang. Er gibt jedem einzelnen die Hand und dankt jedem einzelnen. Ich folgte ihm und sehe sie an, Mann für Mann, und mein Herz schlägt mit jedem von ihnen.«

nicht einmal Patrouillen-Boote laufen. Priens U 47 schiebt sich in Überwasserfahrt langsam durch Scapa Flow. Es ist 0 Uhr 58.

Über das, was während der nächsten 30 Minuten geschieht, gibt es Priens eigenen Bericht in dem schon 1940 erschienenen Buch »Mein Weg nach Scapa Flow«. Man sollte meinen, der Kommandant wüßte am genauesten, was geschah. Das Gegenteil ist der Fall.

Laut Günther Prien wurden zwei Torpedos abgeschossen, von denen einer das Schlachtschiff Repulse beschädigte und der andere das Schlachtschiff Royal Oak vernichtete. Was Prien nicht sehen konnte: Das beschädigte Schiff war nicht die Repulse, sondern das Flugzeugmutterschiff Pegasus. Es lag weiter von ihm entfernt und war zum Teil von Aufbauten der Royal Oak verdeckt.

Was er aber genau wußte und in seiner Darstellung fälschte, war die Zahl der abgefeuerten Torpedos. Es waren nämlich wesentlich mehr. In späteren Jahren, als Geheimhaltung nicht mehr nötig war, sickerte die Wahrheit durch. Sie zeigt, daß Kapitänleutnant Prien ein Mann war, der Nerven wie Drahtseile hatte.

Beim ersten Angriff um 0.58 Uhr sollen vier Torpedos auf die Royal Oak abgefeuert werden. Aber nur drei verlassen überhaupt die Rohre, der vierte bleibt in scincm Rohr stecken.

Mindestens zwei der drei laufenden Torpedos verfehlen das riesige und dazu unbeweglich liegende Schlachtschiff, obwohl sie von einem so erfahrenen Mann wie Priens Wachoffizier Endraß abgeschossen worden sind. Auf dem U-Boot wird lediglich ein relativ leiser, explosionsähnlicher Knall wahrgenommen. Männer, die den damaligen Kapitänleutnant Prien noch gekannt haben, halten es deshalb auch für ausgeschlossen, daß Prien dieses Geräusch mit einem Treffer auf dem hinter der Royal Oak liegenden Schiff verwechselt haben könnte, so wenig wie Endraß. Trotzdem läßt Priens Ghostwriter (oder Zensor) den Wachoffizier zufrieden sagen: »So, der hat sein Teil.«

Kapitänleutnant Prien hat seine erste und höchst dramatische Erfahrung mit den »Holzgewehren« gemacht. Aber er gibt nicht auf. Nicht dafür hat er das Risiko auf sich genommen, in den Hafen der britischen Flotte einzubrechen. Noch steckt der Hecktorpedo im Rohr. Er dreht das Boot um 180 Grad und schießt wieder. Doch auch der einzige Hecktorpedo verschwindet lautlos. Die Detonation bleibt aus.

Resultat bis zu diesem Augenblick: Von fünf Torpedos ist einer im Rohr steckengeblieben, einer möglicherweise irgendwo angestoßen, ohne zu explodieren, drei sind einfach verlorengegangen. Unter der Mannschaft machen sich dumpfe Wut und Verzweiflung breit. Sie haben alles riskiert, Gefangenschaft, Gesundheit und Leben, sie haben die Angst niedergekämpft, die Gedanken an die Angehörigen verdrängt, ihre Nerven bis zum Zerreißen angespannt. Und jetzt sind von den fünf Rohren vier ohne Erfolg leergeschossen, eines ist blockiert; das alles mitten in einem feindlichen Hafen, aus dem das Ausbrechen wahrscheinlich noch gefährlicher werden wird als das Hineinschleichen.

Da befiehlt Prien, noch einmal zwei Torpedos nachzuladen. Das geschieht, während das Boot auftaucht in der vom Nordlicht erhellten Bucht von Scapa Flow. Um 1.22 Uhr, genau eine halbe Stunde nach den ersten Fehlschüssen, sind die beiden Ersatztorpedos klar, liegt U 47 wieder in Schußposition. Sekunden später zerreißt ein Doppeltreffer das Schlachtschiff Royal Oak. 833 britische Seeleute versinken mit dem Schiff.

Priens U 47 entkam mit Mühe und Not aus Scapa Flow. Am nächsten Tag hörten er und seine Crew, inzwischen schon längst wieder weit weg in der Nordsee auf Heimfahrt, eine Meldung des Deutschlandsenders: »In der Bucht von Scapa Flow wurde das englische Schlachtschiff Royal Oak von einem deutschen U-Boot torpediert und versenkt. Das deutsche U-Boot soll nach englischen Meldungen gleichfalls gesunken sein.«

Wenige Tage später stand die Besatzung des U-Boots in Berlin vor Hitler. Günther Prien wurde als erster Marineoffizier mit dem Ritterkreuz ausgezeichnet. Der Zweite Weltkrieg hatte seinen ersten Seehelden.

Sieg und Untergang der Bismarck

Nur wenige Tage dauerte die erste und einzige Feindfahrt des Schlachtschiffes Bismarck. Aber in diesen Tagen rollte ein Drama ab, das jede Romanphantasie verblassen läßt: Zuerst die Versenkung der Hood, des größten Kriegsschiffes der Welt, und dann die gnadenlose Verfolgung, der sich das deutsche Schiff immer wieder zu entziehen wußte, bis ein Torpedotreffer in die Ruderanlage alle Hoffnung auf ein Entkommen zerstörte.

Die Sicht ist miserabel. Der hinter dem Schlachtschiff Bismarck folgende Schwere Kreuzer Prinz Eugen kann das Flaggschiff kaum noch ausmachen. Zur Erleichterung für den Rudergänger auf dem Schweren Kreuzer schaltet die Bismarck einen Heck-Scheinwerfer ein.

Das ist eine gespenstische Fahrt, dieser Marsch entlang der Eisbarriere in der Dänemark-Straße, nördlich Island. Steuerbords zieht sich das Packeis hin, backbords ist dikke Suppe; dichter Nebel. Bordzeit: 17.30 Uhr am 23. Mai 1941. Auf der Bismarck und der Prinz Eugen werden die MES (magnetischer Eigenschutz) eingeschaltet. Die Funkmeßgeräte laufen seit den Mittagsstunden auf Rundumsuche. Wird der Durchbruch des deutschen Flottenverbands in den Atlantik gelingen? Ohne vom Engländer erfaßt zu werden? Die Bismarck und die Prinz Eugen wollen in britische Geleitzüge einbrechen. Acht 38-cm-Kanonen hat das Schlachtschiff, zwölf 15-cm-Kanonen, sechzehn 10,5-cm-Flak, sechzehn 3,7-cm-Flak, zwölf 2-cm-Flak. Der Schwere Kreuzer ist mit acht 20,3-cm-Kanonen bestückt; zwölf 10,5-cm-Flak, zwölf 3,7-cm-Flak und zwölf Torpedorohren. Wehe dem Geleitzug, der diesen Schiffen über den Weg läuft. Der Alptraum britischer Admiralität.

Um 18.11 Uhr Bordzeit geben auf den deutschen Kriegsschiffen die Schiffswachdienstanlagen Alarm. Horchgerät und Funkmeß haben Backbord voraus ein Ziel aufgefaßt. Noch während die ersten Entfernungsmessungen eingehen, stürmen die Männer auf die Gefechtsstationen.

Das Ziel ist ein grauer, unten rechtwinklig begrenzter, oben sich verjüngender Schatten. Funkmeß- und Horchgerät halten das fremde Schiff, das sich dem deutschen Flottenverband im Nebel anhängt, fest. Um 20.10 Uhr haben die Bismarck-Geräte Kontakt mit einem weiteren Ziel. Zwanzig Minuten danach kommt es aus dem Dunst: der Schatten eines Schiffes. Zwei hohe Pfahlmasten, drei schräge Schornsteine. Ein britischer Kreuzer. Die Bismarck schießt fünf Salven mit der SA (Schwere Artillerie), ohne ihren Kurs zu ändern, ohne nachzudrehen, um die Blechschachtel – denn das ist sie im Vergleich zur Bismarck – zusammenzuschießen.

Die deutschen Kriegsschiffe sind entdeckt; ohne Zweifel.

Da durch das Salvenfeuer auf der Bismarck das vordere Funkmeßgerät ausgefallen ist, befiehlt der Flottenchef des Verbandes, Admiral Günther Lütjens: Nummernwechsel. Der Schwere Kreuzer übernimmt numehr die Führung und die Funkmeßkontrolle des vorderen Halbkreises. Alle Versuche, die im Dunst und Nebel unsichtbaren Verfolger durch Fahrtvermehrung abzuschütteln, bleiben erfolglos. Nebel, Regenböen, Schneeschauer lassen die Sicht bis auf wenige Seemeilen zusammenschrumpfen.

Die Nacht bricht an.

Über die Bismarck und die Prinz Eugen braust ein eisiger Schneesturm. Scholleneis schwimmt auf. Der deutsche Flottenverband hat die Dänemark-Straße nun schon seit Stunden hinter sich. Und immer noch wird er von den beiden Mitläufern beschattet. Was Admiral Lütjens nicht weiß, noch ahnt: Es sind die Schweren britischen Kreuzer Suffolk und Norfolk, die folgen – mit Radar. Jede Kursänderung, jeder Fahrtwechsel der deutschen Kriegsschiffe werden erfaßt und dem Chef der Home Fleet, Admiral Sir John Tovey, mit Funk gemeldet.

Und da wühlen sich auch schon 300 Seemeilen voraus Englands größter Schlachtkreuzer, die Hood, und das Schlachtschiff Prince of Wales mit 27 Knoten auf Kollisionskurs mit den Deutschen. Um Mitternacht sind die Engländer nur noch 128 sm entfernt. Um 04.35 Uhr nimmt der Horchdienst auf der Prinz Eugen in 28° Schiffspeilung die Geräusche ihrer schnellaufenden Turbinen auf. Bald darauf schieben sich Mastspitzen über die Kimm. Bismarck und Prinz Eugen machen Klarschiff zum Gefecht. Und da brausen sie heran: Backbord querab die Hood. »The mighty Hood«, die mächtige Hood, von Millionen Briten in Ehrfurcht genannt. Und die Prince of Wales, Englands modernstes Schlachtschiff.

Sie feuern fast gleichzeitig.

Auf der Bismarck sind in der Rechenstelle inzwischen alle artilleristischen Werte festgelegt. Auf Befehl von Lütjens wird das Feuer von Bismarck und Prinz Eugen auf das vorauslaufende Gegnerschiff konzentriert: auf die Hood.

Die Granaten werfen aufbrechende Fontänen zum grauen Himmel. Bei der Prinz Eugen stehen die grauweißen Kaskaden nur 100 bis 150 m vom Schiff ab. Ein Aufschlag krepiert 50 m vor dem Bug. Das hochgeschleuderte Wasser bricht auf die Back runter. Die nächsten Granaten liegen im Kielwasser des Schweren Kreuzers. Pulverschwaden liegen auf dem Wasser: von den Salven grell beleuchtet. Heulend, brüllend, pfeifend wuchten die schweren Geschosse heran. Auf der Bismarck schlägt eine Granate quer durch das Vorschiff; ohne zu detonieren. Ein zweiter Treffer explodiert im E-Werk 4. Eine dritte Granate kracht in die Aufbauten; geht durch, krepiert nicht. Drüben, dicht an der Hood, steigen die Wassersäulen zweier Aufschläge empor. Zwischen den Masten brechen Flammen hoch. Ein weißglühender Feuerball schießt zum Himmel. Eine ungeheure Rauchwolke platzt, wirbelt, wogt auseinander. Die Hood, die unbesiegbare Hood, schon zu Lebzeiten Legende geworden, explodiert!

Sie stirbt in ihrem 21. Lebensjahr auf Position 63° 20‘ Nord und 31° 50‘ West. Mit 28 kn stürmt sie in ihr Grab. 95 Offiziere und 1323 Mannschaften nimmt sie mit in die Tiefe.

Drei überleben; drei.

Die Prince of Wales bekommt von der Bismarck vier Treffer, von der Prinz Eugen drei. Eine 38-cm-Granate geht in die Brücke, tötet mit Ausnahme des Kommandanten und des Obersignalmeisters das gesamte Brückenpersonal. Im Koppelraum unter der Brücke fließt das Blut aus dem von oben herabführenden Sprachrohr auf den Kartentisch. Eine andere Bismarck-Granate zerstört den vorderen Artilleriestand. Die Prince of Wales wehrt sich kaum. Das Schiff ist von der Werft weg in den Kampf geschickt worden, es sind noch Zivilisten an Bord, die sich jetzt an den klemmenden Geschützrohren abmühen. Captain Leach bricht das Gefecht ab und zieht sich unter einem dicken Rauchvorhang zurück.

Die Bismarck macht keinen Versuch, dem britischen Schlachtschiff zu folgen und es zu stellen. Sie hat mit der Versenkung der Hood und der schweren Beschädigung und schmählichen Flucht der Prin-

Schlachtschiff Bismarck, benannt nach dem Reichsgründer Otto von Bismarck und in Dienst gestellt im August 1940, war der Stolz der deutschen Kriegsmarine.

ce of Wales schon mehr erreicht, als sie sich nur wünschen kann. Ein großartiger Sieg. Für die deutsche Propaganda ein Knüller sondersgleichen. Im übrigen besteht für die deutsche Kampfgruppe der Operationsplan: »Unternehmen Rheinübung«. Und der fordert, alliierte Geleitzüge zu zerstören, und nicht mit der Home Fleet ins Gefecht zu gehen.

Sechs Stunden nach dem Untergang der Hood sind fünf Schlachtschiffe, zwei Schlachtkreuzer, zwei Flugzeugträger, 13 Kreuzer und 20 Zerstörer zur Jagd auf die Bismarck und die Prinz Eugen angesetzt. Auf einen Seeraum von einer Million Quadratseemeilen.

Weder auf der Bismarck noch auf der Prinz Eugen hat es Mannschaftsverluste gegeben. Der Schwere Kreuzer erhielt noch nicht einmal einen Treffer. Aber die Bismarck hat im Vorschiff ein Einschuß- und Ausschußloch, zwar oberhalb der Wasserlinie, aber unterhalb der Bugwelle. Durch das bei der hohen Fahrt einlaufende Wasser sind zwei Abteilungen ausgefallen; der Bugspillraum und der Leckpumpen-E-Teil. Außerdem klemmen die Schieber der Heizölförderleitung zum Vorschiff. 1000 t Heizöl sind abgeschnitten. Etwa 4000 t Seewasser stehen im Vorschiff. Alle Versuche, es zu lenzen und das Öl umzupumpen, schlagen fehl. Eine zweite Granate hat backbords das Dampf-E-Werk 4 lahmgelegt. Das Werk muß verlassen werden. Auch der 2. Kesselraum und der Kesselhilfsmaschinenraum Backbord laufen voll. Der Trimm des Schiffes geht zwei bis drei Grad nach vorn, die Krängung neun Grad nach Backbord. Der Steuerbordpropeller schlägt aus dem Wasser. Die Zellen und Bunker der Abteilungen II und III Stbd. werden geflutet, um den Trimm zu verringern. Über die Schußlöcher im Vorschiff werden Lecksegel ausgeholt. Die Abdichtung verhindert zwar, daß weiterhin Wasser eindringt, nicht aber das Durchsickern von Öl aus den angeschlagenen Bunkern. Im Kielwasser der Bismarck liegt eine breite, weithin sichtbare Ölspur. Statt 30 kn Fahrt macht das Schiff nur noch 28 kn. Um 07.01 Uhr gibt das Schlachtschiff ein Funktelegramm mit der Meldung über die Schiffsschäden ab. Und: »Absicht Einlaufen St. Nazaire. Prinz Eugen Kreuzerkrieg.«

Die Skl hat jetzt Gewißheit, daß die Bismarck Gefechtsschäden hat, die derartig sind, daß der Flottenchef sein Flaggschiff zum Anlaufen eines Reparaturhafens aus der Operation herausnehmen muß, die Prinz Eugen also das Unternehmen »Rheinübung« allein weiterführt. Der Schwere Kreuzer trennt sich gegen Abend von der Bismarck. Die Prinz Eugen steuert die Azoren an, um bei den dort liegenden Begleittankern zu ölen. Auf der Fahrt stellt sich heraus, daß die Steuerbordschraube in der Dänemark-Straße Eisschaden erlitten hat. Das Lager der Hauptkühlwasserpumpe läuft heiß. Die Niederdruckturbine in der Backbordanlage schwingt.

Die Prinz Eugen läuft nach Brest und geht hier am 1. Juli, 19.30 Uhr ins Dock. Der Kreuzerkrieg fällt aus.

Bismarck stampft nach Süden. Es ist schon spät abends, in diesen Breiten aber noch hell, als das Schlachtschiff auf das US-Küstenwachboot Medoc trifft, das sofort Meldung macht. Jetzt weiß die britische Admiralität, daß die Bismarck allein operiert. Captain Bovell, Kommandant der Victorious, der um 22.00 Uhr 120 sm absteht, läßt neun Torpedoflugzeuge vom Typ Swordfish und sechs Fulmars starten. Um 23.30 Uhr sind sie an der Bismarck. Bei rasendem Flakfeuer greifen sie an. Doch nur ein Torpedo trifft, detoniert als Oberflächenläufer in der Höhe des vorderen Mastes auf dem Gürtelpanzer. Die Bismarck wird von der Explosion steuerbords angehoben. Am Oberdeck ist gerade der Oberbootsmann Kirchberg dabei, Munition für die Flak zu mannen. Der Druck schleudert ihn in das Flugzeugkatapult. Kirchberg ist sofort tot. Sechs Männer holen sich mehr oder weniger schwere Knochenbrüche.

Mittlerweilen baut die Gruppe West der Skl im Mittelatlantik eine Kette von sechs U-Booten auf, die der Bismarck Schutz geben sollen. Der Bismarck aber lacht das Glück. Die Engländer verlieren die Radarmessung. Das deutsche Schlachtschiff ist weg.

Mit allem, was die Maschinen hergeben, läuft die Norfolk nach Westen; sucht. Die Suffolk braust nach Südwest; sucht. Die angeschlagene Prince of Wales geht südwärts; sucht. Die Ramillies ändert ihren Kurs, dampft nach Nordwest, um der Bismarck den Weg in den Mittelatlantik abzuschneiden. Aber dort ist keine Bismarck. Die britischen Funker lauschen in den Äther, obwohl sie sich sagen: So dumm ist die Bismarck nicht, daß sie sich jetzt, wo sie weiß, daß sie gejagt wird, meldet.

Und sie tut es doch. Denn Lütjens traut dem britischen Radar inzwischen Wunderdinge zu und glaubt, daß sein Standort dem Gegner genau bekannt ist. Also unterrichtet er mit einem ellenlangen FT die Gruppe West ausführlich über Gefechte, Schiffszustand, Fahrt und dergleichen. Die britische Admiralität gibt den abgehörten Funkspruch sofort an ihre Schiffe. Merkwürdigerweise nicht auch gleich den Standort der Bismarck, sondern nur die Peilstrahlen. Auf der King George V werden sie obendrein noch falsch einge-

Schlachtschiff Bismarck im Endkampf mit den britischen Schlachtschiffen Rodney und King George V – Gemälde von Claus Bergen. Admiral Lütjens, der Befehls-

haber, ließ »bis zur letzten Granate kämpfen«, wie er es in einem Funktelegramm an Hitler versprochen hatte. Fast zweitausend Mann gingen mit dem Schiff unter.

tragen und damit auch falsch ausgewertet. Wieder hat die Bismarck Glück. Aber es ist das letzte Mal.
Sonntag, der 25. Mai 1941. Die Stimmung an Bord ist zuversichtlich. Die Männer sind stolz auf ihren Sieg über die Hood. Die erfolgreiche Abwehr der Torpedoflugzeuge hat gezeigt, daß das Schlachtschiff auch mit Luftangriffen fertig wird. Der Kurs auf die Biskaya hat sich herumgesprochen. Vielleicht schon morgen nacht, bestimmt übermorgen werden deutsche Flugzeuge da sein. U-Boote, selbstverständlich. Alles wird die Marine aufbieten, damit die Bismarck heimkommt. An diesem Sonntag hat Admiral Lütjens Geburtstag. Über die Schiffswachdienstanlage redet er zur Besatzung. Er dankt für die Geburtstagsglückwünsche und spricht seine Anerkennung für die bisher gezeigte hervorragende Haltung aus. Dann sagt er: »Wir haben auch weiterhin mit Verfolgungen zu rechnen. Es geht um Siegen oder Sterben. Bevor wir aber sterben, werden wir noch viele Gegner vernichten und mitnehmen.«
Das wirkt wie eine kalte Dusche. Lütjens ist kein großer Redner. Hat er sich in der Wahl seiner Worte vertan oder äußert er hier seine eigene, innerste Auffassung? Gibt der Admiral zu, daß »Rheinübung« gescheitert ist, ja scheitern mußte, also ein Unternehmen war, auf das Großadmiral Raeders, seines Chefs, Bemerkung bei Kriegsausbruch wie ein Motto paßte: »Wir können nicht siegen, nur anständig sterben«?
Der Besatzung von Bismarck jedenfalls verschlägt Lütjens' Rede alle Siegeszuversicht. Offiziere des Flottenstabs tragen danach Schwimmwesten unter dem Jackett.
Der aus Nordwest wehende Wind und der Seegang nehmen zu. Am Himmel hängen niedrige, grauschwarze Wolken. Schwer arbeitet das Schlachtschiff in der hohen, von achtern auflaufenden See. Doch das Schiff läuft mit dem Sturmwind, mit dem Seegang heimwärts.
Die ganze Nacht hindurch; ungestört. In dieser Nacht, um 03.00 Uhr, hebt vom Fliegerhorst Lough Erne in Nordirland ein Catalina-Flugboot ab. Um 04.00 Uhr rollt über das Deck der Ark Royal ein Radar-Aufklärer, zieht hoch über die Wolken; fliegt nach Norden.
Um 10.25 Uhr ist die Bismarck ausgemacht. Trotz des schlechten Wetters schickt Vizeadmiral Somerville die Torpedoflugzeuge der Ark Royal gegen das deutsche Schlachtschiff. Die Flugzeuge greifen aber nicht die Bismarck, sondern die nur 20 sm wegstehende Sheffield an. Der englische Kreuzer hat gewaltigen Dusel, denn die meisten Lufttorpedos mit ihrer hochempfindlichen Magnetzündung explodieren schon beim Aufklatschen auf dem Wasser. Die anderen kann der Kreuzer ausmanövrieren.
Mittlerweilen hat der Wind zum Sturm aufgefrischt. Schwere, hohe Seen rollen über den Atlantik.
Die zweite Welle Torpedoflugzeuge, die diesmal mit Aufschlagzünder kommen, wird von der Sheffield auf die Bismarck eingewiesen.
Eine halbe Stunde greifen die Flugzeuge in Rotten an. An einer, auf dem Aufbaudeck Steuerbord achtern montierten 3,7-cm-Flak steht der Matrosengefreite Georg Herzog. Er sieht, wie unter dem Geschoßhagel zwei Maschinen heranrasen; so tief, daß sie beinahe die Kämme der Dünung streifen. Weil sie so niedrig fliegen, kann sie die Flak nicht fassen. Während die eine Swordfish die Bismarck mittschiffs ansteuert, schwenkt die andere achtern ab. Alle Männer an der Dreikommasieben sehen, wie sich die Torpedos von den Maschinen lösen, wie sie aufspritzend in die See klatschen. Herzog spürt einen Ruck, wird gegen seine Kameraden geschleudert. Eine Wasserwand brandet hoch. Die Bismarck erhebt sich unter einem gewaltigen Schlag. Hart legt sich das Schiff über. Durch den in sich zusammenfallenden Wasservorhang erkennt Herzog, wie ein Flugzeug direkt in das Heck der Bismarck hineinzufliegen droht. Er spürt, wie sich das Schiff, das bei dem Angriff auf »Äußerste Kraft« hochgefahren ist, unter der Hartruderlage überlegt. Dann ist kein Flugzeug mehr zu sehen. So spukhaft wie sie kamen, so verschwanden sie auch. Auf der Bismarck schweigen die Waffen. Aber warum dreht das Schiff? Warum fährt es im Kreis herum?
Der Leiter der Leckwehrgruppe 1, Obermaschinist Wilhelm Schmid, erhält die Meldung: »Torpedotreffer! Vermutlich im Achterschiff. Ruder bleibt auf Backbord 15 verklemmt!« Das Personal der Ruderanlage verläßt seine Station. Die Männer kommen durch den Niedergang in das Zwischendeck. »Sämtliche Räume der Ruderanlage laufen voll!« Darauf schließt die Leckwehrgruppe das Panzerluk über dem Niedergang zum Ruderraum. Fast gleichzeitig bricht das achtere Tiefgangpeilrohr. Wasser strömt ins Zwischendeck. Die Leckpumpe 1 läuft an. Nach kurzem Lauf setzt sie aus, da der E-Teil ausfällt. Schmid läßt auf den Ersatzstromkreis umschalten. Die Pumpe läuft nicht mehr. Der Selbstanlasser im Niedergang zur Ruderanlage ist durch den Wassereinbruch zerstört. Durch undichte Kabeldurchführungen und entstandene Risse im hinteren Querschott kommt ebenfalls Wasser. »Mittlerer Wellentunnel macht Wasser!«
Die Oberleutnante (Ing.) Giese und Richter sowie die Zimmermeistergruppe stützen das Querschott ab und dichten das Tiefgangpeilrohr. Danach versuchen sie über den Notausgang vom Batteriedeck über das Panzerluk in den Niedergang zur Ruderanlage vorzudringen. Der Zimmermeister und der Meistermaat versuchen vergeblich mit Tauchrettern einzusteigen, um die Rudermotorkupplungen auszurücken. Bei dem starken Seegang schlingert das Schiff so stark, daß das im Niedergang stehende Wasser gewaltsam fällt und steigt. Schließlich wird erwogen, das Ruder von außen abzusprengen. Nach stundenlangen Bemühungen gelingt es dann doch noch, das Handruder einzukuppeln. Aber die Ruder können nicht bewegt werden. Der Torpedotreffer hat sie verbogen, verschweißt, verklemmt. Taucher können bei dem Seegang nicht hinkommen. Die Ruderschäfte nach unten herauszusprengen, geht nicht. Die Schrauben liegen unmittelbar davor. Trotz schärfster AK-Manöver kann sich das Schiff mit den Schrauben nicht auf Südostkurs halten. Notgedrungen geht es mit kleiner Fahrt gegen die See, nach Nordwesten, den Engländern entgegen!
Um 23.40 Uhr läßt Lütjens das FT absetzen: »Schiff manövrierunfähig. Wir kämpfen bis zur letzten Granate. Es lebe der Führer.« Hitler läßt anworten: »Ganz Deutschland ist bei Euch. Eure Pflichterfüllung wird unser Volk im Kampf um sein Dasein stärken.«
In der Nacht kommen die Zerstörer. Sie heißen Piorun, Zulu, Maori, Sikh und Cossack. Bismarck wehrt sich mit genauem Feuer, die Zerstörer verschießen ihre Torpedos ohne Erfolg. Gegen Morgen laufen sie ab. Von der Brücke kommt das Maschinenkommando: »Alle Maschinen stopp!«
Es wird ruhig im Schiff.
Die Hetzjagd ist zu Ende, bald werden die Gegner mit ihren Schlachtschiffen kommen. Bismarck ist zwar an der Grenze der Reichweite deutscher Bomber, aber die Luftwaffe weiß nichts von dem Drama auf See. Hilfe ist nicht zu erwarten.
Die Anspannung der tagelangen Verfolgung ist von den Männern abgefallen. Müdigkeit und Gleichgültigkeit brei-

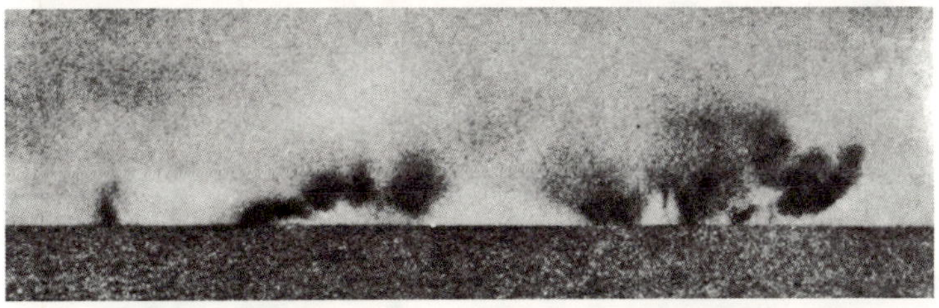

Das Gefecht zwischen Bismarck und Prinz Eugen auf deutscher und Hood und Prince of Wales auf englischer Seite, aufgenommen von Bord der Prinz Eugen. Die Bilder von oben nach unten: 1. Das Mündungsfeuer einer Vollsalve beleuchtet die Aufbauten des deutschen Schlachtschiffes. 2. Die Hood hat den tödlichen Treffer erhalten. Der kleine Rauchpilz markiert einen Einschlag auf dem zweiten englischen Schiff, der Prince of Wales. 3. Im Hagel der deutschen Geschosse zieht Prince of Wales an der sinkenden Hood vorbei. Die Wasserfontäne rührt von einem zu kurz liegenden Einschlag her. Die schwarze Rauchfahne links im Bild gehört zum britischen Kreuzer Norfolk, der vergeblich versuchte, in das Gefecht einzugreifen.
4. Zielwechsel auf Prince of Wales. Bismarck nunmehr hinter dem Schweren Kreuzer.

ten sich aus. Auf der Brücke erscheint ein Steward, um den Herren Kaffee anzubieten. Keiner will ihn haben. Die Offiziere liegen still in den Ekken. Aus dem Maschinenraum meldet sich Kapitänleutnant (Ing.) Junack beim Kommandanten und trägt Bedenken vor: Wenn die Maschinen nicht laufen, können sie sich durch Wärmespannung verziehen. Er bittet um den Befehl für kleine Fahrt. Der Kommandant antwortet: »Ach, machen Sie, was Sie wollen«.

Um 8.15 Uhr gellen die Alarmglocken. Der schwere Kreuzer Norfolk ist da, hinter sich die Schlachtschiffe Rodney und King George V. Die Bismarck nimmt Fahrt auf, versucht in der groben See möglichst geraden Kurs zu halten, um der Artillerie die Entfernungsmessung zu erleichtern.

Das ungleiche Gefecht beginnt um 8.47 Uhr. Nach kurzer Zeit erhält die Bismarck einen Treffer in den vorderen Artillerieleitstand. Damit ist eins der Nervenzentren des Giganten lahmgelegt. Aus dem Gefecht, wenn man es überhaupt so nennen kann, wird ein Schlachtfest. Es dauert bis 10.00 Uhr, länger als eine Stunde.

Eine der über eine Tonne schweren 40-cm-Granaten der Rodney krepiert am Turm Anton, sprengt vom Turm Bruno Stahlbrocken ab, die in Richtung Brücke fetzen. Fast alle Offiziere und Mannschaften dort werden getötet. Eine Granate trifft die Drehhaube des achteren Leitstands; zerstört alle Meßgeräte. In den Turm Dora gehen Volltreffer, in die Maschinen- und in die Heizräume. Eine in den achteren Gefechtsverbandsplatz eingeschlagene Granate tötet dort alle gesammelten Verwundeten; Sanitäter, Ärzte. Die überkommende See wäscht Tote und Verwundete über Bord. Aus den Einschlägen im Deck quillt dicker Qualm, Geschrei. Luken und Schotten sind verklemmt. Die Männer kommen nicht mehr hoch. Die E-Werke liegen still. Niedergänge werden weggerissen. Die Masten fallen. Die Kommandobrücke, die Kommandotürme, der Schornstein; alles zerfetzt, zerrissen. Wirr stehen die Kanonen gen Himmel oder hängen hinunter zur See.

Doch die Bismarck stirbt nicht. Sie versinkt auch noch nicht sofort, als der Kreuzer Dorsetshire aus nächster Nähe mehrere Torpedos auf sie abfeuert. Das hat der jahrelangen Kontroverse Nahrung gegeben: Ob es die englischen Torpedos waren, die den Untergang bewirkten, oder die zur selben Zeit von der Schiffsführung angeordnete Sprengung der Bodenventile.

Noch bevor der Kreuzer zum Fangschuß angelaufen ist, hat die Führung den Befehl ausgegeben: »Alle Mann aus dem Schiff.«

Der Maschinengefreite Staat hat ein Lichtkabel gepackt. Noch ehe ein neuer Brecher anrollt, ist er auf dem Aufbaudeck, dort, wo die Frischkartoffeln aufbewahrt wurden. Der Gefreite schließt die Augen. Hier oben, wo sich Verwundete hingerettet haben, schlagen Granaten ein. Sie zerfetzen, wer hier liegt. Staat klettert nach achtern. Bis zur Barbette von Turm Dora Tote, nichts als Tote. Die Kameraden hier haben offenbar versucht, unter dem hinteren Turmteil Schutz zu finden. Es ist grausam. Auf dem Weg nach Steuerbord achtern muß Staat an einem Unteroffizier vorbei. Dem Maaten fehlt ein Bein. Er liegt an Deck und ist bei vollem Bewußtsein. Er fleht Staat an: »Wirf mich ins Wasser, Kumpel! Wirf mich doch rein!« Staat sieht weg. Will die bittend und flehend erhobene Hand mit den verkrampften Fingern nicht sehen. Der Maschinengefreite zögert noch, in die See zu springen. Dabei sieht er, wie sich ein Kumpel die Hosen auszieht. Welch ein Unsinn, denkt Staat. Alte Absaufspezialisten haben immer wieder geraten: Bloß nichts ausziehen im kalten Wasser. Staat sieht nach Backbord. Das Backbordoberdeck wird schon von der See überspült. Du mußt vom Schiff, mahnt eine Stimme. Staat springt und kommt gut frei. Er liegt auf dem Rükken, den Blick zum Schiff gewandt. Mit Beinen und Armen arbeitet er sich weg, um nicht in den Sog zu kommen. Er sieht, wie sie oben noch stehen, wie andere springen. Einige schlagen dabei auf die Panzerung, andere auf die Schlingerleisten. Als das Schiff kentert, klettern ein paar Mann auf den Rumpf. Sie machen keine Anstalten, sich zu retten. Sie bleiben auf dem Kiel und fahren, die Hand zum letzten Gruß erhoben, mit der Bismarck in die Tiefe.

Es ist der 27. Mai 1941, 10.40 Uhr.

Minenräumboote auf dem Marsch. Sie gehörten zu den »Kanalarbeitern«, jener Flotte von kleinen Schiffen verschiedenster Art, die den Ärmelkanal und die

Schiffahrtswege zwischen Holland und der Biskaya offenhalten mußte. Unspektakulär, ohne den Fanfarenklang der Sondermeldungen vollzog sich ihre Arbeit.

Kanaldurchbruch 1942

Am 12. Februar 1942 dampften die Schlachtschiffe Scharnhorst und Gneisenau und der Schwere Kreuzer Prinz Eugen durch die Straße von Dover. Eine Serie von Pannen bei den Engländern ermöglichte das Gelingen des Unternehmens »Cerberus«. Militärisch allerdings war nichts gewonnen. Mit den Schiffen war in Wilhelmshaven genausowenig anzufangen wie vordem in Brest. Übrig blieb allein der Propagandaknüller vom »Anklopfen an Englands Haustür«.

Sie kamen beim ersten Tageslicht, im dunstigen Morgengrauen des 6. April 1941: vier Beaufort-Torpedoflugzeuge.

Im Tiefflug, knapp über dem Wasser surrten sie über die Brester Reede. Vorweg die Beaufort des Flying Officer Kenneth Campbell. Schon prasselten den Flugzeugen die Flakgranaten entgegen. Ein Feuerhagel sondersgleichen. Die britischen Torpedobomber drehten ab, zerfleddert. Von der Flugabwehr schon im Anflug aufgerieben. Nur Campbell hielt stur durch. In Masthöhe der Schiffe raste die Beaufort in den Hafen. Der Torpedo klatschte ins Dreckwasser, zog auf die Gneisenau zu. Campbell, die Sergeanten Hillman, Mullis und Scott starben im Feuerball der explodierenden Maschine. Die Gneisenau aber mußte ins Dock; Treffer beim achtern Turm.

Fünf Nächte danach bekam das Schiff bei einem Bombenangriff weitere vier Treffer. Am 1. Juni lief in Brest die Prinz Eugen ein, die sich von der Bismarck rechtzeitig hatte absetzen können. Die Prinz Eugen kam mit Maschinenschaden. Die Scharnhorst, die Ende Juni ihre Maschinenreparatur beendet hatte, wurde am 24. Juli in La Pallice von fünf Bomben getroffen und mußte in Brest erneut ins Dock. Die Prinz Eugen erhielt in der Nacht zum 2. Juli einen Bombentreffer in die vordere Rechenstelle, das Herzstück der schweren Artillerie. Der Kreuzer war erst wieder zum Jahresende einsatzbereit.

Hitler war verärgert. Für ihn galt die Faustregel: Eine Tonne Kriegsschiff ist die Jahresarbeit eines deutschen Arbeiters. Um ein Schlachtschiff von 35000 ts zu bauen, müssen rund 10000 Arbeiter dreieinhalb Jahre daran arbeiten, und zwar nach wohldurchdachtem und genau geleitetem Plan. »Also: Wieviel U-Boote bekomme ich für ein Schlachtschiff? Wieviel Tonnen versenkt ein U-Boot, wieviel ein Schlachtschiff?«

Man hatte sich von den Stützpunkten an der französischen Atlantikküste viel versprochen: Der Weg in die großen Dampferrouten war kurz, die Schlachtschiffe und Kreuzer sollten in die Geleitzüge einbrechen und die Transporte für England stoppen. Aber was war statt dessen geschehen? Die Engländer ließen in ihren Geleitzügen Schlachtschiffe mitfahren, mit denen sich Scharnhorst und Gneisenau nicht messen konnten, geschweige denn ein Schwerer Kreuzer. Und nach dem Ende der Bismarck im Mai 1941 bestand überhaupt keine Neigung mehr, die großen Schiffe noch einmal hinauszuschicken.

Völlig nutzlos lagen sie in Brest, blockierten die Werften, wurden bombardiert. Und immer wieder aufs neue. Am 13. November 1941 fragte Hitler den Großadmiral: »Ist es möglich, die Schiffe überraschend durch den Kanal zurückzuführen?«

Raeder war irritiert. Durch den Englischen Kanal? Deutsche Schlachtschiffe! Der Großadmiral antwortete ausweichend: Er wolle die Frage prüfen.

Am 2. Weihnachtstag kam Hitler darauf zurück. Das einzig Richtige sei, die Schiffe so schnell wie möglich durch den Kanal in deutsche Häfen zu bringen, sagte er zu seinem Marineadjutanten von Puttkamer. Es sei nicht zu verantworten, die Schiffe auch nur einen Tag länger als zur Reparatur nötig in Brest liegen zu lassen. Die Engländer, die bisher mit 851 Maschinen Angriffe geflogen und 12000 ts Bomben auf Brest geworfen hatten, setzen alles daran, die Schiffe zu vernichten. Hitler wünschte vom Großadmiral und seinem Stabschef Vizeadmiral Fricke baldigst ein sachverständiges Urteil über die Rückführungsmöglichkeiten.

»Ein Marsch durch den Kanal entfällt für die Schlachtschiffe völlig«, entgegnete die Skl. Statt dessen forderten Raeder und Fricke für die Schiffe umfangreiche Fahr- und Gefechtsausbildung. »Die Ausbildung«, so betonte Raeder, »würde auch nötig sein, wenn der Durchbruch in die Heimat

Gespannte Bereitschaft in den Flakständen der Prinz Eugen (oben und rechte Seite) während des Kanaldurchbruchs. Der Schwere Kreuzer, Waffengefährte der Bismarck beim Unternehmen »Rheinübung« im Mai 1941 und seitdem zur Reparatur im Atlantikhafen Brest, nahm als drittes Schiff, hinter Gneisenau und Scharnhorst, am spektakulären Unternehmen »Cerberus«, der Fahrt durch den Kanal von Dover, teil.

durch den Kanal gewählt würde, der aber nach den bisherigen Feststellungen unmöglich ist, da das Risiko – neben Bedrohung durch leichte See- und Luftstreitkräfte, durch Minen und navigatorische Schwierigkeiten – ungeheuer groß ist.«
Hitler ließ sich nicht überzeugen. Er eröffnete den Admiralen, daß ein englischer Angriff auf Nordnorwegen zu erwarten sei, und der könnte von kriegsentscheidender Bedeutung sein. »Alle Schlachtschiffe und Schweren Kreuzer gehören dort hinauf!«
Der Großadmiral ersuchte darum, die ganze Frage nochmals überprüfen zu dürfen.
Am 8. Januar 1942 schrieb er an Hitler: ». . . wird mit hoher Wahrscheinlichkeit zu Totalverlusten oder zumindest schweren Beschädigungen führen. Ich sehe mich daher, nach meiner innersten Überzeugung, nicht in der Lage, eine derartige Überführungsoperation in Vorschlag zu bringen.«
Hitler beorderte die Marine und die Luftwaffe ins Führerhauptquartier. Am 12. Januar 1942 kam es in der »Wolfsschanze« zur entscheidenden Besprechung. OKW-Chef Keitel war dabei, General Jodl, Luftwaffen-Generalstabschef Jeschonnek, Oberst Galland. Raeder und Fricke kamen in Begleitung des Befehlshabers der Schlachtschiffe, Vizeadmiral Otto Ciliax und dessen 1. Admiralstabsoffiziers Reinicke. Ferner war noch der Befehlshaber der Sicherung West, Kommodore Ruge, anwesend.
Hitler wies auf die Gefahren hin, die nach seinen vorliegenden Meldungen Nordnorwegen bedrohten. Er wünschte unter allen Umständen die Verlegung der schweren Seestreitkräfte nach Nordnorwegen. Und die Rückführung der Scharnhorst, der Gneisenau und der Prinz Eugen »überraschend, schnell durch den Kanal!«.
Admiral Ciliax hielt Hitlers Absicht, die Schiffe durch den Kanal zu bringen, für aussichtsreicher als den langen Rückweg um die Britischen Inseln und durch die nördlichen Passagen. Für den Fall eines Durchbruchs durch den Kanal verlangte der Admiral von der Luftwaffe hinreichenden Jagdschutz.
Dafür stünden um die 250 Maschinen zur Verfügung, erklärte Jeschonnek.
Das reichte gerade zum überlappten Einsatz; also, daß immer nur 16 Jäger den Flottenverband schützen konnten, und nur bei ihrer Ablösung, jeweils für zehn bis zwanzig Minuten, 32 Maschinen bei den Schiffen waren.
Hitler meinte, das müsse genügen.
Ciliax machte den Vorschlag, die Schlachtschiffe nachts aus Brest auslaufen zu lassen. Damit sie nicht gleich entdeckt werden. Und die Kanal-Enge Dover/Calais am Tag passieren. Mittags um zwölf. Das war ganz nach Hitlers Geschmack. »Die Engländer werden es nicht glauben. Sie werden nicht schnell genug reagieren!« Das Unternehmen bekam den Code: Cerberus.
Ein abwegiger Name. Cerberus ist der Höllenwächter aus der griechischen Mythologie, ein dreiköpfiger Hund, der die Eintretenden freundlich wedelnd empfängt, aber ihnen die Zähne zeigt, wenn sie wieder hinauswollen. Nichts stimmte hier: Wenn mit der Hölle die Straße von Dover und mit Cerberus die englische Bewachung gemeint war, so würde es einen freundlichen Empfang wohl kaum geben. Und obendrein wollten die deutschen Schlachtschiffe ja nur hindurch, aber auf keinen Fall wieder zurück . . .
Eine stockfinstere Nacht, eine kalte Nacht. Dunkle Regenwolken verhüllen die Sterne. Seit zwanzig Minuten ist für Brest erneut Fliegeralarm gegeben. Doch diesmal fallen keine Bomben. Nur hin und wieder schießt auf Plougastel die Flak-Batterie. Im Hafen aber zischen aus den Strahlrohren der Nebelgeräte Chlorsulfonsäure und Schwefeltrioxyd. Graue, dichte Schwaden ziehen über den Hafen, die Docks; hinaus zur Reede. Wo die Silhouetten der beiden deutschen Schlachtschiffe und des Schweren Kreuzers zwischen den Wolken und dem Wasser kaum noch erkennbar sind.
Das britische U-Boot Sealion, das vor Brest seit Tagen auf Lauer liegt, läuft um 21.35 Uhr in See. Es muß seine Batterien nachladen.
Über den Wolken, nach der Ile de Quessant zu, brummelt ein britisches Radarflugzeug, sucht die sogenannte Stopper-Linie ab; nach deutschen Schiffen. Das ASV (Air to Surface Vessel)-Gerät in der Maschine reagiert nicht. Es ist defekt. Die Scharnhorst, die Gneisenau und die Prinz Eugen nehmen Fahrt auf. Alle Mann auf Gefechtsstation, alle Lichter gelöscht. Es ist 22.45 Uhr am 11. Februar 1942. Backbords laufen vier Zerstörer auf, sichern die großen Schiffe zur See hin. Voraus stehen in der dunklen Nacht vierzehn Torpedoboote, warten auf die Armada, die es hier wagt, ins britische Homewater einzudringen. Wie anno 1588 die spanische Flotte. Und seitdem keine mehr. Querab der Ile de Quessant befiehlt Flottenchef Admiral Ciliax auf der Scharnhorst für den Verband: Marschfahrt. »Unternehmen Cerberus« läuft an.
Mit flatternden Kriegsflaggen, mit 20 kn stampft der Flottenverband durch die Nacht. Vorweg die Scharnhorst, dahinter die Gneisenau, achtern die Prinz Eugen. Backbords sichern die Zerstörer. Weit voraus laufen Minensuchboote. In Cherbourg, in Le Havre legen Schnellboote ab. In den deutschen Funkmeßstellen und B-Stationen zackt das britische Küstenradar über die Schirme; sucht, tastet. Auf den Flugplätzen von Caen, Le Touquet und Amsterdam stehen 280 deutsche Flugzeuge startklar.
Um 1.14 Uhr laufen die deutschen Schiffe in den Kanal ein, ins Homewater. Die Soldaten an den Fla-Waffen haben die Mantelkragen hochgeschlagen, die Kopfschützer übergezogen. Sie stieren ins Dunkle. Drüben liegt England: Plymouth, Weymouth, Bournemouth, die Isle of Wight. Jeder Hafen gespickt mit Schnellbooten, Zerstörern. Auf den Flugplätzen: Spitfircs, Swordfish, Beauforts – zweitausend Maschinen.
Wie Urweltriesen, waffenstarrende, protzige Ungeheuer, so stampfen sie durch das graue Wasser. Ihre Bugseen pflügen endlos weglaufende Furchen, auf denen die Sicherungsboote krängen.
Ein trübseliger, trister Morgen zieht herauf. Der 12. Februar. Tiefhängende, schmutzige Wolken schieben sich übereinander, reißen auf. Über dem kabbeligen Kielwasser segeln Möwen. Die Männer auf den

Gefechtsstationen frieren. Zehn Stunden fahren sie nun schon. Zehn Stunden Spannung, Kampfbereitschaft. Jeden Augenblick darauf gefaßt, daß die Leuchtspurgarben heranhuschen, über den Schiffen gleißendes Licht platzt, Feuerglocken schrillen, Abschüsse dröhnen. Das britische Küstenradar müßte den deutschen Flottenverband längst aufgefaßt haben. Doch über dem Channel liegt seit Stunden eine kompakte atmosphärische Störung. Sicherlich eine Wetterbeeinflussung, meinen die Engländer. Tatsächlich sind es die deutschen Störsender an der französischen Küste, die das Coastal-Radar lahmlegen.

Um 8.42 Uhr kommen deutsche Jagdflugzeuge. Sie bleiben steuerbords, fliegen voraus, gehen über die Wolken, bleiben bei den Schiffen. Für die nimmt die Entfernung zur britischen Küste nun rapide ab: sechzig, vierzig, dreißig Meilen; fünfundzwanzig. Mittlerweile werden dem Fighter Commander in Stanmore die immer noch andauernden atmosphärischen Radarstörungen doch zu dubios. Eine Spitfire-Patrouille startet.

9 Minuten nach 11 Uhr entdecken die Spitfires querab Boulogne, kurz vor der britischen Minensperre die Prinz Eugen, die Gneisenau, die Scharnhorst; die Zerstörer und Torpedoboote, die Schnellboote, Minensucher.

Um 11.40 Uhr sind die deutschen Schiffe durch die Minensperre und laufen mit 20 kn ab. Kurs: Strait of Dover. Der Kanal ist hier 33 km eng.

Nach dem Radar-Schlamassel nun auch noch bei den Engländern ein Befehlschaos: Koordinierungsschwierigkeiten zwischen der Navy und der RAF. Die Flieger haben sich des schlechten Wetters wegen einen geruhsamen Tag ausgerechnet. Die Navy kam sowieso nie auf die Idee, daß die Deutschen mit Schlachtschiffen und Schweren Kreuzern durch den Kanal fahren. Am hellen Tag. Zur Lunch-time! Der Flottenverband geht um 12.18 Uhr durch die Kanal-Enge. Vizeadmiral Ciliax läßt 30 kn fahren. Drüben in Dover blitzt grelles Mündungsfeuer auf. Weit draußen, backbords rumsen die Einschläge ins Wasser. Die dort mitlaufenden Schnellboote nebeln. Die deutschen Batterien an der französischen Küste feuern vier Salven über den Kanal. Ohne irgend etwas zu treffen. Nun aber fängt der Tanz an. Von Dover, von Ramsgate rasen britische Schnellboote heran. Sechs Swordfish-Torpedoflugzeuge, geführt von Lieutenant-Commander E. Esmonde (der die Bismarck mit einem Torpedotreffer ins Ruder lahmgeschossen hat), gedeckt von elf Spitfires fliegen die Scharnhorst an.

Bootsmann Reimann, Geschützführer einer der Vierlingsflaks backbords, starrt in das Gewölk. Die mittlere Artillerie schießt Leuchtspurgeschosse mit Frühzündung weit auf See hinaus. Auf der achtern fahrenden Gneisenau feuert die gesamte leichte Flak, legt einen gewaltigen Geschoßhagel unter die Wolken. Und da jagen sie heran, zwei Swordfish. Der Richtschütze, Gefreier Bäumler, hat sie im Nu im Visier. Die Flugzeuge kommen knapp über dem Wasser. Ein, zwei Garben aus ihren 7,7-mm-MGs prasseln auf das Schiff. In weniger als hundert Meter zieht die eine Maschine urplötzlich steil hoch, schert aus. Der Torpedo stürzt koppheister ab. Die an-

Als abenteuerliche Reise durch die grüne See stellte die Propaganda-Illustrierte »Signal« ihren Lesern den Kanaldurchbruch der Scharnhorst, Gneisenau und Prinz Eugen dar – als Kinderspiel, bei dem nichts schiefgehen konnte. Das Schlachtenpanorama ist in der Art eines Wandfrieses zu betrachten: Oben Teil I, der Weg der Schiffe vor der französisch-belgischen Küste, unten Teil II vor der niederländisch-deutschen Küste.

dere Swordfish explodiert mit einer grellen Stichflamme, mit betäubendem Krach. Der Torpedobomber ist wie weggewischt, als hätte es ihn nie gegeben. Wahrscheinlich hat ein Flakgeschoß den Torpedokopf getroffen.

Auf Thorney Island starten Beauforts-Bomber. Aus Harwich wüten sechs Zerstörer heran. HMS Worcester schießt drei Torpedos auf die Gneisenau; auf 3000 Yards! Näher ran kommen die Zerstörer nicht. Geschützfeuer, Schnellbootangriffe drängen sie ab. Über den Wolken fassen die deutschen Jäger die Briten schon im Anflug; die Beauforts, Hudsons, Spitfires, Whirlwinds, Halifaxes, Hampdens, Wellingtons, Swordfish, Manchesters. Bomben und Torpedos klatschen im Notwurf in die See. Bis zu den Kreidefelsen von Dover dröhnt der Gefechtslärm. 17 britische Jagdflugzeuge, 15 Bomber, drei Beauforts und sechs Swordfish stürzen in die Strait of Dover.

Das Wetter, ohnedies schon schlecht, wird noch schlechter. Schnee- und Regenböen nehmen die Sicht.

Und dann sind die Schiffe bereits in der Nordsee. 300 sm durch den Kanal liegen hinter ihnen. 300 sm in weniger als 24 Stunden.

Vor der Scheldemündung, um 15.28 Uhr, läuft die Scharnhorst auf eine Mine. Das Schlachtschiff verliert Fahrt, bleibt liegen. Vizeadmiral Ciliax und seine Stabsoffiziere steigen auf Z 29 um, das Führerboot der Zerstörer. Nach zwölf Minuten fährt L. I. KKpt. (Ing.) W. Kretzschmar das Schiff wieder an.

Um 16.43 Uhr kommen die Engländer zum letzten Mal: Mit einer Bomber-Staffel und wieder mit den Zerstörern.

Die Worcester wird in Brand geschossen. Die Bomber werfen ziellos ab, kehren um. Die deutschen Schiffe sind nicht mehr zu stellen. Sie haben es geschafft, das Unwahrscheinliche.

Um 19.55 Uhr holt sich auch die Gneisenau einen Minentreffer; um 21.34 Uhr die Scharnhorst den zweiten. Sie halten die Schlachtschiffe nicht auf.

Am 13. Februar, am frühen Vormittag, läuft die Scharnhorst in Wilhelmshaven ein. Die Gneisenau und die Prinz Eugen gehen zur Brunsbütteler Schleuse.

Das kalkulierte Abenteuer war zu Ende.

Fragte sich nur, was mit dem Sieg anzufangen war. Außer in Norwegen auf eine Invasion warten, die nie kam, blieb nicht viel mehr.

Scharnhorst sank am 26. Dezember 1943 im Feuerhagel des britischen Schlachtschiffes Duke of York bei dem letzten Versuch einer Operation gegen feindliche Geleitzüge. Gneisenau wurde schon zwei Wochen nach dem Unternehmen »Cerberus«, in der Nacht zum 27. Februar 1942, im Kieler Hafen von Bomben schwer beschädigt und kam nie mehr von den Reparaturwerften weg.

Aus dem ersten Kriegswinter 1939/40 stammt diese Bildreportage »Weihnacht an Bord« der Zeitschrift »Die Wehrmacht«. Es war die Zeit, da der Krieg noch nicht auf vollen Touren lief, da auch die Marine über gelegentliche Nadelstiche gegen die Nachschubwege des Gegners nicht hinauskam. Zeit

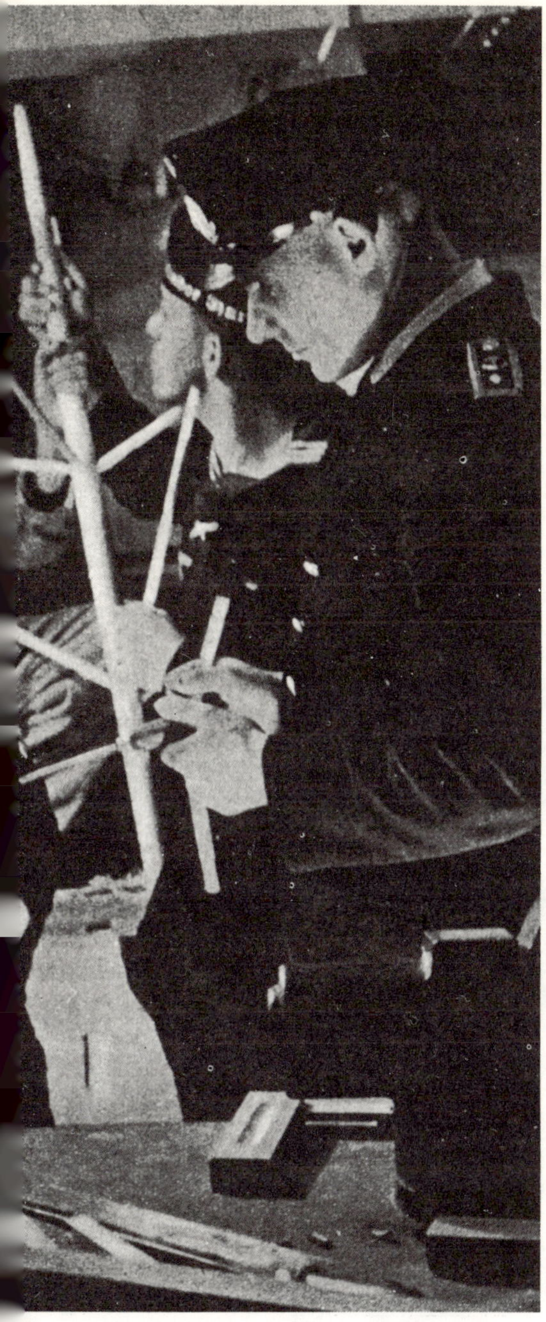

also, das gemütliche Ritual der Handelsschiffahrt, mit Weihnachtspäckchen, Tauwerkfiguren, Tannenbaum vom Schiffszimmerer, Gläserklang und besinnlichen Liedern zu zelebrieren. An kommenden Kriegsweihnachten sollte es rauher zugehen.

Von der Wolga zur Weichsel

1943 kam ein Flüsterwitz auf: »Der Sieg war schon zum Greifen nahe, da stahl ihn grad (Stalingrad) der Russe.« Ein bitterer Scherz angesichts des Untergangs einer ganzen Armee, aber, wie sich zeigen sollte, eine richtige Einschätzung der Lage nach der Katastrophe an der Wolga. Richtiger jedenfalls als die Folgerungen der deutschen Führung: Sie nutzte das Opfer von 200 000 Soldaten zu Durchhalteaufrufen, verkündete den »totalen Krieg« und beschwor den unvermeidlichen »Endsieg«. Immerhin gelang die Rücknahme der Heeresgruppe A vom Kaukasus, blieb der Ring um Leningrad fest, hielt der Mittelabschnitt der Ostfront. Eine Chance zum neuen Anlauf im Sommer 1943 schien gegeben. Daß es indes nur so schien, wurde an vielem deutlich: Die fast geschlagenen Russen wurden überall aktiv. Wo nahmen sie nur die Reserven für die Riesenverluste von 1941/42 her? Menschen hatten sie ja genug, aber Material? Die Antwort war bald gefunden, denn allenthalben tauchte amerikanisches Gerät auf. Die USA, denen Hitler am 11. Dezember 1941 den Kieg erklärt hatte, ließen ihre unerschöpflichen Quellen für den bedrängten Bundesgenossen sprudeln. Dennoch war ein Sieg der Roten Armee keineswegs sicher. Das wurde er erst durch einen weiteren Verbündeten, mit dem Stalin schon einmal ein gutes Geschäft gemacht hatte: Adolf Hitler. Die unkonventionellen Ideen des Weltkriegsgefreiten hatten in Zeiten deutscher Überlegenheit zu staunenswerten Erfolgen, leider aber auch zum Mythos der Unfehlbarkeit des »Führers« geführt. Das rächte sich nun. Jetzt, da solides militärisches Handwerk gefragt war, wurde Hitlers Starrsinn zu schwerer Hypothek. Seit im Winter 1941/42 sein Halt-Befehl die Front gerettet hatte, kannte er nur noch dieses Rezept. Rußland brannte ein zweites Mal. Nun auf Hitlers Befehl. Doch auch die »verbrannte Erde« konnte den Untergang nicht abwenden.

Die Wolga erreicht, der Kaukasus erklommen und immer noch kein Ende abzusehen! Ein zweiter russischer Kriegswinter wurde unvermeidlich. Und wie im vorigen wurden deutsche Truppen von der Roten Armee eingeschlossen. Nur waren es dieses Mal doppelt so viele, war der Versorgungsweg unendlich viel länger und der Gegner überwältigend stärker. Hitler aber setzte auf das alte Rezept des Luftnachschubs und verließ sich auf den Reichsmarschall Göring. Das war das Ende für die 6. Armee in Stalingrad, der auch nicht half, daß alles, was flog, wie das Kampfflugzeug He 111 auf dem Foto, zu Transportaufgaben herangezogen wurde.

Drückende Sommerhitze liegt in den ersten Septemberwochen 1942 über der Ukraine. Im Führerhauptquartier bei Winniza ist die Stimmung gereizt, nicht nur der Hitze wegen, die Hitler nicht verträgt: Der Strom der Siegesnachrichten von der Kaukasusfront ist versiegt.
Über den Kuban, tief in das Kaukasusgebirge und bis an den Terek waren sie vorgestürmt, die Divisionen der 17. Armee (Ruoff), der 1. Panzerarmee (von Kleist) und die wenigen Gebirgsdivisionen. Doch nun waren sie mit ihrer Kraft am Ende. Die Nachschublinien waren über jedes Maß hinaus überdehnt, da konnte auch noch so geschickte Improvisation nicht helfen. Und ohne ausreichende Versorgung kann auch die beste Armee nicht mehr angreifen.
Nur einer wollte das nicht wahrhaben: Hitler. Am 7. September schickte Hitler den Chef seines Wehrmachtführungsstabes, General Jodl, zu Generalfeldmarschall List nach Stalino, um Druck hinter seine Befehle zu setzen. Die lauteten, ungeachtet der Lage: Angreifen! Weiter vorstoßen, zu den Schwarzmeerhäfen und über den Terek nach Baku!
Daß diese Befehle illusionär waren, wußte Jodl vermutlich schon, als er abflog; als er am Abend von List zurückkam, war es Gewißheit geworden. Das sagte er Hitler auch, verlangte, wie List, Frontbegradigungen und Umgruppierungen, um das Eroberte wenigstens halten zu können.
Hitler lehnte das kategorisch ab, erklärte, Jodl habe sich offenbar von List, der alles versiebt habe, einwickeln lassen.
Das war nun selbst für den (sonst Hitler treu ergebenen) Jodl zuviel. List habe nur gemacht, was ihm befohlen worden sei, erwiderte er wütend, und dann betete er lautstark die Führerbefehle und -weisungen der letzten Wochen herunter, die Lists Heeresgruppe in ihre kritische Lage getrieben hatten.
»Sie lügen!« brüllte Hitler fassungslos zurück, »nie habe ich solche Befehle gegeben!« Dann stürmte er aus der Blockhütte, hinaus in den Wald. Erst nach Stunden kam er, stumm und verstört, zurück.
Aber bei seiner Sündenbocktheorie und den unrealistischen Angriffsbefehlen blieb er: Am nächsten Tag wurden Generalfeldmarschall List und Generalstabschef Halder gefeuert; abermals wurde befohlen, den Angriff über den Terek weiter vorzutragen. Also griffen die ausgepumpten Verbände, Befehl ist Befehl, wieder an, wühlten sich in wochenlangen, verbissenen und verlustreichen Kämpfen langsam vorwärts, kamen – Anfang November – bis kurz vor Grosnij und Ordschonikidse an der Straße nach Tiflis. Dann aber war auch die allerletzte Kraft verbraucht. Ein Flankenstoß frischer sowjetischer Kräfte schnitt prompt die vordersten Divisionen – 13. und 23. Panzerdivision – ab; nur mit knapper Not gelang es ihnen, sich zu ihrem Korps zurückzukämpfen. Dann – Mitte November – stand die Front.

Stalingrad

Für ein Ziel, das mit den dafür eingesetzten Kräften nicht erreicht werden konnte, waren wertvolle Kräfte verbraucht, kampfkräftige Verbände geopfert, ausgebrannt worden. Verbände, die nun woanders fehlten. Weiter nördlich, in Stalingrad.
Nach einer durch Spritmangel erzwungenen Kampfpause war die 6. Armee Ende Juli wieder zum Marsch nach Stalingrad

Große Hoffnungen setzte Hitler auf die Eroberung der kaukasischen Ölfelder. Und mit Maikop wurde auch bald ein erster Stützpunkt erreicht, doch fanden die Eroberer überall nur brennende Tanklager (oben) und zerstörte Fördereinrichtungen. Sprit für die weiter vordringenden motorisierten Einheiten (rechts: Sturmgeschütze auf dem Marsch) mußte weiterhin über immer längere Versorgungswege herangekarrt werden. Dabei entstanden durch Partisanenanschläge nicht selten unersetzliche Verluste, hemmten den Angriffsschwung der Front und ließen dem Gegner oft in letzter Sekunde noch Chancen zu entkommen.

angetreten, den Don entlang. Die Kampfpause war ein Geschenk für die Russen gewesen: Sie hatten Zeit gehabt, den wichtigsten Don-Übergang auf dem Weg nach Stalingrad, in Kalatsch, großräumig zu sichern: Fast die gesamte 62. sowjetische Armee lag im Donbogen vor Kalatsch bereit, den deutschen Ansturm abzuwehren.
Diesen Riegel muß Paulus sprengen, wenn er aus der Donschleife heraus nach Stalingrad will. Er versucht es mit einem Umfassungsangriff nach klassischem Muster: XIV. Panzerkorps links herum, XXIV. Panzerkorps (Leihgabe von Hoths 4. Panzerarmee) rechts herum, weit ausholen, nach innen drehen, Treffpunkt Kalatsch.
Und was seit dem Frühsommer nicht mehr gelingen wollte, hier gelingt es noch einmal, zum letzten Mal in diesem Krieg, eine erfolgreiche Kesselschlacht. Denn vor Kalatsch weichen die Russen nicht, sie verteidigen den großen Donbrückenkopf erbittert – hier geht es nicht um irgendeinen Flußübergang, sondern bereits um Stalingrad, nur noch 60 Kilometer von Kalatsch entfernt.
Sozusagen im Eifer des Gefechts bemerkt Generalmajor Kolpaktschi, Oberbefehlshaber der 62. Armee, die Umfassungsabsicht erst, als sich die 16. Panzerdivision vom XIV. Korps und die 24. Panzerdivision vom XXIV. Korps bereits in seinen Rücken geschoben haben.

Zwar wirft er nun alle seine Kräfte gegen den nördlichen Zangenarm; zwar entwikkelt sich in der wuchernden Krautsteppe eine merkwürdige Panzerschlacht ohne durchgehende Front, bei der sich die Kampfwagen rudelweise umkreisen, sich auszumanövrieren trachten wie ein Kreuzerverband auf See – doch das kann nicht verhindern, daß am 8. August die 16. und die 24. Panzerdivision bei Kalatsch zusammentreffen: Der Kessel ist zu, und dieses Mal ist wieder etwas drin – sieben Schützendivisionen, zwei motorisierte und zwei Panzerbrigaden, 1000 Panzer und 750 Geschütze, die teils vernichtet, teils erbeutet werden. Die Zahl der Gefangenen ist hingegen gering; die eingekesselten Russen kämpfen hartnäckig weiter, fast 14 Tage dauert es, bis der Kessel gesäubert und die schnellen Panzerverbände nun zum letzten Stoß auf Stalingrad antreten können.
Der Plan sah vor, zunächst einen Korridor über die Landbrücke zwischen Don und Wolga freizuschlagen, Stalingrad also von Norden abzuriegeln, und so gedeckt die Stadt von Süden her zu erobern.
In der Nacht zum 23. August rollt die 16. Panzerdivision über eine Pontonbrücke bei Wertjatschi, knapp nördlich von Kalatsch, ans andere Donufer, stellt sich bereit. Und dann, um 4.30 Uhr, jagen die Panzer, im Breitkeil gestaffelt, nach Osten los.
Das Gelände ist günstig, als Vormarschweg dient ein Höhenrücken, der nicht, wie die umliegende Steppe, von tiefeingeschnittenen Schluchten (Balkas) gequert wird – geradezu eine Panzerstraße. An der Spitze rollt das Panzerregiment 2 unter Oberstleutnant Sieckenius, und ganz vorn, im Befehlswagen der Funkkompanie, fährt auch der Divisionskommandeur, Generalleutnant Hube, der einarmige Panzergeneral.
»Und morgen abend in Stalingrad« – mit diesen Worten hatte sich Hube am Vortag nach der letzten Besprechung mit seinen Regimentskommandeuren verabschiedet, und diese Worte gedenkt er wahrzumachen. Ohne Rücksicht auf die Russen rechts und links treibt Hube seine Panzer voran.
Auf halbem Weg das schwierigste Hindernis, der alte Tatarengraben. Hier versuchen die Russen den Panzersturm aufzuhalten. Vergebens. Unter der Wucht des Angriffsschwungs zerbricht die Verteidigung rasch. Nur ein paar hundert Meter breit ist die Durchbruchstelle, das muß genügen, das genügt auch.
Am Nachmittag ist es dann soweit: »Rechts vorn die Silhouette von Stalingrad!« ruft der Kommandant des Spitzenpanzers über Funk den anderen zu. Eine schier endlose Kette von Hochhäusern, Fabrikschloten und zwiebeltürmigen Kathedralen ist diese Silhouette, 40 Kilometer lang zieht sich die Stadt am Wolgaufer hin. Rauchwolken liegen darüber, Stukas sind dabei, Kasernen und Verkehrsknotenpunkte zu bombardieren.
Ohne auf nennenswerten Widerstand zu stoßen, rollen Hubes Panzer an die nördlichen Vorstädte Spartakowka, Hynok und Lataschinika heran.
Plötzlich bricht auf die vorderste Abteilung unter Oberstleutnant Graf von Strachwitz ein wilder Feuerhagel los; aus drei Dutzend Rohren schießt schwere Flak auf die Panzer, merkwürdigerweise ohne zu treffen. Fast ohne Verluste schießen die Panzer 37 Geschützstellungen zusammen, und dann wissen sie, warum ihnen die gefährliche Flak keinen Schaden zugefügt hat: Die Geschützbedienungen waren Frauen, anscheinend nur zur Flugzeugabwehr ausgebildet, nicht für den Erdkampf.
Weiter rollen die Panzer, gegen Abend schieben sich die ersten, nicht weit vom nördlichen Stadtrand, auf das Hochufer der Wolga, das hier fast hundert Meter tief steil abfällt, während drüben, am anderen Ufer des zwei Kilometer breiten Stromes, sich flache Steppe endlos dehnt. Hubes Panzerdivision igelt sich nahe beim Ufer ein – die Verbindung zu den nachfolgenden Infanteriedivisionen war infolge des rasanten Vormarsches verlorengegangen. Das beunruhigte die Männer der 16. Panzerdivision jedoch nicht weiter, es herrschte Siegeszuversicht. Der Feind schien überrascht, ein schneller Erfolg schien greifbar nahe.
Daß diese Hoffnung trog, merkten die Panzermänner am nächsten Morgen, als sie zum Angriff gegen Spartakowka, den nördlichsten Industrie-Vorort der Stadt, antraten. Der Gegner erwies sich keineswegs als verwirrt oder unentschlossen, ganz im Gegenteil:
Die Vorstadt war festungsartig verbarrikadiert, das Abwehrfeuer derart heftig, daß dagegen nicht anzukommen war. Die Sowjets griffen ihrerseits an, zum Teil mit nagelneuen T 34, die ohne Anstrich und Optik direkt aus der Fabrik aufs Schlachtfeld fuhren. Das einzige, was an diesem 24. August gelang, war ein Handstreich auf die Anlegestelle der Eisenbahnfähre und das angrenzende Ufer. Dort in Stellung gebrachte Artillerie sperrte nun den Strom.
Ansonsten wurde die Lage der 16. Pan-

zerdivision zunehmend kritischer. Von allen Seiten drängten die Russen auf den »Igel« ein. Es wurde höchste Zeit, daß die nachfolgenden Infanteriedivisionen herankamen.
Generalmajor Schlömers 3. InfDiv. (mot.) war am Vortag zunächst direkt hinter der 16. Panzerdivision nach Osten gerollt, dann jedoch nordwärts, zur Flankensicherung, ausgeschert.
Schlömer fährt in der Vorausabteilung mit. In der Nähe von Kusmitschi entdeckt er an einem Eisenbahnhaltepunkt Güterzüge, die gerade entladen werden. »Woll'n doch mal sehen, was die da bekommen!« sagt der General und läßt die Panzerabteilung 103 angreifen. Die russischen Eisenbahner türmen bereits bei den ersten Schüssen. Schlömer macht nützliche Beute, die einen weiten Weg hinter sich hat: über den Atlantik, ums Kap der Guten Hoffnung herum, durch den Persischen Golf, übers Kaspische Meer bis Astrachan, wolgaaufwärts bis Stalingrad und von dort mit der Bahn bis zu diesem Haltepunkt an der Front – Ford-Lastwagen, Jeeps, Raupenschlepper, Werkstatteinrichtungen, Pioniergerät.
Von Kusmitschi aus drängte die 3. InfDiv. südostwärts, der 16. Panzerdivision nach. Hinterher rollte eine andere Division, die im deutschen Plan nicht vorgesehen war: die mit Panzern verstärkte 35. sowjetische Schützendivision. Sie schob sich zwischen die 3. InfDiv. und die nachfolgenden Verbände und sperrte zunächst einmal den deutschen Korridor über die Landbrücke zwischen Don und Wolga. Zwar erreichte die 3. InfDiv. die 16. Panzerdivision, aber beide zusammen mußten nun einen knapp 30 Kilometer langen »Igel« rundumverteidigen – und darauf warten, daß der Korridor wieder freigekämpft würde.
Das dauerte bis zum 30. August, dann endlich waren das II. Armeekorps und auch die 60. InfDiv. heran, die Landbrükke zwischen Don und Wolga durch eine stabile HKL abgeriegelt. Der Frontalangriff auf Stalingrad sowie der von Süden angesetzte Panzerstoß konnten – gegen Überraschungen aus dem Norden gesichert – nun beginnen.
Frontal tritt das LI. Armeekorps unter General von Seydlitz mit zwei Divisionen an, den Stoß von Süden führt die 4. Panzerarmee unter Generaloberst Hoth. Doch der Angriff läuft nicht. Der sogenannte »innere Verteidigungsgürtel«, der sich in 30–50 Kilometer Entfernung um die Stadt zieht, ist stabil. Die Russen haben dafür gekonnt das Gelände ausgenutzt: Die Infanteristen von Seydlitz' Korps bleiben zunächst einmal vor dem tiefeingeschnittenen Tal des Flüßchens Rossaschka liegen. Kein Hinüberkommen, drei Tage lang.
Genauso ist es, schon ein paar Tage vorher, den von Süden heranrollenden Panzerdivisionen, Hoths 24. und 14. Panzerdivision, ergangen, sie haben sich an den Höhen von Tundutowo festgerannt und blutige Verluste erlitten, bis Hoth den Angriff in dem für Panzer denkbar ungeeigneten Gelände einstellen läßt.
»Das hat so keinen Zweck, Fangohr!« entscheidet der Generaloberst, »wir müssen es anders machen. Passen Sie mal auf, wir könnten doch . . .«
Oberst i. G. Fangohr, Hoths Ia, überträgt Hoths Überlegungen mit Karte, Zirkel und Rechenschieber sozusagen simultan in Operationen, murmelt ab und zu, »das ginge«, »doch, das geht«, auch mal »das kostet aber viel zu viel Sprit«. Schließlich

Generaloberst Paulus (rechte Seite oben: an der Lagekarte) führte den Stoß der 6. deutschen Armee gegen Stalingrad. Seine frühen Warnungen vor einer russischen Zangenoperation gegen die langen, wenig gesicherten Flanken des Angriffskeils blieben ungehört. Statt dessen sicherte man ihm reichen Nachschub auch an schweren Waffen zu (oben: 21-Zentimeter-Mörser beim Setzen der Kartusche; rechte Seite unten: Granaten für den Mörser). Doch das war angesichts der überdehnten Versorgungsstränge und des ungeheuren Materialbedarfs an allen Fronten eine Utopie. Paulus mußte improvisieren und auf die ungebrochene Kampfkraft seiner Soldaten vertrauen, an denen der lange Krieg allerdings auch nicht spurlos vorübergegangen war.

telefoniert Hoth eine halbe Stunde lang mit dem Heeresgruppenchef Weichs – dann hat er grünes Licht für eine ungewöhnliche Operation: Mitten in der anlaufenden Schlacht nimmt er seine Panzer- und motorisierten Divisionen aus der Front, zieht sie – in Nachtmärschen, damit der Gegner nichts merkt – in einem halbkreisförmigen Bogen hinter den vorn stehenden Verbänden herum und führt sie gegen die weiche Flanke der 64. sowjetischen Armee bei Gawrilowka, südwestlich Stalingrad.
Die Wirkung dieses Schachzugs spüren zuerst die Infanteristen vom LI. Armeekorps. Plötzlich läßt der bis dahin unüberwindliche Widerstand nach, hört auf. Die Russen weichen, Seydlitz stößt nach, steht nach zwei Tagen schon östlich vom Stalingrader Flughafen Gumrak, nur noch acht Kilometer vom Stadtrand entfernt.
Warum? Warum geben die Russen die günstige Riegelstellung auf, ziehen sich auf die Stadt zurück? Weil Hoths Panzer ihnen unversehens im Genick sitzen. Die riskante Umgruppierung hat sich – obwohl die Fahrerei tatsächlich elend viel Sprit gekostet hat – gelohnt: Hoths Panzerdivisionen durchbrechen bei Gawrilowka, für den Feind völlig überraschend, den inneren Verteidigungsgürtel, stoßen zügig bis Woroponowo vor – und das treibt die Kommandeure auf der anderen Seite, Tschuikow, Jeremenko und Kriegsrat Chruschtschow, zu dem Entschluß, die zwei Armeen, die am inneren Verteidigungsgürtel stehen, auf den Stadtrand zu-

rückzunehmen. Dieser Entschluß rettet den Russen zu diesem Zeitpunkt Stalingrad – schon einen Tag später, am 3. September, wären die beiden Armeen westlich der Stadt eingekesselt gewesen. Denn an diesem Tag erreichen Hoths Spitzen das Korps Seydlitz – 36 Stunden zu spät.
Die Kämpfe, die nun folgten, waren die blutigsten und härtesten des ganzen Krieges. Nirgendwo sonst gab es einen derartigen Einsatz von Menschen und Material auf allerengstem Raum. Auf beiden Seiten ersetzten Stadtpläne die Generalstabskarten, kämpften ganze Divisionen um einzelne Häuserblocks.
»Es war«, so schreibt Rolf Grams, damals Major und Kommandeur des Kradschützenbataillons 64, »ein unheimlicher Kampf auf und unter der Erde. In den Trümmern, Kellern, Kanälen der großen Stadt und der Industriewerke. Mann gegen Mann. Panzer kletterten über Berge von Schutt und Schrott, krochen kreischend durch zerstörte Werkshallen und schossen auf nächste Distanz in verschütteten Straßen und engen Fabrikhöfen . . . und dann waren da noch die tiefen, verwitterten Löß-Schluchten, die steil zur Wolga abfielen und aus denen die Sowjets immer wieder neue Kräfte in den Kampf warfen. Drüben in den Urwäldern des tiefer gelegenen Ostufers der Wolga war der Feind nicht zu sehen, seine Batterien nicht und seine Infanterie nicht, aber er war da und schoß, und Nacht für Nacht brachte er in Hunderten von Booten Verstärkungen über den gewaltigen Strom in die Ruinen der Stadt.
Paul Carell schreibt in seinem Buch »Unternehmen Barbarossa« dazu: »Dieser Nachschub, dieser ständig über den Fluß rollende Ersatz für die Verteidiger, war das Problem der Schlacht. Das Geheimnis lag in eben diesen Löß-Schluchten des Wolga-Ufers. In diesem Steilufer, das für die deutsche Artillerie unerreichbar war, saßen die Stäbe der Sowjets, waren die Lazarette untergebracht, die Munitionsdepots. Hier waren ideale Sammelplätze für die in der Nacht über den Fluß gebrachten Menschen- und Materialtransporte. Hier waren die Ausfallstellungen für Gegenstöße. Hier mündeten die Abwässerkanäle der Industriewerke, jetzt leere lange Höhlenwege, die in den Rükken der deutschen Front führten. Sowjetische Stoßtrupps krochen hindurch. Hoben vorsichtig die Gullydeckel. Brachten MGs in Stellung. Dann prasselten die Feuerstöße in den Rücken vorgehender deutscher Verbände, knallten in die Essensträger- und Nachschubkolonnen. Gullydeckel zu und zurück.«
Tschuikow konnte neue Divisionen heranholen, Paulus nicht. Und dennoch: Nach und nach wurde Stalingrad erobert. Ende Oktober, nach zweimonatigem Kampf, verteidigte Tschuikow nur noch ein paar Fabrikgebäude in der Nordstadt und ein paar Kilometer Steilufer, allenfalls noch ein Zehntel der Stadt, eher weniger. Doch zu dieser Zeit war der Kampf militärisch längst sinnlos geworden: Schon Mitte September war Stalingrad eine Trümmerwüste, als Schwerindustrie-Zentrum hatte es aufgehört zu existieren, der Besitz des Ruinenfeldes konnte keinem, weder dem Eroberer noch dem Verteidiger, einen Nutzen bringen, der auch nur im entferntesten in einem sinnvollen Verhältnis zu den Opfern an Menschen und Material stand.
Es ging nur noch um das Prestige der

Diktatoren hüben und drüben. Hitler am 9. November im Münchner Bürgerbräukeller: »Keine Macht der Erde kriegt uns von dort wieder weg.« Stalin: »Keinen Schritt mehr zurück! Halten oder sterben!«

Hitler schien immerhin zu spüren, wie sinnlos es war, eine ganze Armee mit dem Kampf um ein paar Ruinen zu binden. Aber seine Reaktion war nicht, dieses Unterfangen aufzugeben, sondern die dringende Mahnung an die 6. Armee, in Stalingrad »nun endlich schnell Schluß zu machen«.

Und dies, obwohl sich bedrohliche Zeichen mehrten: Die Feindaufklärung, sonst nicht gerade besonders zuverlässig, meldete ab Anfang November immer wieder große russische Bereitstellungen vor den deutschen Fronten nordwestlich und südlich von Stalingrad – in beiden Fällen vor Abschnitten, die von rumänischen Einheiten gehalten wurden.

Und der Stoß kam, einen Tag nachdem in Stalingrad die erschöpften Regimenter abermals zum Sturm auf die letzten russischen Bastionen angetreten waren: Am 19. November stürmt die 5. sowjetische Panzerarmee bei Blinow, die 21. sowjetische Armee bei Kletskaja gegen die Stellungen der 3. rumänischen Armee. Die Rumänen wehren sich verzweifelt, aber vergebens. Nicht nur ist ihre Bewaffnung mangelhaft, sie sind auch im Panzerkampf unerfahren und verfallen dem sogenannten »Panzerschreck«: Durchgebrochene Feindpanzer, die plötzlich von hinten kommen, der entsetzte Schrei: »Russische Panzer hinter uns!« erzeugen Panik, kopflose Flucht.

Gegen Mittag wird klar, daß sich eine Katastrophe anbahnt: Die Russen sind weit nach Süden durchgebrochen, drehen dann aber ostwärts ein – sie wollen in den Rücken der 6. Armee.

Dasselbe wollen die 57. und die 51. sowjetische Armee, die einen Tag später südlich von Stalingrad aus dem Raum Krasnoarmeisk angreifen, im Frontabschnitt des VI. und VII. rumänischen Korps. Auch hier werden die Rumänen glatt überrannt. Zwar gelingt es der 29. InfDiv. (mot.) von Hoths 4. Panzerarmee, den Stoß der 57. sowjetischen Armee abzufangen und zurückzuschlagen, doch die 51. Armee kommt etwas weiter südlich durch und rollt in Richtung Kalatsch.

Theoretisch läßt sich heute aus Kriegstagebüchern und ähnlichen Unterlagen die eine oder andere Möglichkeit ermitteln, wie damals – zwischen dem 19. und 23. November – der Durchbruch der russischen Südzange und damit die Einschließung der 6. Armee hätte verhindert wer-

den können. Doch die dafür notwendige sichere Kenntnis der tatsächlichen Lage hatte damals keiner der verantwortlichen Kommandeure.
Anders wäre es gewesen, wenn hinter der Front ausgeruhte Eingreifreserven bereitgestanden hätten, die man den Russen hätte entgegenwerfen können.
Doch solche Reserven gab es hier so wenig wie irgendwo anders an der Ostfront zwischen Ladogasee und Terek. Und so trafen am 23. November bei Kalatsch Nord- und Südzange der Russen zusammen. Die 6. Armee war eingekesselt.
Rund eine Viertelmillion Mann steckten in diesem Kessel. Was war zu tun? General Paulus, ein nüchterner Stratege, funkte am 22. 9. um 19 Uhr an die Heeresgruppe B: »Armee beabsichtigt, verbliebenen Raum von Stalingrad bis beiderseits Don zu halten, und hat hierzu alle Maßnahmen eingeleitet. Voraussetzung ist, daß Schließung Südfront gelingt und reichliche Versorgung laufend zugeflogen wird. Erbitte Handlungsfreiheit für den Fall, daß Igelbildung im Süden nicht gelingt. Lage kann dann dazu zwingen, Stalingrad und Nordfront aufzugeben, um mit ganzer Kraft Gegner an Südfront zwischen Don und Wolga zu schlagen.«
In einfacherer Sprache: Paulus will vorerst den Kessel halten – wenn es möglich ist. Falls nicht, will er »Handlungsfreiheit«, d. h. die Erlaubnis, in südwestlicher Richtung aus dem Kessel auszubrechen.
Hitler verweigert diese Handlungsfreiheit. Am nächsten Vormittag funkt Paulus an die Heeresgruppe: »Halte Durchschlagen nach Südwesten . . . zur Zeit noch für möglich, wenn auch unter Opfern von Material.« Heeresgruppenchef Weichs ist derselben Meinung, fügt, als er den Funkspruch ans OKH weitergibt, noch hinzu: »Ausreichende Luftversorgung ist nicht möglich.«
Keine Antwort.
Am späten Abend dieses Tages, eine Viertelstunde vor Mitternacht, funkt Paulus direkt ans Führerhauptquartier: »Munition und Betriebsstoff gehen zu Ende. Die Armee geht in kürzester Zeit der Vernichtung entgegen, wenn nicht unter Zusammenfassen aller Kräfte der von Süden und Westen angreifende Feind vernichtend geschlagen wird. Hierzu ist Herausnahme aller Divisionen aus Stalingrad und starker Kräfte aus der Nordfront erforderlich. Unabwendbare Folge muß dann Durchbruch nach Südwesten sein. Es geht dann zwar zahlreiches Material verloren, es wird aber die Mehrzahl wertvoller Kämpfer und wenigstens ein Teil des Materials erhalten. Die Verantwortlichkeit für diese schwerwiegende Meldung behalte ich in vollem Umfange, wenn ich melde, daß die Kommandierenden Generale Heitz, v. Seydlitz, Strecker, Hube und Jaenecke die gleiche Beurteilung der Lage haben. Bitte auf Grund der Lage nochmals um Handlungsfreiheit.«
Hitlers Antwort am nächsten Morgen nagelt die 6. Armee endgültig in Stalingrad fest: Er befiehlt, alle noch westlich des Don stehenden Verbände in den Kessel hereinzuziehen und, wörtlich, »jetzige Wolgafront und jetzige Nordfront unter allen Umständen halten. Luftversorgung«. Dieser Befehl wird allgemein als erkennbares Todesurteil für die 6. Armee betrachtet; Paulus hätte ihn, so meinen die meisten Autoren der umfänglichen Stalingradliteratur, deshalb nicht befolgen dürfen, sondern auf eigene Faust die 6. Armee aus dem Kessel führen müssen.
Ganz so aber stellte sich die Lage für Paulus eben nicht dar. Wie er einen Tag nach der Einschließung der Armee, am 24. November, die Lage beurteilte, darüber gibt es einen aufschlußreichen Bericht von Coelestin von Zitzewitz, damals Major i. G. im OKH. Er war von Generalstabschef Zeitzler mit einem Funktrupp in den Kessel geschickt worden, als Spezialbeobachter für das OKH.
Zitzewitz berichtet: »Der OB (Generaloberst Paulus) stand auf dem mir durchaus einleuchtenden Standpunkt: Die Armee kann hier halten, wenn sie mit dem notwendigen Versorgungsgut, vor allem mit Betriebsstoff, Munition und Verpflegung, versorgt wird und wenn mit einem Entsatz von außen her in absehbarer Zeit zu rechnen ist. Er war allerdings auch der Auffassung, daß eine Zurücknahme der 6. Armee im Rahmen der Gesamtlage nützlicher sei. Er betonte immer wieder, daß die 6. Armee an der durchbrochenen Front zwischen Woronesch und Rostow nutzbringender für die Gesamtlage verwendet werden könnte als hier im Raum von Stalingrad. Außerdem würden dann die Eisenbahn, die Luftwaffe, die ganzen Nachschuborganisationen für Aufgaben im Dienst der Gesamtlage frei.
Doch von sich aus konnte er diesen Entschluß nicht fassen. Er konnte auch die Nichterfüllung seiner Forderung hinsichtlich Entsatz und Versorgung nicht voraussehen; dafür fehlten ihm die erforderlichen Unterlagen. Dies alles hatte der OB seinen Generalen – die wie er alle für den Ausbruch waren – mitgeteilt und anschließend seine Befehle für die Verteidigung gegeben.«
Anders konnte Paulus gar nicht handeln. Und als sich später herausstellte, daß ausreichende Luftversorgung eben nicht

Artilleristische Aufgaben erfüllten die Sturzkampfbomber beim Angriff auf Stalingrad (linke Seite). Sie konnten jedoch nur Vorarbeiten leisten, weil eine zäh verteidigte Stadt letztlich nur infanteristisch zu nehmen ist. In den Trümmern des Häusermeers fanden sich überall ideale Verteidigungsstellungen, die den Angreifern das äußerste an Einsatz abverlangten (oben: Granatwerferzug nimmt Deckung). Die Soldaten der 6. Armee mußten in jeder Minute auf Feuerüberfälle gefaßt sein, konnten nie mit letzter Sicherheit sagen, ob nicht doch im durchgekämmten Gebiet versprengte, zu allem entschlossene Rotarmisten im Versteck geblieben waren.

STALINGRAD: DIE EINSCHLIESSUNG DER 6.ARMEE

19.11. bis 31.12.1942

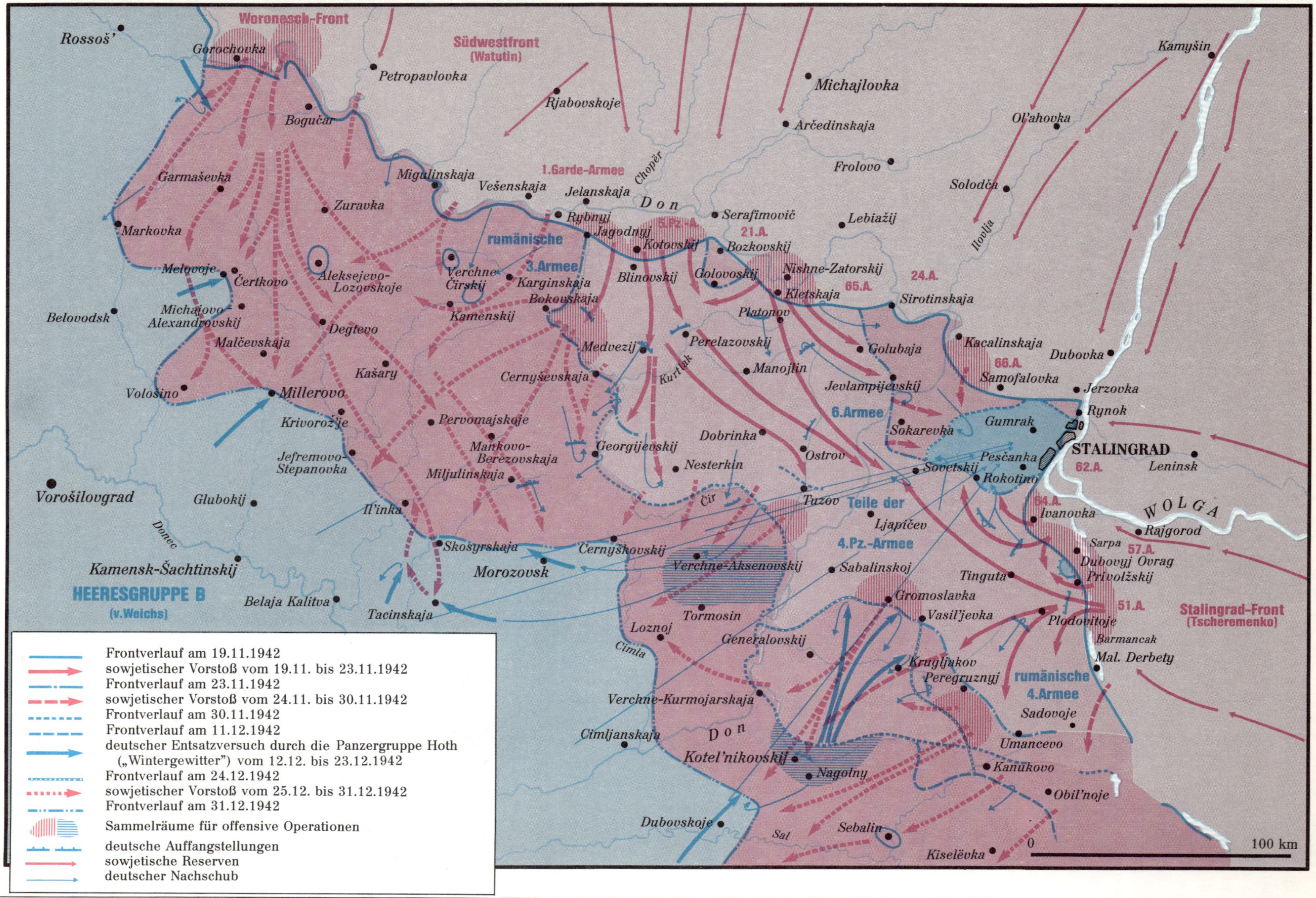

STALINGRAD: DIE VERNICHTUNG DER 6.ARMEE

9.1. bis 29.1.1943

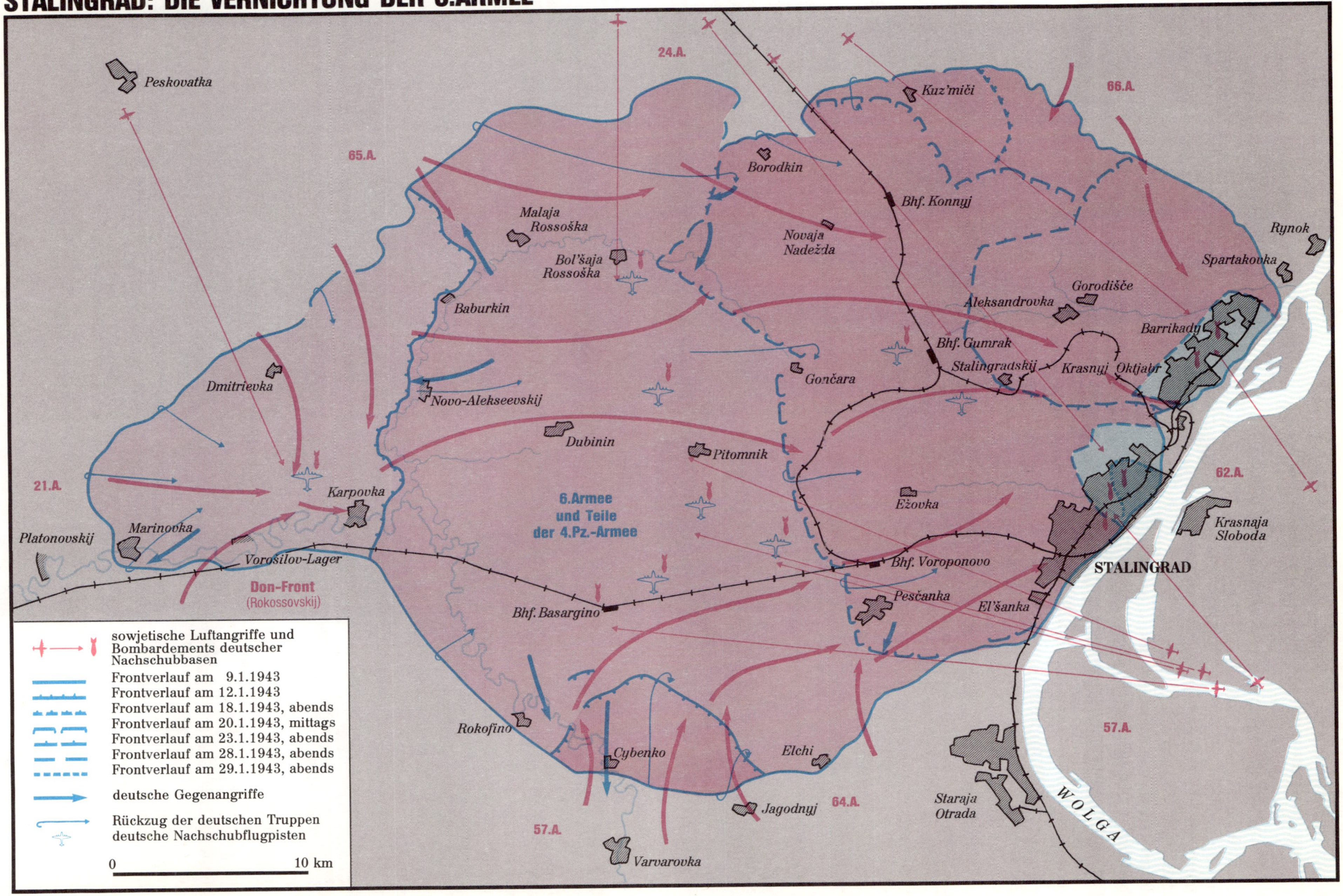

möglich war, da war es für einen Ausbruch der 6. Armee aus eigener Kraft schon zu spät: Mit der spärlichen Versorgung konnte die Armee zwar noch halten, aber nicht mehr angreifen – allenfalls für ganz kurze Zeit, etwa um sich an eine bis auf wenige Kilometer herangerückte Entsatz-Armee heranzuschlagen.

Darauf hoffen sie, die Männer in Stalingrad, auf Entsatz, und auf einen Mann, Generalfeldmarschall von Manstein, der am 26. November den Oberbefehl über die neugebildete Heeresgruppe Don übernimmt. Dazu gehören die eingeschlossene 6. Armee, die zerschlagene 3. rumänische Armee, die Armeeabteilung Hollidt und die Armeegruppe Hoth.

Manstein funkt an Paulus: »Wir werden alles tun, Sie herauszuhauen!« Und er tut, was er kann. 16 Tage dauert es, bis die allgemeine Lage stabilisiert, zwei frische Panzerdivisionen aus Frankreich herangeführt sind. Dann, am 12. Dezember, schickt Manstein Hoth los. Der Angriff kommt gut voran.

Zwar wirft Jeremenko auf der anderen Seite Hoths Angriffsspitzen alles entgegen, was er zusammenraffen kann, zwar schickt Stalin die 2. Gardearmee, aber nach einer Woche, am 20. Dezember, geht Hoth bei Wassiljewka über die Myschkowa – nur noch 50 Kilometer bis zum Südrand des Kessels. Hinter den Kampftruppen stehen Kolonnen mit 3000 Tonnen Verpflegung und Munition bereit, genug, um der 6. Armee neue Kampfkraft zu geben – falls man den Transport durchbekommt.

Doch dieser Transport erreicht Stalingrad nie. Denn am mittleren Don sind am 16. Dezember drei sowjetische Armeen zum Angriff angetreten. Sie haben die 8. italienische Armee, die dort die Front hält, glatt überrannt und stürmen südwärts, Richtung Rostow.

Manstein steht vor einer schweren Entscheidung: Kommen die Russen bis Rostow durch, dann ist die ganze Heeresgruppe Don abgeschnitten und dazu die Heeresgruppe A (Kleist), die im Kaukasus steht. Es geht nicht mehr um 200 000 Mann, sondern um anderthalb Millionen. Manstein bleibt gar nichts anderes übrig, als Hoths besten Verband, die 6. Panzerdivision, zum unteren Tschir zu schicken, um den todgefährlichen russischen Stoß auf Rostow abzublocken.

Das bedeutet aber: Mit dem, was Hoth bleibt, besteht keine Chance mehr, nach Stalingrad vorzudringen. Das ist das Todesurteil für die 6. Armee.

Am 9. Januar bieten die Russen ehrenvolle Kapitulation an. Paulus lehnt ab. Er glaubt, was Führerhauptquartier und

Am 24. August 1942 hatten erste deutsche Einheiten den Stadtrand von Stalingrad erreicht, doch erst am 14. Oktober setzten im Norden der Stadt deutsche Truppen zum Sturm auf die Traktorenfabrik Dserschinski an (linke Seite unten). Es wurde ein Kampf um Meter. Jedes Heraustreten aus der Deckung (linke Seite oben: vor dem Sprung) erforderte langes Sichern, ohne doch letzte Sicherheit zu bringen. In der Trümmerwüste (oben) konnte jeder Stein einen Hinterhalt verbergen. Zudem kannten sich die Russen darin natürlich besser aus, wußten, wo Rückzugsmöglichkeiten waren und konnten das Gelände für den vorrückenden Gegner mit Fallen verschiedenster Art präparieren.

Heeresgruppe sagen: Die 6. Armee binde durch ihren Kampf mehrere sowjetische Armeen und schütze so den bedrohten Südflügel der Ostfront.

Am nächsten Tag beginnt die russische Offensive. Hauptziel ist der Flughafen von Pitomnik. Hier landen die Ju 52. Munition, Sprit, Verpflegung werden ausgeladen und über die graue Schneewüste, aus der Fahrzeugwracks und gefrorene Pferdekadaver als Markierungszeichen ragen, zu den Kampfständen geschafft, Notbunkern, Kellern oder einfach nur Erdlöchern, die mit Zeltplanen abgedeckt sind. Beladen mit Verwundeten, erheben sich dann die dreimotorigen Wellblechvögel, von den Landsern »Tante Ju« genannt, wieder in die Luft und fliegen zurück zu den Landebasen Tazinskaja und Morosowskaja im Donbogen.

Die Versorgung aus der Luft, ohnehin nie ausreichend, verschlechtert sich, als der Flughafen Pitomnik am 16. Januar verlorengeht. Nun ist nur noch der unzulängliche kleine Flughafen Gumrak übrig, und als der von den Russen erobert wird, muß alles mit Fallschirmen abgeworfen werden. Die Sicht ist schlecht, die Flieger erkennen oft die Markierungszeichen am Boden nicht, und wenn sie welche erkennen, sind es manchmal falsche: Die Russen haben die deutschen Zeichen kopiert; die Bomben mit dem Brot und den Patronen gehen nicht bei der 6. Armee nieder, sondern bei den Gegnern, der 62. oder 21. russischen Armee.

Der Ring schließt sich immer enger; Paulus zieht mit seinem Stab vom Flugplatz Gumrak in den Keller des Kaufhauses Univermag am Roten Platz um. Wie fünf Monate zuvor wird die Innenstadt wieder zum Kampfgebiet, nur daß diesmal die Deutschen in den Ruinen sitzen und die Russen von außen eindringen. Am 24. Januar meldet der Ia der Armee an Mansteins Heeresgruppe Don:

»Angriffe in unverminderter Heftigkeit gegen ganze Westfront, die im Raum um Gorodischtsche seit 24. früh im Rückkämpfen nach Osten, um im Traktorenwerk zu igeln. Im Südteil Stalingrad hielt bis 16 Uhr Westfront am Stadtrand in Linie 45.8 West- und Südrand Minina. Hier örtliche Einbrüche. Wolga- und Nordostfront unverändert. Grauenhafte Zustände im engeren Stadtgebiet, wo etwa 20 000 Verwundete unversorgt in Häuserruinen Obdach suchen. Dazwischen ebensoviel Ausgehungerte, Frostkranke und Versprengte, meist ohne Waffen, die im Kampf verlorengingen. Starkes Artilleriefeuer auf ganzem Stadtgebiet.« Paulus bittet Hitler um die Genehmigung, kapitulieren zu dürfen. Hitler antwortet: »Verbiete Kapitulation.«

Seit Mitte September haben die Führerbefehle betreffend Stalingrad nur noch wenig militärische Logik. Die Stadt an der Wolga ist kein Industriezentrum und kein Umschlagplatz mehr, sie ist ein Trümmerhaufen, den zu besitzen sich für niemand lohnt. Aber sie ist ein Symbol. Sie ist Stalins Stadt, das alte Zarizyn, das er 1918 als bolschewistischer Kriegskommissar gegen den Zarengeneral Denikin gehalten hat. Sie ist 1925 in Stalingrad umbenannt worden.

Und da Stalin befohlen hat, seine Stadt unter allen Umständen gegen die Deutschen zu halten, hat Hitler sie unter allen Umständen erobern und, da die Russen nach dem Eindringen der Deutschen so viele Kräfte rund um die Stadt aufgeboten haben, auch unbedingt halten wollen.

Das ist übriggeblieben von aller strategischen Weitsicht Hitlers, die wohl nie ausgereicht hat, um selbständige Konzepte zu erarbeiten, aber immerhin geniale Köpfe gewähren ließ und unkonventionelle Lösungen förderte: die blinde Weigerung, Terrain aufzugeben, das einmal von deutschen Soldaten betreten worden ist.
Nun, da die »Festung« Stalingrad geschrumpft ist auf ein Ruinenfeld, in dem halbverhungerte Landser die letzten Granaten in ihre ausgeleierten Kanonen stopfen, da der Entsatzangriff gescheitert und die Luftversorgung zusammengebrochen ist, nun befiehlt Hitler den Untergang.
Sein Denken bewegt sich nicht mehr in militärischen Gleisen, es flieht in Bilder aus der Geschichte, es wird magisch. Der Kampf in den Thermopylen hat es ihm angetan, die Geschichte vom Spartanerkönig Leonidas, der mit seinen dreihundert Mann den Paß gegen die Perser hielt und, als er erfuhr, daß die Gegner einen Weg in seinen Rücken gefunden hatten, sich weigerte, den Rückzug anzutreten, da ihm nun einmal der Paß als Kampfplatz zugewiesen worden war. Paulus ist Leonidas, die Soldaten der 6. Armee sind die Spartaner, Stalingrad die Thermopylen.
»Heldenhaftes Ausharren«, läßt Hitler an Paulus funken, »bis zum letzten Soldaten.« Und am 30. Januar ernennt er ihn zum Generalfeldmarschall. »Es gibt in der Kriegsgeschichte keinen Feldmarschall, der in Gefangenschaft ging«, sagt er zu Keitel.
Um so größer seine Wut, als Paulus am nächsten Tag seine Kommandeure auffordert zu kapitulieren und selbst in russische Gefangenschaft geht. »Die haben sich da absolut formgerecht übergeben«, tobt Hitler. »Der Mann hat sich totzuschießen, so wie sich früher die Feldherren in das Schwert stürzten, wenn sie sahen, daß die Sache verloren war.«
Und er zieht eine einzige, groteske Konsequenz aus dem Untergang der 6. Armee: »In diesem Krieg wird niemand mehr Feldmarschall.«
Am 2. Februar ist der letzte Widerstand in Stalingrad erloschen. Kleine Gruppen sind vorher ausgebrochen, haben versucht, sich durchzuschlagen. Flieger sichten einige von ihnen in der Steppe, aber nur ein einziger Soldat, Unteroffizier Nieweg, erreicht die deutschen Linien.
Von den ursprünglich rund 230 000 Soldaten der 6. Armee und der ihnen angeschlossenen Verbände waren 16 800 schon vor der Kapitulation von den Russen gefangengenommen und 42 000 Verwundete, Kranke und Spezialisten ausgeflogen worden.

80 500 blieben auf dem Schlachtfeld: Tote und Schwerverwundete, die ihrem Schicksal überlassen wurden. 91 000 Mann gingen in russische Gefangenschaft. Davon kehrten kaum mehr als 6000 in die Heimat zurück.

Die Schlacht von Kursk

Als Mitte Dezember 1942 die 4. Panzerarmee unter Hoth ihren Rettungsangriff für die in Stalingrad eingeschlossene 6. Armee abbrechen mußte, weil am mittleren Don drei russische Heeresgruppen die deutsche Front durchstoßen hatten und südwärts rollten, war endgültig klar, daß die Einkesselung der Stalingradarmee nur der Auftakt zu einer weit größeren Operation gewesen war. Stalin wollte mehr: Der ganze Südflügel der deutschen Ost-

Als »Deichbau gegen die rote Flut« feierte die NS-Propaganda den Heldenkampf um Stalingrad. Als sinnloses Opfer mußte es dagegen nicht nur den Soldaten der 6. Armee erscheinen, die den Tag der Kapitulation und den Marsch in die Gefangenschaft noch erlebten (rechts), sondern auch allen verantwortlich denkenden militärischen Führern. Gewiß, die Schlacht hatte für andere Frontabschnitte Ruhe und Konsolidierung gebracht. Doch sie war insgesamt strategisch unsinnig, weil von vornherein mit den vorhandenen Mitteln nicht zu gewinnen. Eine verhängnisvolle Fehleinschätzung der angeblich gebrochenen russischen Kraft stand dahinter. Keine künstlerische Veredelung wie im Gemälde von Franz Eichhorst (oben: »Erinnerung an Stalingrad«) konnte das elende Verrecken an der Wolga in Heldentod fürs Vaterland ummünzen.

front sollte abgeschnitten und vernichtet werden, die Heeresgruppen B und Don, die beiden im Kaukasus stehenden Armeen und dazu noch die Panzerarmee Hoth, weit über eine Million Mann mit Waffen und Gerät.

Der gigantische Plan schien auch zu glükken: Die sowjetischen Stoßkeile können, nachdem sie die Linien der 8. italienischen Armee durchbrochen haben, ungehindert südwärts rollen.

Ganz im Stil der deutschen Panzerraids in den ersten Monaten des Feldzuges fährt und fährt und fährt vor allem das XXIV. sowjetische Panzerkorps unter General Badanow. »Wir schaffen täglich rund 50 Kilometer!« meldet Badanow stolz seinem Oberbefehlshaber, Generalleutnant Kusnezow, und der fordert, schon in Siegeslaune: »Fahren Sie, Genosse Badanow, fahren Sie! Das ist unsere Stunde.« Und Badanows Korps fährt. In fünf Tagen schaffen sie 240 Kilometer, stehen am Abend des 23. Dezember vor Tazinskaja. Das ist das Versorgungszentrum für Stalingrad: Feldflughafen und riesige Vorratslager, die Stadt zudem ein wichtiger Eisenbahnknotenpunkt. Am nächsten Morgen wird die schwache Besatzung überrumpelt. Tazinskaja fällt, Badanow rollt weiter.

Nun steht er schon tief im Rücken der Armeeabteilung Hollidt, die weit ostwärts von Tazinskaja am Tschir kämpft. Und bis Rostow sind es nur noch 130 Kilometer – eine Strecke, die ein draufgängerischer Panzerkommandeur in drei Tagen schaffen kann. Badanow ist ein Draufgänger. Gelingt es ihm, bis Rostow durchzustoßen, dann sitzen zunächst einmal die beiden Kaukasusarmeen und Hoths 4. Panzerarmee in der Falle. Das ist Generalfeldmarschall Manstein genauso klar wie dem General Badanow.

Deshalb hat Manstein den Angriff der 4. Panzerarmee Richtung Stalingrad einstellen müssen – er braucht Hoths einzigen voll schlagkräftigen Verband, die 6. Panzerdivision, um Badanow zu stoppen. Auch die Armeeabteilung Hollidt muß ihren einzigen Panzerverband, die schlesische 11. Panzerdivision, abgeben. Die beiden Panzerdivisionen, in eisigen Nachtmärschen herangeführt, und dazu die 306. InfDiv. stellen Badanows Panzerkorps im Raum Tazinskaja.

Die Russen sind völlig überrascht, sind zu leichtfertig vorgeprescht, haben nicht mehr mit ernsthaftem Widerstand gerechnet. Das rächt sich nun – die 6. Panzerdivision schneidet Badanows Korps den Rückzug und damit auch den Nachschub ab; dann wird das XXIV. sowjetische Panzerkorps in dreitägiger Schlacht zerschlagen.

Nicht besser ergeht es zwei Dutzend Kilometer weiter östlich dem sowjetischen XXV. Panzerkorps, das ähnlich rasant wie Badanows Korps vorstößt, auf aufklärende Vorausabteilungen verzichtet und prompt in eine Falle läuft: Gefechtssicherungen der 6. Panzerdivision haben die Russen im Vormarsch auf eine Furt über das Flüßchen Bistraja entdeckt.

Generalmajor Raus, Kommandeur der 6. PzDiv., läßt die Panzerarmada – neunzig T 34 – über den Fluß kommen, riegelt mit bereitgestellten Kräften hinter den Russen die Furt ab – und dann beginnt eine gespenstische nächtliche Panzerschlacht. Wer Freund, wer Feind ist, kann in dem flackernden Schein brennender Panzer nur auf kürzeste Distanz ausgemacht werden; so nahe fährt man aneinander heran, daß die Russen statt mit der Kanone mit Rammstößen die deutschen Panzer auszuschalten versuchen. Vergebens. Die schwächeren, aber beweglicheren deutschen Kampfwagen behalten die Oberhand – keiner der neunzig T 34 kommt über die Bistraja zurück.

Damit sind die beiden gefährlichsten russischen Angriffsspitzen gekappt; die weiter westlich nach Süden drängenden Sowjetarmeen, die 6. und die 1. Gardearmee, wurden von der Armeeabteilung Fretter-Pico abgefangen – erstaunlicherweise, muß man sagen, denn diese Armeeabteilung ist ein bunt zusammengewürfelter Verband, zum Teil kampfunerfahrene Einheiten, die aus dem Besatzungsdienst in Frankreich kommen. Bemerkenswert, daß es gelang, daraus in kürzester Zeit eine harte Abwehrtruppe zu machen.

Der bedrohliche russische Stoß aus Norden ist also einstweilen neutralisiert. Nicht aber der ebenso bedrohliche Vorstoß der 2. sowjetischen Gardearmee und der 51. Armee, die von Osten, zwischen Don und Manytsch, auf Rostow stoßen. Diese beiden Armeen haben sich Anfang Januar zwischen Hoths 4. Panzerarmee und die Armeeabteilung Hollidt geschoben – das Ziel ist wiederum, die beiden deutschen Kaukasusarmeen und Hoths Panzerarmee abzuschneiden.

Zwar haben Manstein und das OKH Ende Dezember Hitler endlich die Entscheidung abgerungen, den Kaukasus zu räumen, aber noch – Anfang Januar – stehen die Nachhuten der 1. Panzerarmee unten am Terek, 650 Kilometer von Rostow entfernt. Jeremenkos Armeen, mit dem 3. Garde-Panzerkorps unter General Rotmistrow an der Spitze, haben es längst nicht mehr so weit, rund hundert Kilometer nur noch. Es sieht schlecht aus – für die Kaukasusarmeen. Vorübergehend auch für Generalfeldmarschall von Manstein selbst: Am 7. Januar, vormittags, stürzt im Hauptquartier der Heeresgruppe bei Nowotscherkassk Hauptmann Annus, ein Ordonnanzoffizier, in das Zimmer des Oberbefehlshabers: »Herr Feldmarschall, sowjetische Panzer sind 20 Kilometer von hier über den Don gegangen und stoßen direkt auf uns zu. Anscheinend wollen sie uns ausheben. Unsere Sicherungen haben sie schon überrollt, es ist nichts mehr da!«

»So?« sagt Manstein gelassen. »Na, irgendwas wird schon noch da sein. Hier nebenan ist doch eine Panzerwerkstatt. Ein paar halbwegs einsatzfähige Panzer sollten da zu finden sein: Nehmen Sie die, und schauen Sie zu, daß Sie unseren ›Hausfeind‹ vertreiben!« Und Hauptmann Annus treibt tatsächlich die russische Panzerspitze über den Don zurück. Sehr zum Ärger von General Malinowski, dem Oberbefehlshaber der 2. Gardearmee, und von General Jeremenko, dem Oberbefehlshaber der Südfront. Doch Malinowski weiß, woran es liegt, daß gegen Mitte Januar der Angriffsschwung erlahmt, nichts mehr so recht klappen will: Auch seine Eliteverbände, wie etwa das II. Garde-Panzerkorps, sind inzwischen ausgepumpt, sie hängen nach dem weiten Vorstoß an dünnen, zu dünnen Nachschubfäden.

Nur noch langsam geht es voran, aber immerhin, es geht noch voran, am 20. Januar hat sich Jeremenkos Streitmacht bei Manytschkaja bis über den Manytsch vorgewühlt – jetzt sind es nur noch 30 Kilometer bis Rostow, bis zu den Donbrücken von Bataisk, dem Schlupfloch, durch das allein Kleists 1. Panzerarmee aus dem Kaukasus entkommen kann.

Ein Katzensprung, so scheint es – aber inzwischen hat Manstein die 11. Panzerdivision von Norden herangeholt, aus der Kalmückensteppe kommt die berühmte »Windhund-Division« (16. InfDiv. mot.) heran, fällt den Russen bei Manytschkaja in den Rücken. Auf dem engen Raum zwischen Manytschkaja und Bataisk, auf nur ein paar Quadratkilometern, entwikkelt sich eine kurze, merkwürdige Schlacht: Nicht große Heerscharen stehen sich gegenüber, sondern deren dezimierte Reste. Auf deutscher Seite wird der Kampf vor allem mit Umsicht, (Kriegs-) List und Tücke geführt, auf russischer Seite mit dem wütenden Willen, das Ziel – zum Greifen nahe – doch noch zu erreichen. Sie erreichen es nicht. Nüchtern notiert General Malinowski am 26. Januar: »Die Truppe kann angesichts der Lage und der schweren Verluste keine aktiven Kampfhandlungen mehr führen.« An diesem Tag besitzt die 2. sowjetische Gardearmee (!) noch ganze 29 Panzer und elf Pak. Damit ist nichts mehr zu bestellen – Rostow und die Bataisker Brücken bleiben vorerst in deutscher Hand, und durch dieses Nadelöhr rollen die langen Kolonnen der so geretteten 1. Panzerarmee.

Rückzüge waren bis dahin nicht gerade das Paradefach deutscher Kriegskunst, doch die harte Vorschule des Winters 41/42 hat gewirkt: Das schrittweise Absetzen unter Nachschubdeckung klappt nun vorbildlich, die 1. Panzerarmee bringt auch alles wertvolle Material mit zurück. Das bedeutet viel in diesen Tagen – ein Großverband, angeschlagen, aber in der Substanz intakt, für neue Aufgaben verfügbar.

Ähnliches spielt sich nun, im Winter 1942/43, auch weiter nördlich ab, überall dort, wo weit vorspringende Frontbögen unverhältnismäßig viel Aufwand zur Verteidigung gegen die überall unentwegt anstürmenden Russen erfordern. Zwar will Hitler nichts davon wissen, immer starrer wird er in seiner Auffassung, »kein Fußbreit Boden« dürfe aufgegeben werden; die Heeresgruppenstäbe und das OKH verschleißen viel Kraft dabei, Rückzugsbefehle durchzusetzen oder auch unter anderem Namen zu ermogeln, aber schließlich gelingt es meistens doch.

Da ist der »Pilz« von Demjansk, eher schon ein Schlauch, der 120 Kilometer tief ins Feindgebiet ragt, an der schmalsten Stelle, da, wo er anfängt, aber nur zehn Kilometer breit ist. Das bedeutet: Die Front dieses Schlauches ist 250 Kilometer lang, sie wird von den zwölf Divisionen des 2. Armeekorps verteidigt. Wird der Schlauch eingezogen, bleiben nur zehn Kilometer Front übrig, für deren Verteidigung zwei Regimenter reichen.

Die Russen – hier kommandiert Timoschenko – wissen das auch, versuchen also, den zehn Kilometer schmalen Flaschenhals zu durchstoßen und das II. AK, wie schon einmal im letzten Winter, einzukesseln. Es gibt erbitterte, für beide Seiten verlustreiche Kämpfe, die sich von Ende November bis Ende Januar hinziehen, dann endlich, am 31. 1. 43, erlaubt Hitler die Räumung des Halbkessels, gibt widerstrebend die Illusion auf, von dieser tödlich bedrohten Position aufs neue kühne Angriffsoperationen starten zu können.

»Langsamer Rückzug,« lautet der Befehl, 70 Tage sieht das OKH dafür vor. Da wäre vom II. AK vermutlich nicht viel übriggeblieben. Doch das Armeekorps war längst perfekt vorbereitet, General Laux hatte schon seit Mitte Januar das schwere Material aus dem Halbkessel herausschaffen lassen – und was 70 Tage dauern sollte, gelang ohne schlimme Verluste in zehn Tagen. Zehn Divisionen waren dadurch zur Verteidigung der bedrohten Nordfront frei geworden – eher wäre besser gewesen.

Knapp 200 Kilometer weiter südlich eine ähnliche Situation. Da dehnt sich der weite Frontbogen von Rschew nach Nordosten, 530 Kilometer Frontlinie, verteidigt von 29 Divisionen der Heeresgruppe Mitte. Eine Ausgangsstellung, die Hitler behalten möchte, der von Angriff träumt – in diesem Falle auf Moskau, nur 150 Kilometer von diesem Frontbogen entfernt.

Doch das ist eben ein Traum, der riesige Frontbogen ist nicht zu halten, wird in der Zeit vom 1. bis 22. März 1943 ohne nen-

Die Orientierung erleichtern wollte man dem Soldaten in jeder Weise: In den größeren Orten standen wie hier in Georgijewsk im Kaukasus genaue Wegweiser mit Angaben, wo was zu suchen sei (ganz oben): Straßen, Truppenteile, Kommandostellen, Werkstätten, Lager, Unterkünfte und Vergnügungen. Ja, denn auch die dienten der Orientierung im Sinne der Führung. Die Moral der Truppe sollte mit Filmvorführungen (rechte Seite unten) oder Auftritte von Fronttheatern (rechte Seite oben) gestärkt werden, wobei man in Kauf nahm, daß weibliche Reize natürlich auch Heimatsehnsüchte weckten. Von denen erhoffte man sich gerade Wirkung auf die Kampfbereitschaft. Wie von der »Waffe Feldpost« (oben: Briefausgabe), daß Nachrichten von zu Hause den Schutzinstinkt wachhielten. Daß mit zunehmender Kriegsdauer diese Waffe dann wegen geballter Hiobsbotschaften nach hinten losgehen würde, war nicht einkalkuliert.

nenswerte Verluste geräumt. Dieser Rückzug auf die sogenannte »Büffelstellung«, von Pionieren auf der knapp 200 km langen Linie Spas Denursk – Porogobusch – Duchowstschina gut ausgebaut, spart gut anderthalb Dutzend Divisionen ein – plötzlich ist die fürchterliche, reservenlose Zeit, in der Löcher nur durch Aufreißen neuer Löcher gestopft werden konnten, vorbei. Die Front steht wieder, jedenfalls im Norden und in der Mitte.

Im Süden dagegen ist im Frühjahr 1943 wilder Bewegungskrieg im Gange. Zwar ist der russische Versuch, durch einen Vorstoß bis Rostow den deutschen Südflügel zu vernichten, vorerst abgewehrt, aber noch immer klafft dort, wo sich die 8. italienische Armee aufgelöst hat, am Donez zwischen Woroschilowgrad und Bjelograd eine gut 300 Kilometer breite Lücke.

Durch dieses Loch setzen Stalin und seine Marschälle zur ganz großen Umfassung an: Am nördlichen Rand der Lücke rollen 69. Armee und 3. Panzerarmee Richtung Charkow/Poltawa; in der Mitte stürmt die 6. Armee – 15 Panzer an der Spitze – zum Dnjepr, nach Dnjepropetrowsk und Saporoschje; südlich davon stößt die starke Panzergruppe Popow in Richtung zum Asowschen Meer, der deutschen Armeeabteilung Hollidt in den Rücken.

Die sowjetischen Stoßkeile haben den Befehl, »ohne Rücksicht auf Nachschub und auf feindliche Nachhuten durch den weichenden Feind zu stoßen, noch vor Beginn der Frühjahrsschlammzeit den Dnjepr zu erreichen und Manstein den Rückzug auf den Fluß abzuschneiden.« Kein Zweifel, Stalin geht aufs Ganze, ist sich seiner Sache sicher. Denn die Deutschen sind ja schon geschlagen, sie fliehen ja schon!

So deutet das sowjetische Oberkommando – irrig – zwei kurz aufeinanderfolgende Ereignisse: Am 14. Februar hat Manstein Rostow geräumt und die Armeeabteilung Hollidt aus der Donezstellung in eine wesentlich kürzere, besser zu haltende Stellung am Mius zurückgenommen.

Einen Tag später räumt der General der Waffen-SS, Paul Hausser, Kommandierender General des neuen SS-Panzerkorps, zu dem die Elitedivisionen »Das Reich« und »Leibstandarte Adolf Hitler« gehören, die von Einkesselung bedrohte Stadt Charkow. Für die Russen ist damit klar: Es muß einen allgemeinen Rückzugsbefehl geben, denn SS-Elite-Einheiten gehen nicht ohne Befehl zurück.

Normalerweise nicht, in diesem Falle aber doch: Hausser hatte Charkow gegen einen ausdrücklichen Führerbefehl geräumt, um seine Truppe – zwei Panzer- und eine Panzergrenadierdivision – vor der Einschließung zu bewahren. Diese voll kampfkräftigen Einheiten standen nun für die Schlacht zur Verfügung, deren Plan Manstein schon seit Tagen entwickelt hatte.

Je deutlicher sich die Absichten der Sowjets auf den Lagekarten des Hauptquartiers, jetzt in Saporoschje am Dnjepr, abzeichneten, desto öfter hörten die Stabsoffiziere ihren Chef leise »Glückliche Reise!« oder ähnliche ironische Anmerkungen murmeln. Manstein war entschlossen, in großem Stil vorzuexerzieren, was er »Schlagen aus der Nachhand« nannte: den kräftemäßig überlegenen Gegner kommen lassen, weit kommen lassen, in Sicherheit wiegen, dann von den Flanken her zuschlagen.

Verständlicherweise war Manstein über die drei zusätzlichen Divisionen, die ihm Haussers Befehlsverweigerung einbrachte, sehr erfreut, aber er bekam wegen Haussers Eigenmächtigkeit auch Ärger. Denn Hitler tobte und fuhr, was er nur noch selten tat, an die Front, d. h. in Mansteins Stabsquartier.

Manstein erläutert Lage und Plan. Dabei ist Haussers SS-Panzerkorps dafür vorgesehen, die weit vorgepreschte 6. sowjetische Armee von Norden her in die Zange zu nehmen. Nein, entscheidet Hitler, Hausser hat Charkow aufgegeben, Hausser soll Charkow erst mal wiedererobern. Manstein ist entsetzt, erreicht mit Mühe, daß diese unsinnige, nur von Prestigedenken bestimmte Entscheidung vertagt wird.

Am nächsten Tag sehen die Lagekarten so

aus, daß allen außer Manstein angst und bange wird. Die Spitzen der 6. sowjetischen Armee haben Pawlograd genommen, stehen nur noch 60 Kilometer vom Dnjepr entfernt. Die Panzergruppe Popow ist bereits bis Krasnoarmeskoje durchgestoßen. Als Manstein kühl erklärt, daß nun aus der von fünf Armeen bedrängten Miusfront sämtliche Panzerverbände herausgezogen und gegen Popows Stoßkeile geworfen werden müssen, bekommt der Führer »Zustände«, wie ein Historiker schreibt. In das Lamento Hitlers platzt die Meldung, daß die Spitze des XXV. sowjetischen Panzerkorps bis Sinelnikowo vorgestoßen ist und dort die Bahnlinie Dnjepropetrowsk–Stalino gesperrt hat, über die alle ostwärts stehenden Verbände versorgt werden.
Ein Blick auf die Karte zeigt Hitlers Begleitern, daß die Bahnstation Sinelnikowo nicht ganz 60 Kilometer von Saporoschje entfernt ist. Sie bedrängen den Führer, Mansteins bedrohtes Stabsquartier zu verlassen, und der hält das dann auch für besser. Als Hitlers Focke-Wulf 200 »Condor« in den trüben Winterhimmel entschwebt, trennen knapp zehn Kilometer Luft den Führer des Großdeutschen Reiches vom nächsten russischen T 34. Aber dem Generalfeldmarschall v. Manstein ist ohne den Dreinredner, dem er Gehorsam geschworen hat, entschieden wohler. Jetzt kann er ungehindert loslegen.
Zunächst mal dirigiert er seine – schwachen – Panzerdivisionen in den Rücken der wuchtigen russischen Stoßkeile, säbelt denen den Nachschub ab. Die Folgen sind bald zu spüren: Die Funksprüche der siegesgewissen russischen Frontkommandeure werden unversehens mürrisch. »Alle Räder stehen still!« funkt Panzergruppen-Oberbefehlshaber Popow am 18. Februar ärgerlich seinem Heeresgruppenchef Watutin. Gemeint ist der fehlende Spritnachschub. Zwei Tage später ist Popows Lage schon so kritisch, daß er um Erlaubnis bittet, seine Panzergruppe zurücknehmen zu dürfen.
Doch die rückwärtigen russischen Stäbe erkennen noch immer nicht, daß ihre Verbände Manstein geradenwegs ins offene Messer gelaufen sind. Wütend funkt Watutin an Popow: »Angreifen! Der Feind ist auf dem Rückzug. Er darf nicht über den Dnjepr entkommen!«
Das ist ein fataler Irrtum. Manstein will nicht über den Dnjepr entkommen, sondern wieder zum Donez vorstoßen. Und das tut er auch. Für Kesselschlachten alter Art reicht es zwar nicht, aber seine Panzerkorps zerhacken nach und nach, in einer dreiwöchigen Schlacht, die viel stärkeren, aber immobilisierten Russen.

Die deutsche Antwort auf den sowjetischen Tank T 34 ließ nicht lange auf sich warten: 1942 tauchten in Rußland die ersten »Tiger« auf (linke Seite unten). Die 55-Tonnen-Kolosse mit der panzerbrechenden 8,8-cm-Kanone und einer 110-mm-Panzerung rollten nun auch wie der T 34 auf breiteren Ketten durch schwierigstes Gelände.
Die Konstrukteure hatten beim Gegner gelernt, der nach vernichtenden Erfahrungen mit deutscher Pak (ganz oben: brennende russische Fahrzeuge nach Volltreffer) ebenfalls auf verstärkte Panzerung gesetzt hatte. Überhaupt schaukelten sich die Waffensysteme beider Seiten gegenseitig auf.
Die deutsche Werfertruppe etwa (oben) dürfte Pate gestanden haben bei der Entwicklung des sowjetischen Katjuscha-Mörsers, der »Stalinorgel«.

Was der Todesstoß für die deutsche Südfront werden sollte, endet mit der Vernichtung der Panzergruppe Popow und der 6. sowjetischen Armee.

Nicht nur das. Nachdem die alten Stellungen am Donez zurückerobert sind, ist der Weg nach Charkow frei. Jetzt hat das einen Sinn, und es ist Haussers SS-Panzerkorps, das – am 15. März – die Stadt zurückerobert.

Mansteins Strategie des »Schlagens aus der Nachhand« hat sich bewährt. Hat nicht nur die Südfront stabilisiert, den Gegner dezimiert, eine nahezu aussichtslose Situation in einen Sieg verwandelt, sondern auch eine Chance eröffnet: Nachdem am 18. März auch Bjelgorod am Donez zurückerobert ist, verlangt die Lage geradezu danach, weiter nach Norden auf Kursk zu stoßen und die westlich davon stehenden Armeen der sowjetischen Zentralfront abzuschneiden. In der sowjetischen Kriegsliteratur ist nachzulesen, daß eine solche Operation des Gegners erwartet wurde und daß – angesichts des demoralisierten Zustandes der knapp vor dem greifbar nahen Sieg erneut in eine bittere Niederlage gestürzten Truppen – Widerstand dagegen kaum möglich gewesen wäre.

Trotzdem konnte diese Chance nicht genutzt werden. Zum einen wäre dazu auch ein Stoß von Norden in den Frontbalkon von Kursk nötig gewesen. Jedoch lehnte es Generalfeldmarschall von Kluge, Chef der Heeresgruppe Mitte, kategorisch ab, für ein solches Unternehmen Verbände bereitzustellen. Seine Truppen bräuchten nach den schweren Kämpfen des Winters erst mal Ruhe, seien noch nicht wieder angriffsbereit. Zum anderen kam nun Tauwetter und damit Schlamm – kein Angriff mehr möglich. Die Front stand, auf ihrer ganzen Länge von Leningrad bis zum Asowschen Meer. Sie war nun relativ gerade, bis auf einen bei Orel nach Osten vorragenden Bogen und den südlich davon nach Westen vorspringenden Frontbalkon vor Kursk.

Der Schlamm, der diese Frontlinie zementierte, gab der deutschen Führung Zeit. Zeit, die durch die Frontverkürzung gewonnenen Reserven aufzufrischen, Zeit auch zu der Überlegung, was zu tun sein wenn der Schlamm getrocknet war. Generalfeldmarschall von Manstein und mit ihm die meisten deutschen Heerführer waren der Überzeugung, die Manstein so formulierte: »Zu einer Offensive mit weitgesteckten Zielen, wie wir sie in den vergangenen Jahren geführt haben, reichen unsere Kräfte nicht mehr aus. Die Defensive scheint nunmehr für uns das Gegebene zu sein.« Unter »Defensive«

versteht Manstein nicht starres Halten, sondern bewegliche Verteidigung, eben das »Schlagen aus der Nachhand«, das er soeben so erfolgreich vorgeführt hat.

Aber Defensive ist Hitlers Sache nicht. Kaum der Katastrophe entgangen, träumt er schon wieder von großen Offensiven. Der erste Schlag soll eine große Kesselschlacht werden, bei Kursk. Dagegen haben die Frontgenerale nicht einmal etwas; den Kursker Frontbalkon abzukneifen, ist auch im Sinne beweglicher Defensive vernünftig – nur sollte das dann, so die Meinung der Kommandeure, rasch geschehen, zum frühestmöglichen Zeitpunkt, ehe die Russen sich gar zu sehr aufgefrischt und verstärkt haben.

Doch Hitler zögert, verlangt immer neue Vorbereitungen für diesen Angriff, ist offenbar von der Angst vor einem möglichen Mißerfolg geplagt, will ganz sichergehen: Was Rüstungsfabriken und Wehrersatzämter nur hergeben, er läßt es rings um den Kursker Frontbalkon bereitstellen. So wächst dort langsam für das Unternehmen »Zitadelle«, wie Hitler den geplanten Großangriff getauft hat, eine Heermacht von erstaunlichen Ausmaßen heran. Models 9. Armee, die den Stoß von Norden führen wird, hat für 50 Kilometer Frontbreite 13 Angriffsdivisionen zur Verfügung, dazu sechs Divisionen in Reserve; Hoths 4. Panzerarmee, die von Süden vorstößt, kann dafür auf 80 Kilometer Frontbreite 16 Divisionen ansetzen. Nordgruppe und Südgruppe hatten je rund 1000 Panzer und 400 Sturmgeschütze; auf den Feldflugplätzen der Luftflotten 6 und 4 um Charkow und Orel standen 1800 Flugzeuge bereit, die Luftherrschaft über dem Kampfraum zu sichern. Man erinnere sich: Die deutsche Wehrmacht begann den Ostfeldzug mit 3600 Panzern und 1850 Flugzeugen – jetzt wurde genausoviel für eine einzige Schlacht aufgeboten.

Doch die Schlacht ließ auf sich warten. »Diesem Angriff kommt ausschlaggebende Bedeutung zu. Er muß schnell und durchschlagend gelingen . . . es kommt darauf an, das Überraschungsmoment zu wahren . . .« So hieß es in dem Operationsbefehl vom 15. April.

Schnell? Der April ging dahin, der Mai, der Juni – Hitler zögerte immer noch, beschied die drängenden Generale mit Hinweisen wie, daß es nötig sei, noch auf die neuesten überschweren Panzer und Sturmgeschütze zu warten. Damit machte er auch das von ihm selbst geforderte »Überraschungsmoment« zunichte: Ein derart umfänglicher und lang dauernder Aufmarsch, noch dazu in Feindesland, läßt sich unmöglich geheimhalten.

Das sowjetische Oberkommando wußte lange vor Beginn der Schlacht, was der Gegner vorhatte, und bereitete sich darauf vor. Auch für die Russen war der Kursker Frontbalkon wertvoll, als Sprungbrett für eine neue Offensive. An die 40 Prozent des russischen Feldheeres und fast alle Panzerverbände standen im Frühsommer 1943 im Kursker Bogen.

Ein lockendes Ziel, für Hitler – und deshalb hatten die Russen die viele Zeit, die man ihnen ließ, dazu genutzt, ihre riesige Streitmacht durch ein tiefgestaffeltes, sorgfältig ausgebautes Verteidigungssystem zu schützen.

Endlich, am 5. Juli, beginnt die Schlacht. Nach einer Feuervorbereitung, wie nie zuvor, stürmen die deutschen Divisionen in einer Dichte, wie nie zuvor, und ausgerüstet, wie nie zuvor, auf die russischen Linien. Zum ersten Mal sind ganze Abteilungen Tiger-Panzer dabei, jene fast unverwundbaren 700-PS-Ungetüme mit der rasanten 8,8-cm-Kanone – der erste deutsche Panzer, der dem T 34 der Russen deutlich überlegen ist. Auch ganze Rudel der neuen mittelschweren, enorm schnellen »Panther« sind da.

Aber dieser mit nie gekannter Wucht geführte Stoß trifft auf eine Verteidigung, die standfest ist, wie nie zuvor. Der Stoß bekommt keinen Schwung. Sicher, es geht voran, sowohl bei Model im Norden als auch bei Hoth im Süden – aber langsam, nur hundertmeterweise oder allenfalls mal kilometerweise. Kaum ist ein Minenfeld gequert, die dahinterliegende Stellung in erbittertem Kampf aufgerollt, sehen sich die Pioniere, Infanteristen, Panzergrenadiere schon der nächsten, genauso gesicherten und genauso hart verteidigten Stellung gegenüber.

Acht Tage braucht Hoths Panzerkorps, um sich knapp 50 Kilometer bis Prochorowka vorzuboxen; auch Models Angriffsdivisionen im Norden schaffen kaum mehr. Doch dann, um den 12., 13. Juli herum, scheint das Schlimmste geschafft, die Panzerschlacht, die sich bei Prochorowka entwickelt, ist schon beweglicher, ein rascher, schon eingeleiteter Flankenangriff der Armee-Abteilung Kempf soll – und kann – eine Vorentscheidung bringen.

Aber dann passiert's: Die Russen greifen an. Nicht auf dem Kursker Schlachtfeld, sondern nördlich und südlich davon: Am 12. 7. durchbricht die 11. sowjetische Gardearmee die deutsche Front nördlich Orel und stößt auf die Stadt. Drei Tage später bricht die 63. sowjetische Armee östlich von Orel durch und stürmt vorwärts. Im Süden dasselbe: Am 17. Juli geht die 1. sowjetische Gardearmee bei

»Die Hälfte des Lebens wartet der Soldat vergebens.« Der Schlager meint zwar eine ganz andere Hauptkampflinie, doch auch im wirklichen Kampf ist das entscheidende das Abpassen des richtigen Moments und das Pausieren (oben) in jeder Lebenslage. Wer weiß, wann die nächste Möglichkeit dazu gefunden wird. In vorderster Linie (ganz oben: im Unterstand, rechts im brennenden Dorf) ließ der Gegner wenig Zeit zur Erholung. Vor allem Elite-Einheiten wie die Männer der Waffen-SS-Division »Florian Geyer« (rechte Seite: Lauern mit Tellerminen hinter sowjetischem Panzerwrack) wurden pausenlos an gefährdeten Frontabschnitten eingesetzt. Und deren Zahl wuchs mit zunehmender Kriegsdauer.

Barwenkowa über den Donez und drückt die deutsche Front ein; die 2. Gardearmee geht an diesem Tag über den Mius und stößt auf Stalino.

Angesichts dieser Lage bleibt dem deutschen Oberkommando keine Wahl: Die Kursker Schlacht muß, just als sich der Erfolg abzuzeichnen beginnt, abgebrochen werden. Ein großer Teil der Angriffsdivisionen wird gebraucht, um die russischen Einbrüche abzuriegeln. Außerdem bedrohen die Westalliierten die Südflanke der Achsenmächte. Am 10. Juli sind sie auf Sizilien gelandet. Bei der schlechten Kampfmoral der Italiener würde die Insel bald fallen. Der Angriff aufs italienische Festland ist nur noch eine Frage der Zeit. Hitler braucht Divisionen, und die gibt es nur noch an der Kursker Front, aus der sie herausgelöst werden müssen. Was bleibt, reicht nicht, den Angriff fortzuführen, nicht einmal, das wenige gewonnene Gelände zu halten – man muß auf die Ausgangsstellungen zurück, was nicht ohne schwere Verluste, vor allem an Material, möglich ist.

Doch das ist nicht einmal das Schlimmste: Die mühevoll neu aufgebauten Reserven des Heeres, die schnellen, gut ausgerüsteten Angriffsdivisionen, ein großer Teil der neuaufgebauten Panzerwaffe, das alles ist in der Gewaltschlacht im Kursker Bogen verschmort.

Rettung der Südfront

Die zehntägige, blutige Schlacht im Kursker Bogen hatte fast alles verbraucht, was an Reserven aufgebaut worden war; vor allem die schnellen Divisionen und die neue Panzerwaffe waren weitgehend aufgerieben. Die Offensivkraft des Ostheeres war nun endgültig gebrochen, die Lage so schlimm wie nie zuvor – die ganze lange Front von Leningrad bis Taganrog mit gefährlich ausgedünnten Verbänden besetzt, fast überall zu schwach, massivem Druck des Gegners standzuhalten. Und keine operativen Reserven mehr.

Überdies: Den immer weniger und kleiner werdenden deutschen Divisionen standen immer mehr russische gegenüber. Models 9. Armee konnte Orel nicht halten. Weiter südlich, bei Bjelgorod, nahe der Donez-Quelle, schlug die sowjetische Woronesch-Front (»Front« entspricht etwa der deutschen Heeresgruppe) mit fünf auf engem Raum geballten Armeen zu. Nach russischen Angaben war die Überlegenheit gegenüber den Verteidigern bei Artillerie und Panzern etwa 6:1; im Angriffsstreifen setzten die Russen pro Kilometer Frontbreite 230 Rohre Artillerie und Werfer sowie rund 70 Panzer ein.

DER RÜCKZUG IM OSTEN Die Sowjets erreichen die Weichsel

Ende Juni 1944 bis Ende August 1944

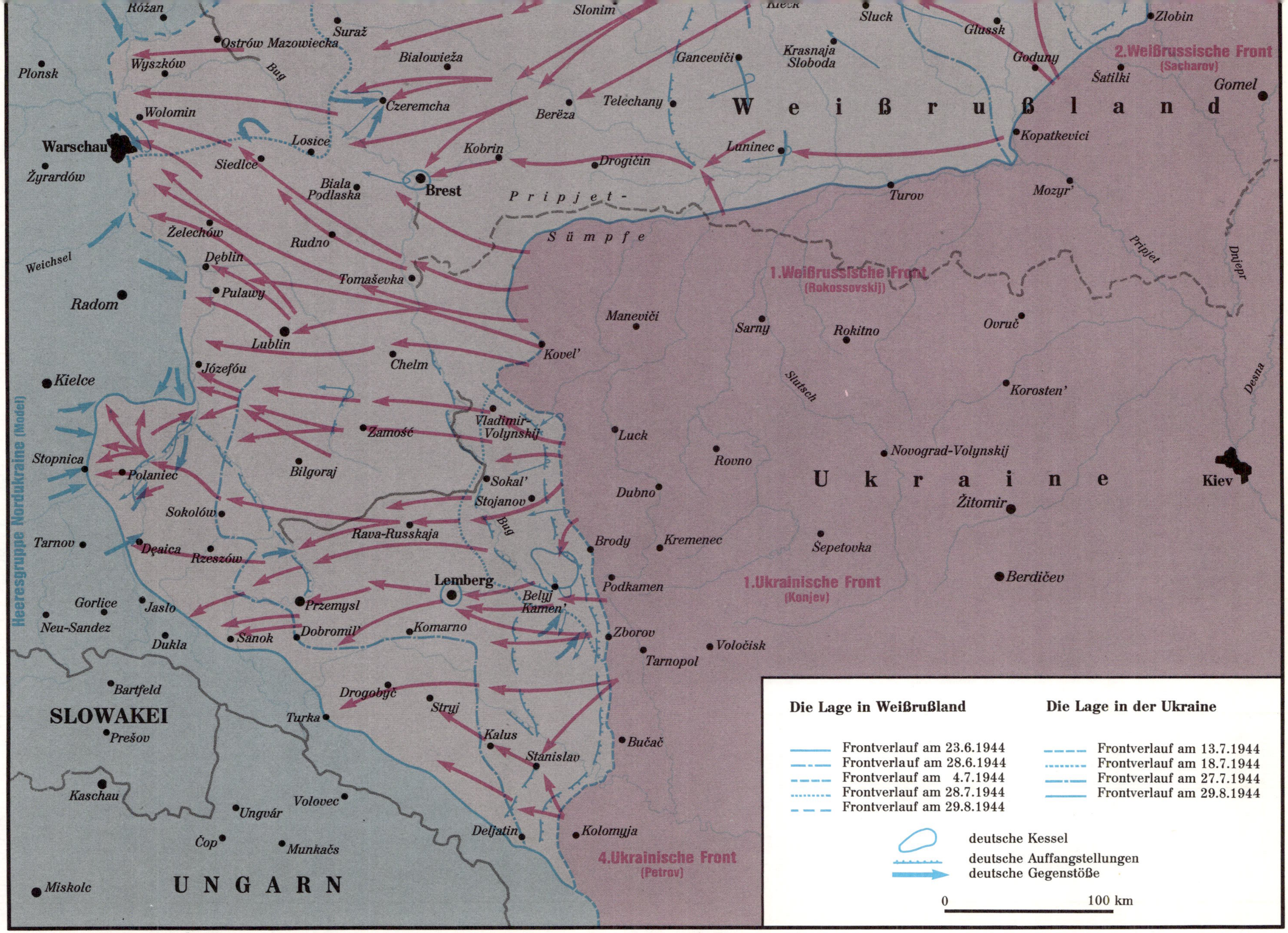

Die Lage in Weißrußland
Frontverlauf am 23.6.1944
Frontverlauf am 28.6.1944
Frontverlauf am 4.7.1944
Frontverlauf am 28.7.1944
Frontverlauf am 29.8.1944
Die Lage in der Ukraine
Frontverlauf am 13.7.1944
Frontverlauf am 18.7.1944
Frontverlauf am 27.7.1944
Frontverlauf am 29.8.1944
deutsche Kessel
deutsche Auffangstellungen
deutsche Gegenstöße
0
100 km
W e i ß r u ß l a n d
U k r a i n e
SLOWAKEI
U N G A R N
2.Weißrussische Front
(Sacharov)
1.Weißrussische Front
(Rokossovskij)
1.Ukrainische Front
(Konjev)
4.Ukrainische Front
(Petrov)
Heeresgruppe Nordukraine (Model)
P r i p j e t -
S ü m p f e
Warschau
Brest
Lemberg
Kiev
Gomel
Žlobin
Sluck
Slonim
Glussk
Goduny
Šatilki
Kopatkevici
Mozyr'
Turov
Luninec
Drogičin
Kobrin
Telechany
Ganceviči
Krasnaja
Sloboda
Berëza
Bialowieža
Czeremcha
Suraž
Ostrów Mazowiecka
Wyszków
Różan
Plonsk
Wolomin
Žyrardów
Siedlce
Losice
Biala
Podlaska
Rudno
Tomaševka
Želechów
Dęblin
Pulawy
Radom
Weichsel
Bug
Lublin
Józefów
Chelm
Kovel'
Kielce
Stopnica
Polaniec
Sokolów
Tarnov
Dęaica
Rzeszów
Gorlice
Neu-Sandez
Jaslo
Dukla
Sanok
Dobromil'
Przemysl
Komarno
Rava-Russkaja
Zamość
Bilgoraj
Vladimir-
Volynskij
Sokal'
Stojanov
Luck
Dubno
Brody
Kremenec
Podkamen
Belyj
Kamen'
Zborov
Tarnopol
Voločisk
Bučač
Stanislav
Kalus
Stryj
Drogobyč
Turka
Deljatin
Kolomyja
Bartfeld
Prešov
Kaschau
Ungvár
Volovec
Čop
Munkačs
Miskolc
Manevići
Sarny
Rokitno
Slutsch
Ovruč
Korosten'
Novograd-Volynskij
Rovno
Šepetovka
Žitomir
Berdičev
Pripjet
Dnjepr
Desna

Dagegen gab es nichts zu halten. In kurzer Zeit klaffte eine 45 Kilometer breite Lükke in der deutschen Front, und die Russen rauschten durch. Das war am 14. September.

Wohin die Russen wollten, war klar: zum Dnjepr. Der gewaltige Strom ist südlich von Kiew auf ganzer Länge zwei bis dreieinhalb Kilometer breit, bis zwölf Meter tief, das westliche Ufer ist ein Steilhang: Eine ideale Verteidigungsstellung also gegen Angreifer aus dem Osten.

Sowohl Manstein, der Oberbefehlshaber der Heeresgruppe Süd, als auch Kluge, OB der Heeresgruppe Mitte, in dessen Befehlsbereich der Oberlauf des Stromes lag, dachten früh daran, diese mächtige Barriere zu nutzen. Schon im Frühsommer hatte Manstein im Führerhauptquartier nachgefragt, was wichtiger sei: das Donezbecken zu halten oder die Russen am Dnjepr sich den Sommer lang verbluten zu lassen. »Der Führer möchte beides«, wurde Manstein beschieden.

Aber beides war nicht zu haben. Das Donezbecken, das Hitler aus wirtschaftlichen Gründen (Schwerindustrie) nicht aufgeben mochte, konnte – wenn überhaupt – nur dann von der Heeresgruppe Süd gehalten werden, wenn ihr mindestens ein halbes Dutzend frische, vollausgerüstete Divisionen zugeführt wurden. Manstein forderte das immer wieder, Hitler zögerte, gab schließlich nach, versprach Manstein die geforderten Divisionen – aber er hatte sie gar nicht. Kluges Heeresgruppe Mitte sollte sie abgeben, doch sie war selbst in Bedrängnis und weigerte sich strikt, auch nur einen Großverband freizumachen.

Andererseits verbot Hitler lange Zeit, die günstige Dnjeprstellung auszubauen – »es verleitet meine Generale und die Truppe nur zum Ausreißen, wenn sie wissen, daß hinter ihnen eine ausgebaute Festungslinie ist«, begründete er seine Haltung. Als er, Mitte August, schließlich doch genehmigte, am Dnjepr einen »Ostwall« zu errichten, gab er keine Arbeitskräfte dafür frei – es geschah praktisch nichts.

Derweil wird die Lage am Donez und am Mius immer bedrohlicher. Am 14. September funkt Manstein ans Führerhauptquartier: »Durchbruch des Feindes auf Kiew und Krementschug im Bereich der Möglichkeit. Ich werde morgen vormittag der 4. Panzerarmee befehlen, auf den Dnjepr . . . zurückzugehen, um zu verhindern, daß die Armee . . . in einzelnen Gruppen eingekesselt und zerschlagen wird.« 8. Armee und 1. Panzerarmee werde er ebenfalls sehr bald auf den Strom zurücknehmen, fügt er hinzu. Und wie zur Bestätigung meldet Generalfeldmarschall Kluge, OB der Heeresgruppe Mitte, am selben Tage: »Das Absetzen meiner Hauptkräfte auf den Ostwall (Dnjepr) wird unvermeidlich.«

Antwort des Führerhauptquartiers an Manstein: »Befehl darf nicht gegeben werden. Führer erwartet Sie morgen zur Rücksprache.«

Die Aussprache zwischen Manstein und Hitler in der ostpreußischen »Wolfsschanze«, die vierte innerhalb weniger Wochen, ist kurz und heftig. Manstein setzt sich durch. Endlich stimmt Hitler zu, die Hauptfront hinter den Dnjepr zurückzunehmen.

Die Frage ist – gelingt das überhaupt noch, oder ist es schon zu spät? Sechs Übergänge über den Strom stehen zur Verfügung, fünf Brücken und der Staudamm von Saporoschje. Rund eine Million Mann mit Waffen und Gerät müssen

Der Besatzungspolitik der Nationalsozialisten verdankte die kämpfende Truppe eine zweite Front, die nirgends und überall verlief und auf deren Gegenseite ein gnadenloser Gegner fanatisch focht, weil auch er bei Gefangennahme keine Gnade zu erwarten hatte: Partisanenkrieg. Nicht unerhebliche Kräfte mußten allein zur – wie es damals hieß – »Bandenbekämpfung« abgestellt werden. Haus für Haus durchkämmten Spezialeinheiten (oben) und machten meist mit festgenommenen Partisanen (rechts oben) kurzen Prozeß. Doch statt damit abschreckende Wirkung zu erzielen, gebaren die drakonischen Strafen immer neue Armeen von Freischärlern in den nie ganz kontrollierbaren Wäldern der russischen Weiten. Selbst Frauen griffen zu den Waffen (rechts unten).

zu diesen Engpässen geführt, durchgeschleust und auf dem anderen Ufer wieder auf 700 Kilometer Frontlänge ausgefächert werden.
Nicht nur das: Ein Gebiet, nicht viel kleiner als die Bundesrepublik, sollte geräumt werden – vor allem von Nahrungsmittelvorräten, Rindern, Schweinen, Pferden, brauchbaren Maschinen und nicht zuletzt auch von den Menschen.
Denn es hatte sich gezeigt, daß die Rote Armee in wiedereroberten Gebieten buchstäblich jeden, der noch halbwegs laufen konnte, ob Kind, ob Greis, sofort rekrutierte, praktisch unausgebildet den Kampftruppen eingliederte, mit den Waffen von Gefallenen und Verwundeten ausrüstete. Die Methode hatte Sinn und Effekt – General Nehring, damals Kommandierender General des XXIV. Panzerkorps, erinnert sich: »Das waren zwar keine vollwertigen Soldaten, aber sie liefen mit – und überschwemmten uns.«
Deshalb nahm man auch die Menschen mit. So setzten die Rückzugsbefehle, die am 15. September Mansteins Hauptquartier in Saporoschje verließen, einen gigantischen Treck in Gang: Marschkolonnen, Viehherden, endlose Ketten hochbeladener Panjewagen – schwierig genug, so etwas in Ruhe und Frieden zu organisieren und zu koordinieren.
Aber Frieden und Ruhe waren nicht in den von der Herbstsonne überglühten Weiten zwischen Donez und Dnjepr; Mansteins Armeen standen in einer wüsten Abwehrschlacht gegen die inzwischen von Siegeszuversicht erfüllten Russen.
Wie gefährlich unter diesen Umständen der Rückzug war, spiegelt sich in den dürren Worten der Mansteinschen Befehle wider: »Mit einer intakten Truppe«, mahnt er die Kommandeure, »meistert man jede Schwierigkeit, dagegen ist mit Truppen, die ihre Kampfkraft oder ihren Halt verloren haben, insbesondere ein Rückzug nicht durchzuführen.«
In den nächsten Sätzen erweist sich der General als gescheiter Psychologe: »Die Armeen haben die . . . weiteren Ziele nicht nach unten weiterzugeben, sondern straff von Tag zu Tag zu führen . . .« In Zivildeutsch: »Sagt denen bloß nicht, wie weit's zurückgeht, sonst bringen wir sie nie heil zurück . . .«
General Busse, Mansteins Stabschef, fertigt am Abend des 15. September 1943 die letzten Befehle für den Rückzug aus. Manstein kommt herein, zurück aus dem Führerhauptquartier. Mißmutig blickt Busse auf die Lagekarte. »Wenn die drüben«, denkt er laut, »unsere Grundsätze des Panzerkrieges auch nur halbwegs ka-

piert haben, dann geht's uns schlecht. Dann stoßen sie in die Lücken und sind schneller an den Brücken als wir! Ein, zwei Guderians da drüben – dann gnade uns Gott!«
»Ich kann nur hoffen, daß sie es noch nicht gelernt haben«, brummt Manstein. Er behält recht mit seiner Hoffnung. Zwar gibt es einen Wettlauf zum Dnjepr, die Rote Armee rollt tatsächlich in die Lücken, die sich zwangsläufig zwischen den zu den Brücken strebenden deutschen Verbänden öffnen, aber zu den Brücken stoßen die Russen nicht, obwohl sie könnten. Die sowjetischen Armeen, die hinter und neben den Deutschen zum Dnjepr stürmen, haben den Befehl, wo immer sie den Strom erreichen, hinüberzugehen – aber merkwürdigerweise nicht, die Brücken zu erobern. Und so bleiben der rückmarschierenden Heeresgruppe Süd alle sechs Dnjepr-Übergänge, selbst die merkwürdige Brücke von Kanew. Das ist eine Eisenbahnbrücke, die von Pionieren aufgestockt worden ist: Sie haben in die Stahlgitterkonstruktion über den Gleisen eine Fahrbahn eingebaut – unten rollen Züge, oben, in luftiger Höhe, rollen Fahrzeuge, marschieren Kolonnen. So lange, bis schließlich die kämpfenden Nachhuten heran sind, auch über die Brücke gehen und sie schließlich in die Luft jagen. Der waghalsige, überaus gefährliche Rückzug gelingt; Manstein bringt seine Heeresgruppe tatsächlich ziemlich heil über den Strom. Das ist schon was. Wer den Dnjepr hat und halten kann, der hat die riesige Kornkammer Ukraine, etliche wichtige Erzlagerstätten dazu. Aber es war eben doch schon zu spät.
Denn einen »Ostwall«, eine ausgebaute Stellung am Westufer, gibt es nicht. Und so können die Russen, die an vielen Stellen zugleich mit den Deutschen den Strom erreichen, ihn auch überschreiten. Merkwürdigerweise machen sie noch immer keinen Versuch, eine der großen Brücken zu erobern. Sie warten auch nicht darauf, bis schweres Pioniergerät zum Übersetzen heran ist, sondern gehen in kleinen Gruppen, mit Fischerkähnen, rasch zusammengehauenen Flößen und ähnlichen Behelfen über den Strom. Wo am anderen Ufer schon deutsche Sicherungskräfte sind, werden solche Übersetzversuche zusammengeschossen, aber es sind eben nicht überall schon Deutsche da, und so gelingt es der Roten Armee in der letzten Septemberwoche auf der 700 Kilometer langen Flußstrecke von Lojew bis Saporoschje an insgesamt 23 Stellen, den Strom zu überqueren.
Allerdings, es sind Minibrückenköpfe, ohne Panzer, ohne schwere Waffen, operativ fast alle wertlos. Nur an einer Stelle kommt eine ganze russische Armee, die 13., über den Strom – rund 100 Kilometer nördlich von Kiew, wo der Pripjet in den Dnjepr mündet. Damit hatte niemand gerechnet, denn das Stromdreieck ist ein völlig unwegsames Sumpfgelände – nur hatten Partisanen in monatelanger Arbeit versteckte Knüppeldämme angelegt. Nur mühsam gelingt es, die Russen am weiteren Durchbruch zu hindern, aber es gelingt.
Auch aus den vielen kleinen und kleinsten Brückenköpfen kommen sie nicht heraus. Der größte davon ist der in der Dnjeprschleife bei Bukrin, 15 Kilometer nördlich von Kanew. Hier will's die Rote Armee mit Gewalt wissen: Während das deutsche

Zeit der Rückzüge: Geordnetes Rückführen großer Heeresverbände wie im Herbst 1943 aus dem Kuban-Brückenkopf (rechts oben), dazu gehörte manchmal mehr Feldherrengeschick als für kühne Attacken. Und es forderte oft auch erheblich mehr Opfer. Zur Bergung der Gefallenen des Gegners (oben) nahm man sich nicht immer die Zeit, denn jeder Aufenthalt konnte die eigenen Leute gefährden. Ihnen mußte alle Sorgfalt gelten (rechts unten: erste medizinische Versorgung Verwundeter durch Rotkreuz-Schwestern vor dem Weitertransport ins Lazarett). Das Sanitätswesen geriet bei den rasch steigenden Verlusten unter erheblichen Druck. Erste Hilfe für Verwundete mitten im feindlichen Feuer war keine Ausnahme mehr. Was Ärzte und Schwestern für die Soldaten leisteten, gehört zu den wenigen Ruhmesblättern des unerbittlichen Kampfes in Rußland.

XXIV. Panzerkorps unter General Nehring noch über die doppelstöckige Brücke in Kanew ans Westufer rollt, fallen in der Abenddämmerung des 24. 9. südlich von Bukrin und Grigorowka weiße Pilze vom Himmel: Ein Fallschirmjäger-Großangriff soll den Brückenkopf von Bukrin auf eine nutzbare operative Größe bringen.
Aber die Russen, einst die Erfinder großer Luftlandeoperationen, haben überhastet und schlecht geplant, sie springen fast überall direkt in die sich entfaltenden Verbände des XXIV. Panzerkorps hinein, noch dazu am Abend, der für Fallschirmjäger, die sich orientieren und sammeln müssen, ungünstigsten Zeit. Der Spuk dauert nur wenige Stunden, dann sind die knapp 2000 Mann, die mit der ersten Welle gesprungen sind, entweder tot oder gefangen; die Russen verzichten nach dieser Katastrophe darauf, die ursprünglich geplante zweite Welle loszuschicken.
Für eine kurze Zeit schien der Vormarsch der Roten Armee am Dnjepr und der sogenannten »Wotanstellung« auf der Linie Saporoschje–Melitopol gestoppt. Doch die Ruhe währt nicht lange. Anfang Oktober bricht der russische Sturm erneut los, zunächst bei Saporoschje, wo das XXXX. Panzerkorps einen großen Brükkenkopf auf dem Ostufer des Dnjepr hält, als Flankenschutz für die südlich davon kämpfende 6. Armee.
Eine ganze Heeresgruppe – drei Armeen, zwei Panzerkorps, eine Luftflotte – läßt der Armeegeneral Malinowski gegen dieses eine Panzerkorps anrennen. Knapp eine Woche lang halten General Heinricis Divisionen dieser zehnfachen Übermacht stand, dann müssen sie, am 15. Oktober, Saporoschje räumen, Brücke und Staudamm sprengen. Der nördliche Eckpfeiler der Wotanstellung ist eingestürzt, die 6. Armee hat ihren Flankenschutz verloren. Nicht nur das, die 6. Armee selbst sieht sich, in der Gegend nördlich Melitopol, den wütenden Angriffen einer ebenfalls riesigen Übermacht ausgesetzt, hier von General Tolbuchin kommandiert. Fast 14 Tage lang hält die Armee stand, bis Mitte Oktober, dann muß sie weichen. Ihre Divisionen sind teilweise bis auf ein Hundertstel der Sollstärke geschrumpft, so hat die 73. InfDiv. noch 170 Mann, die 111. InfDiv. noch 200 Mann. Die ganze Armee besitzt noch 25 einsatzbereite Panzer und Sturmgeschütze, kaum noch Munition.
Am 23. Oktober fällt Melitopol, die deutsche Front reißt auf, Tolbuchin jagt seine Divisionen durch die Lücke, deren Ränder dabei immer mehr abbröckeln, bis sie schließlich 45 Kilometer breit ist – keine

Chance mehr, die Lücke zu schließen, die Flut einzudämmen. Tolbuchins Panzer rollen westwärts, der Dnjepr-Mündung zu. Sein Stoßkeil zerschneidet die 6. Armee, aber vernichten kann er sie nicht – die Teilgruppen kämpfen sich nach und nach bis hinter den Unterlauf des Dnjepr zurück, den ganzen langen (über 200 km!) Weg von Melitopol bis Cherson. Auf halbem Weg liegt Perekop, die schmale Landenge, die den Zugang zur Krim bildet. Und auf der Krim steht, untätig, eine ganze intakte deutsche Armee, die 17.

Wieder und wieder haben Manstein und auch andere versucht, Hitler dazu zu bewegen, die 17. Armee von der Halbinsel abzuziehen, sie zur Verstärkung des Südflügels einzusetzen. Zeit dazu wäre noch den ganzen September durch gewesen. Doch Hitler weigerte sich beharrlich, die Krim zu räumen. Das ginge, meinte er, aus politischen Gründen nicht, würde die verbündeten Schwarzmeeranrainer Rumänien und Bulgarien irritieren, ebenso die freundlich-neutrale Türkei. Außerdem sei die Krim ein idealer »Flugzeugträger« für Bomber, die von dort die rumänischen Ölfelder bei Ploesti erreichen können – und Ploesti-Sprit hielt mehr als die Hälfte der deutschen Kriegsmaschinerie in Gang.

Theoretisch war das so falsch nicht, nur: Während die 17. Armee tatenlos auf der Krim herumsaß, stießen die Russen bis zur Dnjepr-Mündung durch. Damit waren sie auf dem Festland auch schon in Bomberreichweite für Ploesti, und die 17. Armee war abgeschnitten, verloren. Doch das glaubte Hitler nicht – er befahl, nach dem russischen Vorstoß zum unteren Dnjepr, südöstlich von Nikopol einen großen Brückenkopf jenseits des Dnjepr zu halten, als Ausgangsbasis für einen Angriff Richtung Krim bei nächster Gelegenheit. Tödliche Illusion. Die 17. Armee wurde im nächsten Frühjahr vollständig vernichtet, nur ein paar hundert Mann überlebten.

Aber noch sind wir im Katastrophen-Herbst 1943. Wie um zu zeigen, zu welcher Kraftentfaltung sie nun fähig war, griff die Rote Armee nicht nur im Süden (Saporoschje, Melitopol) an, sondern auch im Mittelabschnitt, knapp nördlich von Kiew. Dort war es gelungen, einen der kleinen Brückenköpfe auf dem Westufer des Dnjepr, bei dem Dorf Ljutesch, nach und nach auszubauen. Erst waren es auch hier nur eine Handvoll Soldaten auf Kähnen und Flößen gewesen, aber hier fanden sich auch leicht beschädigte Lastkähne, auf denen sich Panzer übersetzen ließen, bei Nacht zunächst. Dank der Panzer gelang es den Russen, den Ljutesch-Brückenkopf so weit auszuweiten, daß sie eine mächtige Angriffsstreitmacht darin bereitstellen konnten: drei Armeen, ein Panzerkorps, dazu 2500 Geschütze, Granatwerfer, Raketenwerfer.

Die brechen am 3. November, morgens, los; ein gewaltiger Feuerschlag, der die drei deutschen Divisionen, auf die er trifft, fast wegfegt: Die sowjetischen Schützendivisionen stoßen zunächst kaum auf Widerstand, kommen sieben bis zehn Kilometer voran, ehe sich der deutsche Widerstand versteift. Dann, am Abend des nächsten Tages, geschieht Ungewöhnliches:

Das Schlachtfeld wird hell, irres Kreischen gellt durch die Nacht. Der russische Panzergeneral Rybalkow läßt dicke T-34-Rudel mit grellen Scheinwerfern und jaulenden Sirenen auf die deutschen Linien zurollen; sie schießen im Fahren, was aus den Rohren rausgeht; hintendrauf hokken, durch die blendenden Scheinwerfer unsichtbar, Infanteristen – ein Höllenspektakel, auf psychologische Wirkung berechnet. Und es wirkt, sowohl psychologisch als auch sonst, die Feuerkraft der T-34-Trauben ist enorm, die dünnen deutschen Linien zerbröseln.

Rybalkows 3. Garde-Panzerarmee kommt nun richtig in Schwung, sie stößt westlich an Kiew vorbei südwärts, während General Moskalenkos 38. Armee Kiew stürmt –

Luftwaffe und Lufttransport-Einheiten hatten alle Hände voll zu tun, sich des stärker werdenden russischen Gegners zu erwehren (links oben: sowjetischer Bomber geht in Flammen auf) und die sprunghaft anwachsenden Wünsche nach Luftunterstützung und Nachschub zu erfüllen. Vor allem der immer knappere Sprit (links unten: Fässer rollen aus einer Ju 52) mußte nicht selten ins Kampfgebiet geflogen werden. Die deutschen Maschinen bekamen immer weitere Aufgabengebiete zugewiesen. So mußte die als Schnellbomber konzipierte Ju 88 (oben: über einer Flußschleife) auch als Schwerer Nachtjäger, als Erdkampfflugzeug und als Fernaufklärer dienen, und selbst als Sturzbomberversion tauchte sie an den Fronten auf.

am 6. November ist die Hauptstadt der Ukraine wieder in russischer Hand. Weit schlimmer aber ist, daß Rybalkows Panzer am nächsten Tag den riesigen Verschiebebahnhof Fastow, fünfzig Kilometer südwestlich von Kiew, erstürmen und Massen rollenden Materials erbeuten, darunter fünfundvierzig Lokomotiven. Das war eine Katastrophe für die Versorgung der Heeresgruppe Süd, und überdies stand Rybalkow nun auch schon ein ganzes Stück im Rücken von Mansteins Heeresgruppe. Ein weiterer Eckpfeiler der »Dnjepr-Stellung« war eingedrückt.

Januar 44. Nur noch bei Kanew und bei Nikopol hält die Heeresgruppe Süd kleine Stückchen Dnjepr-Ufer. Und weder Schlamm noch Frost mindern den russischen Angriffsdruck: Es kommt zu einer Serie von Kesselschlachten. In der Nacht zum 7. Januar werden in und um Kirowograd vier Divisionen eingeschlossen, darunter die 3. Panzerdivision. Deren Kommandeur, Generalmajor Bayerlein, ist gerade frisch aus Afrika eingetroffen, ihm ist die sture Festhaltetaktik Hitlers noch nicht in Fleisch und Blut übergegangen. Natürlich ist befohlen, Kirowograd unter allen Umständen zu halten. Aber kurz nach der Einschließung ist der Fernsprech- und auch der Funkverkehr zur Armee zusammengebrochen.

Bayerlein beurteilt die Lage nach Art eines Panzerführers Guderianscher Schule: »Panzer sind für bewegliche Kampfführung da, nicht zum Halten von Plätzen. Wir müssen beweglich bleiben, also hier raus, und zwar schleunigst!« Da, mangels Funkverkehr, niemand da ist, den er fragen könnte, handelt Bayerlein entsprechend seiner Lagebeurteilung: Er tritt mit seiner Division unverzüglich, schon am Abend des 7., zum Ausbruch an. Die Russen sind so verblüfft, daß die Division sich fast ohne Verluste durch den Einschließungsring schlagen kann, nur ein Panzer geht verloren. Kaum ist Bayerlein draußen, da macht er kehrt und greift die russischen Einschließungskräfte von hinten an – ein blendendes und, wie sich zeigen sollte, auch erfolgreiches Manöver: Es gelingt, die drei eingeschlossenen Divisionen ohne nennenswerte Verluste aus dem Kessel zu holen.

Knapp zwei Wochen später setzen die Sowjets abermals zu einer Umfassung an: Je eine Panzerarmee von Watutins 1. und Konjews 2. Ukrainischer Front brechen, aufeinander zustoßend, bei Krasnojelka und bei Medwin durch die deutsche Front, vereinigen sich drei Tage später bei Swenigorodka – und damit sind zwei deutsche Armeekorps, die sich noch bei Kanew an den Dnjepr klammern, abgeschnitten.

Konjew und Watutin freilich glauben, die ganze 8. Armee in der Falle zu haben, und deshalb machen sie eilig den Kessel unglaublich stark. So bleibt der durchaus schnell und entschlossen geführte Entsatzangriff des III. Panzerkorps knapp vor einer entscheidenden Höhe liegen; der Ausbruch aus dem innerhalb von 14 Tagen von 2000 auf knapp zehn Quadratkilometer geschrumpften Kessel gerät am 17. Februar zu einem Blutbad. Nur etwa die Hälfte der ursprünglich 56 000 Eingeschlossenen retten schließlich das nackte Leben – sonst nichts, keine Waffen, kein Gerät: Die verfügbare Kampfkraft von sechseinhalb Divisionen ist vernichtet, ein

für die ohnehin ausgeblutete Heeresgruppe Süd fataler Aderlaß.
Und kein Aufatmen. Kaum ist von der Dnjepr-Mündung bis zu den Pripjetsümpfen notdürftig eine neue zusammenhängende Front errichtet, da stürmen Konjews und Schukows Armeen wieder los. In gewaltigen Keilen stoßen sie aus dem Raum von Uman südwestwärts, aus dem Raum Rowno–Schepetowka südwärts. Und ganz im Süden stoßen Malinowkis Armeen ebenso schwungvoll zum Bug – die endgültige Katastrophe im Süden der Ostfront bahnt sich an.
Nach drei Wochen ist sie da: Ganz im Süden sind 6. und 8. Armee praktisch zerschlagen, am anderen Ende ist die Front der 4. Panzerarmee aufgerissen und weit nach Westen zurückgeworfen, und dazwischen sitzt, eingeschlossen in einem riesigen Kessel zwischen Bug und Dnjestr, die 1. Panzerarmee.
Wenn dieser Verband – 22 Divisionen, beste Panzerdivisionen darunter, zusammen rund 200 000 Mann – auch noch verlorengeht, dann bricht die Südfront zusammen, dann ist nichts mehr da, was die Russen hindern kann, nach Westen zu rollen, so weit sie wollen.
General Hube, der einarmige Oberbefehlshaber der 1. Panzerarmee, sieht das auch, er möchte so schnell wie möglich aus dem Kessel ausbrechen, nach Süden, über den Dnjestr. Denn da ist noch ein Loch, wo – wenn überhaupt – ganz wenige Russen sind.
Doch der Heeresgruppenchef, Manstein, lehnt das ab – er sieht, daß ein Ausbruch nach Süden die 1. Panzerarmee nur in eine neue Einschließung führen würde: Die Russen brauchten sie dann nur noch gegen die Karpaten zu drängen.
Manstein will Hube nach Westen ausbrechen lassen, obschon er dabei über zwei Flüsse hinweg und durch zwei Sowjetarmeen hindurch muß. Der Grund: Nur wenn es gelingt, 4. Panzerarmee und 1. Panzerarmee wieder zu vereinen, besteht Aussicht, eine seitlich an die Karpaten angelehnte Südfront zu stabilisieren. Freilich, um das zu erreichen, sind ein paar frische Divisionen für die 4. Panzerarmee nötig, damit sie Hubes Armee entgegenkommen kann.
Diese Divisionen fordert Manstein von Hitler. Es ist der 23. März. Am nächsten Tag kommt die Antwort vom Berghof auf dem Obersalzberg, von wo aus Hitler seit einigen Tagen seinen Krieg führt. Er befiehlt: »Die 1. Panzerarmee hält ihre Front am Bug und kämpft sich aus eigener Kraft die zerschnittenen rückwärtigen Verbindungen wieder frei.« Zornig ruft Manstein wieder auf dem Berghof an. Generalstabschef Zeitzler ist am Apparat.
»Der Befehl ist undurchführbar«, stellt Manstein fest, »wenn ich nicht bis 15 Uhr verbindliche Zusage für die geforderten Verstärkungen habe, gebe ich der 1. Panzerarmee sofort Befehl zum Ausbruch.«
Das ist ein Ultimatum. Hitler antwortet nicht, jedenfalls nicht bis 15 Uhr. Um 16 Uhr läßt er Manstein ausrichten, er sei mit dem Ausbruch der 1. Panzerarmee einverstanden, aber ihre Front müsse sie trotzdem halten.
»Ausbrechen und trotzdem halten«, knurrt Manstein, »ich wüßte gern, wie man so was macht!«
»Das ist Stalingrad-Methode«, sagt sein Stabschef, General Busse, »dem Paulus hat er auch erlaubt, auszubrechen – wenn er zugleich die Stadt und die Wolgastellung hält.«
Noch einmal ruft Manstein Zeitzler an. »Was der Führer verlangt, ist absolut undurchführbar. Ist denn das so schwer zu kapieren?«
»Für mich nicht«, sagt Zeitzler trocken, »aber der Führer sieht's anders.«
»Ich mache jedenfalls, was die Lage zwingend erfordert«, erklärt Manstein, hängt auf und macht sich mit General Busse daran, die Vorbefehle für den Ausbruch der 1. Panzerarmee zu formulieren.
Um 17.35 Uhr gehen die Befehle an Hube heraus. Eine halbe Stunde später weiß es Hitler. Er läßt Manstein am nächsten Morgen zum Vortrag bestellen.
Auf dem Berghof gibt es zunächst eine wütende Auseinandersetzung zwischen Hitler und Manstein, die sich gegenseitig mit Vorwürfen überhäufen, und die damit endet, daß Hitler beleidigt weggeht, ohne eine Entscheidung getroffen zu haben, woraufhin Manstein bittet, ihn von seinem Kommando zu entbinden, falls man seinen Vorstellungen nicht folgen könne. Am Abend gibt Hitler dann, völlig unerwartet, nach. Manstein bekommt die Divisionen, die er braucht.
Und wieder einmal, zum letzten Mal, erweist sich, daß der alte Fuchs Manstein richtig gerechnet hat. Sein Gegenspieler Schukow ist fest überzeugt, daß Hubes Armee nach Süden ausbrechen wird, was ja naheliegend war und Hube ja auch selber wollte. Schukow hat deshalb nach Süden geworfen, was immer nur er dorthin bekommen kann. So unerwartet kommt für Schukow der Angriff der 1. Panzerarmee nach Westen, durch seine rückwärtigen Linien hindurch, und der gleichzeitige Stoß der aufgefrischten 4. Panzerarmee in entgegengesetzter Richtung, daß es ihm nicht gelingt, seine südwärts strebenden Verbände rechtzeitig umzudrehen.
Mansteins Plan ging auf. Fünf Tage nach Angriffsbeginn trafen bei Butschatsch die Spitzen von 4. und 1. Panzerarmee zusammen, der Kessel war aufgerissen, 22 Divisionen konnten wieder in die Front eingegliedert werden. Das besorgte aber nicht mehr Manstein, sondern sein Nachfolger Model.
Am 30. März, als sich der Erfolg der Operation abzuzeichnen begann, hatte

Marschieren, kämpfen, marschieren – nicht selten über die physische Leistungsgrenze hinaus (rechte Seite: erschöpfte Kradschützen). Das war das Los der zurückflutenden deutschen Truppen 1944 in Rußland (oben: Infanteriekolonne). Die Verlustzahlen nahmen daher bald astronomische Höhen an, woran die gegnerischen Streitkräfte nicht allein schuld waren. Sinnlose Halt-Befehle verschlissen ganze Armeen, Unterführer mit »Halsschmerzen« – so hießen ironisch Ritterkreuz-Süchtige – verheizten wahllos ihre zusammengeschmolzenen Häuflein. Erstaunlich gering blieb deutscherseits dennoch die Überläuferquote. Bei der Stange hielt die Landser die Sorge um die Heimat und die Hoffnung auf Rückkehr.

Hitler Manstein abermals auf den Berghof zitiert, ihn mit den Schwertern zum Eichenlaub des Ritterkreuzes belohnt – und ihn im gleichen Atemzug entlassen. »Die Zeit des Operierens ist vorbei«, lautete die Begründung dieses Beschlusses, »ich brauche jetzt nur noch Steher.«
Ein fatales Wort. Es zeigt, wie wirklichkeitsfern Hitlers Denken schon im Frühjahr 1944 geworden war. Solange es Kriege gab, war noch keiner im Stehen gewonnen worden. Daß nicht Stehvermögen, sondern Mansteins Operationskunst dazu geführt hatte, daß die Front im Süden nun zum ersten Mal seit mehr als einem Jahr einigermaßen stand – er sah es nicht.
22. Juni 1944. Hitlers Feldzug gegen die Sowjetunion hat Geburtstag, drei Jahre ist es her, daß der waghalsige Angriff begann. Merkwürdig sieht an diesem Tag die Front aus, die seit Mitte April auf ganzer Länge verhältnismäßig stabil und ruhig ist: Auch die Rote Armee hat nach den irrsinnigen Angriffsanstrengungen vom Sommer 43 durch Herbst und Winter bis ins Frühjahr 44 eine Verschnaufpause gebraucht. Im Süden ist die Front weit nach Westen vorgeschoben: Vom Unterlauf des Dnjestr schwenkt sie westwärts bis an die Karpatenhänge, dann von Kolomea an ziemlich genau nordwärts über Tarnopol und Kowel bis an den Pripjet.
Dann aber verläuft sie Hunderte Kilometer ostwärts, ehe sie am Zusammenfluß von Beresina und Dnjepr wieder nordwärts schwenkt. Das heißt: Die deutschen Heeresgruppen Mitte und Nord stehen im Frühsommer 1944 noch immer tief in Rußland, von der Reichsgrenze gerechnet gut 1000 Kilometer tief, zwischen Orscha und Mogilew sogar noch jenseits des Dnjepr.
Die Frage war, was machen die Russen aus dieser Situation? Hitler wußte die Antwort, bombensicher: Sie brechen aus der Gegend zwischen Tarnopol und Kowel mit aller Macht hervor und stoßen zur Ostsee, nach Königsberg oder Danzig durch, um beide Heeresgruppen in einem Riesenkessel einzufangen.
Auch dies merkwürdig genug: Selber auf stupides Halten eingeschworen, traut Hitler dem Gegner wahrhaft kühne und gigantische Operationen zu, und nicht nur das. Er ist so sicher, daß Stalin und seine Generale es so und nicht anders machen, daß er alles, was noch aufzubieten ist, dahin packt, wo die Russen kommen »müssen«, in den Raum nördlich Lemberg.
Doch die Russen tun Hitler nicht den Gefallen. Sie haben unendlich viel gelernt in den bitteren Jahren der Niederlagen, aber derart wilde Operationen lassen sie lieber. Sie machen es schlichter: Just am 22. Juni, dem Jahrestag des deutschen Angriffs, gehen sie frontal auf die Heeresgruppe Mitte los, mit vier Heeresgruppen, Dutzenden von Armeen, Tausenden von Panzern.
Die Heeresgruppe Mitte hat dem nichts entgegenzusetzen. Hitlers unsinnige Haltetaktik tut ein übriges: »Feste Plätze« sollen den Ansturm brechen. Das heißt: Wichtige Städte, Verkehrsknotenpunkte sollen gehalten werden, vielfach stärkere Feindkräfte binden. Das hat im Winter 41/42 mal an ein oder zwei Stellen funktioniert, jetzt funktioniert es nicht mehr. Stalins Generale lassen Hitlers »Feste Plätze« – mit jeweils einer, mitunter auch mehreren Divisionen darin – einfach rechts oder links liegen und brausen weiter. Die »Festen Plätze« werden zum Grab vieler Divisionen und nutzen gar nichts; eine Schimäre, entsprungen einem längst kranken Hirn.
Rund anderthalb Jahre hatte der bittere Rückweg der Heeresgruppe Süd vom tiefen Kaukasus bis zu den Karpaten gedauert, und danach war immer noch was davon übrig. Jetzt wurde die Heeresgruppe Mitte in nur fünf Wochen zerpustet, zerschlagen, niedergewalzt, vernichtet – an die 400 000 Mann. Damit war dem deutschen Ostheer endgültig das Rückgrat gebrochen; dieser Verlust war durch nichts mehr zu ersetzen. Ende Juli steht die Rote Armee vor Ostpreußen, an der Weichsel, bestimmt allein das Tempo des Vormarschs.
Die Gegenwehr der zerschlagenen Reste des Ostheeres, die sich vom Sommer 44 bis zum bitteren Ende im Frühjahr 1945 hinzieht, ist nur noch Reflex – unglaublich tapferer und erbitterter Widerstand überall, aber nie mehr als das, nur noch verzweifeltes Aufbäumen gegen ein ungewolltes, unverstandenes und doch unvermeidliches Schicksal.

Der Massenmord von Katyn

Im Frühjahr 1943 fanden deutsche Soldaten im Wald von Katyn nahe Smolensk Massengräber, in denen die Leichen von mehr als 4000 polnischen Offizieren übereinandergestapelt lagen. Propagandaminister Goebbels posaunte die Nachricht von dem Leichenfund sofort in die Welt, aber die Allianz der Kriegsgegner war nicht zu erschüttern. Alsbald wurde dort verbreitet, die Deutschen seien die Urheber des Verbrechens. Massenhinrichtungen hatten sie tatsächlich oft genug vorgenommen – diese aber, das ergab eine Untersuchung internationaler Mediziner, gingen nicht auf ihr Konto.

Die Frage, was aus vielen der polnischen Offiziere geworden sei, die im September 1939 beim sowjetischen Einmarsch in Ostpolen gefangengenommen worden waren, hatte die polnische Exilregierung in London seit der zweiten Jahreshälfte 1941 mit zunehmender Sorge beschäftigt.

Seit Hitler und Stalin – im Polenkrieg noch halbe Bündnispartner und Kumpane der Machtaufteilung – einander bekriegten, waren die Polen mit einem Mal Gesinnungsgenossen der Sowjetunion gegen den gemeinsamen Feind Deutschland. Beide Regierungen schlossen einen Beistandspakt. Stalin entließ die Gefangenen, gestattete ihnen, eine Armee zu bilden, die auf alliierter Seite kämpfte. Aber merkwürdig: Etliche tausend Offiziere blieben unauffindbar. Kein Lebenszeichen drang aus Rußland zu ihren Angehörigen oder nach London, wo man akkurate Listen führte über jeden verlorenen Sohn der unglücklichen Nation.

Am 14. November 1941 gelingt es dem polnischen Botschafter bei der Sowjetregierung, Jan Kot, mit Stalin zu sprechen. Der Botschafter erläutert, daß im Frühjahr 1940 mehr als 4000 Offiziere aus den Lagern Starobielsk und Kozielsk fortgebracht worden seien. »Es besteht eine undurchdringliche Mauer zwischen uns und diesen weggebrachten Männern, die uns von ihnen trennt.« Kein einziger sei wieder aufgetaucht.

Stalin läßt sich mit der NKWD-Zentrale verbinden. »Hier Stalin. Sind alle Polen aus den Gefängnissen freigelassen worden?« Nach acht Minuten, während man über andere Dinge spricht, kommt die telefonische Antwort. Stalin hört sie sich schweigend an – und erwähnt das Thema gegenüber dem gespannt wartenden Botschafter mit keinem Wort mehr . . .

Es folgen weitere fünfzig Interventionen der polnischen Exilregierung bei den sowjetischen Behörden und bei Stalin direkt. Es gibt nur ausweichende Antworten. Allmählich schleicht sich ein dunkler Verdacht bei den polnischen Nationalisten ein. Doch fühlen sie sich außerstande, den verbündeten Sowjets mit unnachsichtiger Entschiedenheit zuzusetzen, solange die Sowjetunion die Last des Krieges selber mit aller Härte trägt.

Indessen tun sich seltsame Dinge. Anschaulich berichten darüber Joe Heydecker und Johannes Leeb im Katyn-Kapitel ihres Buches »Der Nürnberger Prozeß« (1958):

Im Sommer 1942, also genau ein Jahr nach der Eroberung von Smolensk, arbeiten Baueinheiten der Organisation Todt in dieser Gegend. Zu ihnen gehören zehn Polen. Durch einen Landsmann, der hier wohnt, erfahren sie von angeblichen Gräbern in einem jungen Kiefernwald zwischen den Bahnstationen Katyn und Gnesdowo. Sie graben an der angegebenen Stelle, stoßen sofort auf menschliche Überreste, decken wieder Erde darauf und setzen ein Birkenkreuz. Dabei bleibt es.

Im folgenden Winter 1942/43 lenkt ein einsamer Wolf die Aufmerksamkeit erneut auf diese Grabstelle im Wald von Katyn, den ehemals beliebtesten Ausflugsort der Einwohner von Smolensk. Oberstleutnant Ahrens vom Nachrichtenregiment 537 geht den Spuren nach, findet Scharrstellen am Hügel mit dem Birkenkreuz, findet Knochen. Ärzte des Regiments stellen fest: Menschenknochen.

Irgendwie kommen dem Oberstleutnant diese Erdhügel unter den jungen Kiefern seltsam vor, obwohl ja das Kreuz auf ein Grab hinweist. Er informiert den Kriegsgräberoffizier. Schließlich erscheint Professor Dr. Buhtz von der Heeresgruppe Mitte und teilt mit, er müsse in diesem Wäldchen Ausgrabungen vornehmen.

Sie enden mit einer furchtbaren Entdeckung. Man findet die Leichen von insgesamt 4143 polnischen Offizieren.

Je nach dem kriegsgeographischen Standort zeigen sich nun Triumph, Entsetzen, Verlegenheit.

Goebbels frohlockt. Die Auffindung der Massengräber, sagt er, »wird in größtem Stil in der antibolschewistischen Propaganda eingesetzt. Wir haben neutrale Journalisten und polnische Intellektuelle an die Fundstelle führen lassen. Ich gebe Anweisung, dies Propagandamaterial in weitestem Umfang auszunutzen.« Und zynisch setzt er hinzu: »Wir werden davon einige Wochen leben können.«

Fassungslos verfolgen die Exilpolen in der britischen Hauptstadt die Enthüllungen, die ihre schlimmsten Befürchtungen bestätigen. Zur Stunde, da die deutsche Propagandamaschine angelassen wird, sitzt Ministerpräsident Sikorski gerade mit Churchill beim Lunch und teilt ihm mit, er besitze »eine Fülle von Beweisen« für die Verantwortlichkeit der Sowjets.

Churchill, der sofort die schlimmen und weittragenden Folgen für die Harmonie unter den Alliierten übersieht, versucht Öl auf die Wogen der Empörung des Generals zu schütten: »Wenn sie tot sind, wird alles, was Sie tun, sie doch nicht wieder lebendig machen.« Der britische Außenminister Eden berichtet dem Kabinett am 19. April, er habe »alles Mögliche getan, um die Polen dazu zu bringen, dies als ein deutsches Propagandastück zu betrachten, das Zwietracht unter den Alliierten säen sollte«. Seine Bemühungen sind vergeblich.

In welchem Dilemma sich die Engländer befanden, versuchte der Dramatiker Rolf Hochhuth in seinem Stück »Soldaten« (Erstaufführung 1967) szenisch zu beleben. Da läßt er Churchill den polnischen Regierungschef anflehen:

»Ich bitte Sie inständig im Namen unserer gemeinsamen Pflicht: Hitler niederzuwerfen – schweigen Sie zu Katyn! Verschieben Sie die Untersuchungen – ich bitte Sie . . . Nicht in diesem fürchterlichen Jahr.«

Sikorski zurückweichend:

»Zu spät – es ist zu spät, Herr Churchill! Premierminister: Ich habe Ihnen namens der polnischen Regierung amtlich mitzuteilen, daß mein Botschafter heute früh in Genf dem Schweizer Roten Kreuz die Untersuchung der Gräber von Katyn –«

Churchill: »Nein! Nein! Nein!« –

Bald danach kam Sikorski bei einem mysteriösen Flugzeugabsturz über Gibraltar ums Leben. Großen gerichtlichen Ärger hat dem Dramatiker Hochhuth die unbeweisbare Unterstellung eingebracht, Churchills Regierung und der britische Geheimdienst hätten diesen Absturz absichtlich herbeigeführt.

Was Churchill um jeden Preis vermeiden wollte, war eingetreten: Ein Keil der Zwietracht war in das alliierte Lager getrieben. Ohne Rücksicht auf die Frage nach der Wahrheit steuerte die britische Regierung in eiserner Staatsräson

Der grausige Fund von Katyn: In mehreren Massengräbern lagen die Leichen von über viertausend polnischen Offizieren verscharrt, ein Teil der insgesamt 10 000 Kriegsgefangenen, die im September 1939 in sowjetische Hand geraten waren. Der Verbleib der übrigen ist weiterhin ungeklärt.

den Kurs der Bündnistreue, die durch nichts beeinträchtigt werden durfte. Moskau mußte geschont und entlastet werden. So formulierte Anthony Eden am 4. Mai im Unterhaus, »daß Großbritannien keinesfalls wünsche, irgend jemanden außer den gemeinsamen Feind mit der Schuld für diese Ereignisse zu belasten«. Der Außenminister beklagte »den Zynismus, mit dem die Nazis, die selber Hunderttausende unschuldiger Polen und Russen umgebracht haben, die Geschichte von einem Massenmord dazu benutzen, die Einigkeit unter den Alliierten zu stören«. In der Tat hatten Edens Worte den Anschein der Berechtigung für sich. Zu viele Schandtaten der deutschen Etappe waren damals schon im Ausland bekannt; die Vernichtung der jüdischen Bevölkerungsteile Mittel- und Osteuropas war in vollem Gange. Stalinistische Verbrechen hatten längst nicht den Bekanntheitsgrad wie heute, sondern wurden unter dem dichten Tarnnetz eines lautlos rotierenden, riesigen Sicherheitssystems sorgsam versteckt. Sollten also die Deutschen nicht auch für Katyn verantwortlich sein und lediglich die Methode »Haltet den Dieb!« anwenden? Der Verdacht lag nahe.

Doch die Engländer dachten schon damals anders, als sie offiziell zugaben.

Owen O'Malley, britischer Botschafter bei der polnischen Exilregierung, hatte Zugang zu dem detaillierten Beweismaterial Sikorskis und fertigte daraus einen Untersuchungsbericht. Der Bericht wurde – das spricht nun wieder für die geistige Unabhängigkeit von Demokraten selbst im Krieg – gedruckt und als Umlaufsache dem König und den Kabinettsmitgliedern zur Kenntnis gegeben. Veröffentlicht wurde er freilich nicht.

Als wichtigstes Indiz für die These, daß die Deutschen mit diesem Verbrechen nichts zu tun hatten, nennt der Bericht die Tatsache, daß der Briefverkehr der Offiziere mit ihren Familien im Frühjahr 1940 plötzlich aufgehört hat. O'Malley schreibt einleuchtend: »Die Deutschen eroberten Smolensk im Juli 1941. Man wird keine einfache Antwort auf die Frage finden, warum es keinem einzigen der Offiziere, falls er die Zeit von Mai 1940 bis zum Juli 1941 überlebt haben sollte, gelungen ist, irgendein Wort an seine Familie durchzubekommen.«

Schon damals also wird der Finger auf jene Wunde gelegt, die alle Propagandakünstler der alliierten Seite mit Worten nicht heilen konnten: die verräterische zeitliche Bruchstelle im Frühjahr 1940. Da die Hinrichtungskommandos sich um den Tascheninhalt der Opfer in der Eile ihres blutigen Geschäfts nicht kümmern konnten, hinterließen sie den späteren Untersuchungskommissionen wichtige Fundstükke, die in dieselbe Richtung weisen: Die bei den Leichen vorgefundenen Dokumente, Tagebücher, Briefschaften, Zeitungen stammen aus der Zeit vom Herbst 1939 bis zum Frühjahr 1940. Das letzte nachweisbare Datum ist das einer russischen Zeitung vom 22. April 1940. Mit diesem verräterischen Datum läßt sich die Tragödie von Katyn zeitlich auf Ende April 1940 fixieren.

Medizinische Untersuchungen kamen zum gleichen Ergebnis. Aus dem Zustand der Leichen fanden die Ärzte heraus, daß die Toten etwa drei Jahre in der Erde gelegen hatten. Die gedruckten Datenhilfen stützten diese Annahme exakt.

In dem düsteren Geschichtsabschnitt stalinistischer und nazistischer Machtausübung und Machtkollision ist Katyn – die infam kalkulierte Ausrottung eines Teils der nationalbewußten polnischen Intelligenz – eines der allerdunkelsten Kapitel. Die geschichtlichen Tatsachen, nüchtern geprüft, lassen keine Zweifel zu, wer sein Geschichtskonto mit dieser Schandtat belastet hat.

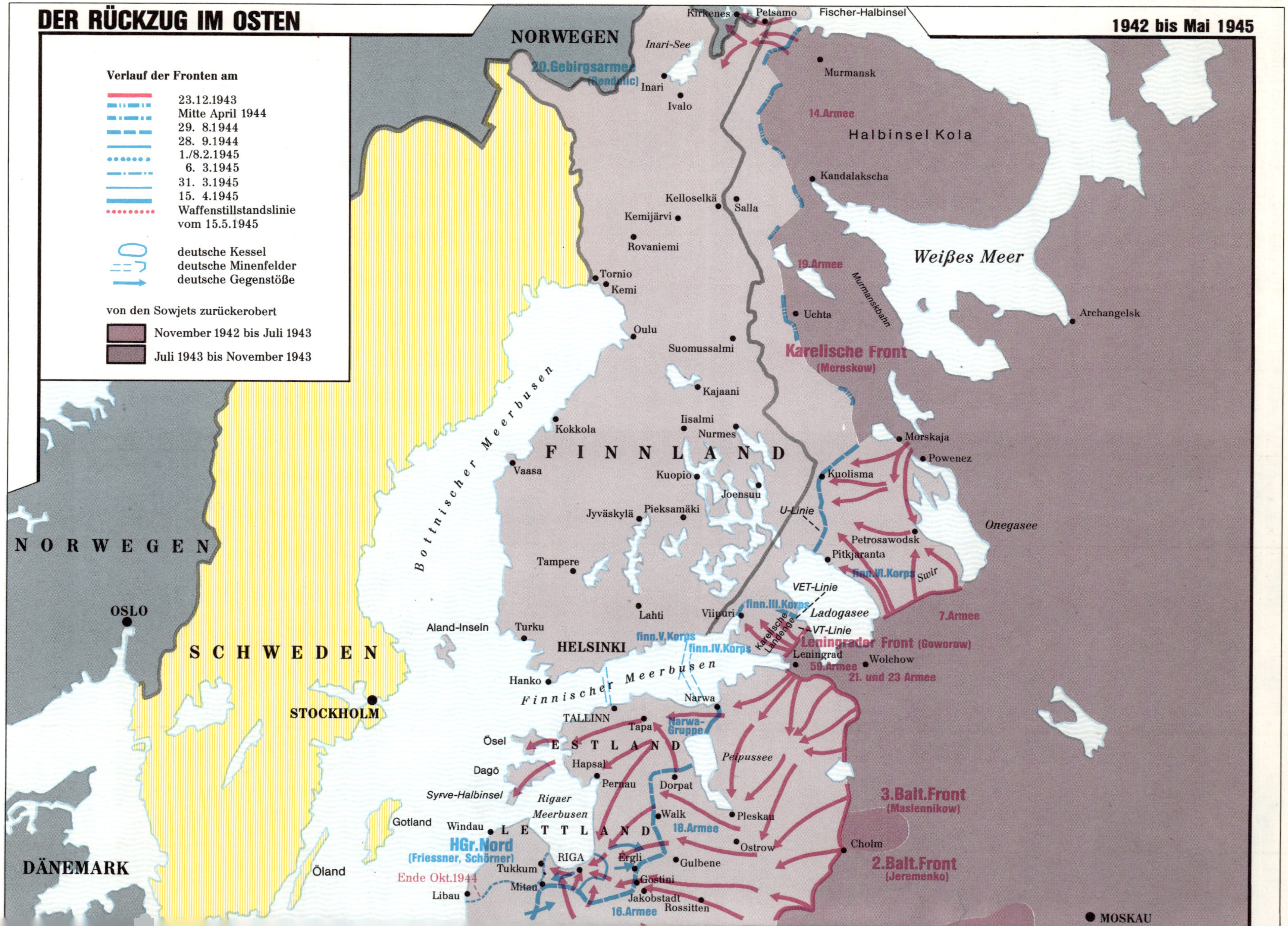

DER RÜCKZUG IM OSTEN
1942 bis Mai 1945
Verlauf der Fronten am
23.12.1943
Mitte April 1944
29. 8.1944
28. 9.1944
1./8.2.1945
6. 3.1945
31. 3.1945
15. 4.1945
Waffenstillstandslinie vom 15.5.1945
deutsche Kessel
deutsche Minenfelder
deutsche Gegenstöße
von den Sowjets zurückerobert
November 1942 bis Juli 1943
Juli 1943 bis November 1943
NORWEGEN
Kirkenes
Petsamo
Fischer-Halbinsel
Inari-See
20.Gebirgsarmee
(Rendulic)
Inari
Ivalo
Murmansk
14.Armee
Halbinsel Kola
Kandalakscha
Kelloselkä
Salla
Kemijärvi
Rovaniemi
Weißes Meer
19.Armee
Murmanskbahn
Tornio
Kemi
Uchta
Archangelsk
Oulu
Suomussalmi
Karelische Front
(Mereskow)
Kajaani
Iisalmi
Nurmes
Kokkola
Morskaja
Powenez
FINNLAND
Vaasa
Kuopio
Kuolisma
Joensuu
U-Linie
Onegasee
Jyväskylä
Pieksamäki
Petrosawodsk
Pitkjaranta
NORWEGEN
Tampere
finn.VI.Korps
Swir
VET-Linie
Bottnischer Meerbusen
finn.III.Korps
Ladogasee
7.Armee
Lahti
Viipuri
Karelische Landenge
VT-Linie
OSLO
Aland-Inseln
Turku
finn.V.Korps
Leningrader Front (Goworow)
HELSINKI
finn.IV.Korps
Leningrad
Wolchow
SCHWEDEN
59.Armee
21. und 23 Armee
Hanko
Finnischer Meerbusen
Narwa
STOCKHOLM
TALLINN
Tapa
Narwa-Gruppe
Ösel
ESTLAND
Peipussee
Hapsal
Dagö
Pernau
Dorpat
Syrve-Halbinsel
Rigaer Meerbusen
3.Balt.Front
(Maslennikow)
Walk
Pleskau
Gotland
Windau
LETTLAND
18.Armee
HGr.Nord
(Friessner, Schörner)
RIGA
Ergli
Ostrow
Cholm
DÄNEMARK
Öland
Tukkum
Gulbene
2.Balt.Front
(Jeremenko)
Ende Okt.1944
Mitau
Gostini
Libau
Jakobstadt
Rossitten
16.Armee
MOSKAU

DEUTSCHES REICH
Ostsee
Bornholm (dän.)
28.1.1945
11.1.1945
Memel
Tilsit
Königsberg
Insterburg
Danzig
Gdingen
Elbing
Kolberg
Köslin
Swinemünde
Stralsund
Rostock
Wismar
Wittenberge
Stendal
Eberswalde
Potsdam
BERLIN
Halle
Torgau
Leipzig
Gera
Cottbus
Dresden
Karlsbad
PRAG
Pilsen
Tabor
Budweis
Iglau
Brünn
Olmütz
Mährisch-Ostrau
Oppau
Glatz
Neisse
Oppeln
Breslau
Liegnitz
Bunzlau
Gablonz
Stettin
Pyritz
Arnswalde
Frankfurt an der Oder
Posen
Bromberg
Thorn
Graudenz
Allenstein
Ortelsburg
Wloclawek
Lodz
Weichsel
WARSCHAU
Petrikau
Radom
Kielce
Tschenstochau
Kattowitz
Krakau
Tarnow
Ostrowiec
Lublin
Chelm
Kowel
Bug
Oder
Elbe
HGr.Weichsel (Heinrici, Tippelskirch, Student)
HGr.Weichsel (Himmler, Heinrici, Student)
HGr.Mitte (Reinhardt)
HGr.A (Harpe)
HGr.Mitte (Schörner)
HGr.Mitte (Model)
HGr.Süd (Wöhler)
HGr.Süd (v.Manstein)
HGr.A (v.Kleist)
HGr.Südukraine (Schörner)
HGr.F (v.Weichs)
HGr.E (Löhr)
1.ungar.Armee
2.Weißrussische Front (Rokossowskij)
1.Ukrainische Front (Konjew)
1.Weißrussische Front (Schukow)
4.Ukrainische Front (Petrow)
2.Ukrainische Front (Malinowski)
3.Ukrainische Front (Tolbuchin)
3.Weißrussische Front
2.Weißrussische Front (Kurotschkin)
1.Weißrussische Front (Rokossowskij)
1.Ukrainische Front (Watutin, Schukow)
2.Ukrainische Front (Konjew)
3.Ukrainische Front (Malinowski)
4.Ukrainische Front (Tolbuchin)
Schaulen
Ponewiesch
Dünaburg
Polozk
Kaunas
WILNA
Suwalki
Grodno
Bialystok
Baranowitschi
Slonim
Brest-Litowsk
Kobryn
Pinsk
Beresa
Sluzk
Ljuban
Bobruisk
Shlobin
Mosyr
Minsk
Borissow
Mogilew
Orscha
Glubokoje
Witebsk
Newel
Welisch
Demidow
Jarzewo
Smolensk
Yelnya
Kaluga
Tula
Stalinogorsk
Kirow
Brjansk
Orel
Rogatschew
Gomel
Lojew
Dnjepr
Pripet
Woronesch
Kursk
Obojan
Tschernigow
Konotop
Sumy
Priluki
Achtyrka
Charkow
Kiew
Lubny
Poltawa
Isjum
Koresten
Sarny
Rowno
Luzk
Shitomir
Berditschew
Belaja Zerkow
Tscherkassy
Korsun-Schewtschenkowsky
Krementschug
Dnjepropetrowsk
Kirowograd
Uman
Winniza
Proskurow
Wolotschisk
Tarnopol
Lemberg
Przemysl
Stanislaw
Kolomea
Kamenez-Podolski
Mogilew-Podolski
Jampol
Tschernowitz
Saporoshje
Taganrog
Kriwoj Rog
Nikopol
Nowy Bug
Konstantinowka
Miriupol
Melitopol
Cherson
Nikolajew
Odessa
Dubossary
Orgajew
Kischinew
Rasdelnaja
Tiraspol
Belgorod
Jassy
Prut
Bacau
Perekop
Asowsches Meer
Kertsch
Feodosija
Krim
Simferopol
Sewastopol
Jalta
Schwarzes Meer
0 200 km
SLOWAKEI
Preschau
Užchorod
Kaschau
Altsohl
Nitra
Miscolc
Nyiregyhaza
28.10.1944
Debrecen
BUDAPEST
UNGARN
Raab
Pápa
Kaposvár
Donau
Theiß
Kecskemét
Großwardein
Klausenburg
Neumarkt
Arad
Temesvar
Hermannstadt
Rotenturm-Paß
Vulkan-Paß
Baja
Mohács
Subotica
Fünfkirchen
WIEN
Wr.Neustadt
Steinamanger
Graz
Klagenfurt
Krems
St.Pölten
Linz
Steyr
Salzburg
Triest
Rijeka
Karlovac
ZAGREB
Pula
KROATIEN
Adriatisches Meer
Zara
Split
Banja Luka
Sarajewo
Mostar
Dubrovnik
Albanien
Vukovar
Neusatz
BELGRAD
SERBIEN
Visegrad
Kragujevac
Kraljevo
Niš
Eisernes Tor
Turnu Severin
Craiova
Vidin
RUMÄNIEN
Ploesti
BUKAREST
Giurgiu
Ruse
Plewen
SOFIA
BULGARIEN
Burgas
Warna
Konstanza
Sulina
Ismail
Galatz
Braila
Kagul

Deutsche Herrschaft in Rußland

»Was für England Indien war, wird für uns der Ostraum sein. Wenn ich dem deutschen Volk nur eingeben könnte, was dieser Raum für die Zukunft bedeutet . . . Die Norweger, Schweden, Dänen, Niederländer müssen wir alle in die Ostgebiete hereinleiten; das werden Glieder des Reiches . . .« erklärte Hitler nach den Anfangserfolgen in Rußland einer lauschenden Tischrunde. Der berüchtigte Generalplan Ost des Reichssicherheitshauptamtes vom 27. April 1942 sah vor, nahezu 75 % der slawischen Bevölkerung im Osten nach Sibirien abzuschieben und den freiwerdenden Raum germanisch zu besiedeln.

Den Panzerschützen und Fahrern von Generaloberst Hoepners Panzergruppe 4 bot sich ein ungewohntes Bild: Als sie im Juli 1941 in den ersten Wochen des Ostfeldzugs den Infanteriedivisionen der Heeresgruppe Nord im schnellen Marsch Richtung Leningrad vorausstürmten, flogen in Dünaburg und Riga, in Dorpat und Pleskau statt der Handgranaten verbissener Rotarmisten Blumensträuße auf die Wagen. In den Dörfern traten die Bauernfamilien vor die Häuser und plünderten die Beete der Vorgärten. Bald hatten die durchmarschierenden Grenadiere neben den Stielhandgranaten Ringelblumen und Löwenmaul im Koppel. Mädchen und Frauen enterten die offenen Fahrzeuge und brachten sie zum Halten, verteilten Kuchen und Tee an die deutschen Landser. Das Baltikum begrüßte die deutsche Wehrmacht als Befreier.
Auch weiter im Süden gab es ein ähnliches Bild: In den ukrainischen Dörfern wurden den Soldaten Salz und Brot gereicht, die traditionellen Willkommensgaben, mit denen man Freunde begrüßt. Der Wehrmacht schlug die Hoffnung der unterdrückten nichtrussischen Völker der Sowjetunion wie eine freundschaftliche Woge des Willkommens entgegen.
Zu stark hatte der Druck der als Besatzung empfundenen Herrschaft Stalins auf den Esten und Letten, den Litauern und Ukrainern gelegen. Noch in den letzten Wochen vor dem deutschen Einmarsch hatten Kommandos des NKWD noch einmal die Bevölkerung nach »unzuverlässigen Elementen« durchgekämmt. Allein aus den baltischen Provinzen hatte der NKWD-Kommissar Serow noch einmal fast 60000 Zivilisten deportieren lassen: Lehrer und Professoren, Geistliche und ehemalige Offiziere. Die Gefängnisse der grenznahen Gebiete leerte das NKWD auf seine Weise: In Dorpat und Lemberg fanden die deutschen Truppen Tausende von Leichen durch Genickschüsse liquidierter und verstümmelter Balten, Polen, Ukrainer und Juden.
Vom deutschen Einmarsch und dem Ende der sowjetischen Herrschaft wurde nun Freiheit erwartet, die endliche Entlassung in die nationale Selbstbestimmung, die Gründung oder Wiederbegründung der Staaten Litauen, Lettland und Estland und einer freien Ukraine.
Diesem einheitlich ausgerichteten politischen Willen stand auf deutscher Seite das Chaos des Führerstaates gegenüber. In dem neugewonnenen riesigen Raum des Ostens verlor sich die Schlüssigkeit der deutschen Politik, wurde alle den Deutschen entgegengebrachte Sympathie schnell und gründlich verspielt. In einem Meer destruktiver, von Rassedünkel und Sendungsbewußtsein gezeichneter Politik ging jeder konstruktive Ansatz deutscher Dienststellen und Befehlshaber zugrunde. Nominell war zwar die Ländermasse zwischen der Kronstädter Bucht und dem Schwarzen Meer dem »Ostminister« Alfred Rosenberg unterstellt. Aber um die wirkliche Herrschaft kämpften und intrigierten neben Rosenberg die ihm unterstellten, aber bald zu eigener Macht gelangten Reichs- und Generalkommissare, wie der instinktlose Ukrainer-Fresser Erich Koch, dazu ein Rußlandkomitee des Auswärtigen Amtes, die Dienststellen und Befehlshaber der Wehrmacht, der Generalbevollmächtigte für den Arbeitseinsatz, Fritz Sauckel, Martin Bormann und schließlich und vor allem Heinrich Himmlers SS.
Zwischen diesen Polen wurde die Chance einer dauernden und vielleicht kriegsentscheidenden Partnerschaft zwischen dem Großdeutschen Reich und den vom Moskauer Zentralismus unterdrückten Völkern im Baltikum, in der Ukraine und im Kaukasus verspielt. Während Rosenberg und seine führenden Mitarbeiter sich auf einen Kurs festlegten, der dem Gedanken der Selbstbestimmung von Esten und Letten, der Ukraine und dem Georgischen und Turkestanischen Nationalkomitee zugute kommen sollte, wurde Hitler durch Bormann in seinen Ressentiments gegen die Ostvölker bestärkt. Als beispielsweise Rosenberg vorschlug, das geschichtliche Bewußtsein des ukrainischen Volkes wiederzuerwecken und sogar eine eigene Universität in Kiew zu gründen, vermerkte Bormann im Protokoll, es sei ihm schon öfter aufgefallen, daß Rosenberg »eine Schwäche für diese Ukrainer« habe. Und er tat in Zukunft alles, um das Autonomiekonzept des Ostministers zu durchkreuzen.
Hitler hatte die Absicht, eine einmal bezwungene Sowjetunion als ein deutsches Indien zu betrachten, das es zu beherrschen und auszupowern galt. Die russischen Metropolen Leningrad und Moskau wollte er noch im Zuge der Kampfhandlungen dem Erdboden gleichmachen lassen. Zunächst für die Dauer des Krieges wurde der Ostraum in zwei riesige »Reichskommissariate« gegliedert: »Ukraine« unter Erich Koch und »Ostland« unter dem Reichskommissar Hinrich Lohse. »Ostland« selbst wurde in vier Generalkommissariate aufgeteilt, nämlich Estland, Lettland, Litauen und Weißrußland. Allein im Machtbereich Lohses trat das Spektrum der deutschen Motive, der Irrtümer und Fehler, der Gesten guten Willens und der abscheulichsten Verbrechen klar zutage. Während etwa Estland unter dem greisen Weltkrieg-I-General Litzmann eine relativ weit fortgeschrittene Selbstverwaltung besaß, war für Weißrußland ein reiner Besatzungsstatus vorgesehen. Zwar hatte der in Minsk herr-

Häufig wurden die einrückenden deutschen Truppen von der russischen Bevölkerung freundlich empfangen und manchmal sogar als Befreier begrüßt (rechte Seite oben). »Leider«, so schreibt General Heinz Guderian in seinen Memoiren, »hielt diese günstige Stimmung der Bevölkerung gegenüber den Deutschen nur solange an, wie die wohlwollende Militärverwaltung regierte. Die sogenannten Reichskommissare haben dann in kurzer Zeit verstanden, jede Sympathie für die Deutschen abzutöten.« Bild oben: Plakat der NS-Untermenschen-Propaganda.

schende Gauleiter Walter Kube entgegen Hitlers Vorstellungen eine auf Ausgleich bedachte Politik begonnen. Er hatte Russen zur Mitarbeit herangezogen, ließ ukrainische und weißrussische Jugendgruppen und Schulen zu und plante die Schaffung einer eigenen Selbstverwaltung. Kurz, er suchte sein Territorium auf eigene Faust zu befrieden.

Da schickte das sowjetische Oberkommando einen Hauptmann durch die Front, auf dessen Geheiß das russische Dienstmädchen Kubes den Generalkommissar durch eine Bombe ermordete. Kube hatte sich nach Moskaus Geschmack der russischen und ukrainischen Bevölkerung gegenüber zu entgegenkommend verhalten und dadurch Stalins Abgesandten nur wenig Chancen gelassen, die Bevölkerung zum Kampf gegen die deutsche Besatzung zu mobilisieren. Den in Kiew residierenden Gauleiter Erich Koch, den Reichskommissar für die Ukraine, ließ Moskau jedoch ungeschoren. Er war gegen Rosenbergs lauten Protest berufen worden und versuchte mit Massenerschießungen und offensichtlichem Haß gegen alles Ukrainische alle nationalen Regungen zu unterdrücken. Er ließ das den Bauern verhaßte Kolchosensystem beibehalten, die Schulen schließen, die Vertreter ukrainischer Autonomiegedanken erschießen und schaffte es, daß die gleichen Bauern, die noch vor Monaten die deutsche Wehrmacht mit Brot und Salz begrüßt hatten, nun verbittert den Partisanenwerbern Stalins in die Arme liefen.

In diesem ständigen Hin und Her der deutschen Besatzungspolitik, das auf dem Rücken der Ostvölker ausgetragen wurde, gewann im Verlauf des Jahres 1942 eine besonders radikale Variante an Bedeutung: die Politik Heinrich Himmlers und seiner SS. Je mehr die Bedeutung der SS im inneren Kampf um die wirkliche Macht im Führerstaat zunahm, desto mehr konnte sie auch zeigen, daß Himmler auch am präzisesten die Vorstellungen seines Führers in die Tat umzusetzen verstand.

Hitler hatte eine nur vage Zielsetzung für eine spätere Auseinandersetzung mit dem Osten schon in der Landsberger Haft geschrieben: »Wir setzen dort an, wo man vor sechs Jahrhunderten endete: Wir stoppen den ewigen Germanenzug nach dem Süden und Westen Europas und weisen den Blick nach dem Land im Osten.« Der Reichsführer-SS, »der getreue Heinrich«, verstand es nun unter allen mächtigen Gefolgsleuten Hitlers am besten, diese nur pauschal angedeuteten Zielsetzungen bis in einzelne Lebensbereiche hinein zu übersetzen. Noch im Jahr 1941 beauftragte Himmler Dienststellen des Reichssicherheitshauptamtes und den Planungsstab des »Reichskommissars für die Festigung deutschen Volkstums« mit der Ausarbeitung eines Planes, der die Ostpolitik der SS systematisch begründen und an dem sich alle anderen ostpolitischen Aktivitäten orientieren sollten.

Unter dem Namen »Generalplan Ost – rechtliche, wirtschaftliche und räumliche Grundlagen des Ostaufbaus« wurde eine umfangreiche Denkschrift im Mai 1942 Himmler vorgelegt. Der Leiter der Hauptabteilung Planung beim Reichskommissar für die Festigung des deutschen Volkstums, der SS-Standartenführer und Direktor des Instituts für Agrarwesen und Agrarpolitik an der Universität Berlin, Professor Dr. Konrad Meyer-Hetling, hatte den Plan entworfen.

Dieser Plan ging davon aus, daß von den – wie man schätzte – etwa 45 Millionen nichtdeutschen Einwohnern Polens, der baltischen Länder und der sowjetischen Provinzen Kamenez-Podolsk, Schitomir und Winniza 31 Millionen auszusiedeln seien. 14

Millionen Menschen sollten »eingedeutscht« werden, vor allem Esten, Letten und Ukrainer. Um tausend Kilometer sollte damit die Volkstumsgrenze zwischen Slawen und Germanen nach Osten verschoben werden.
Der pedantische Reichsführer war mit dem Werk seines Agrar-Professors jedoch nicht ganz zufrieden. Er monierte, daß so wichtige Gebiete wie die Halbinseln Krim und Kola nicht einbezogen waren. Auch das von dem Professor vorgeschlagene Tempo war Himmler zu langsam. Statt eines Zeitraums von 25 Jahren, den die Väter des Planes zu dessen Verwirklichung vorgesehen hatten, verlangte er eine Verkürzung auf zwanzig Jahre. Auch über die Zahl der nun wirklich nach Osten auszusiedelnden Landesbewohner gingen die Meinungen erheblich auseinander: Das Ostministerium Rosenbergs beispielsweise hielt in einer Stellungnahme fest, es seien nicht 31 Millionen betroffen, sondern 51. Auf 20 Millionen aber kam es Himmlers Fantasie nicht an. Bei diesem gigantischen Plan wurde in ganz anderen Dimensionen gerechnet: Er sollte die Geschichte der letzten eineinhalb bis zwei Jahrtausende korrigieren.
SS-Obergruppenführer Reinhard Heydrich, der zu dieser Zeit als stellvertretender Reichsprotektor für Böhmen und Mähren auf der Prager Burg residierte, faßte in einer Rede vom Frühjahr 1942 am handlichsten zusammen, um was es ging: Die geopolitische Windrichtung, die tausend Jahre von Ost nach West gewirkt habe, sollte in einer geschichtlichen Entscheidung geändert werden: »Wir drehen diese alte Richtung um und setzen nun in umgekehrtem Sinne eine Bewegung von Westen nach Osten in Gang.«
Ganz im Sinne einer West-Ost-Bewegung war auch der Ablauf des Planes gedacht, den Himmler nach seinen Korrekturen für die Ostpolitik der SS auch verbindlich machte. Zuerst sollten die wiedergewonnenen und nach Versailles verloren gewesenen alten deutschen Ostprovinzen Westpreußen und Wartheland von allen Polen entvölkert werden, dann sollten stufenweise das gesamte Generalgouvernement, Weißruthenien, dann die baltischen Länder, vor allem das Ingermanland, und schließlich die Krim deutsch besiedelt werden.
Aber auch für die Weite des russischen Raumes plante Himmler, kleinere Städte von höchstens 20000 Einwohnern neu zu gründen. Im Umkreis von jeweils zehn Kilometern sollte um diese Städte ein dichter Kranz von Dörfern entstehen. Garnisonen der SS sollten die geplanten Siedlungszentren sichern. Wie Perlen an einer Schnur wollte Himmler diese Siedlungen weiter nach Osten vorantreiben – zunächst bis zum Don und dann, so träumte er im Kreise höherer SS- und Polizeiführer im September 1942, »bis zum Ural«. Ein Netz von neuen Eisenbahnen, Autobahnen und Flugplätzen sollte »die Riesensiedlungen, die wir im Osten hinstellen« in fernerer Zukunft miteinander verbinden.
Der Gedanke an ein deutsches Indien war damit verlassen und radikaler noch durchbrochen: Himmler gab sich nicht mit einer Kolonie zufrieden, die es nur auszubeuten galt. Sondern weite Teile des Ostraumes sollten deutsch werden, »aus dem Blute heraus«. Die Vorstellung von umfangreichen Siedlungsgebieten für das deutsche Volk hatte eine längere Tradition. Schon bei dem Geopolitiker Haushofer stößt man auf die Angst vor der »Erstickungsgefahr des eigentlichen Europa«. Daran anknüpfend meinte der NS-Theoretiker Alfred Rosenberg, nur in der Weite des Ostens könne Europa einmal »so richtig durchatmen«. Es widerspreche doch jeder natürlichen Ordnung, so schrieb er 1937, daß »auf einen Russen zwanzigmal mehr Grund komme als auf einen Deutschen«.

Deutschland wird stärker mit jedem Tag ... darum gewinnt Deutschland den Krieg!« (oben). Deutsches Propaganda-Plakat für das besetzte Rußland, das in Russisch, Ukrainisch und Weißruthenisch verteilt wurde. »Die deutsche Armee bewacht Deine Arbeit – Dein Dank dafür ist Dein Fleiß« (rechte Seite oben). Die Wirklichkeit im besetzten Rußland aber war längst nicht so idyllisch wie diese Darstellungen der

Nach einem Vortrag über Probleme des Ostens hatte der 21jährige Student Heinrich Himmler in sein Tagebuch geschrieben: »Wenn im Osten wieder ein Feldzug ist, so gehe ich mit. Der Osten ist das Wichtigste für uns. Der Westen stirbt leicht. Im Osten müssen wir kämpfen und siedeln.« Der Student Himmler begann damals sogar eigens wegen seiner Siedlungspläne russisch zu lernen. Das war 1921.
1941, zwanzig Jahre später, besaß Himmler nun Macht und Raum genug, um diese alten Siedlungsträume zu verwirklichen. Während Generalfeldmarschall Mansteins 11. Armee noch in blutigem Ringen die sowjetischen Divisionen von der Halbinsel Krim vertrieb, betrieb Himmler schon brieflich die Werbung von Siedlern und Experten. Den Höheren SS- und Polizeiführer Nordwest im niederländischen Den Haag, Gruppenführer Hans Rauter, wies er an: »Sehen Sie sich doch bitte einmal um nach Fachleuten für Bewässerungen, die große Projekte vielleicht in den Kolonien durchgeführt haben. Wir könnten solche Fachleute

NS-Propagandisten. Neben weltanschaulichen Zukunftszielen, den Osten zu germanisieren, »bis zum Ural« (Himmler), sollte er zunächst für die deutsche Kriegswirtschaft ausgebeutet werden. Das verhaßte Kolchosen-System wurde beibehalten. Landwirtschaft und Industrie hatten für den Okkupanten zu produzieren. Das russische Volk mußte Fronarbeit leisten für den deutschen Sieg.

für die Krim und ähnliche Gegenden brauchen.«

Damit klang das absurdeste Mißverhältnis an, das diese Ostplanung der SS charakterisierte: Für ein Volk ohne Raum sollte endlich Platz geschaffen werden. Und plötzlich erwies es sich als schwierig, den gewonnenen Raum mit Volk aufzufüllen. Himmler hatte die größten Schwierigkeiten, die Millionen deutscher oder germanischer Siedler aufzutreiben, die in den Wehrdörfern der SS im Osten leben sollten. Drei Hauptgruppen zukünftiger Ostland-Bewohner wurden schließlich gefunden: Deutsche aus dem Altreich, vor allem Kriegsveteranen, die man nach dem siegreichen Ende des Krieges für den Osten begeistern wollte, und Volksdeutsche aus Rumänien und Ungarn, aus Jugoslawien und dem übrigen Europa. Die Südtiroler beispielsweise, die Hitler gemäß einer Vereinbarung mit dem Duce aus Meran und Bozen aussiedeln wollte, hatte man für die Halbinsel Krim vorgesehen.

Eine zweite Gruppe stellten Niederländer und Flamen, die man aus den städtischen Ballungsgebieten des Westens herauslösen und im Osten unterbringen wollte. »Kom ook in den Germaanschen landdienst in het oosten – Komm auch Du in den germanischen Landdienst in den Osten!« lauteten die Plakate, mit denen das Rasse- und Siedlungshauptamt der SS in Amsterdam und Utrecht, in Antwerpen und Brüssel um Siedler warb.

Amtlich diskutierte man den Gedanken, etwa fünf Millionen Niederländer als Bauern in das Ostland zu verschicken. Der prominente holländische Kollaborateur Dr. Rost van Tonningen bereiste im Sommer 1942 mit einer Studiengruppe die besetzten Gebiete, eine holländische »Ostkompanie« wurde als Arbeitsgemeinschaft der Wirtschaft gegründet. Und bald wurden die ersten Landwirtschaftsexperten aus Holland tatsächlich in die Ukraine entsandt.

Was dann an »Menschenmaterial« noch fehlte, sollte eine dritte Gruppe stellen: die Millionen von Balten und Russen, Ukrainern und Tschechen, die die SS für »eindeutschungsfähig« hielt. Der Maßstab für diese Eigenschaft wurde mit der nationalsozialistischen Rassen-Elle vermessen: Nur Menschen »nordischer, westischer oder dinarischer Rassenzugehörigkeit oder ausgeglichene Mischlinge zwischen diesen Rassengruppen« kamen in Frage. Die Träger »ostischer oder nichteuropäischer Rassenmerkmale« hingegen waren abzuschieben – weiter nach Osten, wenn sie nicht vorher den Erschießungskommandos der Einsatzgruppen zum Opfer fielen.

In Himmlers Augen war dieser gigantische Generalplan Ost nicht nur durch das »Recht des Stärkeren« legitimiert, sondern durch einen historischen Anspruch. Denn, so verkündeten es die »Germanischen Leithefte« der SS in den gängigen Sprachen des Schwarzen Ordens – auf Deutsch, Niederländisch und Flämisch: »Vor 1500 Jahren gründeten schon die Goten ihr Großreich zwischen der Ostsee und dem Schwarzen Meer. Damit nahm der Kampf um den germanischen Lebensraum im Osten seinen Anfang.« Und Himmler führte aus, »in diesem unvorstellbar großen Reich, das bis zum Ural gereicht hat«, habe immer eine germanische Herren- und Führerschicht geherrscht. Erst unter den Stößen der hunnischen Invasion sei es dann einige Jahrhunderte später zerbrochen.

Mit besonderer Liebe hing die SS deswegen an den germanischen Funden in den Ländern des Ostens: Der Runenspeer von Kowel bewiese ebenso wie die germanischen Ausgrabungen auf der Krim das historische Recht. »Wer im Osten siedelt«, so stellte das SS-Leitheft kurzerhand fest, »ist kein Kolonist, sondern Erbfolger der Väter, die nur eine Zeitlang von diesem Boden hatten weichen müssen, weil Landnot oder Wanderlust sie trieb und kein Reich sie mit dem Schwerte schützen konnte.«

Das hörte sich wie glückliche Heimkehr an und nicht wie schnöder Landraub. Selbst noch 1944 war der Reichsführer-SS bei seinem Traum: Die nationalsozialistische Revolution und der Führer Adolf Hitler schickten sich an, die deutsche Geschichte zu erfüllen: Das nach Versailles verstümmelte Reich habe Hitler wieder auf den Vorkriegsstand gebracht, dann vergrößert und das Großdeutsche Reich geschaffen. »Und nach dem Großdeutschen Reich kommt das Germanische Reich, dann das Germanisch-Gotische Reich bis zum Ural.«

Diese Sätze schrieb Himmler zu einem Zeitpunkt, als die deutschen Divisionen aus den Ländern des Ostens schon wieder weichen mußten. Die »geopolitische Windrichtung« hatte sich erneut gedreht. Aus dem Traum vom Germanisch-Gotischen Reich ließ der deutsche Zusammenbruch in rasanter Umkehr nicht einmal das Deutsche Reich von Versailles mehr übrig.

Nationalkomitee Freies Deutschland

Die Katastrophe von Stalingrad erschütterte das blinde Vertrauen, das die Wehrmacht bisher ihrem obersten Kriegsherrn geschenkt hatte. Offiziere, die bei Stalingrad in Gefangenschaft geraten waren, gründeten den »Bund Deutscher Offiziere«, der mit der kommunistischen Emigranten-Organisation »Nationalkomitee Freies Deutschland« zusammenarbeitete. Dadurch bekam diese Organisation großen Auftrieb.

Vier Monate nach dem Überfall der deutschen Wehrmacht auf die Sowjetunion, im Oktober 1941, organisierte der Komintern-Funktionär und Mitglied der KPdSU, Dimitrij Manuilski, gemeinsam mit emigrierten deutschen Kommunisten in der UdSSR die politische Arbeit in den Kriegsgefangenenlagern. Die von Manuilski und der Zentralen Politischen Verwaltung der Roten Armee angeregten Agitprop-Gruppen standen unter Leitung von Walter Ulbricht, Erich Weinert, Wilhelm Pieck, Willi Bredel. Das Programm der Gruppe war: »Bildung einer wahrhaft deutschen Regierung. Rückgabe des durch die nationalsozialistischen Machthaber geraubten Hab und Guts an die Eigentümer. Beschlagnahme des Vermögens der Kriegsschuldigen und Kriegsgewinnler. Güteraustausch mit anderen Ländern als gesunde Grundlage eines gesicherten nationalen Wohlstandes.«

Hierin zeigt sich bereits die gekonnte Taktik Walter Ulbrichts, des späteren Ersten Sekretärs der SED und Vorsitzenden des Ministerrats der DDR. Ulbricht, der Lenins Anweisungen zum Handeln beherrschte und variierte wie kein anderer deutscher Kommunist, war auch tatsächlich der Moderator der Agitprop-Gruppen.

Die sahen sich erst einmal in den Kriegsgefangenenlagern nach Leuten um, die sie für ihr Programm gewinnen konnten, und teilten diese in drei Brigaden:

1. Frontschüler. Das waren junge Landser, denen in zwei- bis dreimonatigen Lehrgängen antifaschistische Ideologie eingetrichtert wurde, die sie in aktiven Einsätzen an der deutschen Hauptkampflinie, als bewaffnete Fernaufklärer oder gemeinsam mit sowjetischen Partisanen realisieren sollten.
2. Frontbevollmächtigte. Couragierte und redegewandte Kriegsgefangene, die nach ihrer Gesinnungsänderung mit Lautsprecher-Sendungen an der Hauptkampflinie, mit Flugblättern und falls möglich auch im persönlichen Gespräch Landser und Offiziere zur Kampfeinstellung, zum Überlaufen überreden sollten.
3. Der Antifa-Kader. Eine sorgfältig gesiebte Konvertiten-Brigade mit »Natschalnik« (Vorarbeiter)-Eigenschaften.

Diese Antifa-Natschalniks, bis 1943 auf Kompaniestärke gebracht, übernahmen nach entsprechender Schulung praktisch die Arbeit der kommunistischen Emigranten-Gruppen, die sich später diskret in das sogenannte Stadtkomitee des NK zurückzogen.

Bereits am 10. Oktober 1941 veröffentlichten die Agitprop-Gruppen den »Appell an das deutsche Volk, unterzeichnet von 158 deutschen Soldaten«. Das waren kollaborierwillige Landser, die Manuilski im Lager Krasnogorsk bei Moskau zusammenholen ließ.

In diesem Appell hieß es u. a.: ». . . die wahre Einheit des Volkes, die heute durch den faschistischen Terror und die Privilegien der kapitalistischen Plutokratie gesprengt ist, wird im neuen Deutschland auf der Grundlage gleicher Rechte und gleicher Pflichten aller deutschen Bürger entstehen; die echte Volksgemeinschaft kann nur entstehen durch die Beseitigung des schreienden Widerspruchs zwischen dem Reichtum der einen und der Armut der anderen. Ein solches neues Deutschland wird einen ehrenvollen Frieden auf der Grundlage seiner Unversehrtheit und Unabhängigkeit erringen. Es wird die Achtung vor internationalen Verträgen, vor übernommenen Verpflichtungen und das Vertrauen zu Deutschlands Wort wiederherstellen.«

Der Appell, in den Kriegsgefangenenlagern verbreitet, führte unter den Landsern zu schärfsten Auseinandersetzungen, die oft genug bis zur Unversöhnlichkeit hinter sowjetischem Stacheldraht tobten.

Im Lager Krasnogorsk begannen die Schulungen: Geschichte der deutschen Arbeiterbewegung. Geschichte der KPdSU.

Von Krasnogorsk wurden die ersten Frontschüler zum Aufbau sogenannter Frontschulen in Marsch gesetzt. Diese Schulen waren nichts als gutgetarnte Kommando-Lager. Hier gab es nochmals Unterricht; speziell praktische Anleitungen zum Handeln. Verpflegung und Bekleidung standen natürlich im krassen Gegensatz zu dem, was in den Kriegsgefangenenlagern geboten wurde. Von einem Kampfeinsatz dieser Frontschüler berichtet Hans Roland:

»Mitten unter den sowjetischen Truppen, Fahrzeugen und Panzern wird ein deutsches Kommando laut: ›Aussteigen, Gruppenführer zu mir!‹ Neugierig blicken die Rotarmisten auf deutsche Uniformen mit Orden und Ehrenzeichen. Deutsche Soldaten springen aus den drei Lkw. Waffen klirren, Maschinenpistolen und Karabiner 98k werden umgehängt. Zigaretten glimmen auf, und in wenigen Minuten sind die Rotarmisten und die Männer in den deutschen Uniformen in einer Unterhaltung. Die zuerst noch zweifelnden Blicke der Rotarmisten hellen sich auf, als ihnen ein sowjetischer Offizier erklärt, daß es sich um eine Kampfgruppe des Nationalkomitees ›Freies Deutschland‹ handelt. Kurz ist die Rast. Die Gruppenführer kommen von der Besprechung zurück, Kommandos ertönen. Im Fußmarsch geht es weiter zur vordersten Linie, zur Front... Jetzt beginnt die eigentliche Arbeit. Nach beiden Seiten hin wird der deutsche Graben aufgerollt. Ein MG nach dem anderen wird abgebaut. Gefangene werden eingebracht, zehn, fünfzehn, zwanzig. Immer mehr werfen ihre Stahlhelme fort, glücklich darüber, dem Tode noch in letzter Minute entronnen zu sein . . . Dort, wo vor wenigen Minuten noch ein MG, ein Gewehrposten stand, liegen nun Flugblätter des Nationalkomitees ›Freies Deutschland‹, liegen Zeitungen, in denen deutsche Kriegsgefangene aus der Sowjetunion berichten.«

Die Frontbevollmächtigten des NK organisierten bei den sowjetischen Armee- und Divisionsstäben eigene Propaganda-Trupps mit Lautsprecher-Fahrzeugen, Flugblatt-Druckereien, Auswertungsstellen für erbeutete Feldpostbriefe, Meinungsumfragen bei den eingebrachten Gefangenen.

Gefreiter Hans Goßens, Antifa-Natschalnik beim Stab der 1. Ukrainischen Front, entwarf Propagandarichtlinien:

»Meiner Meinung nach ist es vordringlichste Aufgabe unserer Propaganda, die Angst vor dem Bolschewismus, die Angst vor der Gefangenschaft zu nehmen und die Meinung, daß wir nur eine Mache der Bolschewisten sind. Darum noch stärker betonte Trennung unserer Propaganda und der Roten Armee (außer den Streifen wäre ein Abzeichen auf den Flugblättern gut), un-

Freies Deutschland im Bild
ORGAN DES NATIONALKOMITEES »FREIES DEUTSCHLAND«
Nr. 9 August 194-

Generalfeldmarschall Paulus –
Oberbefehlshaber der Stalingrader Armee –
erhebt seine Stimme für die Rettung Deutschlands, gegen Hitler

Deutschland muss sich von Adolf Hitler lossagen und sich eine neue Staatsfuehrung geben, die den Krieg beendet und Verhaeltnisse herbeifuehrt, die es unserem Volke ermoeglichen, weiter zu leben und mit unseren jetzigen Gegnern in friedliche, ja freundschaftliche Beziehungen zu treten.

Moskau, 8. August 1944

Paulus
Generalfeldmarschall

An das deutsche Volk und an seine kriegsgefangenen Kameraden in der Sowjetunion wandte sich Generalfeldmarschall Paulus mit folgendem Aufruf:

Bei Stalingrad hat die 6. Armee unter meiner Führung, dem Befehl Adolf Hitlers folgend, bis zum äußersten gekämpft in der Hoffnung, durch ihr Opfer der Obersten Führung die Möglichkeit zu schaffen, den Krieg zu einem für Deutschland nicht allzu ungünstigen Ende zu führen. Diese Hoffnung hat sich nicht erfüllt.

Die Ereignisse der letzten Zeit haben die Fortsetzung des Krieges für Deutschland zu einem sinnlosen Opfer gemacht. Die Rote Armee geht auf breiter Front vor und hat die Reichsgrenze in Ostpreußen erreicht. Im Westen haben Amerikaner und Engländer die deutsche Abwehr am Westflügel durchbrochen und gehen in den offenen französischen Raum vor. Weder im Osten noch im Westen verfügt Deutschland über Reserven, die die Lage wieder herstellen könnten. Die feindliche Überlegenheit in der Luft und zur See ist so erdrückend, daß die Lage dadurch noch aussichtsloser wird. Der Krieg ist für Deutschland verloren.

In diese Lage ist Deutschland trotz des Heldentums seiner Wehrmacht und des ganzen Volkes durch die Staats- und Kriegführung Adolf Hitlers geraten.

Dazu kommt, daß die Art, wie ein Teil seiner Beauftragten im besetzten Gebiet gegen die Bevölkerung vorgegangen ist, jeden wirklichen Soldaten und jeden wirklichen Deutschen mit Abscheu erfüllt und uns in der ganzen Welt schwerste Vorwürfe zuziehen muß.

Wenn sich das deutsche Volk nicht selbst von diesen Handlungen lossagt, wird es die volle Verantwortung für sie tragen müssen.

Unter diesen Umständen halte ich es für meine Pflicht, vor meinen kriegsgefangenen Kameraden und vor dem ganzen deutschen Volk zu erklären: Deutschland muß sich von Adolf Hitler lossagen und sich eine neue Staatsführung geben, die den Krieg beendet und Verhältnisse herbeiführt, die es unserem Volke ermöglichen, weiter zu leben und mit unseren jetzigen Gegnern in friedliche, ja freundschaftliche Beziehungen zu treten.

Moskau, 8. August 1944

Paulus
Generalfeldmarschall

U. B.: Der Präsident des Bundes Deutscher Offiziere und Vizepräsident des Nationalkomitees „Freies Deutschland", General der Artillerie von Seydlitz, begrüßt Generalfeldmarschall Paulus als neues Mitglied des BDO und Mitkämpfer in der Bewegung „Freies Deutschland".

Die ehemaligen Befehlshaber im Kessel von Stalingrad, Generalfeldmarschall Paulus (links) und General v. Seydlitz-Kurzbach, auf einem Flugblatt des Nationalkomitees. Paulus fordert darin: »Deutschland muß sich von Adolf Hitler lossagen und sich eine neue Staatsführung geben, die den Krieg beendet und Verhältnisse herbeiführt, die es unserem Volke ermöglichen, weiter zu leben und mit unseren jetzigen Gegnern in friedliche, ja freundschaftliche Beziehungen zu treten.«

bedingt Auftreten der Bevollmächtigten vor deutschen Soldaten in deutscher Uniform (Ärmelstreifen notwendig), mehr Bilder verwenden, Listen und Briefe von vielen Kriegsgefangenen in den Lagern veröffentlichen (konkrete Einzelangaben, die die Person legitimieren). Die Mehrzahl der deutschen Frontsoldaten ist so versturt, daß das nationale Denken geweckt werden muß (mehr an die persönlichen Interessen der Soldaten anknüpfen). Besonders die führende Schicht der Soldaten (die älteren, die intelligenteren, die Unteroffiziere und Obergefreiten) ansprechen.«

Erst nach einem Jahr Vorarbeiten konstituierte sich in Krasnogorsk ein vorbereitender Ausschuß für ein Deutsches Nationales Komitee.

Und erst nachdem die zukünftige Marschroute eines NK bis in die pingeligsten Kleinigkeiten festgelegt war, verkündete der Ausschuß am 1. Juli 1943 in der Kriegsgefangenenzeitung »Das Freie Wort« die Absicht, ein Deutsches Nationales Komitee zu gründen. Der Saal des Krasnogorsker Stadtsowjet war zur Gründungsversammlung des Nationalkomitee Freies Deutschland schon dekoriert; mit den Farben schwarzweißrot.

Die alten deutschen Nationalfarben für das NK hatte Walter Ulbricht bei der Zentralen Politischen Verwaltung der Roten Armee durchgesetzt. Ulbricht hatte erkannt, daß sich mit Gefreiten, Unteroffizieren und einigen Hauptmännern zwar einiges machen läßt, doch mit Obristen und Generalen bedeutend mehr. Und denen würden die schwarzweißroten Farben imponieren.

Jetzt jedenfalls, am 12. und 13. Juli 1943, tagten in Krasnogorsk mit den Wochenschau-Kameras vom Sojuskinoshurnal und Prawda Reportern die Konvertiten; in Wehrmachtsuniform, mit Orden und Ehrenzeichen. Sie sangen: »Brüder, zur Sonne, zur Freiheit . . .« Ein 33köpfiges Präsidium, quasi das Politbüro des NK, wurde gewählt. Präsident: Erich Weinert. Dieses NK-Politbüro zog nach Lubnow bei Moskau, in das »Haus des NK«; ein früheres Erholungsheim der Eisenbahnergewerkschaft. Ein »Stadtkomitee«, entsprechend etwa dem Sekretariat einer KP-Parteileitung, bezog im Institut 99, Obuchastraße 3, Quartier.

Das Stadtkomitee redigierte die schwarzweiß umrandete NK-Zeitung »Freies Deutschland«. In der Moskauer Schablowkastraße 34 leitete Anton Ackermann die Rundfunkredaktion des Senders »Freies Deutschland«. Der Sender arbeitete täglich viermal auf Kurz- und Mittelwelle mit der Erkennungsmelodie: »Der Gott, der Eisen wachsen ließ, der wollte keine Knechte . . .« Sonntags predigten abwechselnd katholische und evangelische Wehrmachtspfarrer.

Gerade der von Anton Ackermann geleitete Sender war es, der das NK außerhalb der UdSSR bekannt machte. Widerstandsgruppen in Deutschland und im besetzten Frankreich übernahmen das NK-Manifest zur politischen Richtlinie: ». . . vor 130 Jahren wandten sich, als noch deutsche Truppen als Feinde auf russischem Boden standen, die besten Deutschen, vom Stein, Arndt, Clausewitz, Yorck und andere, von Rußland aus über die Köpfe verräterischer Machthaber hinweg an das Gewissen des deutschen Volkes und riefen es auf zum Freiheitskampf. Gleich ihnen werden wir alle unsere Kraft und auch unser Leben einsetzen, alles zu unternehmen, was den Freiheitskampf unseres Volkes entfaltet und den Sturz Hitlers beschleunigt.«

In Paris erschien die illegale Zeitung »Volk und Vaterland« mit der Unterzeile: »Organ des Komitees der Bewegung Freies Deutschland f. d. Westen«. In Marseille wurde die illegale Zeitung »Unser Vaterland« gedruckt. Mit der Unterzeile: »Herausgegeben vom Komitee der Bewegung Freies Deutschland in Südfrankreich/Mittelmeerküste«.

In Deutschland bildeten sich NK-Komitees, mußten sich aber nach dem Einmarsch der Roten Armee auf Anordnung der sowjetischen Politoffiziere umgehend auflösen.

Noch vor der Gründungsversammlung zum NK animierten Manuilski und Ulbricht etliche kriegsgefangene Offiziere zur Gründung eines »Bundes Deutscher Offiziere«. Viele Offiziere waren Berufssoldaten. Bei einer Niederlage Deutschlands verloren sie ihr Einkommen, ihre Privilegien. Und jetzt, nach der Katastrophe von Stalingrad, durften ja wohl Offiziere darüber diskutieren, ob dieser Krieg noch zu gewinnen war? Wenn nein, was dann? Mitte Juli 1943 bildete sich im Kriegsgefangenenlager Krasnogorsk, Zone 1, die sogenannte Initiativgruppe zur Gründung eines Bundes Deutscher Offiziere. Am 16. August 1943 wurden die Offiziere in das Haus des

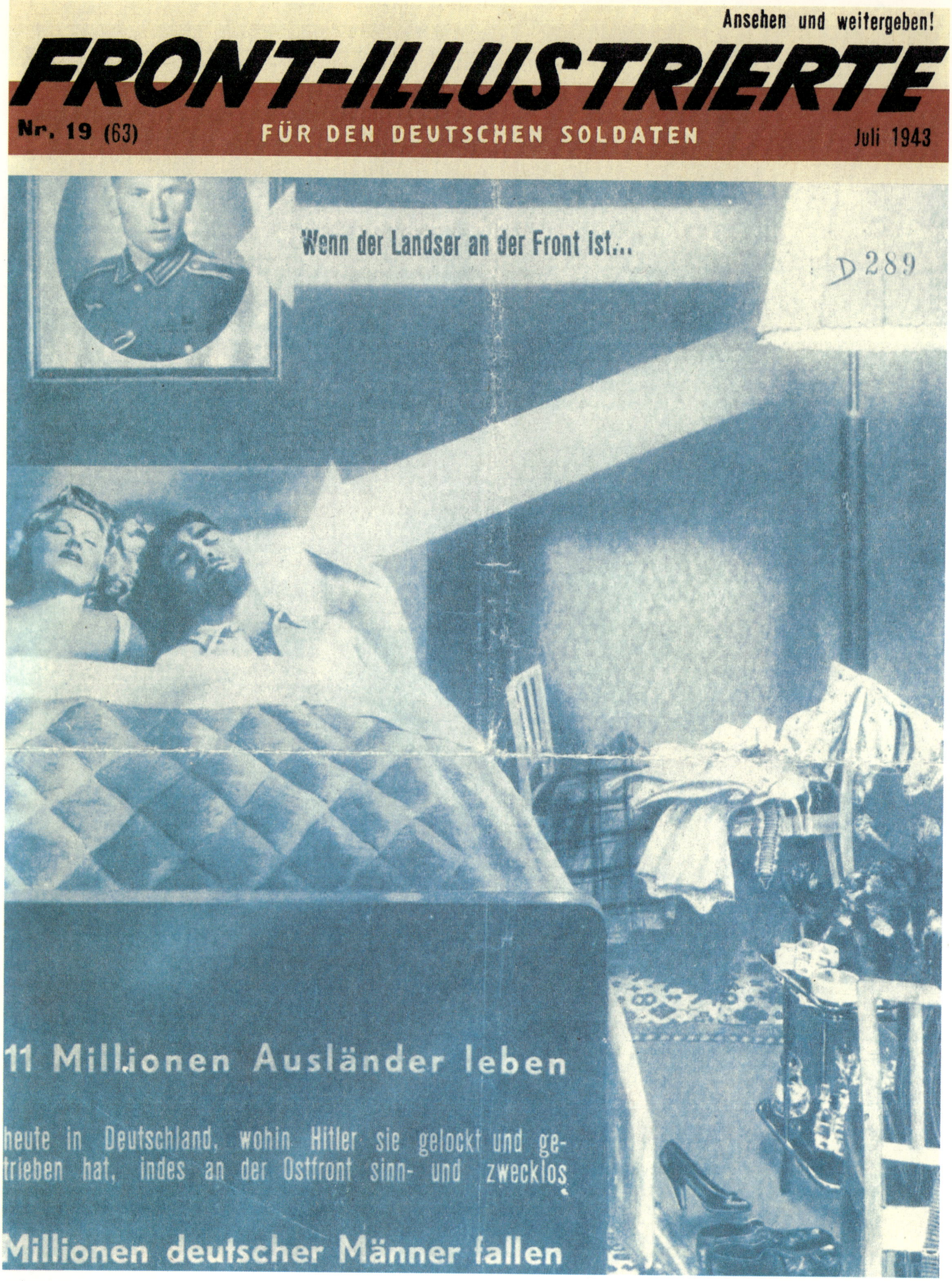

Ansehen und weitergeben!

FRONT-ILLUSTRIERTE

Nr. 19 (63) FÜR DEN DEUTSCHEN SOLDATEN Juli 1943

Wenn der Landser an der Front ist...

D 289

11 Millionen Ausländer leben

heute in Deutschland, wohin Hitler sie gelockt und getrieben hat, indes an der Ostfront sinn- und zwecklos

Millionen deutscher Männer fallen

Die Propaganda wandelte im Lauf des Krieges ihr Gesicht. Von Politik und Ideologie, von Verleumdung des Gegners als Teufel, Bestie oder Mörder war kaum noch die Rede. Man suchte vielmehr Anknüpfungspunkte in den ganz privaten Ängsten des Soldaten: vor Liebesentzug und Demütigung, vor Verletzung und Tod. »Während du an der Front dem Tod ins Auge blickst, vergnügt sich deine Frau mit dem Hausfreund« – deutsche Flugblattpropaganda für Engländer (ganz oben) und russische für Deutsche (linke Seite). »Blondinen bevorzugt; aber Blondinen mögen keine Krüppel« – Abwandlung eines Filmtitels, die auf Amerikaner zielt (rechts). Das blutbefleckte »Tagebuch des Todes« (oben) gibt sich als Hinterlassenschaft eines gefallenen GI's aus.

NK nach Lunjowo verlegt. Manuilski ließ in den Offizierslagern Oranki, Susdal und Jelabuga Delegationen für ein Meeting zusammentrommeln. Die Delegierten wurden am 25. August nach Lunjowo eingeladen; im wahrsten Sinne des Wortes. Nämlich nach Lunjowo verfrachtet. Dort hörten sie sich den Appell von Oberst Steidle, dem späteren Chefpropagandisten des NK, an; juristisch eine Aufforderung zum Landesverrat. Andererseits existierte ja schon dieses Nationalkomitee. Bei ihm kollaborierten bereits diese und jene Offiziere. Im übrigen war die Rote Armee unaufhaltsam im Vormarsch.

Der NKWD-General Melnikow, in Lunjowo angereist, zog sich in der folgenden Nacht mit den Generalen Walther von Seydlitz-Kurzbach, Dr. Otto Korfes und Martin Lattmann zu einem internen Gespräch hinter verschlossenen Türen zurück.

Am 11. und 12. September formierte sich der »Bund der Offiziere« mit General von Seydlitz, Generalleutnant Edler von Daniels, Generalmajor Dr. Otto Korfes, Generalmajor Martin Lattmann, Oberst Hans-Günther van Hooven, Oberst Luitpold Steidle, Major Egbert von Frankenberg und Proschlitz, Divisionspfarrer Schröder, Divisionspfarrer Kayser, Kriegsgerichtsrat von Knobelsdorff-Brenkenhoff und Oberleutnant Gerlach.

Erich Weinert berief die Offiziere unverzüglich in das Präsidium des Nationalkomitee »Freies Deutschland«. Aus späteren Bemerkungen Seydlitz' ist bekannt geworden, daß Melnikow damals, in jener Nacht in Lunjowo namens der Sowjetregierung folgende Zusicherung gemacht hat:

Falls es durch den Einsatz von Nationalkomitee und Bund Deutscher Offiziere gelingt, die deutsche militärische Führung oder das deutsche Volk zu einer Aktion gegen Hitler zu bewegen und den Krieg zu beenden, bevor er auf deutschen Boden getragen wird, garantiert die Sowjetunion:

1. Das Weiterbestehen des Deutschen Reiches in den Grenzen von 1938, d. h. mit Einschluß Österreichs.
2. Das Weiterbestehen der deutschen Wehrmacht.
3. Den Verzicht auf jede Bolschewisierung Deutschlands zugunsten einer bürgerlich-demokratischen Regierung, die durch Freundschaftsverträge an den Osten gebunden sein müßte.

Freilich, diese Zusicherungen waren nur mündlich gegeben. Am 1. Dezember 1943 vereinbarten Stalin, Roosevelt und Churchill in Teheran die bedingungslose Kapitulation Deutschlands. Erich Weinert sprach zwar von einer veränderten Situation, das NK hielt sich indessen nach wie vor an seine Resolutionen und Deklarationen, sprach immer noch von einem Freien Deutschland. In Aufrufen, Flugblättern, Rundfunksendungen, Anweisungen an die Soldaten der Ostfront, mit Zeitungsartikeln und Überläufer-Ausweisen forderten die Konvertiten vom deutschen Volk und der Wehrmacht die Niederlegung der Waffen im Krieg gegen die Sowjetunion. Die Zeitung »Freies Deutschland« veröffentlichte Fotografien der Mitglieder des NK mit schwarzweißroten Armbinden; u. a. General von Seydlitz als Präsident des Bundes Deutscher Offiziere, Vizepräsident des Nationalkomitees Freies Deutschland. Hitler ließ Seydlitz wegen Hochverrats in Abwesenheit zum Tode verurteilen und verfügte Sippenhaft.

Die deutschen Feldmarschälle veröffentlichten am 18. Oktober 1944 im »Völkischen Beobachter« eine Erklärung:

»Wir, die Generalfeldmarschälle der Wehrmacht, sind ernstlich besorgt und erbittert über die Nachricht, daß der General der Artillerie von Seydlitz-Kurzbach gegenüber unserer heiligen Sache niedrigen Verrat geübt hat. Damit führte er, im Dienste des Feindes stehend, einen Dolchstoß in den Rücken der kämpfenden Front. Wir alle sind von dieser Tatsache tief erschüttert, daß ein Mann, der aus unseren Reihen hervorgegangen ist, Ihnen, Führer, die Pflicht der Treue brach. Wir wissen, Führer, daß wir es hier mit einem Einzelfall zu tun haben. Nichtsdestoweniger empfinden wir das Bedürfnis, Ihnen zu versichern, daß wir im eigenen Namen und im Namen aller Offiziere alle Beziehungen zwischen uns und diesem feigen Verräter abgebrochen haben. Sein Name sei ewig mit Schande bedeckt.«

Am 8. Dezember 1944 antworteten 50 Generale, vorweg Generalfeldmarschall Friedrich Paulus aus sowjetischer Kriegsgefangenschaft, bewegt von »tiefer Sorge um die Zukunft unseres Volkes, um unsere heißgeliebte Heimat«, an alle Deutschen: »Deutsches Volk, steh auf zur rettenden Tat! Befreie dich selbst! Beende den Krieg!« Besonders peinlich war Paulus' Unterschrift. Der Generalfeldmarschall hatte auf Führerbefehl in Stalingrad die 6. Armee verheizt. Am 29. Januar 1943 ließ Paulus noch funken: »Zum Jahrestag Ihrer Machtübernahme grüßt die 6. Armee ihren Führer. Noch weht die Hakenkreuzfahne über Stalingrad. Unser Kampf möge den Lebenden und den kommenden Generationen ein Beispiel dafür sein, auch in der Hoffnungslosigkeit nie zu kapitulieren, dann wird Deutschland siegen. Heil mein Führer. Paulus.« Anschließend äußerte der Generalfeldmarschall den Wunsch, den General Schmidt den sowjetischen Unterhändlern überbrachte: »Der Oberbefehlshaber wünscht als Privatperson betrachtet zu werden und möchte nicht zu Fuß durch die Stadt gehen.«

Der Bund Deutscher Offiziere, im Nationalkomitee fusioniert, verstieg sich auch zu folgender Behauptung: »Alles was in Deutschland von den angeblichen Qualen und Leiden der Kriegsgefangenen verbreitet wird, ist Lüge. Darum halten wir deutschen Generale und Offiziere es für unsere Pflicht, über das Geschick der in Kriegsgefangenschaft geratenen Wehrmachtsangehörigen eine Erklärung abzugeben. Die Arbeitszeit beträgt allgemein 8 bis 9 Stunden, an Sonntagen wird in der Regel nicht gearbeitet. Der Gesundheitszustand der Kriegsgefangenen ist durchweg gut, ihre Kost ist ausreichend. Die in russischen Betrieben arbeitenden Kriegsgefangenen erhalten besondere, teilweise recht erhebliche Verpflegungszulagen.«

Die Genossen vom NK-Stadtkomitee waren entzückt. Sie ließen die Erklärung im Wortlaut mit Unterschriften in der Nr. 46 der NK-Zeitung auch noch veröffentlichen. Damit die Plennis in den Lagern wußten, wie gut es ihnen eigentlich ging. Am 14. Januar 1945 wandten sich NK und BDO in einem offenen Brief an den Oberbefehlshaber der Heeresgruppe A, Generaloberst Harpe. Darin verlangten sie, »jeden Widerstand gegenüber der weit überlegenen Roten Armee sofort einstellen zu lassen und ihre Truppen gegen Hitler und SS zu führen. Nur so handeln Sie als echter deutscher Patriot.« Unterschrieben: »Ihr gehorsamer Luitpold Steidle«. So ziemlich jeder Oberbefehlshaber der deutschen Heeresgruppen im Osten bekam einen NK-Brief. Kein Generaloberst reagierte. Die Wehrmacht legte die Waffen nicht nieder, die Volkserhebung blieb aus. Russische Truppen betraten Deutschlands Boden. Damit waren die Zusagen an das NK hinfällig – ob sie überhaupt jemals ernstgemeint waren, brauchte nun nicht mehr geprüft zu werden. Am 26. April 1945, mit einer Rundfunkansprache Luitpold Steidles an die Münchner Bevölkerung, stellte das NK seine Tätigkeit ein. Am 2. November 1945 löste es sich offiziell auf. Erich Weinert bemerkte trocken, das NK habe das Klassenziel nicht erreicht.

Maschinengewehr 42

»Wunder-MG«, »elektrisches MG« und »Hitler-Säge« waren die Bezeichnungen, mit denen man das Maschinengewehr 42 bei seiner Einführung begrüßte. Im folgenden ein Überblick über die Geschichte dieser Waffe.

Vierundsechzig Kilogramm wog das Maschinengewehr 08 mit Lafette. Es wurde mitsamt der Bedienung auf einem Protzenwagen zweispännig vom Bock, teilweise sogar vierspännig vom Sattel aus gefahren. Die Bedienung bestand aus einem Gewehrführer, vier Schützen und für je zwei MG ein Melder.

Der Lauf des MG 08 war wassergekühlt, und sobald das MG Dauerfeuer schoß (600 Schuß in der Minute), kochte das Kühlwasser. Ein Schlauch, dessen Ende in die Erde eingegraben wurde, leitete den Dampf ab.

Mit genau 2438 Maschinengewehren 08 zogen die deutschen Armeen in den Ersten Weltkrieg. Bald zwangen die Geschoßgarben der Maschinengewehre beider kriegführenden Parteien alle Angreifer in die Erde. Der Bewegungskrieg erstarrte, der Stellungskrieg begann. Um die Infanteriekompanien durch eigene, leichter zu transportierende Maschinengewehre feuerkräftiger zu machen, entstand aus dem schweren Maschinengewehr (sMG) 08, das leichte Maschinengewehr (MG) mit der sprichwörtlich gewordenen Bezeichnung 08/15. Aber auch das wog fast einen halben Zentner: 21,6 kg. Der Schütze 1 mußte ein Herkules sein, um beim Angriff von 1000 Metern bis zum Einbruch in die Feindstellung damit zu laufen, sich hinzuwerfen, zu schießen und wieder aufzuspringen.

Nach dem Ende des Ersten Weltkrieges mußten 25000 Maschinengewehre an die westlichen Siegermächte ausgeliefert und 107000 MG zerstört werden. Der neu aufgebauten Reichswehr billigte der Versailler Vertrag nur 1926 MG zu. Im Jahre 1932 aber besaß sie bereits wieder 22024 MG, zum Teil in geheimen Waffenlagern, versteckte Waffen aus dem Krieg, zum Teil aber auch schon aus ebenso geheimer Neuproduktion.

Das MG 42. Schnelle Schußfolge und hohe Zuverlässigkeit ermöglichten auch einen Einsatz bei Staub, Dreck und Kälte.

Das Streben der Reichswehrführung galt einem Einheitsmaschinengewehr, das sich innerhalb der Schützengruppe als leichtes, auf der Lafette aber als schweres MG verwenden ließ. Der Grund: Eine einfachere Ausbildung der Infanteristen und eine verbilligte Fertigung durch höhere Stückzahlen. Über das in der Reichswehr eingeführte MG 13 – das sich als sMG nicht bewährte – zog sich eine lange Entwicklung hin bis zum luftgekühlten Maschinengewehr 34: Es wurde 1935 in die soeben entstandene Wehrmacht eingeführt. Sein Gewicht: 12 kg (mit Lafette: 32 kg), die Feuergeschwindigkeit: 1000 Schuß pro Minute. Diese hochgezüchtete Waffe sicherte der Infanterie eine überlegene Feuerkraft, versagte aber im Rußlandkrieg: In Schneestürmen und Eiseskälte, im Schlamm oder im Steppenstaub klemmten die präzise gearbeiteten gleitenden Teile, während die Russen – Welle auf Welle – ihre Massenangriffe gegen die deutschen Stellungen vortrugen.

Ein neues MG mußte an die Front, das schnell schoß, unempfindlich war und dessen Herstellung in Massenproduktion wenig Arbeitszeit bei geringem Materialverbrauch kostete. Arbeitszeit und Material ließen sich nur einsparen, wenn viele Teile des MG, statt in der bisherigen Fräsarbeit, in Blechprägetechnik hergestellt wurden.

Darauf jedoch waren die Waffenfabriken nicht eingestellt. Blechprägemaschinen besaßen sie nicht.

Daher griff man auf »Fachfremde« zurück. Führend auf dem Gebiet der Blechprägung war die Metall- und Lackierwarenfabrik Grossfuss in Döbeln/Sachsen, deren Konstrukteur, Dr.-Ing. Grunow, einen neuartigen MG-Verschluß und eine schnelle Rohrwechselmöglichkeit ersonnen hatte. Im April 1938 präsentierte Dr. Grunow der Waffenprüfstelle 2 des Heereswaffenamtes das Modell eines aus Blechstanzteilen zusammengesetzten Maschinengewehres. Ein Jahr später fand die erste, Ende 1941 eine weitere Truppenerprobung mit dem »MG 39« statt. Weiter verbessert, wurde es Anfang 1942 als »MG 42« in die Wehrmacht eingeführt. Doch in größerer Zahl gelangte es erst ab 1943 an die Front – bis Kriegsende wurden etwa 400000 Stück gefertigt.

Das »Wunder-MG«, das »elektrische MG«, die »Hitler-Säge« erwies sich bald als das beste Maschinengewehr des Zweiten Weltkrieges. Die Gegner des Deutschen Reiches fürchteten seine rasend schnellen Feuerstöße: 25 Schuß in der Sekunde (1500 pro Minute).

Das MG 42 feuerte so schnell, daß die Schüsse nicht mehr einzeln, sondern als einziges, grelles Knarren zu hören waren. Genau wie beim MG 34 mußte spätestens nach 250 Schuß der Lauf gewechselt werden – aber ein guter Schütze 1 schaffte das in fünf Sekunden. Ohne weiteres konnte das MG 42 von einem Mann allein bedient werden. Als sMG feuerte es von der Dreibeinlafette 34.

Trotz dieser hervorragenden Leistungen wurde – der prekären Rohstofflage wegen – ein weiteres MG konstruiert. Dieses neue »MG 45« (zuvor »MG 42 V« genannt) feuerte 40 Schuß pro Sekunde und wog 9 kg (Gewicht des lMG 42: 11,6 kg). Nur zehn MG 45 wurden bis Kriegsende gebaut.

Der Wehrmachtbericht erzählte nie von den Pferden – die Kriegsfotografie aber tat es um so öfter. Sie zeigte den vierbeinigen Gefährten des Soldaten in Schnee, Sumpf und Wasser, mal schwer arbeitend oder Futter und Rast genießend, mal in voller Lebenskraft oder still verendend am Wege.
Ein Kriegsteilnehmer, der seine Jugend im Pferdestall verbrachte, schreibt:
»Bei den Kämpfen um Stalingrad fraßen die Landser alle ihre Pferde auf. Auch die rumänischen Waffenbrüder drehten in jenem Winter ihre Pferde durch den Fleischwolf. Überall schlachteten sie unsere Pferde; am Ladogasee, im Kessel von Korsun, bei Tarnopol, Tscherkassy, an der Weichsel, an der Oder. In der Normandie, bei den Invasions-Kämpfen, metzelten amerikanische Piloten im Tiefflug den gesamten bespannten Wehrmachts-Troß. Zu Tausenden lagen die mit Bordkanonen gekillten Gäule tot im Geschirr. Die Eingeweide in die Seile gewickelt.
Sie trieben unsere Pferde durch Schlamm und Schnee und Eis, über kahle Steppen und steinige Gebirge. Die Gäule krepierten an Hunger. Sie verbrannten, festgebunden in fremden Hütten in einem fremden Land. Versackten geschunden, gepeitscht im Sumpf. Sie erfroren, galoppierten blutend ins Dickicht, zum einsamen Sterben. Sie zogen Feldküchen nach vorne, bis zu den Achsen im Dreck. Gepeitscht, angebrüllt, geprügelt. Mit wunder Kruppe, kaputten Fesseln, aufgescheuertem Fell. Von Moskau bis in den Kaukasus, von der Wolga bis zur Loire, bis zur Zuidersee, bis nach Griechenland schufteten unsere Wehrmachts-Pferde. Bei allen großen Kämpfen waren sie dabei, bei allen großen Siegen und Niederlagen. Sie standen mit uns im Feuer. Und wenn sie fielen, wenn sie sterben mußten, wenn ihnen das Blut über das ramponierte Fell quoll, dann schrien sie. Ein langer, grausamer, empörter Schrei. Er klang wie ein Fluch auf den Reitersmann, der die Treue mit dem Tod dankte.«

Bombenkrieg

Schon den Siegern des Ersten Weltkrieges war klar: Beim nächsten Waffengang würde die Entscheidung an der »dritten Front«, in der Luft fallen. Nicht von ungefähr verboten sie den Besiegten die Luftrüstung. Das nutzte freilich wenig, denn Deutschland fand Mittel und Wege, den Anschluß zu halten.

So waren Know-how und Nachwuchs vorhanden, als Hitler gleich nach Regierungsübernahme zu offenem Ausbau der Luftwaffe schritt. Welch hohen Stellenwert er diesem Rüstungssektor zuschrieb, geht aus der Tatsache hervor, daß er den zweiten Mann des Staates damit betraute: Hermann Göring. Der hochdekorierte Weltkriegs-Flieger und einstige Kommodore des Richthofen-Geschwaders entwickelte erhebliche Tatkraft. Und er fand die richtigen Männer: Udet baute die Stuka-Waffe auf, Student die Fallschirmtruppe, der Staatssekretär und spätere Luftzeugmeister Milch sorgte für beste Ausrüstung der fliegenden Verbände.

Im Spanischen Bürgerkrieg kam die erste Bewährungsprobe für die Luftwaffe, aus der sie Entscheidendes für den heraufziehenden Krieg lernte. Nur die kommenden Gegner schienen nicht zu merken, was sich da anbahnte. So konnte die Luftwaffe in den ersten Kriegsjahren mehrere Feldzüge blitzartig entscheiden. Erst über England begegneten ihr gleichwertige Gegner. Sie zwangen die deutsche Führung zu einer neuen Art des Luftkrieges, die wir heute meinen, wenn von Fliegeralarm gesprochen wird: den Bombenkrieg ohne Ansehen der Ziele und Opfer. Von den Nachtangriffen auf London und Coventry führt ein direkter Weg nach Hamburg und Dresden. Beide Seiten nämlich glaubten, man könne durch Terrorangriffe auf die Zivilbevölkerung den Gegner kapitulationsreif bomben. Beide erreichten das Gegenteil. Die Erbitterung wuchs, die Opferzahlen wurden astronomisch. Den Krieg aber entschieden nicht die Bombenteppiche, gegen die die Luftwaffe fast machtlos war. Den Krieg entschied dic alliierte Luftüberlegenheit über den Schlachtfeldern.

Schrift des Todes: Tag und Nacht schrieben in den letzten Kriegsjahren die alliierten Bomber (Bild: B-17 »Fliegende Festung«) ihre Kondensstreifen an den Himmel über Deutschland. Ein Schwarm von Begleitjägern schützte sie vor der deutschen Jagdwaffe, die gegen die Bomberströme einen zunehmend aussichtslosen Kampf führte.

Reichsmarschall Hermann Göring wurde im Laufe des Jahres 1943 im Ruhrgebiet zum meistzitierten Mann. Während nachts die Bomberströme der britischen Royal Air Force die Städte des Industriegebietes zerstampften; während am hellen Tag Bombenteppiche aus den amerikanischen »Fliegenden Festungen« und »Liberators« mit unheimlicher Präzision Produktionsstätten und Verkehrsanlagen in wirre Trümmerhaufen verwandelten; während die Bevölkerung halb betäubt und ungläubig die vertraute Umwelt in Schutt und Asche versinken sah; im Grauen der pausenlosen Schläge aus der Luft wurde immer wieder und mit wachsendem Grimm zitiert, was er kurz vor Ausbruch des Krieges gesagt hatte:

». . . habe ich mich von den Maßnahmen zum Schutz des Ruhrgebietes gegen Luftangriffe überzeugt. In Zukunft werde ich mich um jede einzelne Batterie kümmern, denn wir werden es nicht zulassen, daß feindliche Flugzeuge auch nur eine einzige Bombe auf das Ruhrgebiet werfen.« (9. August 1939)

Gewiß konnte der gewichtige Minister und Luftwaffen-Chef damals noch nicht vorausahnen, daß sein stolzes Wort in nicht so ferner Zukunft von einem Gegner mit der industriellen Kraft, dem Schwung und dem Know-how der Vereinigten Staaten überprüft werden würde. Aber er hätte wissen können, daß England – als Kriegsgegner nun nicht gerade unwahrscheinlich – seit langem eine strategische Bomberflotte hielt und hätschelte.

Die Überzeugung der Briten von der Wirksamkeit einer offensiven Luftwaffe stammte aus den Jahren 1915–18. Der Schock über die Tatsache, daß Zeppeline und später die für ihre Zeit riesigen »Gothas« Bomben über London abladen konnten, während das Landheer in einem ebenso blutigen wie ergebnislosen Abnützungskrieg festgenagelt war, bestimmte über Jahrzehnte die Planung der Engländer.

Verglichen mit den tausend zweimotorigen Bombern der deutschen Luftwaffe nahmen sich freilich die Offensivkräfte der RAF ärmlich aus: Rund dreihundert zweimotorige Blenheims, Wellingtons und Hampdens, dazu noch etwa hundert ältere Whitleys flogen zu Beginn des Zweiten Weltkriegs für England.

Im ersten Kriegsjahr achteten beide Seiten peinlich genau darauf, daß keine Zivilisten durch Bombenangriffe in Mitleidenschaft gezogen wurden; gegenüber schwächeren Gegnern hatte das Dritte Reich allerdings schon deutlich gemacht, daß humanitäre Überlegungen dabei die geringste Rolle spielten: Als die militärischen Befehlshaber nicht schnell genug kapitulierten, wurden Warschau und Rotterdam ohne Zögern unter schweren Verlusten der Zivilbevölkerung bombardiert. Die meisten englischen Flugzeuge, die anfangs über dem Deutschen Reich erschienen, hatten nicht einmal Bomben an Bord: Sie warfen in nächtlichen Einsätzen Flugblätter ab und wurden von der deutschen Propaganda prompt als »Konfetti-Bomber« verspottet. Aber gerade diese scheinbar sinnlosen Einsätze trugen viel zu den späteren Erfolgen der Bomberkommandos bei.

Da die »Flugblatt-Offensive« im September 1939 angesichts der deutschen Erfolge im Osten überstürzt abgebrochen wurde – »während Polen brennt und blutet, bombardieren wir die Deutschen mit nichts Tödlicherem als Mr. Chamberlains letzter Rundfunkrede«, schrieb ein Journalist –, erschienen die Zweimotorigen erst wieder im Winter über Deutschland. Unter den schlechtesten Wetterbedingungen quälten sich die Besatzungen weit in feindliches Gebiet, geschüttelt von Gewittern, die sie nicht übersteigen konnten, halb erfroren in den zugigen, ungenügend geheizten Rümpfen, immer wieder in Ohnmacht fallend, weil die fehlerhaften Sauerstoffsysteme versagten. Eisbrocken knallten von den Luftschrauben gegen die Beplankungen, Ruder blockierten und Tragflächen verloren ihren Auftrieb unter Eisansatz. Noch liefen von den Bändern der britischen Flugzeugindustrie hauptsächlich Jäger, um den Kampf um die Luftherrschaft über der Insel zu bestehen, aber die Erfahrungen der »Konfetti-Bomber« fanden ihren Niederschlag auf den Reißbrettern der Ingenieure, die schon für die Offensive planten. Am 8. Januar 1941 wird der erste Prototyp der viermotorigen Lancaster fliegen, der perfekte Allwetter-Bomber, der Untergang der deutschen Städte . . .

In der Nacht vom 24. zum 25. August 1940 fielen die ersten deutschen Bomben in die City von London, töteten Zivilisten und zerstörten unter anderem die Kirche St. Giles. Dieser Angriff dürfte zu den folgenschwersten Irrtümern der Geschichte gehören.

Denn die zehn deutschen Kampfflugzeuge, die diese Bomben abwarfen, sollten eigentlich Öltanks und Raffinerien in Thameshaven angreifen, ein militärisches Ziel ohne zivile Ansiedlungen. Anscheinend verpaßte die Einheit auf dem Zielanflug einen Wendepunkt. Als die Bomben losrauschten, setzten sie eine Mechanik in Gang, die schließlich einige englische, aber fast alle deutschen Städte als Trümmerhaufen zurückließ. Am nächsten Abend flogen 81 Wellingtons und Hampdens nach Berlin. Zwar hatten die Besatzungen immer noch Auftrag, nur auf militärische Objekte zu zielen und im Zweifelsfalle ihre Bomben wieder mit nach Hause zu bringen. 22 Maschinen kamen tatsächlich mit der vollen Ladung zurück, aber die übrigen hatten ausgelöst. In dieser Zeit fand man es schon ganz befriedigend, wenn bei nächtlichen Horizontalangriffen ohne hellen Mondschein die Einschläge näher als fünf Meilen (8 km) beim Ziel lagen. Infolgedessen kamen auch in Berlin Zivilisten ums Leben.

Am 2. September befahl Hitler Flächenbombardements auf London, bei Tag und Nacht. Im kleineren Kreis äußerte er die Hoffnung, durch das Zerschlagen der Metropole das Empire zum Einsturz bringen zu können: »Wenn acht Millionen Menschen verrückt werden, kann das zur Katastrophe führen . . .«

In den Jahren 1940 und 1941 wurden in England 43000 Zivilisten durch deutsche Bomben getötet, davon fast 30000 in London. Aber die acht Millionen Einwohner wurden nicht »verrückt«, im Gegenteil. Churchill empfand den deutschen »Blitz« als perfekte Demonstration dessen, was im unbeschränkten Bombenkrieg allein Erfolg verspricht: Flächenbombardements, aus Spreng- und Brandbomben gemischt. Nur wenn ein Teppich von Brandbomben in ein größeres Gebiet fällt, dessen Häuser zuvor durch Sprengbomben ihre Dächer und Fenster verloren haben, brennen diese mit ausreichendem »Zug« und vereinigen sich schließlich zu vernichtenden Feuerstürmen. Auch die häßliche Wirkung von Zeitzünder-Bomben wurde schon demonstriert, die nachhaltiger als jedes andere Mittel größere Gebiete für längere Zeit lähmen können.

Es war ein Symbol für die ungebrochene Moral der Engländer, daß sich in allen betroffenen Städten Freiwillige zu den Entschärfungstrupps drängten; ein solches Team bildeten der Graf von Suffolk mit seiner Privatsekretärin und seinem ältlichen Chauffeur, die 34 Bomben entschärften und mit ihrer 35. in die Luft flogen. In Deutschland wurde diese Arbeit später hauptsächlich von Zuchthäuslern und KZ-Häftlingen getan, denen für eine bestimmte Anzahl von Entschärfungen die Freiheit versprochen wurde.

Die Frage, wer denn nun mit den »Terror-Angriffen« angefangen habe, wird immer wieder diskutiert. Sie beantwortet sich durch die Feststellung, daß weder die Fehlwürfe von London und Berlin noch der unmittelbar folgende Schlagabtausch mit Sprengbomben der Anfang waren, sondern die kombinierten Flächenbombardements, das »Coventrieren«, die Absicht, acht Millionen in den Wahnsinn zu bomben. Der in London, Coventry und anderen Städten gesäte Wind wurde zum Sturm über Deutschland mit den grausigen Höhepunkten von Hamburg und Dresden, Exzessen einer bösen Folgerichtigkeit.

Doch während die öffentliche Meinung in England nach den »Blitz«-Monaten im Laufe des Jahres 1941 Vergeltung forderte, hatte das Bomber-Kommando einen schweren Stand. Anders als die deutschen Bomber brauchten die Wellingtons und

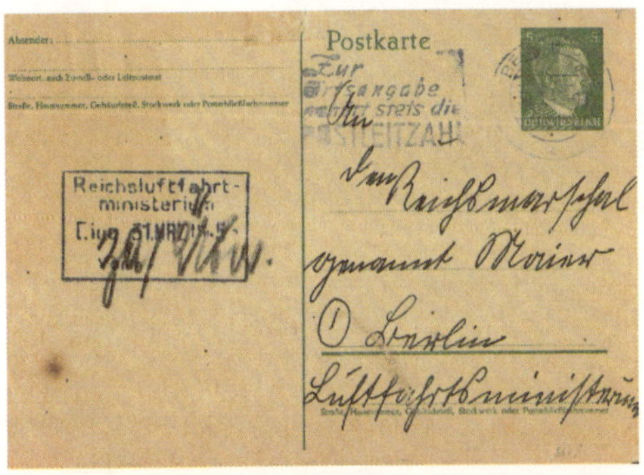

Postkarte

Reichsluftfahrt-ministerium

Den Reichsmarschal genannt Maier

Berlin

Luftfahrtministerium

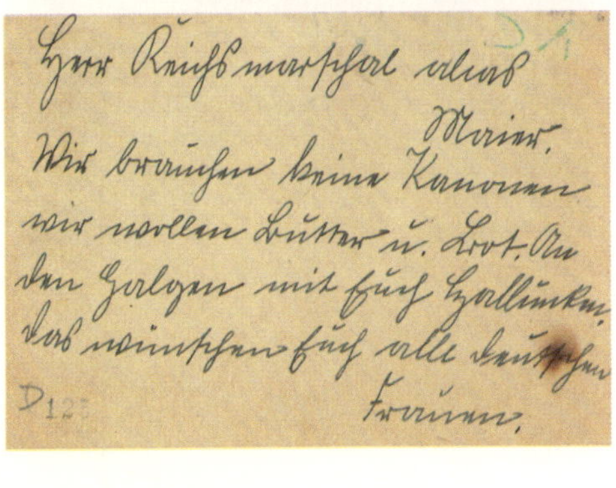

Herr Reichsmarschal alias Maier.

Wir brauchen keine Kanonen wir wollen Butter u. Brot. An den Galgen mit Euch Hallunken. Das wünschen Euch alle deutschen Frauen.

»Sie fliegen gegen England. Das Vertrauen aller Deutschen in der Welt führt sie zum Sieg«, hieß die Originalunterschrift zum Bild der beiden Piloten (ganz links). So vollmundige Prophezeiungen waren in bester Gesellschaft, denn Deutschlands oberster Flieger Generalfeldmarschall Hermann Göring (oben in Gala) hatte bei Kriegsbeginn sogar humorvoll erklärt, er wolle Meier heißen, wenn je ein feindliches Flugzeug Bomben auf Reichsgebiet würfe. An diesen Spitznamen erinnerte bitter die verzweifelte Postkarte einer Mutter, die im März 1945 dem »dicken Hermann« in regelloser Orthographie schrieb: »An den Reichsmarschall genannt Maier, Berlin, Luftfahrtministerium. Herr Reichsmarschall alias Maier. Wir brauchen keine Kanonen wir wollen Butter u. Brot. An den Galgen mit Euch Hallunken. Das wünschen Euch alle deutschen Frauen.«

Blenheims nicht nur über den Kanal zu springen. Der lange Anmarschweg behinderte ihre Aktionen. Insbesondere die Tatsache, daß die damals existierenden Funknavigationssysteme für eine Lenkung des Zielanfluges über solche Entfernungen absolut ungeeignet waren, ließ ihre Aktionen gegenüber den deutschen Luftschlägen unbedeutend erscheinen. Zu Beginn des Jahres 1942 jedoch erschienen ein Mann und eine Maschine auf der Bühne des Krieges, die dieses Bild gründlich ändern sollten: Luftmarschall A. T. Harris und das Flugzeug Avro »Lancaster«.

»Bomber«-Harris hatte schon in den zwanziger Jahren eine Kampfflieger-Schwadron geführt und war nach Natur und Karriere eher ein Anhänger des Präzisionsangriffs auf Sicht. Die Einführung des verwüstenden kombinierten Flächenbombardements in die moderne Kriegsgeschichte kann ihm schon deshalb nicht angelastet werden, weil dies schon vor seinem Amtsantritt von der deutschen Luftwaffe über England praktiziert wurde. Der Entschluß der britischen Führung stand längst fest, und zwar nicht nur zum Zwecke der Vergeltung. Objektive Gründe kamen hinzu:

Tagesangriffe hatten sich als zu verlustreich erwiesen, Geleitschutz durch Jäger schien auf dem langen Anmarschweg zu der Zeit technisch unmöglich.

Die Trefferquote bei Nachtangriffen war so niederschmetternd, daß nur Flächenbombardements Erfolg versprachen.

Nach dem Eintritt der USA in den Krieg waren die Alliierten entschlossen, irgendwann auf das europäische Festland zurückzukehren – es galt bis dahin, Deutschland auf jedem nur möglichen Wege zu schwächen; Bombardierung war für lange Zeit das einzige, was die auf ihrer Insel isolierten Engländer tun konnten.

Harris war andererseits ein Mann, der ein einmal gesetztes Ziel gradlinig und rücksichtslos anging, ohne einen Gedanken an frühere Vorstellungen zu verschwenden. Er glaubte sogar daran, das Deutsche Reich ohne jede Aktion zu Lande friedensbereit bomben zu können, obwohl England unter dem »Blitz« bewiesen hatte, daß die Moral der Zivilbevölkerung sich unter Terrorangriffen eher festigte. Sein Argument: Ein diktatorisch regiertes Volk muß anfälliger sein als wir.

Unausweichlich wurde er im Verlauf des Krieges zynisch. Auf dem Höhepunkt der Bomberoffensive stoppte ihn einmal ein Polizist, weil er seinen Kombiwagen mit 145 km/h über eine Londoner Umgehungsstraße gejagt hatte. Eine Plakette

»In Laufgräben müssen die Kinder in den Londoner Arbeitervierteln infolge der verbrecherischen Herausforderung Churchills nun Schutz suchen, wenn die deutschen Vergeltungsangriffe heranbrausen«, kommentierte die deutsche Propaganda das obige Bild aus dem Oktober 1940. Das war nach der Wende in der Luftschlacht um England, als die deutschen Verluste so hoch geschnellt waren, daß man zu nächtlichen Flächenbombardements auf die englischen Großstädte überging. »Coventrieren« wurde zum geflügelten Wort, nachdem im November 1940 die Industriestadt Coventry eingeäschert worden war. Es sollte allerdings nur ein kleiner Vorgeschmack von dem sein, was auf Deutschlands Städte wartete.

Einer der ersten »Tausendbomberschläge« traf Ende Mai Köln, wenig später war Frankfurt das Ziel (rechte Seite oben). Österreich geriet nach der Landung der Angloamerikaner in Italien 1943 in die Reichweite der Bomber. Wien brannte (rechte Seite Mitte: Staatsoper). In den sterbenden Städten wuchs die Seuchengefahr, zumal man nicht alle Bombenopfer gleich fand. Ausgebrannte Viertel wurden daher – auch zur Unfallvorbeugung – oft einfach zugemauert (rechts). Hitler verkündete noch am 8. November 1943 vor den »Alten Kämpfern« gelassen: »In knapp zwei, drei Jahren nach dem Kriegsende sind die Wohnungen restlos wieder da, mögen sie ruhig zerstören, was sie wollen.«

an seinem Kühler befreite ihn zwar von jeder Geschwindigkeitsbegrenzung, aber der Polizist sagte: »Trotzdem, Sir – bei der Geschwindigkeit werden Sie noch jemand umbringen.«

»Ich werde dafür bezahlt, Leute umzubringen«, grollte Harris.

Als er am 22. Februar 1942 seinen Dienst antrat, war die Stimmung im Bomber-Kommando schlecht. Die Mannschaften wußten, daß sie mit ihren Streu-Würfen über Deutschland noch nicht viel zum Krieg beigetragen hatten. Die anderen Waffengattungen, insbesondere die Admiralität, versuchten angesichts dieser Mißerfolge immer wieder, sich noch eine Scheibe von der mageren 375-Bomber-Truppe abzuschneiden. Die öffentliche Meinung war auf dem Tiefpunkt, und eine zweitägige Unterhausdebatte entbrannte, als die deutschen Schlachtschiffe Scharnhorst und Gneisenau mit dem Kreuzer Prinz Eugen am 12. 2. 42 den Durchbruch durch den Ärmelkanal schafften. Was wollten diese Bomber fern in Deutschland bei Nacht ausrichten, wenn sie am hellen Tag solche Riesenschiffe nicht einmal vor der eigenen Haustür treffen konnten?

Was Harris brauchte, um seinen Auftrag ungehindert auszuführen, war ein spektakulärer Erfolg. Nicht nur die eigene Nation, auch der neue Verbündete Amerika mußte überzeugt werden, daß eine Luft-Offensive gegen Deutschland Erfolg versprach. Er rechnete. Wenn er alle Maschinen, auch Schulflugzeuge, zusammenholte und zusammenlieh, käme er auf 1000 Bomber.

Von nun an verfolgte Harris, besessen von der Magie der großen Zahl, den »Tausender-Plan«:

In der Nacht zum 31. Mai 1942 griffen fast tausend britische Bomber Köln an. Von 0.47 bis 2.25 Uhr warfen sie 884 Sprengbomben (darunter 20 Luftminen zu 1,8 Tonnen und 23 Zeitzünder) und 110565 Brandbomben ab. 747 Menschen wurden getötet und 5027 verletzt. 3420 Wohnhäuser und 2241 Betriebe wurden zerstört oder schwer beschädigt, 45132 Menschen »ausgebombt«. Die Wasser-, Strom- und Gasversorgung brach zusammen. Der Straßenbahnverkehr in der City ruhte für eine Woche, der Eisenbahnverkehr war für mehrere Tage schwer gestört.

Die Angreifer, die 44 Flugzeuge verloren, blieben zunächst im unklaren über das Ausmaß der Zerstörungen: Aufklärer konnten am nächsten Tag keine Fotos machen, weil eine gewaltige Rauchwolke 4500 Meter hoch über der Stadt lag. 106 vorausgegangene Luftangriffe auf Köln hatten bis dahin nur einen Bruchteil der nun verursachten Verwüstungen erreicht.

Vom »unsinkbaren Flugzeugträger« England aus flog die alliierte Bomberwaffe gegen die »Festung Europa«, die sich als nicht überdacht erwies. Bei Tage kamen die Amerikaner (oben: US-Maschinen vom Typ B-24) zu Punktangriffen gegen militärische und industrielle Ziele, nachts flog die Royal Air Force (ganz links: Stirling-Bomber vor dem Nachtstart, Gemälde von Charles Cundall) zu »Teppich«-Würfen ins Reichsgebiet ein. Entscheidend mitgeknüpft an diesem »Teppich«-Terror gegen die Zivilbevölkerung hatte der Chef des Bomber Command, Luftmarschall Arthur Harris, der sich damit den wenig ehrenden Titel »Bomber-Harris« erwarb. Noch in den Nachrufen bei seinem Tode im April 1984 dominierten selbst in England kritische Töne.

Als vermutlich erster militärischer Befehlshaber in der Kriegsgeschichte hatte Harris seine gesamte Streitmacht bis zum letzten Mann aufs Spiel gesetzt. Daß Köln ein Wendepunkt war, bestätigte Premier Churchill seinem Bomber-Chef am nächsten Tag in einer Botschaft, die auch in Flugblättern über Deutschland verbreitet wurde:

»Dieser Beweis der wachsenden Stärke der britischen Luftmacht ist auch das Sturmzeichen für die Dinge, die von nun an eine deutsche Stadt nach der anderen zu erwarten hat.«

Auch in anderer Hinsicht stellte Köln die Weichen für die weitere Entwicklung.

Was auf der einen Seite eine der grausigsten und mitleiderregendsten Tragödien der Menschheitsgeschichte wurde – 590000 Zivilisten in Großdeutschland getötet, in der Mehrzahl Greise, Frauen und Kinder; zerfetzt, verbrannt, erstickt, eine unvorstellbare Anhäufung entsetzlicher Schicksale –, stellte sich auf der anderen Seite zunächst einmal als ein technisches und organisatorisches Problem dar. Und nachdem diese scheußlichste Seite des Krieges einmal in Gang gesetzt war, wetteiferten arbeitsame, ehrbare, begabte Männer darin, das Töten so rationell wie möglich zu organisieren.

Die 1000-Bomber-Streitkräfte für Köln mußten von 53 verschiedenen Basen in Südostengland aufsteigen, sich zu bestimmten Gruppen sammeln und innerhalb von 98 Minuten einen fest fixierten Punkt passieren, um ihre Bomben ins Ziel zu werfen.

Trotzdem sind vom Tausender-Angriff auf Köln nur zwei Kollisionen bekanntgeworden: eine über dem Ziel, die andere im Landeanflug auf den Heimathafen.

Etwa die Hälfte der zusammengekratzten 1000-Bomber-Flotte stellten die zuverlässigen 2-mot-Wellingtons, viele Veteranen humpelten mit, so 71 Hampdens und 23 Whitleys, aber im Bomberstrom war auch ein neues, sonores Brummen zu hören, das in den folgenden Jahren immer mehr das bestimmende Geräusch des nächtlichen Luftkrieges über Deutschland werden sollte: Es stammte von den vier Merlin-Motoren des Avro-Fernbombers Lancaster.

Die 67 teilnehmenden Lancaster schleppten allein die schweren 1,8-t-Luftminen und 41662 Brandbomben nach Köln. Im Lauf des Krieges sollten Spezialversionen noch »Erdbeben«-Bomben von zehn Tonnen Gewicht oder rotierende Dammbrecher-Minen über Deutschland abwerfen. Dieses Flugzeug, zunächst als zweimotorige »Manchester« konzipiert und um 1940/41 zur viermotorigen Fern-Offensivwaffe umgerüstet, wurde zum britischen Standard-Bomber. Die Besatzungen liebten es wegen seiner unglaublichen Nehmer-Qualitäten, die Piloten sagten: »Sie können dir drei Viertel davon wegschießen, das verbleibende Viertel fliegt dich immer noch nach Hause.«

7000 Lancaster wurden gebaut, eine stolze Zahl unter den Schweren. Sie wurde noch übertroffen von einem Flugzeug, das seinen Hersteller zunächst an den Rand der Pleite brachte, dann aber zu einer mächtigen Expansion führte: die Boeing B-17 Flying Fortress (Fliegende Festung). Von dieser Maschine wurden 12731 Stück gebaut.

Ungefähr 4750 gingen auf den Kriegsschauplätzen des Zweiten Weltkriegs verloren. Aber alte Piloten sprechen von der B-17 noch heute wie schwärmerische Liebhaber.

Von Juni bis Dezember 1942 flogen knapp 900 dieser Maschinen über den Atlantik nach England. Sie bildeten den Kern der 8. amerikanischen Luftflotte. Anders als die britischen Verbündeten verfolgten die US-Luftstreitkräfte von vornherein das Konzept des Präzisionsbombenangriffs, bei Tage und in geschlossener Formation. Obwohl noch bis zum Ende des Krieges die beiden Luftwaffen auch andere Bomber gegen das Deutsche Reich flogen – bei den Engländern etwa die viermotorige Halifax, bei den Amerikanern die ebenfalls viermotorige Liberator und die zweimotorige Marauder –, wurden die Namen dieser beiden Flugzeugtypen zu den Synonymen des »Round the Clock«-(Rund um die Uhr-)Luftkrieges: Bei Nacht die Reihenwürfe aus den Bomberströmen der Lancasters, bei Tag die Bombenteppiche aus den dichtgestaffelten Verbänden der B-17.

Diese »Arbeitsteilung« wurde offiziell auf der Konferenz der Alliierten in Casablanca beschlossen. Das Ziel der Luftoffensive wurde so formuliert: »Fortschreitende Störung und Zerstörung der militärischen, industriellen und wirtschaftlichen Struktur Deutschlands und die Unterhöhlung der Moral seiner Bevölkerung bis zu einem Punkt, an dem die Fähigkeit, bewaffneten Widerstand zu leisten, entscheidend geschwächt ist.«

Fast ungehindert von deutschen Bombern, die nun vom Nordmeer bis Afrika und in den weiten Räumen Rußlands kämpften, lief längst die britische Flugzeugproduktion auf höchsten Touren. Dazu kam nun die gewaltige industrielle Maschinerie der Vereinigten Staaten. Präsident Roosevelt nannte im Dezember 1942 die Flugzeugproduktion der USA: 5500 Stück monatlich.

Die Nachtjagd war es, die im Luftkrieg über Deutschland zunächst beträchtliche Erfolge erzielte und den Dienst im britischen Bomberkommando zu einem nervenaufreibenden Abenteuer machte. Von den 44 Total-Verlusten beim 1000-Bomber-Schlag auf Köln gingen 36 auf das Konto der Nachtjäger. Sie vollendeten damit ihren 600. Abschuß. Bis zum September desselben Jahres waren es 1000, bis zum März 1943 2000, zumeist viermotorige Bomber.
Zunächst, als die Engländer auf breiter Front einzufliegen pflegten, warteten die Nachtjäger (zumeist zweimotorige Maschinen vom Typ Me 110 und Ju 88) entlang der nach ihrem Chef genannten Kammhuber-Linie über Funkfeuern, bis Bodenradar sie an die einfliegenden Feindmaschinen heranführte. Als Antwort auf die Taktik der Bomberströme wurden die Jäger dann mehr und mehr mit Bordradar ausgerüstet, mit dessen Hilfe sie kämpfend im Bomberstrom »mitschwimmen« konnten.
Sie hatten schnell die schwache Stelle der Lancaster erkannt: Sie war von unten – im Gegensatz zur turmbewehrten B 17, bei der dem Jäger im Frontalangriff noch die meisten Chancen blieben – völlig wehrlos. Die Nachtjäger zogen unter den Gegner hoch und feuerten mit ihren 2-cm-Kanonen auf die Treibstofftanks zwischen dem inneren Motor und dem Rumpf. Den Bauch ließen sie unbeschädigt: Da sie auf kürzeste Entfernung feuerten, wäre die Explosion der Bombenladung auch für die Angreifer tödlich gewesen. Ein deutscher Waffen-Unteroffizier erfand schließlich noch die »schräge Musik«: Starr eingebaute, schräg nach vorn oben gerichtete Kanonen, mit denen der Angriff von unten auch im Horizontalflug möglich war.
Während die Amerikaner noch ihre 8. Flotte aufbauten – bis in das Jahr 1943 wurde nicht viel daraus, weil der afrikanische Kriegsschauplatz die Tagesbomber brauchte –, unternahmen auch die Engländer neben dem fast allnächtlichen Einhämmern auf die deutschen Städte kühne Präzisionsunternehmen.
Das spektakulärste fügte der deutschen Ruhr-Industrie unschätzbaren Schaden zu und kostete etwa 1200 Menschenleben. Rotierende Bomben, knapp über dem Wasserspiegel aus Lancasters abgeworfen, zerstörten die Staudämme der Möhne- und Eder-Talsperren im Sauerland. Bis über Essen hinaus raste eine verwüstende Flutwelle durch das Ruhrtal. Den ganzen Sommer 1943 über litt die Ruhr-Industrie unter Strom- und Wasserknappheit. Von den 17 angreifenden Maschinen wurden zehn abgeschossen. Chef des Unternehmens war einer der höchstdekorierten Flieger des Bomberkommandos, Wing Commander Guy Penrose Gibson. Er hatte die Maschinen mit den neuen UKW-Sprechfunkgeräten ausrüsten lassen, die bei begrenzter Reichweite eine völlig störungsfreie Verständigung ermöglichen.
Im Morgengrauen des 27. Januar 1943 kündigte der »briefing officer« zum ersten Mal den versammelten US-Besatzungen an: »Meine Herren, das Ziel für heute ist Deutschland.«
Die folgenden elf Monate bewiesen zwei Dinge:
Daß die amerikanischen Verbände in der Lage waren, bei Bodensicht mit ihren Bombenteppichen bisher nicht gekannte Treffergenauigkeit zu erreichen. Vergleichsweise kleine Einheiten verwüsteten Fabriken, Hydrierwerke und Verschiebebahnhöfe.
Daß selbst die waffenstarrenden Fliegenden Festungen – ein Verband von 18 Maschinen konnte die Feuerkraft von rund 200 überschweren Maschinengewehren auf jeden angreifenden Jäger konzentrieren – ohne Jagdschutz über Deutschland vernichtende Verluste erleiden würden.
Die deutsche Jagdabwehr kämpfte mit dem Mut der Verzweiflung. Zum ersten Mal wurden im Luftkampf erfolgreich Raketen eingesetzt. Insbesondere die einmotorige FW 190 erwies sich als gefährlicher Gegner von vernichtender Feuerkraft.
Der Versuch der Amerikaner, die Luftherrschaft über Deutschland zu erringen, scheiterte blutig. Ihre steigenden Verluste gipfelten in der Katastrophe von Schweinfurt am 14. Oktober 1943. Von 290 Maschinen, die einen Angriff auf die Kugellagerfabriken flogen, wurden 60 abgeschossen und 121 beschädigt. Die Tagbomber-Offensive wurde abgebrochen, nicht zuletzt wegen der sinkenden Moral der entnervten Besatzungen.
Zu dieser Zeit war der Beschluß zur Invasion gefaßt. Sie würde ohne Luftüberlegenheit kaum gelingen. Die Tagesangriffe mußten also wieder aufgenommen werden, und die einzige Möglichkeit hieß: Jagdschutz bis zum Ziel und zurück.
Das technische Problem war lange für unlösbar gehalten worden: Die Begleitjäger mußten nicht nur fähig sein, eine gewaltige Benzinlast mitzuschleppen. Für den zu erwartenden, fast ununterbrochenen Kampf mußten sie außerdem riesige Munitionslasten an Bord nehmen – und dabei manövrier- und steigfähig genug bleiben, um es mit den deutschen FW 190 und Me 109 aufzunehmen.

»Dam busters« (Mauerbrecher) nannte man die Bomberpiloten, die mit Liberator- oder Lancaster-Maschinen Rotationsbomben gegen Versorgungseinrichtungen warfen. Sie mußten bei Tage angreifen und hatten darum hohe Verluste durch Flaktreffer (oben: brennende B-24 Liberator). So mußte eine Lancaster-Staffel fünfmal ansetzen, bevor es gelang, die Möhnetalsperre (rechts) zu zerstören. 1200 Menschen kamen in den Fluten um, die geplante Lahmlegung der Produktionsstätten im Ruhrgebiet durch Stromausfall wurde dagegen nicht erreicht.

Die Antwort hieß P-51 Mustang und wurde in Stückzahlen aus den US-Fabriken geworfen, die Göring bis zum Schluß bezweifelte. Aber von Dezember 1943 an erschienen die Maschinen in ständig wachsenden Schwärmen an der Seite der Viermotorigen über Deutschland und entschieden in kurzer Zeit die Schlacht.
Inzwischen hatte das britische Bomber-Kommando mit schauriger Konsequenz den einmal eingeschlagenen Weg verfolgt. Er führte zu einem vorläufigen Gipfel, dessen selbstgerechter Deckname »Gomorrha« auch auf englischer Seite bleibendes Unbehagen verursachte. Er hinterließ Hamburg als rauchenden Trümmerhaufen, in dem ungefähr so viele Menschen getötet wurden, wie der gesamte deutsche Luftkrieg gegen England gekostet hatte.
Es begann mit einer neuen Phase des Krieges der Wissenschaftler. Schon lange wußten die Engländer, wie man die gesamte Radarortung des Gegners lahmlegen konnte: Durch Wolken von Stanniolstreifen, aus Flugzeugen abgeworfen, welche die Strahlen der Radargeräte reflektierten und dadurch ein Gewimmel von Zeichen ergaben, hinter denen sich die größte Bomberarmada unentdeckt verstecken konnte. Die Engländer zögerten lange, dieses Mittel einzusetzen und damit dem Gegner zu verraten. Falls die Deutschen doch in Rußland siegen und dann ihre gesamten Bomberkräfte unter dem Schutz dieses Radarstörsystems gegen England einsetzen sollten, würden die Folgen unabsehbar sein.
Mitte 1943 war klar, daß diese Gefahr nicht mehr bestand. In der Nacht zum 24. Juli erschienen kleinere britische Verbände auf den deutschen Radarschirmen. Kurze Zeit später verschwammen sämtliche Braunsche Röhren, auf denen jedes Flugzeug bis dahin einen charakteristischen Zacken erzeugt hatte, in einem Gewimmel taumelnder Zeichen. Verborgen hinter den Stanniolwolken flogen 740 RAF-Bomber Hamburg an. Die meisten waren, schwer beladen mit Spreng- und Brandbomben, fast unbehindert von Nachtjägern und Flak.
In mehreren Wellen erzeugten sie einen verwüstenden Feuersturm, in dem Kinder von der Hand der Eltern in die Flammen gerissen und schwere Löschfahrzeuge umgestürzt wurden. An den beiden folgenden Tagen störten kleinere Verbände der 8. US-Luftflotte die Bergungsarbeiten, ihnen folgten in zwei weiteren Nächten wieder jeweils rund 750 RAF-Bomber. Über der verglühenden Stadt erzeugte die erhitzt hochschießende Luft eine Kumulonimbus-Wolkenformation, die von

Wetterflugzeugen über Berlin zu beobachen war. Verschiedene Stadtteile konnten von Bergungstrupps erst nach Tagen betreten werden. Rund 70 Prozent der Opfer erstickten oder starben an Kohlenmonoxidvergiftung.
Alle Luftschutzmaßnahmen erwiesen sich als sinnlos. Die Menschen erstickten in bombensicheren Bunkern ebenso wie in notdürftig abgestützten Kellern. Die meisten versäumten hier wie in anderen Städten den Zeitpunkt zur Flucht: bevor der Feuersturm Orkanstärke erreicht hat. Immer war ihnen eingehämmert worden, auch der notdürftig abgestützte Schutzraum bleibe der sicherste Platz, und frühzeitiges, entschlossenes Eingreifen mit Hausmitteln könne Brände verhindern. Aber genau diese Befürchtung bestimmte die Informationspolitik der Regierung, und Reichspropagandaminister Goebbels, zugleich oberster Luftschützer, schrieb in sein Tagebuch: »Wenn ich das Ruhrgebiet hermetisch abschließen könnte, wenn es keine Post und kein Telefon gäbe, kein Wort hätte ich über die Bombenschäden gesagt, kein Wort!«
In der ersten Hälfte des Jahres 1944 entschieden die Amerikaner mit ein paar gewaltigen Schlägen die Luftschlacht über Deutschland. Die 8. Luftflotte, nun von General Spaatz geführt, erschien unter dem Schutz ihrer Jäger fast täglich über dem Reichsgebiet. Mit dem Vordringen der Alliierten in Italien griff von dort immer stärker auch die 15. US-Luftflotte in den Kampf ein.
Am 20. Februar begann die »Big Week«-(Große Woche-)Offensive der Alliierten. In 1000-Bomber-Schlägen zerstampfte die US Air Force große Teile der Flugzeugindustrie, während in der Nacht die RAF die Arbeiter mit ihren Familien tötete oder zumindest ihre Wohnungen ansteckte. Mit ungeheurem Aufwand wurde die Flugzeugproduktion nun in unterirdische Höhlen und Tunnel verlagert, und es gelang sogar, den Ausstoß durch die Mobilisierung aller Kräfte in nie gekannte Höhen zu jagen. Aber der nächste Schlag der Amerikaner galt der Kraftstoffversorgung. Vernichtende Bombenteppiche trafen die Ölfelder in Ploesti, die Donau wurde aus der Luft vermint, um Öltransporte zu verhindern, und schließlich trafen Präzisionswürfe die Hydrierwerke in Deutschland. Von Juni bis September sank die monatliche Benzinzuteilung für die Luftwaffe von 160000 Tonnen, der Mindestmenge, auf 30000 Tonnen. Das bewahrte nun die RAF an einem entscheidenden Punkt vor einer Niederlage.
Denn inzwischen hatte sich das Verlust-Verhältnis umgekehrt, die ungeschützt

Taghell war es über den deutschen Städten, wenn die RAF ihre Nachtangriffe flog. Da nutzte auch die beste Verdunkelung nichts (rechts: Luftschutzplakat). Im Schein der Markierungswürfe, »Christbäume« hießen sie im Volksmund, waren die Ziele klar auszumachen. Aber auch die Angreifer. Die deutsche Nachtjagd, »Wilde Sau« im Luftwaffenjargon, erzielte zeitweilig erhebliche Abschußquoten (rechte Seite: Jagdeinsitzer vor dem Start gegen die Bomberpulks). Gegen die Wucht der alliierten Angriffe wirkte die deutsche »Vergeltung« harmlos, obwohl es gegen die 1944/45 eingesetzte Fernrakete V 2 (oben) keine Luftabwehr gab. Sie war überschallschnell und kam aus der Stratosphäre. Bei hinreichender Stückzahl hätte sie durchaus die »Wunderwaffe« werden können, als die sie die Propaganda hinstellte. Daß dies nicht so weit kam, hatten die Alliierten nicht zuletzt ihren Fliegern zu danken, denen durch Bombardierung der Raketenfabriken wenigstens eine erhebliche Produktionsbehinderung gelang.

einfliegenden Nachtbomber wurden Opfer der immer perfekter werdenden Nachtjagd. Allein in der Nacht zum 31. März wurden von 700 Bombern, die Nürnberg angriffen, 95 über Deutschland abgeschossen. Zwölf weiter gingen wegen ihrer schweren Beschädigungen in England zu Bruch.

Aber als am 6. Juni die Invasion der Alliierten in der Normandie begann, bestand an der Luftherrschaft über der »Festung Europa« kein Zweifel mehr. Bis zum Ende ließen die Amerikaner die Hydrierwerke nicht mehr aus ihrem Würgegriff. Und der Bombenhagel auf Deutschland steigerte sich zu seinem grausigen Höhepunkt.

In der ersten Hälfte des Jahres 1944 verstärkte sich der Widerstand in der englischen Öffentlichkeit gegen die nächtlichen Flächenbombardements.

Die Debatte wurde auf ihrem Höhepunkt von Deutschland entschieden. Als von Juni 1944 an die Flügelbomben V 1 und später die Raketengeschosse V 2, beide von absoluter militärischer Sinnlosigkeit, auf britischem Boden einschlugen, verstummte die Kritik.

Wie auch immer man das Vorhergegangene bewerten mag – den Schlußpunkt der alliierten Bomberoffensive bildete eine brutale, sinnlose Schlächterei. In Nacht- und Tagesangriffen verwandelten RAF und USAAF am 13. und 14. Februar 1945 die von Flüchtlingen überfüllte Stadt Dresden in eine Feuerhölle, in der nach zuverlässigen Ermittlungen etwa 100000 Menschen ums Leben kamen, mehr als beim Abwurf der Atombombe auf Hiroshima.

Nach dem Krieg konnte nicht mehr einwandfrei ermittelt werden, wer den Befehl zu diesem Angriff gegeben hatte. Starke Indizien deuten darauf hin, daß Churchill – der sich später ziemlich auffällig zu distanzieren versuchte – auf der Gipfelkonferenz von Jalta Eindruck schinden wollte oder dort seinen sowjetischen Verbündeten ein entsprechendes Versprechen gegeben hat.

Das Bomberkommando jedenfalls wurde offensichtlich von dem Angriffsbefehl überrascht. So konnten den Besatzungen zum Beispiel beim »briefing« keine der sonst üblichen Aufklärer-Fotos zur Verfügung gestellt werden. »Die Stadt stand überhaupt nicht auf unserer Zielliste«, sagte Harris-Vertreter Sir Robert Saundby. Die Besatzungen murrten über den langen Anmarschweg; zehn Stunden mit der schwerbeladenen Lancaster!

Da sie zum ersten Mal in der Nähe der heranrückenden russischen Front bomben sollten, erhielten die Flieger große Nationalflaggen Großbritanniens mit den russischen Worten »Ich bin Engländer«.

Beim briefing wurde ihnen gleich dazu gesagt, daß sowjetische Soldaten vermutlich sofort auf fremde Militärpersonen schießen würden, ob sie die britische Flagge zeigten oder nicht. Bei Treffern sei es deshalb in jedem Fall besser, auf Westkurs zu gehen.

Das Bomberkommando hatte inzwischen seine Angriffstechnik perfektioniert. Vor dem Bomberstrom trafen »Markierer« über dem Ziel ein, die sich nicht mehr auf das Setzen der üblichen »Christbäume« beschränkten, sondern aus geringer Höhe das gesamte Zielgebiet durch den Abwurf intensiv strahlender Leuchtbomben absteckten. Während des Angriffs blieb ein »Masterbomber« über dem Ziel, der eine besondere Sprechausbildung durchgemacht hatte, um über UKW den anfliegenden Besatzungen eindrucksvoll das Rückgrat stärken zu können.

Der Masterbomber in seiner Lancaster und die Markierer in schnellen Mosquitos trafen etwas vor 22 Uhr über dem Dresdner Stadtgebiet ein. Als die ersten Markierungsbomben aufsprühten, sagte der Masterbomber ärgerlich: »Sie liegen falsch!« Während er seine Karte studierte, hörten die anderen Besatzungen sein angespanntes Atmen, dann sagte er erleichtert: »Ach nein, es ist richtig, setzen Sie die Arbeit fort.«

Ungefähr zur selben Zeit rief unten eine aufgeregte Stimme im Luftschutzsender »Horizont«: »Bombenabwürfe im Stadtgebiet. Volksgenossen, haltet Sand und Wasser bereit!«

Die meisten Volksgenossen waren nicht einmal in der Lage, ihn zu hören. Am 8. Februar hatte die Rote Armee die Oder überschritten. Millionen von Flüchtlingen waren unterwegs, etwa 700000 hatten in Dresden provisorische Unterkünfte in Schulen und anderen öffentlichen Gebäuden gefunden. Viele der ostdeutschen Bauern hatten noch nie eine Alarmsirene gehört. Es gab ohnehin für die meisten von ihnen keine Schutzräume.

Der Hauptmarkierer setzte seine rote Bombe, die den Mittelpunkt des Zielgebietes bezeichnete, in die Nähe des Dresdner Stadions. Aus den Augenwinkeln sah er einen Zug den Hauptbahnhof verlassen. Hoch über ihm vergewisserte sich der Masterbomber beim Sichtprüfer, der in Angriffshöhe dem Bomberstrom voranflog, daß alle Markierungen gut zu sehen waren. Dann schickte er die Mosquitos nach Hause und sprach die Bomber an: »Bombardieren Sie das Licht der roten Zielmarkierer nach Plan.«

Es war 22.12 Uhr. Zuerst erschütterten mächtige 3,5-t-Bomben die Stadt, drückten planmäßig Fenster ein und deckten Dächer ab. Im Hagel der darauffolgenden Brandbomben entwickelte sich in der bis dahin unversehrten Stadt ein gewaltiger Feuersturm. In das Inferno hinein fielen nach 1 Uhr die Bomben der zweiten Welle. Ein Pilot erinnerte sich später, »etwas beschämt« gewesen zu sein, weil keine einzige Flak feuerte. Im Lauf der ganzen Nacht starteten in Deutschland 27 Nachtjäger. Die Alliierten verloren sechs Maschinen. Am nächsten Tag luden 1350 amerikanische B-17 und B-24 ihre Bomben über dem sterbenden Dresden ab. Ihre fast unbeschäftigten Begleitjäger feuerten im Tiefflug auf die verstörten Menschen, die auf den Ausfallstraßen flohen. Als die Altstadt nach einigen Tagen zu betreten war, ließen die Behörden die Leichenhaufen nach notdürftiger Registrierung auf riesigen Scheiterhaufen verbrennen.

Die Eisenbahnlinien, die nach Churchills Memoiren der Grund des Angriffs waren, wurden nur für einige Stunden leicht gestört.

Als das Ausmaß der Tragödie bekannt wurde, setzte in London und Washington heftige Kritik ein. Als dem britischen Premier klar wurde, daß in der ganzen zivilisierten Welt Empörung und Bestürzung vorherrschten, diktierte er ein Alibi-Memorandum:

»Mir scheint jetzt der Moment gekommen zu sein, da man die Frage überprüfen sollte, ob deutsche Städte bombardiert werden sollen, nur um den Terror zu verstärken, wenn auch unter anderen Vorwänden . . . Ich halte eine genauere Konzentration auf militärische Objekte . . . für notwendig, anstatt Terror und zügellose Zerstörung zu verbreiten, so eindrucksvoll das auch immer sein mag.«

Der Chef des britischen Luftwaffenstabes hatte Zivilcourage genug, das Memorandum kühl zurückzuweisen. Zu offensichtlich war Churchills Bemühen, am Vorabend des Sieges seine Weste zu reinigen. Die Flucht vor der Verantwortung jedoch hielt an.

Der einzige, der sich nie davor drückte, war Bomber-Harris. Aber noch 1960 mußte er sich gegen Clement Attlee verteidigen, der plötzlich zum Anhänger des Präzisionsbombens geworden war. Harris: »Die von Attlee kritisierte Strategie der Bomberflotte wurde von der Regierung Seiner Majestät beschlossen, der er (als stellvertretender Premierminister, Red.) für die meiste Zeit des Krieges . . . angehörte. Die Entscheidung, Industriestädte . . . zu bombardieren, war getroffen und bereits in Kraft, bevor ich zum Oberbefehlshaber ernannt wurde.«

Den grauenhaften Schlußakkord im Bombenkrieg setzten die alliierten Flieger in Dresden (oben und rechts außen). In der mit Flüchtlingen überfüllten unverteidigten Stadt starben am 13. und 14. Februar 1945 mehr Menschen als beim Atombombenangriff auf Hiroshima. Tagelang brannten die Leichenberge. Durch die Ruinen taumelten Verletzte, suchten Mütter nach ihren Kindern, schrien Kinder nach den Eltern. In wenigen Stunden hatte sich die bis dahin kaum zerstörte Kunstmetropole in ein apokalyptisches Trümmermeer verwandelt. Schutz, wie ihn die Schauspielerinnen Ilse Werner und Marika Rökk auf dem Propagandafoto anpreisen (rechts), gab es selbst in den Bunkern nicht. Die Hitze der Brände ließ den Straßenbelag schmelzen, Mauern bersten, das Wasser in Teichen und Brunnen kochen. Selbst dem britischen Premierminister Churchill kamen Bedenken, ob diese Art der Kriegführung nicht die gute Sache besudle.

Zum Luftschutzraum
unter den
Nachwuchs-Ateliers.

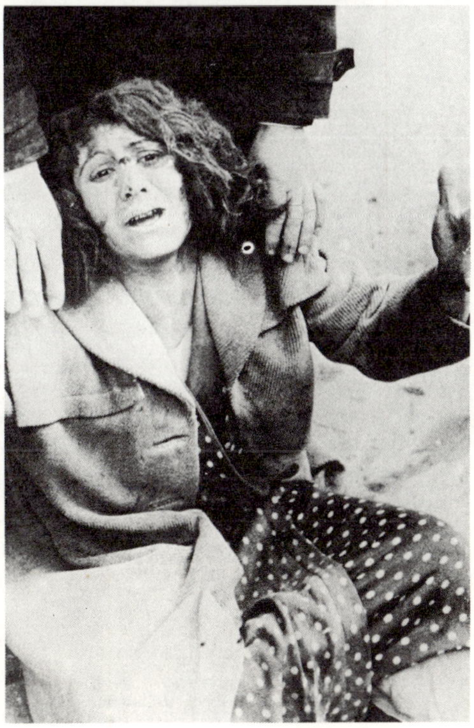

Britische Short-Stirling-Bomber unter Flakbeschuß, eine Zeichnung (aus der Propaganda-Illustrierten »Signal«) von »Kriegsberichter«

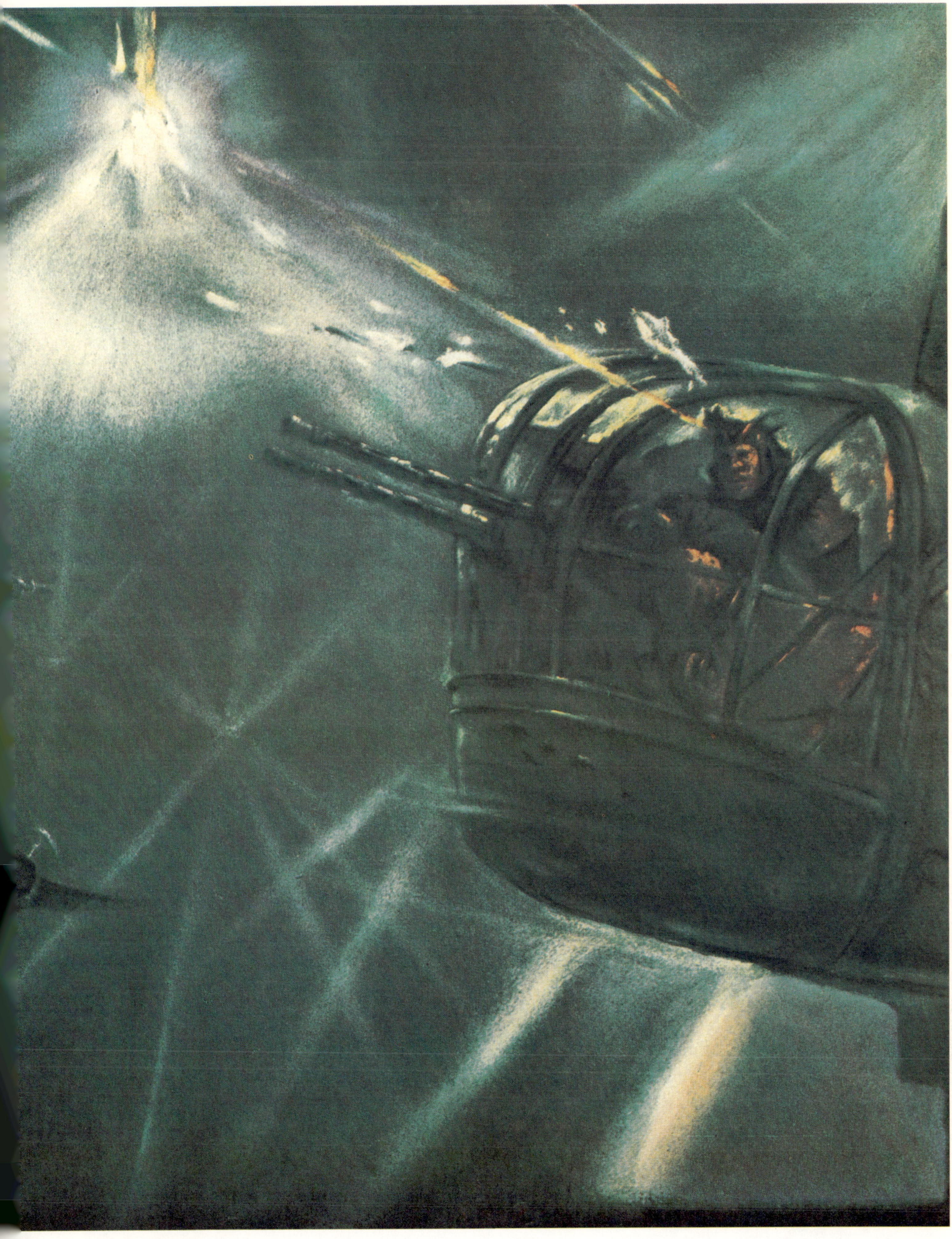

Hans Liska, dessen heroisierend-brutale Darstellungsweise stilprägend für eine ganze Generation von Pressezeichnern wurde.

Niedergang der Luftwaffe

Die ersten Federn ließ sie bei Dünkirchen: Die Luftwaffe konnte das Versprechen ihres Chefs nicht einhalten, die Flucht der Engländer zu verhindern. Dann kam die Niederlage in der Luftschlacht um England und schließlich das Versagen bei Stalingrad. Und als genialer Erfindergeist noch einmal eine Verteidigungschance gegen die alliierten Bomberschwärme eröffnete, als Stahltriebwerke, Raketen und Radar ausgereift waren, da verwässerte eine ignorante Führung auch diese letzte Möglichkeit.

Als am 1. September 1939 der Zweite Weltkrieg mit dem Angriff Hitlers auf Polen begann, verfügte Deutschland über eine Luftwaffe von rund 2700 Kampf-, Jagd-, Sturzkampf-, Zerstörer- und Schlachtflugzeugen, die sich sehen lassen konnte. Diese Luftwaffe – bezieht man die getarnte Bildung von Fliegerverbänden von 1933 an in die Rechnung ein – war sechs Jahre alt. Ihr Aufstieg glich einem Wunder. Daß er überhaupt zustande kam, war unleugbar das Verdienst ihres Oberbefehlshabers, des Fliegerhauptmanns und letzten Kommodores des berühmten Richthofengeschwaders im Ersten Weltkrieg, Hermann Göring. Göring stellte die Luftwaffe ohne jede Rücksicht auf Kosten auf die Beine, doch was ihm fehlte, waren wirkliches technisches Verständnis und Gründlichkeit im Denken wie in der Arbeitsleistung.

Eine große Konzeption fehlte von Anbeginn an. Mit einem Großluftkrieg etwa gegen England rechnete bis zum Spätsommer des Jahres 1938 kein Mensch. Die Entwicklung von Fernkampfflugzeugen, von schweren Bombern, die anfangs vorgesehen war, blieb liegen. Eine eigene Marinefliegerei kam nie zustande. Ersten sah man die Marine als zu unbedeutend an, zweitens sträubte sich Göring, der das Oberkommando über die Luftwaffe auch als innenpolitische Machtposition betrachtete, hartnäckig, einen Teil seiner Kompetenzen an einen anderen Wehrmachtteil abzutreten. Aufgabe der Luftwaffe sollte die Verteidigung des deutschen Luftraumes und die Unterstützung des Heeres in einem Abwehrkrieg sein im begrenzten mittel-, west- und allenfalls ostmitteleuropäischen Raum. Als sich mit der Sudetenkrise des Jahres 1938 zum ersten Mal die Gefahr eines Konfliktes mit England und Frankreich abzeichnete, zeigte sich, daß man für einen Luftkrieg großen Stiles gegen England gar nicht über die dafür geeigneten Maschinen mit großer Reichweite verfügte. Als der Krieg dann kam, war die überhastete Aufstellung zwar einigermaßen abgeschlossen, das Ausbildungsprogramm jedoch keineswegs. Es fehlte auch an der notwendigen Treibstoffreserve. Von den dafür veranschlagten 600000 Tonnen war ein Drittel vorhanden.

Dem mangelnden technischen Vorausdenken im Oberkommando der Luftwaffe stand eine ausgezeichnete Luftfahrtindustrie gegenüber, der es keineswegs an Ideen mangelte. Der Messerschmitt-Jäger Bf 109, die Heinkel- und Dornier-Kampfflugzeuge He 111 und Do 17, die Junkers-Sturzkampf- und Kampfbomber Ju 87 und 88 waren die modernsten ihrer Zeit, der auf eine Idee des für die Gesamtrüstung verantwortlichen Generalluftzeugmeisters Generaloberst Ernst Udet zurückgehende Stuka eine völlige Neuheit.

In den Feldzügen von 1939 bis 1941, ja noch in der Sommerphase des Rußlandfeldzuges von 1941 war die deutsche Luftwaffe imstande, dem Heer jeweils die Herrschaft im Luftraum zu sichern, in Polen, Norwegen, Holland, Belgien und Frankreich, auf dem Balkan in Jugoslawien und Griechenland. Die Luftwaffe schien unbesiegbar zu sein. Aber schon der Versuch, im August 1940 die Luftherrschaft über die Britischen Inseln zu gewinnen und England durch eine Luftoffensive gegen Industrie-, Hafen- und Versorgungszentren entscheidend zu treffen, zeigte in seinem Scheitern die Grenzen auf. Im Krieg gegen die Sowjetunion enthüllte sich bald, daß der Riesenraum die Kräfte der deutschen Flieger verzehrte, eine operative Kampfführung kam überhaupt nicht zum Tragen. Die hier eingesetzte Masse der deutschen Fliegerkräfte verbrauchte sich im taktischen Einsatz zur Unterstützung des Heeres, im Ringen gegen eine rasch stark und stärker werdende taktische Luftwaffe der Sowjets.

Schon die Luftschlacht um England hatte erwiesen, daß der britische »Spitfire«-Jäger der Bf 109 mindestens ebenbürtig, wenn nicht gar überlegen war. Nichts veraltet so schnell wie neuzeitliche technische Waffensysteme. In Deutschland hingegen waren Hitler wie Göring 1940 davon überzeugt, daß der Krieg in Europa gewonnen sei und daß man sich die Entwicklung neuer Flugzeugtypen sparen könne. Im Herbst 1940 erging darum ein »Entwicklungsstopp«, unter den auch die gesamte Planung für Düsenjäger fiel. Dafür sollten bewährte Typen in größtmöglicher Zahl weitergebaut werden, wobei jedoch der Luftrüstung keineswegs die höchste Dringlichkeitsstufe zugemessen wurde. Ein ähnlicher Schritt erfolgte auf dem Sektor der Funkmeßtechnik. Hitler befahl, die Grundlagenforschung einzustellen.

Damit steht über der Geschichte der Luftwaffe nach den größten Siegen im Frühjahr 1940 ein verhängnisvolles »Zu spät«. Man hatte den Kampf mit dem Zeitfaktor nicht verloren, man hatte ihn erst gar nicht aufgenommen. Der britische Premierminister Churchill hatte seine Jagdwaffe sorgfältig für die Verteidigung des Heimatluftraumes aufgespart. Eine gewaltige Fernbomberwaffe war im Aufbau, in der ganzen elektronischen Rüstung machten die Engländer erstaunliche Fortschritte. Die Luftwaffe mußte sich damit begnügen, den Kampf, der sich im Süden auf das Mittelmeer und Nordafrika, im Norden auf den Nordatlantik vor Norwegen ausweitete, mit den gleichen Typen fortzusetzen, mit denen sie 1939 in den Krieg gegangen war. Während der britische Gegner sich anschickte, den Massenangriff mit Hunderten, ja Tausenden von Bombern auf das deutsche Heimatkriegsgebiet zu proben und zu üben, wurde bei der deutschen Luftwaffe, wie schon bei der Fliegerwaffe des Ersten Weltkrieges, der »Starkult« gepflegt, die Verherrlichung des mutigen, geschickten Einzelkämpfers in der Luft mit hundert und mehr Abschüssen.

Die Einsatzbereitschaft dieser hervorragenden Flieger war gewiß höchstes Lob wert, nur verschwand der alte Luftkampf, das ritterliche Duell, das die Jahre 1914–1918 gekennzeichnet hatte, mehr und mehr aus dem Kampfbild. Gegen Pulks von Hunderten von Bombern, die noch dazu durch Langstreckenjäger gesichert wurden, nutzte auch der kühnste Einzeleinsatz wenig oder nichts mehr. Die Diskrepanz zwischen der Herausstellung berühmter Tag- und Nachtjäger und dem Nachlassen einer erfolgreichen Gesamtverteidigung wurde deutlich, je mehr deutsche Städte von 1942 an die Auswirkungen britischer und amerikanischer Großluftangriffe zu spüren bekamen. Zwei Selbstmorde im Oberkommando charakterisieren die verhängnisvolle Entwicklung. Im November 1941 erschoß sich der Generalluftzeugmeister Generaloberst

Bereits 1939 waren die Entwicklungsarbeiten für die Me 262, den ersten Düsenjäger der Welt, abgeschlossen. Doch Hitler verzögerte immer wieder die Serienfertigung dieses »Wunderjägers«, der mit seiner Geschwindigkeit von über 900 km in der Stunde allen feindlichen Jagdflugzeugen überlegen gewesen wäre. Erst als die Alliierten die Luftherrschaft über Deutschland schon gewonnen hatten und Deutschlands Städte in Schutt und Trümmer sanken, standen der Luftwaffe zwei mit der Me 262 ausgerüstete Jagdgeschwader zur Verfügung.

Udet, nachdem er vergeblich von Hitler einen Entscheid über eine neue Rüstungskonzeption zu erlangen versucht hatte, den Aufbau einer Jagdverteidigung für das Reich oder die Schaffung einer neuen Fernkampfwaffe. Am 19. August 1943 erschoß sich der Chef des Generalstabes der Luftwaffe, Generaloberst Jeschonnek, der nun zum Sündenbock für die versagende Jagdverteidigung gemacht werden sollte.

In ungewollter Selbstironie hatte man bei Udets Tod in Berlin verlauten lassen, dieser sei bei der Erprobung einer neuen Waffe ums Leben gekommen. Doch solche Erprobung wurde erst 1942 mit der Aufhebung des »Entwicklungsstopps« wieder möglich. Da war es endgültig zu spät. Zwei Jahre waren vertan.

In den Jahren 1942 bis 1944 ging die Luftherrschaft erst über dem west- und mitteldeutschen Raum, dann über dem gesamten Reichsgebiet verloren. Für den Verschleiß der Luftwaffe im Rußland-Winterfeldzug 1941/42 war es typisch, daß man dazu überging, aus überzählig gewordenem Personal Infanterieverbände, die wenig vom Kriegsglück begleiteten »Luftwaffen-Felddivisionen«, zu formieren, die natürlich keine gründliche Ausbildung im Erdkampf besaßen.

Hinter all dem verbarg sich eine Tragödie ungeheuren Ausmaßes. Man darf nicht den Mut vergessen, mit dem noch Tag- und Nachtjagdverbände versuchten, die alliierten Bomberströme über dem Reich zu bekämpfen. Man darf nicht übersehen, daß die britisch-amerikanische Bomberoffensive mit ihren Flächenangriffen bei Nacht und den Punktzielangriffen bei Tag auf industrielle Schwerpunkte ihren Hauptzweck nicht erfüllte: Den Lebens- und Durchhaltewillen der deutschen Bevölkerung zu brechen, wenigstens so lange nicht, wie die gegnerischen Armeen noch außerhalb der Reichsgrenzen standen. Ohne den Nachstoß der Bodentruppen gegen das Innere der sogenannten »Festung Deutschland« wäre die Luftoffensive ohne Effekt geblieben.

Eine Wende schien noch einmal der Herbst 1943 zu bringen. Die Messerschmittwerke hatten eine Strahl- und einen Raketenjäger bis zur Frontreife entwickelt, die Me 262 und die Me 163. Gingen diese rechtzeitig in die Serienproduktion, so hätte Deutschland noch vor Beginn der Invasion im Juni 1944 über die modernste Jagdwaffe der Welt verfügt. Hitler entschied jedoch, man solle diese Modelle zu »Blitzbombern« umbauen, um sie gegen London einsetzen zu können. Der Streit um die Freigabe der Strahlflugzeuge für die Jagdverbände dauerte fast bis zum Ende des Krieges. Hitler blieb bei seinem Entschluß, und der einstmals so tatenfreudige, zum Reichsmarschall erhobene Oberbefehlshaber der Luftwaffe Hermann Göring war nur noch ein Schatten seiner selbst und riskierte keinerlei Opposition gegen Hitler, zumal der Niedergang der Luftwaffe ihn viel von seinem eigenen Prestige gekostet hatte.

1944/45 überschnitten sich jeweils deutsche Maßnahmen mit alliierten Schachzügen. Einem Ansteigen der Produktion an konventionellen Jagdflugzeugen stand die zunehmende Zerschlagung der deutschen synthetischen Treibstoffversorgung durch die Bomberoffensive gegenüber. Als endlich der Einsatz von Düsenjägern freigegeben wurde, war es wiederum zu spät. Der Gegner brach im Osten wie im Westen in breiter Front in das Innere der »Festung« ein, deren Dach längst zerschlagen war.

»Fliegende Front« – ein gleichnamiger Bildband aus dem Verlag »Die Wehrmacht« vom Jahr 1942 – zeigt die Männer und Maschinen der Luftwaffe in Farbe. Unser Querschnitt aus dem offiziellen, daher vornehmlich propagandistisch gemeinten Fotomaterial zeigt Angehörige des fliegenden Personals in Pelzkombinationen für den Winter und in Schwimmwesten für den Feindflug über See (rechte Seite oben), den Fernaufklärer Focke Wulf Fw 200 »Condor« (linke Seite oben), einen Sturzkampfbomber Junkers Ju 88 beim Start (rechts unten), das Transportflugzeug Junkers Ju 52 in Sizilien (linke Seite unten links) sowie die Heinkel He 111 auf einem Feldflugplatz im Osten (oben).

Die Vernichtung der Juden

Der rassische Antisemitismus war ein zentrales Element der NS-Weltanschauung. In aller Öffentlichkeit wurden die jüdischen Mitbürger nach 1933 diskriminiert und wirtschaftlich stranguliert. Daß Hitler jedoch auch dazu bereit war, alle Juden Europas systematisch zu liquidieren, das konnte sich kaum einer vorstellen. Bis zur »Reichskristallnacht« im November 1938 glaubten noch viele Juden in Deutschland, sich mit dem Nationalsozialismus arrangieren zu können. Doch dann wurde ihre systematische »Ausschließung aus dem deutschen Volkskörper« forciert und schließlich nach Beginn des Krieges gegen die Sowjetunion die physische Vernichtung des europäischen Judentums ins Werk gesetzt.

Am 12. und 23. November 1938 werden die Juden aus dem Wirtschaftsleben ausgeschlossen: Alle Geschäfte, Handwerks- und Gewerbebetriebe dürfen nur noch in der Hand von »Ariern« sein. Soweit Juden nicht nur Pächter, sondern Besitzer von Betrieben sind, wird ihnen ihr Eigentum abgekauft – gegen niedrige Zwangspreise, versteht sich. Juden dürfen keine Grundstücke mehr kaufen; Aktien oder andere Wertpapiere sind auf einer Devisenbank zu deponieren, um »jüdischen Devisenschmuggel« zu verhindern. Schmuck oder Kunstgegenstände müssen an staatliche Ankaufsstellen verkauft werden.

Dr. Joseph Goebbels erläßt in seiner Eigenschaft als »Präsident der Reichskulturkammer« am 12. 11. 1938 eine Anordnung, in der es heißt:

»Nachdem der nationalsozialistische Staat es den Juden bereits seit über fünf Jahren ermöglicht hat, innerhalb besonderer jüdischer Organisationen ein eigenes Kulturleben zu schaffen und zu pflegen, ist es nicht mehr angängig, sie an Darbietungen der deutschen Kultur teilnehmen zu lassen . . .«

Die Juden dürfen also nicht mehr ins Theater, dürfen kein Kino, kein Konzert, keinen Vortrag, kein Varieté und keine Kunstausstellungen mehr besuchen.

Zwei Tage darauf wird jüdischen Kindern der Besuch von Schulen verboten. Sie sollen jüdische Schulen besuchen, die es natürlich kaum gibt. Wenig später ergeht eine Polizeiverordnung über das »Auftreten der Juden in der Öffentlichkeit«, die jedoch örtlich verschieden gehandhabt wird. Vielerorts dürfen Juden nachts nicht mehr auf die Straßen, anderswo wird ihnen das Betreten von Parkanlagen, von Badeanstalten, von Gaststätten untersagt. Am 3. Dezember wird allen jüdischen Bürgern nicht nur der Führerschein entzogen, Juden dürfen auch kein Kraftfahrzeug mehr besitzen.

Das bereits bestehende Berufsverbot für jüdische Ärzte wird am 17. Januar 1939 auf Zahnärzte, Tierärzte und Apotheker ausgedehnt. Sie dürfen nur noch für Juden tätig sein. Für Tierärzte bedeutet das in der Praxis völliges Berufsverbot, denn es gab noch niemals viel landwirtschaftliche Betriebe in jüdischem Besitz, die ein Tierarzt hätte betreuen können, und jetzt sind ohnehin alle jüdischen Betriebe enteignet worden. Das gleiche gilt für Apotheker, die zumeist selbständig sind.

Mit all diesen Maßnahmen, die Schlag auf Schlag der »Kristallnacht« folgen, sind die Juden aus dem deutschen Wirtschaftsleben, an dem sie so hohen Anteil hatten, ausgeschieden. Und nicht nur das: Sie sind auch aus der Öffentlichkeit, aus dem gesamten bürgerlichen Leben vertrieben worden, sie leben faktisch jeder für sich, in einem kleinen Ghetto, isoliert von der übrigen Bevölkerung, zu der sie doch gehören.

Etwas über 500000 jüdische Bürger hatte Deutschland 1933. Jetzt, Anfang 1939, sind es nur noch 234000. Über die Hälfte also ist bereits ausgewandert, hat ihre Heimat verlassen müssen. Es sind die wohlhabendsten Juden gewesen, die große Teile ihres Vermögens zurücklassen mußten, oder solche, die helfende Verwandte im Ausland hatten.

Zu den 234000 kommen noch über 70000, die im »Protektorat« leben und nicht rechtzeitig flüchten konnten, oder in Österreich, das jetzt »Deutsche Ostmark« heißt, und noch keine Auswanderungsmöglichkeit bekommen haben. Denn noch sind Auswanderungen möglich.

Noch ist das schreckliche Gespenst der »Endlösung der Judenfrage«, die Vernichtung der Juden, ein blasser Schemen. Um diese Zeit ist der Staat noch an zweierlei interessiert: Deutschland »judenfrei« zu machen durch Auswanderung aller Juden, zugleich aber daran zu verdienen und Devisen hereinzuholen.

So wird im Januar 1939 von der Sicherheitspolizei, der »Sipo«, die dem SS-Gruppenführer Heydrich untersteht, eine »Reichszentrale zur Förderung der jüdischen Auswanderung« ins Leben gerufen. Reinhard Heydrich – der Mann, der eineinhalb Jahre zuvor mit der Intrige gegen Marschall Tuchatschewski den bis dahin schwersten Schlag gegen die Rote Armee geführt hat – ist inzwischen, von der Öffentlichkeit völlig unbemerkt, einer der mächtigsten Männer Deutschlands geworden. Ihm unterstehen Sicherheitspolizei, Sicherheitsdienst (SD) und die Gestapo.

Vom »Anschluß« Österreichs bis Ende 1938 hat Heydrich für die Auswanderung allein von 45000 österreichischen Juden »gesorgt«, wie er Göring stolz mitteilt. Aber Göring ist darüber gar nicht so sehr erfreut. Die reichsten Juden sind damit fort – ihm wäre lieber, wenn alle Juden gemeinsam Auslandswerte, dringend benötigte Devisen zur Verfügung stellten und somit gegen Bezahlung auch alle Juden auswandern dürften. Einem solchen Zweck soll die neue »Reichszentrale« dienen.

Schon längst haben zwischen verschiedenen Staaten Verhandlungen über die Auswanderung von Juden stattgefunden, zunächst auf Initiative Polens, dessen Regierung ebenfalls die jüdischen Staatsbürger aus dem Land haben will. Die Polen haben den Plan, auf der Insel Madagaskar vor der ostafrikanischen Küste einen eigenen Judenstaat errichten zu lassen, denn Palästina, die Heimat der Juden, ist seit fast zweitausend Jahren von arabischen Stämmen und Völkern bewohnt, in ihr Ursprungsland also können die Juden nicht zurück, wenn man nicht die Araber vertreiben will.

Madagaskar aber ist französi-

Der Kennzeichnung der Juden mit dem Judenstern (oben) folgte ihre systematische Vernichtung. Rechte Seite oben: Razzia in Amsterdam. Im besetzten Holland wurden mehr als 100000 Juden zusammengetrieben und nach Osten in die Vernichtungslager transportiert. Weniger als 6000 kehrten zurück.

sche Kolonie, was sagen die Franzosen zu einem solchen Plan? In Frankreich beschäftigt man sich mit dieser Idee, wohlwollend sogar.
Madagaskar ist fast doppelt so groß wie Polen, zwölfmal so groß wie die Slowakei, hat aber nur knapp vier Millionen Einwohner. Die Insel, die viertgrößte der Welt, ist reich an Bodenschätzen und Naturreichtümern. Eine größere Bevölkerungszahl kann nur zum Aufblühen der Insel und zum Wohlstand beitragen. Allerdings vergißt man eines – das Klima. Für die dort wohnenden verschiedenen Völkerschaften, die meist nicht aus Afrika, sondern aus dem südasiatischen Raum stammen, ist dieses Klima erträglich, kaum jedoch für Menschen aus Mitteleuropa.
Aber das interessiert weniger. Die Diskussion bleibt sowieso theoretisch und wird erst halbwegs ernsthaft eineinhalb Jahre später wieder aufgenommen – von deutscher Seite, dann, als Frankreich militärisch besiegt worden ist.
Zunächst geht es in Deutschland darum, aus der Vertreibung der Juden möglichst noch ein Geschäft zu machen. Das ist eine Sache, an der zwar nicht Heydrich, wohl aber Göring interessiert ist. Reichsbankpräsident Dr. Schacht, zuvor Wirtschaftsminister und der Mann, von dem gesagt wird, er habe 1923 die schreckliche Inflation beendet, schlägt vor, das Ausland solle Deutschland eine Devisenanleihe zur Deckung aller Kosten für die jüdische Auswanderung geben, die innerhalb von drei bis fünf Jahren beendet sein soll. Als Deckung für diese Anleihe soll das zurückbleibende jüdische Vermögen dienen, das dann in 20 bis 25 Jahren zurückgezahlt werden soll.
Es scheint fast so, daß aus diesem Geschäft tatsächlich etwas wird. Denn das zwischenstaatliche Komitee für Auswanderung – das sich nach einer Konferenz über diese Fragen 1938 in dem Schweizer Städtchen Evian gebildet hat – ist nicht abgeneigt, diesen Vorschlag ernsthaft zu prüfen. Doch es kommt vieles dazwischen, was alle die nun geführten Verhandlungen schließlich scheitern läßt, scheitern lassen muß.
Dr. Schacht beschwört zwar nach dem Krieg: »Wäre sie (seine Absicht) durchgeführt worden, so wäre nicht ein einziger deutscher Jude ums Leben gekommen«, aber zunächst hätte eine geregelte Finanzierung der Auswanderung nichts genützt, wenn niemand die Auswanderer haben will. Außer dem vagen Madagaskar-Plan der Polen und Franzosen erwägen die Engländer, und sie machen auch offiziell über das »Zwischenstaatliche Komitee« diesen Vorschlag, jüdischen Auswanderern aus Deutschland die Ansiedlung in Rhodesien und Britisch-Guyana zu gestatten. Aber das ist auch alles. Danach verschärft sich die internationale Lage im Lauf des Jahres 1939 so, daß die Verhandlungen abgebrochen werden – und dann ist Krieg. An eine jüdische Auswanderung nach Madagaskar, Rhodesien oder Guyana ist selbst dann nicht mehr zu denken, wenn wirklich jemand ernsthaft daran interessiert wäre.
Während aber verhandelt worden ist – und man darf annehmen, daß auch Göring und Hitler an diesen Verhandlungen ernsthaft interessiert waren wegen der zu erwartenden Devisengewinne –, hat ein anderer bereits gehandelt: Heydrich. Im Auftrag seiner »Reichsstelle für jüdische Auswanderung« sind Tausende deutscher Juden in das »Protektorat« abgeschoben worden.
Der Feldzug gegen Polen ist kaum beendet, da verkündet Heydrich, daß aus dem »Warthegau« schon 87000 Juden und Polen evakuiert seien, um Platz für die aus der Sowjetunion heimkehrenden Volksdeutschen zu schaffen. Zur gleichen Zeit hält Alfred Rosenberg – Partei-Philosoph und Leiter des »Außenpolitischen Amtes« – eine internationale Pressekonferenz ab. Vor den versammelten Auslandsjournalisten erklärt er, daß aus bekannten Gründen – weil Araber und Engländer sich dagegen sträuben – Palästina nicht als Aufnahmegebiet für die Juden in Frage käme, und sagt dann weiter: ». . . so bleibt eben die einzige Frage zu lösen übrig, ob und welches in sich geschlossene Territorium die Demokratien bereitstellen wollen, um die Juden als Gesamtheit umzusiedeln. Dieses Territorium müßte eine Kapazität von rund 15 Millionen Juden vorsehen. Zu diesem Zweck müßten die jüdischen Millionäre und Milliardäre aus aller Welt etwa dem Büro der Evian-Konferenz . . . ihre Mittel zur Verfügung stellen . . .«
Aber die Ereignisse und Reinhard Heydrich sind schon längst über Alfred Rosenberg und seine Pläne hinweggegangen. In Polen sind Tausende von Juden nicht nur, wie Heydrich sagt, »evakuiert« worden, sondern Massenerschießungen durch die Sicherheitspolizei und durch polnische Antisemiten zum Opfer gefallen. Nur nach dem Frankreich-Feldzug taucht noch einmal der Madagaskar-Plan auf. Aber das scheint wieder Görings Idee gewesen zu sein, der hier seinen Geschäftssinn beweist. Die Juden sollen auf der afrikanischen Insel selbst einen Staat mit weitgehender Selbstverwaltung aufbauen. Da man sich von der »Geschäftstüchtigkeit« der Juden einiges verspricht, soll der von Juden betriebene Außenhandel der Insel von einer jüdischen Genossenschaft geleitet werden, die aber direkt unter deutscher Aufsicht steht und Deutschland an den zu erwartenden Gewinnen beteiligt. Sämtliches jüdisches Kapital im deutschen Machtbereich soll für Madagaskar zur Verfügung gestellt werden.
Das Projekt ist in allen Einzel-

heiten durchdacht, so gründlich, daß es vielleicht sogar hätte realisiert werden können. Zur Verwirklichung fehlt – neben der Zustimmung der französischen Regierung nur die Hauptsache: daß der Krieg aufhört. Denn es ist unmöglich, über die von Großbritannien beherrschten Meere nach Madagaskar zu gelangen. So muß dieser unsinnige Plan ein Plan bleiben.

Inzwischen sind die in Deutschland verbliebenen Juden noch rechtloser geworden. Bereits in den ersten Kriegstagen müssen sie als »Feinde des Reiches« ihre Rundfunkgeräte abgeben. Sie erhalten Lebensmittelkarten mit geringeren Rationen, als die übrige Bevölkerung sie erhält. Die Ausgangszeiten werden weiter beschränkt und auf einige wenige Stunden am Tag festgesetzt, was Einkäufe fast unmöglich macht. Schließlich wird, im September 1941, der Judenstern eingeführt, den jeder tragen muß, damit er von vornherein als Jude erkannt werden kann. Der Beginn des Krieges gegen die Sowjetunion, der Kampf der »Weltanschauungen«, bringt die endgültige Wende in dem, was die Nazis die »Judenfrage« nennen. Bis dahin sind noch Hunderttausende von Juden aus den inzwischen von der Wehrmacht besetzten Ländern ausgewandert, zum Teil illegal, zum Teil noch immer auf Anweisung von Heydrichs »Reichszentralstelle«.

Jetzt ändert sich das, von verschiedenen Ausnahmen abgesehen. Wenn bisher die Ermordung von Juden die Ausnahme und die vom Dritten Reich selbst geförderte Auswanderung die Regel gewesen ist, so wird es nun umgekehrt. Die Judenvernichtung wird zur alles bestimmenden Regel, ab 1. Oktober 1941 wird die Auswanderung verboten.

Am 20. Januar 1942 findet in Berlin die Konferenz statt, die unter dem Namen »Wannsee-Konferenz« eine traurige Berühmtheit erlangen soll. Die Konferenz wird durchgeführt im Gebäude der jedem Kriminalromanleser bekannten »Interpol«, der Internationalen Kriminalpolizei-Kommission, Am Großen Wannsee 56/58.

Außer Heydrich nehmen vierzehn Beauftragte verschiedener Dienststellen und Ministerien teil. So vom Außenministerium, vom Wirtschaftsministerium, vom »Reichsministerium für die besetzten Ostgebiete« (das nun von Rosenberg geleitet wird), von der Regierung des »Generalgouvernements« in Polen, vom Innenministerium und vom Justizministerium, das auf dieser Konferenz von Dr. Roland Freisler vertreten wird, der einst in der Sowjetunion bolschewistischer Kommissar war und später als Präsident des Volksgerichtshofes die Verschwörer gegen Hitler dem Henker überliefern wird. Von den Heydrich unterstellten Behörden nehmen unter anderen teil Heinrich Müller, der Chef der Gestapo, der heute in Albanien leben soll, und ein Mann mit realtiv niedrigem Dienstgrad, den niemand kennt und von dem auf Grund seines Dienstgrades auch niemand annehmen kann, daß er sogar die Hauptperson der Tragödie sein wird, die sich aus dieser Konferenz entwikkelt.

Obersturmbannführer Eichmann heißt dieser Teilnehmer. Er macht den Eindruck eines biederen, etwas pedantischen Beamten. Bisher hat er in Wien und später in Prag die Auswanderung der Juden organisiert. Auf welche Weise er seine Aufgabe gelöst hat, zeigt die Bemerkung, die er zum Vorsitzenden des Rates der Prager Kultusgemeinde, Dr. Kafka, machte, als dieser ihn auf die finanziellen Schwierigkeiten der Auswanderung hinwies: Er werde dann eben, sagte Eichmann, jeden Tag straßenweise 300 Juden verhaften und sie in KZs stecken. Dort bekämen sie dann sicher ein großes Interesse an der Auswanderung!

Jetzt ist dieser Eichmann Leiter des soeben gegründeten Referats IV B 4 des Reichssicherheitshauptamtes geworden. Hinter der nichtssagenden Numerierung eines der unzähligen Referate des RSHA verbirgt sich das technische Hirn der Judenausrottung. Eichmanns Freund Wisliceny sagt nach dem Krieg, als man Eichmann für tot hält, über ihn:

»Er war in allen Dingen ein ausgesprochener Bürokrat. Über jede Unterredung, die er mit irgendeinem seiner Vorgesetzten hatte, fertigte er sofort eine Aktennotiz an. Er hat mich immer wieder darauf hingewiesen, daß dies das Wichtigste wäre, damit er jederzeit von oben gedeckt wäre. Er selbst scheute jede eigene Verantwortung . . .«

Das erhalten gebliebene, leider unvollständige Protokoll der Wannsee-Konferenz gebraucht erstmals in einem offiziellen Schriftstück das Wort »Endlösung«, ohne jedoch zu sagen, daß diese Endlösung die Vernichtung, die Ausrottung der Juden im deutschen

Während die Ächtung und Entrechtung der Juden in aller Öffentlichkeit stattfand (Bild oben: antisemitisches NS-Plakat), wurde ihre systematische Vernichtung streng geheimgehalten. In einem vertraulichen Rundschreiben an die Reichs- und Gauleiter der NSDAP verbot Bormann im »Auftrag des Führers« jede Erwähnung einer »künftigen Gesamtlösung«. Öffentlich sei nur davon zu sprechen, »daß die Juden geschlossen zu zweckentsprechendem Arbeitseinsatz herangezogen werden«. Selbst als die feindliche Propaganda von Greueltaten sprach, wollte man das Schreckliche nicht glauben. Hatten nicht gerade die Erfahrungen des Ersten Weltkrieges, beispielhaft sei hier das infame Plakat mit den abgehackten Kinderhänden (rechte Seite oben), in dem die Deutschen als blutrünstige Bestien verteufelt wurden, dies überdeutlich bewiesen? Das Volk jedenfalls hatte keine Möglichkeit, die Wahrheit der unglaublichen Anschuldigungen zu überprüfen. Gerüchte über Massenmorde im Osten wurden meist als schlecht getarnte Feindpropaganda abgetan.

Herrschaftsbereich bedeuten soll. Man kann das aus einigen Stellen des Protokolls nur vermuten.

Dennoch gibt es Gewißheit darüber, was das harmlose Wort Endlösung bedeutet. Die Gewißheit besteht in den Maßnahmen, die nun durchgeführt werden, zum Teil schon vor der Konferenz durchgeführt worden sind: die Erschießungen und Pogrome nach der Besetzung Polens, die Tätigkeit der »Einsatzgruppen« des SD unmittelbar hinter der Ostfront – Zehntausende von baltischen, ukrainischen und russischen Juden werden zu Massenexekutionen geführt –, in der polnischen Stadt Chelmno wird bereits das KZ eingerichtet, das von vornherein zur Vernichtung seiner Insassen bestimmt ist.

Offen gesprochen wird im Protokoll der Wannsee-Konferenz nur von einer »Evakuierung« aller Juden nach den besetzten Ostgebieten, wo sich ihre Zahl durch schwere Arbeitseinsätze »auf natürliche Art« vermindern würde. Es ist durchaus möglich, daß der ganzen Besprechung nur deshalb ihre umstrittene Bedeutung für die Judenvernichtung zukommt, weil in ihr eben nicht die Wahrheit gesprochen wird, sondern den Vertretern der Dienststellen und Ministerien ein plausibler Grund für die nun einsetzenden Massendeportationen gegeben werden soll: Arbeitseinsatz im Osten. Also eine Besprechung zum ausdrücklichen Zweck der Tarnung der Absicht Heydrichs? Jedenfalls wird Europa jetzt systematisch nach Juden »durchgekämmt«. Am einfachsten ist das in Polen, in der Ukraine, in Lettland, Litauen und Estland. Hier gab es schon immer einen starken Antisemitismus, und hier lebt der größte Teil bereits in Ghettos. Oftmals wird die Gestapo hier von der einheimischen Bevölkerung unterstützt, die Juden namhaft macht und sogar durch eigene Polizei festnimmt und sie der Gestapo ausliefert. Die Deportationen in alte oder neu eingerichtete Ghettos gehen in diesen Ländern schnell voran. Schwieriger ist es schon in den Balkanländern und in denen des Donaugebietes, mit der Ausnahme von Rumänien. Dort ist der Antisemitismus ebenfalls ziemlich stark und hat schon früher zu Pogromen geführt. Die Regierung des Marschalls Antonescu sorgt selbst für die Deportation der rumänischen Juden in die Ukraine, längst bevor die deutsche Gestapo mit solchen Aktionen beginnt. Wieviel Hunderttausende Menschen dabei umgekommen sind, ist bis heute noch nicht bekannt.

In Ungarn, Bulgarien und der Slowakei hat man wenig Bedenken, die eingewanderten Juden zu deportieren. Die einheimischen Juden dagegen werden zunächst nicht ausgeliefert. Später, als sich Gerüchte verbreiten, die deportierten Juden würden nicht zum Arbeitseinsatz, sondern in Todeslager geschickt, versucht die slowakische Regierung des Monsignore Tiso, allerdings vergebens, die angeblichen Arbeitslager in Osteuropa zu besichtigen, und Ungarn nimmt wieder geflüchtete Juden auf.

In den von der deutschen Wehrmacht besetzten Gebieten Jugoslawiens und Griechenlands – Teile der beiden Länder sind von italienischen Truppen besetzt – »durchkämmen« Gestapo und SD selbst die Städte und Dörfer nach Juden.

In den italienisch besetzten Gebieten, wie auch in Italien selbst, gibt es keine Deportationen. Zwar bestehen auch in Italien Gesetze, die die Rechte der Juden einschränken, aber es gibt keinen ausgesprochenen Antisemitismus, und die Gesetze gegen die Juden werden zumeist von den Behörden nicht beachtet.

In Nord- und Westeuropa haben es Heydrich und Eichmann am schwersten. Dort werden die Juden nicht wie in Osteuropa und einigen Balkanländern als Fremde empfunden, sondern als Einheimische, als vollwertige Staatsbürger.

In Dänemark werden Judenverschickungen fast ganz verhindert. In Frankreich ist für die Gestapo kaum festzustellen, wer überhaupt Jude ist – außer den jüdischen Gemeinden. In Holland hilft zwar zum Teil die holländische Polizei der Gestapo bei der Festnahme der Juden, aber hier ist der Widerstand der Bevölkerung besonders stark. In Norwegen hat es die Gestapo nur deshalb relativ leicht, weil es nur wenige Juden gibt, die deshalb natürlich auch als solche bekannt sind.

Die Juden werden zum Teil in Konzentrationslager gebracht, zum Teil in osteuropäische Ghettos. Hier ist das Ziel zunächst einmal, die Juden zu isolieren, zum anderen, sie durch Zwangsarbeit auszubeuten.

Dann aber tauchen Namen auf wie Treblinka, Majdanek, Auschwitz. Auschwitz – damit verbindet sich am schrecklichsten der Begriff der »Endlösung«, der Judenvernichtung. So soll dieses Lager hier nur als Beispiel für alle Lager stehen, die ausdrücklich der Ermordung von Menschen dienen sollen.

Auch hier gibt es wieder Ausnahmen. Es gibt auch Zwangsarbeit in diesem Lager, es gibt eine ganze Anzahl von Menschen, die die Hölle von Auschwitz überleben. Aber wie in Ghettos zunächst die geleistete Zwangsarbeit das Wichtigste ist und die zahlreichen Todesfälle eben in Kauf genommen werden, so ist in Auschwitz die Menschenvernichtung die Hauptsache, und die von einem Teil der Lagerinsassen geleistete Zwangsarbeit die Nebensache.

Dabei ist gerade Auschwitz ursprünglich als riesiges Arbeitslager gedacht gewesen. Die IG-Farben wollten hier, in un-

mittelbarer Nähe des oberschlesischen Industriegebietes, Fabriken zur Gewinnung von synthetischem Gummi und Benzin errichten, in denen ausschließlich KZ-Häftlinge arbeiten sollten.
Aber daraus wird nichts. Auschwitz eignet sich zu gut als Vernichtungslager. Es liegt ziemlich zentral in Europa, hat bereits Bahnanschluß und ist trotzdem weit genug von den nächsten Ortschaften entfernt, um die wahren Vorgänge im Lager vor der Außenwelt verbergen zu können. Dazu kommt, um die Tarnung perfekt zu machen, daß eben der ursprüngliche Plan, in Auschwitz riesige Anlagen der chemischen Industrie aufzubauen, für jeden nur Teil-Eingeweihten sowohl die Menschentransporte als auch die Lieferung von Chemikalien, den Bau von Gaskammern und anderes auf relativ harmlose Weise erklärlich machen kann. Ebenso spielen bei der Auswahl von Auschwitz als Hauptvernichtungslager die Proteste der Wehrmacht gegen die Massendeportationen nach Osten eine Rolle. Wehrmachtbefehlshaber der Ostfront haben dagegen protestiert, daß die für den militärischen Einsatz lebenswichtigen wenigen Eisenbahnstrekken für Judentransporte verwendet werden statt ausschließlich für Truppen- und Materialtransporte.
Der Lagerkommandant von Auschwitz in der für die Vernichtungsaktion entscheidenden Zeit von 1941 bis 1943 ist ein gewisser Rudolf Höss, am Ende seiner unheilvollen Laufbahn Obersturmbannführer.
Höss hat den größten Teil seines Lebens in Kerkeranstalten verbracht, als Häftling zunächst und dann als Kerkermeister. Dieser Mann, der nach seinem Geständnis zweieinhalb Millionen Menschen getötet hat, ist 1900 in Baden-Baden geboren als Sohn eines besonders frommen katholischen Kaufmanns. Er wurde von seinen Eltern auf die Priesterlaufbahn vorbereitet, trat aber 1922 schon der NSDAP bei. Wegen Beteiligung an einem politischen Mord wurde er Ende 1923 zu zehn Jahren Gefängnis verurteilt, die er nicht ganz abzubüßen brauchte.
Ein Mittäter von Höss ist Martin Bormann, der ihn deshalb später, als selbst die SS-Gerichtsbarkeit Höss zur Verantwortung ziehen will, in Schutz nimmt und unterstützt. Aber als Höss 1928 aus dem Gefängnis entlassen wurde, war sein Freund Bormann noch ein Nichts. So wurde er Landarbeiter und blieb es auch noch bis 1934. Dann trat er in die Wachmannschaft des Konzentrationslagers Dachau ein.
Erst 1936 wurde er, obwohl ganz »alter Kämpfer«, Untersturmführer, und vier Jahre später, als er 1940 das Kommando über das zu diesem Zeitpunkt noch »harmlose« Auschwitz übernahm, war er noch immer nur Obersturmführer. Erst dann wurde er schneller befördert.
Höss hat nach dem Krieg ein umfangreiches Geständnis geschrieben. Seine Schilderungen über die Art der Menschenvernichtung sind von so vielen Überlebenden bestätigt worden, daß man ihnen Glauben schenken muß. So gesteht er:
»Die Art und Weise, in der wir unsere Opfer auswählten, war folgende: Zwei SS-Ärzte waren in Auschwitz tätig, um die einlaufenden Gefangenentransporte zu untersuchen. Die Gefangenen mußten an einem der Ärzte vorbeigehen, der bei ihrem Einmarsch die Entscheidung fällte. Die Arbeitsfähigen wurden ins Lager geschickt. Kinder in sehr jungen Jahren wurden stets vernichtet, da sie auf Grund ihrer Jugend unfähig waren zu arbeiten . . .«
Dann schreibt Höss über den Unterschied zu dem bereits vorher entstandenen Vernichtungslager Treblinka, wo die Ermordungen mit Kohlenmonoxid (CO) vorgenommen wurden, das aus Dieselmotoren in luftdicht isolierte Baracken geleitet wurden:
»Noch eine andere Verbesserung gegenüber Treblinka war, daß in Treblinka die Opfer fast immer wußten, daß sie vernichtet werden sollten, während wir uns in Auschwitz bemühten, die Opfer im Glauben zu lassen, sie hätten ein Entlausungsverfahren durchzumachen. Natürlich erkannten sie häufig unsere wahren Absichten, und wir hatten darum manchmal Aufruhr und Schwierigkeiten. Sehr häufig wollten Frauen ihre Kinder unter den Kleidern verbergen, aber wenn wir sie fanden, wurden die Kinder natürlich zur Vernichtung geschickt . . .«
Man braucht nicht viel Phantasie, um sich die schrecklichen Szenen vorzustellen, die Höss hier nur barbarisch-nüchtern andeutet. Die von den Ärzten bei der Selektion, der Auswahl auf der Eisenbahnrampe, zur Ermordung bestimmten Deportierten müssen als erstes sämtliches Geld und alle Wertsachen abgeben. Es wird ihnen gesagt, daß sie nach der »Entlausung« ihr Eigentum zurückerhalten.
Dann geht es zu den »Baderäumen«. Die Kleider müssen zur Desinfizierung abgegeben werden, nackt betreten die Menschen jeden Alters und Geschlechts die Baderäume, von denen sie nicht wissen, daß es Todeskammern sind. Die Türen werden geschlossen, und dann strömt aus Brauseanlagen an der Decke das giftige Gas ein, Zyklon B genannt, kristallisierte Blausäure.
»Es dauerte . . . 3 bis 15 Minuten, um die Menschen in der Todeskammer zu töten. Wir wußten, wann die Menschen tot waren, weil ihr Schreien aufhörte. Wir warteten gewöhnlich ungefähr eine halbe Stunde, bevor wir die Türen öffneten und die Leichen entfernten. Nachdem wir die Körper hinausgeschafft hatten, nahmen unsere Sonderkommandos den Leichen die Ringe ab und zogen das Gold aus den Zähnen der Leichname . . .«
Das Bild, das sich beim Öffnen der Gaskammern bietet, ist schrecklich. Viele der Opfer haben trotz aller Tarnungsmaßnahmen im letzten Augenblick bemerkt, was ihnen bevorsteht. In panischer Todesangst sind sie zur Tür gestürzt, haben sich ineinander verkrallt, verschlungen. Die verkrampften, erstarrten, mit Blut und Kot behafteten Körper müssen mit hakenbewehrten Stangen gewaltsam auseinandergerissen werden.
Die grausige Aufgabe, die Toten zu entfernen, ist Häftlingskommandos übertragen, die dafür Sonderzuteilungen an Schnaps, Zigaretten und Lebensmitteln erhalten – und die vor allem glauben, dadurch selbst eine Überlebenschance zu haben. Aber in unbestimmten Zeitabständen werden auch sie in die Gaskammern getrieben. Doch bis dahin führen sie selbst die unmittelbare Vernichtungsaktion durch, von der Abnahme der Wertsachen bei der Ankunft über die Entkleidung und das Sortieren der Kleidung bis zur Räumung der Gaskammern und der Verbrennung der Toten.
Die Verbrennung geschieht in zusammen vier Krematoriumsöfen, von denen aber während eines größeren Zeitraums der Vernichtungsaktion nur zwei arbeiten. So wird der überwiegende Teil der Ermordeten im Freien verbrannt, entweder auf Eisenrosten oder in großen Gruben, die mit Benzin übergossen werden.
Die Gesamtzahl der Opfer, die das Vernichtungslager Auschwitz gefordert hat, ist bis heute ungewiß. Eine sowjetische Kommission, die das verlassene Lager 1945 untersuchte, erklärte wörtlich:
»Unter Berücksichtigung der Tatsache, daß die Kapazität der Krematorien teilweise nicht erschöpft war, hat die technische Sachverständigenkommission festgestellt, daß während der Dauer des Bestehens des Auschwitzer Lagers die deutschen Henker nicht weniger als 4 Millionen Bürger aus der UdSSR, Polen, Frank-

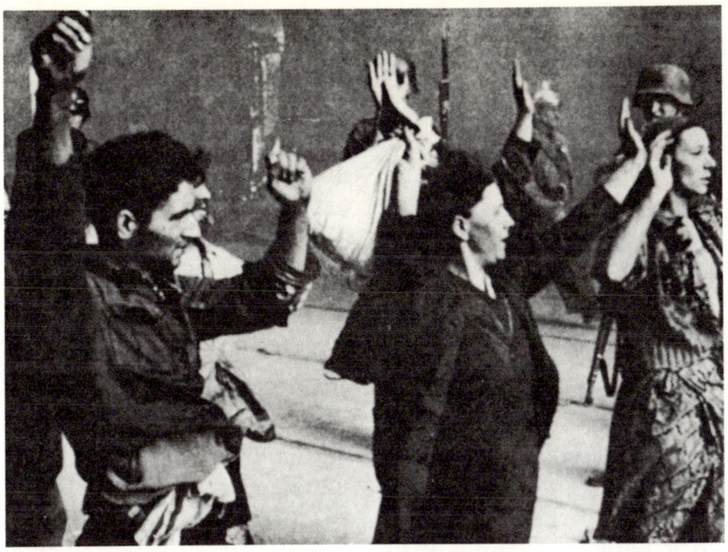

Höhepunkt des jüdischen Widerstandes war der Aufstand im Warschauer Ghetto, der am 18. April 1943 begann und bis zum 16. Mai 1943 trotz verzweifelter und tapferer Gegenwehr der jüdischen Ghettokämpfer von Angehörigen der Waffen-SS unter Führung des SS-Generals Jürgen Stroop (oben) blutig niedergeschlagen wurde. In einem Flugblatt der jüdischen Widerstandsbewegung heißt es: »An Dich. Ganze Scharen, Tausende sollen sich erheben. Vereinigen wir uns zu einer Armee! Wer Du auch bist, und wie Du auch denkst – wenn Du eine stolze Seele hast... dann komme zu uns. Schulter an Schulter stell Dich zum Kampf um das Leben der ratlosen, zum Tode verurteilten Massen.« Bild ganz oben: Gefangengenommene Ghettokämpfer, Männer und Frauen, werden zur Hinrichtung geführt.

reich, Jugoslawien, Tschechoslowakei, Rumänien, Ungarn, Bulgarien, Holland, Belgien und anderen Ländern umgebracht haben.«

Höss gibt vor dem Nürnberger Kriegsverbrecher-Gericht, wo er allerdings als Zeuge gegen die Angeklagten aussagt, eine Zahl von 2,5 Millionen an. Später, in seinem eigenen Prozeß, beschwört er die Zahl von 1135000 Opfern.

Die geringste Zahl, die sich mit Sicherheit feststellen läßt, sind die von der Lagerverwaltung selbst geführten Listen über die zur Vergasung geführten Menschen, nach deren Überprüfung sich eine Zahl von über 300000 Opfern ergibt. Aber diese Zahl ist bei weitem zu niedrig, da nachweisbar bei einer Anzahl von Transporten die einzelnen Teilnehmer nicht registriert wurden.

Sicher ist dagegen, daß während der ganzen Zeit des Bestehens von Auschwitz – 1940 bis Anfang 1945 – allein im eigentlichen Arbeitslager rund 500000 Menschen an Krankheit und Hunger starben oder wegen angeblicher Straftaten hingerichtet worden sind.

Inzwischen aber rauchen nicht nur die Krematoriumsöfen und benzingetränkten Leichenberge in Auschwitz, sondern auch in den anderen Vernichtungslagern. Und es gibt die große Anzahl von Ghettos, aus denen nach und nach die Einwohner nicht nur in Vernichtungslager überführt, sondern an Ort und Stelle von besonderen Einsatzkommandos erschossen werden. Die Erschießungsaktionen beginnen – ebenso wie die Deportationen aus den Ghettos in die Vernichtungslager – damit, daß die von der Gestapo festgelegte Anzahl von Juden zusammengetrieben wird. Das besorgt stets die jüdische Selbstverwaltung des Ghettos, die auch eine eigene Miliz zur Verfügung hat. Lange Zeit glauben die jüdischen Funktionäre, daß die Transporte entweder in andere Ghettos, in neue Ansiedlungsgebiete oder zum Arbeitseinsatz gelangen sollen. So bemühen sie sich, eine entsprechende Auslese zu treffen. Einen Widerstand der Betroffenen gibt es kaum, denn auch sie glauben zunächst, was man ihnen über den Zweck des Abtransportes erzählt hat.

Über das, was dann mit den Transporten geschieht, gibt es viele Berichte. Teils sind es Aussagen der Mörder, die gefaßt werden konnten, teils Berichte von Überlebenden und zum Teil auch Berichte von Unbeteiligten, die durch Zufall Zeugen der Mordtaten geworden sind.

Zunächst aus dem Geständnis eines der Hauptschuldigen, der dafür in Landsberg gehängt wurde, des Leiters der »Einsatzgruppe D«, Ohlendorf:

»Nach der Registrierung wurden die Juden an einem Ort zusammengefaßt. Von da aus wurden sie später an den Hinrichtungsort gefahren. Der Hinrichtungsort war in der Regel ein Panzerabwehrgraben oder eine natürliche Gruft. Die Hinrichtungen wurden militärisch durchgeführt, durch Pelotons mit entsprechenden Kommandos. Auf der einen Seite sollte damit erreicht werden, daß die einzelnen Führer und Männer auf militärische Weise durch Befehl die Hinrichtung vollziehen konnten und daher keinen eigenen Entschluß zu fassen brauchten. Zum anderen war mir bekannt, daß bei den einzelnen Hinrichtungen durch seelische Erregung sich Mißhandlungen nicht vermeiden ließen, da die Opfer zu früh von ihrer Hinrichtung erfuhren und daher nervenmäßig einer längeren Belastung nicht standhielten . . .«

So stellt sich einer der schlimmsten Mörder der Geschichte selbst in seinem Geständnis noch als eine Art von Humanitätsapostel hin! »Hinrichtung« sagt er, obwohl es sich um glatten Mord an unschuldigen Männern, Frauen und Kindern handelt. Die »seelische Erregung« der Mörder dauert ihn, und noch mehr, daß sich, wenn ein Opfer sich zur Wehr setzt, »Mißhandlungen nicht vermeiden ließen«. So werden die Opfer auch noch von ihrem Mörder verhöhnt.

Berichte von Augenzeugen wie auch von den Mördern selbst stimmen darin überein, daß die Juden keinen Widerstand leisteten und in ihr Schicksal ergeben jede Anweisung befolgten.

Widerstand gibt es erst später – im Warschauer Ghetto, den größten. Und dieser Widerstand ist von vornherein organisiert. Seit Anfang 1942 kursieren im Ghetto Gerüchte, wonach die Vernichtung aller Juden geplant sein soll. Es wird von den Lagern Belcec, Majdanek und Auschwitz gemunkelt. Bald bilden sich Gruppen, die den Beschwichtigungen des Judenrates nicht mehr glauben und nun beginnen, sich heimlich Waffen zu besorgen.

Der Judenrat, die Selbstverwaltungsbehörde des Warschauer Ghettos, hat genauere Nachrichten über die Vernichtungslager. Aber er glaubt auch von echten Umsiedlungen, von echten Arbeitseinsätzen zu wissen – und es herrscht die Überzeugung, daß das Warschauer Ghetto eine besondere Rolle spielt. Das Ghetto hat fast 400000 Einwohner, die Bevölkerungszahl von einer Großstadt wie Nürnberg.

Die Lebensverhältnisse im Ghetto sind schlecht, die fast viermal hunderttausend Menschen leben auf engem Raum zusammengedrängt, aber sie leben, und lange Zeit wiegt man sich in trügerischer Sicherheit, weil die Gestapo sich kaum um die inneren Angelegenheiten des Ghettos kümmert. Es gibt auch Restaurants, Kinos und Theater im Warschauer Ghetto – ein Abglanz der früheren, normalen Welt.

Da stirbt am 4. Juni 1942 in Prag der ärgste Feind der Juden, Heydrich, an den Folgen eines Attentats, das tschechische Patrioten auf ihn verübt haben.

Heydrich erhält ein Staatsbegräbnis in Berlin. Bei dieser Gelegenheit wird zwischen Himmler, Eichmann und anderen Funktionären über die beschleunigte Vernichtung aller Juden gesprochen. Arbeitseinsätze, so wichtig sie für die Rüstungsindustrie und die übrige Wirtschaft sind, werden nun endgültig nebensächlich. Jetzt gibt es nur noch die Parole »Vernichtung«. Die Vernichtungsaktion erhält zu Ehren Reinhard Heydrichs den Decknamen »Aktion Reinhard«. Binnen nur zehn Wochen werden aus den Ghettos in Polen 500000 Menschen umgebracht, zumeist durch Erschießungsaktionen, die von litauischen, lettischen und ukrainischen Milizsoldaten durchgeführt werden, aber auch in den Vernichtungslagern. Den Hauptanteil der Ermordeten stellen die Juden aus Warschau.

Am 22. Juli 1942 beginnt es. Der erste Transport mit 5000 Menschen fährt nach Treblinka, wo eben die Gaskammern und Krematorien fertiggestellt worden sind. Und so geht es nun Tag für Tag. Niemand im Ghetto kann mehr daran zweifeln, daß die Transporte in den Tod fahren.

Aber noch gibt es »Freistellungsbescheinigungen« deutscher Behörden, noch dürfen deutsche Unternehmer die bei ihnen arbeitenden Juden heraussuchen – so hofft mancher, dem Schicksal doch noch zu entgehen, zumal die »Freistellungen« in sehr großer Zahl erfolgen.

Der jüdische Ordnungsdienst stellt zunächst die Menschen aus den Sammelunterkünften für die Transporte zusammen. Sie sind die Ärmsten der Armen, die Verzweifeltsten. Für sie scheint es, Schlimmeres könne nicht mehr kommen, höchstens die Erlösung aus allem Elend. Danach kommen die Alten und Kranken an die Reihe, dann die Kinder des Waisenhauses. Nun muß man auch auf die Angehörigen der Inhaber von Freistellungsbescheinigungen zurückgreifen, um die tägliche Transportquote zu erfüllen. Dabei hat der jüdische Ordnungsdienst zum ersten Mal Schwierigkeiten. Die Frauen und Kinder der auf Arbeit befindlichen Männer werden tagsüber zusammengetrieben – sie haben keine Bescheinigung.

Bei der Zusammenstellung des nächsten Transportes muß der Ordnungsdienst schon litauische Miliz zu Hilfe holen, um die Menschen zusammenzutreiben. Alle bisherigen Bescheinigungen werden mit einem Schlag für ungültig erklärt. Es gelten nur noch neu ausgegebene mit dem Stempel »SS-Polizeiführer, Aktion Reinhard«.

Bis zum 15. August ist bereits die Hälfte der Einwohner des Ghettos abtransportiert in die verschiedenen Vernichtungslager – nun sind auch schon Angehörige des Judenrates und des Ordnungsdienstes dabei, die bisher glaubten, überleben zu können. Jetzt erst werden die verschiedenen Widerstandsgruppen aktiver. Eine riesige Razzia findet vom 5. bis 12. September statt. Alle noch im Ghetto lebenden Juden werden in Gruppen zusammengetrieben, ebenfalls die in den Fabriken außerhalb des Ghettos arbeitenden. Viele versuchen sich in den Häusern zu verstecken, aber die meisten von ihnen werden gefunden und an Ort und Stelle erschossen.

Von den 3800 Mann des jüdischen Ordnungsdienstes wird jeder zehnte herausgesucht – und darf im Ghetto bleiben. Die anderen 3400 werden mit in die Vernichtungslager geschickt. Die Übriggebliebenen aber haben auch nicht mehr lange zu leben. Sie folgen mit wenigen Ausnahmen den anderen am 21. September nach Treblinka nach.

Am 3. Oktober sind nur noch knapp 70000 Juden in Warschau. Das bisherige Ghetto existiert nicht mehr. Das neue Ghetto, das eigentlich bereits ein KZ ist, ist eine kleine Ecke von rund 280 mal 950 Meter Seitenlänge im Nordosten des früheren Ghettos.

Noch besteht ein Judenrat, und ein neuer Ordnungsdienst hat sich ebenfalls gebildet. Er besteht zu einem Teil aus Angehörigen der Widerstandsgruppen, die nun endgültig aktiv werden.

Ihre erste Handlung ist die Hinrichtung des Kommandeurs des Ordnungsdienstes, des früheren Berufsoffiziers Lejkin. Dr. Michael Mazor, ein Überlebender des Ghettos, berichtet später, warum das geschah: Der Ordnungsdienst in den der deutschen Wehrmachtsuniform nachgeschneiderten Uniformen nutzte seine Macht aus und trieb Handel mit Menschenleben. Während der Großrazzien verbreitete ein jüdischer Polizist ebensoviel Schrecken wie ein litauischer oder wie ein SS-Mann. Ordnungsdienstleute holten auch Kinder aus ihren Verstecken und brachten sie zur Sammelstelle.

Die Gestapo verkennt die Ent-

Im Vernichtungslager Auschwitz (oben) erfolgten 1942 die ersten Vergasungsversuche im Zuge der »Endlösung der Judenfrage«. Auschwitz wurde zum furchtbaren Symbol der nationalsozialistischen Judenverfolgung. Mit der von Hitler befohlenen Ermordung sämtlicher Juden im Bereich der nationalsozialistischen Herrschaft, mit dem größten Massenmord der Geschichte, wird der Name Deutschlands auf ewig verbunden bleiben.

Rechts oben: »Letzter Gang der Juden«, Aquarell von KZ-Häftling Waldemar Nowakoskwi, Auschwitz 1943.

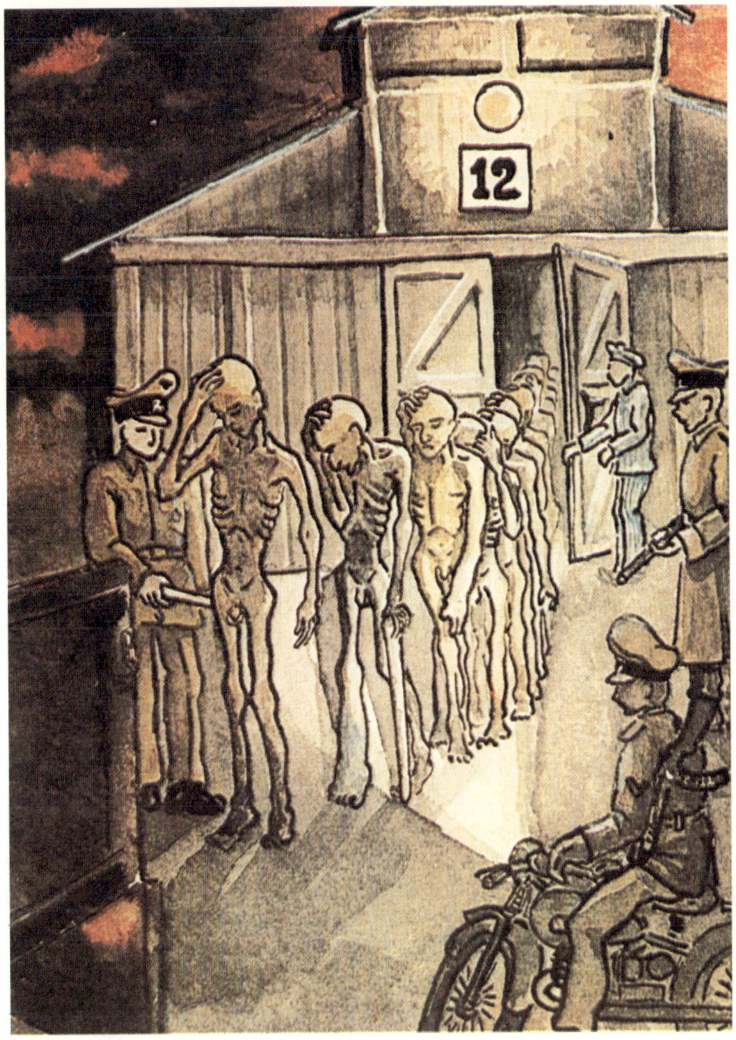

wicklung im Rest-Ghetto. Die 70000 noch hier Lebenden sind fast ausnahmslos kräftige Männer und Frauen, die in der Lage sind, Waffen zu führen. Sie brauchen keine Rücksicht mehr auf Greise, Frauen, Kinder, eigene Angehörige zu nehmen, denn die sind nun längst den Weg in die Vernichtungslager gegangen. Und vor allem – die 70000 wissen, daß sie keine Hoffnung mehr zu haben brauchen.
Von der längst bestehenden polnischen Untergrundarmee werden Waffen besorgt und über die Kanalisation oder den von Polen und Balten bewachten Friedhof ins Ghetto geschmuggelt. Auch verschiedene ausländische Wachtruppen liefern heimlich Waffen ins Ghetto. Alle Waffen müssen teuer bezahlt werden, ob sie von der polnischen »Heimatarmee« oder von den Italienern stammen – und sie werden bezahlt.
Die relativ wenigen »Umsiedler«, die man noch aus dem Ghetto herausholt, wehren sich jetzt. Im Januar 1943 gelingt es einer ganzen Kolonne, zu entkommen. Nun erst wird der SD auf die veränderten Verhältnisse aufmerksam.
Am 19. April rollen Panzer in das kleine Ghetto-Gebiet – der Aufstand der Juden bricht los, der erste jüdische Aufstand seit dem Jahre 66 nach Christi Geburt.
So bezeichnet dieser Aufstand vielleicht den entscheidenden Wendepunkt in der Geschichte des zweitausend Jahre lang verfolgten, alles in Demut ertragenden jüdischen Volkes. Erstmals trotzen Zehntausende von Juden dem sonst stets gläubig hingenommenen Schicksal.
Aber mehr als diese symbolische, moralische Bedeutung hat der Aufstand nicht. Er ist nicht viel mehr als ein Massenselbstmord, wenn es auch bis zur Vernichtung der letzten Kämpfer des Ghettos fünf Wochen dauert. Es werden nur rund 1200 reguläre Soldaten gegen die Aufständischen eingesetzt, dazu ausländische Miliz- und Polizei-Einheiten. Man hat Zeit, Warschau liegt noch weit im Rücken der Front, und der Aufstand bedeutet militärisch gar nichts. Niemand unterstützt die Aufständischen, auch nicht die polnische Untergrundarmee, die schon längst bereitsteht. Die Bevölkerung Warschaus lebt ihr Leben, als ob nicht in einem Stadtteil Warschaus etwas Besonderes geschähe. Zug um Zug wird das Ghetto zusammengeschossen, die Kanalisationsschächte werden mit Nebelgranaten ausgeräuchert, Wohnhäuser werden angezündet. 7000 Gefangene werden erschossen, viele tausend andere in Vernichtungslager überführt – alle anderen liegen unter den Trümmern begraben oder sind in den Feuerbränden zu Asche geworden. Ende Mai ist der letzte organisierte Widerstand gebrochen, obwohl noch immer aus Trümern ab und zu ein Schuß fällt, eine Handgranate geworfen wird. Die Vernichtungsmaschine läuft überall weiter. Inzwischen sind auch die letzten deutschen Juden deportiert worden. Sie tauchen in allen Lagern auf, in Treblinka, in Auschwitz, in Bergen-Belsen, in Majdanek, in Buchenwald, in Theresienstadt. Dann scheint es, als ob der Vernichtungswille der Himmler und Eichmann allmählich nachlasse. Noch einmal gibt es eine Mordwelle in Auschwitz, nachdem aus Ungarn über 300000 Juden deportiert worden sind. Aber der Arbeitskräftemangel nimmt immer mehr zu, und es hat bei vielen Dienststellen, auch der Gestapo und der SS, schon immer Leute gegeben, die sich gegen die Massenvernichtung gewandt haben, weil die Arbeitskräfte dringend gebraucht wurden. Diese Ansicht setzt sich langsam durch, die Todesmühlen mahlen noch, aber sie mahlen langsamer. Schließlich bringt der Kriegsverlauf eine Wende. Mitte 1944 stehen die alliierten Truppen schon weit in Italien, die Invasion hat begonnen, auf dem Balkan wird längst gegen gutorganisierte Partisanenarmeen gekämpft, die Sowjetarmee steht vor Warschau. Die östlich Warschau liegenden KZs sind bereits in die Hände der Sowjets gefallen.
Zu diesem Zeitpunkt erläßt Himmler einen Befehl an Heydrichs Nachfolger im RSHA, Dr. Ernst Kaltenbrunner.
»Ich verbiete mit sofortiger Wirkung jegliche Vernichtung von Juden und befehle im Gegenteil die Pflege von schwachen und kranken Personen. Ich halte Sie persönlich dafür verantwortlich, auch wenn der Befehl von untergeordneten Dienststellen nicht strikt befolgt wird.«
Himmler, der wohl glaubt, damit seinen Kopf noch retten zu können, dringt mit diesem Befehl jedoch nicht durch. Es gibt eine ganze Reihe von »untergeordneten Dienststellen«, die sich ihm nicht unterwerfen. Aber die Massenvergasungen werden erheblich eingeschränkt.
Die Todeswelle setzt noch einmal ein, als die alliierten Truppen aus Ost und West immer weiter nach Deutschland vorstoßen und schließlich Deutschland besetzen. Monatelang schleppen sich aus den evakuierten Lagern Hunderttausende in Richtung Deutschland. Zehntausende sterben unterwegs, erfrieren, verhungern, werden krank am Weg liegengelassen, wegen »Marschbehinderung« erschossen.
Die Lager in Deutschland sind durch den nie vorgesehenen Zustrom solcher Menschenmassen längst überfüllt.
Seuchen brechen aus, und so bietet sich den alliierten Truppen fast in jedem Lager, das sie betreten, das gleiche schreckliche Bild der lebenden und toten Skelette, ein Bild des Grauens.

Der Warschauer Aufstand

Wie im August 1939 wurden im August 1944 aus Todfeinden Verbündete. Und wie im August 1939 hieß auch diesmal das Opfer dieser unheiligen Allianz Polen: Als sich die polnische Heimatarmee am 1. August 44 in Warschau gegen die deutschen Besatzer erhob, verlangsamte sich der Vormarsch der Roten Armee und stoppte schließlich ganz – wenige Kilometer vor der Stadt. Stalin verbot Hilfsflüge der Westalliierten. Die SS tat ihr blutiges Werk.

Am 5. Oktober 1939 war für Warschau der Krieg zu Ende. An diesem Tag nahm Hitler die Siegesparade der deutschen Wehrmacht in der Hauptstadt des besiegten Polen ab. Zur gleichen Zeit rollten auch ein paar hundert Kilometer weiter östlich, in Brest-Litowsk, deutsche und russische Panzer an ihren Kommandeuren vorbei. Die Russen waren zur Verteilung der polnischen Beute noch gerade zurechtgekommen und ließen sich nun gerne mit als Sieger feiern.

Und zur selben Stunde, am gleichen 5. Oktober 1939, begann in Warschau ein heißer Krieg: ein anderer Krieg als der von Panzern und Stukas, der stürmenden Infanterie und der schweren Geschütze. Während draußen die Kolonnen an Hitler vorbeidefilierten, trafen sich im wahrsten Sinne des Wortes unterirdisch, im Tresorraum der Polnischen Kreditbank, ein paar Dutzend Zivilisten. Es waren die Vertreter fast aller polnischer politischer Parteien und Verbände. Sie waren zusammengekommen, um die Organisation und die taktischen Grundsätze einer polnischen Widerstandsbewegung zu besprechen. Nur wenige politische Richtungen fehlten, darunter vor allem die Kommunisten, denn noch waren Hitler und Stalin ja verbündet.

Noch im gleichen Monat konnte General Wladislaw Sikorski als politisches Führungsorgan eine polnische Exilregierung gründen. Sie hatte ihren Sitz zunächst in Paris und zog dann im Sommer 1940 nach London um. Die polnische Widerstandsbewegung in der Heimat unterstellte sich dem General. Im Februar 1942 gab er ihr den Namen »Armja Krajowa«, abgekürzt AK, was soviel wie Heimatarmee bedeutete. Systematisch wurde nun die Heimatarmee mit Hilfe der britischen Sonderorganisation »Special Operations Executive« (SOE) durch Fallschirmabwurf mit Waffen und Munition, mit Nachrichtenmaterial und besonders ausgebildeten Spezialisten und Kurieren versorgt. In den Reihen der AK tauchte zum ersten Mal der Gedanke an einen offenen Aufstand gegen die Deutschen auf – »irgendwann in naher Zukunft«.

Jeder nur denkbare Aufstandsplan mußte dabei von der alten geopolitischen Bedingung Polens ausgehen, in den Nachbarstaaten Deutschland und Rußland zugleich zwei raumgreifende politische Gegner vorzufinden. Gerade im Sommer und Herbst 1939 hatten der Hitler-Stalin-Pakt und das gemeinsame Vorgehen gegen Polen dafür wieder einmal eine Probe aufs Exempel geliefert. Zwei Ereignisse des Jahres 1943 machten die Polen besonders sensibel im Blick auf ihre russischen Nachbarn. Da war erstens der Fall Katyn: Im Frühjahr 1943 fanden deutsche Truppen unweit Smolensk, bei dem Dorf Katyn, Massengräber mit mehr als viertausend Leichen durch Genickschüsse liquidierter polnischer Offiziere. Der Weltöffentlichkeit und der polnischen Exilregierung in London war schnell klar, daß es sich bei den Erschossenen um einen Teil des polnischen Offizierskorps handelte, das 1939 in sowjetische Gefangenschaft geraten war und nach dessen Verbleib die polnische Regierung beharrlich bei Stalin anfragen ließ. Insgesamt wurden etwa 14000 polnische Offiziere vermißt, und es bestand nur wenig Zweifel darüber, daß sie sämtlich das gleiche Schicksal erlitten hatten wie ihre Kameraden von Katyn. Die Westalliierten, besorgt um den guten Ruf ihrer Allianz, wollten General Sikorski zu der Erklärung zwingen, nach seiner Auffassung sei der Massenmord ein Werk der Deutschen gewesen. Aber Sikorski weigerte sich, und tags darauf, am 23. April, brach Stalin die diplomatischen Beziehungen zur polnischen Exilregierung ab.

Das zweite Ereignis war die Teheraner Konferenz vom November des gleichen Jahres. Die »Großen Vier« einigten sich dort auf Stalins Druck darauf, die Grenzen Nachkriegs-Polens nach Westen zu verschieben: Alle nach der Teilung vom September 1939 an die UdSSR gefallenen Gebiete sollten bei ihr verbleiben (»Curzon-Linie«). Polen sollte dafür durch Land entschädigt werden, das man den Deutschen wegzunehmen gedachte. Das alles veranlaßte die polnische Exilregierung zu der erbitterten Feststellung, daß es nach aktueller geschichtlicher Erfahrung »der Feinde viele gibt, man aber weniger Freunde hat als man denkt«.

Für den Plan eines bevorstehenden Aufstands, das stand also fest, war mit zwei Feinden zu rechnen: Feind Nummer eins – das Großdeutsche Reich. Feind Nummer zwei: die Sowjetunion. Die Entscheidung wurde für die polnische Seite immer dringender, als am 4. Januar 1944 Einheiten der 1. Ukrainischen Front die frühere polnische Grenze (vom September 1939) bei Sarny in Wolhynien überschritten und damit ihren Marsch westwärts durch Polen fortzusetzen begannen. Polen war erneut zum Schlachtfeld geworden – militärisch und politisch.

So lächerlich es schien, daß das kleine, besiegte und ausgeblutete Polen sich gegen die beiden stärksten Militärmächte der Zeit erheben wollte, um ihren Griff auf Polen zugleich oder nacheinander zu brechen, war dies doch genau die Entscheidung, die die polnische Führung in London traf. Zwar standen der Führung der AK auf dem Papier, wie eine Übersicht der Nachkriegsquellen ergibt, fast 9000 Kampfverbände mit annähernd 90000 Führern und Unterführern und etwa 350000 Mann zur Verfügung. Was sie davon jedoch an den Feind heranführen konnte, hing von der weiteren Entwicklung der militärischen Großlage, vom Zustand der Ausrüstung und Ausbildung, also von stabsmäßig kaum faßbaren Unwägbarkeiten ab.

Der Plan für den Aufstand wurde schon im Februar 1943 ein erstes Mal umrissen. Er erhielt den Tarnnamen »Burza«, was soviel wie »Gewittersturm« bedeutete.

Im Dezember 1943 hatte die AK dann einen vorbereitenden Befehl für den Aufstand erhalten, der im Februar 1944 noch einmal aus London bestätigt wurde. Der Befehl »Burza« sah die Erhebung in verschiedenen Phasen vor, die entsprechend dem Vorrücken der Sowjetarmee von Ost nach West aufeinander folgen sollten, beginnend auf der Linie Wilna–Lemberg, sich fortsetzend über Bialystok und Lublin und schließlich auf den Warschauer Raum übergreifend. Taktisch zielte die polnische Führung darauf, die wichtigsten Städte für die Exilregierung zu sichern, bevor die Russen sie auf ihre Art »befreien« konnten. Dieser Befehl machte noch einmal klar, so der deutsche Historiker Krannhals, »daß sich das Unternehmen ›Burza‹ militärisch zwar gegen die Deutschen, politisch aber gegen die Russen richtete«.

Warschauer Aufstand 1944. Polnische Freiheitskämpfer beim Häuserkampf in der polnischen Hauptstadt. Bereits im Mai 1941 wurden von der Sicherheitspolizei »alle Polen zur Widerstandsbewegung im weiteren Sinne gerechnet«, und der Generalgouverneur Hans Frank sah sich gezwungen, in sein Tagebuch zu schreiben: »Es gibt keinen Polen, der wirklich zugunsten der Regierung des Generalgouvernements arbeitet.«

Die sowjetische Seite hielt mit ihrer Meinung über »Burza« auch nicht hinter dem Berg. Bei den ersten Zusammentreffen zwischen sowjetischen und AK-Einheiten zeigte das Gespenst von Katyn sein Haupt: Manche Einheiten der AK wurden auf der Stelle samt ihren Verwundeten erschossen. Andere sahen sich im gerade freigewordenen Konzentrationslager Majdanek wieder. Stalin hatte den Warschauer Aufstand schon verraten, noch ehe er überhaupt ausgebrochen war. Was Stalin unterstützte, war nur die »Armja Ludowa«, abgekürzt AL, die kommunistische »Volksarmee«, deren Stärke gegenüber der AK auf 1:10 zu beziffern war. Als am 24. Juli 1944 Sowjettruppen Lublin in Ostpolen besetzten, ließ Stalin dort ein sowjet-polnisches »Komitee für nationale Befreiung« gründen. Das waren seine Favoriten. Der »bürgerlich-nationalistischen« AK und ihrer Exilregierung in London wünschte er alles nur erdenklich Schlechte.

Dies alles muß den polnischen Führern in Warschau bekannt gewesen sein, als sie sich zum Losschlagen entschlossen. Der Entschluß wurde allerdings in einer Atmosphäre gefaßt, die den polnischen Emotionen sehr zustatten kam: Nach dem Zusammenbruch der deutschen Heeresgruppe Mitte strömten deren Reste mit deutlichen Zeichen der Auflösung durch die polnische Hauptstadt nach Westen. Die Warschauer standen auf den Straßen und freuten sich: Diese Soldaten erinnerten in nichts mehr an die metallische Gewißheit des Siegers, wie das Jahr 1939 sie offenbart hatte. Die Stadt wurde immer aufgeregter; Mauerparolen verglichen 1944 schon mit 1918. Die AK-Führung in Warschau hatte das Gefühl, als sei die Hauptstadt wie eine überreife Frucht: Schon der leiseste Anstoß mußte sie vom Baum der deutschen Macht lösen. Als dann in der letzten Juliwoche noch intakte Kampftruppen der Wehrmacht aus Warschau herausgelöst wurden, als Zivilisten ihre Koffer packten und selbst der deutsche Gouverneur die Stadt verließ, vergaß man auf polnischer Seite, daß »Burza« ausdrücklich vorgesehen hatte, die Hauptstadt selbst aus den Kämpfen auszuklammern. Denn der AK-Chef Tadeusz Bor-Komorowski wußte, was der militärische Großkampf in einer Millionenstadt für die Zivilbevölkerung bedeutete.

Als schließlich die ersten sowjetischen Panzerspitzen Wolomin, nur 20 Kilometer auf der anderen Seite der Weichsel, erreichten, mußte nach polnischer Auffassung schnell entschieden werden.

Am Nachmittag des 31. Juli fiel bei der Warschauer AK-Führung die Entscheidung. Auch Bor-Komorowski stimmte schließlich zu: Anderntags, am 1. August 1944, um 17 Uhr sollte der Aufstand beginnen.

Aber die taktische Überraschung, Grundvoraussetzung des Erfolgs, war nicht gelungen: Polnische Informanten hatten die Sicherheitspolizei gewarnt, eine Polin die deutsche Stadtkommandantur. Viele AK-Einheiten konnten wegen der schlechten Nachrichtenverbindungen erst zu spät informiert werden, andere konnten nicht mehr an sich halten und schlugen schon um 14 Uhr los. Um 17 Uhr schien, so erinnerte sich der ehemalige Chef der Warschauer Sipo, Dr. Ludwig Hahn, »die Stadt schon ein Hexenkessel«. Überall wurde geschossen, Mörser- und Handgranaten explodierten. Die ersten Toten waren unbeteiligte Passanten. Nach kurzem Werferfeuer hatten sich überall die Kampfgruppen der AK aus ihren Verstecken gelöst, um die ihnen befohlenen Einsatzziele zu erreichen. Mit Handfeuerwaffen und Handgranaten hofften sie die deutschen Stützpunkte und Dienststellen zu erobern. Aber zumeist rechtzeitig gewarnt, hatten sich diese in kleine Festungen verwandelt. Die angreifenden Polen hatten schwerste Verluste. Als der Abend kam, hatte die AK keines ihrer taktischen Ziele erreicht: Keine einzige der Weichselbrücken, die den Ostteil der Stadt, Praga, mit dem Westen, mit der Altstadt, mit Ochota und Mokotow verband, hatte erobert werden können. Die Folge war, daß bis zum Schluß des Aufstands die Polen nie in der Lage waren, ihre Verbände über die Weichsel zu verschieben, um sie an einer bestimmten Stelle zu konzentrieren. Auch das spätere Verhalten der Russen wäre vielleicht beeinflußt worden, wenn es den Aufständischen gelungen wäre, mit wenigstens einer einzigen intakten Weichselbrücke in ihrem Besitz zu locken. Auch die Hauptquartiere der Polizei, die Kasernen und die Flughäfen blieben in deutscher Hand. Dagegen wog die Eroberung

Deutscher Panzer mit Begleitinfanterie. Die weiten Steppen Südrußlands ermöglichten einen zügigen Vormarsch der motorisierten Truppen –

nur stellten die ungeheuren Entfernungen die Organisation des Nachschubs vor ernste und bald nicht mehr zu lösende Probleme.

eines Nachschubdepots der SS in der Stawskistraße nur wenig. Lebensmittel und Uniformen konnten die Polen dort finden – und die Tausende von kleingefleckten SS-Tarnanzügen, die ihnen dort in die Hände fielen, wurden bald eine Art Standarduniform der Warschauer AK. Nur ein rotweißes Armband unterschied Freund und Feind.
Einige kleine Außenposten wurden niedergemacht, aber militärisch hatte sich nicht viel ereignet. In einem darauffolgenden Nachtangriff gelang es den Polen zwar, deutsche Gebäude in Flammen zu setzen, aber um welchen Preis: Zwar konnte man deutscherseits nur kaum 3000 Mann Kampftruppen zur Verteidigung ansetzen, aber sie waren gut ausgebildet und hervorragend ausgerüstet. Zwar waren ihre Verluste mit 500 Mann empfindlich, aber sie wogen wenig gegen die zweitausend AK-Toten des ersten Tages – fast 15 Prozent der AK-Stärke des gesamten Warschauer Raumes, die etwa 30000 Mann betrug. Nur ein Teil von ihnen, etwa 6000 Mann, konnte zur effektiven Kampftruppe gerechnet werden. Der Rest war nicht bewaffnet, war Troß, Melder und Verwaltung. Noch in der Nacht, so schätzt der polnische Historiker Kirchmayer, verließen AK-Verbände in Stärke von 6000 Mann die Hauptstadt, um »Burza« nach seinem eigentlichen Sinn außerhalb der Metropole zu entfesseln.
Das taktische Scheitern aber wurde der Stadt in dieser ersten Nacht nicht bewußt. Im Gegenteil: Eine Euphorie der Tat und des Erfolgs bemächtigte sich der von Polen kontrollierten Viertel. Vaclaw Zagorski, ein Augenzeuge, beschreibt eine Szene in der Innenstadt: »Wir hängten rote und weiße Fahnen aus allen Fenstern der Fabrik, die wir besetzten. Als ob dies ein verabredetes Signal gewesen wäre, erschienen plötzlich polnische Fahnen überall in den umliegenden Straßen. Die Menschen traten aus den Häusern und sangen in militärischer Haltung: ›Noch ist Polen nicht verloren‹.«
Der nächste Tag, 2. August – die Deutschen beschränkten sich auf die Verteidigung –, brachte der AK die ersten beachtenswerten taktischen Gewinne: Über dem Elektrizitätswerk, dem Hauptpostamt mit seinen Fernsprechzentralen und dem Prudential-Hochhaus wehte am Abend die rotweiße Fahne.
Die verzweifelten Hilferufe, die General Bor zur gleichen Zeit nach London funken ließ, blieben den Soldaten der AK unbekannt: »Wir bitten um sowjetische Hilfe. Man muß uns durch sofortigen Angriff von außen versorgen.« Oder: »Wir können keine Munition erbeuten. Werft Munition und panzerbrechende Waffen ab. Bringt die polnische Fallschirmjägerbrigade aus England zum Einsatz.« Und immer wieder: »Werft uns sofort Waffen ab und Munition.«
Beide Seiten, so wurde nach 48 Stunden deutlich, mußten erst einmal »Luft« holen, ehe eine von ihnen die Entscheidung herbeiführen konnte. Auf deutscher Seite lag die Verantwortung für die von außen zugeführten Kräfte nicht beim OKH, sondern ausschließlich bei Himmler: Der Warschauer Aufstand ressortierte als »Bandenkampf«, und dafür war die SS zuständig. Überdies hatte Himmler immer wieder gemeldet, in Warschau käme es gewiß zu keinem Aufstand. Als er nun doch da war, mußte der Reichsführer-SS, abgesehen von seiner Zuständigkeit, bei Hitler die Scharte wieder auswetzen: Er mußte zeigen, was er konnte. Später erklärte er vor SS-Offizieren, er habe Hitler gegenüber den Zeitpunkt des Aufstands zwar als unbequem, ungelegen bezeichnet, aber auf längere Sicht sei die polnische Erhebung ein Segen. In ein paar Wochen werde alles überstanden sein, aber Warschau sei dann ausgelöscht. »Das Volk, das uns seit Jahrhunderten im Wege war, wird für unsere Kinder kein geschichtliches Problem mehr darstellen.«
Militärische Verbände aber standen kaum zur Verfügung. Denn seit Tagen lief die Offensive der 9. Armee und des IV. SS-Panzerkorps, die südöstlich von Warschau ein russisches Panzerkorps völlig vernichteten. Himmler mußte also nehmen, was er irgendwo im Ostraum buchstäblich zusammenraffen konnte. Und entsprechend sahen die Verbände auch aus, die er nach Warschau werfen wollte. Da waren Polizei- und Ersatzeinheiten aus Posen unter SS-Gruppenführer Reinefarth. Da war das SS- und Polizeiregiment Dirlewanger aus Lyck, in dem Wehrstraffällige und gemeine Kriminelle dienten. Da war die aus Russen gebildete Sturmbrigade RONA (Russkaja Oswoboditielnaja Narodnaja Armia = Russische nationale Befreiungsarmee) unter Brigadeführer Mieczyslaw Kaminski. Die Wehrmacht schließlich steuerte aus der OKW-Reserve ein Sicherungsregiment bei sowie zwei Infanteriebataillone mit aserbeidschanischen Freiwilligen. Insgesamt kratzte Himmler etwa 6600 Mann zusammen, von denen nur die Hälfte die deutsche Befehlssprache voll verstand. Erst später, etwa ab 10. August, wurden noch schwere Waffen und Spezialeinheiten zugeführt, so der schwere Mörser »Thor«, eine Kompanie mit »Taifun«-Raketen, sowie ein Bataillon mit dem neuen Fernlenk-Kleinpanzer »Goliath«.
In der Zwischenzeit hatten die Aufständischen mehrere Stadtteile besetzt. Eine regelrechte Front hatte sich gebildet, die die Stadt in »deutsche« und »polnische« Viertel zerlegte. Am 4. August funkte die AK mit einem leichten Unterton von Optimismus nach London, die Initiative sei in ihrer Hand. Aber am Tag darauf brach jeder Optimismus zusammen.
Freitag, der 5. August, war ein klarer, heißer Sommertag. Aber für Tausende von Warschauern wurde er zum Schwarzen Freitag.
Im Morgengrauen sammelten Reinefarths Einheiten, verstärkt durch Sturmgeschütze der Wehrmacht. Reinefarths Ziel: Vom Stadtteil Wola aus die ganze Innenstadt durchstoßen bis zur Weichsel und damit die Aufstandsgebiete in kleinere Kessel zerlegen.
Reinefarths Polizeikompanien treffen auf die polnische Eliteeinheit »Kedyw« und kommen nur schrittweise unter schwersten Verlusten voran. Am rechten Flügel, bei Dirlewanger und Kaminski, geht es noch langsamer. Hand in Hand mit Kaminskis Russen machen Dirlewangers Kriminelle in Wola ein Blutbad – gestützt auf Himmlers Order, Warschau sei dem Erdboden gleichzumachen. Der Brigade RONA ist das Plündern offenbar ausdrücklich erlaubt. Unter dem Vorwand der Evakuierung werden Tausende von Zivilisten aus den Häusern geholt und »nach hinten« geschickt. Hinten sind Höfe, in denen sich Erschießungskommandos, zum Teil auch von Polizeieinheiten gebildet, damit beschäftigen, Tausende von Polen durch MG-Feuer zu liquidieren. Bandenkämpfer, Bandenverdächtige und völlig unbeteiligte Zivilisten wild durcheinander.
Die schlimmsten Szenen spielen sich in den Krankenhäusern ab. Dirlewangers Trupps stürmen die Krankensäle und erschießen die Patienten in den Betten. In das Curie-Skodowska-Röntgenkrankenhaus dringen Kaminskis Soldaten um 11 Uhr morgens ein. Das Hospital ist mit krebskranken Frauen voll belegt. In ihren Betten werden zuerst sie, dann die Krankenschwestern von angetrunkenen RONA-Soldaten vergewaltigt.
Das militärische Versagen der RONA, die, so das Kriegstagebuch, »statt vorzurücken plünderte«, hatte für die Dauer des Aufstandes schwere Folgen. Die Zertrennung des

Den modernen Mitteln der Kriegstechnik (Minenwerfer, »Goliath«-Fernlenkpanzer zum Sprengen ganzer Häuserblocks, Lufttorpedos, Nebelwerfer, Panzer und Stukas) hatten die polnischen Aufständischen nichts Gleichwertiges entgegenzusetzen. Da sich der Warschauer Aufstand militärisch zwar gegen die Deutschen, politisch aber gegen Moskau richtete, hatten die Russen kein Interesse daran, den Aufstand wirkungsvoll zu unterstützen. Die Hilfe der westlichen Alliierten war ebenfalls so mangelhaft, daß sich der Oberkommandierende des Aufstandes zu folgender Meldung gezwungen sah: »Nach beinahe vier Wochen blutiger Kämpfe und nach Erschöpfung aller Verteidigungsmöglichkeiten haben unsere Abteilungen in der Nacht auf den zweiten September die Ruinen der Altstadt verlassen.« Die Bilder zeigen das völlig zerstörte Warschau und in deutsche Hand geratene polnische Partisanen.

Aufstandsgebiets, die an diesem Tag einfach zu bewältigen gewesen wäre, gelang erst nach schwersten Opfern im September.

Reguläre deutsche Kampfverbände konnten zu dieser Zeit zugeführt werden, nachdem die Lage ostwärts Warschau zunächst beruhigt war. Mit schweren Waffen und infanteristischen Stoßtrupps wurde nun gegen härtesten polnischen Widerstand ein Straßenzug nach dem anderen zurückerobert und zerstört.

Die Verstärkungen, die General Bor bekam, fielen dagegen kaum ins Gewicht. Zwar hatten am 13. August 30 britische Maschinen in Italien zu Versorgungsflügen starten können und tags darauf noch einmal 26. Aber nur 15 Maschinen hatten Warschau überhaupt gefunden, drei wurden von deutscher Flak abgeschossen, und was die übriggebliebenen abwerfen konnten, fiel zu neun Zehnteln außerhalb des ständig schrumpfenden polnischen Kampfgebiets.

Dennoch waren diese beiden Versorgungsflüge nicht ohne Bedeutung: Die geringen Mengen an Waffen und Munition, die ihr Ziel erreichten, machten sich auf deutscher Seite spürbar mit höheren Verlusten bemerkbar. Vor allem aber weckten sie bei der polnischen Führung den Glauben, es werde doch noch Unterstützung von außen kommen. Versorgungsflüge großen Maßstabs scheiterten jedoch an der noch stets gehässigen Ablehnung Stalins. Westalliierten Flugzeugen wurde die Benutzung ukrainischer Flughäfen zur Zwischenlandung, Voraussetzung geregelter Versorgung, nicht gestattet.

Für die Russen wäre Luftversorgung ein leichtes gewesen, wie die deutsche Luftaufklärung in den fraglichen Wochen feststellte. Vor Warschau und der Front der 9. Armee gegenüber hatten die Sowjets ca. 2600 Maschinen im Einsatz.

So brach der Warschauer Aufstand zwar nicht über Nacht zusammen, aber seine Substanz bröckelte immer weiter ab, bis kaum noch etwas als sein Mythos übriggeblieben war.

Aber noch einmal findet die Hoffnung neue Nahrung: Ab 13. September nimmt die 1. Weißrussische Front der Sowjetarmee nach Räumung des deutschen Weichsel-Brückenkopfes die Warschauer Vorstadt Praga. Und plötzlich genehmigt Stalin die Zwischenlandung der alliierten Flugzeuge, die er vorher verboten hatte. 110 US-Bomber werfen am 17. September, von 150 Jägern begleitet, 1248 Versorgungsbehälter mit Waffen und Lebensmitteln über Warschau ab. Aber wieder fallen 90 Prozent der Behälter in die Hände der Deutschen. Und als zur gleichen Zeit die hoffnungsvoll begrüßten sowjetischen und sowjet-polnischen Angriffe über die Weichsel sich nur als Alibi-Attacken herausstellen, mit denen Stalin die Kritik an seiner Polenpolitik etwas glätten will, da läßt doch Bor auf die wiederholten Aufforderungen zur Kapitulation reagieren.

Nach 63 Tagen erbitterten und aussichtslosen Kampfes legte die AK nun die Waffen nieder. Um 20.20 Uhr wurde die Kapitulationsurkunde unterzeichnet. SS-Obergruppenführer Erich von dem Bach-Zelewski, den Himmler mit der Führung in Warschau betraut hatte, brachte den polnischen Unterhändlern gegenüber seine besondere Anerkennung der polnischen Tapferkeit zum Ausdruck, er lobte ihr Geschick als Einzelkämpfer und ihren Mut. Ja, er schlug sogar vor, Deutsche und Polen sollten nun, nach dem Stahlbad der Vergangenheit, sich in einer »historischen Verbindung« gegen ihren gemeinsamen Feind, die Russen, verbünden...

Im Gegensatz zur Brutalität, die die ersten Tage des Aufstandes bestimmt hatte, war die Kapitulation von einem Hauch von Ritterlichkeit begleitet: Frauen der AK wurden wie Offiziere behandelt, fremdvölkische Verbände durften nicht zur Bewachung eingesetzt werden, die drei polnischen Infanterieregimenter durften das Schlachtfeld in militärischer Ordnung und in vollen Waffen verlassen.

Mehr als 9000 Mann gingen in Gefangenschaft. 3000 zogen den Untergrund vor. 16000 AK-Soldaten waren gefallen, 6000 schwer verwundet. An die 150000 Zivilisten, so wird geschätzt, waren durch Bomben- und Artilleriebeschuß, durch Seuchen und Hunger und durch die sicher zehntausend Erschießungen der ersten Tage ums Leben gekommen. Auf deutscher Seite wurden 2000 Gefallene und 9000 Verwundete gezählt. Eine grimmige Bilanz für ein Unternehmen, das von Anfang an zur Aussichtslosigkeit verurteilt war und das schließlich nur einen Sieger kannte: Moskau.

Programmheft der Deutschen Wochenschau. Der Film galt im Dritten Reich als äußerst wichtiges Medium der Volksbeeinflussung. Allerdings nutzte sich im Laufe des Krieges der Propagandaeffekt der immer gleichen vorstürmenden Infanterie, der alles niederwalzenden Panzer, der elegant kurvenden Flugzeuge ab.

Man mußte die Erfahrung machen, daß das Publikum viel mehr Interesse an wirklichkeitsentrückten Unterhaltungsfilmen, Kostümschinken oder Lustspielen mit bekannten und beliebten Stars zeigte als an noch so realistisch gedrehten Wochenschauberichten von einer heldischen Gegenwart.

Heimatfront

Der Steckrübenwinter 1916/17 steckte vielen Deutschen noch in den Knochen, als im September 1939 schon wieder zu den Fahnen gerufen wurde. Vom Jubel wie 1914 daher keine Spur, eher Beklommenheit und Angst.

Was Krieg war, und daß er auch die Heimat nicht verschonen würde, wußtc jcdcr. Aufatmen daher nach dem Polenfeldzug und neuer Schreck, als die Kämpfe dann im Westen aufflammten. Nach dem Sieg über Frankreich aber kehrte erneut Hoffnung ein, denn nun mußte ja Schluß mit dem Schießen sein. Meinte nicht nur die Bevölkerung, sondern auch die Führung, die einen Teil der Industrie schon auf Friedensproduktion umstellen ließ.

Die Hoffnung trog, der Krieg zog sich in die Länge, zeitlich wie räumlich. Er sollte seinen Vorgänger schließlich sogar noch um anderthalb Jahre übertreffen. Durch die neue Front in der Luft wurde er zudem für die Zivilbevölkerung wesentlich bedrohlicher, und das martialische NS-Schlagwort von der »Heimatfront« auf schreckliche Weise Wirklichkeit. Feuerstürme rasten durch Deutschlands Städte. Und dennoch: Lange blieben die Deutschen von Hunger verschont, denn es war in diesem Krieg besser vorgesorgt, die Rationierung klappte, die Produktionsleistung der Industrie wurde trotz Bombenhagels gehalten, ja gesteigert. Das betraf natürlich in erster Linie die Kriegsproduktion. Auf dem zivilen Sektor mußte schon arg improvisiert werden.

Deutschland wurde ein Land des Ersatzes, Behelfes und des Sammelns. Und ein männerarmes Land. Die Frauen, die die Nationalsozialisten heim an den Herd hatten holen wollen, mußten nun wieder ausrücken und die Lücken füllen, die die Einberufungen rissen. Die Mutter mußte Erzieherin, Familienversorgerin, Fabrikarbeiterin und Luftschutzhelferin in einem sein. Und sie wurde es auch, die in den ersten Jahren nach dem Krieg die Hauptlast des Wiederaufbaus tragen sollte, in einer Zeit, in der erst die wirkliche Not ausbrach.

Am Boden zerstört: Allen alliierten Maschinen überlegen war der Düsenjäger Messerschmitt Me 262. Doch er kam zu spät und in zu kleinen Stückzahlen zum Einsatz, um die Heimat noch wirkungsvoll vor den Bomberströmen schützen zu können. Hinzu kam ein immer spürbarer Spritmangel, ausgelöst durch die Zerstörung der Raffinerien und Hydrierwerke. So konnten nicht einmal die vorhandenen Kräfte voll genutzt werden. Fast unbehelligt flogen zum Schluß die amerikanischen und britischen Bomber ins Reichsgebiet ein.

Gewiß war das Dritte Reich ein Militärstaat, kalkulierte Hitler kriegerische Lösungen ein, hatte die Rüstung gewaltig zugenommen. Eine Kriegswirtschaft indes gab es noch lange nicht. Auch während der Zeit der Blitzkriege lief die industrielle Produktion fast ganz in den alten Gleisen – durchaus mit Absicht, die Stimmung aufrechtzuerhalten. Die Umstellung auf die totale Kriegswirtschaft war dann um so bestürzender.

In einer geheimen Denkschrift vom August 1936 hatte Hitler den Auftrag erteilt: »Die deutsche Wirtschaft muß in vier Jahren kriegsfähig sein.« Wie auch aus anderen Zeugnissen hervorgeht, stellte er sich für die frühen vierziger Jahre auf eine Politik europäischer Eroberungen (»Lebensraum«) ein.

Die zentrale wirtschaftliche Planung wurde in Görings Hände gelegt, wobei ihm das Instrument des Vierjahresplans vom 9. September 1936 zur Verfügung stand. Daneben gab es noch das Wiederaufrüstungsprogramm von 1936. Die militärische Schaltstelle auf diesem Gebiet war das Wehrwirtschafts- und Rüstungsamt unter General Georg Thomas. Diesen Namen führte die Dienststelle allerdings erst seit November 1939.

Verschiedene Instanzen trieben also die Rüstung konkurrierend, einander überschneidend voran. »Es herrscht augenblicklich in Deutschland ein Kampf aller gegen alle«, schrieb General Thomas kurz vor Kriegsbeginn.

Davon merkte das Ausland nicht viel. Hatten ihm doch die Propaganda-Schaustellungen brauner, grauer und schwarzer Uniformen mit eisernem Zubehör seit Jahren den Anblick monolithischer Einheit und gradliniger Entschlossenheit vorgetäuscht. Die ausländische Presse ließ sich immer wieder dadurch bluffen, daß man ihr jede militärische Neuerung einschüchternd unter die Nase rieb. Chamberlains Beschwichtigungs (Appeasement)-Politik beruhte auf der Annahme, dem deutschen Rüstungsstand unterlegen zu sein. Das Ausland glaubte, Hitlers Reich sei in jeder Hinsicht auf den Krieg vorbereitet. Stimmte das?

Verglichen mit seinen Nachbarn, war Deutschland im Spätsommer 1939 wirklich sehr stark. Es hatte weit mehr fertige Flugzeuge. Aber damit hörte der Vorsprung auch schon auf. Die Franzosen hatten mehr und bessere Panzer, die Engländer produzierten mehr Flugzeuge als das Deutsche Reich. Die Stahlwerke fertigten mehr für den zivilen als für den militärischen Bereich. Das Flottenprogramm, 1938 begonnen, sollte erst 1944 abgeschlossen sein. Nur 26 U-Boote waren einsatzbereit. Die Produktion von Treibstoff in den Hydrierwerken lag um 45 Prozent unter dem Planziel. Die Kupfervorräte waren verbraucht.

So ging Deutschland in den Krieg, dessen geplante vierjährige Vorbereitungszeit Hitler nicht annähernd abgewartet hatte. In seinem Wunschdenken und »genialischen Dilettantismus«, wie Albert Speer es in seinen Tagebüchern nennt, setzte er sich über alle Risiken hinweg. Die Blitzkriegerfolge schienen ihm längere Zeit recht zu geben.

Das Blitzkrieg-Konzept war die Folgerung aus der langfristigen wirtschaftlichen Unterlegenheit gegenüber dem britischen Empire und anderen potentiellen Gegnern wie Nordamerika. Außer dem Grundstoff Kohle, der ausreichend vorhanden war, und außer dem großen Übergewicht auf dem Gebiet der Werkzeugmaschinen-Industrie, die für jede Rüstung natürlich unentbehrlich ist, fehlte es Deutschland an allem, was einen langen Krieg aus eigener Kraft erfolgreich durchstehen half; in erster Linie an Rohstoffen wie Eisenerz, Nichteisenmetallen und Öl. Man glaubte 1939 bei uns, aus dem Dilemma von 1914/18 (Stellungskrieg einerseits, Aushungerung andererseits) gelernt zu haben. Mit dem auf Motorisierung aufgebauten Bewegungskrieg und damit verbundenen stoßartigen wirtschaftlichen Hochleistungen sollte ein langes Völkerringen von vornherein vermieden werden.

Indem so alles auf die Karte »Blitzkrieg« gesetzt wurde, nahm Deutschland bewußt einen schweren Mangel auf sich, den der Engländer Alan Milward in einer ausgezeichneten Studie über die deutsche Kriegswirtschaft 1939–1945 die fehlende »Tiefenrüstung« nennt.

Tiefenrüstung ist die durchgreifende Gesamtumstellung der Wirtschaft auf unabsehbar langen Krieg: Zentrale, koordinierende Planung, strengste Einsparungen, Umfunktionierung von »zivilen« Fabriken in Rüstungsbetriebe, Schichtensystem, um maschinelle Kapazitäten auszunutzen, Frauenarbeit großen Stils etc. So wurde es seit Kriegsbeginn in England beispielhaft gehandhabt. Der zum tödlichen Zweikampf herausgeforderte britische Löwe stellte sich auf ein langes Ringen ein. Diese frühe Weichenstellung sollte zum Erfolg führen.

In Deutschland dagegen entsprach dem hohen Rüstungsstand 1939 in keiner Weise das Rüstungspotential, also die umfassende Vorbereitung zum gleichmäßig starken Nachschub an Flugzeugen, Panzern, U-Booten, Geschützen, Handfeuerwaffen und Munition. Die Rüstung war

Ein wahres Rüstungswunder vollbrachte Hitlers Architekt Albert Speer (oben: am Steuer einer Panzerlafette, mit Brille und Mütze dahinter Konstrukteur Ferdinand Porsche). Am 8. Februar 1942 trat er sein Amt als Minister für Bewaffnung und Munition an, also direkt nach der Winterkrise vor Moskau, als klar wurde, daß man mit der Drosselung der Rüstung in Erwartung eines schnellen Sieges im Osten einen entscheidenden Fehler gemacht hatte. Die Propaganda zur Leistungssteigerung (linke Seite) wurde mit Erfolg angekurbelt. Trotz wachsender Luftbedrohung gelang die Erhöhung des Munitionsausstoßes (links: Granatenfertigung). Als Geheimnis seines Erfolges nannte Speer in seinen Erinnerungen die Anwendung von »Methoden einer demokratischen Wirtschaftsführung«. Denn »so wurde Initiative belohnt, Verantwortungsbewußtsein geweckt, Entscheidungsfreude hervorgerufen«.

kurzatmig, dabei flexibel. Sie konnte rasch und aus dem Stand umorganisieren, indem sie zum Beispiel den Bedarf der Flotte und Luftwaffe für eine England-Invasion drastisch erhöhte; doch geschah dies nur auf Kosten der Senkung von Stückzahlen in anderen Produktionssparten, etwa bei Panzern und Munition. Die Gesamtkapazitäten blieben eben gleich; sie wurden nur von einem Schwerpunkt auf den anderen umverteilt.

War ein Unternehmen beendet oder wurde es auf unbestimmte Zeit verschoben, so ging die Festlegung auf diesem Gebiet einschneidend zurück. Beispiel: der Bau der Ju 88. September 1940: 232 Stück; Oktober: 189; November: 146; Dezember: 146.

Im übrigen wurde geradezu friedensmäßig weiterproduziert. Ob Glas oder Keramik, Druckerzeugnisse oder Zuckerwaren: In der Verbrauchsgüter-Erzeugung blieb Deutschland – abgesehen von spürbaren Ausnahmen und einem ungeliebten Bezugskartensystem – weit entfernt von dem, was sich England zu dieser Zeit zumutete und auferlegte.

Indem Deutschland in großem Umfang Rohstoffe, Arbeitskräfte (Kriegsgefangene) und Nahrungsmittel aus besiegten und besetzten Ländern hereinbrachte, wurde die Lage bei vielen Engpässen sogar besser als zuvor. Die monatliche Zuteilung von Fertigstahl für den Zivilbereich lag noch im Dezember 1940 weit über dem, was die drei Waffengattungen an Stahl verarbeiteten: nämlich 908000 Tonnen gegenüber 776000 Tonnen!

In diesem Schlender-Stil führte Hitler gegen Europa Krieg – und plante doch schon das Unternehmen »Barbarossa«. Kaum zu glauben, aber wahr: Unmittelbar vor dem Einmarsch in Rußland wurde beschlossen, die Rüstung zu vermindern! Wieder einmal glaubte ein Oberster Befehlshaber (wie schon 1914), zu Weihnachten würden seine Soldaten wieder zu Hause sein. So war auch keine Winterkleidung für Rußland vorgesehen. Wann ist je ein Feldzug in arroganterer Mißachtung menschlicher Grundbedürfnisse geplant und eingeleitet worden?

Milward behauptet in seiner Studie, daß gerade die fehlende Tiefenrüstung es Hitler ermöglichte, einer dadurch hochbeweglichen Industrie rasch wechselnde Prioritäten zu setzen und seine furiosen Feldzüge zu führen; was sonst nicht möglich gewesen wäre. Das ist sicher treffend beobachtet. Ihm wurde dadurch der sprichwörtliche Spatz in die Hand gegeben, nur bekam er nicht die Taube auf dem Dach. Die hieß: »Barbarossa«.

Einsichtige erkannten das schon, als von

Arbeitskräfte wurde im Kriege immer knapper. Aus dem ganzen deutsch besetzten Europa holte man mehr oder weniger gewaltsam Fremdarbeiter ins Reich (oben links: Tatarin an der Drehbank). Ihre massive Ausbeutung ermöglichte erst den hohen Stand der Rüstungsproduktion (oben rechts: U-Boot-Endfertigung). Dazu bei trugen auch die Frauen jeden Alters (rechte Seite Mitte), die nicht selten bis zu siebzig Wochenstunden leisten mußten. Die Arbeitsbedingungen verschlechterten sich. Viele Betriebe wurden unter Tage verlegt (rechte Seite oben: Dreherei in einem Autobahntunnel) zur Sicherung vor Luftangriffen. Pausen oder gar Feiern (rechte Seite unten: Konzert in einem Rüstungsbetrieb) waren wie so vieles in dieser Zeit Mangelware.

»Barbarossa« noch gar nichts zu sehen war. General Thomas hielt im November 1939 eine Rede, in der er vor der Vorstellung warnte, man könne England »mit Radioapparaten, Staubsaugern und Küchengeräten besiegen«. Was Deutschland betreibe, sei Übergangswirtschaft, nicht Kriegswirtschaft. Doch er war ein Prediger in der Wüste.

Der Mann, der schließlich zwei Jahre später tat oder einleitete, was hier vergeblich gefordert worden war, hieß Fritz Todt. Er hatte die Autobahnen und dann den Westwall gebaut. Er galt als ausgezeichneter Organisator, der zugleich unbürokratisch dachte und seinen Mitarbeitern freie Initiative ließ. Schon seit März 1940 besaß er den amtlichen Titel »Reichsminister für Bewaffnung und Munition«, doch mit sehr eingegrenzter Kompetenz. Er führte allerdings eine bestimmte Methode ein, die dann unter seinem Nachfolger Speer und dessen mächtig erweiterten Zuständigkeiten zu großer Wirksamkeit gedieh (und zu Unrecht als Speers Erfindung gilt): Das war das System der Ausschüsse.

Die Ausschüsse hatten den Sinn, die am besten befähigten Leute eines wichtigen Produktionszweiges in einem Gremium zusammenzufassen, etwa beim Panzerbau oder – womit Todt anfing – auf dem Sektor Munition. Die Ausschüsse begannen ihre Arbeit mit einem Vergleich der Herstellungsmethoden, Lieferfristen, Preise, der Qualität und des Rohstoffverbrauchs in den maßgeblichen Betrieben und leiteten sogleich Rationalisierungen ein. Die Typenvielfalt – Hemmnis jeder Massenfertigung – wurde radikal vermindert, Leerlauf abgestellt, die Kosten wurden gesenkt, der Ausstoß beschleunigt. Der Hauptausschuß gliederte sich in Unterausschüsse für jede Einzelsparte – im Sektor Munition also für Granatwerfer oder Karabiner oder MG's. Die Zulieferindustrie schließlich wurde in »Ringe« aufgeteilt.

Die Ausschußvorsitzenden (meist die Chefs großer Firmen) hatten freie Hand in der Auswahl ihrer Mitarbeiter. Von vornherein galt das Prinzip der Eigenverantwortlichkeit der Wirtschaft. Mit Recht sagten sich Todt und sein Stab, daß Militärs nicht wirtschaftlich planen können und daß die Rüstung (wie schon im Ersten Weltkrieg erfolgreich von Walther Rathenau praktiziert) nur in den Händen von Zivilisten, erfahrenen Industrie-Managern, effektiv voranzutreiben sei.

Den Ideen folgten die Taten anfangs nur zögernd, weil in der Erfolgsphase gegen zu viele Widerstände und Ressort-Egoismen anzukämpfen war, auch bei so ein-

Nimmermüde Appelle an Leistungs- und Opferbereitschaft sollten das Letzte aus der Heimat herausholen. Die enge Verbindung zwischen Industrie und Militär betont das Plakat der Deutschen Arbeitsfront (links), auf den Idealismus der Jugend zielt das Heldenbild (rechts), das einen Hitlerjungen Seite an Seite mit

einem Parteimann und einem Panzerfahrer schreiten läßt. »Wir haben alle Trümpfe in der Hand«, behauptete der 1944 zum »Generalbevollmächtigten für den totalen Kriegseinsatz« ernannte Goebbels. »Was wir brauchen, sind allumfassende seelische Anstrengungen und der Einsatz jeder Reserve, die wir haben.«

sichtigen Männern wie General Thomas, der eine Entmündigung der Wehrmacht auf dem ihr lebenswichtigen Gebiet der Produktion natürlich vermeiden wollte.

Am 10. Januar 1942 kam der Wendepunkt. Hitler hatte unter dem Eindruck der festgefahrenen Moskau-Offensive und der schweren Abwehrschlacht im russischen Winter die Schwenkung vom Blitzkrieg auf die Tiefenrüstung vollzogen und verließ das bisherige Konzept in der Führerweisung »Rüstung 1942«. Eine entscheidende Erhöhung der Produktionsziffern auf allen wichtigen militärischen Gebieten wurde befohlen, nicht mehr nur eine Steigerung zu Lasten der anderen. Elf Tage später wurde die zweite Weiche gestellt. Das Heer verlor die Kontrolle über die Wehrwirtschaft. Todt war seinem Ziel ein mächtiges Stück nähergekommen. Achtzehn Tage danach starb er bei einem Flugzeugabsturz im Osten.

Zwei Stunden nach dem Unglück war Albert Speer, Hitlers Chefarchitekt, als sein Nachfolger im Amt. Der Baufachmann Speer war als Rüstungsminister kein krasser Außenseiter; schließlich hatte ja auch sein Vorgänger dieser Branche angehört. Speer hatte sich unter Todt bereits durch die Verdoppelung der Fabrikationsanlagen für den Flugzeugbau ausgewiesen. Er kannte dessen Arbeitssystem und war – für Hitler entscheidend – völlig loyal.

Der neue Mann ging unverzüglich daran, die Kriegswirtschaft auf Hochleistung zu trimmen. Er entfaltete eine Aktivität, die legendär geworden ist. »Mein Verhältnis zur Arbeit ist ein Suchtproblem«, bekannte er sechs Jahre später in seinem auf Toilettenpapier gekritzelten Spandauer Tagebuch. Vielleicht liegt in diesem Satz das Geheimnis des deutschen Rüstungswunders im Krieg, das zu einem Zeitpunkt eintrat, da der Kriegsgott Mars schon die Front gewechselt hatte. Natürlich hätte die Arbeitswut alleine nichts genützt, wären ihr nicht eine ganz ungewöhnliche Organisationsgabe zugesellt gewesen, Menschenführung, Verhandlungsgeschick, Detailkenntnis und, last not least, außerordentliche Vollmachten aufgrund der Vertrauensstellung zu Hitler und aus der Ungunst der Stunde heraus.

»Der Führer legt nach meinem Vortrag größten Wert darauf, daß die Friedensplanungen und Entwicklungen bei allen Firmen ab sofort eingestellt werden«, notierte Speer am 19. Februar 1942. Noch aber war sein Imperium lückenhaft. Luftwaffe und Marine entzogen sich noch völlig dem Einfluß der Zivilisten, wobei besonders der eitle Reichsmarschall eifersüchtig über seine Privilegien wachte. Die Kontrolle über das Marineamt erreichte Speer erst mit dem Wechsel im Oberkommando von Raeder zu Dönitz (im Juni 1943). Die Festung Göring wurde ein weiteres Jahr später, am 22. Juli 1944, eingenommen. Doch hatte der »Reichsminister für Rüstung und Kriegsproduktion« (Amtsbezeichnung seit dem 2.9.43) de facto schon weit eher das Sagen im Rüstungsbereich der Luftwaffe, weil Görings zweiter Mann, Generalfeldmarschall Milch, sehr gut mit dem Minister zusammenarbeitete.

Nachdem überdies der Wirtschaftsressortleiter Funk seinem Kollegen die maßgebliche Zivilwirtschaft überantwortet hatte, blieb diesem nur noch ein Hauptsachgebiet weiterhin verschlossen: das Arbeitskräfte-Reservoir. Für diese Seite der Kriegswirtschaft hatte Hitler auf Drängen Bormanns, der auch hier einen Fuß in der Tür behalten wollte, den thüringischen Gauleiter Fritz Sauckel bestellt. Saucke1 entzog sich Speers Werben

Keine Hochzeitsglocken klangen bei den Kriegstrauungen (linke Seite oben), und auch das Sterbeglöckchen, das nicht selten schon wenig später für den frisch vermählten Landser geläutet werden mußte, ertönte nur, wo es nicht Opfer der Metallsammlungen (links unten) geworden war. Die deutsche Industrie brauchte enorme Mengen Schrott zur Stahlherstellung. Einer der Hauptabnehmer, vor allem von Edelstählen, waren die Kugellagerfabriken in Schweinfurt, ohne die kein Rädchen »für den Sieg« rollen konnte. Darum waren sie auch bevorzugtes Ziel der amerikanischen Tagesangriffe (ganz oben). Sie forderten nicht wenige Opfer auch in der deutschen Zivilbevölkerung, die mit Parolen vom Heldentod und mit Orden (oben: Verleihung von Mutterkreuzen) über das große Sterben hinweggetröstet werden sollte.

um enge Zusammenarbeit und ging völlig eigene Wege. Vielleicht hat dieser Eigensinn dem Rüstungschef das Leben gerettet. Der Nürnberger Gerichtshof hat Speer mit den rüden Methoden der Arbeitskräfte-Beschaffung und der Sklaven-Behandlung der mindestens fünf Millionen »Fremdarbeiter« nicht in gleichem Maße belastet. Saukel wurde gehenkt...
Speers Macht bestand in dem Lenkungsinstrument der »Zentralen Planung«. In diesem Spitzengremium saßen neben ihm selber nur noch zwei Männer, die sich im Grunde mit einer Assistentenrolle beschieden: Milch und Görings Staatssekretär in der Vierjahresplan-Organisation, Körner. Gegen Entscheidungen dieses Triumvirats gab es keine Berufungsmöglichkeit. Dies hatte Hitler in der Not zunehmender materieller Unterlegenheit seinem (damals noch) ergebenen Diener zugestanden. Der nutzte den Blankoscheck ohne Skrupel aus. Die deutsche Wehrwirtschaft nahm, nicht sprunghaft, sondern Schritt für Schritt, einen riesigen Aufschwung.

Wenn man den Index der Rüstungsziffern Anfang 1942 mit 100 ansetzt, so lag er am Jahresende bei 181, stieg 1943 im Oktober auf 242, hatte dieses Niveau im Januar 1944 nach leichtem Absinken wieder erreicht und schnellte bis Juli 1944 auf die unwahrscheinlich anmutende Höhe von 322 hinauf. Das war der Höchststand überhaupt. Noch im Januar 1945, unmittelbar vor dem Zusammenbruch der Ostfront, erschufteten die Fabriken trotz pausenloser Luftangriffe eine Indexzahl von 227; das entspricht dem Stand vom Sommer 1943.

Diese enormen Anstrengungen waren, wie Speers Mitarbeiter Hans Kehrl nach dem Krieg schrieb, »ein gigantischer und tragischer Versuch, in fieberhafter Eile unter dem ständigen Druck der sich verschlechternden Frontlage die Versäumnisse der ersten Kriegsjahre aufzuholen«. Kehrl urteilt, »daß der Krieg wirtschaftlich in den Jahren 1940/41 verloren wurde«. Die damals verschenkte Zeit habe nie aufgeholt werden können.

Das größte Handikap wurde seit 1944 die alliierte Luftoffensive. Hatten im Vorjahr Flächenangriffe vorgeherrscht, so entdeckten die englisch-amerikanischen Bomberstrategen jetzt die deutsche Achillesferse: gezielte Zerstörung von Schlüsselindustrien. So bombardierten sie die Hydrierwerke (vor allem im Ruhrgebiet), die 90 Prozent des Flugbenzins lieferten. Die Erfolge zeigten sich in einem bestürzenden Rückgang der Lieferzahlen. Waren im April 1944 noch 175000 Tonnen geliefert worden, so sank diese

Menge im Mai auf 156000, im Juni auf 53000, im Juli auf 29000 Tonnen!
Kaum war ein Werk in fieberhafter Eile wieder in Gang gesetzt, zerschlug es ein schwerer Angriff aufs neue. So hätten sich die alten Griechen eine Sisyphusarbeit vorstellen können. Das rumänische Erdölgebiet wurde ebenfalls bombardiert und fiel im August 1944 an die Sowjets.
In Nürnberg sagte Speer aus: »Mit dem Gelingen dieser Angriffe war der Krieg produktionstechnisch verloren.« Ohne Treibstoff ist kein moderner Materialkrieg zu führen. In erster Linie war die Flugzeugindustrie betroffen. Denn nun waren die im Eiltempo zusammengebauten und teils von unterirdischen Fließbändern laufenden Flugzeuge, vor allem die neuen, vielversprechenden Düsenjäger Me 262, nur noch beschränkt verwendbar. Auch der Reichtum an Kohle nützte nichts, wenn sie nicht verfügbar war. Die konzentrierten Angriffe auf die Verkehrswege seit Herbst 1944 reduzierten die Zahl der täglich vom Ruhrgebiet abgehenden Kohlenwaggons von 22000 auf 5000.
So wurde Hitlers Kampf spätestens vom Sommer 1944 an zum reinen Hinauszögern der Niederlage, war ein Verzweiflungsakt zum befristeten Überleben.

*

Wie stand es derweil um die Versorgung der Zivilbevölkerung?
In den Ersten Weltkrieg war Deutschland mit der fröhlichen Unbeschwertheit eines Volkes marschiert, das an seine Unbesiegbarkeit glaubte, die materiellen Reserven der Feindmächte unterschätzte und von der Strangulierungsfähigkeit einer Totalblockade keine rechte Vorstellung besaß. Als 1916 ein Kriegsernährungsamt geschaffen wurde, war das Versäumte nicht mehr wettzumachen.
Im Zweiten Weltkrieg dagegen hat das Volk für die Realitätsfremdheit und Hybris seiner Politiker mit vielem weit mehr zahlen müssen als mit Hunger. Der Hunger im eigentlichen Sinn des Wortes bildete erst die Nachhut des Tausendjährigen Reiches.
Daß Hitler es besser handhabte als Wilhelm II. und Bethmann Hollweg, so kann man einwenden, sei auch keine Kunst gewesen, plante er doch von früh an den Angriffskrieg. Dieser moralische Unterschied enthebt das Kaiserreich nicht seiner Versäumnisschuld; hatte Deutschland damals noch mit einem Krieg seit längerem gerechnet und die sogenannte Einkreisungspolitik mit wachsender Sorge verfolgt.
Ein kurzer Blick auf die ernährungswirtschaftlichen Strukturen im Dritten Reich: Schon im September 1933 wurde der »Reichsnährstand« als Selbstverwaltungsorgan gegründet. In diesem durchgegliederten System unter Aufsicht des Ernährungsministeriums waren Erzeuger, Weiterverarbeitende und Verteiler jeweils bestimmter Warengruppen zusammengeschlossen. Daneben gab es die fünf »Reichsstellen« für Agrarprodukte, die dem Ministerium direkt unterstanden und vor allem für die Vorratswirtschaft sorgten. Die beiden großen Institutionen arbeiteten nicht reibungsfrei, aber erfolgreich. Bei Kriegsbeginn hatte Deutschland sechs Millionen Tonnen Getreide gespeichert und 600000 Tonnen Fett. Da normalerweise zwei Millionen Tonnen Getreide pro Jahr importiert wurden, bedeutete dieser Vorrat, drei Jahre Krieg auf der bisherigen Ernährungsgrundlage führen zu können – auch wenn jede Zufuhr abgeschnürt werden sollte. Bei Fett (400000 Tonnen Importe pro Jahr) war nur für eineinhalb Jahre vorgesorgt.
Vorteilhaft wirkte sich in der Folgezeit aus, daß die alliierte Handelsblockade Deutschland nicht wie im Ersten Weltkrieg von fast allen Bezugsquellen trennte. In den ersten Jahren flossen umfangreiche Lieferungen aufgrund von Handelsverträgen herein, vor allem aus der Sowjetunion und aus Dänemark. Sogar in der Nacht, als der Angriff auf Rußland begann, rumpelten noch endlose Güterzüge über die Grenze von Brest-Litowsk. Es ist eine groteske Ironie der Geschichte, daß Stalin mit seinen gewaltigen Lieferungen, darunter hochwertige Rohstoffe, den Ostfeldzug seines weltanschaulichen Todfeindes zum guten Teil erst ermöglicht hat; er hat für »Barbarossa« gleichsam den roten Teppich gelegt...
Der Übergang von der Friedens- zur Kriegsernährungswirtschaft vollzog sich also ohne Komplikationen, ganz anders als die Rüstungsindustrie, die lange Zeit so tat, als werde der Krieg nur aus Blitzfeldzügen bestehen. Die Industrie produzierte noch lange Zeit fast mehr Friedensgüter als Waffen und Munition. Noch 1942 betrug der Umsatz an Hausrat und Wohnbedarf 65 Prozent von 1939, der Umsatz an Bekleidung 78 Prozent. Das gab zwar der Bevölkerung weiterhin das täuschende Gefühl, es sei »alles nur halb so schlimm«; dafür wurde das Erwachen dann um so bitterer. Als die politisch-militärische Führung nach den ersten harten Rückschlägen im Osten auf »Tiefenrüstung« umzuschalten begann, war es im Grunde ebenso zu spät wie mit der hastigen Nahrungsmittel-Organisation zu den Zeiten von Verdun.
Wie die Liebe sprichwörtlich durch den Magen geht, so auch die Loyalität und Friedfertigkeit der Volksmassen im Staat. Hunger hatte die Heimat im Ersten Weltkrieg zermürbt, Hunger und Armut die Weimarer Republik sturmreif gemacht; zunehmender, unausbleiblicher Mangel wurde auch im Zweiten Weltkrieg zu einer Quelle des Unmuts und der Systemkritik. Nicht immer schaffte sich der knurrende Magen so arglose Erleichterung wie in diesen Witzen: »Es gibt bald mehr Butter; die Führerbilder werden entrahmt«, oder, mit mokantem Hinweis auf Görings unveränderten Körperumfang: Sein Hausmeister kommt in den Luftschutzkeller und sagt: »Herr Reichsmarschall, ich bin eben über die Mehltonne gestolpert. Wenn ich mich nicht an den Mettwürsten festgehalten hätte, wäre ich ins Butterfaß gefallen.«
Der Ärger über Rationskürzungen und Lieferausfälle füllte viele Spalten der geheimen, ungeschminkten Stimmungsberichte des Sicherheitsdienstes, je länger der Krieg dauerte, desto mehr. Sie wurden sehr ernst genommen. Wenn irgendeiner den Sprengstoff im leeren Magen kannte, dann Hitler; denn er war damit zur Macht gelangt. So bedurften auch größere negative Veränderungen im Rationisierungssystem allerhöchster Erlaubnis, die oft nicht ohne wochenlange »Bearbeitung« einzuholen war.
In England war zum Beispiel Brot (und Milch) nicht rationiert. In Deutschland lag die Brotzuteilung (nach freiem Verkauf noch im ersten Kriegsjahr) lange Zeit bei viereinhalb Pfund für die Unbevorzugten und sank später beträchtlich. Bemerkenswert dabei war der Spartrick, Brot erst dann zu verkaufen, wenn es einen Tag alt war: Längeres Kauen erzielt größeren Verwertungseffekt.
Der Fleischkonsum des Durchschnittsbürgers sank bei uns von anfänglich 700 Gramm Wochenzuteilung auf fast ein Drittel. Doch das fleischliebende Frankreich mußte sich zur selben Zeit im Schnitt mit 120 Gramm begnügen, Polen gar mit 100 Gramm.
Was die Butter betrifft, so hatten sich Hitlers Deutsche schon frühzeitig mit Görings Wahlspruch vertraut gemacht, daß Kanonen wichtiger seien. Schon im Frieden war sie nicht mehr unbeschränkt zu haben gewesen. Die Nation kriegte ihr Fett zu wachsenden Anteilen in anderer Form (Margarine, Öl). Im Verlauf des Krieges wurde auch dieser Sektor der Grundnahrungsmittel einer Abmagerungskur unterworfen. Leider kam bei Butter auch noch die Wassersucht dazu.
Die Kartoffel blieb während des ganzen

Die jährliche Spinnstoff-, Wäsche- und Kleidersammlung versuchte aus dem Land noch den letzten Fetzen verwertbarer Textilien herauszuholen (oben). Seit Jahren von den Rohstoffen der Welt abgeschnitten, war das Reich auf Erfassung aller zuhause auffindbarer Mittel angewiesen. Eine populäre Schreckfigur: »Kohlenklau«, der Energieverschwender (Plakat rechts). In der Anleitung zum seinerzeit weitverbreiteten Spiel »Jagd auf Kohlenklau« heißt es: »Der ›Kohlenklau‹ (›KK‹) ist ein Bösewicht, der dem deutschen Volke schaden will. Er verschafft sich in jedem Haushalt Zutritt und versucht Kohle, d.h. Wärme, Licht- und Kraftstrom und auch Gas zu stehlen, also Dinge, die nicht nur der Haushalt, sondern auch unsere Rüstung dringend benötigt.«

Krieges die Hauptbasis der deutschen Ernährung. Wenn nicht eigentlich gehungert wurde, dann lag dies hauptsächlich an der im großen und ganzen zuverlässigen Versorgung auf diesem Gebiet. Noch 1941 waren Kartoffeln mengenmäßig nicht beschränkt. In der 50. Zuteilungsperiode (Juni 1943) gab es als niedrigsten Satz sechs Pfund pro Woche.

Setzt man als Index der Kartoffelerträge der Vorkriegszeit die Zahl 100 an, so war der Index im Jahre 1940 sogar auf 106 gestiegen und erreichte 1942 noch 101. Schlecht war das Mißerntejahr 1943 (Index 75), wo es dann verstimmende Lieferlücken gab. 1944 stieg der Index wieder auf 80. Zum Vergleich ein Blick auf die Jahre 1914–18, ausgehend vom Index 100 (1913): 1914 = 99, 1915 = 118, 1916 = 55, 1917 = 76, 1918 = 64. Eine Kohlrüben-Wiedergeburt brachte der Zweite Weltkrieg trotz zunehmender Erschwernisse nicht.

Sehr groß waren die Versorgungslücken beim heimischen Obst. Technische Mängel, vorwiegend fehlende Lagerungsmöglichkeiten, bewirkten, daß Obst fast nur in Form von Marmelade zu kaufen war. Das galt nicht nur für Otto, den Normalverbraucher.

Hier ist eine Korrektur am Platz, die für die Ernährung in allen Bereichen gilt. Der Normalverbraucher war eine statistische Größe, die es wohl millionenfach gab, aber absolut war diese Gruppe stark in der Minderheit. Als Hauptleidtragende der Zwangswirtschaft war sie doch zum Glück für die Volksernährung nicht repräsentativ. Schon die gesamte Landbevölkerung mit Selbstversorgerstatus war von den Mängeln in der Speisekammer naturgemäß weniger betroffen. In den Städten halfen viereinhalb Millionen Schrebergärten, den Küchenzettel zu bereichern; 1937 (aus dem Jahr liegt eine Umfrage der Deutschen Arbeitsfront vor) hatten hundert von 350 Arbeiterfamilien eine kleine grüne Stadtoase mit Tomaten, Stachelbeeren und Petersilie in Pacht.

Ferner war jeder fünfte Lohnempfänger ein sogenannter Schwerarbeiter, von denen es sieben Millionen gab. Natürlich aßen auch sämtliche Wehrmachtsangehörigen nicht »normal«.

Am schlechtesten ist in Notzeiten der Großstädter ohne bevorzugte Einstufung und ohne Beziehungen versorgt. Das erwies sich im Krieg, das erwies sich erst recht in der Nachkriegszeit, als der unvergeßliche Eindruck von den »Hamsterzügen« mit überfüllten Abteilen, Trittbrettern und Dächern das Streckenbild zwischen den Großstädten und den Kartoffel-Paradiesen beherrschte. Angesichts der Sachwerte, die damals den Besitzer wechselten, kam das bissige Scherzwort vom »Perser im Kuhstall« auf.

Das war, wie gesagt, die Nachkriegszeit. Im Krieg selber spielten der Tauschhandel und Schwarze Markt keine damit vergleichbare Rolle, doch waren beide in spürbarem Ausmaß vorhanden – so, daß Göring in einer Rede schon vom 4. Oktober 1942 erklärte, daß gegen Schieber und Wucherer hart durchgegriffen werde, nicht aber dort, »wo der Geist willig ist und das Fleisch schwach«. Belustigt wird der Zeitgenosse Vergleiche mit dem schwachen Fleisch des Reichsmarschalls gezogen haben, waren doch die Genußsucht und die Beschaffungsmanieren des Herrn von Karinhall Gesprächsstoff im ganzen Reich.

Ein amtlicher, vertraulicher Bericht spricht im Januar 1944 von verbreitetem Schleich- und Tauschhandel. Die lange Dauer des Krieges, so heißt es im unausrottbaren Amtsdeutsch, habe »zu einer allgemeinen Lockerung der strengen Auffassungen über die Verwerflichkeit der zusätzlichen Versorgung geführt«. Drei vorherrschende Formen des Gütertauschs haben die Parteischnüffler registriert:

Einmal wurden rationierte Anrechte ausgetauscht: etwa Brotmarken gegen Raucherkarte; ferner florierte selbstverständlich die Umschichtung verknappter Waren innerhalb der Mangelgüter-Branchen: Steaks wanderten zum Tabakhändler, Cognacflaschen zum Kleiderimporteur, Wintermäntel in die Metzgerei; und schließlich erwies sich wieder einmal, wie golden der Boden des Handwerks ist: »Selbst alte und ehrenhafte Handwerksmeister«, meldete der Bericht, »lassen heute unverblümt durchblicken, daß sie gegen Tabak, Spirituosen, Nahrungsmittel usw. die gewünschte Reparatur schneller durchführen . . .«

Schon bildeten sich Frühformen der »Zigarettenwährung« heraus: für eine Zigarette ein Ei, für ein Paket Pfeifentabak ein Pfund Speck, drei Flaschen Cognac für eine Gans.

Vor allem in den besetzten Gebieten blühte der Schwarzhandel, weil dort nicht nur Mangel herrschte, sondern nackter Hunger aus hohlwangigen Gesichtern grinste. Das traf in erster Linie für die slawischen Länder zu, aber auch für Griechenland und im letzten Kriegsjahr verbreitet für Holland.

Deutschland sollte die wirkliche Not auf diesem Gebiet erst erfahren, als die Waffen schwiegen.

Dann kam die Zeit, da es im Schaufenster nichts gab und an stadtbekannten Begegnungsstätten alles.

Zu den typischen Geräuschen der Jahre 1933–45 gehörte das Scheppern der Sammelbüchsen (oben), zumal in der Kriegszeit, als wegen zunehmender Verknappung aller Güter und wachsender Not immer öfter um Spenden gebeten wurde. Ausdruck dieser Not war auch die Lebensmittelkarte (rechte Seite, links unten). Sie wurde mit Erlaß vom 28. August 1939 eingeführt und sollte über ein Jahrzehnt den Konsum der Deutschen steuern. Viel zu konsumieren gab es allerdings nicht. Die als »Sozialismus der Tat« gepriesene herrschende Ideologie führte zu Zwangsanleihen wie dem Winterhilfswerk, das den Spendern Anstecknadeln oder bemalte Holzfiguren (rechts) überreichte. Angehörige von Häftlingen erhielten allerdings keinerlei Unterstützung. Das war eine rasch wachsende Bevölkerungsgruppe, denn im Zeichen des totalen Krieges war die Staatsgewalt mit KZ-Einweisungen rasch bei der Hand. Das Häftlingsheer bildete die billige Reservearmee der Industrie (rechte Seite oben: Rüstungsminister Speer und Arbeitsfront-Chef Ley mit Häftlingen in einem Betrieb). Denn nicht alle Arbeiten konnten die Frauen übernehmen, obschon sie selbst zu militärischen Diensten (rechte Seite, rechts unten: Luftwaffenhelferin) herangezogen wurden.

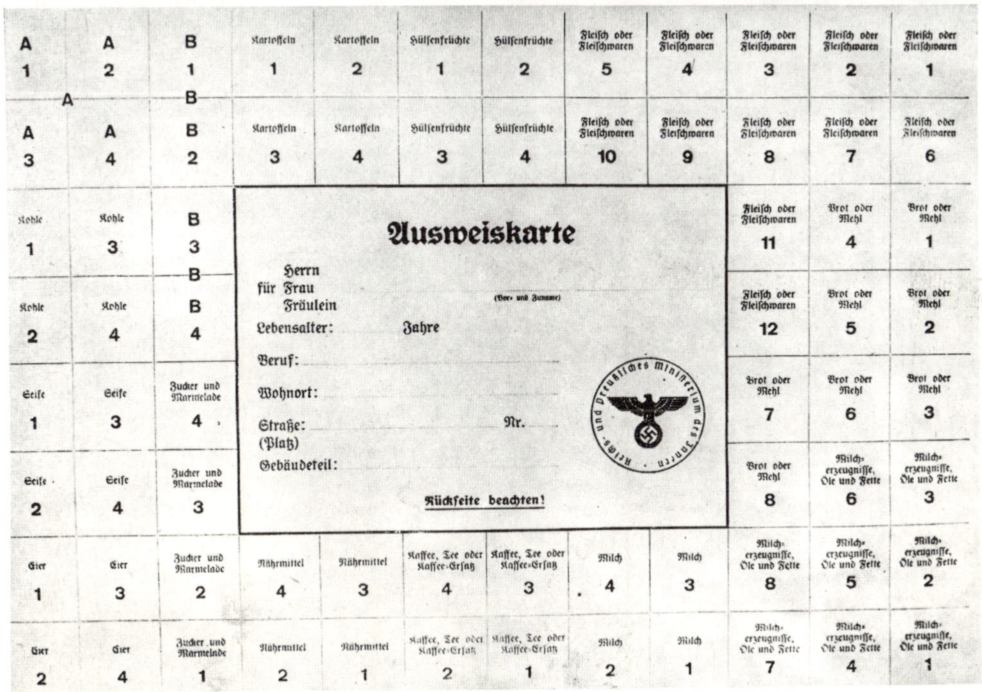

A 1	A 2	B 1	Kartoffeln 1	Kartoffeln 2	Hülsenfrüchte 1	Hülsenfrüchte 2	Fleisch oder Fleischwaren 5	Fleisch oder Fleischwaren 4	Fleisch oder Fleischwaren 3	Fleisch oder Fleischwaren 2	Fleisch oder Fleischwaren 1
A 3	A 4	B 2	Kartoffeln 3	Kartoffeln 4	Hülsenfrüchte 3	Hülsenfrüchte 4	Fleisch oder Fleischwaren 10	Fleisch oder Fleischwaren 9	Fleisch oder Fleischwaren 8	Fleisch oder Fleischwaren 7	Fleisch oder Fleischwaren 6
Kohle 1	Kohle 3	B 3							Fleisch oder Fleischwaren 11	Brot oder Mehl 4	Brot oder Mehl 1
Kohle 2	Kohle 4	B 4							Fleisch oder Fleischwaren 12	Brot oder Mehl 5	Brot oder Mehl 2
Seife 1	Seife 3	Zucker und Marmelade 4							Brot oder Mehl 7	Brot oder Mehl 6	Brot oder Mehl 3
Seife 2	Seife 4	Zucker und Marmelade 3							Brot oder Mehl 8	Milcherzeugnisse, Öle und Fette 6	Milcherzeugnisse, Öle und Fette 3
Eier 1	Eier 3	Zucker und Marmelade 2	Nährmittel 4	Nährmittel 3	Kaffee, Tee oder Kaffee-Ersatz 4	Kaffee, Tee oder Kaffee-Ersatz 3	Milch 4	Milch 3	Milcherzeugnisse, Öle und Fette 8	Milcherzeugnisse, Öle und Fette 5	Milcherzeugnisse, Öle und Fette 2
Eier 2	Eier 4	Zucker und Marmelade 1	Nährmittel 2	Nährmittel 1	Kaffee, Tee oder Kaffee-Ersatz 2	Kaffee, Tee oder Kaffee-Ersatz 1	Milch 2	Milch 1	Milcherzeugnisse, Öle und Fette 7	Milcherzeugnisse, Öle und Fette 4	Milcherzeugnisse, Öle und Fette 1

Ausweiskarte

für Herrn / Frau / Fräulein (Vor- und Zuname)

Lebensalter: Jahre

Beruf:

Wohnort:

Straße: Nr.
(Platz)

Gebäudeteil:

Reichs- und Preußisches Ministerium des Innern

Rückseite beachten!

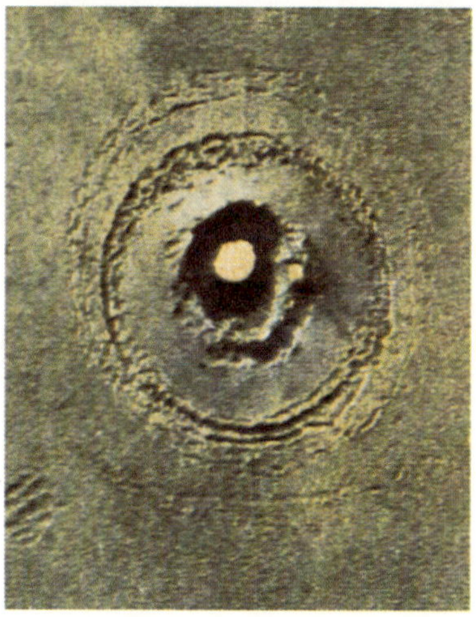

Zwei Formen der Panzerbekämpfung: Hans-Ulrich Rudel (rechte Seite oben, mit Karte), ließ unter seinem Sturzkampfbomber Ju 87 eine 3,7-cm-Kanone montieren (rechte Seite unten) und schoß damit 519 russische Panzer ab. – Für die Infanterie waren »Panzerschreck« und »Panzerfaust« gedacht. Jene wurde von zwei Mann bedient (oben), diese konnte der einzelne Soldat wie ein Gewehr in Anschlag bringen (links). Ihre Geschosse, nach dem Raketenprinzip konstruiert, durchschlugen Panzerplatten von erheblicher Stärke (kleines Bild links). Als vermeintliches Allheilmittel gegen die Stahlkolosse wurde die Panzerfaust in den letzten Kriegsmonaten auch Greisen, Frauen und Kindern in die Hand gegeben – im törichten Glauben, die nach Deutschland hereinströmenden Massenheere irgendwie damit aufhalten zu können.

Goebbels' Kriegspropaganda

Als Hitler kaum noch etwas sagte und Göring schon lange schwieg, da fühlte sich Goebbels erst richtig in seinem Element. Von beiden Seiten überschritten die Gegner die Reichsgrenzen, er aber tönte von Wunderwaffen und Vergeltung. Gegen Bombenteppiche und Panzer setzte er Glauben an die Idee und Kampfmoral.

Im Krieg ist es leicht, effektive Propaganda zu machen, wenn die eigene Seite immer wieder eindrucksvolle militärische und diplomatische Erfolge verzeichnen kann. Die deutsche Besetzung Dänemarks und Norwegens, die Blitzsiege im Westen im Mai–Juni 1940, das Dreimächteabkommen mit Italien und Japan, die Siege Rommels im Nahen Osten, solche Ereignisse sprachen für sich selbst, auch wenn Goebbels' Propagandaministerium sie geschickt auszunutzen verstand. Anders war die Sache, wenn es zu Rückschlägen und Niederlagen kam; wenn die heiß versprochene Invasion Großbritanniens ausblieb, das Kriegsglück im Nahen Osten sich wandelte, der Einmarsch in Rußland sich trotz erstaunlicher Gewinne als verlustreich und abwegig erwies und gleichzeitig amerikanische und englische Luftangriffe den Menschen in der Heimat den Krieg ins Haus brachten.
Joseph Goebbels, der durch die Geheimberichte des Sicherheitsdienstes (SD) vorzüglich über die Stimmung der Bevölkerung unterrichtet war, erkannte schon im Dezember 1941 die Notwendigkeit, die Propaganda realistischer zu gestalten und, wie er damals schrieb, »das Volk ins Vertrauen zu ziehen«. In einem Artikel »Offene Aussprache« in der Wochenzeitung »Das Reich« wandte er sich im März 1942 gegen angebliche Versuche, die unerläßlichen Lebensmittelkürzungen zu beschönigen. Zur gleichen Zeit forderte er die Todesstrafe für Schieber und Schleichhändler. Im nächsten SD-Lagebericht wurde festgestellt, der Artikel des Ministers sei »überall mit großer Aufmerksamkeit gelesen worden. Die Leute fanden, es sei wirklich an der Zeit gewesen, die Dinge beim richtigen Namen zu nennen.«
Dies wurde bald um so nötiger, als der alliierte Luftkrieg mehr und mehr das Leben und die Sicherheit der Bevölkerung bedrohte. Damals entwickelte Goebbels die erste Phase seiner Strategie der Tröstungen. Er machte wiederholte und pointierte Anspielungen auf die kommenden deutschen Wunderwaffen, die den Feind tödlich treffen würden. Als damals die V1 und die V2 in Peenemünde streng geheim vorbereitet wurden, wußten nur wenige Fachleute oder Minister, darunter Goebbels, davon. Im Sommer 1943 deuteten Hitler wie Goebbels in ihren Reden die kommende Vergeltung an. In einer Ansprache im Berliner Sportpalast am 5. Juni geißelte Goebbels den Terror der feindlichen Luftangriffe und erklärte, unzählige Arbeiter, Ingenieure und Konstrukteure seien am Werk, um den Tag der Vergeltung heraufzubeschwören. Als schließlich nach längerer Verzögerung im Juni 1944 die V1 und später die V2 auf englische Städte niederprasselten, äußerte sich Goebbels mit großem Behagen über das »lähmende Entsetzen«, das sie in England ausgelöst hätten. Endlich sei den Engländern das Lachen über die angeblichen Wunderwaffen vergangen. »In den ersten Tagen«, erklärte Goebbels im Juli 1944, »nannten die englischen Zeitungen unsere V1-Geschosse ›lästige Käfer‹; heute heißen sie dort ›Robotbomben‹. Das allein zeigt den Unterschied in ihrer Beurteilung von gestern und heute zur Genüge.«
Als Goebbels dies schrieb, glaubte er zwar noch fest an einen deutschen Sieg, aber gab sich keinen Illusionen hin über die täglich wachsenden Schwierigkeiten der deutschen Machthaber seit dem alliierten Vordringen in Frankreich und Belgien. Er mußte, wenn nicht öffentlich, so doch privat zugeben, der Einsatz der Wunderwaffen habe nicht das Kriegsglück zu deutschen Gunsten gewandelt. Als aber im Dezember 1944 der unerwartete Vorstoß deutscher Truppen in den Ardennen nicht ohne Erfolg blieb, war Goebbels begeistert und versicherte seinen Lesern in der Zeitschrift »Das Reich«, daß sich »langsam, aber sicher die Wiederherstellung der deutschen militärischen Verteidigungs- und Angriffskraft« vollziehe. »Was die anderen uns überlegen macht«, schrieb er, »das ist die Fülle des Materials; was uns ihnen überlegen macht, das ist unser Nationalcharakter und unsere Moral, unsere Wetterfestigkeit und Zähigkeit, die uns zum ersten Volk der Erde stempeln und damit gänzlich unüberwindlich machen.«
Ein anderer Aspekt von Goebbels' Trostpropaganda war das Argument, es gehe dem Feind auch nicht besser. »Auch der Feind ist müde und erschöpft«, fand Goebbels im September 1944, »und uns ergeht es deshalb nicht schlechter als ihm. Die Feindseite ist auch nicht ledig aller Sorgen. Auch sie führt schon über fünf Jahre Krieg und weiß so gut wie wir, was das zu bedeuten hat.«
Im gleichen Monat behauptete der Propagandaminister in einem weiteren Artikel, daß in diesem Krieg drei Nationen eine schwere Krise durchmachen müßten. Solche Krisen hätten sich als Charakterprobe erwiesen, erst für die Engländer, dann für die Sowjetrussen und jetzt, zuletzt nicht minder für die Deutschen. Die kritische Stunde der Erprobung für England war der Sommer von

Von links nach rechts: Albert Speer, Joseph Goebbels und Robert Ley beim Einzug in den Berliner Sportpalast (Bild oben). »Ich frage euch: Wollt ihr den totalen Krieg? Wollt ihr ihn, wenn nötig, totaler und radikaler, als wir ihn uns heute überhaupt noch vorstellen können?« Unter frenetischem Beifall wurde Goebbels – bis zum bitteren Ende Hitlers unermüdlicher Propagandist – in seiner berühmten Sportpalast-Rede vom 18. Februar 1943 das »Ja!« der Massen entgegengeschrien. Rechts: »Unser Glaube totaler Sieg«, Fassaden ausgebrannter Häuser als Werbeträger von NS-Durchhalteparolen.

1940, als das Land dem Zugriff der deutschen Luftwaffe offenlag. Für die Sowjetunion kam sie im Herbst 1941, als deutsche Truppen Moskau umklammerten. Jetzt waren die Deutschen an der Reihe. »Heute, da unsere Feinde mit ihrem Aufgebot an Menschen und Material unsere Fronten berennen, pocht das Schicksal an unsere eigene Tür.«
Das war gewiß ernst, aber, so wußte der gewandte Propagandist seine Landsleute zu trösten, »solange der Krieg andauert, ist nichts irreparabel«. Und wenn der Krieg erst einmal zu Ende war, dann würde alles ganz herrlich werden. Der Zyniker entwarf Bilder der Einfalt und des stillen Glücks, sprach von Frieden und Versöhnung der Völker: »Deutschland wird nach diesem Krieg in wenigen Jahren aufblühen wie nie zuvor. Seine zerstörten Landschaften und Provinzen werden mit neuen, schöneren Städten und Dörfern bebaut werden, in denen glückliche Menschen wohnen. Ganz Europa wird an diesem Aufschwung teilnehmen. Wir werden wieder zusammen die schweren Wunden, die das edle Antlitz unseres Kontinents entstellen, zum Vernarben bringen. Auf reichen Getreidefeldern wird das tägliche Brot wachsen, das den Hunger der Millionen stillt, die heute darben und leiden. Es wird Arbeit in Hülle und Fülle geben, und aus ihr wird aus der tiefsten Quelle menschlichen Glücks Segen und Kraft für alle entspringen.«
Im Februar 1945, als Feindtruppen im Westen Deutschlands vorrückten, kam Goebbels mit einem neuen Argument, das gewiß kühn, wenn auch nicht sehr logisch war. Er erklärte es als »nicht allein ausschlaggebend«, an welcher Stelle man in diesem Augenblick stehe. »Wir standen einmal an der Atlantikküste, vor Moskau und Leningrad, aber die Feindseite hat deshalb nicht kapituliert. Sie steht heute am Rhein und an der Oder. Warum sollten wir deshalb in

diesem Stadium der Dinge das tun, was sie sich in jenem zu tun weigerten?«
Solch verzweifelte Parallelen wirkten wenig überzeugend, da jetzt viele Deutsche die stärkeren materiellen Hilfsmittel und Waffen der Feindseite erkannten. Für Goebbels freilich war der Einwand der Überlegenheit des Feindes an Mann und Waffen »nicht stichhaltig«, denn die Feindseite besitze keine Ideale, »und deshalb wird und muß sie scheitern«. Es war das Urteil eines militärischen Laien, der sich verzweifelt an den angeblich größeren Idealismus im eigenen Lager klammerte.
Symbol der Philosophie des eisernen Durchhaltens in Zeiten des nationalen Unglücks und der feindlichen Übermacht war für Goebbels die Gestalt Friedrichs des Großen. Schon in den zwanziger Jahren hatte er in seinem Blatt »Der Angriff« die eindrucksvolle Totenmaske des preußischen Königs mit der angeblich prosaisch-vulgären Erscheinung von Außenminister Gustav Stresemann kontrastiert. Während des Zweiten Weltkrieges trieb Goebbels geradezu einen Kult mit der Figur des großen Preußen. Nicht weniger als sechs Porträts von ihm schmückten damals die Wände im Berliner Haus des Ministers. Zweifellos war Goebbels' Bewunderung des harten, verschlagenen Repräsentanten der preußischen Staatsraison echt, auch wenn er sie propagandistisch auszuschlachten wußte. Friedrich der Große war schon immer von den Nationalsozialisten als eine Hauptgestalt in der nationalen Tradition gesehen worden, in einer Reihe, die von ihm zu Bismarck und Hitler lief, aber erst in den letzten Jahren des Zweiten Weltkriegs wurde er als heroisch-standhafter Kämpfer in schwerem Mißgeschick herausgestellt.
In einer Berliner Ansprache im Dezember 1941 zitierte der Propagandaminister mit Nachdruck die Worte Friedrichs des Großen, daß man sich in Sturm- und Notzeiten mit einem ehernen Herzen versehen müsse, um alle Empfindsamkeit loszuwerden. Kein Wunder, daß Goebbels eine Sammlung seiner eigenen Artikel aus der Kriegszeit unter dem Titel »Das eherne Herz« erscheinen ließ.
Nach dem Fall von Stalingrad wurde der Friedrich-Kult mit neuen, scharfen Akzenten versehen. In der berühmt-berüchtigten Sportpalast-Rede am 18. Februar 1943 (»Wollt ihr den totalen Krieg?«) wies Goebbels dramatisch auf das Vorbild Friedrichs des Großen hin.
Er habe, so erklärte der Propagandaminister, »niemals genug Soldaten und Waffen gehabt, um seine Schlachten ohne größtes Risiko zu schlagen. Er betrieb seine Strategie immer als ein System der Aushilfen . . . Daß er Niederlagen erlitt, ist nicht das Entscheidende. Entscheidend ist vielmehr, daß der große König in allen Schicksalsschlägen ungebrochen blieb, daß er unerschütterlich das schwankende Kriegsglück auf sich nahm und sein ehernes Herz jede Gefahr überwand. Am Ende der sieben Jahre stand er, 51jährig, ein zahnloser, gichtkranker und von tausend Schmerzen gepeinigter Greis, doch als Sieger auf dem verwüsteten Schlachtfeld. Was haben wir dem entgegenzusetzen? Höchstens nur den Willen und die Entschlußkraft, es ihm, wenn die Stunde das gebietet, gleichzutun und niemals an der großen Sache, die wir verfechten, zu verzweifeln.«
Und dann war da der Film »Der Große König« mit Otto Gebühr in der Titelrolle. Er war zwar zu einer Zeit geplant worden, da das Kriegsglück noch der Wehrmacht zulächelte, aber seine Tendenz schien besonders geeignet, die Kampfmoral in den Monaten nach Stalingrad zu steigern, als der Feind beträchtliche Erfolge errang. »Mit diesem Film können wir auch Politik machen« – freute sich Goebbels

Nach dem Angriff auf die Sowjetunion wurde die NS-Propaganda nicht müde, sich als Vorkämpfer des Abendlandes gegen den Bolschewismus herauszustellen (linke Seite oben). Bis zum Schluß durfte am deutschen Sieg kein Zweifel aufkommen (Bild oben). Garant dieser Zuversicht konnte nur Einer sein: »Adolf Hitler ist der Sieg!«

in seinem Tagebuch –, »er ist ein gutes Hilfsmittel im Kampf um die Seele unseres Volkes und in dem Prozeß einer dauernden Verhärtung der deutschen Widerstandskraft, deren wir bedürfen, um diesen Krieg zu bestehen.« Die Erstaufführung fand im März 1943 vor einem ausgesuchten Publikum statt, das sich aus Ritterkreuzträgern, verwundeten Soldaten und Arbeitern in der Kriegsindustrie zusammensetzte.

»Der Große König« wurde mit dem Prädikat »Film der Nation« ausgezeichnet und Otto Gebühr zum »Staatsschauspieler« befördert. Der Film sei ein sensationeller Erfolg, kommentierte Goebbels in seinem Tagebuch, er werde viel zur Erziehung des deutschen Volkes beitragen.

Je mehr sich die deutsche Kriegssituation verschlechterte, desto intensiver pries Goebbels die rücksichtslose Energie Friedrichs des Großen.

Als es der russischen Dampfwalze im März 1944 gelang, bei Leningrad die deutschen Stellungen zu durchbrechen, sprach Goebbels zu seinen Mitarbeitern mit Verachtung über die weichliche, untüchtige Haltung einiger deutscher Generäle, die, wie er behauptete, nur an ihre eigene Bequemlichkeit dachten, während ihre Soldaten im eisigen russischen Klima erfroren. »Vor soviel Bequemlichkeit kommt mir der Ekel hoch. Ich sollte der Führer sein! Ich würde mit dem Pack aufräumen. Wie ist denn Friedrich der Große mit seinen Generälen umgegangen? Wenn sie sich nur die geringsten Verfehlungen zuschulden kommen ließen, hat er ihnen die Schulterstücke persönlich heruntergerissen, ihre Degen zerbrochen, die Fahnen ihnen genommen«.

Sogar bei Goebbels' persönlichen Entscheidungen und denen seiner Familie spielte am Ende das Vorbild des Preußenkönigs eine Rolle. In den letzten Kriegsmonaten eröffnete er seiner Frau Magda den Plan, gemeinsam und mit ihren Kindern aus dem Leben zu scheiden: »Weißt du, man muß sich in verzweifelten Situationen wie dieser auf den Standpunkt Friedrichs des Großen stellen, der sich in Gedanken auf einen fernen Stern versetzte, von dem aus die Ereignisse auf unserem kleinen Planeten, so ungeheuer wichtig sie auch uns erscheinen, ganz unbedeutend wirken.« »Du magst recht haben«, erwiderte, wie uns ein Augenzeuge berichtet, Frau Goebbels mit leiser Stimme, »aber Friedrich der Große hatte keine Kinder.«

Goebbels indes focht das nicht an. Am 1. Mai 1945, nach dem Zusammenbruch des Dritten Reiches, tötete das Ehepaar Goebbels zuerst seine Kinder und dann sich selbst.

Der 20. Juli

Als Hitler die Macht ergriff, hatten die Offiziere stillgehalten, aber wer garantierte ihm, daß sie es immer taten? Er hatte ihnen eine Aufrüstung beschert, von der sie in der Reichswehrzeit nie zu träumen gewagt hätten, er hatte sie mit Titeln, Orden und Geschenken überhäuft, und dennoch, sein Mißtrauen blieb wach. Durchaus zu Recht, denn aus der Wehrmacht erwuchs der einzige ernstzunehmende Widerstand gegen sein Regime. Außenpolitische Erfolge Hitlers und die Blitzsiege der ersten Kriegsjahre vereitelten zwar noch alle Versuche, ihn aus der Macht zu drängen, aber je länger der Krieg dauerte, desto radikaler wurden die Pläne. 18 gescheiterte Attentate zählen die Historiker. Den Verschwörern schien es zeitweilig, als sei an Hitlers stets beschworener Schutzmacht, der »Vorsehung«, wirklich etwas dran. Da betrat ein neuer Attentäter die Szene, Oberst Stauffenberg, und mit ihm zog auch eine neue Geisteshaltung ein: Daß etwas geschehen müsse, ein Zeichen gesetzt werden müsse, auch wenn der Erfolg nicht unbedingt garantiert sei. Indem sie sich opferten, wollten die Verschwörer wiedergutmachen, daß sie allzu lange Helfer und Nutznießer Hitlers gewesen waren.

Stauffenberg, in Afrika schwer verwundet, er hatte ein Auge und den rechten Arm verloren, war entschlossen, beides zu tun: Hitler zu ermorden und zugleich den Staatsstreich zu leiten. Er würde das Attentat so durchführen, daß er selbst nicht gefährdet war, und sofort danach wieder in Berlin sein, um den Putsch zu leiten. Am 8. Juni hatte Stauffenberg zum ersten Mal in seiner neuen Eigenschaft als Stabschef des Ersatzheeres an einer Lagebesprechung im Führerhauptquartier teilgenommen. Drei Tage später, bei der nächsten Lagebesprechung, zu der er zum Berghof in Berchtesgaden befohlen war, brachte Stauffenberg in seiner Aktentasche bereits eine Sprengladung britischer Herkunft mit. In Berlin warteten die Verschwörer auf die Nachricht vom erfolgten Attentat. Aber anstelle einer Vollzugsmeldung erfuhr der General der Infanterie Olbricht in Berlin durch Stauffenberg, daß er die Bombe nicht gezündet hatte. Der Reichsführer-SS Heinrich Himmler hatte an der Lagebesprechung nicht wie vorgesehen teilgenommen. Er sollte aber bei dem Attentat gleich mit erledigt werden.

Am 15. Juli war es dann wieder soweit. Zur angesetzten Lagebesprechung im Führerhauptquartier würde Himmler zugegen sein. Stauffenberg, wieder seine Bombe in der Aktentasche, rief General Olbricht in Berlin an und teilte ihm mit, daß er gleich das Attentat ausführen werde. Olbricht, als Chef des Allgemeinen Heeresamtes ebenso wie Stauffenberg selbst Vertreter des Generalobersten Fromm, löste sofort nach diesem Anruf den Putsch aus. Der Staatsstreich lief unter dem Decknamen »Walküre«. Hitler selbst hatte diese Operation vor einiger Zeit mit seiner Unterschrift abgesegnet. Admiral Canaris hatte ihm den Plan »Walküre« vorgelegt, der alle Maßnahmen enthielt, die gegen einen möglichen Aufstand der Millionen Fremdarbeiter in Deutschland zu treffen wären. Natürlich war der Plan »Walküre« von vornherein nur als Tarnmantel für den Staatsstreich gegen die Regierung Hitler gedacht. Denn unter dem Vorwand einer vom Führer selbst genehmigten Operation konnte das Heimatheer – dessen Stabschef Stauffenberg war – alle wichtigen Dienststellen besetzen, Funktionäre verhaften, Rundfunksender und Zeitungsredaktionen übernehmen und die tatsächliche Macht ausüben.

Doch eben als General Olbricht in Berlin allen Beteiligten das Signal zum Staatsstreich gab, das Stichwort »Walküre«, mit den ersten dafür von Stauffenberg minutiös ausgearbeiteten Befehlen, kam aus dem Führerhauptquartier ein zweiter Anruf.

Stauffenberg wollte nach seinem ersten Anruf, der in Berlin die Aktion »Walküre« für den Staatsstreich ausgelöst hatte, zur Lagebesprechung zurückkehren. Aber die Teilnehmer an der Besprechung strömten in diesem Augenblick aus dem Lageraum. In eben der kurzen Zeit, die sein Anruf nach Berlin dauerte, hatte Hitler die Lagebesprechung kurzerhand abgebrochen. Das Attentat fand nicht statt, und in Berlin lief die erste Maßnahme für den Staatsstreich an!

Stauffenberg beherrschte nur ein Gedanke: Sofort zum nächsten Telefon! In der Garderobe griff er nach seinem Mantel. Die Aktentasche mit der Bombe mußte er hierzu absetzen. Da wurde ihm unversehens der Mantel bereits von einem hilfsbereiten Mann zugereicht, der die Bemühungen des schwerverwundeten Obersten beobachtet hatte: »Bitte, Herr Oberst, wenn ich Ihnen helfen darf . . .?« Stauffenberg drehte sich um und erkannte in dem freundlichen Helfer den Reichsführer-SS Heinrich Himmler, den Mann, den seine Bombe zerreißen sollte. Der nahm die erstaunlich schwere Aktentasche des Attentäters und trug sie freundlich plaudernd bis zum Wagen von Stauffenberg. Dort setzte er sie ziemlich hart auf den Boden. Schließlich gelang es Stauffenberg in einem zweiten Telefonat, das bereits in Gang gesetzte Unternehmen »Walküre« auf halbem Wege zum Stehen zu bringen. Am Tag danach wurde von den Verschwörern die Aktion als »Übung zur Herstellung der Einsatzbereitschaft des Heimatheeres« hingestellt, und das wurde zunächst auch geglaubt. Ein zweites Mal aber durfte so eine Panne nicht passieren.

Das »nächste Mal« – das ist der 20. Juli, diesmal nicht im Berchtesgadener Berghof, sondern im eigentlichen Führerhauptquartier »Wolfsschanze« bei Rastenburg in Ostpreußen. Weder Himmler noch Göring sind diesmal bei der Lagebesprechung zugegen, aber man kann nicht mehr warten.

In der Frühe ist Stauffenberg mit seinem Adjutanten Oberleutnant Werner von Haeften mit einer Kuriermaschine vom Flugplatz Rangsdorf bei Berlin nach Ostpreußen abgeflogen. Dritter Passagier im Flugzeug ist Generalmajor Helmuth Stieff, Chef der Organisationsabteilung des Heeres, der schon zweimal ein Attentat auf Hitler versucht hat.

Am Flugplatz bei Rastenburg wartet ein Wagen aus dem Führerhauptquartier auf die drei. Der bringt sie zu der 14 Kilometer entfernten »Wolfsschanze«. Hier müssen drei Sperrkreise passiert werden. Sie sind von außen nach innen mit den römischen Ziffern III, II und I numeriert. Stauffenberg steigt im Sperrkreis I aus. Sein Adjutant begleitet den Generalmajor Stieff noch die 18 Kilometer bis zum OKH-Quartier »Mauerwald«, um dann für die Rückkehr des Wagens zu sorgen, den Stauffenberg sofort nach dem Attentat wieder im Führerhauptquartier vorfinden muß, wenn die Flucht zum Flugplatz und von dort mit der wartenden Kuriermaschine nach Berlin gelingen soll.

Graf von Stauffenberg frühstückt im Kasino und nimmt anschließend an zwei Besprechungen teil. Die erste bei General Buhle, dem Chef des Heeresstabes im OKW, die zweite beim Chef des OKW, Generalfeldmarschall Keitel. Jetzt erfährt Stauffenberg, daß die Lagebesprechung wegen des anstehenden Staatsbesuchs von Mussolini um eine

Anfangs ein Anhänger Hitlers und des Nationalsozialismus, kam Claus Graf Schenk von Stauffenberg zu der Erkenntnis: »Wir haben uns vor Gott und unserem Gewissen geprüft, es muß geschehen, denn dieser Mann ist das Böse an sich.« Stauffenberg, der 1933 Hitlers Machtergreifung demonstrativ begrüßt hatte, starb elf Jahr später vor einem Exekutionskommando mit den Worten: »Es lebe Deutschland!«

Stunde auf 12.30 Uhr vorverlegt wurde. Dadurch kann das Attentat wieder in Frage gestellt werden, denn die beiden Sprengstoffpakete, eins mit einem 10-Minuten-Zünder, das andere als Reserve mit einem 30-Minuten-Zünder versehen, befinden sich in der Aktentasche von Stauffenbergs Adjutant. Und der ist auf dem Weg zum OKH-Hauptquartier »Mauerwald«. Aber nach Beendigung der Besprechung bei Keitel sitzt Oberleutnant von Haeften bereits im Wartezimmer des OKW-Bunkers.

Ein neues Problem taucht auf. Die Sprengladungen müssen aus Haeftens Aktentasche in die von Stauffenberg umgepackt werden. Keitels Adjutant, Major von Freyend, hilft unbewußt dem Attentäter, indem er Stauffenberg, der »sich frisch machen« möchte, sein Schlafzimmer zur Verfügung stellt. Stauffenberg und Haeften machen sich hier an die Arbeit. Inzwischen ist es wenige Minuten vor 12.30 Uhr, und Freyend schickt einen Oberfeldwebel zu seinem Schlafzimmer, der den Obersten Stauffenberg darauf aufmerksam machen soll, daß die Lagebesprechung gleich beginnt.
Der Oberfeldwebel betritt Freyends Zimmer so eilig, wie ihm befohlen worden ist. Mit der sich nach innen öffnenden Tür stößt er gegen Oberst Stauffenberg, der eben hinter der Tür gestanden hat. Der Oberfeldwebel entschuldigt sich und richtet seinen Auftrag aus, daß höchste Eile geboten sei, wolle man den Führer nicht warten lassen.
Bei einem kurzen Blick durch die geöffnete Tür sieht der Oberfeldwebel, wie er später vor den vernehmenden Kriminalbeamten aussagt, daß auf dem Bett zwei Aktentaschen, eine Menge Papier und ein Paket liegen. Offensichtlich werden eben die beiden Aktentaschen umgeräumt.
Stauffenberg schließt die Tür wieder hinter dem Oberfeldwebel und Oberleutnant von Haeften, der zusammen mit dem Oberfeldwebel den Raum verläßt, um den Mann mit Sicherheit fern von dem Schlafzimmer zu wissen, in dem die beiden Sprengladungen auf dem Bett liegen.
Inzwischen drückt der Oberst mit einer Flachzange den Zünder der ersten Zeitbombe ein. Die Zange hat er sich extra herrichten lassen, damit er in der Lage ist, sie mit den drei Fingern seiner linken Hand zu bedienen. Von diesem Moment an zerfrißt eine Säure allmählich einen in einer Glasampulle befindlichen Draht. Sobald der Draht reißt, schlägt eine von ihm bisher gespannt gehaltene Feder einen Schlagbolzen auf den eigentlichen Zünder – die Sprengladung detoniert.
Die Dauer der Säureeinwirkung bis zum Zerreißen des Drahtes ist auf zehn Minuten berechnet. Die Zündung nun noch einmal aufzuhalten, ist ausgeschlossen, Stauffenberg kann nun nicht mehr zurück. Die Bombe wird in zehn Minuten in die Luft fliegen, ganz gleich wo sie sich dann befindet.
Stauffenberg begibt sich nach draußen und trifft dort General Buhle und Major von Freyend, mit denen er gemeinsam den Weg bis zur Lagebaracke zurücklegt. Buhle und Freyend versuchen dem schwerbeschädigten Oberst die Aktentasche abzunehmen, aber Stauffenberg lehnt ab, er trägt die Tasche lieber selbst. Doch unmittelbar vor der Lagebesprechung entschließt er sich anders. Er übergibt die Tasche Freyend und bittet diesen, da er als Adjutant Marschall Keitels die Möglichkeit dazu hat, die Tasche und ihn selbst möglich nahe beim Führer zu placieren. Erstens wird er ja selbst einen Vortrag halten und dazu sowieso in der Nähe des Führers stehen müssen, und zweitens kann er so auf der Karte besser verfolgen, worum es geht.
Die drei kommen zu spät. Als sie den langen Gang in der Mitte der Lagebaracke entlanggehen, hören sie aus dem quer am Ende der Baracke liegenden Lageraum gedämpft die Stimme General Heusingers, der über die Lage an der Ostfront Vortrag hält. General Buhle öffnet die Tür, nach ihm betreten Stauffenberg und Freyend den Raum. Hitler steht an dem großen Kartentisch genau hinter der Tür, mit dem Rücken zu ihr. Rechts neben ihm steht Heusinger, der seinen Vortrag kurz unterbricht. Links neben Hitler steht Marschall Keitel, neben diesem Generaloberst Alfred Jodl, der Chef des Wehrmachtführungsstabes.
Keitel sieht die Zuspätkommenden unwillig an, meldet dann den Obersten Graf von Stauffenberg bei Hitler. Freyend hat inzwischen den unmittelbar rechts neben General Heusinger stehenden Admiral Voß leise gebeten, dem Oberst seinen Platz zu überlassen. Der Admiral nickt und begibt sich auf die andere Seite des Tisches, genau Hitler gegenüber, während Stauffenberg dankend seine Aktentasche wieder an sich nimmt.
Heusinger nimmt seinen Vortrag wieder auf, während Stauffenberg nun neben ihm steht. Die Aktentasche setzt der Oberst vorsichtig auf den Boden, dicht neben den einen der beiden schweren Holzsockel, die den Kartentisch tragen. Die Tasche steht an der Innenseite des Sockels, in ihr frißt unaufhörlich die Säure an dem Draht, der nur noch für kurze Zeit die Feder des Schlagbolzens festhalten wird. Wenn die Sprengladung dann

detoniert, wird sie als erstes Heusinger und Hitler zerreißen, da die beiden am nächsten stehen. Die Wucht der Detonation wird durch den massiven Eichensockel des Tisches in ihre Richtung, nach links, am stärksten wirken.

Aber noch steht der Attentäter selbst seiner Bombe am nächsten; wenn er nicht mit zerrissen werden will, muß er schleunigst verschwinden. Leise, wie um den Vortrag Heusingers nicht noch einmal zu stören, wendet sich der Oberst an seinen rechten Nebenmann, der an der Tischekke steht, genau neben dem Tischsockel. Dieser Nebenmann ist Oberst Heinz Brandt, der vor einem Jahr aus Gefälligkeit zwei als Kognakflaschen getarnte Sprengbomben im Führerflugzeug mitgenommen hat, mit denen Hitler getötet werden sollte. Die Bomben waren jedoch nicht explodiert. Diesmal wird Brandt nicht davonkommen. Stauffenberg flüstert Brandt zu, er müsse noch einmal hinaus, um ein dringendes Telefongespräch entgegenzunehmen, dessen Inhalt er für seinen Vortrag brauche. Brandt möge auf die Aktentasche achtgeben. Brandt, freundlich und gefällig seinem heutigen Attentäter gegenüber wie vor einem Jahr dem Attentäter Fabian von Schlabrendorff, nickt zustimmend.

Stauffenberg verläßt hinter dem Rücken Hitlers den Lageraum und begibt sich durch den langen Flur ins Freie – ohne die Telefonvermittlung aufzusuchen, die in einem der Barackenräume untergebracht ist. Aber das fällt niemandem auf, denn schließlich weiß niemand, unter welchem Vorwand Stauffenberg den Lageraum verlassen hat.

Der Oberst begibt sich hinüber zum Nachrichtenbunker, der ebenfalls im innersten Sperrkreis gelegen ist. Dort wartet der Chef des gesamten Nachrichtenwesens der deutschen Wehrmacht auf ihn, General Erich Fellgiebel, schon seit langem einer der wichtigsten Männer der Verschwörung. Ihm fällt die Aufgabe zu, sofort nach dem Attentat die Zentrale der Verschwörer in der Berliner Bendlerstraße zu verständigen, dem früheren Kriegsministerium und nunmehrigen Sitz des Befehlshabers des Ersatzheeres.

Inzwischen ist drinnen im Lageraum fast etwas schiefgegangen. Während Heusingers Vortrag hat Hitler eine Zwischenfrage gestellt. General Buhle hat gemeint, diese Frage falle genau in Stauffenbergs Fach, der Stabschef des Ersatzheeres könne darauf konkrete Antwort geben. In diesem Moment stellt man fest, daß Stauffenberg nicht mehr anwesend ist.

Oberst Brandt berichtet kurz von dem dringenden Telefonanruf, den Stauffenberg draußen in der Vermittlung abwarten will. Wütend begibt sich Feldmarschall Keitel selbst zur Telefonvermittlung, während der Luftwaffengeneral Korten inzwischen die neueste Luftlagemeldung bekanntgibt. In der Telefonvermittlung berichtet der diensthabende Wachtmeister Adam dem Feldmarschall, daß der einarmige Oberst mit der schwarzen Augenklappe nicht bei ihm gewesen sei. Keitel begibt sich in den Lageraum zurück und schickt General Buhle hinaus, der den Obersten Stauffenberg telefonisch suchen lassen soll.

Als auch Buhle unverrichteterdinge zurückkehrt, will Oberst Brandt etwas näher an seinen Chef Heusinger herantreten, um etwas auf der großen Lagekarte nachzusehen. Er stolpert fast über die Aktentasche Stauffenbergs, die ihm im Weg steht. Ärgerlich nimmt Brandt sie auf und stellt sie an die Außenseite des Tischsockels, wo sie ihn nicht mehr stören kann. Auch Hitler sucht etwas auf der Karte. Der Punkt, den er sucht, befindet sich weit im Norden, am oberen Ende der Karte. Und so liegt Hitler mit dem ganzen Oberkörper auf dem Tisch, sich mit den Ellenbogen aufstützend, als die Säure in der Glaskugel den Draht durchgenagt hat und die Schlagbolzenfeder freigibt. Das ist der Sekundenbruchteil, in dem sich das Geschick der ganzen Welt anders entscheiden kann. Die Uhren zeigen auf 12.42 Uhr.

Die Sprengladung in der Aktentasche explodiert. Ihre stärkste Wirkung geht, anders als von Stauffenberg geplant, nach rechts, von Hitler weg, weil Oberst Brandt die Tasche an die Außenseite des Tischsockels gestellt hat. Dem Oberst Brandt wird von der Sprengladung sofort das rechte Bein abgerissen, sein Körper ist von Holzsplittern durchsiebt. Er erliegt den schweren Verletzungen. Außer ihm sterben General Korten, Hitlers Chefadjutant General Schmundt, der Stenograf Berger.

Alle anderen werden mehr oder weniger schwer verletzt. Gehirnerschütterungen und geplatzte Trommelfelle tragen alle davon, auch die sonst nur leichter Verletzten – mit einer Ausnahme, und das ist Marschall Keitel, dem gar nichts passiert ist, weil der neben ihm halb auf dem Tisch liegende Hitler die Detonationswelle von ihm abgehalten hat.

Hitler selbst ist ebenfalls nur leicht verletzt: Gehirnerschütterung mit vorübergehender Ohnmacht, Prellung des rechten Ellenbogens, Verbrennungen an den Beinen, Hautabschürfungen, beide Trommelfelle sind geplatzt.

Der Krach der Detonation ist weit über die Grenzen der Sperrkreise hinaus zu hören. In der Nähe vernimmt man unmittelbar das Schreien der Verwundeten. Die ersten Gestalten taumeln aus dem verwüsteten Lageraum, einige der Offiziere werden durch die wegen der Sommerhitze weit geöffneten Fenster ins Freie geschleudert.

Jeder, der sich noch aus eigener Kraft bewegen kann, sucht das Freie zu gewinnen. Vielleicht gibt es noch eine zweite Explosion, mag jeder instinktiv befürchten. Hitler verläßt die Lagebaracke halb geschleppt, halb gestützt von Keitel. Über umherliegende Trümmer, vorbei an Verletzten und den herbeieilenden Helfern begibt er sich in seinen Bunker.

Keitel wendet sich wieder zurück. Er ist in einer geradezu begeisterten Stimmung. »Der Führer!« ruft er. »Die Vorsehung! Unser Führer lebt! Der Führer lebt! Nun erst recht vorwärts zum Endsieg! Der Führer lebt!«

Noch ahnt niemand, was eigentlich los ist. Eine Fliegerbombe aus großer Höhe? Ist bei den kürzlich vorgenommenen Bauarbeiten eine Mine mit eingebaut worden? Derjenige, der solche Fragen am besten beantworten könnte, hat kurz vor der Explosion noch

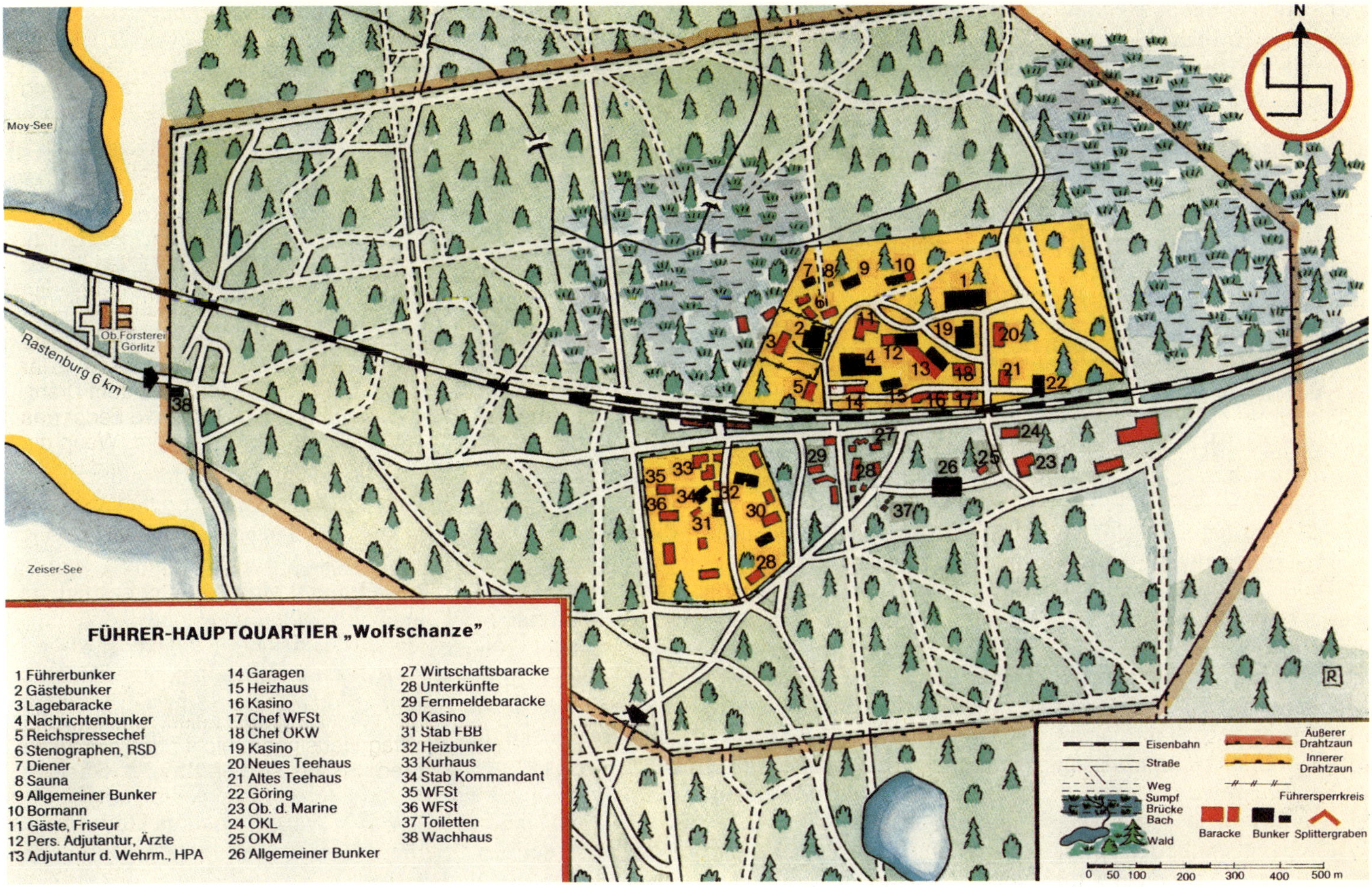

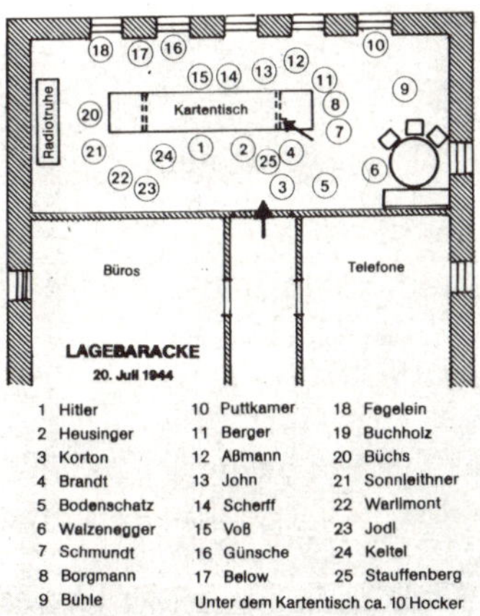

Drei Sperrkreise sicherten Hitlers Führerhauptquartier »Wolfsschanze« bei Rastenburg/Ostpreußen. In der »Lagebaracke« stellte Oberst Stauffenberg die Aktentasche mit der Sprengladung unter den Kartentisch (Pläne oben). Nach dem Attentat besichtigen Bormann, Göring, Hitler und Himmler (von links) die völlig zerstörte Baracke.

einmal einen Schrecken hinter sich bringen müssen, den er unwissentlich selbst verursacht hat. Er ist von der Adjutantur gefragt worden, ob er einen Kraftwagen benötige. Stauffenberg hat darauf dankend abgelehnt – nein, er habe bereits seinen Wagen zur Verfügung. So kommt es, daß Stauffenberg, unmittelbar bevor er aus dem Führerhauptquartier flüchten muß, kein Fahrzeug hat. Die Adjutantur hat nämlich von dem gleichen Wagen gesprochen, den auch Stauffenberg meint, und so wird Stauffenbergs Wagen, der ja vom Hauptquartier-Kommandanten zur Verfügung gestellt worden ist, anderweitig eingesetzt.

Als Stauffenberg den lebensgefährlichen Irrtum erkennt, muß sein Adjutant Haeften alles in Bewegung setzen, um das Mißverständnis aufzuklären und den Wagen zurückzuerhalten. Das gelingt buchstäblich in letzter Sekunde.

Haeften fährt mit dem Wagen am Nachrichtenbunker vor, wo Stauffenberg mit General Fellgiebel steht, da dröhnt die Explosion herüber. Von Stauffenbergs Standort sieht man eine Staubwolke in der Nähe der Lagebaracke aufsteigen, einige Trümmerstücke durch die Luft wirbeln – mehr ist vom Nachrichtenbunker aus nicht zu erkennen. Stauffenberg fährt bei der Explosion zusammen. Major Sander von der Adjutantur steht dabei – er hat Stauffenberg eben den Wagen zurückbeschafft – und sagt später: »Noch nie in meinem Leben habe ich einen Menschen so zusammenzukken sehen!«

General Fellgiebel fragt scheinbar verwundert – er kann jetzt nicht mehr offen sprechen, da Sander nicht zu den Verschwörern gehört –, was das wohl gewesen sei, worauf Sander gleichmütig erwidert, es gingen öfter mal Minen in die Luft, ausgelöst durch Rehe oder anderes Wild. Stauffenberg muß fort – aber da steht der unselige Sander; der ja weiß, daß Stauffenberg eigentlich bei der Lagebesprechung sein sollte. So sagt Stauffenberg wie nebenbei: »Ich gehe jetzt zurück zur ›Lage‹. Aber ich muß noch mal zum Kommandanten, ich nehme gleich den Wagen, damit's schnell geht!«

Stauffenberg und Haeften fahren los. Die ersten Wachen vom Sperrbezirk I und II passieren sie unangefochten. Stauffenbergs Ausweis genügt, noch ist kein Alarm gegeben worden. Bei der nächsten Wache ist es schon schwieriger. Der Wachoffizier dort hat aus eigener Initiative sofort nach der Detonation eine Sperre angeordnet. Stauffenberg versucht es mit einem Bluff. »Sonderauftrag des Führers, ich muß dringend zum Flugplatz, Generaloberst Fromm wartet auf mich.«

Der Leutnant zögert. Daraufhin greift Stauffenberg in der Wachstube zum Telefon, spricht mit jemandem, wendet sich dann wieder an den Leutnant und sagt: »Na bitte, ich kann passieren!«

Der Leutnant kennt Stauffenberg, dessen Ausweise sind ebenfalls in Ordnung, und so hebt er den Schlagbaum hoch. Die letzte Außenwache aber wird fast zum Verhängnis. Inzwischen ist Alarm gegeben worden. An der Außenwache Süd ist die Straße bereits durch spanische Reiter versperrt, die Wachmannschaft steht mit schußbereiten Waffen an der geschlossenen Schranke. Und der Wachhabende, Feldwebel Kolbe vom Führerbegleitbataillon, läßt sich nicht so leicht beeindrucken wie kurz zuvor der Leutnant.

Er läßt Stauffenberg nicht ans Telefon, sondern läßt sich den Teilnehmer nennen und ruft diesen selbst an. Stauffenberg nennt Rittmeister von Möllendorf, den Adjutanten des Kommandanten, denn der weiß nicht, ob Stauffenberg wirklich das Hauptquartier verlassen darf.

Möllendorf meldet sich, der Feldwebel übergibt den Hörer Stauffenberg. Der Oberst tut ahnungslos und fragt, was denn passiert sei? Er könne doch nicht hier hängenbleiben, sein Flugzeug warte schon auf ihn, für 13.15 Uhr sei der Start festgelegt. Er müsse unbedingt so schnell wie möglich nach Berlin.

Da Rittmeister von Möllendorf Stauffenberg gut kennt und außerdem in dieser Minute noch nicht weiß, weshalb der Alarm ausgelöst worden ist, erteilt er Stauffenberg die Erlaubnis zum Verlassen des Hauptquartiers. Der Feldwebel Kolbe läßt sich von Stauffenberg den Telefonhörer geben und vergewissert sich noch einmal, ob tatsächlich Rittmeister von Möllendorf die Erlaubnis gegeben hat. Erst dann läßt er Stauffenberg und Haeften passieren, die Stacheldrahtrollen werden ein wenig zur Seite gezogen.

Stauffenberg treibt den Fahrer zu höchster Eile an. In rasender Fahrt geht es in Richtung Rastenburg zum Feldflughafen. Punkt 13.15 Uhr startet die Heinkel zum Flug nach Berlin. Stauffenberg fiebert der Landung in Rangsdorf entgegen. Von dort wird er sofort in der Bendlerstraße anrufen, um zu erfahren, was bereits unternommen ist, und um erste Anweisungen zu geben.

Stauffenberg ahnt nicht, daß er ein weiteres Mal unerhörtes Glück gehabt hat – nur eine Minute nach dem Start der Heinkel ist für den Flugplatz Rastenburg ein allgemeines Startverbot befohlen worden. Wäre der Fahrer nur um eine Minute langsamer gefahren, dann säße Stauffenberg in Rastenburg fest – bis man ihn verhaften würde.

Und Stauffenberg ahnt auch nicht, daß jenes Flugzeug, das dem seinen auf dem halben Weg nach Berlin entgegenkommt, bereits die Sonderkommission der Kriminalpolizei an Bord hat, die im Führerhauptquartier den Sprengstoffanschlag untersuchen soll. Was er aber noch weniger ahnt: In Berlin ist bis jetzt überhaupt nichts geschehen, die Verschwörer haben wieder einmal gezögert.

Sie sitzen in der Bendlerstraße wie auf glühenden Kohlen. Bis man von General Fellgiebel aus der »Wolfsschanze« Nachricht erhält, kann man nichts tun. Nicht weit von ihnen, im Polizeipräsidium, warten Graf Helldorf, Polizeipräsident von Berlin, und Graf Bismarck, Regierungspräsident des Bezirks Potsdam, mit Dr. Gisevius ebenfalls auf das erlösende Stichwort. Gisevius ist von seinem Außenposten aus der Schweiz angereist, um am entscheidenden Tag dabeizusein. Helldorf hat die führenden Leute der Berliner Gauleitung der NSDAP zu einer »Routinebesprechung« gebeten, um sie zu verhaften. Seine Polizei soll wichtige Gebäude besetzen, wenn der Befehl zum Losschlagen gegeben wird.

Ins Unerträgliche ist die Spannung ebenfalls in Paris, einem weiteren Zentrum der Verschwörung, gewachsen. Hier laufen die Fäden bei einem Vetter Stauffenbergs, dem Oberstleutnant Caesar von Hofacker, und dem Obersten Finck zusammen. Der Kommandant von Paris, die Militärbefehlshaber und vor allem der Oberbefehlshaber der gesamten Westfront, Feldmarschall Kluge, sind Verbündete oder zumindest Mitwisser der Verschwörung. Hier liegt die militärische Kraft des Staatsstreichs und wartet darauf, eingesetzt zu werden.

Im Dienstgebäude des Befehlshabers des Ersatzheeres in der Bendlerstraße trifft um die Mittagsstunde der zum Soldaten degradierte Generaloberst Hoepner ein. Er und der General Olbricht sollen die vorbereiteten Befehle und damit den Putsch in Gang setzen, sobald General Fellgiebel Hitlers Tod aus dem Führerhauptquartier gemeldet hat. Wenig später trifft auch Generaloberst Beck im Bendlerblock ein, er kommt in Zivil. Beck, der als neues Staatsoberhaupt vorgesehen ist, und Generalfeldmarschall von Witzleben, der das Oberkommando über die Wehrmacht übernehmen soll, werden die Aktion mit ihren Namen moralisch stützen, so hofft man.

Aber in der Bendlerstraße unternimmt man nichts. Man wartet auf das Zeichen aus der »Wolfsschanze«. Das ist schon längst gegeben, man weiß es nur nicht. General Fellgiebel hat unmittelbar nach dem Attentat bei General Thiele in der Bendlerstraße angerufen. General Thiele ist in der entscheidenden Stunde aber gerade zum Mittagessen gegangen. So kann Fellgiebel Thieles Sekretärin nur beauftragen, ihrem Chef auszurichten, auf den Führer sei ein Attentat verübt worden, aber der Führer lebe. Es ist anzunehmen, daß die Sekretärin nicht vergessen hat, eine so sensationelle Meldung an ihren Chef weiterzugeben. Aber erst zwei Stunden später, um 15.15 Uhr, meldet sich Thiele telefonisch bei Olbricht, der im gleichen Haus sitzt. Er berichtet nur kurz, daß aus dem Führerhauptquartier ein Kommuniqué erwartet werde. Mehr wisse er auch nicht. Der erste Verschwörer hat versucht, seinen Hals aus der Schlinge zu ziehen.

Kurz darauf meldet sich Thiele noch einmal bei Olbricht. In der »Wolfsschanze« habe ein Attentat stattgefunden. Mehr sagt er auch dieses Mal nicht. Jetzt endlich will Olbricht Klarheit. Er versucht, eine Verbindung mit dem Führerhauptquartier zu bekommen, und er bekommt sie. Das ist ein schlechtes Zeichen, denn im Fall des geglückten Attentats sollte Fellgiebel alle Nachrichtenverbindungen unterbrechen. Olbricht aber hat Fellgiebel am Telefon. Der sagt nur einen Satz, geradezu ein Musterbeispiel von Doppeldeutigkeit: »Hier ist eine tolle Schweinerei passiert – der Führer lebt!«

Um 15.45 Uhr landet Stauffenberg mit seinem Adjutanten von Haeften auf dem Flugplatz Berlin-Rangsdorf. Der Wagen, der beide abholen soll, ist nicht da. Oberleutnant von Haeften ruft in Olbrichts Dienststelle an und erreicht dort Stabschef Oberst Mertz von Quirnheim. Der weiß nichts vom Wagen, aber von Haeften erfährt nun, daß der Staatsstreich noch gar nicht angelaufen ist. Entsetzt geht Stauffenberg selbst ans Telefon und verlangt erregt, endlich »Walküre« in Gang zu setzen. »Hitler ist tot!« schreit er ins Telefon. »Ich habe es doch selbst gesehen! Jede weitere Verzögerung ist Selbstmord. ›Walküre‹ muß sofort beginnen, sonst war alles umsonst.«

Nun endlich gehen die vorbereiteten Befehle für »Walküre« hinaus. Unterzeichnet von General Olbricht und Oberst Mertz von Quirnheim »im Auftrag des Befehlshabers des Ersatzheeres (BdE)«, Generaloberst Fromm. Fromm weiß zwar von der Verschwörung, hat sich aber noch nicht eindeutig auf die Seite der Verschwörer geschlagen. Olbricht muß nun versuchen, Fromm zur Teilnahme am Putsch zu bewegen. Er betritt eilig Fromms Zimmer und bittet um ein Gespräch unter vier

Carl Friedrich Goerdeler vor dem Volksgerichtshof. Nachdem er, bis 1937 Oberbürgermeister von Leipzig, die Amoral, Rechtlosigkeit, innere Unwahrhaftigkeit und Kriegsgefahr der NS-Politik für Deutschland erkannt hatte, wurde er zum führenden Kopf des bürgerlichen Widerstandes und drängender Befürworter des Umsturzes. Als Reichskanzler vorgesehen, wurde er vom Volksgerichtshof zum Tode verurteilt und nach monatelanger Haft und schweren Mißhandlungen am 2. Februar 1945 hingerichtet.

Augen. »Herr Generaloberst – ich melde gehorsamst: Der Führer ist einem Attentat zum Opfer gefallen! Der Führer ist tot! Anscheinend handelt es sich um einen Putsch der SS.« Fromm ist zunächst verwirrt. »Der Führer tot? Unvorstellbar!« Als er sich wieder gefangen hat, kommen ihm Zweifel. Die Meldung muß ein Schwindel sein, sonst hätte Generalfeldmarschall Keitel schon längst angerufen. »Woher wissen Sie das!« fragt er Olbricht. »Von General Fellgiebel«, behauptet Olbricht, und um Fromm keine Zeit zu geben, fordert er: »Ich muß deshalb vorschlagen, Herr Generaloberst, sofort ›Walküre‹ auszulösen.« Fromm ist schwankend geworden. Olbricht wünscht, der Generaloberst Beck wäre hier. Doch der hat dieses Gespräch Olbricht zugeschoben. In diese Olbrichtsche Überlegung hinein schüttelt Fromm den Kopf: »Wie stellen Sie sich das vor? Ich weiß doch nicht, ob der Führer wirklich tot ist.«

Fromm meldet ein Blitzgespräch zum Führerhauptquartier und bekommt die Verbindung zu Generalfeldmarschall Keitel. Olbricht wird aufgefordert, den zweiten Hörer zu nehmen. Keitel: »Ach was! Das ist barer Unsinn! Es hat zwar ein Attentat gegeben, es ist aber zum Glück fehlgeschlagen. Der Führer lebt und ist nur unwesentlich verletzt. Wo ist übrigens Ihr Chef des Stabes, der Oberst Graf von Stauffenberg?« Fromm wundert sich: »Der Oberst Stauffenberg? Der ist noch nicht wieder bei mir eingetroffen.«

Keitel und Fromm legen die Hörer auf. Fromm denkt unter diesen Umständen nicht daran, »Walküre« auszulösen, und Olbricht wagt nicht zu sagen, daß dies durch ihn selbst bereits geschehen ist. Betreten kehrt er in sein Zimmer zurück. Was soll er tun? Sicher marschieren schon die ersten Truppen auf Berlin. Wenn nur Stauffenberg hier wäre. Olbricht weiß nicht, daß es eine Kleinigkeit wäre, den Putsch jetzt noch zu stoppen. Die Befehle sind nämlich noch gar nicht herausgegangen.

Der diensthabende Offizier der Fernschreibzentrale, Leutnant Wolfram Röhrig, hat sich über den Inhalt der Fernschreiben gewundert. Aber schließlich ist er dafür nicht verantwortlich. Was ihn wirklich stört, ist die Tatsache, daß die Fernschreiben keinen Geheimhaltungsvermerk tragen. Er macht seinen Vorgesetzten, Hauptmann Klausing, darauf aufmerksam und schlägt vor, die Fernschreiben mit der höchsten Geheimhaltungsstufe als »Chefsache« laufen zu lassen. Klausing stimmt zu. »Chefsachen« aber dürfen nur von besonders autorisierten Mitarbeitern bearbeitet werden. In der Dienststelle ist nur eine einzige Fernschreiberin anwesend, die dazu berechtigt ist. So kommt es, daß die brennend wichtigen Fernschreiben nur mit großer Verzögerung hinausgehen, weil die eine von den hundert Fernschreiberinnen die Arbeit allein tun muß.

Im Bendlerblock breitet sich Unruhe aus. Die nicht in die Verschwörung Eingeweihten bemerken die Nervosität, das Auftauchen von Zivilisten. Gerüchte schwirren umher. Auch im Polizeipräsidium hat man durch eigene Kanäle Informationen erhalten, die Zweifel aufkommen lassen. Der Staatsstreich ist in eine Krise geraten.

Aber noch einmal gewinnt er mit dem Eintreffen von Stauffenberg in der Bendlerstraße an Dynamik. Stauffenberg stürzt in Olbrichts Zimmer und macht dem Ranghöheren und Dienstältesten, ungeachtet jeder formellen Disziplin, Vorwürfe: Warum ist »Walküre« erst jetzt angeordnet worden, warum sind so viele wertvolle, vielleicht entscheidende Stunden versäumt worden? »Hitler ist tot!« behauptet er. »Ich habe es mit eigenen Augen gesehen, wie man ihn hinausgetragen hat. Die Bombe ist mit der Wirkung einer 15-cm-Granate hochgegangen, da kann keiner mehr leben!«

Stauffenberg geht sofort an das Telefon und verlangt Paris. Dort ist bisher noch niemand vom durchgeführten Attentat verständigt. Stauffenberg erreicht seinen Vetter Caesar von Hofacker und teilt auch ihm in hastigen Worten mit, daß das Attentat erfolgt und Hitler tot sei. »Der Staatsstreich ist im Gange. Hier in Berlin wird schon das Regierungsviertel besetzt.«

Das nächste Telefonat führt Olbricht auf Wunsch von Stauffenberg mit dem Polizeipräsidenten von Berlin, Graf Helldorf. Helldorf begibt sich mit Dr. Gisevius zur Bendlerstraße. Dort treffen sie auf den Obersten Stauffenberg, der in voller Aktion die entscheidenden Befehle gibt und Telefonate abwickelt. Beck informiert Helldorf, daß Nachrichten vorliegen, nach denen Hitler nicht tot sei. Beck fügt hinzu: »Für mich ist dieser Mann tot . . . Von dieser Linie dürfen wir nicht abweichen, sonst bringen wir unsere eigenen Reihen in Verwirrung.« Helldorf fährt zum Präsidium zurück.

Nun ist es höchste Zeit, Generaloberst Fromm zur Teilnahme am Putsch zu zwingen oder auszuschalten. Olbricht, diesmal von Stauffenberg begleitet, unternimmt zum zweiten Mal den Versuch. Beide versichern Fromm, der Führer sei tot, und Olbricht bekennt, daß er den »Walküre«-Befehl bereits gegeben hat. Fromm ist empört und läßt den Oberst Mertz von Quirnheim rufen, der den »Walküre«-Befehl neben Olbricht unterschrieben hat. Fromm zu Mertz von Quirnheim: »Sie sind verhaftet!« Jetzt offenbart Stauffenberg, daß er selbst das Attentat ausgeführt hat und versichert wieder: »Der Führer ist tot.«

Fromm ist fassungslos: »Graf Stauffenberg, Ihr Attentat ist mißglückt. Sie müssen sich erschießen.« Stauffenberg lächelt überlegen: »Das werde ich keinesfalls tun.« Als nun auch Olbricht sich zu den Verschwörern bekennt, erklärt Fromm alle drei für verhaftet. Olbricht erwidert lakonisch: »Sie können uns nicht verhaften, Sie täuschen sich über die wahren Machtverhältnisse! Wir verhaften Sie, Herr Generaloberst.«

Es kommt zu einem Handgemenge. Fromm wird zunächst in einem Nebenzimmer festgesetzt, später wird ihm erlaubt, in seine Dienstwohnung, die im gleichen Gebäude liegt, zu gehen. Vorher hat er sein Ehrenwort gegeben, keinen Fluchtversuch zu unternehmen. Noch andere Generale und Offiziere, die sich den Verschwörern nicht anschließen wollen, werden festgesetzt.

Zwei wichtige Generale, der Generalinspekteur des Führungsnachwuchses, General Specht, und der Chef des gesamten Ausbildungswesens der Wehrmacht, General Kunze, werden von Döberitz in die Bendlerstraße zitiert. Dort treffen sie auf den aus der Wehrmacht ausgeschlossenen Generalobersten Hoepner, der eine Lodenjacke trägt. Mit ihm wollen sie nicht sprechen. Sie erkennen, was hier gespielt wird, und weigern sich mitzumachen. Ungeschoren verlassen sie das Gebäude, obwohl sie nun eine akute Gefahr für das Gelingen des Staatsstreiches darstellen.

Tatsächlich gelingt es ihnen, mit Keitel in der »Wolfsschanze« Verbindung aufzunehmen, nachdem sie mit Generaloberst Fromm, der in seiner Dienstwohnung kaltgestellt ist, noch ein Gespräch geführt haben.

Von den Verschwörern ebenfalls festgesetzt wird der Oberst Glaesemer, der Kommandeur der Panzertruppenschule Krampnitz. Seine Panzer sollen waffenmäßig das Rückgrat des Staatsstreiches bilden. Glaesemer weigert sich mitzumachen. Ihn hat man in Gewahrsam genommen – seinen Adjutanten läßt man laufen. Ein anderer Besucher kommt fast unbemerkt in die Bendlerstraße. Unangemeldet steht ein großer, breitschultriger hoher SS-Führer im Zimmer Stauffenbergs. In seiner Begleitung ein Adjutant und zwei Zivilisten, Kriminalbeamte, wie sich später herausstellt. »Heil Hitler!« grüßt der Mann. »Ich suche den Oberst Graf von Stauffenberg.« Stauffenberg ruhig und gelassen: »Ja, bitte?« »Oberführer Pifrader«, stellt sich der Mann vor. »Ich komme im Auftrag des Reichssicherheitshauptamtes . . . Ich habe einige Fragen an Sie zu stellen, Herr Oberst.« »Wenn es sein muß – bitte.« Stauffenberg deutet auf eine Tür, geht mit dem SS-Führer nach draußen und dann in ein Nebenzimmer, in dem sich zwei mit Maschinenpistolen bewaffnete junge Offiziere aufhalten. Stauffenberg kommt bald wieder zurück. Pifrader und seine Begleitung sind entwaffnet und werden im Nebenzimmer bewacht.

Im Führerhauptquartier ist man noch immer ahnungslos, aber der Staatsstreich läuft. Ja, jetzt kommt er endlich richtig in Fahrt. Gemäß der »Walküre«-Anordnung hat sich Major Remer, Kommandeur des Wachbataillons »Großdeutschland« und Träger des Eichenlaubs zum Ritterkreuz, beim Berliner Stadtkommandanten General von Hase gemeldet. Hier bekommt er den Befehl, das Rundfunkhaus an der Masurenallee zu besetzen, Wachen für die Bendlerstraße zu stellen, das Gebäude der Gestapo und des Reichssicherheitshauptamtes zu isolieren und das Reichspropagandaministerium zu besetzen, den Minister Dr. Joseph Goebbels festzunehmen. Und der Major gibt die entsprechenden Befehle, damit dieser Auftrag ausgeführt wird.

Doch das Schicksal des Staatsstreiches und der Verschwörer ist schon besiegelt. Ein kleiner Leutnant, der nur zufällig in Berlin ist, mit dem niemand rechnen konnte, führt die Wende herbei.

Er heißt Dr. Hagen, ist durch schwere Verwundungen nicht kriegsverwendungsfähig und hat von Bormann den Auftrag bekommen, eine NS-Literaturgeschichte zu schreiben. Offiziell ist er Verbindungsoffizier vom Wachbataillon »Großdeutschland« zum Reichspropagandaministerium, dem er einmal angehört hat. Am 20. Juli von 15–16 Uhr hat Hagen vor Unteroffizieren des Wachbataillons einen Vortrag über NS-Führungsfragen gehalten und anschließend Major Remer in seiner Dienstwohnung zu einem Umtrunk aufgesucht. Hier wird er Zeuge, wie Remer der »Walküre«-Befehl überbracht wird und er sich zu General von Hase begibt. Wie Remer zurückkehrend vom Attentat auf den Führer berichtet und von der Übernahme der Regierungsgewalt durch die Wehrmacht spricht. Hagen fällt ein, daß er am Abend zuvor den Generalfeldmarschall von Brauchitsch in einem Auto an sich hat vorbeifahren sehen. Damals glaubte er, sich geirrt zu haben; jetzt kommt ihm seine Wahrnehmung durchaus richtig vor: Der ehemalige Oberbefehlshaber des Heeres könnte etwas mit der »Walküre«-Aktion zu tun haben.

Zwar befindet sich Hagen immer noch im Irrtum, jedenfalls was die Person von Brauchitschs angeht – der war nicht in Berlin –, aber die Kombination ist richtig: Es ist das Militär, von dem der Staatsstreich ausgeht.

Um 17.45 Uhr ist Hagen bei Goebbels in dessen Privatwohnung und berichtet dem Minister von seinem Verdacht und über die Vorgänge beim Wachbataillon. Als Goebbels bemerkt, wie auf der anderen Straßenseite Soldaten hinter Büschen in Deckung gehen, glaubt er dem Leutnant Hagen. Per »Führerblitz« wird der Minister mit dem Führerhauptquartier verbunden.

Hier erfährt man nun endlich vom Staatsstreich, der in Berlin angelaufen ist. Hagen fährt zum Stadtkommandant und verständigt dort einen Leutnant des Wachbataillons davon, daß Remer sofort zu Goebbels kommen solle. Remer zögert mißtrauisch, entschließt sich aber doch, zu Goebbels zu fahren. Sicherheitshalber läßt er vorher einen Stoßtrupp zusammenstellen, der ihn befreien soll, wenn er nicht innerhalb 20 Minuten wieder aus der Wohnung von Goebbels herauskommt.

Goebbels informiert Remer über die wahren Umstände der Situation und stößt dabei auf Unglauben. Goebbels hat die rettende Idee, greift zum Telefon: »Führerblitz! Das Führerhauptquartier, schnell, sofort, den Führer persönlich!«

Der Major stutzt. Den Führer? Einen Toten? Da hört er Goebbels: »Heil, mein Führer! Bei mir ist der Kommandeur des Wachbataillons ›Großdeutschland‹. Er hat von den Putschisten den Befehl, das Regierungsviertel zu

Major Remer, Kommandeur des Berliner Wachbataillons, erhielt von den Verschworenen den Auftrag, Goebbels zu verhaften. Goebbels verband Remer telefonisch mit Hitler, und dieser gab ihm den Befehl, die Revolte niederzuschlagen. Daraufhin ließ Remer das Gebäude des OKW in der Bendlerstraße besetzen. – Nach dem Krieg machte der Major Karriere als Abgeordneter der Sozialistischen Reichspartei.

zernieren ... Jawohl, mein Führer!« und gleich weiter: »Der Führer möchte Sie persönlich sprechen.«
Goebbels reicht dem Major den Hörer. »Hier Major Remer, Kommandeur Wachbataillon ›Großdeutschland‹!«
»Kennen Sie mich, Major Remer, kennen Sie meine Stimme?« tönt es aus dem Hörer.
»Jawohl, mein Führer!«
»Major Remer! Ich spreche zu Ihnen als Oberbefehlshaber der Großdeutschen Wehrmacht und als Ihr Führer! Ich gebe Ihnen hiermit den Befehl: Unterdrücken Sie jeden Widerstand mit erbarmungsloser Strenge! Major Remer, Sie sind mir so lange direkt unterstellt, bis der Reichsführer-SS Himmler in Berlin eintrifft! Hören Sie, Remer, mit sofortiger Wirkung befördere ich Sie hiermit zum Oberst! Greifen Sie rücksichtslos durch, Oberst Remer! Sie haben von mir jegliche Vollmacht, den Putsch niederzuschlagen!«
In dieser Minute kehrt sich die militärische Macht des Staatsstreiches gegen seine Urheber. Die bedingungslose Bereitschaft Remers, Befehle seines Vorgesetzten auszuführen, gehört nun nicht mehr den Verschwörern, sondern Hitler. Aus dem zu isolierenden Regierungsviertel wird eine vom Wachbataillon beschützte Festung, aus dem Bendlerblock, dem Zentrum der Verschwörer, eine belagerte Burg.
Hier mehren sich die Zeichen, daß irgend etwas schiefgegangen ist. Über den Rundfunk gibt Chefkommentator Dr. Fritzsche die Meldung über das Attentat bekannt. Über den Rundfunk, der längst vom Wachbataillon besetzt sein sollte.
Der Generalfeldmarschall von Witzleben ist immer noch nicht in der Bendlerstraße eingetroffen. Generaloberst Hoepner sitzt hinter Fromms Schreibtisch, nun in voller Uniform. Aber er hat resigniert und starrt müde vor sich hin. Keine Nachricht von Graf Helldorf, der die Naziprominenz verhaften lassen soll. Keine Nachricht von SS-Obergruppenführer Nebe, der seine Kriminalpolizei in den Dienst des Putsches stellen wollte. Beide sitzen im Polizeipräsidium und warten auf Weisungen. Die Panzer der Panzertruppenschule Krampnitz sind auf dem Marsch nach Berlin. Sie werden vom Wachbataillon gestoppt. Man befolgt zwar nicht Remers Anweisungen, führt aber auch nicht den »Walküre«-Befehl durch. Man wartet ab. Dafür gewinnt noch einmal der Optimismus in der Bendlerstraße die Oberhand. Generalfeldmarschall von Witzleben fährt im offenen Mercedes vor. Er trifft auf Stauffenberg, und seine ersten Worte sind kein Gruß, sondern Kritik: »Schöne Schweinerei, das!« Dann erweist Witzleben dem »Staatsoberhaupt« Generaloberst Beck mit dem Marschallstab seine Reverenz. Als nächstes unterzeichnet er ein Fernschreiben, das feststellt, der Führer sei tot, und ihm, Witzleben, sei der Oberbefehl über die Wehrmacht übertragen worden. Damit gibt er den letzten Anstoß für die Verschwörer in Paris, loszuschlagen.
Trotz der zögernden Haltung des Generalfeldmarschall, Kluge wickeln hier die Verschwörer ihre Aktionen völlig planmäßig ab. Der Staatsstreich läuft hier, bis Oberst von Linstow mit Stauffenberg das letzte Telefongespräch führt. Stauffenberg sagt zu ihm: »Es ist alles verloren, alles aus.« Dann sind Kampfgeräusche am Telefon zu hören, Schüsse fallen, dann noch einmal Stauffenbergs Stimme, atemlos, abgehetzt: »Hören Sie? Meine Mörder toben schon draußen in den Gängen!« Dann Stille, Stauffenberg oder jemand anders hat den Hörer aufgelegt. General Stülpnagel, der Kopf der Verschwörer in Paris, muß in seinem Bereich den Staatsstreich abbrechen.
In Berlin hat Witzleben, nachdem sein Fernschreiben abgesetzt ist, die Putschzentrale wieder verlassen. Man faßt wieder Mut. Jetzt, um 21 Uhr, kommen endlich die erwarteten Soldaten vom Wachbataillon. Sie postieren sich im Gebäude, und niemand merkt, daß sie als Vertreter der Gegenseite erschienen sind. Aber die unmittelbare Bedrohung geht auch nicht von ihnen aus, sie kommt von innen.
Unter den von den Verschwörern Festgehaltenen befindet sich der Befehlshaber des Wehrkreises Berlin, General Kortzfleisch. Sein Stabschef

ist in Freiheit und kann über die Dienstleitung dem Führerhauptquartier melden, daß er die Lage militärisch in der Hand hat. Die Verschwörer erhalten die Meldung zur gleichen Zeit. Es wird bekannt, daß von den wichtigsten Befehlshabern der Wehrmacht sich keiner dem Putsch angeschlossen hat. Die festgehaltenen Offiziere entschließen sich, die »Burg« von innen aufzurollen.

Ohne daß man sie daran hindert, besorgen sie sich Waffen, dringen bei Olbricht ein und verlangen Aufklärung, »was hier eigentlich gespielt wird«. General Olbricht spricht offen aus, was hier vor sich geht. Er wird verhaftet. Der nächste ist Mertz von Quirnheim, der gerade Olbrichts Zimmer betreten will. Auf dem Flur fallen Schüsse. Sie gelten Stauffenberg, der ebenfalls zu Olbricht gehen wollte.

Stauffenberg läuft zurück, ein Stockwerk höher zu Beck, der in Fromms Dienstzimmer sitzt. Er zieht eine Blutspur hinter sich her, sein Arm ist getroffen. Von Fromms Zimmer telefoniert er noch einmal – es ist jenes Gespräch mit dem Oberst von Linstow in Paris: »Meine Mörder toben schon auf den Gängen . . .«

Generaloberst Fromm, aus seiner Dienstwohnung befreit, betritt nun mit gezückter Pistole das Zimmer. »So, meine Herren, jetzt mache ich mit Ihnen das, was Sie heute nachmittag mit mir gemacht haben. Legen Sie sofort die Waffen nieder!« Stauffenberg folgt der Aufforderung, Beck weigert sich: »An mich, Ihren alten Vorgesetzten, werden Sie diese Forderung nicht stellen. Ich werde aus dieser verfahrenen Situation selbst die Konsequenzen ziehen . . .« Fromm ungerührt: »Bitte sehr, tun Sie das. Dann aber sofort, wenn ich bitten darf!« Als Beck noch einmal zu sprechen anhebt, unterbricht Fromm: »Beeilen Sie sich.«

Beck richtet die Pistole mit verzweifeltem Blick auf seine rechte Schläfe, drückt ab. Der Schuß dröhnt, doch der Generaloberst wankt nur.

»Ist denn das richtig losgegangen?« fragt er mit zitternder Stimme. Fromm zu einem anwesenden Hauptmann: »Helfen Sie dem alten Herrn!«

Der Hauptmann führt Beck zu einem Sessel. Der Generaloberst versucht ein zweites Mal, seinem Leben ein Ende zu setzen. Er trifft wieder nicht tödlich. Ein Feldwebel macht schließlich mit einem gezielten Schuß seinen Qualen ein Ende.

Inzwischen ist ein Standgericht aus den von den Verschwörern inhaftierten Generalen zusammengetreten. Im Licht der Scheinwerfer der Wachbataillon-Fahrzeuge werden Stauffenberg, Haeften, Olbricht und Mertz von Quirnheim an der hinteren Mauer des Hofes in der Bendlerstraße erschossen. Fromm, der Mann, der längst in die Verschwörung eingeweiht war, triumphiert als Sieger.

Nicht lange. Am nächsten Tag wird auch er verhaftet und fällt der »Abrechnung« Hitlers zum Opfer, die der Führer in seiner mitternächtlichen Rede angekündigt hat: »Nun aber werden wir so abrechnen, wie wir das als Nationalsozialisten gewöhnt sind . . .«

Die »Abrechnung« war gründlich und umfassend. Die Gestapo verhaftete nicht nur die Verschwörer und ihre Sympathisanten, sondern auch gleich alle anderen, die als Gegner des Nationalsozialismus angesehen wurden, nach Schätzungen etwa 7000 Personen.

Die an der Verschwörung beteiligten Offiziere wurden von einem »Ehrenhof«, dem u. a. Keitel, Guderian und Rundstedt angehörten, aus der Wehrmacht ausgeschlossen. Damit unterstanden sie nicht mehr der Militärgerichtsbarkeit, der Weg war frei für Roland Freislers Volksgerichtshof. In Schnellverfahren, die gerade eben noch äußere Ähnlichkeit mit herkömmlichen Prozessen besaßen, wurden zumeist Todesurteile verhängt.

Die Verhandlung vor dem Volksgerichtshof war die häßliche Karikatur eines Prozesses. Präsident Roland Freisler (links) beschimpfte die Angeklagten (ganz oben: Graf von Schulenburg) in unflätigster Weise. Bild oben: Der Hinrichtungsraum der Strafanstalt Plötzensee, in der 89 Opfer des 20. Juli gehenkt wurden, ist heute eine Gedenkstätte des deutschen Widerstandes. Nach dem Kriege würdigte Churchill den Widerstand: » In Deutschland lebte eine Opposition, die durch ihre Opfer und eine entnervende internationale Politik immer schwächer wurde, aber zu dem Edelsten und Größten gehört, was in der politischen Geschichte aller Völker je hervorgebracht wurde. Diese Männer kämpften ohne Hilfe von innen und außen, einzig getrieben von der Unruhe des Gewissens. Solange sie lebten, waren sie für uns unsichtbar und unerkennbar, weil sie sich tarnen mußten. Aber an den Toten ist der Widerstand sichtbar geworden.«

Widerstandsgruppe »Weiße Rose«

Wenig dokumentiert genauer die Brüchigkeit nationalsozialistischer Herrschaft als die Flugblatt-Aktionen der Geschwister Scholl und ihrer Widerstandsgruppe »Weiße Rose«. Denn hier handelte es sich nicht um Menschen, die dem Regime schon immer ablehnend oder feindlich gegenübergestanden hatten, sondern um ehemals begeisterte und gläubige Anhänger.

In München wurden verstohlen Zettel weitergereicht: ». . . Dreihundertdreißigtausend deutsche Männer hat die geniale Strategie des Weltkriegsgefreiten sinn- und verantwortungslos in Tod und Verderben gehetzt. Führer, wir danken dir!« Und hastig überflog man, mit ängstlichem Blick zur Seite, was da noch stand: »Der Tag der Abrechnung ist gekommen . . . Freiheit und Ehre! Zehn lange Jahre haben Hitler und seine Genossen die beiden herrlichen deutschen Worte bis zum Ekel ausgequetscht, abgedroschen, verdreht, wie es nur Dilettanten vermögen, die die höchsten Werte einer Nation vor die Säue werfen . . .«

Der atemberaubende Text stand in einem der »Flugblätter der Weißen Rose«. Zwei Münchner Studenten verteilten sie am 18. Februar 1943 in der Universität. Es war jener 18. Februar, an dem der Reichspropagandaminister Goebbels unter Ausnutzung des Schocks von Stalingrad vor einer fanatisierten Zuhörerschaft den totalen Krieg proklamierte. Die beiden Studenten, die am selben Tag aus dem Stalingrad-Fiasko so ganz andere Schlußfolgerungen zogen, hießen Hans und Sophie Scholl.

Was hatte diese jungen Menschen von 24 und 21 Jahren dazu gebracht, in einem Alter, in dem andere ahnungslos, gleichgültig oder enthusiastisch waren, sich mit so wissendem und inbrünstigem Abscheu gegen die Regierung zu stellen? Die Antwort: Weil es nichts Empörenderes gibt, als wenn Begeisterung enttäuscht und verraten wird. Denn sie selber, die sich hier auflehnten, waren einmal Begeisterte gewesen.

Blättern wir zurück.

Sie waren fünf Kinder, die Scholls, geboren während des Ersten Weltkrieges und in der frühen Nachkriegszeit. Der Vater hatte den Bürgermeisterposten in einem Städtchen im schwäbischen Kochertal. Später zogen sie nach Ulm. Als Hitler die Macht errang, waren die Kinder in einem romantischen, abenteuerfreudigen Alter. Und die Nationalsozialisten waren sehr geschickt darin, mit diesem Wesenszug der Jugend Politik zu treiben.

Die Jungen – aber auch die Mädchen – zogen mit Fahnen, Gesang und Trommelschlag hinaus und gingen auf Fahrt, zündeten Lagerfeuer an, zelteten, träumten unter Burgruinen von alten Zeiten, durchwanderten die Heimat und entdeckten, wie schön Kameradschaft im Kreise Gleichgesinnter ist. Bei Sport und Spiel und auf Heimabenden wuchs man zusammen und nahm das Leben als ein herrliches Abenteuer.

Und irgendwo auf politischer Gipfelhöhe thronte ein Mann, von dem sie mit Ehrfurcht sprachen, weil er ihnen dies ermöglichte und versprochen hatte, Deutschland groß und glücklich zu machen.

Das muß man gerechterweise so sehen, denn so wurde es ja weithin empfunden. Immerhin gab es zu Hause gewissen Widerstand gegen die unkritische Daseinsfreude des jungen Scholl-Quintetts. Der Vater warnte sie mit dunklen Worten: »Glaubt ihnen nicht; sie sind Wölfe und Bärentreiber, und sie mißbrauchen das deutsche Volk schrecklich.« Dabei verglich er dann Hitler mit dem Rattenfänger von Hameln, der die Kinder mit seiner Flöte ins Verderben lockt. Aber es war in den Wind gesprochen. Wer will schon an Blitz und Donner glauben, wenn der Himmel strahlt?

Die Entfremdung beginnt mit Äußerlichkeiten, die gleichwohl Gewicht haben. Hans Scholls HJ-Gruppe, in der er Fähnleinführer ist, hat sich eine wunderbare Fahne genäht, mit einem herrlichen Sagentier. Dieses Tuch weihen die Jungen dem Führer Adolf Hitler und geloben Treue. Eines Tages wird der kleine zwölfjährige Fahnenträger beim Appell vom Stammführer aufgefordert, die Fahne abzugeben. »Ihr braucht keine besondere Fahne. Haltet euch an die, die für alle vorgeschrieben ist«.

Der Kleine, stolz in seiner Aufgabe, stolz auf das selbstgefertigte Symbol, weigert sich – weigert sich dreimal. Hans sieht, wie der Junge vor innerer Erregung bebt und nicht weiß, wie er gegenüber der drohend sich gebärdenden Autorität des Stammführers bestehen soll. Da tritt der Fähnleinführer still aus der Reihe und ohrfeigt den Vorgesetzten. Die Ehre ist gerettet – doch den Posten ist er los.

Dann erleben sie, daß ihnen viele ihrer liebgewordenen Lieder verboten werden, Volkslieder aus fremden Ländern von stimmungsschwerer Schönheit. Nur das kontrollierte Einheitsliedgut der HJ ist erlaubt. Auch manche Bücher darf man nicht mehr lesen, etwa die geliebten »Sternstunden der Menschheit« von Stefan Zweig.

Und schließlich gibt es sogar einen Paukenschlag: Verhaftung. Im Gefängnis landen all diejenigen, die noch Lebensformen der Bündischen Jugend pflegen.

Das war ein Grundkonflikt, wie ihn jede Diktatur austrägt. Hier gilt das erste Gebot des Alten Testaments: Du sollst keine anderen Götter haben neben mir. Kein totalitärer Staat duldet Orientierungspunkte, die er nicht selber mit dem Gütestempel »erlaubt« markiert.

Was immer die HJ dann unter Baldur von Schirach in gigantischem Stil in Szene setzte: Nichts war neu, alles schon vorgeformt. Aber die individuelle Vielfalt wurde zur genormten Einheitsbewegung der »Hitler-Jugend« zusammengepreßt. Wo noch Individualismus in bündischen Formen weiterlebte, riß man ihn eines Tages wie Unkraut aus.

Das war der Abschied des Scholl-Nachwuchses von der Hitler-Anhänglichkeit. Längst hatten sie auch schon Merkwürdiges im Staat beobachten können, was man anfänglich wieder vergessen hatte oder ignorieren wollte, was sich aber mit der Zeit doch zu haftenden Eindrücken verdichtete: daß mitten im Volk Ausgestoßene lebten und daß manche anderen plötzlich verschwanden in einem dieser elektrisch umzäunten Areale, die der Vater Konzentrationslager nannte.

So gab es unter den jungen Leuten von wachem und redlichem Sinn immer mehr quälende Zweifel und am Ende die Gewißheit: Man lebte in einem Unrechtsstaat. Und dann kam der Krieg.

Hans Scholl war damals schon in München und studierte Medizin. Zwischendurch machte er als Sanitäter den Frankreich-Feldzug mit. Ein aufrüttelndes Erlebnis war es nach der Rückkehr in Hörsaal und Klinik, als in seinem Briefkasten wiederholt hektographierte Abschriften von Predigten des Grafen Galen lagen. Der »Löwe von Münster« hatte auf offener Kanzel die Ermordung von Geisteskranken und die Beschlagnahme der Ordenshäuser der Jesuiten verdammt. Der Bischof hatte bewiesen, daß mit Mut und

Hinrichtung polnischer Patrioten in Ursynow bei Warschau. Den Völkern Osteuropas traten die Herrenmenschen der SS wie Sklavenhalter gegenüber. Wider-

stand wurde brutal gebrochen. Solange der Krieg dauerte, dachte man die heimische Arbeitskraft auszubeuten. Danach wurden Umsiedlungsaktionen erwogen.

Entschlossenheit etwas zu erreichen war, denn die Tötungsaktionen wurden Ende August 1941 gestoppt.
Sinnend betrachtete der Medizinstudent aus Ulm die Hektographien: »Man sollte unbedingt einen Vervielfältigungsapparat haben . . .«
In München fand Hans Scholl in seiner Fakultät gleichgesinnte Freunde: Christoph Probst, Willi Graf und den fidelen Alexander Schmorell. Als Sophie im Mai 1942 ihren 21. Geburtstag beging, Arbeits- und Kriegshilfsdienst hinter sich hatte, folgte sie dem Bruder und studierte Biologie und Philosophie.
Die Schwester ist noch nicht sechs Wochen an der Isar, da stößt sie in der Uni auf Flugblätter, die von Hand zu Hand gehen. »Nichts ist eines Kulturvolkes unwürdiger, als sich ohne Widerstand von einer verantwortungslosen Herrscherclique regieren zu lassen . . . Leistet passiven Widerstand, wo immer Ihr auch seid, verhindert das Weiterlaufen dieser atheistischen Kriegsmaschine, ehe es zu spät ist, ehe die letzten Städte ein Trümmerhaufen sind . . . Der Staat selbst ist niemals Zweck; er ist nur wichtig als eine Bedingung, unter welcher der Zweck der Menschheit erfüllt werden kann . . .«
Als Überschrift steht da: »Flugblätter der Weißen Rose«.
Endlich, so denkt das Mädchen, hat es einer gewagt. Die Gedankengänge kommen ihr freilich seltsam bekannt vor. Hatte sie nicht ähnliches bei Hans und Alexander auf der Bude diskutiert? Dann geht sie zu dem Bruder nach Hause. Er ist nicht da. Ein Schiller-Band liegt aufgeschlagen auf dem Tisch. Schiller schreibt darin über die Gesetzgebung des Lykurgos und Solon: »Der Staat selbst ist niemals Zweck . . .« Plötzliches Erkennen vermischt sich mit würgendem Krampf. Jetzt weiß die Schwester, wer die Flugblätter abgezogen und verteilt hat.

Hans Scholl hatte sich also ein Kopiergerät beschafft. Er hatte die Auflehnung des Bischofs Galen, den immerhin das hohe Amt und die geistige Weltmacht der katholischen Kirche schützte, als Ruf an sich selber verstanden.
In der Folgezeit erschienen kurz hintereinander drei weitere Flugblätter unter dem ethischen Reinheitssymbol der Weißen Rose. Da wird von dreihunderttausend ermordeten Juden in Polen berichtet und wie das deutsche Volk dies hinnehme »in seinem dumpfen, blöden Schlaf«; da wird zur Sabotage an allem aufgefordert, was dem NS-Regime nützen könne; da wird an den Tag der Abrechnung gemahnt: »Vergeßt auch nicht die kleinen Schurken dieses Systems, merkt Euch die Namen, auf daß keiner entkomme!«
Viel Bildungsgut ist dabei und ein feierlicher Ton: »Wir schweigen nicht, wir sind Euer böses Gewissen; die Weiße Rose läßt Euch keine Ruhe!«
Selbst die wachen Sinne, die Belesenheit und die früh erzwungene Reife dieser jungen, kriegserfahrenen Regime-Gegner konnten den Flugschriften nicht ihren Schliff, ihren Horizont verschaffen. Eine überlegen-ordnende Hand mußte dahinter sein. Sie gehörte einem weitaus Älteren: Kurt Huber, 49 Jahre alt, aus dem Lande Tells, Professor für Philosophie.
Huber entwickelte sich zum geistigen Mittelpunkt, zum Mentor und Freund dieser verschwiegenen Mediziner-Schar. Auch Sophie Scholl machte nun mit. Sie konnte nicht abseits stehen, seit sie erstmals die Katakombenluft des Widerstandes geatmet hatte; zumal ihr Bruder darin der aktivste, furchtloseste Streiter war. Nächtelang diskutierten sie. Sie wollten ihre Opposition in größerem Rahmen, auch in anderen Städten organisieren. Sie wollten helfen, daß aus Unterdrückung ein neues, menschliches Europa entstehe.

Die Mitglieder der Münchner Widerstandsgruppe »Weiße Rose« (linke Bildleiste von oben nach unten: Professor Dr. Kurt Huber, Hans Scholl, Christoph Probst; rechte Bildleiste von oben nach unten: Alexander Schmorell, Sophie Scholl, Willi Graf) wurden im Jahre 1943 vom »Volksgerichtshof« zum Tode verurteilt und anschließend hingerichtet. Ihr »Verbrechen« war es, die Verbrechen der nationalsozialistischen Gewalthaber erkannt und dagegen in Flugschriften (Beispiel rechte Seite) protestiert zu haben. »Im Jahre 1943 verfaßten die Geschwister Scholl und ihre Freunde das Flugblatt, das das letzte reguläre Blatt der ›Weißen Rose‹ geworden ist. Diesmal baten sie Professor Huber nicht nur um Gedanken, sondern auch um seine Hilfe bei der Abfassung. Möglicherweise sind die Abschnitte über die langfristigen Ziele, die es enthält, so z. B. über die demokratischen Grundrechte, die Wiederherstellung sozialer Gerechtigkeit, die Dezentralisierung Deutschlands in einen Bundesstaat nach dem Muster der Schweiz, sein Werk. ›Hitler kann den Krieg nicht gewinnen, nur noch verlängern‹, stand

Manifest der Münchner Studenten

Erschüttert steht unser Volk vor dem Untergang der Männer von Stalingrad. 330.000 deutsche Männer hat die geniale Strategie des Weltkriegsgefreiten sinn- und verantwortungslos in Tod und Verderben gehetzt. Führer, wir danken Dir!

Es gärt im deutschen Volk. Wollen wir weiter einem Dilettanten das Schicksal unserer Armeen anvertrauen? Wollen wir den niedrigsten Machtinstinkten einer Parteiclique den Rest der deutschen Jugend opfern? Nimmermehr!

Der Tag der Abrechnung ist gekommen, der Abrechnung unserer deutschen Jugend mit der verabscheuungswürdigsten Tyrannei, die unser Volk je erduldet hat. Im Namen des ganzen deutschen Volkes fordern wir von dem Staat Adolf Hitlers die persönliche Freiheit, das kostbarste Gut der Deutschen zurück, um das er uns in der erbärmlichsten Weise betrogen hat.

In einem Staat rücksichtsloser Knebelung jeder freien Meinungsäußerung sind wir aufgewachsen.

HJ, SA und SS haben uns in den fruchtbarsten Bildungsjahren unseres Lebens zu uniformieren, zu revolutionieren, zu narkotisieren versucht. Weltanschauliche Schulung hieß die verächtliche Methode, das aufkeimende Selbstdenken und Selbstwerten in einem Nebel leerer Phrasen zu ersticken. Eine Führerauslese, wie sie teuflischer und zugleich bornierter nicht gedacht werden kann, zieht ihre künftigen Parteibonzen auf Ordensburgen zu gottlosen, schamlosen und gewissenlosen Ausbeutern und Mordbuben heran, zur blinden, stupiden Führergefolgschaft. Wir „Arbeiter des Geistes" wären gerade recht, dieser neuen Herrenschicht den Knüppel zu machen.

Frontkämpfer werden von Studentenführern und Gauleiteraspiranten wie Schulbuben gemaßregelt, Gauleiter greifen mit geilen Späßen den Studentinnen an ihre Ehre. Deutsche Studentinnen haben an der Münchner Hochschule auf die Besudelung ihrer Ehre eine würdige Antwort gegeben, deutsche Studenten haben sich für ihre Kameradinnen eingesetzt und standgehalten. Das ist ein Anfang zur Erkämpfung unserer freien Selbstbestimmung, ohne die geistige Werte nicht geschaffen werden können. Unser Dank gilt den tapferen Kameradinnen und Kameraden, die mit leuchtendem Beispiel vorangegangen sind.

Es gibt für uns nur eine Parole: **Kampf gegen die Partei! Heraus aus den Parteigliederungen,** in denen man uns politisch weiter mundtot machen will! Heraus aus den Hörsälen der SS-Unter- und Oberführer und Parteikriecher! Es geht uns um wahre Wissenschaft und echte Geistesfreiheit! Kein Drohmittel kann uns schrecken, auch nicht die Schließung unserer Hochschulen. Es gilt den Kampf jedes einzelnen von uns um unsere Zukunft, unsere Freiheit und Ehre in einem seiner sittlichen Verantwortung bewußten Staatswesen.

Freiheit und Ehre! Zehn Jahre lang haben Hitler und seine Genossen die beiden herrlichen deutschen Worte bis zum Ekel ausgequetscht, abgedroschen, verdreht, wie es nur Dilettanten vermögen, die die höchsten Werte einer Nation vor die Säue werfen. Was ihnen Freiheit und Ehre gilt, das haben sie in zehn Jahren der Zerstörung aller materiellen und geistigen Freiheit, aller sittlichen Substanz im deutschen Volk genugsam gezeigt. Auch dem dümmsten Deutschen hat das furchtbare Blutbad die Augen geöffnet, das sie im Namen von Freiheit und Ehre der deutschen Nation in ganz Europa angerichtet haben und täglich neu anrichten. Der deutsche Name bleibt für immer geschändet, wenn nicht die deutsche Jugend endlich aufsteht, rächt und sühnt zugleich, seine Peiniger zerschmettert und ein neues, geistiges Europa aufrichtet.

Studentinnen! Studenten! Auf uns sieht das deutsche Volk. Von uns erwartet es, so wie in 1813 die Brechung des napoleonischen, so 1943 des nationalsozialistischen Terrors aus der Macht des Geistes. Beresina und Stalingrad flammen im Osten auf, die Toten von Stalingrad beschwören uns: Frisch auf, mein Volk, die Flammenzeichen rauchen!

Unser Volk steht im Aufbruch gegen die Verknechtung Europas durch den Nationalsozialismus, im neuen gläubigen Durchbruch von Freiheit und Ehre!

da zu lesen. Das deutsche Volk ›sieht nichts und ... hört nichts‹ ... Ein mitreißender Aufruf beschloß das Blatt: ›Der deutsche Name bleibt für immer geschändet, wenn nicht die deutsche Jugend endlich aufsteht, rächt und sühnt zugleich, ihre Peiniger zerschmettert und ein neues geistiges Europa aufrichtet.‹ Nochmals wurden Tausende von Flugblättern mit unendlicher Sorgfalt in München und anderen großen Städten verteilt«, schreibt der Engländer Terence Prittie. Professor Huber verteidigte sich und seine Schüler gegen die Anschuldigung, die Gesetze verletzt zu haben: »Rückkehr zu klaren sittlichen Grundsätzen, zum Rechtsstaat, zu gegenseitigem Vertrauen von Mensch zu Mensch, das ist nicht illegal, sondern umgekehrt die Wiederherstellung der Legalität.« Christoph Probst, der einzige, der verheiratet war und drei kleine Kinder hinterließ, sprach über den Sinn ihres Opfers: »Wir haben durch unsere Haltung zu zeigen, daß es noch nicht aus ist mit der Freiheit des Menschen. Einmal muß das Menschliche hoch emporgehalten werden, dann wird es eines Tages wieder zum Durchbruch kommen.«

Einige Zeit blühte die Weiße Rose im verborgenen. Die Mediziner mußten ihre Semesterferien in der zweiten Jahreshälfte 1942 auf Verbandsplätzen der Ostfront verbringen. Sie kamen mit Eindrükken zurück, die ihre Haltung weiter verhärtet hatten. Die Untergrundaktion lebte wieder auf. Jetzt fuhren sie mit ihrer brisanten Fracht sogar nach Wien und Frankfurt, nach Stuttgart, Karlsruhe und Mannheim.

Nahezu selbstmörderisch war das nächtliche Unternehmen in der Münchner Ludwigstraße. Siebzigmal wurde da, mit fast untilgbarer »Friedensfarbe«, die Parole »Nieder mit Hitler« an die Häuserfronten gemalt.

Der Coup gelang ohne direkte Folgen, obwohl Hans Scholl eine geheimnisvolle Warnung erhielt, die Gestapo sei auf der Spur. Doch er war nun schon in einer missionarischen Geistesverfassung, die kein Zurück mehr ins bürgerliche Normaldasein gestattete. Auch machen Erfolge leichtsinnig. Die Umsicht läßt dann für Momente nach.

Eine solche folgenschwere Unachtsamkeit leisten sich die Geschwister am Morgen des 18. Februar 1943. Mit einem Koffer voller Flugblätter – es sind die Stalingrad-Texte – gehen sie zur Universität. Schon ein solches Gepäckstück muß in dieser Umgebung Verdacht erregen, aber niemand reagiert. Kaum daß sie von zu Hause weg sind, kommt ein Freund mit einer dringenden Botschaft, verpaßt sie, kann die Warnung nicht loswerden, wartet im Quartier auf die Rückkehr. Indessen nämlich haben Hans und Sophie ihren Packen in Gängen und Hörsälen verteilt. Ein größerer Rest ist noch vorhanden, aber gleich beginnen die Vorlesungen, es wird zu gefährlich. Dafür tun sie nun das weitaus Gefährlichere. Sie rennen die Treppen hinauf und schütten den Rest vom obersten Stockwerk in den Lichthof.

Der Hausmeister hat es gesehen und macht sich zum Handlanger der Staatsgewalt, schließt sofort alle Türen der Universität und benachrichtigt die Geheime Staatspolizei. Die Falle ist zugeschnappt. Das weitere ist Routine. Verhaftung, Abtransport ins Wittelsbacher-Palais, wo die Gestapo residiert. Verhöre folgen, wobei die Scholls und der am selben Tag verhaftete Christoph Probst zunächst das Ausmaß ihrer Konspiration zu verkleinern suchen. Als dies unter der Beweislast mißlingt, richten sie alles taktische Geschick darauf, die bohrenden Fragen nach Mittätern ins Leere stoßen zu lassen. Sie ganz allein haben es getan. Die Rechnung geht auf. Die Anklage des Volksgerichtshofs nennt keine weiteren Namen.

Für sie aber gibt es keine Chance. Dafür sorgt schon der gefürchtetste Name der NS-Gerichtsbarkeit. Roland Freisler, des Teufels Justitiar, opfert seine kostbare Zeit und eilt aus Berlin herbei. Das spricht für das Gewicht, das die Machthaber dem Fall Scholl & Co. beilegen. wie ge-So stehen sie also bereits am 22. Februar 1943, vier Tage nach der Festnahme, vor Gericht. Alle drei Angeklagten, angesichts des Schnellverfahrens auf das äußerste gefaßt, stehen zu ihrer Tat. »Was wir sagten und schrieben, denken ja so viele. Nur wagen sie nicht, es auszusprechen«, bekennt Sophie vor den roten Roben. Die Eltern der Scholls hasten zum Gerichtssaal. Als sie sich hineindrängen, hören sie gerade noch das Todesurteil.

Monate ziehen ins Land. Dann kommt es wieder zu Verhaftungen, wieder zum Prozeß. Professor Huber, Willi Graf, Alexander Schmorell sind gefaßt worden und gehen den gleichen Weg. Es ist der 13. Juli 1943. Von da an herrscht in München Friedhofsruhe – bis das Wetterleuchten des Jahres 1943 in das Donnergrollen des 20. Juli 1944 in der »Wolfsschanze« übergeht.

Linke Seite: Ritterkreuz des Eisernen Kreuzes mit Eichenlaub und Schwertern (oben Mitte), Ritterkreuz des Kriegsverdienstkreuzes mit Schwertern (unten Mitte), Kriegsverdienstkreuz I. Klasse mit Schwertern (Mitte), Kriegsverdienstkreuz II. Klasse (unten rechts), Kriegsverdienstmedaille (unten links), Deutsches

Kreuz in Gold (oben rechts) und in Silber (oben links). Rechte Seite: Varianten des Verdienstordens vom Deutschen Adler, eine Auszeichnung, die nur an Ausländer verliehen wurde. Dazu (unten rechts) die Deutsche Verdienstmedaille. (Aus Signal 1942)

Die Waffen-SS

Ihre Ehre hieß Treue und ihr Chef Heinrich Himmler – beides wie bei der Allgemeinen SS. Doch die Waffen-SS mauserte sich im Verlauf des Krieges vom braunen Germanenorden des Reichsführers zu einem militärischen Eliteverband, der nicht mehr als die Runen mit dem gefürchteten Schwarzen Korps gemein hatte.

Nach einem der schweren Abwehrkämpfe an der Nordost-Front von Jelnja wurde die erste Gruppe Förster des 1. SS-Kradschützenbataillons, die den Auftrag hatte, die linke Flanke der Kompanie zu sichern, wie folgt aufgefunden: Der Gruppenführer, SS-Unterscharführer Förster, mit der Hand an der Abreißschnur der letzten Handgranate: Kopfschuß.

Schütze 1, SS-Rottenführer Klaiber, das MG noch in die Schulter eingezogen und einen Schuß im Lauf: Kopfschuß.

Schütze 2, SS-Sturmmann Buschner, und Schütze 3, SS-Sturmmann Schyma: tot in den Schützenlöchern, das Gewehr im Anschlag.

Der Solomelder, SS-Sturmmann Oldeboerhuis, tot an seiner Maschine knieend, mit der Hand am Lenker, gefallen in dem Augenblick, als er die letzte Meldung überbringen sollte.

Der Fahrer, SS-Sturmmann Schwenk, tot in seinem Schützenloch.

Vom Gegner sah man nur noch Tote, die auf Handgranatenwurfweite im Halbkreis um die Stellung der Gruppe lagen.

Als Korpstagesbefehl des XXXXVI. Panzerkorps wurde dieser Text am 10. August 1941 in allen Kompanien des Panzerkorps verlesen. Der Kommandierende General, der Panzerführer von Vietinghoff-Scheel, hatte dem Text noch hinzufügen lassen: »Ein Beispiel für den Begriff Verteidigung. In Ehrfurcht stehen wir vor solchem Heldentum.«

Der Oberbefehlshaber der 8. Armee, General der Infanterie Wöhler, urteilte: »Wie ein unerschütterlicher Fels« hätten die ihm unterstellten SS-Verbände im Heer gestanden und »mit unbeugsamer Kampfkraft dem Gegner getrotzt«. Und der Kommandierende General des III. Panzerkorps, General von Mackensen, stellte mit militärischer Kürze fest: »Eine wahre Elitetruppe.«

Die oft nur widerwillige Anerkennung und Bewunderung, die militärische Führer der Wehrmacht der Truppe mit dem Totenkopf entgegenbrachten, entsprach dem legendären Ruf, den sie bald auch auf der anderen Seite, beim militärischen Gegner, genoß, angesiedelt zwischen blankem Schrecken und abergläubischer Furcht.

Als zum Beispiel im Herbst 1941 der sowjetische Armeeführer, Generalmajor Artamenko, in deutsche Gefangenschaft geriet, sagte er aus, die seinen Verbänden gegenüberliegende 5. SS-Panzerdivision »Wiking« habe an Kampfkraft alles bisher Dagewesene übertroffen. Man habe auf sowjetischer Seite aufgeatmet, als der Verband durch Wehrmachtseinheiten abgelöst worden war. Ein paar Jahre später, nach ausgiebigen und leidvollen Erfahrungen, die man auf alliierter Seite über die Waffen-SS hatte sammeln müssen, berichtete US-General Dwight D. Eisenhower den »Combined Chiefs of Staff«, daß selbst bei einer Niederlage die Kampfmoral der SS »außergewöhnlich gut war, und sie im Angriff wie in der Verteidigung als Männer mit fanatischem Mut kämpften«.

Kein Zweifel: Mit der Waffen-SS hatte eine Truppe die Schlachtfelder des zwanzigsten Jahrhunderts betreten, wie sie die Kriegsgeschichte bisher noch nicht gekannt hatte. »In der Waffen-SS«, so der Historiker Heinz Höhne in seinem Buch »Der Orden unter dem Totenkopf«, »kämpfte ein Kriegertum, das von keiner anderen Truppe erreicht oder gar übertroffen wurde. Schlag auf Schlag meißelten sich die Soldaten der Schutzstaffel in die Tafeln der Kriegsgeschichte ein. Demjansk, Rschew, Ladogasee, Normandie, Ardennen – jeder dieser Namen signalisiert militärische Höchstleistungen«.

Dieses Bild der Truppe entsprach im Kern auch jenem Image, das Adolf Hitlers härteste Truppe noch zu Lebzeiten beim deutschen Volk, beim »einfachen Mann« genoß. Vertraulich berichtete im Frühjahr 1942 der Gruppenführer des Sicherheitsdienstes, Bruno Streckenbach, dem Reichsführer SS über jenes Bild, das die Meinungsforscher des SD aus Beobachtungen und Befragungen rekonstruierten: »Grundsätzlich«, so hieß es da, »ist festzustellen, daß sich die Waffen-SS durch ihre Leistungen in der Anerkennung der Bevölkerung ihren Platz erobert hat.« Neben der militärischen Leistung werde vor allem über den militärischen Stil, die herausragende Kameradschaft und das ausgezeichnete Verhältnis zwischen Offizieren und Mannschaften mit Anerkennung gesprochen.

Daneben wurden in dem Bericht aber auch vereinzelte Stimmen zitiert, die sich kritisch mit dem Preis beschäftigten, der für die Leistung der Truppe zu bezahlen sei. SS-Soldaten würden oft wegen des Mangels an ausgebildeten Offizieren »leichtsinnig hingeopfert«. Aus Konkurrenzdenken gegen die Wehrmacht werde oft »sinnlos vorgestürmt«, um dem Heer »etwas vorzumachen«. Zur Härte schließlich, so Streckenbachs Bericht, komme nach Auffassung vieler Volksgenossen eine Radikalität, die dazu führe, daß die Truppe »überhaupt keine Gefangenen mache, sondern den Gegner restlos vernichte«.

Damit waren Tatbestände skizziert, die nach dem Ende des Zweiten Weltkriegs, als die Soldaten und Offiziere der SS in allen Ländern Europas in ein Pariadasein abgedrängt worden waren, zunächst das Bild der Truppe bestimmte. Das Nürnberger Tribunal der Sieger stempelte mit den anderen Bereichen aus Heinrich Himmlers Imperium auch die Waffen-SS pauschal zur »verbrecherischen Organisation«. Die Frontsoldaten der Waffen-SS sahen sich über Nacht mit den Tötungskommandos der Einsatzgruppen auf eine Stufe gestellt, von den Wachmannschaften der Konzentrationslager durch nichts unterschieden.

Viele militärischen Führer der Wehrmacht, die nur wenige Jahre vorher erleichtert aufgeatmet hatten, wenn neben ihnen die stählernen Korsettstangen der SS-Divisionen die wankende Front stabilisierten, vergaßen die Grußpflicht. Generalfeldmarschall von Manstein, der ausgerechnet die vom Odium des Kriegsverbrechens besonders hartnäckig umwehte »Totenkopf«-Division der SS mit einem fernschriftlichen »Bravo« gefeiert und der einst öffentlich der SS-Division »Das Reich« das Verdienst der Gegenoffensive bei Charkow 1943 zugeschrieben hatte, rückte in seinen Memoiren vom einstigen Waffenbruder ab: Der hohe Blutzoll, den die Truppe des Schwarzen Ordens entrichtete, habe »im allgemeinen nicht im richtigen Verhältnis zu dem gestanden, was erreicht wurde«.

Auch die bald darauf folgenden Memoiren und Darstellungen hoher ehemaliger SS-Offiziere machten das Nachkriegsbild der Waffen-SS nicht präziser: In dem Bestreben, ihre Einheit aus dem Dunstkreis von Auschwitz zu entfernen, leugneten sie über Jahre hinweg jeden politischen Hintergrund bei Entstehung und Geist ihrer Truppe. Die Männer der Waffen-SS seien nichts anderes gewesen als »Soldaten wie andere auch«. Die meisten Divisionen der Waffen-SS seien nichts anderes als hochwertige militärische Eliteverbände gewesen, wie etwa die Heeresdivisionen »Großdeutschland« oder »Panzer-Lehr« oder etwa die Fallschirmjägertruppe.

In Wirklichkeit jedoch stand am Anfang der Entstehungsgeschichte der Waffen-SS ein Bedürfnis nationalsozialistischer Politik Pate; und diese Tatsache hat die spätere Entwicklung der Truppe, ihren Stil, ihre personelle Zusammensetzung, ihre Kampfkraft bis zum Schluß beeinflußt. Ausgangspunkt war schon kurz nach der Machtübernahme der Nationalsozialisten der Versuch der Allgemeinen SS, aus ihren Abschnitten und Oberabschnitten bewaffnete Kampfgruppen herauszuziehen und zu sogenannten Stabswachen zu formieren. Über die Zwischenstufe von »Sonderkommandos« entstanden militärisch strukturierte, nach »Stürmen« (Kompanien) und Sturmbannen (Bataillone) organisierte Verbände: die »Politischen Bereitschaften«. Sie waren die gepanzerte Faust der NS-Bewegung für die schwierige Phase der Konsolidierung ihrer Macht.

Die bekannteste und für die spätere Entwicklung der Waffen-SS sicher wichtigste unter diesen Einheiten war die »Stabswache« Hitlers selbst, die der bayerische SS-Gruppenführer Josef Dietrich, genannt »Sepp«, aufbaute und führte. Aus ihr entwickelte sich im Herbst 1933 das »Wachbataillon Berlin«, das bald fünf Kompanien umfaßte. Auf dem »Reichsparteitag des Sieges 1933« verlieh Hitler der Einheit seinen Namen. Sie hieß danach »SS-Leibstandarte Adolf Hitler«, abgekürzt LAH.

Reichsführer-SS Heinrich Himmler (links, mit Hitler und General Hausser bei einer Übung der SS-Verfügungstruppe im Jahre 1939), der auf alle, die ihm begegneten, persönlich eher einen harmlosen Eindruck machte, war sich der Furcht bewußt, die seine Männer im Reiche Adolf Hitlers auszulösen vermochten. »Ich weiß, daß es manche Leute in Deutschland gibt, denen es schlecht wird, wenn sie diesen schwarzen Rock sehen: Wir haben Verständnis dafür ...«

Nachdem die Leibstandarte beim sogenannten »Röhmputsch« ihre Zuverlässigkeit als persönlich verfügbare Truppe Hitlers bewiesen hatte, ging ihre »Verfügbarkeit« auch in ihren Namen ein. Am gleichen 16. März 1935, an dem Hitler im Reichstag die Wiedereinführung der allgemeinen Wehrpflicht verkündete, erließ er auch den Befehl über die Aufstellung einer »SS-Verfügungstruppe«. Neben die LAH sollten zwei weitere Regimenter treten. Ihre Zusammenfügung zur Division sollte jedoch mit Rücksicht auf den Ehrgeiz der Wehrmacht, einziger Waffenträger der Nation zu sein, unterbleiben. Im Vergleich zu den 36 Divisionen, die die Wehrmacht in den nächsten Jahren aus der Substanz des 100000-Mann-Heeres heraus aufstellen sollte, war die SS praktisch nicht existent.

Im Mai 1935 hatte die Verfügungstruppe insgesamt nur 8459 Mann. Davon waren 2660 bei der Leibstandarte, 759 waren den SS-Führerschulen zugeteilt, und der Rest gehörte zu den neu aufgestellten SS-Standarten (Regimentern) 1 und 2. Sie erhielten die Namen »Deutschland« und »Germania«, und ihre Bataillone waren auf verschiedene Standorte über das ganze Reich verteilt. Auch das unterstrich noch einmal deutlich, daß die künftigen Aufgaben der Verfügungstruppe bei der inneren Sicherung des Reiches liegen sollten. Für den Kriegsfall sah ein Erlaß des Wehrministers Blomberg vor, es sei erst nach Prüfung »der erreichten militärischen Verwendungsfähigkeit der SS-Regimenter« die Art ihres Einsatzes zu entscheiden.

So diskriminierend für die SS diese Klausel auch gemeint war, hatte die Wehrmacht hier doch einen Anreiz gesetzt und eine bewaffnete Truppe neben sich ausdrücklich anerkannt und den Keim für die später so charakteristischen Reibungen zwischen Wehrmacht und Waffen-SS schon gepflanzt. Die SS hatte bei der Beseitigung des auf ein nationalsozialistisches Volksheer drängenden SA-Chefs Röhm praktisch die Interessen der Generalität durchgesetzt. Zum Dank dafür wurde von dieser Generalität die SS und ihre Verfügungstruppe anerkannt und damit, wie sich später zeigen sollte, eine Entwicklung möglich gemacht, die für die alten standesbewußten Berufsmilitärs aus der Weimarer Reichswehr eine viel größere Bedrohung darstellte, als die SA es je gewesen war. Daß die ersten deutschen Truppen, die im März 1936 bei der Wiederbesetzung des Rheinlands in Saarbrücken einzogen, Soldaten der »SS-Leibstandarte Adolf Hitler« waren, wies fast symbolhaft auf das Aufbrechen des künftigen Konfliktes hin.

Der Aufbau der SS ging nun Schlag auf Schlag: Im April 1936 wurde die SS-Verfügungstruppe, ebenso wie die ebenfalls militärisch organisierten Wachmannschaften der Konzentrationslager, die sogenannten »Totenkopfverbände«, aus ihrem Status einer Untergliederung der NSDAP herausgelöst und in den Polizeietat des Innenministeriums übernommen. Sie waren endgültig staatlich legitimiert, ohne aber ihren politischen Charakter zu verlieren. Und im Oktober des gleichen Jahres wurde im SS-Hauptamt eine neue Inspektion »Verfügungstruppe« eingerichtet. Ihr Zweck war die Überwachung der Verwaltung und der militärischen Ausbildung.

Just hier tat sich für Himmler ein Dilemma auf. Mit der Bauernschläue und dem haudegenhaften Draufgängertum Sepp Dietrichs und anderer alter Kämpfer allein war eine militärische Truppe, die strengen Qualitätsmaßstäben entsprechen mußte, nicht aufzubauen. Was Himmler nun brauchte, das waren militärische Profis, Technokraten der modernen Kriegskunst, die sich zugleich von Stil und Gedankenwelt des Schwarzen Ordens angezogen fühlten oder sich doch wenigstens nicht daran stießen.

Himmler hatte deswegen schon beizeiten militärische Profis, Offiziere der Reichswehr, in die SS geholt. Sie kamen, angelockt von der Aussicht auf eine schnelle, weil mit dem neuen Staat konforme Karriere, wegen der deutlich zur Schau gestellten Auffassung von der SS als einer Elite, einer »Garde«, und teils wegen heftiger Zustimmung zur nationalsozialistischen Weltanschauung.

An die Spitze der neuen Verfügungstruppe trat ein General der Reichswehr außer Diensten: Paul Hausser. 1880 geboren, stammte Hausser aus einer Offiziersfamilie und hatte den klassischen Weg des deutschen Generalstäblers gefunden: Kadettenanstalt, Truppenoffizier, Generalstäbler, Schulkommandeur. 1932 wurde er von der Reichswehr im Rang eines Generalleutnants verabschiedet. Nach seiner Pensionierung arbeitete Hausser im militärischen Traditionsverband »Stahlhelm« mit, nach dessen Übernahme in die SA diente er kurze Zeit als SA-Standartenführer, bis ihn anläßlich eines SA-Manövers ein SS-Richter Heinrich Himmlers Kerntruppe zuführte. Hausser, militärischer Routinier, bei Militärkollegen anerkannt, gebildet und selbstbewußt, begann seine SS-Karriere mit dem Aufbau einer eigenen Offiziersschule, der SS-Junkerschule in Braunschweig, im September 1934. Ein halbes Jahr vorher hatte Ex-Reichswehr-Major Paul Lettow als erste Ausbildungsstätte die Führerschule in Bad Tölz eröffnet, ohne jedoch selbst einen sicheren Kurs zwischen dem Reichswehr-Drill und der Andersartigkeit der neuen Truppe zu finden.

Hausser setzte in Braunschweig zunächst den militärischen Standard der strengen Kaste durch, die das Hunderttausend-Mann-Heer Weimars prägte. Erst einmal, so Hausser selbst, mußte eine Truppe geschaffen werden, »die sich auf die Ausbildungsvorschriften der Reichswehr gründete, denn diese Vorschriften hatten sich bewährt«. In dieser Zucht, verbunden mit ausufernder weltanschaulicher Schulung, schuf Hausser den Typ des hochqualifizierten und zugleich politisch der neuen Reichsführung absolut loyalen Offiziers. In München entstand aus drei Sturmbannen das noch pferdebespannte Infanterieregiment »Deutschland«, in Hamburg das Infanterieregiment »Germania«. Die Leibstandarte wurde voll motorisiert; in Wien kam nach dem Anschluß Österreichs ein weiteres Infanterieregiment dazu: »Der Führer«.

Aus dem Kreis der Regimentskommandeure der SS schälte sich schon bald der kaum vier-

Eindeutige Anleihen bei der christlichen Tradition machte der französische Aufruf zum Eintritt in die Waffen-SS: »Mit deinen europäischen Kameraden wirst du unter dem Runenzeichen siegen!« (oben). »La croisade contre le Bolchevisme«, (rechts) der Kreuzzug gegen den Bolschewismus, war Anreiz für die jungen Männer, die sich aus zahlreichen Ländern zur Waffen-SS meldeten. »Sie waren die letzten echten Söhne des Kriegsgottes«, schrieb der Historiker Ernst Nolte über die europäischen Waffen-SS-Freiwilligen.

zigjährige Chef des Regiments »Deutschland«, SS-Standartenführer Felix Steiner, als weiterer Motor einer SS-eigenen Militärreform heraus. Als 20jähriger hatte Steiner im Ersten Weltkrieg sich am Erlebnis der Schwerfälligkeit des Massenheeres ernüchtert und einen neuen, revolutionären Typ des Soldaten am Horizont erkannt. Weder der uniformen Masse noch dem traditionellen Einzelkämpfer gehöre die Zukunft, sondern dem hochtrainierten, mobilen elitären Kämpfer in einer elastisch geführten und von elitärer Disziplin zusammengehaltenen kleinen Truppe. Der Reformer war bei den traditionellen Offizieren der Reichswehr angeeckt und quittierte 1933 den Dienst, um ihn bald darauf bei der SS aufzunehmen und dort ein Übungsfeld seiner reformerischen Gedanken zu finden.

An einem Modell-Bataillon seines Regiments demonstrierte er, wie er sich den Soldaten der Zukunft vorstellte. Er drängte den mechanischen Kasernenhofdrill zurück und forderte den Soldaten nicht nur auf dem Schieß-, sondern auch auf dem Sportplatz das Letzte ab. Er schuf den hochgezüchteten Einzelkämpfer, der sich als Teil einer kleinen, schlagkräftigen Elitetruppe versteht, geeignet, »den Gegner in blitzschnellen Schlägen aufzuspalten und seine zusammenhanglosen Teile zu zerschlagen«. Steiners Infanterist kam jenem phantastischen Typus nahe, den Ernst Jüngers »Stahlgewitter« beschrieb: verschlagen, stark und voller Entschlußkraft, mitleidlos gegen sich und andere. Eine vollkommen neue Rasse, Sturmsoldaten, »die Elite Mitteleuropas«.

Aus Haussers Beherrschung der traditionellen Kriegskunst und aus Steiners reformerischem, zukunftsweisendem Elan entstanden das Führer- und Unterführerkorps, der Grenadier der SS, der der Truppe in den Kriegsjahren und bis zum Schluß seinen Stempel aufdrückte.

Bedingung war freilich neben Geist und Entschlüssen der Führung die Qualität jener

Rekruten, aus denen Steiner seine Militärathleten schuf. Aber trotz strengster Aufnahmebedingungen und vierjähriger Dienstzeit für Mannschaften, zwölfjähriger Dienstzeit für Unteroffiziere hatte die Verfügungstruppe nie personelle Schwierigkeiten. Der Reiz, einer Eliteformation anzugehören, die neuartige Ausbildung und die rauschhafte Zustimmung der deutschen Jugend zum Dritten Reich Adolf Hitlers brachten Bewerber in so großer Zahl, daß die strengen Auswahlprinzipien der VT möglich blieben: Hohe körperliche und rassische Maßstäbe wurden durchgesetzt. Bewerber für die Leibstandarte mußten wenigstens 1,80 m groß sein, die aller anderen Einheiten wenigstens 1,78 m. Die Musterungskommissionen waren so wählerisch, daß Himmler noch 1943, als längst andere Maßstäbe gelten mußten, schwärmen konnte: »Bis zum Jahr 1936 nahmen wir in die Verfügungstruppe oder in die Leibstandarte keinen Mann auf, der auch nur einen einzigen plombierten Zahn hatte. Es war das herrlichste an Mannestum, was wir in dieser ersten Waffen-SS versammeln konnten.«
Daß daneben auch eine politische Auslese durchgeführt wurde, attestiert selbst Hausser nach dem Krieg, wenn er zugibt, in der Freiwilligkeit der Meldung gerade für diese Truppe habe bereits eine selbstverständliche Zustimmung zum Staat Adolf Hitlers gelegen.
Die hohen Ansprüche nivellierten die in Reichswehr und Wehrmacht häufig kultivierten Unterschiede zwischen Mannschaften und Führern. Der systematische Sportbetrieb und das körperliche Training als wesentlicher Bestandteil der Ausbildung und nicht nur – wie im Heer – der Freizeit, die ständigen Wettkämpfe, an denen sich Mannschaften wie Offiziere beteiligten, schliffen das Dienstgradgefälle von jenen Ecken und Kanten frei, in denen sich Dünkelhaftigkeit und Standesbewußtsein hätten einnisten können. Die Verfügungstruppe erreichte einen Grad innerer Geschlossenheit, der im Heer gänzlich undenkbar war.
Begünstigt wurde dieser Prozeß vom System der Führerauslese. Die Offiziersanwärter, die »Junker«, brauchten keines der in der Wehrmacht üblichen Bildungsprivilegien für ihre künftige Laufbahn mitzubringen. Soziales Herkommen und Bildungsnachweise blieben ohne Belang. 40 Prozent der vor 1938 angenommenen Junker hatten nicht mehr als Volksschulbildung. Kam in der Reichswehr die Hälfte des Offizierskorps aus Offiziersfamilien, waren es bei der VT nur fünf Prozent. Nur zwei Prozent der Wehrmachtsoffiziere waren bäuerlicher Herkunft, bei der SS jedoch kamen fast 90 Prozent vom Land. Bürgertum und Großstädter gaben ihre Söhne der Wehrmacht ab, die Verfügungstruppe, so Heinz Höhne, »blieb eine Handwerker- und Bauernarmee«.
Auch auf allen anderen Gebieten schlug der Reformgeist durch: Die Anrede »Herr« vor dem Dienstgrad entfiel. Die Spinde in den SS-Kasernen blieben grundsätzlich unverschlossen. Kameradendiebstahl wurde mit Ächtung bestraft. Reformen in Ausrüstung und Gefechtsausbildung taten ein übriges: Zum Jahresende 1938 hatten die Regimenter der VT einen derart hohen Leistungsstand erreicht, daß selbst kritische Wehrmachtsoffiziere mit Verblüffung ihren Respekt bezeigten. Auf den Truppenübungsplätzen des Heeres übte nun auch die VT – ohne die sonst üblichen Sicherheitsvorkehrungen. Gefechtsübungen der SS wurden mit scharfer Munition und echtem Artilleriefeuer durchgeführt, so daß, laut Himmler, »der Mann daran gewöhnt wurde, an den Einschlag seiner Geschosse und der Granaten seiner Artillerie bis auf 70, ja 50 Meter heranzugehen«. Verluste waren bei dieser Art von Ausbildung unvermeidlich. Aber das Ergebnis war, daß die rund 18000 Mann, die die Verfügungstruppe bei Ausbruch des Zweiten Weltkrieges zählte, ähnlich wie die 100000 Mann der Reichswehr für das Heer, das hervorragende Kaderpersonal abgeben konnten, mit dem die SS ihren dann folgenden rasanten Aufbau durchführen konnte.
Bis dahin aber war die Verfügungstruppe von jeder weiteren Aufblähung abgeschnitten: Der Oberbefehlshaber des Heeres, Freiherr von Fritsch, und andere Generäle hatten bei Hitler den weiteren Aufbau des Konkurrenten abgeschnürt. Die SS durfte keinen Verband über Regimentsstärke, also keine Division, aufstellen, Panzer und Artillerie wurden ihr verweigert, Werbung durch Zeitungsanzeigen war ihr nicht gestattet. Erst die Wehrmachtskrise vom Februar 1938, in deren Folge der SS-feindliche Fritsch und Reichskriegsminister von Blomberg stürzten, brachte Besserung. Am 17. August 1938 unterzeichnete Hitler den Erlaß, der die VT endgültig als stehende Truppe im Frieden und auch – und das war neu – im Krieg anerkannte. Die SS sollte im Mobilmachungsfall für die Verwendung im Rahmen des Feldheeres bereitstehen.

Erste Verwendungsproben brachte der Anschluß des Sudetenlandes im Oktober gleichen Jahres. Alle Regimenter der VT nahmen, ebenso wie Bataillone der Totenkopfstandarten, teil, im Frühjahr 1939 auch an der »Zerschlagung der Rest-Tschechei«.

Im Sommer 1939, am Vorabend des Krieges, erteilte Hitler endlich dem OKH Anweisung, der bisher kurzgehaltenen SS die Ausrüstung für ein eigenes Artillerieregiment zu liefern. Die Umwandlung der Regimenter in eine Division sollte beginnen, wurde aber wegen des Kriegsbeginns aufgeschoben. Auf verschiedene Divisionen im Verband der 3. und 14. Armee aufgeteilt, wurden die Regimenter der Verfügungstruppe in die Schlacht geführt. Die Feuertaufe war da – und wurde auch bestanden. Dennoch wurde Kritik am militärischen Wert der Truppe laut. Sie kam sowohl aus Kreisen des Heeres, das den SS-Regimentern ihre im Vergleich zur Wehrmacht besonders hohen Verluste vorhielt – verbunden mit Seitenhieben auf die unorthodoxe Ausbildung und Führung, die die SS praktizierte. Für die SS aber waren die erkannten Mängel nur der Anlaß, auf die schlechte materielle Ausstattung und das Fehlen selbständiger SS-Divisionen hinzuweisen. Aber just diesen Ausweg aus der militärischen Misere versperrten die mißtrauischen und SS-feindlichen Militärs.

Vom Kampf gezeichnet, zum Kampf entschlossen wartet eine Einheit der 3. SS-Panzerdivision »Totenkopf« auf den Befehl zum nächsten Angriff. So begeistert Waffen-SS-Verbände von bedrängten Kommandeuren des Heeres begrüßt wurden, so panikartig reagierten die Gegner. »›Unsere Ehre heißt Treue.‹ Dies war der Wahlspruch, nach dem die Waffen-SS erzogen wurde und nach dem sie während des Zweiten Weltkrieges gehandelt und gekämpft hat. Sie war treu ihrem Eide und tapfer bis zum Tode. Wer sie im Kampf erlebte, muß dies bezeugen.« (Heinz Guderian)

Aus dem Versuchsgarten, auf den die Wehrmacht das wucherfreudige SS-Gewächs beschränken wollte, fand erst ein enger Mitarbeiter Himmlers, der SS-Standartenführer Gottlob Berger, ein verschlagener Schwabe, Stoßtruppführer des Ersten Weltkrieges und im Zivilleben Sportlehrer, einen Ausweg. Er interpretierte Hitlerbefehle aus dem Jahr 1938 zum Ersatz der Totenkopfverbände und der Polizei im Sinne der VT: Die Verfügungen hatten Himmler erlaubt, 50000 Mann der Allgemeinen SS als sogenannte »Polizeireserve« einzuberufen, die dann in der Wehrmacht nicht zu dienen brauchten. Himmler war von der Idee Bergers fasziniert und begriff: Das war der Durchbruch. Auf völlig legalem Weg konnte sich Himmler so das Personal für drei bis vier SS-Divisionen beschaffen.

Noch 1939 formierte der Generalmajor der Polizei, SS-Brigadeführer Karl Pfeffer-Wildenbruch, aus Polizisten die danach auch benannte SS-Polizeidivision (später: 4. SS-Polizei-Panzergrenadierdivision). Aus den klassischen Regimentern der VT machte Hausser die eigenständige VT-Division (später hieß sie 2. SS-Panzerdivision »Das Reich«). Und der SS-Gruppenführer Theodor Eicke, bisher Oberster Chef der Wachverbände der Konzentrationslager, machte aus Teilen seiner Totenkopfverbände und aus Polizisten die Totenkopf-Division (später 3. SS-Panzerdivision »Totenkopf«). Sepp Dietrichs Leibstandarte wurde zur 1. SS-Panzerdivision Leibstandarte-SS »Adolf Hitler« verstärkt.

Bergers List war es zu verdanken, daß aus den 18000 Mann der Vorkriegszeit die Waffen-SS Mitte 1940 bereits über 100000 Mann gebot. Nun durfte er zwar öffentlich werben, aber über die Freigabe der SS-Freiwilligen entschied die Wehrmacht genauso SS-feindlich wie eh und je. Berger und seinem neugeschaffenen SS-Ergänzungsamt wurde das Gerangel um jeden einzelnen Rekruten bald zu mühselig. Er richtete seinen Blick dorthin, wo die Wehrmacht nichts zu sagen hatte – über die Grenzen des Großdeutschen Reiches hinaus. Jenseits dieser Grenzen, vor allem in Südosteuropa lebten Hunderttausende von wehrfähigen deutschen Männern, Volksdeutsche, deren nationales Empfinden und Zusammengehörigkeitsgefühl durch den allgemeinen »Aufbruch der Nation« mobilisiert worden war.

Die ersten 1000 Mann aus der Volksgruppe der Siebenbürger Deutschen holte Berger heimlich aus dem mit dem Deutschen Reich verbündeten Rumänien heraus – als Wanderarbeiter getarnt oder in deutschen Lazarettzügen versteckt. Nachdem es Berger nach Beginn des Rußlandkrieges auch noch gelungen war, mit den Regierungen Südosteuropas Abkommen zu schließen, nach denen jeder ihrer Bürger mit deutscher Volkszugehörigkeit seinen Wehrdienst in der deutschen Armee abzuleisten hatte, konnte Berger auf die Freiwilligkeit verzichten. Über 350000 Deutsche aus den Ländern Südosteuropas leisteten in der Folge in den Divisionen der Waffen-SS ihren Wehrdienst.

Und als nach dem Frankreich-Feldzug Bergers Rekrutierungsreservoir auch noch auf die Länder Westeuropas ausgedehnt worden war, quollen die Werbebüros und Annahmestellen der Waffen-SS für Freiwillige auch dort bald über. In den ersten beiden Jahren konnte sich etwa das Werbebüro Brüssel leisten, noch jeden zweiten Freiwilligen als nicht geeignet abzulehnen, und dennoch kam die Zahl der Freiwilligen aus den westeuropäischen Ländern, von Himmler gern als die germanischen Länder apostrophiert, bald über 120000 Mann. Das größte Kontingent stellten die Holländer mit rund 50000 Mann. Die Flamen und

Wallonen Belgiens brachten je etwa 20000 Mann. Weitere 20000 kamen aus Frankreich. Dänemark und Norwegen lieferten je etwa 6000 Freiwillige, und weitere 1200 kamen aus Schweden, der Schweiz und aus Luxemburg. Im Verlauf des Rußlandkrieges kamen noch an die 200000 Letten und Esten, Ukrainer und Russen, Kaukasier und Angehörige der Balkanvölker dazu.

Die Motive der Freiwilligen, in einer Armee Dienst zu nehmen, die kurz vorher noch den Landesfeind repräsentierte, waren von der unterschiedlichsten Art. Der vor allem für die Angehörigen der Ostvölker fast durchgehend verbindliche Antibolschewismus traf sicher auf die ersten germanischen Kontingente nicht zu – entgegen den Nachkriegsbehauptungen Felix Steiners. Denn als im Spätsommer 1940 sich die ersten in Bergers Werbelisten eintrugen, waren Moskau und Berlin noch verbündet. Und die erste Freiwilligendivision, die aus deutschem Rahmenpersonal, aus Flamen und Holländern, Norwegern und Dänen zusammengesetzte 5. SS-Panzerdivision »Wiking«, wurde auf dem elsässischen Truppenübungsplatz Sennheim zusammengeschweißt, lange ehe der Ostfeldzug begonnen hatte. Viele dieser Freiwilligen kamen tatsächlich aus einer durch alle europäischen Länder verbreiteten latent faschistischen Stimmung, zumal sie den rapiden Zusammenbruch der angeblich jeder anderen Staatsform überlegenen westlichen Demokratien unter der federnden Siegesgewißheit der Armeen des Dritten Reiches soeben als Augenzeugen erlebt hatten. Bei anderen kamen Abenteuerlust und materielle Gesichtspunkte dazu. Aber das politische Motiv schlug durch. Die Gedanken, die Léon Degrelle in Wallonien, Jef van de Wiele in Flandern, Adriaan Mussert in den Niederlanden und Vidkun Quisling und Jonas Lie in Norwegen propagierten, trafen sich mit dem germanischen Mythos der SS.

1941 war die Waffen-SS bereits auf 220000 Mann angewachsen, aber ihr eigentlicher Aufstieg stand ihr erst noch bevor. Erst der Krieg gegen das bolschewistische Rußland brachte das Klima, in dem die Elitetruppe des Schwarzen Ordens immer weiter anschwellen konnte. Der Rußlandkrieg brauchte immer mehr Soldaten, und Berger und Himmler konnten sie liefern. Von Jahr zu Jahr schwoll das Heer der Waffen-SS: 1942 zählte die Truppe 330000 Mann, im Jahr darauf 540000 und Ende 1944 schließlich fast eine Million.

Freilich strömten in diese Mammutarmee im Lauf des Krieges immer dubiosere Elemente ein. Neben Muselmanen und Kaukasiern, die den europäischen oder gar germanischen Charakter der Truppe verwässerten, brachte der gnadenlose Weltanschauungskrieg in den Weiten Rußlands auch so zweifelhafte Verbände wie die aus Wilddieben, Wehrstraffälligen und Berufsverbrechern zusammengesetzte Sturmbrigade des Dr. Oskar Dirlewanger in die Uniform der Waffen-SS.

Zusammen mit den 6000 Männern aus Eickes Totenkopfverbänden aus den KZs, die im Rahmen der »Totenkopfdivision« dienten, waren sie die Steine des Anstoßes, von denen die Schatten auf das Nachkriegsbild der SS fielen.

Das Eindringen und das Vorhandensein jener politisch radikalisierten Wachmannschaften der KZs machte die Truppe auch für ungesetzliche Kriegführung besonders anfällig. Gleich im November 1939 hatte ein Gefreiter des SS-Artillerieregiments 50 polnische Juden erschossen – gemeinsam mit einem Wachtmeister der Feldpolizei des Heeres. Aber vor allem im »Kreuzzug« gegen die Sowjetunion wurde die Truppe punktweise radikalisiert. Als im Juli 1942 aus erbeuteten sowjetischen Befehlen hervorging, daß vielerorts deutsche Gefangene en bloc erschossen wurden, reagierten Soldaten der Waffen-SS mit blinder Vergeltung, die nicht einmal das Eingreifen hoher Kommandeure schnell abzubremsen vermochte. So erschossen Soldaten der »Wiking« 600 russische Juden »zur Vergeltung«. Und selbst im weltanschaulich kühleren Westen griffen subalterne Truppenführer der Schwarzen Garde gelegentlich nach blindwütigen Maßstäben durch. Als im Juni 1944 ein Kompaniechef der Division »Das Reich« dem französischen Widerstand in die Hände gefallen war, der seine Gefangenen umzubringen pflegte, äscherte die Kompanie den Ort Oradour-sur-Glane ein und ermordete dessen gesamte Bevölkerung.

Dennoch hatten diese Ausschreitungen nichts mit dem Geist der Elitetruppe zu tun. Sicher zu Recht gab Paul Hausser kurz vor seinem Tod, 1972, zu bedenken: »In Oradour war eine Kompanie, die Division ›Das Reich‹ umfaßte jedoch rund 70 Kompanien.« Das Renommee der Waffen-SS wurde in weit stärkerem Ausmaß von ihrer sozialen Offenheit, ihrem reformerischen Elan und vor allem von ihren Waffentaten geprägt.

Die Kette soldatischer Ruhmestaten begann in der ersten Krise der deutschen Front, als im Winter 1941/42 die Sowjetarmee zu ihren Gegenoffensiven antrat. Von nun an wurde die SS, wie Heinz Höhne ihr konzediert, »zu einem Inbegriff soldatischer Standhaftigkeit ohne Beispiel«. Der Schriftsteller Paul Carell berichtete, wie im Januar 1942 bei Rschew ein einziges SS-Regiment, das vorwiegend österreichische Regiment »Der Führer« unter SS-Obersturmbannführer Otto Kumm, als stählerner Eckpfeiler in der Front aushielt und den pausenlosen Angriff mehrerer

SS-Obergruppenführer Felix Steiner als Kommandeur der 5. SS-Panzer-Divison »Wiking« bei der Befehlsausgabe (oben). Das 1943 von Eduard Thöny geschaffene Gemälde hängt heute in der US-Kriegsakademie Westpoint. Am selben Ort wird auch das Porträt eines Waffen-SS-Mannes (links, ebenfalls von Thöny) aufbewahrt – Beispiel dafür, wieweit auch beim Gegner die Anerkennung der militärischen Leistung anderslautende politische Urteile überwiegen kann.

sowjetischer Großverbände, Teile von insgesamt sieben Divisionen, am Durchbruch hinderte. Dadurch wurde es dem Oberbefehlshaber der 9. Armee, General Model, möglich, genügend Truppen aus der Front herauszulösen, zum operativen Gegenschlag an den Feind zu führen und die Lage zu bereinigen.

Mehrfach retteten SS-Verbände die ganze Ostfront. Zweimal verhinderten SS-Divisionen, wie der Amerikaner Stein urteilt, selbst »ein neues Stalingrad«: Unter schwersten Verlusten und Opfern sprengten sie 1944 die sowjetischen Kessel von Tscherkassy und von Kamenez-Podolsk.

Diese militärischen Glanzleistungen, so argumentierten SS-Gegner während und nach dem Krieg, seien jedoch durch zu hohe Verluste erkauft worden; und überdies seien die SS-Divisionen durchwegs besser ausgerüstet gewesen.

Von den 38 SS-Divisionen, die es gegen Ende des Krieges gab, haben viele niemals den Stand der Vollmotorisierung, geschweige denn der Ausstattung mit gepanzerten schweren Waffen erreicht. Bei der 7. SS-Freiwilligen-Gebirgsdivision »Prinz Eugen« etwa herrschte veraltete tschechische Beute-Bewaffnung vor. Eine Division wie die Leibstandarte hingegen hatte seit 1942 eine schwere Panzerabteilung, eine moderne Sturmgeschützabteilung und als »besondere Besonderheit« auch eine schwere Infanteriegeschützkompanie. Dies war haargenau die gleiche Ausstattung wie die der Heeresdivision »Großdeutschland«. Daraus wird das große Ausstattungsgefälle ersichtlich, das – wie im Heer – auch bei der SS herrschte.

»Zwischen der Elitedivision ›Großdeutschland‹ und einer Schwesterdivision des Heeres mit ›hoher Hausnummer‹ bestand ein ebenso deutliches Ausrüstungsgefälle wie innerhalb der Waffen-SS zwischen der Leibstandarte und einer Division der Endnummern«, wurde nach dem Krieg in einer Studie denn auch zutreffend konstatiert.

Da die ersten fünf Waffen-SS-Divisionen bald als Feuerwehr der Ostfront und bald des ganzen Kriegs allüberall in schnellem Wechsel zwischen der Masse der schlecht ausgerüsteten Heeresdivisionen auftauchten, wurde auch das Ausstattungsbild, das man sich beim Heer vom Waffenbruder bildete, von diesen »Feuerwehrdivisionen« geprägt. Die Panzer-Lehr-Division des Heeres beispielsweise blieb aber bis zum Schluß die weitaus am besten und modernsten ausgerüstete Truppe der Wehrmacht und der Waffen-SS.

Die schweren Verluste dieser »Feuerwehrverbände« waren sogar im Gegenteil unter anderem auch darauf zurückzuführen, daß ihre Ausstattung mit schweren Waffen und ihre Umrüstung zu Panzerdivisionen von seiten der Wehrmachtführung bis zur Halbzeit des Krieges bewußt aus den bekannten Konkurrenzgründen hinausgezögert worden ist und deswegen letztlich zu spät kam, weil bis zu diesem Zeitpunkt, so Höhne, die Truppe bereits »zu Schlacke ausgebrannt war«. Ein Drittel der klassischen SS-Divisionen lag zu diesem Zeitpunkt bereits unter russischer Erde.

Kriegswende

Die zweite Front, die der sowjetische Diktator Stalin unablässig von den Westalliierten forderte, gab es schon seit Juli 1943. Da waren die Angloamerikaner in Italien gelandet. Doch sowenig wie Stalin nahm Hitler diese Invasion ernst.

Erst als Amerikaner und Briten im Juni 1944 in der Normandie Fuß faßten, wurde der Endkampf eingeläutet. Hitler drückte das so aus: »Jetzt haben wir sie endlich dort, wo wir sie schlagen können!« Eine ungeheuerliche Verdrehung der Wirklichkeit angesichts der Kriegslage im Sommer 1944: Die Ostfront in fast völliger Auflösung, der U-Bootkrieg verloren, die Bundesgenossen abgefallen, die Cassino-Front zerbrochen, Partisanen überall, die deutschen Städte in Trümmern. Erstaunlich war eigentlich nur, daß die Wehrmacht der zigfachen gegnerischen Übermacht noch so lange trotzte.

Hitler nutzte nun die alliierte Forderung nach »bedingungsloser Kapitulation«, um die letzten Reserven aus dem deutschen Volk zu pressen. Der Offiziersaufstand gegen den Wahnsinn der Kriegsverlängerung scheiterte. Mit einer Strategie der Hoffnungen versuchte die nationalsozialistische Propaganda den Glauben an den »Endsieg« aufrechtzuhalten: »Wunderwaffen« sollten in letzter Minute die Wende bringen. Und in der Tat, was Soldaten und Ingenieure, Arbeiter und Organisatoren im letzten Kriegsjahr vollbrachten, grenzte an Wunder. Noch einmal wurde die Rote Armee gestoppt, die Front in Frankreich wich nur meterweise, die Produktionszahlen der Industrie erreichten nie gekannte Höhen, Düsenmaschinen schockten die Alliierten, Raketen verwüsteten London. Doch es war längst zu spät.

Die politische Führung vergab die letzten Chancen, von Deutschland zu retten, was noch stand. Mit einer sinnlosen Westoffensive in den Ardennen vergeudete Hitler letzte Kräfte zur Abwehr der Sowjets und verlängerte das unsägliche Leid der Deutschen. Der Krieg kehrte zum Ausgangspunkt zurück. Der aber, der ihn über sein Volk und die Welt gebracht hatte, entzog sich der Verantwortung durch Selbstmord.

D-Day hieß im alliierten Code der 6. Juni 1944, D für »Decision«. Und entscheidend wurde der Tag dann auch: Die Angloamerikaner setzten sich auf dem europäischen Kontinent fest und traten den Vormarsch gegen Deutschland an. Ihre Landung an der französischen Westküste war zwei Jahre lang minutiös geplant worden. Als die erste Welle der alliierten Soldaten (Bild) an Land watete, war das Kampfgebiet nach pausenlosem Trommelfeuer von zahllosen Schiffsgeschützen und verheerenden Bombardements einer ungeheuren Luftarmada förmlich umgepflügt.

Am 3. September 1943 landeten die Alliierten auf dem italienischen Festland, und es schien, als sollte der Marsch nach Norden zum Spaziergang werden. Denn: Italien hatte kapituliert, die Deutschen waren auf sich allein gestellt. Aus dem »Ausflug« nach Rom aber wurde ein erbitterter Kampf um den Zugang zur Ewigen Stadt.

Monte Cassino

Quer durch die Halbinsel hatten die Deutschen eine Auffangstellung gebildet; die Gustav-Linie am Monte Cassino trotzte monatelang dem Ansturm.
Zehn deutsche Divisionen haben sich um den Monte Cassino herum eingegraben. Gegen die Deutschen sind aufmarschiert: 5 amerikanische Divisionen (General Clark), 6 britische Divisionen (General Alexander) 1 französische (General Juin), 1 Division aus Neuseeland (General Freyberg), 2 polnische (General Anders), 2 marokkanische, 1 algerische Division, 2 kanadische und eine Division aus Südafrika. Mit den Alliierten kämpfen außerdem eine jüdische und eine brasilianische Brigade und italienische Badoglio-Truppen. Am rechten Flügel der sogenannten Gustav-Stellung, von Gaeta zum Liri-Tal; um die Eisenbahnlinie Neapel–Rom, um die Via Casilina beginnt der Kampf um Rom, entbrennt die Schlacht um einen Berg, der den Alliierten den Weg nach Rom versperrt: der Monte Cassino.
Seit September landen die Alliierten Truppen und Nachschub in Süditalien, belegen Flugplätze, bauen Artilleriestellungen. Munitionslager, Feldlazarette, Stabsquartiere, Panzerwerkstätten, Barackenlager wuchern in den Tälern. Die deutschen Soldaten auf den Bergen können mit den Ferngläsern zusehen, wie die Feind-Panzer, die Lkw-Kolonnen, die Geschütze von den Schiffen in die Bereitstellungen rollen. Die Franzosen und die Polen marschieren mit flatternden Fahnen auf.
Am 17. Januar 1944 greifen am unteren Garigliano die 5. und die 56. britische Division, im Laufe der Kämpfe auch noch die 46. britische Division an. Die Briten drängen die Deutschen über den Fluß und kommen weit nach Castelforte voran. Der Oberbefehlshaber Süd, Generalfeldmarschall Kesselring kann den Durchbruch gerade noch mit der 29. und der 90. Pz.Gren.Div. abblocken.
Am 20. Januar schlägt das II. US-Korps zu. Die 36. Texas-Division versucht beiderseits vom Städtchen Angelo den Übergang über den Rapido. 1700 Männer verlieren hier die Amerikaner im Kampf gegen die Soldaten der 15. Pz.Gren.Div.
Am 24. Januar greifen die Alliierten die Gustav-Stellung bei Cassino an. Am rechten Flügel das französische und das II. US-Korps. Eine 10 km lange Bergwand von 800 m Höhe müssen die Franzosen und die Amerikaner berennen, vorher das Flußtal, ausgedehnte Minenfelder und Drahthindernisse überwinden. Auf den Höhen haben sich die Soldaten von der 44. Inf.Div. Hoch- und Deutschmeister eingegraben.
Nach wochenlangem Regen, nach Hagelschauern und Schneegestöber, nach endlosem Wolkengebrodel kommt hinter den noch immer eingeschneiten Berggipfeln der Abruzzen die Sonne hochgekrochen, warm und strahlend. In den Schützenlöchern, in den Höhlen und Granattrichtern am Calvarienberg, am Monte Cassino, rekeln sich die Grenadiere. Die nackten Felsenhänge schimmern rostig. Die zackigen Schroffen, die zersplitterten, verkrüppelten Bäume, zerbeulte, verrostete Kanister; das zerschossene, zerfetzte Gestein sonnt sich unter einem blauen Himmel, auf den Bomberpulks und ihre Begleitjäger silberne Kondensstreifen malen. Weit über hundert »Mitchells« sind im Anflug. Mit dumpfen Schlägen eröffnet im Tal die Flak das Abwehrfeuer.
Alltag am Monte Cassino.
Das 4. tunesische Schützen-Rgt. stürmt gegen den Monte Cifalco an. Die Männer der 5. Gebirgs-Div. lassen keinen Nordafrikaner auf den Berg. Aber das 7. algerische Schützen-Rgt. schlägt sich durch die Minenfelder und kommt über den Rapido. Die Algerier erobern Colle Belvedere und Abate. Sie greifen Terelle an. Die Soldaten vom Pz.Gren.Rgt. 200 schlagen die Nordafrikaner zurück und nehmen auch Abate wieder. Hatten schon bei den

Kämpfen in Nordafrika die britischen und amerikanischen Kampf- und Bombenflugzeuge den Himmel beherrscht; hier in Süditalien war die deutsche Luftwaffe weggefegt. Und bei den Kämpfen um den Monte Cassino erlebten die deutschen Soldaten die ersten massierten Tieffliegerangriffe im überlappten Einsatz; also schier pausenlos.

Nördlich vom Städtchen Cassino, bei den Kasernen, geht die 34. US-Div. vor. Mit der Division greifen die US-Rgt. 133 und 135 und das japanisch-amerikanische Btl. 100 an. Fünf Tage und Nächte toben hier die Kämpfe. Regimenter schmelzen zu Bataillonen, Bataillone zu Kompanien, Kompanien zu Stoßtrupps. Die Amerikaner erobern den Monte Castellone (771 m) und den Monte Maiola. Am 5. Februar kommt ein amerikanischer Stoßtrupp weit auf den Monte Cassino (519 m) hinauf, beinahe bis zum Kloster.

Für die Deutschen rückt Verstärkung heran: zuerst das Pz.Rgt. 361, dann die ersten Fallschirmjäger vom III. Fschjg. Bataillon des Rgt. 3 unter Führung von Oberst Heilmann.

Am 6. Februar kämpft sich ein amerikanischer Stoßtrupp den Calvarienberg (593 m) hoch. Am gleichen Tag noch greifen die Soldaten der 90. Div. den Berg an und erobern ihn zurück. Am nächsten Tag sind wieder die Amerikaner auf dem Berg. Nun stürmen die Fallschirmjäger. Und nehmen den Amerikanern den Berg wieder weg. Die Kämpfe bei Cassino verzettelten sich um Steinhaufen, Felsenhöhlen, um Bergpfade. Doch weiter nördlich kämpften sich das französische Expeditions-Korps (F.E.C.) und das II. US-Korps auf den Colle Belvedere und auf Terelle vor, in dessen Trümmern sich am 31. Januar die letzten deutschen Soldaten, keine 30 Mann, ergeben.

Generalfeldmarschall Kesselring erinnert sich: ». . . hier konnten nur noch deutsche Elite-Divisionen unter bewährten Führern – General Heidrich und General Baade – und das gleichwertige Regiment 211 (Major Knuth) der 71. Division (General Raapke) die Gefahr bannen. Und sie schaffen es; am 6. Februar war der Höhepunkt des Kampfes überschritten, am 12. Februar trat ein Stillstand ein, über den Feldmarschall Alexander schrieb: ›This battle was a German success.‹ «

Als es dunkel wird am Monte Cassino, marschieren im Tal die Gurkhas heran. Der Südhang des Himalaja ist ihre Heimat. Kein Einberufungsbefehl hat sie gezwungen, keine Werbetrommel hat sie aus ihren Bergdörfern in die britische Armee gelockt. Freiwillig kamen sie in Scharen, eine Uniform zu tragen. Wie ihre Väter, Großväter. Fanatische Soldaten, von britischen Feldwebeln gedrillt, dressiert. Mit den Gurkhas marschieren die Rajputs, lüstern auf abgeschnittene Feindesköpfe. Nachts stehen sie vor dem Monte Cassino. Ein lächerlicher Maulwurfhügel, verglichen mit den Bergriesen ihrer Heimat. Diesen Berg sollen sie erobern, den Berg des Heiligen Benedikt mit dem Mutterkloster des abendländischen Mönchstums. Ein Feuerschlag aus den alliierten Batterien kracht auf den Monte Cassino. Zehn Minuten sprühen die Felsen, das Gestein, grelle Explosionen. Und dann, im fahlen Licht des abnehmenden Mondes klettern die kleinen Männer aus dem Himalaja in den Berg.

Die Fallschirmjäger der Gruppe Meinhardt kauern in ihrem steinernen Nest und rauchen. Solange die Artillerie schießt, gibt es für sie nichts zu tun. Die Munitionskästen für das MG stehen griffbereit, ebenso die Geschoßkisten für den Granatwerfer. Die Ersatzläufe sind gereinigt, eingewickelt. Maschinenpistolen, Handgranaten, Leuchtpistolen, Magazine, alles klar.

Und dann am Berg plötzliche Stille. Der Obergefreite Dickstein kriecht aus der Deckung, baut das Maschinengewehr auf. Die Kameraden schleppen den Granatwerfer vor die Steinmauer. Unteroffizier Meinhardt verschwindet in dem etwas unterhalb liegenden Schützenloch.

Die Fallschirmjäger schweigen, lauschen. Klackendes Maschinenpistolenfeuer ist zu hören. Irgendwo unten am Berg krepieren Handgranaten. Maschinengewehre bleffern.

Die Fallschirmjäger wissen, wo sie raufkommen werden: durch eine querlaufende Rinne, vom Bergwasser ausgewaschen. Diese Rinne ist eine üble, einladende Falle. Sie verspricht Deckung, Feuerschutz. Noch nach jedem Angriff haben die Fallschirmjäger die toten Angreifer aus der Rinne geholt und zur Seite gebracht. Das Maschinengewehr und der Granatwerfer sind darauf eingeschossen.

Unten gehen Minen hoch. Die Gurkhas sind in die Stolperdrähte geraten. Verwundete schreien. Im fahlen, ungewissen Licht hasten die Gurkhas über die Felsen. Und dann entdecken sie die Rinne, verharren. Unteroffizier Meinhardt sieht sie; immer mehr klettern heran. Sie tuscheln. Ihre Waffen klirren. Einer von ihnen wirft eine Handgranate.

Die Fallschirmjäger rühren sich nicht. Die Gurkhas schlüpfen in die Rinne. Weiß und grell platzt über ihnen eine Leuchtkugel. Sie kündet den kleinen Männern vom Himalaja den Tod am Berg des Heiligen Benedikt.

Am 12. Februar stürmen die Amerikaner wieder gegen den Calvarienberg. Im Abwehrfeuer der Fallschirmjäger bleibt das US-Rgt. 141 vor dem Gutshof Massa Albaneta liegen. Auch die GI's vom US-Rgt. 142 bleiben im Gestein hängen und können sich nicht mehr rühren; bis die Nacht kommt. Knappe hundert Mann überleben den Angriff.

Das US-Rgt. 168, das sich unten am Berghang eingegraben hat, wird total aufgerieben. Die Fallschirmjäger, pausenlos von

Mühselig kämpften sich die Westalliierten 1943/44 den italienischen Stiefel hoch. Italien hatte zwar die Front gewechselt und den Deutschen allein die Verteidigung der Halbinsel überlassen, doch das machte die Sache eher schwerer, meinten jedenfalls viele alliierte Kommandeure. Die stärkste Riegelstellung erreichten sie erst im Frühjahr 1944 am Monte Cassino. Dort versteifte sich der deutsche Widerstand zu völlig unerwarteter Härte. Die den Zugang nach Rom sperrenden Fallschirmjäger (links) waren trotz zahlenmäßiger Unterlegenheit lange nicht zu bezwingen. Das Kloster auf dem Berge verwandelte sich im Bomben- und Granatenhagel in einen Trümmerhaufen. In der gnadenlosen Hitze der Gefechte, fanden beide Seiten kaum Zeit, ihre Gefallenen und Verwundeten zu bergen. Man vereinbarte daher zuweilen Kampfpausen, in denen die Sanitäter in der plötzlichen geisterhaften Stille die Ruinen nach Opfern absuchten (oben).

Jabos bombardiert, mit Raketen beschossen, mit schwerstem Artilleriefeuer bekämpft, immer wieder angegriffen, halten den Berg, der zum Douaumont des Zweiten Weltkrieges wird.
Im Städtchen Cassino wehrt sich nach wie vor verbissen das Gren.Rgt. 211 gegen Feindpanzer und Sturmtrupps. Das Pz.Gren.Rgt. 200 geht zum Gegenangriff auf den Monte Castellone vor, um die Feindbedrohung der Via Casilina zu beseitigen. Ein Artilleriefeuer von bisher nie gehabter Wucht, aus deutschen und alliierten Batterien, eröffnet einen mörderischen Kampf um jeden Steinhaufen. Oberst Behr, Kommandeur des Pz.Gren.Rgt. 200, schickt am zweiten Kampftag den Stabsarzt Wauer und einen englisch sprechenden Unterarzt zu den Amerikanern auf dem Monte Castellone, um eine vierstündige Waffenruhe zur Bergung der Verwundeten und der Toten zu vereinbaren. Die Amerikaner stimmen zu. Tage danach werfen US-Flugzeuge Flugblätter ab, in denen sie die deutsche Bitte um Waffenruhe propagandistisch ausschlachten. Prompt fordert das OKW förmliche Meldung über den Vorfall, mit Stellungnahme des Divisionskommandeurs. Generalmajor Baade zögert keine Minute, die Waffenruhe zu rechtfertigen, und er lobt ausdrücklich die Initiative von Oberst Behr. Allerdings, eine Waffenruhe zur Bergung der Verwundeten und Toten, diesseits und jenseits, wurde daraufhin nie wieder vereinbart.
Am 15. Februar 1944 halten die Mönche vom Kloster St. Benedikt auf dem Monte Cassino ihre zweite Morgenandacht. In einem der tiefen Kellergewölbe des uralten Klosters haben sie seit den Kämpfen um den Berg eine Kapelle eingerichtet. Mit den Mönchen beten Flüchtlinge, Frauen, Kinder, alte Männer aus dem Städtchen Cassino, aus den zerschossenen Dörfern im Tal. Kerzen flackern. Gebete, Gesänge hallen durch das kahle Gewölbe. In die Andacht brüllt das gewaltige Dröhnen von Bombenexplosionen. Von den jahrhundertealten Mauern rieselt der Mörtel. Staub wirbelt in die Kapelle. Der Luftdruck der Einschläge löscht die Kerzen. Das Kloster stöhnt unter dem Druck der krepierenden Bomben. Die Steine ächzen. Die Frauen, die Kinder schreien, weinen. Die Mönche liegen auf den Knien. Und dann Grabesstille. Über halbverschüttete Treppen, durch eingestürzte Gänge kriechen die Menschen ins Freie. Trümmer, Vernichtung überall. Die Basilika, das Kloster ist ein einziger Schutthaufen. Aus ihm ragt die Statue des Heiligen Benedikt. Mit abgerissenem Kopf.
Noch während die Menschen verstört, jammernd herumstehen, jaulen die Granaten einer fernen amerikanischen Batterie heran, krepieren im Schutt. Granate um Granate fetzt in die Trümmer. Vom Entsetzen getrieben suchen die Flüchtlinge, die Mönche Deckung, oder sie rennen von der Panik gejagt aus dem Kloster. Dort, vor den eingefallenen Mauern, laufen sie in die Geschoßgarben der Jabos, die den Berg, das Kloster wie Aasgeier umkreisen. Generalfeldmarschall Kesselring: ». . . ich will hier endgültig feststellen, daß das Kloster nicht in die Kampflinie einbezogen und durch Feldgendarmerie gegen unberechtigtes Betreten abgesperrt war. Wenn auch die Kunstschätze und die Bücherei schon lange vorher nach Rom in päpstliche Verwahrung gebracht worden waren, so waren doch die Verluste der Zivilbevölkerung bedrückend.«
Achtzehn Stunden nach der Bombardierung stürmt das britische Sussex-Bataillon den Monte Cassino hoch. Hinter den Sussex hasten fünf indische Bataillone den Berg hinauf. Der Sieg scheint ihnen gewiß. Doch sie bleiben alle im Abwehrfeuer der Fallschirmjäger liegen. Im Städtchen Cassino kämpft sich das 28. Maori-Btl. über den Rapido. Die Maoris, harte Soldaten aus Neuseeland, die schon Kreta und Nordafrika hinter sich haben, kommen bis zum Bahnhof, bis zum Lokomotivschuppen. Nichts als Trümmer, qualmender Schutt.
Die Männer vom Gren.Rgt. 211 jagen die Maoris wieder über den Rapido zurück. Verbissen greifen die Maoris erneut an. Trotzdem, die britischen Pioniere schaffen es nicht, über den Fluß eine Brücke zu schlagen, damit Panzer nachgezogen werden.
In dieser Stunde der schweren Abwehrkämpfe übernimmt Generalleutnant Heidrich mit der I. Fallschirmjäger Div. den gesamten Kampfabschnitt um Cassino. Die Fallschirmjäger verteidigen hier 13 km Frontbreite, rauf und runter durch Trümmer, Gestein, Felsen.
Im Hauptquartier des neuseeländischen Korps, in Cervaro, rollen die Jeeps an. Gastgeber ist heute General Freyberg. Generalmajor Sir Bernhard Freyberg, neuseeländischer Haudegen, vormals Oberbefehlshaber auf Kreta, alter Gegner des Deutschen Afrikakorps, will heute die Straßen nach Rom freibomben lassen. Freybergs Gäste an diesem 15. März

Der Kampf um Rom wurde am Monte Cassino geführt. Stellvertretend für die Heilige Stadt sank die Abtei auf dem Berge in Schutt und Asche (rechte Seite). Ihr kultureller Wert konnte die alliierten Bomber nicht abschrecken. Rom hatte da mehr Glück, aber weniger weil Papst Pius XII. (oben) die Luftangriffe als Mord brandmarkte, als vielmehr wegen der rechtzeitigen Räumung der Stadt. Hitler hatte wieder einmal falsch prophezeit, als er vor der Schlacht um Mittelitalien schrieb: »Der Feind muß erkennen, daß die deutsche Kampfkraft ungebrochen ist und daß die Großinvasion des Jahres 1944 ein Unterfangen ist, das im Blute der angelsächsischen Soldaten ersticken wird.«

sind die Generäle Alexander, Clark, Juin und Anders.
Kriegsberichter filmen, fotografieren. 775 Bomber sind im Anflug. Die fliegenden Festungen kommen aus England, müssen mit Jagdschutz über halb Frankreich geleitet werden. Über dem Tyrrhenischen Meer werden sie von US-Flugzeugen aufgenommen und in die Ziele eingewiesen. Andere Bomberpulks starten in Nordafrika, auf Sizilien. Die Jabos kommen von den Rollfeldern in Süditalien.
Auf die Minute genau, wie geplant um 12 Uhr, fliegen die ersten Maschinen an und öffnen ihre Bombenschächte. Cassino, die Berge, die Täler versinken im Feuerwirbel, in Rauch- und Dreckwolken. 2500 t Bomben prasseln herab. Ein Pulk verwechselt das Ziel und bewirft den Gefechtsstand der Franzosen. Im marokkanischen Lazarett sterben bei einem Volltreffer 44 Verwundete. Auch das Hauptquartier der 8. britischen Armee wird getroffen. Nach der Bombardierung feuern 746 Geschütze aller Kaliber auf die deutschen Stellungen 200 000 Granaten.
Und dann nochmal 450 000 Granaten in den nächsten sieben Tagen.
Mit den letzten Bombeneinschlägen greifen wieder die Neuseeländer die Trümmer von Cassino an. Sie erobern den ehemaligen Bahnhof und den ehemaligen Lokomotivschuppen. Die Gurkhas erkämpfen sich ein altes, zusammengeschossenes Kastell und eine Serpentinenschleife der Bergstraße zum Monte Cassino; unten im Tal.
Churchill ist wütend.
An General Alexander funkt er: ». . . ich hätte gerne eine Erklärung, weshalb Sie einzig und allein auf den Engpaß beim Klosterberg Cassino, also auf einer Breite von nur drei oder fünf Kilometern einhämmern müssen. Aus der Ferne fragt man sich, weshalb der Gegner nicht in der Flanke erfaßt werden kann. Es ist schwer zu verstehen, warum dieser so stark verteidigte Punkt die einzige vorwärtsführende Route sein soll, und warum nicht auf dem einen oder anderen Flügel Boden zu gewinnen ist.«
General Alexander rechtfertigt sich, so gut er kann: ». . . Umfassungsoperationen versprechen wegen der großen Geländeschwierigkeiten keinen Erfolg. Es blieb keine andere Wahl, als den Monte Cassino frontal anzugehen. Freyberg hatte beabsichtigt, diese Bastion im direkten Sturm zu nehmen. Er baute auf das Überraschungsmoment und auf die zermalmende Feuerkraft unserer Luftstreitkräfte und der Artillerie. Die Widerstandskraft der deutschen Fallschirmjäger ist außerordentlich bemerkenswert, denn man muß bedenken, daß sie sechs Stunden lang dem Bombardement unserer gesamten hiesigen Fliegerkräfte und dem Beschuß von annähernd achthundert Geschützen ausgesetzt waren, dem stärksten Trommelfeuer, das jemals vorgenommen worden ist.«
Die deutschen Soldaten kämpfen um Rom, als sei es ihre Stadt. Im Osten marschieren die Roten Armeen nach Polen, Rumänien, Galizien. Die Krim wird von den deutschen Truppen aufgegeben. Hier in Süditalien, im Land der ehemaligen Waffenbrüder, die längst kapituliert haben, verteidigen die Deutschen im wahrsten Sinne des Wortes jeden Steinhaufen. Und in Südengland versammeln sich bereits die Invasionstruppen zur Landung in der Normandie.
Um 23 Uhr brüllen am 11. Mai an der Cassino-Front 1600 Geschütze auf. Im Morgengrauen, nach einem Feuerorkan ohnegleichen, stürmen die Nordafrikaner gegen die Aruncischen Berge, die Briten greifen Sant'Angelo an. Die Marokkaner hetzen gegen den Monte Girofano. Die 1. französische Div. erobert S. Andrea, S. Ambrogio, S. Appollinare, die 3. algerische Div. Castelforte. Damit ist die Gustav-Stellung durchbrochen.
Südlich, um S. Maria Infante, tobt zwischen den Soldaten vom Gren.Rgt. 267, dem Füsilier-Btl. 94 und den GI's vom US-Rgt. 351 ein stundenlanger Nahkampf. Die Cassino-Front bröckelt.

DER KAMPF UM ITALIEN

Von Sizilien bis Monte Cassino

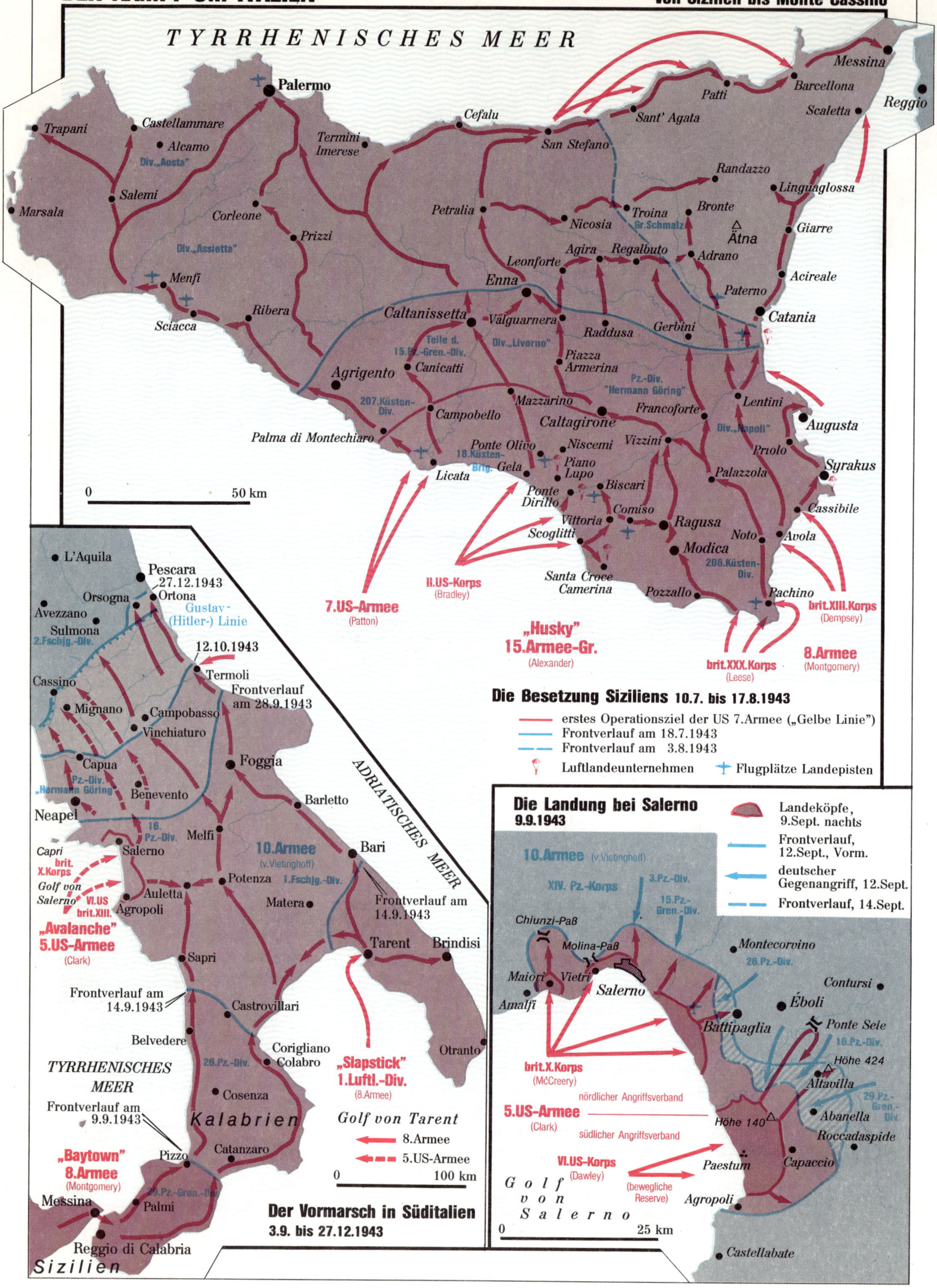

Die Schlacht um Monte Cassino
12.10.1943 bis 15.1.1944

Nun kommen die alliierten Flugzeuge auch nachts. Bei gleißendem Licht der Leuchtbomben, die an Fallschirmen pendeln, laden die Maschinen ab. Danach zucken wieder die Lichtblitze der Aufklärer. Mit dem ersten Morgenlicht sind die Jabos da.

Die Rocca Janual gegenüber der Serpentinenstraße zum Kloster Monte Cassino ist von den Gurkhas genommen. Im Schutt des Städtchens Cassino halten nur noch kleinere Stützpunkte: beim Hotel Excelsior und der Stützpunkt in der Höhle beim Marktplatz. Ganze 120 deutsche Soldaten verteidigen diese letzten Stellungen im Tal.

Auf dem Berg verteidigen sich die Fallschirmjäger mit Kugelladungen, die sie den Berg hinunterrollen. 17 Panzer vom Typ »General Grant«, von den Neuseeländern mühsam auf die Massa Albaneta gebracht, werden von den Fallschirmjägern niedergekämpft. Die Munition wird knapp. Es gibt kein Wasser, keine Verpflegung mehr. Inzwischen erreicht die 4. britische Div. im Liri-Tal die Via Casilina. Die Franzosen fahren schon auf Rom zu; in den Dörfern von den Italienern begeistert begrüßt. An der Küste rollt das II. US-Korps zum Marsch auf Rom an; mit Panzern, Tieffliegern, Bomben- und Granatenhagel. In den Abruzzen-Nestern brechen die Partisanen zur Treibjagd auf; tedescos meucheln. Hell erleuchtet, die Positionslampen eingeschaltet, überfliegen britische Maschinen nachts das Tal des Liri, des Rapido, den Monte Cassino. Keine einzige Flak schießt. In der Nacht zum 18. Mai zählt die 1. Kompanie vom Fallschirmjäger Rgt. 3 an kampffähigen Soldaten: 1 Leutnant und 1 Obergefreiter. Die 14. Kompanie, von Oberfeldwebel Karl Schmidt geführt, hat noch knappe Stoßtruppstärke. Von der Gruppe Meinhardt leben noch der Unteroffizier und der Obergefreite.

Im Morgengrauen besetzen die Polen den Calvarienberg und den Monte Cassino und pflanzen ihre weißroten Fahnen auf. Die Alliierten beklagen 11 879 Tote und Verwundete, die Deutschen 22 000.

Invasion

In einer mondlosen Januarnacht des Jahres 1944 schoben sich zwei Männer in schwarzen Gummianzügen durch die schwache Brandung auf den Strand der Normandie bei Vierville-sur-Mer. Sie horchten lange, stießen dann eine kleine Stange in den Sand, an der eine feine Angelschnur befestigt war, und krochen den Strand hinauf, die Schnur ausrollend und vor sich mit langen Kampfmessern nach Minen stochernd. Alle zehn Meter war an ihrer Schnur eine Kugel befestigt. Sobald ihnen eine davon durch die Finger glitt, nahmen sie eine Bodenprobe. So kamen sie bis zu einer flachen Naturstein-Mauer am Fuß der Dünen. Sie verschnauften und ordneten die zahllosen Säckchen mit den Bodenproben, als plötzlich ein scharfer Ruck durch die Angelleine ging und unten am Strand ein paar saftige Flüche auf Deutsch ertönten. Die beiden Männer erstarrten und packten ihre Messer fester. Würde der deutsche Posten, der offenbar über ihre Schnur gestolpert war, Alarm schlagen? Sie starrten in die pechschwarze Nacht und hörten ihn brummeln. So wie sie sollten knapp fünf Monate später Trauben von amerikanischen Soldaten hinter dieser Mauer hocken, gelähmt vom Entsetzen über die Wut des Abwehrfeuers, das ihnen aus deutschen Stellungen entgegenschlug und den Strand mit den Körpern ihrer Kameraden bedeckte. Zum Fluch »Bloody Omaha!« würden sie den Decknamen ihres Landeabschnittes erweitern, dessen Sand das Blut Tausender trinken sollte. Die beiden Männer in den Gummianzügen aber kamen wieder einmal davon. Der Posten murrte noch ein wenig herum und zog dann weiter, offenbar unberührt von der Tatsache, daß eine straff gespannte Leine am Strand der Normandie nichts zu suchen hatte. Und die beiden Kampfschwimmer, Major Logan Scott-Bowden und Feldwebel Ogden Smith, konnten bei ihrer Rückkehr nach England nicht nur Aufschluß geben über die genaue Bodenbeschaffenheit am Strand vor Vierville, sondern auch mitteilen, daß dort keine Minen liegen, »weil deutsche Posten mitten in der Nacht am Strand herumlatschen«.

Feldwebel Smith war einer jener unmilitärischen Querköpfe, ohne die keine Spezialeinheit auskommen kann. Seine Vorgesetzten hätten ihn gern zum Offizier gemacht, aber ihm gefiel die nächtliche Schwimmerei zu gut: »Nicht zu blutrünstig und doch ganz schön aufregend.« Zusammen mit Major Scott-Bowden schob er in diesem Winter und Frühjahr seine scharfgeschnittene Nase durch den Sand von mindestens 30 Stränden an Frankreichs Nordküste, denn sie wurden vorsichtshalber nicht nur an die Normandie-Küste geschickt: Im Falle einer Gefangennahme sollten sie nicht in der Lage sein, Aufschluß über den geplanten Ort der Invasion zu geben.

Aber dank ihrer nächtlichen Tätigkeit wußten die Planer des Unternehmens »Overlord«, der britisch-amerikanischen Invasion in die »Festung Europa«, auf welchen Strandabschnitten Panzer ungehindert rollen konnten, welchen Sandbänken die Landungsboote auszuweichen hatten und dergleichen mehr. Ihre Unternehmungen waren typisch für Phantasie, Sorgfalt und Zähigkeit, mit denen die Alliierten ihre Landung vorbereiteten.

Nicht einmal in den schwärzesten Stunden seines Landes hatte der britische Premierminister Winston Churchill den Gedanken an eine Rückkehr auf das europäische Festland aufgegeben; nach der Niederwerfung Frankreichs allein der gewaltigen Kriegsmaschinerie der Achsenmächte gegenüberstehend, hatte sein Volk doch Schritt für Schritt seine Position verbessert, die Luftschlacht um England bestanden, die Schlacht im Atlantik mit US-Hilfe gewonnen.

Nun stand auch die Sowjetunion im Krieg mit Deutschland, Japans Überfall auf

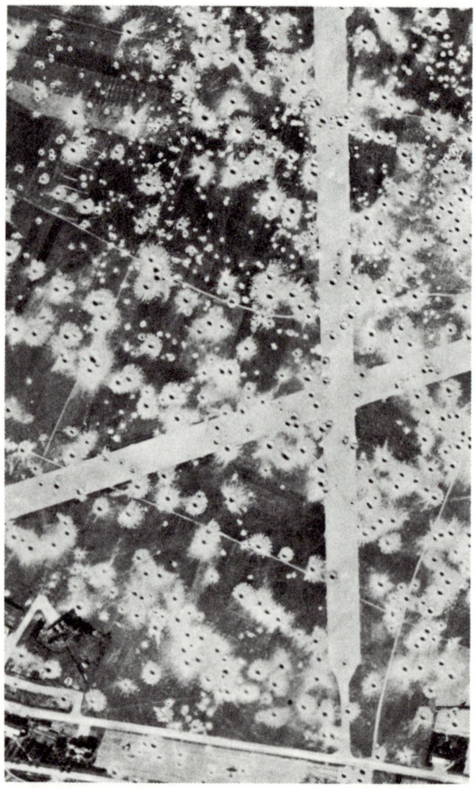

Flächenbombardements nie gekannten Ausmaßes bereiteten die Landung der Engländer und Amerikaner in der Normandie vor (rechte Seite oben). Allein am Invasionstag selbst flog die alliierte Luftwaffe 10 743 Einsätze und verwandelte das Hinterland der kommenden Front in eine Mondlandschaft (oben: deutscher Fliegerhorst). Den landenden US-Soldaten (rechte Seite unten) kam zudem zugute, daß die deutsche Führung mit anderen Landeräumen gerechnet hatte und wegen Uneinigkeit ihre Kräfte verzettelte. Dennoch kostete die Invasion viele GIs das Leben. Die gewonnenen Brückenköpfe ließen sich wesentlich langsamer als erwartet ausbauen.

Pearl Harbor zog im Dezember 1941 auch die Vereinigten Staaten mit hinein. Als Churchill unmittelbar darauf per Schiff zu Roosevelt reiste, erzitterte das Empire ebenso wie Amerika unter den Schlägen des Tenno, stürmten Japans Soldaten unaufhaltsam vorwärts, die Malayische Halbinsel hinunter und über Singapur und die indonesischen Inseln auf Australien zu, beherrschte Hitler fast ganz Europa und schien auch in Rußland zu siegen. Aber noch an Bord formulierte Churchill ein Memorandum über die Notwendigkeit einer gigantischen Landeoperation im besetzten Europa.

Im hektischen Geschäft des Kriegsmanagements fand der fast Siebzigjährige immer wieder Zeit, sich bis in technische Einzelheiten mit seiner großen Vision zu beschäftigen. Am 30. Mai 1942 diktierte er eine Weisung an Lord Louis Mountbatten, der die alliierten Landeoperationen befehligte, über den Bau künstlicher Häfen, deren Kopfenden draußen im Wasser schwimmen sollten. Die Weisung schloß: »Sie müssen sich mit den Gezeiten heben und senken. Die Verankerungsfrage muß gelöst werden. Die Schiffe müssen an der Seite eine Klappe haben und eine Zugbrücke, die lang genug ist, um die Vertäuung zu überbrücken. Lassen Sie die besten Lösungen ausarbeiten.«

Die »Mulberries« (englische Tarnbezeichnung = Maulbeeren), die aus dieser Idee geboren wurden, sollten dann zu den entscheidenden Hilfsmitteln der Invasion werden. Beiden Seiten war klar, daß selbst eine zunächst geglückte Landung scheitern mußte, wenn der Nachschub nicht funktionierte. Der Bedarf an Munition, Brennstoff und Verpflegung für eine Invasionstruppe, die stark genug war, um sich von See nach Frankreich hineinzukämpfen, mußte nach Tausenden von Tonnen täglich gezählt werden. Und es bestand keine Hoffnung, früh genug einen intakten Hafen mit entsprechender Kapazität zu erobern.

Überlegungen dieser Art entschieden auch über die Wahl des Platzes, an dem der Einfall stattfinden sollte. Nur scheinbar bot der Pas de Calais, die engste Stelle des Kanals, auch die kürzesten Anmarschwege. In Wirklichkeit waren jedoch die beiden Calais gegenüberliegenden Häfen Dover und Folkestone viel zu klein. Die Versorgungsflotte hätte nicht nur aus der Themsemündung, sondern von der gesamten englischen Südküste, insbesondere den großen Häfen zwischen Plymouth und Brighton, zum Platz der Landung dampfen müssen.

Diesen gegenüber aber lag verlockend die Halbinsel Cotentin, deren östliche Küste

einen gewissen Schutz gegen die vorherrschenden Westwinde bot, die weit weniger befestigt war als der Bereich um Calais und immer noch nah genug, um den alliierten Fliegern mehrere Starts täglich zu ermöglichen.
Die Alliierten unternahmen fast etwas zu auffällige Anstrengungen, um die deutsche Seite auf den Pas de Calais hinzuweisen. Eine Geisterflotte aus Landungsboot-Attrappen wurde um Dover zusammengezogen, Militärlager vorgetäuscht, das Gebiet um Calais viel stärker allnächtlich bombardiert als jeder andere Bereich der Küste.
Als Churchill seinem auf die Invasion drängenden Verbündeten Stalin in Teheran davon erzählte, verursachte er Entzücken (und Ablenkung) des Sowjet-Marschalls mit der Bemerkung: »Im Kriege ist die Wahrheit so kostbar, daß sie nie anders als mit einer Leibwache von Lügen auftreten sollte.«
Die Lügen-Leibwache vom Pas de Calais schützte die Wahrheit Normandie perfekt. Hitler glaubte noch an ein Ablenkungsmanöver und einen Hauptstoß weiter östlich, als die Schlacht in der Normandie so gut wie verloren war.
Erst gegen Ende 1943 war ein Mann nach Frankreich geschickt worden, der den alliierten Befehlshabern an Phantasie und Verständnis für die technische Seite des Krieges ebenbürtig war: Generalfeldmarschall Erwin Rommel. Er besichtigte in Hitlers Auftrag den »Atlantikwall« – und war entsetzt. Der verantwortliche Oberbefehlshaber West, Generalfeldmarschall Gerd von Rundstedt, bezeichnete die Befestigung an Frankreichs Nordküste Rommel gegenüber ungerührt als »Propagandawall«.
Rommels englischer Biograph Ronald Lewin charakterisiert ihn treffend als »den Mann, der in seiner Jugend kein Motorrad besitzen konnte, ohne es sofort auseinanderzunehmen und wieder zusammenzusetzen«, der auch in hohen militärischen Führungspositionen immer bereit gewesen sei, praktische Ratschläge zu geben für den Bau einer Brücke, das Aussuchen von Feuerstellungen oder Räumen eines Minenfeldes. Dieser Mann stürzte sich in die Aufgabe, die Küste zu sichern. Ein halbes Jahr später war die Zahl der dort verlegten Minen auf rund sechs Millionen verdreifacht, standen raffinierte, mit Sprengkörpern bewehrte Hindernisse rommelscher Konstruktion in der Brandung, waren auf allen ebenen Flächen an der Küste und im Hinterland kräftige Pfähle eingerammt, die feindliche Lastensegler an der Landung hindern sollten und »Rommelspargel« genannt wurden. Andere Flächen ließ er durch das Anstauen von Flüssen überfluten. Im Frühsommer 1944 war Rommel noch längst nicht zufrieden; die Zahl der Minen sollte auf 50 Millionen erhöht, die Befestigungen der Küstenbatterien und Bunker verstärkt werden, denn er sah Bombenteppiche und Trommelfeuer voraus.
Während der Feldmarschall unermüdlich schanzende Einheiten antrieb, französische Fabriken für die Herstellung von zusätzlichen Minen und Zement einspannte, Zivilisten durch die Ausgabe von Verpflegung zum Eingraben von »Rommelspargeln« anwarb und nach den Worten von Admiral Ruge eine Atmosphäre von Gleichgültigkeit und vager Hoffnung unter die Vorzeichen von harter Arbeit und klaren Plänen stellte, blieb dieser Wandel an den Kartentischen der höheren Stäbe aus.
Der Oberbefehlshaber West, Rundstedt, der seinen Kollegen Rommel »Marschallbubi« zu nennen pflegte, war über die Entsendung des jüngeren Marschalls als nur Hitler unterstelltem Inspekteur in seinen Befehlsbereich ziemlich ergrimmt. Auf sein Ersuchen wurde Rommel schließlich als Oberbefehlshaber der Heeresgruppe B, deren Einheiten die gesamte Nordküste von den Niederlanden bis zur Bretagne bewachten, dem Oberbefehlshaber West unterstellt. Rundstedt, Aristokrat und Generalstäbler alter Schule, hatte den »Propagandawall« mit herzlicher Gleichgültigkeit betrachtet, weil er ohnehin nicht an den Erfolg einer Abwehrschlacht auf dem Strand glaubte. Er wollte die alliierten Armeen kommen lassen und seine Triumphe im weiträumigen Bewegungskrieg von Polen 1939, Frankreich 1940 und Rußland 1941 wiederholen. Aber im Gegensatz zum »Marschallbubi« hatte er noch nie unter feindlicher Luftherrschaft Krieg geführt . . .
Rommel wußte aus bitteren afrikanischen und italienischen Erfahrungen, daß unter solchen Umständen die Möglichkeiten der nun schon klassischen, schnellen Panzervorstöße begrenzt waren. Daß man nur noch im »Clinch« mit dem Gegner relativ sicher war vor den entnervenden, vernichtenden Schlägen aus der Luft. Er forderte deshalb, auch die Panzerdivisionen unmittelbar hinter der Küste zu stationieren, während Rundstedts Konzept logischerweise die Konzentration von Panzer-Eingreifreserven weit im Hinterland vorsah.
Heraus kam ein Kompromiß. In der Normandie wurde die 21. PzDiv. immerhin in den Raum Caen vorgezogen, aber die 12. SS-PzDiv. »Hitlerjugend« und die kampfkräftige Panzer-Lehrdivision lagen weitgestaffelt dahinter bis in den Raum Orléans und waren überdies als OKW-Reserve dem Führer-Hauptquartier direkt unterstellt, was sich angesichts der dort besonders starken »Calais-Gläubigkeit« katastrophal auswirken sollte. Auf alliierter Seite war der US-General Dwight D. Eisenhower zum Obersten Befehlshaber der Invasionsstreitkräfte ernannt worden, während Rommels alter Gegenspieler aus Afrika, Bernard Montgomery, in den ersten Phasen der Landung und der Konsolidierung der Brückenköpfe die gesamten britisch-amerikanischen Landstreitkräfte befehligen sollte. Man kann kaum von zärtlicher Liebe zwischen den beiden sprechen; aber es herrschten klare Befehlsverhältnisse und absolute Einigkeit über die Konzeption für die ersten 90 Tage.
Gemeinsam hatten die beiden Generäle bei ihren politischen Führern durchgesetzt, daß »D-Day« (Decision-day = Tag der Entscheidung) trotz Stalins Drängen von Mai auf Juni verschoben wurde, damit man eine weitere Monatsproduktion an Landungsbooten zur Verfügung hatte und noch stärkere Streitkräfte als zunächst geplant in erweiterten Landeräumen einsetzen konnte. Sie waren einig in den Entscheidungen, während der Nacht zuvor starke Luftlande-Einheiten per Fallschirm und Lastensegler im Hinterland abzusetzen; die amphibische Operation mit einsetzender Flut zu beginnen und lieber einen Angriffslauf über den Strand in Kauf zu nehmen, als die Landungsboote auf Rommels minengespickte Hindernisse laufen zu lassen.

Über imponierende Waffen verfügte die Wehrmacht bei Beginn der Invasion (oben: Eisenbahngeschütz in Feuerstellung), doch war der vielgerühmte Atlantikwall damit viel zu dünn bestückt. Ganz anders aus dem Vollen schöpfen konnte der Gegner, der schon in den ersten beiden Tagen 176 000 Mann und 20 000 Fahrzeuge auf französischen Boden brachte (links: US-Jeeps werden angelandet). Es sollte nur eine Frage der Zeit sein, bis die angloamerikanischen Heere nach Paris vorstoßen konnten.

Die findigsten Köpfe des angelsächsischen Sprachraums tüftelten an Hilfsmitteln, der Mut und die Opferbereitschaft der landenden Soldaten sollte unterstützt werden durch die industrielle Kraft und die technische Begabung der mächtigsten Völkergruppe der Welt.

Die wichtigsten Leute aber auf beiden Seiten waren die Meteorologen. Die Alliierten wünschten sich natürlich klares Sommerwetter mit unbegrenzter Sicht für die Flieger, dazu möglichst wenig Wind. Und zwar am 5., 6. oder 7. Juni, denn an diesen Tagen traf alles zusammen, was man sonst noch brauchte: Mondhelle Nächte für die Luftlande-Einheiten, Einsetzen der Flut etwa mit dem ersten Morgengrauen.

Aber Anfang Juni zog ein ausgedehntes Tiefdrucksystem mit Regenschauern, tiefhängenden Wolken und Wind vom Atlantik über Westeuropa hinweg. Die zunächst für den 5. Juni geplante Operation wurde mühsam gestoppt. In den Morgenstunden desselben Tages wurde Eisenhower von den Meteorologen unterrichtet, daß unter den von Westen heranziehenden Störungen ein kleines Zwischenhoch sei, das eine gewisse Wetterbesserung für den 6. Juni erwarten lasse. Daraufhin gab der Oberste Befehlshaber den Einsatzbefehl. Eine gigantische Maschinerie setzte sich unaufhaltsam in Bewegung.

Auf deutscher Seite hingegen waren die Meteorologen sicher, daß vorerst keine Wetterbesserung zu erwarten sei. Ihnen fehlten die Informationen aus weiträumiger Wetterbeobachtung; der Atlantik, die Wetterküche Westeuropas, gehörte den Alliierten.

Das Oberkommando der 7. Armee befahl alle Generäle mit je zwei unterstellten Kommandeuren zu einem Kriegsspiel nach Rennes. Rommel ließ sich vom OB West beurlauben und fuhr nach Deutschland.

Und doch gab es deutsche Dienststellen, die genau wußten, daß die Invasion unmittelbar bevorstand. Die deutsche Abwehr hatte erfahren, daß die französischen Widerstandsorganisationen verschlüsselt über den britischen Rundfunk (BBC) vorgewarnt werden sollten. Sobald in einer der französischen BBC-Sendungen die erste Zeile des Herbstgedichtes von Paul Verlaine (»Les sanglots long des violons de l'automne . . .«) zitiert würde, sollte Alarmbereitschaft herrschen. Die Durchgabe der zweiten Zeile (» . . . blessent mon coeur d'une langueur monotone.«) bedeutete: Innerhalb der nächsten 48 Stunden geht es los!

Die Nachrichtenstelle der am Pas de Calais liegenden 15. Armee hörte die erste Zeile am 1., 2. und 3. Juni. Die zweite Zeile wurde von BBC am 5. Juni um 21.15 Uhr gesendet. Der Oberbefehlshaber der 15. Armee, Generaloberst von Salmuth, versetzte seine Einheiten in höchste Alarmbereitschaft und gab die brandheiße Nachricht mit Vorrang weiter. OKW in Rastenburg, OB West, Heeresgruppe B, alle Militärbefehlshaber in Belgien und Frankreich wurden unterrichtet.

Geheimnisvollerweise geschah außerhalb des Bereichs der 15. Armee nichts. Das OKW-Kriegstagebuch gibt keine Auskunft, Rundstedt soll verächtlich gesagt haben: »Eisenhower kündigt die Invasion doch nicht über BBC an!« So ergab sich die groteske Situation, daß am Pas de Calais jedermann in Bereitschaft stand, während in der Normandie alles seinen Gang nahm.

Die Generäle Heinz Helmich (243. Inf.-Div.), Wilhelm Falley (91. Luftlandediv.) und Karl-Wilhelm von Schlieben (709.

Inf. Div.) fuhren los, um von ihren Quartieren auf der Halbinsel Cotentin rechtzeitig zum Kriegsspiel nach Rennes zu kommen. Der Marineoberbefehlshaber West, Admiral Theodor Krancke, fuhr nach Bordeaux.

Im Hauptquartier des 26. Jagdgeschwaders in Lille brach Oberst Josef (»Pips«) Priller, ein As mit 96 Abschüssen, zusammen mit seinem Rottenkameraden Feldwebel Heinz Wodarczyk wütend einer Flasche Cognac den Hals. Draußen auf dem Flugfeld standen vereinsamt ihre beiden Maschinen vom Typ FW 190. Ein paar Stunden zuvor waren es noch 124 gewesen. Aber das Geschwader war wegen der Gefährdung durch feindliche Luftangriffe nach Osten zurückgezogen worden. »Wenn die Invasion kommt, sollen wir sie wohl alleine aufhalten«, fluchte Priller. »Da fangen wir besser schon mal an, uns zu besaufen.«

Die Luftlage war für die deutsche Seite ohnehin zum Verzweifeln. Seit die Amerikaner den Aktionsradius ihrer Begleitjäger durch Zusatztanks auf 1350 km vergrößert hatten, flogen ihre schweren Bomber nahezu ungehindert Tagesangriffe über Westeuropa und dem Reichsgebiet. Ihre Präzisions-Bombenteppiche waren insbesondere durch die Zerschlagung des Eisenbahnnetzes von Bedeutung für die Invasion. Am Morgen des 6. Juni war zum Beispiel keine Seine-Brücke zwischen Paris und der Mündung mehr benutzbar. Eine Art »Eisenbahnwüste« rund um die Normandie, schreibt Montgomery in seinen Memoiren.

Zumindest ein deutscher Stab ist am Abend des 5. Juni 1944 voll besetzt: Im Gefechtsbunker des zur 7. Armee gehörenden LXXXIV. Armeekorps in St. Lô, dem die fünf Divisionen im Küstenbereich von der Halbinsel Cotentin bis zur Mündung der Orne unterstehen, studiert General Erich Marcks (53) die Lagekarten. Der asketische Gelehrtensohn, seit einer Verwundung in Rußland beinamputiert, will sich nicht nur auf das geplante Kriegsspiel in Rennes vorbereiten. Der Stab ist beunruhigt durch die heftige Aktivität der feindlichen Luftwaffe seit Einbruch der Dunkelheit. Ordonnanzen haben ein paar Flaschen Chablis bereitgestellt: Um Mitternacht beginnt der Geburtstag des Generals. Aber als die Uhr vom Turm der Kathedrale zwölfmal schlägt, trinkt jeder nur schnell ein Gläschen im Stehen. General Marcks kann Feierlichkeiten ohnehin nicht leiden. Und nun ist die Luft über seinem Bunker erfüllt vom Dröhnen der Flugzeugmotoren. Die vier mächtigen Triebwerke des »Halifax«-Bombers reißen den »Horsa«-Lastensegler von Feldwebel Wallwork mit 280 km/h durch die bockige Luft über dem Kanal. Der Feldwebel konzentriert sich zunächst nur darauf, seinen schwerfälligen Vogel aus den Propeller-Böen des Schleppflugzeuges herauszuhalten. In zwanzig Minuten wird er ihn zu Bruch schmeißen. Und das vorsätzlich.

Rechts neben ihm konzentriert sich der 30jährige Fallschirmjäger-Major John Howard auf seinen Vorsatz, bei diesem Lastensegler-Flug zum ersten Mal seine Übelkeit zu unterdrücken. Zum Vergnügen seiner Soldaten war ihm bisher noch bei jedem Übungsflug schlecht geworden. Seine Truppe von 160 Mann ist auf sechs Lastensegler verteilt. Sie werden als erste alliierte Soldaten der Operation »Overlord« französischen Boden betreten. Ihr Ziel sind zwei Brücken, eine über die Orne und eine über den Orne-Kanal. Sie sollen unzerstört erobert werden. Deshalb wird der Angriff mit Lastenseglern ausgeführt. Mit ihnen kann man Trupps von zwanzig bis dreißig Mann konzentriert und blitzschnell schlagbereit an ihr Ziel heranführen, während sich verstreut landende Fallschirmjäger-Einheiten erst lange sammeln müssen.

Das Gelände unmittelbar bei den Brükken ist für eine glatte Landung mit 145 km/h absolut ungeeignet. Zu allem Überfluß entdecken sie auf einer Luftaufnahme vom 30. Mai auch noch frisch eingepflanzte »Rommelspargel«. Aber Feldwebel Wallwork sagt zufrieden: »Die Dinger sind gut! Wir schweben zwischen ihnen ein, lassen uns die Tragflächen wegbrechen und nehmen dem Vogel damit Bewegungsenergie. Dann wird der Aufprall an der Brücke nicht so hart.«

Um Mitternacht sind sie nicht mehr weit von der französischen Küste entfernt. Aus dem Dunkel des Laderaums fragt eine mitfühlende Stimme: »Hat der Major schon gekotzt?«

Sechzehn Minuten später klinkt Wallwork aus und legt die »Horsa« in eine steile Rechtskurve. Im Mondschein glänzt unter ihnen der Kanal. Das Gelingen des Unternehmens hängt jetzt von Wallworks Geschick ab, haargenau in der richtigen Höhe und mit der richtigen Geschwindigkeit einzuschweben. Denn sein Auftrag lautet, bei der geplanten Bruchlandung mit dem Rumpf den Stacheldraht am Fuß der Brücke zu zerreißen und genau dahinter liegenzubleiben, ohne seine Passagiere umgebracht zu haben.

Die haben sich untergehakt und die Beine angezogen, eine lebende Kette in Erwartung der Zerreißprobe. Das Krachen und Splittern scheint Stunden zu dauern, als die Tragflächen brechen und der Rumpf durch Boden und Stacheldraht pflügt. Aber die menschliche Kette hält, und die Nase der Maschine bleibt genau am vorberechneten Punkt liegen, 20 Meter von der Brücke.

Der Handstreich glückt in Minuten. Die deutsche Brückenwache wird überrumpelt. In das Krachen der Handgranaten und das Rattern der Maschinenwaffen mischt sich das Getöse, mit dem die beiden anderen Lastensegler niedergehen. Nirgends weiter westlich klappte die Luftlandung so reibungslos wie bei Major Howards kleiner Truppe. Die amerikanischen Einheiten gerieten an den Rand einer Katastrophe.

Unzählige Tragödien spielten sich ab, ganze Lastensegler verschwanden mit Mann und Maus in den Sümpfen der Überschwemmungsgebiete. Ungezählte Fallschirmjäger wurden von ihrer schweren Ausrüstung unter Wasser gezogen und ertranken. Aber schließlich sammelten sich überall kleine Trupps, manche verstört, verwundert oder triefend naß, und gingen an die Erfüllung ihrer Aufgaben. Major Friedrich Hayn, der Feindnachrichtenoffizier des LXXXIV. Armeekorps, erinnert sich an die dramatischen Stunden im Befehlsbunker von General Marcks: »Um 01.11 Uhr schrillte der Feldfernsprecher. Etwas Wichtiges schien durchzukommen. Der General richtete sich steil auf. Die rechte Hand umschloß die Tischkante . . .«

Innerhalb von Minuten liefen von den Divisionen die Meldungen über feindliche Luftlandungen ein. Aussagen von Gefangenen ergaben schon nach kurzer Zeit, daß 75 Prozent der nach den Informatio-

Sie wiesen den Invasionstruppen den Weg ins deutsch besetzte französische Hinterland: US-General Dwight D. Eisenhower und der britische General Bernard Montgomery (linke Seite) befehligten die Invasionsarmada. Ihre Männer konnten sich auch deswegen so erfolgreich festsetzen, weil die deutschen Gegenmaßnahmen erst viel zu spät einsetzten. Als dann aber beispielsweise die 12. SS-Panzerdivision »Hitlerjugend« (oben Mitte) an der Landefront auftauchte, kamen die Amerikaner nur noch meterweise vorwärts (ganz oben). Der spöttische Spitzname »Baby-Division« für die junge SS-Truppe wurde bald zum respektvollen Ehrentitel. Nur wenige der fanatischen Kämpfer konnten gefangengenommen werden (oben: entwaffnete Deutsche vor dem Abtransport nach England neben amerikanischem Räumpanzer), die meisten blieben »vor dem Feind«, wie es damals in den Gefallenenmeldungen hieß.

nen des Ic in Südengland liegenden britisch-amerikanischen Luftlandeeinheiten beteiligt waren. Das konnte nur eines bedeuten: Es geht los!

Interessant ist, wie diese klare, noch vor Beginn der amphibischen Operation logisch begründete Erkenntnis auf dem Weg nach oben verwässert wurde – teils durch zusätzliche, irreführende Informationen, teils durch blanke Ignoranz.

Marcks alarmierte sofort Generalmajor Max Pemsel, Chef des Generalstabs der 7. Armee. Der unterrichtete die Heeresgruppe B, Rommels Hauptquartier. Kurze Zeit später konnte er die nun höchst alarmierende Meldung nachschieben, daß die Funkmeßstationen der Marine in Cherbourg eine größere Zahl von Schiffen geortet hatten, die in der Seinebucht operierten.

Die Gelassenheit, die bei den Stabsoffizieren der Heeresgruppe noch lange herrschte, erklärt sich nur zum Teil durch die gleichzeitig einlaufende Nachricht, der Feind habe als Fallschirmjäger verkleidete Puppen abgeworfen. Das hatte der Feind, um weitere Verwirrung zu stiften, in der Tat getan – und die Puppen auch noch rundum mit Feuerwerkskörpern behängt, die bei der Landung krepierten und einen wüst um sich feuernden Mann vortäuschten . . .

Aber die Gefangenen bei der 716. und 709. Inf.Div. waren überaus lebendig und gaben Auskunft über ihre Einheiten. Diese Erkenntnis schlug nicht durch, die Heeresgruppe B ließ ihren Oberbefehlshaber Rommel in Deutschland ruhig schlafen. Der Oberbefehlshaber West alarmierte immerhin die OKW-Reserve, die 12. SS- und die Panzer-Lehr-Division, und bat ohne besonderen Nachdruck beim Führerhauptquartier um ihre Freigabe. Die sollte bis 16.40 Uhr auf sich warten lassen. Auch die 21. PzDiv., die als Heeresgruppen-Reserve gleich südlich Caen zum Eingreifen bereitstand, sollte noch lange auf den Einsatzbefehl warten.

Aber inzwischen befanden sich schon 18 000 alliierte Soldaten auf französischem Boden. Lastensegler mit Jeeps und panzerbrechenden Waffen waren auf rasch von Fallschirmjägern angelegten Feldern gelandet. Allen war besonders eingebleut worden, jedes Kabel durchzuschneiden, auf das sie stoßen sollten. So brachen allmählich immer mehr Nachrichtenverbindungen zusammen – ein nicht unbedeutender Nebeneffekt des Unternehmens. Generalmajor Pemsel knurrte, er müsse Krieg führen »wie Wilhelm der Eroberer – nur mit Augen und Ohren«. Der scharfsinnige Offizier, der schon jetzt ziemlich genau ahnte, was be-

DIE INVASION

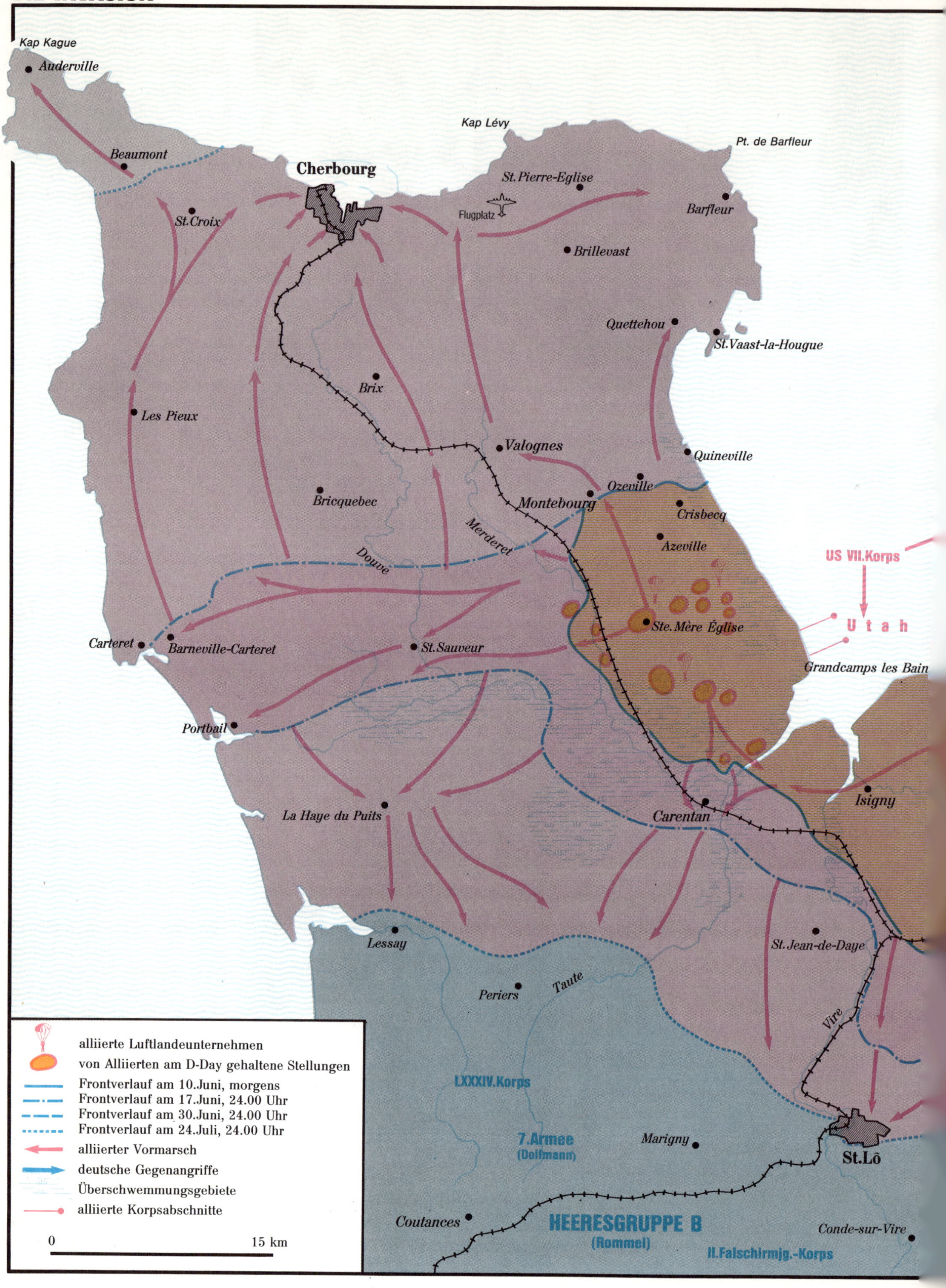

6.Juni 1944

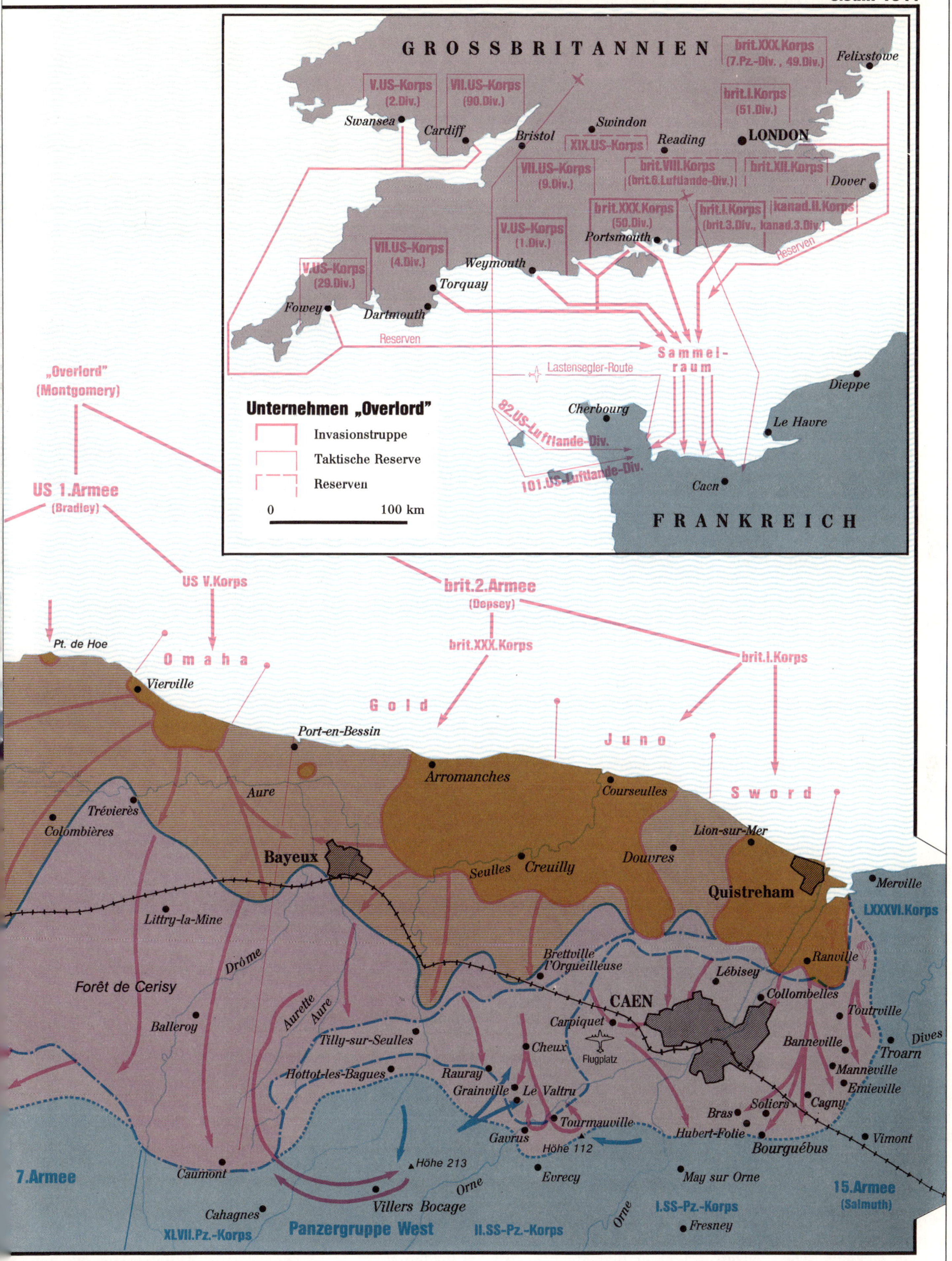

GROSSBRITANNIEN
brit.XXX.Korps (7.Pz.-Div., 49.Div.)
Felixstowe
V.US-Korps (2.Div.)
VII.US-Korps (90.Div.)
brit.I.Korps (51.Div.)
Swansea
Cardiff
Bristol
Swindon
Reading
LONDON
XIX.US-Korps
VII.US-Korps (9.Div.)
brit.VIII.Korps (brit.6.Luftlande-Div.)
brit.XII.Korps
Dover
brit.XXX.Korps (50.Div.)
brit.I.Korps (brit.3.Div., kanad.3.Div.)
kanad.II.Korps
V.US-Korps (1.Div.)
Portsmouth
Reserven
VII.US-Korps (4.Div.)
V.US-Korps (29.Div.)
Weymouth
Torquay
Fowey
Dartmouth
Reserven
Sammel-raum
Lastensegler-Route
Dieppe
Unternehmen „Overlord"
Invasionstruppe
Taktische Reserve
Reserven
Cherbourg
82.US-Luftlande-Div.
Le Havre
101.US-Luftlande-Div.
Caen
0
100 km
FRANKREICH
„Overlord" (Montgomery)
US 1.Armee (Bradley)
US V.Korps
brit.2.Armee (Depsey)
brit.XXX.Korps
brit.I.Korps
Pt. de Hoe
Omaha
Vierville
Gold
Juno
Sword
Port-en-Bessin
Arromanches
Courseulles
Aure
Trévierès
Colombières
Lion-sur-Mer
Bayeux
Seulles
Creuilly
Douvres
Merville
Quistreham
LXXXVI.Korps
Littry-la-Mine
Drôme
Brettville l'Orgueilleuse
Ranville
Forêt de Cerisy
Lébisey
Collombelles
CAEN
Aurette
Aure
Toutrville
Balleroy
Carpiquet
Tilly-sur-Seulles
Cheux
Flugplatz
Banneville
Dives
Troarn
Hottot-les-Bagues
Rauray
Manneville
Grainville
Le Valtru
Emieville
Bras
Soliers
Cagny
Tourmauville
Gavrus
Hubert-Folie
Vimont
Höhe 112
Bourguébus
Höhe 213
7.Armee
Caumont
Evrecy
May sur Orne
Orne
15.Armee (Salmuth)
Villers Bocage
I.SS-Pz.-Korps
Cahagnes
Orne
Fresney
XLVII.Pz.-Korps
Panzergruppe West
II.SS-Pz.-Korps

vorstand, hätte mit besseren Informationen den Plan der Alliierten weitgehend erraten können:
Auf dem linken Flügel hatten die amerikanischen Luftlandetruppen nördlich Carentan praktisch den östlichen Fuß der Halbinsel Cotentin besetzt. Im Überschwemmungsgebiet des Flüßchens Merderet war die Eisenbahn Cherbourg–Carentan in ihrer Hand, ebenso wie das Städtchen St. Mère Église mit der parallel laufenden Straße. Zugleich hatten sie die Dämme und Straßen, die hier von der Küste durch das Überschwemmungsgebiet landeinwärts liefen, erobert.
Auf dem rechten Flügel gehörte den Engländern bereits ein großes Gebiet nordöstlich Caen mit den wichtigen Brücken über Orne und Kanal. Zwar waren die Fallschirmjäger-Angriffe auf die Küstenbatterien zum Teil fehlgeschlagen, aber die Flanken eines rund 80 km langen Küstenstreifens zwischen dem Fuß der Cotentin-Halbinsel und der Ornemündung waren nun abgesichert. Und genau hier hinein ging in der Tat der Stoß der Landungsstreitkräfte.
Wohl der erste Deutsche, der das gewaltige Ausmaß der Landungsflotte sah, war der Artilleriemajor Werner Pluskat. Er saß etwa in der Mitte der Seine-Bucht, bei St. Honorine, in einem vorgeschobenen Gefechtsstand, der in die hier hochragenden Klippen der Steilküste gebaut worden war. Schon oft in dieser Nacht hatte er das starke Scherenfernrohr über die im Mondschein glänzende See bewegt. Nur einige tiefliegende Nebelbänke behinderten die Sicht in der Bucht. Als der östliche Horizont sich verfärbte, entschloß er sich zu einem letzten Schwenk. Die Nebelbänke zerflatterten, die Linie der Kimmung wurde klar. Und wie durch Zauberhand lag da plötzlich die gewaltigste Flotte, die je ein Mensch gesehen hat. Unmittelbar darauf kamen die Bomber.
Eisenhower und Montgomery waren sich einig gewesen, daß jede landende Armee ihren eigenen Brückenkopf schaffen sollte, um wenigstens im Bereich der Organisation die unvermeidliche Verwirrung so gering wie möglich zu halten. Deshalb war das Invasionsgebiet »Neptune« eingeteilt in:
»Utah«, am östlichen Fuß von Cotentin, 4. US-Inf.Div.;
»Omaha«, in der Mitte der Bucht zwischen Vierbille und Colleville, 1. US-Inf.Div.;
»Gold«, »Juno« und »Sword«, von Bessin bis zur Orne-Mündung, 50., 3. britische und 3. kanadische Inf.Div. sowie 8., 27. britische und 2. kanadische Panzerbrigade.

In diesen Strandabschnitten tat sich um 4 Uhr früh die Hölle auf. Bombenteppiche zerstampften Bunker und Geschützstellungen. Welle auf Welle dröhnte heran, Viermotorige über den Wolken, flinke zweimotorige »Marauders« in kaum 500 Meter Höhe. Und dazwischen brüllten die Geschütze der schweren Einheiten der Invasionsflotte.
Am 6. Juni wurden von der alliierten Luftwaffe insgesamt 10 743 Einsätze geflogen und 11 912 Tonnen Bomben abgeworfen. Aber ein Küstenabschnitt blieb zunächst unversehrt – mit fatalen Folgen. Die Verbände von »Fliegenden Festungen« und »Liberators«, die ihre explosive Last auf die Befestigungen vor »Omaha« werfen sollten, verfehlten ihr Ziel. Die Bomben fielen bis zu 5 km landeinwärts. Die 1. US-Inf.Div. sollte es zu spüren bekommen.
Die ersten Verluste fordert die rauhe See. Landungsboote schlagen um, die bepackten Insassen schreien um Hilfe. Mit steinernen Gesichtern fahren die Kameraden an ihnen vorüber. Der Befehl untersagt ihnen ausdrücklich, sich mit Rettungsaktionen aufzuhalten. Auch die Amphibienpanzer sind nicht für Seegang gemacht. Sie sollen auf einer Segeltuch-Lufthülle an Land schwimmen. Reihenweise versinken die »Shermans«, ohne einen Schuß abgefeuert zu haben.
Am »Utah«-Strand liegt das Widerstandsnest W 5. Leutnant Arthur Jahnke befehligt hier mehrere Bunker mit 5-cm-Kanonen, eine 8,8 cm-Flak, Pakgeschütze und flankierende MG-Nester. In der Nacht hat seine kleine Truppe noch 19 Gefangene gemacht – US-Fallschirmjäger, die verloren im überschwemmten Hinterland herumplatschten.
Aber morgens um 4 haben »Marauders« sich W 5 vorgenommen. Was sie übrigließen, zerschlägt die Schiffsartillerie. Als die Landungsboote unten auf den Strand preschen, schießen nur noch zwei SMG's und die 8,8. Aber diese gefürchtete Waffe ist durch das Bombardement so angeschlagen, daß sie die Erschütterung ihres ersten Schusses nicht übersteht.
Und unten rollen Amphibienpanzer an Land, nach der Katastrophe ihrer Kameraden jetzt dicht am Ufer abgesetzt. Noch mähen die MG-Garben von W 5 die Infanteristen und Pioniere neben ihren Booten nieder, aber jetzt fahren mit ihrem charakteristischen »Rrumm-Krach« Panzergranaten in die Stellungen. Das Telefon ist tot. Jahnke schickt einen Melder zur Artillerie in Varreville, will Sperrfeuer auf den Strand anfordern. Der Mann schafft nicht einmal die drei Kilometer; einer der allgegenwärtigen Jagdbomber schießt ihn vom Rad.

Nur gut getarnt, bei schlechtem Wetter oder nachts konnte die deutsche Führung Reserven an die Invasionsfront bringen. Die motorisierten Verbände (Bild: Jagdpanzer IV Hetzer) litten unter der absoluten Luftherrschaft der Alliierten, die deutsche Truppenkonzentrationen schon in den Bereitstellungsräumen zerschlugen. Nur tropfenweise erreichte daher Ersatz die kämpfende Truppe.

Leutnant Jahnke, Ritterkreuzträger aus dem Rußlandfeldzug, wird durch einen Granateinschlag in seiner Stellung verschüttet. Er ist halb bewußtlos, als ihn ein US-Infanterist am Bein unter den Trümmern hervorzerrt. Kurze Zeit später vereinigen sich Spitzen der 4. US-Division mit den Fallschirmjägern im Hinterland. »Utah« ist geglückt.
Es war ohnehin ein Wunder, daß nach dem grausamen Bombardement am »Utah«-Strand überhaupt noch jemand

schoß, daß das Häuflein Überlebender noch reaktionsfähig war und nicht in Panik davonstürzte. Am »Omaha«-Strand sieht es anders aus.
Nicht nur daß die Bomber hier die Stellungen verfehlten. Hier liegt auch die kampfkräftige 352. Inf.Div., erst kürzlich zur Verstärkung eingeschoben. Vernichtendes Feuer von Artillerie aller Kaliber und aus Handfeuerwaffen prasselt in die Landungsboote, zwischen die an Land watenden Männer. Die ersten Einheiten verlieren bis zu 50 Prozent ihrer Soldaten. Nur zwei Panzer kommen an Land, werden sofort in Brand geschossen. Nur vier Stunden nach Beginn des Angriffs liegen 3000 Tote und Schwerverwundete auf dem 6 km langen Stück Strand.
Einer der Verteidiger ist der 21jährige Bauernsohn Hein Severloh. Im Stützpunkt W 62 hat er bis zum Mittag 12 000 Schuß aus dem Lauf seines MG 42 gejagt. Er sieht, wie sich die Wende anbahnt: Auf großen Prähmen bringen die Amerikaner jetzt schwereres Gerät und Panzer heran. Ein paar »Sherman« kommen durch.
Was von den Infanteristen der 1. und 29. US-Division über den Strand von »Bloody Omaha« gekommen ist, drängt sich unten am Fuß der Dünen hinter der kleinen Mauer zusammen, an der damals die beiden Kampfschwimmer den Posten fluchen hörten. Die Männer sind entnervt und erschöpft.
Aber sie sehen Beispiele von überraschender Tapferkeit. Mitten im mörderischen Feuer räumt und sprengt eine Pioniertruppe Rommels raffinierte Vorstrandhindernisse weg, damit die Prähme herankommen können.
Von einem dieser sogenannten »ducks« rollt Feldwebel Hyman Haas, ein jüdischer Handtaschenfabrikant aus dem New Yorker Stadtteil Bronx, mit seinem 3,7-cm-Flakgeschütz auf Selbstfahrlafette. Er sieht 300 Meter entfernt in der Hügelflanke einen Bunker, aus dem eine Kanone ununterbrochen feuert. Mit seiner 3,7 kann er nicht in niedrigem Winkel nach vorn schießen. Er weist seinen Fahrer an, zu wenden und halb ins Wasser zu rollen. So bekommt er den Bunker ins Visier und feuert zehn Schuß in die Scharte. Die Kanone schweigt.
Auch die Engländer geraten zum Teil auf den Abschnitten »Gold«, »Juno« und »Sword« in wütendes Abwehrfeuer. Aber außer der Tatsache, daß hier das gnadenlose Bombardement im Ziel gesessen hat, gibt es für die Angreifer einen weiteren Pluspunkt: Sie landen ihre Panzer durch Boote mit Bug-Klappen direkt am Ufer, und diese bahnen sich mit raffinierten Apparaturen ihren Weg durch die Hindernisse:
Da gibt es die »Dreschflegel«. Sie haben am Bug zwei lange Arme montiert, zwischen denen sich eine Stange mit Ketten und Kugeln dreht. Die Kugeln trommeln beim Vorrollen den Bogen, bringen Minen zur Explosion und hinterlassen den Kameraden eine weithin sichtbare, mi-

nenfreie Spur. Andere legen aus mächtigen Rollen Sisal- oder Stahlmatten über Stellen unsicheren Grundes, die durch die Bodenproben der beiden Kampfschwimmer bekannt sind. Es gibt gewaltige Flammenwerfer und Mörser auf Sherman-Fahrgestell, dazu Räum- und Brükkenbau-Panzer.
Diese stählerne Armada stürmt an Land, unter dem Gebrüll ihrer Motoren und dem Krachen ihrer Geschütze. Die Vereinigung mit den Fallschirmjägern gelingt. Aber noch klafft eine Lücke zwischen »Juno« und »Sword«. Und genau dort hinein scheint am Nachmittag der erste Panzer-Gegenstoß der Verteidiger zu zielen. Nach langen Querelen in der deutschen Führung rollt die 21. PzDiv.
Auch zwei andere deutsche Vorstöße sind bemerkenswert, wenngleich rührend in ihrer Ohnmacht.
Gegen die Armada der 5000 Invasionsschiffe stürmt Korvettenkapitän Heinrich Hoffmann mit drei Torpedobooten aus Le Havre. Aus einer von alliierten Einheiten selbst gelegten Nebelwand flitzen die kleinen Schiffe auf Torpedoschußweite heran – »Ich kam mir vor wie im Paddelboot«, sagt Hoffman später – und lassen ihre »Aale« rauschen. Sie versenken einen Zerstörer und verschwinden unversehrt wieder im Kunst-Nebel.
Das tollste Stück aber leistet sich Oberst Priller, das Flieger-As. Zwar hat er mit Feldwebel Wodarczyk seinen Vorsatz wahrgemacht und sich mächtig mit Cognac vollaufen lassen, aber der Alarm findet die beiden einsatzbereit. Der Ia vom Jagdkommando II nimmt die Beschimpfungen des Obersten gelassen hin, denn dafür war »Pips« ohnehin berühmt. Montgomery schreibt zwar in seinen Memoiren, die deutsche Luftwaffe habe es nicht ein einziges Mal gewagt, die Invasionstruppen anzugreifen, aber hier irrt der Feldmarschall. Mit der etwas unpräzisen Angabe »da oben bei Le Havre« brummen die beiden FW 190 los. Die gewaltige Invasionsflotte ist auch nicht zu verfehlen.
Den Seeleuten auf den alliierten Schiffen verschlägt es den Atem, als die beiden mit ratternden Bordwaffen aus den Wolken stürzen. An zahlreichen Einheiten sind zum Schutz gegen Tiefangriffe Fesselballons befestigt, aber Priller und sein Rottenkamerad tauchen elegant zwischen den Stahlseilen durch und rasen schon feuernd über den »Sword«-Strand, als sämtliche Flakgeschütze der Invasionsflotte zu ballern beginnen.
Auf HMS »Dunbar« sagt der Oberheizer Robert Dowie kopfschüttelnd: »Deutscher hin, Deutscher her, viel Glück wünsch' ich euch. Ihr Kerls habt Schneid.« Sein Wunsch geht in Erfüllung, die beiden kommen tatsächlich von ihrem irren Einsatz nach Hause.

Der Kessel von Falaise

In geborstenen Bunkern und halbverschütteten Gräben liegen am Nachmittag des 6. Juni noch deutsche Infanteristen der 716. Division mitten im britischen Landeabschnitt an der Kanalküste. Jabos stoßen mit hämmernden Bordwaffen herunter, Bomben durchwühlen die Dünen, von den schweren Einheiten der Invasionsflotte heulen die Granaten der Schiffsgeschütze heran.
Wer noch lebt, wühlt sich immer wieder aus dem Dreck, wirft sich wieder hinter die Maschinenwaffen. Von rechts arbeiten sich Soldaten der knochenharten 4. »Commando«-Brigade aus dem Landekopf »Sword« vor. Sie haben den Auftrag, die Verbindung zur 3. kanadischen Inf-.Div. im Landekopf »Juno« herzustellen. Aber die Überlebenden in den Bunkern der 716. InfDiv. halten.
Sie arbeiten wie Automaten, halb betäubt und ohne viel zu denken. Die Eckpfeiler ihres knapp vier Kilometer breiten Strandabschnitts sind die Dörfer Lagrune und Lion. Hier sind harmlos aussehende Villen durch mächtige Betonwände in Bunker verwandelt worden. Und in ihrem Rücken, etwa drei Kilometer entfernt, hält der schwer befestigte Luftwaffenstützpunkt Douvres die Kanadier auf.
Am späten Nachmittag mischt sich ein neues Geräusch in das Getöse der Schlacht. Schwere Motoren dröhnen, Ketten rasseln, aus dem Raum nördlich Caen schiebt sich das 192. Panzergrenadierregiment in die Lücke zwischen »Sword« und »Juno«. Die erschöpften Männer der 716. InfDiv. springen den Halbkettenfahrzeugen entgegen.
Eine eigenartige Division, die 716. Das Rückgrat des Haufens bilden kampferprobte Landser, zumeist nach schwerer Verwundung ins »erholsame« Frankreich versetzt. Und an ihrer Seite Männer aus den besetzten Staaten Osteuropas, die mehr oder minder freiwillig in deutsche Uniform geraten sind und verständlicherweise wenig Lust verspüren, für Hitler zu sterben. So ist der Widerstand, auf den die Alliierten hier am rechten Flügel ihres Landegebietes stoßen, je nach der zufälligen Zusammensetzung der verteidigenden Einheiten recht unterschiedlich.
Zwischen Lagrune und Lion überwiegt der harte Kern. Und die kriegserfahrenen Landser schöpfen beim Anblick der Schützenpanzerwagen der 192er neue

Was die Angloamerikaner an Waffen und Material in den Kampf warfen (ganz links: US-Kanoniere im Küstenkampf), mußten die Deutschen teilweise durch Propaganda ausgleichen. Die Illustrierte »Signal« veröffentlichte das obige Bild der gigantischen Kanone und wollte damit suggerieren, daß der Atlantikwall überall so waffenstarrend auf den Feind wartete. Die deutschen Heerführer konnte man mit solchen Potemkinschen Geschützen freilich kaum über ihre schwierige Lage hinwegtrösten. »Propaganda-Wall« nannte Generalfeldmarschall von Rundstedt verächtlich die Küstenbefestigungen am Atlantik. Und selbst wenn sie mehr als das gewesen wären: die alliierte Luftstreitmacht schaltete durch geballte Schläge eine Batterie nach der anderen aus, unterbrach die Munitionszufuhr und störte erfolgreich die gesamte Versorgung. Daß den dazu nötigen massiven Bombardierungen auch Zivilisten zum Opfer fielen, konnte die Strategen nicht irritieren. Sie lieferten damit der deutschen Seite allerdings weitere Propagandamunition. Das Plakat links klagt den amerikanischen Präsidenten Roosevelt als »Mörder« an. 67000 Franzosen kamen bei den Luftangriffen ums Leben.

Hoffnung: Wenn jetzt auch noch die Panzer kommen . . .

Links und rechts liegen die britischen Landeköpfe offen für einen energischen Vorstoß. Die Flanken von »Sword« und »Juno« sind weich, auf dem Strand herrscht die unvermeidliche Verwirrung, bis die jeweils landenden Einheiten entknäult und eingewiesen sind.

Eine Tragödie scheint bevorzustehen. Denn ein paar Kilometer weiter südlich brüllen wirklich Panzermotoren, donnert das Panzerregiment 22 der 21. PzDiv. mit fast 120 Kampfwagen »P IV« nach Norden.

Die Panzer haben allerdings schon eine ziemliche Odyssee hinter sich. Ihre Division war südlich Caen stationiert, in günstigster Position zum Eingreifen. Es gab nur ein Handikap: Es war nicht völlig klar, wer den Befehl dazu zu geben hatte. Noch heute ist nicht so recht zu ermitteln, wem die Division nun wirklich unterstellt war. Nach Rommels Biograph Lewin war die 21., im Gegensatz zur OKW-Reserve (12. SS-PzDiv. »Hitlerjugend« und Panzer-Lehr), als Eingreifreserve der Heeresgruppe B unterstellt. Nach anderen Berichten soll sie ebenfalls OKW-Reserve gewesen sein. Der Oberbefehlshaber West war natürlich auch noch zu fragen, ebenso das Generalkommando der Panzertruppen West sowie das LXXXIV. Armeekorps in St. Lô. Nur der Kommandeur der 716. InfDiv., Generalleutnant Richter, glaubte fest, die 21. sei »im Angriffsfall« ihm zugeteilt.

Richter hatte denn auch schon in der Nacht um 1.20 Uhr einen Angriffsbefehl gegeben, der 40 Minuten später spezifiziert wurde: »Luftgelandeten Feind ostwärts der Orne angreifen und vernichten!«

Generalleutnant Feuchtinger war in einer unbehaglichen Lage, tragikomisch im Rückblick und bezeichnend für den desolaten Zustand der Wehrmachtführung: Ein General, der nicht genau weiß, ob er kämpfen darf oder nicht!

Stunden vergingen. Vom LXXXIV. Armeekorps, in dem die Lage offensichtlich am klarsten beurteilt wurde, kämpfte General Marcks telefonisch um die PzDiv. Nach den Erinnerungen seines Ic Major Hayn sprach der sonst überaus beherrschte Mann »mit zuckendem Gesicht« immer erregter mit dem ihm nun wieder vorgesetzten Oberkommando der 7. Armee in Le Mans, dann mit der Heeresgruppe und schließlich mit Jodl, der in Berchtesgaden immer noch den Schlaf seines Führers bewachte.

Um 10 Uhr wurde die 21. PzDiv. endlich Marcks unterstellt. Inzwischen hatte

Feuchtinger auf weitere Ratespiele verzichtet und den einzigen Befehl befolgt, der ihm bis dahin vorlag: Richters Order, die britischen Luftlandetruppen anzugreifen.
So war das Panzerregiment 22 zusammen mit Panzergrenadiereinheiten östlich der Orne auf dem Weg nach Norden, als General Marcks den Zuschlag bekam. Und der war wiederum entschlossen, den britischen Landekopf westlich der Orne anzugreifen.
Die Brücken über die Orne und den parallel laufenden Kanal sind von Major Howards Fallschirmjägern besetzt, Montgomerys linke Flanke ist geschützt. Also müssen die Panzer kehrtmachen, klirren nach Süden zurück und dann wieder nordwärts durch die fast unpassierbare, von Luftangriffen zerschlagene Stadt Caen. Nur die 4. Kompanie mit 30 Panzern bleibt auf der anderen Orne-Seite, richtet aber gegen die Howard-Truppe nicht viel aus, denn planmäßig sind hier die Lastensegler mit den panzerbrechenden Waffen gelandet.
Ein erster Schritt zum »Kleckern« ist getan, aber die verbleibenden 120 Kampfwagen kommen immerhin ohne Jabo-Angriffe durch bis zum Städtchen Lébisey. »Ein echter Feldherrenhügel«, frotzelt Major Vierzig, Chef der II. Abteilung des Panzerregiments. Denn hier erwartet ihn nicht nur sein Divisionskommandeur; auch General Marcks ist von St. Lô herübergefahren, hin- und hergerissen zwischen Sorge und Hoffnung: Der einzige Panzerangriff muß klappen, sonst hat er nichts; selbst wenn das OKW endlich die beiden anderen Panzerdivisionen freigibt: Sie liegen viel zu weit entfernt.
Marcks sagt zu Oberst von Oppeln-Bronikowski, dem Regimentskommandeur: »Oppeln, wenn Sie die Engländer nicht ins Meer werfen, haben wir den Krieg verloren!«
Der Korpskommandeur fährt selbst vor mit dem 192. Panzergrenadierregiment, das nun also zur Küste durchstößt, fast unbehelligt zwischen »Sword« und »Juno«. Um diese Zeit rast Rommel in seinem schweren Horch von Deutschland zurück nach Frankreich, telefoniert einmal von Reims aus mit seinem Stabschef. Als er wieder in den Wagen steigt, sagt er zu seinem Ordonnanzoffizier, Hauptmann Hellmuth Lang: »Mein Gott! Wenn die 21. PzDiv. es schafft, können wir sie vielleicht in drei Tagen zurückwerfen.«
Der Spalt ist offen, in den die Panzergrenadiere schon hineingestoßen sind. Aber die Binsenweisheit bestätigt sich, daß im modernen Krieg Funkgeräte mindestens ebenso wichtig sind wie Geschütze – besonders, wenn eines davon in einem aufklärenden Flugzeug steckt. Am Himmel der Normandie gibt es nur alliierte Flugzeuge, Oberst Bronikowski marschiert blind.
Er trifft Generalleutnant Richter, der keinerlei Verbindung mehr zu seinen Einheiten hat und »vor Gram fast wahnsinnig« ist. Bronikowski drängt, die Karte in der Hand: »Wo sind Ihre Stellungen?« Der General schüttelt mit Tränen in den Augen den Kopf: »Ich weiß es nicht.«
Kurze Zeit später ist der Vorstoß gescheitert. Bronikowski verfehlt haarscharf die Lücke, bei Périers und Biéville gerät das Regiment in das Feuer panzerbrechender Waffen. In wenigen Minuten werden sechs Kampfwagen abgeschossen. Zugleich landen britische Lastensegler im Schlauch zwischen »Sword« und »Juno«. Ein wildes Gefecht entbrennt, die Reste der 716. InfDiv. und die Panzergrenadiere werden zurückgeworfen. Die 21. PzDiv. verliert ein Viertel ihrer Panzer. Die britischen Landeköpfe vereinigen sich, nur der Stützpunkt Douvres hält noch zehn Tage, von den Engländern als eher nebensächliches Ärgernis behandelt.
Während des ganzen Tages ist, trotz blutiger Verluste im stellenweise vernichtenden Abwehrfeuer der deutschen Artillerie- und Infanterieeinheiten, ein stetiger Strom von Truppen und Material in den alliierten Landeköpfen angekommen; am Abend des zweiten Tages werden 176000 Mann und 20000 Fahrzeuge auf französischem Boden sein.
Ebenso wie bei den Briten hat die Flankensicherung durch die Luftlandetruppen der 4. US-InfDiv. auf dem »Utah«-Strand am östlichen Fuß der Halbinsel Cotentin die Sicherung ihres Landegebietes erleichtert. Hier wendet sich die Überschwemmung des Geländestreifens hinter den Küstenbefestigungen gegen die Urheber: Am Städtchen St. Mère-Église kommt man nicht mehr vorbei. Und daraus lassen sich die Amerikaner nicht mehr vertreiben; selbst Elite-Einheiten wie das 6. Fallschirmjäger-Regiment des Oberstleutnants Freiherr von der Heydte und das Sturmbataillon der 91. Luftlandedivision unter Major Messerschmitt scheitern.
Und auch am Strand von »Bloody Omaha« ist die Lähmung überwunden. Rangers haben unter gräßlichen Verlusten die steilen Klippen des Pointe du Hoc mit Hilfe hinaufgeschossener Strickleitern und von der Londoner Feuerwehr gepumpter Drehleitern gestürmt. Selbst die erstklassige 352. InfDiv. muß weichen. Nicht alle Operationsziele des D-Day sind erreicht, aber Montgomery ist zufrieden.
Sein alter Gegner Rommel ist am Abend nach rasender Fahrt wieder in seinem Hauptquartier eingetroffen, bleich und schweigsam. Er ahnt wohl, mit welchen Klötzen am Bein er seinen letzten Kampf wird fechten müssen.
Das OKW-Kriegstagebuch liest sich heute streckenweise wie der Arbeitsbericht eines Kreditsachbearbeiters in Krisenzeiten: »Heeresgruppe B beantragte . . . Der Führer lehnte ab . . . Der Führer befahl . . . OB West schlug vor . . . erbat . . . Der Führer verbot . . .«
Nachdem der Feind nun einmal Fuß gefaßt hatte, waren sich die ungleichen Feldmarschälle von Rundstedt und Rommel relativ einig. Aber das Führerhauptquartier räumte ihnen nicht die geringste operative Freiheit ein. Aus Berchtesgaden oder dem noch ferneren Rastenburg (Ostpreußen) griff Hitler in Entscheidungen noch unterhalb Divisionsebene ein. Dabei ließ er sich von drei Grundsätzen leiten:

Schwer hatten es die Alliierten vor allem bei der Eroberung von Städten, wo sie ihre Luftüberlegenheit nicht so ungehindert entfalten konnten und wo die deutschen Panzer ihnen schwere Abwehrgefechte lieferten. Trümmerwüsten blieben zurück (rechts oben: abgeschossener Tiger-Panzer im zerstörten Caen). Die Engländer und Amerikaner, mehr noch natürlich die Franzosen, fürchteten daher, daß der Kampf um Paris zum Untergang der Seine-Metropole führen würde. Hier hätten sich gut bewaffnete Truppen monatelang gegen die alliierte Übermacht halten können. Wie eine Stadt danach aussah, hatte Stalingrad drastisch demonstriert. Daß es dazu nicht kam, verdankten Frankreich und die Welt dem Wehrmachtbefehlshaber von Groß-Paris, General Dietrich von Choltitz, der Hitlers Befehle zur Zerstörung der Stadt ignorierte und Paris kampflos den Alliierten übergab (oben: bei der Unterzeichnung der Kapitulationsurkunde).

Kein Fußbreit Boden wird kampflos aufgegeben. Infolgedessen wurden hochkarätige Verbände einschließlich der Panzerdivisionen durch »Halten« verheizt, ohne jemals zu einem entschlossenen Stoß zusammengefaßt zu werden.
Von der 15. Armee am Pas de Calais werden keine Einheiten abgezogen. Weil hier die zweite Invasion zu erwarten ist. So standen Salmuths Verbände Gewehr bei Fuß, bis sie in den Strudel hineingerissen wurden.
Festungen, an denen der Feind vorbeistößt, werden bis zur letzten Patrone verteidigt. Bei Cherbourg beginnend und über die Häfen an der Atlantik- und Kanalküste wurden so schließlich 200 000 Mann gebunden.
Montgomery, der am sechsten Tag 326 000 Mann, 54 000 Fahrzeuge und 104 000 Tonnen Material gelandet hatte, blieb zwar zunächst hinter seinem Zeitplan zurück. Aber er sollte ihn schließlich ein- und überholen, als die deutsche Führung den Bogen überdehnt hatte. Dabei begünstigten verschiedene Umstände zunächst noch die Verteidiger.
Das Heckengelände der Bocages glich nach dem Urteil von Major Hayn (Ic beim LXXXIV. Armeekorps) das feindliche Übergewicht an Panzern und Flugzeugen etwas aus. Eine Unzahl winziger Feld- und Weideflächen, umgeben von Wällen und Hecken und durchzogen von überwucherten Hohlwegen, bot Deckung gegen Flieger und an jeder Ecke böse Überraschungen für angreifende Einheiten.
Zugleich war das Wetter in den ersten Wochen gegen die Alliierten. Regen und tiefhängende Wolken behinderten die im Sichtflug angreifenden Jabos. Und ein schwerer Sturm zerschlug am 19. Juni die »Mulberries«, die künstlichen Häfen. Erhebliche Versorgungsschwierigkeiten bis hin zu Munitionsmangel waren die Folge. Die strategischen Bombergeschwader setzten jedoch ihre Angriffe fort, Montgomerys »Eisenbahnwüste« im weiten Umkreis um das Kampfgebiet wurde erneut umgewühlt, Nachrichtenverbindungen und Versorgungseinrichtungen zerschlagen. Zahlreiche Einheiten, die zur Verstärkung herangeführt wurden, erlitten schon schwere Verluste, bevor sie auch nur den Geschützdonner im Kampfgebiet hören konnten.
Und die »Mulberries« wurden repariert, eine Benzin-Pipeline durch den Kanal gezogen. Als der eroberte Raum zunächst begrenzt blieb, wurden für leichtere Kampfflugzeuge Behelfsrollbahnen aus tragbaren Metall-Teppichen zusammengesetzt. Die deutsche Front war wie ein zu schwacher Deich, hinter dem zäh und unbeirrt eine mächtige Flut Zentimeter um Zentimeter stieg.
Die Halbinsel Cotentin wurde abgeriegelt, am 28. Juni kapitulierte Cherbourg. Am 15. Juli schrieb Rommel an Hitler, er habe rund 97 000 Mann verloren, in absehbarer Zeit werde der Feind in die Weite des französischen Raumes stoßen, ». . . der ungleiche Kampf neigt sich dem Ende entgegen. Ich muß Sie bitten, die Folgerungen aus dieser Lage unverzüglich zu ziehen.«
Zwei Tage später verunglückte der Feldmarschall mit dem Auto bei einem Jabo-Angriff und wurde bewußtlos nach Deutschland gebracht. Kurz zuvor hatte Hitler Generalfeldmarschall von Rundstedt als OB West abgesetzt und durch Günther von Kluge ersetzt.
Rommels Prophezeiung trat Ende Juli ein. Am äußersten westlichen Ende der Front, in Avranches, brachen die Amerikaner durch. Panzergeneral Patton stürmte in den freien Raum wie Rommel vier Jahre zuvor. Wie ein Strafgericht traf die deutschen Armeen genau das Schicksal, das sie 1940 den französischen Streitkräften bereitet hatten:
Ein überlegener Feind, siegesgewiß und mit technischer Perfektion ausgerüstet, jagt durch das Land, perfekt mit seiner Luftwaffe zusammenspielend, die gnadenlos zuschlägt, wo immer sich Ansätze zu organisierter Verteidigung bilden. Alles auf alliierter Seite ist motorisiert und mechanisiert, bei den Deutschen fehlt selbst für die paar übriggebliebenen Panzer oft der Sprit.
Weit hinten spielt Hitler auf seinen Karten mit Divisionen, von denen oft nicht viel mehr als die Nummer existiert. Er will durch einen energischen Stoß an der Basis der Halbinsel Cotentin die nach Frankreich hineinströmenden US-Truppen abschneiden. Die Reste von neun Infanterie- und fünf Panzerdivisonen werden unter den ständigen Schlägen der feindlichen Luftwaffe im Raum Mortain–Falaise bereitgestellt, so gut es geht. Der Angriff scheitert blutig. Die Verbände, die ihn vortragen sollen, sind ersatzlos aus der Front herausgezogen worden. Das gibt Montgomery Bewegungsfreiheit, britische Einheiten stoßen bei Falaise nach Süden, Teile der durchgebrochenen US-Verbände nach Osten und Norden, die Falle schnappt zu. In einzelnen Kampfgruppen versuchen die Eingeschlossenen, sich nach Osten durchzuschlagen. In die verstopften Rückzugsstraßen krachen Bomben und Granaten, hämmern die Bordwaffen der Jabos.
Hitler verschiebt wieder Feldmarschälle; Model löst Kluge ab, der appelliert in einem Abschiedsbrief an den Führer, den aussichtslos gewordenen Kampf zu beenden, und tötet sich auf dem Heimweg nach Deutschland mit Gift.
Der Kessel von Falaise wird zur Katastrophe des Westheeres. Am 19. August können zwar noch 80 000 Mann ausbrechen. 45 000 Soldaten aber gehen in Gefangenschaft oder sind gefallen.
Hitler tobt, befiehlt die Verteidigung von Paris: ». . . darf nicht oder nur als Trümmerfeld in die Hand des Feindes fallen.«

Als General von Choltitz die Stadt unversehrt übergibt, will Hitler sie mit V 1 zusammenschießen lassen. Auch dieser Befehl wird nicht ausgeführt.
In Südfrankreich gelandete US-Einheiten stoßen die Rhône aufwärts. Dort ebenso wie weiter nördlich überholen die schnellen Verbände mühelos die zu Fuß zurückflutenden Deutschen. Eine geplante Verteidigungslinie an der Seine kommt nicht zustande; Patton ist längst drüben . . .
Neunzig Tage nach »D-Day« müsse die Seine überschritten sein, hat Montgomery sich vorgenommen. Nun stoßen die Alliierten schon am 75. Tag über den Fluß. »Keinerlei nennenswerte Verbände befanden sich mehr auf der Erde, geschweige denn in der Luft«, schrieb Dr. Hans Speidel, damals Generalstabschef der Heeresgruppe B, in seinen Erinnerungen. Buntscheckige Haufen hasteten nach Osten, krallten sich hier und dort fest, wurden überwältigt oder geworfen. Nur die 15. Armee, deren Masse die ganze Zeit vergebens auf die »Haupt-Invasion« am Pas de Calais gewartet hatte, entkam vergleichsweise vollständig und mit schweren Waffen über die Schelde. Nicht zuletzt deshalb gelang es Model schließlich, eine Verteidigungslinie von der Scheldemündung zum Westwall, durch Luxemburg und Elsaß-Lothringen zur Schweizer Grenze aufzubauen.
Zu dieser Zeit verstärkten sich die Nachschubsorgen der Alliierten. Noch war kein Hafen von nennenswerter Kapazität in ihrer Hand; Cherbourgs Kais waren vor der Kapitulation gründlich zerstört worden, über hastig reparierte Anlagen und über die alten »Mulberries« vor der Normandie mußten täglich mindestens 20 000 Tonnen Material gelöscht und über immer weitere Entfernungen nach vorn gebracht werden. Und das Eisenbahnnetz hatten sie selbst zerschlagen müssen. Da nahm die 11. britische PzDiv. am 4. September – nach dem wilden Vorstoß über 350 km in knapp vier Tagen – Antwerpen mit fast unbeschädigten Hafenanlagen.
Aber diese waren nur durch die Scheldemündung zu erreichen, und die war noch fest in der Hand der Deutschen. Statt nun zuerst diese wichtige Wasserstraße mit allen Kräften freizukämpfen, entschloß sich Montgomery zu einem gewagten Sprung nach vorn, in der tiefen Flanke der feindlichen Truppen über den Niederrhein. Die Hoffnung war immerhin berechtigt, daß die feindlichen Einheiten an der Scheldemündung sich der drohenden Umklammerung nach Osten entziehen würden. Strategen mögen sich noch lange über dieses Problem streiten, schreibt Churchill in seinen Memoiren. So meint der US-Historiker Cornelius Ryan, Montgomery habe das Unternehmen aus Hochmut und Eitelkeit befohlen – und aus Wut darüber, daß nicht er, sondern Eisenhower den Oberbefehl über die alliierten Landstreitkräfte erhalten hatte.
In der Tat hatte »Ike« verabredungsgemäß am 1. September den Oberbefehl übernommen. Unter seiner Oberleitung befehligten »Monty« (21. britische Heeresgruppe) und US-General Omar Bradley (12. amerikanische Heeresgruppe) nunmehr 37 Divisionen mit Kampftruppen von mehr als einer halben Million Mann. Mit dieser Streitmacht, entschied Eisenhower, sei auf breiter Front an die deutsche »Siegfriedlinie« heranzurücken und dann ein Stoß ins Saargebiet zu führen. Darin war der vorwärtsdrängende Montgomery allerdings völlig anderer Ansicht. Er schlug Anfang September vor, auf eine breite Front zu pfeifen und die gesamten Streitkräfte zu einem entschlossenen Stoß zusammenzufassen – entweder unter seiner Führung im Norden durchzubrechen und das Ruhrgebiet zu umfassen, oder unter Bradley im Süden gegen die Saar. In jedem Fall aber sollten für diesen Durchbruch sämtliche Kampfmittel und der gesamte Nachschub zur Verfügung stehen. Und er machte kein Hehl daraus, daß er angesichts der ungeheuren operativen Möglichkeiten im freien Raum der Norddeutschen Tiefebene der Offensive im Norden den Vorzug geben würde. So sei der Krieg bis Weihnachten zu beenden.
Erst als Eisenhower an seinem bedächtigen Plan festhielt, kam es zum Kompromiß: Montgomery sollte wenigstens Gelegenheit erhalten, zum Niederrhein durchzustoßen und auf dem nördlichen Ufer bei Arnheim einen Brückenkopf zu errichten. Man mag vermuten, daß Enttäuschung über die Ablehnung der großen Lösung das Urteilsvermögen Montgomerys bei der Entwicklung dieses Planes trübte; daß Eisenhower ihn halbherzig ge-

nehmigte, um den britischen Kollegen nicht noch mehr zu verärgern. Zeitdruck kam hinzu, denn der deutsche Widerstand versteifte sich von Tag zu Tag. Das Ergebnis war »Kleckern«.

Arnheim

Die ersten Soldaten, die in der bisher größten Luftlandeoperation der Kriegsgeschichte auf feindbesetztem Boden landeten, waren die Männer der Unabhängigen Fallschirmjägerkompanie des britischen Majors B. A. Wilson. Zwölf umgebaute Stirling-Bomber brachten sie am Mittag des 17. 9. 44 über das Heidegebiet westlich von Arnheim, in dem sie für die dichtauf folgenden Einheiten der 1. Luftlandedivision mit bunten Tüchern Absprungplätze abstecken sollten. Im Tiefflug betrachtete Kompaniechef Wilson die saftigen holländischen Wiesen und genoß das friedliche Bild grasender Kühe. Die Idylle wurde auch über dem Zielgebiet kaum gestört; mäßiges Flakfeuer schüttelte die Flugzeuge, zwei Fallschirmjäger wurden beim Absprung durch Infanteriewaffen verletzt, und der Major hatte sich kaum von seinem Fallschirm befreit, als sich ein älterer, besorgt aussehender deutscher Soldat regelrecht zur Gefangennahme aufdrängte.

Aber ein paar Kilometer weiter nördlich, in Hoenderloo, hatte ein erheblich gefährlicherer Mann einen zunächst noch gleichgültigen Blick auf die letzten in der Heide niedergehenden Fallschirme geworfen: SS-Obersturmbannführer Walter Harzer, Ia der 9. SS-Panzerdivision »Hohenstaufen«, stieß dort auf das Wohl des Kommandeurs seiner Aufklärungsabteilung, Hauptsturmführer Walter Gräbner, an, der vor ein paar Tagen mit dem Ritterkreuz dekoriert worden war. Die Fallschirme regten die SS-Offiziere nicht weiter auf: Offenbar hatte die Flak mal einen Ami-Bomber erwischt. Während Wilsons Männer unter den Augen hingerissener Holländer in aller Ruhe ihre Tücher auslegten und ein sonores Dröhnen im Süden die sich nahende Luftlande-Armada ankündigte, die SS-Offiziere sich zuprosteten und Generalfeldmarschall Walter Model in einem Hotel in Oosterbeek, dem unmittelbar an das Landegebiet angrenzenden Arnheimer Vorort, einige Herren seines Stabes zu einem Gläschen gekühlten Mosels versammelte, bereiteten sich in den umliegenden Ortschaften und Gehöften ein paar tausend SS-Soldaten auf das mittägliche Essenfassen vor. Nach Ansicht der meisten Feindnachrichten-Offiziere in den alliierten Stäben durften sie sich dort keineswegs aufhalten. Sie würden es in Arnheim mit »Hitlerjungen und Greisen auf Fahrrädern« zu tun bekommen, wußten die englischen Fallschirmjäger. In der Tat hatte nur ein blinder Zufall die Soldaten zweier angeschlagener, aber fanatischer und kampferprobter SS-Panzerdivisionen in das Gebiet von Arnheim geführt. Andere Faktoren jedoch, die aus dem kühnsten Unternehmen des Feldmarschalls Bernard L. Montgomery ein blutiges Debakel machen sollten, waren einprogrammiert, voraussehbar und die Folgen politischer und persönlicher Differenzen, wie sie der Koalitionskrieg unvermeidlich mit sich bringt.

Nach dem Zusammenbruch der deutschen Front in der Normandie hatte der Vormarsch der alliierten Armeen ein atemberaubendes und für die Logistiker nervenzerrüttendes Tempo angenommen. Anfang September würde man die Deutschen bis zur Seine zurückgedrängt, sieben Monate später die deutsche Grenze erreicht haben, war zu Beginn der Invasion im Stab des Oberbefehlshabers Eisenhower geschätzt worden.

Statt dessen stand nun, Anfang September, der südliche Flügel des alliierten Millionenheeres schon am Westwall, wo der US-Panzergeneral Patton wütend darauf drängte, für einen Stoß über die Saar nach Frankfurt mit Nachschub versorgt zu werden: »Meine Soldaten können ihre Gürtel fressen, aber meine Tanks brauchen Benzin!« Und im Norden hatte die 11. britische Panzerdivision – nach einem wilden Vorstoß über 350 km in knapp vier Tagen – Antwerpen mit fast unbeschädigten Hafenanlagen genommen.

Davon hatten die geplagten alliierten Nachschub-Planer jedoch nichts, denn die rund 75 km lange Zufahrt zum Hafen, die Westerschelde, war auf beiden Ufern von der 15. deutschen Armee besetzt, die sich als einziger Großverband in ziemlich guter Ordnung aus dem Calais-Gebiet hierher zurückgezogen hatte. Die gesamte

»In jeder Sekunde kann er am Feinde sein«, textete der »Signal«-Redakteur über dieses Propagandafoto eines fabrikneuen Panzerspähwagens. Eher wohl der Feind an ihm, möchte man antworten angesichts der Lage im Herbst 1944, als die amerikanischen Jabos förmlich überall zu sein schienen. Viele Verluste der deutschen Verbände entstanden schon auf dem Marsch ins Kampfgebiet durch Tiefflieger (links: verwundeter Landser). Truppenbewegungen wurden immer schwieriger.

Versorgung, mindestens 20 000 Tonnen täglich, mußte also vorerst weiterhin in Cherbourg gelöscht und über rund 700 Straßenkilometer nach vorn geschafft werden.

Seit der Invasion hatte Feldmarschall Montgomery die Koordinierung sämtlicher alliierter Landstreitkräfte in der Hand gehabt. Am 1. September übernahm der Oberbefehlshaber, US-General Dwight D. Eisenhower, verabredungsgemäß persönlich die Gesamtleitung, und »Monty« mußte sich auf die Führung seiner 21. Heeresgruppe am linken, nördlichen Flügel beschränken. Sofort kam es zu einer scharfen Auseinandersetzung über strategische Fragen, an der sich von Süden her schrill der populäre US-Haudegen Patton beteiligte.

Der sonst so bedächtig planende Profi Montgomery sah Anfang September die Chance, den Krieg noch vor Weihnachten zu beenden. Er forderte von Eisenhower, seine eigene und die 12. Heeresgruppe unter US-General Omar Bradley »als eine solide Masse von 40 Divisionen« zusammenzufassen und in einem mächtigen Stoß nach Nordosten über den Niederrhein in die Norddeutsche Tiefebene einzubrechen.

Die operativen Möglichkeiten waren in der Tat gigantisch; das Ruhrgebiet war abzuschneiden, selbst Berlin angesichts des Zustandes des deutschen West-Heeres erreichbar. Die Kräfteverteilung auf alliierter Seite, wie sie nach dem Marsch durch Frankreich und Belgien nun einmal war, hätte es allerdings nötig gemacht, alle Anstrengungen unter Montgomerys Frontabschnitt zu konzentrieren und die 3. US-Armee von Patton, dem Lieblingsgeneral der amerikanischen Kriegsberichterstatter, einfach anzuhalten.

Dadurch wurde Montgomerys strategisches Konzept nicht weniger richtig, für einen publizitätsbewußten US-General jedoch unannehmbar. Mit einem Auge in den Kommentarspalten der US-Zeitungen, in denen vor dem 1. September schon mächtig darüber spektakelt worden war, daß Bradley und der Durchbruchs-Held Patton immer noch dem Engländer Montgomery unterstanden, beharrte Eisenhower eisern auf seinem Konzept der »Breiten Front«, auf der gleichmäßig und bei gleichmäßiger Verteilung des Nachschubs vorzurücken sei. Und insgeheim hoffte jedermann auf amerikanischer Seite, der wilde Patton werde unten im Süden schon einen Durchbruch erzwingen oder, wie er selbst es ausdrückte, »durch den Westwall flitzen wie die Scheiße durch die Gans«.

Die durch einen flüchtigen Blick auf die Landkarte erkennbare Tatsache, daß vor Patton bergiges Land mit engen, gewundenen Straßen die Verteidigung begünstigte und schwere Verluste bei Panzerangriffen signalisierte, während sich die Norddeutsche Tiefebene für eine mechanisierte Streitmacht geradezu anbot, wurde verdrängt. Inzwischen brütete Montgomery, die verweigerte Gelegenheit zum entscheidenden Schlag gegen das Dritte Reich vor Augen, einen Plan aus, der alle Nachteile eines Kompromisses aufwies, aber einen gewaltigen Vorteil hatte: Er war machbar, Eisenhower würde ihn genehmigen.

Die beiden hatten eine gemeinsame Sorge: In England warteten, tatendurstig und bis hin zur Insubordination von Langeweile gequält, seit der Invasion englische und amerikanische Eliteverbände auf ihren Einsatz: die Fallschirmjäger. Mindestens ein dutzendmal seit dem Durchbruch von Avranches waren für sie Luftlandeoperationen geplant worden, mehrere Male hatten sie schon in den Flugzeugen gesessen – jedesmal war das Unternehmen abgeblasen worden, weil der deutsche Widerstand schneller als erwartet zusammenbrach. Eine Chance, diese Eliteverbände in den Kampf zu werfen, würde Eisenhower jederzeit ergreifen.

Er genehmigte auch sofort den Plan, den Montgomery ihm vorlegte:

Ausgehend von der britischen Front in der Nordostecke Belgiens, knapp westlich der Maas im Bogen des Maas-Schelde-Kanals, sollten die Luftlandetruppen die Brücken entlang der Linie Eindhoven-Uden–Grave–Nimwegen–Arnheim besetzen und damit einen Korridor für drei nachrückende britische Korps schlagen. Wenn alles klappte, würde das Ergebnis ein Brückenkopf auf dem Nordufer des Niederrheins, jenseits der letzten, der Brücke von Arnheim sein.

Wenn alles klappte . . . In seinem Buch »Die Brücke von Arnheim« wirft der US-Historiker Cornelius Ryan dem britischen Feldmarschall vor, er habe sich aus gekränkter Eitelkeit und persönlichem Ehrgeiz auf das gefährliche Unternehmen eingelassen, statt zunächst die weniger spektakuläre, aber sinnvollere Aufgabe der Säuberung der Westerschelde zu übernehmen. Abgesehen davon, daß ein erfolgreicher Berufssoldat ohne Ehrgeiz sowieso schwer vorstellbar ist, tut der Amerikaner dem Briten auch in einem objektiven Punkt unrecht: Das Unternehmen »Market Garden«, wie die kombinierte Operation genannt wurde, war durchaus geeignet, zwei Fliegen mit einer Klappe zu schlagen und außer der Öffnung eines Zuganges zur Norddeutschen

Tiefebene das Problem der Antwerpen-Zufahrt sozusagen nebenbei zu erledigen: Nur 24 km ist die südlichste Bucht der Zuidersee von Arnheim entfernt; ein einziger Stoß genügte von dort, um das gesamte westliche Holland einschließlich Amsterdam und Rotterdam abzuschneiden. Bemerkenswert ist vielmehr, daß ein Oberbefehlshaber wie Eisenhower die gewaltigen Möglichkeiten nicht sah oder absichtlich übersah, und daß er Montgomery mit Mitteln wursteln ließ, die kaum für das kriegsentscheidende Ziel ausreichen würden. Seit man weiß, daß sie nicht gereicht haben, ist es natürlich bequem, Montgomery zu kritisieren. Für Deutsche sollte bei dieser Diskussion bedenkenswert sein, daß Montgomerys strategisches Konzept die politische Landkarte im Mitteleuropa der Nachkriegszeit entscheidend verändert hätte.

Nachdem so viel Zeit mit nutzloser Diskussion vertan war, wurde das Unternehmen »Market Garden« hastig vorbereitet. Zum ersten Mal in seiner Karriere als Berufssoldat plante Montgomery nicht mit seiner an Pedanterie grenzenden Genauigkeit. Während der Vorbereitung tauchten Informationen auf, die ihn normalerweise dazu gebracht hätten, entweder das Unternehmen abzublasen oder den Kampf mit Eisenhower um eine stärkere Konzentration von Kräften erneut aufzunehmen. Waren dem Feldmarschall diese Informationen bekannt?

Die wichtigste Information, die zur Änderung der Pläne hätte führen müssen, betraf die Reste der 9. und 10. SS-Panzerdivisionen »Hohenstaufen« und »Frunds-

berg«. Ihr Vorgesetzter, der Kommandierende General des II. SS-Panzerkorps, Obergruppenführer Bittrich, hatte am 3. September von Generalfeldmarschall Walter Model, Oberbefehlshaber der Heeresgruppe B, den Befehl erhalten, die beiden seit der Landung in der Normandie fast ununterbrochen eingesetzten und schwer angeschlagenen Divisionen vom Gegner zu lösen und aufzufrischen. Diese Bewegung begann allmählich am 5. und 6. September. Als Aufstellungsraum bot sich die ruhige Gegend um Arnheim an.

Holländische Widerstandskämpfer berichteten schon bald darauf über die Truppenbewegung, Luftbilder zeigten Fahrzeugansammlungen, aber der Nachrichtendienst des XXX. britischen Korps, das die Spitze des Keils der Bodenoperation bilden sollte, berichtete weiterhin, ernsthafte Gegner seien im Bereich des geplanten Unternehmens nicht zu erwarten. Am

Während den Amerikanern am 20. September 1944 die Eroberung der Rheinbrücke bei Nimwegen gelang (oben: Nachschub rollt über den Fluß nach Osten), scheiterte bei Arnheim die 1. britische Luftlandedivision (ganz oben: Massenabsprung). Sie geriet an das II. SS-Panzerkorps von Obergruppenführer Bittrich, das im Raume Arnheim zur Auffrischung stand. Der kühne Plan des frischgebackenen Feldmarschalls Montgomery endete mit einem Fiasko und verlängerte den Kampf im Westen.

17. September begann das Unternehmen »Market Garden«. Die Brücken auf den ersten Stationen der zu schlagenden Bresche, zwischen Eindhoven und Nimwegen, wurden von der 101. und der 82. US-Luftlandedivision besetzt. Das Ziel des ganzen Unternehmens, die Niederrhein-Brücke von Arnheim, sollte von der 1. britischen Luftlandedivision zusammen mit der polnischen Fallschirmjägerbrigade des Generals Stanislaw Sosabowski genommen werden. Es konnte kein Zweifel daran bestehen, daß Arnheim, das am weitesten entfernt liegende Ziel, zugleich der entscheidende und der gefährlichste Punkt des ganzen Unternehmens war.

Nach der Verteilung der Lufttransportkapazität hätte es jedoch genau umgekehrt sein müssen: Während die Amerikaner im Süden großzügig genug bedient wurden, um fast ihre gesamten Kampftruppen am ersten Tag an den Feind zu bringen, verzettelte sich das Absetzen der Briten und Polen laut Plan auf drei volle Tage, und durch ungünstige Umstände wurden noch mehr daraus.

In den von Wilsons Pfadfinder-Kompanie abgesteckten Gebieten landeten am 17. September nur zwei der drei Brigaden der 1. Luftlandedivision. Am 18. sollte die 4. Fallschirmjägerbrigade unter Sir John Hackett folgen, schließlich am 19. Sosabowskis Einheit.

Als »Shan« Hackett und seine Brigade sich zum Abflug fertig machten, hielt er nach dem offiziellen »Briefing« seine Bataillonskommandeure zurück und sagte: »Das waren also unsere Befehle und der Plan, und nun könnt ihr das alles gleich wieder vergessen. Wir treten nämlich gegen einen Gegner an, der blitzschnell und mit äußerster Härte reagiert, wenn sich eine wirklich entscheidende Bedrohung zeigt. Seit gestern, seit der Landung der ersten Welle, hatten die Deutschen Zeit genug, unsere Absichten zu erkennen. Ihr Widerstand dürfte inzwischen voll entwickelt sein. Wir werden unseren schwersten Kampf und unsere größten Verluste nicht beim Halten unserer Ziele, sondern schon auf dem Weg dorthin haben.«

In der Tat erreichte Hacketts Brigade nie das ihr zugewiesene Ziel, das Höhengelände im Norden Arnheims. Inzwischen war drüben, wo es mit der Landung von Wilsons Pfadfinder-Kompanie so glatt begonnen hatte, eine Menge schiefgegangen.

Die beiden Brigaden der von General Roy Urquhart befehligten 1. Luftlandedivision waren zunächst mit Lastenseglern und an Fallschirmen gut gelandet. Ein Bataillon, geführt von Oberstleutnant John Frost, setzte sich sofort in Marsch zum rund 10 km entfernten Ziel des Angriffs, der Straßenbrücke. Der Vormarsch wurde zunächst fast nur von jubelnden Holländern gestört. Aber dann brach die Hölle los.

Die deutsche Führung, die aus den vorbereitenden Luftangriffen noch keinerlei alarmierende Schlüsse gezogen hatte, wurde aufgeschreckt und reagierte zumindest auf mittlerer Ebene mit der Geschwindigkeit und Härte, die Brigadier Hackett vorausgesagt hatte. Die Mitteilung, daß in ein paar Kilometer Entfer-

DURCHBRUCH NACH PARIS

August 1944

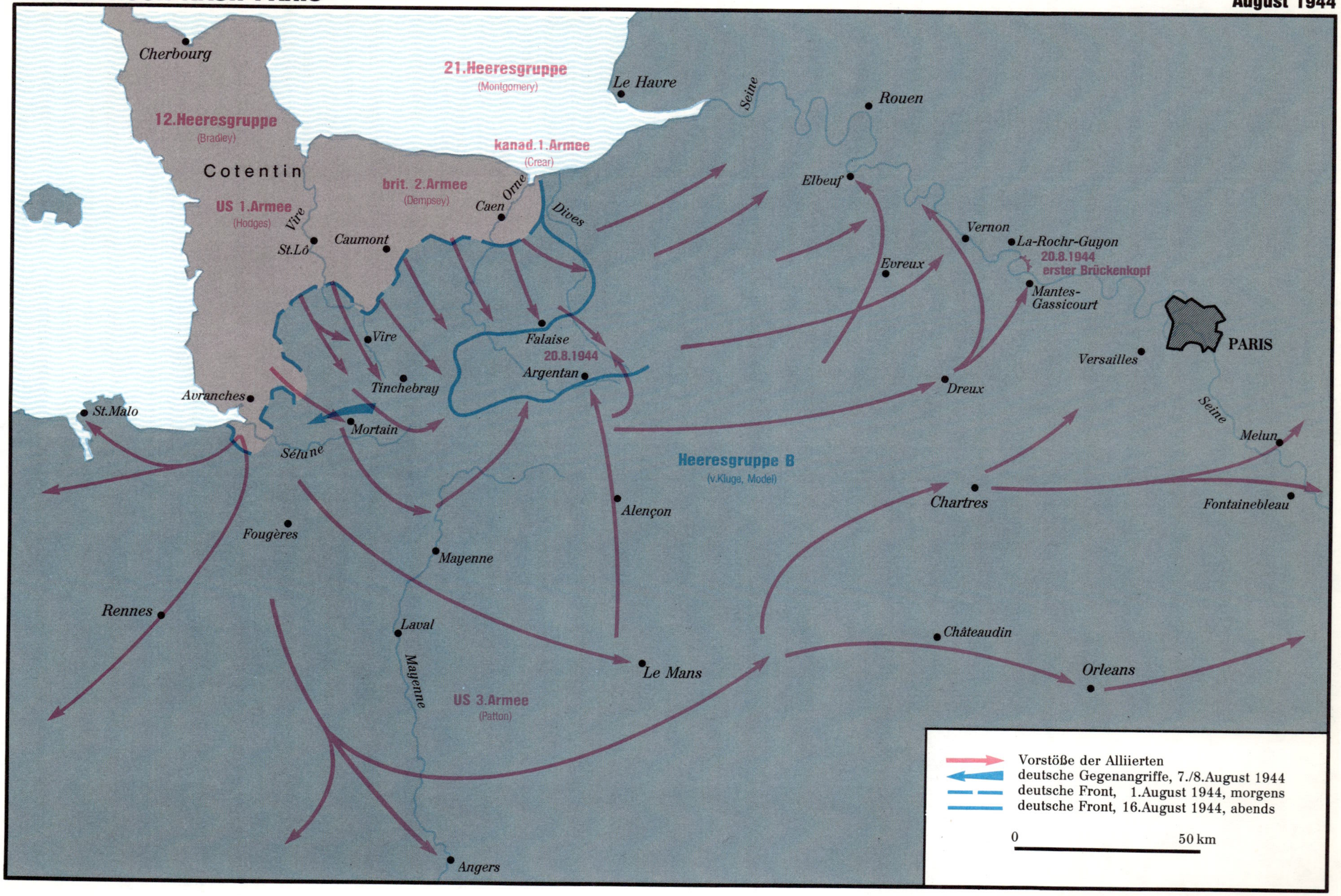

VORSTOSS ZUM RHEIN

September 1944

nung feindliche Lastensegler landeten, hatte Generalfeldmarschall Model nicht nur mit solcher Eile vom Mosel weg auf die Straße eilen lassen, daß er ein Köfferchen verlor und Toilettensachen über den Bürgersteig streute, sondern auch zu der etwas zu selbstbewußten Überzeugung gebracht, dies sei ein Handstreich der Alliierten, um ihn zu kidnappen.
Sachbezogener reagierten die SS-Offizieren. Unter der Parole »Der Feind ist da, wo Gefechtslärm ist!« (Bittrich) warfen sie ihre Einheiten gegen den so plötzlich erschienenen Feind. Frosts Bataillon erreichte zwar die nördliche Auffahrt der Straßenbrücke, stand aber schon gegen Abend in erbittertem Abwehrkampf, die Gebäude an der Straßenrampe haltend, aber unfähig, das Südende der Brücke zu besetzen oder Verbindung zu den nachrückenden Einheiten aufzunehmen. Das Schlimmste aber war, daß der Divisionskommandeur verschwunden war.
Eine technische Panne hatte General Urquhart in eine peinliche Situation gebracht: Die Funkgeräte, mit denen er Verbindung zu Frost und den nachrükkenden Einheiten halten wollte, funktionierten in dem dichtbebauten Gelände nicht. Als der General daraufhin selbst nach vorn ging, geriet er zwischen deutsche Truppen und mußte sich 36 Stunden lang in ihrer Hörweite auf einem Dachboden verstecken.
Die SS-Verbände verstärkten sich ständig, Panzer und Artillerie rollten an, auch Model hatte sich schnell von seinem Schrecken erholt und beim OB West, Feldmarschall von Rundstedt, Verstärkungen angefordert. Und sie kamen: zuerst ein Versehrtenbataillon unter Führung eines Majors mit Holzbein und Krücken, 16- bis 17jährige Arbeitsdienst-Jungen, dann aber auch Pionier- und Polizeibataillone, Flakbatterien, bunt zusammengewürfelte Alarmeinheiten aus Marine und Luftwaffe.
Als General Hackett am frühen Nachmittag des 18. September landete, war der Absprungplatz seiner Brigade gerade notdürftig durch einen Bajonettangriff feindfrei gemacht worden. Trotz der chaotischen Verhältnisse kam die Truppe halbwegs herunter. Der draufgängerische General, der zunächst einmal seinen beim Absprung verlorengegangenen Spazierstock suchte, machte dabei einige Gefangene, »obwohl ich viel mehr Angst hatte als die«. Dann traf er auf Charles Mackenzie, Urquharts Stabschef, und dessen Neuigkeiten stimmten ihn unfroh:
Der Divisionskommandeur verschwunden, Brigadier P. H. W. Hicks (Sir John: »Ein guter, aber wenig einfallsreicher Soldat«) als Kommandeur eingesprungen, Frost an der Brücke festgenagelt. Und ein Bataillon sollte er von seiner Brigade sofort abgeben, um einen Stoßtrupp, der zu Frost endlich durchbrechen sollte, zu verstärken. Mit Entsetzen registrierte er, daß diese Kampfgruppe nicht einmal unter einen gemeinsamen Oberbefehl gestellt worden war, daß vier Bataillonskommandeure unabhängig voneinander in der Nacht durch bebautes Gelände und unter starkem Feinddruck vorrücken sollten. »Das hieß ein Desaster herausfordern!« In der Tat kam keine der Einheiten bei Frost an.
In der Stadt, die an allen Ecken und Enden brannte, kam es zu erbitterten Häuserkämpfen. Inzwischen warfen alliierte Lufttransportgeschwader in Unkenntnis der Lage den dringend benötigten Nachschub hinter die deutschen Linien. Auf der Brücke schoß Frosts Truppe die Aufklärungsabteilung des soeben dekorierten Hauptsturmführers Gräbner, die von Süden durchbrechen wollte, auf kürzeste Entfernung zusammen. Gräbner kam dabei ums Leben. Frosts Männer hatten gehofft, andere Fahrzeuge auf der Brücke auftauchen zu sehen: In zwei Tagen, so lautete Montgomerys Plan, sollte das XXX. Korps, an der Spitze die Gardepanzer, bis zur Brücke von Arnheim durchstoßen. Aber auch zwischen Eindhoven und Nimwegen lief nicht alles planmäßig. Zwar hatten die Luftlandeunternehmen im wesentlichen geklappt. Aber der Vormarsch der Panzertruppen blieb immer wieder stecken. Die Vormarschstraße verlief zum Teil durch unbefahrbares Sumpfgelände, zum Teil über einen Damm, den Panzerfahrzeuge nicht verlassen konnten. Was kann die mächtigste Streitmacht schon ausrichten, wenn ihre Spitze sich »auf einer Panzerbreite« vorwärtskämpfen muß? Einzelne Sturmgeschütze, Pak- oder Flakstellungen mußten in endlosen Gefechten niedergekämpft werden.
Erst am 20. September sollten die Panzerspitzen die Waalbrücke in Nimwegen erreichen und sich unter blutigen Opfern den Zugang erkämpfen, während US-Fallschirmjäger weiter westlich im Kugelhagel den Fluß in Sturmbooten überwanden. Die Eingeschlossenen von Arnheim sollten noch lange warten. Am 19. September hatte sich General Urquhart endlich aus seinem Dachboden davonschleichen können. Er erkannte sofort, daß seine zusammengeschmolzene Division den ursprünglichen Plan, Arnheim bis hin zu den nördlichen Höhen zu besetzen, nicht mehr erfüllen konnte. Es zeigte sich, daß es auch für einen koordinierten Vorstoß zu Frost an der Brücke zu spät war. Die Reste der Division zogen sich in einen Brückenkopf im westlichen Vorort Oosterbeek zurück, angelehnt an das Nordufer des Niederrheins. Unmittelbar südlich davon sollten am 20. September General Sosabowskis polnische Fallschirmjäger abspringen, deren für den 19. geplanter Abflug in England wegen schlechten Wetters scheiterte. Auch am 20. hingen die Wolken tief, konzentriertes Flakfeuer zerstreute die Verbände der Transportmaschinen, der Absprung der 3000 Elitesoldaten wurde zum blutigen Desaster. Ganze 50 von ihnen konnten sich schließlich in Urquharts Kessel durchschlagen.
An diesem Nachmittag war Frosts Truppe von ursprünglich 600 Mann auf 140 zusammengeschmolzen, der Oberstleutnant lag schwer verwundet in einem Keller. Abends kämpfte nur noch eine kleine

Daß sie sich noch einmal blutige Köpfe holen würden, hätten die siegreichen Invasionssoldaten nach der Einnahme von Paris wohl kaum gedacht. Doch an der Reichsgrenze erwartete sie im Dezember 1944 eine böse Überraschung: das unerwartete Aufbäumen der Wehrmacht in der Ardennen-Offensive. Mit massierten Panzerkräften (rechte Seite oben: »Tiger« in Bereitschaft) schlugen die Deutschen die amerikanischen Truppen zurück und brachten zahlreiche Gefangene ein (oben).

Gruppe an der Brücke. Sie gab erst drei Tage später auf, als die letzte Patrone verschossen war.
Am Nachmittag des 25. September erreichten die Spitzen des XXX. Korps gegenüber von Oosterbeek das Südufer des Niederrheins. In der folgenden Nacht floh das Häuflein der Überlebenden der stolzen 1. Luftlandedivision nach Süden über den Fluß, schwimmend oder in Pionierbooten. Über 10000 Mann waren in Arnheim gelandet, ganze 2400 fanden sich schließlich in den Sammelstellen.
Übrig blieb ein kleines Stückchen Menschlichkeit mitten im blutigen Gemetzel: In der Nacht zum 21. September war von der deutschen Seite ein Funkspruch des britischen Divisionsarztes Oberst Warrack abgehört worden: Unsere Verbandsplätze sind überfüllt, es fehlt an Medikamenten und Wasser. Daraufhin befahl SS-General Bittrich, alles für die Rettung der britischen Verwundeten zu tun. Winston Churchill meinte zwar: »Die Schlacht hat mit einem ausgesprochenen Sieg geendet; nur die führende Division, die berechtigterweise nach mehr strebte, ist zerzaust worden . . .«
Aber was sich in Arnheim entschied, war nicht der Kampf um eine von mehreren gleichwertigen Brücken. Die Brücke von Arnheim war das einzige Ziel der ganzen Operation, das Tor zum vorzeitigen Ende des Krieges. Daß sie nicht gehalten werden konnte, hat mit großer Wahrscheinlichkeit die Geschichte verändert.

Ardennenoffensive

Mit mildem Staunen, aber ohne jede Spur von Empörung registrierte General Hasso von Manteuffel am 3. November 1944, welches an Verachtung grenzende Mißtrauen der Führer seinen höchsten Kommandeuren entgegenbrachte: Auf Befehl des Obersten Kriegsherrn mußte er vor einer Konferenz der Armeeführer in Feldmarschall Models Heeresgruppe B ein ungewöhnliches Dokument unterschreiben. Die Offiziere verpflichteten sich darin zu vollkommenem Stillschweigen über die Informationen, die der Chef des Wehrmacht-Führungsstabes, Generaloberst Jodl, ihnen geben würde, und wurden darauf aufmerksam gemacht, daß ein Bruch dieses Gebots die Todesstrafe nach sich ziehen könne. Solcherart auf den Status schwer erziehbarer Jungen reduziert, die nur durch Strafandrohung zur Einhaltung der einfachsten Regeln gezwungen werden können, hörten die Generäle zum ersten Mal von der bevorstehenden Ardennenoffensive.
Die Idee war inzwischen rund sieben Wochen alt, aber nur ein paar Männer wußten bis dahin davon. Am 16. September hatte Hitler nach einer Lagebesprechung in der »Wolfsschanze« OKW-Chef Keitel, Jodl und Generalstabschef Guderian zurückgehalten und, theatralisch mit der Faust auf die Landkarte schlagend, ausgerufen: »Ich will die Offensive – hier in den Ardennen! Über die Maas und weiter nach Antwerpen!«
Sicher ist: Wenn es jemals nach der Invasion einen Zeitpunkt gegeben haben sollte, an dem die deutsche Wehrmacht die Initiative im Westen zurückgewinnen konnte, dann hatte Hitler ihn durchaus getroffen. Im späten Herbst 1944 litten die alliierten Armeen an Deutschlands Westgrenze immer noch unter überdehnten Nachschublinien; nur in Cherbourg wurden Sprit, Munition und Verpflegung gelöscht, Le Havre und Rotterdam waren noch nicht als Versorgungshäfen zu benutzen. Das mißlungene Unternehmen gegen die Niederrheinbrücke in Arnheim, die schweren Kämpfe im Hürtgenwald und an der Roer hatten Eliteeinheiten dezimiert und erschüttert. Zugleich aber machte sich in Stäben ebenso wie in Mannschaftsquartieren die in jedem Falle gefährliche Überzeugung breit, der Gegner sei am Ende.
Auch die strategische Grundidee hatte manches für sich. Der Vorstoß aus den Ardennen schräg hinauf nach Antwerpen würde im südlichen Holland und nördlichen Belgien rund 30 alliierte Divisionen abschneiden. Die Frage war nur, ob die Wehrmacht nach den Aderlässen der letzten Zeit – allein in den Monaten Juli, August und September betrugen die Verluste 1,2 Millionen Mann – die Kraft für ein solches Unternehmen aufbringen würde. Rund dreißig Divisionen waren nötig – woher sollten die Soldaten, woher ihre Waffen kommen?
Noch hatte das Großdeutsche Reich zehn Millionen Mann unter Waffen. Und ergebene Gehilfen des Führers waren mit Eifer dabei, das Letzte aus dem Volk herauszuquetschen: Goebbels, der Reichsbevollmächtigte für den totalen Kriegseinsatz; Himmler, nun auch Oberbefehlshaber des Ersatzheeres; Speer, der unermüdliche Rüstungsminister . . . Bis November standen allein 18 frische, wohlausgerüstete Volksgrenadierdivisionen bereit, ihre Kurzausbildung zumeist durch Begeisterung ergänzend. War da nicht wirklich eine reelle Chance, das Blatt noch einmal zu wenden?
Der seit dem mißlungenen Bombenanschlag vom 20. Juli angeschlagene und körperlich verfallene Diktator lebte auf und strahlte fast wieder die alte Faszination aus, als Jodl ihm unter dem symbolträchtigen Namen »Christrose« am 12.

Oktober befehlsgemäß einen ausgearbeiteten Plan vorlegte, nach dem am zweiten Tag die Maas zu überqueren und am siebten Tag Antwerpen zu nehmen war. Er war begeistert und ordnete nur eine einzige Änderung an: Der Deckname sollte »Wacht am Rhein« lauten. Die Kommandeure an der Westfront sollten möglichst spät von dem Plan erfahren.
Soweit war es dann an diesem 3. November, und zu Jodls Mißvergnügen waren die Generäle nicht überrumpelt genug, um nicht sogleich Bedenken anzumelden. Hasso von Manteuffel bezweifelte kühl, daß die für den 25. November angesetzte Operation vor dem 15. Dezember stattfinden könnte. Und Feldmarschall Model entwickelte sofort einen Alternativplan, der, wie die Ereignisse zeigen sollten, zwar den Realitäten eher angepaßt war, aber vermutlich genausowenig funktioniert hätte:
Vorstoß aus den Ardennen nur bis zur Maas, dann Eindrehen nach Norden.
Gleichzeitiger Angriff der 15. Armee aus dem Bereich des Dreiländerecks Holland–Belgien–Deutschland, um einen zweiten Zangen-Arm zu bilden.
Nach dem Gelingen dieser Kesselschlacht könne der Vorstoß nach Antwerpen angesetzt werden.
Natürlich blieb es beim Hitler-Jodl-Plan. Nur die Bedenken Manteuffels erwiesen sich als stichhaltig: Erst im Morgengrauen des 16. Dezember konnte das Unternehmen »Wacht am Rhein« beginnen.
Zwei Voraussetzungen mußten erfüllt sein, um einen Offensiverfolg, mit welchem Ziel auch immer, zu gewährleisten: Die Infanterie mußte es schaffen, die amerikanische Front so schnell und so weit aufzureißen, daß die durch die Lücke brechenden Panzerdivisionen noch den Vorteil der Überraschung für sich hatten, wenn sie das Hinterland aufrollten.
Die winterliche Tief-Wetterlage mit auf den Bergen schleifenden Wolken mußte erhalten bleiben, um die den Himmel beherrschende Luftwaffe der Alliierten am Boden zu halten.
Wenn alles nach Jodls Plan gegangen wäre, dann hätten die deutschen Panzer immerhin schon in Antwerpen gestanden, als um den 22. Dezember langsam der Himmel aufriß. Aber sie waren noch nicht einmal an der Maas, als sich die Lightnings, Typhoons und Mustangs im Tiefflug auf sie und ihre Nachschubkolonnen stürzten, die dröhnenden Verbände der Fortress', Liberator und Marauder ihre Bombenklappen öffneten. Und das war weitgehend eine Folge der Tatsache, daß auch die erste Voraussetzung nicht erfüllt worden war.

Die wehrmachtinterne Meinung über US-Soldaten, nach den ersten Kontakten zwischen völlig unerfahrenen GI's und deutschen Elitetruppen in Afrika noch überaus geringschätzig, hatte sich inzwischen schon sehr gewandelt. Aber immer noch herrschte die Meinung vor, daß die Amerikaner zwar einigermaßen schneidig in der Offensive sein könnten, zu zäher Verteidigung unter ungünstigen Umständen aber, anders als die »sturen« Engländer, unfähig seien. Das erwies sich als fataler Irrtum.
Der deutsche Angriff brach ohne jede Vorwarnung über sie herein. Der alliierte Nachrichtendienst konnte – wohl hauptsächlich wegen des Wetters, das eine kontinuierliche Luftbeobachtung unmöglich machte – vollständig getäuscht werden. Dabei waren gewaltige Truppenbewegungen nötig, außer den neu aufgestellten Divisionen wurden Einheiten buchstäblich aus allen Gegenden von Norwegen bis zum Balkan in die Eifel gebracht. Während die Bewegungen in diesem Bereich sorgfältig verschleiert wurden, zeigte man auffällige Aktivität weiter nördlich; dort begann sogar eine nicht existierende Armee, die 25., einen heftigen Funkverkehr mit zahlreichen Sendern.
Die logistische Leistung war, angesichts eines schon schwer angeschlagenen Eisenbahnnetzes, gigantisch. Eine gewaltige Streitmacht war zusammengebracht worden, geräuschlos und pünktlich, zusammen mit mächtigem Kriegsgerät, das auf den wichtigsten Gebieten – Panzer und Infanteriewaffen – dem der Alliierten immer noch hoch überlegen war.
In der Nacht vor dem Angriff rollte diese tödliche Kriegsmaschine auf strohbestreuten Straßen in die Bereitstellungsräume. Es machten sich bereit:
Im Norden die 6. SS-Panzerarmee unter SS-Generaloberst Sepp Dietrich; als stärkste Streitmacht (vier Panzer- und fünf Infanteriedivisionen) sollte sie den Hauptstoß führen, beiderseits Lüttich über die Maas gehen und Antwerpen erobern.
Im Mittelabschnitt die 5. Panzerarmee unter Hasso von Manteuffel; drei Panzer- und vier Infanteriedivisionen stark, sollte sie die Maas weiter südwestlich überschreiten, Dietrichs Operation weitausholend mitmachen und seine linke Flanke schützen, insbesondere in der zweiten Phase gegen aus Westen vorrückende feindliche Reserven.
Im Süden die 7. Armee unter General Brandenberger, die einen schützenden Schleier an Manteuffels südlicher Flanke entlangziehen sollte; entgegen der ursprünglichen Planung, die eine Panzer- und fünf Infanteriedivisionen vorsah, bestand sie am Angriffstag nur aus vier Infanteriedivisionen. (In Sorge um seine Flanke hatte Manteuffel »wenigstens ein paar Panzer« für Brandenberger gefordert, worauf Hitler schließlich 30 Sturmgeschütze, hundert Raketenwerfer und ein paar Batterien der neuen, weitreichenden 12-cm-Geschütze zusätzlich herausrückte.) Als OKW-Reserve standen zwei Panzer- und fünf Infanteriedivisionen bereit.
Die Nacht zum 16. Dezember war in den Ardennen feuchtkalt und dunstig. In der Spitze des Wasserturms von Hosingen, ungefähr in der Mitte der »Geisterfront«, saß als Beobachtungsposten ein junger GI vom 110. US-Infanterieregiment. Wie die meisten seiner Kameraden hatte er noch keine Kampferfahrung.
Um 5.30 früh rief er pflichtgemäß den Gefechtsstand seiner »K«-Kompanie an, um seine Routinemeldung durchzugeben: »Keine besonderen Vork . . .«
Er brach mitten im Wort ab und sagte dann: »Merkwürdig, die ganze deutsche

Bei schönem Wetter ein unschlagbares Gespann: North American P-51 Mustang, eine Jagdmaschine mit fabelhaften technischen Daten (ganz oben), die auch als Jabo und zur Unterstützung der Panzerverbände eingesetzt wurde, und der Panzer Medium M4 Sherman (oben), der in fast 50 000 Exemplaren an allen Fronten des Zweiten Weltkriegs kämpfte. Die Erfolge der deutschen Ardennen-Offensive waren nur möglich, weil ein bedeckter Himmel die alliierte Luftaufklärung blockierte und den Shermans daher die Orientierung fehlte. So konnten die deutschen Divisionen (links: letzte Zigarette vor dem Angriff) die sieggewohnten GIs vollständig überraschen.

Front ist auf einmal voller komischer Lichtpünktchen!«
Im nächsten Augenblick detonierten rundum Granaten. Wie fast überall an der Front hatte die Artillerievorbereitung begonnen. Zugleich setzten die Einheiten der 26. Volksgrenadierdivision, Manteuffels bester Infanteriedivision, über das Flüßchen Our. Sie sollten für die Panzer, die bei Gemünd und im einige Kilometer nördlich gelegenen Dasburg den Flußlauf überquerten, den Weg freikämpfen. Das schien gegen das »grüne« 110. US-IR, das einen beträchtlichen Abschnitt im Bereich der Ortschaften Marnach, Clervaux, Munshausen, Hosingen, Holzthum, Wahlhausen und Consthum zu halten hatte, kein Problem zu sein. Es wurde eine harte Nuß. Das etwas weiter östlich gelegenen Wahlhausen ging nach hartem Kampf verloren. Aber es dauerte bis zum Abend des 16. Dezember. Zu dieser Zeit ging den letzten Überlebenden des Zuges, der Wahlhausen verteidigte, die Munition aus. Sie forderten Artilleriefeuer auf die eigene Stellung an. Nur einer von ihnen überlebte.
In den anderen Orten igelten sich die Amerikaner ein und leisteten wütenden Widerstand.
Als der kurze Wintertag zu Ende ging, waren die Brücken bei Gemünd und Dasburg geschlagen, aber vorn ging es nicht voran. Das Verkehrschaos auf den von »Tiger«-Ketten zermalmten Straßen nahm katastrophale Formen an.
Und die Männer des 110. Regiments hielten noch 36 Stunden lang aus, obwohl nun auch die Panzer der berühmten 2. Pz.Div., deren »Panther« zum Teil mit Infrarot-Nachtzielgeräten ausgerüstet waren, in den Kampf eingriffen. Erst im Morgengrauen des 18. Dezember ergaben sich in Clervaux, Hosingen und Holzthum die letzten Überlebenden oder schlugen sich nach Westen durch. Kaum 2000 Mann hatten den Vormarsch zweier Elitedivisionen entscheidend verzögert.
Die Chancen für »Wacht am Rhein« hatten sich damit ganz beträchtlich vermindert. Denn der entscheidende, große Durchbruch war auch an den anderen Frontabschnitten nicht gelungen. Eine der beiden Voraussetzungen für einen Erfolg war nicht eingetroffen: Es würde keinen überraschenden, zermalmenden Panzersturm durch das Hinterland des Feindes geben. Zwischen den Ardennen und der Maas begann der Gegner sich zu organisieren.
Hasso von Manteuffel hatte nicht von ungefähr seine beiden besten Divisionen – noch verstärkt durch Teile der Panzer-Lehr-Division, die Hitler ihm zusammen mit der Führer-Begleitbrigade noch im letzten Augenblick unterstellt hatte – im Bereich Dasburg–Gemünd eingesetzt. Es galt, innerhalb der ersten 24 Stunden den Fluß Clervé zu überwinden und sofort Bastogne zu nehmen, den wichtigsten Verkehrsknotenpunkt im ganzen Operationsbereich, in dem sich drei Eisenbahnlinien und fünf wichtige Straßen kreuzen.
Die Verzögerung hatte genügt. Die amerikanische Führung warf Verstärkung nach Bastogne. Es wurde zwar eingeschlossen, aber nie genommen. Als der deutsche Kommandeur einen Parlamentär mit der Aufforderung zur Kapitulation in die Stadt schickte, schrieb der amerikanische General McAuliffe als Antwort nur ein Wort auf einen Zettel: »Nuts!« Es

bedurfte einer ausgedehnten Rundfrage bei den deutschen Kommandostellen, um zu klären, was das Wort aus dem US-Militärslang bedeutete: »Quatsch«.
So langsam es auch bei Manteuffel voranging, die beiden anderen Armeen hatten noch größere Schwierigkeiten. Insbesondere bei Sepp Dietrich, auf den Hitler seine größten Hoffnungen gesetzt hatte, war der Geländegewinn unbedeutend und blieb weit hinter dem Plan zurück. Trotzdem sagte Hitler am zweiten Angriffstag zu General Balck, dessen 1. Armee im Raum Saarbrücken–Trier in schweren Abwehrkämpfen gegen Pattons Armee stand: »Vom heutigen Tag an darf kein Fußbreit Boden mehr preisgegeben werden. Wir marschieren wieder. Balck, Balck, das ist der große Umschwung im Westen! Der Sieg, der Endsieg . . .«
Gewiß, ein Fähnchen konnte man in den ersten Tagen der »Wacht am Rhein« ziemlich weit westlich in die Lagekarte bohren: Der erst 28 Jahre alte SS-Obersturmbannführer Jochen Peiper, ein schon von der Ostfront als furcht- und rücksichtslos bekannter Panzeroffizier, jagte mit der ersten Kampfgruppe der SS-Division »Leibstandarte« zunächst fast ungehindert durch das feindliche Hinterland.
Auch in seinem Angriffsstreifen Losheimer Graben, dem deutschen Einfallstor nach Westen von 1870, 1914 und 1940, war die Infanterie zunächst nicht vorangekommen. Keuchend vor Ungeduld »pumpte« Peiper sich ein Bataillon von der 3. Fallschirmjägerdivision und setzte seine Kampfgruppe mit ihrer gewaltigen Feuerkraft als Rammbock ein; zu ihr gehörten Panzer IV, schwere »Tiger«, schnelle »Panther«, zahlreiche »Jagdtiger«, mächtige 12,8-cm-Kanonen auf Selbstfahrlafette, einige Batterien »Achtacht« sowie Panzergrenadiere und Brükkenbaupioniere in Schützenpanzerwagen. Nachdem er sich aus einem amerikanischen Treibstofflager bei Bullingen bedient hatte, rasselte Peiper schon am 17. Dezember auf Stavelot zu, weit vor jeder anderen Einheit. Aber viel weiter sollte auch er nicht mehr kommen; zusammengewürfelte Truppen, oft nicht einmal mit Pak ausgerüstet, bremsten seinen Vormarsch, ein paar Tage später saß die Kampfgruppe eingekesselt jenseits der Amblève, deren Brücken nun gesprengt oder schwer verteidigt waren. Nicht einmal zurück gab es einen Weg; die Kampfgruppe mußte schließlich ihre Fahrzeuge sprengen und sich zu Fuß nach Osten durchschlagen. Zu dieser Zeit traf auch die zweite Voraussetzung für ein Gelingen der »Wacht am Rhein« nicht mehr zu: Am wolkenlosen Himmel erschienen die Jabos und Bomber der Alliierten.
Inzwischen hatte Manteuffels Speerspitze immerhin nahezu die Maas erreicht. Die zweite Panzerdivision stand bei Celles, kurz vor Dinant, aber auch dies bedeutete nicht mehr als ein trügerische Hoffnungen erweckendes Fähnchen auf Hitlers Lagekarte: Angesichts der zurückhängenden Armeen Dietrichs und Brandenbergers fehlte der Flankenschutz; Bastogne band immer noch entscheidend wichtige Kräfte; über eine Woche war vergangen, eigentlich sollte man in Antwerpen sein, koordinierte Gegenmaßnahmen der Alliierten liefen an.
Von Südwesten her schlug Pattons 4. Panzerdivision einen Korridor nach Bastogne hinein. Hitler, den die Berichte über General McAuliffes »Nuts«-Brief schon rasend gemacht hatten, schäumte und befahl, weitere Einheiten gegen diesen Pfahl im Fleisch einzusetzen, darunter die im Raum Rochefort–St. Hubert stehende Panzer-Lehr-Division, was die linke Flanke der vorgeprellten 2. Panzerdivision völlig entblößte. Doch Bastogne hielt. Was folgte, war nur noch auf die Manie Hitlers zurückzuführen, in einen offensichtlichen Mißerfolg so viel Menschen und Material wie nur möglich zu investieren.
Die Menschen machten Grausiges durch. Mit erfrorenen Gliedern, jede Minute von Tieffliegern gejagt, schleppten sich die geschlagenen Armeen in der ersten Januarhälfte zurück in ihre Ausgangsstellungen. Offizielle Verlustzahlen liegen nicht vor; Schätzungen besagen, daß auf deutscher Seite fast 70 000 Mann getötet, verwundet oder gefangengenommen worden sind. Die Verluste auf alliierter Seite waren noch höher.
Unter den Toten waren zahlreiche Amerikaner, die als wehrlose Gefangene von SS-Einheiten niedergeschossen wurden. Als das bekannt wurde, nahmen wiederum US-Einheiten an deutschen Gefangenen Rache.
Kaum Überlebende gab es bei einer Sondereinheit, auf die Hitler große Hoffnungen gesetzt hatte: Unter dem Kommando von Otto Skorzeny sollten SS-Leute in amerikanischen Uniformen im Hinterland Brücken besetzen, schwächere Einheiten überrumpeln und Verwirrung stiften. Eigentlich wurde nur das letzte Ziel erreicht: Es entstand eine Art »5.-Kolonne-Hysterie«, Eisenhower wurde von seinen gestrengen Bewachern sogar an Spaziergängen gehindert, und ältere US-Offiziere erlebten gelegentlich peinliche Stunden, wenn sie Testfragen nach Kino-, Baseball- und Comic-strip-Stars nicht beantworten konnten.
Das einzige erkennbare Ergebnis der letzten Großoffensive der deutschen Wehrmacht liegt in einer erheblichen Verschiebung der Demarkationslinie zwischen West und Ost. Die Rote Armee begann, auf einen Hilferuf Churchills an Stalin, vorzeitig am 12. Januar ihren Angriff aus dem Baranow-Brückenkopf. Auf der Konferenz von Jalta traf ein strahlender, siegesbewußter Stalin seine westlichen Partner (und zukünftigen Gegner). Seine Panzer standen 65 km vor Berlin.

Zusammenbruch der Ostfront

»Zum Abendessen wird eine Gans serviert. Es gelingt mir mit größter Mühe, kleinste Partikel unter erheblichem Kraftaufwand abzusäbeln, wobei ich mit größter Vorsicht operieren muß, damit meine Gänsekeule nicht meiner Nachbarin auf den Schoß hopst.«
Ort des Gänseessens: die Villa des Reichspropagandaministers Dr. Goebbels in Berlin. Zeit: der Silvesterabend 1944. Einer der Silvestergäste ist Wilfried von Oven, Pressereferent des Ministers. Er berichtet weiter:
»Ich sehe mich zwischendurch in der Runde um und stelle zu meiner Befriedigung fest, daß das allgemeine Schweigen bei Tisch darauf zurückzuführen ist, daß alle Tischgenossen sich mit der gleichen Verbissenheit bemühen, ihren Braten in mundgerechte Teile zu zerlegen. So säbeln wir eine Weile in emsiger Stille weiter. Die Gäste sagen nichts, um die Hausfrau nicht zu kränken, die Hausfrau sagt nichts, um den Spender der Gans, Gauleiter Hanke, nicht zu verletzen, und dieser mag sich der stillen Hoffnung hingegeben haben, daß nur er ein so zähes Stück erwischt habe.
Schließlich bricht der Hausherr den Bann, indem er sich an seine Frau wendet: ›Sag mal, ist dein Gänsebein auch so unglaublich zäh wie meines?‹
Allgemeines Aufatmen. Das Gesprächsthema ist gefunden. Lebhafte Diskussion über den jeweiligen Grad der Zähigkeit. Hanke meint in Erwiderung zahlreicher Anspielungen, es sei ein gutes Zeichen für die deutsche Ernährungslage im sechsten Kriegsjahr, daß die Gänse bei uns noch so alt würden.
Später sitzen wir in der Halle vor dem flackernden Kaminfeuer. Als das alte Jahr zu Ende geht, wird der Rundfunkempfänger auf höchste Lautstärke gestellt. Das ›Preußische Bekenntnis‹ von Clausewitz, von Heinrich George gesprochen, erklingt. In seine letzten Sätze mischen sich, von zarten Geigen getragen, die Klänge des Deutschlandliedes. Zwölf

Längst war im Osten die militärische Initiative verloren. Den vorstürmenden russischen Armeen konnte die Wehrmacht nur noch punktuell wirkungsvoll Widerstand leisten. Sie war nicht nur zahlenmäßig hoffnungslos unterlegen, sondern konnte auch in der Bewaffnung nicht mehr mithalten. Immer noch mußte sie mit veralteten Panzern (Bild: Rotarmisten neben Panzerkampfwagen IV nach vernichtendem Treffer) gegen die sowjetischen T 34-Rudel ankämpfen.

Schläge verkünden das Ende des alten Jahres, das uns so viel Schweres, aber zuletzt doch noch einen neuen Hoffnungsschimmer gebracht hat. Mit dem letzten Glockenschlag hebt das eherne Dröhnen der Glocken an, das in den machtvollen Gesang des Liedes ›O Deutschland hoch in Ehren‹ übergeht.

Wir haben uns erhoben. Frau Goebbels weint. Auch wir anderen sind in ergriffener Stimmung.«

Zuletzt ein neuer Hofnungsschimmer? Sie müssen es wohl so empfunden haben, was in Wirklichkeit doch nur eine Atempause vor dem nun schon unausweichlichen Verhängnis war. Gewiß, die Fronten waren nach und nach zum Stehen gekommen, aber warum?

Nicht weil Wunderwaffen oder neue Armeen den Feind gestoppt haben, sondern weil es Winter geworden ist und der Feind, im Osten wie im Westen, einen langen, blutig erkämpften Vormarsch hinter sich hat und eine Verschnaufpause braucht, ehe er zum letzten Schlag ausholen kann. Vor allem die Rote Armee ist in einem Sturmlauf ohnegleichen westwärts vorgedrungen.

Die sowjetischen Heeresgruppen (1. Baltische, 3., 2. und 1. Weißrussische Front), die am 22. Juni aus dem Raum Witebsk–Smolensk–Rogatschew mit ungeheurer Übermacht hervorgebrochen waren, die deutsche Heeresgruppe Mitte überrannt und praktisch vernichtet hatten, standen bereits fünf Wochen später an der Weichsel südlich Warschau und an der Grenze Ostpreußens.

Über 700 Kilometer hart erkämpfter Vormarsch in nur fünf Wochen, das entsprach den Rekorden der deutschen Wehrmacht in der Gegenrichtung. Und damit nicht genug, die Rote Armee greift unentwegt weiter an, dringt in Ostpreußen ein, steht im Oktober in Warschau, rollt im Süden die Verbündeten des Reiches (Rumänien, Ungarn, die prompt abfallen) nacheinander auf, stürmt in den Rücken der deutschen Balkanfront, nimmt Mitte Oktober Belgrad, erobert Budapest . . .

Aber dann ist Pause. Denn wenn der Vormarsch auch rasant war, so mußte er doch teuer erkauft werden – gegen erbitterten Widerstand. Die Russen stürmten buchstäblich ohne Rücksicht auf Verluste.

Die Gefechtsberichte der dem Ansturm ausgesetzten deutschen Verbände sprechen da eine deutliche Sprache. Immer wieder ist da nachzulesen, daß in einem Kompanieabschnitt ein mehrfach wiederholter russischer Angriff abgeschlagen worden sei – mindestens 4000 Rotarmisten tot oder verwundet, 32 Panzer vernichtet, bei nur 40 Mann eigenen Verlusten sowie Verlust von zwei Sturmgeschützen, zwei Feldhaubitzen und einigen MGs.

Zahlenmäßig hört sich das wie ein Sieg an, nur – die Russen konnten solche Verluste per Saldo verkraften, sowohl was Menschen als auch Material anlangt, aber 40 erfahrene Kämpfer und die letzten beiden Haubitzen – das war für eine ohnehin schon auf die Hälfte der Sollstärke oder noch weniger zusammengeschmolzene Kompanie ein unersetzbarer Verlust.

Und was für Kompanien galt, galt ebenso für Bataillone, Regimenter, Divisionen und Armeen – sie warfen sich mit schier übermenschlicher Bravour dem Ansturm wieder und wieder entgegen – bis auch die letzte Kraft erlahmt war und sie dem Druck weichen mußten.

Endlich, Mitte November, ließ der Druck nach, es entstand wieder eine zusammenhängende, leidlich stabilisierte Frontlinie. Sie begann im Norden am Kurischen Haff, führte dann an der ostpreußischen Grenze entlang und durch ostpreußisches

Grenzgebiet bis zum Narew. Die Frontlinie folgte dann diesem Fluß bis zu dessen Mündung in die Weichsel, dann der Weichsel bis quer durch Warschau hindurch. Südlich Warschau umschloß die Front zwei russische Brückenköpfe auf dem Westufer der Weichsel – den nördlichen im Weichselknick bei Pulawy–Zwolen, den südlicheren, weit größeren und gefährlicheren, im Weichselbogen vor Baranow. Südlich dieses russischen Brükkenkopfes folgte die Front nur noch kurz dem Weichselufer, durchschnitt den Strom dann und verlief fast geradeaus südwärts bis Kaschau im ungarisch-tschechischen Grenzgebiet, wo dann die Front der Heeresgruppe Süd anschloß.

Eine immer noch rund 1000 Kilometer lange Front, gehalten von ganzen zwei deutschen Heeresgruppen, genauer von dem, was nach den wüsten Rückzugsschlachten des Sommers und des Herbstes davon übriggeblieben war. Den Nordabschnitt hielt die im Sommer zerschlagene und nur notdürftig neu aufgebaute Heeresgruppe Mitte unter dem Oberbefehl des Generalobersten Reinhardt, den Südabschnitt, von Warschau bis Kaschau, hatte die Heeresgruppe A zu verteidigen, befehligt von Generaloberst Harpe.

Gegenüber dieser dünnen deutschen Front begann, kaum daß sie sich stabilisiert hatte, der Neuaufmarsch der Roten Armee.

Ihre vier Heeresgruppen – von Norden nach Süden unter den Befehlshabern Rokossowski, Tscherniakowsky, Schukow und Konjew – wurden in raschem Tempo derart mit Menschen und Material aufgefüllt, daß schon Mitte Dezember das Kräfteverhältnis der beiden Seiten der Front wieder fast groteske Formen annahm: Russische Überlegenheit bei Infanterie 9 zu 1, bei Panzern 6 zu 1, bei Artillerie 10–15 zu 1, je nach Frontabschnitt. Luftwaffe war auf deutscher Seite praktisch gar nicht mehr, auf russischer überreichlich vorhanden – auch im Osten war die Luftherrschaft, in den Anfangsjahren des Krieges einer der Schlüssel zu den deutschen Erfolgen, längst an den Gegner übergegangen.

Wann diese Übermacht abermals auf die dünne deutsche Front losrennen würde, war nur eine Frage der Zeit, und was dann geschehen würde, war kaum eine Frage mehr, nicht für die Armee- und Heeresgruppenkommandeure an der Front, und auch nicht für Generaloberst Guderian, den Panzergeneral, der seit Juli 1944 Generalstabschef des Heeres und zugleich Oberbefehlshaber der gesamten Ostfront war.

Guderian verlangte, und das nicht erst im Dezember, wieder und wieder von Hitler, die in Kurland stehende Heeresgruppe Nord – an die 30 intakte Divisionen, die da fast tatenlos herumstanden – zur Verstärkung der eigentlichen Ostfront zurückzuholen. Das war militärisch nötig und technisch möglich, aber Hitler lehnte ab, wie er seit geraumer Zeit jede Rückwärtsbewegung ablehnte.

Statt dessen startete Hitler eine wahnwitzige Offensive im Westen – die sogenannte Ardennenoffensive! Guderian verlangte, nachdem er diesen Unfug schon nicht zu verhindern vermochte, man möge ihm wenigstens dann, wenn der Angriff im Westen nicht den erstrebten Erfolg brächte, die dann freiwerdenden Divisionen für die Ostfront geben. Das sagte Hitler zu, um es dann doch nicht zu halten. Guderian bekam für die Ostfront praktisch nichts.

Er und die Heeresgruppenkommandeure mußten sich selbst helfen. Sie zogen die wenigen beweglichen Verbände aus der dünnen Front heraus, frischten sie mit allem, was irgendwie zusammenkratzbar war, hinter der Front auf und brachten so eine Reserve von 14 mageren Divisionen zusammen. Die Panzerdivisionen dieser Reserve, die hinter der Front von der Ostsee bis zum südlichen Weichselknie aufgestellt war, zählten 70–80 Panzer pro Division, ein Drittel der Sollstärke – für deutsche Verhältnisse eine beachtliche Zahl. Aber was bedeutete das schon gegenüber einem Gegner, der ganze Panzerkorps dutzendweise auffahren konnte! Es lag nahe, daß die deutschen Generäle bestrebt waren, was ihnen an Masse fehlte, nach Möglichkeit durch Taktik wettzumachen. Aus diesem Bestreben war der Plan »Schlittenfahrt« entstanden, entwickelt vor allem vom Generalstabschef der Heeresgruppe A, dem noch relativ jungen Generalleutnant Wolfdietrich Ritter von Xylander.

Der war von der inzwischen bekannten russischen Angriffstaktik ausgegangen, die auf der riesigen Artillerieüberlegenheit der Russen beruhte. Die Russen begannen ihre Angriffe stets mit einem langen, mörderischen Trommelfeuer, darauf angelegt, möglichst jeden Quadratmeter der deutschen Hauptkampflinie umzuwühlen. Das bedeutete allemal schwerste Verluste, die einfach nicht mehr zu verkraften waren.

Ritter v. Xylander hatte deshalb vorge-

schlagen, unmittelbar vor Angriffsbeginn – dessen Zeitpunkt zu ermitteln er der Feindaufklärung (zu Recht) durchaus zutraute – die Truppen aus der vordersten Linie zurückzuziehen, damit sie von dem Artillerie-Orkan verschont blieben und dem danach ziemlich blind vorstürmenden Gegner ungeschwächt gegenübertreten könnten. Alles schön gedacht, auch durchaus richtig, nur ohne Hitler. Der hielt von Bewegung nichts mehr, beharrte auf sturem Stehen. Er verwarf das »Schlittenfahrt«-Konzept und ließ nicht einmal zu, die mühsam aufgebauten Reserven in gebührendem Abstand hinter der Front bereitzustellen, damit sie sich dann da, wo sie gebraucht wurden, entfalten könnten. Nein, diese Reserven standen, Führerbefehl, knapp zehn bis zwölf Kilometer hinter der Front.

Gebraucht wurden sie, laut Hitler, sowieso nicht; der Führer hielt alle Meldungen über den sowjetischen Aufmarsch – Überlegenheit der Russen in den Weichselbrückenköpfen inzwischen auf Infanterie 11:1, Panzer 7:1, Artillerie 20:1 angestiegen – für erstunken und erlogen; er wußte, die Russen waren viel zu schwach, um überhaupt anzugreifen.

Guderian wußte es besser, Generalmajor Gehlens Feindaufklärung, Abteilung »Fremde Heere Ost«, arbeitete in dieser Phase, anders als früher, ausnahmsweise gut, sie hatte sogar den Zeitpunkt des russischen Angriffs korrekt vorausgesagt: 12. Januar 1945.

An diesem Tag, nachts um 1.30 Uhr, begann an der Front des Baranow-Brückenkopfes das erwartete und gefürchtete russische Trommelfeuer.

Die Feuerdichte auf russischer Seite betrug 250 Geschütze und Stalinorgeln pro Kilometer – alle vier Meter eins. Es dokumentierte die Ohnmacht der deutschen Wehrmacht, daß sie nicht imstande war, einen derart dichten Artillerie-Aufmarsch zu zerschießen, zu zerbomben oder sonstwie unmöglich zu machen.

Bis 6 Uhr morgens prasselte der Geschoßhagel auf die dünnen deutschen Linien, dann hörte er auf. Doch gerade als die Überlebenden sich zu sammeln begannen und das, was von ihren Waffen übriggeblieben war, brach das Inferno abermals los, mit doppelter Gewalt, bis 7 Uhr. Dann waren Stellungen und Truppe der 4. Panzerarmee, die vor dem Baranow-Brückenkopf lag, buchstäblich zermalmt, nicht mehr in der Lage, die Russen zu halten, die nun in schmalen Keilen, dichte Panzerrudel voran, durch die zerstampfte deutsche Front stießen und, ohne sich um Flankenschutz oder dergleichen zu scheren, vorwärts rollten. Die dürftigen Reserven, viel zu dicht hinter der Front aufgestellt, wurden – noch ehe überhaupt über die Lage Klarheit gewonnen war und sie wirksam angesetzt werden konnten – von den vorpreschenden Sowjetpanzern erreicht, angegriffen und am Versammlungsplatz in wütende Kämpfe verwickelt – und wurden damit operativ wertlos.

»Vorwärts, wir müssen zurück!« hieß die bittere Parole an fast allen Abschnitten der Ostfront schon seit dem Frühjahr 1943. Auch als das erste Tauwetter wieder einmal die russischen Straßen in Schlammpfade verwandelte, mußte der Rückzug zügig weitergehen. Auf Zeltplanen zogen die schwerbepackten Landser Waffen und Ausrüstung hinter sich her (oben). Die Rote Armee drängte nach, nur selten auf ernsthaften Widerstand stoßend. Vor allem bei den Geschützen (links: schweres deutsches Feldgeschütz) wurde das sowjetische Übergewicht erdrückend. Schließlich stand alle vier Meter ein Geschütz den deutschen Verteidigern gegenüber.

Konjews Durchbruch im Süden der Ostfront folgten Schlag auf Schlag die nächsten Katastrophen. Am 13. Januar brach im Norden die Heeresgruppe Tscherniakowsky durch die deutschen Linien an der ostpreußischen Grenze und südlich davon die Heeresgruppe Rokossowski über den Narew. Tscherniakowskys Stoß zielte auf Königsberg und Samland, Rokossowskis Angriffsdivisionen stürmten Richtung Elbing–Danzig – eine großräumige Klammerbewegung, um Ostpreußen vom Reich abzutrennen.

Am nächsten Tag, dem 14. Januar, stürmten Schukows Armeen südlich und nördlich von Warschau über die zugefrorene Weichsel in den Warthegau.

An allen drei Frontabschnitten war der sowjetische Vormarsch zwar stürmisch, aber deswegen nicht leicht. Denn wenn auch die deutschen Linien fast durchweg im ersten Ansturm überrannt wurden – was übrigblieb, sich wieder sammelte, warf sich dem Ansturm mit berserkerhaftem Kampfgeist entgegen, focht mit einer Härte und einer Erbitterung wie niemals zuvor in diesem Krieg.

Wenn irgendwo in den erbitterten Rückzugskämpfen zwischen Kurischem Haff und den Karpaten dieser oder jener Gegenstoß in zuvor feindbesetzte Dörfer, Flecken, Kleinstädte führte, oder wenn eingeschlossene Truppenteile sich als »wandernde Kessel« westwärts durch den Feind zurückkämpften, sahen sie in namenlosem Entsetzen überall das gleiche. Das ließ sie nicht mehr fragen, nur noch kämpfen.

Die Greueltaten der Roten Armee in den deutschen oder von Deutschen besiedelten Gebieten, in die sie in den letzten Januarwochen des Jahres 1945 einbrachen, sind gewiß durch nichts zu entschuldigen. Zweierlei aber ist zu bedenken. Zum einen waren die russischen Kampftruppen auf ihrem Weg zu den Grenzen Deutschlands durch ein Meer von Blut gewatet, und zwar vornehmlich durch das ihrer Kameraden – der gesamte russische Vormarsch war immer und überall mit

einem kaum vorstellbaren Blutzoll erkauft worden. Überdies waren diese Truppen nicht durch Feindesland, sondern durch ihr eigenes, vom Feind total verwüstetes Land vormarschiert – beides Grund genug, die Truppe in einen wilden Blut- und Racherausch zu versetzen, der alle Grenzen sprengte. Ob es dazu überhaupt der wüsten Haßpropaganda bedurft hätte, mit der die Rotarmisten angefeuert wurden, kann füglich bezweifelt werden.
Zum anderen: Die Verantwortlichen dafür, daß dieses entsetzliche Schicksal die deutsche Zivilbevölkerung treffen konnte, saßen nicht in Moskau, sondern in Königsberg, Posen, Breslau und Berlin – die Gauleiter von Ostpreußen, Koch, vom Warthegau, Greiser, und von Schlesien, Hanke, sowie ihr oberster Vorgesetzter (außer Hitler), der Reichsleiter Bormann. Absolute Herrscher in ihren Gaufürstentümern, die sie waren, war für sie offenbar der Gedanke, die Herrlichkeit könne ein Ende haben, schier undenkbar. In blindem Glauben an Endsieg und unmittelbar bevorstehende Wende ließen sie zwar die Bevölkerung, soweit sie einen Spaten halten konnte, schanzen: Während des Winters wurden, von Ostpreußen bis hinunter nach Schlesien, Panzergräben gegraben und Feldbefestigungen gebaut, in drei Linien hintereinander.
Aber was eigentlich das Gebot der Stunde war: die Bevölkerung aus den bedrohten Gebieten rechtzeitig zu evakuieren, das taten sie nicht, wohl weil es ihnen als Zweifel am Endsieg, als Eingeständnis der bevorstehenden Niederlage schien.
Technisch möglich wäre eine geordnete Rückführung der Bevölkerung aus den Ostgebieten ins Reichsinnere gewesen. Sie hätte Tausenden und Abertausenden Tod und Martyrium erspart, sei es durch die rasenden Russen, sei es durch grauenvolle Flucht inmitten des Kampfstrudels bei eisiger Kälte von 20 Grad und mehr. Denn die Flucht begann fast überall erst, als näherkommender Kampflärm und Rauchschwaden vom brennenden nächsten Dorf der Bevölkerung klarmachten, daß alle Beteuerungen ihrer Ortsgruppen- und Kreisleiter falsch gewesen waren, daß die Russen buchstäblich vor der Tür standen.
Und so mischten sich überall die elenden Trecks, nur mit dem Notdürftigsten ausgerüstet, in die rückflutenden Etappendienste, erbarmungswürdig hilflos, ohne recht zu wissen, wohin. Die verzweifelt kämpfende Truppe mühte sich, die Flüchtenden in die Mitte zu nehmen, sie zu schützen, wurde aber natürlich dadurch zusätzlich in ihrer Bewegungsfreiheit behindert.

Das Tempo des russischen Vormarschs ist enorm. Im Süden erreichen Konjews Angriffsspitzen bereits nach acht Tagen, am 20. Januar, die schlesische Grenze, am 22. Januar fallen Gleiwitz und Beuthen, am 25. wird die Oder bei Brieg und Steinau überschritten.
In der Mitte jagen Schukows Armeen quer durch Polen: Am 17. Januar fällt Lodz (damals Litzmannstadt) und am 18. Krakau, am 27. Januar wird Posen eingeschlossen, am 30. Januar erreichen Panzerspitzen zwischen Frankfurt und Küstrin die Oder, überqueren den fest zugefrorenen Fluß; gleich darauf werden beiderseits Küstrin zwei starke Brückenköpfe gebildet.
Im Norden ist Rokossowski, in Süd-Nord-Richtung angreifend, binnen zehn Tagen bis zur Ostsee durchgestoßen, er erreicht sie am Südende des Frischen Haffs. Damit sind alle Landverbindungen zwischen Ostpreußen und dem Reich abgeschnitten, nur über das zugefrorene Haff und die schmale Nehrung besteht noch ein Durchschlupf.
Zwei Tage nach Beginn des russischen Angriffs begreift Hitler, bis dahin immer noch mit dem fehlgeschlagenen Verzweiflungsangriff im Westen beschäftigt, endlich die tödliche Gefahr, die im Osten droht, und verlegt sein Hauptquartier aus dem Westen in die Reichskanzlei. Er beschließt, die Westfront auf Verteidigung umzustellen und die freiwerdenden Verbände, vor allem die 6. SS-Panzerarmee, zu Guderians hellem Entsetzen, nicht an die Ostfront, sondern nach Ungarn zu werfen, um Budapest zurückzuerobern.
Weitere Führerentschlüsse der letzten Januarwochen:
Hitler ernennt Himmler zum Oberbefehlshaber der neu zu bildenden Heeresgruppe Weichsel, die das weit klaffende Loch zwischen nördlicher Weichsel und der Reichsgrenze schließen soll – entstanden dadurch, daß der größte Teil der Heeresgruppe Mitte nach Ostpreußen abgedrängt und dort eingeschlossen ist.
Ein fataler Beschluß – Himmler mochte im nationalsozialistischen Sinne seine Meriten haben; von der überaus schwierigen Generalstabsaufgabe, fast aus dem Nichts – aus rückflutenden Restverbänden, frisch ausgehobenen Volksgrenadiereinheiten, zweckentfremdeten Etappensoldaten aller Art und dergleichen – eine neue, einsatzfähige Heeresgruppe aufzubauen, verstand Himmler überhaupt nichts, und der Stab, den er sich auf ausdrücklichen Führerwunsch selbst zusammensuchte, nicht viel mehr.
Ein anderer Führerbefehl betraf das oberschlesische Industriegebiet, das unbedingt gehalten werden müsse. Hitler ersetzte den nach seiner Auffassung zu schlappen Oberbefehlshaber, Generaloberst Harpe der Heeresgruppe A, die in Oberschlesien kämpfte, durch den ihm ergebenen Generaloberst Schörner, einen Mann, der es erklärtermaßen für richtig hielt, Truppen mit Terrormethoden in den Kampf zu jagen (»Mehr Angst im Rücken als von vorne!«).
Aber gerade dieser Schörner, der 15jährige Luftwaffenhelfer, die nichts weiter taten, als den gewohnten Weg von der Batterie nach Hause zu gehen, als Deserteure aufhängen ließ und sich den für diesen Brutalstil reichlich milden Namen »Heldenklau« einhandelte, dieser Schörner war es, der sich den Tatsachen beugen mußte. Als die gegen Ende Januar im oberschlesischen Industriegebiet kämpfende 17. Armee fast umzingelt war, befahl Schörner auf eigene Faust Aufgabe des Industriegebietes und Rückzug der 17. Armee über die Oder. Das war am 27. Januar.
Schörner selbst teilte diese, in der Sache richtige, Hitlers Befehlen aber kraß widersprechende Entscheidung seinem Führer telefonisch mit. Ohne diesen Rück-

Hatten 1941/42 die Sowjets alles zerstört, was dem deutschen Vormarsch hätte nutzen können, so war es nun die Wehrmacht, die mit »verbrannter Erde« die russischen Verfolger aufzuhalten suchte (oben rechts: brennende Brücke). Da die Rotarmisten ihre Reparaturarbeiten aber fast ungestört von deutscher Luftwaffe und Artillerie leisten konnten und für sie auch keine Partisanengefahr bestand, hemmten die Zerstörungen den Vormarsch kaum. Schon im Juli 1944 erreichte die Rote Armee Warschau (oben: MG-Nest in der Vorstand Praga).

zugsbefehl, begründete er, sei die ganze 17. Armee in kürzester Zeit zum Teufel, und das könne er nicht riskieren, die brauche er noch.
Generalleutnant Ritter von Xylander, nach wie vor Generalstabschef der Heeresgruppe, der das Gespräch mithörte, erwartete danach, daß Hitler den ungehorsamen Schörner, wenn nicht sofort erschießen, so doch mindestens sofort ablösen lassen würde. Statt dessen hörte er einen müden Hitler sagen: »Ja, wenn Sie meinen, Schörner. Sie führen ja schon richtig.«
War das schon wunderbar, so geschah – nachdem Schörners Heeresgruppe bis über die Görlitzer Neiße zurückgedrängt worden war – noch Wunderbareres: Die Russen blieben, Mitte Februar, stehen.
Warum die russischen Armeen, noch im vollen Angriffsschwung, Mitte Februar plötzlich stehenblieben, nicht weiterstürmten, daran ist seither viel herumgerätselt worden. Nur einer rätselte damals nicht: Hitler. Als die Front – entlang der Görlitzer Neiße und dann die Oder entlang bis kurz vor Stettin, von da in flachem Bogen durch Pommern bis Danzig – unerwartet stehenblieb, da war für ihn klar, daß sich nun die Wende anbahnte, die Russen am Ende ihrer Kraft waren und es nur geringer Anstrengung bedürfe, um das Schicksal zu wenden.
Das war eine aberwitzige Illusion, in der jedoch ein wahrer Kern steckte. Denn die Russen konnten wirklich nicht mehr. Ihre Nachschublinien waren nach dem rasanten Vormarsch überdehnt und funktionierten nicht mehr, die Fronttruppe war erschöpft und ausgeblutet, und die militärische Lage war auch nicht so – die russischen Marschälle hatten vor ihren Gegenübern noch immer höllischen Respekt. Gewiß, man stand an der Oder, nur noch 90 Kilometer vor Berlin, aber oben waren die Germanskis noch in Pommern, unten in Schlesien, und wenn die da noch was auf die Beine bringen würden und eine Riesenzange von Norden und Süden durch die dürftigen rückwärtigen Linien ansetzten . . .
In dieser Richtung wurde auf deutscher Seite auch gedacht. Nur, was die Russen nicht wußten – dafür fehlte längst die Kraft. Noch etwas anderes als diese militärischen Überlegungen brachte den russischen Vormarsch zum Stehen: Die russischen Kommandeure verloren vorübergehend die Kontrolle über ihre siegestrunkenen Truppen. Die waren inzwischen nicht mal mehr so sehr mit Vergewaltigen als mit Beutemachen beschäftigt, sie entdeckten, daß diese verfluchten Nemetzkis selbst im soundsovielten Kriegsjahr weit besser gelebt hatten als sie im tiefen, fast schon vergessenen Frieden je zu Hause, und sie machten sich über das her, was sie fanden: Alkoholika, Gebrauchsgegenstände aller Art.
Ganze Truppenteile verweigerten in diesem Taumel Befehle, so nachzulesen sogar in offiziellen sowjetischen Quellen. Eine Pause war unumgänglich.
Das hieß freilich nicht, daß die Russen den Angriff überall einstellten. In den Wochen von Mitte Februar bis Mitte März wurde die Heeresgruppe Weichsel aus Pommern herausgedrängt; in der gleichen Zeit vollzog sich das Schicksal Ostpreußens. Dort ging, auf einen immer kleiner werdenden Kessel um Heiligenbeil zusammengedrängt, die 4. Armee unter, bis zuletzt erbittert kämpfend, um möglichst vielen die Flucht über das gefrorene Haff und die Nehrung zu ermöglichen; in Pommern zerfaserte die ausgeblutete 2. Armee unter dem Ansturm von Schukows Panzern, die auf breiter Front fächerförmig zur Küste durchstießen.
Am 20. März ernannte Hitler auf Drängen Guderians den Generalobersten Gotthard Heinrici zum neuen Oberbefehlshaber der Heeresgruppe Weichsel.
Der eher kleine, schlanke General, grauhaarig, damals 56 Jahre alt, war ein Verteidigungsspezialist, von dem die Rede ging, er gehe erst zurück, wenn die Luft nur noch aus Blei bestehe, aber auch dann erst nach reiflicher Überlegung. Das hieß

jedoch nicht, daß er seine Truppen verheizte, ganz im Gegenteil, Heinrici verstand sich auf die Kunst, bei geringsten eigenen Verlusten möglichst viele Gegner aufzuhalten.
Was er allerdings bei Übernahme seines Kommandos vorfand, ließ ihn an der Möglichkeit eines Erfolges zweifeln. Die Front der Heeresgruppe Weichsel folgte jetzt dem westlichen Oderufer, von der Mündung – wo die Inseln Usedom und Wollin noch in deutscher Hand waren – bis zur Einmündung der Görlitzer (Lausitzer) Neiße. Dort schloß die Front der Heeresgruppe Schörner an, die durch die Lausitz und dann entlang dem Riesengebirge und den anschließenden Höhenzügen bis zur Slowakei verlief.
Heinricis Frontabschnitt wurde von zwei Armeen gehalten, die nördliche Hälfte – Odermündung bis Eberswalde – von der 3. Panzerarmee unter General von Manteuffel; die südliche Hälfte – Eberswalde bis Neißemündung – von der 9. Armee unter General Busse.
Manteuffel und Busse waren beide energische, fronterfahrene Armeeführer, nur ihre Armeen – das waren gar keine. Es waren bunt zusammengewürfelte Haufen, zusammengestellt aus dem, was sich aus dem Inferno der Januaroffensive über die Oder gerettet hatte, wahllos aufgefüllt mit Halbgenesenen aus Lazaretten, kaum ausgebildeten jungen Rekruten, Volkssturmeinheiten und dergleichen; mit Offizieren und Unteroffizieren besetzt, die zum erheblichen Teil den Krieg bis dahin nur am Schreibtisch erlebt hatten. Nur wenige intakte, kampferprobte Divisionen waren dabei.
Ähnlich stand es mit der Ausrüstung. Nur die wenigen alten Divisionen hatten im wesentlichen, was sie brauchten, den neu auf- oder zusammengestellten Verbänden dagegen fehlte es an allem, Waffen, Munition, Sprit, sogar Schanzgerät wie Spaten und Pickel.
Einziger Lichtblick: 850 Panzer sind da, zum größten Teil neu, sozusagen letzter Ausstoß der nun erlahmenden Rüstungsindustrie. Dafür gibt's zwar noch nicht sofort genug erfahrene Besatzungen und Offiziere, doch die finden sich – das ergibt ein paar leidliche Panzerdivisionen, die annähernd diesen Namen verdienen.
Emsig bemühen sich Heinrici und seine Armeekommandeure, unter exzessivem persönlichen Einsatz, aus diesem Mischmasch kampffähige Verbände zu machen. Das gelingt auch, doch genug war das angesichts dessen, was sich am anderen Ufer der Oder zusammenbraute, ganz und gar nicht.

Hinzu kam noch Hitlers Unwillen über die russischen Brückenköpfe westlich der Oder, die Guderian nicht hatte beseitigen können.
Der aber wies die Führer-Kritik in einem wütenden Brief zurück, woraufhin er mit General Busse vor den Diktator zitiert wurde.
Guderian und Busse waren pünktlich in der Reichskanzlei erschienen. Busse begann seinen Vortrag, doch Hitler ließ ihn nicht ausreden, sondern überschüttete Busse mit Vorwürfen. Guderian hörte das nur einige Augenblicke an, dann unterbrach er lautstark Hitlers Suada. Er erklärte exakt, warum Busse und seine Soldaten beim besten Willen keinen Erfolg haben konnten.
Adolf Hitler, der es nicht gewohnt war, unterbrochen zu werden, sprang zornbebend auf. Er war zwar in den knapp vier Jahren von 41 bis 45 körperlich zu einem

Bilder vom Kampf an der Ostfront: Ein Panzerwerfer auf leicht gepanzerter Selbstfahrlafette »Maultier« (oben) und ein ausgebrannter russischer T 34 (rechts). Die Rote Armee hatte es trotz der immer deutlicheren Ausrüstungsmängel auf deutscher Seite wieder schwerer als noch in den Weiten des eigenen Landes. Mit näherrückender Reichsgrenze leisteten die deutschen Heere immer verbissener Widerstand. Die Verteidigung der Heimat mobilisierte letzte Reserven der Soldaten.

zitternden Tattergreis ausgebrannt, konnte aber gleichwohl immer noch erstaunliche Energien mobilisieren. Und nun entlud sich all sein aufgestauter Haß gegen den Generalstab, diesen Hort des Defätismus, der seine Ideen konterkariert habe, nichts begreife . . .
Solange Hitler in Deutschland an der Macht war, hatte in Konferenzen oder Besprechungen mit ihm, wenn überhaupt, nur einer gebrüllt: er selber. Das änderte sich an diesem Tag: Guderian schrie zurück. Nicht nur das, der General, ohnehin von der Natur mit einer lauten, polternden Stimme beschenkt, überbrüllte Hitler.
Auch bei Guderian kam alles hoch: die nicht zurückgeholte, nutzlos im Norden herumstehende Kurlandarmee, die sinnlose Ardennenoffensive, der idiotische Versuch, Budapest zurückzuerobern – alles auf Kosten der Ostfront, die noch 500 Kilometer vom Reich entfernt stehen könnte, ohne diesen ganzen Unfug . . .
Hitler schrie derweil unentwegt, er habe es satt, er brauche keinen Generalstab mehr, da sitze der ganze 20. Juli, er brauche keinen Generalstab mehr . . .
Das Zorngebrüll der beiden Männer hatte die Umgebung zunächst erstarren lassen, dann trat General Burgdorf hinter Hitler und zerrte ihn mit den Worten »Mein Führer, so beruhigen Sie sich doch!« in den Sessel zurück, in den sich Hitler, plötzlich erschlafft, dann auch fallen ließ. Jodl packte den vor Wut krebsroten Guderian am Arm und führte ihn dann an der entferntesten Wand des riesigen Hitler-Arbeitszimmers auf und ab, was nicht viel nützte: Unentwegt dröhnte Guderians polternde Stimme durch den Raum, das »Verhängnis« beschwörend, das »Er« mit seinen Fehlentscheidungen über die Ostfront gebracht habe.
Guderians Adjutant, Major Bernd von Freytag-Loringhoven, bekam es mit der Angst, fürchtete, Hitler werde seinen Chef verhaften, wenn nicht gar erschießen lassen. Er sorgte dafür, daß Guderian aus seinem Zossener Hauptquartier angerufen und längere Zeit am Telefon festgehalten wurde.
Inzwischen beruhigte sich Hitler, setzte die Lagebesprechung fort, und auch Guderian hatte zum mindesten äußerlich seine Selbstbeherrschung wiedergefunden, als er dann in Hitlers Arbeitszimmer zurückkehrte. Er blieb stumm, bis die »Lage« beendet war. Dann Hitler: »Guderian und Keitel, bitte bleiben Sie noch.«
Hitler, als alle anderen das Arbeitszimmer verlassen hatten: »Guderian, Ihre Gesundheit erfordert Ihre sofortige Beurlaubung. Ihr Herz macht Ihnen wieder zu schaffen. Ich hoffe, in sechs Wochen sind Sie wiederhergestellt.«
Guderian: »Ich melde mich beurlaubt!«
Damit verließ der letzte Mann aus der Umgebung Hitlers, der noch nicht den Kontakt zur Wirklichkeit verloren hatte, die Kommandobrücke des OKH.
Zurück in der militärischen Führungsspitze des Deutschen Reiches blieben nur noch Gestalten, die längst zu ergebenen Marionetten des gleichermaßen tatterigen wie unverändert allmächtigen Diktator-Greises geworden waren: Jodl, Keitel, Burgdorf, Krebs (Guderians Nachfolger).
Mit Guderian hatte Heinrici seine letzte Stütze im Führerhauptquartier verloren, nun mußte er allein versuchen, die dünne Oderfront zu verstärken und vor allem Reserven im rückwärtigen Frontgebiet aufzubauen. Doch so sehr er Hitler auch drängte, er bekam keine Reserven, im Gegenteil, am 6. April nahm ihm Hitler auch noch die Hälfte seiner 850 Panzer weg und schickte sie zu Schörner, weil er plötzlich der Meinung war, der russische Hauptangriff werde im Süden, durch die Lausitz, angesetzt werden.
Am Nachmittag dieses 6. April hielt Heinrici in der »Führerlage« Vortrag; er zeichnete ein düsteres Bild von der Oderfront, die – so Heinrici – einem sowjetischen Großangriff schwerlich auf Dauer werden standhalten können. Hitlers Antwort war eine Tirade über den »fanatischen Glauben«, auf den es jetzt ankäme, der jeden Soldaten erfüllen müsse: »Jetzt kommt es nur noch darauf an, wer stärker glaubt, wer in diesem Kampf der letzten Kräfte einige Minuten länger aushält. Das aber werden wir sein, und daran hat jeder Soldat an der Oder fanatisch zu glauben!«
Müde, auch entmutigt, kehrte Heinrici an diesem Tag in sein Hauptquartier bei Prenzlau zurück. »Es hat alles keinen Zweck«, sagte er bedrückt zu seinem Ia, Oberst Eismann, »es ist alles so sinnlos.«
Und doch brachte Heinrici zehn Tage später, als der Sturm auf Berlin begann, zusammen mit General Busse ein militärisches Kunststück von hohen Graden fertig. Es war ihm gelungen – obwohl die Russen eisern Funkstille hielten und Luftaufklärung so gut wie unmöglich war –, Ort und Zeit des russischen Angriffs richtig abzuschätzen. Und er hatte es fertiggebracht, in der Nacht vom 15. zum 16. April geräuschlos seine Truppen aus den Stellungen gegenüber dem waffenstarrenden sowjetischen Brückenkopf vor Küstrin auf die dahinterliegende Stellung am Ostrand der Seelower Höhen zurückzuführen.
Marschall Schukow, der am 16. April um 4 Uhr morgens aus dem Küstriner Brükkenkopf heraus angriff, hatte sich dafür etwas Besonderes ausgedacht: Er ließ das Schlachtfeld mit 140 gleißenden Scheinwerfern ausleuchten, um die Deutschen zu blenden und sie gegen das mörderische Trommelfeuer seiner Artillerie noch wehrloser zu machen.
Mit 20000 Geschützen schoß Schukow in den schmalen Angriffsstreifen hinein; der Feuerorkan war so gewaltig, daß er noch weit entfernt erdbebenartige Wirkungen auslöste; der Druck der gleichzeitigen Abschüsse zerfetzte die Trommelfelle der russischen Geschützbedienungen.
Doch Schukows Scheinwerfer hatten niemanden geblendet, sein Artillerie-Orkan war ins Leere gegangen: Er merkte es, als gegen Morgen seine Truppen durch das sumpfige Oderbruch gegen die Seelower

Höhen stürmten. Sie kamen nicht weit. Oben saßen die Deutschen und feuerten, was aus den Rohren ging, »und die brauchten nicht mal groß zu zielen!«, wie sich ein russischer Major des blutigen Gemetzels erinnerte.

Schukow tobte; er war ganz sicher gewesen, die Deutschen überrennen zu können. Statt dessen lag er vor den Seelower Höhen zunächst einmal fest, während sein Rivale Konjew weiter südlich flott vorwärtsstürmte.

Stalin hatte eine Grenzlinie zwischen den Heeresgruppen der beiden Rivalen festgelegt, die Schukow begünstigte. Konjew hatte den weiteren Weg. Aber ihm glückte auf breiter Front der Übergang über die Neiße, einen Tag später auch über die Spree.

Das war in Schörners Abschnitt. »Dieser große Soldat«, bemerkte Heinrici bitter in seinem Hauptquartier am Abend des 16. April, »hat seine Front nicht mal einen Tag lang halten können.«

Heinricis Front hielt noch immer. Sie hielt zwei Tage lang, so lange, wie überhaupt noch etwas zum Schießen da war. »Aber dann«, klagte General Busse, »werden sie doch überrannt.« Am 18. April siegte der übermächtige Druck, Schukow eroberte die Seelower Höhen. Doch seine Truppen waren in der wüsten, enorm verlustreichen Schlacht so durcheinandergeraten, daß er eine Reorganisationspause brauchte.

Hitler schlief, als der Morgen des 20. April 1945 heraufdämmerte, sein 56. Geburtstag. An diesem Morgen näherten sich sowohl Schukows als auch Konjews Panzerspitzen den Außenbezirken der Reichshauptstadt. Die Amerikaner hatten bei Barby die Elbe überschritten. Busses 9. Armee hing mit einem Flügel noch an der Oder, war aber auf der anderen Seite bis Fürstenwalde zurückgedrängt und in Gefahr, eingeschlossen zu werden. Auf Manteuffels sogenannte 3. Panzerarmee am Unterlauf der Oder stürmte an diesem Morgen, nach mörderischem Artilleriefeuer, Rokossowskis Heeresgruppe mit gewaltiger Übermacht los.

Die Szene zum größten Drama dieses Jahrhunderts war gerichtet.

Über den Rhein

Die Ardennenoffensive war zusammengebrochen. 120 000 deutsche Soldaten waren tot, verwundet oder gefangen. Es fehlte ein Großteil der schweren Waffen: zerschossen, beim Rückzug gesprengt, Panzer und Fahrzeuge ohne Treibstoff liegengeblieben. Der Luftwaffe war endgültig das Rückgrat gebrochen. Ihr letztes Aufgebot war in der Luft und am Boden dezimiert worden. Hitler hatte am 2. Januar 1945 befohlen, den Angriff bei Bastogne erneut aufzunehmen und die frühere Front herzustellen. Generalfeldmarschall Walter Model meldete, daß der Angriff aus Kräftemangel nicht mehr zu führen sei.

Ein, wenn auch die letzten Illusionen zerstörender Erfolg der Ardennenoffensive war für die deutsche Führung ein beim Vorstoß erbeutetes, streng geheimes amerikanisches Dokument: Der Plan der »Operation Eclipse« – »Unternehmen Sonnenfinsternis«. Generalmajor Reinhard Gehlen – Chef der Generalstabsabteilung »Fremde Heere Ost« – zeigte den Eclipse-Plan Monate später dem Generaloberst Gotthard Heinrici. Der sagte: »Das ist das Todesurteil.« »Eclipse« beschrieb die alliierten Absichten nach dem deutschen Zusammenbruch: bedingungslose Kapitulation, Einteilung des Reichsgebietes in eine russische, amerikanische und britische Besatzungszone (eine französische Zone war nicht vorgesehen) und die Einteilung Berlins in drei Sektoren.

Dem Oberkommando der Wehrmacht war nun klar, daß mit einem Angriff der Russen auf Berlin zu rechnen war, nicht jedoch mit einem der Westalliierten. Diese aber wollten sehr wohl nach Berlin, hatten jedoch einen harten, langen Weg vor sich: Die Heeresgruppe B unter Generalfeldmarschall Model kämpfte noch immer verzweifelt in der Eifel und verzögerte den Vormarsch der Amerikaner, die erst Ende Januar 1945 über die Our bis ans Vorfeld des Westwalls und vor die Rur-Talsperren gelangten. Der vor dem Krieg von der deutschen Propaganda hochgelobte Westwall war indessen bereits in den drei Schlachten um Aachen durchbrochen worden – und hatte sich beileibe nicht als das angepriesene, unüberwindliche Bollwerk gezeigt. Einige Bunker waren verschlossen, andere aufgebrochen und ausgeplündert, wieder andere standen unter Wasser.

Außerdem war die Heeresgruppe B – die auf 250 Kilometer Breite kämpfte – nicht nur durch die Verluste der Ardennenoffensive, sondern auch durch den Abtransport der 6. Panzerarmee mit ihren vier Panzerdivisionen, zwei Brigaden und drei Volkswerfer- und drei Volksartilleriekorps geschwächt worden: Nach dem Beginn der sowjetischen Januar–Offensive hatte Hitler befohlen, die 6. Panzerarmee nach dem Osten zu verlegen – nicht etwa zum Schutz des bedrohten Schlesiens, sondern nach Ungarn. Der geringe Mannschaftsersatz, der statt dessen zur Heeresgruppe B kam, war schlecht ausgebildet. Da aber begann der Großangriff von General George S. Pattons 3. amerikanischer Armee in der Südeifel. Deutsche Soldaten flüchteten über den Westwall zurück, der nun auch bei Prüm von den Amerikanern überrannt wurde. Generalfeldmarschall Model ließ die Rur-Talsperren sprengen – das brachte einen Zeitgewinn von zwei Wochen, dann setzten die Amerikaner alles ein, was ihnen an Material zur Verfügung stand. Die Artillerie trommelte auf die deutschen Stellungen an der Rur – die nach fünf Tagen erbitterter Kämpfe genommen wurden. Die Amerikaner nahmen die »Erft-Linie« wenig später, Ende Februar 1945 setzten sie zum Stoß auf Köln an.

Sie erreichten Neuss, andere Teile marschierten in Richtung Köln, einige auf Euskirchen und Bonn zu. Am 6. März schlugen sich amerikanische Soldaten mit kleinen deutschen Kampftruppen inmitten der Trümmerwüste von Köln – US-Panzer rasselten über den Domplatz.

Am 7. März um 11 Uhr übernahm Major Scheller den Befehl als Kampfkommandant von Remagen. Ein Funktrupp, der ihn begleitet hatte, war auf dem Weg in die Stadt wegen Benzinmangels liegengeblieben. Die strategisch wichtige Eisenbahnbrücke über den Rhein – die Ludendorff-Brücke – war von Flak gesichert. Eine schwache Pionierkompanie hatte die Sprengung der Brücke vorbereitet. Um die Mittagszeit – deutsche Soldaten und Fahrzeuge überquerten die Brücke – tauchte plötzlich eine amerikanische Aufklärungseinheit unter einem Leutnant Timmerman am westlichen Rheinufer auf. Um 15.30 Uhr rasselten US-Panzer auf die Brücke zu. Major Scheller befahl die Sprengung – aber die Zündung versagte. Im rasenden Feuer der Panzer gelang es nicht, die Zündkabel neu zu verlegen – Panzer, gefolgt von amerikanischen Infanteristen, rollten auf das Ostufer des Rheins. Der Ortskommandant und der Chef der Pionierkompanie gerieten in Gefangenschaft, Major Scheller, der Kampfkommandant, aber entkam dem Debakel und meldete den Übergang der Amerikaner über die Brücke von Remagen. Er wurde am 11. März vom »Fliegenden Sonderstandgericht West« zum Tode verurteilt und erschossen, ebenso die Majore Strobel und Kraft, die als Bataillonskommandeure für den Ortskommandanten bzw. den Chef der Pionierkompanie von Remagen verantwortlich gewesen waren. Derweil überquerten acht amerikanische Divisionen die Brücke von Remagen.

Weiter im Norden überschritt die von Montgomery geführte 21. Armeegruppe am 23. März bei Wesel den Rhein und

Wenn die deutsche Führung damit gerechnet hatte, der Übergang über den Rhein werde den scharf nachdrängenden Amerikanern zu schaffen machen, so sollte sie eine böse Enttäuschung erleben. Ein nahezu unbegreiflicher Umstand enthob die GIs aller in dieser Hinsicht etwa gehegten Sorgen. Als Voraustrupps der 1. amerikanischen Armee am 7. März 1945 bei Remagen eintrafen, fanden sie die wichtige Ludendorff-Brücke unbeschädigt und so gut wie unverteidigt vor (ganz oben). Handstreichartig nahmen sie die Brücke und hatten schon tags darauf einen nicht mehr einzudrückenden Landekopf an der Ostseite des Flusses gebildet. Als deutsche Bemühungen am 17. März schließlich doch noch zum Einsturz der Brücke führten, war das schon kein Thema mehr in den US-Stäben. Denn auch dort, wo nicht so günstige Umstände den Übergang über den Strom förderten, waren die gut versorgten US-Boys nicht lange zu bremsen. Mit Sturmbooten (oben) setzten sie unter dem Schirm einer allgegenwärtigen Luftwaffe und weitreichender Artillerie über.

stieß nördlich des Ruhrgebiets nach Westfalen vor.

Am 25. März brach die 1. US-Armee aus dem mächtig erweiterten Brückenkopf von Remagen hervor. General Patton hatte inzwischen bei Oppenheim ebenfalls den Rhein überquert, und seine Soldaten marschierten so schnell es ging nach Osten, in das Herz des Deutschen Reiches hinein.

Im Süden kämpfte sich die 1. französische Armee – erst vor sechs Monaten aufgestellt – zunächst durch die Vogesen, dann über den Rhein, dann durch den Schwarzwald. Hitlers Befehl, auf dem Westufer des Rheins zu kämpfen und den Strom nicht zu überschreiten, kostete die Wehrmacht ungefähr 60000 Tote und Verwundete sowie den Verlust von 300000 in Gefangenschaft geratenen Soldaten. Das entsprach mehr als 25 Divisionen. Nach alliierten Schätzungen konnten die Deutschen nur noch 26 schlecht ausgerüstete und versorgte Divisionen an der gesamten Westfront haben.

Doch die Katastrophe verschlimmerte sich noch: Drei nach Osten marschierende US-Armeen schwenkten plötzlich um das Ruhrgebiet herum und kesselten die Reste der Heeresgruppe B ein. Sie hatte kurz zuvor noch die 11. Panzerdivision abgeben müssen: zum Schutz von Frankfurt am Main – die Division blieb größtenteils auf dem Marsch dahin wegen Benzinmangels liegen.

Im Harz – so wurde die Heeresgruppe B getröstet – werde eine Armee zum Entsatz des Ruhrkessels zusammengestellt.

Die Amerikaner drückten nur allmählich auf den Ruhrkessel – sie waren sich ihres Sieges gewiß. Die deutschen Truppen kämpften kaum noch, sie wichen vor Feindangriffen zurück. Es fehlte an Munition, an Verpflegung und – naturgemäß bei solcher Lage – an Kampfmoral. Generalleutnant Bayerlein kapitulierte eigenmächtig mit seinem III. Korps. Versprengte Soldaten lagerten in den Wäldern. Ganze Einheiten verschwanden über Nacht. Mitte April wurde der Kessel von den Amerikanern in zwei Hälften zerschnitten. Generalfeldmarschall Model entschloß sich, die Heeresgruppe B aufzulösen. Wer sich durchschlagen wollte, konnte dies tun. Junge und alte Soldaten wurden aus der Wehrmacht entlassen.

Am 20. April hörten die Reste des Heeresgruppenführungsstabes im Rundfunk die Ansprache von Reichsminister Dr. Goebbels zum Geburtstag Hitlers, dabei erwähnte Goebbels die »verräterische Ruhrarmee«. Am Tag darauf, gegen 16 Uhr, erschoß sich Generalfeldmarschall Model in einem Wald bei Duisburg.

DER KAMPF UM ITALIEN

Von Monte Cassino bis zum Brenner

Mai 1944 bis 6.Mai 1945

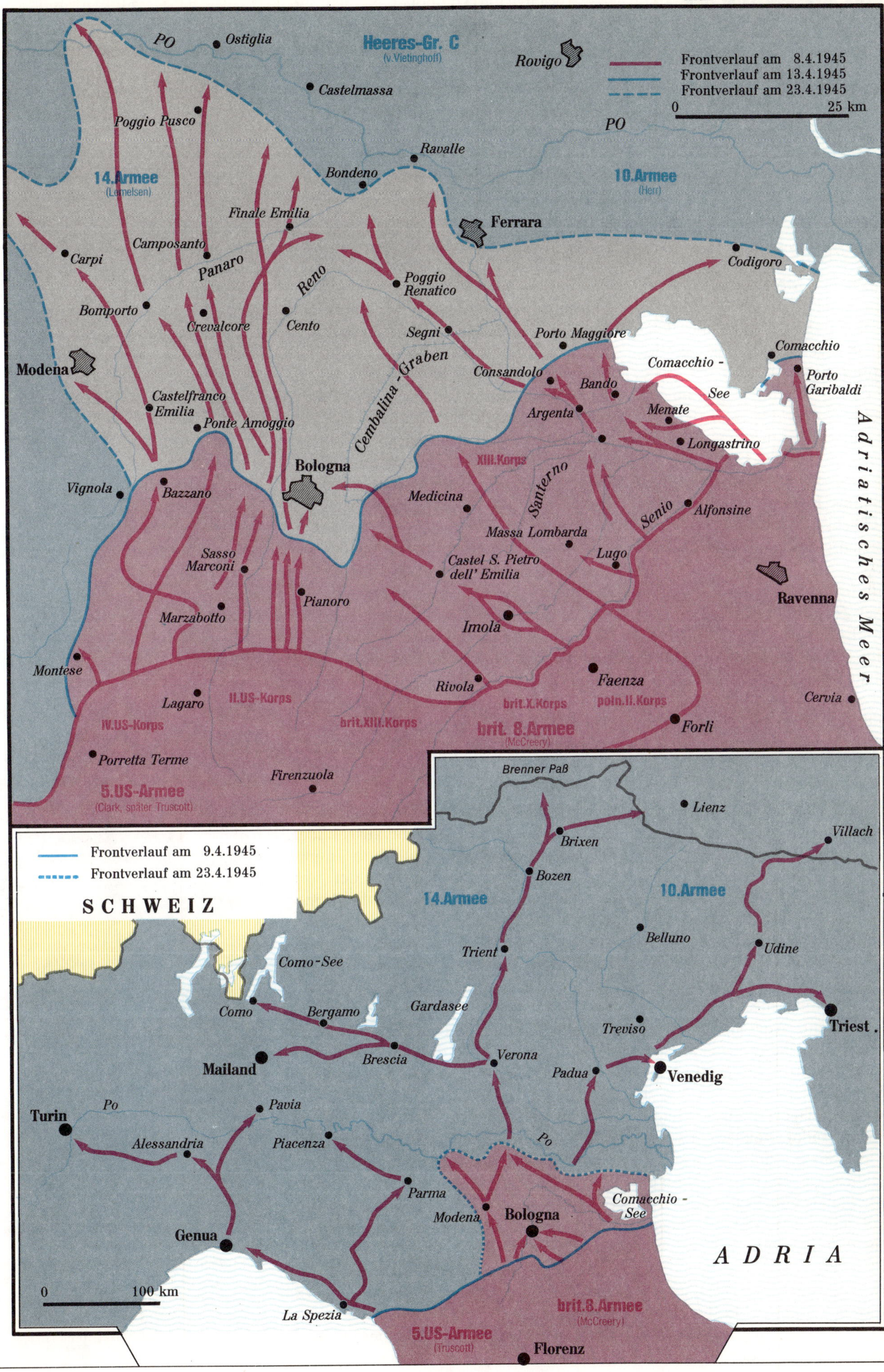

Die westalliierten Truppen marschierten weiter nach Osten – über die Ränder ihrer Karten hinaus. Manche ihrer Offiziere orientierten sich nach den winzigen Karten des Baedeker. Montgomery hatte sich sein Ziel gesetzt: Berlin. Winston Churchill nannte Montgomerys Vormarschroute »die kürzeste Straße nach Berlin«. Churchills Glaube an die demokratische Gesinnung Josef Stalins war tief erschüttert worden: Bereits sechs Wochen nach der Unterzeichnung des Jalta-Abkommens hatte Stalin es bereits zum ersten Mal verletzt. Die Regierung von Rumänien war auf Befehl Moskaus gestürzt und durch Kommunisten ersetzt worden. Die versprochenen freien Wahlen der Polen hatten nicht stattgefunden. Der Teilungsplan »Eclipse« mußte somit nicht eingehalten werden, Churchill sagte am 24. März zu seinem Sekretär: »Es paßt mir gar nicht, Deutschland zu zerstückeln, bevor meine Zweifel an den russischen Absichten beseitigt sind.« Auch Roosevelt war von Stalins Haltung tief betroffen. Als er am gleichen Tage über die Lage in Polen unterrichtet wurde, bekam er einen Wutanfall.

Die 1. Alliierte Luftlandearmee bereitete sich zu dieser Zeit auf die Eroberung Berlins aus der Luft vor: Die 82. US-Luftlandedivision sollte über dem Flughafen Tempelhof abspringen, die 101. US-Luftlandedivision über Gatow und eine britische Fallschirmjägerbrigade über dem Flugplatz von Oranienburg.

Doch Generalleutnant William Simpson, Befehlshaber der 9. US-Armee, wollte ebenfalls nach Berlin. Er hatte von Eisenhower den Befehl erhalten, »den Vorstoß auf Berlin oder nach Nordosten fortzusetzen . . .« Seine 2. Panzerdivision »Hell on wheels« (Hölle auf Rädern) hoffte, nach Errichten eines Elbe-Brückenkopfes bei Magdeburg, in 48 Stunden Berlin zu erreichen.

Der »Hölle auf Rädern« erwuchs eine erbitterte Konkurrenz: die 83. US-Infanteriedivision, die unterwegs alles, was sich an brauchbaren Feindfahrzeugen anfand, in ihre Verbände einzureihen, oliv anzupinseln und mit einem weißen Stern zu versehen pflegte: »Tiger«-Panzer, Mercedes-Pkws, Motorräder, Feuerwehrwagen und zwei Omnibusse – auf einem stand: »Nächste Haltestelle: Berlin«. Sogar eine Me 109 hatte die »Lumpensammler-Division« – und jemanden, der sie fliegen konnte. Auf den Tragflächen stand: 83. Infanteriedivision.

Nach Berlin wollte auch die 5. US-Panzerdivision, die fast ohne Unterbrechung marschierte. Als Sieger in Berlin sahen sich ebenfalls die Soldaten der 30. und der 102. US-Division. Am 8. April hatte die 84. US-Division Hannover erreicht. Eisenhower fragte den Kommandeur: »Was haben Sie jetzt vor?« – ». . . auf Berlin vorstoßen . . .« Eisenhower sagte: »Viel Glück, lassen Sie sich von niemanden aufhalten!« Die 84. Division war überzeugt, zuerst in Berlin zu sein.

Doch dann trat plötzlich – rund zweihundert Kilometer vor Berlin – eine Vormarschpause ein. Sie wurde durch viele Gründe veranlaßt. Hauptsächlich aber durch ein Phantom, das durch amerikanische Geheimdienstmeldungen geisterte und in Karteneinzeichnungen seinen Niederschlag fand: die »Alpenfestung«. Dort, in den bayerischen, österreichischen und Südtiroler Bergen, sollte sich ein gigantisches Reduit befinden, mit unterirdischen Fabriken, Munitionslagern und uneinnehmbaren Stellungen. Hitler selbst sollte dort den Oberbefehl über die Elitetruppen des Reiches führen. Eisenhower, Oberbefehlshaber der westalliierten Streitkräfte, dachte militärisch und nicht politisch. Berlin, ein Trümmerhaufen, in dessen Nähe ohnedies die verbündeten Russen standen, schien ihm nicht so wichtig wie die geheimnisvolle, offenbar machtstrotzende Alpenfestung.

Aber auch die Deutschen selbst hinderten den Vormarsch Eisenhowers auf Berlin: General Walther Wenck hatte seine 12. Armee übernommen: Sie war hauptsächlich aus angeschlagenen Einheiten und Offiziersanwärtern verschiedener Lehrgänge und Kriegsschulen zusammengekratzt, besaß kaum schwere Waffen und nur ein paar Dutzend Panzer. Aber die Offizieranwärter waren gut ausgebildet, von fronterfahrenen Ausbildern geführt und verfügten über den Mut der Verzweiflung. Insgesamt bestand die Armee Wenck aus etwa 55 000 Mann. Sie schickten sich an, den Elbeübergang der Amerikaner zu vereiteln. Tatsächlich war dort der amerikanische Vormarsch wieder in Gang gekommen, wenngleich große Teile nun auf München und Salzburg abgedreht worden waren. Teile der 2. US-Panzerdivision waren bereits in Magdeburg eingedrungen. Die Autobahnbrücke über die Elbe war unversehrt.

Doch der bisher schwache deutsche Widerstand hatte sich unversehens versteift: Rasendes Feuer schlug den Amerikanern entgegen. Sie vermochten die Brücke nicht zu stürmen. Blutige Kämpfe auch um die Brücke von Schönebeck – kurz bevor die Amerikaner sie erobern konnten, flog sie in die Luft. Das war am 12. April.

Die 5. Panzerdivision hatte bereits Tangermünde erreicht und erlebte die Hölle: Mitten in der Stadt wurden die Panzer aus Fenstern, Dachluken und Kellern mit Panzerfäusten eingedeckt. Mitten zwischen den Detonationen eine fürchterliche Explosion: Die Elbbrücke war von deutschen Pionieren gesprengt worden. Nach Berlin waren es nur noch 85 Kilometer.

Aber an der Elbe gab es kein Remagen, und die 2. Panzerdivision mußte versuchen, die Elbe kämpfend zu überqueren. Am Abend des 12. April setzten bei Westerhüsen, in der Nähe von Magdeburg, die ersten Amphibienfahrzeuge über. Um Mitternacht lagen zwei Infanteriebataillone auf dem Ostufer. Amerikanische Pioniere begannen mit dem Bau einer Kriegsbrücke. Da jaulten deutsche Granaten heran. Die kümmerliche Artillerie der Armee Wenck zerschlug den Brückenbau mit präzisem Feuer.

Am 13. April hatten Teile der 83. »Lumpensammler«-Division bei Barby die Elbe erreicht und eine gesprengte Brücke vorgefunden. Doch die Soldaten gingen sofort in Sturmbooten und Amphibienfahrzeugen über den Fluß. Am Abend des 13. hatten die Pioniere ihre Brücke fertig – die gesamte Division befand sich auf dem Ostufer. Die 2. Panzerdivision hatte inzwischen ein Kabel über die Elbe gezogen

150prozentige Gau- und Ortsgruppenleiter der NSDAP meinten auch noch in völlig aussichtsloser Lage, Dörfer und Städte gegen die Alliierten verteidigen zu sollen. So brannten dann selbst Orte, die bisher Bomben und Kanonen entgangen waren (oben rechts: Eifeldorf). Die Amerikaner riskierten nicht einen Soldaten, sondern zerschossen jeden Widerstand mit geballtem Feuer oder bombten ihn nieder. Am 25. April 1945 trafen sie bei Torgau an der Elbe mit den Russen zusammen (oben: GI flankiert von zwei Rotarmistinnen).

und einen Fährbetrieb eröffnet. Es konnte weitergehen: nach Berlin. Doch als die erste Pontonfähre in der Mitte der Elbe schwamm, rauschte eine einzelne deutsche Granate heran und traf zufällig das Fährkabel. Die bereits auf dem Ostufer befindlichen Teile der 2. Panzerdivision wurden gleichzeitig von deutschen Panzern angegriffen. Die amerikanischen Jagdbomber lagen so weit zurück, daß sie kaum noch in die Kämpfe eingreifen konnten. Die Amerikaner auf dem Ostufer kämpften verzweifelt, mußten sich dann aber auf das Westufer zurückziehen. Der Vorstoß der 2. Panzerdivision auf Berlin war abgeschlagen.

Am 14. April um 15 Uhr entschloß sich General Eisenhower, den Vormarsch in dieser Richtung zu stoppen: »Berlin ist kein militärisches Ziel mehr.« Die Nachschublinien für die 4 600 000 westalliierten Soldaten waren überlastet, es gab nur eine Eisenbahnbrücke über den Rhein, die Versorgung rollte fast ausschließlich per Lastwagen über die Straßen, wenngleich auch Hunderte von Transportflugzeugen Eilgüter einflogen.

Bei den amerikanischen Soldaten breiteten sich Niedergeschlagenheit und Enttäuschung aus, als sie den Haltebefehl erhielten. Stalin – von Eisenhower informiert – hielt in seinem Mißtrauen den Stopp der Westalliierten für eine bloße Finte der Kapitalisten – und befahl den Angriff auf Berlin zu einem früheren Termin als ursprünglich vorgesehen. Den US-Botschafter in Moskau informierte er zwar davon, daß eine Offensive der Roten Armee bevorstehe, als Angriffsziel aber nannte er Dresden.

Am 25. April 1945 um 16.40 Uhr traf der US-Leutnant William D. Robinson am Elbufer bei Torgau eine Gruppe Rotarmisten. Vier davon nahm er zu seinem Gefechtsstand mit. Später wurde das zum offiziellen historischen Treffen der Amerikaner und Russen an der Elbe erklärt.

Doch die erste Begegnung hatte bereits drei Stunden und zehn Minuten früher bei dem Dorf Leckwitz stattgefunden. Der US-Leutnant Albert Kotzebue von der 69. Division traf dort einen Russen, der auf einem Pony ritt und ohne jede Gemütsbewegung erklärte, daß seine Truppe am ostwärtigen Elbufer liege.

Kotzebue setzte mit einigen seiner Soldaten über die Elbe. Am Ufer lagen über mehrere hundert Meter hinweg tote Zivilisten: Männer, Frauen und Kinder, verstreut zwischen umgekippten Planwagen, Gepäck- und Kleidungsstücken. Eine Gruppe russischer Soldaten befand sich in der Nähe des niedergemetzelten Flüchtlingstrecks.

Amerikaner und Russen grüßten sich stumm. Keine Freude, kein Lachen, Umarmen oder Schulterklopfen. Das erste Zusammentreffen zwischen Amerikanern und Russen fand am Ort eines grauenvollen Massakers statt.

Rückzug aus dem Balkan

Alle Welt starrte nach Osten, wo der russische Vormarsch ein schier atemberaubendes Tempo angenommen hatte, und nach Westen, wo das US-Rüstungspotential Triumphe feierte. Fast unbemerkt vollzog sich derweil der Rückzug Deutschlands aus Ägäis und Balkan.

Die deutsche Wehrmacht hatte drei Jahre lang, Griechenland, Jugoslawien und die Inseln der Ägäis, bis September 1943 zunächst noch mit italienischer Mitwirkung, besetzt gehalten. Italien unterhielt noch im Sommer 1943 auf dem Balkan und dem Dodekannes 33 Divisionen. Wachsender Druck auf die deutschen Stützpunkte und Verbindungslinien durch Partisanen, die einen gnadenlosen Kleinkrieg gegen die Besatzungsmacht entfesselten, zwang die deutschen Soldaten zu einem Kampf ohne feste Fronten.

Dem Oberbefehlshaber Südost, Generalfeldmarschall Maximilian Freiherr von Weichs, unterstanden, von vorübergehenden Ausnahmen abgesehen, keine erstklassigen Divisionen. Ihre Mannschaften bestanden meist aus Soldaten älterer Jahrgänge. Die Verbände besaßen oft nur eine dürftige Materialausstattung. Ihre Beweglichkeit war unzureichend. Hohe Kraftfahrzeugverluste durch Partisanenanschläge und Überfälle verschlechterten die Lage zusätzlich. Die deutsche Führung versuchte mangels anderer Einheiten das dünne Netz der Heerestruppen durch den Einsatz von Tausenden von »Wehrunwürdigen« zu verdichten und griff auch auf »Fremdstämmige« aller Nationalitäten zurück.

Die deutschen Soldaten mußten allerdings die Hauptlast der erbitterten Kämpfe meist allein tragen, in einem Gebiet, in dem die Weite des Raumes und die Unwegsamkeit des Geländes tödliche Gefahren bargen. Das Verkehrsnetz war dünn. Kahle Hochgebirge, Pässe und Schluchten wechselten ab mit Urwäldern und Fiebersümpfen in den Küstengebieten. Die Wetterverhältnisse setzten der Fliegerei Grenzen, und atmosphärische Störungen ungewöhnlichen Ausmaßes behinderten den Funkverkehr wie kaum anderswo. Das Mittelmeer und die Ägäis wurden von den Flotten der Alliierten beherrscht, und auch der Luftraum war im Besitz der Gegner. Seit Mai 1944 griff die britisch-amerikanische Luftwaffe zur Unterstützung der Partisanen in die Erdkämpfe ein. Sie bombardierte deutsche Stützpunkte und Nachschublinien. Jagdbomber griffen deutsche Truppen auf dem Marsch an. Alliierte Jagdflugzeuge überwachten die deutschen Fliegerhorste und erschwerten den Einsatz der schwachen eigenen Luftstreitkräfte. Sie bestanden am 20. August 1944 aus insgesamt 352 Maschinen, von denen 272 (davon 107 Transporter) am Stichtag einsatzbereit waren. Zur Luftabwehr standen 107 schwere und 68 leichte Flakbatterien zur Verfügung.

Der OB Südost verfügte im August 1944 in Kroatien, Montenegro und Serbien über vier Armeekorps mit neun Divisionen, darunter drei kroatische Legionsdivisionen und die 1. Kosakendivision. In Albanien stand ein Gebirgskorps mit drei Divisionen. Die dem OB Südost unterstellte Heeresgruppe E (Generaloberst Alexander Löhr) in Griechenland und auf den Inseln bestand aus drei Generalkommandos mit fünf Divisionen und vier Festungsbrigaden. Auf Kreta lagen die gute 22. InfDiv. und eine Festungsdivision, auf Rhodos die Sturmdivision »Rhodos« und auf Leros eine Festungsbrigade.

Besondere Schwierigkeiten bereitete es im Sommer 1944, die Inseln der Ägäis über See zu versorgen. Die deutschen Seestreitkräfte waren dem Gegner weit unterlegen. Ähnlich sah es bei der Transportflotte aus. Sie schmolz 1944 so zusammen, daß die Inseln schließlich nur noch aus der Luft versorgt werden konnten sowie von kleinen Motorseglern, die sich von Insel zu Insel »durchmogelten«. Aber auch von diesen konnte der Gegner viele abfangen und versenken.

Die Kriegserklärung des bisherigen Verbündeten Rumänien am 25. August 1944, der in wenigen Tagen der Zusammenbruch der deutschen Heeresgruppe Südukraine folgte, und der sich abzeichnende Abfall Bulgariens zwangen Hitler am gleichen Tag zu einem Befehl zur »Auflockerung« der deutschen Besetzung Südosteuropas. Die Räumung Griechenlands und der Ägäis-Inseln sollte vorbereitet werden. Der OB Südost mußte nun in seinem Bereich praktisch aus dem Nichts eine neue Ostfront aufbauen.

Am 27. 8. begann der Abtransport der 4. SS-Polizei-Panzergrenadierdivision aus dem Raum Larissa nach Belgrad, am 3. 9. das Herauslösen der II. Luftwaffen-Felddivision aus Athen. Drei Tage später erhielt die Heeresgruppe E den Befehl, von den Inseln möglichst viele Einheiten aufs Festland zu verlegen. Auf Kreta standen zu dieser Zeit 34 000 deutsche und 6500 »hilfswillige« italienische Soldaten, auf den Inseln des Dodekannes 23 300 Deutsche und 7350 Italiener. Die Insel-Räumung erfolgte unter größter Anspannung der schwachen See- und Luftstreitkräfte. Niemand wußte, wie lange der Gegner der deutschen Führung Zeit ließ, im östlichen Jugoslawien eine neue Front aufzubauen, und ob die herausgelösten Truppen noch rechtzeitig dort eintreffen würden. Rund 100 Ju 52 schafften ab 30. 8. bei durchschnittlich 44 Flügen täglich die 22. InfDiv. von Kreta, die Div. »Rhodos« und die Festungsbrigade 967 von Leros aufs Festland. Vom 7. bis 12. 9. stieg die tägliche Einsatzzahl auf durchschnittlich 82 Transporter. Zante und Kephalonia, die Inseln westlich von Griechenland, wurden in der ersten Septemberhälfte über See geräumt, ebenso die Ägäis-Inseln Mytilene und Chios. Auf Kreta zogen sich die dort verbleibenden Deutschen aus dem Ostteil der Insel zurück, von Korfu wurde bis zum 30. 9. die Festungsbrigade 1017 abtransportiert. Der Gegner störte diese Transporte zunächst erstaunlich wenig, dann aber stieß in der Nacht zum 13. 9. erstmalig ein britischer Flottenverband unter dem Schutz von Trägerflugzeugen in die Ägäis vor. Luftangriffe auf die deutschen Flugplätze schlossen sich an. Die Zahl der Ju 52 schmolz zu-

Auch mit der deutschen Herrschaft in Südosteuropa ging es zu Ende. Aus Kreta, dem weitesten Vorposten, wurden Soldaten ausgeflogen, die hier geruhsame Jahre (oben: MG-Stellung zum Küstenschutz) seit dem deutschen Sieg Ende Mai 1941 verbracht hatten. Sie wurden nach Griechenland verlegt (rechte Seite: Sturmgeschütz vor der Akropolis), von wo aus der Rückmarsch nach Deutschland begann. Immer gefährdet von alliierten Fliegern und kecker werdenden Partisanen, erreichte das Gros der Heeresgruppe E die deutschen Linien. Am Ausgang der Kämpfe in Jugoslawien und Ungarn konnte sie natürlich auf Dauer auch nichts ändern.

sammen, andere wurden benötigt, um Truppen aus dem Raum Athen weiter nach Norden zu bringen. Anfang Oktober 1944 brachten die Ju 52 auch Teile der 133. Festungsdivision von Kreta nach Athen, der Rest der Division »Rhodos« wurde nach Saloniki geflogen. Von August bis Ende Oktober 1944 schafften die Transportflugzeuge in 2050 Einsätzen 30740 Soldaten und rund 1000 t Gerät von den Inseln aufs Festland.

Der Peleponnes wurde bis zum 12. 9. planmäßig geräumt. Die am 8. 9. 1944 erfolgende bulgarische Kriegserklärung an Deutschland brachte für den OB Südost neue Gefahren. Die sowjetische 3. Ukrainische Front (Marschall Tolbuchin) war am 5. 9. mit den Armeen 37, 46 und 57 in Bulgarien einmarschiert. Ihr operatives Ziel war die Eroberung der Räume von Nisch und Skopje, um die Heeresgruppe E auf dem Südbalkan einzuschließen. Alliierte Bomber stürzten sich in diesen Tagen auf die Eisenbahnbrücken an der Strecke Saloniki–Belgrad und brachten den Transportverkehr fast zum Erliegen. Die Heeresgruppe E warf, so wie sie eintrafen, ihre Verbände an die Pässe entlang der Grenze von Mazedonien–Altbulgarien. Glücklicherweise verließen viele der bisher stationierten bulgarischen Verbände ihre Stellungen und rückten nach Osten ab. Der Kommandierende General des II. Korps ging zu den Deutschen über. In Mazedonien konnten die Deutschen in rascher Reaktion einige Divisionsstäbe ausheben und einen Teil der Bulgaren entwaffnen.

Am 22. 9. setzte im Südabschnitt der mazedonischen Front starker Druck durch die sowjetische 46. Armee ein. Anfang Oktober trat der Gegner auf der ganzen noch unfertigen Front des OB Südost vom Eisernen Tor bis zum Strumica-Tal mit der 2. und 3. Ukrainischen Front zum Angriff an und erzielte rasch tiefe Einbrüche. Daraufhin gab Hitler am 3. 10. den Befehl zur Aufgabe von ganz Griechenland, Südalbanien und Südmazedonien. Damit war das Schicksal der restlichen Inselbesatzungen besiegelt. Ohne den Besitz der attischen Flugplätze war ein weiterer Abtransport nicht mehr möglich. Auf Kreta blieben 11828 deutsche und 4737 italienische Soldaten zurück, auf den Dodekannes-Inseln 11159 Deutsche und 5517 Italiener. Sie blieben dort bis zum Kriegsende.

Im Oktober drangen die bulgarischen Armeen 1, 2 und 4 im Verband der 3. Ukrainischen Front in das Becken von Skopje vor. Sie besetzten die Stadt am 14. 10. und Nisch am nächsten Tag. Zur gleichen Zeit vollzog sich im Raum Belgrad das Schicksal der sich dort verzweifelt wehrenden Korpsgruppe Schneckenburger mit Teilen von vier Divisionen und einer Brigade. Am 20. Oktober eroberten sowjetische und jugoslawische Verbände die jugoslawische Hauptstadt.

Die deutschen Soldaten in Albanien und Montenegro kämpften sich durch Partisanengebiete nach Norden zurück. Die albanische Hauptstadt Tirana räumten sie am 17. 11., Skutari am 30. 11. Der Rückzug des XXI. Gebirgskorps aus Albanien glich einer Odyssee. Am 18. 12. 44 erreichten seine 21000 Soldaten trotz starker Behinderung durch Partisanen, alliierte Flugzeuge, das Gelände und eine Hochwasserkatastrophe die deutsche Front. Als die Nachhuten dieses Korps am 13. 1. 1945 die kroatische Grenze überschritten, hatte die große Absetzbewegung im Südosten nach 4½ Monaten ununterbrochener Märsche und Kämpfe ihr Ende gefunden. Die Materialverluste waren sehr groß, aber es war gelungen, das Gros der Verbände kampffähig nach Norden zu retten.

Was hatte sich unterdessen nördlich des Bereichs des OB Südost bei der Heeresgruppe Süd nach der Kriegserklärung Rumäniens ereignet? Rückschläge und nachlassender Kampfwille bei den ungarischen Armeen und aufkommende Gerüchte zeigten der deutschen Führung an, daß sich in Ungarn etwas ähnliches anbahnte wie in Rumänien. Daher wurden Vorbereitungen von SD, SS und Wehrmacht getroffen, um einer ähnlichen Überraschung rechtzeitig begegnen zu können.

Die Deutschen konnten sich dabei der Hilfe der rechtsradikalen Pfeilkreuzler-Partei unter ihrem Anführer Ferenc Szálasi versichern. Sie planten einen Staatsstreich. Hitler entsandte den SS-Sturmbannführer Otto Skorzeny, den die deutsche Propaganda anläßlich der Befreiung Mussolinis groß herausgestellt hatte, mit einem Sonderkommando nach Budapest. Der SS-Obergruppenführer von dem Bach-Zelewski, der gerade den Warschauer Aufstand blutig niedergeschlagen hatte, erhielt den Befehl über alle deutschen Truppen in und um Budapest. Fallschirmjäger und Panzer kamen in die ungarische Hauptstadt, darunter 42 »Tiger«. Währenddessen liefen die Vorbereitungen des ungarischen Reichsverwesers Horthy für einen Waffenstillstand mit der UdSSR.

Den Deutschen blieben diese Vorbereitungen nicht verborgen. Am frühen Morgen des 10. 10. kidnappten SD-Leute den ungarischen Stadtkommandanten von Budapest, GenLt. Szilárd von Bakay, wie einige Tage zuvor den Chef der Donauflottille, GenMaj. Hardy. Am 15. 10. ging Horthys Sohn in die Falle des SD und wurde nach Deutschland gebracht. Am gleichen Tag erfolgte die Erklärung zum deutschen Operationsgebiet für ganz Ungarn. Mittags brachte Radio Budapest die Nachricht vom Waffenstillstand mit der UdSSR. Die Sendung wurde plötzlich unterbrochen. Pfeilkreuzler und SS besetzten das Rundfunkgebäude und hatten bald die ganze Stadt in ihrer Gewalt. Wer sich gegen die Putschisten stellte, wurde niedergemacht. Während dies geschah, verhandelten Botschafter Veesenmayer und Hitlers Sondergesandter Rahn mit Horthy. Am frühen Morgen des 16. 10. begann das Sonderkommando Skorzeny mit dem SS-Fallschirmjägerbataillon 600 und Panzern die königliche Burg zu besetzen. Die Burgwache wurde nach kurzem Feuergefecht überwältigt. Horthy mußte seine Rundfunk-Proklamation vom Vortag widerrufen, Szálasi zum neuen Ministerpräsidenten ernennen und dann zurücktreten. Danach wurde Horthy mit seiner Familie in Deutschland interniert.

Die Regierung Szálasi setzte den aussichtslosen Kampf an der Seite Deutschlands fort. Zu dieser Zeit hatte die Rote Armee bereits die Hälfte Ungarns besetzt. Ende Oktober gaben die Ungarn die Karpato-Ukraine auf. Im Süden gewann die 3. Ukrainische Front Brückenköpfe jenseits der Donau, aus der sie am 27. 11. 44 zur Offensive antrat und Mohacs und Fünfkirchen eroberte. Erst in der Margarethen-Stellung zwischen Drau und der Südspitze des Plattensees kam der Angriff zum Stehen. Am 8. 12. trat die 2. Ukrainische Front zum Stoß auf Budapest an. Die Verteidiger der Stadt erlagen am 11. 2. 45 der Übermacht. Drei deutsche Entsatzversuche im Januar 1945 scheiterten. Auch eine letzte Offensive in Ungarn nördlich des Plattensees (6. bis 15. 3.) mit dem Ziel, den gesamten Raum westlich der Donau zurückzugewinnen, mußte nach sowjetischen Gegenangriffen eingestellt werden. Offensiven der 2. und 3. Ukrainischen Front folgten. Hitler, wütend darüber, daß seine 6. SS-Panzerarmee die Lage nicht hatte meistern können, befahl, der 1. SS-PzDiv. »Leibstandarte Adolf Hitler« die Ärmelstreifen mit seinem Namen abzureißen. Am 2. 4. eroberte die sowjetische Armee das ungarische Ölzentrum von Nagy Kanisza. Zwei Tage später verließen die letzten deutschen Soldaten ungarischen Boden. Am gleichen Tag nahm die Rote Armee Preßburg ein, und am 5. 4. trat die 3. Ukrainische Front zum Angriff auf Wien an, der acht Tage später zur Eroberung der österreichischen Hauptstadt führte.

In Kroatien erwehrten sich die Reste der Heeresgruppe E jugoslawischer und sowjetischer Angriffe. Mitte April 1945 gaben sie den Ostteil des Landes auf, am 22. 4. Banja Luka. Am 1. 5. 45 trafen bei Triest die Streitkräfte Titos auf die britische 8. Armee. Am Tag der deutschen Kapitulation drangen Titos Verbände in Agram ein. Die Reste der kroatischen Wehrmacht ergaben sich der 8. Armee, wurden von dieser aber am 15. 5. an Tito ausgeliefert. Mindestens 30000 kroatische Zivilisten und 80000 Soldaten wurden danach umgebracht.

Kapitulation in Italien

Sommer 1944, am Gardasee. An den Badeständen, vor allem des Westufers, herrscht lebhafter Betrieb. Ziemlich buntgemischt ist, was sich da unter knallblauem Himmel im Wasser tummelt: Verwundete oder Genesende, Soldaten aus den vielen Lazaretten (ehemaligen Hotels) rings um den See, Einheimische, hohe Beamte der Regierung der »Sozialen Republik Italien«, Angehörige der Deutschen Botschaft, Offiziere verschiedener deutscher Stäbe.

Nur ein Geräusch paßt nicht ganz zu alledem. Den Himmel erfüllt nahezu ständig ein dumpfes, orgelndes Brummen: In einem silbrig glitzernden Strom ziehen »Fliegende Festungen« über den See nach Norden, Geschwader auf Geschwader, Tag um Tag, hier, erst 2000 Meter hoch, noch ohne Kondensstreifen. Sie fliegen nach Süddeutschland, laden ihre Bomben ab, kehren nach knapp zwei Stunden zurück, nicht nennenswert weniger, noch immer in sauberem Formationsflug.

Belästigt werden sie nicht, weder auf dem Hin- noch auf dem Rückflug, kein Jäger ist zu sehen, kein Schuß der Flak zu hören – es gibt keine Jäger hier, jedenfalls keine deutschen, und Flak nebst Flakmunition sind zu rar und wertvoll, um sie auf Bomber zu verballern, die Flak wird an vorderster Front gebraucht, gegen Panzer vor allem.

Die vorderste Front ist im Hochsommer 1944 von der Idylle am Gardasee noch gut 300 Kilometer entfernt: Am 4. Juni ist Rom kampflos geräumt worden, in zähen Abwehrkämpfen schlagen sich seither die Divisionen der Heeresgruppe C mit den nachdrängenden Engländern und Amerikanern herum, nur langsam zurückweichend.

Auch in der Idylle am Gardasee ist mehr als einem klar, daß – sofern kein Wunder geschieht – es nur eine Frage der Zeit ist, wann die Widerstandskraft des Dritten Reiches erlahmen muß.

Die tatsächliche Macht in Italien, soweit es noch in deutscher Hand war, übten drei Männer aus, die auch am Gardasee, in Fasano, zwischen Gargnano und Saló residierten: Rudolf Rahn, der deutsche Botschafter und zugleich »Reichsbevollmächtigter für Italien«; Generalfeldmarschall Albert Kesselring, Oberbefehlshaber der Heeresgruppe C (d. h. aller in Italien stehenden Verbände) und der SS-General Obergruppenführer Karl Wolff, höchster SS- und Polizeiführer Italiens.

Die Erkenntnis, daß Deutschland den Krieg kaum noch gewinnen konnte, war in den deutschen Stabsquartieren in Fasano am Gardasee einem Mann am klarsten, von dem man es am wenigsten erwarten konnte: dem SS-Obergruppenführer Karl Wolff. Er war in der Hierarchie des düsteren Totenkopf-Ordens kein Irgendwer. Jahrelang war er Himmlers persönlicher Stabschef gewesen, seit Kriegsbeginn bis 1943 Himmlers Mann (Verbindungsoffizier) im Führerhauptquartier. Doch die langen Jahre im Zentrum der Macht und – zunehmend – der Illusionen hatten dem 32jährigen Wolff den Blick für die Wirklichkeit nicht verstellt. Schon bei Antritt seines Postens in Italien hatte er Zweifel an der Möglichkeit eines »Endsieges«, stellte Überlegungen über eine Teilkapitulation nach Westen an und brachte es fertig, mit Papst Pius XII. darüber zu reden, ob es nicht besser sei, wenn Deutschland den Kampf westwärts aufgebe, um – ostwärts – die Überflutung Europas durch den Bolschewismus zu verhindern.

Es darf bezweifelt werden, daß der einst großmächtige Diktator Italiens, Mussolini, sehr beglückt war, als ihn im September 1943 ein deutsches Kommando aus der Haft auf dem Gran Sasso befreite. Für ihn konnte es fortan nur noch eine Existenz von Hitlers Gnaden geben. Die »Soziale Republik«, die der »Duce« am 18. September 1943 am Gardasee ausrief, war ein deutscher Marionettenstaat.

Der Papst hatte dem agilen SS-Offizier nicht viel Hoffnung machen können, hatte ihn – das Gespräch fand am 10. Mai 1944 statt – darauf hingewiesen, daß außer einer »bedingungslosen« Kapitulation nichts zu haben wäre. Acht Monate später hatte sich Wolffs Meinung über die Zukunft nicht geändert, eher im Gegenteil. Als, am 30. Januar 1945, der 12. Jahrestag der »Machtergreifung« zu feiern war, brachte es Wolff in seiner fälligen Festrede vor seinem Stab nicht über sich, von bevorstehenden Siegen zu sprechen. Das fiel auf, vor allem einem SS-Obersturmführer namens Guido Zimmer, was einige Zeit später Folgen hatte.

Zunächst allerdings fuhr Wolff nach Berlin zu Himmler. Er wollte wissen, ob wirklich was dran war an den kriegsentscheidenden Wunderwaffen, deren bevorstehender Einsatz seit einiger Zeit angekündigt wurde. Die Auskünfte, die er erhielt, befriedigten ihn nicht, und es spricht für die starke Stellung Wolffs, daß er keine Schwierigkeiten hatte, bei Hitler vorgelassen zu werden. Das Gespräch fand in der Reichskanzlei, in Gegenwart des Reichsaußenministers Ribbentrop, statt. Auch der Führer wollte Wolff nichts Definitives über die Wunderwaffen sagen, woraufhin Wolff ungeniert vorschlug, mit dem Westen einen Verhandlungsfrieden zu suchen. Hitler sagte dazu nichts. Wolff sprach weiter, bezeichnete das Kriegsbündnis zwischen der Sowjetunion und den Westmächten als unnatürlich; es werde jedoch nicht von alleine zerbrechen, man müsse nachhelfen, also mit den Westalliierten verhandeln. Wolff deutete sogar an, daß er schon Fühler in dieser Richtung ausgestreckt habe – womit er sein über ein halbes Jahr zurückliegendes Gespräch mit Papst Pius meinte. Hitler sagte auch dazu nichts, sondern erklärte die Unterredung für beendet. Für Wolff bedeutete das: Der Führer hatte jedenfalls nicht nein gesagt; er konnte seine Verhandlungspläne weiterspinnen. Freilich, er hatte keinen rechten Ansatzpunkt. Doch den besorgte ihm der SS-Obersturmführer Guido Zimmer aus seinem Stab. Zimmer war dabei, als Wolff, nach Italien zurückgekehrt, mit dem Gauleiter Hofer Pläne erörterte, ganz Norditalien – Städte, Industrien, Häfen – total zu zerstören und sich auf die Alpen zurückzuziehen. Guido Zimmer war auch zugegen, als Wolff, Botschafter Rahn und der SS-Standartenführer Dr. Eugen Dollmann (Himmlers persönlicher Beauftragter in Italien und zugleich Wolffs Verbindungsoffizier zu Kesselrings Hauptquartier) die düsteren Aussichten erörterten, die ein Zusammenbruch der deutschen Herrschaft in Norditalien haben könnte: Machtübernahme durch die kommunistischen Partisanen, gestützt auf die französischen Kommunisten im Westen und Tito im Osten, kurz, Bolschewismus in ganz Südeuropa. Folgerung: Man müsse durch Verhandlungen einen nahtlosen, geordneten Machtübergang von den Deutschen auf die Westalliierten erreichen. Aber wie?

Zimmer hörte noch mehr, nämlich auf einer etwas feuchten Offiziersfete ein paar Tage später eine Bemerkung von Dr. Dollmann, daß ihm der verdammte Krieg zum Halse raushänge und es ein Jammer sei, daß keiner wisse, wie man mit den Alliierten Kontakt aufnehmen könne.

Guido Zimmer wußte wie. Er war gut bekannt mit Baron Luigi Parilli, Schwiegersohn eines Mailänder Großindustriellen, früher Repräsentant einer großen US-Kühlschrankfirma, der, wie Zimmer wußte, nach wie vor funktionierende Beziehungen zur anderen Seite besaß. Parilli waren die Aussichten auf eine totale Zerstörung Norditaliens und eine kommunistische Machtübernahme Grund genug, sich als Vermittler zur Verfügung zu stellen.

Am 21. Februar fuhr Parilli in die Schweiz zu einem Freund, dem Internatsdirektor Professor Dr. Max Husmann. Parilli verstand es, das Interesse des einfluß- und beziehungsreichen Schweizers zu wecken: Chaos an der Südgrenze der Schweiz, die mögliche Zerstörung von Genua, Hauptexporthafen für die Schweiz, das berührte auch vitale Interessen des kleinen, strikt neutralen Alpenlandes. Dr. Husmann alarmierte deshalb den Chef der italienischen Abteilung des schweizerischen Nachrichtendienstes, den Major Max Waibel.

DER DURCHBRUCH ZUR ODER

Januar 1945 bis April/Mai 1945

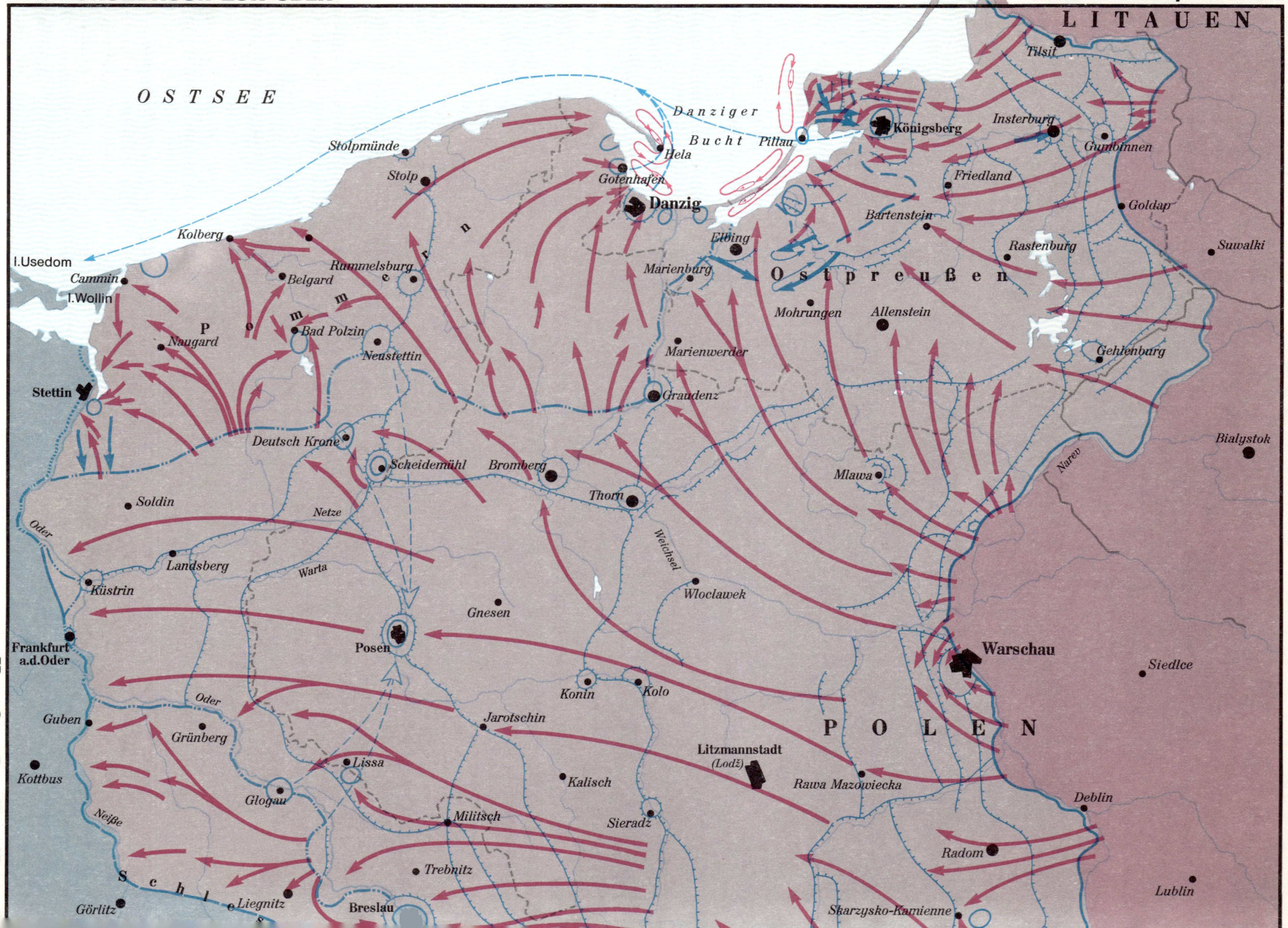

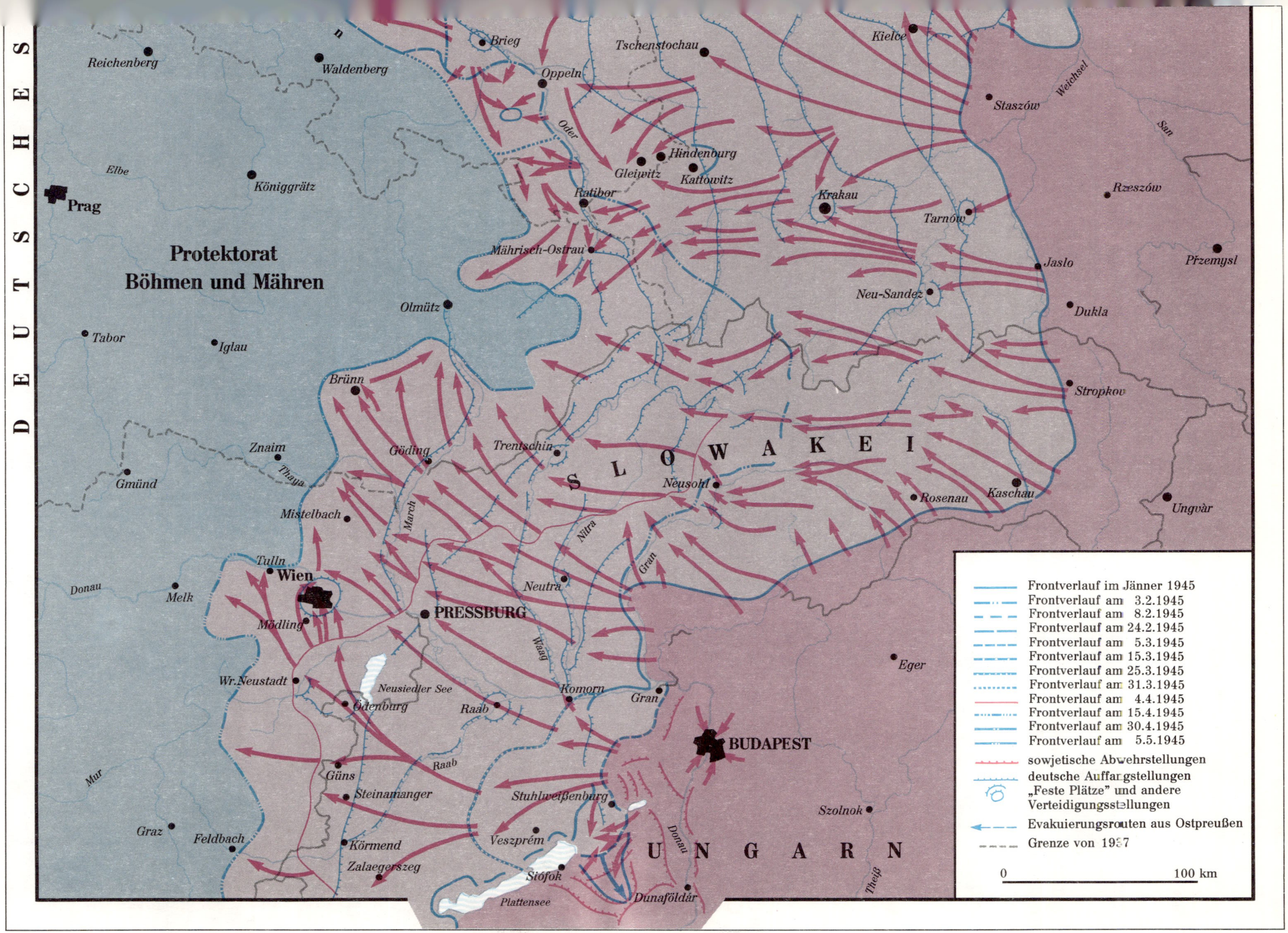
DEUTSCHES
Protektorat Böhmen und Mähren
SLOWAKEI
UNGARN
Prag
Reichenberg
Waldenberg
Königgrätz
Elbe
Tabor
Iglau
Olmütz
Brünn
Znaim
Thaya
Gmünd
Mistelbach
Tulln
Wien
Melk
Donau
Mödling
Wr.Neustadt
Ödenburg
Neusiedler See
Güns
Steinamanger
Körmend
Zalaegerszeg
Graz
Feldbach
Mur
Brieg
Oppeln
Oder
Tschenstochau
Hindenburg
Gleiwitz
Kattowitz
Ratibor
Mährisch-Ostrau
Krakau
Tarnów
Kielce
Staszów
Weichsel
San
Rzeszów
Jaslo
Przemysl
Neu-Sandez
Dukla
Stropkov
Ungvár
Kaschau
Rosenau
Neusohl
Trentschin
Göding
March
Nitra
Gran
Neutra
PRESSBURG
Waag
Komorn
Raab
Stuhlweißenburg
Veszprém
Siófok
Plattensee
Dunaföldár
BUDAPEST
Szolnok
Eger
Theiß
Frontverlauf im Jänner 1945
Frontverlauf am 3.2.1945
Frontverlauf am 8.2.1945
Frontverlauf am 24.2.1945
Frontverlauf am 5.3.1945
Frontverlauf am 15.3.1945
Frontverlauf am 25.3.1945
Frontverlauf am 31.3.1945
Frontverlauf am 4.4.1945
Frontverlauf am 15.4.1945
Frontverlauf am 30.4.1945
Frontverlauf am 5.5.1945
sowjetische Abwehrstellungen
deutsche Auffangstellungen
„Feste Plätze" und andere Verteidigungsstellungen
Evakuierungsrouten aus Ostpreußen
Grenze von 1937
0
100 km

Offiziell konnte Waibel gar nichts machen, denn das hätte gegen die Neutralitätspolitik seines Landes verstoßen, inoffiziell aber nahm er Kontakt auf mit dem einzigen Amerikaner in Zürich, der kam: Allan Dulles, Bruder des späteren US-Außenministers John Foster Dulles. Allan Dulles war der Schweizer Repräsentant des O.S.S. (Office of Strategic Services), eines speziellen, 1941 gegründeten und nur dem amerikanischen Präsidenten unterstellten Geheimdienstes. Anders als die Diplomaten der Alliierten in der Schweiz, denen jeder Kontakt mit Repräsentanten des Kriegsgegners untersagt war, konnte Dulles tun und lassen, was er für richtig hielt.

Er hiel Waibels Informationen für interessant genug, sich vorsorglich aus Washington grünes Licht für Verhandlungen zu holen, bat den Schweizer aber, zunächst aus Baron Parilli herauszuholen, wer denn auf deutscher Seite dahinterstehe. Parilli nannte zunächst nur Zimmer. Das war Waibel zu wenig. Ein kleiner Obersturmführer, was sollte der . . .

Baron Parilli sagte schließlich, der einzige SS-Offizier, mit dem er noch darüber reden könne, sei Eugen Dollmann. Den könnte er wohl dazu bringen, den Kontakt fortzusetzen. Das war ein Schuß ins Blaue, Parilli kannte Dollmann keineswegs so gut, aber er wirkte: Dollmann, der war schon wer, immerhin im Rang eines Obersten, früher hatte er zwischen Hitler und Mussolini gedolmetscht.

Mit seiner Halbwahrheit hatte Baron Parilli verhindert, daß sich die Verhandlung festfuhr. Mit Halbwahrheiten überzeugte er auch Dollmann, daß er in die Schweiz fahren müsse um zu verhandeln. Daß am Ende der Verhandlungen nach amerikanischer Ansicht nur eine bedingungslose Kapitulation stehen könne, verschwieg Parilli wohlweislich. Mit Wolffs Segen verhandelten Dollmann und Zimmer am 3. März im Luganer Hotel Biaggi mit Paul Blum, einem Assistenten von Dulles. Von ihm erfuhr er, daß die Amerikaner nur eine bedingungslose Kapitulation annehmen würden. Enttäuscht reiste er ab, um Wolff am 4. März Bericht zu erstatten. Die harte Haltung der Amerikaner verschwieg er dabei.

Den wahren Sachverhalt erfuhr Wolff durch Husmann. Der hatte, am 5. März, die Situation mit Generalfeldmarschall Kesselring und Botschafter Rahn besprochen. Man war sich einig, daß der Krieg verloren war – Anfang März standen die Russen in Ostpreußen und Schlesien, die Engländer und Amerikaner am Rhein –, daß also verhandelt werden müsse, wobei ihnen die intakte Italienarmee ein solides Faustpfand zu sein schien. Von Kapitulation war keine Rede.

Wolff entschloß sich nach diesem Gespräch, selbst zu Dulles zu fahren. Arrangiert wurde das Treffen wiederum von Baron Parilli. Wolff nahm Dollmann, Zimmer und auch seinen persönlichen Adjutanten Wenner mit, saß aber während der langen Bahnfahrt nach Zürich – sie dauerte wegen Schneebehinderungen fast sieben Stunden – meistens allein mit Dr. Max Husmann in einem reservierten 1.-Klasse-Abteil.

Es ist eine Ironie der Geschichte, daß Wolff durch seine Gespräche mit Dulles am 6. und 7. März nahezu das erreicht hätte, was er in diesen Gesprächen als eine Illusion erkannte: einen Keil zwischen Sowjets und Westmächte zu treiben.

Denn der sowjetische Geheimdienst hatte von den Gesprächen erfahren – und sofort wurde Mißtrauen wach. Molotow und Stalin verlangten kategorisch die Einstellung aller Gespräche, verdächtigten ihre westlichen Verbündeten, den Deutschen absichtsvoll Gelegenheit zu geben, ausgeruhte Truppen an die Ostfront zu schicken.

Daraus ergab sich ein wütender Briefwechsel zwischen US-Präsident Roosevelt und Stalin; der ebenfalls konsultierte Eisenhower ließ zornig verlauten, er als alliierter Oberbefehlshaber West habe, verdammt noch mal, das Recht, jede militärische Kapitulation des Gegners anzunehmen, ob es sich um eine Kompanie oder ganze Armeen handele, ohne irgend jemanden um seine Meinung zu fragen. Von Churchill ist aus diesen Tagen die Bemerkung überliefert, er sehe nicht, »warum uns das Herz brechen sollte, wenn wir, durch eine Massenkapitulation vor unserer Front, eher an der Elbe oder auch ein ganzes Stück weiter wären als Stalin«.

Karl Wolff, man sieht es, hatte ganz schön was angerührt, freilich, ohne es zu ahnen. Als er aus der Schweiz zurückkam, hatte er zunächst andere Sorgen. Generalfeldmarschall Kesselring war abgelöst und als Oberbefehlshaber an die bedrohte Westfront des Reichs versetzt worden. Wer sein Nachfolger war, stand noch nicht fest. Schlimmer noch: Er fand einen Befehl von Ernst Kaltenbrunner, Chef des Reichssicherheitshauptamtes, vor, sich sofort bei ihm zu melden.

Das hieß für Wolff: Man hatte Wind bekommen.

Eilends ließ er Dulles bitten, einen gefangenen hohen SS-Führer freizulassen, damit er sagen könne, er habe nur über einen Gefangenenaustausch verhandelt (Wolff hatte, schon vor seinem Gespräch mit Dulles, als eine Art Goodwill-Geste, zwei gefangene italienische Partisanenhäuptlinge, Parri und Usmiani, in die Schweiz entlassen).

Allan Dulles, der Geheimdienstprofi, war hell entsetzt, daß ein Mann wie Wolff nicht beizeiten für »Deckung« (»Cover«) für sein Tun gesorgt hatte, aber er dachte gar nicht daran – puritanischer Prinzipienreiter, der er ebenfalls war –, Wolff den erbetenen Gefallen zu tun. So dringend waren die Westmächte denn doch nicht auf ein vorzeitiges Ende der Kämpfe in Italien angewiesen. Für Wolff wurde es brenzlig. Er kannte den eiskalten RSHA-Chef nur zu gut, um zu wissen, daß sein Leben keinen Pfifferling mehr wert wäre, wenn der klare Beweise in Händen hätte. Wolff wimmelte Kaltenbrunner zunächst ab, er sei, wegen der Partisanenaktivität, zur Zeit unabkömmlich. Das war nicht einmal ganz falsch: Die Partisanen-Aktivität hatte im Frühjahr 1945 im sogenannten rückwärtigen Frontgebiet, für das Wolff verantwortlich war, enorm zugenommen; Wolff hatte tatsächlich alle Hände voll zu tun, mit seinen recht spärlichen SS-Einheiten und einigen Ducetreuen italienischen Hilfstruppen die Versorgungswege für die Heeresgruppe C in-

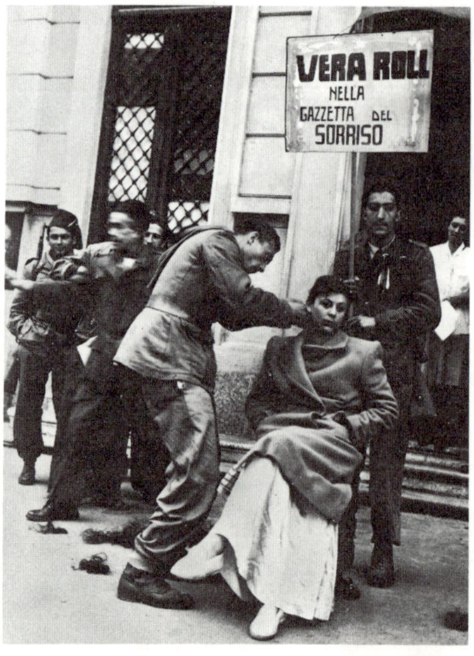

Partisanen machten den deutschen Truppen mehr und mehr zu schaffen (rechts). Das provozierte nicht selten grausame Überreaktionen, die das deutsch-italienische Verhältnis auf lange belasten sollten. Aber auch das inneritalienische Klima litt: Wie tief der Graben zwischen den politischen Lagern war, bewies die brutale Abrechnung von Kollaborateuren. Vor allem Frauen, die mit den Verlierern zusammengearbeitet hatten, wurden an den Pranger gestellt, kahl geschoren, wie oben die Sängerin Vera Roll, oder gar erschlagen.

takt zu halten. Auf der anderen Seite der Front war inzwischen auch bekannt geworden, daß Kesselring nicht mehr Oberbefehlshaber der Italienarmee war, und so ließ Dulles – via Parilli – bei Wolff anfragen, wie's denn weitergehen solle: Ob Wolff versuchen würde, Kesselrings Nachfolger zur Kapitulation zu überreden, oder, falls das nicht möglich sei, selber handeln könne.

Wolff antwortete, er werde Kesselrings Nachfolger zu überzeugen versuchen, sobald er ernannt sei; notfalls werde er auch alleine handeln. Er müsse aber im Augenblick, wegen SD-Chef Kaltenbrunners Mißtrauen, sehr vorsichtig sein.

Inzwischen hatte der alliierte Oberkommandierende in Italien, der britische Feldmarschall Earl Alexander of Tunis, zwei Offiziere seines Stabes für die von Dulles angekündigten Kapitulationsverhandlungen in die Schweiz geschickt, die Generale Lemnitzer und Airey. Die militärischen Unterhändler wohnten in einer schönen Villa in Ascona, die Allan Dulles' Assistenten Dr. Gero von Schultz-Gaevernitz gehörte, einem amerikanischen Wirtschaftswissenschaftler deutscher Abstammung.

Es war eine überaus angenehme Umgebung, in der die Generale der deutschen Kapitulations-Unterhändler harrten, die da kommen sollten – aber nicht kamen, weshalb Lemnitzer und Airey Mitte März ungeduldig wurden. Dulles ließ deshalb Wolff am 16. März wissen, es sei dringend nötig, daß die Verhandlungen nun ernsthaft begännen, er möge nach Ascona kommen.

An diesem 16. März stürmte noch mehr auf Wolff ein: Aus Berlin kam ein Befehl des Reichsführers SS, Heinrich Himmler, der Wolff umgehend zum Rapport zu sich beorderte – ein Befehl, dem Wolff nicht ausweichen konnte. Zugleich wurde bekannt, wer Kesselrings Nachfolger als Oberbefehlshaber der Herresgruppe werden würde: Generaloberst Heinrich von Vietinghoff-Scheel. Da Vietinghoff bis dahin Kesselrings Stabschef gewesen war, kannte Wolff den neuen OB recht gut – und wußte, daß es nicht leicht sein würde, diesen alten preußischen Aristokraten von der Notwendigkeit einer Kapitulation zu überzeugen. Mindestens brauchte das Zeit.

Wolff schilderte, durch Baron Parilli, Dulles die Situation und fügte hinzu, er sei bereit, noch vor seiner Abreise nach Berlin, sozusagen auf dem Wege, den in Ascona wartenden Generalen Lemnitzer und Airey einen Höflichkeitsbesuch zu machen. Das Treffen fand am 19. März in Ascona statt. Wolff erklärte, daß er zwar Generaloberst Vietinghoff direkt ansprechen könne, es aber für besser hielte, wenn er Kesselring dazu bewegen könnte, mit Vietinghoff zu sprechen. Das würde zwar ein paar Tage länger dauern, aber zweifellos würde Vietinghoff viel eher auf Kesselring hören als auf ihn, Wolff.

Den Generalen leuchtete das ein, sie erklärten sich bereit, noch eine Woche in der Schweiz zu warten. Wolff fuhr zu Kesselring in dessen Hauptquartier. Der Generalfeldmarschall schilderte Wolff am 23. März die militärische Lage in düsterstem Licht, und Wolff gewann den Eindruck, daß auch Kesselring an Kapitulation dachte, nur noch nicht bereit war, sie selbst vorzuschlagen. Der Eindruck war durchaus falsch, wie Wolff später merken sollte. Am nächsten Tag traf Wolff mit Himmler und Kaltenbrunner zusammen. Es stellte sich heraus, daß beide wußten, daß Wolff einmal in der Schweiz mit Dulles zusammengetroffen war, mehr aber auch nicht. Wolff wies, wie auch in anschließenden Konferenzen, an denen auch Walter Schellenberg teilnahm, darauf hin, daß er dem Führer am 6. Februar, im Beisein von Ribbentrop, vorgetragen habe, es sei an der Zeit, Fühler zu den westlichen Alliierten auszustrecken, um nach Möglichkeit einen Keil in das unnatürliche Ost-West-Bündnis zu treiben und vor allem, um Zeit zu gewinnen, bis die neuen Wunderwaffen einsatzbereit seien. Hitler habe ihm nicht widersprochen, also habe er vorsichtig Kontakte hergestellt, sonst nichts. Nach seiner Rückkehr nach Italien beriet Wolff Anfang April mit Vietinghoff und dessen Stabschef, General Röttiger. Beide sahen prinzipiell ein, daß es Zeit war, zu kapitulieren, doch Vietinghoff zögerte; zudem kam für ihn nur eine militärisch ehrenhafte – also keine »bedingungslose« – Kapitulation in Frage.

Wie er sich die vorstellte, ließ Vietinghoff am 9. April durch Wolff an Dulles übermitteln: Er verlangte eine Garantie:

daß die Truppe nicht nach England oder Amerika in Gefangenschaft geführt, sondern nach Deutschland entlassen werde;

daß der Truppe, zum Zeichen ehrenhafter Übergabe, Degen und Seitengewehre belassen werden;

daß ein angemessener Teil der Heeresgruppe unter Waffen bleiben dürfe.

Als Allan Dulles diese – unannehmbaren – Bedingungen las, vermutete er sofort, daß Wolff Zeit gewinnen wollte, denn er mußte wissen, daß nur bedingungslose Kapitulation in Frage kam. Dulles lag richtig. Es war tatsächlich etwas passiert, das in Wolff noch einmal die Hoffnung

weckte, es könne doch noch zu dem ursprünglich angepeilten Bruch zwischen den Westmächten und der Sowjetunion kommen: Der jugoslawische Partisanenführer Tito, von dem man wußte, daß er im engsten Kontakt mit Moskau stand, hatte den Partisanengeneral Velebit als Parlamentär über die deutschen Linien in Nordjugoslawien geschickt. Velebit bot nicht nur Kampfeinstellung, sondern sogar Zusammengehen mit den Deutschen an, vorausgesetzt, die Deutschen würden sich jedem Versuch einer Landung der Alliierten im Raum Triest – Fiume widersetzen. Kommunistische Partisanen und deutsche Wehrmacht gemeinsam gegen angloamerikanische Landungstruppen – eine fantastische Vorstellung! Während die deutschen Stäbe noch rätselten, was mit dem Velebit-Angebot anzufangen sei, kam die Nachricht vom Tod Präsident Roosevelts.

General Wolff nutzte die Gelegenheit, seinen Adjutanten, Obersturmführer Zimmer, zu Dulles in die Schweiz zu schicken, damit er dem Amerikaner Wolffs tiefempfundenes Beileid zum Tode des Präsidenten ausdrücke. Ganz nebenbei ließ Wolff Dulles auch noch sagen, daß die ganze Halbinsel zwischen Triest und Fiume praktisch unverteidigt sei, ebenso das Gebiet zwischen Pola und dem Isonzo. Das war eine tückische Einladung; wären die Alliierten ihr gefolgt, hätten sie tatsächlich in die Situation geraten können, sich mit Tito-Partisanen oder gar russischen Truppen herumschießen zu müssen.

Doch dazu kam es nicht. Denn die Alliierten hatten inzwischen das Gerede mit Wolff, das ja doch zu nichts zu führen schien, satt. Dulles wurde angewiesen, den Kontakt abzubrechen. Inzwischen hatte Himmler Wolff abermals zu sich zitiert. Diesmal sah sich Wolff härteren Vorwürfen ausgesetzt – Kaltenbrunner sagte ihm auf den Kopf zu, daß er nicht nur einmal, sondern dauernd mit Dulles verhandelt habe, und zwar auch über Kapitulation. Wolff bestritt das. Das Gespräch, mehr ein Verhör, dauerte stundenlang, bis Wolff schließlich wütend darauf beharrte, die Sache dem Führer vorzutragen, und zwar gleich, Himmler und Kaltenbrunner sollten mitkommen.

Himmler lehnte es glatt ab, er mußte fürchten, daß bei einem solchen Gespräch auch seine geheimen Verhandlungsversuche über den schwedischen Grafen Folke Bernadotte herauskommen könnten. Schweigend fuhren die beiden Männer am Nachmittag des 18. April die knapp 60 Kilometer von Hohenlychen, wo sich Himmler aufhielt, nach Berlin. Erst auf den paar hundert Metern Fußweg zum Eingang des Führerbunkers kam es zu einem kurzen Gespräch.

Kaltenbrunner zu Wolff: Er wisse doch, daß er reif für den Galgen sei, falls er dem Führer alles erzähle, oder?

Wolff zu Kaltenbrunner: Falls Kaltenbrunner mitzuhängen wünsche, bitte sehr. Schließlich wisse er von den Verhandlungen seit Wochen, und an Himmlers Verhandlungsversuchen sei er sogar selbst beteiligt, das würde ja wohl auch langen, oder?

Kaltenbrunner hielt es dann doch für besser, nichts zu sagen. Es kam zu zwei belanglosen Gesprächen zwischen Hitler und Wolff, bei denen nicht mehr herauskam als Hitlers Auftrag an Wolff, schleunigst nach Italien zurückzukehren und dafür zu sorgen, daß dort jeder Fußbreit Boden verteidigt und gehalten werde.

Als Wolff am 20. April in sein Hauptquartier in Fasano zurückkehrte, war die militärische Lage schon kritisch: Statt eines geordneten Rückzuges begann sich eine regellose Flucht über den Po zu entwikkeln.

Wolff rief sofort eine Konferenz aller Verantwortlichen zusammen. Das waren außer ihm: OB Vietinghoff und sein Generalstabschef Röttiger, General Ritter von Pohl, Oberbefehlshaber aller Luftwaffen-(und Flak)einheiten in Italien, sowie Franz Hofer, der Gauleiter von Tirol. Nun war auch der konservative Soldat von Vietinghoff bereit, fast um jeden Preis den Kampf einzustellen – er hatte keine Neigung, die ihm anvertrauten zwei Armeen mit immer noch an die 800000 Mann für nichts und wieder nichts abschlachten zu lassen.

Und Generaloberst von Vietinghoff zog die Konsequenzen: Nicht nur stimmte er dafür, daß Wolff schleunigst in die Schweiz fahren und die Kapitulationsverhandlungen zu Ende bringen sollte, zugleich befahl er, in klarer Mißachtung der entgegenstehenden Befehle aus dem Führerhauptquartier, Rückzug über den Po, und auch, an dieser Linie nur noch hinhaltenden Widerstand zu leisten. Überdies gab er Oberstleutnant von Schweinitz aus seinem Stab, der Wolff begleiten sollte, weitgehende Vollmacht, in seinem, Vietinghoffs, Namen zu kapitulieren.

Als Wolff, Schweinitz und Wolffs Adjutant Wenner am 23. April in der Schweiz eintrafen, erlebten sie eine böse Überraschung: Waibel und Husmann, die sie an der Grenze empfingen, eröffneten ihnen, daß die Verhandlungen abgebrochen seien, Dulles dürfe auf Befehl von ganz oben nicht mehr verhandeln.

Doch jetzt kam, merkwürdig genug, die

Nur unwesentlich hinauszögern konnten die deutschen Verbände in Oberitalien den Kollaps. Schwere Waffen, wie das Geschütz oben, waren viel zu selten, um wirkungsvoll Sperrfeuer gegen die von überall heranrollenden US-Panzer (links ein Sherman) zu schießen. Auf dem Verhandlungswege versuchte die deutsche Führung in Italien wenigstens eine geordnete Kapitulation zu erreichen. Das aber machte Schwierigkeiten, weil die Sowjets bei jedem Gespräch sofort Verrat der Westmächte witterten.

Stunde der Soldaten. Zunächst der schweizerische Major Waibel. Der rief Dulles an und beschwor ihn, Verhandlungsverbot hin oder her, wenigstens den alliierten Oberbefehlshaber zu informieren, daß die deutsche Parlamentärdelegation da sei. Dulles tat's, funkte Feldmarschall Alexander an. Der reagierte sofort: Dulles möge die Deutschen hinhalten, bis er, Alexander, das blöde Verhandlungsverbot beseitigt habe.

Denn Alexander wußte zwar, daß die militärische Lage für ihn gut, für Vietinghoff miserabel war, aber gerade deshalb hatte er keine Neigung, noch Zigtausende seiner Soldaten in sinnlos gewordenen Kämpfen zu verheizen. Jedenfalls nicht, wenn es eine Verhandlungsmöglichkeit gab.

Alexander wollte verhandeln, deshalb ließ er die deutschen Parlamentäre – zunächst völlig auf eigene Faust – zum Warten bewegen. Doch das Warten wurde Wolff schwer, die Situation in Norditalien wurde von Tag zu Tag chaotischer, sein Hauptquartier war bereits vom Gardasee nach Bozen zurückverlegt. So entschloß sich Wolff, seinen Adjutanten, Sturmbannführer Wenner, mit allen Vollmachten auszustatten, und selbst in sein Hauptquartier zurückzukehren.

So leicht ging das aber nicht. Er ging am späten Abend des 25. April über die Grenze und entschloß sich in der Villa Locatelli, am Westufer des Comer Sees, zu übernachten. Am Abend waren da die Verbindungen noch gut, Wolff konnte mit seinem Hauptquartier telefonieren, sogar der Oberbefehlshaber der restlichen faschistisch-italienischen Truppen, Marschall Graziani, fand den Weg dorthin und übergab ihm eine Kapitulationsvollmacht für alle seine italienischen Streitkräfte. Am nächsten Morgen war die Lage entschieden verändert: Die Villa war von Partisanen umstellt, die sich freuten, einen SS-General gefangen zu haben. Noch hatten sie ihn freilich nicht, waren auch vorsichtig, weil sie energischen Widerstand fürchteten. Vor allem aber: Sie hatten vergessen, die Telefonleitungen zu kappen. Wolff konnte in die Schweiz telefonieren, erreichte Waibel, der erreichte Dulles, und der organisierte Entsatz für den SS-General.

Die mit Partisanen-Passierscheinen ausgestattete Entsatzgruppe, bestehend aus O.S.S.-Agent Jones, Gaevernitz und Waibel, erreichte die Villa gegen Mittag und befreite die Insassen. Was Wolff anlangte, in die falsche Richtung: Er mußte die Uniform gegen Zivilkleider tauschen und zunächst zurück in die Schweiz.

Am nächsten Tag wurde die Lage klarer.

Alexander bekam die Erlaubnis, die deutschen Parlamentäre zu empfangen. Schweinitz und Wenner wurden ins alliierte Hauptquartier in Caserta, einige Kilometer nordöstlich von Neapel, geflogen, Wolff kehrte über Österreich in sein Bozener Hauptquartier zurück.

Oberstleutnant von Schweinitz und Sturmbannführer Wenner trafen am Nachmittag des 28. April in Caserta ein, abends um sechs Uhr begannen die Verhandlungen, die sich alsbald insofern festfuhren, als der Verhandlungsführer der Alliierten, Generalleutnant Morgan (Stabschef des Feldmarschalls Alexander), keine Garantie dafür geben konnte, daß die Gefangenen alsbald nach Deutschland entlassen würden. Allerdings erklärte Morgan inoffiziell, schon mit Rücksicht auf die Transportschwierigkeiten sei kaum anzunehmen, daß die Riesenarmee irgendwo hingebracht würde.

Schweinitz und Wenner erklärten, wegen des Gefangenenproblems müßten sie spezielle Vollmacht von Vietinghoff und Wolff einholen. Generalleutnant Morgan sorgte dafür, daß ein entsprechender Funkspruch an Vietinghoffs Hauptquartier abgesetzt wurde. Der Empfang dieses Funkspruchs wurde auch bestätigt – Antwort aber kam keine.

Gegen Mittag des nächsten Tages wurde Morgan ungeduldig. Es sei nicht gut möglich, mit der unterdes gestoppten Offensive noch länger innezuhalten, wenn nicht endlich kapituliert werde. Schweinitz und Wenner sahen das ein; am 29. April um 14 Uhr unterzeichneten sie die Kapitulationsurkunde, als Waffenstillstandsdatum wurde der 2. Mai, 12 Uhr, verabredet – um Vietinghoff ausreichend Zeit zu lassen, die entsprechenden Befehle an seine Truppen zu geben.

Als Schweinitz und Wenner gegen Morgen des 30. April in das Bozener Hauptquartier zurückkehrten, fanden sie dort wildes Durcheinander vor und auch eine Erklärung dafür, warum Vietinghoff ihren Funkspruch nicht beantwortet hatte: Vietinghoff war nicht mehr Oberbefehlshaber der Heeresgruppe C.

Während Wolffs Abwesenheit war der Tiroler Gauleiter Hofer zu Generalfeldmarschall Kesselring gefahren, dem inzwischen auch der Oberbefehl über alle im Süden des Reiches stehenden Truppen übertragen worden war. Hofer berichtete Kesselring, daß Vietinghoff und Wolff dabei seien, auf eigene Faust mit der Heeresgruppe und allen SS-Einheiten zu kapitulieren.

Kesselring fand das unerhört, enthob Vietinghoff und seinen Generalstabschef Röttiger ihrer Kommandos und befahl ihnen, in Bozen auf ihre kriegsgerichtliche Aburteilung zu warten. Wolff unterstand ihm nicht direkt, für ihn fertigte Kaltenbrunner einen Verhaftungsbefehl aus, der freilich nicht vollstreckt werden konnte, weil sich in Bozen niemand dafür fand. Als Ersatz für Vietinghoff und Röttiger schickte Kesselring die Generale Schulz (Oberbefehlshaber) und Wentzell (Generalstabschef) nach Bozen.

Röttiger versuchte, den neuen OB Schulz zu überreden, der Kapitulation zuzustimmen, doch der weigerte sich.

Am 1. Mai morgens platzte dem abgesetzten Generalstabschef Röttiger der Kragen: Gemeinschaftlich mit Wolff ließ er die neuen Befehlshaber, Schulz und Wentzell, kurzerhand verhaften. Dann bat er den General Lemelsen, den Oberbefehl zu übernehmen. Doch der wollte nicht.

Wolff gelang es schließlich, den inhaftierten Oberbefehlshaber Schulz dazu zu überreden, eine Kommandeurbesprechung für den Abend einzuberufen.

Diese Besprechung begann um 18 Uhr, Teilnehmer waren Wolff, Dr. Dollmann, Röttiger, Schulz, Wentzell, Lemelsen, Herr und von Pohl. Wolff und Dollmann sprachen sich für die sofortige Bestätigung der Kapitulation aus, ebenso Röttiger und Ritter von Pohl. Schulz war auch dafür – aber nicht ohne Zustimmung Kesselrings. Doch der war nicht zu erreichen. Die Nachrichten von der Front wurden derweil von Minute zu Minute schlimmer. Auch ohne harten Druck der Alliierten, aber unter um so heftigerem Ansturm der Partisanen – Titos im Triester Gebiet, italienischer im übrigen Raum – mehrten sich die Anzeichen beginnender Auflösung. Immer fraglicher wurde es, ob die Kommandeure überhaupt noch Herr ihrer Truppen waren.

Um 20 Uhr wurde Lord Alexander ultimativ: Entweder werde die Kapitulation binnen zwei Stunden bestätigt, oder er betrachte die Kapitulations-Urkunde als null und nichtig und setze seine Offensive fort. Dieser Funkspruch vom Gegner löste heftige Versuche der Generalsversammlung aus, Kesselring zu erreichen. Doch dessen Generalstabschef Westphal, der schließlich ans Telefon kam, ließ kühl wissen, der Herr Generalfeldmarschall könne derzeit nicht gestört werden. Es war General Herr, Oberbefehlshaber der 10. Armee, der daraufhin aufstand und der Kollegenrunde erklärte, er gehe jetzt zur Funkstelle, um seinem Stab Feuereinstellung für nächsten Mittag zu befehlen. Das brach das Eis. Die Generale Lemelsen und Ritter von Pohl erhoben sich ebenfalls und erklärten, für ihre Truppenteile dasselbe zu tun. Damit hatten alle Truppenbefehlshaber der Kapitulation zugestimmt; dem neuen Oberbefehlshaber blieb nichts, als dies staunend zur Kenntnis zu nehmen, und Wolff konnte endlich, erleichtert, an Alexander funken, es werde, wie vereinbart, kapituliert.

Wenig später, um 11.15 Uhr, waren auch die übrigen versammelten Generale erleichtert, es kam die Nachricht, daß Hitler tot sei, und damit waren sie ihren Treueid los. Schulz allerdings beharrte darauf, zwar nicht mehr Hitler, aber immer noch Kesselring zur Loyalität verpflichtet zu sein.

Der zuvor unerreichbare Generalfeldmarschall schaffte es, gegen Mitternacht am 1. Mai Wolff anzurufen. Was ihm, Wolff, und dem ganzen Haufen Generalen wohl eingefallen sei, ohne seine Erlaubnis einfach zu kapitulieren, wollte er wissen.

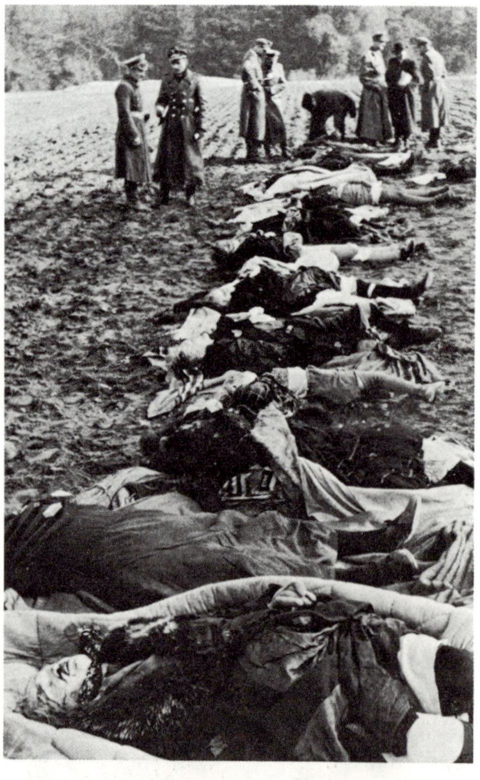

Was die Deutschen im Osten erwartete, zeigten Bilder aus zurückeroberten Ortschaften (oben). Nach Jahren grausamster deutscher Herrschaft in Rußland bedurfte es kaum noch der Haßparolen der sowjetischen Propaganda, um eine Racheorgie ohnegleichen zu entfesseln. Und deutscherseits mußte nicht erst zum Widerstand bis zum letzten Atemzug aufgefordert werden. Wenn dennoch die Ostfront im Januar 1945 zerbrach, dann gewiß nicht wegen fehlenden Kampfeinsatzes. Wer den sowjetischen Ansturm erlebte, begriff das geflügelte Wort von der »russischen Dampfwalze«. Ein Material- und Menschenstrom brandete gegen die Wehrmacht, der auch nicht mit einem Vielfachen von Waffen und Soldaten aufzuhalten gewesen wäre (rechts: sowjetischer Konvoi auf dem Wege nach Berlin).

Menschen retten, vornehmlich deutsche, erwiderte Wolff kühl.
Kesselring dachte noch zwei Stunden nach. Dann erlaubte er, am 2. Mai 1945 um halb fünf morgens, den deutschen Truppen in Italien zu kapitulieren.
Damit war, im Süden Europas, der Krieg zu Ende. Aber nicht für Kesselring. Den machte Botschafter Rahn, telefonisch aus Bozen, auf den ärgerlichen Umstand aufmerksam, daß die Kapitulation von Oberstleutnant von Schweinitz im Namen von Vietinghoff unterschrieben worden sei. Folglich müsse Kesselring, schon aus Legalitätsgründen, Vietinghoff wieder als Oberbefehlshaber der Heeresgruppe einsetzen.
Kesselring sträubte sich. Es war ihm zuwider, einen eben wegen Ungehorsam gefeuerten Untergebenen wieder zu ernennen. Aber dann sah er es doch ein, und ernannte Vietinghoff und Röttiger abermals zu Chefs der kapitulierenden Heeresgruppe.
Wolff, Dollmann, Vietinghoff, Röttiger, Rahn, Zimmer, Parilli, Wenner, Schweinitz, Waibel, Husmann, Dulles – ein rundes Dutzend Männer haben damals etlichen zigtausend Menschen, Deutschen wie Engländern, Amerikanern, Italienern, Kanadiern und allen möglichen anderen das Leben gerettet. Gedankt hat's ihnen keiner.

Hitlers Ende

Führers Geburtstag 1945 – früher Festtag, Tag großer Paraden. Diesmal nicht. Nur einer hielt am alten Ritual fest: Joseph Goebbels, Reichspropagandaminister und Gauleiter von Berlin. Wie in jedem Jahr seit 1933 sprach er am Vorabend über den Rundfunk:
»In dem Augenblick des Kriegsgeschehens, in dem, so möchte man glauben, noch einmal, vielleicht zum letzten Male, alle Mächte des Hasses und der Zerstörung von Westen, Osten, Südosten und Süden gegen unsere Front anrennen, trete ich, wie immer noch seit 1933, am Vorabend des 20. April vor das deutsche Volk hin, um zu ihm vom Führer zu sprechen . . .
Ich kann nur sagen, daß die Zeit in all ihrer dunklen und schmerzenden Größe im Führer den einzigen würdigen Repräsentanten gefunden hat. Wenn Deutschland heute noch lebt, wenn die Nation noch atmet, wenn vor ihr noch die Chance des Sieges liegt, wenn es noch einen Ausweg aus der tödlich ernsten Gefahr gibt, wir haben es ihm zu verdanken . . .
Wir schauen voll Hoffnung und in einer tiefen, unerschütterlichen Gläubigkeit auf ihn.
Wir stehen zu ihm, wie er zu uns in germanischer Gefolgschaftstreue, wie wir es geschworen haben. Wir rufen es ihm nicht zu, weil er es auch so weiß und wissen muß: Führer befiel, wir folgen!«
Solche Beschwörungsformeln scheinen uns heute absurd, doch die Menschen, die sie damals hörten, klammerten sich daran, spürten in der geschliffenen Tirade des »kleinen Doktors« etwas von dem alten Schwung. Nicht, daß sie den Endsieg geradewegs vor der Tür glaubten, aber, nicht wahr, er konnte doch nicht so sprechen, wenn nicht noch eine Hoffnung . . . wenn er nicht etwas wüßte . . .
Solche letzten Funken Hoffnung steckten in den Apriltagen des Jahres 1945 noch in fast allen; auch das geschundene, ausgeblutete Volk war noch nicht in der Lage, die Endgültigkeit der Niederlage zu erkennen – es schien schlicht undenkbar, daß all die Siege, all die Opfer umsonst gewesen sein sollten. Zudem standen sie – seit Jahren schon – im Bann einer unentwegt auf sie eindröhnenden Propaganda.
Deshalb machten sie weiter, deshalb ließen sich alte Männer willig Panzerfäuste und Beuteflinten in die zitternden Hände drücken und eine Volkssturm-Armbinde dazu, buddelten Frauen und Kinder Panzergräben und bauten Sperren, war die überwiegende Mehrzahl der Soldaten und Offiziere trotz hoffnungslos erdrückender Übermacht der Gegner immer noch bereit zu kämpfen – und wie sie kämpften! Darüber wird noch zu berichten sein.
Sie alle wußten nicht, daß der Mann, der ihr Idol war, dem sie noch vor ganz wenigen Jahren frenetisch zugejubelt hatten, und dem sie nun, in der Not, immer noch wider alle Vernunft zutrauten, daß er vielleicht doch einen Ausweg wisse, noch etwas in Reserve habe . . . sie wußten nicht, daß der »Führer« inzwischen ein von Drogen und Schlaflosigkeit zerrütteter, ausgebrannter Greis mit wackelndem Kopf und zitternden Gliedern war, zusammengehalten nur noch von einer schier übermenschlichen Willenskraft.
Sie wußten nicht einmal, wo er war, daß Hitler schon seit einiger Zeit sein Hauptquartier in der Reichskanzlei in Berlin aufgeschlagen hatte, und daß er an seinem 56. Geburtstag bereits seit vier Wochen in einem Betonverlies 16 Meter tief unter der Erde hauste, im sogenannten Führerbunker.
Das war vermutlich der sicherste Platz im restlichen Deutschland, aber ein elendes Quartier, sechs bis acht Quadratmeter große Kämmerchen mit nackten Wänden, teils feucht, teils staubtrocken – der Bunker war in verschiedenen Phasen gebaut und nie ganz fertig geworden.
Hitler schlief an seinem 56. Geburtstag bis gegen elf Uhr. Anschließend fand eine kurze Lagebesprechung statt. Die militärische Lage an diesem Tag trug alle Zeichen der sich anbahnenden Katastrophe. Im Süden der Stadt waren Konjews Panzer über Lübben und Baruth bis kurz vor Zossen vorgestoßen.
Bei Zossen befanden sich, in riesigen Bunkeranlagen, das Oberkommando des Heeres und der Wehrmachtführungsstab und nicht nur das: Im Zossen befand sich auch die Zentrale des militärischen Nachrichtennetzes, das sogenannte Amt 500, die seinerzeit wohl modernste und leistungsfähigste Anlage ihrer Art.
OKH und Wehrmachtführungsstab muß-

DIE ARDENNENOFFENSIVE

16.12.1944 bis 7.2.1945

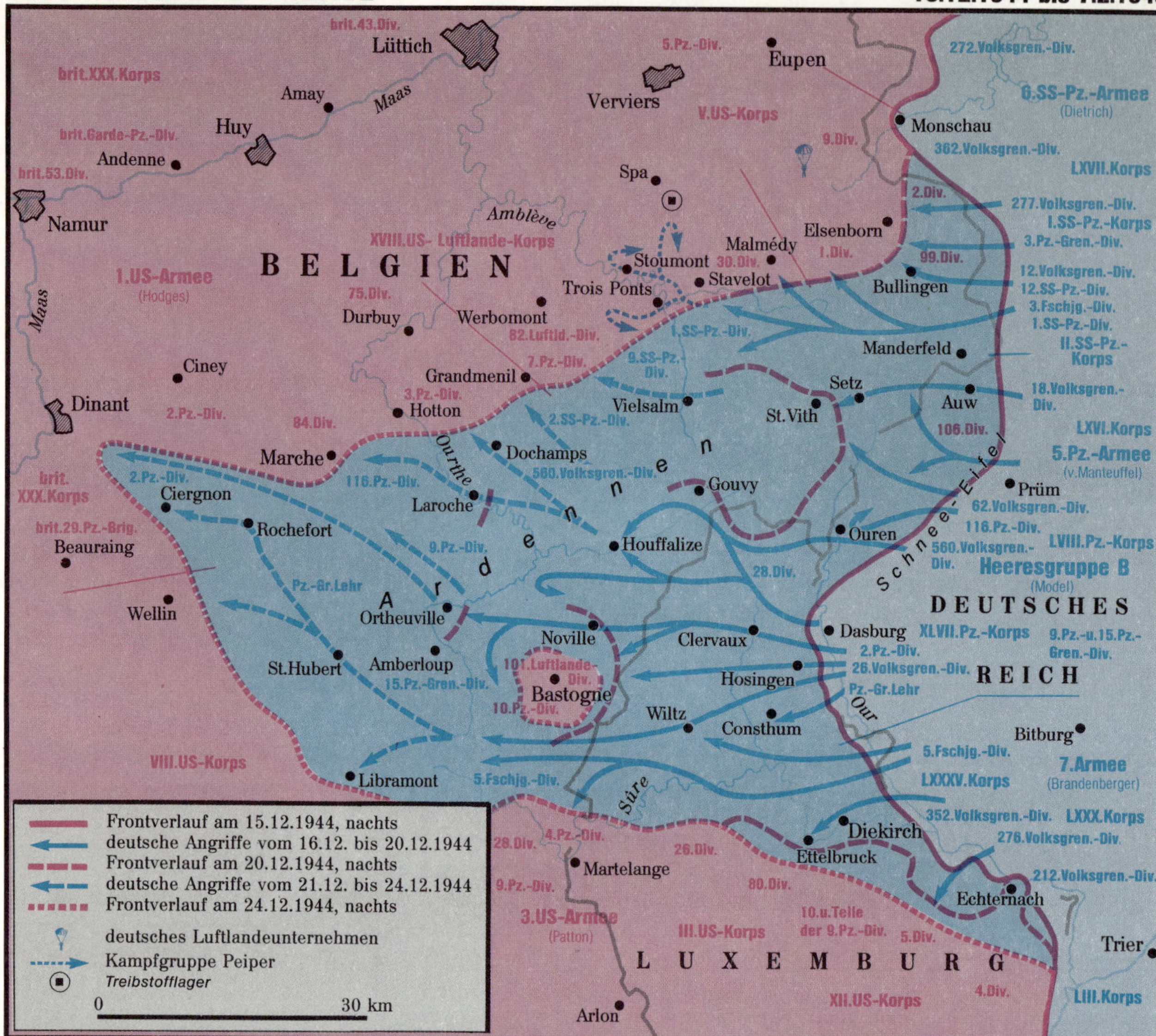

DER SCHRITT ÜBER DEN RHEIN

7.3. bis 28.3.1945

ten die Zossener Anlagen Hals über Kopf räumen, Amt 500 fiel unversehrt in die Hand der Russen – ein unentbehrliches Führungsinstrument war verloren: Das sogenannte Amt 200 im Keller des Bendlerblocks, dessen sich die Wehrmachtsführung nun notgedrungen bedienen mußte, war nicht entfernt so leistungsfähig wie die Zossener Anlage, und die Nachrichtenmittel des Führerbunkers waren erst recht völlig unzulänglich.

Abgesehen davon bedeutete Konjews rascher Vorstoß nach Norden, daß er der mit dem Südflügel noch bei Frankfurt an der Oder haltenden 9. Armee (Busse) in den Rücken fuhr. Nachdem Schukow am 18. 4. die verzweifelt verteidigte Seelower Höhenstellung durchbrochen hatte und nun in atemberaubendem Tempo in Richtung Müncheberg – Straussberg auf Berlin vor – und nördlich daran vorbeistieß (seine Spitzen erreichten am 20. morgens Bernau), war die 9. Armee von Einschließung bedroht.

Der Oberbefehlshaber der Heeresgruppe Weichsel, Generaloberst Gotthard Heinrici, hatte das kommen sehen, hatte wieder und wieder verlangt, den Südflügel der 9. Armee von der Oder zurückzunehmen. War die 9. Armee erst einmal eingekesselt, so wußte Heinrici, war sie verloren. Noch andere Sorgen bedrückten den Generaloberst, zu dessen Befehlsbereich seit kurzem auch die Stadt Berlin gehörte. Heinricis Bestreben war es, seine Armee nicht in die Stadt drücken zu lassen – er wollte unter allen Umständen verhindern, daß es in der mit Flüchtlingen vollgestopften Stadt zum Kampf kam. Denn, so Heinrici: »Die Alternative war doch, entweder die Stadt kampflos den Russen zu überlassen, mit all den schrecklichen Konsequenzen für die Bevölkerung, oder aber sich auf einen möglicherweise langen Kampf in dem zerbombten Häusermeer einzulassen, der mit Sicherheit schreckliche Leiden über die Menschen bringen würde, um die Stadt am Ende doch den Russen überlassen zu müssen. Fürchterlich waren beide Möglichkeiten, aber besser wäre die erste gewesen.«

Doch Hitlers Blick blieb auf die Oder fixiert, er befahl, die 9. Armee habe an der Oder zu bleiben, nicht nur das, sie habe südwärts anzugreifen, Konjews Angriffskeil zu durchschneiden und wieder Verbindung zur der in Gegenrichtung angreifenden 4. Panzerarmee Schörners herzustellen. Das war nun bereits schiere Fantasie – weder Busses 9. Armee noch Schörners 4. Panzerarmee hatten noch die Kraft zu irgendwelchen Angriffshandlungen. Doch weder Keitel noch Jodl, noch Krebs, die das wissen mußten, widersprachen Hitler, sondern gaben, wie schon lange, seine unsinnigen Befehle weiter.

In den Morgenstunden des 20. April begann auch im Norden der Oderfront, südlich von Stettin, der russische Angriff. Hier stürmte Rokossowskis 1. weißrussische Front (Heeresgruppe) über den Strom. Hitler schenkte dem zunächst keine Beachtung, meinte, die 3. Panzerarmee unter General Hasso von Manteuffel werde schon halten. Über die Westfront wurde kaum noch geredet, es gab sie nicht mehr – schon vor Tagen hatte die im Ruhrgebiet eingekesselte Heeresgruppe B unter Model kapituliert, seither drangen Amerikaner und Briten fast ungehindert durch Niedersachsen, Hessen und Sachsen zur Elbe vor.

Nach der »kleinen Lage« begann sich, von der Mittagsstunde an, das enge Bunkerverlies unter der alten Reichskanzlei zu füllen: Die Größen des geschlagenen NS-Reiches erschienen zur Gratulationscour. Es zog sie alle noch einmal zu dem Mann, dem sie Macht und Größe verdankt hatten. Göring gratulierte sozusagen auf der Durchreise, am Vormittag hatte er eigenhändig den Hebel der Zündmaschine niedergedrückt und so seinen pompösen Landsitz Karinhall in die Luft gejagt – nicht ohne daß zuvor zwei Dutzend schwere Lastwagen mit dem wertvollsten Besitz südwärts in Marsch gesetzt worden waren, reichlichst mit Sprit und glänzend bewaffneten Beschützern ausgestattet. Diese Kolonne rollte schon südlich von Berlin Richtung Bayern, als Göring nach den obligaten Gratulations- und Zuversichtssprüchen von Hitler die Erlaubnis erbat und erhielt, sich ebenfalls nach Bayern zu begeben.

Es kamen Himmler und natürlich Goebbels, es kam der eine oder andere verstörte Gauleiter, um sich Mut zusprechen zu lassen, und es fand an diesem Tag auch mancher, der Hitler jahrelang nicht gesehen hatte, den Weg in den Bunker, so zum Beispiel der Chirurg Professor Werner Haase. Er war bis 1936 »Begleitarzt« des Führers gewesen, hatte dann aber um seine Ablösung gebeten, weil er die Chirurgie nicht aufgeben mochte. Seither hatte er Hitler nicht gesehen.

Nun, am vorhersehbar letzten Geburtstag seines einstigen Patienten, kam er – und blieb gleich da. Denn im Kellerbunker unter der neuen Reichskanzlei befand sich ein Notlazarett – ohne Arzt. Haase, selbst schwer krank (er hatte Lungen-Tbc und trug einen Pneu), zog die Jacke aus, einen Kittel an und machte sich an die Arbeit.

Am mittleren Nachmittag verließ Hitler den Bunker. Mühsam stieg er die über 50 Betonstufen zum Notausgang hinauf, der zum verwüsteten Garten der Reichskanzlei führte. Dort waren eine Abordnung der SS-Division »Frundsberg« sowie eine Gruppe Hitlerjungen angetreten, die alle schon mehrere Panzer abgeschossen hatten. Reichsjugendführer Artur Axmann meldete dem Führer diese Gruppe. Auch

Ob defekte Panzer (links) oder Kinder (oben): Alles, was schießen konnte, wurde in den letzten Kriegstagen zur Verteidigung Berlins gegen die Russen mobilisiert. Dabei war längst klar, daß es nichts mehr zu verteidigen gab und daß das Ende nur immer blutiger werden würde, je länger man es herauszuzögern suchte. Hitler, der sich entschlossen hatte, in Berlin zu bleiben, hatte richtig prophezeit, als er sagte, er höre »grundsätzlich erst fünf Minuten nach zwölf« auf. Seine Durchhaltebefehle kosteten noch Tausende das Leben, als er selbst schon den »Heldentod« durch eigene Hand gestorben war.

Axmann hatte Hitler lange nicht gesehen, er berichtete über seinen Eindruck: »Alle waren über das Aussehen des Führers entsetzt. Er ging gebeugt, seine Hände zitterten. Doch es war erstaunlich, wieviel Kraft und Entschlossenheit dieser Mann noch immer ausstrahlte.«
Es scheint dies aus heutiger Sicht nahezu unverständlich, doch es kann keinen Zweifel daran geben, daß der körperlich zerrüttete und mindestens zeitweise der Realität weit entrückte Hitler immer noch imstande war, die Menschen in seinem Umkreis vollständig in seinen Bann zu schlagen, unbeschadet der schäbigen, fast rattenhaften Tiefbunkerexistenz, die eigentlich deutlicher als alles andere erkennen ließ, daß der Titan am Ende war. Dies gilt beileibe nicht nur für die Männer in Hitlers engster Umgebung, deren Schicksale untrennbar mit dem seinen verbunden waren. Es gibt eine ganze Menge Zeugnisse von damals jungen Wehrmachts- und Waffen-SS-Offizieren, die irgendein Befehl in jenen Apriltagen in das Bunkerwirrwarr unter der Reichskanzlei schwemmte, und die dort, beim Führerbegleitkommando (FBK), gut bekannte Kameraden trafen. Es lag nahe, daß die, die von draußen kamen und die ausweglose Situation gegenüber der feindlichen Übermacht aus eigener Erfahrung kannten, die Kameraden in der Nähe des Machtzentrums fragten, wie es denn nun weitergehen solle, was werden würde?
Die erstaunliche Antwort war oft: »Mach dir keine Sorgen. Noch zweimal oder dreimal 24 Stunden, wenn wir die durchhalten, dann gibt's einen großen Knall, der Krieg ist aus – und wir haben gewonnen!«
Solch aberwitzigen Glauben vermochte Hitler damals noch zu vermitteln, selbst an junge, skeptische Leute an der Peripherie seines Dunstkreises, die ihn, wenn überhaupt, nur selten zu Gesicht bekamen.
Am Nachmittag des 20. April, nachdem Hitler ins Bunkerverlies zurückgekehrt war, kam auch Albert Speer, der – wohl der Klarsichtigste in Hitlers Hofkamarilla – mit dem Gedanken spielte, Hitler in seinem Bunkerverlies mit Giftgas auszuräuchern, der seit Tagen wie ein wildgewordener Derwisch durch das übriggebliebene Deutschland hetzte, um zu verhindern, daß Hitlers Zerstörungsbefehle ausgeführt wurden (Hitler hatte befohlen, auch aus Deutschland »verbrannte Erde« zu machen), der mehr als irgendeiner sonst über das Ende hinausdachte, an die Überlebens- und Lebensmöglichkeiten des Volkes. Auch dieser Speer fand sich im Bunker ein und blieb stundenlang bei Hitler. Sie sprachen nicht über das Grauen draußen, sondern über Vergangenes und über eine imaginäre Zukunft: Hitler kramte Baupläne für die Neugestaltung von Linz/Donau (nach dem Endsieg) hervor. Er hatte sie bis in den Bunker mitgeschleppt, diskutierte sie mit Speer, völlig der Wirklichkeit entrückt, strichelte Verbesserungen hinein.
Speer verließ den Führerbunker spät in der Nacht. Gleich darauf fand – Hitler war schon immer, unten im Bunker aber erst recht, ein Nachtmensch – eine Lagebesprechung statt.
Der Kreis war klein, Keitel, Jodl, Krebs, einige Adjutanten und Gehilfen. Vorsichtig deuteten Jodl und Krebs an, daß die 9. Armee praktisch eingeschlossen sei und Berlin eigentlich auch. Allerdings, im Norden der Stadt, am Südflügel der 3. Panzerarmee, sammele SS-Obergruppenführer Steiner gerade eine Kampfgruppe. Das war mindestens nicht ganz falsch. Nachdem Schukow bei den Seelower Höhen durchgebrochen und dann bis in den Norden Berlins durchgestoßen war, war die Südflanke von Manteuffels 3. Panzerarmee plötzlich scheunentoroffen. In dieser Situation hatte der Oberbefehlshaber Heinrici dem SS-Obergruppenführer Steiner, der auch bei der Wehrmachtgeneralität als ein befähigter Truppenführer galt, den Befehl gegeben, einen provisorischen Flankenschutz für die 3. Panzerarmee aufzubauen.
Steiner hatte zuvor die aus Pommern verjagte 11. SS-Panzerarmee geführt und war, als ihn Heinricis Befehl erreichte, damit beschäftigt, in Mecklenburg aus den Resten zurückflutender Verbände und allem, was sonst so greifbar war, kampfkräftige Einheiten zusammenzustellen. Steiner mühte sich nach Kräften, mit dem wenigen, was er hatte, Heinricis Befehl gerecht zu werden, also Manteuffels in schwerem Abwehrkampf stehende Armee gegen Süden abzudecken.
Im Führerbunker aber zeitigte die Erwähnung der »Kampfgruppe Steiner« absurde Wirkungen: Hitler kannte Steiner als einen besonders energischen, kampffreudigen Truppenführer, und seine Fantasie sah plötzlich einen schlagkräftigen Truppenverband, wo noch nicht einmal ein Schatten davon war.
Die »Kampfgruppe Steiner«, befahl Hitler, habe nicht die Flanke der 3. Panzerarmee zu sichern, sondern binnen 24 Stunden aus dem Raum Oranienburg–Eberswalde südwärts anzugreifen, Schukows Angriffsspitzen abzuschneiden und zu vernichten und eine Verbindung zwischen 3. Panzerarmee und Berlin herzustellen.
Einmal in Schwung, befahl Hitler in dieser Nacht abermals, die 9. Armee (inzwischen von Einschließung bedroht) müsse südwärts, Schörners 4. Panzerarmee (inzwischen weit nach Süden abgedrängt) nordwärts angreifen, um so wieder eine geschlossene Ostfront herzustellen.
Raschelnd zeichnete Hitler mit zitternder Hand die entsprechenden Keile und Pfeile in die vor ihm liegende Karte ein – und

keiner von denen, die um ihn herumstanden (Keitel, Jodl, Krebs), fand den Mut, ihm zu sagen, daß es Phantome waren, denen er da Befehle erteilte.
Die »Kampfgruppe Steiner« war das erste Phantom, auf das Hitler seine irrealen Hoffnungen setzte. Die »Armee Wenck« sollte bald darauf ein nächstes sein.
An diesem Tag, Hitlers Geburtstag, signalisierte ein merkwürdiges Wechselbad der Bevölkerung der schon fast eingeschlossenen Stadt, daß die bittere Stunde des Endes nahe war: Der Zoo wurde am Vormittag geschlossen; kurz vor Mittag fiel der Strom aus und kam nicht wieder, es gab eine reichliche Sonderzuteilung an Lebensmitteln, und in der folgenden Nacht gab es keinen Luftangriff. Aber trotzdem Detonationen – die ersten sowjetischen Artillerieeinheiten waren nahe genug heran, um nach Berlin hineinzuschießen.
Hitler hörte davon nichts. Der Führerbunker lag tief genug unter der Erde. In den frühen Morgenstunden des 21. April erhielt Steiner einen ausführlichen Befehl, mit welchen Verbänden er südwärts anzugreifen habe, versehen mit dem Zusatz, daß Hitler ihn, Steiner, »mit seinem Kopf für die Durchführung dieses Befehls verantwortlich« mache.
Doch Steiner hatte nichts zum Angreifen, hatte größte Mühe, mit dem wenigen, was er auf Heinricis Befehl in Südmecklenburg zusammengekratzt hatte, die Flanke der 3. Panzerarmee einigermaßen nach Süden abzudecken. Und deshalb griff er, Führerbefehl hin oder her, nicht an.
Nicht viel anders sah es bei der sogenannten 12. Armee, der Armee Wenck, aus. General Walther Wenck war einer der begabtesten jüngeren Generale der Wehrmacht. Er hatte, im Februar, völlig erschöpft, auf der Fahrt von Berlin zur Oderfront seinen Stabskübel eigenhändig gegen einen Baum gelenkt. Ende März hatte er das Lazarett mit knapp ausgeheiltem Schädelbruch verlassen und war sogleich mit der Aufgabe betraut worden, im Raum Dessau–Wittenberg eine neue Armee aufzustellen, aus dem besten Menschenreservoir, das in dieser späten Stunde noch da war: aus dem Personal der Offiziersschulen, Panzertruppenschulen, RAD-Führerschulen, die im Kerngebiet des Reiches konzentriert waren.
Diese Armee der letzten Stunde, personell gut, aber ohne schwere Waffen, hatte Hitler für den Kampf gen Westen bestimmt; der erste – absurde – Kampfaufruf lautete, über ein paar hundert Kilometer hinweg die im Ruhrgebiet eingeschlossene Heeresgruppe Model zu entsetzen. Zu dieser Zeit stand die 12. Armee im

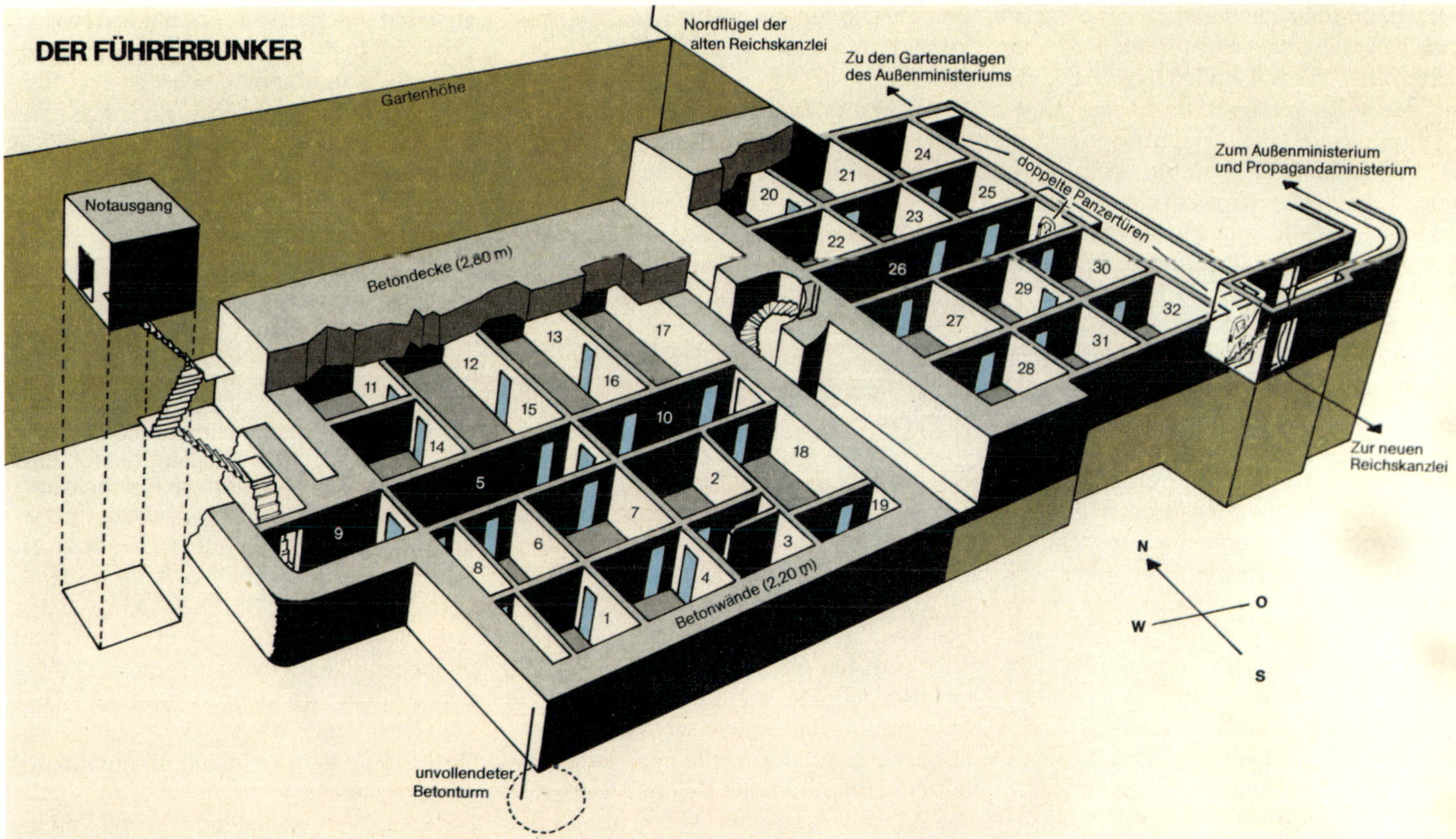

Die Privaträume Hitlers und Eva Brauns

1 Hitlers Schlafzimmer
2 Eva Brauns Wohn- und Schlafzimmer
3 Bad und Ankleideraum
4 Hitlers Wohnraum

Arbeitsräume

5 Korridor und Konferenzraum
6 Kleines Besprechungszimmer
7 Hitlers Arbeitsraum
8 Garderobe
9 Vorraum
10 Korridor

11, 12 Zimmer Dr. Stumpfegger mit Behandlungsraum
13 Notzentrale
14 Wohn- und Schlafzimmer von Goebbels (früher Raum des Leibarztes Morell)
15 Ankleide
16 Telefonzentrale und Wachraum
17 Maschinenraum für Heizung, Ventilation und Beleuchtung

18 Toiletten
19 Schalttafel für Stromversorgung
20, 21, 22, 23 Räume der Familie Goebbels
24, 25 Personal
26 Gemeinschaftlicher Speiseraum
27, 28 Vorratsräume und Weinkeller
29, 30, 31, 32 Küchenräume (mit Diätküche)

Fast magische Gewalt über Menschen schien Hitler zu haben. Bis in die letzten Tage im Bunker unter der Reichskanzlei (oben: Grundriß) blieb er unangefochten der »Chef«, wie er bei seinen Angestellten genannt wurde. Ein müder, körperlich hinfälliger Greis, der, so sein Biograph Werner Maser, »wie sein Reich total am Ende« war, beherrschte mühelos höchste Militärs und politische Machtmenschen (links Mitte), die er alle mit in den Untergang riß. Selbst im geschundenen Volk wurde ihm kaum die Schuld an der Katastrophe gegeben, die er doch fast ganz allein zu verantworten hatte. Die Deutschen folgten ihm blindlings wie seine langjährige Lebensgefährtin Eva Braun (ganz oben links), die er noch am 29. April 1945 heiratete und die mit ihm zusammen Selbstmord beging, oder wie Goebbels mit seiner Familie. Der Propagandaminister scheute dabei nicht vor der Opferung seiner fünf Kinder zurück (links unten mit Mutter Magda), denen er allen in grenzenloser Hitler-Verehrung Vornamen mit H gegeben hatte: Helga, Helmuth, Hedda, Hilde und Holde. Goebbels ging einen Tag nach seinem »Führer« mit seiner Frau in den Tod, nachdem sie ihre Kinder vergiftet hatten.

wesentlichen auf dem Papier; gegen Ende April gab es sie wirklich. Schwach, aber von dem energischen Wenck zusammengehalten – ein neuer Faktor für die Fantasien im Bunker.

Dort unten brütete das machtvolle Unheil weiter. Machtvoll, denn Hitler brachte es fertig, seine absolute Macht bis zum Ende aufrechtzuerhalten, nur gelegentlich durch Krisen erschüttert.

Die erste Krise kam am 22. April. Der Ring um die Stadt hat sich an diesem Tag nahezu geschlossen, im Süden stehen Konjews Spitzen am Teltowkanal, im Westen sind sie über die Havel bis Spandau vorgestoßen, im Osten stehen Schukows Panzer vor Weissensee, nur noch zehn Kilometer vom Stadtkern entfernt. Die 9. Armee ist, wie es General Heinrici vorhergesehen hatte, südöstlich von Berlin eingekesselt und in verzweifelter Rundumverteidigung gebunden. Am Vormittag dieses Tages ist Hitler noch ruhig. Gegen Mittag empfängt er einen Abgesandten der 6. SS-Panzerarmee, zu deren Verband das Panzerkorps »Leibstandarte Adolf Hitler« gehört und die unter SS-Oberstgruppenführer Sepp Dietrich in Österreich kämpft. Obersturmbannführer Fritz Beutler, 35 Jahre alt, trägt »großen Dienstanzug«, als er durch den Ehrenhof der zerbombten Reichskanzlei irrt, auf der Suche nach dem richtigen Eingang zum Führerbunker.

Der – fast schon makabre – Anlaß seiner Mission: Beutler hat Hitler die von Offizieren und Mannschaften der Leibstandarte gesammelte traditionelle »Führergeburtstagsspende« für das »Winterhilfswerk des deutschen Volkes« zu überbringen, einen Scheck über 7,5 Millionen Reichsmark. Geld ist freilich das letzte, was Hitler an diesem Tage braucht.

Beutler erinnert sich: »Hitler dankte freundlich für den Scheck, legte den Umschlag auf den Kartentisch und erläuterte mir dann die militärische Lage. Er wirkte auf mich nicht wie ein Wrack. Gewiß, linker Arm und linke Hand zitterten, aber den oft beschriebenen Eindruck körperlicher Hinfälligkeit hatte ich eigentlich nicht. Er sprach klar und präzise, und seine Darstellung der militärischen Lage entsprach, soweit ich es übersehen konnte, den Tatsachen. Er wußte genau, wo welche Einheit stand.«

Was der Frontoffizier Beutler, der einem relativ intakten Truppenverband ange-

hört, nicht übersehen kann, ist die Tatsache, daß die Einheiten auf Hitlers Lagekarte nur Schatten sind, Divisionen, die nur noch Bataillonsstärke haben, Regimenter, die aus einem Hauptmann und 50 Mann bestehen. Der größte Schatten ist immer noch die Armeegruppe Steiner, auf die Hitler alle seine Hoffnungen setzt. Bis er, drei Stunden nach dem Empfang des Millionenschecks, kurz nach Beginn der Lagebesprechung, aus den vorsichtigen Andeutungen von Jodl und Krebs erkennen muß, daß diese Hoffnung schal ist: Steiner ist überhaupt nicht angetreten. Der SS-Obergruppenführer hat es glattweg abgelehnt, den Führerbefehl zum Entsatzangriff, den er korrekt als für seine schwachen Kräfte sinn- und aussichtslos einschätzte, zu befolgen.
Da reißt bei Hitler ein Faden. Mit leiser, heiserer Stimme bittet er Adjutanten und sonstiges Personal aus dem Raum, nur Keitel, Jodl, Krebs, Burgdorf (Hitlers Chefadjutant und Heerespersonalchef) und Bormann bleiben. Dann bricht es aus ihm heraus, kaum verständliches Zorngebrüll, die draußen vor der Tür verstehen's nicht, und auch die fünf Männer drinnen können dem sich überstürzenden Wortschwall nicht folgen. Nur die Hauptvokabeln prägen sich ein, »Verrat, Lüge, Heuchelei, keinem könne er mehr glauben, keiner verstehe ihn, alle zu klein für ihn, für seine Ziele, das Volk, seine Generale, die SS, alle, ach . . .« und dann sinkt der Führer des Großdeutschen Reiches, wenige Jahre zuvor noch einer der mächtigsten, wenn nicht sogar der mächtigste Mensch auf diesem Planeten, von einem Weinkrampf geschüttelt, vornüber auf den Kartentisch.
Keitel, Jodl, Krebs, Burgdorf und Bormann standen stumm, starrten fassungslos auf die zusammengesunkene Gestalt. So etwas hatten sie noch nicht erlebt. Denn Hitler war nicht der Teppichbeißer, als der er oftmals dargestellt wurde. Gewiß, getobt hatte er dann und wann, aber so, so war es noch nie gewesen. Und noch ehe die stumme Runde sich aus der Erstarrung lösen konnte, hob Hitler den Kopf, sprach leise, immer noch vom Weinen geschüttelt, weiter – und nun erstarrten sie erst recht.
Denn jetzt sprach Hitler aus, was sie alle längst wußten, aber nicht wahrhaben wollten und vor allem in seiner Gegenwart kaum zu denken, geschweige denn zu sagen gewagt hätten: Es habe alles keinen Zweck mehr, es sei aus, der Krieg verloren, der Nationalsozialismus und er mit ihm gescheitert. Wer Berlin verlassen wolle, fügte er hinzu, der möge es tun, er selbst werde bleiben, und da er aus körperlichen Gründen nicht mehr kämpfen könne, seinem Leben selbst ein Ende machen.
Hitler bewies an diesem Nachmittag, daß er imstande war, die Kruste der Wahnvorstellungen, die ihn und seine Umgebung schon seit langer Zeit umfangen hielt, zu durchbrechen, er zeigte, daß er die Wahrheit dahinter wohl kannte, und er war einen kurzen Augenblick lang auch bereit, sie endlich zu akzeptieren.
Aber seine Paladine, die Lakaienseelen, die in diesem Augenblick um ihn herumstanden, waren dazu nicht bereit. Ohne sich darum zu scheren, daß jeder Tag länger Zigtausende hüben und drüben das Leben kosten mußte, machten sie sich daran, den Führer wieder aufzurichten, bestürmten ihn, nicht im letzten Augenblick aufzugeben, beteten ihm sein eigenes Märchen vor, daß noch längst nicht alles verloren sei, noch stünde im Süden des Reiches ein kampfkräftiges Millionenheer, dorthin solle er gehen . . .
Das lehnte Hitler zwar ab, aber sie schafften es, Hitler aus der Realität wieder in die Scheinwelt zurückzuholen, in der frische historische Parallelen (wir haben uns vor Moskau fast verblutet, jetzt werden die Russen vor Berlin verbluten) und irreale Erwartungen (wenn wir so lange aushalten, bis Russen und Amerikaner sich über unsere Köpfe hinweg beschießen, haben wir gewonnen) ausreichten, am Endsiegglauben festzuhalten.
Hitler rafft sich, sichtlich unwillig, in den späten Abendstunden des 22. und den Morgenstunden des 23. April, zu einigen Entscheidungen auf: Er teilt, nachdem erkennbar ist, daß in wenigen Tagen das Reichsgebiet in zwei Teile zerschnitten sein wird, die Befehlsgewalten auf: Nordhälfte Großadmiral Dönitz, Südhälfte Generalfeldmarschall Kesselring. Er schickt seine engsten militärischen Berater, Generalfeldmarschall Keitel und Generaloberst Jodl, los, die Entsatzangriffe von Steiner und Wenck in Gang zu bringen. Er feuert Göring, den das im angenehmen Berchtesgaden wenig schert, aus allen seinen Ämtern und ernennt den Generaloberst Ritter von Greim zum neuen Oberbefehlshaber der praktisch nicht mehr existierenden Luftwaffe und befördert ihn nebenher zum Generalfeldmarschall. Befiehlt ihm allerdings auch, sich im Bunker zu melden (was dazu führt, daß Hanna Reitsch den Oberbefehlshaber ohne Luftwaffe inmitten des Kampfgetümmels ein- und wieder ausflog).
Und schließlich ernennt Hitler den General der Artillerie Weidling, den Kommandierenden General des LVI. Panzerkorps (ohne Panzer), den er in den Bunker bestellt hat, um ihm sein Todesurteil (wegen angeblicher Feigheit) mitzuteilen, spontan zum Kampfkommandanten von Berlin. Weidlings LVI. Korps wird auf die Stadt zurückgezogen, und es entbrennt in entsetzlicher Härte das, was Heinrici und andere zu verhindern gehofft hatten: der Kampf um die und in der Stadt.
In militärischem Sinne zur Verteidigung vorbereitet ist Berlin nicht – die Stadt sollte ja an der Oder verteidigt werden. Was in den Außenbezirken an Panzersperren und dergleichen hastig vorbereitet wurde, ist größtenteils dilettantisch und wenig nutzvoll. Auch die Einteilung der Stadt und des Umlandes in acht tortenstückartige Verteidigungsbezirke (Befehlsabschnitte A–H) und vier konzentrische Sperr-Ringe (äußerer Ring noch außerhalb der Stadt, »grüner« Ring in den Außenbezirken, entlang Kanälen und ähnlichen Hindernissen, innerer Ring entlang dem S-Bahn-Ring, und der »Zitadelle« genannte Kern, das Regierungsviertel) war nicht viel mehr als ein theoretisches Schema.
Eine zusammenhängende Front gab es von Anfang an kaum, ebensowenig noch ein funktionierendes militärisches Meldewesen – die Offiziere von Weidlings Stab verschafften sich ihre Lageübersichten vorwiegend mit Hilfe des verblüffenderweise bis fast zuletzt funktionierenden öffentlichen Telefonnetzes: Sie riefen Bekannte oder auch Unbekannte an und fragten, ob die Russen schon da seien, und wenn ja, in welcher Stärke?
Das mirakulöse Fernsprechnetz ermöglichte es auch einem Sowjethauptmann, aus einem Außenbezirk Dr. Goebbels anzurufen; ein Drehbuchautor, der aus dem Stadtkern eine Freundin in Babelsberg anrief, bekam nach der Ankündigung »Warte mal, da will dich jemand sprechen« einen perfekt deutschsprechenden Russen an die Strippe, der mitteilte, bald werde man wohl im Stadtkern sein.
Diese Facetten dürfen nicht darüber hinwegtäuschen, daß die wenigen Verteidiger – ca. 45000 Soldaten (die Reste von Weidlings LVI. Panzerkorps, Flakeinheiten und dergleichen), 40000 Mann Volkssturm (unzureichend bewaffnet) und etwa 4000 Hitlerjungen – mit einer Erbitterung ohnegleichen kämpften.
Das Kampfgebiet, zerbombte Häuserschluchten, begünstigte die Verteidiger. Die russischen Spitzen, die so überraschend schnell von allen Seiten in die Randgebiete der Stadt vorgedrungen waren, bestanden im wesentlichen aus Massen von Panzern, und die taugten nicht zum Straßenkampf. Denn Panzer sind nach oben blind, deshalb aus den oberen

Die Deutschen hatten es nicht vermocht, sich allein von der Diktatur Hitlers und seiner Partei zu lösen. Deutschland mußte erst ganz in Trümmer gehen, die rote Fahne über dem Reichstag wehen (Bild), ehe ein Neuanfang möglich wurde.

Fensterhöhlen leicht zu bekämpfen, alleine fast wehrlos. Zudem war Berlin eine alte Stadt, die stehengebliebenen Grundmauern der zerbombten Häuser waren durchweg überaus massiv, meist meterdick und so sicherer Schutz gegen Infanteriewaffen – die Russen mußten sich unter bittersten Verlusten, Straße für Straße, in das Häusermeer hineinkämpfen. Aufzuhalten waren sie dennoch nicht, dazu war ihre materielle Überlegenheit viel zu groß und umgekehrt die Versorgung der Verteidiger mit Waffen und Munition viel zu kärglich.

So zog sich der Ring um die Stadt von Tag zu Tag enger zusammen. Am 24. April toben bereits schwere Straßenkämpfe in Zehlendorf, Tempelhof und Neukölln, tags darauf belegen die Russen bereits die Innenstadt mit Trommelfeuer, bereiten sich darauf vor, in den Stadtkern einzudringen.

Die Atmosphäre in Hitlers Bunkerverlies wurde seit dem Zusammenbruch des Führers am 22. noch unwirklicher, als sie zuvor schon war. Wenngleich es Keitel, Jodl, Bormann und vor allem Goebbels gelungen war, Hitler am Aufgeben zu hindern – die Gewißheit, daß der Untergang nahe war, einmal von Hitler ausgesprochen, blieb und führte dazu, daß sich langsam eine euphorisierte Weltuntergangsstimmung ausbreitete.

Die bis dahin strenge Ordnung wich allmählich, den überaus reichlichen Alkoholvorräten wurde mehr und mehr zugesprochen, General Krebs und auch General Burgdorf erschienen gelegentlich angetrunken zu den nun völlig bedeutungslos gewordenen Lagebesprechungen, ohne daß Hitler das rügte. Hitler selbst, bis dahin stets auf peinlich korrektes Äußeres bedacht, begann sich zu vernachlässigen, lief in den letzten Tagen in einer befleckten, zerknautschten Jacke umher.

Zwischen all dem spielten seit dem 22. April fröhlich und unbefangen die sechs Goebbels-Kinder Helga (12), Hilde (11), Helmut (9), Holde (8), Hedda (6) und Heide (4), nicht ahnend, daß sie todgeweiht waren. Aber alle, die mit ihnen spielten, und das tat sogar Hitler, wußten es – Magda Goebbels hatte den Entschluß, mit ihrem Mann zu sterben und auch die Kinder mit in den Tod zu nehmen, schon vor einiger Zeit gefaßt, und niemandem war es gelungen, sie von diesem entsetzlichen Vorhaben abzubringen; selbst ihrem Mann nicht und auch Hitler nicht, der sie bei der Ankunft im Bunker nochmals gedrängt hatte, mit den Kindern nach Berchtesgaden zu fliegen – vergebens.

Magda Goebbels blieb, und ebenso blieb Eva Braun. Sie war, gegen Hitlers ausdrücklichen Willen, Ende Februar nach Berlin gekommen, in den ersten Märzwochen noch einige Male nach München gefahren – aber als das zu gefährlich wurde, blieb sie in Berlin und wich nicht mehr von der Seite des Mannes, den sie liebte, ganz offensichtlich in dem klaren Bewußtsein, daß dies bedeutete – mit ihm zu sterben.

Alle überlebenden Zeugen, die Eva Braun in den letzten Wochen und Tagen im Bunker trafen, bekunden übereinstimmend, sie sei die einzige gewesen, die dem Unvermeidlichen mit einer gelassenen Schicksalsergebenheit entgegengesehen habe, die es ihr erlaubte, bis zuletzt so zu bleiben, wie sie immer war, äußerlich wie innerlich adrett, ein wenig naiv und auf eine stille Art immer noch heiter. Sie war allerdings auch der einzige Mensch unten im Bunker, der über die schützenden Betondecken hinausdachte, an die grauenvollen Kämpfe, die oben – nun schon in nächster Nähe – tobten. »Warum müssen denn so viele fallen, wo es doch keinen Sinn mehr hat?« fragte sie sehr berechtigt den einen oder anderen Vertrauten, ohne eine sinnvolle Antwort zu bekommen. Ob sie solche Fragen auch an Hitler richtete – niemand weiß es.

Hitler spielte, nachdem sein erster Impuls zum Aufgeben unterdrückt worden war, die Rolle des Alleinherrschers halbherzig weiter; beschäftigte sich einerseits damit, Papiere zur Vernichtung auszusortieren, ließ andererseits immer wieder drängelnde Anfragen funken, wo denn die Entsatzangriffe der Kampfgruppe Steiner, der Armee Wenck, der 9. Armee blieben? Alle diese Einheiten kämpfen noch. Busses eingeschlossene 9. Armee schiebt sich langsam westwärts. Steiners schwache Kräfte versuchen – unter Jodls Einfluß – doch noch nach Berlin durchzubrechen, bleiben aber, wie von Steiner vorhergesehen, sogleich liegen. Wenck bringt das Kunststück fertig, seine mit Front nach Westen frisch aufgestellte, unerprobte 12. Armee umzudrehen, nach Osten auszurichten.

Aber zu einem Entsatzangriff für Berlin mag sich der General nicht entschließen. Er weiß, daß das aussichtslos ist. Aber etwas anderes scheint Wenck noch möglich und sinnvoll – südlich von Berlin so weit ostwärts vorzudringen, um einen Anschluß an die eingeschlossene 9. Armee zu gewinnen und deren Resten sowie den im Kessel befindlichen Zivilisten einen Rettungsweg nach Westen zu öffnen.

Wencks 12. Armee schafft das, kämpft sich bis in die Gegend von Ferch vor, und da sind die Kameraden von der 9. – für kurze Zeit entsteht ein Schlauch, durch den Überlebende (in Uniform und ohne) westwärts strömen.

Unten im Bunker wütete derweil Hitler noch einmal ein wenig nach Tyrannenart: Er feuerte General Heinrici als Oberbefehlshaber der Heeresgruppe Weichsel und ersetzte ihn durch Generaloberst Student. Als er von Himmlers Verhandlungen mit dem Westen erfährt, enthebt er ihn aller seiner Ämter und schickt Luftwaffenchef Greim mit Hanna Reitsch als Pilotin mit dem Auftrag los, Himmler zu verhaften. Himmlers Abgesandten im Führerhauptquartier, den SS-Gruppenführer Fegelein (ein Schwager Eva Brauns), läßt er unter dem fadenscheinigen Vorwurf des Verrats kurzerhand erschießen.

Bei den Lagebesprechungen im Bunker ist inzwischen ein neues Gesicht aufgetaucht, das des SS-Brigadeführers und Generalmajors Mohnke. Wilhelm Mohnke, ein eisenharter General, ist kurz nach dem 20. April mit rund 1000 Mann SS-

Truppen in die Reichskanzlei eingerückt; er ist der Kampfkommandant der »Zitadelle«, des Regierungsviertels, untersteht direkt Hitler und ist entschlossen, bis zuletzt zu kämpfen.

Als erstes läßt er aus noch erreichbaren Magazinen und unentladen herumstehenden Zügen die Waffen- und Munitionsbestände und auch die Verpflegungsreserven auffüllen. Seinen Gefechtsstand richtet er in einem Keller unter der neuen Reichskanzlei ein, gleich neben dem dort befindlichen Notlazarett.

In diesem Lazarett herrschen nun, seit der Kampf auch in den Stadtbezirken tobt, Zustände wie im Danteschen Inferno. Immer neue Schwer- und Schwerstverwundete werden gebracht, mit zerschossenen Gliedern, Bauchschüssen, Professor Haase operiert und amputiert rund um die Uhr, es stinkt pestilenzartig, die Kittel des Arztes und der Schwestern sind starr von geronnenem Blut, am Boden liegen abgetrennte Arme und Beine, die nur, wenn oben das Artilleriefeuer nachläßt, herausgeschafft werden können.

Der schwerkranke Haase operiert, bis er zusammenbricht. Zum Glück für die Verwundeten hat sich, auch mehr zufällig, ein zweiter Arzt eingefunden, der Oberarzt Professor Dr. Schenck. Professor Schenck ist Internist, doch nun operiert er – Haase sitzt daneben und gibt mit schwacher Stimme Anweisungen.

In den Morgenstunden des 30. April bittet Hitler den erschöpften Haase zu sich – um mit ihm die Methoden sicheren Selbstmords zu erörtern; das Ende ist nahe. Am Vortag hat Hitler Eva Braun geheiratet und seine beiden Testamente diktiert, als Nachfolger ein Doppelgespann bestimmt: Dönitz Reichspräsident, Goebbels Reichskanzler. Nach dem Gespräch mit Haase bestellt er, gegen 6 Uhr morgens, Mohnke zu sich.

Die »Zitadelle« ist zu dieser Zeit eingekreist, es wird – immer noch mit erbitterter Härte – im Tiergarten, am Potsdamer

»Faustkampf« nannte der Propagandazeichner sein Bild vom Endkampf um Berlin. Und viel mehr als Fäuste hatten die Landser den angreifenden Russen auch nicht mehr entgegenzusetzen. Auch wenn es Panzerfäuste waren, so mußten sie doch gegen die gut gerüsteten Rotarmisten letztlich wirkungslos bleiben. Mehr als eine Galgenfrist konnte aller Mut und Durchhaltewillen der Soldaten der nationalsozialistischen Führung im Bunker der Reichskanzlei nicht verschaffen. Dank dafür ernteten sie nicht. Hitler sprach achselzuckend vom »stärkeren Ostvolk«, dem jetzt die Zukunft gehöre.

Platz, am Luftfahrtministerium, an der Weidendammer Brücke, am Lustgarten gekämpft, nicht viel mehr als 300, 400 Meter von der Katakombe Hitlers entfernt.

»Was glauben Sie, Mohnke, wie lange können Sie noch halten?« fragt Hitler.

»24 Stunden, mein Führer, nicht länger«, lautet die knappe Antwort. »Dann ist es soweit«, erwidert Hitler – Worte, die Mohnke zuerst nicht versteht. Was sie bedeuten, sagt ihm kurz darauf der Sturmbannführer Otto Günsche, Hitlers SS-Adjutant. Ihm hat Hitler aufgetragen, unter allen Umständen für eine vollständige Vernichtung seiner Leiche zu sorgen. Kurz nach 15 Uhr ist es soweit. Hitler und Frau verabschieden sich von den Resten des Hofstaates – Goebbels, Bormann, Krebs, Burgdorf, Botschafter Hewel (Vertreter des Außenamtes), Vizeadmiral Voß (Marine-Attaché), SS-Brigadeführer Rattenhuber (Chef der Leibwache), Sekretärinnen, Diener, Köchin – und ziehen sich dann in ihre Räume zurück. Günsche bewacht die Tür. Hysterisch weinend kommt Magda Goebbels angestürzt, überrumpelt Günsche, dringt zu Hitler vor und beschwört ihn, Berlin zu verlassen. Hitler weist sie barsch ab.

Stummes Warten. Einige wollen kurz nach 15.30 Uhr einen Schuß gehört haben. Günsche: »Der Schuß war nicht zu hören«, was zutreffen dürfte, denn die Reichskanzlei lag unter schwerstem Artilleriebeschuß, und das war selbst in dem 16 Meter tiefen Bunkerverlies zu hören. Nachdem zehn Minuten lang keinerlei Geräusch mehr aus Hitlers Wohnraum zu hören ist, geht Diener Linge befehlsgemäß hinein. Schon im Vorraum herrscht starker Bittermandelgeruch, Linge mag allein nicht weitergehen, holt Bormann, zusammen öffnen sie die Tür zum Wohnzimmer. Hitler und seine Frau sitzen tot auf dem kleinen Sofa; Hitler hat sich in die rechte Schläfe geschossen und offenbar im gleichen Augenblick eine Blausäurekapsel zerbissen, seine Frau hat nur die Giftkapsel benutzt.

Günsche geht ins Lagezimmer, sagt mit belegter Stimme: »Der Führer ist tot«, geht zurück zum Sterbezimmer, mit ihm gehen Goebbels und Axmann. Zu fünft stehen sie dann, wie gelähmt, schweigend in dem engen Raum, starren auf die Leichen.

Als erste lösten sich Günsche und Linge aus der Erstarrung, besinnen sich auf das, was der Tote ihnen befohlen hat – für schleunige und vollständige Vernichtung der Leichen zu sorgen. Dabei erweist sich, daß jedenfalls die SS-Garde in Hitlers engster Umgebung von Leichenverbrennung keine Ahnung hat. Zwar ist reichlich Benzin bereitgestellt worden, aber da man die beiden Leichen in einer flachen Grube direkt auf den Boden gelegt hat, verbrennt viel Benzin, nicht aber das tote Paar. Bis in den späten Abend hinein muß immer wieder Benzin nachgegossen, gestochert, das Feuer neu entfacht werden – doch die vollständige Vernichtung, die der Führer gewollt hatte, gelingt trotz aller Mühe nicht.

Das abrupte Ende der Macht des einsamen Tyrannen wird unten im Bunker auf fast makabre Art deutlich: Der tote Hitler ist noch nicht zur Verbrennung nach oben gebracht, da durchzieht bis dahin unbekannter Duft das Bunkerverlies: Der Führer ist tot – es darf geraucht werden.

Und noch etwas ändert sich schlagartig: Bormann, der Quelle seiner Macht beraubt, schrumpft von einer Stunde auf die nächste auf fast Null zusammen, von niemandem mehr ernst –, sondern nur noch mürrisch, weil noch da, in Kauf genommen.

Am frühen Morgen des 1. Mai – immer noch wird gekämpft – schickt der neue Reichskanzler Goebbels den General Krebs zu Tschuikow mit einem Brief für Stalin. Goebbels teilt Hitlers Tod mit, schlägt Waffenstillstand im Berliner Raum vor, damit sich die neue Reichsregierung konstituieren und über die nächsten Schritte klar werden könne.

Tschuikow ist höflich, telefoniert die

Goebbels-Botschaft nach Moskau durch, obwohl er die Antwort weiß: Keine Verhandlungen, bedingungslose Kapitulation, sonst nichts. Krebs kehrt, gegen Mittag, in den Bunker zurück, berichtet. Goebbels, im Lagevorraum auf und ab humpelnd, kettenrauchend: »Eine Kapitulationsurkunde mit meiner Unterschrift wird es nicht geben!«

Am Abend des 1. Mai bringt Magda Goebbels ihre sechs Kinder um, legt anschließend weinend Patiencen, rafft sich auf, kocht Kaffee, setzt sich mit ihrem Mann, Bormann und Axmann zu einem längeren Nostalgie-Gespräch über die glorreichen Tage der »Kampfzeit« und der herrlichen Zeit bis 1939 zusammen. Dann machen sich der letzte Reichskanzler und seine Frau zum Sterben bereit, verabschieden sich von den wenigen, die noch im Bunker sind – gegen 21 Uhr sind auch sie tot.

Auch Goebbels hatte angeordnet, seine und seiner Frau Leiche zu verbrennen, und darum mühte sich sein SS-Adjutant, der Obersturmführer Schwägermann. Er hatte für Benzin gesorgt, ließ auch die Leichen nach oben schaffen, aber nun wurde die Zeit knapp: Kampfkommandant Mohnke hatte, einer letzten Führerweisung folgend, für 23 Uhr den Ausbruch der Restbesatzung der »Zitadelle« vorbereitet.

So blieben die Leichen des Ehepaares Goebbels nur leicht angekokelt liegen.

Sie brachen aus. In kleinen Gruppen verließen sie die Reichskanzlei, eine nach der anderen – einige Zeit nach Mitternacht war der Führerbunker leer.

Nicht ganz. Acht Leichen waren da – die sechs Goebbels-Kinder und die Generale Burgdorf und Krebs, die sich erschossen hatten – und zwei Lebende. Der eine war der SS-Oberscharführer Rochus Misch, ein junger Kerl, der zur Bedienung der primitiven Nachrichtenzentrale des Bunkers gehörte und über all der Aufregung an seinem Klappenschrank eingeschlafen war. Der andere war Johannes Hentschel, der Chefmaschinist des Bunkers und der einzige Zivilist.

Hentschel schlief nicht, als der Morgen des 2. Mai heraufdämmerte, und er wußte auch ganz genau, warum er in dem gespenstisch leeren Bunkerverlies blieb: Der Diesel, der die Anlage mit Wasser und Luft versorgte, versorgte auch das Notlazarett nebenan, und das brachte der tapfere Hentschel einfach nicht fertig, den Schwerverwundeten da das Wasser abzudrehen.

Misch fand es, am Morgen des 2. Mai erwacht, selber für besser, aus der grauenvollen Höhle abzuhauen. Blieb Hentschel. Ganz allein. Sehr unbehaglich. Ordnet seine Sachen. Geht mal nach oben. Schweres Artilleriefeuer. Lieber wieder runter. Macht sich Frühstück, reichlich. Vorräte sind ja da. Geht dann seine übliche Kontrollrunde. Im Vorbunker hört er Stimmen aus dem Gang zur neuen Reichskanzlei, schaltet das Licht ein und sieht sich einer Gruppe von ungefähr zwölf uniformierten Russen gegenüber. Nur, die kichern, es sind Frauen. Sanitätspersonal, wie Hentschel an der Uniform erkennt, die Führerin – Äskulapstab auf den Schulterstücken – offenbar Ärztin, spricht auch fließend deutsch. Fragt nach Hitler. Tot, sagt Hentschel, und senkt die vorsichtshalber erhobenen Arme wieder, nachdem die erste Feindberührung eher freundlich verläuft.

Und dann weist er den neugierigen Damen den Weg hinunter in den Führerbunker; er hat das Gefühl, Sieger möchten plündern, na, sollen sie, und da es Frauen sind, führt er sie in Frau Hitlers Zimmerchen. Quietschend vor Vergnügen machen sie sich über Eva Brauns reichliche Vorräte an Kleidern und Unterwäsche her.

Bedingungslose Kapitulation

Als Großadmiral Dönitz, Oberbefehlshaber der Kriegsmarine und Oberster Befehlshaber im Nordraum des bereits durch die amerikanischen und sowjetischen Armeen in zwei Teile zerlegten »Großdeutschen Reiches«, am Abend des 30. April 1945 nach einer Besprechung mit dem Reichsführer SS Himmler in Lübeck in ein provisorisches Hauptquartier bei Plön in Holstein zurückkehrte, wurde ihm ein seltsamer Funkspruch aus Berlin vorgelegt. Er war um 18.45 Uhr eingegangen. Reichsleiter Martin Bormann, Chef der Parteikanzlei, teilte aus dem »Führer-Bunker« mit, der »Führer« habe Dönitz anstelle von Reichsmarschall Göring zum Nachfolger bestimmt. Dönitz solle alle sich aus der Lage ergebenden notwendigen Maßnahmen treffen. Eine schriftliche Vollmacht sei unterwegs.

Der Großadmiral erhielt damit Handlungsfreiheit. Er war sich klar darüber, daß diese nur eins bedeuten konnte: Den verlorenen Krieg zu beenden. »Heldenkämpfe«, sagte er noch am Abend zu seinem Chef des Stabes, Konteradmiral Godt, seien genug gekämpft worden.

Noch für den gleichen Abend beschied er Himmler trotz dessen Mißtrauen und Widerstreben zu einer Unterredung nach Plön. Heinrich Himmler war auf dem Papier noch immer Chef der gesamten deutschen Polizei, höchster Befehlshaber der gesamten SS, Reichsinnenminister und Befehlshaber des Ersatzheeres. Der Reichsführer SS erschien mit sechs schwerbewaffneten Offizieren, der Großadmiral legte sich, durch ein Stück Papier getarnt, eine geladene Pistole auf den Tisch. Als Himmler erfuhr, Dönitz sei Nachfolger Hitlers geworden, begehrte er in dessen »Staat« der »zweite Mann« zu werden. Dönitz lehnte dies ab. Himmler fuhr nach Lübeck zurück.

Noch in der Nacht zum 1. Mai 1945 ließ Dönitz – schwer verständlich, warum – eine Treuekundgebung an den »Führer«, im pathetischen Ton der Zeit gehalten, hinausgehen. Er wollte vermutlich die Einmütigkeit im Lager der Reichsführung demonstrieren, gerade im Hinblick auf die beabsichtigten einschneidenden Maßnahmen, die Verhandlungen über die Waffenstreckung. Daß Hitler bereits Selbstmord begangen hatte, daß die Sowjets in unmittelbare Nähe des »Führerbunkers« gelangt waren, wußte niemand in Plön. Auch von der Teilkapitulation in Italien ahnte man nichts. Am 2. Mai 1945 gingen in Norditalien und Südtirol rund eine Million deutscher Soldaten in Kriegsgefangenschaft, ein Akt, der – ohne daß

Das war Deutschland im Frühjahr 1945: Hitlerjungen radeln zur »Front« (oben), ihnen folgen die Greise des Volkssturms (rechte Seite oben), getreu den Durchhalteparolen auf den Bunkerwänden.

die Beteiligten dies ahnten – in Dönitz' künftige Konzeption paßte und den dieser nachträglich nur billigen konnte.

Am Vormittag und Nachmittag des 1. Mai 1945 trafen noch zwei weitere mysteriöse Funksprüche von Bormann aus Berlin in Plön ein. Sie besagten, das »Testament« (Hitlers) sei in Kraft. Der »Führer« habe den Großadmiral zum Reichspräsidenten ernannt, neuer Reichskanzler sei der Reichspropagandaminister Dr. Goebbels. Bormann verkündete lakonisch, der »Führer« sei am 30. April »verschieden«, und kündete sein alsbaldiges Erscheinen in Plön an. In Plön wußte man nicht, daß noch am gleichen 1. Mai Goebbels mit seiner Familie Selbstmord beging, daß am 2. Mai 1945 der letzte deutsche Kampfkommandant Berlins, General Weidling, mit dem Rest seiner Verbände den Kampf einstellte. Das »Testament« traf niemals ein. Bormann erschien auch nicht, sondern verschwand in der Nacht vom 1./2. Mai 1945 spurlos in Berlin.

Dönitz ließ offiziell am Abend des 1. Mai über den Sender Hamburg im Rundfunk bekanntgeben, der »Führer« sei »gefallen«. Den Titel Reichspräsident nahm er nicht in Anspruch, er blieb der »Großadmiral«. Eine Neuvereidigung der Wehrmacht erfolgte nicht mehr. Die Basis der neuen Reichsleitung, die infolge des raschen englischen Vormarsches auf Lübeck und Westmecklenburg von Plön nach Flensburg-Mürwik im äußersten Norden des Reiches verlegt wurde und an deren Spitze auf Bitten von Dönitz der bisherige Reichsfinanziminister Graf Schwerin von Krosigk trat, bildeten drei zum Teil die Wahrheit verschleiernde Telegramme Martin Bormanns. Die Alliierten nahmen offiziell von dieser letzten Reichsregierung keine Notiz. Ihr Ziel bildete nur die vollständige Entwaffnung der Wehrmacht.

Zur Stunde, am 1. Mai gebot der Großadmiral noch über ein weit zerfleddertes Reich. Norwegen, die Niederlande, Dänemark waren noch besetzt, in Böhmen und Mähren hielt die Heeresgruppe Mitte mit 1,2 Millionen Mann gegen die Sowjets, im Baltikum verteidigte sich noch die Heeresgruppe Kurland, auf der Halbinsel Hela die Armee Ostpreußen. An der Kanal- und Atlantikküste hielten die Festungen Dünkirchen, die Kanalinseln, die ehemaligen U-Boot-Basen Lorient und La Rochelle, in der Ägäis Kreta und Rhodos. Insgesamt standen zwischen Nordkap und der Ägäis rund drei Millionen Mann deutscher Truppen noch unter Waffen.

Die Hauptsorge des Großadmirals bildete die Fortführung des Abtransportes von

DER ENDKAMPF IN DEUTSCHLAND

im Westen, vom 28.3.1945 bis 7.5.1945

im Osten, vom 15.4.1945 bis 6.5.1945

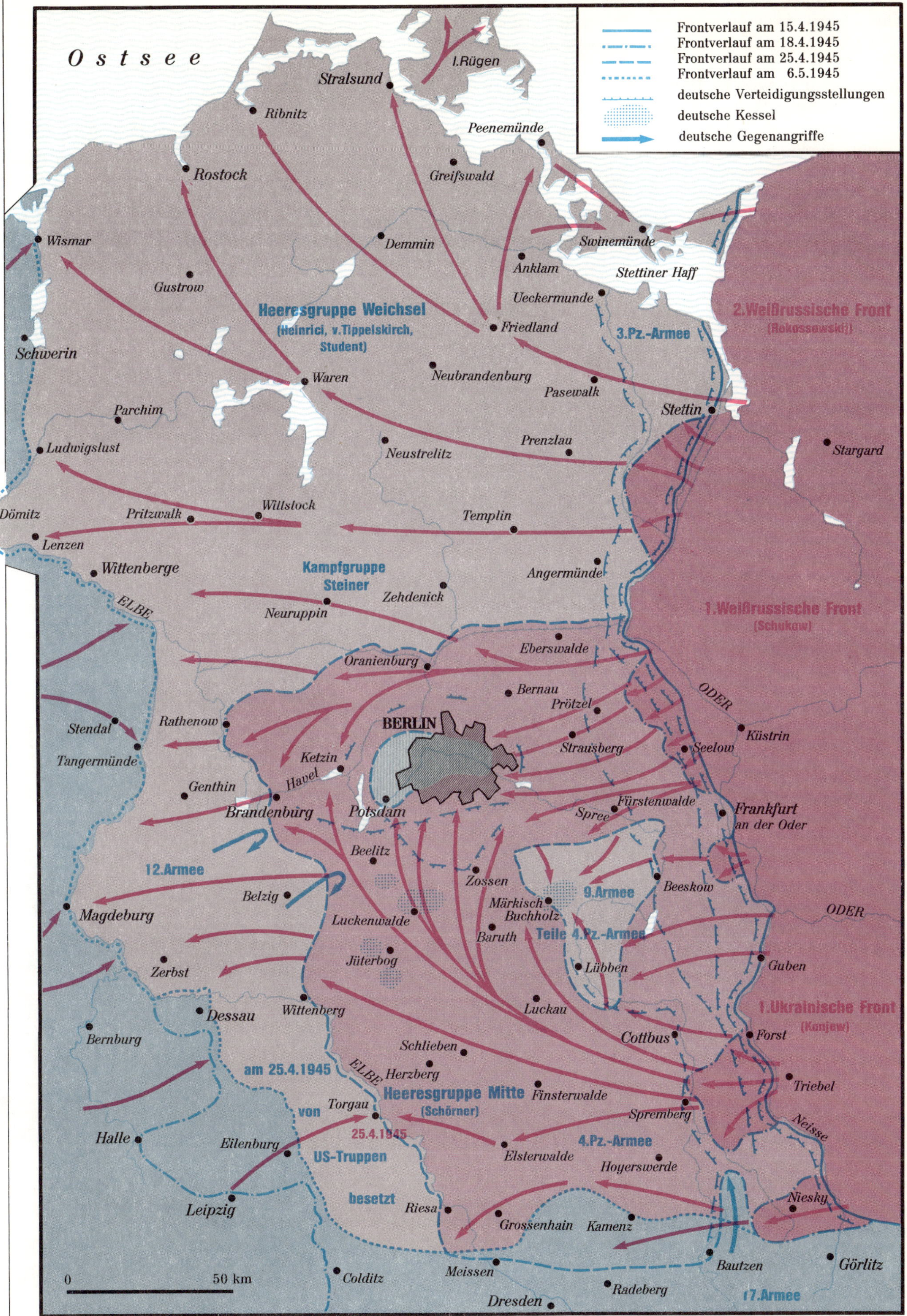

Flüchtlingen, kranken oder verwundeten Soldaten oder ganzen Truppenteilen aus den bedrohten Brückenköpfen im Baltikum und auf Hela über See, wofür der Großteil der noch vorhandenen Seestreitkräfte eingesetzt war, sowie die Unterwanderung der alliierten Bestimmungen über eine Gesamtkapitulation auf der Stelle. Es mußte durch stufenweise Teilkapitulation verhindert werden, daß der Großteil des Ostheeres in die überaus harte sowjetische Kriegsgefangenschaft geriet, daß die westlichen Alliierten möglichst auch dem Übertritt geschlossener Verbände von der Ostfront in ihre Kustodie zustimmten. Ein französischer Historiker hat dieses Prinzip folgendermaßen definiert: Mit einem Maximum an Kräften gegenüber dem Westen, mit einem Minimum gegenüber dem Osten kapitulieren. Dazu gehörte für Dönitz auch, daß strikt einheitlich innerhalb der Stufen operiert wurde, weshalb er dem hamburgischen Gauleiter Kaufmann zu dessen Entrüstung eine eigenmächtige Kapitulation für Hamburg untersagte. Der Gauleiter hielt ihn für einen üblen »Kriegsverlängerer«.

Am 3. Mai 1945 entschloß sich der Großadmiral, zunächst Verhandlungen mit dem in Nordwestdeutschland führenden Oberbefehlshaber der britischen 21. Heeresgruppe, Feldmarschall Montgomery, aufzunehmen. Dazu bestimmte er nicht einen General, sondern den ihm lange bekannten neuernannten Oberbefehlshaber der Kriegsmarine, Generaladmiral von Friedeburg, bislang Dönitz' Nachfolger als Befehlshaber der U-Boote. Friedeburg begab sich, begleitet vom Chef des Führungsstabes Nord, Generalleutnant Kinzel, und einigen Generalstabsoffizieren, in das Hauptquartier Montgomerys bei Lüneburg. Der Feldmarschall empfing sie zunächst mürrisch, dann ließ er sich herbei, ihre Wünsche und Vorschläge anzuhören.

Er betonte sofort, er sei nicht befugt, die Kapitulation von Truppen entgegenzunehmen, die gegen die Sowjets gefochten hätten. Aber er schlug in den Verhandlungen am 3./4. Mai 1945 eine Gesamtkapitulation aller deutschen Streitkräfte vor seiner West- und Nordflanke, das heißt im Bereich der Niederlande, Nordwestdeutschlands und Dänemarks, vor, einschließlich der sofortigen Einstellung des U-Boot-Krieges und der Auslieferung der deutschen Kriegs- und Handelsmarine. Friedeburg holte die Zustimmung des Großadmirals ein. »Der Löwe«, wie ihn seine U-Boot-Männer getauft hatten, stimmte sofort zu, obwohl ihm der Entschluß, die von ihm geschaffene U-Boot-Waffe dem Gegner zu überantworten, besonders bitter wurde. Am 4. Mai kehrte Friedeburg in das Hauptquartier Montgomerys in der Lüneburger Heide zurück. Am 5. Mai 1945 trat um 8.00 Uhr die sogenannte »Nordwestkapitulation« in Kraft. Der britische Feldmarschall zeigte sich auch willens, den Übertritt vor den Sowjets ausweichender militärische Einzelpersonen oder kleiner Gruppen zu dulden. Was zivile Flüchtlinge betraf, deren Massenübergang über die Demarkationslinie gleichfalls offiziell untersagt war, bemerkte er, er wolle über Möglichkeiten nachdenken, er sei ja »kein Unmensch«. Im Sinne der Stufentaktik von Dönitz war die »Nordwestkapitulation« ein, wenn auch trauriger, Teilerfolg. Am 6. Mai 1945 wurden Generaladmiral von Friedeburg und General Kinzel mit einer deutschen Maschine ins alliierte Oberste Hauptquartier zum Oberkommandierenden General Eisenhower nach Reims entsandt, um die projektierte große Westkapitulation auszuhandeln. Die Reise glich einer Odyssee. Infolge schlechten Wetters mußte die deutsche Maschine in Brüssel landen.

Von dort ging die Fahrt mit alliierten Kraftwagen weiter nach Reims. Dort empfing Eisenhowers Chef des Stabes, General Walter Bedell Smith, die »Gäste«, ein besonnener, sehr klar denkender amerikanischer Generalstabsoffizier. Er war nicht unhöflich, hörte sich die Vorstellungen der Deutschen an, begab sich zu seinem Oberbefehlshaber und kehrte mit einem niederschmetternden Bescheid zurück. General Dwight D. Eisenhower weigerte sich, stur dem Befehl seiner politischen Führung gehorchend, in irgendeine andere Lösung einzuwilligen als die bedingungslose Gesamtkapitulation auf der Stelle. Generaladmiral von Friedeburg übermittelte dieses Ergebnis nach Flensburg.

Der Großadmiral entschloß sich, den Chef des Wehrmachtführungsstabes, Generaloberst Jodl, nach Reims zu entsenden, wofür die Engländer eine Maschine zur Verfügung stellten. Jodl versuchte, Fristen für die Unterzeichnung des Waffenstillstandes zu erlangen, eine Pause von zwei Tagen zwischen Unterzeichnung und Inkrafttreten oder eine stufenweise Lösung in vier Abschnitten, um Zeit für Truppen- und Flüchtlingsbewegungen von Ost nach West zu gewinnen. Bedell Smith verstand überhaupt nicht, warum sich Jodl so sehr gegen eine Übergabe an die Sowjets sträubte. Das Ergebnis war ein schwacher Kompromiß. Zwischen der

Die Sowjets hatten verlangt, daß die Unterzeichnung der bedingungslosen Kapitulation der Wehrmacht in ihrem Hauptquartier wiederholt wurde (rechte Seite oben). Generalfeldmarschall Keitel, Generaloberst Stumpff und Generaladmiral von Friedeburg gingen den schweren Gang nach Karlshorst im Auftrag des von Hitler zum Nachfolger ernannten Großadmirals Dönitz.

Die Alliierten akzeptierten noch eine Weile, daß Dönitz in Flensburg-Mürwik eine Art Reichsregierung führte. Erst am 23. Mai 1945 machten die Briten mit der Verhaftung Dönitz' und seiner Minister der letzten gesamtdeutschen Regierung ein Ende (rechte Seite unten, von links: Speer, Dönitz, Jodl). Sie gingen wie Millionen Landser in Gefangenschaft (linke Seite).

Unterzeichnung am 7. Mai 1945 00.00 Uhr sollte eine Frist bis zum 8. Mai 1945 beziehungsweise 9. Mai 1945 00.00 Uhr vorliegen. In aller Eile holte man in Flensburg das Einverständnis des Großadmirals ein, für den offiziell nur der Chef des Oberkommandos der Wehrmacht, Generalfeldmarschall Keitel, in Erscheinung treten durfte. Um 1.30 Uhr nachts lag am 7. Mai 1945 die Vollmacht in Reims vor. Um 2.41 Uhr fand im Sprechzimmer der Berufsschule von Reims die kurze Zeremonie der Unterzeichnung statt. Eilends hatte man aus Paris 16 Pressekorrespondenten nach Reims geflogen, auch obendrein noch als Vertreter Frankreichs den Stellvertretenden Generalstabschef General Sevez zitiert. General Eisenhower lehnte es ab, zu erscheinen. Vor General Bedell Smith, dem britischen Admiral Burroughs, dem sowjetischen Missionschef beim Hauptquartier General Iwan Susloparow und General Sevez unterschrieben Generaloberst Jodl, Generaladmiral von Friedeburg und für die deutsche Luftwaffe General der Flieger Wilhelm Oxenius die deutsche Gesamtkapitulation. Anschließend appellierte Generaloberst Jodl kurz in seiner trockenen Art an die »Großmut der Sieger«.

Den alliierten Korrespondenten wurde verboten, über die Szene zu berichten. Man wollte Stalin nicht durch eine einseitige Vorwegnahme des Endsieges verdrießen. Stalin bestand darauf, daß die Zeremonie vor dem sowjetischen Oberkommandierenden in Deutschland, Marschall Schukow, in dessen Hauptquartier Karlshorst bei Berlin wiederholt werden müsse, in Anwesenheit der Vertreter der USA und Großbritanniens, nicht jedoch derjenigen Frankreichs, das für ihn nicht zu den Hauptsiegermächten zählte.

Am 8. Mai 1945 flogen die Engländer Feldmarschall Keitel, Generaladmiral von Friedeburg und für die Luftwaffe Generaloberst Stumpff, Chef der Luftflotte Reich und der Heimatluftverteidigung, mit einigen Begleitoffizieren nach Berlin. Vor Mitternacht des 8. Mai, zur imaginären Stunde 00.00 des 9. Mai 1945, dem Zeitpunkt des Inkrafttretens der Waffenruhe, ging diese Zeremonie im Kasino der ehemaligen Pionier- und Ingenieurschule des Heeres vonstatten. Feldmarschall Keitel, das Monokel im Auge, unterschrieb mit steinernem Antlitz. Anschließend servierte man den in einer kleinen Villa neben der Pionierschule untergebrachten deutschen »Gästen« ein opulentes Essen mit Sakuska und sonstigen russischen Spezialitäten.

Der Zweite Weltkrieg war in Europa zu Ende.

Feldherr Hitler

Für Hitler und seine Anhänger war klar, daß die deutschen Erfolge in den ersten Kriegsjahren auf sein Konto, und die Niederlagen der letzten Kriegsjahre auf das der Generalität gingen. Die Generale dachten genau umgekehrt. Sie hatten dem Führer die Siege geschenkt, und er hatte sie verspielt: Gegensätzliche Standpunkte, die auch heute noch ihre Verfechter haben.

Als das Regiment List während des Ersten Weltkrieges in Flandern kämpfte, wurde erwogen – so der spätere Bericht des Regimentsadjutanten im Nürnberger Prozeß –, den Gefreiten Hitler zum Unteroffizier zu befördern. Am Ende aber nahm man Abstand davon, »weil wir keine entsprechenden Führereigenschaften an ihm entdecken konnten«. Knapp 25 Jahre später, am 22. Juni 1940, wurde dem Führer und Reichskanzler Hitler in einem belgischen Dorf nahe der französischen Grenze die Nachricht von der Kapitulation Frankreichs überbracht, und Generaloberst Keitel ließ ihn hochleben: »Mein Führer, Sie sind der größte Feldherr aller Zeiten!« Wie kann einer ohne Führereigenschaften Feldherr werden?

Besaß der Gefreite vielleicht doch Führerqualitäten, die nur aufgrund besonderer Umstände nicht erkannt worden und nicht zutage getreten sind – oder ist, umgekehrt, dieser Mann später etwa gar kein Feldherr gewesen, haben ihn Hofschranzen wie »La-Keitel« nur dazu hochstilisiert?

Zum ersten Punkt: Führungskunst muß angeboren sein, doch kann sie unter bestimmten Lebensverhältnissen verborgen bleiben, ungeweckt. Bei Hitler war seit 1919, seit er politisch zu wirken begann, offenkundig, daß er Menschen beeinflussen, sich hörig machen, sich unterwerfen konnte – aber eben erst von da an. Die Eigenschaft des Führens, Beherrschens hat er fortan bis zum letzten Tag seines Lebens, 26 Jahre später, nicht mehr eingebüßt.

Was nun die zweite Frage, diejenige nach dem Feldherrn, anbelangt, so ist sie zunächst rein formal zu bejahen. Da Hitler seit Hindenburgs Tod Oberbefehlshaber der Armee war, die damals noch Reichswehr hieß, hat er sie folglich auch 1939 als Oberster Kriegsherr, wie weiland der Kaiser, ins Feld geschickt. In unserer Fragestellung ist »Feldherr« aber mehr, eine qualitative Größe, ein Befähigungsnachweis auf höchster militärischer Ebene. Und hier sind nun die Eindrücke so widersprechend, daß eine Antwort sich nicht als Ja oder Nein, sondern nur aus der Addition vieler Einzelbeispiele ergibt.

Winston Churchills bildhafte Sprache hat nicht nur den »Eisernen Vorhang« bekannt gemacht. Von ihm stammt auch der Ausdruck »Sichelschnitt«. Damit meinte er den kühnen deutschen Überraschungsvorstoß durch die als unwegsam geltenden Ardennen mit anschließendem Rechtsschwenken zum Kanal (eine Art spiegelverkehrter Schlieffen-Plan) und der Einkesselung der französischen Nordarmee und des britischen Expeditionskorps in Nordfrankreich und Belgien. Der Feldzugsplan stammt von Erich von Manstein, der wohl der fähigste militärische Kopf war, den Deutschland im Zweiten Weltkrieg gehabt hat. Durch eine Folge von Zufällen erfuhr Hitler von den Ideen des Generals, der gerade wegen seiner unkonventionellen und unbequemen Vorschläge von seinen Vorgesetzten kaltgestellt worden war, und begeisterte sich sofort dafür. Das Ergebnis ist bekannt. Jene Armee, die lange als die stärkste der Welt gegolten hat (wenn auch unter Eingeweihten damals schon nicht mehr), wurde in einem in der Militärgeschichte beispiellosen Feldzug innerhalb von sechs Wochen niedergeworfen – unbestreitbar durch Hitlers entscheidende strategische Einflußnahme. Denn was nützt der beste Offensivplan, wenn der Mann an der Spitze ihn nicht akzeptiert? Außerdem soll Hitler ähnliche Gedanken wie Manstein bereits mit sich herumgetragen haben. Mindestens erfaßte er im Gegensatz zum Generalstab sofort die kühne Chance in ihm, weshalb ihm Manstein denn auch in seinen Erinnerungen »eine gewisse Begabung auf operativem Gebiet« zubilligt.

Grundsätzlich ist zu sagen, daß der fachliche Hochmut der Spezialisten – obwohl in allen Lebensbereichen an der Tagesordnung – nicht angebracht ist; denn gerade der unbefangene Blick des Laien kommt mitunter zu Lösungen, die die »Gelernten« verblüffen. Das passiert immer wieder. Bekannte Beispiele: daß es dem medizinischen Amateur Goethe gelang, den Zwischenkieferknochen beim Menschen zu entdecken; und daß der Liebhaber-Archäologe Schliemann die Reste Trojas an einer Stelle entdeckte, an der die Fachleute achtlos vorbeigegangen waren… Gefährlich wird es, wenn nun aus dem Außenseiter-Erfolg des Laien seinerseits Hochmut erwächst und er anfängt, Expertenmeinung prinzipiell gering zu achten. Das war bei Hitler spätestens nach dem Sieg im Westen der Fall. Hatten schon die kultische Verehrung seiner Anhänger und die zurückliegenden außenpolitischen Erfolge sein Selbstgefühl immer mehr bestärkt, so wurde es durch die Feldherrnkrone nun zum Unfehlbarkeitsbewußtsein.

Schaute er auf die Generalität, so machte sich Geringschätzung breit. War sie seinen Entschlüssen nicht immer wieder mit ängstlichem Zaudern begegnet? So vor der Rheinland-

Waffenvorführung mit Rüstungsminister Speer (links). Was eine Tugend hätte sein können, wuchs sich während des Krieges mehr und mehr zur Plage für die Militärs aus: Hitlers bohrendes Interesse für alle Details der Kriegführung. Hatte Hitler oft zum allgemeinen Staunen hohe und höchste Militärs mit seinen technisch-militärischen Detailkenntnissen verblüfft, so war er doch auch ein geschickter Psychologe, dem es immer wieder gelang, schwankende, ja zum Protest bereite Generale in schwierigsten Situationen davon zu überzeugen, an den Endsieg zu glauben. Als politischer wie auch als militärischer Führer jedenfalls blieb Hitlers Autorität bis zu seinem Selbstmord ungebrochen.

besetzung im März 1936, in der Sudeten-Krise im August 1938, beim »Sitzkrieg« im Herbst 1939, schließlich bei der Planung zum »Sichelschnitt«? Und hatte er nicht jedesmal recht behalten, auch bei dem gewagten Norwegen-Unternehmen, bei dem er das OKH gleich von vornherein ausgeschaltet hatte und dann vom Gelingen so triumphal bestätigt worden war?

Hitlers Militärglück entsprang in erster Linie dem unmilitärischen Kalkül des Politikers, wie Percy Ernst Schramm (»Hitler als militärischer Führer«) einleuchtend darlegt: Wäre er durch die generalstabsmäßige Denkschule gegangen, dann hätte er in der Zeit seines Aufstiegs auf jeder Stufe errechnen müssen, daß das Erreichen der nächsten Stufe unter seinen Voraussetzungen kaum möglich war. Dann hätte er den Versuch zur Machtergreifung überhaupt nicht unternommen. Als Revolutionär aber sah er für selbstverständlich an, daß Anfangserfolge die Aussicht auf weiteres Gelingen schaffen-,weil sie die eigenen Reihen anfeuern und die Gegner lähmen.

Entsprechend hat er auch seine militärischen Ziele so weit gesteckt, daß nüchterne Berechnung sie für unerreichbar halten konnte, er aber das Überraschungsmoment, die entfachten Energien im eigenen Lager, die Lähmung des Willens auf der Gegenseite mit in die Kalkulationen einbezog und sich damit gegenüber den Skeptikern in diesem Stadium als der wahre Realist empfahl. Hier stießen also zwei Denkrichtungen aufeinander, ein unterschiedlicher Bildungs- und Erfahrungsweg. Doch beruhen Hitlers Blitzkriegerfolge nicht allein auf politisch orientiertem Wagemut, sondern auch auf seinem ausgesprochen technischen Verstand und seiner frühen Einsicht, der moderne Krieg werde vom Motor beherrscht.

Keine andere Armee war 1939/40 vergleichbar motorisiert. Fortschrittliche französische Generale wie de Gaulle kämpften in ihren eigenen Reihen vergeblich für die operative Selbständigkeit der Panzerwaffe. In Deutschland dagegen setzten sich ähnliche Gedanken – vor allem von Guderian verfochten – frühzeitig durch; nicht zuletzt deshalb, weil dem Gefreiten Hitler im Ersten Weltkrieg die schlachtentscheidenden Möglichkeiten der Stahlkolosse stärker bewußt geworden waren als vielen anderen.

Von wahrhaft verheerender Wirkung war aber erst das tödliche Zusammenspiel von Luft- und Panzerwaffe, das Deutschland in den ersten Feldzügen monopolartig demonstrierte, wobei übrigens die Erfindung der demoralisierenden Stuka-Sirene von Hitler stammt. Jodl attestierte seinem Führer nach Kriegsende in Nürnberg, daß sein »erstaunlich technisch-taktischer Weitblick... ihn auch zum Schöpfer einer modernen Bewaffnung des Heeres werden (ließ)«. So habe Hitler frühzeitig die 7,5-cm-Pak anstelle der 3,7- und 5-cm-Kanone eingeführt und die kurzen Panzergeschütze durch die Langrohre ersetzt.

Hitler hatte sich lange und intensiv mit militärischer Fachliteratur beschäftigt. Seine Nachttischlektüre während des Krieges, schreibt Biograph J. Fest, bestand aus Flottenkalendern und militärwissenschaftlichen Handbüchern. Hier war der Laie Hitler nun wirklich Fachmann geworden. Mit diesem Wissen und seinem stupenden Gedächtnis hat er immer wieder seine militärische Umgebung beeindruckt. Er wußte so viel über Kaliber, Tonnagen, Reichweiten und Stückzahlen, über Organisation, Bewaffnung und Ausrüstung sämtlicher Armeen und Flotten der Welt, daß es – nach Keitel – »unmöglich war, ihm auch nur einen Irrtum nachzuweisen«.

Die verblüffendste Geschichte auf diesem Gebiet erwähnt Schramm in seiner Einleitung zu den »Tischgesprächen«: Als 1940 Nachschub an Pakgeschützen mit U-Booten nach Narvik geschafft werden sollte, stellte es sich heraus, daß der vom Heer verwendete Typ mit Lafette und zwei Rädern sich nicht durch die Ladeluken der U-Boote zwängen ließ. Dies meldete die Marine Hitler. Der erklärte unbeirrt, er habe beim Einmarsch in Österreich eine Pak auf Dreibeinlafette gesehen; deren Verladung müsse möglich sein. Fernschreiben, Telefonate: Die Pak wurde gefunden und paßte tatsächlich hinein...

Es gab freilich auch eklatante Fehlurteile bei Hitler auf diesem Gebiet. Indem er zum Beispiel die düsengetriebene Me 262 so lange als Jagdbomber konzipierte, bis es für die viel passendere Verwendung als Abfangjäger an der Heimatfront zu spät war.

Was tut eine Generalität, die in ihrer Pflicht zur Vorsicht wiederholt zu falschen Voraussagen gelangt war und ihren obersten Befehlshaber in militärischen Details obendrein als Autorität anerkennen muß, wenn er nun abermals zum Schlag ausholt? Was tun die Generale, wenn er nun gegen ein Land zu Felde ziehen will, in dem Karl XII. und Napoleon einst gescheitert waren? Antwort: Sie wagen nicht erneut zu widersprechen und machen alle mit.

Der Kriegslenker Hitler hatte aus der Geschichte so wenig gelernt, daß der britische Militärschriftsteller Irving (»Hitler und seine Feldherren«, 1975) urteilt: »Wahrscheinlich ist noch nie ein Feldzug mit solcher Überheblichkeit begonnen worden.« Damit meint er das Unternehmen »Barbarossa«. Die Militärs waren nicht klüger als Hitler. Gibt es doch die denkwürdige Tagebuch-Eintragung des Generalstabschefs Halder vom 3. Juli 1941: »Es ist also wohl nicht zuviel gesagt, wenn ich behaupte, daß der Feldzug gegen Rußland innerhalb 14 Tagen gewonnen wurde.« Wahrhaft bescheiden fügt er hinzu: »Natürlich ist er damit noch nicht beendet.«

Wie Halder ließen sich auch die anderen täuschen, ob sie nun Brauchitsch, Guderian oder Kluge hießen. Keiner glaubte, daß die Rote Armee lange standhalten könne.

Die ungeheuren Anfangserfolge nährten die Fehleinschätzung noch bis in den Winter hinein. Von da an wurde aus der Erfolgsstrategie eine Durchhalte- und schließlich Illusionsstrategie, deren tragische Etappen jeder kennt.

Jetzt, wo das Überraschungsmoment nicht mehr zählte, die ehemals übersehbaren Schlachtfelder zur Unendlichkeit ausgeweitet waren, die Kampfmethoden auf der Gegenseite gelehrige Schüler gefunden hatten, jetzt hätte aus autodidaktischer Inspiration konventionelles Kriegshandwerk werden müssen. Doch Hitler traute keinem seiner Generäle zu, mehr zu können, als seine Befehle auszuführen. Den Armee- und Luftwaffenkommandos wurde so wenig freie Hand gelassen, daß der Feldmarschall von Richthofen in sein Tagebuch eintrug: »So wie jetzt, ist man – operativ gesehen – hochbezahlter Unteroffizier.« Dem OKW billigte Hitler, noch Jodls Worten, nie die Rolle eines strategischen Beraters zu. Manstein sah in der berufenen Führungszentrale des OKW, dem Wehrmachtführungsstab unter Generaloberst Jodl, nichts weiter als ein militärisches Sekretariat.

Als Hitler Ende 1941 Brauchitsch entließ und zur Gesamtverantwortung der Kriegführung auch noch in Personalunion den Oberbefehl über das Heer übernahm, machte er den Rußlandkrieg vollends zu seiner Privatangelegenheit und drängte das OKW auf die anderen Kriegsschauplätze ab – nicht ohne auch dort noch fast alle Einzelheiten zu bestimmen. Lediglich die Marine behielt gegenüber Hitlers »kontinentaler« Orientierung relativ freie Hand.

Manstein betont in seinen Erinnerungen, daß es von jeher die Stärke der deutschen militärischen Führung gewesen sei, sich auf die Verantwortungsfreude, Selbständigkeit und Initiative aller Kommandograde stützen zu können. Hitler hingegen habe immer häufiger in den Befehlsgang aller Ebenen eingegriffen. Wer diese Aussage mit den anderen gleichartigen Berichten über Hitlers Führungspraxis im Krieg vergleicht, kommt zu dem Schluß, er hätte am liebsten jedes einzelne Schützenloch ausgesucht.

Hier machte sich äußerst nachteilig geltend, daß der aktiv mitbestimmende oberste Kriegslenker nie eine Generalstabsschule durchlaufen hatte. Er wollte den Krieg immer aus der Regimentsperspektive des einstigen Meldegängers führen. Dies mußte sich äußerst hemmend auf die Krisensituationen auswirken, die spätestens von 1943 an das tägliche Brot im deutschen Lager waren. Denn nur flexible, eigenverantwortliche Entscheidungen an Ort und Stelle können bei Durchbrüchen des Gegners Schlimmeres verhüten. Da aber das Führerhauptquartier vor jedem bedeutsameren Einzelschritt um Erlaubnis gefragt werden mußte, hat sich manche schwierige Augenblickslage zur Katastrophe erweitert.

Das starre Festhalten an jedem Fußbreit Boden wurde allmählich zu Hitlers alleinigem Rezept, dem sowjetischen Massenansturm zu begegnen. Gerade daran verbrauchte sich die Truppe, weil sie zahlenmäßig unterlegen war, der Gegner also an den weitgedehnten Fronten im Osten seine Armeen immer wieder zu gezielten Durchbrüchen massieren konnte. Nur bewegliche Operationsführung wäre – nach Manstein – das geeignete Gegenmittel gewesen. Hitler habe in verhängnisvoller Weise die Macht des Willens überschätzt, obwohl sich die Überlegenheit des Gegners an Menschen und Material mit Willen nicht mehr meistern ließ.

Wie sehr die Fehlleistungen des »Generalissimus« eine chronische Vertrauenskrise gegenüber der Generalität nach sich zogen, beweisen schon Zahlen. In Ungnaden schieden oder starben nacheinander alle drei Oberbefehlshaber des Heeres, vier Generalstabschefs des Heeres (der fünfte, Krebs, fiel in Berlin). 14 von 18 Feldmarschällen des Heeres sowie 21 von 37 Generalobersten. Eine traurige Bilanz, die zeigt, in welchem Grade der »größte Feldherr aller Zeiten« militärischen Sachverstand verschlissen hat.

Zu leicht machten es sich allerdings diejenigen, die nach dem Krieg allein seinem ständigen Dazwischenreden und Besserwissen die Niederlagen ankreideten. Diese Ansicht setzt nämlich voraus, die Fachleute

Hitler am Kartentisch. Jodl erklärt die Lage, hinter ihnen Göring und Keitel. Mit zunehmender Kriegsdauer wurden Hitlers Befehle immer wirklichkeitsfremder. Vom Führerhauptquartier aus dirigierte er schließlich nur noch Geisterarmeen. Aber obwohl er schon seit der Winterkatastrophe 1941/42 wußte, daß der Krieg nicht mehr zu gewinnen war, klammerte er sich fanatisch an irreale Hoffnungen. Genauso wie Friedrich II., der Preußenkönig, erklärte er am 4. Dezember 1944 dem ungarischen Nationalistenführer Szálasi, sich den Namen der Große nicht deshalb verdient habe, weil er siegreich gewesen sei, sondern weil er im Unglück nicht verzagte, so würde die Nachwelt einmal auch seine Bedeutung darin sehen, daß er trotz schwerer Niederlage nie kapituliert habe.

hätten im Gegensatz zu ihrem obersten Chef alles richtig gesehen.

Wie irrig diese Meinung ist, zeigen schon die grotesken Fehlurteile über die Rote Armee in den ersten Monaten von »Barbarossa«. Doch auch im weiteren Verlauf des Ostkrieges häuften sich die Irrtümer der Experten. Das belegt eindrucksvoll eine Studie, die 1974 in den Vierteljahrsheften für Zeitgeschichte erschien. Hans-Heinrich Wilhelm konfrontiert dort die jeweiligen Voraussagen der Abteilung Fremde Heere Ost mit den tatsächlich eingetretenen Ereignissen. Das Ergebnis ist niederschmetternd.

Jene Abteilung unter General Gehlen, die aus allen erreichbaren Nachrichtenquellen die »Feindlage« zu beurteilen hatte (Zahlenstärken, Angriffsziele usw.), galt stets als ein ausgezeichneter Nachrichtendienst im OKW – nicht zuletzt, weil die Gehlen-Mannschaft seit 1945 emsig an ihrem eigenen Nachruhm gearbeitet hat. In Wahrheit hat sie den sowjetischen Großangriff bei Stalingrad ebensowenig vorausgesehen wie die Sommeroffensive 1943 gegen die Heeresgruppen Mitte und Süd, die Stoßrichtung im Januar 1944 ebenso falsch berechnet wie den Ansturm, der im Sommer 1944 zum Zusammenbruch der Heeresgruppe Mitte führte. Der Angriff auf Rumänien im August 1944 galt dem Gehlen-Stab noch fünf Tage vor Beginn als »nach wie vor unwahrscheinlich«.

Übertroffen wurde diese Kette von Fehlspekulationen noch von Denkschriften Gehlens. Da gibt es eine vom 31. Dezember 1944, worin er die Ostfront noch immer für stabilisierbar hält. Zuvor im Oktober hatte er gegenüber Hitler die Ansicht vertreten, in amerikanischen Augen könne allein Deutschland »dem sowjetrussischen Anspruch auf Europa militärisch und politisch Einhalt gebieten«. Die daraus abgeleitete Utopie, die Westmächte könnten mit uns gemeinsame Sache machen gegen Stalin, die Kriegskoalition gegen das Dritte Reich könne jeden Augenblick zerfallen, spukte seitdem wortgetreu in Hitlers Kopf herum, wie Gesprächsnotizen belegen.

An solche Illusionen klammerte dieser sich geradezu verbissen, obwohl er schon viel früher, spätestens mit Gelingen der Invasion, den Kampf verlorengegeben hatte. Außerdem besaß Hitler ein gutausgebildetes Organ für die Rolle der Wirtschaft im Krieg und wußte, wie abhängig eine hochtechnisierte Armee nicht allein vom Treibstoff war. Ende August 1944 aber war das rumänische Erdölgebiet verlorengegangen...

Unseriöse Einflüsterungen allein erklären freilich nicht ausreichend den immer wieder illusionär aufflackernden Glauben des fanatischen Mannes in der Reichskanzlei an Kriegswende und Sieg. Auch Stimulantien waren daran schuld. Werner Masers akribische Gründlichkeit hat sich auch dieser pathologischen Seite ausführlich zugewandt. Dem dickleibigen Buch »Adolf Hitler – Legende, Mythos, Wirklichkeit« ist ein ganzes Kapitel über seine Krankheiten, Behandlungsmethoden und Arzneien eingefügt.

Maser sieht in dem Starrsinn des Diktators, in der verbissenen Unbelehrbarkeit, im Mißtrauen und im Verlust der Risikobereitschaft Symptome seiner Krankheiten und der Medikamentenschwemme von seiten des Leibarztes Morell. In deren Verlauf habe er sich kraß verändert und seit 1942 immer weniger dem Mann geglichen, der 1939 den Angriff auf Polen befahl.

Nun ist es nahezu unmöglich, die jeweiligen Reaktionen Hitlers im Fortgang des Krieges chemisch reinlich zu scheiden: in solche, die im Charakter und in Erfahrungen begründet waren, und in andere, deren Antrieb in persönlichkeitsverändernden Drogen lag. In den Jahren 1943/44 bewiesen seine Ereignis-Reflexe außerdem eine gewisse einheitliche Grundnatur, starre Verbissenheit zwar, aber Zuversicht. »Auch lebte er ständig in mehreren Bewußtseinsschichten zugleich, so daß in ihm der Widerstreit zwischen Einsichten der Vernunft und emotionalen Wunschbildern nie ausgeglichen wurde« (Schramm).

Doch unübersehbar ist dann in der apokalyptischen Phase des Krieges das nur noch künstlich verursachte Schwanken zwischen Euphorie und Resignation. Wollte er eben noch mit Gespensterdivisionen, die nur in seiner fiebrigen Phantasie existierten, die Schicksalswende erzwingen, so hatte er kurz darauf wieder innerlich abgedankt. Dann zauberten neue Narkotika neue Aussichten herbei, die im nächsten Moment von der Wirklichkeit wieder entzaubert wurden.

So bieten die letzten Tage des Dritten Reiches das Schauerbild eines Persönlichkeitszerfalls vor einem Häuflein Getreuer, die dennoch einem Rest von Magie gehorchen, bis mit dem Pistolenschuß vom 30. April, 15.30 Uhr nachmittags, das unwiderrufliche Ende der Hitlerschen Befehlsgewalt gekommen ist.

Pazifik

Hitlers Schlagwort vom »Volk ohne Raum« hätte auf eine andere Nation wesentlich besser gepaßt: Die Japaner drängelten sich auf ihren Inseln, ihrer rapide wachsenden Wirtschaft wurde der maritime Rahmen zu eng. Tokio begann sich nach Expansionsmöglichkeiten umzusehen und glaubte sie schließlich in China zu erspähen.

1937 begann der Angriff auf das morsche Reich der Mitte, nachdem sich Japan durch den Antikominternpakt in Berlin Rückendeckung gegen die Sowjetunion geholt hatte. Doch in Fernost hatten noch zwei weitere Großmächte chinesischen Appetit: die USA und England. Japan versuchte auf dem Verhandlungswege weiteren Spielraum für seine Großmachtpolitik zu gewinnen, stieß aber in Washington auf taube Ohren, ja die USA gingen sogar zu Obstruktionspolitik über und sperrten am Ende den für Japans Stahl- und damit Rüstungsindustrie lebenswichtigen Schrottexport.

Krieg kam in Sicht, denn in Europa hatte sich mittlerweile allerhand getan, das den Japanern die Stunde zum Losschlagen günstig erscheinen ließ. Hitler hatte sich souverän über den Antikominternpakt hinweggesetzt und sich mit Stalin verbündet, Polen und Frankreich waren niedergeworfen, England schwer angeschlagen und zur Verteidigung seines fernöstlichen Besitzes kaum imstande. Wenig später hatte Hitler eine neue Überraschung parat, als er sich, erneut ohne Konsultation, gegen die Sowjetion wandte.

Japan ignorierte nun seinerseits den Antikominternpakt und sicherte sich die russische Neutralität vertraglich. Moskau bekam so den Rücken frei gegen Deutschland, Tokio konnte ohne Störung zum Vernichtungsschlag gegen die USA ausholen. Und es konnte dabei trotz der seltsamen Vertragsdiplomatie auf Hitlers Hilfe rechnen, der in maßloser Fehleinschätzung der Kräfteverhältnisse schon vier Tage nach dem japanischen Angriff auf Pearl Harbor den USA den Krieg erklärte. Auf der ganzen Welt loderte nun die Fackel des Krieges. Der Stille Ozean brodelte.

Es ist viel debattiert worden, ob US-Präsident Roosevelt nicht doch vom japanischen Angriffsplan auf die amerikanische Pazifikflotte in Pearl Harbor gewußt hat und nur einen moralisch möglichst sauberen Kriegsgrund für seine kampfunwillige Öffentlichkeit suchte. Angesichts der schweren Verluste vor allem an Menschen im Inferno des 7. Dezember 1941 erscheint es jedoch unwahrscheinlich, daß Roosevelt derart mit dem Feuer gespielt haben soll. Dem fielen immerhin auch mehrere schwere Einheiten (Bild: sinkendes Schlachtschiff West-Virginia) der Kriegsmarine zum Opfer, ohne die ein Kampf gegen die Seemacht Japan höchst problematisch erschien.

In den letzten Nächten war Vizeadmiral Nagumo in seiner Kabine an Bord des japanischen Flugzeugträgers Akagi ruhelos auf und ab gewandert. Der 2. Dezember 1941 brachte ihm endlich Gewißheit. Vor ihm lag der Funkspruch: »Niitaka Yama Nobore« (Ersteiget den Berg Niitaka), der Befehl zum Angriff auf Pearl Harbor.
Vor sechs Tagen hatte Nagumo mit seiner Armada von sechs Flugzeugträgern, zwei Schlachtschiffen, zwei Schweren und einem Leichten Kreuzer, neun Zerstörern und drei U-Booten den Versammlungsraum seiner Kampfgruppe bei den Kurilen verlassen. Die 423 Flugzeuge auf den Trägern, Sturzkampfbomber, Horizontalbomber, Jäger und Torpedoflugzeuge, waren die größte Luftstreitmacht, die sich je auf See gewagt hatte. 27 Langstrecken-Unterseeboote waren vorausgefahren, um rund um Hawaii Position zu beziehen. Der Anmarsch des Trägerverbandes über die wenig befahrene Nordroute zum Angriffsziel war beschwerlich. Nebel, empfindliche Kälte und schwere See hatte ihm zu schaffen gemacht. Als Nagumo seinen Besatzungen das Ziel ihrer Fahrt bekanntgab, kannte die Begeisterung keine Grenzen. Bei schwer rollender See, am 7. Dezember morgens, hatte Nagumos Verband seine Angriffsposition 270 Meilen nördlich Oahu erreicht. Es war noch dunkel. Die Flieger verrichteten ihre Gebete vor den Shintoaltären, die man auf den Flugdecks aufgestellt hatte. Viele der Piloten hatten das Hashikami, eine Samuraischärpe, um ihre Kopfhörer geschlungen. Um 6 Uhr starteten von den Trägern die Maschinen der ersten Angriffswelle.

Pearl Harbor

Ruhig brummen die beiden Motoren der B-17 Flying Fortress. Seit mehreren Stunden ist die »Mary Anne« in der Luft. Nacht liegt über dem Pazifik. Ein Teil der Crew döst; nur der Navigator, der Funker und der Captain versehen aufmerksam und gespannt ihren Dienst. Um der aufkommenden Langeweile des Routinefluges zu begegnen – die »Mary Anne« wird zusammen mit acht weiteren Fliegenden Festungen von San Francisco zum Luftwaffenstützpunkt Hickham auf Oahu (Hawaii) überführt – reitet Funker Tom Shirer ein bißchen auf den Wellen. Tanzmusik von der amerikanischen Westküste . . . irgendwas Russisches . . . Tom gähnt. Die Leuchtziffern seiner Uhr zeigen 7 Uhr 50. In einer Stunde etwa wird die B-17 auf Hickham landen. Vielleicht ist der Soldatensender Honolulu schon zu hören . . . Da ist Tom hellwach:

»Funker an Captain! Funker an Captain!«
»Ich höre, Tom, was gibt's?«
»Hören Sie mal mit, Sir . . .«
Aus den Kopfhörern dröhnt das Geräusch von Flugzeugmotoren, Maschinengewehrfeuer, hört man hastige japanische Fetzen.
»Klingt ja merkwürdig. Haben wir Meldungen von Manövern der Japsen vorliegen?«
»Nein, Sir. Aber ich verstehe das sowieso nicht . . .«
»Was verstehst du nicht, Tom?«
»Ich bin auf der Frequenz unserer Jungs in Honolulu. Kein Irrtum möglich!«
»Schnell! Geh auf Sender! . . . Hier 06455 . . . hier 06455 . . . Wir rufen Hickham . . . Wir rufen Hickham . . . Erbitten Landeinformationen für 06455.«
In den Ohren gellen die japanischen Kommandos. Und dann – immer wieder – dieser Angriffsschrei: »Tora-Tora-Tora!«
»Hier Hickham Air Base . . . Hier Hickham Air Base . . . Liegen seit zehn Minuten unter heftigem japanische Feuer . . . Keine Landeerlaubnis für Hickham. Captain, drehen Sie ab zur Geheimpiste 011.«
»Ist das der Krieg?«
»Sieht jedenfalls verdammt danach aus . . . Und die erste Runde scheint an die Japsen zu gehen . . . Ende!«
Als die »Mary Anne« genau 73 Minuten später in maximaler Flughöhe die Insel Oahu passiert – ohnmächtig, da die Maschine für den Überführungsflug in Friedenszeiten nicht munitioniert ist – meldet sich die Stimme von Captain Steven McIntire:
»Captain an Crew! Wer sich später mal erinnern will, wie Pearl Harbor ausgesehen hat, sollte jetzt runterschauen!«
Acht Augenpaare starren in den Qualm und das Feuer da tief unter ihnen . . .
»Captain an Crew! Fertigmachen zur Landung. Notlandebedingungen . . . Rache für Pearl Harbor!«
»Rache für Pearl Harbor!«, dröhnt es aus der Kabine hinter ihm zurück.
Japans Vizeadmiral Nagumos erste Welle von 214 Maschinen benutzte für die 270 Meilen Anflug von den Flugzeugträgern nach Pearl Harbor den amerikanischen Soldatensender Honolulu als Leitstrahl.
40 Torpedo-Bomber vom Typ Nakajima B 5 N 2 »Kate«; unter dem Rumpf den schrecklichen 800-Kilogramm-Aal für seichtes Wasser;
weiter 50 »Kate« für das Horizontal-Bombardement aus großer Höhe;
51 Sturzkampf-Flugzeuge von Typ Aichi D 3 A 2 »Val«;
43 Jagdflugzeuge vom Typ Mitsubishi A 6 M 2 »Zero«, die in Geschwindigkeit,

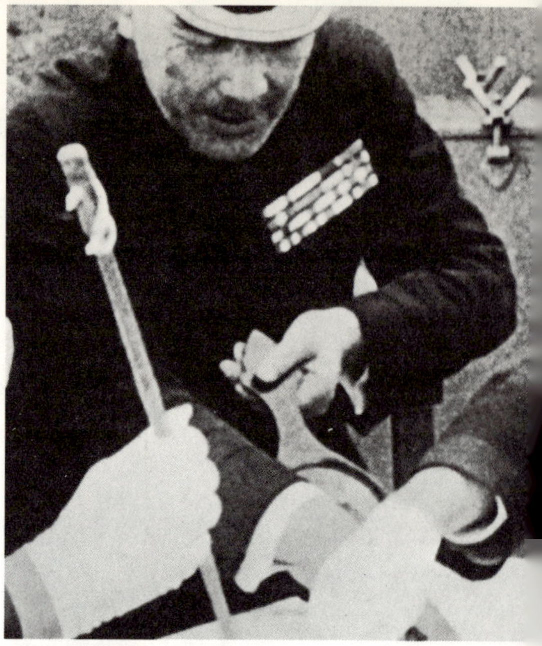

Während die japanischen Militärs (ganz oben) schon den Erstschlag gegen Pearl Harbor planten, versuchten die Diplomaten (links: Botschafter Kichisaburo Nomura in Washington) mit einer Offensive des Lächelns von der drohenden Gefahr abzulenken. Die sollte nach dem Willen des kommandierenden Admirals Nagano nicht nur aus der Luft über das hawaiische Paradies hereinbrechen, sondern auch in Gestalt von Klein-U-Booten (Pressezeichnung oben). Fünf dieser mit zwei Torpedos bestückten Unterwasser-Teufel flankierten den Luftangriff von unten. Allerdings erfolglos: Sie gingen alle verloren, bevor sie zum Schuß kamen.

Steighöhe und Bewaffnung jedem amerikanischen Jäger überlegen sind;
20 Jagdflugzeuge älterer Bauart, die lediglich die US-Radarsysteme verwirren sollen.
Eine Stunde später starten weitere
54 »Kate« Horizontal-Bomber,
41 »Val« Sturzkampf-Bomber und
36 »Zero« Jäger.
Gegen 7 Uhr 20 erfaßt der Radarschirm einer Küstenbeobachtungsstation anfliegende Flugzeuge. Der wachhabende Offizier beruhigt seine Leute: Das seien die aus Kalifornien anfliegenden, erwarteten Flying Fortresses, darunter die »Mary Anne«.
Um 7 Uhr 30 beobachtet ein Bootsmann zwanzig bis fünfundzwanzig kreisende Flugzeuge. Aber daß es feindliche Maschinen sein könnten, darauf käme er nicht mal im Traum.
Um 7 Uhr 40 erreichen die japanischen Verbände die Nordspitze von Oahu. Um nicht noch im letzten Augenblick entdeckt zu werden, brechen die Piloten jeden Sprechfunkverkehr untereinander ab.
Um 7 Uhr 50 kann Oberstleutnant Nakaya, Chef der Jäger in der ersten Welle Pearl Harbor ausmachen. Er meldet:
»Pearl Harbor vor mir im Morgennebel. Alles schläft noch.«
Um 7 Uhr 53 funkt Fregattenkapitän Fuchida an seinen Flugzeugträger Akagi: »Überraschung erfolgreich!«
Gegen 7 Uhr 55 beobachtet der Kommandant der pazifischen US-Minen-Flotte an Bord seines Minenlegers, wie ein Flugzeug eine Bombe wirft. Der Schrecken fährt dem Seemann in die Glieder: Er hält es für einen gefährlichen Unfall seitens des fliegenden Personals und will gerade ans Telefon stürzen, um den Vorfall disziplinarisch zu melden . . . da entdeckt er – zu spät – das japanische Hoheitszeichen: die aufgehende Sonne.
Punkt 7 Uhr 55 beginnt der erste von vier Angriffen der Torpedo-Bomber. Sechs Torpedos treffen das Schlachtschiff West Virginia, machen es manövrier- und kampfunfähig.
Drei Minuten später endlich schreit Konteradmiral Patrick Bellinger in die Mikrophone seines Hauptquartiers auf der Fordinsel die beiden Sätze unverschlüsselt: »Luftangriff, Pearl Harbor – Das ist keine Gefechtsübung.«
Im gleichen Augenblick will sich der Wachhabende fertigmachen, um wie jeden Morgen um 8 Uhr auf dem Flaggschiff die Fahne der Vereinigten Staaten feierlich zu hissen. Als er die in Marschordnung verankerten Stahlkolosse mustert, erstarrt er vor Schrecken: Im Tiefflug rasen Torpedo-Bomber heran und klinken ihre Last aus.
Wenige Sekunden später dröhnen über Bucht und Festland die Bombeneinschläge von den Flugplätzen herüber, wo die US-Maschinen wie zur Parade aufgebaut sind, Flügelspitze an Flügelspitze. Bis zu diesem Zeitpunkt ist kein amerikanisches Jagdflugzeug aufgestiegen, hat kein amerikanisches Geschütz das Feuer eröffnet.
Lakonisch beschrieb später Russell Buchanan, Geschichtsprofessor an der Universität von Kalifornien, die Gründe dieser Lähmung:
»Ein entwickeltes und funktionsfähiges Warnsystem gab es nicht. Außerdem galt für die Streitkräfte die niedrige Alarmstufe 3. Das bedeutete: Nur eines von vier Maschinengewehren war besetzt. Darüber hinaus bleiben bei Stufe 3 in Friedenszeiten die schweren Gefechtstürme und die 12,7-cm-Kanonen unbesetzt. Und wo die MGs bemannt waren, da fehlte die Munition: Sie wurde in verschlossenen Kisten aufbewahrt, für die nur die Decks- und wachhabenden Offiziere Schlüssel besaßen.«
Kaum eine halbe Stunde dauert der erste Überfall. Als die erste japanische Angriffswelle abdreht, sind fast alle amerikanischen Militärmaschinen auf den Pisten der Luftwaffenstützpunkte schwer beschädigt oder vollkommen zerstört. Die West Virginia steht in Flammen und sinkt. Die Arizona liegt auf Grund und hat mehr als eintausend Matrosen mit in die Tiefe gerissen, die nicht schnell genug aus den Unterdecks herausgekommen sind. Die Oklahoma ist gekentert, nur ihr Kiel ragt noch aus den Fluten hervor. Auf der Tennessee wütet das Feuer, nachdem eine Bombe den Hauptgefechtsturm getroffen hat. Auf der California versucht die Mannschaft fieberhaft, die schweren Lecks abzudichten; sie sinkt dennoch. Von der Utah ist lediglich der hoch aufgerichtete Kiel zu sehen. Und die Raleigh wird nur noch von ihren Vertäuungen aufrecht gehalten.
Nach einer kurzen Ruhepause begann gegen 8 Uhr 40 das Inferno ein zweites Mal. Diesmal warfen Horizontalbomber aus unerreichbarer Höhe Bombenteppiche auf alle Ziele. Ihnen folgten schließlich Sturzkampfbomber und Jagdflugzeuge, die noch einmal mehrere Stützpunkte der US-Armee mit Bomben und Bordwaffenfeuer belegten. Um 9 Uhr 45 drehte die letzte japanische Maschine ab.
Immerhin: Diese zweite Angriffswelle unter dem Kommando von Oberstleutnant Shimazaki vom Flugzeugträger Zuikaku stieß schon auf wirksameren Widerstand. In der kleinen Atempause waren bei der

DER KRIEG IN OSTASIEN UND IM PAZIFIK Die alliierte Gegenoffensive

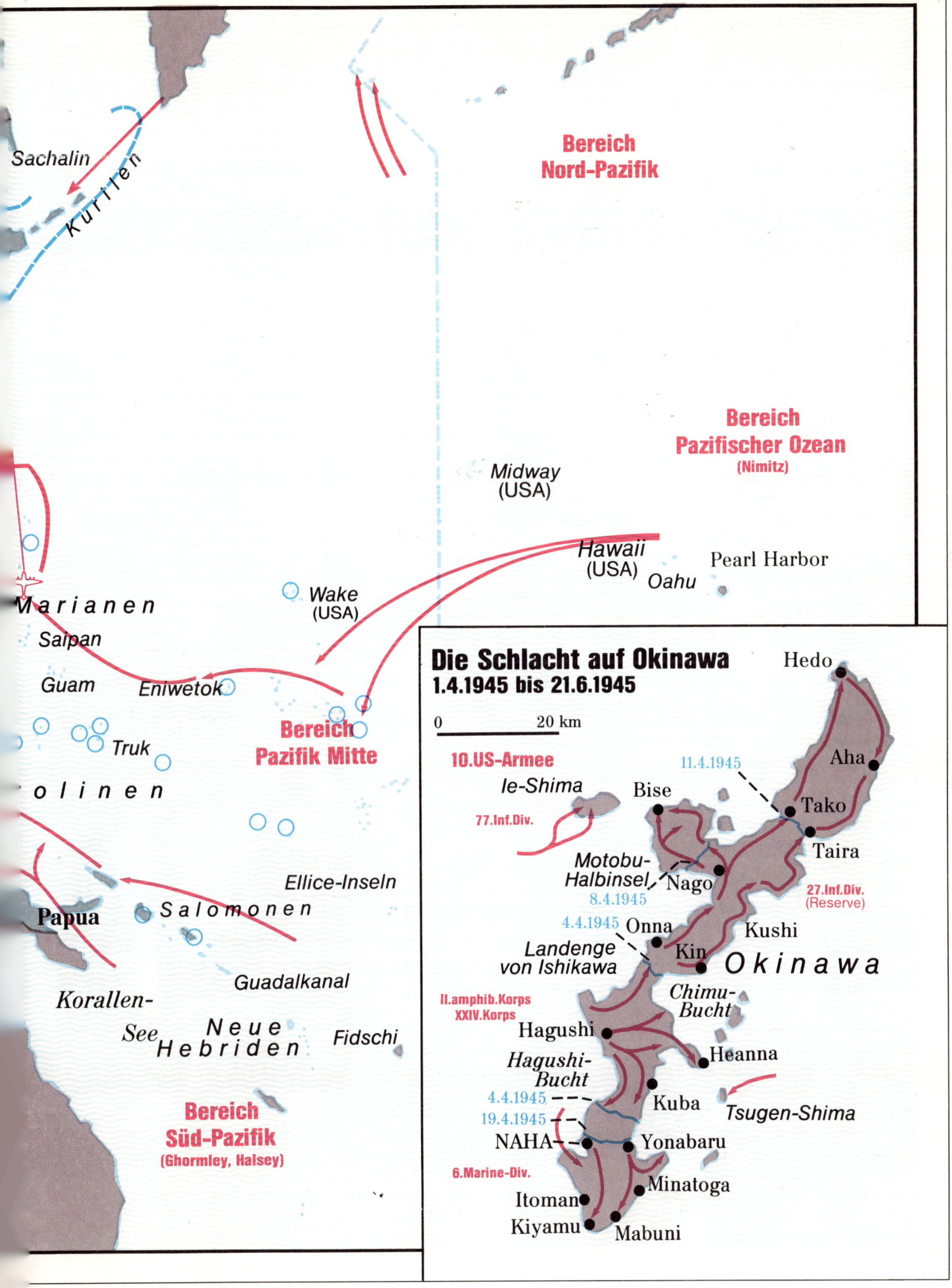
Sachalin
Kurilen
Bereich Nord-Pazifik
Bereich Pazifischer Ozean
(Nimitz)
Midway
(USA)
Hawaii
(USA)
Oahu
Pearl Harbor
Wake
(USA)
Marianen
Saipan
Guam
Eniwetok
Truk
Bereich Pazifik Mitte
olinen
Ellice-Inseln
Papua
Salomonen
Guadalkanal
Korallen-
See
Neue Hebriden
Fidschi
Bereich Süd-Pazifik
(Ghormley, Halsey)
Die Schlacht auf Okinawa
1.4.1945 bis 21.6.1945
0
20 km
10.US-Armee
Ie-Shima
77.Inf.Div.
Bise
Hedo
Aha
11.4.1945
Tako
Taira
Motobu-
Halbinsel
Nago
8.4.1945
27.Inf.Div.
(Reserve)
4.4.1945
Onna
Kushi
Landenge
von Ishikawa
Kin
Okinawa
Chimu-
Bucht
II.amphib.Korps
XXIV.Korps
Hagushi
Heanna
Hagushi-
Bucht
4.4.1945
Kuba
Tsugen-Shima
19.4.1945
NAHA
Yonabaru
6.Marine-Div.
Minatoga
Itoman
Kiyamu
Mabuni

Flak die Munitionsvorräte aufgefüllt worden; Bedienungsmannschaften hatten sich zusammengefunden; Maschinengewehrnester wurden neu besetzt; überall gingen Männer in Stellung – oft nur mit Karabiner und Maschinenpistole bewaffnet – für einen aussichtslosen Kampf.
Dazu noch mal Professor Buchanan:
»Amerikas Reaktionen auf der Hauptinsel von Hawaii reichten von anfänglichem Nichtbegreifen und Unverständnis über Gelähmtsein und Verzweiflung bis zu Beweisen höchster Tapferkeit. Die Männer wehrten sich mit allem, was sie hatten – manchmal sogar erfolgreich, wie die 29 abgeschossenen japanischen Maschinen beweisen. Aber trotz großer persönlicher Tapferkeit und entsprechenden Opfermuts blieb der Gegner hoffnungslos überlegen – schon wegen der völlig unzulänglichen US-Bewaffnung.«
Als kurz vor 10 Uhr alles vorüber ist, liegen auch die Pennsylvania und zwei Zerstörer nur noch als Wracks im Trokkendock. Im Schwimmdock nebenan fliegt ein weiterer Zerstörer in die Luft. Und die schwer angeschlagene Nevada dampft mit letzter Kraft aus dem Hafen, um sich selbst am Ufer auf Sand zu setzen. Hawaiis Hauptstadt Honolulu, die kaum 10 km von Pearl Harbor entfernt ist, bleibt so gut wie unbeschädigt. Wie sich herausstellt, sind die wenigen Brände durch eigene verirrte Flugabwehrgranaten entstanden. Um 11 Uhr 41 tritt der Gouverneur von Hawaii vor die Mikrophone der örtlichen Rundfunkstationen und erklärt den Notstand. Unmittelbar danach stellen auf Befehl der Armee die zivilen Sender ihr Programm ein. Von nun an schwirren die verschlüsselten und offenen Nachrichten von Marine und Luftwaffe auf allen Wellen durch den Äther. Anlaß für zahlreiche Gerüchte unter der Zivilbevölkerung, die immer noch nicht weiß, was wirklich geschehen ist. Erst nach 16 Uhr erfahren Hawaii und die gesamten Vereinigten Staaten Einzelheiten des morgendlichen Überfalls. Dazu gehören auch die Verlustziffern: 2403 Tote, darunter 2008 Offiziere und Mannschaften der Seestreitkräfte, und 1178 Verwundete.
Gleichzeitig wird über die Insel Oahu das Standrecht verhängt. Zerstört und wehrlos liegt Amerikas pazifischer Vorposten in den Weiten des Stillen Ozeans, zumal die Japaner zwei Drittel aller Marineflugzeuge zerstört haben und die Luftwaffe melden muß, daß sie nur noch über 16 einsatzbereite Kampfflugzeuge verfügt. Während ohne Rücksicht auf die Gefahr neuer Angriffe und Explosionen die Amerikaner zu retten suchen, was zu retten ist, macht Japans Vize-Admiral Chuichi Nagumo einen entscheidenden Fehler: Obwohl ihn Fregattenkapitän Fuchida und die Mehrheit der Staffelführer bestürmen, sie zu einem zweiten Großangriff aufsteigen zu lassen, gibt er um 13 Uhr den Befehl »Volle Fahrt voraus! Kurs Nordwest!« Der ängstliche Nagumo denkt nur noch daran, so schnell wie möglich aus dem Einsatzbereich der US-Bomber herauszukommen und nach Japan zurückzulaufen. Zwei verirrte japanische Bomber finden aufgrund der von ihm sofort verhängten totalen Funkstille ihre Trägerschiffe nicht mehr und stürzen ab.
Damit vergab Nagumo die Chance, den Flugzeugträger Enterprise auf seinem Weg von Wake zurück nach Pearl Harbor zu vernichten, die mit Treibstoff überfüllten Tanklager auf Oahu in die Luft zu blasen, die ständigen Einrichtungen und riesigen Reparaturwerkstätten der Marine dem Erdboden gleichzumachen; kurz: die Vereinigten Staaten für Monate auf ihre kontinentale Westküste als vorderste Verteidigungslinie zurückzuwerfen.
Mit seiner Entscheidung strafte Nagumo auch seinen eigenen Oberkommandierenden, Admiral Yamamoto, Lügen, der versprochen hatte, die japanische Flotte würde die US-Marine in der ersten Runde K.o. schlagen; tatsächlich war die Navy jetzt zwar angeschlagen – »groggy«, um in der Sprache der Boxer zu bleiben, aber nicht am Boden. Denn trotz der erheblichen Verluste blieb die Hauptmacht der Seestreitkräfte einsatzfähig:
3 Flugzeugträger,
20 Schwere Kreuzer und
65 Zerstörer.
Darüber hinaus wurden viele der schwer beschädigten Einheiten in fieberhafter Eile wiederhergestellt:
Die Nevada wurde bei der Invasion an der Atlantikküste eingesetzt und belegte später Iwo Jima mit einem mörderischen Bombardement;
California, Maryland, Pennsylvania, Tennessee und West Virginia kämpften die Schlacht um die Philippinen mit.
Mag es auch vermessen oder frivol klingen, aber Tatsache ist: für den zum drittenmal zum Präsidenten gewählten Franklin D. Roosevelt kam der japanische Überfall sehr gelegen. Von Stund an standen Amerikas Bürger hinter ihrer Regierung wie ein Mann. Denn auf Pearl Harbor konnte es nur eine Antwort geben: Krieg! Daß es so weit kommen würde, stand noch wenige Stunden vorher keineswegs fest. Zwar waren die Vereinigten Staaten schon seit einigen Monaten nicht mehr neutral, aber sicher hätte es noch Monate gedauert, Amerika und die Amerikaner zum Kriegseintritt zu bewegen. Immer noch erwies sich die Isolationistenpartei als wirkungsvolle Bremse gegenüber dem letzten Schritt. Die Leute nickten, wenn die Bosse der Isolationisten predigten: »Bomben drehen gegen Hitler? Ja! Flugzeuge liefern gegen Hitler? Ja! Die Hilfe für Old England verstärken? Verdammt noch mal, ja! Aber noch einmal das Elend der Nachkriegszeit nach dem Ersten Krieg erleben? Nein! Noch einmal Kriegsfolgen wie Inflation, Massenarbeitslosigkeit und Schwarzer Freitag? Nein! Noch einmal unsere Männer und Brüder und Söhne opfern für eine Sache, die nicht Amerikas Sache ist? Nein!«
Die Bomben von Pearl Harbor haben das alles schlagartig geändert: Noch bevor am Montag, dem 8. Dezember 1941, der Präsident vor den Kongreß tritt, stellen sich Hoover und Lindbergh und Wheeler und die anderen Führer der Isolationisten dem Lande zur Verfügung. Noch bevor Roosevelt den Feind öffentlich verdammt hat, steht fest, daß der Senat einstimmig für den Krieg stimmen wird. Noch bevor die amerikanische Kriegserklärung an Japan und die entsprechenden Erklärungen Deutschlands und Italiens an die USA die endgültigen Machtverhältnisse des Zwei-

Gewiß, man erinnerte sich noch genau an die ausgeruhten, märchenhaft versorgten und modernst bewaffneten US-Truppen im Ersten Weltkrieg, die den Mittelmächten das Kriegsglück endgültig entwunden hatten. Nach dem Vernichtungswerk der Japaner aber in Pearl Harbor schien die Lage völlig anders. Man konnte sich einfach nicht vorstellen, daß sich selbst ein Wirtschaftsriese so rasch von den enormen Verlusten erholen könnte. Wenn überhaupt, dann würde das sicher Jahre dauern, so ten Weltkrieges formieren, läuft durch die USA ein Schrei blinder Wut gegen die Japaner. Über einhunderttausend Japaner amerikanischer Staatsbürgerschaft werden in Lagern konzentriert, verfemt und verfolgt. Und als Konteradmiral William F. Halsey auf der Brücke seiner Enterprise wieder in das zerstörte und von Wracks übersäte Pearl Harbor einläuft, formuliert er das Echo ganz Amerikas: »Bis wir mit ihnen nicht fertig sind, wird man Japanisch nur noch in der Hölle sprechen.«

Im Repräsentantenhaus in Washington entzieht sich nur eine ältliche Jungfer der nationalen Leidenschaftlichkeit: Jeanette Rankin, Abgeordnete aus Montana, schüttelt heftig mit dem grauen Kopf und stimmt als einzige gegen die Kriegserklärung . . . wie schon 1917!

Tausende von Kilometern entfernt von Pearl Harbor und Washington frohlockt ein Mann. Sein Name: Winston Churchill. An diesem 7. Dezember hat der britische Premier zum Essen geladen. Seine Gäste sind Präsident Roosevelts persönlicher Abgesandter Averell Harriman und der US-Botschafter John Winant. Hauptgesprächsthema ist der afrikanische Kriegsschauplatz und die Fortsetzung der amerikanischen Lieferungen an Großbritannien. Im Hintergrund spricht der Leiter vom Dienst der BBC die Nachrichten. Doch die drei Herren hören nicht zu. Zu laut diskutieren sie die Chancen von Rommel und Auchinleck. Da hebt Churchill plötzlich die Hand. Das Gespräch stockt.

Churchill: »Habe ich richtig gehört? Die Japaner haben die amerikanischen Schiffe in Hawaii bombardiert?«

Winant: »Ich habe nicht zugehört.«

Harriman: »Es wird wohl ein Schiff auf hoher See gewesen sein.«

Churchill stürzt in sein Sekretariat, verlangt ein Blitzgespräch mit dem Weißen Haus. Roosevelts Stimme zittert vor Erregung, als er dem britischen Premier beschreibt, was in Pearl Harbor geschehen ist. Churchill strahlt; denn das ist der Augenblick, auf den er seit langem gewartet, für den er das Schicksal seines Landes aufs Spiel gesetzt hat. Nachdem er seine Gäste in Hochstimmung entlassen hat, geht er zufrieden und beruhigt zu Bett. »Ich dachte an eine Bemerkung, die Edward Grey vor dreißig Jahren mir gegenüber gemacht hatte – daß die Vereinigten Staaten einem Riesendampfkessel gleichen, der unbegrenzt Energie produzieren könne, wenn das Feuer erst mal brenne. An diesem Abend schlief ich den Schlaf des Geretten und Dankbaren«, erinnerte er sich viel später.

Am nächsten Morgen macht sich Churchill mit genüßlicher Sorgfalt an die Formulierung der Kriegserklärung an Tokio. Als er dem Botschafter Japans das Papier und die Pässe zustellen läßt, vergißt er auch den Sarkasmus nicht, indem er versichert, er bleibe »sein sehr ergebener Diener«.

Der Trägerraid gegen Hawaii löste gleichzeitig die »Südoperation« zur Eroberung von Rohstoffgebieten aus. Absprungbasen bildeten Südchina, Formosa, Thailand, hauptsächlich aber Japan selbst, wo Admiral Isoroku Yamamoto drei Flottenverbände aufbot. Die Landungsoperationen wurden von Marinestreitkräften abgeschirmt.

Überraschend kam der Schlag in Malaya. Die 25. Armee (Yamashita) setzte über den Siamgolf. Am 9. Dezember 1941 wurden die britischen Schlachtschiffe Prince of Wales und Repulse unter Admiral Sir Tom Philipps, die ohne Flugzeugschutz ausliefen, von den Japanern versenkt. General Hobun Yamashita führte nun Truppen an Land. In Gewaltmärschen brachten die japanischen Dschungelkämpfer 640 Kilometer hinter sich und trieben die Commonwealth-Verbände – Briten, Australier, Inder – vor sich her. Bald fiel Johore.

Inzwischen wurden Hongkong, Burma, Borneo, Celebes und die Philippinen angegriffen. Admiral Ozawa beherrschte bald die indonesischen Gewässer, weitere Inseln fielen. Am 9. Februar 1942 ging Yamashitas Gardeinfanterie in Sturmbooten über den Johoresund auf Singapore los. Die Seefestung hatte ihre Arsenale und das Wasserreservoir ungeschützt im Nordteil der Insel und mußte deshalb schon am 15. Februar 1942 kapitulieren. Vier Divisionen und viele Zivilisten kamen in die berüchtigten japanischen Dschungellager.

Zur gleichen Zeit setzte Ozawa Marineinfanterie auf Sumatra ab, über Palembang sprangen 600 japanische Fallschirmjäger. Diese Insel fiel schnell. Während das Kreuzergeschwader des Konteradmirals Karel Doormann vor den Bomben abdrehte, endete der Widerstand auf Borneo und Timor, Landestaffeln näherten sich Bali und Java, Batavia mußte geräumt werden. Am 27. Februar erlitten die Alliierten auf See eine Schlappe. Doormann sank mit dem Flaggschiff De Ruyter, fünf weitere Kreuzer und zwölf Zerstörer gingen ebenfalls auf Grund.

Bis Ende Dezember 1941 war auch die 14. Armee unter General Homma auf der Philippinen-Hauptinsel Luzon gelandet.

daß die Sowjetunion bis dahin längst zusammengebrochen, England ausgeblutet und der Krieg in Europa damit siegreich beendet wäre. Nur eine solche Kalkulation kann hinter der sonst selbstmörderisch anmutenden deutschen und italienischen Kriegserklärung an die USA (oben: Hitler mit Göring und Mussolini) gestanden haben. Daß sich schon wenig später die Waage im Pazifik zugunsten der Amerikaner neigen, ja daß fast sofort sogar in Rußland US-Kriegsmaterial in gewaltiger Menge auftauchen würde, mußte den mit europäischen Fertigungsgeschwindigkeiten rechnenden Strategen unfaßlich erscheinen. Am Fließband produzierte die amerikanische Industrie Flugzeuge, Panzer, Munition (links: 200-Kilo-Bomben), und selbst Dickschiffe wuchsen in Windeseile nach. Daß zudem die sowjetische Widerstandskraft erheblich größer war, als nach den schweren Verlusten vom Sommer 1941 vermutet, kam erschwerend hinzu.

General Douglas MacArthur focht hier mit 19000 Amerikanern, 12000 Eingeborenen und 100000 Nationalgardisten. Doch ihre Versorgung brach bald zusammen. MacArthur und der Staatspräsident Manuel Quezon wurden evakuiert, aber General Jonathan Wainwright, MacArthurs Nachfolger, mußte Bataan und Manila preisgeben. Er kapitulierte in der Felsenbastion Corregidor.
Inzwischen brachte General Iito mit der 13. Armee die Burma-Operation zuwege. Mandalay und Rangoon wurden besetzt, die 6. chinesische Armee (Lo Cho-jing) aufgerieben. Der britische Oberbefehlshaber, General Sir Harold Alexander, zog sich fluchtartig zurück.
Im Pazifik fielen Guam, Wake, Palau, Nauru, die Gilbert-Inseln, der Bismarck-Archipel und der Norden von Neu-Guinea. Das Kaiserliche Hauptquartier war mit den Erfolgen vorerst zufrieden. Tokio dachte an die Errichtung einer »ostasiatischen Wohlstandssphäre«, die aus drei Zonen bestehen sollte: »Innerer Ring« mit Japan, Korea, Mandschukuo, Formosa, Nationalchina; »Versorgungsregion« mit den Philippinen, Indochina, Malaya, Indonesien; »Verteidigungsgebiet« mit Burma, Neu-Guinea, Bismarck-Archipel, Karolinen, Marianen, Marshall-Inseln.
Das japanische Oberkommando schuf nun den »erweiterten Plan« zur Eroberung strategischer Punkte: Port Moresby an der Südostküste von Neu-Guinea; Tulagi, eine Salomonen-Insel; Midway-Archipel; Addak, Attu und Kiska in den Aleuten. Die Besetzung von Neu-Kaledonien, Fidschi und Samoa sollte gleichzeitig mit durchgeführt werden.
Das Oberkommando bildete zwei Offensivverbände: Admiral Inouye mit den Trägern Zuikaku, Shokaku und dem Flugzeugmutterschiff Shoho bei Rabaul an der Nordküste von Neu-Britannien; Admiral Yamato vor Yokosuka in Südjapan. Er verfügte über das riesige Schlachtschiff Yamato und Nagumos Trägergeschwader mit Akagi, Kaga, Soryu und Hiryu. Während Inouye auf Tulagi Truppen absetzen und dann Moresby erobern sollte, übernahm Yamamoto die Aufgabe, Midway und drei Aleuten-Inseln zu stürmen sowie die US-Flotte zu vernichten. Admiral Chester W. Nimitz, der US-Oberbefehlshaber im Pazifik (»Cincpac«: Commander-in-Chief-Pacific), durchschaute die Absichten der Japaner. Da ihm aber seit dem Desaster in Oahu die Schlachtschiffe fehlten, verlegte er den Abwehrschwerpunkt auf die Flugzeugträger.
Als nun Inouye Bautruppen in Tulagi an Land brachte und nach Moresby dampfte, wurde er von Admiral Fletcher mit den Trägern Lexington und Yorktown in der Korallensee gestellt. Beide Flotten starteten ihre Trägerflugzeuge. Im Gefecht ging die Shoho auf Grund, die Lexington erhielt Treffer und explodierte später. Mit dieser Schlacht begann eine neue Epoche im Seekrieg, den nun die Flugzeugträger entschieden.
Yamamoto mußte mit nur vier Trägern auf Midway vorstoßen, wogegen die Task Force 16 (Admiral Spruance) neben der Enterprise und Hornet die reparierte Yorktown ins Treffen führen konnte. Nimitz' Plan war, die Entscheidung unweit von Midway zu suchen, wobei dem vom US-Marinekorps besetzten und mit 106 Flugzeugen ausgestatteten Archipel die Rolle eines »vierten« Flugzeugträgers zufiel.
Die Schlacht um das Atoll begann am 4. Juni 1942. Harte Luftkämpfe. Auf beiden Seiten hohe Verluste. Von 42 US-Torpedoflugzeugen kehrten nur sechs zurück. Aber dann warfen sich 36 US-Bomber auf die Kaga und Akagi. Auf beiden Schiffen wurden eben die Flugzeuge betankt und aufmunitioniert. Die Bomben trafen. Im Inferno verbrannten die Maschinen, explodierte Munition. Die Kaga sank, die verglühte Akagi wurde durch Torpedos versenkt. Auch die Soryu erhielt schwere Treffer und verschwand nach einem Torpedotreffer des US-U-Bootes Nautilus im Ozean. Ehe die Hiryu von Bomben in die See geschlagen wurde, demolierten ihre Flugzeuge die Yorktown. Von Bergekommandos schon auf ebenen Kiel gebracht, wurde sie plötzlich vom U-Boot I-168 mit Torpedo abgeschossen. Nach der Vernichtung aller vier Träger drehten die japanischen Flottenverbände ab.

»Inselspringen«

Midway war der Wendepunkt des Seekriegs im Pazifik. Japan konnte die Verluste an Piloten nie mehr ausgleichen, auch die Einbuße an Schiffen wog schwer. Das Kabinett unter dem General Hideki Tojo verschwieg die Midway-Niederlage und spielte dafür die Eroberung der Aleuten-Inseln Kiska und Attu hoch. Trotzdem erkannten zu diesem Zeitpunkt schon einsichtige Politiker, daß der Krieg gegen Amerika nicht zu gewinnen war.
Die Pläne zur Erweiterung des Imperiums sahen nun die Errichtung eines Flugplatzes auf der Salomoneninsel Guadalcanal vor. Koreanische Baubataillone rodeten auf diesem Eiland unweit Tulagi den Dschungel. Der nächste japanische Stützpunkt, Rabaul (Neu-Britannien), war 450 Kilometer entfernt. Das spielte keine Rolle, denn die Japaner glaubten an ihre See-Luftherrschaft.
Inzwischen planten die Joint Chiefs of Staff (Oberster US-Generalstab) unter General George C. Marshall Gegenmaßnahmen zur Eindämmung der japanischen Expansion im Pazifik. Nach dem fast üblichen Kompetenzgerangel zwischen Flotte und Heer wurden zwei Kommandobereiche festgelegt, deren Trennungslinie der 159. Grad östlicher Länge bildete: Zentralpazifik unter Admiral Nimitz mit dem Hauptquartier in Hawaii; Südwestpazifik unter General MacArthur. Nimitz erhielt Weisung, die in seinem Bereich liegende Insel Guadalcanal am 1. August 1942 anzugreifen. Dazu aber brauchte er Stützpunkte, die er dann in Tongatabu, Samoa, Fidschi und den Neuen Hebriden fand. Flottenbasis bildete Espiritu Santo, 550 Seemeilen südöst-

Träger-Luft-Schlachten brachten die Wende im Pazifik. Die amerikanischen Maschinen wie etwa der »Dauntless«-Sturzkampfbomber (oben) zeigten sich den japanischen Gegnern überlegen. Bei Midway im Juni 1942 fielen ihnen innerhalb von nur fünf Minuten drei Träger zum Opfer, was zugleich »Abschied von den Trägerflugzeugen«, so der Titel des Gemäldes oben rechts von Shuri Arai, bedeutete. Japan, das angetreten war, die Ketten des britisch-amerikanischen Imperialismus zu zerbrechen und »Asiens Aufstieg« (Plakattext rechts) einzuleiten, mußte erkennen, daß es zusehends Kraft verlor, während der Gegner mit jedem Tag zulegte.

lich vom Ziel. Für die Invasion wurden Marine-, Transport- und Landungsverbände vorbereitet (Admiral Ghormley). Der Angriff begann am 7. August 1942, 5 Uhr 30. Den Feuerschlag lieferte die Beschießungsgruppe unter Fletcher. Er überraschte die Japaner, und als die 1. US-Marinedivision (Vandegrift) den Strand betrat und den Flugplatz stürmte, fiel kaum ein Schuß. Dafür wehrten sich die Besatzer auf den Nachbarinseln Tulagi, Florida, Tanangobo und Gavutu, in Kalkhöhlen verborgen, bis zum letzten Messerstich.
Nun erwachte auch auf Gudadalcanal der Widerstand. Baumschützen, nächtliche Überfälle, Dschungelkämpfe, Bombardements und Seegefechte bestimmten das Ringen um die Insel. Es stand lange remis. Dann wurde die Lage für die Amerikaner kritisch. Nimitz ersetzte Ghormley durch Admiral Halsey. Sugiyama und Nagano stoppten den Vormarsch nach Moresby und zweigten eine Heeresdivision für den Inselkampf ab. Der inzwischen in Betrieb genommene Flugplatz Henderson Field mußte gestürmt und die US-Flotte vernichtet werden. Yamamoto fuhr mit zwei Trägern, zwei Hilfsträgern, vier Schlachtschiffen, acht Kreuzern und neunundzwanzig Zerstörern am 25. Oktober nördlich der Santa-Cruz-Inseln in Bereitstellung. Halsey konnte dieser Armada nur wenig entgegensetzen: 2 Träger, 1 Schlachtschiff, 6 Kreuzer, 14 Zerstörer. Die Japaner errangen einen taktischen Erfolg, doch die Infanterie konnte das Rollfeld nicht nehmen. So blieben 60 US-Maschinen flugklar. Der Inselkampf, mit wechselseitigen Vor- und Nachteilen zu Wasser und auf dem Land geführt, zog sich bis Anfang 1943 hin. Im Februar wurden die letzten 12000 Japaner nach Rabaul evakuiert. Die Materialüberlegenheit der Amerikaner entschied schließlich den Kampf.
Auch auf den Aleuten waren die Amerikaner Sieger. Ein Verband unter Admiral Kinkaid zwang bei Kommandorski japanische Transporter zur Umkehr. Der Weg nach Attu war frei. US-Infanterie machte die 2300 Mann starke Besatzung nieder. Als Kinkaid nach drei Monaten auch Kiska unter Feuer nahm, stellte sich heraus, daß die Japaner schon abgezogen waren. Die Amerikaner schickten sich nun an, die Außenwerke des japanischen Imperiums systematisch zu zertrümmern und seine Versorgungsadern zu durchtrennen. US-Unterseeboote und Verbände der britischen Eastern Fleet machten Jagd auf alle Transporter, die Japan ansteuerten. Mit jeder versenkten Frachttonne wurde der Mangel im Mutterland spürbarer.

Nun wurde MacArthur aktiv. Er befehligte zwar nur elf amerikanisch-australische Divisionen, ein niederländisches Kontingent und wenige Armeeflieger, doch Nimitz half mit Flotten- und Marineluftverbänden aus. Wichtigster strategischer Punkt in MacArthurs Bereich war Rabaul, neben Truk (Karolinen) die stärkste japanische Flottenbasis. Wer Rabaul hielt, beherrschte den Bismarck-Archipel, die Salomonen, Neu-Guinea und den Weg zu den Philippinen. Deshalb mußte Rabaul entweder gestürmt oder isoliert werden.

MacArthur schlug nun in Neu-Guinea los. Ein Versuch der Japaner, in Gewaltmärschen über den Kokoda-Pfad und das Owen-Stanley-Gebirge den wichtigsten Punkt dieser Insel, Port Moresby, zu erreichen, scheiterte dicht vor dem Ziel. Nun trieben Amerikaner und Australier den Gegner am Kokoda-Pfad vor sich her. Und nahmen in blutigen Kämpfen Buna, Gona und Sananda. Doch die Tropenhitze und Krankheiten dezimierten MacArthurs Truppen. Trotzdem fielen nacheinander Lae und Salamaua.

Dann traf ein noch härterer Schlag Japan. Eine US-Jagdstaffel schoß den allseits hochverehrten Admiral Yamamoto bei einem Inspektionsflug über Bougainville ab. Sein Nachfolger wurde Admiral Koga, der ein schweres Erbe antrat, denn die eigenen Kräfte schwanden, während der Gegner immer stärker wurde. Neue Landungsschiffe, Amphibienfahrzeuge und Waffen, zusätzliche Flottenkräfte sowie verfeinerte Ortungs- und Nachrichtenmittel vergrößerten die Erfolgschancen der Amerikaner. Sie führten ihre zweigleisige Strategie konsequent fort.

Nacheinander fielen Rendova, Vella Lavella, Bougainville und Neu-Georgien. MacArthurs Truppen beherrschten jetzt den Nordteil von Neu-Guinea zwischen dem Hüon-Golf und den Louisiaden. Die Luftwaffe baute neue Stützpunkte und bombte zusammen mit Trägermaschinen Rabaul und den Bismarck-Archipel. Am 15. Dezember 1943 landeten Marinefüsiliere (»Marines«) und Infanteristen bei Kap Gloucester und Arawe auf Neubritannien, im Februar 1944 in Green Island im März auf Los Negros, dann auf Manus. Damit kontrollierte MacArthur fast alle Admiralitäts-Inseln. Der Rest wurde durch Abregnen von Napalm und Dieselöl zur Wüste gemacht; die japanischen Besatzer sollten ausgehungert werden. Als auch noch Emirau verlorenging, war Rabaul hoffnungslos isoliert. Über 100000 japanische Soldaten blieben auf den Außenposten bis Kriegsschluß festgenagelt.

Auch die amerikanische Marine und Marineluftwaffe hatten in den See-Luft-Schlachten schwere Verluste. Nur wirkten sie sich wegen des rascher sprudelnden Ersatzes nicht so verheerend aus wie die japanischen (rechts: Trägerflugzeug stürzt brennend in die See). In der Schlacht in der Korallensee ging der Flugzeugträger Lexington (oben) verloren. Alle Besatzungsmitglieder aber konnten von Zerstörern und Kreuzern gerettet werden. Höhere Opferzahlen brachten später die Kamikazeangriffe der Japaner (ganz rechts: Flugdeck nach Aufprall eines der Todesflieger), die aber nicht mehr den amerikanischen Sieg zu gefährden vermochten.

Mit der Weisung vom 23. Januar 1943 sollte MacArthur in Neu-Guinea bis Vogelkop stoßen und dann nach Morotai übersetzen, Nimitz die Gilbert-, Marshall-, Karolinen- und Marianeninseln stürmen.

Zuerst waren die Gilbert-Inseln an der Reihe. Nauru wurde umgangen, die Marines nahmen sich Apamama, Makin und Tarawa vor. Während auf Apamama nur ein Posten mit zwei alten Kanonen stand, in Makin keine Verteidigungsanlagen waren, gestaltete sich die Invasion auf Tarawa zu einer Blutmühle. Künstlich überhöhtes Ufer, Vorstrandhindernisse, Tretminen, Bunker aus Beton und steinhartem Kokosholz mit MGs und gut getarnten 20,3-cm-Geschützen aus der Festung Singapore. Die US-Aufklärung unterschätzte diese Anlagen und übersah das Korallenriff, das die Insel einschloß. Und das die Landungsboote dann nicht überwanden. Tausend Meter vor der Küste. Nur die Amtracks kamen zum Strand durch, blieben aber im Feuer liegen.

Spruance wurde aufgefordert, das Gemetzel zu beenden. Er schwankte. Die Infanterie konnte nicht vor und nicht zurück. Führungskrise, leidenschaftliche Szenen. Erst nach 72 Stunden errangen die Amerikaner Vorteile. Dafür griffen japanische U-Boote und Flugzeuge an. Der Geleitträger Liscome Bay sank mit 643 Seeleuten. Überhaupt lief die Sache nicht nach Plan. Das U-Boot Nautilus sollte 78 Marinesoldaten nach Apamama bringen und wurde durch eigene Schiffe lädiert, beschossen.

Zudem erfuhren die Amerikaner erneut, daß der japanische Dschungelkämpfer zwar nicht unbesiegbar, doch ein mutiger, opferwilliger Soldat war. Eingestrickt in die national-religiösen Bindungen des »Bushido« (Samurai-Ritter-Kodex) und »Senjinkum« (Schlacht-Ethik), die Tapferkeit und Mannesmut abverlangten und ihm nur die Wahl ließen, durch den Tod auf dem Schlachtfeld als Ei-Rei (Held) von Volk und Familie hochverehrt in den Shinto-Himmel einzugehen oder als Feigling »sein Gesicht zu verlieren«, blieben dem kaiserlichen Soldaten keine Alternativen. Nimitz' nächstes Ziel waren die Marshallinseln. Die Landung erfolgte am 31. Januar 1944 auf dem Kwajalein-Atoll. Trägerflugzeuge, Artillerie und Raketenwerfer hämmerten die Landestreifen frei. Flammenwerfer räucherten die Bunker aus. Ein paar Tage später starteten US-Bomber nach Truk und Guam. Das Eniwetok-Atoll wurde gestürmt. Wieder 330 Seemeilen näher an Japan heran. Sie nannten es das »Going up the ladder – Die Leiter hinaufkriechen!«.

Nun war wieder MacArthur am Zug. In Neu-Guinea. Da er nicht durch den Dschungel konnte, sparte er Wewak aus und griff Hollandia an. Dafür brauchte er aber die Task Force 58. Spruance wollte sie nicht hergeben. Es kam zum Disput, vor allem um die Grundsatzfrage, ob die Rückeroberung der Philippinen oder die Gewinnung weiterer Inselstützpunkte südlich von Japan wichtiger sei.

Die Entscheidung fällte eine Planungskonferenz in Washington im März 1944: Der Kampf ist »nach Art eines Boxers« weiterzuführen, der »abwechselnd mit der Rechten und Linken zuschlägt«. Jetzt war die Linke dran: MacArthur. Die wieder in Task Force 38 umbenannte Gruppe (vorher 58) unter Mitscher keilte mächtig gegen die Karolinen los, fuhr aus Täuschungsgründen um den Bismarck-Archipel herum und steuerte dann Hollandia an. Während die Bomber der 5. Air Force (Kenney) Bomben und Fallschirmpuppen auf Wewak warfen, erfolgte der eigentliche Angriff von »Fliegenden Festungen« gegen Hollandia, wo die 6. japanische Fliegerdivision (Inada) fast restlos am Boden zerstört wurde.

Nun drang die 7. US-Flotte zur Humboldt-Bay vor, und beiderseits Hollandia landete das I. US-Korps (Eichelberger). Aber die 18. japanische Armee (Adachi) erwartete die Amerikaner in Wewak. Doch diese nahmen drei Flugplätze, stationierten in Aitape Schnellbootgeschwader und unterbanden den Nachschub der Japaner in Wewak. Am 17. und 27. Mai eroberten amphibische Truppen unter Admiral Fechteler Wake und Biak. Zwei Monate später hatten MacArthurs Infanteristen mit Noemfor und Sansapor auf der Vogelkopf-Halbinsel das Endziel im Neu-Guinea-Feldzug erreicht.

Nun erfolgte wieder ein Faustschlag mit der Rechten. Durch Nimitz. Gegen die Marianeninseln Saipan, Guam und Tinian. Damit sollten »Stepstones« (Trittsteine) zu den Bonin-Inseln und nach Japan hinauf gewonnen werden. Bald drohte auch die große Seeschlacht. Admiral Toyoda, der dem gefallenen Koga gefolgt war, schulte seine Trägerdivisionen bei Borneo. Am 13. Juni 1944 erhielt er Nachricht, daß die Amerikaner einen Schwerpunkt bei den Marianen suchten. Dorthin lief eine gewaltige Flotte. Und das zum Zeitpunkt, als die Alliierten in der Normandie landeten!

Toyoda befahl die »Bewegliche Flotte« von den Liegeplätzen bei Borneo, um die Amerikaner noch im Anmarsch zu fassen. Mit 9 Trägern, 5 Schlachtschiffen, 13 Kreuzern und 31 Zerstörern brauste Admiral Ozawa heran. Aber er wurde gesichtet. Schon in der San-Bernardino-Straße meldete ein US-U-Boot den Verband. In der Philippinensee südwestlich von Guam entbrannte eine furiose See-Luftschlacht. Dabei verloren die Amerikaner 100, die Japaner 402 Trägermaschinen; vier japanische Träger wurden zerbombt. Toyoda erkannte, daß die Amerikaner auf See nicht mehr zu schlagen waren.

Der Kampf um Saipan setzte ein neues blutiges Wegzeichen auf der 3000-Meilen-Strecke nach Japan. Der fanatische Widerstand der 31600 Japaner nagelte die Invasoren wochenlang am Berg Tapotchau fest. Erst als sich General Saito am 9. Juli durch Harakiri umbrachte und Admiral Chuchi zum Freitod die Kugel wählte, kam der Angriff wieder in Fluß. Zwar zertrümmerte ein »Banzai«(Selbstmord-)-Angriff vorübergehend den Perimeter, doch die Insel wurde erobert. Auch der verstärkte Einsatz der »Kamikaze«-(Opfer-)Flieger vor Saipan brachte keine Wende. Diese Piloten, offiziell »Kamikaze Tokubetsu Kogekitai« oder »Götterwind« genannt, stürzten sich mit ihren sprengstoffbeladenen Jagdmaschinen auf die US-Schiffe, verfehlten jedoch oft das Ziel oder wurden vorher abgeschossen. Der symbolische Auftrag des »Götterwindes«, der – so die Legende – 1281 die Flotte des Mongolenführers Kublai Khan vernichtete, konnte im Pazifikkrieg nicht erfüllt werden. In der Schlacht um Saipan holten die Amerikaner viele Kamikazes vom Himmel, sie nannten es das »Truthahnschießen bei den Marianen«. Enttäuscht trat der Kabinettschef Hideki Tojo, ein Durchhaltefanatiker, am 17. Juli zurück. Maßvolle Politiker hatten wenig Chancen für akzeptable Friedensangebote, denn inzwischen war die Formel der »bedingungslosen Kapitulation« von den Alliierten auch auf Japan ausgedehnt worden. Militärs und »Endsieggläubige« behielten wieder die Oberhand. Trotzdem begann das Hinumaru (Sonnenbanner) immer schneller zu sinken. Mit den Landungen der Amerikaner auf Tinian und Guam am 21. und 24. Juli, die weniger dramatisch als auf Saipan verliefen, schloß der Marianenfeldzug ab. Über die Folgeoperationen herrschte vorerst Unklarheit: MacArthur wollte zu den Philippinen (er hatte den Filipinos versprochen, wiederzukommen!), Nimitz auf die Bonin-Inseln und Formosa, um Japan invasionsreif bomben zu lassen. Roosevelt schlichtete und fand den Kompromiß: MacArthur sollte Morotai, Nimitz Peleliu, Angaur und Ulithi nehmen, dann erst war die Landung auf Mindanao in den Philippinen durchzuführen.

Am 9. September bombten US-Trägermaschinen Mindanao, Leyte, Samar, Cebu, Bohol und Negros auf den Philippinen. Wenig Abwehr. Es wurde beschlossen, Mindanao auszusparen und auf Leyte zu landen. Die geringe Luftverteidigung beruhte auf der neuen Strategie der Japaner, den »Sho-Sieg«-Plänen. Sie rechneten mit Angriffen auf den Philippinen, Formosa und den Ryukyu-Inseln. Für jeden möglichen Fall gab es besondere Abwehrmaßnahmen mit entsprechenden Befehlsfaszikeln. Erst wenn der Angriffspunkt exakt bekannt war, wollte General Yoshijiro Umezu, der Nachfolger von Sugiyama und Tojo, den Einsatzbefehl geben.

Die Wegnahme der Palau-Inseln Peleliu und Angaur kostete die Amerikaner 10000 Tote. Oberst Nakagawa und seine Männer kämpften wie Berserker. Aber sie unterlagen. Auch Morotai und Ulithi fielen. Baubataillone, »Seabees« (Seebienen), errichteten dort Flugbasen zum An-

Was das italienische Propaganda-Plakat prophezeite, war dem japanischen Samurai nicht gelungen: Die alliierte Flotte hatte dem »Blitz« standgehalten, ja sie hatte nach und nach auf einer Pazifik-Insel nach der anderen GIs abgesetzt, die sich im Dschungelkampf als ungewöhnlich harte Gegner entpuppten (rechts: auf Guadalcanal). Das sonnige Foto beschönigt die Verbissenheit der blutigen Gefechte. Zumal die Japaner kannten nicht einmal mit Gefangenen Pardon und starben selbst lieber, als sich zu ergeben.

griff auf die Philippinen. US-Trägermaschinen holten in den Gewässern um Formosa 500 japanische Jäger vom Himmel und versenkten viele Schiffe.
Am 21. Oktober 1944, um 9.45 Uhr, eröffneten Schiffsgeschütze und Trägerflugzeuge mit dem Feuerschlag die Invasion auf Leyte. Dann brausten mit Landungsbooten das XXIV. US-Korps (Hodge) und das X. US-Korps (Sibert) zum flachen Strand. Kaum Abwehr. Die Japaner hatten sich in den Gebirgsdschungel zurückgezogen und warteten auf die Verstärkungen. Sie sollten aus Bohol, Cebu und Negros kommen. Aber der Ablaufplan für Sho-1 war reichlich kompliziert und vom Zusammentreffen günstiger Umstände abhängig. Am 24. und 25. Oktober tobte im Leyte-Golf zwischen 216 amerikanischen und 64 japanischen Schiffen die größte Seeschlacht der Geschichte. Die Verluste der Japaner bedeuteten das Ende ihrer Seeherrschaft. Auch der Masseneinsatz der Kamikaze-Flieger brachte nicht den erhofften Erfolg.
Nach Leyte griffen die Amerikaner Mindoro, 75 Meilen südlich von Manila, an. Ein Kamikaze stürzte sich auf das Flaggschiff Nashville, 135 Soldaten wurden dabei getötet. Ein Taifun mit 55 m/sec. Stärke kostete 791 amerikanische Seeleute das Leben und zerschlug drei Zerstörer sowie 147 Flugzeuge. Die Landung auf Mindoro verlief glatt. Durch die Schlußkämpfe auf Leyte und Mindoro verschob sich die Invasion gegen die Hauptinsel Luzon um fast drei Wochen. Für die Invasion standen 685 Schiffe bereit, um Feuerschutz zu geben und das X. Korps (Sibert) und XI. Korps (Hall) der 6. Armee an Land zu bringen. Der Angriff begann mit Bombardements der Trägermaschinen und dem Feuer der Beschießungsgruppe Oldendorf. Vier Divisionen kamen ungehindert an den Strand. Hunderte Kamikazes stürzten sich auf die US-Flotte, einige Schiffe wurden beschädigt.
Nachts griffen japanische Sprengboote und Kampfschwimmer an. Inzwischen standen 68000 GIs im Landekopf. Der Vormarsch auf die Hauptstadt Manila begann. Panzer rollten voran, Flugzeuge räumten Hindernisse fort. Die Infanterie nahm den Flugplatz Clark Field und besetzte die Halbinsel Bataan, während nördlich von Manila die 11. Luftlandedivision (Swing) niederging. Erbitterte Kämpfe. Yamashita machte aus jedem Haus eine Festung. Die Straßenkämpfe zogen sich noch wochenlang hin.
Eine mörderische Schlacht tobte auch um die Felsenfestung Corregidor am Eingang der Manila-Bucht. Trägerflugzeuge warfen 3128 Tonnen Bomben ab, Oldendorfs Schiffe keilten tagelang gegen das Bollwerk, Minenboote und Kampfschwimmer räumten die Zufahrt. Dann sprang das 503. Fallschirmjägerregiment (Finn) ab, Infanterie erklomm die Steilküste. Nun folgten zwei Wochen Nahkämpfe. Mit MP, Handgranaten, Flammenwerfern, Messern, Steinbrocken und bloßen Fäusten. Es wurde ein blutiger Sieg für die Amerikaner. Im Hauptmagazin sprengten sich 6000 Japaner in die Luft, nur zwanzig hielten sich bis Anfang 1946 verborgen. Es gab aber noch zwei Inselforts neben Corregidor. Um Blut zu sparen, wurden Landungsboote an die Forts heranbugsiert, und ein Gemisch aus Dieselöl und Benzin, in die Schießscharten gepumpt und mit Phosphorgranaten gezündet, demolierte die Bunker. Die Anlagen brannten noch zwei Wochen, alle Japaner waren tot.
Die Kämpfe auf Palawan, Mindanao und anderen größeren Philippinen-Inseln zogen sich bis ins Jahr 1945 hinein.
Auch in Burma kam es zu heftigen Kämpfen. Dort führte Admiral Lord Louis Mountbatten. In Westburma stand die aus Indern, Australiern und Südafrikanern rekrutierte 14. Armee (Slim), im Norden kämpften chinesische Verbände der Heeresgruppe von Marschall Wei Lihuang mit vier Divisionen. General Joseph W. Stilwell war als militärischer Berater bei Generalissimus Tschiang Kaischek tätig. Die 10. Air Force (Davidson) und 14. Air Force (Chennault) errichteten

eine Luftbrücke über das Himalaja-Gebirge zwischen Indien und China.
Ende 1944 gingen die Alliierten vor und öffneten die Burma-Straße, General Slims Truppen besetzten ganz Arakan und drängten die Japaner um Mandalay und Rangoon zusammen. General Kimura mußte auch diese Plätze bald aufgeben. Nach verzweifelter Flucht durch Urwälder und Sumpfgebiete kamen nur noch Trümmer der japanischen Heeresgruppe in die Gebirge jenseits des Saluën-Flusses, wo sie zu Tausenden erschöpft liegenblieben und verhungerten.
Den nächsten Schlag führte nun wieder Nimitz. Am 19. Februar 1945 landeten die Marines auf der Insel Iwo Jima. Sie bestand aus Vulkangestein, war nur vier Kilometer breit und acht Kilometer lang und gehörte zur Bonin-Gruppe, die auf halbem Weg zwischen Saipan und Japan liegt. General Holland M. Smith – er wurde mit Spitznamen »Howling Mad Smith« (der total verrückte Smith) genannt, ein Draufgängertyp – brachte drei Divisionen der »Ledernacken« (Marineinfanterie) auf die Insel. Dort hatten sich 22000 Japaner unter General Kuribayashi zum fanatischen Widerstand entschlossen. Die Härte der Kämpfe übertraf alle bisherigen Erfahrungen.
Die Insel war total unterminiert, raffinierte Stellungslabyrinthe forderten beim Angreifer hohe Verluste, und die Elitesoldaten des Kaisers wehrten sich wie Tiger. Die gut verschanzten Verteidiger eröffneten erst das Feuer, als 11000 »Leathernecks« gelandet waren. Am vierten Tag hißten ein paar Soldaten auf dem Gipfel des heiß umkämpften Berges Suribachi die US-Flagge. Dieses am meisten verbreitete Bild des Zweiten Weltkrieges hatte auf den Operationsverlauf keinen Einfluß, es nahm nur den Sieg der Amerikaner symbolisch vorweg. In Wahrheit tobte auf Iwo Jima der Kampf noch wochenlang. Obwohl Panzer und Bulldozer die japanischen Kampfstände einfach zukippten, stiegen die Verschütteten nachts aus den »Gräbern« und überfielen die Amerikaner. Ihnen blieb keine andere Wahl, als die Bunker einzeln auszuräuchern. Die Flotte konnte wegen der verzahnten Front nicht eingreifen. Sie hatte auch wieder mit Kamikazes zu tun.
Die Task Force 58 (Mitscher) stieß zweimal gegen die japanische Hauptinsel Hondo vor, wobei die Amerikaner 168, die Japaner 732 Flugzeuge einbüßten.
Die Schlacht auf Iwo Jima wurde mit Nahkampf- und Sprengmitteln entschieden. Kein Japaner ergab sich, nur 212 Schwerverwundete fielen in die Hände der Angreifer. Am 15. März 1945 meldete sich General Kuribayashi über Funk beim Kaiserlichen Hauptquartier mit drei Gedichten ab. Noch am 27. März brachen plötzlich 200 Japaner aus Erdspalten und töteten US-Flieger und Pioniere auf dem längst in Betrieb genommenen Rollfeld.
Der Kampf um die Vulkaninsel Iwo Jima hatte die Amerikaner 19838 Mann gekostet.
Noch während des Ringens um die Bonin-Inseln liefen die Vorbereitungen für das nächste Unternehmen: Okinawa, die größte der Ryukyu-Inseln im Südwesten des japanischen Mutterlandes. Der Aufwand war enorm: 5. US-Flotte (Spruance) mit 1682 Schiffen; Task Force 57 der britischen Pacific Fleet (Rawlings) erstmalig mit 22 Einheiten; 5. US Air Force (Lynd), 14. Air Force (Chennault) sowie 1727 Trägerflugzeuge. Als Landungstruppen waren 183000 Mann Heerestruppen und Marineinfanteristen der 10. US-Armee (Buckner) vorgesehen. Hinzu kamen 271000 Mann rückwärtige Dienste, darunter acht Baubataillone der »Seabees«. Zwei Millionen Tonnen Material wurden verladen. Okinawa wurde von der 32. Armee (Ushijima), 120000 Mann, 500 Geschütze und 27 Panzer, verteidigt. Die Truppen lagen ihn Höhlenbunkern, überwiegend im Süden der 1600 Quadratkilometer großen, 100 Kilometer langen und 10 bis 25 Kilometer breiten Insel. Ushijima erhielt den Befehl, die Landungstruppen zu binden, damit die Kamikaze die Flotte vernichten konnten.
Während Trägermaschinen bombten, stürmte am Vorabend der Invasion US-Infanterie die Kerama-Retto-Inseln, erbeutete 350 Sprengboote und brachte, nur 16 km von Okinawa entfernt, Artillerie in Stellung.
1. April 1945, Ostermorgen. Nach mächtigem Feuerschlag jagten die Sturmboote los. Bald standen 20000 GIs (Infanteristen) ohne Verluste am Ufer. Widerstand erst auf der Halbinsel Motobu. Wälder, Schluchten, Höhlen. Der Gegner mußte aus der Deckung gesprengt werden. Auch im Süden harte Abwehr. Ein Riegel zog sich von der Hauptstadt Naha im Westen quer über die Insel zur Festung Shuri an der Ostküste. Regen, hohe Verluste. Bis Ende April zwei Drittel der Insel erobert. Nun Schluß. Shuri, aus Granit gebaut, stammte aus dem Mittelalter. Die Kompanien verbluteten. Das Bollwerk konnte erst mit 1300 Granaten zerschlagen werden. In drei Teile aufgespalten, fochten die Shuri-Verbände noch fünf Wochen weiter. Im Norden hielten sich auch noch viele Japaner, im Blutrausch brachten sich viele um, 7000 gaben auf. Okinawa, die letzte Bastion vor Japan, war gefallen.
Die Amerikaner verloren 12520 Mann an Toten und Vermißten, die Japaner 113000. In drei Monaten waren 1900 Kamikaze-Opferflieger umgekommen: Sie versenkten nur 26 US-Schiffe – keines größer als ein Zerstörer!
Die Joint Chiefs of Staff wollten die Invasion in Japan im November 1945 durchführen. Die US-Soldaten hatten von Guadalcanal bis Okinawa eine blutige Wegstrecke zurückgelegt, doch die schlimmste Schlacht stand nun jetzt bevor. Aber eine neuartige Waffe enthob sie der Mühe.

Hiroshima

Tanaka Magashita starrte fassungslos auf die Szene: der flache Teich hinter den rauchenden Überresten seines Elternhauses war voller Menschen. Enggedrängt standen sie, bis zur Brust im Wasser und völlig reglos. Denn sie waren alle starr und steif – tot.
Sie hatten sich retten wollen vor dem Feuersturm, der in der Nacht über den Nordosten Tokios hinweggebraust war und die hölzernen Häuschen dieses dichtestbesiedelten Ortes der Erde in eine Gluthölle verwandelt hatte. Doch das kühlende Wasser brachte keine Rettung. Zwar verbrannten sie nicht, wie fast 200000 in dieser Nacht, doch sie erstickten – das rasende Feuer fraß allen Sauerstoff.
Man schrieb den 10. März 1945. Curtis LeMay hatte zum ersten Mal zugeschlagen – und von diesem Tage an begann Japan zu sterben.

»Inselspringen« hieß die geduldige Rückeroberung der zahllosen pazifischen Eilande von den Japanern. Das hörte sich kinderleicht an, war aber eine nicht selten tödliche Feuertaufe für die amerikanischen Landungstruppen (links). Ihrer hervorragenden Ausrüstung und dem Prinzip, immer in großer Zahl und auf breiter Front an Land zu gehen (ganz oben), hatten sie es zu verdanken, daß sie fast immer trotz mörderischen Abwehrfeuers beim ersten Anlauf schon Fuß fassen konnten. Wenn dann erst einmal Panzer ihren Vormarsch deckten (oben), kämpften die Japaner bald einen aussichtslosen Verteidigungskampf.

Der bullige Bombergeneral, Chef des auf den Marianeninseln stationierten 21. US-Bomberkommandos, hatte endlich die »richtigen« Einsatzprinzipien für seinen Super-Bomber B-29 gefunden. Die B-29, auch »Super-Fortress« genannt, war der leistungsfähigste Fernbomber seiner Zeit: 4 Tonnen Bomben konnte er bis zu 5000 Kilometer weit in Feindesland schleppen, in für Flak und Jäger kaum erreichbare Höhen bis 15000 Meter. Doch der in Europa so erfolgreiche Höheneinsatz mit Sprengbomben war in Fernost fast wirkungslos geblieben: unglaublich starke Höhenstürme verwehten die Bomber und sogar die Bomben.
Doch dann hatte Curtis LeMay sich erinnert, daß Japans Städte, auch die größten, überwiegend aus Holzhäusern bestehen und extrem brennbar sind. Folgerichtig machte er aus seinen Tag-Höhenbombern Nacht-Brandbomber. Er ließ alle Waffen aus den B-29 ausbauen, er ließ sie anderthalb statt 15 Kilometer hoch fliegen und lud – Gewichts- und Spritersparnis erlaubten es nun – noch 3 Tonnen Bomben mehr hinein, Brandbomben, nichts als Brandbomben aller Arten und Sorten.
Erstmals am Abend des 9. März schickte er so hergerichtete B-29 los, 334 Stück, mit insgesamt rund zweieinhalbtausend Tonnen Brandbomben, die in der Zeit von kurz nach Mitternacht bis gegen 3 Uhr auf Tokio herabregneten. Der wüste Feuerorkan erzeugte Temperaturen von über 1000 Grad und wilde Turbulenzen über der Stadt, in denen die schweren Bomber wie welkes Laub umhertaumelten: den Besatzungen der letzten Maschinen wurde übel: ekelerregender Gestank drang von draußen in die Flugzeuge, der Geruch verbrannten Fleisches, und sie wußten, daß es Menschenfleisch war.
Doch daran mußten sie sich gewöhnen: Curtis LeMays neue Einsatztaktik hatte durchschlagenden Erfolg gehabt, und der General zögerte nicht, sie unentwegt anzuwenden, Japans Städte mitsamt ihren Menschen systematisch zu verbrennen.
Gegen Ende Juli waren nahezu alle japanischen Städte von 40000 Einwohnern an aufwärts zu 60–70 % verbrannt, manche auch ganz und gar, wie zum Beispiel Toyama (127860 Einwohner). Die Zahl der Todesopfer erreichte um diese Zeit die Millionengrenze, die Versorgung des Landes mit Lebensmitteln begann zusammenzubrechen.
Man kann das nicht einmal, auch wenn es auf den ersten Blick so scheint, als schieren Terror gegen die Zivilbevölkerung bezeichnen. Auch das Niederbrennen ganzer Städte konnte soviel Logik und Berechtigung für sich beanspruchen wie jede andere sogenannte normale Kriegshandlung. Denn die japanische Kriegsindustrie war – wie übrigens auch heute noch die Großindustrie – außerordentlich dezentralisiert, d. h. die meisten Zulieferungen kamen aus Tausenden und Abertausenden Klein- und Kleinstbetrieben, meist Familienbetrieben, in den Wohnvierteln. Diese Kleinindustrie lahmzulegen bedeutete folglich, auch die Endfertigung lahmzulegen – ein kriegswirtschaftlich zulässiges Ziel.
LeMay war, vermutlich zu Recht, fest überzeugt, auf diese Art Japan über kurz oder lang kapitulationsreif bomben zu können, und folgerichtig hielt er überhaupt nichts von dem Plan, die japanischen Hauptinseln per Invasion zu erobern. Doch seit Ende Juni Okinawa, Japans letzte Bastion im Vorfeld des Mut-

terlandes, gefallen war, liefen die Vorbereitungen dazu an, in wahrhaft gigantischen Ausmaßen: Rund anderthalb Millionen Mann Kampftruppen sollten in zwei Etappen (Unternehmen »Olympic«, 1. November, Landung auf Kiuschu, und Unternehmen »Coronet«, 1. März 1946, Landung auf Honschu) gelandet werden. Man rechnete – nach den Erfahrungen auf Iwo Jima und Okinawa – mit härtestem Widerstand und Verlusten bis zu 500000 Mann, eigentlich ein Irrsinnspreis für einen Sieg, den man schon in der Tasche hatte. Denn nach dem Verlust seiner Flotte und sämtlicher pazifischer Besitzungen sowie angesichts der tödlichen Herrschaft der B-29 an Japans Himmel war das Inselreich praktisch schon geschlagen.
Nur sahen das die Japaner nicht so, jedenfalls nicht die Militärkaste, die ungeachtet aller Niederlagen das Land auch noch im Frühsommer 1945 – wie seit Jahrzehnten – fest im Griff hatte. Für die Mehrheit der japanischen Generalität und des Offizierskorps war Kapitulation einfach undenkbar. Sie lächelten verächtlich über die Deutschen, die das getan hatten. Die Kriegspropaganda lief unverdrossen weiter, etwa so: Um uns zu besiegen, muß man uns alle töten. Aber man kann nicht 100 Millionen Menschen totschlagen, deshalb sind wir unbesiegbar.
Solche Tiraden stärkten die Befürchtungen derer, die einen unglaublich blutigen Endkampf auf den japanischen Inseln erwarteten. Einer davon war John McCloy, damals Staatssekretär im US-Verteidigungsministerium. Er halte das ganze Gerede über eine Invasion Japans für schlicht phantastisch, meinte er in einer Kabinettssitzung und fügte, zu Präsident Truman gewandt, hinzu: »Warum nehmen Sie nicht die Atombombe?«
Als McCloy das sagte, am 1. Juli, hatten die USA noch keine Atombombe erprobt, doch wenig später war es soweit: am 16. Juli, um 5.30 Uhr Ortszeit zuckte in Alamogordo der erste Atomblitz in den Himmel von New Mexiko. Die amerikanische Regierung war entschlossen, die neue Waffe zu benutzen, mochte aber die Japaner nicht blindlings ins Verderben rennen lassen. Deshalb wurde am 26. Juli von Potsdam aus (wo die Konferenz der Großen Drei tagte) eine Kapitulationsaufforderung an Japan gerichtet, deren letzter Satz drohend ankündigte: ». . . andernfalls hat Japan seine sofortige und völlige Vernichtung zu erwarten.« Doch die Drohung zog nicht – die Japaner wußten ja nichts von der Atombombe. Zudem enthielt die Note nach Meinung von Japankennern im US-Außenamt einen gravierenden Fehler: Sie enthielt keine Garantie der die Unantastbarkeit des Kaisers – ein für die Japaner eminent wichtiger Punkt.
Das sollte sich auswirken. An sich war Japan schon friedenswillig, zwar nicht die Kriegerkaste, jedoch der Tenno und seine Berater einschließlich des Regierungschefs, des steinalten Admirals a.D. Suzuki.
Nun hat freilich der japanische Kaiser, wiewohl er als gottgleich und allmächtig gilt, kaum etwas zu sagen, er ist Symbolfigur, sonst nichts. Selbst kaiserliche Befehle sind nur mit Billigung des gesamten Kabinetts gültig – es genügt, daß ein Minister zurücktritt, um diese Billigung unmöglich zu machen; das ist erprobte Praxis japanischer Regierungen gegen unbequeme kaiserliche Wünsche.
Doch Tenno Hirohito, dieser schmächtige, feinsinnige, hochgebildete und versponnene Mann, damals 44 Jahre alt, begann im Sommer 1945, als LeMays Bomber praktisch ohne Gegenwehr das Land mehr und mehr zerdroschen, aus der Rolle der geheiligten Puppe herauszuwachsen.
Er hatte sein Kabinett schon am 22. Juli unverblümt aufgefordert, Friedensverhandlungen aufzunehmen und angeraten, die Sowjetunion als Vermittler einzuschalten – Japan befand sich mit Rußland nicht im Krieg, so konnte man ohne Gesichtsverlust mit Rußland verhandeln. Japans Botschafter in Moskau, Sato, wurde angewiesen, alsbald bei Sowjetaußenminister Molotow in dieser Angelegenheit vorzusprechen, doch der hielt Sato hin – Stalin hatte nicht vor, den Japanern zu helfen, ganz im Gegenteil.
In Tokio aber hoffte man noch, als am 26. die Kapitulationsaufforderung eintraf, auf Moskauer Vermittlung, hoffte, dadurch bessere Bedingungen erreichen zu können, und so beschloß man, auf die Kapitulationsaufforderung vorerst gar nicht einzugehen, sie weder zu akzeptieren, noch sie abzulehnen.
Ministerpräsident Suzuki benutzte, als er die Haltung der Regierung erläuterte, unglücklicherweise das Wort »kokusatsu«. Das heißt normalerweise »nicht zur Kenntnis nehmen«, manchmal aber auch »mit Verachtung strafen«. Dies hatte Suzuki durchaus nicht gemeint, aber so wurde seine Stellungnahme auf der anderen Seite des Erdballs verstanden; als höhnische Zurückweisung.
Die Reaktion war entsprechend. »Es blieb uns nichts anderes übrig«, notierte US-Kriegsminister Stimson, »als den Japanern vor Augen zu führen, daß das Ultimatum genau das bedeutete, was es sagte, und um das zu tun, besaßen wir in

Wie Dresden als mahnendes Fanal das Ende des europäischen Krieges markiert, so der Atompilz über Hiroshima (rechts) den Zusammenbruch Japans. Die amerikanischen Flieger warnten gemeinhin mit Flugblättern (ganz oben) vor kommenden Luftangriffen. In Hiroshima und Nagasaki kam das Verderben ohne Ankündigung. Die Bewohner schauten sogar beruhigt zum Himmel, an dem ja nur wenige Maschinen auftauchten. Nur eine trug die tödliche Fracht. Eine verglühte Uhr hielt die Minute fest, nach der fortan auf Erden nichts mehr so sein sollte wie zuvor (oben): 7 Uhr 16 am 6. August 1945 begann unser Atomzeitalter mit dem Tod von 100000 Menschen.

der Atombombe ein geeignetes Mittel.« Und Gruppe 509, das kleine, speziell ausgebildete Bomberkommando, unter dem 29jährigen Oberst Tibbets, stand bereit, gammelte sogar schon einige Zeit auf der Insel Tinian, die zu den Marianen gehört, auf den Einsatzbefehl wartend, vor sich hin. Am 6. August kam der Befehl: Um 2 Uhr 7 startete von Tinian die »Enola Gay«, die von Oberst Tibbets' geflogene B-29, mit der Atombombe an Bord. Enola Gay war der Mädchenname von Oberst Tibbets Mutter. Nichts kennzeichnet mehr unsere Entfernung zu jenen, nur drei Jahrzehnte zurückliegenden Tagen, als die Tatsache daß Oberst Tibbets den Namen seiner Mutter mit dem schlimmsten Mordinstrument aller Zeiten verknüpfte, und nichts dabei fand.

Der Einsatz der »Enola Gay« klappte perfekt; nach etwas mehr als 6 Stunden Flug erreichte sie mit den beiden Begleitmaschinen Hiroshima, um 8 Uhr 15 Minuten und 17 Sekunden wurde die Bombe ausgeklinkt. Erprobt hatte man diesen Uran-Sprengsatz noch nie; was in Alamogordo explodiert war, war ein Plutonium-Sprengsatz gewesen. Aber die Wissenschaftler waren ganz sicher, daß die Uranbombe funktionieren würde, und das tat sie ja auch, 45 Sekunden nach dem Abwurf, in 570 Meter Höhe und nur wenige Meter von dem vorgesehenen Punkt entfernt.

Einige Sekundenbruchteile später erlosch im weiten Umkreis unter dem Detonationspunkt der Bombe alles Leben – etwa 70000 Menschen starben auf der Stelle, weitere 50000 Minuten, Stunden oder auch Tage später, die ersten als Opfer des Brandes und des Feuerzyklons, der sogleich nach dem sonnenheißen Atomblitz über die Stadt raste, die letzten als Opfer der Strahlung.

Der zweite Abwurf einer Atombombe, drei Tage später, verlief nicht ganz so glatt – was die Durchführung anlangte. Diesmal wurde die Bombe, das Plutonium-Modell, in einer von Major Sweeney geflogenen B-29 transportiert, die »Bocks Kutsche« hieß, nach ihrem Normal-Piloten Fred Bock. Bock flog statt dessen Sweeneys Maschine »Großer Künstler«, die schon beim Hiroshima-Einsatz dabeigewesen war, vollgestopft mit Meßinstrumenten und einigen Wissenschaftlern. Bombenziel war die Stadt Kokura.

Doch Kokura lag unter Wolken, als »Bocks Kutsche« dort ankam, nach drei vergeblichen Anflügen drehte Major Sweeney zum 1. Ersatzziel ab: Das Schicksal der Stadt Nagasaki war besiegelt, die Bombe fiel kurz nach 11 Uhr.

Die Wirkung der beiden Atomexplosionen war, man weiß es, entsetzlich – und doch mehr psychologisch als physisch. Denn wenn man die Bilder von Hiroshima und Nagasaki mit den zuvor von LeMays Brandbomben vernichteten Städten vergleicht, so sieht man kaum einen Unterschied. In den Feuerstürmen der Brandnächte wurden die Menschen durchaus nicht minder grausig zerschmort, auch nicht weniger: allein in Tokio starben, im Verlauf dreier Bombardierungen, rund eine halbe Million Menschen – mehr als doppelt soviel, wie durch die beiden Atom-Angriffe zusammen, die späteren Strahlungsopfer mitgerechnet, von denen man aber damals, unmittelbar danach, noch nichts wußte.

Es war die fremde, entfesselte Urgewalt, die mit einem Schlag in Sekundenbruchteilen bewirkte, wozu es bis dahin Hunderter von Bombern und vieler Stunden bedurfte, die den fassungslosen Schrekken auslöste, der nun die verantwortungsbewußteren Führer Japans befiel.

Am Tag nach der ersten Atombombe hielt sich noch immer die Hoffnung, durch Vermittlung Moskaus noch bessere Bedingungen als die nackte Kapitulation erreichen zu können; am nächsten Tag war auch diese Hoffnung dahin: Botschafter Sato bekam zwar am 8. August seinen Termin bei Molotow, aber nur, um die

Kriegserklärung der Sowjetunion entgegenzunehmen. Zugleich marschierten Sowjettruppen in der Manschurei ein. Am nächsten Tag starb Nagasaki – Japan war am Ende, nur blinde Fanatiker konnten das verkennen. Doch davon gab es genug in Japan, von den jungen Leutnants bis hinauf in die höchsten Spitzen von Armee und Regierung.
Am späten Abend dieses 9. August tagte in einem Bunker tief unter dem Garten des Kaiserpalastes das »Innere Kabinett«, auch »Oberster Kriegsrat« genannt, oder »die großen Sechs«. Diese sechs waren: der Premierminister Admiral a.D. Suzuki, der Außenminister Togo, der Kriegsminister General Anami, der Marineminister Admiral Yonai, sowie die Stabschefs von Armee und Marine, General Umezu und Admiral Toyoda. Eigentlich nicht teilnahmeberechtigt, aber trotzdem da war Baron Hiranuma, Chef des machtlosen Kronrats, ein eisgrauer Greis wie Suzuki, aber wie jener von wachem Verstand.
Diese sieben Herren, dazu vier Adjutanten und Sekretäre, schwitzten in dem ungelüfteten Bunker in ihren engen Uniformen oder steifkragigen, frackartigen formellen Anzügen gut 25 Minuten lang, bis der Vorsitzende, Kaiser Hirohito, erschien.
Die Debatte begann. Die Fronten waren schnell klar: Suzuki, Togo und Yonai plädierten für Kapitulation, sofern nur der Tenno unangetastet bliebe, Kriegsminister Anami und die beiden Stabschefs Umezu und Toyoda waren dagegen, sie forderten weitere Bedingungen: Kriegsverbrecher müsse Japan selbst aburteilen, alle japanischen Truppen müßten sich selbst entwaffnen und die japanischen Hauptinseln dürften nicht besetzt werden. Darüber wurde erbittert diskutiert. Baron Hiranuma begann, die drei Kriegsparteiler zu nadeln. Wie es denn mit den Vorbereitungen für die Invasion stehe, wollte er wissen.
Es fehle an Waffen, räumte Heeresstabschef Umezu mürrisch ein, es werde noch eine Weile dauern, bis man für die letzte Schlacht bereit sei.
Wie lange denn?
Bis etwa 25. September.
Man schrieb inzwischen den 10. August, kurz nach Mitternacht.
Hiranuma, nun schon höhnisch, zu den Generalen: »Was in aller Welt veranlaßt Sie zu der Annahme, Sie könnten den Krieg unter diesen Umständen noch weiterführen?«
Anami, Umezu und Toyoda blieben stumm. Sie waren sich ihrer Sache sicher – es stand 3:3, also keine Mehrheit, der Krieg ging weiter, letzte Schlacht . . . - aber da war noch Suzuki, der steinalte Regierungschef, den sie alle für etwas vertrottelt hielten . . .
Suzuki aber war keineswegs vertrottelt, er hatte sich mit dem Tenno schon morgens abgesprochen und machte nun, entgegen aller Tradition, eine wuchtige Szene: »Wir alle haben unsere Meinung geäußert, und keine Einigkeit erzielt«, rief er pathetisch, »uns bleibt nur noch, Seiner Kaiserlichen Majestät die Entscheidung zu überlassen!«
Das war unerhört, widersprach aller Tradition, aber die Zeiten waren nun mal ungewöhnlich, und Hirohito war darauf vorbereitet.
Er stand auf. Stockend erst, dann flüssiger, sprach er: »Ich billige den Plan des Außenministers (Kapitulation) . . . jene, die eine letzte Schlacht hier auf unserem Boden ersehnen, möchte ich hinweisen auf den Unterschied zwischen ihren Plänen und dem, was tatsächlich geschah . . . Ich kann das Leiden meines unschuldigen Volkes nicht länger ertragen . . . Wir müssen den Krieg beenden und das alliierte Ultimatum in der vom Außenminister dargelegten Form annehmen.«
Ohne eine Antwort abzuwarten, ging der Kaiser hinaus. Zurück blieben verstörte Männer, teils stumm, teils weinend. Widerspruch war nicht möglich, es war zu Ende, der Krieg verloren. Oder?
Die Hitzköpfe in Armee, Luftwaffe und Marine konnten so etwas nicht denken. Kriegsminister Anami auch nicht, doch er mußte, er hatte die Entscheidung des Kaisers mitangehört und er gehorchte ihr, wenn auch ganz gegen sein Gefühl. Von der niederschmetternden Audienz ins Kriegsministerium zurückgekehrt, sah er sich seinem wütenden Stab gegenüber. Müde verwies er auf seine Gehorsamspflicht, dann ging er wieder, zu einer Kabinettsitzung, in der die nächsten Schritte beschlossen werden sollten.
Kaum war er weg, da begann im Kriegsministerium der Aufstand fanatischer Zeloten, einer Anzahl Männer, die auch die Atombombe nicht zu beeindrucken vermochte: Sie zogen den Tod allemal einer Kapitulation vor. Einer von ihnen war Oberst Inaba. Er verfaßte einen Aufruf an die Truppen in Übersee, in dem zu äußerster Wachsamkeit und erbittertem Widerstand aufgerufen wurde.
Inaba wollte diese Erklärung von General Anami billigen lassen, doch während er darauf wartete, bemächtigten sich zwei andere Offiziere einer Kopie der Erklärung, verschärften sie noch erheblich, so daß nun die Soldaten aufgerufen wurden, »den Feind zu zermalmen« und nötigten Oberst Inaba schließlich die Erlaubnis ab, die verschärfte Fassung auch ohne Anamis Zustimmung über den Rundfunk verbreiten zu lassen.
Davon erfuhr Hiroshi Shimomura, der Chef des Informationsamtes der Regierung, und wunderte sich sehr – er formulierte gerade eine ganz andere Erklärung, die die Bevölkerung auf die Kapitulation vorbereiten sollte. Er ging sofort zu General Anami und fragte den Kriegsminister, was er sich wohl in der vorliegenden Situation von einer solchen Hetzproklamation verspreche.
Shimomura merkte sofort, daß Anami keine Ahnung hatte, also von seinen Leuten hintergangen worden war – und das veranlaßte ihn, die Hetztirade am Abend ausstrahlen zu lassen: Er mochte Anami nicht dazu treiben, sich gegen seine Offiziere zu stellen, denn, so fürchtete er, das könnte Anami das Leben kosten. So unbegründet war diese Furcht nicht, politische Fanatiker waren in Japan seit eh und je recht mordlustig, das jüngere Offizierskorps ganz besonders.
An diesem 10. August ging auch die Antwort der japanischen Regierung auf die Kapitulationsaufforderung vom 26. Juli per Funk hinaus. Kernsatz: »Die japanische Regierung ist bereit, die . . . Bedingungen mit dem Vorbehalt zu akzeptieren, daß . . . die Hoheitsrechte Seiner Majestät als souveräner Herrscher nicht beeinträchtigt werden.«
Die Erwiderung kam am 12. August, kurz

Glücklich, wer aus nächster Nähe vom Atompilz getroffen wurde. Von ihm blieb allenfalls ein Schatten an der Mauer. Die aber, die von den Ausläufern erreicht wurden und die Explosion überlebten, hatten vielfach ein jahre-, ja jahrzehntelanges Siechtum vor sich (rechts). Zynisch mutet angesichts des unendlichen Leidens, das die – militärisch überflüssigen – Atomangriffe über Hunderttausende brachten, die »liebevolle« Namengebung der Amerikaner für die Bomben an: »Little Boy« hieß der Hiroshima-Sprengsatz, »Fat Man« (oben) der Tod von Nagasaki.

vor 1 Uhr früh über Kurzwelle. Sie war im wesentlichen vom neuen amerikanischen Außenminister Byrnes formuliert und für die Japaner recht enttäuschend. Kernsatz: ». . . nach erfolgter Kapitulation sollen die Autorität des Kaisers und die Befugnis der japanischen Regierung, das Land zu verwalten, der Zustimmung des Oberbefehlshabers der alliierten Mächte unterliegen . . .«

Der Tenno Untergebener eines Fremden? Die beiden Männer, die Byrnes' Botschaft als erste in die Hände bekamen, die Sekretäre des Premierministers und des Außenministers, blickten sich erschreckt an. Matsumoto, Togos Sekretär, hob nach einer Weile resignierend die Schultern. »Hilft nichts«, sagte er, »wir müssen es wohl schlucken. Sagen wir es ihnen!« Sakomizu, der Sekretär des Premierministers nickte düster. Die beiden machten sich auf, ihre jeweiligen Chefs zu unterrichten.

Noch eine andere Gruppe hörte die Kurzwellennachricht aus San Francisco – die Verschwörer im Kriegsministerium.

Inzwischen hatte die Verschwörung Konturen und einen Führer bekommen: Oberst Takeshita, ein Schwager des Kriegsministers Anami. Die Rechnung der Rebellen ging so: Takeshita würde seinen Schwager Anami in die Offiziersfronde holen; wenn der mitmachte, dann automatisch auch Heeresstabschef Umezu. Und wenn diese hohen Offiziere dabeiwaren, dann war das fast eine Garantie dafür, daß auch der Kommandeur der Ostarmee, General Tanaka, und der Chef der Palastgarde, General Mori, sich dem Aufstand anschließen würden.

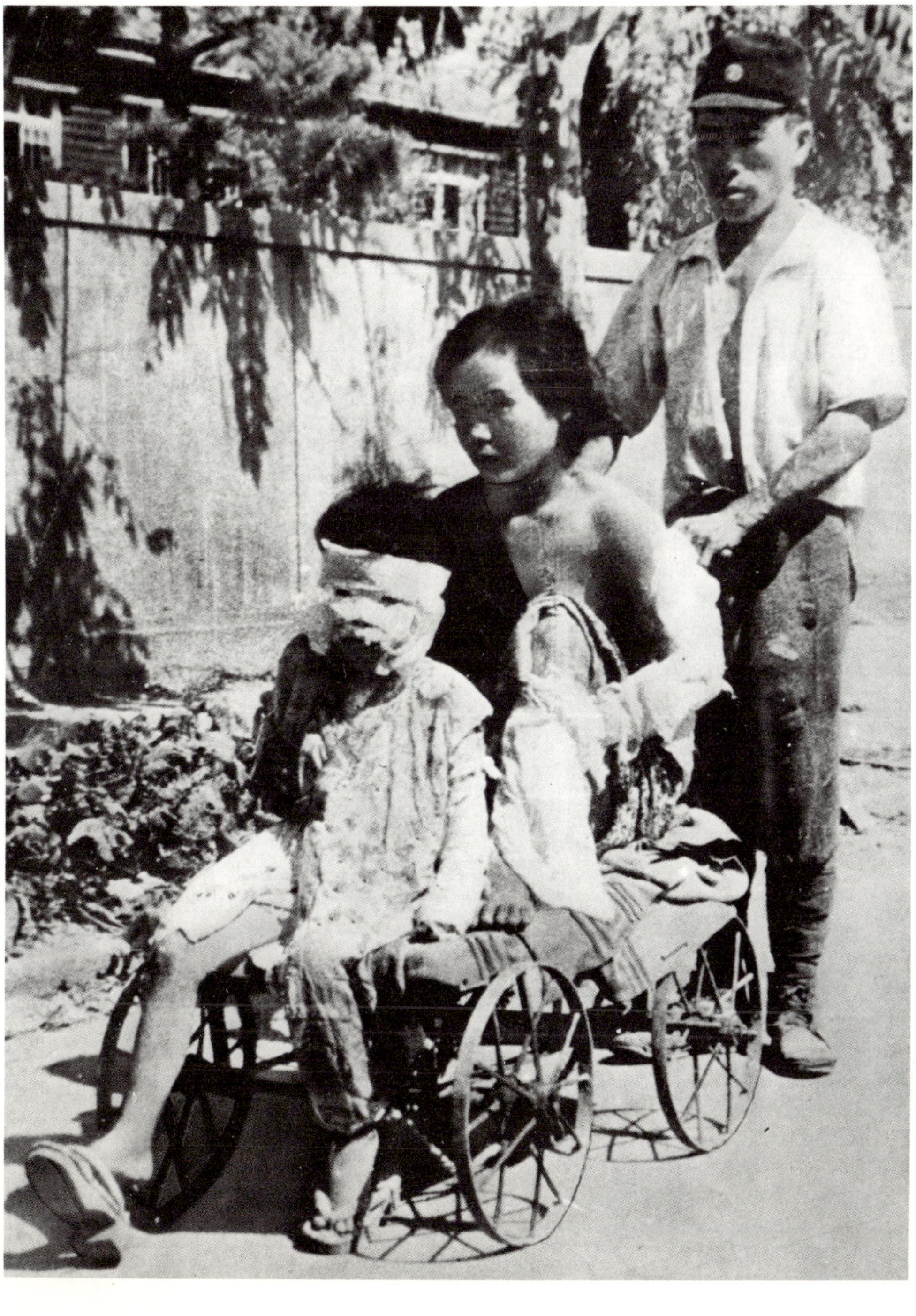

Während die Vorbereitungen für den Militärputsch anliefen, schlug sich Ministerpräsident Suzuki bis zur Erschöpfung mit seinem Kabinett herum, um endlich Einigkeit über die Kapitulation zu erzielen. Doch der alte Herr, immerhin 80 Jahre alt, konnte sich nicht durchsetzen, keine Einstimmigkeit erreichen. So blieb bloß der Weg, nochmals den Kaiser anzurufen, diesmal mit dem ganzen Kabinett.

Das widersprach abermals jeglicher Tradition, und völlig ungehörig war, was der Ministerpräsident und Admiral a.D. am Morgen des 14. August tat: da traf er, auf dem Weg zum Kaiser, auf den Marquis Kido, der gerade vom Kaiser kam, dem er seine Sorgen wegen der aufrührerischen Haltung des Militärs vorgetragen hatte.

Das waren auch Suzukis Sorgen, und er schlug dem Lordkanzler vor, umzukehren und sogleich mit ihm zum Kaiser zu gehen, so daß man die Lage zu dritt besprechen könne. So was gab's gar nicht, bis dahin, eine Doppelaudienz. Doch auch Hirohito scherte sich an diesem Tag nicht um Konventionen, er fühlte sich als Kaiser für sein Volk verantwortlich und nicht für ehrpusselige Generale. Er empfing also Kido und Suzuki gemeinsam, beriet kurz mit ihnen und stürzte gleich darauf die Spitze des Reiches in heillose Verwirrung, indem er das gesamte Kabinett binnen einer halben Stunde zu sich befahl.

Vor dem Kaiser erschien man nicht derangiert, sondern in makelloser Uniform oder, als Zivilist, mit ebenso makellosem Frack oder Gehrock. An diesem Morgen wurden eine Menge Sekretäre ihre sauberen Krawatten, Hemden, Röcke an ihre Vorgesetzten los – und dann versammelten sich 24 herausgeputzte Herren in dem feuchtkalten Bunkerkeller unter den Gärten des Kaiserpalastes, in dem schon fünf Tage zuvor die erste Entscheidung gefallen war.

Sie schwitzten alle vor Erregung, am meisten Sakumizu, der Sekretär des Premierministers. Er fürchtete, sein vertrottelter Chef würde alles verpatzen, nicht einmal eine Rede hatte er vorbereitet.

Wortlos, gelegentlich hüstelnd, saßen die 24 eine halbe Stunde lang da, bis der Kaiser kam, um 10.55 Uhr. Hirohito, in schlichter Uniform mit weißen Handschuhen, blickte knapp in die Runde, die sich ehrfurchtsvoll erhoben hatte, setzte sich. Alle anderen auch.

Dann erhob sich Premierminister Suzuki und begann, die Lage des Reiches zu schildern. Er hatte keine Notizen, er sprach frei, aber alle Befürchtungen, die sein Sekretär gehabt hatte, erwiesen sich

DER KRIEG IN OSTASIEN UND IM PAZIFIK Der japanische Vormarsch

Kamtschatka
Attu
(USA)
Kiska
Alëuten
Alaska
(USA)
Sachalin
Kurilen
PAZIFISCHER
Midway
(USA)
Hawaii
(USA)
Pearl Harbor
Oahu
anen
Wake
(USA)
Saipan
Guam
Eniwetok
Marshall-Inseln
Truk
OZEAN
arolinen
Gilbert Inseln
Ellice-Inseln
Papua
Salomonen
Guadalkanal
Korallen-
See
Neue
Hebriden
Fidschi
Neu-Kaledonien
Der Überfall
auf Pearl Harbor 7.12.1941
US-Flugbasen
0 10 km
Haleiwa
Oahu
Wheeler Field
Kaneohe
Pearl Harbor
Navy Yard
Ewa
Bellows Field
Hickam
Field
Honolulu

als unberechtigt: der alte Herr fetzte der Generalität ihr Versagen, ihre lausigen falschen Versprechungen derart um die Ohren, daß Anami und Umezu, von Suzuki höhnisch zur Erwiderung aufgefordert, nur ziemlich hilfloses Gestammel zustande brachten.
Nachdem die Militärs fertig waren, bat Suzuki mit dem Hinweis, daß das Kabinett sich leider nicht einig sei, den Kaiser um seine Meinung. Was dann geschah, schildert William Craig in seinem Buch »Als Japans Sonne unterging«:
»Hirohito beugte sich leicht vor und begann: ›Wenn keine weiteren Standpunkte vertreten werden, will ich den meinen darlegen. Ich möchte, daß mir alle beipflichten. Meine Ansichten haben sich seit dem Neunten nicht geändert.‹
Der Kaiser kämpfte mit Schwierigkeiten. Er begann, einzelne Worte hinauszuschluchzen, hielt inne, fuhr wieder fort. Alle waren sichtbar gerührt. Einige fingen leise zu weinen an. ›Ich habe die Antwort der Alliierten studiert, und ich halte die Note für annehmbar.‹ Hier versagte dem Kaiser die Stimme. Seine behandschuhte rechte Hand glitt unter seine Brille und fuhr über seine tränengefüllten Augen. Dann sprach er weiter:
›Ich weiß nur zu gut, wie schwer es den Offizieren und den Männern der Armee und der Marine fallen wird, vor dem Feind die Waffen zu strecken und ihre Heimat besetzt zu sehen. Es kommt mich schwer an, einen Befehl zu erteilen, der diese Konsequenzen haben wird . . .‹ Hirohito kämpfte um Beherrschung, atmete schwer. Dann fuhr er fort: ›Ich bitte Sie, meine Minister, die Antwort der Alliierten unverzüglich zu akzeptieren. Ich ersuche Sie, sogleich ein kaiserliches Reskript abzufassen, damit ich die Nation über Rundfunk von meiner Entscheidung in Kenntnis setzen kann . . . Es ist nicht von Bedeutung, was mit mir geschieht. Doch wie soll ich mich vor den Geistern meiner Ahnen verantworten, wenn die Nation unter so gewaltigen Opfern an Menschenleben in Schutt und Asche gelegt wird? Darum muß ich und müssen Sie, das Unerträgliche ertragen. Wenn noch mehr getan werden muß, ich bin bereit, es zu tun.‹
Er verstummte und suchte vergeblich nach Worten. In der nun einsetzenden Stille begriffen alle, daß der Krieg wirklich zu Ende war. Ministerpräsident Suzuki ging langsam auf den Kaiser zu, verneigte sich tief und entschuldigte sich demütig. Hirohito schritt auf die Tür zu, durch die er vor knapp einer Stunde gekommen war. Er hatte sein Volk dem Feind ausgeliefert. Nur wenige der Anwesenden sahen ihn gehen. Statt sich zu erheben und vor dem Herrscher zu verneigen, saßen sie da, und weinten, die Hände vors Gesicht geschlagen. Zwei Männer sanken zu Boden. Auf Ellbogen und Knien rutschend, schluchzten sie fassungslos. Der kleine Raum war vom Leid erwachsener Männer erfüllt. Gegner jammerten gemeinsam, Feinde versuchten sich Trost zuzusprechen. Japan hatte seine Ehre verloren.«
Die Männer, die nach der dramatischen Sitzung im Bunker die enge, feuchte Betontreppe emporstiegen, wußten, was sie zu tun hatten. Die Regierung versammelte sich unverzüglich im Amtssitz des Ministerpräsidenten, das »Kaiserliche Reskript«, das die Kapitulation aussprach, wurde gefertigt und sogleich ratifiziert.
Als Kriegsminister Anami danach den Konferenzsaal verließ, fand er im Vorraum seinen Schwager, Oberst Takeshita. Er war auf das Gerücht von der bevorstehenden Kapitulation vom Kriegsministerium quer durch die Stadt hierher gerast, um seinen Schwager umzustimmen. Doch Anami schüttelte den Kopf: »Zu spät. Die Regierung hat die Entscheidung des Kaisers gerade eben hier im Nebenzimmer ratifiziert.«
Takeshita war entsetzt, fand aber im nächsten Augenblick einen Ausweg: »Dann tritt doch zurück, und die kaiserliche Entscheidung ist keinen Heller mehr wert!« Anami zögerte. Das war zweifellos eine Möglichkeit, die Kapitulation vorerst zu verhindern. Nach kurzem Schweigen schüttelte er abermals den Kopf: »Nein, das hat keinen Sinn mehr. Ich fahre jetzt ins Ministerium, um es den Leuten zu sagen.«
Nun war auch Takeshita klar, daß die Revolte gescheitert war. Wenn Anami nicht mitmachte, dann auch Umezu nicht; wenn diese beiden nicht, dann auch nicht der Kommandeur der Ostarmee, General Tanaka. Takeshita gab auf.
Einer, der nicht aufgab, war der Major Kenji Hatanaka, einer von Anamis Adjutanten. Und Hatanaka fand auch Verbündete, Majore und Obristen zumeist, darunter etliche Regimentskommandeure der kaiserlichen Gardedivision. Hatanaka sah eine Chance: Wenn es ihm mit Hilfe der Regimentskommandeure gelang, den Chef der Garde, General Mori auf seine Seite zu ziehen, dann würde der Putsch gelingen, denn wenn die Garde putschte, dann machte das Heer mit, auch ohne Anami, dessen war er sicher.
Doch General Mori weigerte sich standhaft, sich den Putschisten anzuschließen, so sehr auch, spät in der Nacht vom 14. zum 15. August, seine Kommandeure und Hatanaka auf ihn einredeten.
Er bezahlte seine Standhaftigkeit mit dem Leben: Kurz vor zwei Uhr morgens verlor Hatanaka die Geduld, zog seine Pistole und schoß den General nieder. Danach fertigte er mit den Siegeln des toten Mori Befehle an die Garde-Einheiten aus und es gelang ihm tatsächlich, für einige Zeit über einen Teil der Palastregion, den Standort der Garde, Gewalt zu gewinnen. Doch die Aktionen der Verschwörer waren nicht koordiniert, zudem war Hatanaka selbst mit einem Nebenproblem höchster Wichtigkeit beschäftigt: Er hatte erfahren, daß eine Rede des Kaiser an die Nation auf Platte aufgenommen worden war und am Mittag des folgenden Tages über den Rundfunk ausgestrahlt werden sollte.
Wenn Volk und Armee selbst den Befehl des Kaisers hören würden, die Waffen zu strecken, war ein Putsch zwecks Fortsetzung des Kampfes kaum mehr möglich – deshalb suchte Hatanaka nach der Platte. Er vermutete sie irgendwo innerhalb des Palastes, den Hirohito, wie er wußte, nicht verlassen hatte. Damit hatte er recht. Die Platte war kurz vor Mitternacht in einem Verwaltungsgebäude auf dem Palastgelände von Rundfunk-Tontechnikern geschnitten worden. Danach hatte der Großkämmerer Tokukawa die Schellackscheibe an sich genommen und sie in einem Wandsafe seines Büros verwahrt.
Das wußte aber nur er – und so sehr auch Hatanaka das Palastpersonal, das seine Leute zusammentrieben, verhörte und bedrängte, er erfuhr das Versteck der Platte nicht, auch der Rundfunkdirektor wußte es nicht, und als er gegen Morgen den Richtigen zu fassen bekam, den Kämmerer Togukawa, da überschüttete der den um diese Zeit schon ziemlich zerzausten Revolutionär mit einer wüsten Schimpfkanonade wegen der »Unordnung«, die er mit seinen Leuten auf dem Palastgelände erzeuge und bestritt energisch, von der Platte überhaupt etwas zu wissen.
Derweil sausten Trupps junger Offiziere durch die Stadt, um »die Verräter, die den armen Kaiser zur Kapitulation überredet« hatten, in bester japanischer Tradition umzubringen, allen voran den alten Admiral Suzuki, dann den Marquis Kido, auch den General Anami, der der Kapitulation zugestimmt hatte.
Aber die Mordkommandos fanden keinen, ihre Opfer waren alle gewarnt, bis auf Anami, doch den brauchten sie nicht mehr zu töten: Anami hatte, weil er mitgeholfen hatte, das Land in die Katastrophe statt zum Sieg zu führen, schon gegen Mitternacht Harakiri begangen.
Am Morgen erschien auf der Szene der

Am 28. August 1945 begann in Japan die Besatzungszeit. Die 11. Airborne Division landete bei Tokio und begrüßte wenige Stunden darauf den General MacArthur, nun Alliierter Hochkommissar, mit einem Ständchen (oben). Nach 2500 Jahren japanischer Geschichte übernahm ein Ausländer erstmals die Regierungsgewalt. Die Niederringung Japans war ganz allein Sache der Amerikaner gewesen, ihr sowjetischer Bundesgenosse hatte sich erst am 8. August eingemischt; seine Offensive in der Mandschurei traf einen geschwächten Gegner (ganz oben: Kapitulation der Kwantung-Armee am 19. August 1945). Aber Stalin war es auf diese Weise möglich, bei der Beuteverteilung dabei zu sein.

Rebellion General Tanaka, der Chef der Ostarmee. Er kam gerade zurecht, um das 1. Garderegiment, das unter Oberst Watanabe eben zur Unterstützung der Putschisten ausrücken wollte, kraft seiner bulligen Autorität in die Unterkünfte zurückzuscheuchen.

Und dann trampelte Tanaka das Putschfeuer buchstäblich aus, er streifte durch das weitläufige, waldige Palastgelände und dirigierte, je nach Bedarf schimpfend, drohend, befehlend oder auch freundlich ratend, die Aufrührer, ob Offizier, ob Mann, nach und nach in ihre Betten.

Als Kaiser Hirohito, der von alledem nichts gemerkt hatte, am Morgen erwachte, konnte ihm Tanaka melden: »Der Aufstand ist niedergeschlagen.«

So war es. Übriggeblieben waren Hatanaka und einer seiner Mitverschwörer, der Major Shiizaki. Sie wurden am Morgen in der Nähe des Kaiserpalastes gesehen, Handzettel verteilend, auf denen sie ihre Beweggründe verteidigten. Danach zogen sie sich wieder in eines der Kiefernwäldchen der Palastregion zurück. Shiizaki schlitzte sich nach Samurai-Art den Bauch auf, Hatanaka erschoß sich mit derselben Pistole, mit der er 9 Stunden zuvor General Mori getötet hatte.

Um diese Zeit erfuhr das japanische Volk aus den Morgennachrichten, daß am Mittag der Kaiser sprechen würde – ein totaler Bruch mit aller Tradition. Noch nie hatte ein Tenno direkt zu seinem Volk gesprochen, noch nie hatte das Volk die Stimme des Herrschers gehört.

Schön war sie nicht, die Stimme, eher piepsig-quäkend, und so recht verstanden die Leute, die sich überall um die Lautsprecher scharten, auch die Worte nicht: Hirohito sprach altertümliches Hofjapanisch, das – geschwollen und gedrechselt – nicht viel Ähnlichkeit mit der Umgangssprache des Volkes hatte. Aber den Sinn begriffen sie doch: der Kaiser sagte, daß der Kampf zu Ende sei, daß man sich in das Unvermeidliche fügen müßte.

Es schien unbegreiflich. Zum ersten Male seit der sagenhaften Reichsgründung 600 v. Chr. würde sich Japan einem fremden Eroberer beugen müssen. Verstört, ängstlich, zugleich aber auch erleichtert zogen sich die Menschen in ihre Häuser oder deren Reste zurück. In manchen Kasernen freilich floß das Blut der Selbstmörder in Strömen die Treppen hinunter, und in der Menge, die sich am Nachmittag vor dem Kaiserpalast versammelte, um dem Tenno stumm ihre Ergebenheit zu bezeugen, knallten immer wieder Schüsse: Offiziere, die die Schande der Niederlage nicht zu ertragen vermochten. Das erregte kein Aufsehen, die Menschen traten nur beiseite, machten einen Bogen um die Leichen.

Der Krieg war zu Ende. Noch nicht offiziell, aber praktisch. Die Amerikaner stellten ihre Angriffshandlungen ein, die Japaner ihren Widerstand. Nur hie und da weigerten sich noch einige Fanatiker, das Unvermeidliche hinzunehmen.

Am 28. August landete das erste Vorauskommando der Amerikaner auf dem Luftwaffenstützpunkt Atsugi bei Yokohama, zwei Tage später bereits traf General MacArthur, der alliierte Oberbefehlshaber dort ein; am 2. September vormittags um 9.05 Uhr, wurden an Bord des Schlachtschiffes Missouri die Kapitulationsurkunden unterzeichnet.

Der zweite Weltkrieg war amtlich beendet.

Chronik

In fast allen Weltteilen wurde 1939–45 gekämpft und gestorben. Aber es gab auch das Alltagsleben daheim. Man ging ins Kino, stand Schlange, besuchte Sportveranstaltungen, und selbst Feste wurden, immer karger freilich, gefeiert.
Das Nebeneinander der Kriegsschauplätze, vom Kampf im Schützengraben und dem ums Überleben zu Hause, ist nur in Tagebuchform zu erfassen. Diesen Momentaufnahmen aus den dramatischen Jahren sind im Folgenden Texte und Bilder der Zeit beigegeben. Es handelt sich immer um Originaldokumente, die je nach Herkunft gewertet werden müssen. Propaganda war ja keine deutsche Spezialität, sondern auch auf der Gegenseite ein Mittel der Kriegführung. Die Quellenangaben unter den Reportagen, Feuilletons, Aufrufen, Kommentaren sind daher zum Verständnis der Aussagen vorher zu lesen. Was vom Wehrmachtbericht zu halten ist, der die Chronik flankiert, bedarf kaum der Erläuterung. Seine reine Propagandafunktion wird spätestens deutlich, wenn man diese Verlautbarungen des Oberkommandos der Wehrmacht gegen Kriegsende studiert. Da werden örtliche Erfolge zu glanzvollen Waffentaten, Katastrophen schnurren zu »Frontbegradigungen« zusammen. Warum so kurz vor dem »Endsieg« an Rhein und Oder feindliche Kanonen stehen, bleibt unerörtert.
Gleichwohl transportiert dieser Originalton etwas von der damaligen Atmosphäre und bringt uns die schon so ferne und so fremde Zeit näher. Das kleine Lexikon der damals handelnden Personen, vornehmlich Militärs natürlich, im Anschluß an die chronologische Darstellung der Ereignisse dient dem gleichen Ziel.

Ob hoch im Norden in Norwegen oder in der Wüste Afrikas, ob in den eisigen Winterstürmen oder den Schlammperioden Rußlands, ob zur See oder in der Luft – überall kämpften und starben deutsche Soldaten. Was der englische Historiker Max Hastings über die deutschen Soldaten der Schlacht um die Normandie sagte, kann für die gesamte kämpfende Truppe gelten: »Es ist die unausweichliche Wirklichkeit der Schlacht um die Normandie, daß wann auch immer alliierte Truppen unter einigermaßen gleichen Voraussetzungen auf deutsche trafen, die deutschen fast in jedem Falle überlegen waren... Nirgendwo erzielten die Alliierten entscheidende Durchbrüche gegen hochqualifizierte deutsche Verbände, bis diese völlig zermürbt und durch Luftangriffe aufgerieben waren... Die Alliierten sahen sich in der Normandie der großartigsten kämpfenden Armee des Krieges gegenüber, einer der größten, die die Welt je gesehen hat.«

Der erste Soldat des Reiches

»Ich habe mich daher nun entschlossen, mit Polen in der gleichen Sprache zu reden, die Polen seit Monaten uns gegenüber anwendet!«

Wenn ich diese Wehrmacht aufrief, und wenn ich nun vom deutschen Volk Opfer und, wenn notwendig, alle Opfer fordere, dann habe ich ein Recht dazu. Denn ich bin auch selbst heute genau so bereit, wie ich es früher war, jedes persönliche Opfer zu bringen. Ich verlange von keinem deutschen Mann etwas anderes, als was ich selber über vier Jahre freiwillig bereit war, jederzeit zu tun. Es soll keine Entbehrung in Deutschland geben, die ich nicht selber sofort übernehme. Mein ganzes Leben gehört von jetzt ab erst recht meinem Volk. Ich will nichts anderes jetzt sein als der erste Soldat des Deutschen Reiches.

Ich habe damit wieder jenen Rock angezogen, der mir einst selbst der heiligste und teuerste war. ich werde ihn nur ausziehen nach dem Sieg, oder ich werde dieses Ende nicht erleben . . .

Als Nationalsozialist und als deutscher Soldat gehe ich in diesen Kampf mit einem starken Herzen hinein. Mein ganzes Leben war nichts anderes als ein einziger Kampf für mein Volk, für seine Wiederauferstehung, für Deutschland. Über diesem Kampf stand immer nur ein Bekenntnis des Glaubens an dieses Volk. Ein Wort habe ich nie kennengelernt, es heißt: Kapitulation. Wenn irgend jemand aber glaubt, daß wir vielleicht einer schweren Zeit entgegengehen, dann möchte ich ihn bitten, zu bedenken, daß einst ein preußischer König mit einem lächerlichen kleinen Staat einer der größten Koalitionen gegenübertrat und in drei Kämpfen am Ende doch erfolgreich bestand, weil er jenes gläubige starke Herz besaß, das auch wir in dieser Zeit benötigen. Und ich möchte daher jetzt in der ganzen Umwelt gleich versichern: Ein November 1918 wird sich niemals in der deutschen Geschichte wiederholen!

Wir alle bekennen uns damit nur zu unserem alten Grundsatz: Es ist gänzlich unwichtig, ob wir leben, aber notwendig ist es, daß unser Volk lebt, daß Deutschland lebt.

Hitler im Reichstag, 1. 9. 1939

Bromberger Blutsonntag

Zur Sache: Am Sonntag, dem 3. September 1939, früh gegen 6 Uhr, begab ich mich zur Mühle, um das Licht auszuschalten und die Turbine abzustellen.

Auf dem Wege dorthin hörte ich vom Bahndamm her plötzlich lautes Schreien. In einer Entfernung von etwa 100 Meter sah ich, wie unterhalb des Bahndamms eine Gruppe von Eisenbahnern und Zivilpersonen und Militär mit Bajonetten, Gewehrkolben, Knüppeln auf sieben Personen im Alter von 20 bis 60 Jahren einschlugen. Sie hatten die Opfer umringt.

Ich bin etwas näher hingelaufen und hörte, wie sie auf polnisch riefen: »Totschlagen, die Deutschen!« Ich sah schon von weitem, wie das Blut spritzte. Ich drehte mich dann aber um, als ich sah, daß sich die Horde auch auf mich stürzen wollte. Um 9 Uhr bin ich dann noch einmal hingegangen und sah mir die Leichen an. Bei zwei Leichen waren die Augen mit Bajonetten ausgedreht. Die Augenhöhlen waren leer, es

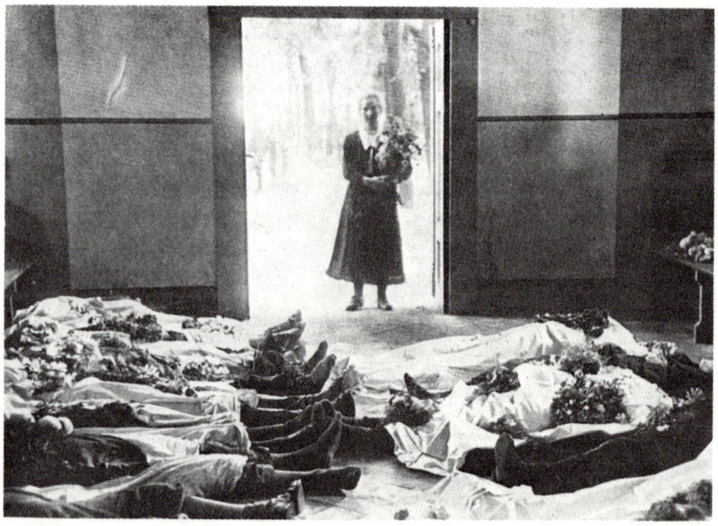

In Bromberg wurden nach Kriegsausbruch von polnischen Fanatikern Frauen und Kinder der deutschen Minderheit in einer grausamen Blutnacht ermordet.

1939

September

1. 9. Kriegsausbruch. Deutsche Truppen überschreiten die polnische Grenze

2. 9. Vermittlungsversuch Italiens

3. 9. England und Frankreich erklären Deutschland den Krieg

4. 9. Erster englischer Luftangriff auf Cuxhaven und Wilhelmshaven

6. 9. Britische Blockadeerklärung gegen Deutschland

10.–19. 9. Schlacht im Weichselbogen und Einschließung Warschaus

17. 9. Zwei sowjetische Heeresgruppen marschieren in Ostpolen ein

18. 9. Erstes Zusammentreffen deutscher und sowjetischer Truppen bei Brest-Litowsk

21. 9. Reste der polnischen Südarmee kapitulieren (60 000 Gefangene). Beginn der Gewaltmaßnahmen gegen die jüdischen Bewohner der von deutschen Truppen besetzten Gebiete

22. 9. Der ehemalige Oberbefehlshaber des Heeres, Generaloberst v. Fritsch, fällt vor Warschau

24. 9. Verstärkte Luftangriffe auf Warschau

27. 9. Kapitulation der polnischen Verteidiger Warschaus mit 120 000 Mann vor den Deutschen

28. 9. Deutsch-sowjetischer Grenz- und Freundschaftsvertrag in Moskau unterzeichnet durch von Ribbentrop und Molotow

29. 9. Kapitulation der Festung Modlin mit 35 000 Mann

30. 9. Bildung einer polnischen Exilregierung in Frankreich unter General Sikorski, der sich die nach dem Westen zu den Alliierten entkommenen polnischen Truppenteile unterstellen. Im Frühjahr 1940: 84 000 Mann

Kultur

2. 9. Das Abhören politischer Nachrichten und ausländischer Sender wird in Deutschland verboten

16. 9. Otto Wels, bis 1933 Parteivorsitzender der SPD, stirbt im Pariser Exil

26. 9. Uraufführung des Ärzteromans »Robert Koch, der Bekämpfer des Todes« mit Emil Jannings

Das Linienschiff »Schleswig-Holstein« eröffnet den Kampf um Danzig mit dem Angriff auf die Westerplatte.

war nur noch eine blutige Masse vorhanden. Bei drei waren die Schädel abgedeckt, das Gehirn lag einen Meter von den Leichen entfernt. Die anderen Leichen waren auch total zerschlagen.
Nachmittags um 3 oder 4 Uhr kam eine Gruppe Soldaten mit Eisenbahnern und brachte 18 Deutsche zu meiner Mühle, der Mühle Peterson. Sie wurden je zu zweit zusammengebunden. Ich konnte das vom Garten aus ganz genau beobachten.
Sie wurden dann zu zweien alle 18 heruntergeschossen. Dann haben sie noch auf die am Boden Liegenden eingeschlagen.
Darunter waren auch ein vierzehnjähriger Junge und eine Frau. Es mußte diesmal offenbar sehr schnell gehen, denn sie verzogen sich alle gleich wieder. Ich habe mir die Leichen nachher genau angesehen, sie lagen noch drei Tage dort.
Am Montagnachmittag, als es schon hieß, das polnische Militär sei abgerückt, brachten zwei Soldaten einen älteren Mann und eine ältere Frau. Sie stellten sie vor meinen Augen in der Mühle an die Wand. Ich lief noch hin, kniete noch vor den Soldaten nieder und bat sie auf polnisch, sie möchten die beiden Alten doch laufen lassen. Sie waren beide etwa 65 Jahre alt. Ich bekam einen Kolbenstoß von dem einen Soldaten. Dabei sagte er zu mir: »Sollen doch die verfluchten Niemcys (Deutschen) krepieren!«

Bericht eines Überlebenden, September 1939

So kämpfen unsere Panzer

Wie sehr die Polen die Kampfkraft unserer modernen Waffen unterschätzten, zeigte sich vor allem in den ersten Tagen des Kampfes. Eine unverantwortliche Propaganda hatte den polnischen Soldaten eingeredet, daß unsere Panzerkraftwagen bessere Blechattrappen seien. Es kam daher zu einem beinahe grotesken Angriff eines polnischen Ulanenregiments gegen einige unserer Panzer. Die vernichtenden Folgen dieses Angriffs kann man sich vorstellen. Auch die Panzerabwehrkanonen, mit denen die Polen den Vormarsch unserer Kampfwagen leicht aufhalten zu können glaubten, erwiesen sich bald als zu schwach. Ein einziger schwerer Kampfwagen vernichtete im Verlauf eines Gefechtes mit einem einzigen Schuß die Bedienungsmannschaften zweier Geschütze, um darauf die Geschütze selbst unter seinen schweren Raupenketten zu zermalmen (Bild unten). Nebenbei sei erwähnt, daß der Führer des Kampfwagens, ein blutjunger Leutnant, wenig später einen mit polnischen Reservisten beladenen Eisenbahnzug anhielt, die Reservisten zum Aussteigen zwang und sie – 400 Mann hoch – vor sich hertrieb.

»Die Wehrmacht«, 13. 9. 39

Das OKW gibt bekannt

September

1.9. Auf Befehl des Führers und Obersten Befehlshabers hat die Wehrmacht den aktiven Schutz des Reiches übernommen.
In Erfüllung ihres Auftrages, der polnischen Gewalt Einhalt zu gebieten, sind Truppen des deutschen Heeres heute früh über alle deutsch-polnischen Grenzen zum Gegenangriff angetreten.

4.9. Das deutsche Ostheer brach am 4. September auf allen Fronten den feindlichen Widerstand und stieß unaufhaltsam weiter vor. Der Gegner geht stellenweise in Unordnung und schwer erschüttert zurück. Gefangenen- und Beutezahlen mehren sich und lassen sich zur Zeit noch nicht übersehen.

10.9. Im Westen haben erstmalig französische Spähtrupps die deutsche Grenze überschritten und sind in Gefechtsberührung mit unseren weit vor dem Westwall befindlichen Vorposten getreten. Der Feind ließ zahlreiche Tote und Gefangene, darunter auch einen Offizier, zurück.

17.9. Um die Bevölkerung der polnischen Hauptstadt vor schwerstem Leid und Schrecken zu bewahren, hat die deutsche Wehrmacht den Versuch unternommen, durch einen Offizier den polnischen Militärbefehlshaber von Warschau zur Aufgabe seines zwecklosen Widerstandes in einer offenen Millionenstadt zu veranlassen. Der polnische Militärbefehlshaber in Warschau hat es abgelehnt, den deutschen Offizier zu empfangen.

22.9. Die Bewegungen der deutschen und russischen Truppen auf die vereinbarte Demarkationslinie vollziehen sich planmäßig und im besten Einvernehmen. Bei Lemberg wurden die dort kämpfenden deutschen Truppen durch russische Verbände abgelöst.
Die als Ergebnis der Schlacht bei Tomaszow bereits gemeldeten Gefangenen- und Beutezahlen wachsen noch ständig.

28.9. Die Stadt Warschau, die sich gestern bedingungslos ergeben hat, wird nach Erledigung der notwendigen Vorbereitungen voraussichtlich am 29. September besetzt werden.
Heute vormittag hat auch der Kommandant von Modlin die Übergabe der Festung angeboten.

Hans Thoma

Zum 100. Geburtstag des Malers der deutschen Heimat

Als Knabe träumte Thoma lange Zeit von einem Zauberspiegel, in dem er alle die wechselnden Stimmungen, die über sein liebstes Bernauer Tal hinzogen, festhalten wollte. In einem langen Leben und in fast tausend Bildern hat der Meister diesen Zauberspiegel wohl erprobt und in jedem verwandelten Bild am Ende doch immer wieder sein geliebtes Bernauer Tal erkannt. Das Wunderbare aber ist, daß jeder von uns ein solches geliebtes Bild in sich herumträgt, gleichviel welche Landschaft in Deutschland es darstellt, und daß jeder in Thomas glücklichem Zauberspiegel den Glanz dieses eigenen Bildes, den Duft seiner eigenen Heimat und die Lust seiner eigenen Kindheit zu spüren glaubt. Jedem wird dabei so fromm zumut, und jedem ist, als sei seine Heimat eine Vorzugsheimat und als ob er »sie schützen müßte in ihrem Wohl und Weh«. Thomas Kunst ist uns solcherweise heimatlicher Besitz geworden, den zu hüten und zu bewahren dem größeren Auftrag gleicht, die ganze deutsche Heimat zu hüten und zu bewahren. Wir verstehen Thoma gerade heute viel besser, als noch gestern möglich war. »Der Hüter im Tal«, der gepanzerte Jüngling, das deutsche Volk in seiner jugendlichen Kraft: eben führt es sein Schwert, »Gott ist mit ihm, und er wird seine Lande getreulich hüten«. Thomas Kunst gilt bedeutungsvoll der Dauer der Heimat, sie steht und fällt mit ihr, sie ist gültig wie diese und allzeit zutreffend, mag auch jede Generation einer anderen Frucht aus dem Füllhorn dieser Kunst den Vorzug geben und von einem anderen Farblicht angerührt werden. Dennoch ergreift uns angesichts dieser Gegenwart, die uns so schicksalsumwittert, so todesmutig, so zukunftsträchtig, kurz, so deutlich ist, seltsam und bedeutungsvoll der Umstand, das Hans Thomas hundertster Geburtstag gerade nun sich jährt. Des Meisters Werk ist für den Deutschen jeden Tag aktuell, heute aber auf eine besonders eindringliche Weise.

»Die Kunst im Deutschen Reich«, Oktober 1939

Hans Thoma, Feierabend (1868)

Kulturpolitik im Generalgouvernement

Generalgouverneur Frank erklärte, das Generalgouvernement könne nicht im Sinne eines staatlichen Ordnungsbetriebs aufgebaut werden, unter allen Umständen müßte aber die Lebensmittelversorgung der deutschen Beamten, die oft sehr schwierig sei, sichergestellt werden. Ganz klar müsse der Unterschied zwischen dem deutschen Herrenvolk und den Polen herausgestellt werden. Die NS-Volkswohlfahrt sei ausschließlich für die Deutschen da, während sich die Polen – von den Juden sei überhaupt nicht die Rede – selbst helfen müßten.

Den Polen dürften nur solche Bildungsmöglichkeiten zur Verfügung gestellt werden, die ihnen die Aussichtslosigkeit ihres völkischen Schicksals zeigten. Es könnten daher

1939

Oktober

1. 10. Einzug deutscher Truppen in Warschau. Polnische Marineverbände kapitulieren auf der Halbinsel Hela (4000 Mann)

3. 10. Bis auf 30 Divisionen werden die übrigen deutschen Truppen aus Polen an die Westfront verlegt

6. 10. Kapitulation der letzten polnischen Truppen bei Kock und Lublin (17 000 Mann). Reichstagsrede Hitlers. »Friedensangebot« an England und Frankreich auf der Basis des neuen Status quo

9. 10. In einer Denkschrift an die Oberbefehlshaber der Wehrmacht legt Hitler sein politisches Ziel fest: Angriff gegen Frankreich und die Beneluxstaaten zum frühestmöglichen Zeitpunkt

11. 10. Britische Truppen gehen bei Lille in Stellung. Beginn sowjetisch-finnischer Verhandlungen um Luftstützpunkte

12. 10. Polen wird deutsches »Generalgouvernement«. Erste Judendeportationen aus Österreich und dem Protektorat

14. 10. Das britische Schlachtschiff Royal Oak wird durch U 47 in der Bucht von Scapa Flow versenkt

16. 10. Die Franzosen räumen das von ihnen besetzte Gebiet im Vorfeld des Westwalls. Erste Luftangriffe gegen britische Kriegsschiffe in Scapa Flow

17. 10. Offensive Minenunternehmung deutscher Zerstörer gegen die britische Ostküste

20. 10. Die türkische Regierung schließt mit England und Frankreich einen Beistandspakt ab

25. 10. Beginn der Schließung polnischer Schulen und Universitäten

28. 10. Im besetzten Polen wird der gelbe Stern zur Kennzeichnung der Juden verordnet und erste Groß-Gettos werden eingerichtet

30. 10. Erfolgloser Angriff deutscher U-Boote auf das britische Schlachtschiff Nelson, an dessen Bord sich Churchill befindet

Kultur

3. 10. Uraufführung des Lustspiels »Die Töchter der Kathedrale« von Gerhart Hauptmann

18. 10. Christian Morgensterns Spruchsammlung »Wer vom Ziel nichts weiß, kann den Weg nicht haben« erscheint in München

höchstens schlechte Filme oder solche, die die Größe und Stärke des Deutschen Reiches vor Augen führen, in Frage kommen. Es werde notwendig sein, daß große Lautsprecheranlagen einen gewissen Nachrichtendienst für die Polen vermitteln.
Reichsminister Dr. Goebbels sprach sich grundsätzlich in Übereinstimmung mit den Ausführungen des Herrn Generalgouverneurs gegen die Einrichtung eines polnischen Theater-, Kino- und Kabarettbetriebes aus. Es würden in den größeren Städten und Märkten stationäre Lautsprecheranlagen aufgestellt werden, die zu bestimmten Zeiten Nachrichten über den Stand der Lage und Befehlsparolen für die Polen geben.
Reichsminister Dr. Goebbels führt aus, daß das gesamte Nachrichtenvermittlungswesen der Polen zerschlagen werden müsse. Die Polen dürften keine Rundfunkapparate und nur reine Nachrichtenzeitungen, keinesfalls eine Meinungspresse behalten. Grundsätzlich dürften sie auch keine Theater, Kinos und Kabaretts bekommen, damit ihnen nicht immer wieder vor Augen geführt würde, was ihnen verlorengegangen sei. Wenn sich für große Städte, wie z. B. Warschau, die Notwendigkeit ergebe, durch Kinovorstellungen die Polen von der Straße wegzubekommen, dann müsse das von Fall zu Fall entschieden werden. Herr Generalgouverneur erklärte, daß die höheren Schulen bereits geschlossen seien.

Besprechungsprotokoll, 31. 10. 1939

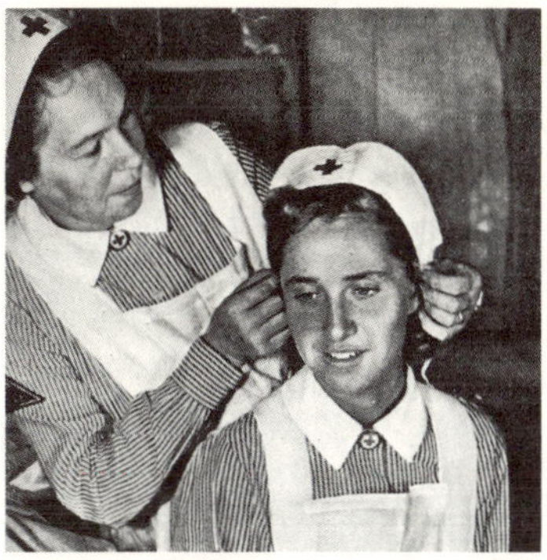

Zu pflegen und zu helfen, ist die schönste Aufgabe der Frau in dieser Zeit, und viele junge Mädchen, die in kriegsunwichtigen Betrieben standen, viele kinderlose junge Frauen melden sich freiwillig zur Arbeit im Roten Kreuz.

»Beyers Frauen-Illustrierte Hella«, Oktober 1934

Kapitänleutnant Prien mit seiner Gattin, die aus Eger nach Berlin gekommen war; nach dem festlichen Empfang beim Führer geht als erstes ein Ferngespräch zur Mutter...

»Berliner Illustrirte Zeitung«, 26. 10. 1939

Wir fahren gegen Engeland

Am Montag, dem 9. Oktober 1939, starteten wir von einem Flugplatz Nordwestdeutschlands aus zum ersten Male gegen Einheiten der britischen Kriegsmarine, die in der nördlichen Nordsee operierten. Zum ersten Male flogen wir Stunden um Stunden über See. Ein orkanartiger Herbststurm jagte über die Nordsee und peitschte die Wellen haushoch. Fast schien es, als wären wir zum Spielball der Elemente geworden.
Nach vielen Stunden wurden wir durch Funksprüche zurückgerufen. Flugzeuge vor uns waren bereits zum Angriff gekommen. Die britische Flotte hatte abgedreht. Zum Unglück lag uns der Wind auf dem Rückflug genau »auf der Schnauze«. Mehrere Stunden sind wir nun schon unterwegs, und längst müßte Land in Sicht sein. Aber so weit das Auge reicht: Wasser – Wasser – Himmel – Wolken – Wasser.
Mein Bordmechaniker kam zu mir nach vorn gekrochen und meinte treuherzig: »Herr Leutnant, ich glaube, wir sollen überhaupt nicht mehr nach Hause kommen. Aber vorläufig haben wir noch Sprit genug.« Das ist wenigstens eine Beruhigung.
Langsam begann es dunkel zu werden. Da endlich tauchte am Horizont ein schmaler dunkler Streifen auf: Land, endlich Land! Wir konnten uns jetzt etwa vorstellen, wie es den Entdeckern und Seefahrern gegangen sein muß, als sie endlich wieder Land sahen. Es wurde auch verdammt Zeit. Mit dem letzten Tropfen Benzin landeten wir bei Dunkelheit auf unserem Einsatzhafen. Wir hatten einen kleinen Vorgeschmack bekommen vom Luftkrieg gegen England, von der Schlacht im Atlantik.

»Der Adler«, Oktober 1939

Deutsche Luftstreitkräfte griffen englische Seestreitkräfte, Schlachtschiffe, Flugzeugträger, Kreuzer und Zerstörer, in der mittleren Nordsee mit Erfolg an.

»Die Wehrmacht«, 11. 10. 1939

Das OKW gibt bekannt

Oktober

2. 10. Gestern vormittag sind die ersten deutschen Truppen ohne Zwischenfälle in Warschau eingerückt. Die Besetzung Pragas wurde gestern beendet.
Der letzte Stützpunkt polnischen Widerstandes, die befestigte Halbinsel Hela, hat sich gestern bedingungslos ergeben, noch bevor der von Heer und Kriegsmarine gemeinsam vorbereitete Angriff durchgeführt wurde. Die Besatzung von 52 Offizieren, darunter der polnische Flottenchef, Konteradmiral von Unruh, und 4000 Mann werden heute vormittag die Waffen strecken.

15. 10. Wie die britische Admiralität schon durch Rundfunk bekanntgab, wurde das Schlachtschiff Royal Oak durch ein deutsches Unterseeboot versenkt. Bisher konnte die britische Admiralität die Zahl von nur etwa 370 Überlebenden bekanntgeben.

16. 10. Nachdem die Truppenbewegungen zur Besetzung des deutschen Interessengebietes in Polen beendet sind, wird das Oberkommando der Wehrmacht über den Osten nicht mehr berichten.

18. 10. Die deutsche Luftwaffe setzte gestern ihre Operationen gegen die Kriegshäfen an der englischen Ostküste fort. In der Bucht von Scapa Flow wurde nach den bisher vorliegenden Meldungen außer anderen Kriegsschiffen ein älteres englisches Schlachtschiff von Bomben schweren und mittleren Kalibers getroffen. Während eines Luftkampfes wurde ein englisches Jagdflugzeug von deutschen Flugzeugen abgeschossen. Ein deutsches Kampfflugzeug wurde durch englische Flakartillerie zum Absturz gebracht.

28. 10. Der Handelskrieg in Ost- und Nordsee sowie im Atlantik war weiterhin erfolgreich. In der Zeit vom 12. bis 25. Oktober 1939 wurden versenkt:
nach Meldungen, die durch eigene Streitkräfte bereits bestätigt sind, 22 Schiffe mit 109370 BRT,
nach Meldungen der Auslandspresse weitere drei Schiffe mit 12606 BRT, insgesamt also 25 Schiffe mit 121976 BRT.

Deutschland besiegt Fußballweltmeister Italien

Unter außerordentlichen Umständen fand im ausverkauften Olympia-Stadion zu Berlin der mit großer Spannung erwartete Fußball-Länderkampf zwischen den Nationalmannschaften von Deutschland und Italien statt. Trotz des schweren Bodens lieferten sich die beiden Vertretungen einen außerordentlich scharfen Kampf, der reich an packenden Szenen war.

In der ersten Halbzeit waren die Italiener dank ihres halbhohen Spiels leicht überlegen, und sie gingen bereits in der 16. Minute durch den Rechtsaußen Neri, der eine Vorlage des Halblinken Scarabello aufnahm, in Führung. Allmählich hatte sich die deutsche Mannschaft zurechtgefunden, und als auch sie im halbhohen Spiel ihren Angriff ansetzte, klappte die Zusammenarbeit dank der famosen Leistungen von Binder/Wien und Conen/Stuttgart in geradezu verblüffender Weise.

In der 21. Minute, nach einer feinen Einzelleistung des Rechtsaußen Lehner, fiel der Ausgleich. Lehner gab den Ball im hohen Bogen zu dem Halblinken Binder, der ihn mit der Brust aufnahm und unhaltbar einschoß.

Immer stärker wurde der deutsche Angriff, aber in der 28. Minute, als bei dem Durchbruch von Scarabello der Mittelläufer Rohde den Ball mit der Hand abwehrte, verhängte der spanische Schiedsrichter Esquartin einen Elfmeter-Strafstoß, den der Italiener Boffi zum Führungstreffer verwandelte. Die deutsche Mannschaft ließ sich aber dadurch in keiner Weise in ihrer Zusammenarbeit beeindrukken. Nach einer Eckballserie setzte Binder einem von dem italienischen Mittelläufer Battistoni an den Torhüter Oliveri gegebenen Ball nach und schoß unhaltbar ein. Halbzeit 2:2.

Binder – der beste Torschütze des Spiels.

In der zweiten Halbzeit war die Überlegenheit der deutschen Mannschaft zeitweise erdrückend. Nach einer Viertelstunde mußte der hervorragende italienische Torhüter Oliveri zum dritten Mal kapitulieren. Damit war die Widerstandskraft der Gäste gebrochen, die sich jetzt durch Verstärkung der Verteidigung mit aller Kraft gegen eine Erhöhung des Ergebnisses wehrten. Aber Conens Prachtschuß ergab doch das 4:2 für Deutschland.

Als fünf Minuten vor dem Ende ein italienischer Verteidiger einen deutschen Angriff im Strafraum nur noch mit der Hand abwehren konnte, verwandelte Binder den Elfmeter-Strafstoß zum fünften Tor.

»Frankfurter Zeitung«, 28. 11. 1939

Sieg oder Vernichtung

Jede Hoffnung auf Kompromisse ist kindisch: Sieg oder Niederlage! Dabei geht es nicht um ein nationalsozialistisches Deutschland, sondern darum, wer künftig in Europa dominiert. Diese Frage ist des höchsten Einsatzes wert . . . Es ist ein schwerer Entschluß für mich. Keiner hat das geschaffen, was ich geschaffen habe. Mein Leben spielt keine Rolle dabei. Ich habe das deutsche Volk zu großer Höhe geführt, wenn man uns auch jetzt in der Welt haßt. Dieses Werk setze ich auf das Spiel. Ich habe zu wählen zwischen Sieg oder Vernichtung. Ich wähle den Sieg. Größter historischer Entschluß, zu vergleichen mit dem Entschluß Friedrichs des Großen vor dem 1. Schlesischen Krieg.

Am 24. 11. 1939 wurden von dem Staatssekretär im Reichsfinanzministerium Reinhardt die ersten Zollgrenzschutz-Ehrenzeichen verliehen, die der Führer für treue Pflichterfüllung im Zollgrenzschutz gestiftet hatte.

»Presse-Hoffmann«, 24. 11. 39

Mein Entschluß ist unabänderlich. Ich werde Frankreich und England angreifen zum günstigsten und schnellsten Zeitpunkt. Verletzung der Neutralität Belgiens und Hollands ist bedeutungslos. Kein Mensch fragt danach, wenn wir gesiegt haben. Wir werden die Verletzung der Neutralität nicht so idiotisch begründen wie 1914 . . .

Ansprache Hitlers an die Oberbefehlshaber, 23. 11. 1939

1939

November

3. 11. Der amerikanische Kongreß ändert das Neutralitätsgesetz der USA durch die Einführung der »cash-and-carry«-Klausel zugunsten Großbritanniens ab

5. 11. Nach einem letzten Versuch des Oberbefehlshabers des Heeres, von Brauchitsch, Hitler zu einer Verschiebung der geplanten Westoffensive zu bewegen, wird der Angriff auf den 12. 11. festgesetzt

7. 11. Der Angriffstermin für die Westoffensive wird auf den 15. 11. verschoben. Bis zum 10. 5. 1940 wird der Angriff noch weitere neunundzwanzigmal verschoben

8. 11. Bei der Feier zur Erinnerung an den Marsch auf die Feldherrnhalle von 1923 wird im Münchner Hofbräukeller ein Attentat auf Hitler verübt

9. 11. Ein Kommando des SD dringt bei Venlo über die holländische Grenze und entführt zwei britische Abwehroffiziere nach Deutschland

10. 11. Belgien und die Schweiz machen mobil

11. 11. Wegen der geplanten Westoffensive nehmen die Generale Oster, Halder u. a. ihre Staatsstreichpläne wieder auf

13. 11. Das Friedensvermittlungsangebot König Carols von Rumänien wird von Hitler abgelehnt

17. 11. Generalgouverneur Hans Frank ordnet für alle Polen die Arbeitspflicht an

23. 11. Hitler verkündet vor den Oberbefehlshabern der Wehrmacht seinen Entschluß, Frankreich und England anzugreifen

29. 11. Abbruch der diplomatischen Beziehungen zwischen Finnland und der UdSSR

30. 11. Ohne Kriegserklärung greifen sowjetische Truppen Finnland an. Beginn des »Winterkriegs«. Eine polnische Exilregierung bildet sich zunächst in Frankreich, später in London

Kultur

9. 11. Der Biochemiker Adolf Butenandt und der Bakteriologe Gerhard Domagk erhalten den Nobelpreis für Chemie und Medizin. Beide müssen ihn aufgrund des Hitler-Erlasses vom 30. 1. 1937 ablehnen

30. 11. Uraufführung des Films »Anton der Letzte« mit Hans Moser

»Ninotschka«

Der Film enthüllt den moralischen, politischen und schneiderischen Bankrott, der eintritt, wenn eine Bolschewistin den bürgerlichen Gefahren von fließendem Wasser, Melvyn Douglas und Paris ausgesetzt wird. Im Gegensatz zu den meisten Filmen über die Roten Rußlands enthält dieser weder groben Ulk noch grobe Vorurteile. Es handelt sich vielmehr um eine unverfälschte und kenntnisreich inszenierte Satire mit manchem geistreichen Witz über falsche Fünfjahrespläne, Kollektivfarmen, kommunistischen Jargon und pseudowissenschaftliches Geplapper . . .
Als die Planwirtschaft wieder einmal an chronischem Geldmangel leidet, schickt Moskau die Genossen Buljanoff, Iranoff und Kopalski nach Paris, um beschlagnahmte Juwelen zu verkaufen. Als sie vor einem protzigen Hotel ankommen, fragen sie sich zunächst: »Was würde Genosse Lenin dazu sagen?« Die Antwort ist klar: »Genosse Lenin würde sagen: ›Das Prestige der Arbeiter muß aufrechterhalten werden.‹ Wir können nicht gegen den Genossen Lenin handeln.« Doch sie mieten hastig »den kleinsten, schmutzigsten Raum des Hotels«, als Moskau Ninotschka (Greta Garbo) zur Kontrolle schickt. Sie ist eine ernsthafte, junge Russin mit einem köstlichen schwedischen Akzent, die zugleich verkündet, daß Liebe nur eine chemische Reaktion sei, und wissen will, aus wieviel Stahl der Eiffelturm besteht. In Graf Leons (Melvyn Douglas) schickem Junggesellen-Appartement schockiert Ninotschka den alten, gesetzten Butler mit der Frage: »Schlägt er Sie?«
Die Garbo spielt ihre erste Filmkomödie mit eiserner, bolschewistischer Verachtung für Glamour. Erfolgreich meistert sie die schwierige Aufgabe, ihren strengen Fanatismus lustig, aber nicht lächerlich darzustellen. Selbst wenn sie ihr Herz verliert, wirkt sie überzeugend und gewinnend. Doch warum diese Veränderung unter dem Einfluß von Melvyn Douglas geschieht, vermag auch der Genius von Karl Marx nicht zu erklären.
Ein hübscher Gag: Als Ninotschka fragt: »Bist du nicht in den Fünfjahresplan verliebt?«, blödelt Melvyn Douglas: »Doch, in diesen Fünfjahresplan schon seit 15 Jahren.«

»Time-Magazine«, 6. 11. 1939

Greta Garbo und Melvyn Douglas.

Glückwünsche zur Errettung des Führers

Die Sowjetregierung hat dem deutschen Botschafter ihr Bedauern und die Entrüstung über den Anschlag von München sowie ihre Freude über die glückliche Errettung Hitlers aus Lebensgefahr und ihr Beileid über die Opfer des Attentats zum Ausdruck gebracht.
Auch General Franco und die spanische Regierung übermittelten Hitler telefonisch Glückwünsche zu seiner glücklichen Errettung aus schwerer Gefahr.

Meldungen des Deutschen Nachrichtenbüros, 1939

Im Reich der Bunker und der Drahtverhaue entstanden: Der Ring aus Eisendraht. Er ist eines Tages dagewesen, der erste Westwall-Ring, unter den Händen eines unbekannten Soldaten hat sich der Draht zum Ring gefügt. Wer ihm den Namen gab, weiß niemand. Aber er ist ein kameradschaftliches Symbol der Westwall-Soldaten geworden und ein Erinnerungszeichen, das oft schon den Weg in die Heimat gefunden hat.

»Berliner Illustrirte«, November 1939

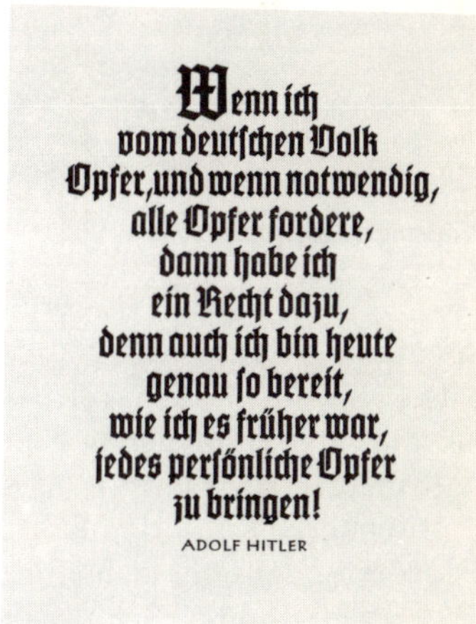

Wochenspruch der NSDAP vom 12. bis 18. 11. 1939.

Das OKW gibt bekannt

November

15. 11. Im Westen außer geringer örtlicher Artillerietätigkeit keine besonderen Ereignisse.
Die englische Admiralität gibt den Verlust eines Zerstörers bekannt, der auf eine deutsche Mine gelaufen sei. Der englische Frachtdampfer Matra (8600 BRT) wurde durch eine Explosion vernichtet. Eines unserer Unterseeboote hat in den letzten Tagen 26000 BRT versenkt und eine Prise eingebracht.

21. 11. Im Westen an einzelnen Stellen der Front geringe Spähtrupptätigkeit und schwaches Artilleriefeuer.
Die deutsche Luftwaffe setzte am 20. November ihre Aufklärung gegen die feindlichen Staaten fort. In England wurden Scapa Flow, Schottland und Südengland, in Frankreich der Raum nördlich Paris aufgeklärt. Trotz feindlicher Abwehr führten die Flugzeuge ihre Aufklärung planmäßig durch.
In den Monaten September und Oktober haben deutsche Überwasserstreitkräfte gemeinsam mit Luftstreitkräften in der Ost- und Nordsee mehrere hundert Handelsschiffe auf Bannware untersucht. Während sehr zahlreiche Schiffe unmittelbar nach der Untersuchung in See freigelassen werden konnten, da sie keine Bannware an Bord hatten, sind insgesamt 127 Schiffe mit 245455 BRT in deutsche Häfen zur genaueren Untersuchung eingebracht worden. Soweit nicht Schiff und Ladung der Beschlagnahme verfiel, wurden sie wieder freigelassen.

25. 11. Ein deutsches Unterseeboot hat in seinem Operationsgebiet eine englische Unterseebootfalle, eine Hilfskriegsschiff von 7000 BRT, vernichtet. Die Unterseebootfalle hatte sich als holländischer Dampfer getarnt.

29. 11. Im Westen keine besonderen Ereignisse.
Englische Flugzeuge versuchten wiederum über die Ostfriesischen Inseln nach Nordwestdeutschland einzufliegen, ohne jedoch die deutsche Küste zu erreichen. Hierbei wurde der Fliegerhorst Borkum angegriffen. Schaden wurde nicht angerichtet.
Wie bereits durch Sondermeldung bekanntgegeben, ist ein britischer Schwerer Kreuzer der London-Klasse durch Kapitänleutnant Prien ostwärts der Shetland-Inseln torpediert und vernichtet worden.

Glaube und Schönheit

Annemarie Kaspar kommt aus Wien. Und die Beschwingtheit der Ostmark mit dem strengeren Rhythmus des Nordens harmonisch zu vereinen, ist der besondere Wunsch, mit dem sie ihre Arbeit als Führerin des BDM.-Werkes Glaube und Schönheit beginnt.
Sicher gibt die Herkunft aus dem heiteren steirischen Land ihr jene innere Leichtigkeit, deren eine solche Aufgabe bedarf, während die Teilnahme

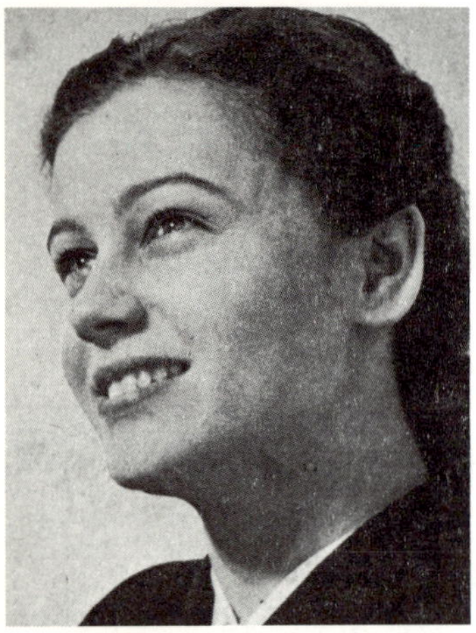

Annemarie Kaspar.

am aktiven Kampf des Nationalsozialismus in Österreich – sie war in der illegalen Zeit stellvertretende Führerin des steirischen BDM. – den Ernst erforderte, der ergänzend hinzukommen muß. Schon in Wien hatte sie in den letzten Jahren als Obergauführerin die Neueinführung des BDM.-Werkes Glaube und Schönheit zu leiten, und sie berichtet begeistert davon, wie schnell und leicht sich die natürliche Grazie der Wiener Mädel in den Gymnastikkursen zu vollendeter Körperbeherrschung entfaltete.
Dieselben Aufgaben – in vergrößertem Maßstabe – erwarten die neue Führerin in Berlin, und sie ist sich der Wichtigkeit ihrer Arbeit in der gegenwärtigen Zeit voll bewußt.
»Denn unser BDM.-Werk ist in den Zeiten des Krieges fast noch wichtiger als vordem. Eine ganze Generation junger Mädel ist im Beruf eingesetzt und wird vom Beruf beansprucht, mehr als je vorher geschah. Gerade in diesem Moment muß allen diesen jungen Mädchen gezeigt werden, welche Möglichkeiten der persönlichen Lebensgestaltung es trotzdem noch gibt. Wie wichtig es zum Beispiel ist, in einer freien Viertelstunde den Körper durch Gymnastik und Massage aufzulockern, ihm in der kurzen Entspannung neue Frische für den Tageslauf zu geben. Unsere Kurse über Gesundheitspflege lehren diese Kunst, die so wesentlich dazu beiträgt, neben dem Körper auch die Seele widerstandsfähig zu erhalten.«
Gegenüber der früheren Organisation des BDM.-Werkes plant Obergauführerin Annemarie Kaspar eine neue Aufteilung: Während es bisher jedem einzelnen Mädel freistand, zu wählen unter den verschiedenen Kursen – Musik, Sprache, Politik, Hauswirtschaft usw. –, will man in Zukunft allen denen, die keine besondere Neigung haben, den Vorschlag machen, die Kurse nach einer bestimmten Folge zu absolvieren: im ersten Jahr Gymnastik und Gesundheitspflege, im zweiten Haushalt und Werkarbeit, im dritten persönliche Lebensgestaltung und Kulturelles, im vierten Jahr Politik und Weltanschauung.
Harmonie des Körpers und der Seele soll als Frucht dieser Ausbildung einer ganzen Generation junger Mädel zu eigen werden – gespiegelt in der Verschiedenheit der natürlichen Temperamente.

»Beyers Frauen-Illustrierte Hella«, Dezember 1939

»Befreite Hände«

Mit einiger Verspätung kam dieser Film nach Berlin; er ist unseren Lesern schon aus den inzwischen erfolgten zahlreichen Aufführungen in anderen Städten bekannt. Die Uraufführung fand am 20. Dezember in München statt, wo der Film ja auch im Atelier entstand. Es ist wohl das bisher beste Werk aus dieser Produktionsstätte. Szenen von suggestiver Kraft, von Bewegtheit, von starker filmischer Ausdeutung sind geformt worden. Brigitte Horney im Mittelpunkt. Sie allein lohnt schon, den Film zu sehen. Noch selten sahen wir ihr Gesicht, dieses starre Sphinxgesicht, so aufgelöst in eine Skala seelischer Affekte, kein Mißklang unterbricht die Geschlossenheit ihrer Leistung, und welche Weite liegt zwischen der Darstellung der künstlerischen Besessenheit

Brigitte Horney und Ewald Balser.

1939

Dezember

3. 12. Ein britischer Luftangriff auf deutsche Kriegsschiffe bei Helgoland bleibt erfolglos

6. 12. Treffen deutscher und sowjetischer Beamter in Krakau, um über die Umsiedlung der Volksdeutschen aus dem sowjetisch besetzten Teil Polens zu beraten

8./9. 12. Bei einem Besuch des Chefs der deutschen Abwehr, Canaris, in Rumänien wird mit dem Chef des rumänischen Geheimdienstes die Aufstellung eines gut getarnten deutschen Sicherungsverbandes im rumänischen Ölgebiet zum Schutz gegen Sabotageunternehmen vereinbart

13. 12. In der La-Plata-Mündung kommt es zum Seegefecht zwischen dem deutschen Panzerschiff Admiral Graf Spee und drei britischen Kreuzern. Schwer beschädigt muß das deutsche Schiff den Hafen von Montevideo anlaufen. Da die uruguayische Regierung die Frist zur Reparatur des Schiffes nicht bewilligt, wird die Graf Spee am 17. 12. außerhalb der Hoheitsgewässer von der eigenen Besatzung versenkt

14. 12. Wegen des Überfalls auf Finnland wird die UdSSR aus dem Völkerbund ausgeschlossen

16. 12. Der britische Marineminister Winston Churchill legt dem Kabinett ein Memorandum vor, damit die Alliierten in Skandinavien Fuß fassen können

18. 12. Britische Luftwaffenverbände verlieren zwölf Bomber bei Aufklärungsflügen über Wilhelmshaven. Seither fliegen die Briten nur nächtliche Bombenangriffe (bis Oktober 1944)

28. 12. Deutsche U-Boote torpedieren das britische Schlachtschiff Barham

31. 12. Das britische Expeditionsheer in Nordfrankreich hat eine Stärke von 160 000 Mann erreicht

Kultur

9. 12. Unter der Regie von Gustaf Gründgens hat am Berliner Staatstheater »Dantons Tod« von Georg Büchner Premiere

22. 12. In Hamburg wird der Terra-Film »Opernball« mit Heli Finkenzeller und Hans Moser uraufgeführt

und der gelockerten Grazie einer dem Liebesglück vermählten Geliebten. Olga Tschechowa siegt in der Niederlage mit dem Zauber ihrer hinreißenden Fraulichkeit, mit dem überlegenen und liebenswürdigen Einsatz ihrer künstlerischen Mittel.
Ewald Balser gestaltet den Professor. Er ist mit den reifen Mitteln seines Künstlertums vortrefflich den besonderen Spannungen des Films und seiner eigenen Atmosphäre verbunden. Die Uraufführung unter dem Protektorat des Staatsministers und Gauleiters Adolf Wagner in den Luitpold-Lichtspielen wurde zu einem festlichen Ereignis.

»Münchner Neueste Nachrichten«, 22. 12. 1939

Feudale Bunker

Aus zahlreichen Meldungen der im Westen eingesetzten Truppenteile des Heeres ist bekannt geworden, daß die Truppe mit der Berichterstattung über ihren Einsatz nicht zufrieden ist. Zwar erscheinen die einzelnen Kampfberichte der Propaganda-Kompanien. Es entsteht aber durch andere Veröffentlichungen häufig der Eindruck, daß die Truppen im Westen eigentlich nichts zu tun hätten und in feudal eingerichteten Bunkern bei Wunschkonzerten und KdF-Vorführungen einen guten Tag lebten.

Presseanweisung, 11. 12. 1939

Ansprache an Soldaten am Westwall.

Am 6. Dezember begeht

Generalfeldmarschall August von Mackensen

eine der volkstümlichsten Soldatengestalten der alten Armee, seinen 90. Geburtstag. Auf seinem langen Lebensweg, der ihn durch die Höhen und Tiefen des deutschen Schicksals führte, erlebte er nach dem Kriege 1870/71 den glanzvollen Aufstieg des Reiches und seinen Niedergang. Hervorragend beteiligt am Abwehrkampf des deutschen Volkes im Osten – seine größte Tat war die Durchbrechung der russischen Front bei Gorlice–Tarnow –, konnte es auch ihm trotz heroischen Einsatzes seiner Feldherrnkunst nicht gelingen, den Zusammenbruch abzuwenden. Das Schicksal war gütig genug, ihn den Wiederaufstieg seines Volkes erleben zu lassen. Wir freuen uns, daß es dem Feldmarschall vergönnt ist, den heutigen Kampf des deutschen Volkes um Recht und Freiheit erleben zu dürfen.

»Die Wehrmacht«, Dezember 1939

Kriegsweihnacht in Berlin

Berlin, wo die alte Überlieferung Weihnachten in der Stille des Familienkreises zu feiern, sich noch immer behauptet, bot im Zeichen der Verdunkelung mehr als je den Anblick einer ausgestorbenen Stadt. Jeder hat schließlich seinen Weihnachtsbaum aufgetrieben, wenn auch manchmal erst nach einem Abstecher in die Außenquartiere, wo weniger Knappheit herrschte. Zur Begünstigung festtäglicher Illusionen sind auch die Lebensmittelrationen in der Weihnachtswoche etwas erhöht worden, und als besondere Vergünstigung gab es ohne Kleiderkarte eine Krawatte für jeden männlichen und ein Paar Strümpfe für jeden weiblichen Käufer.
Das Weihnachtsgeschäft war von einer bemerkenswerten, ja fast unheimlichen Lebhaftigkeit. Teure Geschenke sind allerdings sehr selten geworden.
Die Reklame der Juweliere geht nur noch darauf aus, ihre Kundschaft zum Verkauf ihrer Schmuckstücke aufzumuntern, da neue Ware nicht mehr auf den Markt kommt, und ähnlich steht es mit den Teppich- und Pelzhändlern. Gewaltig war dafür der Ansturm auf die billigeren Artikel.

»Neue Zürcher Zeitung«, 16. 12. 1939

Das OKW gibt bekannt

Dezember

14. 12. Das Panzerschiff Admiral Graf Spee, eines der seit Kriegsausbruch in den atlantischen Gewässern operierenden Kriegsschiffe, stieß gegen den Geleitzugweg La Plata–Europäische Gewässer vor und versenkte die britischen Dampfer Tairoa (7983 BRT) und Streonshall (3895 BRT). Hierbei kam das Panzerschiff in Gefechtsberührung mit dem Schweren englischen Kreuzer Exeter und den Leichten Kreuzern Ajax und Achilles. Bei dem Gefecht gelang es dem Panzerschiff, den zahlenmäßig überlegenen feindlichen Streitkräften schweren Schaden zuzufügen. Exeter mußte sich nach schweren Treffern aus dem Gefecht zurückziehen. Einer der Leichten Kreuzer wurde gleichfalls schwer beschädigt. Das Panzerschiff Admiral Graf Spee erhielt seinerseits einige Treffer. Zur Zeit befindet es sich in dem Hafen von Montevideo (Uruguay).
Die britische Admiralität teilt den Verlust des Zerstörers Duchess in den heimischen Gewässern mit.

18. 12. Das Panzerschiff Admiral Graf Spee hat die zur Wiederherstellung seiner Seefähigkeit benötigte Frist von der uruguayischen Regierung nicht bekommen. Der Führer und Oberste Befehlshaber der Wehrmacht hat deshalb dem Kommandanten den Befehl gegeben, das Panzerschiff außerhalb der Hoheitsgewässer selbst zu sprengen und zu vernichten. Dies ist am 17. Dezember gegen 20 Uhr geschehen.

19. 12. An der Westfront geringe örtliche Spähtrupp- und Artillerietätigkeit.
Die Luftwaffe klärte gegen Seeziele ostwärts Schottland auf. Hierbei griffen deutsche Fernaufklärer vier englische Vorpostenboote an. Sie wurden versenkt.
In den frühen Nachmittagsstunden versuchten 52 englische Kampfflugzeuge Wilhelmshaven anzugreifen. Der deutsche Flugmeldedienst erkannte frühzeitig die Angreifer. Bereits nördlich Helgoland wurden sie von Jagd- und Zerstörer-Flugzeugen gestellt. 34 britische Flugzeuge wurden hierbei nach hartem Kampf abgeschossen. Wir verloren zwei Flugzeuge.

»Bitte weitersagen«

Der Direktor Willi Schaeffers darf sich die Hände reiben. Ein großer Wurf ist ihm gelungen. Zwischen Zoo und Bahnhof Halensee ist das neue Programm des Kabaretts der Komiker das Tages- und das Nachtgespräch. Ganz Berlin wird die Parole »Bitte weitersagen!« aufnehmen, die den Titel abgibt für Peter Kreuders jüngste schmissige Schlagermelodie, mit der Schaeffers seine Premiere erfolgreich startete.

Der erste starke Magnet: Rosita Serrano. Noch ist die charmante, schlanke Chilenin nach ihren großen Konzertsaalerfolgen in ihrem Neuland des Kabaretts nicht recht warm geworden. Ihre Zurückhaltung wird sich lösen, wenn sie erst mit den Kleinkunstfreunden den nötigen inneren Kontakt gefunden hat. Zusammen mit dem ausgezeichneten Orchester Hohenberger gestaltete sie nichtsdestoweniger ihr erstes Auftreten am Kurfürstendamm zu einem der erfreulichsten Eindrücke dieses Berliner Kunstwinters. Ein Gitarrenlied in der Sprache ihrer südamerikanischen Heimat machte den Anfang. Dann eine bunte Folge der durch Rundfunk und Schallplatte nachgerade schon populär gewordenen Texte und Melodien.

Peter Igelhoff am eigenen mitgebrachten Klavier eröffnete den Reigen der männlichen Sterne. Er brachte neue witzige Tonspielereien und parodierte unter gütiger Mitwirkung des Herrn Direktors den Erlkönig auf eine besondere Art. Was das Parodieren anbelangt, so übertraf ihn noch Loni Heuser, stimmgewaltig und in jeder Hinsicht in Form. Die Spielfolge, die mit einem Tango der Stavignus-Truppe und einer fröhlichen Büroszene von Theo Prosel und Mario Dietmar ihren vielversprechenden Anfang nahm, brachte weiter auf die Bühne den fliegenden Fleckstifthändler

Rosita Serrano, die »chilenische Nachtigall«.

Peter Frankenfeld, dem man samt seinem schnellebigen Mundwerk schon einmal am Alexanderplatz begegnet sein muß, Herta Mayen, eine talentvolle junge Chansonette, Joe Furtner als echte Wiener Heurigentype, Carola Corda, Straußens »Schöne blaue Donau« tanzend, und nicht zu vergessen Willi Schaeffers selber, der sich mit Curt Ackermann und dem Hauskapellmeister Erwin Bootz in die gesprochene und gesungene Ansage teilte.

»Deutsche Allgemeine Zeitung«, 6. 1. 1940

Militärärztliche Akademie

Die Ausbildung unserer Sanitätsoffiziere ist im Kriege von noch größerer Bedeutung als im Frieden. An der Militärärztlichen Akademie in Berlin, an der Sanitätsfahnenjunker und -fähnriche nach 6monatiger Dienstzeit als Soldat für das ganze Reich ausgebildet werden, herrscht daher Hochbetrieb. Die Akademie, ein Helfer zur Gesundheit und zur Wehrhaftigkeit, ist aber nicht nur Ausbildungsstätte, sondern zugleich ein Forschungsinstitut, in dem gerade während des Krieges immer neue Einsichten gewonnen werden, mag es sich um den Gasschutz, um Verbandstoffe, chirurgisches Material aus einheimischen Rohstoffen usw. handeln. Sie besteht seit 1794 – damals nannte man sie Pepinière (Pflanzstätte). 1918 wurde sie geschlossen, um 1934 im nationalsozialistischen Reich wieder zu neuem Leben zu erwachen.

»Die Wehrmacht«, Januar 1940

Die Wirkung von Geschossen und Granatsplittern auf die verschiedenen Stahlhelmtypen wird sorgfältig erforscht. Auf unserem Bild zeigt der ausbildende Sanitätsoffizier einen französischen Stahlhelm, der am Stirnschutz (dicht neben dem weißen Etikett) von einem Gewehrgeschoß durchbohrt ist.

Weiße Panzer

Unter dem von finnischen Truppen am Kjantasee erbeuteten Kriegsmaterial hat man Tausende von Lehrbüchern über das Skilaufen gefunden, die noch in Kisten verpackt waren. Immerhin konnte man auf sowjetischer Seite sehr gute Skiläufer beobachten. Es handelt sich um sowjetische Karelier, die in der Roten Armee dienen. Im übrigen ist aus der fehlenden sowjetischen Winterausrüstung zu schließen, daß Stalin die erfolgreiche Beendigung des finnischen

1940

Januar

5.–8. 1. Große sowjetische Verluste östlich des finnischen Suomussalmi. 27 500 sowjetische Soldaten sterben, 900 finnische

10. 1. »Mechelen-Zwischenfall«. Auf dem Flug von Münster nach Bonn muß ein deutsches Militärflugzeug bei Mechelen (Belgien) notlanden. Die Flugzeugbesatzung vernichtet den größten Teil der mitgeführten Unterlagen über die bevorstehende Westoffensive. Die von den Belgiern sichergestellten Fragmente bestätigen aber die deutsche Absicht, den Angriff über belgisches und niederländisches Gebiet zu führen

13. 1. Belgien und Niederlande ordnen den Bereitschaftszustand an. Hitler befiehlt, daß alle Aufmarschbewegungen im Westen einzustellen sind

15. 1. Den Alliierten wird von der belgischen Regierung bei einem deutschen Angriff keine Durchmarscherlaubnis für belgisches Territorium erteilt

16. 1. Der Beginn der Westoffensive wird auf das Frühjahr verschoben

27. 1. Zur geplanten Besetzung von Norwegen und Dänemark gibt Keitel den Oberbefehlshabern der Wehrmacht den Wunsch Hitlers bekannt, das Unternehmen »Weserübung« (Kodename) »unter seinem persönlichen und unmittelbaren Einfluß und im engsten Zusammenhang mit der Gesamtkriegführung« weiter zu bearbeiten

30. 1. Anläßlich des 7. Jahrestages der Machtübernahme der NSDAP spricht Hitler im Berliner Sportpalast. Seine Polemiken richten sich in erster Linie gegen England. Er erklärt: »Und ich kann Frankreich und England nur sagen, auch sie werden den Kampf bekommen!«

Kultur

1. 1. Die »Studentische Dienstpflicht« tritt in Kraft. Sie muß während der ersten drei Semester in den Kameradschaften des NS-Studentenbundes und den Dienstgemeinschaften der Deutschen Studentenschaft geleistet werden

13. 1. Die Ufa veröffentlicht ihren Umsatz für 1939. Er beträgt 142,4 Mill. RM (1938: 118,47 Mill. RM)

Feldzuges noch vor Beginn des Winters erwartet. Bis vor kurzem hatte das sowjetische Kriegsmaterial keine Wintertarnung. Erst nach der Schlacht bei Raate sah man die ersten mit weißer Tarnfarbe gestrichenen sowjetischen Panzer und mit weißen Tüchern überzogene Panzerabwehrgeschütze.
Nach Meldung finnischer Patrouillen treffen die Sowjets jetzt Vorsichtsmaßnahmen, um ihre Transportstrecke vom Stützpunkt Kandalatschka am Weißen Meer bis zur finnischen Grenze zu schützen, die gut befahrbar ist, solange Frost herrscht. Tausende von Bäumen sind an beiden Seiten der rund 100 Kilometer langen Straße gefällt worden, um finnische Patrouillen fernzuhalten. Das Roden der Bäume wird meist von polnischen Kriegsgefangenen durchgeführt.

Finnischer Agenturbericht, 15. 1. 1940

Zuchthaus für Hamburger Gastwirt

Das Hanseatische Sondergericht verurteilte den Inhaber einer Gastwirtschaft aus dem Hamburger Hafen, Friedrich Rieck, wegen Verstoßes gegen die Verordnung über außerordentliche Rundfunkmaßnahmen vom 1. September 1939 zu drei Jahren Zuchthaus. Der Verurteilte konnte nicht bestreiten, daß er zunächst den Sender Toulouse und danach andere ausländische Sender abgehört habe, ohne Rücksicht darauf, daß auch noch Gäste in der Gaststube anwesend waren. Er benutzte dazu einen alten Apparat, der für dieses verbotene Abhören besonders geeignet war. Erschwerend kam hinzu, daß der Angeklagte sich die Sendezeiten der ausländischen Stationen genau auf kleinen Zetteln notiert hatte, die man bei seiner Festnahme vorfand. Ein vorsätzliches Weiterverbreiten der ausländischen Rundfunkmeldungen hat nach Annahme des Gerichts nicht vorgelegen.

»Deutsche Allgemeine Zeitung«, 4. 1. 1940

Wochenspruch der NSDAP vom 31. 12. 39 bis 6. 1. 40.

»Die Wehrmacht«, Januar 1940

Das OKW gibt bekannt

Januar

11. 1. Im Grenzgebiet südlich Saarbrücken wurde ein feindlicher Vorstoß in Stärke einer Kompanie in sofortigem Gegenstoß abgewiesen. Der Gegner verlor Tote und Gefangene.
Bei Grenzüberwachungs- und Aufklärungsflügen an der Westfront kam es zu mehreren Luftkämpfen. Hierbei wurden zwei feindliche Flugzeuge abgeschossen. Ein deutsches Flugzeug wurde bei der Verfolgung eines Feindes in der Gegend von Colmar durch Bodenberührung vernichtet.
Bei einem erneuten Versuch, Flugplätze an der deutschen Küste mit Bomben anzugreifen, wurden neun britische Bombenflugzeuge vom Muster Bristol-Blenheim in der Deutschen Bucht von vier deutschen Flugzeugen gestellt. Im Verlaufe des Kampfes wurden drei britische Flugzeuge abgeschossen, ein weiteres so stark beschädigt, daß es vermutlich seinen Heimathafen nicht mehr erreichte. Die deutschen Flugzeuge kehrten aus diesem Kampf gegen eine mehr als doppelte Überlegenheit ohne Verluste zurück.

13. 1. In der deutschen Bucht versuchten acht britische Bomber deutsche Zerstörer anzugreifen. Nur zwei Angreifern gelang es, ohne jeden Erfolg Bomben abzuwerfen. Der eine wurde abgeschossen, der zweite beschädigt. Die übrigen sechs britischen Flugzeuge drehten schon unter der Wirkung des gut liegenden Abwehrfeuers unserer Zerstörer vorzeitig ab.

31. 1. Im Westen nur geringe Gefechtstätigkeit.
Die Kriegsmarine verstärkte in der letzten Zeit ihre Unterseeboot-Abwehr in der Deutschen Bucht durch vermehrten Einsatz von Unterseeboot-Jagdstreitkräften und anderen Unterseeboot-Abwehrmitteln.
Deutsche Fliegerverbände wurden auch im Laufe des 30. Januar zur Aufklärung über der Nordsee und der englischen Küste von den Orkney-Inseln bis zur Themse-Mündung eingesetzt. Hierbei wurden – wie bereits durch Sondermeldung bekanntgegeben – wiederum sieben bewaffnete Handelsschiffe versenkt, ein weiteres schwer und mehrere andere leicht beschädigt. Außerdem wurden zwei britische Vorpostenboote zum Sinken gebracht. Trotz stärkster Flakabwehr von allen angegriffenen Schiffen und trotz Einsatzes zahlreicher feindlicher Jäger wird nur ein eigenes Flugzeug vermißt.

Würdelose Volksgenossen

Mit Entsetzen haben wir die jüngste Mitteilung über das furchtbare Ausmaß der grausamen Verbrechen der Polen gelesen. Aber nicht nur diese 58000 Volksdeutschen klagen aus ihren Gräbern England und Polen an. Wir erinnern uns noch gar zu gut der Greueltaten, die an deutschen Soldaten begangen wurden, die in polnische Gefangenschaft gerieten. Trotzdem gibt es noch deutsche Menschen – wenn auch zum Glück nur wenige –, die in würdeloser Weise Umgang mit polnischen Gefangenen gehabt haben.
Mit drei solchen Fällen hatte sich jetzt das Amtsgericht Halberstadt zu befassen. In Pabstorf hatte ein Fünfzigjähriger sich dazu bereit gefunden, unter einer privaten Anschrift Briefverkehr zwischen einem polnischen Gefangenen und dessen Verwandten zu ermöglichen. So konnte dieser Pole einen Brief nach Hause schicken, von dessen Inhalt niemand etwas wußte, und die Verwandten konnten wiederum ein Paket nach Pabstorf senden, ohne daß es nachgesehen wurde. Welche Gefahren das hätte mit sich bringen können, ist aus dem Weltkriege hinreichend bekannt, wo Kriegsgefangene in Paketen allerhand Werkzeuge usw. geschickt erhielten, um Deutschland zu schädigen. Der Angeklagte wurde wegen dieses unwürdigen Verhaltens zu vier Monaten Gefängnis verurteilt. Ein weiterer Fall hat sich in Aschersleben abgespielt. Ein 49jähriger Mann hat einem polnischen Kriegsgefangenen, der auf der Straße arbeitete, im Vorübergehen eine Schachtel Zigaretten zugesteckt. Das Urteil gegen ihn lautete auf einen Monat Gefängnis.
Ein dritter Fall ereignete sich in Wolmirsleben, wo ein 39jähriger Einwohner einem polnischen Kriegsgefangenen einen Pullover schenkte, ihm Kuchen zusteckte und sogar ermöglichte, daß sich seine Ehefrau, die Polin ist, mit dem Kriegsgefangenen in der Heimatsprache unterhalten konnte. Das Urteil lautete auf vier Monate Gefängnis unter Anrechnung von drei Wochen Untersuchungshaft.

»Braunschweiger Neueste Nachrichten«, 15. 2. 1940

Nutzbarmachung von Altpapier

Im Zusammenhang mit einer Gemeinschaftsaktion mit den zuständigen Wirtschaftsgruppen wendet sich das Fachamt »Druck und Papier« der Deutschen Arbeitsfront an alle deutschen Betriebe, die vorhandenen Altpapiermengen zu sammeln und der Produktion wieder nutzbar zu machen. Auch die Gefolgschaftsmitglieder werden aufgefordert, das in ihrem Haushalt anfallende Altpapier in den Betrieb mitzubringen, damit es hier ebenfalls zur Abholung bereitgestellt werden kann. Auskunft über die Abholung des zu Ballen gepreßten oder in Säcke gestopften Papiers geben die Hauptsachabteilungen »Druck und Papier« bei den Gauverwaltungen der DAF.
In Amerika, so schreibt die Deutsche Arbeitskorrespondenz, sei der Wert des Altpapiers längst erkannt, und bis zu 50% des bedruckten oder als Verpackungsmaterial benutzten Papiers werde immer wieder der Papiererzeugung zugeführt. In Deutschland wurden bisher nur etwa 25% des Altpapiers zurückgewonnen, während ein großer Teil einfach vernichtet worden ist. Durch die systematische Erfassung der vorhandenen Altpapiermengen mit Hilfe dieser Sonderaktion könne jedoch eine bedeutende Ersparnis an Rohstoffen erzielt werden.

»Deutsche Allgemeine Zeitung«, 8. 2. 1940

Im Verlauf eines Spähtruppunternehmens wurde Unteroffizier R. durch einen Granatsplitter am Bein verwundet.

Inzwischen ist eine Tragbahre herangeschafft worden.

Bald ist das Sanitätsauto zur Stelle.

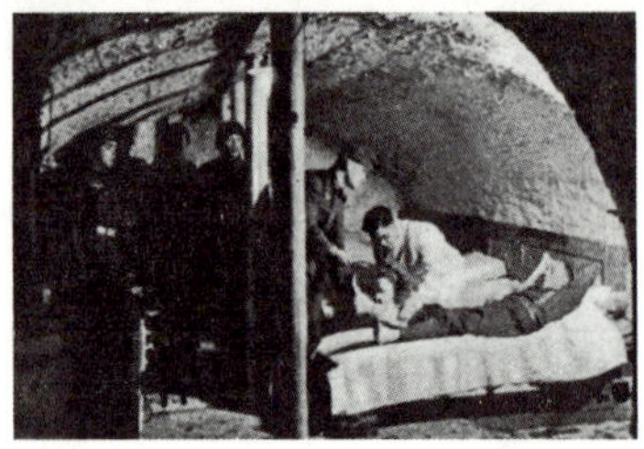

In bomben- und granatsicheren Sanitätsstollen melden die Kameraden: »Unteroffizier R. durch Granatsplitter verwundet!«. Ärztliche Hilfe ist sofort zur Stelle.

»Die Wehrmacht«, Februar 1940

Lichtblick für verdunkelte Fenster

Das Nützliche mit dem Angenehmen zu verbinden, ist eine Aufgabe der Hausfrau, die

1940

Februar

1.–3. 2. Die UdSSR versucht im finnisch-sowjetischen Winterkrieg, das ihr von Deutschland im Nichtangriffsvertrag vom 23. 8. 1939 zugestandene Interessengebiet Finnland möglichst schnell zu gewinnen

5. 2. Der alliierte Kriegsrat, der sich aus den militärischen und politischen Führungen Großbritanniens und Frankreichs zusammensetzt, beschließt die Entsendung von Truppen nach Narvik, um deutsche Erztransporte in Nordschweden zu unterbrechen und Finnland zu unterstützen

11. 2. Abschluß eines deutsch-sowjetischen Wirtschaftsabkommens, wodurch die britische Blockade an Wirkung einbüßt. Beginn der zweiten Offensive sowjetischer Truppen, die zum Durchbruch führt und die Finnen dazu zwingt, ihre Armee in den Raum östlich von Wiborg zurückzunehmen

16. 2. Der britische Zerstörer Cossack dringt in norwegische Hoheitsgewässer ein und kapert das deutsche Marinetroßschiff Altmark. An Bord befinden sich 303 englische Gefangene von Schiffen, die das Panzerschiff Graf Spee versenkt hat. Die Gefangenen werden befreit

18.–20. 2. Erfolgloser Versuch deutscher Truppen, den alliierten Geleitverkehr zwischen Großbritannien und Skandinavien zu stören (Unternehmen »Nordmark«)

21. 2. General der Infanterie von Falkenhorst wird zum Leiter des Arbeitsstabes »Weserübung« ernannt

23. 2. Der Generalinspektor für das deutsche Straßenwesen, Fritz Todt, wird zum Generalinspektor für Sonderaufgaben im Vierjahresplan ernannt

24. 2. Abschluß der deutsch-italienischen Wirtschaftsverhandlungen in Rom

1. 1.–29. 2. Deutsche U-Boote versenken in der Nordsee und im Atlantik 107 alliierte Handelsschiffe mit insgesamt 364 834 BRT

Kultur

19. 2. Hitler verleiht Sven Hedin zum 75. Geburtstag das Großkreuz des Ordens vom Deutschen Adler

22. 2. Der Worpsweder Maler Otto Modersohn, der 1939 den Niederdeutschen Malerpreis erhielt, wird 75 Jahre alt

Kinderzimmer. Mit lustigen bunten Figuren, die aus Papier geschnitten wurden, ist das schwarze Rollo beklebt worden.

In das Gästezimmer, das in schlichtem, fast ländlichem Stil eingerichtet ist, passen buntbemalte grüne Pappen, denen man schwarze oder rote Herzen und Blumenmotive aufmalt.

Erker. Die an sich praktischen, aber sehr eintönigen schwarzen Verdunkelungsrollen werden innen mit Tapete beklebt, die farblich gut ins Zimmer paßt. Am Tage werden sie wie üblich aufgerollt.

Die Küche ist besonders nett anzuschauen. Es erfordert aber schon etwas Geschick, diese Pappen (oder Sperrholzplatten) mit bunter Ölfarbe zu bemalen.

zeigt, daß die Bezirke ihres Wirkens weit über die kleinen praktischen Dinge hinausreichen bis ins Land der Phantasie.
Ich habe für meine Leserinnen als ein Beispiel dieser hausfraulichen Tugend die hier gezeigten vier Verdunkelungsvorschläge entwerfen lassen. Denn daß die Verdunkelung notwendig ist, kann noch kein Grund sein, sie mit häßlichen Mitteln durchzuführen: Alte, halbzerrissene Decken, häßliche, schlecht geklebte Papiere vor den Fenstern machen nicht nur das Zimmer, sondern auch die Atmosphäre der Familie unbehaglich. Aber gerade wenn das Verdunkelungspapier heruntergerollt ist und als ein großer schwarzer Fleck eine Barrikade vor der Welt zu sein scheint – dann kann sich im umgrenzten Raum der schöpferische Sinn der Hausfrau entfalten und auf die tote Fläche die munteren Geisterchen der Phantasie zaubern. Den meisten Spaß macht vielleicht das Kinderzimmer: Mit bunten Figuren bekommt Fritzchen ein fenstergroßes Bilderbuch zusammengeklebt – als Gleichnis jenes Optimismus, der das schwarze Übel in eine lustige Welt verwandelt.

»Beyers Frauen-Illustrierte Hella«, Februar 1940

Das OKW gibt bekannt

Februar

4. 2. Im Westen keine besonderen Ereignisse.
Wie bereits durch Sondermeldung bekanntgegeben, hat die deutsche Luftwaffe im Rahmen der Aufklärung über der Nordsee am 3. Februar britische Kriegsfahrzeuge und bewaffnete oder im Geleit fahrende Handelsdampfer angegriffen und trotz stärkster Flak- und Jagdabwehr ein Minensuchboot, vier Vorpostenboote und neun Handelsdampfer versenkt. Zahlreiche weitere bewaffnete Handelsdampfer wurden teilweise erheblich beschädigt. Sämtliche versenkten Handelsdampfer wurden in britischen Geleitzügen angegriffen. Drei eigene Flugzeuge sind vom Feindflug nicht zurückgekehrt.
Nach zuverlässigen Nachrichten betrugen die in der Zeit vom 21. bis 31. Januar 1940 als Folgen des Seekrieges entstandenen Verluste an englischen, französischen und neutralen Handelsschiffen zusammen 145 603 BRT.

21. 2. Aufklärungs- und Grenzüberwachungsflüge der Luftwaffe blieben ohne Kampfberührung. Im Rahmen der gegen die britische und schottische Ostküste bis zu den Shetlands unternommenen Aufklärungsflüge wurden zwei britische Minenleger durch Bombenabwurf versenkt und ein bewaffnetes Handelsschiff so schwer getroffen, daß mit seinem Verlust zu rechnen ist. Sämtliche Flugzeuge sind unversehrt in ihren Heimathäfen gelandet.

28. 2. In Gegend Perl, dicht ostwärts der Mosel, wurde heute nacht der Angriff eines stärkeren, mit Artillerieunterstützung vorgehenden feindlichen Stoßtrupps erfolgreich abgewiesen.
Die deutsche Luftwaffe unternahm in der Nacht vom 26. zum 27. Februar ausgedehnte Vorstöße in den französischen Luftraum, wobei auch Paris von mehreren Flugzeugen längere Zeit überflogen wurde. Die am 27. Februar über der Nordsee und den Britischen Inseln und im beschränkten Umfang gegen Frankreich durchgeführte Erkundung der Luftwaffe stieß an verschiedenen Stellen auf starke feindliche Abwehr. Zwei deutsche Flugzeuge sind vom Flug gegen England nicht zurückgekehrt.
Ein englisches Aufklärungsflugzeug vom Muster Bristol-Blenheim wurde abgeschossen.

Der Oberbefehlshaber des Heeres

Vor vierzig Jahren, am 22. März 1900, begann die militärische Laufbahn des Soldaten v. Brauchitsch, die vom Leutnant im Garde-Grenadier-Regiment Nr. 2 zum Generaloberst und Oberbefehlshaber des Heeres führte.
Beim 3. Garde-Feldartillerie-Regiment, zu dem er auf seinen Wunsch hin versetzt wurde, versah er mehrere Jahre den Posten eines Regimentsadjutanten und wurde dann als Hauptmann in den Großen Generalstab übernommen.
Im Weltkrieg zeichnete sich Hauptmann von Brauchitsch durch seinen mutigen persönlichen Einsatz besonders in den Argonnenkämpfen aus. In dem schwierigen Schluchtengelände war er durch seine täglichen Besuche in der vordersten Linie bald jedem Posten bekannt. Kein Geringerer als der Generalquartiermeister des Feldheeres, Ludendorff, hat daher am 10. Mai 1917 den Vorschlag zur Verleihung des Hohenzollern-Ordens unterzeichnet, in dem es über den damaligen Hauptmann v. Brauchitsch heißt:
»Hat 1 ½ Jahre als erster Generalstabsoffizier der 34. Infanterie-Division während der schweren Kämpfe in den Argonnen und vor Verdun in rastloser, hingebungsvoller und verständnisvoller Arbeit die hervorragendsten Dienste geleistet und jederzeit seine Person rücksichtslos eingesetzt. Sein klarer, taktisch geschulter Blick, seine Umsicht, Energie und sein Organisationstalent haben sich glänzend bewährt.«
Nach dem Weltkriege war Generaloberst v. Brauchitsch in den verschiedensten Stellungen am Wiederaufbau des Heeres beteiligt: In der Heeresausbildungsabteilung, als Kommandeur einer Artillerieabteilung, als Generalstabsoffizier einer Division, als Abteilungsleiter im Reichswehrministerium, als Inspekteur der Artillerie, als Kommandeur der 1. Division in Ostpreußen und Befehlshaber im Wehrkreis 1, als Kommandierender General des 1. Armeekorps und als Oberbefehlshaber der Heeresgruppe 4, bis er schließlich am 4. Februar 1938 unter Beförderung zum Generaloberst zum Oberbefehlshaber des Heeres ernannt wird.
Seinen Untergebenen ist er durch die mustergültige Kürze und Klarheit seiner Befehle bekannt. Seine Soldaten, um deren Wohlergehen er sich bei seinen zahlreichen Truppenbesuchen selbst sorgt, vertrauen ihm als dem Heerführer, der sie bei dem einzigartigen Siegeszug durch Polen befehligte.

»Die Wehrmacht«, März 1940

Eine Ehrenpflicht der Betriebsführer

Der Reichsarbeitsminister hat zu der Frage der Beurlaubung werktätiger Frauen während des Fronturlaubs der Ehemänner wie folgt Stellung genommen:
Es ist eine Ehrenpflicht der Betriebsführer, dem Wunsche werktätiger Frauen auf Beurlaubung während des nach längerer Abwesenheit erfolgten Fronturlaubs des Ehemannes weitgehendst entgegenzukommen. Dabei wird bei Bestehen eines Urlaubsanspruchs der Ehefrau bezahlter Urlaub zu gewähren sein. Auch kann im beiderseitigen Einvernehmen bezahlter Urlaub unter Anrechnung auf einen erst später fällig werdenden Urlaubsanspruch bewilligt werden. In sonstigen Fällen ist die Ehefrau wenigstens von der Arbeit freizustellen. Die Urlauber werden von ihren Truppenteilen angewiesen, sofort nach Bekanntwerden des Zeitpunktes des Urlaubsantritts ihre Ehefrauen zu verständigen. Bleibt eine Frau ohne Genehmigung des Betriebsführers dem Betrieb fern, oder verläßt sie die Arbeitsstätte eigenmächtig, so verstößt sie gegen die Gefolgschaftstreue und setzt sich den Folgen einer Vertragsverletzung aus. Es ist ferner Pflicht der Frau, dem Betriebsführer gegenüber glaubhaft darzutun, für welche Zeit der Ehemann beurlaubt ist.

»Göttinger Tageblatt«, 8. 3. 1940

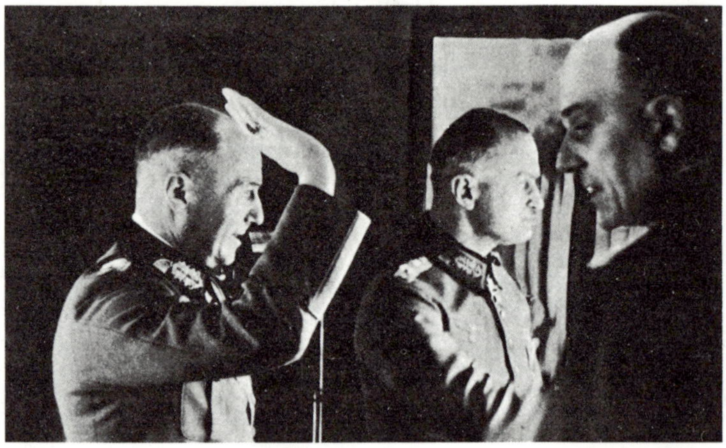

Generaloberst v. Brauchitsch besuchte die in den neugewonnenen Ostgebieten liegenden Truppen und überzeugte sich hierbei vom Stand der Ausbildung und Unterbringung dieser Truppenteile.

1940

März

1. 3. Hitler unterzeichnet Weisung für das Unternehmen »Weserübung« (Besetzung Dänemarks und Norwegens)

1.–3. 3. US-Unterstaatssekretär Sumner Welles führt Sondierungsgespräche für eine Friedensvermittlung mit Ribbentrop, Hitler und Göring

4. 3. Die deutsche Seekriegsleitung stoppt das Auslaufen weiterer U-Boote zum Handelskrieg gegen Großbritannien, um sie für das Unternehmen »Weserübung« zur Verfügung zu haben

6. 3. Die Alliierten stellen Truppenentsendungen nach Finnland in Aussicht

11. 3. Die 7. sowjetische Armee erobert das finnische Wiborg. Die deutsche Seekriegsleitung befiehlt die sofortige Aufstellung von U-Booten vor Narvik und Trondheim

12. 3. In Moskau wird der sowjetisch-finnische Friedensvertrag unterzeichnet. Finnland tritt Gebietsteile in Karelien ab und muß Hangö »verpachten«.

17. 3. Hitler ernennt den Generalinspektor für das deutsche Straßenwesen, Fritz Todt, zum Reichsminister für Bewaffnung und Munition

18. 3. Unterredung zwischen Hitler und Mussolini auf dem Brenner. Mussolini bestätigt die Bereitschaft Italiens zum Kriegseintritt

19. 3. 50 Flugzeuge des RAF Bomber Command greifen den deutschen Seefliegerhorst Hörnum an

20. 3. Rücktritt des Kabinetts Daladier in Paris. Paul Reynaud bildet eine neue Regierung

26. 3. Hitler entscheidet nach einer Lagebesprechung mit Großadmiral Raeder, das Unternehmen »Weserübung« solle kurz vor der Westoffensive stattfinden

28. 3. Der alliierte Kriegsrat beschließt in London, norwegische Gewässer zu verminen und Stützpunkte in Norwegen zu errichten

Kultur

13. 3. Die aus Wien stammende Tänzerin La Jana stirbt kurz vor der Premiere ihres Films »Der Stern von Rio« an den Folgen einer Lungenentzündung

Ehrloses Verhalten einer Soldatenfrau

Ein Frontsoldat aus der Gegend von Koblenz kam auf Urlaub nach Hause und erfuhr am 1. Februar, daß seine Frau während seiner Abwesenheit Ehebruch getrieben habe. Am 2. Februar reichte er beim Landgericht Koblenz die Ehescheidungsklage ein, zugleich bat er um Erteilung des Armenrechts.
Das Armenrechtsgesuch wurde sofort bewilligt. Die Verhandlung in der Scheidungssache fand am 14. Februar statt. Am gleichen Tag fällte das Landgericht sein Urteil.
Der Prozeß hätte unter friedensmäßigen Umständen alle Aussicht gehabt, ein Prunkstück der Langwierigkeit zu werden. Die Frau konnte den Ehebruch zwar nicht bestreiten, dafür bezichtigte sie den Mann aller nur erdenklichen Dinge von der Musterkarte der Eheskandale. Ein anderes Gericht wäre allen diesen Anwürfen vielleicht »pflichtschuldigst« nachgegangen, es hätte ein Heer von Zeugen vernommen und einige Kilogramm Ermittlungen angestellt.
Die Frau war sogar so schlau, als Partnerinnen der Ehebrüche, die sie ihrerseits dem Manne nachsagte, Engländerinnen zu nennen, wohl in der Hoffnung, daß das Gericht deren Vernehmung auf den St.-Nimmerleinstag vertagen müsse. Aber sie kam an die falsche Adresse.
Die Ehe wurde geschieden. Die Frau wurde zur Alleinschuldigen erklärt. Sie muß die Kosten des Rechtsstreites tragen.
Das Landgericht Koblenz sagte in seiner Begründung:
»Selbst wenn man alle von der Beklagten für den Antrag auf Mitschuldigerklärung des Klägers vorgebrachten Gründe als richtig unterstellen wollte, würden sie gegenüber der Verfehlung der Beklagten nicht ins Gewicht fallen.
In einer Zeit, in der der Ehemann zur Verteidigung des Vaterlandes im Felde steht, hat die Frau die unbedingte Pflicht, ihrerseits sich entsprechend zu verhalten. Hierzu gehört auch in erster Linie, ihre und ihres Mannes Ehre zu bewahren.«
Dieses Urteil ist ein nationalsozialistisches Urteil. Mehr ist dazu nicht zu sagen!

»Das Schwarze Korps«, 14. 3. 1940

Die schöne und erfolgreiche Tänzerin La Jana ist tot.

»Beyers Frauen-Illustrierte Hella«, April 1940

Ablieferung von Glocken aus Bronze

In einer Anordnung des Beauftragten für den Vierjahresplan, Hermann Göring, im Reichsgesetzblatt heißt es u. a.: »Um die für eine Kriegführung auf lange Sicht erforderlichen Metallreserven zu schaffen, sind die Glocken aus Bronze anzumelden und abzuliefern. Gebäudeteile aus Kupfer sind zunächst nur anzumelden. Die Festsetzung des Zeitpunktes der Ablieferung bleibt vorbehalten. Ausbau und Abtransport der Glocken erfolgen auf Kosten des Reiches.«

Meldung des Deutschen Nachrichtenbüros, 19. 3. 1940

Das OKW gibt bekannt

März

2. 3. Nach einer Kriegführung von sechs Monaten zu Lande, zur See und in der Luft ist als militärisches Ergebnis festzustellen:
In einem Feldzug von 18 Tagen wurde die polnische Wehrmacht zerschlagen, die polnischen Divisionen vernichtet und das Gebiet des ehemals polnischen Staates bis zur deutsch-russischen Interessengrenze besetzt. Damit wurde die Absicht der Gegner, Deutschland in einen Zweifrontenkrieg zu zwingen, in kürzester Frist vereitelt.
Im Westen wurde der Westwall planmäßig besetzt und bis zur Küste verlängert. An keiner Stelle hat der Gegner es gewagt, auch nur in den Wirkungsbereich des Westwalles vorzustoßen, geschweige denn ihn anzugreifen. In kühnen Spähtrupp- und Stoßtruppunternehmungen hat das deutsche Heer immer wieder seinen Angriffsgeist bewiesen und den hohen Stand seiner Ausbildung und Ausrüstung gezeigt. Wo der Gegner versuchte, im Vorfeld des Westwalls in deutsches Gebiet einzudringen, warfen ihn Verbände des Heeres in raschem Zufassen in seine Ausgangsstellung zurück.
Die deutsche Kriegsmarine hat nach Vernichtung der polnischen Seemacht bis auf die Einheiten, die vor Beginn des Feldzuges geflüchtet waren oder später in neutralen Häfen interniert wurden, den Seekrieg gegen England und Frankreich mit steigendem Nachdruck und wachsenden Erfolgen geführt.

4. 3. Ein deutsches Heinkel-Aufklärungsflugzeug mußte nach einem Luftkampf mit drei französischen Jägern in der Gegend von Metz, in dessen Verlauf beide Motoren aussetzten, mitten in der französischen Festungslinie notlanden. Die Besatzung verbrannte ihr Flugzeug. Zwei Mann, von denen einer einen schweren Oberschenkelschuß erhalten hatte, schlugen sich durch die französischen Linien bis in die deutsche Stellung durch.

20. 3. Im Westen keine besonderen Ereignisse.
Am 19. März, gegen 20 Uhr, griffen britische Flugzeuge die Insel Sylt an. Die Angriffe wurden von einigen Flugzeugen bis 2.40 Uhr fortgesetzt. Ein Haus wurde getroffen, sonst dank der deutschen Abwehr kein Schaden angerichtet. Die meisten Bomben fielen ins Wasser. Ein britisches Kampfflugzeug wurde durch deutsche Flak abgeschossen.

Unter uns lag Paris

»Unter uns lag Paris« – das war das erste, was die Besatzung einer Do 17 nach der Landung im Heimathorst ihren Kameraden berichtete. Bei klirrendem Frost waren sie am Morgen zum Fernaufklärungsflug gestartet, Flugzeugführer, Beobachter und Funker; der Auftrag lautete, über Ost- und Mittelfrankreich zu erkunden. Die gleiche eintönige Helle der Schneelandschaft, auf die die Wintersonne ihren fahlen Schein warf, war diesseits und jenseits der Grenze unter ihnen. Oft nahmen Wolken die Erdsicht, und so war es um so schöner, als die Flieger beim Aufreißen der Wolkendecke plötzlich die französische Hauptstadt unter sich sahen. Jeden von ihnen überkam die Freude, über der Metropole des Feindes zu fliegen. Wichtiger aber war der Auftrag, Luftbilder von einigen Punkten in der weiteren Umgebung der Stadt mitzubringen, und so flog die Do 17 an der Peripherie der Seinestadt entlang weiter ihrem Ziele zu. Der Auftrag war bald erfüllt, aber vor der Heimkehr sollte es noch kritische Minuten geben. Während des Rückfluges rief der Heckschütze – es war in der Nähe von Amiens – plötzlich zwei Worte, die als Alarm genügten: »Sie kommen!« Sie – das waren französische Jagdflugzeuge des Musters »Morane«, die da in höchster Fahrt heranbrausten. Vier, fünf, immer mehr, schließlich neun konnte der Heckschütze ausmachen – eine gefährliche Zahl von Verfolgern. »Nun nichts wie hoch und in die Wolken hinein«, ging es blitzschnell dem deutschen Flugzeugführer durch den Kopf, und mit höchsten Touren jagte die Do 17 auf die neblige Wolkenmasse los. Schon waren die französischen Jäger auf gute Schußweite heran, aber da schloß sich die »Waschküche« um das deutsche Flugzeug und seine Besatzung. Und als man endlich wieder einmal einen Blick »ins Freie« riskieren konnte, da waren die Franzosen bereits abgehängt. Unbehelligt setzte die Do 17 ihren Flug fort . . . »Der Adler«, 16. 4. 1940

Do 17 über Paris.

»Der Postmeister«

Das ist die Geschichte vom Postmeister und seiner schönen Tochter Dunja, die sein Vaterherz erfreute und ihn stolz machte, zu stolz vielleicht, als daß es gut hätte ausgehen können. Auf einer einsamen Poststation lebten die zwei, irgendwo im weiten Rußland, wohin noch keine Eisenbahn führte und wo das Leben sehr eintönig verlief. Brachte ein Reisewagen Gäste ins Haus und begehrten sie nur so schnell wie möglich frische Wagenpferde und war das letzte Paar gerade vor einer Viertelstunde vor einen anderen Wagen gespannt worden, dann hörte der Postmeister böse Worte, wurde gescholten und gedemütigt, bis er seine Tochter Dunja rief. Ihr Liebreiz besänftigte die erhitzten Gemüter im Nu, und die hohen Herren und eiligen Reisenden fanden auf einmal Zeit. Ihr Groll wich sichtbar der Freude, die sie in Gesellschaft Dunjas empfanden – der Vater stand dabei, und sein gutmütiges Gesicht strahlte vor Stolz auf sein Kind.

Auch mit dem Rittmeister Minskij verhielt es sich so. Als Dunja unter seine Augen kam, legte er die Reitpeitsche weg, und seine Befehle schienen auf einmal nicht gegeben. Er hatte plötzlich Zeit, soviel Zeit wenigstens, Dunja gründlich den Kopf zu verdrehen und in ihrem Herzen die unstillbare Sehnsucht nach der unbekannten Ferne zu entfachen. Sie war ja auch ein junges Mädchen, das noch von einem Prinzen träumte. Und sie verließ mit Rittmeister Minskij den Vater, der sich in seinem blinden Stolz von dem noblen Herrn täuschen ließ und glaubte, daß er sein Kind heiraten würde.

Petersburg ist eine große und reiche Stadt, in der sich ein Kind wie Dunja leicht verirren kann. Was für ein Leben führt sie, des Postmeisters Tochter, an der Seite des feinen Rittmeisters Minskij! Wie fliegen die Tage dahin und die Nächte, wie schnell vergißt man hier, woher man kam und daß

1940

April

2. 4. Hitler setzt als Termin für das Unternehmen »Weserübung« den 9. 4. fest

4. 4. Oberst Oster, Chef der Zentralabteilung der deutschen Abwehr, teilt dem holländischen Militärattaché in Berlin, Sas, den Angriffstermin auf Dänemark und Norwegen mit. Die bedrohten Staaten ziehen jedoch keine Konsequenzen daraus

7. 4. Erste deutsche Flottenverbände laufen nach Dänemark und Norwegen aus

8. 4. Britische Zerstörer legen Minen vor die norwegische Küste

9. 4. 5.00 Uhr Beginn der Besetzung Dänemarks und Norwegens durch deutsche Truppen. Dänemark ergibt sich, Norwegen leistet Widerstand

10. 4. In Norwegen Bildung einer deutschfreundlichen Regierung, die aber schon am 15. 4. wieder zurücktritt

13. 4. Britische Seestreitkräfte vernichten mehrere deutsche Zerstörer vor Narvik

14. 4. Die Landung alliierter Truppen in der Nähe von Narvik beginnt

15. 4. Teile der 49. britischen Division landen bei Namsos

16. 4. Britische Truppen besetzen mit Genehmigung des dänischen Gouverneurs die Färöer-Inseln

18. 4. 6000 britische Soldaten landen in Andalsnes

24. 4. Gauleiter und Oberpräsident Terboven wird von Hitler zum Reichskommissar für die besetzten norwegischen Gebiete ernannt

30. 4. Zusammentreffen der von Oslo und von Trondheim vorrückenden deutschen Truppen bei Dombaas. Daraufhin kapitulieren die norwegischen Landstreitkräfte, und die alliierten Truppen schiffen sich wieder ein

1. 3.–30. 4. Deutsche U-Boote versenken in der Nordsee und im Nordatlantik 29 alliierte Handelsschiffe mit 97 173 BRT

Kultur

7. 4. Das 15. Fußball-Länderspiel zwischen Deutschland und Ungarn endet in Berlin 2:2

25. 4. Premiere des Ufa-Films »Der Postmeister« in Wien. In der Titelrolle spielt Heinrich George

man einen alten Vater zurückließ, der auf Nachricht wartet, auf gute Nachricht, auf die Nachricht von der Hochzeit seiner einzigen Tochter mit dem eleganten Reisenden Minskij. Und wie schnell fliegen der schönen Dunja die Herzen der Männer zu. Und vielen Kavalieren der großen Petersburger Gesellschaft schenkt sie ihre Gunst. Der Vater will es ja nicht glauben, als er's zufällig von Reisenden erfährt. Von dem Fähnrich Mitja freilich haben sie ihm nichts berichtet, den Dunja kennen und wahrhaft lieben gelernt hat, so sehr, daß sie von heute auf morgen ein neues, gutes Leben zu beginnen gelobte. Der Postmeister aber macht sich auf nach Petersburg, eine weite Reise, und er sucht seine Dunja. Häßlich ist die Mietskaserne, in der Dunja wohnt; aber die Zimmer sind billig, und eine Näherin wird schlecht bezahlt. Um Mitjas willen nahm Dunja, die verwöhnte Dame, dies auf sich.

In dem ärmlichen Zimmer Elisawethas, die Dunja bei sich aufgenommen hatte, entlädt sich der ganze furchtbare Zorn des getäuschten Vaters – bis die aufmerksam gewordenen Mitbewohner des Hauses den, wie sie meinen, trunkenen Wüterich hinauswerfen. In diesem Augenblick will Dunja in das Haus eintreten und hört entsetzt die tobende Stimme ihres Vaters: Zu Minskij werde er gehen, auf der Stelle, und seine Dunja rächen, brüllt er, und totschlagen werde er ihn und sie noch heute.

Dunja ist bestürzt und läuft ihrem eigenen Vater davon. Sie muß vor ihm bei Minskij sein, muß das Äußerste verhüten. Minskij wird auf den Postmeister vorbereitet, er verspricht Dunja auch, dem Vater vorzulügen, daß alles beim alten sei. Als Preis verlangt er, daß Dunja zu ihm zurückkehrt. Was hätte Dunja in ihrer Herzensnot nicht alles versprochen? »Ja« hat sie gesagt, damit ihrem alten Vater das Herz nicht bricht über die Schande der Tochter.

Es ist eine grausame Komödie, die sie nun dem alten Postmeister vorspielen. Er sitzt unter all den feinen Leuten und sieht, wie seine Tochter mit dem Rittmeister Minskij verheiratet wird. Ahnungslos ist er und merkt nicht, daß die ganze vornehme Gesellschaft aus Dunjas früheren Freunden, aus Lebemännern und lockeren Frauen besteht. Daß der Pope falsch ist und der Ehering, daß aller Glanz hohl und seine Dunja todunglücklich. Denn Mitja kam unseligerweise auch zu diesem »Hochzeitsfest«, und Dunjas Vergangenheit wurde ihm mit einem Schlage klar.

Der Postmeister aber saß, zufrieden und stolz auf seine schöne Tochter, an der Tafel, ließ sich umarmen und auf die Wangen küssen, nahm Glückwünsche entgegen und war gerührt in seiner einfältigen Seele, als sie ihn sogar noch zum Bahnhof brachten.

Das Hochzeitsfest fand seinen Abschluß in einem eleganten Nachtlokal. Dunja begegnet hier noch einmal Mitja und machte den Versuch, ihm alles zu erklären. Aber Mitja hatte kein Ohr für die Stimme Dunjas. Im Morgengrauen legte Dunja im Haus des Rittmeisters Minskij Hand an ihr junges Leben, und ehe sie den letzten Atemzug tat, mußte ihr Minskij schwören, dem Postmeister ihren Tod anzuzeigen, als den Tod seiner Frau Dunja.

Und so geschah es, daß die Freude des Postmeisters bald sich wandelte in Trauer, aber in eine Trauer, die nicht getrübt war von der düsteren Wahrheit. Allen, die auf der Poststation durchreisten – und einmal war es auch der Fähnrich Mitja –, erzählte der Postmeister von seiner schönen Tochter Dunja, die nach Petersburg gegangen war und dort den Rittmeister Minskij geheiratet hatte und die ihrem alten Vater nichts als Freude und Glück geschenkt hätte, solange sie am Leben war.

»Illustrierter Film-Kurier«, April 1940

Dem deutschen Arbeiter

Am Vortage des 20. April gingen Kindergruppen der NS-Frauenschaft in die Betriebe und überreichten den Arbeitern und Arbeiterinnen beim Schichtwechsel als ein Gedenken des Führers kleine Frühlingssträuße.

»Beyers Frauen-Illustrierte Hella«, April 1940

Das OKW gibt bekannt

April

9.4. Um dem im Gang befindlichen britischen Angriff auf die Neutralität Dänemarks und Norwegens entgegenzutreten, hat die deutsche Wehrmacht den bewaffneten Schutz dieser Staaten übernommen. Hierzu sind heute morgen in beiden Ländern starke deutsche Kräfte aller Wehrmachtsteile eingerückt bzw. gelandet. Zum Schutze dieser Operationen sind umfangreiche Minensperren gelegt worden.

18.4. Im Raum um Narvik versuchten am 17. April zum ersten Mal schwache englische Kräfte im Herjangs-Fjord in der Gegend von Elvegardsmoen zu landen. Der Versuch wurde durch die dort stehenden deutschen Truppen abgewiesen.
Ein im Laufe des 17. April angesetzter britischer Luftangriff gegen Trondheim blieb infolge der rechtzeitig einsetzenden deutschen Abwehr ohne jeden Erfolg.
Im Raum von Bergen verlief der Tag ruhig.

19.4. Nördlich Narvik wurden feindliche Seestreitkräfte und Transportdampfer, die eine Landungsaktion vorbereiteten, durch Kampfflieger angegriffen und schwer getroffen. Ein feindliches Unterseeboot wurde durch Bombentreffer sofort versenkt.

27.4. Aus militärischen Gründen hat das Oberkommando der Wehrmacht bis heute keinerlei Nachrichten über den Zusammenstoß deutscher Truppen in Norwegen vom 22. April an mit englischen Landungsabteilungen gebracht. Diese Zurückhaltung ist jetzt nicht mehr erforderlich. Das Oberkommando der Wehrmacht gibt daher bekannt:
Als es am 22. und 23. April unseren Truppen gelang, in Lillehammer und in Tretten überraschend einzubrechen, stießen sie zum ersten Male auf englische, von Andalsnes vorgeworfene Kräfte und zersprengten sie. Völlig überrascht flüchtete der Feind unter Hinterlassen von Waffen und Gerät in Richtung Dombas.

$ 1.000.000 Dollar Belohnung in bar

für die Auslieferung von

Adolf Hitler

an den Völkerbund – lebend und unversehrt

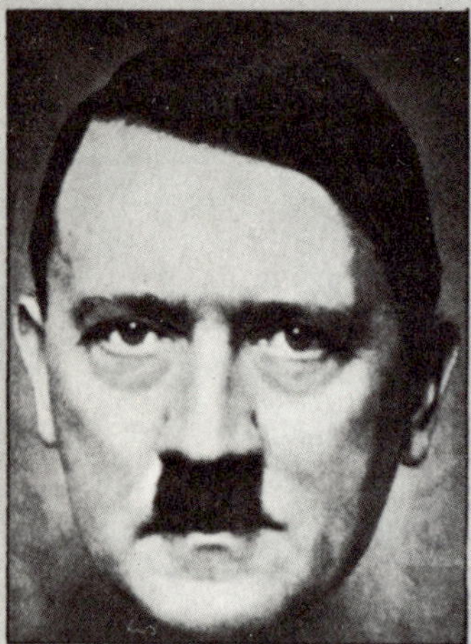

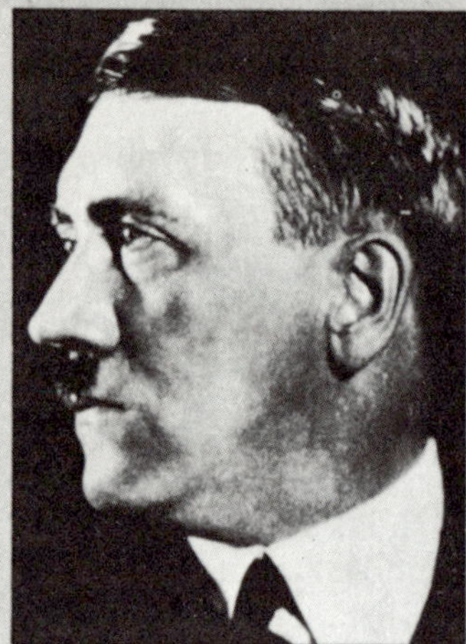

„Um weiteres Blutvergießen und weitere Greueltaten in diesem deutschen Angriffskrieg zu verhindern, bin ich von maßgeblichen Amerikanern bevollmächtigt worden, eine Belohnung von einer Million Dollar in bar für den- oder diejenigen auszusetzen, die Hitler lebendig, unverwundet und unversehrt in den Gewahrsam des Völkerbundes bringen. Hitler soll vor einem Obersten Gerichtshof wegen seiner Verbrechen gegen den Frieden und die Würde der Welt zur Rechenschaft gezogen werden. Dieses Angebot gilt für den gesamten Monat Mai 1940."

Beschreibung: Alter 51; Größe 171,5 cm; Haarfarbe dunkelbraun; Augen dunkel, funkelnd; schwarzer, geschnittener Schurrbart; ledig; nervös, gefühlsbetont, energisch. Beruf: Früher Tapezier und Putzer; Künstler; Gefreiter der deutschen Armee; Diktator.

Staatsangehörigkeit: Österreicher von Geburt; deutsche Staatsangehörigkeit verliehen.

Religion: Keine. Hobbies: Spiritualismus, Astronomie, klassische Musik.

Bezeichnung: Putschist; Aufwiegler; Kanzler; Oberbefehlshaber der Deutschen Wehrmacht; der Führer.

Ist wohlhabend : unterhält Beziehungen zu verschiedenen wichtigen Gangs in Europa. Geht mit Gewalt vor.

Chef des Carnegie Institute unterbreitet neuen Plan

Eine Kopfprämie von einer Million US-Dollar in bar für die Auslieferung Hitlers an den Völkerbund wurde von Samuel Harden Church, Präsident des Carnegie Institute, ausgesetzt. Er machte das Angebot im Auftrage einer Gruppe von Einwohnern Pittsburghs. In einem Telefoninterview mit der New York Times sagte Church, das Angebot sei zeitlich begrenzt, damit alle, die die Belohnung haben wollen, schnell handeln. Weiter erklärte er, die Entscheidung, eine Million Dollar für die Ergreifung Hitlers auszusetzen, sei von einer Gruppe in Pittsburgh aufgrund von Informationen getroffen worden, wonach Hitler demnächst an der Westfront losschlagen wolle. Er werde einen Durchbruch versuchen, selbst wenn dies 500 000 Deutschen das Leben kosten sollte.

Auf die Frage, ob er in seiner Eigenschaft als Präsident des Carnegie Institute handele, einer der bedeutendsten Bildungs- und Kulturorganisationen, erwiderte Church: »Ich habe nichts dagegen, dieses Angebot als Präsident des Carnegie Institute zu unterbreiten. Es entspricht völlig den Idealen von Andrew Carnegie. Schließlich hat er eine Friedensorganisation gegründet. Er glaubte fest daran, daß eine machtvolle Vereinigung von Nationen in der Lage ist, den Frieden zu erzwingen.

Church erklärte weiter, er betrachte eine Gerichtsverhandlung als einen »hervorragenden Präzedenzfall« für jeden »Abenteurer«, der danach »Krieg gegen eine friedliche Welt führt«. Er fügte hinzu: »Dieser Musterfall würde besagen, daß so ein Mann für sein Verbrechen persönlich verantwortlich gemacht und zur Bestrafung hingerichtet werden würde.«

»New York Times«, 1. 5.1940

Gitter für Kriegszwecke

Die Dringlichkeit der Schaffung einer großen Materialreserve für Kriegszwecke macht die Erfassung der eisernen Einfriedungen notwendig. Es ist deshalb die Anordnung ergangen, derzufolge alle eisernen Einfriedungen, Vorgärtengitter usw. ab 1. Juni d. J. ablieferungspflichtig sind.

Um eine bei dem derzeitigen Mangel an Arbeitskräften besonders ins Gewicht fallende Belastung der mit der Erfassung dieser Eisenbestände befaßten Dienststellen möglichst zu vermeiden, ergeht an alle Privatbesitzer von eisernen Einfriedungen die dringliche Aufforderung, diese Einfriedungen schon jetzt zur Ablie-

1940

Mai

3. 5. Hitler erklärt vor 6000 Offiziersanwärtern im Berliner Sportpalast: »Heute kämpft Deutschland als stärkster Militärstaat gegen eine ihm zahlenmäßig und wertmäßig unterlegene feindliche Front«

10. 5. »Fall Gelb«: Beginn des deutschen Angriffs gegen die Niederlande, Belgien, Luxemburg und Frankreich

11. 5. Generalmobilmachung der Schweizer Armee zum Schutz der Neutralität des Landes

13. 5. Entscheidender Durchbruch deutscher Truppen an der Maas zwischen Sedan und Dinant

15. 5. Die niederländischen Streitkräfte kapitulieren

16./17. 5. Beginn des strategischen Luftkriegs der RAF gegen Deutschland. Erste Angriffe auf das Ruhrgebiet

19. 5. Die deutsche Panzergruppe Kleist erreicht Abbeville und die Somme-Mündung. Die alliierten Truppen sind dadurch von den Landverbindungen abgeschnitten

20. 5. Deutsche Truppen erreichen die Kanalküste

24. 5. Die Panzergruppe Kleist wird vor Dünkirchen angehalten

27. 5.–4. 6. Operation »Dynamo«: Die von deutschen Truppen in einem Kessel bei Dünkirchen eingeschlossenen 338 226 Engländer und Franzosen werden mit 848 Schiffen über den Kanal evakuiert

27. 5. Das bisher neutrale Rumänien unterzeichnet mit Deutschland einen »Öl-Waffen-Pakt«

28. 5. König Leopold III. unterzeichnet die Kapitulation der belgischen Armee und geht in deutsche Kriegsgefangenschaft

30. 5. Mussolini teilt Hitler mit, daß Italien in den Krieg eintreten wird

31. 5. Deutsche Angriffe auf das britische Expeditionskorps bei Dünkirchen

Kultur

9. 5. Uraufführung des von Benito Mussolini und Giavachino Forzano verfaßten Dramas »Cavour« im Berliner Staatlichen Schauspielhaus unter der Regie von Gustaf Gründgens

25. 5. Der Prager Lyriker Otto Pick, ein Freund Kafkas und Max Brods, stirbt im Londoner Exil

ferung anzumelden. Besitzern, die dieser Aufforderung Folge leisten, wird in dieser Weise entgegengekommen, daß der Abbruch von Einfriedungen vor dem 1. Juni und ebenso der Abtransport des Materials kostenlos durchgeführt wird. Nach dem 1. Juni kommt ein kostenloser Abbruch und Abtransport nicht mehr in Frage.

Amtliche Bekanntmachung, Mai 1940

Der 1. Mai in Deutschland

Der 1. Mai ist dieses Jahr sang- und klanglos als ein Ruhetag für die sonst schon stark genug in Anspruch genommene Arbeiterschaft durchgeführt worden. Die wenigen Aufrufe, die durch Presse und Rundfunk gingen, gipfelten in der Ermahnung zu einer fortgesetzten Kraftanstrengung, um damit die Grundlage für einen militärischen Sieg zu sichern.

So erklärte der Führer der Deutschen Arbeitsfront, Dr. Ley, als Pflicht der »ganzen deutschen Nation, Mann und Frau vom höchsten Greisenalter bis zum Jüngsten unseres Volkes, zu schaffen und zu arbeiten«, damit außer dem Brot auch genügend Waffen und Munition erzeugt würden.

In einer Rede, die er in den Krupp-Werken in Essen hielt, rührte Reichsminister Rudolf Hess die Kriegsgegner, die Bankiers und andere Kapitalisten, die Ausbeuter und die Juden zu einem großen Brei zusammen, um das alles in Gegensatz zum Sozialismus zu bringen, dessen Sieg gesichert sei, wenn Deutschland den Krieg gewinne. Jetzt sei es die Hauptsache, daß Geschütz um Geschütz, Panzer um Panzer, Flugzeug um Flugzeug an die Wehrmacht abgeliefert würden, und daß sich die Werften mit U-Booten füllten. Er, Rudolf Hess, habe selber in den Werkstätten die Leute gesehen, wie sie schufteten, oft bis zur Grenze dessen, was ein Mensch noch zu leisten vermöge. Aber niemand dürfe erlahmen, denn auch das gehöre zum Kampf des nationalsozialistischen Reiches gegen den Weltkapitalismus. Sobald der Krieg vorbei sei, werde der Sozialismus herrschen, und der Arbeiter habe dann eine Gewähr dafür, daß er nie wieder zum Ausbeutungsobjekt plutokratischer Unterdrücker herabsinke.

»Neue Zürcher Zeitung«, 3. 5. 1940

10. Mai, 5.30 Uhr. Die Kirchturmuhr von ..., dicht an der Grenze, hat eben die Zeit geschlagen. Die Vorausabteilung einer Division bindet den Stahlhelm fester. Im Lauf der Nacht war sie lautlos in den kleinen Grenzort eingerückt. Ein paar Stunden Schlaf – dann steht sie einsatzbereit. Eine Gruppe trägt Spaten und alles mögliche Material, um die ersten Sperren an der Grenze zu überwinden.

»Die Wehrmacht«, Mai 1940

Das OKW gibt bekannt

Mai

4. 5. Der Befehlshaber der norwegischen Truppen im Trondheim-Abschnitt hat einen Tagesbefehl erlassen, in dem er verbittert feststellt, daß die Westmächte ihre Truppen, ohne ihn zu verständigen oder zu warnen, aus Namsos zurückgezogen haben. Da die norwegischen Truppen durch das Verhalten des englischen Oberbefehlshabers in Flanke und Rücken gefährdet sind, hat der norwegische Befehlshaber um Waffenruhe gebeten.

10. 5. Angesichts der unmittelbar bevorstehenden feindlichen Kriegsausweitung auf belgisches und holländisches Gebiet und der damit verbundenen Bedrohung des Ruhrgebiets ist das deutsche Westheer am 10. Mai bei Morgengrauen zum Angriff über die deutsche Westgrenze auf breitester Front angetreten.

Um die Gesamtoperationen der Wehrmacht zu leiten, hat sich der Führer und Oberste Befehlshaber an die Front begeben.

Die deutschen Truppen haben heute um 5.30 Uhr die holländische, luxemburgische und belgische Grenze überschritten. Feindlicher Widerstand in Grenznähe wurde überall in scharfem Zugriff, vielfach in engstem Zusammenwirken mit der Luftwaffe, gebrochen.

18. 5. Feindliche Luftangriffe richteten sich gegen verschiedene Städte im norddeutschen Küstengebiet, insbesondere Hamburg und Bremen, und in Westdeutschland. Wie in allen bisherigen Fällen wurden, abgesehen von einer Kaserne, ausschließlich nichtmilitärische Ziele planlos angegriffen. Dies stellt das deutsche Oberkommando der Wehrmacht im Hinblick auf die sich daraus ergebenden Folgerungen ausdrücklich fest.

30. 5. Seit gestern ist auch das englische Expeditionsheer in völliger Auflösung. Sein gesamtes unübersehbares Kriegsmaterial zurücklassend, flüchtet es zum Meer. Schwimmend und auf kleinen Booten versucht der Feind, die auf der Reede liegenden englischen Schiffe zu erreichen, auf die sich unsere Luftwaffe – wie schon durch Sondermeldung bekanntgegeben – mit verheerender Wirkung stürzte.

Ein Schauspiel ohnegleichen

Paris wischte sich noch den Schlaf aus den Augen, als am Morgen des 14. Juni um 7 Uhr die deutschen Truppen zehn Kilometer vor der französischen Hauptstadt standen. Hatte die deutsche Panzeraufklärung noch am Vorabend mit schwachen feindlichen Kräften Zusammenstöße, so waren es am 14. Juni nur einige Straßensperren, die den deutschen Vormarsch aufhalten sollten. Die Pioniere packten noch einmal zu, dann war die letzte Schranke gefallen, der Weg nach Paris ist frei. Ungehindert fährt die Spitze der Aufklärungsabteilung durch die Pariser Vorstadt. Müde Gesichter pressen sich an die Fensterscheiben, wissen noch nicht, ob es Wirklichkeit ist oder Traum. Je weiter es in die Stadt geht, desto wacher wird Paris. Man läuft an den Straßenecken zusammen, bespricht das große Ereignis. Die Deutschen sind da.

Und nun erlebt Paris den Einzug der deutschen Truppen ganz anders, als es sich ihn vorgestellt hatte. Keine Horden überschwemmen Frankreichs Metropole, plündern und zerstören, sondern die disziplinierte deutsche Wehrmacht rückt in langen Kolonnen durch die Hauptstraßen der Stadt ein. Die Menschen säumen zurückhaltend den Straßenrand, sie diskutieren, sind immer wieder verwundert über die Ruhe und Ordnung, in der sich der Einmarsch abwickelt. Der Alpdruck deutscher Bombenangriffe ist genommen. Paris atmet auf.

Auf der Place de l'Etoile steht der Kommandierende General eines AK mit seinen beiden Divisionskommandeuren.

Der General ist an der Spitze seiner Division in Paris eingerückt. Nun schreitet er zum Grabmal des Unbekannten Soldaten im Arc de Triomphe. Grüßend ehrt er die Weihestätte. Um 12.30 Uhr beginnt der historische Vorbeimarsch deutscher Regimenter und Divisionen auf der Place de l'Etoile in Paris.

Vom Arc de Triomphe knattert die Fahne des Deutschen Reiches. Nun staunen die Menschen. Ein geschichtliches und militärisches Schauspiel ohnegleichen erleben sie. Noch immer ziehen die Truppenverbände über die Place de l'Etoile. Wir schauen in die Gesichter unserer Soldaten. Was haben sie nicht alles ertragen und erkämpft, bis sie diesen feierlichen und triumphalen Vorbeimarsch erleben durften? Der Staub von Frankreichs Straßen, die Spuren harter Gefechte, alle Marschschwierigkeiten sind überglänzt von dem Leuchten ihrer Augen. Stolz und Ergriffenheit über das große Erleben hat die Gesichter ernst gemacht. Sie sind die ersten deutschen Soldaten seit siebzig Jahren, die wieder als Sieger in Frankreichs Hauptstadt einrücken.

»Deutsche Allgemeine Zeitung« 17. 6. 1940

Deutsche Truppen auf den Champs-Elysées.

Paris offene Stadt

Das französische Kommuniqué vom 14. Juni morgens lautet:

»Der feindliche Druck gegen Paris hat sich von beiden Seiten verstärkt. Wegen dieses Vorrückens haben sich die Deckungstruppen von Paris gemäß den erhaltenen Weisungen aus einzelnen Teilen der Stadt zurückgezogen. Das französische Oberkommando war der Ansicht, daß durch die Opferung von Paris kein wertvolles strategisches Ergebnis erzielt würde.

An der weiten Front der Champagne sind die feindlichen Kolonnen im Kampf gegen Süden vorgerückt. Ihre Vorposten scheinen sich gegen St. Dizier hin zu bewegen. (St. Dizier liegt 29 km südöstlich von Bitry le François an der Marne). Unsere Kampf- und Truppenbewegungen vollziehen sich in größter Ordnung.«

»Neue Zürcher Zeitung«, 15. 6. 1940

1940

Juni

3. 6. Die alliierten Truppen verlassen Norwegen. Deutsche Luftangriffe auf den Stadtrand von Paris

4. 6. Dünkirchen wird von deutschen Verbänden eingenommen

5. 6. 5.00 Uhr Beginn der »Schlacht um Frankreich«. Deutsche Truppen durchbrechen die französische »Weygand-Linie« an der Somme und der unteren Aisne

7./8. 6. Erster Luftangriff der Alliierten auf Berlin

10. 6. Italien tritt in den Krieg ein. Kriegserklärung Mussolinis an England und Frankreich. Deutsch-sowjetisches Abkommen über Verfahren zur Regelung von Grenzstreitigkeiten

11. 6. Die französische Regierung verläßt Paris und geht nach Tours. Präsident Roosevelt erklärt, die USA werden den Alliierten ihre Hilfsquellen zur Verfügung stellen

12. 6. Allgemeiner Rückzug der französischen Armeen

14. 6. Deutsche Truppen besetzen Paris. Die französische Regierung geht nach Bordeaux. Spanien besetzt die internationale Zone um Tanger

15. 6. Sowjetische Truppen besetzen Kowno und Wilna. Der Staat Litauen hört auf zu existieren

17. 6. Marschall Pétain bildet in Frankreich eine neue Regierung. Sie unterbreitet Deutschland ein Waffenstillstandsangebot

18. 6. General de Gaulle kündigt im britischen Rundfunk die Bildung des »Nationalkomitees der freien Franzosen« an. Hitler und Mussolini beraten über das französische Waffenstillstandsgesuch

20. 6. Waffenstillstandsgesuch der französischen Regierung auch an Italien

22. 6. Abschluß des deutsch-französischen Waffenstillstands in Compiègne

25. 6. 1.35 Uhr Waffenruhe in Frankreich. Deutschland macht 1,9 Mill. Kriegsgefangene

1. 5.–30. 6. Deutsche U-Boote versenken im Atlantik alliierte Handelsschiffe mit 418 838 BRT

Kultur

14. 6. Der Dichter Ernst Weiß begeht beim Einmarsch deutscher Truppen in Paris Selbstmord

29. 6. Der Maler und Grafiker Paul Klee stirbt in Locarno

Sturzbomber

Das erprobte und wahre Werkzeug, mit dem Deutschlands Wehrmacht kleine, konzentrierte Ziele bombardiert, zeigen wir auf dieser Seite. Es ist der Standard-Sturzbomber Junkers 87, der den britischen Zerstörer Afridi versenkte und letzte Woche in Flandern Schienenstränge, Bahnhöfe, Brücken, Munitionsdepots vernichtete.
Der Sturzbomber, anfänglich von den U. S. entwickelt und weitgehend von der britischen Luftwaffe ignoriert, verbessert die Treffsicherheit beim Bombenabwurf, indem er selbst darauf zielt, was er treffen will. Seine auffällig geknickten Flügel tragen an der Unterseite geschlitzte Metallstreifen. Es ist ihr besonderer Zweck, den Bomber beim Sturzflug von 435 auf 248 Meilen pro Stunde abzubremsen. Je langsamer er stürzt, desto tiefer kann er herabstoßen, bevor er seine Bomben auslöst. Die Junkers 87 trägt eine 1.100-lb- oder 550-lb- Bombe unter dem Rumpf und vier 110-lb- oder kleinere Bomben an Hängevorrichtungen unter den Flügeln. Manchmal stößt sie direkt auf ihr Ziel nieder, manchmal macht sie einen Überflug und kippt dann ab.
Sehr robust, leicht zu warten, zu reparieren und am Fließband herzustellen, kann der »Jumo«-211-Motor von jedem durchschnittlichen Mechaniker in 20 Minuten ausgebaut werden. Großbritanniens Verteidigung gegen solche Flugzeuge liegt hauptsächlich bei dem schnellen britischen Jäger. Schwere Fliegerabwehrgeschütze nutzen nichts, da sie ihre vertikale Reichweite nicht schnell genug ändern können. Und die Briten sind knapp an kleinen automatischen Kanonen wie die Bofors-Fliegerabwehrgeschütze. Die Deutschen behaupten, daß die Junkers 87 mit ihrem Heckschützen Jäger abwehren kann.

»Life«, Juni 1940

Sturzkampfbomber Ju 87.

Sieben Regeln für Zivilisten

Sollte Großbritannien angegriffen werden, so muß jeder Zivilist sieben wichtige Regeln beachten.
Sie werden in einer Broschüre beschrieben, die die Regierung gestern veröffentlichte. Es wird betont, daß diese Vorschriften von ebenso entscheidender Bedeutung sind wie die Befehle an die Männer der bewaffneten Streitkräfte. Hier sind diese sieben Regeln. Falls eine Invasion stattfindet –
Bleibe, wo du bist!
Glaube nicht an Gerüchte und verbreite sie nicht weiter!
Sei wachsam – melde der Polizei oder dem Militär unverzüglich alle verdächtigen Wahrnehmungen!
Gib niemals den Deutschen irgend etwas!
Halte dich zum Bau von Straßensperren bereit!
Hilf mit bei der Organisation eines Verteidigungssystems, um bei der Arbeit gegen einen plötzlichen Angriff Widerstand zu leisten!
Denke immer erst an Britannien und dann an dich!
Eine Vernachlässigung dieser Regeln könnte die Armee ernstlich daran hindern, den Angreifer zurückzuschlagen.
Hitlers Invasionen in Polen, Holland und Belgien wurden dadurch begünstigt, daß die Zivilbevölkerung überrascht wurde.
Sollten die Deutschen per Fallschirm, Flugzeug oder Schiff kommen, mußt du bleiben, wo du bist. Deshalb lautet die erste Order: »Harre aus.«
Wenn der Oberbefehlshaber entscheidet, daß der Ort, wo du dich aufhältst, evakuiert werden muß, so wird er bekanntgeben, wann und wie geräumt wird.
Als Holland und Belgien angegriffen wurden, flüchtete die Bevölkerung aus ihren Häusern und verstopfte die Straßen. Sie half dem Feind, indem sie ihre eigenen Armeen behinderte, gegen die Eindringlinge vorzurücken.
Wer von zu Hause wegläuft, setzt sich weit größeren Gefahren aus.

»Daily Mirror«, 19. 6. 1940

Selbst die Wände haben Ohren!

Das OKW gibt bekannt

Juni

5.6. Der große Kampf in Flandern und im Artois ist zu Ende. In die Kriegsgeschichte wird er als die bisher größte Vernichtungsschlacht aller Zeiten eingehen.
Als am Morgen des 10. Mai die deutsche Wehrmacht zur Entscheidung im Westen antrat, war ihr durch den Führer und Obersten Befehlshaber als strategisches Ziel gesteckt, den Durchbruch durch die feindlichen Grenzbefestigungen und südlich Namur zu erzwingen und dadurch die Voraussetzung für die Vernichtungsschlacht der englischen und französischen Armee nördlich der Aisne und der Somme zu schaffen. Gleichzeitig sollte Holland rasch in Besitz genommen und dadurch als Basis für die beabsichtigten englischen Operationen zu Lande und in der Luft in der Nordflanke des deutschen Heeres ausgeschaltet werden.
Am 4. Juni konnte die Wehrmacht ihrem Obersten Befehlshaber die Erfüllung dieser gewaltigen Aufgabe melden.
Dazwischen liegt ein Heldentum des deutschen Soldaten und ein Ruhmesblatt deutschen Führertums, wie es in diesem Ausmaße nur in einer Wehrmacht möglich sein konnte, die von einem Willen geführt, von einer Idee beseelt und von der Begeisterung und Opferwilligkeit eines geeinten Volkes getragen ist.

25.6. Die Vernichtungsschlacht in Flandern und im Artois war kaum zu Ende, als Luftwaffe und Heer, in seinen Reihen viele Divisionen, die bisher überhaupt noch nicht im Kampfe gestanden hatten, zum zweiten entscheidenden Schlag gegen Frankreich ausholten.
Als Auftakt für die neuen Operationen griffen am 3. Juni starke Kräfte der deutschen Luftwaffe die Flugplätze und die Luftrüstungsindustrien um Paris mit vernichtender Wirkung an.
Nach diesem gewaltigsten Sieg der deutschen Geschichte über den als stärkste Landmacht der Welt angesehenen Gegner des Großdeutschen Reiches, der ebenso geschickt wie tapfer gekämpft hat, gibt es keine Alliierten mehr. Es bleibt nur noch ein Feind:
England!

Die Fallschirmnäherin

Die Kriegsgeschichte hat ein neues Kapitel geschrieben und uns zum ersten Mal vom Fallschirmjäger erzählt. Es ist kaum ein Jahr vergangen seit jener großen Truppenschau, bei der über Berlins Ost-West-Achse die Fallschirmjäger vor dem Führer und vor den Attachés fremder Staaten paradierten – heute verkündet der Wehrmachtsbericht den Ruhm der jungen Waffe in Narvik, in Flandern, in den Niederlanden, in ganz Frankreich. Heute fürchtet die britische Insel sich vor dem Einsatz des deutschen Fallschirmjägers.

In den nachgelassenen Schriften des Leonardo da Vinci, der ein großer Maler und ein nicht minder großer Ingenieur und Kriegsbaumeister war, sehen wir Zeichnungen, Projekte und Berechnungen mächtiger Fallschirme. Leonardo, der riesige Flügelmaschinen und Windmühlenschiffe entwarf, die Soldaten über die Mauern belagerter Festungen tragen sollten, zeichnete auch Fallschirme, die dem Transport dienen sollten. Der kühne Plan geriet in Vergessenheit wie vieles, was Leonardos gewaltige Phantasie erdacht hatte, wie auch das Hubschraubenflugzeug, das er in seinen Blättern aufgezeichnet . . .

Der Fallschirm wurde erst am Ende des vorigen Jahrhunderts wieder neu entdeckt, als die ersten Ballonflüge den Menschen in die Höhe führten. Er war eine »Attraktion« geworden, die zunächst der Volksbelustigung dienen sollte. Kätchen Paulus war oft selber als solche »Attraktion« mit ihrem Fallschirm zu sehen gewesen; sie war eine kühne Pilotin, sie erkannte neue Verwendungsmöglichkeiten.

Doch im Grunde bedeutete der Fallschirm noch nichts anderes als ein Sportgerät oder ein Mittel zur Rettung aus Luftnot. Und aus diesem Rettungsring des Luftmeeres ist eine der modernsten deutschen Angriffswaffen geschaffen worden.

»Beyers Frauen-Illustrierte Hella«, Juli 1940

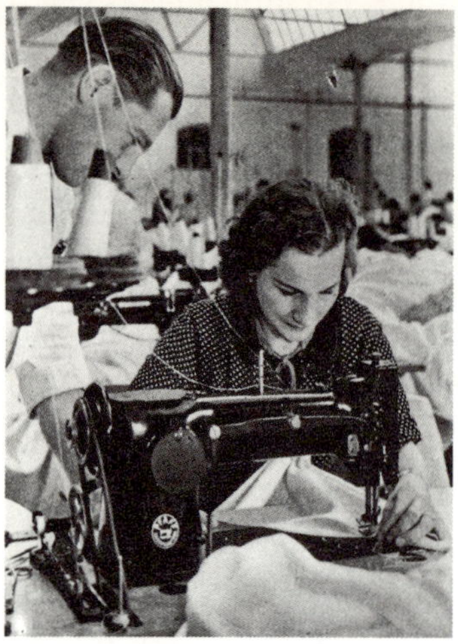

Die Fallschirme werden auf Spezialmaschinen genäht. Jeder Arbeitsgang wird genau kontrolliert.

Um das Einnähen der Fangleinen zu erleichtern, wird der Fallschirm aufgehängt . . .

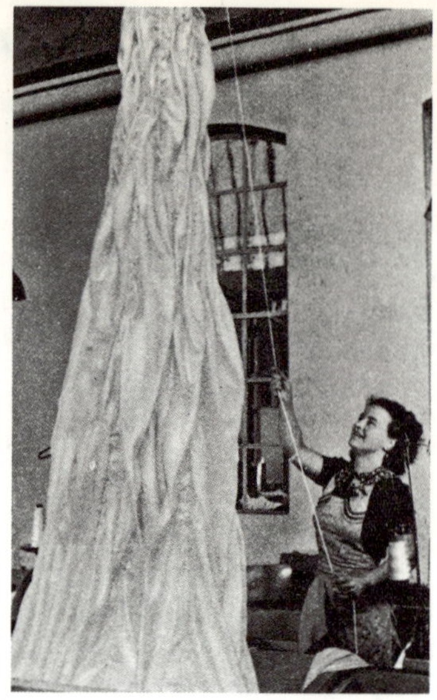

. . . und hochgezogen.

Zur Herstellung der Fallschirme wird nur reine weiße Seide genommen. Sorgfältig wird sie übereinandergelegt.

Unsere modernste Waffe – die Fallschirmjäger.

1940

Juli

2./3. 7. 16 Bomber der RAF greifen Eisenbahnanlagen in Hamm an

3. 7. Aktionen der britischen Marine gegen die französische in Mers-el-Kebir, Alexandria und in englischen Häfen

4. 7. Die französische Regierung Pétain bricht die diplomatischen Beziehungen zu Großbritannien ab

9. 7. Befehl Hitlers, den Schwerpunkt der Rüstung auf den Sektor der Luftwaffe und Marine zu legen

10. 7. Deutsche Flugzeuge greifen erstmals militärische Ziele in Südengland an

16. 7. Weisung Hitlers für die Vorbereitungen zum Angriff auf England (Unternehmen »Seelöwe«)

18. 7. England sperrt auf den Druck Japans die Burma-Straße, wodurch die Hauptnachschublinie Chinas blockiert ist

19. 7. Reichstagsrede Hitlers mit der »gewaltigsten Siegerehrung der deutschen Geschichte«. Göring wird zum »Reichsmarschall« ernannt. Hitler richtet »einen Appell an die Vernunft auch in England«. Die USA beginnen mit dem Bau einer Zwei-Ozeane-Großflotte

22. 7. Der englische Außenminister Lord Halifax weist in einer Rundfunkrede das deutsche »Friedensangebot« offiziell zurück. In Japan bildet Fürst Konoye eine neue Regierung, die an einem Militärbündnis mit Deutschland interessiert ist

26. 7. Hitler rät dem rumänischen Ministerpräsidenten Gigurtu zu einem friedlichen Ausgleich mit Ungarn in der Siebenbürgen-Frage

31. 7. In einer Besprechung mit dem Oberbefehlshaber der Kriegsmarine Raeder nimmt Hitler als Zeitpunkt für die geplante Landung in England den 15. 9. in Aussicht. In der anschließenden Unterredung mit v. Brauchitsch und Halder erklärt Hitler, im Frühjahr 1941 einen fünfmonatigen Feldzug gegen Rußland zu führen

Kultur

14. 7. In Frankfurt gewinnt Deutschland (erstmals mit Fritz Walter) ein Fußball-Länderspiel gegen Rumänien mit 9:3

17. 7. Uraufführung des antisemitischen Ufa-Films »Die Rothschilds« von Erich Waschneck

Warnung an Churchill

Mister Churchill hat es soeben wieder erklärt, daß er den Krieg will. Er hat nun vor etwa sechs Wochen mit dem Krieg in dem Raum begonnen, in dem er anscheinend glaubt, wohl besonders stark zu sein, nämlich dem Luftkrieg gegen die Zivilbevölkerung, allerdings unter dem vorgeschobenen Motto gegen sogenannte kriegswichtige Einrichtungen. Diese Einrichtungen sind seit Freiburg offene Städte, Marktflecken und Bauerndörfer, Wohnhäuser und Lazarette, Schulen, Kindergärten und was sonst noch alles getroffen wird. Ich habe bisher darauf kaum antworten lassen. Aber das soll nun nicht bedeuten, daß dies die einzige Antwort ist oder bleiben wird.
Ich bin mir nun darüber im klaren, daß aus dieser unserer einmal kommenden Antwort namenloses Leid und Unglück über die Menschen hereinbrechen wird. Natürlich nicht über Herrn Churchill, denn er wird ja dann sicherlich in Kanada sitzen, dort, wohin man ja das Vermögen und die Kinder des vornehmsten Kriegsinteressenten schon gebracht hat. Aber es wird für Millionen andere Menschen ein großes Leid entstehen. Und Herr Churchill sollte mir dieses Mal vielleicht ausnahmsweise glauben, wenn ich als Prophet jetzt folgendes ausspreche: Es wird dadurch ein großes Weltreich zerstört werden. Ein Weltreich, das zu vernichten oder auch nur zu schädigen niemals meine Absicht war. Allein ich bin mir darüber im klaren, daß die Fortführung eines Kampfes nur mit der vollständigen Zertrümmerung des einen der beiden Kämpfenden enden wird. Mister Churchill mag glauben, daß dies Deutschland ist. Ich weiß, es wird England sein.

Adolf Hitler im Reichstag, 19. 7. 1940

Kriegsverbrecher am Werk

In Abänderung der heute mittag gegebenen Anweisung sind jetzt die ablehnenden englischen Stimmen groß herauszubringen. England ist mit aller Wucht anzugreifen. Überschriften sollen aber nicht heißen: England hat abgelehnt, sondern etwa: *Kriegsverbrecher weiter am Werk*. Es darf in den Kommentaren nicht der Eindruck erweckt werden, als ob der Angriff gegen England unmittelbar bevorstünde. Es dürfen also keine anderen Konsequenzen gezogen werden als die, daß England sein großes Kriegsverbrechen durch Ablehnung der Vorschläge des Führers jetzt noch einmal wiederholt.

Presseanweisung, 20. 7. 1940

Ramponiert von deutschen Bombenangriffen tritt Churchill vor das Mikrofon und singt den französischen Schlager »Alles geht gut . . . Madame la Marquise«.

Weinbaugebiete in deutscher Hand

Wenn auch die Weinvorräte Deutschlands beträchtlich sind, so ist doch mit Rücksicht auf die nicht allzu hoch zu schraubenden Hoffnungen der nächsten Weinernte und mit Beziehung auf den verstärkten Konsum eine Einfuhr französischer Weine eine Hoffnung der Weintrinker. »Kein echter Deutscher kann den Franzmann leiden – doch ihre Weine trinkt er gern!« Dazu kommt der niedrige Gestehungspreis des französischen Weines, zahlen doch unsere Soldaten für eine Flasche guten Champagner (0,7 l) gegenwärtig 40 Rpf. Ein Liter guten offenen französischen Rot- oder Weißweines schwankt zwischen 15 und 20 Rpf . . . Mit Ausnahme des Rhone-Weinbaugebietes sind nun die meisten und berühmtesten Weinbaugebiete Frankreichs in deutscher Hand, so die Champagne, die Cote d'Or, Burgund und Bordeaux . . .

»Völkischer Beobachter«, 24. 7. 1940

Das OKW gibt bekannt

Juli

4. 7. Britische Flugzeuge warfen im Schutze tiefliegender Wolken im Laufe des gestrigen Tages an mehreren Stellen Nord- und Westdeutschlands Bomben ab. Hierbei griffen sie in skrupelloser Weise die Zivilbevölkerung an, wobei in Hamburg-Barmbek elf Kinder, drei Frauen und ein Mann getötet, elf Kinder und neun Frauen schwer verletzt wurden.

11. 7. Ferner erzielten unsere Kampfflieger am gestrigen Tage wirksame Erfolge gegen Flugplätze in Südostengland, gegen Hafenanlagen an der Süd- und Südwestküste und Werke der Rüstungsindustrie. Besonders im Munitionslager bei Pembroke und in den Häfen von Plymouth und Swansea wurden heftige Explosionen und große Brände beobachtet. Auch die Tanklager von Pembroke und Portland sind in Brand geraten.

23. 7. Eines unserer kleinen Unterseeboote hat 18000 BRT feindlichen Handelsschiffsraums aus stark gesicherten Geleitzügen herausgeschossen und versenkt.
Die Luftwaffe klärte über England und Schottland auf und griff am 22. Juli und in der Nacht zum 23. Juli mit Kampfverbänden Hafenanlagen, Flugplätze, Flak- und Scheinwerferstellungen des Feindes an. Besonders die Häfen Pembroke mit seinen Erdöllagern, Chatham, Sheerness, Edinburgh und Aberdeen sowie Flugplätze in der Gegend Portsmouth und am Bristol-Kanal wurden mit Bomben belegt. Im Kanal und an der englischen Ostküste wurden drei Handelsdampfer durch Bombentreffer beschädigt. Feindliche Flugzeuge setzten auch in der Nacht zum 23. Juli ihre Angriffe gegen nichtmilitärische Ziele in Nord- und Westdeutschland fort. Dabei sind in einem Dorf die Kirche und einige Häuser beschädigt worden.
Ein feindliches Flugzeug wurde durch Flakartillerie abgeschossen, ein deutsches Flugzeug wird vermißt.
Wie nachträglich bekannt wird, sind bei dem in der Nacht zum 21. Juli erfolgten Angriff auf Wilhelmshaven zwei weitere feindliche Flugzeuge abgeschossen worden. Damit erhöht sich die Zahl der bei diesem Angriff durch Flakartillerie der Kriegsmarine abgeschossenen Flugzeuge auf sechs.

Große deutsche Kunstausstellung

Die Ausstellung wirkt wie die unmittelbare Fortsetzung der vorigen, so stark ist schon die Tradition des Hauses der Deutschen Kunst, und mit solcher Festigkeit bereits hat sich das Verständnis für das Streben, das in diesen Ausstellungen zum Ausdruck kam, dem deutschen Kunstschaffen richtunggebend eingeprägt. Dieser ganz neue Ausstellungstypus, der leiten, erziehen, ausrichten, klären und alles Ungesunde ausmerzen will, um so die Aufgabe der Kunst als höchster nationaler Propaganda zu verdeutlichen und zu hohen Zielen anzusetzen, hat damit seine historische Berechtigung erwiesen; einer Gemeinschaft des Schaffens steht eine Gemeinschaftsidee des Forderns und des Aufnehmens gegenüber – eine Wechselbeziehung, deren die Kunst bedarf, wenn sie große Aufgaben und die seelische und wirtschaftliche Kraft, sie zu lösen, finden will. Das Ausstellungssystem früherer Zeit mit seinem durch unkontrollierbare Geschmackswandlungen und durch schwer durchschaubare kulturpolitische Einflußbestrebungen bestimmten Hervorheben überraschender und heterogener Akzente und seinem verwirrenden und fortwährend abbiegenden Einfluß auf die Produktion mußte einer gesunden, steten Entwicklung hinderlich, ja feindlich sein. Im Haus der Deutschen Kunst haben wir zum ersten Male eine Serie von Ausstellungen, deren oberster Leitgedanke einheitliches Zielstreben ist.

»Münchener Mosaik«, August 1940

Große deutsche Kunstausstellung im Haus der Deutschen Kunst. Der Führer und oberste Befehlshaber der Wehrmacht. Gemälde von Prof. Conrad Hommel.

»Die Geierwally«

Zu den großen und unvergeßlichen schauspielerischen Leistungen des deutschen Films kann nun eine neue hinzugefügt werden: die Geierwally der Heidemarie Hatheyer. Nichts wäre sehnlicher und aufrichtiger zu wünschen, als daß diese junge Schauspielerin nun auch in Zukunft halten möge, was sie mit diesem Film versprach, daß sich hier das vielleicht reichste und stärkste dramatische Talent der jungen Filmgeneration immer wieder aufs neue bestätigen möge. In diesem Gesicht lodert die Leidenschaft wie ein brennendes Feuer. In diesen Augen kann ein eisiger, harter, fast grausamer Trotz stehen, aber sie können auch ebenso sanft, so zärtlich, so mädchenhaft gläubig leuchten. Dieser herbe und kühne Mund vermag sich mit übermenschlicher Kraft gegenüber dem Schmerz zu verschließen, aber er kann wiederum auch das helle Lachen des befreiten Glückes verschenken. In dieser Stimme können Haß und Qual eines gepeinigten, hilflosen Herzens

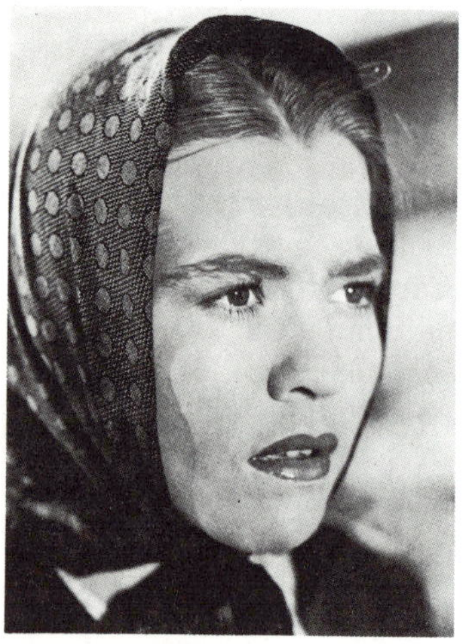

Die Geierwally – Heidemarie Hatheyer.

1940

August

1. 8. Hitler ordnet den verschärften See- und Luftkrieg gegen Großbritannien an

5. 8. Die erste »Aufmarschstudie Ost« für den Feldzug gegen die UdSSR wird erstellt

6.–19. 8. Italienische Verbände erobern Britisch-Somaliland

6. 8. Hitler ernennt Otto Abetz zum deutschen Botschafter bei der Pétain-Regierung

7. 8. Baldur von Schirach wird zum Reichsstatthalter und Gauleiter von Wien ernannt

9. 8. Weisung des Oberkommandos der Wehrmacht über den »Aufbau Ost«, d. h. Ausbau des Generalgouvernements als Operationsbasis für einen Feldzug gegen die UdSSR

11. 8. Deutsche Flugzeuge greifen Portland und Dover an

13. 8. »Adlertag« – Beginn des verschärften Luftkriegs gegen Großbritannien mit dem Ziel, die Luftherrschaft als Voraussetzung für die Landung in England zu gewinnen

17. 8. Die deutsche Reichsregierung verhängt die totale Blockade gegen England. Die italienische Regierung folgt am 28. 8.

23. 8. Scheitern der rumänisch-ungarischen Verhandlungen über die Siebenbürgen-Frage

25./26. 8. Angriff der RAF auf Berlin. Schlechtes Wetter unterbricht die Angriffe

28./29. 8. Zweiter britischer Luftangriff auf Berlin. Betroffen sind Wohnviertel am Görlitzer Bahnhof. Zehn Tote, 28 Verletzte

30. 8. Deutsch-italienischer Schiedsspruch in Wien: Rumänien tritt Nordsiebenbürgen an Ungarn ab.
Das Unternehmen »Seelöwe« wird auf den 20. 9. verschoben

31. 8. Bisheriges »Ergebnis« der Luftschlacht um England: 4 779 Flugzeuge im Einsatz. Deutsche Verluste: 467 Flugzeuge. Britische Verluste: 359 Flugzeuge

1. 7.–31. 8. Deutsche U-Boote versenken im Atlantik 92 alliierte Handelsschiffe mit 478 308 BRT

Kultur

7. 8. Hitler ernennt Gustav Krupp von Bohlen und Halbach anläßlich seines 70. Geburtstags zum »Pionier der Arbeit«

24. 8. Staatsbegräbnis für Paul Nipkow, den Erfinder des Fernsehens zum erschütternden Schrei werden, aber auch die leisen Töne des Glückes zur betörenden Melodie. Die stärkste Kraft aber vielleicht geht von dem unbändigen Stolz der Haltung dieses Mädchens aus: Man spürt und weiß: Sie kann nichts zerbrechen, nicht einmal der Tod. So reif und so geschlossen erscheint diese geniale Leistung, daß man die Hoffnung haben darf, daß Heidemarie Hatheyer mit ihrer Geierwally nicht etwa den Höhepunkt ihrer künstlerischen Kraftentfaltung erreichte, sondern erst am Beginn steht. Hans Steinhoff hat den Film in der großartigen Landschaft der Ötztaler Alpen gedreht. So ist wirklich der Atem der Landschaft, die Atmosphäre der bäuerlichen Welt, ja noch die Luft der Bauernstuben in diesem Film.

»Die Filmwelt«, August 1940

Ein Stoßtruppführer schildert dem Rundfunkberichter sein Kampferlebnis unmittelbar nach der Durchführung seines gelungenen Auftrages.

gleich mit der Stimme des Sprechers das Brummen der feindlichen Flieger und das entschlossene Abwehrfeuer der Flak und der eigenen MGs auf die Wachsplatte bannt, die dann genau wie die Wort-, Film- und Bildberichte von allen an den verschiedensten Stellen der Front eingesetzten Trupps der Kompanie durch Kradfahrer zum Meldekopf gebracht werden.

»Beyers Frauen-Illustrierte Hella«, August 1940

Hautnah am Feind

»PK« – welch seltsames Sinnbild! Überall in den Zeitungen taucht dieses Zeichen auf am Kopf der Berichte über die Kämpfe unserer Truppen, unter den Bildern in den Illustrierten, die Ausschnitte dieses historischen Geschehens zeigen. Unausgesprochen steht dieses Zeichen aber auch hinter den Frontberichten im Rundfunk wie hinter den Wochenschauen, die der Heimat das Erlebnis der Front vermitteln. PK, Propaganda-Kompanie, das bedeutet nicht einen Verein von Kriegsberichterstattern, wie wir sie früher kannten und wie sie die anderen auch heute noch haben, die sich aus angemessener Entfernung als Zivilisten – und seien sie auch in Uniform gesteckt! – das Geschehen betrachten. PK-Mann sein heißt in erster Linie Soldat sein. Und neben dem Soldatentum haben wir PK-Männer noch unsere fachlichen Aufgaben zu erfüllen, aus dem eigenen Erleben heraus das Miterleben für die Heimat zu gestalten. Denn die Heimat – und das ist vor allem die deutsche Frau –, die in diesem Kampf genauso unbedingt ihre Pflicht erfüllt wie der Soldat im Felde, hat ein Recht darauf, die unvergleichlichen Ereignisse dieser Tage aus unmittelbarstem Eindruck heraus geschildert zu bekommen von Soldaten, denen ihr Wort, ihr Bild Erlebnis war.

So ist es nicht selten, daß der Wortberichter dicht hinter der Feuerlinie bereits seine Eindrücke diktiert; dann hockt er mit dem Schreiber in einem Graben, und beide müssen alle Augenblicke den Kopf einziehen, wenn die MG-Kugeln oder die Gewehrschüsse ihnen gar zu dicht an den Ohren vorbeipfeifen. Genau so muß der Funkberichter mit dem Mikrophon in der Hand jede Deckung ausnutzen, wenn er aus den vordersten Stellungen seine Berichte gibt; oder er kauert neben dem Rundfunkwagen, dessen Techniker zu-

Das neue Sturmabzeichen für die Tapfersten des Heeres. Für die Soldaten der Waffengattungen, die mit der Infanterie oder den Panzern zusammen kämpfen oder im eigenen Verbande die Bedingungen des Infanterie-Sturmabzeichens erfüllen, ist ein besonderes Sturmabzeichen geschaffen worden. Es zeigt in Silber Stielhandgranate und Seitengewehr, gegeneinander gekreuzt, umgeben von ovalem Eichenkranz, der im oberen Teil das Hoheitszeichen der Wehrmacht trägt.

»Presse-Bild-Zentrale«, Berlin, August 1940

Das OKW gibt bekannt

August

2. 8. Im Südatlantik kam es zu einem Gefecht zwischen einem deutschen Hilfskreuzer und dem britischen Hilfskreuzer Alcantara. Dabei erhielt das überlegene, stark bewaffnete feindliche Schiff von 22 209 BRT schwere Treffer, unter anderem auch in die Maschinenanlage, so daß es den Kampf abbrechen und im Hafen von Rio de Janeiro Zuflucht suchen mußte. Der deutsche Hilfskreuzer setzte seine Fahrt zur Durchführung seiner Aufgaben planmäßig fort.

3. 8. Nach Nord- und Westdeutschland in der Nacht zum 3. August eingeflogene britische Flugzeuge warfen ihre Bomben wiederum nur auf nichtmilitärische Ziele ab. Sie zerstörten Wohnhäuser und töteten und verletzten Zivilpersonen. In Ehra, Kreis Gifhorn, in dessen weiterer Umgebung keinerlei militärische Ziele liegen, ist ein bäuerliches Anwesen durch eine Anzahl Sprengbomben zerstört worden. Die vierköpfige Bauernfamilie, darunter zwei Kinder im Alter von ein und zwei Jahren, wurde getötet, zwei weitere Personen schwer verletzt.

17. 8. Die Luftwaffe setzte am 16. August und in der Nacht zum 17. August den Kampf gegen die Britische Insel mit Teilkräften fort. Hierbei wurden Flugplätze, Flakstellungen und Ballonsperren in Südostengland und der weiteren Umgebung Londons, Werke der Rüstungsindustrie in Mittelengland sowie Hafen- und Kaianlagen in Cardiff, Newport und Bristol erfolgreich mit Bomben belegt und bei der Insel Wight ein Zerstörer versenkt. In den Angriffsräumen durchbrachen unsere Jagdflugzeuge in heftigen Luftkämpfen die feindliche Abwehr und ermöglichten dadurch den Kampfverbänden, ihre Angriffsziele zu erreichen.

29. 8. Britische Flugzeuge griffen in der Nacht planmäßig Wohnviertel der Reichshauptstadt an. Durch Brand- und Sprengbomben wurden zahlreiche Zivilpersonen getötet oder verletzt sowie an einzelnen Wohnhäusern Dachstuhlbrände und Schäden verursacht. Eines der angreifenden feindlichen Flugzeuge wurde durch Flakartillerie abgeschossen, bevor es das Weichbild von Berlin erreichte. Auch das Leuna-Werk war das Ziel eines britischen Angriffs. Der hier angerichtete Schaden ist gering.

Briten erhalten US-Zerstörer

Präsident Roosevelt gab heute eine Vereinbarung bekannt, wonach 50 überalterte amerikanische Zerstörer gegen eine Kette von Marine- und Luftbasen auf britischen Besitzungen im Atlantik und der Karibischen See ausgetauscht werden sollen.
Gleichzeitig teilte das State Department mit, Großbritannien habe gelobt, es werde seine Flotte »niemals ausliefern oder versenken«.
Präsident Roosevelt übermittelte dem Kongreß eine Botschaft mit den ersten Nachrichten über den historischen Austausch von Kriegsschiffen gegen Verteidigungsstützpunkte.
»Dies widerspricht in keiner Weise unserem Friedenszustand«, erklärte Mr. Roosevelt den Parlamentariern. Noch weniger handele es sich um eine Drohung gegen irgendeine Nation. »Es handelt sich um einen epochemachenden und weitreichenden Vorbereitungsakt zur Verteidigung dieses Erdteils angesichts einer ernsten Gefahr.«
Im Austausch erhalten die Vereinigten Staaten die Möglichkeit, ihre Atlantikküste, die Golfhäfen und den Panama-Kanal durch Außenposten zu schützen. Zugleich erhielten sie Zusicherungen, daß Großbritannien seine Kriegsmarine in andere Teile des Empire einschließlich Kanada entsenden werde, sollte die Flotte gezwungen sein, die heimischen Gewässer zu räumen.

»Daily Time« (Chicago), 3. September 1940

General »Tat« gegen General »Bluff«

Als man in England vor einem Jahr in den Krieg eintrat, sagte man: »Wir haben einen Verbündeten.« Wir waren neugierig, wer das wohl sei: Sie sagten: »Das ist ein General, dieser Verbündete, er heißt General Revolution!« Haha! Die haben eine Ahnung vom neuen nationalsozialistischen Volksstaat! Und nun warten sie in London auf die Tätigkeit dieses Generals Revolution.
Dann hieß es: »Wir haben einen anderen verbündeten General, es ist dies der General Hunger.« Wir haben von vornherein damit gerechnet, daß diese großen Menschenfreunde wie im Weltkrieg versuchen würden, Millionen Frauen und Kinder auszuhungern und haben uns darauf vorbereitet. Auch dieser General war nur eine Fehlspekulation, eine Erscheinung, ein Irrlicht im Gehirn des Mister Churchill.
Jetzt ist man einem dritten Verbündeten auf die Spur gekommen. Es ist der General Winter. Er ist schon einmal dagewesen. Er hat damals versagt und wird und würde auch diesesmal genauso versagen.
Die Engländer sollten, wenn sie schon wirklich so obskure fremde Generale nehmen, nicht vergessen, ihren bedeutendsten eigenen General vielleicht zum britischen Reichsgeneralfeldmarschall zu erheben: nämlich den General Bluff. Das ist ihr einziger Verbündeter, der es verdienen würde, daß sie ihm tatsächlich die höchste Beförderung zuteil werden lassen. Uns allerdings schlägt man mit diesem General nicht mehr. Mit ihm kann man das britische Volk vielleicht dumm machen, aber das deutsche Volk hat England genügend kennengelernt.

Als die deutsche Luftwaffe zu ihrem Schlag auf die wehrwichtigen Ziele Englands und namentlich Londons ausholte, übernahm der Reichsmarschall des Großdeutschen Reiches Hermann Göring das Kommando.

Unser Bild zeigt wohlgezielte Bombentreffer in den Anlagen der Staatswerft von Portsmouth.

»Die Wehrmacht«, September 1940

1940

September

3. 9. Hitler setzt den Termin für die Landung in England auf den 21. 9. fest

5. 9. Deutsch-sowjetische Vereinbarung über die Umsiedlung der deutschen Volksgruppen aus Bessarabien und der Bukowina

6. 9. König Carol von Rumänien dankt zugunsten seines Sohnes Michael ab und geht in die Schweiz ins Exil

6./7. 9. Britische Flugzeuge greifen Berlin an

7. 9. Schwere deutsche Luftangriffe auf London und britische Flugplätze. Es folgen 65 Tage lang dauernde Nachtangriffe gegen die britische Hauptstadt

13. 9. Die Italiener dringen von der Cyrenaika aus nach Ägypten vor

14./15. 9. Luftangriffe der RAF gegen Schiffsziele in den Häfen der belgisch-französischen Küste. Die Transportflotte für das Unternehmen »Seelöwe« erleidet empfindliche Verluste

15. 9. Höhepunkt der Luftschlacht um Südostengland

17. 9. Hitler verschiebt das Unternehmen »Seelöwe« wegen der fehlenden deutschen Luftherrschaft »bis auf weiteres«

17. 9. Premierminister Churchill gibt im Unterhaus bekannt, daß die britische Zivilbevölkerung durch deutsche Luftangriffe in der ersten Septemberhälfte rund 2000 Tote und 8000 Verletzte zu beklagen habe

20. 9. Hitler erläßt den »Befehl über die Bildung einer deutschen Militärmission in Rumänien«

23.–25. 9. Angriff britischer Seestreitkräfte auf Dakar zur Vorbereitung einer Landung gaullistischer Verbände. Das Unternehmen scheitert, und Churchill gibt den Befehl, die Operation abzubrechen

27. 9. Der Dreimächtepakt zwischen Deutschland, Italien und Japan wird in Berlin unterzeichnet. Die drei Länder vereinbaren, »sich mit allen politischen, wirtschaftlichen und militärischen Mitteln gegenseitig zu unterstützen«

Kultur

1. 9. Deutschlands Fußball-Nationalmannschaft schlägt Finnland in Leipzig mit 13:0

24. 9. Premiere des »politischen Rassenproblemfilms« »Jud Süß« von Veit Harlan

Wochenspruch der NSDAP vom 22. bis 28. September 1940.

Diese Schwätzereien des Mr. Churchill oder des Mr. Eden – vom alten Chamberlain zu reden, verbietet einem die Pietät – diese Schwätzereien lassen das deutsche Volk ganz kalt oder bewegen es höchstens zum Lachen. Es gibt in unserer hochdeutschen Sprache für eine Erscheinung wie Duff Cooper kein passendes Wort. Da muß man schon zur Mundart greifen, und hier ist nur im Bayerischen ein Wort geprägt, das so einen Mann charakterisiert: Krampfhenne! Die Herren können sich beruhigen, mit diesen Mitteln werden sie den Krieg nicht gewinnen.
Wenn die Stunde geschlagen hat, dann werden wir an die Stelle der Generale Hunger, Revolution, Winter oder Bluff wieder den General der Tat setzen.

Adolf Hitler im Berliner Sportpalast, 4. 9. 40

Gedanken des Duce

6. September 1940
Der Duce ist sehr erregt. Ich weiß nicht recht, warum. Er ärgert sich über die Generäle, die er absetzt, dann auch über die Deutschen, die unsere Annäherung an Moskau verhindern. – König Carol hat abgedankt. Er bezahlt jetzt, aber nur zum Teil, seine Torheiten, seine Verrätereien und seine Verbrechen.

7. September 1940
Ministerrat. Am Ende der Sitzung gibt der Duce einige politische Erklärungen ab. Er beginnt mit der Versicherung, daß sich jetzt der Krieg seiner Meinung nach über den Winter hinausziehen wird, obwohl er die deutsche Landung in England für sicher hält. Was uns unmittelbar betrifft, so hat er heute von neuem die Geschichte des Angriffs gegen Ägypten gezeichnet. Er hätte heute anfangen sollen, aber Graziani hat Verschiebung um einen Monat verlangt. Badoglio war mit dieser Verschiebung einverstanden. Mussolini nicht, und er nahm die Verantwortung für die Entscheidung auf sich. Der Duce hat auch der Flotte den Befehl gegeben, mit der britischen Flotte Kontakt und den Kampf aufzunehmen. Für die fernere Zukunft erklärt er, daß er fest davon überzeugt sei, daß zwischen 1945 und 1950 der Krieg zwischen der Achse und Rußland ausbrechen wird. Er habe für diesen Zeitpunkt bereits ein Aufrüstungsprogramm auf der Basis von hundert Divisionen ausgearbeitet.

8. September 1940
Graziani hat geantwortet, daß er gehorchen werde. Der Angriff beginnt morgen. Viele Militärtechniker sind skeptisch. Unter anderen der Prinz von Piemonte, der mir gegenüber die größten Vorbehalte über die Möglichkeit und Richtigkeit dieses Unternehmens ausgesprochen hat.
Bisher hat noch keine Seeschlacht stattgefunden, da die Luftaufklärung den Weg des Geschwaders von Gibraltar noch nicht ausfindig machen konnte.

9. September 1940
Der Angriff auf Ägypten ist von neuem verschoben worden. Graziani trifft die letzten Vorbereitungen und bereitet sich zum Angriff am 12. September vor. Noch niemals ist ein militärisches Unternehmen derart gegen den Willen des Oberbefehlshabers unternommen worden.
Was geschieht in London unter dem Eindruck der deutschen Bombardierungen? Es ist schwer, von hier aus zu urteilen. Der Schlag muß sehr schwer sein. Entscheidend? Ich glaube es nicht.

Tagebucheintragungen des Grafen Galeazzo Ciano, 1940

Unterredung in Hitlers Arbeitszimmer nach der Unterzeichnung des Dreimächtepaktes. Von links nach rechts: Gesandter und Dolmetscher Schmidt, Graf Ciano, Hitler und der japanische Botschafter Kurusu.

Das OKW gibt bekannt

September

7.9. Der Feind griff bei Nacht wieder die Reichshauptstadt an und verursachte einigen Personen- und Sachschaden durch wahllosen Bombenabwurf auf nichtmilitärische Ziele der Innenstadt.
Die deutsche Luftwaffe ist daher dazu übergegangen, nunmehr auch London mit starken Kräften anzugreifen. In der vergangenen Nacht wurden Dockanlagen im östlichen London in Brand geworfen und durch Sprengbomben schwer getroffen. Dort und im Öllager von Thameshaven waren starke Brände weithin sichtbar.

8.9. Die Angriffe unserer Luftwaffe gegen die wehrwirtschaftlich besonders wichtigen Objekte von London, die in der Nacht vom 6. zum 7. September begonnen hatten, wurden auch am 7. und in der Nacht zum 8. September mit sehr starken Kräften und unter Einsatz schwerster Bomben fortgesetzt. Diese Angriffe sind die Vergeltung für die von London begonnenen und in den letzten Wochen gesteigert geführten britischen Nachtangriffe auf Wohnviertel und andere nichtmilitärische Ziele im Reichsgebiet. Der Reichsmarschall leitet persönlich den Einsatz von Nordfrankreich aus.
In ununterbrochener Folge fielen bis jetzt über eine Million Kilogramm Bomben aller Kaliber auf das Hafen- und Industriegebiet an der Themse. Kaianlagen, Handelsschiffe, Docks und Speicher, Kraft-, Wasser- und Gaswerke sowie Arsenale, Fabriken und Verkehrseinrichtungen wurden getroffen und zum Teil durch schwerste Explosionen vernichtet. Große Feuersbrünste wüten in der Umgegend der Docks. In kraftvollen Vorstößen kämpften Jagdflugzeuge den Weg der Kampfflugzeuge nach London frei.

11.9. Einigen feindlichen Flugzeugen gelang es, nach Berlin vorzustoßen und dort Bomben zu werfen. In Wohn- und Geschäftsvierteln entstanden an zahlreichen Stellen Brände. In der Innenstadt wurden zwei Krankenhäuser getroffen. Im Diplomatenviertel mußten einige Straßenzüge wegen drohender Einsturzgefahr vorübergehend geräumt werden. Eine Bombe fiel auf das Reichstagsgebäude, eine andere auf die Akademie der Künste.
Fünf Zivilpersonen wurden getötet, mehrere verletzt. Das tatkräftige Eingreifen des Sicherheits- und Hilfsdienstes sowie der Selbstschutz der Berliner Bevölkerung verhinderte, daß die Brandbomben größeren Schaden anrichteten.

Wann kommt der KdF-Wagen?

Der Abteilung »KdF-Wagen« in der NS-Gemeinschaft »Kraft durch Freude« sind in der letzten Zeit zahlreiche Anfragen zugegangen, wann die Ausgabe und weitere Produktion von KdF-Wagen beginne. Wir erfahren nun von der zuständigen Stelle, daß sogleich nach Kriegsende die Produktion des KdF-Wagens für Limousinen und Cabriolimousinen beginnt. Die Auslieferung an die Sparer erfolgt in jedem Gau im Rahmen der vorgesehenen Zuteilungen. Der Preis der KdF-Wagen-Limousine beträgt 990 RM ab Werk. Die KdF-Wagen-Limousine mit Faltedach kostet um 60 RM mehr. Die Kreisdienststellen der NS-Gemeinschaft »Kraft durch Freude« nehmen auch neue Anträge entgegen.
Das Vertrauen der KdF-Wagensparer ist überall außerordentlich, was durch zahlreiche neue Bestellungen trotz Kriegszeiten bewiesen wird.

»Neues Wiener Tageblatt«, 25. 10. 1940

Hitler und Himmler mit Chauffeur im KdF-Wagen.

Ein Dienstbefehl an die HJ

Der Jugendführer des Deutschen Reiches hat einen Erlaß Fahrradeinsatz der Hitler-Jugend herausgegeben.
Darin wird festgestellt, daß die Beschaffung von Fahrradbereifungen für diensteigene Fahrräder der HJ durch Anordnung des Reichskassenverwalters der HJ geregelt ist. Fahrradbereifungen für private Fahrräder können nur auf Grund eines Bezugscheines des zuständigen Wirtschaftamtes bezogen werden, auch dann, wenn das Fahrrad auch dienstlich genützt wird.
Es wird allen Angehörigen der HJ dienstlich zur Pflicht gemacht, einen Bezugschein für eine Fahrradbereifung nur dann zu beantragen, wenn der Führer des Bannes bzw. die Führerin des BdM-Untergaues die unbedingte Notwendigkeit geprüft und bejaht haben. Im Hinblick auf den dringenden Bedarf der werktätigen Bevölkerung an Fahrradbereifung kann es nicht verantwortet werden, so sagt der Erlaß, daß die Jugend noch über Reifen verfügt und auf ihren Fahrrädern Spazier-Ausflugsfahrten unternimmt. Allen Angehörigen der HJ wird es dienstlich zur Pflicht gemacht, unnötige Fahrten mit dem Fahrrad zu unterlassen und das Reifenmaterial zu schonen.

»Illustrierte Kronenzeitung«, 2. 10. 1940

Briefmarke zum 51. Geburtstag des Führers.

Der Führer als Vater

Auf den Bürgersteigen der Wilhelmstraße, außerhalb von Hitlers schwergewichtiger Reichskanzlei, sieht man einige riesige, bedeckte Gruben. Aus vier von ihnen ragen und verteilen sich Zementplatten. Und raus stoßen Fliegerabwehr-Geschütze. Eine andere Vertiefung ist ein riesiger Fahrstuhl, der alles in die umfangreichen Kellergewölbe der Kanzlei verschluckt, vom Fahrrad bis zum Zehn-Tonnen-Tank. Jeden Abend in der letzten Woche, als sich die heroischen Konturen des Gebäudes in der Dämmerung abzeichneten, fuhr ein Bus vor

1940

Oktober

1. 10. Deutsch-finnisches Abkommen über deutsche Waffenlieferungen: Dafür räumt Finnland Deutschland für alle Erzkonzessionen Vorkaufsrechte ein.

4. 10. Hitler und Mussolini treffen sich am Brenner zu Gesprächen über die deutsch-italienische Politik gegenüber Frankreich und Spanien

7./8. 10. Schwerer britischer Luftangriff gegen Berlin

9. 10. Gaullistische Truppen setzen sich in Kamerun fest

12. 10. Hitler entscheidet, »daß die Vorbereitungen für die Landung in England von jetzt an bis zum Frühjahr 1941 lediglich als politisches und militärisches Druckmittel auf England aufrechtzuerhalten sind«

13. 10. Außenminister von Ribbentrop lädt in einem Brief an Stalin Molotow im Auftrag Hitlers zu einem Besuch in Berlin ein

15. 10. Der italienische Kriegsrat beschließt in Rom, Griechenland anzugreifen

15./16. 10. Deutscher Luftangriff auf London: über 400 Tote unter der Zivilbevölkerung

16./17. 10. Britische Bomber fliegen Angriffe gegen Bremen, Cuxhaven, Hamburg und Kiel

18. 10. Großbritannien hebt die Blockade der Burma-Straße auf

23. 10. Die Bemühungen Hitlers, Franco während einer Unterredung in Hendaye zum Kriegseintritt Spaniens zu bewegen, bleiben erfolglos

24. 10. Auch die Gespräche mit dem französischen Staatschef Pétain über die Eingliederung Frankreichs in eine europäische Einheitsfront gegen England scheitern

26. 10. Die Umgruppierung des deutschen Feldheeres beginnt: 34 Divisionen werden in den Ostgebieten stationiert

28. 10. 5.30 Uhr: Beginn des italienischen Angriffs auf Griechenland

29. 10. Britische Truppen landen zur Unterstützung Griechenlands auf Kreta

Kultur

18. 10. In Wien wird der von Hans Schweikart nach der Komödie von Lessing hergestellte Film »Das Fräulein von Barnhelm« uraufgeführt

31. 10. Der Rowohlt-Verlag kündigt den Roman »Der ungeliebte Mann« von Hans Fallada an und verschwand unter der Erde.

Drei Etagen tiefer, weit entfernt von der Reichweite der schwersten Bombe, kletterten die Insassen raus oder wurden herausgetragen. Es waren werdende Mütter, die in Hitlers persönlicher Wöchnerinnenstation vor den Angriffen der Royal Air Force Schutz suchten. Diese Räume, wo potentielles Leben dem potentiellen Tod trotzen könnte, waren vom Führer liebevoll geplant worden. Sie bestanden aus geräumigen, entlüfteten Schlafsälen mit gefälligen Reihen von weißen Betten; elektrischen Küchen; einem Operationssaal mit der neuesten Geburtshilfeausrüstung. Tag und Nacht standen Schwestern der Nazi-Wohlfahrtsorganisation unter der Order von fünf Ärzten bereit. Vor der Niederkunft durften sich die Berliner Frauen 24 Stunden in den Bunker des Führers legen.

Beim längsten Angriff der R. A. F. des Krieges, als dicke Brocken von Bomben und Flak über der Erde dröhnten, kamen dort letzte Woche eines Morgens zwei kleine, künftige Soldaten schreiend zur Welt. Am nächsten Morgen streichelte Adolf Hitler zärtlich die Kinder und erklärte, er werde für jedes Baby die Patenschaft übernehmen, das in seinem unterirdischen Lazarett wärend eines Angriffs geboren wird.

»Time-Magazine«, 7. 10. 1940

Vom Kino in den Keller

Der britische Luftangriff am Montagabend setzte so früh ein, daß Zehntausende von Berlinern noch draußen waren, als Fliegeralarm gegeben wurde. Theater und Kinos hatten sich gerade geleert, und die Menschenmassen mußten Hals über Kopf Zuflucht in den Luftschutzräumen suchen. Als schließlich die Entwarnung kam und alle in den frühen Morgenstunden auf einmal nach Hause wollten, kam es zu einem gewaltigen Ansturm auf Omnibusse, Straßenbahnen und die U-Bahn. Um 4 Uhr früh erlebt somit das Berliner Verkehrsnetz eine Stoßzeit, wie sie sonst nur am späten Nachmittag eintritt, wenn alle von ihren Arbeitsplätzen kommen.

»Dagens Nyheter« (Stockholm), 8. 10. 1940

Mode im Herbst

⑦ Die sportliche Hemdbluse wird zu einem ganz schlichten Rock getragen.
⑧ Apart wirkt das Jackenkleid mit dem breiten Einsatz aus andersfarbigem Stoff, das sich gut aus einem Herrenanzug herstellen läßt. Rock mit vorderer und hinterer Mittelnaht.
⑨ Modisch ist die Zusammenstellung von einfarbiger Jacke zum Rock aus Karostoff. Die Jacke ist hochgeschlossen und mit großen Klappentaschen gearbeitet.

»Beyers Frauen-Illustrierte Hella«, Oktober 1940

Das OKW gibt bekannt

Oktober

11. 10 In Süd- und Mittelengland wurden Hafenanlagen, Rüstungsbetriebe und wichtige Versorgungszentren erfolgreich angegriffen. Bombenwürfe auf stark belegte Flugplätze an der britischen West- und Südküste, teilweise in kühnem Tiefanflug durchgeführt, zerstörten Hallen und Unterkünfte. Größere Brände vollendeten das Vernichtungswerk.

16. 10. Die britische Luftwaffe, die nicht in der Lage ist, militärische und wehrwirtschaftliche Ziele in Deutschland bei Tage anzugreifen, setzte ihre nächtlichen wahllosen Bombenangriffe gegen nichtmilitärische Ziele und damit vor allem gegen die deutsche Zivilbevölkerung fort. Auch gestern wurden wieder in Mittel- und Westdeutschland Wohngebäude und Bauernhäuser sowie ein Krankenhaus getroffen. Tote und Verletzte sind erneut unter der Bevölkerung zu beklagen. Die Angriffe der deutschen Luftwaffe auf kriegswichtige Ziele in Süd- und Mittelengland und vor allem die Vergeltungsangriffe auf London wurden deshalb wesentlich verstärkt. Starke Verbände leichter Kampfflugzeuge flogen bereits am Tage unter dem Schutz von Jagdstaffeln unbehindert über Südengland ein und warfen Bomben schweren Kalibers auf die britische Hauptstadt. Die Angriffe schwollen in der Nacht durch Einsatz schwerer Kampfverbände zu noch größerer Stärke an. Bomben schweren und schwersten Kalibers trafen in großer Zahl vor allem Rüstungswerke, Verkehrsanlagen und Versorgungsbetriebe sowie die Hafenanlagen an beiden Themse-Ufern. Die nach starken Explosionen im Stadtkern beiderseits der Themse sowie zwischen dem Themse-Bogen und den Victoria-Docks entstehenden Großbrände waren beim Rückflug noch bis zur Kanalküste sichtbar.

25. 10. Im Rahmen der von der deutschen Luftwaffe durchgeführten Kampfhandlungen gegen England starteten zum ersten Male italienische Kampfverbände von ihrer Absprungbasis im besetzten Gebiete aus. Sie erzielten durch kühn geführte Angriffe und wohlgezielte Bombenwürfe große Erfolge gegen Hafenanlagen im Osten der Britischen Insel.

31. 10. Britische Flugzeuge flogen auch in der letzten Nacht in die westlichen Grenzgebiete des Reiches ein und warfen vereinzelt Bomben, die jedoch in freies Gelände fielen und dabei nur ein Hochspannungskabel durchschlugen.

Einvernehmen in allen wichtigen Fragen

Nach zwei arbeitsreichen Tagen verließ am Donnerstag früh der Vorsitzende des Rates der Volkskommissare der UdSSR und Volkskommissar für auswärtige Angelegenheiten, Herr Molotow, die Reichshauptstadt. Gegen 11 Uhr holte der Reichsminister des Auswärtigen v. Ribbentrop Präsident Molotow im Gästehaus der Reichsregierung, Schloß Bellevue, ab, um ihn zum Anhalter Bahnhof zu begleiten. Vor dem Bahnhof war eine Ehrenkompanie der Wehrmacht angetreten. Sie erwies dem sowjetrussischen Regierungschef die militärischen Ehrenbezeugungen.
Sodann verweilte der Vorsitzende des Rats der Volkskommissare einige Minuten in angeregtem Gespräch mit den zu seiner Begrüßung erschienenen führenden Männern des nationalsozialistischen Staates. Von jedem einzelnen verabschiedete sich der sowjetrussische Regierungschef mit herzlichen Worten. Pünktlich um 11 Uhr bestieg Herr Molotow den Zug, begleitet von dem Botschafter der UdSSR in Berlin, Herrn Schkwarzew. Durch das geöffnete Fenster seines Wagens wechselte Präsident Molotow mit Reichsaußenminister v. Ribbentrop herzliche Worte des Abschieds. Als der Zug sich in Bewegung setzte, erhoben die Zurückbleibenden die Hände zum Gruß, während Herr Molotow den Abschiedsgruß entbot.
Zwei Tage voll wichtiger Besprechungen haben damit ihren Abschluß gefunden.

»Deutsche Allgemeine Zeitung«, 14. 11. 1940

Beim Besuch des Außenkommissars und Präsidenten des Rates der Volkskommissare, W. M. Molotow in Berlin vertieften sich die freundlichen Beziehungen zwischen Deutschland und der Sowjetunion.

»Kora Terry«

Dieser Film gibt Marika Rökk, wie kaum je zuvor ein anderer, Gelegenheit, ihr tänzerisches und schauspielerisches Können zu entfalten. Mit Freude darf man feststellen, daß sie in diesem Film schauspielerisch so vielseitig und gelockert ist wie noch nie zuvor und es ihr in überzeugender Weise gelingt, die beiden Schwestern Kora und Mara Terry zu charakterisieren. Doppelrollen sind zwar immer sehr dankbar, weil sie dem Schauspieler zunächst einmal vom rein Äußerlichen Gelegenheit bieten, durch ein paar einfache Hilfsmittel von Maske und Schminke sich in den eigenen Doppelgänger zu verwandeln. Aber Marika Rökk hat diese Doppelrolle sicher und vielseitig ausgebaut und beschränkt sich keineswegs lediglich auf den äußeren Unterschied im Aussehen. Natürlich sind ihre Glanzszenen wiederum Tanzszenen. Georg Jacoby entfesselt als Spielleiter in den üppigen Revueeinlagen reiche Phantasie. Die choreographische Leitung von Sabine Reß, die Mitwirkung des ganz hervorragenden Tänzers Jockel Stahl und vor allen Dingen natürlich die Soli von Marika Rökk geben dem Film ein erregendes und farbiges Kolorit. Wichtig in diesem Film ist wiederum die Musik als ein Element, das nicht nur Handlung und Geschehen untermalt, sondern mit Atmosphäre lädt und vorwärtstreibt. Peter Kreuder hat einige zündende Schlager komponiert und Frank Fux eine sehr melodiöse Illustrationsmusik geschrieben.

Marika Rökk in »Kora Terry«.

»Die Filmwelt«, November 1940

Einfuhrverbot für Bananen

Nach dem 22. Dezember gibt es keine Bananen mehr zu kaufen. Importlizenzen werden nicht mehr erteilt.
Mr. S. J. Peacock, ein Angestellter von Elders & Fyffes, Britanniens größtem Bananen-Importeur, teilte gestern mit, das Kolonialamt habe seine Firma darüber informiert, daß die Einfuhrsperre sofort in Kraft tritt »Wir wurden nicht vorher gewarnt«, fügte Mr. Peacock hinzu.
Über 1100 Männer beschäftigen sich allein in diesem Land mit Bananenlieferungen. Es gibt mehr als 63000 Einzel-

1940

November

3. 11. Griechische Verbände starten eine erfolgreiche Gegenoffensive gegen die vorgerückten Italiener

4. 11. Hitler faßt den Entschluß, einen Entlastungsangriff über Ungarn, Rumänien und Bulgarien gegen Griechenland zu unternehmen, da sich die italienische Offensive festgelaufen hat

5. 11. Roosevelt wird zum dritten Mal zum US-Präsidenten gewählt

10. 11. Mit der Einnahme von Libreville, der Hauptstadt von Gabun, ist die gesamte Kolonie Französisch-Äquatorialafrika in der Hand der französischen Streitkräfte General de Gaulles

11. 11. 100 000 Lothringer werden ins unbesetzte Frankreich ausgewiesen

11./12. 11. Angriff britischer Trägerflugzeuge auf die italienische Flotte in Tarent; Schlachtschiff Cavour gesunken

12.–14. 11. Besuch Molotows in Berlin. Unterredungen mit Hitler und von Ribbentrop über den Beitritt der UdSSR zum Dreimächtepakt und die Aufteilung der Welt in Interessensphären nach der Niederlage Englands.

14. 11. In Warschau werden 350 000 Juden im Ghetto eingeschlossen

14./15. 11. Schwerer Angriff deutscher Flugzeuge auf Coventry: 554 Tote und 865 Schwerverletzte unter der Bevölkerung

15./16. 11. Luftangriff auf London

16./17. 11. Britische Bomber greifen Hamburg an

20. 11. Beitritt Ungarns zum Dreimächtepakt

21. 11. Griechische Truppen nehmen das albanische Koritza ein

23. 11. Beitritt Rumäniens zum Dreimächtepakt. Am folgenden Tag Beitritt der Slowakei

25. 11. Eine sowjetische Note über die Vorbedingungen des Beitritts der UdSSR zum Dreimächtepakt läßt Hitler unbeantwortet

Kultur

13. 11. In Stuttgart wird der Tobis-Film »Friedrich Schiller« mit Horst Caspar, Heinrich George u. a. uraufgeführt

17. 11. Eröffnung der Wehrmachtsschau »Der Sieg im Westen« in Wien

händler. Fünfundsiebzig Prozent der Einfuhren kommen aus Jamaica, die restlichen 25% aus Britisch-Kamerun, ein Mandatsgebiet, das früher von Deutschland verwaltet wurde.
Die bereits eingelagerten Vorräte, sagte Mr. Peacock, würden ungefähr noch für zwei Wochen ausreichen. Außerdem seien noch Genehmigungen für Schiffsladungen erteilt, die etwa bis zum 22. Dezember ausreichen.
Ein Beamter des Ernährungsministeriums sagte dem Daily Mirror gestern abend, sein Amt betrachte Bananen nicht als lebenswichtiges Nahrungsmittel.

»Daily Mirror«, 27. 11. 1940

»Der große Diktator«

Der große Diktator ist die Geschichte eines kleinen, verfolgten jüdischen Barbiers (Charlie Chaplin), der in einem Land lebt, das von einem widerwärtigen Diktator (auch Charlie Chaplin) regiert wird; und wie die beiden sich schließlich in den umgekehrten Rollen wiederfinden. Chaplin nimmt dazu vier unfehlbare Zutaten:
Slapstick bietet er reichlich an – Chaplin, der Soldat des Ersten Weltkrieges, feuert eine Abwehrkanone in alle Himmelsrichtungen ab; Chaplin der Diktator schluckt Unmengen von englischem Senf; Jack Oakie, der rivalisierende Diktator, bechert und redet im Übermaß.
Satire in all ihren Feinheiten und weniger fein wird auch in den Topf getan – rauhe Auftritte diktatorischer Anmaßung; die Übersetzung einer Haßtirade des Diktators von einem Radio-Kommentator; eine hervorragende Szene, in der Diktator Chaplin einen Globus vom Schreibtisch nimmt und damit einen Veitstanz aufführt, gekonnt und grotesk.
Pathos, so gut wie in Chaplins »The Kid«, wird hinzugefügt – das tägliche Leben der Juden im Getto; die naiven Vergnügungen der kleinen Freundin und Putzfrau des Barbiers (Paulette Goddard).
Melodram wird zum ersten Mal von Autor Chaplin ausprobiert – Sturmtruppen so brutal, ein Diktator so pathologisch unbarmherzig, wie menschlicher Sadismus es sich nur wünschen kann.
Chaplins frühere Schlager waren Perlen aus passendem Humor, aufgezogen auf einen Faden von Persönlichkeit – der Persönlichkeit eines erfolglosen, halb rührenden, halb grotesken, insgesamt sympathischen kleinen Komödianten. Der »Große Diktator« hat genügend Perlen, aber keinen Faden. Chaplin, der Schüsseln voller Erdbeeren mit Schlagsahne durch die Gegend wirft, und der Anblick der Juden, die in den Straßen erschossen werden, passen nicht zusammen.
Einmal brüllt Chaplins Diktator unverständlich in die Menge, ein anderes Mal ist er beschämt von Oakie, ein drittes Mal befiehlt er bösartig ein Pogrom. Auch Chaplins Barbier ist nicht aus einem Guß. Am Ende des Filmes läßt der verzweifelte kleine Mann plötzlich eine gewaltige, bewegende und zweifellos aus tiefstem Herzen kommende, sechsminütige Predigt über die Demokratie vom Stapel.

»Time-Magazine«, 4. 11. 1940

Charlie Chaplin als »Der große Diktator«.

Das OKW gibt bekannt

November

7. 11. Nächtliche Bombenwürfe des Feindes trafen im Reichsgebiet in der Mehrzahl freies Gelände und verursachten nur Flurschäden. Nur in zwei Fällen griffen feindliche Flugzeuge Industrieanlagen an. Sie beschädigten dabei unerheblich ein Kesselhaus und eine Laderampe. Bei weiteren Angriffen auf Wohnviertel sind mehrere Tote und Verletzte zu beklagen. In Westdeutschland erfolgte ein Angriff auf ein mit dem Roten Kreuz kenntlich gemachtes Krankenhaus.

15. 11. Nach Besserung der Wetterlage konnte die Luftwaffe in der Nacht zum 15. November als Vergeltung für die britischen Angriffe auf München dem Gegner durch einen Großangriff auf bedeutende Rüstungsziele in Mittelengland einen außerordentlich schweren Schlag versetzen. Besonders heftig und erfolgreich war dabei der rollende Angriff starker Kampfverbände der Generalfeldmarschälle Kesselring und Sperrle auf Coventry, wo zahlreiche Motorenfabriken und große Anlagen der Flugzeugzubehörindustrie sowie andere kriegswichtige Einrichtungen mit Bomben schweren und schwersten Kalibers belegt wurden, die gewaltige Verwüstungen anrichteten. Ungeheure Feuersbrünste, die von großen Rohstofflagern genährt wurden und bis zur Kanalküste sichtbar waren, vollendeten das Vernichtungswerk. Außer Rüstungsbetrieben wurden in den Midlands noch ein großes Nachschublager der britischen Luftwaffe und ein Gaswerk mit sichtbar großer Wirkung angegriffen.

17. 11. Die britischen Flugzeuge, die in der Nacht zum 17. November in Deutschland einflogen, griffen besonders Hamburg, Bremen und Kiel an. An kriegswichtigen Zielen wurde nur sehr geringer Schaden angerichtet. Eine Brandbombe, die aber sofort gelöscht werden konnte, fiel in ein Trockendock. Ein Lazarett wurde angegriffen, aber die zahlreich abgeworfenen Bomben fielen in den Garten, ohne Schaden anzurichten.

25. 11. Die Meldung des britischen Informationsministeriums, daß in der Nacht zum 24. November britische Flugzeuge in Berlin Bahnhöfe mit Bomben belegt haben, ist falsch. Kein einziges feindliches Flugzeug hat in dieser Nacht Berlin überflogen.

Ein deutscher Flottenverband stößt durch den Nebel der Nordsee. Gemälde von PK.-Kriegsberichter I. C. Schmitz. »Leipziger Illustrirte Zeitung«, 22. 1. 1941

Heiligabend mit dem Führer

Als es kurz vor Beginn unserer Weihnachtsfeier hieß, der Führer kommt zu uns, da konnten wir es zunächst gar nicht fassen. Unserer aller bemächtigte sich eine so frohe und festliche Weihnachtsstimmung, wie wir sie vielleicht nur als Kinder gekannt haben. Verflogen waren alle schwermütigen Gedanken, die uns an diesem zweiten Kriegsweihnachten mit den Lieben daheim verbanden.
Und dann kam der Führer wirklich, betrat unseren Festraum, den wir in einer verlassenen Fabrikhalle hergerichtet und mit Tannengrün und Girlanden geschmückt hatten, nahm mitten unter uns Platz.
Wie bei unseren Kämpfen waren wir auch hier alle eine große Familie. Offiziere und Mannschaften, Flugzeugführer und Bodenpersonal. Und mitten unter uns der Führer. Er ließ sich von unseren Kämpfen berichten, folgte aufmerksam den Schilderungen, und seine Augen forschten wie die eines gütigen Vaters in den Augen seiner Soldaten. Stolz, Freude und Zuversicht leuchteten ihm von allen Seiten entgegen. Dann erhob sich der Führer und sprach zu uns. Vor dem brennenden Lichterbaum stehend, sprach er mit leiser Stimme, wie man im kleinen Kreise von Kamerad zu Kamerad spricht.
Er sprach auch von den Opfern, die der Krieg bisher gefordert hat und die er vielleicht noch fordern wird. Aber mit neuem Glauben an unseren Sieg füllte er unsere Herzen und machte sie noch zuversichtlicher.
Wohl nie hat ein Staatsmann und Feldherr mit seinen Soldaten so den Heiligen Abend begangen, wie der Führer mit uns. Mit dieser feierlichen Stunde hat er uns allen die schönste Weihnachtsfreude beschert.

»Deutsche Allgemeine Zeitung« 27. 12. 1940

Das Rückkaufsrecht der Hundebesitzer

Die Wehrmacht hatte zu Beginn des Krieges zahlreiche Hunde zur Verwendung im Heer, in der Polizei und beim Zolldienst eingezogen. Die ehemaligen Besitzer haben nach dem Ende des Krieges ein Rückkaufsrecht auf diese Hunde.
Um für die Rückgabe der Hunde einheitliche Regeln aufzustellen, ist mit dem Oberkommando des Heeres schon jetzt eine Vereinbarung getroffen worden, über die der Reichsführer-SS und Chef der deutschen Polizei in einem Erlaß Mitteilung macht. Danach werden die Hunde, die von Privatpersonen für die Dauer des Krieges an die Wehrmacht verkauft worden sind, nach dem Kriege an die früheren Besitzer zurückverkauft, soweit nicht dringende dienstliche Interessen der Rückgabe zu diesem Zeitpunkt entgegenstehen. Hunde, die vom Reichsverband für das Hundewesen als besonders wertvoll für die Zucht erklärt werden, dürfen jedoch nicht zurückbehalten werden. Die zurückzugebenden Hunde werden nach und nach freigegeben, je nach der Möglichkeit, Ersatzhunde zu beschaffen.

»Frankfurter Zeitung«, 24. 12. 1940

Das »Bringsel« im Fang des Sanitätshundes zeigt seinem Führer, daß das Tier einen Verwundeten gefunden hat.

Der »Bismarck«-Film

Wir haben im Laufe der Jahrzehnte manchen »Bismarck«-Film gesehen, Filme, die uns den großen Deutschen, der das Zweite Reich schmiedete, in mancherlei Gestalt zeigten, meist in einer Darstellung von der jüngsten Jugend bis ins hohe Alter des Eisernen Kanzlers. Der von Wolfgang Liebeneiner geschaffene Tobis-Film geht andere Wege: Er bringt nur vier Jahre aus dem Leben Bismarcks, aber in diesen vier Jahren macht er, in weiser Beschränkung auf das Wesentliche, deutlich, wie Bismarck von Preußen ausgehend das Deutsche Kaiserreich schuf. Es sind dies die schicksalsschweren Jahre von 1862 bis 1866, jene 4 Jahre, die, in politischem und kriegerischem Kampf, die Deutschen einigten, so daß sie, wiederum vier Jahre später, den Krieg gegen das Zweite Kaiserreich der Franzosen in Einigkeit aufnehmen und aus ihm als eine geeinigte Nation siegreich heimkehren konnten. So wölbt dieser Film über jene Jahre vom September 1862, als der König die Abdankungsurkunde entwarf, bis zum Siege von Königgrätz – und in kurzem Anhang bis zur Proklamation des Deutschen Kaiserreichs am 18. Januar 1871 im Versailler Schlosse –

1940

Dezember

4. 12. Der Chef der deutschen Abwehr, Admiral Canaris, führt in Madrid Verhandlungen mit der spanischen Regierung, Gespräche über einen Kriegseintritt Spaniens

7. 12. Franco lehnt Spaniens Kriegseintritt ab

9. 12. Britische Truppen drängen in der Cyrenaika die Italiener zurück

13. 12. Hitler unterzeichnet die Weisung Nr. 20, die die Einzelheiten des Angriffs gegen Griechenland festlegt

15./16. 12. Britische Bomber greifen Berlin an

16./17. 12. Britische Luftangriffe auf Mannheim: 23 Tote und 80 verletzte Zivilisten

17. 12. Die Briten dringen bis nach Libyen vor

18. 12. Hitler unterzeichnet die Weisung Nr. 21 (Fall »Barbarossa«) über die Vorbereitungen eines Feldzugs gegen die UdSSR. Die Vorbereitungen müssen bis zum 15. 5. 41 abgeschlossen sein

19. 12. Die italienische Armee bittet um die Entsendung einer deutschen Panzerdivision nach Tripolis

20.–21. 12. Deutsche Flugzeuge fliegen schwere Angriffe gegen Liverpool

22. 12. Lord Halifax wird britischer Botschafter in den USA, Anthony Eden britischer Außenminister

25. 12. Zusammentreffen Hitlers mit Admiral Darlan in Beauvais. Hitler lehnt jegliches Entgegenkommen Vichy-Frankreich gegenüber ab

27. 12. General Hansen unterrichtet den rumänischen Staatschef Antonescu über das geplante deutsche Unternehmen gegen Griechenland

28. 12. Die Italiener bitten um deutsche Unterstützung in Albanien. Hitler nimmt davon Abstand

1. 11.–31. 12. Auch die Städte Birmingham, Southampton, Sheffield und Manchester werden wiederholt von deutschen Flugzeugen bombardiert

Kultur

6. 12. Uraufführung des »Bismarck«-Films von Wolfgang Liebeneiner mit Paul Hartmann in der Titelrolle

26. 12. 50. Todestag des Archäologen Heinrich Schliemann

einen zusammenfassenden Bogen, der dem Zuschauer eine getreu auf historische Quellen fußende Darstellung von Bismarcks Reichsgründung gibt. Dieser Film darf als ein überaus geglücktes Beispiel volkstümlichen Geschichtsunterrichts bezeichnet werden.
In der Rolle des Königs hat Friedrich Kayßler reiche Gelegenheit, sein großes Können zu zeigen. Neben ihm steht der gewaltige, in allen Augenblikken meisterlich gestaltete Bismarck von Paul Hartmann. Käthe Haack als Johanna, Lil Dagover als Kaiserin Josefine, Maria Koppenhöfer als Königin Augusta, Werner Hinz als Kronprinz mögen von den vielen, vielen namentlich genannt sein. Mit besonderer Freude aber sei auch Margret Militzer vom Deutschen Volkstheater erwähnt, die als Bismarcks Tochter ihre erste Filmrolle mit jener selbstverständlichen Sicherheit und Natürlichkeit zum Leben weckte, die wir auf der Bühne an ihr stets bewundern.

»Norddeutsche Nachrichten«, 3. 1. 1941

»Wunschkonzert«

Das Thema verpflichtete. Und da haben die Autoren Felix Lützkendorf und Eduard v. Borsody den rechten Weg gefunden. Sie haben unbekümmert in das Leben hineingegriffen. Haben eine Romanze zweier junger Menschen in den Vordergrund gerückt, die sich bei der Olympiade kennenlernen, während des Spanien-Krieges verlieren und sich über die Rundfunk-Wunschkonzerte während des jetzigen Krieges wiederfinden. Ilse Werner und Carl Raddatz sind die beiden jungen Menschen Inge Wagner und Herbert Koch, die sich aus den Augen, aber nicht aus den Herzen verlieren und wiederfinden. Ilse Werner, rank, schlank und hübsch, vertritt erfreulich den jungen deutschen Mädchentyp von heute. So selbstverständlich und voll natürlicher Anmut und Lebendigkeit sahen wir sie noch nie in einem Film. Carl Raddatz ist temperamentvoll ihr Partner.
Es wird ein stimmungsvoller Einblick in den Sendesaal des Rundfunkhauses gegeben. Am Schluß der Uraufführung dieses wahrhaften Volksfilms gab es rauschenden, begeisterten Beifall.

»Film-Kurier«, Dezember 1940

»Wunschkonzert« mit Ilse Werner und Carl Raddatz.

Paul Hartmann als Bismarck und Käthe Haack als Johanna von Bismarck.

Das OKW gibt bekannt

Dezember

4. 12. Der Kommodore des Jagdgeschwaders Richthofen, Major Wick, kehrte nach seinem 56. Luftsieg vom Feindflug nicht zurück. Damit hat die deutsche Luftwaffe einen ihrer kühnsten und erfolgreichsten Jagdflieger verloren. Major Wick, der für seinen heldenhaften Einsatz im Kampf für die Zukunft des deutschen Volkes mit dem Eichenlaub zum Ritterkreuz des Eisernen Kreuzes ausgezeichnet war, wird im deutschen Volke und vor allem in der deutschen Jugend als Vorbild fortleben.

9. 12. Als Vergeltung für die englischen Luftangriffe auf westdeutsche Städte führte die deutsche Luftwaffe in der Nacht zum 9. Dezember einen Großangriff auf London mit sehr starken Kräften und in rollendem Einsatz von Einbruch der Dämmerung bis zum Morgen durch. Bei guter Beleuchtung warfen Kampfflugzeuge Bomben auch der schwersten Kaliber auf die Stadt und besonders auf lebenswichtige Versorgungsanlagen. An vielen Stellen entstanden gewaltige Brände, die sich im Laufe der Nacht an mehreren Punkten zu einem großen lodernden Feuermeer vereinigten. Gasbehälter flogen mit hoher Stichflamme in die Luft, Erdöllager gerieten unter starken Raucherscheinungen in Brand.

20. 12. Ein Unterseeboot meldet die Versenkung seines 40. feindlichen Handelsschiffes. Damit hat der Kommandant dieses Bootes, Kapitänleutnant Schepke, eine Gesamtversenkungsziffer von 208975 BRT erreicht und somit als dritter Unterseebootkommandant die 200000-Tonnen-Grenze überschritten.

27. 12. Während die deutsche Luftwaffe auch am zweiten Weihnachtsfeiertag keine Angriffshandlung gegen die Britische Insel unternahm, griffen britische Flugzeuge an diesem Tage und in der folgenden Nacht Flugplätze, Hafenanlagen und Städte im besetzten Frankreich mit Bomben an.

28. 12. Nach der Ruhe der Weihnachtstage setzten im Laufe des 27. Dezember die Luftaufklärung und die Kampftätigkeit der deutschen Luftwaffe wieder ein. Ein Aufklärungsflugzeug traf ostwärts der Themse-Mündung ein feindliches Handelsschiff von etwa 8000–10000 BRT mit zwei Bomben schweren Kalibers.

Plastik und Sport

Die fruchtbare Wechselbeziehung zwischen Kunst und Körperkultur bei den Hellenen spricht vielmehr ebenfalls für die Notwendigkeit der Ausweitung des Gebietes der Sportplastik, für Großzügigkeit. Zwar sind uns griechische Plastiken mit sportgerechter Darstellung überkommen, z. B. der Diskuswerfer des Myron und der Ringer aus Herkulanum. Ebenso aber sind stehende und ruhende Gestalten mit sportlichen Attributen erhalten, wie z. B. der Speerträger des Polyklet, der Faustkämpfer des Apollonius und der Athlet mit dem Schabeisen. Und schließlich haben wir aus dieser Kultur – künstlerisch als gleichwertig angesehen – die rein ideellen Gestaltungen, die in Haltung, Bewegung und Attribut nicht mit einer sportlichen Übung in Verbindung gebracht werden können und trotzdem aus dem Geiste der Körperkultur geboren sind, wie der Jüngling von Eleusis, der sogenannte Idolino, der betende Knabe und der spendende Sieger.

Die Forderungen, die sich für Künstler und Betrachter aus all dem ergeben, müssen nicht näher dargelegt werden. Wer die Leibesübung als streng sachliche Angelegenheit nimmt, für den die meßbare Leistung der abschließende Maßstab ist, der wird das Thema »Sportplastik« auch weiterhin eng fassen müssen. Wer aber die Leibesübungen in das Ganze einordnet, sie als ideellen, als körperlich-seelischen Erziehungsfaktor innerhalb des völkischen Lebens ansieht, wird auch in der Bewertung der Sportplastik großzügig sein und damit glücklichste Bereicherung erfahren, die diesen Kunstzweig zugleich davor bewahrt, im großen Gebiet der Kunst nur eine schmale Straße zu gehen. Für den, der der Ansicht ist, daß der Sport und das Schönheitsideal in unserer Kunst zwei Stämme einer gleichen Wurzel, nämlich der gleichen Idee rassischer Höchstleistung, entwachsen sind, gipfelt der Sport im Heldischen. Er sieht Sport und Kunst nicht nur in Beziehung zum lebendigen Volksganzen, sondern auch zur Weltanschauung und schafft damit einen geistigen Hintergrund, der der kultisch-religiösen Haltung der Hellenen zum Sport und zur Kunst gleichwertig ist. Er erblickt eine Synthese von Leibeserziehung und Kultur, die für unsere Zeit den Anspruch Goethes rechtfertigt: »Jeder sei auf seine Art ein Grieche, aber er sei es.«

»Die Kunst im Deutschen Reich«, Januar 1941

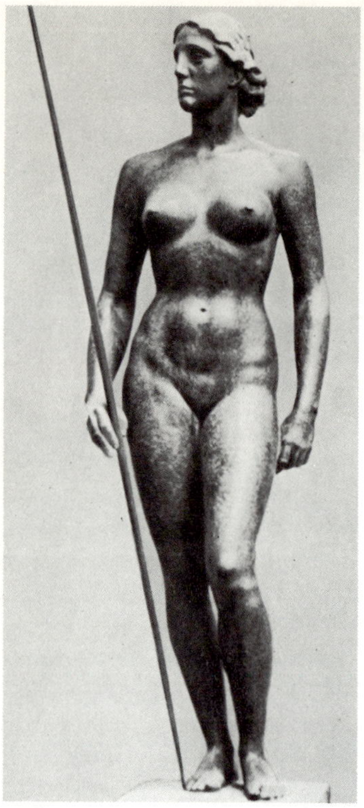

Oben: Robert Stieler, Faustkämpfer.

Links: Paul Scheuerle, Amazone.

Der Lebenswille siegt!

In schweren Kämpfen hat der Verwundete Mut und Entschlußkraft bewiesen. Nach unvorstellbaren Strapazen ist er verwundet im Lazarett eingeliefert worden und wird langsam einem neuen Leben zugeführt. Sobald die Wunden verheilt sind, beginnt die Einzelgymnastik, damit die Muskulatur allmählich angespannt wird. Diese Arbeit erfordert unendliche Geduld und wird darum in die Hände von Frauen gelegt, die als Heilgymnastinnen ausgebildet sind.

1941

Januar

5. 1. Britische Truppen erobern Bardia und nehmen 45 000 italienische Gefangene

6. 1.–13. 1. Britische Konvoioperation »Excess« zur Verstärkung Maltas. Deutsche Stukas werden erstmals gegen britische Seestreitkräfte im Mittelmeer eingesetzt

10. 1. In Moskau werden ein deutsch-sowjetischer Grenzvertrag und ein Wirtschaftsabkommen unterzeichnet.
Einbringung der Gesetzesvorlage für die Pacht- und Leihhilfe im amerikanischen Kongreß

11. 1. Hitlers »Weisung Nr. 22« befiehlt u. a. die Aufstellung eines deutschen Panzer-Sperrverbandes für Libyen

11.–12. 1. Schwere deutsche Luftangriffe auf London

12. 1. Ein britischer Truppenkonvoi läuft nach Nordafrika aus

13. 11. König Boris III. bleibt während eines Treffens mit Hitler weiter zögernd hinsichtlich des bulgarischen Beitritts zum Dreimächtepakt

14. 1. Der rumänische Staatschef Antonescu bietet Hitler militärische Hilfe gegen die UdSSR an

17. 1. Der sowjetische Außenminister Molotow erklärt dem deutschen Botschafter in Moskau, die UdSSR betrachte Bulgarien als sowjetische Sicherheitszone

19. 1. Beginn der britischen Offensive gegen Eritrea

19.–20. 1. Hitler teilt Mussolini seine Absicht mit, über Bulgarien nach Griechenland vorzustoßen und einen deutschen Verband nach Libyen zu senden

22. 1. Britische Truppen erobern Tobruk und nehmen 25 000 Italiener gefangen

28. 1. Hitler entscheidet, so spät wie möglich in Bulgarien einzumarschieren

29. 1. Britisch-amerikanische Geheimverhandlungen über eine gemeinsame Kriegsführung im Falle des Kriegseintritts der USA

31. 1. Aufmarschanweisung des OKH für das Unternehmen »Barbarossa« fertiggestellt

Kultur

1. 1. Die Gesamtzahl der Rundfunkteilnehmer beläuft sich für Großdeutschland auf 14 882 496

Unwillkürlich reagiert der Soldat auf den weiblichen Einfluß, den er so lange entbehrt hat, besonders stark. Nach der Lazarettbehandlung ist er schwächer geworden und dankbar für jede Freundlichkeit. Gerade diese mühsame Kleinarbeit, bei der man zunächst kaum einen Erfolg sieht und die sich über Wochen und Monate erstreckt, erfordert vom Verwundeten und der Heilgymnastin unendliche Geduld. Unangenehm ist dabei, daß die Behandlung mit starken Schmerzen verbunden ist und dennoch getan werden muß. Einer Frau gegenüber will sich der Mann nicht schwach zeigen, und ihr Fingerspitzengefühl weiß genau abzuschätzen, wieviel sie dem Verwundeten zumuten kann.
Da der Soldat gewöhnt ist, sich einzuordnen und straffe Disziplin zu üben, reagiert er viel intensiver auf die sportliche Ausbildung als der Durchschnittszivilist. Die Beinamputierten und Armamputierten werden einzeln geschult, damit sie zu ihrem Recht kommen. Dabei muß der Sportlehrer immer bremsen, weil die Soldaten mehr leisten wollen, als sie können. Man hat auch bereits zu sportlichen Wettkämpfen Gesunde hinzugezogen, und die Amputierten haben überraschend gut dabei abgeschnitten.
Heute geht das Bestreben erfahrener Ärzte dahin, das Mitleid des Publikums in die rechten Bahnen zu lenken, damit sie dem Amputierten nicht vorzeitig beispringen, sondern erst abwarten, ob er es nicht allein schafft. Auf die Straßenbahn wird er sich mit seinen Krücken am besten selbst hochschwingen, er braucht nur mehr Zeit dazu als ein Gesunder.
Jeder Verletzte wünscht den gesunden Menschen gleichgesetzt zu sein und so wenig wie möglich beachtet zu werden. Am schädlichsten würde es für ihn werden, wenn er kurz ausgebildet, bald entlassen und zu Hause mit Fürsorge verwöhnt würde. Auf diese Weise ginge ihm jede Selbständigkeit verloren, und er würde seelisch auseinanderfallen. Dagegen hebt es sein Selbstbewußtsein sehr, wenn er etwas Tüchtiges leisten kann.

»Beyers Frauen-Illustrierte Hella«, Januar 1941

Krankenschwester beim Schachspiel mit einem Verwundeten.

Der Sieg im Westen. Eine Ausstellung der deutschen Wehrmacht in Wien. Reichsmarschall Hermann Göring besichtigt die Ausstellung. Begleitet von Generalfeldmarschall List, Reichsleiter von Schirach, den ostmärkischen Gauleitern und vielen hohen Offizieren, läßt sich der Reichsmarschall die Ausstellung zeigen, dabei besonders die Abteilung, die vom Kampf und Sieg der ostmärkischen Truppen nördlich des Polarkreises Zeugnis ablegt.

»Signal«, Januar 1941

Das OKW gibt bekannt

Januar

2. 1. Das Kriegsjahr 1940 war ein Jahr deutscher Siege. In knapp drei Monaten wurden die Engländer aus Norwegen vertrieben, Holland und Belgien zur Kapitulation gezwungen, Frankreich nach hartem Kampf zu Boden gerungen, das englische Expeditionsheer in Flandern geschlagen, seiner Bewaffnung und Ausrüstung beraubt und auf die Schiffe gejagt.
Da die englische Propaganda versuchte, diese einzigartigen Erfolge der deutschen Wehrmacht zunächst abzuleugnen und dann zu verkleinern, hat sie jede Glaubwürdigkeit verloren. Letzten Endes mußte sie sich aber doch der Tatsache beugen, daß Deutschland die blockadegefährdete enge Nordseebasis gesprengt und sie auf einen Raum erweitert hat, der vom Nordkap bis zur spanischen Grenze reicht und der es ermöglicht, tödliche Schläge gegen England selbst zu führen.
Der Kampf gegen England nimmt seinen Fortgang, seine bisherige Wirkung ist weit größer als von außen erkennbar. Das Jahr 1941 wird den Beweis dafür erbringen.
Sieggewohnt und kampfgestählt blickt die Wehrmacht zurück auf ein Jahr stolzester Erfolge. Siegesgewiß, stärker und besser gerüstet denn je blickt sie vorwärts auf das kommende Jahr.

10. 1. Angriffe des Feindes richteten sich in der letzten Nacht vornehmlich gegen verschiedene Orte in Westdeutschland. Außer einigen Wohnhäusern wurden das Kloster Bethlehem bei Köln beschädigt und das katholische Gesellenhaus in Düsseldorf zerstört.

11. 1. Deutsche Fliegerverbände griffen am 10. Januar erstmalig in den Kampf im Mittelmeerraum ein. Sie konnten hierbei auf zwei Kriegsschiffseinheiten, darunter einen Flugzeugträger, mehrere Treffer erzielen.

19. 1. In den ersten Nachmittagstunden des 18. Januars griffen deutsche Kampf- und Sturzkampfflugzeuge unter dem Schutz deutscher und italienischer Jagdfliegerverbände die Flugplätze Hal Far und Lucca auf der Insel Malta mit Bomben an. Sie erzielten Treffer schweren Kalibers in Hallen und Unterkünften sowie auf den Startbahnen. Ein feindlicher Jäger vom Muster Hurricane wurde abgeschossen. Zwei eigene Flugzeuge werden vermißt.

Himmel und Hölle

Auf einem Flugplatz an der flandrischen Küste. Ich darf mit gegen England fliegen. Kaum habe ich begriffen, worum es sich handelt, als man mir in eine Fliegerkombination hilft, Stiefel, Fallschirm, Schwimmweste, alles legt sich auf meinen Leib. Dann stapfe ich über den Platz, und ehe ich es mich versehe, habe ich meinen Sitz in einer der schweren Bombenmaschinen gefunden.
Wie wir jetzt heran sind an den Platz, auf den wir unsere Bomben werfen sollen, an diesen Platz, an dem die Maschinen vor uns schon ihren Krieg geführt haben (es handelt sich um Werften und Fabriken im Themsebogen), da muß mein Herz einen Augenblick stillstehen, um zu fassen, was ich da sehe. Unter uns liegt dieser Themsebogen, unter uns lodert und blitzt es, rotes Licht, bläuliches, der geifernde rote Abschuß der Flak. Dann ist alles für Sekunden in eine strahlende, blendende Helle gehüllt, wenn eine der schweren Bomben aus unseren Maschinen vor uns auf die Erde schmettert. Um uns herum zucken gerade die krepierenden Geschosse der Flak und werfen ihr fahles, unangenehmes Licht ins Innere der Maschine – gerade hüllt sich wieder alles in weiße, strahlende Helle, es wird so blank und licht, daß wir in der Maschine die Zeitung lesen könnten. Da hat wohl der Flugzeugführer sein Ziel gefunden, und jetzt will er wenden, um es planvoll anzusteuern – da also legt er den Apparat in die Kurve, nach rechts und dann nach links, und jetzt steht das Unglaubliche vor meinen Augen: Jetzt erst, bei diesen Wendungen und Kurven, sehe ich den Himmel. Über dem ganzen Firmament, über dem Platz des Firmaments oberhalb des Themsebogens wölbt sich ein Schirm, ein Schirm aus kleinen Wolken aus dem Rauch der brennenden Fabriken und Lagerhäuser, aus dem Pulverdampf der krepierenden Flakgranaten: ein kompletter Schirm.
Ich kann, durch den Wink eines Kameraden unterstützt, unser Ziel, ein breites, flaches Gebäude, erkennen, das wir jetzt anfliegen, zittre vor Ungeduld, bis wir soweit sind, daß die Bomben fallen, weiß, daß sie gefallen sind, und starre enttäuscht ins Ziel, das sich nicht erhellen will. Zucke zusammen, als es sich jetzt doch erhellt und als viele weiße Blitze von unten herauf in unsere Kanzel zucken.
Auf dem Rückflug werfe ich noch einen Blick zurück. Da unten ist die brennende und zuckende Landschaft, darüber steht der Schirm, oben bläulich flimmernd, vom Mond be-

Himmel und Hölle. Klar erkennbar spiegelt sich der Fluß, spiegeln sich die Brände und die feuernden Flaks.

1941

Februar

6. 2. Hitler erläßt die »Weisung Nr. 23«: »Richtlinien für den Krieg gegen die englische Wehrwirtschaft«. Britische Truppen erobern die Hauptstadt der Cyrenaika, Benghasi

10. 2. Beginn einer britischen Offensive gegen Italienisch-Somaliland.
Großbritannien bricht seine diplomatischen Beziehungen zu Rumänien ab

12. 2. Gen.Lt. Rommel (am 15. 2. zum Befehlshaber der deutschen Truppen in Nordafrika benannt) trifft einen Tag nach den ersten deutschen Truppen in Libyen ein.
Treffen von Mussolini und Franco in Bordighera

14. 2. Hitlers Verhandlungen mit dem jugoslawischen Ministerpräsidenten Cvetković über den Beitritt Jugoslawiens zum Dreimächtepakt sind erfolglos

17. 2. Bulgarien und die Türkei schließen einen Freundschafts- und Nichtangriffspakt

18. 2. Die deutschen Verbände in Libyen erhalten die Bezeichnung »Deutsches Afrika-Korps«

19.–21. 2. Schwere deutsche Luftangriffe auf das englische Swansea

21./22. 2. Britische Bomber greifen Wilhelmshaven an

25. 2. Britisch-südafrikanische Verbände erobern Mogadischu, die Hauptstadt von Italienisch-Somaliland

28. 2. 7.00 Uhr: Beginn des Brükkenschlags über die Donau bei Giurgiu als Vorbereitung des Einmarsches deutscher Truppen in Bulgarien

1. 1.–28. 2. Deutsche U-Boote versenken im Atlantik 59 alliierte Handelsschiffe mit insgesamt 306 351 BRT

1. 1.–28. 2. Verluste der britischen Zivilbevölkerung durch deutsche Luftangriffe: 2343 Tote und 3089 Verletzte

Kultur

2. 2. Bei den Ski-Weltmeisterschaften in Cortina d'Ampezzo stellt Deutschland die erfolgreichste Mannschaft

24. 2. In Berlin stirbt der Schriftsteller Oskar Loerke

28. 2. Das Deutsche Theater Lille wird mit Kleists »Prinz von Homburg« eröffnet schienen. In seinem gewölbten, der Erde zugewandten Innern spiegelt es sich noch immer, rote Blitze, geifernde Flammen aus den Rohren der Flak und da wieder strahlende Helle von den krepierenden Bomben.

»Signal«, Februar 1941

Hamburger Deerns in den Bergen

Im Gasthof zum Hirschen droben in den Bergen der Ostmark sind in diesem Jahr ganz besondere Wintersportgäste eingezogen. Die alte Treppe im braungetäfelten Stiegenhaus knarrt unter vielen flinken Füßen, und abends gibt es in den Bauernbetten immer noch ein vergnügtes Gekicher. Ja, es sind schon ganz besondere Wintersportgäste dieses Jahr im Hirschen, Hamburger Deerns nämlich, denen durch die Kinderlandverschickung dieser Aufenthalt ermöglicht wird. Klassenweise sind sie mit ihren Lehrern und BDM.-Führerinnen im Ostmarkdorf eingezogen. Die Wintersonne hat sie braun gebrannt, und zugenommen haben sie auch alle, die Else und die Tine, die Erna und die Margret, seit sie jede Nacht ruhig schlafen können.
Gleich hinter dem Haus gibt es die schönsten Abfahrten, ganz harmlose für die Ängstlichen und steilere für die Mutigeren, und wenn man in den weißen weichen Schnee fällt – dann ist das ein Vergnügen.
Fräulein Petersen, die Turnlehrerin, mochten die Mädel schon immer gern leiden, aber beim Skifahren ist sie ja noch viel pfundiger als in der Turnstunde. Unermüdlich erklärt sie alles, das Wachsen und das Anschnallen, die Kehre und den Christiania, und sie selbst kann mit den Skiern so herrlich springen und schwingen, daß die Mädel immer ganz entzückt sind. Jeden Tag ist blauer Himmel, und der Schnee bleibt weich und weiß, als ob er frisch gefallen sei.
Nein, sie haben kein Heimweh, die kleinen blonden, blauäugigen Mädel von der Waterkant, nach den Eltern, nach der Alster und dem Hafen. Die Lehrer bestätigen es, daß die Mädel viel aufgeweckter und fröhlicher sind als in der letzten Zeit in Hamburg, und in den Briefen der Kinder nach Hause klingt etwas wieder von all dem Schönen und Neuen, was sie erleben.

»Beyers Frauen-Illustrierte Hella«, Februar 1941

Die kleine Italienerin Cellini Seghi holte im Torlauf eine bessere Zeit heraus als Christl Cranz und wurde damit Weltmeisterin. Links Christl Cranz und rechts die neue Weltmeisterin nach ihrem Siege, zu welchem Christl Cranz in echt sportlicher Haltung zuerst gratulierte.

»Presse Hoffmann«, 8. 2. 41

Zwei waschechte Hamburger Deerns strahlend in Schnee und Sonne.

Verleumdungen Deutschlands

Die in der gestrigen Senatsdebatte in Washington vorgebrachten moralischen Verleumdungen Deutschlands: Erstens, es wolle der Welt ein System der Sklaverei auferlegen, zweitens es handle sich bei unserem Kampf um eine unmenschliche Revolution gegen jede Form der Freiheit, für die das Menschentum seit Jahrhunderten gekämpft habe, drittens die Demokratien müßten antreten, um die Idee der Freiheit vor der Zerstörung durch den Feind zu retten, sind, ohne sich mit weiteren politischen Einzelheiten der Debatte zu beschäftigen und ohne sich mit den einzelnen Sprechern dieser Äußerungen auseinanderzusetzen, in gründlicher Weise an Hand der schon mehrmals gegebenen Parolen für den geistigen Kampf auf das entschiedenste von allen geeigneten Federn der deutschen Presse richtigzustellen.

Presseanweisung, 18. 2. 1941

Das OKW gibt bekannt

Februar

2. 2. Im Mittelmeer griffen deutsche Kampfflugzeuge mehrere Hafenanlagen an der nordafrikanischen Küste, die der englischen Versorgung dienten, mit großem Erfolg an. Dabei wurden drei feindliche Handelsschiffe mit zusammen 14000 BRT versenkt, drei weitere schwer beschädigt.

13. 2. In der nördlichen Cyrenaika erzielte die deutsche Luftwaffe Bombentreffer schweren Kalibers in britischen Truppenlagern und militärischen Anlagen. Auf einem Flugplatz bei Benghasi trafen Bomben abgestellte Flugzeuge. Kraftwagenkolonnen wurden durch MG-Feuer und Bombenwurf zersprengt. Kampfflugzeuge griffen den Flugplatz Lucca auf der Insel Malta erfolgreich an. Bei Luftkämpfen über der Insel verlor der Feind drei Flugzeuge vom Muster Hurricane.

18. 2. Flakartillerie an der Küste brachte ein Kampfflugzeug vom Muster Bristol-Blenheim zum Absturz, Kriegsmarine schoß ein feindliches Flugzeug ab. Nachtflieger vernichteten im Kanalgebiet fünf treibende britische Sperrballone.

22. 2. Im Indischen Ozean versenkten deutsche Seestreitkräfte den bewaffneten britischen Handelsdampfer Canadian Cruiser von 7178 BRT. Der Dampfer hatte zur Täuschung die Flagge der Vereinigten Staaten gesetzt und amerikanische Abzeichen an die Bordwand gemalt.
In der Nacht zum 22. Februar belegten Kampffliegerverbände die Hafenanlagen von Swansea wirksam mit Bomben. An der britischen Westküste wurden zwei Häfen vermint.

26. 2. An der libyschen Küste südostwärts Agedabia stießen in den Morgenstunden des 24. Februar ein deutscher und ein englischer motorisierter Spähtrupp zusammen. Eine Anzahl englischer Kraftfahrzeuge, darunter mehrere Panzerspähwagen, wurde vernichtet, einige Gefangene eingebracht. Auf deutscher Seite entstanden keine Verluste.

27. 2. In der Nacht zum 27. Februar warf der Feind an einigen Stellen Westdeutschlands planlos Bomben, im wesentlichen auf Dörfer. Es entstand nur geringer Sachschaden an nichtmilitärischen Gebäuden. Einige Zivilpersonen wurden getötet oder verletzt.

Unser lieber Gast: ein Soldat!

Wie ist einer Mutter zumute, die immer nur gerannt und gelaufen ist, um Mann und Kinder mit dem Frühstück zu versorgen, die nie Zeit dazu hatte, in Ruhe zu frühstücken, und die dann eines Tages plötzlich vor einen gedeckten Frühstückstisch gesetzt wird? Herrlich, einfach herrlich! – Und »herrlich« sagt auch der große blonde Schütze vom 6. Infanterieregiment, als ihm bedeutet wird, er möge nur ruhig die Stiefel vor die Tür des Hotelzimmers stellen, sie würden schon geputzt. Nun haben aber unsere Soldaten beim Kommiß so ihre eigene Meinung über blank geputzte Stiefel bekommen. Das mußte auch Fräulein Otti in dem kleinen Berliner Hotel erfahren, als Schütze Pfistermeier am nächsten Morgen prüfend ihr Machwerk betrachtete und dann wohlwollend meinte: »Ja, ja, mein Fräulein, auch das Stiefelputzen will gelernt sein!« Solche kleine Diskussionen aber erhöhen nur die Freundschaft zwischen Fräulein Otti, Mutter Schultze und ihrem Soldatengast.

Das Bemuttern, die selbstverständliche Opferbereitschaft und Kameradschaft, dieses »ganz zur Familie gehören«, das unseren Soldaten von der Front so besonders wohl tut, vor allem, wenn sie selbst ein solches Familienleben nicht kennen, ist auch das, was einem auf dieser Rundfahrt durch Berlin beim Besuch der verschiedenen Soldatengäste in der Reichshauptstadt das Herz so warm macht. Zahlreiche Familien haben sich nämlich bereit erklärt, im Rahmen der Adolf-Hitler-Freiplatz-Spende einen Soldaten für vierzehn Tage als Gast aufzunehmen. Und alle haben sich dazu gemeldet, arm und reich, der Ministerialrat im Westen und der Tischlermeister im Osten von Berlin. Die Adolf-Hitler-Freiplatz-Spende wurde 1933 für die Männer der SA und SS geschaffen, ist aber jetzt, auf besonderen Wunsch des Führers, sozusagen »zum Kriegsdienst« abkommandiert. Die Durchführung der Aktion liegt in den Händen der NS.-Volkswohlfahrt, die aber nicht nur für die Unterbringung der Soldaten sorgt, sondern auch noch für ein reichhaltiges Unterhaltungsprogramm. Da gibt es also Theater- und Konzertbesuche, Besichtigungen vom Berliner Zoo und anderen Sehenswürdigkeiten.

Am vergnügtesten aber ging es doch beim Bäckermeister A., im Norden von Berlin, zu. Da gab es nämlich zur Feier des zweijährigen kleinen Mädels ein Geburtstagsfest mit »echtem Bohnenkaffee«, Torte und Schokolade. Und der Soldatengast, ein »echter köllscher Jung«, hatte sich dazu seine Kameraden einladen dürfen. Bei dieser herrlichen Kaffeeschlacht hat man aber auch gemerkt, wie gut sie alle zusammenpassen, die Rheinländer und Bayern, die Ostpreußen und Berliner, denn es war eine einzige Kameradschaft.

»Beyers Frauen-Illustrierte Hella«, März 1941

Das ist unser Soldat – er feiert mit uns Geburtstag!

Erfolge Dieter Borsches in Danzig

Ehemals wirkte Dieter Borsche in der Tanzgruppe Yvonne Georgis am Opernhaus Hannover. Seither sattelte er um, blieb aber der Bühne treu und wurde Schauspieler. Im Danziger Staatstheater betätigte er sich nun soeben auch als Regisseur. Im »Danziger Vorposten« lesen wir: »Dieter Borsche, unser ausgezeichneter jugendlicher Bonvivant und unter den Vertretern seines Faches einer der Besten, die wir seit langem bei uns sahen, durfte sich zum ersten Mal als Regisseur erproben und rechtfertigte das Vertrauen, das man in ihn gesetzt hat-

1941

März

1. 3. Bulgarien tritt dem Dreimächtepakt bei

1./2. 3. Das RAF Bomber Command greift Köln mit über 100 Flugzeugen an

2. 3. Ab 6.00 Uhr rücken Verbände der deutschen 12. Armee von Rumänien aus in Bulgarien ein

4. 3. Beginn der Operation »Lustre«: Transport britischer Heeresverbände nach Griechenland. Bis zum 24. 4. werden 58 000 Mann überführt

4./5. 3. Hitler hat den jugoslawischen Prinzregenten Paul zu Gast und ermuntert ihn, dem Beispiel Bulgariens zu folgen und ebenfalls dem Dreimächtepakt beizutreten

5. 3. Hitler erläßt die »Weisung Nr. 24 über Zusammenarbeit mit Japan«. Das Ziel soll es sein, »Japan so bald wie möglich zum aktiven Handeln im Fernen Osten zu bringen«

9. 3. Die Italiener starten eine neue Offensive an der Front in Albanien

11. 3. Das amerikanische Pacht- und Leihgesetz tritt in Kraft

12./13. 3. Deutsche Luftangriffe auf Liverpool. Das RAF Bomber Command greift Hamburg und Bremen an

13. 3. »Richtlinien auf Sondergebieten zur Weisung Nr. 21« (Unternehmen »Barbarossa«) des Chefs OKW regeln die zukünftige Verwaltung der zu besetzenden sowjetischen Gebiete

14. 3. Scheitern der italienischen Offensive in Albanien

16. 3. Britische Truppen erobern Britisch-Somaliland zurück

24. 3. Das deutsche Afrika-Korps erobert El-Agheila

25. 3. Jugoslawien tritt dem Dreimächtepakt bei

27. 3. Hitler unterzeichnet die »Weisung Nr. 25«: Blitzkrieg gegen Jugoslawien in Verbindung mit dem Angriff auf Griechenland

27. 3. Staatsstreich in Jugoslawien: Sturz der Regierung Cvetković, Prinzregent Paul geht ins Exil

Kultur

9. 3. Im Fußball schlägt Deutschland die Schweiz mit 4:2. Zwei Tore schießt Helmut Schön

21. 3. Uraufführung des Hans-Albers-Films »Karl Peters«

te, vollkommen.« Über seine Inszenierung des Lustspiels »Hochzeitsreise ohne Mann« schrieben die »Danziger Neuesten Nachrichten«: »Dieter Borsche zeigte, daß er auch in der Regie seinen Mann steht. Zeitweise war das Stück kaum wiederzuerkennen, so charmant und flott wurde gespielt, und so gefällig sah auch das lichte und moderne Bühnenbild aus, das Borsche in Zusammenarbeit mit Walter Loch hingestellt hatte. Er selbst gab der bläßlichen Partie des Rechtsanwalts durch seine ganz persönliche Art Farbe und Umriß.«

»Hannoverscher Anzeiger«, 26. März 1941

Kleiner Flirt mit einem großen Mantel. Der Schwebemantel, der wie ein »Dreieck-Segel« wirkt, hilft den Skiläufern zur vollen Bremswirkung bei Schußfahrten. Zu Beginn der Abfahrt wird der Mantel an den Körper gepreßt. Seine Konstruktion geht auf aero-dynamische Probleme zurück – doch wenn ihn Frauen gebrauchen, dient er natürlich auch dazu, Flirt-Probleme zu lösen.

»Beyers Frauen-Illustrierte Hella«, März 1941

Wiedersehen mit Erich von Stroheim

Bald zwei Jahre sind es, daß wir uns nicht gesehen haben. Zuletzt waren wir in Paris zusammen, wo Stroheim, nach seinem sensationellen Erfolg in »Grande Illusion«, einer der gesuchtesten Schauspieler des französischen Films wurde. Und auch diese Entwicklung des Schauspielers Stroheim ist ungewöhnlich. Erstaunlich, wie es Stroheim in wenigen Monaten gelang, die sprachlichen Schwierigkeiten zu überwinden und in die erste Reihe der französischen Filmstars aufzurücken. Wir beide haben gemeinsam manche Schlacht gegen die Rückständigkeit gewisser Filmproduzenten geschlagen. Und dieser Arbeit mit »Von« – wie Stroheim in den Filmateliers genannt zu werden pflegt – gehört zu den bleibenden Erinnerungen meiner Filmkarriere.

Der Krieg hat Stroheim nach Amerika zurückgeführt. (Nachdem er sich freiwillig zur französischen Armee gemeldet hatte und – natürlich! – zurückgewiesen worden war.) Die Jahre, die Arbeit – viele Enttäuschungen, welcher große Künstler erlebt sie nicht? – haben Stroheims Arbeitsfanatismus nicht zu bremsen vermocht. Er ist wie immer voller Pläne. Ein Stück, noch in Paris entworfen, beschäftigt ihn. Dann liegen Anträge für den Schauspieler Stroheim vor – er wird die Boris-Karloff-Rolle in dem Erfolgsstück »Arsenic and Old Lace« in Chicago spielen.

Und Hollywood? Wenn man sich erinnert, welche wichtige und erfolgreiche Waffe Stroheims Filme im letzten Krieg waren, so ist man um so mehr erstaunt, Stroheim heute nicht an jenem Werk zu sehen, das er wie kein zweiter zu meistern befähigt ist: die Entlarvung der Nazibrutalität, die Anprangerung des neudeutschen Heidentums.

»Aufbau« (New York), 7. 3. 1941

Erich von Stroheim und Peter Lorre.

Traditionelle Freundschaft

Der heutige Beitritt Bulgariens zum Dreierpakt ist die große Aufmachung der deutschen Presse. Vorerst kann mit der Ankunft des Führers in Wien, mit dem Zusammentreffen Ribbentrop–Ciano und mit dem Abflug des bulgarischen Ministerpräsidenten aus Sofia aufgemacht werden. In den Kommentaren, zu denen noch einzelne Gesichtspunkte ergehen, wird das Gewicht auf eine Würdigung der traditionellen bulgarischen Freundschaft und auf die Hervorhebung der Ausschaltung Englands aus dem Balkan zu legen sein.

Presseanweisung, 1. 3. 1941

Das OKW gibt bekannt

März

2. 3. Der Feind warf in der letzten Nacht mit stärkeren Kräften an mehreren Stellen Westdeutschlands, vor allem im Raum um Köln, Spreng- und Brandbomben. An mehreren Orten wurden Wohnhäuser zerstört. Die Schäden an militärischen und wehrwirtschaftlichen Zielen sind unbedeutend. Unter der Zivilbevölkerung sind eine Anzahl Tote und Verletzte, in der Mehrzahl außerhalb der Luftschutzräume, zu beklagen.

3. 3. Wie bereits durch Sondermeldung bekanntgegeben, marschieren als Sicherung gegenüber den bekanntgewordenen britischen Maßnahmen in Südosteuropa, nach Zustimmung der Königlich Bulgarischen Regierung, seit dem 2. März Verbände der deutschen Wehrmacht in Bulgarien ein. Die einziehenden Truppen werden vom bulgarischen Volk lebhaft begrüßt.

5. 3. In den Vormittagsstunden des 4. März versuchten britische leichte Seestreitkräfte einen Handstreich gegen eine unbefestigte Insel in den Schären Nord-Norwegens, dem einige dort liegende Fischereifahrzeuge zum Opfer fielen. Einige deutsche und norwegische Fischer gerieten in Gefangenschaft. Noch vor dem Einsetzen deutscher Gegenmaßnahmen verließen die feindlichen Kriegsschiffe in voller Fahrt wieder die norwegischen Gewässer.

13. 3. Mehrere hundert deutsche Kampfflugzeuge griffen während der ganzen Nacht bei Mondschein und klarer Sicht in rollendem Einsatz die Hafenanlagen von Liverpool-Birkenhead mit sehr starkem Erfolg an. Zahlreiche Hafeneinrichtungen und Lebensmittellager sowie am Hafen gelegene Industriewerke wurden zerstört oder schwer getroffen. Mehrere Schiffe gerieten in Brand.

24. 3. Am 23. März wurden zwei erfolgreiche Angriffe durch Sturzkampfverbände auf den Hafen von La Valetta durchgeführt. Fünf große Fracht- und Fahrgastschiffe wurden von Bomben schweren und schwersten Kalibers getroffen. Ferner erhielt ein Leichter Kreuzer im Hafen von La Valetta drei schwere Volltreffer. Hafenanlagen und ein Öllager wurden zerstört. Italienische Jagdflugzeuge, die zusammen mit deutschen Jägern die Angriffe gegen La Valetta sicherten, schossen in Luftkämpfen vier feindliche Flugzeuge vom Muster Hurricane ab.

Zum 20. April.

»Beyers Frauen-Illustrierte Hella«, April 1941

Aus den Gerichtssälen

Wer sich in Augenblicken gemeinsamer Gefahr, wie bei Luftalarm, als ein Außenseiter der Hausgemeinschaft zeigt und im Luftschutzraum den Frieden stört, hat, so erklärte der Einzelrichter des Moabiter Amtsgerichts, mit empfindlichen Strafen zu rechnen.
Der 43 Jahre alte Angeklagte Erich W. hätte allen Anlaß gehabt, bei der verhältnismäßig milden Beurteilung seines Falles still zu sein und sich bei der durch einen Strafbefehl festgesetzten Geldstrafe von 50 RM zu beruhigen. Er hatte während eines Alarms seinen Hauswirt, der in der Uniform eines Obertruppführers des Reichsluftschutzbundes im Luftschutzraum erschienen war, in gemeinster Weise beschimpft. Statt nun sein Unrecht einzusehen, erhob er Einspruch gegen den Strafbefehl und glaubte seine Freisprechung erzielen zu können. Das Verfahren nahm jedoch einen anderen Ausgang.
Das Gericht erklärte, daß der Luftschutzraum der Ort sei, der am allerwenigsten geeignet sei, persönlicher Verärgerung Luft zu machen. Wer gerade dort den Frieden der Hausgemeinschaft störe, zeige ein so geringes Gemeinschaftsgefühl, daß er durch eine fühlbare Strafe dazu erzogen werden müsse. Das Gericht erhöhte darum die im Strafbefehl ausgesprochene Strafe auf sechs Wochen Gefängnis.

»Berliner Lokal-Anzeiger«, 19. 4. 1941

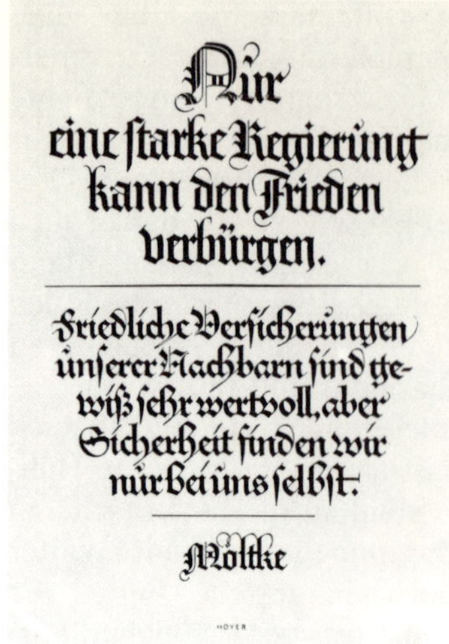

Wochenspruch der NSDAP vom April 1941.

»Ohm Krüger«

Das kleine Pioniervolk der Buren besitzt einen wirklichen Führer, einen Mann von weitem Blick, der wie ein Familienvater sein kleines Volk regiert, den guten Ohm Krüger. Er ist schon ein alter Mann, als das verhängnisvolle Gold im Boden Transvaals gefunden wird und über Nacht die lasterhafte Goldgräberstadt Johannesburg entsteht. Plötzlich sieht er sich und sein Volk in den Brennpunkt großer weltpolitischer Ereignisse hineingestellt. Obgleich er niemals sein Land verlassen hat und bis

1941

April

1. 4. Britische Truppen erobern Asmara, die Hauptstadt von Italienisch-Eritrea

3. 4. Freitod des ungarischen Ministerpräsidenten Graf Teleki aus Protest gegen den deutschen Druck auf Ungarn, am Krieg gegen Jugoslawien teilzunehmen

5. 4. Britische Verbände nehmen Addis Abeba ein, die Hauptstadt Äthiopiens

6. 4. 5.15 Uhr: Beginn des Überfalls auf Jugoslawien und Griechenland (ohne Kriegserklärung). Belgrad wird von den Geschwadern der deutschen Luftwaffe bombardiert. Unterzeichnung eines sowjetisch-jugoslawischen Freundschaftsvertrags in Moskau

8./9. 4. Deutsche Flugzeuge bombardieren Coventry

9. 4. Deutsche Truppen nehmen Saloniki ein

10. 4. Proklamation eines unabhängigen kroatischen Staates. Am 15. 4. erkennen Hitler und Mussolini den Staat Kroatien an

12. 4. Deutsche Verbände nehmen Belgrad ein

13. 4. Das Deutsche Afrika-Korps erobert die Cyrenaika mit Ausnahme von Tobruk

17. 4. Die jugoslawische Armee kapituliert. Gesamtzahl der jugoslawischen Kriegsgefangenen: 344 000 Mann

17./18. 4. Deutsche Flugzeuge greifen Portsmouth an, britische Bomber Berlin

27. 4. Deutsche Truppen ziehen in Athen ein

30. 4. Abschluß der Besetzung des griechischen Festlands einschließlich des Peloponnes. Insgesamt 233 000 griechische und 21 900 britische Kriegsgefangene. Die Griechen werden entlassen

1. 3.–30. 4. Deutsche U-Boote versenken im Atlantik 89 alliierte Handelsschiffe mit insgesamt 496 526 BRT

1. 3.–30. 4. Verluste der britischen Zivilbevölkerung durch deutsche Luftangriffe: 10 429 Tote und 11 694 Verletzte

Kultur

4. 4. Uraufführung des Tobis-Films »Ohm Krüger« mit Emil Jannings

19. 4. Am Zürcher Schauspielhaus wird Brechts »Mutter Courage und ihre Kinder« uraufgeführt zu seinem zwanzigsten Lebensjahr nicht lesen und schreiben konnte, besitzt er doch eine Klugheit, um die ihn die Diplomaten Europas beneiden können. Den Winkelzügen eines Cecil Rhodes und eines Chamberlain begegnet er, indem er nach England fährt und einen Vertrag schließt, der den Buren ihre staatliche Selbständigkeit gewährleistet. Nachdem Krüger in sein Land zurückgekehrt ist, unterläßt er nichts, um für den Endkampf, den er kommen sieht, zu rüsten. Er hat England gezwungen, sich vor den Augen der Welt mit ihm zu verständigen, aber er weiß genau, daß man in England neue Wege suchen wird, um unter nichtigen Vorwänden loszuschlagen. Diese Stunde kommt. Jetzt erweist es sich, wie richtig der alte Ohm Krüger England einschätzt und wie gut er vorgesorgt hat: Die Buren siegen. Als England einsieht, daß es das kleine Volk, dessen Heldenkampf von der ganzen Welt jubelnd begrüßt wird, mit Kanonen und Gewehren nicht niederzwingen kann, entschließt man sich zu einer der größten Gemeinheiten der Weltgeschichte. Ein neuer Mann übernimmt die Leitung der Operationen, nämlich Kitchener. In Indien und Ägypten hat er seine Methoden ausgebildet, und er wendet sie auch hier an: Der Kampf wird von nun an nicht mehr gegen die reguläre Armee, sondern gegen das ganze Volk geführt. Die Farmen werden verbrannt, die Herden getötet, die Brunnen verseucht, die Schwarzen bewaffnet und die Frauen und Kinder in Konzentrationslager gesteckt. In jenen Lagern versucht man durch Quälereien an den Frauen und Kindern, durch Hunger und Seuchen den Widerstand der noch immer kämpfenden Männer zu brechen. Mehr als 26000 Frauen und Kinder gehen auf diese Weise zugrunde, während Ohm Krüger, nun schon fast erblindet, in Europa von Hauptstadt zu Hauptstadt eilt, um Hilfe zu holen. Aber es ist zu spät. Die englische Diplomatie hat gut gearbeitet. Die Regierungen wagen nicht zu tun, was der Mann auf der Straße stürmisch verlangt, nämlich den Buren Hilfe zu schicken. Der alte Mann wird überall abgewiesen. In der Schweiz findet Krüger schließlich ein Asyl. Vierzig Jahre sind seitdem vergangen – aber in der Weltgeschichte ist das eine geringe Zeit. Die Stunde des Gerichtes ist da.

»Illustrierter Film-Kurier«, April 1941

Hanna Reitsch, der einzige weibliche Flugkapitän, wurde nach ihrer Auszeichnung mit dem E.K.II durch den Führer in ihrer Heimatstadt Hirschberg im Riesengebirge empfangen. Die tapfere Pilotin, die die Auszeichnung für die besonderen Verdienste um die Entwicklung von Luftwaffengerät unter fortgesetztem Einsatz ihres Lebens erhielt, war der Mittelpunkt der Begeisterung ihrer Mitbürger. Neben Hanna Reitsch (links) der Gauleiter von Niederschlesien Hanke.

»Presse-Hoffmann«, 6. 4. 1941

Der Führer und Oberste Befehlshaber der Wehrmacht empfing am Freitag den ersten Ritterkreuzträger aus dem Mannschaftsstand, Obergefreiten Brinkforth, zur Meldung.

»Presse-Hoffmann«, 5. 4. 1941.

Das OKW gibt bekannt

April

5. 4. An der libyschen Küste folgen deutsche und italienische motorisierte Verbände und Panzertruppen im scharfen Nachdrängen dem nach Norden ausweichenden Feind. In den frühen Morgenstunden des 4. April wurde – wie bereits durch Sondermeldung bekanntgegeben – Benghasi, die Hauptstadt der Cyrenaika, genommen. Sturzkampfflugzeuge des deutschen Fliegerkorps griffen am 3. April wirksam in die Erdkämpfe um Benghasi ein. Sie bekämpften ostwärts Soluch Panzerkolonnen mit Bomben schweren Kalibers. Hierbei wurden von begleitenden Jägern drei feindliche Hurricane-Flugzeuge abgeschossen.

6. 4. Angesichts des Vordringens britischer Landungstruppen aus dem griechischen Raum nach Norden und der bekanntgewordenen Vereinigung mit der mobilisierten jugoslawischen Wehrmacht sind Verbände des deutschen Heeres heute früh zum Gegenangriff angetreten. Die griechische und serbische Grenze wurden an mehreren Stellen überschritten.
Die deutsche Luftwaffe griff in den Morgenstunden serbische Flugplätze und mit starken Verbänden die Festung Belgrad an und vernichtete Kasernen sowie militärische und kriegswichtige Anlagen.

18. 4. Der Feind warf in der letzten Nacht an verschiedenen Orten Nord-, West- und Mitteldeutschlands wahllos Spreng- und Brandbomben. Trotz der Warnung, die die deutsche Luftwaffe in der vergangenen Nacht durch den gewaltigen Vergeltungsangriff auf London gegeben hatte, drangen stärkere Kräfte wieder bis an die äußere Flaksperre Berlins vor.

24. 4. Nachdem am 22. April eine griechische Abordnung auch dem Befehlshaber der italienischen 11. Armee an der Epirus-Front die Waffenstreckung anbot, hat nunmehr die gesamte von der italienischen Wehrmacht im Norden, von deutschen Truppen im Osten eingeschlossene und von rückwärtigen Verbindungen abgeschnittene griechische Epirus- und Mazedonien-Armee kapituliert.

Übergang über die Drau

Der Sonderführer Rudolf Lipus-PK. erlebte den Übergang der deutschen Truppen über die Drau und hielt zwei besonders markante Szenen im Bilde fest. Die vorgehenden Formationen setzen, im Bild links, über eine zerstörte Brücke, indessen schwere MGs ihren Übergang durch Feuerschutz decken. Die tolle Stromfahrt, von der das untere Bild berichtet, schildert ein Kriegsberichter:

»Über die notdürftig mit Leitern und Bohlen zu einem Behelfsübergang ausgebaute Brücke marschiert eine Marschgruppe der Division. Am jenseitigen Ufer liegt ein serbischer Pionierübungsplatz mit Pontons und zahlreichem Pioniergerät. Ein kurzer Entschluß des Hauptmanns: Wenn wir die Geschütze auf Pontonfähren setzen und uns von den Pionieren zwanzig Kilometer stromab zum zweiten für unser Regiment vorgesehenen Flußübergang lotsen lassen, können diese Fähren die Geschütze und wenn möglich die Sturmartillerie an das jenseitige Ufer bringen. Rasch sind zwei große und eine kleine Pontonfähre gebaut, drei Geschütze, Motorrad, Fahrräder, Waffen verladen. »Fahren wir gleich ins Schwarze Meer!« lachen die Männer des Pakzuges, die zum ersten Male mit ihren Kanonen eine Fahrt auf einem breiten, reißenden Alpenfluß mit vielen Seitenarmen, Sandbänken und Inseln mitmachen. Sie erleben eine herrliche Stromfahrt, die an die Donau und an die Wachau erinnert. Die Ausläufer der Alpen treten oft hart an das rechte Flußufer heran, wir treiben an Felswänden bedenklich nahe vorbei, müssen uns an Sandbänken abstoßen, und einmal jagt die Strömung unsere Fähre so an ein Inselufer, daß die mitgeführte Zille krachend zerbricht. Mit aller Kraft müssen sich die Pioniere in die Riemen legen. In der Dämmerung schießt uns ein Heckenbandit nach. »Mach bloß keine Dummheiten, Junge!« meint ein Unteroffizier dazu.

Die Nacht ist schon hereingebrochen, als die Übergangsstelle erreicht ist. Jetzt heißt es Vorsicht. Die Trümmer der gesprengten Holzbrücke liegen im Strombett. Schon hören wir Rufe: »Rechts halten, rechts halten, dann scharf links.« Wir sehen die dunklen Umrisse einer Flußmühle auf uns zusausen. Glatt vorbei! Jetzt ran ans Ufer. Die Fähre stößt auf. Zu spät fliegt das Seil den Haltemannschaften am Ufer zu. Wir treiben wieder ab, ins Strombett hinein. Der ausgeworfene Anker faßt nicht Grund. An einem Brükkenpfeiler stößt die Fähre mit

1941

Mai

1.–7. 5. Die deutsche Luftwaffe fliegt fünf Nachtangriffe gegen Liverpool-Birkenhead. Im Hafen werden 18 Handelsschiffe mit 35 605 BRT versenkt

6. 5. Stalin wird Regierungschef der UdSSR

8./9. 5. Deutsche Luftangriffe auf Hull, Nottingham und Sheffield. Bisher stärkster Einsatz der RAF: 359 Bomber fliegen Angriff gegen Hamburg und Bremen

10. 5. Rudolf Heß, »Stellvertreter des Führers«, fliegt nach Großbritannien, springt über Schottland mit dem Fallschirm ab, um Friedensvorschläge an die britische Regierung zu richten. Er wird verhaftet

10./11. 5. Deutsche Flugzeuge fliegen einen Großangriff gegen London: 1212 Tote und 1769 Schwerverletzte sind das Ergebnis. Letzter Großangriff für drei Jahre. 110 britische Bomber greifen Hamburg an

13. 5. Die Südsteiermark wird durch einen Grenzvertrag mit Kroatien an Deutschland angegliedert

18. 5. Staatsvertrag zwischen Italien und Kroatien. Italien erhält fast ganz Dalmatien

20. 5. Ab 7.15 Uhr Beginn der deutschen Luftlandung auf der Insel Kreta

21. 5. In Norwegen wird eine allgemeine SS gegründet. Himmler setzt als Führer den Chef der norwegischen Polizei, Jonas Lie, ein

27. 5. Britische Seestreitkräfte versenken das deutsche Schlachtschiff Bismarck im Atlantik, 400 Seemeilen westlich von Brest. Es geht mit 1977 Mann Besatzung unter

27. 5. Nach schweren Kämpfen zwischen deutschen und britisch-griechischen Verbänden entscheidet sich die Lage auf Kreta zugunsten der deutschen Invasionstruppen. Die Engländer räumen Kreta und schiffen 17 000 Soldaten ein.

28. 5. Pariser Protokoll zwischen Deutschland und (Vichy-)Frankreich unterzeichnet

Kultur

18. 5. Prof. Dr. Werner Sombart, ebenso bedeutender wie umstrittener deutscher Nationalökonom, stirbt in Berlin

24. 5. Rudolf Harbig läuft in Dresden Weltrekord über 1000 Meter in 2:21,3

den Geschützen berstend auf. Mit Mühe wird sie an Seilen wieder flußauf gezogen. Beim zweiten Landungsversuch reißt das Seil, und die Fähre treibt mit zwei Geschützen stromab. Nach hartem Kampf gelingt es der Mannschaft, ihre Fähre mit den Geschützen ohne jede Hilfe an das rechte Flußufer zu bringen. Diese beiden Geschütze sind die ersten, die die vorstürmende Infanterie auf ihrem Weg in die jenseitigen Berge begleiten und ihren Kampf gegen den weichenden Gegner wirksam unterstützen. Allerdings müssen die Mannschaften ihre Geschütze selber ziehen.«

»Leipziger Illustrirte Zeitung«, Mai 1941

Fliegerabwehr im Einsatz.
PK-Zeichnungen Herrmann Schardt.

Fall Hess erledigt

Der Fall Hess liegt in seinen Motiven völlig klar. Von der am Ende dieses Krieges stehenden Vernichtung Englands völlig überzeugt, gab Hess sich der naiven Wahnidee hin, allein durch sein persönliches Erscheinen in England die dortigen Friedensfreunde schon jetzt zur Aktion gegen Churchill bringen zu können, um der Welt eine längere Kriegsdauer und England die völlige Vernichtung zu ersparen. Hess hatte diese fixe Idee mit niemandem besprochen und völlig geheimgehalten. Er begriff es nicht, daß er in England nicht in Kontakt mit den

Rudolf Hess, nach einem Gemälde von Walter Einbeck.

dortigen Friedensfreunden kommen, sondern Churchill in die Hände fallen würde. Das ist geschehen. Die Tatsache der Anwesenheit des reinen Toren Hess in England wird Churchill nun mit Lügen und Gewalt zur Propaganda für England und gegen Deutschland auszunützen versuchen. Daraus ergibt sich für die Haltung der deutschen Presse: Sie wird Herrn Churchill nicht den Gefallen tun, durch Breittreten des Falles, der für die deutsche Öffentlichkeit einwandfrei geklärt ist, seinen Absichten Vorschub zu leisten. Sie hat den bedauerlichen Fall Hess als erledigt zu betrachten und sich den großen Aufgaben des Kampfes um den endgültigen Sieg mit verstärkten Kräften zuzuwenden.

Presseanweisung, 14. 5. 1941

Fla – Fliegerabwehr des Heeres

Zu den Waffen, die beim Feinde außerordentlich gefürchtet sind, gehört – sowohl nach Berichten als auch nach Gefangenenaussagen – das Geschütz der Fliegerabwehrkompanien des Heeres. Diese Einheiten sind zum Teil in Bataillonen zusammengefaßt, zum Teil selbständig und gehören zur Infanterie, weshalb sie auch deren Waffenfarbe tragen; sie unterscheiden sich dadurch schon rein äußerlich von den Flakbatterien der Luftwaffe. Hinzu kommt, daß die Fla-Kompanien des Heeres auf Selbstfahrlafetten vollmotorisiert sind, die Geschütze sämtlich Panzerschutzschilde besitzen und durch die Vollmotorisierung eine außerordentliche Beweglichkeit gewährleistet ist, weshalb die Fla-Kompanien des Heeres nicht nur zahlreiche Abschüsse feindlicher Flugzeuge – infolge ständiger Feuerbereitschaft auf Selbstfahrlafetten – zu verzeichnen haben, sondern auch gegen Erdgegner, vor allem in dem Zusammenwirken mit Vorausabteilungen, große Erfolge erzielen konnten.

»Leipziger Illustrirte Zeitung«, Mai 1941

Das OKW gibt bekannt

Mai

11. 5. Die britische Luftwaffe hat in den letzten Nächten erneut und planmäßig Wohnviertel deutscher Städte, darunter auch der Reichshauptstadt, bombardiert. Als Vergeltung führten in der letzten Nacht starke Kräfte der deutschen Luftwaffe einen Großangriff gegen London durch. In rollenden Einsätzen wurde die britische Hauptstadt die ganze Nacht hindurch bei guter Erdsicht mit Sprengbomben aller Kaliber und Zehntausenden von Brandbomben belegt. Großfeuer im Themse-Bogen, besonders in den Commercial- und Millwall-Docks sowie zwischen Waterloo-Bridge und den Victoria-Docks ließen die durchschlagende Wirkung erkennen. Ein Flammenmeer nordwestlich des Themse-Bogens war noch aus einer Entfernung von hundert Kilometern sichtbar.

28. 5. Das Schlachtschiff Bismarck wurde nach seinem siegreichen Gefecht bei Island am 26. Mai abends durch den Torpedotreffer eines feindlichen Flugzeuges manövrierunfähig. Getreu dem letzten Funkspruch des Flottenchefs Admiral Lütjens ist das Schlachtschiff mit seinem Kommandanten Kapitän zur See Lindemann und seiner tapferen Besatzung am 27. Mai vormittags der vielfachen feindlichen Übermacht erlegen und mit wehender Flagge gesunken.

30. 5. Bei den Kämpfen auf Kreta sind deutsche Soldaten nach ihrer Verwundung in so tierischer Weise verstümmelt worden, wie es im Verlaufe dieses Krieges bisher nur im Feldzug gegen Polen vorgekommen ist.
Die deutsche Wehrmacht wird mit allen Mitteln dafür Sorge tragen, daß die Anständigkeit und Ritterlichkeit des Kampfes gewahrt bleibt. Mit dem härtesten Strafgericht wird sie daher die für diese barbarischen Verstümmelungen verantwortliche Truppe oder die schuldigen Einwohner treffen.
Es steht außer Zweifel, daß die ebenso unsinnige wie lügenhafte Behauptung des britischen Premierministers Churchill, deutsche Soldaten seien in gegnerischen Uniformen abgesprungen, den größten Teil der Schuld an diesen Bestialitäten trägt.

Berlin hört neue Fanfaren

Noch lag halb Berlin im Sonntagsschlaf, doch die Frühaufsteher begrüßten den langen Sommertag nach der kürzesten Nacht des Jahres mit frischer Morgenmusik aus dem Lautsprecher. Da plötzlich ein Trommelwirbel, ein aufrüttelndes Signal. Die neue Fanfare unterbricht die geruhsame morgendliche Stimmung: »Kameraden, die Rotfront . . .« – dreimal hämmert dieser Takt des kämpferischen Nationalliedes in alle Ohren und Herzen, dreimal gefolgt von Trommelwirbel und einem ernsten, kraftvollen Thema aus »Les Preludes« von Franz Liszt.
Stille, gespannte Erwartung in allen Häusern. »Kam'raden, die Rotfront . . .« Ist es soweit . . .? Dieser Fanfarenruf lenkt alle Gedanken in die gleiche Richtung, dann lauscht Berlin schweigend und gebannt der Stimme seines Gauleiters. Dr. Goebbles verkündet die Proklamation des Führers.
Wie ein befreites Aufatmen geht es durch Berlin. Die ersten Extrablätter gehen von Hand zu Hand, diesmal läßt jeder seinen Nachbarn, in der U-Bahn, in der Elektrischen mitlesen, auch der Berliner Lokal-Anzeiger ist dabei.
Den ganzen Tag wurde kein Lautsprecher abgestellt. Mit fieberhafter Stimmung erwartete Berlin die neuesten Meldungen. Schon in den Mittagsstunden kamen die ersten Frontberichte. »Kam'raden, die Rotfront . . .«, dieser Fanfarenruf aus dem Lautsprecher ist an diesem Sonntag zum Symbol der Geschlossenheit geworden. Eine alte Rechnung wird endgültig beglichen, unsere Soldaten marschieren, wir hören ihren Marschtritt, vermischt mit dem Donnern der Geschütze, wenige Stunden später am Rundfunkapparat und »marschieren im Geiste in ihren Reihen mit . . .«

»Berliner Lokal-Anzeiger«, 23. 6. 1941

Beileid des Führers zum Tode Wilhelms II.

Der Führer hat anläßlich des Todes des ehemaligen Kaisers Wilhem II. telegraphisch der Gemahlin des Verstorbenen sowie dem Kronprinzen sein Beileid ausgesprochen.
Wilhelm II. hat seine Augen geschlossen. Im Angesicht eines Krieges, der Deutschland wiederum von England aufgezwungen wurde, geht der Repräsentant einer tragischen Geschichtsperiode des deutschen Volkes in die Ewigkeit. An der Bahre des Mannes, der dreißig Jahre lang an der Spitze Deutschlands stand, steht die Erinnerung. Wir leben im Sturm einer harten Zeit, wir kämpfen um das neue Reich und seine Sicherheit in aller Zukunft. Schweres liegt hinter dem deutschen Volk, und dieses Schwere überschattete Generationen, deren Lebensweg auch der Weg Wilhelms II. war.

»Berliner Lokal-Anzeiger«, 5. 6. 1941

Wilhelm II.

Reichsaußenminister von Ribbentrop begründet am 22. Juni 1941 vor der Presse den Angriff auf Sowjetrußland.

Die Biene Maja

Eines der aufregendsten Abenteuer der »Biene Maja«: Gefangen in der Hornissenburg! Von einem der gefährlichen Räuber, die so gerne den Bienen nachstellen, wurde die Biene Maja überfallen. Da sie aber so jung und wohlgenährt war, schleppte er sie als guter Hornissen-Soldat lebend mit, um der Hornissenkönigin ei-

1941

Juni

1./2. 6. Deutsche Bomber greifen Manchester an

2. 6. Hitler trifft Mussolini, macht aber keine Andeutung über den Angriff auf die UdSSR

5. 6. Das finnische Oberkommando stellt deutschen Truppen Nordfinnland als Aufmarschgebiet zur Verfügung

6. 6. Hitler erläßt die »Richtlinien für die Behandlung politischer Kommissare«. Gefangengenommene Kommissare der Roten Armee sind »nach durchgeführter Aussonderung zu erledigen«

12. 6. Treffen zwischen Hitler und Antonescu in München: Rumänien nimmt vom ersten Tag an am Ostkrieg teil

12./13. 6. Bisher schwerster britischer Luftangriff auf Ziele im Ruhrgebiet, u. a. in Duisburg und Bochum

15. 6. Kroatien tritt dem Dreimächtepakt bei

17. 6. Hitler erteilt den endgültigen Befehl zum Beginn des Unternehmens »Barbarossa« am 22. 6.

18. 6. Deutsch-türkischer Freundschaftsvertrag in Ankara unterzeichnet

21. 6. Geheimverhandlungen zwischen USA und Japan: Die Japaner sollen den Dreimächtepakt kündigen und mit China Frieden schließen

22. 6. 3.15 Uhr: Beginn des deutschen Angriffs auf die UdSSR an der Front zwischen der Ostsee und den Karpaten. Kriegserklärungen werden nur von Rumänien und Italien gegeben, nicht von Deutschland. Den vorrückenden deutschen Truppen folgen SD-Einsatzgruppen, die die systematische Ausrottung der jüdischen Bevölkerung in Westrußland einleiten

23. 6. Die Slowakei unterstützt den deutschen Angriff

26. 6. Finnland erklärt der UdSSR den Krieg

27. 6. Ungarn erklärt der UdSSR den Krieg

29. 6. In einem Geheimerlaß bestimmt Hitler für den Fall seines Todes Reichsmarschall Göring zu seinem Nachfolger

Kultur

22. 6. Rapid Wien wird mit einem 4:3 über Schalke 04 Deutscher Fußballmeister

Biene Maja in der Hornissenburg gefangen.

nen besonderen Leckerbissen zu bringen. In der Burg kam die Biene Maja einstweilen in einen Kerker – von dort aber konnte sie einen Kriegsrat der Hornissen belauschen. Es wurde ein Überfall besprochen, der ihrem Volk, der Bienenstadt am Schloßpark, galt! Der verzweifelten Maja gelingt es nachts, durch List zu fliehen. In Todesangst sucht sie nun den Weg nach Hause, und endlich kommt sie an die Bienenstadt, die sie seit langer Zeit nicht mehr gesehen hatte. Die Wächter erkennen sie nicht mehr, aber sie weiß noch das Losungswort ihres Volkes, und in höchster Erregung bittet sie, augenblicklich vor die Königin geführt zu werden. Das ganze Bienenvolk erzittert, als sie den Mordplan der Hornissen enthüllt. In letzter Minute verteilt die Königin ihre Soldaten – da brausen die furchtbaren Gegner an. Nach erbitterten Kämpfen bleiben die Bienen Sieger. Die kleine Maja wird Ministerin der Königin und kommt zu hohem Ansehen.

»Signal«, Juni 1941

Rapid deutscher Fußballmeister

Nach einem dramatischen Endspiel hat der Ostmarkmeister Rapid Wien die deutsche Fußballmeisterschaft 1941 mit 4:3 Toren gegen den Titelverteidiger Schalke 04 gewonnen, nachdem die Knappen bei der Spielhälfte noch mit zwei Toren geführt hatten. Der Sieg der Wiener wurde von den hunderttausend Zuschauern, die das weite Rund des Olympia-Stadions füllten, begeistert begrüßt.
Zu Beginn des Spieles sah es gar nicht nach einem Sieg der Wiener aus. Schalke hatte sich rasch zurechtgefunden, und ehe die Wiener sich versahen, waren die Knappen mit zwei Toren in den ersten 6 Minuten bereits in Führung gegangen. Die Wiener, die gegen die Sonne spielen mußten, erholten sich erst langsam von ihrem Schrecken, dann aber drängten sie sehr stark, was in dem Eckenverhältnis von 5:2 klar zum Ausdruck kommt. Doch Rapid hatte zunächst kein Glück, selbst einen Elfmeter-Strafstoß konnte der große Wiener Mittelstürmer Binder nicht verwandeln. Auch nach der Pause änderte sich das Bild vorerst noch nicht. Schalke konnte nach 10 Minuten bereits das 3. Tor erzielen und schien den Meistertitel schon wieder sicher zu haben, aber von jetzt ab stand das Spiel ganz im Zeichen Rapids, das sich als eine Mannschaft von starkem Kampfgeist erwies und unermüdlich immer wieder den Angriff gegen das Tor der Schalker vortrug.
Unter dem stürmischen Beifall der Tausende fielen innerhalb von 3 bis 4 Minuten nicht weniger als drei Tore für Rapid, und nachdem erst Gleichstand erzielt war, dauerte es nicht lange, bis die Wiener auch das vierte und siegbringende Tor geschossen hatten. Binder allein schoß nicht weniger als drei Tore. Alle Versuche des Titelverteidigers Schalke, gleichzuziehen, scheiterten an der eisernen Abwehr der Wiener.
Am Vortage trugen die beiden unterlegenen Vereine der Vorschlußrunde, der Dresdner SC und der VfL 99 Köln, in Dresden das Entscheidungsspiel um den dritten Platz der deutschen Fußballmeisterschaft aus. Die Gastgeber siegten mit 4:1 (2:0).

»Niedersächsische Tageszeitung«, 23. 6. 1941

Geschichtliche Bedeutung

Das verbrecherische bolschewistische Doppelspiel, das den überwältigenden Einsatz des deutschen Millionenheeres vom Nordkap bis zum Schwarzen Meer herausgefordert hat, ist im Laufe der nächsten Tage zum Gegenstand eines umfassenden publizistischen Wirkens der deutschen Presse zu machen, durch das dem deutschen Volk der Sinn und die geschichtliche Bedeutung dieses Kampfes anhand der Führerproklamation, der vom Reichspressechef gegebenen besonderen Gesichtspunkte und des weiter vorliegenden Materials nachdrücklich umrissen wird.

Presseanweisung, 22. 6. 1941

Das OKW gibt bekannt

Juni

11./12. 6. In den ersten Monaten des Kriegsjahres 1941 hat die deutsche Wehrmacht unter der Führung ihres Obersten Befehlshabers im Kampf gegen England auf der Erde, zur See und in der Luft neue große Siege errungen. Sie reihen sich würdig den weltgeschichtlichen Erfolgen des Jahres 1940 an.
Kriegsmarine und Luftwaffe haben der britischen Wehrmacht, Handelsschiffahrt und Kriegswirtschaft weiter schwerste Schläge versetzt.
In Nordafrika wurden die in Monaten mit größter Überlegenheit an Zahl und Waffen erreichten britischen Vorteile durch einen kühnen Gegenangriff deutscher und italienischer Verbände in kürzester Frist zunichte gemacht, auf dem Balkan in dreiwöchigem Feldzug Jugoslawien und Griechenland niedergeworfen, die gelandeten britischen Truppen vernichtend geschlagen, ihrer schweren Waffen und Ausrüstung beraubt und unter starker Einbuße an Toten, Verwundeten und Gefangenen vom griechischen Festland vertrieben.
Mit der Eroberung von Kreta ist die deutsche Wehrmacht dem Ausspruch ihres Obersten Befehlshabers gerecht geworden: »Dem deutschen Soldaten ist nichts unmöglich.«
Durchdrungen von dieser Erkenntnis, in der allein schon in hohem Maße das Geheimnis des Sieges begründet liegt, sieht die Wehrmacht voll Zuversicht den Aufgaben entgegen, die zu lösen ihr noch übrigbleiben.

22. 6. An der sowjetrussischen Grenze ist es seit den frühen Morgenstunden des heutigen Tages zu Kampfhandlungen gekommen.
Ein Versuch des Feindes, nach Ostpreußen einzufliegen, wurde unter schweren Verlusten abgewiesen. Deutsche Jäger schossen zahlreiche rote Kampfflugzeuge ab.

29. 6. Zur Abwehr der drohenden Gefahr aus dem Osten ist die deutsche Wehrmacht am 22. Juni, 3 Uhr früh, mitten in den gewaltigen Aufmarsch der feindlichen Kräfte hineingestoßen.
Die Geschwader der deutschen Luftwaffe stürzten sich noch in der Dämmerung des Morgens auf den sowjetrussischen Feind.

Die »Fremden« sind deutsche Soldaten, die Berlin nicht kennen. Der Kremserwagen macht mit ihnen eine Rundfahrt durch die Stadt, alle möglichen Sehenswürdigkeiten werden fachkundig gezeigt und erklärt.

»Signal«, Juli 1941

Erster Luftangriff auf Moskau

Am Dienstagabend gab Stalin in seiner Eigenschaft als Oberster Verteidigungskommissar einen Tagesbefehl zum Angriff der deutschen Luftwaffe auf Moskau heraus. Er lautet: »In der Nacht zum Dienstag unternahm die deutsche Luftwaffe ihren ersten Großangriff gegen Moskau. Dank der Wachsamkeit unseres Beobachtungskorps wurden die feindlichen Staffeln, lange bevor sie die Hauptstadt anflogen, trotz der Dunkelheit festgestellt und sofort von Nachtjägern angegriffen. Die Abwehrbatterien in Moskau schossen eine wirksame Sperre, ausgezeichnet unterstützt durch die Scheinwerferabteilungen. Als Ergebnis dieser Abwehrmaßnahmen wurde die aus mehr als 200 Maschinen bestehende deutsche Formation aufgelöst, und nur wenige deutsche Bomber vermochten Moskau zu überfliegen. Einige Feuer konnten schnell von den Brandwehren gelöscht werden.

Das Verteidigungskommissariat spricht der Bevölkerung seine Anerkennung für ihre Ruhe und Disziplin aus. Mit Sicherheit ist festgestellt worden, daß die russischen Nachtjäger und Abwehrbatterien insgesamt 22 deutsche Bomber abgeschossen haben.«

»Neue Zürcher Zeitung«, 23. 7. 1941

Die Glatze für alle?

Daß der heutige Mensch bereits in recht bedenklichem Stadium haararm sei, will der Anthropologe L. Bolk vom Anatomischen Institut bei seinen Forschungen festgestellt haben. Er sagt die gänzliche Haarlosigkeit der Gattung Mensch für die Zukunft voraus, von welcher Entwicklung auch das weibliche Geschlecht nicht ausgeschlossen bleiben würde. Beim Menschen unserer Tage sei nur auf dem Kopf die Behaarung fast noch so geblieben, wie unsere Ur-Ur-Urahnen sie hatten. Wenn heute bei den Männern die Glatzenbildung stärker hervortritt als bei den Urmenschen, so habe dies seinen Grund darin, daß ein Urmensch fast nie das Alter erreichte, das heute als Durchschnittsalter angesehen werden kann. Die Dichtigkeit der Behaarung unterliege je nach den verschiedenen Körperteilen zahlreichen Schwankungen: So fand Prof. Dr. Withof

Sommerliche Modelle. ① Angenehm für heiße Sommertage ist das dreiteilige Komplet. Über einem kurzen Höschen wird der vorn geteilte Rock getragen, dazu die Bluse und abstechende Schärpe.

② Flott und praktisch, besonders zum Radfahren und Wandern, ist der aus zweireihiger Hemdbluse, Wickelrock und Pumphöschen bestehende Anzug.

③ Der praktische Hosenrock mit großen, rückwärtigen Taschen wird hier zu einer langärmeligen Bluse in Lumberjackform getragen.

»Beyers Frauen-Illustrierte Hella«, Juli 1941

1941

Juli

1. 7. Beginn einer deutsch-finnischen Offensive gegen Salla, das am 7. 7. fällt

8. 7. Hitler verkündet seinen Entschluß, Moskau und Leningrad dem Erdboden gleichzumachen, »um zu verhindern, daß Menschen darin bleiben, die wir dann im Winter ernähren müßten«

10. 7. Der OKW-Bericht meldet, die Doppelschlacht von Bialystok und Minsk sei abgeschlossen, 323 898 Gefangene seien gemacht worden

12. 7. Britisch-sowjetisches Abkommen über gegenseitige Hilfeleistungen

14. 7. Stalin ruft zum Partisanenkrieg auf.
Hitler verlegt den Schwerpunkt der Rüstung auf den Bau von U-Booten und Flugzeugen, da er den Ostfeldzug als »gewonnen« ansieht

15. 7. Hitler schlägt dem japanischen Botschafter Oshima ein Bündnis zur »Vernichtung« der USA vor

16. 7. Deutsche Truppen nehmen Smolensk ein

17./18. 7. Deutscher Luftangriff auf die englische Stadt Hull: 113 Tote unter der Zivilbevölkerung

18. 7. Stalin fordert von Churchill die Errichtung einer »Zweiten Front« in Europa

19. 7. Hitler erläßt die »Weisung Nr. 33«: Fortsetzung des Vormarsches in Richtung Moskau mit den Infanteriedivisionen

21. 7. Japanische Truppen marschieren in Indochina ein

21./22. 7. Erster deutscher Luftangriff auf Moskau

24. 7. Der amerikanische Präsident Roosevelt fordert den Abzug der japanischen Truppen aus Indochina und schlägt die Neutralisierung des Landes vor

28. 7. Bischof Clemens Graf von Galen erhebt Anklage wegen Mordes sog. »unproduktiver Volksgenossen« in Heilanstalten

30. 7. Zusicherung der USA, der UdSSR Kriegsmaterial zu liefern

31. 7. Göring beauftragt Heydrich, Vorbereitungen zur »Endlösung« der »Judenfrage« zu treffen

Kultur

22. 7. Uraufführung des Operettenfilms »Frau Luna« unter der Regie von Theo Lingen

Mit dem Trippel-Schwimmkraftwagen durchs Gelände und im Wasser. Der Trippel-Schwimmkraftwagen macht über einer Bodenwelle einen heftigen Sprung – aber der Fahrer verliert bei dem Vierradantrieb niemals die Herrschaft über das Fahrzeug.

»Presse-Bild-Zentrale«, 5. 7. 1941

bei einem mäßig behaarten Manne auf 1,7 Quadratzentimeter auf dem Scheitel 293, am Vorderhaupt 211, am Kinn 39, am Vorderarm 23, auf der Brust 18 und auf der Vorderfläche des Schenkels sogar nur 13 Haare. Die Glatze sei nur der folgerichtige Schritt der Natur zur Verringerung oder sogar gänzlichen Abschaffung des an sich zum ursprünglichen Zwecke, nämlich zum Kälte-, Wind- und Sonnenschutz, überflüssig gewordenen menschlichen Haarschmuckes.

»Berliner Lokal-Anzeiger«, 19. 7. 1941

Der Sohn Stalins in deutscher Hand. Nachdem Jabkob Stalin sich ergeben hat, erwartet er auf einem Feldflughafen den Abtransport zu seiner Vernehmung.

»Weltbild«, 23. 7. 1941

Sonne, Sandsturm, Skorpione

Ein deutscher Nachschubflugplatz in der Cyrenaika. Unter brennender Sonne ein immerwährendes Kommen und Gehen der großen Transportflugzeuge, beladen mit Ersatzteilen für Waffen und Maschinen, mit Munition, Lebensmitteln, Sanitätsbedarf – vor allem aber mit Wasser und Treibstoff für die Wüstenfront im Osten. Sandstürme, nicht selten bis zu 2000 Meter hohe rostrote Säulen, gehören zum kämpferischen Alltag der Männer in der Ju 52, die sich daran gewöhnt haben wie an die fast unvorstellbaren Hitzegrade, an die Skorpione im krustigen Wüstenboden, an die britischen Jäger, die ihre Bahnen kreuzen. Pausenlos und unaufhaltsam rollt die Kette der Nachschubflieger über die Einsamkeiten des Meeres und der Wüste – stählerne Adler der Pflicht.

»Signal«, Juli 1941

Das OKW gibt bekannt

Juli

2. 7. Mehr und mehr ist zu übersehen, daß die Vernichtungsschlacht ostwärts Bialystok eine Entscheidung von weltgeschichtlichen Ausmaßen gebracht hat. Ein unvorstellbares Chaos ist über die Sowjetarmeen hereingebrochen, die hier als Stoßkeil bereitgestellt waren, um Deutschland in den Rücken zu fallen und die Brandfackel des Bolschewismus nach Europa hineinzutragen. Noch Wochen können vergehen, bis hinter der Front unserer kühn nach Osten vorstoßenden Angriffsverbände die unermeßliche Zahl an Gefangenen, Kriegsgerät und sonstiger Beute gesammelt und im einzelnen festgestellt sein wird.

11. 7. Wie bereits durch Sondermeldung bekanntgegeben, ist mit der Doppelschlacht um Bialystok und Minsk nunmehr die größte Material- und Umfassungsschlacht der Weltgeschichte abgeschlossen. 323 898 Gefangene, darunter mehrere Kommandierende Generale und Divisionskommandeure, fielen in unsere Hand, 3332 Panzerkampfwagen, 1809 Geschütze und zahlreiche Mengen an sonstigen Waffen wurden erbeutet oder vernichtet. Damit hat sich die Gesamtzahl der bisher an der Ostfront eingebrachten Gefangenen auf über 400 000 erhöht.

17. 7. Durch Einsatz ihrer letzten Reserven versucht die Sowjetführung, dem Ansturm der deutschen Wehrmacht und ihrer Verbündeten Halt zu gebieten. Auf der gesamten Ostfront ist ein gewaltiges Ringen um die Entscheidung im Gange. Rund neun Millionen Soldaten stehen sich hier in einem Kampf gegenüber, dessen Ausmaß alle geschichtlichen Vorstellungen übertrifft. Große Erfolge bahnen sich an.

22. 7. Als Vergeltung für die bolschewistischen Luftangriffe auf die offenen Hauptstädte der Verbündeten, Bukarest und Helsinki, griff die Luftwaffe in der letzten Nacht erstmalig Moskau an. Starke Kampffliegerverbände bombardierten bei guter Erdsicht in rollenden Angriffen militärische Anlagen des bolschewistischen Verkehrs- und Rüstungszentrums.

29. 7. Die im Zuge des Durchbruchs durch die Stalin-Linie in der Richtung auf Smolensk überrannten Kräftegruppen des Feindes sind nunmehr im wesentlichen aufgerieben. Der letzte Kessel ostwärts Smolensk geht seiner Vernichtung entgegen.

Vernichtung der Nazityrannei

Der Präsident der Vereinigten Staaten und Premierminister Churchill, als Vertreter von Seiner Majestät Regierung in dem Vereinigten Königreich, erachteten es bei ihrem Zusammentreffen für richtig, gewisse allgemeine Grundsätze der nationalen Politik ihrer beiden Länder bekanntzumachen, von denen sie eine bessere Zukunft für die Welt erhoffen.

Erstens, ihre Länder streben nach keiner Vergrößerung, weder auf territorialem Gebiet noch anderswo.

Zweitens, sie wünschen keine territorialen Änderungen, die nicht mit dem frei zum Ausdruck gebrachten Wunsch der betreffenden Völker übereinstimmen.

Drittens, sie achten das Recht aller Völker, sich die Regierungsform zu wählen, unter der sie leben wollen. Sie wünschen die obersten Rechte und die Selbstregierung der Völker wiederhergestellt zu sehen, denen sie mit Gewalt genommen wurden.

Viertens, sie werden, unter gebührender Achtung ihrer bestehenden Verpflichtungen, danach streben, daß künftig alle Staaten, große und kleine, Sieger und Unterlegene, gleicherweise Zugang zum Handel und den Rohmaterialien der Welt haben.

Fünftens, sie wünschen die engste Zusammenarbeit aller Nationen auf wirtschaftlichem Gebiet, um bessere Löhne, wirtschaftlichen Fortschritt und soziale Sicherheit zu gewährleisten.

Sechstens, nach der endgültigen Vernichtung der Nazityrannei hoffen sie auf einen Frieden, der allen Nationen die Möglichkeit bietet, innerhalb der eigenen Grenzen sicher zu leben und der allen Menschen die Sicherheit gibt, in ihren Ländern frei von Not und Furcht zu leben.

Siebtens, ein solcher Friede würde allen Menschen gestatten, ungehindert die Meere und Ozeane zu überqueren.

Achtens, sie glauben, daß alle Nationen der Welt, sowohl aus praktischen wie aus sittlichen Gründen, dazu kommen werden, auf Gewaltanwendung zu verzichten. Da kein künftiger Friede aufrechtzuerhalten ist, solange die Rüstungen zu Land, zur See und in der Luft von Nationen weiterhin zum Angriff außerhalb der Grenzen eingesetzt werden, glauben sie auch, daß es wesentlich ist, diese Nationen zu entwaffnen.

Erklärung der britischen und amerikanischen Regierungen (»Atlantik-Charta«), 14. 8. 1941

Roosevelt und Churchill nach Unterzeichnung der Atlantik-Charta.

»Ich klage an«

Professor Heyt und seine junge Frau Hanna leben in glücklichster Ehe. Der Professor hat sich aus ganz einfachen Verhältnissen zu der Stellung eines Wissenschaftlers heraufgearbeitet. Ein festlicher Abend anläßlich der Berufung des Professors zum Leiter eines weltberühmten wissenschaftlichen Instituts soll das Glück der Eheleute bekräftigen. Während eines kleinen Hauskonzerts muß Hanna, die junge Frau, das Klavierspiel plötzlich aufgeben – die linke Hand versagt ihr den Dienst. Als die Lähmung in den nächsten Tagen nicht nachläßt, läßt der Professor Hanna von Dr. Lang, dem Freund des Hauses, untersuchen. Mit Hilfe des Augenspiegels stellt Dr. Lang eine unrettbar zu Verfall und Tod führende Krankheit, multiple Sklerose, bei Hanna fest.

Der Zustand der jungen Frau verschlimmert sich zusehends. Professor Heyt sieht nun seine große Aufgabe darin, den Erreger der Krankheit zu finden. Die Arbeit führt ihn zu anderen, bedeutenden wissenschaftlichen Ergebnissen. Das Ergebnis, das Hanna retten könnte, findet er nicht. – Es scheint mit der jungen Frau zu Ende zu gehen. Sie leidet, unrettbar verloren, unsägliche Qualen. Da greift der Professor zum Äußersten. Der lindernde Trank, den er ihr reicht, bringt ihr den Tod. »Oh, Thomas, wäre dies doch der Tod!« sagt sie, und er antwortet mit einer Stimme, die alle Liebe, aber auch alle Ver-

1941

August

1. 8. Die USA verkünden ein Ölembargo, das besonders Japan trifft

2. 8. Beginn amerikanischer Materiallieferungen an die UdSSR

3. 8. Der Generalquartiermeister im OKH leitet die Bereitstellung von Winterbekleidung ein

5. 8. Die Heeresgruppe Mitte beendet die Kesselschlacht von Smolensk

6. 8. Deutsche Truppen erreichen den Finnischen Meerbusen

7. 8. Stalin ernennt sich zum Oberbefehlshaber der Roten Armee

9.–12. 8. »Atlantik-Charta«: Der Präsident der USA Roosevelt und der britische Premier Churchill treffen sich auf dem Schlachtschiff Prince of Wales und legen »gemeinsame Grundsätze der nationalen Politik ihrer Länder« fest, von denen sie »eine bessere Zukunft für die Welt erhoffen«

12./13. 8. Bisher schwerster britischer Luftangriff auf Berlin: 82 t Sprengbomben abgeworfen

16. 8. Deutsche Truppen nehmen Nikolajew am Schwarzen Meer ein

21. 8. Entgegen den Vorschlägen des Oberbefehlshabers des Heeres von Brauchitsch und seines Generalstabschefs Halder befiehlt Hitler die Fortführung des deutschen Angriffs im Osten, im Nord- und Südteil der Front unter Verhalten in der Mitte

25. 8. Deutsche Verbände beherrschen den Dnjeprbogen von der Mündung bis vor Kiew

25.–29. 8. Besuch Mussolinis im ostpreußischen Führerhauptquartier »Wolfsschanze«

26. 8. Eine von Hitler gebilligte Denkschrift des OKW stellt fest, daß der Feldzug gegen die UdSSR 1941 nicht mehr zu beenden ist und daß weitere Operationen auf 1942 verschoben werden müssen

1. 7.–31. 8. Deutsche U-Boote versenken im Atlantik 39 alliierte Handelsschiffe mit insgesamt 129 109 BRT

Kultur

16. 8. In Berlin wird der Terra-Film »Friedemann Bach« mit Gustaf Gründgens uraufgeführt

29. 8. Premiere des Euthanasie-Films »Ich klage an« von Wolfgang Liebeneiner. Der Film war als Propaganda für die Sterbehilfe gedacht

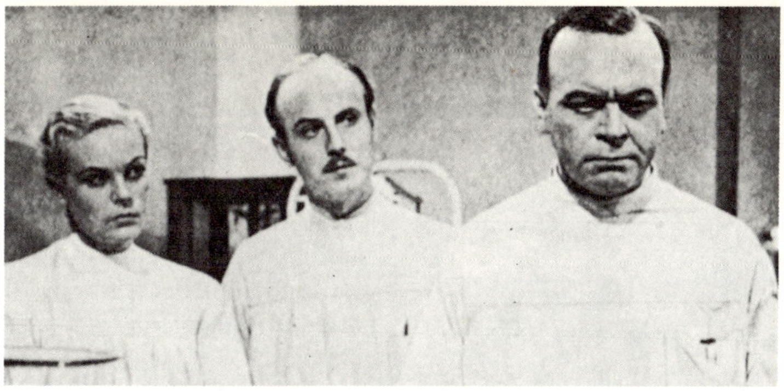

Von links nach rechts: Charlotte Thiele, Hans Nielsen, Paul Hartmann in dem Film »Ich klage an«.

antwortung in sich birgt: »Ja, Hanna, es ist der Tod!« Als sie nun hinüberschläft, leuchtet tiefe Dankbarkeit aus ihren Augen. – Schwere Vorwürfe werden gegen den Professor erhoben; es kommt zu einer Gerichtsverhandlung, zu einer Anklage wegen »Tötung auf Verlangen«. Sein Freund Dr. Lang, der erst seine Tat verurteilte und entschieden gegen ihn war, hat sich – als er in einer Heilanstalt das namenlose Unglück sah, das ihm der Anstaltsarzt vor Augen führte – nun zum Verteidiger Professor Heyts gemacht. Das Gericht und die Geschworenen sind bemüht, einen Freispruch herbeizuführen. Bisher hat Professor Heyt geschwiegen. Aber jetzt, als er sieht, daß die Anklage gegen ihn fallengelassen werden soll, jetzt klagt er an. Nach seiner flammenden Anklagerede bittet Professor Heyt um das Urteil.

»Illustrierter Film-Kurier«, August 1941

Fräulein Briefträgerin

Nun kommt sie schon über ein halbes Jahr zu uns – unser »Fräulein Briefträgerin«. Und immer ist sie freundlich, immer vergnügt. »Ganz einfach war ja die Umstellung in meinem Beruf nicht«, erzählt sie, als wir einmal gemeinsam den gleichen Weg zur Post gehen, nachdem sie den Frühdienst beendet hatte. »Denn von Haus aus bin ich ja Verkäuferin, aber im Krieg muß man eben da einspringen, wo es not tut. Und jetzt macht mir das Briefträgerin-Sein direkt Spaß. Ich habe schon einen richtigen Kundenkreis, den ich betreue. Ich weiß, wer Post erwartet, wer einen Mann oder Sohn an der Front hat und wer auf wichtige berufliche Aufträge wartet. Ja, ich erkenne schon meistens am Kuvert, ob der Brief der erwünschte ist. Und wenn dann die Gesichter meiner Kunden strahlen, dann freue ich mich mit!« »Und das viele Treppenlaufen?« frage ich ein wenig besorgt. »Ach wissen Sie«, meint das Fräulein Briefträgerin vergnügt, »das erhält jung und schlank. In der ersten Zeit habe ich ja einen tüchtigen Muskelkater gehabt, aber man gewöhnt sich an alles. Dafür habe ich einen Kriegsberuf in frischer Luft und mit viel Bewegung.« »Und die Leute . . .?« »Oh, die sind alle reizend zu mir«, unterbricht mich die Briefträgerin sofort. »Da ist z. B. im vierten Stock eines Hauses eine junge Frau. Sie ist auch berufstätig jetzt während des Krieges, genauso wie ich. Eines Tages hat sie mir angeboten, in ihrer Wohnung zum hinteren Eingang durchzugehen, so daß ich gleich im vierten Stock vom Gartenhaus stehe und damit einmal das Herauflaufen von vier Treppen spare. – Und ein alter weißhaariger Herr, der weiß, daß ich in seinem Haus meistens nur für ihn allein mit der Post herauflaufen muß, erwartet mich bei gutem Wetter schon unten an der Haustür. Und wenn ich einmal durch sehr viel Post in der Zeit verspätet bin, tröstet er mich immer mit demselben Scherzwort: ›Kindchen, nicht so jagen, die Briefe rennen ja doch nicht weg!‹«

»Beyers Frauen-Illustrierte Hella«, August 1941

Rassenstreitigkeiten in North Carolina

4000 Mann farbiger Truppen der hiesigen Garnison sind isoliert worden, um Zusammenstöße zwischen Weißen und Farbigen zu verhindern. Es war bereits zu Unruhen gekommen, bei denen ein weißer Militärpolizist und ein farbiger Soldat getötet wurden, während fünf Neger Verletzungen davontrugen. Die Militärbehörden gaben zu, daß es sich bei den Unruhen um Rassenstreitigkeiten handelte, die dadurch entstanden, daß die farbigen Soldaten sich weigerten, die rückwärts liegenden Sitzplätze der Autobusse einzunehmen, deren Vordersitze für ihre weißen Kameraden bestimmt waren.

Meldung der amerikanischen Nachrichtenagentur United Press 1941

»Fräulein Briefträgerin.«

Das OKW gibt bekannt

August

6. 8. Wie aus zahlreichen Nachrichten hervorgeht, besitzt die sowjetische Führung kein zuverlässiges Bild von der Lage ihrer eigenen Front. Beim Festhalten am Grundsatz der unbedingten Wahrheit war für die deutsche Berichterstattung daher größte Zurückhaltung geboten, wenn sie dem Gegner nicht wertvolle Aufschlüsse geben wollte. Der berechtigte Wunsch des deutschen Volkes, täglich über den Verlauf der Operationen unterrichtet zu werden, mußte demgegenüber zurücktreten, ja, es mußte selbst in Kauf genommen werden, daß in der Heimat falsche Vorstellungen aufkamen und das feindliche Ausland irreführende Gerüchte ausstreute.
Hervorzuheben sind die Marschleistungen der Infanteriedivisionen, die teilweise weit über tausend Kilometer zurückgelegt haben.
Im Bewußtsein ihrer Überlegenheit und in der Gewißheit des Endsieges steht die deutsche Wehrmacht bereit, um nunmehr in einem neuen Operationsabschnitt den Vernichtungskampf fortzusetzen, den sie mit einer Reihe größter Siege begonnen hat.

19. 8. Wie bereits durch Sondermeldung bekanntgegeben, haben die Verfolgungskämpfe in der Südukraine, bei denen deutsche, rumänische, ungarische und italienische Verbände in vorbildlicher Waffenbrüderschaft zusammenwirkten und hervorragende Kampf- und Marschleistungen vollbrachten, das ganze Gebiet westlich des Dnjepr in unsere Hand gebracht. Gegen die Stadt Odessa und einzelne kleine Brükkenköpfe am Unterlauf des Dnjepr, in denen sich noch sowjetische Kräfte befinden, ist der Angriff eingeleitet.

30. 8. Der heldenmütige Befreiungskampf des finnischen Volkes gegen seine bolschewistischen Unterdrücker hat zu einem stolzen Ergebnis geführt.
Nach schweren, mit bewundernswürdiger Tapferkeit geführten Kämpfen hat die finnische Wehrmacht unter dem Oberbefehl des Feldmarschalls Mannerheim die sowjetischen Kräfte im Raum von Wiborg geschlagen und die altehrwürdige Hauptstadt Kareliens zurückerobert. Gleichzeitig stießen finnische Verbände auf der Mitte der Karelischen Landenge mit großem Raumgewinn in Richtung Leningrad vor.

O Wandern, Wandern meine Lust!

Zum ersten Male darf Lorle dieses Jahr mit ins Sommerlager der Jungmädel. Mutti ist, wie es eben alle Mütter sind, zunächst ein bißchen ängstlich. Aber sie läßt sich bald umstimmen, als die Führerin ihr erzählt, wie sorgsam auf jedes einzelne Mädel geachtet wird und wie fröhlich, gesund und erzieherisch wertvoll solch ein Gemeinschaftsleben ist. Und so marschiert denn Lorle eines schönen Sommertages mit sorgsam gepacktem Affen und fest gewickelter Schlafdecke in Reih und Glied mit ihren kleinen Kameradinnen mit frohen Liedern und wehenden Wimpeln zur Stadt hinaus.

Eine Jugendherberge mit hellen, gemütlichen Räumen nimmt die Mädel auf. Sie ist gar nicht weit von der Stadt entfernt und liegt doch mitten in der schönsten Ferienlandschaft, zwischen Wiesen und Feldern, nahe am Wald und nicht weit von einem stillen Badesee entfernt. Drunten im Tal liegt das Dorf, man hört die Dorfkinder spielen und die Kühe am Abend mit leisem Läuten von der Weide kommen.

Sechs Mädel schlafen jeweils in einem Zimmer, schnell ist die Einteilung getroffen. Ob man lieber das obere oder das untere Bett wählt? Die Geister scheiden sich, die Mutigen klettern hinauf, die Bedachtsamen bleiben unten. Und dann geht es ans Auspacken. In den hübschen hellen Spinden muß man ja einfach Ordnung halten, auch wenn man zu Hause oft mal liederlich ist. Und die kalte Dusche im Waschraum wird heute abend selbstverständlich gleich ausprobiert.

Ein Sträußchen am Wimpel – frisch auf zur großen Fahrt.

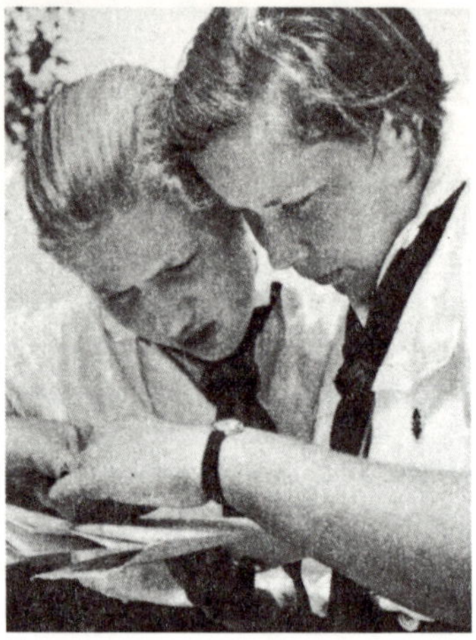

In welcher Richtung müssen wir weitergehen?

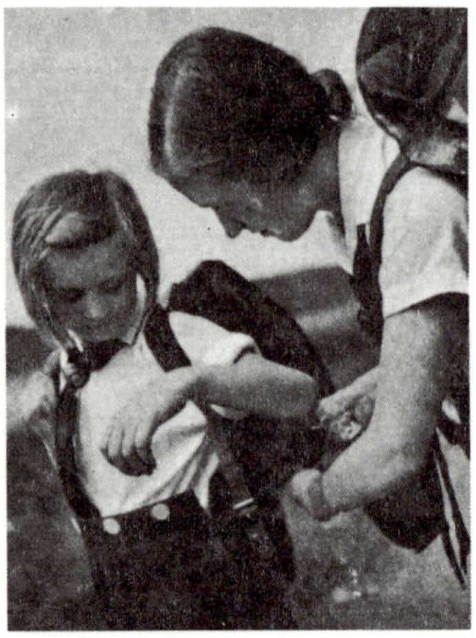

»Sitzt der Affe?« Die Großen sorgen für das Wohlergehen der Kleinen.

Je schöner der Tag, desto größer der Hunger!

Unten im Tagesraum ist schon vom Küchendienst der Abendbrottisch gedeckt. Ein guter Tischspruch – ein fester Händedruck –, und dann wird es ganz unheimlich still am Tisch, weil es allen ja so gut schmeckt! Mit dem Appetit in einem Lager ist es eine ganz sonderbare Angelegenheit. Je froher man ist – desto besser schmeckt es auch. Die leeren Schüsseln und Teller verraten, daß heute wirklich ein froher Tag war. Und als es nach einem kleinen abendlichen Entdeckungs-Spaziergang und nach Spiel und Lied ins Bett geht, da können es die Jungmädel alle kaum erwarten, daß es morgen früh wird.

Ein Tag wird nun schöner als der andere. Jeden Morgen steigt die Fahne knatternd im frischen Wind in den blauen Sommerhimmel empor. Jeden Morgen klingt das Fahnenlied froher, fester und schwungvoller. In Gymnastik und Sport machen die Mädel schnelle Fortschritte und wetteifern miteinander. Der Küchen- und Stubendienst erzieht sie zu Hilfsbereitschaft und Kameradschaft. Auch mit den Bauern unten im Dorf sind die Jungmädel schnell gut Freund geworden.

»Beyers Frauen-Illustrierte Hella«, September 1941

1941

September

2. 9. Beratung über alliierte Hilfslieferungen an die UdSSR in Moskau. An der Konferenz nehmen der Amerikaner Hopkins und der Engländer Lord Beaverbrook teil

5. 9. Abschluß der Besetzung Estlands durch deutsche Truppen. Laut Verordnung im Reichsgesetzblatt dürfen sich Juden, die das sechste Lebensjahr vollendet haben, nicht mehr ohne Judenstern in der Öffentlichkeit zeigen

6. 9. In der »Weisung Nr. 35« erteilt Hitler der Heeresgruppe Mitte den Befehl, sich für den Angriff auf Moskau »möglichst bald (Ende September)« vorzubereiten

11. 9. Präsident Roosevelt erteilt der amerikanischen Flotte Schießbefehl gegen Schiffe der Achsenmächte

12./13. 9. 111 britische Flugzeuge werfen 135 t Bomben auf Frankfurt am Main

15. 9. Die Entwicklung von Raketenwaffen in Peenemünde erhält »Sonderdringlichkeitsstufe«

15./16. 9. Das RAF Bomber Command greift Hamburg, Bremen, Cuxhaven und Wilhelmshaven an

17. 9. Britische und sowjetische Verbände erreichen Teheran

19. 9. Die 6. deutsche Armee erobert Kiew

21. 9. Gründung der NSDAP in Luxemburg

24. 9. Die Alliierten (u. a. die UdSSR) erklären sich für die Ziele der »Atlantik-Charta«

26. 9. Abschluß der Kesselschlacht im Raum von Kiew (665 000 Gefangene)

27. 9. SS-Obergruppenführer Reinhard Heydrich wird von Hitler mit der vertretungsweisen Führung der Geschäfte des Reichsprotektors in Böhmen und Mähren beauftragt. Am ersten Tag seiner Amtsführung werden 24 Exekutionen vorgenommen, am 30. 9. bereits 188

29. 9. Der deutsche Angriff auf der Krim kommt zum Stehen

Kultur

5. 9. Uraufführung des Bavaria-Films »Komödianten« über Caroline Neuber, die Wegbereiterin des deutschen Theaters, unter der Regie von G. W. Pabst

12. 9. Der Zoologe und Nobelpreisträger Hans Spemann stirbt in Freiburg i. Br.

Hilde Krahl und Kurt Müller-Graf in »Komödianten«.

»Komödianten«

Mit der Darstellung der Geschichte der Neuberin führt das Filmwerk uns heran an die ewigen Quellen, aus denen die Kunst gespeist wird, aus denen sie ihr Leben und ihre unzerstörbare Kraft empfängt. So wächst dieser Film über die Darstellung eines Einzelschicksals, über die Darstellung privater Erlebnisse, die die Autoren in dichterischer Freiheit um die Geschichte der Neuberin gerankt haben, weit hinaus.

Henny Porten ist die Herzogin von Weißenfels. Sie gestaltet diese Rolle zu einer sehr eindrucksvollen Leistung und gibt der Herzogin, die in den Anschauungen ihrer Zeit befangen ist und Komödianten menschlich zuerst nicht für ebenbürtig hält, gleichwohl bestechende menschliche Züge.

»Film-Kurier«, September 1941

Die Normalschrift

Die Einführung der Normalschrift bedeutet eine Vereinfachung für den Schulunterricht. Bisher wurde neben der Fraktur, der sogenannten »deutschen Schreibschrift«, die als erste in den Schulen gelehrt wurde, noch die Antiqua gelehrt. Im Zuge der Bestrebungen, die Normalschrift in allen Druckerzeugnissen in Deutschland einzuführen, erhält auch die Schule die Aufgabe, von vornherein diese Schriftart zu lehren.

Damit wird die Fraktur aber keineswegs aus den Schulen und der Schularbeit verschwinden. Der Erlaß des Reichserziehungsministers sieht vielmehr eine Übergangszeit vor, die aber zeitlich in keiner Weise begrenzt wurde, also nach Lage der Verhältnisse praktisch für einen längeren Zeitraum gedacht sein wird, in dem die Fraktur in der Volksschule weiter gelesen werden soll. Es sei nämlich notwendig, heißt es in einem Artikel des im Reichserziehungsministerium zuständigen Referenten, die Fraktur lesen zu können, die heute noch vielfach benutzt wird. Erfahrungen hätten gezeigt, daß die Fraktur schnell nachgelernt werde, wenn die Antiqua bekannt sei. In den meisten Bezirken des Reiches wird der Anfangsunterricht ohnehin einstweilen nur noch in der alten Frakturschrift erteilt werden müssen, weil die für die Arbeit in der Schule zur Verfügung stehenden Fibeln noch in dieser Schrift gedruckt sind und neue noch nicht hergestellt werden konnten.

»Frankfurter Zeitung«, 12. 9. 1941

Ferienseligkeit. Nur wenige Urlaubstage sind ihr vergönnt, doch sie weiß jede Stunde der sommerlichen Muße trefflich zu nützen.

»Signal«, September 1941

Von deutscher Pak erfaßt, ist ein sowjetischer Panzer zum Stehen, sind Lastkraftwagen der Sowjets, mit Treibstoff beladen, zum Brennen gebracht worden.

»Signal«, September 1941

Das OKW gibt bekannt

September

8. 9. Schnelle Divisionen des deutschen Heeres, von Kampfverbänden der Luftwaffe hervorragend unterstützt, haben die Newa ostwärts Leningrad in breiter Front erreicht und die Stadt Schlüsselburg am Ladoga-See im Sturm genommen.
Damit ist der deutsch-finnische Ring um Leningrad geschlossen und die Stadt nunmehr von allen Landverbindungen abgeschlossen.

19. 9. Die konzentrischen Angriffsoperationen der Heeresgruppen des Generalfeldmarschalls von Rundstedt und des Generalfeldmarschalls von Bock haben nunmehr, wie durch Sondermeldung bekanntgegeben, zu einer neuen gewaltigen Umfassungsschlacht geführt.
Im Anschluß an die Schlacht bei Gomel waren starke Kräfte gegen den Ober- und Unterlauf der Desna vorgestoßen, um in hartnäckigen Kämpfen den Übergang über den Fluß zu erzwingen. Von hier aus wurde der Angriff nach Süden fortgesetzt, um einer Kräftegruppe die Hand zu reichen, die den Dnjepr beiderseits Krementschug unter schwierigsten Verhältnissen in 120 km Breite überwunden hatte und zum Angriff nach Norden angesetzt war.
Seit dem 13. September ist die Vereinigung dieser Kräfte 200 km ostwärts Kiew vollzogen. Um vier sowjetische Armeen ist damit der Ring geschlossen. Ihre Vernichtung ist in vollem Zuge. An dem glänzenden Verlauf dieser Operation haben die Luftflotten des Generalobersten Löhr und des Generalfeldmarschalls Kesselring großen Anteil.

23. 9. Nachdem die Ausbruchsversuche der im Raum ostwärts Kiew zusammengedrängten Kräfte erfolglos blieben, machen sich, wie durch Sondermeldung bekanntgegeben, zunehmende Auflösungserscheinungen des Feindes bemerkbar. An vielen Stellen haben die Offiziere und Kommissare der Sowjets in feiger Flucht die Truppe verlassen, um sich einzeln in Sicherheit zu bringen. Trotzdem konnten sie ihrem Schicksal nicht entgehen.

30. 9. Der Feind flog in der letzten Nacht in das norddeutsche Küstengebiet ein und drang mit einzelnen Flugzeugen bis in die weitere Umgebung der Reichshauptstadt vor. Durch Bombenwürfe auf Wohnviertel, vorwiegend in Hamburg, hatte die Zivilbevölkerung Verluste an Toten und Verletzten. Die britische Luftwaffe verlor gestern und im Verlaufe dieser Nacht insgesamt elf Bombenflugzeuge.

Gründgens deutet »Faust«

Wenn der Herr redet, glüht golden die Säule der Engel auf; nur der Teufel steht, ausgeschlossen von Strahl und Gnade, im Dämmerblauen, Kaltschillernden. Eine Prologszene aus kosmischer Phantasie, von Orgelton sphärisch klingend, erdfern und nahe den ewigen Mächten, die kämpfend hinunterwirken zu unserem Stern, zu dem Menschen Faust, der, ewig wie sie, durch die Welt gehen muß, damit Gottes und Teufels Streit Fleisch und Blut werde in seiner Schuld.

Jede große »Faust«-Aufführung wird zum Durchbruch, zur Versinnlichung der übermenschlichen Mächtespannungen streben und das irdische Beiwerk damit überhöhen wollen. Die Neueinstudierung von Gustaf Gründgens ist voller Verachtung des Naturalistischen, des nur Poetischen, des Zufälligen in Erscheinung oder Psychologie; hervor springt schon äußerlich in allen nur möglichen Ausdrucksmitteln der Dekorationen, des Films, der Farbe – Bühnenbild Rochus Gliese – ein Wille, die grenzenlos gesetzvolle, maßlos dämonische, höhere Welt zu beschwören.

Gründgens selbst ist, Mephisto wie früher, Luzifer und gefallener Engel, genial-bestechendes Inbild des tausendfältig-unwandelbaren, allergescheitesten Teufels dieser Welt. Und da ist Paul Hartmann, ein prometheisch gottversuchender, gottnaher, vulkanischer Faust, in der Selbstzerstückung noch siegreich gegen den mit allen Schlangenblitzen doch im Dunkeln gefangenen Satan. Schon den großen Monolog nimmt dieser aus der Tiefe schöpfende Meistersprecher mit unerhörtem Furioso; es scheint die Rolle eines Lebens, die er nun verkörpert. Gretchen ist Käthe Gold, eine herzlösende reine Magd nicht in romantisch-lieblichem Schimmer, sondern von heute und immer und wie vom Lech irgendwo oder von der Donau; ihr »O neige, du Schmerzensreiche« wird zu einem Höhepunkt fast ohnegleichen. Maria Koppenhöfer gibt die Schwerdtlein: Weibtum, vollendet ironisch beobachtet und mit lächelndem Erbarmen virtuos dargestellt. Ein interessanter Wagner vom Typus des Erasmus von Rotterdam: Wolf Trutz. Reizvollste Ausdrucksstudie, in der auch Mark Lothars Musik anmutig geistreiche Triumphe feiert, ist Auerbachs Keller. Und so wird dieses ganze Ensemble – Franz Ricklisch, Kurt Meisel, Pamela Wedekind, Erich Ziegel, Bernhard Minetti u. v. a. – ein innerstes Erlebnis der Menschenkunst, das die Zuschauer tief ergreift.

»Berliner Lokal-Anzeiger«, 14. 10. 1941

Gustav Gründgens als Mephisto in »Faust«.

Low über den Krieg

Der beste Karikaturist der Welt ist der kleingewachsene, dickliche, 50jährige David Low. Er zeichnet für Lord Beaverbrooks Evening Standard in London. Seine bitterlich scharfen, wunderschön gezeichneten Bilder sind seit 1901 ein Faktor in der britischen Politik. 1927 stieß er zur Redaktion des Evening Standard mit einem Vertrag, der ihm absolute Meinungsfreiheit läßt. Seither gilt er als Englands wirksamster Kritiker von Unsinn, stupidem Konservativismus und organisierter Brutalität von Nationen.

Trotz der Schärfe seiner Zeichnungen ist Low ein ruhiger, kleiner Mann von großer Energie. Er findet noch Zeit zum Artikelschreiben und zur Mitarbeit in Kriegskomitees. Kaum eine prominente Figur der englischen Politik entging seiner Satire. Er hat seinen eigenen Arbeitgeber, Lord Beaverbrook, unbarmherzig wie jeden anderen karikiert. Und Beaverbrook zahlt ihm rund 50000 Dollar im Jahr.

Doch es war das Auftreten von diktatorischen Vorbildern als vorherrschender Einfluß auf das Weltgeschehen nach 1931 und später, das Low zu sich selber brachte. Wie sein guter Freund Winston Churchill erkannte er klar, was die regierenden Staatsmänner jener Zeit nicht sehen konnten oder

1941

Oktober

2. 10. Beginn der großen Offensive gegen Moskau (Unternehmen »Taifun«): Die Heeresgruppe Mitte sowie weitere deutsche Verbände treten aus dem Raum nördlich von Smolensk und Orel zum Angriff an

2.–20. 10. Doppelschlacht bei Wjasma und Brjansk. Die Deutschen machen 673 000 Gefangene

3. 10. Anläßlich der Eröffnung des Kriegswinterhilfswerks erklärt Hitler im Berliner Sportpalast, »daß dieser Gegner (UdSSR) bereits gebrochen ist und sich nie mehr erheben wird«.

5.–10. 10. »Schlacht am Asowschen Meer« im Raum Tschernigowka

7. 10. Befehl des OKH an die Heeresgruppe Mitte zur Fortsetzung der Operation Richtung Moskau. Infolge des Einsetzens der Schlammperiode und des ersten Schneefalls ohne Wirkung. Hitler verbietet die Annahme einer Kapitulation Moskaus

9. 10. Erklärung des Reichspressechefs Dr. Dietrich, daß »die militärische Entscheidung im Osten gefallen« und Rußland »erledigt« sei

16. 10. Die 4. rumänische Armee besetzt mit Unterstützung von deutschen Sonderverbänden das von sowjetischen Streitkräften über See geräumte Odessa

19. 10. Stalin läßt in Moskau den Belagerungszustand ausrufen

20. 10. Beginn der Vorbereitungen der japanischen Marine für einen Überraschungsangriff auf Pearl Harbor für den Fall des Scheiterns der Verhandlungen mit den USA

24. 10. Erster Operationsentwurf für eine deutsche Offensive in Richtung Kaukasus fertiggestellt

27. 10. Der 11. deutschen Armee gelingt der Durchbruch durch die Landenge von Perekop

1. 9.–31. 10. Deutsche U-Boote versenken im Atlantik und im Mittelmeer 93 alliierte Handelsschiffe mit 391 234 BRT

Kultur

10. 10. In Wien Uraufführung des Ufa-Films »Heimkehr« über Schicksal und Rückkehr der Wolhynien-Deutschen

14. 10. Der Schriftsteller Arthur Holitscher stirbt 72jährig im Genfer Exil

Low-Karikatur: Hitler beim imaginären Rededuell mit Präsident Roosevelt.

wollten: daß die Mandschurei, Abessinien, Österreich eine Katastrophe für Demokratie ankündigten.
Seit September 1939 stammen die besten Kriegskarikaturen zweifellos aus Lows Feder. Unlängst hörte er zu seiner Befriedigung, daß einige dieser Karikaturen, die unter dem Titel »Low über den Krieg« von Simon & Schuster veröffentlicht wurden, Hitler in zornige Hysterie versetzt hatten. »Look« (USA), Oktober 1941

Bohnenkaffee

Eine Anordnung des Reichsernährungsministers bestimmt, daß auch im dritten Kriegswinter Bohnenkaffee an die Zivilbevölkerung abgegeben wird. Vorgesehen sind zwei Zuteilungen, und zwar kurz vor Weihnachten und im Februar 1942.
Alle Versorgungsberechtigten, die bis zum 16. November 1941 das 18. Lebensjahr vollendet haben und die bei der für die 31. Zuteilungsperiode vorgesehenen Verteilung vor Weihnachten Bohnenkaffee anstelle von Kaffee-Ersatzmitteln beziehen wollen, haben dies bei den Verteilern bis zum 25. Oktober 1941 anzumelden. Die frühzeitige Anmeldung ist erforderlich, um die richtige Verteilung des Kaffees von den Vorratslagern auf die Stellen des Bedarfs zu sichern. Die Einzelheiten über die Anmeldung und Verteilung werden von den Ernährungsämtern bekanntgegeben. »Frankfurter Zeitung«, 16. 10. 1941

Deutsches Kreuz

Zur Anerkennung vielfacher außergewöhnlicher Tapferkeits- oder Führungstaten hat der Führer und Oberste Befehlshaber der Wehrmacht den Kriegsorden des Deutschen Kreuzes gestiftet. Der Orden des Deutschen Kreuzes ist ein Wehrmachtsorden und wird für vielfache außerordentliche Verdienste in der militärischen Kriegsführung in Silber, für vielfach bewiesene außergewöhnliche Tapferkeit oder für vielfache hervorragende Verdienste in der Truppenführung in Gold verliehen. Der Orden besteht aus einem achtzackigen, dunkelgrauen, silbergeränderten Stern von 65 Millimeter Durchmesser, der in einem silbernen bzw. goldenen Loorbeerkranz auf mattsilbernem Feld ein schwarzes, silbergerändertes Hakenkreuz trägt. Der Loorbeerkranz zeigt unten die Jahreszahl 1941. Das Deutsche Kreuz wird ohne Band auf der rechten Seite getragen.

»Presse-Hoffmann«, 4. 10. 1941

Dann und wann hört man heute die Frage, was eigentlich aus dem »KdF-Wagen« oder »Volkswagen« geworden sei... Es ist selbstverständlich, daß die großen Erfahrungen, die jetzt mit dem feldgrauen Volkswagen gemacht werden, der späteren Serienherstellung des zivilen »KdF-Wagens« zugute kommen. Die bei der Wehrmacht eingereihten Wagen unterscheiden sich maschinell in keiner Weise von den Wagen, die später an die Sparer zur Auslieferung kommen...

»Tages-Post« (Linz), 17. 10. 1941

Das OKW gibt bekannt

Oktober

15. 10. Die Doppelschlacht von Brjansk und Wjasma nähert sich ihrem Abschluß. Im Laufe des heutigen Tages wurden auch die in den Kesseln nördlich Brjansk eingeschlossenen Kräfte unter schwersten blutigen Verlusten des Gegners zerschlagen. Die Säuberung des Waldgebietes südlich Brjansk von den dort umzingelten Resten der geschlagenen feindlichen Armeen ist noch im Gange. Die Masse der in dieser gewaltigen Durchbruchs- und Umfassungsschlacht beteiligten deutschen Kräfte ist bereits für die Fortführung der Operationen frei geworden.

21. 10. Deutsche und italienische Verbände nahmen gestern das Gebiet um Stalino, eines der wichtigsten Rüstungszentren im Donez-Becken, in Besitz. Stalino selbst wurde durch Gebirgsjäger genommen. Auf einem bedeutenden Industriewerk dieser Stadt weht die Reichskriegsflagge.
Bei der Säuberung des Schlachtfeldes ostwärts von Brjansk fand der Oberbefehlshaber der sowjetischen 50. Armee, General Petroff, Mitglied des Obersten Sowjets, mit mehreren Offizieren seines Stabes den Tod.

23. 10. Trotz schwieriger Witterungsverhältnisse wurde die äußere Verteidigungsstellung der sowjetischen Hauptstadt in den letzten Tagen von Südwesten und Westen her in breiter Front durchbrochen. Unsere Angriffsspitzen haben sich stellenweise bis auf sechzig Kilometer an Moskau herangekämpft.

27. 10. Der Feind warf in der letzten Nacht Bomben auf verschiedene Orte in Nordwestdeutschland. Die Zivilbevölkerung hatte vor allem in Hamburg und Bremen Verluste an Toten und Verletzten. Neun britische Bomber wurden abgeschossen.

31. 10. Von deutschen und rumänischen Truppen scharf verfolgt, ist der Feind auf der Krim in voller Flucht. Damit haben die langen und schweren Durchbruchskämpfe ihre Krönung gefunden, mit denen die Infanteriedivisionen der Armee des Generals der Infanterie von Manstein im Verein mit dem Fliegerkorps des Generalleutnants Pflugbeil die schmalen Landengen bezwungen haben, die zu der Halbinsel führen.

In letzter Sekunde...

»Wenn das nicht geklappt hätte«, erzählte unser Zeichner, »es hätte höchst fatal ausgehen können. Unweit von N. war es, da versuchte der Feind mit einem Angriff seiner Panzer unsere Linien zu durchbrechen. Aber alle Angriffsversuche des verbissen kämpfenden Gegners waren vergeblich. Immer neue sowjetische Panzer bleiben im wohlgezielten Feuer unserer Sturmgeschütze stecken und gehen in Rauch und Flammen auf. Unser Geschütz hat fast alle Munition verschossen. Der feindliche Angriff scheint in sich zusammenzubrechen, da taucht ein neuer Stahlkoloß im Dunst auf. Jetzt kann es sehr ernst werden. Die Kameraden, die neue Munition holen sollten, sind schon längere Zeit weg. Ob die neuen Munitionskolonnen inzwischen heran sind? Das Lager muß wohl weit zurückliegen, durch den Dreck hier kann aber kein Wagen heran – die Situation wird immer brenzliger. Der sowjetische Panzer ist auf Schußweite herangekommen – unser Sturmgeschütz fetzt die letzte Munition aus den Rohren. Es handelt sich nur noch um Sekunden... Da keuchen atemlos unsere Männer heran, schleppen und schleifen mitten im Feuer auf einer Zeltbahn die neue Munition ans Geschütz. Einige Handgriffe, einige Schüsse, eine Stichflamme, der Riese ist kein Gegner mehr. Wir sind gerettet – die Munitionskolonnen waren doch noch rechtzeitig gekommen!« Das Wunder des Nachschubs hat sich wieder einmal bewährt.

»Signal«, November 1941

»Flaschen für die Wehrmacht«

Der millionenfache Einsatz deutscher Soldaten im Osten macht es für die Dauer des Winters notwendig, sie zusätzlich mit wärmenden und stärkenden Getränken aller Art zu versorgen. Trotz der gegenüber dem letzten Friedensjahr um nahezu das Doppelte gesteigerten Produktion der deutschen Flaschenfabriken bedarf es dazu einer zusätzlichen Belieferung der Heeresverpflegungsämter und Großabfüllstellen mit vielen Millionen möglichst geräumiger Flaschen. Das Oberkommando der Wehrmacht hat daher den Reichskommissar für Altmaterialverwertung und Reichsbeauftragten der NSDAP, für Altmaterialerfassung gebeten, durch eine Sammelaktion die benötigten Mengen an Flaschen zu mobilisieren. Diese Aktion wird gemeinschaftlich von der Wehrmacht und der Partei für das gesamte Reichsgebiet am 8. November 1941 durchgeführt. Sie trägt den Namen »Flaschen für unsere Wehrmacht« Reichssammlung am 8. November 1941.
Organisiert wird diese Sammlung von den Altmaterialeinsatzstäben bei den Gau-, Kreis- und Ortsgruppenleitungen, die sich mit ihren insgesamt etwa 500000 ehrenamtlichen Helferinnen und Helfern erst letztens bei der Reichsspinnstoffsammlung so außerordentlich gut bewährt haben.
In allen Garnisonsstädten stellen die Standortältesten Lastkraftwagen und Soldaten für das Zusammentragen der Flaschen, wo nötig auch für das Sortieren der Flaschen und für die Abfuhr der sortierten Flaschen zu den Großabfüllstellen zur Verfügung. In Orten ohne Garnison und in den Landgemeinden übernehmen die Politischen Leiter das Sammeln der Flaschen, nötigenfalls unterstützt von der Technischen Nothilfe, dem Sicherheits- und Hilfsdienst usw.

»Völkischer Beobachter«, 2. 11. 1941

1941

November

5. 11. Der japanische Kronrat beschließt für den Fall, daß bis zum 25. 11. keine Einigung mit den USA erreicht wird, den Krieg durch einen japanischen Angriff auszulösen

7. 11. Hitler erklärt, die Besetzung des sowjetischen Ölgebiets im Kaukasus werde bis 1942 zurückgestellt

7./8. 11. Die RAF bombardiert mit 400 Flugzeugen Berlin, Mannheim, das Ruhrgebiet und Köln

13. 11. Die amerikanischen Handelsschiffe werden bewaffnet

15.–17. 11. Nach dem Abklingen der Schlammperiode und dem ersten Frost Beginn der zweiten Phase der Schlacht um Moskau

17. 11. Freitod des Generalluftzeugmeisters Generaloberst Ernst Udet aus Verzweiflung über die Fehlentwicklung der deutschen Luftwaffe

18. 11. Beginn einer britischen Offensive in Nordafrika gegen deutsch-italienische Truppen

21. 11. Hitler befiehlt die Vorbereitung des Angriffs auf Kandalakscha (Murmansk-Bahn) für März 1942

25. 11. Präsident Roosevelt entschließt sich zum Abbruch der Verhandlungen mit Japan und läßt dem japanischen Botschafter am 26. 11. eine für Japan unannehmbare Note überreichen.
Auf Anordnung Hitlers wird der Antikominternpakt von 1936 in Berlin mit einem »Staatsakt von weltgeschichtlicher Bedeutung« um weitere fünf Jahre verlängert. Neue Beitritte: Bulgarien, Kroatien, Dänemark, Finnland, Nationalchina, Rumänien und die Slowakei

28. 11. Deutsche Truppen erreichen den Wolga-Moskwa-Kanal. Kapitulation der letzten italienischen Streitkräfte in Ostafrika bei Gondar

30. 11. Stalin billigt den Entwurf des Chefs des sowjetischen Generalstabs für eine Gegenoffensive vor Moskau

Kultur

1. 11. Der »Heinrich-Heine-Club« in Mexiko (Präsidentin Anna Seghers) trifft sich im Haus des Dirigenten Ernst Römer

25. 11. Die Universität Straßburg wird »Reichsuniversität«, die französische wird nach Clermont-Ferrand evakuiert

Paul Lincke 75 Jahre alt! Reichsminister Dr. Goebbels überreichte dem Jubilar im Namen des Führers die Goethe-Medaille, den Ehrenbürgerbrief der Reichshauptstadt sowie einen kunstvoll gearbeiteten Dirigentenstab.

»Aktueller Bilderdienst«, November 1941

Gar nicht so ohne...

In den Auslagen der Wiener Schuhgeschäfte sind jetzt bezugscheinfreie Hausschuhe zu sehen, die je nach der Lage und dem Ansehen des Ladens zwischen fünf und acht Reichsmark kosten. Sie sind auch gar nicht so ohne, diese Filzpatschen ohne Bezugschein, denn auf grauem Filz sind bunte Filzblumen aufgenäht, und das Ganze wirkt recht gefällig und wärmend, was ja bei Hausschuhen die Hauptsache ist. Löcher haben sie zum Unterschied von den obengenannten Wäsche- und Kleidungsstücken allerdings keine; die müssen sich die Käufer schon selber machen, was ihnen aber von einer vorsorgenden Schuhindustrie wesentlich erleichtert wird. Eine unserer Leserinnen hatte schon nach eintägigem Tragen solcher Filzpantoffeln ein mächtiges Loch in der Sohle, und eine andere brachte dieses Kunststück schon in der Rekordzeit von sechs Stunden fertig. Am letzten Sonntag um 10 Uhr früh hat sie ihre nagelneuen Hausschuhe angezogen, und ohne die Patschen besonderen Strapazen auszusetzten, klaffte schon um 4 Uhr nachmittags das erste große Loch in der Sohle.

5,90 Reichsmark haben diese Hausschuhe gekostet, und da sie nach sechsstündiger Verwendung gebrauchsunfähig waren, kam ihr das Tragen je Stunde auf eine Reichsmark zu stehen. Ein kostspieliger Spaß, den sich zugegebenermaßen nicht jeder von uns leisten kann und der zu denken und zu fragen gibt:

1. Ist es nicht ein Mißbrauch der kostbaren Arbeitskraft, aus solchen nichtswertigen Materialien überhaupt Schuhe herzustellen?
2. Wie lange darf ein Schuherzeuger auf diese Art den Leuten ungestraft das Geld aus der Tasche stehlen und ihnen Hausschuhe andrehen, »ohne Bezugschein« – was eigentlich »ohne Sohle« heißen sollte –, die man jahrelang tragen kann, aber nur – in der Hand!?
3. Wenn solche Schlapfen schon 5,90 Reichsmark kosten, wie teuer würden erst Hausschuhe sein, die von Haus aus gebrauchsunfähig sind? Mit anderen Worten: Was kosten gar keine Hausschuhe?

»Völkischer Beobachter« (Wiener Ausgabe), 2. 11. 1941

Der Kühnste und Beste

Oberst Mölders †

Ein hartes Geschick hat es gefügt, daß die deutsche Luftwaffe wenige Tage nach dem Heimgang des Fliegerhelden aus dem Weltkriege, Generaloberst Udet, nun auch den kühnsten und besten aus den Reihen ihrer jungen Jagdflieger verlor: Der Inspekteur der Jagdflieger, Oberst Werner Mölders, ist am 22. November 1941 auf einem Dienstflug mit einem Kurierflugzeug, das er selbst nicht steuerte, bei Breslau tödlich abgestürzt. Vom Feinde unbesiegt, fand der Sieger in 115 Luftkämpfen auf so tragische Weise den Fliegertod.

Die Leistungen und Erfolge dieses von glühendem Kampfgeist beseelten, erst 28jährigen Offiziers sind ohne Beispiel. Am 15. Juli 1941 verlieh der Führer und Oberste Befehlshaber der Wehrmacht dem Kommodore Oberst Mölders nach seinem 101. Luftsieg im Freiheitskampf des deutschen Volkes als erstem Soldaten der Wehrmacht die höchste Tapferkeitsauszeichnung: das Eichenlaub mit Schwertern und Brillanten zum Ritterkreuz des Eisernen Kreuzes.

In Würdigung der einmaligen Verdienste des Obersten Mölders hat der Führer und Oberste Befehlshaber der Wehrmacht verfügt, daß das bisher von Mölders zu so gewaltigen Siegen geführte Jagdgeschwader in Zukunft seinen Namen trägt.

Zugleich hat der Führer für Oberst Mölders ein Staatsbegräbnis angeordnet.

»Berliner Lokal-Anzeiger«, 22. 11. 1941

Das OKW gibt bekannt

November

8. 11. Der Feind flog in der letzten Nacht an vielen Stellen in das Reichsgebiet ein. Durch Bombenwurf auf Wohnviertel, unter anderem auch in der Reichshauptstadt, hatte die Zivilbevölkerung geringe Verluste an Toten und Verletzten. Die angerichteten Schäden sind unbedeutend. Demgegenüber hatte die britische Luftwaffe besonders schwere Verluste. 27 der angreifenden Bomber fielen der deutschen Abwehr zum Opfer.

15. 11. Wie durch Sondermeldung bekanntgegeben, hat die deutsche Kriegsmarine einen neuen großen Erfolg errungen. Unterseeboote griffen im westlichen Mittelmeer einen Verband britischer Kriegsschiffe an. Dabei versenkten zwei Boote unter Führung der Kapitänleutnante Reschke und Guggenberger den Flugzeugträger Ark Royal und beschädigten das Schlachtschiff Malaya so schwer, daß es in den Hafen von Gibraltar eingeschleppt werden mußte. Weitere britische Einheiten erhielten Torpedotreffer. Der Flugzeugträger Ark Royal war bereits am 26. September 1939 durch Luftangriff schwer beschädigt, nach Wiederherstellung jedoch erneut in Dienst gestellt worden. Die britische Admiralität hat diesen Verlust zugegeben.

26. 11. Aus den Kämpfen vor Moskau wird in steigendem Maße das Überlaufen bolschewistischer Soldaten gemeldet. Um dieser Krise entgegenzuwirken, sieht sich die Regierung Stalin veranlaßt, in einer Note über Greueltaten deutscher Soldaten an sowjetischen Gefangenen zu berichten. Die deutsche Wehrmacht und die mit ihr kämpfenden verbündeten Truppen sehen mit tiefster Verachtung auf derartige Falschmeldungen, durch die das bestialische Verhalten bolschewistischer Horden verschleiert und deren Kampfmoral gehoben werden soll.

29. 11. In Nordafrika stehen die verbündeten Truppen in konzentrischem Angriff gegen starke britische Kräfte, die erneut vom Südosten auf Tobruk vorgestoßen sind. Deutsche Kampfflugzeuge bombardierten mit guter Wirkung Eisenbahnanlagen bei Sidi Barani.

Die dritte Kriegsweihnacht in Berlin

Die 3. Kriegsweihnacht wurde vom deutschen Volk den gegenwärtigen Verhältnissen entsprechend in ernster und einfacher Weise gefeiert. Jedermann genoß die kurze Spanne der Erholung, welche die Feiertage in dem rastlosen, kräfteverschlingenden Betrieb der Kriegsanstrengungen gewährten.

Die Weihnachtsansprache, die Reichsminister Dr. Goebbels im Rundfunk hielt, nahm durchaus Rücksicht auf diese Stimmung. Er verzichtete für einmal fast ganz auf das Politische. »Der Geschenktisch unter dem Weihnachtsbaum ist dieses Jahr nur karg ausgestattet«, so erklärte er. »Der Krieg hat sich auch hier schon angemeldet. Unsere Weihnachtskerzen haben wir an die Ostfront geschickt, weil unsere Soldaten sie dringender als wir brauchen und statt der Puppenstuben, Burgen, Bleisoldaten und Kinderkanonen haben unsere Fabriken in den vergangenen Monaten andere kriegswichtigere Dinge produziert; denn unsere Truppen mit ihren Bedürfnissen gehen allem anderen voran.«

Goebbels kam darauf auf die Auslandsdeutschen zu sprechen, deren Stellung oft sehr schwierig sei. »Sie leben oft in einer vollkommen fremden, um nicht zu sagen feindlichen Welt. Es darf uns nicht wunder nehmen, daß wir Deutsche von heute, weil wir unsere Lebensrechte verteidigen, draußen nicht immer beliebt sind. Dort umgibt unsere Volksgenossen oft Neid und Mißgunst, Haß und Verfolgung. Wir zu Hause erfahren darüber nur gelegentlich aus den Zeitungen.«

Besonderes Gewicht legte der Reichsminister auf Verpflichtungen, die die Heimat den Soldaten an der Front und den Auslandsdeutschen gegenüber trage. Sie müsse sich der Opfer, die auf den Schlachtfeldern gebracht würden, würdig erweisen. »Wir müssen tapfer sein und ständig in Bereitschaft stehen. Der Sieg wird uns nicht geschenkt, wir können ihn uns nur verdienen.«

»Neue Zürcher Zeitung«, 27. 12. 1941

Das Weihnachtslied.

»Quax, der Bruchpilot«

Otto Groschenbügel, Quax genannt, Angestellter des Dünkelstätter Verkehrsbüros, hat in einem Preisausschreiben den ersten Preis gewonnen: Kostenlose Ausbildung zum Sportflieger in der Fliegerschule Bergried. Quax, den nur der blinde Zufall zur Fliegerei geführt hat, macht sich schon am ersten Tage durch sein Angebertum und seine Disziplinlosigkeit völlig unmöglich. Fluglehrer Hansen erteilt ihm den Rat, schleunigst wieder zu verschwinden. Bei seiner Rückkehr nach Dünkelstätt erlebt Quax zwei Überraschungen: Seine Freundin ist inzwischen auf Reisen gegangen, während er selbst über Nacht eine Dünkelstätter Berühmtheit geworden ist. In der Schule, am Stammtisch, in allen Kreisen Dünkelstätts kennt man nur noch ein Gesprächsthema: Quax, unser kühner Flieger! Ob er will oder nicht, er muß nach Bergried zurück und Flieger werden. Dort setzt man alles daran, Quax den Aufenthalt zu verleiden. Aber man hat nicht mit der Wandlungsfähigkeit von Quax gerechnet. Auf dem Dünkelstätter Schützenfest lädt Quax die reizende Marianne, die er bei dieser Gelegenheit kennengelernt hat, zu einem Aufstieg im Freiballon ein und nimmt aus

Heinz Rühmann und Lothar Firmans in »Quax, der Bruchpilot«.

1941

Dezember

1. 12. Der Oberbefehlshaber der Heeresgruppe Mitte, Generalfeldmarschall v. Bock, meldet, der Zeitpunkt sei »sehr nahe gerückt, in dem die Kraft der Truppe völlig erschöpft ist«

5. 12. Die sowjetische »Kalininfront« unter Generaloberst Konjew tritt zur Offensive an

6. 12. Gegenoffensive der sowjetischen »Westfront« (Schukow). Großbritannien erklärt Ungarn, Rumänien und Finnland den Krieg

7. 12. 7.00 Uhr Ortszeit: Überraschungsangriff der Japaner auf Pearl Harbor (ohne Kriegserklärung).
General der Panzertruppen Rommel entschließt sich, den Kampf um Tobruk abzubrechen

8. 12. Kriegserklärung der USA und Großbritanniens an Japan. Japanische Truppen greifen die Philippinen an

9. 12. China erklärt Deutschland den Krieg

11. 12. 15.00 Uhr: Hitler verkündet im Reichstag die deutsche Kriegserklärung an die USA. Italien folgt. Abkommen zwischen Deutschland, Italien und Japan über die gemeinsame Kriegführung

12. 12. Ungarn, Rumänien und Bulgarien erklären den USA den Krieg, Bulgarien auch Großbritannien

14. 12. Die 9. Armee gibt Kalinin auf

16. 12. Hitler fordert die Soldaten der Ostfront zu »fanatischem Widerstand« auf

19. 12. Der Oberbefehlshaber des Heeres, Generalfeldmarschall v. Brauchitsch, wird von Hitler verabschiedet, der den Oberbefehl über das Heer selbst übernimmt.

20. 12. Rückzug der deutschen Truppen auf die Winterstellung

24. 12. Japanische Verbände erobern Hongkong

1. 11.–31. 12. Deutsche U-Boote versenken im Atlantik und im Mittelmeer 42 alliierte Handelsschiffe mit 193 315 BRT

Kultur

1. 12. Bei Eheschließung muß die »Eheunbedenklichkeitsbescheinigung« des Gesundheitsamts vorgelegt werden

16. 12. »Quax, der Bruchpilot« mit Heinz Rühmann wird in Hamburg uraufgeführt

Leichtsinn auch noch zwei Bauernkinder mit. Wider Erwarten geht das gefährliche Unternehmen glücklich aus, und Hansen, bezwungen von der Umsicht, mit der Quax alle Fährnisse der Fahrt gemeistert hat, läßt Gnade vor Recht ergehen. Auch bei einem anderen schlimmen Streich beweist Quax viel Geschick, und abermals zieht Hansen den schon ausgesprochenen Hinauswurf von Quax wieder zurück. Er hat jetzt eine Schwäche für seinen »Bruchpiloten«. Quax hat eins bewiesen – er ist ein schneidiger Flieger geworden. Damit kommt alles in die Reihe: Quax gewinnt nicht nur die Liebe Mariannes, sondern auch die Freundschaft und Achtung seiner Mitschüler. Und als der nächste Flugschüler-Kursus zum ersten Probeflug antritt, da führt ein gewisser Quax wieder einmal das große Wort, jetzt allerdings mit Recht: Quax ist auf Bergried Fluglehrer geworden.

»Illustrierter Film-Kurier«, Dezember 1941

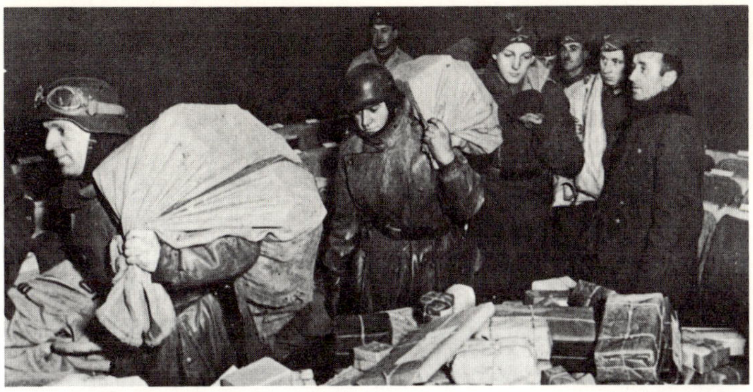

Hurra, die Feldpost! Vergnügt buckeln die Männer der verschiedenen Einheiten die verheißungsvoll dicken Postbeutel. »Presse-Bildzentrale«, 20. 12. 1941.

Feldküchengericht

Auf Anweisung des Staatssekretärs für Fremdenverkehr, Hermann Esser, ist in diesen Tagen eine Anordnung ergangen, die für die Versorgung der Gaststättenbesucher von größter Bedeutung ist.
Am Montag und Donnerstag jeder Woche haben künftig die Speisekarten in allen Gaststätten während des ganzen Tages das Feldküchengericht anzubieten – einen Eintopf oder ein Tellergericht einfachster Art, für das die Rezepte vom Institut für Kochwissenschaft (Frankfurt/M.), einem Gemeinschaftswerk der Hermann-Esser-Forschungsgemeinschaft und des Oberkommandos des Heeres, ausgegeben werden. Die Heimat wird damit Speisen kennenlernen, wie sie von den Feldküchen hergestellt und ausgegeben werden, und sie wird daraus ein Bild gewinnen, wie vielseitig die Leistungen sind, welche die gegen früher wesentlich verbesserten Feldküchen vollbringen. Die Heimat wird an diesen Tagen gewissermaßen aus dem gleichen Topf essen wie der Soldat an der Front.
Für das Feldküchengericht darf höchstens eine 50-g-Fleischmarke genommen werden, erforderlichenfalls ferner Fettmarken bis zu 10 g oder Nährmittel- und Brotmarken. Neben dem Feldküchengericht kann an Montagen und Donnerstagen als Hauptgericht nur das markenfreie Stammgericht angeboten und verabfolgt werden. Ausnahmen von diesen Bestimmungen sind auch für Veranstaltungen aller Art, Hochzeiten usw. nicht zugelassen.
Durch das Feldküchengericht werden die sorgsam erprobten Regeln des Feldkochbuches – beste Ausnützung der Nahrungsmittel und schmackhafte Zubereitung mit einfachsten Mitteln – für die Gesamtbevölkerung nutzbar gemacht. Der Preis des Gerichts wird äußerst berechnet; die Gaststätten erbringen damit eine wesentliche Leistung der Allgemeinheit gegenüber. Das Feldküchengericht trägt ferner der Arbeitslage in den Gaststätten Rechnung und entlastet sowohl den Küchenbetrieb als auch die Bedienung. So kommt es dem Wunsch der arbeitenden Volksgenossen nach einer kräftigen und billigen Verpflegung und nach rascher Versorgung während der kurzen Arbeitspausen in jeder Weise entgegen.
Das Feldküchengericht wird am Montag, 12. Januar 1942, erstmals in allen Gaststätten des Reichs ausgegeben werden.

»Völkischer Beobachter«, 31. 12. 1941

Weihnachtsfeier eines Reservelazaretts. Während der Ansprache Dr. Goebbels'.
»Aktueller Bilderdienst«, 29. 12. 41

Das OKW gibt bekannt

Dezember

1. 12. Im Raume von Rostow setzte der Feind auch gestern seine Gegenangriffe unter rücksichtslosem Einsatz von Menschen und Material fort. Er erlitt dabei wieder schwerste blutige Verluste.

2. 12. In Nordafrika verliefen die wechselvollen Kämpfe südostwärts Tobruk in den letzten Tagen zugunsten der deutsch-italienischen Truppen. Bei dem Versuch, eingeschlossene Kräfte zu befreien, wurde der Feind unter starken Verlusten zurückgeworfen.

6. 12. Im Donez-Bogen wurden starke sowjetische Angriffe unter schweren Verlusten für den Gegner abgewiesen.
Ein feindlicher Ausbruchsversuch aus Leningrad scheiterte unter hohen blutigen Verlusten.

7. 12. Trotz starker Kälte errangen im Donez-Becken deutsche und italienische Truppen örtliche Angriffserfolge.
An mehreren Stellen der Ostfront wurden sowjetische Angriffe abgewiesen. Vor Leningrad scheiterte ein unter Einsatz von Panzern und Schlachtfliegern unternommener Ausbruchsversuch.

8. 12. Die Fortsetzung der Operationen und die Art der Kampfführung im Osten sind von jetzt ab durch den Einbruch des russischen Winters bedingt. Auf weiten Strecken der Ostfront finden nur noch örtliche Kampfhandlungen statt.

15. 12. Im Osten wurden an mehreren Stellen der Front feindliche Angriffe unter starken Verlusten des Gegners abgewiesen. Die Luftwaffe bekämpft erfolgreich Ansammlungen des Feindes im Donez-Bogen sowie Eisenbahnziele zwischen Don und Donez. Starke Kräfte von Kampf- und Sturzkampfflugzeugen führten unter Jagdschutz vernichtende Schläge gegen Panzerbereitstellungen und Nachschubkolonnen der Sowjets im Mittelabschnitt der Front. Der Feind erlitt hier besonders empfindliche Verluste an schweren Waffen und rollendem Material.

17. 12. Im Zuge des Übergangs aus den Angriffsoperationen zum Stellungskrieg der Wintermonate werden zur Zeit an verschiedenen Abschnitten der Ostfront die erforderlichen Frontverbesserungen und Frontverkürzungen planmäßig vorgenommen.

31. 12. An mehreren anderen Abschnitten der Ostfront kam es bei strengem Frost zu erbitterten Abwehrkämpfen.

Modeschöpfer von morgen

Mit ihrer Gründung hat sich die Deutsche Meisterschule für Mode in München, die unter der Leitung von Frau Oberstudiendirektorin Kornhas-Brandt steht, im Jahre 1931 die Aufgabe gestellt, das gesamte Gebiet modischer Gestaltungsarbeit im Sinne einer Fachhochschule zu entfalten und auf gründlicher gewerblicher Vorbildung zu modeschöpferischer Leistung zu erziehen. Aus der Erkenntnis heraus, daß die modeschöpferische Idee nur durch die ihr dienenden guten handwerklichen Fähigkeiten am Kleidmodell vollendet zum Ausdruck gebracht werden kann, setzt die Erziehung zur Modeschöpferin neben innerem Interesse an dem Kulturfaktor Mode und einem lebendigen Wahrnehmungsvermögen für Form und Farbe die Kenntnis und Beherrschung der in Frage kommenden Schneidertechniken voraus.
»Der Ausdruck des Kleides ist abhängig von Material, Körper und Technik«, ist ein wichtiger Leitsatz der Erziehungsarbeit. Mit der Verpflichtung, den Kleidentwurf nicht zeichnerisch auf dem Papier, sondern aus dem Material heraus am Körper zu gestalten und ihn in der entsprechenden Technik im Kleidmodell zu vollenden, wird die Lehrmöglichkeit dieser drei wichtigsten Faktoren verbunden. Da die intensive Heranbildung zu modellistischem Schaffen nur an praktischen Aufgaben durchzusetzen ist, stellt die Deutsche Meisterschule für Mode in jeder Saison eine umfassende Modellkollektion zusammen, in der alle Arten der Mode entsprechende Kleider enthalten sind. Hier arbeitet die Schule in engster Fühlungnahme mit der deutschen Textil- und Modezubehörindustrie zusammen, die der Schule ihre Neuheiten so frühzeitig zur Verfügung stellt, wie sie diese zu ihrem modellistischen Schaffen braucht. Auf diese Weise gibt die Schule laufend viele Anregungen an die modeinteressierten Kreise der Industrie und wirbt andererseits durch das Vorführen ihrer Modelle für die hochwertigen deutschen Textilerzeugnisse.

»Münchener Mosaik«, Januar 1942

Endlösung der Judenfrage

Der Chef der Sicherheitspolizei und des SD, SS-Obergruppenführer Heydrich, teilte eingangs seine Bestallung zum Beauftragten für die Vorbereitung der Endlösung der europäischen Judenfrage durch den Reichsmarschall mit und wies darauf hin, daß zu dieser Besprechung geladen wurde, um Klarheit in grundsätzlichen Fragen zu schaffen. Der

1942

Januar

1. 1. Vertreter von 26 Staaten unterzeichnen auf der »Arcadia«-Konferenz der Alliierten in Washington den Pakt der »Vereinten Nationen«, in dem sie sich verpflichten, keinen Sonderfrieden mit Deutschland oder Japan abzuschließen

2. 1. Die Japaner erobern Manila. Japanische Flugzeuge bombardieren Singapur.
Die Rote Armee durchbricht die deutsche Front nordwestlich von Rschew

3. 1. Nachtangriffe der deutschen Luftwaffe auf Moskau

8. 1. Generaloberst Erich Hoepner, Oberbefehlshaber der 4. Panzerarmee, wird wegen eigenmächtiger Zurücknahme seiner Verbände in Mittelrußland von Hitler entlassen

9. 1. Sowjetische Offensive an der Nordwestfront

11. – 31. 1. Erstmals erscheinen deutsche U-Boote vor der amerikanischen Ostküste

11. 1. Die Japaner nehmen Kuala Lumpur

12. 1. Das Deutsche Afrika-Korps räumt die Cyrenaika

14. 1. Schlußergebnis der »Arcadia«-Konferenz: Bestätigung der »Germany-First«-Strategie

15. 1. Sowjetische Truppen stoßen bis nördlich von Smolensk vor.

16. 1. Japanische Offensive gegen Burma

18. 1. Deutschland, Japan und Italien unterzeichnen in Berlin ein Abkommen über gemeinsame militärische Operationen

20. 1. Wannseekonferenz. Maßnahmen zur »Endlösung der Judenfrage« werden für den gesamten deutschen Machtbereich festgelegt

21. 1. Deutsche Gegenoffensive in der Cyrenaika

26. 1. Erste US-Truppen treffen in Nordirland ein

28. 1. Deutsch-italienische Truppen rückerobern Bengasi und stoßen an der Küste entlang auf Derna vor

Kultur

12. 1. Auf den Speisekarten deutscher Gaststätten erscheint erstmals das »Feldküchenessen«

26. 1. Uraufführung des Films »Geheimakte W. B. 1« über das Schicksal des deutschen U-Boot-Erfinders Wilhelm Bauer

Wunsch des Reichsmarschalls, ihm einen Entwurf über die organisatorischen, sachlichen und materiellen Belange im Hinblick auf die Endlösung der europäischen Judenfrage zu übersenden, erfordert die vorherige gemeinsame Behandlung aller an diesen Fragen unmittelbar beteiligten Zentralinstanzen im Hinblick auf die Parallelisierung der Linienführung.
Die Federführung bei der Bearbeitung der Endlösung der Judenfrage liege ohne Rücksicht auf geographische Grenzen zentral beim Reichsführer-SS und Chef der Deutschen Polizei (Chef der Sicherheitspolizei und des SD)...
An die Stelle der Auswanderung ist nunmehr als weitere Lösungsmöglichkeit nach entsprechender Genehmigung durch den Führer die Evakuierung der Juden nach dem Osten getreten.
Diese Aktionen sind jedoch lediglich als Ausweichmöglichkeiten anzusprechen, doch werden hier bereits jene praktischen Erfahrungen gesammelt, die im Hinblick auf die kommende Endlösung der Judenfrage von wichtiger Bedeutung sind...
Unter entsprechender Leitung sollen im Zuge der Endlösung die Juden in geeigneter Weise im Osten zum Arbeitseinsatz kommen. In großen Arbeitskolonnen, unter Trennung der Geschlechter, werden die arbeitsfähigen Juden straßenbauend in diese Gebiete geführt, wobei zweifellos ein Großteil durch natürliche Verminderung ausfallen wird.
Der allfällig endlich verbleibende Restbestand wird, da es sich bei diesen zweifellos um den widerstandsfähigsten Teil handelt, entsprechend behandelt werden müssen, da dieser, eine natürliche Auslese darstellend, bei Freilassung als Keimzelle eines neuen jüdischen Aufbaues anzusprechen ist.
Im Zuge der praktischen Durchführung der Endlösung wird Europa von Westen nach Osten durchgekämmt.

Besprechungsprotokoll (»Wannsee-Protokoll«), 20. 1. 1942

Generalfeldmarschall v. Bock im Führerhauptquartier. Der Führer empfing in seinem Hauptquartier den von seinem Erholungsurlaub zurückgekehrten Generalfeldmarschall v. Bock vor der Übernahme eines neuen Abschnittes an der Ostfront.

»Aktueller Bilderdienst«, 22. 1. 1942

Freiwillige für die Fallschirmspringer

Wie der Reichsminister der Luftfahrt und Oberbefehlshaber der Luftwaffe mitteilt, sind Meldungen zum freiwilligen Eintritt in die Fallschirmtruppe fortlaufend möglich. Es können sich in erster Linie Kriegsfreiwillige, dann längerdienende Freiwillige (Bewerber für die Unteroffizierslaufbahn bei zwölfjähriger Dienstverpflichtung) melden. Die Voraussetzungen für die Einstellung sind die gleichen wie für alle anderen Waffengattungen. Einstellungsalter vollendetes 17. bis vollendetes 30. Lebensjahr. Als Unterlage sind jedem Bewerbungsgesuch ein handgeschriebener, ausführlicher Lebenslauf und eine amtlich beglaubigte Einwilligungserklärung des gesetzlichen Vertreters beizufügen. Der Lebenslauf muß enthalten: Geburtstag, Schulbesuch, Beruf, sportliche Betätigung sowie gegebenenfalls Zugehörigkeit zu einer Gliederung der NSDAP. Bewerber, die sich schon zum fliegenden Personal gemeldet haben oder sich noch melden wollen, kommen für die Einstellung in die Fallschirmtruppe nicht in Betracht. Bewerbungen sind nur an das für den dauernden Wohnsitz zuständige Wehrbezirkskommando einzureichen.

»Frankfurter Zeitung«, 19. 1. 1942

Der Führer und Oberste Befehlshaber der Wehrmacht hat dem Kommandeur der Leibstandarte SS Adolf Hitler, SS-Obergruppenführer und General der Waffen-SS Sepp Dietrich, das Eichenlaub zum Ritterkreuz des Eisernen Kreuzes verliehen.

»Presse-Hoffmann«, 2. 1. 1942

Das OKW gibt bekannt

Januar

3. 1. In Nordafrika wurde nach mehrwöchigem heldenhaften Widerstand deutsch-italienischer Truppen Bardia vom Feinde besetzt. Im Raum von Agedabia lebhafte beiderseitige Aufklärungstätigkeit. Britische Kraftwagenkolonnen wurden durch Luftangriffe zersprengt.

6. 1. Die Kämpfe im mittleren Abschnitt der Ostfront dauern an. Unsere Truppen fügen dem Feinde durch Abwehrfeuer und Gegenstöße überall schwere Verluste zu. Im Rahmen der Kampfführung aus der Luft hat sich ein kroatischer Fliegerverband durch kühn geführte Tiefangriffe besonders ausgezeichnet.

12. 1. Bei dem im Wehrmachtbericht vom 7. Januar gemeldeten sowjetischen Landungsunternehmen in Jewpatoria auf der Krim ließ der Gegner in zähen Häuser- und Straßenkämpfen 600 tote Soldaten und 1300 Partisanen auf dem Kampffeld. 203 Gefangene fielen in unsere Hand. Dieser Erfolg ist in besonderem Maße dem entschlossenen Zupacken des Oberstleutnants von Boddien zuzuschreiben, der als Kommandeur der Aufklärungsabteilung einer Infanteriedivision in diesem Kampf gefallen ist. Der Führer und Oberste Befehlshaber der Wehrmacht hat diesem tapferen Offizier nachträglich das Eichenlaub zum Ritterkreuz des Eisernen Kreuzes verliehen.

18. 1. In Nordafrika hat die von allen Verbindungen abgeschnittene schwache Besatzung der deutsch-italienischen Stützpunkte im Raum von Sollum, nachdem sie in wochenlangem heldenhaften Widerstand ihre Munitions- und Verpflegungsvorräte aufgebraucht hatte, die Übergabe angeboten. Die Luftwaffe führte erfolgreiche Angriffe gegen britische Marsch- und Nachschubkolonnen auf der Küstenstraße. Deutsche Unterseeboote vernichteten ostwärts von Sollum einen englischen Zerstörer und erzielten drei Treffer auf einen Geleitzug im Seegebiet von Tobruk; das Sinken der Schiffe konnte nicht beobachtet werden.

25. 1. Im Osten dauern die Kämpfe bei großer Kälte an.

26. 1. Im Mittelmeergebiet stellten deutsche Kampfflugzeuge nördlich Tobruk einen britischen Flottenverband und erzielten Bombenvolltreffer auf einem Leichten Kreuzer.

30. 1. Deutsche und italienische Truppen haben Donnerstag früh Bengasi genommen.

WEISST DU NOCH?

Das neue Lied, das Lale Andersen vorträgt.

(Worte und Musik von Geno Ohlischlaeger)

Weißt Du noch, wie Du zum Tanz mich holtest?
Weißt Du noch, wie Du mich küssen wolltest
Und ich Dir davonlief in den alten Park?
Dennoch ließ ich gern mich finden.
Konnte mich Dir nicht entwinden.
Deine Hand war zärtlich und Dein Arm so stark.
Weißt Du noch von heißen Sommertagen?
Weißt Du noch, wie wir am Wasser lagen
Und uns bräunen ließen von der Sonne Strahl?
Und wir stiegen auf die Berge,
Bis die Menschen klein wie Zwerge
Und der Spielzeugschachtel gleich das Dorf im Tal.
Weißt Du noch? Weißt Du noch?

Kehrreim:

Wenn wir uns wiedersehen,
Dann bleibt das Herz mir stehen,
So wie beim Abschied damals, Liebster, weißt Du noch?

Doch dann wird laut es schlagen
Und Dir das Schönste sagen,
So wie beim ersten Kuß einst, Liebster, weißt Du noch?

Weißt Du noch, wie wir die Wohnung fanden?
Weißt Du noch, wie wir verträumt da standen,
Daß dies nun auf einmal unser kleines Reich?
Und wenn Du mich auch mal kränktest,
Dann gingst schnell Du hin und schenktest
Etwas Schönes mir und gut war's wieder gleich.
Weißt Du noch, wie ich mal krank gewesen?
Weißt Du noch, wie Du mir vorgelesen,
Bis ich alle meine Schmerzen leicht vergaß.
Und Du bist nicht fortgegangen,
Keinen Abend, und mit Bangen
Hast Du rührend mich gepflegt, bis ich genas.
Weißt Du noch? Weißt Du noch?

Kehrreim:

Wenn wir uns wiedersehen;
Dann bleibt das Herz mir stehen,
So wie beim Abschied damals, Liebster, weißt Du noch?

Doch dann wird laut es schlagen
Und Dir das Schönste sagen,
So wie beim ersten Kuß einst, Liebster, weißt Du noch?

Weißt Du noch, wie wir das Bäumchen schmückten?
Weißt Du noch, wie wir uns hoch beglückten
Mit den Gaben von so vielerlei Gestalt?
Wie wir uns die Skier kauften
Und wie wir im Schnee uns rauften
Fröhlich in dem großen, weißen Zauberwald.
„Weißt Du noch?" werd' eines Tags ich fragen,
„Weißt Du noch von all den bangen Tagen,
Da Du fort warst und so schrecklich weit von hier?" —
Darum will ich es ertragen
Und mein Herz wird nicht verzagen,
Weiß ich doch bestimmt, Du kommst zurück zu mir!
Weiß ich's doch! Weiß ich's doch!

Kehrreim:

Wenn wir uns wiedersehen,
Dann bleibt das Herz mir stehen,
So wie beim Abschied damals, Liebster, weißt Du noch?

Doch dann wird laut es schlagen
Und Dir das Schönste sagen,
So wie beim ersten Kuß einst, Liebster, weißt Du noch?

Lale Andersen, mit ihren Kindern Litta und Michael. Nach ihrem berühmt gewordenen Lied »Unter der Laterne« bringt sie jetzt ein neues Lied von Dr. Geno Ohlischlaeger. Es heißt: »Weißt Du noch?«

»Beyers Frauen-Illustrierte Hella«, Februar 1942

New York in der Wochenschau

Mit einem Bericht von der Rede des Führers im Sportpalast vor soeben beförderten Offizieren des Heeres und kurz vor ihrer Beförderung stehenden Offiziersanwärter der Kriegsmarine und der Luftwaffe sowie Junkern der Waffen-SS blendet die neue Filmwochenschau auf, die diesmal wieder besonders reich an packenden Höhepunkten ist und ein besonderes Meisterstück unserer PK- Bildberichter darstellt.

Nach Bildern von der finnischen Front führt uns die Kamera an den Frontabschnitt südlich von Leningrad. Eisenbahnpioniere stellen in härtester Arbeit eine von den Sowjets gesprengte Brücke wieder her. Auf einem Feldflughafen werden Kampfflugzeuge startbereit gemacht. Aufregende Kampfszenen schließen sich an, als eine Bereitstellung der Sowjets erkannt und von unserer Artillerie unter Feuer genommen wird. Deutlich erkennt man die näherrückenden Bolschewisten, doch noch bevor sie zum Angriff ansetzen können, werden sie zerschlagen.

Und dann die Afrikafront. Einen begeisterten Empfang bereitet die Bevölkerung von Bengasi den einrückenden deutschen und italienischen Truppen. Die Umgebung der Stadt wird von letzten Widerstandsnestern des Feindes gesäubert. In überraschenden Vorstößen werden die Briten vom Lagerfeuer weg gefangengenommen oder aus ihren Unterständen herausgeholt.

Mitreißender Höhepunkt der neuen Wochenschau ist dann ein einzigartiger Bildbericht vom Einsatz unserer Unterseeboote vor der Küste der USA. Zunächst ein Blick in einen deutschen Heimathafen. Die ersten Amerikafahrer kehren von erfolgreicher Feindfahrt zurück. Im neuen Einsatz geht es dann wieder auf den Ozean hinaus. Brecher auf Brecher schlagen über das Deck, geduckt stehen die Männer auf dem Ausguck, während das Boot pfeilschnell durch die schwere See rollt. Endlich ist der große Augenblick da: Die Küste der USA ist erreicht. Vor uns liegt der Hafen von New York. Gespensterhaft zeichnen sich die Wolkenkratzer der Riesenstadt gegen den nächtlichen Himmel ab. Ein Bild, das man nie vergessen wird.

»Rheinhessische Landeszeitung«, 28. 2. 1942

Für jeden gibt es Äpfel

In der Zeit vom 13. bis 28. Februar werden, wie bereits bekanntgegeben, für alle Versorgungsberechtigten je ½ Kilogramm Äpfel gegen Vorlegung der Reichskarte für Marmelade der 33. Zuteilungsperiode ausgegeben und außerdem für Kinder und Jugendliche bis zu 18 Jahren je 1 Kilogramm Äpfel gegen Vorlegung der rosa Nährmittelkarte 33, sowie für werdende und stillende Mütter und Wöchnerinnen während der 33. Zuteilungsperiode wöchentlich ¼ Kilogramm Äpfel auf den Berechtigungsschein A, sobald die Einzelhändler damit ausreichend beliefert sind.

Wenn der Einzelhändler noch nicht alle Mengen abgeben kann, so wird erwartet, daß

1942

Februar

1.–28. 2. Deutsche U-Boote versenken im Atlantik 70 Handelsschiffe der Alliierten mit insgesamt 411 560 BRT

1. 2. Sowjetischer Angriff auf Wjasma

3. 2. Der deutsche Gegenangriff führt zur Einschließung sowjetischer Verbände

7. 2. Rommels Gegenoffensive kommt vor Tobruk zum Stehen

8. 2. Der Reichsminister für Bewaffnung und Munition Fritz Todt verunglückt tödlich. Nachfolger wird am 9. 2. Albert Speer

11. 2. Besuch des rumänischen Staatschefs Antonescu in Hitlers Hauptquartier »Wolfsschanze« in Ostpreußen

12. 2. Durchbruch der deutschen Schlachtschiffe Scharnhorst und Gneisenau und des Kreuzers Prinz Eugen von Brest durch den Kanal in die Nordsee

13. 2. Die Japaner landen auf Sumatra

15. 2. Japanische Verbände erobern Singapur. 70 000 Briten kapitulieren

18. 2. Landung der Japaner auf Bali

19. 2. Erste japanische Luftangriffe auf Port Darwin (Australien)

20. 2. Japanische Landung auf Timor

22. 2. In Großbritannien bildet sich als erstes US-Kommando in Europa das US-Army Bomber Command

23. 2. Schicksalhafter Tag für die Zivilbevölkerung der deutschen Großstädte: Air Marshal Sir Arthur T. Harris, als »Bomber-Harris« in die Geschichte eingegangen, erhält den Befehl über die Bombereinheiten der RAF.
Stalin erklärt in seinem Befehl Nr. 55: »Die Hitler kommen und gehen; das deutsche Volk, der deutsche Staat bleiben«

27. 2. Japanische Seestreitkräfte vernichten in der Java-See ein holländisch-amerikanisch-britisches Geschwader

Kultur

23. 2. Der Schriftsteller Stefan Zweig nimmt sich aus Verzweiflung über den Krieg im brasilianischen Exil das Leben

28. 2. Joseph Goebbels fordert in Berlin, den Film »vom Kintopp zur Filmkunst emporzuführen«

die Kinder zunächst insofern zurückstehen, als die ihnen zustehende Menge von 1 Kilogramm noch nicht bezogen wird, sondern zunächst ganz allgemein das für jeden bestimmte ½ Kilogramm, damit eben jeder seine Äpfel bekommt, wobei auch die Kinder bereits mitversorgt werden.
Die Kinder werden den sofortigen Bezug der für sie besonders bestimmten Menge um so leichter verschmerzen können, als für alle Versorgungsberechtigten – und also auch für sie – für die nächste Woche der Aufruf von je ¼ Kilogramm Apfelsinen zu erwarten ist.

»Norddeutsche Nachrichten«, 13. 2. 1942

Stefan Zweig †

Aus Rio de Janeiro kommt die Nachricht, daß Stefan Zweig und seine Gattin in ihrer Wohnung in Petropolis Selbstmord begangen haben. Das düstere Ende Stefan Zweigs läßt vermuten, daß der sensible und brillante Schriftsteller das ahasverische Umtriebensein nicht mehr ertrug.
»Ein guter Europäer« wollte der junge Biograph Romain Rollands sein und war es als höchst kultivierter Genießer. Der Wiener Essayist verlegte im letzten Weltkrieg seine Zelte in die Schweiz, siedelte dann nach Friedensschluß nach Salzburg über, wo er inmitten seiner herrlichen Autographensammlung, die heute in Schweizer Besitz ist, sich in der Weltliteratur erging und seine funkelnden biographischen Essays von Dickens bis zu Dostojewski schrieb. Er löste das große Individuum aus seinem geschichtlichen Bezug und glaubte, den fruchtbaren Moment im Lebensroman zu finden.
Fühlte er sich sicher im Essay über Dichter, so war der Glanz seiner historischen Porträts oft doch trügerischer Art. Hugo von Hofmannsthal blieb dem Jüngeren ein Vorbild, aber Hofmannsthals Bildungserlebnis hatte eine tiefe Prägung. Er verkannte blendendes Virtuosentum nicht, aber er deutete an, daß dem Jüngeren »die Wurzeln fehlen«, die Hofmannsthal in seinem ererbten Österreichertum besaß.
Die Gabe der Einfühlung hat Stefan Zweig aber vollendet bewiesen in seinen schönen Verdeutschungen Verhaerens, den er in deutschen Landen entdeckt hat. Nach 1933 konnte man in Pariser Buchhandlungen die kunstvollen und psychoanalytisch gewürzten Novellen und Biographien Zweigs in allen Auslagen sehen. Das Schicksal vermochte ihn nicht zu trösten, daß sein Name in Deutschland ausgelöscht war. Er ertrug es, ohne zu hadern. Als ein edler Anreger, dem in der Vielfalt seiner Werke auch »Sternstunden« gegeben waren, wird er manchem im Gedächtnis bleiben.

»Neue Zürcher Zeitung«, 24. 2. 1942

Stefan Zweig.

Panzer gegen Panzer

Zum zweiten Mal sind britische Truppen in Libyen bis zu einem gewissen Punkt in der Cyrenaika vorgedrungen, zum zweiten Mal sind sie von den Panzerdivisionen Rommels und seines italienischen Verbündeten in kühnem Gegenangriff zurückgeschlagen worden. Die von Churchill mit dem Ziel der Vertreibung der Deutschen und Italiener aus Nordafrika in tönenden Worten angekündigte Offensive ist zusammengebrochen. Truppen und riesige Materiallager, aus allen Teilen des Empire zusammengezogen, sind nutzlos vertan. Ihr Fehlen auf anderen Kriegsschauplätzen erweist sich als verhängnisschwerer Fehler britischer Strategie. Während die Japaner die Feste Singapur stürmen, die malaiischen Inseln erobern, schlagen die deutschen Panzer den Feind in Nordafrika, wo immer sie sich ihm zum Kampf stellen. – Hochauf lodert die rote Flamme eines getroffenen englischen Panzers, durchbricht gespenstisch das Dunkel der Wüstennacht.

»Leipziger Illustrirte Zeitung«, Februar 1942

Das OKW gibt bekannt

Februar

1. 2. Im Osten dauern die wechselvollen Kämpfe an. Trotz heftigen Schneesturms durchgeführte eigene Angriffe brachten bei ungewöhnlich hohen Verlusten des Feindes weitere örtliche Erfolge. Zahlreiche feindliche Panzer und Geschütze wurden erbeutet.

5. 2. An der Ostfront scheiterten zahlreiche sowjetische Angriffe unter schwersten Verlusten für den Gegner. Eigene Gegenangriffe führten zu örtlichen Erfolgen. Im mittleren Frontabschnitt wurde eine feindliche Kräftegruppe eingeschlossen und vernichtet. Verbände der Luftwaffe führten erfolgreiche Angriffe gegen Truppenbereitstellungen, Marschkolonnen und Flugstützpunkte des Feindes.

14. 2. An verschiedenen Abschnitten der Ostfront setzte der Feind seine erfolglosen Angriffe fort. Sie brachen unter besonders hohen Verlusten zusammen. In einem Korpsabschnitt verlor der Gegner rund 2000 Tote. In zahlreichen eigenen Angriffsunternehmungen wurden feindliche Kräfte zurückgeworfen, mehrere eingeschlossene Gruppen des Feindes weiter zusammengedrängt und von ihren Verbindungen abgeschnittene Teile des Gegners vernichtet oder gefangengenommen.

22. 2. Der Feind unternahm in der vergangenen Nacht planlose Störungsangriffe auf west- und südwestdeutsches Gebiet. Zwei britische Bomber wurden abgeschossen.

23. 2. Im Osten wiederholte der Feind in mehreren Abschnitten der Front seine vergeblichen Angriffe unter rücksichtslosem und verlustreichem Einsatz seiner Kräfte.

28. 2. Auf der Krim griff der Feind gleichzeitig vor Sewastopol und auf der Halbinsel Kertsch mit starken, von Panzern und Fliegern unterstützten Kräften an. In harten Kämpfen wurden die Angriffe unter hohen blutigen Verlusten für den Gegner abgewiesen. Teilweise sind die Kämpfe noch im Gange.
An der nordfranzösischen Küste landete in der letzten Nacht eine Anzahl britischer Fallschirmjäger. Nachdem sie eine schwache Küstensicherung überfallen hatten, zogen sie sich zwei Stunden später vor dem Druck der deutschen Gegenmaßnahmen wieder über See zurück.

Der Volkswagen – für Afrika wie geschaffen

Allen schuldigen Respekt: Er kann mehr als Staub aufwirbeln und von sich reden machen! Er ist im Gegenteil ein leuchtendes Beispiel des Moltkeschen Spruches: Mehr sein als scheinen! Äußerlich merkt man ihm kaum an, daß mit ihm ein neues Kapitel in der Geschichte des so fanatisch verkehrsfeindlichen Erdteils Afrika aufgeschlagen wurde: Kleinwinzig und federleicht wie eine leere Konservendose, hinten drin ein kleiner Motor, der kaum für die Wasserpumpe eines mittleren Bauernhofes auszureichen scheint – alles in allem aber das Gefährt der Wüste und Steppe, der endgültige Überwinder des jahrtausendealten weiland »Schiff der Wüste«, des Kamels!

Die meisten der im nordafrikanischen Küstenland laufenden Volkswagen haben Jules Verne mit seiner Reise um den Erdball weit hinter sich gelassen, 40000 Kilometer, das war für sie ein Garnichts, ein kleiner Anfang, der sie erst zu den richtigen Taten ansporntel! Über und über mit Staub bedeckt, den niemand abwaschen würde, selbst wenn er das Wasser dazu hätte, denn die Staubschicht tarnt besser als jeder Anstrich, genügsam und geduldig, erinnert er irgendwie an die unermüdlichen Eselchen, die hierorts die Wüstenpisten entlangtraben – nur mit einem Unterschied: Der Esel bockt oft, der Volkswagen Gott sei Dank fast nie.

Mit einem Wort: Er ist ein entzückender kleiner Sandfloh, der nie enttäuscht. Nicht ohne Grund ist er der Liebling aller geworden und der Neid der ortseingesessenen Afrikaner weißer und brauner Hautfarbe, die voller Bewunderung vor allem für die Tatsache sind, daß das kleine unermüdliche Ding keinen Tropfen Wasser, sondern nur Luft zur Kühlung braucht, und die immer wieder platt darüber sind, wie leicht das ganze Dingelchen ist, wenn sie hilfreich herzuspringen, um sein Hinterteil aus dem Sand zu heben, in den sich seine hochachsigen Räderchen selten genug eingraben. So leicht ist er, daß zwei Paar handfeste Fäuste beim Reifenwechsel den Wagenheber ersetzen, so wendig, daß mancher von den Volkswagen schon im Zickzack-Kurs querwüstenein englischen Tieffliegern entronnen ist, die sich ihn zum Ziel genommen hatten, so genügsam, daß er selbst im gottverlassenen Gelände der libyschen Wüste kaum mehr als seine acht Liter Treibstoff je hundert Kilometer säuft, so unverwüstlich, daß ihm Dutzende von Einschüssen – Narben trägt jeder von den »alten« – nichts ausmachen.

Was an den Volkswagen in Afrika schon herumgebastelt worden ist, das geht auf keine Kamelhaut!

»Freude und Arbeit«, März 1942

Der Volkswagen – für Afrika wie geschaffen.

»Der Große König«

Preußen, 1759. Nachdem die preußischen Heeres ihr Leben gelassen hat, verliert Friedrich der Große die Schlacht von Kunersdorf und damit die Hoffnung, den Krieg mit Österreich noch gewinnen zu können. Die Berater des Königs versuchen ihm das klarzumachen und sind für den Frieden um jeden Preis. Friedrich entgeht knapp einem Attentat und schlägt in Torgau eine erfolgreiche Schlacht. Seine kurze Allianz mit den Russen dauert bis zum Tod des jungen Zaren an. In der Zwischenzeit besiegt das preußische Heer die Österreicher erneut in einer entscheidenden Schlacht. Der König kehrt nach Kunersdorf zurück, wo er Luise wiedertrifft, die Tochter des Müllers und Frau von Treskow, dem, obwohl er eine Heldentat vollbracht hat, wegen seiner Eigenmächtigkeit keine Auszeichnung zuteil wird. Der große König und die junge Frau wechseln kurze, aber bedeutungsvolle Worte. Friedrich weiß, daß sein Leben Preußen gehört.

Durch Nacht zum Licht, durch

1942

März

1.–31. 3. Deutsche U-Boote versenken 84 alliierte Handelsschiffe

1. 3. Japanische Landung auf Java

2. 3. Die 50. sowjetische Armee dringt bis Juchnow vor, schafft es aber nicht, die Verbindung zur eingeschlossenen 33. Armee herzustellen

3. 3. Erster strategischer Großangriff der RAF auf die Pariser Renault-Werke in Billancourt

6. 3. Die Japaner landen auf Neu-Guinea

7. 3. Japanische Truppen besetzen Rangun, die Hauptstadt Burmas

8. 3. Die letzten niederländischen Streitkräfte kapitulieren auf Java. Ganz Indonesien ist in japanischer Hand

8./9. 3. Britischer Luftangriff auf Essen und Köln

13. 3. Auf der Halbinsel Kertsch beginnt der Großangriff der sowjetischen »Krim-Front« gegen die 11. deutsche Armee

15. 3. In Berlin erklärt Hitler anläßlich des Heldengedenktages: »Wir wissen aber eines schon heut: Die bolschewistischen Horden, die den deutschen und verbündeten Soldaten in diesem Winter nicht zu besiegen vermochten, werden von uns in dem kommenden Sommer bis zur Vernichtung geschlagen sein«

21. 3. Hitler ernennt den thüringischen Gauleiter Fritz Sauckel zum Generalbevollmächtigten für den Arbeitseinsatz

23.–26. 3. Der britische Nachschubkonvoi MW10 für Malta wird von Bombern des II. deutschen Flieger-Korps angegriffen

27. 3. US-Kriegsminister Stimson und Generalstabschef Marshall legen einen Plan für die Landung in Nordfrankreich vor

28./29. 3. Erstes britisches Flächenbombardement auf Lübeck

31. 3. Reichsjustizminister Roland Freisler vor Deutschlands Oberlandesgerichtspräsidenten: Fälle, die eine höhere Strafe als zehn Jahre Zuchthaus erforderlich machten, »seien mit der Todesstrafe zu ahnden«

Kultur

3. 3. Uraufführung des Propagandafilms »Der große König« von Veit Harlan

29. 3. In ganz Deutschland finden Feierstunden zum 115. Todestag Beethovens statt

Otto Gebühr als »Der Große König«.

Katastrophe zum Sieg führt dieser Film, der den zukunftsschweren Kampf des großen Friedrich in der zweiten Hälfte des Siebenjährigen Krieges schildert.

Von der Niederlage bei Kunersdorf, dem Sieg von Torgau und dem Einzug in Berlin schwingt sich die Schicksalskurve eines gewaltigen Ringens, in dem ein genialer König und Feldherr sich als heldischer Mensch bewährt. In überzeugender Schlichtheit zeichnet Otto Gebühr den königlichen Menschen, der in einsamer Größe den Weg der Notwendigkeit geht, aber bei aller Pflichtstrenge niemals sein Herz verleugnet. Das große Schicksal spiegelt sich in dem kleinen der tapferen Müllerstochter (Kristina Söderbaum) und ihres wackeren Feldwebels (Gustav Fröhlich).

»Die Filmwoche«, 25. 3. 1942

Ernste oder leichte Musik?

Reichsminister Dr. Goebbels veröffentlichte unter der Überschrift »Der treue Helfer« einen Artikel über die Situation des Rundfunks. Darin heißt es u. a.: Wir möchten uns in diesem Zusammenhang auch ganz freimütig über die Frage äußern, ob der Deutsche Rundfunk sogenannte Jazz-Musik senden soll. Wenn man unter Jazz-Musik eine Musik versteht, die unter gänzlicher Vernachlässigung oder gar Verhöhnung des Melodischen nur auf Rhythmus ausgeht, und bei der auch der Rhythmus sich vornehmlich durch ein übeltönendes Instrumentengequieke kundtut, das die Ohren beleidigt, dann können wir diese Frage nur rundweg verneinen. Diese sogenannte Musik ist hassenswert, weil sie in Wirklichkeit gar keine Musik ist, sondern nur eine talent- und einfallslose Spielerei mit Tönen.

Andererseits darf aber auch nicht die Forderung erhoben werden, daß der Walzer unserer Großväter und Großmütter das Ende der musikalischen Entwicklung sein solle und alles, was daüber hinausgeht, vom Bösen ist. Auch der Rhythmus ist ein Grundelement der Musik. Wir leben nicht in der Biedermeierzeit, sondern in einem Jahrhundert, dessen Melodie vom tausendfältigen Surren der Maschinen und Dröhnen der Motoren bestimmt wird. Auch unsere Kriegslieder von heute sind von einen anderen Tempo bestimmt als selbst die des Weltkrieges. Der Rundfunk muß auf diese Tatsache gebührend Rücksicht nehmen.

»Frankfurter Zeitung«, 1. 3. 1942

Konzert in der Werkpause. Staatsrat Dr. Wilhelm Furtwängler dirigiert hier selbst die Berliner Philharmoniker. »Aktueller Bilderdienst«, 2. 3. 1942

Wie schmeckt kalifornisches Olivenöl? Die Mannschaft der deutschen Flotteneinheit, die im Atlantik einen amerikanischen Frachter als Prise einholte und von ihm vor seiner Versenkung allerhand Wertvolles auf Schlauchbooten »übernahm«, kann diese Frage zuverlässig beantworten. »Signal«, März 1942

Das OKW gibt bekannt

März

3. 3. Auf der Krim und im Donez-Gebiet wurden starke, von Panzern unterstützte Angriffe des Feindes in erbitterten Kämpfen abgeschlagen. Durch unsere Luftangriffe auf die Stadt Kertsch und einen benachbarten Hafen entstanden größere Brände.

4. 3. An verschiedenen Stellen des mittleren und nördlichen Frontabschnitts geführte Angriffe des Feindes blieben erfolglos. Bei einem eigenen örtlichen Angriffsunternehmen wurde der Feind aus seinen Stellungen geworfen. Die SS-Legion »Flandern« nahm hierbei in erbitterten Nahkämpfen 25 feindliche Bunker.

Der Feind flog in der letzten Nacht in die Deutsche Bucht ein und verlor ein Bombenflugzeug. Weitere Nachtangriffe britischer Bomber richteten sich gegen das Gebiet von Groß-Paris. Die französische Zivilbevölkerung hatte hohe Verluste an Toten und Verletzten.

14. 3. Auf der Krim griff der Feind nach längerer Kampfpause wieder mit starken, von Panzern und Fliegern unterstützten Kräften die deutsch-rumänischen Stellungen auf der Halbinsel Kertsch an. In harten Kämpfen wurden die Angriffe unter hohen Verlusten für den Gegner abgewehrt. Dabei wurden 46 feindliche Panzer abgeschossen. Auch an den übrigen Abschnitten der Ostfront setzte der Feind seine Angriffe erfolglos fort.

In Fortführung ihrer erfolgreichen Operationen gegen die britische und amerikanische Versorgungsschiffahrt haben deutsche Unterseeboote dem Feinde erneut schwerste Verluste zugefügt. In westindischen Gewässern wurden zwölf Handelsschiffe mit 70 000 BRT versenkt, darunter drei Tanker. Ein weiteres Schiff wurde durch Torpedotreffer beschädigt.

29. 3. Britische Bomber griffen in der letzten Nacht einige Orte im norddeutschen Küstengebiet an, vor allem die Stadt Lübeck. Die Zivilbevölkerung hatte einige Verluste. Nachtjäger, Flakartillerie und Marineartillerie schossen zwölf der angreifenden Bomber ab.

31. 3. Das Unterseeboot unter der Führung von Kapitänleutnant Endraß, Träger des Eichenlaubes zum Ritterkreuz des Eisernen Kreuzes, ist von Feindfahrt nicht zurückgekehrt. Ein hervorragender Unterseekommandant ist mit seiner tapferen Besatzung vor dem Feinde geblieben.

Eure Waffe ist der Spaten!

Der Gauleiter und Reichsstatthalter Karl Kaufmann hat folgenden Aufruf an die Kleingärtner erlassen: Der Führer hat das ganze Volk zum Kampf gerufen und jeden auf seinen Platz gestellt. Eure Waffe ist der Spaten, Eure Haltung aber der nimmermüde Fleiß, der Euch befähigt, nach eines Tages Arbeit und einer Woche Mühen nicht auszuruhen, sondern im freiwilligen Hilfswerk zum Kampf unseres Volkes einen Beitrag zu liefern. Was früher Eure persönliche Freude gewesen sein mag, das wächst in Kriegstagen zu einer Aufgabe von großer Bedeutung heran.
Hamburger Kleingärtner! Ihr habt aus dem Euch anvertrauten Boden durch Eueren Willen im Jahre 1939 13400000 Kilogramm Gemüse herausgeholt. Ihr habt im Jahre 1941 diesen Rekord überboten und ihn auf 14250000 Kilogramm erhöht. Das ist eine gewaltige Leistung! Jetzt steht Ihr vor einem neuen Abschnitt Eurer Arbeit. Schwerer als sonst ist in diesem Jahr für Euch die Lage. Die Frühjahrsbestellung drängt sich diesmal auf eine kurze Zeit zusammen, viele Männer aus Euren Reihen sind zur Wehrmacht abgegangen. Euer Tagewerk ist, wie das aller anderen guten Deutschen, umfangreicher geworden. Und dennoch! Es muß in diesem Jahre gelingen, die letztjährige Ernte noch wesentlich zu steigern. Euer Stolz muß es sein, den Bedarf Eurer Familie ausschließlich aus dem eigenen Garten zu decken, den Anfall an Obst und Gemüse restlos sicherzustellen und ein Höchstmaß an Wintervorräten zu schaffen.
Hamburger Kleingärtner! Ihr wißt um Eure Aufgabe. Ich weiß um Euren Fleiß und Euren Willen, und weiß, daß ich mich auch in diesem Jahr auf Euch verlassen kann.
Karl Kaufmann, Gauleiter und Reichsstatthalter in Hamburg.

»Norddeutsche Nachrichten«, 9. 4. 1942

Härteste Strafen für Kriegsverbrecher

Vor dem Berliner Sondergericht hatten sich achtzehn Personen auf der Anklagebank wegen Verbrechens gegen die Kriegswirtschaftsverordnung und wegen Preisüberschreitungen zu verantworten. Hauptangeklagter war der schon wiederholt vorbestrafte Schweinehändler Friedrich Deutsch aus Berlin-Spandau, der in seinem Betrieb, wie sich der Vorsitzende des Sondergerichts ausdrückte, geradezu eine »Zentrale für Schwarzschlachtungen« einrichtete. Nach den Ermittlungen hat dieser Volksschädling mindestens 62 Schweine, zwei Kühe und zwei Rinder beiseitegeschafft und dem ordnungsmäßigen Verteilungsgang entzogen. Vielfach wurden die Schlachtungen noch außerdem so unsachgemäß ausgeführt, daß erhebliche Fleischmengen verdarben. Gegen den Angeklagten wurde im Hinblick auf den großen Umfang seiner Schwarzschlachtungen die Todesstrafe verhängt.

»Norddeutsche Nachrichten«, 9. 4. 1942

Eine gewaltige Heeresmacht – so hat es Präsident Roosevelt versprochen – wird in den kommenden zwei Jahren gerüstet werden, um den europäischen Kontinent anzugreifen. Flugzeuge und Panzer ohne Zahl sollen vom Atlantik her die Hölle des totalen Krieges über Europa ergießen. Wie sehr die anglo-amerikanische Welt bereit ist, zum Beispiel Frankreich, den einstigen Verbündeten, zum Kriegsschauplatz zu machen, zeigen die Bomben, die englische Flieger auf Paris warfen.

»Signal«, April 1942

1942

April

1.–30. 4. Deutsche U-Boote versenken 72 Handelsschiffe der Alliierten mit 394 760 BRT

2. 4. Beginn starker deutscher Luftangriffe auf Malta

4.–30. 4. Deutsche Luftangriffe auf Hafen, Schiffsziele und Flakstellungen in Leningrad

5. 4. Hitler erläßt die »Weisung Nr. 42« für die geplante Sommeroffensive in der UdSSR. Ziel: »die den Sowjets noch verbliebene lebendige Wehrkraft endgültig zu vernichten und ihnen die wichtigsten kriegswirtschaftlichen Kraftquellen soweit als möglich zu entziehen«

12. 4. Hitler befiehlt die Einnahme von Woronesch

14. 4. Ein amerikanischer Plan sieht die alliierte Landung in Nordfrankreich für 1943 vor

15. 4. Die Reste der seit Anfang Februar eingeschlossenen 33. Sowjet-Armee im Raum um Wjasma werden von den Deutschen vernichtet

18. 4. Amerikanischer Luftangriff auf Tokio

24./25. 4. Flächenangriff der RAF auf Rostock

25./26. 4. Deutscher »Vergeltungsangriff« auf die südenglische Hafenstadt Bath

26. 4. Hitler spricht vor dem Reichstag: »England aber kann in diesem Krieg nichts gewinnen, es wird verlieren. Und es wird dann vielleicht einmal in seiner Geschichte die Erkenntnis eingehen, daß man das Schicksal von Völkern und Staaten weder zynischen Trinkern noch Geisteskranken anvertrauen soll«

28. 4. Die im Raum von Demjansk eingeschlossenen deutschen Truppen werden entsetzt

29. 4. Japanische Truppen besetzen Lashio in Burma

29./30. 4. Besprechung zwischen Hitler und Mussolini auf dem Berghof. Sie vereinbaren, Ende Mai in Nordafrika zur Offensive überzugehen und Tobruk einzunehmen

Kultur

4. 4. Reichsdramaturg Schlösser erklärt auf den Europäischen Jugendkulturtagen in Florenz: Goethe »legte das poetische Fundament, das 150 Jahre später nach dem Willen des Führers und des Duce der gewaltige politische Kuppelbau einer Waffenbrüderschaft überdachen sollte«

Kleine Zuckerbäckerei

Allzu viele Zuckersachen gibt es nicht zu kaufen, auch zu Ostern müssen die Leckermäuler sich mit weniger begnügen. Trotzdem sollte etwas Süßes auf dem österlichen Tisch nicht fehlen. Wir passen uns den heutigen Verhältnissen an und stellen unser Konfekt selber her. Das schmeckt gut und beansprucht auch unsere Nährmittelkarten nicht zu sehr. Trocken aufbewahrt, bleiben die süßen Plätzchen lange frisch, die Zubereitung ist einfach.

Süße Plätzchen
Man braucht dazu 1 Eiweiß und etwa 200 g Staubzucker. Fehlt dieser, drückt man mit dem Rollholz Grieß- oder Kristallzucker zu Staub. Das Eiweiß wird mit dem Zucker nach und nach verrührt und dann verknetet, bis eine ausrollfähige Masse entsteht. Ist das Eiweiß sehr groß, braucht man etwas mehr Zucker. Dem Zuckerteig gibt man durch Zitronenschale oder 2 Tropfen Zitronen- oder Mandelöl Geschmack, rollt ihn auf mit Zukker bestäubtem Brett aus und sticht Förmchen oder Eier oder Häschen aus, die man übertrocknen läßt. Will man rosafarbene Plätzchen haben, fügt man dem Teig einige Tropfen Fruchtsaft oder ein wenig Gelee bei, allerdings muß man dann etwas mehr Zucker nehmen.

Marmeladeneier
Hierzu reibt man Zwieback oder Pfefferkuchen oder Kuchenreste durch die Maschine. Hat man Nüsse, Mandeln oder Pinienkerne, so kann man den Geschmack damit sehr verfeinern. 1 Tasse Brösel verknetet man mit 1–1½ Eßlöffel Marmelade, so daß ein fester Teig entsteht, den man nach Belieben mit Zitronenschale oder einem Backaroma würzen kann. Wenn man das Konfekt süßer haben will, kann man die Marmelade vorher noch mit 3 Eßlöffel Zucker und einigen Tropfen Zitronensaft oder Wasser verrühren. Man streut Eierförmchen mit Kristallzukker aus, preßt von der Masse halbe Eier darin ab und stürzt sie zum Übertrocknen auf ein gezuckertes Brett aus. Man kann die Masse mit gekaufter oder selbstgemachter Fruchtpaste noch verbessern.

»Beyers Frauen-Illustrierte Hella«, April 1942

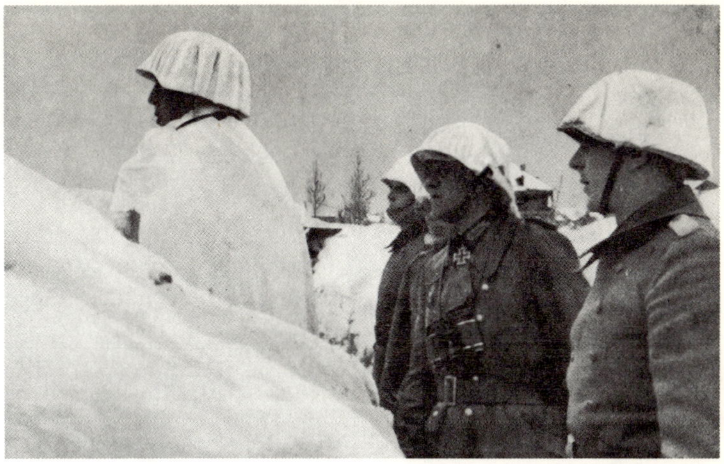

Ritterkreuzträger General der Kavallerie Lindemann, Oberbefehlshaber einer Armee, inspiziert die vorgeschobenen Infanteriestellungen an der Front bei Leningrad. »Leipziger Illustrirte Zeitung«, April 1942

Generaloberst Model beim Führer. Aus Anlaß seiner Beförderung zum Generaloberst wurde General der Panzertruppe Model im Führerhauptquartier empfangen und konnte seine Beförderung vom Führer persönlich entgegennehmen. »Aktueller Bilderdienst«, 9. 3. 1942

Das OKW gibt bekannt

April

1. 4. Italienische Jäger griffen im Südteil der Ostfront einen überlegenen feindlichen Jagdverband an und schossen, ohne eigene Verluste, von zwölf Sowjetflugzeugen vier sicher und zwei wahrscheinlich ab.
In wochenlangen härtesten Abwehrkämpfen haben die oberbayerische 97. Leichte Infanteriedivision und die brandenburgische 257. Infanteriedivision zahlreiche von Panzern unterstützte Angriffe überlegener feindlicher Kräfte abgeschlagen und den Sowjets hohe Verluste an Menschen und Material zugefügt.

3. 4. Trotz heftiger örtlicher Vorstöße des Gegners ist im ganzen ein Nachlassen der feindlichen Angriffstätigkeit im Osten festzustellen. Bei eigenen Angriffsunternehmungen wurde eine größere Anzahl von Ortschaften genommen.

6. 4. Britische Bomber griffen in der letzten Nacht Wohnviertel verschiedener Orte in Westdeutschland an, vor allem in der Stadt Bonn. Die Zivilbevölkerung hatte Verluste an Toten und Verletzten. Militärischer oder wehrwirtschaftlicher Schaden entstand nicht. Dagegen wurde eine Anzahl öffentlicher Gebäude mit zum Teil hohen kulturellen Werten durch Bombenwurf beschädigt. Flakartillerie und Nachtjäger schossen fünf der angreifenden Bomber ab.

12. 4. Der SS-Sturmmann Schulz eines Verbandes der Waffen-SS hat am 5. April allein einen vom Feinde besetzten Unterstand genommen, die Besatzung vernichtet und trotz starken Feuers einen feindlichen Panzer neuester Bauart gesprengt.

15. 4. Im Osten ließ die Angriffstätigkeit des Feindes weiterhin nach. Nur an einzelnen Stellen griff der Gegner mit stärkeren Kräften an und wurde abgewiesen. Eigene Angriffsunternehmungen brachten örtliche Erfolge.

26. 4. Zur weiteren Vergeltung für die britischen Luftangriffe auf Wohnviertel deutscher Städte griffen starke Kampffliegerverbände in der letzten Nacht, zum Teil aus niedriger Höhe, die südenglische Stadt Bath mit vernichtender Wirkung an.

27. 4. Britische Bomber wiederholten in der Nacht zum 27. April ihre Terrorangriffe auf Wohnviertel der Stadt Rostock. Die Zivilbevölkerung erlitt weitere Verluste.

Deutsche U-Boote im St.-Lorenz-Strom

In amerikanischen Gewässern sind weitere sechs Schiffe durch U-Boote versenkt worden, davon eines im St.-Lorenz-Strom. Dies wurde gestern bekanntgegeben. Die Versenkung im St.-Lorenz-Strom wurde der Öffentlichkeit durch die kanadische Regierung mitgeteilt, die anderen Verluste gab die amerikanische Regierung bekannt.
Damit sind seit Pearl Harbor 165 Schiffe in amerikanischen Gewässern verlorengegangen. Es gab 1017 Tote und 1213 Vermißte, die wahrscheinlich tot sind. 5164 Menschen konnten gerettet werden.
Ein feindliches U-Boot schlüpfte durch die starke Verteidigung vor der Küste Kanadas am Montag und torpedierte zum ersten Mal in der Geschichte ein Schiff auf dem inneren Wasserweg des Dominions. Heute vormittag wurde mitgeteilt, daß 87 oder 88 Überlebende des getroffenen Frachters an Land gekommen sind. Einige Besatzungsmitglieder sollen verwundet sein. 42 Gerettete erreichten gemeinsam einen Punkt an der Küste, 43 oder 44 einen anderen. Eine Frau und ein Kind trieben allein in einem Rettungsboot bei einem Fischerdorf an, wie die verfügbaren Informationen besagen. Wie aus den Berichten hervorgeht, wird niemand vermißt. Alle Überlebenden wurden in eine nahegelegene Stadt gebracht und die Verwundeten in ein Krankenhaus eingewiesen.
Die erste Verlautbarung über den Angriff kam aus Ottawa von Marineminister Angus Macdonald. Den Namen des Schiffes und die Stelle, wo es versenkt wurde, teilte er nicht mit. Künftig, so sagte er, würden Schiffsversenkungen im Strom oder Golf nicht mehr bekanntgegeben, da solche Informationen dem Feind helfen könnten. Er fügte hinzu: »Ich glaube jedoch, daß die kanadische Öffentlichkeit über die Anwesenheit feindlicher U-Boote in unseren Hoheitsgewässern unterrichtet werden sollte. Ich kann versichern, daß alle Schritte unternommen werden, um die Lage in Griff zu bekommen.«

»Chicago Daily Tribune«, 13. 5. 1942

Rüstungswettlauf

Sie will in diesem Kampf um die Zukunft des Volkes in Reih und Glied mit den Männern stehen, mag ihr die ungewohnte Arbeit auch bitter schwer werden. Dem Mann, der im Feld draußen seine Pflicht für Deutschland tut, ebenbürtig zu sein, ist ihr Wunsch, und so nimmt sie seinen Arbeitsplatz ein. Nur die höheren Pflichten der Mutter, nur die Fürsorge für ihre Kinder gelten ihr als gleich hohe Aufgabe in dieser Zeit. Hochachtung zwingt uns vor allen anderen die Frau ab, die im Rüstungsbetrieb schafft. Groß ist die Anforderung an die Leistungsfähigkeit ihres Körpers; das Tempo der Arbeit ist von den Bedürfnissen der Front diktiert. Doch hat sie sich auch hier bewährt, und mit berechtigtem Stolz erfüllt sie der Einsatz gerade an solch wichtigem Platz.

»Leipziger Illustrirte Zeitung«, Mai 1942

Bei Arbeiten, die größte Genauigkeit und Gewissenhaftigkeit erfordern, haben sich die Frauen, die jetzt in großer Zahl in der Rüstungsindustrie tätig sind, bewährt und gezeigt, daß sie in der Lage sind, auch schwierige und verantwortungsvolle Posten auszufüllen. »Pressebildzentrale«, 18. 5. 1942

Angriff auf Sex-Beratung in der Armee

Der Erzdiakon von Chesterfield, der ehrenwerte T. Dilworth Harrison, sagte auf der Diözesan-Konferenz in Derby: »Wie ich höre, erklärt ein Sanitätsoffizier dem Rekruten als erstes in allen Einzelheiten den Gebrauch von Verhütungsmitteln, wo man sie bekommt und wie wichtig es sei, fit zu bleiben. Dies ist äußerst verdammenswert. Wenn so etwas ohne jeden Protest von seiten der Kirchen weitergeht, wie wird es dann nach dem Krieg um unsere Moral bestellt sein?«
Ein Ausschuß der Freien Kirche in Schottland veröffentlichte einen Bericht, in dem es hieß: »Es besteht eine erklärte Tendenz, in den Streitkräften sittliche Aspekte dem medizinischen Gesichtspunkt unterzuordnen, indem kostenlos Mittel verteilt werden, die dazu bestimmt sind, den direkten Folgen einer lasterhaften Beziehung zu entgehen.«

»Daily Herald« (London), 31. 5. 1942

Spiel mit dem Ball

Mit der Gymnastik beginnen Sie Ihr Tagewerk – und die Gymnastik soll Sie froh und sicher machen in dem Bewußtsein Ihrer Körperkraft

1942

Mai

1.–31. 5. Deutsche U-Boote versenken 125 alliierte Handelsschiffe

4.–8. 5. Seeschlacht im Korallenmeer zwischen amerikanischen und japanischen Verbänden

4. 5. Japanische Verbände erreichen die Grenze Indiens

6. 5. Die Japaner erobern die Felseninsel Corregidor und bringen damit die Philippinen ganz in ihre Hand

8. 5. Beginn einer deutschen Offensive an der Kertsch-Front

12. 5. Erste genau datierbare Massenvernichtung durch Gas in Auschwitz: 1500 jüdische Männer, Frauen und Kinder werden ermordet

15. 5. Die deutsche 11. Armee erobert Kertsch

17. 5. Gegenangriff deutscher Truppen gegen die sowjetische Offensive in Richtung auf Charkow

20. 5. Die Japaner beenden die Besetzung Burmas

21. 5. Hitler verschiebt die Eroberung Maltas (Unternehmen »Herkules«) auf unbestimmte Zeit

26.–31. 5. Fühlungnahme von Vertretern der deutschen Widerstandsbewegung mit George K. A. Bell, Lordbischof von Chichester, in Stockholm

26. 5. Offensive der deutsch-italienischen Panzer-Armee unter Rommel an der Ghasala-Front.
Einen britisch-sowjetischen Bündnispakt unterzeichnet Molotow in London

27. 5. In Prag wird auf den stellvertretenden Reichsprotektor und Chef des Reichssicherheitshauptamtes Reinhard Heydrich ein Attentat verübt. Heydrich erliegt seinen Verletzungen am 4. Juni

28. 5. Die Schlacht bei Charkow endet mit der Vernichtung der eingeschlossenen sowjetischen Truppen.

30./31. 5. Erster »1000-Bomber-Angriff« der Luftkriegsgeschichte durch die RAF auf Köln

Kultur

3. 5. In Budapest besiegt die deutsche Fußball-Nationalmannschaft Ungarn mit 5:3.
Zwei Tore erzielt Fritz Walter

12. 5. Der Propagandafilm »Der Fall Rainer« wird uraufgeführt. Regie: Paul Verhoeven

und -schönheit. Beschränken Sie sich nicht auf ein Dutzend Übungen, immer dieselben, deren Sie bald überdrüssig werden. Nein – wechseln Sie ständig ab, damit Ihr Körper nach und nach tüchtig und ganz und gar durchgearbeitet wird. So eine gesunde, richtig verstandene Gymnastik muß sich an jeden einzelnen Muskel wenden.
Um Abwechslung in Ihre Morgengymnastik zu bringen, greifen Sie doch einmal zu einem Ball. Machen Sie zuerst nichts anderes, als sich damit nach Herzenslust zu biegen und zu strecken. Dieser kleine Ball ist nämlich ein ausgezeichnetes Hilfsmittel für Beweglichmachungsübungen und zeigt außerdem, ob Sie sie richtig ausgeführt haben. Wenn Sie geschmeidig, geschickt und ausgeglichen in allen Ihren Bewegungen sind, darf Ihnen der Ball überhaupt nicht entfallen oder etwas zu weit nach rechts oder links fliegen. Ohne Unterbrechung des Schwunges müssen Sie ihn von einer Hand in die andere gleiten lassen, ohne dabei das Strecken der Arme und Beine zu vergessen.

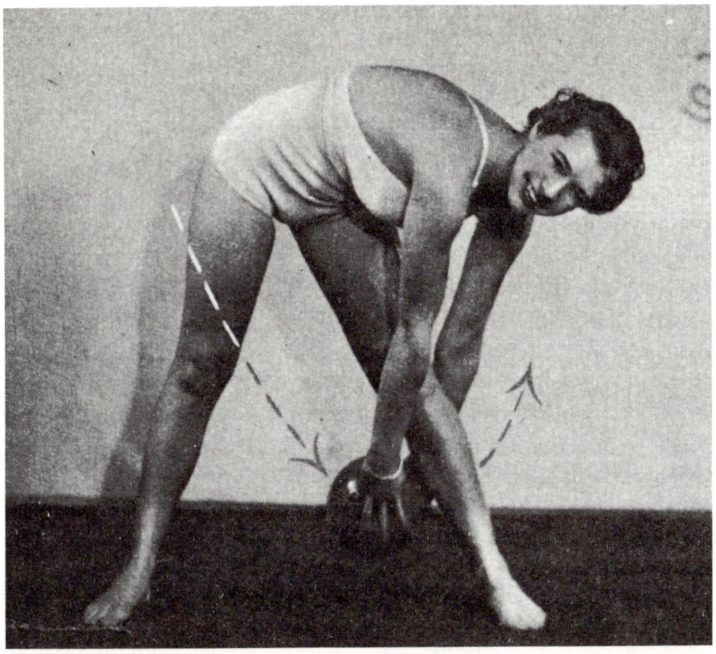

Leichte Seitgrätschstellung. Knie gut durchgedrückt. Arme senkrecht vor hochnehmen und den Ball mit den Händen halten. Rumpf schräg vorwärts beugen, den Ball mit der rechten Hand hinter dem linken Knie vorbei durchgeben und ihn mit der linken Hand fassen. Den Ball wieder bis zur Senkrechten heben und ihn mit der linken Hand hinter dem rechten Knie vorbei durchgeben.

Brecheisen gegen die Sowjetfront: Schwere deutsche Panzer auf dem Wege zum Einsatz. »Beyers Frauen-Illustrierte Hella«, Mai 1942

All diese Übungen, die Ihnen auf den ersten Blick vielleicht kinderleicht erscheinen mögen, erfordern im Grunde doch eine große Genauigkeit, rhythmisches Einfühlungsvermögen in jede Bewegung und fortgesetzte Spannung der Beinmuskeln. Mit dem kleinen Ball können Sie die wertvollen, korrigierenden Übungen der Heilgymnastik in ein Spiel verwandeln und haben außerdem noch die Möglichkeit, die Kinder, die vielleicht in Ihrer Nähe sind, an diesem so gesunden Vergnügen teilnehmen zu lassen – einfach aus dem frohen Spiel heraus und ohne den geringsten Anschein von ernsthaftem, bei den Kleinen oft nicht sehr beliebtem Turnen. Und im Spiel sind Sie imstande, Fehler in der Haltung, hervorgerufen durch das krumme Sitzen auf der Schulbank oder dem Schreibtischstuhl, auszumerzen und den Kindern und Ihnen zu einem gesunden, geraden Körper und guter Haltung zu verhelfen.

Kesselschlacht um Charkow

Mit beispielsloser Frechheit versuchen die Sowjets in ihren amtlichen Heeresberichten die Tatsache der vernichtenden Kesselschlacht um Charkow einfach wegzuleugnen, indem sie so tun, als hätte es die inzwischen vernichteten drei Armeen überhaupt nicht gegeben. Diese in ihrer Unverfrorenheit nicht mehr zu überbietende Verlogenheit der amtlichen Moskauer Berichterstattung, die unbegreiflicherweise in vielen neutralen Ländern noch geglaubt wird, ist auf das schärfste anzuprangern. Presseanweisung, 29. 5. 1942

Das OKW gibt bekannt

Mai

6. 5. Im nördlichen Abschnitt der Ostfront stellten deutsche Truppen in kühnem, planmäßig vorbereitetem Angriff die Verbindung zu einem vom Feinde eingeschlossenen wichtigen Stützpunkt wieder her. Die unter dem Kommando des Generalmajors Scherer stehende Besatzung dieses Stützpunktes hat seit dem 21. Januar 1942 in hartem Abwehrkampf zahlreichen Angriffen überlegener feindlicher Kräfte mit hervorragender Tapferkeit standgehalten.
Im rückwärtigen Gebiet der Ostfront wurden an verschiedenen Stellen bewaffnete bolschewistische Banden vernichtet.

12. 5. Auf der Halbinsel Kertsch sind deutsche und rumänische Truppen, von starken Kräften der Luftwaffe unterstützt, am 8. Mai zum Angriff angetreten. Die Schlacht ist seitdem in vollem Gange.

15. 5. Deutsche und ungarische Truppen sowie Polizeiverbände haben in den letzten Tagen im rückwärtigen Gebiet mehrere stark bewaffnete bolschewistische Banden angegriffen und aufgerieben.

16. 5. Wie durch Sondermeldung bekanntgegeben, sind nach Überwindung zähen Widerstandes deutsche Truppen gestern in Kertsch eingedrungen. Stadt und Hafen sind in unserer Hand.
Im Raum von Charkow setzte der Feind seine Angriffe fort. Sie wurden in hartem Kampf abgeschlagen. Eigene Gegenangriffe waren erfolgreich. Der Feind verlor bisher 180 Panzer.

22. 5. Nachdem in der Schlacht von Charkow sämtliche sowjetischen Angriffe unter schwersten Verlusten des Gegners abgewiesen worden waren, ist das Gesetz des Handelns nunmehr auf unsere Seite übergegangen.

28. 5. Die Kesselschlacht südlich Charkow hat zu einem großen Sieg der deutschen Waffen und ihrer Verbündeten geführt. Auch die letzten Entlastungsangriffe des Gegners konnten das Schicksal der eingeschlossenen Armeen nicht mehr wenden. Nur vereinzelte Gruppen des Feindes leisten noch Widerstand. Ihre Vernichtung ist im Gange.

29. 5. In der Cyrenaika sind deutsche und italienische Truppen am 26. Mai zum Angriff auf die feindlichen Stellungen angetreten. Seitdem ist eine erbitterte Schlacht im Gange.

3000 Tonnen Bomben auf Köln

Rund 1250 Maschinen der Royal Air Force nahmen Samstag Nacht am größten Luftangriff der Welt teil. Über 1000 von ihnen bombardierten die Gegend von Köln. In 90 Minuten warfen sie 3000 Tonnen Bomben ab. Alle sechs Sekunden überflog ein Bomber das Ziel und warf über eine halbe Tonne Bomben ab.

Es war die vernichtendste Anderthalbstunde, die ein Zielgebiet jemals erlebt hat. Viele der Bomber – Lancaster, Stirling, Halifax – können bis zu acht Tonnen Bomben schleppen, Sprengbomben wurden zu Tausenden abgeworfen, Brandbomben zu Zigtausenden.

»Gebt's ihnen, genau unter das Kinn« – so lautete die Botschaft von Luftmarschall Harris, Chef des Bomberkommandos, an seine Piloten und Besatzungen. Das taten sie auch. Sogar die Deutschen gaben zu, daß »schwerer Schaden« angerichtet wurde. Unsere Piloten konnten Rauch und Feuer von der holländischen Küste aus sehen – 140 Meilen entfernt.

Alle anderen Kommandos der RAF halfen ihnen dabei mit Ausnahme des Überführungskommandos.

Nachtjagende Spitfire, Hurricane, Havoc und Beaufighter wehrten deutsche Nachtjäger ab. Das Kommando zur Heeresunterstützung half in der ersten aktiven Operation seit seiner Gründung bei den Ablenkungsmaßnahmen mit. Zu seiner Ausrüstung gehören Blenheim-Bomber und Tomahawk-Jäger.

Niemals zuvor wurde eine Kollektion von so verschiedenartigen Flugzeugtypen gemeinsam eingesetzt, denn das Bomberkommando fliegt die schweren Lancaster, Stirling und Halifax, aber auch Wellington-, Whitley- und Hampden-Maschinen.

Unsere Bomber kamen über Köln genauso schnell und pünktlich an, wie sie in England gestartet waren. Köln verwandelte sich rasch in Leuchtfeuer, das die anfliegenden Bomber bereits von der holländischen Küste anzog.

»Es war zu gigantisch, um wahr zu sein«, sagte der Pilot einer Halifax. »Doch es war echt genug, als wir ankamen. Unter uns brannten in jedem Stadtteil Häuser.«

Ein Bombenschütze, der in der Rumpfnase einer anderen Halifax lag, berichtete, daß er vor sich viele Bomber sah, die ihre Ladung abwarfen und dann abdrehten.

»Es gab überall Flugzeuge«, sagte er. »Der Himmel über Köln war belebt wie Piccadilly Circus. Ich konnte jeden einzelnen Bombertyp in unserer Streitmacht im Schein des Mondes und der Brände erkennen.«

Die Scheinfeuer, die die Deutschen gewöhnlich auf offenem Feld in der Umgebung Kölns entzünden, schrumpften zur Bedeutungslosigkeit. Es wurde mehr als offenkundig, was echt und was Täuschung war.

Viele der Bomberbesatzungen hatten bereits an den Angriffen auf Lübeck und Rostock teilgenommen. Die Brände in Köln, davon konnten sie sich überzeugen, waren weit wilder und größer. Bis zu 15000 Fuß Höhe stieg eine Rauchwolke über der Stadt auf.

Bei Morgengrauen starteten Aufklärungsmaschinen. Sie kehrten mit Berichten zurück, daß die riesige Wolke immer noch über der Stadt hängt.

Nachdem unsere Bomberbesatzungen vom Angriff auf Köln zu ihren Stützpunkten zurückgekehrt waren, schickte der Premierminister folgende Botschaft an Air Marshall Harris, den Chef des Bomber Command:

Ich beglückwünsche Sie und das gesamte Bomberkommando zu der bemerkenswerten organisatorischen Leistung, die es ermöglicht hat, mehr als 1000 Bomber nach Köln zu schicken und deren Aktion über dem Ziel in einer so kurzen Zeit von anderthalb Stunden ohne Verwirrung zu konzentrieren.

Dies beweist die wachsende Stärke der britischen Bomberwaffe. Es kündigt außerdem an, was Deutschland von jetzt ab, Stadt für Stadt, heimgezahlt werden wird.

»Daily Herald« (London), 1. 6. 1942

Köln – Opfer des Bombenkrieges.

1942

Juni

1.–30. 6. Deutsche U-Boote versenken im Atlantik und im Mittelmeer 131 alliierte Handelsschiffe mit 616 904 BRT

3.–7. 6. Die Niederlage der Japaner in der See-Luftschlacht bei den Midway-Inseln bedeutet die Wende im Pazifik-Krieg

5. 6. Amerikanische Kriegserklärung an Bulgarien, Ungarn und Rumänien

10. 6. Die Panzerarmee in Nordafrika erobert Bir Hacheim, den südlichsten Eckpfeiler der britischen Front.
Vernichtung des tschechischen Dorfes Lidice als Vergeltung für die Ermordung Heydrichs

11. 6. Die USA und die UdSSR unterzeichnen ein Abkommen über gegenseitige Hilfeleistung in Washington

12. 6. Himmler billigt den sog. »Generalplan Ost«, der die Aussiedlung von 30 Mill. Polen, Tschechen, Ukrainern und Weißruthenen nach Sibirien vorsieht

21. 6. Die Panzerarmee in Afrika erobert unter der Führung von Rommel die Festung Tobruk. 33 000 englische und Commonwealth-Soldaten werden gefangengenommen

22. 6. Rommels nächste Angriffsziele sind El Alamein, Alexandria, die Nilmündung und Kairo

25. 6. General Eisenhower übernimmt den Oberbefehl über die amerikanischen Streitkräfte in Europa

26./27. 6. Deutsche Flugzeuge bombardieren Norwich

28. 6. Beginn der deutschen Sommeroffensive an der Ostfront. Die »Armeegruppe v. Weichs« tritt um 2.15 Uhr aus dem Raum Kursk zum Angriff gegen die sowjetische Brjansker Front an

30. 6. Die an Material bereits erschöpfte deutsch-italienische Panzerarmee in Nordafrika erreicht 100 km westlich von Alexandria die Enge von El Alamein. Der geplante Vorstoß nach Kairo muß aufgrund der schwierigen Versorgungslage zurückgestellt werden

Kultur

1. 6. In Deutschland sind bis dato 748 Kriegsbücher erschienen

12. 6. Uraufführung des Propagandafilms »Die große Liebe« von Rolf Hansen. In den Hauptrollen spielen Viktor Staal und Zarah Leander

»Die große Liebe«

Wer auch in die Skala von Berlin geht, ist begeistert von der Sängerin Hanna Holberg; dort lernt sie auch der Flieger-Oberleutnant Paul Wendlandt kennen. Wegen des Luftangriffs bringt Paul Hanna nach

Zarah Leander in »Die große Liebe«.

Hause und bleibt bis zum darauffolgenden Morgen bei ihr. Als er von ihr weggeht, wird ihm klar, daß er sich in sie verliebt hat.
Doch auch der Komponist Rudnitzky ist in die Sängerin verliebt und verfolgt deshalb die immer enger werdende Beziehung zwischen den beiden mit wachsender Eifersucht. Während einer Party geben Hanna und Paul ihre Verlobung bekannt.
Noch während die Gäste den beiden Glück wünschen, bekommt Paul ein Telegramm, das ihn an die Front ruft. Als ihn später Hanna in Rom besucht, muß er wieder, durch den Krieg bedingt, Einsätze fliegen. In der Zwischenzeit arbeitet Hanna in einem Militärkrankenhaus als Krankenschwester. Eines Tages wird dort ein Verwundeter, Paul, eingeliefert. In der festen Überzeugung, daß der Krieg bald zu Ende sein wird, nimmt Hanna schweigend Pauls Hand. –
Darstellerisch stand der Film auf hohem Niveau. Zarah Leander hatte als liebende Frau ergreifende Züge. Paul Hörbiger war als Komponist von bezwingender Eindringlichkeit. Dem Flieger gab Viktor Staal einen fesselnden Umriß. Der Film packte seine Zuschauer, weil seiner äußeren Wahrheit eine höhere innere Wahrhaftigkeit entsprach.
Er wurde von einem intensiv angesprochenen Publikum mit allen Zeichen uneingeschränkter Zustimmung aufgenommen. Der anhaltende Beifall galt vor allem Zarah Leander, die persönlich erschienen war.

»Der Film«, 13. Juni 1942

Anläßlich des 75. Geburtstages des Marschalls von Finnland, Freiherrn v. Mannerheim, stattete ihm der Führer in seinem Hauptquartier einen Besuch ab.

»Presse-Hoffmann«, 8. 6. 1942

Deutschland – Spanien 1:1

Gespannt sieht Herberger, der Betreuer der deutschen Mannschaft, die Früchte seiner Arbeit reifen. Spanien, die große Fußballnation, findet auf olympischem Boden einen ebenbürtigen Gegner. Die deutsche Kriegsmannschaft ging mit einem ehrenvollen Unentschieden gegen die überragenden Fußballkünstler Spaniens aus dem Kampf.

»Signal«, Juni 1942

Das OKW gibt bekannt

Juni

3. 6. Die britische Lufwaffe unternahm in der Nacht zum 3. Juni Störangriffe gegen mehrere Orte Westdeutschlands. Größere Brandschäden, vor allem in Wohnvierteln und an öffentlichen Gebäuden, sind besonders in Duisburg entstanden. Nachtjäger und Flakartillerie schossen 14 der angreifenden Bomber ab. Während die britische Propaganda 20000 Tote als Erfolg des Luftangriffs auf Köln angibt, ist festzustellen, daß als Opfer dieses Angriffs 200 Tote zu beklagen sind.

5. 6. Bei den Kämpfen in Nordafrika wurde ein Befehl der vierten englischen Panzerbrigade erbeutet, in dem es heißt, daß Gefangenen weder Nahrung, Schlaf, Wasser, Entgegenkommen noch Bequemlichkeiten irgendwelcher Art gewährt werden dürfen, solange das Verhör durch die zuständigen Stellen nicht durchgeführt worden ist.
Das deutsche Oberkommando der Wehrmacht hat daher befohlen, daß vom 6. Juni, 12 Uhr mittags an die in der jetzigen Schlacht in Afrika gefangengenommenen und in deutscher Hand befindlichen englischen Offiziere und Mannschaften so lange weder zu essen noch zu trinken bekommen, bis dieser schändliche, jeder Menschlichkeit hohnsprechende Befehl aufgehoben und dies durch eine amtliche englische Erklärung dem deutschen Oberkommando der Wehrmacht zur Kenntnis gebracht worden ist.

18. 6. Der mit dem Eichenlaub zum Ritterkreuz des Eisernen Kreuzes ausgezeichnete Leutnant Strelow, Flugzeugführer in einem Jagdgeschwader, ist von einem Flug gegen den Feind nicht zurückgekehrt. Als Sieger in 68 Luftkämpfen zählte dieser erst zwanzigjährige tapfere Offizier zu den hervorragendsten Jagdfliegern.

21. 6. Wie durch Sondermeldung bekanntgegeben, erstürmten deutsche und italienische Truppen unter dem Befehl des Generalobersten Rommel gestern den größten Teil der stark ausgebauten Festung Tobruk. Daraufhin hat heute früh ein englischer Parlamentär bei einem italienischen Korpsstab die Übergabe der Festung angeboten.

Kriegserlebnis wird Kunstwerk

Der Kunstfreund, der die Zeichnungen von SS-Kriegsberichter Professor Wilhelm Petersen betrachtet, empfängt den Eindruck, daß ein außerordentliches und einmaliges Erlebnis hier seine bildnerische Gestaltung gefunden hat. Von diesen Blättern geht eine starke und suggestive Kraft aus, steht doch hinter den scheinbar nur flüchtigen Impressionen der künstlerische Wille, die Unmittelbarkeit des Kampferlebnisses auch auf den Betrachter fortwirken zu lassen. Das Foto muß sich darauf beschränken, die Leistungen der Truppe und ihrer Waffen dokumentarisch festzuhalten; aus diesen Zeichnungen, die in ihrer technisch-sicheren und geistig-reifen Darstellung Meisterwerke sind, spricht neben gleichzeitiger Naturnähe die Weltanschauung und die hinreißende Begeisterung des politischen Soldaten, der seine Bewährung auf den Schlachtfeldern an der Ostfront erfahren hat. Auch die PK.-Zeichnung hat ihre Entwicklung. Neben den objektiven Tatsachen- und Stimmungsbericht tritt die subjektive Zeichnung, die eine propagandistische Aufgabe erfüllt und das Geschehen unserer Tage in seinen geistigen Spannungen festhält.

»Leipziger Illustrirte Zeitung«, Juli 1942

Geschlagen – Gefangen

Monate hindurch hat der Engländer seine 8. Armee verstärkt, hat Menschen und Material auf dem langen Weg um das Kap der Guten Hoffnung herum nach Alexandria geführt. Der so knappe Frachtraum wurde von anderen Routen abgezogen, nur um den Kriegsschauplatz Nordafrika mit allem Kriegsbedarf ausreichend zu versorgen. Hier wollte Churchill endlich nun einen aus der eigenen Initiative geborenen Schlag gegen die Achsentruppen siegreich durchführen. Der vorbereitete Einsatz war groß, der Verlust um so schmerzlicher für den Gegner. Zu einer Zeit, in der heiße Sonne über dem Wüstensand brütet, tritt der deutsche General mit seinen deutschen und italienischen Truppen an und rollt eine Offensive an, die in ihrem ungestümen Vorwärtsdrängen die Welt in Staunen und Bewunderung versetzt. Bir el Hacheim, Acroma, Ain el Gazala, Bardia, Tobruk, Sollum, Sidi el Barani sind die großen Stationen dieses neuen Blitzfeldzuges im Wüstensand. Rommels strategische Beweglichkeit, die Härte der Angriffstruppen gegenüber Sonnenhitze und Staubwolken, die abgestimmte Zusammenarbeit der See- und Luftstreitkräfte im Mittelmeer waren von neuem die Garanten solch eindrucksvoller Taten. Jeder einzelne von den Gefangenen hat an sich selbst erlebt, daß es gegen solche Angriffswucht keinen Widerstand gibt.

»Leipziger Illustrirte Zeitung«, Juli 1942

Brot an Vögel verfüttert

Im Garten eines Hauses in Somerset steht ein leeres Futterhäuschen. Es wird erst wieder gefüllt werden, wenn der Krieg vorüber ist.
Seine Besitzer, Mr. und Mrs. R. L. Brooks aus Red Roofs, Highlands, mußten gestern 20

1942

Juli

1. 7. Die 11. deutsche Armee nimmt Sewastopol ein

2./3. 7. 263 britische Flugzeuge werfen 511 t Bomben auf Bremen

3. 7. Rommel bricht den dreitägigen Versuch ab, die El-Alamein-Stellung der 8. britischen Armee zu durchbrechen

4. 7. Nach Einnahme der Halbinsel Chersones ist die gesamte Krim von deutschen Truppen besetzt

8. 7. Erste Operationsphase der deutschen Sommeroffensive ist abgeschlossen: Die sowjetische Front zwischen Don und Donez ist ins Wanken gebracht, aber keine wesentlichen Kräfte des Gegners ausgeschaltet

12. 7. Das sowjetische Oberkommando bildet die »Stalingradfront«. Die Kämpfe um den Wolchow-Kessel sind abgeschlossen. Unter den sowjetischen Gefangenen befindet sich General Wlassow

13. 7. Das sowjetische Oberkommando beschließt den strategischen Truppenrückzug auf Stalingrad, die Wolga und den Kaukasus

16.–27. 7. Britische Angriffe führen vor der El-Alamein-Stellung zu tiefen Einbrüchen in die italienischen Abschnitte der Front

17. 7. Japanische Truppen landen an der Südostküste Chinas

20. 7. Mussolini kehrt von seiner Wartestellung in Derna, von wo aus er in Kairo Einzug halten wollte, wieder nach Rom zurück

21./22. 7. Beginn der systematischen Deportierung der im Warschauer Getto zusammengedrängten 350 000 Juden in das Vernichtungslager Treblinka

23. 7. In der »Weisung Nr. 45« befiehlt Hitler die gleichzeitige exzentrische Operation gegen Stalingrad und gegen den Kaukasus

26./27. 7. 304 britische Flugzeuge werfen 724 t Bomben auf Hamburg

28. 7. Weisung des Oberkommandos der sowjetischen »Stalingradfront«: Keinen Schritt zurück!

Kultur

25. 7. Der »unerwünschte« Autor Erich Kästner erhält die Erlaubnis für Drehbucharbeiten an den Ufa-Filmen »Münchhausen« und »Der kleine Grenzverkehr«

Pfund Geldstrafe berappen, weil sie übermäßig viel Brot gekauft und verschwendet hatten.
Vor dem Polizeigericht erklärte Mr. F. W. Willmott, der die Anklage des Ernährungsministeriums vertrat, in dem Haushalt seien pro Woche durchschnittlich 55 Pfund Brot verbraucht worden, obwohl er nur aus Mr. und Mrs. Brooks sowie einer Haushilfe besteht. Sie seien dabei beobachtet worden, wie sie das Brot an Vögel verfütterten. Der Inspektor des Ernährungsministeriums fand außerhalb des Hauses den Futterplatz mit Brot.
Nachdem der Inspektor Mr. und Mrs. Brooks befragt hatte, sanken ihre Broteinkäufe auf 18 Pfund pro Woche. Ein Soldat bekommt je Tag ein halbes Pfund zugeteilt. »Es ist lebenswichtig für unser Land, daß niemand mehr Brot kauft, als er benötigt«, erklärte Mr. Willmott.

»Daily Mirror«, 9. 7. 1942

Große deutsche Kunstausstellung 1942 im Haus der Deutschen Kunst in München. Führerbildnis von Hans Schachinger. »Presse-Hoffmann«, 3. 7. 1942

Die beiden erfolgreichen Kampfflieger Eichenlaubträger Hauptmann Peltz (links) und Eichenlaubträger Hauptmann Baumbach (rechts) erstatten dem Reichsmarschall in seinem Hauptquartier Bericht.

»Aktueller Bilderdienst«, 27. 7. 1942

Katastrophe in Nordafrika

Die militärischen Mißgeschikke dieser letzten vierzehn Tage in der Cyrenaika und in Ägypten haben nicht nur dort, sondern auch im ganzen Mittelmeer die Lage grundlegend umgestaltet. Wir haben über fünfzigtausend Mann verloren, von denen der größte Teil in Gefangenschaft geriet; auch große Mengen Kriegsmaterial und Vorräte sind trotz sorgfältig vorbereiteter Zerstörungen dem Feinde in die Hände gefallen. Rommel hat beinahe sechshundert Kilometer Wüste durchquert und nähert sich jetzt der fruchtbaren Niederung des Nils. Die unheilvollen Rückwirkungen dieses Ereignisses auf die Türkei, auf Spanien, Frankreich und Französisch-Nordafrika sind noch unübersehbar. Wir stehen in diesem Moment einem katastrophalen Umschwung unserer Aussichten und Hoffnungen im Nahen Osten und im Mittelmeer gegenüber, wie wir ihn seit dem Zusammenbruch Frankreichs nicht mehr erlebt haben.
Der schmerzlichste Aspekt dieses Trauerspiels ist seine Plötzlichkeit. Die Kapitulation Tobruks mit seiner Besazung von rund 25000 Mann binnen eines Tages kam völlig unerwartet. Nicht nur das Unterhaus und die große Öffentlichkeit, auch das Kriegskabinett, die Stabschefs und der Generalstab der Armeen wurden überrascht. Auch General Auchinleck und das Hauptquartier Nah-Ost hatten nichts Derartiges vermutet. Am Abend vor Tobruks Fall lief hier ein Telegramm des Generals ein, er habe eine, wie er glaube, ausreichende Garnison nach Tobruk gelegt, es auf neunzig Tage für diese Besatzung verproviantiert, und die Befestigungsanlagen seien in gutem Stand.
Mancher neigt allzu leicht zur Annahme, daß die Regierungsmitglieder nationales Unglück weniger lebhaft empfinden als unabhängige Kritiker, nur weil sie als Regierende kaltes Blut und bei jedem Rückschlag starke Nerven bewahren müssen. Ich hingegen möchte bezweifeln, ob irgend jemand schmerzlicher berührt und sorgenvoller gestimmt werden kann als jene, die für die Leitung unserer Angelegenheiten verantwortlich sind.

Churchill im Unterhaus, 2. 7. 1942

Das OKW gibt bekannt

Juli

2.7. Wie bereits durch Sondermeldung bekanntgegeben, haben deutsche und rumänische Truppen unter Führung des Generalfeldmarschalls von Manstein, hervorragend unterstützt von dem bewährten Nahkampffliegerkorps des Generalobersten Freiherrn von Richthofen, nach fünfundzwanzigtägigem, erbittertem Ringen am Mittag des 1. Juli die bisher stärkste Land- und Seefestung Sewastopol bezwungen.
Nach einem Jahr harten, aber siegreichen Kampfes gegen die Sowjetunion gibt das Oberkommando der Wehrmacht ferner bekannt:
In der Zeit vom 22. Juni 1941 bis 21. Juni 1942 sind an der Ostfront 271612 Offiziere, Unteroffiziere und Mannschaften der Gesamtwehrmacht in treuer Pflichterfüllung den Heldentod gestorben. Die Zahl der Vermißten beträgt in der gleichen Zeit 65730. Bei der Härte des Kampfes muß damit gerechnet werden, daß auch von ihnen ein wesentlicher Teil nicht zurückkehrt.

9.7. Die sowjetische Behauptung, daß das deutsche Schlachtschiff Tirpitz Torpedotreffer erhalten hätte, ist frei erfunden. Das Schlachtschiff ist weder beschädigt noch überhaupt angegriffen worden.

21.7. Im Südteil der Ostfront sind die deutschen und verbündeten Truppen im konzentrischen Angriff von Westen, Norden und Osten auf Rostow. Die Stadt steht in Flammen. Die Brücken über den Don sind zerstört. Weiter nördlich ist eine deutsche Armee in schnellem Vormarsch nach Südosten und hat sich dem Don-Abschnitt westlich Stalingrad auf 80 km genähert.

24.7. Wie durch Sondermeldung bekanntgegeben, haben Truppen des deutschen Heeres, der Waffen-SS und slowakische Verbände, von der Luftwaffe hervorragend unterstützt, die stark befestigten und tief gegliederten Verteidigungsstellungen von Rostow auf der gesamten Front durchbrochen und nach harten Kämpfen die als Verkehrs- und Hafenzentrum wichtige Stadt im Sturm genommen.

27.7. Nach wirkungslosen Störangriffen am Tage auf westdeutsches Gebiet wurde in der Nacht zum 27. Juli die Stadt Hamburg und Umgebung von der britischen Luftwaffe mit Spreng- und Brandbomben belegt. Die Zivilbevölkerung hatte stärkere Verluste. Fast ausschließlich in Wohnvierteln wurden zahlreiche Gebäude zerstört und beschädigt. Nachtjäger, Flakartillerie, Marineartillerie und Vorpostenboote schossen 37 der angreifenden Bomber ab.

»Der große Schatten«

Robert Jürgensen und seine Frau Gisela erkennen in ihrem ehemaligen Manager Karl Schroeter den Vater eines Mädchens wieder, mit dem Robert früher einmal befreundet war. Damals erwartete Gisela jedoch ein Kind von Robert, und Inge, so hieß die Tochter Schroeters, beging Selbstmord. Als Schroeter diese traurige Nachricht erfährt, steht er gerade dem gegenüber, der seine Tochter verführt hat. Außer sich vor Schmerz stürzt er sich auf den Mann, der sein Glück zerstört hat. Schroeter wird daraufhin in eine Klinik eingeliefert – bei seiner Entlassung überzeugt ihn Gisela, daß es besser ist, wenn er seine Arbeit wieder aufnimmt und seinen Kummer zu vergessen sucht. –

In dem neuen Tobis-Film »Der große Schatten« ist Heidemarie Hatheyer eine Schauspielerin, das späte Liebesglück eines großen Darstellers, in dessen Leben sich die Rollenschicksale und eigenen schicksalhaften Erlebnisse überschneiden. Sie ist Schauspielerin, Frau und Kameradin zugleich und erfüllt in diesem Dreiklang ihres weiblichen Wesens zugleich ihre eigene künstlerische Persönlichkeit: die Disziplin des Spiels, die Intensität des Gefühls und die natürliche Aufgeschlossenheit des lebenserfahrenen Menschen. Wird Heidemarie Hatheyer sich in diesem von Paul Verhoeven inszenierten Film selbst spielen? So ist als Antwort auch hier – und gerade bei Heidemarie Hatheyer – ein Ja und Nein zugleich die treffendste Auskunft.

»Der Film«, 11. 7. 1942

Marina von Ditmar mit Heinrich George in »Der große Schatten«.

Ein Wall tapferer Herzen

Rschew, Anfang August. – In der Morgendämmerung setzten die Bolschewisten eine größere Zahl von Schlachtfliegern an, die in rollenden Einsätzen die deutschen Stellungen nördlich Rschew, unsere Nachschubstraßen sowie die Stadt Rschew selbst mit Bomben belegten. Truppen und Nachschubfahrzeuge wurden von ihnen im Tiefflug mit Bordkanonen und Maschinengewehren angegriffen.

Die Angriffe einer ganzen Division und einer Panzerbrigade jedoch scheiterten an der deutschen Aufklärungsabteilung. Die Bolschewisten hatten Gardeschützen eingesetzt – es half nichts. Sie legten viele tausend Granaten auf den kleinen Raum vor ihrer Angriffsspitze. Sie fegten aus der Luft mit Bordkanonen und Maschinengewehren über die Erdlöcher unserer Infanterie – es half ihnen nichts! Eine Panzerbrigade ließen sie anrennen gegen die deutsche Mauer der tapferen Herzen. Nun bildet der Stolz dieser Brigade, zusammengeschossen und ausgebrannt, einen neuen Panzerfriedhof. Der Totengräber war die gemischte Panzerjäger- und Aufklärungsabteilung. Sie allein vernichtete an zwei Kampftagen zwanzig Sowjetpanzer vorwiegend vom Typ T 34, aber auch einige weit schwereren Ausmaßes.

Gegen eine vielfache Übermacht an Menschen und eine nicht abzusehende Menge an Kampfmaterial hat die kleine Abteilung unter schlechtesten Wetterverhältnissen den ihr erteilten Befehl ausgeführt und die Stellung gehalten. Der General sagt es selbst: Wie immer!

»Deutschland im Kampf«, August 1942

Fischäugige Idioten

Man kann alles ertragen: Not, Hunger, Tod. Aber die Deutschen kann man nicht ertragen. Man kann diese fischäugigen Idioten nicht ertragen, die alles Russische verachten. Wir können nicht leben, solange diese graugrünen Schnecken am Leben sind. Heute gibt es keine Bücher, heute gibt es keine Sterne am Himmel. Heute gibt es nur einen Gedanken: Die Deutschen töten, sie töten und in die Erde verscharren. Dann erst können wir wieder an das Leben, an Bücher, an Mädchen, an Glück denken. Wir dürfen uns

1942

August

3. 8. Deutsche Verbände erreichen im Vorfeld des Kaukasus den Kabun

5. 8. Die britische Regierung annulliert das Münchner Abkommen von 1938

6. 8. Präsident Roosevelt ernennt General Eisenhower zum Oberbefehlshaber für das Unternehmen »Torch«, die geplante alliierte Landung in Französisch-Nordafrika

7.–11. 8. Die 6. Armee unter General Paulus greift sowjetische Kräfte westlich von Kalatsch an und macht 35 000 Gefangene.

7. 8. Einheiten des amerikanischen Marine-Korps landen auf der Salomonen-Insel Guadalcanal

8. 8. Der Allindische Kongreß in Delhi fordert die Briten auf, das Land sofort zu verlassen. Gandhi und Nehru werden verhaftet, schwere Unruhen folgen

11.–13. 8. 222 britische Flugzeuge werfen in zwei aufeinanderfolgenden Nächten 580 t Bomben auf Mainz

12.–15. 8. Besprechungen zwischen Stalin, Churchill und Harriman in Moskau über Maßnahmen gegen Deutschland und seine Verbündeten

13. 8. Generaloberst Jeremenko übernimmt den Oberbefehl über die sowjetische »Stalingradfront«.
Die Schweizer Grenzen werden für Ausländer geschlossen

19. 8. General Paulus gibt der 6. Armee den Befehl zum Angriff auf Stalingrad

22. 8. Präsident Roosevelt gibt bekannt, daß ein vorrangiges gemeinsames Kriegsziel der Alliierten die Bestrafung der Kriegsverbrecher sei

23. 8. Hitler bestimmt den 14. 9. als Termin für den Angriff auf Leningrad

25. 8. Das sowjetische Oberkommando ruft für Stalingrad den Belagerungszustand aus

28. 8. Brasilien erklärt Deutschland den Krieg

30. 8. Luxemburg wird in das Deutsche Reich eingegliedert

Kultur

14. 8. Der antisowjetische Propagandafilm »G.P.U.« mit Marina von Ditmar und Will Quadflieg wird uraufgeführt

16. 8. Deutschlands Fußball-Nationalmannschaft schlägt Rumänien mit 7:0. Fritz Walter schießt drei Tore nicht auf Flüsse und Berge verlassen. Wir können uns nur auf uns selbst verlassen. Die Thermopylen konnten sie nicht aufhalten und auch das Meer und Kreta nicht. Männer hielten sie auf, nicht in den Bergen, sondern in den Schrebergärten am Rande Moskaus.

Ilja Ehrenburg, sowjetischer Schriftsteller, in der Zeitschrift »Roter Stern«, 13. 8. 1942.

Zum Schrecken der Engländer brachen deutsche Seestreitkräfte, die nach britischen Meldungen längst »pulverisiert« waren, in einem siegreichen Gefecht durch den Kanal. Unser Bild zeigt das Schlachtschiff »Gneisenau«, das mit »Scharnhorst«, dem Schweren Kreuzer »Prinz Eugen« und starken Luftstreitkräften dem Feind eine bittere Schlappe beibrachte. Entsetzt fragt die gesamte Inselpresse: »Wo sind eigentlich unsere Schlachtschiffe?«

»Hamburger Illustrierte«, August 1942

Links: Erich Erler, Blut und Boden.

Paris sieht Arno Breker

Im Ausstellungsgebäude der Orangerie im Grünen Garten der Tuilerien in Paris findet gegenwärtig eine Schau von Werken Arno Brekers statt, die in der französischen Öffentlichkeit lebhaftem Interesse und weitgehender Anteilnahme begegnet, da sie vor den Arbeiten eines der repräsentativsten Bildhauer der Gegenwart zum ersten Mal die Gelegenheit bot zu einer persönlichen Fühlungnahme mit der Plastik des neuen Deutschlands. Neben Großfiguren, die in ihrer Monumentalität, Klarheit und Schönheit den Stil unserer Zeit künden, vermitteln Kleinplastik und Reliefs ein Bild von der Vielseitigkeit des Schaffens dieses Künstlers.

»Leipziger Illustrirte Zeitung«, August 1942

Aufruf

An die Einwohner des jüdischen Wohnbezirks.

Gemäss Anordnung der Behörden vom 22. Juli 1942 werden alle Personen, welche nicht in Anstalten und Unternehmen tätig sind, unbedingt umgesiedelt.

Die Zwangsaussiedlung wird ununterbrochen weitergeführt. Ich fordere erneut die der Aussiedlung unterliegende Bevölkerung auf, sich freiwillig auf dem Umschlagplatz zu melden und verlängere auf weitere 3 Tage, d. h. den 2., 3. und 4. August 1942 die Ausgabe von 3 kg. Brot und 1 kg. Marmelade an jede sich freiwillig meldende Person.

Freiwillig zur Abreise erscheinende Familien werden nicht getrennt.

Sammelpunkt für Freiwillige: Dzika 3 – Stawki 27.

Der Leiter des Ordnungsdienstes

Warschau, den 1. August 1942

Den Juden im Warschauer Ghetto wird Brot und Marmelade für freiwilliges Melden zum Transport versprochen.

Das OKW gibt bekannt

August

12. 8. In der vergangenen Nacht unternahm die britische Luftwaffe neben wirkungslosen Störflügen in das Gebiet der Deutschen Bucht Angriffe auf Wohnviertel mehrerer Städte Westdeutschlands, hauptsächlich auf Mainz und Wiesbaden. Die Zivilbevölkerung hatte Verluste. Durch Spreng- und Brandbomben entstanden Sach- und Gebäudeschäden. Nachtjäger und Flakartillerie schossen elf der angreifenden Bomber ab.

13. 8. Die gestern von einem britischen Flugzeug über einer westdeutschen Stadt aus großer Höhe abgeworfenen Bomben blieben ohne Wirkung. In der Nacht zum 13. August wiederholten Verbände der britischen Luftwaffe ihre Terrorangriffe auf das Rhein-Main-Gebiet. Bei der Bombardierung von Wohnvierteln der Stadt Mainz hatte die Zivilbevölkerung, deren Haltung vorbildlich ist, wieder Verluste. Zerstörungen und Brände größeren Umfangs wurden verursacht. Nach bisherigen Meldungen wurden vier der angreifenden Bombenflugzeuge durch Nachtjäger und Flakartillerie abgeschossen.

19. 8. Eine großangelegte Landung englischer, amerikanischer, kanadischer und de-Gaulle-Truppen in der Stärke etwa einer Division als erste Welle, die in den heutigen Morgenstunden gegen die französische Kanalküste bei Dieppe unter dem Schutz starker See- und Luftstreitkräfte und unter Einsatz von gelandeten Panzern geführt wurde, ist durch die im Küstenschutz eingesetzten deutschen Kräfte unter hohen blutigen Verlusten für den Gegner zusammengebrochen. Seit 16 Uhr befindet sich kein bewaffneter Feind mehr auf dem Festland. Der Feind hat bei diesem, nur politischen Zwecken dienenden, aber jeder militärischen Vernunft hohnsprechenden Landungsversuch eine vernichtende Niederlage erlitten. Die deutsche Macht im Westen hat dem dilettantenhaften Unternehmen die gebührende Abfuhr erteilt. Sie sieht im übrigen allen weiteren Versuchen dieses Gegners mit der Ruhe und Kraft einer Wehrmacht entgegen, die in Hunderten von Schlachten den Sieg an ihre Fahnen geheftet hat.

Kunstausstellung 1942

Die beachtliche Zahl hervorragender Werke der Malerei und Plastik in der »Großen Deutschen Kunstausstellung« ist das zwingendste Dokument für die kulturelle Kraft des deutschen Volkes, die auch im gegenwärtigen Kriege zur vollen Entfaltung kommt. Sowohl aus der monumentalen Plastik wie auch aus der einfachsten Skizze spricht in eindeutiger Weise das Wollen des deutschen Künstlers der Gegenwart, seinem innersten Fühlen und Denken eine klare, allgemeinverständliche Form zu geben. Durch dieses Bestreben erhielt die neue deutsche Kunst eine einheitliche, deutlich erkennbare Richtung. Die Zeit modischer, kurzdauernder Kunstströmungen, die man großzügig »Stile« nannte, die in Wirklichkeit aber Experimente einer dem Untergang geweihten Welt waren, ist endgültig vorüber. Die nationale Besinnung des deutschen Volkes, das Zurückgehen auf Rasse und blutmäßige Eigenart, rief auch in der bildenden Kunst eine grundsätzliche Neuerung hervor, die sich aber nicht nur im Fomalen, sondern vor allem in der inneren Haltung des Künstlers kundgibt. Herrschte vor der Machtübernahme das Bestreben, die nationalen Grenzen der Völker zu verwischen und ein internationales Denken und Fühlen hochzuzüchten, so verlegte der Nationalsozialismus mit vollem Bewußtsein das kulturelle Schwergewicht auf eine nationale Grundlage. Die Richtigkeit dieses Unternehmens beweisen in eindeutiger Weise die jährlich immer bedeutungsvolleren Ausstellungen im Haus der Deutschen Kunst, die gegenüber den Ausstellungen vor einem Jahrzehnt ein grundsätzlich anderes Bild zeigen.

»Kunst dem Volk«, September 1942

Adolf Reich, Die Wollsammlung in einer Münchener Ortsgruppe.

Angst vor dem Winter

Die harten Kämpfe um Stalingrad stehen nach wie vor im Vordergrund des Interesses weiter Bevölkerungskreise. Man erwartet den Fall dieser Stadt seit Tagen sehnlichst, um so mehr als man sich davon eine Wende des Rußlandkrieges noch in diesem Jahr verspricht, insbesondere aber eine für uns günstige Rückwirkung auf die Angriffe der Sowjets bei Rschew und Kaluga. Mehr und mehr werden erstaunte Stimmen laut, daß in diesem Jahr um jede russische Stadt so viel härter gekämpft werden müsse als im Vorjahr, wobei man es kaum glauben will, daß z.B. Stalingrad von den Bolschewisten tatsächlich zur Festung ausgebaut sei. Man könnte nicht annehmen, daß diese weit im Osten liegende Stadt ursprünglich von den Sowjets befestigt gewesen sei, um so mehr glaubt man aus den Meldungen über das befestigte Stalingrad entnehmen zu können, daß die Sowjets immer noch ganz erhebliche Reserven an Menschen und Material herbeizuführen in der Lage sind, was die Härte der Kämpfe sowohl an der Wolgafront als auch im Mittelabschnitt der Front beweise.

Zur vordringlichen Frage vieler Volksgenossen ist es geworden, ob die Russen in diesem Jahr noch entscheidend geschlagen werden können oder nicht. Diese Fragestellung beherrscht weite Bevölkerungskreise und hat die vielfach uneinheitliche Beurteilung der militärischen Lage noch deutlicher hervortreten lassen, welche derzeit immer noch zwischen übertriebenem Optimismus und starkem Pessimismus schwankt. Wenn auch der Glaube an den Endsieg nach wie vor nicht erschüttert ist, so werden doch mehr und mehr Stimmen laut, die mit Angst von einem zweiten russischen Kriegswinter sprechen, wobei insbesondere die Erwägung bestimmend ist, daß damit die Zeit für unsere Gegner arbeite, die ihre Rüstungskapazität weiter vergrößern könnten, während wir alles daransetzen müßten, um die Front zu halten.

Die anhaltenden schweren englischen Luftangriffe auf west- und südwestdeutsches Gebiet werden von der Bevölkerung in allen Teilen des Rei-

1942

September

1. 9. Hitler in seinem Aufruf zum 4. Kriegswinterhilfswerk: »Aus diesem Völkerringen muß und wird das Deutsche Reich als ein durch und durch nationalsozialistischer Staat in den Frieden zurückkehren«

3. 9. Deutsche Truppenteile kämpfen sich bis auf 8 km an den Stadtkern von Stalingrad heran

6. 9. Eroberung des Hafens Noworossisk am Schwarzen Meer

8./9. 9. Britisch-kanadischer Luftangriff auf Frankfurt a. M.

9. 9. Hitler enthebt den Oberbefehlshaber der Heeresgruppe A, Generalfeldmarschall List, seines Postens und übernimmt selbst die Führung der Heeresgruppe

10./11. 9. 360 britische Flugzeuge werfen 760 t Bomben auf Düsseldorf

12. 9. U 156 versenkt im Mittelatlantik den britischen Truppentransporter Laconia mit 1800 italienischen Kriegsgefangenen an Bord; bei der Rettung der Schiffbrüchigen wird das U-Boot bombardiert. Daraufhin Befehl von Admiral Dönitz, in Zukunft solche Rettungsaktionen zu unterlassen

15. 9. Beginn einer sowjetischen Offensive auf Woronesch.
Beginn der Kämpfe zwischen amerikanischen und japanischen Marineeinheiten bei Guadalcanal/Salomonen

22. 9. General Eisenhower setzt den Termin für die alliierte Landung in Nordwestafrika (Unternehmen »Torch«) auf den 7. 11. 1942 fest

22./23. 9. Der stellvertretende rumänische Ministerpräsident Antonescu besucht Hitler im Führerhauptquartier »Werwolf«

24. 9. Der Chef des Generalstabes des Heeres, Generaloberst Halder, tritt nach einem Konflikt mit Hitler zurück

30. 9. Hitler erklärt in einer Rede zur Eröffnung des 4. Kriegswinterhilfswerks, daß Stalingrad fast vollständig erobert sei und »daß uns kein Mensch von dieser Stelle mehr wegbringen wird«

Kultur

4. 9. In London findet die erste Mitgliederversammlung des deutschen PEN-Clubs statt

16. 9. Der Schriftsteller Werner Bergengruen feiert seinen 50. Geburtstag ches sehr ernst genommen und bilden den Hauptgesprächsgegenstand, der vielfach alle Erörterungen über sonstige militärische und politische Ereignisse völlig überschattet. Die teilweise erheblichen Zerstörungen in bereits zahlreichen deutschen Städten werden als sehr bedenkliche und folgenschwere Kriegserscheinung angesehen und immer mehr als eine »zweite Front« bewertet. SD-Lagebericht, 10. 9. 1942

Die fremdvölkischen Arbeitskräfte

Das vierte Kriegsjahr stellt an die Einsatzbereitschaft des deutschen Landvolkes höhere Anforderungen als in den vergangenen beiden Jahren. Um diese gesteigerten Leistungen zu vollbringen, bedurfte es besonders im Hinblick auf die Ernte der Mobilisierung aller verfügbaren Kräfte. Schon seit Monaten wurden von den beteiligten Stellen alle Vorkehrungen getroffen, um dem Arbeitskräftemangel entgegenzuarbeiten und die Nöte der landwirtschaftlichen Betriebsführer zu beseitigen. Leicht war diese Aufgabe keineswegs. Der Jugendeinsatz, die Erntehilfe am Wochenende und in der Urlaubszeit stellen Maßnahmen dar, die bereits gute Erfolge gezeitigt haben. In der Hauptsache mußten aber fremdvölkische Arbeitskräfte in der Landwirtschaft eingesetzt werden. Es ist hier jedoch besonders notwendig, die innere Ordnung aufrechtzuerhalten. Auf keinem anderen Gebiete sind die deutschen und fremdvölkischen Kräfte rein arbeitsmäßig so aufeinander angewiesen, wie gerade in der Landwirtschaft. Der deutsche Bauer, die deutsche Bäuerin und besonders die landwirtschaftliche Jugend müssen sich daher heute mehr denn je ihrer völkischen Pflichten bewußt sein, sie müssen die richtige Einstellung und Haltung zu den fremden Arbeitskräften finden. Vor allem die deutschen Frauen und Mädchen müssen sich so verhalten, wie es der deutschen Art entspricht. Den Polen und Ostarbeitern soll eine zwar gerechte, aber dabei streng disziplinierte Behandlung zuteil werden.

»Rheinhessische Landeszeitung«, 29. 9. 1942

Die Apfelernte.

Finger weg von den Küsten Europas! Vernichtete britische Panzer am Strand von Dieppe.

Wachsamkeit bei Notlandung feindlicher Flieger

Besatzungen feindlicher Flugzeuge, die bei Einflügen in das Reichsgebiet durch die deutsche Abwehr zum Absturz gebracht oder zur Notlandung gezwungen werden, versuchen vielfach, sich durch geschicktes Tarnen oder durch Flucht der Kriegsgefangenschaft zu entziehen. Derartige Versuche werden vor allem während der Nacht und beim Absprung der feindlichen Flieger über abgelegenen Gegenden begünstigt, weil Flugzeugnotlandungen und Fallschirmabsprünge dann nicht einwandfrei beobachtet werden können. Die deutsche Zivilbevölkerung wird deshalb zu tatkräftiger Mithilfe und größter Wachsamkeit aufgefordert. Alle – auch die unscheinbarsten – Wahrnehmungen können oft von unschätzbarem Wert für die Landesverteidigung sein. Jeder, der irgendwelche Beobachtungen über Notlandungen feindlicher Flugzeuge usw. macht, hat im Interesse der Landesverteidigung den nächsterreichbaren Dienststellen der Wehrmacht, Polizei oder Gendarmerie sofort Mitteilung zu machen.

Amtliche Bekanntmachung, September 1942

Das OKW gibt bekannt

September

4.9. Der Angriff auf Stalingrad konnte gestern bis an die westlichen Vorstädte vorgetragen werden.

11.9. Nach vereinzelten wirkungslosen Tagesstörflügen griffen Verbände der britischen Luftwaffe in der vergangenen Nacht mehrere Orte Westdeutschlands an. Vor allem in Wohnvierteln der Stadt Düsseldorf entstanden zahlreiche Brände sowie Sach- und Gebäudeschäden. Die Zivilbevölkerung hatte Verluste.

13.9. Vor Stalingrad kämpften sich die Angriffstruppen trotz des zähen feindlichen Widerstandes nach der Erstürmung zahlreicher Kampfanlagen weiter gegen den Stadtrand vor und drangen in den Südteil der Stadt ein. Entlastungsangriffe des Feindes von Norden wurden abgewiesen. Starke Kräfte der Luftwaffe unterstützten an den Brennpunkten der Schlacht die Kämpfe des Heeres, bombardierten bei Tag und Nacht die Stadt, wodurch ausgedehnte Brände hervorgerufen wurden.

14.9. In der vergangenen Nacht flogen sowjetische Flugzeuge in die Ostgebiete ein. Durch vereinzelte planlose Bombenabwürfe entstanden geringe Sachschäden.

20.9. In der Nacht flogen britische Bombenflugzeuge nach Südwest- und Süddeutschland ein. An einigen Orten, unter anderem in der Stadt München, entstanden Spreng- und Brandschäden vorwiegend in Wohnvierteln und an öffentlichen Gebäuden. Die Zivilbevölkerung hatte Verluste.
Ferner gibt das Oberkommando der Wehrmacht bekannt:
Die von amtlicher sowjetischer Seite bekanntgegebene und von der Reuter-Agentur übernommene Behauptung, daß Generaloberst von Kleist gefallen sei, ist unwahr.

26.9. Im Kampf um Stalingrad wurden dem Feind die in der Nähe der Wolga liegenden Parteigebäude in schweren Kämpfen entrissen und Entlastungsangriffe an der nördlichen Riegelstellung unter Vernichtung von 31 Panzern abgewiesen. Kampfflugzeuge warfen bei Nachtangriffen Bahnhofsanlagen und Öllager der Stadt Astrachan in Brand.

29.9. Im Kampf um Stalingrad führte am gestrigen Tag der Angriff in erbitterten Kämpfen nunmehr auch zum Einbruch in das nördliche Stadtgebiet. Vergeblich setzte der Feind seine Entlastungsangriffe von Norden fort.

Ein Lob dem Ragout!

Wir loben das Ragout, weil es in einer Zeit größter Sparsamkeit eine ausgiebige Verwendung für Fleisch, Pilze und Gemüse darstellt. Wenn wir nur 50 g Fleisch für jeden Esser haben, können wir mit Hilfe einer braunen oder hellen Ragoutsoße ein sehr sättigendes Gericht bereiten. Wir können überdies zu solch einem Ragout auch wenig Marken erfordernde innere Fleischteile, wie Lunge, Herz, Euter, Milz, mit oder ausschließlich verwenden. Endlich kann man ein Ragout aus Fleisch zur Hälfte mit gehackten Pilzen oder gehacktem, gedünstetem Wurzelgemüse strecken, ohne daß der Wohlgeschmack darunter leidet. Auch Erbsen eignen sich dazu, in ein Ragout aufgenommen zu werden. Und wenn wir fleischlos essen wollen, bereiten wir es eben nur aus Gemüse oder Pilzen zu.

Wenn die Kartoffeln knapp sind, wird das Ragout mit gerösteten Brotkrüstchen angerichtet. Es läßt sich aber auch in einen gestürzten Rand aus in Brühe ausgequollener Grütze füllen. Und außerdem kann man frisch gekochte, durch die Presse gedrückte Kartoffeln randartig auf eine erwärmte Platte legen und in die Mitte ein beliebiges Ragout geben.

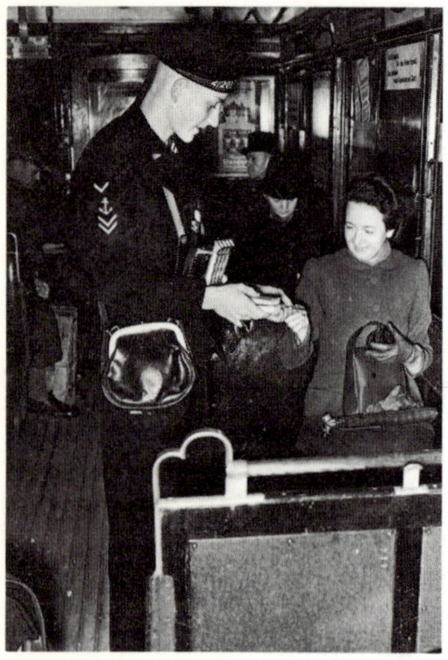

Als Straßenbahnschaffner versehen die Angehörigen der Hitler-Jugend sonntags den Dienst bei der BVG und verhelfen somit den Angehörigen der BVG zu einem freien Sonntag.

»Weltbild«, 26. 10. 1942

Kleine Sparwinke

Salatsoße ohne Öl

kann man für den abendlichen Salat am Morgen vorbereiten. Eine kleine frisch gekochte Schalkartoffel wird zerdrückt und mit ein wenig Margarine recht gut vermischt. Dann gibt man Essig, Salz, Brühe oder Wasser sowie Kräuter oder Paprika oder Senfwürze dazu und erhält so eine wohlschmeckende, sämige Salatsoße.

Brösel ohne Brot

zum Abschmälzen von Nudeln, Spätzle und Maultaschen: Wir belegen das Backblech mit einem reinen Papier und reiben darüber, recht dünn verteilt, übriggebliebene gekochte Kartoffeln. In schwach beheizter Röhre lassen wir sie trocknen. Man kann sie vorrätig halten. Bei Gebrauch werden die Flocken in heißem Fett schnell braun.

Kartoffelknödel ohne Ei

halten gut, wenn man zum Festigen des Teiges ⅓ Mehl und ⅔ Grieß nimmt und sie, bevor man sie in das kochende Wasser gibt, in Mehl wälzt.

Gemüse

kann man anstatt mit Mehl mit roher oder gekochter geriebener Kartoffel binden.

Zu Anfang des Monats Oktober erfuhr der neue von Wolfgang Liebeneiner gedrehte Tobis-Film »Die Entlassung« mit Jannings als Bismarck seine Uraufführung. Ihm wurde das höchste deutsche Film-Prädikat »Film der Nation« zuerkannt.

»Deutschland im Kampf«, Oktober 1942

»In Which We Serve«

»In Which We Serve« heißt der neue englische Film, den Noel Coward produziert, geschrieben und komponiert hat und dessen Hauptrolle er spielt. Es ist die Geschichte eines Schiffes der Royal Navy. Der bekannte Autor-Schauspieler hat vor langen Jahren mit Ben Hecht und Mac Arthur in New York »The Scoundrel« gedreht; dies ist seine zweite Filmarbeit.

»In Which We Serve« ist ein Markstein. Ohne durchgehende Handlung, ohne Liebesgeschichte, ohne Hurrapatriotismus – und dennoch ein eindrucksvoller Film, vielleicht der erste Kriegsfilm überhaupt. Es ist die Geschichte eines Zerstörers, der bei Kreta torpediert wird – ein paar Mann der Besatzung klammern sich an ein Gummiboot. Und während sie zwischen Leben und Tod schweben, sieht man Episoden ihres Lebens. Nichts Großes oder Wichtiges geschieht in diesen Bruchstükken, und doch geben die Blitzbilder einen Eindruck vom Leben und Sterben der Matrosen an Land und auf der See.

Dieser Film wurde in ein paar Wochen gedreht: Der Dialog ist außergewöhnlich einfach und natürlich; die Musik kommt ganz ohne »Rule Britannia« oder »God Save the

1942

Oktober

1. 10. Die seit dem 15. 5. 1941 deutscher Zivilverwaltung unterstehenden Gebiete im Süden Kärntens und der Steiermark werden zu Reichsgebiet erklärt

4. 10. Armeegeneral Schukow und Generaloberst Wassilewski vom sowjetischen Oberkommando besprechen mit den Oberbefehlshabern der drei »Fronten« im Raum Stalingrad die geplante Umfassungsoperation gegen die 6. deutsche Armee

9. 10. Die Armeekommissare in der UdSSR werden abgeschafft. Die Truppenkommandeure erhalten die alleinige Befehlsgewalt

10. 10. Beginn einer deutsch-italienischen Luftoffensive gegen Malta

11./12. 10. Seeschlacht bei Cape Esperance. Japanische Kreuzer werden von amerikanischen Schiffen vor Guadalcanal angegriffen

14. 10. Hitler bezeichnet seine Soldaten im Osten für den kommenden Winter als »rechtzeitig und besser vorbereitet« und beurteilt die Rote Armee als »durch die letzten Kämpfe geschwächt«. Die deutschen Truppen werden angewiesen, »die erreichten Linien als Ausgangsbasis für eine deutsche Offensive 1943 auf jeden Fall zu halten«

14. 10. Britische Schnellboote versenken den deutschen Hilfskreuzer Schiff 45 Komet vor Cap de la Hague

18. 10. In der »Weisung Nr. 46« befiehlt Hitler, alle bei Kommando-Unternehmen »von deutschen Truppen gestellten Gegner, auch wenn es sich äußerlich um Soldaten in Uniform oder Zerstörertrupps mit und ohne Waffen handelt, im Kampf oder auf der Flucht bis auf den letzten Mann niederzumachen«

23. 10. 21.40 Uhr: Beginn einer Offensive der 8. britischen Armee an der El-Alamein-Front

25. 10. Deutsche Offensive im Kaukasus. Sowjetische Truppen räumen Naltschik.
Ende Oktober sind ⁹⁄₁₀ von Stalingrad besetzt

Kultur

6. 10. Uraufführung des Films »Die Entlassung« von Wolfgang Liebeneiner mit Emil Jannings

23. 10. Zum »Tag der Kunst« spricht Alfred Rosenberg die Hoffnung aus, es werde gelingen, »das Judentum aus allen europäischen Staaten auszuschalten«

King« aus. Es ist ein Dokument – ernst, nervenerregend, zuweilen auch sentimental. Und, vor allem, kühl und distanziert. Da ist ein Abschied in den Docks: ganz einfach, aber die Augen werden feucht. Da ist die Rede zu einer Matrosenbraut – sie wird kein Heim haben, sie wird ihr Leben lang warten, immer wird das Schiff zwischen ihr und der Liebe zu ihm stehen – es klingt wie Meuterei, sagt Cowards Stimme dazwischen: Aber es ist einfach und echt. Noel Coward hat einen großen, wundervollen Film geschaffen.

»Aufbau« (New York), 29. 10. 1942

Plakatwerbung zu Noel Cowards Film »In Which We Serve«.

Wir werden den Feind vernichten

1. Als ich das Kommando der 8. Armee übernahm, sagte ich, unsere Aufgabe sei, Rommel und seine Armee zu vernichten, und daß dies geschehen werde, sobald wir fertig seien.
2. Jetzt sind wir fertig.
Die Schlacht, die demnächst beginnt, wird einmal als Entscheidungsschlacht in die Geschichte eingehen. Sie wird der Wendepunkt des Krieges sein. Die Augen der ganzen Welt werden auf uns gerichtet sein und gespannt beobachten, wem der Sieg sich zuwenden wird.
Wir können ihnen jetzt schon die Antwort geben: »Uns wird er sich zuwenden!«
3. Wir haben erstklassige Waffen und Ausrüstung: starke Panzer, gute Panzerabwehrgeschütze, eine Menge Artillerie und reichlich Munition – und wir werden unterstützt von der besten Luftwaffe der Welt.
Jetzt ist es nur noch notwendig, daß jeder von uns, jeder Offizier und Mann, in diese Schlacht geht mit der unerschütterlichen Entschlossenheit, sie durchzustehen – zu kämpfen und zu töten – und schließlich zu gewinnen. Wenn wir alles tun, kann nur dies das Ergebnis sein: Wir werden den Feind vernichtend schlagen und aus Nordafrika hinauswerfen.
Je eher wir diese Schlacht gewinnen, die der Wendepunkt des Krieges sein wird, desto eher werden wir alle wieder in die Heimat und zu unseren Angehörigen zurückkommen.
Daher möge jeder Offizier und jeder Mann mit tapferem Herzen in diese Schlacht gehen, entschlossen, seine Pflicht zu tun bis zum letzten Atemzug. Und keiner darf sich ergeben, solange er noch unverwundet ist und kämpfen kann.
Laßt uns darum beten, daß der »mächtige Herr der Schlachten« uns den Sieg schenken möge!
B. L. Montgomery
Generalleutnant
u. OB der 8. Armee

Montgomerys Botschaft an die 8. Armee vor der Schlacht von El Alamein, 23. 10. 1942

Auf den Höhen des Kaukasus. Transport eines Gebirgsgeschützes in den Bergen des Kaukasus. Das Geschütz ist in acht Lasten auf die Maultiere verteilt, aber auch die Gebirgsjäger selbst haben in ihren Rucksäcken ein ansehnliches Gewicht zu schleppen. Jede körperliche Bewegung in diesen Höhen von rund 3000 Metern, wo die sauerstoffarme Luft das Atmen erschwert, wird zu einer Kraftanstrengung.

»Aktueller Bilderdienst«, 26. 10. 1942

Das OKW gibt bekannt

Oktober

7. 10. Nach dem mißglückten Landungsversuch bei Dieppe hatte ein erbeuteter englischer Befehl, in dem die Fesselung deutscher Gefangener befohlen war, das Oberkommando der Wehrmacht gezwungen, zum Schutze der deutschen Soldatenehre entsprechende Gegenmaßnahmen anzukündigen. Daraufhin erklärte das britische Kriegsministerium am 2. September: »Es wird mit Nachdruck in Abrede gestellt, daß irgendeinem deutschen Gefangenen die Hände gebunden worden sind. Jeder derartige Befehl wird, falls er herausgegeben sein sollte, widerrufen werden.«
Inzwischen haben sich beide Erklärungen des britischen Kriegsministeriums entweder als leichtfertige, unüberprüfte Behauptung oder als bewußte Lüge herausgestellt.
Das Oberkommando der Wehrmacht sieht sich daher gezwungen, folgendes anzuordnen:
1. Vom 8. Oktober, 12 Uhr mittags an werden sämtliche bei Dieppe gefangenen britischen Offiziere und Soldaten in Fesseln gelegt. Diese Maßnahme bleibt so lange wirksam, bis das britische Kriegsministerium nachweist, daß es in Zukunft wahre Erklärungen über die Fesselung deutscher Kriegsgefangener abgibt, oder daß es sich die Autorität verschafft hat, seine Befehle bei der Truppe auch durchzusetzen.
2. In Zukunft werden sämtliche Terror- und Sabotagetrupps der Briten und ihrer Helfershelfer, die sich nicht wie Soldaten, sondern wie Banditen benehmen, von den deutschen Truppen auch als solche behandelt und, wo sie auch auftreten, rücksichtslos im Kampf niedergemacht werden.

28. 10. Der Sender London gab in der vergangenen Nacht bekannt, daß die Deutschen durch Vermittlung des Roten Kreuzes den Vorschlag für einen viertägigen Waffenstillstand in Stalingrad gemacht hätten, die Verhandlungen seien jedoch gescheitert.
Das Oberkommando der Wehrmacht erklärt dazu, daß diese Behauptung eine der üblichen Lügen der britischen Regierung ist, mit der sie den unaufhaltsamen Zusammenbruch der Verteidigung von Stalingrad zu verschleiern sucht.

Paulus an Hitler

Mein Führer!
Seit Eingang Ihres Funkspruchs vom 22. 11. abends hat sich die Entwicklung der Dinge überstürzt.
Die Schließung des Kessels ist im Südwesten und Westen nicht geglückt. Bevorstehende Feindeinbrüche zeichnen sich hier ab.
Munition und Betriebsstoff gehen zu Ende. Zahlreiche Batterien und Panzerabwehrwaffen haben sich verschossen. Eine rechtzeitige, ausreichende Versorgung ist ausgeschlossen.
Die Armee geht in kürzester Zeit der Vernichtung entgegen, wenn nicht unter Zusammenfassen aller Kräfte der von Süden und Westen angreifende Feind vernichtend geschlagen wird.
Hierzu ist sofortige Herausnahme aller Divisionen aus Stalingrad und starker Kräfte aus der Nordfront erforderlich. Unabwendbare Folge muß dann Durchbruch nach Südwesten sein, da Ost- und Nordfront bei derartiger Schwäche nicht mehr zu halten sind.
Uns geht dann zwar zahlreiches Material verloren, es wird aber die Mehrzahl wertvoller Kämpfer und wenigstens ein Teil des Materials erhalten. Die Verantwortlichkeit für diese schwerwiegende Meldung behalte ich in vollem Umfange, wenn ich melde, daß die Kommandierenden Generale Heitz, Strecker, Hube und Jaenecke die gleiche Beurteilung der Lage haben. Bitte auf Grund der Lage nochmals um Handlungsfreiheit!

Heil mein Führer!
gez. Paulus

23. 11. 1942

Führerbefehl

An den OB der 6. Armee
Die 6. Armee ist vorübergehend von russischen Kräften eingeschlossen. Ich beabsichtige, die Armee im Raume Stalingrad Nord – Kotluban – Höhe 137 – Höhe 135 – Marinowka – Zybenko – Stalingrad Süd zusammenzufassen. Die Armee darf überzeugt sein, daß ich alles tun werde, um sie entsprechend zu versorgen und rechtzeitig zu entsetzen. Ich kenne die tapfere 6. Armee und ihren Oberbefehlshaber und weiß, daß sie ihre Pflicht tun wird.

gez. Adolf Hitler

24. 11. 1942

Himmlers Ausrottungsplan

Die polnische Exilregierung in London hat einen Bericht veröffentlicht, nach dem die Nazis in Ausführung eines Ausrottungsbefehls des Gestapochefs Heinrich Himmler täglich Tausende von polnischen Juden zu Tode bringen. Die polnischen Behörden veröffentlichen zugleich eine Statistik, nach der bis zum 1. Oktober 250000 polnische Juden unter dem Himmler-Plan hingemordet wurden. Für den Monat Oktober haben die Nazis nur 40000 Lebensmittelkarten für die Juden im Warschauer Getto gedruckt, dessen Einwohnerzahl im März noch 433000 betrug.
In diesem Zusammenhang hat Dr. Stephen S. Wise, Präsident des American Jewish Congress, unmittelbar nach einer Audienz im State Department in einer Pressekonferenz erklärt, er habe durch Quellen, deren Verläßlichkeit ihm durch das State Department bestätigt wurde, erfahren, daß etwa die Hälfte der in den von den Nazis besetzten Ländern Europas lebenden vier Millionen Juden dem »Ausrottungsfeldzug« zum Opfer gefallen sind.

»Aufbau« (New York), 27. 11. 1942

Dies sind die beiden Hitler-Jungen aus den luftbedrohten deutschen Gauen, die sich bei feindlichen Terrorangriffen durch besonders tapfere Haltung und mutige Unerschrockenheit hervorgetan haben, so daß sie vom Führer für ihren vorbildlichen Einsatz mit dem Eisernen Kreuz ausgezeichnet wurden. Links: Scharführer Nikolaus Wilm aus Saarbrücken, 16 Jahre alt, von Beruf Schlosserlehrling (er will Ingenieur werden), und rechts: Gefolgschaftsführer Günther Harms aus Osnabrück, 16½ Jahre alt, von Beruf Gärtnerlehrling.

»Beyers Frauen-Illustrierte Hella«, November 1942

1942

November

2. 11. Die 8. britische Armee setzt zum Durchbruch durch die Stellungen der deutsch-italienischen »Panzerarmee Afrika« an

3. 11. Entgegen dem Befehl Hitlers (»Halten um jeden Preis«) ordnet Rommel den Rückzug der Truppen an

7./8. 11. Landung amerikanisch-englischer Streitkräfte in Marokko und Algerien

10. 11. Unterredung Hitlers mit dem französischen Ministerpräsidenten Laval über die französische Bereitschaft, an deutscher Seite gegen Briten und Amerikaner zu kämpfen

11. 11. 7.00 Uhr: Deutsche Truppen marschieren in das bisher nicht besetzte französische Gebiet ein. Italienische Einheiten besetzen Korsika und die Französische Riviera

13. 11. Britische Verbände erobern Tobruk in der Cyrenaika

17. 11. Erste Kämpfe zwischen deutschen und alliierten Verbänden in Tunesien

19. 11. 5.00 Uhr: Beginn der sowjetischen Großoffensive bei Stalingrad

20. 11. Das Deutsche Afrika-Korps räumt Bengasi. Damit ist die Cyrenaika erneut verloren. Südlich von Stalingrad erfolgt die zweite sowjetische Großoffensive

22. 11. Die sowjetischen Truppen schließen die 6. Armee und weitere deutsche und rumänische Verbände (25 000 Mann) im Raum zwischen Don und Wolga bei Stalingrad ein. Hitler befiehlt: »Die 6. Armee igelt sich ein und wartet Entsatz von außen ab!«

25. 11. Beginn der Luftversorgung des Kessels von Stalingrad: Nur 95 t statt versprochener 300 t werden abgeworfen

27. 11. Besetzung Toulons durch deutsche Panzertruppen

30. 11. US-Bomber greifen Rangun (Burma) an

Kultur

1. 11. Hugo Distler, Komponist protestantischer Kirchenmusik, dessen Werk die Nazis als »entartet« verfemten, begeht Selbstmord

19. 11. »Andreas Schlüter«, ein Propagandafilm mit Paul Dahlke und Heinrich George, hat Premiere

Das Eiserne Kreuz I. Klasse für Hanna Reitsch. Der Führer hat der bekannten Fliegerin, Flugkapitän Hanna Reitsch, in Anerkennung der besonderen Verdienste, das Eiserne Kreuz I. Klasse verliehen.

»Presse-Hoffmann«, 15. 11. 42

Ehevermittlung für Schwerkriegsverletzte

Wie man einer Parteierklärung entnimmt, haben in Leipzig Wehrmacht und Parteiämter eine »Ehevermittlungsstelle für entstellte Schwerkriegsbeschädigte, Kriegsblinde und andere Blinde« errichtet. Man weiß, daß in Deutschland großzügig für die Kriegsinvaliden oder »Kriegsversehrten«, wie sie offiziell genannt werden, gesorgt wird.

Nach der Heilung erhalten sie in Umschulungskursen die Ausbildung für einen ihren Kräften und Fähigkeiten entsprechenden Beruf. Die Invalidenrenten wurden plötzlich derart erhöht, daß kein Invalider, den Lebensstandard verliert, den er vor seiner Verwundung hatte.

Die Ehevermittlung nun geschieht in indirekter Form. Es werden dabei weniger der einzelne Mann und die einzelne Frau zueinandergebracht, sondern durch gesellige Veranstaltungen, Aufenthalt in einem Seebad, einem Erholungsheim oder dergleichen sollen möglichst viele Heiratswillige zusammentreffen. Die eigentliche Entscheidung und Wahl bleibt den Partnern überlassen.

Eine weitere Voraussetzung ist die Erbgesundheit der Ehekandidaten. Ärztliche Berater wirken bei der Organisation entscheidend mit. Die Mädchen, die sich zur Heirat mit einem »Kriegsversehrten« entschlossen haben, werden in Internaten auf ihre schwere Aufgabe vorbereitet.

»Neue Zürcher Zeitung«, 24. 11. 1942

So erzählt der Berichter: »... Das ist Hauptmann Franz, Batteriechef in einer Sturmgeschütz-Abteilung. Beim letzten Angriff hat ihm ein Bolschewik eine Handgranate auf sein Sturmgeschütz geworfen. Ihre Splitter haben ihn im Gesicht verletzt. Jetzt, kurz vor dem zweiten Sturm dieses Tages, hat er wieder Hörer und Kehlkopfmikrofon umgelegt, gibt die vorbereitenden Befehle und raucht dazu seine Zigarette zu Ende.« »Signal«, November 1942

Schockartig beeinflußt

Vor allem die Landung der Amerikaner in Französisch-Nordafrika habe bei der gesamten Bevölkerung gewaltiges Aufsehen erregt und zum Teil die Stimmung schockartig beeinflußt. Über den Ernst der Situation seien die Ansichten noch unterschiedlich. Während ein Teil der Bevölkerung in dem Landungsversuch der Briten und Amerikaner eine Bedrohung der Panzerarmee Rommels sieht und weitere Operationen unserer Gegner auf diesem Kriegsschauplatz für sehr schwierig hält, will ein anderer Teil der Volksgenossen darin die Errichtung der »zweiten Front« erkennen und sich in dieser Ansicht durch den deutschen Einmarsch in die bisher unbesetzten Gebiete Frankreichs bestärkt sehen.

SD-Bericht, 12. 11 42

Das OKW gibt bekannt

November

15. 11. In der Cyrenaika leisteten die deutsch-italienischen Truppen gegenüber dem gleichbleibenden feindlichen Druck zähen Widerstand. Sie setzten sich unter verlustreichen Kämpfen weiter nach Westen ab.

16. 11. Die Ausweichbewegungen in der Cyrenaika verlaufen planmäßig.

24. 11. Südwestlich Stalingrad und im großen Don-Bogen sind die Sowjets unter rücksichtslosem Einsatz von Menschen und Material in die Verteidigungsfront am Don eingebrochen. Die Gegenmaßnahmen sind im Gange.

27. 11. Ferner gibt das Oberkommando der Wehrmacht bekannt: Nach dem Überfall britisch-amerikanischer Streitkräfte auf das französische Kolonialgebiet rückten deutsche und italienische Truppen in das bis dahin unbesetzte Frankreich ein, um dieses gemeinsam mit der französischen Wehrmacht gegen weitere Übergriffe der britisch-amerikanischen Angreifer zu schützen.

Nach ehrenwörtlicher Verpflichtung französischer Truppen- und Flottenbefehlshaber, sich mit ihren Verbänden in den Rahmen der Gesamtverteidigung einzugliedern, wurde nach dem Willen des Führers die französische Wehrmacht nicht nur unangetastet gelassen, sondern zum Teil verstärkt und aufgerüstet sowie der besonders wichtige Festungsabschnitt Toulon mit der französischen Mittelmeerflotte selbständiger französischer Verteidigung überlassen.

In der Zwischenzeit haben sich die Ehrenwortbrüche und Fluchtversuche hoher französischer Offiziere gehäuft. Ebenso wurde erkennbar, daß eine systematische Verhetzung der zur Zusammenarbeit bereiten französischen Wehrmacht durch angelsächsische Einflüsse immer weiter um sich griff und in den letzten Tagen auch bei der Flotte in Toulon Eingang fand.

In der Erkenntnis, daß diese politische Spaltung der französischen Wehrmacht in zunehmendem Maße die Sicherheit der deutschen und italienischen Besatzungstruppen gefährdete und die Autorität der französischen Staatsführung untergrub, gaben Führer und Duce in der vergangenen Nacht den Befehl, die Festung Toulon zu besetzen, die französische Mittelmeerflotte an der geplanten Ausfahrt zu verhindern und die unsicheren Kontingente der französischen Wehrmacht zu demobilisieren.

Hitler-Jugend bastelt Spielzeug

Die großen Erzieher – voran Fröbel – haben um die Wichtigkeit des kindlichen Spieles gewußt. Das Kind erlebt die Welt im Spiel, es »erspielt« sich seine Welt. Sei es, daß das Kleinstkind im Wägelchen das Wunder der sich bewegenden Finger mit immer neuem und ernstem Staunen betrachtet oder das etwas größere Kind am rollenden Ball, am Aufbau von Klötzen oder Ineinanderbau von Hohlkästen physikalische Gesetze als selbstverständlich in sein Bewußtsein aufnimmt – immer lernt das Kind beim Spiel, ohne es zu wissen. Die Bedeutung des kindlichen Spielzeugs ist daher von den verantwortungsbewußten Pädagogen nie unterschätzt worden, aber leider hat die Industrie wenig auf diese ernsten Mahner gehört. Auf der letzten Leipziger Messe gab es allein 350000 verschiedene Spielzeugmodelle ... Wir wissen, wie scheußlich eine große Anzahl davon war, wie geschmacklos und gänzlich unkindlich. Da gab es Puppen als alberne Modeäffchen mit verdrehten Augen, Zelluloidkram, der weder den einfachsten Ansprüchen auf Haltbarkeit noch an Geschmack standhalten konnte, Tiere, wie sie eine launische Mode mehr als Sofazierde für gelangweilte Erwachsene als für kindliche Bedürfnisse schuf.

Wenn die Herstellung des Spielzeugs bisher im Umfange beschränkt war, so werden durch den Kriegseinsatz der Hitler-Jugend jetzt alle Einheiten zur Werkarbeit herangezogen, d.h. das Spielzeug wird nicht nur von den Jungmädeln und Pimpfen unter fachlich geschulter Leitung in den Heimabenden hergestellt, sondern auch in den Landdienstlagern, den Jugendheimstätten und Horten. Das Material ist vorwiegend Holz und möglichst Abfallware. Die Modelle, nach denen gearbeitet wird, sind mit feinem Verständnis einmal für kindliches Wesen und Begriffsvermögen, aber auch für die Gegebenheit des Materials gewählt. Und mehr noch: Mit dem Tier – dem Pferd, dem Schaf – will man dem Kinde gleich den richtigen Begriff vermitteln, die richtige Beziehung des Kindes zum Tier herstellen oder vertiefen. Wir selbst aber haben es als Kinder und dann an unseren Kindern erlebt, daß gerade das einfachste Spielzeug am schönsten war, weil es der Phantasie am meisten »Spiel«raum ließ. Und so ist man in den Modellen, die der Hitler-Jugend zu Vorlagen dienen, auf ganz einfache Formen der Volkskunst zurückgegangen, Formen, wie sie unter den Händen einfacher Schnitzer vor allem in den Gebirgsgegenden Deutschlands entstehen, wie sie der Bergmann, der Hirt, der Fischer an den Winterabenden für ihre Kinder liebevoll basteln. Da ist das wunderhübsche Pferd aus Berchtesgaden, die reizende Puppe von der Niederdonau, da sind die bunten Soldaten aus dem Erzgebirge, die entzückend bemalten Docken aus Sonneberg (Docke, weil Garndocke, der puppenhafte Holzkern für die Garnwickelung). In vielen Fällen gab das Erzeugnis der Volkskunst nur die Anregung, nach der man zehn, zwanzig verschiedene Ausführungen schuf, um zum Schluß die eine gültige Vorlage zu erhalten, die allen Ansprüchen an Schönheit, Ge-

Dieses liebevoll geschnitzte Eselsgespann ist ein dauerhaftes Spielzeug für unsere Kleinen. Mädel vom BDM sind voller Eifer mit dem Bemalen all der reizenden Holzfiguren beschäftigt, die die Kinder entzücken werden. Nach einem Papiermuster werden die Holzformen für die stabilen Püppchen ausgesägt.

1942

Dezember

1. 12. Mussolini gibt Hitler den Rat, »das Kapitel des Krieges gegen Rußland, der keinen Zweck mehr hat . . ., auf die eine oder andere Weise« abzuschließen

4. 12. Erster amerikanischer Luftangriff auf Neapel

11. 12. Rommel tritt vor einem britischen Angriff den Rückzug aus der Marsa-el-Brega-Stellung an

12. 12. Die neugebildete Heeresgruppe Don versucht, Stalingrad zu entsetzen

14. 12. Stalin macht das Angebot eines Separatfriedens. Hitler lehnt ab

16. 12. Beginn der Offensive der sowjetischen »Woronesch-Front«. Die für die Versorgung von Stalingrad wichtige Nachschubbasis Tazinskaja wird von sowjetischen Panzern überrollt. 124 Transportflugzeuge können noch unter Beschuß starten

18. 12. Hitler lehnt eine Anregung Mussolinis für einen Friedensvertrag mit der UdSSR ab

20./21. 12. Japanische Bomber greifen die indische Hafenstadt Kalkutta an

21.–24. 12. Eine alliierte Offensive in Tunesien bleibt ergebnislos

21. 12. Der Angriffsgruppe der 4. Panzerarmee gelingt es, bis auf 48 km an Stalingrad heranzukommen. Der Angriff scheitert aber am Widerstand der sowjetischen Truppen

22./23. 12. Der Gesamtausbruch der 6. Armee als letzte Möglichkeit (Unternehmen »Donnerschlag«) kann nicht befohlen werden, weil Hitler die Genehmigung verweigert

28. 12. Die deutsche Heeresgruppe A (Kaukasus) erhält den Befehl zum Rückzug

1. 11.–31. 12. Deutsche U-Boote versenken im Atlantik, im Nord- und Mittelmeer, vor Südafrika und im Indischen Ozean 177 alliierte Handelsschiffe

Kultur

11. 12. Der Schriftsteller Jochen Klepper begeht mit seiner jüdischen Frau Selbstmord

20. 12. Der Musical-Komponist Jean Gilbert, bekannt geworden durch die Operette »Püppchen«, stirbt in Buenos Aires

schmack, Gediegenheit des Materials und nicht zuletzt an Spielbarkeit genügt. Denn die Formen, die zur serienmäßigen Herstellung als Vorlage dienen, sind an den Kindern auf ihren Beifall erprobt!
Wenn der verantwortlichen Leitung dieser Werkarbeit drei Dinge als oberster Grundsatz galten: »Wahrheit im Material, Ehrlichkeit in der Ausführung, Klarheit in den Formen«, so zeugt das Ergebnis aber auch von der verständnisvollen Liebe zum Objekt. (Das Objekt ist in diesem Falle nicht nur die Sache, sondern es sind auch die Kinder!) Angesichts der sorgfältigen Auslese möchte man für diese Art wirklich guten und wertvollen Spielzeugs ein neues Wort prägen. Dieses hier ist kein Spielzeug, es ist wirkliches Spielgut.

»Beyers Frauen-Illustrierte Hella«, Dezember 1942

Der Stabschef der SA – Viktor Lutze, hat zur Förderung der Gebirgsausbildung, Sicherstellung des Nachwuchses für die Gebirgstruppen und Erhaltung des Ausbildungsstabes der gedienten SA- und Wehrmänner das SA-Bergabzeichen eingeführt, das am linken Unterarm getragen wird. Der Besitz des SA-Bergabzeichens gewährleistet beim Eintritt in die Wehrmacht bevorzugte Einstellung bei einem Gebirgstruppenteil.

»Presse-Hoffmann«, 23. 12. 1942

Reichsminister Dr. Goebbels sprach im Berliner Sportpalast. Nach seiner Rede begrüßte der Minister Verwundete aus den Berliner Lazaretten, die als Ehrengäste der Veranstaltung beiwohnten, und unterhielt sich mit ihnen, hier mit einer verwundeten Schwester.

»Aktueller Bilderdienst«, 7. 12. 1942

Den Tod vor Augen

Zur äußeren Lage: Wir hokken zusammen in einigen Erdlöchern einer Steppenschlucht. Notdürftigst eingegraben und eingerichtet. Dreck und Lehm. Aus nichts wird etwas gemacht. Kaum Holz zum Bunkern. Mäßige Feuerstellen. Wasser von weither geholt, sehr knapp. Verpflegung noch zum Sattwerden. Ringsherum triste Landschaft in großer Monotonie und Melancholie. Winterwetter mit wechselnder Kälte, Schnee, Sturm, Frost, plötzlich Schlackwetter. Bekleidung gut: Wattehose, Pelzweste, Filzstiefel und mein unbezahlbarer Pelz, in dieser Lage mein bestes Stück. Seit Urlaub Kleidung nicht mehr vom Leib. Läuse. Mäuse nachts im Gesicht. Sand rieselt in der Höhle aufs Lager. Ringsum Schlachtengetöse. Wir haben gute Deckung und haben uns gut verschanzt. Aufgesparte Reste werden geteilt. – Dann blitzen Erinnerungen an das schöne vergangene Leben auf, mit Genuß und Versuchlichkeit, Liebe und Schande. Und jeder wünscht nur eins: Leben, am Leben bleiben! Das ist nackt und wirklich und wahr das Letzte: der Wille zum Leben.

Was liegt alles hinter uns – jene ersten Tage, in denen keiner ein und aus wußte. Angriff auf Angriff, von allen Seiten. Granaten, Panzer, Maschinengewehre, die furchtbare Stalinorgel, Bomben und alle Waffen, und alles Auge in Auge. – Aber die Kraft wächst mit der Gegenkraft. Man wird auch an den Zustand gewöhnt. Das Krachen läßt nicht mehr so sehr aufschrecken, man weiß sich in dieser Lage zu benehmen. Man hat das Notwendige zu seiner Sicherheit getan und läßt sich ruhig in seinem Bunker den Sand über den Kopf regnen und arbeitet oder liest oder unterhält sich weiter... Die Transportflugzeuge schaffen Tag und Nacht. Was heißt Hunger? Man kann mit wenigem und nicht wenigerem auskommen. Die Lage der Kranken und Verwundeten ist wieder erträglich...

Kaum eine irdische Hoffnung mehr, den sicheren Tod vor Augen oder ein Schrecken ohne Ende in Gefangenschaft, irgendwo im Raum aller Unbarmherzigkeit. – Wir wissen nun, was sich um uns ereignet hat. Anfängliche Hoffnung auf eine baldige Wende hat sich zerschlagen, wir wissen, daß wir noch lange aushalten müssen. Soweit es menschenmöglich ist, ist es mir bisher gelungen, innerlich aufrecht zu bleiben und nicht drohenden Verzweiflungsgedanken zu verfallen.

Briefe eines Arztes aus Stalingrad, Dezember 1942

Das OKW gibt bekannt

Dezember

5. 12. In Tunesien sind heftige Kämpfe im Gange. Ein wichtiger Straßen- und Eisenbahnknotenpunkt wurde nach mehrtägigen Kämpfen im Sturm genommen. Hierbei wurde eine starke britisch-amerikanische Kräftegruppe, die weit vorgeschoben den feindlichen Aufmarsch gegen Tunesien zu dekken hatte, nahezu völlig vernichtet. Der Gegner erlitt große Verluste an Menschen und Material. Starke Verbände von Kampf- und Sturzkampfflugzeugen griffen wirksam in die Kämpfe ein.

9. 12. Im mittleren Frontabschnitt schreitet der deutsche Gegenangriff kraftvoll fort, während die großangelegten feindlichen Operationen fühlbar an Schlagkraft verloren haben. Bei dieser Operation wurden im Zusammenwirken mit Kampf- und Sturzkampffliegern zahlreiche Ortschaften genommen, feindliche Stellungen aufgerollt und der Gegner von seinen rückwärtigen Verbindungen abgeschnitten.

17. 12. Unter Einsatz starker Infanterie- und Panzerkräfte setzten die Sowjets ihre Angriffe im Abschnitt der italienischen Truppen am Don fort. Im Zusammenwirken mit deutschen Verbänden des Heeres und der Luftwaffe wurden dem Feinde hohe Verluste an Menschen und Material zugefügt. Die Kämpfe dauern an.
In der Cyrenaika setzte sich die deutsch-italienische Panzerarmee planmäßig nach Westen ab. Alle Versuche des Feindes, in diese Bewegung hineinzustoßen, wurden in heftigen Kämpfen abgewehrt.

21. 12. Am mittleren Don gelang dem Feind, der seit Tagen mit stärkster Kräftemassierung von Panzerverbänden angegriffen hatte, ein Einbruch in die dortige Abwehrfront. Er wurde mit ungeheuren bolschewistischen Verlusten erkauft. Um einer Flankenbedrohung zu begegnen, bezogen im Anmarsch befindliche deutsche Divisionen planmäßig vorbereitete rückwärtige Stellungen und verhinderten dadurch eine Ausweitung des feindlichen Anfangserfolges. Die Kämpfe halten in unverminderter Stärke an.

31. 12. Im Terek- und Don-Gebiet wurden feindliche Angriffe in harten Kämpfen abgewehrt. Die Sowjets erlitten hohe blutige Verluste und verloren wieder zahlreiche Panzer. Der deutsche Gegenangriff gewann weiter Raum. Mehrere Ortschaften wurden erstürmt. Verbände der Luftwaffe griffen wirksam in die erbitterten Erdkämpfe ein.

Damenfrisur nicht länger als fünfzehn Zentimeter

Auch im Friseurgewerbe wird es im neuen Jahre in stärkerem Umfange notwendig sein, Strom und Arbeitszeit zu sparen.
Bisher hielt das Friseurhandwerk trotz eines recht erheblichen Verlustes an Bedienungspersonal an dem Grundsatz fest, daß jeder Kunde das Recht auf Bedienung habe und jede Kundin die Art ihrer Frisur selbst nach ihrem Geschmack bestimmen könne. Der Reichsinnungsverband der Friseure hat neue Richtlinien herausgegeben, deren Einhaltung von den Friseuren verlangt wird.
Danach sollen grundsätzlich die Frauenhaare kurz getragen werden. Die Friseure sollen gehalten sein, Haare, die länger sind als fünfzehn Zentimeter im Durchschnitt, nicht mehr zu behandeln. Die Kundin soll also in Zukunft nicht mehr ein Recht auf Bedienung haben, wenn ihre Frisur durch die Länge des Haares eine übernormal lange Bedienungszeit beansprucht. Der Zwang, Zeit zu sparen, wirkt demnach modeschöpfend, die »Löwenmähne«, wie die Friseure die langen Frisuren nannten, die aber alle Modepropaganda überlebte, wird nun unter dem Gebot der Zeit verschwinden, die Damen werden die Haare kurz tragen. Bezirksinnungsmeister Rupp versichert, daß auch ein auf fünfzehn Zentimeter zurückgeschnittenes Haar jede moderne Frau zulasse, wenn es gut effiliert werde.
An bestimmten Tagen sollen Arbeitsleistungen, die besonders lange Zeit in Anspruch nehmen oder die nicht unbedingt für die Pflege des Kunden erforderlich sind, unterbleiben, im Herrensalon und besonders im Damensalon. Um die Wartezeiten zu verkürzen, sollen die Friseure soweit als möglich das System der Voranmeldung einführen. Betriebe, in denen nach Vorbestellung gearbeitet wird, müssen allerdings eine Arbeitskraft zur Bedienung der Laufkundschaft halten, damit auch dieser Teil der Kundschaft, der sich größtenteils aus Berufstätigen zusammensetzt, zufriedengestellt werden kann. Für die Kundschaft, die sich vorangemeldet hat, ist es selbstverständlich, daß sie die Anmeldezeit einhält, wer zu spät kommt, kann keinen Anspruch mehr darauf erheben, bevorzugt bedient zu werden.
Grundsätzlich sind Verwundete und Fronturlauber bevorzugt zu bedienen. Der Innungsmeister hat weiter angeordnet, daß die seit dem Kriegsbeginn zugunsten von Damenabteilungen geschlossenen Herrenabteilungen unverzüglich wieder zu öffnen sind, auch dann, wenn der Betriebsführer allein im Herrensalon bedienen muß. Weibliche Bedienungskräfte sollen für das Herrenfach umgeschult werden. Die Innung hat jetzt einen Wettbewerb im Herrenhaarschnitt für weibliche Bedienung ausgeschrieben. Eine gewisse Entlastung der Friseurgeschäfte dürfte auch dadurch möglich sein, daß Kunden, die nicht in ihrem Beruf an bestimmte Arbeitszeiten gebunden sind, auf die betriebsstilleren Zeiten des Friseurgeschäftes verwiesen werden.
Schließlich muß die Bestimmung, daß Männer und Jugendliche unter sechzehn Jahren keine Dauerwelle mehr machen lassen, von den Friseuren strikt eingehalten werden.

»Frankfurter Zeitung«, 1. 1. 1943

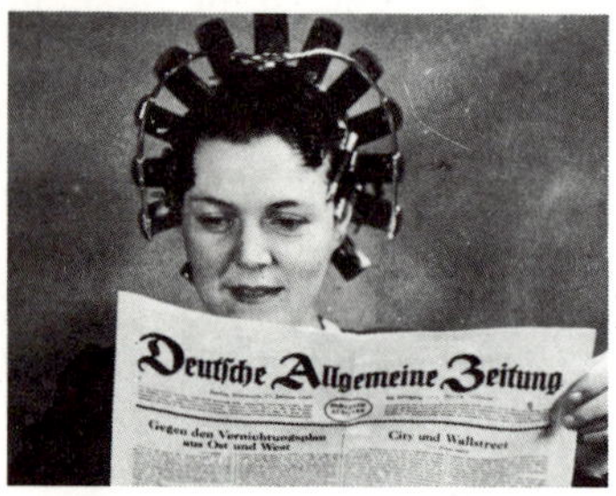

In drei Tagen wird der Fronturlauber erwartet. Frau G. sitzt unter der Trokkenhaube, um ihren Mann mit frischen Wasserwellen zu empfangen.

Winteröfen für die Ostfront

Zur Vorsorge für den Ostwinter gehört auch die Ausstattung der Truppe mit einer ausreichenden Zahl von Öfen. Auch auf diesem Gebiet konnte sich die Heeresverwaltung in diesem Jahre die Erfahrungen des ersten Ostwinters zunutze machen.
Wie die Zeitschrift »Die Heeresverwaltung« mitteilt, sind aufgrund dieser Erfahrungen neuerdings zunächst nur drei Haupttypen von Wärmequellen für die verschiedenen Verwendungszwecke konstruiert und hergestellt worden. Es handelt sich um den Dauerbrandofen, der für dauernde und feste Unterkünfte wie Baracken, Blockhäuser usw. gedacht ist, den Feldofen, auch Schützengrabenofen genannt, der für vorübergehende Unterkünfte bestimmt ist, und schließlich den Einmann-Ofen für Einzelpersonen, z. B. für Vorposten. Dieser sogenannte »Wärmedachs« läßt sich leicht an der Hand tragen und wird allgemein mit Holzkohle befeuert, die im Osten von der Truppe selbst gemeilert wird. Wie der Transport ist auch die Bedienung dieses Öfchens verhältnismäßig einfach. Außer diesen drei grundsätzlichen jetzt gebräuchlichen Arten gibt es noch Öfen für besondere Zwecke, beispielsweise vor allem für die

1943

Januar

1. 1. Tagesbefehl Hitlers an die Wehrmacht: »Wenn uns der Herrgott die Kraft gegeben hat, den Winter von 1941 auf 1942 zu überwinden, dann werden wir diesen Winter und das kommende Jahr erst recht überstehen«

8. 1. Das sowjetische Oberkommando fordert die 6. deutsche Armee zur Kapitulation auf

10. 1. Beginn der sowjetischen Offensive zur Eroberung Stalingrads

14.–25. 1. Konferenz von Casablanca zwischen Churchill und Roosevelt, bei der die Forderung der »bedingungslosen Kapitulation« Deutschlands, Italiens und Japans verkündet wird

16./17. 1. Schwere Luftangriffe auf Berlin. 256 britische Bomber greifen die Reichshauptstadt an

18. 1. Sowjetische Truppen erkämpfen eine Landverbindung zu dem von der Landseite eingeschlossenen Leningrad

20. 1. Die deutschen Truppen in Stalingrad werden durch sowjetische Verbände in zwei Teile zersprengt. Sowjetische Kapitulationsforderung an General Paulus, die Hitler ablehnt: »Verbiete Kapitulation. Die Armee hält ihre Position bis zum letzten Soldaten und zur letzten Patrone und leistet durch ihr heldenhaftes Ausharren einen unvergeßlichen Beitrag zum Aufbau der Abwehrfront und zur Rettung des Abendlandes«

23. 1. Die deutsch-italienischen Panzerverbände in Nordafrika räumen Tripolis

27. 1. US-Bomber fliegen ihren ersten Tagesangriff auf deutsches Reichsgebiet

31. 1. Hitler befördert General Paulus zum Generalfeldmarschall, der am gleichen Tag mit der Südgruppe der 6. Armee in Stalingrad kapituliert

Kultur

13. 1. Stürmische Proteste auf der 470-Jahr-Feier der Münchner Universität. Gauleiter Giesler fordert in seiner Rede, künftig solle jede Studentin in jedem Universitätsjahr dem Führer ein Kind schenken

14. 1. Erich Kästner erhält wieder Schreibverbot

Die beiden »Großen« in Casablanca – Churchill und Roosevelt.

Presse fällt hierbei die besondere publizistische Aufgabe zu, durch ergreifende Schilderungen der einzigartigen Opferbereitschaft der Helden von Stalingrad auch den letzten Volksgenossen aufzurütteln, damit er sich einreiht in die große Front des entschlossenen Widerstandes und Siegeswillens.
Die Schriftleitungen werden aufgefordert, sich auf diese ernste Gesamteinstellung, die auch den 30. Januar mit erfassen wird, einzurichten, damit sie bei Vorliegen der zu erwartenden Aufrufe und Bekanntgaben die dann erforderliche tiefgreifende Wirkung der Zeitungen gewährleisten können. In den eigenen Stellungnahmen der Sonntagsausgaben ist auch zum Ausdruck zu bringen, daß die Gedanken des ganzen deutschen Volkes bei seinen heldenmütigen Kämpfern in Stalingrad weilen.

Presseanweisung, 23. 1. 1943

Erwärmung von Güterwagen. In diesem Zusammenhang sind auch die Güterwagenheizöfen für frostempfindliche Lebensmitteltransporte zu erwähnen, die nach einmaliger Auffüllung keine weitere Bedienung erfordern und eine Brenndauer von sechs bis sieben Tagen haben. Ihre Aufgabe ist, die Temperatur im Wagen über Null zu erhalten. Hunderttausende von Öfen sind in den vergangenen Monaten nach dem Osten gerollt, um unseren Soldaten in Bunkern und Schützengräben, Unterständen und selbst auf Posten als Wärmespender zu dienen.

»Provinzial-Zeitung« (Hannover), 19. 1. 1943

Einzigartige Opferbereitschaft

Das große und ergreifende Heldenopfer, das die bei Stalingrad eingeschlossenen deutschen Truppen der deutschen Nation darbringen, wird im Zusammenhang mit der unmittelbar bevorstehenden Arbeitspflicht für Frauen und anderen durchgreifenden Organisationsmaßnahmen für die totale Kriegführung die moralische Antriebskraft zu einer wahrhaft heroischen Haltung des ganzen Volkes und zum Ausgangspunkt eines neuen Abschnittes deutschen Siegeswillens und der Erhebung aller Kräfte werden. Der deutschen

Der höchste Geschützstand dieses Krieges. In 4200 m Höhe haben deutsche Gebirgsjäger auf dem Gletschermassiv des Elbrus, der Grenzmauer zwischen Europa und Asien, befestigte Stellung bezogen. »Signal«, Januar 1943

Das OKW gibt bekannt

Januar

8.1. Im Raum des mittleren Kaukasus, des Don und nordwestlich Stalingrads standen die deutschen Truppen auch gestern im schweren, aber erfolgreichen Abwehrkampf mit starken Infanterie- und Panzerkräften der Sowjets. Im Gegenangriff wurde der Feind an verschiedenen Stellen zurückgeworfen und erlitt hohe Verluste. 32 Panzer wurden vernichtet.

13.1. Nach starker Artillerievorbereitung traten die Sowjets in einem Abschnitt ungarischer Truppen zum Angriff an. Sie wurden in erbitterten Kämpfen unter Mitwirkung deutscher Truppen abgewehrt. Deutsche und schnelle ungarische Kampfflugzeuge bekämpften bei Tag und Nacht feindliche Bereitstellungen und Marschbewegungen mit vernichtender Wirkung.

18.1. In den gestrigen Abend- und Nachtstunden erlitt die britische Luftwaffe bei militärisch wirkungslosen Angriffen auf norddeutsches Gebiet und auf die Reichshauptstadt schwere Verluste. Nachtjäger und Flakartillerie schossen nach bisher vorliegenden Meldungen 25 feindliche Flugzeuge, vorwiegend viermotorige Bomber, ab. Außerdem wurden am Tage an der Küste der besetzten Westgebiete vier, im Nordseebereich drei weitere britische Flugzeuge vernichtet.
In den gestrigen Abendstunden und in den heutigen Morgenstunden griffen starke Kräfte unserer Luftwaffe London mit Spreng- und Brandbomben an und verursachten vor allem im Gebiet westlich des großen Themsebogens umfangreiche Zerstörungen und Brände. Sechs Flugzeuge kehrten nicht zurück.

21.1. Die deutschen Truppen im Raum von Stalingrad setzten den andauernden Anstrengungen des Feindes, die Verteidigungsfront einzudrücken, weiter äußersten Widerstand entgegen und schlugen massiert vorgetragene Angriffe in erbitterten Kämpfen ab.

24.1. Im Zuge der planmäßigen Verkürzung der Südfront haben sich die Kämpfe in Nordkaukasien in das Kubangebiet verlagert, wo auch gestern schwächere Angriffe der Sowjets scheiterten.

Der totale Krieg

»Ihr also, meine Zuhörer, repräsentiert in diesem Augenblick die Nation. Und an Euch möchte ich zehn Fragen richten, die Ihr mir mit dem deutschen Volke vor der ganzen Welt, insbesondere aber vor unseren Feinden, die uns auch an ihrem Rundfunk zuhören, beantworten sollt. (Nur mit Mühe kann sich der Minister für die nun folgenden Fragen Gehör verschaffen. Die Masse befindet sich in einem Zustand äußerster Hochstimmung. Messerscharf fallen die einzelnen Fragen. Jeder einzelne fühlt sich persönlich angesprochen.)
Erstens: Die Engländer behaupten, das deutsche Volk habe den Glauben an den Sieg verloren. Ich frage Euch: Glaubt Ihr mit dem Führer und mit uns an den endgültigen Sieg des deutschen Volkes? Ich frage Euch: Seid Ihr entschlossen, dem Führer in der Erkämpfung des Sieges durch dick und dünn und unter Aufnahme auch der schwersten persönlichen Belastungen zu folgen?
Zweitens: Die Engländer behaupten, das deutsche Volk ist des Kampfes müde. Ich frage Euch: Seid Ihr bereit, mit dem Führer als Phalanx der Heimat hinter der kämpfenden Wehrmacht stehend, diesen Kampf mit wilder Entschlossenheit und unbeirrt durch alle Schicksalsfügungen fortzusetzen, bis der Sieg in unseren Händen ist?
Drittens: Die Engländer behaupten, das deutsche Volk hat keine Lust mehr, sich der überhandnehmenden Kriegsarbeit, die die Regierung von ihm fordert, zu unterziehen. Ich frage Euch: Seid Ihr und ist das deutsche Volk entschlossen, wenn der Führer es befiehlt, zehn, zwölf und, wenn nötig, vierzehn und sechzehn Stunden täglich zu arbeiten und das Letzte herzugeben für den Sieg?
Viertens: Die Engländer behaupten, das deutsche Volk wehrt sich gegen die totalen Kriegsmaßnahmen der Regierung (Zurufe: Niemals, niemals, niemals). Ich frage Euch: Wollt Ihr den totalen Krieg? Wollt Ihr ihn, wenn nötig, totaler und radikaler, als wir ihn uns heute überhaupt vorstellen können?
Fünftens: Die Engländer behaupten, das deutsche Volk hat sein Vertrauen zum Führer verloren. Ich frage Euch: Ist Euer Vertrauen zum Führer heute größer, gläubiger und unerschütterlicher denn je? Ist Eure Bereitschaft, ihm auf allen seinen Wegen zu folgen und alles zu tun, was nötig ist, um den Krieg zum siegreichen Ende zu führen, eine absolute und uneingeschränkte?«

Goebbels im Berliner Sportpalast, 18. 2. 1943

Höchste heldische Haltung

Der Heldenkampf um Stalingrad hat sein Ende gefunden. In mehrtägiger Trauer wird das deutsche Volk seiner tapferen Söhne gedenken, die bis zum letzten Atemzug und bis zur letzten Patrone ihre Pflicht getan und damit die Hauptkraft des bolschewistischen Ansturms gegen die Ostfront gebrochen haben. Der Heldenkampf von Stalingrad wird nunmehr zum größten Heldenlied der deutschen Geschichte werden. Der deutschen Presse wird damit eine ihrer größten publizistischen Aufgaben gestellt. Anhand und im Sinne der für heute zu erwartenden Sondermeldung des OKW muß die deutsche Presse das ergreifende Ereignis, das die größten Waffentaten der Weltgeschichte überstrahlt, würdigen und dieses erhabene Beispiel höchster heldischer Haltung, letzten Opferwillens für den Sieg dem deutschen Volk als ein heiliges Fanal vor Augen führen. Aus den unsterblichen Heldentaten der Männer von Stalingrad werden sich in der deutschen Nation noch stärker als bisher der Geist und die Kräfte entfalten, die ihr den Sieg sichern, den zu erringen sie jetzt um so fanatischer entschlossen ist.

Presseanweisung, 3. 2. 1943

Wie Paulus gefangengenommen wurde

Jetzt sind die Einzelheiten der Gefangennahme von Generalfeldmarschall Paulus und anderer Generale bekanntgeworden.
Unter den gefangenen feindlichen Generalen befand sich der Kommandeur der rumänischen 1. Kavalleriedivision, General Bratescu.
Als man ihn fragte: Wo sind denn Ihre Pferde, Herr Kavalleriegeneral? – antwortete Bratescu: Die Soldaten des Generalfeldmarschall Paulus haben sie aufgefressen. Wir waren Zeugen des Streits zwischen den rumänischen und den deutschen Generalen. Deutsche Generale nannten

1943

Februar

2. 2. Die Nordgruppe der 6. Armee unter General Strecker kapituliert in Stalingrad

8./9. 2. Sowjetische Einheiten besetzen Kursk und Belgorod

14.–16. 2. Verbände der Roten Armee erobern Rostow, Woroschilowgrad und Charkow

16. 2. Der Reichswirtschaftsminister kündigt weitere Maßnahmen des Kriegseinsatzes im Wirtschaftsleben an. Zahlreiche Betriebe werden geschlossen

17. 2. Hitler startet zu einem Besuch im Hauptquartier der Heeresgruppe Süd in Saporoschje. Er fordert die Soldaten auf, jeden Quadratmeter Boden zäh zu verteidigen: »Unbekannte, einzigartig dastehende Waffen befinden sich auf dem Weg zu euren Fronten«

18. 2. Reichspropagandaminister Goebbels hält im Berliner Sportpalast seine Rede über den »totalen Krieg«.
Die Geschwister Scholl werfen Flugblätter gegen den sinnlosen Untergang deutscher Soldaten in Stalingrad in den Lichthof der Münchner Universität. Sie werden verhaftet und am 21. 2. zum Tode verurteilt

20. 2. Das deutsch-italienische Afrika-Korps zieht sich auf die Mareth-Linie in Tunesien zurück

22. 2. Beginn einer deutschen Gegenoffensive zwischen Dnjepr und Donez

23. 2. Rommel faßt die deutschen und italienischen Truppen in Tunesien in der Heeresgruppe Afrika zusammen. Vergeblicher Versuch, über den Kasserine-Paß nach Nordwesten vorzudringen

24. 2. Hitler erläßt den »Befehl Nr. 7«, nach dem ein militärischer Vorgesetzter »Ungehorsame auf der Stelle zu erschießen« hat

27. 2. Die estnische, lettische und litauische Bevölkerung wird zum totalen Kriegseinsatz aufgerufen

Kultur

12. 2. Der Marischka-Film »Ein Walzer mit Dir« wird mit Grethe Weiser, Rudolf Platte u. a. in Dresden uraufgeführt

26. 2. In Berlin Uraufführung des Terra-Films »Sophienlund«. Regie: Heinz Rühmann

Das wäre das Schicksal Europas – wenn der Bolschewismus das Land überschwemmte. Das Bild zeigt Frauen, die in einem Gefängnishof in Lemberg unter den Opfern des bolschewistischen Blutterrors nach ihren Angehörigen suchten.

»Aktueller Bilderdienst«, 23. 2. 1943

verächtlich alle Rumänen Diebe, die Rumänen nannten ihre Verbündeten Henker und Räuber.
Sie alle beschimpften ihren Befehlshaber, Generalfeldmarschall Paulus, weil er ihnen das Ultimatum des Marschalls der Artillerie Woronow und des Generalobersten Rokossowksi verheimlicht hatte.
Paulus wurde mit großer Kunst gefangengenommen. Kundschafter haben genau festgestellt, daß Paulus' Befehlsstand sich im Zentrum von Stalingrad befand. Alles wurde erkundet – wie viele Offiziere sich im Befehlsstand befinden, wo die Stabsautos stehen, wie stark die Wache ist.
Die Operation begann in der Nacht zum 31. Januar mitten während der Schlacht.
Nachts brachen zum Befehlsstand von Paulus Panzer und MP-Schützen durch. Im Morgengrauen wurde das Haus umstellt, die ganze Wache vernichtet. Generaloberst Paulus hatte gerade Hitlers Rundfunkbotschaft erhalten, in der der Führer ihm zur Beförderung in den Feldmarschallsrang des Dritten Reiches gratulierte.
Der neugebackene Feldmarschall ahnte bis zur Morgendämmerung nicht, daß das Haus, in dessen Keller er saß, umstellt war und daß die ganze Wache sich in unseren Händen befand. Als diese traurige Tatsache festgestellt wurde, schickte er seinen Adjutanten, um die Kapitulationsverhandlungen zu führen.
Und so ging um zehn Uhr morgens unser Bevollmächtigter, von unseren MP-Schützen begleitet, die alle Ein- und Ausgänge unter Feuerschutz hielten, zum Befehlsstand des Feldmarschalls.

»Prawda« (Moskau), 4. 2. 1943

Der Sport im totalen Krieg

Zur Einordnung des Sports in die Aufgaben der totalen Kriegsführung trifft der Reichssportführer folgende Anordnungen:
1. Die Leibesertüchtigung des Volkes ist kriegswichtig. Sie ist mit Nachdruck zu betreiben und zu fördern. 2. Sportliche Veranstaltungen und Wettkämpfe örtlichen und nachbarlichen Charakters bis zur Gaustufe sind zur Erhaltung des Arbeits- und Leistungswillens durchzuführen. Als nachbarlicher Sportverkehr gilt auch ein Verkehr über die Gaugrenzen bis zu einer Entfernung von 100 km in einer Richtung vom Heimatort. Ich behalte mir vor, über sportliche Veranstaltungen, die über diesen Rahmen hinausgehen, von Fall zu Fall zu entscheiden. 3. Länderkämpfe, internationale Wettkämpfe, Meisterschaften der Reichsstufe usw. sind bis auf weiteres abzusetzen, weil Frontsoldaten nicht mehr verfügbar sind und Personen, die im Arbeitseinsatz stehen, hierfür beurlaubt werden sollen.

gez. v. Tschammer

»Tagespost« (Graz), 21. 2. 1943

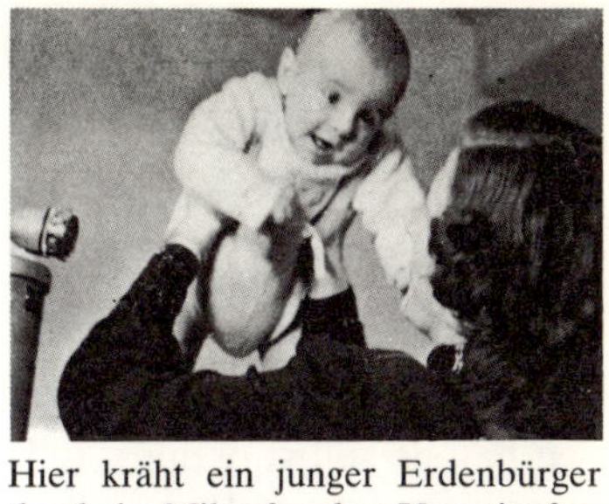

Hier kräht ein junger Erdenbürger durch das Mikrofon dem Vater im fernen Afrika ein Guten Morgen!

Celia Gimenez heißt die Mutter der Blauen Division, die wir hier im Gespräch mit einem spanischen Freiwilligen sehen.

Allein die Bewältigung der Soldatenpost kostet Frau Carin von Clausbruch täglich viel Zeit.

»Beyers Frauen-Illustrierte Hella,« Februar 1943

Das OKW gibt bekannt

Februar

3.2. Der Kampf um Stalingrad ist zu Ende. Ihrem Fahneneid bis zum letzten Atemzug getreu ist die 6. Armee unter der vorbildlichen Führung des Generalfeldmarschalls Paulus der Übermacht des Feindes und der Ungunst der Verhältnisse erlegen. Ihr Schicksal wird von einer Flakdivision der deutschen Luftwaffe, zwei rumänischen Divisionen und einem kroatischen Regiment geteilt, die in treuer Waffenbrüderschaft mit den Kameraden des deutschen Heeres ihre Pflicht bis zum äußersten getan haben.
Noch ist es nicht an der Zeit, den Verlauf der Operationen zu schildern, die zu dieser Entwicklung geführt haben. Eines aber kann schon heute gesagt werden: Das Opfer der Armee war nicht umsonst. Als Bollwerk der historischen europäischen Mission hat sie viele Wochen hindurch den Ansturm von sechs sowjetischen Armeen gebrochen. Vom Feinde völlig eingeschlossen, hielt sie in weiteren Wochen schwersten Ringens und härtester Entbehrungen starke Kräfte des Gegners gebunden. Sie gab damit der deutschen Führung die Zeit und die Möglichkeit zu Gegenmaßnahmen, von deren Durchführung das Schicksal der gesamten Ostfront abhing.
Vor diese Aufgabe gestellt, hat die 6. Armee schließlich auch durchgehalten, als mit der Dauer der Einschließung und dem Fortgang der Operationen die Luftwaffe, trotz äußerster Anstrengungen und schwerster Verluste, außerstande war, eine ausreichende Luftversorgung sicherzustellen und die Möglichkeit des Entsatzes mehr und mehr und schließlich ganz dahinschwand. Die zweimal vom Gegner verlangte Übergabe fand stolze Ablehnung. Unter der Hakenkreuzfahne, die auf der höchsten Ruine von Stalingrad weithin sichtbar gehißt wurde, vollzog sich der letzte Kampf. Generale, Offiziere, Unteroffiziere und Mannschaften fochten Schulter an Schulter bis zur letzten Patrone. Sie starben, damit Deutschland lebe. Ihr Vorbild wird sich auswirken bis in die fernsten Zeiten, aller unwahren bolschewistischen Propaganda zum Trotz. Die Divisionen der 6. Armee aber sind bereits im neuen Entstehen begriffen.

»Münchhausen«

Dieses ist die wahre und wirkliche Geschichte Münchhausens, die Geschichte einer großen, romantischen Seele und eines abenteuerseligen Herzens. Baron von Münchhausen hat sie selbst erzählt, teils aus diesen und teils aus jenen Gründen und nicht zuletzt auch deshalb, weil sich ein kleines, temperamentvolles Mädchen in ihn verliebt hat... er erzählt seine Abenteuer, während Gegenwart und Vergangenheit wundersam sich mischen – und wir sind dabei...

Nach langen Fahrten, die Mars und Venus bestimmten, kehrt Münchhausen mit seinem getreuen Diener Kuchenreutter wieder einmal heim nach Bodenwerder. Doch kaum hat er seinen Vater begrüßt, erreicht ihn eine Botschaft des Prinzen von Braunschweig. So reitet er nach der Residenz, wo er geschickt eine delikate Mission erledigt. Damit aber ist seines Bleibens hier nicht länger. Er folgt dem Prinzen nach Petersburg, wo er die Gunst der jungen Zarin Katharina gewinnt. Nachdem er sich hier mit dem eifersüchtigen Potemkin duelliert und von dem diabolischen Cagliostro das Geschenk der ewigen Jugend erhalten hat, zieht er als Regimentskommandeur Katharinas mit Kuchenreutter gegen die Türken. Sein berühmter Ritt auf der Kanonenkugel führt ihn ins türkische Lager.

Am Hofe des mächtigen Abd-ul-Hamid weiß sich Münchhausen bald das Vertrauen des Herrschers zu erringen. Er verschafft dem Sultan in einer wunderbaren und tollkühnen Wette eine Flasche Tokayer aus Maria Theresias Keller und bemächtigt sich darauf der schönen venezianischen Prinzessin Isabella d'Este, die Abd-ul-Hamid in seinem Harem gefangenhält. Mit ihr und Kuchenreutter entkommt er zu Schiff nach Venedig. Dort verbringt er ungezählte Tage seligsten Liebesglücks.

Bald aber gerät Münchhausen in eine männliche Auseinandersetzung mit Isabellas Bruder Francesco. – Isabella muß den Schleier nehmen, Münchhausen nach dem Duell die Stadt verlassen. Er besteigt in Begleitung des getreuen Kuchenreutter die Montgolfiere des Herrn Blanchard, die ihn und den treuen Diener zum Mond entführt... Und hier stirbt der rasch alternde Kuchenreutter – Münchhausen aber fand zur Erde zurück. Seine Zeitgenossen verließen ihn, keiner wurde von Freund Hein verschont – er selbst aber, Münchhausen, blieb jung, stark und tatenfroh bis auf den heutigen Tag!

»Illustrierter Film-Kurier«, März 1943

Der große Abenteurer Baron Münchhausen reitet auf einer Kanonenkugel. Eine unglaubwürdige Szene aus dem neuen Farbtrickfilm »Münchhausen«.

Keine gegenseitige Beschnüffelung

Vor einiger Zeit ist bereits zum Ausdruck gebracht worden, daß mit den Maßnahmen der totalen Kriegführung nicht Instinkte der gegenseitigen Beschnüffelung, insbesondere in äußeren Dingen des Auftretens, der Kleidung usw., wachgerufen werden sollen. Es ist richtig, wenn in den Leserspitzen dieses Thema noch einmal positiv aufgegriffen und darauf hingewiesen wird, daß es

1943

März

1./2. 3. Schwere Luftangriffe auf Berlin

6. 3. Rommel versucht eine letzte vergebliche Offensive gegen die 8. britische Armee in Nordafrika. Westlich von Charkow kommt es zu schweren Kämpfen. Bis zum 16. 3. wird Charkow von deutschen Truppen zurückerobert

7. 3. Hitler beschwert sich bei Albert Speer über den »Mangel an führenden Köpfen in der Wehrmacht«

8./9. 3. Am späten Abend treffen im Führerhauptquartier »Werwolf« Nachrichten von dem schweren Luftangriff auf Nürnberg ein. Daraufhin überschüttet Hitler Goebbels und Speer mit Vorwürfen über das Versagen der Luftwaffe und die schlechte Führung des Luftkrieges

10. 3. Hitler empfängt den aus Tunis kommenden Generalfeldmarschall Rommel im Führerhauptquartier, um ihn, von der Öffentlichkeit möglichst unbemerkt, auszuschalten. Rommel: »Es war nichts zu machen. Ich sollte eine Kur antreten.«

13. 3. Auf dem Rückflug von Winniza nach Ostpreußen besucht Hitler das Hauptquartier der Heeresgruppe Mitte in Smolensk. Oberst von Tresckow benutzt die Gelegenheit, Oberstleutnant Brandt aus der Begleitung Hitlers ein Päckchen mit zwei englischen Haftminen – als Cointreau-Flaschen getarnt – mitzugeben. Die Zünder versagen aber, so daß Hitlers »Condor« unbeschädigt in Rastenburg landet

21. 3. Ein Attentatsversuch von Oberst Freiherr von Gersdorff auf Hitler scheitert

26. 3. In einer geheimen Denkschrift für Generale begründet Carl Goerdeler die Notwendigkeit eines Staatsstreichs

27. 3. Italienische Truppen ziehen sich aus der Mareth-Stellung nach Norden zurück

Kultur

5. 3. Anläßlich der 25-Jahr-Feier der Ufa-Filmgesellschaft wird der Abenteuer- und Ausstattungsfilm »Münchhausen« mit Hans Albers und Brigitte Horney uraufgeführt

26. 3. Gertrud Kolmar, jüdische Lyrikerin, wird aus Berlin deportiert und ist seitdem verschollen keinen Verstoß gegen die Kriegsdisziplin darstellt, wenn sich z. B. eine Frau mit den Sachen, die sie besitzt, nett anzieht oder sonst noch hübsch macht. Nicht die äußere Aufmachung interessiert, sondern allein die Haltung und Leistung. Presseanweisung, 16. 3. 1943

»Hitlers Kinder« im Paramount-Theatre

Hitlers Kinder sind die Millionen Menschen in Deutschland, die heute nicht mehr den Unterschied zwischen gut und böse kennen. Das ist der »Erfolg« der nazistischen Erziehung, die von jeher unnatürlich und dem Volke aufgezwungen war und deren einzige Funktion es ist, Nazis zu erzeugen. Nazis aber sind blinde Sklaven ihres Führers, die gehorchen und nicht fragen.

»Hitlers Kinder«.

Ihre Erziehung gilt nicht der Bereicherung ihres Wissens, sondern dem Erstarken der schlechten Triebe.
Dieser nazistische Drill der Jugend zum willenlosen Werkzeug – die »Erziehung zum Tode« – wird in diesem Film veranschaulicht, der auf dem Buch »Education for Death« von Gregor Ziemer, dem früheren Direktor der Schule der amerikanischen Kolonie in Berlin, basiert. Geschickt ist der reportageartig gehaltene Inhalt des Buches in die dramatische Handlung des Films verarbeitet: Ziemers Erfahrungen beim Besuch eines Heims schwangerer Frauen, einer Sterilisierungsanstalt, einer Schule der »Pimpfe« etc.
Der Film – ein Produkt des mutigen und neue Wege suchenden Edward A. Golden – ist wichtig und oft bis zur Explosion geladen. Es ist ein Propaganda- und Aufklärungsfilm von Format, weil er klarlegt, warum Deutschland die Welt in den Krieg gezerrt hat und warum die Welt diesen Krieg gewinnen muß, wenn das Leben überhaupt noch einen Sinn haben soll. Der Film zeigt die Judenverfolgungen nur als Episode; er streift lediglich die Entmündigung der Kirche; worauf es ihm ankommt, ist das Porträt des Verbrechens, das die Nazis am eigenen Volk begangen haben.

»Aufbau« (New York), 5. 3. 1943

Auf einem Bahnhof im Osten. Ein kleiner Russenjunge ist bemüht, unseren Leichtverwundeten die Stiefel wieder auf Glanz zu bringen.

»Presse-Bild-Zentrale«, 26. 3 43

Tragikomödie um Chopin

Die Nazis haben die polnische Bevölkerung nicht zu hindern vermocht, die Werke ihres größten Komponisten, Frédéric Chopin, zu spielen. Sie haben ihn deshalb zum »Volksdeutschen« erklärt. Die Zeitung »Ostland« teilt mit, daß die Musikforscher des neuen Deutschland herausgefunden haben, daß Chopin deutscher Abstammung war und daß der Name seiner Vorfahren Schobinger lautete.
Gegenüber dieser dreisten Fälschung historischer Tatsachen sei festgestellt, daß Frédéric Chopin der Sohn des 1770 in Nancy geborenen Nicholas Chopin war. Dieser siedelte etwa 1787 nach Warschau über, wo er Buchhalter in einer Schnupftabakfabrik wurde. Während der revolutionären Ereignisse kurz vor der Wende des Jahrhunderts wurde Nicholas Chopin zum Hauptmann der Nationalgarde ernannt. Später wurde er Lehrer der französischen Sprache und Hauslehrer der Gräfin Skarbek. Hier lernte er die Polin Justine Kryzanowska kennen. Aus der 1806 geschlossenen Ehe ging neben drei Töchtern Frédéric Chopin hervor. Von einer deutschen Herkunft der väterlichen Familie Chopins ist in keinem biographischen Werk die Rede. Die Nazis haben hier eben nach dem bewährten Rezept Görings gehandelt: »Wer Arier ist, das bestimme ich.«

»Aufbau« (New York), 12. 3. 1943

Das OKW gibt bekannt

März

2. 3. Der Brückenkopf von Demjansk südöstlich des Ilmensees, gegen den die Sowjets vierzehn Monate lang vergeblich unter ungeheuren Menschen- und Materialverlusten anrannten, wurde von den deutschen Truppen planmäßig geräumt. Die seit langem vorbereitete Zurücknahme der deutschen Linien erfolgte Schritt für Schritt, nachdem sämtliches Gerät und alle Waffen rechtzeitig zurückgeführt waren. Die Räumung selbst vollzog sich ohne Behinderung durch den Gegner. Britische Flugzeuge drangen in den gestrigen Nachtstunden bis Berlin vor und warfen Spreng- und Brandbomben auf die Reichshauptstadt und Orte in der Umgebung. Es entstanden Brand- und Sprengbombenschäden in Wohnvierteln und an öffentlichen Gebäuden. Die Bevölkerung hatte Verluste.

9. 3. Die Winterschlacht im Osten hält in unverminderter Stärke an. Die deutschen Truppen sind jedoch an der gesamten Front Herren der Lage. Sie sind im erfolgreichen Angriff, halten an anderen Stellen in unerschütterlicher Abwehr ihre Stellungen oder führen befohlene Absetzbewegungen in verkürzte Frontlinien planmäßig durch. Feindliche Fliegerkräfte griffen bei Tage den Küstenraum der besetzten Westgebiete und einen Grenzort in Westdeutschland, bei Nacht die Stadt Nürnberg mit Spreng- und Brandbomben an. Die Bevölkerung hatte Verluste. Es entstanden größere Schäden, vor allem in Wohnbezirken und öffentlichen Gebäuden. Einige kulturhistorische Stätten wurden vernichtet.

15. 3. Wie durch Sondermeldung bekanntgegeben, wurde der Gegenangriff, in dem die Heeresgruppe Süd nach wochenlangen Kämpfen den Feind über den Donez zurückgeworfen hat, gestern durch einen bedeutsamen Erfolg gekrönt. Nach tagelangen, harten Kämpfen haben Verbände der Waffen-SS, von der Luftwaffe tatkräftig unterstützt, die Stadt Charkow in umfassendem Angriff von Norden und Osten zurückerobert. Die Verluste des Gegners an Menschen und Material sind noch nicht zu übersehen.

25. 3. Südlich des Ladogasees führte der Feind infolge der schweren Verluste schwächere Angriffe als an den Vortagen, denen wiederum jeder Erfolg versagt blieb.

Polizeiaktion im Warschauer Ghetto

Verlauf der Ghettoaktion am 21. 4. 43: Im Anschluß an die heute gegen 14.00 Uhr erfolgte telefonische Meldung berichte ich wie folgt:
Zur Verfügung stehende Kräfte wie am 20. 4. 43.
Beginn der Aktion: 7.00 Uhr – die Absperrung des gesamten Ghettos besteht seit Beginn der Aktion am 19. 4. 43 unverändert fortlaufend.
Da Teilaktion im Gebäudekomplex HUV im ostwärtigen Teil des Ghettos am Vorabend wegen Eintritt der Dunkelheit abgebrochen werden mußte, wurde eine Kampfgruppe, verstärkt durch Pioniere und schwere Waffen, zur angegebenen Zeit erneut eingesetzt. Nach Durchkämmung des riesigen Häuserblocks, bei der sich herausstellte, daß eine Unmenge von Bunkern und unterirdischen Gängen vorhanden waren, wurden etwa 60 Juden gefaßt. Trotz aller Anstrengungen konnten von den sich in dem Block befindlichen 700–800 Juden mehr nicht erfaßt werden. Diese zogen sich von Schlupfwinkel zu Schlupfwinkel durch unterirdische Gänge, von Zeit zu Zeit feuernd, immer wieder zurück. Ich entschloß mich daher, soweit die Gänge bekannt waren, diese zu sprengen und dann den gesamten Block in Brand zu setzen. Erst nachdem das Feuer einen erheblichen Umfang angenommen hatte, kamen schreiende Juden zum Vorschein, die sofort ausgefiedelt wurden. Verluste traten bei dieser Aktion nicht ein. Es ist Vorsorge getroffen, daß das entstandene Großfeuer lokalisiert bleibt.
Das Gros der Kräfte wurde zur Säuberung des sog. unbewohnten, aber noch nicht freigegebenen Gettos von Süden nach Norden angesetzt. Vor Beginn dieser Aktion wurden aus ehem. Rüko-Betrieben 5200 Juden erfaßt und unter Bedeckung nach dem zur Umlagerung vorgesehenen Verladebahnhof verbracht. Es wurden 3 Durchsuchungskommandos gebildet, die besondere Stoßtrupps zugeteilt erhielten, um die bereits bemannten Bunker zu bekämpfen bzw. zu sprengen. Dieses Unternehmen mußte nach Durchkämmung der Hälfte des vorbezeichneten Raumes wegen Eintritt der Dunkelheit abgebrochen werden.
Außer den zu verlagernden Juden wurden 150 Juden bzw. Banditen kampfmäßig erledigt, etwa 80 Banditen wurden innerhalb der Bunker durch Sprengung vernichtet.

Fernschreiben des SS-Brigadeführers Stroop, 21. 4. 1943

Führergeburtstag 1943. Reichsmarschall Göring überbringt dem Führer die Glückwünsche der Wehrmacht und des deutschen Volkes.

»Presse-Hoffmann«, 27. 4. 1943

Conrad Veidt †

Conrad Veidt, der große Charakter-Schauspieler, erlitt letzten Samstag in Hollywood während einer angeregten Golf-Partie eine Gehirnblutung und starb dreißig Sekunden später. Er hatte am 22. Januar seinen fünfzigsten Geburtstag gefeiert und bei Metro-Goldwyn-Mayer, wo sein Dauervertrag eben erneuert worden war, den Film »Above Suspicion« beendet.
Veidt war gebürtiger Berliner; er begann seine Karriere in Prag, wurde dann von Reinhardt nach Berlin gerufen. Bald verließ er die Bühne, um zu filmen; die klassische Zeit des deutschen stummen Films ist untrennbar mit Conrad Veidt verknüpft. (»Caligari«, »Student von Prag«, »Wachsfiguren-Kabinett«, »Unheimliche Geschichten«, »Orlacs Hände« und zahllose andere.) 1928 ging er zum ersten Mal nach Hollywood, wo er u.a. die Hauptrollen in »A Man's Past« und »The Man Who Laughs« spielte. Nach dem Aufkommen des Tonfilms kam er nach Berlin zurück (»Die letzte Kompagnie« u.a.). 1933, bei Hitlers Machtergreifung, kehrte er Deutschland angeekelt den Rücken, obwohl die Nazis alles taten, um ihn, den sogenannten »reinen Arier«, zu halten.

»Aufbau« (New York), 9. 4. 1943

Katyn

Die sensationelle Aufdeckung riesiger Massengräber mit über 10000 von den Sowjets zwischen März und Mai 1940 ermordeten kriegsgefangenen polnischen Offizieren ist – der großen politischen Bedeutung dieses bolschewistischen Massenmordes entsprechend –

1943

April

3./4. 4. Britischer Luftangriff auf die Krupp-Werke in Essen

7.–10. 4. Mussolini besucht Hitler auf Schloß Kleßheim. Er drängt auf einen Kompromißfrieden im Osten, um Truppen gegen den Westen freizubekommen. Hitler bringt ihn davon ab

7. 4. Die britische 8. Armee und amerikanische Truppen schließen den Einkesselungsring um die deutsche Heeresgruppe Afrika

13. 4. Deutsche Soldaten finden im polnischen Katyn Massengräber von über 4000 polnischen Offizieren. Sie wurden im Frühjahr 1940 Opfer der Roten Armee

18. 4. Die Heeresgruppe Mitte erhält den Befehl, die italienischen Verbände ins Heimatland zurückzuführen

19. 4. Beginn des Aufstandes im Warschauer Juden-Getto. Bis zum 16. 5. wird der Wohnbezirk durch Verbände unter SS-Gruppenführer Stroop völlig vernichtet. Mindestens 56 000 Juden werden getötet

26. 4. Die Sowjetregierung bricht die Beziehungen zur polnischen Exilregierung in London ab, da diese gefordert hatte, die näheren Todesumstände der Opfer von Katyn durch eine internationale Kommission klären zu lassen

30. 4. Reichsleiter Robert Ley erklärt zum »Tag der Arbeit 1943«: »So hart und biegsam wie Kruppstahl, so stark und zäh wie Leder und so stolz und unbeugsam wie ein Germane, das ist der herrliche Erfolg nationalsozialistischer Erziehung am deutschen Menschen.«

1. 3.–30. 4. Deutsche U-Boote versenken im Atlantik, im Nord- und Mittelmeer sowie im Indischen Ozean 153 alliierte Handelsschiffe mit 866 751 BRT

Kultur

1. 4. In Königsberg wird der Musikfilm »Karneval der Liebe« unter der Regie von Paul Martin uraufgeführt. Die Hauptrollen spielen u. a. Johannes Heesters und Hans Moser

26. 4. Der Schriftsteller und Grafiker Johannes Wüsten, 1940 von der Gestapo in Paris verhaftet, kommt im Zuchthaus Brandenburg ums Leben stark herauszustellen. Dieser Vorgang ist mit allem Nachdruck als eines der grauenvollsten Geschehnisse der Menschheitsgeschichte historisch festzulegen. Es dürfen jedoch aus der Feststellung dieser Tatsache keinesfalls Schlußfolgerungen gezogen werden hinsichtlich des Schicksals unserer eigenen Vermißten, die das deutsche Volk beunruhigen könnten.

Presseanweisung, 13. 4. 1943

Der Massenmord der GPU bei Smolensk. Eine Delegation europäischer Dichter und Schriftsteller im Walde von Katyn. »Weltbild«, 24. 4. 1943

Schnellster Jäger der Welt: die neue FW 190

Der Bericht des Oberkommandos der Wehrmacht hat kürzlich das neue deutsche Jagdflugzeug Focke-Wulf FW 190 erwähnt. Von zuständiger Seite werden dazu einige Einzelheiten über den neuen deutschen Jäger mitgeteilt. Konstrukteur ist Diplom-Ingenieur Kurt Tank, auf den bereits das Fernkampfflugzeug Focke-Wulf Condor und der Nahaufklärer FW 189 zurückgehen. Der FW 190 ist mit einem BMW-Doppelsternmotor ausgerüstet. Er ist das schnellste Jagdflugzeug der Welt, besitzt aber infolge seiner kurzen Bauart und günstigen Schwerpunktlage auch eine besondere Wendigkeit. Das Fahrwerk ist nach innen einziehbar. Die Bewaffnung ist sehr stark und besteht aus Maschinengewehren und Kanonen. »Frankfurter Zeitung«, 29. 4. 1942

Adolf-Hitler-Schüler werden Soldaten. Übergabe der Diplome durch Dr. Ley; links von Dr. Ley Reichsschatzmeister Schwarz, rechts von Dr. Ley der Kommandeur der Adolf-Hitler-Schulen, Gebietsführer Petter.

»Presse-Hoffmann«, 16. 4. 1943

Spargelmännchen und Spinatweibchen

Unter dem Wort Spargelmännchen mag sich die Phantasie dieses oder jenes vorstellen. Wissenschaftlich gesehen sind es ganz einfach die männlichen Spargelpflanzen. Bekanntlich gibt es unter den Pflanzen eine ganze Menge, deren Blüten nur männliche oder nur weibliche Organe aufweisen; von diesen eingeschlechtlichen Blüten kommen bei vielen Sorten beide Arten auf ein und derselben Pflanze vor, bei anderen, den sogenannten »zweihäusigen« oder »getrenntgeschlechtlichen« bringt jede Pflanze nur männliche oder nur weibliche Blüten, ist also selbst männlich oder weiblich.

Eine praktische Bedeutung für unsere Ernährung und Landwirtschaft gewinnen diese Tatsachen dann, wenn das eine oder andere Pflanzengeschlecht größere Erträge bringt, wie es z. B. beim Spargel der Fall ist: Die Spargelweibchen verbrauchen für die Fruchtausbildung alljährlich einen großen Teil ihrer Reserven, so daß sie spätere und geringere Ernten bringen als die Männchen. Aufgrund der Ergebnisse der Vererbungsforschung ist man mit Hilfe eines Verfahrens, das für den Laien recht kompliziert erscheint, in der Lage, tatsächlich ein Saatgut zu gewinnen, das weibchenfreie Spargelbestände liefert.

Einfacher ist das Verfahren beim Spinat und beim Hanf, wo die Verhältnisse umgekehrt liegen und männchenfreie Bestände das Ziel der Züchtung bilden: Die Forschung hat herausbekommen, daß die weiblichen Pflanzen reinerbig weiblich sind, d. h., daß die Eizellen weiblicher Pflanzen nur die Erbanlage weiblich haben. Die Männchen dagegen sind mischerbig: So hat, wie Prof. Dr. Kappert, der Leiter des Instituts für Vererbungsforschung, unserem Mitarbeiter erklärte, auch hier die angewandte Genetik das Hauptarbeitsgebiet des Instituts Aufgaben lösbar gemacht, deren Lösung zuvor von der rein züchterischen Arbeit nicht zu erwarten war.

Die Arbeiten der Vererbungsforschung erhalten also gerade im Kriege eine besondere Bedeutung für unsere Landwirtschaft. »Norddeutsche Nachrichten« 9. 4. 1942

Das OKW gibt bekannt

April

5. 4. Ein gemischter britisch-nordamerikanischer Verband griff am gestrigen Tage das Gebiet von Paris an. Durch Bombentreffer in Wohnvierteln, städtischen Anlagen und auf Sportplätzen der Stadt hatte die Bevölkerung mehrere hundert Tote und Verletzte. Bei diesem Terrorangriff und anderen Vorstößen des Feindes gegen die besetzten Westgebiete und Norwegen wurden 19 Flugzeuge abgeschossen. Drei eigene Flugzeuge gingen verloren.

10. 4. An der tunesischen Front hält die schwere Abwehrschlacht gegen den mit immer neuen Kräften angreifenden Feind an. Zahlreiche Angriffe wurden von unseren unerschütterlich kämpfenden Truppen abgewiesen, mehrere Einbrüche abgeriegelt. An der Südfront gehen die planmäßigen Ausweichbewegungen weiter. Deutsch-italienische Kampfgruppen stellten sich immer wieder zum Kampf und wichen erst nach harten und erbitterten Gefechten dem Druck des weit überlegenen Feindes. Die Luftwaffe unterstützte in unermüdlichem Einsatz die schwer kämpfenden Verbände des Heeres.

25. 4. Nachdem die feindlichen Durchbruchsangriffe im Süden der tunesischen Front blutig abgewiesen worden sind, versucht der Feind jetzt mit überlegenen Kräften an der Westfront eine Entscheidung zu erzwingen. In wechselvollen, für beide Seiten verlustreichen Kämpfen verteidigten Infanterie und Panzertruppen erbittert ihre Stellungen. Die Panzerverluste des Feindes am vorgestrigen Tage haben sich allein in diesem Kampfraum auf 81 erhöht.

27. 4. Auch der zweite Abschnitt des britisch- nordamerikanischen Großangriffs gegen die tunesische Front ist an dem Abwehrwillen der deutsch-italienischen Truppen gescheitert. Am gestrigen Tage führte der Feind nur vereinzelte heftige Vorstöße. Sie wurden zum Teil im Gegenstoß abgewiesen.

Bei den schweren Abwehrkämpfen haben sich die italienischen Divisionen Pistolia und Trieste besonders bewährt. In treuer Waffenbrüderschaft mit den dort eingesetzten deutschen Verbänden wiesen sie zahlreiche mit großer Übermacht geführte feindliche Angriffe blutig ab.

Die U-Boot-Verluste sind zu hoch

Der Grund der augenblicklichen Krisis des U-Boot-Krieges ist die erhebliche Zunahme der Luftwaffe des Gegners. In der Enge Island–Färöer ist durch Horchdienst jetzt an einem Tage die gleiche Zahl von Flugzeugen festgestellt, die noch vor Wochen dort nur innerhalb einer Woche auftraten. Ferner Einsatz von Flugzeugträgern bei den Geleitzügen im Nordatlantik, so daß die gesamten Straßen des Nordatlantiks jetzt von der feindlichen Luftwaffe überwacht sind.

Die U-Boot-Krisis würde jedoch durch die Zunahme der Flugzeuge allein nicht erfolgt sein. Das Ausschlaggebende ist, daß die Flugzeuge durch ein neues Ortungsgerät, das auch anscheinend von Überwasserfahrzeugen angewandt wird, in der Lage sind, die U-Boote zu orten und bei tiefer Wolkendecke, Unsichtigkeit oder bei Nacht dann überraschend anzugreifen.

Hätten die Flugzeuge das Ortungsmittel nicht, so würden sie z.B. bei grober See oder bei Nacht keinesfalls das U-Boot erkennen können. Entsprechend verteilen sich auch die Verluste. Der weitaus größte Teil der U-Boot-Verluste ist durch Flugzeuge erfolgt. Der Anteil an Seestreitkräften ist nur gering, obwohl infolge einer besonders unglücklichen Wetterlage (plötzlich eintretender Nebel) bei der Geleitzugoperation am 8. Mai in diesem Monat verhältnismäßig viele U-Boote (5) durch Zerstörer überrascht werden konnten. Diese Überraschung im Nebel ist auch wieder nur durch Ortungsgeräte möglich gewesen. Dieser Lage entsprechend sind auch 65% der Verluste auf dem Marsch bzw. in Wartestellung erfolgt und nur

Von links nach rechts: Kapitänleutnant A. Schnee, Großadmiral Karl Dönitz, Kapitän zur See E. Godt.

35% am Geleitzug selbst. Das ist natürlich, denn den größten Teil der Unternehmung von 6–8 Wochen befindet sich das U-Boot wartend oder auf dem Marsch: Hier ist die Gefahr groß, bei Unsichtigkeit oder Dunkelheit plötzlich von einem vorher nicht feststellbaren Gegner aus der Luft angegriffen zu werden. Die Verluste sind im letzten Monat von bisher etwa 14 U-Booten, d.h. 13% der in See befindlichen U-Boote, auf 36 wenn nicht 37, d.h. rund 30% der in See befindlichen U-Boote, angestiegen. Die Verluste sind zu hoch. Es kommt darauf an, jetzt Kräfte zu sparen, andernfalls würde nur das Geschäft des Gegners betrieben werden...

Vortrag des Großadmirals Dönitz vor Hitler, 31. 5. 1943

U-Boot-Bunker in der Bretagne.

1943

Mai

1.–31. 5. Im Bereich der Heeresgruppe Mitte werden die Unternehmen »Zigeunerbaron«, »Freischütz«, »Maigewitter« und »Nachbarhilfe« gegen starke Partisanenverbände durchgeführt

4./5. 5. Britische Luftangriffe auf Dortmund

5. 5. In Tunesien beginnen britische Streitkräfte die letzte Offensive gegen die deutschen Panzerverbände. Die deutsche Front wird durchbrochen

7. 5. Bizerta und Tunis werden von deutschen Truppen geräumt

11. 5. Hitler teilt den beteiligten Generälen in einem »Befehl« mit, daß die Operation »Zitadelle« zur Wiedereroberung von Kursk entgegen deren Bedenken bis Mitte Juni verschoben wird

12. 5. Präsident Roosevelt gibt dem tschechischen Exilpräsidenten Benesch die Zusage zur Vertreibung der Sudetendeutschen nach dem Krieg

12.–25. 5. In Washington Konferenz zwischen Roosevelt und Churchill. Sie beschließen, in Süditalien zu landen und die Invasion in Frankreich erst für 1944 zu planen

13. 5. Kapitulation der deutsch-italienischen Heeresgruppe Afrika unter Generaloberst von Armin in Tunesien. 130 000 deutsche und 120 000 italienische Soldaten gehen in britische und amerikanische Gefangenschaft

14. 5. Amerikanische Bomber greifen den Kieler Hafen an

15. 5. Stalin verkündet die Auflösung der Komintern

24. 5. Nach größeren Mißerfolgen läßt Großadmiral Dönitz die Geleitzugbekämpfung im Nordatlantik abbrechen. Dies ist die entscheidende Wende im U-Boot-Krieg

31. 5. In der deutschen Kriegswirtschaft sind 12,1 Millionen ausländische Arbeitskräfte tätig (einschließlich der Kriegsgefangenen)

Kultur

15. 5. Uraufführung des Propagandafilms »Germania« mit Lotte Koch und Luis Trenker

16. 5. Muttertag; verliehen werden 137 950 Mutterehrenkreuze in Gold (ab 8. Kind), in Silber (6. und 7. Kind) und in Bronze (4. und 5. Kind)

Komintern aufgelöst

Die Entscheidung, die Dritte Kommunistische Internationale – Komintern – aufzulösen, ist von den Vereinten Nationen allgemein begrüßt worden. Der Beschluß war gestern in Moskau bekanntgegeben worden.

Unser diplomatischer Korrespondent schreibt, daß die Verlautbarung für Britannien und Amerika zum geeigneten Zeitpunkt kommt; und in Rußland bedeutet sie ein klares Signal, daß der beherrschende Kampf der Welt der Kampf auf Leben und Tod der Alliierten gegen die Aggressornationen geworden ist.

Die wichtige Entscheidung wurde am 15. Mai bei einem Treffen des Präsidiums des Exekutivbüros in Moskau gefaßt. Zwölf seiner Mitglieder unterzeichneten eine Resolution, die in der Prawda abgedruckt wurde. Zu den Unterzeichnern gehörten der Bulgare Dimitrow, der Russe Schdanow, Mitglied des Politbüros, der Finne Kuusinen, Vizepräsident des Obersten Sowjet, der ehemalige Reichstagsabgeordnete Wilhelm Pieck, die Franzosen Marty und Thorez sowie der Tschechoslowake Gottwald. Die Resolution wurde von fünf Vertretern ausländischer kommunistischer Parteien unterstützt, die sich derzeit in der Sowjetunion aufhalten. Zu ihnen gehörten Dolores Ibarruri aus Spanien und der Ungar Rakosi. Die Resolution stellte fest, man habe vom Exekutivkomitee den Vorschlag erhalten, daß sich die Parteien künftig in voller Freiheit auf eigene Weise entwickeln sollten.

Die sowjetische Regierung hat stets jederlei Verantwortung für die Komintern bestritten. Doch die Tatsache, daß sie hier ihre Zentrale hatte und hochstehende Sowjetbürger in der Komintern hohe Ämter bekleideten, mußte im Ausland Argwohn erregen, daß die ausländischen kommunistischen Parteien dazu benutzt wurden, die sowjetische Politik zu fördern.

Die jetzt gefaßte Entscheidung könnte darauf abzielen, diesen Verdacht zu beseitigen und es Sowjetrußland zu ermöglichen, mit seinen Verbündeten in einer Atmosphäre verstärkten Vertrauens zu verhandeln. Sie könnte sich sehr wohl als ein Meilenstein auf dem Weg zum vollen Einvernehmen unter den Mitgliedern der Anti-Hitler-Koalition über die Kriegs- und Friedensziele erweisen. Der Schwanengesang der Komintern gebietet allen Mitgliedsparteien, sich der Aufgabe unterzuordnen, dem deutschen Faschismus sowie dessen Verbündete und Vasallen zu vernichten.

»The Times« (London), 24. 5. 1943

Beute-Jeep an der Tunesienfront.

Animosität der Volksgenossen

Von Apathie sei nichts zu merken. Nach dem schweren Angriff auf Essen in der Nacht zum 1. 5. sei z. B. beobachtet worden, daß die Volksgenossen am nächsten Morgen in aller Frühe tatkräftig dabei waren, die kleineren Schäden zu beseitigen, und daß am Nachmittag überall in den Kleingärten gearbeitet wurde. Bedenklich sei lediglich die Tatsache, daß sich von Angriff zu Angriff die Fälle von Diebstählen in bombengeschädigten Häusern mehren würden... Nach Meldungen aus Westdeutschland, aber auch aus anderen Reichsteilen, wird in der Bevölkerung davon gesprochen, daß die feindliche Luftoffensive eine Folge der Verkündigung des totalen Krieges sei... Dieses Mißverständnis habe zu einer gewissen Animosität der Volksgenossen gegen die Reichshauptstadt geführt, von welcher aus der totale Krieg verkündet worden ist. Diese Einstellung werde durch einen Vers charakterisiert, der im Industriegebiet bereits verbreitet worden sei:

Lieber Tommy, fliege weiter,
wir sind alle Bergarbeiter.
Fliege weiter nach Berlin,
die haben alle »ja« geschrien.

Geheimer SD-Bericht, 6. 5. 1943

Das OKW gibt bekannt

Mai

4. 5. An der tunesischen Front fanden keine wesentlichen Kampfhandlungen statt. Im Zuge planmäßiger Bewegungen bezogen unsere Truppen im Nordabschnitt, vom Feinde zunächst unbemerkt, neue, günstigere Stellungen. Hierbei wurde die Stadt Mateur nach Vernichtung der kriegswichtigen Anlagen kampflos dem Gegner überlassen.

7. 5. In Tunesien griff der Feind mit vielfach überlegenen Infanterie- und Panzerverbänden, die von starken Fliegerkräften unterstützt wurden, die deutsch-italienischen Stellungen im nördlichen und mittleren Frontabschnitt an. Trotz heldenhaften Widerstandes der deutschen und italienischen Truppen und trotz Abwehr zahlreicher Angriffe, bei denen zwölf Panzer abgeschossen und einige hundert Gefangene eingebracht wurden, gelang dem Feind ein tiefer Einbruch.

Die Schlacht dauert in erbitterten Kämpfen an.

10. 5. Im Raum südlich Biserta setzte der Feind neue, weit überlegene Panzerkräfte, unterstützt durch starke Luftwaffenverbände, gegen unsere dort bis zur letzten Patrone kämpfenden Truppen ein. Nach Verschuß der letzten Munition kam der heldenhafte Widerstand unserer tapferen Soldaten zum Erliegen.

13. 5. Der Heldenkampf der deutschen und italienischen Afrika-Verbände hat heute sein ehrenvolles Ende gefunden.

Die letzten in der Umgebung von Tunis fechtenden Widerstandstruppen, seit Tagen ohne Wasser und Verpflegung, mußten nach Verschuß ihrer gesamten Munition den Kampf einstellen.

Sie sind schließlich dem Mangel an Nachschub erlegen, nicht dem Ansturm des Feindes, der die Überlegenheit unserer Waffen auch auf diesem Kriegsschauplatz oft genug hat anerkennen müssen.

18. 5. Tagesluftangriffe des Feindes auf einige Orte in den besetzten Westgebieten verursachten unter der Bevölkerung hohe Verluste, vor allem in der Stadt Bordeaux. Hierbei wurden in Luftkämpfen und durch Flakabwehr 17 vorwiegend mehrmotorige feindliche Flugzeuge vernichtet. Bei Abwehr britischer Luftangriffe auf deutsche Geleitzüge und über den Niederlanden schossen Sicherungsfahrzeuge vier und Flakartillerie der Kriegsmarine sechs feindliche Flugzeuge ab. Über dem Atlantik vernichteten deutsche Kampfflugzeuge zwei britische Bomber, darunter ein Großflugboot.

»Romanze in Moll«

Madelaine muß an das Glück einer soliden, bürgerlichen Ehe geglaubt haben, als sie einen Bankbeamten heiratete. Aber ihr wird klar, daß man Gefühle nicht steuern kann, als sie, vor dem Schaufenster eines Juweliers, den Komponisten Michael kennenlernt. Bei ihrer ersten Verabredung schenkt er ihr eine Perlenkette. Madelaines Lächeln inspiriert ihn zu einer Komposition: die »Romanze in Moll«. Madelaine verliebt sich in ihn und wird seine Geliebte. Immer inniger wird ihre Verbindung; er führt sie in seine Welt ein. Doch über dem Leben Madelaines lastet ein schweres Schuldgefühl. Ein Freund von Michael und zugleich Kollege ihres Mannes droht, die ganze Wahrheit über ihr Doppelleben zu verraten und beginnt, sie zu erpressen: Entweder gibt sie sich ihm hin, oder er verrät sie. Madelaine sieht keinen anderen Ausweg, als sich zu vergiften. –

In der Geschichte des Films hat es nicht allzu viele Werke gegeben, die so rein und machtvoll, so einfach (dabei jedoch eher kompliziert als unkompliziert), so voll tragischer, schicksalhafter Melodie, so ernst und schön das Gefühl sprechen ließen wie dieser Film, in dessen Titel schon der Ton schwingt, auf den die Melodie dieses Films gestimmt ist. Willy Clever schrieb den Entwurf dieser Filmdichtung, gemeinsam mit Helmut Käutner verfaßte er das Drehbuch des Films, das Stimmen und Stimmungen spürbar macht, wie sie so behutsam nicht oft Ausdruck erhalten. Nicht immer haben die Schauspieler so stark teil an der Prägung des Gesichts eines Films wie hier: Sie sind ganz in den besonderen Stil des Werkes eingedrungen, und ihre Darstellung wirkt auch dann erlebt, wenn der Filmschöpfer sich betont stilisierender Mittel bedient.

Marianne Hoppe ist die junge Frau: Mit einer schönen, verhüllenden, verklärenden Ruhe geht ihre Madeleine durch den Film – mit edlem Anstand sich der Ausweglosigkeit des Schicksals beugend. Eine menschlich bewegende, künstlerisch wohlabgewogene Leistung: phrasenlos, klar, erlebt. Ergreifend, weil man die Ergriffenheit der Darstellerin spürt.

Ferdinand Marian als ihr Partner gibt den Liebhaber als einen Kavalier von jener Verwegenheit, der niemals das Noble fehlt. Dieser Filmabend war ein Erlebnis besonderer Art.

»Film-Kurier«, 28. 6. 1943

Marianne Hoppe und Paul Dahlke.

Spiegelbild der Nation

Das Wesentliche für einen Schauspieler ist, daß er ein Repräsentant der Physiognomie seines Volkes ist. Nur dann darf er hoffen, auf die Höhen des Erfolges getragen zu werden, die das Ziel seines schöpferischen Ehrgeizes sind.

Der Schauspieler muß deshalb viel mehr als andere Menschen ein physiognomischer Repräsentant des nationalen Typs sein, weil er mit allen Kräften seiner Bildung darauf hinarbeitet, Helden seines Volkes darzustellen. Besonders, wenn er noch direkt ein Heldendarsteller ist. Aber auch die anderen Schauspieler tragen zum Bild des Helden bei, dadurch nämlich, daß sie als Gemeinschaft das Nationale an sich bildhaft darstellen.

Alle deutschen Schauspieler zusammengenommen, die »Väter« und Charakterspieler, die Liebhaber und die Genießer, die Naturburschen und die jugendlichen und »schweren« Helden, und mit ihnen natürlich die entsprechenden Frauen, würden in sehr lebhaften Farben ein eindringliches Querschnittsbild vom Charakter des Deutschen geben.

Man sehe die Rollenbildnisse einiger bedeutender deutscher Schauspieler, die wir hier zeigen, an, um zu begreifen, was sich im Leben ihrer Zeit und ihres Volkes vollzogen hat. Welche Tiefe und Fülle der Empfindung, welch ein Wissen um Geheimnisse der Seele und des Schicksals in diesen Gesichtern, in denen alles ruhige Spannung unbeirrbaren Bereitseins ist.

Der Weise, der Gelassene, der Erregte, der Sühnende, gleichgültig, wes Temperamentes und Alters – sie blik-

1943

Juni

1.–13./14. 6. Deutsche Jagdbomber fliegen Angriffe gegen Margate, Niton und Grimsby

3.–8. 6. In vier aufeinanderfolgenden Einsätzen greifen deutsche Bomber das sowjetische Panzerwerk in Gorki an

5. 6. Schwerer alliierter Luftangriff auf La Spezia, wobei drei italienische Schlachtschiffe beschädigt werden

9./10. 6. An der Ostfront werden 132 deutsche Bomber gegen das Gummikombinat Jaroslawl eingesetzt

10. 6. Beginn einer kombinierten amerikanisch-britischen Bomberoffensive auf Deutschland. Bombardierungen von ausgewählten Zielen durch die Amerikaner bei Tage, Flächenbombardierungen durch die Briten bei Nacht

11. 6. Alliierte Verbände erobern die Insel Pantelleria zwischen Tunesien und Sizilien. Kaum Widerstand der italienischen Besatzung

11./12. 6. Schwere Luftangriffe auf Düsseldorf. 120 000 Einwohner werden obdachlos

12. 6. Einnahme der Insel Lampedusa durch die Alliierten

16. 6. In einem Handschreiben übermittelt Hitler König Gustaf V. von Schweden seine »herzlichsten Glückwünsche« zum 85. Geburtstag

17. 6. Unter Beteiligung von »17 Nationen« wird in Hamburg der Kongreß »Europäische Arbeiter schaffen für den Sieg« eröffnet

21. 6. Hitler ordnet die Bildung eines zentralen Sonderstandgerichts für die Wehrmacht an

30. 6. Amerikanische Truppen landen auf Randova (Salomonen) und Neuguinea. Beginn einer alliierten Großoffensive im Südpazifik

1. 5.–30. 6. Deutsche U-Boote versenken im Atlantik, im Mittelmeer, vor Südafrika und im Indischen Ozean 64 alliierte Handelsschiffe mit 312 579 BRT

Kultur

7. 6. Zum 100. Geburtstag erscheint »Friedrich Hölderlin – Gebot und Erfüllung«. Die Nationalsozialisten rühmen Hölderlin jetzt als »Dichter der letzten Opferbereitschaft«

11. 6. In Berlin wird der Ausstattungsfilm »Liebespremiere« mit Hans Söhnker uraufgeführt

Das Angesicht des Verantwortlichen: Ewald Balser als Kurfürst in Kleists »Prinz von Homburg«. In seinen Zügen ist Weisheit, Kraft, Güte und jener Humor, der aus Mitleid und Liebe erwächst.

Das Gesicht des Werdenden: Karl Johns Prinz von Homburg hebt sich vor der grausigen Szenerie dieses Krieges klarer denn je als der Held ab, der den Tod überwindet und das Leben gewinnt.

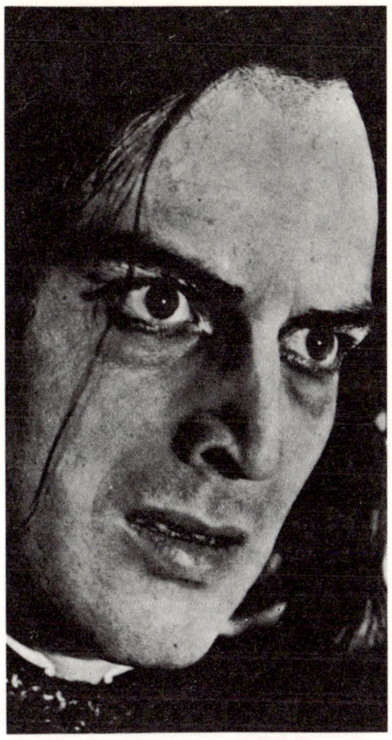

Antlitz, geprägt von Leidenschaft: Will Quadflieg in Schillers »Braut von Messina« formt das große Pathos glühender Gefühle aus dem schicksalsbewußten Ernst der lebenden Generationen.

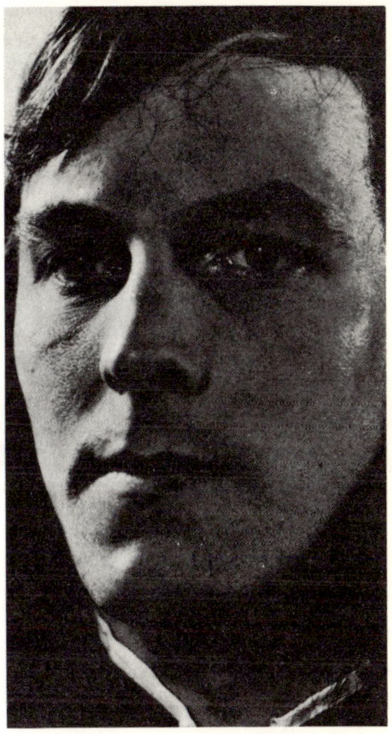

Ein adliges Jünglingshaupt: Horst Caspars Don Manuel trägt in Größe den schmerzlichen Zwiespalt der Seele, der gleichermaßen nach grübelnder Selbstversenkung wie nach klarer Tat verlangt.

ken alle einem Schicksal fest ins Auge. Nicht nur wie Schauspieler in ihrer Rolle, sondern wie Männer aus einem Volke, dessen Schicksal sich entscheidet. Das darum weiß und das bereit ist.

Es ist viel darüber gerätselt worden, warum in schweren Zeiten, voller Entscheidungen und Prüfungen, für die Völker wie für die einzelnen, die Theater sich so erstaunlichen Zulaufs erfreuen. Der Mensch, den das Schicksal vor letzte Bewährung stellt, sucht nach Selbsterkenntnis. Das Theater aber, zumal die »moralische Anstalt«, wie es der Deutsche versteht, ist eine hohe Schule der Selbsterkenntnis.

»Signal«, Juni 1943

Kriegstrophäen in Moskau ausgestellt

Der zweite Jahrestag des Kriegsausbruchs in Rußland wurde zur Eröffnung einer imponierenden Schau feindlicher Waffen und Ausrüstungsgegenstände gewählt.

Sie wurden intakt erbeutet und liefern einen konkreten Eindruck über das Ausmaß der deutschen Verluste, aber auch eine nüchterne Erinnerung an deutsche Stärke und Gründlichkeit.

Die Ausstellung zieht große Besuchermassen an, darunter viele Militärpersonen. In der Artillerie-Abteilung bildet ein 305-mm-Belagerungsmörser das spektakulärste Schaustück. Er wurde von Skoda gebaut und bei Schlüsselburg erbeutet. Von dort schleuderte er Geschosse im Gewicht von einer halben Tonne gegen die Betonbefestigungen von Leningrad. Alle Typen von Panzern, beginnend mit dem schlanken, kleinen Renault bis zum Panzer VI »Tiger«, stehen zwischen blühenden Sträuchern. Neben einem »Tiger«, der bis zum eingeritzten Elefantensymbol an der Vorderfront heil geblieben war, standen die verzerrten Überreste eines anderen, an dem sich russische Geschütze und Panzerbüchsen mit so gutem Erfolg versucht hatten, daß die lange 8,8-cm-Kanone völlig verschwunden war.

»The Times«, 24. 6. 1943

Das OKW gibt bekannt

Juni

12. 6. Bei der Bekämpfung von Banden im rückwärtigen Gebiet des mittleren Frontabschnitts haben SS und Polizeikräfte in tagelangen, harten Kämpfen, die durch fast undurchdringliches Wald- und Sumpfgelände besonders erschwert waren, weite Gebietsteile gesäubert. 118 befestigte Dörfer und Waldlager wurden gegen zähen Widerstand genommen, 162 Bunker gesprengt. Neben zahlreichen Toten verloren die Banden große Mengen an Waffen und Material.

Am gestrigen Nachmittag stieß ein amerikanischer Fliegerverband in großer Höhe gegen das norddeutsche Küstengebiet vor und warf Bomben auf die Städte Wilhelmshaven und Cuxhaven. Die Bevölkerung hatte Verluste.

In der vergangenen Nacht griffen britische Bomber westdeutsches Gebiet, vor allem die Stadt Düsseldorf, an. Durch Bombentreffer in Wohnvierteln entstanden schwere Verluste unter der Bevölkerung und erhebliche Schäden an Wohnhäusern und öffentlichen Gebäuden. Nach bisherigen Feststellungen verlor der Feind bei diesen Angriffen insgesamt 54 meist viermotorige Bomber.

21. 6. In den Bergen Montenegros haben deutsche, italienische, bulgarische und kroatische Truppen im Verlaufe wochenlanger Kämpfe starke Banden eingeschlossen und vernichtet.

Der Hochgebirgscharakter des Landes, ungünstige Wetterverhältnisse und der verzweifelte Widerstand der Banden erforderten von den eingesetzten Verbänden große Kampfleistungen und harte Entbehrungen.

Die Luftwaffe, die in unermüdlichem Einsatz in die Kämpfe eingriff, hat erheblichen Anteil an der erfolgreichen Operation. Die blutigen Verluste der Banditen sind sehr hoch. Große Mengen an Waffen, Fahrzeugen und Versorgungsgütern wurden erbeutet.

29. 6. Die britische Luftwaffe führte in der vergangenen Nacht erneut einen schweren Terrorangriff gegen die Wohnviertel der Stadt Köln. Durch Abwurf einer großen Zahl von Spreng- und Brandbomben auf dicht bebaute Stadtteile entstanden ausgebreitete Brände. Der Kölner Dom erlitt schwere Spreng- und Brandbombenschäden. Die Bevölkerung der Stadt hatte Verluste.

Die Stunde der Entscheidung

So schwer die Schäden waren, mit denen fast alle Staaten Europas – die Sieger keineswegs ausgenommen – aus dem ersten Weltkrieg hervorgegangen sind, so fruchtbar könnte die Lehre werden, die das Schicksal dem Kontinent erteilt hat, die Lehre nämlich, daß jetzt Kapital und Öl, Wolle und Gummi, Erz und Kohle unvergleichlich stärker als kriegstragende Elemente eine geschichtsentscheidende Rolle spielen wie etwa Grenz- und Souveränitätsfragen althergebrachter Art. Die Kette nicht abreißender Wirtschaftskrisen in den Jahren zwischen 1918 und 1938 bestätigt die Lage. Begreift Europa, oder geht das alte Spiel der 36 Staaten gegeneinander weiter, während die Weltgeschichte beginnt, Kontinent gegen Kontinent zu stellen? Es geht weiter. Nur die am tiefsten getroffenen Staaten Europas, nur Deutschland und Italien, erkennen die erste Forderung der Stunde, die Gefahren von West und Ost: Sie modernisieren ihre Auffassung von Technik und Kapital, Sozialismus und Gesellschaft und lösen innerhalb ihrer Grenzen vorbildlich die Probleme der Zeit. Es ist eine der tragischsten Fügungen in Europas Geschichte, daß in diesem Augenblick die Gärungsstoffe in der Welt zum zweiten Mal explodieren und Europa in ein Chaos zu reißen versuchen. Heute freilich, nachdem die Achse ihre Wachtposten an alle Küsten und Grenzen Europas gestellt hat, nachdem sie notgedrungen dem imperialistischen Bolschewismus mit der Waffe gegenübergetreten ist und im Angriff seine ganze Bedrohlichkeit enthüllte, haben auch die zukunftswilligen Kräfte des Kontinents die zweite Forderung der Stunde, die dynamische Forderung der Geschichte Europas, erkannt und sich über alle Grenzen hinweg eingereiht in die Kampffront: Der Weg zur Synthese Europas ist – vielleicht zum letzten Male – geöffnet.

»Leipziger Illustrirte Zeitung«, Juli 1943

Das ist Verrat!

Hitler: Sie wissen schon über die Entwicklung in Italien Bescheid?
Keitel: Ich habe nur die letzten Worte eben gehört.
Hitler: Der Duce ist zurückgetreten. Es ist noch nicht authentisch: Badoglio hat die Regierung übernommen, der Duce ist zurückgetreten.
Keitel: Von sich aus, mein Führer?
Hitler: Wahrscheinlich auf Wunsch des Königs, durch den Druck des Hofes. Ich habe gestern schon gesagt, wie der König eingestellt ist.
Jodl: Badoglio hat die Regierung übernommen, also unser grimmigster Feind. Wir müssen uns sofort klarwerden, irgendein Verfahren finden, daß wir die Leute hier zurückbringen auf das Festland. (Gemeint von Sizilien.)
Jodl: Das Entscheidende ist die Frage, kämpfen sie oder kämpfen sie nicht?
Hitler: Die erklären, sie kämpfen, aber das ist Verrat! Da müssen wir uns klar sein: Das ist nackter Verrat! Ich erwarte nur die Nachrichten, was der Duce sagt. Der Dings will jetzt mit dem Duce sprechen. Hoffentlich erwischt er ihn. Ich möchte, daß der Duce sofort herkommt, wenn er ihn erwischt, daß der Duce sofort herkommt nach Deutschland.

Lagebesprechung, 25. 7. 1943

Mussolinis Verhaftung

Am Nachmittag des 25. 7. 1943 war ich mit Personen von erprobter Freundschaft zu Hause, als – gegen 17 Uhr –

1943

Juli

5. 7. Operation »Zitadelle«: Die Heeresgruppen Süd und Mitte beginnen mit dem Angriff. Nach anfänglichen Erfolgen muß dieses letzte deutsche Offensivunternehmen an der Ostfront aber schon eine Woche später wegen des sowjetischen Widerstands abgebrochen und am 17. 7. aufgegeben werden

10. 7. Landung alliierter Verbände an der Südostküste Siziliens

12./13. 7. Gründung des »Nationalkomitees Freies Deutschland« in Krasnogorsk bei Moskau

16. 7. Churchill und Roosevelt fordern das italienische Volk auf, sich gegen den Faschismus zu erheben

17. 7. Beginn einer sowjetischen Generaloffensive am Donez

19. 7. Erster amerikanisch-britischer Luftangriff auf Rom.
Treffen Hitler – Mussolini in Feltre bei Verona. Hitler redet ohne Unterbrechung drei Stunden auf Mussolini ein, den er vor den anwesenden Offizieren wegen der alliierten Landung auf Sizilien abkanzelt

23.–29. 7. Alliierte Großangriffe auf Hamburg. Fast 3000 britische und amerikanische Bomber werfen in sieben Tag- und Nachtangriffen 9000 t Bomben ab. Dabei kommen über 30 000 Menschen ums Leben, 277 330 Wohngebäude und 580 Industriebetriebe werden zerstört, im Hafen 180 000 BRT Schiffsraum versenkt. Das »round the clock bombing« wird von den Engländern durch den Abwurf großer Mengen dünner Aluminiumstreifen eingeleitet, die die deutschen Ortungsgeräte stören und die Luftverteidigung lahmlegen

25. 7. Mussolini wird gestürzt und gefangengenommen. König Viktor Emanuel III. ernennt Marschall Badoglio zum neuen Ministerpräsidenten

28. 7. Badoglio verkündet die Fortsetzung des Krieges als Deutschlands Verbündeter

Kultur

15. 7. Auf der Ordensburg Sonthofen enden die Leistungswettkämpfe der Adolf-Hitler-Schulen. Die besten Leistungen »auf körperlichem, geistigem und musischem Gebiet« zeigt die Schule Mecklenburg, der dafür das »Schwert der Adolf-Hitler-Schulen« verliehen wird

Große Volkskundgebung vor der Feldherrnhalle in München. Die Kundgebung gehörte zu den größten Massenaufmärschen, die die Hauptstadt der Bewegung in ihrer bewegten Geschichte zu verzeichnen hatte, und erhielt ihr besonderes Gepräge durch eine Rede des Reichsorganisationsleiters Dr. Ley: Während der Rede Dr. Leys vor der Feldherrnhalle. »Presse-Hoffmann«, 9. 7. 1943

Deutsche Zerstörer Me 110 über dem Mittelmeer.

der Minister des kgl. Hauses erschien und mir mitteilte, daß Seine Majestät dringend eine Besprechung mit mir wünsche...

In großer Erregung begab ich mich zur Villa Savoia.

Der König war sehr ruhig und erzählte mir sofort, wie sich die Szene (der Absetzung Mussolinis) entwickelt hatte. Ich wiederhole so gut wie wörtlich seine mir tief in der Erinnerung gebliebenen Worte: »Mussolini hat mich heute morgen um eine Audienz gebeten, die ich für ihn in der Villa auf 16 Uhr festsetzte. Zu dieser Zeit erschien Mussolini und teilte mir mit, daß eine Sitzung des Großen Rates stattgefunden habe, bei der ein gegen ihn gerichteter Tagesbefehl angenommen worden sei, doch behauptete er, ein solcher Befehl sei nicht gültig. Ich bemerkte sofort, daß ich nicht seiner Ansicht sei; denn der Große Rat sei ein staatliches Organ, das von ihm geschaffen und durch das Gesetz beider Häuser gutgeheißen sei.

›Aber dann müßte ich nach Eurer Majestät Ansicht meinen Rücktritt erklären‹, sagte Mussolini mit sichtlicher Anstrengung. ›Ja‹, erwiderte ich, ›und ich teile Ihnen mit, daß ich Ihren Rücktritt vom Amt des Regierungschefs ohne weiteres annehme.‹

Seine Majestät fuhr fort: ›Auf diese meine Worte hin sank Mussolini in sich zusammen, als hätte er einen heftigen Schlag vor die Brust erhalten. ›Dann ist mein Zusammenbruch vollständig‹, murmelte er mit schwacher Stimme.«

Nachdem sich Mussolini von Seiner Majestät verabschiedet hatte, ging er hinaus. Da er seinen Kraftwagen nicht mehr vorfand, wandte er sich an einen dort anwesenden Beamten, um zu erfahren, wohin er geraten sei.

»Er steht im Schatten, auf der Seite neben der Villa«, sagte der Beamte.

Mussolini entfernte sich in der ihm angegebenen Richtung, als er sich plötzlich von einem halben Dutzend Kriminalbeamter umgeben sah, die ihn aufforderten, einen in geringer Entfernung stehenden Sanitätskraftwagen zu besteigen.

»Könnte ich nicht meinen Wagen benutzen?« fragte Mussolini. »Und wohin bringen Sie mich?« – »An einen Ort, wo Sie nicht in Gefahr sind«, antwortete der Beamte.

Erinnerung des Marschalls Badoglio an den 25. 7. 1943

Vorbildliche Tarnung. So ist es zu erreichen, daß in dem Urwald die Soldaten der Späh- und Stoßtrupps selbst auf wenige Meter Entfernung nicht erkannt werden. »Aktueller Bilderdienst«, 13. 7. 1943

Das OKW gibt bekannt

Juli

10. 7. In der Nacht zum 10. Juli hat der Feind mit Unterstützung starker See- und Luftstreitkräfte den Angriff auf Sizilien begonnen. Er traf sofort auf heftige Abwehr auf der Erde und in der Luft. Die Kämpfe sind im Gange.

13. 7. Nördlich Bjelgorod gewann der deutsche Angriff, von der Luftwaffe unterstützt, nach Zerschlagen von zwei feindlichen Panzergruppen weiter Raum. Gegenangriffe starker Infanterie- und Panzerverbände, die die Sowjets von anderen Frontabschnitten und aus der Tiefe herangeführt hatten, gegen die Spitzen und Flanken der deutschen Angriffskeile und heftige Entlastungsangriffe im Raum östlich und nördlich Orel brachen unter schwersten feindlichen Verlusten zusammen.

14. 7. In Südsizilien stehen die deutschen und italienischen Truppen weiter in schweren Kämpfen gegen die feindlichen Landungstruppen, die aus der Linie Augusta–Licata unsere Stellungen im Gebirge und südlich von Catania anzugreifen versuchen.

17. 7. Auf Sizilien vermochte der Feind gestern trotz mehrfach wiederholter heftiger Angriffe besonders im Gebiet von Catania keine nennenswerten Erfolge zu erzielen.

22. 7. Die Sowjets setzten gestern an der gesamten Front vom Asowschen Meer bis in den Kampfabschnitt Orel ihre vergeblichen Bemühungen, die deutschen Stellungen zu durchbrechen, fort. Ihre zum Teil mit frischen Kräften vorgetragenen Angriffe, deren Schwerpunkt bei Kuibyschewo, Isjum, nördlich Bjelgorod und am Orelbogen lag, brachen entweder im Abwehrfeuer und Bombenhagel vor den eigenen Linien zusammen oder wurden in der Hauptkampflinie im Nahkampf zum Stehen gebracht.

25. 7. Ein starker Verband britischer Bomber führte in der vergangenen Nacht einen Terrorangriff gegen die Stadt Hamburg, durch den schwere Verluste unter der Bevölkerung und starke Zerstörungen an Wohnvierteln, Kulturstätten und öffentlichen Gebäuden entstanden.

30. 7. Feindliche Bomberverbände griffen am gestrigen Tage Helgoland sowie einige Orte im norddeutschen Küstengebiet, darunter Kiel, an und führten in der vergangenen Nacht erneut einen schweren Terrorangriff auf Hamburg, durch den weitere Verwüstungen in der Stadt hervorgerufen wurden. Die Bevölkerung erlitt hohe Verluste.

Die Deutschen sind ebenso zäh wie die Briten 1940

»Hamburg war eine Stadt von 1,7 Millionen Einwohnern; jetzt liegt sie in Trümmern. Man hat mir gesagt, daß, wenn noch 50 unbeschädigte Häuser dastehen, die Zahl nicht übertrieben sei. Die ganze Stadt ist unbewohnbar. Hier gibt es weder Wasser, Licht und Gas noch Eßwaren oder irgend etwas anderes.« Dies berichtet ein Schwede, der in diesen Tagen nach Göteborg gekommen ist.

»Wir wohnten im östlichen Teil Hamburgs«, fuhr er fort. »Schon früher hatten wir etwas vom Krieg gespürt, aber nicht viel. Die Gefahr aus der Luft beunruhigte uns nicht besonders. Die Zeitungen hatten ältere Menschen und Kinder aufgefordert, die Stadt zu verlassen, aber man hatte es nicht eben eilig.

Dann kamen die Großangriffe. In der Nacht zum 28. Juli gab es etwa um Mitternacht Fliegeralarm. Wir gingen in den Luftschutzraum, meine Frau und ich, und dann begannen die Bomben zu heulen. Auf unser Haus fiel eine Brandbombe; das Erdgeschoß geriet in Brand, aber wir konnten nichts tun als im Keller bleiben, während wir draußen ein unaufhörliches Krachen und Dröhnen hörten.

Schließlich war der Angriff vorbei. Wir mußten buchstäblich durch die Flammen hindurch das Weite suchen. In einem kleinen Park in der Nähe blieben wir, bis es hell wurde. Danach begaben wir uns in einen 13 km vor der Stadt liegenden Ort, von wo wir mit einem Zug nach Schweden zurückkehren konnten.

Auf den Straßen war es unmöglich, vorwärtszukommen; wir versuchten auf drei Wegen, aus der Stadt herauszukommen, bis es uns schließlich gelang. Die Straßen waren von eingestürzten Häusern blokkiert. Hunderte von Leichen, oft entkleidete, lagen auf den Fahrdämmen und Bürgersteigen. Es handelte sich um Leute, die keinen Luftschutzraum aufsuchten, sondern glaubten, sie würden auch so davonkommen.

Man konnte nichts sehen. Überall war man von dickem, schwarzem Raum umgeben, durch den der Feuerschein von brennenden Häusern drang. Ein endloser Zug von Militär- und Privatautos, Handkarren, Kinderwagen und Fußgängern war unterwegs.

Ich muß jedoch sagen, daß ich von der Haltung der Menschen beeindruckt war. Es herrschte keine Panik. Alle ertrugen ihr Schicksal still, wie etwas, was kommen mußte, und die Landbevölkerung brachte auf Karren Milch und Eßwaren herbei, um sie unter den Flüchtlingen zu verteilen. Ich erhielt den Eindruck, daß man sich überall sehr um die Stadtbevölkerung kümmerte, wenn sich diese nun auf das Land ergoß.

Ich glaube nicht, daß Deutschland aus der Luft bezwungen werden kann. Die Deutschen werden sich als ebenso zäh erweisen wie die Briten 1940.«

»Aftonbladet« (Schweden), 5. 8. 1943

Die amerikanischen Truppen

Admiral Kirk, Stabschef der U.S.-Seestreitkräfte in Europa, zerstreute gestern bei der Eröffnung eines Festes den Eindruck, daß amerikanische Soldaten und Matrosen Hollywood-Stars oder doppelt bewaffneten Texanern mit Fünf-Gallonen-Hüten gleichen.

Sie möchten den Krieg so schnell wie möglich gewinnen, erklärte er. Sie seien freundlich und einfach. Die meisten von ihnen entstammten bescheidenen Verhältnissen, Dorfläden oder Farmen. »Ihr Benehmen ist gut, jedoch etwas anders als die Gebräuche in Britannien. Amerikaner sind vielleicht etwas schneller von Begriff, aber sie schließen leichter Freundschaft. Sie freuen sich über eine sympathische Atmosphäre. Sie sind weit weg von zu Hause und wünschen sich eine freundliche, helfende Hand.«

Sein Ratschlag lautete: »Man soll sie nicht verwöhnen. Verhätschelt sie nicht, sondern nehmt sie so, wie sie sind. Möglicherweise hat man

Generaloberst Jeschonnek im Felde beigesetzt. Der Reichsmarschall nimmt Abschied von seinem toten Mitarbeiter. »Aktueller Bilderdienst«, 24. 8. 1943

1943

August

1. 8. Die deutschen Truppen im Raum von Orel werden zurückgenommen

3. 8. Sowjetische Offensive gegen Belgorod, das am 5. 8. erobert wird

5. 8. Die italienische Regierung verfügt die Auflösung der faschistischen Partei.

6. 8. Als Folge der schweren Luftangriffe auf Hamburg kündigt Goebbels an, die Berliner Bevölkerung werde soweit wie möglich evakuiert

12.–16. 8. Schwere alliierte Luftangriffe auf Mailand

12. 8. Eine italienische Militärkommission trifft in Lissabon ein, um Waffenstillstandsverhandlungen einzuleiten

14.–24. 8. Konferenz von Quebec zwischen Roosevelt und Churchill. Die Invasion Frankreichs von den Britischen Inseln aus wird für Mai 1944 festgelegt

15. 8. US-Truppen landen auf den Salomonen

16. 8. Beginn einer sowjetischen Offensive gegen Stalino

17. 8. Besetzung Siziliens durch alliierte Verbände abgeschlossen. Die deutschen und italienischen Truppen ziehen sich nach Süditalien zurück

17./18. 8. 597 britische Bomber greifen die deutschen Entwicklungswerke für Raketen in Peenemünde an

18. 8. Der Generalstabschef der deutschen Luftwaffe, Hans Jeschonnek, begeht im Hauptquartier Görings Selbstmord. Der Öffentlichkeit wird mitgeteilt, er sei einem »schweren Leiden erlegen«

22. 8. Sowjetische Panzerarmeen umfassen die Stadt Charkow, die am nächsten Tag eingenommen wird

26. 8. US-Luftwaffe bombardiert den Hafen von Hongkong

1. 7.–31. 8. Deutsche U-Boote versenken im Atlantik, im Indischen Ozean, im Nord- und Mittelmeer 63 alliierte Handelsschiffe mit 334 135 BRT

Kultur

9. 8. Der »Kreisauer Kreis« erstellt einen Reformentwurf für die Gestaltung Deutschlands nach Hitler

24. 8. In Stuttgart wird »Der unendliche Weg« uraufgeführt, ein biographischer Film über Friedrich List sie vor der sogenannten britischen Zurückhaltung gewarnt. Vielleicht sind sie zuerst ein wenig scheu. Es wäre jedoch sehr schade, so glaube ich, wenn irgendeine Tendenz zum Auseinanderrücken bestehen sollte.«

»The Times« (London), 4. 8. 1943

Gegen die Sowjets

Die Georgier lieben das patriarchalische Leben. Es ist typisch für dieses alte hellhäutige Kulturvolk im Kaukasus, daß sie in Streitfällen den sowjetischen Rechtsweg zu umgehen versuchen und, um einen Richterspruch bittend, sich lieber an die Schicht ihrer alteingesessenen geistigen Führer wenden. Zwar sind die meisten Adligen und Fürsten 1921, bei dem blutigen Einzug der Bolschewisten in Georgien, umgebracht worden. Aber ihre jungen Söhne sind inzwischen zu Männern geworden, und das Volk hängt an den alten Namen, glaubt an ihr natürliches Führertum.

Fürst K..., ehemals Reserveoffizier der Sowjet-Armee, erzählt in eindrucksvollen Worten, daß das, wofür er kämpfen sollte, ihm durch und durch fremd war, und andererseits schien ihm das, was er bekämpfen sollte, durchaus vertraut. Aber sein innerer Zwiespalt zwischen vermeintlicher Pflicht und innerem

Fürst K...

Wollen dauerte nicht lange. Als er im Juli 1942 von den Bolschewisten zum Kampf eingesetzt wurde, ergab er sich ohne weiteres mit seiner ganzen Kompanie. Er kam zunächst in ein Offiziers-Gefangenenlager und meldete sich, als die Aufstellung einer grusinischen Legion bekannt wurde, sofort als Freiwilliger. Der Mann, der in Tiflis studiert und drei Jahre als Bergbauingenieur gearbeitet hatte, lernte als Legionär auf dem Truppenübungsplatz einer kleinen schlesischen Stadt eifrig den Gebrauch deutscher Waffen. Heute führt der 29jährige eine Kompanie in der Freiwilligenlegion. So kämpft er nun an der Spitze seiner Männer mit für das, was seinem Volke, den Georgiern, bei ihrem großen nationalen Aufstand 1924 versagt blieb – die Befreiung vom bolschewistischen Joch.

»Signal«, August 1943

Das Kettenkraftrad

In diesem Kriege hat es von Anbeginn an große Überraschungen an neuen Waffen gegeben. Zur Luft waren es die Stuka und die schnellen Jäger; auf der See schwimmende Versorgungsbasen der U-Boote und die Schnellboote, und nicht gezählt sind die neuen Kampfmittel zu Lande. Täglich gibt es weitere Erfindungen, die, weil sie aus der unmittelbaren Fronterfahrung hervorgehen, besonders praktisch und wirkungsvoll im Kampfeinsatz sind. Das auf dieser Seite abgebildete Kettenkraftrad sieht auf den ersten Blick wie eine Kreuzung zwischen Raupenschlepper und Motorrad aus. Und das ist es auch in der Tat. Die Ingenieure und Arbeiter eines deutschen Motorradwerkes haben es verstanden, in dieser Konstruktion die Vorzüge des Raupenfahrzeugs, wie starke Steigfähigkeit und Geländegängigkeit, mit denen des Motorrads, also vor allem leichte Beweglichkeit und kleiner Drehkreis, zu vereinigen. Für den Soldaten an der Front ist das Kettenkraftrad das »Mädchen für alles« geworden.

»Signal«, August 1943

Sowohl Motorrad als auch Raupenfahrzeug. Das vielseitig verwendbare und an allen Fronten bewährte Kettenkraftrad wird in großen Serien hergestellt.

Das OKW gibt bekannt

August

5.8. Die Sowjets begannen gestern am Mius mit starken Infanteriekräften und zahlreichen Panzern gegen die neu gewonnenen deutschen Stellungen nördlich Kuibyschewo heftige Gegenangriffe, die jedoch unter hohen feindlichen Verlusten restlos scheiterten.

7.8. Das Oberkommando der Wehrmacht gab ferner bekannt: Seit fünf Wochen stehen auf Sizilien deutsche Truppen und Teile einiger italienischer Divisionen gegen eine vier- bis fünffache feindliche Übermacht in hartem, erbittertem Kampf. Durch den heldenhaften Widerstand unserer Truppen, die in schwierigstem Gelände und bei tropischer Hitze Übermenschliches geleistet haben, wurde der Feind gezwungen, immer neue Verbände in den Kampf zu werfen, um seine großen Verluste an Menschen und Material aufzufüllen. Seit 14 Tagen ist die planmäßige Räumung der Insel im Gange. Dem nachdrängenden Feind wurden in der Abwehr und durch wuchtige Gegenangriffe schwerste Verluste zugefügt. Alle Versuche des Gegners, durch rollende Luftangriffe gegen den Übersetzverkehr oder durch Vorstöße mit Seestreitkräften in die Messinastraße unsere Truppen auf Sizilien abzuschneiden, scheiterten. Feindliche Landungskräfte im Rücken unserer Front wurden vernichtet. Trotz stärkster feindlicher Luftüberlegenheit gelang es, die gewaltige Übersetzbewegung nach Kalabrien planmäßig durchzuführen, so daß bis 17. August, 6 Uhr früh, alle deutschen und italienischen Truppen einschließlich ihrer schweren Waffen, Panzer, Geschütze, Kraftfahrzeuge und des Geräts über die Straße von Messina auf das Festland übergeführt waren. Als einer der letzten verließ General der Panzertruppen Hube, der die Kämpfe auf Sizilien geleitet hatte, die Insel.

Diese ungeheure militärische und organisatorische Leistung wurde ermöglicht durch die Tapferkeit der Truppen, die zu Lande jeden Durchbruch verhinderte, durch den unermüdlichen heldenhaften Einsatz der Kriegsmarine, die nur mit Kleinfahrzeugen den Verkehr bewältigte und mit leichten Seestreitkräften in den Flanken schützte, und durch den starken Schirm, den die Luftwaffe mit Jägern und Flakartillerie über der Straße von Messina spannte. Führung und Truppe haben eine Leistung vollbracht, die in die Kriegsgeschichte ebenso eingehen wird wie eine siegreiche Angriffsschlacht.

Große Deutsche Kunstausstellung 1943

Seit dem Jahre 1939, dem Beginn des Kampfes um Deutschlands Freiheit und Lebensraum, weisen die deutschen Kunstausstellungen in steigender Anzahl Werke auf, die ihr Entstehen dem Kriegs- und Fronterlebnis verdanken. So sehen wir auch in der »Großen Deutschen Kunstausstellung« dieses Jahres eine Reihe von Werken, die infolge ihrer malerischen Qualitäten oder ihrer ins Dramatische gesteigerten Realistik als wertvolle Dokumente unserer Zeit betrachtet werden müssen. Freilich, gemessen an den gewaltigen Aufgaben und den großen seelischen Spannungen, die der Krieg unserem täglichen Leben auferlegt, erscheint der Anteil, den das Schaffen unserer Künstler diesem Hauptgeschehen der Gegenwart zuwendet, vorerst noch klein zu sein. Unter den mehr als tausend ausgestellten Werken der Großen Deutschen Kunstausstellung nehmen solche Werke, die den Krieg schildern, einen verhältnismäßig geringen Umfang ein. Aber wir müssen demgegenüber bedenken, daß zahlreiche Künstler unter den Waffen stehen und ihr Kriegserlebnis, das sie zum großen Teile unter Einsatz ihres Lebens erfahren, vielfach nur in schlichten Skizzen, ja oft nur in flüchtigen Tagebuchnotizen zu schildern gezwungen sind. Sicherlich hegen viele von ihnen den Wunsch, dieses – vielleicht ihr gewaltigstes Erlebnis – später einmal, rückerinnernd, in einem endgültigen klar und groß durchdachten Werk niederzulegen.

Aber es ist nicht nur der Mangel an Zeit und Ruhe, der diese Künstler daran hindert, ihr Erlebnis in endgültigen Werken sofort wiederzugeben; auch ist es nicht allen Künstlern gegeben, den plötzlich und oft auch unerwartet hereinbrechenden Ereignissen sogleich bildhaften Ausdruck zu verleihen. Wir wissen, daß zahlreiche und vielleicht die besten Schilderungen des Krieges oft viele Jahre, ja sogar Jahrzehnte nach dem ersten künstlerischen Erlebnis ihre endgültige Form und Gestaltung fanden.

»Kunst dem Volk«, September 1943

Ferdinand Spiegel, Partisanenposten.

Robert Schwarz, Badende Mädchen.

Nichts für Andenkensammler!

Reichsmarschall Göring erläßt folgenden Aufruf:
»Volksgenossen! Die bedeutenden Abwehrerfolge bei den letzten stärkeren Tages- und Nachtluftangriffen des Feindes brachten jedesmal den Abschuß einer großen Zahl feindlicher Bomber, die weit verstreut im Lande liegen und meist der Bevölkerung zugänglich sind. Wer Flugzeugteile, Apparate usw. findet, hat dies unverzüglich der nächsten Polizei- oder LS-Dienststelle mitzuteilen. Eigenmächtige Vereinbarung

1943

September

3. 9. Die 8. Armee Montgomerys landet in Kalabrien.
Die italienische Regierung schließt einen geheimen Waffenstillstand mit den Alliierten

4. 9. Starke US-Verbände landen auf Neuguinea

6. 9. Die Verbindung der deutschen Heeresgruppen Mitte und Süd wird durchstoßen

7. 9.–9. 10. Die 17. deutsche Armee räumt den Kuban-Brückenkopf. 200 000 Mann werden auf die Krim überführt

8. 9. General Eisenhower gibt den Waffenstillstand mit Italien bekannt. Deutsche Gegenmaßnahmen: Besetzung Roms, Entwaffnung und teilweise Gefangennahme der italienischen Truppen.
Sowjetische Truppen erobern Stalino und damit das gesamte Donezbecken

9. 9. 3.30 Uhr: Landung der 5. US-Armee bei Salerno in Süditalien, britische Truppen landen bei Tarent.
Bei der Kapitulation der italienischen Truppen in Dalmatien fallen Titos Partisanen große Bestände von Waffen und Munition in die Hände

12. 9. Im Auftrag Hitlers befreien deutsche Fallschirmjäger den im Berghotel des Gran Sasso (Abruzzen) internierten Mussolini und bringen ihn nach Deutschland

13. 9. Deutscher Gegenangriff auf den amerikanischen Brückenkopf bei Salerno

15. 9. In Norditalien hat sich eine »republikanisch-faschistische« Gegenregierung gebildet, an deren Spitze Mussolini tritt

16. 9. Der deutsche Angriff auf Salerno wird abgebrochen

20. 9. Die letzten deutschen Einheiten räumen Sardinien

21. 9. Der sowjetischen »Zentral-Front« gelingt auf 80 km Breite der Übergang über den Dnjepr und der Einbruch in die deutsche Verteidigungsstellung (»Panther-Stellung«)

24. 9. Smolensk wird von der Heeresgruppe Mitte aufgegeben

Kultur

10. 9. Uraufführung des Terra-Films »Zirkus Renz« mit René Deltgen und Paul Klinger

24. 9. München erlebt die Premiere des Tobis-Films »Tolle Nacht« unter der Regie von Theo Lingen oder Einbehaltung der Gegenstände wird strengstens bestraft. Um Unglücksfälle zu vermeiden, sind aufgefundene Brüche überhaupt nicht zu berühren. Sie müssen uneingeschränkt den zuständigen Behörden überlassen bleiben. Die Brüche von abgeschossenen Feindflugzeugen, Reste feindlicher Abwurf-Munition, überhaupt alles nach Luftangriffen aufgefundene feindliche Material sind keine Objekte für Andenkensammler.

»Hamburger Anzeiger« 8. 9. 1943

Vorführung neuer deutscher Waffen

Auf Einladung des Reichsmarschalls des Großdeutschen Reiches, Hermann Göring, hatte der Reichsminister für Rüstung und Kriegsproduktion, Speer, die führenden Männer der deutschen Rüstung zu einer Arbeitstagung auf einem Flugplatz der Luftwaffe im Osten einberufen. Die mehrtägigen Veranstaltungen, an denen maßgebliche Vertreter der Luftwaffe, an ihrer Spitze der Staatssekretär der Luftfahrt und Generalinspekteur der Luftwaffe, Generalfeldmarschall Milch, sowie die bedeutendsten Persönlichkeiten aus Entwicklung und Fertigung der deutschen Rüstungsindustrie teilnahmen, wurden durch einen Vortrag des Reichsministers Speer über die Entwicklung und Steigerung des deutschen Rüstungspotentials eingeleitet.
Die Arbeitstagung, auf der u. a. Prof. Messerschmitt, Prof. Hertel, Prof. Tank, Dr. Ing. Werner, Direktor Heyne und Direktor Frydag sowie Generalmajor Galland, Oberst i. G. von Loßberg und Oberst Peltz das Wort ergriffen, schloß mit einer Ansprache des Generalfeldmarschalls Milch.
Anschließend fand eine eindrucksvolle Vorführung neuer deutscher Waffen und eine Besichtigung jüngst erbeuteter Feindflugzeuge statt.

»Hamburger Fremdenblatt« 24. 9. 1943

Der Kindermord von Esens

102 Jungen und Mädel starben unter Bombenhagel amerikanischer Mörder. Der Angriff der britisch-amerikanischen Luftgangster auf Esens erweist sich mehr und mehr als eines der verabscheuungswürdigen Schurkenstücke blinder Vernichtungswut, vor allem aber als ein kalter und die Galle ins Blut treibender Kindermord.
Esens ist eine friedliche, ländliche Kleinstadt von etwa 3000 Einwohnern. Saubere, meist ebenerdige friesische Backsteinhäuser säumen die wenigen Straßen. Hier, weitab von jeder militärischen oder wehrwirtschaftlich wichtigen Anlage, erschien in den Mittagstunden des Montag einer der abgeschlagenen und von unseren Jägern zur Umkehr getriebenen amerikanischen Bomberverbände. In größerer Höhe fliegend, aber bei in diesen Augenblicken völlig klarer Bodensicht warf der Verband auf ein einheitliches Kommando seine gesamte Sprengbombenlast im Teppichwurf auf den Kern der Stadt.
Das Herz der Stadt Esens, das unter dem Bombenwurf für Minuten aufgehört haben mochte zu schlagen, schlägt heute schwer und schmerzend an jener Stätte des Unheils in der Nähe des Marktplatzes, wo sich an einer schmalen Gasse zwei Schulgebäude gegenüberliegen. In dem einen waren 15- bis 16jährige Mädchen eines Landjahrlagers untergebracht. In dem anderen waren die rund 90 Jungen und Mädchen der 6. und 7. Klasse gerade beim Unterricht, als der Alarm einsetzte. Die Kinder, soweit sie nicht das elterliche Haus erreichen konnten, und die Landjahrmaiden, soweit sie nicht draußen bei den Bauern eingesetzt waren, suchten beim ersten Sirenenzeichen Schutz in dem Keller des Landjahrheimes. Und gerade hier hagelten die Bomben fast meterdicht in den weichen Marschboden, dessen hoher Grundwasserstand sowieso keine schweren Schutzbauten zuläßt, und hinterließen nichts als Hausträmmer, überdeckt von der zähflüssigen schweren Kleierde und darunter – 102 Kinder.

»Diepholzer Kreisblatt« 29. 9. 1943

Der Duce stattete sofort nach seiner Befreiung am 12. Sept. 1943 Adolf Hitler einen mehrtägigen Besuch ab. »Deutsche Presse Agentur«, 12. 9. 1943

Das OKW gibt bekannt

September

3. 9. Verbände der deutschen Luftwaffe griffen am Tage und bei Nacht Schiffsziele vor der Ostküste Siziliens und im Seegebiet westlich Algier an. Mehrere feindliche Transporter wurden durch Bomben schweren Kalibers getroffen. Deutsche Jäger schossen gestern bei Neapel 18 feindliche Flugzeuge ab.

10. 9. Am frühen Morgen des 9. September landeten in der Bucht von Salerno starke englisch-nordamerikanische Kräfte. Sie wurden sofort energisch von deutschen Truppen angegriffen. Die Kämpfe sind in vollem Gange. Diesen Landungskräften fügen deutsche Kampf- und Schlachtfliegergeschwader bei Tag und Nacht schwerste Verluste an Menschen, Material und Schiffen zu.

Sondermeldung

Das Oberkommando der Wehrmacht gab folgendes bekannt:

Die verräterische Regierung Badoglio hatte in den letzten Wochen zur Vorbereitung ihres Abfalls starke Kräfte um Rom versammelt und die Stadt selbst gegen die außerhalb Roms liegenden deutschen Truppen in Verteidigungszustand versetzt. Als Begründung wurde die Gefahr einer feindlichen Landung westlich Roms angegeben.
Seit der Kapitulation Italiens am 8. September abends hatten sich um Rom Kämpfe zwischen deutschen und italienischen Truppen entwikkelt. Der deutsche Oberbefehlshaber Süd, Feldmarschall Kesselring, zog Verstärkungen heran, leitete den Angriff auf Rom ein und stellte dem Kommandanten ein Ultimatum.
Unter diesem Druck hat der italienische Befehlshaber in Rom in einem Umkreis von 50 km kapituliert. Die Entwaffnung der italienischen Truppen ist im Gange. Die Verbindung mit der deutschen Armee im Raum von Neapel und Salerno ist hergestellt. Den Schutz der Vatikanstadt wird die deutsche Wehrmacht übernehmen.

13. 9. Wie durch Sondermeldung bekanntgegeben, führten deutsche Fallschirmtruppen und Männer des Sicherheitsdienstes und der Waffen-SS eine Unternehmung zur Befreiung des von den Badoglio-Anhängern in Gefangenschaft gehaltenen Duce durch. Der Handstreich ist gelungen. Der Duce befindet sich in Freiheit. Die von der Badoglio-Regierung vereinbarte Auslieferung an die Anglo-Amerikaner ist damit vereitelt.

Im Anflug gepackt

Die deutsche Luftverteidigung hat, wie der Wehrmachtsbericht vom Montag bekanntgegeben hat, aus einem am Sonntagnachmittag gegen nordwestdeutsches Gebiet anfliegenden starken Verband nordamerikanischer Terrorbomber nach den bisherigen Meldungen 51 Maschinen herausgeschossen. Weitere feindliche Flugzeuge wurden durch das konzentrierte deutsche Abwehrfeuer, vor allem der Flakbatterien, schwer beschädigt. Von ihnen sind erfahrungsgemäß noch zahlreiche in die Fluten der Nordsee gestürzt oder bei der versuchten Landung auf britischem Boden zerschellt.

Die feindlichen Verbände flogen in den frühen Nachmittagsstunden mit starkem Jagdschutz in das Reichsgebiet ein. Deutsche Jagdgeschwader hatten sich nach dem Alarmstart sofort auf die Höhe der anfliegenden USA-Bomber hinaufgeschraubt, die Verbände schon weit vor Erreichen der Reichsgrenze angegriffen und in erbitterte Luftgefechte verwickelt. Wie am Vortage über der deutschen Ostseeküste, so bot sich auch jetzt wieder Tausende von Metern hoch am Himmel das Bild einer gewaltigen Luftschlacht. Über niederländischem und westfälischem Gebiet zogen brennende oder steuerlos abtrudelnde feindliche Flugzeuge mit dunklen Rauchfahnen ihre Todesspuren in den weiten Luftraum. Die Abstürze der US-amerikanischen Bomber erfolgten mitunter so jäh und überraschend, daß die Besatzungen nicht mehr dazu kamen, die Bombenschächte zum Notwurf zu öffnen. Diese Maschinen zerplatzten dann mit besonders schweren Explosionen beim Aufschlag.

Die Verluste der westfälischen Bevölkerung und besonders die Schäden in Münster sind beträchtlich, aber die deutsche Luftverteidigung hat durch Aufsplitterung der Angriffswellen und die große Anzahl der abgeschossenen Bomber die beabsichtigte noch stärkere Auswirkung des Terrorangriffs verhindert. Im Vergleich zu den erzielten Abschüssen ist die Zahl der aus diesen Luftkämpfen vermißten eigenen Flugzeuge gering.

Der Wehrmachtbericht vom 11. Oktober meldete in den letzten drei Tagen die Zahl von insgesamt 208 über dem Reichsgebiet sowie beim An- und Abflug abgeschossenen britisch-nordamerikanischen Flugzeugen. Diese Zahl kann durch diejenigen Abschüsse ergänzt werden, die an anderen Fronten, in erster Linie im Mittelmeerraum, gegen die Briten und Nordamerikaner errungen worden sind. Sie erreicht dann für die genannte Zeit eine Gesamthöhe von 231 Flugzeugen, meist modernsten viermotorigen Bombern. Das ist gleichbedeutend mit einem Ausfall von rund 2200 Mann fliegenden Personals, über 700 im Tagesdurchschnitt.

»Hamburger Fremdenblatt«, 12. 10. 1943

Namenstagfest des spanischen Stabschefs. Begleitet von seiner Gattin und dem Ritterkreuzträger, General Munos Grandes, schreitet Generalissimus Franco die Front der angetretenen Ehrenformationen ab. »Atlantic«, 19. 10. 1943

Was ist beim Einkellern von Kartoffeln zu beachten?

Kartoffeln nur einkellern, wenn ein geeigneter Vorratsraum vorhanden ist.

Kartoffeln nur in der Menge einkellern, die auch tatsächlich verbraucht wird.

Nur späte Kartoffelsorten einkellern.

Kartoffeln vor dem Einlagern auslesen.

Der Vorratsraum muß trokken, luftig, dunkel, kühl und doch frostfrei sein. Günstigste Temperatur + 5 Grad Celsius. Es dürfen Heizungsrohre weder hindurch – noch in der Nähe vorbeiführen. Vor der Einlagerung muß der Keller gründlich gesäubert werden.

Große Mengen von Kartoffeln werden auf Stroh geschüttet. Darüber kann man evtl. noch Bretter legen, um sie vor Feuchtigkeit und Kälte zu bewahren. Man schichtet sie in einer Höhe von 60 cm, höchstens 1 m auf.

Bei starkem Frost schützt man die Kartoffeln durch Zudekken mit Stroh, Säcken oder Papier.

Für kleinere Vorräte benutzt man am besten die Kartoffelfallkiste, die man sich aus Latten und Brettern herstellen kann. Der Boden wird schräg gehalten, so daß die untersten Kartoffeln immer zuerst verwendet werden müssen.

1943

Oktober

1. 10. Die alliierten anglo-amerikanischen Truppen ziehen in Neapel ein

3. 10. Kassel wird von den Engländern bombardiert. Himmler erklärt in Posen: »Ob die anderen Völker im Wohlstand leben oder ob sie verrecken vor Hunger, das interessiert mich nur soweit, als wir sie als Sklaven für uns brauchen, anders interessiert mich das nicht.«

4. 10 Hitler will Italien auf der Linie Gaeta – Ortona verteidigen lassen

5. 10. Deutsche Truppen beenden die Räumung Korsikas

6. 10. Schweres Seegefecht zwischen amerikanischen und japanischen Zerstörern bei Vella-Lavella

9. 10. Amerikanische Bomber greifen Gotenhafen, Danzig und Flugzeugfabriken in Marienburg an

12. 10. Die 5. US-Armee beginnt eine Offensive in Italien am Volturno.
Das neutrale Portugal räumt den Alliierten Stützpunkte auf den Azoren ein

13. 10. Die italienische Regierung Badoglio erklärt Deutschland den Krieg

14. 10. Amerikanischer Luftangriff auf Schweinfurt

19. 10. Die amerikanische Offensive am Volturno kommt bei Monte Cassino zum Stehen

19.–30. 10. In Moskau Konferenz der Außenminister Molotow, Eden und Hull. Sie beschließen die Bildung einer »Europäischen Beratenden Kommission« für Nachkriegsplanungen

22. 10. In Italien wird die 15. USAAF zur Führung des strategischen Luftkriegs im Süden gebildet

24. 10. Sowjetischen Truppen gelingt der Durchbruch bei Dnjepropetrowsk

28. 10. Die bereits befohlene Räumung der Krim hält Hitler an

1. 9.–31. 10. Deutsche U-Boote versenken auf den Weltmeeren 43 alliierte Handelsschiffe

Kultur

4. 10. Uraufführung des Films »Großstadtmelodie« mit Hilde Krahl und Werner Hinz in Berlin

27. 10. Der Film »Die beiden Schwestern« mit Erich Ponto wird unter der Regie von Erich Waschnek uraufgeführt

Die Kartoffelkiste wird auf etwa 4 cm hohe Pflöcke, Ziegelsteine oder auch Briketts gestellt.
Ist keine Kartoffelkiste vorhanden, so bewahrt man kleine Vorräte in hochgestellten Kisten (möglichst mit breiten Ritzen) auf. Es muß für Lüftung gesorgt sein.
Kartoffelvorrat gut einteilen, damit er für die notwendige Zeit ausreicht! Kartoffeln deshalb auch in der Schale gar machen! Kartoffeln nicht abkeimen! Keime erst bei Verbrauch entfernen!
Die Kartoffeln müssen regelmäßig durchgesehen und angefaulte Kartoffeln entfernt werden.

»Deutsche Hauswirtschaft«, 8. 10. 1943

Nicht winden, nur drücken

Zu starkes Auswinden unserer kostbaren Scheuertücher nutzt sie mehr ab als das Aufwischen selber. Wenn wir das Scheuertuch also nur ausdrükken, schonen wir das Gewebe. Aus demselben Grunde wollen wir Handtücher nicht wie gewohnt der Länge nach auswinden, sondern quer genommen, denn der starke querlaufende Schutzfaden hält mehr aus als der Kettfaden.
Bei dieser Gelegenheit empfehlen wir für sämtliche Wäschestücke, sie nicht immer in die gewohnten Falten zu legen, sondern diejenigen Stükke, die zum Beispiel jeweils dreiteilig zusammengelegt waren, nun zweiteilig zu legen, oder die vierteilig zusammengelegten dreiteilig.

Spitzentanz der Bürsten?

Ebenso schonend wollen wir mit den Bürsten umgehen. Es tut einer Bürste nicht gut, wenn wir sie wie auf unserem schlechten durchgestrichenen Beispiel mit der Spitze aufsetzen, als ob sie den Spitzentanz erlernen solle. Wenn wir die Bürste nach Möglichkeit mit der ganzen Fläche aufsetzen, geht die Arbeit schneller, und die Bürste wird gleichmäßig abgenutzt.
Wenn die Scheuerbürste

schon ganz kleine Borsten hat, so daß sie beinahe wie geschoren wirkt, nageln wir auf das Holz der Bürste ein Klötzchen (siehe Zeichnung), damit wir sie bequemer handhaben und voll ausnutzen können.

»Deutsche Hauswirtschaft«, 8. 10. 1943

Die Vergeltung

Die Parole von der Vergeltung wurde seinerzeit wie kaum eine politische oder militärische Zielsetzung der Propaganda vom ganzen deutschen Volk mit einmütiger Zustimmung aufgenommen. Nachdem sich herausgestellt hatte, daß die Flak und die Nachtjäger einstweilen nicht vermochten, die Heimat vor dem feindlichen Luftterror zu bewahren, erschien die Vergeltung als das einzige Mittel, den Feind zu zwingen, von diesen Angriffen abzulassen. Nur Gegenschläge, welche die Wirkungen der feindlichen Luftangriffe weit in den Schatten stellten, konnten – so war die Ansicht der Volksgenossen – diesen Terror endgültig brechen. Im Rahmen des gesamten Kriegsgeschehens maß man der Vergeltung anfänglich zwar große, aber doch nicht entscheidende Bedeutung bei. In den letzten Monaten hat der Vergeltungsgedanke hierin aber einen Bedeutungswandel erfahren. Unter dem Eindruck der ganzen Entwicklung des Krieges seit Stalingrad hat sich der Volksgenossen das Gefühl bemächtigt, daß der Ring der Feinde um Deutschland und die besetzten Gebiete immer enger werde und die Entwicklung unaufhaltsam einer Krise entgegentreibe, aus der ein Ausweg nur durch ein »Wunder« möglich scheint. Und dieses Wunder, die entscheidende Wendung des Krieges, erwartet heute die Mehrzahl der Volksgenossen – in den vom Luftkrieg betroffenen Gebieten sogar nahezu die Gesamtheit – von der Vergeltung. Diese Hoffnungen gehen viel weiter als nur auf eine Unterbindung der Terrorangriffe. Dies ist das mindeste, was man von der Vergeltung erwartet. Vielmehr soll der Gegenschlag dazu führen, daß England binnen weniger Tage oder Wochen aus dem Krieg »herausgeboxt« wird. Amerika werde dann, so argumentiert man, kein besonderes Interesse an der Fortsetzung des Krieges haben. Die gesamte Kraft der deutschen Wehrmacht könne anschließend gegen Rußland gerichtet werden. Wie stark die Haltung der Bevölkerungsteile von solchen Gedankengängen beeinflußt wird, zeigt sich in den zahlreichen erfaßten Äußerungen folgender Art: »Wenn die Vergeltung ausbleibt oder nicht so ausfällt, wie ich mir das denke, dann sehe auch ich keine Möglichkeit mehr, den Krieg zu gewinnen.«

SD-Lagebericht, 18. 10. 1943

Das OKW gibt bekannt

Oktober

2. 10. In Süditalien griff der Feind nur mit kleineren Abteilungen entlang der Straßen am Vesuv und am Westrand der Ebene von Goggia ohne Erfolg an. Nur um eine Einbruchsstelle nördlich Foggia wird noch gekämpft. Die Zurücknahme unserer Truppen auf eine vorbereitete Gebirgsstellung verläuft planmäßig.
Nach gründlicher Zerstörung aller kriegswichtigen Einrichtungen in Neapel und dem Abtransport der Versorgungsgüter wurde die Stadt dem vorsichtig folgenden Feind überlassen.

9. 10. Das Oberkommando der Wehrmacht gibt weiterhin bekannt: Im Zuge der Zurücknahme der Ostfront ist auch der vorgeschobene Kubanbrückenkopf geräumt worden.
In der Nacht zum 9. Oktober 1943 verließen die letzten deutschen Nachhuten, nachdem sie noch von 40 angreifenden feindlichen Panzern 24 abgeschossen hatten, die Tamanhalbinsel und überquerten, vom Feinde ungehindert, die Straße von Kertsch. Damit hat die am 13. September befehlsgemäß begonnene Räumung des Kubanbrückenkopfes nach Rückführung aller Truppen und Vorräte auf die Krim ihr Ende gefunden.

16. 10. An der süditalienischen Front wehrten unsere vorgeschobenen Kampfgruppen in der campanischen Ebene starke Angriffe überlegener britisch-nordamerikanischer Kräfte ab. In diese Kämpfe griffen schnelle deutsche Kampfflugzeuge wirksam ein. Der bei Capua nachdrückende Feind wurde nordöstlich der Stadt von einem wuchtigen Gegenangriff gepackt und unter blutigen Verlusten zurückgeworfen.

25. 10. An den Schwerpunkten der großen Abwehrschlacht im Süd- und Mittelabschnitt der Ostfront kam es gestern zu besonders erbitterten Kämpfen. Mehrere südlich Melitopol und südöstlich Saporoshje in schmaler Front angreifende Sowjetdivisionen wurden unter hohen Verlusten abgeschlagen, einige Einbrüche abgeriegelt. Beiderseits Dnjepropetrowsk gelang es feindlichen Kräften unter dem Schutz dichten Nebels, auf dem westlichen Dnjeprufer Brückenköpfe zu bilden.

Ein U-Boot wird versenkt

»Achtung!« schreit der Funkmaat, und im selben Moment hört man nur noch das Donnern, Tösen und Krachen der Wasserbomben. Die Wabo-Schlacht, die Schlacht der Wasserbomben, hat begonnen. Unaufhörlich fallen sie jetzt, Bombe auf Bombe. Keiner ist mehr zum klaren Denken fähig. Das Licht im Boot fällt aus. Einige laufen schon in wilder Flucht in die Zentrale. Aber was nützt das – das Boot ist ja fast 200 Meter tief. »Beide Tiefenruder fallen aus!« schreit Nr. 1. Von achtern kommt die Meldung: »Backbord-E-Maschine ausgefallen.« Und noch immer fallen die Wasserbomben. Ich sehe den Kommandanten im Turm sitzen, unfähig, auch nur einen Befehl zu geben. Plötzlich ein unmenschlicher Schrei: »Wasserbruch!« Der Erste Wachoffizier schreit: »Herrgott – ich kann nicht mehr!« und bricht zusammen. Der Kommandant hat die Nerven verloren.

In diesem Augenblick gellt ein Schrei durch das Boot – ein wahnsinniger Schrei: »Chlorgas im Boot – Chlorgas!« Die Neuen brüllen auf: »Chlorgas!« Durch den Wassereinbruch ist Seewasser in die Batterien gelangt und hat dort Chlorgas entwickelt, das sich rasch von Raum zu Raum ausbreitet. Die Männer husten und keuchen. Ein Maschinenmaat steht plötzlich neben mir, dunkelrot im Gesicht, Schweißtropfen auf der Stirn. Seine Augen, denke ich – diese Augen quellen heraus, starren mich an, und dann brüllt der Mann plötzlich los – ein wildes, tierisches Lachen. Zwei andere stehen neben mir beisammen. Mir selber klopft das Herz bis zum Hals. Ich huste, mir wird ganz dumm im Schädel. Ich weiß nicht mehr, wie ich in die Zentrale komme. Der Leitende Ingenieur bricht stöhnend zusammen. Mit einem Mal geht ein Ruck durch das Boot. Es nimmt eine fast senkrechte Lage ein und steigt langsam nach oben. Wir fallen alle durcheinander. Ein paar stehen nicht mehr auf, sie wälzen sich in Hustenkrämpfen am Boden. Keiner fragt, wer den Befehl zum Ausblasen der Tanks gegeben hat.

Jetzt hat das Boot die Wasseroberfläche durchbrochen. Ein Zischen geht durch das Boot. Der Kommandant hat das Turmluk geöffnet. »Schlauchboote klar!« brüllt er. Im Boot bricht eine Panik aus. Nur heraus, denke ich, nur heraus. Ich glaube, das Herz springt mir aus der Brust. Da – jetzt feuern sie Granaten. Einschlag auf Einschlag geht ins Boot. Keiner gibt mehr irgendwelche Befehle... Wie eine Riesenfaust packt jetzt eine neue Geschützsalve das Boot. Das Boot zerbricht in zwei Teile und sinkt mit mehr als der Hälfte der Besatzung in die Tiefe.

Nur zwei von den drei Schlauchbooten haben noch im letzten Moment vom sinkenden U-Boot ablegen können. Eins der Schlauchboote wird durch den Sog des untergehenden Bootes mit in die Tiefe gerissen. Dem anderen Boot mit dem Kommandanten, dem Ersten Wachoffizier, einem Maschinenmaat und zwei Obergefreiten gelingt es, sich an der Wasseroberfläche zu halten. Sie werden von einem britischen Zerstörer an Bord genommen. Ich mache ein paar Schwimmstöße. Mir wird dunkel vor Augen. Nein, nicht dunkel – grau. Meine Lunge muß brennen, denke ich, lichterloh brennen. Das Gas – natürlich das Gas. Ich verliere die Besinnung. Als ich aufwache, befinde ich mich an Bord einer englischen Korvette. Sie hat mich aus dem Wasser gefischt.

»RAF-Flugblattzeitung ›Luftpost‹, 2. 11. 1943

U-Boot auf hoher See.

U-Boot-Gesellschaftsspiel

1943

November

1. 11. Amerikanische Truppen landen auf Bougainville/Salomonen

3. 11. Hitlers »Weisung Nr. 51«, in der er zur Westfront erklärt: »Gelingt dem Feind hier ein Einbruch in unsere Verteidigung in breiter Front, so sind die Folgen unabsehbar«

5. 11. Amerikanische Truppen erreichen den Sangro in Unteritalien

6. 11. Sowjetische Verbände erobern die ukrainische Hauptstadt Kiew zurück

7. 11. Die letzte deutsche U-Boot-Gruppenaufstellung im Atlantik endet mit einem totalen Mißerfolg

8. 11. Hitler hält im Münchner Löwenbräukeller seine letzte öffentliche Rede, die vom Rundfunk übertragen wird

10. 11. Auf der Tagung der Reichs- und Gauleiter der NSDAP in München verweist der Chef des Wehrmachtführungsstabes, General Jodl, »jede Siegeshoffnung unserer Gegner in das Gebiet der Utopie«

11. 11. Eine deutsche Gegenoffensive wirft die sowjetischen Truppen fast bis Kiew zurück. Das gewonnene Gebiet geht wieder verloren

18. 11.–3. 12. Fünf schwere Luftangriffe auf Berlin mit 2700 Toten und 250 000 Obdachlosen. Die Reichskanzlei wird erheblich in Mitleidenschaft gezogen

21. 11. Generalfeldmarschall Kesselring übernimmt den Oberbefehl über die Truppen in Italien

22.–26. 11. Erste Konferenz von Kairo. Roosevelt, Churchill und Tschiangkaischek entwerfen Nachkriegspläne für den asiatischen Raum

25. 11. US-Truppen beenden die Landung auf den Gilbert-Inseln Tarawa und Makin

27. 11.–2. 12. In Teheran findet die erste gemeinsame Konferenz zwischen Stalin, Churchill und Roosevelt statt. Sie beraten über die Teilung Deutschlands nach dem Krieg und über die Grenzen Polens. Stalin beansprucht Königsberg

29. 11. Kolumbien erklärt Deutschland den Krieg

Kultur

30. 11. In Berlin wird der Ufa-Film »Gefährlicher Frühling« mit Olga Tschechowa, Winnie Markus u. a. uraufgeführt

Meine alten Kämpfer!

Ich weiß nicht, ob es im deutschen Volk Menschen gibt, die sich wirklich von einem Sieg der Alliierten irgend etwas erhoffen. Es könnten das nur Menschen sein, die ausschließlich an sich selbst denken. Verbrecher, die bereit wären, Henkersdienste an ihrem eigenen Volke zu leisten. Jeder andere aber, der mit seinem Volk verbunden ist, weiß ganz genau, was der Sieg unserer Gegner bedeuten würde. Es gibt daher in Deutschland auch keine Schichten, die diesen Sieg erhofften. Es gibt höchstens einzelne Verbrecher, die vielleicht glauben, damit ihr eigenes Schicksal besser gestalten zu können. Aber darüber soll man sich keinem Zweifel und keiner Täuschung hingeben: Mit diesen Verbrechern werden wir fertig! Das, was im Jahre 1918 passiert ist, wird sich in Deutschland ein zweites Mal nicht wiederholen. In einer Zeit, in der so schwere Opfer von Hunderttausenden bravster Soldaten gefordert werden, in einer solchen Zeit werden wir nicht davor zurückschrecken, Menschen, die diese Opfer nicht zu geben bereit sind, zur Raison zu bringen. Wenn an der Front Zehntausende bester Menschen, unsere liebsten Volksgenossen, fallen, dann werden wir wirklich nicht davor zurückschrecken, einige hundert Verbrecher zu Hause ohne weiteres dem Tode zu übergeben.
Im Weltkrieg allerdings war es anders. Im Weltkrieg war das Opfer der Soldaten eine Selbstverständlichkeit. Aber ebenso natürlich waren der reich verdienende Schieber, der Kriegsgewinnler und der Deserteur oder endlich der Mensch, der die ganze Nation zersetzte und dafür vom Ausland bezahlt wurde. Diese Elemente waren unangreifbar. Sie wurden damals verschont, während der Soldat sein Lebensopfer bringen mußte. Das ist aber jetzt anders geworden. Sie, meine alten Kämpfer, werden sich noch erinnern, wie wir uns im Weltkrieg über diese Zustände empörten, wie wir damals sagten: »Es ist eine Schweinerei, daß so etwas überhaupt möglich ist, daß der brave Mann vorn fallen muß und zu Hause die Spitzbuben ihr Unwesen treiben.«
Diese Spitzbuben gab es und gibt es auch heute noch in einzelnen Exemplaren. Aber sie haben nur eine einzige Chance, nämlich, daß sie sich nicht offenbaren, denn wenn wir einen erwischen, dann verliert er seinen Kopf. Man kann überzeugt sein: Es ist für mich viel schwerer, den Befehl für ein kleines Unternehmen an der Front zu geben, in der Erkenntnis, daß dabei vielleicht Hunderte oder Tausende von Männern fallen, als ein Urteil zu unterzeichnen, durch das ein paar Dutzend Spitzbuben oder Verbrecher oder Gauner hingerichtet werden. Diese Hoffnungen also werden vergeblich sein. Außerdem ist der heutige Staat so organisiert, daß diese Elemente überhaupt nicht arbeiten können. Sie haben keine Voraussetzung für ihre Arbeit.

Hitler im Münchner Löwenbräukeller, 8. 11. 1943

Der Führer. Gemälde von H. J. Mann.

Sicherungsposten an einer Straßenkreuzung. An den Brennpunkten der Kämpfe in Italien griffen deutsche Fallschirmjäger ein.

»Signal«, November 1943

Das OKW gibt bekannt

November

6. 11. Nördlich Kiew warfen die Sowjets neu herangeführte überlegene Kräfte in den Kampf. Um einen drohenden Durchbruch zu vereiteln, wurden unsere zäh und verbissen kämpfenden Truppen auf weiter westlich gelegene Stellungen zurückgenommen. Dabei wurden unsere Truppen aus den bereits seit Wochen in der Kampflinie liegenden Teilen der Stadt Kiew zurückgenommen.

10. 11. An der süditalienischen Front geht die Abwehrschlacht westlich des Volturno mit unverminderter Heftigkeit weiter. Immer von neuem vorgetragene Durchbruchsangriffe starker britisch-nordamerikanischer Kräfte gegen unsere Höhenstellungen, besonders bei Mignano und Venafro, brachen im Abwehrfeuer blutig zusammen. Durch wuchtige eigene Gegenangriffe wurden einige örtliche Einbrüche abgeriegelt oder bereinigt und dabei Gefangene eingebracht.

12. 11. In Süditalien rennen die nordamerikanischen Truppen westlich des Volturno seit Tagen trotz schwerer Verluste immer wieder gegen unsere Höhenstellungen vergeblich an. Südlich Mignano führte ein schwungvoller eigener Gegenangriff zur Wiedergewinnung einer vorübergehend verlorengegangenen Höhe und einer Ortschaft.

13. 11. Bei fortgesetzten Angriffen gegen feindliche leichte Seestreitkräfte im ostwärtigen Mittelmeer erzielte die Luftwaffe Treffer auf insgesamt fünf Einheiten, die schwer beschädigt wurden. Nachdem durch diese Erfolge und durch laufende Luftangriffe auf Stützpunkte der Insel Leros die Voraussetzungen für ein Unternehmen gegen Leros geschaffen waren, landeten in den frühen Morgenstunden des 12. November im Zusammenwirken mit Kampf- und Transportverbänden der Kriegsmarine und Luftwaffe mehrere Kampfgruppen, darunter auch Fallschirmjäger, auf der Insel. Die Kämpfe mit der britischen badogliohörigen Inselbesatzung sind noch im Gange.

30. 11. In Süditalien trat der Feind gestern nach heftiger Artillerievorbereitung, von sehr starken Fliegerkräften unterstützt, gegen unseren Ostflügel im Sangrotal zu dem erwarteten Angriff an. Schwere Kämpfe sind noch in vollem Gange.

Teilung Deutschlands

Zur Deutschlandfrage übergehend, sagte der Präsident (Truman), die Frage sei, ob man Deutschland aufteilen sollte oder nicht.
Marschall Stalin erwiderte, daß sie (die Sowjets) die Zerstückelung Deutschlands vorzögen.
Der Premierminister (Churchill) sagte, er sei vollkommen dafür, aber er sei in erster Linie mehr daran interessiert, Preußen, den bösen Kern des deutschen Militarismus, vom Rest Deutschlands getrennt zu sehen.
Marschall Stalin sagte, er glaube, wenn Deutschland zerstückelt werden sollte, dann sollte es richtig zerstückelt werden, und dies sei nicht eine Frage der Teilung Deutschlands in fünf oder sechs Staaten und zwei Gebiete, wie der Präsident vorgeschlagen habe. Jedoch ziehe er den Plan des Präsidenten dem Vorschlag von Mr. Churchill vor.
Er glaube, daß die Einbeziehung deutscher Gebiete in den Rahmen großer Konföderationen den deutschen Elementen nur Gelegenheit bieten werde, wieder einen großen Staat ins Leben zu rufen. Er fuhr fort, er glaube nicht, daß zwischen Deutschen viel Unterschied bestehe: Alle deutschen Soldaten kämpften wie die Teufel, und die einzige Ausnahme bildeten die Österreicher.
Er sagte, daß die preußischen Offiziere und Generalstäbe ausgemerzt werden sollten, aber was die Einwohner betreffe, sehe er wenig Unterschied zwischen einem Teil Deutschlands und einem anderen.
Der Präsident sagte, er stimme mit dem Marschall überein, insbesondere was das Fehlen von Unterschieden zwischen Deutschen anbelange. Er sagte, vor fünfzig Jahren habe ein Unterschied bestanden, aber seit dem letzten Krieg sei dies nicht länger der Fall.
Der Premierminister sagte, er möchte nicht den Eindruck erwecken, als ob er gegen die Zerstückelung eingestellt sei – ganz im Gegenteil, aber er vertrete die Ansicht, die obigen Teile zu trennen, würde lediglich bedeuten, daß sie sich früher oder später zu einer Nation wiedervereinigten: Die Hauptsache sei, Deutschland geteilt zu halten, und wenn nur für fünfzig Jahre.
Stalin wiederholte, was er bezüglich der Gefahr der Wiedervereinigung Deutschlands gesagt hatte. Er erklärte, einerlei, welche Maßnahmen ergriffen würden, die Deutschen würden immer einen starken Drang zur Vereinigung haben.

Protokoll der Konferenz von Teheran, 1. 12. 1943

Teheran: 1. 12. 1943: Vorne Marschall Stalin, Franklin D. Roosevelt, Winston Churchill, dahinter W. Molotow, Sir A. Clark Kerr, Anthony Eden.

Bomben auf Elefanten und Krokodile

Noch hüllt grauer Rauch die Straßen wie eine blasse Gardine ein. Feiner Aschenregen rieselt aus grauem Himmel. Wir stehen vor dem schweren Eisenportal des Zoologischen Gartens.
Nun warten sie hier, warten, bis ein Wärter mit einem Bündel vorbeikommt und überschütten ihn mit einer Sturzflut von Fragen. Jeder hatte seinen besonderen Liebling, den er hätschelte und verwöhnte mit jener scheuen Tierliebe, wie sie eigentlich nur dem Großstädter eigen ist. Jetzt senken sie stumm den Kopf.
Ich bin durch das Fenster einer ausgebrannten Bar in den Garten gesprungen. Ein Wärter warnt. Es seien noch nicht alle Tiere eingefangen. Was aus den Elefanten geworden sei? Der Wärter zeigt auf das zerstörte Haus, deren glasierte Buntziegel überall herumliegen. Flammen züngeln aus dem Schutt. Tot – bis auf einen! Sie liegen noch unter den Trümmern, die vergnügten Dickhäuter, die gewaltigen Tierkolosse, und drüben, dem rosa Flamingo, der seinem Gehege entflog und nun das eine schlanke Bein in die lehmige Brühe eines Bombenkraters

1943

Dezember

2. 12. Beginn eines Säuberungsunternehmens gegen Tito-Partisanen

2./3. 12. Deutsche Flugzeuge bombardieren die Hafenanlagen von Bari

3.–6. 12. Zweite Konferenz von Kairo. Roosevelt und Churchill bieten der Türkei militärische Unterstützung an, damit diese ebenfalls in den Krieg eintritt

6. 12. Auf Befehl Hitlers beginnt im Osten eine neue Offensive zur Rückeroberung von Schitomir

12. 12. Vertrag zwischen der UdSSR und der tschechischen Exilregierung Benesch über die Zusammenarbeit nach dem Krieg

13. 12. Bisher schwerster Tagesangriff auf norddeutsche Städte: 1462 amerikanische Bomber greifen Kiel, Bremen und Hamburg an.
Beginn deutscher Abwehrkämpfe zwischen Witebsk und Newel

15. 12. Die »Europäische Beratende Kommission« nimmt in London ihre Arbeit auf. Sie entwirft die Besatzungszonen für Nachkriegsdeutschland und den Alliierten Kontrollrat

15. 12. Die UdSSR erkennt das Volksbefreiungskomitee Titos an, ebenso Großbritannien und die USA

15.–26. 12. Australisch-amerikanische Truppen landen auf Arawe und bei Cap Gloucester (Neu-Britannien). Rückzug der Japaner

16./17. 12. Schwere britische Luftangriffe auf Berlin

20. 12. Die Abendlagebesprechung zeigt Hitlers Sorgen vor der drohenden Alliiertenlandung in Westeuropa: »Es gibt gar keinen Zweifel, daß im Frühjahr der Angriff im Westen kommen wird«

24. 12. Beginn einer sowjetischen Offensive im Raum Kiew Schitomir.
General Eisenhower wird alliierter Oberbefehlshaber für die Invasion in Frankreich

31. 12. Ende 1943 befinden sich 43 Staaten im Kriegszustand mit dem Deutschen Reich

Kultur

5. 12. »Weltanschauliche Feierstunden« der NSDAP zum Thema »Frau und Mutter«. Oberbefehlsleiter Hilgenfeldt nennt »zwei Formen letzter Einsatzbereitschaft: Soldatentum und Mutterschaft«

Beim Bombenangriff verbrannt: Blick in das zerstörte Elefantenhaus des Berliner Zoo.

hält, geschah nichts. Wie mich alle Tiere ansehen, die ich noch lebendig finde: der riesige Kamtschatka-Bär, der bittend die gepanzerte Tatze durchs Gitter streckt, die scheuen Antilopen, die an den Drahtzaun treten, der schwarze Timberwolf, der sein Geheul einstellt – –

Das Gnu kaut stoisch an einem frischen Heubündel, die gefleckte Giraffe steht wie eine Statue neben der hingestreckten, schon ausgeweideten Gefährtin, die Strauße tänzeln wie Balletteusen in ihren noch völlig erhaltenen Boxen, und die Bären schlingen an dem rohen Fleisch, das man ihnen auf die Felsen warf und wahrscheinlich von jenen Tieren stammt, die getötet werden mußten.

Völlig unberührt von den Ereignissen der flammenden Nächte sind die Seelöwen. Sie wirbeln durch das blaugrüne Wasser, tauchen hier unter und dort auf und sehen bisweilen mit triefenden Kohlenklaugesichtern über den Rand des Beckens.

Im Aquarium. Ich ging sonst so gerne hierher und stand in staunender Freude vor den Glasscheiben mit den bunten, schwänzelnden Fischen, den geringelten Reptilien und den träge dösenden Krokodilen.

Es ist wie in der Unterwelt, düster und voll Gestank. Die Krokodile sind herausgeschleudert worden aus ihrem grünen, künstlichen Dschungel. Sie liegen auf den Treppenstufen der Halle, steif und starr und tot, weil ihnen die Wärme fehlt.

Mir fällt ein, was Professor Heck einmal sagte, als die Frage an ihn gerichtet wurde, ob die Giftschlangen des Aquariums schon getötet seien. Es war zu Beginn des Krieges, Professor Heck stutzte. Warum töten? Die meisten und gefährlichsten Giftschlangen stammen aus tropischen Gegenden. Sie können bei unseren kühlen Temperaturen nur sehr träge und langsam kriechen, und wir wären jederzeit imstande, sie wieder einzufangen.

»Ostdeutscher Beobachter«, 3. 12. 1943

Neue Waffen gegen Bomber

Im Frühjahr 1943 begannen die nordamerikanischen Luftstreitkräfte, Tagesangriffe auf westeuropäisches Gebiet zu unternehmen. Ihre Taktik, in enggeschlossenen Verbänden zu fliegen, macht es den Jägern zunächst schwer, Erfolge zu erzielen. Erst wenn der Bomberverband zersprengt und sein Abwehrfeuer zersplittert ist, besteht die Aussicht auf große Erfolge. Im Herbst 1943, ein halbes Jahr später, verfügt die deutsche Luftverteidigung über eine wirksame Waffe zum Sprengen anfliegender Bomberverbände. Die neue Waffe ist furchtbar in ihrer Wirkung. Oft fallen mehrere Bomber zugleich, in Stücke zerfetzt, zur Erde. Es ist schwer, dieser neuen Waffe zu entrinnen. Wo sie trifft, hilft auch meist kein Absprung durch Fallschirm mehr.

»Signal«, Dezember 1943

Das OKW gibt bekannt

Dezember

5. 12. Im Kampfraum von Smolensk haben die Sowjets unter dem Eindruck ihrer hohen Menschen- und Materialverluste und der Erfolglosigkeit ihrer Durchbruchsversuche gestern nicht mehr angegriffen. Damit hat die vierte Abwehrschlacht an der Smolensker Rollbahn wiederum mit einem vollen deutschen Erfolg geendet.

8. 12. Auf der Krim haben Verbände der 6. rumänischen Kavalleriedivision unter Führung des bereits mit dem Ritterkreuz ausgezeichneten Generalleutnants Teodorini, durch deutsche Artillerie und Sturmgeschütze sowie deutsche, rumänische und kroatische Fliegerkräfte unterstützt, den feindlichen Landekopf südlich Kertsch zerschlagen. In dreitägigen schweren Kämpfen wurden die sowjetischen Landungsverbände aufgerieben und rund 2000 Gefangene eingebracht.

14. 12. Im Raum von Kirowograd und Tscherkassy verstärkte der Feind gestern seinen Druck. Es kam zu erbitterten, noch anhaltenden Kämpfen, in deren Verlauf die Sowjets unter hohen blutigen Opfern an einigen Stellen Gelände gewinnen konnten. Die Stadt Tscherkassy, deren Besatzung der Feind in wochenlangen Kämpfen vergeblich einzuschließen versucht hatte, wurde in der vergangenen Nacht von unseren Truppen befehlsgemäß geräumt.

17. 12. In den Abendstunden führten britisch-nordamerikanische Bomberverbände erneut einen schweren Terrorangriff gegen die Reichshauptstadt. Es entstanden beträchtliche Schäden. Luftverteidigungskräfte vernichteten trotz wettermäßig schwieriger Abwehrbedingungen, soweit bisher festgestellt, 38 der angreifenden britisch-nordamerikanischen Bomber.

27. 12. Am 26. Dezember hat ein Verband deutscher Seestreitkräfte unter Führung des Konteradmirals Bey im Nordmeer einen für die Sowjetunion bestimmten Geleitzug angegriffen und ihm sowie den feindlichen Sicherungsstreitkräften schwere Schäden zugefügt. In lang anhaltenden Gefechten mit weit überlegenen englischen Seestreitkräften ist das unter dem Kommando des Kapitäns zur See Hintze stehende Schlachtschiff Scharnhorst nach heldenhaftem Kampf, bis zur letzten Granate feuernd, gesunken.

Landung bei Anzio

Als der Tag anbrach, erhielten die LCI, die in diesem Augenblick etwa 25 km von der Küste entfernt waren und schnell dem Lande zustrebten, die Nachricht, daß die Landung im mittleren Abschnitt erfolgreich verlaufen sei und daß die Verluste sehr gering gewesen seien. Um 7 Uhr – unsere eigentliche Landungszeit – lagen wir einige Meilen vor der Küste inmitten von etwa 70 Schiffen aller Typen vor Anker. Die Verzögerung wurde durch die sehr flache Steigung der Küste und die doppelte Sandbank hervorgerufen, die zur Folge hatten, daß die LST in einiger Entfernung von der Küste auf Grund liefen. Das bedeutete, daß alle Fahrzeuge in LCI überführt werden mußten oder daß ein LST nach dem anderen an dem Pontonkai festmachen mußte, den die Küstenpioniere gebaut hatten, was natürlich den Zeitplan über den Haufen warf. Das erste LCI des Bataillons stieß auf die innere Sandbank gegen 8.30 Uhr, etwa 20 m vom Strand entfernt, und die ersten Truppen stiegen aus, wo das Wasser 60 cm tief war. Einige Schritte zur Küste, und sie standen bis zu den Achseln im Wasser. Glücklicherweise waren einige »Ducks« verfügbar, die den Rest des Bataillons hinüberbrachten, der soweit trockenen Fußes an Land kam. Alle Truppen waren in bezug auf den Weg zum Versammlungsraum gut unterrichtet worden, und in sehr kurzer Zeit waren die Schützenkompanien etwa 1 km nördlich Torre Caldara aufgestellt.

Amerikanische Truppen landen an der Küste Italiens bei Anzio

Kurz vor Mittag kam der Oberbefehlshaber, Sir Harold Alexander, zum Bataillonsstab, wo der Brigadekommandeur und die anderen Kommandeure der Brigade versammelt waren. Er sagte, daß die 29. Panzergrenadierdivision, die als unser unmittelbarer Gegner angegeben worden war, an die Front der 5. Armee gesandt worden sei, wo der Garigliano-Brückenkopf gute Fortschritte mache. Die drei Fallschirmjägerbataillone seien nach Norden verlegt worden. Danach konnte zwischen dem Landekopf und Rom nur ein Bataillon (II. vom Grenadierregiment 71 mot.) stehen. Der Oberbefehlshaber hatte schon entschieden, die 1. amerikanische Panzerdivision, die bis dahin im Raum von Neapel stand, heranzubringen.
Bis zum frühen Nachmittag waren 1 oder 2 Fahrzeuge an Land gebracht worden, und der Landekopf dehnte sich aus.

Bericht eines britischen Offiziers, 22. 1. 1944

Die Bestrafung der Kriegsverbrecher

Die russische Sonderkommission zur Untersuchung von Kriegsverbrechen gab bekannt, Rußland sei entschlossen, weitere deutsche Kriegsgefangene, die sich Kriegsverbrechen schuldig gemacht haben, vor Gericht zu ziehen.
Die Zeitschrift »Der Krieg und die Arbeiterklasse« schreibt dazu: »Wir denken selbstverständlich nicht daran, deutsche Militärpersonen für Handlungen zur Rechenschaft zu ziehen, die sie in Ausführung militärischer Pflichten durchführten, wie z.B. Tötung russischer Soldaten auf dem Schlachtfeld. Dagegen sind wir entschlossen, jeden Deutschen, der in unsere Gefangenschaft gerät, für Handlungen zur Rechenschaft zu ziehen, die im Widerspruch zum Völkerrecht stehen, so z. B. Massenerschießungen von Gefangenen oder Zivilpersonen, Marterung und Hinrichtung von Zivilisten. Es ist streng zu unterscheiden zwischen militärischen Befehlen zu völkerrechtlich erlaubten Kriegshandlungen und Anstiftung zu Verbrechen, auch wenn sie in Form eines Befehls geschieht. In diesem Falle trägt der Ausführende des Verbrechens die gleiche Verantwortung wie der Anstifter. Die Entschuldigung, er habe auf Befehl gehandelt, wird nicht anerkannt werden.«

»Neue Zürcher Zeitung«, 4. 1. 1944

»Die Feuerzangenbowle«

Dr. Johannes Pfeiffer ist ein junger, aber schon sehr erfolgreicher Schriftsteller. Er hat alles, was sein Herz begehrt, ein behagliches Zuhause, eine entzückende Braut und einen großen Freundeskreis. Und doch fehlt etwas! Abends bei der dampfenden Feuerzangenbowle sitzt er mit den Freunden und hört, wie sie renommieren und sich überbieten im Erzählen tollster Pennälerstreiche. Da packt ihn die Sehnsucht nach ähnlichen, harmlos fröhlichen Jugendtorheiten. Er kann nicht mitreden. Er ist allein und ohne Kameraden auf dem väterlichen

1944

Januar

1. 1. Hitler in seinem Tagesbefehl: »Es mag die plutokratische Welt im Westen ihren Landeversuch unternehmen, wo sie will: Er wird scheitern.«
Generalfeldmarschall Rommel übernimmt den Oberbefehl über die Heeresgruppe B in Frankreich

2. 1. US-Truppen landen auf Saidor (Neuguinea)

4. 1. Generalfeldmarschall von Manstein versucht Hitler klarzumachen, daß der Dnjeprbogen nicht zu halten sei. Hitler lehnt die Räumung des Gebietes kategorisch ab. Sowjetische Einheiten überschreiten in Wolhynien die polnisch-sowjetische Vorkriegsgrenze

9. 1. Britische Truppen erobern Maungdaw in Burma

14. 1. Beginn einer sowjetischen Offensive gegen die Heeresgruppe Nord zur Befreiung Leningrads. Deutsche Truppen werden bis zum Peipussee zurückgedrängt

18. 1. Die deutschen Abwehrkämpfe um Witebsk werden erfolgreich beendet

20. 1. Sowjetische Truppen erobern Nowgorod

21./22. 1. Deutsche Luftangriffe auf London

22. 1. Die 5. amerikanische Armee landet mit 70 000 Mann bei Anzio südlich von Rom

27. 1. Sowjetischer Angriff in Richtung Luzk und Rowno.
Hitlers Rede vor den versammelten Generalfeldmarschällen und Oberbefehlshabern in der »Wolfsschanze«: »Meine Herren, wenn es jemals eine letzte Stunde gibt, dann hoffe ich, daß Sie, meine Herren Generäle, zusammen auf den Barrikaden stehen und daß Sie, meine Feldmarschälle, mit gezogenem Degen bei mir sind.« Manstein: »Das wird auch der Fall sein, mein Führer!«

28. 1. Einkesselung deutscher Truppen bei Tscherkassy

30. 1. US-Luftangriff auf Hannover und Braunschweig

31. 1. US-Landung auf Kwajalein (Marshall-Inseln). Schwere Kämpfe mit japanischen Einheiten

Kultur

28. 1. In Berlin wird der Film »Die Feuerzangenbowle« nach dem Roman von Heinrich Spoerl mit Heinz Rühmann uraufgeführt

Heinz Rühmann als Schüler Pfeiffer in »Die Feuerzangenbowle«.

Gut aufgewachsen. Er will aber mitreden können! Ein verruchter Plan wird ausgeheckt. Er will nachholen, was er all die Jahre versäumt hat. Er setzt sich noch einmal auf die Schulbank.

Den eleganten Hut vertauscht er mit der Schülermütze und reist mit wenig Gepäck in eine Kleinstadt, um dort völlig unerkannt in die selige Welt der Jungen unterzutauchen. Verlegen betritt er die neue Klasse, wo er gleich in das Komplott gegen die »Pauker« mit hineingezogen wird. Das Mißtrauen der Jungens gegen den »Neuen« verfliegt sofort, als sie merken, was für wahrhaft geniale Pläne Hans erfindet, um die öden Stunden zu unterbrechen und die Lehrer zu ärgern. Professor Crey, genannt »Schnauz«, gibt den Chemie- und Physikunterricht, nicht eben kurzweilig. Ihn nimmt er sich vor allem aufs Korn. Um den Schülern die chemische Analyse von Alkohol in praxi zu demonstrieren, bringt Prof. Crey die Probe eines selbstgebrauten Heidelbeerweines mit in die Schule und läßt sie der Reihe nach kosten. Die Wirkung ist verheerend. Die Schüler fangen der Reihe nach an zu stottern und zu lallen. Sie singen und grölen, daß die ganze Schule zusammenläuft. Natürlich hat Pfeiffer eine »Flamme«. Sie ist das einzige Töchterlein des Direktors und ist zwar verliebt in ihn, nimmt ihn aber durchaus noch nicht für voll. Sein Konkurrent ist der unglückliche, viel geärgerte Professor Crey, der den ehrgeizigen Eltern als eine besonders gute Partie für ihre Eva erscheint.

Da kommt dem verliebten Pennäler Pfeiffer ein Zufall zu Hilfe. Der Oberschulrat besichtigt die Schule, hauptsächlich sind ihm Klagen über Professor Crey, alias »Schnauz«, zu Ohren gekommen. Nun möchte er selbst einer Physikstunde beiwohnen. Da Pfeiffer, teils aus Zorn über den Nebenbuhler bei Eva, teils aus Übermut, alle Uhren bei Prof. Crey um eine Stunde zurückgestellt hat, kann Crey diese Physikstunde gar nicht halten. An seiner Stelle nimmt Pfeiffer selbst den Unterricht in die Hand, und zwar in der vorzüglichsten Verkleidung des Lehrers. Der Oberschulrat ist kurzsichtig und kann die Kostümierung nicht entlarven. Nur die anderen Lehrer und vor allem der entsetzte Direktor erkennen den Missetäter. Trotzdem fleht der Direktor, um das Ansehen der Schule zu retten, Pfeiffer an, die Rolle weiterzuspielen. Alles scheint in bester Ordnung. Da taucht am Schluß der Stunde der wirkliche Professor Crey, der die Zeit verschlief, auf. Heilloses Durcheinander, das für Pfeiffer mit dem plötzlichen Abschluß seiner Pennälerlaufbahn endet, aber dafür auch mit seinem Sieg über den armen Professor Crey als Liebhaber – die Verlobung mit Eva ist perfekt.

»Illustrierter Film-Kurier«, Januar 1944

Eichenlaubträger Hauptmann Rudel hat unter den Stukafliegern, mit 1400, die meisten Einsätze zu verzeichnen.

»Signal«, Januar 1944

Das OKW gibt bekannt

Januar

6. 1. Bei Tagesangriffen britisch-nordamerikanischer Bomberverbände gegen das Stadtgebiet von Kiel sowie gegen Orte in Westdeutschland und den besetzten Westgebieten wurden in erbitterten Luftkämpfen nach bisher vorliegenden Meldungen 81 feindliche Flugzeuge, davon 63 viermotorige Bomber, abgeschossen. In der vergangenen Nacht verlor die britische Luftwaffe bei einem Terrorangriff auf Stettin nach unvollständigen Meldungen außerdem 16 viermotorige Bomber. In den Wohnvierteln der angegriffenen Städte entstanden zum Teil schwere Schäden.

15. 1. Um den Eindruck der fortgesetzten schweren Verluste, die die nordamerikanischen Terrorflieger bei ihren Angriffen gegen die deutsche Bevölkerung erleiden, in der amerikanischen Öffentlichkeit abzumildern, gibt die amerikanische Luftwaffe fortlaufend weit übertriebene Abschußzahlen deutscher Jäger bekannt. So behaupten die Amerikaner, bei ihren Angriffen am 14. Oktober 1943 auf Schweinfurt 104, am 11. Dezember 1943 auf Emden 138 und am 11. Januar 1944 in Mitteldeutschland 152, also insgesamt 394 deutsche Jäger abgeschossen zu haben. Die tatsächlichen Verluste dagegen betragen 98 deutsche Flugzeuge. Mehr als ein Drittel der Besatzungen konnte mit Fallschirm abspringen und blieb unversehrt.

20. 1. Nördlich des Ilmensees, südlich Leningrad und südlich Oranienbaum dauern die schweren Abwehrkämpfe an. Im Zuge einer örtlich begrenzten Frontbegradigung wurde die Stadt Nowgorod geräumt.

24. 1. Bei Kertsch traten die Sowjets erneut zu stärkeren Angriffen an und versuchten gleichzeitig neue Kräfte zu landen. Sie wurden unter hohen blutigen Verlusten abgewiesen. In einer Einbruchsstelle sind noch heftige Kämpfe im Gange.

28. 1. Britische Terrorflieger nutzten die für sie günstigen Wetterverhältnisse am gestrigen Abend zu einem erneuten Terrorangriff auf die Reichshauptstadt aus. Bei niedriger geschlossener Wolkendecke überflogen zahlreiche feindliche Flugzeuge das Gebiet von Groß-Berlin und warfen Minen, Spreng-, Brand-, und Phosphorbrandbomben auf verschiedene Stadtteile ab. Es entstanden Schäden, vornehmlich in dicht besiedelten Wohnvierteln und an Kulturstätten. Die Bevölkerung hatte Verluste.

Im Krankenhaus unter der Erde

Im Laufe dieses Krieges sind in den luftgefährdeten Gebieten immer mehr Bunker als bombensichere Zufluchts- und Aufenthaltsorte gebaut worden. Neben der Unterbringung von Kindern, soweit diese nicht im Rahmen der Kinderlandverschickung auf dem Lande in sicherer Obhut sind, gilt die erste Sorge den hilflosen Kranken. Zu ihrem Schutz und ihrer ungestörten Pflege und vor allem auch, um eine vom Terror der Feinde unabhängige ärztliche Hilfe zu gewährleisten, sind die mit modernsten Mitteln der Technik ausgestatteten Bunker entstanden, in denen in jeder Weise auf das bestmögliche für die Kranken gesorgt wird, so daß sie auch bei schweren Luftangriffen das für die Wiedergenesung so nötige Gefühl der Geborgenheit haben können. Solch ein Krankenhaus-Großbunker hat seinen eigenen Maschinenraum, dessen Einrichtungen ihn auch in der Licht- und Kraftversorgung von der Außenwelt unabhängig machen. Lebensmittelvorräte, die in einem besonderen Raum untergebracht sind, und eine Küche sichern die Versorgung der Kranken und des Personals. Das Fassungsvermögen der Krankensäle im Bunker entspricht der Belegschaft des Krankenhauses. Schwerkranke werden in ihren Betten im Fahrstuhl in den Bunker gefahren. Ventilationen sorgen ständig für frische Luft, die sie dank einer besonderen Einrichtung Sommers wie Winters in der erforderlichen Zimmertemperatur abgeben. Der Mittelpunkt des Bunkers ist der große Operationsraum, in dem die Ärzte Tag und Nacht ungestört von außen tätig sein können.

»Leipziger Illustrirte Zeitung«, Januar 1944

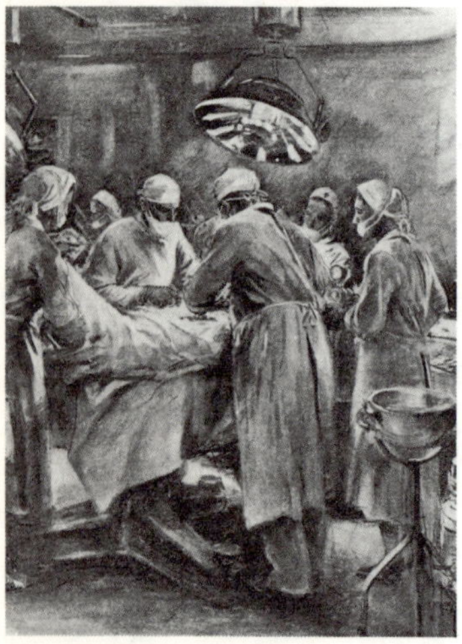

Im Operationssaal eines Krankenhausbunkers, der eigene Licht- und Kraftversorgung hat, sind die Ärzte bei ihrer Arbeit vollkommen ungestört und unabhängig.

Neue U-Boote

... Die jetzige U-Boot-Waffe ist, im großen gesprochen, nicht mehr kampffähig, weil die feindliche Luftüberlegenheit und die feindliche Ortung das jetzige U-Boot überholt haben. Wir sind natürlich in der Lage, diese Überlegenheit, die in der ortenden feindlichen Luftwaffe liegt, durch Gestellung besserer Fla-Armierung und durch Mittel der eigenen Ortung abzuschwächen. Es bleibt aber immer nur eine Abschwächung der gegnerischen Überlegenheit und keine Änderung von Grund auf. Im modernen Seekrieg werden wir in steigendem Maße mit der Entwicklung und der Anwendung der Hochfrequenztechnik rechnen müssen. Jeder, der über Wasser fährt, wird geortet. Es sind Dinge, die wir nie wegwischen können. Zum anderen müssen wir mit einer ständigen und steigenden Luftüberlegenheit des Gegners im Atlantik rechnen, gegen die wir mit dem jetzigen U-Boot grundsätzlich nicht mehr ankommen werden. Wir müssen daher eine neue U-Boot-Waffe schaffen, die diese Faktoren ausmanövrieren kann. Da diese Waffe den größten Erfolg verspricht, müssen alle anderen Ziele diesem einen Hauptziel untergeordnet werden.

Großadmiral Dönitz vor den Oberbefehlshabern, 15. 2. 1944

Eine »Fliegende Festung« der 8. U.S. Air Force über dem Zentrum von Berlin. Tausend Bomber laden an diesem Tag 2,5 Tonnen Bomben über Hitlers Hauptstadt ab.

»U.S. Photo Service«, 4. 2. 1945

Vom deutschen Briefmarkenmarkt

Der Briefmarkenhandel in Deutschland gehört zu den wenigen Gebieten, die keiner Preiskontrolle unterworfen sind, wohl nicht zuletzt, weil eine solche Kontrolle hier technisch schwer durchführbar ist. Es darf daher nicht wundernehmen, daß sich im Verlauf des Krieges manche

1944

Februar

2. 2. Die Rote Armee erobert Rowno und Luzk

3. 2. Beginn neuer Kämpfe im Raum von Witebsk

4. 2. Japanische Truppen stoßen von Westburma aus nach Assam (Indien) vor

8. 2. Die 6. deutsche Armee kann den Brückenkopf Nikopol nicht länger halten.

Die Alliierten erstellen den Plan für die Landung in der Normandie (Operation »Overlord«)

12. 2. Luga wird von sowjetischen Truppen befreit

15. 2. Nach Vernichtung des Klosters Monte Cassino in Italien durch alliierte Streitkräfte versuchen britische Truppen vergeblich, dort die deutschen Verteidigungsstellungen zu erobern

16. 2. Die Deutschen starten eine Gegenoffensive gegen den alliierten Landekopf bei Anzio. Nach geringen Erfolgen bleibt der Angriff stecken

17. 2. Die östlich Tscherkassy eingekesselten deutschen Truppen brechen unter schweren Verlusten aus.

Angriff der Alliierten auf Truk (Karolinen). US-Truppen nehmen das Atoll Eniwetok (Marshall-Inseln)

18./19. 2. 187 deutsche Flugzeuge greifen London an: Elf werden abgeschossen

19./20. 2. 730 britische Bomber greifen Leipzig an: 78 Maschinen werden abgeschossen

20.–25. 2. Die Amerikaner fliegen laufend Tageseinsätze gegen die deutsche Flugzeugindustrie

22. 2. Deutsche Truppen räumen Kriwoj Rog (Eisenerzgruben)

29. 2. Ein weiterer deutscher Angriff auf die amerikanischen Verbände bei Anzio–Nettuno bleibt ebenfalls erfolglos.

Amerikanische Einheiten landen auf den Admiralitätsinseln.

Die finnische Regierung berichtet im Reichstag über die Bedingungen der UdSSR zum Frieden mit Finnland

Kultur

23. 2. Auf der »Verlags-Sperrliste März 1944« erscheinen u. a. Brockhaus-Verlag, Goldmann Verlag, Schöningh und Westermann

Erster großer amerikanischer Bombenangriff auf Monte Cassino.

»Sachwertjäger« diesem Markt zugewendet haben und daß die Preise von Briefmarken außerordentlich in die Höhe getrieben worden sind.
Über die jetzige Verfassung dieses Marktes teilt die Essener »National-Zeitung« in einem interessanten Bericht mit, daß Briefmarken heute nicht mehr von den Sammlern für ihre Sammlungen erworben, sondern – wahrscheinlich in der Mehrzahl – von Leuten, die gar nicht sammeln, sondern die Briefmarken als das einzige Spekulationspapier ansehen, dessen Kurs nicht überwacht wird.
Das Blatt gibt auch einige Beispiele, aus denen das Maß der Preissteigerungen hervorgeht. So werden denn für die Briefmarke »Das braune Band 1938«, die damals 1,50 Reichsmark kostete und im Michelkatalog 1943 mit 35 Reichsmark notiert wurde, jetzt 140 Reichsmark gefordert und auch bezahlt. Die erste Überdruckausgabe von Böhmen und Mähren, die noch vor einem halben Jahr zu dem schon stark übersetzten Preis von 150 Reichsmark gehandelt wurde, ist jetzt fast nicht unter 450 Reichsmark zu bekommen.
Der Nothilfeblock 1933, der damals 3,50 Reichsmark kostete und für den lange Zeit überhaupt kaum eine Nachfrage bestand, brachte im August 1943 schon 500 Reichsmark und wird jetzt für 1400 Reichsmark verkauft.
Aufgrund dieser Tatsachen stellt die »National-Zeitung« dem deutschen Briefmarkenmarkt die folgende Prognose: Man braucht kein Prophet zu sein, um festzustellen, daß diese ungesunde Entwicklung sich ihrem Höhepunkt nähert und der Aufmerksamkeit des Preiskommissars nicht entgehen wird. Bei den Riesenumsätzen, die in die Hunderte von Millionen gehen, kann der Briefmarkenmarkt nicht bagatellisiert werden. Es wäre daher nicht überraschend, wenn wir in absehbarer Zeit eine Stabilisierung auf einer vernünftigen Basis auch auf diesem Handelsgebiet erleben würden.

»Neue Zürcher Zeitung«, 23. 2. 1944

Bei einem Angriff von fünf sowjetischen Schnellbooten im Nordmeer auf ein deutsches Geleit versenkten unsere Geleitschiffe drei der feindlichen Boote und beschädigten die anderen zwei schwer. »Leipziger Illustrirte Zeitung«, Februar 1944

Das OKW gibt bekannt

Februar

2. 2. Zwischen Ilmensee und Finnischem Meerbusen hielt der starke feindliche Druck in südlicher und westlicher Richtung an. In den großen Sumpfgebieten westlich Nowgorod, an der Eisenbahn Leningrad–Pieskau und im Raum von Jamburg kam es zu schweren Kämpfen. Der Ort Jamburg wurde nach hartem Kampf aufgegeben.

3. 2. Im Gebiet südlich der Pripjetsümpfe brachen wiederholte Angriffe der Sowjets auf Schepetowska zusammen. Weiter nordwestlich wurden im Verlauf erbitterter Abwehrkämpfe die Orte Rowno und Luzk aufgegeben.

9. 2. Von vorbildlichem Kampfgeist erfüllt, wiesen unsere Truppen in schweren Abwehrkämpfen bei Nikopol, westlich Tscherkassy, östlich Shaschkoff, südlich der Beresina, südlich und westlich des Ilmensees sowie im Raum von Luga starke bolschewistische Angriffe und Durchbruchsversuche unter Bereinigung oder Abriegelung örtlicher Einbrüche ab.
Der Brückenkopf von Nikopol wurde nach sorgfältiger Zerstörung aller militärischen und kriegswirtschaftlichen Anlagen befehlsgemäß geräumt.

10. 2. An der Ostfront scheiterten auch gestern westlich Nikopol, südlich Kriwoi Rog, im Raum westlich Tscherkassy, östlich Shaschkoff, südlich der Beresina, im Kampfraum von Witebsk, nördlich Newel und im Raum zwischen Ilmen- und Peipussee starke feindliche Angriffe und erneute Durchbruchsversuche der Sowjets in schweren Kämpfen am heldenhaften Widerstand unserer Truppen.

15. 2. In den Morgenstunden des 15. Februar griffen feindliche Kampffliegerverbände die historische Abtei Cassino an, obwohl sich im Kloster selbst und in seiner näheren Umgebung kein deutscher Soldat befindet. In den Anlagen des weltberühmten Klosters entstanden schwere Schäden.

25. 2. Südlich der Beresina und nördlich Rogatschew dauern die schweren Abwehrkäpfe mit dem sich weiter verstärkenden Feind an. Versuche der Sowjets, auf das Nordufer des Beresina vorzudringen, brachen in erbitterten Waldkämpfen zusammen. Der Ort Rogatschew wurde in der Nacht zum 24. Februar geräumt.

Die europäische Aufgabe des deutschen Films

Wenn man die Entwicklung des Films von seinen Anfängen bis heute überschaut, dann ist eine entschiedene Richtung zu künstlerischer Formung und geistiger Vertiefung unleugbar. Der stumme Film arbeitete nur mit Gefühlen. Er sprach sie durch das Auge an, betonte sie durch eine Begleitmusik und erreichte nur in seinen höchsten Augenblicken durch assoziative Wirkungen die Höhen der Kunst. Als das Wort hinzutrat, wurde dem Film mit der Sprache das ganze Gebiet des Verstands erschlossen. Hiermit wuchs sein geistiger Anspruch, wuchs sein Wert in seinen Spitzenwerken, aber auch sein Unwert im Versagen. Was ihm ungeschmälert erhalten blieb, war seine lebendige Wirkung vor allem auf Massen, seine Volkstümlichkeit, seine Fähigkeit, überallhin zu gelangen und überall die Wirkung auszuüben, die seine Hersteller beabsichtigt haben. Als echtes Kind des technischen Zeitalters ist er in seinen mechanischen und chemischen Voraussetzungen geistgeboren, wird in industriellen Formen produziert, aber von Dichtern und Autoren erdacht und von Künstlern gestaltet. Der Versuch der Menschheit, sich der verstandgeborenen Technik seelisch zu bemächtigen, um sich nicht von ihr unterjochen zu lassen, findet in der Filmkunst ein Symbol, ein Beispiel im kleinen.

Hilde Krahl

Kristina Söderbaum

Es ist typisch für das Mischwesen Film, wie sehr eine industrielle Macht seine Verbreitung zu beeinflussen vermag, wie weitgehend man sich aber auch von ihr distanzieren kann. Große konzernartige Wirtschaftsgebilde stellen mit einem Riesenaufgebot an Apparaten und Organisationen Filme her, die um die ganze Welt gehen und die die Kinos mit Besuchern füllen. Die gleiche Wirkung aber geht hier und da von einem Außenseiter aus, von einem Film, den wenige Menschen mit geringen Geldmitteln unter primitiven Bedingungen hergestellt haben, in dem aber so viel echtes Leben zu echter Kunst gestaltet worden ist, daß die technischen Mängel nicht mehr fühlbar werden. Die deutsche Filmkunst ist in der glücklichen Lage, diese beiden Extreme in sich vereinigen zu können. Ihre industriellen Voraussetzungen sind nicht so riesenhaft, daß es nicht möglich wäre, sie der Kunst dienstbar zu machen. Und ihr Publikum ist nicht so gleichförmig, nicht so nivelliert, daß es möglich wäre, es mit Massenartikeln, mit Kulturkonserven zu überschwemmen, die es hemmungslos abnähme. In anderen riesigeren Ländern und Sprachgebieten mag es notwendig sein, viele Hunderte von Filmen jährlich herzustellen, einfach um einem wirtschaftlichen Bedarf, einem Bedarf an Zerstreuung und Amüsement nachzukommen, und die Folge muß eine Schematisierung, Industrialisierung und damit Verflachung des Durchschnittsfilmes sein. Die Wirkung auf dem Weltmarkt und die starke Wirkung auch in der Seele anderer Völker werden immer nur von den wenigen Spitzenfilmen ausgehen, die in fremde Länder gelangen. Der deutsche Film ist in der Lage, seine ganze Pro-

1944

März

4. 3. Beginn der sowjetischen Frühjahrsoffensive gegen die Heeresgruppe Süd. Deutsche Truppen werden aus der Ukraine verdrängt

5. 3. Britische Luftlandeeinheiten setzen sich auf Burma fest

8. 3. Amerikanischer Luftangriff auf Berlin.
Japanische Truppen besetzen Imphal in Assam.
Hitler erläßt den »Führerbefehl Nr. 11«, eine Durchhalteverfügung, die den »Kommandant des festen Platzes« definiert: »Der ›Kommandant des festen Platzes‹ soll ein besonders ausgesuchter, harter Soldat sein und möglichst im Generalsrang stehen. (Er) haftet mit seiner Soldatenehre für die Erfüllung seiner Aufgaben bis zum letzten.«

13. 3. Sowjetische Truppen erobern Cherson an der Dnjeprmündung

15.–24. 3. Wiederholte alliierte Durchbruchsversuche bei Monte Cassino bleiben erfolglos

16. 3. Die finnische Regierung lehnt die sowjetischen Friedensbedingungen ab

17. 3. Deutsche Truppen geben Dubno auf (am 20. 3. Winniza und am 26. 3. Kamenez-Podolsk)

19. 3. Deutsche Truppen besetzen Ungarn. Budapest wird kampflos erobert.
Adolf Eichmann beginnt die Vernichtungsaktionen gegen die Juden zu organisieren, die in das KZ Auschwitz verschleppt werden

20. 3. Amerikanische Einheiten landen im Bismarck-Archipel

24. 3. Deutscher Luftangriff auf London.
Britischer Luftangriff auf Berlin.
Hitler läßt 50 britische Offiziere, die aus einem Gefangenenlager entflohen waren, nach ihrer Festnahme erschießen

28. 3. Sowjetische Truppen besetzen Nikolajew und dringen in Rumänien ein

30. 3. Generalfeldmarschall Model übernimmt auf Befehl Hitlers die Heeresgruppe Süd (für v. Manstein)

Kultur

3. 3. Der unter der Regie von Carl Froelich hergestellte Ufa-Film »Familie Buchholz« hat in Berlin Premiere duktion in den Dienst verhältnismäßig weniger Filme stellen zu können, so daß das Verhältnis der mit künstlerischer Verantwortung hergestellten Filme zu den Industrieartikeln ein äußerst günstiges ist. Vielleicht wird es eines Tages sogar möglich sein, überhaupt keine »Industriefilme« mehr zu machen, dann nämlich, wenn alle jene Kräfte, die der Krieg dem Filmschaffen entzieht, wieder zurückströmen. Dies ist die beste Aussicht für jene Aufgaben, die der deutsche Film in Europa zu erfüllen hat. Er kann das Gefühl für die gemeinsame Vergangenheit, für die gemeinsamen kulturellen Wurzeln durch die Darstellung der historischen Voraussetzungen verstärken.

Wolfgang Liebeneiner in: »Leipziger Illustrirte Zeitung«, März 1944

Gedrückte Stimmung

Die Frage, »was noch werden soll«, wird von großen Teilen unseres Volkes sehr verzagt besprochen. Die neue Entwicklung im Osten, der Luftkrieg und das Warten auf die Invasion führten dazu, daß man »keinen rechten Ausweg aus der verfahrenen Kriegslage« mehr sehe und daß es »immer schwerer« werde, »an einen guten Ausgang des Krieges zu glauben«. Im Osten sei der Russe nicht aufzuhalten. Die Engländer und Amerikaner kämen trotz aller Verluste an Bombern und Jägern und würden offenbar nur gelegentlich durch das Wetter behindert. Im Westen würden unsere Kräfte durch die drohende Invasion gebunden, von der »kein Mensch wisse, ob sie wirklich kommt«. Im Osten und im Luftkrieg müßten wir uns verteidigen, so gut es gehe, und im Westen müßten wir warten, bis es dem Gegner einfällt, die Invasion zu versuchen. Alle unsere Anstrengungen, die Tapferkeit unserer Soldaten, die Fehler, die die Russen machten, und die Unentschlossenheit und Uneinigkeit, mit der die Engländer und Amerikaner handelten, könnten nicht darüber hinwegtäuschen, daß uns immer mehr »auf den Leib gerückt« werde und daß wir immer stärker einer Menschen- und Materialüberlegenheit der Feinde ausgesetzt seien.

Die ohnehin gedrückte Stimmung wird durch die vielen sonnenlosen und naßkalten Tage nicht unwesentlich beeinflußt, zumal sie für die Frauen eine vermehrte Sorge um die Gesundheit der Kinder, die »dauernd erkältet« sind, mit sich brächten. Die praktischen Nöte der Frau lägen in der völlig gesperrten Reichskleiderkarte, in den Schwierigkeiten, gerade jetzt Schuhwerk und Kleidung für die Kinder zu ergänzen und in der Knappheit an Kartoffeln und Gemüse, so sehr man anerkennt, daß sich die Führungsstellen bemühen, aus dem augenscheinlich knapper werdenden Haushalt des Reiches den Kartoffelmangel anderweitig auszugleichen und mit anderen »netten« Zuteilungen zu trösten.

Zur Zeit habe ein Großteil der Bevölkerung »die Nase reichlich voll«. Es falle schwer, in dieser Zeit, da es »einfach nicht Frühling werden will« und in der Politik und im Krieg »so gar nichts da ist, was einen wieder freier atmen läßt«, nicht die Lust zu verlieren, wie bisher seine tägliche Pflicht zu tun.

SD-Lagebericht, 16. 3. 1944

Heldengedenktag 1944. Im Anschluß an die Kranzniederlegung fand ein Vorbeimarsch der Ehrenkompanie der Wehrmacht vor Großadmiral Dönitz statt. »Foto-Schwahn«, 12. 3. 1944

Führer-Interview

Die große Beachtung, die das Führer-Interview zu Finnland in der Welt gefunden hat, verdient Unterstreichung, dabei ist in besonderem Maße die Äußerung des ›Manchester Guardian‹ bemerkenswert, der bestätigt, daß ›die Sowjetunion die gegenwärtigen Bedingungen dazu benutzen werde, Finnland auf lange Sicht zu unterwerfen und außerdem die interessante Mitteilung macht, daß England und USA den Finnen keinerlei Garantie anbieten wollen.

Presseanweisung, 20. 3. 1944

Drei Tage und drei Nächte lagen diese Grenadiere im Trommelfeuer der Materialschlacht an der Front des angloamerikanischen Landekopfes bei Nettuno. »Atlantik-Film«, 16. 3. 1944

Das OKW gibt bekannt

März

2. 3. Nordwestlich Newel steigerte sich die Wucht der feindlichen Angriffe. Die während des ganzen Tages anhaltenden Durchbruchsversuche wurden nach Abschuß von 25 feindlichen Panzern in schweren Kämpfen abgeschlagen.
An der Narwafront wurden die mit neu herangeführten Kräften vorgetragenen Angriffe der Sowjets in hartem Ringen abgewiesen und zum Teil schon vor unseren Stellungen zusammengeschossen.

5. 3. In den Mittagsstunden des 4. März führten nordamerikanische Bomberverbände Terrorangriffe gegen einige Orte in Westdeutschland. Besonders in den Städten Bonn und Köln entstanden Schäden in Wohnvierteln und Verluste unter der Bevölkerung. Mehrere Kirchen, Krankenhäuser und öffentliche Gebäude wurden getroffen.

14. 3. Im Südabschnitt der Ostfront, wo sich bei grundlosen Wegen und völlig verschlammtem Gelände ein erbittertes Ringen abspielt, in das von beiden Seiten neue Verbände geworfen werden, zeichnen sich unsere Truppen den überlegenen feindlichen Kräften gegenüber immer wieder durch beispielhafte Standhaftigkeit und unerschütterten Angriffsgeist aus. So haben sich in den letzten Tagen die Panzergrenadierdivision »Großdeutschland« unter Führung des Generalleutnants v. Manteuffel und die Truppen des LIX. Armeekorps unter Führung des Generalleutnants Friedrich Wilhelm Schulz besonders hervorgetan.

30. 3. Südlich Balta und im Raum zwischen Dnjestr und Pruth wurden stärkere feindliche Angriffe in harten Kämpfen aufgefangen. Südlich Proskurow dauert das erbitterte Ringen mit wechselndem Erfolg an. Die Stadt Tschernowitz wurde geräumt. Im Raum von Stanislau sind heftige Kämpfe mit vorgedrungenen feindlichen Kampfgruppen im Gange. Die tapfere Besatzung von Tarnopol wehrte erneut konzentrische Angriffe der Sowjets ab. Im Raum von Brody vereitelten unsere Truppen heftige feindliche Durchbruchsversuche in schweren Kämpfen und schossen von 27 angreifenden Panzern 16 ab.

Tag der Luftwaffe

Der Oberbefehlshaber der Luftwaffe, Hermann Göring, erließ zum Tag der Luftwaffe am 1. März 1944 folgenden Aufruf:
Soldaten der Luftwaffe, meine Kameraden!
An unserem Ehrentag fühle ich mich mit jedem von euch besonders stark verbunden. Ihr habt euch auch im neunten Jahr der wiedererstandenen deutschen Luftwaffe in Angriff und Abwehr in härtester Pflichterfüllung hervorragend bewährt, wie draußen an den Fronten in treuester kameradschaftlicher Verbundenheit mit den heldenhaft kämpfenden Musketieren und Panzergrenadieren, so auch im Heimatkriegsgebiet in entschlossenem Kampf gegen die Schänder unserer so sehr geliebten deutschen Erde.
Dafür danke ich euch.
Kameraden, die herrliche Haltung des deutschen Volkes, allem grausamen Bombenterror zum Trotz, ist uns höchste Verpflichtung. Diesem Feind wird mit neuen Kräften und neuen Waffen Antwort gegeben, wie er es verdient. Ich vertraue euch, und ich weiß, daß sich der Führer in den Stunden der großen Entscheidungen auf seine Luftwaffe verlassen kann.
Erfüllt von unbeirrbarer Siegeszuversicht, gedenken wir am heutigen Tage in unendlicher Dankbarkeit der lieben vor dem Feind gebliebenen Kameraden und der, gleich den Soldaten an der Front, für Deutschlands große Zukunft Gefallenen der Heimat. Ihr Opfergang ist der große Befehl in uns.
Kameraden, wir grüßen den Führer.
Heil, meine Luftwaffe!

(gez.) Göring,
Reichsmarschall des Großdeutschen Reiches
und Oberbefehlshaber der Luftwaffe

Stadt und Hafen Sewastopol.

Reichsarbeitsdienst der weiblichen Jugend

[I]
Die Dienstzeit im Reichsarbeitsdienst der weiblichen Jugend einschließlich Kriegshilfsdienst wird für die in der Luftverteidigung eingesetzten und für die für den Einsatz in der Luftverteidigung vorgesehenen Arbeitsdienstpflichtigen um 6 Monate, also auf insgesamt 1½ Jahre, verlängert.
[II]
(1) Für die übrigen Arbeitsdienstpflichtigen des Reichsarbeitsdienstes der weiblichen Jugend bleibt die einjährige Dienstzeit einschließlich Kriegshilfsdienst bestehen.
(2) Die zur Zeit im Kriegshilfsdienst eingesetzten Arbeitsdienstpflichtigen werden spätestens zum 1. Juni 1944 entlassen.
[III]
Der Reichsarbeitsführer erläßt die zur Durchführung und Ergänzung dieses Erlasses erforderlichen Rechts- und Verwaltungsvorschriften.

Führer-Hauptquartier,
den 8. April 1944.
Der Führer
Adolf Hitler
Der Reichsminister und Chef
der Reichskanzlei
Dr. Lammers

»Deutschland im Kampf«, April 1944

1944

April

1. 4. Hitler ernennt Reichspropagandaminister Goebbels zum Stadtpräsidenten von Berlin

2. 4. Hitler in seinem »Operationsbefehl Nr. 7«: »Die russische Offensive im Süden der Ostfront hat ihren Höhepunkt überschritten. Der Russe hat seine Verbände abgenutzt… Es ist jetzt der Zeitpunkt gekommen, das russische Vorgehen endgültig zum Stehen zu bringen.«

4. 4. Japanische Truppen rücken bis Kohima in Assam vor

5. 4. Die Alliierten beginnen von Italien aus mit einer Luftoffensive gegen das rumänische Erdölgebiet

6. 4. Britisch-indische Gegenoffensive in Richtung auf Assam

7. 4. Sowjetischer Durchbruch auf der von der 17. deutschen Armee verteidigten Krim in Richtung Simferopol

8. 4. Die bei Kamenez-Podolsk eingeschlossene 1. Panzerarmee bricht nach Westen aus

10. 4. Die 6. deutsche Armee räumt Odessa und zieht sich auf den Dnjestr zurück. Die 17. Armee ist damit von allen Landverbindungen abgeschnitten

12. 4. Hitler befiehlt, »daß Sewastopol auf die Dauer zu halten ist« und untersagt die Rückführung der 17. Armee von der Krim

17. 4. Beginn einer japanischen Großoffensive in Südchina nach Kanton

18./19. 4. 125 deutsche Flugzeuge greifen London an

20. 4. Britische Verbände entsetzen die von den Japanern eingeschlossenen Truppen bei Kohima in Assam

21. 4. Starke US-Einheiten landen bei Hollandia (Neuguinea)

23.–25. 4. Sowjetische Vorstöße gegen Sewastopol scheitern

1. 3.–30. 4. Deutsche U-Boote versenken im Atlantik, im Mittelmeer und im Indischen Ozean 27 alliierte Handelsschiffe mit insgesamt 161 304 BRT

Kultur

6. 4. Uraufführung des Kriminalfilms »Der Verteidiger hat das Wort« mit Heinrich George und Rudolf Fernau

17. 4. Die Auslagerungen der Bayreuther Wagnersammlungen beginnen

Geburtstag des Führers

Reichsmarschall Hermann Göring erließ am 19. April 1944 anläßlich des Geburtstages des Führers folgenden Aufruf an das deutsche Volk:

Deutsche Volksgenossen!

Unserem Führer, der heute in schicksalsentscheidender Zeit sein 55. Lebensjahr vollendet, klingen die aufrichtigsten Glückwünsche aus allen deutschen Gauen, aus Front und Heimat entgegen. Ihn grüßen wir von ganzem Herzen, seiner gedenken wir in tief empfundener Verehrung. Für ihn erflehen wir den Schutz und den Segen des Allmächtigen.

In allen Prüfungen dieses Krieges, in härtestem Kampf und angespanntester Arbeit hat sich gezeigt, wie fest und eng Führer und Volk miteinander verbunden sind. Dieses Treueverhältnis haben die Feinde unter Einsatz verlogenster Propaganda und grausamsten Terrors zu stören versucht. Sie haben damit das Gegenteil erreicht. Unter den wachsenden Anforderungen des Krieges hat sich das deutsche Volk, rings umbrandet von Haß und Vernichtungswillen, nur noch entschlossener um seinen Führer geschart. Was wir Adolf Hitler einst in glücklichen Friedensjahren freudig bewegten Herzens gelobt haben, ist vom ganzen deutschen Volk in den Stürmen dieses furchtbaren Weltenbrandes getreulich gehalten und durch Opfer und Tat erhärtet worden.

Nie zuvor hat es in unserem Vaterland eine so festgefügte Einheit zwischen Führung und Volk gegeben wie in unseren Tagen. Das ist für unsere Politik und für unsere Kriegführung schlechthin entscheidend. Unser Volk mit seinen reichen Fähigkeiten und seiner angeborenen Tüchtigkeit ist allen Aufgaben gewachsen, wenn es sich einer guten Führung gläubig anvertrauen kann. Die deutsche Geschichte wäre weit weniger von Tragik überschattet, wenn es nicht früher so oft in Stunden der Gefahr an straffer Zusammenfassung aller Kräfte und ihrer zielklaren Lenkung durch einen übergeordneten starken Willen gefehlt hätte. Heute bildet die einzigartige innere Geschlossenheit des deutschen Volkes und seine einheitliche Ausrichtung unter der Führung Adolf Hitlers das eherne Fundament unserer Widerstandskraft.

Dieses Fundament kann, das ist meine heilige Überzeugung, auch in Zukunft niemals zerstört werden. Zu tief hat sich das Vertrauen zu Adolf Hitler in Herz und Sinn aller Volksgenossen gesenkt; zu klar ist überall die Erkenntnis von der Notwendigkeit einer starken Führung. Soldat und Staatsmann aus innerer Berufung, hat der Führer sein Volk in den wenigen Friedensjahren, die ihm die Mißgunst und die Anmaßung der Feinde ließen, aus tiefstem Elend aufwärts zu neuem Leben geführt und ein machtvolles, festgefügtes Reich geschaffen. Er hat die Fackel des deutschen Sozialismus entzündet, ihm verdankt unsere unvergleichliche Arbeiterschaft mehr als allen Politikern vor ihm. Darum vertrauen wir darauf, daß es auch seiner Kraft gelingen wird, Reich und Volk durch den reißenden Strom dieses gigantischen Krieges zu neuen festen Ufern zu führen. In ihm verkörpert sich unsere Siegeszuversicht. In ihm lebt unser Glaube an die Größe und Herrlichkeit des Reiches, der ewigen Heimat aller Deutschen. Sein leidenschaftlicher Wille durchglüht Front und Heimat. Sein heldenmütiger Geist erfüllt uns alle auch in schweren und dunklen Tagen immer wieder mit neuem Mut und neuer Kraft.

Mögen auch tausend Gefahren drohen, neue Sorgen und Lasten unvermeidbar sein und weitere Anstrengungen und Opfer unserer harren, wir scheuen sie nicht. Zuversichtlich und zu jedem Einsatz bereit kämpfen und werken wir an der Seite des Führers. Die Treue zu ihm verbürgt die Freiheit und den Sieg!

»Deutschland im Kampf«, April 1944

Berlin im Zeichen von Führers Geburtstag am 20. April 1944.

»Transocean-Europapress«, 20. 4. 44

Das OKW gibt bekannt

April

9. 4. Im Raum von Kamenez–Podolsk hat eine stärkere deutsche Kräftegruppe aus Verbänden des Heeres und der Waffen-SS unter dem Oberbefehl des Generals der Panzertruppen Hube in vierzehntägigen Kämpfen gegen zahlenmäßig weit überlegenen Feind den Versuch ihrer Einschließung vereitelt. Nach erbittertem Ringen wurden die zäh Widerstand leistenden feindlichen Verbände überrannt und die Verbindung mit den von Westen her zum Entsatz angreifenden Truppen des Heeres und der Waffen-SS erkämpft. Gegen die von Osten, Norden und Süden immer wieder anstürmenden Sowjets führten unsere Panzer- und Infanterieverbände einen verbissenen Nachhut- und Abwehrkampf. Bei hohen blutigen Verlusten verlor der Feind in diesen Kämpfen 352 Panzer und Sturmgeschütze, 190 Geschütze sowie große Mengen an Kriegsmaterial aller Art.

10. 4. Im Raum von Odessa stehen unsere Truppen weiterhin in schwerem Abwehrkampf. Die Stadt selbst wurde nach Durchführung der wochenlang vorbereiteten Zerstörung aller kriegswichtigen Anlagen und nach beendetem Abtransport aller Schiffe, Fahrzeuge und sonstigen Kriegsmaterials im Zuge der vorgesehenen Bewegungen geräumt.

18. 4. Bei Tarnopol kämpften sich weitere Teile der Besatzung befehlsgemäß zu den in harten Angriffskämpfen vorgedrungenen, von der Luftwaffe wirkungsvoll unterstützten Verbänden des Heeres und der Waffen-SS durch. Damit hat der heroische Kampf der Besatzung unter Führung des am Vortage des Ausbruchs gefallenen und inzwischen vom Führer mit dem Eichenlaub zum Ritterkreuz des Eisernen Kreuzes ausgezeichneten Generalmajor v. Neindorff seinen Abschluß gefunden. In 25tägigem, erbittertem Ringen hat sie, von Transportfliegergeschwadern trotz stärkster feindlicher Abwehr in aufopferndem Einsatz versorgt, dem Ansturm einer mehr als zehnfachen feindlichen Übermacht bei schwerstem Artilleriefeuer und laufenden Luftangriffen standgehalten und durch das Binden starker feindlicher Kräfte den Aufbau einer festen Abwehrfront ermöglicht.
Erst als Munitions- und Wassermangel den weiteren Widerstand unmöglich machten, wurde der Befehl zum Ausbruch gegeben.

Eine U-Boot-Schlacht

Bei den Azoren erfaßten wir den Geleitzug, er hatte Ostkurs, Richtung Gibraltar. Wir liefen ihm seit Tagen entgegen und mußten nach den Meldungen anderer Boote, die ihn schon im Westatlantik aufgespürt hatten und seitdem verfolgten und immer wieder angriffen, nun Fühlung bekommen. Aus weiteren Funksprüchen war bereits ein klares Bild über die Größe, Formation und Sicherung, die überaus stark war, entstanden, so daß wir uns schon entsprechend vorbereiten und in Position bringen konnten.
Quer zur Vormarschrichtung des feindlichen Geleits dampften wir hin und her, um es noch vor Dunkelheit zu erfassen. Unablässig suchten wir die Kimm ab, denn selbst im Doppelglas ist die Mastspitze eines Zerstörers nicht viel größer als eine Stecknadel; wie leicht kann man die übersehen! Kurz vor dem Dämmerungsende kam sie aber dann in Sicht. »Eine hervorragende navigatorische Leistung des Obersteuermanns«, sagte unser Kommandant, »nach einem über 1000 Seemeilen langen Anmarsch genau auf die Mastspitze zu stoßen!«
Im Boot werden zwei heftige Detonationen gehört, die achteren Ausgucks melden gleichzeitig eine Sprengsäule in der Kimm. Da ging es also schon los!
Durch Vorsetzen und Ausmanövrieren halten wir uns die Mastspitze vom Leibe, sie hätte uns nur unter Wasser gedrückt, das bringt Zeitverlust und muß vermieden werden. Plötzlich sichtet die Brückenwache eben über der Kimm in der Nähe der vorher gesehenen Sprengsäule Leuchtspur-Kreuzfeuer aus Maschinenwaffen, auch Mündungsfeuer schwerer Artillerie blitzt an mehreren Stellen auf. Offenbar hat hier ein U-Boot einen erfolgreichen Angriff gefahren und die Yankees beharken nun die Ecke, aus der die Aale gekommen sein können. Wenig später werden weitere drei Detonationen gehört.

Unablässig sucht der Ausguck die Kimm nach feindlichen Schiffen ab.

Die Deckswache muß sich festhalten im Wasserschwall.

In der begonnenen Nacht können wir einem spitzen Schatten (Zerstörer) ohne Schwierigkeiten ausweichen. Kurz danach läuft achtern ein weiterer Bewacher mit hoher Fahrt vorbei und sieht uns nicht. Wir stecken genau in der Sicherung drin, aber von den gesuchten großen Schatten ist immer noch nichts zu sehen. Bis 7 Uhr morgens ärgern wir uns immer nur mit den zahlreichen Besuchern herum, weichen aus, werden auch einige Male gezwungen, »eine Ente zu bauen«, werden wieder abgedrängt, so geht es die ganze Nacht. In einer Stunde beginnt der neue Tag!

Endlich! 7.24 Uhr kommen mehrere große Schatten in Sicht. Wir haben in neunstündigem Kampf die Sicherungsgürtel durchbrochen! Etliche Zerstörer wollten uns in den langen Stunden dieser Nacht an den Kragen, aber nun haben wir es geschafft. Mit Höchstfahrt dreht der Kommandant zum Angriff zu. Jetzt heißt es Eile! Kleine Schatten bedrohen uns schon wieder.
Alle Rohre sind klar. Die Entfernung ist allerdings immer noch sehr groß. Die Bewacherschatten werden wieder beängstigend groß, aber jetzt muß es riskiert werden, wenn wir nicht die Mühe der ganzen Nacht umsonst gehabt haben wollen.
Der II. Wachoffizier und Torpedoschütze steht hinter dem Zielgerät, hastig gibt er Zahlen und Schußwerte an den Unteroffizier an der Feuerleitanlage. Er kümmert sich um nichts weiter, er sieht nur seine dicken Schatten vor sich, seine rechte Hand umkrampft schon den Abfeuerungshebel. Die schnellen, spitzen Schatten kommen näher und näher. Will er denn noch nicht schießen? Die Gefechtsbrückenwache meldet laufend: »Schatten wird spitz!« – »Schatten dreht zu!« – »Schatten wird größer!« – »Schatten kommt mit Lage Null!« usw., aber er läßt sich nicht berirren. »Zwo WO, wir müssen tauchen, ich kann nicht mehr warten!« sagt der

1944

Mai

5. 5. Beginn der sowjetischen Offensive gegen Sewastopol.
Bei einem schweren amerikanischen Luftangriff auf das rumänische Erdölzentrum Ploesti werden 25 000 t Treibstoff vernichtet

7. 5. Schwerer alliierter Luftangriff auf Berlin

8. 5. General Eisenhower legt den Beginn der alliierten Landung in Nordfrankreich (Unternehmen »Overlord«) auf den 5. Juni fest.
Hitler befiehlt die Räumung der Krim. 37 000 Mann werden in vier Tagen auf das rumänische Festland überführt.
Sowjetisch-tschechisches Abkommen über die Besetzung der CSR durch die Rote Armee

9. 5. Sowjetische Truppen nehmen Sewastopol

12. 5. Verbände der Roten Armee erobern die Halbinsel Cherson, womit die ganze Krim befreit ist.
Ziel einer alliierten Luftoffensive ist die Zerstörung der deutschen Werke zur synthetischen Treibstoffherstellung: die Leuna-Werke in Merseburg, Tröglitz und Böhlau, die Hydrierwerke Pölitz und Brüx.
Amerikanisch-britische Offensive am Garigliano in Italien

15. 5. Im Rahmen des »Sonderkommandos Eichmann« werden bis zum 27. 6. 380 000 Juden aus Ungarn deportiert; mindestens 250 000 davon werden in Auschwitz ermordet.
Generalfeldmarschall Rommel und General Stülpnagel (Paris) planen die Festnahme Hitlers und seine Aburteilung durch ein deutsches Gericht

15./16. 5. Alliierter Durchbruch durch die deutsche »Gustav-Linie« in Mittelitalien

18. 5. Deutsche Truppen räumen ihre Stellungen in Monte Cassino (Süditalien)

23. 5. US-Offensive aus dem Brükkenkopf Anzio–Nettuno. Allgemeiner Rückzug der deutschen Truppen bis zum Tyrrhenischen Meer

29. 5. Letzter deutscher Luftangriff auf London

Kultur

11. 5. Reichsgesundheitsführer Conti fordert »Geburtenhöchstleistungen«; man könne bei Soldaten »die gesunde Ansicht hören: Jetzt habe ich ein Kind, jetzt kann ich beruhigt wieder an die Front«

Kommandant, der schon seit dem Insichtkommen der Mastspitze vor über zehn Stunden auf der Brücke steht und selbst das Boot steuert. »Nun schieß doch endlich, Zwo WO!« denken alle Mann. »Wir müssen tauchen, zwei Zerstörer sind schon sehr nahe heran!« – »Wartet noch ein paar Sekunden!« sagt der stämmige Thüringer und läßt dabei die Augen nicht vom Zielgerät. Der Kommandant läßt die Diesel auf dreimal AK legen. Sekunden noch, dann können die Schüsse fallen – dann können aber auch die Zerstörer da sein!
»Rohre los!« – Endlich! – »Einsteigen! – Alarm!« Fast hätte der Kommandant den Alarm vor dem Schuß gegeben, die Worte lagen ihm schon auf der Zunge.
Vier Aale laufen auf fünf sich überlappende Dampfer zu, die ein sehr breites Schattenbild bilden.
Beim Alarmtauchen kommen wir gut weg. Einige Wasserbomben richten kaum Schaden an. Uns weiter zu verfolgen, fehlt es den Zerstörern offenbar an Zeit. Sie müssen zum Geleit zurück, überall tauchen ja diese U-Boote in Rudeln auf. Sie wissen nicht mehr, wo sie zuerst abwehren sollen.
7.38 Uhr: Zwei mächtige Detonationen zerreißen nach bangen Minuten des Wartens die Stille im Boot. Es war 20 Minuten vor dem Dämmerungsbeginn noch geglückt. Zwei Aale haben getroffen, zwei Treffer können wir melden, das Sinken konnten wir ja nicht beobachten.

»Deutschland im Kampf«, Mai 1944

Kein Schaden an der Seele

Den Juden war es vom Führer angekündigt worden, bei Beginn des Krieges oder vor dem Kriege: »Wenn ihr noch einmal die europäischen Völker in einen Krieg gegeneinander hetzt, dann wird das nicht die Ausrottung des deutschen Volkes bedeuten, sondern die Ausrottung der Juden.« Die Judenfrage ist in Deutschland und im allgemeinen in den von Deutschland besetzten Ländern gelöst. Sie wurde entsprechend dem Lebenskampf unseres Volkes, der um die Existenz unseres Blutes geht, kompromißlos gelöst. Sie mögen mir nachfühlen, wie schwer die Erfüllung dieses mir gegebenen soldatischen Befehls war, den ich befolgt und durchgeführt habe aus Gehorsam und aus vollster Überzeugung. Wenn Sie sagen: »Bei den Männern sehen wir das ein, nicht aber bei Kindern«, darf ich an das erinnern, was ich in meinen ersten Ausführungen sagte. In dieser Auseinandersetzung mit Asien müssen wir uns daran gewöhnen, die Spielregeln und die uns lieb gewordenen und uns viel näher liegenden Sitten vergangener europäischer Kriege zur Vergessenheit zu verdammen. Wir sind m. E. auch als Deutsche bei allen so tief aus unserer aller Herzen kommenden Gemütsregungen nicht berechtigt, die haßerfüllten Rächer groß werden zu lassen, damit dann un-

Reichsführer-SS Heinrich Himmler.

sere Kinder und unsere Enkel sich mit denen auseinandersetzen müssen, weil wir, die Väter oder Großväter, zu schwach und zu feige waren und ihnen das überließen.
Wir sind nicht berechtigt, irgend etwas an Hartem und Schwerem, was heute getan werden kann, aufzusparen und zu sagen: »Die nach uns sollen es machen«, sondern wir haben es zu tun, wir haben 1918 verschuldet. So gnadenlos wie damals uns die Fahne des Sieges entrissen wurde, so gnadenlos wird jetzt der Kampf gekämpft. Das ist hart und ist furchtbar schwer für die Truppe, die es zu tun hat, aber sie hat es zu tun und hat es getan. Und ich kann hier etwas sagen – das ist etwas, was man nur in einem so kleinen Kreis sagen kann: Daß sie es überstehen konnte, ohne daß sie an ihrer Moral oder an ihrer Seele Schaden gelitten hat, das rechne ich ihr als Gründer dieser SS und als Reichsführer-SS als das schwerste und als das am meisten in die Waagschale Fallende an.

Geheimrede Heinrich Himmlers, 5. 5. 1944

Bolschewistische Greueltaten

Die Meldung über die bolschewistische Zwangsaussiedlung der Kaukasusvölker ist ein Schulbeispiel bolschewistischer Ausrottungspolitik. Unter Bezugnahme auf das Schicksal der baltischen Länder, auf Katyn und Winniza, auf die Vorgänge in Algier und Süditalien sowie auf die bolschewistischen Greueltaten in der wieder eroberten Ukraine ist anhand dieses neuen Vorgangs das wahre Gesicht des Bolschewismus nachdrücklich herauszuarbeiten.

Presseanweisung, 9. 5. 1944

Das OKW gibt bekannt

Mai

14. 5. Von der Krim sind am 13. Mai die letzten deutsch-rumänischen Truppen auf das Festland übergeführt worden.
In einer einzigartigen Übersetzbewegung haben Einheiten der deutschen und rumänischen Kriegs- und Handelsmarine sowie Transportverbände der Luftwaffe gegen starke feindliche Abwehr die auf der Krim eingesetzten verbündeten Truppen auf das Festland zurückgeführt.

17. 5. In dem gebirgigen Gelände der italienischen Südfront tobt auf einer Breite von 35 km eine Materialschlacht größten Ausmaßes. Ununterbrochenes Trommelfeuer mit gewaltigem Munitionseinsatz, stärkste Luftangriffe, Einsatz der Panzer als bewegliche Artillerie, erbittertes Ringen um jeden Stützpunkt und jede Höhe, die oft innerhalb kurzer Zeit mehrmals ihren Besitzer wechseln, geben diesen Kämpfen das Gepräge der großen Abwehrschlachten des letzten Weltkrieges. Gegenüber einer großen feindlichen Übermacht leisten unsere Truppen nunmehr seit sechs Tagen heldenhaften Widerstand. Die im Zuge der Kampfführung vollzogenen Absetzbewegungen verlaufen planmäßig. Die äußerst schweren blutigen Verluste des Feindes stehen in keinem Verhältnis zu dem rein taktischen Geländegewinn, den er erzielen konnte.

18. 5. An der italienischen Südfront gelang es dem Feind gestern nach erbitterten Kämpfen, bei denen er schwerste blutige Verluste erlitt, nördlich Formia in unsere Stellungen einzubrechen. Gegenmaßnahmen sind im Gange. Im Raum von Esperia wurden alle mit stärkstem Artillerie- und Panzereinsatz geführten feindlichen Angriffe abgeschlagen.
Cassino, das die Anglo-Amerikaner seit Monaten unter Einsatz starker Kräfte vergeblich berannt hatten, wurde in der vergangenen Nacht zugunsten einer weiter rückwärts gelegenen kräftesparenden Riegelstellung kampflos geräumt.

28. 5. Britische Bomber führten in der letzten Nacht einen Terrorangriff gegen die Stadt Aachen, der Schäden und Verluste unter der Bevölkerung verursachte. 28 Terrorbomber wurden abgeschossen.

Landung in Frankreich

Ich habe dem Hause mitzuteilen, daß wir im Lauf der heutigen Nacht und der frühen Morgenstunden die erste einer Reihe von Großlandungen auf dem europäischen Festland vorgenommen haben. Eine ungeheure Flotte von über viertausend Schiffen, mehrere tausend Kleinfahrzeuge nicht eingerechnet, hat den Kanal überquert. Hinter den feindlichen Linien haben erfolgreiche Massenabsprünge aus der Luft stattgefunden, und zu eben dieser Stunde gehen an verschiedenen Stellen der Küste Truppenausschiffungen vor sich. Das Feuer der Küstenbatterien ist weitgehend ausgeschaltet. Die in der See errichteten Hindernisse haben sich leichter bezwingbar erwiesen, als wir befürchteten. Rund elftausend Flugzeuge der ersten Linie unterstützen die angelsächsischen Verbündeten und können je nach den Erfordernissen des Kampfes eingesetzt werden. Ich kann mich hier natürlich auf keine Einzelheiten einlassen. Bis jetzt berichten die Befehlshaber, daß sich alles genau nach Plan entwickelt. Und nach was für einem Plan! Es ist ganz zweifellos, daß diese Operation die komplizierteste und schwierigste ist, die jemals unternommen wurde. Die Gezeiten, Winde, Wogen und Sicht, sowohl aus der Luft als auch auf dem Wasser, waren zu berücksichtigen. Wir können bereits hoffen, daß eine taktische Überraschung erzielt worden ist, und im Verlauf des Kampfes hoffen wir dem Gegner noch eine Reihe weiterer Überraschungen zu bereiten. Der jetzt begonnene Kampf wird in vielen kommenden Wochen ständig an Umfang und Intensität zunehmen, und deshalb will ich mich auch nicht auf Spekulationen über seinen Verlauf einlassen. Eines darf ich jedoch sagen, innerhalb der alliierten Armeen herrscht völlige Einmütigkeit. Die Waffenbrüderschaft zwischen uns und unseren Freunden aus den Vereinigten Staaten ist aufrichtig. Es herrscht allgemeines Vertrauen in den Obersten Befehlshaber, General Eisenhower, und seinen Stab und ebenso in General Montgomery, den Befehlshaber des Expeditionskorps. Es war, wie ich aus persönlichem Augenschein bezeugen kann, ein großartiges Erlebnis, den Kampfgeist und -eifer der in den letzten Tagen eingeschifften Truppen zu beobachten. Nichts ist vernachlässigt worden, was Voraussicht, Wissenschaft und Technik zu tun vermögen, während die Regierungen der Vereinigten Staaten und Großbritanniens sowie die Befehlshaber mit der äußersten Entschlossenheit den Aufbau dieser neuen, großen Front betreiben werden.

Churchill im Unterhaus, 6. 6. 1944

Alliierte Fallschirmjäger landen im Rücken der deutschen Front in der Normandie.

Amerikanische Invasionstruppen an der nordfranzösischen Küste.

Der Papst segnet die Befreier

Die Fünfte Armee donnerte heute in Richtung Norden über den Tiber auf den Fersen der 10. und 14. deutschen Armee. Sie warf kaum einen Blick auf das eingenommene Rom, den alten Sitz der westlichen Zivilisation. Es war den alliierten Truppen um den Preis von neun opfervollen Monaten in die Hände gefallen.

Papst Pius beobachtete den Einzug der Alliierten in die Hauptstadt und hob seine Hand, um die Befreier der Stadt zu segnen.

Die letzten deutschen Nachhuten starben im Schatten des römischen Forums und in den Straßen des Regierungsviertels nach erbitterten Zusammenstößen mit italienischen

1944

Juni

4. 6. Die deutschen Truppen müssen Rom aufgeben und den Alliierten überlassen

6. 6. 6.30 Uhr: Beginn der alliierten Landung in der Normandie unter dem Oberbefehl von General Montgomery. Die Invasion gelingt, obwohl Hitler verkündet hatte, die Alliierten könnten von Glück reden, wenn sie »neun Stunden« an Land blieben. Bis zum 12. 6. sind 326 000 Mann zwischen Caen und Cherbourg gelandet. Hitler erklärt Keitel auf die Nachricht hin vom Beginn der Invasion: »Jetzt haben wir sie endlich dort, wo wir sie schlagen können«

9. 6. Deutsche Gegenangriffe an der Invasionsfront werden abgebrochen.
Sowjetische Truppen starten ihre Offensive gegen Finnland

10. 6. Als Repressalie gegen Partisanentätigkeit vernichten SS-Truppen das südfranzösische Dorf Oradour-sur-Glane und töten fast sämtliche Bewohner

15./16. 6. Einsatz der neuen V-Waffen gegen London

16. 6. Ein deutscher Gegenangriff an der Orne wird abgebrochen

17. 6. Die Insel Elba wird von deutschen Truppen geräumt

18. 6. Amerikanische Truppen erobern Perugia in Mittelitalien.
Von chinesischen Flugplätzen aus greift die US-Luftwaffe erstmals die japanische Hauptinsel an

19./20. 6. Sowjetische Partisanen zerstören an etwa 9600 Stellen Eisenbahnanlagen im Rücken der Heeresgruppe Mitte.
See-Luftschlacht in der Philippinensee zwischen der japanischen Flotte und US-Marineluftwaffe

22. 6. Am dritten Jahrestag des deutschen Überfalls eröffnen sowjetische Verbände ihre große Sommeroffensive im Mittelabschnitt der Ostfront. Innerhalb von zwei Wochen wird die Heeresgruppe Mitte zerschlagen

30. 6. Die deutsche Besatzung von Cherbourg kapituliert.
Bis Ende des Monats sind 850 279 alliierte Soldaten in der Normandie gelandet

Kultur

26. 6. In Berlin wird der Ufa-Film »Sommernächte« mit René Deltgen unter der Regie von Karl Ritter uraufgeführt

Partisanen. Barbrüstig, das Zeichen von Hammer und Sichel tragend, lieferten sich die Partisanen in einer kurzen Befreiungsschlacht mit Faschisten und Nazis ein Handgemenge.
Die italienische Bevölkerung begrüßte die amerikanischen und alliierten Infanteristen und Tankbesatzungen beim Durchmarsch. Sie küßte die bärtigen und verschmutzten Befreier und warnte mit schrillem Geschrei vor Hinterhalten.
Einige Römer starben in den letzten Stunden der deutschen Herrschaft. Sie wurden Opfer von Maschinengewehren, die sie fast mit bloßen Händen erbeuten wollten.
Trotz der sporadischen Zusammenstöße, die stattfanden, obwohl das deutsche Oberkommando Rom als offene Stadt ausgegeben hatte, blieb Italiens Hauptstadt mit allen ihren Kunst- und religiösen Schätzen zum größten Teil offenbar unversehrt.
Polizeioffiziere erklärten, im Vatikan sei alles ruhig. Der Papst hatte dort praktisch als Gefangener deutscher Bajonette seit letzten September gelebt.

»Associated Press«, 5. 6. 1944

Amerikanischer Beutepanzer »Sherman V« mit deutschen Kampfabzeichen.

Schwierigkeiten für die Invasionsarmee immer größer

»Die Lage der Invasionsfront hat auch am neunten Tage keine wesentlichen Veränderungen erfahren, und Eisenhower ist es noch immer nicht gelungen, die ernste kritische Phase der Invasion zu überwinden«, schreibt der militärische Mitarbeiter der Madrider »Informaciones«. »Je mehr die Alliierten versuchen, außerhalb der Reichweite ihrer Schiffsgeschütze vorzudringen, desto größer werden für sie die Schwierigkeiten. Deutschland beschränkt sich mittlerweile auf die größtmögliche Vernichtung der feindlichen Truppen und gewinnt Zeit, die kommende große Landschlacht vorzubereiten.«
Diese Beurteilung der Lage an der Invasionsfront durch einen neutralen Sachverständigen wird indirekt bestätigt von A. F. Cumming, der im »News Chronicle« einen »noch nie dagewesenen Nachrichtenhunger der englischen Öffentlichkeit« feststellt und erklärt, die Hauptschriftleiter der Londoner Zeitungen sehen sich angesichts dieser Nachrichtengier gezwungen, alles zu veröffentlichen, was sie nur bringen könnten. »Der einfache englische Bürger giert heute nach Informationen wie nie zuvor.« Jeder Kleinigkeit, die in Berichten aus den Kampffronten enthüllt werde, gehe er nach und sei tief an Erlebnisberichten und menschlichen Einzelschicksalen interessiert. Einige der von Kriegskorrespondenten veröffentlichten Berichte seien für ihn »bestürzend fremd« gewesen.
Diese Bestürzung spiegelt sich auch sonst in der Londoner Presse, die offenbar unter dem Eindruck steht, daß die Nachrichten über die schweren Verluste der Invasionstruppen immer mehr ins Volk dringen. So stellt Sir Ernest Benn in der konservativen englischen Wochenschrift »Truth« fest, wie nachteilig es für England sei, daß es nur etwa die Hälfte der Bevölkerung Deutschlands habe. Nach fünf Jahren Krieg zeige es sich, »daß England überhaupt keine Menschenreserven mehr besitze«. Wenn Sir Ernest Benn sich dann gegen den Arbeitsminister Bevin wendet, die Frage also auf das innerpolitische Gebiet hinüberspielt, so mag es dafür gute Gründe gehabt haben. Denn zweifellos hätte ihm die Zensur eine Erörterung der britischen Blutverluste nicht gestattet. Wenn es aber in dem Artikel heißt, daß »die letzten Kräfte aus dem englischen Volkskörper gezogen« würden, so wird der Leser gewiß verstehen, daß damit nicht nur der Arbeits-, sondern eben auch der Kriegseinsatz gemeint ist.
Dabei muß immer wieder betont werden, daß wir erst am Anfang des Unternehmens stehen, daß den Invasoren die schwerste Probe noch bevorsteht, sie aber schon jetzt unter den Zwang geraten sind, handeln zu müssen, so schmal ihre Basis auch heute noch ist.

»Völkischer Beobachter«, 16. 6. 1944

Das OKW gibt bekannt

Juni

5. 6. Trotz des Angebots der deutschen Führung, die Stadt Rom zur Erhaltung ihrer kulturellen Werte nicht in die Kampfhandlungen einzubeziehen, stießen nordamerikanische Panzerverbände in den Mittagsstunden des 4. Juni bis in das Stadtinnere vor, um sich in den Besitz der Tiberbrücken zu setzen. Es kam zu erbitterten Straßenkämpfen, die in den Abendstunden noch andauerten.
Angesichts dieser Haltung des Feindes war es unvermeidlich, daß Rom entgegen den klar bekundeten deutschen Absichten doch zum Kampfgebiet wurde. Die deutsche Führung wird aber auch jetzt noch bestrebt sein, die Kämpfe in und um Rom auf das für die Kriegführung unumgängliche Maß zu beschränken.

6. 6. Sondermeldung! Der seit langem erwartete Angriff der Briten und Nordamerikaner gegen die nordfranzösische Küste hat in der letzten Nacht begonnen. Wenige Minuten nach Mitternacht setzte der Feind unter gleichzeitigen heftigen Bombenangriffen im Gebiete der Seinebucht starke Luftlandeverbände ab. Kurze Zeit später schoben sich, geschützt durch schwere und leichte Kriegsschiffeinheiten, zahlreiche feindliche Landungsboote auch gegen andere Abschnitte der Küste vor. Die Abwehr ließ sich an keiner Stelle überraschen. Sie nahm den Kampf sofort mit aller Energie auf. Die Luftlandetruppen wurden zum Teil schon beim Absprung erfaßt und die feindlichen Schiffe bereits auf hoher See wirksam unter Feuer genommen. Viele Fallschirmeinheiten wurden aufgerieben oder gefangen, andere von hochgehenden Minen zerrissen. Trotz fortgesetzter heftiger Luftangriffe und schweren Beschusses durch die feindliche Schiffsartillerie griffen die Geschütze des Atlantikwalls ebenfalls sofort in den Kampf ein. Sie erzielten Treffer auf Schlachtschiffeinheiten und den sich einnebelnden Landungsbooten. Der Kampf gegen die Invasionstruppen ist in vollem Gange.

16. 6. Südengland und das Stadtgebiet von London wurden in der vergangenen Nacht und heute vormittag mit neuartigen Sprengkörpern schwersten Kalibers belegt.

17. 6. In den frühen Morgenstunden des heutigen Tages landete der Gegner nach schweren Luftangriffen an mehreren Stellen auf der Insel Elba. Heftige Kämpfe mit den schwachen deutschen Besatzungskräften sind im Gange.

Schwierige Lage in der Normandie

Die Lage an der Front der Normandie wird von Tag zu Tag schwieriger, sie nähert sich einer schweren Krise.
Die eigenen Verluste sind bei der Härte der Kämpfe, dem außergewöhnlich starken Materialeinsatz des Gegners, vor allem an Artillerie und Panzern, und der Wirkung der den Kampfraum unumschränkt beherrschenden feindlichen Luftwaffe derart hoch, daß die Kampfkraft der Divisionen sehr rasch absinkt. Ersatz aus der Heimat kommt nur sehr spärlich und erreicht bei der schwierigen Transportlage die Front erst nach Wochen.
Die neu zugeführten Divisionen sind kampfungewohnt und bei der geringen Ausstattung mit Artillerie, panzerbrechenden Waffen und Panzernahbekämpfungsmitteln nicht imstande, feindliche Großangriffe nach mehrstündigem Trommelfeuer und starken Bombenangriffen auf die Dauer erfolgreich abzuwehren. Wie die Kämpfe gezeigt haben, wird bei dem feindlichen Materialeinsatz auch die tapferste Truppe Stück für Stück zerschlagen.
Die Nachschubverhältnisse sind durch Zerstörung des Bahnnetzes, die starke Gefährdung der Straßen und Wege bis zu 150 km hinter die Front durch die feindliche Luftwaffe derart schwierig, daß nur das Allernötigste herangebracht werden kann und vor allem mit Artillerie- und Werfermunition überall äußerst gespart werden muß.
Neue nennenswerte Kräfte können der Front in der Normandie nicht mehr zugeführt werden. Auf der Feindseite fließen Tag für Tag neue Kräfte und Mengen von Kriegsmaterial der Front zu. Der feindliche Nachschub wird von der eigenen Luftwaffe nicht gestört. Der feindliche Druck wird immer stärker.
Unter diesen Umständen muß damit gerechnet werden, daß es dem Feind in absehbarer Zeit – 14 Tage bis drei Wochen – gelingt, die dünne eigene Front, vor allem bei der 7. Armee, zu durchbrechen und in die Weite des französischen Raumes zu stoßen. Die Folgen werden unübersehbar sein.
Die Truppe kämpft allerorts heldenmütig, jedoch der ungleiche Kampf neigt dem Ende entgegen.
Ich muß Sie bitten, die politischen Folgerungen aus dieser Lage unverzüglich zu ziehen. Ich fühle mich verpflichtet, als Oberbefehlshaber der Heeresgruppe, dies klar auszusprechen.

Denkschrift Rommels an Hitler, 15. 7. 1944

Britische Lancasters bombardieren ein Stahlwerk bei Caen/Normandie.

Englands schlimmste Woche

Das Schlimmste, und noch Schlimmeres kommt. London erlebte seine schlimmsten 24 Stunden und die schlimmste Woche an Robot-Bombardements.
Die Explosionen lagen manchmal nur Sekunden auseinander, als die fliegenden Bomben wie Artilleriesalven gruppenweise einschlugen.
Bei einer Rekordwoche von Bombenangriffen gegen Deutschland suchte sich die US-Luftwaffe auch Fabriken für diese unbemannten Bomber und deren Treibstoff zum Ziel. Doch wie wirksam man diese Geißel damit stoppen konnte, vermochte noch niemand genau zu sagen. Als die Londoner in der sechsten Woche unter der deutschen Vergeltungswaffe litten, gab es noch keine Erleichterung.
Es gab jedoch Warnungen, daß das alliierte Oberkommando noch Schlimmeres befürchtet von einer größeren, weitreichenderen V2, mit der sich die Nazis brüsten. Es war kein Geheimnis, daß die Bomber versuchten, sowohl die V1 zu stoppen als auch die V2 zu vernichten. Die Ziele waren bezeichnend: Versuchsanstalten in Peenemünde und Zinnowitz an der bewaldeten Ostseeküste (den Angriffen der RAF gegen Peenemünde vor einem halben Jahr wird offiziell zugute gehalten, daß sie

1944

Juli

2. 7. Deutsche Truppen räumen Siena in Mittelitalien

8. 7. Die Reste der 4. deutschen Armee kapitulieren im Kessel von Minsk

13. 7. Die 1. Ukrainische Front beginnt die Offensive gegen die deutsche Heeresgruppe Nordukraine in Ostgalizien

18. 7. Alliierter Großangriff im Raum von Caen, das am 19. 7. von den Briten erobert wird

20. 7. 12.42 Uhr: Explosion einer Bombe im Führerhauptquartier »Wolfsschanze«, als sich Hitler bei einer Besprechung über den Kartentisch beugt. Oberst Graf Stauffenberg, Chef des Stabes des Befehlshabers des Ersatzheeres, hatte die Bombe in einer Aktentasche unter den Tisch gestellt. Hitler wird nur leicht verletzt, vier seiner Mitarbeiter sterben. Der geplante Umsturzversuch scheitert, und am

21. 7. gegen 0.30 Uhr werden Stauffenberg, General Olbricht, Oberleutnant von Haeften und Oberst Quirnheim standrechtlich erschossen. Über 7000 Personen werden verhaftet, Hunderte von ihnen hingerichtet

23. 7. Auf Vorschlag Görings wird bei der Wehrmacht der »Deutsche Gruß« eingeführt

24.–29. 7. Schwere Angriffe der RAF verwüsten die Innenstadt Stuttgarts

25.–28. 7. Beginn einer großen amerikanischen Durchbruchsoffensive im Raum von St. Lô. Da die Deutschen sich nach Südosten zurückziehen, haben die Amerikaner freien Weg nach Mittelfrankreich

25. 7. Goebbels wird zum »Reichsbevollmächtigten für den totalen Kriegseinsatz« ernannt. Ergebnis: Schließung sämtlicher Theater, Konzerthallen usw. und die Einziehung der Künstler zu Militärdienst oder Rüstungsarbeit

26. 7. US-Truppen besetzen Pisa

28. 7. Sowjet-Truppen erobern Brest-Litowsk

31. 7. Durchbruch der Alliierten bei Avranches. Die deutsche Abwehrfront am Atlantik bricht zusammen

Kultur

6. 7. Der Familien- und Propagandafilm »Die Degenhardts« mit Heinrich George wird in Lübeck uraufgeführt

die V1 für sechs Monate verzögerten); Fabriken für Einzelteile in Friedrichshafen und Memmingen in Südwestdeutschland; ungenannte Fabriken, die Spezialtreibstoff für die unbemannten Bomben herstellen; Vorratslager für Bomben und Treibstoff in Frankreich und Deutschland.
Zu diesem strategischen Plan gehörte auch ein konzentrierter Schlag gegen die Bayerischen Motorenwerke (München), die Triebwerke für die Robotbomben fertigen. Sie wurden nach Berichten zu vier Fünfteln zerstört.
In London vermochte die größte Konzentration von Flak-Geschützen einige Bomben zu vernichten. Hinzu kam das nervenaufreibende Getöse der Sirenen, Glocken und anderer Warninstrumente. Die Bomben brachten den Tod gleich schockweise; zwölf Tote in einer Ladenstraße, fünf in Wohnhäusern.
London schickte noch mehr Frauen und Kinder weg (mehr als 182000), hörte wiederholte Versicherungen, daß die Robotbombe den Lauf des Krieges schwerlich verändern werde. Wie das Leben der Londoner verlief, das war allerdings eine zweite Sache. Innenminister Herbert Morrison mußte zugeben, was schrecklich offenkundig war: »Wir sind damit noch nicht fertig geworden.«

»Time-Magazine« (USA), 31. 7. 1944

Die kleinsten Kriegsschiffe der Welt

Die Invasion an der normannischen Küste führte zu einer Ansammlung feindlicher Kriegs- und Transportschiffe, die infolge der Küstennähe nicht mit den üblichen Mitteln der Seekriegsführung, mit Kriegsschiffen und Unterseebooten, bekämpft werden konnte. Man operierte daher mit Schnellbooten und improvisierte neue Kampfmittel und -methoden. Und da bewährten sich die neuen Sprengboote ebenso wie die Ein-Mann-Torpedos.
Äußerlich unterscheiden sich diese kleinen, leichten Boote aus Holz kaum von einem schnittigen Rennboot. Mit ihm haben sie ihre hohe Geschwindigkeit gemein, wie diese sind sie von Hafeneinrichtungen unabhängig und können an jeder Küste ins Wasser gerollt werden. Und – sie haben es in sich! An den oberen Kanten ihres Buges tragen sie – auf dem nebenstehenden Bild deutlich erkennbar – einen gefederten Rahmen, der mit der Zündladung elektrisch verbunden ist. Wird das Boot in Angriffsposition durch Einschalten der Zündeinrichtung »scharf« gemacht, so genügt ein Stoß gegen diesen Rahmen, um die mehrere hundert Kilo schwere Sprengladung, die etwa ein Viertel des Bootskörpers einnimmt, in die Luft zu jagen.
Der Wucht dieser Explosion widersteht selbst die stärkste Schiffspanzerung nicht. Die

Mit der Geschwindigkeit eines schnellfahrenden Autos brausen die Sprengboote dem feindlichen Schiffsziel entgegen.

Sprengboote, deren Vorzug ihre hohe Geschwindigkeit und ihre geringe Sichtbarkeit bei Nacht ist, werden stets in Rudeln angesetzt, um der feindlichen Abwehr die Feuerkonzentration und dem Ziel das Ausweichen zu erschweren. Zu einem Sprengboot gehört ein Kommando-Boot, auf dem ein Offizier oder Feldwebel taktisch führt, die Ziele ausmacht und den Angriff befiehlt. In Angriffsposition wird das Boot »scharf« gemacht, der Fahrer stellt die Steuerung fest und läßt das Boot in voller Fahrt gegen das Ziel brausen, während er selbst sich nach rückwärts ins Wasser wirft und von dem nachfolgenden Kommando-Boot aufgefischt wird.

»Signal«, Juli 1944

Nach dem mißglückten Sprengstoffattentat auf den Führer. Von links nach rechts: der Duce, Reichsleiter Martin Bormann, Großadmiral Dönitz, der Führer, Reichsmarschall Göring, SS-Gruppenführer Fegelein und Generaloberst Loerzer nach dem Attentat.

»Presse-Hoffmann«, 22. 7. 1944

Das OKW gibt bekannt

Juli

3. 7. In Italien tobte die erbitterte Abwehrschlacht auch gestern mit besonderer Heftigkeit zwischen der Küste und dem Trasimenischen See. Der Feind griff während des ganzen Tages unsere tapfer kämpfenden Divisionen an, die nach erbittertem Ringen wenige Kilometer nach Norden auswichen. Da die Kampfhandlungen sich auf den Raum dicht südlich Siena ausdehnten und somit die Gefahr bestand, daß wertvollste Kulturdenkmäler der althistorischen Stadt vernichtet würden, wurden unsere Truppen freiwillig und ohne Feinddruck in den Raum nördlich Siena zurückgenommen.

11. 7. In der Normandie ist nunmehr auf großen Teilen der Front des feindlichen Brückenkopfes die Abwehrschlacht im Gange. Unter stärkstem Einsatz von Artillerie, Panzern und Luftstreitkräften versuchen die Anglo-Amerikaner von neuem unsere Front aufzureißen, um dann in die Tiefe des französischen Raumes stoßen zu können. In beispielhafter Tapferkeit halten unsere Truppen dem feindlichen Ansturm stand.

12. 7. Schweres V 1-Vergeltungsfeuer liegt weiterhin auf dem Großraum von London.

14. 7. Im Süden der Ostfront wiesen deutsche und ungarische Verbände im Raum von Kolomea örtliche Vorstöße der Bolschewisten ab. Westlich Luzk setzten sich unsere Divisionen befehlsgemäß aus einem vorspringenden Frontbogen ab und schlugen in den neuen Stellungen feindliche Angriffe zurück. Im Zusammenhang mit unseren Absetzbewegungen im Gebiet der Pripjetsümpfe, die vom Feinde ungestört verlaufen, wurde die Stadt Minsk geräumt.

17. 7. Bei einem Säuberungsunternehmen im südfranzösischen Raum wurden 460 Terroristen im Kampf niedergemacht.

28. 7. An der Ostfront hat die große Abwehrschlacht zwischen den Karpaten und dem Finnischen Meerbusen an Heftigkeit noch zugenommen. Nachdem es dem Feind an verschiedenen Abschnitten gelungen war, zum Teil tief in unsere Front einzubrechen, wurden zur Kräfteeinsparung in einigen Abschnitten vorspringende Frontbogen zurückgenommen. Im Zuge dieser Frontbegradigung wurden nach Zerstörung aller militärisch wichtigen Anlagen die Städte Lemberg, Brest-Litowsk, Bialystok und Dünaburg geräumt.

Kunst verwandelt sich in Kraft

Jetzt ist der Augenblick gekommen, daß alles, was Kunst hieß, sich in die Kraft verwandelt, die wir am unmittelbarsten brauchen. Vereinfachung reicht nicht hin, denn Kunst ist nicht »kriegsnotwendig«. Vieles muß einfach aufgehoben und für später im Auge behalten werden.

Der Film, die am meisten ausgebreitete Kunstäußerung mit dem größten technischen Apparat, hat viel zu bieten. Der gesamte Filmnachwuchs und das Reichsfilmballett sind freigegeben, zumeist für feinmechanische Betriebe. Die Filmschulen in Berlin, München und Wien sind aufgehoben. Kein Filmschaffender, vom Autor bis zum Komparsen, wird je Wartezeiten zu verbringen haben. Ist die drehfreie Zeit kurz, so werden Aushilfsarbeiten im Betrieb getan (der Autor etwa bei der Dramaturgie, ein Regisseur hilft bei anderen Filmen usw.), dauert sie länger, so wird im Rüstungsbetrieb gearbeitet. Materiell wird nicht minder genau verfahren. Nach Abschluß der gegenwärtigen Produktion sollen Kostümfilme mit ihrem großen Aufwand an Spinnstoffen nicht mehr hergestellt werden. Der Zeichenfilm, der Werbe- und Wirtschaftsfilm fallen weg. Filmbauten werden auf das geringste Maß beschränkt; dadurch sind Architekten und technische Kräfte zu gewinnen. Die Orchester zu Filmsynchronisationen sind auf eine Höchstbesetzung von 50 Köpfen begrenzt. Den Filmtheatern bleibt wenig Personal. Der einheitliche Eintrittspreis kann beim Kartendruck und bei den Abrechnungen zur prozentualen Errechnung der Filmmieten manche Tätigkeit ersparen. Kurzum: Das Personal in der Produktion wird um ein Drittel, in der Verwaltung um die Hälfte verringert sein. Gleichwohl bleibt der Reichsfilmintendant bestrebt, so viel Filme wie möglich herzustellen. Im letzten Jahr gab es 1,1 Milliarden Filmbesucher gegen 30 Millionen Besucher der gesamten deutschen Theater.

Natürlich wird der Zuspruch der Kunstinteressierten nicht über das Maß der Einschränkungen entscheiden. Aber Theater und Orchester bedürfen nun eben eines reicheren Aufwands an Menschen für eine relativ geringere Zahl der Aufnehmenden. Deshalb werden sie rigoroser angegriffen und zum größten Teil geschlossen werden. Da indessen die Atomisierung solcher Institute, zumal der Orchester, später schwer auszukurieren ist, denkt man sie geschlossen in die Kriegsarbeit hineinzunehmen. Tourneen zur Truppenbetreuung fallen weg; es bleibt nur noch eine stationäre Betreuung für Lazarette und Fronturlauber.

Die Kammer der bildenden Künste wird alle Mitglieder, die bisher noch dem eigenen Schaffen nachgehen konnten, für kriegsnahe Aufgaben freistellen. Angrenzende Unternehmen wie die Kunstverlage, die bis auf verschwindende Ausnahmen geschlossen werden, geben mannigfache, zumal technische Kräfte heraus. Es ist da nicht anders als im Verlagswesen überhaupt, das die gesamte schöngeistige Buchproduktion einstellt. Was für die Befriedigung kultureller Wünsche noch getan werden könnte, fällt dem Rundfunk zu und den wenigen verbleibenden Zeitschriften und Zeitungen. Eine Grenze gibt es freilich: Das Bibliothekswesen bleibt in vollem Umfange bestehen. Alle kriegswichtigen Universitäten werden weiterarbeiten.

Damit aber die Auflösung nicht rascher vor sich geht, als die neu zu beginnende Arbeit festgelegt ist, werden alle diese Kulturinstitute erst dann geschlossen, wenn genau bestimmt ist, wohin die gewonnenen Kräfte abwandern.

Was also in diesen Monaten an kultureller Arbeit unterbleibt, das wird im Kriege selbst geschehen, damit an entscheidender Stelle die Kraft behauptet wird, die auch die Kräfte der Kultur allein beschützen und für ihre spätere Neuentfaltung bewahren kann.

»Das Reich«, 20. 8. 1944

Der historische Augenblick des Generals Charles de Gaulle. Zusammen mit Winston Churchill marschiert er als Befreier in seine Hauptstadt ein.

1944

August

1. 8. Polnischer Aufstand in Warschau. Die Aufständischen, die auf baldige Entsetzung durch sowjetische Truppen rechnen, leisten der deutschen Wehrmacht bis zum 2. 10. Widerstand

3. 8. Die Türkei bricht die Beziehungen zu Deutschland ab

8. 8. Japanische Truppen erobern den chinesischen Flugplatz Henyang

10. 8. Deutsche Truppen räumen den letzten Stadtteil von Florenz. Rückzug bis zum Casale

15. 8. Alliierte Truppen landen an der südfranzösischen Küste zwischen Cannes und Toulon

16. 8. Hitler erteilt den Befehl zur schrittweisen Räumung Südfrankreichs

17. 8. Ernst Thälmann, von 1925–33 Vorsitzender der KPD, wird im KZ Buchenwald nach elfeinhalb Jahren Einzelhaft ermordet

20.–24. 8. Sowjetische Truppen starten eine Offensive in Rumänien bei Jassy und Tiraspol

20.–25. 8. Die deutschen Seestreitkräfte werden aus den Atlantikhäfen abgezogen

23. 8. In Rumänien wird Marschall Antonescu gestürzt. Die neue Regierung schließt einen Waffenstillstand mit der UdSSR und erklärt am 25. 8. Deutschland den Krieg

25. 8. Alliierte Truppen rücken in Paris ein. Der deutsche Stadtkommandant, General von Choltitz, kapituliert und wird gefangengenommen. Triumphaler Einzug General de Gaulles

26. 8. Der bulgarische Ministerpräsident Bagrianoff erklärt den »Rückzug Bulgariens aus dem Krieg«

27. 8. Verbände der Roten Armee dringen nach Zentralrumänien vor

28. 8. Französische Truppen erobern Marseille

30. 8. Beginn einer Offensive von US-Verbänden über die Seine nach Nordosten und von britischen Einheiten nach Norden

30./31. 8. Sowjetische Truppen besetzen das rumänische Erdölgebiet und marschieren in Bukarest ein

Kultur

2. 8. Im Zeichen der totalen Kriegführung entfallen ab sofort sämtliche Reichsmeisterschaften in den einzelnen Sportarten

Hans Günther von Kluge.

Beenden Sie den Krieg!

Ich kann den Vorwurf, das Schicksal des Westens durch falsche Maßnahmen besiegelt zu haben, nicht tragen, habe auch keine Mittel, mich zu verteidigen. Ich ziehe mithin die Konsequenzen und begebe mich dahin, wo schon Tausende meiner Kameraden sind. Den Tod habe ich nie gefürchtet. Das Leben hat für mich, der ich auch als Kriegsverbrecher auf der Auslieferungsliste stehe, keine Bedeutung mehr...

Mein Führer, ich glaube für mich in Anspruch nehmen zu dürfen, daß ich das letzte meiner Kraft hergab, um der Lage gerecht zu werden. Zu meinem Zusatzschreiben zu der Denkschrift Feldmarschall Rommels, die ich Ihnen z. Z. übersandte, wies ich bereits auf die mögliche Entwicklung der Lage hin. Wir beide, Rommel und ich, und wohl alle Führer hier im Westen, die den Kampf mit den das Material beherrschenden Engl. Amerik. kannten, sahen die jetzt eingetretene Entwicklung voraus. Wir sind nicht gehört worden. Unsere Auffassungen waren nicht vom Pessimismus diktiert, sondern von der nüchternen Erkenntnis der Dinge. Ich weiß es nicht, ob der überall bewährte Feldmarschall Model die Lage noch meistern wird. Ich wünsche es ihm von Herzen. Sollte es aber nicht der Fall sein und Ihre neuen heißersehnten Kampfmittel, insbes. die der Luftwaffe, nicht durchschlagen, dann, mein Führer, entschließen Sie sich, den Krieg zu beenden.

Es muß Wege geben, dieses zu erreichen und vor allem zu erreichen, daß das Reich nicht dem Bolschewismus verfällt. Die Haltung eines Teils der im Osten gefangenen Offiziere ist mir stets ein Rätsel geblieben. Mein Führer, ich habe stets Ihre Größe, Ihre Haltung in diesem gigantischen Kampf und Ihren eisernen Willen, sich und den Nationalsozialismus zu erhalten, bewundert. Wenn das Schicksal stärker ist als Ihr Wille und Ihr Genie, so ist das Fügung. Sie haben einen ehrlichen, ganz großen Kampf gekämpft. Die Geschichte wird Ihnen das bescheinigen. Zeigen Sie nun auch die Größe, die notwendig sein wird, wenn es gilt, einen aussichtslos gewordenen Kampf zu beenden.

Ich scheide von Ihnen, mein Führer, der ich Ihnen innerlich näher stand, als Sie vielleicht geahnt, in dem Bewußtsein, meine Pflicht bis zum äußersten getan zu haben.

Abschiedsbrief des Generalfeldmarschalls v. Kluge an Hitler, 18. 8. 1944

Aus den Gauen

Der BDM hat in den letzten Monaten den Nachrichtenverbindungsdienst als neuen Kriegseinsatz für die 17- bis 21jährigen Mädchen eingerichtet. Die Ausbildung, die fünf Monate dauert, wird mit dem Erwerb der Nachrichtenscheine A, B und C abgeschlossen. Bei dem freiwilligen Eintritt in die Nachrichteneinheit verpflichten sich die Mädchen noch nicht, später als Nachrichtenhelferinnen bei der Wehrmacht oder der Waffen-SS zu dienen.

Der Ausbau von Wohnlauben zu Behelfsheimen wurde durch einen neuen Erlaß des Reichswohnungskommissars erleichtert. Danach dürfen jetzt auch Lauben, deren Wohnfläche das für Behelfsheime zugelassene Höchstmaß von 22 qm überschreitet, zu Dauerwohnungen ausgebaut werden. Der Bauherr erhält dann nicht die sonst bei Behelfsheimen vorgesehene Prämie von 1700 RM, sondern bekommt die tatsächlichen Ausbaukosten ersetzt.

Im westdeutschen Bergbau wurden Bergleute, die als Leichterkrankte oder Leichtverletzte nicht voll arbeitsfähig waren, an andere Plätze des Betriebes gestellt. Hier leisteten die Männer noch 60 bis 80 Proz. des normalen Arbeitsmaßes. »Das Reich«, 13. 8. 1944

Kämpfer der nationalpolnischen Untergrundarmee.

Das OKW gibt bekannt

August

1.8. In der Normandie hielten unsere Truppen allen Angriffen des Gegners zwischen Hottot und der Vire in schweren Kämpfen stand. Sie setzten sich dann in einigen Abschnitten wenige Kilometer nach Süden ab. In den neuen Stellungen wurden alle Angriffe des stark nachdrängenden Feindes abgewiesen. Auch im Abschnitt nordöstlich Percy scheiterten mit starken Panzerkräften und von heftigem Artilleriefeuer unterstützte feindliche Angriffe. Der auf dem Westflügel tief in unsere Stellungen eingebrochene Feind wurde hart südlich Avranches im Gegenangriff aufgefangen. Schwere Kämpfe waren auf der ganzen Front in den Abendstunden noch im Gange.

4.8. In Italien setzten sich unsere Truppen auf einen engen Brückenkopf dicht südlich Florenz ab. Erneute feindliche Angriffe gegen diese Stellungen scheiterten. Schweres feindliches Artilleriefeuer liegt auf der historischen Stadt mit ihren unersetzlichen Kulturwerten.

6.8. In Italien fühlte der Feind bisher nur mit Aufkärung gegen den gesamten Arno-Abschnitt vor. Ein Übersetzversuch über den Fluß südlich Florenz wurde durch zusammengefaßtes Artilleriefeuer zerschlagen.

16.8. An der südfranzösischen Küste wurden mehrere feindliche Landungsversuche zwischen Toulon und Cannes abgeschlagen. Es gelang dem Gegner jedoch, an einigen Stellen der Küste Fuß zu fassen. Heftige Kämpfe sind hier im Gange. Die im Rücken unserer Verteidigungszone abgesetzten feindlichen Luftlandetruppen wurden von unseren Reserven angegriffen.

29.8. An der unteren Seine wurde die Masse unserer Truppen auf das Nordufer des Flusses zurückgenommen. Nachdrängender Feind blieb im Abwehrfeuer liegen. Vorstöße des Gegners aus seinen Brückenköpfen nordwestlich Paris heraus wurden zum Stehen gebracht. Unsere Stützpunkte in der Stadt sind nach tagelangem, schwerem Kampfe der feindlichen Übermacht erlegen.

30.8. Nachdem unsere Divisionen starke, bis zu siebenmal wiederholte Angriffe des Feindes aus seinen Seine-Brückenköpfen nordwestlich Paris in harten Kämpfen aufgefangen hatten, setzten sie sich befehlsgemäß auf neue Stellungen nach Nordosten ab. Die Stadt Rouen wurde nach Zerstörung der Hafenanlagen und sonstiger militärisch wichtiger Objekte aufgegeben.

Die Frau in der Wehrmacht

Auf Einladung der Kriegsmarine stattete dieser Tage die Reichsfrauenführerin Frau Scholtz-Klink dem Nordseegau einen Besuch ab, wobei sie Gelegenheit nahm, in einer großen Kundgebung von Marinehelferinnen zu sprechen. Es sei, so stellte die Reichsfrauenführerin fest, jetzt der Augenblick gekommen, da jedem einzelnen von uns Deutschland wirklich über allem stehen müsse. Dieses Deutschland stehe uns über dem Kummer, über all unserem Leid und unseren persönlichen Wünschen. Deutschland über alles! – das sei jetzt unsere Parole.
Die Reichsfrauenführerin sprach dann über die Stellung der Frau in der Wehrmacht. So wie es heute nicht mehr eine unpolitische Frau gebe, so gebe es auch nicht mehr eine unpolitische Wehrmacht. Politik habe nichts mehr zu tun mit dem Parteienzank von damals, sondern sei sowohl für die Frau wie für den Waffenträger die Unterordnung im Interesse des einzelnen unter die Gesamtheit. Man dürfe heute nicht so sehr an den Frieden denken als vielmehr an den Sieg.
Die Frauen seien die Kameradinnen und die Treuhänder unserer gefallenen Helden. Gerade jetzt müßten es die Frauen sein, die das Vermächtnis der Toten hochhalten, denn jene seien für einen deutschen Sieg gestorben.

»Deutsche Allgemeine Zeitung«, 12. 9. 1944

Werbeplakat der Deutschen Wehrmacht.

Theatersendungen im Rundfunk

Infolge der durch den totalen Einsatz durchgeführten Maßnahmen spielen seit dem 1. September in Deutschland keine Theater- und Varietébühnen mehr. Es erhebt sich daher die Frage, ob der Rundfunk fähig ist, die entstandene Lücke auszufüllen und den Reichtum des dichterischen Wortes lebendig zu vermitteln.
Ministerialdirektor Hans Fritzsche, der Leiter der Abteilung Rundfunk im Propagandaministerium, äußerte sich in einem Gespräch zu diesem Thema und gab einige wesentliche Neuerungen bekannt. Er betonte, daß sich der Rundfunk trotz der kriegsbedingten Einschränkungen stetig aufwärtsentwickelt habe. Auch jetzt sei der Rundfunk bestrebt, die durch die Schließung der Kulturinstitute entstandene Lükke auszufüllen. So wird die geplante Reihe »Bühne im Rundfunk« Sendungen von einer Dreiviertelstunde bringen. Mit den besten Kräften des deutschen Theaters wird hier in einem Querschnitt, jeweils vierzehntägig am Freitag im Deutschlandsender und ebenso zweimal im Monat – am Dienstag –, über das Reichsprogramm von 20.15 Uhr bis 21. Uhr ein bedeutendes Werk unserer Dichtkunst gesendet. Die Reihe beginnt Anfang Oktober mit der Sendung »Minna von Barnhelm«, in der Ewald Balser und Marianne Hoppe die Hauptrollen sprechen.
Im Zusammenhang mit dieser Theatersendung steht auch die Reihe »Unsterbliches Wort«, die, entsprechend der Folge »Unsterbliche Musik«, mit Spitzenkräften der Schauspielkunst zweimal im Monat – am Sonnabend von 18 bis 18.30 Uhr – gesendet wird. Über diese feststehenden Sendereihen hinaus wird der »Zeitspiegel« eine wesentliche Erweiterung erfahren. Neben den Folgen »Der Hörer fragt, der Zeitspiegel antwortet« und dem »Europa-Film des Zeitspiegels« ist neuerdings eine Sendung »Aus deutschen Gauen« aufgenommen worden, deren Sinn es ist, dem Hörer ein Bild seiner großen deutschen Heimat zu vermitteln.

»Deutsche Allgemeine Zeitung«, 21. 9. 1944

Alliierte Kriegsziele

Es sollte das Ziel der Alliierten sein, die vollständige Entmilitarisierung Deutschlands in kürzestmöglicher Zeit nach der Kapitulation durchzuführen. Das bedeutet: vollständige Entwaffnung der deutschen Wehrmacht und des deutschen Volkes.
Polen sollte denjenigen Teil Ostpreußens erhalten, welcher nicht an Rußland fällt, dazu den südlichen Teil von Schlesien.
Frankreich sollte die Saar und die angrenzenden Gebiete erhalten, welche durch den Rhein und die Mosel begrenzt werden.
Es sollte eine internationale Zone geschaffen werden, welche die Ruhr und die Industriegebiete umfaßt.
Der Restteil Deutschlands sollte in zwei autonome, unabhängige Staaten,

1944

September

1. 9. Beginn des amerikanischen Angriffs zur Eroberung der »Festung« Brest, die am 19. 9. eingenommen wird

2. 9. Finnland stellt den Kampf gegen die Sowjetunion ein und bricht die Beziehungen zu Deutschland ab

3. 9. Die Engländer nehmen Brüssel ein (am 4. 9. Antwerpen, am 6. 9. Lüttich)

4. 9. Sowjetische Einheiten besetzen Kronstadt

8. 9. Erster Abschuß einer V-2-Rakete

9. 9. In Frankreich bildet sich eine provisorische Regierung unter de Gaulle

10. 9. Die 1. amerikanische Armee besetzt Luxemburg, am 11. 9. erreicht sie die deutsche Grenze nördlich von Trier

12. 9. Die rumänische Regierung unterzeichnet einen Waffenstillstand mit der UdSSR, Großbritannien und den USA.
Schwerer britischer Nachtangriff auf Stuttgart

14. 9. Sowjetische Offensive in Estland und Lettland

15. 9. Verlust von Nancy und Rückzug deutscher Truppen auf die Vogesen.

17. 9. Luftlandung der Alliierten bei Arnheim und Nimwegen hinter der deutschen Front, um die Rheinbrücken zu besetzen. Das Unternehmen schlägt zu großen Teilen fehl

19. 9. Finnland unterzeichnet einen Waffenstillstand mit der UdSSR, Großbritannien und den USA

21. 9. Deutsche Truppen räumen den Peloponnes

25. 9. Hitlers »Erlaß über die Bildung des deutschen Volkssturms« sieht die Erfassung aller »waffenfähigen Männer im Alter von 16 bis 60 Jahren« vor

28. 9. Das KZ Theresienstadt wird weitgehend liquidiert. Im Laufe eines Monats werden in elf Transporten 18 404 Juden nach Auschwitz deportiert. Nicht mehr als 2000 von ihnen überleben den Krieg

Kultur

26. 9. In Berlin Uraufführung des Terra-Films »Musik in Salzburg«. Unter der Regie von Herbert Maisch spielen u. a. Lil Dagover und Willy Birgel

»Typhoon«-Jagdbomber beim Angriff auf eine deutsche Panzerkolonne in der Normandie.

und Ausbau von Schlüsselindustrien, welche für das deutsche Wehrpotential notwendig sind, zu verhindern und andere Schlüsselindustrien zu kontrollieren.

Memorandum des US-Finanzministers Henry Morgenthau, September 1944

Kraftvolle Bekenntnisse

Die im Anschluß an den Morgenthau-Plan vorliegenden Zustimmungen zu den Äußerungen im Feindlager verdienen gut herausgestellt zu werden.
Die neueste Vansittart-Parole: Deutschland muß lernen demütig zu sein, gibt besonderen Anlaß zu kraftvollen Bekenntnissen zum deutschen Lebenswillen. Die Diskussion im britischen Oberhaus, wer alles an der Beseitigung Deutschlands teilnehmen solle, bietet für die deutsche Presse keinen Stoff.

Presseanweisung, 27. 9. 1944

1. einen süddeutschen, bestehend aus Bayern, Württemberg, Baden und einigen kleineren Gebieten, und
2. einen norddeutschen, umfassend den größeren Teil des alten preußischen Staates, Sachsen, Thüringen und einzelne kleine Staaten, aufgeteilt werden...
Im Ruhrgebiet liegt das Herz der deutschen industriellen Macht. Dieses Gebiet sollte nicht nur von allen dort augenblicklich bestehenden Industrien entblößt, sondern so geschwächt und kontrolliert werden, daß es in absehbarer Zeit kein Industriegebiet wieder werden kann. a) Innerhalb kürzester Frist, wenn möglich nicht länger als 6 Monate nach Einstellung der Feindseligkeiten, sollen alle Industrieanlagen und Ausrüstungen nicht durch eine militärische Aktion zerstört, sondern vollständig demontiert und als Restitution für die Alliierten abtransportiert werden. Alle Kohlengrubenausrüstungen sollen entfernt und die Kohlengruben geschlossen werden. b) Das Gebiet soll internationalisiert und durch eine internationale Sicherheitsbehörde, die durch die Vereinten Nationen zu errichten wäre, verwaltet werden.
Während der Dauer von etwa 20 Jahren nach der Kapitulation sollten durch die Vereinten Nationen entsprechende Kontrollen einschließlich der Kontrolle über den Außenhandel und fester Beschränkungen der Kapitalinvestitionen beibehalten werden, die dazu bestimmt sind, in den neu errichteten Ländern den Auf-

Deutsche Panzergrenadiere wehren einen feindlichen Panzergroßangriff ab.

Zeichnung von Rudolf Lipius

Das OKW gibt bekannt

September

1. 9. In Belgien und Nordfrankreich wurden in der Zeit vom 10. bis 20. August 1950 Terroristen im Kampf niedergemacht.
Das Vergeltungsfeuer auf London dauert an.

3. 9. Die Altstadt Warschaus wurde nach heftigem Kampf von Aufständischen völlig gesäubert.

12. 9. Die Besatzungen von Dünkirchen und Le Havre behaupten sich gegen feindliche Angriffe. Westlich Brest hält sich bei Le Conquet noch eine eigene Kräftegruppe unter Führung des Oberstleutnants Fürst in vorbildlicher Standhaftigkeit. Die Festung selbst liegt unter schwerem feindlichen Feuer. Die Besatzung von Lorient vernichtete bei erfolgreichen Ausfällen feindliche Munitions- und Versorgungslager.

13. 9. An der Westfront dauern die harten Abwehrkämpfe an den bisherigen Brennpunkten an. Zäher Widerstand unserer Truppen vereitelte feindliche Durchbruchsversuche nördlich Hasselt und aus dem Raum von Verviers in Richtung auf Aachen.
Bei Tagesangriffen anglo-amerikanischer Bomberverbände auf mehrere Orte im Reichsgebiet am 12. September entstanden vor allem in Münster und München größere Schäden in Wohngebieten. Am 11. September wurde auch die Stadt Fulda betroffen.
In der vergangenen Nacht richteten sich Terrorangriffe des Feindes gegen Frankfurt a. M., Mainz und Stuttgart. Außerdem wurden Bomben auf Wiesbaden und Berlin geworfen.

15. 9. Seit mehreren Tagen liegen die Hafenstädte an der englischen Südostküste im schweren Feuer deutscher Fernkampfbatterien.

21. 9. Der letzte Widerstand der Besatzung Brest auf der Halbinsel Le Crozon ist zu Ende.
In wochenlangen schwersten Kämpfen hielt die heldenhafte, aus Truppen aller Wehrmachtteile bestehende Besatzung unter der vorbildlichen Führung des Festungskommandanten, General der Fallschirmtruppe Ramcke, die Festung gegen den an Zahl und Material weit überlegenen Gegner.
Dadurch ist dem Gegner nicht ein Hafen, sondern nur ein Trümmerhaufen in die Hände gefallen.
Der Heldenkampf der Besatzung Brest wird in der Geschichte weiterleben.

Der Deutsche Volkssturm tritt an

Der Reichsführer-SS Himmler hielt am Mittwoch in einer Stadt Ostpreußens den ersten Appell des Deutschen Volkssturms ab. Auf dieser Kundgebung wurde das Dekret des Führers über die Errichtung des Deutschen Volkssturms verkündet. Im Anschluß daran hielt der Reichsführer SS vor den angetretenen Volkssturmkompanien eine Rede. Er erklärte darin:
Niemals und nirgends sollen und dürfen Volkssturmmänner kapitulieren. Sollte aber an irgendeiner Stelle ein verantwortlicher Führer in aussichtsloser Lage glauben, den Kampf aufgeben zu müssen, so gilt für den Volkssturm die in unserer tapferen Marine übliche Sitte, daß er dann das Kommando an denjenigen seiner Untergebenen mit allen Rechten abzugeben hat – und wenn es der Jüngste ist –, der den Willen hat, den Kampf fortzusetzen.
Ihr Volkssturmmänner Ostpreußens habt die ersten Bataillone gebildet. So wie ihr jetzt vor mir steht, so werden in wenigen Tagen und Wochen in ganz Deutschland die Einheiten angetreten sein. Äußerlich und innerlich gerüstet, von heiligem Glauben beseelt und von fanatischem Willen erfüllt, weder eigenes noch fremdes Blut zu schonen, wenn es das Wohl der Nation verlangt, greifen die Bataillone zu Gewehr, Maschinengewehr, Handgranate und Panzerfaust und stehen dann bereit für jeden Einsatz, den Führer und Volk von ihnen verlangen. Sie werden die Armee von Deutschlands größten Idealisten sein. Voll Ruhe und Vertrauen blicken wir in die Zukunft. Es wird noch Wochen und Monate harter Prüfungen geben. Wir werden sie überstehen wie alle Belastungen der letzten Jahre.
Wir kennen uns selbst, und deshalb wissen wir: Unser Wille und unsere Kraft werden uns in unserem Kampf nicht aufhören lassen, bevor nicht von unseren Gegnern in einem für sie wegen der Unüberwindlichkeit des deutschen Volkes sinnlos gewordenen Krieg das Feuer eingestellt ist.
Der Herrgott hat die Völker geschaffen, nicht Menschenwille hat sie erdacht. Im Schöpfungswerden von Jahrtausenden erwuchs nach seinen hohen Gesetzen das deutsche Volk mit all seinen reichen Gaben, seiner schönen Heimat und seinen harten Lebensbedingungen. Ohne Einschränkungen bekennen wir uns zu den Ewigen Gesetzen und damit zu unserem Vaterland. In tiefster Gläubigkeit sind wir davon überzeugt, daß die Allmacht am Ende aller Mühen, aller Opfer, allen Leides und Kampfes dem Führer und seinem Volk den hart verdienten Sieg geben wird.

»Völkischer Beobachter«, 20. 10. 1944

Volkssturmmänner mit Panzerfäusten.

Der Führer-Befehl

Der Erlaß des Führers über die Bildung des Deutschen Volkssturms hat folgenden Wortlaut:
»Nach fünfjährigem schwerstem Kampf steht infolge des Versagens aller unserer europäischen Verbündeten der Feind an einigen Fronten in der Nähe oder an deutschen Grenzen. Sein letztes Ziel ist die Ausrottung des deutschen Menschen...
Zur Verstärkung der aktiven Kräfte unserer Wehrmacht und insbesondere zur Führung eines unerbittlichen Kampfes überall dort, wo der Feind den deutschen Boden betreten will, rufe ich daher alle waffenfähigen deutschen Männer zum Kampfeinsatz auf.
Ich befehle:
1. Es ist in den Gauen des Großdeutschen Reiches aus allen waffenfähigen Männern im Alter von 16 bis 60 Jahren der Deutsche Volkssturm zu bilden.
2. Die Aufstellung und Führung des Deutschen Volkssturms übernehmen in ihren Gauen die Gauleiter.
3. Ich ernenne den Stabschef der SA, Schepmann, zum Inspekteur für die Schießausbildung und den Korpsführer NSKK, Kraus, zum Inspekteur für die motortechnische Ausbildung des Volkssturms.
4. Die Angehörigen des Deutschen Volkssturms sind wäh-

1944

Oktober

3. 10. Deutsche Truppen räumen Athen

4. 10. Britische Verbände landen in Griechenland und ziehen am 13. 10. in Athen ein

7. 10. Sowjetische Offensive an der Karelischen Front.

9. 10. Die Konferenz von Dumbarton Oaks bei Washington, an der die USA, Großbritannien, die UdSSR und China teilnehmen, beschließt die Gründung der »Vereinten Nationen«, die den Völkerbund ersetzen sollen

9.–20. 10. Churchill und Stalin treffen sich in Moskau und einigen sich über Einflußzonen in Südosteuropa

10.–14. 10. Schwere Angriffe der US-Trägerflugzeuge auf Formosa

11. 10. Sowjetische Einheiten erobern Klausenburg (Siebenbürgen)

13. 10. Die deutschen Truppen räumen Riga und ziehen sich nach Kurland zurück

14. 10. Generalfeldmarschall Rommel begeht Selbstmord und entgeht dadurch der Anklage vor dem »Volksgerichtshof« wegen Mitwisserschaft am 20. Juli. Der Öffentlichkeit wird erklärt, er sei »an den Folgen seiner schweren Kopfverletzung verstorben«

16. 10. Sowjetische Truppen dringen auf ostpreußisches Gebiet vor

20. 10. Die Rote Armee zieht in Belgrad ein

21. 10. Als erste deutsche Großstadt wird Aachen von den Amerikanern erobert

22.–25. 10. In der See-Luftschlacht von Leyte versucht die japanische Flotte, die US-Landung auf den Philippinen zu verhindern. Der Verlust von drei Schlachtschiffen, vier Flugzeugträgern, sechs Schweren und drei Leichten Kreuzern besiegelt das Ende der japanischen Marine

23. 10. Die USA, Großbritannien und die UdSSR erkennen die provisorische Regierung in Frankreich unter de Gaulle an

Kultur

9. 10. Uraufführung des Films »Seinerzeit zu meiner Zeit« mit Hannelore Schroth und Paul Klinger

24. 10. »Das war mein Leben« mit Leny Marenbach und Paul Dahlke wird aufgeführt

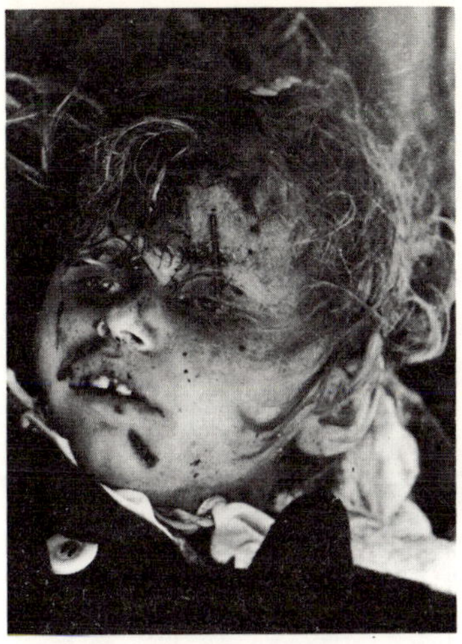

In den wiederbefreiten ostpreußischen Orten stießen die deutschen Soldaten auf grausige Spuren sowjetischen Terrors und Mordbrennertums.

»Transocean-Europapress«, 28. 10. 1944

rend ihres Einsatzes Soldaten im Sinne des Wehrgesetzes.

5. Die Zugehörigkeit der Angehörigen des Volkssturms zu außerberuflichen Organisationen bleibt unberührt.

6. Der Reichsführer-SS ist als Befehlshaber des Ersatzheeres verantwortlich für die militärische Organisation, die Ausbilder, Bewaffnung und Ausrüstung des Deutschen Volkssturms.

7. Der Kampfeinsatz des Deutschen Volkssturmes erfolgt nach meinen Weisungen durch den Reichsführer-SS.

8. Die militärischen Ausführungsbestimmungen erläßt der BdE, Reichsführer-SS Himmler, die politischen und organisatorischen Reichsleiter Bormann.

9. Die Nationalsozialistische Partei erfüllt vor dem deutschen Volk ihre höchste Ehrenpflicht, indem sie in erster Linie ihre Organisationen als Hauptträger dieses Kampfes einsetzt. Adolf Hitler

»Völkischer Beobachter«, 20. 10. 1944

Feindagent wühlte im Papierkorb

Lotte B. und Grete K., eingesetzt in einem wichtigen Betrieb, waren wirklich fixe Stenotypistinnen. Die Arbeit machte ihnen Spaß, denn es gab da hochinteressante Sachen zu schreiben und zu lesen! In einem Punkt waren die beiden Stenotypistinnen allerdings verschiedener Meinung: Wenn Lotte B. sich einmal vertippt hatte, dann knüllte sie den Bogen einfach zusammen und warf ihn in den Papierkorb, während Grete K. jeden Briefbogen, der einen Tippfehler enthielt, erst zweimal durchriß, einmal längs und einmal quer, bevor sie ihn wegwarf. Die Reinemachefrauen würden schon alles verbrennen, sagte Lotte, als Grete sie einmal lachend warnte: »Psst! Feind hört mit!« Gewiß, die Reinemachefrauen brachten alles, was sie in den Papierkörben fanden, in den Heizkeller. So war es verabredet, und so führten die Reinemachefrauen es aus. Und so wäre für die beiden auch alles in Ordnung gewesen, wenn – ja, wenn nur nicht zu diesem Heizraum auch ein Mann Zutritt gefunden hätte, dem außerordentlich viel an diesen Papieren lag. Denn seine Auftraggeber beim feindlichen Nachrichtendienst interessierten sich für alles, für jede Kleinigkeit, die gerade in diesem Betrieb vor sich ging. Der Bursche wurde entdeckt. Und was nun kam, das war auch für die zwei deutschen Mädchen höchst bitter. Sie mußten sich beide wegen fahrlässigem Landesverrat verantworten. Und sie wurden beide empfindlich bestraft.

»Kleine Zeitung« (Klagenfurt), 29. 10. 1944

Raub- und Mord-Regime

Die Schilderung der Zeitschrift »Time« über das sowjetische Raub- und Mord-Regime in Rumänien und die Meldungen Stockholmer Blätter, die Ähnliches aus Finnland berichten, obwohl gerade die schwedische Presse viele Jahre lang die Kapitulationen anempfohlen hat, verdienen als neue Beweispunkte unserer allgemeinen Argumentation über die sowjetischen Methoden gut hervorgehoben zu werden«.

Presseanweisung, 30. 10. 1944

Rommels Frau und Sohn Manfred beim Staatsbegräbnis.

Das OKW gibt bekannt

Oktober

2. 10. Im September haben die anglo-amerikanischen Armeen im Westen steigende Ausfälle an Menschen und Material erlitten.

3. 10. Zwischen Maeseyck und Aachen nahm die Kampftätigkeit zu. Durch Gefangene festgestellte Verschiebung von amerikanischen Divisionen nach Norden kann als Anzeichen für einen bevorstehenden Angriff des Feindes in Nordholland und im Raum Aachen gewertet werden.

Die Aufstandsbewegung in Warschau ist zusammengebrochen. Nach wochenlangen Kämpfen, die zur fast völligen Zerstörung der Stadt führten, haben die Reste der Aufständischen, von allen Seiten verlassen, den Widerstand eingestellt und kapituliert.

4. 10. Nordamerikanische Bomber richteten ohne Erdsicht einen Terrorangriff gegen die Stadt Nürnberg. Es entstanden Schäden in Wohngebieten und an Kulturstätten. Auch der Raum von Köln und das Rheinland waren das Ziel feindlicher Terrorbomber. In der vergangenen Nacht warfen britische Flugzeuge Bomben auf Kassel und Aschaffenburg. Durch vereinzelten Bombenabwurf und Bordwaffenangriffe wurden Wohnhäuser in einigen Orten Süd- und Südwestdeutschlands zerstört.

15. 10. Durch den Verrat Rumäniens und Bulgariens ist die deutsche Balkanposition im Rücken bedroht. Es wurde daher notwendig, aus diesem Grunde Südgriechenland zu räumen. Diese Bewegungen, die auf den Ägäischen Inseln und dem Peleponnes begonnen haben, sind seit Wochen im Gange. Die letzten Nachhuten haben am 12. Oktober ohne Kampf Athen geräumt.

21. 10. Nach 19 Tagen blutigen Ringens und gewaltigem Materialeinsatz auf engstem Raum zerschlugen die tapferen, aber zusammengeschmolzenen Verteidiger von Aachen auch gestern noch starke Angriffe gegen den Nordrand der Stadt, die durch das wochenlange amerikanische Artilleriefeuer und die starken Luftangriffe umfangreiche Zerstörungen erlitten hat. Um einzelne Häusergruppen tobt noch ein erbitterter Kampf Mann gegen Mann.

24. 10. Unsere Bewegungen in Nordgriechenland verlaufen wie vorgesehen. In Serbien sind heftige Kämpfe mit Banden, Bulgaren und Bolschewisten im Gange.

Versenkung der Tirpitz

Das Luftfahrtministerium teilt mit: »Am Sonntagvormittag griffen 29 Lancaster-Flugzeuge des Bomber-Kommandos, die von Luftkommodore J. B. Tait und Geschwaderführer A. G. Williams befehligt wurden, das deutsche Schlachtschiff Tirpitz mit 6000-kg-Bomben an. Es wurden mehrere Volltreffer erzielt. In wenigen Minuten legte sich das Schiff auf die Seite und sank. Eines unserer Flugzeuge wird vermißt.

Durch die Versenkung der Tirpitz, des letzten modernsten deutschen Kriegsschiffes über 10 000 Tonnen, ist eine Veränderung der seestrategischen Lage eingetreten. Die englische Flotte kann jetzt ihren Bewachungsdienst in den nordeuropäischen Gewässern einstellen und die Hauptteile ihrer Schiffe nach Ostasien senden.

Der Angriff auf die Tirpitz erfolgte überraschend, so daß keine Jagdflugzeuge zur Abwehr aufsteigen konnten und die Fliegerabwehrgeschütze der beiden deutschen Begleitschiffe kein Feuer abgaben. Von den 2000 Mann der Besatzungen sollen nur etwa 800 gerettet worden sein.

»Neue Zürcher Zeitung«, 14. 11. 1944

V1, die fliegende Bombe, der Schrecken des Feindes.

Im Fjord von Tromsö gekentert: Deutsche Matrosen besichtigen die Überreste des Schlachtschiffes, das nach schweren Bombentreffern innerhalb von 15 Minuten kenterte.

Ein Wendepunkt

Mit dem Einsatz von V-1, der fliegenden Bombe, hat eine Entwicklung begonnen, welche die Grundformen der Kriegführung ganz allgemein revolutionieren wird. Eine Mischung zwischen Bombe und Geschoß, wird das ferngesteuerte und durch Raketenantrieb vorwärtsbewegte Projektil in absehbarer Zeit die riesigen und mit einer Unsumme von Menschen und Material aufgebauten und unterhaltenen Großbomberflotten in ihrer Bedeutung wesentlich mindern. Vielleicht ist der Tag nicht mehr allzu fern, wo es eine Bomberwaffe in der jetzigen Form nicht mehr gibt. Wird es den Deutschen in diesem Krieg gelingen, unter Anspannung aller Kräfte und mit Hilfe ihrer großartigen Soldaten so lange durchzuhalten, bis neue Waffen neue Möglichkeiten bieten? Werden die in der Produktion befindlichen neuartigen deutschen Kampfmittel zu Lande, zur See und in der Luft die gegnerischen Waffen nicht nur einholen, sondern sogar überholen? Werden vor allem die fliegen-

1944

November

1. 11. Erster amerikanischer Großluftangriff auf Tokio

2. 11. Deutsche Truppen ziehen sich hinter die Nordgrenze Griechenlands zurück

4. 11. Die 8. US-Luftflotte wirft 1030 t Bomben auf Treibstofflager in Hamburg

5. 11. Deutsche Verbände erobern die ostpreußische Stadt Goldap zurück

7. 11. Franklin D. Roosevelt wird zum vierten Mal zum Präsidenten der USA gewählt, Harry S. Truman zum Vizepräsidenten

10. 11. Bei seinem Besuch in Paris wird Churchill von de Gaulle unter Druck gesetzt, Frankreich »an der Besetzung Deutschlands zu beteiligen, und zwar nicht unter britischem oder amerikanischem, sondern mit eigenem französischen Kommando«

11. 11. Japanische Verbände erobern die letzten großen Flugbasen der USA in Südchina

12. 11. Britische Bomber versenken das deutsche Schlachtschiff Tirpitz im Tromsö-Fjord

16. 11. Die Räumung Mazedoniens ist abgeschlossen, die Deutschen ziehen sich auf die Drina zurück

20. 11. Deutsche Truppen räumen die albanische Hauptstadt Tirana

22. 11. Amerikanische Einheiten nehmen Metz ein, am folgenden Tag Straßburg. Die Amerikaner dringen bis zum Rhein vor, drehen dann nach Süden und Norden ab

24. 11. Französische Truppen erobern Mühlhausen im Elsaß.
Beginn einer amerikanischen Luftoffensive gegen das japanische Festland

26. 11. Amerikanische Bomberverbände werfen 1993 t Bomben auf Eisenbahnanlagen verschiedener deutscher Städte

27. 11. Beginn einer sowjetischen Offensive in Ungarn.
Frankreich wird Mitglied der am 15. 12. 1943 gegründeten »Europäischen Beratenden Kommission«

Kultur

16. 11. Der Ufa-Film »Ein fröhliches Haus« wird uraufgeführt. In den Hauptrollen u. a. Ursula Herking und Georg Thomalla

30. 11. Wenige Wochen nach seinem 79. Geburtstag stirbt in München der Dichter Max Halbe den Bomben der V-Serien in Verbindung mit den moralischen Qualitäten des deutschen Menschen das Übergewicht ergeben, das den deutschen Sieg bringt? Europas Feinde haben plötzlich Zeitsorgen und sind bestrebt, die Entscheidung auf dem Schlachtfelde zu erzwingen, ehe ihre technische Rüstung, mag sie noch so umfangreich sein, durch neue Kampfformen unwirksam wird. Die Kompliziertheit ihrer Rüstungsfertigung ist der schwächste Punkt in diesem anglo-amerikanischen Ringen gegen die Zeit. »Signal«, November 1944

Angriff auf das Schlachtschiff Tirpitz im November 1944.

Krieg an der Siegfried-Linie

Eine Menge Leute werden Ihnen erzählen, wie das war: in Deutschland sein, als erste, und wie der Durchbruch durch die Siegfried-Linie war, und eine Menge Leute werden sich irren.
Die Infanterie hat den Westwall geknackt. Sie hat ihn an einem kalten Morgen geknackt. Es regnete, daß nicht einmal die Krähen flogen, viel weniger die Air Force. Zwei Tage vorher war die Rattenjagd zu Ende gegangen. Es war am Tage, ehe das Wetter umschlug und schlecht wurde. Es war eine regelrechte Rattenjagd gewesen, von Paris herauf bis Le Cateau, mit schweren Kämpfen bei Landrecies, wo es wenige Zuschauer gab, und noch weniger sind übrig, die sich daran erinnern könnten. Dann kamen die Kämpfe um die Ardennenübergänge – in Wäldern, die wie Kulissen zu Grimms Märchen aussahen, nur noch grimmiger. Die Rattenjagd ging weiter und wieder durch Gelände, das unter Wäldern wogte. Manchmal lagen wir eine halbe Stunde hinter den motorisierten Einheiten des Feinds, manchmal kamen wir heran, auf fünf Minuten Rückstand, und manchmal stießen wir daran vorbei, und von der Stelle, wo wir anhielten, hörten sie die Fünfziger hämmern und die 10,5-cm-Geschütze der Panzerzerstörer, und das verschmolz mit dem Rasseln und Röhren des feindlichen Feuers.
Plötzlich war die Rattenjagd vorbei. Wir hatten den Wald geschafft und standen auf einem Berg, und die Berge und Wälder, die vor uns lagen, waren Deutschland.

»Collier's« (USA), 18. 11. 1944

Muselmanische Reiter. Ein alter Tschetnik, einer von der heimischen Freiwilligen-Truppe, gibt den muselmanischen Reitern gern Auskunft über die in dieser Gegend oft auftauchenden Aufständischen. »Transocean-Europapress«, November 1944

Das OKW gibt bekannt

November

2. 11. Nach der Landung englischer Truppen und kommunistischer Bandenkräfte an der dalmatinischen Westküste bei Split, Metkovic und Dubrovnik setzten sich unsere Sicherungsverbände befehlsgemäß auf vorbereitete Bergstellungen im Küstenstreifen ab.

6. 11. Die Besatzung von La Rochelle durchstieß bei überraschendem Ausfall 30 km südöstlich der Stadt ausgebaute französische Stellungen und rollte sie auf. Bei nur 14 eigenen Verwundeten wurden dem Feind schwere Verluste beigebracht. Nach Sprengung zahlreicher Befestigungsanlagen des Gegners kehrte die Kampfgruppe mit reicher Beute und zahlreichen Gefangenen wieder in die Festung zurück.

8. 11. Nachdem seit dem 15. Juni der Großraum von London mit nur kurzer Unterbrechung und wechselnder Stärke unter dem Feuer der V 1 liegt, wird dieser Beschuß seit einigen Wochen durch den Einsatz eines noch weit wirksameren Sprengkörpers, der V 2, verstärkt.

14. 11. Durch einen feindlichen Luftangriff wurde in Nordnorwegen das Schlachtschiff »Tirpitz«, dessen tapfere Besatzung in den letzten Monaten zahlreiche englische Luftangriffe mit gutem Erfolg abgewehrt hatte, außer Gefecht gesetzt.

18. 11. Die Schlacht bei Aachen ist im Laufe des gestrigen Tages auf einer Frontbreite von mehr als 70 Kilometer in größter Stärke aufgeflammt. Bei nebligem und regnerischem Wetter wird auf beiden Seiten unter starkem Einsatz von Panzern und Artillerie mit äußerster Erbitterung gekämpft.

23. 11. Die Wucht der feindlichen Großangriffe im Raum Aachen hat sich gestern nach vorübergehendem Nachlassen erneut zu größter Heftigkeit gesteigert. Unsere Truppen haben weiterhin die härtesten Feuerproben bestanden und ihre Stellungen gehalten. Die Besatzung von Eschweiler, an das sich der Feind im Verlaufe der vorangegangenen erbitterten Kämpfe unter blutigen Verlusten von drei Seiten herangearbeitet hatte, entzog sich befehlsgemäß der Umfassung und setzte sich in eine Sehnenstellung östlich der Stadt ab. Der Feind verlor in der ersten Woche der neuen Abwehrschlacht bei Aachen im ganzen 320 Panzer und mindestens 20000 Mann. Auch unsere eigenen sind nicht unerheblich, bleiben jedoch weit hinter den amerikanischen zurück.

Von Weihnachtsstimmung keine Rede

»Welch ein schönes Weihnachtsgeschenk.« ... Selbst ein kleiner Erfolg werde von der Bevölkerung dankbar begrüßt. Daß wir zu einer solchen militärischen Operation überhaupt in der Lage seien, habe das Vertrauen in die Führung und in die Stärke des Reiches mit einem Schlage bedeutend gehoben...

Das letzte Kriegsweihnachten werde auf Grund der Offensive im allgemeinen guten Mutes und voll Vertrauen in die Zukunft begangen..., wenn auch die Weihnachtsfeiertage in den besonders luftbedrohten Gebieten durch die ständigen Luftalarme und durch das niederdrückende Bewußtsein ständiger Luftgefahr überschattet worden seien.

Von einer wirklichen Weihnachtsstimmung habe naturgemäß, von den Kindern abgesehen, keine Rede sein können... Selbst auf diejenigen Volksgenossen, die ausgesprochene Schwarzseher seien und geglaubt hätten, die Führung schweige sich aus, weil sie viel Unangenehmes zu verschweigen habe, habe die deutsche Westoffensive tiefen Eindruck gemacht, so daß sich allgemein das gesunkene Vertrauen zur Wehrmacht, zur politischen Führung und namentlich zur NSDAP stark gehoben habe.

Die ausgegebene Propaganda-Parole, »kein Öl aufs Feuer, sondern Öl auf die Wogen zu gießen«, habe zusammen mit der Erinnerung an die Rückschläge der letzten Jahre das ihre dazu beigetragen, daß sich die überwiegende Mehrzahl der Volksgenossen bemühe, an die Westoffensive keine übertriebenen Hoffnungen zu knüpfen und ihren Ablauf abwartend zu verfolgen.

Da die Hoffnungen der Bevölkerung begreiflicherweise an sich schon groß seien und sehr weite Ziele sähen, zumal gerade in Wehrmachtskreisen die Auffassung einer sehr weitgreifenden strategischen Absicht der Winterschlacht verbreitet würde, ja manche Volksgenossen bereits mit dem Gedanken einer baldigen Beendigung des Westkrieges spielten, bestünde sonst die Gefahr eines Stimmungsrückschlages, sobald die Offensive das ihr von der Führung gesteckte Ziel erreicht habe oder aus anderen Gründen eingestellt werden müsse.

Stimmungsbericht des Propagandaministeriums, 19. 12. 1944

Im Raume Linnich.
Die Kämpfe sind hart. Ein Obergefreiter fiel im Straßenkampf.

»Pressebild«, 5. 12. 1944

Ardennenoffensive. Kampfgruppe Peiper prescht vor.

Der Führer

Wenn ich auch weiß, daß er das gar nicht mag und nur höchst ungern, zumal in diesem Kriege, in dem Millionen Menschen so Unendliches zu leiden haben, seine äußere Reserve verläßt, um die Öffentlichkeit über das rein Sachliche des Krieges hinaus, das sein ganzes Sein und Wesen bei Tag und Nacht vollkommen erfüllt, mit seiner Person zu beschäftigen, so habe ich doch das Bedürfnis, am Ende dieses Jahres zum deutschen Volk über den Führer zu sprechen. Wenn die Welt wirklich wüßte, was er ihr zu sagen und zu geben hat und wie tief seine Liebe über sein eigenes Volk hinaus der ganzen Menschheit gehört, dann würde sie in dieser Stunde noch Abschied nehmen von ihren falschen Göttern und ihm ihre Huldigungen darbringen. Er ist die größte unter den Persönlichkeiten, die heute Geschichte machen; ihnen allen steht er weit voran in der Voraussicht der Dinge, die kommen. Er überragt sie nicht nur an Genie und politischem Instinkt, sondern auch an Wissen, Charakter und Willenskraft. Der Mann, der sich zum Ziel gesetzt hat, sein Volk zu erlösen und darüber hinaus

1944

Dezember

3. 12. Amerikanische Truppen brechen bei Saarlautern in das Verteidigungssystem des Westwalls ein

5. 12. Die Sowjets setzen in Ungarn (Debrecen) eine Gegenregierung unter Generaloberst Miklós-Dálnoki ein

8. 12. Sowjetische Truppen starten eine Großoffensive zur Einkesselung von Budapest. Am 24. 12. ist die Stadt vom Westen abgeschnitten

10. 12. Stalin und de Gaulle unterzeichnen einen sowjetisch-französischen Bündnisvertrag in Moskau. Hitler verlegt sein Hauptquartier nach Ziegenberg im Taunus, um seine Westoffensive vorzubereiten. Amerikanische Truppen erobern Hagenau und Saargemünd

13. 12. Rückzug der deutschen Truppen im Nordelsaß

15. 12. Amerikanische Einheiten landen auf der Philippinen-Insel Mindoro

16. 12. 5.30 Uhr: Beginn der letzten deutschen Offensive in den Ardennen (Unternehmen »Wacht am Rhein«). Nach anfänglichen Erfolgen scheitert das Unternehmen schnell

24. 12. Bei der Lagebesprechung hört sich Hitler einen Vortrag Guderians über die im Osten aufmarschierten sowjetischen Armeen an. Sein Kommentar: »Das ist der größte Bluff seit Dschingis Khan! Wer hat diesen Blödsinn ausgegraben?«
Aus der Rundfunkansprache Goebbels': »Das deutsche Volk begeht heute seine sechste Kriegsweihnacht. Dieses Volk will in dieser feierlichen Stunde wie eine Mauer vor dem Führer stehen. Wenn unsere Feinde ihn in ihrer lügnerischen Agitation als krank schildern, so ist der Wunsch Vater des Gedankens. Nie sah ich den Führer so voll von Plänen und Zukunftsbildern wie in den letzten Wochen vor unserer neuen Westoffensive«

31. 12. Die ungarische Gegenregierung Miklós-Dálnoki erklärt Deutschland den Krieg

Kultur

15. 12. In Prag wird der am 12. 12. von der Filmprüfstelle für Deutschland verbotene Film »Große Freiheit Nr. 7« mit Hans Albers, Ilse Werner, Hans Söhnker unter der Regie von Helmut Käutner uraufgeführt das Gesicht eines Kontinents neu zu prägen, ist den Alltagsfreuden und bürgerlichen Bequemlichkeiten des Lebens gänzlich abgewandt, ja mehr noch, sie sind für ihn überhaupt nicht vorhanden. Er verbringt seine Tage und einen großen Teil seiner schlaflosen Nächte im Kreise seiner engeren und engsten Mitarbeiter und steht doch auch unter ihnen in der eisigen Einsamkeit des Genies, das sich über alle und alles triumphierend erhebt. Nie kommt ein Wort der Falschheit oder einer niedrigen Gesinnung über seine Lippen. Er ist die Wahrheit selbst. Man braucht nur in seiner Nähe zu weilen, um körperlich zu fühlen, wieviel Kraft er ausstrahlt, wie stark er ist und wieviel Stärke er anderen Menschen mitzuteilen weiß. Von ihm geht ein ununterbrochener Strom von Gläubigkeit und festem Willen nach dem Großen aus. Es gibt niemanden in seinem weiteren Umkreis, der davon nicht erfaßt würde.

Joseph Goebbels in »Das Reich«, 31. 12. 1944

»Große Freiheit Nr. 7«

Im Hamburger Segelschiffshafen liegt die Viermastbark »Padua«. Der Vollmatrose Jens, der Schiffskoch Fiete und der Leichtmatrose Karl gehen an Land, auf die Große Freiheit und zu ihrem ungekrönten König, dem Hannes. Früher einmal war der Hannes einer von ihnen, ein Seemann, und zuletzt war er auf der »Padua« gefahren. Doch das war schon eine Weile her. Eines Tages hatte er es satt, immer »vor dem Mast« zu fahren, er wollte auf die Steuermannsschule gehen, und er hätte es wohl auch geschafft, wäre da nicht die dumme Sache mit Jan gewesen. Der Jan, sein »kleinerer« Bruder, hatte ihm das ganze ersparte Geld aus der Tasche geholt und es trotzdem zu nichts gebracht. Dann waren dem Hannes die Frauen über den Weg gelaufen, mehr als gut war, und so ist es gekommen, daß er als Stimmungssänger im »Hippodrom« angestellt ist, und die Anita ist seine Chefin und nebenher auch noch etwas anderes.
Trotz aller Geschichten ist der Hannes noch groß in Form, er füllt das Haus, und es gibt kein Seemannslied, das er nicht in Stimmung umsetzt. Die von der »Padua« und Hannes hatten gerade Wiedersehen gefeiert, als Hannes abgerufen wurde. Sein Bruder Jan lag im Krankenhaus im Sterben, und nun stand Hannes vor seinem Bett und übernahm, ehe er es recht begriff, die Sorge um ein Mädel, das der Jan sitzengelassen hatte. Er reiste also in die süddeutsche Kleinstadt, und die Sache endete damit,

daß Gisa mit Hannes nach Hamburg fuhr. Sie wohnte in seiner Behausung am Pinnasberg, natürlich nicht mit in seinem Schlafzimmer, denn Hannes sah in ihr noch immer die Geliebte des verstorbenen Bruders, und schließlich braucht ja jedes Ding seine Zeit. Es wäre vielleicht besser gewesen, wenn er gleich zugegriffen hätte. So aber lernte die Gisa einen jungen Werftarbeiter kennen, den Willem, und zwischen den beiden war so etwas wie eine Liebe auf den ersten Blick. Gisa kam in der Nacht, in der sich Hannes mit ihr verloben wollte, nicht heim. Sie hatte sich immer mit Willem zusammengetan und war selig dabei. Jens und Fiete, die ihren Hannes gern wieder auf der »Padua« gehabt hätten, halfen jetzt ein wenig nach, und so kam Hannes sozusagen im Handumdrehen dazu, wieder ein Seemann zu werden. Er nahm Abschied und gab – ein Erlebnis im Herzen, das ihm viel zu schaffen gemacht hatte – seinem Leben wieder einen anderen Kurs.

»Illustrierter Film-Kurier«, Dezember 1944

Nach fünf Jahren Haft

Ich habe an liebe Bücher gedacht, die Euch wohl gefallen und die Euch führen könnten, wie sie mich in einer sehr schweren Zeit geführt haben, im Feuer der Flak, im Blitz und Donner der amerikanischen Bomber, da die Erde, die Luft und der Himmel bebten nach schrecklichen Detonationen irgendwo in der Ferne; dabei mußte ich meine Aufzeichnungen für diesen Brief im geheimen machen, damit ich nicht erwischt werde. Außerdem rächt sich jetzt mein Gedächtnis, da ich mich in den fünf Jahren meiner Haft gezwungen habe, Bilder grausamer Szenen zu vergessen. So dient das Gedächtnis mir nicht mehr so wie früher. Und die größte Schwierigkeit: Ich lebe schon so lange getrennt von Euch, von jungen Menschen und von Büchern, von Büchereien und Buchläden, so daß mein Verzeichnis zwangsläufig nur unvollständig und meine Betrachtungen nur unvollkommen sein können.

Brief eines Dachauer KZ-Häftlings, Dezember 1944

Das OKW gibt bekannt

Dezember

6. 12. Nordwestlich Ravenna fingen unsere Truppen die britischen Angriffe vor neuen Stellungen auf. Die Stadt Ravenna selbst wurde kampflos aufgegeben und dadurch vor der Zerstörung bewahrt.

13. 12. Ergänzend zum Wehrmachtbericht wird gemeldet: Bei dem Angriff nordamerikanischer Terrorbomber am 11. Dezember auf Wien wurde das Kulissenhaus der Staatsoper in Brand geworfen. Die Staatsoper selbst und das Burgtheater wurden nicht getroffen.

18. 12. Starke deutsche Kräfte sind am 16. Dezember um 5.30 Uhr in breiter Front aus dem Westwall nach einer kurzen, aber gewaltigen Feuervorbereitung zum Angriff angetreten und haben die vordersten amerikanischen Stellungen zwischen dem Hohen Venn und dem Nordteil Luxemburgs im ersten Ansturm überrannt. Die große Angriffsschlacht nimmt, von starken Jagdfliegerverbänden geschützt, ihren Fortgang. Einzelheiten werden, um dem völlig überraschten Gegner keine Anhaltspunkte zu bieten, erst später bekanntgegeben.

26. 12. In Ungarn dauern die schweren Abwehrkämpfe weiter an. Während die Bolschewisten westlich Budapest in nordwestlicher und nördlicher Richtung vordringen konnten, scheiterten ihre Angriffe, die sie von Osten her gegen den Brückenkopf führten.

28. 12. Durch den Verrat der finnischen Regierung war es im September notwendig geworden, die in Mittel- und Nordfinnland stehenden deutschen Divisionen auf norwegisches Gebiet zurückzuführen. Diese Absetzbewegung über viele Hunderte von Kilometern auf wenigen Straßen versuchte die sowjetische Führung, unterstützt von den verratenen finnischen Truppen, zu verhindern. Alle diese Versuche sind an der Tapferkeit unserer Truppen und an der vorzüglichen deutschen Führung unter Generaloberst Rendulic zunichte geworden. Die feindliche Absicht, sich dem Rückmarsch der kampfgewohnten und durch die Natur gehärteten deutschen Wald- und Tundrakämpfer vorzulegen, scheiterte unter schwersten Verlusten der sowjetischen und finnischen Truppen. Die aus Finnland zurückgekehrte deutsche Armee steht heute in voller Kampfkraft im nordnorwegischen Raum bereit für jede Aufgabe, die ihr gestellt wird.

Schon im ersten Weltkrieg brachte die Fortentwicklung der Kampftaktik und der Kampfmethoden die Erfindung neuer Infanteriewaffen, von denen sich die Handgranate bis heute beinahe unverändert erhalten hat. Der Materialeinsatz der Sowjets und der Anglo-Amerikaner mit ihrem Massenansturm schwerer Panzer führte zur Ausrüstung der Infanterie mit neuen panzerbrechenden Waffen. Das obenstehende Bild und das Bild auf der folgenden Seite geben Beispiele für den Einsatz dieser neuen Infanteriewaffen. Oben sind Fallschirmjäger mit dem »Panzerschreck« in Stellung gegangen. Diese einfache, auf dem Raketenprinzip beruhende Waffe, von zwei Mann bedient, wird ähnlich wie die Pak wegen ihrer Zielsicherheit auf größere Entfernungen eingesetzt. Die Durchschlagskraft und die Brisanz ihrer Sprenggeschosse mit Raketenantrieb zerschlägt auch die stärksten Feindpanzer. Dazu ist sie, verglichen mit der Pak, in der Hand des Infanteristen schneller, wendiger und noch überraschender einzusetzen.

Die »Panzerfaust«, ebenfalls auf dem Raketenprinzip beruhend, ist die panzerbrechende Nahkampfwaffe der Infanterie. Sie kommt, im Gegensatz zum »Panzerschreck«, auf Entfernungen zum Einsatz, die mit Schritten gemessen werden. Sie braucht nur durch einen Mann bedient zu werden und ist ebenso leicht mitzuführen wie ein Karabiner.
Auf obenstehendem Bild zielt ein Fallschirmjäger aus guter Deckung auf einen anrollenden Feindpanzer. Auch diese einfache Waffe ist infolge der Durchschlagskraft ihres Geschosses und der Brisanz seiner Ladung zu einer bedeutenden Abwehrwaffe geworden. Sie ist sozusagen die Handgranate der Panzerabwehr. Die »Panzerfaust« ist wegen ihrer hohen Erfolgssicherheit, ihrer leichten Handhabung und ihres geringen Gewichts eine bevorzugte Nahkampfwaffe gegen Panzer. »Signal«, Dezember 1944

»Kolberg«

Film der Nation, diese Beurteilung der maßgeblichen Stellen für die Filmbewertung im Reich läßt auf dem Vorwege den interessierten Filmbesucher wissen, was er von einem Film erwarten darf. Die Reihe der deutschen historischen Dokumentarfilme ist sehr ansehnlich und hat namhafte Erfolge zu verzeichnen, die jetzt durch Professor Veit Harlans jüngstes Werk »Kolberg« erneut bereichert werden. Es muß diesem Film zugestanden werden, daß er mit einem unwahrscheinlich hohen Aufgebot an Menschen und Material zu einem wahrhaften Film der Nation geworden ist. Es ist das Verdienst Professor Harlans, daß alte Wege neu und erfolgsicher beschritten wurden, wie das bei einem erfahrenen Regisseur und Filmsachverständigen nicht anders zu erwarten war.

»Kolberg« ist ein Farbfilm, und unwillkürlich mag man geneigt sein, ihn daraufhin mit dem vor nicht allzulanger Zeit in Hamburg angelaufenen sehr kühnen »Opfergang« zu vergleichen. Es ist ein weiter Weg von diesem »Opfergang« bis nach »Kolberg«, was die farbliche Plastik, die durchaus dramatisch vertiefend wirken kann, anbetrifft. Die Farben sind realistischer geworden, echter und daher unauffällig überzeugender. Die farbenfrohe Harmonie soldatischer Uniformen und bürgerlicher Trachten des immer noch friderizianischen Preußen jener Jahre wird wirksam umrahmt und gedämpft durch die fahle Aquarellpalette der dünenweißen östlichen Landschaft unter dem blassen Himmel, der auch das Meer in seine reizvolle Farbzartheit einbezieht.

Darstellerisch sind mit bewährten Künstlern ausgezeichnete Leistungen festzustellen. Jede Episode wird zu einem großen Punkt, jedes Detail zu einem Zwischenakt. Heinrich Georges herrlicher alter Nettelbeck, figürlich völlig unhistorisch und trotzdem von ergreifender Echtheit. Horst Caspars wahrhaft eiserner Gneisenau, Paul Wegeners verkniffener Lucadou, Gustav Dießls heroischer Schill, Kurt Meisels überzeugend typisierter, von den Wirren des Aufruhrs angegriffener Mensch, und schließlich Kristina Söderbaums Mädchen Maria, eine ihrer üblichen, frischen bäuerlichen Gestalten, erweitern das damalige Geschehen zu einem auch heute gültigen Bild.

»Hamburger Zeitung«

Kolberg ist gerettet. Szene aus Veit Harlans neuestem Film.

Nazisstraßen verschwinden auf Nimmerwiedersehen

Die Namen von sechs Straßen in Aachen sind ausgemerzt und ihre alten Namen wieder angenommen oder umbenannt worden. Die städtische Behörde hat die Änderung folgender Straßennamen bekanntgegeben:

Horst-Wessel-Straße in Kalverbenden,
Hermann-Göring-Straße in Buschhauserweg,
Dietrich-Eckardt-Straße in Habsburgerallee,
Geurten-Straße in Parkstraße,
Litzmann-Straße in Am Sanatorium
und Schlageterallee in Friedrich-Ebert-Allee.

»Aachener Nachrichten«, 24. 1. 1945

1945

Januar

1. 1. In seinem »Neujahrsbefehl an die deutsche Wehrmacht« erklärt Hitler, es gehe heute »um Leben oder Tod! Denn das Ziel der uns gegenüberstehenden jüdisch-internationalen Weltverschwörung ist die Ausrottung unseres Volkes«.
Unternehmen »Bodenplatte«:
Mit über 1000 Maschinen greift die deutsche Luftwaffe Flughäfen der Alliierten hinter der Westfront an. 277 deutsche Maschinen werden abgeschossen, davon ⅔ von der eigenen Flak, der das Unternehmen unbekannt war

1.–2. 1. Die 8. US-Luftflotte greift die Rheinbrücken bei Koblenz, Neuwied und Remagen an

3. 1. Britische Einheiten besetzen Akyab und leiten die Rückeroberung Burmas ein

12. 1. Beginn der großen sowjetischen Offensive im Mittelabschnitt der Ostfront

13. 1. Der Rückzug deutscher Truppen aus Griechenland und Albanien ist zunächst abgeschlossen

15. 1. Hitler verläßt sein Hauptquartier im Taunus und begibt sich endgültig nach Berlin in die Reichskanzlei

17. 1. Die deutschen Truppen räumen Warschau

23. 1. Beginn der Transporte von Flüchtlingen, Soldaten und Verwundeten aus Ostpreußen und den Häfen der Danziger Bucht.
Bis Kriegsende werden zwei Millionen evakuiert, 14 000 kommen bei den Seetransporten ums Leben.
Eröffnung der Assamstraße Indien–Burma

26. 1. Sowjetische Truppen erobern Kattowitz

29. 1. US-Truppen landen auf Luzon

30. 1. Das ehemalige KdF-Schiff Wilhelm Gustloff sinkt voll mit Flüchtlingen vor der pommerschen Küste nach der Torpedierung durch ein sowjetisches U-Boot. 5200 Menschen sterben.
Sowjetische Truppen erreichen die Oder zwischen Frankfurt a. O. und Küstrin

Kultur

30. 1. Gleichzeitig in Berlin und in der Atlantikfestung La Rochelle wird der historische Kriegsfilm »Kolberg« mit Heinrich George und Kristina Söderbaum unter der Regie von Veit Harlan uraufgeführt

Hannes Stelzer in »Truxa«.

Rollen werden Wirklichkeit

Hannes Stelzer fand im Osten als Schlachtflieger den Heldentod. Der deutsche Film verliert in dem erst Vierunddreißigjährigen einen Schauspieler, der sich in den letzten Jahren in die vorderste Reihe der jugendlichen Charakterdarsteller emporgearbeitet hat: Mühsam und reich an Enttäuschungen war der Weg, den der aus einer Künstlerfamilie stammende junge Schauspieler zurücklegen mußte, bis ihn ein erstes Engagement nach Frankfurt und Darmstadt berief, bis schließlich namhafte Persönlichkeiten des Films auf ihn aufmerksam wurden.
In dem eindrucksvollen Janningsfilm »Traumulus« überraschte der junge Darsteller durch eine psychologisch feinempfundene Gestaltung der problematischen Rolle eines Primaners. »Der Herrscher« zeigte ihn erneut in der Partnerschaft des großen Menschendarstellers Jannings. Eine reife und überzeugende Studie des deutschen Artisten gab sein »Truxa«. Die zurückhaltende Gestaltung der Mozart-Rolle in dem Film »Eine kleine Nachtmusik« zeugte wiederum von einem hohen Grad psychologischen Einfühlungsvermögens.
In letzter Zeit sah man Hannes Stelzer vorwiegend in soldatischen Filmen unter der Spielleitung von Professor Carl Ritter. »Kampfgeschader Lützow« zeigte ihn in dem Einsatz eines Schlachtfliegers, einer Rolle, die er bald in die Wirklichkeit umsetzen sollte. Hannes Stelzer trat in die Reihen der Luftwaffe ein, und in selbstverständlicher Erfüllung seiner fliegerischen Aufgabe blieb er vor dem Feinde.

Aus: Völkischer Beobachter vom 26. 1. 1945

Neujahrs-Botschaft 1945

Meine Soldaten! Ich kenne Eure Leiden und Eure Opfer und weiß, was ich von Euch fordern mußte und was von Euch gefordert wird. Das Schicksal hat mir, der ich einst Deutschland als sozialen und kulturellen Staat ersten Ranges aufbauen wollte, die schwerste Aufgabe gestellt, die für einen Menschen denkbar ist. Ich trage dieses mein Los mit dem schuldigen Dank einer Vorsehung gegenüber, die mich für würdig genug gehalten hat, eine ebenso harte wie für die Zukunft entscheidende Arbeit in der Geschichte unseres Volkes übernehmen zu müssen...
So wie der Phönix aus der Asche, so hat sich aus den Trümmern unserer Städte der deutsche Wille erst recht aufs neue erhoben.
Millionen Deutscher haben zum Spaten und zur Schaufel gegriffen. Tausende von Volkssturmbataillonen sind entstanden und im Entstehen begriffen. Divisionen über Divisionen sind neu aufgestellt. Volksartilleriekorps, Werfer- und Sturmgeschützbrigaden sowie Panzerverbände werden aus dem Boden gestampft, Jagdgeschwader wieder aufgerichtet und mit neuen Maschinen versehen.

Hitlers Neujahrsaufruf an das deutsche Volk, 1. 1. 1945

Aufruf gegen Drückeberger

Ich bitte die deutschen Volksgenossen, insbesondere die Frauen, Drückebergern, die sich Evakuierungstrecks anhängen oder sonst von Osten nach Westen ziehen, kein Mitleid am unrechten Platz entgegenzubringen. Männer, die sich von der Front entfernen, verdienen von der Heimat kein Stück Brot.
Gerade die deutschen Frauen und Mädchen sind berufen, diese Männer an ihrer Ehre zu packen, zur Pflicht zu rufen, ihnen statt Mitleid Verachtung entgegenzubringen und hartnäckige Feiglinge mit dem Scheuerlappen zur Front zu hauen.
Jeder tue seine Pflicht. Nach schweren Wochen der Prüfungen wird der Tag kommen, an dem wir aus den Ausgangsstellungen, die wir uns jetzt sichern, wieder antreten und die Eindringlinge vernichten und die deutschen Gaue wieder befreien. Wir haben die heilige Überzeugung und das Wissen, daß der Herrgott, der uns soviel Schweres auferlegt und zugleich aber Deutschland in derselben Zeit, in der der Bolschewismus zum Sturm auf Europa antrat, den einzigen Mann, der diese Gefahr bannen konnte und kann, unseren Führer Adolf Hitler, gegeben hat, am Ende unserem tapferen Heldenvolk und damit dem wahren Europa den Sieg schenken wird.
H. Himmler, Reichsführer-SS und Oberbefehlshaber des Ersatzheeres

Aufruf Heinrich Himmlers, Mitte Januar 1945

Das OKW gibt bekannt

Januar

2. 1. Starke Geschwader deutscher Kampf-, Schlacht- und Jagdflieger führten am Neujahrsmorgen einen überraschenden Schlag gegen die feindlichen Flugplätze im belgisch-holländischen Raum. Nach den bisher vorliegenden Meldungen wurden durch diese Großangriffe mindestens 400 feindliche Flugzeuge am Boden zerstört, 100 weitere schwer beschädigt. Darüber hinaus wurden die Flugplätze selbst und ihre Einrichtungen stark getroffen. Bei diesen Angriffen kam es zu heftigen Luftkämpfen, in denen weitere 79 Flugzeuge abgeschossen wurden. Damit verlor der Feind im Westen gestern mindestens 579 Flugzeuge, wahrscheinlich mehr.

6. 1. Nach einer durch Radio Moskau am 31. Dezember verbreiteten amtlichen sowjetischen Erklärung sollen am 29. Dezember 1944 mittags zwei sowjetische Offiziersparlamentäre vor Budapest trotz deutlicher Kennzeichnung von deutschen Truppen beschossen und getötet worden sein.
Das Oberkommando der Wehrmacht stellt hierzu fest: Vor der deutschen Hauptkampflinie sind nicht sowjetische Parlamentäre, sondern vier zu Parlamentären gepreßte deutsche Kriegsgefangene erschienen, die die Kapitulationsaufforderung an die Besatzung von Budapest überbringen sollten. Sie stellten sich selbstverständlich sofort bei den deutschen Truppen und erklärten, daß sie den Auftrag nur übernommen hätten, um der Gefangenschaft zu entrinnen. Die haßerfüllten und von einer widerlichen Berufung auf das Völkerrecht triefenden sowjetischen Zwecklügen bedürfen keiner weiteren Erwiderung.

19. 1. Mitte Januar haben die Nachtruppen der aus Südgriechenland zurückgenommenen deutschen Verbände den Drinabrückenkopf bei Visegrad durchschritten und damit Anschluß an unsere in Südostkroatien stehenden Hauptkräfte gewonnen. Nach 4 ½ Monaten schwierigsten Marsches, der seit dem Verlassen von Griechenland von dauernden Kämpfen begleitet war, in einem unwirtlichen und kaum dem Verkehr erschlossenen Gebirge, ist damit eine fast aussichtslos erscheinende Absetzbewegung ohne nennenswerte Einbuße abgeschlossen worden.

Inferno in Dresden

Das große Gesprächsthema in Berlin ist heute nicht mehr die Nähe der Front, sondern – Dresden. Die schöne Stadt an der Elbe, die bis vor kurzem vor Luftangriffen so gut wie verschont geblieben war, mußte in der Nacht auf Mittwoch plötzlich einen heftigen Bombenangriff über sich ergehen lassen, dem nachher, sowohl bei Tage als auch bei Nacht, ein Angriff nach dem andern folgte.
Ob militärische Ziele getroffen wurden oder nicht, kann selbstverständlich von hier nicht gemeldet werden. Man kann sich lediglich an Berichte von Reisenden halten, und diese stimmen darin überein, daß Dresden seit Dienstagabend ein einziges brennendes Inferno sei, in dem die Menschen zu mehreren Zehntausenden den Tod fanden und, wie man in Berlin hört eigentlich alle weltbekannten kulturhistorischen Bauwerke ganz oder teilweise zerstört wurden.
Nach allem, was man hört, müssen die Opfer an Menschenleben unerhört sein. Durch keine Stadt waren in den letzten Wochen so viele Ostflüchtlinge »geschleust« worden wie durch Dresden. Alle Kinos, Schulen, Kirchen und andere öffentliche Gebäude der Stadt waren voll von Müttern und Kindern und Alten und Kranken, die sich mit ihrer letzten Habe von den Frontgebieten im Osten nach dem Westen durchgeschlagen hatten.
Als plötzlich der erste Angriff auf die Stadt kam, hatten die Flüchtlinge natürlich sehr geringe Möglichkeiten, sich in Sicherheit zu bringen. Die Menschen, mit denen ich heute sprach, stehen stark unter dem Eindruck der Schrekkensszenen, die sich abspielten, als Mütter mit ihren Kleinen im Kinderwagen durch die brennenden Straßen liefen, um in den Wäldern außerhalb Dresdens Schutz zu suchen. Wir hier in Berlin, die wir in den letzten 24 Stunden lange Luftwarnungen erlebt und gesehen hatten, wie ein Geschwader nach dem andern auf dem Weg nach Dresden die Stadt überflog, waren voller Mitgefühl für die Menschen dort. Dieses Mitgefühl galt nicht zuletzt den Skandinaviern, die seit langem ihre Heimat in Dresden haben.

»Dagens Nyheter« (Stockholm), 16. 2. 1945

Dresden 1945. Auf Schienenrosten werden die Leichen der Opfer verbrannt.

US-Bomber B-17 – »Fliegende Festung«.

Verordnung über Standgerichte

Zuständig für alle Straftaten, die die Kampfkraft gefährden. Der Reichsminister der Justiz hat am 15. Februar 1945 folgende Verordnung über die Errichtung von Standgerichten erlassen:

»Die Härte des Ringens um den Bestand des Reiches erfordert von jedem Deutschen Kampfentschlossenheit und Hingabe bis zum Äußersten. Wer versucht, sich seinen Pflichten gegenüber der Allgemeinheit zu entziehen, insbesondere wer dies aus Feigheit oder Eigennutz tut, muß sofort mit der notwendigen Härte zur Rechenschaft gezogen werden, damit nicht aus dem Versagen eines einzelnen dem Reich Schaden erwächst. Es wird deshalb auf Befehl des Führers im Einvernehmen mit dem Reichsminister und Chef der Reichskanzlei, dem Reichsminister des Innern und dem Leiter der Partei-Kanzlei angeordnet:
1. In feindbedrohten Reichsverteidigungsbezirken werden Standgerichte gebildet.

1945

Februar

2. 2. Ekuador erklärt Deutschland den Krieg

3. 2. Schwerer US-Luftangriff auf Berlin. Unter den 22 000 Toten ist der Vorsitzende des »Volksgerichtshofs«, Freisler

4. 2. US-Einheiten besetzen das von den Japanern verlassene Manila

4.–12. 2. Konferenz von Jalta zwischen Stalin, Roosevelt und Churchill. Hauptthema der Gespräche ist die Behandlung Deutschlands nach Kriegsende: die Aufteilung in Besatzungszonen, die Beteiligung Frankreichs an der deutschen Besetzung, die Bildung eines Alliierten Kontrollrats und die deutschen Reparationsleistungen

8. 2. Beginn einer sowjetischen Offensive aus dem Raum von Steinau und Leubus.

11. 2. Die deutsche Besatzung von Budapest kapituliert

12. 2. Peru erklärt Deutschland den Krieg

13./14. 2. Einheiten der RAF greifen Dresden in zwei schweren Nachtangriffen an. Am Mittag bombardieren US-Verbände die Stadt, die zu 50 Prozent vernichtet wird. Die Zahl der Toten in der von Flüchtlingen aus Schlesien übervölkerten Stadt konnte nie genau ermittelt werden

15. 2. Breslau wird von sowjetischen Truppen eingeschlossen. Uruguay erklärt Deutschland den Krieg

16./17. 2. US-Verbände bombardieren Tokio

19. 2. Himmler nimmt Kontakte zu dem schwedischen Grafen Bernadotte auf, um die Möglichkeiten eines Sonderfriedens mit den Westmächten zu erkunden

20./21. 2. An zwei aufeinanderfolgenden Tagen wirft die 8. US-Luftflotte insgesamt 3800 t Bomben auf Nürnberg

23. 2. Alliierte Großoffensive aus ihren Brückenköpfen an der Roer. Die Türkei erklärt Deutschland den Krieg

Kultur

23. 2. In Hamburg wird der Ufa-Film »Die Brüder Noltenius« mit Willy Birgel uraufgeführt

26. 2. Der Fritz-Kirchhoff-Film »Eines Tages« mit Magda Schneider wird uraufgeführt

2. (1) Das Standgericht besteht aus einem Strafrichter als Vorsitzer sowie einem politischen Leiter oder Gliederungsführer der NSDAP und einem Offizier der Wehrmacht, der Waffen-SS oder der Polizei als Beisitzern.
(2) Der Reichsverteidigungskommissar ernennt die Mitglieder des Gerichts und bestimmt einen Staatsanwalt als Anklagevertreter.
3. (1) Die Standgerichte sind für alle Straftaten zuständig, durch die die deutsche Kampfkraft oder Kampfentschlossenheit gefährdet sind.
(2) Auf das Verfahren finden die Vorschriften der Reichsstrafprozeßordnung sinngemäß Anwendung.
4. (1) Das Urteil des Standgerichts lautet auf Todesstrafe, Freisprechung oder Überweisung an die ordentliche Gerichtsbarkeit. Es bedarf der Bestätigung durch den Reichsverteidigungskommissar, der Ort, Zeit und Art der Vollstreckung bestimmt.
(2) Ist der Reichsverteidigungskommissar nicht erreichbar und sofortige Vollstreckung unumgänglich, so übt der Anklagevertreter diese Befugnisse aus.
5. Die zur Ergänzung, Änderung und Durchführung dieser Verordnung erforderlichen Vorschriften erläßt der Reichsminister der Justiz im Einvernehmen mit dem Reichsminister des Innern und dem Leiter der Partei-Kanzlei.
6. Die Verordnung tritt mit ihrer Verkündung in Presse und Rundfunk in Kraft.«

»Hannoversche Zeitung«, 17./18. 2. 1945

Fliegendes Standgericht. Verlesung des Urteils durch ein Exekutionskommando der SS.

Wie bediene ich die Panzerfaust?

Die deutsche Panzer-Nahkampfwaffe hat sich immer mehr als eine Waffe ausgezeichnet, die in der Hand eines unerschrockenen und entschlossenen Kämpfers einzigartige Erfolge erzielen konnte. Da die Waffe denkbar leicht zu handhaben ist, ist sie in besonderem Maße geeignet, im weitesten Umfang auch im Volkssturm eingesetzt zu werden. Jeder muß dabei mit dem Gebrauch dieser Waffe bekannt sein. Nachstehend geben wir daher in Wort und Bild Aufklärung über die Panzerfaust.
Bedienung der Panzerfaust
Bei der Panzerbekämpfung mit der Panzerfaust ist folgendes zu beachten:
1. Du sollst den Feindpanzer nicht fürchten, sondern alles aufbieten, ihn umzulegen.
2. Die beste Waffe des Infanteristen zur Panzernahbekämpfung ist die Panzerfaust. Du sollst ihr vertrauen und dich ihrer bedienen, wo du nur kannst.
3. Du mußt dich vorher genau unterrichten, wie die Panzerfaust zu bedienen ist.
4. Du sollst jederzeit im Bilde sein, wo in der Nähe deines Kampfplatzes die Panzerfaust zu haben ist.
5. Du mußt unbedingt darauf achten, daß sich beim Schießen mit der Panzerfaust in 10 Meter Entfernung hinter dir kein Kamerad befindet. Der nach hinten gehende Feuerstrahl der Treibladung kann bis auf 3 m tödlich wirken.
6. Du sollst bei Panzerbekämpfung ruhig Blut bewahren, um so sicherer wirst du treffen, um so mehr verliert der Panzer seine Schrecken. Du wirst dann zum Schrecken für den Panzer.
7. Nimm jede Gelegenheit wahr, mit der Panzerfaust zu üben und laß dich von kampferprobten Kameraden beraten, wenn du selbst noch keine Erfahrung hast.
8. Sei mutig und unerschrokken, wenn Feindpanzer nahen, auch der stärkste Panzer ist durch die Panzerfaust mit dem ersten Schuß zu erledigen.

»Südhannoversche Zeitung«, 22. 2. 1945

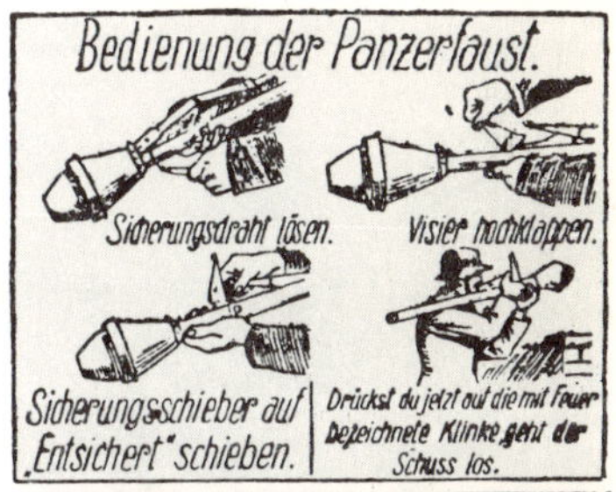

Das OKW gibt bekannt

Februar

2. 2. Der Obergefreite Karl Schuster hat in einem Panzergrenadierregiment als Richtschütze einer 7,5-cm-Pak innerhalb 15 Minuten von sieben durchgebrochenen sowjetischen Panzern fünf abgeschossen, ferner zwei Lastkraftwagen mit angehängten Geschützen vernichtet und die Masse der begleitenden feindlichen Infanterie zusammengeschossen. Den Rest von 21 Bolschewisten nahm er gefangen.

4. 2. Die Reichshauptstadt war am gestrigen Tage das Ziel eines Terrorangriffs der Nordamerikaner. Es entstanden vorwiegend in der Stadtmitte Schäden an Wohnhäusern und Kulturbauten sowie Verluste unter der Zivilbevölkerung.
Das Vergeltungsfeuer auf London dauert mit nur kurzen Unterbrechungen an.

13. 2. In Mittelitalien hat die in der Masse aus Negern bestehende 92. amerikanische Infanteriedivision nach ihrer starken Einbuße den Angriff an der ligurischen Küste nicht weiter aufgenommen.

15. 2. Nach völliger Einschließung von Budapest haben die Verteidiger die Stadt fast 50 Tage lang gegenüber heftigsten feindlichen Angriffen gehalten und weit überlegene sowjetische Kräfte gebunden. Die tapfere deutsch-ungarische Besatzung ist nunmehr, als Munition und Verpflegung zu Ende gingen, befehlsgemäß aus dem Belagerungsring ausgebrochen. Die ersten Teile haben bereits unsere Front westlich Budapest erreicht.
Mitteldeutschland mit dem sächsischen Raum, das Münsterland und Südostdeutschland waren bei Tag und Nacht das Angriffsziel angloamerikanischer Terrorbomber. Durch mehrere Angriffe wurde die Stadt Chemnitz besonders schwer getroffen. Umfangreiche Schäden in Wohnvierteln entstanden vor allem in Magdeburg und erneut in Dresden, wo unersetzliche Bau- und Kunstdenkmäler vernichtet sind.

25. 2. Die Abwehrschlacht an der Rur tobt auf einer Breite von 60 Kilometern. Zwischen Roermond und an der Bahnlinie Geilenkirchen–Erkelenz konnten die Verbände der 9. amerikanischen Armee unsere Gefechtsvorposten an einzelnen Stellen auf das Ostufer des Flusses zurückdrücken.

26. 2. In Kroatien lebte die feindliche Angriffstätigkeit im Großraum Sarajevo in den letzten Tagen beträchtlich auf. In mehreren Abschnitten sind heftige Kämpfe gegen starke Bandenkräfte im Gange.

Die Taschen voll

Fast 25 Jahre war der Russe aus der Welt verbannt. Jetzt steht er an der Oder. Er hat Bukarest und Budapest kennengelernt und mit Kiew und Odessa verglichen. Er hat die großen Hotels und die Bäder gesehen, die gepflegten Gärten, die sauberen Fassaden, die Hochschulen und mächtigen Bürohäuser, die verlassenen Bürgerwohnungen und Arbeitersiedlungen, die Gutshäuser mit den Ställen voll herrlichen Viehs, die Schränke voller Kleider und Wäsche und Silber, die Lampen in Alabasterschalen, die Tischlampen und Stehlampen mit Seidenschirmen, die Betten mit Daunendecken und die Zimmer mit Teppichen, die Fahrstühle und die großen Radioapparate, die elektrischen Plattenspieler und die Kühlschränke, die Bilder an den Wänden, die großen Geschäfte, die eleganten Schaufenster, Restaurants und Kaffees, die wohlerhaltenen reichen Kirchen und modernen Sportplätze, die Garderobe der Frauen und Männer, den Reichtum an schön gedruckten und fein gebundenen Büchern, das gute Porzellan und die geschliffenen Gläser in den Schränken, die Kanalisation, die Badezimmer und Klosetts, die Sofas, die statt mit Wachstuch mit Leder oder mit guten Stoffen überzogen sind, die Sessel in den einfachsten Häusern, die Küche des Arbeiters und Geschirr und Gerät, das Spielzeug für die Kinder, das nicht nur aus Holz geschnitzt ist, den Schmuck, die Uhren, die Wäsche, die Wagen und die sauberen Straßen. Das alles hat er entdeckt. Hunderttausende von Offizieren und Soldaten der bolschewistischen Streitkräfte haben deutsche Städte und Dörfer betreten. Der Westen hat sich ihnen geöffnet. Sie staunen und greifen zu. Sie beladen ihren Troß und haben ihre Taschen voller Dinge, von denen sie nicht einmal träumten.

»Das Reich«, 4. 3. 1945

Rückzugsstraße in Ostpreußen.

EK. für Zwölfjährigen

Aus dem Gefechtsstand einer schlesischen Infanterie-Division tritt der 12jährige Jungvolkzugführer Alfred Zeck aus Goldenau (OS.) mit dem Eisernen Kreuz und einer Uhr. Auf die Fragen eines Offiziers antwortet er stolz:
»Das Eiserne Kreuz erhielt ich für die Bergung von 12 verwundeten deutschen Soldaten. Als Ende Januar die Bolschewisten einen Einbruch erzielt hatten, beobachtete mein Vater mit dem Fernglas einen verwundeten Soldaten, der sich kriechend zurückarbeitete. Ich spannte sofort unsere beiden Pferde vor den Schlitten, lud mir einen Handschlitten auf und fuhr bis zur nächsten Höhe. Dort holte ich allein den Verwundeten mit dem Handschlitten zum Pferdeschlitten. Das habe ich viermal getan und somit 12 verwundete deutsche Soldaten zum Verbandplatz gebracht.
Ende Dezember sah ich einen Obergefreiten, der die Schule unseres Ortes fotografierte. Es fiel mir auf, daß er den Dienstgradwinkel auf dem rechten Arm trug. Als er eine Frau nach einem Gasthof fragte, sprach er nur gebrochen deutsch. Ich ließ durch einen Kameraden die Polizei benachrichtigen. Er schien es zu merken, denn er fragte, warum ich hinter ihm herliefe. Ich sagte, ich wolle nach dem nächsten Ort. Es dauerte dann nicht mehr lange, bis die drei Polizeiwachtmeister erschienen und den Kerl, der als Spion entlarvt wurde, dingfest machten.«

»Völkischer Beobachter«, 18. 3. 1945

Thomas Manns Botschaft im Rundfunk

Euch Leuten von Aachen und Umgebung hat General Eisenhower gesagt: Wir kommen als Sieger, aber nicht als Unterdrücker. Ihr wißt, daß das wahr ist. Ihr habt den angsterpreßten Lügenreden von der Zerstörung Deutschlands, der Vernichtung des Volkes schon mehr Erfahrung entgegenzusetzen als Eure Brüder im Nazi-Reich. Elender als Deutschland jetzt daran ist, kann es ihm nie ergehen. Ein tieferes Elend als Nazi-Herrschaft gibt es nicht.
Ein schweres, dürftiges Leben erwartet Deutschland. Wie könnte es anders sein. Ein Le-

1945

März

3. 3. Finnland erklärt Deutschland rückwirkend zum 15. 9. 1944 den Krieg

6. 3. Die Alliierten haben den »Westwall« in seiner gesamten Ausdehnung zwischen Aachen und der Pfalz durchbrochen. Sie nehmen Köln ein. Einen Tag später gelingt es ihnen, den Rhein bei Remagen zu überschreiten.
Hitler läßt die fünf Offiziere, die angeblich die Sprengung der dortigen Eisenbahnbrücke versäumt haben, erschießen.
Die letzte deutsche Offensive in Ungarn. Sie muß wegen der starken sowjetischen Gegenangriffe am 15. 3. abgebrochen werden

8. 3. Der Höhere SS- und Polizeiführer in Italien, Wolff, nimmt in der Schweiz geheime Kontakte mit Vertretern der Alliierten über die Kapitulation der deutschen Truppen in Italien auf

9. 3. Schwerer Angriff der US-Luftwaffe auf Tokio mit fast 84 000 Todesopfern unter der Zivilbevölkerung

13. 3. Beginn einer sowjetischen Offensive in Ostpreußen. Königsberg wird von der Landverbindung abgeschnitten

15. 3. Legationsrat Hesse führt in Stockholm Gespräche über einen Separatfrieden mit den Westmächten. Sie bleiben ergebnislos

18. 3. Kolberg fällt nach 14tägiger Einschließung. 68 000 Einwohner, 1200 Verwundete und 5200 Soldaten werden über See evakuiert.
Bisher schwerste US-Luftangriffe auf Berlin, wobei 4000 t Sprengbomben abgeworfen werden

19. 3. Hitler erläßt den Befehl »Verbrannte Erde« zur Zerstörung sämtlicher Industrie- und Versorgungsanlagen im Reichsgebiet

25. 3. US-Truppen erreichen Ludwigshafen und Worms

27. 3. Argentinien erklärt Deutschland den Krieg

30. 3. Sowjetische Verbände erobern Danzig

Kultur

21. 3. Nach den Vorschriften von US-General Eisenhower wird in Aachen der Freie Deutsche Gewerkschaftsbund gegründet

30. 3. Der z. T. in Holland hergestellte Film »Das alte Lied« mit Winnie Markus und Grete Weiser wird uraufgeführt

Schanzen und Bunkerbau im Samland bei Gut Quednau mit ostpreußischer Zivilbevölkerung. »Pressebild«, 14. 3. 1945

ben, das für geraume Zeit nicht vor allem dem eigenen Wohlsein, sondern dem Versuch der Wiedergutmachung himmelschreiender Untaten gewidmet sein muß, die Hitler Deutschland und anderen Völkern zufügt. Ein überall furchtbar aufgelaufener Haß muß allmählich abgetragen, allmählich beschwichtigt werden, aber Friede, Rechtssicherheit, ein langsam wiedererwachender Lebensgenuß, das Ledigsein von der Last des Hochmutswahns, ein auserwähltes Volk zu sein, das die Welt unterwerfen muß, Versöhnung und Zusammenarbeit mit den Völkern des gemeinsamen Kulturkreises, wird das nicht besser sein als die gegenwärtige Hölle, ist es nicht das, wonach in tiefster Seele Ihr Deutschen Euch sehnt!

»Aachener Nachrichten«, 7. 3. 1945

Kriegsmarine rettete mehr als 590 000 Flüchtlinge

Von schwimmenden Einheiten der Kriegs- und Handelsmarine sind unter maßgeblicher Beteiligung zahlreicher Marinedienststellen an Land seit dem bolschewistischen Einbruch in Ost- und Westpreußen bisher über 590 000 Flüchtlinge, in der überwiegenden Mehrzahl Frauen und Kinder, aus den Ostgauen auf dem Seewege ins Reich zurückgeführt worden. Damit hat die Kriegsmarine mit allen Mitteln und unter Inkaufnahme größter Schwierigkeiten für die Erhaltung des Lebens wesentlicher Teile der ost- und westpreußischen Bevölkerung in hohem Maße beigetragen.

»Völkischer Beobachter«, 16. 3. 1945

Der Toten Tatenruhm

Wie durch ein dunkles urgewaltiges Lied klingt und braust es um uns her, wenn wir in unserer geschichtlichen Vergangenheit den endlosen Strom deutscher Kraft und deutschen Heldentums einmal sinnend betrachten. Da sehen wir dann wie in einem Spiegel unser eigenes Wesen so groß und so schön, daß wir darüber staunen müssen, weil wir im Krieg gewohnt sind, übermäßig nur Schatten zu sehen und ganz vergessen, daß da, wo viel Schatten ist, auch viel Licht sein muß. Da raunt uns aus der Vergangenheit kristallklar gewordene Sage heute noch mit einem fühlbaren Hauch innerster Wahrhaftigkeit ins Gesicht, daß wir ganz eigen davon angerührt werden. Und wir denken gleich, wer weiß, wie wohl in fernen Zeiten einmal von uns und unserem Weltenkampf die Sage umgehen und raunen wird, von Dingen, die wir so realistisch hart und nüchtern zur Zeit erleben. Wenn aber einmal alles, was wir litten und ertrugen, verblaßt sein wird, wird über die Zeiten noch ragen das Heldentum der Deutschen unserer Zeit. Sagt doch schon das älteste germanische Gedicht, das uns erste Kunde von der geistigen Herkunft unserer Ahnen gibt, in der ewigen Gültigkeit letzter Weisheit: »Besitz stirbt, Sippen sterben, du selbst stirbst wie sie. Nur eines weiß ich, das ewig lebt, der Toten Tatenruhm!«

»Völkischer Beobachter«, 11. 3. 1945

Straßenkampf in Köln.

Das OKW gibt bekannt

März

4. 3. Durch das Beispiel ihrer Offiziere mitgerissen, vereitelten unsere tapferen Truppen an den Brennpunkten der Abwehrschlacht in Ostpreußen in entschlossenen Gegenstößen weiterhin alle Durchbruchsversuche der Bolschewisten. In Kurland nahm der Feind südöstlich Libau seine Angriffe nach starker Feuervorbereitung wieder auf, blieb jedoch nach geringen Anfangserfolgen innerhalb des Hauptkampffeldes liegen.
Im Westen dauert die Materialschlacht nach Zuführung neuer feindlicher Kräfte in unverminderter Stärke an. Vom Rheinknie bei Rees bis Geldern schlugen unsere Truppen starke Angriffe blutig zurück.

8. 3. Am Niederrhein hielten unsere Truppen den Brückenkopf Wesel gegen erneute feindliche Angriffe, warfen vorübergehend vorgedrungenen Gegner unter schweren Verlusten für ihn zurück und vernichteten zahlreiche Panzer. Im Abschnitt Düsseldorf–Köln wurde unsere Front in schweren Kämpfen auf das Ostufer des Rheins zurückgedrängt. Auf dem Westufer wird noch in den Trümmern von Köln gekämpft. Gegen den Brückenkopf Bonn führt der Feind heftige feindliche Angriffe.
An der Ahr entwickelten sich lebhafte Gefechte mit feindlichen Panzerkräften, deren Spitzen bis Remagen vorstießen. Auch durch die Eifel konnten amerikanische Panzerspitzen in das Rhein-Mosel-Dreieck vordringen.

15. 3. Gegen unsere Front westlich des Rheins ist der Feind an der Mosel, an der Saar und im Unterelsaß zum Großangriff angetreten.

19. 3. In der Doppelschlacht an der Danziger Bucht setzte der Feind seinen Großangriff gegen den West- und Südwestteil des Verteidigungsgürtels um Gotenhafen und Danzig sowie gegen die Südostfront mit insgesamt zehn Armeen fort. Unsere tapferen Divisionen verteidigen jeden Fußbreit Boden, führten immer wieder entschlossene Gegenstöße und verhinderten den erstrebten Durchbruch der Sowjets ohne wesentlichen Geländeverlust.

30. 3. In der Festung Breslau hat die 1. Kompanie eines SS-Regiments unter der mitreißenden Führung von SS-Untersturmführer Budka in den Kellern brennender Wohnblocks bei 50 bis 60 Grad Hitze in fanatischem Willen alle Durchbruchsversuche des Feindes verlustreich abgewiesen.

Ich sterbe mit freudigem Herzen

Nach einem sechsjährigen Kampf, der einst in die Geschichte trotz aller Rückschläge als ruhmvollste und tapferste Bekundung des Lebenswillens eines Volkes eingehen wird, kann ich mich nicht von der Stadt trennen, die die Hauptstadt dieses Reiches ist. Da die Kräfte zu gering sind, um dem feindlichen Ansturm gerade an dieser Stelle noch standzuhalten, der eigene Widerstand aber durch ebenso verblendete wie charakterlose Subjekte allmählich entwertet wird, möchte ich mein Schicksal mit jenem teilen, das Millionen andere auch auf sich genommen haben, indem ich in dieser Stadt bleibe.
Außerdem will ich nicht Feinden in die Hände fallen, die zur Belustigung ihrer verhetzten Massen ein neues, von Juden inszeniertes Schauspiel benötigen.
Ich hatte mich daher entschlossen, in Berlin zu bleiben und dort aus freien Stücken in dem Augenblick den Tod zu wählen, in dem ich glaube, daß der Sitz des Führers und Kanzlers selbst nicht mehr gehalten werden kann.
Ich sterbe mit freudigem Herzen angesichts der mir bewußten unermeßlichen Taten und Leistungen unserer Soldaten an der Front, unserer Frauen zu Hause, den Leistungen unserer Bauern und Arbeiter und dem in der Geschichte einmaligen Einsatz unserer Jugend, die meinen Namen trägt.
Daß ich ihnen allen meinen aus tiefstem Herzen kommenden Dank ausspreche, ist ebenso selbstverständlich wie mein Wunsch, daß sie deshalb den Kampf unter keinen Umständen aufgeben mögen, sondern, ganz gleich wo immer, ihn gegen die Feinde des Vaterlandes weiterführen, getreu den Bekenntnissen eines großen Clausewitz. Aus dem Opfer unserer Soldaten und aus meiner eigenen Verbundenheit mit ihnen bis in den Tod wird in der deutschen Geschichte so oder so einmal wieder der Same aufgehen zur strahlenden Wiedergeburt der nationalsozialistischen Bewegung.
Von allen Deutschen, allen Nationalsozialisten, Männern und Frauen und allen Soldaten der Wehrmacht verlange ich, daß sie der neuen Regierung und ihrem Präsidenten treu und gehorsam sein werden bis in den Tod. Vor allem verpflichte ich die Führung der Nation und die Gefolgschaft zur peinlichen Einhaltung der Rassegesetze und zum unbarmherzigen Widerstand gegen den Weltvergifter aller Völker, das internationale Judentum.

Hitlers politisches Testament, 29. 4. 1945

»Stars and Stripes« auf Jwo Jima.

Straßenschlachten in Berlin

In die Vororte Berlins eingedrungene sowjetische Kräfte versuchen unter starkem Einsatz ihrer Luftverbände die Umfassung zu vollenden. Im Nordosten der Stadt leisten Arbeiter mit der Waffe in der Hand fanatischen Widerstand an der Seite der Wehrmacht und der Hitler-Jugend.
Die Frankfurter Allee ist ein Schwerpunkt der heißen Kämpfe. Es ist kaum noch möglich, sich auf der Frankfurter Allee zu bewegen. Wracks von Panzern und tote Bolschewisten bedecken die Straße. Am Montag wurden über 40 sowjetische Panzer vernichtet. Einen großen Anteil an diesen Erfolgen hatte die HJ. Überhaupt bewährt sich die Hitler-Jugend täglich bei diesen schweren Kämpfen. U.a. hat sich ein Hitlerjunge als Scharfschütze durch zahlreiche Abschüsse besonders ausgezeichnet. Im Verein mit der Waffen-SS warf eine Einheit der Hitler-Jugend durchgebrochene Bolschewisten bis zum Bahnhof Landsberger Allee zurück. Mehrere Verräter in Wehrmachtsuniform wurden durch die Aufmerksamkeit von Hitlerjungen entlarvt und unschädlich gemacht.
Ein weiterer Brennpunkt liegt im Südwesten. Hier hatte der Feind über Teltow und Zehlendorf einen starken Panzerverband herangeführt, der in Richtung auf die Avus durchbrechen sollte. Die feindliche Taktik, in zahlreichen kleinen Panzergruppen Raum zu ge-

1945

April

1. 4. Landung der Amerikaner auf Okinawa

4. 4. Die letzten deutschen Verbände ziehen sich aus Ungarn zurück

7. 4. US-Flugzeuge versenken das japanische Superschlachtschiff »Yamato« nördlich von Okinawa

9. 4. Alliierte Großoffensive in Oberitalien

10. 4. Die amerikanische 9. Armee besetzt Essen und Hannover

12. 4. Die Nachricht vom Tod des amerikanischen Präsidenten Roosevelt löst in Hitlers Umgebung Euphorie aus. Goebbels glaubt, der Krieg werde sich nun zu Deutschlands Gunsten entwickeln

13. 4. Wien wird von sowjetischen Truppen erobert

16. 4. Beginn der sowjetischen Offensive in Schlesien und an der Oderfront mit dem Ziel, Berlin einzuschließen und zu erobern

18. 4. Amerikanische Einheiten erobern Magdeburg, am nächsten Tag Leipzig

19. 4. Die 2. britische Armee erreicht die Elbe bei Lauenburg

21. 4. Sowjetische Artillerie beginnt mit dem Beschuß des Stadtzentrums von Berlin

22. 4. Französische Truppen erobern Stuttgart

24. 4. Treffen Himmlers mit Graf Bernadotte über mögliche Kapitulation

25. 4. Bei Torgau an der Elbe treffen amerikanische und sowjetische Truppen zusammen. Der noch von deutschen Verbänden kontrollierte Raum wird in zwei Teile getrennt

26. 4. Die 2. britische Armee erobert Bremen

29. 4. In Caserta (Italien) Kapitulation der Heeresgruppe C
Hitler heiratet im Bunker der Reichskanzlei Eva Braun. Er diktiert sein »politisches Testament«, in dem er Großadmiral Dönitz zu seinem Nachfolger bestimmt

30. 4. Hitler erfährt, die Russen stehen am Potsdamer Platz. Um 15.30 Uhr erschießt er sich, seine Frau nimmt Gift.
Amerikanische Truppen besetzen München

Kultur

22. 4. Käthe Kollwitz stirbt im Alter von 77 Jahren in Moritzburg winnen, haben unsere beweglichen Panzerjagdkommandos vereitelt. Der Feind versuchte, mit starken Fliegerverbänden den festgelaufenen und bereits stark abgenutzten Verband durch Luftangriffe auf unsere Sperriegel freizumachen. Aber der Ring hat sich bis zur Stunde weiter zusammengeschoben. Ständig laufen neue Abschußmeldungen von Panzern ein.

In dem Ringen um die Reichshauptstadt hat sich die Flakartillerie der Luftwaffe aufs höchste bewährt, die fast ganz im Erdkampf eingesetzt ist. Seite an Seite mit den Verbänden des Heeres und der Waffen-SS kämpft die Flak, die den Sowjets empfindliche Verluste zugefügt hat. Die Mehrzahl der leichten und schweren Batterien steht in vorderster Front. Außer der Vernichtung einer großen Anzahl von Sowjetpanzern und vieler Lastkraftwagen mit aufgesessener Infanterie kommt die Zerschlagung von bereitgestellten Panzern und Kolonnen auf ihr Konto.

Von der Truppe wird das Verhalten der Berliner Bevölkerung als tapfer bezeichnet. Sie stört durch Nervosität die vorgesehenen Operationen nicht. Frauen und Mädchen helfen, wo sie nur können.

»Hamburger Zeitung«, 26. 4. 1945

Plakatwerbung für den Volkssturm.

Der Führer Verteidiger Berlins

Der Führer hat, wie in einer Erklärung des Gauleiters und Reichsverteidigungskommissars Dr. Goebbels bekanntgegeben wurde, den Befehl über alle zur Verteidigung Berlins angetretenen Kräfte übernommen. Der Führer weilt in der Reichshauptstadt. Diese Tatsache gibt dem Ringen um Berlin das Gepräge eines Kampfes von europäischer Bedeutung. Alle Verteidiger der Reichshauptstadt sind jetzt nur noch von dem Willen beseelt, den bolschewistischen Todfeind, wo er immer auftaucht, vernichtend zu schlagen.

In die Verteidigungsfront hat sich neben Wehrmacht und Volkssturm die Zivilbevölkerung eingereiht, Männer, Frauen und Jugend geben der kämpfenden Front Hilfe und Unterstützung, wo sie nur können. In den bedrohten Bezirken der Reichshauptstadt hat die Partei eine neue Feuerprobe bestanden. Amtsträger und Parteigenossen haben mit Panzerfaust, Maschinenpistolen und Karabinern an Straßenkreuzungen Aufstellung genommen, um den Feind bei seinem Erscheinen sofort zu bekämpfen. Weder schwere Verluste noch stärkster Materialeinsatz der Bolschewisten haben die Männer der Partei zu erschüttern vermocht. Zusammen mit den Kameraden von der Wehrmacht und des Volkssturms haben sie sich auch in schwierigster Lage gewappnet gezeigt.

»Völkischer Beobachter«, 24. 4. 1945

Mussolini hingerichtet

Radio Mailand gibt bekannt, daß Mussolini und mehr als ein Dutzend andere faschistische Persönlichkeiten auf einem Platz in Como öffentlich hingerichtet worden seien. Die Exekution erfolgte an derselben Stelle, wo vor einiger Zeit fünfzehn italienische Patrioten von den Faschisten getötet wurden. Wie Radio Mailand weiter meldet, befinden sich unter den Hingerichteten eine Reihe von prominenten Faschisten, darunter der Sekretär der Republikanisch-Faschistischen Partei, Pavolini, und die Freundin Mussolinis, Claretta Petacci. In dem Bericht heißt es, die Leichen der Hingerichteten seien öffentlich zur Schau gestellt worden.

»United Press«, April 1945

Der Führer beglückwünscht junge Kämpfer zu ihren Erfolgen.

Das OKW gibt bekannt

April

11.4. Wie bereits im Wehrmachtbericht vom 8. April gemeldet, zeichneten sich deutsche Jagdverbände bei der Abwehr amerikanischer Terrorangriffe gegen den norddeutschen Raum am 7. April durch hervorragenden Kampfgeist aus. Die Jäger durchbrachen in erbitterten Luftkämpfen die starke feindliche Jagdsperre und stürzten sich ungeachtet des heftigen Abwehrfeuers, das ihnen aus zahlreichen Bordwaffen entgegenschlug, in todesmutiger Selbstaufopferung auf die viermotorigen Kampfflugzeuge.

16.4. Das erbitterte Ringen an der Ruhr und im Bergischen Land nahm mit steigender Heftigkeit seinen Fortgang. Hierbei konnten die mit besonders starken Kräften von Süden angreifenden Amerikaner auf schmalem Raum den Durchbruch zur Ruhr erzwingen. Während Lüdenscheid nach heldenhaftem Kampf verlorenging, toben in den Ruinen von Hagen weitere heftige Straßenkämpfe.

19.4. Am dritten Tag der großen Abwehrschlacht vor Berlin warfen die Bolschewisten Menschen und Material in bisher nicht gekanntem Ausmaß in den Kampf. Unsere tapferen Truppen hielten, durch das Beispiel ihrer Offiziere mitgerissen, dem feindlichen Massenansturm stand.

25.4. Die tapfere Besatzung von Breslau schlug wieder alle Angriffe ab. In vorbildlicher Kampfgemeinschaft von Verbänden der Wehrmacht, des Volkssturms und der zivilen Verwaltung wird die Festung seit dem 17. Februar gegen den unaufhörlichen Ansturm der an Zahl und Material weit überlegenen Sowjets behauptet.

27.4. Im Mittelpunkt der Kämpfe stand auch gestern die Schlacht im Raum Berlin. Schulter an Schulter mit allen waffenfähigen Männern führten unsere Truppen einen heldischen Kampf gegen den bolschewistischen Massenansturm, verteidigen jedes Haus und warfen den Feind durch Gegenangriffe an vielen Stellen aus dem inneren Verteidigungsring der Stadt wieder zurück.

30.4. Das heroische Ringen um das Zentrum der Reichshauptstadt hält mit unverminderter Heftigkeit an. In erbitterten Häuser- und Straßenkämpfen halten Truppen aller Wehrmachtteile, Hitlerjugend und Volkssturm den Stadtkern. Ein leuchtendes Sinnbild deutschen Heldentums.

Die vielen Tode des Adolf Hitler

Adolf Hitler starb in einer Woche so viele Tode wie sonst keine Figur der Geschichte.
Radio Hamburg erklärte: Hitler »starb auf seinem Gefechtsstand in der Reichskanzlei, wo er bis zuletzt gegen die Russen kämpfte«.
Der schwedische Graf Folke Bernadotte, der es wiederum am 24. April von Himmler gehört hatte, sagte: Hitler hatte eine Gehirnblutung, möglicherweise war er schon tot.
Dr. Hans Fritzsche, der gefangengenommene Stellvertreter von Goebbels, sagte: Hitler hat Selbstmord begangen.
Radio Tokio meldete: Hitler wurde von einer explodierenden Granate getötet, als er die Treppen seiner Berliner Reichskanzlei hinunterschritt.
Und Paris-Presse berichtete: Bei einem Streit um die Fortsetzung des Krieges sprengten ihn andere Nazi-Führer mit einer Bombe in die Luft, die sie am 21. April in Hitlers Untergrundfestung im Tiergarten gelegt hatten.
Und der Londoner Daily Express:
Hitler ist mit einem U-Boot nach Japan unterwegs.
Edward W. Beattie Jr., Kriegskorrespondent von United Press, der letzte Woche nach acht Monaten Nazi-Gefangenschaft befreit wurde, sagte: Die Deutschen glauben, daß Hitler beim Bombenanschlag vom letzten Jahr getötet wurde.
Sowjetische Soldaten gruben tief in den Trümmern der Reichskanzlei nach Hitlers Leiche. Sie fanden sie nicht. Dr. Fritzsche erklärte ihnen: »Der Leichnam wurde an einem Ort versteckt, den man unmöglich finden kann.« Doch Rußland war entschlossen, Hitler zu finden – ob tot oder lebendig. Schrieb die Prawda: »Einerlei, ob er in die Hölle in die Klauen des Teufels oder in die Arme von faschistischen Protektoren geflüchtet ist, Hitler ist nicht mehr. Wir werden rauskriegen, was wirklich passiert ist. Und falls er entkommen sein sollte, werden wir ihn finden, gleichgültig wo.«

»Time-Magazine« (USA), 14. 5. 1945

»Die allerletzte Zusammenkunft«.

»Nebelspalter«, Mai 1945

Der Führer gefallen

Unser Führer, Adolf Hitler, ist im Kampf gegen den Bolschewismus, dem sein ganzes Leben galt, als Soldat an vorderster Front gefallen. Er hat vor seinem Tode den Großadmiral Dönitz, Oberbefehlshaber der Kriegsmarine, zum Nachfolger bestimmt.
Großadmiral Dönitz, der Nachfolger des Führers, wandte sich tieferschüttert in einer Rundfunkansprache an das deutsche Volk und erließ gleichzeitig einen Tagesbefehl an die Wehrmacht. Er betonte dabei, daß der Führer im Kampf gegen den Bolschewismus, dem sein ganzes Leben gegolten habe, wie der letzte seiner Soldaten sein Leben eingesetzt hat und den Heldentod gestorben ist. Mit ihm ist einer der größten Helden der deutschen Geschichte dahingegangen.
Das deutsche Volk und seine Wehrmacht senken in stolzer Trauer vor ihm die Fahnen. Der Krieg gegen den Bolschewismus, der unser nationales Leben, unsere Kultur, unsere Frauen und Kinder bedroht, geht weiter. Die Kampfhandlungen gegen die Amerikaner und Engländer müssen fortgesetzt werden, soweit diese Feinde Deutschlands uns am Kriege gegen den Bolschewismus hindern. Damit führen sie dann aber nicht mehr den Krieg für die eigenen Völker, sondern für die Ausbreitung des Bolschewismus. Der Großadmiral versicherte dem deutsche Volk, daß die bevorstehenden schweren Notzeiten ihn als den getreuen Bewahrer der Interessen des deutschen Volkes im Sinne Adolf Hitlers sehen werden. Es geht darum, dem deutschen Volk in der Endphase des Krieges erträgliche Lebensbedingungen zu sichern.

»Oberdonau-Zeitung/Tagespost« (Linz), 2. 5. 1945

Einigkeit und Recht und Freiheit

Deutsche Männer und Frauen!
Das Oberkommando der Wehrmacht hat heute auf Geheiß des Großadmirals Dönitz die bedingungslose Kapitulation aller Truppen erklärt. Als leitender Minister der Reichsregierung, die der Großadmiral zur Abwicklung der Kriegsaufgaben bestellt hat, wende ich mich in diesem tragischen Augenblick unserer Geschichte an das deutsche Volk.
Nach einem fast sechsjährigen Kampf von unvergleichlicher Härte ist die Kraft Deutschlands der überwältigenden Macht unserer Gegner erlegen. Die Fortsetzung des Krieges hätte nur sinnloses Blutvergießen und unnütze Zerstörung bedeutet. Eine Regie-

1945

Mai

2. 5. Großadmiral Dönitz bildet in Flensburg eine »Geschäftsführende Reichsregierung«.
Die restliche Besatzung von Berlin kapituliert. Sowjetische Truppen besetzen Rostock

3. 5. Britische Truppen rücken in Hamburg ein.
Rangoon, die Hauptstadt Burmas, wird von den Japanern geräumt.
US-Truppen landen auf Mindanao (Philippinen)

4. 5. Kapitulation der deutschen Streitkräfte im nordwestdeutschen Raum, in Holland und Dänemark durch Generaladmiral von Friedeburg

6. 5. Die »Festung Breslau« kapituliert vor der 6. sowjetischen Armee

7. 5. 2.41 Uhr: Gesamtkapitulation der deutschen Wehrmacht im Hauptquartier von General Eisenhower in Reims von Generaloberst Jodl und Generaladmiral von Friedeburg sowie General Oxenius (für die Luftwaffe) unterzeichnet

9. 5. 0.16 Uhr: Wiederholung des Kapitulationsakts in Berlin-Karlshorst vor Marschall Schukow und dem britischen Luftmarschall Tedder.
Die deutsche Gesamtkapitulation tritt um 0.01 Uhr in Kraft. An allen europäischen Fronten – mit Ausnahme der Tschechoslowakei – ruhen die Waffen

10. 5. Kapitulation der Heeresgruppe Kurland mit ca. 208 000 Mann.
Sowjetische Truppen besetzen Prag

14. 5. Um 12.00 Uhr wird die Übergabe der Armee »Ostpreußen« (General v. Saucken) mit 150 000 Mann gegenüber den Sowjets vollzogen

23. 5. Großadmiral Dönitz, die Mitglieder seines Kabinetts sowie alle Mitglieder des Oberkommandos der Wehrmacht werden in Flensburg verhaftet.
Der ehemalige Reichsführer-SS Himmler begeht Selbstmord, nachdem er in britische Gefangenschaft geraten ist

28. 5. Die US-Militärregierung setzt in Bayern eine Landesregierung ein. Ministerpräsident und Finanzminister ist Dr. Friedrich Schäffer (CSU)

Kultur

25. 5. In Zürich Gründung des Schutzverbandes deutscher Schriftsteller

Mit ungebrochener Kraft. »Das Schwarze Korps«, Mai 1945

rung, die Verantwortungsgefühl vor der Zukunft unseres Volkes besitzt, mußte aus dem Zusammenbruch aller physischen und materiellen Kräfte die Folgerung ziehen und den Gegner um Einstellung der Feindseligkeiten ersuchen.
Es war das vornehmste Ziel des Großadmirals und der ihn unterstützenden Regierung, nach den furchtbaren Opfern, die der Krieg erfordert hat, in seiner letzten Phase das Leben möglichst vieler deutscher Menschen zu erhalten. Daß der Krieg nicht sofort im Westen und im Osten beendet wurde, erklärt sich allein aus diesem Ziel. Wir verneigen uns in dieser schwersten Stunde des deutschen Volkes und seines Reiches in Ehrfurcht vor den Toten dieses Krieges, deren Opfer unsere höchste Verpflichtung ist. Unsere Anteilnahme und Sorge gilt vor allem den Versehrten, den Hinterbliebenen und allen, denen dieser Kampf Wunden geschlagen hat. Niemand darf sich über die Schwere der Bedingungen hinwegtäuschen, die unsere Gegner dem deutschen Volk auferlegen werden. Es gilt, ihnen ohne jede Phrase klar und nüchtern entgegenzusehen. Niemand kann im Zweifel darüber sein, daß die kommende Zeit für jeden von uns hart sein und auf allen Lebensgebieten Opfer von uns fordern wird. Wir müssen sie auf uns nehmen und loyal zu den Verpflichtungen stehen, die wir übernommen haben. Wir dürften aber auch nicht verzweifeln und uns einer stummen Resignation hingeben. Wir müssen uns den Weg durch das Dunkel der Zukunft durch drei Sterne erleuchten und führen lassen, die stets das Unterpfand echten deutschen Wesens waren: Einigkeit und Recht und Freiheit.

Bekanntgabe der bedingungslosen Kapitulation durch Reichsminister Graf Schwerin von Krosigk, 7. 5. 1945

Deutschland kapituliert

Deutschland hat heute um 2.41 Uhr morgens (französischer Zeit) bedingungslos vor den Westalliierten und Rußland kapituliert. (Es war abends 9.41 Uhr sonntags nach Chicagoer Zeit.)
Die Kapitulation fand in einem kleinen, roten Schulhaus statt, das General Eisenhowers Hauptquartier beherbergt.
Mit der Kapitulation endete der Krieg in Europa nach fünf Jahren, acht Monaten und sechs Tagen voller Blutvergießen und Vernichtung. Für Deutschland unterschrieb Generaloberst Gustav Jodl. Jodl ist neuer Stabschef der deutschen Wehrmacht.
Für das Alliierte Oberkommando unterschrieb Generalleutnant Bedell Smith, der Stabschef von Gen. Eisenhower.
Gen. Eisenhower war bei der Unterzeichnung nicht zugegen. Unmittelbar danach wurden Jodl und sein Mitbevollmächtigter, Generaladmiral Hans Georg Friedeburg, vom Obersten Befehlshaber empfangen. Sie wurden streng gefragt, ob sie die Deutschland auferlegten Kapitulationsbedingungen verstünden und ob sie von Deutschland erfüllt werden würden. Sie antworteten mit ja.
Die Urkunde wurden ebenfalls von Gen. Iwan Susloparoff für Rußland und Gen. Francois Sevez für Frankreich unterzeichnet.
Deutschland, das den Krieg mit einem erbarmungslosen Angriff auf Polen begonnen hatte, gefolgt von weiteren Aggressionen und Brutalität in Konzentrationslagern, bat um Gnade für das deutsche Volk und die deutsche Armee.

»Chicago Sun«, 7. 5. 1945

General Jodl unterzeichnet die Kapitulationsurkunde in Reims.

Das OKW gibt bekannt

Mai

1. 5. Im Stadtkern von Berlin verteidigt sich die tapfere Besatzung um unseren Führer geschart auf verengtem Raum gegen die bolschewistische Übermacht.

2. 5. An der Spitze der heldenmütigen Verteidiger der Reichshauptstadt ist der Führer gefallen. Von dem Willen beseelt, sein Volk und Europa vor der Vernichtung durch den Bolschewismus zu erretten, hat er sein Leben geopfert. Dieses Vorbild »getreu bis zum Tode« ist für alle Soldaten verpflichtend.

4. 5. Der Kampf um die Reichshauptstadt ist beendet. In einem einmaligen heroischen Ringen haben die Truppen aller Wehrmachtteile und Volkssturmeinheiten ihrem Fahneneid getreu bis zum letzten Atemzuge Widerstand geleistet und ein Beispiel besten deutschen Soldatentums gegeben.

9. 5. Seit Mitternacht schweigen nun an allen Fronten die Waffen. Auf Befehl des Großadmirals hat die Wehrmacht den aussichtslos gewordenen Kampf eingestellt. Damit ist das fast sechsjährige heldenhafte Ringen zu Ende. Es hat uns große Siege, aber auch schwere Niederlagen gebracht. Die deutsche Wehrmacht ist am Ende einer gewaltigen Übermacht ehrenvoll unterlegen.
Der deutsche Soldat hat, getreu seinem Eid, im höchsten Einsatz für sein Volk für immer Unvergeßliches geleistet. Die Heimat hat ihn bis zuletzt mit allen Kräften unter schwersten Opfern unterstützt.
Die einmalige Leistung von Front und Heimat wird in einem späteren gerechten Urteil der Geschichte ihre endgültige Würdigung finden.
Den Leistungen und Opfern der deutschen Soldaten zu Lande, zu Wasser und in der Luft wird auch der Gegner die Achtung nicht versagen. Jeder Soldat kann deshalb die Waffe aufrecht und stolz aus der Hand legen und in den schwersten Stunden unserer Geschichte tapfer und zuversichtlich an die Arbeit gehen für das ewige Leben unseres Volkes.
Die Wehrmacht gedenkt in dieser schweren Stunde ihrer vor dem Feind gebliebenen Kameraden.
Die Toten verpflichten zu bedingungsloser Treue, zu Gehorsam und Disziplin gegenüber dem aus zahllosen Wunden blutenden Vaterland.

Alliierte übernehmen die Regierungsgewalt

Erklärung in Anbetracht der Niederlage Deutschlands und der Übernahme der obersten Regierungsgewalt hinsichtlich Deutschlands durch die Regierungen des Vereinigten Königreiches, der Vereinigten Staaten von Amerika und der Union der Sozialistischen Sowjetrepubliken und durch die provisorische Regierung der Französischen Republik.
Die deutschen Streitkräfte zu Lande, zu Wasser und in der Luft sind vollständig geschlagen und haben bedingungslos kapituliert, und Deutschland, das für den Krieg verantwortlich ist, ist nicht mehr fähig, sich dem Willen der siegreichen Mächte zu widersetzen. Dadurch ist die bedingungslose Kapitulation Deutschlands erfolgt, und Deutschland unterwirft sich allen Forderungen, die ihm jetzt oder später auferlegt werden.
Es gibt in Deutschland keine zentrale Regierung oder Behörde, die fähig wäre, die Verantwortung für die Aufrechterhaltung der Ordnung, für die Verwaltung des Landes und für die Ausführung der Forderungen der siegreichen Mächte zu übernehmen.
Unter diesen Umständen ist es notwendig, unbeschadet späterer Beschlüsse, die hinsichtlich Deutschlands getroffen werden mögen, Vorkehrungen für die Einstellung weiterer Feindseligkeiten seitens der deutschen Streitkräfte, für die Aufrechterhaltung der Ordnung in Deutschland und für die Verwaltung des Landes zu treffen und die sofortigen Forderungen zu verkünden, denen Deutschland nachzukommen verpflichtet ist.
Die Vertreter der obersten Kommandobehörden des Vereinigten Königreichs, der Vereinigten Staaten von Amerika, der Union der Sozialistischen Sowjetrepubliken und der Französischen Republik, im folgenden »Alliierte Vertreter« genannt, die mit der Vollmacht ihrer betreffenden Regierungen und im Interesse der Vereinten Nationen handeln, geben dementsprechend die folgende Erklärung ab:
Die Regierungen des Vereinigten Königreichs, der Vereinigten Staaten von Amerika, der Union der Sozialistischen Sowjetrepubliken und die Provisorische Regierung der Französischen Republik übernehmen hiermit die oberste Regierungsgewalt in Deutschland, einschließlich aller Befugnisse der deutschen Regierung.

Viermächte-Erklärung, 5. 6. 1945

Konferenz von Potsdam. Von links: Attlee, Truman und Stalin.

Zigaretten sind Geld

Wenn man aus Deutschland kommt, so verblüfft einen als erstes, daß die Leute Geld als Bezahlung erwarten, kabelt David Walker aus Paris. Es kommt ein wenig wie ein Schock.
Die derzeitige Grundwährung in Deutschland – oder, auf jeden Fall die vertrauenswürdigste – ist eine gewöhnliche Zigarette. Für ein paar Zigaretten kann man einen ausführlichen Rundgang durch Buchenwald unternehmen; für sechs bekam ich einen sorgfältigen Haarschnitt von einem uniformierten deutschen Polizisten.
Ein Päckchen Zigaretten hat die Kaufkraft von mindestens einem Pfund Sterling. Kaffee, Tee, Kaugummi oder Seife sind Ersatzwährungen, die alle auf dem offenen Markt gelten. Ich habe gesehen, wie eine Flasche Brandy für vierzig englische Zigaretten den Besitzer wechselte.
Wer in England Freunde oder Verwandte hat, die dazu verdammt sind, eine Weile auf deutschem Territorium zu bleiben, möge dies im Auge behalten.

»Daily Mirror« (London), 11. 6. 1945

1945

Juni

5. 6. Die alliierten Oberkommandierenden (Schukow, Eisenhower, Montgomery, de Lattre de Tassigny) erlassen in Berlin eine Erklärung, in der die Übernahme der Regierungsgewalt in Deutschland durch die im Kontrollrat vertretenen alliierten Militärgouverneure verkündet wird.
Japanische Truppen kapitulieren auf Neuguinea vor den Australiern

10. 6. Die Sowjetische Militär-Administration (SMAD) genehmigt die Bildung von Gewerkschaften und Parteien (KPD, SPD, CDU, LDPD) in der sowjetischen Besatzungszone

11. 6. Zulassung der KPD in den Westzonen; es folgen SPD (15. 6.), CDU (26. 6.), FDP (5. 7.)

20. 6. Landung australischer Einheiten auf Sarawak

21. 6. Die Verwaltung der westlichen Teile Mecklenburgs, der Provinz und des Landes Sachsen sowie des ganzen Landes Thüringen, die im April von amerikanischen Truppen besetzt wurden, werden abmachungsgemäß durch die SMAD noch vor dem Einmarsch der sowjetischen Truppen übernommen

24. 6. Australische Truppen besetzen das Ölgebiet in Nordborneo

26. 6. Die Konferenz von San Francisco wird mit der Unterzeichnung der Charta der Vereinten Nationen abgeschlossen

28. 6. Bildung einer kommunistischen Regierung der nationalen Einheit in Warschau.
Der letzte Widerstand der Japaner auf der Philippinen-Insel Luzon erlischt

30. 6. Amerikanische Truppen landen auf der Insel Kumo bei Okinawa

1945

Juli

1. 7. Gemäß der endgültigen Einteilung der Besatzungszonen Deutschlands räumen die Westmächte Sachsen, Thüringen und die westlichen Teile Mecklenburgs.

7. 7. Die Alliierten unterzeichnen ein Abkommen über die Viermächteverwaltung Berlins.
Das Saargebiet wird der französischen Verwaltung unterstellt

Dem Erdboden gleichgemacht: Hiroshima.

Hiroshima völlig vernichtet

Soeben eingelieferte Fliegerfotografien von Hiroshima lassen erkennen, daß die Atombombe eine geradezu unerhörte Hitze entwickelt haben muß. Sie entfachte Brände, die sich weder von Wasserläufen noch von Brandmauern aufhalten ließen. Nur wenige Mauern starker Eisenbetonbauten haben der Explosion Widerstand geleistet. Im übrigen ist Hiroshima vollkommen vernichtet, und die sieben Brücken der Stadt haben schwere Beschädigungen davongetragen. Bemerkenswert ist, daß kein Explosionskrater festgestellt werden kann.
Zum ersten Mal gibt Radio Tokio jetzt einen Bericht über die Wirkung der auf Hiroshima geworfenen Atombombe. Wie erklärt wird, hat die Bombe praktisch jedes Lebewesen in Hiroshima, Menschen wie Tiere, durch ihre furchtbare Hitzeentwicklung vernichtet. Der größte Teil der Stadt sei nicht mehr vorhanden, und die Zerstörung wird als unbeschreiblich bezeichnet. Alle Toten seien bis zur Unkenntlichkeit verbrannt worden.
Noch selten hat eine Meldung in Moskau eine derartige Sensation verursacht, wie die vom Abwurf der ersten Atombombe über der japanischen Stadt Hiroshima. Die Russen waren auf alles andere gefaßt als auf diese Mitteilung Präsident Trumans. Die wissenschaftliche Leistung, die in enger Zusammenarbeit zwischen britischen und amerikanischen Forschern erbracht wurde, versetzte das russische Volk in kaum zu beschreibendes Erstaunen.
Es sei daran erinnert, daß die Sowjet-Presse hin und wieder von Experimenten russischer Forscher schrieb, die am Problem der Atomspaltung arbeiteten. So schrieb zum Beispiel der bekannte Physiker Joffe in den »Moskauer News« am 16. Juni, es seien ihm schon im Jahre 1939 große Kredite für Forschungen über den Atomkern gewährt worden.

»Neue Zürcher Zeitung«, 9. August 1945

Kapitulation Japans

Nach tiefer Überlegung über den allgemeinen Lauf der Welt und über die gegenwärtige Lage unseres Reiches haben Wir heute beschlossen, die gegenwärtige Lage durch eine außergewöhnliche Maßnahme zu beenden.
Jetzt hat der Krieg fast vier Jahre gedauert. Obwohl alle ihr Bestes getan haben, trotz der Tapferkeit der Land-, See- und Luftstreitkräfte, trotz der weisen und umsichtigen Arbeit der Regierung und trotz der Hingebung Unseres Hundertmillionenvolkes hat sich der Krieg nicht zum Vorteil Japans entwickelt, vielmehr hat sich die allgemeine Entwicklung gegen die Interessen Japans gerichtet. Darüber hinaus hat der Feind begonnen, eine neue und höchst grausame Bombe zu verwenden, deren Wirkung ganz unabsehbar ist und die das Leben vieler Unschuldiger aufs Spiel setzt. Wir kennen die Gefühle Unserer Untertanen. Die Erfordernisse der Zeit und des Schicksals haben Uns veranlaßt, den Weg zum Frieden für alle Generationen der Zukunft zu beschreiten, unter Erduldung alles dessen, was erduldet werden kann. Unsere ganze Anstrengung muß dem Aufbau der Zukunft gewidmet sein. Die Kraft des Geistes und entschlossene Arbeit werden den Ruhm Unseres Kaiserreiches bewahren und Uns den Pfad des Fortschritts beschreiten lassen.

Rundfunkansprache Kaiser Hirohitos an das japanische Volk, 14. 8. 1945

Japanische Kapitulation auf dem Schlachtschiff Missouri.

10. 7. Beginn einer amerikanisch-britischen Luftoffensive gegen das japanische Festland

17. 7.–2. 8. Potsdamer Konferenz zwischen Stalin, Truman und Churchill, der nach dem Wahlsieg der Labour Party am 29. 7. von Attlee abgelöst wird. Ergebnis: das »Potsdamer Abkommen«; der »Rat der Außenminister«; der Friedensvertrag mit Deutschland wird bis zur Einsetzung einer deutschen Zentralregierung vertagt

18. 7. Amerikanischer Luftangriff auf Tokio

24. 7. Die letzten japanischen Einheiten auf Okinawa stellen den Kampf ein

1945

August

2. 8. Unterzeichnung des »Potsdamer Abkommens«. Politische Grundsätze: völlige Abrüstung und Entmilitarisierung Deutschlands, Entnazifizierung, Verurteilung von Kriegsverbrechern, Demokratisierung, Neuaufbau einer dezentralisierten deutschen Verwaltung. Wirtschaftliche Grundsätze: Industriekontrolle und Demontage, Behandlung Deutschlands als wirtschaftliche Einheit

6. 8. Abwurf der ersten amerikanischen Atombombe auf Hiroshima. 80 % der Stadt werden vernichtet, nach der endgültigen Zählung gibt es über 90 000 Tote

8. 8. Die UdSSR erklärt Japan den Krieg.

9. 8. Beim Abwurf der zweiten Atombombe auf Nagasaki kommen über 60 000 Menschen ums Leben. Die sowjetischen Truppen in der Mandschurei starten eine Offensive gegen die japanische Kwantung-Armee

14. 8. Die japanische Regierung nimmt die Kapitulationsbedingungen der Alliierten an

1945

September

2. 9. Um 2.40 Uhr MEZ wird die bedingungslose Kapitulation Japans an Bord des amerikanischen Schlachtschiffes Missouri in der Bucht von Tokio unterzeichnet. Dieser Akt bildet den formalen Abschluß des Zweiten Weltkriegs

8. 9. Der amerikanische Oberkommandierende im Pazifik, General MacArthur, zieht in Tokio ein

Kurzbiographien

Das folgende kleine Lexikon der handelnden Personen bietet Politiker, Militärs, Diplomaten aller kriegführenden Parteien in Kurzporträts. Es wurden nur allgemein übliche Abkürzungen oder gebräuchliche militärische Kürzel verwandt.

Abetz, Otto, dt. Politiker, * 26. 3. 1903 in Schwetzingen, † 5. 5. 1958 (Unfall). Zunächst Lehrer. Befürworter einer deutsch-französischen Annäherung. August 1940 Deutscher Botschafter in Paris. Seine Bemühungen um Präliminarfrieden mit Frankreich scheiterten an Hitler. 1945 verhaftet und 1949 in Paris zu 20 Jahren Zwangsarbeit verurteilt; April 54 entlassen. Veröffentlichung: Das offene Problem. Ein Rückblick auf zwei Jahrzehnte deutscher Frankreich-Politik. Köln 1951.

Harold R. Alexander

Alexander, Harold Rupert, Lord of Tunis (1952 Earl), * 10. 12. 1891 in London, † 16. 9. 1969, britischer Feldmarschall (4. 6. 1944), 1911 Eintritt in die Armee, 1940 Kommandeur der 1. brit. Division bei Dünkirchen. Juni 1940 Kom.Gen. des 1. Korps. 1941 Oberkommandierender in Burma. Juli bis August 41 Oberbefehlshaber der I. Armee. August 42 – Februar 43 Oberbefehlshaber Mittelost. 1943 Stellvertreter General Eisenhowers. Dezember 44 – August 45 Oberbefehlshaber der Alliierten Truppen im Mittelmeerraum, 1946–52 Generalgouverneur von Kanada. März 52 – Oktober 54 Verteidigungsminister.

Anders, Wladyslaw, polnischer General, * 11. 8. 1892, † 1974; geriet im Sept. 1939 als Brigadekommandeur in sowjetische Kriegsgefangenschaft. Stellte 1941/42 polnische Verbände in der UdSSR auf (6. 8. 41 Befehlshaber), die zur alliierten Orientarmee traten. August 42 – Februar 45 Kom.General des II. poln. Korps, kämpfte 1943/45 in Italien. Februar 45 – 8. 6. 45 (Rücktritt) Oberbefehlshaber der polnischen Exilarmee.

Antonescu, Ion, rumän. Politiker, * 2. 6. 1882 in Pitesti, † 1. 6. 1946 in Jilava (hingerichtet); 1933–34 Generalstabschef. 1937–38 Verteidigungsminister. Am 4. 9. 40 übertrug ihm König Carol II. die Führung des Staates (Conducatorul). A. erzwang am 6. 9. 40 den Rücktritt des Königs, unterdrückte eine Revolte der »Eisernen Garde« und trat im Juni 1941 an der Seite Deutschlands in den Krieg gegen die UdSSR ein, um Bessarabien zurückzugewinnen. 23. 8. 1941 Marschall von Rumänien. 23. 8. 1944 verhaftet; als Kriegsverbrecher zum Tode verurteilt.

Arnim, Hans-Jürgen von, dt. Generaloberst (3. 12. 42), * 4. 4. 1889 in Ernsdorf/Schlesien, † 1. 9. 1962. Eintritt ins Heer 1908. 1. 1. 1938 Generalmajor. 8. 9. 1939 Kommandeur der 52. Inf.Div. 5. 10. 1940 Kommandeur der 17. PzDiv. 1. 12. 1939 Generalleutnant. 11. 11. 1941 Kommand. General des XXXIX. Pz. Korps. 1. 10. 41 General d. Panzertruppe. 3. 12. 42 Generaloberst und Oberbefehlshaber der 5. PzArmee in Tunesien. 9. 3. 43 – 12. 5. 43 Oberbefehlshaber der Heeresgruppe Tunis. Amerikanische Kriegsgefangenschaft.

Attlee, Clement Richard, Earl (1955), engl. Politiker, * 3. 1. 1883 in London, † 8. 10. 1967 in London. 1935 Führer der Labour-Partei, im Kriegskabinett Churchills (1940–45) nacheinander Lordsiegelbewahrer, Staatssekretär für die Dominions, Lordpräsident und (seit 1942) stellvertretender Premierminister. 1945 Premierminister einer Labour-Regierung. 1951–1955 Oppositionsführer im Unterhaus. 1955 geadelt und Mitglied des Oberhauses.

Auchinleck, Sir Claude Eyre, britischer Feldmarschall (1. 6. 1946), * 21. 6. 1884 in Aldershot, † 23. 3. 1981 in Marrakesch. 30. 6. 41 – 15. 8. 1942 Oberbefehlshaber Mittlerer Osten, Juni 42 – August 42 zugleich Oberbefehlshaber der 8. Armee. Wegen Mißerfolgen gegen Rommel abgelöst. 18. 6. 43 – 30. 11. 47 Oberkommandierender in Indien und Pakistan.

Bach-Zelewski, Erich von dem, dt. SS-Offizier, * 1. 3. 1899 in Lauenburg, † 8. 3. 1972 in München. Offizier im Ersten Weltkrieg, bis 1924 aktiv. Seit 1930 Mitglied der NSDAP, 1931 der SS. 1932 Organisator des persönl. Schutzes von Hitler, dann Führer der SS-Oberabschnitte Nordost und Südost. Im Zweiten Weltkrieg Obergruppenführer und General der Polizei, »Sonderbeauftragter der SS für den Bandenkampf im Osten«. Im Herbst 1944 mit der Niederwerfung des Warschauer Aufstands beauftragt. Am 3. 8. 1962 wurde Bach-Zelewski vom Schwurgericht Nürnberg zu lebenslänglichem Zuchthaus verurteilt.

Pietro Badoglio

Badoglio, Pietro, ital. Marschall, * 28. 9. 1871 in Grazzano Monteferrato (Alessandria), † 1. 11. 1956 ebd. Im Ersten Weltkrieg Generalstabsoffizier, bei Kriegsende General. 1920–1928 und 1933–1940 Generalstabschef, seit 1925 Marschall von Italien. 6. 12. 1940 Entlassung durch Mussolini. 25. 7. 1943 nach Verhaftung Mussolinis von König Viktor Emanuel III. zum Regierungschef ernannt. 13. 10. 1943 Kriegserklärung an Deutschland durch die Regierung Badoglio. 9. 6. 1944 zurückgetreten.

Iwan Bagramjan

Bagramjan, Iwan Christoforowitsch, Marschall der Sowjetunion (11. 3. 1955), * 2. 12. 1897, † 21. 9. 1982 in Moskau. Bei Kriegsbeginn als Oberst Chef der Operationsabteilung des Besonderen Militärbezirks Kiew bzw. der Südwestfront. 1942 Chef des Stabes der SW-Front. 1943 als Generalleutnant Oberbefehlshaber der 11. Gardearmee. November 1943 bis Februar 1945 Oberbefehlshaber der 1. Baltischen Front. Nach 1945 Chef der Woroschilow-Generalstabsakademie und Chef der Hauptverwaltung Rückwärtige Dienste im Verteidigungsministerium.

Balbo, Italo, italienischer Luftmarschall (13. 8. 1933); * 5. 6. 1896 in Ferrara, † 28. 6. 1940 (von eigener Flak über Tobruk abgeschossen). Seit 1919 Faschist. 1929–1933 Luftfahrtminister. 1933–1940 Generalgouverneur von Libyen. 10. 6. 1940 Oberbefehlshaber in Nordafrika.

Balck, Hermann, dt. General, * 7. 12. 1893 in Danzig, † 29. 11. 1982 in Asperg. 1938 im Oberkommando des Heeres. 1. 8. 1942 Generalmajor, 1. 1. 1943 Generalleutnant, 1. 11. 1943 General der Panzertruppe. Mai 1942 bis März 1943 Kommandeur der 11. Panzerdivision. April 1943 bis Juni 1943 Kommandeur der Division »Großdeutschland«. November 1943 Kommandierender General des XXXX. Panzerkorps, November 1943 bis August 1944 Kommandierender General des XXXXVIII. Panzerkorps. August 1944 Oberbefehlshaber der 4. Panzerarmee. September 1944 Oberbefehlshaber der Heeresgruppe C. September 1944 bis 8. 5. 1945 Oberbefehlshaber der 6. Armee (bis März 1945 zugleich Armeegruppe Balck: 6. Armee und 2. ungarische Armee).

Bandera, Stefan, ukrainischer Nationalistenführer, * 1908, † 15. 10. 1959 in München. 1934 bis 1939 in Haft im Zusammenhang mit der Ermordung des polnischen Innenministers Bronislaw Pieracki. Wegen Ausschreitungen der ukrainischen Nationalistenbewegung (OUN) in Lemberg 12. 7. 1941 bis 25. 9. 1944 in deutschem Konzentrationslager. 15. 10. 1959 in München vom sowjetischen Geheimdienst ermordet.

Barkhorn, Gerhard, deutscher Jagdflieger; nach Erich Hartmann zweite erfolgreichster Jagdflieger der Welt, * 20. 3. 1919 in Königsberg/Ostpreußen, † 12. 1. 1983 in Frechen bei Köln (Autounfall). 1. Abschuß am 2. 7. 1941 beim 120. Feindflug. Ritterkreuz am 23. 8. 42 als Oberleutnant nach 59 Luftsiegen, Schwerter am 2. 3. 1944 als Hauptmann nach 250 Siegen. 1. 5. 44: Major. Juni 43 bis Jan. 45: Kommandeur der II./J.G. 52. 16. 1.–31. 3. 45: Kommodore J.G. 6, zuletzt im Jagdverband 44 (Me 262). Insgesamt 1104 Einsätze, 301 Luftsiege. 1956 Eintritt in die Bundeswehr. 1. 9. 57 – 31. 1. 63 Kommodore Jabogeschwader 31. 1. 10. 69 Chef des Stabes beim Deutschen Anteil AIRBALTAP. 1. 10. 73 Generalmajor und Chef des Stabes im HQu. der 4. ATAF. 30. 9. 75 Ruhestand.

Bastico, Ettore, Marschall von Italien (11. 8. 1942), * 1876, † 1. 12. 1972 in Rom. Im Krieg gegen Abessinien Nov. 1935 bis Mai 1936 Kommandierender General des III. Armeekorps. Dez. 1940 bis Juli 1941 Oberkommandierender Ägäis, Juli 1941 bis Febr. 1943 Oberkommandierender in Ital.-Nordafrika, 1947 aus der Armee ausgeschieden.

Beaverbrook, Lord William Aitken, brit. Zeitungsverleger (»Daily Express«, »Sunday Express«, »Evening Standard«) und Politiker, * 25. 5. 1879 in Maple/Kanada, † 9. 6. 1965 in Mickleham (Surrey). Seit 1910 in England. 1910 bis 1916 im Unterhaus, seit 1917 Abgeordneter des Oberhauses. Am 11. 5. 1940 in der Regierung Churchills Minister für Luftwaffenrüstung und Materialbeschaffung. Nahm am 2. 9. 1941 an den Beratungen über alliierte Hilfslieferungen an die UdSSR in Moskau teil.

Beck, Ludwig, dt. Generaloberst, *29.6.1880 in Biebrich/Rhein, † 20.7. 1944 in Berlin. 12. 3. 1898 Eintritt in die Armee. Im 1. Weltkrieg Generalstabsoffizier. 1. 2. 1931 Generalmajor. 1. 10. 1933 Chef des Truppenamtes im Reichswehrministerium (1. 7. 1935 in Chef des Generalstabs des Heeres umbenannt). 1. 10. 1935 General der Artillerie. Bekämpfte Hitlers Kriegspläne, trat während der Sudetenkrise am 27. 8. 1938 zurück. Wurde führender Kopf der Widerstandsbewegung. 31. 10. 1938 als Generaloberst verabschiedet. Nach dem mißlungenen Attentat auf Hitler versuchte er, sich im Kriegsministerium zu erschießen, verletzte sich aber nur und wurde daraufhin von einem Unteroffizier getötet.

Ludwig Beck

Beneš, Eduard, tschechischer Politiker, * 28. 5. 1884 in Kozlány, † 3. 9. 1948 in Sezimovo Usti. 1918–35 Außenminister, 1921–22 zugleich Ministerpräsident. 1935–1938 Staatspräsident. Nach dem Münchner Abkommen emigriert. 1939 Professor für Nationalökonomie in Chicago.

Eduard Beneš

Am 19. 6. 1946 erneut Staatspräsident. Setzte sich für die Austreibung der Sudetendeutschen ein. Nach kommunistischem Staatsstreich im Februar 1948 entmachtet, legte er am 7. 6. 1948 sein Amt nieder.

Berger, Gottlob, SS-Obergruppenführer, * 16. 7. 1896, † 5. 1. 1975 in Stuttgart. Bei Kriegsausbruch Leiter des Ergänzungsamtes (VIII) im SS-Hauptamt. Seit 15. 8. 1940 Chef des SS-Hauptamtes, später auch Leiter des Kriegsgefangenenwesens. 14. 4. 1949 in Nürnberg zu 25 Jahren Gefängnis verurteilt. 31. 1. 1951 zu 10 Jahren begnadigt, 16. 12. 1951 aus Landsberg entlassen.

Graf Folke Bernadotte

Bernadotte, Graf Folke, Präsident des Schwedischen Roten Kreuzes, * 2. 1. 1895 in Stockholm, † 17. 9. 1948 in Jerusalem (ermordet). Neffe König Gustafs V. von Schweden. Nach dem Abitur 1913 Eintritt als Offiziersanwärter in das Stockholmer Leibgarde-Dragoner-Regiment. 1930 nahm er als Major den Abschied. Seit 1943 Präsident der schwedischen Pfadfinderbewegung, 1944 Vizepräsident des Schwedischen Roten Kreuzes, ab 1. 1. 1946 Präsident. Zwischen 21. und 29. 4. 1945 Gespräche mit Himmler über deutsche Kapitulationsangebote. Seit Kriegsende Leiter des schwedischen Hilfswerkes für Deutschland. Am 20. 5. 1948 zum UN-Vermittler in Palästina bestellt. Dort bei einer Inspektionsfahrt von jüdischen Terroristen erschossen.

Best, Werner, dt. Politiker und SS-Führer, * 10. 7. 1903. Verwaltungsjurist (Dr. jur.). Seit 1928 Richter. 1930 Mitglied der NSDAP, 1931 Mitglied der SS. 1940 Kriegsverwaltungschef beim Militärbefehlshaber Frankreich. 5. 11. 1942–8. 5. 1945 Gesandter und Reichsbevollmächtigter in Dänemark. 1942 SS-Gruppenführer, 1944 SS-Obergruppenführer. 20. 9. 1948 in Kopenhagen zum Tode verurteilt. 19. 7. 1949 zu Gefängnishaft begnadigt. Ende August 1951 entlassen.

Bevin, Ernest, Politiker und Arbeiterführer, * 9. 3. 1881 in Winsford (Somerset), † 14. 4. 1951 in London. Zunächst Landarbeiter, Lastwagenfahrer, dann Gewerkschaftler, 1936 Vorsitzender des Generalrates der Gewerkschaften. 10. 5. 1940 Arbeitsminister in der Regierung Churchill, Mitglied des engeren Kriegskabinetts, verantwortlich für die Durchführung der Militärdienstpflicht. Juli 1945 Außenminister im Kabinett Attlee, löste Eden auf der Potsdamer Konferenz ab. Am 9. 3. 51 zurückgetreten.

Bey, Erich, dt. Konteradmiral, * 23. 3. 1898 in Hamburg, † 26. 12. 1943. April 1939 Chef der 4. Zerstörerflottille, Mai 1940 Führer der Zerstörer und gleichzeitig Chef der 6. Zerstörerflottille, 1. 3. 1943 Konteradmiral, November 1943 Befehlshaber der Kampfgruppe Nordnorwegen; beim Untergang des Schlachtschiffes Scharnhorst gefallen.

Blaskowitz, Johannes, deutscher General, * 10. 7. 1883 in Peterswalde/Ostpr., † 5. 2. 1948 in Nürnberg. 1. 10. 32 Gen.major. 1. 12. 33 Gen.-leutnant, 10. 11. 38 Oberbefehlshaber Heeresgruppe 3, Sept. 39 Polenfeldzug als Oberbefehlshaber der 8. Armee, 1. 10. 39 Gen.oberst, 11. 11. 42 Einmarsch in das bis dahin unbesetzte Frankreich (Unternehmen »Anton«), 25. 10. 40–21. 9. 44 Oberbefehlshaber der 1. Armee, 24. 12. 44–27. 1. 45 Oberbefehlshaber der Heeresgruppe G, 28. 1. 45 Heeresgruppe H, 7. 4.–5. 5. 45 Oberbefehlshaber Niederlande (Festung Holland), 5. 5. 45 Kapitulation; Freitod im alliierten Kriegsverbrechergefängnis in Nürnberg.

Blomberg, Werner von, deutscher Generalfeldmarschall (20. 4. 1936), *2. 9. 1878 in Stargard, † 14. 3. 1946 in US-Haft in Nürnberg. 1927 Chef des Truppenamtes im Reichswehrministerium. 30. 1. 1933 Reichswehrminister, 21. 5. 1935 Reichskriegsminister und Oberbefehlshaber der Wehrmacht. 4. 2. 1938 entlassen, weil er durch Heirat mit einer Prostituierten angeblich die Ehre des Offizierskorps »beschmutzt« hatte. Nach dem Krieg von US-Truppen verhaftet und nach Nürnberg gebracht.

Blumentritt, Günther, deutscher General, * 10. 2. 1892 in München, † 12. 10. 1967 ebd. 1911 Eintritt ins Heer. 1. 11. 41 Generalmajor, 1. 12. 42 Generalleutnant, 1. 4. 44 General d. Inf. 25. 10. 1940 Chef d. Generalstabs der 4. Armee. Jan. 1942 Oberquartiermeister I im Generalstab des Heeres. Okt. 44 Kommandierender General des XII. SS-Korps, Jan. 45 Oberbefehlshaber 25. Armee, März 1945 Oberbefehlshaber der 1. Fallschirmarmee, April 45 Oberbefehlshaber der Armee Blumentritt.

Bock, Fedor von, deutscher Generalfeldmarschall, * 3. 12. 1880 in Küstrin, † 3. 5. 1945 bei Lehnsahn/Schleswig-Holstein (gefallen). 1. 2. 29 Gen.major, 1. 2. 31 Gen.leutnant, 1. 3. 38 Gen.oberst, 10. 11. 38 Oberbefehlshaber des Heeresgruppenkommandos 1, 26. 8. 39 Heeresgruppe Nord, 3. 10. 39 Heeresgruppe B, 10. 5. 40 mit Heeresgruppe B im Nordabschnitt bei der Westoffensive, 19. 7. 40 Gen.feldmarschall, 22. 6. 41 Beginn Ostfeldzug mit Heeresgruppe Mitte mit Stoßrichtung Minsk, Smolensk, Moskau, 16. 1. 42 Heeresgruppe Süd. Am 15. 7. 42 wurde v. Bock für den Mißerfolg in der Offensive »Braunschweig« verantwortlich gemacht und trat zurück. Nachfolger Gen.oberst v. Weichs. Beim Angriff engl. Jagdflugzeuge ums Leben gekommen.

Boldin, Iwan, sowjet. Generaloberst, * 3. 8. 1892 in Wyssozkaja (Wolga), † 26. 3. 1965 in Moskau. Juni 1941: Kommandeur der Panzergruppe Boldin. 22. 11. 1941–Febr. 1945 Oberbefehlshaber der 50. Armee, zuletzt Generaloberst. Nach dem Kriege verschiedene Kommandos.

Dietrich Bonhoeffer

Bonhoeffer, Dietrich, dt. evangelischer Theologe und Widerstandskämpfer, * 4. 2. 1906 in Breslau, † 9. 4. 1945 im KZ Flossenbürg (hingerichtet). 1935 Leiter des Predigerseminars der Bekennenden Kirche. 1936 Entzug der Lehrbefugnis. 1940 Redeverbot, 1941 Schreibverbot. Verbindungen zur Abwehr, mit deren Hilfe im Mai 1942 ein Gespräch zwischen B. und dem Bischof von

Chichester in Schweden zustande kam. B. erkundete die Bedingungen für eine ehrenvolle Kapitulation Deutschlands. Am 5. 4. 1943 verhaftet. Vier Wochen vor Kriegsende zusammen mit ↑ Canaris und ↑ Oster hingerichtet.

Bono, Emilio de, Marschall von Italien (16. 11. 1935), * 19. 3. 1886 in Cassano d'Adda, † 11. 1. 1944 in Verona (erschossen, weil er am 24./25. 7. 43 im Faschistischen Großrat gegen Mussolini gestimmt hatte). 1922 Teilnahme am faschistischen Marsch auf Rom. 1918–1919 Kommandierender General des IX. Korps. 1925 Generalgouverneur von Libyen. 1929 Kolonialminister. April 35–November 35 Oberbefehlshaber der Ostafrikaarmee im Krieg gegen Abessinien. Oberbefehlshaber der Heeresgruppe Süd Juni/Juli 1940.

Bonomi, Ivanoe, italienischer Politiker, * 18. 2. 1873 in Mantua, † 20. 4. 1951 in Rom. 1920 Kriegsminister. Juli 1921 bis Februar 1922 Ministerpräsident. Seine entschlußlose Innenpolitik begünstigte den Aufstieg des Faschismus. Seit 1942 aktiv am Aufbau der italien. Widerstandsbewegung beteiligt. Nach dem Rücktritt Badoglios (9. 6. 44) bis 20. 6. 45 Ministerpräsident.

Boris III., König von Bulgarien (seit 1918), * 30. 1. 1894 in Sofia, † 28. 8. 1943 (ermordet?). Traf am 13. 1. 1941 mit Hitler auf dem Berghof zusammen, zeigte Reserve gegenüber dem Ansinnen, dem Dreimächtepakt beizutreten. Tat dies am 1. 3. 41 trotzdem und erwarb nach dem Balkanfeldzug große Teile Nordgriechenlands. Boris lehnte aber trotz Drängen der Achsenmächte eine Kriegserklärung an Rußland ab. Am 15. 8. 1943 zuletzt bei Hitler.

Tadeusz Bór-Komorowski

Bór-Komorowski, Tadeusz Graf, polnischer General, * 1. 6. 1895 in Tremblowo (Ostgalizien), † 24. 8. 1966 bei London. 1938/39 Kommandeur der polnischen Kavallerieschule Graudenz. Gründete nach der dt. Besetzung zusammen mit anderen Offizieren eine »private« Untergrundbewegung in Südwestpolen (aus dieser Zeit stammt sein Beiname »Bór« = Wald). Am 30. 6. 43 wurde er Oberbefehlshaber der zur »Heimatarmee« (Armia Krajówa) zusammengeschlossenen Widerstandsgruppen und führte sie bis zur Kapitulation beim Warschauer Aufstand am 2. 10. 1944. Danach Gefangenschaft. Nach der Befreiung Oberbefehlshaber aller polnischen Streitkräfte im Westen (8. 6. 45). Gehörte bis zu seinem Tod der polnischen Exilregierung an, bis 1949 als Ministerpräsident.

Martin Bormann

Bormann, Martin, Leiter der NS-Parteikanzlei, * 16. 7. 1900 in Halberstadt, 1927 Eintritt in die NSDAP, 1933 Stabsleiter bei Rudolf Heß, kurz darauf übertrug ihm Hitler die Verwaltung seines Privatvermögens und betraute ihn mit dem Bau und der späteren Verwaltung der Berghofes Obersalzberg. 29. 5. 41 Chef der Parteikanzlei mit Befugnissen eines Reichsministers, 12. 4. 43 »Sekretär des Führers«. Am 1. 5. 45 soll er auf dem Weg zu Dönitz in Berlin umgekommen sein. 1946 in Nürnberg in Abwesenheit zum Tode verurteilt. Gerüchte, daß B. noch lebt, verstummten nie. Am 11. 4. 1973 wurde B. von der Frankfurter Staatsanwaltschaft offiziell für tot erklärt (Aktenzeichen OJs 11/61).

Bose, Subhas Chandra, indischer Politiker, * 23. 1. 1897 in Kattak, † 18. 8. 1945 in Taipeh (Flugzeugabsturz). 1938–39 Vorsitzender der ind. Kongreßpartei. Floh 1941 kurz vor Ausbruch des deutsch-russischen Krieges über Afghanistan und UdSSR nach Deutschland. Im Frühjahr 1943 mit U-Boot nach Japan, 4. 6. 43 Proklamation einer freien indischen Regierung und Aufstellung einer Nationalarmee. Truppen ab 4. 2. 1944 bei japanischer Offensive in Westburma beteiligt, jedoch wenig erfolgreich.

Bradley, Omar N., amerikanischer General, * 12. 2. 1893 in Clark (Missouri), † 8. 4. 1981 in New York. 1915 beendete er gemeinsam mit Eisenhower die Militärakademie West Point. Während Weltkrieg I Wachdienst an der mexikanischen Grenze, dann

Omar N. Bradley

verschiedene Kommandos. 1940 Sekretär vor George Marshall, dann Kommandant der Infanterieschule Fort Benning. 1943 nach Nordafrika versetzt; als Gen.leutnant mit dem II. Armeekorps am 10. 7. 43 Landung auf Sizilien. Befehlshaber der 1. US-Armee bei der Landung in der Normandie. Ab Juli 1945 Leiter der Veteranenversorgung und -rückführung; 21. 11. 47 Generalstabschef des Heeres. 1. 8. 49 Chef der Vereinigten Stabschefs (bis Mai 1953).

Brandi, Albrecht, deutscher Fregattenkapitän, * 20. 6. 1914 in Dortmund, † 6. 1. 1966 ebd. 1935 Eintritt in die Marine. April 42 bis Juli 44 Kommandant von U 617, U 380 und U 967. Januar 45 bis Kriegsende Chef der Kleinkampfverbände in Holland. Ritterkreuz mit Eichenlaub, Schwertern und Brillanten. Glaubte 3 Kreuzer, 12 Zerstörer und 20 Handelsschiffe mit 115000 BRT versenkt zu haben (tatsächlich 1 Minenleger, 2 Zerstörer und 9 Schiffe mit 26689 BRT).

Brandt, Karl, dt. Mediziner und SS-Führer, * 8. 1. 1904, † 2. 6. 1948 in Landsberg (hingerichtet). Brandt war Begleitarzt Hitlers und Reichskommissar für das Sanitäts- und Gesundheitswesen. 20. 4. 44 SS-Gruppenführer. Verantwortlich für Durchführung von Euthanasiemaßnahmen. Wegen Verbrechens gegen die Menschlichkeit (medizin. Versuche mit Menschen, Tötung »lebensunwerten Lebens« u. a.) am 20. 8.

Walther von Brauchitsch

1947 vom 1. Amerikan. Militärgerichtshof in Nürnberg zum Tode verurteilt.

Brauchitsch, Walther von, deutscher Generalfeldmarschall (19. 7. 1940), * 4. 10. 1881 in Berlin, † 18. 10. 1948 in Munsterlager. Leutnant 1900. Gen.major 1. 10. 31, Gen.leutnant 1. 10. 33, Gen. d. Artillerie 20. 4. 36, Gen.oberst 4. 2. 38. 1. 10. 35 Kom. General I. Armeekorps, 1. 4. 37 Oberbefehlshaber Gruppenkommando 4, 4. 2. 38 Oberbefehlshaber des Heeres. Am 19. 12. 1941 (Winterkrise vor Moskau) nahm er seinen Abschied. Hitler übernahm selbst den Oberbefehl über das Heer.

Briesen, Kurt von, deutscher General d. Infanterie (1. 8. 40), * 3. 5. 1883 in Anklam, † 20. 11. 1941 bei Deriewka/UdSSR (gefallen). 1904 Eintritt ins Heer. 1920 entlassen. 1934 reaktiviert. 1. 8. 37 Gen.major. 1. 3. 38–25. 11. 40 Kommandeur der 30. Infanteriedivision. 1. 8. 39 Gen.-leutnant, 25. 11. 40 Kommandierender General des II. Armeekorps.

Brockdorff-Ahlefeldt, Walter Graf von, deutscher General der Infanterie (1. 8. 40). * 13. 7. 1887 in Perleberg, † 5. 9. 1943 in Berlin. 1907 Eintritt ins Heer. Gen.major 1. 4. 37, Gen.leutnant 1. 3. 39. 1. 3. 38 Kommandeur der 23. Infanteriedivision. 21. 6. 40–19. 1. 43 Kommand. General des II. Armeekorps. Verteidigte vom 18. 1.–28. 4. 42 den Kessel von Demjansk.

Alan Francis Brooke

Brooke, Alan Francis (Viscount Alanbrooke), britischer Feldmarschall (1. 1. 44), * 23. 7. 1883, † 17. 6. 1963 in England. September 39 – Mai 40 Kommand. General des II. Korps. Juli 40 – November 41 Oberbefehlshaber der Heimatstreitkräfte. 1. 12. 41 – 25. 6. 1946 Chef des Empire-Generalstabes.

Budjonny, Semjon Michailowitsch, Marschall der Sowjetunion (20. 11. 1935), * 25. 4. 1883 bei Woronesch, † 26. 10. 1973 in Moskau. Nov. 1919 – Mai 1921 Oberbefehlshaber der 1. Reiterarmee im Kampf gegen Polen.

Semjon Budjonny

Juli 1941 – September 1941 Oberbefehlshaber der Südwestfront. September – Oktober 41 Oberbefehlshaber der Reservefront. Mai – September 42 Oberbefehlshaber der Nordkaukasusfront. 1943 Befehlshaber der Kavallerie. Seit 1946 Mitglied des Präsidiums des Obersten Sowjets. Mai 1953 Inspekteur der Kavallerie.

Busch, Ernst, deutscher Generalfeldmarschall (1. 2. 43), * 6. 7. 1885 in Essen-Steele, † 17. 7. 1945 in engl. Kriegsgefangenschaft. 1904 Eintritt ins Heer. 1. 10. 35 Generalmajor, 1. 10. 37 Generalleutnant, 1. 2. 38 General d. Inf., 19. 7. 40 Generaloberst. 1939/40 Kommand. General VIII. Armeekorps. Februar 1940 – Oktober 1943 Oberbefehlshaber der 16. Armee. Oktober 1943 – Juni 1944 Oberbefehlshaber der Heeresgruppe Mitte. März 1945 Oberbefehlshaber der Heeresgruppe Nordwest.

Canaris, Wilhelm, deutscher Admiral (1. 1. 1940), * 1. 1. 1887 in Aplerbeck/Westf., † 9. 4. 1945 im KZ Flossenbürg (hingerichtet). 1905 Eintritt in die Marine. 1. 5. 1935 Konteradmiral, Leiter der Abteilung Abwehr im Reichskriegsministerium. 1. 4. 1938 Vizeadmiral. Chef des Amtes Ausland/Abwehr im Oberkommando der Wehrmacht. Schloß sich der Widerstandsbewegung gegen Hitler an. Im Februar 1944 entlassen und nach dem Attentat vom 20. 7. 1944 verhaftet.

Wilhelm Canaris

Carol II., König von Rumänien (6. 6. 1930–6. 9. 1940), * 15. 10. 1893 in Sinaia, † 10. 4. 1953 in Lissabon. Hitler lehnte Friedensvermittlungsangebot Carols vom 13. 11. 1939 am 16. 11. 1939 ab. Von ↑ Antonescu zur Abdankung gezwungen.

Cavallero, Ugo, Marschall von Italien (1. 7. 1942), * 20. 9. 1880 in Casale Monferrato, † 12. 9. 1943 in Frascati (unter mysteriösen Umständen; Selbstmord?). 1936–37 Oberbefehlshaber in Ostafrika. Capo del Commando Supremo 6. 12. 1940–30. 1. 1943. Langjährige Feindschaft mit Marschall Badoglio, der ihn nach Mussolinis Sturz zweimal verhaften ließ wegen angeblicher Umtriebe zur Wiedererrichtung des faschistischen Regimes.

Neville Chamberlain

Chamberlain, Arthur Neville, englischer Politiker, * 18. 3. 1869 bei Birmingham, † 9. 11. 1940 bei Reading. Zwischen 1923 und 1937 dreimal Wohlfahrtsminister und zweimal Schatzkanzler. 28. 5. 1937 Premierminister, versuchte mit seiner »Appeasement-Politik« die europäischen Spannungen zu verringern. 29. 9. 1938 Unterzeichnung des Münchner Abkommens über die Abtretung des Sudetenlandes an Deutschland durch Hitler, Mussolini, Daladier und Chamberlain. 3. 9. 1939: Kriegserklärung an Deutschland und Bildung des britischen Kriegskabinetts. 10. 5. 1940 Rücktritt zugunsten Churchills.

Dietrich von Choltitz

Choltitz, Dietrich von, deutscher General der Infanterie (1. 8. 1944), *9. 11. 1894 bei Neustadt/OS, †4. 11. 1966 in Baden-Baden. 1914 Eintritt ins Heer. 1. 9. 1942 Generalmajor. 1. 2. 1943 Generalleutnant. 5. 3. 43 Kommandeur der 11. Panzerdivision, Juni–August 44 Kommandierender General des LXXXIV. Armeekorps. 7.–28. 8. 1944 Wehrmachtbefehlshaber Groß-Paris. Verhinderte die von Hitler befohlene Zerstörung der französ. Hauptstadt, die er den Alliierten übergab. Buchveröffentlichung: Brennt Paris? 1949.

Chruschtschow, Nikita Sergejewitsch, sowjetischer Politiker, * 17. 4. 1894 in Kalinowka/Gouv. Kursk, † 11. 9. 1971 in Moskau. Seit 1918 Mitglied der KP. 1938 1. Sekretär der KP der Ukraine. 1942 Chef der Politabteilung der Stalingrad-Front, Südwestfront. 1943–45 als Generalleutnant Chef der Politabt. der Woronesch-Front, ab 20. 10. 1943 1. Ukrainische Front. Organisierte den ukrainischen Partisanenkampf. 1953 1. Sekretär des ZK. 1954–64 politischer Führer der UdSSR, 1958–64 auch Ministerpräsident. 14. 10. 1964 aus allen Ämtern entlassen. Führte Entstalinisierung durch, Koexistenzpolitik.

Nikita Chruschtschow

Churchill, Winston, brit. Politiker, *30. 11. 1874 in Blenheim Palace (Oxfordshire), † 24. 1. 1965 in London. Seit 1900 aktiv politisch tätig, war C. ausgerechnet in der Zeit von Hitlers Aufstieg (1929–1939) ohne Amt und Einfluß. Er warnte unermüdlich vor Hitler und lehnte die Beschwichtigungs - (»Appeasement«) - Politik Chamberlains scharf ab. Nach Kriegsausbruch 1939 Erster Lord der Admiralität, löste er am 10. 5. 1940 Chamberlain als Premierminister ab. Bildete ein Kriegskabinett der »Nationalen Konzentration« aus Politikern aller Parteien. Kündigte der Bevölkerung »Blut, Schweiß, Mühsal und Tränen« an und appellierte an den Durchhaltewillen der Engländer; wies alle deutschen Friedensangebote ab. Trotz grundsätzlich antikommunistischer Haltung verbündete er sich nach dem deutschen Angriff mit der Sowjetunion. Konnte aber seine Vorstellungen auf den Konferenzen von Teheran und Jalta nicht in allen Punkten durchsetzen. Warnte gegen Kriegsende Roosevelt vergeblich vor dem immer größer werdenden Einfluß Stalins. Verlor trotz seiner Erfolge die ersten Nachkriegswahlen. Oktober 1951 bis April 1955 nochmals Premierminister. 1953 Nobelpreis für Literatur.

Winston Churchill

Ciano, Galeazzo, Graf von Cortellazzo und Buccari, italienischer Politiker, * 18. 3. 1903 in Livorno, † 11. 4. 1944 in Verona (hingerichtet). 1936–43 Außenminister, versuchte, Kriegseintritt Italiens zu verhindern. Stellte sich gegen seinen Schwiegervater Mussolini und beteiligte sich an dessen Sturz (25. 7. 1943). Nach Mussolinis Befreiung verhaftet.

Clostermann, Pierre, französ. Luftwaffenhauptmann, * 1921. Erfolgreichster französ. Jagdflieger im 2. Weltkrieg mit 33 Luftsiegen.

Cunningham, Andrew Browne, Viscount Cunningham of Hyndhope (1946), britischer Admiral of the Fleet (Großadmiral) (21. 1. 1943), * 7. 1. 1883 in Dublin, † 12. 6. 1963 in London. Juni 1939 bis Okt. 1943 Oberbefehlshaber der Mittelmeerflotte. 15. 10. 1943 zurückgetreten. Buchveröffentlichung: A Sailor's Odyssey (Irrfahrten eines Seemanns), 1951.

Andrew B. Cunningham

Cunningham, Sir John Henry Dacres, britischer Admiral of the Fleet (Großadmiral) (21. 1. 1948), * 13. 4. 1886 in Demerara/Brit. Guayana, † 12. 12. 1962 in London. 1936 Konteradmiral und stellvertr. Stabschef der Royal Navy. 1938–41 Befehlshaber des 1. Kreuzergeschwaders. 1939 Vizeadmiral. 1. 4. 1941 4. Seelord und Chef der Abt. Nachschub und Transport. 1943 Befehlshaber des Levante-Geschwaders. Okt. 1943 bis Febr. 1946 Oberbefehlshaber der Mittelmeerflotte. 1. 3. 1946–1948 Erster Seelord und Chef des Admiralstabs. Danach aus der Marine ausgeschieden.

François Darlan

Darlan, François, französischer Admiral und Politiker, * 7. 8. 1881 in Nérac, † 24. 12. 1942 in Algier. 1939–40 Oberbefehlshaber der französischen Flotte, 1940 Marine- und Handelsminister unter Pétain, Februar 1941 Vizepräsident des Ministerrats und designierter Nachfolger Pétains, übernahm auch das Innen- und Außenministerium, April 1942 Rücktritt und Übernahme des Oberbefehls über die französischen Streitkräfte. Nach der Landung der Alliierten in Nordafrika schloß D. am 10. 11. 42 Waffenstillstand, am 16. 11. wurde er aller Ämter enthoben; in Algier von einem De-Gaulle-Anhänger ermordet.

Degrelle, Léon, Führer der belgischen Nationalisten, * 15. 6. 1906 in der belgischen Provinz Luxemburg. Gründete 1930 die Bewegung der Rexisten, um die alte katholische Partei Belgiens zu reformieren. Verhaftet und nach Frankreich abgeschoben, kehrte D. nach der belgischen Kapitulation im Juni 1940 zurück und gründete die Wallonische Legion (Heer), die später in die SS überführt wurde; wurde dort Offizier und war zuletzt ihr Kommandeur. Bei Kriegsende gelang ihm die Flucht von Oslo nach Spanien, wo er heute vermutlich noch lebt. Am 14. 12. 1945 wurde er in Abwesenheit in Brüssel zum Tode verurteilt.

Deßloch, Otto, deutscher Generaloberst der Luftwaffe (1. 3. 1944), *11. 6. 1889 in Bamberg, †13. 5. 1977 in München. 1910 Eintritt in die Armee. 1. 2. 1939 als Generalmajor Kommandeur der 6. Fliegerdivision. Okt. 39–April 42 Kommand. General des II. Flak-Korps. 19. 7. 40 Generalleutnant. 1. 1. 42 General der Flieger. 12. 5. 42–11. 6. 43 Kommand. Gen. I. Flak-Korps. 11. 6. 43–22. 8. 44 Chef (= Oberbefehlshaber) der Luftflotte 4 im Südabschnitt der Ostfront. 23. 8. 44–27. 9. 44 Chef Luftflotte 3 im Westen. 28. 9. 44–25. 4. 45 erneut Chef der Luftflotte 4 im Osten (seit 7. 4. 45 Luftwaffenkommando 4). 25. 4. 45–8. 5. 45 Chef Luftflotte 6 (Ostfront).

Detmers, Theodor, deutscher Kapitän zur See (1. 4. 1943), * 22. 8. 1902 in Witten/Ruhr, † 4. 11. 1976 in Hamburg. 1921 Eintritt in die Marine. Okt. 38 bis Juni 40 Kommandant Zerstörer Hermann Schoemann. Stellte am 9. 10. 1940 den Hilfskreuzer Schiff 41 Kormoran in Dienst. Kaperfahrt vom 3. 12. 40 bis 19. 11. 41. Versenkt oder gekapert 11 Handelsschiffe mit 68274 BRT. Versenkte im Gefecht den australischen Kreuzer Sydney. Einziger Fall, in dem ein Hilfskreuzer einen regulären Kreuzer versenken konnte, wenn auch unter Verlust des eigenen Schiffes. Ritterkreuz. Nov. 41 bis Mai 47 Kriegsgefangenschaft in Australien.

Dietl, Eduard, deutscher Generaloberst (1. 6. 42), * 21. 7. 1890 in Bad Aibling, † 23. 6. 1944 bei Hartberg in der Steiermark (Flugzeugunfall). Eintritt ins Heer 1909. 1. 4. 1938 Generalmajor; 1. 5. 38 Kommandeur der 3. Gebirgsdivision, 1. 4. 40 Generalleutnant. Verteidigte April/Mai 1940 Narvik, 14. 6. 40 Kommandierender General des Gebirgskorps Norwegen; 19. 7. 40 General der Gebirgstruppen; 15. 1. 42–23. 6. 44 Oberbefehlshaber der 20. Armee (Lapplandarmee) in Finnland.

Eduard Dietl

Dietrich, Josef (Sepp), SS-Oberstgruppenführer und Generaloberst der Waffen-SS, * 25. 5. 1892 in Hawangen (Kreis Memmingen), † 21. 4. 1966 in Ludwigsburg. 1911 Eintritt ins Heer. Nach 1918 Landespolizei, Freikorps. 1923 NSDAP. 1933–Juli 43 Kommandeur der »Leibstandarte Adolf Hitler«, später 1. SS-Panzerdivision. Leitete 1934 die Erschießung Röhms und weiterer SA-Führer. 27. 7. 43–24. 10. 44 Kommand. General des I. SS-Panzerkorps; Oktober 44–Mai 45 Oberbefehlshaber 6. SS-Panzerarmee (Ardennenoffensive/Ungarn/Österreich). Juli 46 im Malmedy-Prozeß zu lebenslanger Haft verurteilt; Oktober 55 entlassen. Am 14. 5. 57 zu 18 Monaten Gefängnis wegen Beihilfe zum Totschlag verurteilt. Feb. 59 entlassen.

Karl Dönitz

Dönitz, Karl, deutscher Großadmiral und Reichspräsident, * 16. 9. 1891 in Berlin, † 24. 12. 1980 in Aumühle bei Hamburg. Ende des Ersten Weltkriegs als U-Boot-Kommandant Handelskrieg im Mittelmeer und Atlantik. Januar 1936–Oktober 39 Führer, seit Oktober 39 Befehlshaber der Unterseeboote, 31. 1. 43 Großadmiral und Oberbefehlshaber der Kriegsmarine. 30. 4. 45 Ernennung zum Nachfolger Hitlers. 5. Mai Gründung einer geschäftsführenden Reichsregierung mit Sitz in der Marineschule Mürwik bei Flensburg. 23. Mai Verhaftung von D. und seiner Reichsregierung durch brit. Truppen; 1. 10. 46 Verurteilung in Nürnberg zu 10 Jahren Gefängnis, die er im alliierten Militärgefängnis Spandau absaß.

Eden, Anthony, britischer Politiker, * 12. 6. 1897 in Windlestone (Grafschaft Durham), † 14. 1. 1977 in Alvediston Salisbury/Wiltshire. Teilnahme am 1. Weltkrieg, 1923 Konservativer Abgeordneter, 1926–29 parlamentarischer Privatsekretär bei Chamberlain, Dezember 1935–Februar 1938 Außenminister, seit Mai 1940 Kriegsminister, seit Dezember 40 erneut Außenminister bis zum Juli 45. In den fünfziger Jahren Außen- und Premierminister. Seine Kriegserinnerungen schilderte E. in dem Buch »The Reckoning«, das vom Ringen mit Stalin um die Kriegsziele und von dem Versuch handelt, eine demokratische Neuordnung Osteuropas zu erreichen.

Eichmann, Adolf, dt. SS-Führer, * 19. 3. 1906 in Solingen, † 1. 6. 1962 in Ramle/Israel (hingerichtet). Oktober 1939 Leiter des Judenreferats im Reichssicherheitshauptamt; organisierte in den besetzten Ostgebieten (v. a. Ungarn) den Abtransport der Juden in die Vernichtungslager. Nach dem Krieg nach Argentinien geflohen, wurde E. am 11. 5. 1960 vom israel. Geheimdienst (illegal) nach Israel entführt und dort nach ordentlichem Gerichtsverfahren am 15. 12. 1961 zum Tode verurteilt.

Adolf Eichmann

Einstein, Albert, dt.-amer. Physiker, * 14. 3. 1879 in Ulm, † 18. 4. 1955 in Princeton (N. J.). Begründer der speziellen und allgemeinen Relativitätstheorie und damit des modernen physikalischen Weltbildes. Nobelpreis 1921. 1933 zur Emigration gezwungen, erwarb E. die amerikanische Staatsangehörigkeit und lehrte an verschiedenen US-Universitäten. 2. 8. 39 Brief an Präsident Roosevelt über angebl. deutsche Bemühungen um die Atombombe; führte zur Verschärfung der amerikan. Atomforschung und im Endeffekt zur Atombombe. E. litt darunter sehr, da er sein Leben lang ein überzeugter Pazifist war.

Dwight D. Eisenhower

Eisenhower, Dwight D., US-General und Präsident, * 14. 10. 1890 in Denison (Texas), † 28. 3. 1969 in Washington. 1935–40 mit General Mac Arthur auf den Philippinen, 16. 2. 41–25. 6. 42 Chef der Operationsabteilung des Generalstabes, 25. 6. 42 Oberbefehlshaber der US-Truppen in Europa; unter seiner Leitung Landungen in Nordafrika, auf Sizilien und auf dem italienischen Festland, Beförderung zum Fünf-Sterne-General, 24. 12. 43 Oberbefehlshaber der Alliierten Truppen in Europa. Leiter der Planung und Durchführung der Invasion am 6. 6. 44 in der Normandie. Mai–November 1945 Oberbefehlshaber der amerikan. Besatzungstruppen in Deutschland und Militärgouverneur. Später Generalstabschef, erster NATO-Oberbefehlshaber und von 1953–61 Präsident der USA.

Falkenhausen, Alexander von, deutscher General d. Inf. (1. 9. 40), *29. 10. 1878 in Blumenthal, Krs. Neiße (Schlesien), † 31. 7. 1966 in Nassau a. d. Lahn. Teilnahme I. Weltkrieg, dann Reichswehr, die F. am 31. 1. 1930 als Gen.leutnant verließ. 1934–39 Militärinstrukteur bei Tschiangkaischek. 20. 5. 40–14. 7. 44 Militärbefehlshaber in Belgien und Nordfrankreich. 20. 7. 44 verhaftet und im KZ Dachau gefangengehalten, dann englische Gefangenschaft, Anfang 1948 an Belgien ausgeliefert. 25. 9. 50–9. 3. 51 Prozeß vor dem Militärgericht in Lüttich, zu 12 Jahren Zwangsarbeit verurteilt, trotz vieler Proteste der belgischen Bevölkerung zu seinen Gunsten. Kurz darauf Freilassung durch Gnadenerlaß.

Falkenhorst (bis 1911 v. Jastrzembski), Nikolaus von, deutscher Generaloberst (19. 7. 40), * 17. 6. 1885 in Breslau, † 18. 6. 1968 in Holzminden. Teilnahme I. Weltkrieg, Reichswehr, 1. 8. 37 Gen.leutnant, 1. 10. 39 Gen. d. Inf. Als Kommand. General des XXI. Armeekorps Teilnahme am Polenfeldzug. Ab 21. 2. 40 Vorbereitung des Unternehmens »Weserübung«, das am 9. 4. 40 unter seiner Leitung begann. 19. 12. 40 Oberbefehlshaber Armeeoberkommando Norwegen, 31. 12. 41 Oberbefehlshaber Armeeoberkommando Nordfinnland, 1. 1. 42–18. 12. 44 Wehrmacht-Befehlshaber Norwegen, Ablösung wegen Widerstandes gegen die Politik des Reichskommissars. 2. 8. 46 von einem britischen Militärgericht zum Tode verurteilt, dann zu 20 Jahren Gefängnis begnadigt. Am 13. 7. 53 aus dem Kriegsverbrechergefängnis Werl entlassen.

Francisco Franco

Franco, Francisco F. Bahamonde, spanischer General und Politiker, *4. 12. 1892 in El Ferrol, †20. 11. 1975 in Madrid. 1934 Chef des Generalstabs. 1936 von der Volksfrontregierung verbannt, entfesselte F. am 17. 7. 1936 einen Aufstand, der sich zu einem blutigen Bürgerkrieg ausweitete. Erst nach drei Jahren heftiger Kämpfe gelang F. mit massiver deutscher und italienischer Hilfe der Sieg. Seit 1936 Staatschef, gelang es ihm, Spanien aus dem Krieg herauszuhalten. Eine persönliche Intervention Hitlers (23. 10. 40) nützte nichts.

Hans Frank

Frank, Hans, deutscher Politiker, * 23. 5. 1900 in Karlsruhe, † 16. 10. 1946 in Nürnberg (hingerichtet). Jurist, 1930 Reichstagsabgeordneter der NSDAP, 1933 bayerischer Justizminister und »Reichskommissar für die Gleichschaltung der Justiz in den Ländern«. Nach der Besetzung Polens wurde F. Generalgouverneur für die besetzten Gebiete. F. wurde zum »ungekrönten König von Polen«, der mit systematischem Terror jedem polnischen Widerstand begegnete. Andererseits wandte er sich in zahlreichen Reden gegen die polizeistaatliche Willkür im Reich. Am 17. 1. 45 Flucht aus Krakau, beim Zusammenbruch 1945 in Bad Aibling verhaftet. Als einziger der 21 Angeklagten im Nürnberger Hauptkriegsverbrecherprozeß bekannte sich F. schuldig und übernahm die Verantwortung für seine Taten. Kurz vor seiner Hinrichtung trat er zum Katholizismus über.

Freisler, Roland, deutscher Politiker und Jurist, * 30. 10. 1893 in Celle, † 3. 2. 1945 in Berlin. 1914 russische Kriegsgefangenschaft, 1920 bolschewist. Kommissar in der Ukraine, 1925 Mitglied der NSDAP (Nr. 9679), 1934 Staatssekretär im Reichsjustizministerium. 20. 8. 1942 Präsident des Volksgerichtshofes. In dieser Position wurde F. zum Symbol für den Justizterror im Dritten Reich. Vor allem bei der Aburteilung von »Wehrkraftzersetzern« und von Widerstandskämpfern des 20. Juli zeichnete er sich durch brutale

Roland Freisler

Verhandlungsführung und Verächtlichmachung der Angeklagten aus. Bei einem Bombenangriff getötet.

Freyberg, Sir Bernard Cyril, neuseeländischer Generalleutnant, Baron von Wellington und Munstead, * 21. 3. 1889 in Richmond, Surrey, † 1963. Im 1. Weltkrieg Bataillonskommandeur. Nov. 39–Nov. 45 Kommandeur der 2. neuseeländ. Expeditionsstreitkräfte. Einsatz in Griechenland, Verteidigung von Kreta, Einsatz in Nordafrika und Italien. April – August 43 Kommand. General des X. brit. Korps in Italien. 17. 6. 46 – 16. 8. 52 Generalgouverneur von Neuseeland.

Frick, Wilhelm, deutscher Politiker, * 12. 3. 1877 in Alsenz (Pfalz), † 16. 10. 1946 in Nürnberg (hingerichtet). Jurist, Mai 1924 Reichstagsabgeordneter der NSDAP, ab 1928 deren Fraktionsvorsitzender. 1933 Reichsinnenminister; als solcher war F. mitverantwortlich für die Rassengesetze und andere Gesetze zur »Gleichschaltung« und zur »Sicherung der Einheit von Partei und Staat«. August 1943–Mai 1945 Reichsprotektor für Böhmen und Mähren. F. wurde in Nürnberg zum Tode verurteilt, wobei der Gerichtshof feststellte: »Immer ein wilder Antisemit... wendete F. zahlreiche Gesetze an, die Juden aus Deutschlands Leben und Wirtschaft auszuschalten.«

Friedeburg, Hans-Georg von, deutscher Generaladmiral (1. 5. 45) und letzter Oberbefehlshaber der Kriegsmarine (1. 5. 45), * 15. 7. 1895 in Straßburg, † 23. 5. 1945 durch Selbstmord in Flensburg. Seit Kriegsausbruch Chef der Organisationsabteilung beim Befehlshaber der U-Boote, September 1941 2. Admiral der U-Boote, Februar 1943 Kommandierender Admiral der U-Boote. F. war Unterzeichner der Kapitulation im Hauptquartier Montgomerys am 4. 5. 1945 und im sowjetischen Hauptquartier in Karlshorst am 8. 5. 1945.

Frießner, Johannes, deutscher Generaloberst (1. 7. 44), * 22. 3. 1892 in Chemnitz, † 26. 6. 1971 in Bayrisch-Gmain. 1911 Eintritt ins Heer. 1. 8. 40 Gen.major, 1. 10. 42 Gen.leutnant, 1. 4. 43 Gen. der Inf. 1. 5. 42–18. 1. 43 Kommandeur der 102. Inf. Div. 19. 1.–11. 12. 43 Kommand. General des XXIII. Armeekorps. Febr. 1944 Armeegruppe Frießner, 23. 2. 44 Armeeabteilung Narwa. 1. 7. 44 Oberbefehlshaber der Heeresgruppe Nord. 25. 7.–22. 12. 44 Oberbefehlshaber der Heeresgruppe Süd-Ukraine, später Südosten.

Werner von Fritsch

Fritsch, Werner Freiherr von, deutscher Generaloberst (1. 4. 36), * 4. 8. 1880 in Benrath, † 22. 9. 1939 vor Warschau. 1898 Eintritt ins Heer. 1. 11. 30 Gen.major, 1. 6. 32 Gen.leutnant, 1. 2. 34 Gen. d. Art. 1. 2. 34 Chef der Heeresleitung, 1. 6. 35–4. 2. 38 Oberbefehlshaber des Heeres. Aufgrund von Verleumdungen (Intrige von Göring und Hitler) am 4. 2. 38 verabschiedet, durch »Gericht des Obersten Befehlshabers der Wehrmacht« freigesprochen. Rückte 1. 9. 39 mit dem Artillerieregiment 12, dessen Chef er war, ins Feld.

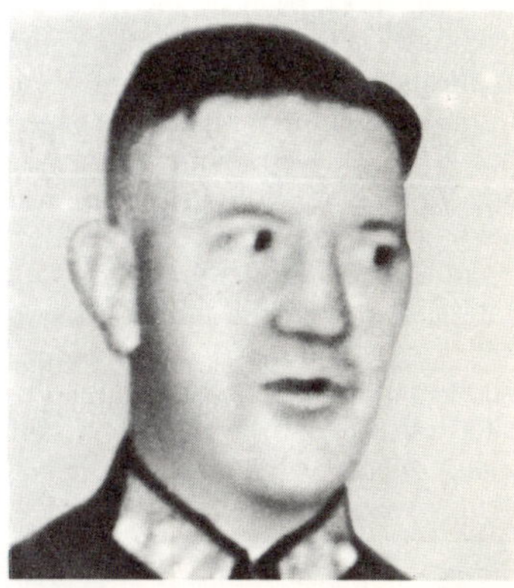

Friedrich Fromm

Fromm, Friedrich, deutscher Generaloberst (19. 7. 40), * 8. 10. 1888 in Berlin, † 12. 3. 1945 in Brandenburg (hingerichtet). 1. 11. 35 Gen.major, 1. 1. 38 Gen.leutnant, 1. 4. 39 Gen. d. Art. 1934 Chef des Allgemeinen Heeresamtes. 1. 9. 39–20. 7. 44 Oberbefehlshaber des Ersatzheeres. Unklare Stellung am 20. 7. 1944, gab jedoch Generaloberst Ludwig Beck

Gelegenheit zum Selbstmord und ließ General Olbricht, Oberst Graf Stauffenberg u. a. Verschwörer ohne Befehl in der Bendlerstraße erschießen, um eigene Beteiligung zu verschleiern. Dafür noch in der Nacht zum 21. 7. 44 verhaftet.

Funk, Walther, deutscher Politiker, * 18. 8. 1890 in Trakehnen/Ostpreußen, † 31. 5. 1960 in Düsseldorf. 1922–30 Chefredakteur der »Berliner Börsen-Zeitung«, 1931 Eintritt in die NSDAP, 1932 Mitglied des Reichstages, Januar 1933 Pressechef und Staatssekretär im Propagandaministerium. November 1937 Reichswirtschaftsminister, Januar 1939 Reichsbankpräsident als Nachfolger von Schacht. Im Hauptkriegsverbrecherprozeß in Nürnberg am 1. 10. 1946 zu lebenslänglich Gefängnis verurteilt. F. verbüßte die Strafe im alliierten Kriegsverbrechergefängnis in Spandau. Am 16. 5. 1957 vorzeitig entlassen.

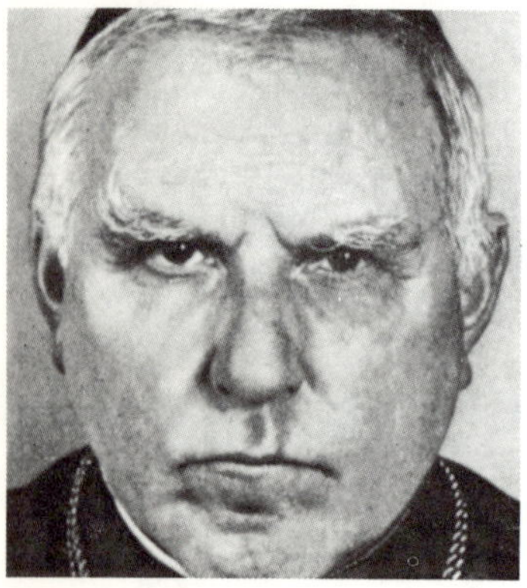

Graf von Galen

Galen, Clemens August Graf von, dt. Theologe, * 16. 3. 1878 in Dinklage (Oldenburg), † 22. 3. 1946 in Münster. Seit 1933 Bischof von Münster, wurde G. nach anfänglich wohlwollender Haltung gegenüber der »nationalen Erhebung« zum Zentrum des kathol. Widerstands gegen die NS-Praktiken. Kämpfte gegen die Verfolgung von Priestern, war maßgeblich am erfolgreichen Widerstand gegen die Euthanasie-Maßnahmen beteiligt und sprach sich entschieden gegen den Rassismus aus. G. verdankte es seiner enormen Popularität, daß er trotz offenen Widerstands nicht verhaftet wurde. Nach dem Krieg wandte er sich ebenso konsequent gegen Ausschreitungen der Besatzungsmächte. Wurde 1946 Kardinal.

Galland, Adolf, deutscher Luftwaffengeneral, * 19. 3. 1912 in Westerholt/Westf. 1934 Eintritt ins Inf.Regiment 10, 1935 Übertritt zur Luftwaffe. 6. 6. 1940: Kommandeur III./Jagdgeschwader 26, 22. 8. 40–5. 12. 41 Kommodore Jagdgeschwader, 26. Dezember 1941 bis Januar 1945 General der Jagdflieger. 19. 11. 1942 Gen.major, 1. 11. 1944 Gen.leut-

Adolf Galland

nant. Nach Ablösung Januar 1945 Kommodore des Jagdverbandes 44 (Me 262). Erzielte 104 Luftsiege. Träger des Eichenlaubs mit Schwertern und Brillanten zum Ritterkreuz des Eisernen Kreuzes.

Gamelin, Maurice Gustave, französischer General, * 20. 9. 1872 in Paris, † 18. 4. 1958 ebd. Während des Ersten Weltkriegs 1917–19 Divisionskommandeur, 1925–29 Oberbefehlshaber der französischen Truppen in Syrien, 1931 Chef des Generalstabes, 1939 Oberbefehlshaber der alliierten Streitkräfte in Frankreich. Am 19. 5. 40 abgesetzt und durch General Weygand ersetzt, 6. 9. 40 verhaftet, im Prozeß von Riom (18. 2. 42–11. 4. 42) vor Gericht gestellt und für Frankreichs Niederlagen mitverantwortlich gemacht. Bis April 1943 in französischer Haft, dann an Deutschland ausgeliefert und dort bis Kriegsende in Gefangenschaft.

Maurice Gamelin

Gariboldi, Italo, italienischer Armeegeneral (28. 10. 42), * 20. 4. 1879 in Lodi, † 12. 2. 1970 in Rom. Juni 1940 – März 1941 Oberbefehlshaber der 5. Armee. 25. 3.–12. 7. 41 Generalgouverneur von Libyen und Oberbefehlshaber der ital. Truppen in Nordafrika; an der Rückeroberung der Cyrenaika beteiligt. April 42 – September 43 Oberbefehlshaber der italien. 8. Armee (Juli 42 – Februar 43 in Rußland). September 43 – Mai 45 in deutscher Internierung.

Gaulle, Charles de, französ. General und Politiker, * 22. 11. 1890 in Lille, † 9. 11. 1970 in Colombey-les-Deux-Eglises. 1918 am Kampf gegen die Rote Armee beteiligt. 1937 Oberst. G. setzte sich für die Schaffung einer franz. Panzerwaffe als Stoßarmee ein, kämpfte aber vergebens gegen das sterile Defensivdenken des Generalstabs. Mai 1940 Brigadegeneral und Kommandeur der 4. Panzerdivision; konnte den Kriegsverlauf nicht mehr beeinflussen, setzte sich nach London ab und wurde dort zum Haupt der Freifranzosen, die zum Kampf gegen das siegreiche Deutschland aufriefen. Von der Regierung in Vichy zum Tode verurteilt. 15. 5. 1944 Chef der provisor. Regierung der Französ. Republik. 25. 8. 44 Einmarsch in Paris. Januar 1946 Rücktritt. 1958 Präsident der V. Repubik; beendete den Algerienkrieg; entwikkelte das Konzept eines »Europa der Vaterländer« und widersetzte sich dem Beitritt Großbritanniens zur Europäischen Wirtschaftsgemeinschaft. Aufbau einer französischen Atomstreitmacht, der sog. Force de frappe. 28. 4. 1969 zurückgetreten.

Charles de Gaulle

Gerstein, Kurt, deutscher Widerstandskämpfer, * 11. 8. 1905 in München, † 25. 7. 1945 in Paris. 1933 NSDAP-Mitglied, als Mitglied der Bekennenden Kirche mehrfach verhaftet und bald aus der Partei ausgeschlossen. Um sich mit der Partei auszusöhnen, bewarb sich G. im September 1940 bei der Waffen-SS. Nachdem eine Schwägerin in der Euthanasie-Anstalt Hadamar getötet worden war, wollte G. »in diese Öfen und Gaskammern hineinschauen« und ließ sich in das Hygiene-Institut der Waffen-SS versetzen, wo er für die Beschaffung von Blausäure zuständig war. G. wurde Augenzeuge von Vernichtungsaktionen im KZ von Belcek/Polen. G. unterrichtete mehr als 100 Persönlichkeiten von seinen Erlebnissen und unterhielt Kontakte zu holländischen Untergrundgruppen, die seine Berichte nach England weitergaben. Nach Kriegsende stellte sich G. den Franzosen und schrieb seine Erfahrungen nieder. Am 25. 7. 1945 fand man ihn

Kurt Gerstein

in seiner Pariser Zelle erhängt; ob es sich dabei wirklich um Selbstmord gehandelt hat, ist nie geklärt worden.

Gille, Herbert, dt. General der Waffen-SS (9. 11. 44), * 8. 3. 1897 in Gandersheim/Harz, † 26. 12. 1966 in Stemmen bei Hannover. 1931 Eintritt in die SS, 1939 Kommandeur eines Artillerieregiments der Waffen-SS. Seit Oktober 1942 war G. Kommandeur der 5. SS-Panzerdivision »Wiking«, die sich aus Freiwilligen nordeuropäischer Länder zusammensetzte. 20. 4. 1944 Eichenlaub mit Schwertern und Brillanten zum Ritterkreuz, im Sommer 1944 Aufstellung des IV. SS-Panzerkorps. Bis zur Kapitulation Kämpfe in Ungarn.

Giraud, Henri-Honoré, französ. General, * 18. 1. 1879 in Paris, † 13. 3. 1949 in Dijon. Teilnahme am Ersten Weltkrieg und an den Kolonialkriegen in Nordafrika 1922–33. Als Befehlshaber der 7. Armee geriet G. im Mai 1940 in deutsche Gefangenschaft, aus der er im April 1942 fliehen konnte. Am 27. 12. 1942 Oberkommissar für Nordafrika. Im Mai 1943 wurde er gemeinsam mit de Gaulle Präsident des Französischen Komitees der nationalen Befreiung. Im November 1943 trat G. wegen Meinungsverschiedenheiten mit de Gaulle zurück und wurde Oberbefehlshaber der freifranzösischen Streitkräfte. Von 1944–1948 war G. Vizepräsident des Obersten Kriegsrates.

Joseph Goebbels

Goebbels, Joseph, deutscher Politiker, * 29. 10. 1897 in Rheydt, † 1. 5. 1945 in Berlin. Studium der Germanistik, 1921 Dr. phil. 1924/25 Eintritt in das Büro des NSDAP-Gauleiters Karl Kaufmann, Eintritt in die NSDAP, 1926 Gauleiter in Berlin. Mai 1928 Reichstagsabgeordneter. November 1928 Übernahme der Parteipropaganda. 13. 3. 1933 Ernennung zum »Reichsminister für Volksaufklärung und Propaganda«. Am 1. 4. 33 organisierte G. den Judenboykott; bereitete die »Kristallnacht« (10. 11. 38) publizistisch vor. 13. 2. 43 hielt G. seine Rede mit dem Aufruf zum »totalen Krieg« im Berliner Sportpalast. Kurz nach dem 20. 7. 1944 wurde er »Generalbevollmächtigter für den totalen Kriegseinsatz«. Hitler bestimmte ihn testamentarisch zu seinem Nachfolger, doch am 1. 5. 45 nahm G. sich mit seiner gesamten Familie das Leben.

Carl Friedrich Goerdeler

Goerdeler, Carl Friedrich, deutscher Widerstandskämpfer, * 31. 7. 1884 in Schneidemühl/Westpr., † 2. 2. 1945 in Berlin-Plötzensee (hingerichtet). 1920–30 zweiter Bürgermeister in Königsberg, anschließend Oberbürgermeister von Leipzig. 1931/32 und 1934/35 zugleich Reichskommissar für die Preisüberwachung. Nach dem Rücktritt 1937 Mitarbeiter der Firma Bosch. Seit Kriegsbeginn gemeinsam mit Beck führender Kopf der Widerstandsbewegung, die ihn für das Amt des Reichskanzlers vorgesehen hatte. G. gehörte bis zuletzt zu den Gegnern des Attentats. Am 17. 7. 44 entzog sich G. der Verhaftung durch die Flucht, wurde Ende August in der Nähe von Elbing von einer Luftwaffenhelferin erkannt, denunziert und verhaftet. Am 10. 9. 1944 vom Volksgerichtshof zum Tode verurteilt. In seiner Zelle arbeitete G. für Himmler Entwürfe für den Wiederaufbau der Städte und der Verwaltung aus. Vor seiner Hinrichtung am 2. 2. 1945 in Plötzensee schrieb G. in seinem Abschiedsbrief: »Die Welt aber bitte ich, unser Märtyrerschicksal als Buße aufzunehmen für das deutsche Volk.«

Göring, Hermann, deutscher Reichsmarschall (19. 7. 40) und Poli-

Hermann Göring

tiker, * 12. 1. 1893 in Rosenheim/Oberbayern, † 15. 10. 1946 in Nürnberg. 1912 Infanterieoffizier, ab Herbst 1914 Flieger, ab März 1916 Jagdflieger. Führte bei Kriegsende das Jagdgeschwader Richthofen. 1919–21 Zivilflieger in Dänemark und Schweden. Von Hitler mit Aufbau und Führung der SA beauftragt. Teilnahme am Hitlerputsch in München am 9. 11. 1923, vorübergehend verhaftet. 1928 Wahl in den Reichstag, 30. 8. 1932 Reichstagspräsident (bis 1945). Nach der Machtübernahme zunächst Reichsminister ohne Geschäftsbereich, Reichskommissar für die Luftfahrt und preußischer Innenminister, dann preußischer Ministerpräsident, Chef der Gestapo, Reichsluftfahrtminister, 1935 Oberbefehlshaber der Luftwaffe, Reichsforst- und Jägermeister und 1936 Beauftragter für die Durchführung des Vierjahresplanes. 1938 Generalfeldmarschall. Im April 1945 setzte sich G. mit Hitlers Zustimmung nach Berchtesgaden ab. Als er von dort aus die Macht übernehmen wollte, ließ Hitler ihn verhaften und enthob ihn aller Ämter. 8. 5. 45 Gefangennahme durch Amerikaner. 1. 10. 1946 in Nürnberg zum Tode verurteilt. Am 15. 10. 46 gelang ihm trotz strenger Bewachung der Selbstmord durch Gift in seiner Zelle.

Gort, John Standish Vereker, Viscount, britischer Feldmarschall (1. 1. 43), * 10. 7. 1886 in London, † 31. 3. 1946 ebd. 1937–39 Chef des Empire-Generalstabs. November 1939 – Juni 1940 Oberbefehlshaber der britischen Expeditionsarmee in Frankreich; leitete den erfolgreichen Rückzug der brit. Truppen aus Dünkirchen. Ab 20. 7. 1940 Generalinspekteur der britischen Armee. 1941–42 Oberbefehlshaber Gibraltar, 7. 5. 42 Gouverneur, ab 15. 5. 42 auch Oberbefehlshaber auf Malta. 1944/45 Hoher Kommissar für Palästina und Transjordanien.

Graziani, Rodolfo (Marchese di Neghelli), Marschall von Italien (9. 5. 1936), * 11. 8. 1882 in Filettino, † 11. 1. 1955 in Rom. 1935/36 Kommand. General des Somali-Korps. 31. 10. 39–25. 3. 41 Generalstabschef des Heeres, zugleich ab Juni 1940 Oberbefehlshaber der italien. Truppen in Nordafrika. 22. 9. 43–28. 4. 45 Kriegsminister der faschistischen Republik, zugleich ab August 1944 Oberbefehlshaber der Armee Ligurien. 2. 5. 1950 zu 19 Jahren Haft verurteilt, aber bereits am 28. 8. 1950 in Freiheit gesetzt.

Greim, Robert Ritter von, deutscher Generalfeldmarschall, * 22. 6. 1892 in Bayreuth, † 24. 5. 45 in Salzburg. Ab 1916 Flugzeugführer, dem es als erstem Flieger gelang, einen englischen Panzer aus der Luft zu vernichten. Nach dem Krieg Jurastudium, ab 1924 Instrukteur in China, 1927 Fluglehrer in Würzburg, 1935 Major der Luftwaffe. 1939 Gen.leutnant, Teilnahme am Westfeldzug als Komm. General des V. Fliegerkorps. 1942/43 Befehlshaber des Luftwaffenkommandos Ost. Februar 1943 Gen.oberst, Mai 1943 – April 1945 trug sein Verband die Bezeichnung Luftflotte 6. 27. 4. 1945 von Hitler zum neuen Oberbefehlshaber der Luftwaffe ernannt und zum Gen.feldmarschall befördert. Nach der Kapitulation nahm sich G. in US-Gefangenschaft das Leben.

Robert von Greim

Gretschko, Andrei Antonowitsch, sowjetischer Marschall und Verteidigungsminister, * 1. 10. 1903 bei Poltawa, † 25. 4. 1976 in Moskau. Teilnahme am sowjetisch-finnischen Winterkrieg 1939/40 als Regimentskommandeur. Zu Beginn des Rußlandfeldzuges Divisionskommandeur. Anschließend führte G. ein Kavalleriekorps. Ab 1942 als Gen.-major Oberbefehlshaber der 47. Armee, dann als Gen.leutnant Oberbefehlshaber der 56. Armee, mit der er am Vormarsch im Nordkaukasus beteiligt war (Januar 1943). Danach stellvertretender Befehlshaber der Ersten Ukrainischen Front, im Herbst 1943 Kommand. Gen. der 1. Gardearmee. Juli – August Rückeroberung der westlichen Ukraine, bis zum Kriegsende über die Karpaten in die ČSR. Oberbefehlshaber der sowjetischen Truppen bei der Bekämpfung des Aufstandes vom 17. Juni 1953 in der DDR. Ab 1960 Oberbefehlshaber der Warschauer-

Heinz Guderian

Pakt-Truppen, seit April 1967 sowjetischer Verteidigungsminister.

Guderian, Heinz, deutscher Generaloberst (1. 7. 40), * 17. 6. 1888 in Kulm/Weichsel, † 14. 5. 1954 in Schwangau. 1. 2. 1938 Gen.leutnant, 1. 11. 38 Gen. der Panzertruppen, 20. 11. 38 Chef der Schnellen Truppen. 1. 9. 39 mit XIX. Armeekorps Teilnahme am Polenfeldzug, 1. 6. 40 mit Panzergruppe G. am Frankreichfeldzug, mit Panzergruppe 2 Teilnahme am Rußlandfeldzug, 5. 10. 41–25. 12. 41 Befehlshaber der 2. Panzerarmee. Nach Auseinandersetzungen mit Gen.feldmarschall v. Kluge wurde G. am 25. 12. 41 von Hitler abgesetzt und zur Führerreserve versetzt. 1. 3. 43 Generalinspekteur der Panzerwaffe. 21. 7. 44 mit der Wahrnehmung der Geschäfte des Chefs des Generalstabes des Heeres beauftragt. Am 28. 3. 45 nach schweren Auseinandersetzungen von Hitler in den Urlaub geschickt. 10. 5. 45 US-Gefangenschaft, am 17. 6. 48 entlassen. G. gilt als Schöpfer der deutschen Panzertruppe, der die Bedeutung der Panzerwaffe als einer der ersten erkannte und ihren Aufbau maßgeblich beeinflußte.

Guggenberger, Friedrich, deutscher Marineoffizier, * 6. 3. 1915 in München. 1934 Eintritt in die Marine. 1940–43 Kommandant der U-Boote U 28, 81, 847 und 513. Nach Untergang von U 513 am 14. 7. 1943 Kriegsgefangenschaft. Versenkte brit. Flugzeugträger Ark Royal und 13 Handelsschiffe mit 35434 BRT. 1956–72 Bundeswehr, zuletzt Konteradmiral.

Halder, Franz, deutscher Generaloberst (19. 7. 40), * 30. 6. 1884 in Würzburg, † 2. 4. 1972 in Aschau/Chiemsee. 1. 7. 1935 Kommandeur 7. Division, 1. 8. 1936 Generalleutnant, 5. 10. 1936 Oberquartiermeister II, 1. 2. 1938 General d. Artillerie, 1. 3. 1938 Oberquartiermeister I im Generalstab des Heeres. 27. 8. 1938 Chef des Generalstabs des Heeres als Nachfolger von Generaloberst Beck. Am 24. 9. 1942 wurde H. durch General Zeitzler ersetzt, nachdem es zu schweren Auseinanderset-

Franz Halder

zungen mit Hitler gekommen war. H. lebte seitdem zurückgezogen, bis er im Zusammenhang mit dem 20. Juli am 23. Juli 1944 gemeinsam mit seiner Familie verhaftet wurde und bis zum Kriegsende in mehreren KZs festgehalten wurde. Er geriet in amerikanische Gefangenschaft, aus der er im September 1947 entlassen wurde.

Halifax, Edward, brit. Politiker, * 16. 4. 1881 in Towderham Castle (Devon), † 23. 12. 1959 bei York. 1926–31 Vizekönig von Indien, mit Gandhi befreundet. 1935–38 und 1940 Lordsiegelbewahrer. 1938–40 Außenminister; trat für einen Verständigungsfrieden mit Deutschland im Mai/Juni 1940 ein; scheiterte aber an Hitlers überzogenen Forderungen und an Churchills unbeugsamer Kriegspolitik; formulierte die Ablehnung von Hitlers Friedensangebot vom 19. 7. 40. 1941–46 Botschafter in den USA.

Harpe, Josef, deutscher Generaloberst (20. 4. 44), *21. 9. 1887 in Buer, †14. 3. 1968 in Nürnberg. Teilnahme am Polenfeldzug als Kommandeur der 1. Panzerbrigade, 15. 2. 1940 Kommandeur der Panzertruppen-Schule, 1. 8. 1940 Generalmajor, Teilnahme am Rußlandfeldzug als Kommandeur der 12. Panzerdivision. 15. 1. 1942 Generalleutnant und Kommand. General des XXXXI. Panzerkorps. 1. 6. 1942 General d. Panzertruppen. 4. 11. 1943 Oberbefehlshaber der 9. Armee, 18. 5. 44 Oberbefehlshaber d. 4. Panzerarmee, 28. 9. 44–16. 1. 1945 Oberbefehlshaber der Heeresgruppe A. Nach dem russischen Durchbruch am Weichselbrückenkopf von Baranow wurde H. von Hitler als »Sündenbock« abgesetzt. Am 9. 3. 1945 Oberbefehlshaber der 5. Panzerarmee, die im Westen kämpfte, wo H. in amerikanische Gefangenschaft geriet, aus der er 1947 entlassen wurde.

Harris, Sir Arthur Travers, Marshall of the Royal Air Force (Luftmarschall) (1. 1. 1946), * 13. 4. 1892 in Cheltenham, † 5. 4. 1984 in London. 12. 6. 37–24. 5. 38 Kommandeur der 4. Bomber-Group. 1938–39 Luftwaffenbefehlshaber Palästina und Transjordanien. 11. 9. 39–22. 11. 40 Kommandeur der 5. Bomber-Group. 1940–42 Air Ministry. 23. 2. 42 – Sept. 1945 Befehlshaber des RAF-Bomber-Command; war in dieser Eigenschaft mitverantwortlich für den forcierten Luftkrieg gegen Deutschland, vor allem gegen die Zivilbevölkerung (Flächenbombardements); daher sein Spitzname »Bomber-Harris«. 1945 aus dem Militärdienst ausgeschieden.

Hartmann, Erich, deutscher Jagdflieger, * 19. 4. 1922 in Weissach/Württ. 1. 10. 1940 Eintritt in die Luftwaffe. Kam im Okt. 1942 zur 9./J.G.52 an die Ostfront und schoß am 5. 11. 42 seinen ersten Gegner ab. 29. 10. 43 Ritterkreuz nach 148 Abschüssen, 25. 8. 44 Brillanten nach 301 Siegen. Schoß insgesamt 352 Gegner bei rund 800 Feindflügen ab. Damit erfolgreichster Jagdflieger der Welt. 1. 2. 45: Gruppenkommandeur der I./J.G.52. Im Mai 45 von den USA an die Sowjetunion ausgeliefert, bis Okt. 55 in sowjet. Kriegsgefangenschaft.

Paul von Hase

Hase, Paul von, deutscher General und Widerstandskämpfer, * 24. 7. 1885 in Hannover, † 8. 8. 1944 in Berlin (hingerichtet). 1. 4. 1938 Generalmajor, 1. 8. 1939 Kommandeur 46. Infanteriedivision, 1. 4. 1940 Generalleutnant, 15. 11. 1940–20. 7. 1944 Kommandant von Berlin, als solcher war er in den Attentatsplan vom 20. Juli eingeweiht. Bald nach der Übernahme dieses Amtes gehörte H. zu dem Kreis der Offiziere, die Hitler beseitigen wollten. Am 20. Juli 1944 setzte er auf Stauffenbergs Zeichen das Berliner Wachregiment in Bewegung. Nach dem Scheitern des Attentatsversuches wurde H. verhaftet und am 8. 8. 1944 vom Volksgerichtshof zusammen mit Gen.feldmarschall v. Witzleben, Gen.oberst Hoepner und anderen zum Tode verurteilt und am gleichen Tag hingerichtet.

Hausser, Paul, SS-Oberstgruppenführer und Generaloberst der Waffen-SS (1. 8. 44), * 7. 10. 1880 in Brandenburg/Havel, † 21. 12. 1972 in Ludwigsburg. Trat in den »Stahlhelm« ein, 1933 Übernahme des »Stahlhelm« in die SA; H. trat in die SS über. Beteiligte sich maßgeblich am Aufbau der SS-Verfügungstruppe, aus der bei Kriegsausbruch die Waffen-SS entstand. Kämpfte in Holland, Belgien und Frankreich, befehligte das II. SS-Panzerkorps, mit dem er am 27. 11. 1942 Toulon besetzte und im Februar/März 1943 an den Kämpfen um Charkow beteiligt war. Am 12. 6. 1944 wurde H.s Verband an die Invasionsfront verlegt. 29. 6. 44 Oberbefehlshaber der 7. Armee, Januar 45 Oberbefehlshaber der Heeresgruppe Oberrhein, dann bei der Heeresgruppe G. Gegen Ende des Krieges von Hitler seines Postens enthoben, geriet in US-Gefangenschaft, 1949 entlassen.

Heinrici, Gotthard, deutscher Generaloberst (1. 1. 43), * 25. 12. 1886 in Gumbinnen, † 13. 12. 1971 in Waiblingen. 1. 3. 1938 Generalmajor, 9. 4. 1940 Führer des XII. Armeekorps, 20. 4. 1940 Gen. d. Infanterie, 17. 6. 1940 Befehlshaber des XXXXIII. Armeekorps. Im Rußlandfeldzug kämpfte H. zunächst auf dem Südflügel der Heeresgruppe Mitte. 20. 1. 1942–4. 6. 1944 Oberbefehlshaber der 4. Armee, 19. 8. 1944 Oberbefehlshaber der 1. Panzerarmee, mit der er im nördlichen Karpatenraum kämpfte. 20. 3. 1945–29. 4. 1945 Oberbefehlshaber der Heeresgruppe Weichsel, die an der Oder zwischen Fürstenberg und Ostsee stand. Am 29. 4. 1945 wurde H. nach schweren Auseinandersetzungen mit Gen.-feldmarschall Keitel von diesem des Dienstes enthoben. Einer telegraphischen Anweisung Bormanns, H. kriegsgerichtlich aburteilen zu lassen, gab Dönitz nicht statt. H. war drei Jahre in englischer Gefangenschaft.

Heitz, Walter, deutscher Generaloberst (30. 1. 43), * 8. 12. 1878 in Berlin, † 9. 2. 1944 in Moskau. 1898 Eintritt ins Heer. 1. 2. 33 Gen.major, 1. 10. 34 Gen.leutnant, 1. 4. 37 Gen. d. Art., 1. 8. 36 Präsident des Reichskriegsgerichts. 12. 9. 39 Befehlshaber Danzig–Westpreußen. 25. 10. 39–31. 1. 43 Kommand. General des VIII. Korps. Kriegsgefangener in Stalingrad.

Heß, Rudolf, deutscher Politiker, * 26. 4. 1894 in Alexandria. Lernte in München Hitler kennen, trat in die NSDAP ein (Partei-Nummer: 16) und nahm am Novemberputsch 1923 in München teil. 1925 Hitlers Privatsekretär, 1933 »Stellvertreter des Führers« und Mitglied der Reichsregierung. In der Partei galt H. als das »Gewissen des Führers«, man betrachtete ihn als weltfremden Idealisten. Am 10. 5. 1941 flog H. mit einer Me 110 von Augsburg nach Schottland, sprang dort mit dem Fallschirm

Rudolf Heß

ab, um mit der englischen Führung Kontakt aufzunehmen und Friedensgespräche zu führen. Am 13. 5. 1941 bezeichnete Hitler H.s Absicht als »Wahnvorstellungen«. Nachdem H. erkannt hatte, daß sein Vorhaben ohne Erfolg blieb, unternahm er am 15. 10. 1941 einen erfolglosen Selbstmordversuch. Am 1. 10. 1946 wurde H. wegen »Planung eines Angriffskrieges« und »Verschwörung gegen den Weltfrieden« im Nürnberger Hauptkriegsverbrecherprozeß zu lebenslänglicher Haft verurteilt, die er noch heute im alliierten Militärgefängnis in Berlin-Spandau verbüßt. Alle Versuche der Westmächte, H. freizulassen, scheiterten am Veto der Sowjets.

Reinhard Heydrich

Heydrich, Reinhard, SS-Obergruppenführer und General der Polizei (27. 9. 41), * 7. 3. 1904 in Halle, † 4. 6. 1942 in Prag. 1922 Eintritt in die Marine, Ende 1930 Entlassung aus der Marine durch ein Ehrengericht unter dem späteren Admiral Canaris. 1931 Eintritt in die NSDAP und die SS. Herbst 1931 Leiter der Nachrichtenstelle der SS-Führung in München, aus der der SD (Sicherheitsdienst) hervorging. 19. 7. 1932 Leiter des SD. 1. 3. 1934 Gruppenführer, 1934 Chef des Geheimen Staatspolizeiamtes in Berlin. 17. 6. 1936 Chef der Sicherheitspolizei unter der Bezeichnung Chef der Sicherheitspolizei und des SD. 27. 9. 1941 Stellvertretender Reichsprotektor von Böhmen und Mähren. 27. 5. 1942 Opfer eines Attentats von Exiltschechen, die von britischen Flugzeugen abgesetzt worden waren. Als »Vergeltung« wurde der tschechische Ort Lidice von den Deutschen zerstört, die Männer des Dorfes wurden erschossen.

Hilpert, Carl, deutscher Generaloberst (1. 5. 45), * 12. 9. 1888 in Nürnberg, † 1. 2. 1947 in Moskau. 1. 4. 1939 Gen.major, Februar 1940 Chef des Generalstabes der 1. Armee. 1. 10. 1940 Gen.leutnant, 26. 10. 1940 Chef des Generalstabes der Heeresgruppe B, 1. 9. 1942 Gen. d. Infanterie, 20. 1. 1943 Kommand. Gen. des LIV. Armeekorps, September 1944 Oberbefehlshaber der 16. Armee, 10. 3. 1945 Oberbefehlshaber der Heeresgruppe Kurland. Starb in sowjetischer Gefangenschaft.

Himmler, Heinrich, Reichsführer SS, * 7. 10. 1900 in München, † 23. 5. 1945 in einem Gefangenenlager bei Lüneburg. Beendete im August 1922 sein Studium als Diplomlandwirt. 1923 Mitglied der »Reichskriegsflagge«, mit der er am Hitlerputsch in München teilnahm. 2. 8. 1925 Eintritt in die NSDAP (Partei-Nr.: 14303), diente als Sekretär im Stab der Brüder Strasser. Am 6. 1. 1929 wurde H. zum Reichsführer SS (SS-Nummer: 168) ernannt. 1933 Leiter der politischen Polizei in Bayern. 20. 4. 1934 stellvertretender Chef der Gestapo in Preußen. 17. 6. 1936 Staatssekretär im Reichsinnenministerium und somit Chef der deutschen Polizei. Am 7. 10. 1939 Reichskommissar für die Festigung Deutschen Volkstums und damit verantwortlich für die Umsiedlungspolitik in den besetzten Gebieten. 25. 8. 1943 Reichsinnenminister und Generalbevollmächtigter für die Reichsverwaltung. 21. 7. 1944 Befehlshaber des Ersatzheeres und Chef der Heeresrüstung. Im Frühjahr 1945 übernahm H. die Heeresgruppe Weichsel. Am 20. 3. 1945 wurde H. wegen Versagens durch General Heinrici ersetzt. H. trat mit Graf Folke Bernadotte in Kontakt, um mit den Alliierten einen Separatfrieden im Westen zu erreichen. Daraufhin enthob Hitler ihn aller seiner Ämter und verstieß ihn aus der Partei. Nach der Kapitulation geriet H. am 20. 5. 1945 in englische Gefangenschaft, in der er sich das Leben nahm. Mit dem Namen Himmler verbinden sich die finstersten Erinnerungen an Polizeistaat, Folter, systematische Ausrottung der Juden und den mörderischen Elitewahn des Ordens unter dem Totenkopf.

Hitler, Adolf, deutscher Politiker, * 20. 4. 1889 in Braunau am Inn, † 30. 4. 1945 in Berlin. Kriegsfreiwilliger im Ersten Weltkrieg, Meldegänger (Gefreiter) an der Westfront, mehrere Verwundungen, EK I. Seit 1919

Adolf Hitler

Aufstieg als Propagandaredner der DAP, später NSDAP; seit 29. 7. 21 deren Vorsitzender, 8./9. 11. 23 mißglückter Putsch gegen die Reichsregierung, danach Festungshaft. In dieser Zeit Abfassung des Buches »Mein Kampf«, in dem H. seine politischen Vorstellungen und Pläne und seine Weltanschauung propagierte: Führerstaat, Revision des Versailler Vertrages, Lebensraum- und Herrenmenschen-Ideologie, Antisemitismus und Antibolschewismus. Mit Beginn der Weltwirtschaftskrise (1929) rasanter Anstieg des Wählerpotentials der NSDAP. Schließlich am 30. 1. 33 Berufung H.s zum Reichskanzler. Entmachtung des Parlaments, Auflösung der Parteien, Liquidierung der innerparteilichen Opposition (30. 6. 34 sog. Röhm-Putsch), Vereinigung der Ämter des Reichspräsidenten und Kanzlers: 2. 8. 1934 »Führer und Reichskanzler«. Liquidation des Versailler Vertrages: 16. 3. 35 Wiedereinführung der allgemeinen Wehrpflicht, 7. 3. 36 Einmarsch in die entmilitarisierte Zone des Rheinlandes, 13. 3. 38 Anschluß Österreichs, 1. 10. 38 Angliederung des Sudetenlandes, 15. 3. 39 Einmarsch in Böhmen und Mähren. All diese Erfolge der H.schen Außenpolitik durch geschicktes Taktieren und Entgegenkommen der Westmächte, die aber weitere Expansion mit Kriegsdrohungen verhindern wollten. Daher abrupte Kehrtwendung H.s durch Abschluß eines Nichtangriffspaktes mit der Sowjetunion (23. 8. 39). Dadurch Handlungsfreiheit gegen Polen, das ab 1. 9. 39 von den deutschen Truppen erobert wurde. Zu H.s Erstaunen Kriegserklärung der Westmächte. Ab 10. 5. 40 Eroberung der Beneluxländer und Frankreichs, 22. 6. 40 abgeschlossen. Da England nicht niedergerungen werden konnte, Wiederaufnahme der alten Lebensraum-Pläne im Osten und am 22. 6. 41 Angriff auf die Sowjetunion. Entstehung des von H. immer abgelehnten Zwei-Fronten-Krieges, der nach Kriegseintritt der USA (11. 12. 41) zunehmend aussichtslos wurde. H., seit 4. 2. 38 Oberster Befehlshaber der Wehrmacht und seit Dez. 41 auch Oberbefehlshaber des Heeres, verband als militärischer Führer Gespür für die Möglichkeiten des technischen Bewegungskrieges mit z. T. eigenen kühnen operativen Ideen und phänomenalem Detailwissen. Umgekehrt versagte er nach der Kriegswende in Stalingrad (1. 2. 43) und Tunis (13. 5. 43) mit seiner Strategie des »Haltens um jeden Preis«. Bewegliche Rückzüge kamen für ihn aus weltanschaulichen und eigener Stellungskrieg-Erfahrung nicht in Frage. Beschwörung des Gespenstes der »jüdischen Weltverschwörung« als eigentliche Schuldige am Krieg. In wahnwitziger Konsequenz aus seiner sozialdarwinistischen Weltanschauung Befehl zur »Endlösung der Judenfrage«, der in den Vernichtungslagern und durch Erschießungskommandos über vier Millionen Menschen zum Opfer fielen. Ausbeutung der besetzten Gebiete. Versagen in der militärischen Führung, v. a. im Luftkrieg. Nach Attentat auf H. am 20. 7. 44 brutale Verfolgung wirklicher und vermeintlicher Regimegegner (Sippenhaft u. a.). Wachsende Wirklichkeitsferne. In den letzten Kriegsmonaten Rückzug in den Bunker unter der Reichskanzlei. Dort Selbstmord mit seiner Frau Eva, geb. Braun.

Erich Hoepner

Hoepner, Erich, deutscher Generaloberst (19. 7. 40), * 14. 9. 1882 in Frankfurt a. O., † 8. 8. 1944 in Berlin (hingerichtet). 1. 1. 1936 Gen.major, 30. 1. 1938 Gen.leutnant, 1. 4. 1939 Gen. d. Kavallerie, Teilnahme am Polenfeldzug als Befehlshaber des XVI. Armeekorps, 22. 6. 1941 Befehlshaber der Panzergruppe 4, mit der H. an der Doppelschlacht bei Wjasma und Brjansk teilnahm. Am 8. 1. 1942 wegen »Feigheit und Ungehorsam« (erst nach dem 20. 7. 1944 bekanntgegeben) aus der Armee ausgestoßen, nachdem er den Befehl gegeben hatte, vier Divisionen westlich Moskau zurückzunehmen, da für diese die Gefahr bestand, abgeschnitten zu werden. H., der schon seit 1933 als Kritiker des Nationalsozialismus bekannt war, erfuhr Ende September 1943 von Gen. Olbricht in Berlin von den Plänen, Hitler zu beseitigen. Nach dem Attentat sollte H. Oberbefehlshaber im Heimatkriegsgebiet werden. Am 20. 7. 1944 wurde H. in der Bendlerstraße verhaftet und am 8. 8. 1944 vom Volksgerichtshof zum Tode verurteilt und am gleichen Tage hingerichtet.

Hollidt, Karl Adolf, deutscher Generaloberst (1. 9. 43), * 25. 4. 1891 in Speyer. 1. 4. 1938 Gen.major, 15. 9. 1939 Chef des Generalstabes der 5. Armee, 1. 4. 1940 Gen.leutnant, 25. 10. 1940 Kommandeur der 50. Infanteriedivision, 23. 1. 1942 Kommand. Gen. des XVII. Armeekorps, 1. 2. 1942 Gen. d. Infanterie, 23. 11. 1942 Kommand. General der Armeeabteilung Hollidt, die im Verband der Heeresgruppe Süd kämpfte. 5. 3. 1943–April 1944 Oberbefehlshaber der neugebildeten 6. Armee. Im April 1944 wurde H. abberufen und der Führerreserve zugeteilt. 1945 geriet H. in US-Gefangenschaft, wurde im Herbst 1948 zu fünf Jahren Haft verurteilt und Weihnachten 1949 entlassen.

Horthy von Nagybánya, Nikolaus, ungar. Politiker, * 18. 6. 1868 in Kenderes, † 9. 2. 1957 in Estoril (Portugal). 1918 Konteradmiral und Oberbefehlshaber der österreich.-ungar. Flotte. 1. 3. 1920 zum Reichsverweser Ungarns gewählt, stand er dem aufkommenden Faschismus wohlwollend gegenüber. Trat 1940 dem Dreimächtepakt bei und beteiligte sich mit Truppen am Balkan- und Rußlandfeldzug. Zunehmende Entfremdung von Hitler ließ ihn nach Auswegen aus der Kriegsbeteiligung Ungarns suchen. Stimmte unter Protest am 19. 3. 44 der Besetzung Ungarns durch deutsche Truppen zu; sein gleichzeitiges Bemühen um einen Separatfrieden für Ungarn scheiterte. Versuchte die Judendeportationen zu stoppen; wurde am 15. 10. 44 zur Abdankung gezwungen und in Bayern interniert.

Horthy von Nagybánya

Hoßbach, Friedrich, deutscher General d. Inf. (1. 11. 43), * 21. 11. 1894 in Unna, † 10. 9. 1980 in Göttingen. 1913 Eintritt ins Heer. 3. 8. 34–28. 1. 38 Adjutant der Wehrmacht bei Hitler; in dieser Eigenschaft verfaßte er am 5. 11. 1937 die sog. *Hoßbach-*

Niederschrift, die ein Gespräch Hitlers mit den obersten Militärs festhielt, in dem Hitler erklärte, die »Raumfrage« in Europa spätestens 1943–45 mit Gewalt lösen zu wollen. 1. 3. 42 Gen.major, 1. 8. 43 Gen. leutnant. 21. 1.–28. 2. 42 Führer der 31. Inf. Div., 1. 4. 42 Kommandeur der 82. Inf. Div., 16. 5. 43 Kommandeur der 31. Inf. Div., 2. 8.–10. 8. 43 stellvertr. Führer des LVI. Panzerkorps, ab 12. 8. 43 Kommand. General. 19. 7. 44–28. 1. 45 Oberbefehlshaber der 4. Armee. Von Hitler seines Kommandos enthoben wegen eigenmächtigen Handelns in Ostpreußen.

Hoth, Hermann, deutscher Generaloberst (19. 7. 40), * 12. 4. 1885 in Neuruppin, † 26. 1. 1971 in Goslar. 1904 Eintritt ins Heer. 1. 10. 34 Gen. major, 1. 10. 36 Gen.leutnant, 1. 11. 38 Gen. d. Inf., 1. 10. 35 Kommandeur der 18. Division, 10. 11. 38 Kommand. General des XV. Korps; Nov. 1940 Oberbefehlshaber der Panzergruppe 3, 5. 10. 41 Oberbefehlshaber der 17. Armee, 1. 6. 42 der 4. Panzerarmee. Am 10. 12. 1943 von Hitler seines Kommandos enthoben, da H. angeblich aus Defätismus nicht in der Lage gewesen sei, Kiew wiederzugewinnen. April 1945 »Befehlshaber Erzgebirge«. In Nürnberg zu 15 Jahren Haft verurteilt, 1954 aus Landsberg entlassen.

Hube, Hans Valentin, deutscher Generaloberst (20. 4. 1944), * 29. 10. 1890 in Naumburg/S., † 21. 4. 1944 (Flugzeugunfall). 1909 Eintritt ins Heer. 1. 6. 1940 Gen.major, 1. 4. 42 Gen.leutnant, 1. 10. 42 Gen. d. Panzertruppe. 1. 6. 40 Kommandeur der 16. Infanteriedivision/Panzerdivision, 15. 9. 42–30. 10. 42 Kommand. General des XIV. Panzerkorps; leitete im August 43 die geglückte Räumung Siziliens durch die dt.-ital. Truppen (»Lehrgang«). 29. 10. 43 Oberbefehlshaber der 1. Panzerarmee. Eichenlaub mit Schwertern und Brillanten zum Ritterkreuz des EK (20. 4. 1944).

Hull, Cordell, amerikanischer Politiker, * 2. 10. 1871 in Overton County, † 23. 7. 1955 in Washington. 1933–44 Außenminister. Vertrat im 2. Weltkrieg eine Politik der Abkehr vom Isolationismus der USA und der engen Zusammenarbeit mit der Sowjetunion. Berater Roosevelts auf den Konferenzen von Moskau und Teheran; wandte sich gegen alle Pläne, Deutschland zu entindustrialisieren. Friedensnobelpreis 1945.

Huntziger, Charles Léon Clément, französischer Armeegeneral, * 25. 6. 1880 in Lesneven, † 12. 11. 1941 (Flugzeugabsturz). 1934–38 Oberbefehlshaber in Syrien. Sept. 1939 – Juni 1940 Oberbefehlshaber der 2. Armee, 5. 6. 40 der 5. Armee. Leiter der französ. Delegation beim Abschluß des Waffenstillstands am 22. 6. 1940 in Compiègne. 6. 9. 40 Kriegsminister der Vichy-Regierung. 29. 8. 41 Oberbefehlshaber der Truppen in Nordafrika.

Iljuschin, Sergej Wladimirowitsch, sowjetischer Flugzeugkonstrukteur, * 18. 3. 1894, † 10. 2. 1977 in Moskau. 1918 Mitglied der KPdSU. Held der sozialistischen Arbeit (1941). Konstruierte u. a. das berühmte Schlachtflugzeug Il-2 »Stormowik« (36136 Stück gebaut!) und den mittleren Bomber Il-4 (DB-3 f), von dem 6784 Exemplare gebaut wurden. Zuletzt Generalleutnant im Ingenieurtechnischen Dienst.

Jaenecke, Erwin, deutscher Generaloberst (30. 1. 44), * 22. 4. 1890 in Freren, † 3. 7. 1960 in Köln. 1. 11. 1939 Gen.major und Oberquartiermeister Oberost. 1. 5. 1940–31. 1. 42 Oberquartiermeister Belgien, Paris und West, 1. 11. 41 Gen.leutnant, 1. 2. 42 Kommandeur der 389. Infanteriedivision, Teilnahme am Rußlandfeldzug, 1. 11. 42 Gen. der Pioniere und bis zum 27. 1. 43 Kommand. Gen. des IV. Armeekorps; in Stalingrad eingeschlossen, wegen einer Verwundung ausgeflogen. Ab 1. 4. 43 LXXXII. Armeekorps; vom 1. 6. 43–30. 4. 44 Oberbefehlshaber der 17. Armee im Süden der Ostfront. Am 30. 4. 1944 wurde J. in die Führerreserve versetzt, weil er die Räumung der Krim beantragt hatte.

Jakowlew, Aleksandr Sergejewitsch, sowjetischer Flugzeugkonstrukteur, * 19. 3. 1906. 1938 Mitglied der KPdSU. 27. 4. 1939 Leninpreis (100000 Rubel und eine ZIS-Limousine). Okt. 1941 Held der sozialistischen Arbeit. Sechsmal Verleihung des Stalinpreises. Unter seiner Leitung Entwicklung der Jagdeinsitzer Jak-1 (8721 Stück gebaut), Jak-3 (4848 gebaut), Jak-7 und Jak-9 (17000 gebaut). Zuletzt Generaloberst im Ingenieurtechnischen Dienst.

Andrei Jeremenko

Jeremenko, Andrei Iwanowitsch, Marschall der Sowjetunion (11. 3. 1955), * 14. 10. 1892 in Markowa/Bez. Woroschilowgrad, † 19. 11. 1970 in Moskau. 1913 Eintritt in die Armee. 1918 Mitglied der KPdSU. Teilnahme am Bürgerkrieg. 1938 Kommand. General des VI. Kosaken-Kavalleriekorps, damit 1939 Einmarsch in Ostpolen. Aug.–Okt. 1941 Oberbefehlshaber der Brjansker Front u. der 4. Stoßarmee. Aug. 42 Oberbefehlshaber der Stalingrad-Front, Sept. 42 Don-Front, April 43 Kalinin-Front, Sept. 43–April 44 Küstenarmee, April 44–März 45 2. Baltische Front, März–Juni 45 4. Ukrainische Front. Juli 45 Befehlshaber im Militärbezirk Karpaten, Okt. 46 Westsibirien, Nov. 1953 Nordkaukasien. Mai 1958 Generalinspekteur im Verteidigungsministerium. Zahlr. zivile und militär. Auszeichnungen.

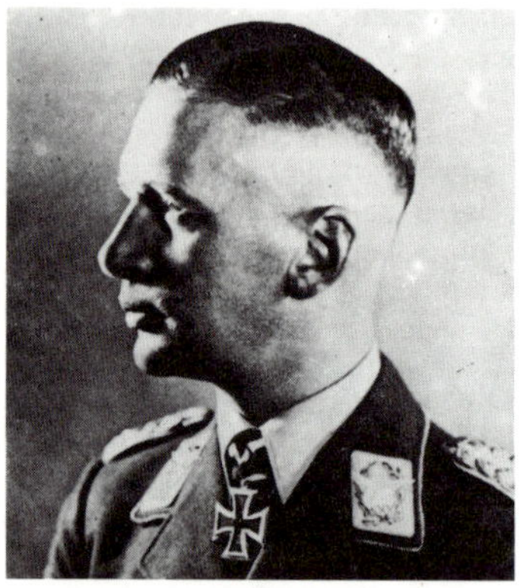

Hans Jeschonnek

Jeschonnek, Hans, deutscher Generaloberst (1. 3. 42), * 9. 4. 1899 in Hohensalza, Provinz Posen, † 18. 8. 1943 (Selbstmord). Seit 1917 bei der Fliegertruppe. Reichswehr, Frühjahr 1934 Staffelführer einer der ersten Kampffliegerstaffeln der Luftwaffe. 1937 Ia des Führungsstabes im Generalstab der Luftwaffe, ab. 1. 2. 1939 Generalstabschef der Luftwaffe. 14. 8. 1939 Gen.major, 19. 7. 1940 Gen. der Flieger. Nach der Niederlage von Stalingrad und den schweren Luftangriffen der Westalliierten auf Deutschland änderte sich J.s bis dahin positive Beurteilung der Lage. Die Ausweglosigkeit seiner persönlichen Situation und der militärischen Lage sowie das gespannte Verhältnis zu Hitler trieben ihn zum Selbstmord.

Jodl, Alfred, deutscher Generaloberst (30. 1. 44), * 10. 5. 1890 in Würzburg, † 16. 10. 1946 in Nürnberg (hingerichtet). 4. 2. 38 Chef des Wehrmachtführungsamtes (später Wehrmachtführungsstab) im OKW, 1. 4. 39 Gen.major, 19. 7. 40 Gen. d. Artillerie. Unterschrieb am 7. 5. 45 in Reims in Eisenhowers Hauptquartier die Gesamtkapitulation der deutschen Wehrmacht. Wegen Verbrechens gegen den Frieden (Planung eines Angriffskrieges) und gegen die Menschlichkeit (Kriegsgefangene) am 1. 10. 46 zum Tode verurteilt.

Alfred Jodl

Johnson, James Edgar, britischer Luftwaffenoberst. Erfolgreichster brit. Jagdflieger des 2. Weltkrieges mit 38 Luftsiegen. Juli 42 – März 43 Kapitän der 610. Squadron. März 43: Wing Commander eines kanadischen Spitfire-Geschwaders.

Juin, Alphonse, französischer Marschall, * 16. 2. 1888 in Bône/Algerien, † 27. 1. 1967 in Paris. War bei Kriegsausbruch im Westen Kommandeur der 15. mot. Division und geriet bei Lille in deutsche Gefangenschaft. 1941 entlassen, wurde J. Ende Nov. 41 Oberbefehlshaber der Vichy-Truppen in Nordafrika. Weigerte sich zunächst, eine alliierte Landung (»Torch«) tatenlos hinzunehmen, wechselte dann aber doch die Front und wurde Oberbefehlshaber der französischen Truppen in Tunesien. 1943 Chef des Stabes der freifranzösischen Streitkräfte bei der Invasion in Italien, 1944 Generalstabschef. 1952 zum Marschall ernannt. 1953–56 Oberbefehlshaber der NATO-Streitkräfte in Europa Mitte.

Kähler, Otto, deutscher Konteradmiral (1. 2. 43), * 3. 3. 1894 in Hamburg, † 2. 11. 1967 in Kiel. 1914 Eintritt in die Marine. März 38–Sept. 39 Kommandant des Segelschulschiffs Gorch Fock. Sept. 39–Okt. 39 Führer der Vorpostenboote West. K. stellte am 15. 3. 40 den Hilfskreuzer Schiff 10 Thor in Dienst, mit dem er vom 6. 6. 40 bis 30. 4. 41 eine erfolgreiche Kaperfahrt im Atlantik durchführte. Er versenkte und kaperte 12 Schiffe mit 96602 BRT und bestand Gefechte mit drei großen britischen Hilfskreuzern, von denen er einen versenkte. Jan. 44–Sept. 44: Seekommandant Bretagne. Ritterkreuz mit Eichenlaub. Sept. 44–Febr. 47 Kriegsgefangenschaft.

Kammhuber, Josef, deutscher Luftwaffengeneral, * 19. 8. 1896 in Burgkirchen/Obb. 1936 Kommandeur einer Jagdgruppe. 1. 1. 1939 Oberst. Chef des Generalstabes der Luftflotte 2. Am 11. 1. 40 wegen der »Mechelen-Affäre« seines Postens enthoben. Chef des Stabes des V. Fliegerkorps. 26. 3. 40 Kommodore K.G.

41. 3. 6. 40 bei Angriff auf Paris abgeschossen, französ. Kriegsgefangenschaft. 1. 7. 40 Kommodore K.G. 1. 19. 7. 40 mit der Organisation der Nachtjagd beauftragt, gleichzeitig Kommandeur der 1. Nachtjagddivision. 1. 4. 40: Generalmajor, 1. 8. 41 Kommand. General des XII. Fliegerkorps (Nachtjagd). 1. 11. 41 Generalleutnant. 1. 1. 1943 General der Flieger. Gegensätze zur obersten Führung führten am 1. 9. 43 zu seiner Ablösung. 27. 11. 43 Oberbefehlshaber der Luftflotte 5. 10. 10. 44 abgelöst. 1. 6. 1956: Eintritt in die Bundeswehr als Leiter der Abt. VI: Luftwaffe. 1. 6. 57 Inspekteur der Luftwaffe. 30. 9. 1962 Ruhestand.

Kaupisch, Leonhard, deutscher General der Flieger (1. 12. 1935), * 1. 9. 1878 in Bitterfeld, † 26. 9. 1945 in Weimar. 1. 11. 1930 Gen.major, 1. 3. 1932 Gen.leutnant. 30. 9. 32 ausgeschieden. 1. 4. 34 Wiedereintritt als Befehlshaber im Luftkreis II. 31. 3. 38 verabschiedet. 1. 9. 39 Kommand. Gen. des Korps Kaupisch im Polenfeldzug. 15. 10. 39–10. 4. 42 Kommand. Gen. des XXXI. Armeekorps, zugleich Militärbefehlshaber Dänemark. 9. 4. 40–31. 5. 40., 1. 9. 40 umbenannt in Gen. der Artillerie. 30. 6. 1942 Mob. Verw. aufgehoben.

Wilhelm Keitel

Keitel, Wilhelm, deutscher Generalfeldmarschall (19. 7. 40), * 22. 9. 1882 in Helmsherode/Harz, † 16. 10. 1946 in Nürnberg (hingerichtet). 1. 3. 34 Gen.major, 1. 10. 35 Chef des Wehrmachtamtes im Reichskriegsministerium, 1. 1. 36 Gen.leutnant, 1. 8. 37 Gen. der Artillerie, 4. 2. 38 Chef des neugeschaffenen Oberkommandos der Wehrmacht. 10. 11. 38 Gen.oberst. Am 22. 6. 40 unterzeichnete K. die französische Kapitulation in Compiègne. K. galt als Bewunderer des Hitlerschen »Genies« und führte dessen Befehle widerspruchslos aus. Am 8. 5. 45 gehörte K. zu den Unterzeichnern der deutschen Kapitulation im sowjetischen Hauptquartier in Karlshorst. Am 13. 5. 45 in Flensburg verhaftet und am 1. 10. 46 im Hauptkriegsverbrecherprozeß in Nürnberg zum Tode durch den Strang verurteilt. Seine Bitte, den Tod durch Erschießen erleiden zu dürfen, wurde abgelehnt.

Keller, Alfred, deutscher Generaloberst (19. 7. 40), *19. 9. 1882 in Bochum, † 11. 2. 1974 in Berlin. 1913 als Flugzeugführer ausgebildet. Im 1. Weltkrieg Führer von Bomberverbänden (»Bomben-Keller«). Pour le mérite. Nach dem Krieg in Luftverkehrsunternehmen. 1. 3. 34 als Major reaktiviert. 1. 4. 36 Gen.major. 1. 1. 38 Befehlshaber im Luftkreis I. 1. 2. 38 Gen.leutnant. 1. 4. 38 Kommand. General der Luftwaffe in Ostpreußen. 1. 3. 39 Gen. der Flieger. 1. 5. 39 Kommandeur der 4. Fliegerdivision, ab Okt. 39 IV. Fliegerkorps. 20. 8. 40 Befehlshaber der Luftflotte 1. 26. 6. 1943 Führerreserve.

Kempf, Werner, deutscher General der Panzertruppen (1. 4. 1941), * 9. 3. 1886 in Königsberg, † 6. 1. 1964 in Goslar. 18. 1. 1939 Gen.major, 31. 7. 40 Gen.leutnant, 1. 9. 39 Kommandeur der Division Kempf, 1. 10. 40 Kommandeur der 6. Panzerdivision. 6. 1. 41–31. 1. 42 Kommand. General des XXXVIII. Panzerkorps, 17. 2. 42 Armeeabteilung Kempf. 30. 9. 42–18. 8. 43 Oberbefehlshaber der 8. Armee. 1. 5. 44–31. 8. 44 Wehrmacht-Befehlshaber Ostland.

Kesselring, Albert, deutscher Generalfeldmarschall (19. 7. 40), * 20. 11. 1885 in Markstedt/Unterfranken, † 16. 7. 1960 in Bad Nauheim. 1. 3. 35 Gen.major, 1. 4. 36 Gen.leutnant, 1. 6. 37 Gen. d. Flieger. 1936/37 Generalstabschef der Luftwaffe, ab 1. 6. 37 Kommand. General und Befehlshaber Luftkreis III in Dresden. Februar 1939 Befehlshaber Luftflotte 1, mit der K. am Polenfeldzug teilnahm. Januar 1940 Befehlshaber Luftflotte 2, die er im Westfeldzug kommandierte und bis Dezember 1941 auch im Osten befehligte. Seitdem als Oberbefehlshaber Süd Führer der deutschen Luftstreitkräfte im Mittelmeerraum und Nordafrika. 1943 Wehrmachtbefehlshaber auf dem südlichen Kriegsschauplatz. März bis Mai 45 Oberbefehlshaber West. 15. 5. 45 US-Gefangenschaft.

Albert Kesselring

7. 5. 1947 in Venedig von den Engländern zum Tode verurteilt. Zu lebenslänglicher, dann zu 20jähriger Haft begnadigt, wurde K. 1952 aus der Haft entlassen.

Kleist, Ewald von, deutscher Generalfeldmarschall (1. 2. 43), * 8. 8. 1881 Braunfels a. d. Lahn, † Oktober 1954. 1. 10. 32 Gen.major, 1. 12. 33 Gen.leutnant, 1. 8. 36 Gen. der Kavallerie, 1. 9. 39 Kommand. General des XXII. Armeekorps in Polen. Danach nahm K. am Balkanfeldzug teil. 22. 6. 41 Oberbefehlshaber der Panzergruppe 1, 5. 10. 1941 Oberbefehlshaber der 1. Panzerarmee. 10. 9. 42 Oberbefehlshaber der Heeresgruppe A. 9. 3. 43–31. 3. 44 Heeresgruppe Südukraine. 1945 geriet K. in englische Gefangenschaft, 1946 an Jugoslawien und 1948 an die UdSSR ausgeliefert, starb er im Lager Wladimirowka (180 km von Moskau entfernt).

Günther von Kluge

Kluge, Günther von, deutscher Generalfeldmarschall (19. 7. 40), * 30. 10. 1882 in Posen, † 19. 8. 1944 in Frankreich. 1. 2. 33 Gen.major, 1. 4. 34 Gen.leutnant, 1. 8. 1936 Gen. der Artillerie, 1. 9. 39 als Oberbefehlshaber der 4. Armee Teilnahme am Polenfeldzug, 1. 10. 39 Gen.oberst; mit der 4. Armee in Rußland; 19. 12. 41 Oberbefehlshaber der Heeresgruppe Mitte. Ein schwerer Autounfall zwang K. zur Abgabe dieses Kommandos. 2. 7. 44 Oberbefehlshaber West, nach Rommels schwerer Verwundung 19. 7. 44 zusätzlich der Heeresgruppe B. Am 16. 8. 44 enthob Hitler K. wegen Verdachts einer Teilnahme an der Verschwörung des 20. Juli seines Kommandos, obwohl K. jede Mitwirkung an dem Staatsstreich abgelehnt hatte. Am 19. 8. 44 nahm K. sich das Leben.

Koenig, Pierre, französ. General, * 10. 10. 1898 in Caen, † 2. 9. 1970. 1940 als Major mit den französ. Expeditionstruppen in Norwegen, danach bei de Gaulle in London. Als Oberst 1941 Stabschef der 1. freifranzös. Division in Syrien, als Brigadegeneral, danach in Nordafrika. Zeichnete sich bei der Verteidigung Bir Hacheims während Rommels Vorstoß auf Tobruk aus. 1943 Divisionsgeneral und Oberbefehlshaber der französ. Truppen in England. 1945 Oberbefehlshaber der französ. Besatzungstruppen in Deutschland, Mitglied des Alliierten Kontrollrates. 1954 Verteidigungsminister.

Iwan Konjew

Konjew, Iwan Stepanowitsch, Marschall der Sowjetunion (20. 11. 44), * 28. 12. 1897 in Lodejno/Bez. Kirow, † 21. 5. 1973 in Moskau. Soldat im 1. Weltkrieg. 1918 Eintritt in die KPdSU. Teilnahme am Bürgerkrieg. Im 2. Weltkrieg Oberbefehlshaber der Westfront (Sept./Okt. 41), Kalinin-Front (Okt. 41–Juni 42), Steppen-Front (Juli–Okt. 43), 2. Ukrain. Front (Okt. 43–Mai 44) und 1. Ukrain. Front (Mai 44–Juni 45). 1946 Oberbefehlshaber der Landstreitkräfte, 1955–60 Oberbefehlshaber der Streitkräfte des Warschauer Paktes. 10. 8. 61–19. 4. 62 Oberbefehlshaber der Heeresgruppe Deutschland.

Kretschmer, Otto, deutscher U-Boot-Kommandant, * 1. 5. 1912 in Heidau/Kreis Liegnitz. 1930 Eintritt in die Marine. 1. 10. 1934 Leutnant zur See. Okt. 37–März 40 Kommandant von U 23, April 40–März 41 Kmdt. U 99. Versenkte auf 16 Feindfahrten mit 218 Seetagen einen Zerstörer und 44 Handelsschiffe mit 266629 BRT. Damit erfolgreichster U-Boot-Kommandant des Krieges. Ritterkreuz mit Eichenlaub und Schwertern. 17. 3. 41–31. 12. 47 Kriegsgefangenschaft. 1. 9. 44 Fregattenkapitän. 1956–70 Bundesmarine. 15. 12. 65 Flottenadmiral.

Krüder, Ernst-Felix, deutscher Kapitän zur See (1. 2. 40), * 6. 12. 1897 in Hamburg, † 8. 5. 1941 (gefallen). 2. 10. 1915 Eintritt in die Marine. 23. 12. 1917: Leutnant z. S. In der Reichsmarine/Kriegsmarine u. a. Schiffsstammdivision Ostsee, auf Kreuzer Köln, Chef 1. Minensuchflottille, OKM. 1. 8. 38 Fregattenkapitän. Stellte am 6. 2. 1940 den Hilfskreuzer Schiff 33 Pinguin in Dienst, mit dem er am 15. 6. 1940 zum Handelskrieg auslief. Bis zum Untergang seines Schiffes am 8. 5. 1941 im Indischen Ozean im Gefecht mit dem brit. Schweren Kreuzer Cornwall, versenkte oder kaperte K. 32 alliierte Handelsschiffe mit 154619 BRT. Er war damit der erfolgreichste Hilfskreuzerkommandant.

Küchler, Georg von, deutscher Generalfeldmarschall (30. 6. 42), * 30. 5. 1881 Philippsruh/Hessen, † 25. 5. 1968 Garmisch-Partenkirchen. 1. 4. 34 Gen.major, 1. 12. 35 Gen.leutnant, 1. 4. 37 Gen. der Artillerie. 1. 9. 39 als Oberbefehlshaber der 3. Armee Teilnahme am Polenfeldzug, 5. 11. 39 Oberbefehlshaber der 18. Armee. 19. 7. 40 Gen.oberst, 17. 1. 42–Jan. 44 Oberbefehlshaber der Heeresgruppe Nord. Als K. Mitte Januar 1944 im Nordabschnitt der Ostfront Absetzungsbewegungen befahl, wurde er von Hitler seines Amtes enthoben und fand bis Kriegsende keine Verwendung mehr. Ende Oktober 1948 in Nürnberg zu 20 Jahren Haft verurteilt, am 18. 2. 1953 entlassen.

Kusnezow, Fjodor Isidorowitsch, sowjetischer Generaloberst, * 29. 9. 1898, † 22. 3. 1961. Juni 41 Oberbefehlshaber der Nordwestfront (bis 30. 6.), 24. 7. 41 der Zentralfront. August 41 Oberbefehlshaber der 51. Armee (Krim), Nov. 41 der 61. Armee. 41–42 stellvertr. Oberbefehlshaber der Westfront. 42–43 Kommandeur der Kriegsakademie in Frunse, 43–44 stellvertr. Oberbefehlshaber der Karelischen Front, danach der Wolchow-Front. 1945 Befehlshaber im Militärbezirk Ural. 1948 Ruhestand.

Kusnezow, Wassili Iwanowitsch, sowjetischer Generaloberst, * 15. 1. 1894, † 20. 6. 1964. Juni 41 Oberbefehlshaber der 3. Armee, danach 21., 58. und 1. Stoßarmee, Juni 42 63. Armee (später 1. Gardearmee), April 45 3. Stoßarmee im Endkampf um Berlin. 1952–57 Befehlshaber im Militärbezirk Wolga. 1957–60 stellvertr. Befehlshaber im Militärbezirk Minsk. 1960 Ruhestand.

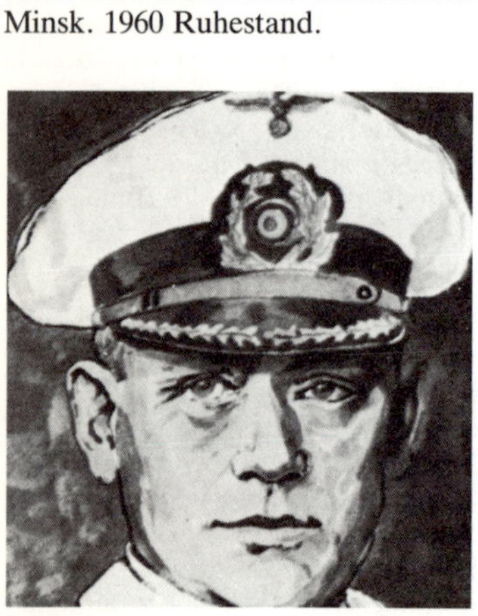

Hans Langsdorff

Langsdorff, Hans, deutscher Kapitän zur See (1. 1. 37), * 20. 3. 1894 in Bergen auf Rügen, † 20. 12. 1939 in Montevideo. 1. 4. 1912 Eintritt in die Marine. 1925 Verbindungsoffizier zur Heeresleitung. 1935 1. Admiralstabsoffizier beim Befehlshaber der Aufklärungsstreitkräfte, 1936/37 beim Flottenkommando. November 1938 Kommandant des Panzerschiffes Admiral Graf Spee. Versenkte 1939 im Handelskrieg 9 Schiffe mit 50089 BRT. Nach dem La-Plata-Gefecht versenkte er sein beschädigtes Schiff und erschoß sich.

Lasch, Otto, deutscher General der Infanterie (1. 11. 44), * 25. 6. 1893 in Pless (Oberschlesien), † 29. 4. 1971. 1. 8. 1942 Gen.major, 27. 9. 42 als Kommandeur der 217. Inf. Division am Dnjepr eingesetzt, 1. 4. 43 Gen.-leutnant, 20. 11. 43 Kommandeur der 349. Inf. Division, 1. 9. 44 LXIV. Armeekorps, 1. 11. 44 Kommandant der Festung Königsberg. Nach erbitterten Kämpfen um die Stadt mußte L. am 9. 4. 45 vor den Sowjets kapitulieren. Hitler ließ ihn daraufhin in Abwesenheit degradieren, wegen »Feigheit vor dem Feind« zum Tode verurteilen und seine Familie in Sippenhaft nehmen. Ende Oktober 1955 kehrte L. aus sowjetischer Gefangenschaft zurück.

Lattre de Tassigny, Jean-Joseph de, französischer Marschall (15. 1. 1952), * 2. 2. 1889 in Mouilleron-en-Pareds (Vendée), † 11. 1. 1952 in Paris. Bildete 1941 Widerstandsstellung in Sète; von Vichy-Regierung verhaftet, 3. 9. 1943 aus dem Gefängnis in Riom geflohen. Januar 1944 Oberbefehlshaber der freifranzös. Truppen in Nordafrika. Bei Landung in Südfrankreich (Operation »Dragoon«) am 15. 8. 44 Kommand. General des II. freifranzös. Korps, Oberbefehlshaber der 1. Armee. Mitunterzeichner der Berliner Deklaration vom 5. 6. 1945. 1945 Oberbefehlshaber der französ. Rheinarmee. 1945–47 französ. Generalstabschef. 1948 Oberbefehlshaber der Landstreitkräfte in der Westunion. Dezember 1950 Hochkommissar und Oberkommandierender in Indochina.

Laval, Pierre, französ. Politiker, * 26. 6. 1883 in Chateldon, † 15. 10. 1945 in Paris (hingerichtet). Ursprüngl. Sozialist, später Unabhängiger, 1925–1935 mehrfach Minister; um Ausgleich mit Deutschland bemüht, eine Politik, die er auch als Ministerpräsident (Juni 35–Jan. 36) fortsetzte. Suchte Verständigung mit Mussolini. Nach der Niederlage Frankreichs wurde L. im Juli 1940 stellvertr. Ministerpräsident und hoffte durch Zusammenarbeit mit den Deutschen auf Schonung seines Landes durch die Besatzer. Im April 1942 wurde er auf deutschen Druck hin Nachfolger Darlans als Ministerpräsident. Sept. 1944 nach Deutschland verschleppt, versuchte L. sich bei Kriegsende nach Spanien abzusetzen, wurde aber von amerikan. Truppen festgenommen, an die Franzosen ausgeliefert und am 9. 10. 1945 zum Tode verurteilt.

Pierre Laval

Lawotschkin, Semjon, sowjetischer Flugzeugkonstrukteur, * 29. 8. 1900, † 9. 6. 1960 Moskau. Held der sozialistischen Arbeit. Das von L. geleitete Kollektiv schuf u. a. die Jagdeinsitzer La-7 (5753 Stück gebaut) und zusammen mit W. P. Gorbunow und M. I. Gudkow die LaGG-3 (6552 gebaut).

Leber, Julius, deutscher Politiker und Widerstandskämpfer, * 16. 11. 1891 in Biesheim (Elsaß), † 5. 1. 1945 in Berlin (hingerichtet). 1924 Reichstagsabgeordneter der SPD und wehrpolitischer Sprecher seiner Partei. 1933 in »Schutzhaft« genommen und bis 1937 im KZ festgehalten. Danach Kohlenhändler. Um ihn sammelten sich die sozialdemokrat. Widerständler. Am 5. Juli 1944 wurde L. verhaftet und vom Volksgerichtshof zum Tode verurteilt.

Leclerc, Jacques Philippe, französ. Marschall (26. 6. 1952 posthum ernannt), * 1902, † 28. 11. 1947 bei Flugzeugunglück in Algerien. Kommandeur der 2. Panzerdivision bei der Besetzung von Paris am 25. 8. 1944. 1945–46 Oberkommandierender in Indochina. Unterzeichnete für Frankreich am 2. 9. 1945 auf dem US-Schlachtschiff Missouri den japanischen Kapitulationsvertrag. 19. 4. 1947 Generalinspekteur aller Land-, Luft- und Seestreitkräfte in Afrika.

Wilhelm von Leeb

Leeb, Wilhelm Ritter von, deutscher Generalfeldmarschall (19. 7. 40), * 5. 9. 1876 in Landsberg, † 29. 4. 1956 in Hohenschwangau. 1. 2. 1929 Gen.-major, 1. 2. 1930 Gen.leutnant, 1. 1. 1934 General d. Artillerie, 1. 11. 1938 Gen.oberst, 26. 8. 1939 Oberbefehlshaber Heeresgruppe C. L., der als Kritiker Hitlers bekannt war, nahm vor dem Westfeldzug in einem Brief an Hitler Stellung gegen einen Angriff im Westen. Mai 41–16. 1. 42 Oberbefehlshaber der Heeresgruppe Nord. Als im Dezember 1941 Verbände der 16. Armee bei Cholm und Demjansk eingekesselt zu werden drohten, befahl L. gegen den Willen Hitlers die Zurücknahme dieser Teile zwischen dem 7. und 23. Dezember. Daraufhin wurde L. von Hitler abgelöst. Im Oktober 1948 wurde L. in Nürnberg zu drei Jahren Gefängnis verurteilt, jedoch sofort auf freien Fuß gesetzt.

Wilhelm Leuschner

Leuschner, Wilhelm, deutscher Politiker und Widerstandskämpfer, * 15. 6. 1890 in Bayreuth, † 29. 9. 1944 in Berlin-Plötzensee (hingerichtet). Gewerkschaftler und SPD-Mitglied, 1928–32 hessischer Innenminister, danach im Vorstand des Allgemeinen Deutschen Gewerkschaftsbundes; nach der nationalsozialist. Machtergreifung in »Schutzhaft« genommen und 1933/34 in verschiedenen KZs eingesperrt. Nach der Entlassung Führer des gewerkschaftl. Widerstands gegen die NS-Herrschaft. Im Zusammenhang mit dem Attentat vom 20. Juli 1944 verhaftet und zum Tode verurteilt.

Ley, Robert, nationalsozialist. Politiker, * 15. 2. 1890 in Niederbreidenbach (Kreis Gummersbach), † 26. 10. 1945 in Nürnberg. 1925 Eintritt in die NSDAP und Gauleiter Rheinland, 1930 Mitglied des Reichstages, November 1932 Reichsorganisationsleiter der NSDAP. Im Mai 1933, nach Beseitigung der freien Gewerkschaften, Leiter der Deutschen Arbeitsfront. Gleichzeitig begann L. mit der Gründung und dem Aufbau der Organisation »Kraft durch Freude«. Außerdem unterstanden ihm die gesamte Parteischulung sowie die Leitung der Ordens-

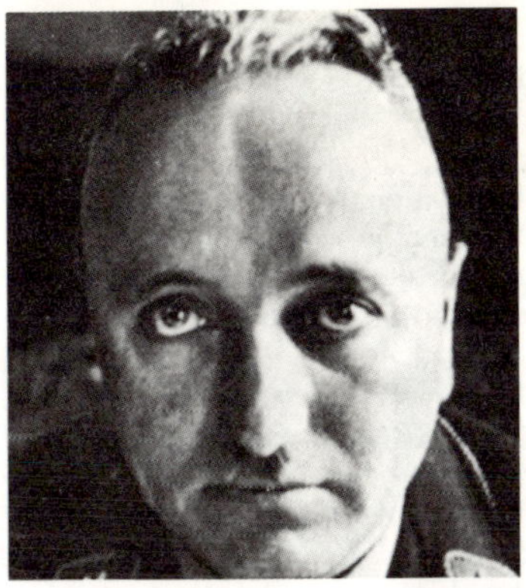

Robert Ley

burgen. L. war für seine Trinkfreudig- und -fertigkeit bekannt (Spitzname: Reichstrunkenbold). Bei Kriegsende flüchtete L. nach Österreich, wo er nahe Salzburg festgenommen wurde. Am 26. 10. 1945, wenige Tage vor Beginn seines Prozesses, gelang es L. trotz strengster Bewachung, sich in seiner Zelle mit einem Handtuch zu erhängen.

Lindemann, Georg, deutscher Generaloberst (3. 7. 42), * 8. 3. 1884 in Osterburg/Altmark, † 26. 9. 1963 in Freudenstadt. 1. 4. 1936 Gen.major, 1. 4. 38 Gen.leutnant, 1. 9. 39 als Kommandeur der 26. Inf. Division im Westfeldzug, 1. 10. 40 Kommand. General des L. Armeekorps, 1. 11. 40 General d. Kavallerie. 16. 1. 42–29. 3. 44 Oberbefehlshaber der 18. Armee, 31. 3. 44–4. 7. 44 Oberbefehlshaber der Heeresgruppe Nord, dann in den Ruhestand versetzt, weil Hitler seine Lagebeurteilungen nicht billigte. 27. 1. 1945 Wehrmachtbefehlshaber Dänemark, 6. 5. 45 Oberbefehlshaber der Armee Lindemann. Am 4. 6. 1945 wurde L. verhaftet, 1948 von den Dänen freigelassen.

List, Wilhelm, deutscher Generalfeldmarschall (19. 7. 40), * 14. 5. 1880 in Oberkirchberg/Kreis Ulm, † 16. 8. 1971 in Garmisch-Partenkirchen. 1. 10. 30 Gen.major, 1. 10. 32 Gen.leutnant, 1. 10. 35 Gen. der Infanterie, 1. 4. 39 Gen.oberst, 1. 9. 39 Oberbefehlshaber der 14. Armee, 25. 10. 1939 Oberbefehlshaber der 12. Armee, 1. 7. 41–15. 10. 41 Oberbefehlshaber Südost. Seit 10. 7. 42 führte L. die Heeresgruppe A in Rußland. Am 10. 9. 42 entlassen, nachdem es mit Hitler zu schweren Konflikten über die Beurteilung der Lage gekommen war. 1945 verhaftet und im sogenannten »Südostprozeß« in Nürnberg zu lebenslanger Haft verurteilt. 24. 12. 1952 entlassen.

Löhr, Alexander, deutscher Generaloberst (3. 5. 41), * 20. 5. 1885 in Turn-Severin, † 16. 2. 1947 in Jugoslawien (hingerichtet). Im 1. Weltkrieg österreich. Infanterieoffizier. 1918 Bataillons-Kommandeur. Schöpfer der österreichischen Luftstreitkräfte und ihr Befehlshaber bis zum Anschluß Österreichs. 1. 2. 1938 Gen.leutnant, 1. 4. 38 Kommand. General der Luftwaffe in Österreich, 18. 3. 39–23. 6. 42 Chef der Luftflotte 4, dann Oberbefehlshaber Südost (Heeresgruppe E) auf dem Balkan. Löhr wurde nach dem Krieg u. a. wegen des Luftangriffs auf Belgrad am 6. 4. 41 zum Tode verurteilt, obwohl er unter Mißachtung von Hitlers totalem Zerstörungsbefehl nur militärische Ziele hatte angreifen lassen.

Lohse, Hinrich, dt. nationalsozialist. Politiker, * 2. 9. 1896 in Mühlenbarbeck (Schl.-Holst.), † 25. 2. 1964 ebd. 1925 Gauleiter Schl./Holst., 1932 Reichstagsabgeordneter, Herbst 1941 »Reichskommissar für das Ostland« (Baltikum). Seine rücksichtslose Ausbeutungspolitik durch die sog. Ostland-Gesellschaften machte die deutsche Herrschaft in den baltischen Staaten verhaßt. L. wurde nach dem Krieg verhaftet und 1948 in Bielefeld zu 10 Jahren Haft verurteilt.

Hinrich Lohse

Lüth, Wolfgang, deutscher Kapitän zur See (1. 9. 44), * 15. 10. 1913 in Riga, † 14. 5. 1945 in Flensburg-Mürwik. Seit 1936 bei der U-Boot-Waffe. Zwischen März und Oktober 43 längste Feindfahrt eines deutschen U-Bootes während des Krieges: 205 Tage. Versenkte von Jan. 40 bis Okt. 43 auf 14 Feindfahrten 1 U-Boot und 43 Handelsschiffe mit 225713 BRT. 11. 8. 43 Brillanten zum Ritterkreuz mit Eichenlaub und Schwertern. Februar 44 Chef der 22. U-Boot-Flottille, September 44 Kommandeur der Marine-Schule Mürwik. Bei einem nächtlichen Kontrollgang wurde L. am 14. 5. 45 versehentlich von einem deutschen Posten erschossen.

Lütjens, Günther, deutscher Admiral (1. 9. 40), * 25. 5. 1889 in Wiesbaden, † 27. 5. 1941 im Nordatlantik. Seit Oktober 1937 Führer der Torpedoboote, seit Oktober 39 Befehlshaber der Aufklärungsstreitkräfte. Seit Juli 1940 Flottenchef. Im Februar und März 41 operierte L. mit Scharnhorst und Gneisenau im Atlantik. Am 24. 5. 41 versenkte er mit Bismarck und Prinz Eugen den englischen Schlachtkreuzer Hood, drei Tage später kam L. beim Untergang der Bismarck ums Leben.

Douglas MacArthur

MacArthur, Douglas, amerikanischer General of the Army (Feldmarschall) (18. 12. 1944), * 26. 1. 1880 in Little Rock/Arkansas, † 5. 4. 1964 in Washington. 1930–35 Chef des Generalstabes des Heeres. 8. 12. 41 bis 23. 2. 42 erfolglose Verteidigung der Philippinen. 17. 3. 42 Oberbefehlshaber der US-Streitkräfte im Südwest-Pazifik. Nahm am 2. 9. 45 die bedingungslose Kapitulation Japans entgegen. 1945–51 Oberkommandierender im Fernen Osten (Besatzungsarmee in Japan). 1950 Oberbefehlshaber der UN-Streitkräfte in Korea. 11. 4. 51 von Präsident Truman seines Kommandos enthoben wegen Kritik an den militärpolit. Entscheidungen des Präsidenten; M. hatte z. B. den Einsatz von Atomwaffen gegen China gefordert.

Mackensen, Eberhard von, deutscher Generaloberst (6. 7. 43), * 24. 9. 1889 in Bromberg, † 19. 5. 1969 in Altmühlendorf bei Nortorf. 1. 1. 1939 Gen.major, Chef des Generalstabes der 14. Armee im Polenfeldzug, November 39 Chef des Generalstabs der 12. Armee, 1. 1. 40 Gen.-leutnant, 1. 8. 40 Gen. der Kavallerie, 15. 1. 1942 Kommand. General III. Panzerkorps, 22. 11. Oberbefehlshaber der 1. Panzerarmee, 5. 11. 43–6. 7. 44 Oberbefehlshaber der 14. Armee in Italien. Wegen der Differenzen über die Lagebeurteilung wurde M. am 6. 7. 44 abgelöst und bis Kriegsende nicht mehr eingesetzt. Am 30. 11. 46 von den Engländern in Rom zum Tode verurteilt, im Juli 47 zu lebenslänglicher, dann zu 25 Jahren Haft begnadigt; Oktober 52 vorzeitig entlassen.

Malinowski, Rodion, Marschall der Sowjetunion (10. 9. 44), * 23. 11. 1898 in Odessa, † 31. 3. 1967 in Moskau. Bei Kriegsausbruch am 22. 6. 1941 Kommand. General des XXXXVIII. Schützenkorps. Sept. 41 Oberbefehlshaber der 6. Armee der Südwestfront, Dez. 41–Juli 42 der Südfront, erneut Febr. bis April 43. 29. 8.–14. 10. 42 Oberbefehlshaber der 66. Armee, Nov. 42 der 2. Gardearmee, April–Okt. 43 der Südwestfront, Okt. 43–Mai 44 der 3. Ukrainischen Front, dann der 2. Ukrain. Front bei der Eroberung von Rumänien. Aug./Sept. 1945 Oberbefehlshaber der Transbaikalfront im Kampf gegen Japan. 1956–57 Oberkommandierender der Landstreitkräfte, Okt. 57 bis zum Tod Verteidigungsminister.

Rodion Malinowski

C.-G. von Mannerheim

Mannerheim, Carl-Gustav Freiherr von, finnischer Marschall (5. 6. 42) und Politiker, * 4. 6. 1867 auf Gut Louhisaari (Villnäs), † 27. 1. 1951 in Lausanne. Seit 1887 Offizier in der russischen Armee, Teilnahme am russisch-japanischen Krieg (1904/05). Seit Dezember 1917 wieder in Finnland, Führer des finnischen Befreiungskampfes 1918 gegen die finnische Rote Armee. Dezember 1918–Juli 1919 finnischer Reichsverweser. Seit 21. 3. 1931 Vorsitzender des Obersten Kriegsrates. Im Winterkrieg 1939/40 und im finnisch-russischen Krieg 1941–44 war M. Oberbefehlshaber der finnischen Streitkräfte. 4. 8. 44 finnischer Staatspräsident. Sept. 44 Abschluß eines Waffenstillstands mit der Sowjetunion. Trat im Januar 1945 als Oberbefehlshaber der finnischen Streitkräfte und am 5. 3. 1946 als Staatspräsident zurück und lebte seitdem zurückgezogen in der Schweiz.

Manstein, Erich von, eigentl. Erich von Lewinski, genannt von M., deutscher Generalfeldmarschall (1. 7. 42), * 24. 11. 1887 in Berlin, † 10. 6. 1973 in Irschenhausen im Isartal. 1. 10. 1936 Gen.major, 1. 4. 38 Gen.-leutnant, 1. 9. 39 Chef des Generalstabs der Heeresgruppe Süd, 26. 10. 39 Chef des Generalstabs der Heeresgruppe A; entwarf den Operationsplan für den Westfeldzug (»Sichelschnitt«), 1. 2. 40 Kommand. General des XXXVIII. Armeekorps, 1. 6. 40 Gen. der Infanterie, 13. 9. 41 Oberbefehlshaber der 11. Armee, mit der er vom 7. 6. 42 bis 3. 7. 42 die Festung Sewastopol eroberte; 7. 3. 42 Generaloberst, 22. 11. 42–30. 3. 44 Oberbefehlshaber der Heeresgruppe Don, später Süd. Am 30. 3. 44 von Hitler wegen Meinungsverschiedenheiten entlassen. 1945 verhaftet, am 23. 8. 49 in Hamburg vor ein britisches Militärgericht gestellt und wegen angebl. unmenschl. Behandlung von Gefangenen zu 18 Jahren Haft verurteilt. Nach einer Begnadigung auf 12 Jahre am 7. 5. 53 entlassen. Über M.'s Qualifikation schrieb der britische Militärexperte Liddell Hart, M. sei der gefährlichste Gegner der Alliierten im Zweiten Weltkrieg gewesen.

Erich von Manstein

Manteuffel, Hasso von, deutscher General der Panzertruppen (1. 9. 44), * 14. 1. 1897 in Potsdam, † 24. 9. 1978 in Reith/Tirol. Bei Kriegsbeginn Oberstleutnant, 1. 10. 1941 Oberst, 1. 5. 43 Gen.major, 8. 2. 1943 Kommandeur der Division v. Manteuffel, 1. 8. 43 Kommandeur der 7. Panzerdivision, 1. 2. 44 Gen.-leutnant und Kommandeur der Panzerdivision »Großdeutschland«, 1. 9. 44 Oberbefehlshaber der 5. Panzerarmee. 18. 2. 45 Brillanten zum Ritterkreuz mit Eichenlaub und Schwertern. 5. 3. 45 Oberbefehlshaber der 3. Panzerarmee.

Marseille, Hans-Joachim, deutscher Jagdflieger, * 13. 12. 1919 in Berlin, † 30. 9. 1942 in Nordafrika. Seit 1938 bei der Luftwaffe, 1940 Einsätze in Nordfrankreich, März 41 Versetzung nach Nordafrika, April 42 Oberleutnant, Juni 42 Staffelkapitän, wenig später Hauptmann. Am 1. 9. 42

Hans-Joachim Marseille

schoß M. an einem Tag 17 Feindmaschinen ab, er galt seitdem als einer der erfolgreichsten Jagdflieger der Welt (Beiname »Stern von Afrika«). 4. 9. 42 Brillanten zum Ritterkreuz mit Eichenlaub und Schwertern. Wenige Tage nach seinem 158. Luftsieg mußte M. am 30. 9. 42 seine defekte Maschine verlassen, aber der Fallschirm öffnete sich nicht.

Marshall, George C., amerikan. General und Politiker, * 31. 12. 1880 in Uniontown/Pennsylvania, † 16. 10. 1959 in Washington. Oktober 1938 stellvertr. Chef des Generalstabes, September 39–November 45 Generalstabschef der US-Streitkräfte. Dezember 44 General of the Army (Feldmarschall). M. nahm an den Konferenzen von Casablanca, Kairo, Teheran, Jalta und Potsdam teil. November 45 persönlicher Botschafter Trumans in China. Januar 47–Januar 49 Außenminister der USA. M. verkündete am 5. 6. 47 den Plan der amerikanischen Wirtschaftshilfe für Europa *(Marshall-Plan)*, September 50–September 51 Verteidigungsminister. Am 30. 10. 53 erhielt M. gemeinsam mit Albert Schweitzer den Friedensnobelpreis.

George C. Marshall

Maslennikow, Iwan, sowjetischer Armeegeneral, * 16. 9. 1900 in Tschalykla (Saratow), † 16. 4. 1964 in Moskau. M. kam von der Polizei zur Armee; 1941/42 Befehlshaber der 29. Armee der West-, dann der 39. Armee der Kalininfront. 42 Gen.-leutnant, 24. 1.–13. 5. 43 Oberbefehlshaber der Nordkaukasusfront; Generaloberst. 43/44 stellvertr. Oberbefehlshaber der Wolchow-, Südwest-, 3. Ukrainischen und der Leningrader Front. 44 Armeegeneral, Oberbefehlshaber der 3. Baltischen Front. 1945 Stellvertr. Oberbefehlshaber der Sowjettruppen im Fernen Osten. M. war der einzige Polizeigeneral, der sich im Krieg als Frontbefehlshaber bewährte.

Matsuoka, Yosuke, japan. Politiker, * März 1880, † 1946 in Tokio. 1940/41 Außenminister, betrieb M. eine Politik der Neuordnung im »großostasiatischen Raum«; schloß mit Deutschland und Italien den Dreimächtepakt und den Nichtangriffspakt mit der Sowjetunion. 1945 wurde M. von den Amerikanern als Kriegsverbrecher verhaftet. Starb im Gefängnis.

Kiril Merezkow

Merezkow, Kiril Afanasjewitsch, Marschall der Sowjetunion (26. 10. 44), * 7. 6. 1897 bei Saraisk (Gebiet Moskau), † 30. 12. 1968 in Moskau. 1918 Eintritt in die Rote Armee. 1936–37 in Spanien. Im sowjetisch-finnischen Krieg 39/40 Oberbefehlshaber der 7. Armee. 40–41 Chef der Hauptverwaltung des Generalstabes. 41 Oberbefehlshaber der 4. Armee, Dezember 41–Februar 44 der Wolchow-Front, 42 kurze Zeit der 33. Armee, Febr. 44–Juni 45 der Karelischen Front, August–Sept. 45 der 1. Fernostfront im Kampf gegen Japan. 1955–64 stellvertretender Verteidigungsminister.

Messe, Giovanni, Marschall von Italien (12. 5. 1943), * 10. 12. 1883 in Mesagne bei Brindisi, † 18. 12. 1968 in Rom. 1935 Brigadegeneral, 38 Divisionsgeneral, 39 Kommandeur des Expeditionskorps in Albanien. Mai 40 Kommand. General des Kavalleriekorps. 17. 7. 41–9. 7. 42 Kommand. General des Expeditionskorps gegen die UdSSR. 10. 7.–1. 11. 42 Kommand. General des XXXV. Korps. 5. 2.–13. 5. 43 Oberbefehlshaber der 1. Armee in Tunesien. Bis November 43 in britischer Kriegsgefangenschaft. 21. 11. 43–1. 5. 45 Chef des Generalstabes der Badoglio-Regierung. 1953–61 Senator. Präsident des ital. Frontkämpferbundes.

Meyer, John C., amerikanischer Luftwaffenoberst. Erfolgreichster US-Jagdflieger in Europa. Schoß als Führer der 487. Squadron 24 deutsche Flugzeuge ab und zerstörte 13 am Boden.

Mihailović, Dragojub (genannt Draža), serbischer Partisanenführer, * 27. 4. 1893 in Ibanjica (Westserbien), † 17. 7. 1946 in Belgrad. Seit Mai 1941 organisierte M. den Widerstand gegen die Deutschen als Führer der Četnici (Partisanengruppe) in Serbien. 12. 1. 42 wurde M. Kriegsminister der jugoslawischen Exilregierung in London. Im Mai 44 verlor er dieses Amt, da die Alliierten den kommunistischen Partisanen Titos mehr vertrauten. Im März 1946 wurde M. verhaftet, wegen Landesverrats zum Tode verurteilt und am 17. 7. 1946 in Belgrad hingerichtet.

Miklós-Dálnoki, Béla, ungarischer Generaloberst, * 11. 6. 1890 in Budapest, † 21. 11. 1948 ebd. 1933–36 Militärattaché in Berlin. 1939 Kommandeur der 2. Kavallerie-Brigade. 1. 3. 41 Kommand. General des Schnellen Korps (41/42 Einsatz gegen die UdSSR). Febr. bis Okt. 42 Kommand. Gen. des IX. Korps. Nov. 42–5. 8. 44 Chef der Militärkanzlei des Reichsverwesers. 6. 8.–16. 10. 44 Oberbefehlshaber der 1. Armee. Miklós ging am 16. 10. 44 zu den Sowjets über, um dort die Sache Horthys besser vertreten zu können und weil er eine Verhaftung durch die Deutschen fürchtete. 22. 12. 44 Ministerpräsident der in Debrecen (Ost-Ungarn) gebildeten Provisorischen Nationalregierung. Parteilos. Erklärte Deutschland am 31. 12. 44 den Krieg. Am 15. 11. 45 Rücktritt. Danach nicht mehr politisch tätig.

Mikojan, Artem Iwanowitsch, sowjetischer Flugzeugkonstrukteur, * 27. 5. 1905, † 9. 12. 1970. 1925 Mitglied der KPdSU. 1940 Chefkonstrukteur des Konstruktions- und Versuchsbüros für Flugzeugbau. Zuletzt Generaloberst des ingenieurtechnischen Dienstes. Konstruierte zusammen mit M. I. Gurewitsch die Jagdeinsitzer MiG-1 und MiG-3 (3322 Stück gebaut) und hatte wesentlichen Anteil an der Entwicklung sowjetischer Düsenjäger (MiG-15 u. a.).

Milch, Erhard, deutscher Generalfeldmarschall (19. 7. 40), * 30. 3. 1892 in Wilhelmshaven, † 25. 1. 1972 in Wuppertal. Wurde 1933 Staatssekretär im Luftfahrtministerium, obwohl er jüdischer Abkunft war. 1. 11. 1938 Gen.oberst, 24. 10. 38 Generalinspekteur der Luftwaffe. Bei der Besetzung Norwegens führte M. vorübergehend die Luftflotte 5. 19. November 41 Generalluftzeugmeister als Nachfolger Udets. Wegen Differenzen mit Hitler über die Luftrüstung legte M. im Juni 44 seine Ämter als Staatssekretär und Generalluftzeugmeister nieder und verlor im Januar 45 auch das Amt des Generalinspekteurs. Am 17. 4. 47 wurde M. in Nürnberg zu lebenslänglich Zuchthaus verurteilt, 1951 zu 15 Jahren begnadigt, am 4. 7. 1954 vorzeitig entlassen.

Walter Model

Model, Walter, deutscher Generalfeldmarschall (1. 3. 1944), * 24. 1. 1891 in Genthin, † 21. 4. 1945 bei Lintorf (Selbstmord). 1909 Eintritt ins Heer. 1. 3. 38 Gen.major, 1. 4. 40 Gen.leutnant, 1. 10. 1941 Gen. d. Panzertruppen, 1. 2. 42 Gen.oberst, 25. 10. 39 Chef des Generalstabes der 16. Armee. 13. 11. 40 Kommandeur der 3. Panzerdivision, 1. 10. 41: Kommand. General des XXXXI. Panzerkorps, 16. 1. 42 Oberbefehlshaber der 9. Armee, 9. 1. 44 der Heeresgruppe Nord, 31. 3. 44 der Heeresgruppe Nordukraine, 28. 6. 44 der Heeresgruppe B und Oberbefehlshaber West (17. 8.–5. 9. 44) bis zum Ende der Heeresgruppe B im Ruhrkessel im April 1945. M. galt als »Meister der Defensive«.

Mölders, Werner, deutscher Luftwaffenoberst (1. 8. 1941), * 18. 3. 1913 in Gelsenkirchen, † 22. 11. 1941 bei Flugzeugabsturz in Breslau-Gandau. Mit der »Legion Condor« Teilnahme am Spanischen Bürgerkrieg (14 Abschüsse). Bei Kriegsausbruch Kapitän der 3./J.G. 53 (Westfront), Okt. 1939 Kommandeur III./J.G. 53. 27. 7. 40: Kommodore J.G.51. Einsatz im Westen, dann im Osten. Hier schoß M. als Oberstleutnant am 15. 7. 41 seinen 101. Gegner ab und erhielt am 16. 7. 41 als erster Soldat der Wehrmacht die Brillanten zum Ritterkreuz mit Eichenlaub und Schwertern. August 1941 General der Jagdflieger.

Molotow, Wjatscheslaw, eigentl. W. Skrjabin, sowjet. Politiker, * 9. 3. 1890 in Kurkaka. Seit 1906 Kommunist, Mitbegründer der »Prawda«, seit 1926 Mitglied des Politbüros und Vertrauter Stalins. Löste am 4. 5. 1939 Litwinow als Außenminister ab und war maßgebl. am Zustandekommen des Hitler-Stalin-Pakts beteiligt, der das Schicksal Polens besiegelte und Hitler den Rücken für seine militärischen Pläne frei machte. 1956 als Außenminister abgelöst, am 29. 6. 57 aller Ämter enthoben, als Botschafter in die Mongolei abgeschoben.

Moltke, Helmuth James Graf von, deutscher Widerstandskämpfer, * 11. 3. 1907 in Kreisau, † 23. 7. 1945 in Berlin-Plötzensee (hingerichtet). Landwirt und Jurist. 1939–44 Sachverständiger für Kriegs- und Völkerrecht im OKW. War von Anfang an Gegner des Nationalsozialismus, den er für die Verkörperung des Geistes »der Enge und der Gewalt, der Überheblichkeit, der Intoleranz« hielt. Um ihn sammelte sich der sog. Kreisauer Kreis. Wurde im Januar 1944 verhaftet, weil er einen Freund vor der Gestapo gewarnt hatte. Obwohl ihm sonst kein Delikt nachzuweisen war, wurde er am 11. 1. 1945 wegen Vorbereitung zum Hochverrat zum Tode verurteilt.

Helmuth Graf Moltke

Montgomery, Bernard, Viscount of Alamein and Hindhead, britischer Feldmarschall (1. 9. 44), * 17. 11. 1887 in Kensington/London, † 24. 3. 1976 in Islington Mill/Hampshire. 1939/40 Kommandeur der 3. Division, die er in Frankreich (Dünkirchen) führte. November 41 Oberbefehlshaber des Südostkommandos in

Bernhard Montgomery

Südengland. 13. 8. 42 Oberbefehlshaber der 8. Armee in Ägypten, mit der er die Schlacht bei El Alamein gewann und die Niederlage der dt.-ital. Panzerarmee Afrika besiegelte. 1943 in Sizilien und Italien, Dezember 43 Oberbefehlshaber des britischen Kontingents der alliierten Invasionsstreitkräfte. 30. 5. 45–26. 6. 46 Oberbefehlshaber der britischen Besatzungstruppen in Deutschland; 26. 6. 46 Chef des brit. Empire-Generalstabes. 20. 3. 52 bis August 58 Oberbefehlshaber der NATO-Streitkräfte.

Morgenthau, Henry, Jr., amerikan. Politiker, * 11. 5. 1891 in New York, † 6. 2. 1967 bei New York. 1934–45 Finanzminister der USA und enger Mitarbeiter Roosevelts, dessen Politik des »New Deal« (Neuverteilung des Nationaleinkommens) er mitgestaltete. Entwarf den berüchtigten *Morgenthau-Plan* auf der zweiten Konferenz von Quebec (11.–19. 9. 44): Danach sollte nach dem Sieg der Alliierten Deutschland geteilt und entmilitarisiert werden, für Ruhrgebiet und Wasserwege war Internationalisierung vorgesehen. Kurz: Deutschland sollte aus dem Kreis der Industrienationen verstoßen und reines Agrarland werden. Der Plan wurde nach anfänglicher Billigung auf Protest anderer Minister hin von Roosevelt und Churchill abgelehnt; beeinflußte dennoch maßgebl. die US-Besatzungspolitik und verlor erst durch die zunehmenden Spannungen zwischen den Westalliierten und der Sowjetunion und den beginnenden Kalten Krieg an Wirkung.

Moskalenko, Kirill Semjonowitsch, Marschall der Sowjetunion (11. 3. 1955), * 11. 5. 1902 in Gritschino/Donez-Gebiet. 1920 Eintritt in die Rote Armee. 1939/40 im finnischen Winterkrieg Artillerie-Kommandeur der 51. Schützendivision. 1940 beim Einmarsch in Bessarabien Artillerie-Kommandeur des XXXV. Schützenkorps. 40 Gen.major. Im 2. Weltkrieg Kommandeur 1. Panzerbrigade, Kommand. General eines Schützenkorps, einer mech. Kavallerie-Gruppe und eines Kavalleriekorps. Ende 1941–43 nacheinander Oberbefehlshaber der Armeen 6, 38, 1. Panzerarmee, 1. Gardearmee, 40. und wieder 38. Armee. Anfang 43 Oberbefehlshaber der 40. Armee, dann wieder der 38. Armee bis zur Eroberung der ČSR im Mai 1945. 1948–53 bei der PVO-Truppe (Luftabwehr). 1953–60 Befehlshaber im Militärbezirk Moskau. 1960–62 Oberbefehlshaber der strategischen Raketentruppe. Seit April 1962 Stellvertreter des Verteidigungsministers.

Mussert, Anton Adriaan, niederländ. Politiker. * 11. 5. 1894 in Werkendam, † 22. 3. 1946 in Den Haag (hingerichtet). Gründete 1931 die »Nationaal-Socialistische Beweging«, die nach der Besetzung Hollands (Mai 1940) Bedeutung gewann. Arbeitete mit den Deutschen zusammen, rief zum Eintritt in die Freiwilligen-Legion »Niederlande« und »Standarte Westland« auf; betonte aber die Eigenständigkeit Hollands und unterdrückte alle Bestrebungen, das Land an das Deutsche Reich anzuschließen; duldete die Judendeportationen. Im Mai 1945 verhaftet und als Kollaborateur zum Tode verurteilt.

Benito Mussolini

Mussolini, Benito, italien. Politiker, * 29. 7. 1883 in Predappio (Forli), † 28. 4. 1945 in Dongo (Como). Ursprüngl. Sozialist wandelte sich M. im Ersten Weltkrieg zum Faschisten. Gründete 23. 3. 1919 die »Fasci di Combattimento« (ab 1921 »Partido Nazionale Fascista«), mit denen er nach dem »Marsch auf Rom« an die Macht kam (ab 1925 mit diktatorischen Vollmachten). Stand zunächst Hitler ablehnend gegenüber, wandte sich ihm nach der wohlwollenden Haltung Berlins im italien.-abessin. Krieg (1935) aber zu und beteiligte sich an der deutschen Intvervention im span. Bürgerkrieg (1936–39). Geriet zunehmend in Abhängigkeit von Hitler, von dessen Hilfe er sich die Erfüllung seiner weitgesteckten Eroberungspläne versprach. Im Polenfeldzug (Sept. 39) noch neutral, führte M. sein ungenügend vorbereitetes Land am 10. 6. 1940 in den Krieg gegen England und Frankreich. Militärische Niederlagen in Albanien (1940/41) und Libyen (1940/41) konnten nur durch deutsche Hilfe aufgefangen werden und führten zum Autoritätsverfall des »Duce« (Führer), wie sich M. nannte. Am 25. 7. 1943 ließ König Viktor Emanuel III. M. verhaften. Am 12. 9. 1943 befreiten ihn deutsche Fallschirmjäger. Von da an führte er eine Marionettenregierung im Norden Italiens. Beim Zusammenbruch wurde er auf der Flucht von Widerstandskämpfern gefangen und zusammen mit seiner Geliebten Clara Petacci erschossen. Die Leichen wurden, an den Füßen aufgehängt, zur Schau gestellt.

Nedić, Milan, jugoslawischer Armeegeneral, * 1882, † 6. 2. 1946 in Belgrad (angebl. Selbstmord). Seit 1908 im Generalstab. Professor für Strategie an der Militärakademie. 1930 Kommand. General eines Korps. 1934–35 Chef des Generalstabes. 1939–40 Kriegsminister im Kabinett Cvetković. April 1941 Oberbefehlshaber der 3. Heeresgruppe. 30. 8. 1941 Ministerpräsident von Serbien unter deutscher Besatzung. Verließ im Oktober 1944 das Land mit den deutschen Truppen, lehnte Bildung einer Exilregierung ab. Im September 1945 von den Alliierten an Tito ausgeliefert. Starb vor Beginn seines Prozesses durch einen mysteriösen Fenstersturz.

Neurath, Konstantin Freiherr von, deutscher Politiker, * 2. 2. 1873 in Klein Glattbach (Württbg.), † 14. 8. 1956 in Einzweilingen. N. war seit 1908 im diplomatischen Dienst. Seit 2. 6. 1932 Reichsaußenminister unter v. Papen, v. Schleicher und Hitler, bis 1938 Ribbentrop seinen Platz einnahm. N. wurde Präsident des Geheimen Kabinettsrates. Am 18. 3. 1939 wurde N. Reichsprotektor von Böhmen und Mähren, ließ sich am 27. 9. 1941 beurlauben und trat offiziell im August 1943 zurück. Im Nürnberger Hauptkriegsverbrecherprozeß wurde N. zu 15 Jahren Gefängnis verurteilt, die er in Spandau absaß. Am 6. 11. 1954 wurde N. aus gesundheitlichen Gründen vorzeitig entlassen.

Niemöller, Martin, evangelischer Theologe, * 14. 1. 1892 in Lippstadt, † 6. 3. 1984 in Wiesbaden. Im Weltkrieg I Marineoffizier, seit Mai 1918 U-Boot-Kommandant. Seit 1930 Pfarrer in Berlin-Dahlem. Gründete den Pfarrernotbund und bekämpfte die »reichskirchlichen Bestrebungen« der »Deutschen Christen«. Im Februar 1934 in den Ruhestand versetzt, führte N. sein Pfarramt dennoch weiter und war ein führendes Mitglied der Bekennenden Kirche. Am 1. 7. 1937 wurde N. verhaftet, am 2. 3. 1938 zu sieben Monaten Festungshaft verurteilt, wurde aber auf persönlichen Einspruch Hitlers (wenn dieser »hinterhältige Schurke« freikomme, solle man das ganze Gericht einsperren) bis Kriegsende in verschiedenen KZs gefangengehalten. N. war nach dem Krieg Kirchenpräsident der Evangelischen Kirche Hessen und Nassau.

Nimitz, Chester W., US-Admiral, * 24. 2. 1885 in Fredericksburg (Texas), † 20. 2. 1966 auf der Insel Yerba Buena (San Francisco). 1939 bis Dezember 1941 Chef der Navigationsabteilung im Marineministerium, 31. 12. 41–Oktober 45 Oberbefehlshaber der alliierten Seestreitkräfte im Pazifik. N. führte seine Verbände von Hawaii aus und stellte die »Fahrpläne« für das »Insel-Springen« auf. 1944 Admiral of the Fleet (Großadmiral). Am 2. 9. 45 unterzeichnete N. gemeinsam mit MacArthur auf dem Schlachtschiff Missouri die japanische Kapitulationsurkunde. Oktober 45–15. 12. 47 Oberbefehlshaber der Seestreitkräfte.

Friedrich Olbricht

Olbricht, Friedrich, deutscher General der Infanterie (1. 6. 40), * 4. 10. 1888 in Leising (Sachsen), † 20. 7. 1944 in Berlin. 1. 4. 1937 Gen.major, 1. 9. 1939 Gen.leutnant, 1. 9. 1939 Kommandeur 24. Infanteriedivision, 15. 2. 1940–20. 7. 1944 Chef des Allgemeinen Heeresamtes im OKH. Seit 1943 war O. führend im Widerstand tätig; nach dem gescheiterten Attentat auf Hitler am 20. 7. 1944 wurde er gemeinsam mit Stauffenberg und zwei weiteren Offizieren am Abend des gleichen Tages im Hof des Reichskriegsministeriums auf Befehl von Gen.oberst ↑ Fromm erschossen.

Oster, Hans, deutscher General, * 9. 8. 1887 in Dresden, † 9. 4. 1945 im KZ Flossenbürg (hingerichtet). Seit Oktober 1933 in der Abwehrabteilung des Reichswehrministeriums, von 39 bis Januar 44 Abteilungschef im »Amt Ausland/Abwehr« im OKW. 1. 12. 41 Gen.major. Am 31. 3. 44 mußte O. seinen Abschied nehmen. O. war der »technische Mittelpunkt« der Widerstandsbewegung, der z. B. Verbindungen zwischen militärischen und zivilen Widerstandsgruppen herstellte. Schon 1939/40 hatte O. Holländer und Norweger vor geplanten deutschen Angriffen gewarnt. 21. 7. 44 verhaftet, vier Tage vor dem Einmarsch der Amerikaner gemeinsam mit Canaris hingerichtet.

Papen, Franz von, deutscher Politiker, * 29. 10. 1878 in Werl, † 2. 5. 1969 in Obersasbach (Baden). 1921 bis 32 Abgeordneter des Zentrum im preuß. Landtag. Als Nachfolger Brünings ab 1. 6. 32 Reichskanzler ohne Mehrheit (Präsidialkabinett). Verlor sein Amt am 3. 12. 32 an Kurt v. Schleicher. Maßgeblich am Zustandekommen des Kabinetts Hitler beteiligt, in dem er bis Juli 34 Vizekanzler war. Seine Versuche, Hitler zu »bändigen«, scheiterten kläglich. Nach dem Röhmputsch (30. 6. 34) entmachtet und nach der Dollfuß-Ermordung (25. 7. 34) Gesandter (später Botschafter) in Wien. April 38 bis August 44 Botschafter in der Türkei, die er von einem Kriegseintritt auf seiten der Alliierten abhalten sollte. Im Hauptkriegsverbrecherprozeß 1946 freigesprochen, im Spruchkammerverfahren jedoch zu 8 Jahren Arbeitslager verurteilt. 1949 freigelassen.

Patton, George S., amerikanischer General, * 11. 11. 1885 in San Gabriel (Kalifornien), † 21. 12. 1945 in Mannheim (Autounfall). P., bedeutendster Panzertaktiker auf alliierter Seite, führte 1942/43 das II. US-Korps in Nordafrika, Juli 43 Oberbefehlshaber der 7. Armee, 44 führte P. die 3. Armee bei der Invasion, beim Rheinübergang sowie 45 in Süddeutschland und der CSR. P., der als brillanter Stratege galt, wurde im Juli 1945 Vier-Sterne-General und war bis zu seinem Unfalltod Militärgouverneur von Bayern. Setzte sich für eine großzügige Handhabung der Entnazifizierungsvorschriften ein.

George S. Patton

Paulus, Friedrich, deutscher Generalfeldmarschall (31. 1. 43), * 23. 9. 1890 in Breitenau (Hessen), † 1. 2. 1957 in Dresden. 1. 1. 1939 Gen.major, 1. 9. 39 Chef des Generalstabs der 10. Armee, 26. 10. 39 Chef des Generalstabs der 6. Armee, 30. 5. 40 Oberquartiermeister I im Generalstab des Heeres, 1. 8. 40 Gen.leutnant, 1. 1. 1942 Gen. d. Panzertruppen und Oberbefehlshaber 6. Armee, 30. 11. 1942 Gen.oberst. Wurde mit der 6. Armee in Stalingrad eingeschlossen, mußte nach gescheiterter Entsatzoperation (↑ Wintersturm) am 31. 1. 43 kapitulieren und geriet in Gefangenschaft. Knapp ein Jahr später stieß er zum ↑ »Nationalkomitee Freies Deutschland«. Im Frühjahr 1946 trat P. in sowjetischem Auftrag als Zeuge bei den Nürnberger Prozessen auf. Nach der Entlassung aus der Gefangenschaft 1953 ließ er sich in Dresden nieder.

Friedrich Paulus

Pavelić, Ante, kroatischer Politiker, * 14. 7. 1889 in Bradina (Herzegowina), † 28. 12. 1959 in Madrid. Leitete seit 1929 von Italien aus die kroatische Unabhängigkeitsbewegung »Ustascha« in Kroatien. Nach der Besetzung Jugoslawiens durch deutsche Truppen im April 1941 wurde P. Staatschef des »Unabhängigen Staates Kroatien«. Versuchte durch brutale Verfolgung der Serben, Juden und Moslems die nationale Einheit des Staates zu festigen. 1945 Flucht nach Österreich, in Abwesenheit in Belgrad zum Tode verurteilt, 1948 Bildung einer Exilregierung der Ustascha in Argentinien. 1957 floh P. nach Spanien.

Pétain, Philippe, französ. Marschall (1918) und Politiker, * 24. 4. 1856 in Cauchy-à-la-Tour, † 23. 7. 1951 auf der Insel Yeu. Im Ersten Weltkrieg General und erfolgreicher Verteidiger Verduns; danach verschiedene hohe militär. und politische Ämter. Wurde nach Beginn des deutschen Angriffs im Westen (10. 5. 40) am 18. 5. 40 Vizepräsident im Kabinett Reynaud, zu dessen Nachfolger er am 17. 6. 40 gewählt wurde, weil seine große Beliebtheit die notwendig gewordene Kapitulation (22. 6. 40) am ehesten verständlich machen konnte. Leitete die Regierungsgeschäfte von Vichy aus; steuerte einen Kurs der Zusammenarbeit mit Deutschland und versuchte die Leiden seines Landes in Grenzen zu halten. Beim Rückzug der Deutschen nach Sigmaringen gebracht, stellte sich P. am 26. 4. 45 der französ. Justiz; wegen Kol-

Philippe Pétain

laboration zum Tode verurteilt, von de Gaulle begnadigt und auf der Insel Yeu interniert.

Petljakow, Wladimir Michailowitsch, sowjetischer Flugzeugkonstrukteur, * 6. 5. 1891, † 1942. Entwickelte 1936/38 den viermotorigen Fernbomber Pe-8 (79 Stück gebaut) und 1939/40 den leichten Bomber Pe-2 (11427 Stück gebaut). 1941 Stalinpreis.

Petrow, Iwan Jefimowitsch, sowjetischer Armeegeneral, * 30. 9. 1896, † 7. 4. 1958, 1918 Eintritt in die Rote Armee. 5. 10. 41–4. 7. 42 Oberbefehlshaber der Küstenarmee (Odessa–Krim). 16. 3.–13. 5. 43 Chef des Stabes der Nordkaukasus-Front. 13. 5. 43–Nov. 43 Oberbefehlshaber der Nordkaukasus-Front, August 44 bis März 45 der 4. Ukrainischen Front. 1945–52 Befehlshaber im Militärbezirk Turkestan. 1952–58 im Verteidigungsministerium.

Papst Pius XII.

Pius XII., Papst (2. 3. 1939), bürgerlicher Name Eugenio Pacelli, * 2. 3. 1876 in Rom, † 9. 10. 1958 in Castel Gandolfo. 1917 Nuntius für Bayern, ab 1920 fürs ganze Reich, 1929 Kardinal, 1930 Kardinalsstaatssekretär. Maßgebl. beteiligt am Zustandekommen des Reichskonkordats 1933, durch das er für den Verzicht auf polit. Betätigung der Kirche innere Autonomie gegenüber dem Staat erreichen wollte. Trotz einiger Poteste gegen die Nazis (wenn Kirchliches in Gefahr war) wurde ihm nach dem Krieg vorgehalten, er habe zu den NS-Verbrechen geschwiegen und zu wenig Mut im Kampf gegen den Faschismus bewiesen.

Pokryschkin, Aleksandr Iwanowitsch, sowjet. Jagdflieger, * 6. 3. 1913. 1932 Eintritt in die Rote Armee. Erzielte im 2. Weltkrieg auf 560 Feindflügen 59 Luftsiege. Dreifacher Held der Sowjetunion. 1948 Frunse-Akademie. 1969 als Generaloberst Stellvertr. Oberbefehlshaber der Luftabwehrtruppen (PWO). 24. 12. 1971 Vorsitzender des Zentralkomitees der Freiwilligen Unionsgesellschaft zur Förderung der Land-, Luft- und Seestreitkräfte. 16. 12. 1972 Marschall der Luftwaffe.

Polikarpow, Nikolaj Nikolajewitsch, sowjetischer Flugzeugkonstrukteur, * 26. 6. 1892, † 30. 7. 1944. Schuf u. a. die Jagdflugzeuge I-15 (3082 Stück gebaut), I-16 (6555) und I-153 (3437). Der von ihm 1927 entwickelte Doppeldecker Po-2 (U-2) wurde im 2. Weltkrieg noch in großer Zahl als Verbindungs- und Störflugzeug (Spitznamen »Kaffeemühle«/»Nähmaschine«) eingesetzt.

Günther Prien

Prien, Günther, deutscher Korvettenkapitän (1. 3. 1941), * 16. 1. 1908 in Osterfeld (Thüringen), † 7. 3. 1941 im Nordatlantik. 1931 Eintritt in die Marine. 1. 4. 35 Leutnant z. S. Dez. 38 Kommandant U 47. P. drang am 14. 10. 39 in den britischen Kriegshafen Scapa Flow ein und versenkte dort das brit. Schlachtschiff Royal Oak. Auf 10 Feindfahrten mit 225 Seetagen versenkte Prien 28 Handelsschiffe mit 160935 BRT. Ritterkreuz mit Eichenlaub. Am 7. 3. 41 wurde U 47 während einer Geleitzugschlacht südlich Island durch Wasserbomben des britischen Zerstörers Wolverine mit der gesamten Besatzung versenkt.

Vidkun Quisling

Quisling, Vidkun, norwegischer Politiker, * 18. 7. 1887 in Fyredal (Telemarken), † 24. 10. 1945 in Oslo. 1933 gründete Q. die Partei der Nationalen Sammlung. Ende 1939 warnte er Hitler vor der bevorstehenden britischen Besetzung Norwegens. Nach der deutschen Landung machte sich Q. zum Regierungschef, trat aber sechs Tage später zurück. Im September 40 wurde seine Partei als allein zugelassene anerkannt. Am 1. 2. 42 bildete Q. eine »nationale Regierung«, die scharf gegen die norwegische Opposition vorging. Am 9. 5. 45 wurde Q. verhaftet, vor Gericht gestellt und wegen Hochverrats zum Tode verurteilt. Das Urteil wurde am 24. 10. 45 vollstreckt. »Quisling« wurde nach dem Kriege zur allgemeinen Bezeichnung für Landesverräter, Kollaborateur.

Raeder, Erich, deutscher Großadmiral (1. 4. 39), * 24. 4. 1876 in Wandsbek (Hamburg), † 6. 11. 1960 in Kiel. 1. 10. 1928 Admiral und Chef der Marineleitung, 21. 5. 35 Oberbefehlshaber der Marine, 20. 4. 36 Generaladmiral. R. war Verfechter der Überwasserstrategie. Am 30. 1. 43 wurde R. nach Differenzen mit Hitler abgelöst (Nachfolger Dönitz) und erhielt den einflußlosen Posten des Admiralinspekteurs der Marine. Am 23. 6. 45 wurde R. verhaftet und am 1. 10. 46 vom alliierten Gerichtshof in Nürnberg zu 10 Jahren Gefängnishaft verurteilt. 26. 9. 55 vorzeitig aus der Haft entlassen.

Erich Raeder

Ramcke, Hermann Bernhard, deutscher General der Fallschirmtruppe (1. 9. 44), * 24. 1. 1889 in Schleswig, † 4. 7. 1968 in Kappeln. Mai 41 Teilnahme bei der Landung auf Kreta. 1. 8. 41 Gen.major, 41/42 Kommandeur Fallschirmjägerbrigade 2 in Afrika. 21. 12. 42 Gen.leutnant, Juli 43 Einsätze in Italien. Februar bis Juni 44 an der Ostfront, seit Juni an der Invasionsfront (Kommandant der 2. Fallschirmjägerdivision). Kommandant der Festung Brest, die seit dem 27. 8. 44 eingeschlossen war. Am 22. 9. 44 kapitulierte R., nachdem er zwei Tage zuvor die Schwerter und Brillanten zum Ritterkreuz erhalten hatte. Dezember 46 von den Briten an die Franzosen ausgeliefert, am 21. 3. 1951 wegen Kriegsverbrechen zu fünf Jahren Haft verurteilt, am 24. 6. 1951 entlassen, Memoiren: »Vom Schiffsjungen zum Fallschirmgeneral«.

Walter von Reichenau

Reichenau, Walter von, deutscher Generalfeldmarschall (19. 7. 40), * 8. 10. 1884 in Karlsruhe, † 17. 10. 1942 in Poltawa. 1. 2. 1934 Gen.major, 1. 10. 35 Gen.leutnant, 1. 10. 36 Gen. d. Artillerie, 1. 9. 39 Oberbefehlshaber der 10. Armee, 1. 10. 39 Generaloberst, 10. 10. 39 Oberbefehlshaber der 6. Armee, 3. 12. 41 Oberbefehlshaber der Heeresgruppe Süd. Starb an den Folgen eines Schlaganfalls.

Reinhardt, Hans Georg, deutscher Generaloberst (1. 1. 42), * 1. 3. 1887 in Bautzen, † 22. 11. 1963 in München. 1. 4. 1937 Gen.major, 1. 11. 38 Kommandeur der 4. Panzerdivision, 1. 10. 39 Gen.leutnant, 15. 2. 40 Kommandierender General des XXXXI. Panzerkorps, 1. 6. 40 Gen. d. Panzertruppen. 5. 10. 41 Befehlshaber Panzergruppe 3, Nov. 42 Oberbefehlshaber der 3. Panzerarmee. Am 16. 8. 44 wurde R. Oberbefehlshaber der Heeresgruppe Mitte, wegen Meinungsverschiedenheiten mit Hitler am 26. 1. 45 von diesem Posten abberufen und zur Führerreserve versetzt. Im Oktober 48 in Nürnberg zu 15 Jahren Haft verurteilt und am 27. 7. 1952 begnadigt und entlassen.

Hans Reinhardt

Remer, Otto-Ernst, deutscher Generalmajor (31. 1. 45), *18. 8. 1912 in Neubrandenburg. Spielte ungewollt eine entscheidende Rolle beim Umsturzversuch vom 20. Juli 1944: R. war Kommandeur des Wachbataillons Berlin; in dieser Eigenschaft sollte er auf Befehl des Stadtkommandanten, v. Hase, Goebbels verhaften. Doch Goebbels brachte eine Verbindung mit dem Führerhauptquartier zustande. Hitler befahl R., Stauffenbergs Verschwörung niederzuschlagen. R. wurde zum Oberst befördert und verhaftete nun seinen Vorgesetzten v. Hase und trug damit zum Scheitern des Putsches bei. 1950 Gründungsmitglied der später verbotenen rechtsradikalen Sozialistischen Reichspartei (SRP).

Rendulic, Lothar, deutscher Generaloberst (1. 4. 44), * 23. 10. 1887 in Wiener-Neustadt, † 17. 1. 1971 in Linz. 1. 9. 1939 Chef des Generalstabes des XVII. Armeekorps. 1. 12. 39 Gen.major, 15. 6. 40 Kommandeur der 14. Infanteriedivision, 5. 10. 40 Kommandeur der 42. Infanteriedivision, 1. 12. 41 Gen.leutnant, 1. 11. 42 Kommandierender General des XXXV. Armeekorps. 1. 12. 42 Gen. d. Infanterie, 43 Oberbefehlshaber der 2. Panzerarmee auf dem Balkan. 25. 6. 44 Oberbefehlshaber der 20. Gebirgsarmee in Lappland. 27. 1. 45 Oberbefehlshaber der Heeresgruppe Nord, 10. 3. 45 der Heeresgruppe Süd. Im Südost-Prozeß wurde R. in Nürnberg zu 20 Jahren Gefängnis verurteilt, am 1. 2. 51 zu zehn Jahren begnadigt und am 16. 12. 51 entlassen.

Reynaud, Paul, französ. Politiker, * 15. 10. 1878 in Barcelonette, † 21. 9. 1966 in Neuilly-sur-Seine. Bis 1940 mehrfach Minister; Gegner der Appeasement-Politik, Befürworter des offensiven strategischen Konzepts de Gaulles. 21. 3. 40 Ministerpräsident und Außenminister, nach dem deutschen Einmarsch auch Verteidigungsminister. Hoffte vergeblich auf Roosevelts Hilfe und mußte am 17. 6. 40 zugunsten Pétains zurücktreten, weil er die Kapitulation ablehnte. Sept. 40 verhaftet, verurteilt und 42 an Deutschland ausgeliefert; dort in verschiedenen KZs. Nach dem Krieg zahlreiche hohe politische Ämter. Bemüht um die deutsch-französ. Verständigung.

Ribbentrop, Joachim von, deutscher Politiker, * 30. 4. 1893 in Wesel, † 16. 10. 1945 in Nürnberg (hingerichtet). Ursprüngl. Kaufmann (Spitzname »der Weinreisende«), wurde R. Hitlers außenpolit. Hauptberater zunächst im Amt Ribbentrop und als Sonderbotschafter (dt.-engl. Flottenabkommen), dann als Botschafter in London und vom 4. 2. 38 bis zum 30. 4. 45 als Außenminister. Versuchte seine antibrit. Haltung bei Hitler durchzusetzen und befürwortete ein Zusammengehen mit der Sowjetunion, Japan, Italien (dt.-sowjet. Nichtangriffspakt, Dreimächtepakt). Verlor nach dem Angriff auf Rußland an Einfluß. 1. 10. 46 vom Internationalen Militärtribunal in Nürnberg zum Tode verurteilt.

Joachim von Ribbentrop

Richthofen, Wolfram Freiherr von, deutscher Generalfeldmarschall (16. 2. 1943), * 10. 10. 1895 in Barzdorf/Striegau, † 12. 7. 1945 in Bad Ischl. Im 1. Weltkrieg Husar, dann Jagdflieger. 1933 Reichsluftfahrtministerium. Januar bis November 37 Chef des Stabes der Legion Condor im span. Bürgerkrieg. November 38 bis 21. 2. 39 als Gen.major Kommandeur der Legion. Bei Kriegsbeginn »Fliegerführer z.b.V.« (Stuka-Verbände). Einsatz gegen Polen, Oktober 39–24. 6. 42 Kommand. Gen. des VIII. Fliegerkorps; Einsatz in Frankreich, auf dem Balkan und in Rußland. 19. 7. 40 Gen. d. Flieger (Gen.leutnant übersprungen), 1. 3. 42 Generaloberst. 24. 6. 42–11. 6. 43 Südabschnitt der Ostfront; 12. 6. 43–27. 10. 44 Chef der Luftflotte 2 in Italien, 27. 10. 44 schwer erkrankt: Schädeltumoroperation, an deren Folgen v. R. starb.

Rogge, Bernhard, deutscher Vizeadmiral (1. 3. 1945), * 4. 11. 1899 in Schleswig. 13. 12. 1917 Leutnant z. S. 1936 Kommandant Segelschulschiff Gorch Fock. Febr. 38–Sept. 39 Segelschulschiff Albert Leo Schlageter. Stellte am 19. 12. 1939 den Hilfskreuzer Schiff 16 »Atlantis« in Dienst, mit dem er am 31. 3. 40 zum Handelskrieg auslief. Auf einer Kaperfahrt von 622 Tagen, versenkte und kaperte R. 22 alliierte Handelsschiffe mit 145697 BRT. Schiff 16 wurde am 22. 11. 1941 im Südatlantik vom brit. Schweren Kreuzer Devonshire gestellt. April 42 zunächst Chef des Stabes, dann Inspekteur des Bildungswesens. Sept. 44 bis Kriegsende Befehlshaber des Ausbildungsverbandes der Flotte, zugleich Kampfgruppe Rogge, die in der Endphase des Krieges in der Ostsee zahlreiche Einsätze zur Unterstützung der Landtruppen durchführte. In der Bundeswehr war R. als Konteradmiral vom 1. 6. 57 bis 31. 3. 62 Befehlshaber im Wehrbereich I.

Rokossowski, Konstantin Konstantinowitsch, Marschall der Sowjetunion (29. 6. 44), * 21. 12. 1896 in Warschau, † 3. 8. 1968 in Moskau. 1914 Eintritt in die Armee. Bei Kriegsbeginn im Juni 41 Gen.major und Kommand. General des IX. mech. Korps. Juli 41 Oberbefehlshaber der 16. Armee, zeitweise gleichzeitig auch der 20. Armee. 13. 7. 42 Oberbefehlshaber der Brjansker Front, 30. 9. 42 der Don-Front. 15. 1. 1943 Gen.oberst, Februar 43 Oberbefehlshaber der Zentral-Front (wird Oktober 43 Weißruss. Front), Februar 44 bis November 44 der 1. Weißruss. Front, November 44 bis Juni 45 der 2. Weißruss. Front. Nach dem Krieg Befehlshaber eines Militärbezirks, Stellvertr. eines Verteidigungsministers der UdSSR. 1949 »auf Bitten der polnischen Regierung mit Genehmigung der Sowjetregierung« polnischer Verteidigungsminister. Marschall von Polen (7. 11. 1949). November 1956 Rückkehr in die UdSSR (Verteidigungsministerium).

Konstantin Rokossowski

Rommel, Erwin, deutscher Generalfeldmarschall (22. 6. 42), * 15. 11. 1891 in Heidenheim, † 14. 10. 1944 in Herrlingen bei Ulm. Bereits im I. Weltkrieg EK I und Pour le mérite. 1. 8. 39 Gen.major, 1. 9. 39 Kommandant des Führerhauptquartiers, 5. 2. 40 Kommandeur der 7. Panzerdivision (»Gespensterdivision«), 1. 1. 41 Gen.leutnant, 14. 2. 41 Kommand. Gen. des Deutschen Afrika-Korps. 1. 7. 41 Gen. d. Panzertruppen, 1. 9. 41 Befehlshaber der Panzergruppe (21. 2. 42 Panzerarmee) Afrika, 30. 1. 42 Gen.oberst, 21. 6. 42 Eroberung Tobruks als Höhepunkt der Karriere R.s; 1. 1. 43–9. 3. 43 Oberbefehlshaber der Heeresgruppe Afrika. 11. 3. 43 Brillanten zum Ritterkreuz mit Eichenlaub und Schwertern. 1. 1. 44 bis zur schweren Verwundung bei einem Tieffliegerangriff am 17. 7. 44 Oberbefehlshaber der Heeresgruppe B in Frankreich. Differenzen mit Rundstedt über Möglichkeiten der Invasionsabwehr. R. war der volkstümlichste deutsche Heerführer, der auch beim Gegner hohes Ansehen genoß. Er wurde am 14. 10. 44 zum Selbstmord gezwungen: Die Generale Burgdorf und Maisel überbrachten ihm Hitlers Ultimatum, das ihn vor die Wahl stellte: Freitod oder Aburteilung durch den Volksgerichtshof wegen Verbindung zum Verschwörerkreis vom 20. Juli; außerdem wurden für den Fall der Weigerung Repressalien gegen seine Familie angedroht.

Erwin Rommel

Roosevelt, Franklin Delano, 32. Präsident der USA, * 30. 1. 1882 in Hyde Park (N. Y.), † 12. 4. 1945 in Warm Springs (Georgia). 1921 Kinderlähmung, daher zeitlebens gehbehindert. 1929 Gouverneur von New York. 1933 Sieger der Präsidentschaftswahlen gegen Hoover. Bekämpfte mit seinem Programm des New Deal (Neuverteilung) die Wirtschaftskrise und steuerte außenpolit. einen neutralist. Kurs, den er erst kurz vor Kriegsbeginn mehr und mehr zugunsten Englands lockerte. 1936, 1940 und 1944 wiedergewählt, prägte R. die US-Politik über 12 Jahre. Seine harte Haltung gegenüber Japan führte zum Scheitern der Verhandlungen und durch den japanischen Überfall auf ↑ Pearl Harbour zur Ausweitung des europäischen Krieges zum Weltkrieg. Nach der deutschen Kriegserklärung (11. 12. 41) setzte R. die ganze Macht der USA zur Niederwerfung Deutschlands (»Germany first«) ein. Er war maßgebl. an der Forderung von der »Bedingungslosen Kapitulation« beteiligt und tolerierte die Machtausweitung der Sowjetunion. Bemühte sich um die Gründung der Vereinten Nationen. Innenpolitisch förderte er die Entwicklung der Vereinigten Staaten in Richtung Sozialstaat.

Franklin D. Roosevelt

Rosenberg, Alfred, deutscher Politiker, * 12. 1. 1893 in Reval, † 16. 10. 1946 in Nürnberg (hingerichtet). Ursprüngl. Architekt gelangte R. bereits früh in den Kreis um Hitler, an dessen Putsch er 1923 teilnahm. Machte sich als Propagandist einen Namen in der NSDAP und wurde 1930 mit seinem Buch »Der Mythus des 20. Jahrhunderts« die ideologische Instanz nach Hitler. 1933 Reichsleiter, Chef des Außenpolitischen Amtes der NSDAP, »Beauftragter des Führers« für die weltanschauliche Schulung in der Partei. 17. 7. 41–30. 4. 45 Reichsminister für die besetzten Ostgebiete. Sein Konzept der Förderung der kleinen Völkerschaften gegen die Russen konnte er nicht durchsetzen. Am 1. 10. 46 als »Urheber des Rassenhasses« im Hauptkriegsverbrecherprozeß zum Tode verurteilt.

Rotmistrow, Pawel Alexejewitsch, sowjetischer Hauptmarschall der Panzertruppen (28. 5. 1962), * 23. 6. 1901 in Skoworowo (Bez. Kalinin), † 7. 4. 1982. 1919 Eintritt in die Rote Armee. Herbst 41 als Oberst Kommandeur der 8. Panzerbrigade. 26. 8. 42 Kommand. General des VII. Panzerkorps. 29. 12. 42 Gen.leutnant. 1943–44 Oberbefehlshaber der 5. Gardepanzerarmee. 1945 Kommandeur der Panzerverbände der sowjet. Besatzungstruppen in Deutschland. 1958 Kommandeur der Kriegsakademie der Panzertruppen. Nach dem Ausscheiden aus dem aktiven Dienst leitende Position in der DOSAAF (Freiwillige Unionsgesellschaft zur Förderung der Land-, Luft- und Seestreitkräfte).

Rudel, Hans-Ulrich, deutscher Oberst der Luftwaffe (1. 1. 45), * 2. 7. 1916 in Konradswaldau/Schlesien, † 18. 12. 1982 in Rosenheim. 4. 12. 1936 Eintritt in die Luftwaffe. 1937/38 Flugausbildung (Stuka und Aufklärer). April 41 zur I./St.G. 2 »Immelmann« nach Griechenland. 6. 1. 42 Ritterkreuz nach über 400 Einsätzen; erreichte als erster am 10. 2. 43 den 1000. Feindflug. 1. 4. 43 Hauptmann. 22. 2. 44 Kommandeur der III./S.G.2. Am 1. 3. 44 Major. 29. 3. 44 Brillanten nach über 1800 Feindflügen. Spezialisierte sich an der Ostfront auf Panzerjagd und schoß bis Kriegsende auf 2530 Feindflügen 519 sowjet. Panzer ab und zerstörte über 800 Fahrzeuge. 29. 12. 44 erhielt R. als einziger Soldat der Wehrmacht das Goldene Eichenlaub mit Schwertern und Brillanten zum Ritterkreuz. 1. 1. 45 Kommodore des Schlachtgeschwaders 2 »Immelmann«. 8. 5. 45 US-Kriegsgefangenschaft, April 46 entlassen. Danach langjähriger Aufenthalt in Argentinien. In der BRD später Einsatz für rechtsradikale Organisationen.

Hans-Ulrich Rudel

Ruge, Friedrich Oskar, deutscher Vizeadmiral (1. 2. 43), * 24. 12. 1894 in Leipzig. Mai 1937 Führer der Minensuchboote. Febr. 1941 Befehlshaber der Sicherung West. 1. 4. 42 Konteradmiral. Febr. 43 (offiziell BdSW bis 31. 5. 43) – Aug. 43 Befh. Deutsches Marinekommando Italien. Nov. 43–Aug. 44 Admiral bei der Heeresgruppe B (Gen.feldmarschall Rommel). Nov. 1944 Chef des Konstruktionsamtes der Kriegsmarine. 5. 3. 1956 Bundesmarine. 1. 6. 57–30. 9. 61 Inspekteur der Marine. 1962 Lehrauftrag an der Univ. Tübingen. 3. 8. 67 Honorarprofessor. Zahlreiche Veröffentlichungen zur Zeitgeschichte, Militärpolitik, Strategie, zu Rüstungs- und Marinefragen.

Gerd von Rundstedt

Rundstedt, Gerd von, deutscher Generalfeldmarschall (19. 7. 40), * 12. 12. 1875 in Aschersleben, † 24. 2. 1953 in Hannover. 1. 11. 1927 Gen.-major; 1. 3. 29 Gen.leutnant; 1. 10. 32 Gen. d. Infanterie, 1. 3. 38 Gen.-oberst. Am 1. 11. 38 nahm R. seinen Abschied, Wiedereintritt, 1. 9. 39 Oberbefehlshaber der Heeresgruppe Süd, 1. 10.–20. 10. 39 Oberbefehlshaber Ost, 25. 10. 39 Oberbefehlshaber der Heeresgruppe A, 1. 10. 40 Oberbefehlshaber West, 1. 6. 41–1. 12. 41 Oberbefehlshaber der Heeresgruppe Süd. Nach dem Rückzug von Rostow wurde R. von Hitler abgelöst, am 15. 3. 42 zum Oberbefehlshaber West ernannt. Am 2. 7. 44 erneut entlassen, am 5. 9. 44 wieder als Oberbefehlshaber West eingesetzt, wurde R. nach der amerikanischen Überquerung des Rheins bei Remagen am 9. 3. 45 endgültig entlassen. Von den Amerikanern gefangengenommen, den Engländern ausgeliefert, wurde R. im Mai 49 aus der Kriegsgefangenschaft entlassen.

Ruoff, Richard, deutscher Generaloberst (1. 4. 42), * 18. 8. 1883 in Meßbach/Württ., † 30. 3. 1967 in Tübingen. Eintritt ins Heer 1903. 1. 4. 36 Gen.major, 1. 3. 38 Gen.leutnant, 1. 5. 39 Gen. d. Infanterie, 1. 5. 39 Kommand. General des V. Armeekorps. 8. 1. 42 Oberbefehlshaber der 4. Panzerarmee an der Ostfront, 1. 6. 42–24. 6. 43 der 17. Armee im Südabschnitt der Ostfront. Von Hitler entlassen.

Rydz-Smigly, Edward, polnischer Marschall (10. 11. 1936), * 11. 3. 1886 in Brzezany, † 13. 12. 1941 in Warschau (unter falschem Namen). Im 1. Weltkrieg Offizier der Polnischen Legion. 1920 Oberbefehlshaber der 3. Armee im Kampf gegen die UdSSR. Enger Mitarbeiter von Marschall Pilsudski. 35 Generalinspekteur des Heeres. 39 Oberbefehlshaber. Nach dem Zusammenbruch Polens im Sept. 39 in Rumänien interniert, floh im Dez. 1940 aus rumänischer Haft und kehrte unentdeckt nach Polen zurück.

Ryti, Risto, finnischer Politiker, * 3. 2. 1889 in Huitinen, † 25. 10. 1956 in Helsinki. 1. 12. 39 Ministerpräsident. 19. 12. 40–1. 8. 44 Staatspräsident. Wegen der finn. Kriegserklärung an die UdSSR wurde R. am 21. 2. 46 zu 10 Jahren Haft verurteilt, am 23. 9. 49 begnadigt.

Sacharow, Matwei Wassiljewitsch, sowjetischer Marschall (8. 5. 1959), * 4. 8. 1898 in Petersburg, † 31. 1. 1972 in Moskau. 1917 Eintritt in die Rote Armee. Teilnahme am Bürgerkrieg. Jan. 42–März 43 als Generalmajor Chef des Stabes der Kalinin-Front unter Konjew, 43 Chef des Stabes der Steppen-Front, 44/45 der 2. Ukrainischen Front (als Generaloberst). 1955 Mitglied des Gebietskomitees von Leningrad. 1957–Mitte April 60 Oberbefehlshaber der sowjetischen Truppen in der DDR. 1960–71 mit kurzer Unterbrechung Chef des Generalstabes der Roten Armee.

Salmuth, Hans von, deutscher Gen.-oberst (1. 1. 43), * 29. 11. 1888 in Metz, † 1. 1. 1962 in Heidelberg. 1. 8. 1937 Gen.major, 1. 8. 39 Gen.leutnant; 1. 9. 39 Chef des Generalstabes der Heeresgruppe Nord, 25. 10. 39 der Heeresgruppe B. 1. 8. 40 Gen. d. Infanterie. 10. 5. 41–Weihnachten 41 Kommand. Gen. des XXX. Armeekorps, 20. 4. 42 Führer der 17. Armee, 6. 6. 1942 der 4. Armee; 15. 7. 42–4. 2. 43 Oberbefehlshaber der 2. Armee, 1. 8. 43 der 15. Armee. Am 25. 8. 44 wurde S. von Hitler seines Postens enthoben und fand keine Verwendung mehr. Wegen seiner Befehle zur Partisanenbekämpfung im Osten wurde S. im Oktober 48 in Nürnberg zu 20 Jahren Gefängnis verurteilt, im Juli 53 aber vorzeitig entlassen.

Fritz Sauckel

Sauckel, Fritz, nationalsozialistischer Politiker, * 27. 10. 1894 in Haßfurt, † 16. 10. 1946 in Nürnberg (hingerichtet). Seit 1923 war S. Mitglied der NSDAP, 1927 Gauleiter von Thüringen. 1932 Ministerpräsident und Innenminister von Thüringen. 5. 5. 33 Reichsstatthalter von Thüringen, 12. 11. 33 Mitglied des Reichstages, 1. 9. 39 Reichsverteidigungskommissar für den Wehrkreis IX in Kassel. Am 21. 3. 42 wurde S. Generalbevollmächtigter für den Arbeitseinsatz. Als solcher war er für die Deportation ausländischer Arbeitskräfte nach Deutschland verantwortlich und wurde dafür in Nürnberg zum Tode verurteilt.

Rudolf Schmidt

Schmidt, Rudolf, deutscher Generaloberst (1. 1. 42), * 12. 5. 1886 in Berlin, † 7. 4. 1957 in Krefeld. 1. 10. 1936 Gen.major, 1. 6. 38 Gen.leutnant, 1. 9. 39 Kommandeur der 1. Panzer-Division, 1. 2. 40 Befehlshaber des XXXIX. Panzerkorps, 1. 6. 40 Oberbefehlshaber der 2. Armee, 25. 12. 41 der 2. Panzerarmee. Im April 43 wurde S. von seinem Kommando abgelöst und wegen seiner scharfen Kritik an der Kriegführung vor das Reichskriegsgericht gestellt, dort aber freigesprochen und am 30. 9. 43 verabschiedet. Bei einer Reise nach Weimar wurde S. 1947 von den Sowjets verhaftet und kehrte erst 1956 zurück.

Schnaufer, Heinz Wolfgang, deutscher Jagdflieger, * 16. 2. 1922 in Calw/Württ., † 15. 7. 1950 in Frankreich nach einem Verkehrsunfall. Erster Nachtabschuß am 2. 6. 42 bei der II./Nachtjagdgeschwader. 1. Aug. 1943 Staffelkapitän 12./NJG 1. 31. 12. 43 als Oberleutnant nach 42 Nachtabschüssen Ritterkreuz, 16. 10. 44 nach 100 Siegen Brillanten. 1. 5. 44 Hauptmann, 1. 12. 44 Major. S. erzielte bei 164 Einsätzen 121 Luftsiege ausschließlich bei Nacht; damit erfolgreichster Nachtjäger der Welt.

Schniewind, Otto, deutscher Generaladmiral (1. 3. 44), * 14. 12. 1887 in Saarlouis, † 26. 3. 1964 in Linz a. Rh. 1907 Eintritt in die Marine. 1. 10. 37 Konteradmiral, Okt. 38–Juni 41 Chef des Stabes der Seekriegsleitung, 1. 1. 40 Vizeadmiral, 1. 9. 40 Admiral, Juni 41–Juli 44 Flottenchef, zugleich vom März 43–Juli 44 Oberbefehlshaber des Marinegruppenkommandos Nord. August 1944 zur Führerreserve. Die alliierte Anklage wegen angeblicher Kriegsverbrechen endete mit Freispruch am 30. 10. 1948.

Schobert, Eugen Ritter von, deutscher Gen.oberst (19. 7. 40), * 13. 3. 1883 in Würzburg, † 12. 9. 1941 an der Ostfront tödlich verunglückt. Am 1. 10. 1934 Gen.major, 1. 1. 37 Gen.leutnant, 1. 2. 38 Gen. der Infanterie. 1. 9. 39 Befehlshaber des VII. Armeekorps. Vom 25. 10. 40 bis zu seinem Tode war S. Oberbefehlshaber der 11. Armee.

Scholl, Geschwister Hans (* 22. 9. 1918 in Ingersheim a. d. Jagst, † 22. 2. 1943 in München-Stadelheim) und Sophie S. (* 9. 5. 1921 in Forchtenberg, † 22. 2. 1943 in München-Stadelheim), deutsche Widerstandskämpfer. Mitglieder des studentischen Widerstandskreises »Weiße Rose«. Wurden beim Verteilen von Anti-NS-Flugblättern verhaftet; zum Tode verurteilt und hingerichtet.

Schörner, Ferdinand, deutscher Generalfeldmarschall (5. 4. 45), * 12. 6. 1892 in München, † 2. 7. 1973 ebd. 1. 8. 40 Gen.major, 15. 1. 42 Befehlshaber des XIX. Gebirgskorps, 27. 1. 42 Gen.leutnant, 1. 6. 42 Gen. der Gebirgstruppen. 1. 10. 43–1. 2. 44 Befehlshaber des XXXX. Panzerkorps, 1. 2.–1. 3. 44 Chef des nationalsozialistischen Führungsstabes im OKH, 2. 3. 44 Oberbefehlshaber der 17. Armee, 31. 2. 44 der Heeresgruppe Süd, 1. 4. 44 Gen.oberst; 20. 7. 44 Oberbefehlshaber der Heeresgruppe Nord; 1. 1. 45 Brillanten zum Ritterkreuz mit Eichenlaub und Schwertern; 18. 1. 45 Oberbefehlshaber der Heeresgruppe Mitte; 30. 4. 45 Oberbefehlshaber des Heeres. S. galt als

Ferdinand Schörner

harter Vorgesetzter und fanatischer Nazi. Mit rücksichtslosem Durchgreifen (Himmelfahrtskommandos, Erschießungen u. a.) versuchte er im Frühjahr 45 vergeblich, die Ostfront zu stabilisieren. Erst am 11. 5. 45, zwei Tage nach der Kapitulation, ergab auch er sich mit den Resten der Heeresgruppe Mitte in Böhmen. 1955 kehrte er aus sowjet. Gefangenschaft zurück und wurde im Oktober 57 in München wegen Totschlags zu 4 Jahren und 6 Monaten Gefängnis verurteilt, brauchte wegen seines schlechten Gesundheitszustandes nur zwei Jahre zu verbüßen.

Schuhart, Otto, deutscher Seeoffizier, * 1. 4. 1909 in Hamburg. 1929 Eintritt in die Marine. Versenkte als Kapitänleutnant und Kommandant von U 29 (April 1939–Jan. 1941) am 17. 9. 39 im Nordatlantik den britischen Flugzeugträger Courageous. Jan. 44–Sept. 44 Chef des 21. U-Flottille, danach Kommandeur eines Marineschützenbataillons. 1956–65 Bundesmarine, zuletzt Kapitän zur See.

Georgi Schukow

Schukow, Georgi Konstantinowitsch, sowjetischer Marschall (18. 1. 1943), * 2. 12. 1896 in Strelkowa/Gouvernement Kaluga, † 18. 6. 1974 in Moskau. 1915 Eintritt in die Armee. 1932–36 Kommandeur der 4. Donkosakendivision, 1937 Kommand. General des III. Kavalleriekorps, 1937–38 des VI. Kosakenkorps. 1939–40 Oberbefehlshaber einer Armeegruppe am Chalchin-Gol. 1940 Befehlshaber im Militärbezirk Kiew. 1. 2. 41 stellvertr. Volkskommissar der Landesverteidigung und Chef des Generalstabs. 29. 7. 41 Oberbefehlshaber der Reservefront, 7. 10. 41 der Westfront. 26. 8. 42 Stellvertr. des Oberbefehlshabers der Roten Armee, 29. 3. 44 Oberbefehlshaber der 1. Ukrainischen Front, 16. 11. 44–Juni 45 der 1. Weißrussischen Front, Juni 45–April 46 der Heeresgruppe Deutschland, anschließend kurz der sowjet. Landstreitkräfte. Befehlshaber im Militärbezirk Odessa. Febr. 55–Okt. 57 Verteidigungsminister. Danach aller Ämter enthoben.

Schwerin von Krosigk, Lutz, deutscher Politiker, * 22. 8. 1887 in Rathmannsdorf (Anhalt), † 4. 3. 1977 in Essen. 1932–1945 Reichsfinanzminister in den Kabinetten v. Papen und v. Schleicher sowie während des gesamten Dritten Reiches. Maßgebl. Einfluß auf die Finanzierung der Arbeitsbeschaffung und der Aufrüstung. Nach Hitlers Tod vom 2. 5.–23. 5. 45 Leitender Minister und Reichsaußenminister in der Regierung Dönitz. Wurde im »Wilhelmstraßen-Prozeß« (Diplomatenprozeß) vom US-Militärgericht in Nürnberg zu 10 Jahren Gefängnis verurteilt. 1951 vorzeitig entlassen.

Seydlitz-Kurzbach, Walther v., deutscher General der Artillerie (1. 6. 42), * 22. 8. 1888 in Hamburg, † 28. 4. 1976 ebd. 1. 9. 1939 Regimentskommandeur, 1. 12. 39 Gen.major, 10. 3. 40–1. 1. 42 Kommandeur der 12. Infanteriedivision, 1. 12. 41 Gen. leutnant, 3. 3.–3. 5. 42 Führer des Sonderkorps zur Befreiung des Kessels von Demjansk, 8. 5. 42 Befehlshaber des LI. Armeekorps. Am 31. 1. 43 geriet S. bei Stalingrad in Gefangenschaft. Schon Ende November 42 hatte er den Ausbruch aus dem Kessel von Stalingrad gegen Hitlers Befehl gefordert. Im September 43 Vorsitzender des Bundes deutscher Offiziere. Im August 44 in Abwesenheit zum Tode verurteilt. Nach Kriegsende weigerte sich S., in der Sowjetzone einen Posten anzunehmen, wurde 1950 verhaftet, zum Tode verurteilt und dann zu 25 Jahren Haft begnadigt. Am 7. 10. 1955 kehrte S. nach Westdeutschland zurück.

Seyß-Inquart, Arthur, österreichischer Politiker, * 22. 7. 1892 in Stannern (bei Iglau), † 16. 10. 1946 in Nürnberg (hingerichtet). 1937 als NS-freundl. Politiker ins Kabinett Schuschnigg aufgenommen, betrieb S. den Anschluß Österreichs ans Deutsche Reich, den er – nach dem deutschen Einmarsch zum Bundeskanzler ernannt – am 13. 3. 38 vollzog. Danach bis 30. 4. 39 Reichsstatthalter in Wien; 1. 5. 39–30. 4. 45 Reichsminister ohne Geschäftsbe-

Arthur Seyß-Inquart

reich, 18. 5. 40–30. 4. 45 gleichzeitig Reichskommissar für die besetzten niederländ. Gebiete, in denen während seiner Amtszeit zahlreiche Deportationen von Juden in die Vernichtungslager vorgenommen wurden. Von Hitler im Testament zum Reichsaußenminister bestimmt. 1. 10. 46 vom Internat. Militär-Tribunal in Nürnberg zum Tode verurteilt.

Sikorski, Wladyslaw, polnischer General und Politiker, * 20. 5. 1881 in Tuszow Narodowy bei Mielec, † 4. 7. 1943 in Gibraltar. In den zwanziger Jahren war S. Ministerpräsident und Verteidigungsminister Polens. Seit 30. 9. 1939 Ministerpräsident der polnischen Exilregierung in Paris (später London) und Oberbefehlshaber der polnischen Exiltruppen. Am 30. 7. 1941 schloß er unter britischem Druck ein russisch-polnisches Militärabkommen; verhandelte im Dezember 1941 erfolglos mit Stalin um das Schicksal der polnischen Bevölkerung im sowjetisch besetzten Ostpolen. Nach den Leichenfunden von Katyn kam es zum Bruch mit den Sowjets. Am 4. 7. 43 kam S. bei einem Flugzeugunglück in Gibraltar ums Leben. Die Absturzursache konnte nie geklärt werden, so daß immer wieder vermutet wurde, S. sei beseitigt worden, weil er das brit.-sowjet. Verhältnis belastet habe.

Sima, Horia, Führer der rumänischen »Eisernen Garde«, * 3. 7. 1906 in Bukarest. 1938 verließ S. nach dem Verbot der Eisernen Garde Rumänien. April 40 Rückkehr als Führer der Garde. Juli 40 Unterrichtsminister, 7. 9. 40 Stellvertretender Ministerpräsident im Kabinett Antonescu. Nach mißglücktem Aufstand floh S. nach Deutschland, wo er im KZ Buchenwald festgehalten wurde, aus dem er im Frühjahr 43 nach Italien floh. S. wurde an Deutschland ausgeliefert; bildete im August 44 eine nationale Gegenregierung in Wien. Nach Kriegsende tauchte er in Kärnten unter und wurde am 22. 2. 46 in Bukarest in Abwesenheit zum Tode verurteilt.

Skorzeny, Otto, dt. SS-Standartenführer d. Res. (Oberst), * 12. 6. 1908 in Wien, † 6. 7. 1975 in Madrid. Diplomingenieur. 1939 freiwillig zur Luftwaffe gemeldet. März 40 Unterscharführer in der SS-Div. »Das Reich«. Teilnahme an der Befreiung Mussolinis am 12. 9. 43; 15. 10. 44 Kommandounternehmen zur Festsetzung der Regierung Horthy in Budapest (Unternehmen »Panzerfaust«). 22. 10. 44 Kommandeur der Panzerbrigade 150, die während der Ardennen-Offensive in amerikanischen Uniformen und mit amerikan. Ausrüstung hinter den amerikan. Linien operieren sollte (Unternehmen »Greif«). Febr. 45 Kommandeur des SS-Jagdverbands Ost II. Verteidiger des Brückenkopfes Schwedt/Oder. April 45 mit Planung und Ausbau der »Alpenfestung« beauftragt. Mai 45 in US-Kriegsgefangenschaft. 1947 in einem Kriegsverbrecherprozeß freigesprochen.

Otto Skorzeny

Sokolowski, Wassilij, sowjetischer Marschall (4. 6. 46), * 21. 7. 1897 in Kozliki (Bialystok), † 10. 5. 1968 in Moskau. 1940 Gen.leutnant, Stabschef der Westfront unter Timoschenko und bei der Schlacht um Moskau unter Schukow. Anfang 42 Oberbefehlshaber der Westfront, August 43 Armeegeneral, Anfang 44 Stabschef der 1. Ukrainischen Front, Anfang 1945 Stellvertretender Oberbefehlshaber der 1. Weißrussischen Front, wegen Meinungsverschiedenheiten mit Schukow wieder als Stabschef zur 1. Ukrainischen Front zurückversetzt. 10. 4. 46 Oberbefehlshaber der sowjetischen Besatzungstruppen in Deutschland. Später Generalstabschef der sowjet. Streitkräfte und Erster Stellvertretender Verteidigungsminister.

Sorge, Richard, deutscher Spion, * 4. 10. 1895 in Adschibend bei Baku, † 7. 11. 1944 in Tokio. S. war seit 1919 Mitglied der KPD und seit dem 1. 1. 1925 im Dienst der Komintern und arbeitete seit 1929 als deren Agent in China. Seit Kriegsbeginn war S. in Japan, unter anderem als Korrespondent der »Frankfurter Zeitung«. Über den deutschen Militärattaché in Tokio, Oberstleutnant Ott, gelang es S., sich überall Zutritt zu verschaffen. Für die Übermittlung seiner Meldungen benutzte er einen Code, den die jap. Abwehr nicht zu entschlüsseln vermochte. Vier Wochen vor Beginn des Ostfeldzuges meldete S. den deutschen Angriffstermin und die Angriffsziele nach Moskau, doch Stalin ließ die Meldungen unbeachtet. Am 15. 10. 1941 meldete S., daß die japanische Kwantung-Armee Rußland nicht angreifen werde, so daß die Hälfte der sowjetischen Fernost-Armee zur Verteidigung Moskaus herangeführt werden konnte. Am 16. 10. 1941 wurde S. verhaftet und nach einem umfangreichen Geständnis und nach Ablehnung des deutschen Auslieferungsersuchens hingerichtet.

Spaatz, Carl, amerikanischer General, * 28. 6. 1891 in Boyertown/Pennsylvania, † 14. 7. 1974 in Washington. 1940 Brigadegeneral und Chef der Planungsabteilung der U.S. Army Air Force. 41 wurde S. deren Stabschef, 43 leitete er die Luftoperationen bei der alliierten Landung auf Sizilien, Januar 44 Befehlshaber der Strategischen Luftstreitkräfte in Europa. Juli 45 Befehlshaber der Strategischen Luftstreitkräfte im Pazifik. Seit 46 war S. Oberbefehlshaber der US-Luftstreitkräfte und nach deren Ausgliederung als selbständige Teilstreitkraft deren erster Stabschef.

Speer, Albert, dt. Politiker, * 19. 3. 1905 in Mannheim, † 1. 9. 1981 in London. Ursprünglich Architekt, fand S. früh zum Nat.-Soz. und zu Hitler, der ihn 1937 zum Generalbauinspektor für Berlin ernannte (u. a. Neue Reichskanzlei). Wurde am 8. 2. 42 zum Nachfolger des verunglückten Fritz Todt als Reichsminister für Bewaffnung und Munition (ab 2. 9. 43 für Rüstung und Kriegsproduktion) ernannt. Unter seiner Führung erreichte die dt. Kriegswirtschaft enorme Produktionszahlen (Höhepunkt Sommer 44). S. widersetzte sich im März 45 erfolgreich Hitlers Nerobefehl. Bekannte sich nach dem Kriege zu seiner Mitschuld und wurde zu 20 Jahren Haft verurteilt, die er in Spandau verbüßte. Seit seiner Entlassung (1966) erfolgreiche Erinnerungsbücher.

Sperrle, Hugo, deutscher Generalfeldmarschall (19. 7. 40), * 7. 2. 1885 in Ludwigsburg, † 2. 4. 1953 in München. November 1936 Kommandeur der »Legion Condor« im Spanischen Bürgerkrieg. 1. 4. 37 Gen.leutnant, 1. 11. 37 Gen. der Flieger, 1. 4. 38 Befehlshaber der Luftflotte 3. S. gehörte zu den ständigen Warnern vor der militärischen und politischen Entwicklung. Mitte 44 versuchte S. geeignete Maßnahmen zur Abwehr der Invasion in der Normandie zu ergreifen, was ihm jedoch untersagt wurde. Im September 44 von seinem Posten abberufen. Nach der Gefangennahme durch die Amerikaner als Kriegsverbrecher vor Gericht gestellt, aber in allen Punkten der Anklage freigesprochen.

Hans Graf Sponeck

Sponeck, Hans Graf von, deutscher Gen.leutnant (1. 2. 40), * 12. 2. 1888 in Düsseldorf, † 23. 7. 1944 in der Festung Germersheim erschossen. 1. 2. 1938 Gen.major, 1. 2. 39 Kommandeur der 22. Inf. Div., 10. 10. 41 Führer des XXXXII. Armeekorps. Um der drohenden Einschließung seines Korps auf der Halbinsel Kertsch zu entgehen, befahl S. gegen den Befehl seiner Vorgesetzten seinen Truppen am 29. 12. 41 die Halbinsel zu räumen. Daraufhin wurde er am 31. 12. 41 seines Postens enthoben und vor ein Kriegsgericht gestellt, das ihn unter Görings Vorsitz am 23. 1. 42 wegen fahrlässigen Ungehorsams im Felde zum Tode verurteilte. Am 20. 2. 42 zu sechs Jahren Festungshaft begnadigt. Himmler ließ S. im Zusammenhang mit den Ereignissen des 20. Juli erschießen, obwohl S. nicht zu dem Kreis der Verschwörer gezählt hatte.

Stalin, Jakob, eigentl. J. Dschugaschwili, sowjet. Offizier, ältester Sohn Josef Stalins, * 1907 in Baku, † 14. 4. 1943 im KZ Sachsenhausen. Geriet am 16. 7. 41 in deutsche Gefangenschaft. Kam vermutlich ums Leben, als er nach einer Schlägerei in der Prominentenbaracke zwischen Briten und Russen sich weigerte, in die Baracke zurückzukehren und zum Schein einen Fluchtversuch unternahm, bei dem er erschossen wurde. Nach anderer Version beging S. am elektrisch geladenen Lagerzaun Selbstmord, nachdem er in einer deutschen Rundfunksendung gehört hatte, daß sein Vater geleugnet habe, einen Sohn in deutscher Gefangenschaft zu haben. Deutsche Versuche, S. als Pfand gegen seinen Vater auszuspielen, waren immer gescheitert.

Stalin, Josef, eigentl. Dschugaschwili, Josef W., sowjet. Politiker, * 21. 12. 1879 in Gori, † 5. 3. 1953 in Moskau. S. war Sohn eines georg. Schusters. Er fand früh zu den Sozialdemokraten und später zu den Bolschewiki. Bis 1917 oft in der Verbannung, erkämpfte er sich nach der Rückkehr einflußreiche Positionen in der Partei (1922 Generalsekretär), die er nach Lenins Tod (1924) zu diktatorischer Machtfülle ausbauen konnte. Mit brutaler Gewalt setzte er seine Revolutionsvorstellungen von oben her durch und »säuberte« Partei und Militär rücksichtslos von vermeintlichen und echten Gegnern. Diese blutige Machtpolitik schwächte die militär., polit. und wirtschaftlichen Führungsgremien entscheidend. Die Atempause, die sich S. durch den Pakt mit Hitler (23. 8. 39) verschaffte, die Landgewinne, die er erzielte, konnten das Manko nicht ausgleichen, so daß die Sowjetunion unter dem deutschen Angriff (ab 22. 6. 41) fast zusammenbrach. Aufbietung aller Kräfte und umfangreiche

Wassilij Sokolowski

Albert Speer

Josef Stalin

westliche Hilfe retteten das Land vor der Katastrophe. Als geschickter und allmählich erstarkender Verhandlungspartner ging S. als Sieger aus dem 2. Weltkrieg hervor. Er dehnte den Einfluß der UdSSR bis Mitteleuropa, nach Südostasien und in den Pazifik aus. Seine harte Haltung war mitverantwortlich für die Entstehung des Kalten Krieges. Nach seinem Tod ab 1956 sog. Entstalinisierung durch Chruschtschow.

Stauffenberg, Claus Graf Schenk von, dt. Offizier und Widerstandskämpfer, * 15. 11. 1907 in Jettingen, † 20. 7. 1944 in Berlin erschossen. Jan. 43 Stabschef einer PzDiv. in Afrika, April 43 schwer verwundet. 1. 7. 44 als Oberst Stabschef des Befehlshabers des Ersatzheeres. Fühlte sich seit 1942 zum Widerstand hingezogen und beteiligte sich aktiv an Attentatsplänen gegen Hitler. Übernahm schließlich die Aufgabe, Hitler durch eine Bombe im Führerhauptquartier am 20. 7. 44 zu beseitigen und von Berlin aus den folgenden Aufstand und Militärputsch zu leiten. Das Attentat schlug fehl, und der von S. in Gang gesetzte Aufstand scheiterte. Gen.oberst ↑ Fromm, sein Vorgesetzter, ließ ihn nach einem »Standgericht« erschießen.

Graf Stauffenberg

Steiner, Felix, deutscher SS-Obergruppenführer und General der Waffen-SS (1. 7. 43), * 23. 5. 1896 in Stallupönen/Ostpr., † 17. 5. 1966 in München. Bei Kriegsbeginn Regimentskommandeur, November 1940 Gen.major der Waffen-SS und Kommandeur der 5. SS-Panzergrenadier-Division »Wiking«, die aus europäischen Freiwilligen (Flamen, Wallonen, Niederländern, Norwegern, Dänen und Finnen) bestand. Januar 42 Gen.leutnant, November 42 Führer des III. Panzerkorps, Mai 43 Kommand. General des III. SS-Panzerkorps. Januar 45 Oberbefehlshaber der 11. Armee, März 45 der 11. Panzerarmee, April 45 der 3. SS-Panzerarmee, danach kurzfristig der Armeegruppe Steiner. 3. 5. 45 englische Gefangenschaft, 27. 4. 48 entlassen.

Felix Steiner

Strauß, Adolf, deutscher Gen.oberst (19. 7. 40), * 6. 9. 1879 in Scharmke/Oschersleben, † 20. 3. 1973 in Lübeck. 1. 4. 1937 Gen.leutnant, 10. 11. 38 Gen. der Infanterie und Kommandierender General des II. Armeekorps, 30. 5. 40 Oberbefehlshaber der 9. Armee. Am 15. 1. 42 mußte S. seinen Posten wegen Krankkeit abgeben. 1944/45 fand er als Oberbefehlshaber im Festungsbereich Ost noch einmal Verwendung.

Streicher, Julius, dt. Politiker und Publizist, * 12. 2. 1885 bei Nürnberg, † 16. 10. 1946 in Nürnberg (hingerichtet). 1919 Führer der Deutschsozialistischen Partei, die S. 1922 mit der NSDAP vereinigte. 1924–40 Gauleiter von Franken. Herausgeber des antisemitischen Hetzblattes »Der Stürmer«. Zeichnete sich durch besonders ausgeprägten Rassismus aus und wurde zum Inbegriff der nat.-soz. Rassenideologie. Wegen Verbrechens gegen die Menschlichkeit vom Internationalen Militärtribunal zum Tode verurteilt.

Student, Kurt, deutscher Generaloberst (13. 7. 1944), * 12. 5. 1890 in Birkholz/Kreis Züllichau-Schwiebus (Neumarkt), † 1. 7. 1978 in Lemgo. Im 1. Weltkrieg Aufklärer, Bomber- und Jagdflieger. In der Reichswehr 10 Jahre lang Referent für Flugtechnik; nach 33 Kommandeur der Techn. Schulen, der Erprobungsstelle Rechlin, Inspekteur der Fliegerschulen und Höherer Fliegerkommandeur 3. 1. 4. 1938 Gen.major, 1. 7. 38 Kommandeur der Fallschirmtruppe, ab Sept. 38 der 7. Fliegerdivision. 1. 1. 40 Gen.leutnant, 29. 5. 40 Gen. der Flieger. Als Kommand. General des XI. Fliegerkorps leitete S. die Eroberung der Insel Kreta aus der Luft (Mai 41) und die Befreiung Mussolinis (Sept. 43). 1. 5.–18. 11. 44 Oberbefehlshaber der 1. Fallschirmarmee, erneut vom 10.–28. 4. 45. Nov. 44 bis Ende Januar 45 Oberbefehlshaber der Heeresgruppe H., 28. 4. 45 der Heeresgruppe »Weichsel«.

Kurt Student

Stülpnagel, Carl-Heinrich von, deutscher Gen. der Infanterie (1. 4. 39), * 2. 1. 1886 in Darmstadt, † 30. 8. 1944 in Berlin (hingerichtet). 1. 10. 35 Gen.major, 1. 10. 37 Gen.leutnant, 1. 3. 38 Oberquartiermeister II im Generalstab des Heeres, 21. 10. 39 Oberquartiermeister I, 30. 5. 40 Kommand. General des II. Armeekorps, 21. 6. 40 Vorsitzender der deutsch-französischen Waffenstillstandskommission in Wiesbaden, 15. 2. 41–25. 11. 41 Oberbefehlshaber de 17. Armee, 13. 2. 42–20. 7. 44 Militärbefehlshaber Frankreich. S. gehörte zu den Verschwörern gegen Hitler und leitete am 20. 7. 44 in Paris die Aktion gegen die SS. Vom Volksgerichtshof zum Tode verurteilt.

C.-H. von Stülpnagel

Stumme, Georg, deutscher General der Panzertruppen (1. 6. 40), * 29. 7. 1886 in Halberstadt, † 24. 10. 1942 bei El Alamein. 1. 8. 36 Gen.major, 1. 4. 38 Gen.leutnant, 1. 9. 39 Kommandeur der 2. leichten Division (am 18. 10. 39 in 7. Panzerdivision umbenannt). 15. 2. 40–16. 1. 42 und 16. 2.–20. 7. 42 Kommand. General des XXXX. Panzerkorps. Bis zu seinem Tod war S. (seit dem 20. 9. 42) Führer der Panzerarmee Afrika.

Stumpff, Hans-Jürgen, deutscher Generaloberst (19. 7. 40), * 15. 6. 1889 in Kolberg, † 9. 3. 1968 in Frankfurt/M. 1. 4. 36 Gen.major, 1. 6. 37–Jan. 39 Chef des Generalstabs der Luftwaffe, 1. 8. 37 Gen.leutnant, 1. 11. 38 Gen. der Flieger, Jan. 40 Oberbefehlshaber der Luftflotte 1, Mai 40 bis Nov. 43 der Luftflotte 5 in Norwegen/Finnland, Jan. 44 Luftwaffenbefehlshaber Mitte/Oberbefehlshaber der Luftflotte Reich. Von der Anklage der Weitergabe des »Terrorfliegerbefehls« im Okt. 47 von einem brit. Militärgericht freigesprochen.

Tedder, Arthur William, britischer Luftmarschall, * 11. 7. 1890 in Glenguin (Schottland), † 3. 6. 1967 in Banstead (Südengland). 1938 Leiter der Operations- und Aufklärungsabteilung im Luftfahrtministerium. Danach war T. Stellvertretender Befehlshaber der RAF im Mittleren Osten und wurde als Luftmarschall im Herbst 42 deren Befehlshaber. Ende 42 Stellvertretender Stabschef der Luftwaffe und April 43 Oberbefehlshaber des brit.-amerikan. Luftkommandos Mittelmeer. Jan. 44 bis Kriegsende Stellvertreter Eisenhowers und nach Kriegsende Stabschef der RAF. Ende 49 Ruhestand.

Josef Terboven

Terboven, Josef, nat.-soz. Politiker, * 23. 5. 1898 in Essen, † 8. 5. 1945 in Oslo. Seit Ende 1923 Mitglied der NSDAP, 1928 Gauleiter von Essen, 1930 Mitglied des Reichstages, 1933 Preußischer Staatsrat und seit 5. 2. 35 zugleich Oberpräsident der Rheinprovinz. Seit September 39 zusätzlich Reichsverteidigungskommissar im Wehrkreis VI; vom 24. 4. 40 bis zu seinem Selbstmord Reichskommissar für die besetzten norwegischen Gebiete.

Thomas, Georg, deutscher General der Infanterie (1. 8. 40), * 20. 2. 1890 in Forst/Lausitz, † 29. 10. 1946 in Frankfurt/Main. 1. 1. 1938 Gen.major, 22. 11. 39 Chef des Wehrwirtschafts- und Rüstungsamtes im OKW, 1. 1. 40 Gen.leutnant. Am 15. 1. 1943 wurde T. seines Postens enthoben und General zbV. beim Chef des OKW (wehrwirtschaftliche Geschichtsschreibung). 15. 8. 44 in die Führerreserve versetzt und am 11. 10. 44 von der Gestapo im Zusammenhang mit dem 20. Juli verhaftet, obwohl T. zu den Verschwörern keine Verbindung hatte. T. hatte in den Jahren 1938/39 zur militärischen Opposition gehört und u. a. vor einem Angriff auf die Sowjetunion gewarnt. Bis Kriegsende blieb T. in Haft, zu einer Verurteilung kam es nicht mehr.

Semjon Timoschenko

Timoschenko, Semjon Konstantinowitsch, Marschall der Sowjetunion (7. 5. 40), * 6. 2. 1895 in Furmanowka/Bessarabien, † 1. 4. 1970 in Moskau. Im Bürgerkrieg Regiments- und Divisionskommandeur. Gehilfe Woroschilows. T. hatte maßgeblichen Anteil am Aufbau der Roten Armee. Bei Ausbruch des 2. Weltkrieges Befehlshaber im Militärbezirk Kiew. Oberbefehlshaber der Ukrainischen Front beim Angriff auf Polen ab 19. 9. 39. 6. 5. 40 Nachfolger von Marschall Woroschilow als Volkskommissar für Verteidigung. 19. 7. 41 Oberbefehlshaber der Westfront, Sept. 41 der Südwestfront, erneut ab Dezember 41 bis Juni 42, 17. 7. bis 23. 7. 42 der Stalingrad-Front, 23. 7. 42 bis Nov. 43 der Nordwestfront. 1944/45 Koordinator des Einsatzes der 2. und 3. Ukrainischen Front. Nach dem 2. Weltkrieg zehn Jahre lang Befehlshaber im Militärbezirk Weißrußland. Nov. 60 aus dem aktiven Dienst ausgeschieden.

Josip Tito

Tito, Josip (eigentlich Broz), jugoslaw. Politiker und Marschall (29. 11. 43), * 25. 5. 1892 in Kumrovec/Kroatien. † 4. 5. 1980 Ljubljana. 1915 als österreich. Soldat in russ. Gefangenschaft. 1917 Eintritt in die Rote Armee. Seit 1920 am Aufbau der Kommunistischen Partei Jugoslawiens beteiligt, 1928–34 in Haft. Am 4. 7. 41 Beschluß der KPJ (Generalsekretär Tito) zum bewaffneten Aufstand gegen die faschistische Besetzung des Landes. Tito baute mit brit. und sowjet. Hilfe Partisanenverbände auf und war Ende 44 im Besitz des größten Teils Jugoslawiens nach langem, verlustreichem Kampf gegen Deutsche, Italiener und die königstreuen Cetnici des General Mihailovič. 1943–53 Verteidigungsminister. 29. 11. 45 Ministerpräsident der Volksrepublik Jugoslawien. Im Juni 48 Bruch mit Moskau. Nach Änderung der Verfassung seit 14. 1. 53 Staatspräsident.

Fritz Todt

Todt, Fritz, dt. Ingenieur und nat.-soz. Politiker, * 4. 9. 1891 in Pforzheim, † 8. 2. 1942 bei Rastenburg. 5. 1. 1922 Eintritt in die NSDAP, 33 Generalinspekteur für das deutsche Straßenwesen; leitete den Bau der Autobahnen; gründete 38 die Organisation Todt (OT) und leitete den Aufbau des Westwalls, 17. 3. 40 Reichsminister für Bewaffnung und Munition, 41 zusätzlich Generalinspekteur für Wasser und Energie. Kam bei einem Flugzeugabsturz ums Leben.

Tolbuchin, Fedor Iwanowitsch, Marschall der Sowjetunion (12. 9. 1944), * 4. 6. 1894, † 17. 10. 1949. 27. 7. 42 als Gen.major Oberbefehlshaber der 57. Armee (19. 1. 43 Gen.-leutnant). Kampf um Stalingrad. April bis Okt. 43 Oberbefehlshaber der Südfront, Okt. 43 bis Mai 44 der 4. Ukrainischen Front, Mai 44 bis Juni 45 der 3. Ukrainischen Front, die im August 44 Rumänien, im September 44 Bulgarien und 45 Ungarn eroberte bzw. besetzte. 1946 Befehlshaber im Transkaukasischen Militärbezirk.

Fedor Tolbuchin

Tresckow, Henning von, deutscher Gen.major (30. 1. 44) und Widerstandskämpfer, * 10. 1. 1901 in Magdeburg, † 21. 7. 1944 nahe Bialystok. Schon seit 1938/39 Gegner Hitlers, dachte T. bereits in der Sudetenkrise an ein Attentat: »Hitler ist ein tanzender Derwisch, man muß ihn totschießen.« Bei Kriegsbeginn Ia der 221. Inf. Div., 1. 3. 40 Ia der Heeresgruppe A, 1. 12. 40 Ia der Heeresgruppe B, 20. 6. Ia der Heeresgruppe Mitte, 20. 11. 43 Chef des Generalstabs der 2. Armee. 1943 versuchten T. und Vertraute beim Armeestab ein Attentat durchzuführen, was nicht gelang. Nach dem gescheiterten Attentat vom 20. Juli 44, an dem T. nicht direkt beteiligt war, nahm er sich einen Tag später in einem Waldstück nahe Bialystok das Leben.

Henning von Tresckow

Trott zu Solz, Hans Adam von, deutscher Diplomat und Widerstandskämpfer, * 9. 8. 1909 in Potsdam, † 26. 8. 1944 in Berlin-Plötzensee (hingerichtet). T. z. S. war im diplomatischen Dienst für das Auswärtige Amt tätig, zuletzt als Legationsrat. Bei seinen vielen Auslandsreisen knüpfte er Verbindungen zu alliierten Politikern. Während des Krieges war T. z. S. Mitglied des Kreisauer Kreises und ein enger Freund Stauffenbergs. Nach dem Attentat vom 20. Juli 44 verhaftet und am 14. 8. 44 vom Volksgerichtshof zum Tode verurteilt.

Truman, Harry S., 33. US-Präsident, * 8. 5. 1884 in Lamar/Missouri, † 26. 12. 1972 in Kansas City. 1934 Senator für Missouri, seit 41 Vorsitzender des »Truman-Komitees«, das die Finanzierung der amerikanischen Kriegsausgaben kontrollierte. 7. 11. 44 Kandidat der Demokraten für die Vizepräsidentschaft. Nach Roosevelts Tod am 12. 4. 45 Präsident. Nahm Mitte Juli 1945 an der Potsdamer Konferenz teil. Befahl den Abwurf der Atombomben auf Hiroshima und Nagasaki, verkündete März 1947 die T.-Doktrin zur Eindämmung des kommunistischen Einflusses in der Welt. 1948 in seinem Amt bestätigt, Ende 52 Ruhestand.

Harry S. Truman

Tscherniakowsky, Iwan Danilowitsch, sowjetischer Armeegeneral, * 26. 6. 1906, † 18. 2. 1945 bei Mehlsack/Ostpreußen. 1924 Eintritt in die Rote Armee. 1936 Panzertruppen-Akademie. Bei Kriegsausbruch Kommandeur der 28. Panzerdivision, Kommand. General des I. mech. Korps. 25. 7. 1942 Oberbefehlshaber der 60. Armee, eroberte am 8. 2. 43 Kursk. 19. 9. 44–18. 2. 45 OB der 3. Weißrussischen Front.

Tschiang Kai-schek, chinesischer General und Politiker (richtiger Name: Tschiang Tschung-tscheng), * 31. 10. 1887 in Hsikou (Chekiang), † 5. 4. 1975 in Taipeh. Als Führer der Republik China (1932–46 Präsident des Exekutiv-Rates der Republik, 1943–49 Staatspräsident) verschaffte T. dem Land internationales Ansehen. Nach der japanischen Besetzung der Mandschurei 1932 kämpfte T. zunächst gegen die Kommunisten Mao Tse-tungs weiter, bildete aber 1936 eine gemeinsame Front mit Mao gegen Japan. Nach Ausbruch des chinesisch-japanischen Krieges 1937 zog sich T. mit seinen Truppen nach Tschungking zurück und leitete von dort aus den bewaffneten Widerstand. 1949 mußte er sich vor Maos Truppen nach Formosa zurückziehen, wo er bis zu seinem Tode Staatspräsident Nationalchinas war.

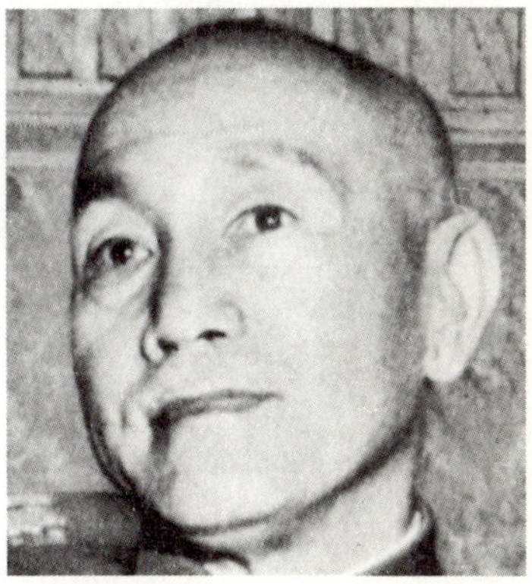

Tschiang Kai-schek

Wassili Tschuikow

Tschuikow, Wassili Iwanowitsch, Marschall der Sowjetunion (11. 3. 1955), * 12. 2. 1900 bei Tula. Oberbefehlshaber der 4. Armee beim Einmarsch in Polen ab 17. 9. 1939. 10. 9. 42 als Gen.leutnant Oberbefehlshaber der 62. Armee (später der 8. Gardearmee). Kampf um Stalingrad, Eroberung von Berlin. 1945 Befehlshaber der sowjet. Besatzungstruppen in Thüringen. Vorsitzender der sowjet. Kontrollkommission in Deutschland. 1. 4. 49 Oberbefehlshaber der sowjet. Heeresgruppe Deutschland. 1953–60 Befehlshaber im Militärbezirk Kiew. 1960 Stellvertr. Volkskommissar für Verteidigung und Oberbefehlshaber der Landstreitkräfte. 1971 Chef der Zivilverteidigung.

Tupolew, Andrej Nikolajewitsch, sowjetischer Flugzeugkonstrukteur, * 29. 10. 1888, † 22. 12. 1972. Schuf eine Reihe erfolgreicher Zivil- und Militärflugzeuge: z. B. ANT-25, die 1937 im Nonstopflug über den Nordpol nach Amerika flog, ANT-6 (vier Motoren), die sich bei einer Nordpolexpedition bewährte, viermot. Fernbomber TB-3 (818 Stück gebaut), der auch als Transporter für bis zu 50 Fallschirmjäger verwendet wurde, den mittleren Bomber SB-2 (6656 gebaut) und den Sturzbomber Tu-2 (800 gebaut). Dreifacher Held der sozialistischen Arbeit. Leninpreisträger (1957), zuletzt Generaloberst im Ingenieurtechnischen Dienst.

Udet, Ernst, dt. Generaloberst (19. 7. 40), * 26. 4. 1896 in Frankfurt am Main, † 17. 11. 1941 in Berlin. Nach dem I. Weltkrieg Kunstflieger; Feb. 36 nach Wiedereintritt in die Luftwaffe Inspekteur der Jagd- und Sturzkampfflieger. Juni 1936 Chef des Techn. Amtes im Luftfahrtministerium; 1. 12. 39 Generalluftzeugmeister. Für den Mißerfolg in der Luftschlacht um England verantwortlich gemacht, beging U. Selbstmord.

Unruh, Walter von, deutscher General der Infanterie (11. 7. 42), * 30. 12. 1877 in Tillendorf/Fraustadt, † 1956 in Bad Berneck. 7. 3. 1896 Eintritt in die Armee. In der Reichswehr Kommandeur Inf.Rgt. 6. 28. 2. 1927 mit dem Charakter als Generalmajor ausgeschieden. Im 2. Weltkrieg u. a. Kommandant von Brest-Litowsk. 26. 4. 1942–23. 7. 1944: »Sonderbeauftragter für Überprüfung des zweckmäßigen Kriegseinsatzes«, in der Wehrmacht »Heldenklau« genannt.

Vietinghoff-Scheel, Heinrich von, dt. Gen.oberst (1. 9. 43), * 6. 12. 1887 in Mainz, † 23. 2. 1952 in Pfronten. 1. 4. 1936 Gen.major, 1. 3. 38 Gen.leutnant, 1. 9. 39 Kommandeur der 5. Panzerdivision, 26. 10. 39 Kommand. General des XIII. Armeekorps, 1. 6. 40 Gen. der Panzertruppen, 1. 11. 40–10. 6. 42 in Vertretung Models Führer der 9. Armee. 1. 12. 42 Oberbefehlshaber der 15. Armee, 15. 8. 43 der 10. Armee, 26. 10. 44–15. 1. 45 in Vertretung Kesselrings Oberbefehlshaber der Heeresgruppe Südwest, 29. 1. 45 der Heeresgruppe Kurland, 10. 3. 45 der Heeresgruppe C und OB Südwest bis zur Kapitulation am 2. 5. 45.

Viktor Emanuel III. (vorn)

Viktor Emanuel III., König von Italien (1900–1946), * 11. 11. 1869 in Neapel, † 28. 12. 1947 in Alexandria. Am 31. 10. 1922 ernannte V. E. Mussolini zum Ministerpräsidenten und wurde in den folgenden Jahren von diesem völlig in den Hintergrund gedrängt. Auf Forderung des Faschistischen Großrates setzte er Mussolini am 25. 7. 43 ab und ließ ihn festnehmen. Nach dem italienischen Waffenstillstand vom 8. 9. 43 floh er nach Brindisi. Am 9. 4. 44 verzichtete er zugunsten seines Sohnes Umberto auf die Herrschaft. 9. 6. 46 endgültige Abdankung.

Wassilewski, Aleksandr Michajlowitsch, Marschall der Sowjetunion (16. 2. 43), * 30. 9. 1895 in Nowaja Golschika (Kostroma), † 5. 12. 1977 in Moskau. 1941 als Generalmajor in der Operativen Verwaltung des Generalstabes. 1942–44 persönl. Sonderbeauftragter Stalins und des sowj. Oberkommandos (STAWKA) zur Koordinierung der Kampfhandlungen (Stalingrad, Südukraine, Krim, Weißrußland, Baltikum). Nov. 42 bis 1943 Chef des Generalstabes. 20. 2. 45 Oberbefehlshaber der 3. Weißruss. Front bei der Eroberung Ostpreußens. Im August 1945 führte W. die sowjetischen Operationen gegen Japan. 1946–48 Chef des Generalstabes. März 1949–März 1953 Minister der Streitkräfte bzw. Kriegsminister.

Aleksandr Wassilewski

Wavell, Archibald, brit. Feldmarschall (1943), * 5. 5. 1883 in Colchester, † 24. 5. 1950 in London. Seit Juli 39 Oberbefehlshaber der britischen Landstreitkräfte im Mittleren Osten; kämpfte erfolgreich gegen die Italiener in Libyen und Ostafrika. Nach Mißerfolgen gegen die Deutschen in Griechenland, Kreta und Libyen abgelöst und nach Indien versetzt. Nach Japans Kriegseintritt Oberbefehlshaber der alliierten Streitkräfte im Südwestpazifik und vom 18. 6. 43 bis zum Februar 47 Vizekönig von Indien.

Weichs, Maximilian Freiherr von, deutscher Generalfeldmarschall (1. 2. 43), * 12. 11. 1881 in Dessau, † 27. 9. 1954 Gut Rösberg bei Bonn. 1. 4. 1933 Gen.major, 1. 4. 35 Gen.leutnant. 1. 10. 36 Gen. der Kavallerie, 1. 10. 37 Kommand. General des XIII. Armeekorps, 23. 10. 39 Oberbefehlshaber der Heeresgruppe B, 26. 8. 43–25. 3. 45 Oberbefehlshaber Südost und der Heeresgruppe F. Wegen schwerer Krankheit nach dem Krieg von den Alliierten außer Strafverfolgung gesetzt.

Maximilian von Weichs

Weiß, Walter, dt. Gen.oberst (1. 2. 44), * 5. 9. 1890 in Tilsit, † 21. 12. 1967 in Aschaffenburg. 1. 9. 1939 Chef des Gen.stabs des I. Armeekorps, 1. 9. 40 Gen.major, 15. 12. 40 Kommandeur der 97. leichten Division, 15. 1. 41 Kommandeur der 26. Infanteriedivision, 1. 7. 42 Kommand. General des XXVII. Armeekorps, 1. 8. 42 Gen.leutnant, 1. 9. 42 Gen. der Infanterie, 3. 2. 43 Oberbefehlshaber der 2. Armee, 12. 3.–5. 4. 45 der Heeresgruppe Nord. Bis zu seiner Entlassung 48 in amerikanischer Gefangenschaft.

Wenck, Walther, dt. Gen. der Panzertruppen (1. 4. 45), * 18. 9. 1900 in Wittenberg, † 1. 5. 1982 (Autounfall). 1. 9. 39 Ia der 1. Panzerdivision, 4. 2. 42 Lehrer an der Kriegsakademie, 3. 9. 42 Chef des Gen.stabs des LVII. Panzerkorps, 26. 11. 42 der 3. rumänischen Armee, 27. 12. 42 der Armeeabteilung Hollidt; 1. 2. 43 Gen.major, 11. 3. 43 Chef des Gen.stabes der 1. Panzerarmee, 24. 3. 44 der Heeresgruppe Südukraine, 1. 4. 44 Gen.leutnant, 21. 7. 44 Chef der Operationsabteilung im OKH, 1. 9. 44–18. 2. 45 Chef der Führungsgruppe im OKH 10. 4. 45 Oberbefehlshaber der 12. Armee, mit der Berlin entsetzt werden sollte und auf die Hitler bis zuletzt hoffte.

Weygand, Louis Maxime, französischer Armeegeneral, * 21. 1. 1867 in Brüssel, † 28. 1. 1965 in Paris. Im 1. Weltkrieg zuletzt Stabschef von Marschall Foch. 1920/21 Berater von Marschall Pilsudski im sowjetisch-polnischen Krieg. 1923–24 Oberbefehlshaber der Levante-Armee in Syrien. 1930–31 Chef des Generalstabes. 1931–35 Generalinspekteur der Armee. 1935 Ruhestand. Bei Kriegsbeginn reaktiviert. 1939–40 OB der Orientarmee in Syrien. 19. 5. 40 OB aller alliierten Truppen in Frankreich. 16. 6. 40 Kriegsminister der Regierung Pétain. 1941 Generalgouverneur von Algerien. Ende 1941 Ruhestand. 1942–45 in deutscher, dann in französischer Haft. 1946 auf Ehrenwort entlassen. 6. 4. 1948 vom Obersten Gerichtshof rehabilitiert.

Witzleben, Erwin von, deutscher Gen.feldmarschall (19. 7. 1940), * 4. 12. 1881 in Breslau, † 8. 8. 1944 in Berlin (hingerichtet). 1. 2. 1934 Gen.-major, 1. 12. 34 Gen.leutnant, 1. 10. 36 Gen. d. Infanterie, 1. 9. 39 Oberbefehlshaber der 1. Armee, 1. 11. 39 Gen.oberst, 26. 10. 40 Oberbefehlshaber der Heeresgruppe D, 1. 5. 41–15. 3. 42 Oberbefehlshaber West. Schon seit 36 aktiv in der Widerstandsbewegung. Von Hitler auf Verdächtigungen hin am 21. 3. 42 in den Ruhestand versetzt. W. war nach einer Beseitigung Hitlers als Oberbefehlshaber der Wehrmacht vorgesehen. Nach dem gescheiterten Attentat vom 20. 7. 44 verhaftet, am 8. 8. 44 vom Volksgerichtshof zum Tode verurteilt.

Erwin von Witzleben

Wlassow, Andrej Andrejewitsch, sowjetischer Generalleutnant, * 1. 9. 1900 in Lomkino bei Nischnij Nowgorod, † 2. 8. 1946 in Moskau gehenkt. 1919 Eintritt in die Rote Armee. 1930 Mitglied der KP. 1938/39 Militärberater bei Marschall Tschiangkaischek. 1939 Kommandeur der 99. Schützendivision. 41 Kommand. General des IV. Panzerkorps. Verteidigte im September 41 Kiew als Oberbefehlshaber der 37. Armee. 30. 11. 41 Oberbefehlshaber der 20. Armee, Schlacht um Moskau. 42 Oberbefehlshaber der 2. Stoßarmee. 21. 3. 42 in den Wolchow-Kessel eingeflogen; hier geriet W. am 11. 7. 42 in deutsche Gefangenschaft. Unterzeichnete am 10. 9. 42 sein erstes Flugblatt, das sowjet. Soldaten zum Überlaufen aufforderte, und gründete am 27. 12. 42, das »Smolensker Komitee«. Er versuchte, aus sowjet. Kriegsgefangenen eine Freiwilligenarmee zur Befreiung Rußlands vom Kommunismus aufzustellen. Hierbei erhielt er jedoch von der NS-Führung, die ihn als Propaganda-Werkzeug mißbrauchte, nur halbherzige Unterstützung und konnte bis Kriegsende nur zwei Divisionen aufstellen. 1945 von den Amerikanern an die Sowjets ausgeliefert.

Andrej Wlassow

Wolff, Karl, SS-Obergruppenführer und General der Waffen-SS (30. 1. 1942), * 13. 5. 1900 in Darmstadt, † 15. 7. 1984 in Rosenheim. Seit 1931 Mitglied der NSDAP und der SS, bei Kriegsbeginn Verbindungsführer des Reichsführers SS zu Hitler und gleichzeitig Chef des persönlichen Stabes Himmlers. 23. 9. 43 Höchster SS- und Polizeiführer in Italien. 26. 7. 44 Bevollmächtigter General der deutschen Wehrmacht in Italien. W.'s eigenmächtige Verhandlungen mit Allan Dulles auf Schweizer Boden führten zu der frühzeitigen Kapitulation der deutschen Truppen in Italien. Nach dem Krieg zweimal vor Gericht gestellt und am 30. 9. 64 wegen Verschickung von 300000 Juden nach Treblinka und Erschießung von Partisanen und Juden hinter der Front bei Minsk zu 15 Jahren Zuchthaus verurteilt. Nach sechs Jahren wegen Haftunfähigkeit entlassen.

Kliment Woroschilow

Woroschilow, Kliment Jefremowitsch, Marschall der Sowjetunion (20. 11. 1935), * 23. 1. 1881 in Werchenaja/Ukraine, † 3. 12. 1969 in Moskau. Eine der engsten Mitarbeiter Stalins, seit 1926 Mitglied des Politbüros; 1918 Oberbefehlshaber der 10. Armee, 1919 der 14. Armee. Nov. 25–Juni 34 Volkskommissar für Krieg und Marine, Juni 34–Mai 40 Volkskommissar für Verteidigung. Mitglied des Verteidigungsrates im Oberkommando. 5.–10. 9. 41 Oberbefehlshaber der Leningrader Front. 1945–47 Vorsitzender der alliierten Kontrollkommission. 1953–60 Vorsitzender des Präsidiums des Obersten Sowjets.

Yamamoto, Isoroku, japanischer Admiral (November 1940), * 4. 4. 1884 in Magaoka/Honschu, † 18. 4. 1943 (auf dem Flug zu den Salomonen-Inseln von Amerikanern abgeschossen). 1935 Stellvertretender Marineminister, 38 Befehlshaber der I. Flotte, November 40 Oberbefehlshaber der japanischen Vereinigten Flotte. Y. war für den Aufbau der japanischen Trägerflotte wie auch für den Angriffsplan auf Pearl Harbor verantwortlich, was ihn zum meistgehaßten Mann bei der US-Bevölkerung machte. Ebenso trug er aber auch die Verantwortung für die japanische Niederlage bei Midway, die eine Wende im Pazifik-Krieg bedeutete.

Zeitzler, Kurt, deutscher Generaloberst (30. 1. 1944), * 9. 6. 1895 in Cossmar (Luckau), † 25. 9. 1963 in Hohenaschau (Chiemsee). 1. 9. 1939 Chef des Gen.stabs des XXII. Armeekorps, März 40 der Panzergruppe A, 5. 10. 41 der 1. Panzerarmee, 1. 4. 42 Gen.major und Chef des Gen.stabs der Heeresgruppe D, 24. 9. 42 Gen. der Infanterie (Gen.leutnant übersprungen) und Chef des Gen.stabs des Heeres. Z. hatte schwere Auseinandersetzungen mit Hitler bei der Beurteilung der militärischen Lage und wurde am 1. 7. 44, nachdem er selbst schon viermal um seine Ablösung gebeten hatte, von Hitler beurlaubt und am 31. 1. 1945 endgültig verabschiedet. Bis Februar 1947 befand sich Z. in britischer Kriegsgefangenschaft.

Personenregister

Sachregister

Quellen- und Literaturverzeichnis

Abetz, Otto, Das offene Problem, Köln, 1951
Abshagen, K. H., Canaris, Patriot und Weltbürger, Stuttgart 1950
Adler, H. G., Der Kampf gegen die »Endlösung der Judenfrage«, Bonn 1958
Akten zur deutschen auswärtigen Politik 1918–1945, Serie B: 1925–1933, Göttingen 1966–1978; Serie C.: 1933–1937, Das Dritte Reich, Göttingen 1971–1975; Serie D: 1937–1945, Baden-Baden 1950ff.
Allard, Sven, Stalin und Hitler. Die sowjetrussische Außenpolitik 1930–1941, Bern, München 1974
Anatomie der Aggression. Neue Dokumente zu den Kriegszielen des faschistischen deutschen Imperialismus im zweiten Weltkrieg. Hrsg. und eingel. von Gerhart Hass und Wolfgang Schumann, Berlin (Ost) 1972
Das »Andere Deutschland« im Zweiten Weltkrieg. Emigration und Widerstand in internationaler Perspektive. Hrsg. von Lothar Kettenacker, Stuttgart 1977 (= Veröffentlichungen des Deutschen Historischen Instituts in London, Bd. 2)
Bähr, Hans Walter (Hrsg.), Die Stimme des Menschen. Briefe und Aufzeichnungen aus der ganzen Welt. 1939–1945. München 1961
Baumgart, Winfried, Zur Ansprache Hitlers vor den Führern der Wehrmacht am 22. August 1939, in: VfZG, 16 (1968), S. 120–149
Beesly, Patrick, Very special Intelligence. Geheimdienstkrieg der britischen Admiralität 1939/45. Aus dem Englischen von Friedrich Forstmeier, Berlin, Frankfurt a. M., Wien 1978
Bekker, Cajus, Angriffshöhe 4000. Ein Kriegstagebuch der deutschen Luftwaffe, Oldenburg und Hamburg 1964
Bekker, Cajus, Verdammte See. Ein Kriegstagebuch der deutschen Marine. Oldenburg 1971
Benoist-Méchin, Jacques, Der Himmel stürzt ein. Frankreichs Tragödie 1940, Düsseldorf 1958
Bidlingmaier, Gerhard, Einsatz der schweren Kriegsmarineeinheiten im ozeanischen Zufuhrkrieg, Neckargemünd 1963 (= Die Wehrmacht im Kampf, Bd. 35)
Boberach, Heinz (Hrsg.), Meldungen aus dem Reich. Auswahl aus den geheimen Lageberichten des Sicherheitsdienstes der SS 1939–1944. Neuwied–Berlin 1965
Boelcke, Willi A. (Hrsg.), Wollt ihr den totalen Krieg? Die geheimen Goebbels-Konferenzen. München 1969 (= dtv dokumente 578)
Böhme, Hermann, Der deutsch-französische Waffenstillstand im Zweiten Weltkrieg. Bd. 1: Entstehung und Grundlagen des Waffenstillstandes von 1940, Stuttgart 1966 (= Quellen und Darstellungen zur Zeitgeschichte, Bd. 12)
Bollmus, Reinhard, Das Amt Rosenberg und seine Gegner. Studien zum Machtkampf im nationalsozialistischen Herrschaftssystem, Stuttgart 1970 (= Studien zur Zeitgeschichte)
Brennecke, Jochen, Schlachtschiff Bismarck. Höhepunkt und Ende einer Epoche, Jugenheim/Bergstraße 1960
Brockdorff, Werner, Geheimkommandos des Zweiten Weltkrieges. Geschichte und Einsätze der Brandenburger, der englischen Commands und SAS-Einheiten, der amerikanischen Rangers und sowjetischer Geheimdienste, München-Wels 1967
Broszat, Martin, Nationalsozialistische Polenpolitik 1939–1945, Frankfurt am Main und Hamburg [2]1965 (= Schriftenreihe der Vierteljahreshefte für Zeitgeschichte, Nr. 2)
Buchbender, Ortwin, und Horst Schuh (Hrsg.), Heil Beil! Flugblattpropaganda im Zweiten Weltkrieg. Dokumentation und Analyse, Stuttgart 1974 (= Schriftenreihe der Studiengesellschaft für Zeitprobleme, 1. Militärpolitik, 10)
Buchheim, Hans, SS und Polizei im NS-Staat, Duisburg 1964
Buchheim, Hans / Broszat, Martin / Jacobsen, Hans-Adolf / Krausnick, Helmut, Anatomie des SS-Staates, Band I und II, Olten und Freiburg im Breisgau 1965
Bullock, Alan, Hitler. Eine Studie über Tyrannei, Düsseldorf 1960
Burckhardt, Carl J., Meine Danziger Mission 1937–1939, München 1960
Butler, Sir James Ramsay Montagu, Grand Strategy, Bd 2: September 1939 - June 1941, London 1957 (History of the Second World War, United Kingdom, Military Series)
Calder, Angus, The People's War. Britain 1939–1945. London 1969
Carell, Paul, Die Wüstenfüchse. Mit Rommel in Afrika. Hamburg 1958
Carell, Paul, Unternehmen Barbarossa. Der Marsch nach Rußland. Frankfurt/M.–Berlin 1963
Cartier, Raymond. Der Zweite Weltkrieg, 2 Bände; 3. Auflage, München 1974
Chew, Allen F., The White Death. The Epic of the Soviet-Finnish Winter War, [Detroit] 1971
Churchill, Sir Winston, Der Zweite Weltkrieg. 6 Bde. Bern 1953/54
Dahms, H. G., Geschichte des Zweiten Weltkrieges; Tübingen 1965
Dallin, Alexander, Deutsche Herrschaft in Rußland 1941 bis 1945. Eine Studie über Besatzungspolitik, Düsseldorf 1958
Dallin, David J., Die Sowjetspionage, Köln 1956
Deborin, G. A., Der Zweite Weltkrieg, Militärpolitischer Abriß; Berlin 1960
Deighton, Len, Fighter. The True Story of the Battle of Britain, London 1977
Deist, Wilhelm, u. a., Ursachen und Voraussetzungen der deutschen Kriegspolitik, Stuttgart 1979 (= Das Deutsche Reich und der Zweite Weltkrieg, Bd. 1); zit. Bd. 1
Derry, T. K., The Campaign in Norway, London 1953 (History of the Second World War. United Kingdom Military Series)
Deutschland im zweiten Weltkrieg. Bd. 1: Vorbereitung, Entfesselung und Verlauf des Krieges bis zum 22. Juni 1941. Von einem Autorenkollektiv unter der Leitung von Gerhart Hass, Köln 1974
Das Diensttagebuch des deutschen Generalgouverneurs (Hans Frank) in Polen 1939–1945. Hrsg. von Werner Präg und Wolfgang Jacobmeyer, Stuttgart 1975 (= Quellen und Darstellungen zur Zeitgeschichte, Bd. 20)
Dönitz, Karl, Zehn Jahre und zwanzig Tage, München [6]1977
Domarus, Max, Hitler. Reden und Proklamationen 1932–1945. Kommentiert von einem deutschen Zeitgenossen. Bd. 1: Triumph (1932–1938), Würzburg 1962, Bd. 2: Untergang (1939–1945), Würzburg 1963
Douhet, Giulio, Luftherrschaft, Berlin 1935
Dülffer, Jost, Weimar, Hitler und die Marine. Reichspolitik und Flottenbau 1920–1930. Mit einem Anhang von Jürgen Rohwer, Düsseldorf 1973
Dulles, Allen Welsh, Verschwörung in Deutschland, Zürich 1948
Eckert, Heinz A., Der gefesselte Hahn, Hamburg, 1959
Ehlers, Dieter, Technik und Moral einer Verschwörung, Frankfurt/Main 1964
Entscheidungsschlachten des Zweiten Weltkrieges. Hrsg. von Hans-Adolf Jacobsen und Jürgen Rohwer, Frankfurt a. M. 1960
Fabry, Philipp Walter, Der Hitler-Stalin-Pakt 1939–1941. Ein Beitrag zur Methode sowjetischer Außenpolitik, Darmstadt 1962
Fabry, Philipp W., Die Sowjetunion und das Dritte Reich. Eine dokumentierte Geschichte der deutsch-sowjetischen Beziehungen von 1933 bis 1941, Stuttgart 1971
Feuchter, Georg W., Der Luftkrieg. Vom Fesselballon zum Raumfahrzeug, Frankfurt a. M.–Bonn [2]1962
Fiedler, R., Im Teufelskreis, Krieg ohne Frieden. Der Zweite Weltkrieg und seine Folgen; München 1960
Förster, G. – Helmert, H. – Schnittner, H., Der Zweite Weltkrieg, Militärischer Verlauf und Chronik; Gütersloh 1962
Förster, Gerhard, Totaler Krieg und Blitzkrieg. Die Theorie des totalen Krieges und des Blitzkrieges in der Militärdoktrin des faschistischen Deutschlands am Vorabend des Zweiten Weltkrieges. Berlin 1967 (= Militärhistorische Studien, N. F., Bd. 10)
Foerster, Wolfgang, Generaloberst Ludwig Beck, München 1953
Foertsch, Hermann, Schuld und Verhängnis, Stuttgart 1951
Fraenkel, Heinrich und Manvell, Roger, Der 20. Juli, Berlin 1964
Frank, Hans, Im Angesicht des Galgens. Deutung Hitlers und seiner Zeit auf Grund eigener Erlebnisse und Erkenntnisse, München-Gräfelfing 1953
Fuller, J. F. Ch., Der Zweite Weltkrieg 1939–1945; Wien 1950
Gamelin, Général, Servir. Bd. I: Les armées françaises de 1940, Paris 1946; Bd. II: Les prologue du drame (1930–août 1939), Paris 1946; Bd. III: La guerre (septembre 1939–19 mai 1940), Paris 1947
Geschichte des Zweiten Weltkrieges, bearb. von P. E. Schramm und H.O.H. Stange; Bielefeld 1951; (2. Auflage 1960, bearb. von P. E. Schramm, H.O.H. Stange und A. Hillgruber)
Geschichte des Zweiten Weltkrieges 1939–1945, Militär-historischer Abriß, Red.: S. P. Platonow; Berlin 1961
Geschichte des Großen Vaterländischen Krieges der Sowjetunion. 6 Bde. Berlin 1962–1968
Geschichte des Zweiten Weltkrieges in Dokumenten, Bd. 1–3, Hrsg. M. Freund; Freiburg 1953–1956
Die Geschichte des Panzerkorps Großdeutschland. Gesammelt und zusammengestellt von Helmuth Spaeter, 3 Bde., Duisburg/Ruhrort 1958
Geyr v. Schweppenburg, Leo Frhr., Erinnerungen

eines Militärattachés, London 1933–1937, Stuttgart 1949
Görlitz, W., Der Zweite Weltkrieg 1939–1945, Bd. I und II; Stuttgart 1951–1952
Greiner, H., Die oberste Wehrmachtsführung 1939–1945; Frankfurt am Main 1958
Gröner, Erich, Die Schiffe der deutschen Kriegsmarine und Luftwaffe 1939–45 und ihr Verbleib, München [8]1976
Groscurth, Helmuth, Tagebücher eines Abwehroffiziers 1938–1940, hrsg. von H. Krausnick und H. C. Deutsch unter Mitarbeit von H. v. Kotze, Stuttgart 1970 (= Quellen und Darstellungen zur Zeitgeschichte, Bd. 19)
Gruchmann, Lothar, Nationalsozialistische Großraumordnung, Stuttgart 1962
Gruchmann, L., Der Zweite Weltkrieg (= dtv-Weltgeschichte, Bd. 10); München 1967
La guerre en Méditerannée 1939–1945. Actes du Colloque International tenu à Paris du 8 au 11 avril 1969. Comité d'Histoire de la Deuxième Guerre mondiale, Paris 1971
Guderian, Heinz, Erinnerungen eines Soldaten. Heidelberg 1951
Hadeler, Wilhelm, Der Flugzeugträger, München 1968 (= Wehrwissenschaftliche Berichte, Bd. 5)
Halder, Franz, Generaloberst Halder. Kriegstagebuch. Tägliche Aufzeichnungen des Chefs des Generalstabes des Heeres 1939–1942, hrsg. vom Arbeitskreis für Wehrforschung Stuttgart, bearb. von Hans Adolf Jacobsen in Verbindung mit A. Philippi, Bd. I: Vom Polenfeldzug bis zum Ende der Westoffensive (14. 8. 1939–30. 6. 1940), Stuttgart 1962, Bd. II: Von der geplanten Landung in England bis zum Beginn des Ostfeldzuges (1. 7. 1940–21. 6. 1941), Stuttgart 1963
Heeresadjutant bei Hitler 1938–1943. Aufzeichnungen des Majors Engel, hrsg. von Hildegard v. Kotze, Stuttgart 1974 (= Schriftenreihe der Vierteljahrshefte für Zeitgeschichte, Nr. 29)
Henke, Josef, England in Hitlers politischem Kalkül 1935–1939, Boppard 1973 (= Schriften des Bundesarchivs, Bd. 20)
Heusinger, Adolf, Befehl im Widerstreit. Schicksalsstunden der deutschen Armee 1923–1945, Tübingen, Stuttgart 1950
Hildebrand, Klaus, Deutsche Außenpolitik 1933–1945. Kalkül oder Dogma? Stuttgart 1971
Hillgruber, Andreas, Deutschlands Rolle in der Vorgeschichte der beiden Weltkriege, Göttingen 1967 (= Die deutsche Frage in der Welt, Bd. 7)
Hillgruber, Andreas, Hitlers Strategie. Politik und Kriegführung 1940–41, Frankfurt 1965
Hillgruber, Andreas und Gerhard Hümmelchen, Chronik des Zweiten Weltkrieges. Hrsg. vom Arbeitskreis für Wehrforschung, Frankfurt/M. 1966
Historic documents of World War II. ed. by W. C. Langsam: Princeton/N. J. 1958
Hitler, Deutschland und die Mächte, Materialien zur Außenpolitik des Dritten Reiches, hrsg. von Manfred Funke, Düsseldorf 1976 (= Bonner Schriften zur Politik und Zeitgeschichte, 12)
Hitlers Weisungen für die Kriegführung 1939–1945. Dokumente des Oberkommandos der Wehrmacht, hrsg. von Walther Hubatsch, Frankfurt a.M. 1962
Hofer, Walther, Die Entfesselung des Zweiten Weltkrieges. Eine Studie über die internationalen Beziehungen im Sommer 1939, 3. erw. Aufl. Frankfurt a. M. 1964
Horne, Alistair, Der Frankreichfeldzug 1940, Wien, München 1969
Hubatsch, Walther, »Weserübung«. Die deutsche Besetzung von Dänemark und Norwegen 1940, Göttingen etc. [2]1960 (= Studien und Dokumente zur Geschichte des Zweiten Weltkrieges, Bd. 7)
Huber, Heinz und Müller, Artur, Das Dritte Reich. Seine Geschichte in Texten, Bildern und Dokumenten. 1. Band: Der Aufbau der Macht. 2. Band: Der Zusammenbruch der Macht, München 1964
Hümmelchen, Gerhard, Die deutschen Seeflieger 1935–1945, München 1976 (= Wehrwissenschaftliche Berichte, Bd. 9)
Hümmelchen, Gerhard, Handelsstörer. Handelskrieg deutscher Überwasser-Streitkräfte im Zweiten Weltkrieg, München 1960
Irving David, Hitlers Weg zum Krieg, München-Berlin 1979
Irving, David, Hitler und seine Feldherren, Frankfurt/M., Berlin, Wien 1975
Irving, David, Die Tragödie der deutschen Luftwaffe. Aus den Akten und Erinnerungen von Feldmarschall Milch, Frankfurt a. M., Berlin, Wien 1970
Jacobmeyer, Wolfgang, Heimat und Exil. Die Anfänge der polnischen Untergrundbewegung im Zweiten Weltkrieg September 1939 bis Mitte 1941, Hamburg [1973]
Jacobsen, Hans-Adolf (Hrsg.), Dokumente zur Vorgeschichte des Westfeldzuges 1939–1940, Göttingen 1956 (= Studien und Dokumente zur Geschichte des Zweiten Weltkrieges, Bd. 2 a)
Jacobsen, Hans-Adolf (Hrsg.), Dokumente zum Westfeldzug 1940, Göttingen 1960 (= Studien und Dokumente zur Geschichte des Zweiten Weltkrieges, Bd. 2 b)
Jacobsen, Hans-Adolf, Dünkirchen. Ein Beitrag zur Geschichte des Westfeldzuges 1940, Neckargemünd 1958 (= Die Wehrmacht im Kampf, Bd. 19)
Jacobsen, Hans-Adolf, Fall Gelb. Der Kampf um den deutschen Operationsplan zur Westoffensive 1940, Wiesbaden 1957 (= Veröffentlichungen des Instituts für europäische Geschichte Mainz, Bd. 16, Abt. Universalgeschichte)
Jacobsen, Hans-Adolf, Die nationalsozialistische Außenpolitik 1933–1938, Frankfurt a. M. und Berlin 1968
Jacobsen, Hans-Adolf, Der Weg zur Teilung der Welt. Politik und Strategie 1939–1945, Koblenz/Bonn 1977
Jacobsen, Hans-Adolf und Jochmann, Werner, Ausgewählte Dokumente zur Geschichte des Nationalsozialismus 1933 bis 1945 (Loseblattsammlung), Bielefeld 1961 ff
Jacobsen, H.-A. und Dollinger, H., Der Zweite Weltkrieg in Bildern und Dokumenten. 3 Bände, München 1962
Jäckel, Eberhard, Frankreich in Hitlers Europa. Die deutsche Frankreichpolitik im Zweiten Weltkrieg, Stuttgart 1966 (= Quellen und Darstellungen zur Zeitgeschichte, Bd. 14)
Kens, Karlheinz/Heinz Joachim Nowarra, Die deutschen Flugzeuge 1933–1945, München [5]1977
Kesselring, Albert, Soldat bis zum letzten Tag, Bonn 1953
Kielmannsegg, Jahann A. Graf von, Der Fritsch-Prozeß 1938, Hamburg 1949
Klee, Karl, Das Unternehmen »Seelöwe«. Die geplante deutsche Landung in England 1940, Göttingen 1958 (= Studien und Dokumente zur Geschichte des Zweiten Weltkrieges, Bd. 4 a)
Köhler, Karl, Bibliographie zur Luftkriegsgeschichte, Frankfurt a. M. 1966
Kogon, Eugen, Der SS-Staat. Das System der deutschen Konzentrationslager, Frankfurt/Main, 1959
Krannhals, Hanns von, Der Warschauer Aufstand 1944, Frankfurt/Main, 1964
Kriegstagebuch des Oberkommandos der Wehrmacht (Wehrmachtführungsstab) 1940–1945. Geführt von H. Greiner und P. E. Schramm. Im Auftrag des Arbeitskreises für Wehrforschung hrsg. von P. E. Schramm. 4 Bde. Frankfurt a. M. 1965
Kuby, Erich (Hrsg.), Das Ende des Schreckens. Dokumente des Untergangs. Januar bis Mai 1945, München 1957
Kühnrich, Heinz, Der Partisanenkrieg in Europa 1939–1945, Berlin 1965
Kutzleben, Karl. v., Wilhelm Schröder, Jochen Brennecke, Minenschiffe 1939–1945, Herford 1974
Lagevorträge des Oberbefehlshabers der Kriegsmarine vor Hitler 1939–1945, hrsg. von Gerhard Wagner, München 1972
Launay, J. de, Le Monde en guerre 1939–1945; Paris 1945; deutsche Ausgabe: Die Welt brannte; Darmstadt 1956
Leber, Annedore, Das Gewissen steht auf. Lebensbilder aus dem deutschen Widerstand 1933–1945, Berlin/Frankfurt/Main 1956
Leber, Annedore, Das Gewissen entscheidet. Bereiche des deutschen Widerstandes 1933–1945, Berlin/Frankfurt/Main 1957
Leeb, Generalfeldmarschall Wilhelm Ritter von, Tagebuchaufzeichnungen und Lagebeurteilungen aus zwei Weltkriegen. Aus dem Nachlaß hrsg. und mit einem Lebensabriß versehen von Georg Meyer, Stuttgart 1976 (= Beiträge zur Militär- und Kriegsgeschichte, Bd. 16)
Letzte Briefe zum Tode Verurteilter, Hrsg. Piero Malvezzi und Giovanni Pirelli, München 1962
Lexikon des Zweiten Weltkriegs. München 1977
Liddell Hart, B. H., Deutsche Generale des 2. Weltkrieges. Aussagen, Aufzeichnungen und Gespräche. Düsseldorf–Wien 1964
Liddell Hart, B. H., Geschichte des Zweiten Weltkrieges; Düsseldorf/Wien 1971
Lipski, Józef, Diplomat in Berlin 1933–1939. Papers and Memoirs of Józef Lipski, Ambassador of Poland. Ed. by Waclaw Jedrzojewicz, New York 1968
Lorbeer, Hans-Joachim, Westmächte gegen die Sowjetunion, Freiburg 1975 (= Einzelschriften zur militärischen Geschichte des Zweiten Weltkrieges, Bd. 18)
Lukacs, John, The Last European War. September 1939–December 1941, London 1977
Mann, Golo, Deutsche Geschichte 1919–1945, Frankfurt a. M. 1973
Manstein, Erich von, Verlorene Siege. Bonn 1955
Martin, Bernd, Friedensinitiativen und Machtpolitik im Zweiten Weltkrieg 1939–1942, Düsseldorf 1974 (= Geschichtliche Studien zur Politik und Gesellschaft, Bd. 6)
Mason Timothy, Arbeiterklasse und Volksgemeinschaft. Opladen 1975
Meier-Dörnberg, Wilhelm, Die Ölversorgung der Kriegsmarine 1935–1945, Freiburg 1973 (= Einzelschriften zur militärischen Geschichte des Zweiten Weltkrieges, Bd. 11)
Melzer, Walther, Albert-Kanal und Eben-Emael, Heidelberg 1957 (= Die Wehrmacht im Kampf, Bd. 13)
Messerschmidt, Manfred, Die Wehrmacht im NS-Staat. Zeit der Indoktrination, Hamburg 1969
Michaelis, Herbert, Der Zweite Weltkrieg, Konstanz 1964
Michel, Henri, Die europäische Widerstandsbewegung, Brüssel 1958
Michel, Henri, La drôle de guerre, Paris 1971
Milward, Alan S., Die deutsche Kriegswirtschaft 1939–1945, Stuttgart 1966 (= Schriftenreihe der Vierteljahrshefte für Zeitgeschichte, Nr. 12)
Müller, Klaus-Jürgen, Das Heer und Hitler. Armee und nationalsozialistisches Regime 1933–1940, Stuttgart 1969 (= Beiträge zur Militär- und Kriegsgeschichte, Bd. 10)
Nationalsozialistische Außenpolitik, hrsg. von Wolfgang Michalka, Darmstadt 1978 (= Wege der Forschung, Bd. 197)
Natkiel, R., Der Große Atlas zum II. Weltkrieg; 3. Auflage, München 1976
Niedhart, Gottfried (Hrsg.), Kriegsbeginn 1939. Entfesselung oder Ausbruch des Zweiten Welt-

krieges? Darmstadt 1976 (= Wege der Forschung, Bd. 374)
Niehaus, Werner, Die Radarschlacht, 1939–1945. Die Geschichte des Hochfrequenzkrieges, Stuttgart 1977
Osteuropa-Handbuch, Band Polen, Köln und Graz 1959
Paget, Reginald T., Manstein, Wiesbaden 1952
Pechel, Rudolf, Deutscher Widerstand, Erlenbach-Zürich 1947
Picker, Henry, Hitlers Tischgespräche im Führerhauptquartier 1941 bis 1942, neu herausgegeben von Percy Ernst Schramm, Stuttgart 1963
Platonow, S. P., Der Zweite Weltkrieg 1939–1945. Kriegsgeschichtliche Skizze; Moskau 1958
Postan, M. M., British War Production, London 1957 (History of the Second World War. United Kingdom Civil Series)
Potter, Elmar B., und Chester W. Nimitz, Seemacht. Eine Seekriegsgeschichte von der Antike bis zur Gegenwart. Deutsche Fassung hrsg. im Auftrag des Arbeitskreises für Wehrforschung von Jürgen Rohwer, München 1974
Prittie, Terence, Deutsche gegen Hitler, Tübingen 1964
Der Prozeß gegen die Hauptkriegsverbrecher vor dem Internationalen Militärgerichtshof (International Military Tribunal), Nürnberg 14. Nov. 1945–1. Okt. 1946, 42 Bde., Nürnberg 1947–1949
Rauschning, Hermann, Die Revolution des Nihilismus, neu hrsg. von Golo Mann, Zürich 1964
Redelis, Valdis, Partisanenkrieg, Heidelberg 1958
Reile, Oscar, Geheime Westfront, München 1962
Reitlinger, Gerald, Die Endlösung. Hitlers Versuch der Ausrottung der Juden Europas 1939–1945, Berlin 1961
Rendulic, Lothar, Gekämpft, gesiegt, geschlagen, Wels/Heidelberg 1952
Ritter, Gerhard, Carl Goerdeler und die deutsche Widerstandsbewegung, München 1964
Rohwer, Jürgen, Gerhard Hümmelchen, Chronik des Seekrieges 1939–1945, Oldenburg-Hamburg 1968
Rohwer, Jürgen, Die U-Booterfolge der Achsenmächte 1939–1945, München 1968 (= Dokumentation der Bibliothek zur Zeitgeschichte, 1)
Roskill, Stephan W., The War at Sea 1939–1945, 3 Bde., London 1954–1961 (History of the Second World War. United Kingdom Military Series)
Ruge, Friedrich, Im Küstenvorfeld, München 1974 (= Wehrwissenschaftliche Berichte, Bd. 15)
Salewski, Michael, Die deutsche Seekriegsleitung 1935–1945. Bd. I: 1935–1941, Frankfurt a. M. 1970; Bd. III: Denkschriften und Lagebetrachtungen 1938–1944, Frankfurt a. M. 1973
Schilin, P. A., Die wichtigsten Operationen des großen vaterländischen Kriegs; (Ost-)Berlin 1958
Schlabrendorff, Fabian von, Offiziere gegen Hitler. Nach einem Erlebnisbericht von F. v. Schlabrendorff, bearbeitet und herausgegeben von Gero v. S. Gaevernitz, Frankfurt/Main 1962
Schmidt, Paul, Statist auf diplomatischer Bühne 1923–1945. Erlebnisse eines Chefdolmetschers im Auswärtigen Amt mit den Staatsmännern Europas, Bonn 1953
Schmidt-Richberg, Erich, Der Endkampf auf dem Balkan, Heidelberg 1955
Schoenberner, Gerhard, Der gelbe Stern. Die Judenverfolgung in Europa 1933–1945, Hamburg 1961
Scholl, Inge, Die weiße Rose, Frankfurt/Main 1961
Schramm, Wilhelm von, Der 20. Juli in Paris, Bad Wörishofen 1953
Seth, Ronald, The Undaunted, London 1956
Schreiber, Gerhard, Revisionismus und Weltmachtstreben. Marineführung und deutsch-italienische Beziehungen 1919–1944, Stuttgart 1978 (= Beiträge zur Militär- und Kriegsgeschichte, Bd. 20)
Speer, Albert, Erinnerungen, Frankfurt a. M. 1969
Spiegelbild einer Verschwörung, Die Kaltenbrunner-Berichte an Bormann und Hitler über das Attentat vom 20. Juli 1944, Stuttgart 1961
Staatsmänner und Diplomaten bei Hitler, Vertrauliche Aufzeichnungen über Unterredungen mit Vertretern des Auslandes 1939–1941. Hrsg. und erl. von Andreas Hillgruber, Frankfurt/M. 1967
Steinert, Marlis G., Hitlers Krieg und die Deutschen. Stimmung und Haltung der deutschen Bevölkerung im Zweiten Weltkrieg, Düsseldorf, Wien 1970 (= Veröffentlichungen des Institut Universitaire des Hautes Etudes Internationales, Genf)
Sündermann, Helmut, Tagesparolen. Deutsche Presseweisungen 1939–1945. Hitlers Propaganda und Kriegsführung. Aus dem Nachlaß hrsg. von Gert Sudholt, Leoni 1973 (= Deutsche Argumente, 1)
Swint, William A., May 14, 1940 Revisited, the German Air Attack on Rotterdam, in Aerospace Historian, 21 (1974), Nr. 1, S. 14–22
Sywottek, Jutta, Mobilmachung für den totalen Krieg. Die propagandistische Vorbereitung der deutschen Bevölkerung auf den Zweiten Weltkrieg, Opladen 1976 (= Studien zur modernen Geschichte, Bd. 18)
Telpuchowski, Boris Semjonowitsch, Die sowjetische Geschichte des Großen Vaterländischen Krieges 1941–1945, Frankfurt/Main 1961
Terror und Widerstand 1933–1945, Berlin 1966
Teske, Hermann, Die silbernen Spiegel, Heidelberg 1952
Tessin, Georg, Verbände und Truppen der deutschen Wehrmacht und Waffen-SS im Zweiten Weltkrieg 1939–1945, Bd. 2–5: Frankfurt a. M. o. J., Bd. 1, 6–13: Osnabrück 1972–1976
Thomas, Georg, Geschichte der deutschen Wehr- und Rüstungswirtschaft (1918–1943/45), hrsg. von Wolfgang Birkenfeld, Boppard a. Rh. 1966 (= Schriften des Bundesarchivs, 14)
Tippelskirch, Kurt von, Geschichte des Zweiten Weltkrieges; Bonn 1956
Umbreit, Hans, Der Militärbefehlshaber in Frankreich 1940–1944, Boppard 1968 (= Wehrwissenschaftliche Forschungen. Abteilung Militärgeschichtliche Studien, Bd. 7)
Vauthier, P., Die Kriegslehre des Generals Douhet, Berlin 1935
Völker, Karl-Heinz, Die deutsche Luftwaffe 1933–1939. Aufbau, Führung und Rüstung der Luftwaffe sowie die Entwicklung der deutschen Luftkriegstheorie, Stuttgart 1967 (= Beiträge zur Militär- und Kriegsgeschichte, Bd. 8)
Die Vollmacht des Gewissens, Band I und II, Hrsg. Europäische Publikation e. V., München 1956
Völker, Karl-Heinz, Dokumente und Dokumentarfotos zur Geschichte der deutschen Luftwaffe. Aus den Geheimakten des Reichswehrministeriums 1919–1933 und des Reichsluftfahrtministeriums 1933–1939, Stuttgart 1968 (= Beiträge zur Militär- und Kriegsgeschichte, Bd. 9)
Warlimont, Walter, Im Hauptquartier der deutschen Wehrmacht 1939–1945. Grundlagen, Formen, Gestalten, Frankfurt a. M., Bonn 1962
Die Weizsäcker-Papiere 1933–1950, hrsg. von Leonidas E. Hill, Frankfurt a. M. – Berlin – Wien 1974
Weltkriege und Revolutionen 1914–1945. München 1961 (= Geschichte in Quellen 5)
Werth, Alexander, Rußland im Krieg 1941–1945, München/Zürich 1965
Westphal, Siegfried, Heer in Fesseln, Bonn 1950
Wilmot, C., Der Kampf um Europa; 1954
Wir haben es nicht vergessen, Hrsg. Verband der Kämpfer für Freiheit und Demokratie, Warschau 1960
Wirtschaft und Rüstung am Vorabend des Zweiten Weltkrieges. Hrsg. von Friedrich Forstmeier und Hans-Erich Volkmann. Düsseldorf 1975
Wollt Ihr den totalen Krieg? Die Geheimen Goebbels-Konferenzen. 1939–1943. Hrsg. und ausgewertet von Willi A. Boelcke, Stuttgart 1967
Woodward, Sir Llewellyn, British Foreign Policy in the Second World War. Vol. 1, London 1970 (History of the Second World War. United Kingdom Civil Series)
Zawodny, Janusz, K., Zum Beispiel Katyn. Klärung eines Kriegsverbrechens, München (1971)
Zeller, Eberhard, Geist der Freiheit. Der 20. Juli, München 1952
Zentner, Christian, Illustrierte Geschichte des Zweiten Weltkrieges. München 1984
Zentner, Kurt, Illustrierte Geschichte des Widerstands in Deutschland und Europa. München 1966
Zentner, Kurt, Nur einmal konnte Stalin siegen, Hamburg 1952
Der 2. Weltkrieg. Bilder, Daten, Dokumente. Gütersloh, Berlin, München, Wien 1976

Verzeichnis der Karten

Anm. d. Red.: Die Karten wurden nach Unterlagen des Heeresarchivs Wien erarbeitet. Die Schreibweise von Orts- und Personennamen weicht in einigen Fällen von der im Buch gebrauchten ab.